《正义论》评注

上册

Commentary on *A Theory of Justice*

张国清　著

中国社会科学出版社

图书在版编目（CIP）数据

《正义论》评注：全三册 / 张国清著. —北京：中国社会科学出版社，2023.5

ISBN 978-7-5227-1650-3

Ⅰ.①正… Ⅱ.①张… Ⅲ.①《正义论》—注释 Ⅳ.①D081

中国国家版本馆 CIP 数据核字（2023）第 069650 号

出 版 人	赵剑英
责任编辑	刘亚楠
责任校对	张爱华
责任印制	三　超

出　　版	中国社会科学出版社
社　　址	北京鼓楼西大街甲 158 号
邮　　编	100720
网　　址	http://www.csspw.cn
发 行 部	010-84083685
门 市 部	010-84029450
经　　销	新华书店及其他书店

印刷装订	北京君升印刷有限公司
版　　次	2023 年 5 月第 1 版
印　　次	2023 年 5 月第 1 次印刷

开　　本	710×1000　1/16
印　　张	105.5
字　　数	1921 千字
定　　价	558.00 元（全三册）

凡购买中国社会科学出版社图书，如有质量问题请与本社营销中心联系调换
电话：010-84083683
版权所有　侵权必究

国家社科基金后期资助项目
出版说明

后期资助项目是国家社科基金设立的一类重要项目，旨在鼓励广大社科研究者潜心治学，支持基础研究多出优秀成果。它是经过严格评审，从接近完成的科研成果中遴选立项的。为扩大后期资助项目的影响，更好地推动学术发展，促进成果转化，全国哲学社会科学工作办公室按照"统一设计、统一标识、统一版式、形成系列"的总体要求，组织出版国家社科基金后期资助项目成果。

全国哲学社会科学工作办公室

致　　谢

　　正义理论是研究正义与不正义、正当与善及其关系的学问。1971 年，美国哲学家约翰·罗尔斯发表《正义论》，阐述了一种公平正义理论。其核心假设是，正义是社会制度的首要德性。正当优先于善，正当的善是多多益善的，以不正当手段谋取的任何利益，包括财富、机会、权力、地位和荣誉，是没有价值的。当前这项研究以正确解读或重新解读《正义论》为主要任务，试图为汉语世界提供一部系统、全面、细致地诠释《正义论》的评注性著作。

　　这是一份断断续续地做了好多年的学术作业，早期成果包括与罗尔斯正义理论有关的两个译著和发表在《中国社会科学》的两篇论文。[①] 它还包括我在 2017 年主持的一项国家社科基金项目，该成果将另行出版。2001 年，我在翻译《道德哲学史讲义》时发现"罗尔斯就像解答数学难题那样从容地解答着道德哲学难题"[②]，并且在阅读他的其他著作时反复印证了这一点。它为本项研究指明了方向。

　　感谢何怀宏、谢延光、何包钢、廖申白、万俊人、姚大志等为译介和研究罗尔斯正义理论做出的重要贡献。在先行开拓者艰辛付出之后，本人做了些许新尝试。2021 年 10 月，这项成果得到五位匿名评审专家的充分肯定和高度评价，入选国家社科基金后期资助重点项目（项目号：21FZXA008）。我按照评审专家建议对初稿做了修订和完善。我在此对专家们谨表感谢。这项成果得到中国社会科学出版社大力支持，魏长宝总编辑和刘亚楠责任编辑给予了慷慨帮助，我在此谨表感谢。朱家成、陈瑞和徐斌对书中引用文献进行了认真校对，我对她（他）们谨表感谢。当然，

[①] 罗尔斯：《道德哲学史讲义》，张国清译，上海三联书店 2003 年版。弗雷曼：《罗尔斯》，张国清译，华夏出版社 2013 年版。张国清："罗尔斯难题：正义原则的误读与批评"，《中国社会科学》2013 年第 10 期，第 22—40 页。张国清："分配正义与社会应得"，《中国社会科学》2015 年第 5 期，第 21—39 页。

[②] 罗尔斯：《道德哲学史讲义》，张国清译，"译者序"第 26 页。

书中存在的差错和疏漏皆由本人负责，恳请读者指正。

最后，感谢家人饶月琳和张含瑶的陪伴，她们是我幸福的全部。

张国清
2022 年 2 月 25 日于杭州

总　目　录

引论　原本的样子 …………………………………………（1）

《正义论》修订版序言 ……………………………………（13）

《正义论》第一版序言 ……………………………………（41）

第一编　理论

第一章　公平正义 …………………………………………（63）

第二章　正义原则 …………………………………………（244）

第三章　初始位置 …………………………………………（433）

第二编　制度

第四章　平等自由 …………………………………………（609）

第五章　分配份额 …………………………………………（778）

第六章　义务职责 …………………………………………（959）

第三编　目的

第七章　理性善好 …………………………………………（1099）

第八章　正义感 …………………………………………（1262）
第九章　正义之善 ………………………………………（1416）

参考文献 ……………………………………………………（1636）

目　录

上　册

引论　原本的样子 …………………………………… (1)

《正义论》修订版序言 ………………………………… (13)

《正义论》第一版序言 ………………………………… (41)

第一编　理论

第一章　公平正义 ……………………………………… (63)
　§1　正义的作用 ……………………………………… (68)
　§2　正义的主体 ……………………………………… (85)
　§3　正义理论的宗旨 ………………………………… (99)
　§4　初始位置和证明 ………………………………… (126)
　§5　古典效用论 ……………………………………… (143)
　§6　若干相关对比 …………………………………… (159)
　§7　直觉论 …………………………………………… (185)
　§8　优先性问题 ……………………………………… (211)
　§9　关于道德理论的几点看法 ……………………… (224)

第二章　正义原则 ……………………………………… (244)
　§10　制度与形式正义 ………………………………… (248)

2 《正义论》评注

§11	两个正义原则	（271）
§12	第二正义原则的诠释	（293）
§13	民主平等和差别原则	（319）
§14	公平机会均等和纯粹程序正义	（341）
§15	作为预期基础的基本社会善	（357）
§16	相关的社会位置	（371）
§17	平等的趋向	（387）
§18	适用于个体的原则：公平原则	（410）
§19	适用于个体的原则：自然义务	（422）

第三章 初始位置 （433）

§20	各种正义观念持论的性质	（438）
§21	可选正义观念的展示	（446）
§22	正义的环境	（458）
§23	正当概念的形式限制	（467）
§24	无知之幕	（483）
§25	各方秉持的理性	（496）
§26	导出两个正义原则的推理	（512）
§27	导出平均效用原则的推理	（535）
§28	平均效用原则的若干难点	（548）
§29	支持两个正义原则的若干主要依据	（567）
§30	古典效用论、公道和仁慈	（587）

引论　原本的样子

哲学家是两眼瞪天的一类人，一般与普通读者保持着距离。初学者不太容易进入哲学领域。即使专家学者也经常抱怨自己读不懂某些哲学著作。一些哲学爱好者屡屡受挫，感叹要想读通康德、黑格尔、海德格尔、维特根斯坦、罗尔斯等人的原著，实在是太难啦。

然而，哲学家未必故意刁难初学者，他们只是难以适应哲学的讨论方式。令初学者望而生畏的，通常是专门的哲学术语。哲学术语不是日常用语。在学术著作中，哲学家偶尔提及日常生活，列举的生活实例，如果初学者没有系统理解，可能会有误导性。哲学爱好者阅读原著，先要掌握专门术语。在同一部哲学著作中，除了哲学术语，通常夹杂着其他学科的术语，有的是自然科学的，有的是社会科学的。假如读者阅读的是二手文献，而它们对原著有着较多误解，其中术语没有得到准确的呈现，那么它们定会加重读者的负担。误解导致误导，会把读者引向错误的方向。很多初学者在阅读哲学著作时深受其害而不自知。

借鉴诠释者和批评者在解读原著方面的成就，矫正和弥补前人理解关键哲学理念的错误或疏漏，更加精确地诠释原著，在读者与作者之间搭起畅通的桥梁，让原著更容易为读者所理解，在此基础上评估哲学家的学术得失，推进相关议题研究，是哲学研究的一种方式。

一

1971 年《正义论》（*A Theory of Justice*）面世，作者为美国哈佛大学哲学教授约翰·罗尔斯（John Rawls, 1921 – 2002）。1999 年《正义论》修订版出版。根据哈佛大学出版社提供信息，截至 2023 年 3 月 23 日，英文版《正义论》已售出 391272 册，是该社创建以来发行量最大的学术著作。现在，它已被译成 30 多种语言，被誉为 20 世纪最重要的政治哲学著作。

2 《正义论》评注

在《正义论》中，罗尔斯建构了一种以"正义是社会制度的首要德性"①为核心命题的正义理论，其形式是哲学的，其内涵是社会科学的，涉及与道德、政治、法律、经济和社会相关的诸多核心议题。效用论以追求最大效用（幸福、福祉、价值或利益）作为社会制度的首要德性，长期主导着英美政治思想史。罗尔斯正义理论，基于社会契约假设，旨在批评和取代效用论。

为了批评效用论，罗尔斯提出了一种针锋相对的主张："在公平正义中，正当概念优先于善概念。正义的社会制度规定个人必须在什么范围内发展其目标，它既提供权利和机会框架，又提供实现满足的手段，只有在这个框架之内，只有通过使用这些手段，才能公平地追求这些目标。在某种程度上，如果获取利益务必以违反正义为条件，那么这样的利益是没有价值的，正义的优先性由此而得到了解释。既然这些利益从一开始就没有价值，那么它们不得凌驾于正义的诸多主张之上。"②追求公平正义，而不是追求最大利益，是创制和变革社会制度的首要目标。个人与团体设置的目标与实现的手段，也要遵循正义原则。

除了效用论正义观念，罗尔斯还批评了直觉论正义观念和至善论正义观念，对公平正义观念做了系统论证。他主张，"合乎正义"而非"追求利益"是社会实践的首要准则；"正当优先"而非"利益优先"是社会制度推崇的首要理念；"对等互利"而非"零和博弈"是分配社会合作收益与负担的首要方式。公平正义理论将令"极大化善理念不得默认地占据主导地位"。③

罗尔斯在表述其见解时力争做到简洁明晰、准确可靠。也就是说，他遣词造句，具有相当高的精确度。他曾经说过："原著是务必为人所知、所尊重的东西，其学说务必在其最佳形式里得到呈现。"④因此，诠释者在解读文本时应当谨慎对待其中的核心术语和关键语句。那么，原有文本如何才能在另一种语言中以最佳形式得到呈现呢？比如，原文为英文的《正义论》如何才能在汉语文献中以最佳形式得到展示呢？这是一个严肃的诠释问题。

---

① 罗尔斯：《正义论》（修订版），何怀宏、何包钢、廖申白译，中国社会科学出版社2009年版，第3页。
② John Rawls, *A Theory of Justice*, Revised Edition, Cambridge, MA: The Belknap Press of Harvard University Press, 1999, p. 28.
③ John Rawls, *A Theory of Justice*, Revised Edition, p. 514.
④ John Rawls, *Lectures on The History of Moral Philosophy*, Barbara Herman (ed.), Cambridge, MA: Harvard University Press, 2000, p. xvi. 另参阅罗尔斯《道德哲学史讲义》，张国清译，"编者的话"第8页。

在不同语言的转换中，一些核心术语往往难以一一对应，诠释者须根据上下文或具体语境做出相应变通。在此意义上，不存在唯一的正确解读。在解读文本时，诠释者会对词语和词组给出不同解读。这不一定表明这些努力是错误的，而是表明文本解读具有一定的开放性。但就专业术语而言，这种开放性是有限的。人们在解读《正义论》时也是如此。

汉语世界在诠释与批评《正义论》上取得的成就是重大的。① 比如，应奇教授称赞初次读到的《正义论》中译本颇有"简洁而凝重的质感"②。在没有英文原著参考的情况下，这是中国读者初读《正义论》汉语文献的第一印象。然而，就罗尔斯希望其学说务必在最佳形式里得到呈现而言，它仍然是令人遗憾的。一方面，现有汉语文献没有呈现这个著作本该是的样子，在一些关键术语、概念、命题、假设、原理的解读上存在偏差，既与作者希望"原著是务必为人所知、所尊重的"要求存在差距，又与普通读者预想的哲学经典该有的样子相去甚远。另一方面，目前尚且欠缺系统、全面、细致的汉语评注文本，严重妨碍汉语读者对罗尔斯正义理论的准确理解。即使到了今天，从现有汉语文献来看，《正义论》存在由错误诠释导致传播失真的情形，**导致众多中文版研读者不得其门而入**。

何以如此？从客观上讲，不可靠的学术资料是影响大部分国内学者在罗尔斯研究上止步不前，并且误导20世纪80年代以来中国大陆政治哲学研究的一个重要因素。它们当然不是指罗尔斯本人及其批评者撰写的原版政治哲学著作存在可靠性问题，而是译介过来的相关汉语文本存在可靠性问题。这是翻译的不准确性问题，而不是翻译的不确定性问题。

比如，《正义论》中有个说法颇能打动人心："我们有文明处事、礼貌待人的自然义务（natural duty of civility），既不死扣社会安排的差错，作为张口就来的抗拒理由，也不深挖难免会有的规则漏洞，作为谋求自身利益的捷径。"③ 单词"civility"有"礼尚往来、以礼待人、文明礼貌、举止得体、彬彬有礼"等含义，与《正义论》结束句词组"grace and self-command"

---

① 国内不少学者做过《正义论》导读工作。参阅应奇《罗尔斯》，（台北）扬智文化事业股份有限公司1999年版。何怀宏：《公平的正义——解读罗尔斯〈正义论〉》，山东人民出版社2002年版。石元康：《罗尔斯》，广西师范大学出版社2004年版。万俊人编：《罗尔斯读本》，中央编译出版社2006年版。龚群：《罗尔斯政治哲学》，商务印书馆2006年版。姚大志：《罗尔斯》，长春出版社2011年版。杨玉成：《罗尔斯》，陕西师范大学出版社2017年版。刘莘：《〈正义论〉导读》，四川人民出版社2019年版。李石：《〈正义论〉讲义》，中国社会科学出版社2021年版。
② 应奇：《当代政治哲学十论》，浙江大学出版社2021年版，第207页。
③ John Rawls, *A Theory of Justice, Revised Edition*, p. 312.

（优雅而自制）形成呼应关系。笔者把"civility"解读为"礼尚往来、文明处事、礼貌待人"。罗尔斯说人有"文明处事、礼貌待人"的自然义务。他没有教导世人如何做"公民"，而是劝勉世人如何"文明处事、礼貌待人"，亦即如何做"文明人"。"小人喻于利，君子喻于义。"（《论语·里仁》）"君子义以为质，礼以行之，孙以出之，信以成之。"（《论语·卫灵公十五》）"文质彬彬，然后君子"、"文以载道"、"礼仪之邦"等道德理念作为文化教化和道德训导内容贯穿于中华文明之中。《正义论》也强调做一个文明人的重要性和必要性。

精明不等于文明。精明原本无可厚非。媒体曝光的贪官污吏大多是精明人，但精明人未必是文明人。法院裁决各种民事和刑事案件的涉案"公民"也未必是文明人。笔者发现，罗尔斯在《正义论》中提出的以"civility"作为理性道德人亦即文明人（通情达理者）的自然义务所表达的伦理思想与儒家伦理思想高度吻合。在以擅长投机取巧为荣的世道，如此微言大义是振聋发聩的，擅长利用制度、法律和政策漏洞的唯利是图者未必理会。然而，由于"civility"被解读为"公民"，我们于是读到了这样的语句："我们有一种公民的自然义务，既不把社会安排的缺陷当作一种不遵守它们的现成借口，也不利用规则中不可避免的漏洞来促进我们的利益。"① 如此解读是误读，丢掉了原语句的劝勉意味和警世作用。

一些学术术语，比如"best approximation"（最佳逼近）、"best allocation"（最佳配置）、"biological population"（生物种群）、"distributive effect"（分布效应）、"genetic diversity"（遗传多样性）、"moderate scarcity"（适度匮乏）、"neurotic compulsion"（神经质强迫症）、"non-comparing groups"（非比较组）、"political economy"（政治经济学）、"public goods"（公共物品）、"rational choice"（理性选择）、"rational preference"（理性偏好）、"severe deprivation"（严重剥夺）、"median"（中位数）、"time preference"（时间偏好）、"unfair advantage"（不公平的优势）等，在《正义论》不同中文版本中存在出入较大的解读，有的解读显然是错的。甚至像"rule of law"（法治）和"weight"（权重）等常用术语也难得找到准确的中文表达。

一些重要思想家及其作品的人名和书名也频繁被误译、误读。比如，俄国思想家赫尔岑（Herzen）摇身一变为"赫曾"，阿克顿的《自由史论》(*The History of Freedom and Other Essays*) 变成《历史自由及其他》，布坎南的《公

---

① 罗尔斯：《正义论》（修订版），何怀宏、何包钢、廖申白译，第 278 页。

共物品的需求与供给》(*The Demand and Supply of Public Goods*) 被误译为《公共利益的需求和供给》,齐夫的《语义分析》(*Semantic Analysis*) 变成《语言分析》,卢斯和雷法的《博弈与决策》(*Games and Decisions*) 被误解为《策略与决策》,莱宾斯坦的《经济落后与经济增长》(*Economic Backwardness and Economic Growth*) 变成《经济复苏与经济增长》,如此等等。①

还有一些重要术语,比如"original position""reflective equilibrium" "primary goods""goodness"和"reciprocity"等,也需要给出新的解释。当然,《正义论》中文文献涉及术语、人名、书名误读只是一个方面,更多误解不是个别单词或术语层面的,而是对罗尔斯正义理论的整体把握层面的。它要求解读者具备长期的综合性学术积累和较高的科学文化素养。在20世纪八九十年代,《正义论》中文解读者没有达到这个要求。即使到了今天,解读者也未必达到这个要求。这是中文读者在阅读时频繁受挫的重要原因。

"在未以最佳形式获得评判之前,无论什么学说,都是没有定论的学说。"② 这是罗尔斯转引密尔评论西季威克的一句话,它同样适用于汉语世界的《正义论》诠释与批评。诠释者基于原文版本进行再创作,再精明的观察家也有看走眼的时候。翻译或解读难免有差错。如果它们是个别现象,将是情有可原的。问题在于,这样的差错在《正义论》相关汉语文献中是随处可见的。这是一个系统性风险。而且,这个风险一直存在着,已经对当代中国政治哲学、法哲学和道德哲学研究,尤其是罗尔斯正义理论研究产生了消极影响。中国学者和学生长期置身于如此风险当中,却要摸索《正义论》的深邃思想,难免迷失前进的方向。消除误解和误读,把准确、可靠而真实的罗尔斯正义理论呈现给中文读者。这正是我们当前想要完成的任务。

二

经典是人类思想的精华,是给心灵留下深刻印迹、令人终生忘怀的作品;经典是读者不得不阅读、批评者不得不谈论、研究者不得不援引的深刻影响人类进步的文献,是人类文明万一遭受毁灭性灾难之后最想恢复的记忆片段。简而言之,经典是在有修养的共同体记忆中存留下来的屈指可

---

① 罗尔斯:《正义论》(修订版),何怀宏、何包钢、廖申白译,第226页脚注、第169页脚注、第209页脚注、第317页脚注、第353页脚注、第361页脚注。

② 罗尔斯:《道德哲学史讲义》,张国清译,第7—8页。

数的文献。

然而，经典被误读是难免的，甚至经典是经常被误读的。蒯因（W. V. Quine）认为："彻底的翻译几乎是一个不可思议的问题，对于同一种语言不可能进行两次彻底翻译。但有一点是确定的，当我们在思考彻底翻译可能的感觉材料的限度时，不确定性是不容置疑的。"[①] 他进而表示："我的翻译的不确定性命题针对意义进行批评的主要目的是澄清误解，但结果不是虚无主义。翻译仍然存在，而且是不可或缺的。不确定性的意思不是没有可接受的翻译，而是有很多翻译。"[②] 我们不能从翻译的不确定性推断出，经典就是用来误读的。它只是表明，同一个经典有多种译本是必然的和必要的。

翻译的不确定性（indeterminacy of translation）不同于翻译的不准确性（inaccuracy of translation）。以前者来替后者作辩解是不成立的。不准确的翻译就是错误的翻译，它只是意味着存在更好、更准确的翻译。解读经典，正本清源、还其本来面目是必要的。当然，除了准确地阅读原著、诠释经典，我们更要以批评的眼光去看原著、读经典。对古典作品如此，对当代作品也应如此。胡适在《中国哲学史大纲》中提出的"校勘、训诂、贯通"哲学评注方法在这里得到了全面应用。这是我们开展当前这项汉语哲学自我诊疗工作的学理依据。我们对原著、经典尝试新理解，在几成定论的地方寻求更加准确的解释。当然，新尝试仍然有风险，谁都不敢保证自己的解读是万无一失的。

因此，这是一项"我注六经"式的评注工作。一方面，《正义论》原有文本摆在那儿，它们容许评注者自由发挥的空间是有限的。另一方面，评注者在评注时难免把自己的主观理解甚至误解强加于原著。笔者的做法是，以《正义论》英文文本为依据，参照现代哲学社会科学基础知识和标准术语（包括一定的数学和自然科学知识），进行逐段、逐句甚至逐字的核实、对比、诠释和评析，把相关文献的疏漏、疑点和歧义揭示出来，做到持之有据，言之成理，把《正义论》讲明、讲通和讲透，通过细致诠释、对比和评析已有文献，准确呈现《正义论》的本来面目，提供符合时代要求的正义理论读本。

---

① 蒯因："再论翻译的不确定性"，胡庭树译，《淮阴师范学院学报》2016 年第 6 期。另参阅 W. V. Quine, "On the Reasons for Indeterminacy of Translation", in *The Journal of Philosophy*, Vol. 67, No 6, Mar. 26. 1970, pp. 178 – 183; and W. V. Quine, "Indeterminacy of Translation Again", in *The Journal of Philosophy*, Vol. 84, No. 1, Jan. 1987, pp. 5 – 10。

② 蒯因："再论翻译的不确定性"，胡庭树译，《淮阴师范学院学报》2016 年第 6 期。

我的目标是，追溯《正义论》涉及议题与西方哲学、政治、法律、经济和社会诸多领域的思想关联，尝试对每个术语、语句、段落和章节给出准确诠释和必要评析，对关键术语和原则做出新的解读，呈现公平正义观念与效用论正义观念、直觉论正义观念、至善论正义观念的异同，评析当代西方学者围绕正义理论不同论题展开的争议，评估罗尔斯正义理论的贡献和局限。我也将评估中国学者在解读《正义论》方面的贡献与局限，以期准确、细致、系统、全面地评注《正义论》。

接下来，我介绍一下这项工作的具体操作方法，涉及评注对象亦即《正义论》各种版本、评注策略和编排格式。

（一）版本说明

1971年，《正义论》英文第一版出版，它就是John Rawls, *A Theory of Justice*, Cambridge, MA：The Belknap Press of Harvard University Press, 1971。

1988年，《正义论》中文第一版出版，译者为何怀宏、何包钢、廖申白，由中国社会科学出版社出版（简称"H本第一版"）。

1991年，《正义论》中文第一版另一译本出版，译者为谢延光，由上海译文出版社出版（简称"X本"）。

1999年，《正义论》英文修订版出版，它就是John Rawls, *A Theory of Justice*, *Revised Edition*, Cambridge, MA：The Belknap Press of Harvard University Press, 1999。

2009年，《正义论》中文版修订版出版，译者为何怀宏、何包钢、廖申白，由中国社会科学出版社出版（简称"H本"）。

除非另有说明，评注中《正义论》英文版以1999年修订版为主，文中注明英文版原文页码，一般指1999年修订版页码。

（二）评注策略

笔者以中国古典注疏方式逐字解读《正义论》。采取的策略是，以1999年英文修订版为蓝本，哲学的归哲学，科学的归科学，常识的归常识，细心解释罗尔斯论证的每个细节，借鉴国内外已有成果，通过以段落为单位，逐句比较不同文献呈现的思想以及在关键术语上存在的解读差异，矫正中文文献的相关错误，准确呈现《正义论》涉及的哲学、政治、法律、经济、社会、管理、心理和高等数学等相关专业术语和专门知识，提供可靠的《正义论》中文评注文本。

在完成对《正义论》前两章评注之后，笔者发现，也许受限于中国改革开放初期研究者的知识储备、专业构成和语文能力，H 本和 X 本存在的差错各有不同，但无实质差别。鉴于 H 本是目前《正义论》中文版合法版权载体，笔者以 H 本为主要考察对象，同时参考中国学者相关研究成果，在脚注中有明确注明。

（三）编排格式

为汉语世界的正义理论提供精确的评注文本，是一项细致而琐碎的计划。为了让这项计划变得名副其实，笔者采取某种标准的编排格式。每一节解读由四部分构成：【题解】、【原文】、【评析】与【诠释】。其中，【评析】与【诠释】是主体部分。

1. 关于【题解】，笔者对《正义论》每一章节主要思想和讨论专题做简要介绍和评价。在如此做的过程中，笔者尽量对重要术语和概念进行必要的思想史溯源，评估不同解读的得失。

2. 关于【原文】，笔者以《正义论》1999 年英文修订版的每一个段落为单位，作为文本诠释的对象和依据。笔者在必要时提及 1971 年英文第一版，以揭示罗尔斯在《正义论》修订版中的必要修订。除了两个序言，《正义论》正文有 9 章 87 节。在标注【原文】时，我们只呈现评注对应的节、段落和页码。于是，

修订版序言第一段落及页码的标注是：RE – 1 – p. xi；
修订版序言第二段落及页码的标注是：RE – 2 – p. xi；
第一版序言第一段落及页码的标注是：PR – 1 – p. xvii；
第一版序言第二段落及页码的标注是：PR – 2 – pp. xvii – xviii；
修订版第一章开场白及页码的标注是：CH – I – p. 3；
修订版第二章开场白及页码的标注是：CH – II – p. 47；依此类推。
修订版第一节第一段落及页码的标注是：§1 – 1 – pp. 3 – 4；
修订版第一节第二段落及页码的标注是：§1 – 2 – p. 4；依此类推。
修订版第二节第一段落及页码的标注是：§2 – 1 – pp. 6 – 7；
修订版第二节第二段落及页码的标注是：§2 – 2 – p. 7；依此类推。
因此，修订版最后段落的标注是：§87 – 19 – p. 514。

3. 关于【评析】，笔者对照英文版的原文段落，比较与英文段落对应的已有中文段落。笔者逐句对照，通过比较研究，发现英文文本与中文文献之间的契合度，找出其中存在的显著差异，解释产生差异的原因。凡有误读，即给出纠正。凡有异议，皆尝试新解。【评析】着重考查每个语句、语词的准确含义和表达细节，主要为研究者提供参考意见。对于普通读者

来说，只要阅读【诠释】部分即可。

4. 关于【诠释】，笔者对照英文原文，对难以确定含义的语句，参照国内外研究成果，尤其是罗尔斯弟子和同事的研究成果，提出自己的诠释。罗尔斯独创了一套政治哲学话语，除了哲学以外，有些术语借鉴了社会科学和自然科学。鉴于研究者对正义理论专业术语存在不同理解，为了保持学术研究的一致性，除了对个别术语提出自己理解，笔者遵循学术界通用的专业术语。同一术语在不同语境中往往会有不同的呈现形式，笔者注意到这种差异，力争保持术语的相对一致性。

罗尔斯早年求学于普林斯顿大学，长期任教于哈佛大学。他有语言洁癖，在构思正义理论过程中，想要提供一个完备、精确、简洁而连贯的正义理论。作为一部政治哲学、法哲学和道德哲学经典，《正义论》是被今天的中国哲学社会科学研究者认真研读借鉴并且"翻烂了的"著作。基于如上判断，笔者以《正义论》英文原著和中文版本为对象，比较、校勘和评析不同版本，不放过任何疑点，纠正这个著作受到误解的方方面面，重现罗尔斯在术语、文法和修辞方面做出的努力，展示其正义理论的思想完备性和逻辑自洽性，呈现这部哲学经典的思想魅力。我们希望，通过自己的努力，使《正义论》成为一部名副其实的汉语学术译典。

因此，这是一项针对汉语世界解读《正义论》的正本清源工作，也是一次寻求新解的探索。回到罗尔斯，从原著开始，从源头开始，对《正义论》开展重新解读，既是研究罗尔斯正义理论的需要，也是发展中国哲学社会科学的要求。重新解读《正义论》，也许能给汉语政治哲学、法哲学和道德哲学带来一番新气象。

三

学术探索是"去粗取精，去伪存真，由此及彼，由表及里"[①]的过程。探索者质疑看似确定的真理，澄清模糊不清的观点，纠正自相矛盾的命题，把事物的本相呈现出来。这也是哲学研究的方法。哲学原理应当精确而明晰，结论不一定令人信服，但所述命题应做到完备、精确、简洁而连贯。《正义论》正是这样一部哲学著作。

需要指出的是，《正义论》并非无可挑剔，罗尔斯在其中表达的某些

---

① 毛泽东：《毛泽东选集》（第一卷），人民出版社1991年版，第291页。

政治观点显然是错误的。比如，他过分美化以英美资产阶级宪政民主制度为原型的社会制度，把它设计为一种由自由平等、民主理性、有正义感的公民联合建立的所谓良序社会。他对现代西方自由民主制度缺乏必要的反思和批判态度，为西方国家干预别国内政提供理论支持和哲学论证。他肯定人权高于主权之说，标榜自由民主国家之间不存在战争风险，战争只存在于自由民主国家和非自由民主国家之间，或者只存在于非自由民主国家之间。由于主要围绕效用论、直觉论、至善论和契约论等英美政治和道德思想史中个别流派的正义观念展开讨论，《正义论》带有显著的康德式主观唯心论色彩，在整体上缺乏历史感。罗尔斯对现代国家的理解是缺乏民族、历史、文化与传统支撑的，这是他的政治哲学的最大弱点。尽管罗尔斯通过提出差别原则对社会中弱势阶层表现出深刻同情，但是差别原则只起着阶级利益冲突的调和作用，没有触及资本主义社会基本矛盾及其私有制根源。罗尔斯缺乏质疑和挑战资本主义私有制的学术抱负和理论勇气。当然，我们也须承认，这个作品在出版之后在世界哲学社会科学界引起持久争论和讨论，它的确触及到了当代普遍存在的社会政治问题。罗尔斯明确地给这些问题提出了解决方案，尽管它们未必令人信服，但是他面对这些难题的勇气与决心值得充分肯定。

借鉴世界各国人民创造的优秀文化和文明成就，建设自由平等民主理性的现代文明社会，激励人民群众创造物质财富和追求美好生活，合理调节不同阶层和群体的财产和收入，优先保障基层民众的根本利益和基本福祉，为全体人民实现公平正义和共同富裕，"推动构建人类命运共同体，弘扬和平、发展、公平、正义、民主和自由的全人类共同价值，引领人类进步潮流"①，贡献哲学社会科学知识、思想与智慧，是中国哲学社会科学工作者的使命。伟大思想家的精神遗产属于整个人类，也属于中国人民。像马克思和杜威一样，罗尔斯是影响现代中国社会变革的重要政治思想家。准确诠释和中肯批评《正义论》，是完成这个使命的重要环节。

现在，人类社会已经进入全球化时代。全球化的一大特点是，人类共同处于价值多元、利益多元、身份多元、文化多元、生活方式多元的多元现代性当中。人既追求真、善、美，也渴望亲情、友情、爱情，更向往自由、平等、正义。它们是人类的基本价值。正如李德顺教授总结的那样，在人类对正义的追求上，存在两种基本类型。"在经历了欧洲中世纪和中国古代的等级制人身依附阶段以后，近代和现代社会所面对的正义模式，

---

① 《中共中央关于党的百年奋斗重大成就和历史经验的决议》，人民出版社2021年版，第60页。

事实上形成了'以自由为核心的正义观'与'以公平为核心的正义观'两种基本类型。前者是整个资本主义历史所证实的核心价值观念。后者则是社会主义所据以立论并追求的价值观念。二者之间具有历史发展的先后阶段性联系,而非彼此对抗、绝对排斥的关系。"① 两种正义模式有竞争甚至斗争,但会长期并存。至于哪个模式更具优势,罗尔斯没有给出明确答案。他宽容地表示:"究竟某种形式的产权民主制度,还是自由的社会主义政体,能够更好地实现公平正义原则?公平正义对这个问题持开放态度。解答这个问题,要留给各种历史条件,留给每个国家的传统、制度与社会力量。"② 这是一种理性而务实的态度。

2002 年,罗尔斯、诺齐克(Robert Nozick)和黑尔(Richard Hare)在同一年去世。黑尔在回顾一生时说过一番令人心碎的话。他说自己迷迷糊糊做了一个奇怪的梦,仿佛正站在一座云雾缭绕的山顶,感到自己诸事顺遂,人生圆满,不仅因为自己成功登上了山顶,而且因为实现了一生的抱负,找到了解答道德难题的理性方法。正当他感到得意忘形时,转瞬之间,云雾散去,山顶上到处都是其他哲学家的坟墓。所有这些大大小小的哲学家,曾经都与他一样,个个胸怀壮志,以为自己完成了人生的夙愿。他于是幡然大悟,原来那只是一场梦。所谓人生圆满,只是幻觉而已。③ 黑尔的临终感言颇有庄子哲学意味。不过,罗尔斯、诺齐克和黑尔等人设想的自由、平等、民主的社会不是虚幻的,他们留下的理性主义政治哲学、道德哲学和法哲学思想是重要的哲学遗产。

生存,还是毁灭?在人类面临重大生存风险的当下,哲学研习者应当有所作为。他们必须告诉世界人民,竞争与冲突、你死我活的对抗甚至战争,不再是理性的人类生存与交往方式,优势互补、互惠共赢、共享合作与共谋发展才是人间正道。世上总是热爱和平的人多;对叫嚣战争的,我们总是有办法对付的。我们相信,只要摆正姿态,研习经典,总会有正向的收获,对人类向着圆满的目标前行,总会有积极的启示。

政治哲学属于伦理学,是不同主体之存在、行为和动机的正当性、合法性和合理性的道德考量。人类越是进入文明状态,就越需要这种道德考量。在充满不确定的动荡年代,人们渴望从哲学经典中寻求思想指导。政治哲学是许多高校开设的通识课程之一,是把哲学研习者和未来的政治从

---

① 李德顺:"公平是一种实质正义——兼论罗尔斯正义理论的启示",《哲学分析》2015 年第 5 期。
② John Rawls, *A Theory of Justice*, *Revised Edition*, pp. xv – xvi.
③ Richard Hare, "A Philosophical Autobiography", *Utilitas*, 2002 (14), p. 269.

业者紧密联结在一起的一门学科。作为政治哲学的经典,《正义论》是哈佛大学学生借阅最多的著作之一,也是当代哲学社会科学的重要参考书。不盲从,不迷信,有借鉴,有批评,呈现经典原本有的样子,是我们对待《正义论》的态度。希望这项工作对大家研读《正义论》有所帮助。

《正义论》修订版序言
Preface for the Revised Edition

【题解】

《正义论》英文修订版序言的落款时间为1990年11月,在内容上与罗尔斯在1987年为其法文版撰写的序言多有相似之处。① 不过,我们从罗尔斯的说明可知,修订版的修订工作在1975年3月就已完成。因此《正义论》两个英文版本都是20世纪70年代的作品。

在这个序言中,罗尔斯回顾了《正义论》发表之后所受到的一些批评,书中存在的若干疏漏,修订版的修订说明及其理由。他尤其提到《正义论》英文版第一版的两大软肋,一是关于"基本自由及其优先性"(basic liberties and their priority)的解释;二是关于"基本善"(primary goods)的解释。罗尔斯在这个序言中说明了他本人在修订版中对这两大软肋的修订工作。他提醒读者,修订版在第三章和第四章有较大修订,这些修订属于个别技术细节,不涉及《正义论》的基本见解和基本框架。

关于术语"primary goods",汉语学界主要有"基本善"(何怀宏、姚大志、何包钢、廖申白、龚群)、"首要善"(万俊人)、"基本的善"(徐向东)、"基本物品"(赵汀阳、王绍光)、"基本嘉益"(童世骏)、"基本有用物品"(石元康、周保松)等解读。其他还有"基本益品""基本善品""基本善物""基本福祉"等解读。② 它们大多符合汉语习惯,但在汉语哲学语境中,有些解读容易引起误解。以"基本善物"为例,在汉语习

---

① 参阅罗尔斯《罗尔斯论文全集》,陈肖生等译,吉林出版有限责任公司2013年版,第469—475页。
② 王绍光:《安邦之道:国家转型的目标与路径》,生活·读书·新知三联书店2007年版,第211页。金里卡:《当代政治哲学》(上),刘莘译,上海三联书店2004年版,第103页。罗尔斯:《罗尔斯论文全集》,陈肖生等译,第471、511页。

惯中，"善物"和"善款"往往连用，表示慈善捐赠之物。① 另外，该术语若解读为"基本物品"，如此解读偏重物质方面和经济方面，容易造成庸俗化解读。参考各种意见，笔者主张把它解读为"基本善"。在本项评注中，笔者一般使用术语"基本善"。当然，这需要做些解释。

"primary goods"亦即"基本善"，是自由平等公民在学习、工作和生活中都想要得到的美好事物，是良序社会成员在设计理性人生规划时必定考虑或欲求的基本必需品，是任何理性个体渴望实现的初始人生目标。从罗尔斯列举"primary goods"的内容来看，它们是"初始的权利和利益"。从罗尔斯对公平正义原则的论证可知，基本权利和基本自由属于"权利"范畴，由第一正义原则规制；个人财产和收入属于"利益"范畴，由第二正义原则调节，它们合在一起就是"权益"。"goods"就是"权利和利益"，简称"权益"。位置、地位、职权、荣誉和自尊也可以纳入"权益"概念而得到理解。笔者曾撰文表示，"初始权益"能够确切包括"primary goods"指称的这两类对象。② 鉴于汉语学界已有针对"primary goods"的通用术语，笔者接受"基本善"术语。

相应地，"citizens' index of primary goods"可解读为"公民基本善指数"。布赖尔表示，"多种多样的基本善引发了指数问题"③。基本社会制度极大化处境中最糟糕个体的潜在福祉，取决于若干基本善的向量（vector of amounts of primary goods）。要想提高公民福祉，增强公民获得感或幸福感，就得重视基本善指数问题。德沃金列举的可分配的善有"财富、福利、荣誉、教育、承认、岗位"④。他认为，任何善的分配都涉及现行制度框架是否公平问题。

目前国内多数学者把"primary goods"解读为"基本善"。这表明"基本善"是比较受到认可的解读。但是解读者给出的理由各不相同。从不同学者对"基本善"的理解来看，有的对"primary goods"存在误解。

譬如，有学者表示，"在罗尔斯那里实际上有两种善的观念：一种是通常意义上的善，一种是'基本善'。对于前者，'正义优先于善'是没有问题的。对于后者，则不能说'正义优先于善'，因为'基本善'是罗

---

① 杨伟清：《正当与善：罗尔斯思想中的核心问题》，人民出版社2011年版，第99页。
② 张国清："初始权益与分配正义"，《浙江社会科学》2015年第6期。
③ Douglas H. Blair, "The primary-goods indexation problem in Rawls's theory of justice", in *Theory and Decision*, 1988（24）, pp. 239－252, p. 239.
④ 德沃金：《原则问题》，张国清译，江苏人民出版社2005年版，第286页。

尔斯推论出正义原则的前提条件，它在逻辑上先于正义"①。这个推理过程是："基本善"不仅先于正义原则，而且是"推论出正义原则的前提条件"，"基本善""在逻辑上先于正义"，"基本善"优先于"正义"。所以，我们不能说"正义"优先于"基本善"的"善"。

此评论值得商榷。笔者认为，所有的"善"，包括"基本善"，都必须满足"正当优先于善"假说。至少在《正义论》中，罗尔斯从来没有动摇过"正当优先于善"的主张，它是一以贯之的。

下面是笔者对"正当优先于善"命题的必要解析。

1. 正义的首要性或至上性。它表示"正义是社会制度的首要德性"。这是贯穿《正义论》的第一命题。它否定正义是极大化的善，这是公平正义观念对效用正义观念的否定，也是公平正义论取代效用正义论的确切表达。

2. 正当的优先性。它表示"正当概念优先于善概念"。对于这一点，罗尔斯从来没有动摇过。它同样适用于处理"正当"与"基本善"的关系，亦即"正当优先于基本善"。

3. "基本善"假设从来没有挑战过"正当的优先性"假设。这是笔者与部分学者在解读"primary goods"概念时产生的最大分歧。后来，亦有学者在解读"正义的首要价值"上犯了相似错误，尽管他在犯错误方向上是正好相反的。② 前者的错误是，用"基本善"假设挑战进而否定"正当的优先性"假设。后者的错误是，用"分配正义"来解读《正义论》提出的"正义的首要德性"亦即"正当的首要价值"命题，用一般正义观念解读公平正义观念，进而否定"正义的首要德性"假设，最终否定"正当的优先性"假设。③

笔者认为，罗尔斯提出基本善思想，没有背离"正当优先于善"假设。否则，其整个正义理论将陷于混乱当中。

首先，关于所谓的"正义优先于善"命题，可以分为两种情形。

(1) 在《正义论》中，不存在"正义优先于善"这样的表述。通读《正义论》，笔者只找到"正当优先于善"（priority of the right over the good, p. 28）、"正当概念优先于善概念"（concept of right is prior to that of the good, p. 28）和"正当的优先性"（priority of right, p. 373）等表述。当然，

---

① 姚大志："罗尔斯的'基本善'：问题及其修正"，《中国人民大学学报》2011年第4期。
② 参阅段忠桥"正义是社会制度的首要价值吗？"，《哲学动态》2015年第9期。
③ 张国清："'正义是社会制度的首要价值'再议——兼与段忠桥教授商榷"，《浙江社会科学》2021年第1期。

罗尔斯和桑德尔等人存在正当与善何者优先的争论,但那是另一问题。①因此,"正义优先于善"这个表述是不准确的。

(2) 在《正义论》中,罗尔斯的确谈到了"正义的优先性"(priority of justice)。它们主要有:

> ①公平正义试图说明有关正义优先性的这些常识性信念,指出这些信念是在初始位置上将被选中的原则的结果。(p. 25)

这个语句没有提到正义与善的关系,或者正义对善的优先性。但是它提到"正义的优先性"信念是"被选中的原则的结果"。也就是说,我们从被选中的正义原则可以推导出"正义的优先性"。

> ②在公平正义中,正当概念优先于善概念。正义的社会制度规定个人必须在什么范围内发展其目标,它既提供权利和机会框架,又提供实现满足的手段,只有在这个框架之内,只有通过使用这些手段,才能公平地追求这些目标。在某种程度上,如果获取利益务必以违反正义为条件,那么这样的利益是没有价值的,正义的优先性因此而得到了解释。既然这些利益从一开始就没有价值,那么它们不得凌驾于正义的诸多主张之上。(p. 28)

这个语句既提到"正当概念优先于善概念",也提到"正义的优先性"。它表示的意思是"违反正义的利益是没有价值的",这个语句提到了正义与善的关系,或者正义与利益的关系。"正义的优先性"可以解读为"正义对善好的优先性",是"正当优先于善"的引申。罗尔斯在这个语句的脚注中提道:"正当的优先性是康德伦理学的一个重要特点(central feature)。"这是最接近部分学者提到的"正义优先于善"说法的原文。但是我们看不到他们所谓的"基本善"否定"正义的优先性"的明确理由。恰恰相反,罗尔斯明确表示,权利、机会和利益要在正义社会制度设定的框架内去追求,否则它们是没有价值的。

> ③一旦正义原则被推导出来,契约论对善观念(conception of the

---

① 参阅曹晟旻"为权利与善的优先性之争正名——兼及对'中间道路'的批判性反思",《浙江社会科学》2020年第3期。

good）做了若干限制。这些限制遵循正义优先于效率（priority of justice over efficiency）、自由权利优先于社会优势和经济优势（priority of liberty over social and economic advantages）、自由权利优先于社会利益和经济利益的顺序（假定这一系列顺序已经得到承认）。正如本人在前面评论的那样（§6），这些优先事项意味着，对有违正义之事物的欲望，亦即对除非侵犯正义的安排否则无法得到满足的事物的欲望，是没有价值的。满足这些需求，是毫无价值的，社会系统不会鼓励这些需求。（p. 230）

这个语句的意思与②句保持高度一致。它没有直接提到正义对善的优先性，但它明确提到"正义对效率的优先性"和"自由（权利）对社会优势和经济优势的优先性"。

笔者之所以列出在《正义论》中直接提到与"正当的优先性"和"正义的优先性"有关的原文，是因为"正义优先于善"是在中国政治哲学界流传甚广的命题。比如有人说："罗尔斯把他的'作为公平的正义（justice as fairness）'理论称为一种'康德式的建构主义（Kantian constructivism）'理论。国内学术界也很重视罗尔斯和康德思想观念的相似性。例如，他们都强调正义（或道德）之于善的优先性。"[①] 还有人说："道德意义上的正义优先于善，指正义是社会的首要价值，任何其他价值与正义相冲突的时候都要被排斥。"[②] 但是，"正义优先于善"在《正义论》中是一个查无确切出处的命题。

上述说法混同了"正义的首要性"假设和"正义的优先性"假设。在两个假设中，前者派生出后者。它们的含义是不同的。另外，法学界比较关注"权利的优先性"或"自由的优先性"，而不是"正义的优先性"[③]。这是另一议题。我们在此点到为止。

[①] 李科政："罗尔斯原初状态的康德式解释"，《道德与文明》2018年第1期。
[②] 徐正铨、郑祥福："罗尔斯正义理论视域中的优先问题"，《天津社会科学》2020年第4期。胡志刚："论优先问题——对罗尔斯《正义论》的一种分析"，《道德与文明》2009年第5期。苟卫锋："罗尔斯'正义优先于善'思想之人性依据"，《价值工程》2011年第27期。汤晓玲："正义优先于善——论未成年学生诚信教育中应坚持的价值原则"，《中学教学参考》2019年第12期。
[③] 参阅刘叶深"权利优先性的困境及其解决"，《环境法律评论》2017年第6期。朱振："权利与自律——探寻权利优先性的一种道德基础"，《华东政法大学学报》2016年第3期。赵柯："论罗尔斯和哈特关于自由及其优先性的对话"，《政治思想史》2014年第4期。陈龙："平等的基本自由及其优先性原则——罗尔斯自由理论探析"，《中南大学学报》2014年第4期。

因为在《正义论》中，罗尔斯本人表述的确切命题是"正当优先于善"，所以，部分学者用"正义优先于善"命题来解读或批评罗尔斯正义理论和善理论是不确切的。

其次，笔者猜测，令部分学者产生误解的可能段落是《正义论》第七章第 60 节第一段。本人对这个段落的解读是：

> 迄今为止，我很少提到善好概念（concept of goodness）。当我说一个人拥有的善（good）取决于在既定的恰当条件下对其而言最合理的人生规划时，我早前已略有提及这一概念（§15）。我一直假定，在良序社会里，公民持有的各种善观念都要符合公认的正当原则，包括要给各种基本善（various primary goods）留下恰当的地盘。不过，我只在相当不充分意义上使用善好概念。我实际上将区分两种善理论（theories of the good）。这样做的理由是，在公平正义里，正当概念优先于善概念（concept of right is prior to that of the good）。同各种目的论相比，当且仅当一个事情融入符合已有正当原则的某些生活方式，它才是善好的。不过，因为我们务必针对处在初始位置上各方的动机提出某些假定，所以为了确立这些原则，依赖于某个"善好"概念是必要的。由于这些假定不得危害正当概念的优先地位，用于论证正义原则的善理论，被严格限定在这些最为基本的议题上。这种关于善的见解，我称之为不充分善理论：它旨在确保关于基本善的前提，要想抵达正义原则，就必需那些前提。一旦这个理论得到论述，基本善得到说明，我们就可以自由运用正义原则，进一步发展本人称作充分善理论的理论。（pp. 347 - 348）

我们从这个段落没有看到，罗尔斯的基本善理论否定了"正当概念的优先地位"（prior place of the concept of right），或者，它否定了"正当概念优先于善概念"。我们只看到罗尔斯如下明确表示："由于这些假定不得危害正当概念的优先地位，用于论证正义原则的善理论，被严格限定在这些最基本议题上。"罗尔斯即使用"基本善"理论来论证正义原则，也没有用那个理论来动摇如下确信："这些假定不得危害正当概念的优先地位。"

有个语句也许是导致部分学者误解的关键语句："这种关于善的见解，我称之为不充分善理论：它旨在确保关于基本善的前提，要想抵达正义原则，就必需那些前提。"在笔者看来，这个语句强调"基本善"的重要性，只是为了证明，在筛选正义原则之前，各方就想要持有甚至已经持有基本善。罗尔斯承认，基本善在时间上先于正义原则而存在，但是，不能因此证明"基本善"在价值排序上优先于"正义"。任何个体追求"基本善"，任何团体谋求自身利益，也得遵守"正当优先于善"准则。这就是"正当的优先性"。它源于"正义的首要性"。"正当的优先性"假设派生于"正义的首要性"假设。"基本善"假设派生于"理性善好"（rationality as goodness）假设。"正当的优先性"假设和"基本善"假设看起来是平行假设。"正义的首要性"假设在"公平正义"（justice as fairness）观念中得到了更加精确的表达。公平正义优先于理性善好。"正当的优先性"假设在价值排序上优先于"基本善"假设。在社会基本结构设计中，正当比善，或者正义比善好，拥有较大的权重。这是公平正义观念区分于效用正义观念的最大特点。

最后，个体追求自己的"基本善"，仍然要坚持或符合正当的优先性。"基本善"的具体内容由两个部分组成，一部分是非交易性的基本权利和基本自由，包括人的尊严；另一部分是交易性的利益，包括人的收入和财富。公平正义主张，人的基本权利、自由和尊严是不可让与的，是不可交易的。这是"正当优先于善"的首要内容。正当的优先性在于保障每一个体完备拥有无法让与的基本权利、基本自由和人格尊严。当然，人的经济利益和社会利益，比如收入和财富，是可以进行交易的，这些交易活动同样要遵循"正当优先于善"规则。

因此，笔者认为，基本善假设不仅没有违反正义的优先地位或者正当的优先性，而且是真正落实着那个优先性。时间存在在先不等于价值排序优先。部分学者可能犯了以时间存在在先推出价值排序优先的错误。

比如，罗尔斯在另一个地方也谈起了基本善和正义原则的关系：

> 自由和机会、收入和财富，首先是自尊，都是基本善，这一点确实必须由不充分善理论来解析。正义原则的约束条件不能用于引出作为对最初状态的部分描述的基本善清单（list of primary goods）。其原因当然是，这份清单是得出选择正当原则的前提之一。在解析这份清单时，引证正当原则将是循环论证。于是，我们必须假定，结合以下一般事实：人的需要和能力、人所处的特定阶段和营养要求、亚里士多德式原则以及社会相互依赖的必要性等，基本善清单可以通过理性善好观念来解释。我们决不能诉诸正义的约束条件。不过，一旦我们对以这种方式阐述基本善清单表示满意，那么在关于"善好的"定义的所有进一步应用中，我们就能自由援引正当的约束条件。我不想在此为基本善清单作辩解，因为人们针对它们的求偿权看似足够明确。然而，本人将一再回到

> 这一个问题上来，当联系到自尊这个基本善时，尤其如此。接下来，我把这份清单看作确定的，并运用充分善理论。这个理论的检验是，它应当符合我们在自反均衡中深思熟虑的价值判断。(p. 381)

在上面这个段落中，罗尔斯表示，"基本善清单"不能用"正义原则的约束条件"来解释，对这份清单的解释要用"理性善好观念"来解释。因此他说"我们决不能诉诸正义的约束条件"。但是，因为公平正义观念优先于理性善好观念，所以，一旦那份清单得到清晰的描述，它仍然要符合"正义的优先性"。

笔者认为，这个段落仍然可以用上面的观点予以解释：基本善与正当相比在时间上的存在在先推导不出在价值上的排序优先。罗尔斯承认，因为基本善清单在时间上先于正当原则而存在，所以基本善的合理性不得引证正当原则作为依据。但是，一旦基本善清单得到确定，它们仍然要接受正当原则的约束。也就是说，个体对基本善的追求，仍然要遵循"正当优先于善"规则。比如，在奴隶制度中，蓄奴者或奴隶主可以把占有和使用奴隶当作"基本善"来追求，但在公平正义论者看来，那样的追求是违反正义的，亦即违反"正当优先于善"规则，因而是没有社会价值的。

同样地，在讨论正义与效率和福祉的关系时，罗尔斯在《正义论》第三章第 4 节中做了如下表述：

> 第二个优先性规则（正义优先于效率和福祉）第二正义原则既在词序上先于效率原则，又在词序上先于极大化各种优势集的原则；并且，公平机会（原则）优先于差别原则。存在着两种情况：(1) 机会不平等必须增加机会较少者的机会；(2) 过高储蓄率总的来说必须减轻那些承受这种困难的人的负担。(pp. 266—267)

正如罗尔斯概括的那样，它可以简称为"正义优先于效率"或"正义优先于福祉"(priority of justice over efficiency and welfare)，但它不是"公平优先于效率"或"公平对效率的优先"(priority of fairness over efficiency)。部分学者关于《正义论》存在"公平优先于效率"思想的讨论并无大错，但是"公平优先于效率"毕竟不是罗尔斯本人的说法，至少在《正义论》中是如此。[①]

[①] 徐正铨、郑祥福："罗尔斯正义理论视域中的优先问题"，《天津社会科学》2020 年第 4 期。

正义的首要性、自由的优先性、正当的优先性、正义的优先地位等都是公平正义理论对社会基本制度提出的要求与规定，由社会基本制度的安排来规制和调节人们的权利和利益，当然包括规制和调节人们追求的基本善。这些表述在含义上是不同的，它们在制度安排中发挥的作用或者拥有的权重是不同的。

正义的首要性既不同于正当的优先性，也不同于自由的优先性。正义的首要性，就是"正义是社会制度的首要德性"，是罗尔斯在《正义论》中提出的首要假设，一切其他假设皆因它而得到解析。当部分学者把'正义的首要性'解读为"正义是指与社会基本制度（或主要制度）相关的分配正义"①时，他狭隘化了那个假设的含义，也降低了它的层级。另有学者很好地纠正了这类误解："罗尔斯在此强调正义对于社会制度具有首要价值，是其首要德性。也就是明确告诉我们，他的正义论所研究的不是以个人正义为中心，而是以社会基本制度即国家制度为中心。在思想史上，罗尔斯重新告诉人们，制度正义具有压倒一切的重要性，如果制度不正义，就必须改造或加以废除。"②

罗尔斯本人对由正义的首要德性引出的几种优先性有明确表述："存在着有待区分的几种优先性。我所说的自由的优先性，是指（作为第一正义原则的）平等自由原则优先于第二正义原则。两个正义原则以词序排列，因此，关于自由的主张或诉求必须首先得到满足。在这一点实现之前，任何其他原则都不得发挥作用。正当优先于善，或者公平机会原则优先于差别原则，目前不是我们关心的问题。"（p.214）这些优先事项的落实问题，是对社会基本制度的评价问题。因为正当的基本制度是实现个体基本善的制度保证。解决了这些相关的优先性问题，有助于实现个体的基本善。

如上所述，罗尔斯的基本善理论，没有否定他的"正当优先于善"假说。笔者如此解读可以圆满解释部分学者在正义的首要性、正当的优先性、基本善及其相互关系问题上存在的误解或困惑。③

---

① 参阅段忠桥"正义是社会制度的首要价值吗?"，《哲学动态》2015年第9期。
② 龚群："正义之首：罗尔斯的社会制度正义"，《湖北大学学报》2021年第6期。
③ 参阅张国清"'正义是社会制度的首要价值'再议——兼与段忠桥教授商榷"，《浙江社会科学》2022年第1期。为了照顾个别学者对"first virtue"的理解，该论文把它解读为"首要价值"，其他地方解读为"首要德性"。

【原文】RE – 1 – p. xi

【评析】

罗尔斯在这里一开始就表示，自己无论如何修订，《正义论》的基本理念和核心学说是不变的。因此，他的修订只是个别细节的、技术意义的，所有修订是为了更好地展示或论证其基本主张。

1. 原文："central doctrines"（p. xi）。H 本："核心理论"（"修订版序言"第 1 页）。新解："核心学说"或"核心教义"。

2. 原文："I wish, as one might expect, that I had done certain things differently, and I would now make a number of important revisions"（p. xi）。H 本："正像所期望的，我希冀对有些内容做不同的处理，并做出一些重要的修正"（"修订版序言"第 1 页）。新解："正如有人期待的那样，本人但愿对有些事情做了不同处理，我愿意现在做一些重要修订。"这是一个现在完成虚拟式，表示作者立足于当下回顾过去的一种主观愿望。

【诠释】

为《正义论》修订版撰写序言给我以莫大的快乐。尽管第一版受到许多批评，但是我仍然接受其主要轮廓（main outlines），并捍卫其核心学说。当然，正如有人期待的那样，本人但愿对有些事情做了不同处理，我愿意现在做一些重要修订。只不过，正如有些作者有时说起那样，即使重写《正义论》，我也不会写出一部完全不同的书来。

【原文】RE – 2 – p. xi

【评析】

1. 原文："To the best of my knowledge these revisions have been included in all subsequent translations"（p. xi）。H 本："就我力所能知的，这些修订被包括在所有随后的翻译中了"（"修订版序言"第 1 页）。新解："据本人所知，这些修订已经包含在所有的后续译文中。"

2. 原文："Since this revised text includes what I believe are significant improvements, the translated editions（provided accuracy is preserved）until now have been superior to the original"（p. xi）。H 本："因为这一修订本包括了我相信是有意义的改进，这些译本假如译文准确，应该都优于

最初的版本"（"修订版序言"第1页）。新解："既然这个修订本已经包括本人完成的重要润色和补正，假如译文准确，那么迄今为止，这些译本皆优于最初的英文版本。"这里的"the original"指是的1971年出版的《正义论》英文第一版。

3. 原文："**This revised edition incorporates these improvements**"（p. xi）。H本："而现在这个修订版把这些改进纳为一体"（"修订版序言"第1页）。新解："这个修订版就包含了这些润色和补正。"

【诠释】

1975年2—3月间，为了推出那一年的《正义论》德文版，我对《正义论》英文版第一版做了许多修订。据本人所知，这些修订已经包含在所有的后续译文中，我此后未曾再做修订。因此，所有译本都来自同一个修订本。既然这个修订本已经包括本人完成的重要润色和补正，假如译文准确，那么迄今为止，这些译本皆优于最初的英文版本。这个修订版就包含了这些润色和补正。

【原文】RE – 3 – p. xi

【评析】

罗尔斯表示，《正义论》表达的政治主张，符合宪政民主制度的核心价值。

1. 原文："**Before commenting on the more important revisions and why they were made, I will comment on the conception of justice presented in A Theory of Justice, a conception I call 'justice as fairness'**"（p. xi）。H本："在评论较重要的修订以及为什么做出这些修订之前，我要评论一下我在《正义论》中提出的正义观念，亦即我称之为'公平的正义'的观念"（"修订版序言"第1页）。新解："在说明这些重要修订及其理由之前，我要讲一下在《正义论》中得以展示的某种正义观念，本人称之为'公平正义'观念。"另外，有人把短语"justice as fairness"解读为"公平式的正义"，有人则解读为"公平型正义"，皆颇为传神；另有学者把它解读为"公平即正义"，也可参考。①

---

① 周保松：《自由人的平等政治》（增订版），生活·读书·新知三联书店2013年版，第17页。李德顺："公平是一种实质正义——兼论罗尔斯正义理论的启示"，《哲学分析》2015年第5期。应奇："罗尔斯与近代西方政治文化传统"，《浙江社会科学》1999年第6期。

2. **原文**："**The central ideas and aims of this conception I see as those of a philosophical conception for a constitutional democracy**"（p. xi）。**H本**："我把这一正义观的中心观念和目标视做一种宪政民主的哲学观的成分"（"修订版序言"第1页）。**新解**："依本人之见，公平正义观念主张的中心思想和目标，乃是推崇宪政民主哲学观念的中心思想和目标。"

3. **原文**："**a wide range of thoughtful political opinions**"（p. xi）。**H本**："诸多思考的政治观点"（"修订版序言"第1页）。**新解**："诸多颇有见地的政治观点。"

【诠释】

在说明这些重要修订及其理由之前，我要讲一下在《正义论》中得以展示的某种正义观念，本人称之为"公平正义"（justice as fairness）观念。依本人之见，公平正义观念主张的中心思想和目标，乃是推崇宪政民主哲学观念的中心思想和目标。本人希望，针对诸多颇有见地的政治观点，公平正义纵使并非完全令人信服，但也看似合理而有用，表达了民主传统之共同内核（common core of the democratic tradition）的本质部分。

【原文】RE–4–pp. xi–xii

【评析】

罗尔斯在此简要说明了公平正义观念取代效用正义观念的理由，认为"效用论未能令人满意地解释作为自由平等个体的公民所享有的基本权利和基本自由"（p. xii）。

1. **原文**："**I wanted to work out a conception of justice that provides a reasonably systematic alternative to utilitarianism**"（p. xi）。**H本**："我想建立一种正义观，它能提供对功利主义合理和系统的替代"（"修订版序言"第1页）。"utilitarianism"一词一般被解读为"功利主义"。在本书中，笔者大多将它解读为"效用论"。有人把"utilitarianism"解读为"效用主义"[1]。还有人把它解读为"效益主义"[2]，也可参考。**新解**："我想要阐述一种正义观念，它将相当系统地取代效用论。"

---

[1] 罗尔斯：《罗尔斯论文全集》，陈肖生等译，第470页。
[2] 黄益民："道德圣人与后果主义"，《云南大学学报》2021年第6期；周保松：《自由人的平等政治》（增订版），第82页。

2. 原文："I do not believe that utilitarianism can provide a satisfactory account of the basic rights and liberties of citizens as free and equal persons, a requirement of absolutely first importance for an account of democratic institutions"（p. xii）。H 本："我不相信功利主义能够对作为自由与平等的个人的公民基本权利和自由提供一种令人满意的解释，而这对一种民主制度的诠解来说是绝对首要的要求"（"修订版序言"第 1 页）。新解："本人认为，效用论未曾令人满意地解释作为自由平等个体的公民所享有的基本权利和基本自由，要想解释各种民主制度，这是一个首要的要求。"

3. 原文："I used a more general and abstract rendering of the idea of the social contract by means of the idea of the original position as a way to do that"（p. xii）。H 本："我通过作为一种处理方式的'原初状态'的观念，采用了社会契约论的一种较一般和抽象的形式"（"修订版序言"第 1 页）。新解："为了完成这项工作，借助于初始位置理念，我对社会契约理念做了更为一般而抽象的演绎。"

【诠释】

我已在本书第一版序言中讲过公平正义观念的中心思想和目标。正如第一版序言第二段落和第三段落解释的那样，鉴于某种形式的效用论（utilitarianism）长期支配着盎格鲁—撒克逊政治思想传统，我想要阐述一种正义观念，它将相当系统地取代效用论。在本人看来，希望找到这个替代理论的首要理由是，作为宪政民主制度（institution of constitutional democracy）的基础，效用论学说（utilitarian doctrine）有其弱点。尤其是，本人认为，效用论未曾令人满意地解释作为自由平等个体的公民所享有的基本权利和基本自由（basic rights and liberties），要想解释各种民主制度（democratic institutions），这是一个首要的要求。为了完成这项工作，借助于初始位置（original position）理念，我对社会契约理念（idea of the social contract）做了更为一般而抽象的演绎。令人信服地解释基本权利和基本自由，令人信服地解释基本权利和基本自由的优先性，是公平正义的第一个目标（first objective of justice as fairness）。尝试将这些解释与关于民主平等（democratic equality）的某种理解融会贯通，是公平正义的第二个目标（second objective），那种理解将导出公平机会均等原则（principle of fair equality of opportunity）和差别原则（difference principle）。①

---

① 关于两个正义原则，参阅《正义论》第二章第 12—14 节。正是两个正义原则，尤其是差别原则，赋予公平正义以自由主义特征或社会民主特征。——原注

【原文】RE – 5 – pp. xii – xiii

【评析】

1. 原文:"These I shall now try to indicate, although I am afraid much of what I say will not be intelligible without some prior knowledge of the text"（p. xii）。H 本:"现在，我要试着指出这些修订，虽然我担心没有某些预先文本的支持，我所说的有些内容恐怕不易理解"（"修订版序言"第 2 页）。新解:"本人现在试着讲一下这些不足。我担心的是，若不先对原文有所了解，读者恐怕不知道本人正在说些什么。"这里的"these"指的不是"这些修订"，而是"这些不足"。

2. 原文:"One of the most serious weaknesses was in the account of liberty, the defects of which were pointed out by H. L. A. Hart in his critical discussion of 1973"（p. xii）。H 本:"初版最严重的弱点之一是在对自由的解释中由 H. L. A. 哈特在他 1973 年的批评讨论中指出的那些缺点"（"修订版序言"第 2 页）。新解:"初版的第一大软肋存在于关于自由的解释当中，1973 年，哈特在批评讨论中已经指出了那个解释存在的诸多缺憾。"

3. 原文:"I made revisions to clear up several of the difficulties Hart noted"（p. xii）。H 本:"我为澄清哈特指出的某些困难做了修订"（"修订版序言"第 2 页）。新解:"我做了若干修订，以期破解哈特提出的数个难点。"

4. 原文:"These changes in the account of liberty can, I think, fit comfortably within the framework of justice as fairness as found in the revised text"（p. xiii）。H 本:"我想，在自由的解释中的这些改变能够妥帖地适应于修订版中所见的'公平的正义'的结构"（"修订版序言"第 2 页）。新解:"本人认为，对解释自由的这些改动，可以妥当地整合到公平正义框架之内，那个框架可见于经过修订之后的本书正文当中。"

【诠释】

1975 年作修订时，本人订正了《正义论》第一版的若干不足之处。本人现在试着讲一下这些不足。我担心的是，若不先对（《正义论》第一版）原文有所了解，读者恐怕不知道本人正在说些什么。不过，抛开这个顾虑不讲,初版的第一大软肋存在于关于自由(liberty)的解释当中。1973 年,哈特(H. L. A. Hart)在批评讨论中已经指出了那个解释存在的诸多缺憾。① 从第 11 节开始,我做了若干修订,以期破解哈特提出的数个难点。必须承认的是,虽然已有相当改进,《正义论》修订版的解释仍未尽如人意。一个更好的版本可见于 1982 年本人以"基本自由及其优先性"(The Basic Liberties and Their Priority)为题发表的论文,该文试图回答哈特提出的最重要质疑。② 基本权利、基本自由及其优先性(basic rights and liberties and their priority),在那里被说成是为所有公民提供平等保障的社会条件。那些条件对于公民充分发展、全面且知情地实践两种道德能力——他们持有某种正义感能力和他们持有某种善观念能力(their capacity for a sense of justice and their capacity for a conception of the good)——是至关重要的。本人把公民持有正义感能力和公民持有善观念能力视为两个基本情形(two fundamental cases)。简而言之,第一个基本情形是,公民通过实践正义感,将正义原则运用于社会基本结构;第二个基本情形是,公民将实践理性和思考能力应用于构建、修正和理性追求其善观念的过程。平等的政治自由(equal political liberties),包括其公平价值(一个将在第 36 节予以介绍的理念)、思想自由、良心自由和结社自由(freedom of thought, liberty of conscience, and freedom of association)旨在保证,在这两个情形中得到实践的两大道德能力是自由、知情且有效的。本人认为,对解释自由的这些改动,可以妥当地整合到公平正义框架之内,那个框架可见于经过修订之后的本书正文当中。

【原文】RE – 6 – p. xiii

【评析】

1. 原文:"**A second serious weakness of the original edition was its account of primary goods. These were said to be things that rational persons want whatever else they want, and what these were and why was to be**

---

① 参阅哈特"罗尔斯论自由及其优先性"("The Rawls on Liberty and Its Priority"),《芝加哥大学法律评论》1973 年第 40 卷,第 534—555 页。——原注
② 参阅罗尔斯"基本自由及其优先性"("Basic Liberties and Their Priority"),《人类价值丹纳讲座》第 3 卷,盐湖城:尤他大学出版社 1982 年版,第 3—87 页。重印于罗尔斯《政治自由主义》第八讲,纽约:哥伦比亚大学出版社 1993 年版。——原注(另参阅罗尔斯《政治自由主义》,万俊人译,译林出版社 2000 年版,第 307—394 页。)

explained by the account of goodness in Chapter VII"（p. xiii）。H 本："初版的第二个严重弱点是它对'基本善'的解释。过去的解释是指理性的人无论他们想要别的什么都想要的东西，在第七章有关善的解释中，我曾对它们是什么以及为什么做出过说明"（"修订版序言"，第 2 页）。新解："初版的第二大软肋是关于基本善的解释。基本善曾被说成是理性人都渴望得到的善好之物，在第七章有关善好的解释中，我对基本善是什么以及它们何以如此做了解析。"

2. 原文："Persons are to be viewed as having two moral powers (those motioned above) and as having higher-order interests in developing and exercising those powers"（p. xiii）。H 本："人现在被视做有两种道德能力的人（这两种能力上面已经提及），他们对发展和运用这两种能力具有更高一层的兴趣"（"修订版序言"第 3 页）。新解："人既被视为持有两种道德能力（前面已有提及），又被视为对发展和实践两种道德能力有着高阶旨趣。"

3. 原文："Primary goods are now characterized as what persons need in their status as free and equal citizens, and as normal and fully cooperating members of society over a complete life"（p. xiii）。H 本："基本善的特征现在被确定为：它们是人在其完整的一生中作为自由和平等的公民、作为社会正常和充分合作的成员的人所需要的"（"修订版序言"第 3 页）。新解："基本善现在被定义为，既作为享有自由平等地位的公民，又作为开展常态且充分合作的社会成员，任何个体在其整个一生中都必不可少的善好之物（好东西）。"

4. 原文："Interpersonal comparisons for purposes of political justice are to be made in terms of citizens' index of primary goods and these goods are seen as answer to their needs as citizens as opposed to their preferences and desires"（p. xiii）。H 本："为了政治正义而作的人际比较现在是通过比较公民所占有的基本善的指数来进行的，这些善被看作是对他们作为公民的需求的回应，而这些需求是对立于他们的偏好和欲望的"（"修订版序言"第 3 页）。新解："以政治正义为目标的人际比较，将借助于公民基本善指数来进行，基本善被视为对公民需求的回应，而不管他们的偏好和欲望是什么。"

【诠释】

初版的第二大软肋是关于基本善（primary goods）的解释。基本善曾被说成是理性人都渴望得到的善好之物①，在第七章有关善好(goodness) 的解释中，我对基本善是什么以及它们何以如此做了解析。不幸的是，那个解释带有一定的模糊性：基本善之成为基本善，究竟仅仅取决于人类心理(human psychology) 的自然事实，还是也取决于体现一定理想的一种关于人身或人格的道德观念(moral conception of the person)。这种模糊性将借助于赞同以下解释得到消除：人既被视为持有两种道德能力（前面已有提及），又被视为对发展和实践两种道德能力有着高阶旨趣(higher-order interests)。于是，基本善现在被定义为，既作为享有自由平等地位的公民，又作为开展常态且充分合作的社会成员，任何个体在其整个一生中都必不可少的善好之物(好东西)。以政治正义为目标的人际比较，将借助于公民基本善指数(citizens' index of primary goods) 来进行，基本善被视为对公民需求的回应，而不管他们的偏好和欲望(preferences and desires) 是什么。从第 15 节开始，我做了一些修订，以表达在观点上的这一变化，不过这些修订不如本人 1982 年以"社会统一与基本善"("Social Unity and Primary Goods") 为题发表的论文给出的陈述来得充分。② 本人认为，正如在基本自由解释方面所做的改动那样，这个陈述要求的改动已整合到了《正义论》修订版正文的框架当中。

【原文】RE – 7 – pp. xiii – xiv

【评析】

1. 原文："The revisions are too numerous to note here, but they do not, I think, depart in any important way from the view of the original edition" (p. xiii). H 本："这些修正太多以至无法在此提及，但我想它们并没有在重要的方面脱离初版的观点"（"修订版序言"第 3 页）。**新解**："鉴于修订之处太多，无法在此一一列举，不过本人以为，它们没有严重背离《正义论》第一版的观点。"

2. 原文："After Chapter IV there are few changes" (p. xiii). H 本："在第四章以后修改就很少了"（"修订版序言"第 3 页）。**新解**："在第四

---

① 俗话讲的"好东西"，譬如俞可平说"民主是个好东西"。"基本善"就是人们在日常生活中欲求的好东西。参阅俞可平《民主是个好东西》，社会科学文献出版社 2006 年版。
② 该文收录于阿马蒂亚·森（Amartya Sen）和伯纳德·威廉斯（Bernard Williams）编：《效用论及其他》（*Utilitarianism and Beyond*），剑桥：剑桥大学出版社 1982 年版，第 159—185 页；亦可见于约翰·罗尔斯《罗尔斯论文全集》，萨缪尔·弗雷曼（Samuel Freeman）编，麻省剑桥：哈佛大学出版社 1999 年版，第十七章，第 359—387 页。——原注

章以后，只存在数处改动。"

3. 原文："I revised §44 in Chapter V on just savings, again trying to make it clearer"（p. xiii）。H本："我修订了第五章中论正义的储蓄的第44节，以试图使它更为清晰"（"修订版序言"第3页）。新解："我修订了第五章第44节关于正义储蓄的讨论，力争使之更加清晰明了。" 第44节的标题是"代际正义问题"。罗尔斯在此表示，他修订的是这一节讨论正义储蓄的部分。"just savings"也可解读为"正当储蓄"，罗尔斯把它作为一个原则来讨论，并且把它同两个正义原则结合起来讨论。H本的解读会让读者误以为，罗尔斯对第44节整个章节做了修订。

4. 原文："Having identified what I regard as the two important changes, those in the account of the basic liberties and of primary goods, these indications suffice to convey the nature and extent of the revisions"（pp. xiii – xiv）。H本："也许在弄清了我所认为的两个重要修改——亦即在基本自由与基本善的解释中的修改之后，这些说明足以表达我修订的性质与范围"（"修订版序言"第3页）。新解："在明确本人以为的两个重要修订——其一是关于基本自由的解释，其二是关于基本善的解释——之后，这些迹象足以传达如此修订的性质与范围。"

【诠释】

尤其在《正义论》第三章中，以及在《正义论》第四章中（虽然要少一些），本人还做了好多其他修订。在第三章中，我只是尝试让推理变得更加清楚明白，更不易让人产生误解。鉴于修订之处太多，无法在此一一列举，不过本人以为，它们没有严重背离《正义论》第一版的观点。在第四章以后，只存在数处改动。我修订了第五章第44节关于正义储蓄(just savings，合乎正义的储蓄)的讨论，力争使之更加清晰明了；本人还重写了第九章第82节前6个段落，以纠正自由优先性论证的严重失误。[①] 那一节其余部分也做了若干修订。也许，在明确本人以为的两个重要修订——其一是关于基本自由的解释，其二是关于基本善的解释——之后，这些迹象足以传达如此修订的性质与范围。

---

① 关于这个错误，参阅罗尔斯"基本自由及其优先性"，《人类价值丹纳讲座》第3卷，盐湖城：尤他大学出版社1982年版，第87页注83；或参阅罗尔斯《政治自由主义》，第371页注84（H本为"第381页"，与原文不符）。——原注

【原文】 RE – 8 – p. xiv

【评析】

1. 原文："**The principle of utility is to be applied subject to the constraints of the prior principles: the principle of the equal liberties and the principle of fair equality of opportunity**"（p. xiv）。H 本："功利原则的应用是受制于优先原则——即受平等自由与机会公平平等原则的限制"（"修订版序言"第 4 页）。**新解**："应用效用原则要受到两个优先性原则——平等自由原则和公平机会均等原则——的限制。"不对照原文，H 本会让人误以为，优先性原则是一个原则。这个语句说的意思是，应用效用原则，既受到平等自由原则的限制，又受到公平机会均等原则的限制。后两个正义原则都优先于效用原则。

2. 原文："**If I were writing *A Theory of Justice* now, there are two things I would handle differently**"（p. xiv）。H 本："假如我现在要重写《正义论》，有两件事情我会做不同的处理"（"修订版序言"第 4 页）。**新解**："假如本人现在正在撰写《正义论》，有两件事将做不同处理。"这是虚拟条件句，表示作者的主观愿望，这里的"writing"不能解读为"重写"，而就是"撰写"。

3. 原文："**The principle of (average) utility**"（p. xiv）。H 本："（平均）功利原则"（"修订版序言"第 4 页）。**新解**："（平均）效用原则"。

4. 原文："**The primary aim of justice as fairness is achieved once it is clear that the two principles would be adopted in the first comparison, or even in a third comparison in which the mixed conception of the second comparison is adopted rather than the principle of utility**"（p. xiv）。H 本："一旦清楚两个正义原则将在第一个比较里被选择，甚或只要在一种第三比较中，是第二比较中的混合观念而非功利原则被采用，公平的正义的主要目标也就达到了"（"修订版序言"第 4 页）。**新解**："只要如下情形是清晰的：在第一个比较中，两个正义原则将被选中；或者即使在第三个比较中，只要在第二个比较中的混合正义观念而非效用原则被选中，那么公平正义的首要目标就算达到了。"

5. 原文："**It is better to recognize that this case is less evident and is unlikely ever to have the force of the argument for the two prior principles**"（p. xiv）。H 本："认识到这一例证并不像对两个先前的原则的论证那样自

明和有力是比较好的"("修订版序言"第 4 页)。**新解**："我们最好能认识到，这个例证并不像对两个先行原则的论证那样自明而有力。"

【诠释】

假如本人现在正在撰写《正义论》，有两件事将做不同处理。第一件事涉及从初始位置（第三章）论证两个正义原则（第二章）的方式。通过两个比较来展示这一论证会更好些。在第一个比较中，各方将在作为一个单元的两个正义原则与做为单一正义原则的（平均）效用原则之间做出抉择；在第二个比较中，各方将在两个正义原则与做了重要变更的同样原则——即由（平均）效用原则取代差别原则——之间做出抉择。[本人称如此更换后的两个正义原则为混合正义观念(mixed conception)，这个正义观念在此要理解为，应用效用原则要受到两个优先原则(prior principles)——平等自由原则(principle of the equal liberties) 和公平机会均等原则(principle of fair equality of opportunity)——的限制]。使用两个比较的优点是，将平等基本自由及其优先性论证与差别原则论证区分开来。支撑平等基本自由的论证看似要强一些，支撑差别原则的论证则涉及各种考虑因素的更微妙平衡。只要如下情形是清晰的：在第一个比较中，两个正义原则将被选中；或者即使在第三个比较中，只要在第二个比较中的混合正义观念而非效用原则被选中，那么公平正义的首要目标(primary aim) 就算达到了。本人仍然认为，差别原则是重要的，并在将满足前面两个正义原则的制度背景视为理所当然的情况下继续为它提出例证（正像在第二个比较中一样）。不过，我们最好能认识到，这个例证并不像对两个先行原则的论证那样自明而有力。

【原文】RE – 9 – pp. xiv – xv

【评析】

从罗尔斯对拥有产权的民主制度的描述可知，他理想化了资本主义民主制度，包括财产私有制。罗尔斯无视资本主义制度导致的贫富日益分化的事实，设想一种缓和这种分化趋势的理想化的资本主义制度。这当然只是一厢情愿。不过，值得肯定的是，他批判了资本主义福利国家制度的局限性。

1. 原文："To distinguish more sharply the idea of a property-owning democracy (introduced in Chapter V) from the idea of a welfare state" (p. xiv)．H 本："在一种产权民主的观念（在第五章中引入）与一种福利国家的观念之间做更明确的划分"("修订版序言"第 4 页)。**新解**："更加明

确地区分（第五章介绍的）产权民主理念和福利国家理念。"后者的解读显得更加简洁明了。

2. 原文："A small part of society"（p. xiv）. H本："一个小的社会阶层"（"修订版序言"第4页）。新解："社会的极小部分"或"社会的一小部分"。

3. 原文："One major difference is that the background institutions of property-owning democracy, with its system of (workably) competitive markets, tries to disperse the ownership of wealth and capital, and thus to prevent a small part of society from controlling the economy and indirectly political life itself. Property-owning democracy avoids this, not by redistributing income to those with less at the end of each period, so to speak, but rather by ensuring the widespread ownership of productive assets and human capital (educated abilities and trained skills) at the beginning of each period"（pp. xiv – xv）. H本："一个主要的差别是产权民主的背景制度，在保留其（有效的）竞争市场的体制下，试图分散财富与资本的所有权，以此防止一个小的社会阶层控制经济并间接控制政治生活本身。产权民主要避免这一情况发生，不是通过在每个时期结束时再分配收入给那些所得较少的人，而毋宁说是在每个时期的开始就确保生产资料与人力资本（受过教育与训练的能力与技艺）的广泛所有权"（"修订版序言"第4页）。另解："财产拥有的民主……试图分散财富和资本的拥有，由此就避免社会的少部分控制经济并因此间接地控制政治生活。不是通过把收入再分配给那些在每个时段的最后阶段处于收入最少的人，而是通过在每个时代的开始就确保生产资本以及人力资本（教育能力和受训练的技术）的广泛拥有。"① 新解："两者存在的主要差别是，带着其（行之有效的）竞争市场系统，产权民主的背景制度，试图分散财产与资本的所有权，防止社会的极小部分控制经济进而间接控制政治生活。产权民主想要避免发生那种情况。譬如说，为了实现这个目标，它并非通过在每个时期结束时再分配收入给那些所得较少的人，毋宁说，在每个时期的开始就确保生产资料与人力资本（受过教育的能力和经过培训的技能）的广泛所有权。"

4. 原文："The idea is not simply to assist those who lose out through accident or misfortune (although this must be done), but instead to put all

---

① 周濂："哈耶克与罗尔斯论社会正义"，《哲学研究》2014年第10期。

citizens in a position to manage their own affairs and to take part in social cooperation on a footing of mutual respect under appropriately equal conditions" (p. xv). H 本:"其理念是不仅要帮助那些因为偶然事故或不幸而遭受损失的人(虽然这也必须做),而且要使所有公民都能够安排他们自己的事务,在恰当平等的条件下,立足于互相尊重来参加社会合作"("修订版序言"第4页)。**新解**:"其理念是,并非简单地帮助那些因遇到意外或者面临厄运而遭受损失的人(尽管这是必须做的),而是让所有公民都处于这样的位置:在适当平等条件下,基于相互尊重,管好自己事务,参与社会合作。" H 本对这个语句的解读存在较大偏差。

【诠释】

本人现在还想做的另一个修订是,更加明确地区分(第五章介绍的)产权民主理念和福利国家理念。① 这是两个颇为不同的理念,然而,由于它们都许可生产资料私有制(private property in productive assets),我们可能误以为它们在本质上是相同的。两者存在的主要差别是,带着其(行之有效的)竞争市场系统,产权民主的背景制度,试图分散财产与资本的所有权,防止社会的极小部分(一小撮人,少数社会成员)控制经济进而间接控制政治生活。产权民主想要避免发生那种情况。譬如说,为了实现这个目标,它并非通过在每个时期结束时再分配收入给那些所得较少的人,毋宁说,在每个时期的开始就确保生产资料与人力资本(受过教育的能力和经过培训的技能)的广泛所有权;所有这些都在平等基本自由与公平均等机会背景下进行。其理念是,并非简单地帮助那些因遇到意外或者面临厄运而遭受损失的人(尽管这是必须做的),而是让所有公民都处于这样的位置:在适当平等条件下,基于相互尊重,管好自己事务,参与社会合作。

---

① 关于术语"产权民主"(property-owning democracy)及其观念的某些特征,本人借鉴了詹姆斯·米德的论著。参阅米德《效率、平等与产权》(*Efficiency, Equality and the Ownership of Property*),伦敦:阿兰与阿尔文出版社1964年版,尤其是第五章。——原注 [米德的这个著作有两个中文译本。参阅米德《效率、公平与产权》,施仁译,北京经济学院出版社1992年版;以及米德《效率、平等与财产所有权》,沈国华译,机械工业出版社2015年版。詹姆斯·米德(James E. Meade, 1907 – 1995)是当代英国经济学家,代表作有《经济分析与政策导论》,对国际贸易和国际资本流动有开创性研究,与瑞典经济学家贝蒂尔·奥林一起获得1977年诺贝尔经济学奖。另外,《正义论》修订版的另一脚注(pp. 241 – 242, No. 12)也提到了该术语的出处。]

【原文】RE – 10 – p. xv

【评析】

罗尔斯在这里明确表示，差别原则不会赞同福利国家推行的公民基本福利政策。他认为，福利国家没有解决在社会中普遍存在的严重贫富分化问题和影响力差异问题。因此，桑德尔批评罗尔斯差别原则推崇"福利国家自由主义"是错误的。① 有人表示，"自第二次世界大战结束以来，西方各国开始朝福利国家的目标前进。一直到 20 世纪 60 年代末，西方各国经历了一段辉煌的社会发展时期。罗尔斯的平等主义的自由主义可以说是这一历史时代的哲学表达"②。还有人表示"罗尔斯以'原初状态'展示了论证其正义原则需要的一些限制条件。他试图以其正义原则中的差别原则论证国家的福利政策的正当性"③。如此解读也是一种误解。实际上，罗尔斯提出差别原则，正是为了批评国家福利政策的局限性，而不是论证其正当性。这在下面段落中得到了明确表达。正是在这一点上，有些学者认为，罗尔斯正义理论有社会主义倾向，至少是包容和同情社会主义的。并且，差别原则对于我们正在试行的"第三次分配"和共同富裕也有启示意义。

1. 原文："**Note here two different conceptions of the aim of political institutions over time**"（p. xv）。H 本："在此要注意持久的政治制度的目标的两种不同观念"（"修订版序言"第 4 页）。**新解："此处请留意，随着时间的推移，各政治制度持有的两种不同目标观念。"**

2. 原文："**In a welfare state the aim is that none should fall below a decent standard of life, and that all should receive certain protections against accident and misfortune—for example, unemployment compensation and medical care**"（p. xv）。H 本："在一个福利国家中，目标是任何人都不应当降到一种像样的生活标准之下，所有人都应当得到某些防范偶然事故与不幸的保护——例如，失业补偿与医疗照顾"（"修订版序言"第 4 页）。**新解："福利国家的目标是，任何人都不得生活在低于某个体面的（合宜的）生活标准之下，所有人都应当得到一定的保障，例如失业补助与医疗保健，以防

---

① 桑德尔：《自由主义与正义的局限》，万俊人译，译林出版社 2001 年版，第 81 页。
② 姚大志：《平等》，中国社会科学出版社 2017 年版，第 13 页。
③ 杨伟清："罗尔斯的差别原则辨析"，《社会学评论》2017 年第 4 期。

范意外与不幸。"

3. 原文："Large disparities of income that violate the difference principle"（p. xv）。H 本："违反差别原则的收入悬殊"（"修订版序言"第 5 页）。新解："背离差别原则的巨大收入差距"。

4. 原文："While some effort is made to secure fair equality of opportunity, it is either insufficient or else ineffective given the disparities of wealth and the political influence they permit"（p. xv）。H 本："尽管这种制度也做出一些努力来确保机会的公平平等，但是，由于它所容许财富与政治影响上的悬殊差距，这种努力就是不够或者无效的"（"修订版序言"第 5 页）。新解："尽管为确保公平机会均等做了一些努力，鉴于政治制度所允许的贫富悬殊和政治影响力差距，这些努力要么是不够的，要么是无效的。"

【诠释】

此处请留意，随着时间的推移，各政治制度持有的两种不同目标观念。福利国家的目标是，任何人都不得生活在低于某个体面的(合宜的) 生活标准 (decent standard of life) 之下，所有人都应当得到一定的保障，例如失业补助 (unemployment compensation) 与医疗保健(medical care)，以防范意外与不幸。收入再分配服务于这一目标，在每期结束时，那些需要帮助的人将会得到确认。这种制度可能容许存在差距巨大的且可以世袭的财富不平等，这种不平等，不兼容于政治自由的公平价值（§36）。它(福利国家) 也容许背离差别原则的巨大收入差距。尽管为确保公平机会均等做了一些努力，鉴于政治制度所允许的贫富悬殊和政治影响力差距，这些努力要么是不够的，要么是无效的。

【原文】RE – 11 – p. xv

【评析】

在下面这个段落中，罗尔斯强调了社会成员开展充分合作的基本制度前提："如果公民们想要成为社会的充分合作成员，那么一般而言，各项基本制度必须从一开始就让他们掌握生产资料，而非只是让一小撮人掌控生产资料"（p. xv）。这是有人批评罗尔斯政治哲学潜藏着社会主义思想的依据。可惜，H 本及许多国内罗尔斯研究者误解了这个语句。罗尔斯在这里明确表示，福利国家政策没有体现差别原则，而是背离差别原则。差别原则适用于"产权民主（或自由社会主义政体）"。

罗尔斯还提到"对等原则或相生相克原则"（principle of reciprocity, or mutuality）。国内学界对对等原则相对陌生，有的做了其他理解。① 《论语》记载有一个关于"对等"的对话，很好展示了儒家的社会伦理观念，对于我们掌握罗尔斯提到的对等原则会有所启示："子路曰：人善我，我亦善人；人不善我，我亦不善之。子贡曰：人善我，我亦善人；人不善我，我则引之进退而已耳。颜子曰：人善我，我亦善之；人不善我，我亦善之。三子所持各异，问于夫子。夫子曰：由之言，蛮貊之言也；赐之言，朋友之言也；回之言，亲属之言也。诗曰：人之无良，我以为兄。"

1. 原文："In a property-owning democracy the aim is to carry out the idea of society as a fair system of cooperation over time among citizens as free and equal persons"（p. xv）。H 本："在一种产权民主中，目标是在作为自由与平等的人的公民中实现一种持久合作的公平体系的社会观念"（"修订版序言"第 5 页）。另解："为了贯彻一种作为世代相传的在自由和平等的公民之间的公平合作体系的社会的观念。"② 短语"over time"可以解读为"持久的""长期的""久而久之"或"随着时间的流逝"等，用来修饰"a fair system of cooperation"，解读为"世代相传的"显然不妥。**新解："产权民主旨在达成这样的社会理念：久而久之，社会是在作为自由平等个体的公民中间实现合作的公平系统。"**

2. 原文："Basic institutions must from the outset put in the hands of citizens generally, and not only of a few, the productive means to be fully cooperating members of a society"（p. xv）。H 本："基本的制度必须从一开始就放在一般公民的手里，而不是放在一些人的手里，生产手段是属于一个社会的充分合作的成员"（"修订版序言"第 5 页）。另解："基本制度必须从一开始就把成为一个社会的完整意义的合作成员的生产资料交由普泛的而不是少数的公民手中。"③ **新解："如果公民想要成为社会的充分合作成员，那么一般而言，各项基本制度必须从一开始就让他们掌握生产**

---

① "对等原则是精英主义的。因为对等原则意味着，贡献越大的人，其所得越多，所担任的职务越重大。可以这样说，对等原则为每个人充分发挥其聪明才智提供了宽松环境和大家普遍认可的运行机制。"这个语句引自彭定光"论对等原则——不平等的合理性限度"，《襄樊学院学报》2002 年第 1 期。另参阅易小明"对等：正义的内在生成原则"，《社会科学》2006 年第 11 期；张国清、高礼杰："对等契约与差别原则"，《浙江学刊》2022 年第 11 期。

② 周濂："哈耶克与罗尔斯论社会正义"，《哲学研究》2014 年第 10 期。

③ 周濂："哈耶克与罗尔斯论社会正义"，《哲学研究》2014 年第 10 期。

资料，而非只是让一小撮人掌控生产资料。"

3. 原文："**The emphasis falls on the steady dispersal over time of the ownership of capital and resource by the laws of inheritance and bequest, on fair equality of opportunity secured by provisions for education and training, and the like, as well as on institutions that support the fair value of the political liberties**"（p. xv）。H本："这里的重点是强调通过有关继承和遗赠的法律使资本和资源的所有权持久稳定的分散，是强调由教育与训练等方面的预备条件所保障的机会公平平等，以及强调支持政治自由的公平价值的制度"（"修订版序言"第5页）。另解："其重点在于由遗产法和赠与法所保障在相当时间内资本和资源的拥有权稳定的分布，以及由教育和技术训练等部门所保证的机会的公平平等，还有支持政治自由的公平价值的制度之上。"[①] 新解："它既强调，随着时间的推移，通过继承法和遗赠法，资本和资源的所有权得以持续分散；它又强调，提供教育与培训，保障公平机会均等；它还强调，各项制度要支持政治自由的公平价值。"

4. 原文："**To see the full force of the difference principle it should be taken in the context of property-owning democracy（or of a liberal socialist regime）and not a welfare state**"（p. xv）。H本："要看清楚差别原则的充分力量，就应当把它放在产权民主（或者一种自由社会主义的政体）的结构中，而不是在一个福利国家的结构中来考虑"（"修订版序言"第5页）。新解："要想了解差别原则的全部力量，就要把它置于产权民主（或自由社会主义政体）背景之下，而不是把它置于福利国家背景之下。"词汇"context"一般解读为"语境""脉络"或"上下文"，这里解读为"背景"。

【诠释】

相比之下，产权民主旨在达成这样的社会理念：久而久之，社会是在作为自由平等个体的公民中间实现合作的公平系统。因此，如果公民想要成为社会的充分合作成员，那么一般而言，各项基本制度必须从一开始就让他们掌握生产资料，而非只是让一小撮人掌控生产资料。它既强调，随着时间的推移，通过继承法和遗赠法，资本和资源的所有权得以持续分散；它又强调，提供教育与培训，保障公平机会均等；它还强调，各项制

[①] 周濂："哈耶克与罗尔斯论社会正义"，《哲学研究》2014年第10期。

度要支持政治自由(政治自由权利)的公平价值。要想了解差别原则的全部力量,就要把它置于产权民主(或自由社会主义政体)背景之下,而不是把它置于福利国家背景之下:对于在世代相传的自由平等公民中间开展公平合作的社会来说,差别原则是对等原则或相生相克原则。①

【原文】RE – 12 – pp. xv – xvi

【评析】

难能可贵的是,在"冷战"并未解冻之时,罗尔斯对社会主义政体持包容态度,认为社会主义政体也能实现公平正义,这在当时的自由主义阵营中是极其少见的。

1. 原文:"**Justice as fairness leaves open the question whether its principles are best realized by some form of property-owning democracy or by a liberal socialist regime**"(p. xv)。H 本:"公平的正义让这个问题——是某种形式的产权民主还是一种自由社会主义的政体能更好地实现其原则——保持开放"("修订版序言"第 5 页)。**新解:**"究竟某种形式的产权民主制度,还是自由的社会主义政体,能够更好地实现公平正义原则?公平正义对这个问题持开放态度。"

2. 原文:"**This question is left to be settled by historical conditions and the traditions, institutions, and social forces of each country**"(pp. xv – xvi)。H 本:"这个问题要留给每个国家的历史条件与传统、制度与社会力量去解决"("修订版序言"第 5 页)。**新解:**"解答这个问题,要留给各种历史条件,留给每个国家的传统、制度与社会力量。" H 本的错误在于,没有认真对待罗尔斯对"各种历史条件"和"每个国家的传统、制度与社会力量"做出的区分。他表示,"各种历史条件"不一定是每个国家独有的,但是每个国家有自己的独特的"传统、制度与社会力量"。这是非常接近马克思唯物史观的观点,至少是后者的同情者。当然,《正义论》是一部缺乏历史感的纯粹思辨性哲学著作。

3. 原文:"**It offers instead a conception of justice in the light of which, given the particular circumstances of a country, those questions can be reasonably decided**"(p. xvi)。H 本:"它只是提供一种正义观念,借助这

---

① principle of reciprocity, or mutuality,这是互助互惠的积极因素要多一些的原则,但它不排除相互对立或相互抵消的消极因素。

一观念，在一个国家的特定情势中的那些问题能够合理地得到解决"（"修订版序言"第 5 页）。**新解：**"鉴于每个国家的特殊国情，公平正义只提供一个正义观念，那些问题将借助于那个观念而予以合理定夺。"

【诠释】

既然（前文）提到了自由的社会主义政体（liberal socialist regime），我不妨补充一句：（作为一种社会基本制度）究竟某种形式的产权民主制度，还是自由的社会主义政体，能够更好地实现公平正义原则？公平正义对这个问题持开放态度。解答这个问题，要留给各种历史条件，留给每个国家的传统、制度与社会力量。① 因此，作为一种政治观念，公平正义既不包括生产资料归私人所有的自然权利（虽然它包括对公民独立与完整是必要的个人财产权利），也不包括工人所有的或由工人管理公司的自然权利。鉴于每个国家的特殊国情，公平正义只提供一个正义观念，那些问题将借助于那个观念而予以合理定夺。

约翰·罗尔斯
1990 年 11 月

---

① 参阅《正义论》第五章第 42 节最后两个段落。——原注

《正义论》第一版序言
Preface

【题解】

作为《正义论》英文第一版序言，罗尔斯回顾了《正义论》的写作意图和写作过程。罗尔斯早年就读于普林斯顿大学，1950 年获得哲学博士学位，导师为沃尔特·斯退士（Walter Terence Stace，1886 – 1967）。罗尔斯博士毕业后开始构思与正义问题有关的学术计划，其关于"初始位置"的思想最早萌生于 1950—1951 年。[①] 1952 年，罗尔斯获得去牛津大学作为期一年博士后研究的机会，牛津的合作教授有政治哲学家以赛亚·伯林（Isaiah Berlin，1909 – 1997）、法哲学家哈特（Herbert L. A. Hart，1907 – 1992）和分析哲学家汉普希尔（Stuart Hampshire，1914 – 2004）。[②] 在牛津的学术经历，对他形成自己的研究主题和学术目标是至关重要的。"《正义论》的核心思想大致形成于 20 世纪 50 年代。"[③] 这个作品从有初步设想到成书出版是一个为期 20 年的计划。罗尔斯为之三易其稿，不断听取批评意见，经过反复修订，这个巨著终于在 1971 年面世。

【原文】 PR – 1 – p. xvii

【评析】

1. 原文："**In presenting a theory of justice I have tried to bring together**

[①] 参阅 S. R. 艾芭、J. D. 哈兰、W. J. 李 "为了历史的纪念——访罗尔斯"，江怡译，《世界哲学》2003 年第 2 期。
[②] 弗雷曼：《罗尔斯》，张国清译，"前言与致谢"第 30 页。
[③] Frank Lovett, *Rawls's A Theory of Justice*, New York: Continuum International Publishing Group, 2011, p. 3.

into one coherent view the ideas expressed in the papers I have written over the past dozen years or so"（p. xvii）。H 本："通过提出一种正义论，我想把我过去十二三年来所写论文中所表达的观念综合为一个融洽一贯的观点"（"初版序言"第 1 页）。新解："通过展示一种正义理论，我想把本人在过去十二三年论文写作中所持的想法凝练成一个融贯的观点。"

2. 原文："**All of the central topics of these essays are taken up again, usually in considerably more detail**"（p. xvii）。H 本："那些论文的所有中心论题都又在此涉及，但通常给予了更为缜密的考察"（"初版序言"第 1 页）。新解："那些论文的所有核心议题，通常更详细地再次得到了考察。"

3. 原文："**But with many additions**"（p. xvii）。H 本："但在内容上作了许多增加"（"初版序言"第 1 页）。新解："不过我又做了许多补充。"

4. 原文："**Except in a few places, the other chapters of this part do not parallel the published essays**"（p. xvii）。H 本："除少数地方外，这一编的其他章并不对应于发表的论文"（"初版序言"第 1 页）。新解："除少数几处之外，这一编的其他两章并不对应于前行发表的论文。"

5. 原文："**Although the main ideas are much the same, I have tried to eliminate inconsistencies and to fill out and strengthen the argument at many points**"（p. xvii）。H 本："虽然主要的观点是相当一致的，但在许多地方我力图消除矛盾，充实和加强论据"（"初版序言"第 1 页）。新解："虽然主要理念大同小异，但我尽力消除某些前后矛盾之处，并在许多方面充实和加强了论证。"

【诠释】

通过展示一种正义理论，我想把本人在过去十二三年论文写作中所持的想法凝练成一个融贯的观点。那些论文的所有核心议题，通常更详细地再次得到了考察。为完善这一理论所涉及的进一步问题也得到了探讨。本书由三编组成，第一编较为详尽地讨论了与"公平正义"（Justice as Fairness, 1958）和"分配正义：若干补充"（Distributive Justice: Some Addenda, 1968）两篇论文相同的主题；第二编三章分别对应于三篇论文的主题："宪政自由"（Constitutional Liberty, 1963）、"分配正义"（Distributive Justice, 1967）和"公民抗命"（Civil disobedience, 1966），不过我又做了许多补充；第三编第二章涵盖"正义感"（The Sense of Justice, 1963）一文的主题，除少数几处之外，这一编的其他两章并不对应于前行发表的论文。虽然主要理念大同小异，但我尽力消除某些前后矛盾之处，并在许多方面充实和加强了论证。

《正义论》第一版序言   43

【原文】PR – 2 – pp. xvii – xviii

【评析】

1. 原文：" **During much of modern moral philosophy**"（p. xvii）。H本：" 在现代道德哲学的许多理论中"（"初版序言"第1页）。新解：" **在现代道德哲学的相当长时间里。**" 《正义论》修订版序言有相似表述（p. xii）。

2. 原文：" **It has been espoused by a long line of brilliant writers who have built up a body of thought truly impressive in its scope and refinement**"（p. xvii）。H本：" 功利主义一直得到一系列创立过某些确实在广泛和精致方面令人印象深刻的思想流派的杰出作家们的支持"（"初版序言"第1页）。新解：" **效用论为一脉相承的杰出著作家所推崇，他们提出了在广度和精度上皆令人印象深刻的思想。**"

3. 原文：" **The moral doctrine they worked out was framed to meet the needs of their wider interests and to fit into a comprehensive scheme**"（p. xvii）。H本：" 他们所确立的道德理论旨在满足他们更宽广的兴趣和适应一种内容广泛的体系"（"初版序言"第1页）。新解：" **他们创立的道德理论，既满足各自的广泛兴趣，又符合某个整全方案。**" 前者表现为效用论道德理论的个别性，后者表现为效用论道德理论的全体性。

4. 原文：" **Those who criticized them often did so on a much narrower front. They pointed out the obscurities of the principle of utility and noted the apparent incongruities between many of its implications and our moral sentiments**"（p. xvii）。H本：" 而那些批评他们的人则常常站在一种狭窄得多的立场上，批评者指出了功利原则的模糊性，注意到它的许多推断与我们的道德情感之间的明显不一致"（"初版序言"第1页）。新解：" **批评者往往以管窥之见对其品头论足。他们指出效用原则的模糊性，表示效用原则的许多意蕴显然与我们的道德情操格格不入。**"

5. 原文：" **But they failed, I believe, to construct a workable and systematic moral conception to oppose it**"（p. xvii）。H本：" 但我相信，他们并没有建立起一种能与功利主义抗衡的实用和系统的道德观"（"初版序言"第1页）。新解：" **不过本人认为，批评者并未确立一种能够与效用论分庭抗礼的可行而系统的道德观念。**"

6. 原文：" **Most likely we finally settle upon a variant of the utility**

principle circumscribed and restricted in certain ad hoc ways by intuitionistic constraints"（pp. xvii – xviii）。H 本："最后很可能停留在某种功利主义的变种上，这一变种在某些特殊方面又受到直觉主义的修正和限定"（"初版序言"第 1 页）。新解："最有可能的情形是，我们将止步于效用原则的某个变种，这个变种又以一定方式受到直觉论约束条款的束缚与限定。"

7. 原文："Such a view is not irrational; and there is no assurance that we can do better. But this is no reason not to try"（p. xviii）。H 本："持这样一种观点虽然不无道理，且我们也并没有把握一定能达到另一种更好的观点，但没有理由不试一试"（"初版序言"第 1 页）。新解："这一见解不无道理；我们保证不了自己会做得更好。但这不是放弃尝试的理由。"

【诠释】

我不妨在此说明一下写作本书的目的。在现代道德哲学的相当长时间里，占据支配地位的系统理论一直是某种形式的效用论（utilitarianism）。产生这个现象的一大原因是，效用论为一脉相承的杰出著作家所推崇，他们提出了在广度和精度上皆令人印象深刻的思想。我们有时会忘记，诸如休谟（Hume）、亚当·斯密（Adam Smith）、边沁（Bentham）和密尔（Mill）等伟大的效用论者，也是出色的社会理论家和经济学家；他们创立的道德理论，既满足各自的广泛兴趣，又符合某个整全方案（comprehensive scheme）。批评者往往以管窥之见对其品头论足。他们指出效用原则的模糊性，表示效用原则（principle of utility）的许多意蕴显然与我们的道德情操（moral sentiments）格格不入。不过本人认为，批评者并未确立一种能够与效用论分庭抗礼的可行而系统的道德观念。结果，我们似乎不得不在效用论和直觉论（intuitionism）之间做出选择。最有可能的情形是，我们将止步于效用原则的某个变种，这个变种又以一定方式受到直觉论约束条款的束缚与限定。这一见解不无道理；我们保证不了自己会做得更好。但这不是放弃尝试的理由。

【原文】PR – 3 – p. xviii

【评析】

罗尔斯清楚交代了公平正义的思想来源，它与社会契约论一脉相承。他特别提到公平正义理论同洛克、卢梭、康德等 17、18 世纪欧洲启蒙思想家的学术渊源。因为这些思想家在欧洲是家喻户晓的人物，罗尔斯表示自己只是以新形式来展示他们的政治和道德思想。在实际内容上没有多少原创性。这表现了罗尔斯谦逊的学术品格。但是，罗尔斯版社会契约论是弱国家的，国家或公共权力几乎从来不是《正义论》讨论的对象。因此，批评者在做出如下评判时最好把罗尔斯排除在外："社会契约论被理解为一种解释国家或公共权力的合法性和限度的思想模型，即个体通过某种历史上或逻辑上优先的契约来形成国家或确定政治社会的基本原则。这种选择性的解读符合对自霍布斯、洛克、卢梭、康德到罗尔斯、诺齐克、布坎南以来西方主流社会契约论传统的描述。"①

1. 原文："**In this way I hope that the theory can be developed so that it is no longer open to the more obvious objections often thought fatal to it**"（p. xviii）。H本："借此，我希望能把这种理论发展得能经受住那些常常被认为对它是致命的明显攻击"（"初版序言"第1—2页）。**新解**："本人希望，通过这种方式，这个理论能够发展起来，它因此而经受得起较为明显的攻击，那些攻击通常被视为对它是致命的。"

2. 原文："**This theory seems to offer an alternative systematic account of justice that is superior, or so I argue, to the dominant utilitarianism of the tradition**"（p. xviii）。H本："这一理论看来提供了一种对正义的系统解释，这种解释在我看来不仅可以替换，而且还优于（或至少我将如此论证）占支配地位的传统的功利主义解释"（"初版序言"第2页）。另解："这一理论看来还提供了一种替换功利主义传统中的那些主导观点的对正义的系统解释，这种解释优越于——或是我将证明它优越于——那种功利主义观点。"② **新解**："这个理论似乎对正义提供了某种另辟蹊径的系统解释，这一解释胜过——或者本人将证明它胜过——与这个传统针锋相对且占据主导地位的效用论解释。"这里的"这个传统"是指"近代以来的西方道德和政治哲学传统"而不是"功利主义传统"。在这个传统中，效用论或功利主义长期占据主导地位。罗尔斯后来有明确解释："我的指导目标是，研发一种正义理论，相对于长期支配着我们的哲学传统的那些学说，它将是一个充满活力的备选理论。"（p. 3）

3. 原文："**The theory that results is highly Kantian in nature**"（p. xviii）。H本："作为这种解释之结果的正义论在性质上是高度康德式的"（"初版序言"第2页）。**新解**："由此产生的理论，颇具康德色彩。"

---

① 江绪林："解释和严密化：作为理性选择模型的罗尔斯契约论证"，《中国社会科学》2009年第5期。

② 廖申白："《正义论》对古典自由主义的修正"，《中国社会科学》2003年第5期。

4. 原文："Indeed, I must disclaim any originality for the views I put forward"（p. xviii）。H 本："确实，我并不认为我提出的观点具有创始性"（"初版序言"第 2 页）。新解："诚然，本人必须否认自己在此提出的观点有任何原创性。"

5. 原文："My intention has been to organize them into a general framework by using certain simplifying devices so that their full force can be appreciated"（p. xviii）。H 本："我的意图是要通过某些简化的手段把它们组织成一个一般的体系，以便它们的丰富内涵能被人们赏识"（"初版序言"第 2 页）。另解："我的意图是要通过某些简化的手段把它们组织成一个一般的体系，以便它们的丰富内涵能被人们赏识。"① 新解："本人的意图是，通过运用某些简化手段，将它们纳入一个总体框架之内，以便其全部力量都能得到评估。"

6. 原文："My ambitions for the book will be completely realized if it enables one to see more clearly the chief structural features of the alternative conception of justice that is implicit in the contract tradition and points the way to its further elaboration"（p. xviii）。H 本："如果本书能使人们更清楚地看到那隐含在契约论传统中的这一可作替换的正义观的主要结构性特点，并指出进一步努力的途径，那么我写这本书的抱负也就完全实现了"（"初版序言"第 2 页）。新解："假如它能让人们更清楚地看到隐含在契约论传统中的这个另类的正义观念的主要结构特征，并为进一步阐述这种正义观念指明道路，那么本人的写作抱负就完全实现了。"

7. 原文："Of the traditional views, it is this conception, I believe, which best approximates our considered judgments of justice and constitutes the most appropriate moral basis for a democratic society"（p. xviii）。H 本："我相信，在各种传统的观点中，正是这种契约论的观点最接近于我们深思熟虑的正义判断，并构成一个民主社会最恰当的道德基础"（"初版序言"第 2 页）。新解："我相信，在这些传统观点中，正是这种（契约论的）正义观念最接近于我们关于正义的各种深思判断，并为民主社会奠定最为恰当的道德基础。"罗尔斯在这里提到的"this conception"，指的是"社会契约论的正义观念"，与在同一段落中"the alternative conception of justice"指称相同的正义观念，而不是"这种契约论的观点"。把"conception"解读为"观点"是错误的。另外，"considered judgments"是

---

① 廖申白："《正义论》对古典自由主义的修正"，《中国社会科学》2003 年第 5 期。

一个频繁出现于《正义论》正文中的术语，一般解读为"深思判断"，有"三思而后行"或"君子有九思"的意思。① 有人解读为"慎思的判断"；② 还有人解读为"内省判断"③，皆可借鉴。

【诠释】

本人试图概括以洛克（Locke）、卢梭（Rousseau）和康德（Kant）为代表的关于社会契约的传统理论（traditional theory of social contract），并将其提升到更高的抽象层次。本人希望，通过这种方式，这个理论能够发展起来，它因此而经受得起较为明显的（明目张胆的）攻击，那些攻击通常被视为对它是致命的。此外，这个理论似乎对正义提供了某种另辟蹊径的系统解释，这一解释胜过——或者本人将证明它胜过——与这个传统针锋相对且占据主导地位的效用论解释。由此产生的理论，颇具康德色彩。诚然，本人必须否认自己在此提出的观点有任何原创性。相反，本人承认，其指导思想（leading ideas）是古典的和众所周知的（classical and well known）。本人的意图是，通过运用某些简化手段（certain simplifying devices），将它们纳入一个总体框架（general framework）之内，以便其全部力量都能得到评估。假如它能让人们更清楚地看到隐含在契约论传统中的这个另类的（或替代性的）正义观念的主要结构特征（chief structural features），并为进一步阐述这种正义观念指明道路，那么本人的写作抱负就算完全实现了。我相信，在这些传统观点中，正是这种（契约论的）正义观念最接近于我们关于正义的各种深思判断（considered judgments of justice），并为民主社会奠定最为恰当的道德基础（most appropriate moral basis for a democratic society）。

【原文】 PR – 4 – p. xviii

【评析】

罗尔斯接下来给读者提供了《正义论》导读指南。他指出哪些章节是最为重要的，哪些章节则可以略过。

1. 原文："This is a long book, not only in pages. Therefore, to make things easier for the reader, a few remarks by way of guidance"（p. xviii）.

---

① 《论语·季氏》："子曰：君子有九思：视思明，听思聪，色思温，貌思恭，言思忠，事思敬，疑思问，忿思难，见得思义。"
② 莱宁：《罗尔斯政治哲学导论》，孟伟译，人民出版社2012年版，第6页。
③ 刘莘："罗尔斯反思平衡的方法论解读"，《哲学研究》2014年第3期。

H 本:"这是一本大书,且不仅在页码上是如此。因此,为了读者的便利,需要一些引导性的解释"("初版序言"第 2 页)。**新解**:"这是一部冗长的著作,不只在篇幅上如此。因此,为了更易于读者理解,我需要略说几句作为导引。"

2. **原文**:"The two principles of justice for institutions"(p. xviii). H 本:"有关制度正义的两个原则"("初版序言"第 2 页)。**新解**:"适用于制度的两个正义原则"。

3. **原文**:"So far this is about a third of the whole and comprises most of the essentials of the theory"(p. xviii). H 本:"上述这些内容大概占全书的三分之一,包括了正义论的大部分要素"("初版序言"第 2 页)。**新解**:"到目前为止,这大约占到全书三分之一篇幅。正义理论的大部分要点已在其中。"

【诠释】

这是一部冗长的著作,不只在篇幅上如此。因此,为了更易于读者理解,我需要略说几句作为导引。有关正义理论的基本直观理念(fundamental intuitive ideas of the theory of justice)将呈现在第一章第 1—4 节。接着可以直接进入第二章第 11—17 节关于适用于制度的两个正义原则(two principles of justice for institutions)的讨论。然后转到第三章全章关于初始位置的解析。假如不熟悉这个概念,浏览第 8 节有关优先性问题(priority problem)的讨论便是必要的。接下来是第四章的某些部分,第 33—35 节将讨论平等自由,第 39—40 节将讨论自由优先性(priority of liberty)的意义及其康德式诠释,它们将给这一理论以最佳描述。到目前为止,这大约占到全书三分之一篇幅。正义理论的大部分要点已在其中。

【原文】PR – 5 – p. xviii

【评析】

1. **原文**:"The unity of the self and congruence"(p. xviii). H 本:"自我的统一与和谐"("初版序言"第 2 页)。**新解**:"自我统一与同余"。

2. **原文**:"All in Chapter IX"(p. xviii). H 本:"所有这些也在第九章中被讨论"("初版序言"第 2 页)。**新解**:"这五节全在第九章中"。

3. **原文**:"Adding these sections to the others still comes to considerably less than half the text"(p. xviii). H 本:"但即使加上这些章

节也还不到书的一半"（"初版序言"第 2 页）。**新解**："但是，即使把这些章节与前面那些章节加在一起，仍然不到全书正文的一半。"

【诠释】

然而，若不考虑本书第三编的论证，正义理论存在被误解的风险。我尤其强调以下章节：第七章第 66—67 节关于道德价值、自尊（moral worth and self-respect）以及相关概念的讨论；第八章第 77 节关于平等基础的讨论；第 78—79 节关于自律与社会联合（autonomy and social union）的讨论；第 82 节关于自由优先性的讨论；第 85—86 节关于自我统一与同余（unity of the self and congruence）的讨论；这五节全在第九章中。但是，即使把这些章节与前面那些章节加在一起，仍然不到全书正文的一半。

【原文】 PR – 6 – p. xix

【评析】

罗尔斯在这里谈到了《正义论》对方法论讨论较为有限的原因或理由。

1. **原文**："It seems superfluous to comment on this except to say that I have avoided extensive methodological discussions"（p. xix）. **H 本**："对此再作评论看来是多余的，我只是要说明在本书中我避免了做广泛的方法论的讨论"（"初版序言"第 2 页）。**新解**："除了说本人回避广泛的方法论讨论，对此作评论看似是多余的。"

2. **原文**："There is a brief consideration of the nature of moral theory in §9, and of justification in §4 and §87. A short digression on the meaning of 'good' is found in §62"（p. xix）. **H 本**："我在第九节对道德理论的性质，第四节和第八十七节对证明的性质有一简要的考察，在第六十二节有一短暂的离题：讨论'善'的意义问题"（"初版序言"第 2 页）。**新解**："对道德理论性质的简要思考可见于第 9 节，对证明性质的简要思考可见于第 4 节和第 87 节，一个短暂的离题可见于第 62 节，那里讨论了'善好的'的意义。" H 本把形容词"good"（可解读为"好的""良好的"或"善好的"）、与"the right"（正当）对应的抽象名词"the good"（善）、可数名词"goods"（可解读为"善""产品""物品""好东西"等）和表示属性的抽象名词"goodness"（可解读为"善好""良好""好"等）都解读为"善"，如此解读对读者正确理解《正义论》造成消极影响。另外，术语"justification"有着不同的解读，有人解读为"证成"，有人解读为"合理性证明"，皆可参考。①

3. 原文："**Occasionally there are methodological comments and asides, but for the most part I try to work out a substantive theory of justice**"（p. xix）。H本："别处偶尔也有一些有关方法论的评论等，但我主要的精力是放在建立有关正义的实质性理论的工作上"（"初版序言"第2页）。**新解**："偶尔也会有一些方法论评论和旁白，但在大多数情况下，本人试图阐述一种实质性正义理论。"

【诠释】

每一节标题、每一章导语和正文后面的索引，将引导读者阅读本书的内容。除了说本人回避广泛的方法论讨论，对此作评论看似是多余的。对道德理论性质的简要思考可见于第9节，对证明性质的简要思考可见于第4节和第87节，一个短暂的离题可见于第62节，那里讨论了"善好的"（good，"良善的"）的含义。偶尔也会有一些方法论评论和旁白，但在大多数情况下，本人试图阐述一种实质性正义理论。与其他理论的比较和对照，由此引起的对其他理论的批评，特别是对效用论的批评，都只是达成这个目的的手段而已。

【原文】PR – 7 – p. xix

【评析】

罗尔斯在这里提出，正义研究需要明确的次序（order）意识和系统（system）意识。次序意识涉及正义的优先性问题，导致对各种正义观念和正义原则的权重排序。第一正义原则优先于第二正义原则，第二正义原则中的公平机会均等原则优先于差异原则，所谓的正当的优先性、自由的优先性和权利的优先性等命题由此而得到明晰的表述。系统意识涉及正义的整体性问题，导致对正义观念和正义原则适用的社会基本结构及其主要制度、个体交往及其规范、国际法等正义的主体，包括纯粹正当程序及其在立法、行政、司法等部门的具体表现。

1. 原文："**By not including most of Chapters IV – VIII in the more**

---

① 参阅高景柱"未来世代权利论：证成与反驳"，《哲学研究》2020年第6期。乔洪武、曾召国："罗尔斯对康德伦理学的'建构主义诠释'——兼论《正义论》证成结构的思想'原型'"，《哲学研究》2011年第12期。莱宁：《罗尔斯政治哲学导论》，孟伟译，第7页。

basic parts of the book, I do not mean to suggest that these chapters are peripheral, or merely applications"（p. xix）。H 本："我没有把第四至第八章的大部分算在本书较基本的部分之内，这并不意味着我把这些章节看作是边缘性质的，或仅仅是一些应用"（"初版序言"第 3 页）。**新解**："我没有把第四章至第八章的大部分内容视为本书较为基础的部分，这并不是说这些章节是无关紧要的，或者，它们仅仅是应用部分而已。"

2. 原文："Rather, I believe that an important test of a theory of justice is how well it introduces order and system into our considered judgments over a wide range of questions"（p. xix）。H 本："相反，倒不如说，我相信测试一种正义理论的重要方式：就是看它能在什么程度上把条理和系统引入我们对一个宽广领域的诸问题的我们深思熟虑的判断之中"（"初版序言"第 3 页）。**新解**："相反，本人认为，对正义理论的重要检验是，它如何把次序和系统引入我们对各种问题的深思判断中。"

3. 原文："The topics of these chapters need to be taken up, and the conclusions reached modify in turn the view proposed. But in this regard the reader is more free to follow his preferences and to look at the problems which most concern him"（p. xix）。H 本："这些章节的主题需论及和所达到的结论会依次修正所提出的观点。但是，对这些部分，读者可以更自由地遵循他自己的喜好，注意那些他最感兴趣的问题"（"初版序言"第 3 页）。**新解**："这几章的论题需要加以研讨，得出的结论将修正原来设定的观点。但在这一方面，读者可以更加自由地顺从自己的偏好，探究自己最为关心的问题。"

【诠释】

我没有把第四章至第八章的大部分内容视为本书较为基础的部分，这并不是说这些章节是无关紧要的，或者，它们仅仅是应用部分而已。相反，本人认为，对正义理论的重要检验是，它如何把次序和系统（order and system）引入我们对各种问题的深思判断中。因此，这几章的论题需要加以研讨，得出的结论将修正原来设定的观点。但在这一方面，读者可以更加自由地顺从自己的偏好，探究自己最为关心的问题。

【原文】PR – 8 – pp. xix – xx

【评析】

罗尔斯接下来感谢了 40 多人，既有同事和学生，也有正义理论早期批评者。但是他早年导师马尔柯姆和斯退士都不在其列。①

1. 原文："Three different versions of the manuscript have passed among students and colleagues"（p. xix）。H 本："本书有三种不同的手稿在学生和同事们当中传阅过"（"初版序言"第 3 页）。新解："三个不同版本的手稿曾在学生和同事当中传阅。"

2. 原文："To meet his objections to the veil of ignorance as then presented, it seemed necessary to include a theory of the good"（p. xix）。H 本："为回答他对当时提出的'无知之幕'的反对，似乎需要把一种善的理论包括在内"（"初版序言"第 3 页）。新解："为了回应他对当时展示的无知之幕的反对意见，似乎有必要把某种善理论包括进来。"

3. 原文："The notion of primary goods based on the conception discussed in Chapter VII is the result"（p. xix）。H 本："结果就产生了以第七章讨论善的观念为基础的'基本善'的概念"（"初版序言"第 3 页）。新解："于是便有了以第七章讨论的善观念为基础的基本善概念。"

4. 原文："I also owe him thanks, along with Norman Daniels, for pointing out difficulties with my account of utilitarianism as a basis for individual duties and obligations"（p. xix）。H 本："我也感谢诺曼·丹尼尔斯指出了我把功利主义解释为个人义务和责任的一个基础的困难"（"初版序言"第 3 页）。新解："我还要感谢他，和诺曼·丹尼尔斯一起，他俩指出了本人把效用论解释为适用于个体的义务和职责之基础所存在的困难。"罗尔斯在这个语句中表达感谢的对象是阿伦·吉伯德。虽然罗尔斯提到了诺曼·丹尼尔斯，但是并没有感谢他的这位学生。因此，H 本搞错了罗尔斯感谢的对象。另外，向罗尔斯指出那个困难的是两个人，而不是一个人，并且主要的不是丹尼尔斯，而是吉伯德。

5. 原文："Their objections led me to eliminate much of this topic and to simplify the treatment of this part of the theory"（p. xix）。H 本："他们的反对引导我排除了这一题目的许多内容，简化了正义论这一部分的论述"（"初版序言"第 3 页）。新解："他们的反对意见导致我既删除了这一论题的许多内容，又简化了正义理论对这一部分的处理。"

6. 原文："David Diamond objected forcefully to my discussion of equality, particularly to its failure to consider the relevance of status. I eventually included an account of self-respect as a primary good to try to

---

① 参阅张国清"罗尔斯的秘密及其后果"，《浙江大学学报》2013 年第 6 期。

deal with this and other questions, including those of society as a social union of social unions and the priority of liberty"（p. xix）. H 本："大卫·戴蒙德有力地反对我有关平等的论述，特别是它在处理相关地位方面的失败，这终于使我把一种自尊的概念也放进基本善的行列之中，以处理这个问题以及别的一些问题——包括那些作为各个集体的一个社会联合体的问题和自由的优先问题"（"初版序言"第 3 页）。这里的短语"the relevance of status"表示"社会地位或法律身份的重要性"。由于罗尔斯在讨论"original position"时，没有赋予关于社会地位和法律身份的任何具体内容。罗尔斯的"地位"概念是纯粹抽象的形式概念。这种思想方法不是一种历史方法，它无视实际人类社会随处可见的不平等和悬殊的社会地位与法律身份差距。**新解**："大卫·戴蒙德强烈反对本人关于平等的讨论，他尤其反对本人在讨论平等时没有考虑地位的相关性。最终，我把自尊作为一个基本善来处理这个问题和其他问题，包括作为由各种社会联合组成的社会大联合问题和自由的优先性问题。"

【诠释】

在撰写本书过程中，除了书中提及之外，我得到了许多人的帮助。本人在此想对其中一些人致以谢意。三个不同版本的手稿曾在学生和同事当中传阅，我从收到的诸多建议和批评中受益匪浅。我感谢阿伦·吉伯德（Allan Gibbard）对第一稿（1964—1965 年）的批评。为了回应他对当时展示的无知之幕的反对意见，似乎有必要把某种善理论（theory of the good）包括进来，于是便有了以第七章讨论的善观念为基础的基本善概念。我还要感谢他，和诺曼·丹尼尔斯（Norman Daniels）一起，他俩指出了本人把效用论解释为适用于个体的义务和职责（individual duties and obligations）之基础所存在的困难。他们的反对意见导致我既删除了这一论题的许多内容，又简化了正义理论对这一部分的处理。大卫·戴蒙德（David Diamond）强烈反对本人关于平等的论述，他尤其反对本人在论述平等时没有考虑地位的相关性（relevance of status）。最终，我把自尊作为一个基本善来处理这个问题和其他问题，包括作为由各种社会联合组成的社会大联合问题和自由的优先性问题。我与大卫·理查兹（David Richards）对政治义务和职责问题有过富有成效的讨论。分外行为（supererogation，超出义务的行为）并非本书的核心议题，但我对它的评论得到过巴里·柯蒂斯（Barry Curtis）和约翰·特罗耶（John Troyer）的帮助，即使他们可能反对本人的见解，我仍要对他们谨表谢意。本人还要感谢迈克尔·加德纳

(Michael Gardner)和珍妮·英格利希(Jane English),当我处理最终文本时,他们做了若干订正。

【原文】PR – 9 – pp. xx – xxi

【评析】

1. 原文:"The formulation of and the argument for the two principles of justice"(p. xx)。H 本:"正义的两个原则的概括和论据"("初版序言"第 4 页)。**新解:"构想和论证两个正义原则"**。

2. 原文:"I have had to amplify the argument to meet their objections"(p. xx)。H 本:"我必须扩充论据以回答他们的反对"("初版序言"第 4 页)。**新解:"我不得不扩充论据以回应他们的反对意见。"**

3. 原文:"I hope the theory as now presented is no longer open to the difficulties they raised, nor to those urged by John Chapman"(p. xx)。H 本:"我希望按现在面目出现的正义论不再碰到他们指出的困难,也不再碰到约翰·查普曼指出的困难"("初版序言"第 4 页)。**新解:"本人希望,现在呈现的正义理论,既不再有上述批评者提到的疑难,也不再有约翰·查普曼感到的疑惑。"**

4. 原文:"The relation between the two principles of justice and what I call the general conception of justice is similar to that proposed by S. I. Benn"(p. xx)。H 本:"正义的两个原则之间的联系和我所说的正义的一般观念类似于 S. I. 贝恩提出的观念"("初版序言"第 4 页)。**新解:"两个正义原则与本人称作一般正义观念的关系,类似于斯坦利·贝恩设定的某种关系。"** 这个语句讨论的不是两个正义原则之间的关系,而是罗尔斯主张的公平正义观念与一般正义观念的关系。贝恩并没有像罗尔斯那样提出一般的正义观念。从罗尔斯的脚注来看,这里所谓的"贝恩设定的某种关系",指的是"平等主义与利益的平等解释"的关系。罗尔斯表示,虽然贝恩讨论了平等主义和利益的平等解释,但他并未讨论公平正义观念与一般正义观念的关系,那种关系是《正义论》的核心内容之一。罗尔斯承认,他本人提出的关于公平正义观念与一般正义观念的关系的见解,受到过贝恩"平等主义与利益的平等解释"一文启发。因此,他要对贝恩表示感谢。由此可见,H 本误读了这个语句。这种误读既损害《正义论》的原创性,也误导中文读者对以两个正义原则为核心的罗尔斯公平正义观念与一般正义观念的关系的理解。比如,很可能是在这种误读的诱导下,部分学者进一步误解了罗尔斯关于"正义的首要德性"的见解。① 虽然罗尔斯谦虚地表示,《正义论》阐述的基本思想是古典的和众所周知的,但是罗尔斯关于公平正义观念与一般正义观念的关系的见解是《正义论》的核心见解,也是其重要的原创之处。因此,H本看似不经意的解读,影响着中文读者对《正义论》学术贡献的合理评估。

5. 原文:"The substance of Norman Care's criticisms of the conception of moral theory found in the essays seems sound to me, and I have tried to develop the theory of justice so that it avoids his objections"(p. xx)。H本:"诺曼·凯尔对我那些论文中论述的道德理论观的批评,其主旨在我看来是有道理的,我在确立我的正义论中力图避免这一反对"("初版序言"第4页)。新解:"诺曼·卡雷对可见于这些论文的道德理论观念的批评,其实质性内容在我看来似乎是合理的,本人试图这样来发展正义理论,以避免他的反对意见。"

6. 原文:"I have followed with some modifications the point of view of my 'Outline for Ethics'"(p. xxi)。H本:"我就在遵循我的《伦理学纲要》一文中的观点的同时做出了某些修正"("初版序言"第4页)。新解:"我采纳了在'伦理学纲要'一文中所持的观点并对其做了若干修订。"

7. 原文:"At the same time, the philosophical problems receive careful treatment"(p. xxi)。H本:"而且,哲学的问题也在其中得到仔细的论述"("初版序言"第4页)。新解:"同时,哲学问题也得到了认真对待。"

【诠释】

我幸运地收到了一些有价值的批评意见,它们来自对本人已经发表论文的讨论。② 我感谢布赖恩·巴里(Brian Barry)、迈克尔·莱斯诺夫(Michael Lessnoff)和罗伯特·伍尔夫(R. P. Wolff)就构想和论证两个正义原则展开的

---

① 参阅段忠桥"正义是社会制度的首要价值吗?",《哲学动态》2015年第9期。
② 按照第一个段落提到的次序,这六篇论文的出处如下:"公平正义",《哲学评论》1958年第57卷;"分配正义:一些补充",《自然法论坛》1968年第13卷;"宪政自由与正义观念",载弗雷德利希(C. J. Fredrich)、约翰·李普曼(John Chapman)编《法律,卷六:正义》,纽约:阿塞顿出版社1963年版;"分配正义",载彼得·拉塞特(Peter Lasett)、朗西曼(W. C. Runciman)编《哲学、政治与社会》第3辑,牛津:巴什尔—布莱克韦尔出版社1967年版;"公民抗命的证明",载贝多(H. A. Bedau)编《公民抗命》,纽约:贝加索斯出版社1969年版;"正义感",《哲学评论》1963年第62卷。——原注

讨论。① 在本人不接受其结论的地方，我不得不扩充论据以回应他们的反对意见。本人希望，现在呈现的正义理论，既不再有上述批评者提到的疑难，也不再有约翰·查普曼(John Chapman) 感到的困惑。② 两个正义原则与本人称作一般正义观念的关系，类似于斯坦利·贝恩(S. I. Benn) 设定的某种关系。③ 我感谢贝恩，也感谢劳伦斯·斯特恩(Lawrence Stern) 和斯科特·布尔曼(Scott Boorman)，感谢他们在这方面提出的建议。诺曼·卡雷(Norman Care) 对可见于这些论文的道德理论观念的批评，其实质性内容在我看来似乎是合理的，本人试图这样来发展正义理论，以避免他的反对意见。④ 在发展正义理论的过程中，本人还要感谢伯顿·德莱本(Burton Dreben)，他帮助我弄清了威拉德·蒯因(W. V. Quine) 的观点，他说服我相信，意义概念和分析概念并不像本人设想的那样在道德理论中起着关键作用。我不必在这里探讨意义概念和分析概念与其他哲学问题的相关性；但我试图阐发一种独立于它们(意义概念和分析概念) 的正义理论。于是，我采纳了在"伦理学纲要"("Outline for Ethics") 一文中所持的观点并对其做了若干修订。⑤ 本人还要感谢森(A. K. Sen) 对正义理论的研讨和批评。⑥ 这些研讨和批评使我能够在不同地方改进本人原有的提法。对于希望研究如经济学家认为的那种更加形式的社会选择理论的哲学家来说，他的论著将被证明是不可或

---

① 布赖恩·巴里（Brian Barry）："论社会正义",《牛津评论》1967年秋季号，第29—52页；迈克尔·莱斯诺夫（Micheal Lessnoff）："约翰·罗尔斯的正义理论",《政治研究》1971年第19卷，第65—80页；沃尔夫（R. P. Wolff）："对罗尔斯正义定理的反驳",《哲学杂志》1966年第63卷，第179—190页。虽然"分配正义"（1967）一文在沃尔夫论文发表前就已完成并送交杂志社，但本人仍对在校样中未将该文列入参考文献的疏漏感到遗憾。——原注
② 约翰·查普曼（John Chapman）："正义与公平",载《规范，卷六：正义》。——原注
③ 参阅斯坦利·贝恩（S. I. Benn）"平等主义与利益的平等思考",载潘诺克（J. R. Pennock）、约翰·查普曼编《规范，卷九：平等》，纽约：阿塞顿出版社1967年版，第72—78页。——原注
④ 参阅诺曼·卡雷（Norman Care）"契约论与道德批评",《形而上学评论》1969年第23卷，第85—101页。本人也要感谢坎宁安（R. L. Cunningham）对拙作的批评："正义：效率抑或公平",《人格主义者》1971年第52卷；还有多罗西·埃米特（Dorothy Emmett）："正义",《亚里士多德协会会刊增刊》1969年；查尔斯·弗兰克（Charles Frankel）："正义与理性",载西尼·摩根贝塞尔（Sidney Morgenbesser）、帕特里克·苏佩斯（Patrick Suppes）、莫顿·怀特（Morton White）编《哲学、科学与方法》，纽约：圣马丁出版社1969年版；以及佩雷尔曼（Ch. Perelman）：《正义》，纽约：伦德姆豪斯出版社1967年版，尤其是第39—51页。——原注
⑤ 参阅罗尔斯"伦理学纲要",《哲学评论》1951年第50卷。——原注
⑥ 参阅阿马蒂亚·森《集体选择与社会福利》，旧金山：霍尔登日出版社1970年版，尤其是第136—141、156—160页。——原注

缺的。同时(在森的著作中)，哲学问题也得到了认真对待。

【原文】PR – 10 – p. xxi

【评析】

罗尔斯在《正义论》中偶尔会交替使用"价值"（values）、"利益"（interests）、"善"（goods）和"好处"（benefits）等术语。它们的共同抽象概念是"善"或"善好"（good）。因此，当我们读到"善"或"善好"（good）这个概念时，最好联系上面这些术语来理解。尤其是当我们遇到"primary goods"这个概念时，最好跳出"基本善"术语的局限，用"初始权益""基本利益"和"基本价值"等术语来理解它。这样做的理由，笔者在不同地方做出了解释。

1. 原文："Many persons have volunteered written comments on the several versions of the manuscript"（p. xxi）。H本："许多人自愿为我这本书的几个手稿撰写评论"（"初版序言"第5页）。新解："许多人自愿针对手稿的几个版本撰写批评意见。"

2. 原文："Gilbert Harman's on the earliest one were fundamental and forced me to abandon a number of views and to make basic changes at many points"（p. xxi）。H本："吉尔伯特·哈曼对最早的一份手稿的评论是很重要的，迫使我放弃一些观点，并在许多点上做出基本的改变"（"初版序言"第5页）。新解："吉尔伯特·哈曼就第一稿提出的批评意见是根本性的，迫使本人放弃许多观点，并在多处做出基本改动。"

3. 原文："I received others while at the Philosophical Institute at Boulder（summer 1966），from Leonard Krimerman，Richard Lee，and Huntington Terrell; and from Terrell again later"（p. xxi）。H本："1966年夏季，在布尔德的哲学讲习会上，我又得到了伦纳德·克雷默曼、理查德·李、亨廷顿·特雷尔的（后来再次从他得到）批评意见"（"初版序言"第5页）。新解："在博尔德哲学研究所时（1966年夏），我收到了其他批评者的意见，它们是来自伦纳德·克里默曼、理查德·李和亨廷顿·特雷尔的意见，我后来再次收到过特雷尔的意见。"

4. 原文："I must also thank R. B. Brandt and Joshua Rabinowitz for their many useful ideas for improvements in the second manuscript（1967 – 1968），and B. J. Diggs，J. C. Harsanyi，and W. G. Runciman for illuminating correspondence"（p. xxi）。H本："我也必须感谢R. B. 布兰特和乔

希·罗宾柔兹对改进第二份手稿（1978—1968年）的许多有用意见，以及 B. J. 迪各斯和 J. L. 哈桑伊富有启发的通信"（"初版序言"第5页）。**新解**："本人还必须感谢布兰特和约书亚·拉比诺维茨就第二稿（1967—1968年）提出的许多有益的改进意见，感谢迪各斯、哈桑伊和朗西曼富有启发的通信。"H本漏译了语句中的"W. G. Runciman"。

【诠释】

许多人自愿针对手稿的几个版本撰写批评意见。吉尔伯特·哈曼(Gilbert Harman) 就第一稿提出的批评意见是根本性的，迫使本人放弃许多观点，并在多处做出基本改动。在博尔德哲学研究所(Philosophical Institute at Boulder) 时（1966年夏），我收到了其他批评者的意见，它们是来自伦纳德·克里默曼(Leonard Krimerman)、理查德·李(Richard Lee) 和亨廷顿·特雷尔(Huntington Terrell) 的意见，我后来再次收到过特雷尔的意见。我试着接受这些意见，接受查尔斯·弗里德(Charles Fried)、罗伯特·诺齐克(Robert Nozick) 和朱迪兹·施可莱(J. N. Shklar) 等极其广泛而有益的评论，他们每个人自始至终都给予本人以极大帮助。在发展关于善的见解方面，我既从库柏(J. M. Cooper)、斯坎伦(T. M. Scanlon)、泰姆佐科(A. T. Tymoczko) 那里受益良多，又从多年来与托马斯·内格尔(Thomas Nagel) 的讨论中获益匪浅；本人也感谢他们澄清了正义理论与效用理论的关系。本人还必须感谢布兰特(R. B. Brandt) 和约书亚·拉比诺维茨(Joshua Rabinowitz) 就第二稿（1967—1968年）提出的许多有益的改进意见，感谢迪各斯(B. J. Diggs)、哈桑伊(J. C. Harsanyi) 和朗西曼(W. G. Runciman) 富有启发的通信。

【原文】PR – 11 – p. xxi

【评析】

1. 原文："**During the writing of the third version (1969 – 1970), Brandt, Tracy Kendler, E. S. Phelps, and Amélie Rorty were a constant source of advice, and their criticisms were of great assistance**"（p. xxi）。H本："在第三稿的写作中（1969—1970年），布兰特、特雷西·肯德尔、S. 菲尔普斯、艾米莉·罗特都不断提供意见，他们的批评给我以很大帮助"（"初版序言"第5页）。**新解**："在第三稿写作期间（1969—1970年），布兰特、特雷西·肯德勒、菲尔普斯和艾米莉·罗蒂不断提供着建议，他们的批评令本人受益良多。"

2. 原文："**On this manuscript I received many valuable comments and suggestions for changes from Herbert Morris, and from Lessnoff and Nozick; these have saved me from a number of lapses and have made the book much better**"（p. xxi）。H 本："我还从赫伯特·莫里斯、莱斯诺夫和诺齐克那里得到过许多有价值的改正意见，这些意见使我避免了一些瑕疵和使书写得更好"（"初版序言"第 5 页）。**新解**："**我还收到了赫伯特·莫里斯、莱斯诺夫和诺齐克关于这一稿的许多宝贵意见和修改建议；这些意见和建议使我避免了许多失误，并给本书增色不少。**"

3. 原文："**I am particularly grateful to Nozick for his unfailing help and encouragement during the last stages. Regrettably I have not been able to deal with all criticisms received, and I am well aware of the faults that remain; but the measure of my debt is not the shortfall from what might be but the distance traveled from the beginnings**"（p. xxi）。H 本："我特别感谢诺齐克在最后阶段所给予的不断帮助和鼓励。可惜我不能考虑他们的所有批评意见，我清楚地知道书中还留有错误，但我依然感激他们，因为我的感激所依据的是书的已有成果，而与它的未臻完善无关"（"初版序言"第 5 页）。**新解**："**我特别感谢诺齐克在最后阶段的可靠帮助和一贯鼓劲。只可惜本人应付不过来收到的所有批评，我很清楚仍然存在的疏漏；不过，衡量本人欠着这份债务的标准，不是可能存在的亏空，而是从这诸多起点反复穿行的距离。**"罗尔斯最后这个语句说的意思是，虽然他说了许多表示感谢的话，但是他仍然欠着许多人情。《正义论》三易其稿，从中得到许多人的帮助，这些人情债务，从诸多起点来算，是越算越多的，时间拉得越长，他要还（感谢）的便越多。有意思的是，罗尔斯没有提到其在普林斯顿大学读书时的两位导师，一位是维特根斯坦哲学倡导者、分析哲学家马尔柯姆，另一位是神秘主义者、黑格尔研究专家斯退士。与前面提到的这些人物相比，这两位哲学家显得默默无闻，但是他们的教导对罗尔斯早期哲学思想的形成是决定性的。

【诠释】

在第三稿写作期间（1969—1970 年），布兰特、特雷西·肯德勒(Tracy Kendler)、菲尔普斯(E. S. Phelps)和艾米莉·罗蒂(Amélie Rorty)不断提供着建议，他们的批评令本人受益良多。我还收到了赫伯特·莫里斯(Herbert Morris)、莱斯诺夫和诺齐克关于这一稿的许多宝贵意见和修改建议；这些意见和建议使我避免了许多失误，并给本书增色不少。我特别感谢诺齐克在最后阶段的可靠帮助和一贯鼓劲。只可惜本人应付不过来收到的所有批评，我很清楚仍然存在的疏漏；不过，衡量本人欠着这份债务的标准，不是可能存在的亏空，而是从这诸多起点(三易其稿《正义论》写作工作)反复穿行的距离。

【原文】 PR‐12‐pp. xxi‐xxii

【评析】

1. **原文**："The ideal place for me to complete my work"（p. xxi）。**H本**："理想的环境来完成这本书"（"初版序言"第5页）。**新解**："理想场所来完成本项工作"。

2. **原文**："I should like to express my deep appreciation for its support in 1969–1970, and for that of the Guggenheim and Kendall foundations in 1964–1965"（pp. xxi‐xxii）。**H本**："我深深地感谢它在1969—1970年为我的工作提供的支持，感谢库根海姆和肯德尔基金会在1964—1965年对我的资助"（"初版序言"第5页）。**新解**："我要对它在1969—1970年提供的支持深表感谢，我也要对1964—1965年古根海姆基金会和肯德尔基金会提供的支持深表感谢。"

3. **原文**："Without the good will of all these good people I never could have finished this book"（p. xxii）。**H本**："没有所有这些好人们的善意帮助，我决不可能完成本书"（"初版序言"第5页）。**新解**："要不是有所有这些好人的好心好意，我将永远完成不了本书。"

【诠释】

斯坦福大学高等研究中心(Center for Advanced Study at Stanford)为本人提供了理想场所来完成本项工作，我要对它在1969—1970年提供的支持深表感谢，我也要对1964—1965年古根海姆基金会和肯德尔基金会提供的支持深表感谢。我还感谢安娜·托尔(Anna Tower)、玛格丽特·格里芬(Margaret Griffin)帮助本人完成了最后的手稿。

要不是有所有这些好人的好心好意，我将永远完成不了本书。

约翰·罗尔斯
1971年8月于麻省剑桥

第一编
理 论

第一章 公平正义
Justice as Fairness

【题解】

正义理论是研究正义与不正义、正当与善及其关系的学问。罗尔斯在《正义论》正文的开场白中，介绍了正义理论研究的主要问题、正义的主体和首要主体、正义理论的宗旨或中心思想、正义理论的指导目标及其本人的学术抱负。他对公平正义观念做了初步阐述，把它看作社会契约论的最新发展，并表示其正义理论将成为在效用论主导下所有其他流派正义理论的强有力替代者。罗尔斯一开始就交代清楚了自己的理论与传统社会契约论的关系，明确自己的理论想要建设什么和批评什么。[①]

罗尔斯在这里提出了一种"作为公平的正义"观念，简称"公平正义"。回顾各种正义研究的思想史，柏拉图的《理想国》是系统探讨正义问题的第一部西方哲学著作。在那个著作中，苏格拉底试图对正义下定义，他最终没有成功。但可以断定，正义是人所具有的"一种核心道德属

---

① 参阅何怀宏《公平的正义——解读罗尔斯〈正义论〉》，山东人民出版社 2002 年版。廖申白："《正义论》对古典自由主义的修正"，《中国社会科学》2003 年第 5 期。万俊人："论正义之为社会制度的第一美德"，《哲学研究》2009 年第 2 期。杨伟清："作为公平的正义与利己主义——对罗尔斯正义理论的一个批评"，《中国人民大学学报》2014 年第 6 期。闫笑："罗尔斯原初状态中立约人特性——作为公平的正义与利己主义"，《道德与文明》2016 年第 4 期。刘雪梅："'作为公平的正义'的康德主义特征"，《广西大学学报》2019 年第 3 期。刘雪梅："罗尔斯的政治建构主义与实践理性的建筑术"，《四川大学学报》2017 年第 6 期。杨云飞："论康德对罗尔斯正义理论的影响——兼谈哲学史对于当代哲学研究的启发意义"，《武汉大学学报》2013 年第 2 期。博格："作为公平的正义：三种论辩"，叶明雅译，《马克思主义与现实》2009 年第 3 期。薛传会："论罗尔斯对两个正义原则的修正——从《正义论》到《作为公平的正义——正义新论》"，《中共杭州市委党校学报》2003 年第 4 期。张国清："罗尔斯难题：正义原则的误读与批评"，《□国社会科学》2013 年第 10 期。

性"（central moral property）①。那个著作探讨了正义与利益的冲突问题，对个体来说，是正义与自利的冲突；对于一国之内的各种团体和阶级来说，是正义与不同利益的冲突。苏格拉底主张正义与自利（self-interest）是一致的，自利以"善好"（goodness）和"人之善"（human good）来表示。《理想国》还讨论了正义与不正义的关系。当个体面临正义和不正义的冲突时，他必须在两者之间做出非此即彼的选择。苏格拉底表示，个体应当选择正义，因为正义，而非不义，给人以真正的快乐或幸福。《理想国》对相关正义问题的探讨，无疑对后人思考正义提供了重大启示。

首先预设正义与自利具有一致关系，最后证明，正义与善好具有同余关系（congruence between justice and goodness），这种预设构成罗尔斯讨论正义问题的重要出发点，在罗尔斯设定"初始位置"中扮演着决定性角色。罗尔斯本人没有明确承认，他的正义理论与古希腊哲学家苏格拉底和柏拉图有关正义问题的探讨相关联，但是认识到这一点对于我们解读其正义理论是有帮助的。

【原文】CH-I-p.3

【评析】

毕竟这是《正义论》正文的开头段落，H本和X本都认真对待，没有出现很大的解读错误。笔者根据自己理解，在一些细节上提出不同意见。

1. 原文："**Main ideas**"（p.3）。H本："主要观念"；X本："一些主要观点"（笫3页）。**新解**："**若干主要理念**"。请注意，罗尔斯在这里用的是复数，但在接下来讨论公平正义的宗旨以及第三节标题用的是单数"main idea"（p.3；p.10）。一个人的主要理念可以有多个，而一个理论的宗旨或中心思想一般只能是一个。X本把"the main ideas"解读为"一些主要观点"，H本把两个短语"main ideas"和"main idea"都解读为"主要观念"（第3页；第9页）。两者有所区分会更好些。罗尔斯后来在《政治自由主义》中讨论了多个"理念"（ideas），并将"理念"区分于"理想"（ideal）。另外，鉴于conception在《正义论》中一般解读为"观念"，以示区别于concept，亦即"概念"。这样，罗尔斯正义理论的重要术语concept和conception、idea和ideal都有了对应的且确定的汉语术语。

---

① Richard Kraut（ed.），*The Cambridge Companion to Plato*，Cambridge：Cambridge University Press，1992，p.10.

2. 原文："**The exposition is informal**"（p.3）。H本："这种阐述是非正式的"（第3页）。罗尔斯刚一说话就想安慰读者，毕竟讨论的是社会正义，其话题特别严肃，但是这本书没有看起来那么艰深，"本人也想讲得随意一点，大家不必太认真"。语词"informal"传递出不那么正式、严丝合缝或正儿八经的，有点儿由着作者的心意来，说到哪儿就算哪儿的意思。作为开头，罗尔斯提出了一些直观断言，它们与分析哲学要求的严格性相去甚远。

3. 原文："**The primary subject of justice**"（p.3）。H本："正义的主要对象"（第3页）；X本："正义的主题"（第3页）。H本对这个短语还给出了另两种解读，分别是"正义的首要主题"（第6页）和"正义的主要问题"（第73页）。H本的三种解读和X本的解读都没有准确把握这个术语的确切含义。1977年，罗尔斯发表过一篇以"以基本结构为主体"（Basic Structure as Subject）为题的论文。罗尔斯表示："契约论正义观念的一大特征是，以社会基本结构为正义的首要主体"（essential feature of the contractarian conception of justice is that the basic structure of society is the first subject of justice）①。由此可见，短语"the primary subject of justice"和"the first subject of justice"是同义的。**新解："正义的首要主体"**。

4. 原文："**Justice as fairness**"（p.3）。H本："公平的正义"（第3页）；X本："公平即正义"（第3页）；另解："作为公平的正义"②。笔者认为，罗尔斯提出了一种自己的正义观念，亦即"作为公平的正义"观念，简称"公平正义"观念。

5. 原文："**I then present the main idea of justice as fairness, a theory of justice that generalizes and carries to a higher level of abstraction the traditional conception of the social contract**"（p.3）。H本："我要提出'公平的正义'（justice as fairness）的主要观念，提出一种使传统的社会契约论更加概括和抽象的正义论"（第3页）。罗尔斯的真实意图是，先"概括"，后"提升而达到更加抽象的水平"，使传统的社会契约观得到升华，因此，"更加抽象"是对的，但是"更加概括"是错的。并且，这里罗尔斯明明写的是"the traditional conception of the social contract"，亦即"**传统的社会契约观念**"，若解析为"传统的社会契约论"，不是很确切。

---

① John Rawls, "The Basic Structure as Subject", *American Philosophical Quarterly*, 14, April 1977. 另参阅罗尔斯"正义的主要问题是社会的基本结构"，廖申白译，《世界经济与政治论坛》1988年第9期。

② 罗尔斯：《罗尔斯论文全集》，陈肖生等译，第470页。

6. 原文："Compact of society"（p.3）。H 本："社会的契约"（第 3 页）；X 本"社会契约"（第 3 页）。我们可以作这样的设想，有小型社会，比如某个比较封闭的自然村落，村民过着与世无争的桃花源式生活。他们制定了相似于乡土中国的"**乡规民约**"或"**社会约定**"。

7. 原文："Initial situation"（p.3）。罗尔斯用它表示处在"初始位置"（original position）上各方所处的"**初始场景**"。"初始场景"预设是正义论首要预设。它等同于"初始位置"，罗尔斯交替使用这两个术语。有初始场景和初始位置，才有"初始协议"（original agreement）。"初始场景"是在正文中出现频次较高的术语。

8. 原文："Procedural constraints"（p.3）。H 本："程序限制条件"（第 3 页）；X 本："程序性限制"（第 3 页）。既然初始协议是一项契约，它的内容就是一些在程序上有约束力的条款。它们既不是 H 本解读的"程序性约束条件"，也不是 X 本解读的"秩序性限制"。**新解**："**程序性约束条款**"。

9. 原文："Original agreement"（p.3）。它可以解析为"**初始协议**""**初始契约**"或"**初始合同**"。

10. 原文："**The compact of society is replaced by an initial situation that incorporates certain procedural constraints on arguments designed to lead to an original agreement on principles of justice**"（p.3）。H 本："社会的契约被一种对最初状态（initial situation）的解释所代替，这一状态把某些旨在达到一种有关正义原则的原初契约的程序限制条件结为一体"（第 3 页）；X 本："社会契约被一种初始状态代替了，这种状态包含了对某些论据的程序性限制，而这些限制是为了就正义的原则取得某种原始协议"（第 3 页）。H 本把"designed to lead to an original agreement on principles of justice"解读为"这一状态把某些旨在达到一种有关正义原则的原初契约的程序限制条件结为一体"不是很确切。相比之下，X 本把它解读为"这些限制的目的是就正义的原则取得某种原始协议"要正确一些。在这里，被设计的（designed）不是"这一情况"即"初始场景"，而是"某些程序性约束条款"。不过，X 本也有不够准确的地方。因为这些程序性约束条款指向的目的的确是"就正义的原则取得某种原始协议"，但是其直接约束对象是"就正义原则达成初始协议"的"论据"。X 本漏掉了原文的"论据"（arguments），它们受到"一些程序性约束条款"的制约。

11. 原文："Clarification and contrast"（p.3）。H 本："为了清晰和对照起见"（第 3 页）；X 本："为了说明问题和便于比较起见"（第 3 页）。**新解**："**为了澄清和对照**"。

12. 原文：" My guiding aim is to work out a theory of justice that is a viable alternative to these doctrines which have long dominated our philosophical tradition"（p. 3）. H 本："我的目标是要确立一种正义论，以作为一种可行的选择对象，来替换那些长期支配着我们的哲学传统的理论"（第 3 页）；X 本："我的主要目的是要提出一种正义理论，使它能够代替长期以来支配我们的哲学传统的那些理论"（第 3 页）。单词"viable"有"可行的"含义，但它在这里的确切含义是"充满活力的、生机勃勃的"。因此，H 本的解析低估了罗尔斯在此展示的学术雄心，忽视因而无视罗尔斯自信满满的说话气势。他的正义理论是"充满活力的、生机勃勃的"（viable）。它表面上只是可选项（alternative），但骨子里想要取代以往的所有正义理论，而成为唯一的正义理论，正如库卡塔斯和佩迪特指出那样，"罗尔斯试图用他的政治哲学取代以往所有的政治哲学"①。X 本没有解读原文的"viable"一词。

【诠释】

第一章是导论性的。在这一章中，我将就本人意欲阐发的正义理论勾勒出若干主要理念。我讲得不那么正式，意在替稍后更为详尽的论证做个铺垫。这里所讲的与后面的讨论难免会有一些重叠。我将从描述正义在社会合作中的作用开始，并就正义的首要主体亦即社会的基本结构（basic structure of society）略作说明。接着，本人将展示"公平正义"这个核心理念（main idea）。公平正义是这样一种正义理论，它概括了传统的社会契约观念，并将其提升到更加抽象的水平。在这里，社会约定（compact of society，社会契约）被某种初始场景所取代，后者具体化为（incorporate）若干程序性约束条款，这些被设计出来的程序性约束条款，限定旨在就正义原则达成初始协议的论据。为了澄清和对照，本人还将讨论古典效用论正义观念和直觉论正义观念（conceptions of justice），考察这些正义观念和公平正义观念的若干区别。我的指导目标（guiding aim，它也是罗尔斯的学术动机）是，研发一种正义理论，相对于长期支配着我们的哲学传统的那些学说，它将是一个充满活力的备选理论（或替代理论）。

---

① Chandran Kukathas & Philip Pettit, *Rawls: A Theory of Justice and Its Critics*, Stanford, California: Standford University Press, 1990, p. 151.

§1　正义的作用
The Role of Justice

【题解】

"正义是社会制度的首要德性"（p.3）。这是《正义论》中被引用最多的语句，也可能是引发争议最大的语句。有学者表示："罗尔斯将正义确立为社会制度的第一美德或首要美德的思想，对现代社会的政治、经济和文化等各个方面都产生了重大影响。"① 还有人称赞道："以社会制度正义为主题，是罗尔斯正义论的鲜明特色。可以说，罗尔斯从理论渊源上继承了自柏拉图以来的传统。"② 罗尔斯这个语句讲的正义是社会正义、制度正义或社会制度正义，但不是分配正义。当然它会影响到分配正义。有学者对此有确切的解释："罗尔斯将正义视为社会制度'第一美德'的真正本义在于：作为建构社会基本秩序和规范社会公共行为的制度体系，社会制度所应追求和可能达到的最高目标，首先且最终是社会制度安排本身的公平正义。"③

一些批评者把作为社会制度的首要德性的正义解读为分配正义，科恩是代表人物。正如有学者指出那样，科恩（柯亨）认为："分配正义既要考虑结构性手段又要考虑个人选择：只有通过用一种平等主义社会风尚（egalitarian ethos）来教育、训练和引导个人选择，才能实现一个真正平等的社会——制度正义才会与他所设想的社会正义保持一致。柯亨由此论证说，罗尔斯将正义限制到社会的基本结构，完全忽视了个人选择在正义的落实中的作用，因此，在罗尔斯这里，正义的制度未必会导致正义的社会。这就是柯亨（科恩）对罗尔斯的理论提出的所谓'基本结构异议'。"④ 有学者给出的回应是："在指责罗尔斯对基本结构的规定具有'致命的模糊性'、因此其理论发生了故障时，柯亨（科恩）不仅误解了罗尔斯对基本结构的强制性特征的理解，实际上也无视了基本结构在罗尔

---

① 万俊人："论正义之为社会制度的第一美德"，《哲学研究》2009 年第 2 期。
② 龚群："正义之道：罗尔斯的社会制度正义"，《湖北大学学报》2021 年第 6 期。
③ 万俊人："论正义之为社会制度的第一美德"，《哲学研究》2009 年第 2 期。
④ 徐向东："基本结构与背景正义——反驳柯亨对罗尔斯的批评"，《中国人民大学学报》2021 年第 5 期。

斯对社会正义的构想中所占据的重要地位。"① 罗尔斯明确区分了适用于社会制度的正义原则和适用于个体的正义原则。作为社会制度首要德性的正义和个体行为选择的正义或"做事合乎正义"（to act justly）是两个不同层级的正义。科恩的指责混淆了作为社会制度之首要德性的正义和在个人生活计划中具有道德规范属性的正义。

在科恩的影响下，部分国内学者把"正义是社会制度的首要德性"解读为"分配正义是现存社会制度必须首先实现的价值"②。正如上面提示的那样，如此解读当然是有问题的。③ 分配正义主要是由第二正义原则处理的正义。在《正义论》第五章"分配份额"中，分配正义得到了全面讨论。萨缪尔·弗雷曼是罗尔斯最忠实的弟子，其专著《罗尔斯》第三章以"第二正义原则与分配正义"为题，该章分为五节来讨论与分配正义有关的第二正义原则的主要内容，它们分别是：公平均等机会、经济正义和差别原则、反对差别原则的意见、公平均等机会和差别原则、正当储蓄原则。④ 笔者认为，如果此类学者想要证明其解读是正确的，那么他们先要说服弗雷曼承认其在《罗尔斯》第三章中关于分配正义的讨论是错误的。那种解读曲解了《正义论》关于正义之首要德性的见解，并且违背现代社会生活常识，它不是罗尔斯正义理论的真实思想。

关于什么是正义，有一种解释颇有启示意义："'正义'是一个'属'概念。人类历史上不同时期涌现出来的如'秩序'、'安全'、'幸福'、'美德'、'人权'、'自由'、'平等（公平）'等价值范畴，都可以看作是它的'种'概念。'属'概念代表人类为了实现正义追求而在现实中加以落实的产物，它们是构建'正义'丰碑的一块块基石。承认这一点意味着，'正义'不再脱离现实，不再仅仅代表一种纯属'应然'的想象和意愿，不再悬浮于人言人殊的虚幻境界。事实上，'正义'总有自己不断生成着的尺度和成果，即'实然'的过程和形态，它就在人类的历史实践过程中，一直被追求着、实现着。因此，我们无须在已有的秩序、美德、人权、自由、公平等价值范畴之外，去寻找或构想一个与之无关的正义，而是可以通过它们之间的联系和历史进程，来具体地理解正义范畴的内涵、外延及其类型。在一定条件下，正义可以就是指秩序、美德、权利等本身，并相信它们分别联

---

① 徐向东："基本结构与背景正义——反驳柯亨对罗尔斯的批评"，第 38 页。
② 参阅段忠桥"正义是社会制度的首要价值吗？"，《哲学动态》2015 年第 9 期。
③ 参阅张国清"'正义是社会制度的首要价值'再议——与段忠桥教授商榷"，《浙江社会科学》2022 年第 1 期。
④ 参阅弗雷曼《罗尔斯》，张国清译，第 91—144 页。

系着人类正义发展的不同阶段、不同侧面和不同程度。"①

正义观念及其原则对各种法律和制度起着规制作用，对个体和团体的行为起着约束和调节作用，对人们的思想观念起着引导作用。罗尔斯在这里提到了多种正义观念，有德性论的，有效用论的，有至善论的，有直觉论的，有契约论的，还有他本人提出的公平论的。其中，对个人拥有的基本自由和基本权利之优先性的强调，是清晰而明确的。他特别提到，所有这些正义观念，都是有待检验的。我们要经过专门的比较研究，才能搞清楚谁优谁劣，或者，谁对谁错。罗尔斯在这一节还定义了"良序社会"，并提到了一种"公开且公共的正义观念"。那种正义观念对社会有正面引导作用，并将规制和监管社会，成为"良序的人类联合体的基本宪章"。这是罗尔斯正义理论的重要思想。

【原文】§1-1-pp.3-4

【评析】

1. **原文**："**First virtue**"（p.3）。H本："**首要德性**"（第3页）；X本："**第一美德**"（第3页）；另解一："**第一美德**"②；另解二："**首要价值**"③。这些解读各有侧重，但是这个术语解读为"首要价值"在准确性上要弱一些。笔者采纳H本解读：**首要德性**。

2. **原文**："**Social institutions**"（p.3）。X本："**社会体制**"（第3页）。因为罗尔斯在这里提出的假定是，正义是广义的所有社会制度，包括政治、法律、经济、文化、教育等制度在内的社会制度，而不只是"社会体制"。**新解**："**社会制度**"。

3. **原文**："**A theory however elegant and economical must be rejected or revised if it is untrue**"（p.3）。另解："一种理论，无论多么雄辩和精致，若不真实，就必须加以拒绝或修正。"④ 其中单词"elegant"并无"雄辩"之意。**新解**："**任何理论，无论多么精致而简洁，只要不是真实的，**

---

① 李德顺："公平是一种实质正义——兼论罗尔斯正义理论的启示"，《哲学分析》2015年第5期。
② 参阅万俊人"论正义之为社会制度的第一美德"，《哲学研究》2009年第2期。齐延平："论社会基本制度的正义——对罗尔斯正义理论的讨论"，《北方法学》2007年第4期。齐延平从法学角度理解罗尔斯正义理论显然不同于许多国内学者从哲学角度所做的理解，该解读比较接近罗尔斯本意。
③ 段忠桥："正义是社会制度的首要价值吗？"，《哲学动态》2015年第9期。
④ 万俊人："论正义之为社会制度的第一美德"，《哲学研究》2009年第2期。

就须加以拒绝或修正。"这句话带有维也纳小组成员、逻辑实证主义者艾耶尔（Alfred Jules Ayer，1910－1989）的腔调，一开口就显得极其高调，好不盛气凌人，很有一种语不惊人死不休的感觉。艾耶尔认为，凡是不追求真理的理论都是与客观世界无关的理论，都只是一种情绪表达，与科学无关，所有的价值学说或道德理论都是如此。艾耶尔在1936年的"处女作"《语言、真理与逻辑》中系统阐述了这些主张。艾耶尔当时毕竟年轻，可以不负责任地口吐狂言。1952—1953年，罗尔斯本人曾经在牛津大学做博士后研究，艾耶尔正好在伦敦大学担任逻辑与精神哲学教授。虽然罗尔斯的合作导师是法哲学家哈特，但他多少受到包括艾耶尔在内当时分析哲学家的影响。1971年《正义论》发表时，罗尔斯已快50岁，按理不应当有如此轻狂之语。当然，他本人接下来马上表示，这些说法并不一定是自己的见解，他只是把它们搜集到一起一一呈现给读者，至于它们是否站得住脚，则有待后续研究与评判。后来罗尔斯在《政治自由主义》中直接讨论并且肯定回答了道德判断的真实性问题。①

4. **原文**："Laws and institutions"（p. 3）. H 本："某些法律和制度"（第3页）；X 本："法律和体制"（第4页）。H 本的解析不够确切，容易让人产生"另一些法律和制度可以有例外"的误解。实际上，罗尔斯此处表达的是"所有或任一法律和制度"。X 本把"institutions"一律解读为"体制"也显然不够精确。另外请注意罗尔斯写作的语序习惯和前后对称或对比。**新解**："各项法律和制度"或"任何法律和制度"。

5. **原文**："Laws and institutions no matter how efficient and well-arranged must be reformed or abolished if they are unjust"（p. 3）. H 本："某些法律和制度，不管它们如何有效率和安排有序，只要它们不正义，就必须加以改造或废除"（第3页）。另解："法律和制度，无论多么行之有效和治之有序，只要它们不正义，就必须加以改革或者废除。"② **新解**：**"各项法律和制度，无论多么高效而有序，只要违背公正和正义，就须加以改造或废除。"** 这里的"efficient"是"效率"意义的，而不是"有效性"意义的。它被另解为"行之有效"，容易让读者产生它具有"有效性"意义的误解。

6. **原文**："**Each person possesses an inviolability founded on justice**

---

① John Rawls, *Political Liberalism*, expanded edition, New York: Columbia University Press, 1996, p. xvii.
② 万俊人："论正义之为社会制度的第一美德"，《哲学研究》2009 年第 2 期。

that even the welfare of society as a whole cannot override"（p.3）。H 本：
"每个人都拥有一种基于正义的不可侵犯性，这种不可侵犯性即使以整个社会的福利之名也不能逾越"（第 3 页）；X 本："每个人都具有一种建立在正义基础上的不可侵犯性，这种不可侵犯性甚至是整个社会的福利都不能凌驾其上的"（第 4 页）。X 本的解读更加准确。

7. 原文："**For this reason justice denies that the loss of freedom for some is made right by a greater good shared by others**"（p.3）。H 本："因此，正义否认为了一些人分享更大利益而剥夺另一些人的自由是正当的"（第 3 页）；X 本："因此，正义否认某个人失去自由会由于别人享有更大的利益而变得理所当然起来"（第 4 页）。这是人们的社会经济利益与政治法律权利的比较，以牺牲一部分人的政治法律权利，尤其是宪法权利为代价，而让更多的人获得社会经济利益，也是不合乎正义的。H 本的解析很到位。"a greater good" 亦即 "**更多实利**"，所谓 "粮食换和平" 和 "粮食换自由" 计划，主要是物质好处，尤其是眼前的经济利益。

8. 原文："**It does not allow that the sacrifices imposed on a few are outweighed by the larger sum of advantages enjoyed by many**"（p.3）。H 本："（正义）不承认许多人享受的较大利益能绰绰有余地补偿强加于少数人的牺牲"（第 3 页）；X 本："它不承认强加给少数人的牺牲可以由于许多人享有的更大利益而变得无足轻重"（第 4 页）。另解："正义不允许以多数人分享较大好处之名而把牺牲强加于少数人身上。"① X 本的解读优于 H 本的解读。H 本把短语 "are outweighed by" 解读为 "绰绰有余地补偿" 是错误的。我们经常听到一种说法是，"为了大家愿意牺牲小家"。但是，从这里提出的这种正义观念来看，那个说法是不合乎正义的。这是一种多数人社会经济利益与少数人社会经济利益的比较，以多胜少，以大欺小，未必是正义的。它也是罗尔斯在《正义论》中批评多数裁决原则的理由，而那个原则与效用论的社会利益总量极大化原则是一致的。**新解："正义不允许用许多人享有的较多优势去抵消强加于少许几个人的牺牲。"**

9. 原文："**The rights secured by justice are not subject to political bargaining or to the calculus of social interests**"（p.4）。H 本："由正义所保障的权利决不受制于政治的交易或社会利益的各种权衡"（第 3 页）。另解："由正义所确保的权利不容做政治交易或社会利益算计。"②

---

① 万俊人："论正义之为社会制度的第一美德"，《哲学研究》2009 年第 2 期。
② 万俊人："论正义之为社会制度的第一美德"，《哲学研究》2009 年第 2 期。

(1) 短语："To be subject to". 意思为"屈服于""屈就于""服从于"，表现事物之间的先后顺序或高低之别。

(2) 短语："Political bargaining". 表示"政治交易"，主要是政治权力交易。这是要高度警惕的。

(3) 短语："The calculus of social interests"."calculus"也可以理解为"计较""计算""算计"或"盘算"。这个短语表达了个人权利优先于公共利益或社会利益的思想。

罗尔斯这句话表达了（每一个体享有的）私权优先于公权、个人权利优先于公共权力的思想，也是正当优先于善的正义观念涉及的一个重要议题。另解的解读有所偏颇。这个语句讲的是，个体权利与社会利益谁先谁后的问题，而不是个体权利是否容许政治交易或经济利益算计的问题。

新解："正义保障的权利，既不屈就于政治交易，也不屈就于各种社会利益的算计。"

10. 原文："Erroneous theory"（p.4）. H本："有错误的理论"（第3页）。**新解**："有瑕疵的理论"。

11. 原文："Being first virtues of human activities, truth and justice are uncompromising"（p.4）. H本："作为人类活动的首要德性，真理和正义是决不妥协的"（第4页）；X本："作为人类活动的第一美德，真实和正义都是不可调和的"（第4页）。H本的解析有点儿过了，而X本的解读则是不确切的。单词"uncompromising"解读为"**不容妥协**"比"不可调和"要确切一些。"真理和正义的不容妥协"同"公民自由的确定不移"构成呼应关系。正如竺可桢所谓"只问是非，不计利害"[①]那样，正义和真理一样是实打实的，在追求真理和正义道路上，是不可讨价还价或打折扣的。

【诠释】

正如真理是思想体系的首要德性（first virtue），正义是社会制度的首要德性。任何理论，无论多么精致而简洁（elegant and economical），只要不是真实的（查无实据），就须加以拒绝或修正；同样地，各项法律和制度，无论多么高效而有序（efficient and well-arranged），只要违背公正和正义，就须加以改造或废除。每个人都拥有基于正义的不可侵犯性（inviolability），甚至整个社会福祉（welfare of society as a whole）都不可凌驾于其上。因此，正义

---

① 竺可桢："科学之方法与精神"，《思想与时代》1941年5月9日。

否认，一个人丧失自由会令他人获得更多实利而变成正当的。正义不允许用许多人享有的较多优势（或利益）去抵消强加于少许几个人的牺牲。所以，在正义社会里，平等公民持有的各项自由权利是确定不移的；正义保障的权利，既不屈就于政治交易，也不屈就于各种社会利益的算计（个体的权利既优先于政治权力，又优先于社会利益）。我们默许有瑕疵的理论的唯一原因是，目前尚且欠缺更好的理论，同样地，我们之所以容忍有违正义之事，是因为我们不得不用它来规避更大的不公和不义。作为人类活动的两个首要德性，真理和正义都是不容妥协的。

【原文】§1-2-p.4

【评析】

1. 原文："**No doubt they are expressed too strongly**"（p.4）。H本："它们在语气上无疑是表现得过于强烈了一点"（第4页）；X本："毫无疑问，这些主张是太有力了"（第4页）。H本解读略胜于X本解读。从这句话可知，这些提法并不都是罗尔斯本人的主张，他只是把它们随意列举出来。这些说法是相互冲突的。其中，第一种说法亦即"正义是社会制度的首要德性"常被人引用，并且许多人理所当然地认为它是罗尔斯本人的主张。G. A. 科恩一直是这么认为的。[①] 也有学者表示："这一论断的含义就是：分配正义是现存社会制度必须首先实现的价值。"[②] 但是这样的解读值得商榷。其实，结合上下文可知，它是每个人或大多数人可能具有的"直观确信"之一。罗尔斯是反对直觉论正义观念的。他认为，这些说法有点言过其实，也就是讲得太过绝对了，所以，有检讨它们合理与否的必要。它们有可能被证实，也有可能被证伪。当然，罗尔斯在《正义论》的结尾处肯定了关于"正义是社会制度的首要德性"的论断。笔者认为，重要的不在于这些断言是什么，而在于它们是如何得到论证的。把"正义是社会制度的首要德性"（或"正义是社会制度的首要价值"）解读为"分配正义是现存社会制度的首先实现的价值"，不仅大大狭隘化了罗尔斯讨论的正义的适用范围，而且把正义的首要问题还原为分配正义问题，是对罗尔斯正义理论的重大误解。**新解**："毫无疑问，它们表达得太过强烈了。"

---

① 参阅 G. A. Cohen, *Self-Ownership, Freedom, and Equality*, Cambridge: Cambridge University Press, 1995。
② 段忠桥："正义是社会制度的首要价值吗？"，《哲学动态》2015年第9期。

2. 原文："Intuitive conviction"（p.4）. H本："直觉的确信"（第4页）；X本："直觉信仰"（第4页）。**新解**："**直观信念**"。

3. 原文："In any event I wish to inquire whether these contentions or others similar to them are sound, and if so how they can be accounted for"（p.4）. H本："但不管怎样，我希望探讨这些论点或别的类似观点是否健全，它们是否能够被如此说明"（第4页）；X本："无论如何，我希望研究一下这些论点或与其类似的其他论点是否正确，如果它们是正确的，那么又怎样才能对它们加以说明"（第4页）。在这个语句的解读上，X本比H本要好很多。

4. 原文："A system of cooperation"（p.4）. H本："合作体系"（第4页）；X本："合作制度"（第4页）。**新解**："**合作系统**"。它可以是一组合作，一个合作系统，等等。罗尔斯在这里强调，社会要有合作，合作要由规则来约束，并以制度形式固定下来，而不强调社会是体系、组织或机构，后者需要大量人力、物力去填充，必定占有大量公共资源。另外，罗尔斯在《正义论》中也谈到了社会系统和经济系统。

5. 原文："**These rules specify a system of cooperation designed to advance the good of those taking part in it**"（p.4）. H本："这些规范标志着一个旨在推进所有参加者的利益的合作体系"（第4页）；X本："这些准则明确规定了一种旨在促进参加合作的人的利益的合作制度"（第4页）。H本把语词"specify"解读为"标志着"是错误的，X本解读为"明确规定"则是正确的。显然，其意思是，合作系统本身不是目的，目的是社会合作参与者的利益。

6. 原文："**A society is a cooperative venture for mutual advantage**"（p.4）. H本："一个社会是一种为了共同利益的合作事业"（第4页）；X本："社会是一个促进相互利益的合作事业"（第4页）。另有学者解读为："社会是一种为了相互得益的合作事业"[①] 和"社会是……人们为了相互利益而存在的一种合作性事业"[②]。这些解读的可商榷之处有："cooperative venture"一般解读为"合作企业"。不过联系上下语境，它在这里解读为"**合作场所**"，更加符合中文读者去理解罗尔斯设定的社会概念。H本："合作事业"缺乏依据。短语"mutual advantage"，可解读为"**相互优**

[①] 汪志坚："对融合限度的反思——驳近年来西方学界融合马克思和罗尔斯的倾向"，《哲学研究》2019年第7期。
[②] 莱宁：《罗尔斯政治哲学导论》，孟伟译，第24页。

势"，进而引申为"**优势互补且寻求互利**"。因此，X 本的解读好一些；H 本："共同利益"则不妥。罗尔斯在这里强调，社会既会给人带来利益和机会，也会给人带来风险和负担。而且，没有参与，就不得分享收益；没有参与，就不用分担风险。每个人要根据自己的参与程度和贡献大小来分享社会合作的利益和负担。这是关于社会合作的基本观念。**新解**："**社会是优势互补且寻求互利的合作场所。**"

7. 原文："**It is typically marked by a conflict as well as by an identity of interests**"（p.4）. H 本："它却不仅具有一种利益一致的典型特征，而且也具有一种利益冲突的典型特征"（第 4 页）；X 本："它不仅具有共同利益的特征，而且也具有矛盾冲突的特征"（第 4 页）。H 本和 X 本都没有很好地解读这个语句。**新解**："**它典型地既存在利益一致，也存在利益冲突。**""利益冲突"是应用伦理，比如行政伦理、管理伦理、工程伦理的核心术语。

8. 原文："**There is an identity of interests since social cooperation makes possible a better life for all than any would have if each were to live solely by his own efforts. The is a conflict of interests since persons are not indifferent as to how the greater benefits produced by their collaboration are distributed, for in order to pursue their ends they each prefer a larger to a lesser share**"（p.4）. H 本："存在着一种利益的一致，因为社会合作使所有人都有可能过一种比他仅仅靠自己的努力独自生存所过的生活更好的生活；另一方面，由于这些人对由他们协力产生的较大利益怎样分配并不是无动于衷的，因为为了追求他们的目的，他们每个人都更喜欢较大的份额而非较小的份额，这样就产生了一种利益的冲突"（第 4 页）；X 本："由于社会合作有可能使所有的人比任何孤军奋斗的人过上更好的生活，这就有了共同的利益。由于人们对他们的合作所产失的更大利益如何分配问题不是漠不关心的，这就产生了利益冲突，因为为了追求自己的目标，他们每个人都想得到较大的一份，而不是较小的一份"（第 4—5 页）。对于个体来说，财富总是越多越好，收入总是越高越好。人人追求自己的利益，并且总想极大化自己的利益。这种想法原本无可厚非。只是当人们追求的利益发生冲突时，就需要仲裁者和调解者来仲裁或调解。它必须超越于个人利益之上，体现出公共性和公道性。**新解**："**之所以存在利益一致，是因为社会合作使所有人都有可能过上比只靠自己努力而独自生存的生活更好的生活。之所以存在利益冲突，是因为人们对由协作创造的较大利益应当如何分配并非无动于衷。为了追求自己的目的，每个人都想分到较大的**

份额而非较小的份额。"

【诠释】

这些提法①看似表达了我们对正义首要性(primacy of justice,正义至上) 的直观信念。毫无疑问，它们表达得太过强烈了。不管怎样，本人希望探讨这些论断或其他类似说法是否站得住脚。如果它们站得住脚，那么我将说明其理由。为了达此目的，就有必要研发一种正义理论，借助于这一理论，这些断言(assertions) 就可以得到诠释和评价。本人将从考虑正义原则的作用开始。为了明确几点想法，我们假定，社会是由一些个体组成的多少自足的联合体，这些个体在相互关系中承认某些行为规则具有约束力，他们大多遵守那些规则。我们进一步假定，那些规则具体规定某个合作系统，设计那些规则，旨在增进那个合作系统所有参与者的利益。虽然社会是优势互补且寻求互利的合作场所，但是它典型地既存在利益一致，也存在利益冲突。之所以存在利益一致，是因为社会合作使所有人都有可能过上比只靠自己努力而独自生存的生活更好的生活。之所以存在利益冲突，是因为人们对由协作创造的较大利益应当如何分配并非无动于衷。为了追求自己的目的，每个人都想分到较大的份额而非较小的份额。于是，就需要一组原则(set of principles) 来取舍决定利益分配的各种社会安排，并就恰当的分配份额达成协议。② 这些原则就是社会正义原则。它们提供了在社会基本制度中指派权利和义务的办法；它们还规定了对由社会合作所带来收益的恰当分配和负担的恰当分摊。③

【原文】 §1-3-pp.4-5

【评析】

罗尔斯在这里谈到了良序社会的特点，一个为所有公民所熟悉并且共享

---

① propositions,这个术语表示命题、说法、看法，只是主观断言，不一定经过论证，且不一定正确。
② 社会基本制度事关每个人的切身利益，基于某些原则来建设社会基本制度，来评判它们的好坏和优劣。
③ 这里的原文是 appropriate distribution of the benefits and burdens of social cooperation。请读者注意，用来分配的主要是社会合作的成果，而不是像个人财富、自然资源甚至社会资源之类的东西。假如个人拥有特殊的自然资质，只要他没有用于社会合作，那么，自然资质就不会成为分配的对象。但是，假如个体参与了社会合作，那么所有参与合作的要素，包括其自然资质，就成为由社会合作产生的收益和负担的要素。

的正义观念的公开性和开放性居于核心位置。这让我们看到了良序社会与波普尔的"开放社会"的高度相似性。虽然罗尔斯很少谈到波普尔的思想，由于波普尔与哈耶克具有高度的思想关联，这也让我们看到了罗尔斯良序社会理论与哈耶克宪政秩序与社会理论的潜在联系。从这一点也可以看到，虽然罗尔斯与哈耶克有着重大的思想分歧，但是他们都属于自由主义传统。学术界大多只看到他们的分歧，而很少看到他们的共识，揭示那些共识，更有利于理解罗尔斯的正义理论，这也许是罗尔斯本人后来一直强调公共理性和重叠共识的重要性的原因。并且在这里，比较研究罗尔斯根本宪章思想与哈耶克自由宪章思想，也是有益的。我们的结论是，罗尔斯与哈耶克的思想分歧，或者罗尔斯与诺齐克的思想分歧，没有人们预估的那么大。

1. 原文："**A society is well-ordered when it is not only designed to advance the good of its members but when it is also effectively regulated by a public conception of justice**"（p. 4）。H本："一个社会，当它不仅旨在推进它的成员的利益，而且也有效地受着一种公共的正义观调节时，它就是一个良序的（well-ordered）社会"（第4页）；X本："一个社会之所以井然有序，不仅是因为它的宗旨是促进社会成员的利益，而且也因为它受到普遍正义观念的有效支配"（第5页）。

（1）短语："Effectively regulated by"。H本把这个短语解读为"有效地受着……调节"是不正确的；X本把它解读为"有效支配"也不确当。它的确切意思是**"有效地规制于"**。"规制"有"监管、规范、约束、限制、调节"等含义。在对这个语句的解读上，X本比H本略好一些。

（2）短语："A public conception of justice"。H本："一种公共的正义观"。**新解**："某个公开且公共的正义观念"。为什么"public"要解读为"公开且公共的"而非"公共的"。笔者在后文还会有专门讨论，罗尔斯本人专门讨论过公平正义和正义原则的"公开性条件"。

2. 原文："**If men's inclination to self-interest makes their vigilance against one another**"（pp. 4 - 5）。俗话说，害人之心不可有，防人之心不可无。出于自利和自保的考虑，防人之心是必要的，而且是必然的。这是霍布斯提出的基本人性假说，也是他的利维坦学说的出发点。在万不得已的情况下，人甚至只要活着就行，比如在奴隶制度条件下的奴隶就是这样。人出于自利和自保的考虑，愿意让渡自己的部分权力和利益。在某些恶劣条件下，比如在霍布斯设定的人的生命和财产朝不保夕的自然状态下，人的合作或结盟，是被迫的，而非自愿的。有了自利倾向，就会有纷争、有异议，就会有心中的不平，于是，各种社会动荡就产生了。

3. 原文："**Public sense of justice**"（p.5）。像上一句话中的"公开且公共的正义观念"（public conception of justice）一样，这里的"public"有特定含义，它表示人们拥有的正义感不是个别的、私下的或暗中的，而是展示在大家面前的，是公开地表现或表达出来的，是人们在公开场所可以看到，也可以感受到的，最起码要装得有那么回事或是那么回事。罗尔斯后来在"正义感"那一章中专门讨论了**公开性条件**。当然，如果它能够表现得像休谟和斯密等人设想的刚正不阿、中正无私或依法办事那样的公道品质，那么将更加令人欣喜。罗尔斯在《正义论》第八章专门讨论了道德人格的发展问题。

4. 原文："**Secure association**"（p.5）。H本："牢固的合作"（第4页）；X本："巩固的团体"（第5页）。两个译本的解析都不是很恰当。本书解读为"**安全往来**"或"**安全关联**"。它有"辅车相依、唇亡齿寒"之意，可以作较弱意义的"**安全往来**""**安全联防**""**安全联合**""**安全联络**"理解。在最弱意义上，它有"每个人都要保一方水土静好，管好自己家乡安宁"的意思。在其强意义上，它不仅要保障自己家乡的安全，而且要保障陌生他乡的安全。"secure association"还谈不上"牢固的合作"，甚至都谈不上"信得过"，它只是一种出于安全、平安考虑的关联和对接，一种"出门在外，没事就好"的状态。它的确切意思是，安全往来是维系人际关系的基本尺度，在由人把持的地盘上，一个人只要在该地盘行走，就要保障其安全。

5. 原文："**Among individuals with disparate aims and purposes**"（p.5）。H本："在目标互异的个人中间"（第4页）。这个解析很精妙，比较难得。这里的言下之意是，这些目的和愿望因人而异，很可能相互冲突，不一定不合理，很可能难以实现，但我们要允许各人臆想天开、不着边际地去畅想自己的目标和愿望，这里有一种不怕做不到，就怕想不到的意思。当然，这样的目标和愿望，想想就行，不必当真。并且，有一样东西很重要，那就是正义。

6. 原文："**Civic friendship**"（p.5）。H本："公民友谊"（第4页）；X本："公民友谊"（第5页）。H本和X本的如此解析压缩了友谊的范围。罗尔斯在这里强调，这种友情、情谊是人民自愿的，非强制的，有友善、善意、互信因素在里面的。所谓"三观"正，社会风气正，人的价值观正，政治法律制度和习惯正，体面的文明的社会才能建立起来。罗尔斯首先强调，人人都要有正义感。没有正义感，一切都无从谈起，任何建设性事情都不可能实现，即使做了也会半途而废。**新解**："**民间友谊**"。

7. 原文："General desire for justice"（p.5）。H本："对正义的普遍欲望"（第4页）；X本："要求正义的普遍欲望"（第5页）。在这里，把"desire"解读为"渴望"而非"欲望"要恰当一些。罗尔斯在此表示，人人都渴望正义，人人都离不开正义，当然这样的渴望是摆在明面上的，是可以公开申明的，也是可以在有争议时寻求司法裁判或公共仲裁的。当你遭遇诸多不公时，你便要渴望正义；当你有足以影响他人和社会的实力、力量或影响力，包括知识、能力、财富、权力时，你要实践正义，当你与他人产生根本利益冲突时，你要恪守正义，只有这样，你方可畅行于世间大道。但实际上，你真正拥有的只是正义感，其他一切都由它而来去，也因它而起落。因为你并不代表正义，你甚至不拥有正义，你只是遵循一定的正义原则，或做事合乎正义。仅此而已。

8. 原文："One may think of a public conception of justice as constituting the fundamental charter of a well-ordered human association"（p.5）。H本："我们可以认为，一种公共的正义观构成了一个良序的人类联合体的基本宪章"（第4页）；X本："人们可以把普遍正义观看作是一个井然有序的人类团体的基本宪章"（第5页）。

（1）X本把短语"a public conception of justice"解读为"普遍正义观念"，不妥当；H本把它解读为"一种公共的正义观"，略好一些，更恰当的解读是"**某种公开且公共的正义观念**"。这是可以放到公共论坛公开谈论的正义观念，它不一定让每个人都赞同，但它必定让每个人知道且无法拒绝。**新解**："**公开且公共的正义观念**"。

（2）X本把短语"a well-ordered human association"解读为"一个井然有序的人类团体"，不妥当；H本："一个良序的人类联合体"，比较妥当。它让人想起马克思的"人的自由联合体"思想，但是罗尔斯更加强调这个联合体的文明和良序属性，即以非暴力、非极端、非激进方式建立起人类的自由联合体。

（3）短语："The fundamental charter"。这也就是宪法，根本大法，是评判一切人类社会活动的基本依据。这个词哈耶克也在使用，但在内涵上有很大不同。罗尔斯把一种特定的实际上是普通的正义观念提到"**根本宪章**"的高度，难免受到保守主义者和其他自由主义者的质疑。

【诠释】

于是，我们假定：当社会不仅旨在促进成员的利益，而且受到某个公开且公共的正义观念(public conception of justice) 有效规制时，被如此设定的社会就是良序社会(well-ordered society)。在良序社会中，(1) 每个人都接受并且知道他人也接受相同的正义原则；(2) 基本社会制度一般满足并且众所周知地一般满足正义原则。在这种情况下，尽管人们会相互提出过分的要求，但是他们毕竟承认用来裁定其诉求(claims, 求偿权) 的某个共同观点(common point of view)。如果人的自利倾向令其必存防人之心，那么人具有的公开的正义感令其安全往来成为可能。在抱着不同目标和愿望的个体中间，一个共享的正义观念(shared conception of justice) 连接起民间友谊的纽带；①向往正义的普遍渴望限制着对其他目标的追逐。②人们于是设想，某个公开且公共的正义观念，将创制良序的人类联合体的根本宪章(fundamental charter)。

【原文】§1-4-p.5

【评析】

罗尔斯在这里区分了"正义概念"(concept of justice) 和"正义观念"(conception of justice)③。他对正义观念的关注超过对正义概念的关注。确立某种正义观念，有助于认清社会正义原则的作用。

1. 原文："**Existing societies**" (p.5)。H 本："现存的各种社会形态"（第 4 页）；X 本："现存社会"（第 5 页）。X 本为正解。

2. 原文："**The basic terms of their association**" (p.5)。H 本："他们联合的基本条件"（第 4—5 页）；X 本："他们团体的基本条件"（第 5 页）。H 本和 X 本都解读得不够精确。短语 "basic terms" 应解读为"**基本条款**"，而非"基本条件"；"their association" 应解读为"**他们联谊往来**"，而非"他们的团体"或"他们联合"。"association"，有联谊、往来、结社、联合体等含义。解读者要根据上下文作相应解读。

3. 原文："**When the rules determine a proper balance between competing claims to the advantages of social life**" (p.5)。H 本："当规范使各种对社会生活利益的冲突要求之间有一恰当的平衡时"（第 5 页）；

---

① 这个"纽带"(bonds) 也有相互联络、相互支持、相互监督、相互约束的含义。
② 但是它没有消除或取消人们对其他目标的追逐，人们毕竟在私下追求着不那么光明正大的目标。当然，它们走不到台面上来，只能在阴暗处滋生，在阴暗处晃悠，在阴暗处谋划，在阴暗处施行。它们也可以通过乔装打扮，以公共的、正义的、公益的面目出现，那样它们就会变得猖狂，不再小心翼翼而有所顾忌。
③ 张祖辽：《罗尔斯政治哲学的建构主义策略及其困境研究》，东方出版中心 2016 年版，第 152—153 页。

X 本："只要这些准则能够对社会生活中相互对抗的利益要求确立恰当的平衡"（第 6 页）。H 本把这个语句只作字面解读，没有领会其精确含义；相似地，X 本把短语 "competing claims to the advantages of social life" 解读为 "社会生活中相互对抗的利益要求"，也不是很妥当。罗尔斯这里谈到了两种情形，一是基本权利和自由的人际平等，它不得任意地因人而异；二是社会生活有利因素的调节，它务必视具体个体的社会地位差异而异。后面这些诉求主要是社会和经济权利和利益，大多与财富和收入、地位和荣誉有关，具有灵活性，可以在份额上和比例上因人而异。

新解："只要规则对社会生活有利因素的竞争性诉求予以恰当平衡。"

【诠释】

鉴于世人对何为正义、何为不正义经常纷争不已，现存社会当然少有在此意义上是良序的。①人们在应当用哪些原则来规定其联谊往来（交往、结社）的基本条款上各持己见。尽管存在这种分歧，我们仍然会说，他们每个人都持有某个正义观念。②也就是说，他们都了解以下情形：他们需要并准备确定一组特定的原则③，既用来指派（assigning，注意不是"分配"）基本权利和义务④，又用来决定恰当分配他们参与的社会合作所产生的收益，合理分摊他们参与的社会合作所产生的负担。⑤于是，以下想法就显得顺理成章：正义概念（concept of justice）既有别于各种正义

---

① 人们用不同的正义观念看社会，就会有不同的评判：有人认为某些现存社会是正义的，有人认为它们是不合乎正义的。人的观念不同，其所看到的世界就不同。既然有纷争，而且久拖不决，那么，生活于其中的人们就会感到，那样的社会不是秩序井然的社会。所以罗尔斯说，在正义观念上充满纷争的社会不是良序社会。

② 此处原文为 conception of justice，罗尔斯在这里提到"他们每个人都持有一种正义观念"，强调"他们有正义观念"就行，但其隐含的意思是，他们很可能持有各不相同的正义观念，而不是他们持有同一种正义观念。

③ 对正义原则的渴望不会停留在一种主观的正义观念上，而必须最终表现为共同意愿或共同意志，这是社会契约的本质。从个人正义观念向社会正义概念转变，这是罗尔斯就"正义作为一种观念"和"正义作为一种刚性制度"给出的两个重要的观念性区分。我们拥有不同的正义观念，我们可以用不同的正义观念去看社会。因为观念不同，我们看到的社会肯定会因人而异；但是我们拥有相同的正义概念，我们只能用同正义概念去解析社会。因为概念相同，这种解析不允许因人而异。如果因人而异，那是因为有些解析没到位，这不是概念的错误，而是人力的不足。

④ 这些权利和义务是每个人不必参加社会合作就有的，是刚性规定、不可讨价还价、并且每个人都是一样多的。这是后来罗尔斯在第一正义原则中规定的主要内容和条款。

⑤ 这些收益和负担是必须参加社会合作才会有的，是可以讨价还价、可以协商的。这是罗尔斯后来在第二正义原则中规定的主要内容和条款。

观念(various conceptions of justice)，又由不同正义原则和不同正义观念共有的作用所界定。① 如此一来，持有不同正义观念的人仍然会赞同以下意见：只要基本权利和义务的指派或分派没有任意地因人而异②，只要规则对社会生活有利因素的竞争性诉求予以恰当平衡，那么这些制度就是正义的。人们会赞同如此描述的正义制度：因为正义概念包含了"任意区分"(arbitrary distinction)和"恰当平衡"(proper balance)之类说法，那些说法仍然给每个人留有充分余地，去解读他接受的正义原则。这些原则指出，哪些人际异同涉及确定他们的权利和义务；与此同时，这些原则也明确规定，哪一种利益分配才是恰当的。显然，如此区分正义概念与正义观念，并没有解决任何重要的问题。它只是有助于我们认清社会正义原则的作用而已。③

【原文】§1-5-pp.5-6

【评析】

罗尔斯在这里提到，"协作、效率和稳定"是三个基本社会问题。解决这些问题离不开可取的或合理的正义观念。人们可以选择不同的正义观念，但是，在解决上述三大基本社会问题上，有些正义观念会优越于其他正义观念。

1. 原文："**Human community**"（p.5）。H本"人类群体"（第5页）；X本："人类社会"（第6页）。**新解：**"**人类共同体**"。

2. 原文："**Coordination, efficiency and stability**"（p.5）。H本："合作、效率和稳固"（第5页）；X本："协调、效率和稳定"（第6页）。**新解："协作、效率和稳定"**。罗尔斯表示，为了创立充满活力的人类共同

---

① 本人采纳了哈特的观点。参阅哈特《法律的概念》，牛津：克莱伦顿出版社1961年版，第155—159页。——原注
② 此处原文为 When no arbitrary distinctions are made between persons in the assigning of basic rights and duties. 请注意"assigning"和"distribution"的微妙区分，前者有"分配（某物）、分派、布置（工作、任务等）、指定、指派、委派、派遣"等含义。这里的规制对象是人与人之间的"基本权利和义务"，它们是刚性需要，是公民享有的政治法律权利与义务，不得独断地或任意地因人而异，而应人人平等享有。
③ 罗尔斯在这里明确地提出，存在正义的两类对象：一类是基本权利和义务，其解决办法是"指派正义"，旨在消除人际之间的"任意区分"；另一类是各种竞争性诉求或各种利益，主要是收入和财富，其解决办法是"分配正义"，旨在实现人际之间的"恰当平衡"。它们通过设置主要社会制度来实现。

体，还需要解决上面这些问题。

3. **原文**："**Scheme of social cooperation**"（p. 6）. H 本："社会合作的计划"（第5页）；X 本："社会合作安排"（第6页）。H 本为正解。当然，新解为"**社会合作方案**"。由于受到"计划经济"概念的影响，而"计划经济"与"自由经济"或"自由市场经济"形成强烈对比，是强制性的，令个体丧失了选择的自由。罗尔斯也许有意规避了在社会合作意义上的"计划"一词。罗尔斯在这里表示的意思是，社会合作的主体仍然是各种独立的个人，他们的合作计划是属于个人的。即使我们承认存在个人之间的社会合作，但是尚不存在整体的社会合作计划。即使有社会合作方案了，也存在稳定性问题。

4. **原文**："**Ties of civility**"（p. 6）. H 本："礼仪的纽带"（第5页）。**新解**："**礼尚往来的纽带**"。这个短语涉及做人的礼貌、体面和脸面，待人处事的文明礼貌或礼仪方式，没有了它们，人将撕下马克思所谓的"含情脉脉的面纱"，人类文明也就走到了尽头。人将变成粗俗的无所顾忌的动物，野蛮将统治人间。假如这样的粗俗动物越来越多，文明社会将会式微，人类的苦难将不可避免。所以不要小看"文明的纽带"的力量，它看起来只是可有可无的"软实力"（soft power），但是它维护着人类文明的底线，实际上比"硬刀子"更能杀人于无形。

【诠释】

然而，设法赞同某些正义观念，不是创立充满活力的人类共同体的唯一先决条件。还存在其他基本社会问题，特别是协作、效率和稳定（coordination, efficiency, and stability）问题。所以，由不同个体制订的各种个人计划（plans of individuals）需要相互磨合，所有人的活动都将齐头并进；各种个人计划都将得到实施，而不让任何人的合法愿望严重受挫。并且，实行这些计划，将高效而正义地实现社会目标。最后，社会合作方案（scheme of social cooperation）必须是稳定的：人们通常会遵从它，并愿意执行其基本规则；一旦发生违反的事情，维护稳定的各种力量（stabilizing forces）就会出手，防止违法事态的扩大，恢复原有的秩序。显然，这三个问题（亦即协作、效率和稳定）都涉及正义问题。如果没有办法就什么是正义和什么是不正义达成一致意见，那么显然地，人们就更加难以有效地协调他们的规划，确保维持对各方皆有利的安排。怀疑和不满（distrust and resentment）将腐蚀礼尚往来的纽带，猜忌和敌意（suspicion and hostility）将诱使人们以一种他们本应规避的方式行动。所以，既然正义观念的显著作用在于，明确基本权利和义务，确定恰当的分配份额，那么其作用方式必定影响到效率、协作①和稳定问题。一般说来，尽管正义观念有利于明确正义概念，但是我们无法仅仅凭借正义观念的分配作用来评价它。我们还须考虑其广泛的联系；即使正义具有一定的优先性，甚至是制度的最重要德性，但是以下说法仍然为真：在其他条件相同的情况下，一旦某个正义观念产生的广泛后果是较为可取的，那么此正义观念优越于(好于、胜过) 彼正义观念。②

§2 正义的主体
The Subject of Justice

【题解】

这一节讨论正义的主体，尤其是正义的首要主体，亦即社会的基本结构。正义的主体可以理解为正义的载体。罗尔斯列出了正义的三大主体，它们分别是：(1) 社会的基本结构；(2) 人际合作来往的规则；(3) 国际法。其中，社会的基本结构是正义的首要主体，也是《正义论》研究的主要对象。

那么，罗尔斯为何使用"the primary subject of justice"而不用其他表达式来表示"正义的首要主体"呢？笔者的回答是，这个短语中的"subject"同时有"主题、主体、对象、问题"的含义，而且在《正义论》正文的相关讨论中，当它以"subject of justice"表达式出现时，是各有侧重的。但是，"the primary subject of justice"的含义是明确的，亦即"正义的首要主体"。社会的基本结构是承载正义的首要主体；主要社会制度则是接受正义原则规制的首要载体。这些含义蕴含于罗尔斯表述的以下语句中："正义的首要主体是社会的基本结构，更准确地说，是这样一些主要社会制度，它们既用来分配基本权利和义务，也用来决定来自社会合作的优势和利益划分。我理解的主要制度，是政治宪法、

---

① 后来罗尔斯用语词"cooperation"代替"coordination"，社会合作即"social cooperation"成为他讨论社会正义问题的重要参照点。
② 正义相对于效率、协作和稳定具有一定的优先性。不同正义观念在价值排序中具有不同位置，有的正义观念优越于其他正义观念。不同的正义原则也是如此。罗尔斯讲正义的优先性，或正义的首要性，主要是相对于其他德性而言的。

主要的经济与社会安排。所以，思想自由和良心自由的法律保护、竞争市场、生产资料私有制、一夫一妻制家庭就是主要社会制度的实例。简而言之，主要制度规定着人们的权利和义务，影响着人们的生活前景——他们可望达到的状态和成就。基本结构之所以是正义的首要主体，是因为基本结构的各种效应是如此深不可测，且始终如此。"（p. 7）像 X 本一样，H 本将 "the subject of justice" 解读为 "正义的主题"，它有时把 "the primary subject of justice" 解读为 "正义的主要对象"（第 3 页）。其他还有许多类似解读，都不是很恰当。①

【原文】§2-1-pp.6-7

【评析】

1. 原文："Social systems"（p. 6）。H 本："社会体系"（第 6 页）。**新解**："社会系统"。这一概念由帕累托提出。罗尔斯在《正义论》中显然借用了这一概念。

2. 原文："Particular actions of many kinds"（p. 6）。H 本："多种特殊行为"（第 6 页）。**新解**："多种特殊活动"。

3. 原文："Decisions, judgments, and imputations"（p. 6）。H 本："决定、判断、责难"（第 6 页）。**新解**："决定、判决和归责"。这三个放在一起是法律术语。其中"归责"又称法律责任的归结，是指由特定国家机关或国家授权的机关依法对行为人的法律责任进行判断和确认。行为人

---

① 参阅梁秀枝"罗尔斯正义理论中的基本结构和基本善"，《当代中国价值观研究》2019 年第 6 期。张瑶："社会正义的首要主题——艾丽斯·杨对罗尔斯社会基本结构概念的批判与再界定"，《天府新论》2019 年第 5 期。谭研："罗尔斯对全球分配正义原则的拒斥——基于'基本结构'的视角"，《政治思想史》2018 年第 1 期。梁秀枝："罗尔斯确证其正义主题的两个路向"，《当代中国价值观研究》2017 年第 6 期。福斯特："正义的首要问题"，祝伟伟译，《国外社会科学》2015 年第 2 期。李凤华："社会基本目标与社会基本结构——论公共理想的哲学基础"，《哲学动态》2015 年第 2 期。赵亚琼："如何理解'社会基本结构'——浅析罗尔斯正义理论的首要对象"，《哲学动态》2014 年第 12 期。徐向东："罗尔斯的政治本体论与全球正义"，《道德与文明》2012 年第 1 期。王立："正义的边界"，《吉林大学学报》2012 年第 5 期。刘娟："罗尔斯正义理论的旨趣——关于正义的对象、标准和原则"，《理论探索》2009 年 5 期。虞新胜、危琦："社会基本结构中的平等自由观念"，《学术论坛》2007 年第 11 期。杨立锋、应奇："罗尔斯对古典自由主义的超越——从社会基本结构理念的角度看"，《南京社会科学》2003 年第 12 期。涉荣、王平："自由主义平等的潜在性——兼论正义、主体与法的相关性"（"The Basic Structure as Subject"），《社会科学战线》2008 年第 7 期。罗尔斯："正义的主要问题是社会的基本结构"（廖申白译，《世界经济与政治论坛》1988 年第 9 期）。

的法律责任,是指行为人由于违法行为、违约行为或由于法律规定而应承受的某种不利的法律后果。

4. 原文:"**Our topic, however, is that of social justice. For us the primary subject of justice is the basic structure of society**"(p.6)。H本:"然而,我们现在的题目是社会的正义。对我们来说,正义在此的首要主题是社会的基本结构"(第6页)。

(1)短语:"Our topic"。H本:"我们现在的题目"(第6页)。不妥。写作可以用"题目",讨论还是用"**话题**"比较好些。

(2)短语:"The primary subject of justice"。H本:"正义在此的首要主题"(第6页);X本:"正义的基本主题"(第7页)。罗尔斯在《正义论》中探讨了三个正义的主体:"社会的基本结构、合作往来的规则和国际法(万国法)"①。《正义论》对前两个讨论较多,尤其是第一个主体,亦即"社会的基本结构",几乎贯穿《正义论》始终。**新解**:"**正义的首要主体**"。

5. 原文:"**The major social institutions**"(p.6)。X本:"主要的社会体制"(第7页)。**新解**:"**主要社会制度**"。

6. 原文:"**The division of advantages from social cooperation**"(p.6)。H本:"由社会合作产生的利益之划分的方式"(第6页)。**新解**:"**来自社会合作的优势划分或利益划分。**"

7. 原文:"**The political constitution and the principal economic and social arrangements**"(p.6)。H本:"政治宪法和主要的经济和社会安排"(第6页);X本:"政治构成和主要的经济和社会安排"(第7页)。H本的解读是正确的。

8. 原文:"**Private property in the means of production**"(p.6)。H本:"生产资料的私人所有"(第6页);X本:"生产资料中的私有财产"(第7页)。**新解**:"**生产资料私有制**"。

9. 原文:"**Political system**"(p.7)。H本:"政治体制"(第6页);X本:"政治制度"(第8页)。**新解**:"**政治系统**"。罗尔斯在正义论中讲到了三个系统,它们分别是政治系统(political system)、社会系统(social system)和经济系统(economic system),并且他经常把三个系统,尤其是后两个系统放在一起讨论,它们一起构成罗尔斯所谓的"社会基本结构"。这是他分析社会正义问题的重要框架。

---

① 即 basic structure of society; rules of corporate associations; law of nations (p.126)。

10. 原文："It is these inequalities, presumably inevitable in the basic structure of any society, to which the principles of social justice must in the first instance apply"（p. 7）。H本："社会正义原则必须首先加以应用的正是这些不平等，它们也许在任何社会的基本结构中都不可避免"（第6页）。**新解**："这些不平等一定是社会正义原则的最初应用对象，之所以如此，是因为它们在任何社会的基本结构中都难以避免。"

11. 原文："The basic structure is the primary subject of justice because its effects are so profound and present from the start"（p. 7）。H本："社会基本结构之所以要作为我们这里所说的正义的首要主题，是因为它的影响十分深刻并且从一开始就出现"（第6页）。**新解**："基本结构之所以是正义的首要主体，是因为基本结构的各种效应如此深不可测，且始终如此。"如下解读也可参考："社会基本结构之所以是正义的主要问题，是因为它的影响十分深刻并自始至终。"①

12. 原文："The intuitive notion here is that this structure contains various social positions and that men born into different positions have different expectations of life determined, in part, by the political system as well as by economic and social circumstances. In this way the institutions of society favor certain starting places over others. These are especially deep inequalities"（p. 7）。H本："在此直觉的观念是：这种基本结构包含着不同的社会地位，出生于不同地位的人们有着不同的生活前景，这些前景，部分是由政治体制和经济、社会条件决定的。这样，社会制度就使得某些起点比另一些起点更为有利。这类不平等是一种特别深刻的不平等"（第6页）。**新解**："由此产生的直觉想法是：基本结构包含着各种社会位置，出生于不同社会位置的人，有着不同的生活预期，这些预期部分取决于政治系统、经济环境和社会环境。这样，社会的各种制度就使某些起点比其他起点更受人喜爱。这些是极其深刻的不平等。"

13. 原文："These principles, then, regulate the choice of a political constitution and the main elements of the economic and social system"（p. 7）。H本："所以，这些原则调节着对一种政治宪法和主要经济、社会体制的选择"（第6页）。H本的解读是不准确的。

（1）短语："The choice of a political constitution"。它是第一正义原则规制的对象。因为"**政治宪法的选择**"通常是一次性的或非经常性的，所

---

① 龚群："正义之道：罗尔斯的社会制度正义"，《湖北大学学报》2021年第6期。

以正义原则"**规制政治宪法的选择**",而非"调节着政治宪法的选择"。

(2)短语:"The main elements of the economic and social system". H本:"主要经济、社会体制"。**新解:"经济社会系统的要素"**。它们是第二正义原则调整的对象。

(3)我们把本句做出拆解,就可以得到如下解读:正义原则发挥着两方面的作用:一是"**规制政治宪法的选择**"(regulate the choice of a political constitution);二是"**调节经济社会系统的要素**"(regulate the main elements of the economic and social system)。H本在如此基本方面的误读导致对罗尔斯整个正义理论的误解。笔者发现,这种误解和误读不是偶发的,而是系统性的,甚至自始至终的。

14. 原文:"The justice of a social scheme depends essentially on how fundamental rights and duties are assigned and on the economic opportunities and social conditions in the various sectors of society"(p.7)。H本:"一个社会体系的正义,本质上依赖于如何分配基本的权利义务,依赖于在社会的不同阶层中存在着的经济机会和社会条件"(第6页)。另解:"一个社会体制正义本质上取决于如何分配根本的权利和责任,取决于社会各部门中存在的经济机会和社会条件。"① **新解:"一个社会方案正义与否,本质上既取决于基本权利和义务的设定方式,又取决于社会各阶层的经济机会和社会条件。"**

【诠释】

我们会说,许多不同类别的事物是合乎正义的或违反正义的,不仅诸多法律、制度和社会系统(laws, institutions, and social systems)如此,而且多种特殊活动,包括决定、判决和归责,也是如此。我们还说,个体的态度、心性乃至其为人本身,是合乎正义的或违反正义的。尽管如此,我们所讨论的话题仍然是社会正义(social justice)。我们认为,正义的首要主体是社会的基本结构(primary subject of justice is the basic structure of society),更准确地说,是这样一些主要社会制度,它们既用来分配基本权利和义务,也用来决定来自社会合作的优势划分或利益划分(division of advantages from social cooperation)。我理解的主要制度,是政治宪法、主要经济制度与社会制度。所以,思想自由和良心自由的法律保护、竞争性市场、生产资料私有制、一夫一妻制家庭就是主要社

---

① 徐向东:"基本结构与背景正义——反驳柯亨对罗尔斯的批评",《中国人民大学学报》2021年第5期。

会制度的实列。简而言之，主要制度规定人们的权利和义务，影响人们的生活前景——他们渴望达到的状态和成就。基本结构之所以是正义的首要主体，是因为基本结构的各种效应如此深不可测，且始终如此(present from the start)。由此产生的直觉想法是：基本结构包含着各种社会位置(social positions)，出生于不同社会位置的人(men born into different positions)，有着不同的生活预期(expectations of life)，这些预期部分取决于政治系统、经济环境和社会环境。这样，社会各种制度就使某些起点比其他起点更加受人喜爱。这些是极其深刻的不平等。它们是随处可见的，而且影响人们的最初人生境遇(initial chances of life)；然而，人们不能通过诉诸"值得"或"应得"观念(notions of merit or desert) 为这类不平等作正当性辩护。这些不平等一定是社会正义原则的最初应用对象，之所以如此，是因为它们在任何社会的基本结构中都难以避免。所以，这些原则既规制政治宪法的选择，也调节经济社会系统的要素。一个社会方案正义与否，本质上既取决于基本权利和义务的设定方式，又取决于社会各阶层的经济机会和社会条件。

【原文】§2-2-p.7

【评析】

部分学者对上一段落和这个段落的意思理解有偏差："仔细研读一下《正义论》可以发现，罗尔斯讲的正义既不与私人联合体，例如企业相关，也不与范围较小的社会群体，例如社区相关，而只与社会基本制度相关。社会基本制度指的是政治宪法和主要的社会经济安排，它们包括对思想自由和良心自由的法律保护、竞争性的市场、生产资料的私人所有、一夫一妻制家庭等。"① 罗尔斯原话是："这些原则或许不适用于私人联谊活动的规则和习惯，不适用于较小的社会团体（social groups）的规则和习惯。它们也许无关于各种约定俗成的（informal，非正式的）日常生活习俗；它们也许说明不了自愿合作安排或制订契约过程的公正性或公平性（fairness）。"这里的"私人联谊活动或私人社团"（private associations）不能解读为"企业"。"较小的社会团体"也不能解读为"社区"。罗尔斯在这里既没有讨论"企业"，也没有讨论"社区"。部分学者的解读难以回答以下两个问题：如果把"企业"排除在外，"竞争性的市场"何以可能？如果把"社区"排除在外，"良序社会"何以

---

① 段忠桥：《从历史唯物主义到政治哲学》，人民出版社2020年版，第299页。

可能？罗尔斯在《正义论》的另一个地方明确表示，在正义原则指导下，政府当然要对企业和私人社团进行监管和调节："本人还假定，存在着公平的（而不是形式的）均等机会。这意味着，除了维持社会的日常开支以外，政府还试图通过补贴私立学校，或者建立公立学校体系，保证具有类似禀赋和动机的个体获得平等的教育机会和文化机会。政府还执行和保证在经济活动和自由择业方面的机会平等。这是通过监管公司和私人社团的活动，防止对较为理想的位置设置垄断限制和障碍来实现的。最后，政府通过家庭津贴、疾病和就业特别补助，或更系统地通过分级收入补助（所谓的负所得税）等手段，确保社会最低保障。"（p. 243）按照某些学者的解释，正义原则适用于家庭，却不适用于企业和社区。这让人感到不可思议。因此，这类解读违反社会生活常识，与罗尔斯本人所持正义理论相去甚远。①

1. 原文："I shall not consider the justice of institutions and social practices generally, nor except in passing the justice of the law of nations and of relations between states（§58）"（p. 7）. H本："我不想普遍地考虑制度和社会实践的正义。也不想考虑国际法的正义和国际关系的正义（只是在第58节顺便谈一下）"（第6—7页）。新解："除了第58节顺便提及国际法正义和国际关系正义之外，我一般不考虑关于各项制度和各种社会惯例的正义。"

2. 原文："Therefore, if one supposes that the concept of justice applies whenever there is an allotment of something rationally regarded as advantageous or disadvantageous, then we are interested in only one instance of its application"（p. 7）. H本："因此，即便有人假定正义的概念适用于一切有利害关系的分配，我们也只感兴趣于其中的一种"（第7页）。新解："因此，如果有人假定，凡是合理配给某个事物存在利弊得失的地方，正义概念便有了用武之地，那么我们只对其适用的一种情形感兴趣。"

3. 原文："Private associations"（p. 7）. H本："私人联合体"（第7页）；X本："私人团体"（第8页）。新解："私人联谊活动"。这个短语也可以解读为"私人往来""私人结社""私人社团"。

---

① 参考本节【题解】关于正义的三个主体的讨论。不同正义观念和正义原则适用于不同的主体。罗尔斯说适用于首要主体的原则，不一定适用于其他主体，但他没有说其他主体不存在适用的原则。他在《正义论》第71—72节解答了那些学者对这个问题的疑惑。

4. 原文："Less comprehensive social groups"（p. 7）。H 本："范围较小的社会群体"（第 7 页）；X 本："不那么广泛的社会集团"（第 8 页）。新解："不太兼容并包的社会群体"或"较小的社会团体"。

5. 原文："**The conditions for the law of nations may require different principles arrived at in a somewhat different way**"（p. 7）。H 本："对于国际法来说，也可能需要以多少不同的方式达到不同的原则"（第 7 页）。**新解："国际法的条件也许要求不同的原则，各国会以相当不同的方式施行那些原则。"**

【诠释】

我们的研究范围受到两个方式的限制。首先，本人关心正义问题的某个特殊情形。除了第 58 节顺便提及国际法（万国法）正义和国际关系正义之外，我一般不考虑关于各项制度和各种社会惯例的正义。因此，如果有人假定，凡是合理配给某个事物存在利弊得失的地方，正义概念便有了用武之地，那么我们只对其适用的一种情形感兴趣。没有理由事先判定，满足基本结构的原则适用于所有情况。这些原则或许不适用于私人联谊活动的规则和习惯，不适用于不太兼容并包的社会群体的规则和习惯。它们也许无关于各种约定俗成的日常生活习俗；它们也许说明不了自愿合作安排或制订契约过程的公正性或公平性（fairness）。国际法（law of nations）的条件也许要求不同的原则，各国会以相当不同的方式施行那些原则。如若可能，我只要做到以下一点便已感到心满意足：为暂被理解为与其他社会隔离的封闭制度的社会基本结构，提出一种合理的正义观念。毋庸赘言，这一特殊情形的意义是明显的。我们理所当然地推定，一旦我们有了针对这种情形的某个站得住脚的理论（sound theory），其他正义问题就能借助于它迎刃而解。经过适当修正之后，这种理论将是解决其他正义问题的关键。

【原文】§2 - 3 - pp. 7 - 8

【评析】

有学者对短语"perfectly just"提出两个解法，一是"极度正义"；二是"完全正义"。笔者认为，前者是一个新颖解法，值得采纳。比如说："罗尔斯所属意的差异原则严格地说是一种极大化原则，它要求弱势者的利益增加达到这样的地步，以至于对境况良好者的任何改变都不可能再增加他们的利益。罗尔斯认为这是最好的安排，他称之为极度正义

(perfectly just)方案。"① 当然,"perfectly just"解读为"完全正义"也是正确的。

1. 原文:"**Jealous virtue**"(p. 8)。H 本:"**嫉妒的德性**"(第 7 页)。**新解**:"**令人羡慕的德性**"。

2. 原文:"**Strict compliance**"(p. 8)。H 本:"**严格的服从**"(第 7 页);X 本:"**严格遵守**"(第 9 页)。X 本的解读更恰当一些。

3. 原文:"**The latter studies the principles that govern how we are to deal with injustice. It comprises such topics as the theory of punishment, the doctrine of just war, and the justification of the various ways of opposing unjust regimes, ranging from civil disobedience and conscientious objection to militant resistance and revolution**"(p. 8)。H 本:"**部分服从理论研究那些用以规定我们应如何对待不正义的原则,它包括诸如惩罚理论、正义战争理论、反对不正义政权的各种方式的证明,从公民不服从(civil disobedience)、良心拒绝(conscientious objection)到军事抵抗与革命这样一些主题**"(第 7 页)。**新解**:"**部分遵从理论研究的原则,主导着我们将如何对待非正义。它既包括惩罚理论和正义战争学说等话题,又包括替公民抗命、良心拒绝、武装抵抗和革命反叛等反对不义政权的各种方式作正当辩护等话题。**" H 本没有准确地领会语句中"govern"的含义,它有"统治、支配、主导"等意思。

4. 原文:"**Also included here are questions of compensatory justice and of weighing one form of institutional injustice against another**"(p. 8)。H 本:"**它也包括补偿的正义和相对于另一种制度来衡量某种制度的非正义性的问题**"(第 7 页)。**新解**:"**它还包括补偿正义问题,用一种制度非正义衡量另一种制度非正义问题。**" 罗尔斯这里谈到两种非正义制度的权衡或比较。H 本没有确切地表达原文的意思。

【诠释】

我们还要给讨论设定另一个限制:本人着墨最多的部分,是用来规制良序社会的正义原则。假定人人做事合乎正义,尽其天职(本分)地维护正义制度。尽管正义可能像休谟(Hume)声称的那样是一种谨慎的、令人羡慕的德性,但是我们仍然可以追问,极其正义的社会,将是什么样的社会

---

① 徐友渔:"我是如何研究罗尔斯的?",《世界哲学》2008 年第 4 期。

(what a perfectly just society would be like)。① 于是，我首先考虑本人所谓的严格遵守（strict compliance）理论，它对应于部分遵守（partial compliance）理论（§25，§39）。部分遵守理论研究的原则，主导着我们将如何对待非正义（injustice）。它既包括惩罚理论和正义战争学说等话题，又包括替公民抗命（civil disobedience，文明抵制）、良心拒绝（conscientious objection）、武装抵抗和革命反叛（militant resistance and revolution）等反对不义政权的各种方式作正当辩护等话题，它还包括补偿正义（compensatory justice）问题，用一种制度非正义去衡量另一种制度非正义问题。显然，部分遵守理论面临的大多是迫切而紧急的问题，是我们在日常生活中碰到的问题。我相信，我们从某种理想的理论（ideal theory）出发的理由是，它为系统把握这些较为迫切的问题提供了唯一基础。例如，关于公民抗命的讨论就依赖于这一理论（§§55—59）。至少本人认为，我们无法通过其他方式达到一种较为深刻的理解，极其正义社会的性质和目标是正义理论的基本组成部分。

【原文】§2-4-p.8

【评析】

1. 原文："It would be premature"（p.8）。H本："略嫌过早"（第8页）。**新解**："显得有点幼稚"。

2. 原文："The main elements of this structure"（p.8）。H本："这一结构的主要成分的制度"（第8页）。**新解**："基本结构的主要因素"。

3. 原文："Perfectly general"（p.8）。H本："具有完善的一般性"（第8页）。**新解**："极为普通的"。这个词组有"稀松平常"之意。我们可以评价一个人："a perfectly general person"（一个非常普通的人）。

4. 原文："The most important cases of social justice"（p.8）。H本："社会正义的最重要领域"（第8页）。**新解**："社会正义的最重要情形"或者"社会正义的最重要案例"。

【诠释】

现在，不可否认的是，基本结构概念多少有些模糊不清。它究竟应当包括哪些制度及其要素并非总是一目了然的。不过，在此为这个问题而烦恼就

---

① 休谟：《道德原理探究》，参阅第2卷第1编第3段，塞尔比—比格（编），牛津第2版，1902年，第184页。——原注

显得有点幼稚。我着手讨论的原则，将应用于凭直觉便知是基本结构的那一部分；我接着尝试扩大这些原则的应用范围，它们将覆盖看似是基本结构的主要因素。尽管这样的可能性不大，也许，这些原则是极为普通的。它们只要运用于社会正义的最重要情形就已经足够。需要记住的是，适用于基本结构的正义观念，值得因其自身缘故而拥有。它不会因其原则未能处处令世人满意而遭到抛弃。

【原文】§2-5-pp.8-9

【评析】

1. 原文："A conception of social justice, then, is to be regarded as providing in the first instance a standard whereby the distributive aspects of the basic structure of society are to be assessed"（p.8）. H本："这样，一种社会正义观将在一开始就被视作是为确定社会基本结构中的分配而提供的一个标准"（第8页）。**新解**："这样，社会正义观念从一开始就被视为提供着某个标准，依此评估社会基本结构之诸多分布方面。"依照H本的解读，用某个社会正义观念标准来确定社会基本结构的分配，显然言过其实，不符合罗尔斯的真实意思。

2. 原文："Weights"（p.9）. H本："分量"（第8页）；X本："重要程度"（第10页）。**新解**："权重"。作为常用术语，"weight"在《正义论》中一共出现了106次。H本和X本两个译本偶尔才将"weight"解读为"权重"，这给准确解读《正义论》带来了混乱。

3. 原文："A social ideal in turn is connected with a conception of society, a vision of the way in which the aims and purposes of social cooperation are to be understood"（p.9）. H本："一个社会理想又联系着一种社会观，一种对社会合作目标的理解"（第8页）。H本语句中漏掉了"愿景"（vision）和"愿望"（purposes），也漏掉了"社会合作的方式"。因此，其整个解读不成立。**新解**："一个社会理想反过来联系着某种社会观念，关于社会合作方式的某个愿景，社会合作的目标和愿望，借助于社会合作方式而为世人所知晓。"

4. 原文："We should not lose sight of the special role of the principles of justice or of the primary subject to which they apply"（p.9）. H本："我们不应当忽视正义原则的特定作用或它们适用的主要对象"（第8页）。**新解**："我们既不应当忽视正义原则的特定作用，也不应当忽视正义原则

适用的首要主体。"短语："The primary subject"（p.9）。H本："主要对象"（第8页）。**新解**："首要主体"。

【诠释】

这样，社会正义观念（conception of social justice）从一开始就被视为提供着某个标准，依此评估社会基本结构之诸多分布方面（distributive aspects of the basic structure of society）。尽管如此，这个标准不可混同于规定其他德性的那些原则。因为基本结构，以及一般而言的各种社会安排，可能主张正义或压制正义，追求效率或不追求效率，崇尚自由或限制自由，如此等等。全面的社会正义观念，为基本结构的所有德性规定着各种原则，加上这些德性发生冲突时的各自权重，就不只是一个正义观念而已；它而且是一个社会理想。这些正义原则只是这个正义观念的一部分，也许是最重要的部分。一个社会理想反过来联系着某种社会观念，关于社会合作方式的某个愿景，社会合作的目标和愿望，借助于社会合作方式而为世人所知晓。以有关人类生活自然需求和机会的不同观点为背景，各种正义观念是不同社会观念的产物。因此，为了充分理解某个正义观念，我们必须弄清使它产生的社会合作观念（conception of social cooperation）。但在这样做时，我们既不应当忽视正义原则的特定作用，也不应当忽视正义原则适用的首要主体。

【原文】 §2-6-p.9

【评析】

1. 原文："**In these preliminary remarks I have distinguished the concept of justice as meaning a proper balance between competing claims from a conception of justice as a set of related principles for identifying the relevant considerations which determine this balance**"（p.9）。H本："在这些预备性的评论中，我把意味着在竞争要求之间的一种恰当平衡的正义概念（concept）与正义观念（conception）区别开来，后者是把决定这种平衡的有关考虑统一起来的一系列原则"（第8页）。

（1）短语："Preliminary remarks"。X本："开场白"（第10页）；H本："预备性的评论"（第8页）。**新解**："初步评述"。

（2）短语："Identifying the relevant considerations which determine this balance"。H本："把决定这种平衡的有关考虑统一起来"（第8页）。**新解**："确认决定这种平衡之切题考虑因素。"这里的单词"identifying"当

解读为"确认"而非"统一"。

（3）短语："A set of related principles"。H 本："一系列原则"（第 8 页）。**新解**："一组相关原则"。罗尔斯用"相关的"（related）语词来限定"一组原则"，表示这些原则是密切相关的，而不是孤自独立的。H 本漏掉了这个限定词。

2. 原文："Reasonably complete"（p.9）。H 本："比较完整的"（第 8 页）。**新解**："较为全面的"。

3. 原文："This theory is not offered as a description of ordinary meanings but as an account of certain distributive principles for the basic structure of society"（p.9）。H 本："这一理论不是要提供一种对社会基本结构的某些分配原则的通常意义的描述，而是要解释它们"（第 8 页）。**新解**："这一理论不是要描述社会基本结构的各种通常意义，而是要说明为社会基本结构确立的某些分配原则。"H 本的解读是指代不清的，"要解释它们"中指称的"它们"不知何物。

4. 原文："The concept of justice I take to be defined, then, by the role of its principles in assigning rights and duties and in defining the appropriate division of social advantages. A conception of justice is an interpretation of this role"（p.9）。H 本："这样，我认为，正义的概念就是由它的原则在分配权利和义务、决定社会利益的适当划分方面的作用所确定的。而一种正义的观念则是对这种作用的一个解释"（第 8 页）。**新解**："因此，我通过正义原则的两个作用来定义正义概念，一是正义原则在指定权利和义务方面的作用，二是正义原则在确定适当划分社会优势或社会利益方面的作用。正义观念是对这种作用的诠释。"

【诠释】

在这些初步评述中，本人区分了正义概念和正义观念，前者意指寻求在两个竞争性主张或求偿权（competing claims）之间的某种恰当平衡，后者意指用来确认决定这种平衡之切题考虑因素（relevant considerations）的一组相关原则。我也承认，尽管本人提出的正义理论无疑要扩展正义的普通意义，但是正义只是社会理想的一部分。这一理论不是要描述社会基本结构的各种通常意义，而是要说明为社会基本结构确立的某些分配原则。本人认为，（1）任何较为全面的伦理学理论都须包含用来解决这一根本问题的原则；（2）不管那些原则是什么，它们都构成这一伦理学的正义学说。因此，我通过正义原则的两个作用来定义正义概念，一是正义原则在指定权利和义务(assigning rights and duties) 方面的作用,二是正义原则在确定适当划分社会优势或社会利益方面的作用。正义观念是对这种作用的诠释。

【原文】 §2-7-pp.9-10

【评析】

罗尔斯在这里把自己的正义理论同西方政治哲学史重要源头古代希腊哲学关于正义问题的探讨联系起来,尤其强调它与亚里士多德正义理论的连续性。

1. **原文**:"**It is evident that this definition is framed to apply to actions, and persons are thought to be just insofar as they have, as one of the permanent elements of their character, a steady and effective desire to act justly**"(pp.9-10)。**H本**:"显然,这一定义是适用于行为的,就人们在他们的性格中有一种对正当行为的稳固有效的欲望而言,他们被认为是正义的"(第9页)。**新解**:"显然,这个定义是为了适用于各种行为而制定的。就像人们在性格上持有某个持久的品质那样,只要人们对做事合乎正义保有持续而有效的渴望,他们就被认为是正义的。"

2. **原文**:"**Aristotle's definition clearly presupposes, however, an account of what properly belongs to a person and of what is due to him. Now such entitlements are, I believe, very often derived from social institutions and the legitimate expectations to which they give rise**"(p.10)。**H本**:"然而,亚里士多德的定义显然预先假定了什么是应属于谁的,什么是他应得的份额的解释。而这些应得的权利(entitlements),我相信都通常来自社会制度及制度所产生的合法期望"(第9页)。**新解**:"不过,亚里士多德的定义明确地预先设定了,什么恰好属于某个人,以及什么是那个人应得的。本人于是相信,这些应得权利通常来自社会制度,并且它们是由社会制度产生的法定预期。"

3. **原文**:"**There is no reason to think that Aristotle would disagree with this, and certainly he has a conception of social justice to account for these claims**"(p.10)。**H本**:"亚里士多德无疑不会反对这一说法,他肯定有一种可以解释这些要求的社会正义观"(第9页)。**新解**:"没有理由认为,亚里士多德会对此表示异议,他的确持有考虑这些主张或诉求的某个社会正义观念。"

【诠释】

这一路径看似并不完全符合传统。但是本人认为，它没有背离传统。亚里士多德曾经赋予正义以特殊含义：正义就是远离贪婪（pleonexia），从中衍生出绝大多数业已为世人熟知的说法。（按照亚里士多德的定义）正义就是要避免通过攫取原本属于他人的东西——他人的财物、奖赏、职位等，或者拒绝他人应得的东西——诸如履行诺言、偿还债务、表达尊敬等——而为自己谋取利益。① 显然，这个定义是为了适用于各种行为（actions）而制定的。就像人们在性格上持有某个持久的品质那样，只要人们对做事合乎正义（to act justly）保有持续而有效的渴望，他们就被认为是正义的。不过，亚里士多德的定义明确地预先设定了，什么恰好属于某个人，以及什么是那个人应得的。本人于是相信，这些应得权利（entitlements）通常来自社会制度，并且它们是由社会制度产生的法定预期（legitimate expectations）。没有理由认为，亚里士多德会对此表示异议，他的确持有考虑这些主张或诉求（claims，求偿权）的某个社会正义观念。本人所采纳的定义，打算直接运用于一种最重要的情形，社会基本结构的正义。所以，与这种传统观念（traditional notion）不存在冲突。

§3　正义理论的宗旨
The Main Idea of the Theory of Justice

【题解】

罗尔斯在这一节讨论了正义理论的中心思想。他对公平正义的设想基于一种"初始位置"假说。那个假说想要表示的是，任何理性人处在初始位置上都将找到一些正义原则作为自己的行动指南。② 他们将达成原始契

---

① 亚里士多德：《尼各马可伦理学》，1129b—1130b5。我沿袭了格雷戈里·弗拉斯托斯（Gregory Vlastos）在"《理想国》的正义和幸福"一文中的解释，参阅弗拉斯托斯（Vlastos）（编）《柏拉图：批评文集》，纽约花园城：双日出版社1971年版，第2卷第70页及以后。有关亚里士多德论正义的讨论，参阅哈迪（W. F. R. Hardie）《亚里士多德伦理学理论》，牛津：克莱伦顿出版社1968年版，第十章。——原注
② 参阅闫笑"罗尔斯原初状态中立约人特性——作为公平的正义与利己主义"，《道德与文明》2016年第4期。

约，就如何处理相互关系达成谅解。在各种可选的正义原则中，公平正义原则成为最佳选项。这种原始契约之所以能够达成，是因为立约各方或参与个体都是平等的。因此，所有个体平等是"初始位置"假说的核心内容。这是《正义论》的逻辑起点。

"所有人平等"观念让人想起佛教推崇的"众生平等"观念，后者表示所有生命皆平等，而不只是人际平等。"众生平等的本质涵义是人与人之间、人与动物之间的平等。"① 这是一种众生法性平等，而非众生际遇平等、地位平等，表达了佛教徒对一切生命的珍视和尊重。虽然罗尔斯是无神论者，但是"他的一生和著述皆充满着厚重的宗教情调"②。这种宗教情调显然受到其普林斯顿导师斯退士推崇的佛教等东方神秘主义的影响，罗尔斯本人隐藏了与斯退士的师生关系，罗尔斯早年弟子托马斯·内格尔也尽量帮助导师隐藏那层关系，把罗尔斯打扮成基督教同情者，但是这些做法都是误导人的。③ 尽管罗尔斯在《正义论》中表达的平等思想局限于人际平等，没有达到众生平等，他的"初始位置"假说就是"人际平等"假说，但是忽视"在初始位置上人际平等"构想中的斯退士因素（亦即东方神秘主义因素）和黑格尔因素，将大大减低罗尔斯正义理论的普遍性和深刻性。

这一节的标题"main idea of the theory of justice"亦即"正义理论的宗旨"，可以解读为"正义理论的中心思想"，H本把它解读为"正义论的主要观念"（第9页）是不确切的。④

【原文】§3-1-p.10

【评析】

1. 原文："**The original contract**"（p.10）. H本："原初契约"（第9页）。这个短语与"the original agreement"同义，意为"初始契约"或

---

① 刘俊哲："弘扬、克服与创造性转化——藏传佛教哲学作为发展当代中国哲学的思想资源"，《民族学刊》2015年第3期。
② John Rawls, *A Brief Inquiry into the Meaning of Sin and Faith, With "On My Religion"*, Cambridge, MA: Harvard University Press, 2009, Joshua Cohen and Thomas Nagel, "Introduction", p.5.
③ 参阅张国清"罗尔斯的秘密及其后果"，《浙江大学学报》2013年第6期。
④ 参阅万俊人"罗尔斯问题"，《求是学刊》2010年第1期。姚大志："政治哲学研究——罗尔斯王义理论的基本理念"，《社会科学研究》2008年第4期。杨伟清："作为公平的正义与利己主义"，《中国人民大学学报》2014年第6期。

"初始合同"。H本的解读是正确的。

2. **原文**:"**The object of the original agreement**"(p. 10)。H本:"原初契约的目标"(第9页)。**新解**:"初始契约的对象"。

3. **原文**:"**Free and rational persons**"(p. 10)。H本:"自由和有理性的人们"(第9页)。如此解读过于啰唆。**新解**:"自由理性人"。

4. **原文**:"**The fundamental terms of their association**"(p. 10)。H本:"他们联合的基本条件"(第9页)。**新解**:"他们相互往来的基本条款"。

5. **原文**:"**These principles are to regulate all further agreements; they specify the kinds of social cooperation that can be entered into and the forms of government that can be established. This way of regarding the principles of justice I shall call justice as fairness**"(p. 10)。H本:"这些原则将调节所有进一步的契约,指定各种可行的社会合作和政府形式。这种看待正义原则的方式我将称之为'公平的正义'"(第9页)。

(1)短语:"To regulate all further agreements"。H本:"调节所有进一步的契约"(第9页)。**新解**:"规制所有的后续契约"。"regulate"有"约束"和"规范"之意。

(2)单词:"Specify"。H本:"指定"(第9页)。语气过于强硬了些。**新解**:"具体规定"。

(3)短语:"The kinds of social cooperation that can be entered into"。它与前面的短语"进入特殊社会"(to enter a particular society)相对应。H本:"各种可行的社会合作"(第9页)。**新解**:"人们可以加入的各种社会合作。"

(4)短语:"The forms of government"。它与前面的短语"特殊政体"(particular form of government)相对应。H本:"政府形式"(第9页)。**新解**:"各种政体"。

(5)短语:"Justice as fairness"。这是《正义论》最为核心的术语。国内学术界给予了多种不同的译名,比如"作为公平的正义""公平的正义""公平即正义""正义即公平"等。本书解读为"**公平正义**",这符合中国普通读者对正义的基本理解,也与罗尔斯正义理论的核心思想相契合,而且最为清楚明白、简明扼要。

【诠释】

本人想要阐述一种正义观念,它将概括世人熟知的可见于洛克、卢梭和康德的社会契约论，并使之上升到更高的抽象水平。① 为了做到这一点，我们不把初始契约设想为进入特定社会或建立特定政体的契约。更确切地说，其指导思路是，适用于社会基本结构的正义原则是初始契约的对象。处于人人平等的初始位置上（in an initial position of equality），为了促进自身利益②，自由理性人将接受这些原则，作为规定他们相互往来的基本条款。这些原则将规制所有的后续契约，具体规定人们可以加入的各种社会合作和可以建立的各种政体。我称如此看待正义原则的方式为公平正义。

【原文】§3 – 2 – pp. 10 – 11

【评析】

1. 原文："**Men are to decide in advance how they are to regulate their claims against one another and what is to be the foundation charter of their society**"（p. 10）。H本："人们要预先决定他们要如何调节彼此之间所提出的要求，决定他们社会的基本宪章"（第10页）。**新解："人们要预先决定，他们将以何种方式规制和调节互相对立的诉求，什么将是社会的基本宪章。"**

2. 原文："**Just as each person must decide by rational reflection what constitutes his good, that is, the system of ends which it is rational for him to pursue, so a group of persons must decide once and for all what is to count among them as just and unjust**"（pp. 10 – 11）。H本："正像每个人都必须通过理性的反省来决定什么东西构成他的善——亦即他追求什么样的目标体系才是合理的一样，一个群体必须一劳永逸地决定在他们中间什么是正义的，什么是不正义的"（第10页）。**新解："正像每个人必须通过理性反思来决定什么东西构成其自身之善，亦即他追求的系列目标是合理**

---

① 本人把下列著作视为契约论经典：洛克的《政府论》（下篇）；卢梭的《社会契约论》；康德的《道德形而上学基础》及其他伦理学著作。虽然霍布斯的《利维坦》是一部巨著，但它提出的问题是专门性的。高夫（J. W. Gough）提供了历史综述，参阅高夫（编）《社会契约论》第2版，牛津：克莱伦顿出版社1957年版。还有奥托·基尔克（Otto Gierke）《自然法与社会理论》，剑桥：剑桥大学出版社1934年版。恩尼斯特·巴克（Ernest Barker）翻译了该书，并为之撰写了序言。把契约论观点主要作为一种伦理学理论提出来的是格赖斯（G. R. Grice）的《道德判断的基础》，剑桥：剑桥大学出版社1967年版。并参阅《正义论》第19节注30。——原注

② 立约人在这里不谈共同利益或公共利益，那些是比较靠后的目标。在利益追求上，立约人肯定是先己后人的，以自我利益为出发点；他们首先要保障自身的基本权利和利益。这一点是无可厚非的。

的一样，一群人必须一劳永逸地决定，在他们追求的系列目标当中，什么是合乎正义的，什么是不合乎正义的。"在这个语句中，H本将"them"译为"他们"不是很确切。此处这个语词表示的是上文提到的他们每个人都有自己的人生目标，这里要判决的不是人（persons），而是人的目标和愿望（their aims and purposes）。否则，这句话的后半句话，应当说成"谁是正义的，谁是不正义的"（Who is to count among them as just and unjust）才合乎逻辑。

【诠释】

我们于是可以设想，参与社会合作的人，通过参与共同行动(in one joint act)，一起选择这样的原则，它们将分配基本权利和义务，决定各种社会收益的划分。① 人们要预先决定，他们将以何种方式规制和调节互相对立的诉求，什么将是社会的基本宪章。正像每个人必须通过理性反思来决定什么东西构成自身之善，亦即他追求的系列目标是合理的一样，一群人必须一劳永逸地决定，在他们追求的系列目标当中，什么是合乎正义的，什么是不合乎正义的。假定理性人处在平等自由的状态下，并且假定现在这个抉择问题有了答案，那么，理性人的抉择决定着正义原则。②

【原文】§3-3-p.11

【评析】

1. 原文："In justice as fairness the original position of equality corresponds to the state of nature in the traditional theory of the social contract"（p.11）。H本："在公平的正义中，平等的原初状态（origianl position）相应于传统的社会契约理论中的自然状态（the state of nature）"（第10页）；X本："正义即公平理论中的平等的原始状态，是与传统的社会契约论中的自然状态一致的"（第13页）。这里的短语"original position"，H本："原初状态"；X本："原始状态"（第13页）。笔者认

---

① 此处原文为division of social benefits，与此相似的短语是the division of advantages，后者宜解读为"各种优势和利益的划分"。
② 这个段落的意思是，理性人选择什么原则，就是什么原则。任何原则都由理性人筛选。他们全都是自由而平等的个体，具有原则的最终确定权。这里要注意的一点是，理性人并不像上帝或君主那样拥有绝对权力，他们是自愿立约人，是自己与自己立约。因此，在这些立约人身上，存在显著的洛克、卢梭和康德的古典社会契约论假设色彩。

为，它是假定的初始起点。就像我们假定，所有人都处在相同的人生起跑线上一样，它是"初始起点"，既不是"原始状态"，也不是"原初状态"。它是一个假定的平等的社会活动平台，是理性个体展示美好人生的第一落脚点。处在那个位置上的个体，是比"家庭成员"还要原始的个体，因为家庭成员之间也存在着重大差异或落差。它只是针对个体而言的。读者不能用"自然状态"（state of nature）概念来理解"original position"，因为它们根本上是两个不同的概念。经过反复比较，笔者认为，用"初始位置"来解读它会更加恰当些。公平正义以人人都居于平等的初始位置为首要理论假设。如果用"原初状态"来解读"original position"，就丧失了这种起点上的平等感。"原始状态"或"原初状态"既难以区分于"自然状态"，也难以摆脱对人们解读"original position"所带来的误导。罗尔斯讲"初始位置"（original position）和"自然状态"（state of nature）有着对应关系，但是两者不存在一致关系。"初始位置"假说已经完全过滤掉"自然状态"中"弱肉强食""胜者为王、败者为寇"等丛林法则。"自然状态"假说最早出现于《利维坦》中。在讨论契约理论传统代表性论著的一个脚注中，罗尔斯明确地把霍布斯的《利维坦》排除在外，虽然他提到了那个著作，但是没有给予真正的认可。这也从侧面表明"初始位置"概念和"自然状态"概念的本质差异。"原初状态"会把"平等的双方"拉回到"公道旁观者"的角色。相比之下，"初始位置"使"平等的双方"具有身临其境的"平等参与人"含义，克服了休谟和亚当·斯密的"公道旁观者"角色的局限性。这个术语指称的是理性个体涉及自身的"初始位置"，指定"理性双方"必须在"初始位置"上，而不是把自身排斥在外的无法知道自己的"初始位置"的"原初状态"。并且，"初始位置"的主要作用在于为当事各方筛选公平正义及其正义原则提供条件。这些当事各方在人数设定上是不确定的，也许只需三五十人即可。因为它是简单的思想实验，是罗尔斯本人一再提到的简单假设，解读为"原初状态"等于复杂化了那个假设。因此，X本和H本的解读是可商榷的。尽管"原初状态"是深入人心的解法，但是我们认为，"初始位置"是"original position"的汉语正解。①

2. 原文："**This original position is not, of course, thought of as an actual historical state of affairs, much less as a primitive condition of**

---

① 参阅乔洪武、曹召国"罗尔斯对康德伦理学的'建构主义诠释'"，《哲学研究》2011年第12期。

culture"（p.11）。H本："这种原初状态当然不可以看作是一种实际的历史状态，更非文明之初的那种真实的原始状况"（第10页）。

（1）短语："An actual historical state of affairs"。H本："一种实际的历史状态"（第10页）。**新解**："一个真实的历史情形"。

（2）短语："A primitive condition of culture"。H本："文明之初的那种真实的原始状况"（第10页）；X本："一种文化的原始状态"（第13页）。H本与原文出入较大。罗尔斯在这里没有提到"文明"（civilization），他只提到了"文化"（culture），而且也没有提到"文明之初的那种真实的原始状况"，译者在这里加入了不少主观因素。**新解**："一个原始的文化条件"。整句**新解**："这个初始位置当然既不可以看作一个真实的历史情形，更不可以看作一个原始的文化条件。"

3. 原文："**No one knows his place in society, his class position or social status, nor does anyone know his fortune in the distribution of natural assets and abilities, his intelligence, strength, and the like**"（p.11）。H本："没有一个人知道他在社会中的地位——无论是阶级地位还是社会出身，也没有人知道他在先天的资质、能力、智力、体力等方面的运气"（第10页）。罗尔斯解释"初始位置"时强调了两点，一是人与社会的关系，人对自己在社会中的位置一无所知；二是人与自身的关系，人对自己的状况也一无所知。**新解**："第一，谁都不知道自己在社会中的位置，无论是自身的阶级地位，还是自身的社会等级；第二，谁都不知道自己在自然资质分布和天赋能力分布上的运气，无论是自身的智力，还是自身的体能，如此等等。"H本在解读这个语句时，漏掉了一个重要术语，即"His fortune in the distribution of natural assets and abilities"中的"distribution"（分布）。这导致H本对这个语句后半句的误解。

4. 原文："**The principles of justice are the result of a fair agreement or bargain**"（p.11）。H本："正义的原则是一种公平的协议或契约的结果"（第10页）。**新解**："正义原则便是公平协议或公平交易（讨价还价）的结果。"罗尔斯强调，在选择正义原则的过程中，没有人具有特殊性，没有人具有特别的权力。即使有那样的特殊性、权力或特权，但是没有任何人的特殊性、权力或特权能够置于他人的特殊性、权力或特权之上。因此，正义原则的获得，不是自上而下的过程，也不是权力的传递过程。在这里甚至不存在权力或特权的概念。

5. 原文："**Symmetry**"（p.11）。H本："对称的"（第10页）；X本："对称"（第13页）。**新解**："差不多""不相上下"。

6. 原文："The original position is, one might say, the appropriate initial status quo"（p.11）。H 本："我们可以说，原初状态是恰当的最初状况"（第 10 页）；X 本："也可以说，这种原始状态就是合适的初始状态"（第 13 页）。关于短语"initial status quo"，H 本："原初状态"；X 本："初始状态"。笔者认为，罗尔斯的初始位置假设就是要为正义原则的证明找到恰当的逻辑起点。因此，"original position"指向的是具有唯一性或确定性的"初始位置"，是自由平等理性的人们为了缔结契约而确定的"initial status quo"，"最初情景"是对它的诠释。新解："可以说，初始位置是如此恰当的最初情景。"

7. 原文："The name does not mean that the concepts of justice and fairness are the same, any more than the phrase 'poetry as metaphor' means that the concepts of poetry and metaphor are the same"（p.11）。H 本："这一名称并不意味着各种正义概念和公平是同一的，正像'作为隐喻的诗'并不意味着诗的概念与隐喻是同一的一样"（第 10—11 页）。H 本没有准确把握这个语句的含义。新解："正像短语'隐喻诗'并不意味着'诗'概念与'隐喻'概念是同一个概念一样，'公平正义'这一名称并不表示'正义'概念和'公平'概念是同一个概念。"

【诠释】

在公平正义中，人人平等的初始位置遥相呼应于传统社会契约论的自然状态。这个初始位置当然既不可以看作一个真实的历史情境，更不可以看作一个原始的文化条件。它可以理解为某个纯粹假设情景（purely hypothetical situation），提出如此假设是为了达到某种确定的正义观念。[①] 这一情景（初始场景）的本质特征（essential features）是：第一，谁都不知道自己在社会中的位置，无论是自身的阶级地位，还是自身的社会等级；第二，谁都不知道自己在自然资质分布和天赋能力分布上的运气，无论是自身的智力，还是自身的体能，如此等等。我甚至假定，（身处初始位置

[①] 康德很清楚这个初始契约是假设性的。参阅康德《道德形而上学》第 1 编，特别是第 47 节和第 52 节；以及论文"论通常的说法：这在理论上可能是正确的，但在实践上是行不通的"，第 2 节，收录于汉斯·雷斯（Hans Reiss）编《康德政治论文集》，尼斯贝特（H. B. Nisbet）译，剑桥：剑桥大学出版社 1970 年版，第 73—87 页。进一步的讨论参阅乔治·弗拉科斯（Georges Vlachos）《康德政治思想》，巴黎：法兰西大学出版社 1962 年版，第 326—335 页；默菲（J. G. Murphy）：《康德权利哲学》，伦敦：麦克米兰出版社 1970 年版，第 109—112、133—136 页，对此有深入讨论。——原注

的）各方既不知道他们持有的善观念①，也不知道各方存在的特殊心理倾向。② 正义原则是在无知之幕(veil of ignorance) 之后被选中的。这种情形保证，在筛选原则的过程中，谁都没有因为自然机会的结果或社会环境的随机因素而获利或受损。因为所有人的位置(position，也可以解释为地位、处境、状况) 都大同小异，谁都无力设计出对自己的特殊条件有利(to favor his special condition) 的原则，所以，正义原则便是公平协议或公平交易(讨价还价) (fair agreement or bargain) 的结果。③ 给定 (1) 初始位置的各种环境(circumstances of the original position)，(2) 人与人的相互关系都大同小异(差不多)，那么对于两个道德人来说，亦即对于既有自身目的又有正义感的两个理性人来说，这个初始场景是公平的。可以说，初始位置是如此恰当的最初情景，在其中达成的根本契约(fundamental agreements) 是公平的。它解析了"公平正义"(justice as fairness) 名称的性质。"公平正义"传递了以下理念：因为正义原则是在某个初始场景中(in an initial situation) 达成的，所以正义原则是公平的。正像短语"隐喻诗"(poetry as metaphor) 并不意味着"诗"概念与"隐喻"概念是同一个概念一样，"公平正义"这一名称并不表示"正义"概念和"公平"概念是同一个概念。

【原文】§3–4–pp. 11–12

【评析】

1. 原文："**Justice as fairness begins, as I have said, with one of the most general of all choices which persons might make together, namely, with the choice of the first principles of a conception of justice which is to regulate all subsequent criticism and reform of institutions**"（pp. 11–12）。H 本："正如我说过的，公平的正义以一种可能是大家一起作出的最一般的选择开始，亦即选择一种正义观的首要原则，这些原则支配着对制度的所有随后的批评和改造"（第 11 页）。新解："正如我说过的那样，公平正义始于人们一起给出的所有选项中最为普通的选项，也就是说，它始于选取某种正义观念为首要原则，以规制针对各种制度的所有后续

---

① conceptions of the good，这些善观念，也许有的属于自己一方，有的属于他人一方，但是它们是什么，谁都不知道。
② special psychological propensities，和善观念一样，这些特殊心理倾向，也许有的属于自己一方，有的属于他人一方，但是它们是什么，谁都不知道。
③ 这个立约过程是非强制的、自愿的；它不是外在强加的，而是自我要求的。

批评和改造。"

2. 原文："**They are to choose a constitution and a legislature to enact laws, and so on**"（p. 12）. H本："他们要决定一部宪法和建立一个立法机关来制定法律等"（第11页）。**新解**："人们要筛选出某个宪法，还要筛选某个立法机关，用以颁布和施行法律，如此等等。"

【诠释】

正如我说过的那样，公平正义始于人们一起给出的所有选项中最为普通的选项，也就是说，它始于选取某个正义观念为首要原则，以规制针对各种制度的所有后续批评和改造。紧接着，我们可以做出以下推测：在筛选好某个正义观念之后，人们要筛选出某个宪法，还要筛选某个立法机关，用以颁布和施行法律，如此等等，所有这些都须遵守最初同意的正义原则。假如我们所处的社会情景(social situation) 产生于我们假定同意的契约，我们借助于那个假定的契约订立了一套通用规则，那么我们所处的社会情景就是合乎正义的。而且，假定初始场景决定着一组正义原则（选中一个特殊正义观念），那么以下情形是真实的：每当社会制度满足这些原则时，与社会制度有所牵连的人就会相互表示，他们将按照他们同意的条款开展合作，只要他们是自由平等的人，他们建立相互尊重关系就是公平的。他们全会把那些安排视为满足其在某个初始场景下接受的各项约定，那个初始场景体现了对各种原则开展筛选工作的约束条款，那些条款已被广泛接受，并且是合理的。普遍承认这一事实，将为公开接受相应的正义原则提供基础。当然，在词语"自愿"的字面意义上，没有任何社会是人们自愿加入的合作系统；每个人发现，自己生来就置身于某个特定社会的某个特定位置当中(each person finds himself placed at birth in some particular position in some particular society)，这一位置的性质真实地影响着他的生活前景。不过，满足公平正义原则的社会，将接近于是一个自愿社会，因为它符合自由平等者(free and equal persons) 在公平条件下同意的原则。在此意义上，它的成员是自主的，他们接受的职责是自我强加的(obligations they recognize self-imposed)。①

---

① 这个段落表达了这样的意思：立法过程或立约过程，既是自我主宰的过程，又是自己给自己立法的过程，更是康德意义上的道德自律过程。这样的自由理性人才是现代社会意义上的道德理性人。

第一章　公平正义

【原文】§3-5-p.12

【评析】

关于自利者（egoist）的讨论，可参阅摩尔和高蒂尔的相关论著。摩尔表示："自利论是这样一种学说，它认为我们每个人都应当把追求自身最大幸福当作人生的最终目标。"[1] 高蒂尔则认为，假如像罗尔斯那样断定正义理论是理性选择理论的最重要组成部分，那么，正义是理性选择的组成部分。于是，"要么正义兼容于自利论，要么自利论不兼容于理性。假如第一种情形不成立，那么我们只能寄希望于第二种情形，亦即正义的理性要与抵制自利论的情形联系起来。这两种情形都取决于我们如何理解理性选择"。[2]

1. 原文："**Mutually disinterested**"（p.12）。H本："相互冷淡的"（第11页）；X本："互不关心的"（第14页）。两个解读都成立。这个短语也可以解析为"相互冷淡的、互不关切的。"

2. 原文："**This does not mean that the parties are egoists, that is, individuals with only certain kinds of interests, say in wealth, prestige, and domination. But they are conceived as not taking an interest in one another's interests**"（p.12）。H本："这并不意味着各方是利己主义者，即那种只关心自己的某种利益，比方说财富、威望、权力的个人，而是被理解为对他人利益不感兴趣的个人"（第11页）；X本："这并不是说各方都是利己主义者，就是说，都是对诸如财富、声望和统治怀有某种兴趣的个人。他们只是被看作是对彼此的利益不感兴趣的人"（第14—15页）。X本对这个语句的解读显然优于H本，但两者的解读皆有不足。

（1）短语："Individuals with only certain kinds of interests, say in wealth, prestige, and domination"。H本："即那种只是关心自己的某种利益，比方说财富、威望、权力的个人"。这与英文原意出入较大。正确的解读是，各方是"**只热衷于某类趣味的个体**"，而不是"只关心自己的某些利益的个体"。

（2）单词："Domination"。它是政治理论术语，与"权力"和"统治"高度相关，它的确切意思是"主导"或"支配"。佩迪特专门研究过"支

---

[1] G. E. Moore, *Principia Ethica*, Cambridge: Cambridge University Press, 1903, p.76.
[2] David Gauthier, "The Incompleat Egoist", *The Tanner Lectures on Human Values*, delivered at Stanford University, 10th May, 1983, p.68.

配"问题,并提出"无支配自由"概念。他区分了"无干涉自由"和"无支配自由",表示"无干涉自由和无支配自由具有本质差别,后者更接近人的本质。当我们讨论政治自由和社会自由时,最终必定会触及无支配自由"①。

(3) 短语:"Not taking an interest in one another's interests"。可以解读为"相互地对他人利益无感的","相互地漠视他人利益的","相互地不把他人利益当回事的","相互地心里没有装着别人利益的",等等。

3. 原文:"**Rationality**"(p. 12)。H 本:"合理性"(第 11 页);X 本:"合理性"(第 15 页)。**新解**:"**理性**"。在这里罗尔斯从经济理论角度来解读术语"rationality","理性"而非"合理性"更加符合其意思。关于"理性"和"合理性"的关系,读者可参考以下解释:"'合理'是指一种在主体间关系中体现出来的态度和素质:愿意参与公平的合作。愿意在合作中遵守他人作为平等者通常也会同意的公共规则。'合理的'(reasonable)与'理性的'(rational)不同,后者是指单个主体对实现目标的高效手段作精心选择,或对总体生活计划中的不同目标作明智排序。"② 在经济理论中,著名的有"理性选择理论"(theory of rational choice),只可惜,H 本把这个理论在整个《正义论》中全都解读为"合理的选择理论"。因此,H 本对"rationality"和"rational"的理解从一开始就有待验证。并且,这种解读已经延续了多代学者。这是只关注哲学这个学科而忽视经济学等社会科学的自然结果。

4. 原文:"**Taking the most effective means to given ends**"(p. 12)。H 本:"采取最有效的手段来达到既定的目标"(第 11 页);X 本:"对特定的目标采取最有效的手段"(第 15 页)。H 本和 X 本的解读都是正确的。两相比较,H 本略好一些。**新解**:"**以最有效的手段达成既定的目标。**"

【诠释】

公平正义的另一个特点是,把处于初始场景(initial situation)中的各方(parties)设想为理性的(rational)和互不关切的。这并不意味着各方都是唯我的自利者(egoists),亦即,他们是只热衷于某类趣味的个体,比如,热衷于追逐财富、威望和主导(wealth, prestige, and domination)。不过,他们被视为

---

① 佩迪特:"论三种自由",张国清译,《浙江大学学报》2014 年第 5 期。
② 童世骏:"关于'重叠共识'的'重叠共识'",《中国社会科学》2008 年第 11 期。

彼此对他人利益不感兴趣的个体。① 他们于是推测,就像不同宗教信仰者的目标都是相互对立的一样,甚至他们各自的精神目标都是相互对立的。并且,理性概念必须尽可能从狭义上予以诠释,亦即按照经济理论的标准解释,理性意味着"以最有效的手段达成既定的目标"。正如后面第 25 节将给出说明那样,我要对这个概念略作修订,但是我尽量不把某些有争议的伦理因素引入这个概念。初始场景须由被广泛接受的约定来规定。②

【原文】§3 – 6 – pp. 12 – 13

【评析】

1. 原文:"**In working out the conception of justice as fairness**"(p. 12)。H 本:"在确立公平的正义时"(第 11 页)。这个解读不是很确切。公平正义由罗尔斯研发,带有学术探索性,会产生理论争议,但他对它拥有知识专利。如果接受 H 本的解读,那么这种专利性大大减低。**新解**:"在研发公平正义观念时"。

2. 原文:"**The problem of choice**"(p. 13)。H 本:"选择问题"(第 12 页)。**新解**:"**筛选**问题"。它就是应当**筛选**出什么样的正义原则的问题。描述初始位置和阐述筛选问题构成罗尔斯正义理论的重要内容,是他证明公平正义的重要理论前提工作。

3. 原文:"**Offhand it hardly seems likely that persons who view themselves as equals, entitled to press their claims upon one another, would agree to a principle which may require lesser life prospects for some simply for the sake of a greater sum of advantages enjoyed by others**"(p. 13)。H 本:"因为这几乎马上就成为不可能的——那些认为他们都是平等的、都同样有资格相互提出要求的人们决不会同意这样一个原则:只是为了使某些人享受较大的利益就损害另一些人的生活前景"(第 12 页);X 本:"自认地位相等、彼此有权迫使对方接受自己要求的人,会完全为了别人的更

---

① 无论他人生活得如何,都不闻不问的人;他们还没有考虑是否应当助人以利己,或利他以利己;他们先要关心的是如何让自己生活得好一点,如何让自己的利益得到保证。因此他们热衷于追求自己的利益,关心自己的事情。当然,首先只关注自我利益的人,迟早会产生利益冲突。

② 罗尔斯在这里表示要重新解释理性概念,是指原来的理性概念。比如,在罗尔斯看来,经济理论的理性选择概念有所欠缺。但是,他重新解释理性概念,仍然是理性概念,而不可能变成合理性概念,否则,它会给学术界规范使用概念带来混乱。当然,带来如此混乱的不是罗尔斯本人,而是罗尔斯思想的部分解读者。

大利益而同意一种可能要求某些人牺牲自己一部分生活前景的原则，这从一开始就几乎是不大可能的"（第 15 页）。在解读这个语句的精确性方面，H 本略逊于 X 本。

4. 原文："Since each desires to protect his interests, his capacity to advance his conception of the good, no one has a reason to acquiesce in an enduring loss for himself in order to bring about a greater net balance of satisfaction"（p. 13）. H 本："因为每个人都希望保护他的利益，保护他提出自己的善的观念的能力，没有理由为达到一个较大的满意的净余额就可以默认自己持久的损失"（第 12 页）；X 本："既然每个人都希望保护自己的利益，保护他提出自己关于善的观念的资格，那么任何人都没有理由为了带来满足的更大的净差额而默认自己的长期损失"（第 15 页）。X 本的解读略胜一筹。但是，人们相互之间发生冲突时，他们阐明的是各自的善好观念或善观念。

5. 原文："In the absence of strong and lasting benevolent impulses, a rational man would not accept a basic structure merely because it maximized the algebraic sum of advantages irrespective of its permanent effects on his own basic rights and interests"（p. 13）. H 本："在缺少强烈和持久的仁爱冲动的情况下，一个理智的人不会仅仅因为一个不顾及他的基本权利与利益的基本结构能最大限度地增加利益总额就接受它"（第 12 页）；X 本："如果没有强烈而持久的仁慈的冲动，一个有理性的人不会不顾某种基本结构对自己的基本权利和利益所产生的长期影响，而仅仅由于这种结构最大限度地增加了利益的代数和就去接受它"（第 15 页）。

（1）短语："A rational man". 它是由亚当·斯密提出的"**理性人**"概念。H 本把它解读为"一个理智的人"；X 本则把它解读为"一个有理性的人"，都不够确切。

（2）短语："Algebraic sum". X 本正确解读为"**代数和**"，而不是 H 本解读的"总额"。

（3）短语："Permanent effects". H 本和 X 本都解读为"长期影响"，都不够确切，新解为"**永久效应**"。在社会基本结构方面的法律和政策对个体权利和利益产生的效应是"永久的"（permanent），而不只是"长期的"（long-term），往往是个体用其一生都无法改变的。X 本对整个语句的解读更加确切一些。

6. 原文："It seems that the principle of utility is incompatible with the conception of social cooperation among equals for mutual advantage. It

appears to be inconsistent with the idea of reciprocity implicit in the notion of a well-ordered society"（p. 13）。H 本："这样看来，功利的原则就与平等互利的社会合作观念冲突了，也不符合隐含在一个良序的社会概念中的互惠观念"（第 12 页）；X 本："由此可见，功利原则与同等人之间为了互利而进行社会合作这个概念似乎是不相容的。它同井然有序的社会这个概念所含有的互惠思想也似乎是不一致的"（第 15 页）。两个译本对这个语句的解读都存在不少问题。

（1）短语："Principle of utility"。H 本："功利的原则"；X 本也解读为"功利原则"，而它一般解读为"**效用原则**"。

（2）用"liberals"（自由人）和"rational man"（理性人）一样，"equals"有约定俗成的译名，意为"**平等人**"。H 本："平等"；X 本："同等人"，都不确切。

（3）短语："Conception of social cooperation"。意为"**社会合作观念**"。H 本："社会合作观念"；X 本："社会合作概念"，H 本是正确的。

（4）单词："Reciprocity"。意为"**对等**"，H 本和 X 本都解读为"互惠"。另外，有人解读为"相互性"①，皆可参考。

【诠释】

在研发公平正义观念时，一项主要任务显然是，确定哪些正义原则将在初始位置上被选中。我们为此须要略微详尽地描述这样的情况，细心阐述由它产生的筛选问题。本人将在后面章节着手处理这些事情。然而，有人会说，一旦正义原则被设想为产生于在平等状态下达成的某个初始合意（original agreement），是否接受效用原则就成为一个没有定论的问题（open question）。从一开始就几乎不大可能的是，自以为平等的人、有资格互相提出诉求的人，将同意以下原则：只是为了一些人享受较大利益而让另一些人面对更加糟糕的生活前景。既然每个人都希望维护自身的利益，确保促进自身善观念的能力，那么谁都没有理由为了实现较大的满足净余额而默认自己的持续损失。如果没有强烈而持久的仁慈冲动，那么理性人不会仅仅因为基本结构极大化各种优势的代数和却不顾其对自身基本权利和利益产生相应的永久效应而接受它。因此，效用原则看起来不相容于为了追求互利而在平等人之中存在的社会合作观念。它看起来不符合隐含在良序社会观念中的对等理念。无论如

---

① 罗尔斯：《罗尔斯论文全集》，陈肖生等译，第 710 页。

何,本人将一探究竟,并予以论证。①

【原文】§3-7-pp.13-14

【评析】

1. 原文:"**I shall maintain instead that the persons in the initial situation would choose two rather different principles: the first requires equality in the assignment of basic rights and duties, while the second holds that social and economic inequalities, for example inequalities of wealth and authority, are just only if they result in compensating benefits for everyone, and in particular for the least advantaged members of society**"(p.13)。H本:"作为替代,我要坚持认为,处在原初状态中的人们将选择两个相当不同的原则:第一个原则要求平等地分配基本的权利和义务;第二个原则认为社会和经济的不平等(例如财富和权力的不平等)只有在其结果能给每一个个人,尤其是那些最少受惠的社会成员带来补偿利益时,它们才是正义的"(第12页);X本:"我相反认为,原始状态中的人可能会选择两种颇为不同的原则。第一种原则要求平等分配基本权利和义务。第二种原则则认为,社会和经济的不平等,例如财富和权力的不平等,只有在它们最终能对每一个人的利益,尤其是对地位最不利的社会成员的利益进行补偿的情况下才是正义的"(第15—16页)。

(1)短语:"Initial situation"。H本:"原初状态";X本:"原始状态"。**新解**:"初始场景"。两个译本在这里把它同另一术语"original position"混淆了,"initial situation"在《正义论》正文中出现了66次,"original position"则出现了343次,虽然前者出现频率远不如后者,但它仍然是有着自己含义的术语,不应被后者取代。因此,虽然两者在本质上是一样的,但是,罗尔斯经常在《正义论》正文中同时提到两个术语,还是给出区分会更好些。

(2)句子:"The first requires equality in the assignment of basic rights and

---

① 社会契约论的设定条件是对个人权利和利益的首要维护,把个人权利和利益放在第一位。牺牲自己利益,成就他人利益是不可能的;牺牲他人利益,成就自我利益也是很难的。因此,要达成合作,就要照顾彼此利益,要成就彼此利益,利己而利他,利他也利己,最好是双赢,既不损人利己,也不损己利人,而是互利共赢。这就是对等原则的基本内容,也是社会合作的本质所在。罗尔斯倡导的公平正义原则是所有人的权利和利益得到基本保障的原则,它们不仅追求社会利益的最大公分母,而且实现个体之间的最大公约数或平均数。既然谁都不知道自己的真实处境,那么大家均分在社会中存在的财富、收入、机会、权力和荣誉是最为公平的。

duties"。H 本："第一个原则要求平等地分配基本的权利和义务"；X 本："第一种原则要求平等分配基本权利和义务"。依 H 本和 X 本的解读，第一个原则的重心是不清晰的。罗尔斯在这里表达的重心是明确的，就是"平等"（equality），既不是"分配"（assignment），也不是"基本权利和义务"（basic rights and duties）。这里的"平等"一词不是副词"equally"、不是形容词"equal"、不是动词"equalize"，而是名词。它是第一正义原则的焦点。

（3）短语："Inequalities of wealth and authority"。H 本："财富和权力的不平等"；X 本："财富和权力的不平等"。两个译本的解读容易产生误解。因为"authority"指称的不是政治和法律意义上的"权力"，而是社会和经济意义上的"权限""权威""威信""威望"等。第二个原则讨论的不是权力的不平等，而是与社会经济意义的岗位、职位、地位、荣誉有关的职权、权限的不平等。两个译本在"authority"上的解读，混同了两个正义原则。

（4）短语："The least advantaged members of society"。本书解读为"**最不具优势的社会成员**"。这个短语也可以解读为"**最没有优势的社会成员**"。H 本："最少受惠的社会成员"；X 本："地位最不利的社会成员"。"最少受惠的社会成员"的对应英文短语是"the least benefited members of society"；"地位最不利的社会成员"的对应英文短语是"the most disadvantaged members of society"。所以，两个译本的解读都不够确切。虽然罗尔斯在《正义论》中经常交替使用这些短语，但是当他使用这些短语时，它们所指称的对象是略有不同的。

（5）X 本把"two rather different principles"解读为"两种颇为不同的正义原则"不是很妥当，H 本的解读是正确的，即"**两个相当不同的原则**"。

2. 原文："**These principles rule out justifying institutions on the grounds that the hardships of some are offset by a greater good in the aggregate**"（p. 13）。H 本："这些原则拒绝为那些通过较大的利益总额来补偿一些人的困苦的制度辩护"（第 12 页）；X 本："这些原则拒绝以某些人的苦难可以从一种更大的总体善中得到补偿这种借口去为体制进行辩护"（第 16 页）。两个译本显然没有准确理解这个语句。

（1）单词："Offset"。它一般解读为"抵消，弥补，补偿"。但它在这里的确切意思是"**抵消**"，而没有"补偿"的意思。

（2）短语："A greater good in the aggregate"。它的确切意思是："**在总体上的更大利益**"，主要是指"总体上的更大经济收益"。它是效用原则的一种表述。

（3）这个语句出现了《正义论》的重要术语"justifying"，它的一般动词形式是"justify",名词形式是"justification"。鉴于这个术语对于正确理解《正义论》的重要性,笔者一般把它解读为"**证明**",而不是一些学者主张的"**证成**"或"**辩护**"。那个术语的一般含义是"对某个观念、主张、制度的正当性的辩护"。笔者主张更多从科学意义上解读《正义论》,把罗尔斯对公平正义的论证过程,看作科学证明过程。罗尔斯试图在艾耶尔等分析哲学家严格区分事实与价值且否定价值的客观性之后,推翻分析哲学家关于情感世界、价值领域、道德领域或正义领域没有真理的断言,系统论证一套严格的公平正义理论的可能性。因此,如果用"证成"或"辩护"而非"证明"来解读"justify",将大大减低罗尔斯的学术抱负,也将改变罗尔斯学术研究的方向。

3. 原文:"**It may be expedient but it is not just that some should have less in order that others may prosper**"(p. 13)。H本:"减少一些人的所有以便其他人可以发展,这可能是方便的,但不是正义的"(第12页);X本:"为体制辩护可能是很方便的,但要求某些人为了别人的兴旺发达而使自己蒙受损失,这毕竟是不正义的"(第16页)。两个译本的解读都不是很贴切。**新解**:"或许便利但不合乎正义的做法是:为了一些人的发达而令其他人的所得更少些。"

4. 原文:"**But there is no injustice in the greater benefits earned by a few provided that the situation of persons not so fortunate is thereby improved**"(p. 13)。H本:"但是,假如另一些并不如此走运的人们的处境由此也得到改善的话,在这样一些人赚来的较大利益中就没有什么不正义"(第12页);X本:"不过,如果一些人获得较大的利益能使某些人的不那么幸运的状况因此而得到改善,那就不存在不正义问题"(第16页)。

(1)H本和X本的解读都没有特别留意原文中的数字概念,"a few"表示的是"少数几个"而不是"一些人"。

(2)短语:"The situation of persons not so fortunate"。H本:"另一些并不如此走运的人们";X本:"某些人的不那么幸运的状况",两个译本的解读都有疏漏,其确切的意思应当是"不那么幸运者的处境"。

5. 原文:"**Since everyone's well-being depends upon a scheme of cooperation without which no one could have a satisfactory life, the division of advantages should be such as to draw forth the willing cooperation of everyone taking part in it, including those less well situated**"(p. 13)。H本:"由于每个人的幸福都依赖于一种合作体系,没有这种合作,所有人都不会有一种满意的生活,因此利益的划分就应当能够导致每个人自愿地加入到合

作体系中来，包括那些处境较差的人们"（第 12 页）；X 本："既然每个人的福利决定于合作安排，而如果没有这种安排，任何人都不可能过上一种令人满意的生活，那么，利益的分配就应该能够促成每个人都参加的那种自愿合作，包括那些状况比较不利的人"（第 16 页）。**新解**："因为每个人的幸福皆有赖于某种合作，没有那样的合作，就没有人能够过上称心如意的生活，所以，应当这样划分优势，以促成每个参加者包括处境较差者的自愿合作。"

6. 原文："**The two principles mentioned seem to be a fair basis on which those better endowed, or more fortunate in their social position, neither of which we can be said to deserve, could expect the willing cooperation of others when some workable scheme is a necessary condition of the welfare of all**"（p. 13）. H 本："上述两个原则看来是一种公平的基础，在此基础上，那些天赋较高、社会地位较好的人们（对这两者我们都不能说是他们应得的），就能期望当某个可行的体系是所有人福利的必要条件时，其他人也会自愿加入这个体系"（第 12 页）；X 本："然而，只有提出合理的条件，才能指望做到这一点。上面提到的那两种原则，似乎是一种公平的协议，在这种协议的基础上，那些得天独厚的人，或社会状况比较幸运的人（不能说我们得到这两种有利条件是理所当然的），就可以指望在某种切实可行的安排成为所有人的福利的必要条件时得到别人的自愿合作"（第 16 页）。短语 "some workable scheme" 对应于前面的 "a scheme of cooperation"，它的确切意思是 "某个可行的合作方案"，它既不是 H 本解读的 "某个可行的体系"，也不是 X 本解读的 "某种切实可行的安排"，其正解是："**某个可行计划**"或"**某个可行方案**"。

7. 原文："**Once we decide to look for a conception of justice that prevents the use of the accidents of natural endowment and the contingencies of social circumstance as counters in a quest for political and economic advantage, we are led to these principles**"（p. 14）. H 本："一旦我们决定寻找这样一种正义观，它防止人们在追求政治和经济利益时把自然天赋和社会环境中的偶然因素用作筹码，那么我们就被引导到这些原则"（第 12 页）；X 本："有一种正义观不把天赋和社会环境的随机性所造成的偶然情况作为追求政治和经济利益的资本。一旦我们决定去寻找这种正义观，我们就是向这些原则前进了"（第 16 页）。

（1）短语："The accidents of natural endowment and the contingencies of social circumstance". H 本："自然天赋和社会环境中的偶然因素"；X 本："天赋和社会环境的随机性"，两个译本的解读都不够完整。它的确切意思是"**自然天赋的偶然因素和社会环境的随机因素**"。罗尔斯在《正义论》

写作过程中，经常把两个相似的事物放在一起讨论，形成一种对应关系。请读者在阅读时小心留意，这对于正确理解《正义论》至关重要。因为这种写作技巧几乎呈现于《正义论》的每个重要话题中。了解了这一点将大大减低阅读《正义论》的难度系数。

（2）单词："Counters"。H本把它解读为"筹码"，比X本把它解读为"资本"要好一些。

8. 原文："They express the result of leaving aside those aspects of the social world that seem arbitrary from a moral point of view"（p.14）。H本："它们体现了把那些从道德观点看来是任意专横的社会因素排除到一边的思想"（第12页）；X本："这些原则表明，它们最后抛弃了那些从某种道德观点看似乎是社会生活中的带有随机性的那些方面"（第16页）。两个译本都没有确切地解读这个语句。H本把单词"arbitrary"解读为"任意专横的"是不确切的。这个词表示"任意的、武断的"，但这里没有"专横的"意思。H本把"those aspects of the social world"解读为"那些社会因素"；X本把"social world"解读为"社会生活"，两个解读都不确切。罗尔斯在这里表达的意思是，两个正义原则将撤开社会世界看重的自然天赋的偶然因素和社会条件的随机因素所带来的结果，因为那些偶然因素和随机因素都是任意的，如果专注于社会世界中的这些任意因素，那么正义原则将无法被人们所普遍承认，因为每个人都可以以自己的自然天赋或社会条件的特殊性为借口而拒绝正义原则。**新解："它们表明，搁置从道德角度看在社会世界中似乎是任意的那些方面将会是什么样子。"**

【诠释】

与之相反，本人将主张，处在初始场景中的人，将选择两个相当不同的原则：第一个原则要求在分配基本权利和义务方面实现人人平等；第二个原则主张，社会不平等和经济不平等，例如财富不平等和职权（权限）不平等，只有在其结果能给每一个个体，尤其是最不具优势的社会成员，带来补偿利益时，它们才是正义的。这些原则拒绝基于如下依据来证明各种制度的正当性：它们（指各种制度）用在总体上的更大利益来抵消给一些人造成的困苦（hardship）。① 或许便利但不合乎正义的做法是：为了一些人的

---

① 这种困竟不只是物质条件匮乏或受到严酷限制的，也可能是精神受到极端压制或限制而剥夺其人身自由的；它不只是涉及经济状况的，而且是涉及社会待遇的。比如，在特权社会里，虽然商人阶层有着丰厚的物质财富，但是他们仍然可能在政治上依附于其他特权阶级。

发达而令其他人的所得更少些。不过，以下情形没有违反正义：少数几个赚得较多，不那么幸运的人的处境因此也有所改善。一个直觉的想法是，因为每个人的幸福皆有赖于某种合作，没有那样的合作，就没有人能够过上称心如意的生活，所以，应当这样划分优势，以促成每个参与者包括处境较差者的自愿合作。上述两个正义原则好像是一个公平的平台，因为某个可行合作方案是所有人幸福的必要条件，所以禀赋较高的人，或者在社会位置方面运气较好的人——没人能告诉我们说这些是他们应得的——借助那个平台，期待着其他人的自愿合作。① 一旦我们决定寻找某个正义观念，它防止把自然禀赋的偶然因素（accidents of natural endowment）和社会环境的随机因素（contingencies of social circumstance）当作追求政治利益和经济利益的筹码，我们就会被引导到这些原则上来。它们表明，搁置从道德角度看在社会世界中似乎是任意的那些方面将会是什么样子。

【原文】§3-8-p.14

【评析】

1. 原文："The problem of the choice of principles, however, is extremely difficult"（p.14）。H本："然而，原则的选择是极其困难的问题"（第12页）；X本："然而，选择原则是一个极其困难的问题"（第16页）。两个译本都准确地解读了这个语句。**新解**："然而，原则的筛选是一大难题。"可引申为"然而，对各种原则做出筛选和取舍是一件极其困难的事"。

2. 原文："（1）An interpretation of the initial situation and of the problem of choice posed there, and（2）a set of principles which, it is argued, would be agreed to"（p.14）。H本："（1）一种对最初状态（the initial situation）及其间的选择问题的解释；（2）对一组将被一致同意的原则的论证"（第13页）。X本："（1）对原始状态和这一状态造成的选择问题所作的解释，和（2）据说可能会得到一致同意的一系列原则"（第17页）。就第一个部分的解读来说，X本优于H本；就第二个部分的解读来说，H本优于X本。

3. 原文："Or some variant thereof"（p.14）。H本："或其变化形式"（第13页）；X本："或某种与此不同的理论"（第17页）。**新解**："或者它的某个变体。"

---

① 本人感谢阿伦·吉伯德关于这一直觉理念的构想。——原注

120 《正义论》评注

4. 原文："**The concept of the initial contractual situation may seem reasonable**"（p. 14）。H 本："原初的契约境况（situation）可能被看作是合理的"（第 13 页）；X 本："原始契约的状态概念看来可能是合理的"（第 17 页）。H 本在语句中漏掉了"概念"，导致这句话变得难以理解。在对这个语句的解读上，X 本胜过 H 本。

5. 原文："**The most appropriate conception of this situation**"（p. 14）。H 本："关于这种境况的最适当观念"（第 13 页）；X 本："最合适的原始状态观"（第 17 页）。罗尔斯在这里分别提到了"概念"（concept）和"观念"（conception）。他想要表达的意思是，"概念"是在学者或读者之间通用的某个思想对象，"观念"则是只为个别学者所单独持有的主张。比如，公平正义（justice as fairness）是一个"观念"即"公平正义观念"，但不是一个"概念"即"公平正义概念"；正义和公平是两个"概念"，但不是两个"观念"。只有在阅读原著时仔细加以区分，我们才能领会罗尔斯想要表达的确切意思。H 本和 X 本都存在混用"概念"（concept）和"观念"（conception）的情况。

6. 原文："**The contract doctrine provides an alternative to these views**"（p. 14）。H 本："契约论提供了一个替换功利主义等观点的选择对象"（第 13 页）；X 本："契约论也就为这些观点提供了一种替代的观点"（第 17 页）。H 本的解读不如 X 本更明晰。

【诠释】

然而，原则的筛选是一大难题。我不期望本人给出的答案足以令每个人信服。因此，从一开始就值得注意的是：像其他契约论观点一样，公平正义将由两个部分组成：（1）一个诠释，诠释初始场景，以及诠释由初始场景引发的筛选问题；① （2）一组原则，如若得到论证，那些原则将得到大家的一致同意。任一个体可以接受这个理论的第一部分（或者它的某个变体），却不接受其第二部分；反之亦然。虽然（理性立约人或各方）提出的某些特定原则会遭到否决，但是这个初始契约情境（initial contract situation）概念看起来可能是合理的。诚然，我想要主张的是：（契约论者提出的）最适当的初始场景观念必定导致与效用论（功利论）和至善论（perfectionism）截然相反的原则，因此，这种契约论提供了替换这些观点的可选项（可以取代前行原则的正义原则）。虽然人们承认，契约论方法是研究伦理学理论并提出基本假定的有用方法，

---

① problem of choice，指选取什么原则的问题。

但是他们仍然可以对上述论断表示异议。①

【原文】§3-9-p.14

【评析】

1. 原文："The terms 'utility' and 'utilitarianism' are surely no exception"（p.14）。H本："'功利'（utility）与'功利主义'（utilitarianism）当然也不例外"（第13页）；X本："'功利'和'功利主义'这两个词当然也不会例外"（第17页）。这里的术语"utility"一般解读为"效用"而非"功利"。**新解**："术语'效用'和'效用论'当然也不例外。"

2. 原文："In particular, the content of the relevant agreement is not to enter a given society or to adopt a given form of government, but to accept certain moral principles"（p.14）。H本："特别是我的正义论中的契约并不是要由此进入一个特定的社会，或采取一种特定的政体，而只是要接受某些道德原则"（第13页）；X本："尤其是，有关协议的内容不是为了加入某个特定的社会，也不是为了采用某种特定政体，而是为了接受某些道德原则"（第17页）。H本把"the content of the relevant agreement"解读为"我的正义论中的契约"值得商榷；X本的解读则是正确的。**新解**："特别值得一提的是：相关合意的内容，既不是想要进入既定的社会，也不是想要采纳既定的政体，它只是想要接受某些道德原则而已。"

【诠释】

公平正义是我所倡导的契约论的范例。有人或许反对术语"契约"（contract）及其相关表达式，但本人认为它是非常适用的。许多语词存在从一开始就容易引起混乱的歧义。术语"效用"（utility）和"效用论"（utilitarianism）当然也不例外。它们也存在不怀好意的批评家津津乐道的各种不幸歧义；但是，对于准备研究效用论学说（utilitarian doctrine）的人来说，它们是足够清晰的。用于道德理论的术语"契约"也是如此。本人曾经说过，人们想要理解"契约"，就须记住以下一点：它是一个有点儿抽象的术语。特别值得一提的是：相关合意的内容（content of relevant agreement），既不是想要

---

① 契约论想要论证公平正义，首先要面对来自其他正义观念持有人的反对意见。效用论、直觉论、至善论是表示如此异议的重要观念。

进入既定的社会，也不是想要采纳既定的政体，它只是想要接受某些道德原则（公平正义原则）而已。除此之外，在契约中给出的承诺是纯粹假设的。契约论观点认为，在明确规定的初始场景中，某些原则将得到承认。

【原文】§3 - 10 - pp. 14 - 15

【评析】

理性选择理论是现代经济理论的重要组成部分。罗尔斯想要继续把伦理学与经济学紧密地绑在一起，让正义理论成为"理性选择理论的最重要部分"。于是，正义理论也将是经济理论的最重要组成部分之一。这表达了罗尔斯要用自己的正义理论去改造经济理论的野心。这是一次用哲学假设改造经济理论假设的重要尝试。关于罗尔斯正义理论与哈桑伊理性选择理论的关系，高蒂尔作过专门评论："约翰·罗尔斯一直认为'正义理论也许是理性选择理论最重要的部分'。约翰·哈桑伊则明确地把伦理学视为理性行为理论的组成部分。但是同它们的结果所担保的相比，这些断言是言过其实的。罗尔斯和哈桑伊都没有发展出在道德行为和理性选择之间的深刻联系，那种联系正是我们要捍卫的。"①

1. 原文："**The contract terminology**"（p. 14）。H 本："契约论术语"（第 13 页）；X 本："契约这个术语"（第 17 页）。**新解**："这套契约论术语"。

2. 原文："**The theory of rational choice**"（p. 15）。H 本："合理选择理论"（第 13 页）；X 本："合理选择理论"（第 17 页）。两个译本把这个短语都解读为"合理选择理论"是不恰当的。在哲学和社会科学中，"**理性选择理论**"是一个约定俗成的译名。②

3. 原文："**Principles of justice deal with conflicting claims upon the advantages won by social cooperation; they apply to the relations among**

---

① David Gauthier, *Morals by Agreement*, New York: Oxford University Press, 1986, pp. 3 - 4.
② 有人对罗尔斯的理性选择假设提出了如下批评："罗尔斯的契约理论作为一种理性选择模型，试图严密地推导出公平正义诸原则；然而，一些技术失误阻碍了这一目标的实现。罗尔斯不得不完全依赖康德式的先验论证和'自由而平等的人'这一规范概念。与此同时，对罗尔斯理性选择模型的修正或严密化却推导出与公平正义相迥异的正义原则。由于理性选择路径未能契合康德式的先验路径的方向，形式上将两种路径整合在一起的契约设计不能为公平正义提供实质性的辩护。"参阅江绪林"解释和严密化：作为理性选择模型的罗尔斯契约论证"，《中国社会科学》2009 年第 5 期。并参阅李政淳"罗尔斯理性契约论中的错误"，《道德与文明》2012 年第 1 期。王嘉："从理性选择理论视角看罗尔斯原初状态方法的困难"，《江淮论坛》2014 年第 4 期。

several persons or groups"（p. 15）。H 本："正义的原则处理的是分享社会合作所带来的利益时的冲突要求，它们适用于在若干个人或若干团体之间的关系"（第 13 页）；X 本："正义原则还处理对社会合作所取得的利益而提出的相互冲突的要求；这些原则也适用于不同个人与不同集团之间的关系"（第 17—18 页）。**新解**："**正义原则将适用于处理由社会合作赢得的各种优势的冲突性诉求；正义原则也适用于处理某些个人关系或团体关系。**"

4. 原文："**The word 'contract' suggests this plurality as well as the condition that the appropriate division of advantages must be in accordance with principles acceptable to all parties**"（p. 15）。H 本："'契约'一词暗示着这种个人或团体的复数，暗示必须按照所有各方都能接受的原则来划分利益才算恰当"（第 13 页）；X 本："'契约'这个词不但提出了利益的恰当分配必须根据所有各方都能接受的原则这样的条件，而且也提出了这个多元性问题"（第 18 页）。

（1）短语："This plurality"。H 本："这种个人或团体的复数"，把"plurality"解读为"复数"显然不适当；X 本："这个多元性问题"，这个解读比 H 本的解读要好一些。本书解读为"**这种多样性**"或"**这种多元性**"。

（2）短语："Appropriate division of advantages"。H 本："划分利益才算恰当"，即"利益的恰当划分"；X 本："利益的恰当分配"。**新解**："**各种优势和利益的适当划分。**"在经济学和社会学等社会科学中，比较优势和分工优势是两个常见术语，它们经常被放在一起讨论。罗尔斯在这里主张，正义理论是理性选择理论的最重要组成部分。在理性选择理论中，比较优势和分工优势理论是重要组成部分。因此，罗尔斯在这里很自然地提到，他主张的正义原则也可以应用于处理各种优势的恰当划分问题。像"理性选择理论"一样，H 本和 X 本不了解罗尔斯讨论"appropriate division of advantages"的背景知识，把它解读成与经济学和社会学的"**各种优势和利益的恰当划分**"无关的东西，结果误导了读者。

5. 原文："**The condition of publicity for principles of justice is also connoted by the contract phraseology**"（p. 15）。H 本："'契约'的用语也表现了正义原则的公共性"（第 13 页）；X 本："正义原则的公开性条件也包含在契约用语中"（第 18 页）。短语 H 本和 X 本都没有很好地解读这个语句，但是 X 本要好于 H 本。这个语句表示的意思是，借助于契约措辞、行话或用语，正义原则具备公开性条件，可以广泛传播而广为人知。罗尔斯在《正义论》中对"公开性条件"有更加详尽的讨论。①

6. 原文："It is characteristic of contract theories to stress the public nature of political principles"（p. 15）. H 本："强调政治原则的公共性正是契约理论的特点"（第 13 页）；X 本："契约理论的特点是突出了政治原则的公开性"（第 18 页）。短语："the public nature of political principles"解读为"政治原则的公开性"好于"政治原则的公共性"。因此，在这一点上，X 本好于 H 本。

7. 原文："Expressing the tie with this line of thought helps to define ideas and accords with natural piety"（p. 15）. H 本："通过体现与这种思想脉络的联系就有助于明确观念且符合自然的虔诚（natural piety）"（第 13 页）；X 本："揭示与这种思想的联系，有助于确定概念，也符合自然诚信"（第 18 页）。H 本和 X 本对这个语句的解读出入较大，肯定有一个是不恰当的。在这里，短语："This line of thought". H 本："这种思想脉络"；X 本："这种思想"。它实际上是对前面一句"契约论有着悠久的传统"的复述，可以意译为"**这个思想传承**"。另外，短语"define ideas"应解读为"**明晰某些理念**"而非"确定概念"。因此，与 X 本的解读相比，H 本的解读更加符合原意。

【诠释】

这套契约论术语的一大优点是，它表达了以下观点：正义原则可以理解为理性人选中的原则，各种正义观念都可以用这种方式得到解释和证明。正义理论是理性选择理论的一部分，也许是最重要的部分(most significant part)。而且，正义原则将适用于处理由社会合作赢得的各种优势的冲突性诉求；正义原则也适用于处理某些个人关系或团体关系。"契约"一词，既暗示这种多元性，也表明这样的条件，各种优势和利益的适当划分须要符合各方皆能接受的原则。契约论的措辞还表明，正义原则具备公开性条件。因此，如果正义原则是某个契约的产物，那么一些公民有所耳闻的(知情、了解、被告知的)原则就是其他公民遵循的原则。② 强调政治原则的公开性，正是契约论的一

---

① 周保松也把"publicity"解读为"公开性"。周保松：《自由人的平等政治》（增订版），第 74 页。不过，陈肖生等把"condition of publicity"解读为"公共性条件"。参阅罗尔斯《罗尔斯论文集》，陈肖生等译，第 701 页。另参阅陈肖生《公共辩护》，生活·读书·新知三联书店 2018 年版，第一章第四节"辩护的公共性要求"。

② 正义原则公开性表示的是，它们必须是为所有普通公民都能够在公共场所听到或看到的被所有公民承认且遵循的原则。不允许存在有的公民可以任意违反或侵犯它们的权利或权力，后者只可能是特权现象；但是公民们不承认这种特权现象。

大特点。最后，契约理论具有悠久的传统。阐明与这个思想传承的联系，有助于明晰某些理念，并与自然虔诚(natural piety) 保持一致。因此，使用术语"契约"存在几大优势。只要小心谨慎，这个术语就不会令人产生误解。

【原文】§3-11-p.15

【评析】

1. 原文："Ethical system"（p.15）. H本："伦理学体系"（第15页）；X本："伦理体系"（第18页）。H本的解读优于X本的解读。

2. 原文："A system including principles for all the virtues and not only for justice"（p.15）. H本："包括所有德性原则而不只是包括正义原则的体系"（第14页）；X本："把不但对正义而且对所有美德也同样适用的原则包括进去的体系"（第18页）。X本的解读更胜一筹。

3. 原文："Obviously if justice as fairness succeeds reasonably well, a next step would be to study the more general view suggested by the name 'rightness as fairness'"（p.15）. H本："如果对'公平的正义'的探讨进行得合理而成功，下一步就是研究'公平的正当'（rightness as fairness）一词所暗示的较普遍的观点"（第14页）；X本："如果正义即公平这种提法能够站得住脚，那么下一步就是研究'正当即公平'这个提法所表明的更普遍的观点"（第18页）。短语"succeeds reasonably well"表示"相当成功"，可以意译为"**是讲得通的**"，而不是H本解读的"合理而成功"。短语"the more general view"应解读为"**更一般的观点**"，而非"较普遍的观点"或"更普遍的观点"。

4. 原文："We must recognize the limited scope of justice as fairness and of the general type of view that it exemplifies. How far its conclusions must be revised once these other matters are understood cannot be decided in advance"（p.15）. H本："我们必须承认公平的正义和它体现的一般类型的观点的有限范围。我们不可能预先决定一旦别的问题被理解了，对公平的正义的结论须如何作出修正"（第14页）；X本："我们必须承认，正义即公平观以及它所体现的有普遍代表性的那类观点所涉及的范围是有限的。一旦对这些不同的问题有了充分的理解，那么必须在多大程度上修改它的结论，这是事先无法决定的"（第18页）。**新解**："我们必须承认公平正义的有限范围，我们必须承认以公平正义为例所呈现的此类一般观点的有限范围。我们无法事先确定，一旦这些其他问题为世人所理解，我们务必在多大程度上修正公平正义的结论。"

【诠释】

最后评述一下。公平正义不是一个全面的（complete，面面俱到的）契约论。因为清楚的是，这个契约论理念（contractarian idea）可以扩大到去选择一个多少完整的伦理学体系，就是说，去选择一个囊括所有德性原则而不只是正义原则的伦理学体系。现在，在通常情况下，本人只想探讨正义原则以及与之密切相关的其他原则；我不想系统地讨论诸多德性。显然，假如公平正义（justice as fairness）是讲得通的，那么本人将进而研究由"公平正当"（rightness as fairness）这一提法所暗示的更一般的观点。但是，甚至这个较为宏大的理论也包容不了所有道德关系，因为它看似只涉及我们与他人的关系，未曾考察我们对待动物和其他自然事物的方式。① 本人并不认为，契约概念有办法解决这些无疑是头等重要的问题，我不得不放弃这些问题。我们必须承认公平正义的有限范围，我们必须承认以公平正义为例所呈现的此类一般观点的有限范围。我们无法事先确定，一旦这些其他问题为世人所理解，我们务必在多大程度上修正公平正义的结论。②

§4 初始位置和证明
The Original Position and Justification

【题解】

术语"original position"是《正义论》的最基本术语，决定着两个正义原则和公平正义论证的成败。它在《正义论》正文中一共出现了344次。从《正义论》两个版本的前言，到其正文的最后段落，罗尔斯都提到了这个术语。这表明，它是一个贯穿《正义论》始终的假说。这个术语的中文解读有多个版本。最为流行的解读是"原初状态"，1988年《正义论》H本第一版有"原始状态"和"原初状态"两种译法。1991年《正义论》X本解读为"原始状态"。2009年《正义论》H本修订版统一改为"原初状态"。

---

① 彼得·辛格是动物权利重要倡导者；努斯鲍姆在罗尔斯之后从道德哲学角度考察了人与动物的关系，也考察了健全的正常人与不健全的失能人之间的关系。
② 公平正义是重要的，公平正义也是有适用范围的，或者说，公平正义也是有局限性的。至于公平正义的修正，那是以后的事。罗尔斯先把它确立起来再说，这是最为重要的。

部分学者主张把"original position"解读为"原初地位"①。有的学者没有给出理由。有的学者则给出了理由:"'状态'(state)一词含有变化的意味,例如,从一个状态到另一个状态;而'原初地位'则是对人的应然道德地位的一种与变化无涉的刻画方式。"② 还有的学者赞同把"original position"解读为"原初立场"。③ 其理由是:"'original position'或可译为'原初立场'。原因在于,一者,原初立场区别于一般意义的原初状态,因为罗尔斯运用的社会契约区别于传统的契约论,原初立场不是一种实际存在的状态;二者,原初立场的确是一种'与变化无涉的'方法论工具设置,但是'原初地位'没有突出'original position'是一种作为契约代表们选择正义原则出发点的内涵。"④

笔者认为,"original position"解读为"原初立场"和"原初地位"都不是很妥当。笔者给出的理由是,处在初始位置上的立约者是没有立场的,也是没有明确的地位的。即使他们有自己的倾向和偏好,但也是不清晰、不知情的。用罗尔斯自己的话来说:

> 在公平正义中,人人平等的初始位置(original position of equality)遥相呼应于传统社会契约论的自然状态。这个初始位置当然既不可以看作是真实的历史情境(actual historical state of affairs),更不可以看作原始的文化条件(primitive condition of culture)。它可以理解为纯粹假设的情境(purely hypothetical situation),提出如此假设是为了达到某种确定的正义观念。这一情境的本质特征(essential features)是:第一,谁都不知道自己在社会中的方位(his place in society),既不知道自身的阶级位置(class position),也不知道自身的社会等级(social status);第二,谁都不知道自己在自然资质分布和天赋能力分布上的运气,既不知道自身的智力如何,也不知道自身的体能如何,如此等等。我甚至假定,(身处初始位置上的)各方既不知道他们持有的善观念,也不知道各方存在的特殊心理倾向。正义原则是在无知之幕下被选中的。这保证了,在筛选原则的过程中,谁都没有因为自然机会的结果或社会环境的随机因素而获利或受损。因为所有人的位置

---

① 廖申白:"《正义论》对古典自由主义的修正",《中国社会科学》2003年第5期。
② 金里卡:《当代政治哲学》,刘莘译,第121页。
③ 参阅吴福友、吴根友"从一国宪政到万民宪政——罗尔斯'政治自由主义'逻辑理路浅绎",《武汉大学学报》2002年第2期。
④ 莱宁:《罗尔斯政治哲学导论》,孟伟译,第33页脚注2。

(position，也可以解释为处境、状况）都大同小异，谁都无力设计出对自己的特殊条件有利（to favor his special condition）的原则，所以，正义原则便是公平协议或公平协商的结果。(p. 11)

罗尔斯经常使用的另一个术语是"initial situation"，在《正义论》正文中出现了 64 次，一般解读为"初始场景"。这个术语中的"situation"有"情况、状况、形势、局面、位置"等含义。罗尔斯经常交替使用"original position"和"initial situation"，这种情况在《正义论》中出现了数十次。当他解释"original position"时，他说它就是"initial situation"，并强调它是"平等的""initial situation"。

从罗尔斯的解释可知，在"original position"中，词语"position"既等同于词语"place"，又等同于词语"situation"，有"位置、地方、地点、处境、场所"的含义。相比之下，"状态"、"地位"和"立场"不是"position"的原始义，而是它的引申义。

由此来看，如果我们把"position""place"和"situation"看作可以互换的同义词，那么它们不能解读为"立场"，因为"situation"和"place"不是立场；它们也不能解读为"地位"，因为"situation"也不是"地位"，它们更不能解读为"状态"，因为"place"不能解读为"状态"。"场所"和"位置"是"position""place"和"situation"共同具有的含义。

因此，"original position"提供的不是"原初立场"，也不是"原初地位"，而是"初始位置"。所有立约人都处于相似的位置上，用无知之幕掩盖他们可能具有的身份、出身、地位、立场和姿态。因此，"original position"是"初始位置"。罗尔斯设定，所有人的初始位置是无条件地平等的。"初始位置"应当是"original position"的最佳解读。做出如此说明之后，"初始位置"是可以接受的。

因此，"初始位置"是一个有着明确内涵的概念，它是自由平等的理性人所处的假想性处境。它不是一种模糊的或模棱两可的状态，而是一种特殊情况，它保证各方拥有自由平等的权利和地位，每个人的优势、利益和欲望都受到平等的尊重或对待。每个人可以畅所欲言，可以持有自己的宗教信仰、哲学学说和道德信念，保持自己的信仰自由和良心自由。因此，"初始位置"赋予个体以最为广泛的权利和自由。我们可以把它理解为所有人自由平等地参与各种社会政治活动的公共平台。而设定这一平台的首要目的是确立规范人们社会政治活动的正义观念和正义原则。

"初始位置"是作为契约论之最新发展的正义理论的第一假设,正义理论的所有论题都是在"初始位置"中构想出来的。"初始位置"假设抹去了所有个体的人际差异。各方在同一位置上筛选各种可能的正义观念和正义原则。他们最终选中了公平正义和两个正义原则,因为它们最符合处于初始位置上的各方的人性假说。因此,我们可以这样说,"初始位置"是《正义论》的逻辑起点或理论基石。没有"初始位置"假设,《正义论》的整个构思将是不成立的。①

另外,这一节标题术语"justification"一般解读为"证成""证明""合理性证明"或"正当性论证"。有学者不恰当地把它简单解读为"辩护",并且不恰当地用"公共辩护"来表示对某个正义观念的证明。因为罗尔斯在《正义论》中提出,公平正义的证明要求具备五个条件,其中一个是"the publicity condition"(p.115),笔者认为,它应当解读为"公开性条件"而不是"公共性条件"。罗尔斯表示:"公开性条件的关键在于,各方当事人把正义观念作为公开承认的并且完全有效的社会生活道德总则来评价。"(p.115)有学者把"the publicity condition"解读为"公共性条件"并提出"公共辩护"之说。② 从罗尔斯正义理论的观点来看,它们是不成立的。"公共性条件"和"公开性条件"虽然只有一字之差,但是内涵完全不同。公开性条件比公共性条件的要求更高一些。因为人们完全可以借口公共性条件的要求而不去满足公开性条件的要求。比如,行政许可法的三原则是"公开、公平、公正",而不是"公共、公平、公正"。

罗尔斯在讨论"公开性条件"时,追溯了它在康德法哲学中的起源。他在《正义论》(修订版)第115页的脚注中表示:"康德的'道德律'概念显然有公开性含义。"(p.115 No.8)并且,他在那里直接引用了康德的两个说法。(1)"公共法权是这些法律的总和,它们要求被普遍公开地制定,以产生法权国家。"(2)"在任何一个国家中,任何法权都不可经由秘密保管而被默许地和阴险地包括在内(No right in a state can be tacitly and treacherously included by a secret reservation),至少人们主张其属

---

① 参阅杨伟清"罗尔斯、帕斯卡与决策论——威廉斯论罗尔斯正义原则的证明",《哲学动态》2020年第5期。李晓冬:"无知之幕下的'虚拟社会保险'方案",《世界哲学》2017年第1期。晋运锋:"论契约与对正义原则的证明",《苏州大学学报》第2011年第1期。姚大志:"重叠共识观念能证明什么?——评罗尔斯的政治自由主义",《天津社会科学》2009年第6期。姚大志:"罗尔斯的契约主义与政治哲学的证明",《江苏社会科学》2004年第5期。

② 参阅陈肖生《公共辩护》,生活·读书·新知三联书店2018年版。

于宪法之组成部分的法权不可如此被包括在内,因为包括在宪法中的所有法条,都须视为某个公共意志的产物。因此,假如宪法允许叛乱,它就得公开宣布这项法权,并明确说明其落实方式。"(p. 115 No. 8)并且,罗尔斯评论道:"本人认为,康德打算把这一条件应用于某个社会正义观念。"(p. 115 No. 8)重点号为笔者所加,它们明确地表示,无论康德还是罗尔斯,他们讨论的是"公开性"而不是"公共性"。由此进一步表明,"公开性条件"是罗尔斯公平正义之证明要满足的条件之一。所以,"公共辩护"一说,既严重误解罗尔斯正义理论,也完全背离罗尔斯关于正义观念证明的条件设定,是不成立的。

【原文】§4-1-pp. 15-16

【评析】

1. 原文:"One conception of justice is more reasonable than another, or justifiable with respect to it, if rational persons in the initial situation would choose its principles over those of the other for the role of justice"(pp. 15-16)。H本:"如果理性的人在这种最初状态中选出某种正义观的原则来扮演正义的角色,这种正义观就比另一种正义观更合理,或者说可以证明它是正义的"(第14页)。新解:"如果理性人在初始场景中会选择某一正义观念的原则而不是其他正义观念的原则来发挥正义的作用,那么这个正义观念比其他正义观念更加合理,或者说,相对于其他正义观念来说,它能够得到正当证明。"

2. 原文:"Theory of rational choice"(p. 16)。H本:"合理选择的理论"(第14页)。新解:"理性选择理论"。这是一个经济学术语。罗尔斯对术语"reasonable"和"rational"有明确区分,前者表示"合理的";后者表示"理性的"。当然在不作刻意区分的普通用法中,两个术语可以通用。理性选择理论是一种重要的经济学理论,适用于个体的理性选择理论主要讨论个人的理性人生规划,实现的目标和手段。适用于社会的理性选择理论主要讨论集体的理性选择计划,实现目标和手段。前者围绕个体的权利和利益的维护和保障而展开,后者围绕国家制度的设计和公共利益的维护和保障而展开,其中法律和政策是重要的手段。

【诠释】

本人说过,初始位置是这样一个恰当的初始场景(initial status quo),它保证在其中达成的诸多根本合意（fundamental agreements）是公平的。① 这个事实产生了"公平正义"这一说法。显然，我想要表达的言下之意是，如果理性人在初始场景中会选择某一正义观念的原则而不是其他正义观念的原则来发挥正义的作用，那么这个正义观念比其他正义观念更加合理，或者说，相对于其他正义观念来说，它能够得到正当证明。各种正义观念，将按照处于特定条件下人们的可接受度来排序。照此理解，证明问题要通过提出这样的审慎（deliberation）问题来解决：我们务必弄清楚的是，在给定的契约条件下，采纳哪些原则是理性的（rational）。这就把正义理论和理性选择理论（theory of rational choice）联系了起来。②

【原文】§4-2-p.16

【评析】

原文："A problem of rational decision has a definite answer only if we know the beliefs and interests of the parties, their relations with respect to one another, the alternatives between which they are to choose, the procedure whereby they make up their minds, and so on"（p.16）。H本："只有我们知道了各方的信仰和利益、他们的相互联系、可供他们选择的各种对象、他们做出决定的程序等等，一个合理选择的问题才会有一个确定的答案"（第14页）；X本："只有我们知道了各方的信仰和利益，知道了他们的相互关系，他们将要作出的取舍，以及使他们下定决心的过程，等等，合理决定的问题才能有明确的答案"（第19页）。就这个语句来说，X本的解读好于H本。这个理性选择的对象比较特殊，它是对某些与自己利益事关重大的原则的筛选。这是罗尔斯设计"初始位置"的目的。

---

① 这些合意对于建立整个社会基本制度具有奠基性质。
② 公平正义不是自然存在的，而是并存于立约人设想的可能存在的多种正义观念当中的，它们都是立约人人为建构起来的，至于哪一个正义观念是最佳的，则要通过论证才能确立起来。这是一项说服工作，而不是简单的事实论证。因为各种正义观念都属于价值领域，而不是简单的事实领域。因此，这里的证明不是以客观事实为依据，而是以合理价值为依据。合理价值则主要是一个心理接受问题，而不是一个科学证明问题。后来罗尔斯与哈贝马斯的争论，也就是纠缠于接受与证明的悖论。哈贝马斯指责罗尔斯混淆了接受和证明，罗尔斯当然不会认可这种指控。参阅张国清"正义原则的证明问题"，《华中师范大学学报》2017年第3期。

【诠释】

假如如此思考证明问题(problem of justification) 的方式可以成立，那么我们就得详细描述这个筛选问题的性质。只有我们知道各方的确信和利益、他们的彼此关系、他们可选的选项(指各种备选原则)、他们做出决定的流程，如此等等，理性选择问题才会有明确的答案。在不同情况下，不同的原则也相应地被人们所接受。为了实现正义理论的目的，本人提出"初始位置"(original position) 概念，它将对这个最初筛选场景(this initial choice situation) 做出最为可取的哲学诠释(the most philosophically favored interpretation)。①

【原文】 §4-3-p.16

【评析】

原文："The main traditional conceptions of social justice"(p.16)。H本："一些主要的传统社会正义观念"(第15页)。按照字面看，H本的解读似乎没有毛病。但是，如果不对照英文原文，短语"传统社会正义观念"会让人产生歧义，以为存在与之对应的"现代社会正义观念"(conceptions of justice in modern society)。其实这里的重心是"社会正义观念"(conceptions of social justice)，只是它们是"传统的"，但是这里的"传统的"并不与"现代的"相对应；相反，它们本身就是一些"现代的"社会正义观念，它们主要是效用正义观念、直觉正义观念和至善正义观念。公平正义是它们的主要挑战者，它们也是《正义论》批评的主要正义观念。

【诠释】

那么，我们如何确定它是最为可取的诠释呢？本人认为，假如做到以下一点，它就是最为可取的诠释：在某些条件下，将被选中的正义原则存在着有关同意的某个广泛的衡量标准(broad measure of agreement)。想要证明对初始场景的某个特殊描述，就是要表明，它相融于这些被大家共同分享的

---

① 罗尔斯一再强调，公平正义原则不是在所有场合都适用的。正义的首要性是相对于效用、协作和稳定等社会制度的其他公共目标而言的。通过非协议、非理性选择方式也能实现公平正义目标，但是那种做法违反其他原则和目标。这是罗尔斯构想用契约论来论证公平正义的重要理论原因。

预设。① 我们要从某些世人广泛接受的假定(presumptions)，而不是某些薄弱的(weak，有"差强人意"的意思)假定，去论证较为具体的结论。有些假定看似乏味而琐碎，但是每个假定本身都应当是自然的、有道理的。② 契约论方法的目的在于证明，这些假定对可以接受的正义原则共同施加着有意义的约束。一个理想的结果便是：这些条件决定着一组特定原则(表示哪些原则可以被选取，哪些原则要被淘汰)；但是，只要它们足以给这些主要的传统的社会正义观念排出一个前后顺序，我便已经颇感满足。③

【原文】§4-4-pp.16-17

【评析】

罗尔斯在这里关于正义原则之论证的讨论受到哈贝马斯和德沃金等人的批评，哈贝马斯认为，正义原则的证明问题和接受问题是两个不同的问题。罗尔斯显然把两者混同了。德沃金则认为，在初始位置上订立的契约不同于真正的契约，不具有约束力。在初始位置上理性人接受的正义原则，也不是真正的实践原则，不具有约束力。它们不能具体应用于人们的社会惯例，它们都只是虚拟的，不是真实的契约，也不是真实的原则。

原文："It should be impossible to tailor principles to the circumstances of one's own case"（p.16）。H 本："而不允许把原则剪裁得适合于个人的特殊情形看来也是能得到广泛同意的"（第15页）；X 本："不能让原则来适应一个人自己的情况，这一点也似乎得到了广泛的同意"（第20页）。罗尔斯在此表示的意思类似于，宪法不可能为元首一人量身定制，德意志宪法不可能为希特勒一人量身定制，俄罗斯宪法不可能为普金一人量身定制，等等。

【诠释】

因此，人们不应被用来刻画初始位置之特点的有点不寻常的条件所误导。这里的理念只是让我们清楚地认识到，以下设定似乎是合理的：强加于正义原则论证的限定条件，也是强加于正义原则本身的限定条件。这

---

① commonly shared，罗尔斯用这个短语旨在说明，这些预设不是任何人强加于别人的，而是稀松平常的，谁都不会反对或表示异议。
② 罗尔斯这里的说法是有所指的，即对哈耶克和诺齐克的批评。
③ 在初始位置上，可以为立约的理性人所接受的原则，就是得到了证明的原则。这个假设也许是契约论在方法论上的最大弱点。德沃金、哈贝马斯等都对此表示异议。

样，看似合理且可以普遍接受的是，在筛选原则时，任何人都不应当由于自然运气（natural fortune）或社会环境（social circumstances）的缘故而获利或受损。看起来还得到广泛同意的一点是，各项原则皆不可能只为某一个体自身情况量身定做。我们还应当进一步保证，任一个体持有的特殊癖好、趣味和善观念，全都影响不了将被采用的原则。其目的在于排除这样一些原则，提议接受它们看似合理，但是只要人们了解一些与正义立场无关的事情，它们就少有成功的希望（它们不可能被世人普遍接受）。例如，假如一个人知道自己富有，那么他发现提出以下原则是合理的：为了执行福利政策而加征各种税赋是有违正义的；假如一个人知道自己贫穷，他就很有可能提出相反的原则。为了表示所需的限定条件，人们可以想象这样一种情形：在其中，谁都不知道此类信息。谁都不知道令其产生纷争和抱有成见的偶然因素。于是乎，我们以自然方式抵达无知之幕。我们只要记住，初始位置只是表示给予论证设限的意思，它就不是一个难以把握的概念。可以这么说，在任何时候，只要遵循一定的程序，证明正义原则符合这些限定条件，我们就能进入初始位置。①

【原文】§4 – 5 – p. 17

【评析】

1. 原文："**Obviously the purpose of these conditions is to represent equality between human beings as moral persons, as creatures having a conception of their good and capable of a sense of justice**"（p. 17）。H 本："那么显然，这些条件的目的就是要体现平等——体现作为道德主体、有一种他们自己的善的观念和正义感能力的人类存在物之间的平等"（第 15 页）。H 本的解读烦琐且不准确。它主要表现为：

（1）短语："Equality between human beings... as creatures"。H 本："人类存在物之间的平等"，不是很确切。罗尔斯这里写着的明明是"creatures"，是鲜活的"**生命**"或"**生灵**"，而不是"存在物"。罗尔斯是康德的"信徒"，H 本把他解读成唯物主义者，显然是错了。

---

① 无知之幕的意思是，除了立约人是自由平等地追求自身利益的理性人之外，其他所有信息，包括出身、性别、种姓、家族背景、智力、体能、学习能力或受教育程度、野心抱负、努力程度、社会关系等，都是被遮住的。当然，他仍然是正常的人、愿意与他人合作的人，仅此而已。契约论者假定，这样的人是平等的。弱势群体也是那样的正常人，他们没有被排斥在理性立约人之外。

（2）短语："Equality between human beings"。H本："人类之间……的平等"。其解读本没有错，只是不够简练；更好的表述是"**人际平等**"。

（3）短语："Moral persons"。H本："道德主体"，也不够确切。其正解是"**有道德的个体**"或"**有道德的人**"。后面的"既有善观念又有正义感的生命"是对"有道德的个体"的解释。

2. 原文："Systems of ends are not ranked in value"（p. 17）。H本："目的体系并不是以价值高下的形式排列的"（第15页）；X本："目标系统在价值观中不分等级"（第21页）。**新解**："各组目标不得依价值大小进行排列。"

3. 原文："Each man is presumed to have the requisite ability to understand and to act upon whatever principles are adopted"（p. 17）。H本："每个人都被假定为具有必要的能力来理解所采用的任何原则并根据它们来行动"（第15页）；X本："每个人都被假定为对所采纳的任何原则具有必要的理解能力和按这些原则行动的能力"（第21页）。**新解**："预设每个人都有必要的能力去理解被采用的原则，并依照这些原则来行动。"

4. 原文："Together with the veil of ignorance, these conditions define the principles of justice as those which rational persons concerned to advance their interests would consent to as equals when none are known to be advantaged or disadvantaged by social and natural contingencies"（p. 17）。H本："这些条件和无知之幕结合起来，就决定了正义的原则将是那些关心自己利益的有理性的人们，在作为谁也不知道自己在社会和自然的偶然因素方面的利害情形的平等者的情况下都会同意的原则"（第15页）；X本："这些条件和无知之幕一起，在已知没有任何人由于社会和自然的偶然因素而处于有利或不利地位的情况下，把正义原则规定为关心增进自身利益的有理性的人作为平等的人而可能同意的原则"（第21页）。这个语句比较啰唆，但是它的基本意思是清楚的，就是作为理性人，我们都希望借助于原则来增进自己的利益和善；而作为平等人，我们不知道自然突发事件和社会随机变化对自己是福是祸。因此，初始位置和无知之幕一起确定了我们应当采纳的原则，那些原则将撇开那些自然偶然因素和社会随机因素，就是假定大家都是平等的，这里的平等是指在撇开那些自然偶然因素和社会随机因素外是平等的。**新解**："这些条件和无知之幕一起确定了，正义原则是想要增进自身利益的理性人同意的原则。因为作为平等人，谁都不知道，社会随机因素和自然偶然因素对自身是有利的还是有害的。

【诠释】

以下假定看似是合理的：处在初始位置上的各方是平等的。也就是说，所有人都拥有同等的权利依照程序去筛选原则；每个人都可以参加提议并说明接受原则的理由，如此等等。显然，这些条件①旨在体现作为有道德的个体的人际平等，体现作为既持有善好观念又怀有正义情怀的生命的人际平等。平等的基础在两方面是相似的：第一，各组目标不得依照价值大小进行排列（它是反效用论的，反对效用优先的）；第二，预设每个人都有必要的能力去理解被采用的原则，并依照这些原则行动。② 这些条件和无知之幕一起确定了，正义原则是想要增进自身利益的理性人同意的原则。因为作为平等人，谁都不知道，社会随机因素和自然偶然因素对自己是有利的还是有害的。③

【原文】 §4-6-pp.17-18

【评析】

1. **原文**："**Impartial judgement**"（p.18）。H本："不偏不倚的判断"（第16页）；X本"公正的判断"（第21页）。**新解**："公道的判断"。"impartial"这个术语有"不偏不倚的"和"公道的"含义。它在休谟和斯密那里得到了很好的讨论。罗尔斯对那个讨论多有引用和评论。这也印证了罗尔斯正义论同休谟和斯密正义理论的相关性。

2. **原文**："**Provisional fixed points**"（p.18）。H本："暂时确定之点"（第16页）。**新解**："临时不动点"。它涉及"自反均衡"假说。其他还有"暂时的定点""暂定不动点"等解读。

3. **原文**："**But we have much less assurance as to what is the correct distribution of wealth and authority**"（p.18）。H本："但我们在怎样正确地

---

① 它们是前面提到的"限制条款"，这是罗尔斯使用两个相似术语来表述自己思想的又一例证。
② 每个人都做事合乎正义，这是对每一个个体提出的首要要求。
③ 罗尔斯如此假定的最大问题是，理性人为什么不可以是具有强烈赌博心理的人。比如，赢者通吃、愿赌服输为什么是不合理的。因为赌博心理就是一种冒险心理，各种创业和创新，就是对现有均衡状态或平衡状态的否定。凭什么说，只有谁都不吃亏的公平正义是最合理的？由此建立的公平正义原则是最可行的？其他正义观念或其他正义原则为什么行不通？它们是否只有在契约论看来是行不通的，而在实践上却是大行其道的？相反，公平正义及其原则不是理性人的优先选择。即使是他们的优先选择，也要证明这种选择是唯一正确的。罗尔斯正义理论的最大努力，就在于解决这一难题。

划分财富和权力的问题上的确信却要少得多"（第 16 页）；X 本："但对什么是财富和权力的正确分配，我们就不那么有把握了"（第 21 页）。X 本的解读要好于 H 本的解读。另外，短语"wealth and authority"解读为**财富和权限**更好些。罗尔斯一再强调，财富和权限不是个人努力的结果，而是遵循一定正义原则的制度安排的结果。在这个重要问题上，稍不留神，就会导致对罗尔斯正义理论的误解。也正是在这一点上，他的初始位置学说与哈耶克的自生自发理论是完全对立的。这也是哈耶克一再攻击罗尔斯的原因，后来的诺齐克也是如此。他们认为，罗尔斯的正义原则是多余的，是违反人性的。

【诠释】

不过，想要证明关于初始位置的某个特殊描述，就要做好另一件事情。那就是要了解，被选中的原则是否与我们埋藏于内心的正义信念相匹配，是否以一种可接受的方式推广（弘扬、传递）我们的正义信念。我们会留意到，采用这些原则，能否让我们对社会基本结构做出相同的判断，我们现在凭着直觉对它们做出判断，并且我们对它们抱有最大的确信；或者，假如我们现在的判断是犹疑不决的，那么这些原则能否提供我们经过反省之后加以肯定的解决办法。我们确信，有些问题必须予以明确回答。例如，我们深信，宗教迫害（religious intolerance）和种族歧视（racial discrimination）是有违正义的，我们认为，我们细心考察这些事情，得出我们认定为公道的判断，那个判断不太可能因为我们对自身利益的过分关注而失真。这些信念是我们推测任何正义观念都必须向其看齐的临时不动点。① 不过，关于什么是财富和权限的正确分配，我们就没有那么确信啦。我们也许正在设法消除自己的疑惑。所以，我们会考察关于初始位置的某种诠释，然后借助于原则的力量，协调我们最坚定不移的信念，并提供必要的指导。

【原文】§4-7-p.18

【评析】

1. 原文："We work from both ends"（p.18）。H 本："我们是从两端进行的"（第 16 页）；X 本："我们可以从两方面进行"（第 22 页）。**新**

---

① 它们是相对确定的，没有人会对它们表示怀疑。我们确信它们更多是基于个别经验和直觉判断。但是，它们不是论证正义观念和正义原则的阿基米德支点。

解："我们要做到两头兼顾。"

2. 原文："**We begin by describing it so that it represents generally shared and preferably weak conditions. We then see if these conditions are strong enough to yield a significant set of principles**"（p. 18）。H 本："开始我们这样描述它，使它体现那些普遍享有和弱得可取的条件，然后我们看这些条件是否足以强到产生一些有意义的原则"（第 16 页）；X 本："首先，我们的说明要能体现普遍具有的、即使有缺陷也是比较可取的条件。然后，我们再来看一看这些条件是不是还能产生一批重要的原则"（第 22 页）。短语："Preferably weak"。H 本："弱得可取的"；X 本："即使有缺陷也是比较可取的"。两种解读都不准确。首先，罗尔斯这里讨论的是某些条件的"强或弱"（strong or weak）。因为它根本没有出现表示"弱"的任何意思，所以，X 本的解读肯定是站不住脚的。其次，H 本虽然有表达"弱"的意思，即"弱得可取"，但它不是道地的中文表述方式。我们可以说"傻得可爱"（too simple, too young），但不能说"弱得可取"。在整个汉语世界，"弱得可取"是 H 本的独创表达式，但这显然不"可取"。如果不对照原文，读者无法理解它想要表达的确切意思。"preferably weak"中的"preferably"有"最好""宁可""更可取地"含义。如果用它来修饰后面的形容词"薄弱的"（weak），结合上下文，笔者把"preferably weak"解读为"**偏弱的**""**最好弱一点的**"或"**宁可弱一点的**"。

3. 原文："**If not, we look for further premises equally reasonable. But if so, and these principles match our considered convictions of justice, then so far well and good**"（p. 18）。H 本："如果不能，我们就以同样合理的方式寻求进一步的前提。但如果能，且这些原则适合我们深思熟虑的正义信念，那么到目前为止一切就都进行得很顺利"（第 16 页）；X 本："如果不能，我们再去寻找另外的同样合理的前提。但如果能，而所产生的原则又符合我们对正义的深思熟虑的信念，那就一切顺利"（第 22 页）。X 本的解读优于 H 本。**新解**："**如果这些条件还不够充分，那么我们以同样的合理方式挖掘更深一层的前提。如果这些条件足够充分，并且这些原则与我们埋藏于内心的正义信念相匹配，那就一切进展顺利。**"

4. 原文："**Reflective equilibrium**"（p. 18）。H 本："反思的平衡"（第 16 页）；X 本："反思平衡"（第 22 页）。**新解**："**自反均衡**"。首先，这是哲学术语，它与黑格尔在《逻辑学》中提出的"反思"（reflection）概念有一定关系。不过，它主要源于 20 世纪 50 年代以来科学哲学领域有关经验知识一般化的问题，亦即知识判断的争论，涉及科学归纳、后天习得活动，也就是说，人的知识获得是否取决于先天知识结构。乔姆斯基提出生成语法理论，福多提出"心灵模块理论"和"思想语言假说"。他们都属于自然主义知识论，对前面的问题做出了肯定回答，认为如果没有某种先天知识结构，归纳活动或后天学习就是不可能的。罗尔斯在这里没有充分展开这个论题，但是他的讨论显然不是经验主义意义上的。也就是说，他在此借用的"自反均衡"理论，由美国哲学家古德曼在《事实、虚构和预测》一书中首次提出。乔姆斯基的生成语法理论和福多心灵模块理论的自然主义知识论与之一脉相承。英国社会学家吉登斯写过一本《自反性现代化》。在整个语言学界，术语"reflective"译成"自反的"是通则。鉴于古德曼、罗尔斯、乔姆斯基等人都属于相同年代，并且是讨论相似话题的哲学家或语言学家，本书把"reflective equilibrium"解读为"**自反均衡**"。需要指出的是，罗尔斯在此借用古德曼术语"自反均衡"及其解释，在含义上没有任何新意，但他把它应用到对正义原则的论证中，表示我们筛选正义原则也是反复比较和研究的过程。另外，从罗尔斯在脚注中的解释来看，自反均衡不局限于哲学领域。

5. 原文："**Yet for the time being we have done what we can to render coherent and to justify our convictions of social justice. We have reached a conception of the original position**"（p. 18）。H本："但至少目前我们还是做了为达到首尾一致和证明我们有关社会正义的信念所能做的事情。我们得到了一种原初状态的观念"（第17页）。**新解**："**但是至少到目前为止，我们完成的事情是，我们能够既达到前后融贯，又证明我们对社会正义的确信。我们于是得到了某个初始位置观念。**"

【诠释】

为了最恰当地描述这个初始场景，我们要做到两头兼顾。我们不妨从如此描述入手：它体现为人人皆可具备的并且偏弱的若干条件。然后，我们想要知道，这些条件是否强大到足以产生一组重要原则。如果这些条件还不够充分，那么我们以同样的合理方式挖掘更深一层的前提。如果这些条件足够充分，并且这些原则与我们埋藏于内心的正义信念相匹配，那就一切进展顺利。不过，可以预料的是，存在着一些未必尽如人意之处。在这种情况下，我们会有所取舍。我们要么修改初始场景的诠释，要么修改我们的现有判断，因为即使我们把判断暂时视为不动点，它们也是可以修正的。通过如此反复：有时修订达成契约情境的条件；有时撤回我们的判断，使之与原则相契合。

我们预料，我们终将达到关于初始场景的这样一种描述，它既表达合理的条件，又产生与我们的深思判断相匹配的原则，那些判断已经得到及时修正和调整。我称这个情形为自反均衡。① 它是均衡的，因为最终我们的原则和判断实现了重合(coincide)；它是自反性的，因为我们知道自身判断与什么原则相契合，我们知道这些原则得以产生的前提。于是乎，一切事情都安排得稳妥有序。但是，这种均衡未必是稳定的。一方面，它容易被强加于契约情境的条件的进一步检验所打破。另一方面，它容易被一些特殊案例(particular cases，特殊情况)所打破，那些案例导致我们修改自己的判断。但是至少到目前为止，我们完成的事情是，我们能够既达到前后融贯，又证明我们对社会正义的确信。我们于是得到了某个初始位置观念(conception of the original position)。

【原文】§4-8-pp.18-19

【评析】

原文："**It represents the attempt to accommodate within one scheme both reasonable philosophical conditions on principles as well as our considered judgments of justice**"（pp.18-19）. H本："这种解释体现了要把关于原则的合理哲学条件和我们深思熟虑的正义判断容纳在一个体系之中的努力"（第17页）。**新解：**"**它表现了如下尝试：把有关各项原则的各种合理哲学条件和我们对正义所持的诸多深思判断在同一框架之内予以协调起来。**" 短语"to accommodate within one scheme"意为"在同一框架之内予以协调起来"，而不是"容纳在一个体系之中"。

【诠释】

当然，我实际上没有按照这一流程开展研究。不过，当我们想要诠释初始位置的时候，我仍然会把它看作如此假定的自反过程(such a hypothetical course of reflection) 的结果。它表现了如下尝试：把有关各项原则的各种合理哲学条件(reasonable philosophical conditions on principles) 和我们对正义所持的诸多深思判断(our considered judgements of justice) 在同一框架之内予以协调起来。在对初始

---

① 原则和深思判断之间的相互调整过程并非道德哲学所独有。参阅尼尔森·古德曼（Nelson Goodman）《事实、虚构和预测》，麻省剑桥：哈佛大学出版社1955年版，第65—68页，书中有关于演绎和归纳原则证明的相关评论。——原注

位置做出合意诠释的过程中，无论在一般正义观念(general conceptions) 的传统意义上，还是在某些特殊信念(particular convictions) 的传统意义上，都不存在令方法变得自明的某一个点。本人提出的正义原则未必是必然真理，正义原则也未必来自必然真理。一个正义观念既无法演绎于关于原则的某些自明前提(self-evident premises)，又无法演绎于约束各项原则的某些条件(conditions on principles)；相反，关于一个正义观念的证明，既事关许多考虑因素的互相支持，又事关每一件事情都符合某个融贯的观点。①

【原文】§4 -9 - p. 19

【评析】

罗尔斯承认，初始位置是虚拟的，但不是虚假的。虚拟是分析手段，目的在于更好地解释道德关系。初始位置的设定是推导正义原则的手段。我们只有在假定存在初始位置的条件下，才能设想置身于其中的理性个体筛选正义原则的可能性。其他任何条件都将导致筛选正义原则的失败。因此，初始位置是确定的甚至唯一的，是不可动摇的政治哲学的起点或阿基米德点。罗尔斯借此预设了针对后来德沃金等哲学家提出的可能批评的回应。就像许多数学公式一样，通过预设条件，使得某个证明得以成立。罗尔斯关于初始位置的讨论，就是为证明正义原则而提出的预设条件。哈贝马斯明确地表示，接受或同意不等于证明。因此，罗尔斯对正义原则的证明是存在问题的。②

1. 原文："It is natural to ask why, if this agreement is never actually entered into, we should take any interest in these principles, moral or otherwise" (p. 19)。H 本："人们自然会问，既然这种一致同意决不是现实

---

① one coherent view，"融贯的观点"，系分析哲学常用术语。罗蒂就主张知识融贯论，而反对真理符合论。与《正义论》第一节第一段落的表述相比，罗尔斯在这里进一步论述了正义与真理的关系。其相关表述既带有浓厚的相对主义知识论色彩，又带有鲜明的建构主义价值论意味。价值与真理无涉，正义与忠诚具有相似的来源，把正义归之于理性，忠诚归之于情感是不合理的。这正是罗蒂推崇的一个重要主张，它可以一直追溯到休谟。当然，罗尔斯没有借用休谟情感主义道德理论来对正义原则作哲学论证。他更多地继承了康德主体性道德学说，把那种学说全面地应用于正义理论的建构。部分学者解读罗尔斯关于真理和正义关系的论述时，只关注《正义论》第一节的相关表述，忽视在这里更加明确的表述（参见罗蒂《后形而上学希望》，张国清译，上海译文出版社 2009 年版，第 288 页）。

② 张国清："正义原则的证明"，《华中师范大学学报》2017 年第 3 期。

的，我们为什么还要对这些道德原则或非道德原则感兴趣呢？"（第 17 页）；X 本："人们自然要问：如果实际上决不会达成这种协议，那么我们为什么还会对道德原则或其他原则感到兴趣呢？"（第 23 页）。X 本的解读更加符合原意。这个问题正是美国政治哲学和法哲学家德沃金向罗尔斯提出的。德沃金认为，正义论阐明的正义原则都是虚拟的、非实际意义的，不具有执行能力。因为在初始位置上的理性人签订的所有契约都是虚拟的契约，在现实世界是不存在的。

2. 原文："These constraints express what we are prepared to regard as limits on fair terms of social cooperation"（p. 19）。H 本："这些约束条件体现了对社会合作的公平条件所施加的限制"（第 17 页）。**新解："这些约束条件表明，我们所要准备的东西，就是对社会合作公平条款的限定（limits）。"** 短语："Fair terms of social cooperation"。宜解读为"社会合作公平条款"。

【诠释】

总而言之，我们想要说的是，有些正义原则之所以得到证明，是因为在平等的初始位置上，它们将获得人们的一致同意。本人一直强调，初始位置是纯粹假设的。有人自然会问，既然这种一致同意实际上绝不会发生，我们为什么还要对这些原则——无论是道德原则，还是别的原则——感兴趣呢？其答案是，体现在初始位置描述中的条件，正是我们实际接受的条件。或者，假如我们没有接受这些条件，那么哲学反思也许会说服我们去接受它们。关于契约情境的每一方面都能给出支持的理由。这样，我们要做的是，经过必要考虑，把我们认为合理的用来约束原则的诸多条件，汇聚成一个观念。这些约束条件表明，我们所要准备的东西，就是对社会合作公平条款（fair terms of social cooperation）的限定（limits）。因此，看待初始位置观念的方式之一，就是把它看作一种解析手段（expository device），它总结这些条件的意义，帮助我们推导出它们的结果。另一方面，初始位置观念也是一个精致的直观观念，我们通过它更加清楚地明确这样一个立场，从这一立场出发，我们能够最佳地诠释道德关系。我们需要一个能从远处观察自身目标的观念：关于初始位置的直观观念，将成就我们的此等美事。①②

---

① 昂利·彭加勒（Henri Poincaré）写道："我们需要一种从远处看到目标的能力，这种能力就是直觉。"彭加勒：《科学的价值》，巴黎：弗拉马里翁出版社 1909 年版，第 27 页。——原注
② 初始位置观念是一个直观观念，是一个初始假定，是为了筛选正义原则才提出的。

§5 古典效用论
Classical Utilitarianism

【题解】

古典效用论是罗尔斯批评的主要社会与政治理论，它以效用或利益极大化作为主要目标，忽视社会成员的个体差异，允许为了维护多数人利益或总体社会利益而牺牲少数个体利益。效用论者把效用原则作为评估法律、政策的唯一原则，混淆正义原则的优先性问题，忽视社会公平，只要社会财富或利益总量增长，允许社会不平等和经济不平等的持续存在甚至扩大。用罗尔斯的话来说："效用论的主要思想是，如果社会主要制度将这样安排，从而达成全体社会成员总满足的最大净余额，那么这个社会就是井然有序的，因而是正义的。"（p. 20）因此，公平正义理论与效用正义理论的差异在对两个正义原则的解读中得到显示。当然，需要指出的是，罗尔斯不反对一般意义的效用、效益或效率，他认为，只强调效用、效益或效率的制度、法律和政策，以效用原则取代公平正义原则，实际上是不合乎正义的。[①]

【原文】§5-1-pp. 19-20

【评析】

1. 原文："**I shall not survey these forms here, nor take account of the numerous refinements found in contemporary discussions**"（pp. 19-20）. H 本："我不想总观这些形式，也不打算考虑当代讨论中出现的无数细致精巧的推论"（第17—18页）；X 本："这里我不打算研究所有这些功利主义，也不打算考虑当代这方面讨论中的无数细微差别"（第24

[①] 参阅张继亮"社会正义是幻象吗？——哈耶克、密尔论分配正义"，《中国社会科学院研究生院学报》2020年第2期。姚大志："论功利主义者对罗尔斯的批评"，《南京大学学报》2019年第6期。姚大志："罗尔斯与功利主义"，《社会科学战线》2008年第7期。周家华："探析罗尔斯对功利主义的批判是否适用于约翰·密尔"，《牡丹江大学学报》2019年第10期。丁雪枫："'精致契约论'对古典功利主义的合理性超越"，《广西社会科学》2006年第1期。

页)。H 本把"survey"解读为"总观",不够确切。这里的短语"the numerous refinements"指的是当代效用论对古典效用论的**"诸多改进"**,H 本:"细致精巧的推论"与 X 本:"无数细微差别",两个解读都不得要领。

2. **原文:"The contrast between the contract view and utilitarianism remains essentially the same in all these cases"**(p. 20)。H 本:"契约论与功利主义的对立在所有情况中本质上都是一样的"(第 18 页);X 本:"就各方面情况来看,我认为契约观点与功利主义之间的明显差异基本未变"(第 24 页)。H 本把词语"contrast"解读为"对立",不是很妥当。X 本采取意译,用"显著差异"来解读"contrast",虽然合乎罗尔斯写作的本意,但仍与原文有较大出入。所以笔者主张采用直译,即**"对比"**。因为罗尔斯接下来做的就是对比或比较工作。

3. **原文:"Society is rightly ordered, and therefore just, when its major institutions are arranged so as to achieve the greatest net balance of satisfaction summed over all the individuals belonging to it"**(p. 20)。H 本:"如果一个社会的主要制度被安排得能够达到所有社会成员满足总量的最大净余额,那么这个社会就是被正确地组织的,因而也是正义的"(第 18 页);X 本:"如果社会主要体制的安排获得了社会全体成员总满足的最大净差额,那么这个社会就是一个井井有条的社会,因而也是一个正义的社会"(第 24 页)。另解:"如果一个社会的主要制度被安排得能够达到总计所有属于它的个人而形成的满足的最大净余额,这个社会就是被正确地组织的,因而也是正义的。"① 就这个语句的解读来说,X 本好于其他两种解读。"rightly ordered"这个短语同罗尔斯喜爱使用的短语"良序的"(well-ordered)同义。短语"the greatest net balance"意为"最大净余额"。**新解:"如果社会主要制度将这样安排,从而达成全体成员总满足的最大净余额,那么这个社会是井然有序的,因而是正义的。"**

【诠释】

效用论有多种形式,近些年来仍在发展当中。我不想在此考察效用论的这些形式,也不打算探讨效用论在当代讨论中随处可见的诸多改进。本人的目的是,研发一种正义理论,它将不仅取代一般效用论,而且取代所有这些

---

① 廖申白:"《正义论》对古典自由主义的修正",《中国社会科学》2003 年第 5 期。

不同变式的效用论。我相信，在所有这些情况下，契约论和效用论的对比基本上是一样的。因此，本人将以最简要的方式，对公平正义与大家熟悉的各种形式的直觉论、至善论和效用论进行比较，以揭示它们的根本差异。为了达此目的，本人在此描述的效用论，是一种严格的古典效用理论。它也许在西季威克那里得到了最清楚、最易于理解的阐述。效用论的主要思想是，如果社会主要制度将这样安排，从而达成全体成员总满足的最大净余额，那么这个社会是井然有序的(rightly ordered)，因而是正义的。①

---

① 本人认为，亨利·西季威克（Henry Sidgwick）的《伦理学方法》（*Methods of Ethics*）（第7版，伦敦，1907年版）集效用论道德理论发展之大成。他的《政治经济学原理》（*Principles of Political Economiy*）（伦敦，1883年版）把效用理论应用于经济和社会正义问题，是《福利经济学》（*Economics of Welfare*）（伦敦：麦克米伦出版社1920年版）作者庇古（Arthur Cecil Pigou）的先驱。西季威克的《伦理学史纲》（*Outlines of the History of Ethics*）（第5版伦敦，1902年版）包含效用理论传统的简史。我们可以追随于他之后，有点儿武断地认为，这一传统始于莎夫茨伯利（Shaftesbury）的《德性与美德之探究》（*Inquiry Concerning Virtue and Merit*）（1711年版）和哈奇逊（Hutcheson）的《道德善恶之探究》（*Inquiry Concerning Moral Good and Evil*）（1725年版）。哈奇逊看似是清晰阐述效用原则（principle of utility）的第一人。他在《道德善恶之探究》第3节第8段写道："给最大多数人带来最大幸福的行为是最好的行为；反之，以同样方式带来悲惨的行为是最坏的行为。"在18世纪，这方面的主要著作有休谟（Hume）的《人性论》（*Treatise of Human Nature*）（1739年版）和《道德原理探究》（*Inquiry Concerning the Principles of Morals*）（1751年版），亚当·斯密（Adam Smith）的《道德情操论》（*Theory of the Moral Sentiments*）（1759年版）；边沁（Bentham）的《道德与立法原理》（*Principles of Morals and Legislation*）（1789年版）。在19世纪，既有以《功利主义》（*Utilitarianism*）（1863年版）为代表的密尔著作，也有埃奇沃思（F. Y. Edgeworth）的《数学心理学》（*Mathematical Psychics*）（伦敦，1888年版）。

近些年来，效用论研究有了聚焦于协同（coordination）问题和与之相关的公开性（publicity）问题的不同动向。这个动向发端于如下论文：哈罗德（R. F. Harrod）："修正的效用论"，《心灵》1936年第45卷；马博特（J. D. Babbott）："惩罚"，《心灵》1939年第48卷；乔纳森·哈里森（Jonathan Harrison）："效用论、普遍化和我们恪守正义的义务"，《亚里士多德协会会刊》1952—1953年第53卷；厄姆森（J. O. Urmson）："解读密尔哲学"，《哲学季刊》1953年第3期。并参阅斯马特（J. J. C. Smart）"极端的和有限的效用论"，《哲学季刊》1956年第6卷；斯马特：《效用伦理学体系纲要》，剑桥：剑桥大学出版社1961年版。有关这些问题的探讨，参阅大卫·莱昂斯（David Lyons）《效用论的形式与局限》，牛津：克莱伦顿出版社1965年版；阿伦·吉伯德《效用论与合作》，学术讲演，哈佛大学，1971年版。这些著作提出的问题是重要的，但是我将不考虑与本人想要讨论的更加基本的分配问题没有直接关联的论述。

最后，我们还应留意哈桑伊（J. C. Harsanyi）的论文，特别是哈桑伊"福利经济学和风险承担理论当中的基数效用"，《政治经济学杂志》1953年；哈桑伊："基数福利，个人主义伦理和效用人际比较"，《政治经济学杂志》1955年；布兰特（R. B. Brandt）："规则效用论形式的若干优点"，《科罗拉多大学学报》1967年，科罗拉多布尔德。另请参阅《正义论》第27—28节。——原注

【原文】§5-2-pp.20-21

【评析】

罗尔斯在这个段落讨论了效用正义观念和效用原则，引用了高蒂尔的相关见解。近年来国内学界对高蒂尔伦理思想有一定关注。① 有学者的评论很是中肯，有利于我们掌握罗尔斯和高蒂尔在个人契约与社会合作观念上的异同："高蒂尔协议而致道德的契约理论是继罗尔斯之后西方又一重要的契约理论。它以追求个人效用极大化的理性为基本指向，并将道德建立在此种理性之上，从而解释了个人间合作行为得以产生的基本逻辑和相应的制约。"②

1. 原文："**Just as the well-being of a person is constructed from the series of satisfactions that are experienced at different moments in the course of his life, so in very much the same way the well-being of society is to be constructed from the fulfillment of the systems of desires of the many individuals who belong to it**"（p.21）。H本："正像一个人的幸福是由在生命不同时刻经验到的一系列满足构成的，社会的幸福也是由属于它的许多个人的欲望体系的满足构成的"（第19页）。**新解**："正像个人幸福是由各种满足建构的那样，个人在人生的不同阶段体验着那些满足，社会福祉是以非常相同的方式建构，它是由属于社会的许多个体的各种欲望的满足建构的。"

2. 原文："**Principle of utility**"（p.21）。这个术语H本和X本都译为"功利原则"。**新解**："效用原则"。

3. 原文："**The principle of choice for an association of men is interpreted as an extension of the principle of choice for one man. Social justice is the principle of rational prudence applied to an aggregative conception of the welfare of the group**"（p.21）。H本："这样，一个人类社会的选择原则就被解释为是个人选择原则的扩大。社会正义则是应用于集体福利的一个集合观念的合理审慎（prudence）的原则"（第

---

① 参阅任俊"高蒂尔道德契约论研究"，《华中科技大学学报》2013年第2期。赵迅："高蒂尔社会契约互惠逻辑解析"，《法学杂志》2008年第5期。韦森："伦理道德与市场博弈中的理性选择"，《毛泽东邓小平理论研究》2003年第1期。
② 徐勇、栗建华："高蒂尔：协议而致道德的契约理论"，《国外社会科学》1998年第2期。

19页）；X本："适用于人们的团体的选择原则，被认为是适用于一个人的选择原则的延伸。社会正义是适用于某种集体综合福利观的合理审慎原则"（第26页）。就这个语句的解读来说，H本和X本各有千秋。

（1）短语："Association of men"。H本："人类社会"；X本："人们的团体"，两个解读都不恰当。**新解："合众联合体"**。

（2）单词："Extension"。H本："扩大"；X本："延伸"。X本的解读优于H本。

（3）短语："Principle of rational prudence"。**新解："理性谨慎原则"**。同理性人假说一起，这是斯密提出的经济学重要原则之一。H本和X本解读为"合理审慎原则"，值得商榷。

（4）短语："An aggregative conception of the welfare of the group"。H本："集体福利的一个集合观念"；X本："某种集体综合福利观"。X本略好于H本，但是两者都把"the group"解读为"集体"，不是很恰当。

【诠释】

我们首先会留意到的是，确实存在这样一种思考社会的方式，它容易让人假定，最合理的正义观念是效用正义观念。因为试想，每个正在实现自身利益的人，肯定会自由权衡自己的利弊得失。我们现在可能愿意做出自我牺牲，以获取未来的较大利益。至少在不影响他人的情况下，既然个体可以非常恰当地行动，以实现自己的最大利益，尽可能地促进自己的合理目的，那么社会为何不能按照应用于群体的同样原则去行动，并因此认定，对个体是合理的东西，对群体也是正确的呢？正像个人幸福是由各种满足建构的那样，个体在人生的不同阶段体验着那些满足，社会福祉（well-being of society）是以非常相同的方式建构的，它是由属于社会的许多个体的各种欲望的满足建构的。就个体而言，原则要尽可能地促进个体自身的福祉（善、权利和利益），满足个体自身的各种欲望；就社会而言，原则要尽可能地增进群体的福利，最大限度地实现由其成员欲望相加形成的总欲望。正像个体根据现在和将来的损失来衡量现在和将来的收益一样，社会可以如此衡量不同个体的满足和不满足。经过这番思考，个体自然而然地获得效用原则：当社会制度最大限度地增加满足的净余额时，这样的社会是安排恰当的。适用于合众联合体的选择原则被解释为适用于个体的选择原则的延伸。社会正义则是适用于群体福利综合观念的理性谨慎原则（§30）。①②

【原文】§5-3-pp.21-22

【评析】

罗尔斯在这里讨论了伦理学的两个核心概念"正当"（the right）与"善"（the good）。他在《正义论》第三编更加充分地论证了正当与善的关系。国内学界对罗尔斯正当与善的关系理论多有评述，并发表了不少学术专著。③ 部分学者在讨论罗尔斯正义理论时，把"the good"解读为"好"，把"conception of the good"解读为"人生观"，给中文读者带来一些误导。比如，"一种关于他们人生观（conception of good）（表现为理性的生活计划）的能力……是指一种形成、修改及理性地追求不同人生观的能力。只有拥有这种能力，人才可以自主地选择自己的人生计划，过自己认为值得

---

① 有关这一点，参阅高蒂尔（D. P. Gauthier）《实践推理》（*Practical Reasoning*），牛津：克莱伦顿出版社 1963 年版，第 126 页及以后。该书阐述了高蒂尔在"宪法自由和正义概念"（"Constitutional Liberty and Concept of Justice"）一文中提出的见解，该文收录于弗雷德里希（C. J. Friedrich）和查普曼（J. W. Chapman）编《规范，卷六：正义》，纽约：阿塞顿出版社 1963 年版，第 124 页及以后，那个见解反过来与作为一种高阶行政决定的正义理念（idea of justice as a higher order administrative decision）相联系。参阅罗尔斯"公平正义"，《哲学评论》1958 年，第 185—187 页。有关明确肯定这种延伸的效用论者的参考文献，参阅《正义论》第 30 节注 37。培里（R. B. Berry）说过，社会整合原则（principle of social integration）有别于个人整合原则（principle of personal integration），参阅培里《价值通论》（*General Theory of Value*），纽约：朗曼出版社 1926 年版，第 674—677 页。他把忽视这个事实的错误归于涂尔干（Emile Durkheim）和持有类似观点的人。培里的社会整合观念源自一种共享的支配性仁慈愿望。参阅《正义论》第 24 节。——原注
② 罗尔斯在这里提出的疑问是，个体追求自身最大利益是合理的，个体可以极大化自身的效用。但是，政府是否也可以成为追求社会效用极大化的政府，把适用于个体的效用原则运用于整个社会，去追求社会利益或社会福利的极大化。先不问这样做是否可能，而是问这样做是否合理。个体可以为了未来利益而牺牲眼前利益，为了将来的成功而忍受当下的困苦。政府是否也可以这样做，为了将来的国家富强，而让今天的人民忍饥挨饿。或者，为了大多数人的更大利益，而牺牲少部分人的整个利益。罗尔斯承认个体的效用极大化冲动，但质疑社会、政府或国家的效用极大化冲动。如此质疑，是罗尔斯写作《正义论》的最重要学术动机。
③ 参阅顾肃"罗尔斯正义理论的道德根基"，《道德与文明》2017 年第 4 期。刘志丹："罗尔斯'正当优先于善'理论：诠释与批判"，《晋阳学刊》2016 年第 6 期。尚新建："道德哲学的两个原则"，《云南大学学报》2016 年第 3 期。杨伟清：《正当与善：罗尔斯思想中的核心问题》，人民出版社 2011 年版。张伟涛：《权利的优先性——罗尔斯道义论权利理论研究》，中国政法大学出版社 2014 年版。

过的生活。"① 毕竟,"人生观"和"善观念"是不可等同的;用"人生观"取代"善观念",随意发挥罗尔斯关于正当与善的关系的见解,这种做法是欠妥的。在罗尔斯这里,"人生观"不是伦理学的主要概念,"正当"概念和"善"概念才是。

1. 原文:"A morally worthy person"(p. 21)。H 本"一个有道德价值的人"(第 19 页);X 本:"道德高尚的人"(第 26 页)。H 本胜出。一个人"有道德价值",不一定是"道德高尚的"。在罗尔斯看来,拥有正义感和拥有道德能力的人,就是"有道德价值的"人。相比之下,"道德高尚的人"可能得具备普通个体难以企及的其他条件。

2. 原文:"The good is defined independently from the right, and then the right is defined as that which maximizes the good(pp. 21 - 22)。H 本:"首先把善定义为独立于正当的东西,然后再把正当定义为使善最大化的东西"(第 19—20 页);X 本:"脱离正当而独立地对善作出规定,然后把正当规定为就是最大限度地扩大善"(第 26 页)。罗尔斯在这里讨论的是关于正当与善的定义和联系。X 本照顾了两者的联系但忽视了它们的定义;H 本照顾了两者的定义,但没有确切地表达两者的联系。短语"maximizes the good"有固定译法,就是"**极大化善**",而不是 X 本的"最大限度地扩大善"。

3. 原文:"Institutions and acts"(p. 22)。H 本:"制度和行为"(第 20 页);X 本:"体制和行动"(第 26 页)。**新解:"制度和法令"**。它们是政治和法律常用术语。

4. 原文:"A rider needed when the maximal class is not a singleton"(p. 22)。H 本:"当这种对象不止一个时,就需要有一个附加条款"(第 20 页)。**新解:"当这个最大类不是单态时,就需要有一个附加条件。"** "最大类"和"单态"都是数学术语。

【诠释】

这种想法经过反复推敲而变得更具吸引力。"正当"(the right)和"善"(the good)是伦理学的两个核心概念。本人认为,"有道德价值的人"概念就由它们推演而来。因此,一种伦理学理论的结构,大致取决于它怎样定义和联系这两个基本概念。把它们联系起来的最简便方式看似由目的论理论做出:首先,对善的界定要独立于正当,然后,正当可以定义为极

---

① 周保松:《自由人的平等政治》(增订版),第 40—41 页。

大化善。① 更确切地说，只要那些制度和法令能够产生最大的善（the most good），或者，它们至少能够像任何其他实际可能的制度和法令一样产生同样大的善（当这个最大类不是单态时，就需要有一个附加条件），那么它们便是正当的。因为目的论理论看似体现了理性观念，它们具有强烈的直观吸引力。人们理所当然地认为：理性就是极大化某物；在道德上，理性必须极大化善（凡事只求最大利益、最大善或最大价值）。的确，它容易诱使人们断定，以下情形是自明的：事情应当如此安排，以导致最大的善。②

【原文】§5-4-p.22

【评析】

1. 原文："**Ranked in value**"（p.22）. H本："价值的承认和排列"（第20页）; X本："价值地位"（第27页）. **新解**："价值排序"。

2. 原文："**A maximizing principle**"（p.22）. H本："一种最大值原则"（第20页）; X本："一种最大限度原则"（第27页）。两个都没有很好地把握这个术语。**新解**："极大化原则"。

【诠释】

记住以下一点是重要的：目的论理论独立于正当来定义善。这意味着两点：（1）目的论理论先把我们关于哪些事物是善好的（as to which things are good）这种深思判断（我们的价值判断）解析为由常识即可直观辨识的单独一类判断，它接着假定，正当是极大化特定的善。（2）目的论理论使人无须参照何谓正当来判断各种事物的善好（goodness）与否。例如，如果快乐被说成是唯一的善，那么可想而知，承认快乐，对快乐进行价值排序，其所依据的标准就没有设定任何正当标准，或者，没有设定我们通常认为的此类标准。假如对各种善的分配也被看作一个善，也许是一个高阶的善（排名靠前的善），假如目的论理论指示我们去创造最大的善（包括在他人当中进行分配的善），那么我们就不再持有古典意义的目的论观点。正如人

---

① 本人采纳弗兰肯纳（W. K. Frankena）在《伦理学》中对目的论理论所下的定义。弗兰肯纳：《伦理学》，新泽西英格伍德克利弗斯：普兰梯利—霍尔出版社1963年版，第13页。——原注

② 罗尔斯先拿出目的论的主张，正当就是极大化的善。所以凡是以极大化善为目的的政策和法令都是正当的。为政府行为或公共决策提供可以操作的指导原则，就是这个效用原则，即善的极大化原则。罗尔斯不会赞同这样的论证。

们凭着直觉便可知的那样，分配问题离不开正当概念，因此，目的论理论缺少某个独立的善定义。古典目的论理论的明晰性和简洁性多半源自以下事实：古典目的论理论把我们的道德判断分为两类：第一类道德判断被单独予以说明，然后用极大化原则（maximizing principle）把第二类道德判断与第一类道德判断联系起来。①

【原文】§5-5-pp.22-23

【评析】

1. 原文："Teleological doctrines differ, pretty clearly, according to how the conception of the good is specified. If it is taken as the realization of human excellence in the various forms of culture, we have what may be called perfectionism"（p.22）。H本："显然，根据说明善的观念的不同方式，目的论理论也是不同的。如果善被看作是使人的优越性通过各种不同文明形式得以实现，我们就有了所谓的完善论"（第20页）；X本："相当明显的是，目的论按照它们对关于善的观念的说明方式而有所不同。如果把关于善的观念看作是在各种文化形态中实现人的优点，那么这也许就是所谓至善论了"（第27页）。

（1）短语："Human excellence"。这个短语的关键词是"excellence"。H本在这里把它解读为"优越性"，在《正义论》第七章把它解读为"美德"（第349页），但都不确切；X本把它解读为"优点"也不够恰当。所谓"human excellence"，罗尔斯强调的是"**人类卓越价值**"，有学者解读为"人类的卓越目标"②也可以参考。因此两个译本都没有对它做出确切解读。

（2）短语："In the various forms of culture"。H本："通过各种不同文明形式"，与原文意思出入较大。**新解**："**在各种文化形式中**"。

（3）单词："Perfectionism"。这是一个伦理学术语，H本："完善论"（第22页）；X本："至善论"（第27页）。依罗尔斯关于正义论的讨论来看，用"**至善论**"来解读要好一些。

---

① 罗尔斯指出，目的论理论是一种多多益善论。它的最大问题是只追求最大的善，而抛开了或忽视了正当。善的大小或利益的多少，成为衡量一切事物正当与否的标准。在目的论中，正当与善的关系是模糊的。当善与正当发生冲突时，目的论便找不到一个解决办法。

② 周保松：《自由人的平等政治》（增订版），第14页。

2. 原文："Hedonism"（p. 22）. 关于这个术语，汉语有不同译法，比如"享乐主义""快乐主义""快乐论"等。

3. 原文："I shall understand the principle of utility in its classical form as defining the good as the satisfaction of desire, or perhaps better, as the satisfaction of rational desire. This accords with the view in all essentials and provides, I believe, a fair interpretation of it"（pp. 22 - 23）. H 本"我将把古典的功利原则理解为把善定义为欲望的满足，或者更好一些，是把善定义为理性欲望的满足，我相信，这一说法在所有要点上都符合功利主义观点，给出了对它的一个公平解释"（第 20 页）；X 本："我将把古典的功利原则理解为把善规定为欲望的满足，或者也许更多地是合理欲望的满足。这基本上是同这种观点一致的。而且我认为，它还对这种观点提供了一种合理的解释"（第 27—28 页）. H 本胜出。其中插入语"or perhaps better"最好解读为"也许更好的说法是"。短语"the principle of utility in its classical form"解读为"古典效用原则"会更好些。

4. 原文："The appropriate terms of social cooperation are settled by whatever in the circumstances will achieve the greatest sum of satisfaction of the rational desires of individuals. It is impossible to deny the initial plausibility and attractiveness of this conception"（p. 23）. H 本："不管什么样的环境因素，只要它将达到个人理性欲望的最大满足，它就构成社会合作的恰当条件。不容否认，这种观点初看起来是有道理和吸引人的"（第 20 页）；X 本："在此情况下，无论什么事情，只要能使个人的合理欲望获得最大总量的满足，就都可以用来决定社会合作的适当条件。无可否认，这种观念初看起来似乎有理，有其吸引人之处"（第 28 页）. 单词"plausibility"有两个近义词，一是"truthlikeness"（似真性）；二是"likelihood"（似然性），它的意思为"合理性、似然性、貌似有理"。新解："不管在什么情况下，它们只要能够促成个人理性欲望的最大满足，也就拟好了社会合作的适当条款。我们不可否认这种善观念的初始似然性和迷人性。"

【诠释】

显然，按照具体规定善观念的方式，各种目的论学说也各有千秋。如果善被视为在各种文化形式中得到实现的人类卓越价值，那么我们就有了所谓的至善论。这个概念可见于亚里士多德（Aristotle）、尼采（Nietzsche）等人的论著。如果善被定义为快乐，我们就有了快乐论（或享乐论）；如果善被定义为幸福，我们就有了幸福论（eudaimonism，与它同义的另一个词是

eudaemonism），如此等等。本人理解的古典效用原则主张，善是欲望的满足，也许更好的说法是，善是理性欲望的满足。我相信，这一说法在所有要点上都符合古典效用论观点，给古典效用论作了公平诠释。不管在什么情况下，它们只要能够促成个人理性欲望的最大满足，也就拟好了社会合作的适当条款。我们不可否认这种善观念的初始似然性和迷人性。①

【原文】§5－6－p.23

【评析】

罗尔斯在这里把"善"和"利益"置于相同的位置来讨论，它们是可以互换的同义词。

1. 原文："The utilitarian view of justice"（p.23）. H 本"功利主义观点"（第21页）。**新解**："效用论的正义观点"。

2. 原文："Except indirectly"（p.23）. X 本："除了间接影响外"（第28页）。**新解**："除了间接在乎外"或"除了间接重视外"。

3. 原文："Allocate"（p.23）. H 本："分配"（第21页）；X 本："分配"（第28页）。**新解**："配置"。比如说，市场在配置资源方面起着决定性作用。

4. 原文："The claims of desert"（p.23）. H 本："应得主张"（第21页）；X 本："赏罚要求"（第28页）。**新解**："应得诉求"。

5. 原文："The greatest balance of satisfaction"（p.23）. H 本："最大满足余额"（第21页）；X 本："满足的最大差额"（第28页）。**新解**："满足的最大余额"。

6. 原文："There is no reason in principle why the greater gains of some should not compensate for the lesser loses of others; or more importantly, why the violation of liberty of a few might not be made right by the greater good shared by many"（p.23）. H 本："原则上就没有理由否认可用一些人的较大得益来补偿另一些人的较少损失，或更严重些，可以为使很多人分享较大利益而剥夺少数人的自由"（第21页）；X 本："从原则上说，没有理由不以某些人的有余去补另一些人的不足；或者

---

① 善是合理欲望的满足，它看起来是合理的和吸引人的。好像我们一下子难以反驳效月论的善观念。"似然性"表示的意思是"它好像是那么一回事"。罗尔斯仍然在传统伦理学意义上讨论"善"的问题。

更重要的是，没有理由可以不去用许多人共同享有的较大利益来纠正少数人的自由权所遭到的破坏"（第28页）。H本没有掌握这段话的确切意思。原文意思是，不是"没有理由否认"，而是"**没有理由说明**"两个具体问题。

7. **原文**："It simply happens that"（p.23）。H本没有解读这个短语。**新解**："只是碰巧"。

8. **原文**："In a reasonably advanced stage of civilization"（p.23）。H本："在一个合理的文明发展阶段"（第21页）；X本："在文明的相当高级阶段"（第28页）。X本的解读是正确的，H本则有偏差。**新解**："在某个相当高级的文明阶段。"

9. **原文**："The strictness of common sense precepts of justice"（p.23）。H本："严格的常识性正义准则"（第21页）；X本："正义的常识性准则的**严格性**"（第28—29页）。X本要好一些。

10. **原文**："Propensities to injustice and to socially injurious actions"（p.23）。H本："人们的不正义倾向和损害社会的行为"（第21页）。H本漏掉了后一个"倾向"。罗尔斯原文表示，人有两个倾向：（1）不合乎正义做事的倾向，亦即，违反正义的倾向；（2）危害社会的活动倾向，或者，对社会有害的活动倾向。**新解**："违反正义的倾向和对社会有害的活动倾向。"

11. **原文**："To affirm this strictness as a first principle of morals is a mistake"（p.23）。H本："把这类严格准则作为道德的一个首要原则是错误的"（第21页）。但是，这句话的重心不是"这类严格准则"，而是"**正义准则的严格性**"。因此，H本的解读存在误解。**新解**："将这种严格性作为道德首要原则加以确认是错误的。"

12. **原文**："System of desires"（p.23）。H本："欲望体系"（第21页）；X本："一系列欲望"（第29页）。**新解**："各种愿望"。X本的解读更加符合汉语习惯。

13. **原文**："Net balance"（p.23）。H本："净余额"（第21页）；X本："净差额"（第29页）。H本是更准确的。

【诠释】

（讲了善观念之后，我们接着讲正义观念。）效用论的正义观点（与公平正义观念对比）的一个显著特点是：除了间接在乎外，它既不在乎个体在流逝的岁月里如何分配他的各种满足，也不在乎在各种个体中间如何分配各种满足的那个总量。无论在哪一种情况下，只要产生最大满足，都是正确的分配。① 社会必须配置它的满足手段，无论它们是权利和义务，还是机会和特权，或者是各种形式的财富，以尽可能地达到这个满足总量的最大值。② 但是，任何一种分配形式本身都不好于任何其他的分配形式，除非优先考虑更加平等的分配，才能打破僵局。③ 诚然，某些常识性正义准则，特别是涉及维护自由与权利的准则，或者表达应得诉求的准则，看起来冲突于这一断言。但是，从效用论的立场来看，这些准则及其表面严格的特性可以解释为：它们是这样的准则，经验表明，如果想要极大化利益总额，就应当严格遵守这些准则，除非在例外条件下才能违背它们。④ 不过，像所有其他准则一样，正义准则派生于实现满足的最大余额这一目的。⑤ 因此，原则上没有理由说明，为什么有些人的较大收益将不补偿另一些人的较小损失；或者更重要的是，为什么侵害若干人的自由将不能通过许多人分享的较大利益而变成正当的。只是碰巧，在大多数情况下，至少在某个相当高级的文明阶段，利益的最大总量（greatest sum of interests）不是通过这种方式获得的。毫无疑问，常识性正义准则的严格性，对人们违反正义的倾向和对社会有害的活动倾向有一定的抑制作用。但是效用论者认为，将这种严格性作为道德首要原则加以确认是错误的。因为正像个体尽量实现自身的各种愿望是合理的，社会尽量增加所有成员满足的净余额是正确的。⑥

【原文】 §5－7－pp.23－24

【评析】

在这个段落里，罗尔斯提到了"理性选择原则"（principle of rational

---

① 请注意罗尔斯的用词变化。就个体而言，人生不同阶段会有不同的利益追求。这些合理的欲望如何安排才是合理的？就集体而言，个体之间的欲望如何分配才是合理的？效用论对这两个重大问题都没有给出令人满意的答案。
② 效用论把个体的能力、权利、利益、机会、财富和收入，甚至他们的人格尊严和地位荣誉都变成了手段。它们成为追求社会利益或公共利益极大化的手段。这些因素本身是个体之善的组成部分，罗尔斯把它们统称为"基本善"。
③ 有关这一点参阅西季威克《伦理学方法》，第416页及以后。——原注
④ 参阅密尔（J. S. Mill）《功利主义》，第四章，最后两个段落。——原注
⑤ 效用论及其效用原则主导社会的结果是，即使正义原则也要服务于极大化善。因此，一切都被颠倒了。这正是罗尔斯想要纠正的方向。
⑥ 这个段落介绍效用论的善观念和正义观念。罗尔斯表示，效用论仍然在传统伦理学意义上讨论善的满足问题，即利益得失的权衡问题，反对"正当优先于善"这样的"常识性正义准则"是首要道德原则。

choice)、"公道的旁观者"（impartial spectator）和"同理心或同情共感认同"（sympathetic identification）。这是休谟和斯密做出重要贡献的三个方面。我们既可以看到休谟和斯密在效用思想史上的地位，也可以看到罗尔斯正义理论同两人相关思想的密切联系。因为罗尔斯想要改造的重要理论是理性选择理论，而它的重要奠基者是休谟和斯密，他们分别从伦理学和经济学上第一次全面阐述了该理论。拉菲尔认为，罗尔斯把"公道的旁观者"理论视作其正义理论的"竞争对手"。"在其重要著作《正义论》中，罗尔斯把公道的旁观者写成效用理论支持社会利益的工具，那种理论把社会利益当作单一个体的个人利益。"[1] 这个评价是恰当的。

1. **原文**："**To adopt for society as a whole the principle of rational choice for one man**"（p. 24）。H 本："对作为一个整体的社会采取对一个人适用的合理选择原则"（第21页）；X 本："为整个社会采用适合于个人的合理选择原则"（第29页）。就这个短语而言，X 本的解读优于 H 本，虽然两个译本都把"the principle of rational choice"解读为"合理选择原则"并不妥当。它的正解是"**理性选择原则**"。这是哲学社会科学界尤其经济学界的通识。现在只有个别哲学学者使用"合理选择原则"。**新解**："采纳适用于个体的理性选择原则，并将其应用于整个社会。"

2. **原文**："**The history of utilitarian thought**"（p. 24）。H 本："功利主义发展史"（第21页）。H 本在解读原文的细节或精确性上差强人意。**新解**："效用论思想史"或"功利主义思想史"。

3. **原文**："**One coherent system of desire**"（p. 24）。H 本："一个融贯的欲望体系"（第21页）；X 本："一个必要的合乎逻辑的欲望系统"（第29页）。两个解读都不符合汉语习惯表达。**新解**："一组融贯的欲望"。

4. **原文**："**Construction**"（p. 24）。H 本："过程"（第21页）；X 本："结合"（第29页）。**新解**："**建构**"。罗尔斯后来明确表示，追随于康德之后，自己是一名道德建构主义者，这个术语应解读为"建构"。这里的**原文**："**it is by this construction that many persons are fused into one**"。既不能像 H 本那样解读为"正是通过这样的过程，许多人被融合成了一个人"，也不能像 X 本那样解读为"正是由于这种结合，许多人就融合成了一个人"；而应解读为"正是通过如此建构，许多个体就这样合而为一"。

5. **原文**："**Appropriate weight**"（p. 24）。H 本："恰当地估价"（第

---

[1] D. D. Raphael, *The Impartial Spectator: Adam Smith's Moral Philosophy*, Oxford and New York: Clarendon Press of Oxford University Press, 2007, pp. 43–44.

22 页）；X 本："适当比重"（第 29 页）。**新解**："适当权重"。

6. **原文**："**On this conception of society separate individuals are thought of as so many different lines along which rights and duties are to be assigned and scarce means of satisfaction allocated in accordance with rules so as to give the greatest fulfillment of wants**"（p. 24）. H 本："按照这种社会观，分离的个人就设想为多种不同群类，应依据群类来分配权利和义务，并根据规则分配稀缺的满足手段，以便实现需求的最大满足"（第 22 页）；X 本："按照这种社会观，不同的个人被看作是许多不同的尺度，权利和义务以及不多的满足手段都要用这些尺度按章予以确定和分配，以便最大限度地满足需要"（第 29 页）。

（1）就整个语句来说，X 本的解读不可信，H 本的解读也差强人意。

（2）短语："Separate individuals". H 本："分离的个人"；X 本："不同的个人"，皆不妥当。**新解**："**孤立的个体**"。这是哲学社会科学常用术语。

（3）短语："Different lines". H 本："不同群类"；X 本："不同群类"。在哲学社会科学中没有"群类"之说。"lines"有界别和行业的意思。**新解**："**不同的界别**"。

7. **原文**："**In each case there is a single person whose system of desires determines the best allocation of limited means**"（p. 24）. H 本："在这些情况中都是一个单独的人出现，他的欲望体系决定着有限资源的最好分配"（第 22 页）；X 本："在每一种情况下，都只有单独一个人，他的系统欲望决定了有限手段的最佳分配"（第 29 页）。

（1）短语："Best allocation". H 本："最好的分配"；X 本："最佳分配"。显然，"分配"和"配置"是不同的两个概念。"**最佳配置**"是经济学术语。其另一表达式为"optimum allocation"。

（2）短语："The best allocation of limited means". H 本："有限资源的最佳分配"（第 21 页）。**新解**："**有限手段的最佳配置**"。

8. **原文**："**This view of social cooperation is the consequence of extending to society the principle of choice for one man, and then, to make this extension work, conflating all persons into one through the imaginative acts of the impartial sympathetic spectator**"（p. 24），H 本："这种社会合作观是把个人的选择原则扩展到社会的结果，然后，为了使这种扩展生效，就通过不偏不倚和同情的观察者的想象把所有的人合成为一个人"（第 22 页）；X 本："这种关于社会合作的观点，是把适用于个人的选择原则扩大应用于社会，然后为了实现这种扩大应用，通过公正而富有同情心

的旁观者富有想象力的行动，把所有的人融合成一个人的结果"（第30页）。这里的术语"acts"，X本解读为"行动"，不是很恰当；H本则根本没有解读。它的准确含义是"**法令**"。因此，短语"imaginative acts"不能解读为"富有想象力的行动"，而应解读为"**充满想象力的法令**"。所以，H本对这个语句的解读是不可信的，X本的解读也存在不足。

【诠释】

理解效用论的最自然方式（当然不是唯一方式），就是采纳适用于个体的理性选择原则，并将其应用于整个社会。一旦这一点得到了承认，在效用论思想史上，公道观察者的立场及其对同情共感的强调也就变得易于理解。因为公道旁观者观念和同情共感认同引导我们的想象力，正是借助于公道旁观者观念、借助于运用共情认同，把适用于个体的原则应用于社会。正是这个旁观者被设想为对所有个体的欲望进行必要组合，使之成为一组融贯的欲望；正是通过如此建构，许多个体就这样合而为一。被赋予同情心和想象力之类理想力量的这个观察者，是完全理性的个体，他认同和体验别人的欲望，仿佛这些欲望就是他自己的欲望。通过这种方式，他了解这些欲望的强度，评估它们在一系列欲望中的适当权重。然后，通过规制社会系统的规则，这位理想立法者将尝试尽量满足这些欲望。按照这种社会观念，孤立的个体，被设想为属于许多不同的界别；各种权利和义务按界别进行指定；实现满足的稀缺手段(主要是生产资料)则按照规则予以配给，给予各种需求以最大满足。因此，在性质上，这个理想立法者做出的决定，既类似于考虑怎样通过生产具体产品来获取最大利润的企业家做出的决定，又类似于考虑怎样通过购买特定商品来得到最大满足的消费者做出的决定。在每个情况下，只存在单一个体，他的系列欲望决定着有限手段的最佳配置。正确的决定本质上是有效管理问题。这种关于社会合作的观点，是把适用于个体的选择原则延伸到社会的结果，然后，为了使这种延伸生效，就要通过公道而充满同情心的观察者制定的充满想象力的法令，把所有人融为一体，大家合而为一，成为一个单一个体。因此，效用论没有认真对待人际差别。[①]

[①] 个体差异，这种差异既是与生俱来的，也受到后天各种因素的影响，它们是造成人际社会不平等的重要原因或直接原因。效用论忽视人际差异，也就忽视了人际平等问题；后者是最重要的社会问题。公平正义理论就是想要解决这个问题。本段最后一句话起着承上启下作用，暗示着罗尔斯对效用论的所有批评。理性人是立法者，但是并非每个人都是立法者，并且人与人存在重大差别，效用论者忽视了这种人际差别。理性旁观者不是理性立法者。罗尔斯借用康德术语"立法者"来批评休谟和斯密忽视个体差异的社会效用理论。

§6　若干相关对比
Some Related Contrasts

【题解】

　　罗尔斯在这一节比较了契约论正义观念和效用论正义观念，我们从中可以看出两者的主要分歧。罗尔斯解释了"正义的首要性"或"正义的至上性"，把正当与善的关系问题确立为当代政治哲学的首要问题，批评了效用原则，论证了"正当优先于善"的契约论政治哲学主张。其最大的学术成就是，论证了第一正义原则优先于第二正义原则的优先性排序，解决了伯林提出的"在善与善之间"存在相互冲突的价值多元论难题。[1] 我们只有掌握了罗尔斯的这一思想轨迹，才能确切了解他的伟大学术抱负，正确评估他对当代政治哲学的贡献。

　　拉菲尔表示："罗尔斯也许会说，他的理论将允许遵循效用的某个决定，只要这个有用结果有利于处在各种境况中的所有人，尤其有利于处于最糟糕境况的人。如果这样，那么正如一般理解的那样，他把他的理论视为关于正当性（rightness）的理论，而不是关于正义性（justice）或公平性（fairness）的理论。不幸的是，他没有向我们提供一个标准去决定，在什么时候，效用胜过公平；在什么时候，效用没有胜过公平。我们不得不倒退到他想要消除的直觉论道德判断。"[2] 如此理解罗尔斯正义理论当然是很有偏颇的。因为当罗尔斯对两个正义理论中的各个主要议题进行排序时，有严格的限制条件。罗尔斯从来没有承认过，拥有较大效用的原则优越于或优先于其他原则。效用本身并不具有正当属性。因此，拥有较高效率或较大效用的制度，并不意味着它们一定拥有较大的正当性或合法性。

　　有学者提到"正当优先于善"命题与古今之争的关系："罗尔斯的政治哲学当然是在古今之争的自觉意识下展开的，正当优先于善就体现了罗尔斯在古今之争中的根本立场。"[3] 笔者认为，"正当优先于善"命题的主

---

[1] 参阅张国清"在善与善之间：伯林的价值多元论难题及其批判"，《哲学研究》2004 年第 7 期。
[2] D. D. Raphael: *Concepts of Justice*, Oxford: Clarendon Press, 2001, p. 212.
[3] 应奇：《当代政治哲学十论》，第 213 页。这是一部涉及自由、人类尊严、古今中西之争等议题的政治哲学著作。有些议题与罗尔斯正义理论高度相关。

要论争对手是古典效用论。古典效用论在近代以来的盎格鲁—撒克逊政治思想传统中一直占据主导地位。罗尔斯在《正义论》中提到了贡斯当的古代人自由观念和现代人自由观念（pp. 176—177），然而他至少在这个著作中没有明确表示过，他的正义理论与古今之争有什么关联。罗尔斯没有去理会施特劳斯及其弟子围绕古今之争的批评与讨论。即使布鲁姆对罗尔斯发起激进抨击，后者仍然无动于衷，没有给出任何回应。因此，把古今之争与罗尔斯政治哲学扯上关系是比较勉强的。①

还需要指出的是，罗尔斯谈论的"priority of the right over the good"（"正当优先于善"）论题，不能曲解为"权利优先于善"论题。因为这里的"right"不仅包含"权利的正当性"，而且包含"公共权力或制度的正当性"，并且我们应当在"正义的首要性"（primacy of justice）的框架下去理解后一个论题。在中国政治哲学和法哲学界，不少学者写了关于"权利优先于善"的学术论文，如果涉及罗尔斯相关见解的，"priority of the right over the good"一般被解读为"正当优先于善"。相比之下，如果它被解读为"权利优先于善"，则是一大误解。《正义论》只在一个地方即第 40 节谈到了"权利的优先性"（priority of the rights），它显然是在"正当优先于善"论题下的一个子论题。在"正当优先于善"和"权利优先于善"之间，隔着很大的理论层级。因此，如果把"priority of the right over the good"误读为"权利优先于善"，那将大大减低《正义论》的理论高度。另外，"正当优先于善"是一个伦理学命题，"正当优先于权益"是罗尔斯主张的一个政治哲学命题。罗尔斯正义理论将在后面的命题中得到更好的理解。也是基于后一个命题，笔者建议把"primary goods"解读为政治哲学意义的"初始权益"，而不是伦理学意义的"基本善"。罗尔斯正义理论完成了从伦理学向政治哲学的话语转向，这一点在"初始权益"理论的提出中得到了充分体现。不过，为了保持学术术语的一致性，笔者仍然沿袭术语"基本善"来解读"primary goods"。②

【原文】§6 - 1 - pp. 24 - 25

【评析】

罗尔斯在这里重复了在《正义论》第一节提出的基本主张，论述了正

---

① 张国清："罗尔斯政治哲学的使命——兼回应阿伦·布鲁姆的批评"，《学术月刊》2013 年第 10 期。
② 张国清："初始权益与分配正义"，《浙江社会科学》2015 年第 6 期。罗尔斯：《政治自由主义》，万俊人译，译林出版社 2000 年版。

当的优先性的含义:"对自由和权利的主张"优先于"对社会福利总量不断增长的渴望"。前者具体化为个体追求的基本自由和权利;后者具体化为国家和政府实施的社会普惠政策。他强调"每个社会成员都被认为具有基于正义的不可侵犯性"。这种"不可侵犯性"不是分配正义的对象,而是分配正义的前提。在确立这个前提的条件下,分配正义的讨论才成为可能。罗尔斯这个命题讲的"首要价值",是相对于效用论者把"效用"作为"首要价值"来说的。罗尔斯批评效用论者把"效用"或"对社会福利总量不断增长的渴望"作为社会制度的首要价值,主张把"正义"或"对自由与权利的主张"作为社会制度的首要价值。给予后者"以一定的优先性",反对用个体享有的基本自由与各种社会利益做交易。因此,分配正义的发生,是在确立"对自由与权利的主张"之后才发生的。这就是罗尔斯在《正义论》开篇就提出的"正义的首要性"或"正义的至上性",它们与"正义是社会制度的首要德性"是同义的。因此,在这一点上,个别批评者把"正义是社会制度的首要德性"解读为"分配正义是社会制度的首要价值"肯定是错误的。他们把罗尔斯讨论的"社会正义"简单地理解为"国家正义"也是不确切的。

1. 原文:"**It has seemed to many philosophers, and it appears to be supported by the convictions of common sense, that we distinguish as a matter of principle between the claims of liberty and right on the one hand and the desirability of increasing aggregate social welfare on the other; and that we give a certain priority, if not absolute weight, to the former**"(p.24). H 本:"在许多哲学家看来(并且得到常识性信念的支持),自由与权利的要求和对社会福利总量之增加的欲求之间是有原则区别的。我们把前者如果不是看得绝对重要的话,也是看得更为优先的"(第22页);X 本:"一方面是对自由权和权利的要求,另一方面是增加社会总福利的好处,把这两者作为一个原则问题加以区分,而对于前者,即使不是认为它绝对重要,也要予以某种优先考虑,在许多哲学家看来,我们是这样做的,对常识的信念似乎也赞成这种做法"(第30页)。

(1) 短语:"A matter of principle"。需要指出的是,罗尔斯重要批评者德沃金专门写过一本书——《原则问题》(*Matter of Principle*, 1981),我们不能推断德沃金一定读到过这个语句,但他对公民平等权利优先性的考虑是明确无误的。[1] 令人遗憾的是,H 本没有解读出"a matter of principle"

---

[1] 参阅德沃金《原则问题》,张国清译,江苏人民出版社2005年版。

的确切含义；令人欣慰的是，X本解读出了其确切含义。

（2）短语："The desirability of increasing aggregate social welfare"。在原文中，"主张"（claim）和"渴望"（desirability）构成对应关系。H本："对社会福利总量之增加的欲求"；X本："增加社会总福利的好处"。X本把"desirability"解读为"好处"，没有很好地把握这个短语的含义。单词"desirability"有"可取性""愿望""心想事成"等含义。H本基本掌握了它的准确意思。

（3）短语："A certain priority"。H本："更为优先"；X本："某种优先"。像前面一点一样，在原文中，"绝对的权重"（absolute weight）和"一定的优先"（certain priority）构成对应关系，"一定的优先"和"更为优先"当然不能等同。因此，X本在对"a certain priority"的解读上略好于H本。

（4）短语："Absolute weight"。H本："绝对重要"；X本："绝对重要"。**新解："绝对权重"**。

2. 原文："Each member of society is thought to have an inviolability founded on justice or, as some say, on natural right, which even the welfare of every one else cannot override"（pp. 24-25）。H本："社会的每一成员都被认为是具有一种基于正义、或者说基于自然权利的不可侵犯性，这种不可侵犯性甚至是任何别人的福利都不可逾越的"（第22页）；X本："社会的每一个成员都被认为具有某种不可侵犯性。这种不可侵犯性的基础就是正义，或者像有些人说的那样，是其他任何人的福利都不能凌驾其上的自然权利"（第30页）。两个解读当中，H本要好一些。因为"which even the welfare of every one else cannot override"中的"which"讲的是"这种不可侵犯性"，而不是"自然权利"。在这里，"每一个社会成员的不可侵犯性"和"其他任何人的福利"形成对应关系，一个人的不可侵犯性优先于任一他人的福利，这是自由主义的基本主张。而"基于正义"同"基于自然权利"并列。另参阅《正义论》第一节第一段话的相似表述（p.3）。所以，X本的解读在逻辑上讲不通。

需要指出的是，洛克、哈耶克和诺齐克都特别强调"自然权利"，是如上自由主义思想的坚定支持者。在这一点上，罗尔斯与他们没有本质差别。罗尔斯也主张自由（liberty）优先于利益（interest），或正当（right）优先于善（good）。因此，在反对效用论方面，罗尔斯和洛克、哈耶克和诺齐克是站在同一条线上的。罗尔斯和他们的分歧点在于，在承认每个人平等享有基本权利和自由的条件下，用什么保障这些基本权利和自由？罗尔斯主张政府或国家的积极介入或适度干预，洛克、哈耶克和诺齐克等只相信自由市场，而不相信政府。他们把政府和国家的力量限制在最小或最弱的范围里。因为他们断定政府和国家在应对外在事物的变化方面，尤其在应对市场变化方面，并不强于理性个体。所以，罗尔斯在反对效用论之后，仍然要去解决效用论没有解决的问题，即如何均等提供并且共同促进普通公民的社会福利？罗尔斯认为，效用论只关心社会福利总量的增长，而不关心这些总量如何在社会成员当中得到公平的分配。这样的批评有点以偏概全。实际上，效用论一直有平民视角或底层视角，只是没有像罗尔斯那样明确地提出差别原则和"最少受惠者"概念。笔者认为，处理好上面的这些关系，有助于正确理解罗尔斯正义论及其思想贡献。

【诠释】

在许多哲学家看来，显然得到常识性信念支持的是，我们要把两件事情当作原则问题加以区别，第一件事情是对自由与权利的主张（与正当相关），第二件事情是对社会福利总量不断增长的渴望（与善相关）；并且，我们即使没有给予前者以绝对权重，也必定给予前者以一定的优先地位。每个社会成员被视为具有基于正义的不可侵犯性，或者正如有人（古典自由主义者洛克和卢梭等人）标榜的那样，每个社会成员具有基于自然权利（天赋权利）的不可侵犯性，甚至其他任何人的福利都不能凌驾于那种不可侵犯性之上。正义否认，为了一些人享受较大利益而剥夺另一些人的自由是正当的。把不同个体视为同一个体而令其得失相抵，这样的推理是不成立的。因此，在正义社会里，基本自由是天经地义的。由正义保障的权利，既不屈服于政治交易，也不屈服于各种社会利益的演算。[1]

---

[1] 罗尔斯在《正义论》开篇有着相似提法，这是"正当优先于善"的重要内容。比如，一个乘客拥有乘坐公共交通工具的权利；另一个乘客也有同样的权利。假如前一个乘客合理地占有了一个空出的座位；后一个乘客不得要求把前人占有的位置让给自己。那些愿意把自己的位置让给其他乘客的做法是一种善举。但是，他合理地临时先行占有座位具有正当性，这就是体现机会平等的先到先得准则。他如果不想把座位让给其他任何个体，这是基于正当的权利，或一种得到了实现的合理的善。后来的乘客想要得到那个座位，这是一种理性善好欲望，这个欲望的实现不得违反"正当优先于善"的伦理准则。正当优先于善，用罗尔斯的话来说，只有正当的善才有社会价值。因此，乘客强行要求其他乘客给自己让座，比如，年老的乘客强行要求年轻的乘客给自己让座，尽管在效用意义上可能会带来更大的善，但是在价值意义上可能危害公平的社会价值。因为这样做颠倒了伦理学意义的正当与善的关系，或者，它违反了罗尔斯政治哲学意义的正当优先于善的公平正义。公平正义首先是一种持有正义，而不是一种分配正义。持有正义先于分配正义，持有正义是分配正义的前提；持有正义也可以理解为平等的个体持有资格和机会的正义。罗尔斯并没有质疑或颠覆洛克开创的个体（转下页）

【原文】 §6 – 2 – p. 25

【评析】

哈贝马斯等学者批评罗尔斯没有区分两类事物，一类是权利（rights），比如基本自由和人格尊严；另一类是物品（goods），比如财富和收入，各种岗位和就业机会。但是，这个批评难以成立。罗尔斯在这里明确区分了它们。他只是用"primary goods"一词把它们归为同一类可以由个体给予追求的理性人生目标，认为个体在设计人生规划时没有把它们明确区分开来。做出那个区分，并且赋予它们以不同的权重或价值地位，这正是罗尔斯正义理论的重要贡献。

另外，休谟主张，正义原则之所以具有价值，是因为它们会产生实际的效用。罗尔斯批评效用论者对待正义之效用的局限性。

1. 原文："Justice as fairness attempts to account for these common sense convictions concerning the priority of justice by showing that they are the consequence of principles which would be chosen in the original position. These judgments reflect the rational preferences and the initial equality of the contracting parties"（p. 25）。H 本："公平的正义试图通过展示那些有关正义优先的常识性信念正是在原初状态中被选择的原则的推论，来解释这些常识性信念。这些判断反映了订约的各方合理的偏好和初始的平等"（第 22 页）；X 本："正义即公平理论试图说明正义优先这种常识性信念，指出这种信念是在原始状态中可能会被选择的一些原则所产生的结果。这类判断反映了合理的选择和缔约各方的最初平等"（第 30 页）。H 本的解读不是很简洁明了；X 本在解读在语序上也有问题。

（1）单词："Consequence"。H 本："推论"。**新解**："后果"。

（2）短语："Rational preference"。H 本："合理的偏好"；X 本："合理的选择"。它为经济学术语。**新解**："理性偏好"。

2. 原文："He maintains that common sense precepts of justice and notions of natural right have but a subordinate validity as secondary rules；

（接上页）所有权理论或现代产权理论，他只是在承认个体所有权的前提下，通过提出差别原则，合理地调节人际利益关系。正义的首要性或正义具有首要德性所涉及的不是权利或利益的分配问题，而是个体权利和自由的持有问题。这种持有优先于社会利益或共同利益的维护。部分学者对罗尔斯关于"正义是社会制度的首要德性"的批评，从一开始就是错误的。该批评缺乏思想的严密性和实际针对性，没有正确理解罗尔斯那个断言是相对于什么问题来展开讨论的。

第一章　公平正义　165

they arise from the fact that under the conditions of civilized society there is great social utility in following them for the most part and in permitting violations only under exceptional circumstances"（p. 25）。H本："他还是主张正义的常识性准则和自然权利的概念作为次一级的规则具有一种虽然只是从属的有效性，这种有效性来自以下事实：在文明社会中，遵循它们通常会带来巨大社会功利；只有在非常特殊的情况下，允许违背它们才会带来巨大社会功利"（第22页）；X本："他坚持认为，常识性的正义准则和自然权利概念作为次要准则只有从属的作用。这些准则之所以产生，是由于在文明社会的条件下，它们有很大的社会功利"（第30页）。

（1）短语："A subordinate validity"。H本："从属的有效性"；X本："从属的作用"。**新解**："从属效力"。

（2）短语："Secondary rules"。H本："次一级的规则"；X本："次要准则"。**新解**："次等规则"。

（3）短语："They arise from the fact"。"they"指的是"这些规则"，这一点从"they"前面使用分号断开两个句子也可以看出，表明它们是并列句。H本把它解读为"这种有效性"显然误解了，因为"这种有效性"是不可数的。

（4）短语："Under the conditions of civilized society"。H本："在文明社会中"，漏了"条件"的翻译。

（5）短语："Social utility"。H本和X本都解读为"社会功利"，不是很妥当。"social utility"是确定术语，它的正确解读是"**社会效用**"。

3. 原文："**Even the excessive zeal with which we are apt to affirm these precepts and to appeal to these rights is itself granted a certain usefulness, since it counterbalances a natural human tendency to violate them in ways not sanctioned by utility**"（p. 25）。H本："甚至我们在肯定这些准则和诉诸这些权利时常常涌现的巨大热情本身也被看作是某种有用性，因为它化解了人们以功利原则不支持的方式违反它们的自然倾向"（第22—23页）。原文并没有提到功利原则，只讲到了非效用方式，或不被效用认可的方式。

4. 原文："**Once we understand this, the apparent disparity between the utilitarian principle and the strength of these persuasions of justice is no longer a philosophical difficulty. Thus while the contract doctrine accepts our convictions about the priority of justice as on the whole sound, utilitarianism seeks to account for them as a socially useful illusion**"（p. 25）。H本："一旦我们理解到这一点，在功利原则和正义信念的力量之间的明显差别就不难在

哲学上说明了。因此,契约论总体上认可我们有关正义优先的信念,而功利主义则试图把它们解释为对社会有用的幻象"(第23页)。

(1) 短语:"Utilitarian principle"。它的意思是"效用原则",略微区分于"效用原则"(principle of utility),但表达的意思是一样的。

(2) 短语:"The strength of these persuasions of justice"。这个短语表达的是"正义的说服力、公信力,一种令人信服的力量"。"persuasions of justice"同前面的另一短语"these sentiments of justice"可以相互解析,都涉及"关于正义而持着带有情绪的想法或看法",H本把"persuasions of justice"译为"正义信念",减少了这个短语蕴含的情感和情绪因素。

【诠释】

公平正义试图说明有关正义优先性的这些常识性信念,指出这些信念是在初始位置上将被选中的原则的后果。这些判断反映订约各方的理性偏好和初始平等。虽然效用论者承认,他的学说严格说来冲突于这些正义的情操,但他仍然主张,常识性正义准则和自然权利概念作为次等规则具有从属效力;这些规则来自以下事实:在文明社会条件下,遵循它们通常会产生巨大的社会效用(这也是休谟的说法)。只有在例外情况下,违反它们才会得到许可。一旦我们过分热衷于实证这些规则并且诉诸这些权利,那么如此热衷本身也被赋予一定的用处,因为它抵制人们以非效用方式违反规则的自然趋向。一旦我们理解了这一点,那么在效用原则和诸多正义公信力之间存在的表面差异,就不再是一个哲学难题。因此,尽管契约论总体上认可我们对正义优先性的确信,但是效用论试图把它们解析为对社会有用的幻觉。①

【原文】 §6-3-pp.25-26

【评析】

1. 原文:"There is no reason to suppose that the principles which

---

① 罗尔斯表示,效用论者并不一般地反对正义原则,他们像其他理性人一样持有正义感,只是认为在特定情况下,正义原则将会受到违反。比如当那些违反产生巨大效用的时候,人们就可能默许它们的实际发生。但是,罗尔斯认为,以违反正义原则为代价来追求效用或社会利益是讲不通的。这是他反驳效用论的重要理论动机。个体允许追求自身利益的最大化,甚至违反正义原则去那样做,但是,违反正义的事总是与理性人的正义感相冲突。如果社会、政府和国家违反正义原则去谋求最大的社会利益,这样的做法本身就是不正义的。在罗尔斯看来,凡是违反正义的事,无论是个体还是社会组织或政府,都不会因为它能够产生重大的社会效用而得到正当辩护。这就是正义的首要性。

should regulate an association of men is simply an extension of the principle of choice for one man. On the contrary: if we assume that the correct regulative principle for anything depends on the nature of that thing, and that the plurality of distinct persons with separate systems of ends is an essential feature of human societies, we should not expect the principles of social choice to be utilitarian"（p. 25）。H 本："假定一个人类社团的调节原则只是个人选择原则的扩大是没有道理的。相反，如果我们承认调节任何事物的正确原则都依赖于那一事物的性质，承认存在着目标互异的众多个人是人类社会的一个基本特征，我们就不会期望社会选择的原则是功利主义的"（第 23 页）；X 本："没有理由认为支配人们团体的原则只是适用于个人的选择原则的延伸。相反，如果我们假定对任何事物的正确的支配原则决定于该事物的性质，同时假定具有各自系统目标的不同人们的多样性是人类社会的一个基本特征，那么我们就不应指望关于社会选择的原则是功利主义的"（第 31 页）。

（1）单词："Regulate""Regulation"。它们根据上下文作不同解读，"规制""规范""调节"和"调整"是其基本含义，针对法律、法令、政策等存在上下层级关系的，解读为"规制"，比如"正义原则规制社会基本结构"；针对人际基本权利和义务关系的，解读为"规范"；针对各种利益关系的，解读为"调整"；针对事物关系的，解读为"调节"，比如"correct regulative principle"可解读为"正确的调节原则"。

（2）短语："Association of men"。H 本："人类社团"；X 本："人们团体"。与"association of men"相似的表达式是"human community"（人类共同体），亦即"人类的联合体"，这让人想起马克思的"自由人的联合体"。"association of men"是超出单一个体或孤立个体活动意义的由众多的人组成的联合体。在观察社会世界时，罗尔斯强调以社会视角取代个人视角的必要性。社会选择原则不是个人选择原则的延伸，正义原则也不是个人正义感的延伸。公平正义是一种契约观点，它的逻辑起点不是孤立的个体，而是包含孤立个体在其中的合作社会、公民社会或文明人社会。所以，公平正义必定是超越个人视角的、反个人主义的。小到家庭，大到国家，都是"association of men"。因此，它可以解读为"由众人组成之联合体"，亦即"**合众联合体**"。

（3）语句："The plurality of distinct persons with separate systems of ends is an essential feature of human societies"。H 本："目标互异的众多个人是人类社会的一个基本特征"。这显然译错了。这句话讲的重点是"the plurality of distinct persons"，即"**各不相同的人的多样性**"，而不是"众多个人"。

2. 原文："**It has not been shown by anything said so far that the parties in the original position would not choose the principle of utility to define the terms of social cooperation**"（p. 25）. H 本："确实，我目前所讲的一切还没有证明原初状态中的各方不会选择由功利原则来决定社会合作的条件"（第 23 页）；X 本："迄今为止，还不曾有任何论述表明原始状态中的各方不会选择功利主义原则来规定社会合作的条件"（第 31 页）。就这个语句的解读来说，X 本显然好于 H 本。需要指出的是：

（1）短语："Principle of utility". H 本和 X 本都解读为"功利原则"或"功利主义原则"。**新解**："**效用原则**"。

（2）短语："Terms of social cooperation". H 本和 X 本皆解读为"社会合作的条件"。**新解**："**社会合作的条款**"。

3. 原文："**Deeper and more roundabout**"（p. 26）. H 本："更深刻和更迂回的"（第 23 页）；X 本："比较深刻和比较间接的"（第 31 页）。**新解**："**更深入且更委婉地**"。

4. 原文："**A derivation of this kind**"（p. 26）. H 本："这样一些倾向"（第 23 页）；X 本："这种偏向"（第 31 页）。**新解**："**这样一种苗头**"。

5. 原文："**From the standpoint of contract theory one cannot arrive at a principle of social choice merely by extending the principle of rational prudence to the system of desires constructed by the impartial spectator**"（p. 26）. H 本："从契约论的观点来看，我们不能仅仅通过把合理审慎的原则扩大到用于由不偏不倚的观察者建立的欲望体系来达到一种社会选择原则"（第 23 页）；X 本："按照契约理论的观点，仅仅依靠把合理谨慎原则扩大应用于公正旁观者所构想的系统欲望，是不可能得到关于社会选择的原则的"（第 32 页）。

（1）短语："Principle of rational prudence". **新解**："**理性谨慎原则**"。

（2）短语："Impartial spectator". **新解**："**公道的旁观者**"。

6. 原文："**To do this is not to take seriously the plurality and distinctness of individuals, nor to recognize as the basis of justice that to which men would consent**"（p. 26）. H 本："这样做没有认真地对待个体的多样性和区别，没有把人们将一致同意的东西看作正义的基础"（第 23 页）；X 本："要得到这种原则，就不能认真看待个人差异的多样性，也不能承认人们可能会赞同的东西就是正义的基础"（第 32 页）。

（1）短语："To do this". H 本："这样做"；X 本："要得到这种原

则"。H 本的解读略逊于 X 本更恰当。

（2）短语："Plurality and distinction of individuals"。H 本："个体的多样性和区别"；X 本："个人差异的多样性"。**新解："个体的多样性和差异性"**。

7. 原文："A curious anomaly"（p. 26）。H 本："一种奇怪的反常现象"（第 23 页）；X 本："一种奇怪的不正常现象"（第 32 页）。两个解读都是正确的，解读为"反常现象"更符合科学哲学用语习惯。反常是科学哲学给予认真研究的一种现象，波普尔、拉卡托斯、库恩、蒯因等有重要贡献，罗尔斯用这些术语来讨论正义原则的证明问题，表明他是一名分析哲学或科学哲学意义的哲学家。

8. 原文："Liberty and freedom of thought"（p. 26）。H 本："思想自由和公民自由"（第 23 页）。"公民自由"是 H 本译文衍生的，原文并没有提到。

【诠释】

第二个对比是：鉴于效用论者把个人选择原则延伸到社会，公平正义是一种契约观念，认为社会选择原则，因而两个正义原则本身是初始协议的对象。没有理由认为，规范合众联合体（association of men）的原则，只是个人选择原则的延伸。相反，如果我们断定，适用于任何事物的正确调节原则，取决于该事物的性质，并且如果我们断定，不同的人有着不同目的，各不相同的人的多样性是人类社会的本质特点，那么，我们就不会期望社会选择原则是效用论的。诚然，到目前为止，还没有任何说法表明，处于初始位置的各方不会选择效用原则来规定社会合作的条款。这是本人将在后面考察的一大难题。完全可能的是，有人当下以为，某种形式的效用原则将被采纳，因此，契约论最终将更深入且更委婉地证明效用论。虽然边沁和埃奇沃思没有系统地予以阐发，但是事实上，在他们那儿有时已经隐约透露出这样一种苗头。据我所知，在西季威克那里，并没有出现这种情况。① 现在本人将简单假定，在初始位置上，人们将拒绝效用原则，出于前面已作概述的各种理由，他们将采纳本人前面已提及的两个正义原则。无论如何，从契约论观点来看，仅仅借助于推广理性谨慎原则，把它应用于由公道的旁观者建构的欲望体系，我们还无法抵达社会选择原

---

① 参阅边沁《国际法原理》（*Principles of International Law*），载约翰·波林（John Bowring）编《边沁著作选》，第 1 篇论文，爱丁堡，1838—1843 年版，第 2 卷，第 537 页。参阅埃奇沃思《数学心理学》，第 52—56 页，以及埃奇沃思"纯税收理论"（"Pure Theory of Taxation"）的开头几页，载于《经济学杂志》第 7 卷，1897 年，他在那里较为简明地提出了同样的论证。另请参阅《正义论》第 28 节。——原注

则。我们想要得到这个原则，就不能认真对待个体的多样性和差异性，不能把人们一致同意的东西看作正义的基础。我们可以在此发现一种奇特的反常现象。一种习以为常的看法是，效用论看重个人的独特个性(individualistic)，这种看法肯定有几分道理。效用论者是自由权利和思想自由的坚强捍卫者，他们主张，社会之善(利益和价值)由个体具备的各种优势(利益)所构成。然而，效用论(实际上)并不强调独特的个性，至少通过较为自然的反馈过程来实现的效用论——亦即通过把所有欲望合而为一，把适用于个人的选择原则应用于社会——并不强调独特的个性。① 由此可见，第二个对照是与第一个对照相联系的，因为正是这种合而为一的做法(抹去所有个体个性差异的做法)，以及以它为基础的原则，使得以正义作保障的权利受制于各种社会利益的演算。②

【原文】§6－4－pp. 26－27

【评析】

罗尔斯明确表示，公平正义观念不以追求极大化的善为目的，因此它同效用正义观念是对立的。效用论者对于最大效用的追求是不可取的，因为那个最大值只是人类行为的偶然结果，不是人类理性行为的合理目的。

1. 原文："The rightness of institutions and acts"（p. 26）。H 本："制度和行为的正当"（第 24 页）；X 本："体制和行动是否正当"（第 32 页）。两个译本都出了差错，即把"acts"（法令）误读为"行为"或"行动"。**新解**："各项制度和法令的正当性"。

2. 原文："All ethical doctrines worth our attention take consequences into account in judging rightness. One which did not would simply be irrational, crazy"（p. 26）。H 本："所有值得我们注意的伦理学理论都须在判断正当时考虑结果，不这样做的伦理学理论是不合理和疯狂的"（第 24 页）；H 本（第一版）："所有值得我们注意的伦理学理论都须在判断正当时考虑结果，不这样做的伦理学理论是奇怪的和不可理喻的"（第 29 页）。另解："所有值得我们注意的伦理学理论都要在评判正当的时候考虑

---

① 效用论一般不重视个人的独特个性，容易忽视或损害个人利益。它不会优先考虑个人利益，而是更加重视集体、社会、政府和国家的总体行动和总体利益。

② 效用论取消一切事物在价值上的内在差异，尤其忽视人的个性差异。凡是有价值的事物都是可以交换的。依照效用论，一方之所以不愿意进行交易，是因为对方出的价格还不够高。甚至个体的权利也是可以交换的，个体的利益或价值之和就是社会总价值，它是社会活动的总目标。社会总价值的增加也就是社会总福祉的增进，政府以追求社会总价值的最大化为目标。

后果因素，否则就是不可理喻的奇谈怪论。"① 笔者认为，就这个语句来说，H 本（第一版）的解读要好于其修订版。另解者有着更好的解读，显然受到了 H 本第一版的影响。

（1）这里的"正当性"（rightness）是"各种制度和法令"的正当性，这里的"各种后果"（consequences）也是由推行"各种制度和法令"引起的。

（2）句子："One which did not would simply be irrational, crazy". H 本："不这样做的伦理学理论是不合理和疯狂的"（第 24 页）；X 本："如果有哪个伦理学理论不是这样做，那么它就是一种不合理的、愚蠢的理论"（第 32 页）。"irrational" 解析为"不合理的"，太弱；将"crazy"解析为"疯狂的"或"愚蠢的"，则过强。另外，两个译本都没有传达出"simple"一词在这里所起的强调作用。**新解：**"所有值得我们关注的伦理学理论，在判断正当性时，都会把各种后果考虑进去。任一理论若不如此，则毫无道理，简直不可理喻。"

【诠释】

本人现在想要讨论的最后一个对比是：效用论是一种目的论理论（teleological theory），公平正义则不是一种目的论理论。② 顾名思义，公平正义是一种道义论理论（deontological theory）。它既没有独立于正当来具体规定善，也没有把正当解析为极大化的善（maximizing the good）[值得一提的是：道义论理论被定义为非目的论理论（non-teleological theories），而未被定义为把制度和法令的正当性刻画为独立于其后果的观点。所有值得我们关注的伦理学理论，在判断（制度和法令的）正当性时，都会把各种后果考虑进去。任一理论若不如此，则毫无道理，简直不可理喻。] 公平正义是上面提到的第二种意义的道义论。因为假如在初始位置上，人们将选择平等的自由原则，为了每个人的利益，约束人们的经济不平等和社会不平等，那么就没有理由认为，正义制度将极大化善（本人与效用论者一起假定，善是理性欲望的满足）。当然，产生最大的善，并非绝无可能，但它只是一个巧合。关于实现最大满足问题，决不会在公平正义中产生；这个极大值原则，是完全派不上用场的。③

---

① 刘清平："善与正当的语义等价性"，《伦理学研究》2013 年第 5 期。
② 正当就是正当，不以极大化的善为目的。当善与正当发生冲突时，正当优先于善。这是公平正义的根本主张。
③ 罗尔斯在这里明确表示，正义问题与效用问题、利益或欲望最大化问题无关，即使有也是一种巧合关系。后来德沃金和波斯纳从司法实践角度更深入地讨论了这个关系，并引起了持久的论战。

172 《正义论》评注

【原文】§6 – 5 – p. 27

【评析】

1. 原文:"**In calculating the greatest balance of satisfaction it does not matter, except indirectly, what the desires are for. We are to arrange institutions so as to obtain the greatest sum of satisfactions; we ask no questions about their source or quality but only how their satisfaction would affect the total of well-being**"(p. 27)。H 本:"在计算满足的最大余额时这些欲望是什么样的欲望并不重要(除了具有间接的重要性以外)。我们要把制度安排得能获得最大限制的满足,并不问这些欲望的来源和性质,而只管它们的满足会怎样影响幸福的总量"(第 24 页);X 本:"我们对体制的安排,要以获得满足的最大总量为目的;对于这些满足来自何方,性质如何,我们并不提出任何问题,我们所要问的只是这些欲望的满足将会怎样影响总的福利"(第 33 页)。H 本和 X 本的解读存在多个可商榷之处:

(1) 短语:"Their source or quality"。"their" 不能解读为 "这些满足的",而应解读为 "这些欲望的"。"quality" 不能解读为 "性质",而应解读为 "质量"。如 "生活质量"(quality of life)是社会学术语,森和努斯鲍姆主编了以此为题的论文集。

(2) 短语:"Their satisfaction"。这个短语解析为 "它们的满足",也就是 "这些欲望的满足"。在这一点上,H 本和 X 本都是正确的。

(3) 短语:"The total of well-being"。它类似于我们现在讲的全国人民的 "总体幸福感",解读为 "**总体幸福感**" 比 "幸福的总量" 或 "总的福利" 要好些。

2. 原文:"**If men take a certain pleasure in discriminating against one another, in subjecting others to a lesser liberty as a means of enhancing their self-respect, then the satisfaction of these desires must be weighed in our deliberations according to their intensity, or whatever, along with other desires. If society decides to deny them fulfillment, or to suppress them, it is because they tend to be socially destructive and a greater welfare can be achieved in other ways**"(p. 27)。H 本:"如果人们在相互歧视或者在损害别人自由以提高自己尊严的行为中得到某种快乐,那么,对这些欲望的满足,我们也必须根据它们的强度或别的什么因素,把它们和别的欲望放到一

起在我们的慎思中加以衡量。如果社会决定拒绝满足它们，或压制它们，这是因为它们对社会具有破坏性的倾向，以及能通过别的途径达到一种较大福利"（第 24 页）；X 本："如果人们以相互歧视为乐，使别人得到较少的自由作为提高他们的自尊的手段，那我们就必须和对其他欲望一样，根据它们的强烈程度等等，对它们是否应该得到满足，予以审慎的考虑。如果社会决定对这些欲望不予满足，甚或予以压制，那是因为它们对社会具有破坏性倾向，因为更大的福利可以通过其他途径来获得"（第 33 页）。

（1）罗尔斯在原文中讲到，一些人找乐子，不仅以相互歧视为乐，而且以令别人丧失自由为乐。

（2）短语："Subjecting others to a lesser liberty". H 本："损害别人自由"，在语气上过于强硬。这个短语表达的意思不是让人完全丧失自由，而是"逼迫他人处于较低自由状态"。

【诠释】

我们可以对这种联系做进一步探讨。按照效用论的观点，任何欲望的满足本身都有一定的价值，在决定什么是正当时，必须把这些价值考虑进去。在计算满足的最大净余额时，除了间接价值以外，这些欲望是什么并不重要。① 我们安排制度，旨在获取满足的最大总额；我们不问这些欲望的来源或质量，只问这些欲望的满足会如何影响总体幸福感。社会福利直接且完全取决于个人的满意程度或不满意程度。因此，假如人们在互相歧视中和在逼迫他人处于较低自由状态中找乐子，以此作为增强自尊的手段，那么，我们就须根据这些欲望的强度等因素，把它们和其他欲望放到一起，对它们是否应该得到满足在我们的慎思中加以权衡。如果社会决定拒绝这些欲望，或者压制这些欲望，那是因为它们往往具有社会破坏性（对社会有害的性质和作用），因为更大的福利可以通过其他途经来获得。

【原文】 §6 – 6 – pp. 27 – 28

【评析】

罗尔斯在这里表达了一个重要思想："在公平正义中，正当概念优先于善概念。"也就是说，所有的善，都要合乎公平正义；所有的善，都要遵循公平正义原则的要求去获取。所谓君子爱财，取之有道。这个"道"

---

① 边沁：《道德与立法原理》，第一章第 4 节。——原注

就是"合乎公平正义"和"遵循公平正义原则"。人们对"基本善"的追求也是如此，也要遵循正当优先于善的准则。在这一点上，国内有些学者存在误解。① 另外，"正当概念优先于善概念"，不可简单地解读为"权利优先于善"，在这一点上，国内也有一些学者存在着误解。②

1. 原文："An individual who finds that he enjoys seeing others in positions of lesser liberty understands that he has no claim whatever to this enjoyment"（p. 27）。H 本："一个发现他很欣赏别人的不自由的人，会懂得他对这种欣赏没有任何权利"（第 24 页）；X 本："一个以看到别人处于较少自由权地位为乐的人知道，他们没有任何以此为乐的权利"（第 33 页）。X 本的解读显然优于 H 本。**新解**："有人看到别人陷于不太自由的境地而喜形于色，他知道自己并不享有如此喜乐的权利。"

2. 原文："Deprivations"（p. 27）。H 本："不自由"（第 24 页）。此词的意思是缺失、丧失、穷困潦倒，往往不是因为当事人的过错而遭遇的不幸，尤其指权利、自由和机会的丧失。**新解**："剥夺"。

3. 原文："The principles of right, and so of justice, put limits on which satisfactions have value; they impose restrictions on what are reasonable conceptions of one's good"（p. 27）。H 本："正当原则和正义原则限定了哪些满足有价值，在何为一个人的合理善观念方面也给出了限制"（第 25 页）。**新解**："正当原则，以及正义原则，决定哪些满足是有价值的。它们还对个人持有什么样的善观念是合理的做出限制。"

4. 原文："A just social system defines the scope within which individuals must develop their aims, and it provides a framework of rights and opportunities and the means of satisfaction within and by the use of which these ends may be equitably pursued"（p. 28）。H 本："一个正义的社会体系确定了一个范围，个人必须在这一范围内确定他们的目标。它还提供了一个权利、机会和满足手段的结构，人们可以在这一结构中利用所提供的东西来公平地追求他们的目标"（第 25 页）；X 本："正义的社会制度规定了个人追求自己目标所不能超越的范围，这个制度提供了一系列权利和机会，也提供了满足的手段，遵循这些手段，使用这些手段，就可以公平地去追求这些目标"（第 34 页）。H 本和 X 本的解读都存在一些差错。

---

① 参阅姚大志"罗尔斯的'基本善'：问题及其修正"，《中国人民大学学报》2011 年第 4 期。
② 在罗尔斯正义理论中，正当是一个更加基本且广泛的概念，权利是一个相对明确且狭隘的概念。正当在层级上高于权利。参阅张伟清《权利的优先性——罗尔斯道义论权利理论研究》，中国政法大学出版社 2014 年版。

问题主要在于对后半句的理解上。

（1）短语："A framework of rights and opportunities and the means of satisfaction"。H 本："一个权利、机会和满足手段的结构"。这个短语涉及两类事物，一是"一个权利和机会框架"；二是"满足的手段"，它们无法纳入同一框架之中。因此，那个框架只是由各种权利和机会组成的框架，不包括"满足的手段"。在这一点上，X 本解读正确。但 X 本把 "a framework of rights and opportunities" 解读为"一系列权利和机会"，则较为勉强。

（2）短语："Within and by the use of which these ends may be equitably pursued"。H 本和 X 本在解读这个语句的后半句时都犯了错误。X 本错误地解读为"遵循这些手段，使用这些手段，就可以公平地去追求这些目标"。"遵循这些手段"这个说法本身就不符合汉语习惯。这里的"within and by the use of which"分解为"within which and by the use of which"就好理解了。像前面一样，这里涉及的是两个对象，一个是权利和机会的框架；另一个是用来满足欲望的手段。因此，其正解是："**只有在此框架之内，只有通过使用这些手段，才能公平地追求这些目标**"。相比之下，H 本显然没有掌握这个后半句的意思。

【诠释】

另一方面，在公平正义中，人们预先接受平等自由原则，并且在接受这一原则时，他们对自己的特殊目标一无所知。因此，他们明确同意，他们的善观念务必符合正义原则的要求，他们至少不提出直接违反正义原则的诉求。有人看到别人陷于不太自由的(窘迫困顿) 境地而喜形于色，他知道自己并不享有如此喜乐的权利。他从别人各种剥夺中得到的快乐本身就是错误的，这种满足违反他在初始位置上同意的原则。正当原则，以及正义原则，决定哪些满足是有价值的。它们还对个人持有什么样的善观念是合理的做出限制。在制订计划和决定志向时，人们必须考虑这些规定和限定。所以，在公平正义中，我们不把人的倾向和癖好——无论它们是什么——视为既定的，然后寻找满足它们的最佳方式。确切地说，正义原则从一开始就限制人的欲望和倾向，这些原则具体规定人追求各种目标不得逾越的边界。我们可以通过以下说法来表达这一思想：在公平正义中，正当概念优先于善概念。正义的社会制度规定，个人必须在什么范围内发展其目标，它既提供权利和机会框架，又提供实现满足的手段，只有在此框架之内，只有通过使用这些手段，才能公平地追求这些目标。在某种程度上，如果获取利益务必以违反正义为条件，那么这样的利益是没有价值的，正义的优先性因此而得到了解释。既然这些利益从一开始就没有价值，那么它们不得凌驾于正义的诸多主张之上。①

【原文】§6-7-p.28

【评析】

罗尔斯在《正义论》中直接提到"自然权利"（natural rights）的地方寥寥可数。他对权利优先性的重视不如对正当优先性的重视。正当的优先性是《正义论》的核心议题，权利的优先性是那个核心议题的组成部分。《正义论》要处理的最大难题，是正当与善的关系。罗尔斯对这个问题的独特解决方案，既揭示了他的公平正义理论与其他正义理论，尤其是古典的效用正义论存在的重大分歧，也彰显了该理论相对于其他理论所具有的巨大优点。因此，当有人说"正当与善的关系问题在罗尔斯正义理论的建构过程中起到了关键作用"时，他已经接近罗尔斯正义理论的核心地带。②正确解决"正当与善的关系问题"，就是自始至终地贯彻"正当优先于善"的观念。因此，罗尔斯才会说："正当优先于善，是公平正义的一大特点。"（p.28）当然，罗尔斯的公平正义也承认"正当与善相同余"。

1. 原文："**It imposes certain criteria on the design of the basic structure as a whole; these arrangements must not tend to generate propensities and attitudes contrary to the two principles of justice (that is, to certain principles which are given from the first a definite content) and they must insure that just institutions are stable**"（p.28）。H本："它给总的基本结构的设计提供了某些确定的标准，规定制度的安排决不能有违反从一开始就有确定内容的两个正义原则的倾向，它们必须保证正义的制度是稳固的"（第25页）；X本："它对整个基本结构的设计规定了某些标准；这些安排决不可有助于产生违反正义的两个原则（即违反从一开始就被赋予具体内容的原则）的倾向和态度，它们必须保证正义体制的稳定"（第34页）。X本的解读显然优于H本。

2. 原文："**Thus certain initial bounds are placed upon what is good and what forms of character are morally worthy, and so upon what kinds of**

---

① 正当的优先性（priority of right）是康德伦理学的主要特点（central feature）。参阅康德《实践理性批判》，第1卷第1编第二章，特别是《康德全集》，柏林，1913年版，学院版第5卷，第62—65页。其清晰陈述可见于"理论与实践"（标题系缩写）一文，收录于康德《康德政治著作集》，第67页及以后。——原注

② 杨伟清：《正当与善：罗尔斯思想中的核心问题》，人民出版社2011年版。

persons men should be"（p. 28）。H 本："这样，在什么是善、什么样的性格是有道德价值的、人们应当成为什么样的人的问题上就确立了某些最初的界限"（第 25 页）；X 本："这就给什么是好的，什么是道德高尚的品格，以及应该做什么样的人，划定了初步界限"（第 34 页）。在这个语句的解读上，X 本优于 H 本。虽然笔者对 X 本把"what forms of character are morally worthy"解读为"什么是道德高尚的品格"并不认同，但是，H 本把它解读为"什么样的性格是有道德价值的"肯定是不准确的。两个译本很好地解读了短语"certain initial bounds"，一个解读为"初步界限"；另一个解读为"某些最初的界限"，但是笔者主张用"一定的底线"来解读它，这样可能更加符合中国读者的用语习惯和思维习惯。

3. 原文："This restriction is largely formal"（p. 28）。H 本："这种限制在很大程度上是形式的"（第 25 页）；X 本："这种限制主要是形式上的限制"（第 34 页）。新解："这种限制多半是形式的。"

4. 原文："It is simply a feature of utilitarian doctrine that it relies very heavily upon the natural facts and contingencies of human life in determining what forms of moral character are to be encouraged in a just society"（p. 28）。H 本："以下情况只是功利主义理论的一个特征：它在决定一个正义社会应鼓励什么样的道德性格的问题时非常依赖于自然事实和人类生活中的偶然因素"（第 25 页）。新解："效用论学说的一大特点是，在决定正义社会应当鼓励什么样的道德品格时，它非常倚重人类生活的自然事实和随机因素。"

5. 原文："The moral ideal of justice as fairness is more deeply embedded in the first principles of the ethical theory"（p. 28）。H 本："公平的正义的道德理想则较深刻地孕育在伦理学理论的首要原则之中"（第 25 页）。新解："公平正义的道德理想，则深深地根植于这种伦理学理论的首要原则之中。"

6. 原文："This is characteristic of natural rights views（contractarian tradition）in comparison with the theory of utility"（p. 28）。H 本："这正是自然权利观点（契约论传统）对立于功利理论的一个特点"（第 25 页）。新解："与效用理论相比，这正是各种自然权利观点（也是契约论传统）的独特品性。"

【诠释】

正当优先于善（priority of the right over the good）是公平正义的一大特点。它

对整个基本结构的设计规定了一定的标准；这些安排决不可有助于产生违背两个正义原则（即违反从一开始就被赋予具体内容的原则）的倾向和态度，它们必须保证正义的制度是稳定的。因此，什么是善好的？什么样的品格在道德上是有价值的？人应该成为什么样的人？这些问题都有一定的底线。于是，每一种正义理论都要予以某些限制，假如它的首要原则要想在既定条件下确立起来，那么那些限制是必要的。效用论排除这样一些欲望和倾向，即使它们得到鼓励和允许，它们在当时情况下将产生较少的满足净余额。不过这种限制多半是形式的，由于对情况缺乏详细了解，它不能确切说明这些欲望和倾向到底是什么。这本身不是对效用论的反驳。效用论学说的一大特点是，在决定正义社会应当鼓励什么样的道德品格时，它非常倚重人类生活的自然事实和随机因素。公平正义的道德理想，则深深地根植于这种伦理学理论的首要原则之中。与效用理论相比，这正是各种自然权利观点（也是契约论传统）的独特品性。

【原文】§6-8-pp.28-29

【评析】

通过对不同译本的比较，读者可以理解它们对同一文本的不同解读。解读的差异体现了译者的不同知识背影和学术修养，也反映了译者的不同思维习惯和语言习惯。

1. 原文："**The kind of utilitarianism espoused by Hume would not serve my purpose**"（p.28）. H本："的确，休谟阐述的那种功利主义并不适合于我的目的"（第26页）；X本："休谟赞同的那种功利主义，对我的论题可能是不适用的"（第35页）。在这个普通语句的解读上，两个译本各有疏漏。

（1）短语："Espoused by". H本："阐述的"；X本："赞同的"。这个词组意为"**推崇的、赞同的、拥护的、赞赏的**"。因此，H本的解读不是很妥当。

（2）短语："My purpose". X本："我的论题"。不妥当。

2. 原文："**The principles of fidelity and allegiance both have the same foundation in utility, and therefore that nothing is gained from basing political obligation on an original contract**"（p.29）. H本："忠实和忠诚（fidelity and allegiance）的原则有着同样的功利基础，因此，没有任何必要将政治义务建立在原始契约的基础之上"（第26页）；X本："尽职与效忠

的原则都具有相同的功利基础，因此，把政治义务建立在某种原始协议的基础上，是什么也得不到的"（第35页）。

（1）单词："Fidelity"．它也有忠诚的意思，但主要表达忠实、忠贞之意，主要表现为对丈夫、妻子或恋人的忠实、忠贞。H本："忠实"；X本："尽责"。H本略胜一筹。

（2）单词："Allegiance"．H本："忠诚"；X本："效忠"。它同"fidelity"意思相近，主要表示对政党、宗教、统治者的忠诚、效忠、拥戴。两个解读都可以。

（3）语句："Nothing is gained from basing political obligation on an original contract"．H本："没有任何必要将政治义务建立在原始契约的基础之上"。这显然是错误的。但是，X本把它解读为"把政治义务建立在某种原始协议的基础上，是什么也得不到的"，则显得有点过了。短语"nothing is gained"解读为"**得不到什么好处**"比"什么也得不到"要妥当些。罗尔斯在这里表达的休谟的主张是，政治职责的基础不在于初始协议，而在于对君主、国家、政党的忠诚。如果政治家抛弃忠诚，而与人大谈初始协议，那么他将得不到什么好处。这是休谟反对契约论的重要论证。

3. 原文："**Locke's doctrine represents, for Hume, an unnecessary shuffle; one might as well appeal directly to utility. But all Hume seems to mean by utility is the general interests and necessities of society**"（p. 29）. H本："在休谟看来，洛克的契约论代表一种不必要的混淆，一个人也可以直接地诉诸功利。但休谟所说的功利看来只不过是社会的普遍利益和必要性"（第26页）；X本："在休谟看来，洛克的理论代表了一种不必要的混乱：一个人还是以直接求助于功利为好。但是，休谟所说的功利，似乎就是社会的普通利益和需要"（第35页）。

（1）单词："Shuffle"．H本和X本分别解读为"混淆"和"混乱"。**新解**："**搪塞**" "**推诿**" "**敷衍**"。意思是"把事情搞乱，以图蒙混过关"。用冯钢教授的杭州话讲，"洛克轧是轧非，毛估估想蒙混过关，没门儿"。

（2）单词："Utility"．笔者一般把它解读为"**效用**"而非"功利"。

（3）短语："General interests"和单词"necessaries"．它们都是专门术语。前者意为"**普遍利益**"，后者意为"**必需品**"。H本把"necessaries of society"（社会必需品）解析为"社会的必要性"不妥。

4. 原文："**But then Hume assumes that each man stands to gain, as judged by his long-term advantage, when law and government conform to the**

precepts founded on utility. No mention is made of the gains of some outweighing the disadvantages of others"（p.29）。H 本："但是休谟认为，每个人从他的长远利益来看，当法律和政府符合建立在功利基础上的准则时，都一定会受益。休谟没有一句话提到一些人的所得在量上多于另一些人的损失的情形"（第 26 页）；X 本："但是，休谟接着又认为，如果法律和政府遵守以功利为基础的准则，那么从一个人的长远利益看，他一定会得到好处。至于一些人的所得超过了另一些人的所失，这一点则没有提到"（第 35 页）。

（1）短语："Long-term advantage"．这是经济学术语，意思是"**长期优势**"。两个译本都解读为"长期利益"，值得商榷。

（2）短语："Conform to"．H 本："符合"；X 本："遵守"。X 本的解读优于 H 本。

（3）单词："Outweighing"．这个词汇表达的意思不是做量上比较，而是人与人的得失何者更加重要，更应当被认真对待或认真评估。这也是后来德沃金提出"认真对待权利"概念，强调政府治下的每一个公民权利都应当被平等对待的重要原因。在这一点上，罗尔斯和德沃金立场一致。休谟没有从量上比较人际得失，根本没有提出这个观点，所以罗尔斯认定他不是古典效用论者。

5. 原文："**Common good**"（p.29）。H 本："共同利益"（第 26 页）；X 本："共同的善"（第 35 页）。它和前文提到的"社会普遍利益和必需品"（general interests and necessaries of society）是同义的。因此，X 本的解读是不恰当的。它在同一个段落的另一语句中将"common good"解读为"共同利益"则是正确的。

6. 原文："**When they are to everyone's interests**"（p.29）。H 本："当制度适合于所有人的利益时"（第 26 页）；X 本："只要体制符合每一个人的利益"（第 35 页）。"符合每一个人的利益"和"适合于所有人的利益"在语义上是有所不同的。**新解**："当制度符合每个人的利益时"。

7. 原文："**For the role of equal rights in Locke is precisely to ensure that the only permissible departures from the state of nature are those which respect these rights and serve the common interest**"（p.29）。H 本："在洛克那里，平等权利的作用正在于保证对自然状态的唯一被允许的脱离是那些尊重这些权利和服务于公共利益的脱离"（第 26 页）；X 本："因为在洛克的理论中，平等权利的作用就是保证唯一可以允许的背离自然状态的行动只能是尊重这些权利和为共同利益服务的行动"（第 36 页）。这里的"those"很关键，H 本："那些……脱离"；X 本："那些……行动"。**新解**："那些……

人"。脱离自然状态的，既不是"脱离"本身，也不是什么"行动"，他们是"人"，是"那些尊重这些权利和服务于公共利益的人"，也就是罗尔斯接下来提到的"理性人"。因此，两个译本解读得既啰唆又没有准确传达原文的意思。**新解**："在洛克那里，平等权利的作用正是在于保证，唯一允许脱离自然状态的是尊重平等权利且服务于共同利益的人。"

8. **原文**："Hume nowhere disputes the propriety of these constraints"（p. 29）。H本："休谟在任何地方都没有争论这些限制是否适当"（第26页）。**新解**："休谟在任何地方都没有对这些限制的适当性表示过异议。"

【诠释】

在着手比较公平正义和效用论时，我心中牢记的只是古典效用学说。它既是边沁和西季威克的观点，也是效用论经济学家埃奇沃思和庇古的观点。休谟推崇的那种效用论，不符合本人的目的；事实上，它严格说来算不得是效用论。例如，在反对洛克契约论的著名论证中，休谟坚持认为，忠实原则和忠诚原则在效用上有着相同的基础，因此，奠基于初始协议的政治职责将得不到什么好处。在休谟看来，洛克学说代表某种不必要的搪塞：人们不妨直接诉诸效用。① 但是休谟所说的效用，似乎都是指社会普遍利益和必需品。忠实原则和忠诚原则在以下意义上派生自效用原则：除非这些原则得到普遍尊重，否则，就不可能维持社会秩序。不过，休谟认为，当法律与政府遵循奠基于效用的准则时，每个人都会从对自身长期优势的判断中获益。他没有提及一些人的收益抵过其他人的损失。因此，在休谟看来，效用似乎等同于某种形式的共同利益；至少从长远来看，当制度符合每个人的利益时，它们就满足效用的要求。假如对休谟作如上解析是正确的，那么休谟的主张和正义的优先性就不存在冲突，和洛克契约论也就不存在矛盾了。在洛克那里，平等权利的作用正是在于保证，唯一允许脱离自然状态的是尊重平等权利且服务于共同利益的人。显然，洛克所赞成的自然状态的所有转变（改造）都满足这个条件；并且，在平等状态下，所有关心促进自身目标的理性人，都会同意那样的转变。休谟在任何地方都没有对这些限制的适当性表示过异议。当休谟批评洛克契约论时，

---

① 休谟："论初始契约"（"On the Original Contract"），收录于休谟《道德、政治和文学文集》，格林（T. H. Green）和格罗斯（T. H. Grose）编，第1卷，伦敦，1875年版，第454页及以后。——原注

他从未否认其基本论点，甚至看似承认其基本论点。①

【原文】§6 – 9 – pp. 29 – 30

【评析】

1. 原文："**The merit of the classical view as formulated by Bentham, Edgeworth, and Sidgwick is that it clearly recognizes what is at stake, namely, the relative priority of the principles of justice and of the rights derived from these principles**"（p. 29）。H 本："由边沁、埃奇沃思和西季威克所概括的古典功利观点的长处是它清楚地认识到那个关键性的东西：正义原则和由这些原则确立的权利的相对优先"（第 26 页）；X 本："边沁、埃奇沃思和西奇威克所提出的这个古典观点的优点是：它显然认识到了什么是得失攸关的大事，就是说，认识到了正义原则和从这些原则派生出来的权利的相对优先问题"（第 36 页）。这里涉及罗尔斯的两个重要观念：一个是"正义原则的相对优先性"，另一个是"由正义原则派生的权利的相对优先性"。后者提到的权利不是"正义原则确立的权利"，因为无论是正义原则的相对优先性，还是权利的相对优先性，都是由理性人确立起来的。所以，两个译本的解读都是不确切的。

2. 原文："**The question is whether the imposition of disadvantages on a few can be outweighed by a greater sum of advantages enjoyed by others; or whether the weight of justice requires an equal liberty for all and permits only those economic and social inequalities which are to each person's interests**"（p. 29）。H 本："问题是：对一些人的损害是否能够被一种其他人享受较大的利益总额绰绰有余地抵消，或者，正义是否要求一种对所有人的平等的自由，且只允许那些有利于所有人的经济和社会的不平等存在"（第 26 页）；X 本："问题是，一些人蒙受损失是否会由于另一些人更大的利益总量而变得不重要起来；或者说，强调正义是否就是要求人人都能得到平等自由权，而只有符合每个人的利益的那些经济和社会不平等才是可以允许的"（第 36 页）。

---

① 罗尔斯在这里表示他反对的古典效用论主要是边沁和西季威克的效用论，休谟的效用论不是他反对的效用论版本。他分析了休谟和洛克在对待效用问题上的异同，认为休谟没有否认洛克契约论的基本论点。实际上，罗尔斯在建构公平正义理论时，从休谟那里获取的思想资源超过了其他任何一位近代政治思想家，甚至超过了康德。另一个对罗尔斯有着相似影响的近代思想家是亚当·斯密。这是罗尔斯政治哲学中的苏格兰启蒙因素。

因为这个语句涉及罗尔斯批评的效用正义观念的要害，值得认真推敲。要想准确解析这句话，理解几个语词和短语的对应关系就显得非常重要。它们是"强加于……"（imposition of）和"享受着……"（enjoyed by）、"个别人"（a few）和"其他人"（others）、"不利因素"（disadvantages）和"更多有利因素"（a greater sum of advantages）、"要求"（requires）和"允许"（permits）、"平等自由"（equal liberty）和"经济不平等和社会不平等"（economic and social inequalities）。基于上面诸多对应关系，笔者做出如下评析：

（1）短语："The imposition of disadvantages on a few"。H本："对一些人的损害"；X本："一些人蒙受损失"。两者都体现不出那种强制性或迫不得已，也表达不出受损的人只是"极少数""个别人"或"少许人"，而不是"与多数人相对的少数人"或含糊的"一些人"，因此它应当解析为"**强加于个别人的损失**"，而不是"对一些人的损害"。

（2）短语："A few"。两个译本把它解读为"一些人"，不够确切。

（3）短语："Can be outweighed by"。它表示"**可以被抵消**"或"**变得不重要起来**"，而不是"可以被绰绰有余地抵消"。在这一点上，X本优于H本。

（4）短语："A greater sum of advantages"。H本："较大的利益总额"；X本："更大的利益总量"。**新解："较大优势总量"** 更加符合文本本意，且更加贴近汉语用语习惯。

（5）短语："The weight of justice"。**新解："正义的权重"**。两个译本漏掉了短语"the weight of justice"中的"weight"，大大减弱了这句话要表达的含义。"weight"一般指物的权重、重量、分量、重要性，此处可以引申为"价值"。在日常生活中，人们有时会询问，正义有多大的重量？公平正义所推崇的正义的优先地位，和某些公共权力甚至特权相比，哪一个更加重要，或者更有力量？2017年有一部国产电视剧，片名就叫《正义的重量》，非常符合"the weight of justice"的意思。

3. **原文**："Implicit in the contrasts between classical utilitarianism and justice as fairness is a difference in the underlying conceptions of society"（p.29）。H本："在古典的功利主义和公平的正义之间的对照中隐含着一种根本的社会观的差别"（第26页）；X本："在对古典功利主义和正义即公平理论所作的比较中，有一点是毫无疑问的，那就是，在一些基本的社会观之间存在着某种差异"（第36页）。罗尔斯在这里强调它们是两种针锋相对的社会观念。X本的解读显然优于H本。

4. 原文："In the one we think of a well-ordered society as a scheme of cooperation for reciprocal advantage regulated by principles which persons would choose in an initial situation that is fair, in the other as the efficient administration of social resources to maximize the satisfaction of the system of desire constructed by the impartial spectator from the many individual systems of desires accepted as given. The comparison with classical utilitarianism in its more natural derivation brings out this contrast"（pp. 29-30）. H 本："在我们的理论里，我们把一个良序的社会设想为一个由那些人们在一种公平的原初状态中将选择的原则来调节的互利互惠的合作体系，而在古典功利主义的理论中，组织良好的社会则被设想为一种对社会资源的有效管理，这种管理能最大限度地增加由不偏不倚的观察者从许多既定个人欲望体系建构起来的欲望体系的满足。与古典功利主义的较自然的推论的比较，使我们看清了这一对照"（第 26—27 页）；X 本："一方面，我们把一个井然有序的社会看作是一种促进互利的合作安排，而支配这种安排的就是人们在一种公平的原始状态中可能会选择的一些原则；另一方面，我们又把这种社会看作是对用来最大限度地满足欲望系统的社会资源的有效管理，而这些欲望是正义的旁观者根据许多个人已知的欲望系统构想出来的。只要与古典功利主义的自然偏向比较一下，这种差异也就显示出来了"（第 36 页）。

（1）短语："In the one... in the other..."。H 本："在我们的理论里……而在古典功利主义的理论中"；X 本："一方面……另一方面"。笔者认为，"in the one"应当指"in the one of the underlying conceptions of society"，即"**按照公平正义的基本社会观念**"，而不是指"在我们的理论中"；同样地，"in the other"应当指"in the other of the underlying conceptions of society"，即"**按照古典效用论的基本社会观念**"，而不是指"在古典功利主义的理论中"。如果说 H 本解读得不够确切，那么 X 本则完全解读错了。

（2）短语："Scheme of cooperation"。H 本："合作体系"；X 本："合作安排"。**新解**："**合作计划**"。

（3）短语："Reciprocal advantage"。H 本："互利互惠"；X 本："互利"。**新解**："**对等优势**"。

【诠释】

边沁、埃奇沃思和西季威克论述的古典效用论的优点是，它明确抓住了要害，亦即正义原则的相对优先性和派生自这些原则的诸多权利（rights）的相对优先性。问题是，强加于个别人的不利因素是否能被他人享有的较大优势（或利益）总量所抵消；或者，正义的权重是否大到要求所有人都享有平等的自由，并且只允许那些符合每个人利益的经济不平等和社会不平等；在古典效用论和公平正义的对比中，隐含着在一些基本社会观念方面的某种差异。按照公平正义的基本社会观念，我们把良序社会看作为了追求对等优势而实行的一项合作计划，对等优势受到人们在初始位置上选择的原则的调节，那样的社会是公平社会；按照古典效用论的基本社会观念，良序社会被视为对用来最大限度地满足各种欲望的社会资源的有效管理，那些欲望是公道的观察者根据众多既定的个体欲望构想出来的。通过从其较为自然的源头上来比较古典效用论，我们作了如上对比。

§7 直觉论
Intuitionism

【题解】

在价值领域，总是存在一些无法证明的直觉知识或直觉判断。逻辑实证主义否定它们的真理性，像艾耶尔那样把它们当作情绪表达而给予明确拒绝。价值判断无所谓真假，也没有客观有效性。关于它们的原因和结果只能从心理学和社会学上加以研究。这是一种彻底的自然主义知识论和真理观念。罗尔斯对此持保留态度。

罗尔斯在这一节讨论了直觉论的道德观念和正义观念，并且表示，任何一种道德理论和正义理论都多少具有直觉的成分。他倡导的公平正义理论也是如此。直觉论在知识论上同独断论有着密切联系，因此，任何道德理论和正义理论都有独断的因素，公平正义理论也是如此。罗尔斯对于直觉论的一定认可，可以为证明公平正义理论的合理性提供一种知识论辩护。罗尔斯通过提出评判不同正义观念的优劣标准，进而提出解决不同正义观念排序问题的办法，尝试克服直觉论的局限性，从而克服在正义观念上的多元论难题，以期找到一种令人信服的正义观念，作为整个正义理论的基础。因此，即使罗尔斯承认直觉论，也是一种最低限度的直觉论。直觉论是其正义理论论证中试图给予克服的对象。

在这一节中，罗尔斯运用了许多经济学知识，尤其是一些数学知识，它们必须从社会科学角度而不是哲学角度给予解读。而在这一方面，H 本和 X 本犯了不少类似的错误。①

【原文】§7-1-p.30

【评析】

1. 原文："**An irreducible family of first principles**"（p.30）。H 本："一组不能再追溯的最初原则"（第 27 页）；X 本："一批不可化约的基本原则"（第 37 页）。这里的词语"irreducible"是数理逻辑术语，意为"不可约的""不可还原的"；短语"first principles"是哲学术语，可以解析为"第一原则""第一原理""基本原则""基本原理"。这里解读为"首要原则"，以示与公平正义的第一原则相区别。**新解**："一组不可约的首要原则"。

2. 原文："**A certain level of generality**"（p.30）。H 本："某种一般原则的水平"（第 27 页）。原文没有提到"原则"，当然不会有"某种一般原则的水平"。**新解**："一定程度的一般性"。

3. 原文："**Higher-order constructive criteria**"（p.30）。H 本："更高的建设性标准"（第 27 页）。**新解**："高阶的建设性标准"。

4. 原文："**Proper emphasis**"（p.30）。H 本："恰当地衡量"（第 27 页）。"proper emphasis"是"proper weight"的另一表达式。**新解**："适当权重"。

5. 原文："**In particular types of cases**"（p.30）。H 本："在某些特殊情况下"（第 27 页）。**新解**："在特殊类型的案例中"。

6. 原文："**Priority rules**"（p.30）。H 本："更优先的规则"（第 27 页）。**新解**："优先性规则"。

7. 原文："**Strike a balance**"（p.30）. H 本："决定衡量"（第 27 页）**新解**："求得平衡"。

【诠释】

本人将以与习惯约定其所是的样子相比更一般的方式来考察直觉论，

---

① 参阅蔡蓁"社会直觉主义模型与道德推理的作用"，《道德与文明》2019 年第 1 期。丁雪枫："论罗尔斯正义理论的直觉主义性质"，《中共浙江省委党校学报》2007 年第 2 期。吴映平："功利主义何以避免直觉主义的非难——论 R. M. 黑尔对直觉反例的回应"，《四川大学学报》2015 年第 3 期。熊浩："反思均衡、道德证明和融贯论"，《哲学分析》2012 年第 2 期。曾志："道德判断与伦理学的情感主义化"，《北京大学学报》2006 年第 5 期。

也就是说，我把直觉论理解为这样一种学说：存在一组不可约的首要原则，我们务必通过追问以下问题来权衡那些原则：根据我们的深思判断，哪一个均衡是最为正义的？直觉论者坚持认为，一旦我们达到一定程度的一般性，就不再有高阶的(higher-order)建设性标准，用来确定这些竞争性正义原则的适当权重。尽管道德事实的复杂性需要诸多不同原则，但是不存在解释它们或衡量它们的单一标准。因此，直觉论理论有两大特点：首先，它们由许多首要原则构成，这些原则可能互相冲突，在特殊类型的案例中会给出截然相反的指令；其次，它们没有包含用来衡量那些互相冲突的原则的明确方法和优先性规则：我们只是凭着直觉，依靠在我们看来是最为接近正确的东西(most nearly right) 来求得平衡。纵使存在优先性规则，它们也被视为多少无足轻重的，不会对给出判断有实质性帮助。①②

---

① 这种直觉论可见于巴里《政治论证》(*Political Argument*)，伦敦：劳特利奇与基根—保罗出版社1965年版，第4—8页，尤其是第286页及以后；布兰特：《伦理学概论》，新泽西英格伍德克利弗斯：普兰梯利—霍尔出版社1959年版，第404、426、429页及以后，在那里效用原则与平等原则结合在一起；尼古拉斯·雷舍尔（Nicholas Rescher）：《分配正义》，纽约：波布斯—米内尔出版社1966年版，第34—51、115—121页，该书从有效平均（effective average）概念导出类似限制。诺齐克（Robert Nozick）讨论了在阐发这和直觉论中存在的一些问题。参阅诺齐克"道德遵循和道德结构"（"Moral Complications and Moral Structures"），《自然法论坛》1968年第13卷。传统直觉论包括若干知识论论题，例如道德原则的自明性和必然性论题，其代表性论著有摩尔（G. E. Moore）《伦理学原理》，剑桥：剑桥大学出版社1903年版，特别是第一章和第六章；普里查德（H. A. Prichard）的论文和讲演，收录于普里查德《道德职责》，牛津：克莱伦顿出版社1949年版，尤其是第一篇论文："道德哲学是建立在错误之上的吗？"（"Does Moral Philosophy Rest on a Mistake?", 1912）；罗斯（W. D. Ross）：《正当与善》（*Right and the Good*），牛津：克莱伦顿出版社1930年版，特别是第一、第二章；罗斯：《伦理学基础》，牛津：克莱伦顿出版社1933年版。亦参阅普莱斯（Richard Price）在18世纪撰写的论著：《道德原则问题评析》第3版，1787年版，拉菲尔（D. D. Raphael）编，牛津：克莱伦顿出版社1948年版。有关古典直觉论的新近讨论，参阅麦克洛斯基（H. J. McCloskey）《元伦理学与规范伦理学》，海牙：马提尼—尼尔霍夫出版社1969年版。——原注

② 直觉论在知识论上最终会陷入主观相对主义和怀疑论。即使真理存在，也只是相对的。在价值领域，人们只能跟着感觉走。价值多元论是直觉论的另一个后果。因此，当我们读到如下语句时，伯林的自由学说既是典型的价值多元论的，也是典型的直觉论的："这种进退两难在逻辑上是不可解决的：我们既不能牺牲自由，又不能牺牲捍卫自由所需的组织，也不能牺牲最低限度的福利。"（伯林：《论自由》，胡传胜译，译林出版社2003年版，第102页。）同样地，当我们读到罗蒂关于"正义是较大的忠诚"（justice as larger loyalty）的论证时，我们会产生相同的感觉："假如我们更坦然地表示我们是种族中心论的，而更少专有地表现为博爱论的，那么我们西方人为了设法使每一个人都像我们自己而使用的那种修辞学将会得到提高。如下说法将变得更加可取：我们西方人在这里看到的好像是停止蓄奴、教育妇女、分离宗教和政治等的结果。这种情况发生于我们开始把某些民族差异看作随意的而不是充满道德意义的时候。假如你们试着以那种方式来对待它们，那么你们可能也会有那些结果。"（Richard Rorty, *Philosophy as Cultural Politics*, Cambridge: Cambridge University Press, 2007, p. 55）

【原文】§7 – 2 – pp. 30 – 31

【评析】

罗尔斯在这里谈到了直觉论的知识论基础,一种多元论和相对论的知识观念和真理观念。但他只是点到为止,没有充分展开这一论题。[1] 20世纪30年代直觉论元伦理学代表人物有摩尔和罗斯。摩尔在《伦理学原理》(*Principia Ethica*)中主张,善是伦理学的最基本概念。善是简单的、无法定义的和非自然的(simple, indefinable and non-natural)。"假如有人问我,'什么是善?'我的回答是,'善就是善',并且就这么结束。或者,假如有人问我'怎样给善下定义?',我的回答是'善不可定义',并且就说这么多。"[2] 摩尔表示,在认识到善的这些属性之后,哲学家们将拒绝"自然主义谬误"(Naturalistic Fallacy)[3]。但是正当和善可以被人直接把握、是自明的。罗尔斯在这里含蓄地提到了直觉伦理学的"知识论承诺"问题。他在其他地方提到了摩尔和罗斯,但在这里没有提及他们。

1. 原文:"Moral principles when suitably formulated express self-evident propositions about legitimate moral claims"(p. 31)。H本:"恰当概括的道德原则表达了合法的道德要求的自明命题"(第28页);X本"适当提出来的道德原则也表达了合法道德要求的不证自明的主题"(第38页)。

(1)短语:"Suitably formulated"。H本:"恰当概括的";X本:"适当提出来的"。**新解**:"得到恰当表述的""得到恰当阐述的"或"得到恰当阐发的"。

(2)短语:"Self-evident propositions"。它是分析哲学的概念,意为"自明命题"或"不证自明的命题"。

(3)短语:"Legitimate moral claims"。一般解读为"正当合理的道德主张"或"正当的道德诉求"。

2. 原文:"These characteristic epistemological doctrines are not a necessary part of intuitionism as I understand it. Perhaps it would be better

---

[1] 关于伯林价值多元论的讨论,参阅张国清"在善与善之间:伯林的价值多元论难题及其批判"《哲学研究》2004年第7期。

[2] G. E. Moore, *Principia Ethica*, Revised Edition, Thomas Baldwin, ed., Cambridge: Cambridge University Press, 1993, p. 58

[3] G. E. Moore, Preface to *Principia Ethica*, Revised Edition, Thomas Baldwin, ed., Cambridge: Cambridge University Press, 1993, p. 17

if we were to speak of intuitionism in this broad sense as pluralism. Still, a conception of justice can be pluralistic without requiring us to weigh its principles by intuition. It may contain the requisite priority rules"（p. 31）。H 本："这些具有认识论特征的观点并不是我所理解的直觉主义的一个必要组成部分。也许我最好还是在一种广义多元论的意义上谈论直觉主义。一种不要求我们靠直觉来衡量其原则的正义观也能是多元论的。它可能包含必要的优先规则"（第 28 页）。X 本："这些具有认识论特点的理论，不是我所理解的直觉主义的必要的组成部分。也许我们最好还是把这种广义的直觉主义说成是一种多元论。不过，某种正义观也可以是多元论的，它不需要我们依靠直觉去权衡它的原则。它可能包含有必不可少的优先规则"（第 38 页）。两个译本的解读大体上都说得过去，不过仍然有些细节可以优化。比如：

（1）短语："These characteristic epistemological doctrines"。H 本："这些具有认识论特征的观点"显然不妥当；X 本："这些具有认识论特点的理论"也差强人意。**新解："这些特定的知识论学说"**。

（2）短语："To speak of intuitionism in this broad sense as pluralism"。H 本："在一种广义多元论的意义上谈论直觉主义"；X 本："把这种广义的直觉主义说成是一种多元论"。H 本的解读是错的，X 本则是正确的。

3. 原文："**How far such a view is committed to certain epistemological theories is a separate question**"（p. 31）。H 本："至于这样一种观点在多大程度上承诺了某些认识论理论，则是另外的一个问题"（第 28 页）；X 本："至于这种观点在多大程度上与某种认识论有关系，那就是另外一个问题了"（第 38 页）。"知识论承诺"（epistemological commitment）是一个重要的分析哲学论题，在休谟和康德的知识论中就得到了全面讨论。X 本没有解读出这个术语。就这个语句来说，H 本的解读好于 X 本。

【诠释】

其他一些争论也多与直觉论相关，比如，正当概念和善概念是不可分析的，得到恰当表述的道德原则表达了正当的道德诉求的自明命题，如此等等。不过，本人将搁置这些问题。这些特定知识论学说不是我所理解的直觉论的必要组成部分。如果我们把这种广义直觉论说成多元论，也许会更好些。即使一种正义观念不要求我们凭直觉来衡量其原则，它仍然可以是多元论的。它可以包含必要的优先性规则。要想强调在平衡原则时直接诉诸我们的深思判断，以这种更一般的方式来考虑直觉论似乎是恰当的。

至于这种观点对一些知识论理论做了多少承诺，则是另一个问题。①

【原文】§7-3-p.31

【评析】

1. 原文："**Not only are our everyday notions of this type but so perhaps are most philosophical doctrines**"（p.31）。H本："不仅包括我们日常生活中的直觉性概念，也许还包括大多数哲学理论"（第28页）；X本："不但有我们日常的这类观念，而且也许还有最富哲学意味的理论"（第38页）。X本把"most philosophical doctrines"解读为"最富哲学意味的理论"显然是错误的。它的正确意思是"**绝大多数哲学学说**"。

2. 原文："**One way of distinguishing between intuitionist views is by the level of generality of their principles. Common sense intuitionism takes the form of groups of rather specific precepts, each group applying to a particular problem of justice. There is a group of precepts which applies to the question of fair wages, another to that of taxation, still another to punishment, and so on**"（p.31）。H本："区别各种直觉主义观点的一个办法是根据它们的原则的一般性程度。常识性的直觉主义采取多组相当具体的准则的形式，每一组都适用于一种特殊的正义问题。有的适用于公平工资的问题，有的适用于征税的问题，还有的适用于刑罚的问题等等"（第28页）；X本："区别各种直觉主义观点的一个办法，就是看它们的原则所达到的概括高度。常识性的直觉主义以若干类相当明确的准则的形式出现，每一类准则适用于某个具体的正义问题。一类准则适用于合理工资问题，另一类准则适用于税收问题，还有一类准则适用于惩罚问题，等等"（第38页）。

（1）短语："The level of generality"。H本："一般性程度"；X本："概括高度"。H本的解读是正确的，X本则是错误的。

（2）短语："The form of groups of rather specific precepts"。H本："多组相当具体的准则的形式"；X本："若干类相当明确的准则的形式"。H

---

① 关于正义观念和正义原则的论证总是摆脱不了一定的直觉判断。人的直觉并不一定是错误的，尤其是在道德原则或正义原则的筛选上。正像罗尔斯没有完全拒斥效用论那样，他也没有完全拒斥直觉论；罗尔斯对至善论也是持着相似的态度。当然通过比较研究，他最终认为，公平正义原则是最为合理的。正义是社会制度首要德性，这个命题是罗尔斯通过比较不同正义观念和道德原则，尤其通过比较古典效用观念和效用原则后，最终得出的结论。

本的解读优于 X 本。

（3）短语："Fair wages". H 本："公平工资"；X 本："合理工资"。H 本的解读是正确的。

（4）单词："Taxation". H 本："征税"；X 本："税收"。两个解读都成立，不过解读为"税收"更好些。

（5）单词："Punishment". H 本："刑罚"；X 本："惩罚"。**新解**："处罚"。

3. 原文："**In arriving at the notion of a fair wage, say, we are to balance somehow various competing criteria, for example, the claims of skill, training, effort, responsibility, and the hazards of the job, as well as to make some allowance for need**"（p. 31）. H 本："比方说，在形成公平工资的概念中，我们要平衡那些多少有些冲突的标准——例如技术、训练、表现、职责、工作的危险程度等方面的要求，还要考虑到需求的因素"（第 28 页）；X 本："比如说，如果要得到关于合理工资的观念，我们不仅要考虑需要的问题，而且还要设法比较各种不同的标准，例如对技术、训练、勤奋、责任心、工作危险性等要求"（第 38 页）。

（1）短语："To balance somehow various competing criteria". H 本："平衡那些多少有些冲突的标准"；X 本："设法比较各种不同的标准"。两个解读都不是很准确。**新解**："**设法平衡各种相互竞争的标准**"。

（2）短语："Skill, training, effort, responsibility, and the hazards of the job". H 本："技术、训练、表现、职责、工作的危险程度"；X 本："技术、训练、勤奋、责任心、工作危险性等要求"。**新解**："**技能、培训、勤奋、责任、工种危害因素**"。其理由是，"skill"解读为"技能"比"技术"要恰当些；"the hazards of the job"是专业术语，解读为"工种危害因素"比"工作的危险程度"或"工作危险性"要好一些。坊间存有一份"各工种职业病危害因素分布一览表"，里面详细列举了不同工种的危害因素。

4. 原文："**No one presumably would decide by any one of these precepts alone, and some compromise between them must be struck. The determination of wages by existing institutions also represents, in effect, a particular weighting of these claims. This weighting, however, is normally influenced by the demands of different social interests and so by relative positions of power and influence**"（p. 31）. H 本："大概没有人会仅仅根据这些准则中的一个来作决定，而是必须在这些准则之间做出某种平衡。现有制度对工资的决定实际上也就代表着对这些要求的一种特定衡量。然

而，这种衡量一般都受到不同社会利益的各种要求的影响，也受到相对的权势地位的影响"（第 28 页）。X 本："大概不会有人仅仅根据这些准则中的任何一条来作出决定，而且必须从这些准则中找到一种兼顾的办法。按现有体制来确定工资，事实上也就是表示对这些要求作出某种评价。然而，这种评价还常要受到不同社会利益要求的影响，也要受到权势的相对地位的影响"（第 38 页）。

（1）短语："Some compromise"。H 本："某种平衡"；X 本："一种兼顾的办法"。**新解**："某种妥协"。

（2）语句："The determination of wages by existing institutions also represents, in effect, a particular weighting of these claims"。H 本："现有制度对工资的决定实际上也就代表着对这些要求的一种特定衡量"；X 本："按现有体制来确定工资，事实上也就是表示对这些要求作出某种评价"。两个译本的解读都表述得含糊不清，且不准确。这个语句的关键短语在于"a particular weighting of these claims"，两个译本都没有正确解读这个短语。它的确切意思是"这些要求的某种特定权重"。**新解**："按现有制度来规定工资实际上也表现了这些要求的某种特定权重。"

（3）短语："Relative positions of power and influence"。H 本："相对的权势地位"；X 本："权势的相对地位"。**新解**："权势之相对位置"。

5. 原文："**Those with more ability and education are prone to emphasize the claims of skill and training, whereas those lacking these advantages urge the claim of need. But not only are our everyday ideas of justice influenced by our own situation, they are also strongly colored by custom and current expectations**"（p. 31）。H 本："那些较有技术和受过教育的人趋向于强调技术和训练方面的要求，而那些缺少这些优势的人们则强调需求的因素。而且不仅我们自己的处境在影响着我们的日常正义观，这种正义观也带有风俗和当前预期的色彩"（第 28 页）。X 本："有较大能力和受过较多教育的人，往往会强调对技术和训练的要求，而不具备这些条件的人，则竭力提出对需要的要求。但是，我们日常的正义概念不但要受我们自己地位的影响，而且还带有习惯和现有期望的强烈色彩"（第 38—39 页）。H 本的解读优于 X 本，虽然两个译本都存在不少问题。

【诠释】

照此理解，就存在着多种直觉论。不仅我们的日常观念是直觉论的，而且绝大多数哲学学说也是直觉论的。区分各种直觉论观点的一个办法是以其原则的一般性程度为依据。常识直觉论采取多组相当具体的规则形式，每一组规则适用于特殊的正义问题。有的适用于公平工资问题，有的适用于税收问题，还有的则适用于处罚问题，如此等等。比如说，在形成公平工资概念时，我们既要考虑需求因素，也要设法平衡各种相互竞争的标准，如技能、培训、勤奋、责任、工种危害因素等的要求。估计没有人会单凭这些准则中的任何一条准则来做决定，而是必须在它们之间达成某种折中。按现有制度来规定工资实际上也表现了这些要求的某种特定权重。然而，这种权重通常既受到不同社会利益要求的影响，也受到权势之相对位置的影响。因此，它可能不符合任何人持有的公平工资观念。因为利益不同的人倾向于强调有利于实现自己目的的标准，这种情形尤其可能是真的。比较能干且受过教育的人，倾向于强调技能和培训（训练）要求；缺少如此优势的人，则竭力强调需求的要求。我们的日常正义观念不仅受到自身所处情境的影响，而且受到习惯和当下预期的强烈影响。那么，我们用什么标准判定习惯本身的正义性和当下预期的合法性呢？为了达成某种程度的谅解和协议，那种谅解和协议将超越处理竞争性利益的就事论事办法，摆脱现有习惯和既定预期，就有必要采取更一般的方案，来确定这些准则的平衡，至少把那种平衡限定在一些较小的范围里。①

【原文】§7-4-p.32

【评析】

需要注意的是，当直觉论与具体的社会问题和政治问题联结在一起时，它便涉及对各种社会政策及其目标的评价。在这一方面，直觉论往往以相关社会科学学说的面目出现。涉及的学术术语就不再是哲学性质的，而是社会科学性质的。如果我们仍然用哲学术语来解读这些属于社会科学的专业术语，就可能犯下错误。H本的解读错误大多与此有关。因为这是知识类型的错误，所以，它是一种系统性错误，由此造成的混乱是严重的。

---

① 常识直觉论，主要指创立于18世纪的苏格兰常识学派，其代表人物有与休谟生活于相同年代的托马斯·李德（Thomas Leid, 1710-1796）和略晚一些的杜格尔德·斯图尔特（Dugald Stewart, 1753-1828）。他们认为，真理标准知识是常识；道德起源于常识；道德原则是必然真理的基本原则；道德原则不能证明，但它是自明的。在19世纪，这一学派流行于英国，并在欧美产生一定影响，美国哲学家汉密尔顿（Lewis Hamilton, 1788-1856）、美国实用主义创始人查尔斯·桑德斯·皮尔士（Charles Sanders Peirce, 1839-1914）、法国生命直觉论哲学家亨利·柏格森（Henri Bergson, 1859-1941）和英国分析哲学创始人摩尔都受其影响。它是现代生命哲学、实用主义和分析哲学的共同思想源泉。

1. 原文："Then, given the desired weighting of these aims, and the existing institutional setup, the precepts of fair wages, just taxation, and so on will receive their due emphasis"（p. 32）。H 本："那么，鉴于人们想在这些目标之间进行平衡，也鉴于现存的制度安排，公平工资和正义税收等方面的准则就会得到应有的重视"（第 28—29 页）。H 本的译文存在可商榷之点：

（1）短语："Given the desired weighting of these aims"。它可以解析为"**给定这些目标的预期权重**"，表示这些目标的权重是"给定的"（given），是不再变动的，是人们对它们的平衡已经完成了的，因此不能解析为"鉴于人们想在这些目标之间进行平衡"。

（2）短语："Just taxation"。它是专业术语，一般解读为"**公平征税**"，而不是"正义税收"。当然，照字面解析，H 本的解读也是成立的，只是不符合汉语习惯。

2. 原文："We may follow a policy which has the effect of stressing skill and effort in the payment of wages, leaving the precept of need to be handed in some other fashion, perhaps by welfare transfers"（p. 32）。H 本："我们可能遵循一种在工资政策上强调技术和表现的政策，而用另一种方式（也许是福利救济）来处理生活需求问题"（第 29 页）。H 本译文存在的问题主要有：

（1）单词："Skill"。一般解读为"**技能**"，而不是"技术"。"技能"是一个综合概念，而"技术"是一个工科概念。

（2）单词："Effort"。一般解读为"**努力**""**勤奋**"，不能解析为"表现"。

（3）短语："Payment of wages"。一般解读为"**工资支付**"，而不能解读为"工资政策"。

（4）短语："Precept of need"。一般解读为"**需求准则**"。H 本把它解读为"生活需求问题"还是离原意较远。

（5）短语："Welfare transfers"。一般解读为"**福利转移支付**"，而不是"福利救济"。

3. 原文："An intuitionism of social ends provides a base for deciding whether the determination of fair wages makes sense in view of the taxes to be imposed"（p. 32）。H 本："对社会目标的一种直觉，为解决参照收税来决定公平工资是否合理的问题提供了一个基础"（第 29 页）。

（1）短语："An intuitionism of social ends"。H 本解析为"对社会目标的一种直觉"。**新解**："**一种有关社会目标的直觉论**"。

（2）短语："In view of the taxes to be imposed". H 本译为"参照收税"，漏掉了"to be imposed"即"要征收的"。**新解**："应当考虑要征收的各种税负"。

4. **原文**："How we weigh the precepts in one group is adjusted to how we weigh them in another"（p.32）。H 本："我们如何衡量一组准则，要根据我们衡量另一组准则的情况来调整"（第29页）。**新解**："我们如何衡量在一个群体中执行的准则，要依据我们如何衡量在另一群体中执行的准则来调整。"

5. **原文**："We have moved beyond the narrow de facto compromise of interests to a wider view"（p.32）。H 本："我们就从现实中较狭窄的利益调和达到了一种更为宽广的观点"（第29页）。**新解**："我们超越狭隘的就事论事的各种利益妥协，转向更广泛的视野。"

6. **原文**："Different weightings for these are not by any means trivial variations but often correspond to profoundly opposed political convictions"（p.32）。H 本："对它们的不同衡量不是因为任何琐碎的手段差异，而是常常来自各种深刻对立的政治信念"（第29页）。笔者认为 H 本的这句话完全解读错了：

（1）短语："Not by any means". 它的准确意思是"**决不**""**丝毫不**"，原文中没有"手段差异"，是 H 本的误读。

（2）短语："Trivial variations". 它的准确意思是"**细微的变化**"，可以引申为"**细小的微调**"。

（3）短语"Correspond to". 它的准确意思不是"来自……"，而是"**对……做出回应**"。

【诠释】

这样，我们就可以参照社会政策的某些目标来考虑正义问题。但是，这个方法可能要依靠直觉，因为它通常采取平衡各种经济目标和社会目标的形式。比如，假如配置效益（allocative efficiency）、充分就业（full employment）、更多的国民收入（larger national income）以及更加平等的国民收入分配（its more equal distribution）被接受为社会目标，给定这些目标的预期权重，给定现存的制度设置，那么公平工资和公平征税等准则将获得应有的重视。为了实现更高效率和更大公平，我们不妨执行这样的政策，它强调技能和勤奋在工资支付中的作用，并用另一种方式，也许通过福利转移支付，去处理需求准则。一种有关社会目标的直觉论，为解决以下问题提供平台：在合理地决定公平工资时，是否应当考虑要征收的各种税负呢？我们如何衡量在一个群体中执行的准则,要依据我们如何衡量在另一群体中执行的准则来调整。这样,我们设法把某种融贯性(coherence)引入正义判断;我们超越狭隘的就事论事的各种利益妥协,转向更广泛的视野。当然,在衡量政策的高阶目标本身时,我们还是要诉诸直觉,给予这些目标以不同权重。我们这样做,绝不只是细小的(可有可无的)微调,而是往往对各种深刻对立的政治信念做出的回应。

【原文】 § 7 – 5 – p. 32

【评析】

1. **原文:** "Aggregative-distributive dichotomy"(p. 32)。H 本:"总和—分配的二分法"(第 29 页);X 本:"总合—分配二分法"(第 40 页)。**新解:** "聚合—分布二分法"。

2. **原文:** "Aggregate well-being"(p. 32)。H 本:"福利总额"(第 29 页);X 本:"总合福利"(第 40 页)。**新解:** "聚合福利"。它表示福利分布不均衡、向着特定区域、行业或阶层聚合。虽然社会的福利总量不断提升,但是民众的总体幸福感并没有相应增加。

3. **原文:** "Distribution of advantages"(p. 32)。H 本:"利益分配"(第 29 页);X 本:"利益的分配"(第 40 页)。**新解:** "优势分布"。两个译本的误读,同它们误读"聚合—分布二分法"有关。就这段话来说,两个译本把握了原文大意,但在专业术语的准确性上有待改进。

【诠释】

经由各种哲学观念生成的原则,是最为一般的原则。它们不仅旨在说明社会策略的目标,而且旨在指明这些原则的重点在于相应地决定这些目标的平衡。为明白起见,我们将讨论一种基于聚合—分布二分法的相当简单且为人熟知的观念。它有两个原则:首先,设计社会基本结构的目标在于,在满足最大净余额的意义上,产生最大的善;其次,设计社会基本结构的目标在于,均等地分布满足。当然,这两个原则都有"假使其余情况均相同(ceteris paribus)"这个附款。在如此情况下,第一个原则,即效用原则,作为效率标准,促使我们在其他情况相同的条件下尽可能地生产大的总量(效率是首要原则,发展是硬道理);然而,第二个原则作为正义标准,限制追求聚合福利,拉平优势分布(公平也是首要原则)。

第一章　公平正义　　197

【原文】§7-6-pp.32-33

【评析】

1. 原文："**This conception is intuitionist because no priority rule is provided for determining how these two principles are to be balanced against each other. Widely different weights are consistent with accepting these principles**"（p.32）。H本："这个观点是直觉主义的，因为没有提供任何更优先的规则来决定这两个正义原则如何互相平衡。因此，对这些原则的接受容有非常不同的权衡"（第29页）；X本："这个概念是直觉主义概念，因为对于确定如何权衡这两条原则，这里并没有提供任何优先规则。极为不同的重点是与承认这两条原则相一致的"（第40页）。两个译本的解读还是存在明显问题：

（1）短语："This conception"。H本："这个观点"；X本："这个概念"。**新解："这种哲学观念"。**

（2）短语："Priority rule"。H本："更优先的规则"；X本："优先规则"。X本是正确的，H本的解读不够确切。**新解："优先性规则"。**

（3）短语："How these two principles are to be balanced against each other"。H本："两个正义原则如何互相平衡"；X本："如何权衡这两条原则"。正确的解读应当是"**这两个原则互相制衡的方式**"。

（4）短语："Widely different weights"。H本："非常不同的权衡"；X本："极为不同的重点"。**新解："相差很大的权重"。**

2. 原文："**For one thing, at different combinations of total satisfaction and degrees of equality, we presumably would give these principles different weights**"（pp.32-33）。H本："首先，在满足总额与平等程度之间不同的组合方式上，我们可能会赋予这些原则不同的权重"（第29页）；X本："首先，在总满足和平等程度的不同结合上，我们大概会赋予这些原则以不同的重点"（第40页）。

（1）短语："Total satisfaction"。H本："满足总额"；X本："总满足"。X本为正解。我们可以用函数来表示满足和均等程度的不同组合，但是我们不能用函数来表示"满足总额和平等程度之间的不同组合"，也不能用它来表示"总满足和平等程度的不同结合"。罗尔斯正是在后面进行了用函数来表示总体满意度和平等程度的不同组合的尝试。

（2）短语："Different weights"。H本："不同的权重"是正解。但是，

X 本："不同的重点"则是错误的。

3. **原文**："**If there is a large total satisfaction but it is unequally distributed, we would probably think it more urgent to increase equality than if the large aggregate well-being were already rather evenly shared**"（p.33）. H 本："如果存在一个很大的满足总额但却没有被平等地分配，那么我们可能会认为，相对于这一较大的总体福利已经被比较平均地分配的情况，增加平等是更为紧迫的事情"（第29页）；X 本："如果存在一种巨大的总满足，但对这种满足的分配是不平等的，那么我们十有八九会认为，更紧迫的是扩大平等，而不是这种巨大的总福利是否业已平均地得到分享"（第40页）。在这里，H 本没有掌握两个社会心理学术语：

（1）短语："Total satisfaction". H 本："满足总额"；X 本："总满足"。X 本为正解。

（2）短语："Aggregate well-being". H 本："总体福利"；X 本："总福利"。**新解**："聚合福利"。

就这个语句来说，X 本的解读好于 H 本。罗尔斯在这里表示的是，总满足和总福利是两个不同的衡量指标。有总福利的均衡分享，不一定带来总满足的均衡分布。为了实现总满足的均匀分布，就要采取除了聚合福利的均匀分享以外的其他社会和经济政策。这也是他的正义论不同于福利国家理论和福利经济学的重要方面。如果没有很好地解读前面两个术语，那么就会误解罗尔斯有关福利政策的思想。

【诠释】

因为这和哲学观念没有提供优先性规则，以决定这两个原则互相制衡的方式，所以它是直觉论的。接受这些原则容许相差很大的权重。毫无疑问，就绝大多数人事实上将如何平衡这两个原则的问题提出一些假定是很自然的。首先，在总满足和均等程度的不同组合上，我们可能给予这两个原则以不同的权重。例如，如果存在很大的总满足，但它分布不均匀，那么我们多半会认为，更加迫切的是增加总满足在分布上的均等程度，而不是大额度的聚合福利是否已经相当均匀地得到了分享。这一点可以用经济学家的无差异曲线技巧来予以更加形式的表述。① 假设我们可以测量基本

---

① 就运用这种技巧来说明直觉主义观点而言，参阅巴里《政治论证》，第3—8页。大多数谈及需求理论（demand theory）或福利经济学（welfare economics）的论著都包含某种解释。鲍莫尔（W. J. Baumol）：《经济理论与操作分析》第2版，新泽西英格伍德克利弗斯：普兰梯利—霍尔出版社1965年版，第九章。那里给出了易于理解的解释。——原注

结构的特殊安排满足这些原则的程度，并设正 X 轴，表示总满足；设正 Y 轴，表示均等（后者可能被认为在完全相等的情况下有一个上限）。基本结构的某种安排满足这些原则的程度，现在可以用平面的一个点来表示。

【原文】§7-7-pp.33-34

【评析】

在这个段落的解释中，图 1 和图 2 所标识的正 X 轴是"total welfare"，直译为"总福利"；另一概念"total satisfaction"亦即"总满足"是对"总福利"的表达。因为罗尔斯在这里用无差异曲线这样的数学方法来表达各个变量的相互关系。虽然它非常直观，但是，对于一些没有数学基础知识的中文解读者带来了不少困难。H 本和 X 本就因此出现了诠释之细节错误。

1. 原文："**Indifference curves are formed by connecting points judged equally just**"（p. 33）. H 本："无差别曲线是由连接同等正义的各点构成的"（第 30 页）；X 本："把判断为同样正义的点连接起来，就构成了无差异曲线"（第 41 页）。虽然表述略有不同，H 本和 X 本的解读都是正确的。**新解**："无差异曲线是由断定为均等地正义的连接点形成的。"

2. 原文："**The slope of the curve at any point expresses the relative weights of equality and total satisfaction at the combination the point represents; the changing slope along an indifference curve shows how the relative urgency of the principles shifts as they are more or less satisfied**"（p. 33）. H 本："曲线在任何一点的斜率都表示着平等与满足在这一点所代表的结合中的相对分量，沿着一条无差别曲线变化着的斜率反映了在原则或多或少被满足时原则的相对紧迫性的变化情况"（第 30 页）；X 本："曲线向任何一点的倾斜，表示由这个点所代表的结合点上平等和总满足的相对重要性；沿一条无差异曲线而变化的倾斜度，表示这些原则的相对迫切性是如何随着它们或多或少地得到满足而发生改变的"（第 41 页）。

（1）短语："Relative weights". H 本："相对分量"；X 本："相对重要性"。**新解**："相对权重"。

（2）短语："Equality and total satisfaction". H 本："平等和满足"；X 本："平等和总满足"。**新解**："均等和总满足"。

（3）短语："How the relative urgency of the principles shifts as they are more or less satisfied". 两个译本都错误解读了语句中的"they"，把它读成"原则"。实际上它应当解读为"均等与总满足"。**新解**："当均等与总满

足多少得到满足时，这两个原则（效用原则和均等原则）的相对紧迫性也随之发生变化。"

3. 原文："**Thus, moving along either of the indifference curves in figure 1, we see that as equality decreases a larger and larger increase in the sum of satisfactions is required to compensate for a further decrease in equality**"（pp. 33 - 34）. H本："这样，沿着图1中的一条无差别曲线行进，我们就可以看到：随着平等的减少，满足的总额就需要不断增大以补偿这种减少"（第30页）；X本："因此，只要沿着图1中无差异曲线中的任何一条前进，我们就可看到，随着平等的减少，需要有越来越大的满足总量来补偿平等的进一步减少"（第41页）。**新解："这样，沿着图1中的任意一条无差异曲线移动，我们就可以看到，随着均等的减少，就需要不断增加总满足，以补偿均等的进一步减少。"**

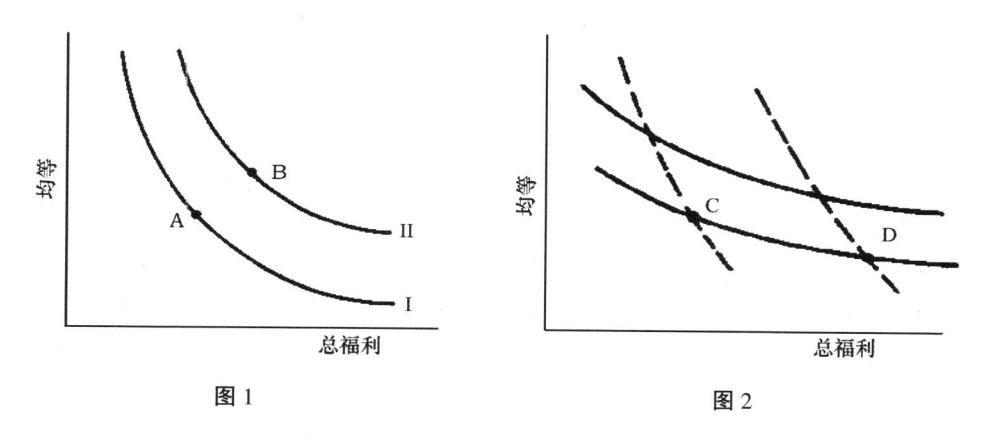

图 1

图 2

【诠释】

很明显，某一点在另一点的东北方向是更好的安排：它在两个方面都占有优势。例如，图1中B点优于A点。无差异曲线是由断定为均等地正义的连接点形成的。因此，图1中的曲线I由与曲线上的A点等额的点组成；曲线II由与B点等额的点组成，依此类推。我们可以假设这些曲线向右下方倾斜，并且彼此并不相交，否则它们所代表的判断将前后不一致。曲线向任意点的斜率表示，在由该点代表的组合上，均等和总满足的相对权重；沿着无差异曲线变化着的斜率反映了，当均等与总满足多少得到满足时，这两个原则(效用原则和均等原则)的相对紧迫性也随之发生变化。这样，沿着图1中的任意一条无差异曲线移动，我们就可以看到，随着均等

第一章 公平正义 201

的减少，就需要不断增加总满足，以补偿均等的进一步减少。

【原文】§7-8-p.34

【评析】

罗尔斯在这里讨论各种权重的分布问题，主要是总体幸福感和均等权重的分布问题，因个体对给出不同加权值而有着很大差异。

1. 原文："**Moreover, very different weightings are consistent with these principles. Let figure 2 represent the judgments of two different persons. The solid lines depict the judgments of the one who gives a relatively strong weight to equality, while the dashed lines depict the judgments of the other who gives a relatively strong weight to total welfare. Thus while the first person ranks arrangement D equal with C, the second judges D superior. This conception of justice imposes no limitations on what are the correct weightings; and therefore it allows different persons to arrive at a different balance of principles**"（p.34）。H 本："而且，这些原则是容有差别很大的权衡的。假定图 2 代表着两个不同的人的判断，其中两条实线表示一个比较重视平等的人的判断，而两条虚线则表示一个比较重视福利总额的人的判断。这样，当第一个人同等估价 D 点与 C 点时，第二个人则判断 D 点要好些。所以，这种正义观在何为正确的评价这个问题上没有设置任何标准，因而允许不同的人达成不同的对原则的权衡"（第 30 页）。X 本："此外，十分不同的重点是与这些原则相一致的。设图 2 代表两个不同的人的判断。实线表示一个比较重视平等的人的判断，虚线表示另一个比较重视总福利的人的判断。这样，尽管第一个人把对 D 的安排看作和 C 同样重要，但第二个人则判断 D 优越。这种正义观对什么是正确的重点并未加以任何限制；因此，它允许不同的人可对原则作出不同的权衡"（第 41 页）。

（1）短语："Very different weightings"。H 本："差别很大的权衡"；X 本："十分不同的重点"。两个解读都是不准确的。**新解**："各种差别很大的加权值"。

（2）短语："Total welfare"。H 本："福利总额"。**新解**："总福利"。

（3）短语："Correct weightings"。H 本："正确的评价"；X 本："正确的重点"。**新解**："正确的加权值"。

2. 原文："**Then at least they can agree to some scheme whereby their assignment of weights can be compromised**"（p.34）。H 本："他们至少能

202 《正义论》评注

同意某种结构，这种结构能调和他们的不同意见"（第31页）。

（1）单词："Scheme"．H本："结构"。**新解**："办法""计划"或"方案"等，是人可以设想出来的东西。

（2）短语："Their assignment of weights"．H本："他们的不同意见"。**新解**："他们对各种权重的指配或分派"。

【诠释】

此外，各种差别很大的加权值与这些原则并行不悖。假定图2代表两个不同个体的判断。两条实线描绘的判断是，一个个体给均等福利以较大权重。两条虚线描绘的判断是，另一个个体给总福利以较大权重。因此，当第一个个体给D点和C点以等价对待时，第二个个体则断定D点优于C点。这种正义观念没有对什么是正确的加权值作任何限定；因此，它允许不同个体对原则作不同权衡。然而，这样的直觉论观念若能帮助我们基于反思做出深思判断，它就绝不是无足轻重的。它至少可以选出重要的标准，比如说，把那个标准当作我们细心判断社会正义的明确的坐标轴。直觉论者希望，一旦这些坐标轴或原则被确定，人们实际上将会多少近似地平衡它们，至少当他们是公道的、不过分在乎自身利益的时候，他们就会那样做。若不如此，那么他们至少可以同意某个方案，去调和他们对各种权重的指配或分派。

【原文】§7－9－p.34

【评析】

1. 原文："It is essential to observe that the intuitionist does not deny that we can describe how we balance competing principles, or how any one man does so, supposing that we weigh them differently. The intuitionist grants the possibility that these weights can be depicted by indifference curves. Knowing the description of these weights, the judgments which will be made can be foreseen"（p. 34）. H本："注意到下一点是非常重要的，即直觉主义者并不否认我们能够描述我们是如何平衡各种冲突原则的，或者，假使人们对这些原则的权衡各不相同，他也不否定我们能描述任何一个人的权衡方式。直觉主义者承认用无差别曲线描述这些权衡的可能性。知道了这些描述，我们就可以预测将做出什么判断"（第31页）。X本："最重要的是要看到；直觉主义者并不否认我们能够说明我们怎样去权衡不同的原则，或者，在我们对这些原则给予不同的侧重点时；任何一个人

怎样去对它们进行权衡。直觉主义者承认,可以用无差异曲线来表示这些重点。只要知道这些重点的性质,就能预见到将会作出什么判断"(第42页)。由于两个译本没有正确解读语词"权重"(weights),导致对整个语句的误读。**新解**:"必须注意的是,直觉论者并不否认,假定我们给予各种竞争性原则以不同的权重,那么我们就可以描述我们平衡各种竞争性原则的方式,或者任何人平衡各种竞争性原则的方式。直觉论者承认这样一种可能性,这些权重可以用无差异曲线来描述。一旦我们知道这些权重的描述,那么我们就可以预见将要做出的判断。"

2. 原文:"**In this sense these judgments have a consistent and definite structure. Of course, it may be claimed that in the assignment of weights we are guided, without being aware of it, by certain further standards or by how best to realize a certain end. Perhaps the weights we assign are those which would result if we were to apply these standards or to pursue this end. Admittedly any given balancing of principles is subject to interpretation in this way**"(p.34)。H本:"在此意义上,这些判断有一种一贯和确定的结构。当然,人们可以断言,在赋予原则不同权重的过程中我们会无意识地受到某些进一步的标准,或如何最好地实现某个目标的想法支配。也许,我们所赋予的权重恰恰是我们运用这些标准或追求这一目标就会产生的结果。虽然任何既定的原则平衡都可以这样来解释"(第31页)。X本:"从这个意义上说,这些判断具有一种一致的明确结构。当然,有人可能会认为,我们在确定重点时不知不觉地受到某种更高标准的支配,或者受到怎样去最充分地实现某种目标这一思想的支配。如果我们要运用这些标准,或追求这个目标,那么我们所确定的重点就是最后可能得到的重点。无可否认,任何已知的对原则的权衡都要服从这种解释"(第42页)。两个译本都没有很好地把握原文的意思。

3. 原文:"**He contends that there exists no expressible ethical conception which underlies these weights. A geometrical figure or a mathematical function may describe them, but there are no constructive moral criteria that establish their reasonableness**"(p.34)。H本:"他争辩说不存在任何明确的作为这些权衡方式之根据的伦理学观念。可以用一种几何图形或数学函数描述这些衡量,但没有任何确立其合理性的建设性道德标准"(第31页)。X本:"直觉主义者认为,不存在任何可以表达出来的、作为这些重点的基础的伦理观、可以用一个几何图形或一个数学函数来说明这些重点,但并不存在任何推定的、可以证明其合理性的道德标准"(第42页)。

（1）短语："These weights"。H 本："这些权衡方式"；X 本："这些重点"。**新解："这些权重"**。

（2）单词："Constructive"。H 本："建设性"；X 本："推定的"。它的正确解读是"**建设性的**"，H 本是正确的。

（3）短语："Establish their reasonableness"。H 本："确立其合理性"；X 本："证明其合理性"。H 本是正确的。

4. 原文："Intuitionism holds that in our judgments of social justice we must eventually reach a plurality of first principles in regard to which we can only say that it seems to us more correct to balance them this way rather than that"（p. 34）。H 本："直觉主义坚持主张：在我们有关社会正义的判断中，我们最后必然会达到一批最初原则，对于它们，我们只能说，这种平衡在我们看来比另一种平衡要正确一些"（第 31 页）。X 本："直觉主义认为，在我们对社会的判断中，最后大概都会碰到基本原则的多元性问题。对于这个问题，我们只能说，用这种方法而不是用另一种方法来权衡原则，对我们来说似乎更正确一些"（第 42 页）。

（1）短语："Our judgments of social justice"。H 本："我们有关社会正义的判断"；X 本："我们对社会的判断"。H 本的解读是正确的，X 本漏译了"正义"。

（2）短语："A plurality of first principles"。H 本："一批最初原则"；X 本："基本原则的多元性问题"。**新解："多个首要原则"**。

【诠释】

必须注意的是，直觉论者并不否认，假定我们给予各种竞争性原则以不同的权重，那么我们就可以描述我们平衡各种竞争性原则的方式，或者任何人平衡各种竞争性原则的方式。直觉论者承认这样一种可能性，这些权重可以用无差异曲线来描述。一旦我们知道这些权重的描述，那么我们就可以预见将要做出的判断。在此意义上，这些判断具有融贯而确定的结构。当然，有人断言，在赋予原则不同权重的过程中，我们不知不觉地受到某些进一步标准的引导，或者，我们受到实现某个目标的最佳方法的指导。也许，我们赋予的权重，正是当我们应用这些标准或追求这个目标时将产生的东西。须要承认的是，任何既定的原则平衡都受制于这种解释。但是，直觉论者断言，实际上不存在这样的解释。他争辩说，不存在任何可以明晰表达的伦理观念来为这些权重奠定基础。几何图形或数学函数可以描述这些权重，但是，不存在任何确立其合理性（reasonableness）的建设性的道德标准。直觉论者坚信,在关于社会正义的判断上,我们终将遭遇多个首要原则。我们对此只能说,在我们看来,用此方法比用彼方法来权衡这些原则要正确一些。①

【原文】§7 – 10 – pp. 34 – 35

【评析】

从前文可知,罗尔斯肯定许多哲学学说是直觉论的。直觉论必定是多元论的。按照直觉论的要求,在最高层次上,多个首要原则在价值上是并列的且冲突的。正义理论研究也不可能完全摆脱直觉论的影响。在这个段落里,罗尔斯站在直觉论者的立场,提出了直觉论正义观念的某种合理性。但是,他最终提出了直觉论及其批评者难以解决的问题:"一个可识别的伦理原则"观念的模糊性。罗尔斯的正义理论就是要解决直觉论的这个难题,给不同的首要原则以明晰的权重排序。这可以说是罗尔斯正义理论的重要学术贡献。

1. 原文:"**We cannot take for granted that there must be a complete derivation of our judgments of social justice from recognizably ethical principles**"(p.35). H 本:"我们确实不能想当然地认为我们对社会正义的判断全部是从可认识的伦理学原则获得的"(第 31 页);X 本:"我们决不可理所当然地认为我们对社会正义的判断必然会完全偏离可以得到公认的伦理原则"(第 42 页)。两个译本都没有准确地理解这个语句:

(1)短语:"A complete derivation". H 本没有准确地解读出来;X 本:"完全偏离"。**新解:"完全推导"**。这是逻辑术语。

(2)单词:"Recognizably". H 本:"可认识的";X 本:"可以得到公认的"。**新解:"可识别的"**。

(3)短语:"Ethical principles". H 本:"伦理学原则"。X 本:"**伦理原则**"。X 本的解读是正确的。

2. 原文:"**A plurality of competing principles**"(p.35). H 本:"一批互相冲突的原则"(第 31 页);X 本:"不同原则的多元性"(第 43 页)。两个解读都不到位。**新解:"多种竞争性原则"**。

3. 原文:"**The only way therefore to dispute intuitionism is to set forth

---

① 直觉论者认为,当我们面临多元价值冲突的时候,我们没有充分的理由做出正确的选择。因为任何一种选择都是不完全的,都具有任意性。直觉论在知识论上肯定陷于怀疑论,在真理观念上陷入相对主义,在公共决策上必定拒斥理性选择理论,在司法实践中则怀疑法律的完备性。

the recognizably ethical criteria that account for the weights which, in our considered judgments, we think appropriate to give to the plurality of principles. A refutation of intuitionism consists in presenting the sort of constructive criteria that are said not to exist. To be sure, the notion of a recognizably ethical principle is vague, although it is easy to give many examples drawn from tradition and common sense. But it is pointless to discuss this matter in the abstract. The intuitionist and his critic will have to settle this question once the latter has put forward his more systematic account"（p. 35）。H 本："因此，同直觉主义争辩的唯一办法就是建立一些可认识的伦理学标准，这些标准可以解释我们所赋予各种原则的、我们在深思熟虑判断中认为是恰当的权重。要反驳直觉主义者，就需提出一种据他们说是不存在的建设性标准。诚然，可认识的伦理学原则这一概念是含糊的，虽然从传统和常识给出许多实例是容易的，但是抽象地讨论此问题是没有意义的。直觉主义者及其批评者都必须在批评者提出他的较系统的建设性解释时解决这个问题"（第 31 页）。X 本："因此；驳斥直觉主义的唯一办法就是提出可以得到公认的说明重点的伦理标准，而根据我们深思熟虑的判断，我们认为重视原则的多元性是适宜的。驳斥直觉主义就是要提出据说并不存在的那些推定的标准。诚然，公认的伦理原则这个概念是模糊不清的，虽然要从传统和常识中举出许多例子来是很容易的。但是，抽象地讨论这个问题毫无意义。一旦批评直觉主义者的人提出了更系统的说明，直觉主义者和批评他们的人将不得不解决这个问题"（第 43 页）。两个译本在对这个段落的解读上存在许多可商榷之处，它们的错误各不相同，相比之下，X 本的问题要多一些。与 X 本对于首句的解读相比，H 本的解读要好一些。**新解**："与直觉论一争高下的唯一办法，就是提出一些可识别的伦理学标准，用来解释这样一些权重，我们认为，借助于深思判断（反复推敲），我们赋予多个首要原则以这些权重是适当的。"

（1）短语："The recognizably ethical criteria"。H 本："可认识的伦理学标准"；X 本："公认的伦理标准"。**新解**："可识别的或明确的伦理标准"。

（2）短语："The plurality of principles"。H 本："各种原则"；X 本："原则的多元性"。**新解**："多个原则"。

（3）短语："Presenting the sort of constructive criteria that are said not to exist"。H 本："提出一种据他们说是不存在的建设性标准"；X 本："提出据说并不存在的那些推定的标准"。**新解**："提出这种据说尚未存在的建设性标准"。

（4）短语："The notion of a recognizably ethical principle". H本："可认识的伦理学原则这一概念"；X本："公认的伦理原则这个概念"。**新解**："'一个可识别的伦理原则'观念"。

【诠释】

于是，直觉论学说并非骨子里就是不讲道理的。它的确可能为真。我们不能想当然地以为，一定存在这样一种情形：我们的社会正义判断将从可识别的伦理原则中完全推导出来。相反，直觉论者相信，虽然我们尝试充分解释我们的判断，但是，道德事实的复杂性，既使得如此尝试成为泡影，又使得多种竞争性原则的存在成为必然。直觉论者争辩说，企图超越这些原则，要么流于琐碎和肤浅，比如所谓社会正义就在于令每个人得其应得，要么走向悖谬和过度简单化(falsehood and oversimplification)，比如有人以效用原则搞定一切。因此，与直觉论一争高下的唯一办法，就是提出一些可识别的(明确的)伦理学标准，用来解释这样一些权重，我们认为，借助于深思判断，我们赋予多个首要原则以这些权重是适当的。要想反驳直觉论，就必须提出这种据说尚未存在的建设性标准。诚然，虽然列举来自传统和常识的许多实例是容易的，但是"一个可识别的伦理原则"观念是模糊的。不过，抽象讨论这个问题无甚意义。当批评者提出更加系统的解释时，直觉论者及其批评者都必须解决这个问题。

【原文】 §7-11-pp.35-36

【评析】

罗尔斯最终表示，即使被效用论者判定为首要原则的效用原则也是直觉论的。罗尔斯通过反驳效用论，进而反驳直觉论，建立了以公平正义及其原则为主要内容的正义理论。公平正义理论的理论优势只有在同其他正义理论的比较当中才能得到明确的展示。

1. 原文："**For example, one could maintain, as Moore did, that personal affection and human understanding, the creation and the contemplation of beauty, and the gaining and appreciation of knowledge are the chief good things, along with pleasure**"（p.35）. H本"例如，一个人可以像摩尔一样坚持认为：个人的爱和人类的理智、美的创造和观照、知识的获得和欣赏，和快乐一样，都是主要的善的事物"（第32页）；X本：

"例如，人们可能会像穆尔那样认为，人的感情和相互谅解，美的创造和对美的体察，知识的获得和领会，同快乐一起成了头等的好事"（第43页）。两个译本对这个语句的解读存在多个可点评之处：

（1）短语："Personal affection"。H本："个人的爱"；X本："人的感情"。**新解**："个人的感情"。

（2）短语："Human understanding"。H本："人的理智"；X本："相互体谅"。这是哲学术语。洛克写过一本同名著作《人类理解论》（*Essay Concerning Human Understanding*）。笔者建议解读为"**人类理解力**"。当然，H本的解读无可挑剔。

（3）短语："The creation and the contemplation of beauty"。H本："美的创造和观照"；X本："美的创造和对美的体察"。H本略胜一筹。**新解**："**创造美和凝视美**"。

（4）短语："The gaining and appreciation of knowledge"。H本："知识的获得和欣赏"；X本："知识的获得和领会"。X本更加符合原意。**新解**："**获得知识和领悟知识**"，即《论语》所谓的"温故而知新"。

（5）短语："The chief good things"。H本："主要的善的事物"；X本："头等的好事"。H本的解读缺乏烟火味；X本是正确的。

（6）短语："Along with pleasure"。H本："和快乐一样"；X本："和快乐一起"。X本是正确的。

2. 原文："**One might also maintain (as Moore did not) that these are the sole intrinsic goods. Since these values are specified independently from the right, we have a teleological theory of a perfectionist type if the right is defined as maximizing the good. Yet in estimating what yields the most good, the theory may hold that these values have to be balanced against each other by intuition: it may say that there are no substantive criteria for guidance here. Often, however, intuitionist theories are deontological**"（p. 35）。H本："一个人也可以与摩尔不同，坚持认为这些是唯一的内在善。由于这些价值是独立于正当来指定的，如果正当被定义为最大量地增加善，我们就有一种完善论类型的目的论。但在评价是什么东西产生最大善时，这一理论可能还是坚持认为必须靠直觉来衡量这些价值，它可能说，在此，并没有任何实质性的标准可供指导。然而，直觉主义理论常常是义务论的"（第32页）。X本："但人们也可能认为（穆尔则不如此），这些都是唯一的实际的善。既然对这些价值的规定不随正当而转移，而如果对正当的规定就是最大限度地扩大善，那就是属于至善论类型的目的论

了。然而，在判断是什么产生最大的善时，这种理论也许会认为，这些价值必须按直觉来予以权衡：它可能会说，这里并不存在真正的指导标准。然而，直觉主义理论又往往是义务论"（第43页）。**新解**："人们也可能坚信（而摩尔没有坚信），这些是仅有的固有之善。由于这些价值独立于正当而得到规定，如果正当被定义为极大化的善，那么我们将拥有一种至善论类型的目的论。然而，在估计是什么产生最大的善时，该理论可能认为，这些价值必须通过直觉来实现相互平衡；它可能说，这里不存在实质性指导标准。然而，直觉论理论通常是道义论的。"

3. 原文："**In the definitive presentation of Ross, the distribution of good things according to moral worth（distributive justice）is included among the goods to be advanced; and while the principle to produce the most good ranks as a first principle, it is but one such principle which must be balanced by intuition against the claims of the other prima facie principles. The distinctive feature, then, of intuitionistic views is not their being teleological or deontological, but the especially prominent place that they give to the appeal to our intuitive capacities unguided by constructive and recognizably ethical criteria. Intuitionism denies that there exists any useful and explicit solution to the priority problem. I now turn to a brief discussion of this topic**"（pp. 35 – 36）。H本："罗斯明确地表示：根据道德价值对善的事物进行的分配（即分配的正义）也属于要被促进的善，而产生最大善的原则是被列为一个最先原则，它是一个只能靠直觉来相对于别的自明（prima facie）原则进行衡量的原则。所以，直觉主义观点的鲜明特征并不在于它们是目的论的还是义务论的，而在于它们特别强调我们那些不受可认识的建设性伦理标准指导的直觉能力。对于优先问题，直觉主义否认存在着任何有用和明确的答案。我现在就想简要地讨论一下这个问题"（第32页）。X本："按照罗斯的权威性论述，根据道德价值（分配的正义）对美好事物进行的分配，包含在将要予以扩大的善之中；虽然产生最大的善的原则是基本原则之一，但它只是一个必须依靠直觉同所有其他有效原则的要求取得平衡的原则。因此，直觉主义观点的显著特征不在于它们是目的论的观点还是义务论的观点，而在于它们特别突出了求助于我们的直觉能力的做法，而这种直觉能力不是推定的和公认的伦理标准所能控制的。直觉主义不承认对优先问题有任何有效的明确的解决办法。现在，我们就着手简短地讨论这个问题"（第43—44页）。总体而言，两个译本都没有准确呈现这个语句的意思。**新解**："罗斯明确表示：根据道德价值来分配各种美好的事物（分配正义）包含在有待增进的这些善之中；虽然产生最大善的原则被列为首要原则，但是这个原则必须借助于直觉与其他自明原则的主张相平衡。因此，直觉论观点的显著特征，不在于它们是目的论的或道义论的，而在于它们给予我们诉诸的直觉能力以独特地位，使这些能力不受建设性的和公认的道德标准的指导。在处理优先性问题方面，直觉论否认存在任何有用而明确的解决方案。本人现在就简要讨论一下这个问题。"

（1）短语："The definitive presentation"。X本："权威性论述"肯定不妥；H本："明确地表示"，要好一些。

（2）短语："The goods to be advanced"。H本："要被促进的善"；X本："将要予以扩大的善"。H本解读得更好一些。

（3）短语："First principle"。H本："最先原则"；X本："基本原则"。由于这个术语多次出现于文本中，H本在前面把这个术语解读为"最初原则"（第27页）或"首要原则"（第21页）。在同一章中，同一术语就出现三种不同的译名，表明H本在对待译名上不是很严谨。相比之下，X本一般把"first principle"解读为"基本原则"。**新解："首要原则"**。

（4）短语："Prima facie principles"。H本："自明原则"；X本："有效原则"。H本是正确的。

【诠释】

人们可能会问，直觉论理论究竟是目的论的还是道义论的？它们可能是二者之一。任何一种伦理学观点，在许多方面必然在某种程度上仰赖于直觉。例如，一个人可以像摩尔(Moore)一样坚持认为，个人的感情和人类理解力，创造美和凝视美，获得知识和领悟知识，与幸福快乐一起，是头等好事。[1] 人们也可能坚信（而摩尔没有坚信），这些是仅有的固有之善(或内在价值)。由于这些价值独立于正当而得到规定，如果正当被定义为极大化的善(价值、权利或利益)，那么我们将拥有一种至善论类型的目的论。然而，在评估是什么产生最大的善(价值) 时，该理论可能认为，这些价值必须通过直觉来实现相互平衡；它可能说，这里不存在实质性指导标准。然而，直觉论理论通常是道义论的。罗斯(Ross)明确表示：根据道德价值来分配各种美好事物(各种善) （分配正义）包含在有待增进的这些善之中；虽然产生最大善的原则被列为首要原则，但是这个原则必须借助于直觉与其他自明原则的主张

---

[1] 参阅摩尔《伦理学原理》，第6章，第27—31页。摩尔的有机统一原则表明，他的理论具有直觉主义性质。——原注

相平衡。① 因此，直觉论观点的显著特征，不在于它们是目的论的或道义论的，而在于它们给予我们诉诸的直觉能力以独特地位，使这些能力不受建设性的和公认的道德标准的指引。在处理优先性问题方面，直觉论否认存在任何有用而明确的解决方案。本人现在就简要讨论一下这个问题。

§8 优先性问题
The Priority Problem

【题解】

有人表示："正义的优先性论题指向的是正义作为一种价值或原则在价值体系或道德原则框架中的优先性地位。更具体地说，当其他价值或原则与正义发生冲突时，它们必须为正义让步，必须让正义的要求得到优先满足。"②国内学界关于"the priority problem"有两种解读，一是"优先性问题"；二是"优先问题"。③ 笔者采用第一种解读，但两者并无实际差别。优先性问题既涉及不同正义观念及其原则处理各项原则排序问题的不

---

① 参阅罗斯《正当与善》，第 21—27 页。——原注
② 杨伟清："正义的优先性问题"，《中国人民大学学报》2010 年第 2 期。
③ 优先性问题是近年来国内正义理论研究一大热点。参阅曹盛旻"为权利与善的优先性之争正名——兼及对'中间道路'的批判性反思"，《浙江社会科学》2020 年第 3 期。苏爱玲："罗尔斯《正义论》中对洛克自由观的修正与推进"，《理论界》2019 年第 10 期。周怡佳："洛克哲学中自然法与自然权利的优先性问题——以财产权理论为线索的考察"，《北京印刷学院学报》2018 年第 7 期。刘叶深："权利优先性的困境及其解决"，《环球法律评论》2017 年第 6 期。高需宁："罗尔斯的假设契约论是否是一种康德式的学说"，《福建论坛》2017 年第 1 期。朱振："权利与自律——探寻权利优先性的一种道德基础"，《华东政法大学学报》2016 年第 3 期。赵柯："论罗尔斯与哈特关于自由及其优先性的对话"，《政治思想史》2014 年第 4 期。陈龙："平等的基本自由及其优先性原则——罗尔斯自由理论探析"，《中南大学学报》2014 年第 4 期。敖数："权利是否优先于善：桑德尔与罗尔斯之争的焦点及其意义"，《中华文化论坛》2011 年第 3 期。杨伟清："正义的优先性问题"，《中国人民大学学报》2010 年第 2 期。胡志刚："论优先问题——对罗尔斯《正义论》的一种分析"，《道德与文明》2009 年第 5 期。王立："优先性：自由与平等"，《四川大学学报》2009 年第 1 期。万斌、顾金喜："和谐社会视角下的公民自由探析——兼论自由优先性与正义首要性的对立统一"，《学术界》2009 年第 1 期。虞新胜："论罗尔斯政治哲学中的'正当优先性'"，《天津社会科学》2007 年第 6 期。杨伟清："罗尔斯正义理论中的正当优先于善的三种模式"，《哲学动态》2007 年第 5 期。缪德阳："试论财富分配中自由与平等的优先性问题——兼评罗尔斯和诺齐克关于分配正义的分歧"，《北方论丛》1995 年第 2 期。其中，胡志刚对《正义论》中的优先性问题做了很好的梳理。杨伟清分析了罗尔斯和桑德尔在优先性问题上的分歧，反驳了桑德尔在优先性问题上批评罗尔斯的五大论点，替罗尔斯框关见解作了辩护。赵柯则很好地探讨了罗尔斯与哈特在自由及其优先性问题上的对话，表明自由的优先性在《正义论》中占据着核心位置。

同策略，又涉及公平正义及其两个正义原则的排序问题。优先性问题由直觉论引发。由于直觉论是一种价值多元论，面对诸多竞争性首要原则，无法解决优先性问题。伯林把不同价值的冲突，尤其是消极自由和积极自由的冲突，理解为善与善的冲突。在这个意义上，伯林的自由观念是一种典型的直觉论，他无法解决消极自由和积极自由的优先性问题。因此，优先性问题是伯林留给当代西方政治哲学的重要思想遗产。

罗尔斯在解决优先性问题时，完成了对那个问题的转换，把善与善的冲突，改造为正当与善的冲突，明确以正当优先于善来解决伯林的价值多元论难题。罗尔斯认为，古典效用论以效用原则解决优先性问题具有显著的优势，但他仍然反对其效用标准。他认为，公平正义理论更好地解决了这个问题。差别原则是在解决两个正义原则的排序问题之后，在第二正义原则之内，解决社会不平等和经济不平等问题的主要策略。它赋予处境最不利者或最少优势者以公平均等机会的优先获得权和社会经济利益的优先争取权。

由于罗尔斯在这一节实际讨论的是经济不平等和社会不平等问题，他借鉴了一些经济学知识，涉及不少经济学术语。我们在解读时要留意它们是区别于一般哲学术语的。此外，差别原则的使用局限于第二正义原则的不同构成部分，我们不能用差别原则去解决第一正义原则中的公民权利和自由问题，因为优先性规则限制那样做的合法性和合理性。在罗尔斯看来，即使存在那样的交易，它也只能是例外交易，而不是常规交易。所以，第一正义原则优先于第二正义原则，这是绝对的、不可妥协的。然而，有一些学者尝试用差别原则解决第一正义原则遇到的优先性。这当然会带来思想混乱。也许，这是罗尔斯差别原则和优先性问题批评者犯错误最多的地方[1]，以至于有学者表示："科恩批判早期罗尔斯对正义原则可行性的限定，迫使罗尔斯做出让步，将正义原则规定在政治领域；但这一妥协恰恰表明了罗尔斯式正义原则，尤其是差别原则，并不是对正义概念本身的规范，而仅仅是一种对社会的调节原则，即正义的应用原则。这一做法的最终后果便是差别原则的内容及差别原则造成的后果是不合乎正义

---

[1] 参阅桑德尔《自由主义与正义的局限》，万俊人译，译林出版社 2001 年版。段忠桥："正义是社会制度的首要价值吗？"，《哲学动态》2015 年第 9 期。陈江进："差别原则与平等的诉求——柯亨对罗尔斯的批评错在哪里？"，《山东社会科学》2017 年第 12 期。勾瑞波、王晓升："允许收入不平等的差别原则正义吗？评科亨对罗尔斯差别原则的批判"，《黑龙江社会科学》2017 年第 4 期。

的。因此，差别原则并不正义。"① 如果这就是科恩的论证逻辑，那么这当然是一种荒唐的论证逻辑，因为我们不能抛开优先性问题来讨论差别原则的适用问题。也就是说，要理解差别原则在正义理论中的地位，就要先理解优先性问题。需要指出的是，《正义论》第一版出版时间（1971 年）和《正义论》修订版完成时间（1975 年 2—3 月）间隔相差不到 4 年。罗尔斯本人在其修订版序言中对此有明确交代。在优先性问题上，不存在早期罗尔斯和晚期罗尔斯的差别，世上只有一个罗尔斯，罗尔斯也从来没有改变过关于差别原则的基本观点或态度。

【原文】§8 – 1 – p. 36

【评析】

罗尔斯在这里表示，在优先性问题上，古典效用论比直觉论有着显著优势。这可以看作罗尔斯对效用论的最充分肯定。

1. 原文："**We have seen that intuitionism raises the question of the extent to which it is possible to give a systematic account of our considered judgments of the just and the unjust. In particular, it holds that no constructive answer can be given to the problem of assigning weights to competing principles of justice**"（p. 36）。H 本："我们看到，直觉主义提出了范围的问题：即在什么范围内我们有可能对我们深思熟虑的有关正义的判断给出一种系统的解释。直觉主义特别认为，对于各种冲突的正义原则的衡量，不可能给出任何建设性的解答"（第 32 页）。X 本："我们已经知道，直觉主义提出了能够在多大程度上系统说明我们对正义和不正义的深思熟虑的判断问题。尤其是它认为，对于确定不同正义原则的重点问题，不可能提出任何肯定的答案"（第 44 页）。对照原文，X 本的可商榷之处一目了然。

2. 原文："**Here at least we must rely on our intuitive capacities. Classical utilitarianism tries, of course, to avoid the appeal to intuition altogether. It is a single-principle conception with one ultimate standard; the adjustment of weights is, in theory anyway, settled by reference to the principle of utility**"（p. 36）。H 本："当然，古典的功利主义试图完全避免诉诸直觉，它是一种单独原则的观点，只有一个根本标

---

① 袁航："拯救正义——差别原则的非正义性"，《当代中国价值观研究》2017 年第 2 期。

准。对权重的调整至少在理论上是参照功利原则来决定的"（第32页）。X本："在这个问题上，我们必须依靠我们的直觉能力。当然，古典的功利主义努力避免完全求助于直觉。这是一种只有一个最后标准的单一原则观；至少从理论上说，重点的调整是参照功利原则来决定的"（第44页）。

（1）短语："Ultimate standard"．H本："根本标准"；X本："最后标准"。**新解**："终极标准"。

（2）短语："The adjustment of weights"．H本："权重的调整"；X本："重点的调整"。请注意这一词组中术语"weights"的复数形式，如果解读为"重点"，难以体现这一术语的可数名词特点。H本是正解。**新解**："权重的调整"或"调整权重"。

（3）短语："The principle of utility"．**新解**："效用原则"。

3. 原文："**To straighten out and to systematize**"（p. 36）．H本："改正和统一我们的判断"（第32—33页）；X本："纠正我们的判断并使之系统化"（第44—45页）．**新解**："理顺和系统化我们的判断"。

4. 原文："**Undeniably one of the great attractions of the classical doctrine is the way it faces the priority problem and tries to avoid relying on intuition**"（p. 36）．H本："毋庸置疑，这种古典理论的一个最大魅力就在于它正视优先问题并试图避免依靠直觉"（第33页）；X本："无可否认，这一传统理论的巨大魅力之一就是它正视优先问题并努力避免依靠直觉的方法"（第45页）。两个译本对语句的解读基本正确，但在精确性上有待提升：

（1）短语："One of the great attractions"．**新解**："一大魅力"。

（2）短语："The classical doctrine"．**新解**："这种古典学说"。

（3）H本没有解读出原文的"the way"。它是这一语句的关键词，即效用论处理优先性问题并避免依靠直觉的方式。罗尔斯前面评论的都是效用论解决优先性难题的方式；密尔和西季威克的学术贡献也在于此。优先性问题首先是由效用论给予认真对待的，这是效用论比直觉论和至善论更加优越的方面。

【诠释】

我们看到，直觉论提出了程度问题：在多大程度上系统地解释我们关于正义和非正义的深思判断是可能的。尤其是，直觉论认为，就赋予相互竞争的正义原则以多大权重的问题而言，无法给出任何建设性答案。在这个问题上，我们至少必须依靠我们的直觉能力。当然，古典效用论试图完全避免诉诸直觉，它是一种带有终极标准的单一原则观念。调整权重，至少在理论上要参照效用原则来定夺。密尔认为，必须只容许存在这样一个标准，否则，在两个冲突的标准之间将不存在仲裁者。西季威克详细论证说，效用原则是可以充当这一角色的唯一原则。他们坚信，我们的道德判断在以下意义上无疑就是效用论的：当我们面临诸多道德律令的冲突时，或者，当我们遭遇概念模糊不清和不够精确时，除了采取效用论之外，我们别无选择。密尔和西季威克有时相信，我们需要一个单一原则来理顺和系统化我们的判断。① 毋庸置疑，这种古典学说(古典效用论)的一大魅力在于，它正视优先性问题，并试图避免依靠直觉来解决这一问题。

【原文】§8-2-pp.36-37

【评析】

1. 原文："There is no way to get beyond a plurality of principles"（p.36）。H本："没有办法避免一批原则的存在"（第33页）；X本："没有任何办法来摆脱原则的多元性问题"（第45页）。

（1）短语："To get beyond"。**新解**："超越"和"摆脱"，解析为"避免"显得弱了一些。

（2）短语："A plurality of principles"。**新解**："多种原则"。其重点在"多"，是"各种原则的多样杂存"，而不是"一批原则的存在"。整个语句的重点在于强调无法消除"多种原则"，无法把它们简化或还原为一个或若干原则，尤其是它们往往是相互竞争的。

2. 原文："The assignment of weights"（p.37）。H本："对原则的衡量"（第33页）；X本："确定重点"（第45页）。**新解**："不同权重的赋予"。

3. 原文："If we cannot explain how these weights are to be determined by reasonable ethical criteria, the means of rational discussion have come to an end"（p.37）。H本："如果我们不能解释这些衡量是如何由合理的伦理标准决定的，我们就不可能再进行理性的讨论"（第33页）；X本："如果我们不能说明这些重点应该怎样靠合理的伦理标准来确定，那么合理讨论的手段也就没有了"（第45页）。

---

① 参阅密尔《逻辑体系》，第6编，第十二章第7节，以及密尔《功利主义》，第五章第26—31段，在那里，这个论证通过联系常识性正义准则做出。参阅西季威克《伦理学方法》，第4编，第二、第三章，在那里，作者概述了该书第3编的很多论证。——原注

(1) 单词："Weights". H 本："衡量"；X 本："重点"。**新解**："权重"。

(2) 短语："Reasonable ethical criteria" "rational discussion"。罗尔斯明确区分了术语"合理的"（reasonable）和"理性的"（rational）。因此，两个词组可以分别解读为"合理的伦理标准"和"理性讨论"。就此而言，H 本对它们的解读都是正确的。

4. 原文："**To formulate**"（p.37）. H 本："概括"（第 33 页）。**新解**："提出"。

【诠释】

正如本人说过的那样，诉诸直觉来解决优先性问题并不一定是不合理的。我们必须认识到这样一种可能性：没有办法摆脱多种原则（即原则的多样性，不同原则是相互冲突的）问题。毫无疑问，任何正义观念都将不得不在一定程度上依赖于直觉。然而，我们应尽量少去直接求助于自己的深思判断（内省判断）。因为就像假定他们经常做的那样，如果人们以不同方式衡量诸多终极原则，那么他们的正义观念会各有不同。赋予不同原则以不同权重，是一种正义观念的本质部分，而非次要部分。如果我们不能解释，这些权重将如何依据合理道德标准来决定，那么理性讨论方法就走到头了。我们可以说，直觉论正义观念，只是一种半吊子的正义观念。我们即使不能完全消除对直觉的依赖，也应尽己所能地提出适用于解决优先性问题的明确原则。

【原文】 §8 – 3 – p.37

【评析】

1. 原文："**Principles for assigning weights**"（p.37）. H 本："用来衡量的原则"（第 33 页）；X 本："用来确定重点的原则"（第 45 页）。**新解**："用来指派权重的原则"或"用来明确权重的原则"。

2. 原文："**Now part of the value of the notion of choosing principles is that the reasons which underlie their adoption in the first place may also support giving them certain weights**"（p.37）. H 本："那么，'选择原则'这一概念的部分意义就在于：那些使人们一开始采用这些原则的理由同时也可以用来支持赋予它们某种权重"（第 33 页）；X 本："选择原则这个概念的部分价值在于：原先促使他们采用某些原则的理由，可能也是他们赋予这些原则以某些重点的理由"（第 45—46 页）。**新解**："现在，筛选原则这一概念的部分价值在于，最初采用原则的理由也可能支持赋予原则以一定的权重。"

【诠释】

在公平正义中，直觉的作用以几种方式受到限制。由于整个问题相当复杂，本人在此只是略述一二，其全部含义要到后来才得以明了。第一点涉及正义原则是将在初始位置上被选中的原则这一事实。它们是某种筛选条件的结果。处于初始位置上的理性人认识到，他们应当考虑这些原则的优先性问题。因为如果他们希望建立人人皆同意的标准，以裁决彼此的诉求，那么他们就需要用来指派权重的原则。他们不可能认为，他们对优先性的直觉判断是大同小异的。只要他们在社会中处于不同的位置，那么他们对优先性的直觉判断肯定会不一致。我于是设定，在初始位置上，各方尝试就如何平衡正义原则达成某个契约。现在，"筛选原则"这一概念的部分价值在于，最初采用原则的理由也可能支持赋予原则以一定的权重。尽管在公平正义中，正义原则不是自明的，但是它们将在其被选中的事实中得到证明。就它们是如何被衡量的而言，我们可以在接受它们的理由中找到某个指导或某个限制。鉴于初始位置的情景，清楚的是，一些优先性规则之所以优先于其他规则，是因为出于相同的理由：一些原则起初便是得到了同意的。通过强调正义的作用和最初筛选情景的特征，优先性问题的证明并不难以对付。

【原文】 §8-4-pp.37-39

【评析】

1. 原文："**A principle does not come into play until those previous to it are either fully met or do not apply. A serial ordering avoids, then, having to balance principles at all; those earlier in the ordering have an absolute weight, so to speak, with respect to later ones, and hold without exception. We can regard such a ranking as analogous to a sequence of constrained maximum principles**"（p.38）。H本："一个原则要到那些先于它的原则被充分满足或不被采用之后才被我们考虑。这样，一种连续的序列就使我们避免了衡量所有原则的麻烦。那些在序列中较早的原则相对于较后的原则来说就毫无例外地具有一种绝对的重要性。我们可以把这样一种排列看作有限制的最大限度原则"（第34页）。X本："一个原则要等到它前面的那些原则或者得到充分的满足或者不能适用之后才开始起作用。因此，连续序列毋需去权衡原则；这个序列中处于前列的原则可以说

具有一种对后面原则而言的绝对重点，而且毫无例外是有效的。我们可以把这种排列看作是类似于一些受到限制的最高原则的先后次序"（第47页）。两个译本的解读都存在较大问题：

（1）短语："Come into play"。H本："被我们考虑"；X本："开始起作用"。X本的解读是正确的。

（2）短语："Absolute weight"。H本："绝对的重要性"；X本："绝对的重点"。**新解："绝对权重"**。

（3）短语："A sequence of constrained maximum principles"。H本："有限制的最大限度原则"；X本："一些受到限制的最高原则的先后次序"。**新解："一个受限的极大值原则序列"**。

2. 原文："**For we can suppose that any principle in the order is to be maximized subject to the condition that the preceding principles are fully satisfied. As an important special case I shall, in fact, propose an ordering of this kind by ranking the principle of equal liberty prior to the principle regulating economic and social inequalities**"（p.38）。H本："因为我们可以想到，在次序中的任何原则都必须最大限度地得到满足，条件是在它之前的原则已经得到充分满足。作为一种重要的专门情况，我实际上将通过把平等的自由的原则排在调节经济和社会不平等的原则之前来显示这样一种次序"（第34页）。X本："我们可以假定，这个序列中的任何原则只有在前面的原则得到充分满足时才可以得到全面的考虑。事实上，我将作为一个重要特例提出这样一种次序，把平等自由权原则置于控制经济和社会不平等的原则之前"（第47页）。两个译本都存在误读。相比之下，H本的偏差更大一些：

（1）短语："To be maximized"。H本："必须最大限度地得到满足"；X本："可以得到全面的考虑"。**新解："要想得到极大化"**。它讲的是任何原则的权重如何才能得到极大化。因此，前半句可以这样解读："**序列中的任一原则要想得到极大化，都受制于先行原则得到充分满足的条件。**"

（2）短语："As an important special case"。H本："作为一种重要的专门情况"；X本："作为一个重要特例"。X本是正解。

（3）短语："Regulating economic and social inequalities"。H本："调节经济和社会不平等"；X本："控制经济和社会不平等"。H本是正解。

3. 原文："**Indeed, it appears to offend our sense of moderation and good judgement**"（p.38）。H本："的确，它看起来是违反我们对适度和正确判断的见解的"（第35页）；X本："事实上，它似乎立即同我们的稳健思想和良好判断格格不入"（第47页）。对于短语"Our sense of

moderation and good judgement". 新解:"我们的适度节制感和健全判断力",而不是"我们对适度和正确判断的见解"。"Sense of moderation"是固定词组。新解:"适度节制感"。"Good judgement"是另一固定词组。新解:"健全判断力"。

4. 原文:"**Thus the principle of equal liberty can assume a prior position since it may, let us suppose, be satisfied**"(p.38)。H本:"因此平等自由的原则就能够占据一个优先的地位,因为它可以被满足"(第35页)。**新解:"于是,我们假定,既然平等自由原则的要求可以得到满足,那么我们便可断定,平等自由原则将居于某个优先位置。"**

5. 原文:"**An approximate solution**"(p.39)。H本:"一个大致解答"(第35页)。**新解:"一个近似解"。**

【诠释】

第二种可能是:我们也许能这样来寻找原则,即把原则置于顺序序列或词汇序列(serial or lexical order)之中[它的正确术语是"词典编纂序列(lexicographical)",但它过于冗长]。① 这一序列要求我们,在转到第二个原则之前,须先满足序列中的第一个原则,在考虑第三个原则之前,必须先考虑第二个原则,依此类推。一个原则只有在先行原则得到充分满足或不

---

① "词典编纂序列"(lexicographical)一词来源于这种排序最常见的例子是词典中的单词这一事实。要了解这一点,可以用数字代替字母,用"1"代替"a",用"2"代替"b"……以此类推,然后将生成的数字串从左到右排列,只有在需要断开连接时才向右移动。一般来说,词汇排序不能用连续实值效用函数来表示,这样的排序违反连续性假设。参阅皮尔斯(I. F. Pearce)《需求分析论稿》,牛津:克莱伦顿出版社1946年版,第22—27页;森:《集体选择与社会福利》,旧金山:双日出版社1970年版,第34页及以后。进一步参考文献参阅霍撒克(H. S. Houthakker)"消费理论的现状",《计量经济学》1961年第29卷,第710页及以后。在道德哲学史上,偶尔出现过词汇序列观念,但未曾对其作过明确的讨论。在哈奇逊的《道德哲学体系》(1755年版)一书中,我们可以找到明确的实例。他指出,我们可以根据强度和持续时间来比较同类快乐;在比较不同类的快乐时,我们必须同时考虑它们的持续性和珍贵性(duration and dignity)。不管低级快乐的强度和持续时间有多大,高级快乐比低级快乐可能具有更大的价值。参阅塞尔拜—比格(L. A. Selby-Bigge)《英国伦理学家》第一卷,伦敦,1897年版,第421—423页。密尔在《功利主义》第二章第6—8段中表述的著名观点类似于哈奇逊的观点。依词汇顺序把道德价值排在非道德价值之前是很自然的。例如,参阅罗斯《正当与善》,第149—154页。当然,《正义论》第1节阐述的正义的至上性(primacy of justice)和可在康德那里找到的正当的优先性(priority of right),是这种序列的进一步实例。经济学效用理论发端于潜在地承认需求的等级结构和道德考虑的优先性。这可以清晰地见之于杰文斯(W. S. Jevons)的论著。参阅杰文斯《政治经济学理论》,伦敦,1871年版,第27—32页。杰文斯阐述了一种类似于哈奇逊的观点,把经济学家对效用计算的使用仅限于最低序列的情感。有关需求等级及其与效用理论联系的讨论,参阅尼古拉·乔治斯库—罗根(Nicholas Georgescu-Roegen)"选择、预期和可测度性",《经济学季刊》1954年第68卷,特别是第510—520页。——原注

适用时才能开始起作用。因此，顺序序列根本就不必去平衡各项原则；可以说，在序列中，先行原则相对于后续原则拥有绝对权重，并且毫无例外地有效。我们可以把这个序列看作一个受限的极大值原则序列。因为我们可以假定，序列中的任一原则要想得到极大化，都受制于先行原则得到充分满足的条件。作为一个重要特例，我实际上将提出这样一种排序：平等自由原则将排在用来调节经济不平等和社会不平等的原则之前。这实际上意味着，社会基本结构要以与这个先行原则要求的平等自由保持一致的方式，来安排财富不平等和职权不平等。乍看之下，词汇序列或顺序序列这一概念并不是很有前途。诚然，它表面上有悖于我们的适度节制感和健全判断力。此外，它还假定，序列中的原则是一种相当特殊的原则。比如，除非先行原则只具有有限的应用，并规定能够得到满足的明确要求，否则，后续原则决不能发挥作用。于是，我们假定，既然平等自由原则的要求可以得到满足，那么我们便可断定，平等自由原则将居于某个优先位置。然而，假如效用原则成为首要原则，那么它将令所有后续标准成为多余的。本人将试着证明，至少在某些社会环境中，关于诸多正义原则的某个顺序序列，将为优先性问题提供一个近似解。

【原文】§8-5-p.39

【评析】

罗尔斯提到了"平均效用和总效用"（average and total utility）。巴里对罗尔斯见解有专门评论[1]；高蒂尔也有专门探讨[2]。阿里斯克洛夫、鲍育苏和孟佳德从数理经济学角度对"效用极大化、选择与偏好"作了专业讨论。[3] 关于效用问题，国内经济学界给予了较大关注[4]。

1. 原文："Finally, the dependence on intuition can be reduced by posing more limited questions and by substituting prudential for moral judgement"（p.39）. H 本："最后，对直觉的依赖可以通过提出更为限定

---

[1] 参阅 Brian Barry, "Rawls on Average and Total Utility: A Comment", *Philosophical Study*, Vol.31, No.5, 1977, pp.317-325。
[2] 参阅 David Gauthier, *Morals by Agreement*, New York: Oxford University Press, 1986。
[3] 参阅 Fuad Aleskerov, Denis Bouyssou and Bernard Monjardet, *Utility Maximization, Choice and Preference*, Second Edition, Berlin Heidelberg: Springer, 2007。
[4] 参阅张立建"人们追求效用最大化的全新解读"，《广州大学学报》2018年第4期。樊钢："瓦尔拉斯一般均衡理论研究"，《中国社会科学院研究生院学报》1985年第5期。

的问题和用明智判断代替道德判断来减少"（第35页）。在这里，"谨慎判断"（prudential judgement）和"道德判断"（moral judgement）是两个固定词组。

2. **原文**："**Prudential judgements**"（p. 39）。H本："明智的判断"（第35页）。**新解**："**谨慎判断**"。

3. **原文**："**Nevertheless, we have asked a much more limited question and have substituted for an ethical judgement a judgement of rational prudence**"（p. 39）。H本："然而，我们提出了一个大大限制了的问题，用一种理性而明智的判断代替了一个道德判断"（第35页）。如前面提到过的那样，短语"ethical judgement"与"moral judgement"同义，意思是"**道德判断**"；短语"judgement of rational prudence"意思是"**理性谨慎判断**"，与前面提到的"a principle of rational prudence"即"理性谨慎原则"相呼应。

【诠释】

最后，对直觉的依赖，既可以通过提出更加明确的问题来减少，也可以通过用谨慎判断取代道德判断来减少。这样，面对直觉论所持有的原则的人就可以回答说，要是缺乏可供审慎思考的某个指导路线，他就不知道能说些什么。比如，他可能坚持说，在满足的分布方面，他无法在总效用和平均效用之间取得平衡。不仅此处涉及的概念过于抽象而宽泛，以至于他在判断力方面缺乏信心，而且在解释这些概念的意义上，也存在巨大的复杂性（让他感到心有余而力不足）。聚合—分布二分法无疑是一个极妙的设想，但在这种情况下，它似乎不太好操作。它不可能把社会正义问题分解为足够小的部分。在公平正义中，对直觉的依赖以两个方式聚焦：我们先从社会系统中单独筛选某个确定的位置（certain position），用来判断该系统；再从处于该位置的代表人立场做出如下追问：对基本结构作如此安排而非其他安排是否合理？在给定的若干假设下，经济不平等和社会不平等将通过最少受惠社会群体的长远前景来判断。当然，对这一群体的规定并不非常精确，我们的谨慎判断肯定也给直觉判断①留下相当大的地盘，因为我们讲不清楚，决定谨慎判断的原则究竟是什么。尽管如此，我们毕竟提出了更加明确的问题，并且用理性谨慎判断取代了道德判断。通常相当清楚

---

① intuition，一般解析为"直觉"，此处解析为"直觉判断"，它实际上与后面的"intuitive judgements"同义。

的是，我们将要做决定的方式。在直觉论的聚合—分布二分法看来，依赖直觉是一件性质不同的事，并且这种依赖程度要小得多。

【原文】§8-6-pp.39-40

【评析】

1. 原文："The practical aim is to reach a reasonably reliable agreement in judgement in order to provide a common conception of justice"（p.39）。H本："我们的实际目标是要达到一种可以合理依靠的一致判断，以提供一种共同的正义观"（第35页）。H本的解读离原文原意出入较大，文中不存在"一致判断"的对应短语或语词。短语："To reach a reasonably reliable agreement in judgement"。H本："达到一种可以合理依靠的一致判断"。但是"to reach a reasonably reliable agreement"和短语"in judgement"要拆开来分别解析。短语："Reasonably reliable"。H本："可以合理依靠的"。**新解**："相当可靠的"。因此整句**新解**："在判断力方面达成相当可靠的协议。"

2. 原文："Intuitive priority judgements"（p.39）。H本："直觉性优先判断"（第35页）。**新解**："直觉优先的判断力"。

3. 原文："Adjudicating claims"（p.39）。H本："裁决它们"（第35页）。**新解**："裁决各种诉求"。

4. 原文："Thus our object should be to formulate a conception of justice which, however much it may call upon intuition, ethical or prudential, tends to make our considered judgements of justice converge"（pp.39-40）。H本："这样，我们的目的就应当是概括出这样一种正义观，不管它是如何多地诉诸直觉（伦理的或明智的直觉），它都倾向于使我们深思熟虑的正义判断集中起来"（第35—36页）。

（1）短语："Intuition, ethical or prudential"。解析为"**直觉能力**（伦理直觉能力或审慎直觉能力）"比解析为"直觉（伦理的或明智的直觉）"要恰当一些。

（2）短语："To make...converge"。是"**使……收敛**"，而不是"使……集中起来"。

【诠释】

在阐述优先性问题时，我的任务是，减少而非完全消除对诸多直觉判断（intuitive judgements）的依赖。不存在做出以下断言的理由：不管它是什么诉求，反正我们能够避免向直觉提出所有的诉求，或者，我们应当尝试避免向直觉提出所有的诉求。我的实际目标是，为了提供共同的正义观念，在判断力方面达成相当可靠的协议。假如人们具有的直觉优先的判断力大同小异，那么从实践上说，以下情形都算不得什么：他们提不出解释这些确信的原则，他们甚至不知道，这些原则是否真的存在。然而，因为裁决各种诉求的基础在某种程度上是模糊的，与之相反的判断力也会遇上麻烦。这样，我们的目的应当是，构想这样一种正义观念，无论多么诉诸直觉能力（伦理直觉能力或审慎直觉能力），它都倾向于令我们埋藏于内心的正义判断能力得以收敛。假如存在这样的正义观念，那么，因为把更多融贯性（further coherence）引入我们共同的正义信念是合理的，我们站在初始位置的立场（from the standpoint of the original position），就有充分理由接受它。确实，一旦我们从初始位置的立场看待事物，优先性问题就不是如何处理无法改变的既定道德事实的复杂性问题。相反，它是提出合理且普遍为人接受的建议问题，从而在诸多判断上形成人们期望的同意。① 按照契约论观点，道德事实取决于在初始位置上被选中的原则。这些原则具体规定哪些思考相关于社会正义的立场（standpoint of social justice）。因为选择这些原则，取决于处在初始位置上的人，所以，正是他们决定着他们自己想要的道德事实的简单性或复杂性。初始契约设定，他们打算做出多少妥协和简化，以确立对共同的正义观念来说必不可少的优先性规则。

【原文】§8 – 7 – p. 40

【评析】

1. 原文："**An illuminating approximation**"（p. 40）。H本："一种大致不错的启示"（第36页）。如此解析把原文的意思搞颠倒了。因为词典式顺序能够提供的不是"启示"，而是"近似值"，只是这样的估算给人有所启发而已。**新解**："一个富有启发意义的近似值"。

2. 原文："**In this way it may indicate the larger structure of conceptions of justice and suggest the directions along which a closer fit can be found**"（p. 40）。H本："它能以这种方式指出正义观的较一般的结构，

---

① 各方多少凭着道德直觉能力做出那些判断，同意的结果就是筛选出正义原则。

224 《正义论》评注

并暗示着那些继续前行将会感到它们越来越合适的路线"（第36页）。

（1）短语："The larger structure of conceptions of justice"。H本："正义观的较一般的结构"。**新解："由诸多正义观念组成的这个较为宏大的结构。"** 罗尔斯在《正义论》第2章第18节（p.94）呈现了这个结构。

（2）短语："The directions"。H本："路线"。**新解："方向"。**

【诠释】

我评论了建设性地解决优先性问题的两种明确而简单的方式：一种是通过单个的一般原则。① 另一种是通过一组按词序排列的原则。② 无疑还存在其他方式，但是本人将不考虑它们究竟是什么。传统道德理论主要是单个原则的或直觉论的，所以，刚开始，搞出顺序序列是新颖别致的。尽管看似清楚的是，一般来讲，词汇序列做不到严丝合缝的精确，但在某些特定而重要的条件下，它可以是富有启发意义的近似值（§82）。通过这种方式，它可能揭示由诸多正义观念组成的这个较为宏大的结构，并指明这样一些方向，由此可以找到一种较为严密的符合。

§9 关于道德理论的几点看法
Some Remarks about Moral Theory

【题解】

汉语"三思而后行"的"三思"，"君子有九思"的"九思"，成语"举一反三"，都很好地表达了《正义论》中的重要术语"considered judgement"的含义。因此，用深思判断（内省判断）来解读这个术语是恰当的。它是直觉论的重要手段，是笛卡尔推崇的理性主义重要哲学方法。罗尔斯在这一章对它做了比较系统的批评。在第一章最后一节，罗尔斯引入"自反均衡"（reflective equilibrium）概念，用以讨论道德理论。罗尔斯花了相当篇幅来讨论正义理论的研究方法，涉及某些分析哲学的主张，比如弗雷格语言哲学、乔姆斯基生成句法理论等。他不点名地批

---

① 指效压论的效用原则，极大化善（价值）成为唯一标准，不存在优先性问题。
② 公平正义原则，用来解决直觉论的价值多元问题。正如伯林无法解决消极自由和积极自由的优先性问题，直觉论者无法解决正义原则的优先性问题。各种因素的相对权重及其衡量是必要的。直觉论和多元论迟早会面临优先性问题。

评了艾耶尔等维也纳小组成员拒绝道德哲学的做法。罗尔斯把个体的正义感和道德能力的养成同其语法能力的生成相提并论。虽然罗尔斯通过脚注来表示，这一节的相关见解萌芽于1951年发表的一篇名为"伦理学纲要"的论文，但是这里的讨论显然受到了乔姆斯基生成句法理论的重大影响或启示。

【原文】§9-1-p.40

【诠释】

为了防止误解，在此简单讨论一下道德理论的性质看来是可取的。本人将这样开展这项工作，先比较详细地解释自反均衡中的"深思判断"（considered judgment）概念，再说明引入这个概念的若干理由。①

【原文】§9-2-p.41

【评析】

1. 原文："We ordinary have some desire to act in accord with pronouncements"（p.41）。H本："我们通常有一种使自己的行为符合这些判断的欲望"（第36页）。H本将"pronouncements"译为"判断"，不很妥当。"pronouncements"一般有"宣称、宣布、告示"等意思；语句中短语"to act in accord with pronouncements"让人想起孔子所谓"听其言而观其行"，提倡君子要做到"言行一致"或"言行合一"。因此，"pronouncements"反而与"reasons"即"支持这些判断的各种理由"在意思上更加贴近一些。**新解**："我们通常意欲自己能做到言行一致。"

2. 原文："We often do not know what to say, and sometimes find our minds unsettled"（p.41）。H本："我们在判断中常常不知所措或感到困难"（第37页）。H本没有很好地传达出罗尔斯在此想要表达的意思。因为原文提到了两种情况，一是"we often do not know what to say"，亦即"我们经常不知道该说些什么"；二是"we sometimes find our minds unsettled"，亦即"我们有时感到自己的心里发虚"，它可以进一步引申为："我们可能是说了或做了些什么，但是心里没有底儿，有点儿空落落的感

---

① 我在这一节采纳本人在"伦理学纲要"一文中提出的一般观点，参阅罗尔斯"伦理学纲要"，《哲学评论》1951年第60卷。——原注

觉,尤其是当我们说了谎或做错了事的时候。"**新解**:"我们常常不知何言以对,有时感到自己心里空落落的。"

【诠释】

我们假定,在正常社会环境中,每个达到一定年龄且有着必要心智能力的人,都会发展出一种正义感。既在判断事物是否正义方面,又在以各种理由支持这些判断方面,我们获得了一项技能。而且,我们通常意欲自己能做到言行一致,并希望别人也是如此。显然,这种道德能力是极其复杂的。只要稍加留意我们准备做出的判断在数量上和变化上的潜在无限性,就足以明白这一点。我们常常不知何言以对,有时感到自己心里空落落的,如此事实并未减少我们拥有的这种能力的复杂性。

【原文】§9-3-p.41

【评析】

1. 原文:"Institutions and actions"(p.41)。H本:"制度和行为"(第37页)。**新解**:"机构和活动"。请注意另一词组:"制度和法令"(institutions and acts),两个词组不能混淆在一起。

2. 原文:"Rather, what is required is a formulation of a set of principles which, when conjoined to our beliefs and knowledge of the circumstances, would lead us to make these judgements with their supporting reasons were we to apply these principles conscientiously and intelligently"(p.41)。H本:"相反,不如说这里所需求的是一系列原则的概括。只要我们真诚和明智地采用这些原则,这些原则在与我们的信仰、我们对环境的知识结合起来时,将引导我们达到上述判断及其理由"(第37页)。H本总体上没有问题,但也有几个可改进之处:

(1)短语:"What is required is a formulation of a set of principles"。H本:"这里所需求的是一系列原则的概括"。然而"a formulation of a set of principles"解析为"提出一套原则"更加恰当。

(2)短语:"Knowledge of the circumstances"。**新解**:"对各种情况的了解"或"了解各种情况"。它比"对环境的知识"更加精确些。

3. 原文:"We do not understand our sense of justice until we know in some systematic way covering a wider range of cases what these principles are(p.41)。H本译为:"只有当我们已经系统地、在广泛的情况下都知

道了这些原则是什么的时候，我们才算理解了我们自己的正义感"（第37页）。H本在这里有几个可商榷之处：

（1）短语："In some systematic way"．**新解**："借助某种系统方法"。H本没有表达出这层意思。

（2）短语："Covering a wider range of cases"．**新解**："涵盖着更大范围案例"。H本解析为"在广泛的情况下"，不够确切。H本把"cases"解析为"情况"也讲得通。不过笔者认为，它解析为"案例"更加符合原意。罗尔斯在此表达的意思无非是，我们是通过某个系统方法来了解原则的，那个方法涵盖着较为广大范围的案例。通过系统方法，剖析各种案例，我们就知道了正义原则是什么。我们只有了解到正义原则是什么，才能更加深刻地领悟自己的正义感。

4. 下面这段话出现于《正义论》第一版中，其修订版中已经删除："只有对我们的日常判断和做出这些判断的自然倾向的一种不可靠的了解才能掩盖下述事实：描述我们的道德能力的原则应当被看作是有复杂结构的，它们所涉及的概念需要给以严格的研究。"

【诠释】

现在，个体可以这样思考道德理论，一开始（我强调这一观点的预备性质），它是描述我们的道德能力的尝试；或者，就当下情形而言，他可以把正义理论视为对我们的正义感的描述。这种描述并不简单意指，罗列一组关于我们拟提供的机构和活动的判断，以及提交这些判断时附加的支撑理由。确切地说，我们务必做的事情是提出一套原则。只要我们愿意真诚而明智地采用这些原则，当它们与我们的信仰、我们对各种情况的了解相结合时，它们将引导我们形成这些判断及其支撑理由。当我们的日常判断符合一种正义观念的原则时，这种正义观念就具体规定着我们的道德敏感性。这些原则能够成为论证相应判断的部分前提。直到我们借助于涵盖更大范围案例的某种系统方法，了解到这些原则究竟是什么之后，我们才算理解自己的正义感。

【原文】 §9-4-pp.41-42

【评析】

罗尔斯在这里对道德理性人持有的正义感与讲母语者持有的语法感进行了比较。如果存在乔姆斯基所谓的"生成句法"，那么必定存在罗尔斯本人主张的道德理性人的正义感。规则是死板的，而生命是鲜活的。我们把它看作罗尔斯对艾耶尔断定"道德命题是道德主体的情绪表达"的有力反驳，并且看作对他本人推崇的康德式建构主义道德学说的有力辩护。

1. 原文："A useful comparison here is with the problem of describing the sense of grammaticalness that we have for the sentences of our native language"（p.41）。H本："在此，与描述我们对母语句子的语法感的问题做一比较是有益的"（第37页）。**新解**："不妨在此对[正义感与]我们持有适用于母语语句的语法感的描述问题做个有益的比较。"H本漏掉了短语"have for"。

2. 原文："In this case the aim is to characterizing the ability to recognize well-formed sentences by formulating clearly expressed principles which make the same discriminations as the native speaker"（p.41）。H本："这种描述的目的是要通过概括出一些明确的原则——这些原则在判定句子是否符合语法时要能够做出和以该语言为母语的人同样的判断——从而描绘认岀结构正确语句的能力的特征"（第37页）。H本这段译文的主要问题包括：

（1）短语："Well-formed sentences"。它是语言学术语，不能解析为"结构正确语句"，而应解析为"**格式良好的语句**"。它同罗尔斯讲的"well-ordered society"，亦即"秩序良序的社会""良序社会"，在语词构造上相似。

（2）短语："Clearly expressed principles"。**新解**："**明确表达的原则**"。它不是"一些明确的原则"，而是衡量言说者说出的话是否明确、清楚明白的原则，这里的重点是"expressed"，亦即言说者说出来的话怎么样，而不是"明确的原则"。

（3）短语："The same discriminations"。H本："同样的判断"。**新解**："**相同的辨别**"。它主要指讲母语者与不讲母语者在语言表达上的微妙差异。这种差异借助一定的语法规则也能被辨别或区分出来。但是，有更多差异是规则难以识别的。

3. 原文："In moral theory"（p.41）。H本："在道德哲学中"（第37页）。**新解**："**在道德理论中**"。

【诠释】

不妨在此对[正义感与]我们持有适用于母语语句的语法感的描述问

题做个有益的比较。① 在这种情况下,其目的是,通过提出某些明确表达的原则,那些原则能够做出如母语言说者相同的辨别,具体规定识别格式良好的语句能力的特征。众所周知,这项任务需要一些理论构想,它们远远超出我们拥有的明确语法知识的特殊规则范围。在道德理论中,大概存在类似情况。没有理由认为,我们的正义感能够恰当地由大家熟悉的常识性准则来规定,或者,我们的正义感可以从更加明确的学习原则推导出来。要想正确解释道德能力,肯定会涉及原则和理论构想,它们远远起出在日常生活中引用的规范和标准;最后,它可能还需要相当艰深的数学知识。这样,初始位置观念和在初始位置上就原则达成协议的观念,就不会显得过于复杂或者没有必要。实际上,这些观念相当简单,只是用来开个头而已。

【原文】§9–5–p.42

【评析】

罗尔斯在这里讨论了什么是"深思熟虑的判断"(considered judgments),它一般解读为"深思判断"。有人把它解读为"慎思判断"。这一解读容易与术语"deliberative judgments"混同起来。

1. 原文:"Our moral capacities are most likely to be displayed without distortion"(p.42)。H 本:"我们的道德能力最能够不受曲解地体现在这些判断之中"(第 37 页)。新解:"我们的道德能力尽可能不失真地体现在这些判断之中。"

2. 原文:"Considered judgments are simply those rendered under conditions favorable to the exercise of the sense of justice"(p.42)。H 本:"'深思熟虑的判断'只是那些有利于运用正义感的条件下做出的判断"(第 38 页)。新解:"深思判断只在有利于实践正义感的条件下方可产生。"

3. 原文:"Once we regard the sense of justice as a mental capacity, as involving the exercise of thought, the relevant judgments are those given under conditions favorable for deliberation and judgment in general"(p.42)。H 本:"一旦我们把正义感看作一种精神能力,涉及到思想的运用,

---

① 参阅诺姆·乔姆斯基(Noam Chomsky)《句法理论的若干问题》,麻省剑桥:麻省理工学院出版社 1965 年版,第 3—9 页。——原注

那么，相关的判断就是那些在有利于一般的思考和判断的条件下做出的判断"（第38页）。**新解：**"一旦我们把正义感看作一种心智能力，涉及思想的运用，那么，切题的判断一般是在有利于慎思和判断条件下做出的判断。"

【诠释】

到此为止，虽然本人还没有对"深思判断"（considered judgments）说过什么，但是，正如本人暗示的那样，它们作为这样的判断而被引入，即我们的道德能力尽可能不失真地（without distortion）体现在这些判断之中。这样，在决定哪些判断将予以考虑时，我们可以合理地选择某些判断，而排除其他判断。例如，我们会排除犹豫不决地做出的判断，或者，我们会排除我们不抱信心地做出的判断。同样，假如我们在迷惑不解时做出判断，假如我们在担惊受怕时做出判断，或者，假如我们在患得患失时做出判断，那么我们都会把它们统统排除掉。所有这些判断都可能存在差错，可能受到我们对自身利益过分专注的影响。深思判断只在有利于实践正义感的条件下方可产生。因此，它们产生于这样的环境，在那里，犯下错误找不到寻常借口或解析。① 人们设定，那个做出判断的人，拥有做出正确决定的能力、机会和欲望（或至少没有不这样做的欲望）。而且，确认这些判断的标准不是任意的；它们实际上类似于挑选出任何"深思判断"的标准。一旦我们把正义感看作一种心智能力（mental capacity），涉及思想的运用，那么，切题的判断一般是在有利于慎思和判断条件下做出的判断。

【原文】§9-6-pp.42-43

【评析】

1. **原文：**"**Reflective equilibrium**"（p.42）。H本："反思的平衡"（第38页）。从表面上看，这个概念受到康德和黑格尔思辨哲学"反思"（reflection）概念的影响。H本也正是如此来解读这个概念的。但是，罗尔斯明确表示它是受到康德道德哲学严重影响的哲学术语。康德道德哲学主要有两点，一是强调人的主体性亦即自律；二是强调理性是判断一切事物

---

① more common excuses and explanation. 罗尔斯的意思是，对于抱有正义感的人来说，错了就是错了。任何人只要犯下错误，任何借口都是软弱无力的，任何辩解都是徒劳的。

的至上权威。因此，康德的"reflection"是以主体为中心而开展的自我反省活动，这个概念最好解读为中文对应术语"自反性"（reflectivity），而不是"反思"。同样地，"reflective relation"是数学术语，要解读为"自反关系"，而不是"反思关系"。罗尔斯正是从"自反关系"来讨论"reflective equilibrium"亦即"自反均衡"的。当然罗尔斯偷偷借用黑格尔思想，甚至挪用黑格尔构想《逻辑学》的方法来构想《正义论》，那又是另一回事。至少在公开表示的《正义论》中，黑格尔是一位负面的哲学家，罗尔斯对他没有什么好印象。因此，他不可能采用黑格尔的术语来阐述自己的重要哲学方法论概念。"自反性"是在社会学、经济学和数学中有着广泛应用的概念。在经济学和数学中，有着严格的数学表达式来展示它。此外，"equilibrium"是一个博弈论概念，并被广泛应用于经济学之中，指经济事物的有关变量在一定条件的相互作用下所达到的相对静止状态。纳什均衡（Nash equilibrium）又称非合作博弈均衡，是博弈论的一个重要术语，以约翰·纳什（John Nash）命名。在博弈过程中，无论对方选择什么策略，博弈一方都会选择某个确定的支配性策略。如果两个博弈者的策略组合分别构成各自的支配性策略，那么这个组合就被定义为纳什均衡。罗尔斯在《道德哲学史讲义》中也讨论过博弈论的囚徒困境问题。他认为，"reflective equilibrium"是一种**合作博弈均衡**。这是解决囚徒困境的最佳方法，也是比纳什均衡更好的方法。罗尔斯提出的概念"reflective equilibrium"，既有黑格尔思辨哲学的因素，也有康德道德哲学的因素，还有博弈论的因素，而且后者是决定性的。就这个概念中的"reflective"部分而言，现代经济学的博弈论因素要多一些。因此，罗尔斯使用这个术语，带有较多科学意味。有鉴于此，笔者主张将这个概念解读为"**自反均衡**"。罗尔斯接下来解释了提出这个概念的理由，印证了我们的解读亦即"自反均衡"好于"反思平衡"等解读。

2. 原文："**Considered judgements are no doubt subject to certain irregularities and distortions despite the fact that they are rendered under favorable circumstances**"（p. 42）. H本："深思熟虑的判断尽管是在有利的环境中做出的，但无疑还是受到了某些偶然因素的影响和曲解"（第38页）。在这里，深思判断要受到两个因素约束：

（1）短语："Certain irregularities". **新解**："一些不合乎常规的事物"。也可以解析为科学哲学意义上的"**异常现象**"（abnormal phenomena），托马斯·库恩（Thomas Kuhn）系统地论证了科学研究中的"反常现象"。

（2）单词："Distortions". **新解**："**失真现象**"。即便把"certain irregularities"解析为"某些偶然因素",在这里也有"深思熟虑的判断受到了某些偶然因素的影响"的意思,但是在这同一句话中,没有"深思熟虑的判断受到了某些偶然因素的……曲解"的意思,因此,H本的解析是不确切的。**新解:"尽管深思判断产生于有利的环境,但是它们无疑要受到某些异常现象和失真现象的干扰。"**

【诠释】

本人现在转向讨论"自反均衡"(reflective equilibrium)概念。提出这个概念的理由如下。按照道德哲学的暂定目标,我们不妨说,公平正义是这样一种假设,它假定,在初始位置上被选中的原则,等同于与我们的深思判断(发自内心的深思熟虑的判断)相匹配的原则,所以,这些原则描述了我们的正义感。但是,这个解释显然过于简单。在描述我们的正义感时,必须容许这样一种可能性:尽管深思判断产生于有利的环境,但是它们无疑要受到某些异常现象和失真现象的干扰。当一个人的正义感被别人做出令人折服而直捣人心的解析时(比如,那个解析体现了各种合理而自然的假设),他很可能会修正自己的判断,使之符合公平正义原则,即使那个理论(公平正义理论)与其现有判断并不完全契合。假如他能就那些背离找到某个解释,那些背离败坏他对初始判断的信心(纷扰他的初心),假如呈现在他面前的正义观念引发他现在能够接受的判断,那么,他极有可能修正自己原有的判断。从道德理论的立场看,对个体拥有的正义感的最佳解析,不是他在考察任一正义观念之前就有的、与其判断相契合的解析,而是同他在自反均衡中做出的判断相匹配的解析。就我们所知,这是个体权衡所提出的各种正义观念之后达到的情形。他要么修正判断,使之符合其中的一种正义观念;要么不忘初心,坚守最初的信念(和相应的正义观念)。①

【原文】 §9 – 7 – p. 43

【评析】

1. 原文:"**This is much pretty what I shall do**"(p.43). H本:"这差不多就是我所要做的"(第39页)。**新解:"这正是我要做的事情"**。

2. 原文:"**In light of these remarks, justice as fairness can be**

---

① 正义感是与生俱来的,但是正义原则是后天筛选的,是理性人深思判断的结果。

understood as saying that the two principles previously mentioned would be chosen in the original position in preference to other traditional conceptions of justice, for example, those of utility and perfection; and that these principles give a better match with our considered judgments on reflection than these recognized alternatives. Thus justice as fairness moves us closer to the philosophical ideal; it does not, of course, achieve it"（p. 43）. H 本："根据这些评论，我们就可以这样来理解公平的正义：它认为，前面述及的两个原则将在原初状态中被认为比别的传统正义观——例如功利论和完善论的正义观——更可取而被人们选择，以及这些原则比那些别的可供选择的原则更符合我们经过反思达到的深思熟虑判断。这样，公平的正义就使我们更接近于哲学的理想，当然，它并没有达到这一理想"（第 39 页）。"those of utility and perfection" 应解读为"**效用原则和至善原则**"，而不是"功利论和完善论的正义观"。罗尔斯第一点讲的是公平正义的两个正义原则优先于其他正义观念的原则，比如效用论的效用原则和至善论的至善原则。

【诠释】

然而，自反均衡存在多种诠释。这是一个一直变化的概念。它的变化取决于两种情况：（1）向任何个体呈现的，除了一些微小出入之外，是与其现有判断多少匹配的描述；（2）向任何个体呈现的是所有可能的描述，他或许尽量让其判断以及证明判断的全部哲学论据与所有可能的描述相契合。在前一种情况下，我们要如实描述个体持有的正义感，虽然允许清出某些不合乎常规的现象；在后一种情况下，任何个体持有的正义感，既可能发生彻底的变化，也可能不发生彻底的变化。显然，在道德哲学上，任何个体关心的，正是第二种意义的自反均衡。诚然，人们是否能达到这种状态是可质疑的。因为，即使所有可能的描述和切题的哲学论证都得到了恰当的界定（这是难以做到的），我们也不可能逐一考察它们。我们能做的最多是，学习和思考通过道德哲学传统而为我们已知的各种正义观念以及正在我们面前呈现的其他正义观念。这正是我要做的事情，因为在提出公平正义观念时，本人将把公平正义原则和论据与其他几个大家熟知的观点作比较。根据这些评论，公平正义可以照此理解：（1）前面提及的两个正义原则在初始位置上将优先于其他传统正义观念的原则——比如效用原则和至善原则——而被选中；（2）它们比这些可以识别的候选原则更加符合我们基于自反（反思）做出的深思判断。这样，公平正义观念使我们更加接近哲学理想；当然，它还没有实现这一理想。①

【原文】§9-8-pp. 43-44

【评析】

1. 原文："**I shall not even ask whether the principles that characterize one person's considered judgments are the same as those that characterize another's**"（p. 44）。H本："我甚至不想探讨某一个人深思熟虑的判断之特有的原则是否和另外一个人深思熟虑的判断之特有的原则相同"（第39页）。**新解**："我甚至不想探讨以下问题：规定一个个体深思判断的原则，是否等同于规定另一个个体深思判断的原则？"

2. 原文："**Or if not, that their judgments divide along a few main lines represented by the family of traditional doctrines that I shall discuss. (Indeed, one person may find himself torn between opposing conceptions at the same time.)**"（p. 44）。H本："如果不同的话，他们的判断便是沿着我将讨论的传统理论的一些主要路线而分野的（的确，一个人可能发现自己在同一时刻被两种对立的观点所纠缠）"（第39页）。**新解**："如果它们是不同的，那么本人断定，他们的判断将沿着我即将讨论的这组传统学说的若干主线来划分（事实上，一个人可能会因同时陷入两种对立的正义观念而感到左右为难）。"

3. 原文："**Of course we cannot know how these conceptions vary, or even whether they do, until we have a better account of their structure**"（p. 44）。H本："我们当然要等较好地解释了这些观点的结构之后才能知道它们是如何不同的，或者有没有不同"（第39页）。**新解**："当然，除非我们更好地掌握了这些正义观念的结构，否则的话，我们不知道它们是如何不同的，我们甚至不知道它们是否有所不同。"

4. 原文："**And this we now lack, even in the case of one man, or homogeneous group of men**"（p. 44）。H本："我们现在正缺少这种解释，甚至在一个人或一群相似的人的情况中也是如此"（第39页）。**新解**："我们现在缺乏了解这些正义观念的结构，甚至对一个个体或一群相似个体持

---

① 自反均衡是一个对各种可能原则进行全面筛选过程，这里有康德理性立法者的影子。然而，康德忽视了理性个体的个体差异。康德认为，所有道德理性人所立的律令都是相同的，所以他们能够遵守任何一个道德理性人所设立的律令。但是，罗尔斯的道德理性人显然比康德版本的道德理性人要复杂一些。

有的正义观念的结构也一无所知。"

5. 原文:"So for the purposes of this book, the views of the reader and the author are the only ones that count. The opinions of others are used only to clear our own heads"(p. 44)。H 本:"这样,对于本书的目的来说,它仅仅考虑读者和作者的观点,其他人的意见只用来澄清我们的思想"(第 39 页)。新解:"因此,就本书的目的来说,读者和作者的观点才是最重要的,其他人的意见只用来理清我们的头绪。"

【诠释】

如此解释自反均衡,会直接导致许多其他问题。例如,(在哲学理想的意义上)自反均衡真的存在吗?若存在,它是独一无二的吗?假定它是独一无二的,它能够实现吗?也许,我们最初的判断,或自反(内省)过程本身(或两者一起),影响了我们最后抵达的驻点(如果有的话)。然而,在此揣摩这些问题是徒劳的,它们远远超出了我们的能力之所及。我甚至不想探讨以下问题:规定一个个体深思判断的原则,是否等同于规定另一个个体深思判断的原则?本人断定,这些原则对处于自反均衡中的判断者来说是大致相同的。如果它们是不同的,那么本人断定,他们的判断将沿着我即将讨论的这组传统学说的若干主线来划分(事实上,一个人可能会因同时陷入两种对立的正义观念而感到左右为难)。如果人们持有的正义观念最终表明是大相迥异的,那么他们持有这些正义观念的方式是头等重要的。当然,除非我们更好地掌握了这些正义观念的结构,否则的话,我们不知道它们是如何不同的,我们甚至不知道它们是否有所不同。我们现在缺乏了解这些正义观念的结构,甚至对一个个体或一群相似个体持有的正义观念的结构一无所知。如果我们能描述一个(受过良好教育的)人的正义感,我们就会有通往正义理论的良好开端。我们不妨假定,每个人都有一套完整的道德观念形式。因此,就本书的目的来说,读者和作者的观点才是最重要的,其他人的意见只用来理清我们的头绪。

【原文】§9-9-pp. 44-45

【评析】

这一段落可以看作罗尔斯对 20 世纪以艾耶尔为代表的逻辑实证主义关于真理、价值、正义、道德等观念的批评,他的脚注中有意地引向古代希腊哲学,但是他批评的对象显然是 20 世纪的分析哲学有关道德理论或正义理论的批评。当年维也纳小组的"拒斥理论"非常有名，罗尔斯不可能视而不见。罗尔斯接下来的讨论证明了这一点，他在这里明确表示他的正义理论起源于斯密的《道德情操论》。

1. **原文**："To recall an eighteenth century title"（p. 44）。H本："重复一个18世纪的题目"（第40页）。H本没有弄明白罗尔斯在这里讲的是什么。**新解**："让人回想起一部18世纪著作的书名。"它指的是亚当·斯密的《道德情操论》。①

2. **原文**："Contingent assumptions and general facts"（p. 44）。H本："可能的假定和普遍的事实"（第40页）。**新解**："或有假设和一般事实"。

3. **原文**："This is the conception of the subject adopt by most classical writers through Sidgwick"（pp. 44–45）。H本："这是至少可以追溯到西季威克的英国经典作家们对此学科的看法"（第40页）。这个原文语句中的"the subject"解析为"此学科"不很妥当；把它解析为前面提到的与"道德情操理论"或"正义论"相关的论题会更好些。也就是说，它是"论题"或"主题"。此外，H本的解析正好把原文的意思理解反了。这里的"through Sidgwick"，不是表示"至少可以追溯到西季威克"，而是"直到西季威克"。也就是说，在绝大多数英国古典作家中，西季威克不是起点，而是终点。包括西季威克在内，在他之前的绝大多数英国古典作家，比如休谟、斯密、密尔、边沁等都持有关于该主题的相似观念。**新解**："这是直到西季威克的绝大多数英国古典作家都采纳的针对该主题的观念。"

【诠释】

本人想要强调的是，至少在初始阶段，正义理论只是一个理论。它是一种道德情操理论（让人回想起一部18世纪著作的书名），旨在确立指导我们持有的道德能力的原则，更确切地说，旨在确立指导我们持有的正义感的原则。存在一组确定的事实，一个推测性原则，即我们在自反均衡中做出的深思判断，能对照它们而得到检验。正义理论，和其他理论一样，要受到相同方法规则的约束。定义与意义分析并不占据特殊地位：定义只是建立理论之一般结构的手段，一旦整个框架设计出来，定义就失去其突出地位，它们伴随理论本身的兴衰而兴衰。无论如何，仅仅基于逻辑真理（真值）和定义来建立一种实质性正义理论，显然是不可能的。道德概念的

---

① 亚当·斯密：《道德情操论》，蒋自强、钦北愚等译，商务印书馆1977年版。

分析和演绎，不管传统上作何理解，是一个过于薄弱的基础。道德哲学应当如其所愿地自由运用或有假设和一般事实。没有别的办法能够解释，我们在自反均衡中经由内省而做出的判断。这是直到西季威克的绝大多数英国古典作家都采纳的针对该主题的观念，我没有看到背离它的理由。①

【原文】§9-10-p.45

【评析】

罗尔斯在这里讨论了逻辑和数学的发展对语言哲学和分析哲学贡献，这种发展不仅有利于知识论的意义和真理研究，而且有利于伦理学的道德观念研究。在这一点上，他与艾耶尔等逻辑实证主义者形成鲜明对比。

1. 原文："If we can find an accurate account of our moral conceptions, then questions of meaning and justification may prove much easier to answer"（p.45）。H本："如果我们能准确地解释我们的道德观念，意义和证明的问题也就会容易回答得多"（第40页）。新解："如果我们能够准确解释我们的道德观念，意义问题和证明问题就更容易得到解决。"

2. 原文："Note, for example, the extraordinary deepening of our understanding of the meaning and justification of statements in logic and mathematics made possible by developments since Frege and Cantor"（p.45）。H本："例如，我们可以注意到，由于弗雷格和康托以来的发展，使我们有可能大大加深对逻辑和数学中陈述的意义和证明的理解"（第40页）。新解："例如，请注意，鉴于自从弗雷格和康托以来的诸多发展，我们大大深化了对在逻辑和数学中的命题意义和命题证明的理解。"

3. 原文："A knowledge of the fundamental structures of logic and set theory and their relation to mathematics has transformed the philosophy of

---

① 本人认为，这种观念的要点可上溯到亚里士多德在《尼各马可伦理学》中提出的见解。参阅哈迪（W. F. R. Hardie）《亚里士多德伦理学理论》，第三章，特别是第37—45页。西季威克认为，道德哲学史是这样的一系列尝试，它们旨在"广泛而清楚地阐明理性的那些首要直觉（those primary intuitions of Reason），通过科学应用这些直觉，进而迅速地系统化和纠正人类共同的道德思想"。参阅西季威克《伦理学方法》，第373页及以后。他断定，哲学反思将矫正我们的深思判断。虽然他的理论包含知识论的直觉论成分，但它们没有得到系统思考的支持，直觉论在其中不占很大比重。有关西季威克方法论的解释，参阅施尼温德（J. B. Schneewind）"西季威克伦理学的首要原则和常识道德"，《哲学史文献》1963年第45卷。——原注

these subjects in a way that conceptual analysis and linguistic investigations never could**"（p.45）。H 本："对逻辑和集合论的基本结构及其与数学的联系的知识，以一种概念分析和语言研究决不可能有的方式改变了这些领域的哲学"（第 40 页）。**新解**："逻辑和集合论的基本结构及其数学关系知识，以一种概念分析和语言研究无法做到的方式，改变了这些学科的哲学。"罗尔斯肯定现代数理逻辑对道德哲学的影响。

4. **原文**："**One has only to observe the effect of the division of theories into those which are decidable and complete, undecidable yet complete, and neither complete nor decidable**"（p.45）。H 本："一个人只要看看理论被分为可决定和完全的、不可决定但完全的、不完全也不可决定的三种类型这一划分的效果就够了"（第 40 页）。**新解**："我们只需观察把各种理论划分为可判定的完备理论、不可判定的完备理论和不可判定的不完备理论三种理论类型的效应。"

5. **原文**："**The problem of meaning and truth in logic and mathematics is profoundly altered by the discovery of logical systems illustrating these concepts**"（p.45）。H 本："说明这些概念的逻辑体系的发现深刻地改变了逻辑和数学中意义与真理的问题"（第 40 页）。**新解**："通过发现阐明这些概念的逻辑系统，逻辑和数学中的意义和真理问题发生了深刻变化。"

6. **原文**："**Once the substantive content of moral conceptions is better understood, a similar transformation may occur. It is possible that convincing answers to questions of the meaning and justification of moral judgments can be found in no other way**"（p.45）。H 本："一旦道德观念的实质性内容得到较好的理解，一种类似的变化也就可能出现。以下情况是合理的：对道德判断的意义和证明的问题，不可能用别的方式找到有说服力的答案"（第 40 页）。**新解**："一旦各种道德观念的实质性内容得到更好的理解，也可能发生某种类似的变化。以下情形是可能的：关于道德判断的意义和证明问题，无法用其他方式找到令人信服的答案。"

【诠释】

而且，如果我们能够准确解释我们的道德观念，意义问题和证明问题（questions of meaning and justification）就更容易得到解决。有些问题的确可能不再是真正的问题（real questions）。例如，请注意，鉴于自从弗雷格（Frege）和康托（Cantor）以来的诸多发展，我们大大深化了对在逻辑和数学中的命题意义和命题证明的理解。逻辑和集合论（logic and set theory）的基本结构及其数学关系知识，以一种概念分析和语言研究（conceptual analysis and linguistic investigations）无法做到的方式，改变了这些学科的哲学。我们只需观察把各种理论划分为可判定的完备理论（decidable and complete）、不可判定的完备理论（undecidable yet complete）和不可判定的不完备理论（neither complete nor decidabe）三种理论类型的效应。通过发现阐明这些概念的逻辑系统，逻辑和数学中的意义和真理问题发生了深刻变化。一旦各种道德观念的实质性内容得到更好的理解，也可能发生某种类似的变化。以下情形是可能的：关于道德判断的意义和证明问题，无法用其他方式找到令人信服的答案。

【原文】§9-11-pp.45-46

【评析】

原文："The real question at any given time is which of the views already proposed is the best approximation overall"（p.45）。H 本："不论何时，真正的问题是已提出的观点中哪一个在各方面都最好地接近真实"（第41页）。H 本的解析存在几个可商榷之处：

（1）短语："At any given time"。不能解析为"不论何时"，而应解析为"**在任一给定时间**"或"**在某个给定时间**"，这是用来设定时间条件的一种比较严谨的表达方式。

（2）短语："Best approximation"是一个数学概念，有着确定的中文译名。它一般不解析为"最好地接近真实"，而是解释为"**最佳逼近**"。这里的"逼近"概念与卡尔·波普尔（Karl Popper）提出的"逼真"概念异曲同工。

（3）单词："Overall"。不能解析为"在各个方面"，而应解析为"**总体上**""**大体上**"等。

【诠释】

所以，我想要强调一下，关于我们的实质性道德观念（our substantial moral conceptions）的研究占据着中心位置。不过，一旦我们认识到实质性道德观念的复杂性，那么我们就得承认以下事实：目前的各种理论都是初步的、存在严重缺陷的。如若它们揭示和接近我们的判断的大致轮廓，那么我们就得容忍一些简化做法。通过反例提出反对意见，要小心翼翼地去做，因为那些反例能够告诉我们的只是我们已知的东西，亦即我们的理论在什么地方出了差错。重要的在于发现错误的发生频率和严重程度。所有的理论在某些地方都可能是错误的。① 真正的问题在于，在任一给定时间，在已经提出的各种观点中，哪个观点在总体上是最佳逼近。为了明确这一点，掌握各种竞争性理论的结构无疑是必要的。正是因为这个理由，我尝试参照各种正义观念的基本直觉观念来划分它们和讨论它们，因为这些观念揭示了各个正义观念的主要差异。

【原文】§9-12-p.46

【评析】

罗尔斯把话说得比较委婉，但是也非常明确，就是通过发展契约论，用公平正义理论取代以往所有的正义理论，他尤其把批评的矛头指向效用正义理论。

1. 原文："In presenting justice as fairness I shall contrast it with utilitarianism"（p.46）。H本："在陈述公平的正义时，我将把它与功利主义相对照"（第41页）。新解："在呈现公平正义时，本人将把它与效用论作比较。"

2. 原文："An expository device"（p.46）. H本："揭示手段"（第41页）。新解："解析策略"。

【诠释】

在呈现公平正义时，本人将把它与效用论作比较。这样做有多个理由，部分是作为一种解析策略，部分是由于效用论观点的几个变式（variants），效用论观点长期以来支配着我们的哲学传统，并将继续如此。尽管效用论容易引起持续的疑虑，但它始终处于支配地位。我相信，想要说明这种特殊情况，就要依靠以下事实：既具有清晰性和系统性的比较优点，又能减少那些疑虑，如此建设性的替代理论尚未问世。直觉论是非建设性的，至善论则是不可接受的。本人猜想，得到适当研发的契约论，也许能填补这一空白。我以为，公平正义就是朝着这个方向做出的一次尝试。

---

① All theories are presumably mistaken in places. 其意思是，所有的理论并非完美无缺，都可能存在这样或那样的漏洞。

【原文】§9 – 13 – p. 46

【评析】

在《正义论》第一章最后一段，罗尔斯对正义论三个核心概念做了简要总结。它们分别是：正义原则、优先性规则和初始位置观念。另外，罗尔斯在这一章涉及正义理论中的关键概念"good"（善好的）或"the good"（善）。这两个词在不同学科中有不同解读，在伦理学中一般解读为"善"；在经济学中解读为"产品"；在日常用语中解读为"利益""实惠""价值""好"或"好东西"等。笔者根据具体语境和上下文，对这两个概念做出重新解读。其中，"the good"解读为"善"；"good"解读为"善好的"。

1. 原文："**Primitiveness**"（p. 46）。H本："原始性"（第41页）。**新解**："初步性"。表示"刚起步的，不完备的，幼稚的"，借用网络术语，就是"too young, too simple"。

2. 原文："**We should view a theory of justice as a guiding framework designed to focus our moral sensibilities and to put before our intuitive capacities more limited and manageable questions for judgment**"（p. 46）。H本："我们应当把正义论看作一种指导性结构，用来集中我们的道德感受，在我们的直觉能力面前提出较有限和较易处理的问题以便判断"（第41页）。**新解**："我们应当把正义理论视为一个指导框架，设计这个框架，旨在聚焦我们的道德鉴别能力，把更加受限和更易处理的问题摆在我们的直觉能力面前以待判断。"

3. 原文："**The principles of justice identify certain considerations as morally relevant**"（p. 46）。H本："正义的原则统一了在道德上相关的某些考虑"（第41页）。**新解**："正义原则认定有些思考在道德上是切题的或有意义的。"

4. 原文："**If the scheme as a whole seems on reflection to clarify and to order our thoughts, and if it tends to reduce disagreements and to bring divergent convictions more in line, then it has done all that one may reasonably ask**"（p. 46）。H本："如果这整个体系看来是想通过反思澄清和整理我们的思想，如果它倾向于减少分歧和使歧义的信念较为一致，那它就做了一个人可以合理地要求它做的全部事情"（第41页）。H本存在几个小问题：

（1）短语："The scheme as a whole"。H 本："这整个体系"。**新解**："整个计划"。

（2）短语："It tends to"。不能解析为"它倾向于"，而应解析为"**它有助于**"。

（3）短语："To bring divergent convictions more in line"。不能解析为"使歧义的信念较为一致"。如果照此解析，那么在现实世界，这是任何一种学说或任何一股力量都做不到的。罗尔斯的正义论也是如此。但是它能够做到的一点是："**有助于缓和不同信念的纷争**"。面对纷扰的世界，大家都以为自己的信念是真的。努力缓和紧张气氛，这是罗尔斯正义理论想要做的工作。

5. 原文："**The priority rules indicate the appropriate precedence when these conflict**"（p.46）。H 本："优先规则指示出这些考虑冲突时恰当的优先性"（第41页）。**新解**："当这些思考产生冲突时，优先性规则便指出了适当的优先地位。"

6. 原文："**While the conception of the original position defines the underlying idea which is to inform our deliberations**"（p.46）。H 本："原初状态的概念则确定了要展示我们的思考的根本观念"（第41页）。**新解**："初始位置观念则确定了这样的根本性理念，那个理念将影响我们的慎思活动。"

7. 原文："**Understood as parts of a framework that does indeed seem to help, the numerous simplifications may be regarded as provisionally justified**"（p.46）。H 本："其中的许多简化，作为一种看来的确是有益的结构的部分，可以被看作暂时已得到了证明"（第41页）。**新解**："大量简化处理，可以理解为一个框架的若干部分，看起来确实给人以帮助，可以视为暂时得到证明了的部分。"

【诠释】

当然，我提出的这种契约论，也将遭受我们刚才提到的那些指责。它毫无例外地带有印在既有道德理论上的初步性。例如，令人沮丧的是，关于优先性规则，现在能说的还非常少；词典式排序或许能很好地应付某些重要案例，但它并不完全令人满意。尽管如此，正像本人经常做的那样，我们可以自如地运用简化手段。我们应当把正义理论视为一个指导框架，设计这个框架，旨在聚焦我们的道德鉴别能力，把更加受限和更易处理的问题摆在我们的直觉能力面前以待判断。正义原则认定有些思考在道德上是切题的或有意义的；当这些思考产生冲突时，优先性规则便指出了(哪种思考具有) 适当的优先地位；初始位置观念则确定了这样的根本性(奠基性)理念，那个理念将影响我们的慎思活动。经过举一反三、反复推敲，如果整个计划看起来将澄清和整理我们的想法，如果它有助于减少意见分歧，有助于缓和不同信念的纷争，那么它做了人们可以合理要求它做的所有事情。大量简化处理(simplifications)，可以理解为一个框架的若干部分，看起来确实给人以帮助，可以视为暂时得到证明了的部分。

第二章　正义原则
The Principles of Justice

【题解】

在这一章里，罗尔斯全面阐发了两个正义原则的基本内容。正如弗雷曼指出那样：

> 罗尔斯的社会正义观念，即"公平正义"观念，是一种自由主义正义观念：保护平等的基本自由，给予平等的基本自由以优先性，那些基本自由使个体能够自由地实践其良知，决定其价值，按照自己选择的方式去生活。尊重个体享有的基本自由的政府和社会，也尊重个人选择，宽容地对待各种不同的生活方式，宽容地对待宗教、哲学和道德学说。罗尔斯的正义观念推崇自由，提倡经济关系方面的自由市场（与计划经济相比），尊重个人自由选择机会和职业，为处于最不利地位的社会成员提供最起码的社会保障（social minimum）。罗尔斯的正义观念崇尚民主，提供平等的政治权利，寻求建立教育和职业选择的均等机会。罗尔斯的正义观念提倡平等，努力维护政治自由的"公平价值"，建立"公平均等机会"，通过给予处境最不利的社会成员以极大化其利益为目标来决定最起码的社会保障。这些权利、自由和机会都可以纳入罗尔斯的两个正义原则之中。[①]

正义原则是其正义理论最为核心的部分，也可以说，第二章是《正义论》最重要的一章。现有中文版对两个正义原则的解读存在较大偏差或出

---

① 弗雷曼：《罗尔斯》，张国清译，第47页（引文略有改动）。

入，造成一般读者理解罗尔斯正义理论的困难。①

【原文】CH – II – p. 47

【评析】

作为《正义论》第二章的引论，这一段话主要交代了罗尔斯接下来将做的主要学术工作。笔者认为，罗尔斯在交代自己的研究任务时所使用的几个名词化动词值得注意。它们分别是"interpretation""formulation"和"argument"。首先，请注意词语 interpretation，这是欧洲大陆人文主义哲学最常见的研究方法，可以说是其主要方法。罗尔斯是分析哲学家，但他也使用了欧洲大陆人文主义哲学的这个方法。当然，他对词语"诠释"（interpretation）和词语"解析"（explanation）区分使用是有原因的。因为正义理论只是哲学假说；它不是科学假说；它首先是哲学意义上的纯粹主观的构想或建构。这里的主要概念和观念是作者主观想象的产物。因此，适用于这些思想产物，首先是解读或理解的哲学事情，然后才可能是检验它们是否符合逻辑、符合事实、符合统计数据等科学的事情。如果说存在着两类假说，一类是合理的哲学假说；另一类是理性的科学假说。那么，正义理论首先要成为一种合理的哲学假说，然后才想着它是否能够成为理性的科学假说。其次，在《正义论》中，词语"interpretation"最好被译为"阐释""解读"或"诠释"。"interpretation"是解读（reading）、领悟（understanding）、思考（thinking），偏于主观理解（subjective understanding），与作者或解释者个人的主观体验（experiences）、感觉（feelings）、主张（claims）联系在一起，是哲学人文学科常用方法；相比之下，"explanation"是基于观察的说明、解析、陈述，偏于客观说明，或者用公式、数据、事实来证明，与解析者的主观看法或想法不是本质性关系，主要是用事实说话，是社会科学和自然科学的常见方法。比如，诺齐克写过哲学著作《哲学的解析》（*Philosophical Explanation*, 1983）。在哲学上，"explanation"即解析，是一组陈述（set of statements）。一般来说，解析有三种类型：因果解析（causal explanations）、

---

① 参阅杨伟清"罗尔斯、帕斯卡与决策论——威廉斯论罗尔斯正义原则的证明"，《哲学动态》2020 年第 5 期。周志发："罗尔斯'正义论'的批判与重建"，《学术界》2015 年第 1 期。张国清："罗尔斯难题：正义原则的误读与批评"，《中国社会科学》2013 年第 10 期。姚大志："一种程序正义？——罗尔斯正义原则献疑"，《江海学刊》2010 年第 3 期。姚大志："罗尔斯正义原则的问题和矛盾"，《社会科学战线》2009 年第 9 期。

演绎法解析（deductive-nomological explanation）和统计解析（statistical explanation）。最后，罗尔斯在《正义论》中做的主要工作，不是解析，而是阐释。在哲学上，阐释主要面对的不是发生的事实（facts）、事件（events）或事态（state of affairs），而是研究者提出的观念（conceptions）、概念（concepts）、观点（views）或理念（ideas）等。比如，"初始场景"（initial situation）不是客观事实，而是理论假设、虚拟观念或主观想法。所以，罗尔斯主要用阐释（interpretation）来解读或理解它们。并且，当他进行如此解读时，允许一定的任意性和随意性，甚至带上强烈的主观色彩。但是，罗尔斯毕竟是分析哲学家，所以在解读《正义论》中经常出现的术语 interpretation 时，笔者一般译为"诠释"，而非"解释"。笔者认为，词语"interpretation"对我们理解整个罗尔斯政治哲学体系是至关重要的。在原创性哲学研究中，interpretation 往往先于 explanation。至于阐释即 interpretation 是否站得住脚，是否得到其他学者认可，则是另一回事。

  1. **原文**："**An interpretation of the initial situation**"（p. 47）。H 本："一种最初状态的解释"（第 42 页）。**新解**："诠释初始场景"。

  2. **原文**："**A formulation of the various principles available for choice there**"（p. 47）。H 本："一种可供其间选择的不同原则的概述"（第 42 页）。**新解**："构想在初始场景下可供选择的各种原则"。笔者认为，将语词"formulation"解析为"概述"值得商榷。因为语词"formulation"，一般释义为"（药品、化妆品等的）配方，剂型；配方产品；（政策、计划等的）制定，构想；（想法的）阐述方式，表达方法；等"。罗尔斯在这里使用"formulation"，即使将它往"述"方向上解析，其意思也不是"概述"，而是"充分阐述"或"论述"。其实，罗尔斯本人交代得很清楚，《正义论》第二章的主要内容是，制定在初始位置上人们可供选择的各种原则。至于它们能否最终被选中，也是罗尔斯关心的问题。但是他首先关心的是，在初始场景中可能会存在哪些原则可供人们选择。因此，这里的 formulation，不是对那些可能原则进行"概述"的意思，而是把它们"设想""构想"或"制定"出来，在这个过程中，个人的主观想象力占有一定比重。也就是说，在制定（formulation）原则的过程中，个人的、主观的、想象的成分也是有的。因此，语词"formulation"在这里释义为"制定"或"构想"比较恰当。并且，与"初始场景"假设相呼应，它释义为"构想"，最符合《正义论》的特定语境。

  3. **原文**："**A variety of topics**"（p. 47）。H 本："一些不同的题目"（第 42 页）。**新解**："多个话题"。

4. 原文："Institutions as subjects of justice"（p. 47）。H 本："作为正义的主题的制度"（第 42 页）。值得注意的是，罗尔斯在这里用复数形式来表达其思想。在第一章中，我们就遇到关于"primary subject of justice"的解析问题。笔者推测，这里的"subjects"解读为"诸多主体"会更好些。像 H 本那样，如果"institutions as subjects of justice"被解读"作为正义的主题的制度"，那么，制度只是作为正义问题来研究，具有很大的不确定性；相比之下，如果它被解析为"作为正义之诸多主体的各种制度"，那将明确我们对各种制度在正义研究中占据核心地位的认知。从这一点来看，结合《正义论》的写作意图，正如在《正义论》第一章中，笔者把"primary subject of justice"（p. 3）解析为"正义的首要主体"那样，笔者主张把 institutions as subjects of justice 解析为"**作为正义之诸多主体的各种制度**"。罗尔斯接下来也明确表示，正义的首要主体是社会的基本结构。

5. 原文："In each case"（p. 47）。H 本："所有这些讨论"（第 42 页）。**新解**："在每一种情况下"。

【诠释】

正义理论可以划分为两个主要部分：(1) 诠释初始场景和构想在初始场景下可供选择的各种原则；(2) 确定在这些原则中的哪些原则将被实际采用的论点。在这一章里，本人将分别讨论适用于制度的两个正义原则和适用于个体的若干原则，并且解析它们的意义。① 这样，本人目前关心的只是正义论第一部分的一个方面。② 我要到下一章才会阐释初始场景③，着手论证在此予以考虑的原则将得到实际承认。我为此将讨论以下多个话题：作为正义之诸多主体的各种制度、形式正义概念、三种程序正义、善理论的地位、在什么意义上正义原则推崇平等，如此等等。在每一种情况下，其目标都是旨在解析诸多正义原则的意义和应用。

---

① 如笔者在前面解释的那样，罗尔斯在说明和解析原则的意义时，使用词语"explanation"即"解析"。因为同前面的"阐释初始场景"相比，"说明和解析原则的意义"是一项多少属于非哲学的工作，其中政治学、法学、经济学、社会学等具体社会科学知识占据相当比重，并且，其重点是对各项原则的意义的说明。所以，他没有用诠释（interpretation）而用解析（explanation）是恰当的。

② 正义论第一部分（编）的第二个方面，亦即"构想在初始场景下可供选择的各种原则"。

③ 正义论第一部分（编）的第一个方面，亦即"诠释初始场景"要放到第三章讨论。

§10　制度与形式正义
Institutions and Formal Justice

【题解】

《正义论》研究的首要对象，不是个体或公民，而是社会基本制度或社会基本结构，基本结构是正义的首要主体。罗尔斯有关"首要主体"的论述，与《正义论》第一节第一句话"正义是社会制度的首要德性"的提法遥相呼应。① 因此，当弗雷曼探讨罗尔斯正义原则时，首先想到的是个体的自由或基本自由。笔者认为，这偏离了罗尔斯对正义理论的框架安排。个体自由必须是在正义制度框架下的，虽然第一正义原则主要讲的就是个体自由，并且是优先于第二正义原则的。否则，罗尔斯在这一节的开场白就会令人难以理解："社会正义原则的首要主体是社会的基本结构，亦即把主要社会制度安排进一个合作方案之中。我们知道，在这些制度中，社会正义原则既将支配对各种权利和义务的分派，又将决定社会生活收益的适当分配和社会生活负担的合理分摊。适用于制度的原则，不得与适用于在特殊环境中个体及其活动的原则相混同。这两类原则适用于不同的主体（subjects），务必分别加以讨论。"（p. 47）笔者认为，准确领会这个段落，对于理解罗尔斯正义理论的框架体系是至关重要的。

基本结构是正义的首要主体。罗尔斯讲的"社会正义"首先是"社会制度正义"。罗尔斯社会契约论意义的"社会正义"有专门所指。但是《正义论》中找不到"正义是社会的首要价值"这样的表述。一方面，部分学者把"正义是社会制度的首要德性"解读为"正义是社会的首要价值"，如此做法显然是偷换概念。② 另一方面，在柯恩的影响下，部分学者把"社会正义"解读为"国家正义"，犯了偷换概念的另一个错误。在《正义论》中，罗尔斯很少讨论"国家正义"。在讨论国家正义时，他用到的术语是"接近正义的国家"（state of near justice, p. 309）。"社会正义""社会制度正义""国家正义"是有着不同内涵的三个术语，随意切

---

① 参阅赵亚琼"如何理解'社会基本结构'——浅析罗尔斯正义理论的首要对象"，《哲学动态》2014年第12期。
② 段忠桥：《从历史唯物主义到政治哲学》，第298页。

换和等同使用这三个概念，无法准确呈现罗尔斯在《正义论》中关于正义的"首要德性"见解，以至于得出违反政治哲学常识的结论："正义是什么，与国家是否必须首先实现它无关。"①

制度是一套公开且公共的规则。公开性是任何制度规则的重要特点。在一项制度得到落实之前，它只是抽象对象，但是它仍然通过规则来明确规定人们的思想和行为。一项制度得到落实之后，尤其当它得到有效的和公道的实施之后，它便具有了正义与否的性质。公道而富有效率的制度，只是实现了形式正义的制度。② 罗尔斯后来表示，效率（efficiency）和公平（fairness）并不矛盾。但是，公平正义原则必须优先于效率原则，在这个前提下，效率原则和公平正义原则是可以兼容的。

【原文】§ 10 – 1 – p. 47

【评析】

罗尔斯在这里交代得非常清楚，正义原则的首要主体是社会的基本结构。他多次谈起相似的观点。整个《正义论》的讨论，主要围绕美好社会（良序社会）应当如何建立或社会合作如何可能的问题展开，而它的基础部分就是社会的基本结构。罗尔斯在这里既讨论了正义的主体，也讨论了正义的客体。首先，社会基本结构、社会主要制度、社会团体（社群）和个体是遵循正义或违反正义的主体。这些主体的性质、地位和作用不同，适用于它们的原则也不同。因此，不同原则适用于不同主体。确立正义的主体，旨在回应哪些原则是分别适用于它们或他们的。其次，社会基本结构、社会主要制度、社会团体（社群）和个体是适用不同原则的客体。各项原则的性质、地位和作用是不同的。有些原则是正义原则，有些原则不是正义原则，比如，它们可以是效率原则或效用原则。各项原则的相互关系是须要厘清的。有了正义原则，我们可以对社会主要制度是否符合正义做出评判。明确正义原则的客体，旨在回应那些客体在多大程度上各自实

---

① 段忠桥：《从历史唯物主义到政治哲学》，第 306 页。
② 参阅徐正铨"为什么是形式正义？——论罗尔斯通往正义之途的进路选择"，《科学·经济·社会》2017 年第 2 期。李寿初："西方自由主义契约正义观解析——兼论正义观的形成及其合理性"，《上海交通大学学报》2012 年第 2 期。孙笑侠："法的形式正义与实质正义"，《浙江大学学报》1999 年第 5 期。其中，孙笑侠对形式正义的三种形式、形式正义的标准、法治对形式正义局限性的包容、法的实质正义及其标准、实质正义的妥协与法治的推行等专题作了很好分析，有利于我们理解罗尔斯有关形式正义的讨论。

现了正义，达到了正义原则向它们或他们分别提出的要求。因此，正义的主体和正义的客体是不能混同的。然而，在这一点上，国内许多研究者产生了混淆和混乱。H本的解读也是如此。这是导致国内罗尔斯正义理论研究出现偏差或停滞不前的重要原因。

1. 原文："**The primary subject of the principles of social justice is the basic structure of society, the arrangement of major social institutions into one scheme of cooperation**"（p. 47）。H本："社会正义原则的主要对象或首要主题是社会的基本结构，即把主要的社会制度安排成为一种合作体系"（第42页）。新解："社会正义原则的首要主体是社会的基本结构，亦即把主要社会制度安排进一个合作方案之中。"H本对"the primary subject"这个短语一直琢磨不透，才会有抱着两种解析，亦即"主要对象"和"首要主题"给予同等保留的态度。也许是因为把"primary subject"解读为"主要对象"，H本只好把下一段落中的"abstract object"解读为"抽象目标"。

2. 原文："**The appropriate distribution of the benefits and burdens of social life**"（p. 47）。H本："社会生活中利益和负担的恰当分配"（第42页）。新解："社会生活收益的适当分配和社会生活负担的合理分摊。"这是正义原则的作用之一。

【诠释】

社会正义原则的首要主体（primary subject）是社会的基本结构，亦即把主要社会制度安排进一个合作方案之中。我们知道，在这些制度中，社会正义原则既将支配对各种权利和义务的分派（to govern the assignment of rights and duties），又将决定社会生活收益的适当分配和社会生活负担的合理分摊。适用于制度的原则，不得与适用于在特殊环境中个体及其活动的原则相混同。这两类原则适用于不同的主体（subjects），务必分别加以讨论。

【原文】§10 - 2 - pp. 47 - 48

【评析】

罗尔斯在这里主张的是，制度"是一套公开且公共的规则"，而不是"一种公共的规范体系"。后一种说法不是罗尔斯本人的主张，是H本强加给罗尔斯的。这一点在后面分析中将进一步明朗起来。并且，罗尔斯这一主张贯穿《正义论》始终，"公开"与"公共"虽然只是一字之差，却蕴

第二章　正义原则　251

涵着重大的思想差异。

1. **原文**："**A public system of rules**"（p. 47）．H 本："一种公共的规范体系"（第 42 页）。**新解**："一套公开规则"。

2. **原文**："**Certain penalties and defenses**"（p. 48）．H 本："某些惩罚和保护措施"（第 42 页）。**新解**："一定的惩罚措施和抗辩理由"。"当违规行为发生时"，竟然会有"保护措施"，这在逻辑上不成立，也有违生活常识。这当然不是罗尔斯本人的意思，而是 H 本的误读。

3. **原文**："**Games and rituals**"（p. 48）．H 本："运动会、宗教仪式"（第 42 页）。**新解**："比赛和仪式"。H 本的解读过于狭窄。世界各地每天都在举行的各种竞技比赛或娱乐性比赛，不是用"运动会"可以囊括的；像婚礼、大学毕业典礼、总统就职等都是"仪式"。

4. **原文**："**An institution may be thought of in two ways: first as an abstract object, that is, as a possible form of conduct expressed by a system of rules; and second, as the realization in the thought and conduct of certain persons at a certain time and place of the actions specified by these rules**"（p. 48）．H 本："一种制度可以从两个方面考虑：首先是作为一种抽象目标，即由一个规范体系表示的一种可能的行为形式；其次是这些规范指定的行动在某个时间和地点，在某些人的思想和行为中的实现"（第 42 页）。**新解**："我们可以从两方面来思考制度：首先，制度是一个抽象客体，也就是说，制度是通过一组规则来表达的某种可能的行为形式；其次，制度是在一定的时间和地点，通过一定人的思想和行为，落实由这些规则明确规定的活动。"制度既可以理解为一个抽象对象，也可以理解为规则所指定的活动的落实。H 本的解读存在以下可商榷之点：

（1）短语："An abstract object"．可解读为"一个抽象客体"或"一个抽象物"，而非"一个抽象目标"。也许是 H 本在前面把"subject"解读为"对象"的缘故，它只好在这里把"object"解读为"目标"。

（2）短语："A system of rules"．可解读为"一组规则"而非"一个规范体系"。"a system of"相似于"a set of"，是"一组"或"一套"的意思。这里的重点不在于所谓的"体系"。它的另一表述"这些规则"（these rules）也说明了这一点。

（3）短语："In the thought and conduct of certain persons at a certain time and place"．可解读为"通过一定的人在一定的时间和地点的思想和行为"。

（4）短语："The actions specified by these rules"．H 本："这些规范指定的行动"。**新解**："这些规则明确规定的活动"。

5. 原文："The institution as realized or the institution as an abstract object"（p. 48）. H 本："作为行为的实现的制度，还是指作为抽象目标的制度"（第 43 页）。**新解**："**作为一个落实了的制度，或作为一个抽象客体的制度。**""an abstract object" 可以解读为 "一个抽象客体"，与前面提到的 "主体"（subject）概念相呼应。

6. 原文："It seems best to say that it is the institution as realized and effectively and impartially administered which is just or unjust"（p. 48）. H 本："看来最好是说：正义与否的问题只涉及现实的并且被公平有效地管理着的制度"（第 43 页）。**新解**："**看似最好的说法是，只有当制度得到落实之后，只有当制度得到有效而公道地实施之后，制度才是合乎正义的或违反正义的。**" H 本把 "effectively and impartially" 解读为 "公平有效地" 不是很妥当。如果 "impartial" 解读为 "公平的"，它容易与罗尔斯正义理论的专门术语 "fair" 相混淆。罗尔斯在《正义论》中严格区分了 "公道的"（impartial）和 "公平的"（fair）。前者是效用论者休谟和斯密等主张的正义观念，后者才是罗尔斯本人推崇的正义观念。H 本如此解读，会在《正义论》中文读者中造成思想混乱。罗尔斯在这里没有明确说出的一个意思是，有效而公道地实施的制度，不一定是正义的。

【诠释】

现在，我要把制度理解为一套公开规则，这套规则规定着各种职位和位置，以及随之而来的权利、义务、权限、豁免等。这些规则规定，有些活动形式是许可的，其他活动形式是禁止的；当违规行为发生时，这些规则会提供一定的惩罚措施和抗辩理由。作为制度或更加常见的社会惯例的例子，我们会想到比赛和仪式、审判和议会、市场和财产制度。我们可以从两方面来思考制度：首先，制度是一个抽象客体（abstract object），也就是说，制度是通过一组规则来表达的某种可能的行为形式；其次，制度是在一定的时间和地点，通过一定人的思想和行为，落实由这些规则明确规定的活动。于是，作为一个落实了的制度，或作为一个抽象客体的制度，它是否正义的，就存在着某种模糊性。看似最好的说法是，只有当制度得到落实之后，只有当制度得到有效而公道地实施之后，制度才是合乎正义的或违反正义的。询问作为抽象客体的制度是否正义的，等于询问在得到落实的意义上制度是否正义的。

第二章 正义原则 253

【原文】§10-3-p.48

【评析】

1. 原文:"An institution exists at a certain time and place when the actions specified by it are regularly carried out in accordance with a public understanding that the system of rules defining the institution is to be followed"(p.48). H 本:"当一个制度所指定的行为按照一种公共的默契——即确定制度的规范体系应被遵循——而有规则地实现时,它是存在于一定时间和地点中的"(第43页)。

(1) 单词:"Regularly". 解读为"**定期地**"比"有规则地"要准确。比如,"中国政府定期地召开两会",而非"中国政府有规则地召开两会"。

(2) 短语:"A public understanding". **新解**:"**公众理解**"。

(3) 短语:"The system of rules defining the institution". H 本:"确定制度的规范体系"。**新解**:"**确定该制度的这套规则**"。

2. 原文:"Thus parliamentary institutions are defined by a certain system of rules (or family of such systems to allow for variations). These rules enumerate certain forms of action ranging from holding a session of parliament to taking a vote on a bill to raising a point of order"(p.48). H 本:"例如,议会制度就是被某种规范体系(或容有变化的一组这样的体系)确定的。这些规范列举了某些行为类型:从召开一系列议会会议对一项议案进行投票,到对一种议事规程提出质疑"(第43页)。

(1) 短语:"A certain system of rules". 解读为"**一组特定规则**"比"某种规范体系"要确切一些。同样地,将短语"these rules"解读为"**这些规则**"比"这些规范"要确切。

(2) 短语:"Certain forms of action". 解读为"**某些活动形式**"比"某些行为类型"要好些。

(3) 短语:"Holding a session of parliament". 解读为"**举行议会会议**"比"一系列议会会议"要好些。为了准确地理解上面这些术语,就要对美国政府和议会的政治活动有所了解。

3. 原文:"Various kinds of general norms are organized into a coherent scheme. A parliamentary institution exists at a certain time and place when certain people perform the appropriate actions, engage in these activities in

the required way, with a reciprocal recognition of one another's understanding that their conduct accords with the rules they are to comply with"（p. 48）。H 本："各种一般规范被组织成一种首尾一贯的体系。一种议会制度存在于这样一个确定的时间和地点——当某些人们实行恰当的行动，以一种必要的方式介入这些活动，并相互承认大家都理解他们的行为要符合他们想服从的规范"（第 43 页）。请留意罗尔斯的用语习惯，"规则"（rules）和"规范"（norms）相对应，在这里可以互换使用，但又略有不同。"a certain system of rules"和"various kinds of general norms"表达着有关"规则"和"规范"的讨论。

【诠释】

当制度规定的各项活动根据公众理解定期地得到开展时，确定该制度的这套规则便会得到遵循，这一制度便存在于一定的时间和地点之中。因此，议会制度由一组特定规则（或一组特定规则许可的各种变式）来确定。这些规则列举某些活动形式，从举行议会会议就法案进行表决，到对议事程序予以质询。各种一般规范组成连贯的计划。当人民采取一定的恰当行动，以必要方式从事这些活动，相互承认其行为符合他们要遵守的规则时，议会制度便存在于一定的时间和地点之中。①

【原文】 §10-4-pp.48-49

【评析】

笔者认为，H 本对本段落原文的解读存在较大出入，其主要原因在于 H 本误解了关键术语"public"和"publicity"。

1. 原文："**In saying that an institution, and therefore the basic structure of society, is a public system of rules, I mean then that everyone engaged in it knows what he would know if these rules and his participation in the activity they define were the result of an agreement. A person taking part in an institution knows what the rules demand of him and of the others. He also knows that the others know this and that they know that he knows this, and so on**"（p. 48）。H 本："当谈到一种制度，因而社会的

---

① 关于规则和法律系统何时可以说是存在的讨论，参阅哈特《法律的概念》，牛津：克莱伦顿出版社 1961 年版，第 59 页及以后、第 106 页及以后，以及第 109—114 页。——原注

基本结构是一种公共的规范体系时，我的意思是说，每个介入其中的人都知道当这些规范和他对规范规定的活动的参与是一个契约的结果时他所能知道的东西。一个加入一种制度的人知道规范对他及别人提出了什么要求。他也清楚：别人同样知道这一点，他们也清楚他知道等等"（第43页）。

（1）短语："A public system of rules"。解读为"**一组公开规则**"比"一种公共的规范体系"要恰当些，为什么在这个段落里，罗尔斯一下子用了7个知道来强调这些规则的性质，就是因为它们是"公开且公共的规则"。并且他在后面专门讨论了"**公开性条件**"（publicity）这个话题。因此，规则的"公共性"和"公开性"在含义上是有很大差别的。

（2）短语："Everyone engaged in it"。解读为"**每个参与者**"更好一些。

（3）短语："A person taking part in an institution"。解读为"**制度参与者**"要好一些。

2. **原文**："**To be sure, this condition is not always fulfilled in the case of actual institutions, but it is a reasonable simplifying assumption. The principles of justice are to apply to social arrangements understood to be public in this sense**"（p.48）。H本："诚然，这一条件在现实制度中并不总是被满足，但这是一个合理简化的假设。将用于社会安排的正义原则在这种意义上被人们理解为公共的"（第43页）。

（1）短语："A reasonable simplifying assumption"。应解读为"**一个相当简化的假设**"，而非"一个合理简化的假设"。

（2）语句："The principles of justice are to apply to social arrangements understood to be public in this sense"。新解："**正义原则将应用于社会安排，那些原则在这个意义上被人们理解为是公开的且公共的。**"如前面提到那样，这里罗尔斯讲的是正义原则的"公开性"。虽然它们具有"公共性"，然而并非所有社会安排都有"公开性"。

3. **原文**："**Where the rules of a certain subpart of an institution are known only to those belonging to it, we may assume that there is an understanding that those in this part can make rules for themselves as long as these rules are designed to achieve ends generally accepted and others are not adversely affected**"（pp.48—49）。H本："在那个制度的某个次要部分的规范仅为属于这部分的人们所知的地方，我们可以假定存在着一种默契，即那些属于这一部分的人们是能够为自己制订规范的，只要这些规范是为了达到普遍接受的目的，同时别人也不受到负面影响"（第43

（1）短语："A certain subpart"。其新解为"**某个分支机构**"，而非"某个次要部分"。

（2）短语："Those in this part can make rules for themselves"。其新解为："**在这一分支机构中的那些人便可以自行制订规则**"，而不是"那些属于这一部分的人们是能够为自己制订规范的"。

（3）短语："And others are not adversely affected"。其新解为"**并且对其他人没有产生不利影响**"，而不是"同时别人也不受到负面影响"。

4. 原文："**This condition is a natural one in a contractarian theory**"（p.49）. H 本："这一条件在契约论理论中是很自然的"（第43页）。在解读这个并不复杂的语句中，H 本犯下一个明显错误，亦即关于"a natural one"，其正解是"**一个自然条件**"，而不是"很自然的"。只有公开性才能确保所有参与者都知道规则及其对每一个体行为的限制，公共性不一定确保所有参与者都知道规则及其对每一个体行为的限制。由于 H 本把"the publicity of the rules of an institution"解读为"一种制度，其规范的公共性"（第43页），而不是"**一个制度的诸多规则的公开性**"。如此误读对于读者理解整个《正义论》是不利的。

【诠释】

当我说制度亦即社会的基本结构是一组公开规则时，我说的意思是，假如这些规则及其规定的每个人的参与活动是某项协议的结果，那么每个参与者都知道他理应知道的那些规则。制度参与者知道那些规则向其本人和其他参与者提出的要求。他知道其他参与者知道这一点，其他参与者也知道他知道这一点，如此等等。诚然，尽管它是一个相当简化的假设，但是这一条件在现实制度中并不总是得到满足。正义原则将应用于社会安排，那些原则在这个意义上被人们理解为是公开的且公共的。如果某一制度的某个分支机构的各项规则，只为属于这一分支机构的人们所知晓，那么我们不妨假定存在这样一种理解：只要那些规则旨在达成一般接受的目标，并且对其他人没有产生不利影响，在这一分支机构中的那些人便可以自行制订规则。制度的诸多规则的公开性确保参与者知道，对可预期的彼此行为给出的各种限制，并且明确什么样的活动是许可的。存在着明确彼此预期的共同基础。而且，在良序社会里，在受到某种共享的正义观念有效调节的社会里，人们对何为正义、何为非正义存在着公众理解。本人将在后面假定，正义原则是在人们已知它们是公开且公共的条件下选中的

(§23)。这个条件在契约论中是一个自然条件。①

【原文】§10 – 5 – pp. 49 – 50

【评析】

这一段落讨论的重点是"区分"(distinction)和"识别"(identification),而不是"利益的人为统一"。

1. 原文:"**Ideally the rules should be set up so that men are led by their predominant interests to act in ways which further socially desirable ends**"(p. 49)。H 本:"从理想上来说,这些规范必须如此建立,也就是使人们的主要利益能推动他们向着普遍欲望的目标行动"(第 44 页)。这是效用论者关于私利导致公益主张的一种表述。曼德维尔专门写过相关专著,开启了关于私欲或私利或个人贪婪却导致公共利益的著名论断。② 这一论断对于效用论者关于私人利益和公共利益关系的思考有着重大影响。H 本的解读显然没有了解这一西方政治思想史背景。所以它把"社会合理目标"(socially desirable ends)解读为"普遍欲望的目标"。**新解**:"理想的情况是,规则应当以这样的方式确立起来,人们可以在其主要利益的引导下,以促进社会合理目标的方式行事。"

2. 原文:"**The conduct of individuals guided by their rational plans should be coordinated as far as possible to achieve results which although not intended or perhaps even foreseen by them are nevertheless the best ones from the standpoint of social justice**"(p. 49)。H 本:"个人受理性计划指导的行为应当尽可能的协调一致,以达到他们虽然未曾意欲或预见却还是对社会正义最好的结果"(第 44 页)。**新解**:"个体应当在理性计划指导下尽可能协调其行为,以达成某些结果,尽管它们不是他们想要的,甚或并非他们预想的,但从社会正义的角度来看,它们是最佳结果。"这非常接近曼德维尔的思想,当然它没有主观的恶达成客观的善之意。

3. 原文:"**Bentham thinks of this coordination as the artificial identification of interests, Adam Smith as the work of the invisible hand. It is the aim of the ideal legislator in enacting laws and of the moralist in**

---

① 所有的制度规则都是公开且公共的、向所有社会成员公布的、要求所有社会成员知道的。因此,制度没有秘密。只有公开且公共的制度及其规则,才能得到社会成员最有效的监督,社会成员才知道,政府官员在实施或执行规则时是否违反了正义原则。

② 参阅曼德维尔《蜜蜂的寓言》,肖聿译,商务印书馆 2016 年版。

urging their reform"（p. 49）。H 本："边沁把这种协调设想为利益的人为统一（artificial identification of interests），亚当·斯密则把这看作一只看不见的手的作用。这是理想的制订法律的立法者和督促改造法律的道德家的目标"（第 44 页）。

（1）短语："The artificial identification of interests". H 本解读为"利益的人为统一"。其正解是"**对各种利益的精巧识别**"。这个短语的意思是，人们要对各种不同利益，主要是属于个人的私人利益和属于社会的公共利益有精巧的或人为的识别和认定。H 本把"artificial identification"解读为"人为统一"，正好把其意思解读反了。在休谟那里，"artificial"有"巧夺天工"之意，罗尔斯在《道德哲学史讲义》中专门讨论过休谟对这个术语的独特解读。① 罗尔斯对此解读给予借用，它的主要含义是"人为的""人造的"或"人工的"。在对词组"the artificial identification of interests"的解读中，关键是术语"identification"不能解读为"统一"。这个术语的确有"确认"或"认同"的含义，但其主要含义是"识别""辨识"或"认定"。在当代政治哲学或政治社会学中，身份政治或认同政治（identity politics）是热门话题，政治识别（political identification）和利益识别（identification of interests）不能还原为政治统一（political unification）和利益统一（unity of interests）。② 身份政治可以划分为性别身份（gender identity）、种族身份（racial identity）、阶级身份（class identity）等研究专题。比如波伏娃在《第二性》中提出"性别问题即是政治问题"（gender is politics）的观点。萨义德在《东方主义》中讨论了种族身份或种族认同；霍米巴巴（Homi Bhabha）讨论了后殖民时代文化定位、后现代空间等问题；③ 像霍米巴巴一样，雷·奥登伯格（Ray Oldenburg）认为，所有既不是家（第一空间），也不是劳动场地、车间或办公室（第二空间）的互动环境都属于第三空间（third place）。第三空间概念强调各种非工作性公共场所的社交作用，如咖啡馆、茶馆、酒吧、社区中心等。它们是人们开展"非正式公共生活"（informal public life）的场所。奥登伯格借鉴乔治·齐美尔的观点，认为人们出入这些休闲场所，除了寻求"快乐、开心和解脱"（joy, vivacity and relief），别无其他目的，他们的个人"愿望、义

---

① 参阅罗尔斯《道德哲学史讲义》，张国清译，第 68 页及以后；"第三讲 作为人为德性的正义"。
② 参阅李海金《身份政治》，中国社会科学出版社 2011 年版。
③ 参阅 Homi K. Bhabha, *The Location of Culture*, London and New York: Routledge, 1994。

务和角色"（purpose, duty, or role）全都隐藏了起来。[①] 三个空间的实际存在，表明了当代人类社会生活的复杂性、丰富性和异质性。因此，如果把词组"the artificial identification of interests"解读为"利益的人为统一"，正好抹去了三个空间的区分。这个区分在边沁时代就已经萌芽，是现代性的实际后果。

（2）短语："The work of the invisible hand"。H本把这个短语解读为"一只看不见的手的作用"，只解读对了一半。它的正解是"**那只看不见的手的杰作**"。

（3）语句："It is the aim of the ideal legislator in enacting laws and of the moralist in urging their reform"。这个语句最好分开来分别解读，前半句讲的是"**它既是理想的立法者创制法律的目的**"，后半句讲的是"**它也是道德家敦促立法者对其创制的法律进行改革的目的**"，也可以简单表述为"**它也是道德家敦促法律改革的目的**"。

边沁既是效用论者，也是自由主义者。他主张社会改良，但他不是社会主义者，他不可能主张"把这种协调设想为利益的人为统一"。这背离了效用论和自由主义政治思想的常识。本句的正解是："**边沁认为，这种协调是对各种利益的人工识别。亚当·斯密则认为，它是那只看不见的手的杰作。它既是理想立法者创制法律的目的，也是道德家敦促立法者对其创制的法律进行改革的目的。**"

4. 原文："**Still, the strategies and tactics followed by individuals, while essential to the assessment of institutions, are not part of the public systems of rules which define them**"（pp. 49 – 50）。H本："然而，个人所遵循的对评价制度十分重要的战略策略，并不是公共规范体系的一部分，虽然它们是由规范体系决定的"（第44页）。H本在这里又误读了。首先，关于"The strategies and tactics followed by individuals, while essential to the assessment of institutions"，H本的解读是正确的；其次，关于"are not part of the public systems of rules"，H本的解读也准确无误。但是，关于"which define them"，H本把它解读为"虽然它们是由规范体系决定的"，却解读错了。依照H本的解读，这里的"它们"会让读者误解为是"个人遵循的战略和策略"，而实际上，"由规范体系界定的"不是"个人遵循的战略和策略"，而是"各种制度和机构"。所以，这里的逻辑关系是：（1）个人

[①] 参阅 Ray Oldenburg, *The Great Good Place: Cafes, Coffee Shops, Bookstores, Bars, Hair Salons, and Other Hangouts at the Heart of a Community*, Cambridge, MA: Da Capo Press, 1999, p. 24。

遵循的战略和策略对评估各种制度和机构至关重要；（2）公开且公共的各套规则界定各种制度和机构；（3）个人遵循的战略和策略不是公开且公共的各套规则的一部分；（4）个人遵循的战略和策略不是由"公共规则体系"决定的。相比之下，H本把它解读为"它们（亦即个人所遵循的对评价制度十分重要的战略策略）是由规范体系决定的"，与笔者的解读正好相反。笔者认为，H本解读反了罗尔斯的本意。**新解**："**个体遵循的战略和策略对于评估各种制度和机构是至关重要的，但它们不是界定那些制度和机构的公开规则的组成部分。**"

【诠释】

有必要指出以下两者的区分：一是一项制度的根本规则（constitutional rules of an institution），用来确立基于制度的各项权利和义务等；二是各种策略和准则，用来规定最佳地利用制度以达成特定的目标。① 理性的策略和准则基于对个体和群体将根据其利益、信念和各自计划的推测而采取的许可活动的分析。这些策略和准则本身不是制度的组成部分。确切地说，它们属于制度理论，比如，属于议会政治理论。正像博弈理论那样，制度理论通常以既定的根本规则为基础，分析权力的分配方式，解析参与分配权力的人借机行事的方式。在设计和改造各种社会安排时，我们当然必须审查其许可的策略和方案，审查它们倾向于鼓励的行为方式。理想的情况是，规则应当以这样的方式确立起来，人们可以在其主要利益的引导下，以促进社会合理目标的方式行事。个体应当在理性计划指导下尽可能协调其行为，以达成某些结果，尽管它们不是他们想要的，甚或并非他们预想的，但从社会正义的角度来看，它们是最佳结果。边沁认为，这种协调是对各种利益的人工识别。亚当·斯密则认为，它是那只看不见的手的杰作。② 它既是理想立法者创制法律的目的，也是道德家敦促立法者对其创制的法律进行改革的目的。个体遵循的战略和策略对于评估各种制度和机

---

① 关于基本规则和制度，参阅塞尔（J. R. Searle）《言语行为》（Speech Acts），剑桥：剑桥大学出版社 1969 年版，第 33—42 页。参阅安斯康姆（G. E. M. Anscombe）"论原初事实"（On Brute Facts），《分析》1958 年第 18 卷；并参阅迪格斯（B. J. Diggs）"规则与效用论"（Rules and Utilitarianism），《美国哲学季刊》1964 年第 1 卷。最后这个论文讨论了关于规则的各种解释。——原注

② "对各种利益的人工识别"（artificial identification of interests）这一说法出自埃里耶·阿雷维（Elie Halévy）在其著作中关于边沁的解释。参阅哈雷维《激进主义哲学的兴起》（La Formation de Radicalism Philosophique）第 1 卷，巴黎：费利克斯—阿尔坎出版社 1901 年版，第 20—24 页。至于"那只看不见的手"（invisible hand），参阅亚当·斯密《国富论》，埃德温·坎南（Edwin Cannan）编，纽约：现代丛书 1937 年版，第 423 页。——原注

构是至关重要的，但它们不是界定那些制度和机构的公开规则的组成部分。①

【原文】§10 – 6 – p. 50

【评析】

罗尔斯在这里讨论了个别制度、个别规则与整体社会的关系，部分与全体的关系。有时，社会基本制度总体上是正义的，但是某个单一的制度或规则可能是不合乎正义的；有时则正好相反。

1. 原文："We may also distinguish between a single rule (or group of rules), an institution (or a major part thereof), and the basic structure of the social system as a whole"（p. 50）。H 本："我们也许还要把单独一个或一组规范、一种制度或它的一个主要部分，与作为一个整体的社会体系的基本结构区别开来"（第 44 页）。新解："我们还可以区分单一规则（或一组规则）、一个制度（或其主要部分）和整个社会系统的基本结构。"

2. 原文："There is the possibility not only that single rules and institutions are not by themselves sufficiently important but that within the structure of an institution or social system one apparent injustice compensates for another"（p. 50）。H 本："不仅有这样一种可能：即单独的一些规范和制度本身并不是足够重要的；而且有这样一种可能：在一个制度或社会体系的结构中，一种明显的非正义抵消了另一种非正义"（第 44 页）。新解："存在这样一种可能性：不仅各单一规则和各项制度本身不是足够重要的，而且在一项制度或一个社会系统结构之内，一种明显的不公不义弥补或抵消了另一种不公不义。"只存在一种而非两种可能性。

3. 原文："The whole is less unjust than it would be if it contained but one of the unjust parts"（p. 50）。H 本："社会总体系如果只包含一个不正义部分，那么它就并非与那个部分是同等地不正义的"（第 44 页）。新解："如果一个总体只包含一个不合乎正义的部分，那么这个总体就不那么违反正义。"罗尔斯在这里讨论的是"一个系统的部分违反正义"问题。它的意思是，如果在一个社会系统中只有一部分是不合乎正义的，那么，与整个

---

① 政府制定的策略和准则涉及个体与群体的重要利益，在那些利益的分配上，自由市场这样看不见的手发挥着决定性作用。个体和群体按照策略和准则达成自身目的是合理的。他们的成功或失败不是评判制度的策略和准则正义与否的标准，也不构成赞美或指责政府的理由。

社会系统都是不合乎正义的相比，或者与该社会系统的几个部分是不正义的相比，该社会系统不正义的严重性要弱一些。因此，H本对此句的解读是不准确的。

【诠释】

我们还可以区分单一规则（或一组规则）、一项制度（或其主要部分）和整个社会系统的基本结构。这样做的理由是，一项制度的一条规则或多条规则可能是不公正的，而这项制度本身是公正的。同样地，一项制度可能是不合乎正义的，而整个社会系统是合乎正义的。存在这样一种可能性：不仅各单一规则和各项制度本身不是足够重要的，而且在一项制度或一个社会系统结构之内，一种明显的不公不义弥补或抵消了另一种不公不义。如果一个总体只包含一个不合乎正义的部分，那么这个总体就不那么违反正义。此外，可想而知的是，即使任何一项制度都是正义的，但是一个社会系统仍然可能是不正义的：这种不正义，正是这些制度结合成一个单一社会系统的方式的后果。一个制度可能鼓励另一制度否认或忽视的预期，并为之作辩护。这些区别非常明显。它们只是反映这样一个事实：在评估各种制度时，我们可以在较为广泛或较为狭隘的背景中去看待它们。①

【原文】§10-7-p.50

【评析】

1. 原文："A general theory of justice would consider when rituals and other practices not commonly thought of as just or unjust are indeed subject to this form of criticism"（p.50）。H本："一种普遍的正义论要考察：那些不被认为是正义或非正义的宗教仪式或别的实践形式，在什么时候的确要受到这种批评"（第45页）。**新解**："一般正义理论将表示，虽然各种仪式和其他惯例通常不被视为合乎正义的或违反正义的，但是它们的确仍要遵循这种批评形式。"

2. 原文："Our concern is solely with the basic structure of society and its major institutions and therefore with the standard cases of social justice"

---

① 制度或法律不会因为它们是正义的而受到赞美，一旦它们违反正义就会受到谴责。因为正义是制度或法律的首要德性，丧失了这个德性，制度和法律也就丧失了存在的正当性或合法性，对它们的改革或废除便是迟早的事。

(p.50). H本："我们仅仅关心社会的基本结构和它的主要制度，以及社会正义的标准情形"（第45页）。罗尔斯表示，并非一切制度都涉及正义。因为有些制度只是习惯或习俗，如果不涉及对个体权利和利益的分配，就与正义无关。**新解**："我们只关注社会基本结构及其主要制度，因此，我们只关注社会正义的这些标准案例。"

【诠释】

应当指出的是，有些制度通常不适用于正义概念。比如，某种（宗教）仪式通常不被认为是合乎正义的或违反正义的，尽管毫无疑问，人们可以想象得到，有些情形并非如此，例如，长子或战俘的献祭仪式。一般正义理论(general theory of justice)将表示，虽然各种仪式和其他惯例通常不被视为合乎正义的或违反正义的，但是它们的确仍要遵循这种批评形式。根据推测，它们必定以某种方式涉及在人们中间对某些权利和价值的分配。不过，我不想深入开展这项更加宏大的研究。我们只关注社会基本结构及其主要制度，因此，我们只关注社会正义的这些标准案例。①

【原文】§10 – 8 – pp. 50 – 51

【评析】

"类似案件类似处理"是法律界约定俗成的说法。权威部门一贯遵守并恰当解释制度规定的正确规则，也是一种法学和政治学界通行的说法。再加上"公道且一贯地实施法律和制度"(impartial and consistent administration of laws and institutions) 的形式正义，这些表述具有法律和政治上的审美价值，也就是具有形式的完备性。后来德沃金非常推崇这种法律的完备性，只是他换了一个名称，不再是形式正义，而是区分了原则和政策，强调原则的不可动摇性和稳固性，但批评政策的随机性和不稳固性。罗尔斯并没有严格地区分法律和政策，往往把它们放在一起讨论。但是德沃金认为，法律要高于政策。在对原则的理解上，德沃金和罗尔斯存

---

① 罗尔斯在《正义论》中讨论的正义主要是社会正义，而不包括特定文化历史传统沿袭下来的特定生活习俗的文化正义，比如宗教仪式和婚姻习俗的正义。这个段落也说明，一般正义理论比公平正义理论涉及更加广泛的领域。后者几乎不讨论特定社会或民族国家的历史、宗教、文化、习俗等相关的正义问题。我们从中看到，一般正义观念与公平正义观念不能简单等同起来，两者也不是同余的或一致的。这是罗尔斯本人在多个地方明确地说明了的。

在着重大的差异。德沃金关于"认真地对待权利"的系列论证，对于"原则问题"的高度重视，都体现了其有别于罗尔斯的对法的理解。从这一点来看，罗尔斯关于正义原则的思考，更多的是政治哲学的，而非法哲学的。罗尔斯对法的理解，更多地被看作正义原则、公平正义的适用对象。法是相对地依附于正义原则的，在这一点是与政策并列的。

1. 原文："**They are principles of justice in the sense that for this system they assume the role of justice: they provide an assignment of fundamental rights and duties and they determine the division of advantages from social cooperation**"（p.50）。H本："它们在下述意义上是正义的原则——即它们为这个体系扮演了正义的角色，它们为基本的权利和义务提供了一种分配办法，并决定着社会合作利益的划分"（第45页）。**新解：**"正是正义原则为这个制度设定正义的作用：它们提供基本权利和义务的指定办法，它们决定来自社会合作的优势分工和利益划分。"这个语句表示"正义的作用"通过适用于社会系统或社会基本结构的"正义原则"来实现。作为首要德性的"正义"不是"分配正义"。有学者借助这个语句断定，作为首要德性的"正义"就是"分配正义"："分配正义是现存社会制度必须首先实现的价值。"① 按照这种解读，社会制度首先要实现"分配正义"，这样的解读是荒唐的。

2. 原文："**Let us also imagine that this conception of justice is by and large accepted in the society and that institutions are impartially and consistently administered by judges and other officials**"（p.50）。H本："让我们也设想这种正义观从整体看来被这个社会接受，制度由法官及别的官员不偏不倚地、一致地执行着"（第45页）。**新解：**"我们还设想，社会大多接受这个正义观念，法官和其他官员公道而一致地实施各项制度。"

3. 原文："**The correct rule as defined by institutions is regularly adhered to and properly interpreted by the authorities**"（pp.50-51）。H本："制度确定的正确规范被一贯地坚持，并由当局恰当地给予解释"（第45页）。**新解：**"权威部门一贯遵守并恰当解释制度规定的正确规则。"

4. 原文："**This impartial and consistent administration of laws and institutions, whatever their substantive principles, we may call formal justice**"（p.51）。H本："这种对法律和制度的不偏不倚且一致的执行，

---

① 参阅段忠桥"正义是社会制度的首要价值吗？"，《哲学动态》2015年第9期。

不管它们的实质性原则是什么，我们可以把它们称之为'形式的正义'"（第45页）。**新解：**"如此公道而一致地执行法律和实施制度，无论其实质性原则是什么，我们都可以称之为形式正义。"H本解读无甚错误。

5. 原文："**If we think of justice as always expressing a kind of equality, then formal justice requires that in their administration laws and institutions should apply equally（that is, in the same way）to those belonging to the classes defined by them. As Sidgwick emphasized, this sort of equality is implied in the very notion of a law or institution, once it is thought of as a scheme of general rules. Formal justice is adherence to principle, or as some have said, obedience to system**"（p.51）。H本："如果我们认为正义总是表示着某种平等，那么形式的正义就意味着，它要求法律和制度在执行的时候要平等地（即以同样的方式）适用于那些属于由其规定的阶层的人们。正像西季威克强调的，这种平等恰恰就隐含在一种法律或制度的概念自身之中，只要它被看作是一个普遍规范的体系。形式的正义是对原则的坚持，或像一些人所说的，是对体系的服从"（第45页）。关于"a scheme of general rules"，其新解为"**一套通用规则**"，而非"一个普遍规范的体系"。正如前文提到的那样，德沃金和罗尔斯对原则给出了不同理解。这种理解差异导致德沃金在不同论著中批评了罗尔斯的正义原则理论，认为他的正义理论的基础，一种原始契约，不具有真正的约束力，因为它们根本不是契约，只是一种虚拟的约定，不是真正的正义原则，不能应用于具体的司法实践。

【诠释】

现在，我们假定，存在着一定的基本结构。基本结构的规则符合一定的正义观念。我们自己不一定接受正义观念所持的原则；我们甚至可能认为，这些规则是可憎的和有违正义的。但是，正是正义原则为制度设定正义的作用：它们提供基本权利和义务的配置办法，它们决定来自社会合作的优势分工和利益划分。① 我们还设想，社会大多接受这个正义观念，法官和其他官员公道而一致地实施各项制度。也就是说，类似案件类似处理，相关的类似和差异由现有规范来认定。权威部门一贯遵守并恰当解释制度规定的正确规则。如此公道而一致地执行法律和实施制度，无论其实

---

① 不同的正义原则将采取处理权利、义务、优势和利益的不同办法，因此这是正义原则的一般作用。

质性原则是什么,我们都可以称之为形式正义。如果我们认为,正义总是表达了某种平等,那么形式正义要求在执行法律和实施制度过程中,法律和制度应平等地(即以同样方式)适用于那些属于它们所界定的阶级的人。正如西季威克强调的那样,一旦这种平等被认为是一套通用规则,它们就隐含在关于法律或制度的如此观念之中。① 形式正义就是坚持原则,或如有人说的那样,形式正义就是服从规章制度。②③

【原文】§10 – 9 – pp. 51 – 52

【评析】

罗尔斯在正文中区分了"法制系统或法制体系"(legal system)和"法律制度"(legal institutions)。我们在解读中也努力体现这个区分。

1. 原文:"**There is no contradiction in supposing that a slave or caste society, or one sanctioning the most arbitrary forms of discrimination, is evenly and consistently administered, although this may be unlikely. Nevertheless, formal justice, or justice as regularity, excludes significant kinds of injustice. For if it is supposed that institutions are reasonably just, then it is of great importance that the authorities should be impartial and not influenced by personal, money, or other irrelevant considerations in their handling of particular cases.**"(p. 51)。H本:"我们可以假定一个奴隶制或等级制的社会,或者一个准许最专横的种族歧视存在的社会是被平等一致地管理着的,虽然实际情况可能不会这样,但这种假定至少并无逻辑上的矛盾。然而,形式的正义,或作为规则性的正义,却排除了一些重要的非正义。因为如果假定制度具有合理的正义性,那么执政者应当不偏不倚,在他们处理特殊事件中不受个人、金钱或别的无关因素的影响就是十分重要的事情"(第46页)。H本把"discrimination"解读为"种族歧视",过于狭义地理解这一术语。新解:"假设存在奴隶社会或种姓社会,或者存在许可最为独断的歧视形式的社会,它得到了一视同仁的监管,尽管这件事或许不太可

---

① 西季威克:《伦理学方法》第7版,伦敦:麦克米兰出版社1907年版,第267页。——原注
② 参阅佩雷尔曼(Ch. Perelman)《正义观念和论证问题》,佩特里(J. Petrie)译,伦敦:劳特利奇与基根—保罗出版社1963年版,第41页。该书先头两章是《正义》(布鲁塞尔,1943年版)的译文,尤其第36—45页,涉及"形式正义"。——原注
③ 法律面前人人平等,一切按照法律法规办事,违法犯罪者必须依法受到惩罚,是形式正义的重要体现。

能，但它不存在逻辑矛盾。然而，形式正义，或者说规则正义，排除了一些严重的不公正。因为既然假定制度是相当公正的，那么在处理特定案件时，权威部门将秉公办事，不受个人、金钱或其他无关因素的干扰，这一点非常重要。"

2. 原文："Formal justice in the case of legal institutions is simply an aspect of the rule of law which supports and secures legitimate expectations. One kind of injustice is the failure of judges and others in authority to adhere to the appropriate rules or interpretations thereof in deciding claims. A person is unjust to the extent that from character and inclination he is disposed to such actions"（p. 51）．H 本："在法律制度中的形式正义正是那种支持和保障合法期望的法治的一个方面。而有一种不正义即为法官和别的有权力者在判断各种要求时不能坚持适当的规范或正确地解释它们。一个因自己的性格爱好而倾向于这种行为的人是不正义的"（第 46 页）。新解："就法律制度而言，形式正义只是法治的一个方面，法治支持并确保法定预期。某种不公正指的是，法官和其他执法者在裁决各种诉求时没有遵守适当的法规或解释。假如法官或其他执法者凭着其个性和嗜好率性而为，那么他便是不公正的。"

3. 原文："How far we are justified in doing this, especially at the expense of expectations founded in good faith on current institutions, is one of the tangled questions of political justice. In general, all that can be said is that the strength of the claims of formal justice, of obedience to system, clearly depend upon the substantive justice of institutions and the possibilities of their reform"（pp. 51 - 52）．H 本："但我们为这种事的辩护究竟能走得多远（特别是在损害以信任现行制度为基础的期望的情况下），仍然是政治正义领域中一个很麻烦的问题。总之，我们所能说的就是：形式正义或遵守体制要求的力量，显然有赖于制度的实质性正义和改造它们的可能性"（第 46 页）。新解："我们在多大程度上如此做才是正当的，这是一个令人纠结的政治正义问题；尤其是，若以败坏对现有制度的善意期待为代价，我们在多大程度上如此做才是正当的，这是一个令人纠结的政治正义问题。一般而言，我们所能说的是，要求形式正义的强度，要求服从体制的强度，显然取决于制度的实质正义和制度改革的可能性。"

（1）短语："Good faith on current institutions"．H 本："信任现行制度"。新解："对现有制度怀着善意"。

（2）短语："The strength of the claims of formal justice"．H 本："形式正

义……要求的力量"。**新解:"要求形式正义的强度"**。

(3) 短语:"The strength of the claims of obedience to system". H本:"遵守体制要求的力量"。**新解:"要求服从体制的强度"**。这里的关键是对词语"the strength"的解读,它解读为"**强度**"比"力量"更好些。

(4) 有人把语句"The strength of the claims of formal justice, of obedience to system, clearly depend upon the substantive justice of institutions and the possibilities of their reform"解读为"形式主义或遵守体制要求的力量,显然有赖于制度的实质正义和改造它们的可能性",对 H 本的相应语句有两个小改动,但把"形式正义"改成"形式主义",显然是一个笔误。①

【诠释】

西季威克补充说,显然地,即使可以平等地执行法律和实施制度,但是它们仍然可能是不合乎正义的。类似案件类似处理并不能充分保证实质正义。这有赖于基本结构与之相适应的原则。假设存在奴隶社会或种姓社会,或者存在许可最为独断的歧视形式的社会,它得到了一视同仁的监管或治理,尽管这件事或许不太可能,但它不存在逻辑矛盾。然而,形式正义,或者说规则正义(justice as regularity,照章办事的正义,在法学界另有"法条正义"之说),排除了一些严重的不公正。因为既然假定制度是相当公正的,那么在处理特定案件时,权威部门将秉公办事,不受个人、金钱或其他无关因素的干扰,这一点非常重要。就法律制度而言,形式正义只是法治的一个方面,法治支持并确保法定预期。某种不公正指的是,法官和其他执法者在裁决各种诉求(求偿权)时没有遵守适当的法规或解释。假如法官或其他执法者凭着个性和嗜好率性而为(随心所欲、任意执法),那么他便是不公正的。此外,即使法律和制度是不公正的,它们如能得到始终如一的实施,便算是上策。通过这种方式,受其支配者至少知道,法律要求的是什么,他们可以相应地保护自己;如果那些已经处于不利地位的人在特定情况下还要被任意处置,这些法规原本应当给予他们一定的保护,那就更加不公平了。另一方面,在一些具体案例中,通过偏离现行规范(或违反既定规范)以减轻那些受到不公正待遇者的困苦,或许仍然不失为一个好主意。那么,我们在多大程度上如此做才是正当的,这是一个令人纠结的政治正义问题;尤其是,若以败坏对现有制度的善意期待为代价,我们在多大程度上如此做才是正当的,这是一个令人纠结的政治正义问题。一般而言,

---

① 张伟涛:《权利的优先性——罗尔斯道义论权利理论研究》,第170页。

我们所能说的是，要求形式正义的强度，要求服从体制的强度，显然取决于制度的实质正义和制度改革的可能性。①

【原文】§10-10-p.52

【评析】

1. 原文："At least grossly unjust institutions are never, or at any rate rarely, impartially and consistently administered"（p.52）。H本："至少那些很不正义的制度是不可能被不偏不倚且一致地执行的，或至少这种情况很罕见"（第46页）。新解："至少极不公正的制度从来没有或极少有被不偏不倚地且严丝合缝地实施。"

2. 原文："Where we find formal justice, the rule of law and the honoring of legitimate expectations, we are likely to find substantive justice as well"（p.52）。H本："凡发现有形式的正义、有法律的规范和对合法期望的尊重的地方，一般也能发现实质的正义"（第46页）。新解："凡是在我们发现形式正义、法治和尊重法定预期的地方，我们也可能发现实质正义。"短语"legitimate expectations"也可解读为"正当预期"。

3. 原文："The desire to follow rules impartially and consistently, to treat similar cases similarly, and to accept the consequences of the application of public norms is intimately connected with the desire, or at least the willingness, to recognize the rights and liberties of others and to share fairly in the benefits and burdens of social cooperation"（p.52）。H本："不偏不倚且一致地遵循规范的愿望、类似情况类似处理的愿望、接受公共规范的运用所产生的结果的愿望，本质上是与承认他人的权利和自由、公平地分享社会合作的利益和分担任务的愿望有联系的"（第46—47页）。新解："公道而一贯地遵守规则、类似案件类似处理、接受适用于公共规范后果的愿望，与承认他人享有权利和自由、公平分享社会合作的好处、公平分摊社会合作的负担的愿望，至少是这样的意愿，密切相关。"

---

① 伯林、德沃金和罗蒂也讨论过这些问题。德沃金强调正义原则的完备性，主张政府要认真地对待在其治下每个公民的权利。罗蒂看重正义的相对性。正义问题是"我们自家人"这个圈子的大小问题。一旦刻薄恶毒，有人会把自家亲人赶出家门；一旦慈祥宽厚，有人会认贼作父，视仇寇为宾朋，甚至把人间慈悲情怀漫延到人类以外的生命，把动物视为与人类具有相似权利的生命。把适用于人类的原则扩大到适用于其他生命，当然会带来许多麻烦和困惑。

（1）单词："Intimately"．H本漏掉了这个限定词，其正解是"**密切地**"。

（2）短语："Benefits and burdens"．其新解为"**好处和负担**"，而非"利益和分担任务"。

4. 原文："**We know what are the most reasonable principles of substantive justice and under what conditions men come to affirm and to live by them**"（p. 52）．H本："我们知道什么是合理的实质性正义原则、知道在什么条件下人们会肯定和依靠它们"（第47页）．新解："我们知道什么是实质正义的最合理原则以及在什么条件下人们才能坚持原则且依照原则生活。"

【诠释】

有人认为，实质正义和形式正义实际上经常相通相融，因此，至少极不公正的制度从来没有或极少有被不偏不倚地且严丝合缝地实施。① 还有人说，拥护不公正安排并从中渔利的人，藐视他人权利和自由的人，不可能因忌惮法治而妨碍他们在特定情况下去追名逐利。法律多半具有不可避免的两可性，法律允许给解释留下广阔余地，这一切都鼓励达成裁决的任意性，只有忠于正义才能减少这种任意性。② 因此，我们认为，凡是在我们发现形式正义、法治和尊重法定预期的地方，我们也可能发现实质正义。公道而一贯地遵守规则、类似案件类似处理、接受适用于公共规范后果的愿望，与承认他人享有权利和自由、公平分享社会合作的好处、公平分摊社会合作的负担的愿望，至少是这样的意愿，密切相关。人的七情六欲往往纠缠在一起。这个论断当然是有道理的，但是本人在此将不予以考证。因为在我们知道什么是实质正义的最合理原则以及在什么条件下人们才能坚持原则且依照原则生活之前，这一论断无法得到恰当的评估。一旦我们理解这些原则的内容以及它们在理性和人类态度方面的基础，我们就可以确定，实质正义和形式正义是否相通相融。

---

① 参阅富勒（Lon Fuller）《法律的道德性》，纽黑文：耶鲁大学出版社1964年版，第四章。——原注
② arbitrariness，它也有"独断性"的含义。如何减少裁决的任意性是德沃金研究的一个重大法哲学议题，H本既没有正确解读"法治"，也没有正确解读"裁决的任意性"。

§11 两个正义原则
Two Principles of Justice

【题解】

罗尔斯在这一节第一次阐发了两个正义原则，其中第一正义原则被称为自由原则，第二正义原则被称为平等原则；第一正义原则优先于第二正义原则。在阐发第一正义原则时，罗尔斯第一次提出"基本自由"概念。罗尔斯后来在《正义论》的另一处，并在《政治自由主义》《公平正义新论》《罗尔斯论文全集》等著作中对两个正义原则有着不同表述，但是基本含义是相似的。弗雷曼认为，第一正义原则讨论的自由，就是基本自由。他表示："第一正义原则的主要思想是，存在着一些基本权利和人身自由，它们比另一些基本权利和人身自由更加重要，它们对规定有关自由而平等的人的道德理念是必不可少的。"①

国内学者对两个正义原则多有批评。② 比如，有学者认为，《正义论》所要证明的"不过是自亚里士多德以来平等主义论者所提出的两个正义原则"③。他认为自己有"最为正确的表述"："一方面，每个人因其最基本的贡献完全平等——每个人都同样是缔结、创建社会的一个股东——而应该完全平等地享有基本权利、完全平等地享有人权（这是完全平等）；另一方面，每个人因其具体贡献的不平等而应享有相应不平等的非基本权利，也就是说，人们所享有的非基本权利与自己所做出的具体贡献的比例应该完全平等（这是比例平等）。"④ 相比之下，罗尔斯对两个正义原则的表述和证明都是错误的，如此解读和批评是值得商榷的。

---

① 弗雷曼：《罗尔斯》，张国清译，第49页。
② 参阅王润稼"在自由与平等之间——论罗尔斯两个正义原则的内在困境"，《唐都学刊》2017年第2期。司晓静："罗尔斯契约式道德证明方法及其反思"，《科学·经济·社会》2016年第3期。陶琳、李雪阳："约翰·罗尔斯两个正义原则与契约论相容性辨析"，《深圳大学学报》2010年第6期。姚大志："一种程序正义？——罗尔斯正义原则献疑"，《江海学刊》2010年第3期。姚大志："罗尔斯正义原则的问题和矛盾"，《社会科学战线》2009年第9期。
③ 王海明："罗尔斯正义理论之我见"，《暨南学报》1999年第6期。
④ 王海明："罗尔斯正义理论之我见"，《暨南学报》1999年第6期。

272 《正义论》评注

【原文】§11-1-p.52

【评析】

1. 原文："**First formulation**"（p.52）。H 本："首次概括"（第 47 页）。新解："初次构想"。

2. 原文："**The final statement**"（p.52）。H 本："最后陈述"（第 47 页）。H 本的解读准确无误。

"初次构想"和"最后陈述"是遥相呼应的。前者是"试探性的"阐述，后者是"确定性的"陈述。从前者到后者，这是一个循序渐进的认识过程。希望读者在阅读罗尔斯原著时能够领会其在遣词造句方面的谨慎和细致。

【诠释】

我现在将以某个临时条款形式陈述本人假定各方将在初始位置上同意的两个正义原则。这些原则的初次构想是试探性的。当我们继续前行时，我将考虑这些原则的若干构想，并逐步给出后面的最后陈述。我相信这样做可以让这项展示以自然的方式进行。

（鉴于两个正义原则在《正义论》中的重要性，笔者保留了其英文原文。）[①]

【原文】§11-2-p.53

The first statement of the two principles reads as follows.
First：each person is to have an equal right to the most extensive scheme of equal basic liberties compatible with a similar scheme of liberties for others（p.53）.

【评析】

1. 原文："**Each person is to have an equal right**"（p.53）。新解："每个人都将持有平等的权利"。

2. 原文："**The most extensive scheme of equal basic liberties**"（p.53）。新解："一组最广泛的平等的基本自由"，而不是"最广泛的平

[①] 参阅张国清"罗尔斯难题：正义原则的误读与批评"，《中国社会科学》2013 年第 10 期。

等基本自由体系"。

3. **原文**："A similar scheme of liberties for others"（p. 53）. **新解**："其他人皆享有的一组类似自由"，而不是"其他人所拥有的最广泛的平等基本自由体系"。解读这个语句的关键词是"scheme"。它的准确意思是"组"或"套"，而不是"体系"，相似于数学上的"集"或"集合"（set）。

【诠释】

关于两个正义原则，首次陈述如下：

第一正义原则：每个人都将持有平等的权利，去享有一组最广泛的平等的基本自由，它们兼容于其他人皆享有的一组类似自由。

【原文】§11-3-p. 53

Second: social and economic inequalities are to be arranged so that they are both (a) reasonably expected to be to everyone's advantage, and (b) attached to positions and offices open to all（p. 53）.

【评析】

罗尔斯在这里提出的"各种位置和职位向所有人开放"主张，同亚当·斯密提出的"各种职业生涯向有才能的人开放"主张形成了鲜明对比。这也是罗尔斯正义理论同效用正义理论的重大区分之一。罗尔斯的这一主张表明，他在考虑就业问题时，把公平放在第一位；斯密在考虑就业问题时，则把效率放在第一位，因为有才能者谋取各种位置和职位，将带来最佳效用。但是，"各种位置和职位向所有人开放"亦即公平不一定带来最佳效用。所以，只要赞成"市场在资源配置当中发挥决定性作用"，就会承认自由市场的"优胜劣汰"的竞争原则，那些有才能者必定优先取得各种位置和职位。这样就须否定罗尔斯提出的"各种位置和职位向所有人开放"的主张。当然这里的重要一点是如何理解"各种位置和职位向所有人开放"。假如罗尔斯承认不同才能的人取得不同的位置和职位，那么，它就不矛盾于斯密关于"各种职业生涯向有才能的人开放"的主张，并且笔者倾向于接受最后这一种解读。

1. **原文**："To be to everyone's advantage"（p. 53）. H本："适合于每一个人的利益"（第47页）. **新解**："符合每个人的优势和利益"。

2. **原文**："Attached to positions and offices"（p. 53）. H本："依系于

地位和职务"（第47页）。**新解**："附设的各种位置和职位"。

【诠释】

第二正义原则：各种社会不平等和经济不平等将这样安排：(a) 合理地期待它们符合每个人的优势和利益；(b) 附设的各种位置和职位向所有人开放。

【原文】 §11 – 4 – p. 53

There are two ambiguous phrases in the second principle, namely "everyone's advantage" and "open to all." Determining their sense more exactly will lead to a second formulation of the principle in §13. The final version of the two principles is given in §46；§39 considers the rendering of the first principle (p. 53).

【评析】

1. 原文："**A second formulation**"（p.53）。H本："第二个概括"（第47页）。**新解**："第二种表述"。

2. 原文："**The final version**"（p.53）。H本："最后陈述"（第47页）。**新解**："最终版本"。H本显然把这一短语同前面的另一短语"最后陈述"（final statement）混淆在一起了。

3. 原文："**The rendering of the first principle**"（p.53）。H本："给出第一个原则"（第47页）。**新解**："第一正义原则的演绎"。

【诠释】

第二正义原则存在含义模糊的两个短语，即"每个人的优势和利益"（everyone's advantage）和"向所有人开放"（open to all）。为了更加准确地确定它们的含义，本人将在第13节导出对这个原则的第二种表述。第46节将给出两个正义原则的最终版本；第39节则将探讨对第一正义原则的演绎。

【原文】 §11 – 5 – p. 53

【评析】

在这里罗尔斯明确地把拥有个人财产的权利作为第一正义原则规范的基本自由之一，也就是说，拥有个人财产的权利是每一个社会成员享有的基本的政治权利或政治自由之一，它们不是第二正义原则分配的对象。这也明确表示，罗尔斯正义理论并不从根本上否定私有制度。就此而言，罗尔斯在《正义论》中既否定个人应得，又肯定个人的私有财产权利，这就显得自相矛盾而难以在逻辑上自洽。并且，罗尔斯区分了个人财产权和个人拥有的某种特殊财产权，比如生产资料。他认为后者不是个人的基本权利（pp. 53—54）。这让他的权利理论显得更加前后矛盾。

1. 原文："Define and secure the equal basic liberties"（p. 53）。H本："确定保障公民的平等基本自由"（第47页）。新解："界定和保障平等的基本自由"。原文没有"公民的"。

2. 原文："The basic liberties are given by a list of such liberties"（p. 53）。H本："基本自由是一系列的这种自由"（第47页）。新解："基本自由是由关于这些自由的一份清单给定的。"H本略去了原文中的"given by"，大大误解了罗尔斯在文中的原意。其意思是"关于这些自由的一份清单"给出了"这些基本自由"。

3. 原文："Freedom of the person"（p. 53）。H本："个人的自由"（第47页）。新解："人身自由"。

4. 原文："Integrity of the person"（p. 53）。H本："个人完整性"（第47页）。新解："人身完整"。

【诠释】

正如本人说过那样，这些原则主要应用于社会的基本结构，它们将管控对各项权利和义务的指派（assigning），规制对各种社会利益和经济利益（社会优势和经济优势）的分配（distribution）。构想这些原则的预设前提是，为了正义理论的目的，社会结构可以被看作存在两个多少不同的部分，第一正义原则适用于一个部分，第二正义原则适用于另一个部分。于是，我们做出以下区分，第一正义原则界定和保障平等的基本自由的社会系统的各个方面，第二正义原则规定和确立社会不平等和经济不平等的各个方面。现在，留意以下一点是至关重要的：基本自由是由关于这些自由的一份清单给定的。这份清单主要有：政治自由（political liberty）（选举权和担任公职权）、言论自由和集会自由（freedom of speech and assembly）；良心自由和思想自由（liberty of conscience and freedom of thought）；人身自由（freedom of the person），包括不受精神压迫和身体攻击与肢解的自由（人身完整）；拥有个人财产的权利，且根据法治概念的规定免于任意拘捕和没收财产的自由。根据第一正义原则，这些自由都是平等的。

【原文】 §11 – 6 – p. 53

【评析】

H 本没有很好地解读下面这个语句。其关键一点在于，罗尔斯期望的良序社会，人们对平等的社会位置的追求，超过了对不平等的政治地位的追求。因此，《正义论》正文中经常出现的词汇"positions"最好解读为"位置"，而不是"地位"。即使公民拥有权威，那也是在制度设置意义上的"权限"，而非"权力"，并且受到责任的严格限制。因此，在解读《正义论》时，我们必须承认两种政治文明之间的巨大差异。

1. 原文："**Differences in authority and responsibility**"（p. 53）。H 本："权威、责任方面的差距"（第 48 页）。**新解**："权限差别和责任差别"。

2. 原文："**It must be to everyone's advantage**"（p. 53）。H 本："它必须合乎每个人的利益"（第 48 页）。**新解**："它必须符合每个人的优势或利益"。

3. 原文："**Positions of authority and responsibility must be accessible to all**"（p. 53）。H 本："权威与负责地位也必须是所有人都能进入的"（第 48 页）。**新解**："由权限和责任构成的各种位置必须是所有人都可以谋取的"。

4. 原文："**One applies the second principle by holding positions open**"（p. 53）。H 本："人们通过坚持地位开放而运用第二个原则"（第 48 页）。**新解**："人们通过保持各种位置的开放来运用第二正义原则"。

【诠释】

第二正义原则大体上既用来分配收入和财富，也用来设计各种组织，以利用权限差别和责任差别。虽然财富和收入的分配不一定是平等的，但是它必须符合每个人的优势或利益，与此同时，由权限和责任构成的各种位置必须是所有人都可以谋取的。人们通过保持各种位置的开放来运用第二正义原则，然后，在此约束下，安排社会不平等和经济不平等，以使每个人都从中受益。

【原文】 §11 – 7 – pp. 53 – 54

【评析】

罗尔斯在这里否认拥有某种财产的权利是个体享有的基本权利之一，也许是照顾到了不同社会基本制度的差别。私有制度长期允许一些阶级不拥有任何财产。

第二章 正义原则

1. 原文:"To give a complete specification of these liberties"(p. 54). H本:"完整地列出这些自由"(第 48 页)。**新解**:"完整地具体规定这些自由"。

2. 原文:"Independently from the particular circumstances—social, economic, and technological—of a given society"(p. 54). H本:"脱离一个特定社会的种种特殊的社会,经济与技术情况"(第 48 页)。**新解**:"脱离任一给定社会的特殊社会环境、经济环境和技术环境"。

【诠释】

两个正义原则将按照顺序排列,第一正义原则排在第二正义原则之前。这一排序意味着,侵犯受第一正义原则保护的基本平等自由,不能依据更大的社会优势和经济优势(社会利益和经济利益)而得到正当辩护或合理补偿。这些自由存在适用的中心范围,只有当它们与其他基本自由发生冲突时,它们才能在那个范围之内受到限制和做出妥协。由于这些自由在相互冲突时可能会受到限制,因此这些自由都不是绝对的;但不管它们如何调整以形成一个系统,这个系统对所有人都是一样的。一旦脱离任一给定社会的特殊社会环境、经济环境和技术环境,想要完整地具体规定这些自由将是困难的,也许是不可能的。它假定,这份清单的一般形式可以设计得非常精确,以支持这个正义观念。当然,没有列在这份清单上的自由,例如,拥有某种财产(比如生产资料)的权利和自由放任学说所理解的契约自由(freedom of contract) 不属于基本权利和基本自由;因此,它们不受第一正义原则之优先性的保护。最后,关于第二正义原则,财富和收入的分配,以及由权限和责任构成的各种位置,都必须既符合基本自由,又符合机会均等。

【原文】§11-8-p. 54

【评析】

1. 原文:"Rather specific"(p. 54). H本:"相当专门的"(第 48 页)。**新解**:"相当特殊的"。

2. 原文:"Rests on"(p. 54). H本:"依赖于"(第 48 页)。**新解**:"取决于"。

3. 原文:"A special case"(p. 54). H本:"一个具体实例"(第 48 页);H本第一版:"一个专门方面"(第 62 页)。**新解**:"一个特例"。

【诠释】

两个正义原则在内容上是相当特殊的，接受它们取决于某些假设，本人最终定会试着解析和证明这些假设。就目前而言，应当指出的是，这些原则是某个较为一般的正义观念的一个特例，这个观念可以表述如下：

【原文】§11 -9 - p.54

All social values—liberty and opportunity, income and wealth, and the social bases of self-respect—are to be distributed equally unless an unequal distribution of any, or all, of these values is to everyone's advantage (p.54).

【评析】

H 本（2009 年修订版）："所有社会价值——自由和机会、收入和财富、自尊的社会基础——都要平等地分配，除非这些价值的任一价值或所有价值的不平等分配合乎每个人的利益"（第 48 页）。

H 本（1988 年第一版）："所有社会价值——自由和机会、收入和财富，以及自尊的基础——都要平等地分配，除非对其中一种价值或所有价值的一种不平等分配合乎每个人的利益"（第 62 页）。

H 本（1988 年第一版）："所有的社会基本善——自由和机会、收入和财富及自尊的基础——都应被平等地分配，除非对一些或所有社会基本善的一种不平等分配有利于最不利者"（第 303 页）。

另解："所有社会的基本善——自由和机会、收入和财富，以及自尊的社会基础——都应被平等地分配，除非对一些或所有社会基本善的一种不平等分配有利于最不利者。"①

另解者表示，那个引文引自 H 本（1988 年第一版）第 292 页，笔者在该页没有找到这个语句。这是一个误引。如上所示，这个语句的确切出处是第 303 页。需要指出的是，罗尔斯在《正义论》修订版中删去了另解者引用的这个语句。罗尔斯在其修订版同一页提到："一般正义观念的弊端在于，它缺乏两个正义原则按顺序排列的明确结构。"（p.267）公平正义观念恰好克服了一般正义观念的这个弊端，以至于他说："我们只要留意以下一点就已足够：当我们谈论非理想理论时，我们不会直接回到一般

---

① 参阅段忠桥"正义是社会制度的首要价值吗？"，《哲学动态》2015 年第 9 期。

正义观念上来。"（p. 267）之所以如此，是因为公平正义观念完全胜过一般正义观念。把一般正义观念混同于公平正义观念，以罗尔斯本人并不赞同的一般正义观念来反驳罗尔斯关于"正义是社会制度的首要德性"的论断是不成立的。对于罗尔斯正义理论的详解，笔者将在《正义论》第46节最后一个段落的评注中予以更加细致的讨论。①

另外，罗尔斯明确表示，这种一般正义观念，不是他本人主张的公平正义观念。罗尔斯对一般正义观念持"搁置"态度。个别批评者把罗尔斯搁置的一般正义观念当作罗尔斯主张的公平正义观念，混同了一般正义观念和公平正义观念，对罗尔斯正义观念的误解就难以避免。

原文："An unequal distribution of any, or all, of these values is to everyone's advantage"（p. 54）. H 本："对其中一种价值或所有价值的一种不平等分配合乎每一个人的利益"（第48页）。**新解："不平等地分配这些价值的任一价值或所有价值，将符合每个人的优势或利益。"**

【诠释】

所有的社会价值——自由和机会、收入和财富，以及自尊的社会基础——都应当平等地分配，除非不平等地分配这些价值的任一价值或所有价值，将符合每个人的优势或利益。

【原文】 §11-10-p. 54

【评析】

原文："Injustice, then, is simply inequalities that are not to the benefit of all"（p. 54）. H 本："不正义就只是那种不能使所有人得益的不平等了"（第48页）。**新解："不正义就是不符合所有人利益的各种不平等。"** 这里的"inequalities"是以复数形式呈现的，不是特指的，因此它们不是"**那种不平等**"，而是"**各种不平等**"。

【诠释】

因此，不正义就是不符合所有人利益的各种不平等。当然，这种正义观念极其模糊，需要做些诠释。

---

① 张国清："'正义是社会制度的首要价值'再议——兼与段忠桥教授商榷"，《浙江社会科学》2021年第1期。

【原文】§11 - 11 - pp. 54 - 55

【评析】

罗尔斯在这里阐述了关于基本善的见解，H本的相关解读有待验证。罗尔斯在这里明确区分了社会基本善（social primary goods）和自然基本善（natural primary goods）。但是H本完全抹去了这种区分。在谈到"基本善"清单时，罗尔斯对"自尊"有不同表述，有时说那份清单包括"自尊"，有时说那份清单包括"自尊的社会基础"。

有学者提出："理解罗尔斯的两个正义原则，关键还在于他的'基本善'（primary goods）的概念。权利、自由与机会、收入与财富，以及自尊的基础都包含在他的基本善概念里，这些善可以称之为社会善。当然，我们也可以说，空气、水等也是基本善，但这是自然性的基本善，不在需要政府调节的范围内。"① 笔者认为，这种对自然基本善的理解是错误的。我们接下来便可知，空气和水不是"自然性的基本善"或"自然基本善"。罗尔斯的原话是："其他基本善，如健康和精力、智力和想象力，都是自然基本善；尽管拥有自然基本善受到基本结构的影响，但是它们并不直接受基本结构的控制。"（p.54）由于H本的误读，如果没有参照《正义论》英文原著，中文读者大多不知道罗尔斯原来还有一个自然基本善理论。虽然部分学者提到了"自然性的基本善"亦即"自然基本善"，但是这种理解同样是不全面的。因为自然基本善是每一个体的先天能力。罗尔斯列举了"健康和精力、智力和想象力"，而不是"空气或水"之类的纯粹自然之物。"自然基本善"是依附于个体的东西，而不是外在于个体的东西。个体具有的"健康和精力、智力和想象力"也会受到基本结构亦即社会基本制度的影响，但是后者不能直接控制前者。至于空气和水，是否受到基本结构的影响或控制，罗尔斯并没有讨论过。

另外，还有学者在解读差别原则时表示："差异原则由平等分配和经济效率两个要素综合而成：首先静态地假定社会效用总值固定，则最大化最低收入者的效用等同于完全的平均分配，因此罗尔斯设定平均分配是理想分配方案的基准点。随着放松总的社会效用固定这一约束条件，则经济效率原则会推动平均分配转化为遵循差异原则的分配：在依据经济效率原

---

① 龚群："对罗尔斯正义理论的回应与推进——森与努斯鲍姆的能力论"，《华中师范大学学报》2017年第5期。

则而有差异的分配方案中，最低收入者的效用要高于平均分配时的人均效用。因此，对最低收入者来说，差异原则比平均分配是一种更优的方案。"① 然而，如此解读也是不准确的。

第一，差别原则的调节对象不是社会效用总值的平均分配或平等分配，不是对平均分配或平等分配的改进，而是在承认社会总效用不断增长的条件下，处境较好的社会成员和处境较差的社会成员，其各自收益不会因为总效用的增长而下降。差别原则不是基于平均分配或平等分配的原则，它甚至不涉及"社会总效用的平均分配或平等分配"。因此，如上解读是错误的。

第二，差别原则基于一个康德哲学命题："人是目的，而不仅仅被当作手段。""它们向我们保证，我们的利益，不会为了某个较大的利益而被忽视或被践踏；它们还向我们保证，即使为了整个社会的利益，我们的利益也不会被忽视或被践踏。"（pp. 426 – 427）在 "人是目的"的意义上，处境较好者与处境较差者是被同等对待的。在承认这个哲学原则的前提下，差别原则要对处于不同社会位置的社会阶层的预期进行调节。

第三，用 "最大化最低收入者的效用等同于完全的平均分配"来解释差别原则的做法是不成立的。罗尔斯表示："**经济学可能希望把差别原则称作极大化极小准则，但出于几个原因，本人谨慎地避免使用这个名称。**"（p. 72）所以，采用罗尔斯本人明确反对的术语和主张来解释差别原则，可能从一开始就是错的。

第四，就 "罗尔斯设定平均分配是理想分配方案的基准点"来说，其具体出处是："**试想某一假定的初始安排，在这个安排中，所有社会基本善，都得到均等的分配：每一个体都拥有相似的权利和义务，收入和财富都得到均等的分享。这种状况为判断各种改进提供了一个基准。**"（pp. 54 – 55）这个 "基准"旨在实现基本制度的 "各种改进"，但主要不借助于 "差别原则"来实现 "各种改进"。与平等自由原则、公平机会均等原则相比，差别原则是排在最后的。

第五，差别原则的适用范围受到严格限制。差别原则没有背离效率原则，只是对效率原则作了必要约束，或者是改进了的效率原则。"**通过指出判断基本结构的社会不平等和经济不平等的某个特定位置，差别原则消除了效率原则的不确定性。在平等自由和公平机会均等所要求的制度框架**

---

① 江绪林："解释和严密化：作为理性选择模型的罗尔斯契约论证"，《中国社会科学》2009 年第 5 期。

下，当且仅当处境较好者拥有的较高预期作为提高最无优势的社会成员的预期计划的一部分时，他们拥有较高预期是正义的。"（p. 64）因此，差别原则是一个有利于处于不同社会位置的各方利益原则，而不是只有利于处境最糟糕者利益的原则。差别原则无法从命题"最大化最低收入者的效用等同于完全的平均分配"中得到辩护。因为"完全平等的分配"很可能违反"处境较好者拥有的较高预期"，即使它符合那种较高预期，它也只能是一个例外。差别原则只是"最低收入者"的处境得到适当改善的原则，其前提是，处境较高者的处境并没有因此而变得糟糕。

第六，关于"在依据经济效率原则而有差异的分配方案中，最低收入者的效用要高于平均分配时的人均效用"，罗尔斯在《正义论》第 27 节讨论平均效用时谈到了人均效用（average per capita utility, p. 141）。但是，人均效用与差别原则无关。罗尔斯表示："**只要这些不平等改善了每个人的处境，包括最不利者的处境，只要它们符合平等自由和公平机会，基本结构就应该允许这些不平等。因为各方以所有社会基本善的平等分配为起点，所以可以说，最少受惠者拥有否决权。由此我们就抵达了差别原则。把平等作为比较的基础，收益较多者必须基于对获利最少者是正当的条款去获益。**"（p. 131）部分学者显然对这个引文做了错误理解。我们在《正义论》原文中没有找到支持"最低收入者的效用要高于平均分配时的人均效用"的理由。罗尔斯仍然强调，差别原则以承认平等权利原则和机会均等原则为前提，所以，最少受惠者拥有的否决权，并没有否定平等自由原则和公平机会均等原则。差别原则要求是的："**把平等作为比较的基础，收益较多者必须基于对获利最少者是正当的条款去获益。**"所谓"基于对获利最少者是正当的条款去获益"，就是在获益时，收益较大者既不得违反前面的平等自由原则和机会均等原则，又不得损害最少受惠者的合理预期。它没有涉及"最低收入者的效用要高于平均分配时的人均效用"。

第七，有学者认为："对最低收入者来说，差异原则比平均分配是一种更优的方案。"它看似是罗尔斯差别原则的结论，但实际上不是罗尔斯的结论，且它是错误的。因为我们在前面已经说明，差别原则不得违反平等自由原则和公平机会均等原则。差别原则要求的是，在收入和财富分配方面，只要有利于改善最低收入者的处境，那样的分配就是有效率的。差别原则并没有同平均分配（原则）进行比较。罗尔斯的确是反对平均分配的，但不是因为差别原则优于平均分配。他在《正义论》中谈到"平均分配"的地方是："**比如，凯恩斯说，第一次世界大战前积累起来的大量资本，绝不可能产生于财富平均分配的社会。他说道，19 世纪社会是这样安排的，以便把增加的**

收入交到最不可能消费它的人手中。这些新近富裕起来的人，不是崛起于大手大脚的大额花费。他们偏好投资赋予的权力，而不热衷于直接消费的享乐。正是财富分配的不平等，使得资本的迅速积累和每个人一般生活水平或多或少的稳步提高成为可能。"（p. 263）他以凯恩斯观点来反对平均分配，其理由不是因为差别原则优于平均分配，而是因为平均分配不利于财富的积累和创造，也不利于"每个人一般生活水平或多或少的稳步提高成为可能"。同平均分配相比，差别原则仍然是有效率的。

我们的结论是，**差别原则没有违反效率原则**。需要指出的是，罗尔斯关于基本善的讨论，是理性个体的视角，探讨的是良序社会中的公民希望实现的基本人生目标或人生价值。罗尔斯有时把"社会基本善"与"社会价值"相提并论。比如，他说："**所有的社会价值——自由和机会、收入和财富，以及自尊的社会基础。**"（p. 54）这里的"所有的社会价值"与"社会基本善"的内容完全一致。准确了解自然基本善，有助于更好地掌握社会基本善，进而全面理解罗尔斯的正义观念。

鉴于社会基本善理论在罗尔斯正义理论中占据的核心位置，我们可以想象，罗尔斯正义理论在 H 本中确实被误读了。这种误读的直接后果是，在"社会基本善"观念的主导之下，在罗尔斯正义理论的汉语学界，还没有人专门讨论过罗尔斯的自然基本善理论，也谈不上深入研究罗尔斯的社会基本善理论。需要指出的是，罗尔斯只是在这里区分了社会基本善和自然基本善。在《正义论》中的其他地方，他讨论的基本善一般指的是社会基本善。有学者表示，知识也应当成为社会基本善，成为分配正义的重要调节对象。"当前的分配正义理论并未将知识纳入其中，实际上，知识与财富、机会等社会基本善在社会正义的层面上具有同等重要性。"[1] 笔者认为，如果知识成为社会基本善，那么技术和技能也应成为社会基本善。这将会导致基本善指数的无限扩充。罗尔斯列举数种社会基本善是合理的。

哈佛大学研究人员最近发表以"异质社会的社会利益困境"为题的研究成果。他们发现，异质群体可以强烈促进亲社会行为的演变，存在造成广泛的财富不平等的可能性，甚至到了损害最贫穷人口的地步。这个发现证明了差别原则的正确性，亦即"制度干预对于在异质社会中维持公平结果往往是必不可少的"[2]，从而回应了诺齐克和哈耶克等人对罗尔斯社会正

---

[1] 白惠仁：《作为'基本善'的知识及其正义问题》，《哲学分析》2020 年第 4 期。
[2] Alex McAvoy, Benjamin Allen and Martin A. Nowak, "Social goods dilemmas in heterogeneous societies", *Nature Human Behaviour*, Vol. 4, Issue 8, 2020, pp. 819 – 831, 819.

义理论的批评。

1. 原文："The basic structure of society distributes certain primary goods, that is, things that every rational man is presumed to want"（p. 54）。H 本："社会的基本结构分配某些基本的善（primary goods）——即分配预计每个有理性的人都想要的东西"（第 48 页）。**新解**："社会基本结构分配着一定的基本善，也就是说，基本善被假定为每个理性人都想要得到的好东西。"罗尔斯在这里明确用"东西"（things）指代"certain primary goods"，表明它们不是"某些基本的善"，而是一些可以数的好东西，是一些社会基本善。

2. 原文："The chief primary goods at the disposition of society are rights, liberties, and opportunities, and income and wealth. Later on in Part Three the primary good of self-respect has a central place"（p. 54）。H 本："这些社会掌握的主要基本善是权利、自由、机会、收入和财富（在后面的第三编中自尊这种基本善将占有一中心的地位）"（第 48—49 页）。**新解**："由社会支配的主要基本善是权利、自由、机会、收入和财富（在后面的第三编中，自尊这个基本善将居于中心位置）。"这个语句关于基本善的要素在《正义论》第一版的表述是"权利和自由、权力（power）和机会、收入和财富"，罗尔斯在修订版中删去了"权力"。

3. 原文："These are the social primary goods. Other primary goods such as health and vigor, intelligence and imagination, are natural goods; although their possession is influenced by the basic structure, they are not so directly under its control"（p. 54）。H 本："这些善是基本的社会善。别的基本善像健康和精力、智力和想象力都是自然赋予的，虽然对它们的占有也受到社会基本结构的影响，但它们并不在社会的直接控制下"（第 49 页）。**新解**："这些是社会基本善。其他基本善，如健康和精力、智力和想象力，则是自然基本善；尽管拥有自然基本善，要受到基本结构的影响，但是自然基本善并不那么直接地受到基本结构的控制。"

4. 原文："If certain inequalities of wealth and differences in authority would make everyone better off than in this hypothetical starting situation, then they accord with the general conception"（p. 55）。H 本："如果某些财富和权威的不平等将使每个人都比在这一假设的开始状态中更好，那么它们就符合我们的一般观念"（第 49 页）。**新解**："如果某些财富不平等和职权差别会使每一个体的生活都比这一假设的起始情况要好一些，那么它们符合这种一般正义观念。"

（1）短语："Certain inequalities of wealth and differences in authority"．新解为"**某些财富不平等和权限差别**"。这个短语在《正义论》第一版的表述是"certain inequalities of wealth and organizational powers"（Original edition, p.62），H 本第一版解读为"某些财富和权力的不平等"（第 62 页）。正解是"**财富和组织权力的某些不平等**"。"财富不平等"和"权限差别"是在社会中显著存在的两种不平等，前者主要表现为经济收入不平等；后者主要表现为社会地位不平等。H 本把那个短语解读为"某些财富和权威的不平等"与原意相差甚远。

（2）短语："The general conception"．新解为"**这种一般正义观念**"，而非"我们的一般观念"。罗尔斯在这里讨论的是"这种一般正义观念"，而不是"我们的一般观念"。这个短语的误译对中国读者造成一定的误导。

【诠释】

作为第一步，假设社会基本结构分配着一定的基本善，也就是说，基本善被假定为每个理性人都想要得到的好东西。无论个体持有的理性人生规划是什么，这些基本善通常都是有用的。为了简单起见，假设由社会支配的主要基本善是权利、自由、机会、收入和财富（在后面的第三编中，自尊这个基本善将居于中心位置）。这些是社会基本善。其他基本善，如健康和精力、智力和想象力，则是自然基本善；尽管拥有自然基本善，要受到基本结构的影响，但是自然基本善并不那么直接地受到基本结构的控制。于是，试想某一假定的初始安排，在这个安排中，所有社会基本善都得到均等分配：每一个体都拥有相似的权利和义务，收入和财富都得到均等分享。这种状况为判断各种改进提供了基准。如果某些财富不平等和权限差别会使每一个体的生活都比这一假设的起始情况要好一些，那么它们符合这种一般正义观念。[①]

【原文】§11－12－p.55

【评析】

罗尔斯在这里对一般正义观念和公平正义观念做了比较。他表示，个体

[①] 罗尔斯在这个段落中的所有表述都是对一般正义观念的解释，有的内容涉及公平正义观念。两者的关系是有待澄清的。公平正义观念将纠正一般正义观念的某些模糊说法，读者不能把它与公平正义观念简单混同。

获得社会基本善，仍然要遵循正当的优先性原则。一般正义观念可能违反优先性规则。比如，一般正义观念没有明确反对以下做法："当经济回报显著时，人们似乎愿意放弃某些政治权利。"（p. 55）但是，公平正义观念明确反对如此做法，明确地提出两个正义原则的排序规则。一般正义观念对那个排序规则没有明确交代，所以它是"极其模糊的"。这种模糊性没有通过罗尔斯的解释得到消除，而是通过罗尔斯的揭示得到了澄清。它表明，一般正义观念和公平正义观念存在差异，而不是所谓的罗尔斯对一般正义观念是完全赞成的："罗尔斯并非'不赞同这种一般的正义观'，而只是认为它需做进一步的解释。"① 我们通过阅读罗尔斯的解释可知，罗尔斯并不赞成这种观念。命题"正义是社会制度的首要德性"是公平正义观念的首要命题。这个命题蕴含着罗尔斯对包括一般正义观念在内各种正义观念的批评。罗尔斯在这里非常明确地指出，一般正义观念的错误是：第一，通过放弃一些基本自由，人们可以从由此带来的社会经济收益中得到充分补偿。第二，对何种不平等是允许的，这种一般正义观念未做任何限定。第三，当经济回报显著时，人们似乎愿意放弃某些政治权利。与一般正义观念相比，效用正义观念"明确抓住了要害，亦即正义原则的相对优先性和派生自这些原则的权利的相对优先性"（p. 26）。因此，一般正义观念甚至还不如效用正义观念。在处理正义与效用的关系上，古典效用论把效用的最大化解读为正义。罗尔斯反对效用论的如此处理方式。他批评效用正义观念愿意牺牲公平来成就效用的最大化，背离差别原则。因此，正义的首要性命题既反对一般正义观念，又反对效用正义观念。当然，其主要批评对象是效用正义观念。

1. 原文："**The general conception of justice imposes no restrictions on what sort of inequalities are permissible**"（p. 55）。H 本："这个一般的正义观并不对究竟允许哪一种不平等做出任何规定"（第 49 页）；H 本第一版："我们的正义论的一般观念并不对究竟允许哪一种不平等做出任何规定"（第 63 页）。H 本第一版的误译是明显的。第一版原文没有"我们的正义论的一般观念"，而只有"这种一般正义观念"。"这种一般正义观念"不是罗尔斯本人主张的正义观念，它是有严重缺陷的。**新解**："对何种不平等是允许的，这种一般正义观念未作任何限定。"

2. 原文："**We need not suppose anything so drastic as consenting to a condition of slavery**"（p. 55）。H 本："我们不需要去假定某种类似奴隶制

---

① 段忠桥："'正义是社会制度的首要价值'其含义是什么？"，《浙江社会科学》2022 年第 1 期。

那样极端的事情"（第 49 页）。**新解：**"我们不必设想，诸如赞同奴隶制条件之类的极端事情。"

【诠释】

现在，至少存在理论可能性的一种情形是，通过放弃一些基本自由，人们可以从由此带来的社会经济收益中得到充分补偿。对何种不平等是允许的，这种一般正义观念未做任何限定；它只要求改善每个人的状况。我们不必设想，诸如赞同奴隶制条件之类的极端事情。我们只需设想，当经济回报显著时，人们似乎愿意放弃某些政治权利。① 但是，两个正义原则排除了这种交易；因为两个正义原则是按照顺序排列的，除非在可使罪责减轻的情况下，否则不允许在基本自由与经济收益和社会收益之间进行交易（参阅 §26 和 §29）。②

【原文】 §11–13–p.55

【评析】

罗尔斯在这里讨论了两个正义原则的适用范围和先后次序。这种区分是重要的，他试图表明，这是两个不能相互交易的领域。罗尔斯尤其反对以牺牲政治权利获取经济利益和社会利益。两个正义原则的排序排除了这种交易。而一般正义观念可以容许或默许这种交易。

1. **原文**："For the most part, I shall leave aside the general conception of justice and examine instead the two principles in serial order"（p.55）. H 本："在大多数地方，我将把这个一般的正义观搁置一边，而是考察处

---

① 第一版原文是："Imagine instead that men forego certain political rights when the economic returns are significant and their capacity to influence the course of policy by the exercise of these rights would be marginal in any case."（p.63）"相反，试设想一下，无论如何，当经济回报显著，并且通过行使某些政治权利来影响政策过程的能力微不足道时，人们愿意放弃这些政治权利。"修订版删去了"and their capacity to influence the course of policy by the exercise of these rights would be marginal in any case"。
② 第一版原文是："It is this kind of exchange which the two principles as stated rule out; being arranged in serial order they do not permit exchanges between basic liberties and economic and social gains. The serial ordering of principles expresses an underlying preference among primary social goods. When this preference is rational so likewise is the choice of these principles in this order."（p.63）修订版删除了以下内容："原则的顺序表达了针对各种基本社会善的某个潜在偏好。假如这个偏好是理性的，那么依这个顺序进行的这些原则选择也是理性的。"从这个段落可知，一般正义观念没有对原则进行排序，只有公平正义观念才做出了原则排序。这是公平正义观念优越于一般正义观念的地方。这一点在下一个段落得到了更加明确的论述。

于先后次序中的那两个原则"（第49页）。**新解**："本人将在多数情况下搁置这种一般正义观念，而按照顺序来验证两个正义原则。"

2. **原文**："**Matter of priorities**"（p. 55）．H本："优先的问题"（第49页）。**新解**："各种优先性问题"。

3. **原文**："**One is led to attend throughout to the conditions under which the absolute weight of liberty with respect to social and economic advantages, as defined by the lexical order of the two principles, would be reasonable**"（p. 55）．H本："人们被引导到始终注意某些条件——在这些条件下，承认自由相对于社会经济利益的绝对重要性（这是由两个原则的词典式次序决定的）将是合理的"（第49页）。**新解**："人们务必始终注意以下情形：根据两个正义原则的词典式顺序，相对于社会优势和经济优势，自由拥有绝对权重将是合理的。"

4. **原文**："**Offhand, this ranking appears extreme and too special a case to be of much interest; but there is more justification for it than would appear at first sight**"（p. 55）．H本："这种排列初看起来是极端的，是一种过于特殊的情况，以致不会引起人们多大的兴趣，但这只是初步的印象，对这种排列我们可以有更多的证明"（第49页）。**新解**："顺便说一下，这一排序显得极端且过于特殊，难以激起人们的兴致；但与如此初步印象相比，它有着值得予以赞同的更多证明。"

5. **原文**："**The distinction between fundamental rights and liberties and economic and social benefits marks a difference among primary social goods that suggests an important division in the social system. Of course, the distinctions drawn and the ordering proposed are at best only approximations. There are surely circumstances in which they fail**"（p. 55）．H本："在基本的权利自由和经济社会利益之间所作的区分反映了社会基本善之间的不同。它暗示着对社会体系的一种重要划分。当然，这种划分和次序至多只是一个近似，肯定有一些它们要在其中归于无效的情形"（第49页）。**新解**："一边是基本权利和基本自由，另一边是经济收益和社会收益，两者的区别标志着在基本社会善当中存在的区别，这一区别表明，在社会系统中存在着重要的区分。当然，如此给出的区别和排序最多只是一些近似值。的确存在这些区别和排序失灵的情况。"

【诠释】

本人将在多数情况下搁置这种一般正义观念，而按照顺序来验证两个正义原则。如此做法的优点是，我们从一开始就认识到各种优先性问题，并试着确定解决这一问题的原则。人们务必始终注意以下情形：根据两个正义原则的词典式顺序，相对于社会优势和经济优势(社会利益和经济利益)，自由拥有绝对权重将是合理的。顺便说一下，这一排序显得极端且过于特殊，难以激起人们的兴致；但与如此初步印象相比，它有着值得予以赞同的更多证明(正当理由)。无论如何，我都会坚持这一排序（§82）。此外，一边是基本权利和基本自由，另一边是经济收益和社会收益，两者的区别标志着在基本社会善当中存在的区别，这一区别表明，在社会系统中存在着重要的区分。当然，如此给出的区别和排序最多只是一些近似值。的确存在这些区别和排序失灵的情况。但是，清晰绘制出某个合理正义观念的主线是至关重要的；无论如何，在许多情况下，按照顺序排列的两个正义原则都能很好地发挥作用。①

【原文】§11–14–pp.55–56

【评析】

罗尔斯在这里解释了什么是平等的基本自由。它们是每个人都平等享有的基本自由。没有人可以例外，没有人比别人多，也没有人比别人少。

1. 原文："The fact that the two principles apply to institutions has certain consequences"（p.55）。H本："这两个原则是适用于制度的事实引出了某些推论"（第49页）。新解："两个正义原则应用于制度，这一事实产生了一定后果。"

2. 原文："Liberty is a certain pattern of social forms"（pp.55–56）。H本："自由是社会形式的某种样式"（第49—50页）。新解："自由是各种社会形态的某一特定样式。"

3. 原文："The first principle simply requires that certain sorts of rules, those defining basic liberties, apply to everyone equally and that they allow the most extensive liberty compatible with a like liberty for all"（p.56）。H本："第一个原则仅仅要求某些规范（那些确定基本自由的规范）平等地适用于每一个人，要求这些规范承认与所有人拥有的最广泛自由相容的类似自由"（第50页）。新解："第一正义原则只是提出了这样的

---

① 从这个段落可以清晰地看到，公平正义观念与一般正义观念有着重大差别。部分学者在批评罗尔斯正义理论时，由于忽视了那个重大差别，存在对罗尔斯正义理论的重大误解。

要求，界定基本自由的若干规则，务必平等地适用于每个人，并且要求，那些规则务必许可这种最广泛的自由兼容于所有人皆享有的类似自由。"

4. 原文："The only reason for circumscribing basic liberties and making them less extensive is that otherwise they would interfere with one another"（p. 56）。H 本："限制基本的自由和使它们不那么广泛的唯一理由只能是：如果不这样，它们就会相互妨碍"（第 50 页）。**新解**："限制基本自由并使其不那么广泛的唯一理由是，否则的话，它们会相互干扰。"

【诠释】

两个正义原则应用于制度，这一事实产生了一定后果。首先，通过这些原则得以指称的权利和基本自由，是基本结构的公开规则规定的权利和基本自由。人是否自由，取决于社会主要制度明确规定的权利和义务。自由是各种社会形态的某一特定样式。第一正义原则只是提出了这样的要求，界定基本自由的若干规则，务必平等地适用于每个人，并且它还要求，那些规则务必许可最广泛的自由兼容于所有人皆享有的类似自由。限制基本自由并使其不那么广泛的唯一理由是，否则的话，它们会相互干扰(相互抵触)。

【原文】§ 11 – 15 – p. 56

【评析】

1. 原文："Since it applies to institutional forms, the second principle (or rather the first part of it) refers to the expectations of representative individuals"（p. 56）。H 本："由于原则是适用于制度的，第二个原则（或毋宁说是它的第一部分）就要参考代表人的期望来说明"（第 50 页）。**新解**："由于它适用于各种制度形式，第二正义原则（不如说其第一部分）涉及代表人的预期。"

2. 原文："Neither principle applies to distributions of particular goods to particular individuals who may be identified by their proper names"（p. 56）。H 本："两个原则不适用于把具体的物品分配给具体的我们可以叫出名字的人的情况"（第 50 页）。**新解**："两个正义原则都不适用于将特定物品分配给以其专名可以得到确认的特定个体。"

3. 原文："The situation where someone is considering how to allocate certain commodities to needy persons who are known to him is not within the scope of the principles"（p. 56）。H 本："那种某人要考虑怎样把某些

东西分配给他认识的需求者的情况，也不在我们的原则运用范围之闪"（第50页）。**新解**："有人正在考虑如何将某些有用之物或者商品分发给他认识的需求者。这种情况不在两个正义原则适用的范围之内。"

4. 原文："**We must not assume that there is much similarity from the standpoint of justice between an administrative allotment of goods to specific persons and the appropriate design of society. Our common sense intuitions for the former may be a poor guide to the latter**"（p. 56）。H本："我们决不要犯这样的错误：以为从正义的角度看，一种对特定的人进行的管理性的利益分配和社会制度的恰当设计之间会有很多相似之处。适用于前者的常识性直觉对后者可能是一种贫乏的指导"（第50页）。**新解**："我们不必假定，从正义的角度来看，在把各项权益给予特定个体的行政配置与适当的社会设计之间，存在着许多相似之处。我们对前者的常识直觉可能是对后者的拙劣指导。"

（1）短语："An administrative allotment of goods"。这里的"goods"不只是"利益"，而且包括地位、职位、岗位、权利、收入、财富，甚至人的尊严和荣誉等，罗尔斯虽然没有说它们是社会基本善，但是肯定与社会基本善密切相关，并且通过社会基本制度来进行分配。**新解**："**对各项权益的行政配置**"。

（2）短语："The appropriate design of society"。新解为"**适当的社会设计**"，而非"社会制度的恰当设计"。

（3）短语："A poor guide"。新解为"**拙劣指导**"，而非"贫乏指导"。

【诠释】

此外，每当原则涉及人，要求每个人都从不平等中获益时，这个人是持有由基本结构明确的各种社会位置或职位的代表人。因此，在应用第二正义原则时，本人假定这样一种可能性，它将对幸福的预期指派给持有这些位置的代表人。从他们的社会处境来看，这种预期预示着他们的生活前景。一般来说，代表人的预期取决于整个基本结构对各项权利和义务的分配。预期是相互联系的：通过提高某一位置代表人的前景，我们可能会增加或减少处于其他位置的代表人的前景。由于它适用于各种制度形式，第二正义原则（不如说其第一部分）涉及代表人的预期。正如本人将在后面（§14）讨论的那样，两个正义原则都不适用于将特定物品分配给以其专名可以得到确认的特定个体。有人正在考虑如何将某些有用之物或者商品（commodities）分发给他认识的需求者。这种情况不在两个正义原则适用的范围之内。它们(两个正义原则)旨在规范基本制度的安排。我们不必假定,从正义的角度来看,在把各项权益①给予特定个体的行政配置与适当的社会设计之间,存在着许多相似之处。我们对前者的常识直觉可能是对后者的拙劣指导。②

【原文】§11-16-p.56

【评析】

1. 原文:"One is not allowed to justify differences in income or in positions of authority and responsibility on the ground that the disadvantages of those in one position are outweighed by the greater advantages of those in another"(p. 56). H本:"我们不能根据处在某一地位的人们的较大利益超过了处在另一地位的人们的损失额而证明收入或权威性地位或责任性地位方面的差别是正义的"(第50页)。新解:"任何人不得以一方所处的较少优势被另一方持有的较多优势所超过为理由,来证明收入差异或权责位置差异的正当性。"

2. 原文:"Much less can infringements of liberty be counterbalanced in this way"(p. 56). H本:"更不能说对自由的侵犯可以通过这种方式来抵消"(第50页)。新解:"更不能用这种方式来抵消对自由的侵犯。"H本没有准确把握这个语句的意思。

3. 原文:"The principles must be specified so that they yield a determinate conclusion"(p. 56). H本:"对原则的说明必须使它们能产生一个确定的结论"(第50页)。新解:"这些原则必须具体化,以便得出明确的结论。"

【诠释】

现在,第二正义原则坚持认为,每个人都能从基本结构允许的不平等中获益。这意味着,对于被这种结构定义为相关代表人的每个人来说,以下情形定然是合理的:当他给予持续关切时,他更加偏好带有不平等的前景,而非更加喜爱没有不平等的前景。任何人不得以一方所处的较少优势被另一方持有的较多优势所超过为理由,来证明收入差异或权责位置差异

---

① goods,以实物为主的各种权利、利益和福利。
② 正义原则规制的社会基本制度不是为特定个体或群体服务的。罗尔斯在此限定了两个正义原则的适用范围,它们主要规范社会基本制度,而不规范特定个体之间的特定利益关系。

的正当性，更不能用这种方式来抵消对自由的侵犯。然而，显而易见的是，若把平等的初始安排作为基准，将存在令所有人皆受益的无限多方式。那么，我们如何在这些可能方式中做出选择呢？这些原则必须具体化，以便得出明确的结论。本人现在就来探讨这个问题。①

§12 第二正义原则的诠释
Interpretations of the Second Principle

【解题】

效率和正义可能存在冲突。有批评者对此评论道："目前流行的法经济学研究，受波斯纳和贝克尔的影响，在这一学科过去几十年的发展时期内，似乎始终没有能力正面回答'正义与效率的冲突'问题。这一现象有两方面的原因：一是经济学家普遍没有意识到他们使用的效率概念其实只是'帕累托有效性'概念，并非经济学原初意义上的'效率'。这一局限性，在我看来，使大多数经济学家提供的法经济学分析丧失了法学意义上的合法性。二是法学家们，如贝克尔最近悲观地指出的那样，大约需要二十年左右的时间来熟悉和普及经济学知识，在他们能够熟练运用经济分析方法之前，他们很难在法学传统之内提出具有经济学合法性的法经济学问题。"② 罗尔斯也是在"帕累托最优"意义上理解效率原则的。不过，在批评者推崇解决效率与正义冲突的法哲学家中，有德沃金、吉伯德和嘉吉佛斯，却没有罗尔斯。也许是罗尔斯论证正义原则的哲学路径难住了中国的经济学家。

有一种法学观点很好地解释了罗尔斯关于效率和正义关系的主张："今天大多数法学家都认为，法的价值其实是多元化的，包括秩序、合法性，包括人的权利，当然也包括效率。但比较正统的法学家，包括我也是这么认为，效率跟法的价值、跟正义不能并驾齐驱、平分秋色。效率是一个下位的概念，如果牺牲了正义，那么效率是很可怕的！"③ 罗尔斯干脆

---

① 罗尔斯谈到了"令所有人受益的无限多方式"，表示存在实现平等的无限多方式。他首先突破了在私有制度和公有制度方面的纠缠。这种见解当然是伟大的，具有强烈的预言性质，潜在地表达着丹尼尔·贝尔的趋同理论。
② 汪丁丁："正义与效率的冲突：法经济学的核心议题"，《学术月刊》2006 年第 4 期。
③ 汪丁丁、林来梵、叶航："效率与正义：一场经济学与法学的对话"，《学术月刊》2006 年第 4 期。

说，违反正义的效率是没有价值的。他赋予经济学中的理性选择理论以道德评价维度，使之成为受到道德合理性主导或审视的理性选择理论。差别原则是对这种理性选择理论的最佳解释。

罗尔斯表示，生产资料所有制的特定性质，比如公有制或私有制，不是实现第一正义原则的条件。换言之，无论生产资料是公有制还是私有制，只要它是自由市场制度，都可以实现个体的基本平等自由。他在这一节主要讨论第二正义原则的各种诠释，涉及社会和经济不平等问题，包括自由制度、贵族制度、封建制度、种姓制度等话题。他提到理想的封建制度也接受差别原则。他还讨论了适用市场经济的帕累托最优或效率原则，认为它没有解决社会和经济不平等问题，其中涉及不少数学知识，尽管他谈到的知识是非常基础性的，对于缺乏相关知识的读者会有一定困难。他认为，在解决社会经济不平等问题上，效率原则是必要的，但不是充分的，正义原则的介入是必然的。并且，效率原则和正义原则，尤其是差别原则并不矛盾。这也是他与诺齐克和哈耶克争论的焦点。后者认为，效率原则和正义原则是冲突的，甚至第一正义原则和第二正义原则是不兼容的。假如承认第一正义原则，那么就得否定第二正义原则。当然，罗尔斯并不这样认为。从他对第二正义原则的诠释来看，国内学者对他的正义理论存在不少误解，像诺齐克和哈耶克一样，他们把两个正义原则对立了起来。台湾学者盛庆琜表示："差别原则并无实际用处。"[①] 这当然会大大低估罗尔斯理论的社会实践价值，这样的评价有失公允。

【原文】12 – 1 – p. 57

【评析】

1. 原文："Everyone's advantage"（p. 57）。H 本："每个人的利益"（第 50 页）。新解："每个人的优势"。

2. 原文："Equality as careers open to talents"（p. 57）。H 本："作为前途向才能开放的平等"（第 51 页）。新解："职业向有才能的人开放的平等"。

3. 原文："System of natural liberty"（p. 57）。H 本："自然的自由平等"（第 51 页）。新解："天赋自由系统"。

[①] 盛庆琜："对罗尔斯理论的若干批评"，《中国社会科学》2000 年第 5 期。另参阅杨伟清"差别原则与利他主义——对罗尔斯差别原则的一个批评"，《云南大学学报》2016 年第 1 期。葛四友："论罗尔斯的差别原则与应得理论"，《武汉大学学报》2010 年第 2 期。

4. 原文："**Natural aristocracy**"（p. 57）. H 本："自然的贵族制"（第 51 页）。H 本的解读是成立的。当然它也可以新解为："**天赋贵族制度**"。

5. 原文："**Equality as equality of fair opportunity**"（p. 57）. H 本："作为公平机会平等的平等"（第 51 页）。**新解："公平机会均等的平等"**。

【诠释】

我已提到过，因为"每个人的优势和利益"和"向所有人平等开放"这两个短语都是模棱两可的，所以第二正义原则的两个部分都有两层天赋含义或自然含义。因为这些含义是互相独立的，所以这个原则有四种可能的意思。假设关于平等自由的第一正义原则的含义是一样的，那么我们对两个正义原则便有四种诠释。这些诠释如下表所示：

"平等开放"	"每个人的优势"	
	效率原则	差别原则
职业向有才能者开放的平等	天赋自由系统	天赋贵族制度
公平机会均等的平等	自由平等	民主平等

【原文】 §12－2－p. 57

【评析】

罗尔斯在这里讨论各种社会制度的差异和优劣。为了保持语言上的一致，笔者主张把"the system of natural liberty"解读为"**天赋自由系统**"，而不是 H 本理解的"自然的自由体系"（第 51 页）。

【诠释】

本人将依次概述三种诠释：天赋自由系统、自由平等和民主平等。这一顺序在某些方面较为直观，顺便诠释天赋贵族制度也不无益处，本人将对它略作评述。在阐发公平正义时，我们必须决定偏向于采用的是何种诠释。本人将采用民主平等诠释，并在下一节解析这一概念的含义。直到下一章，我们才开始讨论是否在初始位置上接受它。

【原文】§12 – 3 – pp. 57 – 58

【评析】

1. 原文:"The first interpretation (in either sequence) I shall refer to as the system of natural liberty. In this rendering the first part of the second principle is understood as the principle of efficiency adjusted so as to apply to institutions or, in this case, to the basic structure of society; and the second part is understood as an open social system in which, to use the traditional phrase, careers are open to talents"(p. 57)。H 本:"我将把第一种解释（无论是按照哪一种解释次序）称为自然的自由体系。按这种表述，第二个原则的第一部分就被理解为被调整得适用于制度或社会基本结构的效率原则，第二个部分就被理解为一种开放的社会体系，在这一体系中，用传统的话说，前途是向才能开放的"（第51页）。关于"careers are open to talents"，这是古典效用论者亚当·斯密提出的一个重要主张。它一般解读为"所有职业生涯都向有才干者开放"。换言之，各行各业，举贤纳士，唯才是举，人尽其才。就像孔子说的那样:"外举不避仇，内举不避子。"在职场上，有能者上，无能者下，这是一个优胜劣汰的位置竞争过程。H 本解读为"前途是向才能开放的"不是很确切。新解:"第一种诠释（按两种顺序的任一顺序），本人将称之为天赋自由系统。在这一点上，第二正义原则的第一部分被理解为调整后的效率原则，以便适用于各种制度，或在这种情况下，适用于社会的基本结构；第二部分被理解为一个开放的社会系统，在这个系统中，借用传统的说法，各种职业生涯向有才能的人开放。"

2. 原文:"The doctrine includes an important element of pure procedural justice which is carried over to the other interpretations"（p. 58）。H 本:"这一理论包含一种纯粹程序的正义的重要因素，这一因素将被其他解释吸取"（第51页）。唯才是举，也是一种公平，因为它做到了人尽其才，使每一个有才能者在其位置上能够发挥自己的作用、创造自己的价值、最好地为社会和他人服务。罗尔斯对此持肯定态度，把它同纯粹程序正义联系起来，又对它有所保留。他对"唯才是举、人尽其才"的态度，在对斯密的相关思想的批评中得到了充分的表现。新解:"这一学说包含纯粹程序正义的重要因素，却对那个因素作了其他解释。"

【诠释】

第一种诠释（按两种顺序的任一顺序），本人将称之为天赋自由系统。在这一点上，第二正义原则的第一部分被理解为调整后的效率原则，以便适用于各种制度，或在这种情况下，适用于社会的基本结构；第二部分被理解为一个开放的社会系统，在这个系统中，借用传统的说法，各种职业生涯向有才能的人开放。[①] 本人假定，在所有解释中，关于平等自由的第一正义原则已经得到满足，尽管生产资料可能是私有的，也可能不是私有的，经济大体上是自由市场系统。于是，天赋自由系统断定，满足效率原则的基本结构，各种位置向拥有才干并且愿意为之奋斗的人开放的基本结构，将导致公正的分配。以这种方式分配权利和义务被认为是提出了以公平方式分配财富和收入、权限和责任的方案，而不管这种分配的结果是什么。这一学说包含纯粹程序正义的重要因素，却对那个因素作了其他解释。

【原文】 §12-4-p.58

【评析】

1. 原文："This principle is simply that of Pareto optimality（as economists refer to it）formulated so as to apply to the basic structure. I shall always use the term 'efficiency' instead because this is literally correct and the term 'optimality' suggests that the concept is much broader than it is in fact"（p.58）. H 本："这个原则是转用于社会基本结构的帕累托最佳原则（Pareto Optimality）（像经济学家所称的）。我将始终以'效率'这个词来代替它。因为这在文字上是正确的，而'最佳'这个词暗示的意义要比它实际的意义宽广得多"（第51—52页）。在经济学界，"帕累托最优"（Pareto Optimality）是一个约定俗成的术语。同样地，术语"optimality"应解读为"最优"而非"最佳"。罗尔斯在这里解释了他还使用术语"效率"而非"最优"的理由。新解："效率原则就是帕累托最优（像经济学家称呼它那样），提出效率原则就是想要把它应用于基本结构。本人之所以一直用术语'效率'而非术语'最优'，是因为术语'效率'在字面上是正确的，而术语'最优'意味着这个概念有着比其实际所是要宽泛得多

[①] 各行各业要做到广纳贤士，唯才是举，人尽其才。

的含义。"

2. 原文:"**This principle was not originally intended to apply to institutions but to particular configurations of the economic system, for example, to distributions of goods among consumers or to modes of production**"（p. 58）. H 本:"这个原则最初并不是打算用于社会制度，而是用于经济体系的特殊结构，例如用于商品在消费者中的分配或者生产方式"（第 52 页）. **新解**:"效率原则最初无意应用于各种制度和机构，而只是应用于经济系统的特定布局，例如，应用于在消费者中间的产品分配或生产模式。"这里的术语"particular configurations of the economic system"，H 本:"经济体系的特殊结构". **新解**:"经济系统的特定布局"。

3. 原文:"**A configuration is efficient whenever it is impossible to change it so as to make some persons (at least one) better off without at the same time making other persons (at least one) worse off**"（p. 58）. H 本:"一种结构，当改变它以使一些人（至少一个）状况变好的同时不可能不使其他人（至少一个）状况变坏时，这种结构就是有效率的"（第 52 页）. **新解**:"只要不可能改变一项布局，使某些人（至少一人）生活得更好，而同时又不使其他人（至少一人）生活得更糟，那么该布局就是有效率的。"

【诠释】

在这一点上，有必要做一个简短的题外话来诠释效率原则。效率原则就是帕累托最优（像经济学家称呼它那样），提出效率原则就是想要把它应用于基本结构。① 本人之所以一直用术语"效率"（efficiency）而不用术语"最优"（optimality），是因为术语"效率"在字面上是正确的，而术语"最优"意味着这个概念有着比其实际所是要宽泛得多的含义。② 诚然，效率

---

① 多数社会选择或价格理论论著中对此原则有所说明，一种清晰解释可见于库普曼斯（T. C. Koopmans）:《关于经济科学现状的三篇文章》，纽约，1957 年版，第 41—46 页。参阅森《集体选择与社会福利》，旧金山：霍尔登—戴出版社 1970 年版，第 21 页及以后。这些著作包括《正义论》在这方面需要的所有东西（甚至更多东西），森的著作还考虑了有关的哲学问题。维尔弗雷多·帕累托（Vilfredo Pareto）在其著作中引入了效率原则。参阅帕累托《政治经济学教程》，巴黎，1909 年版，第 6 章第 53 节和附录第 89 节。该书某些段落的译文可见于佩奇（A. N. Page）:《效用理论：阅读材料选》，纽约：约翰—威利父子出版社 1968 年版，第 38 页及以后。无差别曲线概念可以追溯到埃奇沃思的论著。参阅埃奇沃思《数学心理学》，伦敦，1888 年版，第 20—29 页。也参阅佩奇《效用理论：阅读材料选》，第 160—167 页。——原注

② 参阅库普曼斯《关于经济科学现状的三篇文章》，第 49 页。库普曼斯评论说，"配给效率"（allocative efficiency）是更加准确的名称。——原注

第二章　正义原则　299

原则最初无意应用于各种制度和机构，而只是应用于经济系统的特定布局，例如，应用于在消费者中间的产品分配或生产模式。效率原则认为，只要不可能改变一项布局，使某些人（至少一人）生活得更好，而同时又不使其他人（至少一人）生活得更糟，那么该布局就是有效率的。因此，如果这些产品没有重新分配，就改善在这些人中至少一人的境况，而没有任何另一人处于不利位置，那么在某些个体之间的产品分配就是有效率的。如果没有办法改变投入，以便提高某一产品的产量而不同时减少另一产品的产量，那么这种生产组织就是有效率的。因为如果我们可以生产更多的某一产品而不必减少另一产品的产量，那么这些更多产品可以用来改善某些人的境况，而不必令其他人的境况变得更糟。这一原则的这些应用表明，它确实是效率原则。假如仍然存在着让某些个体过得更好同时不让其他人过得更糟的办法，那么产品分配或生产计划是无效率的。本人将假定，处于初始位置上的各方接受这一原则，以判断经济安排和社会安排的效率（参见附带的效率原则讨论）。①

【原文】§12-5-p.59

【评析】

这一节关于效率原则的讨论涉及一些数学知识。对其中一些术语的准确把握有助于理解罗尔斯所理解的效率原则。鉴于 H 本对于这些术语的解读存在较大出入，笔者对它们进行了重新解读。

1. **原文**："Assume that there is a fixed stock of commodities to be distributed between two persons, X_1 and X_2. Let the line AB represent the points such that given X_1's gain at the corresponding level, there is no way to distribute the commodities so as to make X_2 better off than the point indicated by the curve. Consider the point D = (a, b). Then holding X_1, at the level a, the best that can be done for X_2 is the level b. In figure 3 the point O, the origin, represents the position before any commodities are distributed"（p.59）。H 本："假定有一确定数量的产品要在两个人（X_1 与 X_2）中间分配（见图3）。设曲线 AB 代表 X_1 的相应水平的所得，并且

---

① 罗尔斯不反对在产品生产和产品分配过程中实施的效率原则。效率原则也不一定冲突于正义原则。当然，效率原则有约束条件：不得损害每一个体的利益，在改善一些人的处境时，不得让其他人的处境变得糟糕。所以，效率原则要与共同富裕的社会理想相一致。

没有其他的产品分配办法可令 X_2 的状况比这曲线所指示的对应各点更好。试考虑 D 点 = (a, b) 那么让 X_1 处在 a 水平，X_2 能达到的最好水平就是 b 水平了。在图 3 中，O 点（原点）代表任何产品被分配前的状况"（第 52—53 页）。**新解**："假定有固定数量的产品要在 X_1 和 X_2 两人之间进行分配。设曲线 AB 代表的点，在给定 X_1 在相应级收益的条件下，没有办法分配产品，以便使 X_2 优于曲线所示的点。试考虑点 D = (a, b)。在 a 级持有 X_1，对 X_2 而言，最佳选择是 b 级。图 3 中，原点 O 表示产品分配前的位置。"

2. 原文："**The points on the line AB are the efficient points. Each point on AB can be seen to satisfy Pareto's criterion: there is no redistribution that makes either person better off without making the other worse off. This is conveyed by the fact that the line AB slopes downward to the right. Since there is but a fixed stock of items, it is supposed that as one person gains the other loses. (Of course, this assumption is dropped in the case of the basic structure which is a system of cooperation producing a sum of positive advantages.) Normally the region OAB is taken to be a convex set. This means that given any pair of points in the set, the points on the straight line joining these two points are also in the set. Circles, ellipses, squares, triangles, and so on are convex sets**"（p.59）。H 本："在曲线 AB 上的各点是有效率的各点，每一点都满足了帕累托标准：没有任何再分配方式能使一人状况更好而不使另一人状况变坏。这就是曲线 AB 向右下方倾斜的事实所表达的。由于只有一确定量的储存，就决定了一人有所得时另一人必有所失（当然，就社会基本结构而言，我们要放弃这一假定，因为社会基本结构是一套产生积极利益的合作体系）。OAB 区通常被看作是一个凸面。这意味着对于这一凸面中给定的任何两点来说，连接这两点的直线上的各点也是出自凸面内：圆形、椭圆形、正方形、三角形等等，都是凸面"（第 53 页）。**新解**："AB 线上的点都是效率点。AB 线上的每个点都可以被视为满足帕累托标准：没有再分配方法能让任何人过得更好而不让另一个人过得更糟。AB 线向右下方倾斜的事实证明了这一点。因为存在的只是固定的存货，所以假定一人所得就是另一人所失（当然，在基本结构是产生正向优势和合作系统情况下，这一假设被抛弃）。通常而言，区域 OAB 被视为凸集。这意味着给定集合中的任意一对点，连接这两个点直线上的点也在集合中。圆、椭圆、正方形、三角形等都是凸集。"

（1）关于"帕累托标准"（Pareto's criterion），又称"帕累托效率"

(Pareto efficiency),全称为"**帕累托最优状态标准**",是资源配置方面的重要原则。

(2)短语:"A sum of positive advantages". H本:"积极利益"。**新解**:"正向优势和"。

(3)短语:"Convex set". 罗尔斯在这个段落谈到凸几何的凸集理论,"convex set"解读为"**凸集**"而非"凸面"更符合他想要表达的意思。

【诠释】

效率原则

假定有固定数量的产品要在 X_1 和 X_2 两人之间进行分配。设曲线 AB 代表的点,在给定 X_1 在相应级收益的条件下,没有办法分配产品,以便使 X_2 优于曲线所示的点。试考虑点 D =(a, b)。在 a 级持有 X_1,对 X_2 而言,最佳选择是 b 级。图 3 中,原点 O 表示产品分配前的位置。AB 线上的点都是效率点。AB 线上的每个点都可以被视为满足帕累托标准:没有再分配方法能让任何人过得更好而不让另一个人过得更糟。AB 线向右下方倾斜的事实证明了这一点。因为存在的只是固定的存货,所以假定一个人所得就是另一人所失(当然,在基本结构是产生正向优势和合作系统情况下,这一假设被抛弃)。通常而言,区域 OAB 被视为凸集。这意味着给定集合中的任意一对点,连接这两个点直线上的点也在集合中。圆、椭圆、正方形、三角形等都是凸集。

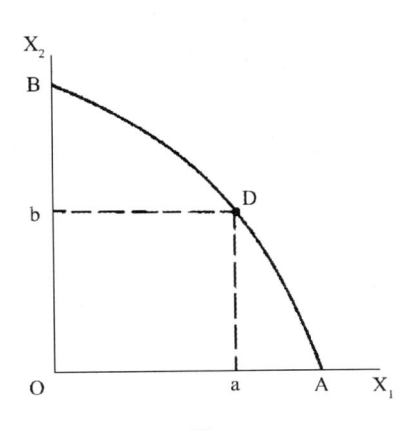

图 3

302 《正义论》评注

【原文】§12 – 6 – p. 59

【评析】

罗尔斯在这里用一种直观的数学方法来解析效率，并且说明实现效率与实现正义是两个不同的维度，解决效率问题，无法解决正义问题。独裁政府可以是高效率的，同样地，奴隶制度或种姓制度也可以是高效率的。

【诠释】

很明显，存在许多效率点，事实上，在 AB 曲线上，所有的点都是效率点。效率原则本身并没有挑选有关各种产品的某一特定分配作为有效率的分配。要在有效率的分配中间进行筛选，那么其他原则，比如说，正义原则是必要的。

【原文】§12 – 7 – pp. 59 – 60

【评析】

原文："**In figure 4 while C is superior to E, and D is superior to F, none of the points on the line AB are either superior or inferior to one another**"（p. 60）. H 本："在图 4 中当 C 优于 P 时，尽管 C 优于 E，D 优于 F，但是由线 AB 上的各点之间则谈不上孰优孰劣"（第 53 页）。对照原文图 4 可知，图 4 中不存在 P，H 本的 "当 C 优于 P 时" 为衍生语，在《正义论》英文原文中并不存在。这是 H 本的一个笔误。**新解**："**在图 4 中，尽管 C 点优于 E 点，D 点优于 F 点，但是 AB 曲线上的任意一点皆不存在谁优谁劣。**"

【诠释】

在两个点中，如果一点位于另一点的右上方，根据效率原则，这一点便是较优的。处于左上方或右下方的点是无法比较的。效率原则定义的次序只是部分次序。因此，在图 4 中，尽管 C 点优于 E 点，D 点优于 F 点，但是 AB 曲线上的任意一点皆不存在谁优谁劣。在这些效率点之间不能排列效率等级。就像 AB 曲线上的其他点一样，即使表示其中一方拥有全部产品的两个端点 A 点和 B 点也是有效率的。

图 4

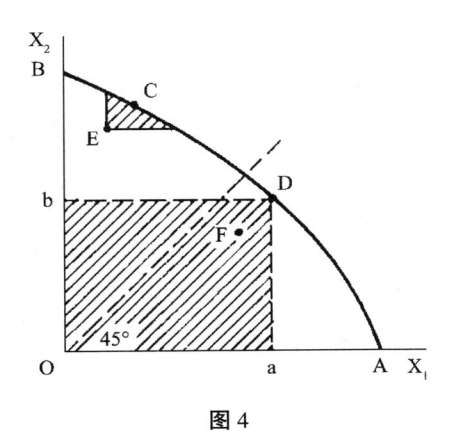

【原文】§12-8-p.60

【评析】

罗尔斯用数学函数来表达各效率之间的关系。如此表达与一般哲学家讨论效率问题相比，具有明显优势。罗尔斯显然借鉴了一些经济学分析方法。因此，在这里，不能用一般哲学术语和观点去看罗尔斯对于效率的分析。这里的讨论纯粹是社会科学的尤其是经济学的，而不是哲学的。在解读这个段落时，H 本的表达在逻辑上是矛盾的，原因在于 H 本没有准确把握这个段落的意思。

1. 原文："These points cannot be ordered"（p.60）。H 本："这两点不可能比较出等级"（第 54 页）。新解："这两个点不能排序。" 罗尔斯在这里进行的是一种效率优先性的排序，而不是一种"等级比较"。处于较高等级的选项可能是低效率的。同样，处于较低等级的选项也可能是高效率的。因此，效率与等级没有内在联系，至少从罗尔斯在这里表达的数学函数来看是如此。

2. 原文："The point C, however, is superior to E and so are all the points on the line AB belonging to the small shaded triangular region that has the point E as a corner"（p.60）。H 本："然而，C 点却优于 E 点，而且，曲线 AB 上那些属于以 E 点为三角形的一个顶点用斜线划出的小三角形区域的各点也都优于 E 点"（第 54 页）。新解："然而，C 点优于 E 点，并且在属于以 E 点为角的小阴影三角形区域上的 AB 线上的所有点，也都优于 E 点。" 短语"the point E as a corner"的新解为"以 E 点为角"，而不是"以 E 点为

三角形"。优于 E 点的，是"在属于以 E 点为角的小阴影三角形区域上的 AB 线上的所有点"，而不是"曲线 AB 上那些属于以 E 点为三角形的一个顶点用斜线划出的小三角形区域的各点"。H 本这个表达在逻辑上是矛盾的。

【诠释】

请注意，我们不能说 AB 线上的任何一点优于 OAB 内部的所有点。AB 线上的任何点都优于其左下方的内部点。因此，D 点优于连接 D 点、a 点和 b 点的虚线所表示的矩形内的所有点。但 D 点不优于 E 点。这两个点不能排序。然而，C 点优于 E 点，并且在属于以 E 点为角的小阴影三角形区域上的 AB 线上的所有点，也都优于 E 点。

【原文】§12-9-p.60

【评析】

1. 原文："**An additional basis of decision**"（p.60）。H 本："抉择的一个附带依据"（第 54 页）。**新解**："一个额外的决定依据"。

2. 原文："**The point D may be preferable to both C and E**"（p.60）。H 本："D 点可能就比 C 点和 E 点更可取"（第 54 页）。**新解**："D 点可能优于 C 点和 E 点。"

3. 原文："**One may even decide that an interior point such as F is to be preferred to C which is an efficient point**"（p.60）。H 本："一个人甚至可能认为，像 F 这样一个区域内的点，要比作为效率点的 C 更可取"（第 54 页）。**新解**："人们甚至可以断定，一个区域内的点，比如 F 点，优于效率 C 点。"

4. 原文："**Actually, in justice as fairness the principles of justice are prior to considerations of efficiency and therefore, roughly speaking, the interior points that represent just distributions will generally be preferred to efficient points which represent unjust distributions**"（p.60）。H 本："实际上，在公平的正义中，正义原则是先于对效率的考虑的，因此，大致来说，代表正义的分配的内部点一般要比代表不正义分配的效率点更可取"（第 54 页）。**新解**："实际上，在公平正义中，正义原则优先于对效率的各种考虑，因此，大致说来，代表正义分配的内部点通常会优先于代表不正义分配的效率点。"

【诠释】

另一方面，如果一个人以 45 度线表示平等分配的轨迹（这假设了两个轴的人际基准诠释，这在前面的评论中是不假设的），如果一个人将此作为一个额外的决定依据，那么在考虑到所有因素之后，D 点可能优于 C 点和 E 点。它更靠近这条线。人们甚至可以断定，一个区域内的点，比如 F 点，优于效率 C 点。实际上，在公平正义中，正义原则优先于对效率的各种考虑，因此，大致说来，代表正义分配的内部点通常会优先于代表不正义分配的效率点。当然，图 4 描述了一个非常简单的情况，不能应用于基本结构。

【原文】修订版删除的第一版段落

There are, however, many configurations which are efficient. For example, the distributions in which one person receives the entire stock of commodities is efficient, since there is no rearrangement that will make some better off and none worse off. The person who holds the whole stock must lose out. But of course not every distribution is efficient, as might be suggested by the efficiency of such disparities. As long as a distribution leaves some persons willing to swap goods with others, it cannot be efficient; for the willingness to trade shows that there is a rearrangement which improves the situation of some without hurting that of anyone else. Indeed, an efficient distribution is one in which it is not possible to find further profitable exchanges. In that sense, the allocation of goods in which one man has everything is efficient because the others have nothing to give him in return. The principle of efficiency allows then that there are many efficient configurations. Each efficient arrangement is better than some other arrangements, but none of the efficient arrangements is better than another. （Original edition, pp. 69－70）

【评析】

1. 原文："There are, however, many configurations which are efficient"（p. 60）. H 本第一版："然而，存在着许多有效率的结构"（第 69 页）。新解："然而，有许多布局是有效率的。"

2. 原文："The person who holds the whole stock must lose out"（p. 60）. H 本第一版："这个占有全部产品的人决不能失去什么"（第 69 页）。新解："持有全部库存的人一定会受损。"

3. 原文："The principle of efficiency allows then that there are many efficient configurations"（p. 60）. H 本第一版："效率的原则从而就容有许多种有效率的结构"（第 69 页）。新解："效率原则允许存在许多有效率的布局。"

【诠释】

然而，有许多布局是有效率的。例如，因为不存在会使一些人境况更好、另一些人境况更糟的任何重新安排，一个人获得全部物品的分配是有效率的。持有全部库存的人一定会受损。当然，并不是每一次分配都有效率，这种有差距的效率可能表明了这一点。只要一种分配让一些人愿意与其他人交换物品，它就不可能有效率；因为交易的意愿表明，有一种重新安排，它在不损害其他任何人的情况下改善了若干人的处境。事实上，有效率的分配，是不可能找到更多有利可图交易的分配。从这个意义上讲，一个人拥有一切的物品配给是有效率的，因为其他人没有任何东西可以给他回报。效率原则允许存在许多有效率的布局。每种有效率的安排都好于其他安排，但没有一种有效率的安排好于另一种有效率的安排。

【原文】§12-10-p.61

【评析】

1. 原文："**Open positions**"（p.61）. H本："地位开放"（第55页）。**新解**："开放位置"。这个短语可以解读为"广开门路，招贤纳士，公平竞争，择优录用"等人才政策。

2. 原文："**Consistent with the constraints of liberty and accessibility, the allocation of these primary goods may be adjusted to modify the expectations of representative individuals**"（p.61）. H本："在保证自由和开放的前提下，这些基本善的分配可以调整，以修正各个代表人的期望"（第55页）。**新解**："与对自由开放的约束相一致，可以调整这些基本善的配置，以修正各代表人的预期。"这里讲的不是保障自由开放，而是约束或限制自由开放。因此，H本的解读与原文的意思正好相反了。

【诠释】

现在，效率原则可以参照各代表人的预期应用于基本结构。① 因此，我们

---

① 有关帕累托标准在公开规则中的应用，参阅布坎南（J. M. Buchanan）"帕累托最优的相关性"，《争端解决杂志》1962年第6卷，以及布坎南和戈登·塔洛克（Gordon Tullock）《同意的计算》，安阿伯：密歇根大学出版社1962年版。在把帕累托最优和其他原则应用于制度时，我遵循了"两个规则概念"（Two Concepts of Rules）中的观点。这样做在其他方面有一种通过公开性效应（publicity effects）来限制原则之应用的优势，参阅罗尔斯"两个规则概念"，《哲学评论》1955年第64卷，第127页注1。——原注

可以说，当且仅当在不可能改变规则、重新确定权利和义务方案的情况下，以提高某些代表人（至少一名代表人）的预期，同时又不降低其他代表人（至少一名代表人）的预期，在基本结构中的权利和义务安排是有效率的。当然，这些变更必须与其他原则相一致。也就是说，在改进基本结构时，我们不允许违反平等自由原则或开放位置的要求。可以改进的是收入和财富的分配，以及那些占据权责位置的人调节合作活动的方式。与对自由开放的约束相一致，可以调整这些基本善的配置(allocation)，以修正各种代表人的预期。如果没有办法改进这种分配(distribution)，以便在不降低他人前景的情况下，提高某些人的前景，那么基本结构的安排是有效率的。

【原文】§12-11-pp.61-62

【评析】

罗尔斯在这里反驳了只要效率、不要公平的观点，认为只追求效率的制度，肯定不可能都是正义的。

1. 原文："Each of these specifies a division of advantages from social cooperation. The problem is to choose between them, to find a conception of justice that singles out one of these efficient distributions as also just"（p.61）. H 本："每一安排都标志着一种对社会合作利益的特殊划分。问题是要在它们之间进行选择，要找到一种正义观来挑选出一种有效率同时也是正义的分配形式"（第 55 页）。

（1）语句："Each of these specifies a division of advantages from social cooperation". H 本："每一安排都标志着一种对社会合作利益的特殊划分"。**新解**："每一种安排都具体规定着由社会合作带来的优势分工和利益划分。"

（2）短语："Advantages from social cooperation". H 本："社会合作利益"。**新解**："由社会合作带来的各种优势和利益"。

（3）短语："Singles out one of these efficient distributions as also just". H 本："挑选出一种有效率同时也是正义的分配形式"。**新解**："将这些有效率分配中的一个选为正义的分配。"

2. 原文："If we succeed in this, we shall have gone beyond mere efficiency yet in a way compatible with it"（p.62）. H 本："如果我们做到了这一点，我们将超越单纯的对效率的考虑，而且是以一种与它相容的方式超越的"（第 55 页）。H 本的解读无甚大错，只是显得比较啰唆。罗尔斯这里的讨论显然具有黑格尔的辩证法思想，即效率原则—公平原则—效率与公平兼容原则。只是罗尔斯在这里还没有探讨正义原则和效率原则哪一个具有优先性的问题。这也是罗尔斯同效用论者纷争的焦点。毕竟，公平原则—效率原则—公平与效率兼顾原则是一条思路，效率原则—公平原则—效率与公平兼容原则是另一条思路。这两条思路对于相关法律政策的制订有着决定性影响。

3. 原文："More generally, whenever a society is relevantly divided into a number of classes, it is possible, let us suppose, to maximize with respect to any one of its representative men"（p. 62）。H 本："广而言之，在一个社会被相应地划分成一些阶层的时候，我们假定，是有可能使任何一个代表人的利益都得到最大限度的增加的"（第 55 页）。新解："更一般地说来，当社会相应地划分为多个阶级时，让我们假定，极大化某个阶级的代表人预期是可能的。"

4. 原文："These maxima give at least this many efficient positions, for none of them can be departed from to raise the expectations of others without lowering those of the representative man with respect to whom the maximum is defined"（p. 62）。H 本："这些最大值至少给予这个社会许多有效率的地位，因为在这些地位中，使人们离开任何一种地位来提升他人的期望都必然会降低代表人的期望，而最大值正是相对于代表人来确定的"（第 55 页）。新解："这些最大预期至少为这个社会提供了许多有效率的位置，因为有关这个阶级的这个最大预期一旦确定，如果不降低这个代表人的预期，那么谁都休想提高其他代表人的预期。"

【诠释】

本人假定，存在着适用于基本结构的许多有效率的安排。每一种安排都具体规定着由社会合作带来的优势分工和利益划分。问题是要在两种有效率安排之间做出选择，找到一个正义观念，将这些有效率分配中的一个选为正义的分配。如果我们成功做到了这一点，我们将以一种与之兼容的方式超越单纯的效率。于是，人们自然会尝试提出这样的想法：只要社会制度有效率，就没有理由关心分配问题。在这种情况下，所有有效率的安排都是同等正义的。① 当然，这个说法对于把特定物品分配给已知个体来

---

① 这正是保守主义者哈耶克和诺齐克的主张。但是罗尔斯本人并不这样认为，这也是罗尔斯与他们争论的一个重要话题。

说是很奇怪的。从正义的立场来看,没有人会认为,关于许多人中的任何一个人是否碰巧拥有一切的问题,是一个不必关心的问题。但是,这一说法对基本结构似乎是同样不合理的。因此,在某些情况下,农奴制不可能进行重大改革,除非降低其他代表人的预期,比如土地所有者的预期,在这种情况下,农奴制是有效率的。然而,也可能发生以下情形:在同样条件下,自由劳动制度不可能在不降低其他代表人预期——比如自由劳动者预期——的情况下做出改进,所以这样的安排也是有效率的。更一般地说来,当社会相应地划分为多个阶级时,让我们假定,极大化某个阶级的代表人预期是可能的。这些最大预期至少为这个社会提供了许多有效率的位置,因为有关这个阶级的这个最大预期一旦确定,如果不降低这个代表人的预期,那么谁都休想提高其他代表人的预期。所以,每个极端情形都是有效率的,但它们肯定不能都是正义的。①

【原文】§12-12-p.62

【评析】

在这里,罗尔斯使用同一个语词"distribution",来表示两种不同的含义"分布"和"分配"。H 本在这里没有区分个人的天赋才干和能力、自然资质的分布、收入和财富的分配,前两者是无法分配的;后者才是可以分配的。前者是条件;后者是由这些条件产生的后果。罗尔斯试图在确定原因时再加进不同的社会制度因素,来干预这种由自然分布造成的后果。正义原则寻求的分配正义正是以此为目的。

原文:"**The system of natural liberty selects an efficient distribution roughly as follows. Let us suppose that we know from economic theory that under the standard assumptions defining a competitive market economy, income and wealth will be distributed in an efficient way, and that the particular efficient distribution which results in any period of time is determined by the initial distribution of assets, that is, by the initial distribution of income and wealth, and of natural talents and abilities. With each initial distribution, a definite efficient outcome is arrived at. Thus it**

---

① 在某些条件下,效率和正义是有矛盾的。在它们产生矛盾时,就要找到缓解矛盾的办法。公平正义理论就是为此而研发的。它表明效率原则受到正义原则的约束,正义原则优先于效率原则,正义原则不受效率原则的约束。这解释了"正义是社会制度的首要德性"的主要内容。

turns out that if we are to accept the outcome as just, and not merely as efficient, we must accept the basis upon which over time the initial distribution of assets is determined"（p. 62）. H 本："自然的自由体系选择一种有效率的分配方式的过程大致如下：让我们假定，我们从经济理论得知，在一些典型的假定下（这些假定界定了一种竞争的市场经济），收入和财富将以一种有效率的方式分配；任何时候所得到的特定有效率的分配都是由资源的最初分配决定的，亦即由收入和财产，自然才干和能力的最初分配决定的。正是有了每一种最初分配，才达到了一种确定的有效率的结果。最后，倘若我们要把这一结果接受为正义的而不仅仅是有效率的，我们就必须接受决定资源的最初分配始终要依赖的一个基础"（第 56 页）。新解："**天赋自由系统选择的有效率的分配大致如下：我们假定，我们从经济理论得知，在定义竞争市场经济的标准假设下，收入和财富将以有效率的方式进行分配；我们还知道，在任一时期产生特定的有效率分配，取决于各种资源的初始分布和各种资产的初次分配，也就是说，既取决于各种天赋才干和能力的初始分布，又取决于收入和财富的初次分配。在每个初始分布和初次分配中，都会得到一个确定的有效率的结果。因此，事实证明，如果我们要以正义而不仅仅是有效率的方式接受最终结果，我们就必须接受长久地决定着各种资源之初始分布和各种资产之初次分配的基础。**" 笔者认为，上面这个语句对于理解罗尔斯正义理论与自由市场经济理论的关系，或者说市场效率与公平正义的关系，至关重要。罗尔斯并不一般地反对市场经济，但是他试图给予市场经济以一定的道德约束，那就是追求不仅是有效率的市场经济，而且是有正义的市场经济。因此，他才接下来提出，"**效率原则不能单独作为正义观念发挥作用**"。当然，罗尔斯的这一主张并不被哈耶克这样的自由主义者所认同。后者严格限制社会正义话题涉足自由市场领域，认为向自由市场提出社会正义的要求是政府扩大其权限的表现，这是公共权力对个体权利的侵害。后来诺齐克一再坚持的最弱意义上的国家，其基本逻辑也是严格限制社会正义向自由市场领域的扩散。即使政府出于善意，追求公共利益或最大多数人的利益，或者维护社会底层的利益，但是它一旦背离自由市场交易原则，就必定以效率为代价，来达成所谓的社会正义。

【诠释】

现在，这些反思只是表明了我们一直以来已知的一切，那就是，效率原则不能单独作为正义观念来发挥作用。① 因此，它必须以某种方式加以补充。现在，在天赋自由系统中，效率原则受到某些背景制度的约束；当这些约束得到满足时，由此产生的任何有效率的分配都被认为是正义的。天赋自由系统选择有效率的分配大致如下：我们假定，我们从经济理论得知，在定义竞争性市场经济的标准假设下，收入和财富将以有效率的方式进行分配；我们还知道，在任一时期产生特定的有效率分配，取决于各种资源的初始分布和各种资产的初次分配，也就是说，既取决于各种天赋才干和能力的初始分布，又取决于收入和财富的初次分配。在每个初始分布和初次分配中，都会得到确定的有效率的结果。因此，事实证明，如果我们要以正义的方式而不仅仅是有效率的方式接受最终结果，我们就必须接受长久地决定着各种资源之初始分布和各种资产之初次分配的基础。

【原文】§12-13-pp.62-63

【评析】

1. 原文："In the system of natural liberty the initial distribution is regulated by the arrangements implicit in the conception of careers open to talents (as earlier defined). These arrangements presuppose a background of equal liberty (as specified by the first principle) and a free market economy. They require a formal equality of opportunity in that all have at least the same legal rights of access to all advantaged social positions" (p.62). H本："在自然的自由体系中，最初的分配是由隐含在'前途向才能开放'这一概念中的安排所调节的。这些安排以一种由第一个原则指定的平等自由的背景和一种自由的市场经济为先决条件。它们要求一种形式的机会平等：即所有人都至少有同样的合法权利进入所有有利的社会地位"（第56页）。新解："在天赋自由系统中，（如前所述）初次分配由'各种职业生涯向有才能的人开放'观念中隐含的安排来调节。这些安排以平等自由（如第一正义原则规定的那样）和自由市场经济为前提。它们要求形式机会均等，在其中，所有人至少享有同等的法定权利，去获得所有的有利的社会位置。"

---

① 这一事实在福利经济学中得到普遍承认，例如，人们认为效率要相对于平等来衡量。参阅蒂博尔·西托维斯基（Tibor Scitovsky）《福利与竞争》，伦敦：乔治—艾伦出版社1952年版，第60—69页；李特尔（I. M. D. Little）：《福利经济学评述》第2版，牛津：克来伦顿出版社1957年版，第六章，第112—116页。有关效率原则局限性的评论，参阅森《集体选择与社会福利》，第22、24—26、83—86页。——原注

312　《正义论》评注

2. 原文："But since there is no effort to preserve an equality, or similarity, of social conditions, except insofar as this is necessary to preserve the requisite background institutions, the initial distribution of assets for any period of time is strongly influenced by natural and social contingencies"（p. 62）。H本："但由于除了保持必要的背景制度所需要的之外，没有做出努力来保证一种平等的或相近的社会条件，资源的最初分配就总是受到自然和社会偶然因素的强烈影响"（第56页）。新解："但是，由于没有努力维护社会条件的均等性或相似性，除非这是维护必要的背景制度所必需的，任何时期的各种资源的初始分布和各种资产的初次分配都受到自然偶然因素和社会偶然因素的重大影响。"

3. 原文："The existing distribution of income and wealth, say, is the cumulative effect of prior distributions of natural assets—that is, natural talents and abilities—as these have been developed or left unrealized, and their use favored or disfavored over time by social circumstances and such chance contingencies as accident and good fortune"（pp. 62 – 63）。H本："比方说，现存的收入和财富分配方式就是天赋（natural assets，亦即自然的才干和能力）的先前分布累积的结果，这些自然禀赋或得到发展，或不能实现，它们的运用受到社会环境以及诸如好运和厄运这类偶然因素的有利或不利的影响"（第56页）。新解："现有的收入和财富分配，例如，是自然资质——亦即与生俱来的才干和能力——的先天分布的累积效应，这些自然资质有的得到了开发，有的则没有得到开发；长久使用自然资质是否为世人所推崇，既取决于社会环境，又取决于意外和运气之类的偶发事件。"

【诠释】

在天赋自由系统中，（如前所述）初次分配由"各种职业生涯向有才能的人开放"① 观念中隐含的安排来调节。这些安排以平等自由（如第一正义原则规定的那样）和自由市场经济为前提。它们要求形式机会均等，在其中，所有人至少享有同等的法定权利，去获得所有有利的社会位置。但是，由于没有努力维护社会条件的均等性或相似性，除非这是维护必要的背景制度所必需的，任何时期的各种资源的初始分布和各种资产的初次分配都受到自然偶然因素和社会偶然因素的重大影响。现有的收入和财富分配，例如，是自然资质——亦即与生俱来的才干和能力——的先天分布的累积效应，这

---

① 与罗尔斯本人提倡的"位置和职位向所有人开放"的主张有所不同。

些自然资质有的得到了开发,有的则没有得到开发;长久使用自然资质是否为世人所推崇,既取决于社会环境,又取决于意外和运气之类的偶发事件。从直觉上看,天赋自由系统最明显的不正义之处在于,它允许分配的份额不适当地受到从道德角度来看是非常武断(任意)的因素的影响。

【原文】§12-14-p.63

【评析】

罗尔斯在这里试图修正传统效用论的主张,把公平正义观念与效用论的效率观念或效用观念结合起来。他在效率原则之后增加了公平均等机会原则,所有岗位和位置向所有人开放。从这个段落的脚注可知,罗尔斯讨论的是一种"自由平等"观念。

1. 原文:"**The liberal interpretation, as I shall refer to it, tries to correct for this by adding to the requirement of careers open to talents the further condition of the principle of fair equality of opportunity. The thought here is that positions are to be not only open in a formal sense, but that all should have a fair chance to attain them**"(p.63). H本:"我所说的自由主义的解释,试图通过下面的办法来改正这一缺陷:即在前途对才能开放的主张之外,再加上机会的公正平等原则的进一步限定。也就是说:各种地位不仅要在一种形式的意义上开放,而且应使所有人都有一公平的机会达到它们"(第56页)。新解:"本人将提到的自由平等解释试图纠正这一点,在'各种职业生涯向有才能的人开放'的要求中增加了公平机会均等原则的限定条件。这里的意思是,位置不仅要在形式意义上开放,而且所有人都应该有公平的机会获得这些位置。"

2. 原文:"**In all sectors of society there should be roughly equal prospects of culture and achievement for everyone similarly motivated and endowed. The expectations of those with the same abilities and aspirations should not be affected by their social class**"(p.63). H本:"在社会的所有部分,对每个具有相似动机和禀赋的人来说,都应当有大致平等的教育和成就前景。那些具有同样能力和志向的人的期望,不应当受到他们的社会出身的影响"(第56—57页)。新解:"在社会各行各业中,每个有着同样动机和禀赋的人,都应该有大致均等的文化和成就前景。那些有着同样能力和抱负的人,他们的预期不应受到其所处社会阶层的影响。"

【诠释】

本人将提到的自由平等解释试图纠正这一点,在"各种职业生涯向有才能的人开放"的要求中增加了公平机会均等原则的限定条件。这里的意思是,位置不仅要在形式意义上开放,而且所有人都应该有公平的机会获得这些位置。现在,我们尚不清楚这意味着什么,但是我们可以说,那些具有相似能力和才干的人,应该有相似的生活机会。更具体地说来,假设存在自然资质的分布,那么那些具有同等才干和能力并愿意运用它们的人,无论其在社会系统中的最初点位(initial place)如何,都应该拥有同等的成功预期。在社会各行各业中,每个有着同样动机和禀赋的人,都应该有大致均等的文化和成就前景。那些有着同样能力和抱负的人,他们的预期不应该受到其所处社会阶层的影响。①②

【原文】§12-15-p.63

【评析】

1. 原文:"Free market arrangements must be set within a framework of political and legal institutions which regulates the overall trends of economic events and preserves the social conditions necessary for fair equality of opportunity"(p.63)。H本:"必须把自由市场的安排放进一种政治和法律制度的结构之中,这一结构调节经济事务的普遍趋势、保障公平的机会平等所需要的社会条件"(第57页)。新解:"自由市场安排须建立在政治制度和法律制度的框架之内,这个框架将调节经济事务的总体趋势,维护公平机会均等必需的社会条件。"

2. 原文:"The elements of this framework are familiar enough, though it may be worthwhile to recall the importance of preventing excessive accumulations of property and wealth and of maintaining equal opportunities of education for all"(p.63)。H本:"我们对这一结构的要

---

① 这一定义借鉴了西季威克的建议。参阅西季威克《伦理学方法》,第285页及以后。亦参阅汤尼(R. H. Tawney)《平等》,伦敦:乔治—艾伦与埃尔温出版社1931年版,第二章第2节。威廉斯(B. A. O. Williams):"平等的观念",收录于彼得·拉斯莱特(Peter Laslett)和朗西曼(W. G. Runciman)编《哲学、政治和社会》第2辑,牛津:巴兹尔—布莱克韦尔出版社1962年版,第125页及以后。——原注

② 这里所谓的初始点位,让人想起人生的起跑线。

素是足够熟悉的,虽然我们可能还是值得回顾一下防止产业和财富的过度积聚以及坚持所有人受教育的机会平等的重要性"(第57页)。**新解:"我们已经足够熟悉这一框架的各个要素,但是我们不妨回顾一下,防止财产和财富过度积累的重要性,保持人人接受均等教育机会的重要性。"**

【诠释】

因此,关于两个正义原则的自由平等解释,旨在减轻社会偶然因素和自然运气对分配份额的影响。为了实现这一目标,就须对社会系统施加进一步的基本结构条件。自由市场安排必须建立在政治制度和法律制度的框架之内,这个框架将调节经济事务的总体趋势,维护公平机会均等必需的社会条件。我们已经足够熟悉这一框架的各个要素,但是我们不妨回顾一下,防止财产和财富过度积累的重要性,保持人人接受均等教育机会的重要性。获得文化知识和技能的机会不应取决于一个人的阶级位置(class position)。因此,无论公立学校,还是私立学校,学校系统都应旨在消除阶级障碍。①

【原文】§12-16-pp.63-64

【评析】

作为提出差别原则的伏笔,罗尔斯在这里谈到了寻求减轻社会偶然因素和自然运气对分配份额产生影响的其他自由主义解释,关键一点还是如何看待个体的天赋差异和社会机会差异。原来的自由观念对这些差异是许可的。但是罗尔斯认为,它们是不应得的,所以需要设法给予调节、干预或纠正,差别原则就是为解决这个问题提出来的。

1. 原文:"**While the liberal conception seems clearly preferable to the system of natural liberty, intuitively it still appears defective**"(pp.63-64).H本:"自由主义的解释看来显然要比自然的自由体系更可取,但我们还是可以直觉到它的缺陷"(第57页)。**新解:"与天赋自由系统相比,这种自由平等观念显然更加可取,但依直觉判断,它仍有美中不足之处。"**

2. 原文:"**The extent to which natural capacities develop and reach fruition is affected by all kinds of social conditions and class attitudes. Even**

---

① 罗尔斯反对财富过于集中、收入差距过大;重视教育机会平等,强调要消除社会阶层固化。因此,他的正义理论必然会对现存社会政治制度构成挑战,也会触及既得利益者的权利。罗尔斯在这里提出的主张,可以为我国正在实施的基础教育"双减"计划提出理论支持。

the willingness to make an effort, to try, and so to be deserving in the ordinary sense is itself dependent upon happy family and social circumstances"（p. 64）. H 本："自然能力发展和取得成果的范围受到各种社会条件和阶级态度的影响。甚至努力和尝试的意愿、在通常意义上成为值得奖赏的人的意愿都依赖于幸福的家庭和社会环境"（第57页）。**新解**："自然能力或天赋能力的发展程度和取得成果程度，受到各种社会条件和阶级态度的影响。即使付出努力的意愿、尝试的意愿，并因此在一般意义上值得付出的意愿，其本身也取决于幸福家庭和社会环境。"

【诠释】

与天赋自由系统相比，这种自由平等观念(指对两个正义原则做出的某种自由主义解释)显然更加可取，但依据直觉判断，它仍有美中不足之处。一方面，即使它在消除社会偶然因素的影响方面发挥了完美作用，但是它仍然允许财富和收入的分配由能力和才干的自然分布决定。在背景制度允许的范围之内，分配份额由自然抽奖(natural lottery，自然乐透、自然运气)的结果决定；然而，从道德角度来看，这种结果是任意的。正像没有理由允许通过历史机遇和社会运道来解决收入和财富的分配问题一样，没有理由允许通过自然资质的分布来解决收入和财富的分配问题。此外，公平机会原则只能不完美地得到实施，至少只要某种形式的家庭存在就会如此。自然能力或天赋能力的发展程度和取得成果程度，受到各种社会条件和阶级态度的影响。即使付出努力的意愿、尝试的意愿，并因此在一般意义上值得付出的意愿，其本身也取决于幸福家庭环境和社会环境。在实践中，我们不可能保证那些同样有天赋的人获得平等的成就和文化的机会(功成名就的平等机会)，因此，我们可能希望采取一项原则，承认这一事实，并消除自然抽奖本身的独断影响。这种自由平等观念没有做到这一点，这就鼓励人们寻找关于两个正义原则的另一种解释。①

【原文】§12-17-p.64

【评析】

1. 原文："**The advantages of persons with greater natural endowments**

---

① 第一次分配存在美中不足。这里存在对两个正义原则的自由平等解释。罗尔斯认为，还存在着另一种解释，它就是民主平等解释。因此，自由平等解释和民主平等解释形成对应关系。

are to be limited to those that further the good of the poorer sectors of society"（p. 64）。H 本："具有较高的自然禀赋的人们的利益将被限制在有助于社会的较贫困部分的范围之内"（第 57 页）。**新解**："具有较高自然禀赋者将限于拥有这样的优势，它们将促进较贫困社会阶层的利益。"

2. **原文**："**The aristocratic ideal is applied to a system that is open, at least from a legal point of view, and the better situation of those favored by it is regarded as just only when less would be had by those below, if less were given to those above**"（p. 64）。H 本："贵族制的理想被用于这样一个开放的体系，至少从一种法律的观点看是这样，那些从它受惠的人的较好境况只有在这种时候才被看作是正义的：假如对处在上层的人给得较少，那么那些处在下层的人得到的东西也会减少"（第 57—58 页）。**新解**："至少从法律的角度来看，这种贵族制理想适用于某个开放的系统，从中受益者的较好境况只在以下情况下才是正义的：假如给予上层的越少，那么下层得到的也越少。"

【诠释】

在谈论民主平等观念之前，我们应该留意天赋贵族制度观念。按照这一观念，除了形式机会均等所要求的东西，不再作调节社会偶然因素的任何努力，不过，具有较高自然禀赋者将限于拥有这样的优势，它们将促进较贫困社会阶层的利益。至少从法律的角度来看，这种贵族制理想适用于某个开放的系统，从中受益者的较好境况只在以下情况下才是正义的：假如给予上层的越少，那么下层得到的也越少。[1] 通过这种方式，天赋贵族制度观念继承了显贵者（位高权重者）理应具备高尚品德的观念。[2]

【原文】§12 – 18 – pp. 64 – 65

【评析】

1. **原文**："**For once we are troubled by the influence of either social

---

[1] 贵族制理念的这种演绎来自桑塔亚纳（Santayana）在《理性与社会》第四章对贵族制的诠释。参阅桑塔亚纳《理性与社会》，纽约：查尔斯—斯克里布纳出版社 1905 年版，第 109 页及以后。例如，他说："只能这样替贵族政体作辩护：它广泛给出利益，并证明如果给予居上者较少，那么居下者的所得也会较少。"我感谢罗伯特·罗德斯（Robert Rodes）的如下见解：天赋贵族制度可以是两个正义原则的一种可能诠释，理想的封建制度也可能尝试满足差别原则。——原注

[2] 一方面，得天独厚者，须替天行道；另一方面，能者多劳，以德配位，德高望重。更大的能力和才干，意味着更大的责任和担当。保守主义者一般推崇这样的社会利益和经济利益分配观念。

contingencies or natural chance on the determination of distributive shares, we are bound, on reflection, to be bothered by the influence of the other"（p. 64）。H本："因为，我们在决定分配份额时，只要我们为社会和自然偶然因素中的某一因素的影响所烦扰，那么经过思考，我们会发现我们也必然为另一种因素的影响所烦扰"（第58页）。**新解**："因为在决定分配份额的影响因素方面，一旦我们纠结于诸多社会偶发事项或自然机遇因素的影响，那么我们在反思时必定被其中一个因素搞得苦不堪言。"

2. 原文："However we move away from the system of natural liberty, we cannot be satisfied short of the democratic conception"（p. 65）。H本："无论我们如何脱离自然的自由体系，只要没有民主的观念，我们就不可能得到满意的回答"（第58页）。**新解**："无论我们如何摆脱天赋自由系统，要是缺乏这种民主平等观念，我们就难以得到令人满意的答案。"罗尔斯将在下一节讨论民主平等观念。

3. 原文："But I am concerned here to prepare the way for the favored interpretation of the two principles so that these criteria, especially the second one, will not strike the reader as extreme"（p. 65）。H本："我在此关心的只是为两个原则的可取解释开辟道路，以便这两个原则，特别是第二个原则，不会使读者觉得太极端"（第58页）。**新解**："但是本人在此关心的是，要为两个正义原则的有利解释铺平道路，这样的话，这些标准，特别是第二个标准，就不会让读者感到激进。"

【诠释】

现在，这种自由平等观念和天赋贵族观念都是不稳定的。因为在决定分配份额的影响因素方面，一旦我们纠结于诸多社会偶发事项或自然机遇因素的影响，那么我们在反思时必定被其中一个因素搞得苦不堪言。从道德的角度来看，这两者似乎同样独断。因此，无论我们如何摆脱天赋自由系统，要是缺乏民主平等观念，我们就难以得到令人满意的答案。本人还没有解释民主平等观念。而且，前面的说法都不是赞同民主平等观念的论据，因为在契约理论中，严格说来，所有的论据都是根据在初始位置上同意什么原则将是合理的而提出的。但是本人在此关心的是，要为两个正义原则的有利解释铺平道路，这样的话，这些标准，特别是第二个标准，就不会让读者感到激进。一旦我们试图找到一种解释，将每个人都平等地视为道德人，并且不根据人们的社会运道或天赋运气来衡量其在社会合作的收益和负担中所占有的份额,那么这种民主平等诠释将是四个选项中的最佳选项。以这些评论为引子,本人现在就转向讨论民主平等观念。

§13 民主平等和差别原则
Democratic Equality and the Difference Principle

【题解】

按照一般解释,罗尔斯在第一正义原则的范围里讨论民主平等,在第二正义原则的范围里讨论差别原则。正如弗雷曼指出那样:"根据第一正义原则,罗尔斯的目标首先是定义自由公民的民主理想。他们拥有相等的公民地位,有权公平而有效地影响立法并参与公共政治生活。在这里,自由的公民在卢梭的民主观念之内发挥影响——民主是平等的公民就正义和公共利益而展开的协商。其次,在《正义论》中,第一正义原则是罗尔斯有关自由自治人(free self-governing persons)之自由主义理念的组成部分——自由自治人开发人力,形成并追求本质上有益的生活方式。自由自治人理念为高姿态的自由主义传统(high liberal tradition)之'自由的自由主义'(liberalism of freedom)奠定了基础。"[1] 民主平等主要表现在政治领域,比如政治选举和政治协商领域。但是罗尔斯试图走得更远,对第二正义原则做出民主平等解释,把民主平等和差别原则结合起来。这是他对政治哲学的伟大贡献,也是争议最大的地方。

差别原则主要表现在社会经济领域,比如公共福利、经济收入和财富分配领域。博格认为,差别原则是罗尔斯正义理论的最大学术贡献。他试图把这一原则推广到世界范围的全球领域。他评价说:"罗尔斯的差别原则可以描述为'定型'原则。它的确包含这样的理念:有的模式好于其他模式。……罗尔斯使用它作为评估(和设计)基本准则的标准。他并不想把它融入于那些准则之中。"[2] 像国外学界一样,在国内学界,差别原则得

---

[1] 弗雷曼:《罗尔斯》,张国清译,第49页。(引文略有改动)
[2] Thomas W. Pogge, *Realizing Rawls*, New York: Cornell University Press, 1989, p.29.

到了比较深入的探讨。① 不过有一种解释是值得商榷的："差异原则将社会总效用等同于最低收入者的效用，因此最大化社会总效用等同于最大化最低收入者的效用。"② 科恩的以下评论在《正义论》中查无出处："在一个由差别原则来管理的社会中，既然境遇较差的人们知道其生活条件无法得到改善，他们就可以有尊严地承受自己的不利状况。"③ 这显然是科恩的误解。在《正义论》中，罗尔斯从来都说差别原则将改善最不利者的处境，而没有说过差别原则将无法改善他们的生活条件。

【原文】§13-1-p.65

【评析】

1. 原文："**The principle of fair equality of opportunity**"（p.65）. H本："机会公平平等的原则"（第58页）。**新解**："公平机会均等原则"。其中，"equality of opportunity"是一个固定词组，表示"机会均等"。在《正义论》中，罗尔斯讨论了"形式机会均等原则"和"公平机会均等原则"，他主张"公平均等机会原则"，对"形式机会均等原则"提出了批评。弗雷曼的解释是："通过开放就业机会，公平均等机会比形式的均等机会成就了更多的平等，因为更多的候备者将有机会参与合适位置的竞争，从而下调处境较有利者获得的收入水平。此外，尽管以下情况是真实的，在自由平等制度下，收入和财富分配取决于市场分配，公平均等机会将产生较大的不平等，但是这已经不再是公平均等机会同差别原则相结合的情况，后者只允许有利于处境最不利者的财富不平等。"④

2. 原文："**This principle removes the indeterminateness of the principle of efficiency by singling out a particular position from which the social and economic inequalities of the basic structure are to be judged**"（p.65）. H本："这一原则通过挑选出一种特殊地位消除了效率原则的不

---

① 参阅顾肃"经济社会差别中的平等原则辨析"，《中国人民大学学报》2018年第3期。杨伟民："罗尔斯的差别原则辨析"，《社会学评论》2017年第4期。段忠桥："拯救平等：科恩对罗尔斯差别原则的两个批判"，《中国人民大学学报》2010年第1期。葛四友："论科恩对罗尔斯差别原则的'动机悖论'反驳"，《哲学研究》2013年第6期。
② 江绪林："解释和严密化：作为理性选择模型的罗尔斯契约论证"，《中国社会科学》2009年第5期。
③ 转引自徐向东"基本结构与背景正义——反驳柯亨对罗尔斯的批评"，《中国人民大学学报》2021年第5期。
④ 弗雷曼：《罗尔斯》，张国清译，第98页。

确定性，基本结构的社会和经济不平等将通过这一地位来判断"（第58页）。新解："通过指出判断基本结构的社会不平等和经济不平等的某个特定位置，差别原则消除了效率原则的不确定性。"

3. 原文："Assuming the framework of institutions required by equal liberty and fair equality of opportunity, the higher expectations of those better situated are just if and only if they work as part of a scheme which improves the expectations of the least advantaged members of society"（p. 65）. H本："我们假定存在着平等的自由和公平机会所要求的制度结构，那么，当且仅当境遇较好者的较高期望是作为提高最少获利者的期望计划的一部分发挥作用时，它们才是正义的"（第58—59页）。新解："在平等自由和公平机会均等所要求的制度框架下，当且仅当处境较好者拥有的较高预期作为提高最无优势社会成员预期计划的一部分时，他们拥有较高预期才是正义的。"

4. 原文："The social order is not to establish and secure the more attractive prospects of those better off unless doing so is to the advantage of those less fortunate"（p. 65）. H本："社会结构并不确立和保障那些状况较好的人的较好前景，除非这样做适合于那些较不幸运的人的利益"（第59页）。新解："社会秩序将不予确立和保障处境较好者拥有更有吸引力的前景，除非这样做是迎合较不幸运者的优势或利益的。"

【诠释】

如前表所示，民主平等解释是将公平机会均等原则与差别原则相结合来实现的。通过指出判断基本结构的社会不平等和经济不平等的某个特定位置，差别原则消除了效率原则的不确定性。在平等自由和公平机会均等所要求的制度框架下，当且仅当处境较好者拥有的较高预期作为提高最无优势社会成员预期计划的一部分时，他们拥有较高预期才是正义的。一个直观的理念是，社会秩序将不予确立和保障处境较好者拥有更有吸引力的前景，除非这样做是迎合较不幸运者的优势或利益的（参阅下面关于差别原则的讨论）。

【原文】§ 13 – 2 – pp. 65 – 66

【评析】

原文："Assume that indifference curves now represent distributions that are judged equally just. Then the difference principle is a strongly egalitarian conception in the sense that unless there is a distribution that makes both persons better off (limiting ourselves to the two-person case for simplicity), an equal distribution is to be preferred" (pp. 65 – 66). H 本："假定无差别曲线代表那种被判断是同等正义的分配。那么差别原则在下面的意义上就是一个带有强烈平等主义色彩的观念：除非有一种改善两个人状况的分配（为简化起见我们以两人为例），否则一种平等的分配就更可取"（第 59 页）。新解："假设无差异曲线现在表示判断为平等正义的各种分配。那么，差别原则在如下意义上是一种强平等主义观念：（为了简单起见，我们将自己限制在两个人的情况下）除非存在一种令两人都过得更好的分配，否则应该优先选择某种平等分配。"

【诠释】

差别原则

假设无差异曲线现在表示判断为平等正义的各种分配。那么，差别原则在如下意义上是一种强平等主义观念：（为了简单起见，我们将自己限制在两个人的情况下）除非存在一种令两人都过得更好的分配，否则应该优先选择某种平等分配。无差异曲线如图 5 所示。这些曲线实际上由垂直线和水平线组成，它们在 45°线处以直角相交（再次假定两个轴所代表的人际关系和基准解释）。从差别原则的观点来看，无论一方的处境有多大改善，除非另一方也有收益，否则仍然不存在收益。

【原文】§ 13 – 3 – p. 66

【评析】

1. 原文："Suppose that X_1 is the most favored representative man in the basic structure. As his expectations are increased so are the prospects of x_2, the least advantaged man"（p. 66）. H 本："假定 X_1 是在社会基本结构中最有利的代表人。当他的期望提高时 X_2（最少受惠者）的前景也改善"（第 59 页）。新解："假设 X_1 代表在基本结构中的最有利者，X_2 则代表最无优势者。随着 X_1 预期的增加，X_2 的前景也随之改善。"

2. 原文："The point O, the origin, represents the hypothetical state in which all social primary goods are distributed equally"（p. 66）. H 本："原点 O 代表所有社会基本善都被平等地分配的假定状况"（第 59 页）。新解："O 点

第二章 正义原则 323

为原点,代表所有的社会基本善都得到平等分配的假设状态。"

3. **原文**:"**Now the OP curve is always below the 45° line, since x_1 is always better off**"(p. 66). H 本:"现在曲线 OP 总是处在与水平轴夹角为 45 度的直角平分线之下,因为 X_1 总是状况较好"(第 59 页)。**新解**:"现在 OP 曲线总是低于 45°线,因为 X_1 总是处境较好。"

4. **原文**:"**Clearly the difference principle is perfectly satisfied only when the OP curve is just tangent to the highest indifference curve that it touches**"(p. 66). H 本:"显然,差别原则只是当曲线 OP 正切于它接触的那条最高无差别曲线时才被完全满足"(第 59 页)。**新解**:"显然,只有当 OP 曲线刚好与它接触的最高无差异曲线相切时,差别原则才得到完全满足。"

【诠释】

假设 X_1 代表在基本结构中的最有利者,X_2 则代表最无优势者。随着 X_1 预期的增加,X_2 的前景也随之改善。在图 6 中,曲线 OP 代表 X_1 的更高预期对 X_2 的预期的贡献。O 点为原点,代表所有的社会基本善都得到平等分配的假设状态。现在 OP 曲线总是低于 45°线,因为 X_1 总是处境较好。因此,无差异曲线的唯一相关部分是 45°线以下的部分,出于这个原因,图 6 的左上部分未作绘制。显然,只有当 OP 曲线刚好与它接触的最高无差异曲线相切时,差别原则才得到完全满足。在图 6 中,这就是在 a 点。

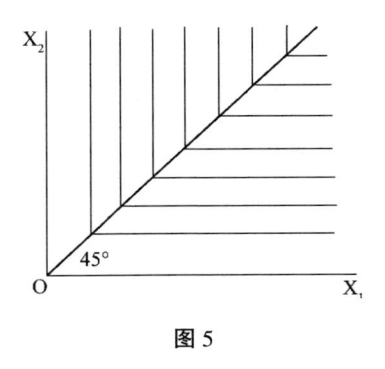

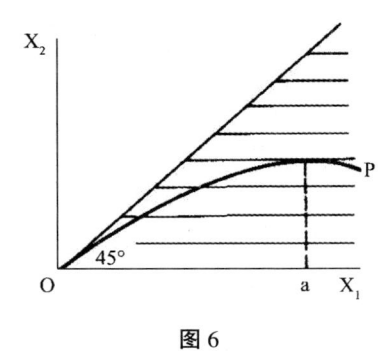

图 5

图 6

【原文】 §13 - 4 - p. 66

【评析】

1. **原文**:"**The contribution curve, the curve OP, rises upward to the**

right because it is assumed that the social cooperation defined by the basic structure is mutually advantageous"（p. 66）。H 本："这条贡献曲线（contribution curve）（曲线 OP）之所以朝着右上方上升是因为我们假定了由社会基本结构确定的社会合作是互相有利的"（第 59—60 页）。**新解**："贡献曲线 OP 之所以向上向右上升，是因为假设由基本结构确定的社会合作是优势互补且互惠互利的。"

2. 原文："**It is no longer a matter of shuffling about a fixed stock of goods. Also, nothing is lost if an accurate interpersonal comparison of benefits is impossible**"（p. 66）。H 本："它不再是一个对一定量固定的物品分来分去的问题。即使准确的人与人之间的利益比较不可能进行也没有什么关系"（第 60 页）。**新解**："它不再是各项善之固定存量的瓜分问题。即使不可能进行准确的人际收益比较也没有什么损失。"

3. 原文："**It suffices that the least favored person can be identified and his rational preference determined**"（p. 66）。H 本："只要能够鉴别出谁是最不利者并确定他的合理偏好，这就足够了"（第 60 页）。**新解**："只要能够确认最少受惠者并确定其理性偏好，这就足够了。"

【诠释】

请注意，贡献曲线 OP 之所以向上向右上升，是因为假设由基本结构确定的社会合作是优势互补且互惠互利的。它不再是各项善（利益）之固定存量的瓜分问题。即使不可能进行准确的人际收益比较也没什么损失。只要能够确认最少受惠者并确定其理性偏好，这就足够了。

【原文】§ 13 – 5 – pp. 66 – 67

【评析】

罗尔斯把差别原则视为强平等主义分配观念，把另一种分配观念视为弱平等主义分配观念。

1. 原文："**A view less egalitarian than the difference principle, and perhaps more plausible at first sight**"（pp. 66 – 67）。H 本："有一种比差别原则平均主义程度较低、初看起来也许要更合理的观点"（第 60 页）。**新解**："与差别原则相比，有一种弱平等主义观念，也许乍看之下更加受人欢迎。"

2. 原文："**The indifference lines for just distributions (or for all things considered) are smooth curves convex to the origin, as in figure 7**"（p. 67）。

H本："对于正义的分配（或对于所有被考虑的事情）的无差别曲线是图7中凸面朝着原点的平滑曲线"（第60页）。**新解**："适用各种正义分配（或考虑所有因素）的无差异曲线是凸面向着原点的平滑曲线，如图7所示。"

3. **原文**："**The indifference curves for social welfare functions are often depicted in this fashion**"（p.67）. H本："有关社会福利函数的无差别曲线常常是以这种形式表现的"（第60页）。**新解**："适用社会福利函数的无差异曲线经常以这种方式描述。"

4. **原文**："**This shape of the curves expresses the fact that as either person gains relative to the other, further benefits to him become less valuable from a social point of view**"（p.67）. H本："这种曲线表示以下事实：当其中一人与另一人相比增加了所得时，他的进一步所得从某种社会观念来看价值就降低了"（第60页）。**新解**："这种曲线形状表达了以下事实：当一个人相对于另一个人获得收益时，从社会角度看，进一步收益对他来说就变得不那么重要了。"

【诠释】

与差别原则相比，有一种弱平等主义观念，也许乍看之下更加受人欢迎。按照这种观点，适用各种正义分配（或考虑所有因素）的无差异曲线是凸面向着原点的平滑曲线，如图7所示。适用社会福利函数的无差异曲线经常以这种方式描述。这种曲线形状表达了以下事实：当一个人相对于另一个人获得收益时，从社会角度看，进一步收益对他来说就变得不那么重要了。

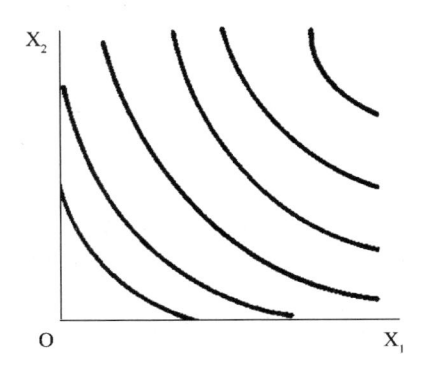

图7

326 《正义论》评注

【原文】§13 – 6 – p. 67

【评析】

1. 原文："A classical utilitarian, on the other hand, is indifferent as to how a constant sum of benefits is distributed"（p. 67）。H 本："另一方面，一个古典的功利主义者对怎样分配不断增长的利益总额的问题却是冷淡的"（第 60 页）。新解："另一方面，古典效用论者不关心如何分配恒定的收益总额。"这里的"a constant sum of benefits"意思是"不变的收益总额"或"恒定的收益总额"。H 本把它解读为"不断增长的利益总额"，与本意正好相反。

2. 原文："He appeals to equality only to break ties"（p. 67）。H 本："他只是在需要打破僵局时才诉诸平等"（第 60 页）。新解："他呼吁平等，只是为了摆脱各种纽带的束缚。"短语"to break ties"也有"摆脱束缚而获得自由"之意。

【诠释】

另一方面，古典效用论者不关心如何分配恒定的收益总额。他呼吁平等，只是为了摆脱各种纽带的束缚。假定只存在两个人，再假定两轴的人际基数解释，效用论者用来表示分配的无差异线就是那些垂直于 45° 线的直线。然而，既然 X_1 和 X_2 都是代表人，那么他们的收益必须以他们各自代表的人数来衡量。因为可以推测，X_2 代表的人数多于 X_1 代表的人数，

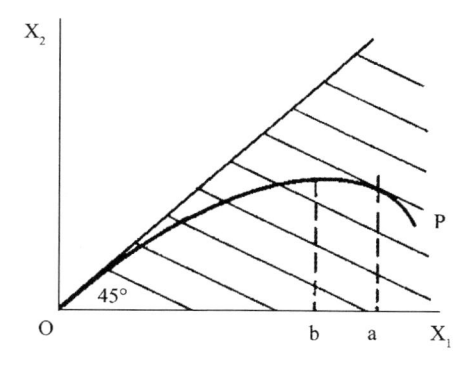

图 8

所以如图 8 所示，无差异线变得更加水平。有利人数与不利人数的比率定义了这些直线的斜率。绘制与以前相同的贡献曲线 OP，我们就能看到，从效用论观点来看，最佳分配在 b 点以外的点达到，而在 b 点上，OP 曲线达到极大值。由于差别原则选择了 b 点，而 b 点总是在 a 点的左边，效用论允许在其他情况相同条件下的更大不平等。

【原文】§ 13 – 7 – pp. 67 – 68

【评析】

1. 原文："**Those starting out as members of the entrepreneurial class in property-owning democracy, say, have a better prospect than those who begin in the class of unskilled laborers**"（p. 67）。H 本："在产权民主的社会里，那些作为企业家开始的人可以说比那些从不熟练工人阶层开始的人就有一种较好的前景"（第 61 页）。新解："在产权民主中，一开始就作为企业家阶级的成员，比一开始便处于非技术工人阶级的成员，有着更好的前景。"

2. 原文："**Supposedly, given the rider in the second principle concerning open positions, and the principle of liberty generally, the greater expectations allowed to entrepreneurs encourages them to do things which raise the prospects of laboring class**"（p. 68）。H 本："由于第二原则有一条关于地位开放的附加条款，再加上有自由原则，企业家可以拥有的较大期望大概就能鼓舞他们做促进劳动者阶级长远利益的事情"（第 61 页）。新解："我们不妨推测，给定第二正义原则有关开放位置的附设条款，再加上一般的自由原则，企业家允许拥有较高的预期，这些预期鼓励他们去做提高劳动阶级前景的事情。"第二正义原则包括"开放位置"或"开放工作岗位"。因此，H 本对这个语句的解读是错误的。

3. 《正义论》修订版删去了下面这句话："最后的结果则有利于整个社会，有利于最少得益者。"

【诠释】

为了说明差别原则，不妨考虑在各社会阶级间的收入分配。我们假定，各不相同的收入群体都与代表人相关联，我们可以参照他们的预期来判断分配。这样，在产权民主中，一开始就作为企业家阶级的成员，比一开始便处于非技术工人阶级的成员，有着更好的前景。即使消除了现存的社会不正义，这种情形看起来可能仍然是真实的。① 那么，什么可以为这种最初生活前景的不平等作正当辩护呢？根据差别原则，只有当预期差异有利于经济状况较差的代表人（在这种情况下，代表非技术工人）时，才可以得到正当辩护。只有在降低预期会使工人阶级状况变得更加糟糕的情况下，预期的不平等才是允许的。我们不妨推测，给定第二正义原则有关开放位置的附设条款，再加上一般的自由原则，企业家允许拥有较高的预期，这些预期鼓励他们去做提高劳动阶级前景的事情。企业家拥有的更好前景，可以作为激励措施，使经济过程变得更有效率，以更快的步伐推进创新，如此等等。我不会考虑这些事情有多大的真实性。关键的一点是，若要用差别原则来满足这些不平等，就必须论证这些不平等。②

【原文】§13-8-pp.68-69

【评析】

罗尔斯在这个段落中用各种短语来表达"社会底层"或"弱势群体"这个概念，颇有几份玩弄文字游戏的意味。例如：最无优势者（least advantaged）、处境最糟者（those worst off）、较不幸运者（more unfortunate）、处于最低位置者（those in the lowest position）、最不受青睐者（least favored），等等，其实他们相似于当年马克思所谓的"无产者"或"无产阶级"。他同时提到了他们的对立面：处境较好者（those better off）和优势较多者（more advantaged）等，后者就是马克思所谓的"有产者"或"资产阶级"。罗尔斯也谈到了阶级差别对社会正义的消极影响，他的正义理论就是以缩小阶级差别、缓和阶级矛盾为目的的。

1. 原文："**No changes in the expectations of those better off can improve the situation of those worst off. The best arrangement obtains, what I shall call a perfectly just scheme**"（p.68）。H本："对那些状况较好的人的期望的任何改变都不可能改善境遇较差的人的境况。这样的最好安排我将称之为一个完全正义的方案"（第61页）。**新解**："处境较好者预期的任何改变都不能改善处境最糟者的状况。于是，最佳安排得到了实

---

① 在政治领域，个体都拥有平等的基本权利和基本自由，宪法和法律制度保障基本人权。但是在社会和经济领域，如何肯定或鼓励人际不平等，这是要证明的。
② 有效率的不一定是公平正义的。同样，公平正义的不一定是有效率的。公平正义想要的是，这些不平等不仅是有效率的，而且是公平正义。罗尔斯想要证明它们是公平正义的。差别原则将实现效率和公平的最佳结合点。

现，我称之为完全正义的方案（极其正义的方案）。"短语"a perfectly just scheme"解读为"完全正义的方案"是正确的。"those worst off"是"处境最糟者"，而不是"境遇较差的人"，他们是社会的底层，以无技能体力劳动者为主。

2. 原文："If their expectations were decreased, the prospects of the least advantaged would likewise fall"（p. 68）。H本："如果他们的期望被降低，最少获益的那些人的前景也要受损"（第61页）。新解："如果处境较好者的预期受到压制或被迫降低，最无优势者的前景也会相应地下降。"

3. 原文："A scheme is unjust when the higher expectations, one or more of them, are excessive. If these expectations were decreased, the situation of the least favored would be improved"（p. 68）。H本："而当一种或几种较高期望变得过度的时候，一种与之联系的社会方案便是不正义的，如果这些期望被降低，最不利者的状况将得到改善"（第61页）。新解："当处于一个或多个高阶优势较多者持有的较高预期过高时，由此产生的方案便是违反正义的方案。如果这些预期降低，最不受青睐者的处境就会得到改善。"

4. 原文："How unjust an arrangement is depends on how excessive the higher expectations are and to what extent they depend upon the violation of the other principles of justice, for example, fair equality of opportunity"（p. 68）。H本："一种安排到底有多么不正义，这取决于较高期望的过分程度，也要看这些期望在多大程度上依赖于对别的正义原则，例如机会平等原则的违反"（第61页）。新解："一项安排到底有多么违反正义，既取决于较高的预期究竟有多高，也取决于较高的预期究竟在多大程度上违反其他正义原则，比如公平机会均等原则。"

5. 原文："A society should try to avoid situations where the marginal contributions of those better off are negative, since, other things equal, this seems a greater fault than falling short of the best scheme when these contributions are positive"（p. 68）。H本："一个社会应当避免使那些状况较好的人的边际贡献是一负数，因为，即使其他条件相同，这种负值的情况看来也比虽未达到最好安排但边际贡献是一正数的情况有更大的缺陷"（第61页）。新解："社会应当尽量避免这样的情况：处境较好者的边际贡献为负值，因为在其他条件相同的情况下，与边际贡献为正值但缺少最佳方案相比，它似乎犯下了更大的错误。"

6. 原文："The even larger difference between classes violates the principle of mutual advantage as well as democratic equality"（pp. 68 – 69）。H 本："这种甚至更大的阶级差距，就既违反了民主平等的原则，也违反了互惠原则"（第 61 页）。**新解**："这种日益加大的阶级差别，既违反相互优势原则（互惠互利原则），又违反民主平等原则。"

【诠释】

本人现在就差别原则略讲几句。首先，在应用差别原则时，应该区分两种情况。第一种情况是，最无优势者（least advantaged）的预期的确得到了极大化（当然，受制于前面提到的约束条款）。(在那种情况下，)处境较好者（those better off）预期的任何改变都不能改善处境最糟者（those worst off）的状况。于是，最佳安排得到了实现，我称之为完全正义方案。① 第二种情况是，所有处境较好者的预期至少对较不幸运者（more unfortunate）的福利有所贡献。也就是说，如果处境较好者的预期受到压制或被迫降低，最无优势者的前景也会相应地下降。然而，（所有处境较好者的预期）尚未达到极大值。优势较多者（more advantaged）的更高预期，将提高处于最低位置者（those in the lowest position）的预期。本人认为，如此方案是充分正义方案，但不是最佳正义安排。② 当处于一个或多个高阶优势较多者持有的较高预期过高时，由此产生的方案便是违反正义的方案。如果这些预期降低，最不受青睐者（least favored）的处境就会得到改善。③ 一项安排到底有多么违反正义，既取决于较高预期究竟有多高（有多离谱，有多么超出普通人的想象力），也取决于较高预期究竟在多大程度上违反其他正义原则，比如公平机会均等原则；但我不会尝试评估其违反正义的程度。这里要注意的是，尽管差别原则严格说来是极大化原则（maximizing principle），但在缺乏最佳安排的情况下，两种情形存在重要区别。社会应当尽量避免这样的情形：处境较好者的边际贡献为负值④，因为在其他条件相同的情况下，与边际贡献为正值但缺少最佳方案相比，它似乎犯下了更大的错误。（由处境较好者的边际贡献为负值导致的）这种日益加大的阶级差别，既违反相互优势原则

---

① a perfectly just scheme，极其正义方案，双方权益都得到极大实现的两全其美方案。这是实现共同富裕的首选方案。
② 这个方案表明，双方权益存在一定上升空间，只要多做努力，仍然可以得到一定提升。这是实现共同富裕的次选方案。
③ 在社会财富问题是确定的条件下，不同社会阶层对社会总财富的分配便是此消彼长的。这是实现共同富裕的劫富济贫方案，虽然它也可以实现共同富裕，但会打击富裕阶层的积极性。
④ 增加处境较好者利益导致处境较差者利益受损的情形，致使贫富两极分化。

(principle of mutual advantage，互利互惠原则），又违反民主平等原则（§17）。①

【原文】§13－9－p.69

【评析】

罗尔斯接着讨论了正义与效率的关系，差别原则是一个正义原则，但是它也追求效率，差别原则并未违反效率原则。并且，差别原则的实施有利于效率原则的实现。因此，正义与效率并不矛盾。"差别原则与效率原则是相容的。"（p.69）也就是说，在承认正当优先性的前提下，法律和制度等社会基本结构也要追求效率，提高公共行政机构的服务效能。

1. 原文："**The system of natural liberty and the liberal conception go beyond the principle of efficiency by setting up certain background institutions and leaving the rest to pure procedural justice**"（p.69）。H本："自然的自由体系和自由主义的观念试图通过建立某些背景制度并把其他问题留给纯粹的程序正义，从而超越效率原则"（第61—62页）。**新解："通过建立某些背景制度，剩下的都留给纯粹程序正义，天赋自由系统和自由平等观念超越了效率原则。"** 请读者注意这个语句的语序。

2. 原文："**The democratic conception is not consistent with the**

---

① 罗尔斯在这里想要表达的意思是，差别原则不只是对社会底层有利的原则，而且是对社会中上层至少是无害的原则。并且，只要限定其边际贡献为正值的正相关范围之内，社会中上层的预期越高，将越有利于社会下层利益或福利的实现。差别原则不只是有利于社会弱势群体的原则，而且是有利于社会各个阶层的原则。当然，首要受益者是社会弱势群体。所以，差别原则是互惠原则，而不是只有利于弱势群体而不利于社会优势群体的原则。正如弗雷曼评论的那样："正是以生产要素的市场配置为背景，罗尔斯认为，差别原则将致力于改进在现代经济中处境最不利者的状况。现在，资本主义和社会主义提倡者都普遍接受，同在指令性经济（比如苏联共产主义）中发现的任何一种计划性制度相比，市场是配置生产要素的更有效方式。但是重要的在于，接受市场制度决不意味着收入和财富的分配将取决于人们在市场上出售物品和服务的所得。罗尔斯表示，为了实现生产资源配置的目标而使用市场价格完全不同于惟一地依赖市场来分配收入和财富。实际上，差别原则的要义是，为决定收入和财富之比较适当的分配提供一个非市场标准，那种分配来自生产性资源及后续社会产品的市场配置。这一点从罗尔斯早期对民主平等和差别原则同自由平等和天赋自由系统的对比中可以看得很清楚，两者都提倡效率原则。"［弗雷曼：《罗尔斯》，张国清译，第108页（引文略有改动）］这也证明，差别原则也是兼顾效率和公平的原则，是没有减少社会利益总量的调节性原则，而不是改变社会价值性质的变更性原则。社会优势群体并未因为差别原则而有实质性的损失。由此可知，有学者抛开差别原则、只在一般正义观念上来理解罗尔斯公平正义和分配正义理论，表示按照罗尔斯正义理论，"分配正义是现存社会制度必须首先实现的价值"（段忠桥：《从历史唯物主义到政治哲学》，第301页），没有抓住罗尔斯理论的这一根本特点，极大地误解了罗尔斯正义理论。

principle of efficiency"（p. 69）。H本："民主的解释就是和效率原则不一致了"（第62页）。**新解**："民主平等观念不符合效率原则"。

3. 原文："**Justice is prior to efficiency and requires some changes that are not efficient in this sense**"（p. 69）。H本："正义是优先于效率的，要求某些在这种意义上并非有效率的改变"（第62页）。**新解**："正义优先于效率，在这个意义上，正义要求的某些变革并非以追求效率为目的。"

4. 原文："**Consistency obtains only in the sense that a perfectly just scheme is also efficient**"（p. 69）。H本："一致性仅仅在一个完全正义同时也有效率的体系那里达到"（第62页）。**新解**："只有在完全正义的方案也是有效率的情况下，才能达到一致性。"

【诠释】

还有一点也要提一下。我们看到，通过建立某些背景制度，剩下的都留给纯粹程序正义，天赋自由系统和自由平等观念超越了效率原则。民主平等观念认为，虽然至少可以在某种程度上援引纯粹程序正义，但是，以往的解释方式仍然给社会偶发事项和自然运气留下太多余地。需要注意的是，差别原则与效率原则是可以相容的。要是前者（效率原则）完全得到满足，那么如下情形实际上是不可能的：使每个代表人都变得更好，而没有使另一代表人变得更糟，后面这个代表人就是我们想要极大化其预期的最少优势者。因此，正义是这样定义的，以便与效率保持一致，至少当两个正义原则完全得到满足时是如此。当然，如果基本结构是不正义的，这些原则授权某些变革，那么那些变革可能会降低某些处境较优者（some of those better off）的预期；因此，如果效率原则被认为只允许改善每个人的前景这样的变革，那么民主平等观念不符合效率原则。正义优先于效率，在这个意义上，正义要求的某些变革并非以追求效率为目的。只有在完全正义的方案也是有效率的情况下，才能达到（正义和效率、差别原则和效率原则的）一致性。①

【原文】§13-10-pp.69-70

【评析】

1. 原文："**Each man's position is improved with respect to the initial**

---

① 差别原则与效率原则是可以一致的，罗尔斯正义理论并没有把两个原则对立起来。但是，正义原则或差别原则优先于效率原则；效率原则受到正义原则，主要是差别原则约束。社会制度按照正义原则的要求进行改革，不以追求效率为目标。正义自身就是目标。

arrangement of equality"（p. 69）。H本："每一个人的地位相对于平等的最初安排来说都可得到改善"（第62页）。新解："就最初的平等安排而言，每个人的位置都有所上升。"

2. 原文："But it is clear that nothing depends upon being able to identify this initial arrangement; indeed, how well off men are in this situation plays no essential role in applying the difference principle"（p. 69）。H本："但我们显然无需依赖鉴别这种最初安排的能力，确实，人们在这种最初状况中生活得怎样的问题对应用差别原则并无实质意义"（第62页）。新解："不过明显的是，没有什么取决于认定这种最初安排的能力；事实上，在这种情况下，人的富裕程度在适用差别原则方面起不到实际作用。"

3. 原文："We simply maximize the expectations of the least favored position subject to the required constraints"（p. 69）。H本："我们只是在必要的约束下最大限度地增加处于最不利状况的人的期望"（第62页）。新解："我们只将极大化最少受惠者的预期作为必要约束。"

4. 原文："Inequalities in expectations are chain-connected: that is, if an advantage has the effect of raising the expectations of the lowest position, it raises the expectations of all positions in between"（p. 69）。H本："各种期望间的不平等是像链条式地联系着的，亦即，如果一种利益提高了最底层人们的期望，它也就提高了其间所有各层次人们的期望"（第62页）。新解："各种预期的不平等是连锁的：也就是说，如果一个优势存在提高最低位置者预期的效应，那么它就会提高所有居间位置者的预期。"

5. 原文："For the representative man who is better off in any two-way comparison gains by the advantages offered him, and the man who is worse off gains from the contributions which these inequalities make"（p. 70）。H本："那些在任何一对比较中都属状况较好的代表人从提供给他们的利益中获利，而那些状况较差的人则从这些不平等所带来的贡献中获利"（第62—63页）。新解："在任何双向比较中，处境较好的代表人受益于其提供的优势，处境较差的代表人则受益于这些不平等带来的贡献。"

【诠释】

接下来，我们可以考虑关于差别原则含义的某种复杂性。人们理所当然地认为，只要差别原则得到满足，每个人都会受益。其中显而易见的意思是，就最初的平等安排而言，每个人的位置都有所上升。不过，明显的是，没有什么取决于认定这种最初安排的能力；事实上，在这种情况下，人的富裕程度在适用差别原则方面起不到实际作用。我们只将极大化最少受惠者的预期作为必要约束。只要它对每个人都是一种改进，如本人目前认为的那样，那么从假设平等的情况中获得的估计收益是无关紧要的，即使大致无法确定也是如此。然而，当差别原则得到满足时，至少在我们做出某些假设的情况下，每个人都会从中受益。我们假定，各种预期的不平等是连锁的：也就是说，如果一个优势存在提高最低位置者预期的效应，那么它就会提高所有居间位置者的预期。例如，如果企业家拥有较高预期有利于非熟练工人，那么他们也将有利于半熟练工人。请注意，链连接并没有说明最少受惠者没有得到什么的情形，因此它并不意味着所有效应都是相辅相成的。进一步的假设是，各种预期是紧密相连的。也就是说，如果不提高或降低每个其他代表人的预期，特别是最少受惠者代表人的预期，就不可能提高或降低任何代表人的预期。可以说，在把各种预期连接在一起的方式上，不存在松散的联系。于是，带着这些假设，存在这样一层含义：当差别原则得到满足时，每个人都会从中受益。在任何双向比较中，处境较好的代表人受益于其提供的优势，处境较差的代表人则受益于这些不平等带来的贡献。当然，这些条件可能不成立。但在这种情况下，处境较好者不应该对为最少受惠者提供的福利拥有否决权。我们仍然要极大化那些最不利者的各种预期（参见接下来的链连接讨论）。①

【原文】§13–11–p.70

【评析】

罗尔斯限定了差别原则的适用范围。它只限于社会经济领域，不得扩展到政治领域。

原文："Even if the difference principle would allow it, there would be unjust effects on the political system and the like excluded by the priority of liberty"（p.70）. H本："即纵使差别原则允许这一利益，如果它对政治体制有一不正义的效果，也要被自由优先的原则排除"（第63页）。**新解**："即使差别原则允许这一收益，但是仍将存在对政治系统等造成的不正义效应，自由的优先性将排除那些效应。"

---

① 处境较优者追求自身利益必须顾及最少受惠者的福利，这是孟德维尔提出的理性个体"求私利而得公益"命题的重新表述。

【诠释】

链连接

为了简单起见，假设有三个代表人。设 X_1 表示最有利者，X_3 表示最不利者，X_2 表示介于两者之间的居间者。再设 X_1 的预期沿着水平轴标出，X_2 和 X_3 的预期沿着垂直轴标出。各曲线显示最有利者群体对其他群体的贡献，它们始于假定为平等位置的原点。此外，允许最有利者获得某个极大化收益，以存在如下假定为前提：即使差别原则允许这一收益，但是仍将存在对政治系统等造成的不正义效应，自由的优先性将排除那些效应。

【原文】 §13-12-p.70

【评析】

原文："Chain connection says nothing about the case where the x_3 curve is falling to the right, as in the interval to the right of the point a in figure 9"（p.70）。H本："链式联系与 X_3 曲线正向右降低的情况无关，如图 9 中 a 点右面的部分"（第 63 页）。新解："链连接没有提到 X_3 曲线向右下降的情况，如图 9 中 a 点右边的部分。"

【诠释】

差别原则选择代表 X_3 的曲线达到其最大值的某个点，在图 9 中即为 a 点。

链连接意味着，在 X_3 曲线向右上升的任何点上，X_2 曲线也在上升，如图 9 中 a 点和图 10 中 b 点左边区间所示。链连接没有提到 X_3 曲线向右下降的情况，如图 9 中 a 点右边的部分。X_2 曲线可以上升或下降（如虚线 X'_2 所示）。链连接不适用于图 10 中 b 点右侧的情况。

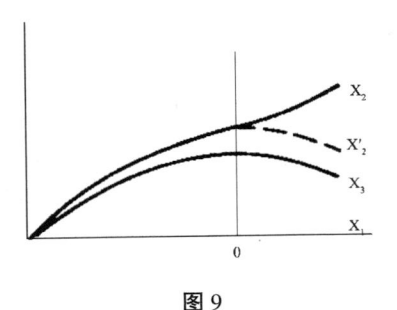

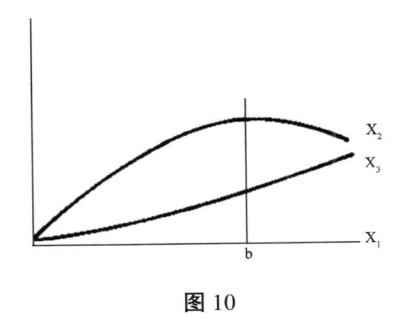

图 9

图 10

【原文】§ 13 – 13 – pp. 70 – 71

【评析】

1. 原文："**Average expectation**"（p. 71）。H 本："平均的期望"（第 63 页）。新解："平均预期"。

2. 原文："**Average utility if utility is measured by expectations**"（p. 71）。H 本："也可以说平均的功利，如果功利是由期望来衡量的话"（第 63 页）。新解："如果效用由各种预期来衡量，则该效用为平均效用。"

【诠释】

X_2 和 X_3 曲线都在上升的区间定义了正值贡献区间。越往右边，平均预期（如果效用由各种预期来衡量，则该效用为平均效用）越是增加，也越是满足作为变化标准的效率原则，也就是说，靠右边的点改善了每个人的处境。

【原文】§ 13 – 14 – p. 71

【评析】

1. 原文："**The average expectations may be rising beyond the point a, although the expectations of the least favored are falling**"（p. 71）。H 本："平均的期望可能越过 a 点继续升高，虽然最不利者的期望在降低"（第 64 页）。新解："尽管最不利者的预期在下降，但平均预期可能会超过 a 点。"

2. 原文："**This depends on the weights of the several groups**"（p. 71）。H 本："这取决于几个群体的权重"（第 64 页）。新解："这取决于这几个组的权重。"

【诠释】

在图 9 中，尽管最不利者的预期在下降，但平均预期可能会超过 a 点。（这取决于这几个组的权重。）差别原则排除了这一点并选择 a 点。

第二章 正义原则

【原文】§13–15–p.71

【诠释】

紧密啮合意味着，在 X_2 和 X_3 的曲线上不存在任何水平伸展。在每一点上，两条曲线要么上升，要么下降。所有画出的曲线都是紧密啮合的。

【原文】§13–16–pp.71–72

【评析】

1. 原文："When the contributions of the more favored positions spread generally throughout society and are not confined to particular sectors, it seems plausible that if the least advantaged benefit so do others in between"（p.71）。H本："当状况较有利者的贡献普遍地散布于社会而不仅仅限于一些特殊部门时，那么，当地位最不利者获益时，处于中间状况的其他人们也将获益看来是有道理的"（第64页）。新解："当境况较好者的贡献遍布整个社会，且不局限于特定部门时，看起来讲得通的是，如果最不利者能够受益，那么居间者也能受益。"

2. 原文："A wide diffusion of benefits is favored by two features of institutions both exemplified by the basic structure"（p.71）。H本："利益的广泛分布是得到体现社会基本结构的制度的两个特征赞许的"（第64页）。新解："各种收益的广泛扩散得益于基本结构所体现的两大机构特征。"

3. 原文："If the authority and powers of legislators and judges, say, improve the situation of the less favored, they improve that of citizens generally"（p.71）。H本："如果立法者和法官运用他们的权威和权力改善了较不利者的状况，他们也就普遍改善了所有公民的状况"（第64页）。新解："如果立法者和法官拥有的权限和权力，比如说，将改善不太受青睐者的处境，那么它们一般也会改善公民的处境。"

【诠释】

本人将不检验这种链连接和紧密啮合的可能性究竟有多大。差别原则并不取决于这些关系是否得到满足。然而，当境况较好者的贡献遍布整个社会，且不局限于特定部门时，看起来讲得通的是，如果最不利者能够受益，那么居间者也能受益。此外，各种收益的广泛扩散得益于基本结构所体现的两大机构的特征：第一，设立这些机构是为了促进每个人都共同享有的诸多根本利益；第二，各种职位和位置都是（向所有人）开放的。因此，以下情形似乎是可能的：如果立法者和法官拥有的权限和权力，比如说，将改善不太受青睐者的处境，那么它们一般也会改善（普通）公民的处境。如果其他正义原则得到充分落实，链连接往往是实在的。如果真的如此，那么我们可以观察到，在正值贡献区间（在所有处于有利位置者的优势都会提高最不利者的前景的区间），朝着完全正义安排的任何行动，都会提高每个人的预期。在这种情况下，差别原则对效率原则和平均效用原则（如果效用是以基本善来衡量的话）具有类似的实际后果。当然，如果链连接很少成立，那么这种相似性就不重要了。但是在正义的社会计划中，利益的普遍扩散似乎是经常发生的。

【原文】 §13 – 17 – p. 72

【评析】

原文："When the greater potential benefits to the more advantaged are significant, there will surely be some way to improve the situation of the less advantaged as well"（p. 72）。H 本："当更有利者更大的潜在利益非常重大时，当然也会有某种办法来改善最不利者的状况"（第 65 页）。**新解**："当较有利者获得更多潜在收益是显而易见的时候，肯定会有一定的办法来改善较为不利者的处境。"

【诠释】

还存在一个较为复杂的问题。为了简化差别原则的陈述，我们假设了紧密啮合。可想而知的是，无论在实践上多么可能或多么重要，尽管处境最优者（最富裕者）持有预期的某些变化有益于其他人，但是最少优势者不会受到这些变化的影响。在这种情况下，紧密啮合便失灵了。为了覆盖这种情况，我们可以把一个更一般原则表达如下：第一，在具有 n 个相关代表人的基本结构中，要极大化处境最糟糕代表人的福利；第二，为了谋求处境最糟糕代表人的平等福利，要极大化处境第二最糟糕代表人的福利，依次类推，直到出现最后一种情形，即为了谋求所有前 n – 1 个代表人的平等福利，要极大化处境最优代表人的福利。我们可以视之为依词序排列的差别原则。① 本人认为，在实际情况下，这一原则是不太可能相关的，因为当较有利者获得更多潜在收益是显而易见的时候，肯定会有一定办法来改善较为不利者的处境。一般法则管制着基本结构制度，确保不发生需要词序差别原则这样的情形。因此，本人将始终以更加简单的形式使用差别原则。所以，最近几节的结果是，第二正义原则可以表述如下：

【原文】§ 13 - 18 - p. 72

【评析】

1. 原文："To the greatest expected benefit of the least advantaged"（p. 72）。H 本："适合于最少受惠者的最大期望利益"（第 65 页）。新解："给予最无优势者最大的预期收益"。

2. 原文："Attached to offices and positions open to all under conditions of fair equality of opportunity"（p. 72）。H 本："依系于在机会公平平等的条件下职务和地位向所有人开放"（第 65 页）。新解："在公平机会均等的条件下，向所有人开放附设的各种职位和位置。"

【诠释】

各种社会不平等和经济不平等将这样安排，它们应当同时做到两点：(a) 给予最无优势者最大的预期收益；(b) 在公平机会均等的条件下，向所有人开放附设的各种职位和位置。

【原文】§ 13 - 19 - pp. 72 - 73

【评析】

罗尔斯在这里谈到了差别原则与经济学极大化极小准则（maximin criterion）的关系。罗尔斯表示，差别原则是一个正义原则。"差别原则是一个非常特殊的准则：它主要通过代表人适用于社会基本结构，这些代表人的预期将由基本善指数来评估。"（p. 72）经济学使用的极大化极小准则，又称小中取大法或悲观法，是一种在最不利情况下寻求最大收益的方法。罗尔斯明确地表示，有关"基本善"的讨论是在差别原则指导下进行的。基本善是两个正义原则确立之后，并且解决了两个正义原则的词典排

---

① 这一点可以参阅森《集体选择与社会福利》，第 138 页脚注。——原注

序问题之后，在差别原则的指导下，个体在其理性生活规划中设定的理想目标或对象。它们不涉及对"正当优先性"原则的否定或怀疑。

1. 原文："The difference principle is a very special criterion: it applies primarily to the basic structure of society via representative individuals whose expectations are to be estimated by an index of primary goods"（p.72）。H本："差别原则是一个很特别的标准，它主要是通过其期望是由基本善的指数来估量的代表个人来用于社会的基本结构"（第65页）。新解："差别原则是一个非常特殊的准则：它主要通过代表人适用于社会基本结构，这些代表人的预期将由基本善指数来评估。"

2. 原文："Calling the difference principle the maximin criterion might wrongly suggest that the main argument for this principle from the original position derives from an assumption of very high risk aversion"（pp.72-73）。H本："称差别原则为最大最小值标准可能错误地暗示这一从原初状态获取的原则的主要论据是来自非常反感冒险的假设"（第65页）。H本把"maximin criterion"解读为"最大最小值标准"；还有人解读为"最大化最小值标准"①。在经济数学等应用数学中，这是一个广泛使用的术语，一般解读为"极大化极小准则"②。新解："将差别原则称为极大化极小准则，可能会错误地暗示，从初始位置出发，这一原则的主要论点来源于一种极高风险规避的假设。"

3. 原文："Extreme attitudes to risk are not postulated"（p.73）。H本："对冒险的这种极端态度并不是先决条件"（第65页）。新解："应对风险的极端态度并不是假设性的。"

4. 原文："In any case, there are many considerations in favor of the difference principle in which the aversion to risk plays no role at all"（p.73）。H本："无论如何，有许多赞成差别原则的考虑，而对冒险的反感在这些考虑中不起任何作用"（第65页）。新解："在任何情况下，都存在支持差别原则的许多考虑因素，规避风险在其中根本不起作用。"

【诠释】

最后，我想对若干术语略作述评。经济学可能希望把差别原则称作极

---

① 罗尔斯：《罗尔斯论文全集》，陈肖生等译，第253页。
② 彭飞、史本山、黄登士："极大极小价值离差的资产选择模型研究"，《管理学报》2004年第3期。

大化极小准则（maximin criterion），但出于若干理由，本人谨慎地避免使用这个名称。极大化极小准则通常被理解为在高度不确定情况下的选择规则（§26），然而，差别原则是一个正义原则。对如此不同的两个原则使用同一名称并不可取。差别原则是非常特殊的准则：它主要通过代表人适用于社会基本结构，这些代表人的预期将由基本善指数来评估（§15）。此外，将差别原则称为极大化极小准则，可能会错误地暗示，从初始位置出发，这一原则的主要论点来源于一种关于极高风险规避的假设。差别原则和这个假设确实存在关联，但是应对风险的极端态度并不是假设性的（§28）；而且在任何情况下，都存在支持差别原则的许多考虑因素，规避风险在其中根本不起作用。因此，术语"极大化极小准则"最好只用来表示在不确定性条件下的选择规则。①

§14 公平机会均等和纯粹程序正义
Fair Equality of Opportunity and Pure Procedural Justice

【题解】

弗雷曼对罗尔斯社会正义观念有过系统概述。他说，这是"一种自由主义的正义观念：保护平等的基本自由，并且给予平等的基本自由以优先性，那些基本自由使个体能够自由地实践其良知，决定其价值，按照自己选择的方式去生活。推崇自由的政府和社会尊重个人选择，宽容地对待各种不同的生活方式，宽容地对待宗教、哲学和道德学说。罗尔斯的正义观念推崇自由，提倡经济关系方面的自由市场（与计划经济相比），尊重个人对机会和职业的自由选择，为处于最不利位置的社会成员提供最起码的社会保障。罗尔斯的正义观念推崇民主，提供平等的政治权利，寻求建立教育和职业选择的均等机会。罗尔斯的正义观念推崇平等，努力维护政治

---

① 差别原则不是规避风险原则，它不会损害效率，与效率原则是一致的。尽管受益的程度会有差异，差别原则是"每个人都会从中受益的原则"（p.70）。所以，它是财产和收入的特殊处理原则，是不同社会阶层——有钱的富裕阶层和贫穷的平民阶层，收入和财富都获得共同增长的原则。当然，它是首先有利于处境最不利者利益的原则。"正是以生产要素的市场配置为背景，罗尔斯断定，在人们按照自身利益做出经济选择的市场经济里，差别原则将最佳地改善处境最不利者的地位。"［弗雷曼：《罗尔斯》，张国清译，第104页（引文略有改动）］这不是最不利阶层进行阶级斗争的结果，而是正义制度提出的内在要求所进行的必要安排。正确理解差别原则，有利于我们正确理解共同富裕的理念。

自由的'公平价值',建立'公平均等机会',通过给予处境最不利的社会成员以极大化其利益为目标来决定最起码的社会保障。这些权利、自由和机会都可以纳入罗尔斯的两个正义原则之中"①。公平机会均等是那种正义观念的重要组成部分。

在这一节,罗尔斯设想用纯粹程序正义来解决分配正义问题,以实现公平机会均等。② 他批评"各种职业生涯向有才能的人开放"或"各行各业唯才是举"的效用论的形式机会均等观念和分配正义观念,提出反对按照个体运气或天赋分配机会、收入和财富的应得理论的理由。罗尔斯的这些主张受到哈耶克和诺齐克的激烈批评。

【原文】§14-1-p.73

【评析】

1. 原文:"I should now like to comment upon the second part of the second principle, henceforth to be understood as the liberal principle of fair equality of opportunity"(p.73)。H本:"现在我想评论第二个原则的第二部分,它在后面将被理解为机会公平平等的自由主义原则"(第65页)。新解:"本人现在想谈一谈第二正义原则的第二部分,亦即世人所理解的自由主义的公平机会均等原则。"

2. 原文:"It must not then be confused with the notion of careers open to talents"(p.73)。H本:"我们决不可使它混淆于'前途向才能开放'的概念"(第65页)。新解:"它不得与'各种职业生涯向有才能者开放'提法相混淆。"

3. 原文:"This principle is not subject to the objection that it leads to a meritocratic society"(p.73)。H本:"这一原则并不像反对者所认为的引向一个英才统治的社会"(第65页)。新解:"这一原则不受制于这样的反驳,即它将导致精英主导的社会。"

---

① 弗雷曼:《罗尔斯》,张国清译,第47页(引文略有改动)。
② 参阅王晓升"作为程序的正义——纯粹程序正义的历史性辩护",《国际社会科学杂志》2015年第1期。李博:"'纯粹程序正义'的理论设计与制度建构",《宁夏大学学报》2014年第4期。肖涛:"罗尔斯的准纯粹程序正义",《兰州学刊》2012年第3期。张卫明:"论罗尔斯纯粹程序正义的方法论意义及其启示",《西北大学学报》2010年第6期。鞠巍:"无知之幕与经济公正——公平契约论对市场经济的方法论意义",《江淮论坛》2007年第5期。保罗·里科尔(利科):"论约翰·罗尔斯的《正义论》:纯程序性的正义论是否可能?",《国际社会科学杂志》1991年第4期。

【诠释】

本人现在想谈一谈第二正义原则的第二部分，亦即世人所理解的自由主义的公平机会均等原则。因此，它不得与"各种职业生涯向有才能者开放"① 提法相混淆；我们也不应忘记，由于它与差别原则联系在一起，其推论与对这两项原则(公平机会均等原则与差别原则) 的自由主义解释截然不同。特别是，本人将试图进一步表明 (§17)，公平机会均等原则不受制于这样的反驳，即它将导致精英主导的社会。在这里，本人将要考虑其他几个问题，特别是公平机会均等原则与纯粹程序正义理念的关系。

【原文】§14－2－p. 73

【评析】

《正义论》H 本第一版在这里存在一个重要误解，即把短语"one of the main forms of human good" 解读为"人类的一种基本善"。修订版中把它纠正过来了，但是仍然在"人类善"观念下解读。笔者主张把"human good" 解读为"人类权益"，意为"凡人皆可享有的权利或凡人皆想要追求的美好事物"，如此解读更加符合《正义论》的原意。

1. 原文："**The reasons for requiring open positions**"（p. 73）。H 本："要求地位开放的理由"（第 65 页）。**新解：**"要求开放位置的理由"。在中文语境中，"地位"具有政治意义，"位置"则具有社会和经济意义。用"位置"来解读"positions"更符合罗尔斯的本意。因为在这里调节的主要是由社会经济位置而带来的社会经济利益，而不是由政治地位带来的其他利益，比如特权利益。虽然后者也包括于其中，但不是主要的。

2. 原文："**To improve everyone's situation by assigning certain powers and benefits to positions despite the fact that certain groups are excluded from them**"（p. 73）。H 本："通过赋予某些不完全开放的职位以权力和利益，可使每一个人的状况得到改善"（第 65 页）。**新解：**"尽管某些群体被排除在外，但是通过把一定的权限和收益赋予某些位置，以此改善每个人的处境。"

3. 原文："**They would be justified in their complaint not only because they were excluded from certain external rewards of office but because they**

---

① 这是以追求效用极大化为目的的效用原则，以及提倡相互竞争的自由市场的效率原则所推崇的。

were debarred from experiencing the realization of self which comes from a skillful and devoted exercise of social duties"（p. 73）. H 本："他们的抱怨还是有道理的，这不仅是因为他们得不到职位的某些外在奖赏例如财富和特权，而且是因为他们被禁止体验因热情机敏地履行某些社会义务而产生的自我实现感"（第 66 页）。新解："他们的抱怨是情有可原的，不仅因为他们被排除在某些位置的外在奖励之外，而且因为他们被禁止去体验由熟练而专注地履行社会义务带来的自我实现。"在《正义论》英文修订版中，并没有"例如财富和特权"的对应原文。

4. 原文："They would be deprived of one of the main forms of human good"（p. 73）. H 本："他们因此被剥夺了一种重要形式的人类善"（第 66 页）。新解："他们将被剥夺一种重要的人类权益形式。"

【诠释】

不过，我先要指出，赞同要求开放位置的理由，不只是甚至主要地不是为了追求效率。我并不坚持认为，如果每个人事实上都将从一个安排中受益，那么各种位置和职位必须是开放的。因为尽管某些群体被排除在外，但是通过把一定的权限和收益赋予某些位置，以此改善每个人的处境是可能的。虽然这些位置的准入受到限制，但是它们仍然可以吸引优秀人才，鼓励更加出色的表现。只是开放职位原则禁止这样做。它表达了这样的信念：如果有些（工作）场所或位置不是基于公平平台向所有人开放的，即使被拒之于门外者从被允许拥有这些位置者的更大努力中获益，他们仍然感到自己受到了不公平对待。他们的抱怨是情有可原的，不仅因为他们被排除在某些位置的外在奖励之外，而且因为他们被禁止去体验由熟练而专注地履行社会义务带来的自我实现。他们将被剥夺一种重要的人类权益形式。①

【原文】§14 - 3 - pp. 73 - 74

【评析】

正义首先是社会基本结构的事情，是社会基本制度的设计和安排的事情。正义涉及的这些事情，是不以个体的主观好恶为转移的。作为正义的

---

① 职场准入门槛有高有低、位置开放原则并不是无条件的，总是会有一些求职者被淘汰出局。比如，普通听众从歌唱家的美妙歌声中获得美的享受，但是他们几乎没有登台表演的任何机会。歌唱家通过表演来实现其人生价值，人们也因此而受益。舞台太小，只容得下出色的表演者；普罗大众不能因此抱怨世道的不公。

首要主体，基本结构是正义的第一承载者。这个表述与"正义是社会制度的首要德性"是一致的；这里的"首要德性"可以理解为"第一属性"或"第一理想属性"。

1. 原文："**The basic structure is the primary subject of justice. Of course, any ethical theory recognizes the importance of the basic structure as a subject of justice, but not all theories regard its importance in the same way**"（p.73）。**H本**："社会基本结构是正义的主要对象或问题。当然，任何伦理学理论都承认社会基本结构作为正义主题的重要性，但是并非所有的理论都同样地看待这种重要性"（第66页）。**新解**："基本结构是正义的首要主体。当然，任何伦理学理论都承认基本结构作为正义主体的重要性，但是并非所有伦理学理论都以同样方式看待其重要性。"

2. 原文："**In justice as fairness society is interpreted as a cooperative venture for mutual advantage**"（pp.73-74）。**H本**："在公平的正义中，社会被解释为一种为了相互利益的合作探索或冒险"（第66页）。**新解**："在公平正义中，社会被解释为有利于相互优势的合作场所。"

3. 原文："**The basic structure is a public system of rules defining a scheme of activities that leads men to act together so as to produce a greater sum of benefits and assigns to each certain recognized claims to a share in the proceeds**"（p.74）。**H本**："其基本结构是一个公共的规范体系，它确定一种引导人们合力产生较大利益，并在此过程中分派给每一合理要求以应得的一份的活动方案"（第66页）。**新解**："基本结构是一套公开规则。它规定各项活动计划，引导人们共同行动，去产生较大的收益，并将收益份额分配给在这个过程中拥有一定公认权益的每个人。"

4. 原文："**What a person does depends upon what the public rules say he will be entitled to, and what a person is entitled to depends on what he does**"（p.74）。**H本**："一个人做什么要依公共规范认为他有权做的而定，反过来，一个人有权做的又依赖于他所做的"（第66页）。**新解**："一个人做什么取决于公开规则说他将有权得到什么，一个人有权得到什么则取决于他实际做什么。"

【诠释】

本人讲过，基本结构是正义的首要主体。当然，任何伦理学理论都承认基本结构作为正义主体的重要性，但是并非所有伦理学理论都以同样方式看待其重要性。在公平正义中，社会被解释为有利于相互优势（优势互补且谋求互利）的合作场所。基本结构是一套公开规则。它规定各项活动计划，引导人们共同行动，去产生较大的收益，并将收益份额分配给在这个过程中拥有一定公认权益的每个人。一个人做什么取决于公开规则说他将有权得到什么，一个人有权得到什么则取决于他实际做什么。最终的分配通过尊重某些权益来实现，那些权益又取决于人们根据这些合法预期的约定去做的事情。

【原文】§14-4-p.74

【评析】

1. 原文："To design the social system so that the outcome is just whatever it happens to be, at least so long as it is within a certain range"（p.74）。H本："要把社会系统设计成这样，无论最后的结果是什么，只要它在某种范围之内，就都是正义的"（第66页）。新解："设计出一套社会制度，使其结果是正义的，至少在一定范围内是正义的，而不管那个结果碰巧是什么。"

2. 原文："The notion of pure procedural justice is best understood by a comparison with perfect and imperfect procedural justice. To illustrate the former, consider the simplest case of fair division"（p.74）。H本："纯粹的程序正义的概念可以最好地通过对完善和不完善的程序正义的比较来理解。为说明前者，可考虑公平分配的最简单情形"（第66页）。新解："纯粹程序正义观念最好通过与完全程序正义观念和不完全程序正义观念的比较来理解。为了说明纯粹程序正义观念，我们不妨考虑有关公平划分的最简单例子。""公平划分"（fair division）和"公平分配"（fair distribution）还是有所不同的，罗尔斯在具体实例意义上使用"公平划分"，在理论意义上使用"公平分配"；"公平划分"是"公平分配"理论的一个实例。

3. 原文："Pretty clearly, perfect procedural justice is rare, if not impossible, in cases of much practical interest"（p.74）。H本："显然，在具有重大利害关系的情形中，完善的程序正义如果不是不可能，也是很罕见的"（第67页）。新解："很明显，如果不是不可能的话，完全程序正义在涉及实际利益的案件中是罕见的。"

【诠释】

这些考虑表明这样的理念：我们可以把分配份额问题视为纯粹程序正义

问题。① 一个直观的想法是，设计出一套社会制度，使其结果是正义的，至少在一定范围内是正义的，而不管那个结果碰巧是什么。纯粹程序正义观念最好通过与完全程序正义观念和不完全程序正义观念的比较来理解。为了说明纯粹程序正义观念，我们不妨考虑有关公平划分的最简单例子。许多人想要分蛋糕。假设公平的分法是，人人都得到相等的一份，那么哪一种程序，如果它存在的话，会给出这样的结果呢？撇开技术问题不谈，最明显的解决办法是，由一个人来切蛋糕，其他人在他之前进行挑选，然后他自己拿到最后一块蛋糕。他会平分蛋糕(把每一份蛋糕切得一样大小)，因为这样他就可以保证自己拿到最大的份额。这个例子说明了完全程序正义的两个典型特征。第一，对什么是公平划分有一个独立标准，这是与要遵循的程序分开并在该程序之前确定的标准。第二，有可能设计出一种程序，以确保达到预期的结果。当然，这里也有一些假设，比如被选中的人可以平分蛋糕，想要分到尽可能大一点的那一块蛋糕，如此等等。但是我们可以忽略这些细节。重要的是，有独立标准来决定，哪一种结果是公正的，并且有程序保证会导致这种结果。很明显，如果不是不可能的话，完全程序正义在涉及实际利益的案件中是罕见的。②

【原文】§14-5-pp.74-75

【评析】

1. 原文："The desired outcome is that the defendant should be declared guilty if and only if he has committed the offense with which he is charged"（p.74）。H本："期望的结果是：只要被告犯有被控告的罪行，他就应当被宣判为有罪"（第67页）。新解："刑事审判的预期结果是，当且仅当被告犯了他被指控的罪行时，他才应该被宣判有罪。"

2. 原文："The trial procedure is framed to search for and to establish

---

① 有关程序正义的一般讨论，参阅巴里《政治论证》，伦敦：劳特利奇和基根—保罗出版社1965年版，第六章。有关公平划分（fair division）的问题，参阅卢斯（R. D. Luce）和雷法（Howard Raiffa）《博弈与决策》（Games and Decisions），纽约：约翰—威利父子出版社1957年版，第363—368页；雨果·斯坦豪斯（Hugo Steinhaus）："公平划分问题"（"Problem of Fair Division"），《计量经济学》1948年第16卷。——原注

② 分蛋糕者可能持有这样的想法，社会个体本来就是不平等的。所以，即使把每一份蛋糕分得尽量均等，但是其结果仍然是不平等的。既然这样，就没有必要把蛋糕分得非常均等。如果自己要求不高，即使把最后那一份留给自己，那么就不必太计较蛋糕份额的均等，甚至最后自己只要拿到象征性一份就行。这不是大公无私的想法，而是一种合情合理的想法。因此，用分蛋糕理论解析分配正义，是过于简单的解析。

the truth in this regard. But it seems impossible to design the legal rules so that they always lead to the correct result"（pp. 74 – 75）。H 本："审判程序是为探求和确定这方面的真实情况设计的，但看来不可能把法规设计得使它们总是达到正确的结果"（第 67 页）。新解："设计审判程序，旨在寻找和确定这方面的真相。但是，以下情形似乎是不可能的：制定始终产生正确结果的法律法规。"

3. 原文："Even though the law is carefully followed, and the proceedings fairly and properly conducted, it may reach the wrong outcome"（p. 75）。H 本："即便法律被仔细地遵循，诉讼程序被公正而恰当地贯彻，还是有可能达到错误的结果"（第 67 页）。新解："即使法律得到认真遵守，诉讼程序公正、妥善地推进，仍然可能产生错误的结果。"

【诠释】

不完全程序正义可以举刑事审判为例证。刑事审判的预期结果是，当且仅当被告犯了他被指控的罪行时，他才应该被宣判有罪。设计审判程序，旨在寻找和确定这方面的真相。但是，以下情形似乎是不可能的：制定始终产生正确结果的法律法规。审判理论探讨的是，哪些程序和证据规则等将最有利于达成这一目的，该目的与法律其他目的相一致。虽然并非总是如此，但至少大多如此：在不同情况下，可以合理预期的是，不同案件的审理安排会产生正确的结果。因此，审判是不完全程序正义的实例。即使法律得到认真遵守，诉讼程序公正、妥善地推进，仍然可能产生错误的结果。无辜者可能被宣判有罪，有罪者可能被当庭释放。在这种情况下，我们说的是误判（冤假错案）：不公正不是源于人的过错，而是源于各种情况的机缘巧合，它们妨碍法律法规的目的达成。不完全程序正义的特定标志是，虽然有独立的标准来衡量正确的结果，但是不存在必定导致如此结果的可行程序。

【原文】§ 14 – 6 – p. 75

【评析】

1. 原文："By contrast, pure procedural justice obtains when there is no independent criterion for the right result: instead there is a correct or fair procedure such that the outcome is likewise correct or fair, whatever it is, provided that the procedure has been properly followed"（p. 75）。H 本："与此作为一种对照，在纯粹程序正义中，不存在判定正当结果的独立标准，而是存在

一种正确的或公平的程序,这种程序若被人们恰当地遵守,其结果也会是正确的或公平的,而无论它们可能会是一些什么样的结果"(第 67 页)。H 本搞混了这个语句中各要件的逻辑关系或因果关系,译后的语句是前后矛盾的。它们的正确关系是:"由于没有独立标准来衡量正当的结果,便产生了纯粹秩序正义。"而不是"在纯粹程序正义中,不存在对正当结果的独立标准"。**新解:"相比之下,当没有独立标准来衡量正确的结果时,纯粹程序正义便随之产生。于是,存在一个正确程序或公平程序,只要这个程序得到恰当的遵循,那么无论结果会是什么,该结果同样是正确的或公平的。"**

2. 原文:"If a number of persons engage in a series of fair bets, the distribution of cash after the last bet is fair, or at least not unfair, whatever this distribution is. I assume here that fair bets are those having a zero expectation of gain, that the bets are made voluntarily, that no one cheats, and so on"(p. 75)。H 本:"如果一些人参加了一系列公平的赌博,在最后一次赌博后的现金分布是公平的(或无论这种分布是什么,至少不是不公平的)。我在此还假设公平的赌博是那些没有得利期望的赌博,赌博是自愿进行的,没有人作弊等等"(第 67 页)。看来 H 本译者不甚了解赌博或博彩的基本套路。**新解:"如果有很多人进行了一系列公平押注,那么,不管这种分配是什么,在最后一次投注之后的现金分配是公平的,或者至少不是不公平的。本人在此假设,公平押注是指预期收益为零的押注,押注是自愿的,没有人作弊,等等。"**

3. 原文:"The betting procedure is fair and freely entered into under conditions that are fair"(p. 75)。H 本:"赌博的程序是公平的,是在公平条件之下自由地进入的"(第 67 页)。**新解:"在公平条件下,押注程序公平而自由地运转着。"**

4. 原文:"Now any distribution of cash summing to the initial stock held by all individuals could result from a series of fair bets"(p. 75)。H 本:"现在,对参加赌博者拥有的全部现金的任何一种分布,都可能从一系列公平的赌博中产生"(第 67 页)。**新解:"现在按照所有个体持有的初始筹码来分配现金,每次分配都会是一系列公平押注的结果。"**

【诠释】

相比之下,当没有独立标准来衡量正确的结果时,纯粹程序正义便随之产生。于是,存在一个正确程序或公平程序,只要这个程序得到恰当的遵循,那么无论结果会是什么,该结果同样是正确的或公平的。赌博正好说明了这种情况。如果有很多人进行一系列公平押注,那么,不管这种分配是什么，在最后一次押注之后的现金分配是公平的，或者至少不是不公平的。本人在此假设，公平押注是指预期收益为零的押注，押注是自愿的，没有人作弊，如此等等。在公平条件下，押注程序公平而自由地运转着。因此，这些后台环境确定了公平程序。现在按照所有个体持有的初始筹码来分配现金，每次分配都会是一系列公平押注的结果。从这个意义上说，所有这些特殊分配都是公平的。纯粹程序正义的显著特征是，确定公正结果的程序必须实际执行；因为在这些情况下，没有独立的标准可供参照以确定公正的结果。我们显然不能因为特殊事项是遵循公平程序达到的，就说它是正义的。这将把口子开得太大。它将允许人们说，因为它可能是公平博弈的结果，所以权益的任何分配几乎都是公正的或公平的。因为它出现于一系列公平赌博之后，所以押注的最终结果是公平的，或者不是不公平的。公正程序只有在实际执行时才能将公正性转化为结果。

【原文】§14–7–p.76

In order, therefore, to apply the notion of pure procedural justice to distributive shares it is necessary to set up and to administer impartially a just system of institutions. Only against the background of a just basic structure, including a just political constitution and a just arrangement of economic and social institutions, can one say that the requisite just procedure exists. In Part Two I shall describe a basic structure that has the necessary features (§43). Its various institutions are explained and connected with the two principles of justice.

H本："因此，为了在分配份额上采用纯粹程序正义的概念，有必要建立和公平地贯彻一个正义的制度体系。只有在一种正义的社会基本结构的背景下，包括一部正义的政治宪法和一种正义的经济与社会制度安排，我们才能说存在必要的正义程序。在本书的第二编我将详细地描述一种具有必要特征的社会基本结构（见第43节），它的各种具体制度将被解释，并与两个正义原则相联系"（第68页）。

【评析】

1. H本加进了许多原文中不存在的限定词，比如"实际地建立""详细地描述"等。

2. 原文："**In order, therefore, to apply the notion of pure procedural justice to distributive shares it is necessary to set up and to administer**

impartially a just system of institutions"（p. 76）。H 本译为："因此，为了在分配份额上应用纯粹程序正义的概念，有必要建立和公平地贯彻一个正义的制度体系"（第 68 页）。**新解："因此，为了将纯粹程序正义观念运用于分配的份额，有必要建立并公道地施行一套正义的制度。"**

【诠释】

因此，为了将纯粹程序正义观念运用于分配的份额，有必要建立并公道地施行一套正义的制度。只有在正义的基本结构背景下，包括正义的政治宪法和正义的经济社会制度安排，人们才能说，必要的公正程序是存在的。在本书第二编里，我将描述具有这些必要特征的基本结构（§43）。基本结构的各项制度将得到解析，并与两个正义原则相联系。

【原文】§14－8－p. 76

【评析】

分配正义首先是一种基本制度安排，而不涉及或关注特定个体的得失。它要在公平机会原则的指导下得到落实。公平机会原则保证那个基本制度符合纯粹程序正义。因为人际差异是一直存在的并且不断变化或波动的，分配正义对那些变化或波动并不敏感。

1. 原文："It is no longer necessary to keep track of the endless variety of circumstances and the changing relative positions of particular persons"（p. 76）。H 本："我们不再有必要详细地了解无数的特殊环境和个人在不断改变着的相对地位"（第 68 页）。另解："我们不再有必要详细地了解无数的特殊环境和个人在不断改变着的相对低位。"[①] **新解："没有必要再去跟踪无休止的各种情况，去追溯特定个体持有的不断变化着的相对位置。"** 罗尔斯在这里讨论分配正义，它主要是一个社会经济问题，而不是一个政治问题。因为人们主要按照职位和位置，而不是地位获得分配份额，这里的 "the changing relative positions" 应当解读为 "不断变化着的相对位置"，而不是 "不断变化着的相对地位"。另解者只改了一个字，即把 "相对地位" 改为 "相对低位"，却拒绝引用 H 本，但是这个一字之差的修订并无道理。之所以说前两种解读有偏差，是因为按照地位来分配是一种典型的按照社会等级进行分配的方式，与罗尔斯推崇的分配正义主张不相符。

---

① 周濂："哈耶克与罗尔斯论社会正义"，《哲学研究》2014 年第 10 期。

2. 原文："One avoids the problem of defining principles to cope with the enormous complexities which would arise if such details were relevant"（p. 76）。H 本："我们避免了将由这类细节引起的非常复杂的原则问题"（第 68 页）。另解："我们也不再有必要确定一些原则来处理若这些细节与正义有关便会出现的一些极其复杂的问题。"① 另解者的解读有点儿过了。此处原文没有提到"这些细节与正义有关"；这个语句的重心是"确定原则"。罗尔斯想要表示，我们可以避开确定原则是为了对付大量复杂情况的问题，只要涉及各种细节，肯定会牵扯到那个问题。我们最好避开那个问题。正义原则是要确定下来的，但是它不是为了对付太过复杂的情况。因此，罗尔斯一直在讲要做一些简化工作。这些简化工作的目的，就是使正义原则的论证工作变得清晰明白。所以罗尔斯说："以下做法是错误的：将注意力集中在个体所处的不断变化的相对位置上，并要求每一次变更，被视为孤立单个事务的更改，本身都是公正的。"（p. 76）**新解："一旦涉及各种细节，就会产生大量复杂情况，人们避开为了应对那些复杂情况而去确定各个原则的问题。"**

【诠释】

公平机会原则的作用在于确保合作制度是纯粹程序正义。除非这一点得到满足，否则，分配正义就无从谈起，即使在有限范围之内也是如此。现在，纯粹程序正义的实际优势是，没有必要再去跟踪无休止的各种情况，去追溯特定个体持有的不断变化着的相对位置。一旦涉及各种细节，就会产生大量复杂情况，人们避开为了应对那些复杂情况而去确定各个原则的问题。以下做法是错误的：将注意力集中在个体所处的不断变化的相对位置上，并要求每一次变更，被视为孤立单一事务的更改，本身都是公正的。要从一般角度给予判断的，正是基本结构的安排。除非我们准备站在某一特定立场的代表人立场来批评它，否则，我们对那个安排是没有怨言的。因此，接受两个正义原则，就构成这样一种谅解，它把许多信息和日常生活的许多复杂情况当作与社会正义不相干的事情抛弃掉了。

【原文】§ 14 - 9 - pp. 76 - 77

【评析】

罗尔斯在这里区分了分配正义和配给正义。前者是一种基本制度安

---

① 周濂："哈耶克与罗尔斯论社会正义"，《哲学研究》2014 年第 10 期。

排，涉及基本结构，与个体在社会结构中的能力、位置和地位无关；后者是把一定的物品向特定个体的派发，是具体操作意义上的，不涉及基本结构，与个体在社会结构中的能力、位置和地位高度相关。分配正义要求对所有个体都予以平等对待或同等看待。配给正义则把所有个体都给予区别对待。因此，分配正义和配给正义是两个层级的正义。分配正义不涉及每一个个体的切身利益，但涉及每一个个体的基本善；配给正义涉及每一个个体的切身利益，是在一定范围之内的个体人际比较中来评估和感受他们各自获得的权益的合理与否。比如，企业给每个员工分发年终福利，每个员工都可以领到一份相同价值的福利，这是配给正义。

1. 原文："In pure procedural justice, then, distributions of advantages are not appraised in the first instance by confronting a stock of benefits available with given desires and needs of known individuals"（p. 76）。H 本："这样，在纯粹的程序正义中，利益分配一开始就不是对一定量的可用于已知个人的特定欲望和需求的利益分配"（第 68 页）。新解："因此，在纯粹程序正义中，优势分布或利益分配首先不会通过应对可用于已知个体的特定欲望和需求而获得的一些收益来进行评估。"

2. 原文："The allotment of the items produced takes place in accordance with the public system of rules, and this system determines what is produced, how much is produced, and by what means"（p. 76）。H 本："对产品的分配要按照公共的规范体系进行，这一公共的规范体系决定着生产什么、生产多少和用什么手段生产"（第 68 页）。新解："所生产产品额度的配给按给照公开规则进行，这套规则决定生产什么、生产多少以及通过什么方式生产。"这一层面的分配不是生产关系意义上的，而是生产力或生产能力意义上的。它是解决分配正义问题的前提条件，但是它本身不解决分配正义问题。生产过程中形成的生产关系才决定分配正义问题。但是罗尔斯认为，生产方式直接决定分配方式。他接着表示："它还决定合法的权利诉求，这些权利诉求将得到相应的分配。"

3. 原文："The correctness of the distribution is founded on the justice of the scheme of cooperation from which it arises and on answering the claims of individuals engaged in it"（p. 76）。H 本："分配的正确性取决于产生分配的合作体系的正义性，也取决于如何回应参与合作者的要求"（第 68 页）。新解："分配的恰当性，既取决于产生这种分配的合作计划的正义性，也取决于对参与这个合作计划的个体要求的回应性。"

4. 原文："A distribution cannot be judged in isolation from the system

of which it is the outcome or from what individuals have done in good faith in the light of established expectations"（p. 76）。H 本："我们不可以离开分配从中产生出来的体系，或撇开个人自信地根据既定期望所做的事情来评判一种分配"（第 68 页）。新解："对一种分配的评判，既不可脱离产生它的制度，也不可撇开个体真诚地根据既定预期所做的事情。"

5. 原文："If it is asked in the abstract whether one distribution of a given stock of things to definite individuals with known desires and preferences is better than another, then there is simply no answer to this question"（p. 76）。H 本："如果抽象地问：一种在我们已知其欲望和偏爱的特定个人中的定量物品的分配是否比另一种好，那么对这个问题不会有什么答案"（第 68 页）。新解："如果有人抽象地询问，在我们已知其欲望和偏好的特定个体中间，就一定数量的物品进行分配，某种分配方式是否要好一些？那么这完全是一个无解的问题。"

【诠释】

因此，在纯粹程序正义中，优势分布或利益分配首先不会通过应对可用于已知个体的特定欲望和需求而获得的一些收益来进行评估。所生产产品额度的配给按照一套公开规则进行，这套规则决定生产什么、生产多少以及通过什么方式生产。它还决定合法的权益，这些权益将得到相应的分配。因此，在这种程序正义中，分配的恰当性，既取决于产生这种分配的合作计划的正义性，也取决于对参与这个合作计划的个体要求的回应性。对一种分配的评判，既不可脱离产生它的制度，也不可撇开个体真诚地根据既定预期所做的事情。如果有人抽象地询问，在我们已知其欲望和偏好的特定个体中间，就一定数量的物品进行分配，某种分配方式是否要好一些？那么这完全是一个无解的问题。关于两个正义原则的这个观念并不把分配正义的首要问题解释为配给正义问题。

【原文】§ 14 – 10 – p. 77

【评析】

1. 原文："Allocative justice applies when a given collection of goods is to be divided among definite individuals with known desires and needs"（p. 77）。H 本："配给的正义观念（allocative justice）看来自然适应于一定量的物品要在我们已知其欲望和需求的特定个人中分配的场合"（第

68—69 页)。新解:"当一组给定物品将在具有已知欲望和需求的特定个体中间进行分发时,配给正义便派上了用场。"

2. 原文:"**Prior claims**"(p. 77)。H 本:"优先的要求"(第 69 页)。新解:"优先求偿权"。这是一个法律术语,表示"法律规定的特定债权人优先于其他债权人甚至优先于其他物权人受偿的权利"。

3. 原文:"**Justice becomes a kind of efficiency, unless equality is preferred**"(p. 77)。H 本:"正义变成了一个效率问题,除非平等被认为更可取"(第 69 页)。新解:"除非人们优先考虑平等,否则正义就变成了某一类效率。"

4. 原文:"**The allocative conception leads to the classical utilitarian view. For as we have seen, this doctrine assimilates justice to the benevolence of the impartial spectator and the latter in turn to the most efficient design of institutions to promote the greatest balance of satisfaction**"(p. 77)。H 本:"配给的观念导向古典的功利主义观点。因为正如我们所见,这一理论把正义化为公平旁观者的仁爱、又从仁爱转向最有效地设计制度以达到满足的最大余额"(第 69 页)。新解:"这种配给(正义)观念导致了古典效用论观点。因为正如我们所看到的,这一学说把正义转化为公道旁观者的仁慈,而仁慈又转化为最有效率的制度设计,以增进满足的最大净余额。"

5. 原文:"**Given existing desires and preferences, and the developments into the future which they allow, the statesman's aim is to set up those social schemes that will best approximate an already specified goal**"(p. 77)。H 本:"在既定的欲望和偏爱及其允许的未来发展的条件下,政治家的目的就是建立那些将最好地接近一个已经指定的目标的社会体系"(第 69 页)。新解:"考虑到现有的欲望和偏好,以及它们所允许的未来发展,政治家的目标是制订最能接近某个特定目标的那些社会计划。"

【诠释】

相比之下,当一组给定物品(given collection of goods,一组给定的好东西、利益或好处)将在具有已知欲望和需求的特定个体中间进行分发时,配给正义便派上了用场。那些被分发的物品不是这些个体创造的物品,他们也不存在任何既定的合作关系。因为对要分发的物品不存在任何优先求偿权(prior claims),所以,根据欲望和需求去分享它们,甚至去追求最大满足的净余额(to maximize the net balance of satisfaction)是很自然的。除非人们优先考虑平等，否则正义就变成了某一类效率。总而言之，这种配给（正义）观念导致了古典效用论观点。因为正如我们所看到的，这一学说（古典效用论）把正义转化为公道旁观者的仁慈，而仁慈又转化为最有效率的制度设计，以增进满足的最大净余额。需要注意的是，效用论并没有把基本结构解释为一套纯粹程序正义。因为不管怎样，效用论者在原则上有一个独立标准来判断所有的分配，也就是说，它们是否产生了满足的最大净余额。在效用论者的理论中，制度或多或少是实现这一目标的不完全安排。因此，考虑到现有的欲望和偏好，以及它们所允许的未来发展，政治家的目标是制订最能接近某个特定目标的那些社会计划。由于这些安排受制于日常生活中不可避免的各种约束和阻碍，基本结构便是不完全程序正义的实例。

【原文】§ 14 – 11 – pp. 77 – 78

【评析】

1. 原文："**We have one lexical ordering within another**"（p. 77）。H 本："我们就在一个大的词典式次序中又有了一个小的词典式次序"（第 69 页）。新解："我们在另一排序之中又有了一个词典式排序。"

2. 原文："**The advantage of the special conception**"（p. 77）。H 本："这个特殊观念的优点"（第 69 页）。新解："这个特殊正义观念的优势"。在这个段落中，罗尔斯在《正义论》修订版中删除了下面这个语句："但在必要时，这一排序可以按照一般正义观念修正。"结合被删除的这个语句，我们对紧随其后的这个短语做了如上解读。

3. 原文："**This conception of distributive shares is obviously a great simplification. It is designed to characterize in a clear way a basic structure that makes use of the idea of pure procedural justice**"（p. 77）。H 本："这种分配的份额观显然是一个巨大的简化。其目的在于清楚地描绘使用了纯粹程序正义观念的社会基本结构的特征"（第 69 页）。新解："这种分配份额观念显然是颇为简单的。它利用纯粹程序正义理念，旨在明确描述基本结构。"

4. 原文："**The notions of the basic structure, of the veil of ignorance, of a lexical order, of the least favored position, as well as of pure procedural justice are all examples of this**"（p. 77）。H 本："基本结构的概念、无知之幕的概念、词典式次序的概念、最不利地位及纯粹程序正义的概念就都是这样的概念实例"（第 69 页）。新解："基本结构、无知之幕、词典式排序、最不受青睐者的位置以及纯粹程序正义等观念都是如此。"

5. 原文："Perhaps only a few can be satisfactorily answered. In any case social wisdom consists in framing institutions so that intractable difficulties do not often arise and in accepting the need for clear and simple principles"（pp. 77 - 78）. H本："也许只有一些问题能够令人满意地回答。但无论如何，有关社会的智慧就在于把制度设计得使令人头疼的问题不常出现；就在于承认我们需要清楚而简单的原则"（第69页）。**新解**："也许，只有少许问题能够得到令人满意的解答。无论如何，所谓社会智慧，既在于设立典章制度，使棘手的难题不常光顾，又在于承认，我们需要明确而简单的原则。"

【诠释】

本人现在认为，第二正义原则的两个部分是按词典式次序排列的。这样，我们在另一排序之中又有了一个词典式排序。这个特殊正义观念的优势是，它以明确形式提出需要研究的若干问题，例如，词典式排序将在什么假设下进行选择？我们的探索被赋予特定的方向，不再局限于一般问题。当然，这种分配份额观念显然是颇为简单的。它利用纯粹程序正义理念，旨在明确描述基本结构。不过，我们的所作所为都在于尝试找出若干简单理念，把它们组合起来，以给出某个合理的正义观念。基本结构、无知之幕、词典式排序、最不受青睐者的位置（他们的处境）以及纯粹程序正义等观念都是如此。这些观念仅靠自身不起作用，但是，一旦它们恰当地组合起来，就能卓有成效地为我们所用。假如我们断定，所有道德问题，或者大多数道德问题，都存在合理的解决办法，我们就过于好高骛远了。也许，只有少许问题能够得到令人满意的解答。无论如何，所谓社会智慧，既在于设立典章制度，使棘手的难题不常光顾，又在于承认，我们需要明确而简单的原则。①

§15　作为预期基础的基本社会善
Primary Social Goods as the Basis of Expectations

【题解】

有欲望和偏好的个体，是有理性人生规划的，对自己的生活是有预期

---

① 几乎在同时，德沃金探讨了在司法实践中疑难案件的唯一正解问题。他认为，法官拥有的所谓自由裁量权，要受到法律原则的约束，没有人们想象得那么大。

目标的。罗尔斯设定了个体合理预期的基础，它们就是"基本社会善"（primary social goods）。它与另一术语"自然基本善"（natural primary goods）形成对应关系。"基本社会善"是任何理性人都最想要获得的美好东西。罗尔斯表示，"基本社会善，若给予大致分类的话，是权利、自由和机会，以及收入和财富"（p.79）。它们不一定是每一个个体实际得到的基本善，但肯定是他们最想要得到的最为基本的权利和利益。基本善清单是公民拥有获得感和幸福感的客观依据。在分配正义中，公民获得基本社会善具有重要意义。"最少受惠者获得的相对善取决于一组基本善，不仅包括他们的收入和财富的份额，而且包括他们的位置和职位机会、非基本权利和自由，以及自尊的制度基础。差别原则也就是这些基本善之正义分配的标准。"① 因此，基本社会善不是可有可无的，而是每个公民渴望从社会中获得的首要而美好的事物。罗尔斯还有"基本的基本善"（basic primary goods）和"主要的基本善"（main primary good）等表述。②

---

① 弗雷曼：《罗尔斯》，张国清译，第 116—117 页（译文略有改动）。
② "Primary goods"是罗尔斯独创术语，用来表示每个公民都想要从自然和社会中获得的对其自身生存和发展具有首要价值的各项美好事物。关于术语"primary goods"，国内学术界有五种解读：（1）"基本善"；（2）"首要善"；（3）"基本益品"；（4）"基本物品"；（5）"基本用品"。笔者认为，一个比较准确地诠释它的术语是："初始权益"，但是经过反复比较，出于便利性和流行性考虑，笔者接受用"基本善"来解读它。"基本善"一般指"基本社会善"。正义理论的关注焦点之一是基本社会善的分配问题。基本社会善是分配正义之差别原则的调节对象。参阅卫知唤"异质的正义体系：'基本善'与'可行能力'再比较——罗尔斯有效回应了阿玛蒂亚·森的批评吗?"，《社会科学辑刊》2015 年第 4 期。舒年春："基本善、可行能力与对治贫困之道"，《集美大学学报》2015 年第 2 期。张卫："罗尔斯'基本善'的三种解释进路"，《社会科学辑刊》2013 年第 5 期。高景柱："基本善抑或可行能力——评约翰·罗尔斯与阿玛蒂亚·森的平等之争"，《道德与文明》2013 年第 5 期。王韬洋："基本的环境善物与罗尔斯的'基本善'"，《华东师范大学学报》2012 年第 6 期。张瑞臣："试析罗尔斯的'基本善'"，《理论学刊》2012 年第 4 期。姚大志："罗尔斯的'基本善'：问题及其修正"，《中国人民大学学报》2011 年第 4 期。罗尔斯：《罗尔斯论文全集》，陈肖生等译，第 759 页。常春雨："论罗尔斯的基本益品平等主张"，《武汉理工大学学报》2017 年第 2 期。刘雪梅："罗尔斯正义理论中的人性观：政治的还是形而上学的"，《社会科学研究》2010 年第 3 期。张国清："利维坦、无支配自由及其限度"，《浙江大学学报》2014 年第 5 期。张国清："初始权益与分配正义"，《浙江社会科学》2015 年第 6 期。薛丹妮："何以要平等：康德、罗尔斯与阿马蒂亚·森"，《哲学分析》2019 年第 5 期。韩水法："什么是政治哲学"，《中共中央党校学报》2009 年第 1 期。

第二章　正义原则　359

【原文】§15-1-p.78

【评析】

1. 原文："So much, then, for a brief statement and explanation of the two principles of justice and of the procedural conception which they express"（p.78）。H本："我们在简要的陈述和解释两个正义原则以及它们表达的程序观念上花了不少时间"（第69—70页）。新解："对两个正义原则及其所表达的程序观念的简要陈述和解析就讲这么多。"短语"so much"有做某件事告一段落的意思。

2. 原文："There are several preliminary matters that must be faced. I begin with a discussion of expectations and how they are to be estimated"（p.78）。H本："然而，此刻还有几个必须正视的预备性问题，我想首先讨论各种期望以及怎样估价它们的问题"（第70页）。新解："当下存在着必须处理的几个初步问题。本人先讨论一下各种预期及其评估方式。"

【诠释】

对两个正义原则及其所表达的程序观念的简要陈述和解析就讲这么多。在后面的章节中，我将通过描述实现这种程序观念的制度安排来展示其进一步细节。不过，当下存在着必须处理的几个初步问题。本人先讨论一下各种预期及其评估方式。

【原文】§15-2-p.78

【评析】

这个段落涉及效用论多个术语。H本犯下较多错误，导致对这个段落的误解。这里的"所有相关位置"指"所有相关社会位置"。

1. 原文："When applied to the basic structure this view requires us to maximize the algebraic sum of expected utilities taken over all relevant positions. (The classical principle weights these expectations by the number of persons in these positions, the average principle by the fraction of persons)"（p.78）。H本："功利原则在应用于社会基本结构时要求我们最大限度地增加包括所有相关地位的期望的算术总额（功利主义的古典原则通过处在这些地位上的人们的总数来衡量这些期望，平均原则则通过平

均数来加以衡量)"(第70页)。**新解**:"当应用于基本结构时,效用论要求我们极大化所有相关位置预期效用的代数和。(古典效用原则用居于这些位置上的人数来衡量这些预期,平均效用原则用人数的分数来衡量这些预期)"

2. **原文**:"**Some fairly accurate measure of utility**"(p.78)。H本:"一种相当准确的功利标准"(第70页)。**新解**:"若干相当精确的效用度量"。

3. **原文**:"**Which puts their validity in question**"(p.78)。H本:"这就使它们的确实性成为问题"(第70页)。**新解**:"这使它们的有效性受到质疑。"

4. **原文**:"**Interpersonal comparisons of well-being**"(p.78)。H本:"人与人之间的福利比较"(第70页)。**新解**:"幸福感人际比较"。与社会基本善相关的比较不是"人际福利比较",而是"幸福感人际比较"。在幸福感人际比较中,福利人际比较只是其中的一个方面。

5. **原文**:"**The controversy about interpersonal comparisons tends to obscure the real question, namely, whether the total (or average) happiness is to be maximized in the first place**"(p.78)。H本:"目前关于人际比较的争论倾向于模糊真正的问题,即是否应当一开始就要考虑使总计的(或平均的)幸福最大化"(第70页)。**新解**:"关于人际比较的争论,往往掩盖一个真实问题,即,是否从一开始就要极大化总幸福或平均幸福。"

【诠释】

这个问题的意义可以通过比较效用论来予以说明。在应用于基本结构时,效用论要求我们极大化所有相关位置预期效用的代数和(algebraic sum of expected utilities)。(古典效用原则用居于这些位置上的人数来衡量这些预期,平均效用原则用人数的分数来衡量这些预期)撇开下一节关于用什么界定"相关位置"问题不谈,效用论显然假设了若干相当精确的效用度量。如果我们说,有些人的收益要大于其他人的损失,那么不仅每个代表人要有基数度量(cardinal measure),而且要预设某个方法将不同人的效用水平联系起来。要求做到非常精确是不现实的,但是,这些估算不能让我们觉得,它们是缺乏指导的(盲目的,无的放矢的)。此外,它们可能以某些伦理学概念和其他概念为依据,更不用说以偏见和自利为依据,这使它们的有效性受到质疑。仅仅因为我们做了所谓的幸福感人际比较,这并不意味着我们理解这些比较的基础，也不意味着我们应该接受这些比较是合理的。为了解决这些问题，我们需要说明这些判断，列出构成这些判断的标准（§49）。就社会正义问题来说，我们应该设法找出一些客观依据来进行这些比较，这些依据是人们可以承认和同意的。我相信，反对效用论的真正原因在别处。即使可以进行人际比较，这些比较也必须反映出值得追求的价值。关于人际比较的争论，往往掩盖一个真实问题，即，是否从一开始就要极大化总幸福或平均幸福。

【原文】§15-3-p.79

【评析】

注意术语"基数测量"（cardinal measurement）与术语"基数度量"（cardinal measure）的区别。基数测量是一种研究方法，基数度量是开展基数测量所使用的一种度量，类似于温度计和温度度数的关系。并且注意术语"幸福感"（well-being）和"福利"（welfare）的关系，前者注重个体的主观体验，比如城市居民幸福感调查中的居民幸福感指数；后者注重政府和社会为个体提供的基本美好生活的客观条件，比如免费教育、免费医疗等公共福利政策。

1. 原文："**To establish objective grounds for interpersonal comparisons**"（p.79）。H本："确立人际比较的客观基础"（第70页）。新解："为人际比较建立客观依据"。

2. 原文："**As long as we can identify the least advantaged representative man, only ordinal judgments of well-being are required from then on. We know from what position the social system is to be judged**"（p.79）。H本："只要我们能鉴别出最少受惠的代表人，然后就仅需要对福利的序数判断就够了，我们知道应从什么地位去判断社会体系"（第70页）。新解："我们要能找出最少优势者的代表人，这样的代表人接着只要对幸福感做出序数判断就行。我们知道从什么位置来评判社会系统。"

3. 原文："**It does not matter how much worse off this representative individual is than the others**"（p.79）。H本："它不涉及这一代表人与其他代表人状况比较的差距究竟有多大的问题"（第70页）。新解："至于这一代表人与其他代表人的状况差距究竟有多大，这一点并不重要。"

4. 原文："**Qualitative interpersonal comparisons are made in finding the bottom position**"（p.79）。H本："为了找出最低地位需要进行定性的人际比

较"(第 70 页)。**新解**:"做定性人际比较,是为了找到底层位置。"

【诠释】

差别原则试图从两个方面为人际比较建立客观依据。首先,我们要能找出最少优势者的代表人,这样的代表人接着只要对幸福感做出序数判断(ordinal judgments)就行。我们知道从什么位置来评判社会系统。至于这一代表人与其他代表人的状况差距究竟有多大,这一点并不重要。因为没有必要进行其他人际比较,所以,基数测量(cardinal measurement)的进一步困难并没有出现。因此,差别原则对我们关于福利的判断所提出的要求较少。我们根本不必计算涉及某个基数度量(cardinal measure)的利益总量。做定性人际比较,是为了找到底层位置,而对于其余位置,代表人给出序数判断就足以应付。①

【原文】§15-4-p.79

【评析】

罗尔斯在这里非常清楚地表达了关于"基本善"(primary goods)的含义。这一概念包含如下意思:自由和机会由主要制度规则来确定,它们是个体享有的权利(rights);收入和财富的分配则由主要制度规则来调节,它们是个体争取的利益(interests)。两者合在一起就是"权益"(goods),它们都是"初始的"(primary),或者说是"最基本的",所以它们是"基本善"或"初始权益"。并且,因为它们是由社会基本制度给予保障的或得到实现的,所以它们是"基本社会善"或"初始社会权益"。正如哈贝马斯批评的那样,罗尔斯的确把两类不同事物用同一个概念来概括,难免会引起某种思想混乱,但是,罗尔斯本人对于这两类事物的差异是清楚的。罗尔斯之所以把它们放在一起并且用一个术语来表示,是因为个体在追求它们的时候,作为理性人生规划的目标而言,它们是基本的,在日常生活中总是面临着的。这些基本权利和利益往往交织在一起,个体在追求它们的过程中没有明晰地把它们区分开来。因此,把它们放在一起相提并论也是可以的。就此而言,哈贝马斯针对罗尔斯已经做出明确区分的两类事物进行合并讨论的做法所提出的批评是过分挑剔的,也是不合理的。因此,基本善就是初始权益。

1. 原文:"These comparisons are made in terms of expectations of

---

① 罗尔斯将在下一节专门讨论相关的社会位置,也就是这里提到的"底层位置"。

primary social goods. In fact, I define these expectations simply as the index of these goods which a representative individual can look forward to"（p.79）。H 本："这些比较是根据对基本的社会的善的期望做出的。事实上，我把这些期望直接界定为一个代表人所能期望的这些善的指标"（第 70—71 页）。新解："这些比较是根据基本社会善预期进行的。事实上，本人将这些预期简单定义为代表人可以期待的基本社会善指数。"

2. 原文："One man's expectations are greater than another's if this index for some one in his position is greater"（p.79）。H 本："如果某个处于其地位上的人的这一指标比另一人更高，那么他的期望也比另一个人更大"（第 71 页）。H 本没有准确地解读这个语句。需要指出的是，罗尔斯在此把社会基本善分为四类，收入和财富是一类。有人说社会基本善有五类，这是一个误解。新解："如果处于其位置上的一个人的指数大于另一人的指数，那么这个人的预期也要大于另一人的预期。"

3. 原文："With more of these goods men can generally be assured of greater success in carrying out their intentions and in advancing their ends, whatever these ends may be"（p.79）。H 本："如果这类善较多，人们一般都能在实行他们的意图和接近他们的目的时确保更大的成功，而不管这些目的是什么"（第 71 页）。新解："人们通常会确信，无论其目的是什么，得到的这些善越多，他们在实现意图和推进目的方面便越是成功。"

4. 原文："The primary social goods, to give them in broad categories, are rights, liberties, and opportunities, and income and wealth"（p.79）。H 本："这些基本的社会善在广泛的意义上说就是权利、自由、机会、收入和财富"（第 71 页）。新解："基本社会善，若给以大致分类的话，是权利、自由和机会，以及收入和财富。" 罗尔斯在这里对社会基本善进行了 "大致分类"（to give them in broad categories），而不是什么 "在广泛意义上说"。并且，他做出的分类是，"权利、自由和机会" 归为一类；"收入和财富" 归为另一类。原文如此，至于他对基本社会善的分类是否合理，则是另一个问题。

【诠释】

其次，差别原则简化了人际比较基础。这些比较是根据基本社会善预期进行的。事实上，本人将这些预期简单定义为，代表人可以期待的基本社会善指数（index of primary social goods）。如果处于其位置上的一个人的指数大于另一人的指数，那么这个人的预期也要大于另一人的预期。正如本人讲过的那样，无论他还想要别的什么，基本善是每个理性人都渴望得到的东西。一般认为，无论一个人制订的各种理性计划的细节如何，他都会偏好越来越多的各种美好事物(功名利禄、权利和利益、权力、地位和荣誉等)。人们通常会确信，无论其目的是什么，得到的这些善越多，他们在实现意图和推进目的方面便越是成功。基本社会善，若给以大致分类的话，是权利、自由和机会，以及收入和财富。[一个非常重要的基本善是人的自我价值感或自尊；但为了简单起见，我对这个基本善暂时弃而不论，直到比较后面（§67）再来讨论它。]明显的一点是，这些社会善，一般符合基本善的描述。鉴于它们与基本结构的关系，它们是基本社会善；自由和机会由主要制度规则来确定，收入和财富的分配则由主要制度规则来调节。

【原文】§15-5-pp.79-80

【评析】

1. 原文："The theory of the good adopted to account for primary goods will be presented more fully in Chapter VII. It is a familiar one going back to Aristotle, and something like it is accepted by philosophers so different in other respects as Kant and Sidgwick"（p.79）。H本："用来解释基本善的善的理论将在第七章中较充分地提出。这一善的理论是一种向人所熟知的亚里士多德的理论的回溯。类似的观点也被在其它方面迥然不同的哲学家如康德和西季威克所接受"（第71页）。新解："用于解释基本善的善理论将在第七章中得到更加充分的展示。它是众所周知的可以回溯到亚里士多德的理论，是在其他方面为迥然不同的哲学家如康德和西季威克所接受的理论。"

2. 原文："It is not in dispute between the contract doctrine and utilitarianism"（p.79）。H本："这一善的理论并不涉及契约论和功利主义之间的争论"（第71页）。新解："契约论学说与效用论学说对这一理论并不存在争议。"

3. 原文："The good is the satisfaction of rational desire"（p.80）。H本："善就是理性欲望的满足"（第71页）。新解："善是理性愿望的满足。"

4. 原文："Given the alternatives available, a rational plan is one which cannot be improved upon; there is no other plan which, taking everything into account, would be preferable"（p.80）。H本："假定有各种可供选择的对象，那么一个合理的计划就是一个不能再有改善的机会的计划；在考虑到所有情况时，没有任何别的计划比它更可取"（第71页）。

新解:"给定各种可供选择的计划,理性计划是没有改进余地的计划;考虑所有因素,不存在更可取的其他计划。"

【诠释】

用于解释基本善的善理论将在第七章中得到更加充分的展示。它是众所周知的可以回溯到亚里士多德的理论,是在其他方面为迥然不同的哲学家如康德和西季威克所接受的理论。契约论学说与效用论学说对这一理论并不存在争议。其主要观点是,个体之善取决于在相当有利条件下对这个个体来说最合理的长期人生计划。假如一个人多少成功地实施了这个计划,那么他是幸福的。简而言之,善是理性愿望的满足。于是,我们假设,人人都有理性人生规划,规划根据每人面临的条件来制定,旨在令其利益得到稳妥满足。规划安排各种活动,使各种愿望能够得到满足而互不干扰。通过否决不太可能成功的其他计划,或者通过否决不提供如此包容性目标的其他计划,这个计划得到了实施。给定各种可供选择的计划,理性计划是没有改进余地的计划,考虑所有因素,不存在更可取的其他计划。①

【原文】§15-6-p.80

【评析】

1. 原文:"**Let us consider several difficulties. One problem clearly is the construction of the index of primary social goods**"(p.80)。H本:"让我们考虑几种困难。一个困难显然是社会基本善指标的建构问题"(第71页)。新解:"我们不妨来探讨一下若干难题。一个显然是建构社会基本善指数难题。"

2. 原文:"**One does not need to balance these liberties and rights against other values. The primary social goods that vary in their distribution are the rights and prerogatives of authority, and income and wealth.**"(p.80)。H本:"一个人不需要相对于别的价值来衡量这些自由和权利。而那些在其分配中会有变化的主要的基本善是对权威的权利和特权、是收入和财富"(第71页)。新解:"一个人不需要在这些自由和权利与其他价值之间寻求平衡。在分配上各不相同的基本社会善,是职权的权利和特权,收入和财富。"部分学者对此后半句做出了如下解读:"罗尔斯解决

---

① 罗尔斯认为,存在适合于每一个体的最佳人生规划,它就是那个人应当追求的理性人生观划。

指标问题的办法是简化基本善；如果我们规定两个正义原则是先后次序的，这样指标以及序数比较的问题就变得简单了。按照第一正义原则，每个人所拥有的自由和权利都是平等的；按照第二正义原则中的机会平等原则，每个人也都拥有平等的机会。因此，在确定谁是最不利者时，在基本善的指标中可以把自由、权利和机会排除掉，仅仅考虑收入和财富就可以了。因此，最不利者就是那些拥有最少财富和最小收入的人。"① 此种解读只考虑到"收入和财富"的差距，没有考虑"职权的权利和特权"的有无。罗尔斯在这里区分了"基本的自由和权利"（basic liberties and rights）与"权威的权利和特权"（rights and prerogatives of authority）。后者不是基本的自由和权利，就像财富和收入的分配一样，权力和特权的分配千变万化，且非常悬殊。在评估社会基本善的人际差异时，罗尔斯没有抹去这个重要维度。否则，关于最不利者或最弱势群体的认定，单纯变成了收入和财富的人际差距比较，它将是一件相对简单的事情；但实际上并非如此。

当然，该学者并没有一直犯着这样的错误。比如，在同一著作的另一地方，他做出了正确回答。他说："因此，在确定谁是最不利者时，在基本善的指标中可以把自由、权利和机会排除掉，仅仅考虑权力、收入和财富就可以了。因此，最不利者是那些拥有最少权力和最少收入的人们。"②

罗尔斯在这里提到，人们享有的社会基本善，存在阶级差异或阶层差异。由于较受青睐者享有较多的社会基本善，调整他们的社会基本善指数，有利于提高较低社会阶层的基本善指数。因此，差别原则的主要作用在于，提高较低社会阶层的基本善指数。当然，这样的调整只是程度上的，而不是性质上的。这一点对于我们准确理解差别原则至关重要。

3. **原文**："The only index problem that concerns us is that for the least advantaged group"（p.80）. H本："唯一与我们相关的指标问题只是最少受惠阶层的指标"（第71页）。**新解**："我们唯一关注的指数难题，是为最弱势群体设定的指数问题。"

4. **原文**："The primary goods enjoyed by other representative individuals are adjusted to raise this index, subject of course to the usual constraints"（p.80）. H本："由别的代表人享受的基本善要被调整来提高这一指标（当然是在通常的约束条件下）"（第71页）。**新解**："其他代表人享有的基本善要进

---

① 姚大志：《平等》，第107—108页。
② 姚大志：《平等》，第43页。

行调整以提高这一指数，如此调整当然会受到通常的限制。"

5. 原文："It is unnecessary to define weights for the more favored positions in any detail, as long as we are sure that they are more favored"（p. 80）。H本："细致地确定对各种较有利地位的衡量是不必要的，我们只要确信它们是较有利的就够了"（第71—72页）。新解："只要我们确信较受青睐者占据的位置是较受青睐的，就没有必要详细界定它们的权重。"

6. 原文："If we know how the distribution of goods to the more favored affects the expectations of the most disfavored, this is sufficient"（p. 80）。H本："只要我们知道对较有利者的善的分配怎样影响着最不利者的期望，这就足够了"（第72页）。新解："只要我们知道面向较受青睐者分配的基本善影响最不受青睐者预期的方式，这就足够了。"

7. 原文："The index problem largely reduces, then, to that of weighting primary goods for the least advantaged"（p. 80）。H本："这样，指标的问题大都可以归结为衡量最不利者的基本善的问题"（第72页）。新解："因此，指数问题大多可以归结为最无优势者享有的基本善的加权问题。"

8. 原文："We try to do this by taking up the standpoint of the representative individual from this group and asking which combination of primary social goods it would be rational for him to prefer"（p. 80）。H本："我们尝试通过以这一群体的一个代表人的立场，然后探讨究竟哪一种社会基本善的结合方式是这一代表人可以合理地选取的来进行这种衡量"（第72页）。新解："通过站在这个群体的代表人立场上，探讨他所偏好的哪一种基本社会善组合是合理的，我们试图做到这一点。"

【诠释】

我们不妨来探讨一下若干难题。一个显然是建构基本社会善指数（index of primary social goods）难题。假设两个正义原则是按前后顺序排列的，那么这个难题就要简单得多。不仅基本自由总是平等的，而且存在着公平的机会均等；一个人不需要在这些自由和权利与其他价值之间寻求平衡。在分配上各不相同的基本社会善，是职权的权利和特权，收入和财富。但是，由于差别原则的性质，这些难题的难度并不像最初看起来那么大。我们唯一关注的指数难题，是为最弱势群体（least advantaged group）设定指数问题。其他代表人享有的基本善要进行调整以提高这一指数，如此调整当然会受到通常的限制。只要我们确信较受青睐者占据的位置是较受青睐的，就没有必要详细界定它们的权重。尽管他们经常拥有分配不均的多个基本善，但这件事通常不难做到。只要我们知道面向较受青睐者分配的基本善影响最不受青睐者预期的方式，这就足够了。因此，指数问题大多可以归结为最无优势者享有的基本善的加权问题。通过站在这个群体的代表人立场上，探讨他所偏好的哪一种基本社会善组合是合理的，我们试图做到这一点。在这样做时，我们不得不依赖直觉的估计。而这是无法完全避免的。

【原文】§15-7-pp.80-81

【评析】

1. 原文："Another difficulty is this. It may be objected that expectations should not be defined as an index of primary goods anyway but rather as the satisfactions to be expected when plans are executed using these goods"（p.80）。H 本："另一困难是：人们可能反对说，期望无论如何不应定义为基本善的一个指标，而宁可将其定义为利用这些善执行个人计划时所期望得到的满足"（第72页）。新解："另一个难题在于，有人可能反对说，各种预期不应界定为基本善指数，而应界定为使用基本善来执行计划时可预期的满足。"

2. 原文："For it does not look behind the use which persons make of the rights and opportunities available to them in order to measure, much less to maximize, the satisfactions they achieve"（p.80）。H 本："它并不考察人们对他们可利用的权利和机会的使用方式以衡量他们是否得到了满足，更不必说最大限度的满足了"（第72页）。新解："因为它既不考虑人们对使用其可利用的权利和机会以衡量他们获得的满足，也不考虑人们使用其可利用的权利和机会以极大化他们获得的满足。"

3. 原文："The relative merits of different conceptions of the good"（pp.80-81）。H 本："不同的善观念的各自优点"（第72页）。新解："不同善观念的相对优点"。

4. 原文："There is no necessity to compare the worth of the conceptions of different persons once it is supposed they are compatible with the principles of justice"（p.81）。H 本："一旦假定不同个人的观念是与正义观念相容的，就没有必要来比较这些观念的各自价值"（第72页）。新解："一旦断定不同个体持有的各种善观念相容于正义原则，就没有必要对那些善观念进行价值比较。"

5. 原文："Men share in primary goods on the principle that some can

have more if they are acquired in ways which improve the situation of those who have less"（p. 81）. H 本："人们按照这样一种原则来分享基本的善：一些人可以拥有较多的善，如果这些善是通过改善那些拥有较少的善的人的境况的方式而获得的"（第 72 页）。**新解**："人们在分享基本善方面遵循的原则是，如果有人以改善穷人境况的方式获得基本善，那么他可以拥有的基本善将是多多益善的。"

【诠释】

另一个难题在于，有人可能反对说，各种预期不应界定为基本善指数，而应界定为使用基本善来执行计划时可见预期的满足。毕竟，正是在实施这些计划过程中，人们才获得了幸福，因此，对预期的估计不应建立在这些现有手段的基础上。然而，公平正义对此表示异议。因为它既不考虑人们使用其可利用的权利和机会以衡量他们获得的满足，也不考虑人们使用其可利用的权利和机会以极大化他们获得的满足。它也不尝试评估不同善观念（different conceptions of the good）的相对优点。相反，它假定，社会成员是理性人，他们能够根据自身情况协调自己的善观念。一旦断定不同个体持有的各种善观念相容于正义原则，就没有必要对那些善观念进行价值比较。① 只要它不违反正义的要求，每个人都有平等的自由，去追求他喜欢的任何生活计划。人们在分享基本善所遵循的原则是，如果有人以改善穷人境况的方式获得基本善，那么他可以拥有的基本善将是多多益善的。一旦整个安排就绪，就不会存在关于满足总量或至善总量（totals of satisfaction or perfection）的任何问题了。②

---

① 罗尔斯不主张对不同个体持有的不同善观念进行优劣比较，他认为，只要它们符合正义原则，那么它们就都是合理的。

② 公平正义观并不要求平等地分配基本善，后者是一般正义观念提出的要求。这进一步证明，断定一般正义观念与公平正义观念相一致的观点是错误的。罗尔斯在这里讨论的"different conceptions of the good"可以解读为"不同的善观念"，因为它们实际指称的对象是理性人想要获得的社会基本善，它们都可以纳入"权益"的范围，而不是伦理学的"善"的范围。如果用"初始权益"来解读"primary goods"也是完全讲得通的。"初始权益"是比较明确的术语，"基本善"则是比较模糊的术语。当然，鉴于"基本善"概念已在中文世界成为惯用术语，笔者沿用了这个术语。另外，为了保持术语的连贯性和一致性，笔者一般采用"善"来解读"the good"，偶尔用"权益""利益"来解读该术语。为了避免混淆，点到为止，笔者在另一著作中做了专门论证。

【原文】§15 – 8 – p. 81

【评析】
罗尔斯在这一节的最后一个段落谈到了正义理论的哲学属性。罗尔斯表示正义理论是一种哲学理论，属于伦理学或道德哲学，与政治哲学和法哲学具有高度相关性。他力争使正义理论的论证能够达到逻辑自洽。尽管在正义理论的第二编中，罗尔斯不得不讨论一些现实性政治与法律议题，但是他认为，那些讨论仍然在哲学意义上展开。因此，他在这里的见解与1995年为了回应哈贝马斯的批评而表示他的正义理论是政治的而不是哲学的或形而上学的有不少出入。我们的评价是，罗尔斯的正义理论既有哲学的部分，也有政治的和法律的部分，还有经济学和社会学的部分。罗尔斯把不同学科的观念和知识融为一体，我们难以一下子分辨出它们来。

1. 原文："**This seems the most feasible way to establish a publicly recognized objective and common measure that reasonable persons can accept.**"（p. 81）. H 本："这看来是建立一种公认的客观和共同的标准——这标准是理智的人们都能接受的——的最可行方式"（第 72 页）。**新解**："这似乎是最为可行的办法，用来确立通情道理者皆可接受的公认目标，采取他们皆能认可的共同措施。"

2. 原文："**Now founding expectations on primary goods is another simplifying device**"（p. 81）. H 本："这样，在基本善的基础上建立'期望'（expectations）这一概念就是又一种简化的手段"（第 72 页）。**新解**："现在，建立以基本善为依据的预期，是另一种简化手段。"

3. 原文："**If it appears that some of these are being left aside, it is desirable to assure ourselves that such is not the case**"（p. 81）. H 本："如果这些特征中的某一个似乎被搁置一边，那么我们最好能使自己确信它并不属于基本的道德特征之列"（第 72—73 页）。**新解**："如果其中一些基本道德特征看似正在丧失，那么我们理应向自己保证，事实并非如此。"

4. 原文："**But even so, the soundness of the theory of justice is shown as much in its consequences as in the prima facie acceptability of its premises**"（p. 81）. H 本："但即使这样，正义论的健全性也是既表现于其前提的自明的可接受性中，也表现于其结论之中"（第 73 页）。**新解**："即便如此，正义理论的言之成理，既体现在其前提之自明的可接受性上，也体现在其得出的推论当中。"

【诠释】

值得注意的是，这种对预期的解释实际上代表一种共识，即只参照人们认为他们执行计划通常必需的事情来比较人的处境。这似乎是最为可行的办法，用来确立通情达理者皆可接受的公认目标，采取他们皆能认可的共同措施。然而，在如何评估幸福方面，无法达成类似共识，比如说幸福被定义为人们在实施理性计划方面的成功，更不用说根据这些计划的内在价值来界定幸福。现在，建立以基本善为依据的预期，是另一种简化手段。我想顺便说一句，这种简化和其他简化都伴随着某种哲学解析（philosophical explanation），尽管这不是绝对必要的。当然，理论假设须做的不只是简化；它们须要确定基本要素，后者将解析我们想要理解的事实。同样，正义理论诸篇（各部分）必须再现社会结构的基本道德特征，如果其中一些基本道德特征看似正在丧失，那么我们理应向自己保证，事实并非如此。本人将努力遵守这条规则。即便如此，正义理论的言之成理，既体现在其前提之自明的可接受性上，也体现在其得出的推论当中。事实上，这些是不能有效分开的，因此，讨论制度问题，特别是在第二编中讨论制度问题，初看之下可能是非哲学的，实际上这是无法避免的。

§16　相关的社会位置
Relevant Social Positions

【题解】

在这一节中，罗尔斯讨论了适用两个正义原则的"相关的社会位置"（relevant social positions）。"relevant"是一个形容词或限定词，一般解读为"相关的、切题的、适合的、有价值的、有意义的"。"社会位置"（social position）是一个社会学概念，它在政治学中有时解读为"社会地位"。笔者之所以用社会学概念"社会位置"来解读罗尔斯在正义理论涉及的"social position"，因为"社会位置"是比"社会地位"更简单更好测量的社会现象。于是，我们可以读到社会学学者关于"社会位置"的专业解释："由于制度安排，进入城镇就业的流动人口被定位于城镇社会结构系统中的最低社会位置上。流动人口所处的这一群体位置严重制约了他们个人的流动类型。他们的流动不仅遭受制度因素的严格限制，而且还有来自城镇较低阶层的排斥,这使他们难以实现社会位置的上升流动,他们的工作流动表现出他们通常进行的只是水平运动。"① 在社会学中,"一般认为,工业化社会中最能代表社会位置的莫过于职业"②。

在良序社会中,所有的公民或个体都有平等的社会地位(social statuses),但是他们所处的社会位置(social positions)或社会处境(social situations)是不同的。物质决定意识,位置决定立场,处境决定心境。罗尔斯在这一节讨论一些社会位置对于思考社会基本结构的重要性,通过采取两个正义原则,以"缓解自然偶然因素和社会运气因素的任意性"。他主张"尽可能地从平等公民的位置来评价基本结构",表示"平等公民的立场(standpoint)是恰当的立场"。罗尔斯设想的切题的社会位置只有两个:"在大多数情况下,每个人都持有两个密切相关的位置:一是平等公民身份的位置,二是由其在收入和财富分配中的点位确定的位置"(p.82)。第一个位置是平等的,可以解读为人人拥有平等的社会地位;第二个位置是不平等的,可以理解为人人处于不同的社会阶级之中,存在着阶级差别、阶层差别或等级差别。

罗尔斯以农场主为例,来说明他们所处的社会位置是多种多样的,在农场里,既有富裕的大地主、富农,也会有贫农。因此,他们属于不同的阶层或阶级,处于不同的社会位置,有着不同的社会处境。因此,不能简单地讨论农民的社会地位如何。罗尔斯在这里强调各种个体或阶层所处社会位置的多样性,就像同样被称作教师的职业群体,不仅有幼儿园老师,而且有小学、初中和高中老师,以及大学教师。他们都被称作教师,但是其岗位、位置、处境各不相同。罗尔斯要找到"相关的社会位置",也就是"有代表性的社会位置"。

另外,罗尔斯在这里讨论了正义的根本问题(fundamental problem of justice)、正义的首要主体(primary subject of justice)和正义的首要问题(primary problem of justice)。"正义的首要问题涉及这样一些人的关系,他们在日常生活中充分且积极地参与社会活动并在其整个生命周期中直接或间接地联结在一起。因此,差别原则适用于从事社会合作的公民;如果差别原则在这一情况中行不通,那么它似乎在一般意义上也将行不通"(p.84)。解决正义的首要问题,需要借助于差别原则。"正义的首要主体

---

① 李春玲:"社会结构变迁中的城镇社会流动",《社会学研究》1997 年第 5 期。
② 折晓叶、陈婴婴:"中国农村'职业—身分'声望研究",《中国社会科学》1995 年第 6 期。另参阅 Nan Lin & Wen Xie, "Occupational Prestige in Urban China", *American Journal of Sociology*. Vol. 93, No. 4, Jan. 1988。

是社会的基本结构。"(p.82)适用社会基本结构的正义原则,主要地不是差别原则。H本把"the primary subject of justice"解读为"正义的首要问题"(第73页),容易让读者产生误解。

【原文】§16-1-pp.81-82

【评析】

在这个段落中,《正义论》修订版删掉了第一版的一个语句:"例如,差别原则要求,处境较有利者的较高预期须有益于处境最不利者的前景。或者,像我有时较为笼统地说的那样,社会不平等和经济不平等必须符合各种相关位置的代表人利益。"

1. 原文:"The position of certain representative individuals"(p.81). H本:"某些代表人的地位"(第73页)。新解:"某些代表人的位置"。

2. 原文:"And so on for other occupations and groups indefinitely"(p.82). H本:"等无数可细分的职业和集体"(第73页)。新解:"等无数其他职业和群体"。

3. 原文:"Such a multiplicity of positions"(p.82). H本:"这样多的地位"(第73页)。新解:"如此纷繁多样的位置"。

4. 原文:"The assessment of so many competing claims is impossible"(p.82). H本:"评价如此多的冲突要求是不可能的"(第73页)。新解:"评估如此多竞争性诉求是不可能的。"

【诠释】

在将两个正义原则应用于社会基本结构时,我们要考虑某些代表人的位置,并考虑社会系统对待他们的方式。处于如此处境的那些个体的视角,界定了与之相应的一般观点。不过可以肯定的是,所有社会位置并非都是切题的。比如说,世上不仅有农场主,而且有生产牛奶的农场主、种植小麦的农场主、耕种大片土地的农场主等无数其他职业和群体。如果我们必须考虑如此纷繁多样的位置(such a multiplicity of positions),我们就不可能有处理它们的融贯理论。(处于每一个位置的职业和群体都有自己的诉求)评估如此多竞争性诉求是不可能的。因此,我们需要确定某些位置比其他位置更为基本,并为判断社会系统提供某个适当立场(appropriate standpoint)。于是,这些位置的选择(choice of these positions)就成为正义理论的一部分。那么,我们应该根据什么原则来识别(和确认)它们呢?

【原文】§16-2-p.82

【评析】

1. **原文**:"The primary subject of justice, as I have emphasized, is the basic structure of society. The reason for this is that its effects are so profound and pervasive, and present from birth"（p.82）。H本:"正如我强调的，正义的主要问题是社会的基本结构，其理由是它的影响是极其深刻和广泛并自生伊始"（第73页）。H本表达了这个语句的大致意思，但有个细节要注意，即关于短语"The primary subject of justice"。这个短语在《正义论》正文中一共出现了4次（p.3；p.7；p.74；p.82）。在《正义论》第一章第2节中，H本解读为"正义的首要主题"（第6页）。H本在这里解读为"正义的主要问题"。H本在关键术语上没有保持一致性，给中文读者带来很大困惑。"the primary subject of justice"所指主体具有唯一性，就是"社会的基本结构"，两者可以划上等号。至于罗尔斯在这里提到的"正义的根本问题"（fundamental problem of justice）和"正义的首要主体"（primary subject of justice）所指称的对象是不是一样的，则是另一个问题。**新解**:"正如本人一直强调的，正义的首要主体是社会的基本结构。之所以如此，是因为它产生的各种效应如此深不可测、无处不在且与生俱来。"

2. **原文**:"The division of the benefits of social cooperation"（p.82）。H本:"划分社会合作产生的利益"（第73页）。**新解**:"社会合作产生的收益划分"。罗尔斯在《正义论》其他地方用另一个短语来表达相似的意思，那个短语是"the division of the advantages of social cooperation"。笔者把它解读为"社会合作的优势和利益划分"，以示区别。

3. **原文**:"In accordance with the principle of free association"（p.82）。H本:"符合自由联合的原则"（第73页）。**新解**:"按照自由结社原则"。

4. **原文**:"By choosing these positions to specify the general point of view one follows the idea that the two principles attempt to mitigate the arbitrariness of natural contingency and social fortune"（p.82）。H本:"在选择这些指示着一个普遍的观察点的地位时，我们遵循的是这样一个观念：两个正义原则试图减轻自然的偶因和社会的幸运的任意影响"（第73页）；X本:"人们选择这些地位来说明这种普遍观点，也就是遵循了这两个原则要缩小自然意外事故和社会命运的随意性这种思想"（第107页）。有人把这里的词语"arbitrariness"解读为"专横性"，不是很确当。① **新解**："我们的设想是，通过选择这些位置以确定这个一般观点，两个正义原则尝试缓解自然偶发事件和社会际遇的任意性。"

【诠释】

为了回答这个问题，我们必须牢记正义的根本问题和两个正义原则处理这个问题的方式。正如本人一直强调的，正义的首要主体是社会的基本结构。之所以如此，是因为它产生的各种效应如此深不可测、无处不在且与生俱来。就社会合作产生的收益划分而言，这种结构有利于某些起点，但不利于其他起点。两个正义原则规制的正是这些不平等。一旦这些原则得到满足，其他不平等便可以产生于人们按照自由结社（自由交往、自由往来）原则开展的自愿行动。因此可以说，相关的社会位置是适当归纳和合计的起点。我们的设想是，通过选择这些位置以确定这个一般观点，两个正义原则尝试缓解自然偶发事件和社会际遇的任意性。

【原文】§16–3–p.82

【评析】

《正义论》修订版删掉了其第一版这一段落的最后一个语句："在判断社会系统时，我们必须抛开较为特定的利益和群体，而是按照这些代表人的观点来看待我们的处境。"

1. 原文："Each person holds two relevant positions: that of equal citizenship and that defined by his place in the distribution of income and wealth"（p.82）。H本："每个人主要占据两种相关地位：平等公民的地位和在收入与财富分配中的地位"（第73页）。**新解**："每个人都持有两个相关位置：一是平等公民身份的位置，二是由其在收入和财富分配中的点位确定的位置。"这两个位置分别由两个正义原则来规制和调节。

2. 原文："The relevant representative men, therefore, are the representative citizen and the representatives of those with different expectations for the unequally distributed primary goods"（p.82）。H本："所以，相关的代表人就是有代表性的公民和代表那些对不平等分配的基本善具有不同期望的人"（第73页）；X本："所以，相关的代表人就是有代表性的公民和代表不同福利水平的人"（第107页）。**新解**："所以，相

---

① 莱宁：《罗尔斯政治哲学导论》，孟伟译，人民出版社2012年版，第1页。

关的代表人是公民代表人,是对不平等分配的基本善抱有不同预期的个体的代表人。"

3. 原文:"Instead, we are to adjust the whole scheme to suit the preferences of those in the so-called starting places"(p. 82). H 本:"而是要把整个结构调整得适合于那些正站在各种出发点上的人们的意愿"(第 73—74 页)。X 本:"事实上,我们应该调整整个安排,使之与处于所谓起点上的那些人的选择相适应"(第 107 页)。**新解:"相反,我们要调整整个方案,以适应处于所谓的起点上的那些人的偏好。"**

【诠释】

本人于是设想,在大多数情况下,每个人都持有两个相关位置:一是平等公民身份的位置,二是由其在收入和财富分配中的点位确定的位置。所以,相关代表人是公民代表人,是对不平等分配的基本善抱有不同预期的个体的代表人。因为本人假定,一般而言,其他位置都是可以自愿进入的,所以在判断基本结构时,我们不必考虑在这些(可以自愿进入的)位置上的人的观点。相反,我们要调整整个方案,以适应处于所谓起点上的那些人的偏好。①

【原文】§16 – 4 – pp. 82 – 83

【评析】

罗尔斯在这里讨论的"the position of equal citizenship",直接借用洛克和卢梭提出的"人生而自由和平等"的古典自由主义假设,表示"人人享有平等公民身份的位置"。这个位置不是初始位置。初始位置决定正义原则的选择是罗尔斯提出的新假设,是不同于古典自由主义和传统社会契约论的地方。

1. 位置(position)是客观的,立场(standpoint)是主观的。位置决

---

① 处于不同社会位置的社会成员会产生不同的社会基本善预期。罗尔斯在这里谈到了一些关键位置的重要性,它们决定着人们的不同权利、利益和诉求。它们是造成人们具有不同社会地位和社会身份的根源,但是它们本身不是社会地位或社会身份。公平正义重视在起点上的人际平等。它不是把每一个个体的起点利益的极大化作为首要目标,而是把每一个个体的起点权利和利益的不至于受损作为首要目标。这是对休谟效用观念的继承。休谟认为,效用的基本作用并不在于极大化个体的福祉或利益,而在于最小化个体的痛苦或不幸。因此,效用要把避免痛苦放在第一位。罗尔斯关于初始位置的设定潜藏着休谟的这个假定。

定立场，但是位置不等于立场。罗尔斯在这里对两者作了微妙的区分。同样地，关于"distributive effects"。这是一个经济学术语，意思为"**分布效应**"，而不是 H 本："分配的结果"（第 74 页）。

2. 原文："**Institutions are ranked**"（p. 83）。H 本："我们评价制度"（第 74 页）。新解："各种制度的排序"。

3. 原文："**Reasonable regulations to maintain public order and security, or efficient measures for public health and safety, promote the common interest in this sense**"（p. 83）。H 本："维护公共秩序和安全的合理规则、维护有利于公众健康和卫生的有效措施就在此意义上推进了公共利益"（第 74 页）。新解："为了维持公共秩序和公共安全而实行的合理监管，或者，为了维护公共卫生和生命安全而采取的有效措施，促进了如此意义的共同利益。"这个语句中的术语"common interest"不能解读为"公共利益"，而应解读为"共同利益"。罗尔斯把它作为一个原则来对待，是一个一荣俱荣、一损俱损的"同舟共济、荣辱与共"的原则。如果解读为"公共原则"则丧失了与每一个个体的利益的这种切身性，这是他在这一节讨论"相关的社会位置"的动机所在。

【诠释】

现在，我们应该尽可能以平等公民身份的位置（position of equal citizenship）来评价基本结构。这一位置由平等自由原则和公平机会均等原则要求的权利和自由所确定。当这两个原则得到满足时，所有人都是平等的公民（equal citizens），因此，每个人都持有这一位置。从这个意义上说，平等的公民身份（equal citizenship）界定了一个一般观点。在基本自由中间的裁决问题可以参照它来解决。① 本人将在第四章中讨论这些问题，但是在这里应该指出的是，从这个位置出发，也可以考虑许多社会政策问题。因为有些事情关系到每个人的利益，就那些事情来说，分布效应（distributive effects）是无关紧要的或毫不相关的。在这些情况下，可以适用共同利益原则。② 按照这一原则，各种制度的排序（编制和排名），要么取决于它们如何有效地保证所有人平等地实现目标所需的条件，要么取决于它们如何有效地推进有利于每个人的共同目标。因此，为了维持公共秩序和公共安全而实行的合理监管，或者，为了维护公共卫生和生命安全而采取的有效措施，促进了如此

---

① 即基本自由和基本权利是什么，哪一些具有优先性等问题。
② principle of the common interest，同舟共济和荣辱与共原则。

意义的共同利益。在正义战争中，为了保家卫国所付出的集体努力也是如此。有人或许认为，维护公共卫生和公共安全，或者在正义战争中取得胜利，具有分布效应：因为那些预期较高者有较多东西可以损失，他们将受益较多。但是，如果社会不平等和经济不平等是正义的，那么可以撇开这些效应，共同利益原则是适用的。平等公民的立场（standpoint）是一个恰当的立场。

【原文】§16-5-p.83

【评析】

1. 原文："For one thing, taking these individuals as specified by the levels of income and wealth, I assume that these primary social goods are sufficiently correlated with differences in authority and responsibility"（p.83）。H本："其中一点是，当我把这些代表人看作是由收入和财富水平决定的时候，我假定这一类基本社会善是与权威和责任紧密相关的"（第74页）。新解："首先，这些个体通过收入和财富水平而得到具体规定，本人假定这些基本社会善与权责差异有着充分的关联。"H本漏掉了"差异"。

2. 原文："Those with greater political authority, say, or those with more responsibility in various associations, are in general better off in other respects"（p.83）。H本："那些拥有较大的政治权威，或在各种团体中有更多责任的人一般在别的方面也状况较好"（第74页）。新解："那些拥有较大政治权限的人，或者那些在各结社或团体中负有较大责任的人，在其他方面一般而言会处境更好些。"H本的翻译是准确的。

3. 原文："The serious difficulty is how to define the least fortunate group"（p.83）。H本："严重的困难是怎样确定最不走运的群体"（第74页）。新解："令人头痛的难题是，如何确定最不幸运的群体。"

【诠释】

有些人适合担任判断社会不平等和经济不平等的代表人，然而对他们的界定并不令人满意。首先，这些个体通过收入和财富水平而得到具体规定，本人假定这些基本社会善与权责差异有着充分的关联。也就是说，本人假定，那些拥有较大政治权限的人，或者那些在各结社或团体（包括政府公共部门）中负有较大责任的人，在其他方面一般而言会处境更好些。整体而言，这个假设对我们的目的来说似乎是足够可靠的。还有一个问题是，要选出多少这样的代表人，但是这并不重要，因为差别原则将选出代表人去担任某个特殊角色。令人头痛的难题是，如何确定最不幸运的群体。

【原文】 §16 - 6 - pp. 83 - 84

【评析】

在讨论"the fundamental problem of justice"（p. 82）和"the primary subject of justice"（p. 82）之后，罗尔斯在这里谈到了"the first problem of justice"（p. 84）。罗尔斯说："正义的首要问题（first problem of justice），涉及这样一些人的关系，他们在日常生活中充分地且积极地参与社会活动，并在其整个生命周期中直接或间接地互相联系在一起。"前面三个英文短语可能指称三个不同的对象。这表明，把包含短语"the primary subject of justice"的语句"the primary subject of justice—is the basic structure of society"（p. 82）解读为"正义的主要问题是社会的基本结构，其理由是它的影响是极其深刻和广泛并自生伊始"（第72页）是可疑的。这些表述的相互关系值得认真推敲。

罗尔斯在这里提到了疑难个案（hard cases），它让人想起德沃金关于这一论题的专门探讨。那些探讨奠定了后者在法哲学和政治哲学领域的权威地位。然而，罗尔斯却劝告世人，不要去关注这些疑难个案。他担心，只是关注个案会让人忽视对最不利群体的整体关切。这可以看出罗尔斯整体性政治哲学和德沃金完备性法哲学之间的区别。德沃金认为，法律制度在原则上是完备的，但存在法律空白地带，自由裁量的范围是有限的。罗尔斯则认为，如果考察现有的社会基本制度，那么几乎所有的基本制度都是不完全的，因为它们的原则是有问题的。所以，我们需要重新确立原则，来改造或修订这些基本制度。因此，德沃金的法哲学是一种至善论法哲学，罗尔斯的政治哲学则是一种契约论的建构主义的政治哲学。德沃金从来没有对法律的原则表示过怀疑，罗尔斯则对它们进行了全面的重新审查。所以，虽然罗尔斯和德沃金都是自由主义者，但是，德沃金是相信法律制度在原则上是完整的或完备的观点，罗尔斯则认为法律原则存在着不同的表现形式，它们相互之间可能是冲突的。我们需要为这些可能冲突的法律原则找到评判它们的哲学依据。那些依据不存在于法律原则当中，而存在于我们给定的更加一般的哲学原则当中。德沃金否认它们的客观实在性，以此否定罗尔斯一生的学术追求。罗尔斯表示，占据主导地位的某些原则，比如效用原则可能是错误的，完全的基本制度是有待建立的。德沃金主要在法哲学层面思考原则，罗尔斯则从政治哲学层面思考原则。德沃金认为，罗尔斯的正义原则是虚拟的，不具有可操作性或强制性，因为它们只是一些契约论意义上的虚假的协议，而不是法律意义上的真正的原则。从这些考察可知，罗尔斯比德沃金有着更加高远的学术追求。

1. 原文："**To fix ideas, let us single out the least advantaged as those who are least favored by each of the three main kinds of contingencies** (p. 83). H本："为观念明确起见，让我们把最不利者视作在三种主要偶因方面的某一方面最不走运的人们"（第74页）。**新解："为了明确某些理念，我们把最无优势者列为在三大类偶然因素的每一点上都是最不受青睐者。"** 需要指出的是，这些不幸运者仍然是有着正常智力和体能的普通公民，而不是像失能者或丧失劳动能力者这样的特殊群体。这成为努斯鲍姆批评罗尔斯正义理论的一个重要入口。当然，罗尔斯对自己的做法或假设进行了有效辩护。

2. 原文："**This group includes persons whose family and class origins are more disadvantaged than others, whose natural endowments (as realized) permit them to fare less well, and whose fortune and luck in the course of life turn out to be less happy, all within the normal range (as noted below) and with the relevant measures based on social primary goods**"（p. 83）. H本："这个群体就包括那些其家庭与阶级出身是比别人较不利的；其（被实现的）天赋使他们所得甚少；在其生命历程中的运气又较差而使他们更为不幸，而所有这些又是在一个正常范围内（如下所述）基于社会基本善的相关标准"（第74页）。**新解："这一群体包括这样的个体，他们的家族渊源和阶级出身比其他人更无优势，他们的（作为已经实现的）自然禀赋令其入不敷出，他们时运不济，生活并不如意，然而所有这一切又都在正常范围之内（如下所述），且符合基于社会基本善的相关度量。"** 罗尔斯在这里给"最无优势者"下了一个定义，他们是家庭和阶级出身不好，个体自然禀赋有限（后天也不怎么努力），再加上个人生命中的运气也不太好的人。社会关系、个体能力和生活运气样样不如他人，我们一般讲的弱势群体，他们没权、没钱、没关系，也就是所谓的三无群体。

3. 原文："**The first problem of justice concerns the relations among those who in the everyday course of things are full and active participants in society and directly or indirectly associated together over the whole span of their life**"（p. 84）. H本："正义的首要问题是要关注那些在日常事务中是社会的充分和积极的参与者的人们之间的联系"（第75页）。**新解："正义

的首要问题涉及这样一些人的关系，他们在日常事务中充分地且积极地参与社会活动，并在其整个生命周期中直接或间接地联系在一起。"H 本漏掉了原文中的限定短语"and directly or indirectly associated together over the whole span of their life"，亦即"并在其整个生命周期中直接或间接地联系在一起"。这里的"over the whole span of their life"也可解读为"在其一生中"。

4. 原文："**The difference principle is to apply to citizens engaged in social cooperation**"（p. 84）。**H 本**："差别原则就是要用于介入社会合作的公民"（第 75 页）。**新解**："差别原则将适用于从事社会合作的公民。"

【诠释】

为了明确某些理念，我们把最无优势者(least advantaged) 列为在三大类偶然因素的每一点上都是最不受青睐者(those who are least favored，最为时运不济者)。于是，这一群体包括这样的个体，他们的家族渊源和阶级出身比其他人更无优势，他们的（作为已经实现的）自然禀赋令其入不敷出，他们时运不济，生活并不如意，然而所有这一切又都在正常范围之内（如下所述），且符合基于基本社会善的相关度量。在实践中，各种修正定然是不可少的，但是对最无优势者的如此粗略定义，恰当地表达了与偶然因素问题的关联，并且符合我们在此的目的。本人假定，每个人的生理需要和心理能力都在正常范围之内，所以，他不会出现身体健康问题和心智能力问题。除了过早引入可能超出我们的正义理论的那些问题之外，思考这些疑难个案(hard cases) 会分散我们的道德感知能力，引导我们去思考那些远离我们、其命运令人怜悯且令人不安的人们。正义的首要问题涉及这样一些人的关系，他们在日常事务中充分地且积极地参与社会活动，并在其整个生命周期中直接地或间接地联系在一起。因此，差别原则将适用于从事社会合作的公民；如果差别原则在这件事情上行不通，那么它似乎在一般意义上也将行不通。①

【原文】 §16 - 7 - p. 84

【评析】

1. 原文："**Another criterion is one in terms of relative income and**

---

① 差别原则的适用对象是正常而健康的普通个体，不包括各种存在严重身心健康问题或心智缺陷的人。后面这一类个体适用的不是差别原则，而是仁慈政策或救济政策。这是罗尔斯与森和努斯鲍姆的重要分歧所在。后者从可行能力角度考察个体实现自我价值的差异，认为失能者或伤残者也应作为正义理论研究的对象。罗尔斯把伤残者或失能者排除在正义理论的讨论之外，只是为了简化其研究对象和相应原则，并不是他的理论的局限，而是一种实现理论完善性的策略。

wealth with no reference to social positions. For example, all persons with less than half of the median may be regarded as the least advantaged segment"（p. 84）. H 本："另一个标准是仅仅通过相对的收入和财富而不管其社会地位来确定。这样，所有收入达不到社会平均收入一半的人都可以算作最不利的阶层"（第 75 页）。**新解**："另一标准是由相对收入和财富确定的标准，不涉及社会位置。例如，所有达不到中位数一半的人都可以被视为最无优势者阶层。""社会平均收入"和"中位数"是两个不同的概念，可惜 H 本把它们搞混了。

2. **原文**："This criterion depends only on the lower half of the distribution and has the merit of focusing attention on the social distance between those who have the least and the average citizen"（p. 84）. H 本："这一定义仅仅依赖于分配中较低的一半阶层，有使人集中注意最不利者与一般公民之间的社会差距的优点"（第 75 页）。**新解**："这一标准仅仅取决于分布的下半部分，其优点是关注最少收入者和中等收入公民之间的社会差距。"在这个语句中，短语"the lower half of the distribution"，如果解读为"分配中较低的一半阶层"，会让人感到不知所云，其正解是：**"分布的下半部分"**，指的是其收入和财富的分布处于较低位置的那些公民，也就是所谓的"低收入阶层"，是"中等收入阶层"以下的由"最低收入阶层"和"较低收入阶层"组成的阶层。罗尔斯明明是在讨论"标准"而非"定义"，H 本还是理解错了。此外，罗尔斯在这里进行的是不同阶层公民收入差距的比较。这里的短语"the social distance between those who have the least and the average citizen"应解读为**"最少收入者和中等收入公民之间的社会差距"**，而不是"最不利者与一般公民之间的社会差距"。这说明罗尔斯的观察和思考是极其精细的，他知道"最少收入者"不一定具有公民资格或权利。

3. **原文**："Either of these criteria would appear to cover those most disfavored by the various contingencies and provide a basis for determining at what level a reasonable social minimum might be set and from which, in conjunction with other measures, society could proceed to fulfill the difference principle"（p. 84）. H 本："这两个定义中的任何一个，看来都包括了那些在各种偶因方面最不利的人们，并可以为确定一条合理的社会底线提供依据，在此基础上，辅之以其他措施，社会就可以满足差别原则"（第 75 页）。**新解**："这两个标准中的任何一个标准似乎都涵盖了因各种偶然因素而导致的最不幸运者，为设定合理的社会最低保障应当确立于什么水平提供了基础，并且结合其他措施，社会可以着手落实差别原则。"

【诠释】

现在，在实际确认最不受青睐的群体时，似乎难以避免某种武断性。可能的办法是，挑选特定的社会位置，比如说非熟练工人的社会位置，然后把同处在这一位置的收入和财富大致相当或更少的所有人都算作是最不受青睐者。另一标准是由相对收入和财富确定的标准，不涉及社会位置。例如，所有达不到中位数(median)一半的人都可以被视为最无优势者阶层。这一标准仅仅取决于分布的下半部分，其优点是关注最少收入者和中等收入公民之间的社会差距。① 这两个标准中的任何一个标准似乎都涵盖了因各种偶然因素而导致的最不幸运者，为设定合理的社会最低保障应当确立于什么水平提供了基础，并且结合其他措施，社会可以着手落实差别原则。任何程序都会有点儿专有属性。然而，鉴于哲学论据或其他论据导致的更加精细的区分能力迟早将会耗尽，我们有权在某种程度上为实际考虑作辩护。本人假定，站在初始位置上的人理解这些问题，并相应地评估与其他备选原则相比的差别原则。②③

【原文】§16-8-pp. 84-85

【评析】

1. 原文："Since these characteristics cannot be changed, the positions they define count as starting places in the basic structure"（pp. 84-85）。H 本："由于这些特征不可能改变，它们确定的地位就被算作社会基本结构中的出发点"（第 75 页）。**新解**："因为这些特征是无法改变的，所以它们确定的位置被视为在基本结构中的起始点位。"

2. 原文："Distinctions based on sex are of this type, and so are those depending upon race and culture"（p. 85）。H 本："两性的差别就是这种类型的差别，那些基于种族和文化的差别也是如此"（第 75 页）。**新解**：

---

① 关于这一定义，参阅鲍曼（M. J. Bowman）关于所谓富克斯准则（Fuchs criterion）的讨论。鲍曼："富足社会中的贫困"，收录于张伯伦（N. W. Chamberlain）编《当代经济问题》，伊利诺伊霍姆伍德：R. D. 欧文出版社 1969 年版，第 53—56 页。——原注
② 我感谢斯科特·布尔曼（Scott Boorman）澄清了这一点。——原注
③ 不同社会阶层的经济收入或财富积累是衡量其社会地位的重要尺度。差别原则首先是一个经济原则，可以从经济学角度来划分哪些社会阶层适用这个原则。罗尔斯提出相对收入和财富概念，并且以"中位数的一半"来认定"最无优势者阶层"。这些分析都是合理的。

"基于性别的区分属于这种类型，基于种族和文化的区分也是如此。"

3. 原文："Such inequalities multiply relevant positions and complicate the application of the two principles"（p. 85）。H本："这种不平等增加了许多要考虑的相关地位，使两个原则的应用复杂化"（第76页）。**新解**："这些不平等既增加了相关位置的数量，又复杂化了两个正义原则的应用。"

4. 原文："These inequalities are seldom, if ever, to the advantage of the less favored"（p. 85）。H本："这些不平等就算能够有利于最不利者的利益的话，也很少有这种情况"（第76页）。**新解**："即使有的话，这些不平等很少针对较不幸运者的优势。"

【诠释】

于是，在尽可能的范围之内，公平正义既从平等的公民资格或公民身份的位置（position of equal citizenship）来评价社会系统，也从收入和财富的不同层级来评价社会系统。然而，有时可能需要考虑其他位置。例如，如果存在基于固定自然特征的不平等基本权利，这些不平等将筛选出相关位置。因为这些特征是无法改变的，所以它们确定的位置被视为在基本结构中的起始点位（starting places）。基于性别的区分属于这种类型，基于种族和文化的区分也是如此。因此，倘若男性在分配基本权利时更受青睐，那么只有在有利于女性并且站在女性立场能够接受它的情况下，这种不平等才可以（在一般解释中）通过差别原则得到证明（正当辩护）。类似条件适用于证明（证成）种姓制度，或者适用于证明人种不平等或种族不平等（§39）。这些不平等既增加了相关位置的数量，又复杂化了两个正义原则的应用。另一方面，即使有的话，这些不平等很少针对较不幸运者的优势（或利益），因此，在正义社会中，较小数量的相关位置通常应该足够。①

---

① 除了公民在社会基本政治制度中享有的权利和资格，在社会阶层中获取的经济收入和财富，他们的性别、种族、种姓、肤色等自然和文化因素也影响着差别原则的适用范围。但是罗尔斯表示，过分考虑后面这些影响因素，会使差别原则的适用变得更加复杂。因此，他主张排除后面这些因素。罗尔斯确认这些较少数量的相关社会位置，只是为了确认在社会中的较低收入阶层，那些阶层是差别原则的受益阶层。因此，寻找这些位置与假设"初始位置"的目的完全不同，不得把两者联系起来进行考虑。处于"初始位置"上的各方中是不存在"较弱者"的或者"处境不利者"的，而是在体能、心智等方面大致相同的。

第二章　正义原则　385

【原文】§16 – 9 – p. 85

【评析】

1. 原文："The judgments made from the perspective of the relevant positions override the claims that we are prone to make in more particular situations"（p. 85）。H 本："从相关地位的角度做出的判断克服了我们容易在较特殊境况中提出的要求"（第 76 页）。新解："从相关位置视角做出的判断必须凌驾于我们在较为特定的情况下易于提出的诉求之上。"

2. 原文："Unless the viewpoint of the relevant positions has priority, one still has a chaos of competing claims"（p. 85）。H 本："除非相关地位的观点有一种优先权，否则人们还会在各种冲突的要求面前陷入混乱"（第 76 页）。新解："除非相关位置的观点具有优先性，否则人们仍然会有一大堆相互竞争的诉求。"

3. 原文："The two principles express, in effect, an understanding to order our interests by giving certain of them a special weight"（p. 85）。H 本："两个原则实际上就表达了一种通过给予我们的某些利益以特殊的重视来有序地安排我们的利益的理解"（第 76 页）。新解："两个正义原则实际上表达了一种谅解，即通过赋予某些利益以特殊权重，来对我们的利益进行排序。"

【诠释】

现在，重要的在于，从相关位置视角做出的判断必须凌驾于我们在较为特定的情况下易于提出的诉求(求偿权)之上。如果我们从更加具体的位置来看待自己，那么并非每个人都能从两个正义原则提出的要求中获益。而且，除非相关位置的观点具有优先性，否则人们仍然会有一大堆相互竞争的诉求(求偿权)。因此，两个正义原则实际上表达了一种谅解，即通过赋予某些利益以特殊权重，来对我们的利益进行排序(所以存在优先求偿权)。例如，从事特定行业的人往往发现，自由贸易背离他们的利益。也许，没有关税或其他限制，这个行业就无法保持繁荣。但是，如果从平等公民的观点来看，或者从最少优势者的视角来看，自由贸易是可取的，那么即使较为特定的利益暂时受到了损害，自由贸易也是正当的。因为我们要预先同意正义原则，并从一定位置的立场出发(from the standpoint of certain positions)始终如一地适用这些原则。一旦代表人的处境得到更加狭义的界定，就无法保证在每一时段内的每项利益都得到保护。如果我们承认某些原则和适用于这些原则的某种方式，我们就必须接受其后果。当然，这并不意味着，不许可遏制自由贸易的严苛要求。但是，要从适当的总体角度来考虑缓和自由贸易之严苛要求的安排。①

【原文】§16-10-pp.85-86

【评析】

1. 原文："The relevant social positions specify, then, the general point of view from which the two principles of justice are to be applied to the basic structure"（p.85）。H本："相关的社会地位就指示了一种一般的观察点，两个正义原则将通过它应用于社会基本结构"（第76页）。**新解**："相关的社会位置具体规定了将两个正义原则适用于基本结构的一般观点。"

2. 原文："Each person is an equal citizen and all have a place in the distribution of income and wealth or in the range of fixed natural characteristics upon which distinctions are based"（p.85）。H本："每个人都是一个与别人平等的公民，都在收入和财富的分配中，或作为分配基础的确定的自然特征系列中占有一个地位"（第75页）。**新解**："每个人都是平等的公民，在收入和财富分配中占有一席之地，或在区分得以产生的固定自然属性范围内占有一席之地。"

3. 原文："By selecting the so-called starting places one follows out the idea of mitigating the effects of natural accident and social circumstance. No one is to benefit from these contingencies except in ways that redound to the well-being of others"（pp.85-86）。H本："通过选择所说的出发点，我们贯彻了减少自然事件与社会环境中偶然因素的影响的观念。除非以一种泽及他人福利的方式，没有人能从这些偶然因素中获益"（第76页）。**新解**："通过选定所谓的起始点位，人们意在缓解自然意外因素和社会环境因素的效应。除非以有助于他人福祉的方式，谁都不能从这些偶然因素中获益。"

---

① 当涉及某个具体政策时，比如，当涉及自由贸易和关税政策时，罗尔斯表示还是要照顾各方利益，在这里罗尔斯没有坚持单一视角，而主张多元视角，折衷主义的策略居于主导地位。各方利益的极大化或相互协调是最佳选择。

【诠释】

于是，相关的社会位置具体规定了将两个正义原则适用于基本结构的一般观点。因为每个人都是平等的公民，在收入和财富的分配中占有一席之地，或者在区分得以产生的固定自然属性范围内[1]占有一席之地，所以，每个人的利益都得到考虑。选择相关的社会位置，对于融贯的社会正义理论是必要的，选中的位置应当符合首要原则(first principles)。通过选定所谓的起始点位(starting places)，人们意在缓解自然意外因素和社会环境因素的效应。除非以有助于他人福祉的方式，谁都不能从这些偶然因素中获益。

§ 17 平等的趋向
The Tendency to Equality

【题解】

罗尔斯认为两个正义原则表达了一种平等主义正义观念，表示"有一种反对公平机会原则的意见认为，这个原则将导致由精英主导的社会。我想要回应这种反对意见"(p.86)。罗尔斯在这一节讨论了差别原则所起的补偿作用及其适用范围。差别原则旨在推进人际平等，减少自然意外因素和社会偶发事项对社会不平等的影响力。罗尔斯尤其提到在教育领域实施差别原则对于促进人际平等的积极作用。罗尔斯在这里也批评了像哈耶克那样的经济学家对社会不平等和经济不平等的默许，强调差别原则在实现博爱理想上的积极作用。不过，科恩对此表示异议，他说用博爱概念解释的差别原则"不符合市场最大化者的自我利益动机"[2]。科恩否认追求自我最大利益的自由市场动机，一般会兼顾社会处境弱小者利益，前者是自由资本动机；后者是社会公益动机。比如，以巴菲特、比尔·盖茨等为代表的跨国资本力量，在追求资本利益时，有的会兼顾社会公益。但是，要让他们的个人逐利动机与博爱目标紧密联结，以差别原则作为资本决策和资本运作的指导原则，这是困难的，也是荒谬的。也就是说，差别原则难以

---

[1] 比如性别、年龄、种族、人种、身高、体能等，它们都是自然属性，是可以明确测量的或明确的。

[2] G. A. Cohen, *Rescuing Justice and Equality*, Cambridge, MA: Harvard University Press, 2008, p. 130.

达成资本趋利和人心博爱之间的共赢或对等。这就是科恩揭示的差别原则可行性难题。罗尔斯的确尝试解决这一难题，他表示，差别原则能够实现自我利益动机与社会博爱目标的一致。

针对科恩的指责，有学者做出了出色的回应，替罗尔斯作了有力辩护："当差别原则被用来设计和调节社会与经济制度时，它本身就已经禁止（或旨在禁止）制度层面上的最大化自我利益行为，否则罗尔斯就不可能声称差别原则对应于博爱的一种自然含义。差别原则本质上蕴含了罗尔斯所说的'互惠性要求'，而在罗尔斯这里，这个要求本身就被设想为公平合理的社会合作的必要条件，而且并不是按照霍布斯式的'理性互利'的观念来设想的——这个要求并不等同于有约束的自我利益最大化要求，因为罗尔斯对正义的目的的设想根本上不同于一种霍布斯式的设想。"①

在这一节最后一个段落，罗尔斯提到了"开放社会"。他表示："到目前为止，本人认为，自然资质的分布是一个自然事实，没有人试图改变它，甚至没有人考虑到它。在一定程度上，这种分布必然会受到社会制度的影响。例如，种姓制度倾向于将社会划分为隔离的生物种群，开放社会则鼓励最广泛的遗传多样性。"（p. 93）显然，他讲的不是卡尔·波普尔意义上的"开放社会"。他主要在人类物种意义上谈论开放社会的"遗传多样性"，而没有谈到开放社会的文化、道德、宗教和哲学的观念多样性。因此，吉拉德·高斯猜测，罗尔斯设想的良序社会将是一个"完全正义的和道德同质的"社会。"在那样的社会里，我们全都赞同正确的原则，我们的制度遵循那些原则。"② 开放社会是异质社会，良序社会可能是同质社会。"与这个关于终极正义和道德同质的理想相比，我们实际上生活在有着不同宗教、道德和哲学视野的不同社会，像是生活在一个混乱的洞穴里。"③

罗尔斯在这一节对第一版有多处修订，H 本修订版没有做出相应处理，提供的仍然是第一版内容。这多少让其修订版名不符实，也是对作者本人意愿的不尊重。

---

① 徐向东："基本结构与背景正义——反驳柯亨对罗尔斯的批评"，《中国人民大学学报》2021 年第 5 期。
② Gerald Gaus, *The Tyranny of the Ideal: Justice in a Diverse Society*, Princeton, NJ: Princeton University Press, 2016, p. xix.
③ Gerald Gaus, *The Tyranny of the Ideal: Justice in a Diverse Society*, Princeton, NJ: Princeton University Press, 2016, p. xix.

第二章　正义原则　389

【原文】§17-1-p.86

【评析】

1. 原文："I wish to conclude this discussion of the two principles by explaining the sense in which they express an egalitarian conception of justice"（p.86）。H 本："我希望在结束两个原则的讨论时，解释一下它们所包含的一种平均主义的意义"（第76—77页）。新解："通过解释它们所表达的平等主义正义观念的意义，我希望结束关于两个正义原则的讨论。" H 本漏掉了"平等主义正义观念的意义"中的"正义观念"，而它是这个语句的关键词。另外，"平等主义"和"平均主义"是两个含义颇不相同的术语。

2. 原文："Also I should like to forestall the objection to the principle of fair opportunity that it leads to a meritocratic society"（p.86）。H 本："并拟预防一种说公平机会的原则将导致一个英才统治的社会（meritocratic society）的反对意见"（第77页）。新解："有一种反对公平机会原则的意见认为，这个原则将导致由精英主导的社会。本人也想要回应这种反对意见。"

3. 原文："In order to prepare the way for doing this, I note several aspects of the conception of justice that I have set out"（p.86）。H 本："为了准备这件事，我注意到我确立的正义观的几个方面"（第77页）。新解："为了完成这项工作，我要谈一下本人阐发的正义观念的若干方面。"

【诠释】

通过解释它们表达的平等主义正义观念的意义，我希望结束关于两个正义原则的讨论。有一种反对公平机会原则的意见认为，这个原则将导致由精英主导的社会（meritocratic society，由贤能统治的或精英领导的社会）。本人也想要回应这种反对意见。为了完成这项工作，我要谈一下本人阐发的正义观念的若干方面。

【原文】§17-2-p.86

【评析】

1. 原文："The difference principle gives some weight to the considerations singled out by the principle of redress"（p.86）。H 本："差

别原则强调补偿原则所提出的一些考虑"（第77页）。新解："差别原则赋予矫正原则提出的各种考虑因素以一定权重。"

2. 原文："**This is the principle that undeserved inequalities call for redress**"（p. 86）。H本："这是有关不应得的不平等要求补偿的原则"（第77页）。新解："补偿原则务必矫正各种不应得的不平等。"

3. 原文："**The idea is to redress the bias of contingencies in the direction of equality**"（p. 86）。H本："这个观念就是要按平等的方向补偿由偶然因素造成的倾斜"（第77页）。新解："这个理念旨在矫正偶然因素在平等方向上造成的偏差。"

4. 原文："**In pursuit of this principle greater resources might be spent on the education of the less rather than the more intelligent, at least over a certain time of life, say the earlier years of school**"（p. 86）。H本："遵循这一原则，较大的资源可能要花费在智力较差而非较高的人们身上，至少在某一阶段，比方说早期学校教育期间是这样"（第77页）。新解："在实施矫正原则过程中，可以将更多资源用于教育不那么聪明的人，而不是用于教育较为聪明的人，至少在生命的某一时期，比如早期学校教育阶段是如此。"这个语句的关键词是"教育"，可惜H本又漏译了。

【诠释】

首先，我们可以看到，差别原则赋予矫正原则提出的各种考虑因素以一定权重。矫正原则务必矫正各种不应得的不平等；既然出生和自然禀赋（natural endowment）的不平等是不应得的，这些不平等应该得到某种矫正。①因此，矫正原则认为，为了平等地对待所有人，提供真正的均等机会，社会必须更多地关注拥有较少先天资质（native assets）和出生在较差社会位置的人。这个理念旨在矫正偶然因素在平等方向上造成的偏差。在实施矫正原则过程中，可以将更多资源用于教育不那么聪慧的人，而不是用于教育较为聪慧的人，至少在生命某一时期，比如早期学校教育阶段是如此。②

---

① 参阅赫伯特·施皮格伯格（Herbert Spiegelberg）"捍卫人类平等"，《哲学评论》1944年第53卷，第101、113—123页；拉斐尔（D. D. Raphael）："正义与自由"，《亚里士多德协会会刊》（1950—1951年），第187页及以后。——原注

② 不要让孩子输在起跑线上，这不是一个家庭选择，而是一个国家政策或政府决议。因此，现为许多家庭为了不让自己的孩子输在起跑线上而采取了各种各样的补救办法，这些办法都不如在国家层面实施均等的教育政策，如此才能够更好地保护每一个孩子拥有受到良好教育的权利。

第二章　正义原则　391

【原文】§17 – 3 – pp. 86 – 87

【评析】

1. 原文："It is plausible as most such principles are only as a prima facie principle, one that is to be weighed in the balance with others"（p. 86）。H 本："它的有道理正像大多数这种原则一样，只是作为一个自明的原则，作为一个要与其他原则相平衡的原则"（第 77 页）。新解："讲得通的一点是，像大多数此类原则一样，它只是作为一个自明原则，一个在与其他原则权衡中才得到衡量的原则。"

2. 原文："But the difference principle would allocate resources in education, say, so as to improve the long-term expectation of the least favored"（pp. 86 – 87）。H 本："但是，可以说，差别原则将分配教育方面的资源以改善最不利者的长远期望"（第 77 页）。笔者认为，这里的"allocate"是整个语句的关键词，它最好解读为"配置"，而非"分配"。因此，"配置教育资源"是落实差别原则的重要环节。短语："The long-term expectation"最好解读为"长期预期"。"to improve"，则最好解读为"提高"，而非"改善"。新解："但是，差别原则将这样配置教育资源，比如说，旨在提高最不受青睐者的长期预期。"

3. 原文："Equally if not more important is the role of education in enabling a person to enjoy the culture of his society and to take part in its affairs, and in this way to provide for each individual a secure sense of his own worth"（p. 87）。H 本："教育的一个同样重要，即使不是更重要的作用是使一个人欣赏他的社会的文化，加入社会的事务，从而以这种方式提供给每一个人以一种对自我价值的确信"（第 77 页）。新解："教育具有即使不是更重要也是同样重要的作用在于，它既让每一个个体享有社会文化并参与社会事务，又借此为每一个个体提供维护自我价值的安全感。"

【诠释】

据我所知，现在还没有人提出把矫正原则当作正义的唯一标准，或者当作社会秩序的唯一目标。讲得通的一点是，像大多数此类原则一样，它只是作为一项自明原则，一个在与其他原则权衡中才得到衡量的原则。比如，我们要拿它与提高平均生活水平或促进共同利益的原则相权衡。① 但是，无论我们坚持什么样的其他原则，我们都要考虑矫正的要求。矫正被认为是我们所持正义观念的一个要素。现在，差别原则当然不是矫正原则。它并不要求社会努力消除各种障碍（handicaps，尤其指先天性的生理缺陷），就好像所有人都希望在同一比赛中基于公平的平台开展竞赛一样。但是，差别原则将这样配置教育资源，比如说，旨在提高最不受青睐者的长期预期。如果这一目标要通过更多关注天赋较好者来实现，那么这是允许的；否则就不允许。在做出这一决定时，不应单纯从经济效率和社会福利角度来评估教育的价值。教育具有即使不是更重要也是同样重要的作用在于，它既让每一个个体享有社会文化并参与社会事务，又借此为每一个个体提供维护自我价值的安全感。

【原文】§17-4-p.87

【评析】

1. 原文："Although the difference principle is not the same as that of redress, it does achieve some of the intent of the latter principle"（p.87）。H 本："差别原则虽然不等同于补偿原则，但它却达到补偿原则的某种目的"（第77页）。**新解**："尽管差别原则与矫正原则不同，但它确实实现了矫正原则的某些意图。"

2. 原文："It transforms the aims of the basic structure so that the total scheme of institutions no longer emphasizes social efficiency and technocratic values"（p.87）。H 本："它改变社会基本结构的目标，使整个制度结构不再强调社会效率和专家治国的价值"（第77页）。**新解**："它改变了基本结构的目标，以至于这一整套制度既不再强调社会效率，也不再重视技术官僚的价值。"

3. 原文："The difference principle represents, in effect, an agreement to regard the distribution of natural talents as in some respects a common asset and to share in the greater social and economic benefits made possible by the complementarities of this distribution"（p.87）。H 本："这样我们就看到差别原则实际上代表这样一种同意：即把天赋的分布看作是在某种意义上的一种共同资产，可以共享这种由这种天赋分布的互补性带来的较大社会与经济利益"（第77—78页）。H 本的前半句解读是正确的。前半

---

① 参阅施皮格伯格"捍卫人类平等"，第120页及以后。——原注

句另解：“事实上，差异原则代表了一种同意，它把自然才能作为共同财产的分配。”① 另解依据《正义论》第一版（original edition，p. 101）译出，但仍然是一个误解。后半句的解读则值得商榷。其中短语："The complementarities of this distribution". 新解为"**这种分布的互补关系**"。另外，H本还略过了对词组"made possible by"即"**通过……而使……成为可能**"的解读。因此，其后半句话的正解是："**借助这种分布的互补关系，使分享更大的社会收益和经济收益成为可能。**"

4. 原文："**The naturally advantaged are not to gain merely because they are more gifted, but only to cover the costs of training and education and for using their endowments in ways that help the less fortunate as well**"（p. 87）。H本："在天赋上占优势者不能仅仅因为他们天分较高而得益，而只能通过抵消训练和教育费用和用他们的天赋帮助较不利者得益"（第78页）。**新解**："**得天独厚者，之所以得天独厚，不仅是因为他们更有天赋，而且是因为他们愿意支付培训和教育费用，以及用天赋来帮助那些较不幸运者。**"

5. 原文："**No one deserves his greater natural capacity nor merits a more favorable starting place in society**"（p. 87）。H本："没有一个人能说他的较高天赋是他应得的（deserve），也没有一种优点配得到一个社会中较有利的出发点"（第78页）。这个语句颇有人生格言的意味。H本对这个语句解读的前半句成立，后半句的解读却很成问题，让人不知所云。**新解**："**没有人拥有的较多天赋能力应视之为应得，没有人占据的更好社会起点当视之为当得。**"

6. 原文："**His arbitrary place in the distribution of natural assets**"（p. 87）。H本："在自然资质的分布中的偶然地位"（第78页）。问题在于，"在自然资质的分布中"不存在"偶然地位"。因此，H本的那个解读是不成立的。"arbitrary place"解读为"任意点位"较为精确。**新解**："**其在自然资质分布中的任意点位**"。另有学者把"the distribution of natural assets"解读为"自然资质的分配"，也不是很妥当。②

【评析】

因此，尽管差别原则与矫正原则不同，但它确实实现了矫正原则的

---

① 桑德尔：《自由主义与正义的局限》，万俊人等译，第95页。
② 罗尔斯：《罗尔斯论文全集》，陈肖生等译，第742页。

某些意图。差别原则改变了基本结构的目标，以至于这一整套制度既不再强调社会效率，也不再重视技术官僚的价值。差别原则事实上表示了这样一项合意，即在某些方面将天赋才能的分布(distribution of natural talents)视为一项共同资产，并借助这种分布的互补关系，使分享更大的社会收益和经济收益成为可能。那些受到上天眷顾的人，不管他们是谁，都可能从他们的好运中获益，但其条件是，要改善较不幸运者的处境。① 得天独厚者，之所以得天独厚，不仅是因为他们更有天赋，而且是因为他们愿意支付培训和教育费用，以及用天赋来帮助那些较不幸运者。没有人拥有的较多天赋能力应视之为应得，没有人占据的更好社会起点当视之为当得。不过，这当然不是忽视这些差异的借口，更不是抹平这些差异的理由。相反，我们可以这样来安排基本结构，使这些偶然因素对最不幸者有利。因此，如果我们希望建立这样的社会制度，以至于没有人因其在自然资质分布(distribution of natural assets)中的任意点位(arbitrary place)或在社会中的初始位置(initial position)相应地给出补偿或得到补偿中有任何得失，那么我们就会导向差别原则。

【原文】§17-5-pp.87-88

【评析】

1. 原文："In view of these remarks we may reject the contention that the ordering of institutions is always defective because the distribution of natural talents and the contingencies of social circumstance are unjust, and this injustice must inevitably carry over to human arrangements"（p. 87）。H 本："根据这些评论，我们就可拒绝下述论点，这一论点认为制度秩序总是有缺陷的，既然自然才能的分配和社会环境中的偶然因素是不正义的，这种不正义就必然要转移到人类的社会安排之中来"（第78页）。新解："有鉴于此，我们可以反驳如下断言：因为各种自然资质的分布和社会环境的偶然因素是违背正义的，这种不正义必然延续到人类事务的诸多安排上，所以，各项制度的组合总是有缺陷的。"

2. 原文："The natural distribution is neither just nor unjust; nor is it unjust that persons are born into society at some particular position"（p. 87）。H 本："我认为，自然资质的分布无所谓正义不正义，人降生于

---

① 他们要更加大公无私或怀有仁慈之心。

社会的某一特殊地位也说不上不正义"（第78页）。**新解**："这种自然分布既不是合乎正义的，也不是违背正义的；（同样地，）人们在某个特定位置降生于社会，既不是合乎正义的，也不是违背正义的。"这些只是自然事实。这里不存在罗尔斯的主观判断，他只做了客观陈述。

3. **原文**："**What is just and unjust is the way that institutions deal with these facts.**"（p. 87）。H本："正义或不正义是制度处理这些事实的方式"（第78页）。**新解**："只有制度处理这些事实的方式，才是合乎正义的，或者违背正义的。"这是一个强调句。

4. **原文**："**Aristocratic and caste societies are unjust because they make these contingencies the ascriptive basis for belonging to more or less enclosed and privileged social classes**"（pp. 87-88）。H本："贵族与种姓社会不正义，是因为它们使出身这类偶然因素成为判断是否属于多少是封闭的和有特权的社会阶层的归属标准"（第78页）。这里的"Aristocratic and caste societies"，新解为"**贵族社会与种姓社会**"。"ascriptive basis"，其新解为"**归属基础**"，而非"归属标准"。关于"these contingencies"，原文这句话并没有出现"出身"，这个短语可以解读为"**这些偶然因素**"。**新解**："贵族社会和种姓社会之所以是违背正义的，是因为它们使这些偶然因素成为多少属于封闭的特权社会阶层的归属基础。"

5. **原文**："**The basic structure of these societies incorporates the arbitrariness found in nature**"（p. 88）。H本："这类社会的基本结构体现了自然中发现的各种任性因素"（第78页）。**新解**："这些社会的基本结构包含着在自然中随处可见的任意性。""这些社会"指"贵族社会或种姓社会"。

6. **原文**："**There is no necessity for men to resign themselves to these contingencies**"（p. 88）。H本："人们不是必然地要听命于偶然因素的任意支配"（第78页）。**新解**："人们没有必要屈从于这些偶然因素。"

7. **原文**："**The social system is not an unchangeable order beyond human control but a pattern of human action**"（p. 88）。H本："社会体系并不是超越人类控制的不可改变的体制，而是人类活动的一种模式"（第78页）。**新解**："社会系统不是人类无法掌控的不变秩序，而是人类活动的模式。"

8. **原文**："**In justice as fairness men agree to avail themselves of the accidents of nature and social circumstance only when doing so is for the common benefit**"（p. 88）。H本："在公平的正义中，人们同意相互分享

各自的命运。他们在设计制度时，只是在有利于共同利益的情况下，利用自然和社会的偶然因素"（第78页）。另解："在公平的正义中，人们同意相互分享各自的命运。他们在设计制度时，只是在有利于共同利益的情况下才会利用自然和社会的偶然因素。"① 另解者在 H 本中增加了"才会"两个字，读起来显得更加通顺一些。但是，这里并不存在"同意相互分享各自的命运"的原文出处。如果依照上述的理解，那么罗尔斯在这里显然暗示着一种"人类命运共同体"思想，但这是严重误解。**新解："在公平正义中，人们只有为了共同利益才同意利用自然条件和社会环境的偶然因素。"** 在《正义论》修订版中，对第一版的这个语句作了修订，删除了第一版原来有的"人们一致同意要命运与共。他们在设计制度时相互约定……"（men agree to share one another's fate. In design institutions they undertake）内容。H 本修订版并未作相应修订。

【诠释】

有鉴于此，我们可以反驳如下断言：因为各种自然资质的分布和社会环境的偶然因素是违背正义的，这种不正义必然延续到人类事务的诸多安排上，所以，各项制度的组合总是有缺陷的。这种想法偶尔成为人们无视不公不义的借口，不默许不公不义，仿佛等同于无法接受死亡。然而，这种自然分布既不是合乎正义的，也不是违背正义的；（同样地，）人们在某个特定位置降生于社会（来到世上），既不是合乎正义的，也不是违背正义的。这些只是自然事实。只有制度处理这些事实的方式，才是合乎正义的，或者违背正义的。贵族社会和种姓社会之所以是违背正义的，是因为它们使这些偶然因素成为多少属于封闭的特权社会阶层的归属基础。这些社会的基本结构包含着在自然中随处可见的任意性（武断性）。但是人们没有必要屈从于这些偶然因素。社会系统不是人类无法掌控的不变秩序，而

---

① 周濂："哈耶克与罗尔斯论社会正义"，《哲学研究》2014年第10期。引用者显然误读这句英文原文，因为《正义论》第一版有语句"人们同意相互分享各自的命运"（H 本第一版，第103页；英文原文："men agree to share one another's fate"，TJ, p.102）。但在《正义论》修订版中，罗尔斯删掉了那个语句。然而，该论文引文标注"（Rawls, 1999, p.88）"，也就是说，它引用的是1999年版《正义论》英文修订版第88页。当然，这种引用存在版本差错，只表明引用者不够严谨，是可以谅解的。问题在于，尽管罗尔斯本人已经放弃或删除其曾经持有的观点，但有引用者在论文、讲座和著作中反复提到一个看似有道理的主张："在公平正义中，人们同意相互分享各自的命运。"这样做有违罗尔斯本人的意愿。另外，罗尔斯此处的修订，可能是桑德尔批评的结果。参阅桑德尔《自由主义与正义的局限》，万俊人等译，第99页。

是人类活动的模式。在公平正义中，人们只有为了共同利益才同意利用自然条件和社会环境的偶然因素。两个正义原则是应对运气之任意性的公平方式；尽管制度在其他方面毫无疑问是不完备的，但是满足两个正义原则的制度是合乎正义的。

【原文】§17-6-p.88

【评析】

1. **原文**："A conception of reciprocity"（p.88）。**H 本**："一种互惠的观念"（第78页）。**新解**："某个对等观念"。

2. **原文**："It may appear unfairly biased towards the least favored"（p.88）。**H 本**："它显得相当偏爱最少受惠者"（第78页）。**新解**："它似乎对最不幸运者抱有不公平的偏见。" H 本把这个语句的意思正好解读反了。罗尔斯的意思是，无论对等还是互惠，差别原则看起来都对最不幸运者不利，因为他们没有任何有利的东西可以拿来作对等或互惠意义上的交换。因此，不存在 H 本所解读的"相当偏爱最少受惠者"。

3. **原文**："Society could maximize the expectations of either group but not both, since we can maximize with respect to only one aim at a time"（p.88）。**H 本**："社会能够最大化其中一个团体的利益而不是两个——因为我们只能一次最大化一个目标"（第78页）。**新解**："因为我们在一定时间内只能极大化一个目标，所以社会可以极大化两个群体中任一群体的预期，但不能同时极大化两个群体的预期。"

4. **原文**："If we give any weight to the more fortunate, we are valuing for their own sake the gains to those already more favored by natural and social contingencies"（p.88）。**H 本**："如果我们再给较幸运者以任何重视，我们就是去为他们的目的而评价其所得——这些所得是加于自然与社会的偶因已经给予的优越条件之上的"（第79页）。**新解**："如果我们给予较幸运者以任何权重，我们就是为了他们的自身利益而把收益给了那些已经得到自然偶然因素和社会偶然因素较多眷顾的人。"

5. **原文**："Only if the terms of the scheme are reasonable"（p.88）。**H 本**："只能在这一体系的条件是合理的情况下"（第79页）。**新解**："只有当这个方案的条款是合理的时候。"

6. **原文**："So they regard themselves as already compensated, as it were, by the advantages to which no one (including themselves) had a

prior claim"（p. 88）。H 本："所以他们自认为是已经得到这种利益的补偿了，而这种利益是没有人先验地具有要求权的"（第 79 页）。**新解**："因为任何人（包括他们自己）似乎都没有对这些优势提出优先求偿权，所以，他们认为，自己已经从这些优势中得到了补偿。"

【诠释】

另一点是，差别原则表达了某个对等观念。差别原则是互惠互利原则。然而，乍看之下，它似乎对最不幸运者抱有不公平的偏见。为了直观地考虑这个问题，我们简单假设社会上只有两个群体，一个群体明显比另一个群体要幸运一些。在通常的约束条件下（由第一正义原则和公平机会均等的优先性来界定），因为我们在一定时间内只能极大化一个目标，所以社会可以极大化两个群体中任一群体的预期，但不能同时极大化两个群体的预期。显然，社会不应该为最初的较幸运者尽其所能；因此，如果我们拒绝差别原则，我们就须优先极大化两个预期的某个加权均值。但是，如果我们给予较幸运者以任何权重，我们就是为了他们的自身利益而把收益给了那些已经得到自然偶然因素和社会偶然因素较多眷顾的人。因为没有人拥有以这种方式获益的先行求偿权（antecedent claim），所以，极大化加权均值可以让较幸运者利上加利。因此，当较有利者从一般角度看待这一问题时，他们认识到，每个人获得的好处（价值、权益和利益）都依赖于某个社会合作方案，没有这样的方案，任何人都无法过上令人满意的生活；他们还认识到，只有当这个方案的条款是合理的时候，他们才能期望所有人都愿意合作。因为任何人（包括他们自己）似乎都没有对这些优势提出优先求偿权（prior claim），所以，他们认为，自己已经从这些优势中得到了补偿。他们放弃了极大化加权均值的想法，并将差别原则视为规制基本结构的公平基础。

【原文】§17 – 7 – pp. 88 – 89

【评析】

1. 原文："Those better situated deserve the greater advantages they could acquire for themselves under other schemes of cooperation whether or not these advantages are gained in ways that benefit others"（p. 88）。H 本："那些状况较好者在别的合作体制中应得他们能为自己获取的较大利益，而不管这些利益是不是以惠及他人的方式得到的"（第 79 页）。**新解**：

"无论这些优势是否以造福他人的方式获得,处境较好者都应该得到他们在其他合作方案中可以为自己获得的更大优势。"

2. 原文:"Now it is true that given a just system of cooperation as a framework of public rules, and the expectations set up by it, those who, with the prospect of improving their condition, have done what the system announces it will reward are entitled to have their expectations met"(p.88). H本:"的确,给定一种作为公共规则框架的正义合作体系,以及它所确立的各种期望,那些希望改善自己的状况,做了这一体制宣布要奖赏的事情的人,是有资格满足他们的期望的"(第79页)。**新解**:"于是,真实的情形是,给定作为公开规则框架的正义合作系统,并且给定这一系统所确立的各种预期,那些有望改善自身状况的人,已经做了该系统宣布将予以奖励的事情,有权兑现他们的预期。"

3. 原文:"This sense of desert is that of entitlement"(p.89). H本:"但是这种意义上的'应得'是一种法律正义上的权利"(第79页)。**新解**:"这种应得感就是权利感。"

【诠释】

有人可能会反对说,无论这些优势(利益)是否以造福他人的方式获得,处境较好者都应该得到他们在其他合作方案中可以为自己获得的更大优势(或更多利益)。于是,真实的情形是,给定作为公开规则框架的正义合作系统,并且给定这一系统所确立的各种预期,那些有望改善自身状况的人,已经做了该系统宣布将予以奖励的事情,有权兑现他们的预期。从这个意义上说,较幸运者有权拥有较好的处境;他们的诉求是社会制度确立的合法预期,社区(the community,共同体)有义务满足他们的诉求。但是,这种应得感就是权利感。它预先假定存在正在实施的合作方案,并且它与这个方案本身是否要根据差别原则或其他准则来设计的问题无关。

【原文】 §17-8-p.89

【评析】

1. 原文:"We do not deserve our place in the distribution of native endowments, any more than we deserve our initial starting place in society"(p.89). H本:"我们并不应得自己在自然天赋的分布中所占的地位,正

如我们并不应得我们在社会中的最初出发点一样"（第79页）。"自然天赋的分布"对应的是每个人所占据的"点位"，而不是"地位"。**新解**："正如我们在社会上占据的初始起点不是应得的一样，我们在先天禀赋分布中占有的最初点位也不是应得的。"

2. 原文："**For such character depends in good part upon fortunate family and social circumstances in early life for which we can claim no credit**"（p.89）。H本："因为这种个性在很大程度上依赖于幸运的家庭和早期生活的环境，而对这些条件我们是没有任何权利的"（第79页）。**新解**："因为这种品格在很大程度上取决于我们早年所处的幸运家庭和社会环境，我们对此是无权赊账的。"

3. 原文："**The notion of desert does not apply here**"（p.89）。H本："'应得'（deserve）的概念看来不适应于这些情况"（第79页）。**新解**："应得概念在这里并不适用。"这里不是"看来"不适应于，而是"真的"不适用。

4. 原文："**Protecting the integrity of the person**"（p.89）。H本："保护个人的完整性"（第79页）。**新解**："保护人身完整"。

5. 原文："**And so the more advantaged are entitled to whatever they can acquire in accordance with the rules of a fair system of social cooperation. Our problem is how this scheme, the basic structure of society, is to be designed**"（p.89）。H本："所有较有利者对他们符合一个社会合作的公平体系的规则的所获是有权利的。但我们的问题是这一体系亦即社会的基本结构要如何设计"（第79页）。**新解**："因此，根据一套公平的社会合作规则，处境较优者有权获得他们所能获得的一切。我们的问题是，如何设计这个方案，也即社会的基本结构。"

【诠释】

因此，以下说法是不正确的：拥有较高自然禀赋并且拥有使其发展成为可能的优秀品质的个体，有权获得这样的合作方案，那个方案将使他们能够以不利于他人优势的方式获得更大利益。正如我们在社会上占据的初始起点不是应得的一样，我们在先天禀赋分布中占有的最初点位也不是应得的。以下说法也是有问题的：我们的优秀品格是应得的，它能使我们努力培养自己的能力；因为这种品格在很大程度上取决于我们早年所处的幸运家庭和社会环境，我们对此是无权赊账的。应得（deserve）概念在这里并不适用。当然，处境较优者和其他人一样，有权拥有其自然资质；这项权利在保护人身完整的基本自由的第一正义原则下得到保护。因此，根据公平的社会合作系统规则，处境较优者有权获得他们所能获得的一切。我们的问题是，如何设计这个方案，也即社会的基本结构。从一个适当的一般观点来看(from a suitably general standpoint，大致说来)，差别原则似乎对处境较有利者和处境较不利者都是可以接受的。当然，严格地说，这些都不是对差别原则的论证，因为在契约理论中，论证是从初始位置出发的。但这些直观考虑有助于弄清差别原则，说明差别原则是一个平等主义原则的意义。①

【原文】§17 – 9 – pp. 89 – 90

【评析】

1. 原文："**On this segment of the curve the criterion of mutual benefit is always fulfilled**"（p. 89）。H 本："我们现在可以看到，其中的一个理由是，只有曲线的上升段才能使互利的标准总是得到满足"（第 80 页）。**新解**："在这段曲线上，互惠标准总是得到了实现的。"《正义论》修订版删除了第一版中原文"one reason for this, we can now see, is that..."（我们现在可以看到，其中的一个理由是……）的内容。H 本修订版没有作删减处理。

2. 原文："**Representative men do not gain at one another's expense since only reciprocal advantages are allowed**"（p. 89）。H 本："代表人不是在牺牲对方利益的情况下获利，因为只有互惠的利益才被允许"（第 80 页）。**新解**："因为只有对等优势或互惠利益方可得到允许，所以代表人不会以牺牲他人利益为代价来谋求利益。"

3. 原文："**The natural lottery in native assets**"（p. 89）。H 本："先天资质的自然分布"（第 80 页）。**新解**："在先天资质方面的自然运气"。

4. 原文："**Thus it is to realize the ideal of the harmony of interests on terms that nature has given us, and to meet the criterion of mutual benefit, that we should stay in the region of positive contributions**"（p. 90）。H 本："这种境况类似于处在一种效率的边缘上。当涉及到社会基本结构的正义

---

① 罗尔斯在这里批评了诺齐克和哈耶克共同主张的自我所有权理论，认为人的自然资质和家庭出身不是应得的，因为它们不是个体能够自我选择的。差别原则要改变或调节的不是人的自然资质和家族出身，而是减少由于自然资质和家族出身的差异所带来的社会地位差距，包括个人收入差距。通过基本社会制度设计，这是能够实现的；这也正是罗尔斯正义理论论证的最重要方面，是罗尔斯说差别原则是博爱原则的理由。罗尔斯接下来的讨论证明了这一点。

时，这是颇不可取的。这样，我们应停留在正值的贡献范围之内，亦即要在自然给予我们的条件下实现利益和谐的理想，满足互利互惠的标准"（第80页）。《正义论》修订版删除了第一版的"The situation is analogous to be on an efficiency frontier. This is far from desirable when the basic structure is involved."H本的修订版未作删除处理。**新解："因此，依照自然赋予我们的约定，要想实现利益和谐的理想，并满足互惠标准，我们就应该留在贡献为正值的区域。"**

【诠释】

本人在前面提到过（§13），社会应该尽量避开富裕者对贫困者的福利边际贡献为负值的区域。它将只在贡献曲线的上升部分（当然包括最大值）运行。在这段曲线上，互惠标准总是得到了实现。此外，存在着一种实现社会利益和谐的自然意义；因为只有对等优势或互惠利益（reciprocal advantages）方可得到允许，所以代表人不会以牺牲他人利益为代价来谋求利益。诚然，贡献曲线的形状和斜率至少在一定程度上取决于在先天资质方面的自然运气，因此，它既不是合乎正义的，也不是违背正义的。假设我们认为45度线代表利益完美和谐的理想；这是一条贡献曲线（在本例中是一条直线）。沿着这条曲线，每个人都能均等地获得收益。由此可见，两个正义原则的一致实现，往往会使曲线更加靠近利益完美和谐的理想。一旦共同体超过最大值，它沿着曲线向下倾斜的部分运行，利益的和谐便不复存在。如果较有利者得到的越多，那么较不利者得到的越少，反之亦然。因此，依照自然赋予我们的约定，要想实现利益和谐的理想，并满足互惠标准，我们就应该留在贡献为正值的区域。

【原文】 §17 – 10 – p. 90

【评析】

黑格尔在《法哲学原理》中曾经说过，一旦家族成员想要在家族当中主张或争取自己的权利，它就意味着家族的解体。罗尔斯在这里表达了相似的见解。家族是以爱为核心价值的地方，有时成员为了爱而做出自我牺牲。因此，骨肉亲情的爱往往是以牺牲自我权利和利益为前提的。罗尔斯表示，差别原则是在社会范围适用的博爱原则。差别原则表达了众生平等思想，摒弃了依照严格社会等级安排生活的旧式规矩。

1. 原文："**It is thought to be less specifically a political concept, not in**

itself defining any of the democratic rights but conveying instead certain attitudes of mind and forms of conduct without which we would lose sight of the values expressed by these rights"（p. 90）。H 本："它被看作是较不专门的一个政治概念，本身并不定义任何民主的权利，而只是表达某些心灵态度和行为类型，没有它们，我们就看不到这些权利所表现的价值"（第 80 页）。**新解**："博爱被认为是一个不太专门的政治概念。它本身没有界定任何民主权利，而是传达了某些心智态度和行为方式。没有这些心智态度和行为方式，我们将领悟不了这些权利所表达的价值。"

2. 原文："Fraternity is held to represent a certain equality of social esteem manifest in various public conventions and in the absence of manners of deference and servility"（p. 90）。H 本："博爱被认为是体现了某种社会评价方面的平等，这种平等表现于各种公共习俗和对奴颜婢膝的鄙弃"（第 80 页）。**新解**："博爱被认为展示了社会尊重的一定平等，那种平等既体现在各种公共惯例中，也体现在对奴颜婢膝礼仪的摒弃中。"

【诠释】

差别原则还有一大优点是，它对博爱原则做了某种解释。与自由和平等相比，博爱理念在民主理论中占据着一个不甚重要的位置。博爱被认为是一个不太专门的政治概念。它本身没有界定任何民主权利，而是传达了某些心智态度和行为方式。没有这些心智态度和行为方式，我们将领悟不了这些权利所表达的价值。① 与此密切相关，博爱被认为展示了社会尊重的一定平等，那种平等既体现在各种公共惯例中，也体现在对奴颜婢膝礼仪的摒弃中。② 毫无疑问，博爱既意味着这些事情，又给人以某种民间友谊感和社会亲和感（sense of civic friendship and social solidarity）。但是，如果照此理解，那么它并没有表达任何明确的要求。我们还没有找到符合这一基本理念的正义原则。然而，差别原则似乎确实符合博爱的自然含义：不想拥有更大优势和利益（greater advantages），除非这有利于其他处境较差者（who are less well off）。在其理想观念中，并且通常在实践中，家庭是拒绝极大化优势总和原则（principle of maximizing the sum of advantages）的地方。家庭成员通常不希望获得利益，除非他们这样做可以促进其余家庭成员的利益。现在，

---

① 参阅彭诺克（J. R. Pennock）《自由民主的价值与前景》，纽约：莱因哈特出版社 1950 年版，第 94 页及以后。——原注（彭诺克著作的原名为 *Liberal Democracy*: *its Merits and Prospects*。H 本：《自由主义民主：它的优点和结构》，大谬。）
② 参阅培里《清教主义与民主》，纽约：先锋出版社 1944 年版，第 19 章第 8 节。——原注

想要按照差别原则行事正是会产生这样的结果。处境较好者只愿意在这样的方案中拥有更大优势，该方案将有利于那些不太幸运者。①

【原文】§17 – 11 – pp. 90 – 91

【评析】

1. 原文："**The ideal of fraternity is sometimes thought to involve ties of sentiment and feeling which it is unrealistic to expect between members of the wider society**"（p. 90）。H本："博爱的理想有时被认为是想在一个较大的社会的成员之间建立那种不现实的情感联系纽带"（第81页）。新解："博爱理想有时被视为涉及情感纽带，然而，期望在更广泛的社会成员之间建立这种纽带是不切实际的。"

2. 原文："**Many have felt that it has no proper place in political affairs. But if it is interpreted as incorporating the requirements of the difference principle, it is not an impracticable conception**"（p. 91）。H本："许多人都感到博爱在政治事务中并没有合适的地位。但如果把它解释为差别原则的各种要求的联合，它就不是一个不现实的观念了"（第81页）。新解："许多人感受到，博爱在政治事务中没有占据适当的一席之地。但是，如果将其解释为融入了差别原则的要求，那么博爱就不是不切实际的观念。"

3. 原文："**It does seem that the institutions and policies which we most confidently think to be just satisfy its demands, at least in the sense that the inequalities permitted by them contribute to the well-being of the less favored**"（p. 91）。H本："看来，我们最确信是正义的那些制度和政策满足了它的要求，至少是在它们所允许的不平等有助于较不利者的福利的意义上"（第81页）。新解："我们最为信心满满地断定其为正义的制度和政策，似乎满足博爱的要求，至少在它们所允许的不平等有助于不太幸运者之利益的意义上是如此。"

---

① 罗尔斯显然过分美化了社会成员和家庭成员的合作意愿，而忽视了他们的竞争倾向。差别原则在能够达成合作的社会成员和家庭成员之间可以体现博爱理想，但是在难以达成合作的社会成员和家庭成员之间则体现着残酷的相互斗争或相互冷漠现实。这两种倾向是并存的，用博爱来解释差别原则表明差别原则的软弱一面。不仅合作促进社会进步，竞争也促进社会进步。整个罗尔斯正义理论都没有认真对待竞争现象，这是它容易受到攻击的一个因素。当然，罗尔斯的重要贡献在于，他把作为个人主观意愿的博爱理想转变为一种制度安排，差别原则很好地检验着那种制度安排的博爱成色，这是一个伟大的思想创新。就此而言，共同富裕理想可以通过差别原则得到有效检验。

4. 原文："Liberty corresponds to the first principle, equality to the idea of equality in the first principle together with equality of fair opportunity, and fraternity to the difference principle"（p.91）。H 本："自由相应于第一个原则；平等相应于与公平机会的平等联系在一起的第一个原则的平等观念；博爱相应于差别原则"（第 81 页）。**新解："自由对应第一正义原则，平等对应第一正义原则中的平等理念以及公平的机会均等，博爱则对应差别原则。"**

5. 原文："**In this way we have found a place for the conception of fraternity in the democratic interpretation of the two principles, and we see that it imposes a definite requirement on the basic structure of society**"（p.91）。H 本："这样我们就为博爱的观念在两个原则的民主解释中确立了一个地位，我们看到它对社会的基本结构提出了一种确定的要求"（第 81 页）。**新解："通过这种方式，在对两个正义原则给出民主解释中，我们为博爱观念找到了一席之地。我们看到，它对社会的基本结构提出明确要求。"** 这里的"found"是动词"find"（"发现"或"找到"）的过去分词；与中文词语"确立"对应的动词是"found"，它的过去分词是"founded"。所以，H 本还是把罗尔斯揭示博爱与两个正义原则关系的这个重要语句给搞错了。在哲学史上，我们知道，在知识论领域，康德坚持不可知论，限定理性和科学的范围，为宗教信仰留下了地盘；现在在政治哲学领域，罗尔斯提出差别原则，把仁慈提升到正义原则的高度，为博爱在现代民主社会找到了地盘。另外，还须指出的一点是，在哲学意义上，"确立一个地位"和"找到一个地盘"具有重大差别。前者是从无到有的过程，是一种主观创造行为，使博爱具有个人行为的指导意义；后者是对于原本就存在的事物属性或规律的揭示，使博爱成为一种客观的制度要求，具有共同体价值追求的规范作用。后者具有科学的意义。罗尔斯就有把博爱观念规范化和制度化的明确意图。也就是说，博爱应当在社会基本结构中占有一席之地。这成为罗尔斯正义理论的最重要创见之一。

【诠释】

博爱理想有时被视为涉及情感纽带，然而，期望在更广泛的社会成员之间建立这种纽带是不切实际的。这无疑是博爱在民主理论中受到相对忽视的深层原因。许多人感受到，博爱在政治事务中没有占据适当的一席之地。但是，如果将其解释为融入了差别原则的要求，那么博爱就不是不切实际的观念。我们最为信心满满地断定其为正义的制度和政策，似乎满足了博爱的要求，至少在它们所允许的不平等有助于不太幸运者（less favored）之利益的意义上是如此。无论如何，在第五章中，我会尽量让这个解释变得可信。因此，按照这个解释，博爱原则是完全可行的标准。一旦我们接受它，我们就可以将自由、平等和博爱的传统观念与关于两个正义原则的民主解释联系起来：自由对应第一正义原则，平等对应第一正义原则中的平等理念以及（第二正义原则中的）公平的机会均等，博爱则对应（第二正义原则中的）差别原则。通过这种方式，在对两个正义原则给出民主解释中，我们为博爱观念找到了一席之地。我们看到，它对社会的基本结构提出了明确要求。博爱的其他方面不应当被世人所遗忘，于是差别原则从社会正义角度表达了博爱的基本含义。

【原文】§17-12-pp.91-92

【评析】

罗尔斯在这里谈到了小社会组合成大社会的话题，这是从休谟借鉴过来的一个观点。罗尔斯就是这样来设想和理解良序社会的。从小社会向大社会拓展，是一种扁平的横向发展，而不是一种层级分明的纵向叠加。中国社会转型，起的是一种非扁平的纵向叠加模式，是消灭小社会，形成大社会的过程。它不是罗尔斯设想的良序社会形式，而是一种"精英统治的社会的秩序形式"，这也是中国社会和政治进一步改革的难点所在。

1. 原文："There exists a marked disparity between the upper and lower classes in both means of life and the rights and privileges of organizational authority"（p.91）。H本："那儿存在着一种显著的上层阶级与下层阶级之间的悬殊差距，表现在生活手段和组织权威的特权两个方面"（第81页）。新解："既在生活方式上，又在组织权势的权利和特权上，上下阶层之间存在着悬殊的差距。"

2. 原文："The culture of the poorer strata is impoverished while that of the governing and technocratic elite is securely based on the service of the national ends of power and wealth. Equality of opportunity means an equal chance to leave the less fortunate behind in the personal quest for influence and social position"（p.91）。H本："较贫困阶层的文化枯萎凋零，统治的和技术的精英的文化则牢固地建立在服务于国家的权力和财富的基础上。机会的平等仅意味着一种使较不利者在个人对实力和社会地位的追求中落伍的平等机会"（第81页）。新解："贫困阶层的文化是贫乏的，统治

阶层和技术官僚精英的文化，则牢固建立在服务权力和财富的国家目标基础之上。机会均等意味着，在个人追求权势和社会位置的过程中，把较不幸运者抛在身后的某种平等机会。"

3. 原文："**Thus a meritocratic society is a danger for the other interpretations of the principles of justice but not for the democratic conception**"（p. 91）。H本："这样，一个英才统治的社会对于正义原则的其他解释来说确实是一种危险，但对于民主的解释却不是这样"（第81—82页）。**新解**："因此，精英主导的社会对正义原则的其他解释来说是一种危险，但是精英主导的社会对两个正义原则的民主解释来说则不是一种危险。"罗尔斯在这个段落一开始就表示，"**对两个正义原则的民主解释不会导致精英主导的社会**"（democratic interpretation of the two principles will not lead to a meritocratic society）。因此，前面这个语句后半句的意思是，对两个正义原则的民主解释不必担心会导致精英主导的社会。

4. 原文："**Resources for education are to be allotted**"（p. 92）。H本："对教育资源的分配"（第82页）。**新解**："配置教育资源"。罗尔斯在这里提出，教育资源与其他社会资源有所不同，它不一定完全遵循自由市场的逻辑，而要遵循社会正义的逻辑，要体现社会价值，而不单纯追求经济价值。

【诠释】

根据这些观察，现在看来明显的是，对两个正义原则的民主解释不会导致精英主导的社会(meritocratic society)。① 精英主导的社会的秩序形式，遵循各行各业唯才是举(careers open to talents，各种职业生涯向有才能的人开放）的原则，并利用均等机会作为释放人们追求经济繁荣和政治统治的能量的办法。既在生活方式上，又在组织权势的权利和特权上，上下阶层之间存在着悬殊的差距。贫困阶层的文化是贫乏的，统治阶层和技术官僚精英的文化，则牢固建立在服务权力和财富的国家目标基础之上。机会均等意味着，在个人追求权势和社会位置的过程中，把较不幸运者抛在身后的某种平等机会。② 因此，精英主导的社会对正义原则的其他解释来说是一种危

---

① 精英主导的社会（meritocratic society，也可以解读为"贤能统治的社会"）问题是迈克尔·扬（Michael Yong）一部虚构作品的主题。参阅迈克尔·扬《精英主导的兴起》（*Rise of Meritocracy*），伦敦：泰晤士与赫德森出版社1958年版。——原注
② 有关这一点的详细说明，我得益于约翰·沙尔（John Schaar）"机会均等及其超越"（"Equality of Opportunity and Beyond"），载于《规范，卷九：平等》，纽约：阿塞顿出版社1967年版；以及威廉斯（B. A. O. Williams）"平等的观念"，第125—129页。——原注

险，但是精英主导的社会对两个正义原则的民主解释来说则不是一种危险。因为正如我们刚才所看到的，差别原则从根本上改变了社会的目标。一旦我们注意到，我们在必要时必须考虑自尊这个基本善和良序社会是由各社会联合组成的社会大联合这一事实（§79），这一推论就更加明显。①因此，最不受青睐者应该寻求对自身价值的确信，这将限制各种科层制形式（forms of hierarchy）和正义所允许的不平等程度。因此，比如说，配置教育资源，就不仅仅或者不一定根据其在训练有素的生产能力方面的估计回报，而应根据在丰富公民——包括不太受青睐者——的个人生活和社会生活方面的价值。随着社会的进步，后一种考虑将变得越来越重要。

【原文】§17-13-pp.92-93

【评析】

罗尔斯在这里还谈到了优生学问题和计划生育问题、个体先天禀赋的遗传问题、种族或种姓的生物差异或种群差异问题、虽然他没有展开而只是点到为止。但这显然也是重要的正义问题。

1. 原文："**To some extent this distribution is bound to be affected by the social system. A caste system, for example, tends to divide society into separate biological populations, while an open society encourages the widest genetic diversity**"（p.92）。H本："在某种程度上这种分布是必然受社会体系影响的。例如，一种等级制倾向于把社会划分成一些分离的生物学的人群，而一个开放的社会则鼓励最广泛的遗传差异"（第82页）。**新解**："**在一定程度上，这种分布必然会受到社会系统的影响。例如，种姓制度倾向于将社会划分为隔离的生物种群，而开放社会则鼓励最广泛的遗传多样性。**"

（1）短语："Caste system"。H本："等级制度"。**新解**："**种姓制度**"。印度社会今天仍然沿袭着这一制度。

（2）短语："Separate biological populations"。H本："分离的生物学的人群"。**新解**："**隔离的生物种群**"。

（3）短语："Genetic diversity"。H本："遗传差异"。**新解**："**遗传多样性**"。这个语句涉及一些基本的人类学、社会学和生物学术语。

2. 原文："**Eugenic policies**"（p.92）。H本："优生学的政策"（第82

---

① 休谟预见到了从静态的乡村社会向动态的城市社区的转型，前者是封闭的乡村文明；后者是开放的城市文明。

页)"。**新解**:"优生政策"。

3. **原文**:"**By accepting the difference principle, they view the greater abilities as a social asset to be used for the common advantage**"(p. 92)。H本:"如果接受差别原则,他们将看到,较大的能力可作为一种社会的资产用来促进公共利益"(第82页)。**新解**:"通过接受差别原则,他们把这些较大能力视为用来追求共同优势的一笔社会资产。""这些较大能力"是"较不幸运者"不具备的,是那些"有才干者"具备的。

4. **原文**:"Serious defects"(p. 92)。H本:"严重自然缺陷"(第82页)。**新解**:"严重的先天缺陷"。

5. **原文**:"This speculative and difficult matter"(p. 92)。H本:"这一思辨的和困难的题材"(第82页)。**新解**:"这一思辨难题"。

【诠释】

这些评论必定足以勾勒出为制度量身定做的两个正义原则所表达的社会正义观念。在讨论为个体量身定做的原则之前,我应该再提一个问题。到目前为止,本人认为,自然资质分布是一个自然事实,没有人试图改变它,甚至没有人考虑到它。在一定程度上,这种分布必然会受到社会系统的影响。例如,种姓制度(通过禁止不同种姓之间交往和通婚)倾向于将社会划分为隔离的生物种群,而开放社会则鼓励最广泛的遗传多样性(不同社会阶层充分的流动性导致了那种多样性)。[①] 此外,它也有可能采取多少明确的优生政策。我将不考虑优生学问题,而是始终如一地把自己与对社会正义的传统关切联系在一起。不过,我们应该注意到,提出削弱别人才艺(talents of others)的政策,一般不符合较不幸运者的优势或利益。相反,通过接受差别原则,他们把这些较大能力视为用来追求共同优势(或共同利益)的一笔社会资产(社会财富)。不过,它也符合拥有较多自然资质的每个人的利益,这使他能够去追求自己喜爱的人生规划。处在初始位置上的双方希望,他们的后代确保拥有最好的遗传禀赋(假设他们自己的遗传禀赋是固定的)。在这方面推行的合理政策,是前辈对后辈的一种责任,这是代际之间产生的问题。因此,随着时间的推移,社会至少要采取措施,保持一般水平的天赋能力,防止严重先天缺陷的扩散。这些措施应以各方愿意为其后代同

---

① 参阅西奥多修斯·多布赞斯基(Theodosius Dobzhansky)《进化中的人类》(*Mankind Evolving*),纽黑文:耶鲁大学出版社1962年版,第242—252页,那里讨论了这个问题。——原注

意的原则为指导。本人提到这一思辨难题，是为了再一次表明，差别原则有可能改变解决社会正义问题的方式。本人表示，从长远来看，如果人的能力有一个上限，那么我们终将抵达拥有最大平等自由的社会，其成员将享有最大的平等天赋。但是，我不想再探讨这个想法了。

§18 适用于个体的原则：公平原则
Principles for Individuals: The Principle of Fairness

【题解】

罗尔斯提出了适用于制度的原则、适用于个体的原则、适用于国际法的原则。他还用优先性规则对它们做了权重排序。适用于制度或社会基本结构的原则优先于适用于个体的原则，适用于个体的原则优先于适用于国际法的原则。最后，他提出了优先性规则，作为对这些原则适用的领域和范围的约束。我们由此获得正义原则的权重排序理论。因此，权重排序只是针对正义原则的适用对象和范围而言的。罗尔斯也提到过"价值排序"，但是他多以否定的口吻来谈论它。相比之下，他更加重视"权重排序"，后者是罗尔斯正义理论的重要组成部分。近年来，国内伦理学界开始关注价值排序问题，但是很少关注罗尔斯的权重排序理论。[1] 这个理论在这一节的示意图中得到了清晰呈现，它对于我们掌握正义理论的基本结构是至关重要的。[2]

【原文】 §18-1-p.93

【评析】

1. 原文："I have considered the principles which apply to institutions

---

[1] 参阅张彦"当代'价值排序'研究的四个维度"，《哲学动态》2014年第10期。张彦："当代西方价值排序理论的范式演进：从舍勒、哈特曼到杜威"，《学术月刊》2013年第2期。张彦："论'价值排序'研究的三个主要问题"，《伦理学研究》2010年第3期。贺来：" '主体性'观念的价值内涵与社会发展的'价值排序'"，《吉林大学学报》2011年第3期。贺来：" '价值清理'与'价值排序'——发展哲学研究的中心课题"，《求是学刊》2000年第5期

[2] 参阅青维富"权利与义务之正当性——哈特、罗尔斯对经典正义论批判之评析"，《四川大学学报》2011年第1期。韩立新"环境问题上的代内正义原则"，《江汉大学学报》2004年第5期。克劳斯科"政治义务与正义的自然责任"，《世界哲学》2003年第2期。王海明"试论公平五原则——兼析罗尔斯正义论之误"，《北京大学学报》1996年第4期。

or, more exactly, to the basic structure of society"（p. 93）。H 本："我考虑了应用于制度，或更准确地说，应用于社会基本结构的原则"（第 83 页）。新解："本人已经思考适用于制度的原则，更确切地说，本人已经思考适用于社会基本结构的原则。"

2. 原文："It is clear, however, that principles of another kind must also be chosen, since a complete theory of right includes principles for individuals as well"（p. 93）。H 本："然而，很清楚，另一种类型的原则也必须选择，因为一种完全的正当理论也包括对于个人的原则"（第 83 页）。新解："显然，鉴于完整的正当理论也包括适用于个体的原则，我们还须选择另一类原则。"

3. 原文："Of course priority rules for assigning weights when principles conflict"（p. 93）。H 本："当然还有原则冲突时进行衡量的优先规则"（第 83 页）。新解："当各种原则发生冲突时，我们当然需要适用于确定权重的某些优先性规则。"

【诠释】

在迄今为止的讨论中，本人已思考适用于制度的原则，更确切地说，本人已思考适用于社会基本结构的原则。显然，鉴于完备的正当理论也包括适用于个体的原则，我们还须选择另一类原则。事实上，如附图所示，我们还需要一套适用于国际法的原则，并且当各种原则发生冲突时，我们当然需要适用于确定权重的某些优先性规则。除了顺便提到以外（§58），本人将不讨论国际法原则；本人也不想系统地探讨适用于个体的原则。但是，这类原则是任何正义理论的重要组成部分。本人将在本节和下一节解释其中若干原则的含义，尽管检讨选择这些原则的理由要推迟到较为后面的章节才进行（§§51—52）。

【原文】§18 – 2 – p. 93

【评析】

1. 原文："The accompanying diagram is purely schematic"（p. 93）。H 本："这里的图表纯粹是纲要的"（第 83 页）。新解："附图纯粹是一个示意图。"

2. 原文："The diagram simply indicates the kinds of principles that must be chosen before a full conception of right is on hand"（p. 93）。H 本："这一图表只是指出：在一个完全的正当观形成的过程中，必须选择

哪些种类的原则"（第83页）。**新解**："这个图表简单指出，在一个完备的正当观念出现之前，必须给出可供选择的各类原则。"

3. **原文**："**The principles for the basic structure of society are to be agreed to first, principles for individuals next, followed by those for the law of nations. Last of all the priority rules are adopted**"（p.93）。H本："对于社会基本结构的原则就要首先达成协议，然后是对于个人的原则，再后是那些用于国际法的原则，最末是优先的规则"（第83页）。**新解**："首先予以同意的是适用于社会基本结构的原则，其次是适用于个体的原则，然后是适用于国际法的原则，最后通过的是优先性规则。"

【诠释】

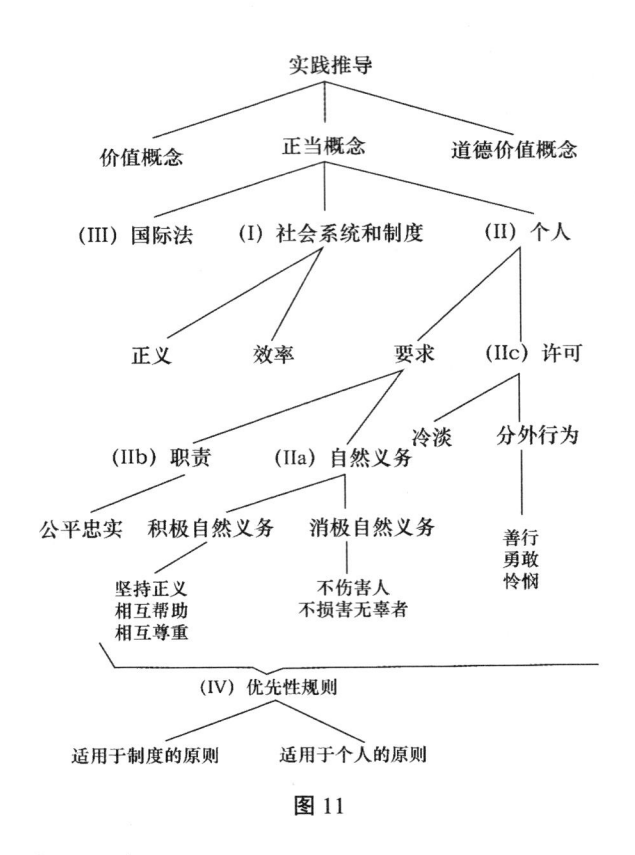

```
                        实践推导
            ┌───────────┼───────────┐
         价值概念      正当概念    道德价值概念
                  ┌──────┼──────┐
             (III)国际法 (I)社会系统和制度 (II)个人
                        ┌──┬──┐    ┌──┐
                       正义 效率 要求 (IIc)许可
                              ┌──┬──┐   ┌──┐
                         (IIb)职责 (IIa)自然义务  冷淡 分外行为
                          ┌──┐    ┌──┬──┐         │
                   公平忠实 积极自然义务 消极自然义务    善行
                              │          │         勇敢
                           坚持正义    不伤害人      怜悯
                           相互帮助   不损害无辜者
                           相互尊重
                              └─────┬─────┘
                                (IV)优先性规则
                              ┌──────┴──────┐
                         适用于制度的原则  适用于个人的原则
```

图 11

附图纯粹是一个示意图。这并不意味着，在这个示意图中，与较低层阶概念相关的原则是从较高层阶概念相关的原则推导出来的。这个图表简

第二章 正义原则 413

单指出，在一个完备的正当观念出现之前，必须给出可供选择的各类原则。罗马数字表示各种原则在初始位置上被承认的顺序。因此，首先予以同意的是适用于社会基本结构的原则，其次是适用于个体的原则，然后是适用于国际法的原则，最后通过的是优先性规则，尽管我们初步选择的这些原则的较早版本要视后续修订而定。

【原文】§18-3-pp.93-95

【评析】

1. 原文："The important thing is that the various principles are to be adopted in a definite sequence and the reasons for this ordering are connected with the more difficult parts of the theory of justice"（p.93）。H 本："重要的事情是各种原则将按一个确定的序列被选用，而这一序列的根据又联系着正义论中较困难的部分"（第83页）。**新解**："重要的是，不同原则将以固定顺序被采用，如此排序的理由涉及正义理论的较难部分。"

2. 原文："The sequence in either case reflects the fact that obligations presuppose principles for social forms"（p.93）。H 本："这种情况的上述序列就反映了这样一个事实：职责预先假定着对于社会形式的原则"（第83页）。罗尔斯区分了三种原则，有的适用于社会基本结构，有的适用于个体，有的适用于国际法。他在这里提到的是"适用于各种社会形式的原则"，指的就是第一种原则，即"适用于社会基本结构的原则"。H 本在这里把短语"principles for social forms"解读为"对于社会形式的原则"不够确切和清晰。并且，罗尔斯对这些不同的原则进行排序，适用于各种社会形式的原则先于适用于所有适用于个体的原则。**新解**："这两种情况的顺序反映了这样的事实：职责以适用于各种社会形式的原则为先决条件。"

3. 原文："It seems simpler to adopt all principles for individuals after those for the basic structure"（pp.93-95）。H 本："看来较简捷的是：在采用对于社会基本结构的原则之后再采用所有的对于个人的原则"（第83页）。**新解**："看似较为简单的是，采用适用于基本结构的原则要先于采用适用于个体的所有原则。"

4. 原文："That principles for institutions are chosen first shows the social nature of the virtue of justice, its intimate connection with social

practices so often noted by idealists"（p. 95）。H 本："对于制度的原则首先被选择展示了正义德性的社会性质，也表明了它与那些如此经常地为唯心主义者所注意的社会实践之间的密切联系"（第 83 页）。**新解**："首先选择适用于制度的原则，这一点表明了正义德性的社会性质，表明了正义德性与观念论者经常提到的社会惯例的密切联系。"

5. 原文："When Bradley says that the individual is a bare abstraction, he can be interpreted to say, without too much distortion, that a person's obligations and duties presuppose a moral conception of institutions and therefore that the content of just institutions must be defined before the requirements for individuals can be set out"（p. 95）。H 本："当布拉德雷说个人是一个贫乏的抽象时，他的话可以恰当地解释如下而不致太扭曲其意思，即，一个人的职责和义务预先假定了一种对制度的道德观，因此，在对个人的要求能够提出之前，必须确定正义制度的内容"（第 83—85 页）。**新解**："当布拉德雷说个体是空洞的抽象物时，在没有太多曲解的情况下，他的说法可以解读为，个体的职责和义务预先假定了某种关于制度的道德观念，因此，在能够对个体提出要求之前，必须先明确正义制度的内容。"

【诠释】

现在，选择原则的顺序产生了一些问题（被选中原则的排序问题），本人将跳过这些问题。重要的是，不同原则将以固定顺序被采用，如此排序的理由涉及正义理论的较难部分。举例来说，虽然如下做法是可能的：在没有以任何实质性方式改变这些原则的情况下，在选择适用于基本结构的义务之前，先选择许多自然义务，但是这两种情况的顺序反映了这样的事实：职责以适用于各种社会形式的原则为先决条件。一些自然义务，譬如，支持和维护正义制度的义务，也以这些原则为先决条件。因此，看似较为简单的是，采用适用于基本结构的原则要优先于采用适用于个体的所有原则。首先选择适用于制度的原则，这一点表明了正义德性的社会性质，表明了正义德性与观念论者经常提到的社会惯例（social practices）的密切联系。当布拉德雷说个体是空洞的抽象物时，在没有太多曲解的情况下，他的说法可以解读为，个体的职责和义务预先假定了某种关于制度的道德观念，因此，在能够对个体提出要求之前，必须先明确正义制度的内容。① 也就是说，在大多数情况下，适用于职责和义务

---

① 参阅布拉德雷（F. H. Bradley）《伦理学研究》第 2 版，牛津：克莱伦顿出版社 1927 年版，第 163—189 页。——原注

第二章 正义原则 415

的原则，应在适用于基本结构的原则确定之后再给予确定。①

【原文】§18 – 4 – pp. 95 – 96

【评析】

1. 原文："The parties in the original position are to choose in a definite order not only a conception of justice but also principles to go with each major concept falling under the concept of right"（p. 95）. H 本："在原初状态中的各方不仅要按一定的次序选择一种正义观，也要按一定的次序选择那些其主要概念都属于正当范畴的原则"（第 85 页）。新解："处在初始位置上的各方，不仅要按照一定的顺序选择正义观念，而且要选择与正当概念下的每个主要概念相适应的原则。"

2. 原文："The concept of something's being right is the same as, or better, may be replaced by, the concept of its being in accordance with the principles that in the original position would be acknowledged to apply to things of its kind"（p. 95）. H 本："某事物是正当的概念，若换成它与原初状态中被接受的、适用于这类事物的原则是相符合的概念，不仅意义一样，或许还更好一些"（第 85 页）。短语："Or better". H 本解读为："或许还更好一些"。新解："或者更确切地说"。因此，H 本关于"不仅意义一样，或许还更好一些"这个表达在这里是不成立的。新解："关于'某事为正当'的概念可以等同于如下概念，或者更确切地说，可以由如下概念替换：'某事的存在符合在初始位置上被承认的原则，那些原则适用于该事的同类之事'。"

3. 原文："The broader notion of rightness as fairness is to be understood as a replacement for existing conceptions"（p. 95）. H 本："'公平的正当'的较广义概念要被理解为对现有的各种正当概念的一个替代"（第 85 页）。新解："这种较广义的公平正当观念应被理解为对各种现有正当观念的替代。"

4. 原文："A sound analysis is best understood as providing a

---

① 罗尔斯在这里明确地表示，在排序上，适用于制度的原则优先于适用于个体的原则。如此排序要求，同罗尔斯一再强调的正当优先于善的观念相一致。这是罗尔斯反对效用论的最为重要的内容。公平正义和效用论的最大分歧就在于关于正当与善的关系上，谁具有优先地位，公平正义把正当放在优先地位，效用论把善放在优先地位。公平正义要求基本制度首先应当追求正义，然后追求善；效用论则反其道而行之。

satisfactory substitute, one that meets certain desiderata while avoiding certain obscurities and confusions"（p. 95）. H 本："一种健全的分析最好被理解为提供了一个令人满意的代用词，一个在避免含糊和混淆的同时又满足某些急需的代用词"（第 85 页）。**新解**："一种站得住脚的分析最好被理解为提供了一个令人满意的替换词，一个既能满足某些需求，又能避免某些模糊和混乱的替换词。"

【诠释】

因此，为了确立一个完整的（与"片面的"对应）正当观念（complete conception of right），处在初始位置上的各方，不仅要按照一定的顺序选择正义观念（conception of justice），而且要选择与正当概念（concept of right）下的每个主要概念（each major concept）相适应的原则。本人假定，这些概念（concepts）在数量上相对较少，并且彼此之间有确定的关系。因此，除了存在适用于制度的原则的契约以外，必定存在适用于个体的公平和忠实、相互尊重和仁慈（fairness and fidelity, mutual respect and beneficence）等观念的原则的契约，并且还存在适用于国家行为（conduct of states）的原则的契约。其直观理念是：关于"某事为正当"的概念可以等同于如下概念，或者更确切地说，可以由如下概念替换："某事的存在符合在初始位置上被承认的原则，那些原则适用于该事的同类之事"。我不认为，这一正当概念提供了对"正当"一词在道德语境中通常使用的含义的分析。它不是对传统意义的正当概念的分析。更确切地说，这种较广义的公平正当观念应被理解为对各种现有正当观念的替代。没有必要说"正当"（及其近义词）一词在其通常用法上与表达这一理念的契约论正当概念所需的更为详尽的措辞之间具有相同的含义。就我们这里的目的而言，我接受这样一种观点，即一种站得住脚的分析最好被理解为提供了一个令人满意的替换词，一个既能满足某些需求，又能避免某些模糊和混乱的替换词。换言之，解释就是清除（explication is elimination）：我们从表达有点麻烦的一个概念开始；但它服务于某些不能放弃的目的。一个解释以其他相对不难理解的方式达到这些目的。① 因此，如果公平正义理论（theory of justice as fairness），或者更加笼统地说，公平正当（rightness as fairness）理论在自反均衡中符合我们的深思判断，并且，如果它能使我们在适当的审查中说出我们想说的所有话，那么它提供了一种消除习惯用语（customary phrases, 陈词滥

---

① 参阅蒯因（W. V. Quine）《语词和对象》，麻省剑桥：麻省理工学院出版社 1960 年版，第 257—262 页。本人在此借鉴了他的观点。——原注

调）的方法，有利于其他表达方式。因此，如果照此理解，人们可能认为"公平正义"（justice as fairness）和"公平正当"（rightness as fairness）都为正义概念和正当概念提供了定义或解释。

【原文】§18-5-p.96

【评析】

适用于个体的公平原则的关键词是"公平份额"（fair share）。罗尔斯在这里三次提到"公平份额"，表明它是一个相对固定的术语，不得随意解读为其他意思。但是 H 本把它分别解读成了"公平的一份工作""公平份额"和"公平的一份收益"，这样做会让读者在阅读时产生歧义或误解。

1. 原文："**The main idea is that when a number of persons engage in a mutually advantageous cooperative venture according to rules, and thus restrict their liberty in ways necessary to yield advantages for all, those who have submitted to these restrictions have a right to a similar acquiescence on the part of those who have benefited from their submission**"（p.96）。H 本："这里的主要观念是说：当一些人根据规范参加了一种互利的合作探索，就必须以产生对所有人的利益的方式限制他的自由，那些服从这些约束的人们就有权要求那些从他们的服从得利的人有一同样的服从"（第86页）。这是一个并不复杂的语句，H 本硬是把它解读成朦胧不明的话语，犹如被蒙上了无知之幕的面纱。关键短语："Thus restrict their liberty in ways necessary to yield advantages for all"。H 本解读为："就必须以产生对所有人的利益的方式限制他的自由"。笔者认为是不确切的。其新解为"**因而为了替大家谋利益而务必限制自身的自由**"。解读了这个短语，这个语句的后半句就好理解了。只是在后半句话中，罗尔斯运用了三个不同的词语"submitted to""acquiescence"和"submission"来表达"服从"或"顺从"之意。而这是罗尔斯的一贯用语技巧。**新解**："其大意是，当许多人按照规则开展互有优势的合作活动，因而为了替大家谋利益而务必限制自身的自由时，服从这些限制的人，有权要求从其服从中获益的其他人也要有类似的顺从。"

2. 原文："**Without doing our fair share**"（p.96）。H 本："我们若不承担我们的公平的一份工作"（第86页）。**新解**："我们要是没有尽到自身公平份额的本分。"

3. 原文："**If these arrangements are just, each person receives a fair

share when all (himself included) do their part" (p. 96). H本:"如果这些安排是正义的,那么当所有人都履行自己的应分时,每个人也都有公平的一份收益"(第86页)。**新解**:"如果这些安排是正义的,那么当所有人(包括他本人在内)都尽其本分时,每个人都会得到一个公平的份额。"

【诠释】

本人现在想谈一谈适用于个体的原则之一——公平原则(principle of fairness)。我尝试用公平原则来解释所有有别于自然义务的职责。公平原则认为,当两个条件得到满足时,个体必须履行制度规则所规定的职责:第一,制度是正义的(或公平的),即它满足两个正义原则;第二,人们自愿接受该安排的好处,或利用其提供的机会,增进自身利益。其大意是,当许多人按照规则开展互有优势(或互利互惠)的合作活动,因而为了替大家谋求利益而务必限制自身的自由时,服从这些限制的人,有权要求从其服从中获益的其他人也要有类似的顺从(默许或附和)。① 我们要是没有尽到自身公平份额的本分,就无法从他人的合作劳动中获益。在属于基本结构的制度中,两个正义原则确定了什么是公平的份额。因此,如果这些安排是正义的,那么当所有人(包括他本人在内)都尽其本分时,每个人都会得到一个公平的份额。

【原文】 §18-6-pp.96-97

【评析】

罗尔斯在这里讨论了职责。人们承担职责的前提是正义制度的存在。假如不存在正义制度,那么人们就不可能有使自身受制于不正义制度的职责。并且,他在这里对洛克服从理论作了辩护,纠正了一些学者对洛克的误解。罗尔斯在这里关于反对专制政体的讨论可以在伯林那儿找到更好的证据:"专制主义的胜利就在于强迫奴隶宣称自己是自由的。它也许不需要强迫;奴隶也许会非常真诚的欢呼他们是自由的:但是毕竟还是奴隶。"②

1. 原文:"The first which states that the institutions or practices in

---

① 本人在此得益于哈特(H. L. A. Hart)的见解。参阅哈特"存在自然权利吗?",《哲学评论》1955年第64卷,第185页及以后。——原注
② 伯林:《自由论》,胡传胜译,译林出版社2003年版,第238页。

question must be just, the second which characterizes the requisite voluntary acts"（p.96）. H 本："第一部分说明所涉及的制度或实践必须是正义的，第二部分指出必要的自愿行为的特征"（第 86 页）。**新解**："第一部分申明相关制度或惯例务必是正义的。第二部分则具体规定必要的自愿行为的各种特征。"

2. 原文："**The first part formulates the conditions necessary if these voluntary acts are to give rise to obligations**"（p.96）. H 本："第一部分概括了这些自愿的行为要产生职责所必需的条件"（第 86 页）。**新解**："第一部分还规定这些自愿行为产生职责的必要条件。"

3. 原文："**By the principle of fairness it is not possible to be bound to unjust institutions, or at least to institutions which exceed the limits of tolerable injustice (so far undefined). In particular, it is not possible to have an obligation to autocratic and arbitrary forms of government**"（p.96）. H 本："按照公平原则，它们不能依附于不正义的制度，或至少不能依附于那些其不正义超越了可忍受范围的制度（对此种制度迄未定义），特别是不能对政府的独裁和专横的形式有什么义务"（第 86 页）。**新解**："根据公平原则，把人与不公正制度绑在一起是不可能的，至少把人与无法容忍的不公正制度绑在一起是不可能的（到目前为止对此制度尚未界定）。特别是，人有职责去服从专制独断的政体是不可能的。"

4. 原文："**To argue against justice as fairness and contract theories generally**"（pp.96-97）. H 本："反对公平的正义和一般的契约论"（第 86 页）。这里没有提及"一般的契约论"。**新解**："一般地反对公平正义和契约论"或"笼统地反对公平正义和契约理论"。

【诠释】

现在，顾名思义，职责就是由公平原则具体规定的要求。所有职责都是这样产生的。然而，重要的在于要留意到，公平原则有两个部分。第一部分申明相关制度或惯例务必是正义的。第二部分则具体规定必要的自愿行为的各种特征。第一部分还规定这些自愿行为产生职责的必要条件。根据公平原则，把人与不公正制度绑在一起是不可能的，至少把人与无法容忍的不公正制度绑在一起是不可能的（到目前为止对此制度尚未界定）。特别是，人有职责去服从专制独断的政体（autocratic and arbitrary forms of government）是不可能的。不管怎样表述，必要的背景都不是为了由协商一致或其他行为产生的职责而存在的。各种职责约束（obligatory ties）的前提是公正的制度，或者是相当公正的制度。因此，以下做法是错的，笼统地反对公平正义和契约理论，断定这些理论会得出如下推论：公民有职责接受不合乎正义的政权，这些政权强迫公民同意，或者以狡猾方式赢得他们的默许。洛克尤其成为这种错误批评的对象，如此批评忽视了一定背景条件的必要性。①

【原文】§18 - 7 - p. 97

【评析】

1. 原文："These acts may be the giving of express or tacit undertakings, such as promises and agreements"（p. 97）。H本："这些自愿行为可能是明确表达或者隐含承担的，像允诺和协议"（第86—87页）。新解："这些行为可能是明示的承诺或默会的允诺，比如各种承诺和合意。"

2. 原文："The content of obligations is always defined by an institution or practice the rules of which specify what it is that one is required to do"（p. 97）。H本："职责的内容总是由一种制度或实践确定的，这一制度或实践的规范指示着要求一个人做的事情"（第87页）。新解："职责的内容总是由制度或惯例来确定，其规则规定个体必须做什么。"

3. 原文："Obligations are normally owed to definite individuals, namely, those who are cooperating together to maintain the arrangement in question"（p. 97）。H本："职责一般是归之于确定的个人的，即那些一起合作以坚持他们的制度安排的个人"（第87页）。新解："职责通常由明确的个体承担，他们是为了维持有关安排而合作的人。"

4. 原文："Tacit understandings"（p. 97）。H本："隐含的理解"（第87页）。新解："默会"。

5. 原文："Even when we join a game, namely, the obligation to play by the rules and to be a good sport"（p. 97）。H本："甚至当我们加入一种博弈时，也负有遵守规则和光明正大的责任"（第87页）。H本的解读

---

① 洛克（John Locke）坚持认为：尽管"以各种名号、托辞或法律形式来极尽粉饰之能事"，但是任何征服都是不正当的，暴力和伤害也是如此。参阅洛克《政府论》（下篇），第176、第20段。参阅汉娜·皮特金（Hanna Pitkin）对洛克的评论——皮特金："职责和同意"，《美国政治科学评论》1965年第59卷，特别是第994—997页。我同意其中的基本观点。——原注

比较随意，显然没有认真对照原文。这里的"光明正大"没有出处。H 本漏掉了"to be a good sport"，亦即"把比赛办成一项优秀运动项目"。**新解："甚至我们参加比赛也负有职责，也就是说，我们负有依照规则进行比赛并使之成为一项优秀运动项目的职责。"**

【诠释】

职责有不同于其他道德要求的若干特征。首先，职责作为我们自愿行为的结果而产生；这些行为可能是明示的承诺或默会的允诺，比如各种承诺和合意，但它们不一定是像接受利益那样的承诺和合意。其次，职责的内容总是由制度或惯例来确定，其规则规定个体必须做什么。最后，职责通常由明确的个体来承担，他们是为了维持有关安排而合作的人。① 作为说明这些特征的例子，试考虑在宪政制度中参与竞选并（如果竞选成功的话）谋取公职这和政治行为。该行为产生履行公职义务的职责，这些义务决定职责的内容。在这里，本人认为，这些义务不是道德义务，而是指配给某些机构位置的任务和责任。然而，在这种情况下，就像一个人必须遵守公平原则那样，他仍然有履行这些义务的道德理由（基于道德原则的理由）。此外，公职人员对向其寻求信任和信心的公民同胞，负有与之共同运行民主社会的职责。同样，当我们结婚时，当我们接受司法、行政或其他权威位置时，我们也负有职责。我们通过承诺和默许(默会、默认)来获得职责，甚至我们参加比赛也负有职责，也就是说，我们负有依照规则进行比赛并使之成为一项优秀运动项目的职责。

【原文】§18-8-pp.97-98

【评析】

1. 原文："In the first case it is not clear what is the requisite binding

---

① 在区别职责与自然义务 [**原文：**"**obligations and natural duties.**" H 本："职责与自然义务"（第 87 页）] 时，我一直得益于哈特："法律职责和道德职责" [**原文：**"**Legal and Moral Obligation.**" H 本："法律义务与道德义务"（第 87 页）]，载于麦尔登（A. I. Melden）编《道德哲学论文集》，西雅图：华盛顿大学出版社 1958 年版，第 100—105 页；怀特莱（C. H. Whiteley）："论义务"（"On Duties"），《亚里士多德协会会刊》（1952—1953 年）第 53 卷；布兰特（R. B. Brandt）："职责概念与义务概念" [**原文：**"**The Concepts of Obligation and Duty.**" H 本："义务与责任的概念"（第 87 页）]，《心灵》1964 年第 73 卷。——原注 [H 本没有准确区分职责（obligations）和义务（duties），"obligations"在这个脚注中有三种解释"职责""责任"和"义务"，并与"duties"相混淆，H 本把这个脚注的解读搞得一团糟。这从侧面表明其使用术语的随意性]。

action or who has performed it"（p. 98）。H 本："在第一种情形中有些东西是不清楚的：比如，什么是履行公平原则的必要约束行为，以及，谁已经履行过这种行为？"（第 87 页）。原文并无"履行公平原则的"出处。新解："在第一种情况下，什么是必要的有约束力的行动并不清晰，或者，谁实施了这一行动并不清晰。"

2. 原文："There is, I believe, no political obligation, strictly speaking, for citizens generally"（p. 98）。H 本："我相信，严格地说，在一般情况下，对于普通公民并没有什么政治职责。"（第 87 页）。新解："本人认为，严格说来，公民一般没有任何政治职责。"

【诠释】

本人认为，公平原则覆盖着所有这些职责。不过，存在着有些问题的两种重要情况，一是适用于普通公民（average citizen）而非适用于公职人员的政治职责，二是遵守承诺的职责。在第一种情况下，什么是必要的有约束力的行动并不清晰，或者，谁实施了这一行动并不清晰。本人认为，严格说来，公民一般没有任何政治职责。在第二种情况下，需要解释如何利用正义实践（或司法实践）产生遵守信托职责（fiduciary obligations，做到恪尽职守，履职尽责）。在这种情况下，我们需要研究相关实践的性质。本人将在其他地方讨论这些事项。

§19 适用于个体的原则：自然义务
Principles for Individuals: The Natural Duties

【题解】

受以赛亚·伯林自由观念的影响，罗尔斯讨论了积极自然义务和消极自然义务，并强调消极自然义务优先于积极自然义务。[1] 他还在这里讨论了撇开人际制度关系亦即由制度设定的人际关系而相互承担的自然义务。讨论了国际法的自然义务，尤其是国际战争在限制使用手段上的自然义务。

---

[1] See Isaiah Berlin, *Liberty*, ed., by Henry Hardy, London and New York: Oxford University Press, 2002, pp. 166-217.

第二章 正义原则

【原文】§19 – 1 – p. 98

【评析】

1. 原文："There are many natural duties, positive and negative"（p. 98）。H本："有许多肯定性质或否定性质的自然义务"（第87页）。罗尔斯这里关于积极自然义务和消极自然义务的讨论让人想起伯林关于积极自由和消极自由的讨论。作为罗尔斯在牛津大学做博士后期间的合作教授之一，伯林对罗尔斯有着举足轻重的影响。这种影响在这个语句中也得到了体现。令人遗憾的是，我们在H本中看不到这样的影响。并且在这个段落中，把"positive and negative"解读为"肯定的和否定的"，导致读者对解读罗尔斯的自然义务思想的困难。**新解："存在许多积极自然义务和消极自然义务。"**

2. 原文："Admittedly this lack of unity runs the risk of putting too much strain on priority rules"（p. 98）。H本："这种统一性的缺少显然将带来过分依靠优先规范的危险"（第87—88页）。短语"runs the risk of putting too much strain on"，意为"带来太大压力的风险"，这种压力的对象或承受体是"优先权规则"。H本把"putting too much strain on"解读为"过分依靠"显然是不妥的。因为压力是自上而下的，依靠是自下而上的。两者在方向上是相反的。这个语句的重点是"给优先权规则带来太大压力的风险"。H本把短语"priority rules"解读为"优先规范"，笔者主张把它解读为"优先性规则"。**新解："诚然，这种缺乏统一性的做法可能会给优先性规则带来太大的压力风险。"**

【诠释】

在用公平原则解释所有职责之后，还存在许多积极自然义务和消极自然义务。我不会试图把它们置于同一个原则之下。诚然，这种缺乏统一性的做法可能会给优先性规则带来太大的压力风险，但我须把这个难题放在一边。以下是自然义务的几个例子：在力所能及地不给自己带来过多风险或损失的情况下，在他人有需要或有危险的时候，我们有出手帮助他人的义务；我们有不伤害他人或不危害他人的义务；我们有不给他人造成不必要痛苦的义务。第一种义务——互助义务，是一种积极义务，因为它是一种助人为乐的义务；后两种义务是消极义务，因为它们要求我们不得作恶使坏，不得为非作歹(不得助纣为虐、落井下石)。在许多情况下，积极义务和消极义务之间的区别从直观上看是显而易见的，但也经常有模糊不清的时候。我不想强调这一点。这种区别只有在涉及优先性问题时才是重要的，因为当区别明确时，看起来讲得通的一点是，与积极义务相比，消极义务有着更大的权重。但我不想在这里讨论这个问题。

【原文】§19 – 2 – pp. 98 – 99

【评析】

罗尔斯在这里以正义战争中使用手段的限制为例来说明，自然义务是一种不针对特殊个体的义务。

1. **原文**："They have no necessary connection with institutions or social practices"（p. 98）。H 本："它们与制度或社会实践没有必然的联系"（第 88 页）。**新解**："它们与制度或社会惯例没有必然联系。" H 本的解读有违社会生活常识。

2. **原文**："A promise not to kill, for example, is normally ludicrously redundant, and the suggestion that it establishes a moral requirement where none already existed is mistaken"（p. 98）。H 本："像'允诺不杀人'正常说来是一可笑的废话，以为它在尚无道德要求的地方建立了一种道德要求的看法是错误的"（第 88 页）。短语"a promise not to kill"。H 本："允许不杀人"。**新解**："承诺不杀人"或"不杀戮承诺"。这里的短语"where none already existed"，H 本解读为："在尚无道德要求的地方"，偏离原意较远，**新解**："在本已荒无人烟的无人区"。罗尔斯参加了"二战"时期太平洋战场的几次重大战役。"1945 年 9 月，罗尔斯随占领军进入日本。在 1945 年 8 月原子弹爆炸后不久，他坐着军队火车穿越了广岛（Hiroshima）残骸区。战争的经历，加上欧洲大屠杀，对他产生了深远影响。"[1] 罗尔斯对"本已荒无人烟的无人区"深有体会。因此，在《正义论》一些特殊表述的背后，隐藏着罗尔斯个人的经历或故事。**新解**："诚然，比如'不杀戮的承诺'，通常是令人可笑地多此一举。在本已荒无人烟的无人区，标榜某种道德要求，这样的建议是错误的。"

3. **原文**："Such a promise is in order"（p. 98）。H 本："这样一种承诺才是恰当的"（第 88 页）。短语"in order"，有"应当发生（或提供）的；顺理成章的；自然的；合宜的；整齐；井然有序的；有条理的"等含

---

[1] 弗雷曼：《罗尔斯》，张国清译，第 4 页。

义。新解："这样的承诺是顺理成章的。"

4. 原文："**They hold between persons irrespective of their institutional relationships; they obtain between all as equal moral persons**"（p. 99）。H 本："它们不管人们隶属于什么制度而始终有效。它们在所有作为平等的道德个人中得到公认"（第 88 页）。原文用了两个"between"，意在强调自然义务是一种存在于人际之间的义务。第一个"between"强调，自然义务生效于人际之间，而不管他们具有什么样的制度关系，或者说，不管他们具有什么样的社会关系；第二个"between"强调，自然义务生效于所有平等的道德人之间，而不管他们的性别、年龄、种族、肤色等。这一特点强调着自然义务是无条件义务。但是，这两个"人际之间"在 H 本中没有确切地表达出来。新解："它们生效于撇开人际制度关系的人际之间，它们通行于所有平等道德人的人际之间。"

5. 原文："**The natural duties are owed not only to definite individuals, say to those cooperating together in a particular social arrangement, but to persons generally**"（p. 99）。H 本："自然义务不仅归之于确定的个人，比方说，那些在某种特殊的社会安排中共同合作的人，而且归之于一般的个人"（第 88 页）。短语："Are owed to"。H 本解读为："归之于"。它有"欠；归因于；归功于；起源于"的意思。笔者认为，这里作者想要表达的意思是，自然义务人不仅对特殊个体（definite individuals）承担着这样的义务，而且对一般个体（persons generally）承担着这样的义务。因此，H 本的解读与原意正好相反。自然义务表示，我们不仅欠着特定个体——比如合伙人——那样的义务，而且欠着一般人那样的义务。如果解读成"自然义务不仅归之于确定的个人，而且归之于一般的个人"，那就是"确定的个人"和"一般的个人""欠着"我们。另外，这里的"persons generally"，也可以解释为"芸芸众生"或"普罗大众"。新解："自然义务不只是对特定个体承担的义务，比如，对在特定社会安排中的一起合作者承担的义务，而且是对一般人承担的义务。"

6. 原文："**This feature in particular suggests the propriety of the adjective 'natural'**"（p. 99）。H 本："这一特征尤其暗示出'自然的'（natural）这一形容词的性质"（第 88 页）。H 本的解读又是一大误会。这里原文明明是明示而不是暗示，是言明。这句话的关键词是"propriety"，有"得体的举止；有分寸的行为；行为规范；礼节；规矩"等含义。笔者在这里将其解读为"贴切性"或"妥当性"。H 本将"propriety"解读为"性质"，大概把它同另一词汇"property"相混淆了，后者有"性质"的含义。在两种语言的转换过程中，在解读具体语句时，一旦把某个词汇看错，便是致命而无法挽救的。**新解**："这一特性特别显示了形容词'自然的'的贴切性。"

7. **原文**："This is especially important in constraining the means used in war, assuming that, in certain circumstances anyway, wars of self-defense are justified"（p. 99）。H 本："如果在某些情况下自卫战争是正当的，那么自然义务对于限制战争中使用的手段尤其重要"（第 88 页）。尽管罗尔斯在 1943—1945 年参加了"二战"时期美军在太平洋战区的作战，但他是一名和平主义者。他认为，除了自卫战争，入侵他国的战争都是不正当的。即使在自卫战争中，他也反对滥用武器，尤其反对使用原子武器。所以，他把自然义务应用于国际法领域，应用于交战双方对使用武器的限制。罗尔斯在这里不点名地批评了美国政府在不同战争中对武器的滥用，比如美国在越战中对大规模杀伤性武器的使用，以及 1945 年 8 月在长崎和广岛投下的原子弹。罗尔斯在《广岛 50 年祭》一文中专门阐述自己的和平主义主张。**新解**："假设在某些情况下，自卫战争是正当的，那么这一点对于限制战争中使用的手段尤为重要。"

【诠释】

与职责相反，自然义务的特点是，它们适用于我们而不考虑我们的自愿行为。此外，它们与制度或社会惯例没有必然联系；它们的内容一般不受这些安排规则的限制。因此，无论我们是否已经承诺采取这些行动，（在消极意义上）我们有不做残忍之事的自然义务，（在积极意义上）我们也有帮助他人的自然义务。说我们没有承诺不残忍、不报复、帮助他人，这不是（我们没有尽到自己的自然义务的）辩解理由或借口。诚然，比如"不杀戮的承诺"，通常是令人可笑地多此一举。在本已荒无人烟的无人区，标榜某种道德要求，这样的建议是错误的。只有在出于特定原因有权杀人的情况下，也许是在正义战争中出现的情况下，这样的承诺是顺理成章的。① 自然义务的另一个特点是，它们生效于撇开人际制度关系的人际之间，它们通行于所有平等道德人的人际之间。从这个意义上说，自然义务不只是对特定个体承担的义务，比如，对在特定社会安排中的一起合作者承担的义务，而且是对一般人承担的义务。② 这一特性特别显示了形容词"自然的"

---

① 作为"二战"士兵，罗尔斯对此有充分的发言权。
② 自然义务是一种普世义务，适用于所有的个体或人际关系，一般是超越血缘关系的。

(natural) 的贴切性。国际法的一大目的是，确保在国家行为中承认这些义务。假设在某些情况下，自卫战争是正当的，那么这一点对于限制在战争中使用的手段尤为重要。

【原文】 §19-3-p.99

【评析】

1. 原文："If the basic structure of society is just, or as just as it is reasonable to expect in the circumstances, everyone has a natural duty to do his part in the existing scheme"（p.99）。H本："如果社会的基本结构是正义的，或者相对于它的环境可以合理地看作是正义的，每个人就都有一种在这一现存的结构中履行自己应尽的自然义务"（第88—89页）。这里的"or as just as it is reasonable to expect in the circumstances"，H本解读为"或者相对于它的环境可以合理地看作是正义的"，离原意较远。短语"the existing scheme"，H本解读为"这一现存的结构"，它是"社会的基本结构"的另一表述，笔者解读为"现有计划"或"现有方案"，H本的解读也没有差错。新解："如果社会的基本结构是正义的，换言之，如果在这些环境下人们可以合理预期社会的基本结构是正义的，那么每个人都有自然义务在现有方案中尽其本分。"

2. 原文："The principles that hold for individuals, just as the principles for institutions, are those that would be acknowledged in the original position"（p.99）。H本："对个人有效的原则，正像对制度有效的原则一样，是那些将在原初状态中接受的原则"（第89页）。新解："适用于个体的原则，就像适用于制度的原则一样，是在初始位置上被承认的原则。"

3. 原文："If their formulation shows that no binding action, consensual or otherwise, is a presupposition of their application, then they apply unconditionally"（p.99）。H本："如果对它们的概括展示了没有任何同意或别的约束行为作为采用它们的前提，那么采用它们就是无条件的"（第89页）。新解："既然这些原则的制定过程表明，没有一个具有约束力的行为，无论约定性的行为还是其他行为，是对它们适用的预设，那么它们是无条件适用的原则。"

4. 原文："The full set of principles"（p.99）。H本："完整的原则体系"（第89页）。新解："这一整套原则"。

428　《正义论》评注

【诠释】

　　从公平正义的立场来看，基本的自然义务就是正义的义务。① 这项义务要求我们，支持和遵守适用于我们的现有正义制度。至少当我们能够在不付出太多代价的情况下这样做的时候，它还促使我们推进尚未建立的正义安排。② 因此，如果社会的基本结构是正义的，换言之，如果在这些环境下人们可以合理预期社会的基本结构是正义的，那么每个人都有自然义务在现有方案中尽其本分。③ 每个人都要受到独立于其自愿行为或其他表现的这些制度的约束。④ 因此，即使自然义务原则是从契约论观点出发的，但是它们并不以明示或默示的同意行为，或实际的任何自愿行为为先决条件来适用。适用于个体的原则，就像适用于制度的原则一样，是在初始位置上被承认的原则。这些原则被理解为假设性协议的结果。既然这些原则的制定过程表明，没有一个具有约束力的行为，无论约定性的行为还是其他行为，是对它们适用的预设，那么它们是无条件适用的原则。公平原则的第二部分阐述了职责依赖于自愿行为的理由。它与公平正义的契约性质无关。⑤ 事实上，一旦这一整套原则和一个完备的正当观念确立了起来，我们就可以忘记初始位置观念，像应用其他任何原则一样去应用这些原则。

【原文】 §19-4-p.100

【评析】

　　1. 原文："Unconditional principles"（p.100）。H本："无条件的绝对原则"（第89页）。这里没有"绝对原则"。**新解**："无条件的原则"。

---

① 也就是做事合乎正义的义务，是罗尔斯最为看重的良序社会的公民应当承担的道德义务。
② 建设和完善正义的社会制度，也是公民的一大自然义务。
③ 当基本制度建成并且得到完善之后，遵循它便是一项基本义务。
④ 制度具有强制性，不以个人偏好和意志为转移。
⑤ 我感谢罗伯特·阿姆杜（Robert Amdur）帮助本人弄清了这些问题。寻求仅仅从相互同意的行为获得政治约束的观点可见于迈克尔·沃尔泽（Michael Walzer）的论著。参阅沃尔泽《论职责：抗命、战争和公民权利论文集》，麻省剑桥：哈佛大学出版社1970年版，特别是前言第9—16页，正文第7—10、18—21页和第五章；约瑟夫·图斯曼（Joseph Tussman）：《职责和团体政治》，纽约：牛津大学出版社1960年版。关于后一论题，参阅汉伦·皮特金（Hanna Pitkin）《职责与同意》，第997页及以后。有关同意理论的进一步讨论，除皮特金外，参阅阿伦·格维尔兹（Alan Gewirth）"政治正义"，收录于布兰特（R. B. Brandt）编《社会正义》，新泽西英格伍德克利弗斯：普兰梯利—霍尔出版社1962年版，第128—141页及以后；普拉梅纳兹（J. P. Plamenatz）：《同意、自由与政治职责》第2版，伦敦：牛津大学出版社1968年版。——原注

2. 原文:"**It suffices to show that**"(p.100)。H本:"我们只需说明……也就够了"(第89页)。**新解**:"这足以表明"。

3. 原文:"**Principles defining the natural duties which as formulated hold unconditionally**"(p.100)。H本:"确定那些被概括为是绝对有效的自然义务原则"(第89页)。"hold unconditionally" 不能解读为"绝对有效的",**新解**:"无条件持有的"或"无条件承担的";同样地,"as formulated" 不能解读为"被概括为",**新解**:"得到确切表达的"。

4. 原文:"**Since the principle of fairness may establish a bond to existing just arrangements, the obligations covered by it can support a tie already present that derives from the natural duty of justice**"(p.100)。H本:"由于公平原则可能建立一种对于现有正义安排的约束,它所包括的职责能够支持已经从正义的自然义务产生的束缚"(第89页)。**新解**:"因为公平原则可以确立对现有正义安排的约束,由公平原则涵盖的职责能支持已经存在的来自正义的自然义务的束缚。"

5. 原文:"**Thus a person may have both a natural duty and an obligation to comply with an institution and to do his part**"(p.100)。H本:"这样,一个人就可能既有一种服从某种制度并完成份内工作的职责,又有一种自然义务"(第89页)。这个语句并不难懂,可惜H本仍然没有很好地把握。罗尔斯在这里讲得很清楚,任一个体皆担负两种自然义务和职责,一是做到遵守规章制度或遵纪守法,做好公民;二是尽其本分,做好自己分内的事,比如做好妻子、好女儿、好丈夫、好儿子、好医生、好老师或好工程师,等等。这句话并不是说,"服从某种制度或完成分内工作"是在尽自己的"职责",除此之外还有"一种自然义务"。因此。H本完全误解了这个语句。

6. 原文:"**The thing to observe here is that there are several ways in which one may be bound to political institutions**"(p.100)。H本:"也就是说,一个人可能从好几个方面对政治制度负有义务"(第89页)。笔者认为,这个语句也可以解读为"**这里要注意的一点是,存在着可以把人束缚于政治制度中的几种方式**"。这里的引导语"the thing to observe here is that"有警告的意思,它提醒读者注意,因此它不能解读为"也就是说",而是正好相反,是"提请注意"。就此而言,H本在谈论着一件在《正义论》中不存在的事,即"一个人可能从好几个方面对政治制度负有义务"。

7. 原文:"**The principle of fairness, on the other hand, binds only those who assume public office, say, or those who, being better situated, have advanced their aims within the system**"(p.100)。H本:"而另一方

面，公平的原则只约束那些担任公职的人们，或者说，那些境况较好，能在社会体制内部接近他们目标的人"（第89页）。很是令人遗憾，H本几乎开口便错。要注意的是，罗尔斯在这里使用的是一种完成时态"have advanced their aims"，是"已经达到其目标的人"，而不是"能……接近他们目标的人"，并且这里把"within the system"解读为"在社会体制内部"，是一个过于中国化的解读，这个短语想要表达的确切意思是"**在系统内**"，如果它被解读为"在社会体制内部"，它容易被误解为"在国家官僚体制之内"，但这显然不是罗尔斯本人的意思。

【诠释】

公平正义许可各种无条件的原则，这一点并不存在矛盾，甚至并不令人感到惊讶。这足以表明，处在初始位置上的各方将同意，把自然义务原则界定为得到确切表达的无条件持有的原则。我们应该注意到，因为公平原则可以确立对现有正义安排的约束，它涵盖的职责可以支持已经存在的约束，那个约束来自正义的自然义务。所以，人既有遵守制度的自然义务和职责，也有尽其本分的自然义务和职责。这里要注意的一点是，存在着可以把人束缚于政治制度中的几种方式。在很大程度上，正义的自然义务是更为根本的，因为它对公民具有普遍约束力，并且不要求适用的任何自愿行为。另一方面，（在正义的职责上）公平原则只约束担任公职者，换言之，只约束已经在系统内达成其目标的处境较好者。因此，"位高权重者应当不负众望"（noblesse oblige）还另有一层含义：位高权重者意味着担负起更大职责，把他们与某个正义计划（just scheme，正义方案、正义蓝图）更加紧密地联系在一起。①

【原文】§19 – 5 – pp. 100 – 101

【评析】

罗尔斯在这一章最后一段提到的一些行为是超义务行为，它们不是正义理论讨论的范围，因为它们超出了个体的自然义务。它们是像善行、怜悯、勇敢、牺牲这样的超义务行为。罗尔斯不愿意讨论这些道德和社会现象，是因为不仅古典效用论难以解释它们，而且他的正义理论也难以解释它们。

---

① 位高权重，意味着有重大的责任担当，有服务于人民和国家的崇高使命感。

第二章 正义原则 431

1. 原文："Among permissions is the interesting class of supererogatory actions. These are acts of benevolence and mercy, of heroism and self-sacrifice. It is good to do these actions but it is not one's duty or obligation"（p. 100）。H 本："令人感兴趣的'分外行为'（supererogatory actions）也是属于'允许的行为'一类，比如说像慈善、怜悯、英雄主义和自我牺牲的行为等等。做这些行为是好的，但它并非一个人的义务和责任"（第 90 页）。**新解**："在许可当中有一类大家感兴趣的分外行为。它们是善举、怜悯、英勇和自我牺牲等行为。做这些事都是功德无量的善行，但它不是个体的义务或职责。"

2. 原文："Supererogatory acts are not required, though normally they would be were it not for the loss or risk involved for the agent himself. A person who does a supererogatory act does not invoke the exemption which the natural duties allow"（p. 100）。H 本："分外行为不是被要求的，虽然如果不是因为涉及到行为者本人的牺牲或冒险，本来一般会要求它们的。一个做一件分外事情的人并不诉诸自然义务所允许的那种免责"（第 90 页）。H 本的解读不够确切。**新解**："虽然通常情况下，即使不是因为涉及事主本人的损失或风险，也不应当要求事主去实施分外行为。实施分外行为的人，得不到自然义务允许的豁免。"

【诠释】

关于适用于个体的另一类原则，我就不多说了。因为虽然许可（permissions）并非一类无足轻重的行为，但我必须将讨论限于社会正义理论。不过可以这样说，一旦界定各种需求的所有原则被选中，那么就不需要进一步的承认（acknowledgments）来界定许可。之所以如此，是因为许可是我们可以自由地做或不做的行为。许可是不违反职责或自然义务的行为。在研究许可时，人们希望从道德角度挑选出那些重要的许可，并解释它们与义务和职责的关系。许多许可行为在道德上是无人关注或微不足道的。但在许可当中有一类大家感兴趣的超义务行为。它们是善举、怜悯、英勇（壮举）和自我牺牲等行为。做这些事都是功德无量的善行，但它不是个体的义务或职责。虽然通常情况下，即使不是因为涉及事主本人的损失或风险，也不应当要求事主去实施超义务的行为。实施超义务行为的人，得不到自然义务允许的豁免。我们有自然义务去创造伟大的利益和价值（great good），比如说，如果我们能够相对容易地承担自然义务，那么我们就应那样去做；然而，如果我们要为此付出很大的代价，那么我们就可以放弃那个自然义务。对伦理学理论来说，超出义务的行为引发了一些最重要的问题。例如，古典效用论观点似乎难以解释它们。它好像主张，无论我们自己付出多大的代价，只要优势总和或利益总和(sum of advantages)完全超过向我们开放的其他行动的优势总和或利益总和，我们就必须采取行动为他人带来更大的利益。在制定自然义务时，没有把相应豁免包括于其中。因此，被公平正义视为分外的某些行为，可能是效用原则所要求的。无论如何，我对这个问题的讨论就到此为止。为了完整起见，本人在这里提到了分外行为。我们现在必须转向关于初始场景的解释。

第三章　初始位置
The Original Position

【题解】

"初始位置"（original position）假设是贯穿整个《正义论》的根本假设，它同另外两个假设"无知之幕"和"自反均衡"高度相关。罗尔斯1990年在接受访谈时表示，他在1951年开始产生"自反均衡"设想。"初始位置"假设具有实现"自反均衡"设想的方法论意义；"无知之幕"则是在"初始位置"假设落实过程中的知识论假设，或者，它是签订初始契约各方掌握信息的程度假设。在各方的"自反均衡"过程中，"无知之幕"对信息的掌握程度存在着差异，从最初的完全无知，到局部认知或局部知情，到完全知识或完全知情。不同的知情背景，对各方抉择发挥着不同的约束作用，而其基点或原点都是"初始位置"。

蒂莫西·辛顿认为，"初始位置"假设具有三大意义。第一，它为探讨政治哲学的证明问题和客观性问题提供了一种新思路。第二，它引发了许多有趣的哲学问题。第三，它启发其他哲学家采取不同立场，重新思考并重新概念化这个观念最初想要解决的哲学问题。[①]

笔者引用埃德门森的说法来印证罗尔斯提出"初始位置"这个术语的社会背景："不像从前深谙其道的许多政治哲学家，罗尔斯本人从未浸淫于其所处年代的重大社会政治巨变当中。他曾经出色地服役于二战时期的太平洋战区。但与许多同时代人不同，在民权运动中，或在反越战运动中，他都不是引人注目的代言人或活跃分子。有人说他是离经叛道者，但他从未参加过任何运动。不像霍布斯和洛克，他既不仰仗某个有权势者的恩宠或垂青，也不为其提供任何咨询意见。不像马克思，他不把自己等同于一个政党或一个运动。不像

---

① 参阅 Timothy Hinton（ed.）, *The Original Position*, Cambridge：Cambridge University Press, 2015, pp. 1 – 2。

霍布斯、洛克、卢梭和马克思，他从未因躲避迫害而流离失所。尽管罗尔斯年代的麻省剑桥事实上与华盛顿的美国权力宝座有着密切联系，但在许多方面，就像当年康德偏安于柯尼斯堡那样，罗尔斯以极大的耐心，静静地观察着他那个年代的政治动荡。"① 在参加太平洋战区对日军战斗时，罗尔斯是潜伏在敌后的报出敌方火力点的侦察兵。在民权运动和反越战运动中，他是藏身于哈佛大学爱默生哲学楼的大学教授，也是安享于康科德镇莱克星顿村上静观其变的思想者。无论在哪一种情况下，他都保持着高度的冷静与十足的耐心。与海德格尔、罗素、萨特、福柯、德里达、哈贝马斯和罗蒂等20世纪哲学家不同，罗尔斯不想做公共知识分子，他不热衷于公共议题的争论，只想做安安静静的学者。因此，"original position"是观察事物之变动或社会之动荡的"原点"或"初始位置"。在罗尔斯的个人意义上，这个术语表示他观察一切事物的某个起始点，对任何政党都不予认同的无党派观点，不持任何阶级立场的原初立场，是观察世上一切事物的"客观中立的"或"不抱偏见的"（impartial）初始视角。

笔者把"original position"解读为"初始位置"，其理由已在前面多有论述。如此解读将让读者更加容易理解罗尔斯提出这一假设的初衷：各方在初始位置上提出各种可能的正义观念，只从维护自身权利和利益的利己角度出发，而不是像效用论者假定的那样为了追求共同利益和公共利益，省略哈贝马斯强调的平等对话和理性协商环节，筛选其中最合理的正义观念作为大家认可的公开且公共的正义观念，并且通过公开发布这个正义观念，使之成为所有人皆可持有的正义观念，依据这个正义观念，确立某些正义原则作为首要原则，来规制社会基本结构和协调人际关系。假如"original position"被解读为"原初状态"，那么各方只能在原初状态下开展相关工作，这与罗尔斯关于自由平等理性人的假设不相符合。因为罗尔斯假定的"original position"是理性人的"某个初始场景"（initial situation）。我们可以设想它是这样的场景：有个小会议室，里面有张圆桌，圆桌周边放着若干椅子，每把椅子可以坐一人。你就是可以在圆桌边的任何一把椅子上坐下来讨论正义原则和正义观念筛选问题的理性人。你所处的位置就是"初始位置"（original position）。你是参加会议的代表人，会议参与者不必太多。按照罗尔斯的简化原则，虽然罗尔斯从来没有说过究竟是多少人，50人也许就已足够。

---

① William A Edmundson, *John Rawls: Reticent Socialist*, Cambridge: Cambridge University Press, 2017, p. 1.

"初始位置"假设"在顶层融入了纯粹程序正义"①。它"发展了洛克、卢梭和康德奠定的自由民主社会契约传统的基本观念,即站在平等权利立场上自由人赞成正义的法律、宪法或原则。像其先驱一样,罗尔斯的社会契约是假设性的:它不是在某个历史上产生的实际同意,相反,它是一个思想实验,在那里,假想的国民处事公道,推崇自由、平等和理性,肩负一致同意应用于其所在社会的正义原则的使命"②。所以,"original position"不是"原初状态",而是"初始场景"。它不是宏大的元叙事,而是开展小小哲学实验的普通场景。它不是人类历史发展的源头意义上的,也不是文化发展状况意义上的,而是在若干孤立的理性个体视角意义上来假定,如何筛选最佳的或最合理的正义观念和正义原则,作为人际来往或交往的指针。因此,"初始位置"不具有任何历史唯物论的含义,只是罗尔斯创立正义理论所需要的哲学实验的预设场景。任何过度解读都将造成误解。笔者强调,罗尔斯提出"初始位置"假设,以及其中经常出现的"点位"(place)概念,或许与他在"二战"时期的侦察兵经历有关。③

【原文】CH – III – p. 102

【评析】

1. 请注意罗尔斯在"interpretation"和"explaining"之间做出的微妙区分。前者可以解读为包括罗尔斯本人在内的哲学家们的主观理解,一种"哲学诠释";后者则可以理解为罗尔斯等研究者对研究方法的说明,一种"科学解析"。只可惜 H 本把两个术语全都解读为"解释",忽视了分析哲学家罗尔斯在用语上的如此讲究。

2. 原文:"**I begin by sketching the nature of the argument for conceptions of justice and explaining how the alternatives are presented so that the parties**

---

① John Rawls, *Collected Papers*, Samuel Freeman (ed.), Cambridge, MA: Harvard University Press, 1999, p. 310.
② 弗雷曼:《罗尔斯》,张国清译,第 146 页(引文略有改动)。
③ 参阅李科政"罗尔斯原初状态的康德式诠释",《道德与文明》2018 年第 1 期。闫笑:"罗尔斯原初状态中立约人特性——作为公平的正义与利己主义",《道德与文明》2016 年第 4 期。孙小玲:"自律的悖论与罗尔斯的契约论解决",《哲学研究》2016 年第 1 期。肖涛:"罗尔斯原初状态中'The One'悖论",《西北大学学报》2015 年第 4 期。刘志丹:"论罗尔斯原初状态理论的要素构成",《内蒙古大学学报》2012 年第 5 期。袁芳:"契约初始环境:自然状态与原初状态——洛克与罗尔斯之比较",《学术探索》2014 年第 6 期。张首先:"罗尔斯原初状态的契约主义立场及其限度",《北方论丛》2014 年第 2 期。

are to choose from a definite list of traditional conceptions"（p. 102）。H 本："我一开始将略述适用于正义观的论据的性质，解释要怎样提出选择对象以使各方从一个确定的传统观念的清单中选择"（第 91 页）。罗尔斯在这里提到了三个词组："各种正义观念"（conceptions of justice）、"这些可选项"（alternatives）和"一份明确的传统正义观念清单"（definite list of traditional conceptions）。H 本分别解读为："正义观""选择对象"和"一个确定的传统观念的清单"。由于 H 本只是照着字面解读，不了解这三个词组指称的对象是相同的，尤其是对"conceptions of justice"和"a definite list of traditional conceptions"中的"conceptions"做了不同解读，前者为"观"，后者为"观念"，让读者无法将两者视为同一对象来理解。除非读者对照英文原文，否则很难把它们都理解为罗尔斯将在《正义论》中重点比较研究的包括契约论正义观念、效用论正义观念、直觉论正义观念、至善论正义观念等在内的各种"正义观念"。这个语句的正解是："**本人将从概述各种正义观念争论的性质并解析这些可选项的呈现方式入手，以便各方从一份明确的传统正义观念清单中做出选择或取舍。**"

3. 原文："**Headings**"（p. 102）. H 本："题目"（第 91 页）。**新解："标题"**。

4. 原文："**In each case I try to indicate why the features adopted for the favored interpretationare reasonable from a philosophical point of view**"（p. 102）. H 本："在每个题目中我都要努力指出适用于可取的解释的特征从哲学的观点看为什么是合理的"（第 91 页）。**新解："在每一种情况下，我都将尝试从哲学角度来说明，这种受人青睐的诠释所具备的特征之所以合理的理由。"** 罗尔斯在这里提到的"**这种受人青睐的诠释**"（favored interpretation），其所指称的对象仍然是"初始位置"假设。罗尔斯在这一章要说明自己提出这一假设"之所以合理的理由"，因为这一句的"the favored interpretation"和前一句的"the favored philosophical interpretation"是相同的。但是，读者很难在 H 本的解读中看出两者的同一性。另外，H 本把"In each case"解读为"在每个题目中"，显然是采用意译来解读这个习惯用语。但是，如此理解会狭隘化对于罗尔斯在这一章提出的"初始位置"假设的理解。罗尔斯在这里通过"在每一种情况下"（in each case）这一表述，来说明自己对"初始位置"假设的重视或偏爱。像术语"公平正义"和"良序社会"一样，术语"初始位置"是贯穿《正义论》始终的奠基性概念。

5. 原文："**Next the natural lines of reasoning leading to the two principles of justice and to the principle of average utility are examined**

prior to a consideration of the relative advantages of these conceptions of justice". H 本："接着我将考察导向两个原则和平均功利原则的自然推理过程，并继而考察这样两种正义观念的相对优劣"（第91页）。

（1）短语："The natural lines of reasoning". H 本："自然推理过程"。**新解**："自然推理路线"。

（2）短语："Leading to the two principles of justice and to the principle of average utility". H 本："导向两个原则和平均功利原则"。**新解**："**得出两个正义原则和平均效用原则**"。其中，术语"the principle of average utility"，H 本："平均功利原则"；有人解读为"平均功利主义原则"①。**新解**："平均效用原则"。

（3）短语："Relative advantages". H 本："相对优劣"。**新解**："相对优势"。

6. 原文："The chapter concludes with another look at the classical principle of utility"（p. 102）. H 本："本章最后还要考察一下古典的功利原则"（第91页）。**新解**："本章以重新审视古典效用原则结束。"

【诠释】

本人将在这一章讨论有关初始场景(initial situation) 的一种受人欢迎的哲学诠释(philosophical interpretation)。我称这一诠释为初始位置(original position)。首先，本人将从概述各种正义观念争论的性质并解析(explaining) 这些可选项(alternatives，指各种可供选择的正义观念) 的呈现方式入手，以便各方从一份明确的传统正义观念清单中做出筛选或取舍。然后，本人将以正义的环境、正当概念的形式限制、无知之幕和缔约各方的理性等标题来限定我所描述的初始场景的诸多条件。在每一种情况下，我都将尝试从哲学角度来说明，这种受人青睐的诠释所具备的特征之所以合理的理由。接着，在考虑这些正义观念的相对优势(relative advantages) 之前，本人将审查得出两个正义原则和平均效用原则(principle of average utility) 的两条自然推理路线。本人认为，两个正义原则将得到认可，并提出支持这一论断的若干主要理由。为了明晰各种正义观念的差异，本章以重新审视古典效用原则(classical principle of utility) 结束。②

---

① 莱宁：《罗尔斯政治哲学导论》，孟伟译，第44页。
② 正义原则将被参与筛选正义原则的各方所接受。这个筛选过程就是正义原则的证明过程，不需要其他哲学证明或逻辑证明。因为这是一个民主过程，在政治过程中，它是科学而合理的。但是，哈贝马斯认为，正义原则的证明与民主过程或民主筛选过程没有关系。

438 《正义论》评注

§20　各种正义观念持论的性质
The Nature of the Argument for Conceptions of Justice

【题解】

在这一节里，罗尔斯讨论了包括契约论的公平正义观念、直观论正义观念、效用论正义观念和至善论正义观念在内的诸多正义观念的论据。罗尔斯承认，这些正义观念所持的论据，既有重合之处，又各有侧重之点。作为这个思想实验的重要组成部分，初始位置的设定，就是为了从中筛选出最为合理的正义观念和正义原则。罗尔斯比较了各种既有正义观念的优劣，然后断定，当事各方将选择公平正义作为他们的正义观念。罗尔斯的确认为，如此筛选过程就是证明过程。筛选——接受——证明，这三者中间存在着太大的脱节，这是引发哈贝马斯质疑罗尔斯所谓的公平正义之证明的合理性的重要之点。哈贝马斯认为，筛选过程只是接受过程，而不是证明过程。正义观念或正义原则的筛选，只要当事者对有限选项的合理比较和理性取舍就可以完成，但是，正义原则的证明，与当事各方对正义原则的筛选没有内在联系。民主选择不是科学证明。证明需要的是一套科学检验或逻辑论证的程序，而不是民主政治或民主表决（决策）的程序。前者可以由一般理性人来完成，后者必须由职业研究者来完成。后来，罗蒂表示，原则证明之类的科学问题或哲学问题，也可以用民主手段来解决，实际上表示着对罗尔斯思考正义原则之证明的方法论的支持。[①]

【原文】　§20‐1‐pp. 102‐103

【评析】

1. 原文："**The object of an original agreement**"（p. 102）。H 本："原初契约的目标"（第 91 页）。**新解**："初始合意的对象"。

2. 原文："**In this position of equality**"（p. 102）。H 本："在这种平等状态中"（第 91 页）。**新解**："在这个平等位置上"。

[①] 参阅张国清"民主何以先于哲学——论罗蒂后哲学文化观中的破和立"，《福建论坛》1995 年第 2 期。

第三章　初始位置　439

3. 原文："**To settle the basic terms of their association**"（p. 102）。H本："确定他们联合的基本条件"（第91页）。新解："订立他们相互往来的基本条款"。"association"也可解读为结社或社团。

4. 原文："**An agreement on these principles**"（p. 103）。H本："对这些原则达成一致"（第91页）。新解："就这些原则达成某个合意"。

5. 原文："**In view of the alternatives**"（p. 103）。H本："相对于其它可选择原则来说"（第91页）。新解："通过考虑这些可选项"，亦即"通过考虑这些可供选择的原则"。

【诠释】

谈起公平正义，我们萌生的一个直观理念是，在适当界定的某个初始场景之中，首要的正义原则本身，将被视为初始合意（初始协定）的对象。理性人为了促进自身利益而在这个平等位置上（in this position of equality）接受这些原则，以订立他们相互往来的基本条款。① 因此，须要说明的是，两个正义原则是经由初始位置呈现的选择问题的答案。为了做到这一点，我们必须确定，鉴于各方的情况，以及他们持有的知识、信仰和利益，就这些原则达成某个合意，是每个人通过考虑这些可选项（alternatives，可供选择的诸多正义观念和原则）以确保其目的之可行的最佳方式。

【原文】§20 - 2 - p. 103

【评析】

1. 原文："**Whatever it turns out to be**"（p. 103）。H本："而不管这一观念是什么"（第91页）。新解："而不管其结局将会是什么"。

2. 原文："**Such terms of association**"（p. 103）。H本："这种联合的条件"（第91页）。新解："这样的交往条款"。

3. 原文："**These forms of egoism**"（p. 103）。H本："这种形式的利己主义"（第91页）。新解："这些自利论形式"。"egoism"也可解读为"唯我论"。

【诠释】

现在，显然没有人能得到他想要的一切；仅仅他人的存在就阻止了这

---

① association，也可解读为结盟、结社；basic terms，是前文提到的初始协议的具体化。

一点。对任何人来说，其上上策是，让别人都和他一起，不断促进他的善观念(conception of the good)，而不管其结局将会是什么。要是做不到这一点，那么其中上策便是，所有其他人都须做事合乎正义，而他有权随意免除自己的责任。因为其他人永远不会同意这样的交往条款(terms of association，合伙条款)，所以这些自利论(egoism，也可解读为唯我论)形式将遭到拒绝。然而，两个正义原则似乎是合理的建议。本人事实上想要表明的是，这些原则是每个人对他人提出的相应要求的最佳回应。从这个意义上说，选择这种正义观念是对初始位置所设问题的唯一解。①

【原文】§20-3-p.103

【评析】

罗尔斯把处于初始位置上各方寻求正义原则的过程，看作在自由市场中各方为了追求自身利益而开展的博弈过程。在这个过程中，各方达成的利益均衡是一种可持续的稳定状态；各方在正义原则上达成的协议也将实现如此均衡。因此，它不可能实现每个人的权利和利益的极大化，但它能够保障每个人的基本权利和利益不受侵犯。各方能够就某些原则达成协议，表明这些是他们能够接受的原则。但是，它们不一定是合乎公平的或合乎正义的原则。

1. 原文："**The options open to them**"（p.103）。H本："可供选择的对象"（第92页）。**新解**："向他们开放的选项"。

2. 原文："**The equilibrium of competitive markets**"（p.103）。H本："竞争市场的平衡"（第92页）。**新解**："**竞争市场的均衡**"。在经济学界，一般都把术语"equilibrium"解读为"均衡"而非"平衡"，比如著名的"纳什均衡"（Nash Equilibrium）理论。罗尔斯在讨论"平衡"时一般用另一术语"balance"。当然，"均衡"和"平衡"在罗尔斯这里没有本质差异。

3. 原文："**Equilibrium is the result of agreements freely struck between willing traders**"（p.103）。H本："平衡是在自愿的贸易者之间形成的自发协议的结果"（第92页）。**新解**："**均衡是自愿交易者之间自由达成协议的结果。**"

---

① 罗尔斯表示，只要设定初始位置假设，那么，处于其中的当事各方必定选择公平正义为自己的正义观念。因为在这种正义观念指导下的正义原则能够最好地保障每一个个体的基本权利和自由不受他人的侵犯，并且不妨碍他去追求自己的善。

4. 原文："**If a departure from this situation sets in motion tendencies which restore it, the equilibrium is stable**"（p. 103）。H 本："如果从这种状况的脱离又倾向于使它恢复，那么这种平衡就是稳定的"（第 92 页）。新解："一旦这一情况有所偏离，使其复原的运动趋势便会产生，因此，这种均衡是稳定的。"

【诠释】

通过这样的论证，人们遵循着在社会理论中人人皆知的程序。也就是说，一种简化的情况得到了描述，在这种情况下，具有特定目的和以特定方式相互关联的理性个体，将根据其了解的环境在各种行动方案中做出选择。然后，这些人将通过严格的演绎推理，从其信仰和兴趣、处境以及向其开放的选项（options open to them，各种可能的可供选择的正义观念）的这些假设中得出他们将要做的事情。用帕累托的话来说，他们的行为是各种趣味与障碍的合成（resultant of tastes and obstacles）。[①] 例如，在价格理论中，竞争市场的均衡，被认为形成于许多个体为了自身利益而做出互相让步之时，这些个体为了得到自己最想要的东西而互相做出让步。均衡是自愿交易者之间自由达成协议的结果。对每个人来说，这是他能够通过与他人的权利和自由相一致的自由交换以同样方式促进其自身利益的最佳状态。正是由于这个原因，这种状况是一种均衡，只要条件保持不变，这种均衡将一直持续下去，谁都不愿意改变它。一旦这一情况有所偏离，使其复原的运动趋势便会产生，因此，这种均衡是稳定的。

【原文】§20 – 4 – pp. 103 – 104

【评析】

在这个段落中，罗尔斯清楚说明了"初始位置"的含义及其作用。它只是为各方筛选合理的正义原则设置。它确定了两个条件：第一，它保证各方达成正义原则之协议的条件是公平的；第二，它保证各方所处的地位是平等的。他们的协议是在公开平等的平台上达成的。因此，这是休谟和斯密的"公道"或"不偏不倚"（impartiality）观念的具体化。

1. 原文："**A balance of hatred and hostility may be a stable**

[①] 参阅帕累托《政治经济学教程》，巴黎，1909 年版，第三章第 23 节；帕累托说："均衡恰好产生于各种趣味与障碍的角逐。"——原注

equilibrium"（pp. 103 – 104）。H 本："一种厌恶和敌意的平衡也可能是一种稳定的平衡"（第 92 页）。**新解**："由仇恨和敌意导致的平衡可以是一种稳定的均衡。"请留意罗尔斯对"平衡"（balance）和"均衡"（equilibrium）的使用。

2. 原文："**The best that each can do for himself may be a condition of lesser injustice rather than of greater good**"（p. 104）。H 本："一个人能为他自己做的最好事情可能是达到一种较少不正义而非有较大利益的状况"（第 92 页）。**新解**："每个人尽力想要创造的最佳条件，可能是不正义变得越来越少的条件，而不是好处变得越来越多的条件。"

3. 原文："**The background circumstances**"（p. 104）。H 本："背景"（第 92 页）。**新解**："背景环境"。

4. 原文："**The outcome is not conditioned by arbitrary contingencies or the relative balance of social forces**"（p. 104）。H 本："选择的结果不受任意的偶然因素或社会力量的相对平衡所决定的状态"（第 93 页）。**新解**："其结果既不以任意的偶然因素为条件，也不以各种社会力量的相对平衡为条件。"

【诠释】

当然，即使某个情况是均衡的，甚至是稳定的，这一事实并不意味着，它是正当的或正义的。它只是意味着，鉴于人们对自身处境的估计，他们会采取有效行动来维护它。显然，由仇恨和敌意导致的平衡（balance of hatred and hostility）可以是一种稳定的均衡（stable equilibrium）；每一方都可能认为，任何可行的改变都会导致更加糟糕的后果。每个人都尽力想要创造的最佳条件，可能是不正义变得越来越少的条件，而不是好处变得越来越多的条件。对均衡状态的道德评估，取决于它们的背景环境。正是在这一点上，初始位置观念体现了道德理论特有的某些特征。比如说，虽然价格理论试图通过实际趋势假设（assumptions about the actual tendencies at work）来解释市场变动，但在哲学上对初始场景做出得体诠释，则体现了对原则选择施加的合理条件。与社会理论相反，其目的是描述这样一种情况，以便从道德角度来接受所选择的原则，无论这些原则是什么。初始位置是这样定义的，它是这样的一种局面，在其上达成的某些协议是公平的。它是这样的一个情形，在其上各方作为道德人的代表是平等的，其结果既不以任意的偶然因素为条件，也不以各种社会力量的相对平衡（势均力敌）为条件。因此，公平正义从一开始就能够运用纯粹程序正义观念。

第三章　初始位置　443

【原文】§20-5-p.104

【评析】

1. 原文:"**Human conduct**"(p.104). H本:"我们的行为"(第92页)。新解:"**人类行为**"。

2. 原文:"**We can by deliberately following the constraints it expresses simulate the reflections of the parties**"(p.104). H本:"我们能通过有意识地遵循它表示的限制条件来模拟各方的思考"(第93页)。新解:"**我们可以审慎地遵循它所表达的约束条款来模拟各方的反思活动。**"

3. 原文:"**Justice as fairness is a theory of our moral sentiments as manifested by our considered judgments in reflective equilibrium**"(p.104). H本:"公平的正义是一种通过我们在反思的平衡中的深思熟虑的判断显示的、有关我们的道德情感的理论"(第93页)。新解:"**公平正义是一种道德情感理论,当我们以自反均衡方式做出深思判断时,我们表达了这些道德情感。**"

4. 原文:"**Moral reasoning and conduct**"(p.104). H本:"道德思考和行为"(第93页)。新解:"**道德推理和行为**"。

【诠释】

初始位置显然是一个纯粹假设的情景。尽管我们可以审慎地遵循它所表达的约束条款来模拟各方的反思(自反)活动,任何类似事情都不必真实发生。除非它试图解释我们的各种道德判断,并有助于解析我们拥有的正义感,初始位置观念不打算解析人类行为。公平正义是一种道德情感理论,当我们以自反均衡方式做出深思判断时,我们表达了这些道德情感。这些情感可能在一定程度上影响我们的思想和行动。因此,虽然初始位置观念是行为理论的组成部分,但它决不表示存在与之类似的实际情况。一个必然的情形是,被接受的这些原则将在我们的道德推理和行为中发挥必要的作用。①

---

① 结合前面关于《道德情操论》的讨论(p.44),当罗尔斯说"公平正义是一种道德情感理论"时,它表明他的正义理论与斯密道德情操理论有着高度相关性。

【原文】§20-6-pp.104-105

【评析】

1. 原文："**A psychological law or probability**"（p.104）。**H本**："一种心理学的定律或者概率"（第93页）。**新解**："某一心理法则或心理概率"。

2. 原文："**The argument aims eventually to be strictly deductive**"（p.104）。**H本**："论证最终旨在达到严格的演绎性"（第93页）。**新解**："这个论证最终要经过严格演绎方可完成。"

3. 原文："**The persons in the original position have a certain psychology, since various assumptions are made about their beliefs and interests**"（p.104）。**H本**："处在原初状态中的人是具有某种心理状态的，因为要做出有关他们的信仰、利益的各种假定"（第93页）。**新解**："由于对自身的信仰与利益各有设想，处在初始位置上的人们各怀心思。"

4. 原文："**We should strive for a kind of moral geometry with all the rigor which this name connotes**"（p.105）。**H本**："我们应当向一种有几何学全部严密性的道德几何学努力"（第93页）。**新解**："我们应该努力创造一种道德几何，它有着这个命名所蕴含的所有严谨性。"

【诠释】

人们还应该注意到，接受这些原则不得被推测为是某一心理法则或心理概率。我想表明，无论如何，某个理想的情形是，承认这些原则是与完整描述初始位置相契合的唯一选择。这个论证最终要经过严格演绎方可完成。可以肯定的是，由于对自身的信仰与利益各有设想，处在初始位置上的人们各怀心思(每个人都有自己的打算)。这些想法与其他前提一起出现在对这种初始场景的描述中。不过显然地，正如政治理论和经济理论所证明的那样，由这些前提给出的论证可以是完全演绎的。我们应该努力创造一种道德几何(moral geometry)，它有着这个命名所蕴含的所有严谨性。遗憾的是，由于它始终是高度直观的，本人将给出的推理将远远达不到这一点。然而，牢记想要实现的理想是至关重要的。①

---

① 道德几何只是一种理想理论，是罗尔斯无法完成的学术抱负。他一开始就承认，公平正义有直观的因素，这些因素是他证明公平正义的弱点所在。哈贝马斯攻击的正是这个弱点。

第三章　初始位置　445

【原文】§20-7-p.105

【评析】

1. 原文："This conception varies depending upon how the contracting parties are conceived, upon what their beliefs and interests are said to be, upon which alternatives are available to them, and so on"（p.105）。H本："对这一观念的不同解释依赖于怎样领悟订约的各方，他们的信仰和利益是什么，以及有哪些可供他们选择的对象等等"（第93页）。新解："这个观念的变化，既取决于缔约各方为人所知晓的方式，也取决于他们持有的信念和利益将会是什么，更取决于他们究竟持有哪一些选项，如此等等。"

2. 原文："But the question of justification is settled, as far as it can be, by showing that there is one interpretation of the initial situation which best expresses the conditions that are widely thought reasonable to impose on the choice of principles yet which, at the same time, leads to a conception that characterizes our considered judgments in reflective equilibrium"（p.105）。H本："但是，证明的问题就其能被解决而言是这样解决的：通过说明有一种对于最初状况的解释能最好地表现那些被广泛认为对选择原则是合理的条件，同时导向一种体现了我们在反思的平衡中深思熟虑的判断之特征的观念"（第93页）。新解："不过，若能表明，存在对初始场景的一种诠释，那种诠释最佳地表达了人们普遍认为对原则选择施加的合理条件，同时导致体现我们在自反均衡中得到的深思判断之特征的某个正义观念，那么证明问题便可迎刃而解。"

3. 原文："Its principles are the preferred solution"（p.105）。H本："它的原则是最可取的"（第93页）。新解："其原则是首选解决方案"。

4. 原文："There are interpretations that lead to the classical as well as the average principle of utility"（p.105）。H本："就既有导向古典功利原则的解释，也有导向平均功利主义原则的解释"（第93页）。新解："存在着一些诠释，它们既会导致古典效用原则，也会导致平均效用原则。"

5. 原文："In this way one formulates the various underlying assumptions on which these conceptions seem to depend"（p.105）。H本："人们就通过这种方式概括作为各种正义观基础的各种根本假设"（第94页）。新解："这样一来，人们就形成了这些正义观念看似可以依赖的各种基本假设。"

【诠释】

最后，正如本人说过那样，存在着关于初始场景的多种可能诠释（interpretations）。这个观念的变化，既取决于缔约各方为人所知晓的方式，也取决于他们持有的信念和利益将会是什么，更取决于他们究竟持有哪一些选项，如此等等。从这个意义上说，存在着许多不同的契约理论。公平正义只是其中之一。不过，若能表明，存在对初始场景的一种诠释，那种诠释最佳地表达了人们普遍认为对原则选择施加的合理条件，同时导致体现我们在自反均衡中得到的深思判断之特征的某个正义观念，那么证明问题便可迎刃而解。我称这种最受青睐诠释或标准诠释为初始位置诠释。我们可以推测，就每个传统的正义观念来说，都存在着对其原则是首选解决方案（preferred solution）的初始场景诠释。因此，比如存在着一些诠释，它们既会导致古典效用原则，也会导致平均效用原则。我们将在后文谈到关于初始场景的这些变式。所以，这个契约理论程序，为比较研究各种正义观念提供了一种一般分析方法。有人试图阐明体现在这个协议情境中的不同条件，在这些条件下，他们的原则将被选中。这样一来，人们就形成了这些正义观念看似可以依赖的各种基本假设。但是，如果一种诠释在哲学上是最受青睐的，如果它的原则体现着我们的深思判断，那么我们也就有了一个证明程序。我们在刚开始时尚不清楚，这样的诠释是否存在，但是我们至少知道，我们应当寻求的是什么。①

§21 可选正义观念的展示
The Presentation of Alternatives

【题解】

关于这一节的标题"Presentation of Alternatives"，H 本解读为"可选对象的提出"，笔者解读为"可选正义观念的展示"，亦即"可供选择的正义观念的展示"。这里的"可选项"（alternatives）指的是在初始位置上可

---

① 由于初始位置假设只能实现各方接受筛选并一致同意某个正义原则为自己的正义原则，这是一种直觉判断的结果，而非某个逻辑论证的推论，所以，这个假设不能证明任何正义原则被选取的合理性或优越性。因此，哈贝马斯只要否认初始位置假设能够完成罗尔斯想要的关于正义原则的证明，那么，罗尔斯正义理论的整个体系就将会倾覆。哈贝马斯正是这样想的，也是这样开展对罗尔斯正义理论的批评的。因此，他的批判可谓刀刀见血，极具毁灭性。

供各方选择的各种正义观念（以及与之相关的正义原则）。在这一节里，罗尔斯提供了一份正义观念清单，以一种直观简明的形式呈现了可供当事各方选择的各种正义观念的构成要素，为后面讨论各种正义观念的优劣提供了素材和依据。这里展示的"可选项"，就是处在初始位置上的各方可以选择的、可能比较合理的正义观念。它们在数量上是有限的，罗尔斯实际上列出了五种正义观念。它们分别是以两个正义原则为内容的公平正义、以两个正义观念为基础吸收其他正义观念因素的混合正义观念、古典目的论正义观念、直觉论正义观念和自利论正义观念。从这份正义观念的构成要素清单可知，即使它们是相互对立的，在一些重要正义观念之间也存在着共同的要素。不同正义观念的构成要素存在差异，为人们做出取舍提供了依据。正是借助于这份清单，罗尔斯论证了公平正义之所以成为最佳选项而为处在初始位置上的各方所选中的理由。假如没有认识到这是各种正义观念之间的比较研究，甚至把它们解读成其他观念，那将是对罗尔斯正义理论及其研究方法的严重误解。

【原文】§21-1-pp.105-106

【评析】

1. 原文："One obvious difficulty is how these conceptions are to be characterized so that those in the original position can be presented with them"（p.105）。H本："但有一个明显的困难是：如何叙述这些观念的特征以便它们向处在原初状态中的人们呈现"（第94页）。新解："一个明显的难题是，如何描述这些正义观念，以便向处于初始位置上的人们展示它们。"H本基本正确地解读了这个语句。前一个语句谈到，理想而言，人们希望能够对所有正义观念进行筛选。但是，所有正义观念不可能全部在初始位置上得到呈现。所以，罗尔斯才提出这样的难题，就是怎么样把所有可以想象得到的正义观念罗列出来以供处在初始位置上的人们选择。

2. 原文："Yet granting that these conceptions could be defined, there is no assurance that the parties could make out the best option; the principles that would be most preferred might be overlooked"（pp.105-106）。H本："即使我们承认这些观念能够确定，也不能保证各方做出最好的选择，那些最可取的原则还是可能被忽视"（第94页）。新解："即使承认这些正义观念可以得到界定，但是仍然无法保证各方能够做出取舍而得到最佳选项；各方可能忽略原本最优先的原则。"

3. 原文:"Even if there is a best alternative, it seems difficult to describe the parties' intellectual powers so that this optimum, or even the more plausible conceptions, are sure to occur to them"（p. 106）。H 本："即使有一个最好的选择对象,描述契约各方的理智能力、以使这一最理想甚或只是更好的观念确实向他们呈现出来看来也是困难的"（第 94 页）。新解:"即便存在最佳的可选项,由于看似难以如此描述各方的聪明才智,以至于他们一定会想到这个最优项,甚至想到那些更容易理解的正义观念。"

【诠释】

现在,我们从评论方法转向描述初始位置。我首先要提出的问题是,在这种情况下,什么是向处在初始位置上的人们开放的可选项（alternatives,可供选择的正义观念）? 当然,一个理想的情形是,人们愿意说,他们希望从所有可能的正义观念中进行筛选。一个明显的难题是,如何描述这些正义观念,以便向处于初始位置上的人们展示它们。即使承认这些正义观念可以得到界定,但是仍然无法保证各方能够做出取舍而得到最佳选项（best option）;各方可能忽略原本最优先的原则。事实上,最佳的可选项（best alternative）可能并不存在。可以想象的是,对每个正义观念来说,都可能存在着比它更好的另一个正义观念。即便存在最佳的可选项,由于看似难以如此描述各方的聪明才智,以至于他们一定会想到这个最优项（this optimum）,甚至想到那些更容易理解的正义观念。经过认真反思,处理选择问题的一些解决方案可能是足够清晰的;描述各方,以便他们的审议活动产生这些可选项（these alternatives）,则是另一回事。因此,虽然两个正义原则可能优于我们已知的那些正义观念,但是迄今尚未成形的某组原则也许比它们还要更好一些。

【原文】§ 21 - 2 - p. 106

【评析】

1. 原文:"In order to handle this problem I shall resort to the following device"（p. 106）。H 本:"为了对付这个难题,我将诉诸下面的设计"（第 94 页）。新解:"为了解决这个问题,本人将采用以下办法。"

2. 原文:"I shall simply take as given a short list of traditional conceptions of justice, for example those discussed in the first chapter,

together with a few other possibilities suggested by the two principles of justice"（p. 106）. H 本："我将把传统的正义观念（例如，第一章所考虑的那些）和正义两个原则所提出的一些可能性的简短清单看作是既定的"（第 94 页）. 新解："我将简单列出一份传统正义观念的简要清单并视之为既定的，例如，第一章讨论过的那些正义观念，以及两个正义原则所建议的其他若干可能的正义观念。"

3. 原文："Two forms of the principle of utility（classical and the average principle）"（p. 106）. H 本："两种功利原则形式（古典原则和平均原则）"（第 94 页）. 新解："两类效用原则（古典效用原则和平均效用原则）"。

【诠释】

为了解决这个问题，本人将采用以下办法。我将简单列出一份传统正义观念的简要清单并视之为既定的，例如，第一章讨论过的那些正义观念，以及两个正义原则所建议的其他若干可能的正义观念。然后本人假定，各方已经收到这份清单，并且我要求他们一致同意，在所列举的正义观念中，有一个是最佳的正义观念。我们可以假设，这个决定是通过进行一系列成对比较而得出的。因此，一旦所有人都同意，两个正义原则将优于任一其他可选项(each of the other alternatives)，那么两个正义原则将被证明是更加可取的。在本章中，本人将主要考虑两个正义原则和两类效用原则（古典效用原则和平均效用原则）之间的取舍。随后，我们将比较至善正义理论和混合正义理论。我试图以这种方式表明，两个正义原则将从这份清单中被选中。

【原文】§21-3-pp. 106-107

【评析】

1. 原文："It would be better if we could define necessary and sufficient conditions for a uniquely best conception of justice and then exhibit a conception that fulfilled these conditions"（p. 106）. H 本："假如我们能够确定一种唯一最好的正义观的必要和充分条件，然后展示一种满足这些条件的观念当然更好"（第 94—95 页）. 新解："如果我们能为某个特定的最佳正义观念界定必要而充要的条件，然后呈现满足如此条件的正义观念，那当然会更好些。"

2. 原文："They prefer social and economic advantages to work for the common good"（p. 106）。H 本："他们偏爱其社会经济利益甚于为共同善工作"（第 95 页）。新解："他们更加偏好各种社会优势和经济优势，而不是为了共同利益而工作。"

3. 原文："They mitigate the ways in which men are advantaged or disadvantaged by natural and social contingencies"（pp. 106 – 107）。H 本："他们应缓和自然和社会的偶然性影响人们利害的方式"（第 95 页）。新解："他们缓和了因自然随机因素和社会偶然因素而使人成为有优势者或无优势者的方式。"

4. 原文："Optimum solution"（p. 107）。H 本："最优的答案"（第 95 页）。新解："最优解"。

【诠释】

现在不可否认的是，这并非一个尽如人意的做法。如果我们能为某个特定的最佳正义观念界定必要而充要的条件，然后呈现满足如此条件的正义观念，当然会更好一些。人们最终可能会做到这一点。不过，目前本人还不知道如何避免某些粗糙而便利的做法。此外，使用这些程序可能会为我们的问题找到通用答案。因此，我们会发现，当我们通过这些比较时，各方的推理将基本结构的某些特征列为合乎情理的，并且这些特征具有自然最大值和最小值性质。例如，假设处在初始位置上的人，偏好拥有最大平等自由的社会是合乎情理的。并进而假设，虽然他们更加偏好各种社会优势和经济优势（社会利益和经济利益），而不是为了共同利益而工作，但他们坚持认为，他们缓和了因自然随机因素和社会偶然因素而使人成为有优势者或无优势者(所谓成王败寇，人生成败取决于偶然因素）的方式。如果两个特征是唯一相关的特征，如果平等自由原则是首要特征的自然最大值，（受公平机会均等约束的）差别原则是第二特征的自然最大值，那么，撇开优先性问题，两个正义原则便是最优解（optimum solution）。个体不能建设性地描述或列举所有可能的正义观念，或者个体不能建设性地描述各方一定会想到的那些正义观念，这个事实阻碍不了得出这一结论。

【原文】 §21 – 4 – p. 107

这个段落涉及《正义论》的许多关键术语，笔者对其英文原文予以保留。

It would not be profitable to pursue these speculations any further. For

the present, no attempt is made to deal with the general problem of the best solution. I limit the argument throughout to the weaker contention that the two principles would be chosen from the conceptions of justice on the following list.

A. The Two Principles of Justice (in serial order)

1. The principle of greatest equal liberty

2. (a) The principle of (fair) equality of opportunity

(b) The difference principle

B. Mixed Conceptions. Substitute one for A2 above

1. The principle of average utility; or

2. The principle of average utility, subject to a constraint, either:

(a) That a certain social minimum be maintained, or

(b) That the overall distribution not be too wide; or

3. The principle of average utility subject to either constraint in B2 plus that of equality of fair opportunity

C. Classical Teleological Conceptions

1. The classical principle of utility

2. The average principle of utility

3. The principle of perfection

D. Intuitionistic Conceptions

1. To balance total utility against the principle of equal distribution

2. To balance average utility against the principle of redress

3. To balance a list of prima facie principles (as appropriate)

E. Egoistic Conceptions (See §23 where it is explained why strictly speaking the egoistic conceptions are not alternatives.)

1. First-person dictatorship: Everyone is to serve my interests

2. Free-rider: Everyone is to act justly except for myself, if I choose not to

3. General: Everyone is permitted to advance his interests as he pleases (p. 107).

【评析】

H 本在解读罗尔斯有关正义观念选项清单时存在部分疏漏，其中最大的疏漏是没有把各种正义观念明确表述出来，把"Conceptions"解读为"观念"而不是直接解读为"正义观念",没有认识到,这里展示的是各种正义观念,而不是其他观念。罗尔斯在上下文中出现的两个术语"the optimum solution"和"the best solution"是同义词,都可以解读为"**最优解**"。

1. 原文:"**For the present, no attempt is made to deal with the general problem of the best solution**"(p. 107)。H本:"暂时,我们还不想处理最好的解法这个一般问题"(第95页)。**新解**:"目前,还没有人做过解决这个最优解一般问题的尝试。"因为没有任何人做过这样的尝试,所以接下来罗尔斯要来做这一项工作。

2. 原文:"**In serial order**"(p. 107)。H本:"处在一种序列中的"(第95页)。**新解**:"按照顺序"。

3. 原文:"**The principle of (fair) equality of opportunity**"(p. 107)。H本:"机会的(公平)平等的原则"(第95页)。**新解**:"(公平)机会均等原则"。

4. 原文:"**The principle of average utility**"(p. 107)。H本:"平均功利的原则"(第95页)。**新解**:"平均效用原则"。

5. 原文:"**A certain social minimum be maintained**"(p. 107)。H本:"应当维持某种社会的最低受惠值"(第95页)。**新解**:"保持一定的社会最低保障"。

6. 原文:"**The overall distribution not be too wide**"(p. 107)。H本:"总分配不应太广泛"(第95页)。**新解**:"总体分布不太广"。

7. 原文:"**Classical teleological conceptions the classical principle of utility the average principle of utility the principle of perfection**"(p. 107)。H本:"古典目的论的观点 1. 古典功利原则 2. 平均功利原则 3. 完善原则"(第95页)。**新解**:"古典目的论的正义观念:1. 古典效用原则;2. 平均效用原则;3. 至善原则。"

8. 原文:"**Intuitionistic conceptions to balance total utility against the principle of equal distribution to balance average utility against the principle of redress to balance a list of prima facie principles (as appropriate)**"(p. 107)。H本:"直觉主义的观念 1. 平衡总功利与平等分配原则的直觉主义观念 2. 平衡平均功利与补偿原则的直觉主义观念 3. 平衡一组(恰当的)自明原则的直觉主义观念"(第95—96页)。**新解**:"直觉论正义观念:1. 平衡总效用与均等分配原则;2. 平衡平均效用与矫正原则;3. 平衡自明原则的清单(视情况而定)。"

【诠释】

继续进行这些推测并不可取。目前，还没有人做过解决这个最优解一般问题的尝试。本人将整个论证局限于一个较弱的论断，即两个正义原则将从下列正义观念中选取。

A. 两个正义原则（按照顺序）
　　1. 最大平等自由原则
　　2.（a）（公平）机会均等原则
　　　（b）差别原则
B. 混合正义观念。用下面一个选项代替上面的 A2
　　1. 平均效用原则；或者
　　2. 受到约束的平均效用原则，其限制条件可以是：
　　（a）保持一定的社会最低保障，或者
　　（b）总体分布不广；或者
　　3. 限于 B2 任一限制条件的平均效用原则加上公平机会均等原则
C. 古典目的论的正义观念
　　1. 古典效用原则
　　2. 平均效用原则
　　3. 至善论原则
D. 直觉论正义观念
　　1. 平衡总效用与均等分配原则
　　2. 平衡平均效用与矫正原则
　　3. 平衡自明原则的清单（视情况而定）
E. 自利论正义观念（参阅§23，在那里解析了为什么严格说来，自利论正义观念不是可选项。）
　　1. 第一人称独断：每个人都应服务于我的利益
　　2. 搭便车者：每个人做事合乎正义，但我本人除外，如果我选择不这样做的话
　　3. 一般的：人人都如其所愿地增进自身利益

【原文】§21 – 5 – p. 108

【评析】

1. 原文："The merits of these traditional theories surely suffice to

justify the effort to rank them"（p. 108）。H本："这些传统理论的优点确实足以证明我们把它们排列出来是恰当的"（第96页）。新解："这些传统理论的优点确实足以证明为给它们排序所付出的努力。"

2. 原文："The study of this ranking is a useful way of feeling one's way into the larger question"（p. 108）。H本："对这种排列的研究是一种有用的试着进入较大问题的方式"（第96页）。新解："排序研究是一种很有用的方法，可以让人对较为重大的问题有所了解。"

3. 原文："Each of these conceptions presumably has its assets and liabilities; there are reasons for and against any alternative one selects"（p. 108）。H本："现在的这些观念中每一个大概都有它的优劣，其中任何一个都可找到支持和反对选择它的理由"（第96页）。新解："其中每个正义观念都有各自的优缺点；存在着赞成或反对任一个体选取的任一可选项的各种理由。"

4. 原文："The fact that a conception is open to criticism is not necessarily decisive against it, nor are certain desirable features always conclusive in its favor"（p. 108）。H本："一种观念可能受到批评的事实并不一定就是反对它的决定性理由，某些可欲的特征也不总是赞成它的决定性理由"（第96页）。新解："任何一个正义观念都容易受到批评，这一事实并不一定对反对它是决定性的，某些可取特征也不总是有利于它的结论性特征。"

5. 原文："The relevant reasons may have been so factored and analyzed by the description of the original position that one conception of justice is distinctly preferable to the others. The argument for it is not strictly speaking a proof, not yet anyway; but, in Mill's phrase, it may present considerations capable of determining the intellect"（p. 108）。H本："通过对原初状态的描述，一些有关的理由可以被如此给出和分析，以使一种正义观比起别的来显然更可取。对它的论证严格说来并不是一个证明。无论如何至少目前还不是；但用密尔的话来说，它可能提出了能够决定理智的考虑"（第96页）。新解："通过描述初始位置，我们可以确定并分析相关理由，有的正义观念明显优于其他正义观念。严格地说，这个论点不是证据，它无论如何也不是证据；不过用密尔的话来说，它也许展示了能够左右心智的某些考虑因素。"

【诠释】

这些传统理论的优点确实足以证明为给它们排序所付出的努力。在任何情况下，排序研究都是一种有用方法，可以让人对较为重大的问题有所了解。现在，其中的每个正义观念都有各自的优缺点；存在着赞成或反对任一个体选取的任何一个可选项（any alternative，可供选择的正义观念）的各种理由。任何一个正义观念都容易受到批评，这一事实并不一定对反对它是决定性的，某些可取特征也不总是有利于它的结论性特征。正如我们将看到的那样，处在初始位置上的人做出的决定，取决于各种考虑因素的平衡。从这个意义上说，在探索正义理论的基础时，存在着一种对直觉的诉求。然而，一旦每一事项都得到了考虑，那么合理的平衡点在什么地方也就完全清楚了。通过描述初始位置，可以确定并分析相关理由，有的正义观念明显优于其他正义观念。严格地说，这个论点不是证据，它无论如何也不是证据；不过用密尔的话来说，它也许展示了能够左右心智的某些考虑因素。①

【原文】§21-6-pp.108-109

【评析】

1. 原文："The list of conceptions is largely self-explanatory"（p.108）。H本："这一观念清单大致是可以自我解释的"（第96页）。新解："这份清单列举的正义观念大多是自明的。"

2. 原文："To formulate a family of conceptions"（p.108）。H本："构建出一簇观念"（第96页）。新解："列出一组正义观念"。

3. 原文："Such a family could be counted as itself a conception of justice"（p.108）。H本："这样的一簇观念本身可以算作是一种正义观念"（第96页）。新解："这样一组可以自视为一个正义观念。"

4. 原文："It would consist of a set of ordered pairs, each pair being a conception of justice matched with the circumstances in which it applies"（p.108）。H本："它由一组有序对组成，每对就是一个正义观念配上它所适用的那种环境"（第96页）。新解："它将由一组有序对组成，每一对都是与它所适用的环境相匹配的一个正义观念。"

---

① 参阅密尔《功利主义》，第一章第5段。——原注

5. 原文："Some recognizably ethical conception specifies the appropriate principles given each of the conditions"（p. 108）。H 本："某种可认识的伦理学观念给每种条件指定了恰当的原则"（第 97 页）。**新解**："在给定的任一条件下，某个可识别的伦理观念具体规定着这些适当原则。"

6. 原文："The set of ordered pairs"（p. 108）。H 本："有序对"（第 97 页）。**新解**："有序对集合"。

7. 原文："Thus to allow such families on the list is to include alternatives that conceal their proper basis"（p. 108）。H 本："这样，在清单中允许这种族类就要包括隐瞒了它们的恰当基础的选择对象"（第 97 页）。**新解**："因此，如果允许把这类正义观念列入这份清单，那么就要把隐藏其恰当基础的各种可选项包括进来。"

8. 原文："It also turns out to be desirable to characterize the original position so that the parties are to choose principles that hold unconditionally whatever the circumstances"（pp. 108 – 109）。H 本："结果表明这样来刻画原初状态是更可取的，即使得各方选择那些在任何环境里都绝对有效的原则"（第 97 页）。**新解**："并且，由于这个缘故，这样具体规定初始位置也是可取的，以便各方将选择无条件地适用于任何情况的原则。"

【诠释】

这份清单列举的正义观念大多是自明的。不过，略作说明或许是有用的。每个正义观念都以相当简要的方式得到表达，都是无条件成立的。也就是说，无论社会环境或社会状况如何，它都是成立的。这些原则都不取决于某些社会环境或其他条件。这样做的理由就是使问题变得简单。于是，做到以下一点并不困难：列出一组正义观念，每个正义观念都只适用于特定的环境，这些各不相同的条件是详尽的和相互排斥的。例如，一个正义观念可能符合文化的某个阶段，另一正义观念可能符合文化的另一阶段。于是，这样一组可以自视为一个正义观念；它将由一组有序对组成，每一对都是与它所适用的环境相匹配的一个正义观念。但是，如果把这种正义观念加在这份清单上，那么我们的问题即使不是无法控制的，也将变得异常复杂。此外，排除这类可选项是有原因的，因为人们自然会问，什么样的基本原则决定这些有序对？本人在此假定，在给定的任一条件下，某个可识别的伦理观念具体规定着这些适当原则。正是这个无条件的原则，规定了有序对集合所表达的正义观念。因此，如果允许把这类正义观念列入这份清单，那么就要把隐藏其恰当基础的各种可选项包括进来。所以，由于这个缘故，本人也将把它们排除出去。并且，由于这个缘故，这样具体规定初始位置也是可取的，以便各方将选择无条件地适用于任何情况的原则。这一事实涉及公平正义的康德式诠释。但我把这件事留到以后再说。

【原文】§21-7-p.109

【评析】

1. 原文："**An argument for the two principles, or indeed for any conception, is always relative to some list of alternatives**"（p.109）。H本："对于两个正义原则（实际上也是对于任何观念）的一种论证，总是相对于某种可选项清单的"（第97页）。**新解**："两个正义原则的论证，或者说，任一正义观念的论证，总是涉及一份可选项清单。"

2. 原文："**Theorems of moral geometry**"（p.109）。H本："道德几何学理论"（第97页）。**新解**："道德几何定理"。

3. 原文："**Only a few of these are of any philosophical interest, since most variations are irrelevant from a moral point of view**"（p.109）。H本："由于从一种道德的观点来看，绝大多数最初状况都是与道德不相关的，所以只有少数才具有哲学上的重要性"（第97页）。**新解**："因为从道德的角度来看，大多数变量是不相关的，其中只有若干变量具有哲学意义。"

4. 原文："**Side issues**"（p.109）。H本："那些无关的题目"（第97页）。**新解**："一些附带议题"。

5. 原文："**While at the same time not losing sight of the special assumptions of the argument**"（p.109）。H本："同时决不要忽视这一论证的某些专门假设"（第97页）。**新解**："同时又不忽视这一论证的特定假设"。

【诠释】

最后，显然的一点是，两个正义原则的论证，或者说，任一正义观念的论证，总是涉及一份可选项清单(some list of alternatives)。如果我们变更这份清单，那么论证通常就会有所不同。类似的评论也适用于初始位置的所有特征。初始场景有无法确定的许多变量，因此无疑会有无法确定的许多道德几何定理。因为从道德的角度来看，大多数变量是不相关的，其中只

458 《正义论》评注

有若干变量具有哲学意义。我们必须设法绕开一些附带议题，同时又不忽视这一论证的特定假设。

§22　正义的环境
The Circumstances of Justice

【题解】

这一节的标题"Circumstances of Justice"一般解读为"正义的环境"，个别学者解读为"正义的条件"。① 正义的环境可以理解为正义运行的背景条件。休谟在《人性论》中对它有初步的探讨。罗尔斯对其有所借鉴。罗尔斯讨论了正义的主观环境和客观环境。他强调社会合作的重要性、优势互补的重要性、利益调解或协调的重要性。人们在正义的环境之下寻求自身的利益，既承认利益冲突，也追求利益一致或利益共享。利益冲突会增加交易成本，利益一致会降低交易成本。它们都是正义的环境的必要内容。

【原文】§22 - 1 - p.109

【评析】

在这个段落里，罗尔斯使用了与"人类合作及其目的"有关的几个术语。它们分别是"相互优势"（mutual advantage）、"利益一致"（identity of interests）、"利益冲突"（conflict of interests）、"较大收益"（greater benefits）和"优势和利益划分"（division of advantages）。罗尔斯显然非常重视这些术语的相互关系，除了"相互优势"之外，其他术语的名词都以复数形式呈现。由于 H 本没有对它们做出必要的区分，只用同一个术语"利益"来解读"interests""benefits"和"advantages"，显然存在对原文意思的误解。

在这个段落中，我们又看到了罗尔斯对于"合作"（cooperation）和"协作"（collaboration）的区分。对于这个段落我们可以作这样的解读：人们因为相互优势而寻求社会合作，因为优势分工而产生人际协作，人际协作

---

① 张伟涛：《权利的优先性——罗尔斯道义论权利理论研究》，第73页。

越成功，产生的收益就越大，人们就越希望从如此优势划分和相互协作而产生的较大收益中分得更多的份额。如何分配较大收益的份额，就是社会正义或分配正义问题。另外，需要注意的是，协作可以是高效率的，但是，高效率的协作不一定是公平的。对协作的性质进行道德评价，是正义理论的重要组成部分。这也是罗尔斯同诺齐克和哈耶克等人的理论分歧所在。后来佩迪特进一步区分了无干预的自由和无支配的自由。无干预的自由可以通过协作来完成，但是无支配自由必须通过合作来实现。协作不一定是自愿的，比如奴隶之间的协作，奴隶主不一定干预那些协作，但是奴隶们仍然是不自由的，这种无干预自由仍然是受到奴隶主支配的。相比之下，自愿的协作是自由人之间的合作，是自由人双方自愿的，也是平等的。后者这样的协作是真正的合作，因为除了他们自身之外，他们是不受其他主体支配的。①

1. **原文**："**As I noted at the outset**"（p. 109）。H本："像我一开始就注意的"（第97页）。**新解**："正如我一开始就指出的那样"。

2. **原文**："**A society is a cooperative venture for mutual advantage**"（p. 109）。H本："一个社会是一种为了相互利益的合作探索"（第97页）。**新解**："社会是有利于促进相互优势的合作场所。"

3. **原文**："**Men are not indifferent as to how the greater benefits produced by their collaboration are distributed**"（p. 109）。H本："人们谁也不会对怎样分配他们的合作所产生的较大利益无动于衷"（第97页）。**新解**："人们并非不在乎如何分配通过协作产生的较大收益。"

4. **原文**："**Thus principles are needed for choosing among the various social arrangements which determine this division of advantages and for underwriting an agreement on the proper distributive shares**"（p. 109）。H本："如此就需要有一些原则来指导人们在决定利益划分的各种不同的社会安排中进行选择，并签署一份有关恰当的分配份额的协议"（第97—98页）。**新解**："因此就需要一些原则，用来筛选各种社会安排，那些社会安排决定各种优势分工和利益划分，并就适当的分配份额签署协议。"在这里提到的"**各种优势分工和利益划分**"，是社会协作的前提，也是产生"较大收益"的条件。

【诠释】

我们不妨把正义的环境描述为使得人类合作既有可能又有必要的正常

---

① 参阅佩迪特"论三种自由"，张国清译，《浙江大学学报》2014年第5期。

条件。① 因此，正如我一开始就指出的那样，虽然社会是有利于促进相互优势的合作场所，但是社会的一大特点在于，它既存在利益冲突，又存在利益一致。社会之所以是利益一致的，是因为同每个人试图依靠自己努力去独自谋生相比，社会合作使所有人都有可能过上更加美好的生活。社会之所以是利益冲突的，是因为为了追求自己的目的，每个人都想要得到更大而非更小的份额，人们并非不在乎如何分配通过协作产生的较大收益。因此就需要一些原则，用来筛选各种社会安排，那些社会安排决定各种优势分工和利益划分，并就适当的分配份额签署协议。这些要求明确了正义的作用。产生这些必要性的背景条件便是正义的环境。

【原文】§22 – 2 – pp. 109 – 110

【评析】

这个段落复述了有关理性人及其合作的古典假设，既有霍布斯"理性人"假说，也有休谟"适度匮乏"假说。

1. **原文**："Many individuals coexist together at the same time on a definite geographical territory"（p. 109）。H本："众多的个人同时在一个确定的地理区域内生存"（第98页）。**新解**："许多个体同时共存于确定的地理区域"。

2. **原文**："These individuals are roughly similar in physical and mental powers"（pp. 109 – 110）。H本："他们的身体和精神能力大致相似"（第98页）。**新解**："这些个体有着大致相似的体力和脑力。"这一说法沿袭着霍布斯在《利维旦》中提出的理性人假说。

3. **原文**："Their capacities are comparable in that no one among them can dominate the rest"（p. 110）。H本："他们的能力是可比的，没有任何人能压倒其他所有人"（第98页）。**新解**："他们的能力在如下意义上大致相当：在他们当中没有人能够支配其他人。"这里的动词"dominate"不能解读为"压倒"，而应解读为"支配"。佩迪特专门研究过"无支配

---

① 本人的解释大致借鉴了休谟在《人性论》第3卷，第二部分第2节以及《道德原理探究》第3节第一部分中的观点。并参阅哈特《法律的概念》，牛津：克莱伦顿出版社1961年版，第189—195页；卢卡斯（J. R. Lucas）：《政治学原理》，牛津：克莱伦顿出版社1966年版，第1—10页。——原注

自由"（freedom as non-domination）。①

4. **原文**："**Moderate scarcity**"（p. 110）. H 本："中等程度的匮乏"（第 98 页）. **新解**："适度匮乏"。这是由休谟在《人性论》中讨论正义的条件时提出的术语。

5. **原文**："**Mutually advantageous arrangements**"（p. 110）. H 本："相互有利的安排"（第 98 页）. **新解**："促进相互优势的安排"。

6. **原文**："**The benefits they yield**"（p. 110）. H 本："它们产生的利益"（第 98 页）. **新解**："它们带来的收益"。

【诠释】

这些条件可划分为两类。首先，存在某些客观环境，使人类合作既有可能又有必要。因此，许多个体同时共存于确定的地理区域。这些个体有着大致相似的体力和脑力(体能和智能)；或者，无论如何，他们的能力在如下意义上大致相当：在他们当中没有人能支配其他人。他们容易受到他人的攻击，所有人都处心积虑，有自己的盘算，以免受到其他联合力量的围追堵击。最后，适度匮乏(moderate scarcity) 的条件被理解为涵盖了广泛情况。自然资源和其他资源并没有丰富到各种合作计划变得多余的程度；各种条件也没有苛刻到富有成效的合作注定难以为继的程度。虽然促进相互优势(互惠互利) 的安排是可行的，但是它们带来的收益尚达不到人们提出的要求。

【原文】§22 – 3 – p. 110

【评析】

1. **原文**："**Mutually advantageous cooperation**"（p. 110）. H 本："相互有利的合作"（第 98 页）. **新解**："彼此优势互补的合作"。

2. **原文**："**To have different ends and purposes**"（p. 110）. H 本："抱有不同的目的和目标"（第 98 页）. **新解**："持有各自的目的和愿望"。

3. **原文**："**I also suppose that men suffer from various shortcomings of knowledge, thought, and judgment. Their knowledge is necessarily incomplete, their powers of reasoning, memory, and attention are always**

---

① 参阅佩迪特"论三种自由"，张国清译，《浙江大学学报》2014 年第 4 期。另参阅张国清"利维坦、无支配自由及其限度"，《浙江大学学报》2014 年第 5 期。

limited, and their judgment is likely to be distorted by anxiety, bias, and a preoccupation with their own affairs."**（p. 110）。H本：**"我也要假定人们受知识、思想和判断方面缺点的影响，他们的知识必然是不完全的，他们的推理能力、记忆力和注意力总是受限，他们的判断易被渴望、偏见和私心歪曲"**（第98页）。新解：**"本人还假定，人们在知识、思想和判断上有着各种缺点。他们的知识必定是不完整的，他们的推理能力、记忆力和注意力总是有限的，他们的判断很可能会被焦虑、偏见和对自身事务的专注所扭曲。"

4. **原文：**"**As a consequence individuals not only have different plans of life but there exists a diversity of philosophical and religious belief, and of political and social doctrines**"（p. 110）。**H本：**"结果各人不仅有不同的生活计划，而且存在着哲学、宗教信仰、政治和社会理论上的分歧"（第98页）。**新解：**"结果，人们不仅有着各不相同的生活计划，而且存在着多种多样的哲学信念和宗教信仰，存在着多种多样的政治学说和社会学说。"

【诠释】

主观环境涉及合作主体(subjects of cooperation)亦即在一起工作的合作者的相关方面。因此，虽然各方的需要和利益大致相同，或者各方的需要和利益以各种方式相辅相成，使在他们中间开展彼此优势互补的合作成为可能，但是他们仍然有自己的生活计划。这些计划或善观念，使他们持有各自的目的和愿望，并对可利用的自然资源和社会资源提出相互冲突的诉求。此外，虽然这些计划提到的利益并不被视为只是特定自我中的利益，但它们的确是事关某个自我的利益，当事人认为，自己所持的善观念值得他人承认，并且认为，自己提出的诉求需要得到满足。本人还假定，人们在知识、思想和判断上有着各种缺点。他们的知识必定是不完整的，他们的推理能力、记忆力和注意力总是有限的，他们的判断很可能会被焦虑、偏见和对自身事务的专注所扭曲。在这些缺陷中，有些是由道德缺陷、自私自利和疏忽大意造成的；但在很大程度上，它们只是人的自然情况的一部分(所谓人之常情)。结果，人们不仅有着各不相同的生活计划，而且存在着多种多样的哲学信念和宗教信仰，存在着多种多样的政治学说和社会学说。

第三章 初始位置 463

【原文】§22 – 4 – p. 110

【评析】

与前面的段落一起,罗尔斯在这里关于"正义的环境"的讨论,有如下见解:"就像要是不存在伤害生命和肢体的威胁,也就不存在表现孤胆神勇的机会一样,除非存在这些环境,否则就不可能存在展示正义德性的机会。"(p. 110)可类比于《庄子·秋水》中孔子论述自身之艰难生存环境与不济偶然命运的注解:"孔子游于匡,宋人围之数匝,而弦歌不辍。子路入见,曰:'何夫子之娱也?'孔子曰:'来,吾语女!我讳穷久矣,而不免,命也;求通久矣,而不得,时也。当尧、舜而天下无穷人,非知得也;当桀、纣而天下无通人,非知失也。时势适然。夫水行不避蛟龙者,渔父之勇也。陆行不避兕虎者,猎夫之勇也;白刃交于前,视死若生者,烈士之勇也;知穷之有命,知通之有时,临大难而不惧者,圣人之勇也。由,处矣!吾命有所制矣!'"

1. 原文:"**The division of social advantages**"(p. 110)。H 本:"社会利益的划分"(第 98 页)。**新解**:"社会优势和社会利益划分"。

2. 原文:"**Occasion for the virtue of justice**"(p. 110)。H 本:"适合于正义德性的机会"(第 98 页)。**新解**:"展示正义德性的机会"。

3. 原文:"**Occasion for physical courage**"(p. 110)。H 本:"体力上表现勇敢的机会"(第 98 页)。另解:"表现身体勇敢的机会"[①]。**新解**:"表现孤胆神勇的机会"。

【诠释】

我称这一系列条件为正义的环境。休谟(在《人性论中》)对它们讲得尤为清楚明白。他对此做过更加全面的论述,本人如上概述没有任何实质性补充。为了简单起见,我经常强调(在客观环境中的)适度匮乏条件和(在主观环境中的)利益冲突条件。因此,简而言之,只要有人提及在适度匮乏条件下社会优势和社会利益划分的冲突性诉求,就算具备了正义的环境。就像要是不存在伤害生命和肢体的威胁,也就不存在表现孤胆神勇的机会一样,除非存在这些环境,否则就不可能存在展示正义德性(virtue of justice)的机会。

---

① 桑德尔:《自由主义与正义的局限》,万俊人等译,第 37 页。

【原文】§22 – 5 – p. 111

【评析】

1. 原文："These circumstances of justice obtain"（p. 111）。H 本："正义环境是成立的"（第 98 页）。新解："这些正义的环境是可以具备的"。
2. 原文："The parties try to advance their conception of the good as best they can"（p. 111）。H 本："各方试图尽可能好地提出他们的善的观念"（第 99 页）。新解："各方试图尽其所能地促进他们的善观念。"

【诠释】

请注意几点澄清。首先，本人当然假定，处于初始位置上的各方知道，这些正义的环境是可以具备的。就他们生活于其中的社会的这些条件来说，他们认为，这是理所当然的。另一假设是，各方试图尽其所能地促进他们的善观念，并且在做如此尝试时，他们彼此不受先前道德关系的约束。

【原文】§22 – 6 – p. 111

【评析】

1. 原文："Have obligations and duties to third parties"（p. 111）。H 本："有对第三者的职责和义务"（第 99 页）。新解："对第三方负有职责和义务"。
2. 原文："To their immediate descendants"（p. 111）。H 本："有对他们的直系后裔的义务"（第 99 页）。新解："对其直系后代负有职责和义务"。
3. 原文："There are several other courses open to us"（p. 111）。H 本："有几条别的路线可供选择"（第 99 页）。新解："我们还有其他几个方案"。
4. 原文："Think of the parties as representing a continuing line of claims"（p. 111）。H 本："设想各方为一条条代表着各种要求的连续线"（第 99 页）。新解："认为各方代表着一系列持续的诉求"。H 本的解读不符合汉语语言习惯。
5. 原文："They are heads of families and therefore have a desire to further the well-being of at least their more immediate descendants"（p. 111）。H 本："他们是作为家长，因而希望推进他们的至少直接的后裔的福利"（第 99 页）。新解："他们是一些家族首领，因此他们希望至少能

增进其直系后代的福祉。"

6. 原文："**By an appropriate combination of such stipulations, I believe that the whole chain of generations can be tied together and principles agreed to that suitably take into account the interests of each**"（p.111）。H本："通过把这些假设结合起来，我相信世代的整个链条能被结为一体，使原则被协议得恰当地考虑每一个人的利益"（第99页）。**新解**："通过对这些约定的适当组合，我相信，整个世代链将得以联结起来，并且，适当考虑每一代人利益的原则将得到商定。"H本的解读不符合汉语习惯，它对这个语句的最大误读在于，罗尔斯在这里讨论的是代际正义，而不是人际正义，涉及"是否对第三方负有职责和义务"。这里的"each"指的不是"每一个人"，而是"每一代人"。

【诠释】

然而问题是，处在初始位置上的人是否对第三方负有职责和义务，例如，对其直系后代负有职责和义务。如果他们真有如此职责和义务，那将是处理代际正义问题的一种方式。然而，公平正义的目的是，试图从其他合理条件中引出正义的所有职责和义务。所以，这种方式应当尽量避免。我们还有其他几个方案。我们可以采用一种动机假设，认为各方代表着一系列持续的诉求。例如，我们可以假设，他们是一些家族的首领，因此他们希望至少能增进其直系后代的福祉。或者，我们可以要求各方同意某些原则，其约束条件是，他们希望，所有的先行世代(先辈或祖先) 都遵循相同的原则。通过对这些约定的适当组合，我相信，整个世代链将得以联结起来(相互衔接，代代相传，环环相扣)，并且，适当考虑每一代人利益的原则将得到商定（§24和§44）。如果这是正确的，那么我们将成功地从合理条件中推出向其他世代承担的义务。

【原文】 §22-7-pp.111-112

【评析】

罗尔斯的如下主张是对一直重视血缘关系的中国传统哲学所推崇的"亲亲互隐"和"爱有差等"正义观念的完全否定："任何正义观念，皆不得以广泛的自然情感纽带为前提。在正义理论的基础方面，我们要尽量少作假设。"从这个角度可以深刻地揭示中国传统文化与中国政治或权力容易反复地陷入腐败的思想根源。刘清平的批评虽然深刻，但他主要从康德普遍主义视角来进行批判和反思，仍然缺乏像罗尔斯的"互不关切"假设这样的视角。这个视角也就是西方对如天平般正义的追求。

1. 原文："Make no restrictive assumptions"（p. 111）. H 本："没有任何的规定"（第99页）. 新解："没有提出任何限制性假设"。

2. 原文："His dominant interests are in himself, not merely, as they must always be, interests of a self"（p. 111）. H 本："他的主要兴趣在于其自身，而不仅仅是（像它们必然总是的那样）一个自我的兴趣"（第99页）. 新解："他的主要利益便是自身利益，而不只如它们必定始终是的那样，是与自我关联的利益。"

3. 原文："The original position is meant to incorporate widely shared and yet weak conditions"（p. 111）. H 本："原初状态是意味着合并各种广泛分享且较弱的条件"（第99页）. 新解："初始位置旨在广泛体现既共享又薄弱的若干条件。"

【诠释】

应当指出的是，除了它们是合理的长期计划以外，我对当事人持有的善观念没有提出任何限制性假设。虽然这些计划决定了个体的目标和利益，但是这些目标和利益并不被视为自利的。这种情况（自利）是否发生，取决于个体追求的目标类型。如果财富、位置、权势和社会名望是个体的终极目的，那么他持有的善观念肯定是自利论的。他的主要利益便是自身利益，而不只如它们必定始终是的那样，是与自我关联的利益。① 因此，如下假设并不存在矛盾：一旦掀开无知之幕，各方将发现，他们相互间存在着各种情感关系和关爱纽带，他们希望促进他人利益，并且乐见他人达成其目的。但是，提出在初始位置上的互不关切假设，是为了确保正义原则不依赖于某些强假设。试回顾一下，初始位置旨在广泛体现既共享又薄弱的若干条件。因此，任何正义观念，皆不得以广泛的自然情感纽带为前提。在正义理论的基础方面，我们要尽量少作假设。②

---

① 参阅斯退士《道德的概念》（Concept of Morals），伦敦：麦克米兰出版社1937年版，第221—223页。——原注。斯退士（W. T. Stace, 1886 - 1967）是普林斯顿大学哲学教授，罗尔斯博士论文指导老师。这是罗尔斯提到他导师的唯一地方。关于罗尔斯与斯退士的关系，参阅张国清"罗尔斯的秘密及其后果"，《浙江大学学报》2013年第6期。
② 正义观念不涉及人的自然血缘关系。它不是一种自然主义观念，而是一种建构主义观念。社会契约论必定超越以家庭为中心的自然血缘关系。

第三章 初始位置

【原文】§22-8-p.112

【评析】

1. 原文："**The most tragic of all**"（p.112）。H本："所有悲剧中最大的悲剧"（第99页）。**新解**："所有冲突中最为惨烈的"。

2. 原文："**An association of saints**"（p.112）。H本："圣徒团体"（第100页）。**新解**："圣者教团"。

【诠释】

最后，本人设定，处在初始位置上的各方互不关切彼此：他们不愿意为了他人利益而牺牲自身利益。如此设定的目的在于，每当遇到正义问题时，为人们的行为和动机确立某个样本。像任何其他利益一样，圣者和英雄的精神理想，会无法调和地势不两立。追求这些理想存在的冲突，是所有冲突中最为惨烈的。因此，凡是存在竞争性利益的地方，凡是存在人们以为有权将自身权利强加于对方的地方，正义都是关于各种实践的德性（virtue of practices）。假定存在抱有共同理想的某个圣者教团，那么在如此圣者教团中，就不会发生有关正义的争论。每个人都会无私地为他们共同的宗教所决定的目标而努力，每个人只要提到那个目标（假定它有明确定义），那么任何一个正当问题都将得到迎刃而解。不过，人类社会是由正义的环境具体规定的。解释这些条件，不涉及特殊的人类动机理论。相反，它的目的在于反映在描述初始位置中存在的人际关系，那些关系为解决正义问题提供了舞台。

§23 正当概念的形式限制
The Formal Constraints of the Concept of Right

【题解】

这一节的关键词是"the concept of right"，即"正当概念"或"正当的概念"，它与"the concept of good"，即"善概念"或"善的概念"形成某种对应关系。"the concept of right"容易和"the concept of the rights"相混淆；后者应当解读为"权利概念"。罗尔斯既讨论了"权利的优先性"（priority of the rights），也讨论了"正当优先于善"（priority of the right over the good)，这是两个不同的论题。这里讨论的主题是"正当概念的形式限制"，可以解读为"限制正当概念的若干形式条件"，它想要表达的意思是，对于处在初始位置上选择正义原则的各方来说，在筛选活动中，可供筛选的原则是有限的，候选原则的正当性涉及五个条件，它们分别是一般性、普遍性、公开性、次序性和终极性。罗尔斯表示，各方按照这些正当概念的形式限制来筛选正义原则，保证被选中的原则具有正当性。在正义理论中，正当和权利是不同层级的两个概念，正当概念远远高于权利概念。因此，不得把正当概念的形式限制解读为权利概念的形式限制。

【原文】§23-1-p.112

【评析】

1. 原文："**The situation of the persons in the original position reflects certain constraints**"（p.112）. **H本**："原初状态中的人们的状况反映了某些限制条件"（第100页）。**新解**："人们处于初始位置上，如此情景反映了某些限制。"

2. 原文："**The alternatives open to them**"（p.112）. **H本**："他们可以选择的对象"（第100页）。**新解**："向人们开放的可选项"。

3. 原文："**To acknowledge principles for the other virtues as well**"（p.112）. **H本**："也要接受别的德性原则"（第100页）。**新解**："出于其他德性考虑而承认某些原则"。

【诠释】

人们处于初始位置上，如此情景反映了某些限制。向人们开放的可选项（可供选择的正义观念和正义原则）和他们对条件的了解都受到各种限制。因为这些限制不仅适用于正义原则的选择，而且适用于所有伦理原则的选择，本人称之为正当概念的约束因素。如果各方出于其他德性考虑而承认某些原则，那么这些限制也是适用的。

【原文】§23-2-pp.112-113

【评析】

1. 原文："**The constraints on the alternatives**"（p.112）. **H本**："选择对象方面的限制"（第100页）。**新解**："施加于可选项的限制"。

2. 原文："There are certain formal conditions that it seems reasonable to impose on the conceptions of justice that are to be allowed on the list presented to the parties"（p. 112）。H 本："有某些形式的限制条件，将之加在那份可以提交给各方的正义观念的清单上看来是合理的"（第 100 页）。新解："在提交给各方的清单上，对这些正义观念施加一定的形式条件似乎是合理的。"

3. 原文："The merit of any definition depends upon the soundness of the theory that results; by itself, a definition cannot settle any fundamental question"（pp. 112-113）。H 本："任何定义的价值都依赖于它产生的理论是否健全，仅凭自身，一个定义是不可能解决任何基本问题的"（第 100 页）。新解："任何定义的价值都取决于其产生的理论是否站得住脚；定义本身无法解决任何基本问题。"

【诠释】

本人将先考虑施加于可选项(可供选择的正义观念) 的限制。在提交给各方的清单上，对这些正义观念(conceptions of justice) 施加一定的形式条件似乎是合理的。本人认为，这些条件既不是从正当概念(concept of right) 出发的，也不是从道德意义出发的。我避开在这些关键问题上诉诸概念分析(analysis of concepts)。存在许多限制，既可以合理地与正当概念相联系，也可以从这些限制中做出不同选择，并在特定理论中，这些选择被视为明确的。任何定义的价值都取决于其产生的理论是否站得住脚；定义本身无法解决任何基本问题。①

---

① 弗兰肯纳（W. K. Frankena）讨论了关于道德概念的各种诠释，参阅弗兰肯纳"近来的道德观念"（"Recent Conceptions of Morals"），收录于卡斯塔内达（H. N. Castaleda）和乔治·纳克尼基安（George Naknikian）编《道德与行为语言》，底特律：韦恩州立大学出版社 1965 年版，以及弗兰肯纳"道德的概念"（"The Concept of Morality"），《哲学》1966 年第 63 卷。前一篇论文包含许多参考资料。本人在《正义论》中给出的解释也许最接近科特·拜尔（Kurt Baier）的解释。参阅拜尔《道德的观点》（*Moral Point of View*），纽约：康乃尔大学出版社 1958 年版，第八章。我和拜尔一样强调这些条件：公开性［他没有使用这个语词，但其含义包含在他提出的关于普遍可传授性的约定（stipulation of universal teachability） 中，参阅第 195 页及以后］、有序性、终极性和实质性内容（虽然按照契约论观点，最后的条件作为结果出现，参阅第 25 节和脚注 16）。关于其他讨论，参阅黑尔（R. M. Hare）《道德语言》，伦敦：克莱伦顿出版社 1952 年版；福尔克（W. D. Falk）："道德、自我和他者"，收录于《道德与行为语言》；斯特劳森（P. F. Strawson）："社会道德和个人理想"（"Social Morality and Individual Ideal"），《哲学》1961 年第 36 卷。——原注

【原文】§23 – 3 – p. 113

【评析】

1. 原文:"The propriety of these formal conditions is derived from the task of principles of right in adjusting the claims that persons make on their institutions and one another"(p. 113). H 本:"这些形式的限制条件的恰当性源自正当原则调整人们对制度和互相提出的要求的任务"(第101页)。新解:"这些形式条件的适当性派生自正当原则的任务,正当原则既调节着个体向制度提出的诉求,也调节着个体对彼此提出的诉求。"这里的"诉求"(claims)有"权益"的含义。

2. 原文:"Determining the division of advantages"(p. 113). H 本:"决定利益的划分"(第101页)。新解:"确定优势划分和利益划分"。

3. 原文:"Each of them is suitably weak and I assume that they are satisfied by the traditional conceptions of justice"(p. 113). H 本:"其中的每一条件都是起码的,我猜想它们能够被传统的正义观满足"(第101页)。新解:"尽管它们中的每一个条件都是相当脆弱的,但本人假定传统正义观念已经满足其中的每一个条件。"

4. 原文:"This makes it all the more necessary that the conditions not be justified by definition or the analysis of concepts, but only by the reasonableness of the theory of which they are a part"(p. 113). H 本:"这使下面一点更为必要了,即这些限制条件不能被定义或概念分析所证明,而只能被含有定义和概念分析的理论的合理性所证明"(第101页)。新解:"更加必要的是,这些条件不是通过概念定义或概念分析来证明的,而是通过它们所属理论的合理性来证明的。"

【诠释】

这些形式条件的适当性派生自正当原则(principles of right)的任务,正当原则既调节着个体向制度提出的诉求,也调节着个体向彼此提出的诉求。如果这些正义原则(principles of justice)要发挥作用,亦即分配基本权利和基本义务、确定优势划分和利益划分,那么这些要求是很自然的。尽管它们中的每一个条件都是相当脆弱的,但本人假定传统正义观念已经满足其中的每一个条件。然而,这些条件确实排除了各种形式的自利论,正如本人将在下面指出的那样,这表明,它们并非没有道德力量。更加必要的是,这些条件不是通过概念定义或概念分析来证明的,而是通过它们所属理论的合理性来证明的。我用大家熟悉的五个要点来讨论它们。

【原文】§23-4-p.113

【评析】

罗尔斯在这里谈到了知识论的本体论承诺问题,并且提到了哈佛同事蒯因的自然主义知识论见解,亦即"心理学的一章,从而是自然科学的一章",这也是英国哲学家维特根斯坦的见解(罗尔斯本人又是后者弟子马尔柯姆的弟子)。这一见解显然对罗尔斯构思整个正义理论产生了影响。但他只是点到为止,并没有展开这一论题,而表示自己为了创立正义理论,不需要回答知识论的本体论承诺问题。但是解读者需要知道,这里的"定摹状词""陈述"或"命题""专名""谓词""一般属性""关系"等是知识论和语义分析方面的专业术语。依蒯因的见解,关于原则的陈述或原则的命题都是"自然类"。罗尔斯没有回答原则陈述或原则命题是否自然类的问题,不过从后来罗尔斯表示自己是康德式建构主义者来看,他否认原则命题或陈述是自然类。或者说,他否认,正义理论可以成为"自然科学的一章"或"社会科学的一章"。

1. 原文:"**Principles should be general. That is, it must be possible to formulate them without the use of what would be intuitively recognized as proper names, or rigged definite descriptions**"(p.113)。H本:"原则应当是一般性质的,即必须能够不使用那些明显的专有名称或伪装的限定摹状词来概括原则"(第101页);X本:"原则应该是普遍的。就是说,在提出这些原则时必须能够不使用在直觉上可能被认为是专有名词的东西,或临时拼凑起来的说法"(第144页)。这个语句的后半句"or rigged definite descriptions"是"or without the use of what would be intuitively rigged as definite descriptions"的缩写。H本和X本都没有准确把握这个语句。新解:"原则应当是一般的。也就是说,存在着以如下意义制定原则的可能性:没有使用直观上认作专名的东西,或者,没有使用被操控为定摹状词的东西。"

2. 原文:"**Deep philosophical difficulties seem to bar the way to a satisfactory account of these matters**"(p.113)。H本:"深刻的哲学上的困难看来阻碍着达到一种令人满意的解释"(第101页)。新解:"一些深刻的哲学难题,似乎阻碍着对这些问题做出令人满意的解释。"

3. 原文:"**Since the parties have no specific information about**

themselves or their situation, they cannot identify themselves anyway"（p. 113）。H 本："由于各方对他们自己或他们的状况并没有专门的了解，他们无论如何不可能辨认自身"（第 101 页）。**新解**："由于各方没有关于他们自身或他们情况的具体信息，他们无论如何也无法确定自己的身份。"

4. 原文："**To tailor principles to his advantage**"（p. 113）。H 本："把原则剪裁得适合于自己的利益"（第 101 页）。**新解**："**剪裁那些原则以迎合自己的优势和利益**"。H 本的解读是正确的。这让人想起希特勒等独裁者的做法，他们为了自己的利益而任意剪裁宪法。

5. 原文："**The parties are effectively forced to stick to general principles**"（p. 113）。H 本："各方被有效地迫使去支持一般的原则"（第 101 页）。**新解**："各方实际上被迫坚持一般原则。"关于原则的一般性，罗尔斯谈到了以直观方式理解的必要性。

【诠释】

首先，原则（在性质上和在关系上）应当是一般的（general，具有一般性）。也就是说，存在着以如下意义制定原则的可能性：没有使用直观上认作专名的东西，或者，没有使用被操控为定摹状词的东西。因此，在原则的陈述中，使用的谓词应该表示一般属性和一般关系。令人遗憾的是，一些深刻的哲学难题，似乎阻碍着对这些问题做出令人满意的解释。① 我不打算在这里探讨这些问题。在提出正义理论时，人们有权回避定义一般属性和一般关系的问题，并以看似合理的东西（原则）为指导。此外，由于各方没有关于他们自身或他们情况的具体信息，他们无论如何也无法确定自己的身份。即使一个人能让他人同意某些原则，他也不知道如何剪裁那些原则以迎合自己的优势和利益。各方实际上被迫坚持一般原则，以直观方式理解这里的一般原则（或原则具有一般性）的概念。

【原文】§ 23 - 5 - pp. 113 - 114

【评析】

1. 原文："**First principles must be capable of serving as a public charter of a well-ordered society in perpetuity**"（pp. 113 - 114）。H 本："首要原则

---

① 参阅蒯因《本体论的相对性及其他论文》，纽约：哥伦比亚大学出版社 1969 年版，第五章，其标题为"自然类"（Natural Kinds）。——原注

必须能够始终作为一个良序社会的公共蓝图"（第 101 页）。**新解**："首要原则必须能够永久地成为良序社会的公共宪章。"

2. **原文**："Being unconditional, they always hold (under the circumstances of justice), and the knowledge of them must be open to individuals in any generation"（p. 114）。H 本："由于是无条件的，所以它们在正义的环境里总是成立的，任何时代的个人都一定能知道它们"（第 101 页）。**新解**："它们是无条件的，（在正义的环境下）总是成立的，并且关于它们的知识必须向任一世代的个体开放。"

3. **原文**："Contingent particulars"（p. 114）。H 本："偶然的特殊情形"（第 101 页）。**新解**："或有事项"。"或有事项"是会计术语，指由过去的交易或事项形成的，其结果须由某些未来事件的发生或不发生才能决定的不确定事项。

【诠释】

这一条件的自然性部分地在于以下事实：这些首要原则必须能够永久地成为良序社会的公共宪章。它们是无条件的，（在正义的环境下）总是成立的，并且关于它们的知识必须向任一世代的个体开放。因此，要理解这些原则，不必要求掌握或有事项，当然也不必提及某些个体或团体。传统上，验证这个条件最显著的检测办法是这样的观念：凡是正当的都是符合神意的。但事实上，这一学说通常得到某些一般原则的支持。例如，洛克认为，存在这样的道德基本原则：（在神学意义上）如果张三是由李四创造的，那么张三就有义务遵守造物主即李四向其颁布的戒律。① 这一原则是完全一般性的，并且在洛克看来，在既定世界性质的条件下，它特别选定上帝为合法的道德权威。这个一般性条件没有被违反，尽管它可能初看起来是被违反了的。

【原文】 §23 - 6 - p. 114

【评析】

1. **原文**："Principles are to be universal in application"（p. 114）。H 本："原则在应用中也必须是普遍的"（第 102 页）；X 本："原则要能广泛适用"（第 145 页）。**新解**："原则在适用上将具有普遍性。"由于 X 本把

---

① 参阅莱登（W. von Leyden）编《自然法论文集》，牛津：克莱伦顿出版社 1954 年版，第 4 篇论文，特别是第 151—157 页。——原注

原则的第一个条件"be general"解读为"普遍的",它只好在这里把原则的第二个条件"to be universal in application"解读为"广泛适用"。

2. 原文:"**They must hold for everyone in virtue of their being moral persons**"(p. 114)。H本:"它们因人们有道德人格而必然对每个人有效"(第102页)。新解:"因为他们都是有道德的人,原则必须对每个人都是适用的。"

3. 原文:"**Thus I assume that each can understand these principles and use them in his deliberations**"(p. 114)。H本:"这样我们就假定每个人都能理解这些原则,并在思考中运用它们"(第102页)。新解:"本人假定每个人都能理解这些原则并在其慎思中加以运用。"这里只有"我",没有"我们";这里的"deliberations"要解读为"慎思"而不是一般的"思考"。

4. 原文:"**A principle is ruled out if it would be self-contradictory, or self-defeating, for everyone to act upon it**"(p. 114)。H本:"一个原则如果为所有人实行就会是自相矛盾、自行挫败的,它就要被排除"(第102页)。新解:"因为每个人都要根据原则采取行动,如果一个原则是自相矛盾的或自我挫败的,那么它必须被剔除。"H本没有理清这个语句中各个要素的逻辑关系,构造出一个类似罗素悖论的命题,却不是罗尔斯本人的。它直接违反这里提到的普遍性条件。

【诠释】

其次,原则在适用上将具有普遍性(universal)。因为他们都是有道德的人,原则必须对每个人都是适用的。因此,本人假定每个人都能理解这些原则并在其慎思中加以运用。这就给它们的复杂程度以及它们所划出的差别种类和数目设定了上限。此外,因为每个人都要根据原则采取行动,如果一个原则是自相矛盾的或自我挫败的,那么它必须被剔除。同样,如果一个原则只有在别人遵守另一原则的情况下才能得到合理遵循,那么它也是不可接受的。我们要根据每个人遵守它们的后果来选择原则。

【原文】§23 – 7 – pp. 114 – 115

【评析】

罗尔斯强调原则的一般性和普遍性的重要性,尤其是原则的一般性,它排除了原则是为了某个特殊的个体设置的。无论在宪法中还是在法规中,任何具体的条款都不得指向某个特殊的个体,无论是为了服务于那个个体，还是为了压制那个个体。否则，这样的宪法和法规都不是完备的，因为它们违反了原则的一般性。罗尔斯认为，根据原则的一般性，可以排除宪法或法规为个体的独霸者所利用。这是一个伟大的政治与法律思想。

1. 原文："As defined"（p. 114）。H本："正如定义所示"（第102页）；新解："如前所述"。

2. 原文："Generality and universality are distinct conditions"（p. 114）。H本："一般性和普遍性是两个不同的条件"（第102页）；X本："普遍性和广泛性就是明显的条件"（第146页）。H本的解读是正确的。

3. 原文："Not be at all bad"（p. 114）。H本："不是完全坏的"（第102页）。新解："一点也不坏"。

4. 原文："Special biological or social characteristics"（p. 114）。H本："专门的生理或社会特征"（第102页）。新解："特殊生物特征或社会特征"。

5. 原文："These various duties and obligations are the consequence of first principles that hold for all as moral persons"（p. 115）。H本："这些不同的义务和职责却是对所有道德人有效的首批原则的推论"（第102页）。新解："这些不同职责和义务是所有道德人持有的首要原则的结果。"

【诠释】

如前所述，一般性和普遍性是两个不同的条件。例如，第一人称专制形式的自利论（每个人都服务于主体利益或伯里克利利益）满足普遍性条件，但不满足一般性条件。虽然所有人都可以按照这一原则做事，而且在某些情况下，结果可能一点也不坏，这取决于独裁者的利益，但这个人称代词（或姓名）违反第一个条件。同样，一般原则可能不是普遍原则。它们可能是为一组特定个体——拥有特殊生物特征或社会特征的个体，比如，根据头发颜色、阶级地位或别的什么选定的个体——量身定做的。可以肯定的是，在他们的生活过程中，个体会获得特殊职责，承担特殊义务。然而，这些不同职责和义务是所有道德人持有的首要原则的结果；这些要求的推导有某个共同基础。

【原文】 §23 – 8 – p. 115

【评析】

罗尔斯在这里谈到了公开性条件的主要含义，H本对术语"condition

of publicity"做出"公开性条件"和"公共性条件"两种解读，给读者带来混淆。

1. **原文**："Which arises naturally from a contractarian standpoint"（p. 115）。**H本**："这自然是契约论所要求的"（第102页）。**新解**："它自然产生于某个契约论立场。"

2. **原文**："The general awareness of their universal acceptance should have desirable effects and support the stability of social cooperation"（p. 115）。**H本**："对它们的普遍被接受的一般领悟就应有可欲的效果，并维持社会合作的稳固性"（第103页）；**新解**："对普遍接受这些原则的这种一般注意应该会产生可行效应，并且支持社会合作的稳定性。"

3. **原文**："Being intelligently and regularly followed by everyone"（p. 115）。**H本**："所有人理智地和有规则地遵循"（第103页）。**新解**："每个人明智且常规地遵循"。

4. **原文**："The point of the publicity condition is to have the parties evaluate conceptions of justice as publicly acknowledged and fully effective moral constitutions of social life"（p. 115）。**H本**："公共性条件的目的是使各方把各种正义观作为被公共承认的和充分有效的社会生活道德法典来评价它们"（第103页）；**X本**："公开性条件的目的，是使各方把正义观作为在社会生活中得到公开承认的并且充分有效的道德法规来评价"（第147页）。**新解**："公开性条件的关键在于，各方把正义观念作为公开承认的并且完全有效的社会生活道德总则来评价。"这里的主语"the point"要解读为"要害"或"关键"，而不是"目的"。短语"moral constitutions"解读为"道德法典"或"道德法规"都不妥当。因为正义观念像正义原则一样，要高于"道德法典"或"道德法规"，其新解为"道德总则"。

5. **原文**："He thought of this kingdom as an ethical common-wealth, as it were, which has such moral principles for its public charter"（p. 115）。**H本**："他把这一目的王国设想为伦理的联合体，可以说，这一联合体中有这样的道德原则作为它的公共蓝图"（第103页）。**新解**："康德认为，目的王国是伦理共和国，事实上，它的公开宪章包含这样的道德原则。"

【诠释】

第三个条件是公开性（publicity），它自然产生于某个契约论立场（contractarian standpoint）。各方假定，他们正在为某个公开且公共的正义观念筛选原则。① 他们假设，每个人都会知道这些原则（指将被筛选的原则），如果每个人都接受它们是合议的结果，那么他就会知道所有这些原则。因此，对普遍接受这些原则的这种一般注意（general awareness of their universal acceptance）立刻会产生可行效应（desirable effects），并且支持社会合作的稳定性。公开性条件与普遍性条件的区别在于，普遍性条件引导人们基于每个人明智且常规地遵循原则来评估原则。尽管有可能所有人都应该理解并遵循一项原则，但是这一事实并没有得到广泛了解或明确承认。公开性条件的关键在于，各方把正义观念作为公开承认的并且完全有效的社会生活道德总则（moral constitutions）来评价。因为它要求我们按照理性人愿意为目的王国立法的原则行事，公开性条件显然隐含于康德的定言令式（绝对命令）学说之中。康德认为，目的王国是伦理共和国，事实上，它的公共宪章包含这样的道德原则。

【原文】§23 – 9 – pp. 115 – 116

【评析】

读者在阅读时要留意罗尔斯在"**相互冲突的诉求**"（conflicting claims）和"**相互竞争的需求**"（competing demands）之间做出的区分，H 本把两个短语都解读为"各种冲突的要求"肯定是有所不足的。

1. 原文：" A further condition is that a conception of right must impose an ordering on conflicting claims"（pp. 115 – 116）。H 本："第四个条件是：一种正当观必须对各种冲突的要求赋予一种次序"（第 103 页）。**新解**："第四

---

① 康德的"道德律"（moral law）概念显然有公开性含义。不过据本人所知，他只在一个地方明确讨论过它。参阅康德《永久和平论》（*Perpetual Peace*），附录 2，收录于汉斯·赖斯（Hans Reiss）编《康德政治著作集》，尼斯比特（H. B. Nisbet）译，剑桥：剑桥大学出版社 1970 年版，第 125—130 页。他在别处当然也有简要陈述，比如，在《道德形而上学》第一部第 43 节中，康德写道："公权或公共法权（Public Right）是这些法律的总和，它们要求被普遍公开地制定，以产生法权国家（state of right）。"在"理论与实践"（"Theory and Practice"）一文的一个脚注中，康德评论说："在国家中，任何法权都不可经由秘密保管而被默许地和阴险地包括在内（no right in a state can be tacitly and treacherously included by a secret reservation），至少人们主张其属于宪法之组成部分的法权不可如此被包括在内，因为包括在宪法中的所有法条，都须视为某个公共意志的产物。因此，假如宪法允许叛乱，它就得公开宣布这项法权，并明确说明其落实方式。"这些引文分别引自《康德政治著作集》第 136 页和第 84 页注。本人认为，康德打算把这一条件应用于某个社会正义观念。参阅《正义论》第 50 节注 4 和本节前面注 5 中所引的拜尔《道德的观点》，纽约：康乃尔大学出版社 1958 年版，第八章。参阅刘易斯（D. K. Lewis）《惯例》，麻省剑桥：哈佛大学出版社 1969 年版。该书讨论了常识（common knowledge）及其与契约的联系，特别是第 52—60、83—88 页。——原注。

个条件是次序性，正当观念必须把某个次序强加于相互冲突的诉求。"

2. 原文："**Competing demands**"（p.115）。H 本："各种冲突要求"（第 103 页）。新解："相互竞争的需求"。

3. 原文："**The ordering should in general be transitive: if, say, a first arrangement of the basic structure is ranked more just than a second, and the second more just than a third, then the first should be more just than the third**"（p.115－116）。H 本："这一次序一般应是传递性的：比方说，如果基本结构的第一种安排的正义排序比第二种要高，第二种又比第三种要高，那么第一种也就应当比第三种要高"（第 103 页）。新解："一般来说，次序应该是可以传递的：比如说，如果基本结构安排的第一次序比第二次序更加公正，第二次序则比第三次序更加公正，那么第一次序应当比第三次序更加公正。"

4. 原文："**Is trial by combat a form of adjudication? After all, physical conflict and resort to arms result in an ordering; certain claims do win out over others**"（p.116）。H 本："武斗是否一种裁决形式呢？毕竟，身体的和武装的冲突会产生另一种次序，某些要求会战胜另一些要求"（第 103 页）。新解："司法决斗是一种裁决形式吗？毕竟，肢体冲突和诉诸武力会导致一个次序；某些诉求确实胜过其他诉求。" H 本把"trial by combat"解读为"武斗"，X 本解读为"格斗比武"（第 147 页）。两个解读都值得商榷。其新解为"司法决斗"。在历史上，司法决斗是一种盛行于中世纪欧洲的特殊审判法。当在法庭上控辩双方说词相互矛盾又难辨真伪时，他们就通过决斗来决定胜负。据考证，英国女王伊丽莎白一世在 1571 年正式谴责决斗行为并宣布其为非法，法国国王路易十三在 1626 年禁止决斗。然而，决斗在近代欧美仍然极其盛行。作曲家亨德尔、作家大仲马、托尔斯泰、马克·吐温和普鲁斯特，政治家俾斯麦和林肯等西方名流曾涉足决斗，俄国诗人普希金和美国政治家汉密尔顿就因决斗而死。

5. 原文："**It fails to establish an ordering in the required sense, an ordering based on certain relevant aspects of persons and their situation which are independent from their social position, or their capacity to intimidate and coerce**"（p.116）。H 本："它并没有确立一种所要求意义上的次序，这种次序应该是基于人们的人格和处境的相关方面，且这些方面是独立于他们的社会地位或恐吓与强制能力的"（第 103 页）。新解："如此做法未能建立起所需意义的某个次序，一个基于个体人格及其处境的某些相关方面的次序，那些方面既独立于个人的社会位置，又独立于个

人具有的恐吓能力或强制能力。"

【诠释】

　　第四个条件是次序性（ordering），正当观念必须把某个次序强加于相互冲突的诉求（conflicting claims）。这一要求直接源于其原则在调整相互竞争的需求（competing demands）方面的作用。然而，在决定何为次序（orderings）的问题上存在着困难。显然合理的一点是，正义观念应该是周全的，亦即它能够对所有可能产生（或在实践中可能出现的）的诉求进行排序。一般来说，次序应该是可以传递的：比如说，如果基本结构安排的第一次序比第二次序更加公正，第二次序则比第三次序更加公正，那么第一次序应当比第三次序更加公正。虽然这些形式条件并不总是容易满足的，但它们是很自然的。① 那么，司法决斗（trial by combat）是一种裁决形式吗？毕竟，肢体冲突和诉诸武力会导致一个次序；某些诉求确实胜过其他诉求。对这种次序的主要反驳并不是说，它可能是非传递性的（intransitive）。相反，正是为了避免诉诸武力和诡计，正当原则和正义原则才被各方所接受。因此，本人认为，假如每个人按照其威胁性优势（threat advantage）来说话做事，那么这不是一个正义观念。如此做法（指每个人按照其威胁性优势来说话做事）未能建立起所需意义的某个次序，一个基于个体人格及其处境的某些相关方面的次序，那些方面既独立于个人的社会位置，又独立于个人具有的恐吓能力或强制能力。②

---

① 关于次序与偏好关系（orderings and preference relations）的讨论，参阅森《集体选择与社会福利》，旧金山：双日出版社1970年版，第一章及其注；阿罗（K. J. Arrow）：《社会选择与个体价值》第2版，纽约：约翰—威利出版社1963年版，第二章。——原注

② 布雷斯韦特（Braithwaite）：《作为道德哲学家工具的博弈论》，剑桥：剑桥大学出版社1955年版。按照他的分析，在马修和卢克之间，就演奏时间进行的公平划分取决于他们的偏好（preferences），这些偏好涉及他们想要演奏的乐器。号手马修偏好要么两人同时演奏，要么两人都不演奏；钢琴家卢克则偏好安静而非热闹。马修对卢克拥有优势，他分为26个晚上来演奏，卢克只有17个晚上可以用来演奏。如果形势逆转，占优势的将是卢克（第36页及以后）。不过，我们假定马修是会打鼓的爵士乐迷，卢克则是会演奏奏鸣曲的小提琴手，那么，按照这种分析，假如合理假定马修不在乎卢克演奏与否，那么他无论在什么时候演奏、无论演奏多久都是公平的。这里显然在某个地方出错了。从道德观点看，我们缺少对现状可接受的恰当定义。我们不能把各种偶然因素看作已知的，把个人偏好看作既定的，希望以交易理论来说明正义（或公平）观念。初始位置观念是用来处理恰当现状问题的。卢卡斯也有对布雷斯韦特分析的类似反驳，参阅卢卡斯"道德家和博弈者"，《哲学》1959年第34卷，第9页及以后。另一个讨论请参阅森《集体选择与社会福利》，第118—123页。森认为纳什（J. F. Nash）在"讨价还价问题"（"Bargaining Problem"）一文中提出的解决办法从伦理学观点看同样是有缺陷的，参阅纳什"讨价还价问题"，《计量经济学》1950年第18卷。——原注

480　《正义论》评注

【原文】§23 – 10 – pp. 116 – 117

【评析】

1. 原文："The fifth and last condition is that of finality"（p. 116）。H本："第五个，也是最后一个限制是终极性的限制"（第104页）；X本："第五个也是最后一个条件是决定性条件"（第148页）。**新解**："第五个也是最后一个条件是终极性。"

2. 原文："The parties are to assess the system of principles as the final court of appeal in practical reasoning"（p. 116）。H本："各方应把这个原则体系看作实践推理的最后上诉法庭"（第104页）。**新解**："各方应在实际推理中把这组原则评估为终审法院。"

3. 原文："They override the demands of law and custom, and of social rules generally"（p. 116）。H本："它们超越于法律和风俗，以及更一般意义上的社会规则的要求"（第104页）。**新解**："它们一般既高于法律和习惯的要求，又高于社会规则的要求。"

4. 原文："Considerations of prudence and self-interest"（p. 117）。H本："审慎和自私的考虑"（第104页）。**新解**："谨慎和自利考虑"。

5. 原文："For in drawing up the conception of right the parties take their interests into account as best they can"（p. 117）。H本："因为在设计这一正当观念时各方都在尽可能好地考虑他们的利益"（第104页）。**新解**："因为在草拟正当观念时，各方尽量考虑自己的利益。"

6. 原文："We cannot at the end count them a second time because we do not like the result"（p. 117）。H本："我们不能够在最后因为我们不喜欢这结果而重新把它们计算一次"（第104页）。**新解**："我们不能最后因为自己不喜欢的结果而要求把它们推倒重来。"

【诠释】

第五个也是最后一个条件是终极性(finality)。各方应在实际推理中把这组原则评估为终审法院。支持正当诉求的论据不存在更高标准；根据这些原则所做的成功推理是结论性的。如果我们从确立所有德性的原则的完全一般理论角度来思考，那么这个理论规定了各种相关周全考虑及其适当权重，并且它提出的要求是决定性的。它们一般既高于法律和习惯的要求，又高于社会规则的要求。我们要把社会制度作为正当和正义的直接原则来安排和尊重。从这些原则得出的结论，也高于谨慎和自利考虑。这并不意味着这些原则强调自我牺牲；因为在草拟正当观念时，各方尽量考虑自己的利益。个人的谨慎诉求已在一整套原则中予以适当权重。在如下意义上，这个完整的方案是终极性的：当它界定的实践推理过程已经得出结论时，问题就算解决。现有社会安排要求和个人利益诉求都已得到酌情考虑。我们不能最后因为自己不喜欢的结果而要求把它们推倒重来。

【原文】§23-11-p.117

【评析】

H本在这个段落里没有正确解读"终审上诉法院"（final court of appeal）这个术语，把它误读为"最后结论"，导致对这个语句的误解。

1. 原文："**A final court of appeal**"（p.117）。H本："最后结论"（第104页）。新解："终审上诉法院"。

2. 原文："**The five conditions**"（p.117）。H本："这五种限制条件"（第104页）。新解："这五个条件"。

3. 原文："**The generality condition eliminates both first-person dictatorship and the free-rider forms, since in each case a proper name, or pronoun, or a rigged definite description is needed, either to single out the dictator or to characterize the free-rider**"（p.117）。H本："一般性的条件既排除第一人称的专制，也排除搭便车者的形式，因为这两种形式都需要一个专有名词（或代词，或伪装的限定摹状词）来挑选出专制者或者搭便车者"（第104页）。新解："因为无论为了突出独裁者，还是为了刻画**搭便车者，在每一种情况下，都需要专名、代词或操控的限定摹状词，一般性条件则消除了第一人称独裁和搭便车形式。**"

【诠释】

综上所述，正当观念的这些条件是这样的：正当观念是一套具有一般形式且普遍适用的原则，它是被公开承认的终审上诉法院，对道德人的冲突性诉求进行排序。正义原则根据其特殊作用和适用对象来确认。现在，这五个条件本身不排斥任何传统的正义观念。然而，值得注意的是，它们确实排除了列出的自利论变式。因为无论为了突出独裁者，还是为了刻画搭便车者，在每一种情况下，都需要专名、代词或者被操控的限定摹状词，一般性条件则消除了第一人称独裁和搭便车形式。然而，一般性并不排除一般自利论，因为每个人都允许依照自己的判断去做最有可能达成其目标的任何事情。这里的原则可以用一种非常一般的方式清楚地表达出来。正是这种排序条件使得一般自利论成为不可接受的，因为如果每个人都有权随心所欲地推进自己的目标，或者如果每个人都应该增进自己的利益，那么相互竞争的诉求根本就无法排出前后次序，结果将取决于武力和诡计。

【原文】§23-12-pp.117-118

【评析】

罗尔斯在讨论正义观念时，一开始是从个体维护自我权利和利益的自利论出发的，但是，他最终放弃了自利论。所以，一种合理的正义观念，必定涉及相互利益而不只是自我利益，这也是罗尔斯批评效用论的重要方面。因为效用论在讨论自我利益时，也把自我利益的极大化当作合理效用的体现。但是，罗尔斯主张的正义观念，首先关注的不是效用的极大化问题，而是社会基本结构的正当性问题。正当优先于善的命题就是这样被坚持的。

1. 原文："**The significance of egoism philosophically is not as an alternative conception of right but as a challenge to any such conception**"（p.117）。H本："利己主义的哲学意义并不是作为正当的一个可选择观念，而是作为对任何正当观念的一种挑战"（第105页）。**新解**："从哲学上讲，自利论的重要性，不在于它是备选的正当观念，而在于它是对任何此类正当观念的挑战。"

2. 原文："**The no-agreement point**"（p.118）。H本："达不成任何协议点而无法签订契约"（第105页）。**新解**："没有达成合意的观点"或"无协议点"。

3. 原文："**It is what the parties would be stuck with if they were unable to reach an understanding**"（p.118）。H本："这是各方在不能够达到相互理解时将采取的立场"（第105页）。**新解**："如果各方不能达成某种谅解，那么它是他们将要面对的问题。"

【诠释】

因此，这几种自利论没有出现在提交给各方的清单上。形式限制把它们排除在外。当然，这不是一个令人惊讶的结论，因为显然地，通过选取其他正义观念中的某个正义观念，处于初始位置上的人会为自己做得更好些。一旦他们询问所有人都应该同意哪些原则，任何形式的自利论在任何情况下都不是值得考虑的严肃选项。这只是证实了我们已知的事情，亦即虽然自利论在逻辑上是自洽的，在这个意义上它不是毫无道理的（irrational），但是它与我们在直觉上认为的道德观点是不相容的。从哲学上讲，自利论的重要性，不在于它是备选的正当观念，而在于它是对任何此类正当观念的挑战。在公平正义中，这反映在以下事实上：我们可以把一般自利论诠释为没有达成合意的观点或无协议点（no-agreement point）。如果各方不能达成某种谅解，那么它是他们将要面对的情形。

§24　无知之幕
The Veil of Ignorance

【题解】

　　以初始位置为先决条件，无知之幕是罗尔斯为选择正义原则和正义观念而设置的另一假设。无知之幕排除了与个体自身的特殊处境有关的所有知识和信息。它假定，每一个个体都在对一切都无知的情况下来决定公共事务，包括对正义原则和正义观念的选择。置身于无知之幕之下，各方寻求自身利益极大化或受损最小化的办法。因此，置身于无知之幕之下的个体，适用于决定公共事务，同时兼顾自身利益。那样的个体所持的立场，不是公共的旁观者立场，而是直接的参与者立场。在无知之幕之下，每一个个体不谋求任何特殊权利或权力，而只考虑共同利益的极大化和自身利益受损的极小化。

　　笔者认为，无知之幕假设的直接思想来源是休谟和斯密分别提出的公道的旁观者假设和公正的观察者假设。不过，从罗尔斯在后文脚注的说明来看，他只承认这个假设与康德"定言令式"假设的关系，而否认其与休谟和斯密相关假设的关系。笔者认为，罗尔斯本人的说法是存在误导性的。[1]

---

[1]　国内学界对"无知之幕"保持着相当的关注热度。参阅李曙光"滥用理性与'无知之幕'——我谈哈耶克"，《民主与科学》1994年第1期。包利民："'无知之幕'与悲剧的伦理意义"，《浙江学刊》2006年第4期。鞠巍："无知之幕与经济公正"，《江淮论坛》2007年第5期。丁建峰："无知之幕下的社会福利判断"，《经济社会体制比较》2010年第3期。崔平：（转下页）

484 《正义论》评注

【原文】 §24 – 1 – p.118

【评析】

1. **原文**："**The effects of specific contingencies**"（p.118）。**H 本**："各种特定偶然性的影响"（第 105 页）。**新解**："特定偶然因素的效应"。

2. **原文**："**To exploit social and natural circumstances to their own advantage**"（p.118）。**H 本**："利用社会和自然偶然性来有利于自己"（第 105 页）。**新解**："将各种社会环境和自然环境能为自身的优势所用"。

3. **原文**："**The various alternatives**"（p.118）。**H 本**："各种选择对象"（第 105 页）。**新解**："各种可选项"，指可供处在初始位置上的各方选择的各种正义观念及正义原则。

【诠释】

初始位置理念旨在建立一种公平程序，以使得到一致同意的任一原则都将是正义的。其目的在于将纯粹程序正义观念用作正义理论的基础。我们必须消除特定偶然因素的效应，那些偶然因素诱使人们陷于纷争，并将各种社会环境和自然环境能为自身的优势所用。现在，为了达此目的，本人假定，各方置身于无知之幕的背后。因为他们不知道各种可选项(可供选择的原则) 将如何影响自己的特殊情况，所以，他们理应唯有基于各种一

(接上页)"对'无知之幕'的马克思主义哲学反思"，《河北学刊》2011 年第 5 期。徐丹丹："从无知之幕到分配正义——罗尔斯正义论的'哲学—历史'逻辑演进"，《南京社会科学》2012 年第 8 期。葛四友："论无知之幕和社会契约的作用"，《中国人民大学学报》2012 年第 5 期。卞绍斌："无知之幕背后的道德图景——罗尔斯与孔子正义思想的比较与融通"，《道德与文明》2013 年第 3 期。罗影、汪毅霖："无知之幕下的理性选择与社会正义"，《天津行政学院学报》2013 年第 4 期。展江、彭桂兵："从中庸之道到'无知之幕'：四种媒体伦理理论评析"，《南京社会科学》2014 年第 12 期。刘正强："'撤幕'效应下的司法运作——罗尔斯无知之幕的中国情境及其省思"，《政法论坛·中国政法大学学报》2015 年第 4 期。李晓东："无知之幕下的'虚拟社会保险方案'"，《世界哲学》2017 年第 1 期。刘雪梅："无知之幕与抽象推理"，《广西大学学报》2017 年第 2 期。汪志坚："罗尔斯引进无知之幕的理由"，《中南大学学报》2017 年第 2 期。魏超："论推定同意的正当化依据及其范围——以'无知之幕'为切入点"，《清华法学》2019 年第 2 期。

般考虑来评估各项原则。①

【原文】§24 – 2 – pp. 118 – 119

【评析】

罗尔斯在这里既提到了纵向的代际正义问题，也提到了横向的人际正义问题，还提到了与代际正义有关的遗传政策问题亦即优生政策问题。处于初始位置上的各方被掩盖了所有相关知识，在无知之幕下寻求大家都能接受的正义原则。

1. 原文："**His place in society, his class position or social status**"（p. 118）。H本："他在社会中的地位，他的阶级出身或社会地位"（第106页）。**新解**："自己在社会中的位置、阶级地位和社会身份"。

2. 原文："**Nor does he know his fortune in the distribution of natural assets and abilities, his intelligence and strength, and the like**"（p. 118）。H本："他也不知道他的天生资质和自然能力的程度，不知道他的理智和力量水平等情形"（第106页）。**新解**："谁也不知道自己在自然资质和天赋能力、智力和体能等分布方面的运气。"

3. 原文："**The particulars of his rational plan of life**"（p. 118）。H本："他的合理生活计划的特殊性"（第106页）。**新解**："其理性人生规划细节。"

4. 原文："**Aversion to risk**"（p. 118）。H本："讨厌冒险"（第106页）。**新解**："对风险的厌恶程度"或"对风险的规避"。

5. 原文："**The appropriate rate of capital saving**"（p. 118）。H本："恰当的资金储存率"（第106页）。**新解**："适当的资本储蓄率"。

---

① 无知之幕是如此自然的条件，以至于许多人一定遇到过类似情形。本人认为，在康德定言令式（绝对命令）学说中，既在程序标准的界定中，也在康德对它的使用中，在正文的字里行间蕴涵着这个构想。因此，当康德告诉我们，通过考虑如果它是一种普遍自然法则情况将会怎样，以此检测我们的准则时，他一定假设，我们不知道我们在这一想象的自然体系中的地位。参阅他在《实践理性批判》中关于实践判断的讨论，《康德全集》（学院版），第5卷，第68—72页。对信息的类似限制也出现在哈桑伊（J. C. Harsanyi）的论文中。参阅哈桑伊"在福利经济学和冒险理论中的基数效用"，《政治经济学杂志》1953年第61卷。然而，哈桑伊观点的其他方面颇有不同，他运用这个限制来阐发一种效用理论。参阅《正义论》第27节最后一个段落。——原注

【诠释】

因此，假定各方不知道某类特定事实。首先，谁都不知道自己在社会中的位置、阶级地位和社会身份；谁也不知道自己在自然资质和天赋能力、智力和体能等分布方面的运气。同样，谁都不知道自己的善观念、其理性人生规划细节，甚至心理特质，比如自己对风险的厌恶程度，倾向于乐观还是悲观。除此之外，本人认为，各方不了解自己所在社会的特殊环境。也就是说，他们既不知道自己所在社会的经济状况或政治状况，也不知道自己所在社会所能达到的文明程度和文化水平。处于初始位置上的个体，不知道自己属于哪一个世代。这些对知识的更广泛限制之所以是适当的，在一定程度上是因为社会正义问题，既产生于代际之间（世代之间的纵向正义问题），也产生于同一代人内部（人际之间横向正义问题），例如适当的资本储蓄率问题、自然资源和自然环境的保护问题。从理论上讲，还存在着合理的遗传政策问题（涉及优生政策和计划生育政策，上一代不得把严重遗传疾病传给下一代）。在这些情况下，为了落实初始位置理念，各方不得知道令他们意见相左的这些意外情况。他们必须选择一些原则，这些原则的后果是，他们愿意与其所属的任何一代人一起生活。

【原文】§24 – 3 – p. 119

【评析】

1. 原文："The stability of social cooperation"（p. 119）。H 本："社会合作的稳固性"（第 106 页）。**新解**："社会合作的稳定"。

2. 原文："A conception of justice is stable"（p. 119）。H 本："一种正义观是稳固的"（第 106 页）。**新解**："一个正义观念是稳定的"。

【诠释】

于是，各方所能知道的唯一具体事实是，无论这意味着什么，他们的社会受到正义环境的制约。不过，理所当然的是，人们以为自己了解人类社会的一般事实。他们了解政治事务和经济理论原理；他们还知道社会组织基础和人类心理学法则。事实上，各方被推定知道，影响正义原则选择的任何一般事实。对一般信息，即一般法律和理论，没有任何限制，因为各种正义观念，必须根据它们要规范的社会合作制度的特点加以调整，而且没有理由排除这些事实。例如，从道德心理学法则来看，这是对某个正义观念的一种思考，即使社会制度满足了这一正义观念，人们也不会有按照它采取行动的欲望。因为在这种情况下，确保社会合作的稳定将是困难的。任一正义观念具有的重要特征是，它应该产生对自己的支持（它应当得到任何个体的接受和支持）。它的原则应当是，当这些原则体现在社会的基本结构中时，人们往往会获得相应的正义感，并产生依其原则行事的愿望。在这种情况下，这个正义观念是稳定的。这种一般信息在初始位置上是可以接受的。

【原文】§24-4-pp.119-120

【评析】

1. 原文："It is among the permitted alternatives"（p.119）。H本："它是处于被允许的选择对象之中"（第107页）。新解："它是允许的选项之一"。

2. 原文："Rational deliberation"（p.120）。H本："合理慎思"（第107页）。新解："理性审议"。

3. 原文："It is more economical and suggestive"（p.120）。H本："这样可以更简洁和富有启发性"（第107页）。新解："它更加简洁，也更具启发性"。

【诠释】

无知之幕概念引发了若干难题。有人可能会反驳说，假如排除几乎所有的特定信息，那么人们将难以理解初始位置的含义。因此，以下做法可能会有所帮助：观察一人或多人可以随时进入这一点位，或者更好的做法是，简单根据适当的约束条款进行推理，模拟对这种假设情况（亦即每个人都处于初始位置之中）的审议。在论证某个正义观念时，我们必须确保它是允许的选项之一，并且满足规定的形式限制。如果我们缺乏被排除在外的知识，除非它们是我们敦促的理性考虑，任何考虑都不可能有利于这个正义观念。假定每个人都将遵守这些原则，对原则的评价必须从其得到公众承认和普遍适用的一般后果出发。说一定的正义观念将在初始位置上被选中，就等于说，在满足一定条件和约束条款的前提下进行理性审议会得出一定的结论。如有必要，对这一结果的论证可以更加正式地提出。不过，本人将从头到尾借助初始位置概念进行讨论。它更加简洁，也更具启发性，并提出了否则人们容易忽视的一些本质特征。

【原文】§24 – 5 – p. 120

【评析】

1. 原文："These remarks show that the original position is not to be thought of as a general assembly which includes at one moment everyone who will live at some time; or, much less, as an assembly of everyone who could live at some time."（p. 120）．H 本："这些解释说明了原初状态并不是被设想为一种在某一刻包括所有将在某个时期生活的人的普遍集合，更不是可能在某个时期生活过的所有人的集合"（第 107 页）。新解："这些说法表明，初始位置不应设想为在某时将健在的每个人都参加的全民大会；它更不应设想为由在某时可能健在的每个人组成的全体大会。""a general assembly" 让人想起古代希腊雅典自由民参加的大集会。

2. 原文："It is not a gathering of all actual or possible persons"（p. 120）．H 本："原初状态不是一种所有现实的或可能的人们的集合"（第 107 页）。新解："它不是所有实际的和可能的人都参加的一次大集合。"

3. 原文："If we conceived of the original position in either of these ways, the conception would cease to be a natural guide to intuition and would lack a clear sense"（p. 120）．H 本："以这些方式的任何一种来理解原初状态都将使这一观念不再是直觉的自然向导，都将缺少一种清晰性"（第 107 页）。新解："如果我们以这两种方式中的任一方式来构想初始位置，那么这个初始位置观念将不再是直觉的自然指南，它将缺乏清晰的含义。"

4. 原文："It must make no difference when one takes up this viewpoint, or who does so"（p. 120）．H 本："在一个人考虑这一观点或者这样行动之间必须没有任何区别"（第 107 页）。新解："当个体采纳这个观点时，或者，无论谁采纳这个观点，它都绝不会有任何区别。"H 本显然没有准确领会这个语句的内涵。

5. 原文："The restrictions must be such that the same principles are always chosen"（p. 120）．H 本："限制条件必须能使同样的原则总是被选择"（第 107 页）。新解："约束条款必须是这样的，以至于被选中的原则总是相同的原则。"这个语句强调的不是相同的原则"被选择"，而是相同的原则"被选中"。

【诠释】

这些说法表明，初始位置不应设想为在某时将健在的每个人都参加的全民大会(general assembly)；它更不应设想为由某个时间可能健在的每个人组成的全体大会。它不是所有实际的和可能的人全部参加的大集合。如果我们以这两种方式中的任一方式来构想初始位置，那么这个初始位置观念将不再是直觉的自然指南，它将缺乏清晰的含义。无论如何，我必须诠释初始位置，以便人们可以随时采纳其观点。当个体采纳这个观点时，或者，无论谁采纳这个观点，它都绝不会有任何区别：约束条款必须是这样的，以至于被选中的原则总是相同的原则。无知之幕是满足这一要求的关键条件。它不仅确保可用信息是相关的，而且确保可用信息始终是相同的。①

【原文】§24 – 6 – p. 120

【评析】

选择正义观念和正义原则必须由当事各方自己完成，而不能交给第三方仲裁。并且，各方的人数不宜太多，否则会形成无限的沟通对话和争议。人数越多，情况越复杂；要求越多，越难以达成一致同意。因此，代表人少则三五人，多则数十人，以不超出五十人为宜。《五月花号公约》的制定过程是一个范例。

1. 原文："It may be protested that the condition of the veil of ignorance is irrational"（p. 120）. H本："人们可能驳斥说，无知之幕的条件是非理性的"（第107页）。新解："有人可能反驳说，无知之幕的如此条件是不合理的。"

2. 原文："To begin with, it is clear that since the differences among the parties are unknown to them, and everyone is equally rational and similarly situated, each is convinced by the same arguments"（p. 120）. H

---

① 罗尔斯之所以否定初始位置假设是一种全民大会的可能性，是因为那样的大会肯定会有讨论、商谈、交流和表决的环节，就难以避免人际之间的知情，由此形成的共同决议，不是初始协议、不是罗尔斯设计初始位置想要的结果。因此，为了保证无知之幕的有效性，"初始位置"假设不是哈贝马斯提倡的充分的民主协商程序，而是前民主协商程序。参与各方进行的是一场有关正义观念的猜谜游戏，在相同前提下，他们都猜中了相同的结果，它就是公平正义。

本:"首先,清楚的是,由于各方的差别不为他们所知,每个人都是同等理智且境况相似的,每个人都是被同样的论证所说服的"(第107页)。**新解**:"刚开始,明显的一点是,因为在各方中间存在的差异是未知的,每个人都是同样理性的且处境相似的,每个人都被同样的论点所说服。"

【诠释】

有人可能反驳说,无知之幕的如此条件是不合理的。有人确实会表示异议道,人们应该根据所有可用知识来选择原则。对这一论点可以有各种不同的回答。本人将在此略述强调简化处理(simplifications)的答复,如果个体要想有一个理论的话,如此简化处理是必不可少的(本人将在第40节给出关于初始位置的康德式诠释)。刚开始,明显的一点是,因为在各方中间存在的差异是未知的,每个人都是同样理性的且处境相似的,每个人都被同样的论点所说服。所以,我们可以从随机选取者的角度来看待处在初始位置上所达成的协议。如果个体在经过适当反思(自反)之后,较为喜爱这个正义观念而非另一正义观念,那么他们都会这样做,并且可以达成全体同意的协议。为了使情况更加生动一些,我们不妨这样想象,各方需要通过仲裁者作为中间人进行相互沟通,他要宣布已经提出哪些备选项(可供选择的正义观念或正义原则)以及支持它们的理由。他禁止结盟企图,并在各方达成谅解后告知他们。不过,假如各方的慎思活动(deliberations)必定是相似的,那么这个仲裁者实际上是多余的。

【原文】 §24-7-pp.120-121

【评析】

1. 原文:"**No one is in a position to tailor principles to his advantage**"(p.121)。H本:"没有人能够修改原则以特别适合他们自己的利益"(第108页)。**新解**:"没人处在剪裁原则以迎合自身优势和利益的某个位置上。"

2. 原文:"**We might imagine that one of the contractees threatens to hold out unless the others agree to principles favorable to him**"(p.121)。H本:"我们可以想象有一个立约者做出威胁,除非其他人同意有利于他的原则,否则他拒不签约"(第108页)。**新解**:"我们可以想象,除非其他立约人都同意对他有利的原则,否则该立约人拒绝同意那样的原则。"

3. 原文:"**The same holds for the formation of coalitions**"(p.121)。

H本:"这同样适用于结盟的过程"(第108页)。新解:"各种联盟的形成也是如此"。

4. 原文:"If a group were to decide to band together to the disadvantage of the others, they would not know how to favor themselves in the choice of principles"(p. 121)。H本:"如果一个集体决定要联合起来造成对他人的不利情况,他们也不会知道怎样在选择原则中使自己有利"(第108页)。新解:"如果一帮人决定联合起来,使其他人处于劣势,他们也不知道如何在原则的选择上支持自己。"

5. 原文:"They cannot identify themselves either by name or description"(p. 121)。H本:"他们不可能通过特定名称或描述来鉴定他们自己"(第108页)。新解:"他们不能通过命名或摹状词来表明自己的身份。"

6. 原文:"Whatever a person's temporal position, each is forced to choose for all"(p. 121)。H本:"不管一个人的时间地位怎样,他都不能不为所有人选择"(第108页)。新解:"无论一个人处于什么样的时间区位,他都被迫为所有人做出选择。"

【诠释】

因此,随之而来的非常重要的后果是,各方没有通常意义的谈判基础。没人知道自己的社会处境,也没人知道自己的自然资质(先天禀赋),因此没人处在剪裁原则以迎合自身优势和利益的某个位置上。我们可以想象,除非其他立约人都同意对自己有利的原则,否则该立约人拒绝同意那样的原则。但是,他怎么知道哪些原则特别符合他的利益呢?各种联盟的形成也是如此:如果一帮人决定联合起来,使其他人处于劣势,他们也不知道如何在原则的选择上支持自己。即使他们能让每个人都同意自己的建议,他们也不能保证这对自己是有利的,因为他们不能通过命名或摹状词①来表明自己的身份。使得这个结论不成立的还有一个例子是储蓄。由于处在初始位置上的人知道他们是同时代人(以当下诠释时间为准),他们可以通过拒绝为其后代做任何牺牲来支持自己这一代人;他们只承认这样的原则:谁都没有义务为后代储蓄。前面世代可能有储蓄,也可能没有储蓄;现在各方对此无能为力。因此,在这种情况下,无知之幕无法确保预期的结果。于是,为了解决代际正义问题,我修改了动机假设,并添加了进一步的约束条款(§22)。通过这些调整,任何一代人都无法制定特

---

① name or description,弗雷格、罗素、塞尔、达米特等人对此有专门研究。

定地旨在推进自身事业的原则，并且可以得出针对储蓄原则的一些重大限制（§44）。无论一个人处于什么样的时间区位（temporal position），他都被迫为所有人做出选择。①②

【原文】§24 - 8 - p. 121

【评析】

1. 原文："The restrictions on particular information in the original position are, then, of fundamental importance"（p. 121）。H本："这样，对原初状态的有关特殊信息的限制就具有基本的意义"（第108页）。新解："因此，针对处于初始位置上的特定信息，约束条款具有根本重要性。"

2. 原文："We would have to be content with a vague formula stating that justice is what would be agreed to without being able to say much, if anything, about the substance of the agreement itself"（p. 121）。H本："我们将必须满足于一个含糊的公式化的陈述，说正义是将被一致同意的东西，而不能够对这一契约本身的实质说更多的东西（如果有的话）"（第108页）。新解："我们将不得不满足于一个含糊不清的公式，即正义是将要达成的协议，而不能对协议本身的实质内容说得太多（如果有的话）。"

3. 原文："The bargaining problem"（p. 121）。H本："订立契约问题"（第108页）。新解："讨价还价问题"。

【诠释】

因此，针对处于初始位置上的特定信息，约束条款具有根本重要性。没有这些约束条款，我们将无力研发任何明确的正义理论。我们将不得不满足于一个含糊不清的公式，即正义是将要达成的协议，而不能对协议本身的实际内容说得太多（如果有的话）。正当概念的形式限制，那些直接适用于原则的限制条件，对于我们的目的来说并不充分。无知之幕使人们

---

① 卢梭：《社会契约论》第二部，第四章第5段。——原注
② 由此可见，初始位置假设是一个静态假设，它不考虑参与者的时间因素。它在空间上可以容纳任何个体，在时间上也允许包容任何个体的所有生命阶段，但是它只是一个静止的空间和时间交汇点。各方在那个交汇点上选择自己想要的原则来指导自己的生活，来安排自己的一切。

有可能一致同意地选择一种特定的正义观念。如果没有针对知识的这些限制，初始位置的讨价还价问题将极其复杂。即使在理论上存在解决方案，我们现在也无法确定它。

【原文】§24 – 9 – pp. 121 – 122

【评析】

1. 原文："**Moral deliberation**"（p. 122）. H 本："道德考虑"（第 108 页）。**新解**："**道德慎思**"。有学者也解读为"道德慎思"①。

2. 原文："**Social and personal integration must proceed by entirely different principles, the latter by rational prudence, the former by the concurrence of persons of good will**"（p. 122）. H 本："社会和个人的整合必须根据完全不同的原则进行；后者根据合理的慎思，前者根据具有善良意志的个人的联合一致"（第 109 页）。有学者把"good will"解读为"善意志"②，不很妥当。**新解**："社会整合和个人整合必须遵循完全不同的原则，前者遵循善良意志者的竞合原则，后者遵循理性审慎原则。"

3. 原文："**The right course of action**"（p. 122）. H 本："正当的行为"（第 109 页）。**新解**："正确的行动方案"。

4. 原文："**A benevolent concern for one another's interests**"（p. 122）. H 本："由一种关怀相互利益的仁爱之心"（第 109 页）。**新解**："对彼此利益的善意关切"。

【诠释】

本人认为，无知之幕概念潜在于康德伦理学之中（§40）。尽管如此，界定各方的知识问题，确定向各方开放的可选项(可能被选中的正义观念和正义原则)特征的问题，常常被人所忽略，甚至被各种契约理论所忽略。有时，用来界定道德慎思(moral deliberation)的情境，以如此不确定的方式呈现，以致人们无法确定它将如何发展。因此，培里的学说本质上是契约论的。他认为，社会整合和个人整合(social and personal integration)必须遵循完全不同的原则，前者遵循善良意志者的竞合(concurrence)原则，后者遵循理性谨慎(rational prudence)原则。他似乎反对效用论，理由与前面提到的基

---

① 罗尔斯：《罗尔斯论文全集》，陈肖生等译，第 737 页。
② 罗尔斯：《罗尔斯论文全集》，陈肖生等译，第 707 页。

本相同：即效用论不恰当地将个人选择原则推广到面向社会的各种选择。给定各方充分了解情况(充分知情)，并出于对彼此利益的善意关切而采取行动，因为这些目标将通过反思协议来制定，正确的行动方案可以规定为最佳地促进社会目标实现的方案。然而，就以某种确切方式具体说明这种协议可能产生的结果而言，还没有人做过任何努力。的确，如果人们未曾作过较为详细的论述，就无法得出结论。① 我不想在这里批评其他人；我只想解析许多有时看似互不相关的细节的必要性。

【原文】§24 – 10 – p. 122

【评析】

1. 原文："**The desired solution**"（p. 122）. H 本："可欲的结果"（第109页）。**新解**："想要的解决方案"。

2. 原文："**If a knowledge of particulars is allowed, then the outcome is biased by arbitrary contingencies**"（p. 122）. H 本："如果允许各方有对特殊事态的知识，那么结果就会被任意的偶然因素扭曲"（第109页）。**新解**："如果允许各方了解各种细节，那么结果会因任意偶然因素而产生偏差。"

3. 原文："**To each according to his threat advantage is not a principle of justice**"（p. 122）. H 本："根据威胁优势来分配不是一个正义原则"（第109页）。**新解**："对任一个体来说，通过迎合其威胁优势而制订的原则不是正义原则。" 这里并没有提到"分配"。

4. 原文："**The arbitrariness of the world must be corrected for by adjusting the circumstances of the initial contractual situation**"（p. 122）. H 本："世界的偶然性必须通过调整最初契约状态的环境来纠正"（109页）。另解："我们必须透过调整原初立约的环境，将世界的任意性改变过来。"② 短语："The arbitrariness of the world". 另解者的解读是正确的。但就整个语句来说，H 本并无大错，另解者的解读反而有问题，"将世界的任意性改变过来"之说法语气太过强硬，存在把罗尔斯正义理论解读为唯意志论正义理论的趋势，这当然不是罗尔斯本人所希望的。罗尔斯毕竟是康德的信徒，除了拥有正义感和道德能力之外，理性人具有慎审理性和深思判断是其理性人

---

① 参阅培里《价值通论》，纽约：朗曼格林出版社1926年版，第672—682页。——原注
② 周保松：《自由人的平等政治》（增订版），第17页。

性假说的基本内核。**新解**："世界的任意性，必须通过调节初始立约情境的环境加以矫正。"

5. **原文**："A genuine reconciliation of interests"（p. 122）。H 本："一种真正的利益和谐"（第 109 页）。**新解**："真正的利益和解"或"真正的利益调和"。

【诠释】

现在，赞同无知之幕的理由超出了简单性的考虑。我们想要界定初始位置，以便得到想要的解决方案。如果允许各方了解各种细节，那么结果会因任意偶然因素而产生偏差。如前所述，对任一个体来说，通过迎合其威胁优势(threat advantage) 而制订的原则不是正义原则。如果初始位置意在达成正义的协议，那么各方必须处于公平的境况当中，并作为道德人被平等地对待。世界的任意性，必须通过调节初始立约情境的环境加以矫正。此外，如果在选择原则时，即便在充分知情之下，要想取得一致同意，我们只能决定个别相当明显的情况。在这种情况下，以一致同意为基础的正义观念，确实是软弱无力的和无足轻重的。但是，一旦知识被排除在外，一致同意要求就不是不合时宜的，它能够得到满足的事实是非常重要的。我们因此可以说，为世人喜爱的正义观念，代表着真正的利益和解。

【原文】§24 - 11 - pp. 122 - 123

【评析】

1. **原文**："Complications"（p. 122）。H 本："复杂化"（第 109 页）。**新解**："一些复杂情况"。

2. **原文**："A conception of justice is to be the public basis of the terms of social cooperation"（p. 122）。H 本："一种正义观将成为社会合作条件的公共基础"（第 109 页）。**新解**："正义观念将成为社会合作条款的公开且公共的基础。"

3. **原文**："Elaborate calculations"（p. 123）。H 本："明确计算"（第 109 页）。**新解**："精心演算"。

4. **原文**："A vast array of theoretically defined possibilities"（p. 123）。H 本："众多理论上可界定的可能性"（第 109 页）。**新解**："大量理论上确定的概率"。

5. 原文："The grounds for a public conception of justice should be evident to everyone"（p. 123）。H 本："一种正义的公共观念的根据应当对所有人都是明显的"（第 109—110 页）。**新解**："每个人都应该清楚地看到了解赞同一个公开且公共的正义观念的理由。"

【诠释】

总而言之，本人假定，在很大程度上，当事双方拥有所有的一般信息。他们可以了解任何一般事实。我提出如此假设，主要是为了避免一些复杂情况。然而，正义观念将成为社会合作条款的公开且公共的基础。因为共同理解对原则的复杂性必然有所限定，所以在初始位置上对于使用理论知识也可能有所限制。现在，对各种一般事实的复杂性进行分类和分级显然是极其困难的。我不打算这样做。然而，当我们遇到复杂的理论结构时，我们就得承认它。因此，如下说法看似有理：在其他条件相同的情况下，当它以显著地更加简单的一般事实为依据，并且选中它并不取决于根据大量理论上确定的概率进行的精心演算时，一个正义观念优先于另一个正义观念。以下说法是讲得通的：只要环境允许(条件许可)，每个人都应该清楚地了解赞同一个公开且公共的正义观念的理由。本人认为，这种考虑有利于人们接受两个正义原则，而不接受效用准则。

§25 各方秉持的理性
The Rationality of the Parties

【题解】

处在初始位置之上，站在无知之幕之下，尝试筛选正义原则和正义观念的各方都是理性的。罗尔斯提出一种"互不关切的理性"（mutually disinterested rationality）假设。① 这里的"理性"有较多的科学含义或工具

---

① 有学者表示："虽然'相互冷淡'假设确实留存有社会契约论的人性自利说的印痕，但罗尔斯对之的解释，尤其是他将相互冷淡与善的多元性之间等同，不仅在相当程度上拒绝了利己主义的指控，而且最终指示了一种他希望建构的自尊与互尊的伦理学。这一伦理学不仅使得正义与仁慈有可能在一个更高的层面上得以结合，而且构成了对康德目的王国的独特阐释。"孙小玲："互尊和自尊的伦理学——从罗尔斯的'相互冷淡'谈起"，《复旦学报》2012 年第 1 期。

含义，较少的伦理含义。它与社会基本善的获得方法有着密切联系，首先保证各方的利益不受损害。因此，这种理性就是个体获取自身权利和利益的能力。

【原文】§25-1-p.123

【评析】

1. 原文："How, then, can they decide which conceptions of justice are most to their advantage? Or must we suppose that they are reduced to mere guessing?"（p.123）。H本："那么他们怎么能确定哪一种正义观最切合他们的利益呢？抑或我们必须假设他们仅仅凭着猜测来判断？"（第110页）。新解："那么，他们如何才能确定哪些正义观念对自己是最为有利的呢？或者，我们是否必须假定，他们只能对此做些猜测而已呢？"

2. 原文："But from the standpoint of the original position, it is rational for the parties to suppose that they do want a larger share, since in any case they are not compelled to accept more if they do not wish to"（p.123）。H本："但从原初状态的立场来看，以下假设对各方来说都是合理的：即他们都想要较大的份额，因为，在任何情况下，只要他们不愿意，都不会强迫他们接受较多的一份"（第110页）。新解："但是从初始位置的立场来看，各方有理由认为，自己确实想要得到更大的份额，因为在任何情况下，假如各方不想要更大的份额，那么谁都不会强求他们接受那样的份额。"这里的假定是，各方都想要获得更大的份额，但是除非各方自己争取，否则他们不可能得到这个较大的份额。初始位置假设提供了能够展开平等自由的竞争和分配的平台。它不能保证各方利益最大化，但可以保证不让各方利益最小化。

3. 原文："Deliberations"（p.123）。H本："考虑"（第110页）。新解："审议活动"。它一般解读为"慎思"，这里解读为"审议活动"。

【诠释】

本人始终假定，处在初始位置上的人是理性的。不过本人也假定，他们不知道自己的善观念（他们不知道自己究竟想要哪些好东西）。这意味着，虽然他们知道自己持有理性的人生规划，但是他们不知道这个规划的细节，他们不知道这个规划想要追求的特定目的和利益。那么，他们如何才能确定哪些正义观念对自己是最为有利的呢？或者，我们是否务必假定，他们只能对此做些推测而已呢？为了解决这个难题，我推定，他们接受前一章提到的关于善的描述：他们断定自己通常喜欢更多而不是更少的基本社会善。当然，事实证明，在无知之幕揭开之后，其中一些人，出于宗教原因或其他原因，可能并不想要较多的基本社会善。但是从初始位置的立场来看，各方有理由认为，自己确实想要得到更大的份额，因为在任何情况下，假如各方不想要更大的份额，那么谁都不会强求他们接受那样的份额。因此，尽管各方被剥夺了有关其特定目的的信息，但是他们有足够知识来对可选项（可供选择的正义原则）进行排序。他们知道，总的来说，他们必须努力保护自己的自由，扩大自己的机会，增强自己的手段，促进自己的目标，无论这些目标是什么。在善理论和道德心理学一般事实的指导下，他们的审议活动（deliberations）不再是猜测。他们可以做出通常意义上的理性决定。

【原文】§25-2-pp.123-124

【评析】

1. 原文："**The concept of rationality**"（p.123）。H本："合理性（rationality）的概念"（第110页）。**新解**："理性概念"。

2. 原文："**He is not ready to accept a loss for himself if only others have less as well**"（p.124）。H本："他并不是只要他人能受损失，就乐于自己也接受损失"（第111页）。**新解**："他并非只要别人得到更少一点，就愿意让自己也受点损失。"

3. 原文："**A larger index of primary social goods**"（p.124）。H本："较高指标的基本社会善"（第111页）。**新解**："较大的基本社会善指数"。

4. 原文："**The result of letting chance work itself out for no compensating social purpose**"（p.124）。H本："听任结果由机会去自发形成而没有任何社会补偿"（第111页）。**新解**："听任机会自行其道而对社会目标没有任何补偿的结果。"

【诠释】

除了一个本质特征之外，这里提及的理性概念是在社会理论中大家熟悉的标准理性概念。① 因此，按照通常的方式，理性人被认为对向他开放的选项(options)有一组融贯的偏好。他根据这些选项对其目标的促进程度来对它们进行排序；他遵循的计划将满足自己的较多欲望，而非较少欲望，并且实施该计划有着有较大的成功机会。我提出的特定假设是，理性人不受嫉妒(envy)之累。他并非只要别人得到更少一点，就愿意让自己也受点损失。他并不因得知或感知他人拥有较大的基本社会善指数而垂头丧气。或者至少是，只要他和他人之间的差异没有超过一定的限度，只要他不相信现有不平等是建立在不公正之上的，或者，只要他不相信现有不平等是听任机会自行其道而对社会目标没有任何补偿的结果，他就不会感到懊恼（§80）。

【原文】§25 – 3 – p. 124

【评析】

1. 原文："They are not liable to various other feelings such as shame and humiliation"（p. 124）。H本："他们不倾向于各种别的情感，如羞耻和屈辱感"（第111页）。**新解**："他们不易受到诸如羞耻和屈辱之类其他感受的影响。"

2. 原文："Certainly men are afflicted with these feelings"（p. 124）。H本："人们肯定会受这些妒忌情感影响的"（第111页）。**新解**："人们当然厌恶这些感觉"。

【诠释】

断定各方不为嫉妒所动的假设引发了一些问题。也许，我们还应该

---

① 关于理性（rationality）概念，参阅《正义论》前面提到过的森和阿罗的论著（第23节注9）。李特尔（I. M. D. Little）在其著作中也有涉及。参阅李特尔《福利经济学评述》，牛津：克莱伦顿出版社1957年版，第二章。有关不确定的理性选择，参阅本书第26节注18。西蒙（H. A. Simon）在其论文中讨论了各种古典理性观念的局限性，并提出需要一种较为务实的理性理论。参阅西蒙"理性选择的行为模型"，《经济学季刊》1955年第69卷；同时参阅西蒙《经济学理论概论》第3卷，伦敦：麦克米兰公司1967年版。关于这方面的哲学讨论，参阅唐纳德·戴维森（Donald Davidson）"行动、理性和原因"，《哲学杂志》1963年第60卷；亨佩尔（C. G. Hempel）：《科学解析面面观》，纽约：自由出版社1965年版，第463—468页；乔纳森·贝尼特（Jonathan Bennett）：《理性》，伦敦：劳特利奇和基根—保罗出版社1964年版；马博特（J. D. Mabbott）："理性与欲望"，《哲学》1953年第28卷。——原注

假设，他们不易受到诸如羞耻和屈辱之类其他感受的影响（§67）。一个令人满意的正义观念终将处理这些复杂问题，不过现在我把它们暂搁一旁。针对我们的程序提出的另一个反对意见是，它过于脱离现实。人们当然厌恶这些感觉(指前面提到的嫉妒、羞耻、沮丧和懊恼)。一个正义观念怎能忽视这一事实呢？本人将通过把正义原则的论证分成两部分来解决这个问题。在第一部分，我们假定嫉妒并不存在，据此导出正义原则；在第二部分，我们将考虑，从人类生活环境来看，提出的这个正义观念可行与否。

【原文】 §25 – 4 – pp. 124 – 125

【评析】

1. **原文**："It is collectively disadvantageous"（p. 124）. H 本："它是使集体不利的"（第 111 页）。**新解**："嫉妒对谁都没有好处"。

2. **原文**："Men should think of themselves as having their own plan of life which is sufficient for itself"（pp. 124 – 125）. H 本："他们有他们自己的、足以自为的生活计划"（第 111 页）。**新解**："人们以为每个人有自己的生活计划，而这种生活本身就已经足够。"

3. **原文**："They have a secure sense of their own worth"（p. 125）. H 本："他们对他们自己的价值有一种牢固的自信"（第 111 页）。**新解**："他们确信自己是有价值的。"

【诠释】

支持这一程序的理由是，嫉妒将使每个人的境况变得更糟。从这个意义上说，嫉妒对谁都没有好处。假定不存在嫉妒，这等于假定，在选择原则时，人们以为每个人有自己的生活计划，而这种生活本身就已经足够。他们确信自己是有价值的，所以，即使别人没有更多手段来推进他们的目标，他们也不想放弃自己的任何目标。本人将在这一约定之上提出正义观念，看看会发生什么。稍后，我将试图表明，当被采纳的原则付诸实践时，它们会导致某些社会安排，在这些安排中，不太可能引发强烈的嫉妒和其他破坏性感觉。这种正义观念排除了产生破坏性态度的条件。因此，它本质上是稳定的（§§80—81）。

第三章 初始位置 501

【原文】§25 – 5 – p. 125

【评析】

"互不关切的理性"让个体做最好的自己，不强调相互竞争，但主张自我努力，把个体的自我利益极大化。

1. 原文："**Mutually disinterested rationality**"（p. 125）。单词"disinterested"包含"客观的；无私的；公正的；无兴趣的；不关心的；冷漠的"等含义。但在这里，这个词组解读为"相互公正的合理性"则是错误的。①罗尔斯假定，处于初始位置上的人，首先具备的不是"相互公正的合理性"，而是让自己利益和优势得到极大化的理性。他们是自利者，而不是"相互公正"或"大公无私"的人。他们不一定关心他人利益或公共利益，却非常关心自身利益，"试图为自己赢得社会基本善的最高指数"（p. 125）。那些"社会基本善"是个体自己想要得到的。他们可以互不计较，互不中伤，互不攀比，杜绝妒贤嫉能。他们想要做最好的自己，为自己谋取最大的利益。这样的人怎么可能一开始就具备"相互公正的理性"呢？罗尔斯认为，处于初始位置上的个体的这种自利心理或利己要求，既是非常重要的，也是无可厚非的。公平正义并不排斥人的基本自利心理或渴望。这是《正义论》的重要人性假定。在这一点上，罗尔斯与许多古典效用论者是一样的。不同的只是如何以制度来保证，个体追求自身利益不至于伤害彼此利益。罗尔斯认为，效用论只是保证社会效用或社会福利总量的极大化，却不关心社会效用或社会福利总量的均等化，尤其在分配社会权益时向弱势群体倾斜。公平正义将为后一种做法提供论证。H 本："相互冷淡的理性"（第 111 页）。**新解**："**互不关切的理性**"。

需要指出的是，"互不关切的理性"只是假设。一旦回到现实世界，人们当然是关心彼此的。罗尔斯否认现实的人是自利者，他也否认公平正义理论是自利正义理论。关于后者，罗尔斯在后文有具体的说明。罗尔斯提出这个人性假说，只是为了推导出公平正义及其原则能够被那样的人所选中。

2. 原文："**The highest index of primary social goods**"（p. 125）。H本："最高指标的基本社会善"（第 111 页）。**新解**："**最高的基本社会善**

---

① 王炜："基本善与能力——努斯鲍姆对罗尔斯的误读及其理论困境"，《哲学研究》2020年第 10 期。

指数"。

3. 原文："To promote their conception of the good"（p. 125）. H 本："推进他们的善的观念"（第 111 页）. 新解："提升他们的善观念"。

4. 原文："The parties do not seek to confer benefits or to impose injuries on one another; they are not moved by affection or rancor"（p. 125）. H 本："各方既不想赠送利益也不想损害他人，他们不受热爱或宿怨的推动"（第 111 页）. 新解："各方既不寻求彼此利益，也不图谋彼此伤害；他们视爱恨情仇若浮云，不为它们所动。"

5. 原文："Nor do they try to gain relative to each other; they are not envious or vain"（p. 125）. H 本："他们也不寻求相互亲密，既不妒忌也不虚荣"（第 111 页）. 新解："他们既不争强好胜，也不嫉贤妒能，更不自命不凡。"

6. 原文："They do not wish a high or a low score for their opponents, nor do they seek to maximize or minimize the difference between their successes and those of others"（p. 125）. H 本："（他们）并不去希望他们的对手的一个高或低的得分，也不寻求最大限度地增加或减少自己的成功与别人的成功之间的差距"（第 111—112 页）. 新解："他们既不希望对手得到高分或低分，也不寻求极大化或极小化本人成绩和他人成绩之间的差距。"这里的"successes"要解读为"成绩"而非"成功"。

【诠释】

于是，互不关切的理性（mutually disinterested rationality）假设断定：处于初始位置上的人，试图承认尽可能推进其持有的那一组目标的原则。他们这样做是试图为自己赢得最高的基本社会善指数，因为这将使他们最有效地提升自身的善观念，无论这个善指的是什么。各方既不寻求彼此利益，也不图谋彼此伤害；他们视爱恨情仇若浮云，不为它们所动。他们既不争强好胜，也不嫉贤妒能，更不自命不凡。用竞技比赛的行话来说，他们力争上游，努力争取尽可能高的绝对得分（尽量做最好的自己，把自己能力、优势和利益极大化）。他们既不希望对手得到高分或低分，也不寻求极大化或极小化本人成绩和他人成绩之间的差距。比赛（博弈）理念在此并不真正适用，因为根据各自持有的系列目标来判断，各方关心的不是赢得比赛，而是取得尽可能多的得分。

【原文】§25 – 6 – pp. 125 – 126

【评析】

1. 原文："**This condition is to insure the integrity of the agreement made in the original position**"（p. 125）。H 本："这一假设是为了保证在原初状态中所达到的契约的整体性"（第 112 页）。**新解："这个条件旨在确保在初始位置上所订立协议的完备性。"** "契约或协议的完备性"（integrity of the agreement）是德沃金在《原则问题》第五章中探讨的一个重要法理学问题。

2. 原文："**In their deliberations**"（p. 125）。H 本："在他们的考虑中"（第 112 页）。**新解："在其审议活动中"**。因为订立契约不是单方面的事情，需要经过双方或多方的不断商议，这里的"deliberations"意指"反复协商、审议"。H 本将它解读为"考虑"，则不很确切。

3. 原文："**Rely on each other**"（p. 125）。H 本："互相信赖"（第 112 页）。**新解："仰赖彼此"**。

4. 原文："**The parties can depend on one another to conform to them**"（p. 125）。H 本："各方就能相互信任地遵循它们"（第 112 页）。**新解："各方就可以依靠彼此，遵守这些原则。"** 我们平时讲，"立法为大家，执法为大家，守法靠大家"。这里的"depend on one another to conform to them"就有"遵守原则靠大家"的意思。H 本解读为"相互信任地遵循它们"，还是不够确切。

5. 原文："**The general facts of human psychology and the principles of moral learning**"（p. 125）。H 本："人类心理学的普遍事实和道德学习的原则"（第 112 页）。**新解："人类心理学的一般事实和道德学习原理"**。在同一个段落中，H 本给予"The general facts"两种解读："普遍事实"和"一般事实"，笔者认为，后一种解读更加恰当些。

6. 原文："**Stability**"（p. 125）。正义的稳定性问题是罗尔斯正义理论讨论的重要话题。H 本把"stability"（稳定性）解读为"稳固性"（第 112 页），显然没有认识到这一问题在《正义论》中的核心地位。

7. 原文："**The strains of commitment**"（p. 126）。H 本："承诺的强度"（第 112 页）。H 本正好把意思解读反了。**新解："承诺的压力"**。它表示在承诺重压之下而引发的问题。

8. 原文："**The consequences of their agreement are to be worked out**

on this basis"（p. 126）。H 本："他们的契约的结论将在这一基础上做出"（第 112 页）。由于 H 本把"The consequences of their agreement"解读为"他们的契约的结论"，而其正解是"他们的契约的后果"，H 本误解了这个语句。后果是可以"被估算的"，但是不可以"被做出的"。因此，**新解**："他们订立协议的后果将以此为基础予以估算。"

【诠释】

还存在保证严格遵守(strict compliance) 的另一个假定。我们假定，各方具备拥有正义感的能力，这一事实在他们中间是众所周知的。这个条件旨在确保在初始位置上所订立协议的完备性(integrity)。这并不意味着，各方在其审议活动中(in their deliberations) 适用某些特定的正义观念，因为这将与动机假设相矛盾。相反，这意味着，各方可以仰赖彼此去理解最终商定的原则，并按照那些原则行事，而不管那些原则讲的是什么。一旦原则得到承认，各方就可以依靠彼此，遵守这些原则。因此，在达成协议时，他们知道自己的承诺并非徒劳：他们持有的正义感能力，确保被选中的原则将受到尊重。然而，必须指出的是，这一假设仍然允许考虑人们按照各种正义观念去做事的能力。① 人类心理学的一般事实和道德学习原理，是各方需要考察的问题。假如某个正义观念不能产生自我支持，或缺乏稳定性，这一事实不应当被忽视。因为那样的话，不同的正义观念可能是更加可取的。这一假设只是说，各方具有纯粹形式意义的匡扶正义能力：考虑到一切相关因素，包括道德心理的一般事实，各方将坚持最终选中的原则。他们是理性的，因为他们不会签订自知无法遵守或只能勉为其难地遵守的协议。除了其他考虑因素，他们还计算了承诺的压力（§29）。因此，在评估各种正义观念时，处于初始位置的人必须假定，他们所采用的正义观念，将是得到严格遵守的正义观念。他们订立协议的后果将以此为基础予以估算。

【原文】§25 – 7 – p. 126

【评析】

1. **原文**："With the preceding remarks about rationality and motivation of the parties"（p. 126）。H 本："通过前面对各方的理性和动

---

① 罗尔斯的意思是，即使人们同意了一种公开且公共的正义观念，但是在实践上，人们还是会遵循不同的正义观念去做事。

机的评论"（第 111 页）。**新解**："与前面有关各方之理性与动机的评述一起"。因为在前面的段落中，罗尔斯既在评述各方的理性与动机，也在描述初始位置。

2. 原文："**The description of the original position is for the most part complete**"（p. 126）。H 本："原初状态的描述便在大多数方面完成了"（第 112 页）。这里的"complete"要做形容词"完整的"而不是动词"完成"解读。如果那个语句要像 H 本那样解读，那么其原文应当是："The description of the original position is for the most part completed."

【诠释】

与前面有关各方之理性与动机的评述一起，关于初始位置的描述多半是完整的。我们可以用有关初始场景诸因素及其变式的下列清单来总结这一描述（星号表示构成初始位置的诠释）。

【原文】§25 – 8 – pp. 126 – 127

【评析】

1. 原文："**Family heads, or genetic lines**"（p. 126）。H 本："家长或遗传链"（第 112 页）。**新解**："家族首领或遗传系"。
2. 原文："**Rules of corporate associations**"（p. 126）。H 本："社群团体的规范"（第 113 页）。**新解**："合作往来的规则"。
3. 原文："**Presentation of alternatives**"（p. 126）。H 本："选择对象的提出"（第 113 页）。**新解**："可选正义观念的展示"。
4. 原文："**Shorter（or longer）list**"（p. 126）。H 本："较短（或较长）的清单"（第 113 页）。**新解**："短（或长）清单"。
5. 原文："**Generality, universality, publicity, ordering, and finality**"（p. 126）。H 本："一般性、普遍性、公共性、有序性和终极性"（第 113 页）。**新解**："一般性、普遍性、公开性、次序性和终极性"。
6. 原文："**Less publicity**"（p. 126）。H 本："较少的公共性"（第 113 页）。**新解**："较少的公开性"。

【诠释】

1. 各方的性质（§22）
*a. 连续(繁衍下来)的人们（家族首领或遗传系）

b. 单一个体
　　c. 联合体（国家、教会或其他联合体）
2. 正义的主体（§2）
 *a. 社会的基本结构
　　b. 合作往来的规则
　　c. 国际法
3. 可选正义观念的展示（§21）
 *a. 短（或长）清单
　　b. 各种可能性的一般特征
4. 进入的时间（§24）
 *a. 适用健在者的任何时间（在正常年龄段）
　　b. 同时适用所有实在的人（有时还健在者）
　　c. 同时适用所有可能的人
5. 正义的环境（§22）
 *a. 休谟的适度匮乏条件
　　b. 加上其他极端条件
6. 原则的形式条件（§23）
 *a. 一般性、普遍性、公开性、次序性和终极性
　　b. 对上面条件的修正，比方说，较少的公开性
7. 知识和信仰（§24）
 *a. 无知之幕
　　b. 充分信息(充分知情)
　　c. 部分知识(部分知情)
8. 当事双方的部分知识动机（§25）
 *a. 互不关切（有限利他主义）
　　b. 社会团结和善良意志的因素
　　c. 完全利他主义
9. 理性（§25，§28）
 *a. 用统一预期和客观概率解释来采取有效手段并达到目的
　　b. 同上，但没有统一预期，并使用不充足理由原则
10. 合意的条件（§24）
 *a. 永远的一致同意
　　b. 有限时间内多数人或任何其他范围的同意
11. 遵守的情形（§25）

＊a. 严格遵守

　　b. 不同程度的部分遵守

12. 没有达成合意的观点（§23）

　　＊a. 一般自利论

　　b. 自然状态

【原文】§25 – 9 – p. 127

【评析】

　　1. 原文："The grounds for their consent are set out by the description of the contractual situation and their preference for primary goods"（p. 127）. H本："他们同意的理由是通过对契约状态和他们对基本善的选择的描述来表述的"（第114页）. 新解："他们达成同意的理由，通过对契约情境的描述以及他们对基本善的偏好来阐明。"

　　2. 原文："Our deliberations and judgments are influenced by our special inclinations and attitudes"（p. 127）. H本："我们的思考和判断要受到我们的特殊倾向和态度的影响"（第114页）. 新解："我们的审议活动和判断活动受到我们的特殊倾向和态度的影响。"

　　3. 原文："None of this affects the contention that in the original position rational persons so characterized would make a certain decision"（p. 127）. H本："这决不影响到下述论点：即在原初状态中，被如此确定其特征的有理性的人们将做出某个确定的决定"（第114页）. 新解："这影响不了以下约定：处在初始位置上且受到如此限定的理性人将做出某个决定。"

【诠释】

　　我们现在可以转向讨论原则的筛选。不过，我要先提一下需要避免的几点误解。首先，我们必须记住，处在初始位置上的各方，在理论上是明确的个体。他们达成同意的理由，通过对契约情境的描述以及他们对基本善的偏好来阐明。因此，说正义原则将被采纳，就是说这些人将决定，以我们的叙述所描述的方式将如何打动他们。当然，当我们试图在日常生活中模拟初始位置时，也就是说，当我们试图按照道德论证的约束条款进行道德论证时，我们大概会发现，我们的审议活动和判断活动受到我们的特殊倾向和态度的影响。当然，想要纠正我们在努力坚持这种理想化情况下的各种好恶，那将是困难的。但是，这影响不了以下约定：处在初始位置上且受到如此限定的理性人将做出某个决定。这个命题属于正义理论。至于人们在规制其实践推理时担当如此角色能有多好，则是另一个问题。

【原文】 §25 – 10 – pp. 127 – 128

【评析】

罗尔斯在这里表示，公平正义既是一种自利论，又超越了自利论。因为持有如此正义观念的个体既关心自己的善，也关心他人的善。罗尔斯区分了两种情景，一是为了确立正义原则而设置的初始位置假设，它确定每个人都是自利的不关心他人的。二是日常现实中的个体的真实状态，它明确每个人是关心彼此利益的。因此他说："显然，两个正义原则、职责和自然义务原则要求我们，要考虑别人的权利和诉求。"公平正义是一种"先己后人"假设，是孟德维尔提出的追求私利而造就公益假说的另一个版本，一种谋己利兼善他者的假说。

1. 原文："**The rights and claims of others**"（p. 128）. H 本："别人的权利和要求"（第 114 页）。**新解**："别人的权利和诉求"。

2. 原文："**The sense of justice is a normally effective desire to comply with these restrictions**"（p. 128）. H 本："正义感就是一种通常有效的服从这些约束的愿望"（第 114 页）。**新解**："正义感是意欲遵守这些约束条款的一个通常有效的愿望。"

3. 原文："**Via its effects on the agreement on principles**"（p. 128）. H 本："通过其对有关原则的契约的效果"（第 115 页）。**新解**："借助其同意原则的效应"。

【诠释】

既然假定处于初始位置的人对彼此利益互不关切（尽管他们可能关心第三方），那么由此可以断定，公平正义本身是一种自利理论。当然，它不是前面提到的自利论的三种形式之一。不过有人可能认为，正像叔本华断定康德学说那样，它仍然是自利论的。① 这是一个误解。因为在初始位置上的各方被定性为互不关切彼此，这一事实并不意味着，在日常生活

---

① 参阅叔本华（Schopenhauer）《伦理学基础》（1840 年），佩恩（E. F. J. Payne）译，纽约：自由艺术出版社 1965 年版，第 89—92 页。——原注

中，或者在良序社会中，持有将要同意的原则的人同样互不关心彼此。显然，两个正义原则、职责和自然义务原则要求我们，要考虑别人的权利和诉求。正义感是意欲遵守这些约束条款的一个通常有效的愿望。不能把处于初始位置上的人的动机与日常生活中接受正义原则并具有相应正义感的人的动机混淆起来。在实际事务中，任一个体确实了解自己的处境，只要他愿意，他就可以利用各种偶然因素或偶发事项（contingencies）为自己谋利。如果他的正义感促使他按照初始位置所采纳的正当原则行事，那么他的愿望和目标肯定不是唯我论的（egoistic）。他自愿接受这种道德观点解释所表达的各种限制。因此，一般而言，处于初始位置上各方的动机，不能直接决定在正义社会中人民（people）的动机。因为在后一种情况下，我们假设，按照两个正义原则的要求，正义社会的成员在正义的基本结构下成长和生活；然后，我们试图弄清楚，人民将获得什么样的善观念和道德情操观念（第八章）。因此，各方互不关切（mutual disinterestedness）只能间接地——亦即借助其同意原则的效应——决定其他动机。正是这些原则，加上一些心理学法则（这些法则在正义制度条件下起作用），塑造着良序社会公民的目标和道德情操。

【原文】§25-11-pp.128-129

【评析】

1. 原文："Are to some degree at least moved by benevolence, or an interest in one another's interests"（p.128）。H本："至少在某种程度上受到慈善或对相互利益的某种关心的推动"（第115页）。新解："至少在某种程度上被仁慈或对彼此利益的关切所打动。"

2. 原文："Perry, as I mentioned before, thinks of the right standards and decisions as those promoting the ends reached by reflective agreement under circumstances making for impartiality and good will"（p.128）。H本："如前所述，培里认为：正当的标准和决定是那些促进由反思的契约在倾向于公平和善良意志的环境下所达到的目的的标准和决定"（第115页）。新解："正如我前面提到的那样，培里认为，正确的标准和决定，旨在促进在营造出公道和善意氛围的环境下通过反思协议达成的目标。"

3. 原文："Not only are the complications caused by so much information insurmountable, but the motivational assumption requires clarification"（p.129）。H本："不仅这种由如此多信息所引起的复杂性

是无法克服的，而且对善良动机的假设也需要澄清"（第 115 页）。**新解**："不仅由如此多信息导致的各种难题难以解决，而且动机假设也需要澄清。"

【诠释】

我们一旦考虑任一契约理论的这一观念，就会情不自禁地认为，除非各方至少在某种程度上被仁慈或对彼此利益的关切所打动，否则产生不了我们想要的原则。正如我前面提到的那样，培里认为，正确的标准和决定，旨在促进在营造出公道和善意氛围的环境下通过反思协议达成的目标。现在，互不关切和无知之幕相结合，达到了与仁慈几乎相同的目标。因为这种条件的结合迫使每个处于初始位置的人都要考虑他人利益。在公平正义中，善良意志的效应由若干条件的共同作用而产生。以为公平正义是一种自利的正义观念，这是一个错觉，萌发于只看到初始位置众多要素中的一个要素。此外，与仁慈加知识（相互关切和彼此知情或知根知底）假设相比，这一对假设（互不关切和无知之幕）有着巨大优势。正如我曾提到的那样，前者如此复杂，以至于根本无法得出具体的理论。不仅由如此多信息导致的各种难题（complications）难以解决，而且动机假设也需要澄清。比如，仁慈愿望（benevolent desires）的相对强度是多少？简而言之，互不关切和无知之幕相结合既有简单明了的优点，同时又能确保在道德上一见倾心的假设效应（罗尔斯讨论了互不关切和无知之幕假设的方法论优点）。

【原文】 §25 - 12 - pp. 129 - 130

【评析】

1. 原文："**Those born on a sunny day might be blessed with a happy temperament, and for some positions of authority this might be a qualifying attribute**"（p. 129）. H 本："那些在晴天出生的人可能幸运地具有一种幸福的脾性，对于某些权力地位来说这可能是一种有资格的气质"（第 115 页）。**新解**："那些在阳光明媚的日子里出生的人，可能会有一种快乐的气质，对于一些权威位置来说，这可能是一种合格的特质。"

2. 原文："**But such distinctions would never be proposed in first principles, for these must have some rational connection with the advancement of human interests broadly defined**"（p. 129）. H 本："但这差别决不会在首批原则中提出，因为首批原则必须跟广泛的人类利益的推进有

某种合理联系"（第115—116页）。**新解**："但是诸如此类的区分绝不会在首要原则中提出，因为首要原则必须与促进广义的人类利益有某种合理联系。"

3. **原文**："**The rationality of the parties**"（p. 129）。H本："**各方推理的合理性**"（第116页）。**新解**："**各方的理性**"。这里的"理性"不是推理意义的，而是一般意义的。

4. **原文**："**They are not moral conceptions at all, but simply means of suppression**"（pp. 129 - 130）。H本："**这些理论决非道德的观念，而只是意味着压制**"（第一版，第149页）。**新解**："**它们根本不是什么道德观念，而只是压制的手段。**"H本第一版显然把"means of suppression"误读成"意味着压制"，好在修订版改了过来，正确地解读为"压制的手段"（第116页）。

【诠释】

最后，如果各方向自己提出建议，那么他们就不会提出无意义的或武断的原则。例如，没人要求应给予身高恰好六英尺或出生在阳光明媚之日的人以特权；没人提出基本权利应取决于肤色或发色的原则。谁都不知道这样的原则是否对自己有利。此外，每一项这样的原则都是对个人行动自由的限制，然而，人们不会无缘无故地接受诸如此类的限制。当然，我们可以想象这些特征在什么特殊情况下是相关的。那些在阳光明媚的日子里出生的人，可能会有一种快乐的气质，对于一些权威位置来说，这可能是一种合格的特质。但是，诸如此类的区分绝不会在首要原则中提出，因为首要原则必须与促进广义的人类利益有某种合理联系。各方的理性及其在初始位置上的处境，保证了伦理原则和正义观念具有如此一般的内容。① 因此，不可避免的是，种族歧视和性别歧视的前提是，有些人在社会系统中占据着有利位置（favored place in the social system），他们愿意利用这些优势。从同样处于公平的初始场景的人的立场来看，这种明目张胆的种族主义学说，其原则不仅违反正义，而且毫无道理(irrational)。因此，我们可以说，它们根本不是什么道德观念(moral conceptions)，而只是压制的手段。它们在传统正义观念的一份合理清

---

① 关于得出这个结论的不同方式，参阅菲利帕·福特（Phlippa Foot）"道德论证"，《心灵》1958年第67卷；福特："道德信念"，《亚里士多德协会会刊》（1958—1959年）第59卷；皮尔兹摩尔（R. W. Beardsmore）：《道德推理》，纽约：绍肯出版社1969年版，特别是第四章。瓦诺克（G. F. Warnock）简要讨论了内容问题，参阅瓦诺克《当代道德哲学》，伦敦：麦克米兰出版社1967年版，第55—61页。——原注

单(reasonable list)中不占有一席之地。① 当然，这一论断所讨论的根本不是定义问题，它不如说是具体规定初始位置的条件的结果，尤其是各方持有的理性和无知之幕条件的结果。因此，从这一理论可以推断出：各种正当观念具有一定的内容，但排除了任意而无意义的原则。

§26 导出两个正义原则的推理
The Reasoning Leading to the Two Principles of Justice

【题解】

在《正义论》中，这一节和下面两节（§§26—28）是罗尔斯论证两个正义原则正当性的重要组成部分。罗尔斯主张，两个正义原则的论证不必过分倚重一般事实，而要把正义理念直接植入正义原则之中。因为倚重一般事实必然导致对偶然因素的倚重，会减低正义原则论证的理论力量，也会限制原则的适用范围。他认为这是公平正义优越于效用正义观念的一大表现。只是后来罗尔斯本人在对待平均效用原则的态度上有所转变，认为它与两个正义原则具有互补性。在《正义论》修订版序言中，罗尔斯表示，如果他现在来写《正义论》，将有两个不同处理，一个是从初始位置出发论证两个正义原则时对平均效用原则的处理；另一个是对财权民主国家观念和福利国家观念的尖锐区分的处理。平均效用原则取代差别原则之后的两个正义原则仍然会被处在初始位置上的各方所选中，由此形成"混合正义观念"（mixed conception, p. xiv）。罗尔斯表示的第一个重大修订，其实是想要吸收效用论的合理因素，而不是简单地在两个正义观念之间做出谁优谁劣的比较。但在《正义论》修订版中，罗尔斯并没有给出这样的实际修订。

【原文】§26 - 1 - p. 130

【评析】

1. 原文："**The choice between the two principles of justice and the principle of average utility**"（p. 130）. H 本："在两个正义原则和平均功

---

① 类似观点参阅威廉斯"平等的观念"，载于《哲学、政治与社会》第 2 辑，彼得·拉斯莱特与儒西曼编，牛津：巴兹尔—布莱克韦尔出版社 1962 年版，第 113 页。——原注

利原则之间的选择"（第 116 页）。**新解**："在两个正义原则和平均效用原则之间做出取舍"。

2. **原文**："Determining the rational preference between these two options is perhaps the central problem in developing the conception of justice as fairness as a viable alternative to the utilitarian tradition"（p. 130）。H 本："合理地决定选择这两个对象中究竟哪一个，也许是建立可代替功利主义传统的公平的正义理论的一个中心问题"（第 116 页）。**新解**："确定在这两个选项之间的理性偏好，或许是在将公平正义发展为取代效用论传统的某个可行备选方案中的核心问题。" H 本严重误解了这个语句，而这个语句对于正确理解罗尔斯正义理论及其同效用论正义观念的差异是至关重要的。罗尔斯选择两个正义原则而非平均效用原则，这一点是明确的。不明确的是，这两个选项各自存在"理性偏好"（rational preference），这是有待解决的问题。并且，罗尔斯把它提到了自己的正义理论能否取代效用论正义观念的高度来评估。罗尔斯在《正义论》修订版序言中承认，平均效用原则（principle of average utility）是一个比较好的原则，它并不逊色于差别原则。由于 H 本把这个语句解读成了其他意思，我们就难以了解罗尔斯的真实意图。

3. **原文**："Intuitive remarks"（p. 130）。H 本："直觉性论述"（第 116 页）。**新解**："直观看法"。

4. **原文**："I shall also discuss briefly the qualitative structure of the argument that needs to be made if the case for these principles is to be conclusive"（p. 130）。H 本："我也要简要地讨论一下：倘要使对于这些原则的例证成为结论性的，需要做出的论据的实质性结构是什么"（第 116 页）。**新解**："如果支撑这些原则的这个情形是不容置疑的，本人还将简要地讨论做出这一论证所需的定性结构。" H 本把这个语句的因果关系颠倒了。因为罗尔斯在这一节呈现的是"一些直观看法"，而不是逻辑论证，这些直观看法不一定支撑得起这些原则，如果它们能够支撑这些原则，那么他需要做一些更加深入的论证，就涉及"这一论证的定性结构"（qualitative structure of the argument）。也就是说，罗尔斯对于两个正义原则的论证，从直观看法转向逻辑论证。

【诠释】

在这一节和接下来的两节，本人将在两个正义原则和平均效用原则之间做出取舍。确定在这两个选项之间的理性偏好，或许是在将公平正义发展为取代效用论传统的某个可行备选方案中的核心问题。在这一节中，本人将先呈现赞同两个正义原则的某些直观看法。如果支持这些原则的这个情形是不容置疑的，本人还将简要地讨论做出这一论证所需的定性结构。

【原文】§26 – 2 – p. 130

【评析】

1. 原文："To win special advantages"（p. 130）. H 本："赢得特殊利益"（第 116 页）。**新解："赢得特殊优势"。**

2. 原文："His acquiescing in special disadvantages"（p. 130）. H 本："他接受特殊的不利"（第 116 页）。**新解："默许自己处在特殊劣势当中。"**

3. 原文："**The sensible thing is to acknowledge as the first step a principle of justice requiring an equal distribution**"（p. 130）. H 本："他要做的事显然就是要把要求一种平等分配的原则接受为正义的第一个原则"（第 116 页）。原文中并没有提到"正义的第一个原则"，这是 H 本对罗尔斯正义理论的一大误解。而且罗尔斯本人也没有在其他地方提过"平等分配的原则"是"正义的第一个原则"，因为这与罗尔斯正义理论关于两个正义原则的主张相矛盾。在两个正义原则中，第一正义原则不是平等的分配原则。这个语句的正解是："**明智的做法是，首先承认要求均等分配的正义原则。**"

4. 原文："**The parties start with a principle requiring equal basic liberties for all, as well as fair equality of opportunity and equal division of income and wealth**"（p. 130）. H 本："各方就从一个人确立所有人的平等的自由的原则开始，这一平等的自由包括机会的平等和收入与财富的分配平等"（第 117 页）。**新解："各方从一项原则开始，要求人人享有平等的基本自由、公平的均等机会，以及收入和财富的均等划分。"** 这原本是一个并不难理解的语句，由于 H 本把部分内容解读为"各方就从一个人确立所有人的平等的自由的原则开始"，就把整个语句搞得不知所云了。对照原文，此译句查无出处。另外，这里的短语"as well as"表达的不是包含关系，而是并列关系。这里提到的三个平等形式——"平等的基本自由、公平的均等机会，以及收入和财富的均等划分"——是并列关系，而不是前一个平等形式包含后两个平等形式的包含关系。如此解读表明 H 本没有掌握罗尔斯正义理论的基本常识，给中文读者的理解带来了困扰。

第三章 初始位置

【诠释】

现在，试考虑处于初始位置上的任何一个人的观点。一方面，他没有办法专为自己赢得特殊优势。另一方面，他也没有理由默许自己处在特殊劣势当中。因为他期望在基本社会善的分配中获得多于同等份额的份额是不合理的，而且因为他赞同在那个分配中获得少于同等份额的份额也是不合理的，所以，明智的做法是，首先承认要求均等分配的正义原则。事实上，鉴于各方都是旗鼓相当的(symmetry)，这一原则是如此明显，以至于每个人都能一下子心领神会。因此，各方从一项原则开始，要求人人享有平等的基本自由、公平的均等机会，以及收入和财富的均等划分。

【原文】 §26 – 3 – pp. 130 – 131

【评析】

关于"inequalities in income and wealth, and differences in authority and degrees of responsibility"。H 本把上面三个不同社会现象，简单解读为"收入与财富、权威与责任的不平等"，是很不负责任的。其新解为**"收入和财富不平等、权限差别和责任程度"**。罗尔斯在这里的相关讨论让人想起福柯关于知识与权力关系的讨论；当然他们的着眼点是不同的。

1. **原文：** **"There are inequalities in income and wealth, and differences in authority and degrees of responsibility"**（pp. 130 – 131）。H 本："有一种收入与财富、权威与责任的不平等"（第 117 页）。**新解："存在着收入和财富不平等、权限差别和责任程度。"**

2. **原文：** **"The benchmark of equality"**（p. 131）。H 本："最初的平等状况"（第 117 页）。**新解："平等的基准"。**

3. **原文：** **"Thus the parties would object to these differences only if they would be dejected by the bare knowledge or perception that others are better situated"**（p. 131）。H 本："因此，一个处在原初状态中的人将承认这些不平等，除非他因仅仅知道别人会有更好的处境而沮丧"（第 117 页）。**新解："因此，各方只有在得知或感知别人有着更好的处境时，才会感到沮丧，才会反对这些差别。"** H 本的解读也许参照的是《正义论》第一版，否则它与原文明显不相符合。

4. **原文：** **"Those who have gained more must do so on terms that are justifiable to those who have gained the least"**（p. 131）。H 本："那些获益

较多的人，就必须按照受惠最少的人们认为可辩护的条件去如此获益"（第116页）。**新解**："收益较多者必须基于对获利最少者是正当的条款去获益。"这里的"正当的条款"不一定要得到"获利最少者"的认可。因此，H本的解读是不确切的。

【诠释】

但是，即使将基本自由和公平均等机会放在首位，也没有理由认为，这种初始承认是一诺定终生的。社会还应该考虑经济效率和组织技术要求。与平等的基准(benchmark of equality) 相比，如果存在着收入和财富不平等、权限差别和责任程度(degrees of responsibility)，它们将有助于每个人过上更加美好的生活，那么为什么不允许这样子做呢？人们可能会认为，在理想情况下，每一个个体都应该服务彼此。但是，由于各方被视为彼此互不关切，他们接受这些经济不平等和制度不平等，便只是承认人们在正义的环境下所处的对立关系。他们没有理由抱怨彼此的动机。因此，各方只有在得知或感知别人有着更好的处境时，才会感到沮丧，才会反对这些差别；但本人假定，他们似乎并非出乎嫉妒而做出决定。因此，只要这些不平等改善了每个人的处境，包括最不利者的处境，只要它们符合平等自由和公平机会(原则)，基本结构就应该允许这些不平等。因为各方以所有基本社会善的平等分配为起点，所以可以说，最少受惠者(benefit least) 拥有否决权。由此我们就抵达了差别原则。把平等作为比较的基础，收益较多者必须基于对获利最少者是正当的条款去获益。

【原文】 §26–4–pp. 131–132

【评析】

罗尔斯在这里强调个人利益的重要性，这些利益，包括宗教利益和人格完整，与基本自由一起受到第一正义原则的保障。"因为他们必须确保这些利益，所以他们将第一原则排在第二原则之前。"（p. 132）并且，他们承认自己的各种利益包括根本利益要接受各项社会制度的塑造和调节。"尽管他们希望有权促进这些利益（只要它们是可允许的），他们不认为自己务必受制于一组复杂的根本利益，或者，他们不认为自己务必认同(identical with) 一组复杂的根本利益，那是他们在某个时候可能拥有的特殊利益。相反，自由人自以为是可以修改和改变自己最终目的的人，并在这些事情上把维护他们的自由放在第一位。因此，他们不仅有在原则上可以自由追求或拒绝的最终目标，而且他们对这些目标的最初忠诚和持续奉献将在自由的条件下得以形成和巩固。"（p. 132）罗尔斯在这里没有轻言放弃自己的利益，只是强调维护自由要放在追求自身利益之前。但是，在部分学者那里，罗尔斯变成了主张为了自由而随时可以放弃自己人生观的人："自由人的最大特点，是具有实践人生观的能力，能够对当下的欲望、目标以至最基本的信仰作理性反省，并在必要时修改，甚至放弃原来的信条。因此，正义原则最重要的不是保障某种特定的人生观念，而是一个确保实践自由的条件。"[1] "这是（《正义论》）修订版中提出的新论证。"[2] 这也许是该学者在其著作中提出的核心见解，但它是对《正义论》的严重误解。从前面的引文可知，一方面，罗尔斯没有直接谈论人的人生观，"正义原则最重要的"是否"保障某种特定的人生观"也就无从谈起；另一方面，罗尔斯也没有谈到"正义原则最重要的""是一个确保实践自由的条件"。虽然该学者明确标注出"（TJ. 131 – 132 rev.）"，亦即他引述的是《正义论》修订版第131—132页，但这与《正义论》正文对不上号。

1. 原文："**The case for the two principles**"（p. 131）。H本："两个原则的这种情况"（第117页）。**新解**："支持两个正义原则的情形"。

2. 原文："**Very roughly the parties regard themselves as having a highest-order interest in how all their other interests, including even their fundamental ones, are shaped and regulated by social institutions**"（p. 131）。H本："很概略地说，各方认为他们最高阶的利益是他们所有别的利益——甚至包括基本的利益——是如何被社会制度塑造和调节的"（第117页）。**新解**："大致说来，各方自以为对以下问题有着最高阶利益：他们的所有其他利益，包括根本利益，将如何受到各项社会制度的塑造和调节。"

3. 原文："**Rather, free persons conceive of themselves as beings who can revise and alter their final ends and who give first priority to preserving their liberty in these matters**"（pp. 131 – 132）。H本："而宁可说，自由人领悟自己是能够修正与改变最终目的的人，他们给予他们在这些事务中的自由以最大的优先性"（第117页）。**新解**："相反，自由人自以为是可以修改和改变自己最终目的的人，并在这些事情上把维护他们的自由放在第一位。"

【诠释】

因此，通过这样的推理，当事人可能会依次推导出两个正义原则。我

---

[1] 周保松：《自由人的平等政治》（增订版），第17页。
[2] 周保松：《自由人的平等政治》（增订版），第17页。

不想在这里证明这个次序，但是下面的评论可能传达了这个直观理念。本人假定，各方自以为是自由人，出于根本目的和利益的考虑，他们以自以为是合理的名义，就社会基本结构的设计相互提出要求。宗教利益是一个众所周知的历史例证；保持人格完整的利益是另一个例证。在初始位置上，各方不知道这些利益的具体形式是什么；但他们确实假定自己拥有这些利益，而且保护他们所必需的基本自由受到第一正义原则的保障。因为他们必须确保这些利益，所以他们将第一正义原则排在第二正义原则之前。支持两个正义原则的情形，可以通过更详细地阐明自由人概念而得到加强。大致说来，各方自以为对以下问题有着最高阶利益：他们的所有其他利益，包括根本利益，将如何受到各项社会制度的塑造和调节。尽管他们希望有权促进这些利益（只要它们是可允许的），但是他们不认为自己务必受制于一组复杂的根本利益，或者，他们不认为自己务必认同(identical with)一组复杂的根本利益，那是他们在某个时候可能拥有的特殊利益。相反，自由人自以为是可以修改和改变自己最终目的的人，并在这些事情上把维护他们的自由放在第一位。因此，不仅他们有在原则上可以自由追求或拒绝的最终目标，而且他们对这些目标的最初忠诚和持续奉献将在自由的条件下得以形成和巩固。因为两个正义原则而非效用原则，将确保维持这些条件的社会形式，所以它们将得到(各方的)同意。只有通过如此合意，各方才能确保其作为自由人的最高阶利益。

【原文】 §26 – 5 – p.132

【评析】

罗尔斯在这里解释了什么是"自由的优先性"(priority of liberty)。关于这个问题的现代讨论，伯林是重要开创者，罗尔斯则是重要推进者，当代许多重要政治哲学家参与了这一话题的争论。受罗尔斯影响，国内学界也给予了相当关注，并且这场争论仍在进行中。[①]

[①] 参阅伯林《自由论》，胡传胜译，译林出版社2003年版。Devon Cass, "The Priority of Liberty: An Argument from Social Equality", *Law and Philosophy*, 2020; Edward Andrew Greetis, "The Priority of Liberty: Rawls Versus Pogge", *Philosophical Forum*, April, 2015, pp. 227 – 245; Robert S. Taylor, "Rawls's Defense of the Priority of Liberty: A Kantian Reconstruction", *Philosophy and Public Affairs*, Vol. 31, No. 3, 2003, pp. 246 – 271; Brian Barry, "John Rawls and the Priority of Liberty", *Philosophy & Public Affairs*, Vol. 2, No. 3, 1973, pp. 274 – 290; H. L. A. Hart, "Rawls on Liberty and Its Priority", *The University of Chicago Law Rewiew*, Vol. 40, No. 3, 1973, pp. 534 – 555; 冯秀岐："罗尔斯论自由的优先性"，《理论界》2020年第8期。

另外，关于"社会状态"（social state）。这个术语最早由卢梭提出来，与"自然状态"相对应，代表着社会契约论者对人类社会文明进程的理解。

1. 原文："An improvement in economic well-being"（p. 132）. H 本："经济状况的改善"（第 118 页）. 新解："经济福祉的提高"。

2. 原文："It is only when social circumstances do not allow the effective establishment of these basic rights that one can concede their limitation"（p. 132）. H 本："只有在社会环境不允许有效地建立这些基本权利时，一个人才能承认这些对自由的限制"（第 118 页）. 新解："只有在社会环境不允许这些基本权利得到有效确立的情况下，人们才会承认对它们的限制。"

3. 原文："These restrictions can be granted only to the extent that they are necessary to prepare the way for the time when they are no longer justified"（p. 132）. H 本："这些限制也只能在这个意义上接受——为了以后这些限制不再正当，目前它们是必要的"（第 118 页）. 新解："这些限制也只能在如下范围内给出，它们为通往这样的时代所必需，到那时它们将再也得不到正当性辩护。"

4. 原文："The denial of the equal liberties can be defended only when it is essential to change the conditions of civilization so that in due course these liberties can be enjoyed"（p. 132）. H 本："对平等自由的否认只能在这种情况下得到辩护——当这种否认对改变文明状况以便通过恰当的过程使这些自由被享受是不可或缺的时候"（第 118 页）. 新解："只有在改变文明的条件以便在适当时候能够享有这些自由的紧要关头，才能替否定平等自由作辩护。"

5. 原文："Or that if they do not, circumstances are nevertheless sufficiently favorable so that the priority of the first principle points out the most urgent changes and identifies the preferred path to the social state in which all the basic liberties can be fully instituted"（p. 132）. H 本："或者如果它们不是这样，环境也无论如何是足够有利，可以使第一原则的优先性指向这一迫切的改变，认同这一可取的道路，走向一种基本自由能被充分制度化的社会状态"（第 118 页）. 新解："或者，即使他们不这样做，环境仍然如此足够有利，以至于第一原则的优先性既指出了最迫切的变革，又确定了通往某个社会状态的首选道路，在那个社会状态中，可以充分确立所有的基本自由。" H 本对这个语句的解读是很不确切的。主要问题有：

（1）短语："Or that if they do not"。H 本："或者如果它们不是这样"（第 118 页）。新解："或者，即使他们不这样做"。

（2）短语："The most urgent changes"。H 本："这一迫切的改变"（第 118 页）。新解："最为紧迫的变革"。

（3）短语："Identifies the preferred path"。H 本："认同这一可取的道路"（第 118 页）。新解："确定首选道路"。

（4）短语："All the basic liberties can be fully instituted"。H 本："基本自由能被充分制度化"（第 118 页）。新解："可以充分确立所有的基本自由"。在中文语境中，"被充分制度化"意味着"受到制度的严格管控"，这与罗尔斯在此想要表达的意思相去甚远。

6. 原文："**The complete realization of the two principles in serial order is the long-run tendency of this ordering, at least under reasonably fortunate conditions**"（p.132）。H 本："处在这个序列排序中的两个原则的完全实现是这一排序的长远趋势，至少在合理有利的条件下是这样"（第 118 页）。另解："在序列次序中的两个原则的完全实现，至少是合理幸运的条件下（under reasonably fortunate conditions）两个原则这种排序的长期趋向。"[1] H 本对这个语句的解读无甚大错，另解的解读较为啰唆，容易引起误解。新解："按序列完全实现两个正义原则是这一排序的长期趋势，至少在相当幸运的条件下是如此。"

【诠释】

自由的优先性意味着，只要基本自由能够得到有效确立，就不能用某种较少的自由或某种不平等的自由(lesser or an unequal liberty) 来换取经济福祉的提高。只有在社会环境不允许这些基本权利得到有效确立的情况下，人们才会承认对它们的限制；即便如此，这些限制也只能在如下范围内给出，它们为通往这样的时代所必需，到那时它们将再也得不到正当性辩护。只有在改变文明的条件以便在适当时候能够享有这些自由的紧要关头，才能替否定平等的自由作辩护。因此，各方假定，在采用两个正义原则的先后顺序时，无论其社会条件是什么，都承认能有效地实现平等的自由。或者，即使他们不这样做，环境仍然如此足够有利，以至于第一正义原则的优先性既指出了最迫切的变革，又确定了通往某个

---

[1] 莱宁：《罗尔斯政治哲学导论》，孟伟译，第 56 页。

社会状态的首选道路,在那个社会状态中,可以充分确立所有的基本自由。按序列完全实现两个正义原则是这一排序的长期趋势,至少在相当幸运的条件下是如此。

【原文】§26－6－pp.132－133

【评析】

1. 原文:"One can work out their consequences for institutions and note their implications for fundamental social policy"(p.132)。H本:"我们能引出它们在制度方面的推论,注意它们对基本社会政策的意义"(第118页)。新解:"人们可以测算两个正义原则对各种制度产生的后果,并留意它们对基本社会政策产生的影响。"

2. 原文:"They are tested by a comparison with our considered judgments of justice"(p.132)。H本:"就可通过与我们深思熟虑的正义判断的对比来衡量它们"(第118页)。新解:"通过与我们就正义做出的深思判断进行比较,两个正义原则将得到检验。"

3. 原文:"In order to see how this might be done, it is useful as a heuristic device to think of the two principles as the maximin solution to the problem of social justice"(p.132)。H本:"为了明白我们如何做这件事,把两个原则设想为对社会正义问题的最大最小值解决法是一有用的启发"(第118页)。新解:"要想知道如何才能完成这项工作,把两个正义原则视为社会正义问题的极大化极小解是一个有用的启发工具。"

4. 原文:"The maximin rule tells us to rank alternatives by their worst possible outcomes: we are to adopt the alternative the worst outcome of which is superior to the worst outcomes of the others"(p.133)。H本:"最大最小值规则告诉我们要按可选项的最坏后果来对它们进行排序,然后我们将采用这样一个可选项,它的最坏结果优于其他对象的最坏结果"(第119页)。新解:"极大化极小准则告诉我们,要用它们的最坏可能结果来排列各个可选项:我们将采纳这样的可选项,其最坏结果要好于其他可选项的最坏结果。"

【诠释】

如上所述,两个正义原则至少是一个讲得通的正义观念。不过问题在于,我们应当如何比较系统地证明它们。现在我们要做几件事情。人们可以测算两个正义原则对各种制度产生的后果，并留意它们对基本社会政策产生的影响。以这种方式，通过与我们就正义做出的深思判断(our considered judgments of justice)进行比较，两个正义原则将得到检验。本书第二编将专门做这项工作。然而，人们也可以尝试找到有利于它们的论据，这些论据从初始位置来看是决定性的。要想知道如何才能完成这项工作，把两个正义原则视为社会正义问题的极大极小解(the maximin solution)是一个有用的启发工具。在不确定性条件下，两个正义原则和用于选择的极大化极小准则(maximin rule for choice)存在着某种联系。① 这一点从以下事实可以看出：任何一个个体都会选择两个正义原则，用来设计这样的社会，在这个社会中，他的点位将由他的敌对方来指定(his enemy is to assign him his place)。极大化极小准则告诉我们，要用它们的最坏可能结果来排列各个可选项(alternatives)：我们将采纳这样的可选项，其最坏结果要好于其他可选项的最坏结果。② 处于初始位置上的人，当然不认为他们在社会中的初始点位(initial place)是由恶意对手决定的。如下文所述，他们将不以某些虚假前提(false premises)进行推理。因为缺乏信息不是拥有错误信息(absence of information is not misinformation)，无知之幕没有违背这一观点。但是，如果各方被迫保护自己不受这种偶然因素的影响，那么两个正义原则将被选取，这

---

① 在鲍莫尔著作中可以找到对在不确定条件下选择的这个规则和其他规则的入门讨论，参阅鲍莫尔《经济理论和操作分析》第2版，新泽西英格伍德克利弗斯：普兰梯利—霍尔出版社1965年版，第24章。他对这些规则包括本书第13节用来说明差别原则的图表做出几何解析。参阅该书第558—562页；也参阅卢斯和雷法《博弈与决策》，纽约：约翰—威利父子出版社1957年版，第13章。那一章做了较为充分的解释。——原注
② 我们不妨考虑下面这个得失表。它代表这样一种情形的得失，这种情形并非上述那样的策略博弈，其决策者没有假想敌，而是面临几种可能存在的情形。碰巧存在某种情形，既不取决于决策者的选择，也不取决于决策者是否事先宣布其动向。表中的数字是与某种初始场景相比较的币值（以一百美元为单位）。所得（g）依赖于个人的决定（d）和情形（c），于是，$g = f(d, c)$。假定有三种可能决定和三种可能情形，我们就有了下面这个得失表：

决定	情形		
	C1	C2	C3
d1	-7	8	12
d2	-8	7	14
d3	5	6	8

极大化极小值规则要求我们采取第三个决定。因为这样可能发生的最坏情况是得到五百美元，好于其他决定的最坏结果。如果我们采取另外两个决定，就有可能失去八百美元或七百美元。这样，选择d3使一个特殊决定的极小值与其他决定的极小值相比是最大的。"极大化极小值"一词即意味着"极大的极小值"。这一规则使我们留意在实施任何计划中可能发生的最坏情况，并依此做出决定。——原注

第三章 初始位置 523

就解释了这个正义观念是极大极小解的意义。这一类比表明，如果初始位置被描述为各方采取这一规则所表达的保守态度是合理的，那么确实可以为这些原则构建确凿的论据。显然，极大化极小准则一般不适合为在不确定条件下的各种选择(for choices under uncertainty) 提供指导，它只适用于具有某些特征的特殊情况。因此，我的目的在于表明，初始位置在很大程度上具有这些特征，以这一事实为基础，两个正义原则可以得到很好的证明。

【原文】§26 – 7 – p. 134

【评析】

1. 原文："**The likelihoods of the possible circumstances**"（p. 134）。H本："这三种可能环境的可能性"（第119页）。**新解**："**这些可能情况的各种似然**"。这里找不到"这三种可能环境"的对应原文。前一语句的相近短语是"情况的三大特征"（three chief features of situations），它与H本的如此解读也对不上。这是明显的错误解读。

2. 原文："**There must be some reason for sharply discounting estimates of these probabilities**"（p. 134）。H本："就一定有对这种可能性不予考虑的理由"（第119—120页）。**新解**："**因此必须有某种理由对这些概率的估算进行大幅折现。**"这里的"概率"（probabilities）与"似然"（likelihoods）同义。"sharply discounting"是"**大幅折现**"而非"不予考虑"，所以H本正好把这个语句的意思颠倒了。

3. 原文："**The expectation of monetary gain**"（p. 134）。H本："货币收入的期望"（第120页）。**新解**："**货币收益预期**"。

4. 原文："**This expectation is defined as follows: let us suppose that g_{ij} represent the numbers in the gain-and-loss table, where i is the row index and j is the column index; and let p_j, j = 1, 2, 3, be the likelihoods of the circumstances, with $\sum p_j = 1$. Then the expectation for the ith decision is equal to $\sum p_j g_{ij}$**"（p. 134）。H本："这一期望被定义如下：设g_{ij}代表得失表中的数据，在此i是得失表的行号，j是得失表的列号；设P_j, j = 1，2，3是在$\sum p_j = 1$条件下诸环境的可能性。那么，第i次的决定期望就等于$\sum P_i g_{ij}$"（第120页）。**新解**："这个预期定义如下：设G_{ij}表示损益表中的数字，其中i是行索引，j是列索引；设P_j, j = 1，2，3是在$\sum p_j = 1$条件下这些情况的似然，$\sum p_j = 1$，那么，第i个决定的预期等于$\sum P_j g_{ij}$。"

（1）短语："Gain-and-loss table"。H本："得失表"。**新解**："**损益表**"。

（2）短语："Row index"。H本："行号"。**新解："行索引"**。

（3）短语："Column index"。H本："列号"。**新解："列索引"**。

【诠释】

现在，似乎存在着有关情况的三大特征，使这条不寻常规则具有了合理性。① 首先，由于这个规则不考虑这些可能情况的各种似然（likelihoods），因此必须有某种理由对这些概率（probabilities）的估算进行大幅折现。现在，最自然的选择规则似乎是计算每个决策的货币收益预期，然后采用最有希望的行动方案。（这个预期定义如下：设 G_{ij} 表示损益表中的数字，其中 i 是行索引，j 是列索引；设 P_j，j = 1，2，3 是在 $\sum p_j = 1$ 条件下这些情况的似然，$\sum p_j = 1$，那么，第 i 个决定的预期等于 $\sum P_j g_{ij}$。）因此，举例来说，必定有这样一种情形，在这种情形下，了解各种似然是不可能的，或者充其量是极不可靠的。在这种情况下，除非没有其他办法，否则不怀疑概率计算是说不过去的，假如它是需要向他人做出证明的基本决策，情形尤其如此。

【原文】 §26－8－p.134

【评析】

1. 原文："**The minimum stipend**"（p.134）。H本："最低报酬"（第120页）。**新解："最低生活津贴"**。

2. 原文："**It is not worthwhile for him to take a chance for the sake of a further advantage**"（p.134）。H本："对他来说，为了进一步的利益冒险是不值得的"（第120页）。**新解："他不值得为了获得进一步优势而去冒险。"**

3. 原文："**The rejected alternatives**"（p.134）。H本："被拒绝的选择对象"（第120页）。**新解："被拒绝的可选项"**。

【诠释】

表示极大化极小准则的第二个特征可以表述如下：正在进行选择的人持有善观念，这样他就很少关心（如果有的话）自己可以在最低生活津贴

---

① 本人在此借鉴了威廉·费尔纳（William Fellner）的观点。参阅费尔纳《概率和利润》，伊利诺伊霍姆伍德：欧文出版社 1965 年版，第 140—142 页。那里提到了这些特征。——原注

之上获得什么，事实上，他可以通过遵循极大化极小准则来确定最低生活津贴。他不值得为了获得进一步优势而去冒险，当那种冒险有可能造成他的严重损失时，尤其如此。这最后一条规定带来了第三个特征，即被拒绝的可选项产生的后果令人难以接受。这种情况涉及各种重大风险。当然，这些特征结合到一起将产生最大效果。当所有三个特征在最大程度上得到实现时，便是遵循极大化极小准则的典型情况。

【原文】§26-9-pp. 134-135

【评析】

1. 原文："Let us review briefly the nature of the original position with these three special features in mind" (p. 134). H 本："现在，让我们在心里略微回顾一下具有这三个特征的原初状态的性质"（第 120 页）。**新解**："我们不妨简要检讨一下初始位置的性质，并牢记它具有的这三大特征。"

2. 原文："The veil of ignorance excludes all knowledge of likelihoods" (p. 134). H 本："无知之幕排除了有关可能性的知识"（第 120 页）。**新解**："无知之幕排除了所有概率知识（似然知识）。"

3. 原文："They must also take into account the fact that their choice of principles should seem reasonable to others, in particular their descendants, whose rights will be deeply affected by it" (p. 134). H 本："他们也必须考虑这一个事实：他们对原则的选择应当在别人看来是合理的，特别是对他们的后代来说更是如此，因为后代的权利将深受这一原则的影响"（第 120 页）。**新解**："他们还须考虑这样的事实，即他们对原则的选择在他者看来，特别是在他们的后代看来，应当是合理的，包括后代在内他者的权利将受到这种选择的深刻影响。"

（1）短语："Whose rights". H 本："后代的权利"。**新解**："包括后代在内他者的权利"。

（2）短语："Be deeply affected by it". H 本："深受这一原则的影响"。**新解**："受到这种选择的深刻影响"。这里的"it"指的是"他们对原则的选择"这件事，而不是"这一原则"。

4. 原文："The possible states of society" (p. 134). H 本："社会的可能状态"（第 120 页）。**新解**："可能的社会状态"。"社会状态"（states of society）与"自然状态"（states of nature）相对应，是由卢梭首创的西方政治思想的核心概念之一。

5. 原文:"Not only are they unable to conjecture the likelihoods of the various possible circumstances, they cannot say much about what the possible circumstances are, much less enumerate them and foresee the outcome of each alternative available" (pp. 134 – 135). H 本:"他们不仅不能推测可能环境的可能性,也不怎么了解这些可能的环境究竟是什么,更不能列举它们和预见每种可能选择的结果"(第 120 页)。新解:"他们不仅无法推测各种可能情况的种种概率(似然),而且无法对各种可能情况说点什么,更难以列举它们并预见每一可能选项的后果。"

6. 原文:"Those deciding are much more in the dark than illustrations by numerical tables suggest"(p. 135). H 本:"那些做决策者所知的实际上比数字表所阐示出来的还要少"(第 120 页)。新解:"决策者掌握的情况远不如数字表显示的情况。"

【诠释】

我们不妨简要检讨一下初始位置的性质,并牢记它具有的这三大特征。首先,无知之幕排除了所有概率知识。各方缺乏依据来确定他们所处社会的可能性质或他们在其中的位置。因此,他们缺乏概率计算的基础。他们还须考虑这样的事实,即他们对原则的选择在他者看来,特别是在他们的后代看来,应当是合理的,包括后代在内他者的权利将受到这种选择的深刻影响。各方对可能的社会状况知之甚少,这一事实强化了这些考虑。他们不仅无法推测各种可能情况的种种概率(似然),而且无法对各种可能情况说点什么,更难以列举它们并预见每一可能选项的后果。决策者掌握的情况远不如数字表显示的情况。正因如此,我只讲了与极大化极小准则的一个关系。

【原文】§ 26 – 10 – p. 135

【评析】

罗尔斯在这里提到了自由的优先性问题,相关见解受到了哈特的批评。我们将在《正义论》第 39 节专门讨论哈特的批评。[①]

1. 原文:"**Several kinds of arguments for the two principles of justice**

---

① See H. L. A. Hart, "Rawls on Liberty and Its priority", Henry Richardson and Paul Weithman (eds.), *The Two Principles and Their Justification* (*Philosophy of Rawls*, Volume 2), London and New York: Garland Publishing, Inc., 1999, pp. 2 – 24.

illustrate the second feature"（p. 135）。H 本："对于两个正义原则的几种论据显示出第二个特征"（第 120 页）。新解："支持两个正义原则的几种论据说明了第二个特征。"

2. 原文："Reasonable demands of efficiency"（p. 135）。H 本："效率的合理要求"（第 120 页）。新解："合理的效率要求"。

3. 原文："Some main questions of social justice"（p. 135）。H 本："社会正义的主要对象"（第 120 页）。新解："社会正义的一些主要问题"。

【诠释】

支持两个正义原则的几种论据说明了第二个特征。因此，如果我们能够坚信，这些原则提供了一个可行的社会正义理论，并且它们符合合理的效率要求，那么这个正义观念保证了一个令人满意的最小值（satisfactory minimum）。平心而论，也许不存在要做得更好的理由。因此，很多论证，特别是本书第二编的论证，旨在表明，通过把它们应用于社会正义的一些主要问题，两个正义原则是一个令人满意的正义观念。这些细节有哲学目的。此外，如果我们能够确立自由的优先性，这一思路实际上是决定性的。因为这一优先性意味着，处于初始位置上的人不想以牺牲基本平等自由为代价来谋求更大收益。在词序上两个正义原则所保证的最小值，并不是各方为了更大的经济优势和社会优势而愿意损害的最小值。

【原文】§26 – 11 – p. 135

【评析】

1. 原文："The ready alternative"（p. 135）。H 本："方便的选择对象"（第 121 页）。新解："现成可选项"。

2. 原文："To take a chance that these conditions are not realized"（p. 135）。H 本："再冒险试探这些结果是否出现"（第 121 页）。新解："还要冒着这些条件得不到实现的风险"。

【诠释】

最后，如果我们能够断定，其他正义观念可能导致各方无法容忍的制度，那么第三个特征就是站得住脚的。例如，有时有人认为，在某些条件下，效用原则（以任何一种形式）对以下情形做了正当性辩护：即使不是奴隶制或农奴制，也至少是为了更大社会利益而严重侵犯自由。我们不必在这里考虑这一主张的真假。就目前而言，这一论点仅仅是为了说明，一个正义观念也许允许以某种方式产生各方可能无法接受的结果。他们已有确保令人满意的最小值的两个正义原则的现成可选项，还要冒着这些条件得不到实现的风险，那么他们即使不是不合理的，也似乎是不明智的。

【原文】§26 - 12 - pp. 135 - 136

【评析】

罗尔斯承认在社会经济意义上的人际不平等，只是希望那种不平等要有利于社会中的处境最不利者。他希望，处境较优者在追求自身利益时，能够兼顾处境不利者的利益，对后者的利益增长产生溢出效应。只要那种溢出效应是持续存在的，那么，社会和经济不平等就是可以维持的，或者就它们是合理的。因此，罗尔斯没有去追问造成社会经济不平等的产权所有制根源。马克思认为，在不否定私有制的前提下，处境最不利者的利益的增长、生活条件的改善，都只是某种程度上的量的提升，而不是质的改变。由此可见解，罗尔斯的社会制度建设方案，只能是渐进主义的改革方案，而不可能是激进主义革命方案。

1. 原文："**These principles would be selected by the rule**"（p. 135）. H 本："这些原则就将按这一规则被选择"（第 121 页）。**新解**："这些原则将依照这个规则来筛选。"

2. 原文："**The objection is that since we are to maximize (subject to the usual constraints) the prospects of the least advantaged, it seems that the justice of large increases or decreases in the expectations of the more advantaged may depend upon small changes in the prospects of those worst off**"（pp. 135 - 136）. H 本："这一反驳认为：既然我们在通常的约束条件下要最大限度地增加最少受惠者的长远利益，那么，较有利者的期望的大量增加或减少的正义性看来就有赖于那些状况最差者的前景的轻微改变了"（第 121 页）。**新解**："这个异议是，由于我们要极大化（受通常限制的约束）最少受益者的前景，较有利者预期大大增减的正义性，看似要取决于结果最糟者前景的微小变化。" 正文没有提到"长远预期"。

3. 原文："**Even if for some smallish number it is reasonable to select the second row, surely there is another point later in the sequence when it is irrational not to choose the first row contrary to the rule**"（p. 136）. H 本："即使对某个较小的数选择第二列是合理的，在这一数列中还有另一种情

况，即当 n 足够大时，这时，若不选择对立于最大最小值规则的第一列就是没道理的了"（第 121—122 页）。**新解**："即使对于某个较小的数，选择第二行是合理的，但在这一数列中，的确存在另一种情况，即当 n 足够大时，若不选择违反极大化极小准则的第一行是不合理的。"关于 "the first row" 和 "the second row"。H 本分别解读为 "第一列" 和 "第二列"；新解为 "第一行" 和 "第二行"。在这里，H 本把数学术语 "行"（row）和 "列"（column）搞颠倒了。

【诠释】

就这样，我们既简单勾勒了一些情况的特征，极大化极小准则是其有用准则，又简要描述了某个方法，赞同两个正义原则的论据借此可以纳入那些特征之中。因此，如果各种传统观点清单（§21）代表着诸多可能的决定，那么这些原则将依照这个规则来筛选。从选择正义观念的基本特征来看，初始位置在相当高的程度上展示了这些特征。关于极大化极小准则的这些评论，仅仅是为了澄清在初始位置上选择问题的结构。在本节即将结束时，我要提到一个异议，它很可能是为了反对差别原则提出来的，并导致了一个重要问题。这个异议是，由于我们要极大化（受通常限制的约束）最少受益者（least advantaged）的前景，较有利者预期大大增减（large increases or decreases in the expectations）的正义性，看似要取决于结果最糟者（those worst off）前景的微小变化。举例说明：只要有必要在最小程度上提高最不幸运者（least fortunate）的预期，就允许存在最悬殊的财富差距和收入差距。但同时，当处于最不利位置者（those in the worst position）损失最少时，有利于较有利者（more advantaged）的类似不平等也将被禁止。然而，（比如说）以 10 亿美元来提高处境较有利者（better placed）预期的正义性，应该取决于最不受青睐者（least favored）的预期是增加还是减少一分钱，这似乎是非同寻常的。这个异议类似于极大化极小准则遇到的如下常见难题。对于所有的自然数 n，试考虑损益表的数列：

$$\begin{array}{cc} 0 & n \\ 1/n & 1 \end{array}$$

即使对于某个较小的数，选择第二行是合理的，但在这一数列中，的确存在另一种情况，即当 n 足够大时，若不选择违反极大化极小准则的第一行是不合理的。[①]

[①] 这个反驳遥相呼应于战国时期杨朱学派所谓的 "损一毫利天下，不与也" 假说。

【原文】 §26 – 13 – pp. 136 – 137

【评析】

1. 原文:"For the greater expectations of the more favored presumably cover the costs of training or answer to organizational requirements, thereby contributing to the general advantage"(pp. 136 – 137). H 本:"因为较有利者的较大期望大致会抵消训练费用或符合组织的要求,因而有助于普遍的利益"(第122页)。新解:"因为较受青睐者的较大预期,想必要承担培训费用或满足组织要求,从而有助于总体优势。"

2. 原文:"While nothing guarantees that inequalities will not be significant, there is a persistent tendency for them to be leveled down by the increasing availability of educated talent and ever widening opportunities"(p. 137). H 本:"尽管并没有措施保证使不平等不会很大,但通过受教育人才的不断增加和机会的不断扩大,这种差距会有持续拉平的趋势"(第122页)。新解:"尽管没有什么能保证各种不平等现象不会太严重,但是,随着受过教育的人才的日益适应和各种机会的不断扩大,各种不平等将持续地趋于缓和。"

【诠释】

对这一异议的部分回应是,差别原则并不打算应用于这些抽象的可能情况。正如我所说的那样,社会正义问题不是在特定个体之间随意分配某个东西的各种数额,无论它是金钱、财产或其他什么。也不存在什么实质性预期,可以在所有可能组合中从一个代表人传递到另一个代表人。这个异议所设想的那些可能情况,不可能出现在实际案例中;可行集(feasible set)如此有限,以至于那些可能性被排除。① 这是因为两个正义原则同作为适用于整个社会基本结构的某个正义观念相联系。实施平等自由原则和公平机会均等原则,旨在预防发生这些或有事项。因为我们只是以改善结果最糟糕者情况所必需的方式来提高处境较有利者的预期。因为较受青睐者的较大预期,想必要承担培训费用或满足组织要求,从而有助于总体优势。尽管没有什么能保证各种不平等现象不会太严重,但是,随着受过教育的人才的日益适应和各种机会的不断扩大,各种不平等将持续地趋于缓

---

① 本人在这一点上受益于马戈林(S. A. Marglin)。——原注

和。其他原则确立的条件,确保可能导致的差距将远小于过去人们通常容忍的差别。

【原文】§26-14-p.137

【评析】

1. 原文:"It relies on the idea that in a competitive economy (with or without private ownership) with an open class system excessive inequalities will not be the rule" (p.137)。H本:"它依赖于这样的观念,即在具有开放阶级体系的(无论有否私有制)竞争经济中,极端的不平等将是不常见的"(第122页)。新解:"它所依赖的理念是,在有着开放的阶级系统的(无论有无私有制的)竞争性经济中,过度不平等将是不常见的。"

2. 原文:"Given the distribution of natural assets and the laws of motivation, great disparities will not long persist"(p.137)。H本:"在一定的自然资质的分布和动机法则的条件下,悬殊的等级差别将不会持久"(第122页)。新解:"从自然资质分布和动机规律来看,悬殊的差距不会长期存在。"

【诠释】

我们还应该看到,差别原则不仅设定了其他原则的实施,而且预设了某种社会制度理论。尤其值得一提的是,正如本人将在第五章中讨论的那样,它所依赖的理念是,在有着开放的阶级系统的(无论有无私有制的)竞争性经济中,过度不平等将是不常见的。从自然资质分布和动机规律来看,悬殊的(阶级)差距不会长期存在。这里要强调的一点是,没有人反对把首要原则的选择建立在经济学和心理学的一般事实之上。正如我们所看到的那样,处于初始位置的各方被视为了解人类社会的一般事实。由于这一知识进入他们审议的前提,他们对原则的选择与这些事实有关。当然,最重要的是,这些前提必须是真实的和足够一般的。例如,人们通常反对效用论可能允许奴隶制和农奴制以及其他侵犯自由的行为。这些制度是否得到正当性证明,取决于精确推算出它们产生较高的幸福余额。效用论者的回应是,社会的本质在于,这些计算通常反对否定自由的如此做法。

【原文】§ 26 – 15 – pp. 137 – 138

【评析】

罗尔斯强调正义理论的自然科学基础或自然事实基础，这算是对德沃金批评正义原则是虚假原则的回应。他在这里谈到了上帝与可能世界这个话题，这是斯宾诺莎和莱布尼茨作过全面探讨的伦理学问题。罗尔斯的辩护很有黑格尔的意味，尤其是这个段落中的最后一句，让人读来像是直接从《精神现象学》中套用过来的。黑格尔当年批评了德国哲学界的形式主义风气，而他指向的对象是谢林的绝对唯心论，并且谢林关注的重要话题便是创世伦理学。因此，虽然罗尔斯在正文中没有点出"一些哲学家"的名字，但是我们可以猜到会有哪些哲学家，其中肯定有艾耶尔等逻辑实证主义者。

1. 原文："**Contract theory agrees, then, with utilitarianism in holding that the fundamental principles of justice quite properly depend upon the natural facts about men in society**"（p. 137）。H 本："契约理论同意功利主义认为正义的基本原则相当依赖于人类社会的自然事实的意见"（第 122 页）。新解："契约论赞同效用论观点，认为正义的基本原则完全依赖于在社会中的人的自然事实。"短语："The natural facts about men in society"。H 本："人类社会的自然事实"。新解："在社会中的人的自然事实"。

2. 原文："**The study of the ethics of creation**"（p. 137）。H 本："创造伦理学的研究"（第 123 页）。新解："创世伦理研究"。

3. 原文："**Human comprehension**"（p. 138）。H 本："人类的领悟力"（第 123 页）。新解："人类的理解力"。

4. 原文："**Without a definite structure of this kind the question posed is indeterminate**"（p. 138）。H 本："没有一种这方面的确定结构，所提出的问题是决定不了的"（第 123 页）。新解："如果没有这种限定的结构，提出的问题是不确定的。"

5. 原文："**Indeed, one cannot avoid assumptions about general facts any more than one can do without a conception of the good on the basis of which the parties rank alternatives**"（p. 138）。H 本："的确，正如我们需要一种善观念来对可选项进行排序那样，我们也同样需要有关一般事实的观念"（第 123 页）。新解："事实上，人们无法避免若干一般事实假设，正如人们无法避免某个善观念假设一样，那个善观念是各方对各可选项进行排序的基础。"

【诠释】

契约论赞同效用论观点，认为正义的基本原则完全依赖于在社会中的人的自然事实。这种依赖性通过描述初始位置而得以明朗：各方根据一般知识做出决定。此外，初始位置的各种要素预设了人类生活环境的许多事情。一些哲学家认为，伦理学的首要原则应当独立于所有的偶然假设。他们认为，以下情形是理所当然的：除了逻辑真理和通过概念分析而从这些逻辑真理推出的真理之外，不存在任何别的真理。某些道德观念应当适用于所有的可能世界。① 现在，这种观点使道德哲学成为这样一种创世伦理研究(study of the ethics of creation)：对于全能的神在决定哪一个是所有可能世界中最好世界的时候可能会开展的各种反思活动的考察。② 即使一般自然事实也要作选择。当然，我们对创世伦理有着天然的宗教兴趣。但它似乎超出了人类的理解力。从契约论角度看，这等于假定，处于初始位置的人对自身及其世界一无所知。那么，他们怎么可能做出决定呢？只有在可选项受到自然法和其他限制条件的适当限制，并且那些决定选项的人已经有一定倾向时，选择问题才能很好地得到解决。如果没有这种限定的结构，提出的问题是不确定的。因此，在预设一定社会制度理论之后，我们必须毫不犹豫地选择正义原则。事实上，人们无法避免若干一般事实假设，正如人们无法避免某个善观念假设一样，那个善观念是各方对各可选项进行排序的基础。如果这些假设是真实的，并且是相当普遍的，那么一切都是井然有序的，因为没有这些元素，整个方案将毫无意义且空洞无物。

【原文】 §26-16-p.138

【评析】

罗尔斯讨论了公平正义与效用论对待一般事实和道德条件在论证正义首要原则上扮演的不同角色。效用论较为倚重一般事实，强调社会规律和人性法则对于确立正义首要原则的重要性。这使得效用正义观念与经济学和社会学中理性选择理论等社会科学理论保持一致的步调。许多哲学假设要接受社会科学的检验。某种正义观念一旦成为社会科学的组成部分，其哲学思辨部分的重要性便会大大降低。罗尔斯认为，公平正义较少倚重一

---

① 对所有的可能世界都有效，这是莱布尼兹的观点。
② 这里显然有莱布尼茨的思想痕迹。

般事实，是一种比较纯粹的哲学论证。因为不受一般事实限制，所以公平正义有着比较广泛的适用范围。

1. 原文："**It is characteristic of utilitarianism that it leaves so much to arguments from general facts**"（p. 138）。H本："功利主义的一个特征就是太依赖于从一般事实获得的论据"（第123页）。新解："效用论的特点是，它的论证非常倚重一般事实。"

2. 原文："**The laws of society and of human nature**"（p. 138）。H本："社会和人忧的规律"（第123页）。新解："社会法则和人性法则"。

【诠释】

从这些评论中可以明显看出，即使在替正义的首要原则作辩护时，也需要一般事实和道德条件。（当然，次要的道德规则和特定的伦理判断显然取决于事实前提和规范原则。）在契约论中，这些道德条件采取的形式是对最初契约情境的描述。同样清楚的是，在达成某些正义观念的过程中，一般事实和道德条件存在着区分，这种区分可以从一种理论到另一种理论有所不同。正如我之前所指出的，关于原则在多大程度上包含着道德理想的问题，各种理论会有不同的答案。效用论的特点是，它的论证非常倚重一般事实。效用论者倾向于回应一些异议，断定社会法则和人性法则排除了冒犯我们的深思判断的情形。相比之下，公平正义更直接地将通常为人所理解的正义理想植入首要原则。为了与我们的正义判断相匹配，这个正义观念较少依赖一般事实。这一点保证这个正义观念比较适合更大范围的可能情形。

【原文】 §26–17–pp. 138–139

【评析】

1. 原文："**There are two reasons that justify this embedding of ideals into first principles**"（p. 138）。H本："有两个为这一把理想植入首要原则的作法进行辩护的理由"（第123页）。新解："存在两个理由，可以证明把正义理想植入首要原则的正当性。"

2. 原文："**May be only probably true, or even doubtfully so**"（p. 138）。H本："可能只有概率的真实性很可能为真，甚至是否如此也是可疑的"（第123页）。新解："可能只是概率上为真的，甚至可疑地为真的"。

3. 原文："**Since in justice as fairness moral conceptions are public, the choice of the two principles is, in effect, such an announcement**"（p. 139）。

H本："由于在公平的正义中道德观念是公共的，两个原则的选择事实上就正是这样一种宣布"（第124页）。新解："既然在公平正义中，各种道德观念是公开且公共的，那么选中两个正义原则实际上就是这样的一个公告。"

4. 原文："**Publicity and stability**"（p. 139）. H本："公共性和稳固性"（第124页）。新解："公开性和稳定性"。

【诠释】

存在两个理由，可以证明把正义理想植入首要原则的正当性。首先，而且最明显的是，导致预想结果的效用论者的标准假设，可能只是概率上为真的，甚至可疑地为真的。此外，它们的全部意义和应用可能是高度推测性的。同样的说法也适用于支持效用原则的所有必要的一般假设。站在初始位置上来看，依赖这些假设可能是不合理的，因此，在选取的原则中更明确地体现理想就显得更为明智些。于是，各方似乎更愿意直接保障自由，而不是让自由取决于或许是不确定的和思辨的精打细算。通过在达成公开正义观念的过程中尽力避免复杂的理论争论，这些说法得到进一步证实（§24）。与支持两个正义原则的推理相比，支撑效用准则的理由违反了这一限制。其次，如下做法存在着实际优势：人们一劳永逸地向彼此宣布，即使效用的理论计算总是有利于平等自由（假设在这里确实如此），然而他们不希望事情已有所不同。既然在公平正义中，各种道德观念是公开且公共的，那么选中两个正义原则实际上就是这样的一个公告。即使效用论者的假设是真实的，但是这种集体同仁发声的优点支持着这些原则。本人将更详细地探讨与公开性和稳定性有关的这些事项（§29）。与之相关的见解是，虽然一般而言，伦理理论当然可以援引自然事实，但是与确实需要从理论上完全把握世界的偶然因素相比，存在着充分的理由把正义信念更直接地植入首要原则当中。

§27 导出平均效用原则的推理
The Reasoning Leading to the Principle of Average Utility

【题解】

罗尔斯在这一节讨论到与"平均效用原则"有关的许多概念，比如

"古典效用原则""总效用""平均效用""边际效用""风险选择""风险规避""满意度差异""总满意度"等，并且表示"我要尽量用它自己的术语来考察这个历史学说"（p.139）。只可惜，H 本把这些术语大部分解读错了。其中关键的一点仍然是，H 本不知道罗尔斯在这里讨论的主要是具体的经济问题，而不是一般的哲学问题。"效用"（utility）这个术语在《正义论》正文中一共出现了 251 次，是使用频率极高的术语。H 本一般解读为"功利"。"效用原则"（principle of utility）和"平均效用原则"（principle of average utility）在《正义论》正文中分别出现了 79 次和 17 次，H 本一律解读为"功利原则"和"平均功利原则"，这当然会给中文读者解读《正义论》带来诸多思想观念理解上的困扰。笔者认为，通过把罗尔斯关于效用、平均效用、平均效用原则等话题的讨论回归到经济学，而不是拘泥于一般哲学，这些困扰便可以迎刃而解。①

【原文】§27-1-p.139

【评析】

1. 原文："**The principle of average utility**"（p.139）。H 本："平均功利原则"（第 124 页）。**新解**："平均效用原则"。

2. 原文："**The classical principle**"（p.139）。H 本："古典功利主义的原则"（第 124 页）。**新解**："古典效用原则"。

3. 原文："**Practical consequences**"（p.139）。H 本："实际推论"（第 124 页）。**新解**："实际后果"。

4. 原文："**Their underlying analytic assumptions are far apart in the sense that they are associated with contrasting interpretations of the initial situation**"（p.139）。H 本："支持它们的分析性假定分歧很大，表现在它们对最初状况的解释是对立的"（第 124 页）。**新解**："它们涉及初始场景的各种对比诠释，就此而言，它们的基本分析假设相差甚远。" H 本没有读懂这个语句。

5. 原文："**Utility is measured by some procedure that is independent of choices involving risk, say by postulating an ability to rank differences between levels of satisfaction**"（p.139）。H 本："功利是通过某些独立于

---

① 关于"效用""效用主义"和"功利主义"等术语的讨论，参阅高景柱《世界主义的全球正义》，中国社会科学出版社 2020 年版，第 103 页脚注。

冒险选择的程序衡量的,比方说通过假定一种能够对满足水平的差异进行排序的能力"(第124页)。新解:"本人还假定,效用通过一些独立于涉及风险选择的程序来衡量,比如,通过假定有能力对不同满足程度之间的差异进行排序来衡量。"

【诠释】

本人现在想要考察支持平均效用原则(principle of average utility)的推论。我将在后面讨论古典效用原则(§30)。契约论的一大优点是,它揭示了无论其实际后果多么一致,这些原则(平均效用原则和古典效用原则)是明显不同的观念。它们涉及初始场景的各种对比诠释(contrasting interpretations),就此而言,它们的基本分析假设相差甚远。但我首先要讲的是效用的含义。在传统意义上,效用被理解为欲望的满足;它承认至少可以用边际来加总的人际比较。本人还假定,效用通过一些独立于涉及风险选择的程序来衡量,比如,通过假定有能力对不同满足程度之间的差异进行排序来衡量。这些都是传统假设,虽然它们是非常强的假设,但在这里不会受到批评。我要尽量用它自己的术语来考察这个历史学说。

【原文】§27-2-pp.139-140

【评析】

1. 原文:"Expectations are to measure total satisfactions enjoyed and foreseen. They are not, as in justice as fairness, merely indexes of primary goods"(p.140)。H本:"期望是对全部被观察和预见到的满足的衡量,它们并不像在公平的正义理论中那样,仅仅是基本善的指标"(第124页)。新解:"预期将用来测量人们享受和预见的总满意度。它们不像在公平正义中那样,仅仅是基本善指数。"

2. 原文:"By contrast, the principle of average utility directs society to maximize not the total but the average utility(per capita)"(p.140)。H本:"与此相对照,平均功利原则指示社会不是要最大化功利总数,而是要最大化平均功利(人均)"(第124—125页)。新解:"相比之下,平均效用原则指的是社会极大化平均(人均)效用,而非总效用。"部分学者把"average utility"解读为"平均效用主义"[①],也不妥当。

---

① 罗尔斯:《罗尔斯论文全集》,陈肖生等译,第710页。

3. 原文："To compute this sum we multiply expectations by the fraction of society at the corresponding position"（p.140）. H 本："为计算这一总额，我们用期望乘以相应地位的人所占的社会分额来得到这个总和"（第125页）。**新解**："为了计算这个总和，我们把预期乘以相应位置的社会分数。"

【诠释】

在应用于基本结构时，古典效用原则要求安排的制度极大化相关代表人预期的绝对加权总和。这个总和是通过将每个预期与相应位置的人数加权，然后相加得出的。因此，在其他条件相同的情况下，社会人数翻倍，总效用也翻倍。（当然，按照效用论的观点，预期将用来测量人们享受和预见的总满意度。它们不像在公平正义中那样，仅仅是基本善指数。）相比之下，平均效用原则指的是社会极大化平均（人均）效用，而非总效用。它似乎是比较现代的观点：密尔和维克塞尔就持有这一观点，最近另有些人赋予它新的基础。[①] 把这个观念应用到基本结构中，建立起各项制度，从而极大化各代表人预期的百分比加权和。为了计算这个总和，我们把预期乘以相应位置的社会分数。因此，如下说法就不再是真实的：在其他条件相同的情况下，当共同体的人口增加一倍时，效用是原来的两倍。相反，只要各个位置的百分比不变，效用就不变。

【原文】§27-3-p.140

【评析】

1. 原文："Which of these principles of utility would be preferred in the

---

[①] 有关密尔（Mill）和维克塞尔（Wicksell）的见解，参阅冈纳·米尔达尔（Gunnar Myrdal，1898-1987，瑞典经济学家）《经济理论发展中的政治因素》，保罗·斯特内顿（Paul Streeten）译，伦敦：劳特利奇和基根—保罗出版社1953年版，第38页及以后。参阅斯马特（J. J. C. Smart）《效用伦理学体系纲要》，剑桥：剑桥大学出版社1961年版。斯马特在该著作中没有解决这个问题，但在有必要打破僵局时肯定古典效用原则。至于平均效用理论的明确支持者，参阅哈桑伊（J. C. Harsanyi）"在福利经济学与风险理论中的基数效用"，《政治经济学杂志》1953年第61卷；以及哈桑伊"基数福利、个人主义伦理和效用人际比较"，《政治经济学杂志》1955年第63卷；布兰特（R. B. Brandt）："规则效用论形式的若干优点"，《科罗拉多大学学报》，科罗拉多州博尔德，1967年，第39—65页。不过，请留意本书第29节注32对布兰特观点的定性。关于哈桑伊的讨论，参阅帕特奈克（P. K. Pattanaik）"风险、非人格和社会福利函数"，《政治经济学杂志》1968年第76卷；森：《集体选择与社会福利》，第141—146页。——原注

original position?"（p.140）。H本："这些功利原则哪一个在原初状态中将比较可取呢？"（第125页）。新解："在初始位置上，两个效用原则中的哪一个原则将更加可取呢？""两个效用原则"指的是"古典效用原则"和"平均效用原则"。

2. 原文："Both variations come to the same thing if population size is constant"（p.140）。H本："如果人口数量保持不变，两者就是一回事"（第125页）。新解："如果人口规模是恒定的，那么两种变化将趋于相同。"

3. 原文："The maximum of total utility"（p.140）。H本："最大的功利总额"（第125页）。新解："极大化总效用"。

【诠释】

在初始位置上，两个效用原则中的哪一个原则将更加可取呢？为了回答这个问题，我们应该注意到，如果人口规模是恒定的，那么两种变化将趋于相同。不过当人口变化时，将产生差异。古典效用原则要求，只要制度影响家庭大小、婚姻年龄等，它们就应该被这样安排，以实现极大化总效用。这就意味着，每当个体的数量增加，人均效用下降得足够缓慢，那么无论人均效用下降多少，都应该鼓励人口的无限增长。在这种情况下，由更多人口增加的效用总和，足以弥补人均份额的下降。作为正义问题而非偏好问题，可能需要非常低的平均福利（见图12）。

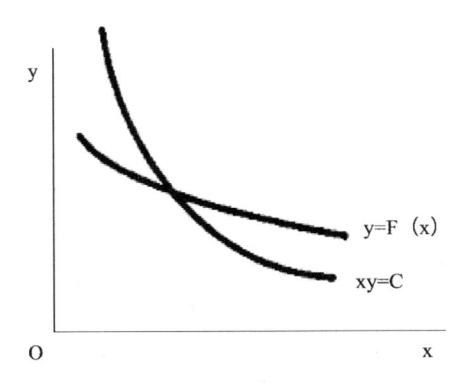

图12 人口的无限增长

【原文】§27-4-p.141

【评析】

1. 原文："**Average per capita utility**"（p.141）。H本："人平均量"（第126页）。新解："人均效用"。
2. 原文："**Population size**"（p.141）。H本："人口数"（第126页）。新解："人口规模"。
3. 原文："**For xy equals the total utility**"（p.141）。H本漏掉了这个语句。新解："因为xy等于总效用"。
4. 原文："**The area of the rectangle representing this total increases as x increases whenever the curve y = F（x）is flatter than xy = c**"（p.141）。H本："只要曲线 y = F（x）比 xy = C 平直，代表总量的方形面积就会随着的 x 的增加而增加"（第126页）。新解："当曲线 y = F（x）比 xy = c 更加平直时，表示该总效用的矩形的面积随 x 的增大而增大。"

【诠释】

在形式上，人口规模无限增长的条件是，曲线 y = F（x），其中 y 是人均效用，x 是人口规模，要比矩形双曲线 xy = c 更为平直。因为 xy 等于总效用，当曲线 y = F（x）比 xy = c 更加平直时，表示该总效用的矩形面积随 x 的增大而增大。

【原文】§27-5-p.141

【评析】

1. 原文："**This consequence of the classical principle seems to show that it would be rejected by the parties in favor of the average principle**"（p.141）。H本："古典原则的结果看来表明它将被赞成平均原则的各方拒绝"（第125页）。新解："古典效用原则的这一结果似乎表明，各方将拒绝古典效用原则，而赞成平均效用原则。"
2. 原文："**To agree to some sort of floor to hold up average welfare**"（p.141）。H本："同意某种平均福利的最低额"（第126页）。新解："同意保留某种额度的平均福利"。

3. 原文："I assume, therefore, that the more plausible utilitarian alternative to the two principles of justice is the average and not the classical principle"（p. 141）。H 本："因此，我假定，功利主义中可替换两个正义原则的较合理对象是平均原则而非古典原则"（第 126 页）。**新解**："因此，本人认为，取代两个正义原则的比较讲得通的备选效用原则，是平均效用原则，而非古典效用原则。"

【诠释】

现在，古典效用原则的这一结果似乎表明，各方将拒绝古典效用原则，而赞成平均效用原则。只有当平均福利总是下降得足够快（一旦超过某个确定点），以至于它们之间不存在严重分歧时，这两个原则才是等价的。但是，这个假设看似存在问题。从处于初始位置的人的观点来看，同意保留某种额度的平均福利似乎较为合理。因为各方的目的在于促进自身利益，所以他们在任何情况下都不想要极大化满足总额。因此，本人认为，取代两个正义原则的比较讲得通的备选效用原则，是平均效用原则，而非古典效用原则。

【原文】§27 – 6 – pp. 141 – 142

【评析】

1. 原文："**The alternatives**"（p. 141）。H 本："选择对象"（第 126 页）。**新解**："这些备选原则"。

2. 原文："**The average principle would be recognized as the only reasonable candidate**"（p. 141）。H 本："平均原则将被看作是唯一合理的候选者"（第 126 页）。**新解**："平均效用原则将被认为是唯一合理的候选原则。"

3. 原文："**The same distribution of natural talents**"（p. 142）。H 本："同样的自然才能的分配"（第 126 页）。**新解**："相同的天赋分布"。

4. 原文："**Redistribution policy**"（p. 142）。H 本："再分配的策略"（第 126 页）。**新解**："再分配政策"。

5. 原文："**He can then decide on this basis**"（p. 142）。H 本漏译了这个语句。**新解**："然后，他可以在此基础上做出决定。"

【诠释】

本人现在想要考虑的问题是，各方如何方能达成采纳平均效用原则。

本人将构想的推理是非常笼统的，如果它是站得住脚的，那么它将完全避开如何提出这些备选原则的问题。平均效用原则将被认为是唯一合理的候选原则。试想象这样一种情况，孤立的理性个体，可以选择进入若干社会中的某个社会。① 为了明确观念起见，首先假定，这些社会成员都有着相同的偏好。然后假定，这些偏好满足某些条件，使成员们能够确定基数效用。此外，每个社会都有相同的资源和相同的天赋分布。然而，拥有不同才能的人有着不同的收入；每个社会都有再分配政策，如果把再分配政策推到某个点之上，就会削弱激励，并因此降低生产。假设这些社会遵循不同的政策，那么，孤立的个体将如何决定加入哪个社会呢？如果他对自己的能力和利益了如指掌，如果他对这些社会有着详细的了解，他也许能够预见到他几乎肯定会在每个社会中享有的福利。然后，他可以在此基础上做出决定。他没有必要做任何概率计算。

【原文】§27–7–p.142

【评析】

1. 原文："He computes his prospect for a given society by taking as the alternative utilities those of the representative members of that society and as the likelihoods for each position his estimates of his chances of attaining it"（p.142）。H本："他通过把一个社会的代表人的功利作为可供选择的功利，把他对获得每一地位的机会的可能性的估计来计算他在一个既定社会中的前景"（第126—127页）。新解："他估算特定社会的前景，把这个社会代表成员的效用作为可选效用，并把对自己进入这个社会机会的估计作为每个位置的概率。"

2. 原文："A weighted sum of utilities"（p.142）。H本："功利加权和"（第126页）。新解："各种效用的加权和"。

3. 原文："p_1 is the likelihood of his achieving the ith position"（p.142）。H本："p_i是他达到i地位的可能性"（第127页）。新解："p_1是他达到第i位置的概率。"

4. 原文："u_i the utility of the corresponding representative man"（p.142）。H本："u_i是相应的代表人的功利"（第127页）。新解："u_i是

---

① 本人在此沿袭维克里（W. S. Vickrey）提出的某些最初步骤，参阅维克里"效用、策略和社会决策规则"，《经济学季刊》1960年第71卷，第532页及以后。——原注

相应代表人的效用"。

【诠释】

但这是相当特殊的个案。我们要逐步改变它，使它越来越像处在初始位置上的人的情况。因此，首先假定，假想的加入者不能确定，他拥有的才能令其能在这些不同社会中完成角色。如果他以为自己的偏好和别人的偏好是一样的，他可以通过努力极大化他渴望的幸福来决定其偏好。他估算特定社会的前景，把这个社会代表成员的效用作为可选的效用，并把对自己进入这个社会机会的估计作为每个位置的概率。然后，他的预期通过各代表个体各种效用的加权和来定义，即通过表达式 $\sum p_i u_i$ 来定义，其中 p_i 是他达到第 i 位置的概率，u_i 是相应代表人的效用。于是，他选择了有着最好前景的社会。

【原文】§27-8-p.142

【评析】

1. 原文："Probabilistic lines"（p.142）。H 本："概率思路"（第 127 页）。新解："各概率路线"。

2. 原文："He has an equal chance of being any individual"（p.142）。H 本："他有成为任何一个个体的同等可能性"（第 127 页）。新解："他有均等机会成为任何一个个体。"

3. 原文："His chance of falling under any representative man is the fraction of society that this man represents"（p.142）。H 本："他成为任何代表人的可能性等于该代表人所代表的社会分数"（第 127 页）。新解："他成为任何代表人的机会等于该代表人所代表社会的小分数。"

4. 原文："These modifications have at last brought his expected gains for each society in line with its average welfare"（p.142）。H 本："这些修正最后就使他期望在每个社会中的获利与这一社会的平均功利一致"（第 127 页）。新解："这些修正终于使他对每个社会的预期收益与该社会的平均福利相一致。"

【诠释】

几个进一步修改使得如上情况更接近初始位置。试假定，假想的加入者不知道自身的能力，不知道其在每个社会中可能占有的位置。不过仍然可以假定的是，他的偏好与在这些社会中人民的偏好是相同的。现在假定，他继续沿着各概率路线（probabilistic lines）进行推理，认为他有均等机会成为任何一个个体（也就是说，他成为任何代表人的机会等于该代表人所代表社会的小分数）。在这种情况下，他的前景仍然等同于每个社会的平均效用。这些修正终于使他对每个社会的预期收益与该社会的平均福利相一致。

【原文】§27-9-pp.142-143

【评析】

1. 原文："Similar preferences"（p.142）。H 本："相似的偏爱"（第127页）。新解："相似的偏好"。

2. 原文："Once this highly restrictive assumption is dropped, we take the final step and arrive at a variation of the initial situation"（p.142）。H 本："一旦放弃这一限制性很大的假设，我们就走到了最后一步，达到了一种最初状况"（第127页）。新解："一旦这个严格限制的假设被放弃，我们就采取最后一步，得出初始场景的某个变式。"

3. 原文："Nothing is known, let us say, about the particular preferences of the members of these societies or of the person deciding"（pp.142-143）。H 本："我们可以说，对这些社会的成员或那个抉择者的具体偏爱我们一无所知"（第127页）。新解："我们假定，谁都不知道这些社会成员或决策者的特殊偏好是什么。"

4. 原文："The veil of ignorance is now complete"（p.143）。H 本："无知之幕现在完全形成了"（第127页）。新解："现在无知之幕遮盖了一切。"

5. 原文："An equal likelihood"（p.143）。H 本："平等的可能性"（第127页）。新解："同等概率"。

6. 原文："Once again his prospect is highest for that society with the greatest average utility"（p.143）。H 本："再一次，他在那个有最高的平均功利的社会里有他最好的前程"（第127页）。新解："他的预期再一次在有着最大平均效用的社会里是最高的。"

【诠释】

到目前为止，我们假定，不管所有个体是否属于同一社会，他们都有相似的偏好。他们拥有大致相同的善观念。一旦这个严格限制的假设被放弃，我们就采取最后一步，得出初始场景的某个变式。我们假定，谁都不知道这些社会成员或决策者的特殊偏好是什么。这些事实以及对这些社会结构的了解都被排除在外。现在无知之幕遮盖了一切。但是，人们仍然可以想象，假设的新来者以同先到者一样的方式进行推理。他断定，自己有同等的概率成为任何一个人，完全具备那个人的偏好、能力和社会位置。他的预期再一次在有着最大平均效用的社会里是最高的。我们可以从以下方式看待这个问题。设 n 为一个社会中的人口。他们的福利水平是 U_1，U_2，... U_n。那么总效用是 $\sum u_i$，平均值是 $\sum u_i/n$。假设一个个体有同等的机会成为任何一个人，那么他的前景是：$1/n_{u_1} + 1/n_{u_2} + ... + 1/n_{u_n}$ 或 $\sum u_i/n$。前景价值等于平均效用。

【原文】§ 27 – 10 – p. 143

【评析】

罗尔斯正义理论的主要批评对象是古典效用论，而不是平均效用论。罗尔斯甚至赞同平均效用论，认为它有着比公平正义论更大的优点，因为平均效用论保证每个社会成员具有相同的预期。但是罗尔斯最终没有采纳平均效用论，因为平均效用论忽视甚至损害最少受惠群体的权益。差别原则正好克服了平均效用论的这个弱点。

1. **原文**："Interpersonal comparisons of utility"（p. 143）。H 本："功利人际比较"（第 127 页）。**新解**："效用的人际比较"。

2. **原文**："Have no aversion to risk"（p. 143）。H 本："没有任何对冒险的反感"（第 127 页）。**新解**："不厌恶风险"。

3. **原文**："The parties maximize their expected well-being as seen from this point of view"（p. 143）。H 本："各方最大化了从这一观点看的期望福利"（第 127 页）。**新解**："各方极大化他们的预期福利，这是从这个角度可以看到的。"

4. **原文**："One who held the average principle would want to invoke the contract theory at least to this extent"（p. 143）。H 本："一个坚持平均原则的人至少在这个范围里会希望诉诸契约论"（第 127 页）。**新解**："持有平均效用原则的人，至少在这种程度上愿意援引契约论。"

【诠释】

因此，如果我们放弃效用的人际比较问题，如果各方皆被视为理性个体，他们不厌恶风险，并在计算概率时遵循不充分理由原则（这是前面概率计算的基本原则），那么初始场景观念将自然导致平均效用原则。通过选择这个原则，各方极大化他们的预期福利，这是从这个角度可以看到的。因此，某种形式的契约理论，提供了论证平均效用原则优越于古典效用原则的某个方法。的确，除此以外，平均效用原则还能怎么解释呢？毕竟，与古典效用论观点不同，严格地说，平均效用原则不是目的论，因此它缺乏对极大化善观念的直觉诉求。或许，持有平均效用原则的人，至少在这种程度上愿意援引契约理论。

【原文】 §27-11-pp.143-144

【评析】

1. 原文："**Utility is understood in the traditional sense as the satisfaction of desire**"（p.143）。H本："功利是传统定义上理解的欲望的满足"（第128页）。**新解："效用在传统意义上被理解为欲望的满足。"**

2. 原文："**Utility is now understood as a way of representing the choices of economic agents**"（p.143）。H本："功利现在被理解为一种代表经济人选择的方式"（第128页）。**新解："效用现在被理解为代表对各经济行为主体做出这些选择的一种方式。"**

【诠释】

本人在前述讨论中假设，效用在传统意义上被理解为欲望的满足，而基数的人际比较（cardinal interpersonal comparisons）被认为是可能的。但是近几十年来，经济理论已经在很大程度上抛弃这种效用概念。人们认为，它过于模糊，在解析经济行为时，没有发挥任何重要作用。效用现在被理解为代表对各经济行为主体（economic agents）做出这些选择的一种方式，而不是作为衡量满足的一种测度。当前公认的主要类型的基数效用派生自诺依曼—摩根斯坦（Neuman-Morgenstern）的构想，这一构想主要基于风险前景的选择（§49）。与传统概念不同，这种衡量方法考虑了对不确定性的态度，并不寻求为人际比较提供基础。然而，用这一方法来制定平均效用原则仍然是可能的：假定处于初始位置或其某个变体的各方具有诺依曼—摩根斯坦效用函数并相应地评估其前景。① 当然这里须小心为要；比如这些效用函数不能考虑所有情况，但须反映各方对促进其利益的因素的估计。如果它们受到其他原因的影响，我们就不会有一个目的论理论了。

【原文】§27－12－p. 144

【评析】

1. **原文**："**An average utilitarian view**"（p. 144）。**H 本**："一种平均功利主义观"（第 128 页）。**新解**："一种平均效用观点"。
2. **原文**："**Risk aversion**"（p. 144）。**H 本**："对冒险的反感"（第 128 页）。**新解**："风险厌恶"。这是一个经济学术语，根据上下文可以解释为："风险厌恶"或"风险规避"。
3. **原文**："**Reasonable risk aversion**"（p. 144）。**H 本**："对冒险的合理反感"（第 128 页）。**新解**："合理的风险厌恶"或"合理的风险规避"。
4. **原文**："**The utilitarian weighting**"（p. 144）。**H 本**："功利主义的衡量"（第 128 页）。**新解**："注重效用的加权值"。

【诠释】

然而，当提到这些限制条款时，有人会提出一种平均效用观点。它认定，处在初始位置上的任何一个正常人，都会有很高的风险厌恶（risk aversion）水平；这种风险厌恶越是强烈，这种形式的效用原则就越像差别原则，至少在经济效益评估出现问题的时候是如此。当然，因为它们存在许多重要区别，这两个原则（平均效用原则和差别原则）并不相同。但也有这样一些相似之处：从适当的总体角度来看，风险和不确定性使这两种观点（主张平均效用原则的观点和主张差别原则的观点）都更加重视处境不太幸运者的优势和利益。事实上，合理的风险厌恶（risk aversion，风险规避）可能如此之

---

① 相关解释可参阅哈桑伊"在福利经济学与风险理论中的基数效用"，《政治经济学杂志》1953 年第 61 卷；哈桑伊："基数福利、个人主义伦理与效用人际比较"，《政治经济学杂志》1955 年第 63 卷。关于这一构想之某些难题的讨论，参阅帕特奈克《选举与集体选择》，剑桥：剑桥大学出版社 1971 年版，第九章；森：《集体选择与社会福利》，第 141—146 页。有关传统效用观念与诺依曼—摩根斯坦（Neuman-Morgenstern）效用观念比较的入门解释，可参阅丹尼尔·埃尔斯伯格（Daniel Ellsberg）"古典的与当前的'可测度效用'概念"，《经济学杂志》1963 年第 64 卷。——原注

大，一旦对于在初始位置上的决策存在巨大危害有了充分认识，那么就实际目的而言，注重效用的加权值将如此地接近于差别原则，从而使后者(差别原则) 的简单性成为赞同它的决定性理由（§49）。

§28 平均效用原则的若干难点
Some Difficulties with the Average Principle

【题解】

在上一节，罗尔斯充分肯定平均效用原则相对于古典效用原则的优点。在这一节，他讨论了平均效用原则与差别原则相比存在的几个难点。通过对这些难点的揭示，罗尔斯试图证明，他推崇的两个正义原则在总体上仍然优越于平均效用原则。

【原文】 §28-1-pp. 144-145

【评析】

1. 原文："Several difficulties with the average principle of utility"（p.144）. H本："平均功利原则的几个困难"（第128—129页）。**新解**："平均效用原则的若干难点"。

2. 原文："An objection which turns out to be only apparent"（p.144）. H本："一种最终将证明仅仅是表面上的反对意见"（第129页）。**新解**："一个只是表面的反对意见。"

3. 原文："If there is no objective basis for probabilities"（p.144）. H本："如果不存在任何客观的概率基础"（第129页）。**新解**："如果不存在支撑概率的客观基础"。

4. 原文："Acceptance of risk"（p.145）. H本："接受冒险"（第129页）。**新解**："接受风险"。

5. 原文："Everyone must actually have agreed to take the same chances"（p.145）. H本："所有人必须都实际上同意冒同样的风险"（第129页）。**新解**："每个人必须都实际地同意冒着同样的风险或抓住同样的机会。"

6. 原文："Since clearly there was no such occasion, the principle is unsound"（p.145）. H本："然而由于显然并没有这样的场合，这一原则

就是不正确的"(第129页)。**新解**："因为显然不存在这样的时机，所以这个原则是站不住脚的。"

7. **原文**："**Now offhand we are inclined to reject the slaveholder's argument as beside the point, if not outrageous**"（p. 145）。H本："也许我们马上就会反驳这个奴隶主，说他的论据即使不是专横的也是离题的"（第129页）。**新解**："我们当即会反驳这个奴隶主的如此论证，认为他这样说若非离谱，便是离题。"

8. **原文**："**It makes no difference what he would choose**"（p. 145）。H本："这个奴隶主本将选择什么无关宏旨"（第129页）。**新解**："该奴隶主的选择不会因此而有什么不同。"罗尔斯表示，无论奴隶主如何为自己作辩护，都不会对选择带来风险，因为现存奴隶制度保护着他的特权和地位，他的任何选择都不存在风险，除非他放弃他的特权和地位。

【诠释】

在讨论两个正义原则的论证之前，我想谈一谈平均效用原则的若干难点。不过，我们先应留意一下一个只是表面的反对意见。正如我们已经看到的那样，平均效用原则可以视为单一理性个体的伦理学，该个体准备从初始场景出发，采取任何必要机会(敢于冒着风险) 来极大化其前景。(如果不存在支撑概率的客观基础，它们是根据不充足理由原则计算的。) 这就诱使一些人反对这个原则，它假定，所有社会成员都真实而平等地接受风险。有人想说，在某个时候，每个人必须都实际地同意冒着同样的风险或抓住同样的机会。因为显然不存在这样的时机，所以这个原则(平均效用原则) 是站不住脚的。我们不妨考虑这样的极端情形，当奴隶主面对奴隶时，他试图通过向他们发表如下声明来证明其位置的合法性。首先，鉴于他们的社会环境，奴隶制实际上是产生最大的平均幸福(greatest average happiness) 所必需的；其次，在最初的契约情境下，他会选择平均效用原则，即使这要他冒着以后也会理所当然地被当作奴隶来对待的风险。我们当即反驳这个奴隶主的如此论证，认为他这样说若非离谱，便是离题。有人或许以为，该奴隶主的选择不会因此而有什么不同。除非各个个体实际同意一种带有真实风险的正义观念，否则，谁都不会受到那个正义观念要求的束缚。①

---

① 罗尔斯表示，平均效用原则无法反对赞同奴隶制度的论证，因为那个论证采纳的正是平均效用原则。虽然每个人包括奴隶主自己在内都存在着成为奴隶的风险，但是平均效用原则保证奴隶制是产生最大的平均幸福所必需的。

550 《正义论》评注

【原文】§28-2-p.145

【评析】

罗尔斯在这里提到的"两全其美",第一是人们为了解释个体的义务和职责而提供一种假设性的正义理论;第二是回到有风险的真实世界,人们选择自己想要的正义原则,抛弃自己不想要的正义原则。公平正义原则是人们为了规避风险而可以采取的最佳原则。与古典效用原则相比,平均效用原则是更好的正义原则。这个语句的前半句有两个"cannot",H 本只解读了一个"cannot",导致对整个语句的误解。

1. 原文:"**The general form of the slaveholder's argument**"(p.145). H 本:"这个奴隶主的论据的一般形式"(第 129 页)。**新解**:"这个奴隶主论证的一般形式"。

2. 原文:"**Such an understanding**"(p.145). H 本:"这样一种协议"(第 129 页)。**新解**:"这样的谅解"。

3. 原文:"**We cannot have it both ways**"(p.145). H 本:"我们不可能两面讨好"(第 129 页)。**新解**:"我们做不到两全其美"。

4. 原文:"**We cannot interpret the theory of justice hypothetically when the appropriate occasions of consent cannot be found to explain individuals' duties and obligations, and then insist upon real situations of risk-bearing to throw out principles of justice that we do not want**"(p.145). H 本:"在找不到解释个人的义务与职责的一致意见的情况下,我们就在假设的意义上解释正义理论,然后马上又坚持必须有承担风险的真实情境以抛弃我们不想要的正义原则"(第 129 页)。**新解**:"如果我们找不到达成同意的适当时机来解释个体的义务和职责,我们就无法在假设意义上解释正义理论;然后,我们强调承载风险的各种真实情况,抛弃我们不想要的正义原则。"

【诠释】

然而,从契约论观点来看,这个奴隶主论证的一般形式是正确的。奴隶们做出如下反驳是错误的:因为既不存在实际选择机会,也不存在平等分担未来事态发展的风险,所以奴隶主的论点是不得要领的。契约论原则纯粹是假设性的:如果一个正义观念在初始位置上得到同意,那么它的原则就是适用的正确原则。以下说法不是一个反驳:这样的谅解从未达成过，将来也永远不会达成。我们做不到两全其美：如果我们找不到达成同意的适当时机来解释个体的义务和职责，我们就无法在假设意义上解释正义理论；然后，我们强调承载风险的各种真实情况，抛弃我们不想要的正义原则。① 因此，在公平正义中，反驳奴隶主论证的方法在于表明，他援引的原则将在初始位置上被拒斥。我们别无选择，只能利用这一初始场景的各个方面（关于赞成的诠释）来明确表示：理由的平衡将有利于(公平正义所推崇的) 两个正义原则。本人将在下一节着手开展这项工作。②

【原文】§28-3-pp. 145-146

【评析】

1. **原文**："Construction of the individual's prospect"（p.146）。H 本："对个人前景的估计"（第130页）。**新解**："对个人前景的构想"。

2. **原文**："To assign probabilities to outcomes"（p.146）。H 本："来确定结果的概率"（第130页）。**新解**："把各种概率派发给各种结果"。

3. **原文**："To incorporate different kinds of information"（p.146）。H 本："纳入不同类型的信息"（第130页）。**新解**："获取不同种类的信息"。

4. **原文**："Limiting case"（p.146）。H 本："受限实例"（第130页）。**新解**："极限情况"。

【诠释】

本人在讨论极大化极小准则时已经提到平均效用原则的第一个难点，那个规则是用于安排两个正义原则论证的启发性工具。它涉及理性个体估计概率的方式。之所以产生这个难题，是因为在初始场景中，似乎没有客观理由假定，一个人有均等的机会去成为任何人。也就是说，这种假设并不是建立在一个人所处社会的已知特性之上的。在得出平均效用原则论证

---

① 本人在这个事情上犯了错误。参阅罗尔斯"宪政自由与正义概念"，收录于弗雷德里希（C. J. Friedrich）和查普曼（J. W. Chapman）编《规范，卷六：正义》，纽约：阿塞顿出版社1963年版，第109—114页。我感谢哈曼（O. H. Harman）指正了这一点。——原注
② 平均效用原则兼容于奴隶制度，如果我们要拒斥奴隶制度，就不应当从平均效用原则展开论证。罗尔斯认为，奴隶制度不兼容于公平正义推崇的两个正义原则，一种不兼容奴隶制度的原则优于一种兼容奴隶制度的原则，所以两个正义原则优于平均效用原则。

的早期阶段，假想的新来者，确实多少了解自身能力及其所设想的社会。他对机会的估计以这个信息(这种知情)为基础。但在最后阶段，人们完全不了解特定的事实（正义的环境所暗示的事实除外）。在这个阶段，对个人前景的构想完全取决于不充足理由原则。这一原则用于在缺乏任何信息的情况下把各种概率派发给各种结果。当我们完全没有证据时，各种可能情况被视为具有相同的概率。因此，拉普拉斯（Laplace）推论说，当我们要从装有不同比例红球与黑球的两个盒子中取球，却又没有摆在我们面前的那个盒子的任何信息时，我们就应当首先假定，从两个盒子的每次提取机会都是相等的。这意思是说，为这些先验概率奠定基础的无知状态，与一个人有大量证据表明一枚特殊硬币是没有偏差的情况，暴露出同样的问题。这一原则的独特之处在于，它使人们能够在严格的概率框架内获取不同种类的信息，并且即使在缺乏知识的情况下也能对概率做出推论。然而，不管它是如何得出的，先验概率都是一个理论的组成部分，以及是基于随机抽样的机会估算。没有信息的极端情况，不构成一个理论问题。①随着证据的积累，先验概率无论如何都会被修正，不充足理由原则至少保证在开始时不排除任何可能性。

【原文】§28 – 4 – pp. 146 – 147

【评析】

1. **原文**："**Discount likelihoods**"（p. 146）．**H 本**："不考虑……可能性"（第 130 页）。**新解**："对各种概率进行贴现"或"贴现各种概率"。

2. **原文**："**We are more reluctant to take great risks for them than for ourselves**"（p. 146）．**H 本**："我们比起为自己冒险来更不愿为我们的后代冒险"（第 130 页）。**新解**："假如为了后代与为了自己相比，我们要承担巨大风险，那么我们会更加犹豫不决。"

3. **原文**："**Since the parties have the alternative of the two principles of justice, they can in large part sidestep the uncertainties of the original position**"（p. 147）．**H 本**："由于各方有两个正义原则作为选择对象，他

---

① 参阅威廉·费尔纳《概率和利润》，第 27 页及以后。传统形式的不充足理由原则显然会产生难题。参阅凯恩斯（J. M. Keynes）《概率论》，伦敦：麦克米兰出版社 1921 年版，第四章。鲁道夫·卡尔纳普（Rudolf Carnap）的《概率的逻辑基础》通过其他理论手段，旨在达成古典原则的意图，建构归纳逻辑体系。参阅卡尔纳普《概率的逻辑基础》第 2 版，芝加哥：芝加哥大学出版社 1962 年版，第 344 页及以后。——原注

们大致能避开原初状态的这些不确实性"（第 130—131 页）。**新解**："既然各方把两个正义原则当作可选项，他们就能在很大程度上回避初始位置的不确定性。"

4. **原文**："A reasonably satisfactory standard of life"（p. 147）. H 本："一种合理的令人满意的生活水准"（第 131 页）。**新解**："相当令人满意的生活水平"。

5. **原文**："It seems, then, that the effect of the veil of ignorance is to favor the two principles"（p. 147）. H 本："所以，无知之幕的效果将有利于两个正义原则"（第 131 页）。**新解**："因此，无知之幕的效应似乎在于支持两个正义原则。"

【诠释】

现在，我假定，各方仅仅根据这一原则对达成的各种概率进行贴现。考虑到初始协议的根本重要性，以及希望自己的决定似乎对将受其影响的后代负责，这种假设是合理的。假如为了后代与为了自己相比，我们要承担巨大的风险，那么我们会更加犹豫不决；我们只有在无法避免这些不确定性的情况下才愿意去承担风险，或者，我们只有在这样的时候才愿意去承担风险：根据客观信息估计可能获得的收益如此之大，以至于拒绝眼前机会似乎对它们是不负责任的，即使接受这个机会实际上会变得很是糟糕。既然各方把两个正义原则当作可选项，他们就能在很大程度上回避初始位置的不确定性。在社会条件允许的情况下，他们可以保证保护自己的自由和相当令人满意的生活水平。事实上，正如本人将在下一节中论证的那样，因为它以不充足理由原则为依据，选择平均效用原则，是否真的有更加美好的前景，这是值得怀疑的。因此，无知之幕的效应似乎在于支持两个正义原则。这种正义观念，更加适合完全无知的情况。

【原文】 §28-5-p.147

【评析】

1. **原文**："One can convert an argument of Edgeworth for the classical principle into one for average utility"（p. 147）. H 本："人们可以把埃奇沃思为古典原则所做的一个论证转变成对平均原则的一个论证"（第 131 页）。**新解**："我们可以把埃奇沃思对古典效用原则的论证转变为对平均效

用原则的论证。"

2. 原文："Edgeworth's idea is to formulate certain reasonable assumptions under which it would be rational for self-interested parties to agree to the standard of utility as a political principle to assess social policies"（p. 147）。H 本："埃奇沃思的观念是要概括某些合理的假定，以便在这些假定下使自利的各方同意：把功利的标准作为评价社会政策的一个政治原则是合理的"（第 131 页）。新解："埃奇沃思的想法是，制定一些合理假设，在这些假设下，自利各方同意效用标准作为评估社会政策的政治原则是理性的。"

3. 原文："The political process is not a competitive one and these decisions cannot be left to the market"（p. 147）。H 本："政治的过程并不是一个竞争的过程，政治决定不可能像经济一样留给市场去解决"（第 131 页）。新解："政治过程不是竞争性过程，这些决定不能留给市场。" H 本的"像经济一样"在原文中没有出处。

4. 原文："To reconcile divergent interests"（p. 147）。H 本："调和分歧的利益"（第 131 页）。新解："调和不同的利益"。

5. 原文："His thought seems to be that over the long run of many occasions, the policy of maximizing utility on each occasion is most likely to give the greatest utility for any person individually"（p. 147）。H 本："他的思想看来是：在包括许多场合的一个长时期里，在每一场合里最大限度地增加功利的政策大概都能给所有单独的个人以最大的功利"（第 131 页）。新解："他的想法似乎是，从长远来看，在许多情况下，极大化效用政策在任一场合最有可能给每个人带来最大效用。"

【诠释】

可以肯定的是，存在这样一些社会假设，如果这些假设是正确的，那么它们将使各方能够客观评估同等的几率。为了证明这一点，我们可以把埃奇沃思(Edgeworth) 对古典效用原则的论证转变为对平均效用原则的论证。① 事实上，他的推理可以略作调整，以支持几乎任何一般的政策标准。埃奇沃思的想法是，制定一些合理假设，在这些假设下，自利

---

① 参阅埃奇沃思《数学心理学》，伦敦，1888 年版，第 52—56 页，并参阅埃奇沃思论文"纯粹税制理论"的头几页，该文载于《经济学杂志》1897 年第 7 卷，也参阅布兰特《伦理学理论》，新泽西英格伍德克利弗斯：普兰梯斯—霍尔出版社 1959 年版，第 376 页及以后。——原注

各方同意效用标准作为评估社会政策的政治原则是理性的。之所以需要这样的原则,是因为政治过程不是竞争性过程,这些决定不能留给市场。他们必须找到其他方法来调和不同的利益。埃奇沃思认为,作为预期标准,效用原则将得到自利各方的同意。他的想法似乎是,从长远来看,在许多情况下,极大化效用政策在任一场合最有可能给每个人带来最大效用。在税收和财产立法等方面始终如一地适用这一标准,是为了从任何一个人的角度得到最佳结果。因此,通过采用效用原则,自利各方可以合理地保证,他们终将毫发无损,事实上,他们将最佳地改善自己的前景。

【原文】§28-6-pp.147-148

【评析】

1. 原文:"Extremely unrealistic"(p.147)。H本:"非常不真实的"(第131页)。新解:"极其脱离现实的"。

2. 原文:"The effects of the decisions"(p.148)。H本:"决定的效果"(第131页)。新解:"决策效应"。

3. 原文:"Live long enough"(p.148)。H本:"生活得足够久"(第132页)。新解:"足够长寿"。

4. 原文:"There is some mechanism which insures that legislation guided by the principle of utility distributes its favors evenly over time"(p.148)。H本:"在某个时期有某种机制确保受功利原则指导的立法平均地分配它的利益"(第133页)。新解:"存在某种机制,确保以效用原则为指导的立法,随着时间的推移,均匀地惠施它的各种恩泽。"

5. 原文:"Some questions of social policy are much more vital than others, often causing large and enduring shifts in the institutional distribution of advantages"(p.148)。H本:"某些社会政策问题会比另一些政策问题关键得多,常常在利益的制度分配中引起巨大和持久的变化"(第131页)。新解:"某些社会政策问题比其他问题更加生命攸关,常常导致对各种优势和利益的制度分配发生巨大而持久的变化。"

【诠释】

埃奇沃思观点的不足之处在于,他的必要假设是极其脱离现实的,在基本结构方面尤其如此。① 陈述这些假设，是为了看看它们究竟有多么不可信。我们必须假定，构成政治过程的决策效应，不仅是独立的，而且在其社会结果(social results) 方面是大致同步的，这些社会结果在任何情况下都不可能很大，否则这些效应就不可能是独立的。此外，我们必须假定，要么人们以随机方式从一个社会位置转到另一个社会位置，他们要足够长寿使得得失趋于平均，要么存在某种机制，确保以效用原则为指导的立法，随着时间的推移，均匀地惠施它的各种恩泽。不过，社会显然不是这样一个随机过程；某些社会政策问题比其他问题更加生命攸关，常常导致对各种优势和利益的制度分配发生巨大而持久的变化。

【原文】§28 – 7 – p. 148

【评析】

1. 原文："Trade policies with foreign countries"（p. 148）。H 本："同其他国家的贸易政策"（第 132 页）。新解："对外贸易政策"。

2. 原文："Whether it shall remove long-standing tariffs on the import of agricultural products in order to obtain cheaper foodstuffs for workers in new industries"（p. 148）。H 本："它是否要取消长期以来对农产品进口实行的关税政策，以便使那些新的工业领域里的工人得到较便宜的粮食"（第 132 页）。新解："它是否应当取消向进口农产品征收的长期关税，以便为新兴产业工人获得更廉价的粮食。"

3. 原文："The landed and the industrial classes"（p. 148）。H 本："土地所有者和工业阶级"（第 132 页）。新解："土地所有者阶层和产业阶层"。

4. 原文："Edgeworth's reasoning holds only when each of the many decisions has a relatively small and temporary influence on distributive shares and there is some institutional device insuring randomness"（p. 148）。H 本："埃奇沃思的推理只适用于这种场合：许多决定对分配的份额仅有一种相对微弱和暂时的影响，同时，也许还存在着某种制度结构来保证随机性"（第 132 页）。新解："只有当许多决策中的每次决策都对

---

① 本人在此借用李特尔批评埃奇沃思的论点，参阅李特尔《福利经济学评述》第 2 版，牛津：克莱伦顿出版社 1957 年版。那是他用来反对希克斯提议的；参阅第 93 页及以后，第 113 页及以后。——原注

分配份额产生相对微小且暂时的影响，并且存在某种确保随机性的制度手段时，埃奇沃思的推理才能成立。"

5. 原文："The principle of utility has a subordinate place as a legislative standard for lesser questions of policy"（p. 148）. H 本："功利的原则作为一个适用于较少的政策问题的立法标准，占据着一个次要的地位"（第 132 页）。**新解**："效用原则作为适用于次要政策问题的立法标准具有某个从属地位。"

【诠释】

例如，试看以下情况：一个社会正在考虑其对外贸易政策的历史性变革。它考虑的问题是，它是否应当取消向进口的农产品征收的长期关税，以便为新兴产业工人获得更加廉价的粮食。这种变革以效用论理由为依据，这一事实并不意味着，它不会永久地影响土地所有者阶层和产业阶层的相对位置。只有当许多决策中的每个决策都对分配份额产生相对微小且暂时的影响，并且存在某种确保随机性的制度手段时，埃奇沃思的推理才能成立。因此，在实际假设下，他的论点最多只能证明，效用原则作为适用于次要政策问题的立法标准具有某个从属地位。不过，这显然意味着，这个原则不适用于解决主要的社会正义问题。我们在社会中的初始位置、我们的先天禀赋以及社会秩序，是一组事实，它们具有普遍而持续的影响力，首先规定着正义问题的特征。我们决不能被迷人的数学假设弄得神魂颠倒，以至于妄想人们拥有社会位置的偶然因素和他们处境的不对称现象终将消失殆尽。相反，我们必须选择好我们的正义观念，它充分承认情况并非如此，也不可能如此。

【原文】§ 28 – 8 – pp. 148 – 149

【评析】

1. 原文："The parties carry on with probabilistic calculations as if information had not run out"（p. 148）. H 本："各方就好像还有信息可用那样继续着概率计算"（第 132 页）。**新解**："各方进行概率计算，好像信息没有得到利用。"

2. 原文："Considerations of probability are bound to enter in given the way in which the initial situation is defined"（p. 149）. H 本："给定最初状况所定义的那种方式，概率的考虑是必然要进入的"（第 132—133 页）。

新解："给定初始场景的定义方式，必定考虑到概率。"

【诠释】

由此可见，如果要接受平均效用原则，各方必须从不充足理由原则进行推理。在不确定情况下，他们必须遵循有人所谓的拉普拉斯规则进行选择。这些可能性以某种自然方式确定，每个可能性都被赋予相同的概率。没有提供有关社会的一般事实来支持这些赋予；各方进行概率计算，好像信息没有得到利用。现在我不能在这里讨论概率概念，但有几点需要注意。① 首先，也许令人惊讶的是，作为一个问题，概率的意义（meaning of probability）将出现于道德哲学，尤其将出现于正义理论。然而，这是契约理论的必然结果，那个理论把道德哲学视为理性选择理论的一部分。给定初始场景的定义方式，必定考虑到概率。无知之幕直接导致完全不确定条件下的选择问题。当然，我们有可能把各方看作完全的利他主义者，并假定他们像置身于每个人的位置那样地进行推理。如此解释初始场景，消除了风险和不确定性的因素（§30）。

【原文】 §28–9–p. 149

【评析】

1. 原文："The essential thing is not to allow the principles chosen to depend on special attitudes toward risk"（p. 149）。H 本："关键在于不允许原则的选择取决于特殊的冒险态度"（第 133 页）。**新解**："重要的是，被选中的原则不得取决于应对风险的特殊态度。"

2. 原文："The parties do not know whether or not they have an unusual aversion to taking chances"（p. 149）。H 本："各方不知道他们对冒险是否有一特殊的厌恶"（第 133 页）。**新解**："各方不知道自己是否非常厌恶风险。"

3. 原文："A social system may take advantage of these varying propensities"（p. 149）。H 本："一种社会体系可以利用这些不同的气质"（第 133 页）。**新解**："社会系统可以利用这些不同的倾向"。

---

① 威廉·费尔纳：《概率和利润》，第 210—233 页，有一份附有简要评论的书目。对所谓的贝叶斯观点的最近发展特别重要的著作是萨维奇（L. J. Savage）《统计基础》，纽约：约翰—威利父子出版社 1954 年版。有关哲学文献的指引，参阅凯伯格（H. E. Kyburg）《概率和归纳逻辑》，新泽西瑞微赛德：麦克米兰出版社 1970 年版。——原注

4. 原文："**It is not an argument for the two principles of justice that they express a peculiarly conservative point of view about taking chances in the original position**"（p. 149）。H 本："两个正义原则对原初状态中的冒险表现了一种特别保守的观点这一说法，并不是支持它们的一个论据"（第 133 页）。**新解**："如下说法不是支持两个正义原则的论证：针对在初始位置上的风险，它们表达了一种特别保守的观点。"

5. 原文："**Agreeing to these principles rather than the principle of utility is rational for anyone whose aversion to uncertainty in regard to being able to secure their fundamental interests is within the normal range**"（p. 149）。H 本："对于正常范围内的反感不确定性的任何人而言，在确保其根本利益这方面，他们选择两个正义原则而不是功利原则都是合理的"（第 133 页）。**新解**："同意两个正义原则，而不同意效用原则，对于任何人来说都是理性的，为了能够确保其根本利益，他把对不确定性的规避限定在正常范围之内。"

【诠释】

无论如何，在公平正义中，没有办法完全避免这个问题。重要的是，被选中的原则不得取决于应对风险的特殊态度。出于这个原因，无知之幕也排除了对这些倾向的了解：各方不知道自己是否非常厌恶风险。正义观念的选择，应尽可能地取决于对接受风险的理性评估，而不受个人持有的诸如此类特殊风险偏好的影响。当然，通过建立允许它们为共同目的充分发挥作用的制度，社会系统可以利用这些不同的倾向。但是无论如何，在理想情况下，这个系统的基本设计不应依赖于这些态度（§81）。因此，如下说法不是支持两个正义原则的论证：针对在初始位置上存在的风险，它们表达了一种特别保守的观点。必须明确的是，鉴于这种情况的独特性，同意两个正义原则，而不同意效用原则，对于任何人来说都是理性的，为了能够确保其根本利益，他把对不确定性的规避限定在正常范围之内。

【原文】§28 – 10 – pp. 149 – 150

【评析】

1. 原文："**Grounds of rational decision**"（p. 149）。H 本："合理决定的根据"（第 133 页）。**新解**："理性决策的依据"。

2. 原文："**The relative strength of the various tendencies that affect**

the outcome"（p. 149）。H本："各种影响到结果的趋势的相对力量"（第133页）。新解："影响结果的各种趋势的相对强度"。

3. 原文："The parties discount estimates of likelihoods not supported by a knowledge of particular facts"（p. 150）。H本："各方将不考虑这样一种对可能性的估计——这种估计不是根据对特殊事实的知识"（第133页）。新解："各方对没有特定事实知识支持的概率估计进行贴现"。

4. 原文："Be incorporated into the formal apparatus of the theory of probability"（p. 150）。H本："纳入概率理论的形式装置中"（第133页）。新解："被列为概率论的形式工具"。

【诠释】

第二，我只是简单假定，假如概率判断要成为理性决策的依据，就须有客观基础，即针对特定事实（或合理信念）的认识基础。这种证据不必以相对频率报告的形式出现，但应当为估计影响结果的各种趋势的相对强度提供依据。鉴于在初始位置上的选择具有根本意义，而且各方希望自己的决定在其他人看来是有根据的，因此，出于客观原因的必要性就显得更加紧迫。我于是假定，为了完成有关初始场景的描述，各方对没有特定事实知识支持的概率估计进行贴现，并且这些概率在很大程度上（若非完全）基于不充足理由原则而产生。客观根据的要求，似乎在新贝叶斯理论家和那些坚持较为古典观点的理论家之间没有争议。在这种情况下的争议在于，基于常识的对各种可能性的直观而不精确的估计，在多大程度上应该被列为概率论的形式工具，而不是以一种特别方式来使用，以调整通过不考虑这些信息的方法得出的结论。① 当然，在可能情况下，最好以系统方式，而不是以不规则的和无法解释的方式，使用我们的直觉知识和常识预感。不过这一切都不影响这样的论点：假如概率判断要成为在初始位置特殊情况下的理性决策的依据，就必须在已知的社会事实中有一定的客观基础。

【原文】§28－11－p. 150

【评析】

1. 原文："The utilities of the alternatives（the u_i in the expression Σ

---

① 参阅费尔纳《概率和利润》，第48—67页；卢斯和雷法：《博弈与决策》，第318—334页。——原注

$p_i u_i$) are derived from a single system of preferences"（p. 150）。H 本："选择对象的功利（在 $\sum p_i u_i$ 中的 u_i）是派生自一个单独的偏好体系，即做出决定的个人的那些偏好"（第 134 页）。**新解**："各可选项的效用（表达式 $\sum p_i u_i$ 中的 u_i）派生自某个单一偏好组（亦即个体已经做出选择的偏好）。"

2. 原文："The utilities represent the worth of the alternatives for this person as estimated by his scheme of values"（p. 150）。H 本："功利代表着这个人的价值体系所估计的这个可选项对他的价值"（第 134 页）。**新解**："对这个人来说，效用表示由其价值组合估计的这些可选项的价值。"

3. 原文："The individual is thought to choose as if he has no aims at all which he counts as his own"（p. 150）。H 本："个人被认为是在好象没有任何可以算作他自己的目的的情况下进行选择"（第 134 页）。**新解**："个体被设想为仿佛在全无自身目的地进行选择。"

4. 原文："He takes a chance on being any one of a number of persons complete with each individual's system of ends, abilities, and social position"（p. 150）。H 本："他有机会成为许多完全具有每个人的目的体系、能力和社会地位的人之一"（第 134 页）。**新解**："他有机会成为许多人中的任何一个人，而每个人都有着完备的目标、能力和社会位置。"

5. 原文："Since there is no one scheme of aims by which its estimates have been arrived at, it lacks the necessary unity"（p. 150）。H 本："由于不存在任何可据之得出估计的目的体系，它看来缺少必要的统一性"（第 134 页）。**新解**："对这个预期的估计通过任一目标计划方能实现，由于不存在这样的目标计划，这个预期缺乏必要的统一性。"在这里，罗尔斯给出的是明确的否定，而不是"看来"这样的含糊其辞的说法。

【诠释】

本人在此提到的最后一个难点，触发了一个深层次问题。虽然我不能妥善处理它，但我不应当忽略它。在支持平均效用原则的最后一步推理中，这个问题由预期的特殊性引起。在正常情况下，在计算各种预期时，各可选项的效用（表达式 $\sum p_i u_i$ 中的 u_i）派生自某个单一偏好组（亦即个体已经做出选择的偏好）。对这个人来说，效用表示由其价值组合估计的这些可选项的价值。然而，在本例中，每个效用都基于不同个体的偏好。有多少不同的个体，就有多少不同的效用。显然，这种推理以人际比较为前提。我暂且不讨论这些界定问题，这里要注意的一点是，个体被设想为仿佛在全无自身目的地进行选择。他有机会成为许多人中的任何一个人,而每个人都有着完备的目标、能力和社会位置。我们可能怀疑,这样的预期是否有意义。对这个预期的估计通过任一目标计划方能实现,由于不存在这样的目标计划,这个预期缺乏必要的统一性。

【原文】§28-12-p.151

【评析】

1. 原文:"**Evaluating objective situations and evaluating aspects of the person**"(p.151)。H本:"评价的客观条件与主观方面"(第134页)。**新解**:"评价客观情况和评价人格各个方面"。

2. 原文:"**The worth to us of the way of life of another and the realization of his ends(his total circumstances)is not, as the previously constructed expectation assumes, its worth to him**"(p.151)。H本:"另一个人的生活方式和他的目标(他整个的环境)实现对我们的价值,并不像先前建构的期望所假定的是对他的价值"(第134页)。**新解**:"不像先前构建的预期所假定的那样,他人生活方式及其目标的实现(他的全部情况)对我们具有的价值,不等于对他本人具有的价值。"

3. 原文:"**Conflicting claims arise not only because people want similar sorts of things to satisfy similar desires(for example, food and clothes for essential needs)but because their conceptions of the good differ**"(p.151)。H本:"冲突的要求出现不仅是因为人们想要类似的东西来满足类似的欲望(例如用于基本需求的衣食),而且是因为他们的善观念不同"(第134页)。**新解**:"之所以产生冲突性诉求,不仅是因为人们想要用相似种类的事物满足相似的欲望(例如,满足基本需要的食物和衣物),而且是因为他们持有不同的善观念。"

4. 原文:"**While the worth to us of basic primary goods may be agreed to be comparable to their worth to others, this agreement cannot be extended to the satisfaction of our final ends**"(p.151)。H本:"虽然可以同意基本善对我们与对他们的价值是可堪比拟的,但这种同意并不能扩展到我们最终目标的满足上"(第134—135页)。**新解**:"虽然各方可以一致认为,基本的基本善对我们具有的价值与它们对他人具有的价值是不相上下的,但是这一协议不能扩展到最终目标的实现上。"短语:"Basic primary goods"。H本:"基本善"。**新解**:"基本的基本善"。这个短语在

《正义论》中只出现了一次，但是它也佐证了把"primary goods"解读为"初始权益"要优于"基本善"。H本漏掉了短语"basic primary goods"中的"basic"。罗尔斯想用这个短语表示，这些善或权益既是初始的（primary），又是基本的（basic）。

5. 原文："Subject to no commonly acceptable measure"（p. 151）。H本："不可能有任何共同的评价标准"（第135页）。**新解**："不受制于通常可接受的评判标准"。

【诠释】

为了澄清这个问题，我们不妨在评价客观情况和评价人格各个方面——各种能力、性格特征和系列目标——之间做出区分。现在，从我们的角度来看，根据一个人的社会位置、财富等，或者根据其在基本善方面的前景，来评估另一个人的处境往往是很容易的。我们把自己放在他的位置上，把我们的性格和偏好（不是他的性格和偏好）都考虑进去，并考虑到我们的计划会受到怎样的影响。我们可以走得更远些。我们至少可以用他人的一些特点和目标来评估身处他人的位置对我们的价值。只要我们知道自己的人生规划，我们就可以决定，我们持有这些特点和目标是否合理，如果合理的话，我们发展和促进它们便是可取的。那么，在构建我们的预期时，我们应当如何评估他人的生活方式和最终目标呢？它们究竟是我们的目标，还是他人的目标？契约论假定，我们必须从自己的立场来决定：不像先前构建的预期所假定的那样，他人生活方式及其目标的实现（他的全部情况）对我们具有的价值，不等于对他本人具有的价值。此外，正义的环境意味着，这些价值有着巨大差异。之所以产生冲突性诉求（conflicting claims），不仅是因为人们想要用相似种类的事物满足相似的欲望（例如，满足基本需要的食物和衣物），而且是因为他们持有不同的善观念（conceptions of the good）；虽然各方可以一致认为，基本的基本善（basic primary goods）对我们具有的价值与它们对他人具有的价值是不相上下的，但是这一协议不能扩展到最终目标的实现上。诚然，各方并不知道自己的最终目标是什么，但他们知道，一般而言，这些目标是相互对立的，不受制于通常可接受的评判标准。一个人的身家性命对他本人具有的价值和它对我们具有的价值是不一样的。因此，对平均效用原则最后一步的预期是不正确的。

【原文】§28 – 13 – pp. 151 – 152

【评析】

1. 原文："The reasoning for the average principle must somehow define a unified expectation"（p. 151）。H 本："趋向平均原则的推理必须多少确定一种统一的期望"（第 135 页）。**新解**："平均效用原则的推理必须以某种方式定义单一预期。"

2. 原文："These rules become part of the meaning of the utility principle just as the use of an index of primary goods is part of the meaning of the difference principle"（p. 151）。H 本："这些规则就成为功利原则意义的一部分，就像一个基本善指标的使用是差别原则意义的一部分"（第 135 页）。**新解**："正如使用基本善指数是差别原则意义的一部分一样，这些规则成为平均效用原则意义的一部分。" 这个语句的 "the utility principle" 和前一语句的 "the average principle" 所指称的对象是相同的，都是指 "平均效用原则"。

3. 原文："Such as strength of preferences and desires, natural abilities and physical attributes, private and public goods enjoyed, and so on"（p. 151）。H 本："像偏好与欲望的强度，自然能力与身体特性，享有的私人与公共的善等"（第 135 页）。**新解**："例如偏好强度和欲望强度、自然能力和身体属性、得到享用的私人产品和公共物品等等。"

4. 原文："Individuals characterized by the same parameters are agreed to have the same satisfaction; and so granted the acceptance of these comparison-rules, average satisfaction can be defined and the parties are assumed to maximize their expected satisfaction so understood"（pp. 151 – 152）。H 本："由这同样的参数表征的个人同意有同样的满足，所以认可了接受这些比较规则，平均的满足就能被确定，各方就被假定是要最大化如此理解他们所期望的满足"（第 135 页）。**新解**："以相同参数为特征的个体，被视为具有相同的满意度；因此，一旦接受这些比较规则，就可以界定平均满意度，并且假定各方极大化被如此理解的他们所持期望的满意度。"

【诠释】

我们可以用不同方式描述这个难点。平均效用原则的推理必须以某种方式定义单一预期。假设各方同意，依照若干规则进行人际比较。正如使用基本善指数是差别原则意义的一部分一样,这些规则成为平均效用原则意义的一部分。因此,这些比较规则(我这样称呼它们)可以视为源自若干心理学法则,这些心理学法则在给定某些参数的情况下决定人们的满意度,例如偏好强度和欲望强度、自然能力和身体属性、得到享用的私人产品和公共物品等等。以相同参数为特征的个体,被视为具有相同的满意度;因此,一旦接受这些比较规则,就可以界定平均满意度,并且假定各方极大化被如此理解的他们所持预期的满意度。这样,每个人都认为,自己具有同样的深层效用函数,并从初始位置的视角,将他人所获满足视为了解自身预期的合法入口。同样的单一预期适用于所有人,并且(使用拉普拉斯规则)关于平均效用原则的协议就此达成。

【原文】§28 – 14 – p. 152

【评析】

罗尔斯在这里讨论了两类人,一是没有任何最高阶利益或根本目的的"无规定的人"(bare-persons);二是有一定最高阶利益或根本目的的"有规定的人"(determinate-persons)。这两类人构成对应关系。H 本分别把它们解读为"光秃秃的人"和"确定的人格",读者便无法知道那种对应关系。

1. 原文:"**The parties are conceived as having no definite highest-order interests or fundamental ends by reference to which they decide what sorts of persons they care to be**"(p. 152)。H 本:"各方被理解为没有明确的最高阶的利益或者他们将据以决定自己能成为什么样的人的基本目标"(第 135 页)。**新解**:"各方被视为没有明确的最高阶利益或根本目的,通过参照那些利益和目的,他们决定自己想要成为什么样的人。"H 本在解读精确性上有所欠缺,这里的"which",不仅指"最高阶利益",而且指"根本目的"。

2. 原文:"**Determinate character of will**"(p. 152)。H 本:"决定性的意志特征"(第 135 页)。**新解**:"明确的意志品格"。

3. 原文:"**Bare-persons**"(p. 152)。H 本:"光秃秃的人"(第 135 页)。**新解**:"无规定的人"。

4. 原文:"**Determinate-persons**"(p. 152)。H 本:"确定的人格"(第 135 页)。**新解**:"有规定的人"。

【诠释】

重要的是要注意到,这种推理以特定的人格观念为前提。各方被视为没有明确的最高阶利益或根本目的,通过参照那些利益和目的,他们决定自己想要成为什么样的人。他们好像没有明确的意志品格。我们不妨说,他们是无规定的人(bare-persons):正如某些比较规则处理的那样,不管这些规则指派给自身目的或他人目的评价是什么,即使它们冲突于其现有根本利益所要求的评价,他们做好相同的准备,想把这些评价作为对其权益的规定。不过我们假设,即使各方不知道自身所持系列目标的具体性质,他们确实拥有确定的品格与意志。因此可以说,他们是有规定的人(determinate-persons):他们有一定的最高阶利益和根本目的,参照这些利益和目的,他们将决定自己可以接受的生活方式和从属目的。不管它们是什么,他们必须努力保护这些利益和目的。因为他们知道,第一正义原则所涵盖的基本自由将确保这些利益,他们必须承认两个正义原则,而不是效用原则。

【原文】 §28－15－pp.152－153

【评析】

1. 原文:"Objective grounds"(p.152)。H本:"客观基础"(第135页)。新解:"客观依据"。
2. 原文:"Equal likelihoods"(p.152)。H本:"平等的可能性"(第135页)。新解:"同等概率"。
3. 原文:"As-if probabilities"(p.152)。H本:"虚拟的概率"(第135页)。新解:"似然概率"。

【诠释】

综上所述,本人认为,推导出平均效用原则所依赖的预期在两个方面是错误的。第一,因为在初始位置上不存在接受同等概率的客观依据,实际上,因为在初始位置上不存在接受任何其他概率分布的客观依据,所以,这些概率仅仅是似然概率(as-if probabilities)。它们仅仅依赖于不充足理由原则,没有提供接受效用原则的独立理由。相反,诉诸这些概率,实际上是规定这个原则的一种间接方式。第二,效用论假定,各方没有明确的品质或意志,他们不是有着明确的最终利益或特定善观念并关心保护它们的人。因此,综合这两个因素,效用论推理得出纯粹形式的预期表达,但它缺乏适当的意义。就好像在合法使用概率论证和人际比较方法的条件被初始位置情况排除很久之后,个体仍在使用它们。

§29　支持两个正义原则的若干主要依据
Some Main Grounds for the Two Principles of Justice

【题解】

在讨论了平均效用原则之后，罗尔斯接着论证赞同或支持两个正义原则的主要依据。罗尔斯试图证明，无论在质性上还是在定量上，两个正义原则都比平均效用原则具有优越性。他用"公开性条件和终极性条件"来表示这种优越性。首先，两个正义原则摆脱了效用极大化，也就是摆脱了个人自利论嫌疑。其次，两个正义原则实现了原则的最大普遍性和公开性。第三，两个正义原则保障每个公民享有基本自由、权利和利益。罗尔斯设定了个体权利和共同利益交换的边界或"约束性条款"。实施两个正义原则有利于促进人际社会合作和相互尊重。差别原则是一个利益调节原则，也是一个所有社会合作成员皆能受益的原则。因此，有学者表示："罗尔斯对差别原则的设想已经内在地嵌入了与自尊的社会基础相联系的互惠性要求。"[1]

【原文】§29 – 1 – p. 153

【评析】

在这里罗尔斯谈到了证明两个正义原则的公开性条件和终极性条件。

1. **原文**："**The conditions of publicity and finality**"（p. 153）。**H 本**："公共性和终极性的条件"（第 136 页）。**新解**："公开性条件和终极性条件"。

2. **原文**："**Any further advantages that might be won by the principle of utility are highly problematical**"（p. 153）。**H 本**："通过功利原则可能赢得的任何进一步利益都是很成问题的"（第 136 页）。**新解**："或许以效用原则赢得的某些其他优势将很成问题。"

3. **原文**："**Whereas the hardship if things turn out badly are intolerable**"（p. 153）。**H 本**："如果情况一旦变坏其结果却是不可忍受

---

[1] 徐向东："基本结构与背景正义——反驳柯亨对罗尔斯的批评"，《中国人民大学学报》2021 年第 5 期。

的"（第136页）。**新解**："弄不好会造成难以忍受的痛苦"。这个语句中的"the hardship"表示由事情恶化导致的"苦痛"。

4. **原文**："**It is at this point that the concept of a contract has a definite role: it suggests the condition of publicity and sets limits upon what can be agreed to**"（p. 153）。H本："正是在这一点上，一种契约的观点有一确定的作用，它示意了公共性的条件并对我们能够同意的内容提出了限制"（第136页）。**新解**："正是在这一点上，契约概念有一明确的作用：它提出了公开性条件，对可以达成的协议设定了限制。"

【诠释】

在这一节中，本人将利用公开性条件和终极性条件，给出支持两个正义原则的若干主要论点。本人将以事实为依据使一项协议有效，各方须有能力在所有相关的可预见的情况下履行该协议。须有人们能够执行协议的合理保证。我提出的论点适合放入一个启发式纲要中，那个纲要受到遵循极大化极小准则的诸多理由的启示。也就是说，它们有助于表明，在极不确定的情况下，两个正义原则是一个恰当的最小值正义观念。或许以效用原则赢得的某些其他优势将很成问题，弄不好会造成难以忍受的痛苦。正是在这一点上，契约概念有明确的作用：它提出了公开性条件，对可以达成的协议设定了限制。

【原文】§29 – 2 – p. 153

【评析】

罗尔斯在这里讨论了承诺的压力（strains of commitment）和立约之后做出的承诺的负担（burden of commitment）。H本把前者解读为"承诺的强度"，正好与其本意颠倒了。

1. **原文**："**The first confirming ground for the two principles can be explained in terms of what I earlier referred to as the strains of commitment**"（p. 153）。H本："两个原则的第一个可靠根据可以通过我先前称之为承诺的强度的术语来解释"（第136页）。**新解**："支持两个正义原则的第一个确定依据，可以用我之前所说的承诺的压力来解析。"

2. **原文**："**Have a capacity for justice**"（p. 153）。H本："有一种建立正义感的能力"（第136页）。**新解**："有伸张正义的能力"。

3. **原文**："**Their undertaking is not in vain**"（p. 153）。H本："他们的

承担不会是徒劳的"（第 136 页）。**新解**："他们做出的承诺没有不了了之"。

4. **原文**："**When we enter an agreement we must be able to honor it even should the worst possibilities prove to be the case. Otherwise we have not acted in good faith.**"（p. 153）。H 本："当我们进入一种契约后，我们必须能够甚至出现最坏情况下仍然尊重它，否则，我们就不会充满信心地行动"（第 136 页）。**新解**："**当我们达成协议时，我们必须能够履行它，即使最坏的可能性得到证实，也是如此。否则，我们就做事缺乏诚意。**"

5. **原文**："**The parties must weigh with care**"（p. 153）。H 本："各方必须仔细衡量"（第 136 页）。**新解**："**各方必须谨慎权衡**"。

【诠释】

支持两个正义原则的第一个确定依据，可以用我之前所说的承诺的压力来解析。我曾经说过（§25），在如下意义上，各方都有伸张正义的能力，他们可以保证，他们做出的承诺没有不了了之。假设他们把一切都考虑进去，包括道德心理学的一般事实，他们就可以相互依赖，坚持所采用的原则。因此，他们考虑承诺的压力。他们不签订可能造成自己无法接受的后果的协议。他们将避免自己唯有历经千辛万苦方能坚守的协议。由于初始协议是永久性的，没有第二次机会。鉴于可能产生的后果的严重性，承诺的负担问题尤其突出。人们正在一劳永逸地选择决定其人生前途的标准。此外，当我们达成协议时，我们必须能够履行它，即使最坏的可能性得到证实，也是如此。否则，我们就做事缺乏诚意。因此，各方必须谨慎权衡，他们是否能够在任何情况下都坚持自己的承诺。当然，在回答这个问题时，他们只是拥有人类心理的一般知识。但是，这些信息足以说明，哪一种正义观念事关更大的压力。

【原文】§29 - 3 - p. 154

【评析】

1. **原文**："**They insure themselves against the worst eventualities**"（p. 154）。H 本："他们确信自己抵制了最坏的结果"（第 137 页）。**新解**："**他们为自己提供保障，防止出现最坏的情况。**"

2. **原文**："**They run no chance of having to acquiesce in a loss of freedom over the course of their life for the sake of a greater good enjoyed by others, an undertaking that in actual circumstances they might not be**

able to keep"（p. 154）。H本："他们在他们的生活过程中没有任何这样的危险：必须为了别人享受的较大利益而默认对自己自由的损害，这种默认是他们在现实的环境里可能承受不了的一种负担"（第137页）。**新解**："他们没有机会为了他人享有更大利益而默许自己在一生中失去自由，在实际情况下，他们可能无法履行这种承诺。"

3. **原文**："Those founded on principles which have no claim to acceptance"（p. 154）。H本："即那些按照没有任何资格被接受的原则建立的制度"（第137页）。**新解**："那些建立在不可接受的原则上的制度"。

4. **原文**："If the only possible candidates all involved similar risks, the problem of the strains of commitment would have to be waived"（p. 154）。H本："如果所有可能的候选对象都涉及到类似的冒险，承诺的强度问题就必须放弃"（第137页）。**新解**："如果这些唯一可能的候选项都有类似风险，那么将不得不放弃承诺的压力问题。"

5. 修订版删除的第一版**原文**："Yet should a person gamble with his liberties and substantive interests hoping that the application of the principle of utility might secure him a greater well-being, he may have difficulty abiding by his undertaking. He is bound to remind himself that he had the two principles of justice as an alternative"（original edition, p. 177）。H本第一版："如果有一个人以自己的自由和实质利益来打赌，希望功利原则的采用可能保证给他一种较大的福利，那么他可能有被他的承诺约束的困难。他定会提醒自己还有两个正义原则可供他选择"（第175页）。**新解**："然而，如果一个人以自己的自由和实质性利益为赌注，希望应用效用原则能为他带来更大福祉，那么他可能难以遵守自己的承诺。他一定会提醒自己，他原本有两个正义原则作为替代原则。"

【诠释】

在这一方面，两个正义原则有着明确的优势。各方不仅保护自己的基本权利，而且为自己提供保障，防止出现最坏的情况。他们没有机会为了他人享有更大利益而默许自己在一生中失去自由，在实际情况下，他们可能无法履行这种承诺。事实上，我们不知道人们能否完全真心诚意地达成这样的协议。这种协议超出了人性的能力。各方如何可能知道，或充分肯定，他们可以保持这样的协议？当然，他们不能把自己的信心建立在道德心理学的一般知识之上。可以肯定的是，在初始位置上选中的任何原则，都可能要求某些人做出重大牺牲。那些明显不公正制度（那些建立在不可接受的原则上的制度)的受益者可能发现,自己难以适应必须做出的改变。① 但在这种情况下,他们将知道,无论如何,他们不可能坚持自己的立场。无论如何,两个正义原则提供了另一可选项。如果这些唯一可能的候选项都有类似风险,那么将不得不放弃承诺的压力问题。然而事实并非如此,从这一点来看,两个正义原则似乎具有明显的优势。

【原文】§29 – 4 – pp. 154 – 155

【评析】

1. 原文:"**A second consideration invokes the condition of publicity as well as that of the constraints on agreements**"(p. 154)。H 本:"我的第二个考虑要诉诸公共性的条件和契约的限制条件"(第 137 页)。**新解**:"第二个考虑援引了限制协议的公开性条件和约束性条件。"

2. 原文:"**A conception of justice is stable when the public recognition of its realization by the social system tends to bring about the corresponding sense of justice**"(p. 154)。H 本:"当一种正义观通过社会体系的实现得到了公共承认,并由此带来了相应的正义感时,这种正义观是稳定的"(第 137 页)。**新解**:"假如某个正义观念通过社会系统实现了对它的公开认可,如此公开认可倾向于产生相应的正义感,这个正义观念便是稳定的。"

3. 原文:"**We can explain the acceptance of the social system and the principles it satisfies by the psychological law that persons tend to love, cherish, and support whatever affirms their own good**"(pp. 154 – 155)。H 本:"我们能够按照这样一条心理学法则——人们倾向于热爱、珍惜和支持所有肯定他们自己的善的东西——来解释对社会体系以及它所满足的原则的接受"(第 137 页)。**新解**:"我们能够通过人们倾向于喜爱、珍惜和支持凡是对自己有利之事的心理学法则来解释对社会系统及其所满足的原则的接受。"

4. 原文:"**All acquire inclinations to uphold the scheme**"(p. 155)。H 本:"所有人就都培养起坚持这一体系的倾向"(第 137 页)。**新解**:"所

---

① 《正义论》修订版此处删去第一版原有内容:"然而,如果一个人以自己的自由和实质性利益为赌注,希望应用效用原则能为他带来更大福祉,那么他可能难以遵守自己的承诺。他一定会提醒自己,他原本有两个正义原则作为替代原则"(original edition, p. 177)。

有人都倾向于支持这个计划。"

【诠释】

第二个考虑援引了限制协议的公开性条件和约束性条件。本人将从心理稳定问题的角度展开论证。本人在早些时候曾经说过，产生自我支持是赞同某个正义观念的一大亮点。当人们知道社会的基本结构在很长一段时间内能够满足其原则时，受到这些安排约束的人，往往会产生按照这些原则行事的意愿，并在体现这些原则的制度中尽到自己的力量。假如某个正义观念通过社会系统实现了对它的公开认可，如此公开认可倾向于产生相应的正义感，那么这个正义观念便是稳定的。当然，至于这种情形是否真的发生，主要取决于道德心理学法则和人类动机的利用效率。本人将在后面讨论这些问题（§§75-76）。目前，我们可能留意到，与两个正义原则相比，效用原则似乎要求更多地认同他人的利益。由于这一认同是难以实现的，两个正义原则是更加稳定的正义观念。当两个正义原则得到满足时，每个人的基本自由都有了保障，并存在按照差别原则界定的每个人都能从社会合作中受益的意义。因此，我们能够通过人们倾向于喜爱、珍惜和支持凡是对自己有利之事的心理学法则来解释对社会系统及其所满足的原则的接受。因为每个人的利益都有保障，所有人都倾向于支持这个计划。

【原文】 §29-5-p.155

【评析】

1. 原文："Allegiance to the social system may demand that some, particularly the less favored, should forgo advantages for the sake of the greater good of the whole"（p.155）。H本："对社会体系的忠诚可能要求某些人、尤其是那些处于不利地位的人们为了整体的较大利益而放弃自己的利益"（第138页）。新解："忠诚于社会系统，可能要求某些人，特别是不太受欢迎者，为了更大的整体利益而放弃各种优势和利益。"

2. 原文："Common good"（p.155）。H本："共同善"（第138页）。新解："共同利益"。

3. 原文："The principles of justice apply to the basic structure of the social system and to the determination of life prospects"（p.155）。H本："正义的原则是应用于社会体系的基本结构和生活前景的决定的"（第138页）。新解："正义原则适用于社会系统的基本结构，适用于确定生活的前景。"

第三章　初始位置　　573

4. 原文："Even when we are less fortunate, we are to accept the greater advantages of others as a sufficient reason for lower expectations over the whole course of our life"（p. 155）。H本："即便当我们处于不利地位时，我们仍要把别人的较大利益接受为一种充足的理由，以证明我们自己的整个生活过程的较低期望是正当的"（第138页）。新解："即使当我们不那么幸运的时候，我们也要接受他人的更大优势，以此作为充足理由，在我们的整个人生计划中，保持较低的预期。" 在原文中，找不到H本所解读的"以证明……是正当的"同处。

5. 原文："Their conception of justice is threatened with instability unless sympathy and benevolence can be widely and intensely cultivated"（p. 155）。H本："除非同情和慈善能够被普遍深入地培养，否则，他们的正义观就有被动摇的危险"（第138页）。新解："除非人们能够广泛而强烈地养成同情和仁慈，否则，他们的正义观念将面临不稳定的威胁。"

6. 原文："Looking at the question from the standpoint of the original position, the parties would reject the principle of utility and adopt the more realistic idea of designing the social order on a principle of reciprocal advantage"（p. 155）。H本："从原初状态的立场看问题，各方将拒绝功利原则，而采用那种按照一种互惠原则设计社会组织的较现实的观念"（第138页）。新解："站在初始位置的立场来看这个问题，各方会摒弃效用原则，采用更加务实的理念，基于对等优势原则，设计社会秩序。"

7. 原文："We need not suppose, of course, that in everyday life persons never make substantial sacrifices for one another, since moved by affection and ties of sentiment they often do"（p. 155）。H本："当然，我们不必假定在日常生活中人们决不会因为常常受情感的纽带和爱的推动而相互做出实质性的牺牲"（第138页）。新解："当然，我们不必假设，在日常生活中，人们从来没有为彼此做过实质性牺牲，因为被爱和感情纽带所感动，他们经常做出那样的牺牲。"

【诠释】

然而，当效用原则得到满足时，并不存在每个人都将受益的保证。忠诚于社会系统，可能要求某些人，特别是不太受欢迎者，为了更多的整体利益而放弃各种优势和利益。因此，除非须做出牺牲者强烈认同比自身利益更大的利益，否则这个计划将是不稳定的。但是，要做到这一点并不容易。当下所说的牺牲，不是在社会紧急情况下所有人或某些人须为共同利益做出的牺牲。正义原则适用于社会系统的基本结构，适用于对生活前景的裁定。效用原则所要求的，正是会牺牲这些前景。即使当我们不那么幸运的时候，我们也要接受他人的更大优势，以此作为充足理由，在我们的整个人生计划中，保持较低的预期(lower expectations)。这无疑是一个极端要求(extreme demand)。事实上，当社会被视为旨在促进其成员利益的合作系统时，人们似乎很难相信这样的期望：以政治原则为基础，一些公民应当为了他人而接受较低的生活前景。难怪效用论者强调同情在道德教育中的作用，强调仁慈在道德德性中的中心地位。除非人们能够广泛而强烈地养成同情和仁慈，否则，他们的正义观念将面临不稳定的威胁。站在初始位置的立场来看这个问题，各方将摒弃效用原则，采用更加务实的理念，基于对等优势原则，设计社会秩序。当然，我们不必假设，在日常生活中，人们从来没有为彼此做过实质性牺牲，因为被爱和感情纽带所打动，他们经常做出那样的牺牲。但是，社会的基本结构并不要求把这样的举动当作一个正义问题。

【原文】§29-6-pp.155-156

【评析】

1. 原文："The public recognition of the two principles gives greater support to men's self-respect and this in turn increases the effectiveness of social cooperation. Both effects are reasons for agreeing to these principles"（p.155）。H本："对两个原则的公共承认给予人们的自尊以较大的支持，因而也就增加了社会合作的有效性。这两个效果是选择这些原则的理由"（第138页）。新解："公开承认两个正义原则，给予人的自尊以更大支持，反过来提高了社会合作的效力。这两种效应都是同意这些原则的理由。"

2. 原文："They are to pursue their conception of the good with satisfaction and to take pleasure in its fulfillment"（p.155）。H本："他们要热烈地追求他们的善的观念和欢享它的实现"（第138页）。新解："他们要令人满意地追求自己的善观念，并从实现其善观念中获得快乐。"

3. 原文："Self-respect is not so much a part of any rational plan of life as the sense that one's plan is worth carrying out"（p.155）。H本："自尊与其说是合理生活计划中的一部分，不如说是个人的计划是值得执行的那种意义"（第138页）。新解："自尊与其说是任何理性人生规划的组成部分，不如说是一个人的理性人生规划值得实施的意义所在。"罗尔斯用这个语句来表示自尊对于个体生存的意义或价值。"意义所在"和"那种意义",在强调如此意义的强度上还是很不一样的。

4. 原文:"Those who respect themselves are more likely to respect each other"(p. 156)。H 本:"那些尊重自己的人更易于尊重别人"(第138 页)。新解:"尊重自己的人更有可能做到相互尊重。"

5. 原文:"Self-contempt leads to contempt of others and threatens their good as much as envy does. Self-respect is reciprocally self-supporting"(p. 156)。H 本:"自轻自贱导致别人的轻蔑,像妒忌一样威胁着他们的利益。自尊是互惠地自我支持"(第138 页)。新解:"自卑导致他人的蔑视,并像嫉妒一样威胁到他人享有的善。自尊则是对等地自我支持的。"

【诠释】

此外,公开承认两个正义原则,给予人的自尊以更大支持,反过来提高了社会合作的效力。这两种效应都是同意这些原则的理由。对人来说,确保自尊显然是合理的。如果他们要令人满意地追求自己的善观念,并从实现其善观念中获得快乐,那么他们持有自我价值感是必要的。自尊与其说是任何理性人生规划的组成部分,不如说是一个人的理性人生规划值得实施的意义所在。现在,我们的自尊通常取决于别人的尊重。除非我们觉得自身的努力得到了他人的尊重,否则,我们很难甚至不可能保持这样的信念,即我们的目标是值得追求的(§67)。因此,各方将接受相互尊重的自然义务,这要求他们彼此以礼相待,并愿意解释其之所以如此行为的理由,当他人的要求受到拒绝时,尤其如此(§51)。此外,人们可能认为,尊重自己的人更有可能做到相互尊重;反之亦然。自卑导致他人的蔑视,并像嫉妒一样威胁到他人享有的善。① 自尊则是对等地自我支持的。

【原文】 §29 - 7 - p. 156

【评析】

1. 原文:"A scheme of mutual benefit"(p. 156)。H 本:"一种互利互惠的结构"(第139 页)。新解:"一个互惠计划"。

---

① their good,他们享有的权利和利益,既有物质利益,也有精神权利,比如做人的尊严、荣誉、地位、权势等。

2. 原文："This public affirmation in institutions of each man's endeavors supports men's self-esteem"（p. 156）。H 本："这种在人人努力的制度中的公共肯定支持着人们的自尊"（第139页）。**新解**："在制度中，对每个人所做努力的这种公开肯定支持起人们的自尊。"

3. 原文："The distribution of natural abilities"（p. 156）。H 本："自然能力的分配"（第139页）。**新解**："自然能力的分布"。

4. 原文："Ethical propriety"（p. 156）。H 本："伦理性质"（第139页）。**新解**："伦理礼让"。H 本在这里又一次地把两个词形相近但意思不同的语词混淆了，一个是"伦理性质"（ethical property）；另一个是"伦理礼让"（ethical propriety）。

5. 原文："Arranging inequalities for reciprocal advantage"（p. 156）。H 本："使不平等的安排适合于互惠的目的"（第139页）。**新解**："为了对等优势而处理各种不平等。"

6. 原文："Within a framework of equal liberties"（p. 156）。H 本："在一个平等自由的结构中"（第139页）。**新解**："在平等自由的框架内"。

【诠释】

因此，正义观念的可取特征是，它将公开地表示人们对彼此的尊重。通过这种方式，他们就确保了自己的价值感。现在，两个正义原则实现了这一目的。因为当社会遵循这些原则时，每个人的权益都包含在一个互惠计划中。在制度中，对每个人所做努力的这种公开肯定支撑起人们的自尊。确立平等自由，实施差别原则，必然会产生这种效应。正如我说过的那样，两个正义原则等于承诺，将在某些方面的自然能力的分布视为一项集体资产，以致比较幸运者只能以帮助倒霉者或不太幸运者(those who have lost out, 时运不济者）的方式获益（§17）。① 我并不认为，这一理念所倡导的伦理礼让会订动各方。但是他们有理由接受这一原则(差别原则)。因为在平等自由的框架内，通过为了对等优势而处理各种不平等，通过规避利用自然条件和社会环境的偶然因素，人们在社会构成中表达着对彼此的尊重。因为如此做法对他们是合理的，他们以此确保着自尊。

---

① 与遗传有关的天赋分布，天赋是自然基本善，而不是社会基本善，天赋无法进行分配。有人把"the more fortunate are to benefit only in ways that help those who have lost out"解读为"更多幸运的作用方式就仅限于帮助那些损失很多的人"。这是个误读。参见桑德尔《自由主义与正义的局限》，万俊人等译，第95页。

【原文】§29-8-pp.156-157

【评析】

1. 原文："**Ends in themselves**"（p.156）。H 本："自在的目的"（第 139 页）。新解："目的本身"。这个术语涉及康德对人性的解释。

2. 原文："**For in this situation men have equal representation as moral persons who regard themselves as ends and the principles they accept will be rationally designed to protect the claims of their person**"（p.157）。H 本："因为，在这种状态中，人们作为把自己视为目的的道德人有着平等的代表权，他们接受的原则将被合理地设计以保护他们的人格要求"（第 139 页）。新解："因为处于这种情境当中，人作为道德人有平等的代表权，他们自视为目的，他们接受的原则将被合理地设计出来，以保护其人身权利。"

【诠释】

另一种说法是，正义原则体现在社会基本结构中，人们希望，他们彼此不仅仅是手段，而且是目的本身。我不会在这里考察康德的这个观点。① 相反，本人将根据契约理论自由地解释它。把人当作目的本身而不仅仅是手段，这种观念显然需要解释。我们怎么能总是把每个人当作目的，而不只是手段呢？当然，我们不能说，这是以同样的一般原则对待每个人，因为这种解释使这一概念等同于形式正义。按照契约理论来解释，把人当作目的本身，至少意味着按照在平等的初始位置上各方同意的原则来对待人。因为处于这种情境当中，人作为道德人拥有平等的代表权，他们自视为目的，他们接受的原则将被合理地设计出来，以保护其人身权利。这样的契约论观点，界定了人应被作为目的而不只是手段对待的意义。

【原文】§29-9-p.157

【评析】

1. 原文："**To secure each man's rational interest in his self-respect**"

---

① 参阅康德《道德形而上学基础》，《康德全集》（学院版）第四卷，柏林，1913 年版，第 427—430 页。那里介绍了定言令式（绝对命令）的第二个公设。——原注

（p. 157）. H 本："以保证每个人的自尊中的合理利益"（第 139 页）。**新解**："以确保每个人在自尊方面的理性利益"。

2. 原文："Now it seems that the two principles of justice achieve this aim: for all have equal basic liberties and the difference principle interprets the distinction between treating men as a means only and treating them also as ends in themselves"（p. 157）. H 本："两个正义原则看来达到了这一目的。因为，所有人都有各种平等的基本自由，而且差别原则解释了把人仅仅作为手段和同时也作为目的本身之间的区分"（第 139 页）。**新解**："现在看来，两个正义原则实现了这一目标：人人享有平等的基本自由，差别原则解释了只把人当作手段对待和也把人当作目的本身对待之间的区别。"

3. 原文："Those gains which do not contribute to everyone's expectations"（p. 157）. H 本："那些不能有助于每个人的期望的利益"（第 139 页）。**新解**："对每个人预期无甚贡献的那些收益"。

4. 原文："Those already less favored still lower prospects of life"（p. 157）. H 本："那些已经处在不利地位、且有较低生活前景的人们"（第 140 页）。**新解**："那些本来就不太受欢迎、生活前景依旧比较暗淡的人"。

5. 原文："The general level of expectations, assuming we could estimate it, may be higher when the two principles of justice are satisfied than one might otherwise have thought"（p. 157）. H 本："假定我们能够估计期望的水平，则期望的一般水平在两个正义原则被满足时就可能比别的原则被满足时更高"（第 140 页）。**新解**："假定我们能够估计一般预期水平，当两个正义原则得到满足时，它可能高于人们原本料想的水平。"

【诠释】

但问题是，是否有实质性原则传达了这一理念。如果各方希望在其社会的基本结构中明确表现这一理念，以确保每个人在自尊方面的理性利益，那么他们应该选择哪些原则呢？现在看来，两个正义原则实现了这一目标：人人享有平等的基本自由，差别原则解释了只把人当作手段对待和也把人当作目的本身对待之间的区别。在社会基本设计中，把人当作目的本身，就是同意放弃对每个人预期无甚贡献的那些收益。相比之下，把人当作手段，就是准备为了其他人的较高预期，而把负担强加给那些本来就不太受欢迎、生活前景依旧比较暗淡的人。因此，我们看到，那个初看之下相当极端（激进）的差别原则，存在着合理的解释。如果我们进而假设，在制度中表现出相互尊重和自我尊重的人，他们的社会合作可能会更加有效而和谐，那么，假定我们能够估计一般的预期水平，当两个正义原则得到满足时，它可能高于人们原本料想的水平。效用原则在这方面的优势已经不再那么明显。

【原文】§29-10-pp.157-158

【评析】

1. 原文："The principle of utility presumably requires some who are less fortunate to accept even lower life prospects for the sake of others"（p.157）。H本："功利原则可能会要求某些较不利者为了别人接受甚至更低的生活前景"（第140页）。新解："效用原则可能会要求某些不太幸运者为了他人而接受较低的生活前景。"

2. 原文："Surely it is natural to experience a loss of self-respect, a weakening of our sense of the value of accomplishing our aims, when we are already less favored"（p.157）。H本："当我们已经是较少受惠的时候，我们会体验到一种自尊的丧失，一种对达到我们的目标的自我价值感的削弱确实也是很自然的"（第140页）。新解："当然，当我们已经不怎么招人待见的时候，我们自然会体验到自尊的丧失，削弱实现我们的目标的价值感。"

3. 原文："Those with greater advantages"（p.157）。H本："那些拥有较大善的人"（第140页）。新解："那些具有较大优势的人"。

4. 原文："We are not here considering a doctrine of traditional order nor the principle of perfectionism, but rather the principle of utility"（pp.157-158）。H本："我们在此并不想考虑一种传统层次的理论或完善论的原则，而只是考虑功利原则"（第140页）。新解："我们在这里考虑的，既不是传统秩序学说，也不是至善原则，而是效用原则。"

5. 原文："The least advantaged"（p.158）。H本："处于最不利地位的人们"（第140页）。新解："最没有优势的人们"。

【诠释】

效用原则可能会要求某些不太幸运者为了他人而接受较低的生活前景。可以肯定的是，不得不做出如此牺牲者不必以其对自我价值有着较低估价为由合理化这一要求。如下说法并非出自效用论学说：因为他们的目的是微不足道的或不重要的，所以一些个体的预期下降了。但是，各方必须考虑道德心理学的一般事实。当然，当我们已经不怎么招人待见的时候，我们自然会体验到自尊的丧失，削弱实现我们的目标的价值感。当社会合作是为了个人利益而安排的时候，这种情况尤其可能发生。也就是说，那些具有较大优势的人，并不声称他们有必要维护每个人都有义务维护的某些宗教价值或文化价值。我们在这里考虑的，既不是传统秩序学说，也不是至善原则，而是效用原则。在这种情况下，人的自尊取决于他们如何看待彼此。如果各方接受效用标准，他们将缺乏其他人的公开承诺所提供的对其自尊的支持，这种承诺是为了安排对每个人有利的不平等，并保证所有人的基本自由。在公共效用社会里，人，尤其是最没有优势的人，会发现更难以对自身的价值保持信心。

【原文】§29-11-p.158

【评析】

1. 原文："Maximizing the average utility"（p.158）. H本："最大化平均功利"（第140页）。新解："极大化平均效用"。

2. 原文："But the point is that we must not lose sight of the publicity condition. This requires that in maximizing the average utility we do so subject to the constraint that the utilitarian principle is publicly accepted and followed as the fundamental charter of society"（p.158）. H本："但问题是我们决不要忽视公共性的条件。这要求我们在最大化平均功利中遵循这一条件，使功利主义的原则被公共地接受，并作为社会的基本蓝图"（第140页）。新解："但关键是，我们不得忽视公开性条件。这就要求在极大化平均效用的过程中，我们必须受制于这样一个约束条款：效用原则是得到公开接受并遵循的社会基本宪章。"

3. 原文："There is no way around this drawback"（p.158）. H本："就没有办法绕过这一障碍"（第140页）。新解："那么这一缺陷是无法避免的"。

4. 原文："The utilitarian scheme"（p.158）. H本："功利主义体系"（第140页）。新解："效用计划"或"效用方案"。

5. 原文："Thus suppose that the average utility is actually greater should the two principles of justice be publicly affirmed and realized in the basic structure"（p.158）. H本："这样，假定当两个正义原则被公开肯定和成为社会结构的基础时平均功利实际上较大"（第140—141页）。新解："因此我们不妨假定，如果两个正义原则在基本结构中得到公开认可

和实现，那么达成的平均效用实际上会更大一些。"

6. 原文："The utilitarian cannot reply that one is now really maximizing the average utility"（p. 158）。H 本："功利主义者不可能回答说一个社会现在的确在最大限度地增加平均功利"（第 141 页）。**新解："效用论者无法答复说，他正在真实地极大化平均效用。"** 罗尔斯的意思是，极大化平均效用是一种特定社会基本结构——亦即应用了两个正义原则的社会基本结构——方能实现的目标，但是，凭借个人之力难以达此目标。因为极大化平均效用不是个人行为，而是某种制度决定，要经过处在初始位置的各方筛选并认可某个正义观念才能实施。H 本把这里的"one"解读为"一个社会"而非"一个人"，误会了罗尔斯想要表达的真实意思。

【诠释】

效用论者可能回答说，在极大化平均效用时，他已经考虑到这些问题。比如，如果平等自由为人的自尊所必需，并且当平等自由得到肯定时，平均效用将更高，那么当然应该把平等自由确立起来。到现在为止，这个说法似乎是讲得通的。但关键是，我们不得忽视公开性条件。这就要求在极大化平均效用的过程中，我们必须受制于这样一个约束条款：效用原则是得到公开接受并遵循的社会基本宪章。我们不能通过鼓励人们采纳和运用非效用论正义原则来提高平均效用。不管出于什么原因，如果公开承认效用论将导致自尊的一定丧失，那么这一缺陷是无法避免的。鉴于我们的约定，这是实施效用计划要付出的不可避免的代价。因此我们不妨假定，如果两个正义原则在基本结构中得到公开认可和实现，那么达成的平均效用实际上会更大一些。有鉴于此，这是可想而知的。这些原则接着将代表最有吸引力的前景，在刚才考察过的两条推理路线上，两个正义原则将被接受。效用论者无法答复说，他正在真实地极大化平均效用。事实上，各方都会选择两个正义原则。

【原文】§29-12-pp. 158-159

【评析】

1. 原文："This criterion would be chosen in the original position"（p. 158）。H 本："这一标准将在原初状态中被选择"（第 141 页）。**新解："这一标准将在初始位置上被选取"。**

2. 原文："The two principles of justice may still be chosen"（p. 158）。H 本："两个正义原则可能仍然要被选择"（第 141 页）。新解："两个正义原则仍然会被选中"。

3. 原文："But if so, it is a mistake to call these principles—and the theory in which they appear—utilitarian"（p. 158）。H 本："但如果这样，称这些原则（和它们的理论形式）为功利主义的原则就是一个错误"（第 141 页）。新解："假如真的如此，那么把这些原则及其呈现的理论称为效用原则和效月理论是错误的。"

4. 原文："The case for the principles of justice is strengthened if they would be chosen under different motivation assumptions"（p. 158）。H 本："如果两个正义原则在不同的动机假设下仍被选择，支持它们的证据就更加强有力了"（第 141 页）。新解："如果在不同的动机假设下正义原则都将被选中，那么支持正义原则的理由就会得到加强。"

5. 原文："And best serves as the public moral basis of society"（p. 159）。H 本："并最好地作为社会的公共道德基础服务于社会"（第 141 页）。新解："并将最佳地充当社会的公共道德基础"。

6. 原文："Unless one maintains that this conception is given by the principle of utility, one is not a utilitarian"（p. 159）。H 本："除非一个人坚持这一观念是由功利原则给予的，否则他就并不是一个功利主义者"（第 141 页）。新解："除非有人坚信，这个正义观念将由效用原则赋予，否则他不是效用论者。"

【诠释】

于是，我们应该注意的是，正如我已经定义的，效用论是这样一种观点：效用原则是适用于社会的公开正义观念的正确原则。为了证明这一点，我们必须论证，这一标准将在初始位置上被选取。如果我们愿意，我们可以界定初始情形的某个变式，其中的动机假设是，各方希望采用使平均效用极大化的原则。前面的评论表明，两个正义原则仍然会被选中。假如真的如此，那么把这些原则及其呈现的理论称为效用原则和效用理论是错误的。动机假设本身并不决定整个理论的性质。如果在不同的动机假设下正义原则都将被选中，那么支持正义原则的理由就会得到加强。这表明，正义理论具有稳固的基础，对这个条件的微小变化并不敏感。我们想知道的是，哪一个正义观念，将体现我们在自反均衡中经过深思判断的特征，并将最佳地充当社会的公共道德基础。除非有人坚信，这个正义观念将由效用原则赋予，否则他不是效用论者。①

【原文】§29 – 13 – p. 159

【评析】

1. 原文："The strains of commitment and the publicity condition"（p. 159）. H 本："承诺的强度与公共性的条件"（第 141 页）. 新解："承诺的压力和公开性条件"。

2. 原文："The class of things that can be agreed to is included within, but smaller than, the class of things that can be rationally chosen"（p. 159）. H 本："能被同意的一组事物是要被包括在能被合理选择的一组事物之中的（但比后者要少）"（第 141 页）. 新解："可以同意的事物类别包含但小于可以理性选择的事物类别"。

3. 原文："We can decide to take a chance and the same time fully intend that, should things turn out badly, we shall do what we can to retrieve our situation"（p. 159）. H 本："我们能够决定冒险，同时充分意识到如果事情变糟，我们将仍能够恢复我们的境况"（第 141 页）. 新解："我们会铤而走险，同时我们完全心知肚明，一旦事情变得糟糕，我们将尽己所能地扭转自身的处境。"

4. 原文："Intend to honor it"（p. 159）. H 本："打算尊重它"（第 141 页）. 新解："打算履行承诺"。

5. 原文："Thus the contract condition excludes a certain kind of randomizing"（p. 159）. H 本："如此契约的条件就排除了某种随意性"（第 141 页）. 新解："因此，契约条件排除了某种随机（投机取巧）做法。" 这里的 "randomizing"，意为 "随机化"，引申为 "随机（投机取巧）做法"。

【诠释】

我们在这一节中讨论过的承诺的压力和公开性条件也都很重要。前者来自以下事实，一般来说，可以同意的事物类别包含但小于可以理性选择

---

① 因此，尽管布兰特认为，社会的道德法则是要被公开承认的，从哲学立场看，最好的道德法则是极大化平均效用的道德法则，但是他并不坚持效用原则本身必须属于道德法则。他实际上否认，在公共道德中，终审上诉法院必定要诉诸效用。这样，按照本书的定义，他的观点就不是效用论的。参阅布兰特 "规则效用论形式的若干优点"，《科罗拉多大学学报》，科罗拉多布尔德，1967 年，第 58 页及以后。——原注

的事物类别。我们会铤而走险(敢于冒风险或不规避风险)，同时我们完全心知肚明，一旦事情变得糟糕，我们将尽己所能地扭转自身的处境。但是，一旦我们达成了协议，我们就必须接受其结果；因此，为了真诚地做出承诺，我们必须不仅打算履行承诺，而且有理由相信我们能够做到这一点。因此，契约条件排除了某种随机（投机取巧）做法。如果一项原则真的有可能产生自己无法接受的结果，那么人们就不能同意它。除了提到它与将理想植入首要原则的可取性（§26末尾）、简单性（§49）和稳定性联系在一起，我不想对公开性条件作进一步评论。在我称作论证的第二部分中（§§79—82），本人将对稳定性作进一步探讨。

【原文】§29－14－p.159

【评析】

1. 原文："The form of the argument for the two principles is that the balance of reasons favors them over the principle of average utility, and assuming transitivity, over the classical doctrine as well"（p.159）。H本："对于两个原则的论证形式是理由的平衡赞成它们而非赞成平均功利原则，假定有一种传递性，这种理由的平衡自然也不赞成古典的功利主义"（第142页）。新解："两个正义原则的论证形式是，理由的天平对两个正义原则比平均效用原则更有利，假定存在传递性，那么公平正义理论比古典效用学说更加有利。"

2. 原文："The agreement of the parties depends on weighing various considerations"（p.159）。H本："各方的同意就依靠衡量各种考虑"（第142页）。新解："各方的协议取决于权衡各种考虑因素"。

3. 原文："There is an appeal to intuition as the basis of the theory of justice"（p.159）。H本："作为正义论的基础，对直觉有一种诉诸"（第142页）。新解："存在着对直觉的诉求，将直觉作为正义理论的基础。"

4. 原文："When everything is tallied up, it may be clear where the balance of reasons lies"（p.159）。H本："当一切都吻合时，理由的权衡会支持什么就是一目了然的"（第142页）。新解："当一切都得到清算，理由的天平倾向于哪一边就会清晰明了。"

5. 原文："Thus they can serve as a conception of justice in the public acceptance of which persons can recognize one another's good faith"（p.159）。H本："这样它们就能用作一种正义观，这一正义观是人们能够

彼此真诚地公开接受的"（第142页）。**新解**："因此，它们可以充当一种正义观念，在公开接受这种正义观念的过程中，人们可以承认彼此的诚意。"这个语句的重心不是接受某个正义观念，而是人们的彼此诚意。这个段落都在讨论"承诺的诚意"。

【诠释】

两个正义原则的论证形式是，理由的天平对两个正义原则比平均效用原则更加有利，假定存在传递性，那么公平正义理论比古典效用学说更加有利。因此，各方的协议取决于权衡各种考虑因素。这种推理是非正式的，不是证据，而且存在对直觉的诉求，将直觉作为正义理论的基础。然而，正如我说过的那样（§21），当一切都得到清算，理由的天平倾向于哪一边就会清晰明了。如果这样，那么只要初始位置体现在日常生活户适用于原则证明的合理条件，人们将同意这些正义原则，如此主张便是完全可信的。因此，它们(指两个正义原则)可以充当一种正义观念，在公开接受这种正义观念的过程中，人们可以承认彼此的诚意。

【原文】§29－15－pp.159－160

【评析】

罗尔斯论证了在无知之幕之下，理性的各方只会选择两个正义原则而不是平均效用原则的理由。

1. 原文："**The conditions of generality of principle, universality of application, and limited information are not sufficient by themselves to require these principles**"（p.160）。H本："原则的一般性条件、应用的普遍性、受限的信息这些条件本身不足以获得两个正义原则"（第142页）。**新解**："原则一般性、应用普遍性和信息有限性，这些条件本身不是获得这些原则的充分条件。"

2. 原文："**The parties regard themselves as having certain fundamental interests**"（p.160）。H本："各方具有某种根本利益"（第142页）。**新解**："各方认定自己拥有某些根本利益。"

3. 原文："**Rather than bare potentialities for all possible interests**"（p.160）。H本："而不是仅仅对所有可能的利益拥有潜力"（第142页）。**新解**："而非在所有可能利益上持有潜在概率"。

4. 原文："**The hierarchy of interests**"（p.160）。H本："利益的层

次"（第 142 页）。**新解**："利益层次"。它让人想起马斯洛需求层次理论。

【诠释】

在这一点上，列出一些主要依据来支持两个正义原则，而非平均效用原则，可能会有所帮助。从效用原则的推理中可以清楚地看出，原则一般性、应用普遍性和信息有限性（有限的知情），这些条件本身不是获得这些原则的充分条件（§27）。因此，必须将一些进一步假设融入初始位置。我于是假定，各方认定自己拥有某些根本利益，如果可以的话，他们必须保护这些利益；而且，作为自由人，他们在维护修正和改变这些目的的自由方面拥有最高阶利益（§26）。可以说，尽管各方不知道这些利益的具体性质，但是他们有着明确的利益，而非在所有可能利益上持有潜在概率。无论这些明确目标是什么，他们必须设法为增进这些目标创造有利条件（§28）。本人将在后面讨论利益层次及其与自由优先性的关系（§39 和 §82），但是对基本自由展开论证的一般性质，在良心自由和思想自由的案例中得到了说明。

【原文】§29 – 16 – p. 160

【评析】

1. 原文："**In addition, the veil of ignorance (§24) is interpreted to mean not only that the parties have no knowledge of their particular aims and ends (except what is contained in the thin theory of the good), but also that the historical record is closed to them**"（p. 160）。H 本："此外，无知之幕（见第 24 节）被解释为不仅意味着各方没有对他们特殊的目标与目的的知识（除了包括在善的弱理论中之外），而且意味着历史的纪录对他们是封闭的"（第 142 页）。**新解**："此外，我们所解释的无知之幕（§24）意味着，不仅各方对自己的特定目标和目的（除了包含在不充分善理论中的内容）一无所知，而且各方对历史记载也一无所知。"

2. 原文："**The array of techniques their society may have at its disposal**"（p. 160）。H 本："他们社会可以利用的技术系列"（第 142 页）。**新解**："他们所处的社会可能掌握的各种技术"。

3. 原文："**Objective grounds**"（p. 160）。H 本："客观基础"（第 142 页）。**新解**："客观理由"或"客观依据"。

4. 原文："**The principle of insufficient reason cannot be invoked as a**

way around this limitation"（p.160）. H 本："不充足理由的原则也不可能用作一条绕开这些限制的通路"（第 142 页）. **新解：**"他们不能援引不充足理由原则来绕开这一限制。"

【诠释】

此外，我们所解释的无知之幕（§24）意味着，不仅各方对自己的特定目标和目的（除了包含在不充分善理论中的内容）一无所知，而且各方对历史记载也一无所知。他们既不知道也不能列举他们可能置身其中的社会环境；他们既不知道也不能列举他们所处的社会可能掌握的各种技术。因此，他们没有客观理由去依赖这一种概率分布而不是另一种概率分布，他们不能援引不充足理由原则来绕开这一限制。这些考虑，加上从各方具有确定的根本利益出发的考虑，意味着由支持效用原则的论证所构建的预期是站不住脚的，那个预期缺乏必要的统一性。

§30 古典效用论、公道和仁慈
Classical Utilitarianism, Impartiality, and Benevolence

【题解】

从这一节标题可知，这里讨论的一个重要议题是"公道"（impartiality）。俗话说，"公道自在人心"。公道一般表示第三方视角。比如，公正的裁判或法官。虽然把"impartiality"和"impartial"解读为"不偏不倚"和"不偏不倚的"是正确的，但是，它们分别解读为"公道"和"公道的"更加符合汉语的语用习惯，也更加符合在政治哲学和法哲学术语上对于简洁明确的追求。因此，笔者认为，"公道自在人心"中的"公道"是对于"impartiality"的最佳解读。

另外，在这一节标题中，"仁慈"（benevolence）是比 H 本解读的"慈善"在含义上要广泛得多的术语。

罗尔斯在这里提到了与"良序社会"或"秩序井然的社会"（well-ordered society）概念略有不同的概念"正当有序的社会"（rightly ordered society），有学者把"well-ordered society"解读为"组织有序社会"[1]，也

---

[1] 罗尔斯：《罗尔斯论文全集》，陈肖生等译，第 799 页。

可参考。前者是罗尔斯本人推崇的社会，后者是休谟和亚当·斯密推崇的社会。斯密的文明社会（civil society）理论影响了黑格尔，黑格尔又影响了马克思。在马克思那里，"文明社会"蜕变为"市民社会"，已经基本丧失了斯密构想的"正当有序的社会"的许多要素。罗尔斯的良序社会概念，我们仍然可以清晰地看到在斯密和休谟那里的起源。

【原文】§30-1-pp.160-161

【评析】

1. 原文："The parties in the original position would reject the classical principle in favor of that of maximizing average utility"（p.160）。H本："在原初状态中的各方将拒绝古典原则而赞成最大限度地增加平均功利的原则"（第143页）。新解："在初始位置上，各方会拒绝古典效用原则，而赞成极大化平均效用的原则。"

2. 原文："They have no desire to maximize the total (or the net balance) of satisfactions"（p.161）。H本："他们没有最大限度地增加满足总额（或净余额）的欲望"（第143页）。新解："他们不希望极大化满足总额（或净余额）。"

3. 原文："The classical principle ranks below both of these alternatives"（p.161）。H本："古典功利原则就要排列在这两种选择对象之下了"（第143页）。新解："古典效用原则在排序上要落后于这两种备选原则。"后两者指契约论公平正义原则和效用论平均效用原则。

4. 原文："Misapprehension"（p.161）。H本："怀疑"（第143页）。新解："误解"。

【诠释】

本人现在想对古典效用论和两个正义原则作一番比较。正如我们已经看到的，在初始位置上，各方会拒绝古典效用原则，而赞成极大化平均效用的原则。因为他们关心的是促进自己的利益，他们不希望极大化满足总额（或净余额）。出于同样的原因，他们更加偏好两个正义原则。从契约论者的观点来看，古典效用原则在排序上要落后于这两种备选原则（指契约论的公平正义原则和效用论的平均效用原则）。因为古典效用论是历史上最重要的效用论形式，所以它必定有完全不同的由来。推崇它的伟大效用论者，当然不至于误解它将在我所说的初始位置上接受挑选的意思。其中一些效用论者，特别是西季威克，清楚地认识到，平均效用原则是一个可选项，并拒绝了它。① 因为古典效用论观点与公道且富有同情心的旁观者概念密切相关，本人将研究这个概念，以澄清这个传统学说的直觉基础。

【原文】§30 – 2 – pp. 161 – 162

【评析】

1. 原文："Consider the following definition reminiscent of Hume and Adam Smith"（p. 161）。H 本："让我们考虑下面的源自休谟与亚当·斯密的定义"（第 143 页）。**新解**："试考虑让人不由想起休谟和亚当·斯密所下的一个定义。"

2. 原文："Something is right, a social system say, when an ideally rational and impartial spectator would approve of it from a general point of view should he possess all the relevant knowledge of the circumstances."（p. 161）。H 本："假如一个拥有所有有关的环境知识、有理性的和不偏不倚的理想观察者将从一种普遍的观察点赞成某一事物，比方说赞成一个社会体系，那么这一体系就是正当的"（第 143 页）。**新解**："如果一个理性且公道的理想旁观者拥有关于某个事物——比如社会系统的情况——的所有相关知识，那么当他一般地认可该事物时，它就是正当的。"

3. 原文："A rightly ordered society is one meeting the approval of such an ideal observer"（p. 161）。H 本："一个正当组织的社会是一个得到了这样一个理想的观察者赞成的社会"（第 143 页）。**新解**："一个井然有序的社会便是得到这样的理想观察者认可的社会。"

4. 原文："Without circularity"（p. 161）。H 本："不循环地"（第 143 页）。**新解**："在没有同语反复条件下"。

5. 原文："The principles which would be chosen in the original position to apply to things of its kind"（p. 161）。H 本："在原初状态中被选择的、适用于这类事物的原则"（第 143 页）。**新解**："在初始位置上被选中的适用于同类事物的原则"。

6. 原文："The definitions may both be true of the same things"（p. 161）。H 本："这两个定义可能是同样真实的"（第 144 页）。**新解**："对相同事物的两个定义可能都是真的"。

---

① 参阅西季威克《伦理学方法》，第 415 页及以后。——原注

7. 原文:"**Conscientious reflection**"（p. 162）. H 本:"有意识的反省"（第 144 页）. **新解**:"认真推敲". H 本大概把"有意识的反省"（conscious reflection）和"认真推敲"（conscientious reflection）混淆了。"conscientious" 有"谨勉认真、一丝不苟"之意。

【诠释】

试考虑让人不由想起休谟和亚当·斯密所下的一个定义。如果一个理性且公道的理想旁观者拥有关于某个事物——比如社会系统的情况——的所有相关知识，那么当他一般地认可该事物时，它就是正当的。一个井然有序的社会便是得到这样的理想观察者认可的社会。① 现在，这个定义可能存在一些问题，例如，认可概念和相关知识概念是否可以在没有同语反复条件下得到具体规定。但本人将搁置这些问题。这里的关键是，到目前为止，这个定义和公平正义并不矛盾。假设当且仅当它满足在初始位置上被选中的适用于同类事物的原则，某事是正当的，我们于是定义了正当概念。情况很可能是，只要一个社会制度符合在契约方案中被采纳的正义原则，那么理性且公道的理想旁观者就会认可这个社会制度。对相同事物的两个定义可能都是真的。理想观察者的定义不排除这种可能性。由于这一定义没有对公道旁观者做出具体的心理假设，它没有产生理想条件下用来解释他认可的原则。接受这一定义的人，为了这一目标而可以自由地接受公平正义：它只允许理想观察者去认可满足两个正义原则的社会制度。那么，这两种正当定义便有着本质差异。公道旁观者定义没有设定正当原则和正义原则可以从中派生出来的任何假设。② 相反，它旨在指出道德讨论的某些核心特征、我们试图在认真推敲之后诉诸我们的深思判断的事实，如此等等。契约论的定义更进一步：它试图为解释这些判断的原则提供演绎基础。初始场景的条件和各方的动机旨在为实现这一目的规定必要的前提。

---

① 参阅罗德里克·弗思（Roderick Firth）"伦理绝对主义与理想观察者"，《哲学与现象学研究》1952 年第 12 卷；夏普（F. C. Sharp）:《善与恶的意志》，芝加哥：芝加哥大学出版社 1950 年版，第 156—162 页。关于休谟的解释，参阅休谟《人性论》第 3 卷，塞尔比—比格编，牛津，1888 年版，第三部分第 1 节，特别是第 574—584 页；参阅亚当·斯密《道德情操论》，收录于塞尔比—比格《英国道德家》第 1 卷，牛津，1897 年版，第 257—277 页。布罗德（C. D. Broad）做了一般讨论，参阅布罗德"伦理学中的道德情感理论之反思"，《亚里士多德协会会刊》（1944—1945 年）第 45 卷；亦参阅尼尔（W. K. Kneale）"道德的客观性"（"Objectivity in Morals"），《哲学》1950 年第 25 卷。——原注

② 这样，比如弗思认为，理想观察者拥有各种一般利益而非特殊利益，只要这个观察者将会做出任何有意义的道德反应，那么这些利益的确是必要的，但是他没有谈及能使我们知道理想观察者如何做出赞成或反对决定这些利益的内容。参阅弗思"伦理绝对主义与理想观察者"，第 336—341 页。——原注

【原文】§30-3–pp.162-163

【评析】

1. 原文："**A perfectly sympathetic being**"（p.162）. H本："一个完全同情的存在"（第144页）. **新解**："一个极其富有同情心的生命"。

2. 原文："**Approval is a special kind of pleasure which arises more or less intensely in contemplating the workings of institutions and their consequences for the happiness of those engaged in them**"（p.162）. H本："赞成是一种特殊的快乐，这种快乐或强或弱地出现在思考制度的运行及它们对参与者幸福发生影响的时候"（第144页）. **新解**："认可是一种特殊的快乐，在思考制度运作及其对从业者福祉的影响时，这种快乐多少是存在的。"

3. 原文："**In Hume's account it is quite literally a reproduction in our experience of the satisfactions and pleasures which we recognize to be felt by others**"（p.162）. H本："按休谟的解释，它完全是一种严格意义上的对我们的满足与快乐的复制，这也是我们承认可为他人感觉到的"（第144页）. **新解**："在休谟的叙述中，它实际上是对我们所体验到的满足和快乐的复制，我们知道，别人也能感受到这些满足和快乐。"

4. 原文："**The strength of his approval corresponds to, or measures, the amount of satisfaction in the society surveyed**"（p.162）. H本："他的赞成的力量符合这一所观察的社会的满足总额"（第144页）. **新解**："他的认可度回应或测试着被考察社会的满意度。"

5. 原文："**Not only is self-interest likely to inhibit the frame of mind in which we experience it, but self-interest tends to override its dictates in determining our actions**"（p.162）. H本："自我利益不仅会抑制我们体验同情的那种心态，而且倾向于在决定我们的行为时压倒同情的指令"（第145页）. **新解**："自利不仅可能抑制我们体验同情的心态，而且在决定我们的行为时，自利往往凌驾于发出同情的指令之上。"

6. 原文："**When men do regard their institutions from a general point of view**"（p.162）. H本："当人们从一普遍的观察点看待他们的制度时"（第145页）. **新解**："当人们确实从一般角度看待自己的制度时"。

7. 原文："**It nevertheless constitutes a common ground for bringing our moral opinions into agreement**"（pp.162-163）. H本："它还是构成了一种把我们的道德见解结合为契约的共同基础"（第145页）. **新解**：

"它仍然是使我们的道德观点达成一致的共同基础。"

8. 原文:"Men's natural capacity for sympathy suitably generalized provides the perspective from which they can reach an understanding on a common conception of justice"（p. 163）。H本:"恰当概括的人的同情的自然能力,提供了一个我们从它可以达到理解一种共同的正义观的观察点"（第145页）。**新解:**"人们与生俱来的得到适当概括的同情能力提供了某个视角,从这个角度出发,他们就可以理解共同的正义观念。"

【诠释】

现在,虽然可以用契约论观点来补充公道旁观者的定义,但是也有其他方法为其提供演绎基础。于是,假定这个理想观察者是一个极其富有同情心的生命,那么,从下面思路可以自然地推导出古典效用原则。我们不妨说,在这种情况下,如果与其他可行的任何制度相比,富于同情且公道的理想旁观者更加强烈地认可某个制度,那么这个制度便是正当的。为了简单起见,我们不妨假设,正如休谟有时假设的那样,认可是一种特殊的快乐,在思考制度运作及其对从业者福祉的影响时,这种快乐多少是存在的。这种特殊快乐是同情的结果。在休谟的叙述中,它实际上是对我们所体验到的满足和快乐的复制,我们知道,别人也能感受到这些满足和快乐。① 因此,公道的旁观者在思考社会制度时,会体验到这种快乐,这种快乐与受其影响的人所感受到的净快乐成比例。他的认可度,回应或测试（验证）着被考察社会的满意度。因此,他的认可表达,将根据古典效用原则给出。诚然,正如休谟所说,同情不是一种强烈的感情。自利不仅可能抑制我们体验同情的心态,而且在决定我们的行为时,自利往往凌驾于发出同情的指令之上。然而,当人们确实从一般角度看待自己的制度时,休谟认为,同情是唯一起作用的心理学原则,它至少会指导我们内省的道德判断。不管同情多么微弱,它仍然是使我们的道德观点达成一致的共同基础。人们与生俱来的得到适当概括的同情能力提供了某个视角,从这个角度出发,他们就可以理解共同的正义观念。

---

① 参阅休谟《人性论》第2卷,第一部分第11节,以及第3卷,第一部分第1节,每节的开头部分,还有第6节。在塞尔比—比格版本中,这是在第316—320、575—580页,以及第618页及以后。——原注

第三章 初始位置

【原文】§30-4-p.163

【评析】

1. 原文："A general perspective"（p.163）。H本："普遍观察点"（第145页）。新解："一个一般视角"。

2. 原文："The strength of his approval is determined by the balance of satisfactions to which he has sympathetically responded"（p.163）。H本："他赞成的程度就由他同情地响应过的满足的净余额来决定"（第145页）。新解："他的认可强度取决于他富于同情地回应着的各种满足的平衡。"

3. 原文："When he has made the rounds of all the affected parties, so to speak, his approval expresses the total result"（p.163）。H本："当他巡视完所有有关的各方，可以说，他这时的赞成就表现了总体的结果"（第145页）。新解："可以说，当他逐一调查受到影响的所有各方之后，他的认可表示着整个结局。"

4. 原文："Sympathetically imagined pains cancel out sympathetically imagined pleasures, and the final intensity of approval corresponds to the net sum of positive feeling"（p.163）。H本："在设想的同情的痛苦勾销掉设想的同情的快乐之后，赞成的最后强度就相应于肯定性情感的净余额"（第145页）。新解："感同身受的超乎想象的痛苦，抵消了感怀至深的充满想象的快乐，认可的最终强度对应于正面感受或积极情感的总和。"

【诠释】

因此，我们提出以下见解。理性公道且富有同情心的旁观者有着一个一般视角：他假定自己处在自身利益不受威胁的位置，他拥有所有必要信息和推理能力。在如此条件下，他均等地同情受到社会制度影响的每个人的欲望和满足。公道旁观者通过观察每个人受其影响的情况，一视同仁地对待每个人的利益，自由支配自己的同情自居能力。因此，他设身处地地想象自己处在每个人的位置上，当他为每个人这样做时，他的认可强度取决于他富于同情地回应各种满足的平衡。可以说，当他逐一调查受到影响的所有各方之后，他的认可表示着整个结局。感同身受的超乎想象的痛苦，抵消了感怀至深的充满想象的快乐，认可的最终强度对应于正面感受或积极情感的总和。

【原文】§30 – 5 – p. 163

【评析】

1. 原文："**Powers of imaginative identification**"（p. 163）. H 本："想象的自居力"（第 145 页）. 新解："富于想象的自居能力"。
2. 原文："**To assure the complete and accurate response of natural sympathy**"（p. 163）. H 本："保证自然同情的完全的和准确的反应"（第 145 页）. 新解："确保完整而准确的自然同情反应"。
3. 原文："**Knowledge and the capacity for identification guarantee that the aspirations of others will be accurately appreciated**"（p. 163）. H 本："知识和自居力保证了别人的志愿将得到准确的评价"（第 145 页）. 新解："知识和识别能力可以保证他人的志向将得到准确理解。"

【诠释】

留意在同情旁观者特征和确定初始位置条件之间的对比是有益的。同情旁观者定义的各要素，公道的、拥有相关知识和富于想象的自居能力，将确保完整而准确的自然同情反应(response of natural sympathy)。公道可以防止偏见和自利的扭曲；知识和识别能力(充分知情，克服信息不对称)可以保证他人的志向将得到准确理解。一旦我们知道，它的组成部分是为了给同胞情谊提供自由空间，我们就可以理解这个定义的意义。相比之下，在初始位置上，各方互不关切而非彼此同情；但是，由于对自己的自然资质或社会状况缺乏了解，他们被迫一视同仁地看待自己的安排。在一种情况下，全面知识(充分知情)和富有同情心的认同，会导致正确地评估净满意度；在另一种情况下，受制于无知之幕的互不关切，会导致两个正义原则。

【原文】§30 – 6 – pp. 163 – 164

【评析】

古典效用论无法解决个体之间的价值冲突。它把所有个体当作相同的个体或同一个个体，断定总满足或总幸福的增长有利于每一个个体，忽视在现实社会中存在的实际人际差异，把适用于个体的理性选择原则也适用于社会。罗尔斯紧紧抓住古典效用论的这个弱点，认为古典效用论关于个体欲望之和构成总体欲望的假设是不成立的。

1. 原文："**The principle of rational choice for one man**"（p. 163）。H本："适用于一个人的合理选择原则"（第 145 页）。**新解**："适用于个人的理性选择原则。"

2. 原文："**Men's natural capacity for sympathy provides the only means by which their moral judgments can be brought into agreement**"（pp. 163 – 164）。H本："人们的自然同情力提供了使其道德判断能结合为契约的唯一手段"（第 145 页）。**新解**："人具有天生同情能力，这是使其道德判断达成一致的唯一手段。"

【诠释】

现在，正如我讲过的那样，在某种意义上，古典效用论没有认真地对待人际差异（§5）。适用于个人的理性选择原则也被视作社会选择原则（它也被视作适用于社会的理性选择原则）。那么，这种观点是如何形成的呢？正如我们现在所看到的，这是希望给理想观察者的正当定义提供演绎基础的结果，也是如下假定的结果：人具有天生的同情能力，这是使其道德判断达成一致的唯一手段。得到公道且富有同情心的旁观者的认可，被视为正义的标准，通过把所有的欲望都合成为一个欲望系统，这导致了公道或不偏不倚(impartiality)。①

---

① 据本人所知，刘易斯在其论著中对这种观点做了最为明确而透彻的论述。参阅刘易斯《对知识与评价的分析》，伊利诺伊拉萨尔：敞院出版社 1946 年版。该书第 18 章第 13 节一整节都与此有关。刘易斯说："对两个以上的个体来说，价值评价就是以仿佛他们的价值体验是某个单一个体的体验方式进行的。"（第 550 页）但是刘易斯使用这种观念为社会价值提供了一种经验解释；他的正当理论既不是效用论的，也不是经验论的。斯马特（J. J. C. Smart）在回应公平是极大化幸福的一种限制的意见时，清楚说明了这一点："如果我自己为防止牙疼而不怕辛苦地去看牙医是有道理的，为什么我为琼斯选择一种辛苦（类似于我看牙医的辛苦）就变得没有道理了呢？如果那种辛苦是我能防止某种痛苦（类似于我的牙疼）的唯一办法，我为什么就不能为罗宾森做出这样的选择呢？"参阅斯马特《效用伦理学体系纲要》，第 26 页。另一个简要陈述是在黑尔那里，参阅黑尔《自由与理性》，牛津：克莱伦顿出版社 1963 年版，第 123 页。

就本人所知，在主张古典效用论的诸位作家那里，所有欲望皆融为一体的观点并未得到清晰的阐述。但它看似隐含在埃奇沃思对"天体力学"与"社会力学"的比较中，在他看来，两者都建立在最大最小原则之上，后者有一天会跟前者一样取得其地位。他说："道德顶峰犹如物理学顶峰，就像粒子运动（无论它是凝聚的还是松弛的）在物质宇宙中始终是受所积聚能量的最大最小值支配一样，每个灵魂的运动，不管它是自私地孤立的还是以同情力相连的，都可能在不断地释放最大量的快乐，即对宇宙的神圣之爱。"参阅埃奇沃思《数学心理学》，第 12 页。西季威克则较为谨慎，他在《伦理学方法》中只是有所暗示。因此，我们在有一处可以读到，比如说，正像个体的（整个）善由其处于有意识状态时连续的不同善建构起来一样，普遍善概念由不同个体的善建构起来（第 382 页）。他随后的说法肯定了这种解释："于是，如果个体把注意力集中于自身，他自然地（几乎不可避免地）要把善设想为快乐，那么我们可以合理推断说，任何数目的相类似生命之善——不管这些生命的相互联系是什么——在本质上不可能有什么差别。"（第 405 页）西季威克也认为，理性谨慎（rational prudence）公理并不比理性仁慈（rational benevolence）公理更加没有问题。我们同样可以追问，就像我们为什么要关心别人的感受一样，我们为什么要关心自己对未来的感受（参阅第 418 页及以后）。他或许以为，在每种情况下，答案都是一样的：必须达到最大满足。这些说法看似表达了把所有个体皆合而为一（把所有个体都视为相同的个体）的观点。——原注

【原文】 §30 – 7 – pp. 164 – 165

【评析】

1. 原文："The average principle of utility is the ethic of a single rational individual（with no aversion to risk）"（pp. 164 – 165）。H 本："平均功利原则是一个有理性的（不反感冒险的）个人的伦理学"（第 146 页）。**新解**："平均效用原则是（不厌恶风险的）单一理性个体的伦理准则"。

2. 原文："The classical doctrine is the ethic of perfect altruists"（p. 165）。H 本："古典功利原则却是完全的利他主义者的伦理学"（第 147 页）。**新解**："古典效用学说是完全利他论者的伦理学说"。

3. 原文："A different complex of ideas"（p. 165）。H 本："不同的复合观念"（第 147 页）。**新解**："一组不同的观念。"

4. 原文："The idea of taking a chance on which person one will turn out to be does not arise"（p. 165）。H 本："这里不会出现要冒险成为哪个人的这种想法"（第 147 页）。**新解**："一个人凑巧成为哪一个人的念头并未产生。"

【诠释】

从公平正义的观点来看，处在初始位置上的人，没有理由把公道且富有同情心的旁观者的认可当作正义的标准来同意。这种同意有其等同的古典效用原则的所有缺点。然而，如果各方被理解为完全利他论者，也就是说，他们的愿望符合如此旁观者的同意，那么古典效用原则当然会被采纳。感同身受的幸福净余额越大，完全利他论者就越能实现其愿望。因此，我们得出一个出乎意料的结论，平均效用原则是（不厌恶风险的）单一理性个体的伦理准则，他试图极大化自身的前景，古典效用学说是完全利他论者的伦理学说。这是一个惊人的对比！从初始位置来看这些原则和学说，我们看到，它们的基础是一组不同的观念。它们不仅基于相反的动机假设，而且风险概念在一个观点中占有一席之地，而在另一观点中未占有一席之地。正如刘易斯（Lewis）说的那样，借助于古典效用观念，人们做出选择，好像一个人一定会通过每个人的经历来生活，然后总结其结果。① 一个人凑巧成为哪一个人的念头并未产生。因此，

---

① 参阅刘易斯《对知识和评价的分析》，第 547 页。——原注

即使初始位置概念没有其他用途，它也将是有用的分析工具。虽然这两个不同效用原则可能常有类似实际结果，但我们可以看到，这些正义观念来自明显不同的假设。

【原文】§30-8-p.165

【评析】

1. 原文："Someone else has independent, or first-order, desires"（p.165）。H本："别的什么人具有独立的或一阶的欲望"（第147页）。新解："他人有独立欲望或一阶欲望"。

2. 原文："All vote to do what everyone else wants to do"（p.165）。H本："所有人都同样认为要做别人想做的事情"（第147页）。新解："所有人都推举去做任何其他人想做的事"。

3. 原文："Obviously nothing gets settled"（p.165）。H本："这样显然就什么都确定不了"（第147页）。新解："显然，没有解决任何问题。"

4. 原文："For a problem of justice to arise at least two persons must want to do something other than whatever everyone else wants to do"（p.165）。H本："正义问题要产生，必定至少有两个人想做某件不同于所有其他人都想做的事情"（第145页）。新解："要产生正义问题，至少有两个人必须想做其他任何人都不想做的某件事情。"

5. 原文："They must have some separate interests which may conflict"（p.165）。H本："他们必然是有某些可能冲突的各自分离的利益"（第147页）。新解："他们必定存在会产生相互冲突的若干各自利益。"

【诠释】

然而，完全利他论有一个特点值得一提。只有在他人有独立欲望或一阶欲望时，完全利他论者才能满足自己的欲望。为了说明这一事实，假设在决定做什么时，所有人都推举去做任何其他人想做的事。显然，它没有解决任何问题；事实上，不存在可以决定的任何事情。要产生正义问题，至少有两个人必须想做其他任何人都不想做的某件事情。因此，假定各方都是完全的利他论者，这是不可能的。他们必定存在会产生相互冲突的若干各自利益。通过假定在初始位置上的互不关切来模拟这种冲突，虽然这可能被证明过于简单化，但人们可以在此基础上发展出一种相当全面的正义观念。

【原文】§30-9-pp.165-166

【评析】

1. 原文:"Indeed, Hume thought that it offered the only perspective from which moral judgments could be made coherent and brought into line"(p.165). H 本:"的确,休谟认为它提供了唯一可使道德判断首尾一致和条理分明的观察点"(第 147 页)。新解:"实际上,休谟认为,它提供了这样的唯一视角,从它出发可以做出融贯而一致的道德判断。"

2. 原文:"An impartial judgment, we can say, is one rendered in accordance with the principles which would be chosen in the original position"(p.165). H 本:"公平的正义就提供给我们这种观察点。我们可以说,一个不偏不倚的判断,是符合那些将在原初状态中被选择的原则的判断"(第 147 页)。新解:"我们可以说,公道判断是符合在初始位置上被选中的原则的判断。"在原文中,没有"公平的正义就提供给我们这种观察点"这个语句的出处,它大概出现于《正义论》第一版中,罗尔斯在修订版中删除了这一个语句。

3. 原文:"An impartial person is one whose situation and character enable him to judge in accordance with these principles without bias or prejudice"(p.165). H 本:"一个不偏不倚的人是一个其状态和性格使他能无偏见和歧视地按照这些原则进行判断的人"(第 147 页)。新解:"公道者是指其处境和性格使他能够在没有偏见或成见情况下根据这些原则做出判断的人。"

4. 原文:"Instead of defining impartiality from the standpoint of a sympathetic observer, we define impartiality from the standpoint of the litigants themselves"(p.165). H 本:"我们不是从一个同情的观察者的地位定义不偏不倚,而是从当事人自身的立场来定义不偏不倚"(第 147 页)。新解:"我们不从同情观察者的立场来定义公道,而从诉讼当事人自身的立场来定义公道。"这里要注意两种立场的根本差异:"旁观者立场"和"当事者立场"。短语"the standpoint of a sympathetic observer"最好解读为"富有同情心的观察者的立场"。H 本把它解读为"同情的观察者的地位",就丧失了罗尔斯在这里对两者进行比较的意义,在很大程度上误解了这个语句。

5. 原文:"He who is to judge between men serves as their agent"(p.166). H 本:"要在人们之间进行判断的人是作为他们的代理人为他们服务

的"（第 147 页）。**新解**："做出人际裁决的人，就是他们的代理人。"

6. **原文**："**The fault of the utilitarian doctrine is that it mistakes impersonality for impartiality**"（p. 166）. H 本："功利主义理论的缺点是把不偏不倚误解为非人格性"（第 147—148 页）。**新解**："效用论学说错就错在把非人格性当成了公道。"

【诠释】

一些哲学家接受效用原则，因为他们认为，公道且富有同情心的旁观者观念是对公道（impartiality）的正确诠释。实际上，休谟认为，它提供了这样一个唯一视角，从它出发可以做出融贯而一致的道德判断。现在，道德判断应该是公道的；但还有另一办法可以实现这一点。我们可以说，公道判断是符合在初始位置上被选中原则的判断。公道者是指其处境和性格使他能够在没有偏见或成见情况下根据这些原则做出判断的人。我们不从同情观察者的立场来定义公道，而从诉讼当事人自身的立场来定义公道。置身于平等的初始位置（original position of equality）上，他们必须一劳永逸地（一次性地、非反复地）选择自己的正义观念。他们必须决定用什么原则来解决向彼此提出的诉求，而做出人际裁决的人，就是他们的代理人。效用论学说错就错在把非人格性（impersonality）当成了公道（impartiality）。

【原文】§30 – 10 – p. 166

【评析】

罗尔斯认为，效用论者无法解决伯林难题，即善与善的冲突问题。休谟的仁慈理论无法解决仁慈与仁慈的冲突，或者爱与爱的冲突。关于这个问题，黑格尔在分析古代希腊悲剧时就已经有所暗示："这里基本的悲剧性就在于这种冲突中对立的双方各有它那一方面的辩护理由，而同时每一方拿来作为自己所坚持的那种目的和性格的真正内容 的却只能是把同样有辩护理由的对方否定掉或破坏掉。因此，双方都在维护伦理思想之中而且就通过实现这种伦理理想而陷入罪过中。"[①] 因此，卡尔·波普尔把理性主义视为 20 世纪人类社会遭遇巨大苦难的思想根源，并把黑格尔的理性主义哲学视为造成那种苦难的主要思想根源之一，这种见解是极其肤浅的。

1. **原文**：**Now love clearly has among its main elements the desire to**

[①] 黑格尔：《美学》，朱光潜译，商务印书馆 1981 年版，第 286 页。

advance the other person's good as this person's rational selflove would require"（p. 166）。H 本："爱的一个主要成分即希望像另一个人的合理自爱所要求的那样推进那个人的利益"（第 148 页）。新解："现在，就像这个人的理性自爱要求的那样，在其要素当中，仁爱显然有增进他者之善的愿望。"

2. 原文："The love of several persons is thrown into confusion"（p. 166）。H 本："对这些人的爱就陷入了困境"（第 148 页）。新解："这几个人的爱就会陷入混乱。"

3. 原文："If we reject the classical doctrine, what does the love of mankind enjoin?"（p. 166）。H 本："如果我们拒绝古典的功利理论，人类之爱会发出什么样的命令呢？"（第 148 页）。新解："如果我们拒绝这种古典学说，那么人世间的爱将指令什么呢？"

4. 原文："It is quite pointless to say that one is to judge the situation as benevolence dictates"（p. 166）。H 本："说一个人要在慈善发出命令时再来判断这种具体情境是相当无意义的"（第 148 页）。新解："以下说法无甚意义：当仁慈发出指令时，人们要审时度势。"

5. 原文："This assumes that we are wrongly swayed by self-concern"（p. 166）。H 本："这等于假定我们已错误地被自爱动摇了"（第 148 页）。新解："这表明，我们错误地被自我关心所左右。"

6. 原文："Benevolence is at sea as long as its many loves are in opposition in the persons of its many objects"（p. 166）。H 本："只要慈善在作为爱的对象的许多人中间自相矛盾，慈善就会茫然不知所措"（第 148 页）。新解："只要在仁慈施予的许多对象的人身上，仁慈施予的许多爱是对立的，仁慈就会茫然无措，不知该如何是好。"

【诠释】

前面的话自然会令人产生疑问，如果一个人采纳了同情的旁观者的观点，但没有把这个旁观者描述为把所有欲望都融合到一个系统当中，会产生什么正义理论？休谟的思想为仁爱提供了一种方法，但这是唯一的可能性吗？现在，就像这个人的理性自爱要求的那样，在其要素当中，仁爱显然有增进他者之善的愿望。一个人如何实现这个愿望通常是很清楚的。困难在于，一旦这些个体的诉求发生冲突，这几个人的爱就会陷入混乱。如果我们拒绝这种古典学说，那么人世间的爱将指令什么呢？以下说法无甚意义：当仁慈发出指令时，人们要审时度势。这表明，我们错误地被自我关切所左右。我们的问题在别处。只要在仁慈施予的许多对象的人身上，仁慈施予的许多爱是对立的，仁慈就会茫然无措，不知该如何是好。

【原文】§30-11-p.166

【评析】

罗尔斯关于个体差异的讨论，可以在黑格尔关于古希腊悲剧伦理价值的讨论中找到很好的例证："悲剧的冲突导致这种分裂的解决。永恒的正义利用悲剧的人物及其目的来显示出他们的个别特殊性（片面性）破坏了伦理的实体和统一的平静状态；随着这种个别特殊性的毁灭，永恒正义就把伦理的实体和统一恢复过来了。"① 查尔斯·泰勒（Charles Taylor）对此解释道："在悲剧中，古希腊人开始获得一种预感，关于必然性的样式和理性结构的某个意义。黑格尔认为，这是古希腊人的意识逐渐地达到对于在其生活中的深刻矛盾的自觉的方式。……我们看到了两种权利之间的冲突，一种是表现在克瑞翁身上的地方性城邦的权利，一种是普遍道德的权利，以安提戈涅为代表，以家庭之爱的形式表现出来。"②

1. 原文："There is to be no conflation of desires and memories into those of one person"（p.166）。H本："没有把各人的欲望和记忆融为一个人的欲望和记忆"（第148页）。新解："不存在把各种欲望和记忆合成为一个人的欲望和记忆的情形。"

2. 原文："Since a single individual is literally to become many persons, there is no question of guessing which one"（p.166）。H本："由于一个单独的人字面上变成了许多个人，就没有猜测谁是谁的问题了"（第148页）。新解："既然一个单一个体真的要变成许多人，就不存在猜测那个人会是谁的问题。"

3. 原文："The problem of taking chances"（p.166）。H本："冒险的问题"（第148页）。新解："去承担风险的问题"。这里的风险主要是指一个人凑巧成为什么样的人的问题，比如凑巧成为贫困者或富裕者、平民或贵族、有优势者或无优势者的问题。

4. 原文："The principles he would choose characterize the aims of benevolence"（p.166）。H本："他将选择具有慈善目标特征的原则"（第148页）。新解："他选中的原则具体规定着仁慈的目的。"

---

① 黑格尔：《美学》，朱光潜译，第287页。
② 泰勒：《黑格尔》，张国清、朱进东译，译林出版社2002年版，第773页。

【诠释】

我们不妨在这里尝试提出以下观点：如果仁慈者知道自己将分裂成社会的许多成员，他就会以有人选中的原则来做指导。① 也就是说，他想象自己将分裂成许多人，他们的生活和经历将是各有千秋的。每个人都保留着自己的经历和记忆；不存在把各种欲望和记忆合成为一个人的欲望和记忆的情形。既然一个单一个体真的要变成许多人，就不存在猜测那个人会是谁的问题；再一次，去承担风险的问题也不会出现。假如现在就知道这一点（或相信这一点），那么一个人会为由这些个体组成的社会选择什么正义观念呢？我们假设，这个人会像爱自己一样爱这些人，也许他选中的原则具体规定着仁慈的目的。

【原文】§30 – 12 – pp. 166 – 167

【评析】

1. 原文："**Leaving aside the difficulties in the idea of splitting that may arise from problems about personal identity, two things seem evident**"（p. 166）. H 本："如果把这一分裂观念中的可能因个人同一性发生的困难搁置一边，那么有两件事情看来是明显的"（第 148 页）。**新解**："撇开个人身份问题可能引起的分裂观念难题不谈，有两点看起来是一目了然的。" 当中文读者读到这个语句，他们的内心可能是崩溃的，因为这里的关键概念是错的。罗尔斯讨论的是个人身份问题（problems about personal identity）以及由此引发的困难，H 本解读为"个人的统一性"是不确切的。

2. 原文："**Natural preference**"（p. 167）. H 本："自然的偏爱"（第 148 页）。**新解**："自然偏好"。

3. 原文："**The reason why the situation remains obscure is that love and benevolence are second-order notions**"（p. 167）. H 本："选择环境仍然模糊的原因是爱和慈善是次级概念"（第 148 页）。**新解**："这种情况之所以尚不明朗，是因为爱和仁慈是二阶概念。"

4. 原文："**If the claims of these goods clash, benevolence is at a loss as to how to proceed, as long anyway as it treats these individuals as separate**

---

① 这个观点可见于托马斯·内格尔（Thomas Nagel）《利他主义的可能性》，牛津：克莱伦顿出版社1970 年版，第 140 页及以后。——原注

persons"（p. 167）。H 本："如果这些善的要求相抵触，慈善就要不知道怎么办了，至少在它把这些个人作为分离的人对待的情况下是这样"（第 148 页）。**新解**："当对这些善的诉求发生冲突时，只要这些个体被视为孤立的个体，那么仁慈将不知如何开展下去。"

5. **原文**："These higher-order sentiments do not include principles of right to adjudicate these conflicts"（p. 167）。H 本："这些高阶情感并不包括用正当原则来裁决这些冲突"（第 148 页）。**新解**："这些高阶情感不包括裁决这些冲突的正当原则。"

6. **原文**："Therefore a love of mankind that wishes to preserve the distinction of persons, to recognize the separateness of life and experience, will use the two principles of justice to determine its aims when the many goods it cherishes are in opposition"（p. 167）。H 本："因此，一种希望保持人们的差别、承认生活和经验的独特性的人类之爱，在它所珍视的多种善相冲突时，将用两个正义原则来决定它的目标"（第 148—149 页）。**新解**："因此，人世间的爱想要保持人际差异，承认生命与经验的疏离，当它珍视的许多美好事物处于对立状态时，它将运用两个正义原则来明确其目标。"

7. **原文**："This is simply to say that this love is guided by what individuals themselves would consent to in a fair initial situation which gives them equal representation as moral persons"（p. 167）。H 本："这就是说，这种爱将由这样一些原则指导：它们是个人自己在一种公平的最初状况中将一致同意的原则，这一状态给了他们以作为道德人的平等权利"（第 149 页）。**新解**："这只不过是说，这种爱受到个体在公平的初始场景中所同意的东西引导，这给了他们作为道德人以平等的表现。"

【诠释】

撇开个人身份问题可能引起的(人格)分裂观念难题不谈，有两点看起来是一目了然的。第一，目前尚不清楚一个人会做出什么决定，因为这种情况不能马上给出答案。第二，现在看来，与古典效用原则相比，两个正义原则是一个相对地更加讲得通的选项。后者不再是自然偏好（natural preference），这表明把许多人合而为一确实是古典效用观点的根基。这种情况之所以尚不明朗，是因为爱和仁慈是二阶概念：它们寻求促进既定的被爱者的善。当对这些善的诉求发生冲突时，只要这些个体被视为孤立的个体，那么仁慈将不知如何开展下去。这些高阶情感不包括裁决这些冲突的正当原则。因此，人世间的爱想要保持人际差异，承认生命与经验的疏离，当它珍视的许多美好事物处于对立状态时，它将运用两个正义原则来明确其目标。这只不过是说，这种爱受到个体在公平的初始场景中所同意的东西引导，这给了他们作为道德人以平等的表现。我们现在明白了下面这个道理，假如仁慈给予处于初始位置上的各方，那么他们将一无所获。①

【原文】§30 – 13 – p. 167

【评析】

罗尔斯和罗蒂关于同情心的见解大同小异。罗尔斯严格区分了同情心等人间爱与正义感，罗蒂则试图消除那个区分。这可以看作罗尔斯和罗蒂在正义理论上的最大差异。

1. 关于术语"first-order""second-order""higher-order"和"highest-order"，H 本没有统一的解读，比如，"higher-order"分别解读为："更高的"（第 27 页）、"更高一层的"（"修订版序言"，第 3 页）、"高阶"（第 148 页）等。**新解**："**一阶**"、"**二阶**"、"**高阶**"和"**最高阶**"。因此，"first-order desires"，新解为"**一阶欲望**"；"second-order notions"，新解为"**二阶概念**"；"a higher-order desire"，新解为"**高阶欲望**"；"higher-order sentiments"新解为"**高阶情感**"。我们是否可以作这样的推论：爱和仁慈是二阶概念，却是高阶情感；它们不是原则。想要拥有某个原则是一阶欲望，原则是一阶概念，比如效用原则、正当原则和正义原则是一阶概念。因此，效用原则、正当原则和正义原则在人的欲望层次上比爱和仁慈更加基本。这也是休谟和斯密的观点。罗尔斯在这一点上同古典效用论者没有本质差别。另参阅第九章关于最高阶利益的讨论。

2. 原文："**Thus we see that the assumption of the mutural disinterestedness of the parties does not prevent a reasonable interpretation of benevelence and of the love of mankind within the framework of justice as fairness**"（p. 167）。另解："因此，我们看到，各方互无利益关涉的假设并不妨碍合理的仁慈和人类之爱在公平正义的框架内获得解释。"② 另解有偏差，此处只讲到"合理的解释"而没有讲到"合理的仁慈"。

3. 原文："**Acts of supererogation**"（p. 167）。H 本："分外有功的行

---

① 罗尔斯表示，个体的社会位置存在差异，个体的爱心或仁慈也会存在差异，当不同的善产生冲突时，个体不知道如何处理这些冲突。仁慈不能解决个体之间的利益冲突。古典效用论对不同善的冲突没有给出明确的解决办法；公平正义观念很好地解决了这个问题。
② 桑德尔：《自由主义与正义的局限》，万俊人等译，第 207 页。

为"（第149页）。**新解**："超越义务的举动"。

4. **原文**："**The virtues are sentiments, that is, related families of dispositions and propensities regulated by a higher-order desire, in this case a desire to act from the corresponding moral principles**"（p. 167）。H本："德性是由一种高阶欲望（在这种情况里就是一种按相应的道德原则行动的欲望）调节的情感，这些情感亦即相互联系着的一组组气质和性格"（第149页）。**新解**："德性就是情操，即由高阶欲望调节的与之相关的各种性格和倾向，在这种情况下，德性是依照相应道德原则行动的欲望。"

5. **原文**："**Continuing strands**"（p. 167）。H本："连续的线段"（第149页）。**新解**："环环相扣的人链"。"continuing strands"的正解是"相互联结的线段"，这里引申为"环环相扣的人链"。

【诠释】

然而，我们必须区分人间爱和正义感。这种区别并不在于它们遵循着不同的原则，因为两者皆有伸张正义的愿望。确切地说，人间爱对这一愿望表现得更强烈、更广泛，它准备充分履行除了正义义务之外的所有自然义务，甚至超出了自然义务的要求。人间爱比正义感更为宽泛而周全，促使人们采取超越义务的举动，正义感却并非如此。因此，我们看到，假使各方互不关切，这样的假设并不妨碍在公平正义的框架内对仁慈和人间爱做出合理的解释。我们一开始就假定，各方互不关切，并在一阶欲望方面存在着冲突，这一事实仍然允许我们去构建周全的解释。因为一旦我们握有正当原则和正义原则，它们就可以像在任何其他理论中一样被用来定义道德德性。德性就是情操，即由高阶欲望（higher-order desire）调节的与之相关的各种性格和倾向，在这种情况下，德性是依照相应道德原则行动的欲望。虽然公平正义的起点是处于初始位置上的诸多个体，更准确地说，是环环相扣的人链，但是这并不妨碍去解释把一群人联系在一起的高阶道德情操（higher-order moral sentiments）。在第三编里，本人将回到这些问题上来。[①]

[①] 罗尔斯关于"人间爱"和"正义感"的讨论，可以在黑格尔关于古代希腊悲剧《安提戈涅》的讨论中找到完整的思想起源。正如有学者分析的那样："安提戈涅和克瑞翁各自的'辩护理由'指向特定的'法'（nomos，Recht），双方仅按各自所承认的'法'行动，因而黑格尔把这种伦理冲突进一步归结为两种法，即神的法则（das göttliche Gesetz/Recht）与人的法则（das menschliche Gesetz/Recht）之间的冲突，也是两种权利/法权（Recht）、两种正义的冲突，暴露了家庭人伦与城邦生活、政治生活之间的张力。"（牛文君："家族与城邦：黑格尔《安提戈涅》诠释中的古希腊伦理问题"，《社会科学战线》2019年第8期）当然，黑格尔和罗尔斯讨论的侧重点和目标各不相同。我们可以把黑格尔关于神的法则和人的法则的讨论看作正义理论讨论正当与善关系的一个例证来对待。

606 《正义论》评注

【原文】§30 – 14 – pp. 167 – 168

【评析】

1. 原文："These remarks conclude the theoretical part of our discussion"（p. 167）。H 本："这些论述总结了我们对理论部分的讨论"（第 149 页）。新解："这些话结束了我们讨论的理论编。"

2. 原文："I shall make no attempt to summarize this long chapter"（pp. 167 – 168）。H 本："我不打算概括这很长的一章"（第 149 页）。新解："我不打算给冗长的这一章作个小结。"

3. 原文："Having set out the initial arguments in favor of the two principles of justice over the two forms of utility"（p. 168）。H 本："在提出了支持两个正义原则而非两种功利原则的最初论据之后"（第 149 页）。新解："在做出支持两个正义原则胜过两种效用原则的初步论证之后"。"两种效用原则"指古典效用原则和平均效用原则。

4. 原文："How well they seem to match our considered judgments"（p. 168）。H 本："这些原则……如何适合于我们深思熟虑的判断"（第 149 页）。新解："它们看似与我们的深思判断有多么匹配。"

5. 原文："Whether they are an improvement over other conceptions"（p. 168）。H 本："它们是否比别的观念更好些"（第 149 页）。新解："它们是否对其他正义观念有所改进。"

【诠释】

这些话结束了我们讨论的理论编。我不打算给冗长的这一章作个小结。在做出支持两个正义原则胜过两种效用原则（指古典效用原则和平均效用原则）的初步论证之后，现在是看一下这些原则如何运用于制度以及它们看似与我们的深思判断有多么匹配的时候了。只有通过这种方式，我们才能更清楚地理解它们的含义，我们才能发现，它们是否对其他正义观念有所改进。

ns* 后期资助项目

《正义论》评注

中册

Commentary on *A Theory of Justice*

张国清　著

中国社会科学出版社

目　录

中　册

第二编　制度

第四章　平等自由 ………………………………………（609）
　§31　四个阶段序列 ………………………………………（610）
　§32　自由概念 ……………………………………………（625）
　§33　平等的良心自由 ……………………………………（637）
　§34　宽容和共同利益 ……………………………………（652）
　§35　宽容不宽容者 ………………………………………（665）
　§36　政治正义和宪法 ……………………………………（675）
　§37　参与原则的限制 ……………………………………（692）
　§38　法治 …………………………………………………（712）
　§39　自由优先性的界定 …………………………………（737）
　§40　公平正义的康德式诠释 ……………………………（760）

第五章　分配份额 ………………………………………（778）
　§41　政治经济学的正义概念 ……………………………（781）
　§42　关于经济系统的几点看法 …………………………（795）
　§43　适用分配正义的背景制度 …………………………（820）
　§44　代际正义问题 ………………………………………（841）
　§45　时间偏好 ……………………………………………（861）
　§46　关于优先性的附加例证 ……………………………（874）
　§47　正义的准则 …………………………………………（894）
　§48　合法预期和道德应得 ………………………………（908）

§49　与混合（正义）观念的比较 …………………………………… (922)
§50　至善原则 ……………………………………………………………… (942)

第六章　义务职责 …………………………………………………………… (959)
§51　支持自然义务原则的论点 …………………………………… (961)
§52　支持公平原则的论点 ………………………………………… (983)
§53　遵守不公正法律的义务 ……………………………………… (1003)
§54　多数裁定原则的地位 ………………………………………… (1016)
§55　公民抗命的定义 ……………………………………………… (1030)
§56　良心拒绝的定义 ……………………………………………… (1043)
§57　公民抗命的证明 ……………………………………………… (1050)
§58　良心拒绝的证明 ……………………………………………… (1063)
§59　公民抗命的作用 ……………………………………………… (1073)

第二编
制　度

第四章　平等自由
Equal Liberty

【题解】

罗尔斯多次强调正义的首要主体是社会的基本结构。在《正义论》第二编里，他主要讨论正义原则适用于社会基本制度的情况。第四章的主题是基本自由。它探讨了平等自由的三大问题，即"平等的良心自由、政治正义和平等的政治权利、平等的人身自由及其与法治的关系"（p. 171）。罗尔斯还讨论了自由的优先性问题，最后讨论了对初始位置的康德式诠释。显然，这一章对于我们了解罗尔斯关于第一正义原则涉及的平等自由理念是至关重要的。虽然这些内容没有多少新意，但是当它们被纳入一个严格的思想框架之中来论述和探讨时，它们可能招致来自各方的批评，比如他在牛津大学做博士后时的合作教授哈特对其基本自由理念提出批评。罗尔斯在《正义论》修订版序言中特别提到哈特的批评，承认这是《正义论》的一大软肋。哈特的批评就是针对这一章的相关内容展开的。罗尔斯在1982年发表的"基本自由及其优先性"一文中对此做了正式回应。结合那篇论文，我们将能更好地掌握这一章有关平等自由的见解。这一章考虑较多政的是政治正义和程序正义，而与分配正义无涉。由第一正义原则规制和调节的平等自由，主要涉及持有正义而非分配正义。

【原文】CH – IV – p. 171

【评析】

1. 原文："I do not argue that these arrangements are the only ones that are just"（p. 171）。H本："我不想论证这些制度是唯一正义的安排"（第153页）。新解："我并不认为，只有宪政民主制度才是正义的制度。"

2. 原文："How the principles for institutions are to be applied"

（p. 171）．H 本："关于制度的这些原则是怎么被应用"（第 153 页）。**新解**："适用于制度的原则将如何得到运用。"

3. 原文："**Equal liberty of the person and its relation to the rule of law**"（p. 171）．H 本："人的平等自由及其与法律规范的关系"（第 153 页）。**新解**："平等的人身自由及其与法治的关系"。

【诠释】

在第二编的三章中，我旨在阐明两个正义原则的内容。为达此目的，本人将描述满足这些原则的基本结构，考察由这些原则产生的义务和职责。这个结构的主要制度是宪政民主制度。我并不认为，只有宪政民主制度才是正义的制度。确切地说，本人意在表明，迄今为止，抛开各种制度形式而得到抽象讨论的正义原则，既界定了一种切实可行的政治观念，又相当地近似于和延伸着我们的深思判断。在本章中，我先提出四个阶段序列，那些序列将阐明，适用于制度的原则将如何得到运用。本人将进而简述基本结构的两个部分，并定义自由概念。在此基础上，本人将探讨有关平等自由的三大问题：平等的良心自由（equal liberty of conscience）、政治正义和平等的政治权利（equal political rights）、平等的人身自由（equal liberty of the person）及其与法治的关系。接着，本人将讨论自由具有优先性的含义。最后，作为本章的结束，我将简要介绍关于初始位置的康德式诠释。

§31 四个阶段序列
The Four-Stage Sequence

【题解】

四个阶段序列是罗尔斯分析社会基本结构的一个框架，是对美国宪政民主制度的抽象表述，涉及宪法、立法（议会）、行政和司法等公共权力及其运行机制，与法律、法令和国家政策的制定和颁布活动高度相关。因此，罗尔斯通过设置四个阶段序列，以期说明现代西方宪政民主制度的运作过程及其遵循的原则。虽然他没有明确指出这是现代西方宪政制度的一般内容，但是他谈论的显然就是以美国为代表的西方宪政民主制度。他在这一节的一个脚注中明确表示："美国宪法及其历史含有四个阶段序列观

第四章 平等自由

念。"（p. 172n.）所以，读者要想全面掌握这一节的内容，最好对美国宪政制度、美国政府和政治有一定了解，对其中涉及的宪政、政治、政府等领域的专门术语有所掌握。

【原文】§31 – 1 – pp. 171 – 172

【评析】

1. 原文："**Some sort of framework**"（p. 171）. H 本："某种理论框架"（第153页）。**新解**："某种框架"。

2. 原文："**His opinions will not always coincide with those of others, since men's judgments and beliefs are likely to differ especially when their interests are engaged**"（p. 171）. H 本："但是他也知道，人们的判断和信仰可能有天渊之别，所以他的观点也就可能和其他人的观点大相径庭，特别是当涉及到他们的利益时"（第153页）。**新解**："因为人的判断和信仰可能会有所不同，尤其涉及自身利益时，其本人意见并不总是与他人意见相一致。" H 本的解读把罗尔斯提到的人际观点差异强调过头了。

3. 原文："**A citizen must decide which constitutional arrangements are just for reconciling conflicting opinions of justice**"（p. 171）. H 本："为了解决上述关于正义意见的冲突，一个公民必须决定哪一种立宪制度是正义的"（第153页）。**新解**："为了协调相互冲突的正义意见，公民必须决定，**哪些宪政安排是正义的**。"短语："Constitutional arrangements". 可以解读为"宪政安排"或"宪制"。短语："Which constitutional arrangements". 应解读为**哪些宪政安排**，而不是"哪一种立宪制度"。

4. 原文："**We may think of the political process as a machine which makes social decisions when the views of representatives and their constituents are fed into it**"（pp. 171 – 172）. H 本："我们可以把政治过程看成一部机器，当代表和选民的意见被输入时，它就做出一些社会决策"（第153页）。**新解**："我们不妨把政治过程看作这样的机制，当代表人及其选民的意见被纳入其中时，它就会做出社会决定。"

5. 原文："**A citizen will regard some ways of designing this machine as more just than others**"（p. 172）. H 本："一个公民会认为这种机器的设计方法比其他方法更正义"（第153页）。**新解**："公民会认为，设计这个机制的某些办法比其他办法更加公正。"

6. 原文："A complete conception of justice is not only able to assess laws and policies but it can also rank procedures for selecting which political opinion is to be enacted into law"（p. 172）。H 本："一个完整的正义观不但能够评价法规和政策，而且也能评价用于选择某种将政治观点制定为法律的程序"（第 153—154 页）。新解："一个完备的正义观念不仅可以对各项法律和政策进行评估，而且可以对选择哪个政治意见应当被制定为法律的程序进行排序。"

7. 原文："The citizen accepts a certain constitution as just"（p. 172）。H 本："这个公民总是把某种制度当作正义而接受下来"（第 154 页）。新解："公民承认，某个章程是公正的"。这里没有"总是"的出处。

8. 原文："The procedure of majority rule duly circumscribed"（p. 172）。H 本："受到适当限制的多数裁决规则的程序"（第 154 页）。新解："法定多数裁定原则程序"。

9. 原文："The enactments of the majority"（p. 172）。H 本："大多数人所颁布的法令"（第 154 页）。新解："多数决制订的法令"。

10. 原文："Three types of questions"（p. 172）。H 本："上述三种问题"（第 154 页）。新解："三种类型的问题"或"三类问题"。

11. 原文："A several-stage sequence"（p. 172）。H 本："四个阶段的序列"（第 154 页）。新解："若干阶段序列"。

【诠释】

显然，我们需要某种框架来简化两个正义原则的适用。请考虑任何公民必须完成的三个判断。首先，他必须判断立法和社会政策的正义性。然而，他也知道，因为人的判断和信仰可能会有所不同(因人而异)，尤其涉及自身利益时，其本人意见并不总是与他人意见相一致。因此，其次，为了协调相互冲突的正义意见，公民必须决定，哪些宪政安排是正义的。我们不妨把政治过程看作这样的机制，当代表人及其选民的意见被纳入其中时，它就会做出社会决定。公民会认为，设计这个机制的某些办法比其他办法更加正义。因此，一个完备的正义观念不仅可以对各项法律和政策进行评估，而且可以对选择哪个政治意见应当被制定为法律的程序进行排序。不过，还存在第三个问题。公民承认，某个章程是公正的；他们认为，某些传统程序是适当的，例如，法定多数裁定原则程序是适当的。然而，由于政治过程充其量是一个不全面的程序正义，他必须确定，何时应当遵守由多数决制订的法令，何时可因不再具有约束力而否决该法令。简

第四章　平等自由　613

而言之，他必须能够确定政治义务与职责的依据和限度。因此，正义理论必须处理至少三种类型的问题，这表明将这些原则按若干阶段序列考虑可能是有用的。

【原文】§31-2-pp.172-173

【评析】

1. 原文："Once the principles of justice are chosen the parties return to their place in society and henceforth judge their claims on the social system by these principles"（p.172）。H本："一旦两个正义原则被选择，那么各方就回到他们的社会地位并随之按照正义原则来评判关于社会制度的各种主张"（第154页）。新解："一旦选好了正义原则，各方就会回到他们在社会中的点位，并由此出发，根据这些原则来判断他们就社会系统提出的各种诉求。"

2. 原文："If several intermediate stages are imagined to take place in a definite sequence, this sequence may give us a schema for sorting out the complications that must be faced"（p.172）。H本："如果我们设想在某个确定的序列中存在着若干中间阶段，那么，这个序列就可能给我们提供某种清除必定会碰到的混乱的方案"（第154页）。新解："如果我们设想几个中间阶段以一个确定的序列发生，这个序列可能会给我们某个办法，来解决我们必须面对的复杂问题。"

3. 原文："They move to a constitutional convention"（p.172）。H本："他们就来到了一个立宪会议"（第154页）。新解："他们参加了某个制宪会议。"

4. 原文："Here they are to decide upon the justice of political forms and choose a constitution: they are delegates, so to speak, to such a convention"（p.172）。H本："在这里，可以说，他们是这种会议的代表；他们将确定政治结构的正义并抉择一部宪法"（第154页）。新解："在这里，他们将决定各种政治形式的公正性，并挑选一部宪法：可以说，他们是参加这个大会的代表。"

5. 原文："They are to design a system for the constitutional powers of government and the basic rights of citizens"（p.172）。H本："他们将为了政府的立宪权力和公民的基本权利而设计出一种制度"（第154页）。新解："他们将针对政府宪法权力和公民基本权利设计一个制度。"

6. 原文："Since the appropriate conception of justice has been agreed upon, the veil of ignorance is partially lifted"（p.172）。H本："既然他们已经同意了适当的正义观，无知之幕也就被部分地排除了"（第154页）。**新解**："既然已经协商好适当的正义观念，那么无知之幕已经部分地被揭开。"

7. 原文："Place in the distribution of natural attributes"（p.172）。H本："在自然天赋的分配中的地位"（第154页）。**新解**："在自然资质分布中的点位"。

8. 原文："The information implicit in the circumstances of justice"（p.173）。H本："暗含在正义环境中的知识"（第154页）。**新解**："在正义的环境中隐含的信息"。

【诠释】

在这一点上，我将引入对初始位置的某种说明。到目前为止，本人认为，一旦选好了正义原则，各方就会回到他们在社会中的点位，并由此出发，根据这些原则来判断他们就社会系统提出的各种诉求（围绕基本善展开的诉求）。但是，如果我们设想几个中间阶段以一个确定的序列发生，这个序列可能会给我们某个办法，来解决我们必须面对的复杂问题。每个阶段都代表考虑某类问题的一个适当观点。① 因此，本人假定，当处于初始位置上的各方采用正义原则之后，他们参加了某个制宪会议。在这里，他们将决定各种政治形式的公正性，并且挑选一部宪法。可以说，他们是参加这个大会的代表。在已选定的正义原则的约束下，他们将针对政府宪法权力和公民基本权利设计一个制度。正是在这个阶段，他们重视处理不同政治意见的程序的公正性。既然已经协商好适当的正义观念，那么无知之幕已经部分地被揭开。当然，出席制宪会议的人并没有掌握特定个人的信息：他们既不知道自己的社会位置、自己在自然资质分布中的点位，也不知道自己的善观念。不过，除了了解社会理论原理以外，现在他们还了解其所在社会的一般事实，即自然环境和自然资源、经济发展水平和政治文化等。它们不再局限于在正义的环境中隐含的信息。鉴于他们具备社会理论知识和适当的一般事实，他们将选择最有效而公正的宪法，亦即既满足正

---

① 美国宪法及其历史含有四个阶段序列观念，至于从理论上如何解读这个序列过程及其与程序正义的关系，参阅阿罗（K. J. Arrow）《社会选择和个人价值》第2版，纽约：约翰—威利父子出版社1963年版，第89—91页。——原注

义原则，又最精致地开展公正有效立法工作的宪法。①

【原文】§31-3-p.173

【评析】

1. 原文："The procedure would be the political process governed by the constitution, the outcome the body of enacted legislation, while the principles of justice would define an independent criterion for both procedure and outcome"（p.173）。H本："这个程序应是宪法所控制的政治过程，制定法规的机构所控制的结果；而正义原则则为程序和结果这两者提供了一种独立标准"（第155页）。新解："这个程序将是受到宪法规定的政治过程，这个结果将是得到颁布的法律，而正义原则将为程序和结果这两者确定独立的标准。"这里的"the outcome the body of enacted legislation"是"the outcome would be the body of enacted legislation"的缩写。H本显然没有准确解读这个语句。一是"宪法规定的政治过程"，二是"得到颁布的法律"；一个是程序，另一个是结果，这是两码事，尽管它们都受到正义原则的规制。

2. 原文："Perfect procedural justice"（p.173）。H本："完善的程序正义"（第155页）。新解："完全程序正义"。

3. 原文："The liberties of equal citizenship must be incorporated into and protected by the constitution"（p.173）。H本："宪法必须包括平等的公民权的各种自由并保护这些自由"（第155页）。新解："平等公民身份

---

① 从宪法选择的观点把四个阶段序列同它的制宪会议观念区分开来是至关重要的，那种宪法选择观点可以在社会理论中找到，布坎南（J. M. Buchanan）和塔洛克（Cordon Tullock）的论著是其典范。参阅布坎南和塔洛克《同意的计算》（The Calculus of Consent），安—阿伯：密歇根大学出版社1963年版。四个阶段序列观念是道德理论的组成部分，除了所述正义观念影响政治制度之外，不属于有关实在宪法之运作的解释。正义原则在契约论中得到了同意。我们的问题是，努力设计有助于我们运用这些原则的方案；其目标是，基于多少现实主义的（尽管简化了的）政治生活假设，而非基于具有个人主义色彩的经济理论假设，阐明正义宪法应当是什么样的，而绝非确定应当采纳哪一类宪法，或者应当得到哪一类宪法。——原注（罗尔斯在这里明确表示，四个阶段序列讨论的是社会基本制度的道德理论基础。它既不是宪法理论意义上的，也不是经济理论意义上的，而是伦理学或政治哲学意义上的。它要解析创制宪法或制定法律的哲学依据，这个依据最终在关于公平正义和正义原则的论述中得到了最好的展示。罗尔斯拒绝对社会基本结构作经济理论解释，这是他反对效用论正义观念的重要组成部分。如果这一点没有得到坚持，那么他的整个正义理论就难以成立。）

享有的自由必须写入宪法并受其保护。"

4. 原文："Liberty of the person"（p. 173）。H 本："个人自由"（第 155 页）。新解："人身自由"。

【诠释】

在这一点上，我们需要区分两个问题。在理想情况下，正义的宪法将是如此安排的正义程序，以保护正义的结果。这个程序将是受到宪法规定的政治过程，这个结果将是得到颁布的法律，而正义原则将为程序和结果这两者确定独立的标准。为了追求完全程序正义这一理想（§14），第一个问题是要设计一个正义程序。为了做到这一点，平等公民身份享有的自由必须写入宪法并受其保护。这些自由权利包括良心自由和思想自由、人身自由以及平等的政治权利。本人认为，政治制度是宪政民主的某种形式，如果它体现不了这些自由权利，就不是一个正义的程序。

【原文】§31 – 4 – pp. 173 – 174

【评析】

罗尔斯在这里关于不公正法律之可能性的讨论，与波普尔关于试错理论的讨论形成某种对比关系。在法律实践中，我们只能实现部分程序正义，而不是实现完全程序正义。司法实践是一个试错过程。德沃金渴望的完备性法律是难得的。后者更多体现为法律人的理想信仰，而不是实际理念。法律是务实的，它就应当是波斯纳意义上的实用主义的，而不是德沃金意义上的有着特殊道德偏好或持有特殊道德偏见的。

1. 原文："There is no scheme of procedural political rules which guarantees that unjust legislation will not be enacted"（p. 173）。H 本："任何程序的政治规则方案都不能保证不制定非正义的法规"（第 155 页）。新解："没有一套程序性政治规则能够保证，它肯定不会颁布实施不公正的法律。"

2. 原文："In the case of a constitutional regime, or indeed of any political form, the ideal of perfect procedural justice cannot be realized"（p. 173）。H 本："在宪政或任何形式的政权中，完善的程序正义的理想都不可能实现"（第 155 页）。新解："在宪政体制中，实际上，在任何政治形式中，都无法实现完全程序正义的理想。"

3. 原文："Some schemes have a greater tendency than others to result in unjust laws"（p. 173）。H 本："某些方案比其他方案具有产生不正义法

规的更大倾向性"（第 155 页）。**新解**："有些方案比其他方案更容易导致不公正的法律。"

4. 原文："**A just and effective legal order**"（p. 173）。H 本："正义的、有效的立法"（第 155 页）。**新解**："公正有效的法律秩序"。

5. 原文："**The artificial identification of interests**"（p. 173）。H 本："对利益的人为确认"（第 155 页）。**新解**："有关各种利益的人工识别"。

6. 原文："**The rules（just procedure）are to be framed to give legislation（just outcome）likely to accord with the principles of justice rather than the principle of utility**"（p. 173）。H 本："规则（正义程序）将制定得使法规（正义结果）有可能与正义原则一致，而不是与功利原则一致"（第 155 页）。**新解**："有待设定的规则（公正程序），或许使立法（公正结果）符合正义原则，而不是符合效用原则。"

7. 原文："**Provided they have no information about particular individuals including themselves, the idea of the original position is not affected**"（p. 174）。H 本："但是他们仍不了解包括他们自己在内的具体个人的情况，原初状态的观念没有受到影响"（第 155 页）。这里的"Provided"不能作"但是"解，而应作"只要"或"假如"解。正解：**"只要他们没有掌握包括自己在内的特定个体的信息，初始位置观念就没有受到影响。"** 另外，H 本的解读明显与前一句话相矛盾，那句话是："本人假定，代表们是知道这些事情的。"罗尔斯显然不会如此颠三倒四地书写或讲话。关键是 H 本把罗尔斯在此想要表达的一个重要思想搞错了：虽然无知之幕开始揭开，但是代表们仍然没有离开初始位置，他们进行各种政治、法律和社会议题协商和讨论的代表，他们不再是毫不知情的各方，而是各方利益的实际代表人或代理人。但是，罗尔斯对这些代表人仍然有一个限制，就是假定他们不得涉足任何特殊个体（particular individuals），否则，他们即使处于初始位置，那个位置也已经是"受到影响的"或者被"污染了的"。所以，这一点在下一段落中的一句话得到了明晰表达："拟议的法案是根据代表的立法者立场来判断的，他一如既往地不知道自己的详细情况。"罗尔斯认为，参加制宪大会的代表不是处于初始位置上的各方，后者处于无知之幕之下，对所有人的所有情况都是不知情的。而前者恰恰相反，此时，无知之幕已经有所揭开，参考制宪大会的代表们是有所知情的。所以，H 本对这个段落中的最后一个语句的解读是错误的。

【诠释】

显然,任何试行的政治程序,都可能产生不合乎正义的结果。事实上,没有一套程序性政治规则能够保证,它肯定不会颁布不公正的法律。在宪政体制中,实际上,在任何政治形式中,都无法实现完全程序正义的理想。能够实现的最佳方案,是不完全程序正义方案。然而,有些方案比其他方案更容易导致不公正的法律。第二个问题是,从可行且正义的程序安排中,选取最有可能导致公正有效的法律秩序的程序安排。这也是边沁所谓的有关各种利益的人工识别问题,只有在这里,有待设定的规则(公正程序),或许使立法(公正结果)符合正义原则,而不是符合效用原则。要想明智地解决这个问题,既需要了解在制度中的人们可能拥有的信仰和利益,又需要了解他们在特定情况下会合理使用的政治策略。然后,本人假定,代表们是知道这些事情的。只要他们没有掌握包括自己在内的特定个体的信息,初始位置理念就没有受到影响。

【原文】§31–5–p. 174

【评析】

美国的立宪经验是,美国宪法并不是一次完成的,而是不断地修正和完善的。并且,各个州大多有自己的宪法。立法者根据自己对宪法的理解提出了不同的方案。因此这是一个在制宪会议和立法阶段之间经过多次反复才使得宪法日臻完善的过程。

1. 原文:"**The problem of constitutional design is not well posed**"(p. 174)。H本:"宪法设计问题就不能很好地确定"(第155页)。**新解**:"宪法设计问题就无法得到很好的探讨"。

2. 原文:"**This decision is made by running through the feasible just constitutions(given, say, by enumeration on the basis of social theory)looking for the one that in the existing circumstances will most probably result in effective and just social arrangements**"(p. 174)。H本:"我们是通过检查各种可行的正义宪法(比方说在社会理论的基础上列举的各种宪法),寻求在现存环境中最能导致有效的正义社会安排的宪法来做出最佳决定的"(第155—156页)。**新解**:"这个决定通过查阅这些可行的公正宪法(比如,以社会理论为基础所列举的宪法)做出,在现有情况下寻找这样的宪法,它将最有可能导致有效而公正的社会安排。"

3. 原文："Now at this point we come to the legislative stage, to take the next step in the sequence"（p. 174）。H本："于是，我们就到达了立法阶段，走到了四阶段序列的第三步"（第156页）。新解："于是，我们抵达立法阶段，按序迈入下一步。"

4. 原文："Proposed bills are judged from the position of a representative legislator who, as always, does not know the particulars about himself"（p. 174）。H本："从立法代表者——他们总是不知道自己的特殊情况——的见解来评价各种议案"（第156页）。新解："拟议法案根据代表立法者的立场来判断，他一如既往地不知道自己的特殊情况。"

5. 原文："Statutes must satisfy not only the principles of justice but whatever limits are laid down in the constitution"（p. 174）。H本："法规不仅必须满足正义原则，而且必须满足宪法所规定的种种限制条件"（第156页）。新解："议会立法必须不仅要符合正义原则，而且要符合宪法规定的任何约束条款。"这里罗尔斯在讨论的不是"法规"，而是"议会立法"，尤其是"创制宪法"。因此，H本的解读是错误的。

6. 原文："By moving back and forth between the stages of the constitutional convention and the legislature, the best constitution is found"（p. 174）。H本："我们在立宪法会议和立法阶段之间，通过反复酝酿找到了最佳宪法"（第156页）。新解："立法者奔波于制宪会议和立法机构的舞台，创制最佳的宪法。"解读者不能用中国政治经验去套解美国人眼中的宪法实践。

【诠释】

在制定正义宪法时，本人假定，已被选中的两个正义原则，确定了预期结果的独立标准。如果没有这样的标准，宪法设计问题就无法得到很好的探讨，因为这个决定通过查阅这些可行的公正宪法（比如，以社会理论为基础所列举的宪法）做出，在现有情况下寻找这样的宪法，它最有可能导致有效而公正的社会安排。于是，我们抵达立法阶段，按序迈入下一步。法律和政策的公正性将从这个角度得到评估。拟议法案根据代表立法者的立场来判断，他一如既往地不知道自己的特殊情况。议会立法必须不仅要符合正义原则，而且要符合宪法规定的约束条款。立法者奔波于制宪会议和立法机构的舞台，创制最佳的宪法。

620 《正义论》评注

【原文】§31 – 6 – p. 174

【评析】

1. 原文："The question whether legislation is just or unjust, especially in connection with economic and social policies, is commonly subject to reasonable differences of opinion"（p. 174）。H 本："人们在立法（特别是有关经济、社会政策的立法）是否正义的问题上一般来说合情合理地具有各种不同的观点"（第 156 页）。新解："关于立法，尤其涉及经济社会政策的立法是否公正的问题，通常会有合理的意见分歧。"

2. 原文："Often the best that we can say of a law or policy is that it is at least not clearly unjust"（p. 174）。H 本："我们常常所谈的最佳法律和政策至少不是明显不正义的"（第 156 页）。新解："关于一项法律或政策，我们能够给出的最佳评价往往是，它至少没有明显违反正义。"

【诠释】

现在，关于立法，尤其涉及经济社会政策的立法是否公正的问题，通常会有合理的意见分歧。在这些情况下，裁决通常既取决于各种思辨的政治经济学说，又取决于一般社会理论。关于一项法律或政策，我们能够给出的最佳评价往往是，它至少没有明显违反正义。准确应用差别原则，通常需要比我们预期的更多信息，而且在任何情况下，都比运用第一正义原则需要更多的信息。当平等自由受到侵犯时，这通常是显而易见的。这些侵犯不仅是违反正义的，而且可以清楚地看出其是违反正义的：这种违反正义的情形，在公开且公共的制度结构中会暴露无遗。但是，这种情况在以差别原则为指导的社会经济政策中是比较少见的。

【原文】§31 – 7 – pp. 174 – 175

【评析】

1. 原文："The first principle of equal liberty is the primary standard for the constitutional convention"（p. 174）。H 本："第一个原则即平等的自由构成了立宪会议的主要标准"（第 156 页）。新解："关于平等自由的第一正义原则是制宪会议的首要标准。"

2. 原文："The fundamental liberties of the person"（p. 174）。H 本：

"个人的基本自由"（第 156 页）。**新解**："人身的基本自由"或"基本的人身自由"。

3. 原文："The political process as a whole be a just procedure"（pp. 174 – 175）。H 本："政治过程在总体上应是一个正义的程序"（第 156 页）。**新解**："整个政治过程成为一个正义程序。"

4. 原文："The constitution establishes a secure common status of equal citizenship"（p. 175）。H 本："宪法确认了平等公民的共同可靠的地位"（第 156 页）。**新解**："宪法确立了平等公民享有安全保障的共同地位。"

5. 原文："Fair equality of opportunity"（p. 175）。H 本："公正的机会均等"（第 156 页）。**新解**："公平机会均等"。

6. 原文："Efficient and mutually beneficial social cooperation"（p. 175）。H 本："有效和互惠的社会合作"（第 156 页）。**新解**："既有效率又互惠互利的社会合作"。虽然只一字之差，这里的词语"efficient"解读为"有效率"比"有效"更加符合原意。它表明，罗尔斯并没有忽略在应用第二原则的过程中，社会经济领域对于效率的追求。如果像 H 本那样把"efficient"解读，则会让这一层含义荡然无存。

【诠释】

我于是设想，在不同阶段之间存在着分工，每个阶段处理着不同的社会正义问题。这种分工大致对应于基本结构的两个部分。关于平等自由的第一正义原则是制宪会议的首要标准。它提出的要求主要有，保护基本的人身自由、良心自由和思想自由，整个政治过程成为一个正义程序。因此，宪法确立了平等公民享有安全保障的共同地位，实现了政治正义。第二正义原则在立法阶段发挥作用。它规定，社会经济政策的目标是，在维护平等自由的前提下，在公平机会均等条件下，极大化最小优势者的长期预期。在这一点上，所有一般经济社会事实都要予以证实。基本结构的第二部分，包含既有效率又互惠互利的社会合作所需的政治、经济和社会形式的差别与等级。因此，第一正义原则优先于第二正义原则，这体现在制宪会议优先于立法阶段中。[①]

[①] 差别原则没有消灭差别，也没有削弱效率和互惠，甚至保留着政治、经济和社会的差别和等级，它只是在一定程度上缓和着那些差别和等级。

622 《正义论》评注

【原文】§31 – 8 – p. 175

【评析】

1. 原文："The last stage is that of the application of rules to particular cases by judges and administrators, and the following of rules by citizens generally"（p. 175）。H 本："最后的阶段则是，法官和行政官员把制定的规范运用于具体案例，而公民们则普遍地遵循这些规范"（第 156 页）。新解："最后一个阶段是法官和行政人员把规则应用于特定案件或特殊情况的阶段，也是公民通常遵守规则的阶段。"

2. 原文："The full system of rules has now been adopted"（p. 175）。H 本："整个规范体系已被采纳"（第 156 页）。新解："整个规则系统已经启用"。

3. 原文："Our particular situation"（p. 175）。H 本："具体的例证"（第 157 页）。新解："我们面临的特殊情况"。

4. 原文："As for example in the cases of civil disobedience and conscientious refusal"（p. 175）。H 本："如公民不服从和良心的拒绝"（第 157 页）。新解："比如，我们在公民抗命和良心拒绝案例中遇到的特殊情况。"

【诠释】

最后一个阶段是法官和行政人员把规则应用于特定案件或特殊情况的阶段，也是公民通常遵守规则的阶段。在这个阶段，每个人都能完全了解所有的事实。因为现在，整个规则系统已经启用，并且根据个人特点和情况适用于诸多个体，所以对知识没有任何限制。然而，我们并不从这个角度来决定政治义务与政治职责的依据和限制。第三类问题属于部分遵守理论(partial compliance theory)，在选择理想理论的基础上，本人将从初始位置角度讨论部分遵守理论的基本原则（§39）。一旦掌握了这些原则，我们就可以从最后阶段的角度来处理我们面临的特殊情况，比如，我们在公民抗命和良心拒绝案例中遇到的特殊情况。

【原文】§31 – 9 – pp. 175 – 176

【评析】

从这一段落可以清楚地看到，无知之幕是一个逐步解除的过程。

第四章 平等自由 623

1. 原文："The first principles of social theory (and other theories when relevant) and their consequences" (p. 175). H 本："社会理论（以及相关的其他理论）的首批原则及其推论"（第 157 页）。新解："社会理论（及其他相关理论）的首要原则及其后果。"

2. 原文："While they know the first principles of social theory, the course of history is closed to them; they have no information about how often society has taken this or that form, or which kinds of societies presently exist" (p. 175). H 本："而当各方知道了社会理论的首批原则时，他们尚不知道历史的过程，对于社会多长时间采取这种或那种形态或者目前存在哪些社会形态亦一无所知"（第 157 页）。新解："虽然他们知道社会理论的首要原则，但是他们不了解历史的进程；他们不知道社会经常采取这种形式或那种形式的频率，他们不清楚当前社会存在的是哪一种形式。"

3. 原文："Limitations on knowledge can be relaxed since the principles of justice are already chosen" (p. 175). H 本："自从选择了正义原则后，他们在知识方面所受的限制就越来越少了"（第 157 页）。新解："既然正义原则已经选定，对知识的限制便可以放宽一些。"

4. 原文："The flow of information is determined at each stage by what is required in order to apply these principles intelligently to the kind of question of justice at hand" (pp. 175 – 176). H 本："每一阶段的信息量都是根据运用这些原则明智地解决所面临的正义问题的需要来确定的"（第 157 页）。新解："信息的流动在每个阶段都由需要什么来决定，以便明智地将这些原则应用到手头的正义问题上。"

【诠释】

四个阶段序列的知识适用性大致如下。我们不妨区分三类事实：（1）社会理论（及其他相关理论）的首要原则及其后果；（2）关于社会的一般事实，比如，经济发展的规模和水平、制度结构和自然环境等；（3）最后，关于个体的特殊事实，比如个体的社会位置、自然禀赋和特殊利益。在初始位置上，各方所知的唯一具体事实是，那些可以从正义的环境推断出来的事实。虽然他们知道社会理论的首要原则，但是他们不了解历史的进程；他们不知道社会经常采取这种形式或那种形式的频率，他们不清楚当前社会存在的是哪一种形式。然而，在下一阶段，他们可以了解有关其所在社会的一般事实，但不能了解自身条件的特殊因素或特殊情况。既然正义原则已经选定，对知识的限制便可以放宽一些。信息的流动在每个阶段都由需要什么来决定，以便明智地将这些原则应用到手头的正义问题上，同时排除任何可能导致偏见和扭曲(失真)并使人们相互对立的知识。合理而公道地应用原则的观念，界定了可以接受的知识类型。显然，在最后阶段，没有任何理由支持任何形式的无知之幕，所有的限制都被解除了。

【原文】§ 31 – 10 – p. 176

【评析】

1. 原文："**They could be chosen**"（p. 176）。H 本："各种制度都能被选择"（第 157 页）。新解："它们都有可能被选中"。

2. 原文："**It is what we should expect**"（p. 176）。H 本："而正是我们所期望的东西"（第 157—158 页）。新解："这正是我们预料之中的。""所期望的东西"和"预料之中的"在态度倾向上是完全相反的。罗尔斯在这里表示，"在正义理论中存在的这种不确定性，它本身并不是一个缺陷"。但是，这种不确定性不是什么"好事"，至少不是什么"优点"，因此它并不值得"期待"。后来德沃金在《原则问题》（*Matter of Principle*）中，试图解决在正义理论中的这种不确定性问题，并且认为，它并不像罗尔斯认为的那样是真的不确定的。德沃金进一步收敛了不确定的范围。

【诠释】

须要牢记的一点是，四个阶段序列是应用正义原则的一个筹划。这个筹划是公平正义理论的组成部分，而不是对制宪会议和立法机构实际运作的说明。它提出了解决不同正义问题的一系列意见，每个意见都继承前几个阶段所采取的约束条款。因此，正义的宪法是受第二阶段限制的理性代表人为其社会采用的宪法。同样，正义的法律和政策也将在立法阶段得到颁布和实施。当然，这一检验往往是不确定的。并不总是清楚的是，在几部宪法中，或者在几种经济社会安排中，哪一部宪法或哪一种经济社会安排将被选中。如果真的如此，那么正义在这一意义上同样是不确定的。在允许的范围之内，各种制度是同样正义的。这意味着，它们都有可能被选中；它们符合正义理论的所有约束条款。因此，为了讨论许多社会经济政策问题，我们必须回到准纯粹程序正义的观念上来：只要法律和政策在允许的范围内，并且以得到公正的宪法授权的方式，立法机关实际颁布了这些法律和政策，那么它们便是正义的。正义理论存在的这种不确定性本身不是一个缺陷。这正是我们预料之中的。与现有的理论相比，如果公平正义理论对正义范围的界定更加符合我们的深思判断，如果它更加清晰地指出社会应当避免什么样的严重错误，那么它是有价值的理论。

§32 自由概念
The Concept of Liberty

【题解】

在这一节里，罗尔斯既引用了贡斯当关于"古代人自由"和"现代人自由"的讨论，又引用了麦考伦关于"积极自由"和"消极自由"的讨论，并且提到了伯林关于"积极自由"和"消极自由"的讨论。笔者认为，正如哈特的《法律的概念》（1961）一样，伯林的《自由四论》（1969），尤其是在1958年牛津大学社会与政治理论齐切里讲席教授（Chichele Chair of Social and Political Thoery）就职讲演基础上完成的"两种自由概念"一文，对罗尔斯关于正义理论的基本构想具有重大影响力。伯林的价值多元论难题不是单纯的理论虚构，而是我们人类面对的实际困境。它激起了罗尔斯的热烈回应。罗尔斯承认，他的公平正义同伯林的自由主义传统"一脉相承"。[1] 不过，罗尔斯认为，伯林规定的消极自由和积极自由之间的界限是模糊的。伯林看到了不同善之间的冲突，但是没有找到有效消除这些冲突的手段。[2] 伯林"没有具体规定某种可充分量化的东西"[3]。"在各种所珍视的价值之间不得不进行选择的时候，我们面临着这些价值孰先孰后的巨大困难，也面临着其他一些困难，而这些困难看起来并没有明确的答案。"[4] 因此，在一个公共理性框架之内，通过制度设置，尽量消除各种价值和生活方式之间的冲突，完成对两种自由的保护，实现现实乌托邦，是罗尔斯一生的学术追求。所以，在自由概念上，虽然哈特而不是伯林对罗尔斯提出了批评，但是伯林对

---

[1] 罗尔斯：《作为公平的正义：正义新论》，姚大志译，第238页。
[2] 罗尔斯：《政治自由主义》，万俊人译，第209—210页。
[3] 罗尔斯：《政治自由主义》，万俊人译，第351页注释。
[4] 罗尔斯：《作为公平的正义：正义新论》，姚大志译，第342页。

罗尔斯的影响大于哈特对罗尔斯的影响。①

【原文】§32 – 1 – pp. 176 – 177

【评析】

1. 原文："I shall try to bypass the dispute about the meaning of liberty that has so often troubled this topic"（p. 176）。H 本："我将试图绕开关于自由含义的争论，这种争论常常给第一个原则的运用这个题目带来许多麻烦"（第 158 页）。**新解："本人将尽量避开经常困扰着这个话题的关于自由含义的争议。"**

2. 原文："The controversy between the proponents of negative and positive liberty as to how freedom should be defined is one I shall leave aside"（p. 176）。H 本："我先把关于消极自由和积极自由的争论，例如关于如何定义自由的争论存而不论"（第 158 页）。**新解："本人也将躲开消极自由和积极自由倡导者关于如何定义自由的争论。"** 这场争论不是消极自由和积极自由的争论，而是在消极自由和积极自由倡导者之间的争论。除了罗尔斯在这里提到的麦卡伦和以赛亚·伯林以外，昆廷·斯金纳、查尔斯·泰勒、弗里德里希·哈耶克等人也介入了这场争论。

3. 原文："I believe that for the most part this debate is not concerned with definitions at all, but rather with the relative values of the several liberties when they come into conflict"（p. 176）。H 本："我相信，在大多数情况下，这种争论根本不涉及定义，而宁可说是与发生冲突时的几种自由的相对价值有关"（第 158 页）。**新解："本人认为，在很大程度上，这场争论根本未曾涉及关于自由的各种定义，而只涉及当各种定义发生冲突时一些自由的相对价值。"**

4. 原文："The so-called liberty of the moderns is of greater value than the liberty of the ancients"（p. 177）。H 本："所谓现代自由比古代自由更有价值"（第 158 页）。**新解："所谓的现代人自由比古代人自由更有价值。"** 在脚注中，H 本把贡斯当的名篇《古代人自由和现代人自由》解读为《古代自由和现代自由》是有误的。

5. 原文："While both sorts of freedom are deeply rooted in human aspirations, freedom of thought and liberty of conscience, freedom of the

---

① 张国清："在善与善之间：伯林的价值多元论难题及其批判"，《哲学研究》2004 年第 7 期。

person and the civil liberties, ought not to be sacrificed to political liberty, to the freedom to participate equally in political affairs"（p. 177）。H 本："我们决不可为了自由和平等地参与政治事务的自由而牺牲思想和良心的自由、个人和公民的自由"（第 158 页）。**新解**："思想自由和良心自由、人身自由和公民自由不应当牺牲政治自由和平等参与政治事务的自由。"

【诠释】

在讨论第一正义原则的适用问题时，本人将尽量避开经常困扰着这个话题的关于自由含义的争议。我也将躲开消极自由和积极自由倡导者关于如何定义自由的争论。本人认为，在很大程度上，这场争论根本未曾涉及关于自由的各种定义，而只涉及当各种定义发生冲突时一些自由的相对价值。因此，正如贡斯当（Constant）认为的那样，有人可能认为，所谓的现代人自由比古代人自由更有价值。虽然这两种自由都深深扎根于人类的渴望之中，但是思想自由和良心自由、人身自由和公民自由不应当牺牲政治自由和平等参与政治事务的自由。① 这显然是一个实质性政治哲学问题，而要回答这个问题，就需要一种正当与正义理论。关于自由定义的问题，最多只能起辅助作用。

【原文】 §32 – 2 – pp. 177 – 178

【评析】

罗尔斯在这里讨论的更多的是消极自由，一种免于被他人或权力干扰或关注的自由。

1. 原文："Complete explanations of liberty provide the relevant information about these three things"（p. 177）。H 本："一个对自由的完整解释提供了上述三个方面的有关知识"（第 158 页）。**新解**："对自由的完整解释提供了关于这三个因素的相关信息。"

2. 原文："The general description of a liberty, then, has the following

---

① 参阅贡斯当（Constant）《古代人自由和现代人自由》，1819 年版。吉多·德鲁吉耶（Guido de Ruggiero）讨论了贡斯当的观点，参阅德鲁吉耶《欧洲自由主义史》，柯林伍德译，牛津：克莱伦顿出版社 1927 年版，第 159—164 页。关于一般讨论，参阅以赛亚·伯林（Isaiah Berlin）《自由四论》，伦敦：牛津大学出版社 1969 年版，尤其是第 3 篇文章和"前言"第 37—62 页；麦考伦（G. G. MacCallum）："积极自由和消极自由"，《哲学评论》1967 年第 76 卷。——原注

form: this or that person (or persons) is free (or not free) from this or that constraint (or set of constraints) to do (or not to do) so and so"（p. 177）。H 本："于是，对自由的一般描述可以具有以下形式：这个或那个人（或一些人）自由地（或不自由地）免除这种或那种限制（或一组限制）而这样做（或不这样做）"（第 158 页）。新解："于是，对自由的一般描述有以下形式：一个人是自由的，无论他做什么，还是他不做什么，都不受某个限制的约束。"

3. 原文："Liberty is a certain structure of institutions, a certain system of public rules defining rights and duties"（p. 177）。H 本："自由是制度的某种结构，是规定种种权利和义务的某种公开的规范体系"（第 159 页）。新解："自由是由各种制度组成的一个确定结构，是规定各项权利和义务的一套既定的公开规则。"

【诠释】

因此，本人将简单地假设，任何一项自由都可以参照三个因素来解释：（1）自由行动者（自由当事人或自由主体）；（2）自由行动者所摆脱的种种限制和束缚；（3）自由行动者自由决定去做或不做的事情。对自由的完整解释提供了关于这三个因素的相关信息。① 通常情况下，某些事情从上下文来看是清楚的，没有必要作全面的解释。于是，对自由的一般描述有以下形式：一个人是自由的，无论他做什么，还是他不做什么，都不受任何限制条款的约束。② 各种社团及自然人可能是自由的，也可能是不自由的，那些限制既可以来自法律规定的义务和禁令，也可以来自舆论和社会压力产生的强制影响力（coercive influences）。在大多数情况下，本人将讨论与宪法和法律限制有关的自由。在这些情形下，自由是由各种制度组成的一个确定结构，是规定各项权利和义务的一套既定的公开规则。在这样的背景下，当人们无拘无束地去做或不做某事时，以及当他们无论做还是不做某事皆不受他人干涉时，他们便拥有做某事的自由。例如，如果我们认为，良心自由是由法律规定的，那么，不仅当

---

① 本人在这里采纳麦考伦的观点。参阅麦考伦"积极自由和消极自由"；另参阅费利克斯·奥本海姆（Felix Oppenheim）：《自由的维度》（Dimensions of Freedom），纽约：圣马丁出版社 1961 年版，特别是第 109、118、132—134 页。在那里，社会自由（social freedom）概念从三个方面得到了定义。——原注

② 换言之，一些人是自由的，无论他们做什么还是不做什么，都不受任何外在限制条件的约束。这种自由主要是消极自由，一种免于强制的自由。

个体可以自由追求其道德、哲学或宗教的兴趣和利益，法律不得要求他们从事或不从事任何特定形式的宗教或其他实践时，而且当他人有不得干涉他们所从事活动的法律义务时，他们拥有这一基本自由。任何特定的基本自由都具有相当复杂的权利和义务的特征。不仅必须允许个人去做或不做某事，而且政府和他人必须有不予妨碍的法律义务。我不打算详细地描述这些权利和义务，但本人假定我们对其性质有着足够了解，以达到我们的目的。

【原文】§32-3-p.178

【评析】

不知道是否因为受到哈特批评的缘故，罗尔斯在这个段落中的一些表述上有较大改动。比如，他把第一版表述的语句"It is important to recognize that the basic liberties must be assessed as a whole, as one system"（认识到以下一点是重要的，基本自由必须作为一个整体、一个系统得到评估）修订为"One must keep in mind that the basic liberties are to be assessed as a whole, as one system"（我们必须牢记的是，基本自由要作为一个整体、一个系统得到评估）。但是，H本修订版并没有对这个语句做出相应修订，两个版本都解读为"各种基本自由必须被看成是一个整体或一个体系，认识到这一点是很重要的"（第一版第201页；修订版第159页）。这显然忽视了罗尔斯本人的修订意图。

1. 原文："**The basic liberties are to be assessed as a whole, as one system**"（p.178）。H本："各种基本自由必须看成是一个整体或一个体系"（第159页）。新解："基本自由要作为一个整体或一个系统得到评估。"

2. 原文："**The worth of one such liberty normally depends upon the specification of the other liberties**"（p.178）。H本："这就是说，一种自由的价值在正常情况下依赖于对其他自由的规定"（第159页）。新解："一个如此自由的价值通常取决于其他自由的具体规定。"《正义论》英文修订版删除了第一版这个语句的插入语"That is"，H本修订版没有相应地消除这个插入语。《正义论》英文修订版中还删除了这个语句的后半个语句："and this must be taken into account in framing a constitution and in legislation generally"（一般而言，这一点务必在制宪和立法中给予考虑）。

3. 修订版还删除了如下语句。原文："**While it is by and large true that a greater liberty is preferable, this holds primarily for the system of**

liberty as a whole, and not for each particular liberty. Clearly when the liberties are left unrestricted they collide with one another"（first edition, p. 203）。H本："虽然一种较大的自由具有优先性，这一点从整体上说是确实的，但是这主要适用于作为整体的自由体系，而不适用于各个具体自由的情况。显然，当各种自由不受限制时，它们就会相互抵触"（H本第一版，第201页）。新解："尽管如下说法多半为真：一个更大的自由将更受欢迎，但是这个说法首先针对的是整个自由系统，而非每个特定自由。显然，当这些自由不受限制时，它们就会相互抵触。"正如罗尔斯在《正义论》修订版序言中承认的那样，他删除这个语句的做法显然是哈特批评的结果。

4. 原文："Given such a specification of the basic liberties, it is assumed to be clear for the most part whether an institution or law actually restricts a basic liberty or merely regulates it"（p. 178）。H本："假定对诸基本自由的这种规定，一个制度或法律在实际上是限制或调节一项基本自由，在极大程度上是设想为清楚的"（第159页）。新解："鉴于基本自由的如此规定，制度或法律究竟实际限制基本自由，还是仅仅调节基本自由，在很大程度上被设定清楚了的。"

5. 原文："A prohibition against holding or arguing for certain religious, moral, or political views is a restriction of liberty and must be judged accordingly"（p. 178）。H本："禁止持有或赞同特定的宗教、道德或政治观点，是对自由的一种限制，因而需要得到相应的谴责"（第159页）。新解："禁止持有或禁止主张某些宗教观点、道德观点或政治观点，如此做法是对自由的限制，必须给出相应的裁决。"

6. 原文："The best arrangement of the several liberties depends upon the totality of limitations to which they are subject"（p. 178）。H本："这几项自由的最佳安排，依赖于它们受其制约的局限性的总体"（第159页）。新解："这几种自由的最佳安排取决于它们所受到的总体限制。"

【诠释】

我想要做出几点简要说明。首先，我们必须牢记的是，基本自由要作为一个整体或一个系统得到评估。一个如此自由的价值通常取决于其他自由的具体规定。其次，我假设，在相当有利条件下，总是有办法来定义这些自由，以便每个自由之最为核心的应用可以同时得到保障，最基本的利益则受到保护。或者，只要两个正义原则及其相关优先事项得到一贯遵守，至少这一点是可能的。最后，鉴于基本自由的如此规定，制度或法律究竟实际限制基本自由，还是仅仅调节基本自由，在很大程度上是被设定清楚了的。例如，某些秩序规则对于规范讨论是必要的；若不接受合理审查和辩论程序，言论自由(freedom of speech)就失去了价值。另一方面，禁止持有或禁止主张某些宗教观点、道德观点或政治观点，如此做法是对自由的限制，必须给出相应的裁决。① 因此，作为制宪会议代表，或立法机关成员，各方必须决定具体规定各种自由的方式，以便提供最佳的整套自由(best total system of liberty)。他们必须留意在规制和限制(regulation and restriction)之间的区别，且在许多方面，他们必须在两种基本自由之间寻求平衡，例如，他们必须在言论自由与公平决断之间寻求平衡。这几种自由的最佳安排取决于它们所受到的总体限制。

【原文】§32－4－pp.178－179

【评析】

1. 原文："**The serial order of the two principles of justice**"（p.178）。H 本："两个正义原则的系列次序"（第 160 页）。新解："两个正义原则的先后顺序"。

2. 原文："**Offhand there are two ways of contravening the first principle**"（p.178）。H 本："我们立即可以看出存在着两种与第一原则发生冲突的方式"（第 160 页）。新解："于是存在违反第一正义原则的两种方式。"

3. 原文："**Liberty is unequal as when one class of persons has a greater liberty than another, or liberty is less extensive than it should be**"（p.178）。H 本："一种方式是当某一阶级的人比其他阶级的人具有较大的自由时，自由是不平等的；另一种方式是自由没有像它所应该有的那样广泛"（第 160 页）。新解："其一是，自由是不平等的，就像一类人比另一类人拥有较大的自由；其二是，自由的实际范围比其应有的要小。"

4. 原文："**All the liberties of equal citizenship**"（p.178）。H 本："平等公民权的所有自由"（第 160 页）。新解："平等的公民身份享有的所有自由"。

---

① 参阅亚历山大·麦克尔约翰（Alexander Meiklejohn）《言论自由及其与自治的关系》，纽约：哈珀兄弟出版社 1948 年版，第一章第六部分。——原注

5. 原文："**A basic liberty covered by the first principle can be limited only for the sake of liberty itself, that is, only to insure that the same liberty or a different basic liberty is properly protected and to adjust the one system of liberties in the best way**"（p. 179）。H本："当词典式次序有效时，对第一原则所包括的基本自由的限制仅仅是为了自由本身，即为了确保同一种自由或不同的基本自由适当地受到保护，并且以最佳的方式调整一个自由体系"（第160页）。新解："第一正义原则所涵盖的基本自由只能为了自由本身而受到限制，也就是说，只能确保相同的自由或某个不同的基本自由得到适当保护，并以最佳方式调节这组自由。"《正义论》修订版删除了第一版中的短语"当词典式次序有效时"。

6. 原文："**The adjustment of the complete scheme of liberty depends solely upon the definition and extent of the particular liberties**"（p. 179）。H本："对总体的自由的调整只依赖于各种具体自由的内容和范围"（第160页）。新解："对整套自由的调节，则完全取决于这些特定自由的定义和范围。"

7. 原文："**This scheme is always to be assessed from the standpoint of the representative equal citizen**"（p. 179）。H本："这个体系总是从平等的公民代表的观点被评价的"（第160页）。新解："这整套自由总要从代表平等公民的立场来评估。"

8. 原文："**From the perspective of the constitutional convention or the legislative stage (as appropriate) we are to ask which system it would be rational for him to prefer**"（p. 179）。H本："我们要（恰当地）从立宪会议或立法阶段的观察点上，提出选择哪一种体系对他来说是合理的问题"（第160页）。新解："从制宪会议或立法阶段的角度出发（视情况而定），我们提出的问题是，对他来说，偏好哪一组自由是合理的？"

【诠释】

因此，虽然平等的自由会受到限制，但是这些限制必须符合平等自由的含义和两个正义原则的先后顺序所表达的某些标准。于是，存在违反第一正义原则的两种方式。其一是，自由是不平等的，就像某一类人比另一类人拥有较大的自由（这是自由的人际不平等）；其二是，自由的实际范围比其应有的要小（这是对自由的人为限制）。现在，平等的公民身份享有的所有自由对每个社会成员来说都必须是一样的。然而，假设它们的广度可以比较，那么有些平等自由可能比其他自由更加广泛。更为现实的是，假如每个自由充其量只能按照自身尺度来衡量，那么根据它们相互影响的程度，各种自由都可以扩大或者缩小。第一正义原则所涵盖的基本自由只能为了自由本身而受到限制，也就是说，只能确保相同的自由或某个不同的基本自由得到适当保护，并以最佳方式调节这组自由。① 对整套自由的调节，则完全取决于这些特定自由的定义和范围。当然，这整套自由总要从代表平等公民的立场来评估。从制宪会议或立法阶段的角度出发（视情况而定），我们提出的问题是，对他来说，偏好哪一组自由是合理的？

【原文】§32-5-p.179

【评析】

罗尔斯在这里讨论了自由及其价值。罗尔斯认为，平等的基本自由是人人相同的。但是，自由的价值可以因人而异。因为自由的价值取决于自由人实现基本自由的价值的能力。罗尔斯谈到了个体能力的重要性，这是森和努斯鲍姆特别关注的重要问题。只是罗尔斯把自由与能力的关系视为自由的派生问题，而森和努斯鲍姆视之为自由的根本问题。另外，没有办法，H本对下面这一段落每一句话的解读几乎都是令人遗憾的。

1. **原文**："**The inability to take advantage of one's rights and opportunities as a result of poverty and ignorance, and a lack of means generally, is sometimes counted among the constraints definitive of liberty**"（p.179）. **H本**："由于贫穷、无知和缺乏一般意义上的手段，有些人不能利用他们自己的权利和机会，这种情形有时被人们归为由自由所限定的各种约束"（第160页）。**新解**："要么由于贫穷和无知，要么由于缺乏各种手段，个体通常没有能力利用自身的权利和机会，这种情形有时被视为对自由的明确限制。"

2. **原文**："**I shall not, however, say this, but rather I shall think of these things as affecting the worth of liberty, the value to individuals of the rights that the first principle defines**"（p.179）. **H本**："不过，我并不打算这样看，而宁可认为这些事情影响了自由价值，即由第一原则所规定的个人权利的价值"（第160页）。**新解**："但这不是我想谈论的事情。确切地说，本人认为，这些事情会影响到自由的价值，即第一正义原则所规定的权利对个体的价值。"

---

① 不同自由也是相互平等的。比如，不得用言论自由去限制信仰自由；不得用政治自由去限制人身自由。

3. 原文："The total system of basic liberty is drawn up in the manner just explained"（p. 179）。H 本："以刚刚解释过的方式可以构造整个自由体系"（第 160 页）。新解："这一整套基本自由以刚才解释的方式得到了拟定。"

4. 原文："Two-part basic structure allows a reconciliation of liberty and equality"（p. 179）。H 本："两部分的社会基本结构允许自由和平等之间有某种和谐"（第 160 页）。新解："由两部分组成的基本结构允许自由与平等的和解。"

5. 原文："Liberty is represented by the complete system of the liberties of equal citizenship, while the worth of liberty to persons and groups depends upon their capacity to advance their ends within the framework the system defines"（p. 179）。H 本："自由表现为平等公民权的整个自由体系；而个人和团体的自由价值是与他们在自由体系所规定的框架内促进他们目标的能力成比例的"（第 160 页）。新解："自由表现为平等的公民身份所享有的一整套自由，而个体和群体用其自由实现的价值，则取决于他们在这一整套自由所界定的框架内达成其目的的能力。"

6. 原文："The question of compensating for a lesser than equal liberty"（p. 179）。H 本："对较小的自由的补偿问题"（第 160 页）。新解："对颇不平等的自由的补偿问题"。

7. 原文："The lesser worth of liberty is, however, compensated for"（p. 179）。H 本："较少的自由的价值是得到了补偿的"（第 160 页）。新解："自由的较低价值是可以得到补偿的。"罗尔斯在这里区分了自由的价值。他表示，可以补偿的不是"较少的自由的价值"，而是"自由的较低价值"。H 本的误解会导致读者对自由的价值的混淆。

8. 原文："Compensating for the lesser worth of freedom is not to be confused with making good an unequal liberty"（p. 179）。H 本："对较少的自由价值的补偿和对不平等自由的补偿这两者不能混为一谈"（第 160 页）。新解："补偿自由的较低价值不得混同于弥补某个不平等的自由。"

9. 原文："Taking the two principles together, the basic structure is to be arranged to maximize the worth to the least advantaged of the complete scheme of equal liberty shared by all. This defines the end of social justice"（p. 179）。H 本："如果两个原则一起被采用，那么社会基本结构就要被安排来最大限度地提高在一切人享有的平等自由的完整体系中的最少受益者的自由价值。这确定了社会正义的目的"（第 160 页）。新解："通过把两

个正义原则结合起来，基本结构将这样安排，从而在人人享有的一整套平等的自由中，极大化最弱势者的价值。这就明确了社会正义的目标。"

【诠释】

最后一点。要么由于贫穷和无知，要么由于缺乏各种手段，个体通常没有能力利用自身的权利和机会，这种情形有时被视为对自由的明确限制。但这不是我想谈论的事情。确切地说，本人认为，这些事情会影响到自由价值，即第一正义原则所规定的权利对个体的价值。一旦有了这种理解，并假定这一整套基本自由以刚才解释的方式得到了拟定，我们就可以注意到，由两个部分组成的基本结构允许自由与平等的和解。因此，自由的价值可以区分如下：自由表现为平等的公民身份所享有的一整套自由，而个体和群体用其自由实现的价值，则取决于他们在这一整套自由所界定的框架之内达成其目的的能力。（在第一正义原则的规制下）作为平等自由的自由（freedom as equal liberty）对所有人都是一样的；不会产生对颇不平等的自由（lesser than equal liberty）的补偿问题。然而，自由的价值是因人而异的。①（在第二正义原则的规制下）有些人拥有较大权力和较多财富（能力和财力），因此，他们拥有较多手段来实现自己的目标。因为在社会中，那些时运不济的成员，拥有实现其目标的能力是甚少的，当他们不接受现有的不平等时，只要差别原则得到满足，自由的较低价值是可以得到补偿的，但是，补偿自由的较低价值不得混同于弥补某个不平等的自由。通过把两个正义原则结合起来，基本结构将这样安排，从而在人人享有的一整套平等的自由中，极大化最弱势者的价值。这就明确了社会正义的目标。（补偿在差别原则指导下完成。）

【原文】 §32－6－pp.179－180

【评析】

1. 原文："These matters will gradually fall into place"（p.179）. H本："这些问题将逐渐转变得井然有序"（第161页）。**新解**："这些事情将逐渐尘埃落定。"

2. 原文："I discuss the first principle of justice in connection with liberty of conscience and freedom of thought, political liberty, and liberty of

---

① 森和努斯鲍姆提出的能力问题，只局限于自由的价值实现，而不涉及自由本身。

the person as protected by the rule of law"（pp. 179 - 180）。H 本："我将结合法治所保护的良心、思想、政治和个人的自由来讨论第一正义原则"（第 161 页）。**新解**："本人将讨论第一正义原则，这一原则涉及良心自由和思想自由、政治自由以及受到法治保护的人身自由。"

3. 原文："These applications provide an occasion to clarify the meaning of the equal liberties and to present further grounds for the first principle"（p. 180）。H 本："这些运用提供了阐明平等自由意义的机会并进一步提出了第一原则的种种根据"（第 161 页）。**新解**："这些应用为明晰平等自由的含义和提出赞同第一正义原则的进一步理由提供了机会。"

4. 原文："The account of the basic liberties is not offered as a precise criterion that determines when we are justified in restricting a liberty, whether basic or otherwise"（p. 180）。H 本："对诸基本自由的说明，并不是作为一种能决定我们何时可以正当地对一项不论是基本的或其他的自由进行限制的精确标准而提出来的"（第 161 页）。**新解**："对基本自由的描述并未提出这样的精确标准，它将决定我们何时可以正当地限制自由，无论那个自由是基本自由还是其他自由。"

5. 原文："The various priority rules are to further this end by singling out certain fundamental structural features of one's moral view"（p. 180）。H 本："通过从人们的道德视野中挑选出某些基础性结构性特征，各种优先规则将会推进这个目标"（第 161 页）。**新解**："通过罗列个体道德观念的某些基本结构特征，各种优先性规则将有助于达成这一目标。"

【诠释】

这些关于自由概念的评论是令人不快地抽象的。在现阶段，对各种自由进行系统分类是没有意义的。相反，本人假定，我们对它们的相互区别有了足够清楚的认识，在处理各种情形的过程中，这些事情将逐渐尘埃落定。在接下来的章节中，本人将讨论第一正义原则，这个原则涉及良心自由和思想自由、政治自由以及受到法治保护的人身自由。这些应用为明晰平等自由的含义和提出赞同第一正义原则的进一步理由提供了机会。此外，每个情形都说明了限制和调整各种自由标准的使用，从而举例揭示了自由优先性的含义。然而，必须强调的是，对基本自由的描述并未提出这样的精确标准，它将决定我们何时可以正当地限制自由，无论那个自由是基本自由还是其他自由。我们无法避免对平衡感和判断力的依赖。与以往一样，我们的目标是，确立一个正义观念,无论它如何利用我们的直觉能力,以有利于我们对正义的深思判断趋于一致(§8)。通过罗列个体道德观念的某些基本结构特征,各种优先性规则将有助于达成这一目标。

§33 平等的良心自由
Equal Liberty of Conscience

【题解】

笔者主张把这一节的题目"equal liberty of conscience"解读为"平等的良心自由"。这里讨论的关键词是"良心自由",它是一个固定术语。良心自由是第一正义原则全力保护的每一个公民平等享有的基本自由之一,甚至是最重要的平等的基本自由。在古典自由主义者密尔那里,良心自由居于所有自由的首要地位。罗尔斯也赋予良心自由以特殊价值。良心自由通过对某些宗教教义、道德说教和哲学学说的推崇或批判而得到具体体现。因此,良心自由是个体自由价值的体现,与言论自由、思想自由具有高度相关性。

【原文】§33 – 1 – pp. 180 – 181

【评析】

1. 原文:"One of the attractive features"(p. 180)。H本:"富有吸引力的性质之一"(第161页)。新解:"一大迷人特点"。

2. 原文:"**The parties must assume that they may have moral, religious, or philosophical interests which they cannot put in jeopardy unless there is no alternative**"(p. 180)。H本:"各方必须假设他们可能有倘非无奈便绝不任其冒险的道德、宗教或哲学兴趣(利益)"(第161页)。新解:"各方必须假定他们会有道德、宗教或哲学的兴趣和利益,除非别无选择,否则他们不能将这些兴趣和利益置于危险的境地。"

3. 原文:"**One might say that they regard themselves as having moral or religious obligations which they must keep themselves free to honor**"(pp. 180 – 181)。H本:"人们可能说,各方认为他们负有他们必须使自己自由地去承受的道德或宗教责任"(第161页)。新解:"有人可能会说,他们认为自己具有道德职责或宗教职责,他们必须自由履行那些职责。"

4. 原文："These obligations are self-imposed"（p. 181）。H本："这些责任是自我赋予的"（第161页）。**新解**："这些职责是自愿承担的。"

5. 原文："They are not bonds laid down by this conception of justice"（p. 181）。H本："它们不是由正义观念所产生的各种约束"（第161—162页）。**新解**："它们不是受制于这种正义观念的约束。"

6. 原文："Once the parties consider these matters, the case for the principles of justice is very much strengthened"（p. 181）。H本："一旦各方思考了这些事情，用来解释两个正义原则的论据就会有力得多"（第162页）。**新解**："一旦各方来审议这些问题，赞同正义原则的理由将大为增强。"

【诠释】

本人在前一章中指出，正义原则的一大迷人特点是，它们确保对平等自由的安全保护。在接下来几节中，我希望通过考虑支持良心自由的这些理由，更详细地审查赞同这个首要原则的论点。① 到目前为止，虽然我一直假定，各方代表着连续的诉求之链，并且关心其直系后代，但是这一特点并未得到强调。本人也没有强调，各方必须假定他们会有道德、宗教或哲学的兴趣和利益，除非别无选择，否则他们不能将这些兴趣和利益置于危险的境地。（也就是说，这些是他们据理力争或努力维护的利益和兴趣。）有人可能会说，他们以为自己具有道德职责或宗教职责，他们必须自由履行那些职责。当然，从公平正义的观点来看，这些职责是自愿承担的；它们不是受制于这种正义观念的约束。问题在于，处于初始位置上的人，将不自以为是单一的孤立个体。相反，他们认为，他们有自己须尽力保护的兴趣和利益，他们与下一世代的某些成员有联系，后者也会提出类似的要求。正

---

① 当然，某种形式的平等权利概念为世人所熟知，它出现在有关正义的大量分析中，即使许多作者在其他问题上存在广泛分歧也是如此。因此，只要谈到追求自由的平等权利原则，就会让人想起康德，参阅康德《正义的形而上学基础》（*Metaphysical Elements of Justice*），约翰·莱德（John Ladd）译，纽约：自由艺术文库1965年版，第43—45页；它也见于密尔的《论自由》及其他著作，或者，它也可见于许多其他自由主义思想家的论著中。哈特赞成这个观点，参阅哈特"存在自然权利吗？"，《哲学评论》1955年第64卷。理查德·奥尔海姆论证过某个类似原则，参阅奥尔海姆"平等"，《亚里士多德协会会刊》（1955—1956年）第56卷。然而，因为本人使用的平等自由原则是正义理论的组成部分，所以它可能具有某些特殊性质。特别是，只有在优先性规则允许的情况下，它才可以脱离一定的制度结构（§39）。它与平等考虑原则相去甚远，因为这个直觉观念旨在把宗教宽容原则推广到某个社会形式中，以实现在公共制度或公共机构（public institutions）方面的平等自由。——原注

如本人现在尝试予以表明的那样，一旦各方来审议这些问题，赞同正义原则的理由将大为增强。

【原文】§33 – 2 – p. 181

【评析】

1. 原文："Although not always with the same force"（p. 181）。H 本："不过并不总是具有相同的说服力"（第 162 页）。新解："尽管并不总是具有相同的力度"。

2. 原文："Secure the integrity of their religious and moral freedom"（p. 181）。H 本："保证他们的宗教、道德自由整体的原则"（第 162 页）。新解："确保其宗教自由和道德自由的完整性"。

3. 原文："They do not know, of course, what their religious or moral convictions are, or what is the particular content of their moral or religious obligations as they interpret them"（p. 181）。H 本："当然，他们不知道宗教、道德信仰的具体内容，或者当他们解释道德和宗教和责任时，他们不知道这些责任的具体内容"（第 162 页）。新解："当然，他们既不知道自己的宗教信仰或道德确信是什么，也不知道在解释自己的道德职责或宗教职责时具体的内容是什么。"

4. 原文："Indeed, they do not know that they think of themselves as having such obligations"（p. 181）。H 本："他们甚至不知道他们自认为有这种责任"（第 162 页）。新解："事实上，他们并不知道自己是否拥有这样的职责。"

5. 原文："The possibility that they do suffices for the argument, although I shall make the stronger assumption"（p. 181）。H 本："虽然我将作出更有力的论述，但是他们所具有的选择上述原则的可能性对论证而言已经是足够了"（第 162 页）。新解："尽管我会提出更加有力的假设，他们为论证的可能性做了充分准备。"

6. 原文："To regulate the liberties of citizens in regard to their fundamental religious, moral, and philosophical interests"（p. 181）。H 本："调节有关他们的基本的宗教、道德与哲学的兴趣（利益）的公民自由"（第 162 页）。新解："规制在宗教、道德与哲学等根本利益方面的公民自由"。

【诠释】

平等的良心自由问题已经得到确定。这是我们经过深思熟虑的诸多正义判断的基本点之一。但正是因为这一事实，它说明了平等自由原则论证的性质。尽管并不总是具有相同的力度，在这种情况下的推理，可以推广应用于其他自由。与良心自由一起，各方显然必须选择确保其宗教自由和道德自由的完整性。当然，他们既不知道自己的宗教信仰或道德确信是什么，也不知道在解释自己的道德职责或宗教职责时具体的内容是什么。事实上，他们并不知道自己是否拥有这样的职责。尽管我会提出更加有力的假设，他们为论证的可能性做了充分准备。此外，各方不知道其宗教观念或道德观念在社会中的表现，例如，他们究竟是多数派，还是少数派。他们只知道，他们拥有以这种方式解释的职责。他们要决定的问题是，他们应该采取什么原则来规制在宗教、道德与哲学等根本利益方面的公民自由。

【原文】§33 – 3 – pp. 181 – 182

【评析】

罗尔斯强调，平等自由是不能进行利益计算的。效用原则不适用于有关平等自由的利益计算。

1. 原文："**They cannot take chances with their liberty by permitting the dominant religious or moral doctrine to persecute or to suppress others if it wishes**"（p. 181）。H 本："他们不让自由冒风险，不能允许占统治地位的宗教、道德学说随心所欲地迫害或压制其他学说"（第 162 页）。**新解**："他们不让自己的自由去冒这样的风险，亦即允许占统治地位的宗教教义或道德学说随心所欲地迫害或压制其他宗教教义或道德学说。"

2. 原文："**Highly value the liberty to examine one's beliefs**"（p. 181）. H 本："他没有高度地评价他的信仰自由"（第 162 页）。**新解**："他没有珍惜其信仰自由。"

3. 原文："**In this case their freedom would be subject to the calculus of social interests and they would be authorizing its restriction if this would lead to a greater net balance of satisfaction**"（p. 181）。H 本："因为在这种情况下，他们的自由就可能受制于社会利益的计算；如果对自由的限制可能产生较大的满足的净余额，他们就会使这个限制具有权威性"（第

162页)。新解:"在这种情况下,他们的自由将屈服于社会利益的计算;如果限制自由将导致更大的满足净余额,那么他们就会授权限制自由。"

4. 原文:"When properly carried out the computation of advantages never justifies such limitations, at least under reasonably favorable conditions of culture"(p. 182)。H 本:"当利益计算适当进行时,至少在合理、有利的文化条件下,这种计算决不能为对自由的限制辩护"(第162页)。新解:"只要执行适当,至少在相当有利的文化条件下,计算各种优势永远不可能为限制自由作正当辩护。"

【诠释】

现在看来,平等的良心自由,是处于初始位置上的人能够承认的唯一原则。他们不让自己的自由去冒这样的风险,亦即允许占统治地位的宗教教义或道德学说随心所欲地迫害或压制其他宗教教义或道德学说。即使假定(这仍有疑义)一个人最终属于多数派的情况(假定存在这样的多数派)比他不属于多数派的情况具有更大的可能性,以这种方式来冒险也表明,他没有认真对待其宗教信仰和道德确信,或者他没有珍惜其信仰自由。另一方面,各方也不能同意效用原则。(如果他们同意效用原则,那么)在这种情况下,他们的自由将屈服于社会利益的计算;如果限制自由将导致更大的满足净余额,那么他们就会授权限制自由。当然,正如我们所看到的,效用论者可能会试图从社会生活的一般事实出发来论证,只要执行适当,至少在相当有利的文化条件下,计算各种优势和利益永远不可能为限制自由作正当辩护。但是,即使各方在这一点上都被说服了,他们也可以通过采取平等自由原则来直接保证自己的自由。不这样做将一无所获。在实际精算结果不清晰的情况下,可能会损失很多。事实上,如果我们对各方所掌握的一般知识做出务实解释(§26末尾),他们就不得不拒绝效用原则。在实践中,鉴于这些演算的复杂性和模糊性(如果我们能如此描述它们),这些考虑将更有力度。

【原文】§33-4-p. 182

【评析】

1. 原文:"The initial agreement on the principle of equal liberty is final"(p. 182)。H 本:"有关平等的自由原则的最初契约是最终性的"(第163页)。新解:"关于平等自由原则的初始契约是终极性的。"

2. 原文："An individual recognizing religious and moral obligations regards them as binding absolutely in the sense that he cannot qualify his fulfillment of them for the sake of greater means for promoting his other interests"（p. 182）。H 本："一个人认识到某些宗教、道德的责任，并把这些责任看成是具有绝对约束力的，也就是说，他不可能为了获得更多的谋取其他利益的手段而减少对这些责任的履行"（第 163 页）。新解："承认宗教职责和道德职责的个体认为，在如下意义上，这些职责具有绝对的约束力：他不能为了获取促进自身其他利益的更大手段，而限定自己对这些职责的履行。"

3. 原文："Threat of coercion"（p. 182）。H 本："强制的危险性"（第 163 页）。新解："强制的威胁"。

4. 原文："A person's religion or his moral view will be tolerated provided that he does not protest"（p. 182）。H 本："假如他不去抗议，他的宗教道德将是可宽容的"（第 163 页）。新解："只要一个人不表示抗议，他的宗教观念或道德观念就将得到容忍。"

5. 原文："Claiming an equal liberty will bring greater repression that cannot be effectively opposed"（p. 182）。H 本："要求一种平等的自由却将招致更大的、实际上不可抵抗的压抑"（第 163 页）。新解："主张平等自由将带来更大的压制，而面对这种压制，无法与其进行有效抗争。"

【诠释】

此外，关于平等自由原则的初始契约是终极性的。承认宗教职责和道德职责的个体认为，在如下意义上，这些职责具有绝对的约束力：他不能为了获取促进自身其他利益的更大手段，而限定自己对这些职责的履行。获得较多的经济利益和社会利益，并不是接受较少的平等自由的充足理由。似乎只有在存在强制的威胁，而从自由本身的观点来看，抵制这种威胁是不明智的情况下，才有可能同意不平等的自由。例如，它将是这样一种情况，在其中，主张平等自由将带来更大的压制，而面对这种压制，无法与其进行有效抗争，只要一个人不表示抗议，他的宗教观念或道德观念就将得到容忍。但从初始位置的视角来看，没有办法确定各种学说的相对强度，因此就没有给出这些考虑。无知之幕将达成关于平等自由原则的合意；在人们解释它们时，宗教职责和道德职责的力量似乎要求将两个正义原则按照顺序排列，至少在适用于良心自由时是这样。

第四章　平等自由　643

【原文】§33 – 5 – pp. 182 – 183

【评析】

1. 原文："Religious sects, say, cannot acknowledge any principle at all for limiting their claims on one another"（p. 182）。H 本："各种宗教团体不可能承认任何限制它们相互要求的原则"（第 163 页）。新解："比如说，各种宗教派别都不能承认限制彼此权利主张的任何原则。"

2. 原文："Men have often acted as if they held this doctrine"（p. 182）。H 本："迄今为止人们的行为仿佛常常表明他们持有这种看法"（第 163 页）。新解："人们常常如此做派，好像他们信奉着这一教义。"这里的"this doctrine"特指"这一教义"或"这一教条"，而非"这种看法"。

3. 原文："An understanding of religious obligation and of philosophical and moral first principles shows that we cannot expect others to acquiesce in an inferior liberty"（pp. 182 – 183）。H 本："对宗教责任和哲学、道德的首要原则的一种理解表明，我们不能期望其他人默认一种次等的自由"（第 163 页）。新解："理解宗教职责，理解哲学第一原理和道德首要原则表明，我们不能指望他人默认一种低人一等的自由。"

4. 原文："Much less can we ask them to recognize us as the proper interpreter of their religious duties or moral obligations"（p. 183）。H 本："更谈不上要求他们承认我们是他们的宗教义务和道德责任的正确解释者"（第 163 页）。新解："我们更不能要求他人承认，我们是其宗教义务或道德职责的适当解释者。"

【诠释】

有人会这样来表示反对平等自由原则，比如说，各种宗教派别都不会承认限制彼此权利主张的任何原则。服从宗教法律和神圣法律的义务是绝对的，从某个宗教的角度看，在持有不同信仰的人们中间不允许达成谅解。当然，人们常常如此做派，好像他们信奉着这一教义。然而，没有必要去反对它。它足以表明，若有任何原则可以达成一致，那肯定是平等自由原则。一个人可能信以为真的是，其他人应该承认他承认的同样信仰和首要原则，若不如此，他们就会犯下严重的错误，错过通往得救的道路。然而，理解宗教职责，理解哲学第一原理和道德首要原则表明，我们不能指望他人默认一种低人一等的自由。我们更不能要求他人承认，我们是其宗教义务或道德职责的适当解释者。

【原文】§33 – 6 – p. 183

【评析】

1. 原文："Were a father, for example, to assert that he would accept the principle of equal liberty, a son could not object that were he (father) to do so he would be neglecting his (the son's) interests"（p. 183）。H本："如果父亲断言他要接受平等自由的原则的话，那么他的儿子就不可能反对说：如果他父亲这样做的话，他就可能忽视了他儿子的各种利益"（第163—164页）。新解："假定父亲声称他将接受平等自由原则，那么儿子不能表示反对说，只要父亲这样做，他将忽视儿子的利益。"

2. 原文："The advantages of the other principles are not this great"（p. 183）。H本："其他原则就没有这一巨大优点"（第164页）。新解："其他原则的优势并没有这么大"。

3. 原文："The decision must, if possible, seem reasonable and responsible to them once they come of age"（p. 183）。H本："这种决定必须（如果可能的话）对已成年的下一代来说是合理的、负责的"（第164页）。新解："如果可能的话，这一决定必必须在他人成年后方显得合理且对其负责。"

4. 原文："Those who care for others must choose for them in the light of what they will want whatever else they want once they reach maturity"（p. 183）。H本："对后代的关心必须按照他们的需要——只要他们已成熟，就不管他们需要什么——来为他们作出选择"（第164页）。新解："关心他人的人须根据他人一旦达到成年后真正想要的东西，选择其想要的东西。"

5. 原文："Following the account of primary goods, the parties presume that their descendants will want their liberty protected"（p. 183）。H本："遵循对基本善的解释，各方假设他们的后代将要求保护他们自己的自由"（第164页）。新解："根据对基本善的描述，各方假定，他们的后代想要得到受到保护的自由。"

【诠释】

我们现在应该看到，一旦考虑到各方对下一代的关切，赞同第一原理或首要原则的这些理由将得到进一步支持。因为他们渴望为后代获得类似的自由，这些自由也受到平等自由原则的保障，所以代际之间不存在利益冲突。此外，只有在某个其他正义观念——例如效用正义观念或至善正义观念——提供的前景如此诱人，以至于处于初始位置上的人未必适当考虑其后代而拒绝这个原则的情况下，下一世代才可能反对选择该原则。我们可以通过以下方式来表示这一见解：比如，假定父亲声称他将接受平等自由原则，那么儿子不能表示反对说，假如父亲这样做，他将忽视儿子的利益。其他原则的优势并没有这么大，实际上似乎是不确定的和推测性的。父亲可以回答说，当筛选原则将影响他人的自由时，如果可能的话，这一决定必须在他人成年后方显得合理且对其负责。关心他人的人须根据他人一旦达到成年后真正想要的东西，选择其想要的东西。因此，根据对基本善的描述，各方假定，他们的后代想要得到受到保护的自由。

【原文】§33 – 7 – p. 183

【评析】

1. 原文："The principle of paternalism"（p. 183）. H本："家长式统治的原则"（第164页）。新解："家长制原则"。

2. 原文："Trustees, guardians, and benefactors are to act in this way, but since they usually know the situation and interests of their wards and beneficiaries, they can often make accurate estimates as to what is or will be wanted"（p. 183）. H本："受托者、保护者、捐助者都以这种方式行动，但是既然他们常常知道被保护者和受益者的情况和利益，他们就能够常常在被保护者的目前或未来的具体要求方面作出精确的估计"（第164页）。新解："受托人、监护人和捐助人将以如此方式行事，因为他们通常了解受监护人和受益人的情况和利益，他们通常可以准确估计，其受监护人和受益人需要什么或将需要什么。"

3. 原文："The persons in the original position, however, are prevented from knowing any more about their descendants than they do about themselves"（p. 183）. H本："不过，原初状态的人不但不知道自己的情况，而且更不知道后代的情况"（第164页）。新解："然而，处于初始位置上的人，并不比了解自己更多地了解其后代。"

4. 原文："This is what they will come to recognize as for their good"（p. 183）. H本："这正是他的后代将视之为他们的善的东西"（第164

页）。**新解**："这是后代们将会认识到的于己有利的东西。"

【诠释】

在这一点上，我们便触及用来指导代表他人做出决定的家长制原则（§39）。我们必须为他人做出选择，因为我们有理由相信，如果他们到了具有理性的且能理性地决定的年龄，他们将会为自己做出选择。受托人、监护人和捐助人将以如此方式行事，因为他们通常了解受监护人与受益人的情况和利益，他们通常可以准确估计，其受监护人和受益人需要什么或将需要什么。然而，处于初始位置上的人，并不比了解自己更多地了解其后代，所以，在这种情况下，他们也必须依赖基本善理论。因此，父亲可以说，如果他不采取平等自由原则来保障后代的权利，那么他将是不负责任的。从初始位置的视角来看，他必须假定，这是后代们将会认识到的于己有利的东西。

【原文】 §33 – 8 – pp. 183 – 184

【评析】

1. **原文**："**The same kind of reasoning**"（p. 184）。H 本："相同的论证"（第 164 页）。**新解**："同样的推理"。

2. **原文**："**Persuasive arguments for liberty are forthcoming on other views**"（p. 184）。H 本："在其他观点那里，对自由有说服力的论据也是随处可见的"（第 164 页）。**新解**："支持自由的有说服力的论据即将来自其他观点。"

3. **原文**："**As a progressive being**"（p. 184）。H 本："作为一种进步的存在物"（第 164 页）。**新解**："作为不断进步的生命"。

4. **原文**："**The interests men would have and the activities they would rather pursue**"（p. 184）。H 本："人们想拥有的利益和更愿意从事的活动"（第 164 页）。**新解**："人们将会拥有的各种利益和人们愿意从事的各项活动。"

5. **原文**："**One activity is better than another if it is preferred by those who are capable of both and who have experienced each of them**"（p. 184）。H 本："如果有能力从事两种活动和已从事过这两种活动的人更喜欢某种活动的话，这种活动就比另一种活动更有价值"（第 164 页）。**新解**："若能够胜任两项活动的人对两项皆有体验且偏好其中一项，那么那

项受到喜爱的活动将是更好的。"

【诠释】

本人以良心自由为例试着表明，公平正义如何为平等自由提供有力的论据。我相信，尽管它并非总令人信服，同样的推理也适用于其他情形。然而，我不否认，支持自由的有说服力的论据将来自其他观点。正如密尔理解的那样，效用原则常常支持自由。通过参照作为不断进步的生命个体的利益，密尔定义了价值概念。他指称价值概念的意思是，在鼓励自由选择的条件下，人们将会拥有的各种利益和人们愿意从事的各项活动。实际上，他采用了这样的价值选择标准：在自由的条件下，若能胜任两项活动的人对两项皆有体验且偏好其中一项，那么那项受到喜爱的活动将是更好的。①

【原文】§33 – 9 – pp. 184 – 185

【评析】

1. 原文："They are required to develop men's capacities and powers, to arouse strong and vigorous natures"（p. 184）。H本："自由制度应当发展人的潜能、力量，唤醒人的强大旺盛的生命力"（第165页）。**新解**："自由制度对于激发人的潜能和力量、唤起顽强而充满活力的天性是必不可少的。"

2. 原文："Unless their abilities are intensely cultivated and their natures enlivened, men will not be able to engage in and to experience the valuable activities of which they are capable"（p. 184）。H本："除非人们

---

① 密尔定义的效用以作为进步生命的人的永续利益（permanent interests of man）为基础。参阅密尔《论自由》，第一章第11段落。遵循许多版本的表述，起初，我把那个短语解读为"一个人的永续利益"（permanent interests of a man）。我感谢大卫·施佩茨（David Spitz）告诉本人，斯密几乎肯定地原本写的是"人"（man）而不是"一个人"（a man），所以，后面这个表述，误传自某个廉价版本，也许是排版工人的失误。本人已经在《正义论》正文中做了相应订正。（在《正义论》第一版中出现的如下语句在其修订版同一脚注中已被删除："密尔并不考虑历史上的人类发展，而考虑每个人的发展。"所以，在关键语句上，有时一字之差，可以引出很不相同的解读。罗尔斯在此也告诫后来者，准确领悟原著的困难和价值。——译者注）有关价值选择的标准，参阅密尔《功利主义》第二章，第2—10段落。我聆听过保罗（G. A. Paul）的这种诠释（1953年），并对其见解深表谢意。——原注

的能力被强化培养并且人们的生命具有朝气,否则他们就不能从事并经历他们有能力从事的有价值的活动"(第 165 页)。**新解**:"除非人的能力得到大力培养,人的天性得到激活,否则人将无法从事并体验其所能从事和体验的有价值活动。"

3. 原文:"The institutions of liberty and the opportunity for experience which they allow are necessary, at least to some degree"(p. 184)。H 本:"那么至少在某种程度上,自由制度及其所允许的实践机会是必需的"(第 165 页)。**新解**:"自由制度及其许可的体验机会是必要的,至少在某种程度上是必要的。"

4. 原文:"If men's preferences among different activities are to be rational and informed"(p. 184)。H 本:"如果人对不同活动的喜好是合理的、有知识根据的"(第 165 页)。**新解**:"假如人们在不同活动中的偏好是理性且知情的"。这里的"informed"可以解读为"已知的"。

5. 原文:"Estimated in terms of the progressive interests of mankind"(p. 184)。H 本:"根据人的累进利益来评价"(第 165 页)。**新解**:"以人类的进步利益来衡量"。

6. 原文:"Guided by a knowledge of human capacities and well-formed preferences"(p. 184)。H 本:"受关于人类能力的知识和恰当喜好的指导"(第 165 页)。**新解**:"以对人的能力和细心斟酌的偏好的了解为指导"。

7. 原文:"Society's attempt to follow the principle of utility proceeds blindly"(p. 184)。H 本:"遵奉功利原则的社会意图就会是盲目的"(第 165 页)。**新解**:"社会遵循效用原则的企图就会盲目地推进"。

8. 原文:"Even if the general capacities of mankind were known (as they are not), each person has still to find himself, and for this freedom is a prerequisite"(p. 184)。H 本:"即使知道了人类的各种一般能力(它们并没有被了解),每一个人仍然不得不认识他自己的能力,为此自由便是一个先决条件"(第 165 页)。**新解**:"即使人类的一般能力是已知的(事实并非如此),每个人仍然需要发现自我,而对于这一点来说,自由是一个先决条件。"

9. 原文:"Apathy and despair"(p. 184)。H 本:"痛苦和绝望"(第 165 页)。**新解**:"冷漠和绝望"。

10. 原文:"Whereas those who are free never want to abdicate their liberty"(p. 184)。H 本:"另一方面,已经自由决不会放弃自由"(第 165 页)。**新解**:"而自由的人则永远不想放弃他们已经拥有的自由。"

11. 原文："As basic aspects of rationally preferred forms of life"（p. 185）。H 本："作为合理选择的生活方式的基本方面"（第 165 页）。**新解**："作为理性偏好的生活形式的基本方面"。

【诠释】

密尔运用这一原则基本上提出了支持自由制度的三个理由。第一，自由制度对于激发人的潜能和力量、唤起顽强而充满活力的天性是必不可少的。除非人的能力得到大力培养，人的天性得到激活，否则人将无法从事并体验其所能从事和体验的有价值活动。第二，假如人们在不同活动中的偏好是理性且知情的，自由制度及其许可的体验机会是必要的，至少在某种程度上是必要的。人类没有别的办法知道他们能做什么，他们所做事情中的哪一个事情是最有价值的。因此，如果以人类的进步利益来衡量，价值追求是理性的，也就是说，以对人的能力和细心斟酌的偏好①的了解为指导，某些自由是必不可少的。否则，社会遵循效用原则的企图就会盲目地推进。压制自由总是不合理的。即使人类的一般能力是已知的（事实并非如此），每个人仍然需要发现自我，而对于这一点来说，自由是一个先决条件。最后，密尔认为，人类更愿意生活在自由制度之下。历史经验表明，只要不屈服于冷漠和绝望，人们就渴望逍遥自在；而自由的人则永远不想放弃他们已经拥有的自由。尽管人们可能会抱怨由自由和文化带来的负担，但是他们有一个压倒一切的愿望，去决定自己应当如何生活，去处理好自己的事务。因此，根据密尔的选择标准，作为理性偏好的生活形式的基本方面，自由制度本身就具有价值。②

【原文】§33 - 10 - p. 185

【评析】

1. 原文："They clearly guarantee that in favorable conditions a considerable degree of liberty is a precondition of the rational pursuit of value"（p. 185）。H 本："它们显然证明了：在有利的条件下，一种相当程度的自由是追求合理价值的一个先决条件"（第 165 页）。**新解**："它们明确

---

① well-formed preferences，有条理的偏好，条理性偏好的另一种表达，使之显得更加生动和形象一些。

② 这三个理由可见于密尔《论自由》第三章。它们不得混同于密尔在其他地方给出的理由，例如在第二章中，密尔在那里强调自由制度的种种有益效应。——原注

保证，在有利条件下，相当程度的自由是理性追求价值的前提。"

2. **原文**："We still need analogues of familiar utilitarian assumptions"（p. 185）。H 本："我们仍然需要一些类似的熟悉的功利假设"（第 165 页）。**新解**："我们仍然需要类似于众所周知的效用论假设那样的假设。"

3. **原文**："Men as progressive beings"（p. 185）。H 本："作为进化存在物的人"（第 165 页）。**新解**："人作为一直追求进步的生命"。

4. **原文**："In the absence of these presumptions the advancement of human ends may be compatible with some persons' being oppressed, or at least granted but a restricted liberty"（p. 185）。H 本："如果缺少这些假设，对人类目标的推进就可能使一些人受压抑，或至少准许某种自由受到限制"（第 165 页）。**新解**："若没有这些假定，人类目标的推进，可能兼容于一些人受到压迫的情形，或至少认可某种受到限制的自由。"

5. **原文**："To maximize the sum of intrinsic value or the net balance of the satisfaction of interests"（p. 185）。H 本："最大限度地追求总的内在价值或利益满足的净余额"（第 165 页）。**新解**："极大化内在价值的总和或利益满足的净余额"。

6. **原文**："It is liable to find that the denial of liberty for some is justified in the name of this single end"（p. 185）。H 本："我们就很容易看到，在这种单一目标的名义下，对部分人的自由的否认受到了辩护"（第 165 页）。**新解**："有些人就可能认为，以某种单一目的名义来剥夺一些人的自由是正当的。"

7. **原文**："The argument for them relies upon precarious calculations as well as controversial and uncertain premises"（p. 185）。H 本："有关目的论原则的论证是建立在靠不住的计算上和有争议的、不确定的前提上的"（第 165—166 页）。**新解**："支持他们的论点既依赖于不稳定的演算，也依赖于有争议的和不确定的前提。"

【诠释】

这些当然是有力的论据，而且在某些情况下，不管怎样，这些论据即使不能证明大多数平等自由，但可以证明许多平等自由。它们明确保证，在有利条件下，相当程度的自由是理性追求价值的前提。即使密尔的论断是有说服力的，但是，它们似乎也不能证明所有人都拥有平等的自由。我们仍然需要类似于众所周知的效用论假设那样的假设。我们必须假定，个体间具有某种相似性，比如说人作为一直追求进步的生命对其活动和利益有着相同的能力；我们还须假定，当基本权利分配给个体时基本权利边际价值递减的原则。若没有这些假定，人类目标的推进，可能兼容于一些人受到压迫的情形，或至少认可某种受到限制的自由。当社会开始极大化内在价值的总和或利益满足的净余额时，有些人就可能认为，以某种单一目的的名义来剥夺一些人的自由是正当的。当它以目的论原则为依据时，平等公民享有的自由是不可靠的。支持他们的论点既依赖于不稳定的演算，也依赖于有争议的和不确定的前提。

【原文】§33-11-p.185

【评析】

1. 原文："We have more confidence in the principle of equal liberty than in the truth of the premises from which a perfectionist or utilitarian view would derive it"（p.185）。H本："这样做肯定有一优点：即它使我们认识到我们更信任的是平等的自由原则，而非完善主义或功利主义的观点借以获得这一原则的那些前提的真实性"（第166页）。新解："我们对平等自由原则的信任度，要高于从至善论或效用论观点中将那个原则推导出来的前提的真实度。"

2. 原文："They are not a way of maximizing the sum of intrinsic value or of achieving the greatest net balance of satisfaction"（p.185）。H本："它们不是最大限度地追求总的内在价值或获取满足的最大净余额的手段"（第166页）。新解："它们既不是极大化内在价值总和的方式，也不是实现满足的最大净余额的方式。"

3. 原文："These rights are assigned to fulfill the principles of cooperation that citizens would acknowledge when each is fairly represented as a moral person"（p.185）。H本："这些权利是被分派来实现当每一公民都被公平地描述为道德人时他们将会承认的那些合作原则的"（第166页）。新解："这些权利被赋予去实现合作原则，当每个人都被公平地再现为道德人时，公民就会承认这些原则。"

4. 原文："The conception defined by these principles is not that of maximizing anything, except in the vacuous sense of best meeting the requirements of justice, all things considered"（p.185）。H本："全面地看，除了在最好地满足正义要求这种空洞的意义上，这些合作原则所规定的观念与最大限度地追求某物的观念并无共同之处"（第166页）。新解：

"除非在最佳地满足正义要求的空洞意义上，从各方面考虑，这些原则定义的正义观念不是极大化任何东西的正义观念。"

【诠释】

此外，说人具有同等的内在价值是无益的，除非这只是使用标准假设的一种方式，就好像这些假设是效用原则的一部分。也就是说，人们应用这一原则，就好像这些假设是真实的一样。当然，这样做的一大好处在于认识到，我们对平等自由原则的信任度，要高于从至善论或效用论观点中将那个原则推导出来的前提的真实度。根据契约论观点，表示如此信任的理由是，平等自由有着完全不同的基础。它们既不是极大化内在价值总和的方式，也不是实现满足的最大净余额的方式。通过调整个人权利，以实现极大化价值总和，这样的理念并没有出现。相反，这些权利被赋予去实现合作原则，当每个人都被公平地再现为道德人时，公民就会承认这些原则。除非在最佳地满足正义要求的空洞意义上，从各方面考虑，这些原则定义的正义观念不是极大化任何东西的正义观念。

§34 宽容和共同利益
Toleration and the Common Interest

【题解】

自由的优先性在良心自由中得到了充分体现。良心自由涉及的一个重要议题是信仰自由。信仰自由的本质是宗教宽容。罗尔斯关于宽容的讨论源自洛克的宽容学说。罗尔斯主张在信仰问题上，国家必须保持其中立性，政府不得把某种主导信仰强加于其治下的公民。"国家既不得支持任何特定的宗教，也不得惩罚或伤害任何宗教组织或非宗教组织。"（p. 186）这是一种关于信仰自由的强辩护，充分体现着个体权利优先于国家权力或国家意志的自由主义主张。

【原文】 §34 – 1 – p. 186

【评析】

H 本对这个段落的解读几乎是完全错误的，这将误导中国读者准确理解罗尔斯的宗教理论，尤其是宗教与国家的关系理论。

1. 原文："It is obvious that these considerations are also important in making the case for the priority of liberty"（p. 186）。H 本："在论述自由的优先性时，这些证据显然也是重要的"（第 166 页）。新解："显然，这些考虑因素在为自由的优先性辩护时也很重要。"

2. 原文："From the perspective of the constitutional convention these arguments lead to the choice of a regime guaranteeing moral liberty and freedom of thought and belief, and of religious practice, although these may be regulated as always by the state's interest in public order and security"（p. 186）。H 本："从立宪会议的观点看，这些论据导致选择一个能保障道德、思想、信仰和宗教活动自由的政体，尽管这些自由常常根据公众秩序和安全方面的国家利益被调节"（第 166 页）。新解："从制宪会议的角度来看，这些论证导致选择一个保障道德自由、思想自由、信仰自由和宗教实践自由的政权，尽管这些自由可能一如既往地受到在公共秩序和公共安全方面的国家利益的管制。"

3. 原文："The state can favor no particular religion and no penalties or disabilities may be attached to any religious affiliation or lack thereof"（p. 186）。H 本："国家不能支持任何具体的宗教，也不能惩罚或伤害任何宗教机构或者非宗教机构"（第 166 页）。新解："国家不能偏袒任何特定的宗教，任何人都不得因其有宗教信仰或没有宗教信仰而受到处罚或者遭受迫害。"罗尔斯在这里表示，受到伤害或受到惩罚的对象不一定是"宗教机构或非宗教机构"，施加惩罚或伤害的主体也不一定是"国家"。

4. 原文："The law protects the right of sanctuary in the sense that apostasy is not recognized, much less penalized, as a legal offense, any more than is having no religion at all"（p. 186）。H 本："法律保障对叛教者的保护权，这就是说，叛教者如同根本不信教一样，不被看成是犯法者，因而更谈不上会受到惩罚"（第 166 页）。新解："法律在如下意义上保护庇护权：就像没有任何宗教信仰一样，叛教或离经叛道不被视为违法犯罪，更谈不上要受到惩罚。"

5. 原文："In these ways the state upholds moral and religious liberty"（p. 186）。H 本："国家以这些方式确认道德和宗教的自由"（第 166 页）。新解："国家以这些方式捍卫道德自由和宗教自由。"

【诠释】

正如我们现在看到的那样，公平正义为平等的良心自由提供了有力论证。本人认为，这些论证可以用适当方式加以概括，以支持平等自由原则。因此，各方有充分理由采纳这一原则。显然，这些考虑因素在为自由的优先性辩护时也很重要。从制宪会议的角度来看，这些论证导致选择一个保障道德自由、思想自由、信仰自由和宗教实践自由的政权，尽管这些自由可能一如既往地受到在公共秩序和公共安全方面的国家利益的管制。国家不能偏袒任何特定的宗教，任何人都不得因其有宗教信仰或没有宗教信仰而受到处罚或者遭受迫害。要求公民声明加入某一教派的国家观念将遭到拒斥。相反，各种社团可以按照其成员的意愿自由组织，它们可以有自己的内部生活和纪律，但受到其成员有权选择是否继续开展联络的限制。法律在如下意义上保护庇护权：就像没有任何宗教信仰一样，叛教或离经叛道不被视为违法犯罪，更谈不上要受到惩罚。国家以这些方式捍卫道德自由和宗教自由。

【原文】§34-2-pp.186-187

【评析】

1. 原文："Liberty of conscience is limited, everyone agrees, by the common interest in public order and security"（p. 186）。H本："任何人都同意，良心自由要因公共秩序和安全的共同利益而受到限制"（第166页）。新解："每个人都同意，出于维护公共秩序和公共安全的共同利益考虑，良心自由要受到限制。"

2. 原文："Superior to"（p. 186）。H本："优越于……"（第166页）。新解："高于……"。

3. 原文："Nor does it require that government view religious matters as things indifferent or claim the right to suppress philosophical beliefs whenever they conflict with affairs of state"（p. 186）。H本："同时接受这种限制也不要求政府把宗教事务看成是无足轻重的东西，或者当哲学信仰和国家事务发生冲突时，政府就可以要求一种压抑哲学信仰的权利"（第166—167页）。新解："它既不要求政府将宗教事务视为无关紧要的事情，也不要求政府在哲学信念与国家事务相冲突时有权压制哲学信念。"

4. 原文："The government has no authority to render associations

either legitimate or illegitimate any more than it has this authority in regard to art and science." (p. 186). H 本："正像政府在艺术和科学事务方面并非权威一样，政府也无权使社团合法化或不合法化"（第 167 页）。**新解**："正如政府在艺术和科学事务方面不具有权威一样，政府也没有权力使社团成为合法的或非法的。"

5. 原文："It does not concern itself with philosophical and religious doctrine but regulates individuals' pursuit of their moral and spiritual interests in accordance with principles to which they themselves would agree in an initial situation of equality" (p. 186). H 本："国家并不干涉哲学和宗教理论，而是要按照处在平等的最初状态的人将会同意的原则来调节个人对道德、精神利益（兴趣）的追求活动"（第 167 页）。**新解**："国家不干涉哲学学说和宗教教义，而是根据在平等的初始场景中他们自己同意的原则，规范个体对道德利益和精神利益的追求。"

6. 原文："By exercising its powers in this way the government acts as the citizens' agent and satisfies the demands of their public conception of justice" (p. 186). H 本："政府以这种方式运用它的权力，扮演公民代理人的角色，并满足他们共同的正义观的需要"（第 167 页）。**新解**："作为公民的代理人，政府通过这种方式行使权力，满足公民的公开正义观念要求。"

7. 原文："Its duty is limited to underwriting the conditions of equal moral and religious liberty" (p. 187). H 本："政府的责任仅限于保证平等的道德、宗教自由的条件"（第 167 页）。**新解**："政府的义务仅限于保证道德自由和宗教自由的平等条件。"

【诠释】

每个人都同意，出于维护公共秩序和公共安全的共同利益考虑，良心自由要受到限制。从契约的角度来看，这一限制本身是容易推导出来的。首先，接受这一限制并不意味着公共利益在任何意义上都高于道德利益和宗教利益；它既不要求政府将宗教事务视为无关紧要的事情，也不要求政府在哲学信念与国家事务相冲突时有权压制哲学信念。正如政府在艺术和科学事务方面不具有权威一样，政府也没有权力使社团成为合法的或非法的。这些问题根本不在正义宪法所规定的政府权限范围之内。相反，鉴于正义的原则，国家必须被理解为由平等公民组成的社团。国家不干涉哲学学说和宗教教义，而是根据在平等的初始场景中他们自己同意的原则，规范个体对道德利益和精神利益(道德趣味和精神趣味)的追求。作为公民的代理人，政府通过这种方式行使权力，满足公民的公开正义观念要求。因此，无所不能的世俗国家概念将被否定，因为根据正义原则，在道德问题和宗教问题上，政府既没有权利也没有义务去做政府自己或多数人（或任何人）想做的事情。政府的义务仅限于保证道德自由和宗教自由的平等条件。（政府必须是有限政府，而不是全能政府。）

【原文】§34 – 3 – p. 187

【评析】

1. 原文："Granting all this"（p. 187）。H 本："如果承认这一切的话"（第 167 页）。新解："考虑到所有这一切"。

2. 原文："It now seems evident that"（p. 187）。H 本没有直接译出这个引导性语句。新解："现在看来明显的是"。

3. 原文："The disruption of these conditions is a danger for the liberty of all"（p. 187）。H 本："对这些条件的破坏就是对所有人的自由的一种威胁"（第 167 页）。新解："破坏这些条件对所有人的自由都是一种危险"。

4. 原文："This follows once the maintenance of public order is understood as a necessary condition for everyone's achieving his ends whatever they are（provided they lie within certain limits）and for his fulfilling his interpretation of his moral and religious obligations"（p. 187）。H 本："只要维持公共秩序被理解为是每个人达到其任何目的（假定他们处在某些限制中）和履行他所解释的道德、宗教责任的必要条件，结论就必然如此"（第 167 页）。新解："一旦维持公共秩序既被理解为每个人实现其目的的必要条件，无论那些目的是什么（只要它们在一定的范围内），又被理解为每个人完成解释其道德职责和宗教职责的必要条件，这种情况就会发生。"

5. 原文："To restrain liberty of conscience at the boundary, however inexact, of the state's interest in public order"（p. 187）。H 本："在公共秩序中按国家利益的标准（不管多么不精确）来限制良心自由"（第 167 页）。新解："将良心自由限制在公共秩序方面的国家利益的边界上，无论这道边界多么不精确。"关于如何处理个体保持良心自由与政府维持公共秩序的关系，罗尔斯在这里没有提到"标准"，他只提到了"边界"。这道边界就是前者不得危及在公共秩序方面的国家利益。

6. 原文："The government's right to maintain public order and security is an enabling right"（p. 187）。H 本："政府维护公共秩序和安全的权利是一种授人以权的权利"（第 167 页）。新解："政府维护公共秩序和公共安全的权利是一项授权权利。"

7. 原文："A right which the government must have if it is to carry out its duty of impartially supporting the conditions necessary for everyone's pursuit of his interests and living up to his obligations as he understands them"（p. 187）。H 本："如果政府要公平的维持那些使每个人都能追求他的利益和实行他所理解的义务的必需条件，它就必须有这种权利"（第 167 页）。新解："如果它是政府履行义务，公道地支持每个人追求自身利益并履行依其所理解的自身职责的必要条件，那么政府就必须拥有这项权利。"

【诠释】

考虑到所有这一切，现在看来明显的是，在参照公共秩序和公共安全方面的共同利益限制自由时，政府采取行动所遵循的原则将是在初始位置上选中的原则。因为在这种情况下，每个人都认识到，破坏这些条件对所有人的自由都是一种危险。一旦维持公共秩序既被理解为每个人实现其目的的必要条件，无论那些目的是什么（只要它们在一定的范围内），又被理解为每个人完成解释其道德职责和宗教职责的必要条件，这种情况就会发生。将良心自由限制在公共秩序方面的国家利益的边界上，无论这道边界多么不精确，都是一种源自共同利益的限制，亦即代表平等公民利益原则的限制。政府维护公共秩序和公共安全的权利是一项授权权利。如果它是政府履行的义务，公道地支持每个人追求自身利益并履行依其所理解的自身职责的必要条件，那么政府就必须拥有这项权利。

【原文】§34 – 4 – p. 187

【评析】

1. 原文："The methods of rational scientific inquiry"（p. 187）。H 本："合理的科学调查方法"（第 167 页）。新解："理性科学探究方法"。

2. 原文："It implies no particular metaphysical doctrine or theory of knowledge"（p. 187）。H 本："它没有暗示任何特殊的形而上学理论或认识论"（第 167 页）。新解："它并未暗示任何形而上学学说或知识理论。"

3. 原文："Only by reference to a common knowledge and understanding of the world"（p. 187）。H 本："仅仅根据人们的常识和共同理解"（第 167 页）。**新解**："仅参照世界常识和理解"。

4. 原文："In holding that the consequences for the security of public order should not be merely possible or in certain cases even probable, but reasonably certain or imminent, there is again no implication of a particular philosophical theory"（p. 187）。H 本："人们坚信有关维护公共秩序的结论不应该仅仅具有一种可能性，甚至认为在某些情况下具有一种或然性也不够，而应该合理地具有一种确定性或紧迫性。这种观点没有暗含一种特殊的哲学理论"（第 167—168 页）。**新解**："公共秩序安全的后果不仅仅是可能的，或在某些情况下只存在一定的概率，而是相当确定的，甚至是迫在眉睫的，在做如此断定时，再次不存在特定哲学理论的含义。"

5. 原文："This requirement expresses the high place which must be accorded to liberty of conscience and freedom of thought"（p. 187）。H 本："这个要求表现了必须符合于良心自由、思想自由的崇高地位"（第 168 页）。**新解**："这一诉求表达的是，我们必须给予良心自由和思想自由以崇高的地位。"

【诠释】

此外，只有当存在不这样做会损害政府应维持的公共秩序的合理预期时，良心自由才应受到限制。这种预期必须以所有人都能接受的证据和推理方式为基础。它必须受到一般观察和思维方式（包括没有争议的理性科学探究方法）的支持，这些一般观察和思维方式通常被认为是正确的。现在，对每个人都能确立和知道的东西的如此依赖，本身就奠基于正义原则之上。它并未暗示任何形而上学学说或知识理论。因为这个标准诉诸每个人都能接受的东西。它表示这样一项协议，即仅参照世界常识和理解来限制自由。采用这一标准，并不侵犯任何人的平等自由。另一方面，背离某个普遍公认的推理方式，将涉及某些人的意见对他人意见享有特权地位，而允许这样做的原则，无法在初始位置上得到同意。此外，公共秩序安全的后果不仅仅是可能的，或在某些情况下只存在一定的概率，而是相当确定的，甚至是迫在眉睫的，在做如此断定时，再次不存在特定哲学理论的含义。相反，这一诉求表达的是，我们必须给予良心自由和思想自由以崇高的地位。

【原文】§34-5-p.188

【评析】

1. 原文："The index of primary goods that one may reasonably expect"（p.188）。H本："人们可以合理期望的基本善的指标"（第168页）。新解："人们可以合理预期的基本善指数"。

2. 原文："We need not question the meaningfulness of these notions; but they are inappropriate for designing just institutions"（p.188）。H本："我们无需探究能力和生活计划这些概念的深远含义；它们对于设计正义制度来说是不恰当的"（第168页）。新解："我们不必质疑这些概念的意义，但它们不适合设计正义制度。"

3. 原文："These principles of evidence are adopted for the aims of justice"（p.188）。H本："各方接受这些证据的原则是为了正义的目的"（第168页）。新解："这些证据原则是为了正义的目的而采用的"。

4. 原文："How far they are valid in philosophy and science is a separate matter"（p.188）。H本："它们在哲学和科学中具有多大程度的有效性，则是另外一个问题"（第168页）。新解："至于它们在哲学和科学上的有效性如何，则是一个单独的问题。"

【诠释】

在这一点上，我们可能会注意到这样的类比，即对人际福利进行比较的方法。这些都以人们可以合理预期的基本善指数（§15）为基础，基本善被视为每个人都想要的东西。为了实现社会正义的目标，这种比较的基础是各方都可以同意的。它既不需要精细估算人们追求幸福的能力，也不需要精细估算人们所持生活计划的相对价值。我们不必质疑这些概念的意义，但它们不适合设计正义制度。同样，各方同意采用公认标准，以确定什么将被视为证据去证明，人们追求平等自由的某些方式，将损害公共秩序的共同利益和他人的自由。这些证据原则是为了正义的目的而采用的；人们并不打算将它们适用于所有的意义和真理问题。至于它们在哲学和科学上的有效性如何，则是一个单独的问题。

660 《正义论》评注

【原文】§34 – 6 – p. 188

【评析】

1. 原文:"The characteristic feature of these arguments for liberty of conscience is that they are based solely on a conception of justice"(p. 188)。H 本:"这些关于良心自由的论证的特征仅仅建立在正义观上"(第 168 页)。新解:"这些赞同良心自由的论证的一大特点是,它们完全以某个正义观念为基础。"

2. 原文:"Toleration is not derived from practical necessities or reasons of state"(p. 188)。H 本:"宽容不是从实际需要或理由陈述中推演出来的"(第 168 页)。新解:"宽容不是出于实际需要或国家理由的考虑。"H 本在这个语句上把"国家"(state)错当成"陈述"(statement)是不应当的。

3. 原文:"The argument does not rely on any special metaphysical or philosophical doctrine"(p. 188)。H 本:"这种论证并不建立在任何特殊的形而上学的或哲学的理论上"(第 168 页)。新解:"这一论证不依赖于任何特殊的形而上学或哲学学说。"

4. 原文:"The appeal is indeed to common sense, to generally shared ways of reasoning and plain facts accessible to all, but it is framed in such a way as to avoid these larger presumptions"(p. 188)。H 本:"确实,这种论证诉诸于常识,诉诸于被广泛共享的推理方法,诉诸于大家都可以接受的简单事实,但它却是以避免作出这些更广泛的假设的方式而构造的"(第 168 页)。新解:"这种呼吁确实符合常识,符合一般享有的推理方式和所有人都能获得的简单事实,但是,它是以避开这些较宏大的假设的方式构造起来的。"

5. 原文:"Nor, on the other hand, does the case for liberty imply skepticism in philosophy or indifference to religion"(p. 188)。H 本:"另一方面,自由的例证不意味着哲学怀疑主义或对宗教的冷淡"(第 168 页)。新解:"另一方面,自由也并不意味着,要么在哲学上推崇怀疑论,要么对宗教漠不关心。"

6. 原文:"The limitation of liberty is justified only when it is necessary for liberty itself, to prevent an invasion of freedom that would be still worse"(p. 188)。H 本:"只有在为了避免对自由是更糟糕的侵犯从而对

自由本身是必需时，对自由的限制才是合理的"（第 168 页）。**新解**："**只有当限制自由对自由本身是必要的时候，才有理由限制自由，以防止对自由更严重的侵犯。**"

【诠释】

这些赞同良心自由的论证的一大特点是，它们完全以某个正义观念为基础。宽容不是出于实际需要或国家理由的考虑。道德自由和宗教自由发端于平等自由原则；假定这一原则具有优先性，那么剥夺平等自由的唯一理由是，为了避免更大的不公，防止丧失更大的自由。此外，这一论证不依赖于任何特殊的形而上学或哲学学说。它既不预设所有真理都可以通过常识认可的思维方式来建立，也不认为在某种合理意义上，每一件事都是由理性科学探究所观察或证实的一种逻辑结构。这种呼吁确实符合常识，符合一般享有的推理方式和所有人都能获得的简单事实，但是，它是以避开这些较为宏大的假设的方式构造起来的。另一方面，（良心）自由并不意味着，要么在哲学上推崇怀疑论，要么对宗教漠不关心。也许，可以提出以一个或多个这样的学说为前提的良心自由的论证。我们没有理由为此感到惊讶，因为不同的论证可以得出相同的结论。但是我们不必继续讨论这个问题。赞同良心自由的理由，至少和最有力的论证一样有力；人们最好遗忘这些软弱而荒谬的论证。那些否认良心自由的人，既不能通过指责哲学怀疑论，通过谴责对宗教的漠不关心，也不能通过诉诸社会利益和国家事务，来为自己的行为辩护。只有当限制自由对自由本身是必要的时候，才有理由限制自由，以防止对自由更严重的侵犯。

【原文】 §34 – 7 – p. 189

【评析】

1. 原文："**The parties in the constitutional convention, then, must choose a constitution that guarantees an equal liberty of conscience regulated solely by forms of argument generally accepted, and limited only when such argument establishes a reasonably certain interference with the essentials of public order**"（p. 189）. H 本："立宪会议的各方必须选择一种保证良心平等自由的宪法，这种平等自由仅仅受普遍接受的论证形式调节，并只是当这种论证证实存在着某种对公共秩序的合理干涉时才受到限制"（第168—169 页）。**新解**："**制宪会议的各方必须筛选出一部宪法，保证完全**

由一般接受的辩论形式所规制的平等的良心自由，并且只有在这种辩论对公共秩序基本要素产生某种相当确定的干预时才加以限制。"

2. 原文："**Many grounds of intolerance**"（p. 189）。H 本："许多不宽容的根据"（第169页）。**新解**："不宽容的许多理由"或"不宽容的许多依据"。

3. 原文："**Which is the life of the soul**"（p. 189）。H 本："信仰是灵魂的生命"（第169页）。**新解**："真信仰是灵魂的生命"。就像货币有真假一样，信仰也有真假。异教徒持有假信仰，他们对真信仰是一种腐蚀。阿奎那主张处死异教徒的论证是建立在"真信仰是灵魂的生命"而不是"信仰是灵魂的生命"这一前提之上的。

4. 原文："**To corrupt the faith**"（p. 189）。H 本："腐蚀一个人的信仰"（第169页）。**新解**："腐蚀真信仰"。这里的"the faith"要解读为"真信仰"。

5. 原文："**Modes of reasoning**"（p. 189）。H 本："理性模式"（第169页）。**新解**："推理模式"。

【诠释】

因此，制宪会议的各方必须筛选出一部宪法，保证完全由一般接受的辩论形式所规制的平等的良心自由，并且只有在这种辩论对公共秩序基本要素产生某种相当确定的干预时才加以限制。自由的必要条件支配着自由本身。仅凭这一基本原则，过去时代所接受的支持不宽容的许多理由便是错误的。例如，阿奎那为处死异教徒提供的理由是，真信仰是灵魂的生命，金钱是维持生命的手段，与伪造货币相比，腐蚀真信仰的罪过要严重得多。因此，如果处死制造伪币者或其他犯罪者是正当的话，那么处死异教徒便是更加正当的。① 然而，阿奎那所依赖的前提不能通过公认的推理模式得以确立。断定真信仰是灵魂的生命，为了灵魂的安全而镇压触犯教会权威的异端是必要的，这不过是教条而已。

【原文】§34 - 8 - pp. 189 - 190

【评析】

1. 原文："**Again, the reasons given for limited toleration often run**

---

① 阿奎那（Aquinas）：《神学大全》第2辑第二部分，第9—11题第3条。——原注

afoul of this principle"（p. 189）。H 本："再者，有限的宽容的根据也经常和这个原则相冲突"（第 169 页）。**新解**："再一次地，赞同有限宽容的理由常与这一原则相抵触。"

2. **原文**："He believed that those who regard others as damned must either torment or convert them, and therefore sects preaching this conviction cannot be trusted to preserve civil peace"（p. 189）。H 本："他相信，那些认为别人该受谴责的人必定既折磨他们又试图转变他们的信仰，因此不能相信宣讲这种信仰的宗教团体会维持公民的和平"（第 169 页）。**新解**："他认为，以为别人该受天谴的人，必定要么害得他人痛苦不堪，要么逼迫他人改宗皈依，因此，宣扬这一信念的教派，世人难以相信其会维护国内和平。"这里的短语"to preserve civil peace"，意为"维护国内和平"。与"国内和平"（civil peace）对应的短语是"内战"（civil war）。因此，H 本把"to preserve civil peace"解读为"维持公民的和平"是不妥的。

3. **原文**："The consequences of such dogmatic belief which Rousseau conjectures are not borne out by experience"（p. 189）。H 本："卢梭所推测的这种独断的信仰的结论却并未被经验所确认"（第 169 页）。**新解**："卢梭推测的这种教条信仰的后果，并不是由经验证明的。"

4. **原文**："A priori psychological argument, however plausible, is not sufficient to abandon the principle of toleration, since justice holds that the disturbance to public order and to liberty itself must be securely established by common experience"（p. 189）。H 本："不管一个先验的心理论证看来是多么有理，把它作为放弃宽容原则的理由却是不充分的，因为正义观认为对公共秩序和自由本身的侵犯必须根据共同经验可靠地来确认"（第 169 页）。**新解**："先验心理学论证，无论多么合理，都不足以放弃宽容原则，因为正义认为，对公共秩序和自由本身的干扰，必须通过共同经验而保障安全。"

5. **原文**："With Aquinas and the Protestant Reformers the grounds of intolerance are themselves a matter of faith, and this difference is more fundamental than the limits actually drawn to toleration"（p. 190）。H 本："阿奎那和新教改革者的不宽容的理由本身却是一件信仰的事情，这种区别比对宽容的实际限制更为重要"（第 169 页）。**新解**："对于阿奎那和新教改革者来说，不宽容的理由本身就是信仰问题，这种差异比对于宽容的实际限制更为根本。"

【诠释】

再一次地，赞同有限宽容的理由常与这一原则相抵触。因此，卢梭认为，人民不可能与他们认为该受天谴的人和平相处，因为爱戴该受天谴的人，就是怨恨惩罚他们的上帝。他认为，以为别人该受天谴的人，必定要么害得他人痛苦不堪，要么逼迫他人改宗叛教，因此，宣扬这一信念的教派，世人难以相信其会维护国内和平。所以，卢梭不会容忍宣称教堂之外没有拯救的宗教。① 但是，卢梭推测的这种教条信仰的后果，并不是由经验证明的。先验心理学论证，无论多么合理，都不足以放弃宽容原则，因为正义认为，对公共秩序和自由本身的干扰，必须通过共同经验而保障(国内)安全。然而，一边是主张有限宽容的卢梭和洛克，另一边是不主张有限宽容的阿奎那和新教改革者，两者之间存在重要区别。② 洛克和卢梭，根据他们所认为的对公共秩序的明确和明显的后果来限制自由。如果人们不能容忍天主教徒和无神论者，那是因为很明显，他们不能依靠这些人来维系公民社会的纽带。如果有更丰富的历史经验和对政治生活更广泛可能性的了解，他们就会相信自己是错了的，或者至少他们的论断只有在特殊情况下才是正确的。但是，对于阿奎那和新教改革者来说，不宽容的理由本身就是信仰问题，这种差异比对于宽容的实际限制更为根本。因为如果剥夺自由是通过诉诸公共秩序来证明的，这是得到常识证明的，那么总是有可能敦促人们错误地划定限制，经验实际上不能证明如此限制是正当的。如果压制自由是基于神学原则或信仰问题，就不可能有任何论证。一种观点承认，在初始位置上被选中的原则具有优先性，而另一种观点则不承认这种原则具有优先性。

---

① 卢梭：《社会契约论》，第四部分第八章，第 181、182 页。——原注
② 关于新教改革者（Protestant Reformers）的观点，参阅阿克顿勋爵［J. E. E. D. (Lord Acton)］"关于迫害的新教理论"，阿克顿：《自由史论》，伦敦：麦克米兰出版社 1907 年版。关于洛克的观点，参阅洛克《关于宽容的通信》，同《政府论》下篇收在一起，高夫编，牛津：巴兹尔—布莱克韦尔出版社 1964 年版，第 156—158 页。——原注。［阿克顿这个著作的英文原文是 *The History of Freedom and Other Essays*，H 本解读为《历史自由及其他》（第 169 页），大谬。另参阅阿克顿《自由史论》（*Essays in the History of Liberty*），胡传胜等译，译林出版社 2012 年版。阿克顿讨论自由历史的两个著作不知道实则是否同一部作品的两个书名。］

§35　宽容不宽容者
Toleration of the Intolerant

【题解】

罗尔斯在这一节讨论了宽容的边界和条件。罗尔斯仍然从初始位置上考虑良心自由，以及由此产生的信仰宽容问题。他认为对待宽容问题，不能通过国家权力或政府权力来解决，而只能通过在初始位置上被选中的原则来解决。

【原文】§35 – 1 – p. 190

【评析】

罗尔斯接下来表示，高校是最需要思想自由的地方。因此，思想自由首先在高等院校中应当得到全面推行。假如高校都做不到思想自由，那么在社会上就更加做不到思想自由。

1. 原文："**Some political parties in democratic states hold doctrines that commit them to suppress the constitutional liberties whenever they have the power**"（p. 190）。H 本："民主国家的某些政党所信奉的理论使他们一旦大权在握便要压制宪法规定的自由"（第 170 页）。新解："民主国家的一些政党推崇这样的学说：一旦大权在握，他们就会压制宪法赋予人民的自由权利。"

2. 原文："**There are those who reject intellectual freedom but who nevertheless hold positions in the university**"（p. 190）。H 本："有些反对思想自由的人却在大学里占据高位"（第 170 页）。新解："还有一些人，尽管供职于高等院校，却反对思想自由。"

【诠释】

现在，我们不妨思考如下问题：正义是否需要宽容不宽容者。如果答案是肯定的，那么宽容不宽容者的条件是什么？产生这个问题的情况是多种多样的。民主国家的一些政党推崇这样的学说：一旦大权在握，他们就会压制宪法赋予人民的自由权利。还有一些人，尽管供职于高等院校，却反对思想自由。在这些案例中，宽容似乎不符合正义原则，至少不是正义原则所要求的。本人将联系宗教宽容(religious toleration) 讨论这个问题。通过略作修订，这个论点可以扩展到这些其他实例。

【原文】§35-2-pp.190-191

【评析】

罗尔斯以宗教派别纷争为例来说明，宽容问题是经常发生于宗教派别之间的严肃问题。有时不宽容其他教派，尤其是不宽容异教徒，在一些宗教教派的教义中有着专门的规定。

罗尔斯在这个段落讨论宽容教派（tolerant sects）和不宽容教派(intolerant sects)的关系。

1. 原文："Tolerant sects"（p.190）。H本："宽容团体"（第170页）。新解："宽容教派"。

2. 原文："Those which are intolerant"（p.190）。H本："那些不宽容者"（第170页）。新解："那些不宽容教派"。

3. 原文："At least this follows if it is assumed that one has no title to object to the conduct of others that is in accordance with principles one would use in similar circumstances to justify one's actions toward them"（p.190）。H本："至少当我们假设一个人没有权利反对其他人的这样一种行为，即这个人在类似的环境中也会用该行为所根据的同样原则来为他对别人的行为辩护的那种行为时，结论便是如此"（第170页）。新解："至少以下一点是成立的：只要假定一个人无权反对他人的行为符合那个人在类似情况下用来证明自己对他人的行为是正当的原则。"

4. 原文："A complaint is a protest addressed to another in good faith"（p.190）。H本："一个抗议是对其他人的一种真诚表达的抗诉"（第170页）。新解："投诉是真心实意地向对方提出的抗议。"

5. 原文："It claims a violation of a principle that both parties accept"（pp.190-191）。H本："它所针对的是一种对双方都接受的原则的侵犯。"（第170页）。新解："它声称，对方违反了双方都接受的原则。"

【诠释】

我们不妨先区分几个问题。首先，有一个问题是，如果不宽容教派没有得到宽容，它是否有权投诉；其次，在什么条件下，宽容教派有权不宽容地对待那些不宽容教派；最后，当宽容教派有权不宽容地对待那些不宽容教派时，它们应该出于什么目的行使这项权利。我们从第一个问题开始，当那些不宽容教派被剥夺平等自由时，它们似乎无权投诉。至少以下一点是成立的：只要假定一个人无权反对他人的行为符合那个人在类似情况下用来证明自己对他人的行为是正当的原则。一个人的投诉权，仅限于他本人承认的原则受到了违反。投诉是真心实意地向对方提出的抗议。它声称，对方违反了双方都接受的原则。现在，可以肯定的是，不宽容者会说，自己是真诚地不宽容的，他不会为自己索求他没有给予别人的任何东西。我们不妨假设，他的观点是，他基于如下原则行事：所有人必须服从上帝，所有人必须接受这个真理。这一原则是完全普遍的，根据这一原则行事，他不会在自己这儿破例。在他看来，他遵循着别人拒绝的正确原则。

【原文】§35-3-p.191

【评析】

罗尔斯表示，宗教教派之争、教派的教条或教义、宗教真理，不适用于公民社会，不能用来约束公民的行为。公民行使良心自由的权利，与公民信仰上帝并不矛盾。后者也是公民良心自由的体现。

1. **原文**："No particular interpretation of religious truth can be acknowledged as binding upon citizens generally"（p.191）。H本："任何对宗教真理的特殊解释都不能被普遍地承认为对一般市民的约束"（第170页）。**新解**："对宗教真理的任何特殊解释，都不能被一般地承认为对公民具有约束力。"

2. **原文**："Questions of theological doctrine"（p.191）。H本："神学问题"（第170页）。**新解**："神学教义问题"。

3. **原文**："Religious obligations"（p.191）。H本："宗教责任"（第170页）。**新解**："宗教职责"。

4. **原文**："Institutional authority"（p.191）。H本："权威性的机构"（第170—171页）。**新解**："机构权威"。

5. **原文**："He in no way abandons his equal liberty of conscience as a matter of constitutional law"（p.191）。H本："他绝没有放弃作为一种宪法下的良心的平等自由"（第171页）。**新解**："他绝没有放弃作为宪法要素的平等的良心自由。"

6. 原文："Imprescriptible"（p. 191）。H 本："不可侵犯的"（第 171 页）。**新解**："不受法令支配的或不可剥夺的"。

7. 原文："The only principles which authorize claims on institutions are those that would be chosen in the original position"（p. 191）。H 本："使制度权威化的原则只是那些可能在原初状态中被选择的原则"（第 171 页）。**新解**："人们有权向机构提出诉求的原则，正是在初始位置上被选中的原则。"平等的良心自由的正当性，不是来自"使制度权威化的原则"，而是给"诉求"授权的原则。

【诠释】

对这一辩护的答复是，从初始位置的观点来看，对宗教真理的任何特殊解释，都不能被一般地承认为对公民具有约束力；我们也不能同意，应当存在权威，他有权解决神学教义问题。每个人都必须坚持平等的权利，来决定其宗教职责是什么。他不能把这项权利放弃给另一个人或某个机构权威。事实上，一个人决定接受另一个人为权威，即使他认为这个权威是一贯正确的，他也是在行使自由。但在这样做时，他绝没有放弃作为宪法要素的平等的良心自由。因为由正义保障的这种自由是不受法令支配的或不可剥夺的：一个人总是可以自由地改变他的信仰，而这项权利并不取决于他是否定期地或明智地行使了自己的选择权。我们可以看到，人人皆享有平等的良心自由，这与人人都应当听从上帝和接受真理的理念是一致的。自由的问题，在于选择一个原则，根据这个原则，人们以宗教的名义相互提出的要求将受到规范。即使承认应该服从上帝的意志，即使承认真理，但是仍然没有确立裁判原则。服从上帝的意志，这一事实并不意味着，任何人或任何机构有权干涉他人对其宗教职责的解释。这一宗教原则不允许任何人在法律或政治上要求自己享有更大的自由。人们有权向机构提出诉求的原则，正是在初始位置上被选中的原则。

【原文】 §35 – 4 – pp. 191 – 192

【评析】

1. 原文："Tolerant sects have the right to suppress them"（p. 191）。H 本："各种宽容团体有权压制不宽容者"（第 171 页）。**新解**："宽容教派有权压制不宽容教派"。

2. 原文："They may have this right not as a right to complain on

behalf of the intolerant, but simply as a right to object whenever a principle of justice is violated"（p. 191）. H 本："不宽容者可以有抗议的权利，但这不是作为不宽容者的抗议权利，而只是当正义原则受到侵犯时反对的权利"（第 171 页）. 新解："他们可以持有的这项权利，并非作为代表不宽容教派的投诉权利，而只是在正义原则受到侵犯时表示反对的权利。"

3. 原文："Whether being intolerant of another is grounds enough for limiting someone's liberty"（p. 191）. H 本："一个人的不宽容是否构成了限制他的自由的充足理由"（第 171 页）. 新解："对他人不宽容是否足以成为限制个人自由的理由"。

【诠释】

因此，我们认为，不宽容教派没有权利投诉自己受到了不宽容对待。不过，我们仍然不能说，宽容教派有权压制不宽容教派。首先，（无论宽容教派还是不宽容教派）其他教派可以有权投诉。他们可以持有的这项权利，并非作为代表不宽容教派的投诉权利，而只是在正义原则受到侵犯时表示反对的权利。因为假如没有充足理由而剥夺平等自由，正义就会受到侵犯。于是问题在于，对他人不宽容是否足以成为限制个人自由的理由。为了简化问题，假设宽容教派有权至少在一种情况下不宽容地对待不宽容教派，即他们真诚地、有理由地认为，如此不宽容做法，对他们自身的安全是必要的。因为正如初始位置定义的那样，每个人都同意持有自我保护的权利，所以这是一项很容易得到遵循的权利。当他人正在毁掉人们安身立命的根基时，正义并未要求后者务必袖手旁观。既然一般而言，放弃自我保护的权利绝无可能有利于人，那么唯一的问题是，当不宽容教派对他人的平等自由没有直接危险时，宽容教派是否有权压制他们。

【原文】§35 – 5 – p. 192

【评析】

1. 原文："Certainly they should not suppress it simply because the members of the intolerant sect could not complain were they to do so"（p. 192）. H 本："他们当然不应该仅仅因为如果他们压制这个团体的话，它的成员是不可能抗议的而压制它"（第 171 页）. 新解："他们当然不会仅仅因为这个不宽容教派成员无法投诉他们将这样做而不压制它。"

2. 原文："All citizens have a natural duty of justice to uphold it"

(p. 192)。H本："所有人便都有一种正义的自然义务来坚持这种宪法"（第171页）。新解："所有公民都有天赋的正义义务去维护宪法。"

3. 原文："There must be some considerable risks to our own legitimate interests"（p. 192）。H本："必须存在着对我们的合法利益的巨大威胁"（第171—172页）。新解："我们自己的合法利益一定面临着相当大的风险。"

4. 原文："Thus just citizens should strive to preserve the constitution with all its equal liberties as long as liberty itself and their own freedom are not in danger"（p. 192）。H本："这样，只要自由本身和正义公民自身的自由处在危险之中，那么正义的公民就应该努力运用所有的平等自由来保护正义宪法"（第172页）。新解："因此，只要自由本身和正义公民自身的自由未受威胁，那么正义的公民就应当努力维护宪法及其所有的平等，维护宪法言明的所有平等自由。"H本的解读与原文的意思正好相反。

【诠释】

假定不宽容教派以某种方式存在于接受两个正义原则的良序社会当中。那么，良序社会的公民将如何对待不宽容教派呢？现在，他们当然不会仅仅因为不宽容教派成员无法投诉他们将这样做而不压制它。相反，既然存在着一部正义的宪法，那么所有公民都有天赋的正义义务去维护宪法。只要他人有违反正义的行为，我们就不能免除这项义务。我们需要更为严格的条件：我们自己的合法利益一定面临着相当大的风险。因此，只要自由本身和正义公民自身的自由未受威胁，那么正义的公民就应当努力维护宪法，维护宪法言明的所有平等自由。因为任何个体务必尊重其在初始位置上承认的原则所确立的权利，他们可以正当地迫使不宽容者尊重他人的自由。但是如果宪法本身是安全的，那么就没有理由拒绝给予不宽容者以自由。

【原文】§35-6-pp.192-193

【评析】

1. 原文："It is from the position of equal citizenship that persons join the various religious associations, and it is from this position that they should conduct their discussions with one another"（p. 192）。H本："人们正是以平等的公民的身份参加各种宗教团体；也正是根据这种身份，他们应当相互进行讨论"（第172页）。新解："人们正是以平等公民的立场加

第四章　平等自由　671

入各种宗教团体的，他们也正是从这一立场出发彼此进行讨论的。"

2. 原文："Citizens in a free society should not think one another incapable of a sense of justice unless this is necessary for the sake of equal liberty itself"（p. 192）。H 本："在一个自由的社会中，公民不应该相互认为对方缺少正义感，除非这对平等自由本身是必要的"（第 172 页）。新解："除非自由社会的公民具有正义感对平等自由本身不是必要的，否则，他们不应当相互以为对方缺乏拥有正义感的能力。"

3. 原文："Stability means that when tendencies to injustice arise other forces will be called into play that work to preserve the justice of the whole arrangement"（p. 193）。H 本："稳定性意味着：当不正义的趋势产生时，其他力量都被调动来维持整个社会结构的正义"（第 172 页）。新解："稳定意味着，当出现有违正义的倾向时，其他力量将发挥作用，以维护整个安排的正义。"

4. 原文："This situation presents a practical dilemma which philosophy alone cannot resolve"（p. 193）。H 本："这种情况提出一个仅靠哲学不能解决的实际活动中的两难推理"（第 172 页）。新解："这种情况导致哲学本身无法解决的一个实际难题。"

5. 原文："Whether the liberty of the intolerant should be limited to preserve freedom under a just constitution depends on the circumstances"（p. 193）。H 本："在正义宪法中，为了维持自由，不宽容者的自由是否应当受到限制，这个问题要根据具体环境而定"（第 172 页）。新解："为了维护在正义宪法治理下的自由，不宽容者的自由是否应当受到限制，取决于具体情况。"

6. 原文："The theory of justice only characterizes the just constitution, the end of political action by reference to which practical decisions are to be made"（p. 193）。H 本："正义论仅仅描述了正义宪法的特征，即以此作出实际决定的政治行为的目标"（第 172 页）。新解："正义理论只是描述了正义宪法的特征，政治行动的目标要参照正义宪法，人们由此做出各种实际决定。"

【诠释】

宽容地对待不宽容者的问题，直接关系到两个正义原则所规制的良序社会的稳定问题。我们不妨这样来理解这个问题。人们正是以平等公民的立场加入各种宗教团体的，他们也正是从这一立场出发彼此进行讨论的。除非自由社会的公民具有正义感对平等自由本身不是必要的，否则，他们不应当相互以为对方缺乏拥有正义感的能力。如果不宽容教派出现在良序社会当中，其他教派应当铭记其制度具有的内在稳定性。让不宽容者享有自由，这可以说服他们去信奉自由。如此规劝是基于这样一条心理学法则，即其自由受到正义宪法保护并从中受益的人们，在其他条件相同的情况下，将在一定时间内获得对宪法的忠诚（§72）。因此，即使出现不宽容教派，如果它最初不是那么强大，以至于它可以自由活动，而自行其是；或者，如果它不是发展得非常迅速，以至于它没有时间守住那条心理学法则，那么它将倾向于抛弃不宽容并接受良心自由。这是正义制度具有稳定性的后果，因为稳定意味着，当出现有违正义的倾向时，其他力量将发挥作用，以维护整个安排的正义。当然，不宽容教派可能一开始就非常强大，或者，不宽容教派发展过于迅猛，以至于维持稳定的力量无法使其皈依自由。这种情况导致哲学本身无法解决的一个实际难题（practical dilemma）。为了维护在正义宪法治理下的自由，不宽容者的自由是否应当受到限制，取决于具体情况。正义理论只是描述了正义宪法的特征，政治行动的目标要参照正义宪法，人们由此做出各种实际决定。在追求这一目标的过程中，人们不能忘记自由制度的固有力量，也不应当假定，背离自由制度的倾向不仅不会受到约束，而且总是胜出。良序社会成员知道正义宪法的内在稳定性，只有在特殊情况下，为了维护平等自由，才有可能限制不宽容者的自由。

【原文】§35 – 7 – p. 193

【评析】

1. 原文："The leading principle is to establish a just constitution with the liberties of equal citizenship"（p. 193）。H 本："最主要的原则是要确立一部具有平等公民权的各种自由的正义宪法"（第172—173页）。**新解**："其主要原则在于确立所有平等公民皆享有自由的正义宪法。"

2. 原文："Justice forbids this sort of reasoning in connection with liberty as much as it does in regard to the sum of advantages"（p. 193）。H 本："正义不承认这种关于自由的推论，如同不承认类似的关于利益总额的推论一样"（第173页）。**新解**："正如正义禁止针对总优势的推论那样，正义禁止这种涉及自由的推论。"

3. 原文："It is only the liberty of the intolerant which is to be limited, and this is done for the sake of equal liberty under a just constitution the

principles of which the intolerant themselves would acknowledge in the original position"（p.193）. H 本："应当被限制的仅仅是不宽容者的自由，而且这种限制是根据一种不宽容者自己在原初状态中也会承认其原则的正义宪法作出的"（第173页）。**新解**："只有不宽容者的自由才会受到限制，这样做是为了在正义的宪法下享有平等的自由，不宽容者自己将在初始位置上承认那个宪法制订的原则。"

【诠释】

因此，结论是，虽然不宽容教派本身没有权利抱怨受到不宽容的对待，但是只有当宽容者真切地、有理有据地相信自身的安全和自由制度的安全受到威胁时，他才应当限制不宽容者的自由。只有在这种情况下，宽容者才能压制不宽容者。其主要原则在于确立所有平等公民皆享有自由的正义宪法。正义者应当以正义原则为指导，而不得以违反正义者无法投诉的事实为指导。最后，应当指出的是，即使不宽容者的自由受到限制以维护正义宪法，这也不是以极大化自由的名义来实现的。一些人的自由，不得以有可能给他人带来更大的自由为由而受到压制。正如正义禁止针对总优势的推论那样，正义禁止这种涉及自由的推论。只有不宽容者的自由才会受到限制，这样做是为了在正义的宪法下享有平等的自由，不宽容者自己将在初始位置上承认那个宪法制订的原则(亦即平等自由原则)。

【原文】§35-8-pp.193-194

【评析】

1. 原文："**This idea which arose historically with religious toleration can be extended to other instances**"（p.193）. H 本："历史上出现的与宗教宽容有关的这个观点可以扩展到其他情形中去"（第173页）。**新解**："在历史上与宗教宽容一起产生的这个理念可以推广到一些其他情形。"

2. 原文："**Within the framework that justice establishes, moral conceptions with different principles, or conceptions representing a different balancing of the same principles, may be adopted by various parts of society**"（p.194）. H 本："在正义所确立的结构中，社会的各阶层可以采纳具有不同原则的道德观念，或者采纳反映了对相同原则的不同权衡的道德观念"（第173页）。**新解**："在正义确立的框架内，社会各阶层会采用带有不同原则的道德观念，或采纳体现相同原则之不同侧重的道德观念。"

3. 原文："Persons with different convictions make conflicting demands on the basic structure as a matter of political principle"（p. 194）。H 本："不同信仰的人根据政治原则对社会基本结构提出各种冲突的要求"（第 173 页）。**新解："针对作为政治原则问题的基本结构，有着不同信念的人提出相互冲突的要求。"**

4. 原文："The principles that would be chosen in the original position are the kernel of political morality"（p. 194）。H 本："在原初状态中会被选择的原则是政治道德的核心"（第 173 页）。**新解："在初始位置上，将被选中的原则是政治道德准则的果核。"** 罗尔斯这里提到的"果核"（kernel）概念，让人想起伦敦政经学院哲学教授拉卡托斯（Imre Lakatos, 1922－1974）提出的"科学研究纲领方法论"的"硬核"（hardcore）和"保护带"（protective belt）理论。

5. 原文："They not only specify the terms of cooperation between persons but they define a pact of reconciliation between diverse religions and moral beliefs, and the forms of culture to which they belong"（p. 194）。H 本："它们不仅规定了人们合作的条件，而且规定了在不同的宗教和道德信仰之间以及它们所属的不同文化形态之间进行调解的协议"（第 173 页）。**新解："它们不仅规定了人际合作条款，而且规定了不同宗教信仰和道德信念的和解协议，规定了不同宗教信仰和道德信念所属的文化形式。"** "不同文化形态"是难以调解的，H 本的解读显然不是罗尔斯原文的本意。

【诠释】

本节和前几节的论证表明，采用平等自由原则可以视为一种极限情况。即使宽容者和不宽容者之间的分歧是深刻的，没有人知道，应当如何合理地调和它们，但从初始位置来看，如果人们能够同意某个原则，那么他们就会同意平等自由原则。在历史上与宗教宽容一起产生的这个理念可以推广到一些其他情形。因此，我们可以设想，处于初始位置上的人们知道他们持有道德信念，尽管正如无知之幕要求的那样，他们不知道这些信念是什么。他们知道，当各种信念存在冲突时，他们承认的原则将凌驾于这些信念之上；但是在其他方面，当这些原则与他们的信念不相一致时，他们不必修正或放弃自己的意见。通过这种方式，正像它们调解敌对的宗教主张一样，正义原则可以裁决对立的道德要求。在正义确立的框架内，社会各阶层会采用带有不同原则的道德观念，或采纳体现相同原则之不同侧重的道德观念。重要的是，针对作为政治原则问题的基本结构，有着不同信仰的人提出相互冲突的要求，他们要根据正义原则来判断这些要求。在初始位置上，将被选中的原则是政治道德准则的果核。它们不仅规定了人际合作条款，而且规定了不同宗教信仰和道德信念的和解协议，规定了不同宗教信仰和道德信念所属的文化形式。如果现在这种正义观念在很大程度上是消极的，那么我们就会看到，它也有较为积极的一面。

§36 政治正义和宪法
Political Justice and the Constitution

【题解】

政治正义主要是制度正义，尤其是由宪法和法律等社会基本制度确立的正当程序的正义。罗尔斯认为，"正义的宪法属于不完全程序正义"（p. 194）。因为所有的宪法和法律制度都是经由制宪大会或立法程序确立起来的，所以它们都会有不完备性，但是它们对于平等自由的保护是首要的、正当的、充分的和完备的。罗尔斯也批评了宪政政治的弱点，他认为："从历史上看，宪政或立宪政体的一大缺点是，未能保证政治自由的公平价值。"（p. 198）他试图从政治理论的角度来构想理想的政治制度和法律制度应当是什么样的。所以，他的批判多是点到为止的，他并没有涉及任何国家的具体政治制度历史。这也是许多学者批评他的正义理论缺乏历史性维度的重要理由。不过，对于这种缺乏，他是有自知之明的。因为它是一种政治哲学或政治理论，而不是一种历史哲学或政治社会学；它只注重理想意义的契约论构想，而不关注人类社会的具体历史史实。从这一点可知，整个《正义论》在研究方法上与霍布斯、洛克、休谟等人的经验论不同，是康德式建构主义的一种典型的逻辑演绎方法。

这一节涉及西方政治和法律的一些专业术语，H 本显然没有做好精确解读的理论准备。

【原文】 §36-1-p. 194

【评析】

1. 原文："**To sketch the meaning of equal liberty for this part of the basic structure**"（p. 194）。H 本："概述平等的自由对于这一社会基本结

构部分的意义"（第 173 页）。**新解**："探究适用于基本结构这一部分的平等自由的意义。"

2. 原文："**A just constitution is a case of imperfect procedural justice**"（p. 194）。H 本："一部正义宪法是一种不完善的程序正义"（第 173 页）。**新解**："正义的宪法是不完全程序正义的例证。"

3. 原文："**The constitution is to be a just procedure satisfying the requirements of equal liberty**"（p. 194）。H 本："正义的宪法应是一种满足平等自由要求的正义程序"（第 173 页）。**新解**："宪法应当是满足平等自由要求的正义程序。"

4. 原文："**It is to be framed so that of all the feasible just arrangements, it is the one more likely than any other to result in a just and effective system of legislation**"（p. 194）。H 本："正义的宪法应该这样构成：即在所有可行的正义安排中，它比任何其他安排更可能产生出一种正义的和有效的立法制度"（第 173—174 页）。**新解**："宪法将被如此创制，所有可行的正义安排也将如创制，它将比任何其他创制方式更可能产生正义而有效的立法制度。"这个语句的重心不在宪法的"构成"，而在宪法的"创制方式"。宪法的创制方式才是程序正义的关键。

5. 原文："**These assessments being made from the standpoint of the constitutional convention**"（p. 194）。H 本："这些评价是从立宪公约的观点来进行的"（第 174 页）。**新解**："这些评估从制宪会议角度做出。""the constitutional convention"的意思是"制宪会议"而不是"立宪公约"。

【诠释】

本人现在要考虑政治正义，即宪法正义，并探究适用于基本结构这一部分的平等自由的意义。正义的宪法是不完全程序正义的例证，由这一事实产生的政治正义有两个方面。首先，宪法应当是满足平等自由要求的正义程序；其次，宪法将被如此创制，所有可行的正义安排也将如此创制，它将比任何其他创制方式更可能产生正义而有效的立法制度。在这两个标题下，宪法正义都将根据情况得到评估，这些评估从制宪会议的角度做出。

【原文】§36 – 2 – pp. 194 – 195

【评析】

1. 原文："**It requires that all citizens are to have an equal right to take**

第四章 平等自由 677

part in, and to determine the outcome of, the constitutional process that establishes the laws with which they are to comply"（p. 194）。H 本："参与原则要求所有的公民都应有平等的权利来参与制定公民将要服从的法律的立宪法过程和决定其结果"（第 174 页）。**新解**："**参与原则要求所有公民都有参与宪法程序并决定其结果的平等权利，宪法程序则确立他们要遵守的法律。**"按照 H 本的解读，罗尔斯似乎在讨论"全民制宪活动"。但是笔者细读原文，它实际上不是那么一回事。"the constitutional process"是一个政治与法学术语，一般解读为"宪法程序"。H 本解读为"立宪法过程"，过于狭隘地限定了这个术语的适用范围。而且，"参与的权利"和"参与制定……法律的权利"是两项很不同的宪法权利。罗尔斯在这里承认所有公民有"平等的参与权利"，但是他没有表示他们有"平等的参与制定……法律的权利"。这里的原文并没有提到"参与制定……法律的权利"，因此仔细推敲 H 本对原文存在较大误解。事实上，"确立他们要遵守的法律"的是"宪法程序"，毕竟罗尔斯在这里讨论的是"宪法程序"，我们在解读时要慎之又慎。

2. 原文："**The principle of participation transfers this notion from the original position to the constitution as the highest-order system of social rules for making rules**"（p. 195）。H 本："参与原则把这个观点从原初状态转用到作为最高层次的制定规则的社会规范体系的宪法上"（第 174 页）。**新解**："**参与原则将这一概念从初始位置转移到宪法，宪法是为了制定规则而创制的最高阶社会规则。**"关于"the highest-order"，H 本："**最高层次的**"。新解为"**最高阶的**"。

3. 原文："**If the state is to exercise a final and coercive authority over a certain territory, and if it is in this way to affect permanently men's prospects in life, then the constitutional process should preserve the equal representation of the original position to the degree that this is practicable**"（p. 195）。H 本："如果国家要对某一领域行使决定性的强制权力，并且要以这种方式永久性地影响一个人的生活前景的话，那么立宪过程就应该在切实可行的范围内维持原初状态中的平等代表性"（第 174 页）。**新解**："**如果国家要对某一领土行使终极且强制的权威，如果这样做会永久影响人们的生活前景，那么宪法程序应当在可行程度上保持初始位置的平等代表性。**"笔者认为，对于国家权力的行使来说，"一个领域"和"一定的领土"是很不相同的对象。在这个语句中，罗尔斯表示的是，国家行使终极的和强制的权威的对象，不是"一个领域"，而是"一定的领土"

(certain territory)。并且,由此永久影响的不是"一个人的生活前景",而是"人们的生活前景"(men's prospects in life),其实是"所有人的生活前景"。

【诠释】

当平等自由原则适用于宪法规定的政治程序时,我称之为(平等)参与原则。参与原则要求所有公民都有参与宪法程序并决定其结果的平等权利,宪法程序则确立他们要遵守的法律。公平正义的出发点是,只要共同原则是必要的,且对每个人都是有利的,那么共同原则之制定,应当依据适当界定的人人平等的初始场景的观点,在初始场景下,每个人都得到了公平的代表。参与原则将这一理念从初始位置转移到宪法,宪法是为了制定规则而创制的最高阶社会规则。如果国家要对某一领土行使终极且强制的权威,如果这样做会永久影响人们的生活前景,那么宪法程序应当在可行程度上保持初始位置的平等代表性。

【原文】 §36 – 3 – p. 195

【评析】

1. 原文:"**A constitutional democracy**"(p. 195)。H 本:"一种立宪民主政体"(第 174 页)。**新解:"一种宪政民主制度"**。

2. 原文:"**These requirements are, of course, familiar, comprising what Constant called the liberty of the ancients in contrast to the liberty of the moderns**"(p. 195)。H 本:"当然,这些要求都是众人所知,它们包括了贡斯当所称的与现代自由形成对照的古代自由"(第 174 页)。**新解:"试比较贡斯当称作古代人自由的要求,那种自由与现代人自由形成了对照。"**"古代人的自由"(liberty of the ancients)和"现代人的自由"(liberty of the moderns)是贡斯当提出的两个重要政治学理论术语。H 本显然没有掌握这两个术语。

【诠释】

本人暂时假定,我们不妨安排一种宪政民主制度以满足参与原则。但是,我们想要更加确切地知道,在有利的情况下,这一原则提出了什么要求,或者说,这一原则何时达到其极致。这些要求当然是众所周知的,试比较贡斯当称作古代人自由的要求,那种自由与现代人自由形成了对照。然而,值得搞清楚的是,这些自由是如何落在参与原则之下的。本人将在下一节讨论，针对现有条件而须做出的调整，以及协调这些调整的理由。

【原文】 §36-4-p.195

【评析】

1. 原文："**This representative body has more than a purely advisory capacity**"（p.195）. H本："这个代表机构远远不是一个纯粹的咨询机构"（第174页）. **新解**："这个代表机构不仅仅具有纯粹咨政能力。"

2. 原文："**To win office**"（p.195）. H本："来谋取公职"（第174页）. **新解**："以谋取席位"。政党的目标在于赢得选举或谋取席位；"谋取公职"不是政党的目标。

3. 原文："**They must advance some conception of the public good**"（p.195）. H本："它们必须提出某种公共善的观念"（第174页）. **新解**："他们必须提出某个公众权益观念。"

4. 原文："**Constitutional norms define its actions as a parliamentary body**"（p.195）. H本："宪法条文规定着它作为议会机构的行为"（第174页）. **新解**："宪法规范明确其作为议会机构的各项活动。"

5. 原文："**But in due course a firm majority of the electorate is able to achieve its aims, by constitutional amendment if necessary**"（p.195）. H本："但是，在必要的时候，选民中的一个稳固的多数可通过适当的途径来修改宪法而达到他们目的"（第174页）. **新解**："但是在适当的时候，如有必要，通过宪法修正案，绝大多数选民能够实现其目标。"

【诠释】

我们不妨通过回顾宪政制度的某些要素来开始这一讨论。首先，决定基本社会政策的权力存在于由选民选出的任期有限的并最终对选民负责的代表机构当中。这个代表机构不仅仅具有纯粹咨政能力。它是拥有立法权的立法机构，而不只是由来自社会各阶层的代表组成的、行政部门向其解释自己的行为并洞察公众意向的论坛。政党也不只是代表自己利益向政府请愿的利益集团；相反，为了获得足够支持以谋取席位，它们必须提出某个公众权益观念。当然，宪法可以在许多方面限制立法机构；宪法规范明确其作为议会机构的各项活动。但是在适当的时候，如有必要，通过宪法修正案，绝大多数选民能够实现其目标。

【原文】§36 – 5 – p. 195 – 196

【评析】

1. 原文："All sane adults"（p. 195）。H 本："所有健全的成年人"（第 174 页）。新解："所有神智正常的成年人"。

2. 原文："The precept one elector one vote"（p. 195）。H 本："每一个有选举权的人都有一张选票这一规则"（第 174 页）。新解："'一人一票'规则"。

3. 原文："Elections are fair and free"（p. 195）。H 本："选举是公正的、自由参加的"（第 174 页）。新解："选举公平而自由"。

4. 原文："Liberty to form political associations"（p. 195）。H 本："组织政治团体的自由"（第 175 页）。新解："成立政治组织的自由"。

5. 原文："Principle of loyal opposition"（p. 195）。H 本："忠诚的反对派的原则"（第 175 页）。新解："忠贞的反对派或在野党原则"。

6. 原文："A normal condition of human life"（p. 196）。H 本："人类生活的一个正常条件"（第 175 页）。新解："人类生活的正常状态"。

7. 原文："Without the conception of loyal opposition, and an attachment to constitutional rules which express and protect it, the politics of democracy cannot be properly conducted or long endure"（p. 196）。H 本："没有忠诚的反对派的观念，没有对表达和保护这一观念的宪法条款的坚持，民主政治就不能恰当引导或长久维持"（第 175 页）。新解："如果缺乏忠贞的反对派或在野党观念，缺乏表达反对派意见或保护在野党的宪法规则附则，那么民主政治既无法恰当地开展起来，也不能长久地持续下去。"

【诠释】

除了一些公认的例外，所有神智正常的成年人，都有权参与政治事务，并尽可能遵守"一人一票"规则。选举公平而自由，且定期举行。通过公民投票或其他方式，进行零星的不可预测的民意测验，或在可能迎合执政者便利时进行的民意测验，不足以构成代议制政权。宪法充分保护某些自由，特别是言论自由、集会自由和成立政治组织的自由。忠贞的反对派或在野党原则得到了承认；作为人类生活正常状态，各种政治信仰的冲突，可能影响各种政治信仰的利益和态度的冲突，得到了接受。既然即使在追求相同政治原则的诚实者之间也存在分歧，缺乏一致性便是正义的环境的组成部分。如果缺乏忠贞的反对派或在野党观念，缺乏表达反对派意见或保护在野党的宪法规则附则，那么民主政治既无法恰当地开展起来，也不能长久地持续下去。

【原文】§36-6-p.196

【评析】

1. 原文："**Each vote has approximately the same weight in determining the outcome of elections**"（p.196）。H本："每张选票在决定选举结果中具有大致相同的分量"（第175页）。**新解**："每张选票在决定选举结果方面的权重大致相同。"

2. 原文："**The weight of the vote can be as much affected by feats of gerrymander as by districts of disproportionate size**"（p.196）。H本："像不合比例的选区和不公正地划分选区的诡计会大大影响选票的分量"（第175页）。**新解**："选票的权重，可能受到不公正划分选区做法和选区不成比例的很大影响。"

3. 原文："**The requisite standards and procedures are to be adopted from the standpoint of the constitutional convention in which no one has the knowledge that is likely to prejudice the design of constituencies**"（p.196）。H本："在立宪会议上，没有人具有那种可以偏颇地设计选区的知识；必需的标准和程序应该根据这种立宪会议的观点来采纳"（第175页）。**新解**："必要的标准和程序将站在制宪会议的立场上获得通过，在制宪会议上，没有人具备可能对选区设计抱有偏见的知识。"

4. 原文："**Political parties cannot adjust boundaries to their advantage in the light of voting statistics**"（p.196）。H本："政党不能为了自己的利益而按照选票的统计来调整区域划分"（第175页）。**新解**："政党不能根据选票统计数据调整其优势边界。"

【诠释】

关于参与原则所规定的平等自由，有三点需要讨论：参与原则的意义、范围和提高其价值的办法。我们先从其意义问题开始。一人一票规则意味着，当这一规则得到严格遵守时，每张选票在决定选举结果方面的权重大致相同。而这反过来又要求，设定单一选区的选民，立法机构的成员（每个成员皆有一票）代表相同数量的选民。本人还认为，参与原则要求，在宪法预先规定的某些一般标准的指导下划分选区，并尽可能通过公正程序加以适用。这些保障措施是必要的，以防止不公正地划分选区（gerrymandering），因为选票的权重，可能受到不公正划分选区做法和选区不成比例的很大影响。必要的标准和程序将站在制宪会议立场获得通过，在制宪会议上，没有人具备可能对选区设计抱有偏见的知识。政党不能根据选票统计数据调整其优势边界；在缺乏此类信息的情况下，根据已经商定的标准确定选区。当然，可能有必要引入某些随机因素，因为设计选区的标准无疑在某种程度上是任意的。可能没有其他公平办法来处理这些偶发事项。①

【原文】§36-7-p.196

【评析】

位置和职位向所有公民开放，在公共部门表现为所有公民享有谋取公职的平等机会。参与原则是一个反对歧视原则，并与结社自由高度关联。歧视既是社会分裂的原因，也是社会分裂的结果。比如，2016年11月8日，唐纳德·特朗普（Donald Trump）以微弱优势打败美国民主党总统候选人希拉里·克林顿（Hillary Diane Rodham Clinton），在美国选举政治中脱颖而出，成为第45任美国总统。2020年11月8日，美国民主党总统候选人约瑟夫·拜登（Joseph Robinette Biden, Jr）也以充满争议的微弱优势打败特朗普，成为第46任美国总统。这两次总统选举发生了各种超乎预期的戏剧性场面，包括2021年1月6日特朗普支持者否认选举结果而闯入美国国会大厦暴力事件，表明美国仍然是一个有着深刻社会分裂和政治歧视的国家。歧视的实际产生，既可以因人而异，也可以因群体而异。前者造成个体与个体之间的区别，个别人享有特权，而其他人被剥夺了机会；后者造成群体与群体之间的区别，一些群体享有特权，而另一些群体则被剥夺了机会。

1. 原文：“**Each is eligible to join political parties, to run for elective positions, and to hold places of authority**"（p.196）。H本：“每个人都有资格参加各种政党，竞选由选举产生的职位，并在权力机构中占据地位"（第175页）。新解：“每个人都有资格加入政党，竞选由选举产生的位置，

---

① 有关这个问题的讨论，参阅维克里（S. W. Vickrey）"论不公正选区划分的预防"（"On the Prevention of Gerrymandering"），《政治科学季刊》1961年第76卷。——原注

并谋取实权要职。"

2. 原文："Presumably these restrictions are in the common interest"（p. 196）. H本："这些限制的目的大概是为了公共利益"（第175页）。新解："这些限制多半符合共同利益。"

3. 原文："They fall evenly on everyone in the normal course of life"（p. 196）. H本："它们是平等地在每个人的正常生命过程中加给他们的"（第175页）。新解："在正常生活过程中，这些限制对每个人都差不多或大同小异。"

【诠释】

参与原则还意味着，至少在形式意义上，所有公民都拥有谋取公职的平等机会。每个人都有资格加入政党，竞争由选举产生的位置（公职），并谋取实权要职。当然，可能会有年龄、居住年限等资格要求。然而，这些条件与职位任务有着合理关联；这些限制多半符合共同利益，不会在个体之间或者在群体之间造成不公平的歧视，因为在正常生活过程中，这些限制对每个人都差不多或大同小异。

【原文】§36-8-p.197

【评析】

1. 原文："The most extensive political liberty is established by a constitution that uses the procedure of so-called bare majority rule (the procedure in which a minority can neither override nor check a majority) for all significant political decisions unimpeded by any constitutional constraints"（p. 197）. H本："最广泛的政治自由就是由宪法确定的；为了使任何有意义的政治决定都不致受到某些宪法约束的阻碍，这种宪法使用了所谓纯粹多数裁决规则的程序（在这种程序中，少数既不能蔑视也不能阻止多数）"（第176页）。新解："宪法确立最广泛的政治自由，宪法使用所谓的简单多数裁定原则程序（这是少数既不能否决多数，也不能压制多数的程序），该程序适用于所有重大的政治决定，那些决定不受某些宪法约束条款的限制。"

2. 原文："Whenever the constitution limits the scope and authority of majorities, either by requiring a greater plurality for certain types of measures, or by a bill of rights restricting the powers of the legislature, and

the like, equal political liberty is less extensive"（p. 197）。H 本："每当宪法由于某些类型的议案要求一个较大的多数或者由于要用一种权利法案来限制立法机关的权力而限制了多数的范围和权力时，平等的自由就具有较小的广泛性"（第 176 页）。**新解**："无论是通过要求某些类型的措施具有较大的多数，还是通过限制立法机关权力的权利法案，如此等等，每当宪法限制各种多数的范围和权限时，平等的政治自由都具有较小的广泛性。"

3. 原文："The traditional devices of constitutionalism—bicameral legislature, separation of powers mixed with checks and balances, a bill of rights with judicial review—limit the scope of the principle of participation"（p. 197）。H 本："立宪主义的传统设置，例如两院制、约束和平衡交融在一起的权力分立、法院复审的权利法案等都限制了参与原则的范围"（第 176 页）。**新解**："两院制立法，权力分立与权力制衡相结合，权利法案与司法审查相配合，这些传统宪政手段限制着参与原则的范围。"

【诠释】

关于平等政治自由的第二点涉及平等自由的范围。这些自由的范围应当界定得有多大呢？现在尚不清楚的是，这里的"范围"所指的是何意。每一种政治自由都可以广义地或狭义地得到界定。本人认为，平等政治自由程度的主要变化在于，宪法在多大程度上是由多数裁决的(majoritarian)。虽然这一假设有点儿独断，但它符合传统。本人认为，其他自由的定义多少是明确的。因此，宪法确立最广泛的政治自由，宪法使用所谓的简单多数裁定原则程序（这是少数既不能否决多数，也不能压制多数的程序），该程序适用于所有重大的政治决定，那些决定不受某些宪法约束条款的限制。无论是通过要求某些类型的措施具有较大的多数，还是通过限制立法机关权力的权利法案，如此等等，每当宪法限制各种多数的范围和权限时，平等的政治自由都具有较小的广泛性。两院制立法，权力分立与权力制衡相结合，权利法案与司法审查相配合，这些传统宪政手段限制着参与原则的范围。然而，本人认为，假如同样的限制适用于所有人，而且所实行的长久限制倾向于均匀地落在各个社会阶层身上，那么，这些安排符合平等的政治自由。假如政治自由的公平价值得到了维护，那么上述说法似乎是讲得通的。因此，主要问题在于，平等参与的范围应该有多大。我把这个问题留到下一节去讨论。

第四章　平等自由　685

【原文】§36-9-p.197

【评析】

1. **原文**："**The constitution must take steps to enhance the value of the equal rights of participation for all members of society**"（p.197）。H本："我认为宪法必须采取一些措施来提高社会所有成员的参与政治的平等权的价值"（第176页）。**新解**："宪法必须采取步骤，提高所有社会成员平等参与权的价值。"

2. **原文**："**It must underwrite a fair opportunity to take part in and to influence the political process**"（p.197）。H本："宪法必须确保一种参与、影响政治过程的公平机会"（第176页）。**新解**："宪法必须保障所有社会成员持有参与和影响这些政治过程的公平机会。"

3. **原文**："**Irrespective of their economic and social class**"（p.197）。H本："不管他们的经济、社会地位如何"（第176页）。**新解**："无论其经济阶级和社会阶层如何"。这个短语的意思是"无论一个公民处于什么样的经济阶级和社会阶层"。

4. **原文**："**This fair value of these liberties**"（p.197）。H本："这些自由公平的价值"（第176页）。**新解**："这些自由的这种公平价值"。

【诠释】

我们现在转向讨论政治自由的价值问题，宪法必须采取步骤，提高所有社会成员平等参与权的价值。宪法必须保障所有社会成员持有参与和影响这些政治过程的公平机会。这里的区别类似于前面提及的区别（§12）：在理想情况下，那些有着同样天赋和动机的人，无论其经济阶级和社会阶层如何，都应当持有获得政治权力位置大致相同的机会。那么，这些自由的这种公平价值如何才能得到保障呢？

【原文】§36-10-pp.197-198

【评析】

1. **原文**："**While rationality is not guaranteed by these arrangements, in their absence the more reasonable course seems sure to be rejected in favor of policies sought by special interests**"（p.197）。H本："纵然这些制

度没有保障合理性，但若无它们，则比较合理的政策方针即便不被特殊利益所掩盖，也必定会忽略"（第176页）。**新解**："虽然这些安排不能保证其合理性，但在没有它们的情况下，较为合理的计划似乎肯定会被否决，转而支持特殊利益集团寻求的政策。"

2. 原文："**If the public forum is to be free and open to all, and in continuous session, everyone should be able to make use of it**"（pp. 197 – 198）。H本："如果公共讲坛对所有人都是自由的、开放的、连续性的，每个人就都应当能够利用这个论坛"（第176页）。**新解**："如果公众论坛是免费的、向所有人开放的，那么在连续的会议中，每个人都应该能够利用它。"

3. 原文："**They should be in a position to assess how proposals affect their well-being and which policies advance their conception of the public good**"（p. 198）。H本："他们应该能够评价那些影响他们福利的提案和推进公共善观念的政策"（第176页）。**新解**："他们应当既能评估各项提案将如何影响他们的福祉，又能评估哪些政策将促进他们的公众权益观念。"这里的"the public good"同时含有"公共利益""公共物品"和"公众利益"的意思。

4. 原文："**To add alternative proposals to the agenda for political discussion**"（p. 198）。H本："把一些替换的提案补充到政治讨论的议事日程中去"（第176页）。**新解**："在政治讨论议程中增加备选提案"。

5. 原文："**Whenever those who have greater private means are permitted to use their advantages to control the course of public debate**"（p. 198）。H本："每当具有较多个人手段的人被允许使用它们的优势来控制公共讨论的过程时"（第176—177页）。**新解**："只要允许那些拥有更多私人手段的人利用他们的优势来控制公共辩论的进程。"这里强调，公共辩论必须是公开的、面向所有大众的，不得作私下的幕后交易，一切暗箱操作都要给予暴光和揭露。

6. 原文："**To acquire a preponderant weight**"（p. 198）。H本："取得压倒一切的影响力"（第177页）。**新解**："获得占据优势的权重"。

【诠释】

我们会理所当然地认为，民主政权的前提是言论自由、集会自由、思想自由和良心自由。这些制度不仅是第一正义原则所要求的，而且正如密尔所说，若以理性方式处理政治事务，它们也是必要的。虽然这些安排不能保证其合理性，但在没有它们的情况下，较为合理的计划似乎肯定会被否决，转而支持特殊利益集团寻求的政策。如果公众论坛是免费的、向所有人开放的，那么在连续的会议中，每个人都应该能够利用它。所有公民都应该有办法去了解政治问题。他们应当既评估各项提案将如何影响他们的福祉，又评估哪些政策将促进他们的公众权益观念。此外，他们应该有公平的机会，在政治讨论议程中增加备选提案(alternative proposals)。① 只要允许那些拥有更多私人手段(暗箱操作或幕后操作)的人利用他们的优势来控制公开辩论的进程，受到参与原则保护的自由就丢失了许多价值。因为这些不平等最终将使那些处境较好者对立法的发展产生较大的影响。在适当的时候，在解决社会问题上，至少在他们通常同意的问题上，也就是说，在有利于他们的事情上，他们很可能获得占据优势的权重。

【原文】§36-11-p.198

【评析】

1. 原文："**Compensating steps**"（p.198）. H本："补偿性步骤"（第177页）. **新解**："补救措施"。

2. 原文："**In a society allowing private ownership of the means of production**"（p.198）. H本："在一个允许生产资料私人占有的社会中"（第177页）. **新解**："在允许生产资料私有的社会中"。

3. 原文："**In the constitutional scheme**"（p.198）. H本："在宪法制度中"（第177页）. **新解**："在宪法准许的方案中"。

4. 原文："**What is necessary is that political parties be autonomous with respect to private demands, that is, demands not expressed in the public forum and argued for openly by reference to a conception of the public good**"（p.198）. H本："重要的在于：政党对于那些私人要求——那些不在公共论坛中表达、不参照公共善的观念公开地论证的私人要求——应当保持自主"（第177页）. **新解**："有必要指出的一点是，政党可以自主地对待私人要求，也就是说，政党可以自主地对待未在公共论坛上表达的且未参照公众权益观念公开提出的要求。"

5. 原文："**This is all the more likely when the less favored members of**

---

① 参阅达尔(R. A. Dahl)《民主理论的前言》，芝加哥：芝加哥大学出版社1956年版，第67—75页。那里有关于为达到政治平等所需条件的讨论。——原注

688 《正义论》评注

society, having been effectively prevented by their lack of means from exercising their fair degree of influence, withdraw into apathy and resentment"（p. 198）。H 本："而下面这种情况就更可能发生了：当社会中的较不利者由于缺乏手段而不能有效地行使他们那一份与别人相同的影响力时，他们就陷入对政治事务的冷淡和抱怨之中"（第 177 页）。**新解**："更有可能发生的情形是，由于不受青睐的社会成员缺乏手段，无法有效发挥其公平的影响力，他们就会陷入冷漠和不满之中。"

【诠释】

因此，必须采取补救措施，维护所有公民持有的平等政治自由的公平价值。我们可以采取多种手段。例如，在允许生产资料私有的社会中，财产和财富必须广泛地分布和分配，政府资金必须定期提供，以鼓励自由公开的讨论。此外，通过配给足额税收，各政党不为私有经济利益所左右，从而在宪法准许的方案中发挥作用。（例如，他们的津贴可以根据在最后几轮选举中获得的票数等规则来确定。）有必要指出的一点是，政党可以自主地对待私人要求，也就是说，政党可以自主地对待未在公众论坛上表达的且未参照公众权益观念公开提出的要求。如果社会不负担组织的费用，政党就要从优势群体的社会经济利益中募集款项，那么这些优势群体的诉求必然会受到过分关注。更有可能发生的情形是，由于不受青睐的社会成员缺乏手段，无法有效发挥其公平的影响力，他们就会陷入冷漠和不满之中。

【原文】 § 36 – 12 – pp. 198 – 199

【评析】

1. 原文："The necessary corrective steps have not been taken"（p. 198）。H 本："必要的正确措施一直没有被采取"（第 177 页）。**新解**："没有采取必要的纠正措施"。这里的短语 "corrective steps" 应解读为 "纠正措施" 而非 "正确措施"。

2. 原文："Disparities in the distribution of property and wealth that far exceed what is compatible with political equality have generally been tolerated by the legal system"（pp. 198 – 199）。H 本："资产和财富分布上的不均等——这大大超过了与政治平等相容的范围——一般都被法律制度所宽容"（第 177 页）。**新解**："在财产和财富分布上的差距，远远超出与

政治平等相适应的程度，在法制系统中得到了普遍容忍。"

3. 原文："**Public resources**"（p.199）。H 本："公共财富"（第 177 页）。**新解**："公共资源"。

4. 原文："**The effects of injustices in the political system**"（p.199）。H 本："政治制度中的不正义结果"（第 177 页）。**新解**："政治系统背离正义所产生的效应"。

5. 原文："**Political power rapidly accumulates and becomes unequal**"（p.199）。H 本："政治权力急速地被集中起来，而且变得不平等"（第 177 页）。**新解**："政治权力快速聚集且变得不均衡。"

6. 原文："**Universal suffrage is an insufficient counterpoise**"（p.199）。H 本："普选权是一个不充分的补偿措施"（第 177 页）。**新解**："普选是一个不充分的补救办法。"

7. 原文："**Basic measures**"（p.199）。H 本："基本法案"（第 177 页）。**新解**："基本措施"。

8. 原文："**We are in the way of describing an ideal arrangement, comparison with which defines a standard for judging actual institutions, and indicates what must be maintained to justify departures from it**"（p.199）。H 本："我们是在描述一种理想安排；与这种理想安排的比较确定了一个人们判断现实制度的标准，而且指出为了证明对这个理想安排的偏离的正当性而必须维护的东西"（第 178 页）。**新解**："我们正在描述一个理想的安排，与这个理想安排的比较，将为判断各种实际制度确定一个标准，并指出必须保留什么以证明偏离那个标准是合理的。"

【诠释】

从历史上看，宪政或立宪政体的一大缺点是，未能保证政治自由的公平价值。没有采取必要的纠正措施。事实上，这些措施似乎从未受到认真对待过。在财产和财富分布上的差距，远远超出与政治平等相适应的程度，在法制系统中得到了普遍容忍。公共资源没有用于维持政治自由的公平价值所需的制度。从本质上讲，其错就错在，民主政治过程充其量只是一种受到控制的竞争；它甚至在理论上都没有价格理论所赋予的真正竞争市场的可取性质。此外，与市场缺陷（market imperfections）相比，政治系统背离正义所产生的效应更为严重而持久。政治权力快速聚集（集中）且变得不均衡；利用国家及其法律的强制工具，从中受益者往往可以保证自己处于有利位置。因此，经济系统和社会系统的不平等，可能很快会摧毁在幸运的历史条件下或许存在的政治平等。普选是一个不充分的补救办法；因为当并非公共资金而是私人捐款资助政党和选举时，占据主导地位的利益集团的意图就会控制政治论坛，以至于建立正义宪法规则所需的基本措施，很少被恰当地提出。然而，这些问题属于政治社会学问题。① 本人在这里提到这些问题是为了强调，我们讨论的是正义理论的组成部分，决不可被误认为是某种政治制度理论。我们正在描述一个理想的安排，与这个理想安排的比较，将为判断各种实际制度确定一个标准，并指出必须保留什么以证明偏离那个标准是合理的。

【原文】§36 – 13 – pp. 199 – 200

【评析】

1. 原文："The principle of participation compels those in authority to be responsive to the felt interests of the electorate"（p. 199）。H 本："参与原则迫使当权者关心选民的现实利益"（第 178 页）。**新解：**"**参与原则迫使当权者回应选民的切身利益。**""回应"和"关心"是两个在内涵上有着重大差异的术语。"关心"侧重于主观表现或主观表达，与主观好恶或偏好有关；"回应"则超越主观好恶或偏好，比较注重实际操作或具体政策措施层面。关心是当权者自我中心的，可以对有些诉求视而不见的；回应是以选民为中心的，是对选民的所有诉求都要认真对待的。

2. 原文："Representatives are not, to be sure, mere agents of their constituents, since they have a certain discretion and they are expected to exercise their judgment in enacting legislation"（p. 199）。H 本："诚然，代表们不仅仅是他们选区的代理人，因为他们有某种辨别力，他们被期望在制定法规中运用他们的判断"（第 178 页）。**新解："可以肯定的是，代表们并不只是其所在选区选民的代理人，因为他们有一定的自由裁量权，他们在创制法律时将行使自己的裁决权。**""自由裁量权（discretion）"而非"辨别力"，是司法和行政实践中的一项重要权力。

3. 原文："This is a citizen's first interest in government"（pp. 199 – 200）。H 本："这种立法是公民在政治上的首要利益"（第 178 页）。**新解："这是公民从政府那儿获取的首要利益。"**

---

① 我的评论来自奈特（F. H. Knight）《竞争伦理学及其他》，纽约：哈珀兄弟出版社 1935 年版，第 293—305 页。——原注

4. 原文："**They must further their constituents' other interests insofar as these are consistent with justice**"（p. 200）。H 本："他们必须进一步追求与正义相容的选民的其他利益"（第 178 页）。**新解**："只要选民的其他利益符合正义，代表们就必须促进那些利益。"

5. 原文："**The highest-order system of rules**"（p. 200）。H 本："最高层次的规范体系"（第 178 页）。**新解**："最高阶规则"。

【诠释】

通过总结关于参与原则的解释，我们可以说，正义的宪法为人们谋求政治公职和政治权力建立了一种公平竞争的形式。相互竞争的各方，通过提出各种公众权益观念和旨在促进社会目标的各项政策，在确保政治自由之公平价值的思想自由和集会自由的背景下，根据正义程序规则，寻求获得公民的认可。参与原则迫使当权者回应选民的切身利益。可以肯定的是，代表们并不只是其所在选区选民的代理人，因为他们有一定的自由裁量权，他们在创制法律时将行使自己的裁决权。然而，在良序社会中，代表们必须在实质意义上代表其选民。首先，代表们必须设法通过公正有效的立法，因为这是公民从政府那儿获取的首要利益。其次，只要选民的其他利益符合正义，代表们就必须促进那些利益。① 正义原则是用来评判一位代表的履历和他为之辩护的理由的主要标准之一。因为宪法是社会结构的基础，是调整和控制其他制度的最高阶规则，所以，每个人都有相同的途径通往宪法建立的政治程序。当参与原则得到满足时，所有人都具有平等公民的共同地位(common status of equal citizen)。

【原文】§36-14-p. 200

【评析】

1. 原文："**An ideal of citizenship**"（p. 200）。H 本："一个公民权利和义务的理想蓝图"（第 178 页）。**新解**："关于公民资格或公民权利的理想"。

2. 原文："**To engage in public affairs**"（p. 200）。H 本："介入公共事务"（第 178 页）。**新解**："参与公共事务"。

3. 原文："**In a well-governed state only a small fraction of persons**

---

① 参阅皮特金（H. F. Pitkin）《代表概念》，伯克利：加利福尼亚大学出版社1967年版，第221—225页。我感谢他关于代表的讨论。——原注

may devote much of their time to politics"（p. 200）。H 本："在一个治理良好的国家中，只有较少的人花费大量时间来从事政治"（第 178 页）。**新解**："在得到善治的国家里，只有小部分人会把大量时间花在政治上。"这个语句的意思是，只有一小撮人热衷于政治，大多数人对政治是冷漠的、不关切的。

4. **原文**："**This fraction, whatever its size, will most likely be drawn more or less equally from all sectors of society**"（p. 200）。H 本："不管这部分人有多少，他们很可能或多或少是平等地来自社会的各个部分的"（第 178 页）。**新解**："但是这一部分人，无论其规模大小，都最有可能或多或少地从社会各界中平等地抽取（脱颖而出）。"

5. **原文**："**Communities of interests**"（p. 200）。H 本："利益集团"（第 178 页）。**新解**："利益共同体"。

【诠释】

最后，为了避免误解，我们务必铭记的一点是，参与原则适用于各种制度与机构。它既没有界定关于公民资格或公民权利的理想，也没有提出要求所有人积极参与政治事务的义务。个人的义务和职责是一个单独的问题，我稍后将予以讨论（参阅第六章）。重要的是，宪法应当明确参与公共事务的平等权利，并采取措施维护这些自由的公平价值。在得到善治的国家里(in a well-governed state)，只有少部分人会把大量时间花在政治上。存在着许多其他形式的人类之善(human good，人世间的美好事物)。但是这一部分人，无论其规模大小，都最有可能或多或少地从社会各界中平等地抽取（脱颖而出）。许多利益共同体和政治生活中心都会有活跃的成员，来表达他们的关切。

§37 参与原则的限制
Limitations on the Principle of Participation

【题解】

公民有参与政治活动的自由，这是一项宪法权利。宪法既承认公民广泛的参与权利，又限制着公民的参与权利，这种限制以不平等的形式表现出来。在参与自由的制度设计与保护中，公民代表起着公民的代表作用。公民代表充分行使公民的参与权利和自由。即使公民代表行使参与权利和

第四章 平等自由 693

自由，他们也受到多数裁定原则的约束。因此，在保障自由优先性的条件下，公民的参与权利实际上要接受多数裁定原则的限制。这种限制是民主的本质。

在这一节，罗尔斯提到了三个略有不同的词组：（1）"宪政安排（constitutional arrangements）"；（2）"宪政机制（constitutional mechanisms or mechanisms of constitutionalism）"；（3）"宪政手段"（devices of constitutionalism）。有人把它们全部解读为"宪法机制"，不算有错，不过略作区分会更好些。①

【原文】§37-1-p.200

【评析】

1. 原文："**There are three ways to limit its application**"（p.200）。H本："对采用参与原则的限制有三个方面"（第179页）。**新解："存在着限制参与原则适用的三种方式"**。

2. 原文："**The constitution may define a more or a less extensive freedom of participation**"（p.200）。H本："宪法可能规定了范围或广或狭的参与自由"（第179页）。**新解："宪法可能规定了在范围上可大可小的参与自由"或者，"宪法可能规定了大致范围的参与自由"**。

3. 原文："**Greater or smaller social resources may be devoted to insuring the worth of these freedoms to the representative citizen**"（p.200）。H本："或多或少的社会资源可能被用来保证作为公民代表的自由价值"（第179页）。**新解："可能投入或多或少的社会资源，以确保公民代表拥有这些自由的价值。"**

4. 原文："**I shall discuss these kinds of limitations in order**"（p.200）。H本："我将依次讨论这些限制"（第179页）。**新解："本人将依次讨论这三类限制。"**

【诠释】

从前面有关参与原则的叙述中可以明显看出，存在着限制参与原则适用的三种方式。宪法可能规定了在范围上可大可小的参与自由（more or a less extensive freedom of participation）；宪法可能允许政治自由的各种不平等；宪法还

---

① 参阅张伟涛《权利的优先性——罗尔斯道义论权利理论研究》，第162页。

694 《正义论》评注

可能投入或多或少的社会资源，以确保公民代表拥有这些自由的价值。本人将依次讨论这三类限制，所有这一切都是为了澄清自由优先性的含义。

【原文】§37-2-pp.200-201

【评析】

1. 原文："Majority rule"（p.200）。H本："多数规则"（第179页）。新解："多数裁定原则"或"多数决规则"。

2. 原文："The mechanisms of constitutionalism"（p.200）。H本："宪法机制"（第179页）。新解："宪政机制"。

3. 原文："These devices serve to limit the scope of majority rule, the kinds of matters on which majorities have final authority, and the speed with which the aims of the majority are put into effect"（p.200）。H本："这些机制被用来限制多数裁决规则的范围、多数有最后决定权的问题的种类以及多数的目标被实施的速度"（第179页）。新解："这些手段用来限制多数裁定原则的范围、多数派拥有最终权限的事项种类，以及多数派目标付诸实施的进度。"这里的"these devices"和"the mechanisms of constitutionalism"同义。罗尔斯为了增添语言的生动性，对一些专业术语做了必要转换，增强了原有术语的表现力。有些学者把这里的"devices"和"mechanisms"解读为"装置"，是不恰当的。

4. 原文："A bill of rights may remove certain liberties from majority regulation altogether"（p.201）。H本："一种权利法案可能完全夺走多数裁决规则的某些自由"（第179页）。新解："一项权利法案可能完全取消多数裁定原则的某些自由。"这里的"majority regulation"和"majority rule"是同义的，它们都是"多数裁定原则"的意思。这是罗尔斯遣词造句的一种用语习惯。另外，这里的"remove"，解读为"取消"比"夺走"更好些。

5. 原文："The separation of powers with judicial review may slow down the pace of legislative change"（p.201）。H本："法院复审和权力分立亦可能放慢改变立法的节奏"（第179页）。新解："带有司法审查制度的权力分立制度则可能放慢立法变革的步伐。""司法审查"（judicial review）不能解读为"法院复查"，它表示"（美国）最高法院审查某事是否符合宪法的权威"。"立法变革"（legislative change）也不能解读为"改变立法"。

【诠释】

参与原则的范围可以定义为，绝对多数裁定原则（majority rule）程序受到宪政机制（mechanisms of constitutionalism）限制的程度。这些手段用来限制多数裁定原则的范围、多数派拥有最终权限的事项种类，以及多数派目标付诸实施的进度。一项权利法案可能完全取消多数裁定原则（majority regulation）的某些自由，带有司法审查制度的权力分立制度（separation of powers with judicial review）则可能放慢立法变革（legislative change）的步伐。那么，问题是，这些机制如何证明与两个正义原则相一致。我们并不是要询问这些手段是否事实上得到了证明，而是要质问它们需要一种什么样的论证。

【原文】§37-3-p.201

【评析】

1. 原文："If all could have a greater liberty, at least each loses equally, other things the same"（p.201）。H本："假如所有人本来都能有较大的自由，那么若其他情况相同，至少每个人都均等地受到了损失"（第179页）。新解："如果所有人原本拥有一个较大的自由，在其他条件相同的情况下，那么至少每个人都均等地丧失了一些自由。"

2. 原文："If this lesser liberty is unnecessary and not imposed by some human agency, the scheme of liberty is to this degree irrational rather than unjust"（p.201）。H本："如果说这种较少的自由是不必要的，并且不应由某种人力所强加，那么与其说在此种程度上这个自由体系是不正义的，倒不如说它是不合理的"（第179页）。新解："如果这种较少的自由并不是必要的，也不是由某个人类机构强制推行的，那么在这种程度上，这个自由方案与其说是违反正义的，不如说是不合乎理性的。"罗尔斯在这里的意思是，那个丧失的自由，若非必要，亦非由人类机构强制推行的，那么它的存在或缺失涉及的不是正当性问题，而是合理性问题。德沃金也讨论过类似的关于自由权利的合理性和正当性问题。

【诠释】

然而，我们从一开始就应留意到，对参与原则范围的限制，假定会平等地落到每个人的身上。因此，与不平等的政治自由相比，这些限制更容易得到证明。如果所有人原本拥有较大的自由，在其他条件相同的情况下，那么至少每个人都均等地丧失了一些自由；如果这种较少的自由并不是必要的，也不是由某个人类机构强制推行的，那么在这种程度上，这个自由方案与其说是违反正义的，不如说是不合乎理性的。不平等的自由，比如违反一人一票原则，则是另一回事，它会立刻引发正义问题。

【原文】§37－4－p.201

【评析】

1. 原文："The constraints on majority rule bear equally on all citizens"（p.201）。H本："对多数裁决规则的约束是所有公民平等地承担"（第179页）。新解："限制多数裁定原则平等地适用于所有公民"。

2. 原文："The justification for the devices of constitutionalism"（p.201）。H本："对宪法机制的证明"（第179页）。新解："关于这些宪政手段的证明"。

3. 原文："The best arrangement is found by noting the consequences for the complete system of liberty"（p.201）。H本："通过注意到对完整的自由体制的意义，我们可以找到最佳安排"（第179页）。新解："通过留意给整个自由系统带来的后果，可以找到最佳安排。"

4. 原文："The political process is a case of imperfect procedural justice"（p.201）。H本："政治过程是一个不完善的程序正义的实例"（第179页）。新解："政治过程是不完全程序正义的一个实例。"

5. 原文："A constitution that restricts majority rule by the various traditional devices is thought to lead to a more just body of legislation"（p.201）。H本："人们认为，一种通过各种传统手段来限制多数裁决规则的宪法，可以导致一种较正义的立法机构"（第179页）。新解："人们认为，宪法通过各种传统手段限制多数裁定原则，将导致更加公正的立法机构。"

6. 原文："We need not consider which if any of the constitutional mechanisms is effective in achieving its aim, or how far its successful working presupposes certain underlying social conditions"（p.201）。H本："我们不必考虑究竟哪一些宪法机制（如果有的话）仍在有效地达到其目标，也不必考虑它们的成功作用是在多大程度上以某些潜在的社会条件为前提的"（第179页）。新解："我们既不必考虑，哪一个宪政机制在实现其目标方面是有效的，也不必考虑其成功运作在多大程度上预设了某些潜在的社会条件。"

7. 原文："From the perspective of the representative citizen in the constitutional convention the less extensive freedom of participation is sufficiently outweighed by the greater security and extent of the other liberties"（p. 201）。H本："从立宪会议上的代表公民的观点来看，其他自由的较大保障和较大范围绰绰有余地补偿了较狭隘的参与自由"（第179—180页）。**新解**："从制宪会议中的公民代表人的角度来看，有着较多保障和较大范围的其他自由，远胜于有着较小范围的参与自由。"

【诠释】

我们暂且假定，限制多数裁定原则平等地适用于所有公民，那么关于这些宪政手段(devices of constitutionalism)的证明是，它们大致能保护其他自由。通过留意给整个自由系统(complete system of liberty)带来的后果，可以找到最佳安排。这里的这个直觉想法是直截了当的。我们说过，政治过程是不完全程序正义的一个实例。人们认为，宪法通过各种传统手段限制多数裁定原则，将导致更加公正的立法机构。既然多数裁定原则在某种程度上必须作为实际必要因素加以依赖，那么问题便在于，在既定环境下，为了达成自由的目的，找到哪些限制是最为有效的。当然，这些问题不属于正义理论。我们既不必考虑，哪一个宪政机制(any of the constitutional mechanisms)在实现其目标方面是有效的，也不必考虑其成功运作在多大程度上预设了某些潜在的社会条件。相关的一点是，为了证明这些限制是正当的，我们必须坚信，从制宪会议的公民代表人(representative citizen)的角度来看，有着较多保障和较大范围的其他自由，远胜于有着较小范围的参与自由。无限制多数裁定原则通常被视为对这些自由不怀好意。各种宪政安排迫使多数派推迟将其意志付诸实施，并迫使多数派做出更加审时度势、谨慎稳妥的决定。通过诸如此类的办法，程序限制被视为旨在减少多数裁定原则的缺陷。这一证明诉诸一种较大的平等自由。无论如何，它没有涉及补偿经济利益和社会利益。

【原文】§37-5-pp. 201-202

【评析】

1. 原文："The political liberties are of less intrinsic importance than liberty of conscience and freedom of the person"（pp. 201-202）。H本："各种政治自由比良心、个人自由具有较少的内在价值"（第180页）。**新**

解："在内在价值方面，政治自由不如良心自由和人身自由来得重要。"这个语句的意思是，政治自由在排序上要排在良心自由和人身自由的后面。

2. 原文："The governance of a good sovereign"（p. 202）。H 本："开明君主的统治"（第 180 页）。新解："一个良善国君的治理"。"治理"（governance）就是"治国理政"或"治国策略"，它有别于"统治"。

3. 原文："Usually the way to proceed is to apply the principle of equal advantage in adjusting the complete system of freedom"（p. 202）。H 本："我们所作的常常是在调整总的自由体系时运用平等利益的原则"（第 180 页）。新解："通常的做法是，在调节整个自由系统时，运用均等利益原则或均等优势原则。"

4. 原文："Marginal loss"（p. 202）。H 本："边际失控"（第 180 页）。新解："边际损失"。

5. 原文："The priority of liberty does not exclude marginal exchanges within the system of freedom"（p. 202）。H 本："自由的优先性并不排除自由体系中的边际代换"（第 180 页）。新解："自由的优先性，并不排除自由系统内部的边际交易。""边际代换"的对应英文是"marginal substitution"。"边际交易"和"边际损失"一样，是现代经济学常见术语。

6. 原文："Moreover, it allows although it does not require that some liberties, say those covered by the principle of participation, are less essential in that their main role is to protect the remaining freedoms"（p. 202）。H 本："而且，它允许（虽然并不要求）某些自由——比方说那些参与原则所包括的自由——稍稍减弱它们对其余自由的主要保护作用"（第 180 页）。新解："此外，它允许但不要求存在如下情形，有些自由，比如由参与原则涵盖的自由，在维护其他自由方面所发挥的作用并非至关重要。"

7. 原文："Those who place a higher worth on the principle of participation will be prepared to take greater risks with the freedoms of the person, say, in order to give political liberty a larger place"（p. 202）。H 本："那些赋予参与原则较高价值的人为了给政治自由以较高的地位，将准备冒很大的风险来牺牲个人的自由"（第 180 页）。新解："赋予参与原则以较高价值的人们，比如说，为了给政治自由以更大的空间，将给人身自由带来更大的风险。"

【诠释】

古典自由主义的信条之一是，在内在价值方面，政治自由不如良心自由和人身自由来得重要。如果一个人被迫在政治自由和所有其他自由之间做出选择，有个良善的国君承认后者并维护法治，那么他的治国方略是大为可取的。基于这一观点，参与原则的主要优点是，确保政府尊重被统治者的权利和福祉。① 然而，幸运的是，我们不必经常评估不同自由的相对总价值（relative total importance）。通常的做法是，在调节整个自由系统（complete system of freedom）时，运用均等利益原则或均等优势原则（principle of equal advantage）。我们既没有被要求完全放弃参与原则，也没有被要求允许参与原则产生漫无边界的影响。相反，我们应该缩小或扩大其范围，直至达到这样的点，在那里，在控制拥有政治权力者方面的边际损失（marginal loss）对自由带来的危险，正好平衡通过更广泛运用宪政手段而获得的自由保障。这个决定不是一件一劳永逸的事情，这是一个权衡不同自由的程度和定义的相互微小变化问题。自由的优先性，并不排除自由系统（system of freedom）内部的边际交易（marginal exchanges）。此外，它允许但不要求存在如下情形，有些自由，比如由参与原则涵盖的自由，在维护其他自由方面所发挥的作用并非至关重要。当然，对自由价值的不同意见，会影响到不同个体对一整套自由应该如何安排的看法。赋予参与原则以较高价值的人们，比如说，为了给政治自由以更大的空间，将给人身自由带来更大的风险。在理想情况下，这些冲突将不会发生，而且无论如何，在有利条件下，应该有可能制订宪政程序，在不损害其他自由的情况下，允许充分发挥参与的价值。

【原文】 §37-6-pp. 202-203

【评析】

罗尔斯习惯于用相近的两个术语表示相同的意思，以增强其思想的灵活性和生动性，这也非常符合英语国家一般读者的用语习惯。比如，在这里，"欲望强度"（intensity of desire）和"情感强度"（strength of feeling）形成近义关系；"多数裁定原则"（majority rule）和"绝对多数原则"（rule by bare majorities）也形成近义关系。

---

① 参阅以赛亚·伯林《自由四论》，第130、165页。——原注

1. 原文："Whenever questions of justice are raised, we are not to go by the strength of feeling but must aim instead for the greater justice of the legal order"（p. 202）。H 本："每当提出正义问题时，我们不是被强烈的情感推动，而是必须把目标集中在法律秩序的更大正义上"（第 180 页）。新解："每当提出正义问题时，我们并不任由情感的强度所摆布，相反，我们必须以法律秩序的更大正义为目标。"

2. 原文："A similar reply may be given to the propriety of majority rule when the vote is rather evenly divided"（pp. 202 - 203）。H 本："当选票相对平均分配时，我们也可以对多数裁决规则的恰当性问题作出类似的回答"（第 180—181 页）。新解："当投票双方势均力敌时，多数裁定原则的适用性也可以做出类似答复。"

3. 原文："If the various sectors of society have reasonable confidence in one another and share a common conception of justice, the rule by bare majorities may succeed fairly well"（p. 203）。H 本："如果社会的各阶层之间存在着一种合理的信任并分享着一种共同的正义观，纯粹多数的统治就可能会相当不错地获得成功"（第 181 页）。新解："如果社会各界和各阶层对彼此有合理的信任，并持有共同的正义观念，那么绝对多数原则可能会取得相当大的成功。"

4. 原文："To the extent that this underlying agreement is lacking, the majority principle becomes more difficult to justify because it is less probable that just policies will be followed"（p. 203）。H 本："在缺少某种根本的一致意见的情况下，多数裁决规则较难被证明，因为遵循正义政策的可能性较小"（第 181 页）。新解："如若缺乏这一基本合意，那么因为不太可能执行公正的政策，多数裁定原则将更难以得到证明。"

5. 原文："The test of constitutional arrangements is always the overall balance of justice"（p. 203）。H 本："对宪法安排的检验始终是对正义的全面衡量"（第 181 页）。新解："检验各种宪政安排的，始终是正义的总体平衡。"

6. 原文："As things are, legislators must reckon with strong public feelings"（p. 203）。H 本："立法者必须实事求是地认真对待强烈的公共情绪"（第 181 页）。新解："就实际情形而言，立法者必须处理强烈的公众情绪。"

7. 原文："Men's sense of outrage however irrational will set boundaries upon what is politically attainable"（p. 203）。H 本："人们的愤怒不管多么缺少理性，都将为政策的可行性划出界限"（第 181 页）。新

解："人们的愤慨情感，无论多么不合理，都将给政治上可以达到的目标划定界限。"

8. 原文："Popular views will affect the strategies of enforcement within these limits"（p. 203）。H 本："流行的观点将影响在这些限制之内实施的策略"（第 181 页）。新解："乌合之众的观点也会在这些界限内影响执法策略。"

9. 原文："Whatever the depth of feeling against them, these rights should if possible be made to stand"（p. 203）。H 本："不管反对这些权利的情绪多么强烈，只要有可能，就应该坚持这些权利"（第 181 页）。新解："不管抵制它们的感情有多么深厚，如果可能的话，这些权利都应该得到维护。"

【诠释】

有时多数裁定原则（majority rule）遭到了反对，无论受到多大限制，它都不考虑欲望强度，因为多数派可能压制少数派的强烈感情。这种批评基于一个错误观点，即在制定法律时，欲望强度是一个相关考虑因素（§54）。恰恰相反，每当提出正义问题时，我们并不任由情感的强度所摆布，相反，我们必须以法律秩序的更大正义为目标。判断任何程序的基本标准，在于其可能结果的公正性。当投票双方势均力敌时，多数裁定原则的适用性也可以做出类似答复。一切都取决于结果的公正性。如果社会各界和各阶层（various sectors of society）对彼此有合理的信任，并持有共同的正义观念，那么绝对多数裁定原则（rule by bare majorities）可能会取得相当大的成功。如若缺乏这一基本合意，那么因为不太可能执行公正的政策，所以，多数裁定原则将更加难以得到证明。然而，一旦不信任和敌意弥漫于社会，就可能没有任何程序可以依赖。我不想再深究这些问题。本人之所以提到关于多数裁定原则的这些老生常谈，只是为了强调，检验各种宪政安排的，始终是正义的总体平衡。凡是涉及正义问题的地方，都不得考虑欲望强度。当然，就实际情形而言，立法者必须处理强烈的公众情绪。人们的愤慨情感，无论多么不合理，都将给政治上可以达到的目标划定界限；乌合之众的观点也会在这些界限内影响执法策略。但是，策略问题不应与正义问题相混淆。如果一项保障良心自由、思想自由和集会自由的权利法案能够生效，那么就应该通过该法案。不管抵制它们的感情有多么深厚，如果可能的话，这些权利都应该得到维护。持反对态度的势力，影响不了正当问题，但可影响自由安排的可行性(推行)。

【原文】§37-7-p.203

【评析】

1. 原文:"An inequality in the basic structure must always be justified to those in the disadvantaged position"(p.203)。H本:"对社会基本结构中的一种不平等的证明必须总是面向处于不利地位的人"(第181页)。**新解:"一种基本结构的不平等,必须始终要有利于处于丧失优势位置者方可得到证明。"**

2. 原文:"This holds whatever the primary social good and especially for liberty"(p.203)。H本:"这适用于所有的基本社会善,但尤适用于自由"(第181页)。**新解:"这适用于一切基本社会善,尤其适用于自由。"**

3. 原文:"The priority rule requires us to show that the inequality of right would be accepted by the less favored in return for the greater protection of their other liberties that results from this restriction"(p.203)。H本:"优先规则要求我们说明那些较少获利者会接受这种权利的不平等,因为他们得到了回报,即这种限制形成了对他们的其他自由的较大保障"(第181页)。**新解:"优先性规则要求我们证明,不太受青睐者将接受权利不平等,以换取对他们的其他自由的更大保护,这种保护正是这一限制的结果。"** 短语"the less favored"有"不怎么受人喜爱或欢迎者"之意,笔者解读为"不太受青睐者",他们不一定是"较少获利者"。在历史上,一些种族或社会阶层被剥夺了参与政治的权利,但他们是自由民,可以自由地从事各种经济和商业活动。比如,商人,尤其是犹太商人,在历史上是一个特殊社会阶层,他们在经济上可能是"获利较大者",但他们在政治上可能被剥夺了某些权利,属于"不太受青睐者"。所以,H本把它解读为"那些较少获利者"不是很恰当。

【诠释】

对不平等政治自由的证明也以同样方式进行。有人从参加制宪会议公民代表的观点出发,评估他所看到的整个自由系统(total system of freedom)。但在这种情况下存在着重要区分。我们现在必须从享有较少政治自由者的角度进行推论。一种基本结构的不平等,必须始终要有利于处于丧失优势位置者方可得到证明。这适用于一切基本社会善,尤其适用于自由。因此,优先性规则要求我们证明，不太受青睐者(less favored)将接受权利不平等，以换取对他们的其他自由的更大保护，这种保护正是这一限制的结果。

【原文】§37-8-pp.203-204

【评析】

1. 原文："**Perhaps the most obvious political inequality is the violation of the precept one person one vote**"（p. 203）。H本："或许，最明显的政治不平等是对一人一票规则的侵犯。"（第181页）。**新解**："也许，最显著的政治不平等，是违反一人一票原则的政治不平等。" H本对这个语句的解读并无大错，只是在语言表述上不很通畅，不太符合汉语习惯。一般我们说"侵犯权利""违反原则"或"违反规则"，但不说"侵犯规则"。

2. 原文："**Yet until recent times most writers rejected equal universal suffrage**"（p. 203）。H本："可是到最近，许多作者还反对平等的普选权"（第181页）。**新解**："然而直到近代，绝大多数作者还在反对平等的普选权。"

3. 原文："**Indeed, persons were not regarded as the proper subjects of representation at all**"（p. 203）。H本："人根本没有被当作真正的被代表的对象"（第181页）。**新解**："单一个体根本不被视为代表的适当主体。"

4. 原文："**Often it was interests that were to be represented**"（p. 203）。H本："被代表的常常只是各种利益"（第181页）。**新解**："通常，有待代表的是各种利益。"

5. 原文："**These kinds of representation appear unjust**"（p. 204）。H本："这些种类的代表是不正义的"（第181页）。**新解**："这些代表界别似乎是不公正的。"

6. 原文："**How far they depart from the precept one person one vote is a measure of their abstract injustice, and indicates the strength of the countervailing reasons that must be forthcoming**"（p. 204）。H本："它们偏离一人一票规则的程度表现了其抽象的不正义的程度，并且表明那些必定来临的相反理由的力量"（第181页）。**新解**："它们偏离一人一票原则的程度，是衡量其抽象不公正的一把尺子，也预示着必定到来的反对理由的力度。"

【诠释】

也许，最显著的政治不平等，是违反一人一票原则的政治不平等。然而直到近代，绝大多数作者还在反对平等的普选权（equal universal suffrage）。事实上，单一个体根本不被视为代表的适当主体。通常，有待代表的是各种利益，辉格党和托利党（Whig and Tory）在是否应该让新兴中产阶级利益与地主阶级利益和牧师阶层利益取得并驾齐驱的位置（place）方面存在分歧。再比如，当人们谈到社会中的农村代表和城市代表时，有待代表的，正是不同的地区或不同的文化形式。乍看之下，这些代表界别似乎是不公正的。它们偏离一人一票原则的程度，是衡量其抽象不公正的一把尺子，也预示着必定到来的反对理由的力度。①

【原文】 §37-9-p.204

【评析】

1. 原文："While all should have a voice, the say of everyone need not be equal"（p.204）。H本："一方面所有人都有发言权，另一方面每个人的发言权不必是平等的"（第182页）。新解："虽然所有人都应该有发言权，但是每个人的发言权并不非得平等。"

2. 原文："The judgment of the wiser and more knowledgeable should have a superior weight"（p.204）。H本："富有知识的人的较明智判断应当有一个优越的地位"（第182页）。新解："见多识广的才智多谋者的判断力，应该具有更高的权重。"

3. 原文："All should indeed have the vote"（p.204）。H本："所有人确实都应有自己的一票"（第182页）。新解："所有人确实都应该有投票权"。"有投票权"和"有自己的一票"在含义上是很不一样的。这个语句不能作H本那样的解读，否则，主张"一人多票制"者的论证将无法达到逻辑自洽。

4. 原文："Their influence should be great enough to protect them from the class legislation of the uneducated, but not so large as to allow them to enact class legislation in their own behalf"（p.204）。H本："他们的影响

---

① 参阅波尔（J. R. Pole）《英国政治代表制与美国共和政体的起源》（*Political Representation in England and the Origin of the American Republic*），伦敦：麦克米兰出版社1966年版，第535—537页。——原注

力应该足够强大，以便制止那种有利于未受教育者阶层的立法；但这种影响力不应强大到可以制定出为他们自己谋利的立法"（第182页）。**新解**："他们的影响力应该足够强大，可以保护他们去抵制未受教育者的阶级立法，但是这样的影响力也不能过于强大，以至于他们能够出于自身利益制定带有阶级偏见的立法。"

5. 原文："**Constant force**"（p.204）. H 本："稳定的力量"（第182页）。**新解**："恒定力量"。罗尔斯在这里借用了一个物理学术语，"constant force"可以解读为"恒力"，即"恒定的、永恒不变的力量"。

6. 原文："**Those with superior wisdom and judgment should act as a constant force on the side of justice and the common good**"（p.204）. H 本："那些在智慧和判断方面高人一筹的人应当作为一种稳定的力量站在正义和善一边"（第182页）。**新解**："那些拥有超群智慧和判断力的人，应该充当维护正义和共同利益一方的恒定力量。"

7. 原文："**A force that, although always weak by itself, can often tip the scale in the right direction if the larger forces cancel out**"（p.204）. H 本："虽然这个力量本身常常是微弱的，但如果那些较大的力量相互抵消，那么这个力量就常常可以决定性地把局势扭转到正确的方向上来"（第182页）。**新解**："虽然这股力量本身总是弱小的，但是一旦那些更大的势力被抵消，它往往可以把局势扭转到正确的方向上来。"

8. 原文："**Including those whose votes count for less**"（p.204）. H 本："包括那些在政治事务方面身轻言微的人"（第182页）。**新解**："包括投票数较少的那些人"。罗尔斯在这里讨论密尔的"一人多票制"观点，H 本的解读完全偏离了这个主题。由于人与人之间存在投票数的差异，见多识广的才智多谋者可以拥有多票，才疏学浅的普通民众只有一票。"投票数较少的那些人"就是指普通民众或一般选民。

【诠释】

现在常见的结果是，反对平等政治自由的人，对这个必要形式提出了各种证明。他们至少准备辩称，政治不平等有利于那些自由程度较低的人。试以密尔的观点为例，他认为，智力和受教育程度较高的人，应该拥有额外的选票，这样他们的意见就会有较大的影响力。[①] 密尔相信，在这

[①] 参阅密尔《代议制政府》，及其《论自由》，麦卡伦编，牛津：巴兹尔—布莱克韦尔出版社1946年版，第216—222页。在第八章的下半部分中，他有较多的论述。——原注

种情况下，一人多票制(plural voting)符合人类生活的自然秩序，因为当人们进行一项有着共同利益的共同事业时，他们便认识到，虽然所有人都应该有发言权，但是每个人的发言权并不非得平等。见多识广的才智多谋者的判断力，应该具有更高的权重。这样的安排符合每个人的利益，符合人们的正义感。国家大事正是大家共同关心的事情。虽然所有人确实都应该有投票权，但是那些具有更大公共利益管理能力的人，应该拥有更大的发言权。他们的影响力应该足够强大，可以保护他们去抵制未受教育者的阶级立法，但是这样的影响力也不能过于强大，以至于他们能够出于自身利益制定带有阶级偏见的立法。在理想情况下，那些拥有超群智慧和判断力的人，应该充当维护正义和共同利益一方的恒定力量，虽然这股力量本身总是弱小的，但是一旦那些更大的势力被抵消，它往往可以把局势扭转到正确的方向上来。密尔相信，每个人，包括投票数较少的那些人，都将从这一安排中获益。当然，就目前的情况来看，这一论点并没有超出一般的公平正义。密尔没有明确指出，未受教育者的收益，首先是由他们持有其他自由的更大保障来估计的，尽管他的推理表明，他认为情况就是如此。无论如何，如果密尔的观点是为了满足由自由优先性所施加的限制，那么这就是这一论证所必须展开的方式。

【原文】§ 37 – 10 – pp. 204 – 205

【评析】

1. 原文："I do not wish to criticize Mill's proposal. My account of it is solely for purposes of illustration"（pp. 204 – 205）。H 本："在此我不想批评密尔的观点，我对此的解释仅仅是为了举例说明"（第 182 页）。**新解**："我不想批评密尔的建议。我提到它只是出于说明的考虑。"

2. 原文："His view enables one to see why political equality is sometimes regarded as less essential than equal liberty of conscience or liberty of the person"（p. 205）。H 本："他的观点使一个人能看清为什么政治平等有时不像平等的良心自由或个人自由那么重要"（第 182 页）。**新解**："密尔的观点使人能够看到，为何人们有时会以为，政治平等还不如平等的良心自由或人身自由来得重要。"

3. 原文："Government is assumed to aim at the common good, that is, at maintaining conditions and achieving objectives that are similarly to everyone's advantage"（p. 205）。H 本："政府的目标被设想为集中在共

同善上，即旨在维持对每个人有利的条件并达到对每个人有利的目标"（第182页）。新解："试假设，政府的目标是共同利益，也就是说，旨在维持某些条件，实现对每个人同等有利的目标。"

4. 原文："To the extent that this presumption holds, and some men can be identified as having superior wisdom and judgment, others are willing to trust them and to concede to their opinion a greater weight"（p. 205）. H本："在这一前提有效的范围内，某些人能够被认定为拥有优越的智慧和判断力，其他人则愿意信赖他们，并承认他们的意见具有更重要的意义"（第182页）。新解："如若这一假设成立，并且有些人可能被认作拥有非凡智慧和决断能力，另一些人就愿意相信他们，承认其意见具有更大的权重。"罗尔斯解释了密尔提出的"一人多票"制的合理性。

5. 原文："There is both an identity of interests and a noticeably greater skill and judgment in realizing it"（p. 205）. H本："在此既存在一种利益的统一，又显然存在着一种实现这种统一的更优越的技能和判断力"（第182—183页）。新解："为了实现这一目标，船长既与乘客同舟共济，有着和大家一样的利益，又比乘客技高一筹，有着比大家更高的技能和应变能力。"

6. 原文："To the extent that this is so, the political liberties are indeed subordinate to the other freedoms that, so to say, define the intrinsic good of the passengers"（p. 205）. H本："在这种相似的范围内，政治自由的确是受其他的、可以说是确定着乘客的内在善的自由支配的"（第183页）。新解："在某种程度上就是如此，政治自由确实从属于界定乘客固有利益的其他自由。"

【诠释】

我不想批评密尔的建议。我提到它只是出于说明的考虑。密尔的观点使人能够看到，为何人们有时会以为，政治平等还不如平等的良心自由或人身自由来得重要。试假设，政府的目标是共同利益，也就是说，旨在维持某些条件，实现对每个人同等有利的目标。如若这一假设成立，并且有些人可能被认作拥有非凡智慧和决断能力，另一些人就愿意相信他们，承认其意见具有更大的权重。（大海航行靠舵手）一条船上的乘客，之所以愿意让船长掌舵，是因为他们相信，船长见多识广且经验老到，也像他们一样希望能够安全地抵达目的地。为了实现这一目标，船长既与乘客同舟共济，有着和大家一样的利益，又比乘客技高一筹，有着比大家更高的技能和应变能力。现在，在某些方面，国家这条船，宛如漂泊于大洋之上的一叶小舟；在某种程度上就是如此，政治自由确实从属于界定乘客固有利益的其他自由。只要承认这些假设，那么一人多票制，可能是完全正当的。

【原文】§37 – 11 – p. 205

【评析】

1. 原文："**In the manifest constitution of society**"（p. 205）。H 本："在明确的社会宪法中"（第 183 页）。**新解**："在明确的社会构成中"。H 本在这一节最后段落把"constitution of society"解读为"社会构成"要合理一些，但是在这里解读为"社会宪法"有待验证。虽然国内有学者在讨论"社会宪法"，但是，那些讨论与罗尔斯在这里提到"constitution of society"没有关系。有人引用了《正义论》H 本的相关语句，那只能是一种误解之后的再误解。

2. 原文："**Political liberty so understood is not designed to satisfy the individual's desire for self-mastery, much less his quest for power**"（p. 205）。H 本："这样理解的政治自由不是用来满足自我控制的个人愿望的，更不必说满足个人的追逐权力的愿望了"（第 183 页）。**新解**："得到人们如此理解的政治自由，之所以被设计出来，并不是因为它将满足寻求自我主宰的个体欲望，更不是因为它将满足追逐权力的个体欲望。"

3. 原文："**Taking part in political life does not make the individual master of himself, but rather gives him an equal voice along with others in settling how basic social conditions are to be arranged**"（p. 205）。H 本："参与政治生活并不使个人成为他自己的主人，倒不如说是给了他在决定如何安排基本社会的条件下和其他人同等的发言权"（第 183 页）。**新解**："参加政治生活，并不能使个体成为自己的主人，但可以使其在解决如何安排基本社会条件方面与其他人拥有平等的发言权。"

4. 原文："**Nor does it answer to the ambition to dictate to others, since each is now required to moderate his claims by what everyone is able to recognize as just**"（p. 205）。H 本："参与政治生活也不满足那种想控制其他人的野心，因为每个人都被要求按照所有人都能承认为正义的东西来克制自己的主张"（第 183 页）。**新解**："因为现在每一个个体被要求以任一个体都能承认为正义的主张来中和自己的诉求，参与政治不符合想对他人发号施令的雄心。"

5. 原文："**The public will to consult and to take everyone's beliefs and interests into account lays the foundations for civic friendship and shapes the ethos of political culture**"（p. 205）。H 本："商讨和把每个人的信仰和利益都考虑进来的公共意志，奠定了公民友谊的基础，形成了政治文化的精髓"（第 183 页）。**新解**："公众意愿要征询并且顾及每个人所持的信仰与利益，不仅将夯实公民友谊的基础，而且将塑造政治文化的风气。"

【诠释】

当然，赞同自治的理由不仅仅是工具性理由。在保证其公平价值的前提下，平等的政治自由必然对公民生活的道德品质（或道德素质）产生深远影响。公民之间的相互关系，在明确的社会构成中有一个可靠的基础。"凡是触动世人之事，皆为世人关切之事"（what touches all concerns all）的中世纪箴言受到了认真对待，并被宣布为众望之所归。得到人们如此理解的政治自由，之所以被设计出来，并不是因为它将满足寻求自我主宰的个体欲望，更不是因为它将满足追逐权力的个体欲望。参加政治生活，并不能使个体成为自己的主人，但可以使其在解决如何安排基本社会条件方面与其他人拥有平等的发言权。因为现在每一个个体被要求以任一个体都能承认为正义的主张来中和自己的诉求，参与政治不符合想对他人发号施令的雄心。公众意愿要征询并且顾及每个人所持的信仰与利益，不仅将夯实公民友谊的基础，而且将塑造政治文化的风气。

【原文】§ 37 – 12 – pp. 205 – 206

【评析】

1. 原文："**The effect of self-government where equal political rights have their fair value is to enhance the self-esteem and the sense of political competence of the average citizen**"（p. 205）。H 本："平等的政治权利具有公平价值的自治的结果是要提高自尊和日常公民的政治能力"（第 183 页）。**新解**："凡是平等政治权利具有公平价值的地方，自治效应都将增强普通公民的自尊感和政治胜任感。"

2. 原文："**His awareness of his own worth developed in the smaller associations of his community is confirmed in the constitution of the whole society**"（p. 205）。H 本："公民在他所处的共同体的较小社团中发展起来的自我价值意识，又在整个社会结构中得到了肯定"（第 183 页）。**新解**：

"公民对自身价值的意识，在其所在社区的小团体中得到发展，这一点在整个社会构成中得到了确认。"

3. 原文："Time and thought"（p. 205）。H本："时间和辛勤"（第183页）。新解："时间和心思"。

4. 原文："Rather it is an activity enjoyable in itself that leads to a larger conception of society and to the development of his intellectual and moral faculties"（pp. 205 – 206）。H本："倒不如说，这种活动本身是一种积极的享受活动，导致一种较开阔的社会观并发展人的智力和道德能力"（第183页）。新解："更确切地说，这是一项本身令人愉快的活动，它导致了一个更加宏大的社会观念，并开发了公民的心智能力和道德能力。"

5. 原文："He is called upon to weigh interests other than his own, and to be guided by some conception of justice and the public good rather than by his own inclinations"（p. 206）。H本："这个公民学会了权衡各种利益而不仅仅是他自己的利益，学会了受某种正义观和公共善而非他自己的喜好所指导"（第183页）。新解："公民被要求重视自身利益以外的各种利益，并以某个正义观念和公共利益为指导，而不以自身喜好为指导。"

6. 原文："This education to public spirit is necessary if citizens are to acquire an affirmative sense of political duty and obligation, that is, one that goes beyond the mere willingness to submit to law and government"（p. 206）。H本："如果公民要获得一种政治义务和职责的正面意识，即一种超越仅仅服从法律和政府的愿望的意识，那么这种公共精神的教育就是必需的"（第183页）。新解："如果公民要获得一种坚定的政治义务感和职责感，亦即它们超越了服从法律和政府的单纯意愿，那么培养公共精神的这种教育是必要的。"

7. 原文："Citizens no longer regard one another as associates with whom one can cooperate to advance some interpretation of the public good; instead, they view themselves as rivals, or else as obstacles to one another's ends"（p. 206）。H本："公民不再相互认为是可以提出某种公共善的事业来进行合作的同伴，相反，而是互相把对方看成敌手，是实现自己目标的障碍"（第183—184页）。新解："公民不再把彼此视为通过互相合作以增进了解公众权益的伙伴；相反，他们把彼此视为竞争对手，或者把彼此视为达成自身目的的障碍。"

8. 原文："These freedoms strengthen men's sense of their own worth, enlarge their intellectual and moral sensibilities, and lay the basis for a sense

of duty and obligation upon which the stability of just institutions depends"（p. 206）. H 本："这些自由加强了自我价值感，提高了智力和道德敏感性，确立了正义制度的稳定性所依赖的义务感和职责感的基础"（第 184 页）。**新解**："这些自由增强了人们的自我价值感，提高了他们的心智能力和道德感受能力，并为维护正义制度稳定所依赖的义务感和职责感奠定了基础。"

【诠释】

此外，凡是平等政治权利具有公平价值的地方，自治效应都将增强普通公民的自尊感和政治胜任感。公民对自身价值的意识，在其所在社区的小团体中得到发展，这一点在整个社会构成中得到了确认。既然指望公民参加投票，公民就应当有自己的政治见解。至于公民花在形成自己见解上的时间和心思，并不取决于其政治影响力可能带来的实际回报。更确切地说，这是一项本身令人愉快的活动，它导致了一个更加宏大的社会观念，并开发了公民的心智能力和道德能力。正如密尔所说那样，公民被要求重视自身利益以外的各种利益，并以某个正义观念和公共利益为指导，而不以自身的喜好为指导。[1] 公民须向他人解析和证明自己的观点，他必须诉诸他人能够接受的原则。此外，密尔补充说，如果公民要获得一种坚定的政治义务感和职责感，亦即它们超越了服从法律和政府的单纯意愿，那么培养公共精神的这种教育是必要的。如果没有这些更加包容的情感，人们就会囿于比较窄小的社交圈，变得日益疏远和孤立，情感纽带可能不会延伸到家族或朋友圈之外。公民不再把彼此视为通过互相合作以增进了解公众权益的伙伴（同事、合伙人）；相反，他们把彼此视为竞争对手，或者把彼此视为达成自身目的的障碍。密尔和其他思想家已经让所有这些考虑因素为世人所知晓。他们表示，平等的政治自由，不仅仅是一个手段。这些自由增强了人们的自我价值感，提高了他们的心智能力和道德感受能力，并为维护正义制度稳定所依赖的义务感和职责感奠定了基础。我将把这些问题与人类之善和正义感的联系留到本书的第三编去讨论。在那里，本人将试图把这些事情在正义之善观念下联结起来。

---

[1] 密尔：《代议制政府》，第 149—151、209—211 页（这些论述在第二章的末尾和第八章的开始部分）。——原注

§38 法治
The Rule of Law

【题解】

法治要求任何个体和团体，包括任何政党和政府，不得凌驾于宪法和法律之上，要遵守宪法和法律，按照宪法和法律来处理公共事务。在这一节，罗尔斯讨论了与法治原则相关的论题，比如形式正义、规则正义、法治与法律秩序、法治与自由、"法无明文规定不为罪"准则和"类似案件类似处理"准则等论题。他特别提道："常规的且公道的执法，在这个意义上便是公平执法，我们不妨称之为'规则正义'（justice as regularity），这是比'形式正义'（formal justice）更有启发意义的短语。"（p. 207）"规则正义"就是依法办案、照章办事，一切都按照法条法规处理的正义。当然，规则正义不是实质正义，而是形式正义。从法学角度来看，这些讨论显得比较初步，罗尔斯并没有提出令人耳目一新的见解。①

【原文】 §38-1-pp. 206-207

【评析】

1. 原文："I have already noted (§10) that the conception of formal justice, the regular and impartial administration of public rules, becomes the rule of law when applied to the legal system"（p. 206）. H本："我已经提到（见第10节），形式正义的观念和有规律的、公平的行政管理的公共规则在被运用到法律制度中时，它们就成为法律规则"（第184页）。**新解**："本人曾经提到过（第10节），当形式正义观念应用于法律系统，亦

---

① 参阅夏勇"法治是什么——渊源、规诫与价值"，《中国社会科学》1999年第4期。刘杰："罗尔斯《正义论》的法治思想探究"，《兵团党校学报》2019年第2期。龚蔚红、孙一平："以权力正当性的形式要求为基础的形式法治——对罗尔斯《正义论》中法治理论的解读"，《求是学刊》2012年第7期。黄文艺："为形式法治理论辩护——兼评《法治：理念与制度》"，《政法论坛》2008年第1期。唐仲清："法治、正义与非暴力反抗——罗尔斯《正义论》述评"，《大连大学学报》2007年第4期。孙笑侠："法的形式正义与实质正义"，《浙江大学学报》1999年第5期。吴德星："法治的理论形态与实现过程"，《法学研究》1996年第5期。

第四章　平等自由　713

即常规而公道地实施公开规则时，这种正义观念生成了法治。"H 本对这一节标题给出了正确解读，亦即"法治"（rule of law），但是在具体语句中，仍然把"rule of law"误读为"法律规则"。这种解读在表述上能够成立，但是它的确不符合这一节的主题，也与这个语句原文意思有很大的出入。关于法治，罗尔斯至少在这一章的开头就提到过了。在那里，H 本同样把它解读为"法律的规则"。这至少说明，H 本对这个术语是心中没数的。"法律的规则"的对应英文短语一般是"legal rules"或"rules of law"。当我们遇到"rule of law"时，它一般被解读为"法治"。另外，H 本对这个语句的各部分的关系的理解也是错误的。

2. **原文**："**One kind of unjust action**"（p. 206）。H 本："不正义的行为之一"（第184页）。**新解**："一种不公正的做法"或"一类有违正义的行为"。

3. **原文**："**It is more illuminating in this connection to think not of gross violations exemplified by bribery and corruption, or the abuse of the legal system to punish political enemies, but rather of the subtle distortions of prejudice and bias as these effectively discriminate against certain groups in the judicial process**"（p. 207）。H 本："在这方面，举出各种严重的侵犯行为，例如受贿、腐化和滥用法律制度来惩罚政敌，还不如举出那些诸如在司法诉讼程序中实际上歧视某些团体的细微的成见和偏心更有启发意义"（第184页）。**新解**："在这方面更具启发意义的是，与其列举贿赂和腐败等严重违法行为，或滥用法律系统惩治政敌，还不如考虑由成见和偏心带来的微妙扭曲，因为在司法程序中，后面这些做法实在地歧视某些群体。"

4. **原文**："**The regular and impartial, and in this sense fair, administration of law**"（p. 207）。H 本："有规则的、无偏见的、在这个意义上是公平的执法"（第184页）。另解："公共规则的恒常的、无偏袒的施用。"① 该解读颇有新意，但与原文有一点出入。**新解**："常规且公道的执法，在这个意义上便是公平执法"。

5. **原文**："**Justice as regularity**"（p. 207）。H 本："作为规则的正义"（第184页）。**新解**："规则正义"。

6. **原文**："**Formal justice**"（p. 207）。H 本："形式的正义"（第184页）。**新解**："形式正义"。

---

① 夏惠："法治是什么——渊源、规诫与价值"，《中国社会科学》1999年第4期。

【诠释】

我现在想要探讨受到法治原则保护的人身权利。① 如前所述，我不仅意欲将这些概念与正义原则联系起来，而且试图阐明自由优先性的意义。本人曾经提到过（§10），当形式正义观念应用于法律系统，亦即常规而公道地实施公开规则时，这种正义观念生成了法治。一种不公正的做法是，法官和其他执法者，要么未能运用适当的规则，要么未能正确解释适当的规则。在这方面更具启发意义的是，与其列举贿赂和腐败等严重违法行为，或滥用法律系统（legal system）惩治政敌，还不如考虑由成见和偏心（先入之见和私心）带来的微妙扭曲，因为在司法程序中，后面这些做法实在地歧视（区别对待）某些群体。常规且公道的执法，在这个意义上便是公平执法，我们不妨称之为"规则正义"（justice as regularity），这是比"形式正义"（formal justice）更有启发意义的短语。

【原文】§38-2-p.207

【评析】

在这里关于法制系统的讨论中，罗尔斯显然受到了哈特的《法律的概念》的影响，也受到韦伯关于国家垄断暴力理论的影响："国家是这样的人类团体，它在一定疆域之内（成功地）宣布了对正当使用暴力的垄断权。"罗尔斯写道："法律秩序对特定领土行使最终权力"（p.207）。他用"法律秩序"替换了韦伯语句的主词"国家"。

1. 原文：**"A legal system is a coercive order of public rules addressed to rational persons for the purpose of regulating their conduct and providing the framework for social cooperation"**（p.207）。H本："一个法律体系是一系列强制性的调整理性人的行为并为社会合作提供某种框架的公开规则"（第184页）。另解："法律制度是一种发布给理性的个人以调整其行

---

① 一般讨论可参阅富勒《法律的道德性》，纽黑文：耶鲁大学出版社1964年版，第二章，韦克斯勒（Herbert Wechsler）探讨了宪法法规的原则性判决概念；参阅韦克斯勒《原则、政治和基本法》，麻省剑桥：哈佛大学出版社1961年版；并参阅柯切恩海默（Otto Kirchenheimer）《政治正义》，普林斯顿：普林斯顿大学出版社1961年版；以及朱迪兹·施可莱（J. N. Shklar）《法条主义》，麻省剑桥：哈佛大学出版社1964年版，第二章，他们探讨了司法形式在政治中的运用和滥用。卢卡斯：《政治原则》，牛津：克莱伦顿出版社1966年版，第106—143页，那里有哲学解释。——原注

第四章　平等自由　　715

为并提供社会合作框架的公共规则的强制秩序。"① **新解**："**法律系统是面向理性人发布的强制性命令，它由各种公开规则组成，旨在规制理性人的行为，并为社会合作提供框架。**"

2. 原文："They constitute grounds upon which persons can rely on one another and rightly object when their expectations are not fulfilled"（p. 207）。H 本："它们构成了人们相互信赖以及当他们的期望没有实现时就可直接提出反对的基础"（第 184 页）。**新解**："**这些规则构成人们相互依赖的基础，当他们没有实现预期时，他们就可以正当地反对这些规则。**"

3. 原文："If the bases of these claims are unsure, so are the boundaries of men's liberties"（p. 207）。H 本："如果这些要求的基础不可靠，那么人的自由的领域就同样不可靠"（第 184 页）。**新解**："**如果这些主张的依据是不确定的，那么人们拥有各种自由的边界也是不确定的。**"

4. 原文："Rules of games and of private associations are likewise addressed to rational persons in order to give shape to their activities"（p. 207）。H 本："博弈和私人交往的规则也是针对理性的人，以规范他们的活动"（第 185 页）。**新解**："**游戏规则和私人交往规则同样向理性人发布，以塑造他们的活动。**"

5. 原文："Once men have entered into these arrangements"（p. 207）。H 本："一旦人们进入到这些安排中"（第 185 页）。**新解**："**一旦人们达成这些安排**"。

6. 原文："What distinguishes a legal system is its comprehensive scope and its regulative powers with respect to other associations"（p. 207）。H 本："法律体系的特色在于它的广阔范围和调节其他团体的权力"（第 185 页）。**新解**："**法律系统的独特性，既在于其规制的全面范围，又在于其协调其他团体的权力。**"

7. 原文："The constitutional agencies that it defines generally have the exclusive legal right to at least the more extreme forms of coercion"（p. 207）。H 本："它所规定的立宪机构一般来说至少对较极端的强制拥有绝对的法律权利"（第 185 页）。**新解**："**它规定的宪法机构，通常至少对这些较为极端的强制形式拥有专属法律权利。**"

---

① 夏勇："法治是什么——渊源、规诫与价值"，《中国社会科学》1999 年第 4 期。

8. 原文："The legal order exercises a final authority over a certain well-defined territory"（p. 207）. H 本："法律秩序对某个已完全确定的领域行使一种最后权威"（第 185 页）. **新解**："法律秩序对特定领土行使最终权力。"

【诠释】

现在，法治（rule of law）显然与自由密切相关。我们可以通过考虑法律系统（legal system，法律制度或法律体系）概念及其与界定规则正义的准则的密切联系看到这一点。法律系统是面向理性人发布的强制性命令（coercive order），它由各种公开规则（public rules）组成，旨在规制理性人的行为，并为社会合作提供框架。如若这些规则是公正的，那么它们就为合法预期奠定了基础。这些规则构成人们相互依赖的基础，当他们没有实现预期时，他们就可以正当地反对这些规则。如果这些主张的依据是不确定的，那么人们拥有各种自由的边界也是不确定的。当然，其他规则也有许多类似特性。游戏规则和私人交往规则同样向理性人发布，以塑造他们的活动。假定这些规则是公平的或公正的，那么一旦人们达成这些安排并接受其带来的好处，由此产生的职责就构成合法预期的基础。法律系统的独特性，既在于其规制的全面范围，又在于其协调其他团体的权力。它规定的宪政机构，通常至少对这些较为极端的强制形式拥有专属法律权力。私人交往可以采用的胁迫手段受到了严格限制。此外，法律秩序对特定领土行使最终权力。它的另一特点是，它监管的活动范围广泛，而且它旨在确保的利益具有根本性。这些特征只是反映这样的事实：法律规定基本结构，所有其他活动在那个基本结构中均占有一席之地。

【原文】§ 38 – 3 – pp. 207 – 208

【评析】

1. 原文："Existing laws necessarily satisfy these precepts in all cases"（p. 207）. H 本："现存的法规在所有情况下都必然满足这些准则"（第 185 页）. **新解**："现有的法律在所有情况下都必须符合这些准则。"

2. 原文："Rather, these maxims follow from an ideal notion which laws are expected to approximate, at least for the most part"（p. 207）. H 本："倒不如说，这些准则来自这样一种理想观念，即人们指望各种法规至少在大部分情况下接近于这一种理想观念"（第 185 页）. **新解**："更确

切地说，这些准则由一个理想观念推导出来：世人寄予法律的预期是相似的，至少在大多数情况下如此。""法律的预期是相似的"（laws are expected to approximate）是"类似案件类似处理"法律箴言的另一表述。然而，H 本没有解读出"法律的预期是相似的"这一关键含义，对这个语句的解读等于没有解读。

3. 原文："**If deviations from justice as regularity are too pervasive, a serious question may arise whether a system of law exists as opposed to a collection of particular orders designed to advance the interests of a dictator or the ideal of a benevolent despot**"（pp. 207－208）。H 本："如果对作为规则的正义的偏离十分普遍，那么就可能产生一个严重问题：即一个法律体系是否是作为一系列旨在推进独裁者利益或仁慈君主的理想的特殊法则的对立面而存在的"（第185页）。新解："如果偏离规则正义过于频繁，那么便会产生以下严肃的问题：对立于旨在增进独裁者利益或实践仁慈专制君主理想的一组特殊命令，某个法律系统是否存在？"

4. 原文："**Principle of legality**"（p. 208）。H 本："法律原则"（第185页）。新解："合法性原则"。

5. 原文："**One legal order is more justly administered than another if it more perfectly fulfills the precepts of the rule of law**"（p. 208）。H 本："如果一种法律秩序更为完善地实行着法治的准则，那么这个法律秩序就比其他法律秩序更为正义"（第185页）。新解："如果一个法律秩序更加完美地履行了法治准则，那么它比另一法律秩序得到了更加公正的实施。"

6. 原文："**Organizing cooperative schemes**"（p. 208）。H 本："组织起来的合作体系"（第185页）。新解："组织合作计划"。

7. 原文："**Yet because these precepts guarantee only the impartial and regular administration of rules, whatever these are, they are compatible with injustice**"（p. 208）。H 本："但由于这些准则仅保证对规则的公正的、正常的实施，而不管规则本身的内容，所以它们可以与不正义相容。"（第185页）。新解："然而，因为这些准则只是保证，这些规则将得到公道且常规的推行，而不管这些规则是什么，所以，这些准则兼容于不正义。"

【诠释】

鉴于法律秩序（legal order）是向理性人颁布的一套公开规则，我们可以解释与法治相关的正义准则。任何完美体现法制理念的整套规则都要遵循这些准则。当然，这并不是说，现有的法律在所有情况下都必然符合这些准则。更确切地说，这些准则由一个理想观念推导出来：世人寄予法律的预期是相似的，至少在大多数情况下如此。如果偏离规则正义过于频繁，那么便会产生以下严肃的问题：对立于旨在增进独裁者利益或实践仁慈专制君主理想的一组特殊命令（collection of particular orders），某个法律系统（system of law）是否存在？这个问题往往没有明确的答案。将法律秩序（legal order）视为一套公开规则，如此观点使我们能够得出与合法性原则（principle of legality）相关的准则。此外，我们可以说，在其他条件相同的情况下，如果一个法律秩序更加完美地履行了法治准则，那么它比另一法律秩序得到了更加公正的实施。它将为自由提供更加可靠的基础，为组织合作计划提供更加有效的手段。然而，因为这些准则只是保证，这些规则将得到公道且常规的推行，而不管这些规则是什么，所以，这些准则兼容于不正义。它们对基本结构施以相当弱的约束，不过，这些约束绝不是可有可无的或可以忽略不计的。

【原文】§38-4-p.208

【评析】

1. 原文："The actions which the rules of law require and forbid should be of a kind which men can reasonably be expected to do and to avoid"（p.208）。H本："法治所要求和禁止的行为应该是人们合理地被期望去做或不做的行为"（第185页）。新解："法规要求的行为应该是能够合理地预料人们会去做的行为；法规禁止的行为则是能够合理地预料人们将要规避的行为。"短语："Rules of law"。H本："法治"（第185页）。新解："法规"。请留意"法规或法律规则（rules of law）"和"法治（rule of law）"的细微差异。由于H本没有留意这个差异，所以犯了解读的错误。

2. 原文："A system of rules addressed to rational persons to organize their conduct concerns itself with what they can and cannot do"（p.208）。H本："为组织理性人的行为而向他们提出的一个规范体系涉及到他们能或不能做的行为"（第185页）。新解："一套面向理性人颁布的规则，用以组织他们的行为，涉及他们能做什么和不能做什么。"

3. 原文："It must not impose a duty to do what cannot be done"（p.208）。H本："它不能把义务强加于去做不可能做到的事情"（第185

页)。**新解**:"它不得强加一种义务,强迫人们去做其不能做的事。"

4. **原文**:"Those who enact laws and give orders do so in good faith"(p. 208)。H 本:"那些制定法律和给出命令的人是真诚地这样做的观念"(第 185 页)。**新解**:"那些制定法律和下达命令者是真心诚意的。"

5. **原文**:"Laws and commands are accepted as laws and commands only if it is generally believed that they can be obeyed and executed"(p. 208)。H 本:"只有人们普遍地相信法规和命令能够被服从和执行时,法规和命令才能被接受"(第 186 页)。**新解**:"只有当人们一般认为法律能够得到遵守、命令能够得到执行时,法律和命令才被接受为法律和命令。"

6. **原文**:"A legal system should recognize impossibility of performance as a defense, or at least as a mitigating circumstance"(p. 208)。H 本:"一个法律体系应该把执行的不可能性看成是一种防卫或至少作为一种缓行的情况"(第 186 页)。**新解**:"法律系统应当承认'无法履行'作为一种抗辩的情况,或至少作为一种减轻处罚的情况。"

7. **原文**:"In enforcing rules a legal system cannot regard the inability to perform as irrelevant"(p. 208)。H 本:"在规范的实施过程中,一个法律体系不能把无力实行看成是一件无关紧要的事情"(第 186 页)。**新解**:"在执行规则时,法律系统不能认为'无法履行'是无关紧要的。"

8. **原文**:"It would be an intolerable burden on liberty if the liability to penalties was not normally limited to actions within our power to do or not to do"(p. 208)。H 本:"如果惩罚的责任不是正常地限制在我们做或不做某些行为的能力范围之内的话,这种责任便将是加于自由之上的不可容忍的重负"(第 186 页)。**新解**:"如果处罚责任在常态意义上不限于我们拥有的能力范围之内的作为或不作为,那将是自由无法承受的负担。"这句话的意思是,处罚责任的大小要与主体拥有的作为或不作为的能力大小相对应。

【诠释】

我们不妨从准则"应当蕴涵能够"(ought implies can)开始。这一准则确定了各个法律系统(legal systems)的若干显著特征。首先,法规要求的行为应该是能够合理地预料人们会去做的行为;法规禁止的行为则是能够合理地预料人们将要规避的行为。一套面向理性人颁布的规则,用以组织他们的行为,涉及他们能做什么和不能做什么。它不得强加一种义务,强迫人们去做其不能做的事。其次,"应当蕴涵能够"概念可以传达这样一种观念，即那些制定法律和下达命令者是真心诚意的。立法者、法官和该系统其他官员必须相信，法律是能够得到遵守的；他们必须设想，任何命令都会得到执行。此外，当局不仅必须本着诚意行事，而且其诚意必须得到受其颁布的法律约束者的承认。只有当人们一般认为法律能够得到遵守、命令能够得到执行时，法律和命令才被接受为法律和命令。如果这是有问题的，那么当局的行动大概除了组织行为之外还另有其他目的。最后，这一箴言表达了这样一项要求，即法律系统应当承认"无法履行"（impossibility of performance）作为一种抗辩的情况，或至少作为一种减轻处罚的情况。在执行规则时，法律系统不能认为"无力履行"（inability to perform）是无关紧要的。如果处罚责任在常态意义上不限于我们拥有的能力范围之内的作为或不作为，那将是自由无法承受的负担。

【原文】§38-5-pp.208-209

【评析】

1. 原文："Significantly limits the discretion of judges and others in authority"（p.209）。H本："有效地限制了法官及其他当权者的权限"（第186页）。**新解："极大地限制了法官和其他执法者的自由裁量权"**。"discretion"是一个法学术语，意为"自由裁量权"。德沃金在《原则问题》一书中专门讨论过法官的自由裁量权。①

2. 原文："But as the number of cases increases, plausible justifications for biased judgments become more difficult to construct"（p.209）。H本："但是，随着案例的增多，对于带偏见的判决的貌似有理的辩护就变得十分困难了"（第186页）。**新解："但是，随着案例数量的增多，对有偏颇判决做出貌似有理的正当辩护变得更加难以自圆其说。"**

3. 原文："Eventually reasoned arguments for discriminatory judgments become harder to formulate and the attempt to do so less persuasive"（p.209）。H本："对歧视性的判决的合理论证最终变得更加难于形成，并且这样做的意图也不那么诱人了"（第186页）。**新解："最终，针对区别对待裁决的合理论据变得更加难以制定，而且这样做的企图也不那么有说服力。"**

4. 原文："This precept holds also in cases of equity, that is, when an

---

① 参阅德沃金《原则问题》，张国清译，第五章。

exception is to be made when the established rule works an unexpected hardship"（p. 209）．H本："这个准则也适用于公道法的情形，即当既定规范发生了始料未及的困难因而需要作出例外处理时的情形"（第186页）。**新解**："这一准则也适用于某些衡平法案例，亦即，当既定规则陷于意想不到的困境时，就需要做出例外裁决。"短语："Cases of equity"．应解读为"**衡平法案例**"或"**衡平法判例**"。衡平法（equity）是英美法系三大法律渊源之一，另外两大法律渊源是普通法和成文法。审理案件的衡平法准则是，如果法律原则和公平原则产生分歧，那么公平原则应占上风；如果衡平法与普通法发生矛盾，那么以衡平法为归依。法庭依此裁决案件。[①]

5. 原文："But with this proviso: since there is no clear line separating these exceptional cases, there comes a point, as in matters of interpretation, at which nearly any difference will make a difference"（p. 209）。H本："但是在这种条件下，由于没有区分例外情况的明确界线，就像在解释中的情况那样，于是就发生了这样一种情况：在此几乎所有差别都是很重要的"（第186页）。**新解**："但是有一个限定条件：由于不存在区分这些例外案例的明确界限，我们就会抵达这样的点，就如在解释问题上会遇到的那样，到了那儿，几乎任何差异都将产生某种差异。"

6. 原文："In these instances, the principle of authoritative decision applies, and the weight of precedent or of the announced verdict suffices"（p. 209）。H本："在这样的情况中，便要运用权威决定的原则，而且先前的或已宣布的判决的力量就足够了"（第186页）。H本没有理解这个语句的意思。**新解**："在这些案例中，权威性裁决原则得到了适用，先例的权重或者已经宣布裁决的权重得到了足够衡量。"

【诠释】

法治还意味着"类似案件类似处理"（similar cases be treated similarly）准则。如果这一准则没有得到遵守，人们就不能用规则来规范自己的行为。当然，这一理念并没有让我们走得很远。因为我们必须假设，相似性标准是由法律规则（法规和法条）本身和用来解释它们的原则给出的。然而，类似案件类似处理准则，极大地限制了法官和其他执法者的自由裁量权。这条准则迫使他们参照有关法律规则和原则，证明他们在人际间做出的区分是正当的。在任何特定情况

[①] 参阅张怡《衡平税法研究》，中国人民大学出版社2012年版。沈达明编著：《衡平法初论》，对外经济贸易大学出版社1991年版。

下，如果规则非常复杂，需要解释，那么就容易证明专断的判决是正当的。但是，随着案例数量的增多，对有偏颇判决做出貌似有理的正当辩护(辩解和证成)变得更加难以自圆其说。一致性要求当然适用于所有规则的解释和所有层次的证明。最终，针对区别对待裁决(discriminatory judgments)的合理论据变得更加难以制定，而且这样做的企图也不那么具有说服力(令人信服)。这一准则也适用于某些衡平法案例(cases of equity)，亦即，当既定规则陷于意想不到的困境时，就需要做出例外裁决。但是有一个限定条件：由于不存在区分这些例外案例的明确界限，我们将抵达这样的点，正如在解释问题上会遇到的那样，到了那儿，几乎任何差异都将产生某种差异。在这些案例中，权威性裁决原则得到了适用，先例的权重或者已宣布裁决的权重得到了足够衡量。①

【原文】§38 –6 –p. 209

【评析】

1. 原文："The precept that there is no offense without a law（*Nullum crimen sine lege*），and the requirements it implies, also follow from the idea of a legal system"（p. 209）。H 本："法无明文不为罪的准则（*Nalla crimen sine Lege*）及其暗含的种种要求也产生于一个法律体系的观念中"（第186页）。新解："'法无明文规定不为罪'准则及其蕴涵的要求，也源自某种法制理念。"

2. 原文："This precept demands that laws be known and expressly promulgated"（p. 209）。H 本："这个准则要求法律为人所知并公开地宣传"（第186页）。新解："这一准则要求，法律是众所周知的和公开颁布的。"

3. 原文："Statutes be general both in statement and intent"（p. 209）。H 本："法令在陈述和意向两方面都是普遍的"（第186页）。H 本没有准确理解这个语句的意思。新解："法令的声明和意图都是一般性的。"

4. 原文："Bills of attainder"（p. 209）。H 本："褫夺公民权利法案"（第186页）。新解："禁止国会通过剥夺公民权利法案"。这个术语源自美国宪法第一章第九款第三条，即"no bill of attainder or ex post facto law shall be passed"，意指"国会不得通过公民权利剥夺法案或追溯既往的法律"。因此，这个术语是"禁止国会通过剥夺公民权利法案"（no bill of

---

① 富勒：《法律分析》，纽约：新美文库出版社1969年版，第182页。——原注

attainder) 的缩写。

5. 原文: "These requirements are implicit in the notion of regulating behavior by public rules" (p. 209). H 本: "上述要求潜含在由公共规则调节行为的概念中"(第186页)。新解: "这些要求隐含在通过公开规则来规制行为的概念中。"

6. 原文: "While there may be occasional bills of attainder and retroactive enactments, these cannot be pervasive or characteristic features of the system, else it must have another purpose" (p. 209). H 本: "尽管可能存在着剥夺公民权利的临时法案和追溯法规, 但这些东西不能太普遍, 或成为法律体系的特征, 否则它们就必定具有另外的目的"(第186—187页)。新解: "虽然可能存在剥夺公民权利的临时性法案和追溯既往的法令, 但是这些法案和法令不能成为法制的常有特征或独有特征, 否则它必定另有所图。"

7. 原文: "These rules would not be a legal system" (p. 209). H 本: "这些规范不是一个法律体系"(第187页)。新解: "这些法规将构成不了某个法律系统。"

【诠释】

"法无明文规定不为罪"(*nullum crimen sine lege*)准则及其蕴涵的要求, 也源自某种法制理念。这一准则要求, (1) 法律是众所周知的和公开颁布的; (2) 法律的含义是得到明确界定的; (3) 法令的声明和意图都是一般性的, 不能用作损害某些可能是有名有姓的(有着具体姓名)个体的手段 (禁止国会通过剥夺公民权利法案); (4) 至少就比较严重的违法行为要有严格解释; (5) 在量刑时, 不追溯罪犯的既往过错。这些要求隐含在通过公开规则来规制行为的概念中。比方说, 假如法规命令和禁止的内容不够明确, 那么公民就不知道该如何行动。此外, 虽然可能存在剥夺公民权利的临时性法案和追溯既往的法令, 但是这些法案和法令不能成为法制的常有特征或独有特征, 否则它必定另有所图(别有用心)。暴君可能没有预先告示就篡改法律, 并相应地惩罚(假定这个措辞是恰当的)其臣民, 因为他乐于看到臣民花费大量时间从窥探他实施的惩罚中领悟新的法规是什么。但是, 这些法规将构成不了某个法律系统, 因为它们不能通过为各种合法预期提供基础来组织社会行为。

【原文】§38-7-pp. 209-210

【评析】
罗尔斯在这里也谈到了自然正义。自然正义原本仅适用于法官的司法裁判活动，是法官为了解决纠纷所应遵循的最低限度程序公正标准。自然正义有两个要求：(1) 任何人均不得担任自己案件的法官（nemo judex in parte sua）；(2) 法官应听取双方之词，任何一方之词未被听取不得对其裁判（audi alteram partem）。法官在审判中不得存在任何偏私，须在外观上使任何正直的人不对其中立性有任何合理的怀疑。为了防止对某一方当事人怀有不利偏见的人担任裁判者，法官不得与案件或当事人双方存在利益牵连，不得对案件事实事先形成预决性认识或判断，否则，法官的裁判就会失去法律效力。因此，自然正义与司法权力运行有着密切联系，是实现司法公正的根本保障。①

1. 原文："**These are guidelines intended to preserve the integrity of the judicial process**"（pp. 209-210）. H 本："它们是用来保护司法诉讼的廉正性的指南"（第187页）。新解："这些准则是旨在维护司法程序之完备性的指南。"

2. 原文："**If laws are directives addressed to rational persons for their guidance, courts must be concerned to apply and to enforce these rules in an appropriate way**"（p. 210）. H 本："如果法律是向理性人提出的指令的话，法庭就必须考虑以某种适当的方法来运用和贯彻这些规范"（第187页）。新解："如果法律是为了指导理性人而向其发布的指令，那么法庭必须考虑以适当方式适用和执行这些规则。"

3. 原文："**A conscientious effort must be made to determine whether an infraction has taken place and to impose the correct penalty**"（p. 210）. H 本："就必须做出有意识的努力来确定一个违法行为是否已经发生，是否要对它处以正确的惩罚"（第187页）。新解："法庭必须竭尽全力，确定是否已经发生违法行为，并予以正确处罚。"

4. 原文："**A legal system must make provisions for conducting orderly trials and hearings**"（p. 210）. H 本："一个法律体系必须准备按照法规来进行审判和受理申诉"（第187页）。新解："法律系统必须就有序开展审

---

① 参阅宾默尔《自然正义》，李晋译，上海财经大学出版社2010年版。

第四章　平等自由　725

理和听证做出规定。"

5. 原文："It must contain rules of evidence that guarantee rational procedures of inquiry"（p. 210）。H本："它必须包括可保障合理审查程序的证据法规"（第187页）。新解："它必须包含保证合理调查程序的证据规则。"

6. 原文："While there are variations in these procedures, the rule of law requires some form of due process"（p. 210）。H本："当在这些程序方面出现各种变更时，法治要求某种形式的恰当程序"（第187页）。新解："虽然这些程序有所不同，但法治要求某种形式的正当程序。"

7. 原文："A process reasonably designed to ascertain the truth, in ways consistent with the other ends of the legal system, as to whether a violation has taken place and under what circumstances"（p. 210）。H本："一种合理设计的、以便用与法律体系的其他目的相容的方式来弄清一个违法行为是否发生、并在什么环境下发生的真相的程序"（第187页）。新解："合理设计的程序，以符合法律系统其他目的的方式查明真相，查明是否已经发生违法行为，以及在什么情况下已经发生违法行为。"

8. 原文："Trials must be fair and open, but not prejudiced by public clamor"（p. 210）。H本："各种审判必须是公平的、公开的，不能因公众的呼声而带有偏见"（第187页）。有学者把"not prejudiced by public clamor"解读为"不因公共喧嚷而有先入之见"①，如神来之笔而颇有新意。新解："审判必须公平公开，不得因公众呼吁而有所偏颇。"

【诠释】

最后，存在着定义自然正义观念的准则。这些准则是旨在维护司法程序之完备性的指南。② 如果法律是为了指导理性人而向其发布的指令，那么法庭必须考虑以适当方式适用和执行这些规则。法庭必须竭尽全力，确定是否已经发生违法行为，并予以正确处罚。因此，法律系统必须就有序开展审理和听证做出规定；它必须包含保证合理调查程序的证据规则（取证规则）。虽然这些程序有所不同，但法治要求某种形式的正当程序：亦即，合理设计的程序，以符合法律系统其他目的的方式查明真相，查明是否已

---

① 夏惠："法治是什么——渊源、规诫与价值"，《中国社会科学》1999年第4期。
② 这个自然正义的含义是传统的。参阅哈特《法律的概念》，牛津：克莱伦顿出版社1966年版，第156、202页。——原注

经发生违法行为，以及在什么情况下已经发生违法行为。例如，法官必须独立而公道，任何人不得审理自己的案件。审判必须公平公开，不得因公众呼吁而有所偏颇。这些自然正义准则旨在确保，法律秩序将公道且常规地(impartially and regularly) 得到维护。

【原文】§38 – 8 – pp. 210 – 211

【评析】

1. 原文："**Liberty, as I have said, is a complex of rights and duties defined by institutions**"（p. 210）。H本："正如我曾说过的，自由是制度确定的多种权利和义务的复杂集合"（第187页）。新解："正如我曾说过的那样，自由是由各种制度所规定的一组权利和义务。"

2. 原文："**The various liberties specify things that we may choose to do, if we wish, and in regard to which, when the nature of the liberty makes it appropriate, others have a duty not to interfere**"（p. 210）。H本："各种各样的自由指定了如果我们想做就可以决定去做的事情，在这些事情上，当自由的性质使做某事恰当时，其他人就有不去干涉的义务"（第187页）。新解："各种自由具体规定了只要我们愿意我们就可以选择去做的事情，只要自由的性质确定我们的做法是恰当的，他人有不予干涉的义务。"

3. 原文："**If the precept of no crime without a law is violated, say by statutes, being vague and imprecise, what we are at liberty to do is likewise vague and imprecise**"（p. 210）。H本："如果法无明文规定不为罪的准则受到侵犯，比方说，由于模糊的、不精确的法规而受到侵犯的话，那么我们能够自由地去做的事情就同样是模糊的、不精确的"（第187—188页）。新解："假如'法无明文规定不为罪'准则，比如说，因为模糊的和不精确的法规而受到了违反，那么我们能够自由地做什么也是模糊的和不精确的。"

4. 原文："**Liberty is restricted by a reasonable fear of its exercise**"（p. 210）。H本："人们对行使自由就会产生一种合理的担心，从而导致对自由的限制"（第188页）。新解："自由受制于对实施该准则的合理担心。"人们担心的不是自己自由的行使，而是实施模糊的和不明确的"法无明文规定不为罪"准则对自己行使自由可能带来的消极影响。

5. 原文："**The same sort of consequences follow if similar cases are not**

treated similarly, if the judicial process lacks its essential integrity, if the law does not recognize impossibility of performance as a defense, and so on"（p.210）。H 本："如果类似的情况不类似处理，如果司法诉讼缺少根本上的廉洁性，如果法律不把无力实行看成是一种防卫等等，那么也会产生同样的结果"（第188页）。新解："如果类似案件没有得到类似处理，如果司法程序缺乏基本的完备性，如果法律不承认以无法履行作为一项辩护理由，等等，同样的后果也会随之而来。"H 本对这个语句的解读是基本错误的。

6. 原文："Principle of legality"（p.210）。H 本："法治原则"（第188页）。新解："合法性原则"。

【诠释】

现在，法治与自由的关系已经一目了然。正如我曾说过的那样，自由是由各种制度所规定的一组权利和义务。各种自由具体规定了只要我们愿意我们就可以选择去做的事情，只要自由的性质确定我们的做法是恰当的，他人有不予干涉的义务。① 但是，假如"法无明文规定不为罪"（no crime without a law）准则，比如说，因为模糊的和不精确的法规而受到了违反，那么我们能够自由地做什么也是模糊的和不精确的。我们的自由边界是不确定的。在某种程度上，自由受制于对实践该准则的合理担心。如果类似案件没有得到类似处理，如果司法程序缺乏基本的完备性，如果法律不承认以无法履行（impossibility of performance）作为一项辩护理由，等等，同样的后果也会随之而来。因此，在理性人为自己建立最大平等自由的协议方面，合法性原则有着坚实的基础。为了确保拥有和行使这些自由，良序社会的公民通常要求维持法治。

---

① 这一观点是否适用于所有权利——比如说是否适用于拾取无人认领之物的权利——可能是有争议的。参阅哈特的论文，载于《哲学评论》第64卷，第179页。但就我们这里的目的而言，这一观点或许是足够正确的。尽管一些基本权利像我们所认为的那样类似于竞争的权利，例如参与公共事务的权利和影响已形成的政治决定的权利，但每个人同时仍有以某种方式来指导自己行动的义务。这一义务可以说是一种公平的政治行为中的义务，对它的侵犯就是一种对他人的干预。正如我们所看到的，正义宪法的目的是建立这样一个框架，在这个框架内，被公平追求的并且具有公平价值的平等政治权利，可能导致正义而有效的立法。在适当的时候，我们可以在本书正文其他段落中解释这个观点。关于这个观点，参阅理查德·沃尔海姆（Richard Wollheim）"平等"，《亚里士多德协会会刊》（1955—1956年）第56卷，第291页及以后。换言之，权利可以重述为在特定环境下试图做某事的权利，这些环境允许其他人参与公平竞争。不公平变成干预的一种特殊形式。——原注

【原文】§ 38 – 9 – p. 211

【评析】

请留意罗尔斯讨论"有效刑罚机器"这个短语的背景。它让人想到 17—18 世纪的断头台，那是一种典型的充满血腥的"有效刑罚机器"。如果这个短语解读为"有效刑罚机构的存在"，则显得不够确切。罗尔斯从工具或手段意义上来解读作为迫使人们遵守规则之依据或理由的刑罚制度。此外，罗尔斯在这里提到了"崇尚强权的君主"，让人想起霍布斯笔下的"专权君主"或"利维坦"。罗尔斯表示，良序社会离不开强制权力，国家机器照常运转，这是人民获得安全的保证。

1. 原文："They share a common sense of justice"（p. 211）。H 本："他们分享相同的正义感"（第 188 页）。**新解**："他们享有一种共同的正义感。"

2. 原文："The general awareness of these temptations may eventually cause the scheme to break down"（p. 211）。H 本："对这些诱惑的广泛的觉察最终可能导致合作体系的崩溃"（第 188 页）。**新解**："一旦大家都知道了这些诱惑，最终可能导致这个计划的失败。"

3. 原文："The suspicion that others are not honoring their duties and obligations is increased by the fact that, in the absence of the authoritative interpretation and enforcement of the rules, it is particularly easy to find excuses for breaking them"（p. 211）。H 本："人们日益猜疑其他人没有履行义务和责任，这是因为，在缺少权威的解释和规则的强制的情况下寻找一些违反规则的借口是特别容易的"（第 188 页）。**新解**："由于缺乏规则的权威解释和执行力度，人们容易找到违反规则的借口，这加重了他们对他人不履行义务和职责的怀疑。"

4. 原文："Even under reasonably ideal conditions, it is hard to imagine, for example, a successful income tax scheme on a voluntary basis"（p. 211）。H 本："即使在合理的理想条件下，设想一个比方说基于自愿的成功所得税方案也是十分困难的"（第 188 页）。**新解**："即使在相当理想的条件下，我们也难以想象比如一个基于自愿的成功所得税方案。"

5. 原文："By enforcing a public system of penalties government removes the grounds for thinking that others are not complying with the rules"（p. 211）。H 本："政府通过强制实行一个公开的惩罚体系来消除

那些认为其他人不遵守规则的理由"（第188页）。**新解**："通过实施公开惩罚制度，政府消除了人们以为他人不遵守规则的理由。"

6. **原文**："**A coercive sovereign is presumably always necessary, even though in a well-ordered society sanctions are not severe and may never need to be imposed**"（p. 211）。H本："一个强制主权大概也总是必需的，虽然在一个良序社会中，制裁是不严厉的甚至可能是不需要强加的"（第188页）。**新解**："即使在良序社会中制裁并不严厉，而且可能永远不需要实施制裁，但是一个崇尚强权的君主大概总是必要的。"

7. **原文**："**The existence of effective penal machinery**"（p. 211）。H本："有效的刑罚机构的存在"（第188页）。**新解**："有效刑罚机器的存在"。

8. **原文**："**This proposition and the reasoning behind it we may think of as Hobbes's thesis**"（p. 211）。H本："我们也许可以把这个主张及其背后的理由看成是霍布斯的理论"（第188页）。**新解**："我们不妨把这个命题及其背后的推理视为霍布斯论题。"

【诠释】

我们可以用略有不同的方式得出同样的结论。有理由认为，即使在良序社会里，为了维护社会合作的稳定性，政府的强制性权力在某种程度上也是必需的。虽然人们知道他们享有一种共同的正义感，每个人都想维持现有的安排，但是他们可能彼此缺乏完全的相互信任。他们可能怀疑有些人没有尽到自己的职责，因此他们可能受诱惑而未尽到自身的职责。一旦大家都知道了这些诱惑，最终可能导致这个计划的失败。由于缺乏规则的权威解释和执行力度，人们容易找到违反规则的借口，这加重了他们对他人不履行义务和职责的怀疑。因此，即使在相当理想的条件下，我们也难以想象比如一个基于自愿的成功所得税方案。这样的安排是不稳定的。授权公开解释得到集体制裁支持的规则，其作用正在于克服这种不稳定性。通过实施公开惩罚制度，政府消除了人们以为他人不遵守规则的理由。因此，即使在良序社会中制裁并不严厉，而且可能永远不需要实施制裁，但是一个崇尚强权的君主大概总是必要的。更确切地说，有效刑罚机器的存在，是人们相互间安全的保障。我们不妨把这个命题及其背后的推理视为霍布斯论题。①

---

① 参阅霍布斯《利维坦》，第13—18章；参阅霍华德·沃伦德（Howard Warrender）《霍布斯的政治哲学》，牛津：克莱伦顿出版社1957年版，第三章；参阅高蒂尔《利维坦的逻辑》，牛津：克莱伦顿出版社1969年版，第76—89页。——原注

【原文】§38 – 10 – pp. 211 – 212

【评析】

在这里，罗尔斯又用两个术语"a coercive agency"和"a coercive mechanism"来表达一个相似的意思：一种强制的国家机器。

1. 原文："These are of at least two kinds: one kind is the cost of maintaining the agency covered say by taxation; the other is the danger to the liberty of the representative citizen measured by the likelihood that these sanctions will wrongly interfere with his freedom"（p. 211）。H本："它至少有两个弊端：一是由税收所支付的维持机构的费用；二是对代表的公民的自由构成的某种危险，这种危险可以由这些制裁将错误地干预公民自由的可能性来估量"（第188页）。新解："它至少存在两类不利因素：一是维持比如由征税涵盖的机构成本；二是对公民代表人的自由造成的危害，它以这些制裁错误地干扰其自由的概率来衡量。"

2. 原文："The dangers to liberty are less when the law is impartially and regularly administered in accordance with the principle of legality"（p. 211）。H本："当人们按照法律原则公正、正常地执法时，对自由构成的危险就比较小"（第189页）。另解："在法律按照合法性原则，而无偏袒、有规则地实施的地方，自由所面临的危险就较少一些。"① 新解："如果按照合法性原则，法律得到公道而常规的实施，那么自由面临的危险就会更少一些。"

3. 原文："While a coercive mechanism is necessary, it is obviously essential to define precisely the tendency of its operations"（pp. 211 – 212）。H本："当一个强制机构是必需的时候，确切地规定这个机构运行的方向显然是十分重要的"（第189页）。新解："既然某种强制机器是必要的，那么明确界定其运作趋势显然是至关重要的。"

4. 原文："Knowing what things it penalizes and knowing that these are within their power to do or not to do, citizens can draw up their plans accordingly"（p. 212）。H本："公民们如果知道什么事情要受罚，并知道这些事情是在他们可做可不做的能力范围之内的，他们就可以相应地制定他们的计划"（第189页）。新解："当公民们知道该强制机器将惩罚什么

---

① 夏勇："法治是什么——渊源、规诫与价值"，《中国社会科学》1999年第4期。

事情，并且知道这些是在其能做或不能做的能力范围之内的事情，他们就可以相应地制定自己的计划。"

【诠释】

现在，在建立这样一种制裁制度时，参加制宪会议的各方必须权衡其不利因素。它至少存在两类不利因素：一是维持比如由征税涵盖的机构成本；二是对公民代表人的自由造成的危害，它以这些制裁错误地干扰其自由的概率来衡量。只有在这些不利因素小于因不稳定而丧失自由带来的不利因素的情况下，设立强制机构才是合理的。假设是这样的话，最佳安排就是尽量减少这些危害的安排。很明显，在其他条件相同的情况下，如果按照合法性原则，法律得到公道而常规的实施，那么自由面临的危险就会更少一些。既然某种强制机器是必要的，那么明确界定其运作趋势显然是至关重要的。当公民们知道该强制机器将惩罚什么事情，并且知道这些是在其能做或不能做的能力范围之内的事情，他们就可以相应地制定自己的计划。遵守已经公布规则的人，不必害怕其自由会受到侵犯。

【原文】 §38 – 11 – p. 212

【评析】

罗尔斯在这里提到的短语"an order of public rules addressed to rational persons"与前面提到的短语"laws are directives addressed to rational persons for their guidance"（p. 210）是近义的。如果"directives"可以解读为"指令"，那么"an order of public rules"解读为"一套由公开规则组成的命令"就是恰当的。

1. 原文："**This principle is simply the consequence of regarding a legal system as an order of public rules addressed to rational persons in order to regulate their cooperation, and of giving the appropriate weight to liberty**"（p. 212）. H本："这个原则仅仅是把一个法律体系看成为一种为调节理性人的合作而向他们提出的公共规则的命令和赋予自由以适当分量这一看法的结果"（第189页）。新解："这一原则仅仅是如此看待法律系统的结果：法律系统是向理性人公布的由一套公开规则组成的命令，用来规制理性人的合作，并给予自由以适当权重。"

2. 原文："**I believe that this view of responsibility enables us to explain most of the excuses and defenses recognized by the criminal law under the**

heading of *mens rea* and that it can serve as a guide to legal reform"（p. 212）. H本："我相信，这样一种责任的观点能使我们解释刑法之所以承认以犯罪意图的名义作出许多辩解和辩护的原因，相信这种责任观点可用来指导法律改革"（第189页）。**新解**："本人认为，这种责任观念使我们能够解释刑法以犯罪故意为主题所承认的大多数辩护和抗辩。本人还认为，它可以作为法律改革的指南。"

【诠释】

前面的评论清楚地表明，我们需要对刑事制裁做出解释，尽管这种解释对于理想理论来说是有限的。给定常态的人类生活条件，这样的安排是必要的。本人曾经提到过，证明这些制裁的原则可以来自自由原则。无论如何，在这种情况下，这种理想观念表明，我们应当如何制定这个非理想方案；它证实了这样的猜想：这个基础理论是理想理论。我们还看到，责任原则并非奠基于如下观念：惩罚主要是报复或恐吓。相反，责任原则是为了自由本身而被承认的。除非公民能够知道什么是法律，并有公平的机会思考法律的指令，否则刑事制裁不适用于他们。这一原则仅仅是如此看待法律系统的结果：法律系统是向理性人公布的一套由公开规则组成的命令，用来规制理性人的合作，并给予自由以适当权重。本人认为，这种责任观念使我们能够解释刑法以犯罪故意为主题所承认的大多数辩护和抗辩。本人还认为，它可以作为法律改革的指南。然而，这些观点不能在这里继续展开。① 我们只要提到如下一点就已经足够：理想的正义理论要求将刑事制裁解释为维护稳定的手段，并且指出创制部分遵守理论这一部分的办法。尤其须要指出的是，自由原则导致责任原则。

【原文】 §38 - 12 - pp. 212 - 213

【评析】

1. 原文："Situations of an unhappy sort"（p. 212）. H本："一种不幸的状态"（第189页）。**新解**："某些令人不快的情况"。

2. 原文："It may be permissible to insist less strongly on the precepts of the rule of law being followed"（p. 212）. H本："不太有力地坚持遵循

---

① 关于这些问题，可参阅哈特《惩罚和责任》（*Publishment and Responsibility*），牛津：克莱伦顿出版社1968年版，第173—183页。本人在这里沿袭了他的观点。——原注

第四章　平等自由　733

法治准则的情况也许是允许的"（第189页）。**新解**："可以允许不那么强烈地坚持人人皆须遵守的法治准则。"

3. 原文："In some extreme eventualities persons might be held liable for certain offenses contrary to the precept ought implies can"（p.212）. H本："在某些极端的事件中，人们可能认为某些个人对一些违反'应当意味着能够'的准则的行为负有责任"（第189页）。**新解**："在某些极端突发事件中，人们可能因违反'应当蕴涵能够'准则而担负某些罪责。"

4. 原文："Suppose that, aroused by sharp religious antagonisms, members of rival sects are collecting weapons and forming armed bands in preparation for civil strife"（p.212）. H本："让我们假设由于激烈的宗教对立，敌对教派的成员正收集武器组成部队以准备一场内战"（第189页）。**新解**："试假设，由强烈的宗教对抗引起，敌对教派成员正在收集武器并组成武装团伙，为内乱做准备。"

5. 原文："Except for this proviso, the absence of intent and knowledge of possession, and conformity to reasonable standards of care, are declared irrelevant"（p.213）. H本："除了这个条件之外，其他的情况，诸如被告没有占有武器的意图、缺少有关方面的知识、遵守了合理的武器管理标准等都是不相干的"（第190页）。**新解**："除此之外，是否缺乏拥有武器的故意或知情，以及是否符合合理的谨慎标准，均被宣布为无关。"

6. 原文："These normal defenses would make the law ineffective and impossible to enforce"（p.213）. H本："这些通常的辩护将使法律归于无效和不可能实行"（第190页）。**新解**："这些正常的抗辩会使法律失效，令其无法执行。"

【诠释】

在部分遵守理论中出现的道德困境（moral dilemmas），也应以自由的优先性来看待。因此，我们可以想象某些令人不快的情况，在那些情况下，可以允许不那么强烈地坚持人人皆须遵守的法治准则。例如，在某些极端的突发事件中，人们可能因违反"应当蕴涵能够"准则而担负某些罪责。试假设，由强烈的宗教对抗引起，敌对教派成员正在收集武器并组成武装团伙，为内乱做准备。面对这种情况，政府可以颁布一项法令，禁止（公民）拥有武器（假设目前拥有武器还不算犯罪）。法律可能会认定，足够的定罪证据是在被告的房屋或财产中发现武器，除非他能证明这些武器是其他人放在那里的。除此之外，是否缺乏拥有武器的故意或知情，以及是否符合合理的谨慎标准，均被宣布为无关。有人认为，这些正常的抗辩会使法律失效，令其无法执行。

【原文】§ 38 – 13 – p. 213

【评析】

1. 原文："Viewing the situation from the legislative stage, one may decide that the formation of paramilitary groups, which the passing of the statute may forestall, is a much greater danger to the freedom of the average citizen than being held strictly liable for the possession of weapons"（p. 213）。H 本："当人们从立法阶段来考虑这个情况时，他们可能认定：如不通过这一法令，便不能防止全副武装的军事团体的形成。比起要求他们对占有武器的行为严格负责，军事集团对一般公民自由的威胁要大得多"（第 190 页）。**新解**："从立法阶段来看，人们可以认定，通过法令可以阻止组建准军事团体，而组建准军事团体对普通公民的自由构成的重大威胁，要比拥有武器负有更大的罪责。"

2. 原文："Citizens may affirm the law as the lesser of two evils, resigning themselves to the fact that while they may be held guilty for things they have not done, the risks to their liberty on any other course would be worse"（p. 213）。H 本："公民可能确认这个法令是两害之中较轻者，他们相信这样一种论据：即虽然他们可能会因他们没有做过的事情而被定罪，但以其他方式拿他们的自由来冒险情况可能会更糟"（第 190 页）。**新解**："公民可能会将这项法律视为两害相权取其轻的一个缓兵之计，迫使自己承认以下事实，尽管他们可能会因自己没有做过的事而被判有罪，但是假如依靠任何别的办法，他们的自由将面临更大的风险。"

3. 原文："Since bitter dissensions exist, there is no way to prevent some injustices, as we ordinarily think of them, from occurring"（p. 213）。H 本："既然存在着激烈的倾轧，那么正如通常考虑的一样，我们是没有办法来避免某些不正义的"（第 190 页）。**新解**："正如我们通常认为的那样，既然存在着痛苦的纷争，就没有办法阻止某些违背正义现象的产生。"

4. 原文："All that can be done is to limit these injustices in the least unjust way"（p. 213）。H 本："我们所能做的事情只是以最少不正义的方

式来限制这些不正义"(第190页)。**新解:**"我们所能做的,就是以最不违反正义的方式来限制这些违背正义的现象。"

【诠释】

现在,尽管这项法令违反了"应当蕴涵能够"(康德对此有深刻论证)准则,但是至少当它施加的惩罚不太严厉的时候,公民代表人可以将其视为自由的较小损失(lesser loss of liberty)而予以接受。(比如说,本人在此假设监禁是对自由的极大限制,因此必须考虑所拟定惩罚的严重性。)从立法阶段来看,人们可以认定,通过法令可以阻止组建准军事团体,而组建准军事团体对普通公民的自由构成的重大威胁,要比拥有武器负有更大的罪责。公民可能会将这项法律视为两害相权取其轻的一个缓兵之计,迫使自己承认以下事实,尽管他们可能会因自己没有做过的事而被判有罪,但是假如依靠任何别的办法,他们的自由将面临更大的风险。正如我们通常认为的那样,既然存在着痛苦的纷争,就没有办法阻止某些违背正义现象的产生。我们所能做的,就是以最不违反正义的方式来限制这些违背正义的现象。

【原文】§38-14-p.213

【评析】

1. 原文:"The priority of liberty carries over to partial compliance theory"(p.213). H本:"自由的优先性转向了部分服从理论"(第190页)。**新解:**"自由的优先性可以归之于部分遵守理论。"

2. 原文:"Rather the appeal has been to the common good in the form of the basic equal liberties of the representative citizen"(p.213). H本:"倒不如说,人们一直诉诸的是以代表的公民的基本平等自由的形式出现的共同善"(第190页)。**新解:**"相反,我们呼吁在公民代表人享有基本平等自由的形式中实现共同利益。"

3. 原文:"Unfortunate circumstances and the unjust designs of some necessitate a much lesser liberty than that enjoyed in a well-ordered society"(p.213). H本:"不幸的环境和某些人的不义的计划,使得一种比在一个良序社会里所享受的自由少得多的自由成为必需"(第190页)。**新解:**"不幸的环境,加上针对某些人的不公正的计划,使得人们享有的自由比在良序社会中享有的自由要少得多。"

4. 原文："Any injustice in the social order is bound to take its toll; it is impossible that its consequences should be entirely canceled out"（p. 213）。H 本："社会秩序中的任何不正义都必定会给社会带来损失；要完全清除它的后果是不可能的"（第 190 页）。**新解**："社会秩序的任何不公正，都必定付出代价；其后果不可能完全消除。"

5. 原文："**In applying the principle of legality we must keep in mind the totality of rights and duties that defines the liberties and adjust its claims accordingly**"（p. 213）。H 本："在运用法律原则中，我们必须牢记那些确定自由并相应地调节其要求的权利和义务的整体"（第 190 页）。**新解**："在适用合法性原则时，我们必须牢记界定自由并相应调整其权利主张的所有权利和义务。"

6. 原文："**Sometimes we may be forced to allow certain breaches of its precepts if we are to mitigate the loss of freedom from social evils that cannot be removed, and to aim for the least injustice that conditions allow**"（p. 213）。H 本："如果我们要减轻因不能根除的社会邪恶而导致的对自由的损害，并且把目标集中在环境允许的最少不正义上，那么我们有时不能不允许某些违反正义准则的情况存在"（第 190 页）。**新解**："有时，假如我们想要减轻由无法消除的社会罪恶对自由造成的损害，聚焦于条件许可的最低限度的不公正，我们可能被迫放过某些违反正义准则的行为。"

【诠释】

结论再一次证明，限制自由的论证来自自由原则本身。无论如何，在某种程度上，自由的优先性可以归之于部分遵守理论。因此，依照讨论的情况，一些人的较大利益与其他人的较小利益并没有得到平衡。人们也没有为了更多的经济利益和社会利益而接受更少的自由。相反，我们呼吁在公民代表人享有基本平等自由的形式中实现共同利益。不幸的环境，加上针对某些人的不公正计划，使得人们享有的自由比在良序社会中享有的自由要少得多。社会秩序的任何不公正，都必定付出代价；其后果不可能完全消除。在适用合法性原则时，我们必须牢记界定自由并相应调整其权利主张的所有权利和义务。有时，假如我们想要减轻由无法消除的社会罪恶对自由造成的损害，聚焦于条件许可的最低限度的不公正，我们可能被迫放过某些违反正义准则的行为。

§39 自由优先性的界定
The Priority of Liberty Defined

【题解】

罗尔斯在这里讨论的自由优先性指的是，首先，第一正义原则在排序上优先于第二正义原则，在这个意义上，自由优先性等于基本的平等权利的优先性；其次，在第二正义原则中，公平均等机会原则优先于差别原则，或者正当优先于善，用罗尔斯自己的话来说，"the priority of the right over the good, or of fair opportunity over the difference principle"（p. 214）。这里的短语"the priority of the right over the good"不能解读为"权利优先于善"；"the right"和"the good"都是抽象的道德哲学和政治哲学术语，前者最好解读为"正当"，后者最好解读为"善"。罗尔斯有时把"right"和"just"两个术语放在一起，比如"the sense of right and just"；或者把"right"和"justice"放在一起，比如"the principles of right and justice"。在这样的词组中，"right"都应当解读为"正当"或"正当的"，而不能解读为"权利"。以"正当和正义"（right and justice）为主题词组的各种短语在《正义论》正义中一共出现了51次，表明这是一个固定搭配词组，有着特定的含义。

在《正义论》中，罗尔斯只在一个地方讲到了"权利的优先性"（priority of the rights, p. 221）。他写道："在很大程度上，我考虑了平等自由原则的内容及其所规定的这诸多权利的优先性（priority of the rights）的含义。在这一点上，注意到对正义观念的某种康德式诠释似乎是恰当的，而那种正义观念正是平等自由原则的来源。"显然，当他讨论权利的优先性时，是严格地限制在"平等自由原则的内容"意义上来进行诠释的。也就是说，权利的优先性属于第一正义原则的主要内容。但是，"正当优先于善"讲的是"the priority of the right over the good, or of fair opportunity over the difference principle"，亦即"正当优先于善，或者公平机会优先于差别原则"，是第二正义原则的重要内容。

至少在《正义论》中，不存在"权利优先于善"这样的命题，而只有关于"正当优先于善"的全面讨论。通过这个解释，笔者希望国内学术界对罗尔斯关于"正当优先于善"的论题的主要思想有一个比较全面而清晰的把握，以避免许多误解。

《正义论》面世不久，哈特发表"罗尔斯论自由及其优先性"一文，表示"在本人读过有关这个话题的所有政治哲学伟大经典中，没有一个能像约翰·罗尔斯《正义论》那样令人浮想联翩"①。他批评了罗尔斯关于正义与自由关系的论述，并继续写道："本人尤其关注他的如下见解：正义要求，只有为了自由，而非为了其他社会优势或经济优势（other social and economic advantages），自由才会受到限制。本人之所以选择这个论题，部分是因为它对法律从业者有着显而易见的重要性，他们好像从职业上（professionally）关心限制自由，关心如此限制的正义性或非正义性。"②哈特表示《正义论》中的许多见解是"不令人信服的"（unconvincing）③。他认定，罗尔斯以为其自由优先性论证是基于假定各方的利益而非基于罗尔斯本人潜在的个人理想，这样的论证是一种独断论。他否认后者"在论证自由优先性方面是成功的"④。罗尔斯不得不在该书修订版序言中承认，其第一版关于自由优先性的某些论证是欠妥的，并在《正义论》修订版相关章节中对某些论证细节进行了修订。不过，罗尔斯在两个版本中对自由优先性的表述是一样的："自由的优先性意味着，只有为了自由本身，自由才可以受到限制"（precedence of liberty means that liberty can be restricted only for the sake of liberty itself）（p. 191）。这表明，罗尔斯没有改变其关于自由优先性的基本见解。

罗尔斯在这一节还区分了理想的正义理论（ideal theory）和非理想的正义理论（non-ideal theory）。"一个直觉的想法是，把正义理论分成两个部分。第一部分或理想的正义理论部分，假定严格遵守（strict compliance），并制定用来具体规定在有利环境下形成的良序社会的原则。它发展了一个完全正义的基本结构观念，以及在人类生活的确定约束下个体的相应义务和职责。我主要关心的是正义理论的第一部分。第二部分，非理想的正义理论，是在选择了理想的正义观念之后提出的，只有这样，各方才会提出，在不太称心如意的条件下，应当采用哪些原则的问题。正

---

① H. L. A. Hart, "Rawls on Liberty and Its priority", *The University of Chicago Law Review*, 1973（40）, p. 534.
② H. L. A. Hart, "Rawls on Liberty and Its priority", *The University of Chicago Law Review*, 1973（40）, p. 534.
③ H. L. A. Hart, "Rawls on Liberty and Its priority", *The University of Chicago Law Review*, 1973（40）, p. 534.
④ H. L. A. Hart, "Rawls on Liberty and Its priority", *The University of Chicago Law Review*, 1973（40）, p. 555.

如我所指出的,这个理论的如此划分有两个完全不同的子部分。其一由用来调整自然限制因素和历史偶然因素的原则所组成,其二则由用来应对不正义的原则所组成。"(p. 216)以及"严格遵守是初始位置规定的条款之一;选择正义原则的前提是,假定这些原则将得到普遍遵守。某些没有遵守的情况将被视为例外"(p. 215)。罗尔斯推崇的理想正义理论,要么聚集于社会基本制度及其规则,要么聚集于它们对原则的忠诚,森称这种正义理论为"制度基础主义"(institutional fundamentalism)。罗尔斯在建构正义理论过程中,过分关注理想的正义社会观念,而没有充分关注不同社会实现正义程度的比较分析。森认为,"正义不仅关乎各种制度和规则的判断,而且关乎各种社会本身的判断"①。从罗尔斯对理想正义理论、非理想正义理论、两个正义原则的适用对象等的讨论和解释来看,森的批评与德沃金对罗尔斯社会契约之虚假性的批评如出一辙,既是中肯的,但也存在误解。②

【原文】§39-1-p. 214

【评析】

亚里士多德表示,人能够分辨正义的事物和不正义的事物。明辨是非是人区别于其他生命的一大特征。中国的孟子也持有这一见解。但是,人的权利意识,尤其是人人平等的权利意识,是近代思想启蒙的产物。罗尔斯在这里考察了自由优先性的含义,为第一正义原则推崇的基本自由提供了全面的解释。

1. 原文:"**Aristotle remarks that it is a peculiarity of men that they possess a sense of the just and the unjust and that their sharing a common understanding of justice makes a polis**"(p. 214)。H 本:"亚里士多德评论说,对正义的事和不正义的事具有一种感觉是人的一个特征,他们分有一种对正义的共同理解造就了一个城邦"(第190—191页)。**新解**:"亚里士多德说过,人之为人的一大特点是,他们知道什么是正义、什么是不正义,他们分享着对正义的共同理解,并由此造就了城邦。"

2. 原文:"**Analogously one might say**, **in view of our discussion**, **that a**

---

① Amartya Sen, *The Idea of Justice*, London: Allen Lane, 2009, p. 21.
② See Gerald Gaus, *The Tyranny of the Ideal: Justice in a Diverse Society*, Princeton, NJ: Princeton University Press, 2016, p. 21.

common understanding of justice as fairness makes a constitutional democracy"（p. 214）。H 本："同样，我们可以说，根据我们的讨论，对公平的正义的共同理解造就了一种宪法民主"（第 191 页）。**新解**："根据讨论，我们可以相似地表示，对公平正义的共同理解，造就了宪政民主国家。"

3. **原文**："By contrast teleological principles permit at best uncertain grounds for liberty, or at least for equal liberty"（p. 214）。H 本："相反，各种目的论原则充其量为自由（或至少为平等的自由）提供了一些不可靠的论据"（笫 191 页）。**新解**："相比之下，目的论原则，要么最多提供了赞同自由的某些不可靠理由，要么至少提供了赞同平等自由的某些不可靠理由。"

4. **原文**："The principles of justice define an appropriate path between dogmatism and intolerance on the one side, and a reductionism which regards religion and morality as mere preferences on the other"（p. 214）。H 本："正义原则在这两个极端中间开辟了一条合适的通道：一个极端是独断论和不宽容，另一个极端是把宗教和道德简化的纯粹偏好的论点"（第 191 页）。**新解**："一边是教条主义和不宽容，另一边是将宗教和道德仅仅视为偏好的还原论，正义原则在两者之间确定了一条恰当的道路。"

5. **原文**："Since the theory of justice relies upon weak and widely held presumptions, it may win quite general acceptance"（p. 214）。H 本："由于正义论依赖于一些微弱的和被广泛接受的假设，它就可能赢得相当普遍的承认"（笫 191 页）。**新解**："既然正义理论建立在虽不牢靠却被广泛持有的假定之上，它可能会赢得相当普遍的接受。"

【诠释】

亚里士多德说过，人之为人的一大特点是，他们知道什么是正义、什么是不正义，他们分享着对正义的共同理解，并由此造就了城邦。① 根据讨论，我们可以相似地表示，对公平正义的共同理解，造就了宪政民主国家。因为在对第一正义原则做出进一步论证之后，我试图表明，正是这种正义观念，给了民主政体的基本自由以最大保障。在每一种情况下得出的结论，都是众所周知的。本人的目标一直在于揭示，不仅正义原则合乎我们的深思判断，而且正义原则也为自由提供了最强有力的论据。相比之

---

① 亚里士多德：《政治学》，第 1 篇第二章，1253a15。——原注

下，目的论原则，要么最多提供了赞同自由的某些不可靠理由，要么至少提供了赞同平等自由的某些不可靠理由。良心自由(liberty of conscience)和思想自由(freedom of thought)不应当建立在哲学怀疑论或伦理学怀疑论的基础上，也不应当建立在对宗教利益和道德利益漠不关心或无动于衷的基础上。一边是教条主义和不宽容(dogmatism and intolerance)，另一边是将宗教和道德仅仅视为偏好的还原论(以艾耶尔为代表)，正义原则在两者之间确定了一条恰当的道路。并且，既然正义理论建立在虽不牢靠却被广泛持有的假定之上，它可能会赢得相当普遍的接受。当然，如若彼此尊重且相对公平的人能够达成什么协议，那么他们就会同意某些原则。我们的自由之所以有着最为坚实的基础，是因为它们来自我们大家都同意的原则。

【原文】§39 – 2 – p. 214

【评析】

罗尔斯在这里明确表示，正当优先于善，是第二正义原则中，公平机会原则优先于差别原则的另一表述。严格说来，正当优先于善不适用于第一正义原则优先于第二正义原则。如果搞混了正当优先于善的适用范围，也就是误解了罗尔斯正义理论中的重要内容。

1. **原文**："**In view of the preceding examples, among others**"（p. 214）. H 本："借助于前面的例证"（第 191 页）。**新解**："鉴于前面的例子以及其他例子"。

2. **原文**："**The two principles are in lexical order, and therefore the claims of liberty are to be satisfied first**"（p. 214）. H 本："两个原则处在词典式的次序中，因此自由的主张首先应该被满足"（第 191 页）。**新解**："两个正义原则以词序排列，因此，关于自由的主张或诉求必须首先得到满足。"词组"claims of liberty"的重心在于"自由的主张"或"自由的诉求"，也可解读为"自由的求偿权"。

3. **原文**："**The priority of the right over the good, or of fair opportunity over the difference principle, is not presently our concern**"（p. 214）. H 本："我们目前尚不考虑正当对善的优先性，或者公平机会对差别原则的优先性"（第 191 页）。**新解**："正当优先于善，或者公平机会原则优先于差别原则，目前不是我们关心的问题。"

【诠释】

我现在想要更加仔细地探讨自由优先性的含义。本人在此将不论证这一优先性（在第82节之前将这件事放在一边）；相反，鉴于前面的例子以及其他例子，我希望澄清它的含义。存在着有待区分的几种优先性。我所说的自由优先性，是指（作为第一正义原则的）平等自由原则优先于第二正义原则。两个正义原则以词序排列，因此，关于自由的主张或诉求（claims of liberty，自由的求偿权）必须首先得到满足。在这一点实现之前，任何其他原则都不得发挥作用。正当优先于善，或者公平机会原则优先于差别原则，目前不是我们关心的问题。

【原文】§39-3-pp.214-215

【评析】

1. 原文："The representative citizen must find this a gain for his freedom on balance"（p.214）。H本："代表的公民应当发现这种情况总的来说对他的自由仍是有利的"（第191页）。新解："公民代表人必须为自己的自由找到平衡点。"这个语句的意思是，不要因小失大，要分清主次，要有所取舍，要权衡利弊而有所得。

2. 原文："If liberty is unequal, the freedom of those with the lesser liberty must be better secured"（pp.214-215）。H本："如果自由不平等，那些自由较少者的自由必然得到了较好的保障"（第191页）。新解："如果自由是不平等的，那么那些拥有较少自由的人，他们的自由必须得到更好的保障。"

3. 原文："The whole system of the equal liberties"（p.215）。H本："整个平等自由的体系"（第191页）。新解："这一整套平等自由"。

4. 原文："These priority rules have already been noted on a number of occasions"（p.215）。H本："实际上我已经无数次地提到了这些优先性规则"（第191页）。新解："这些优先性规则已经在若干场合予以提及。"

【诠释】

正如前面所有例子表明的那样，自由的优先地位（precedence of liberty）意味着，自由只有为了自由本身才可以受到限制。存在着两种情况。基本自由（basic liberties）要么可能不那么广泛，但仍然是平等的；基本自由要么可能是不平等的。如果自由不那么广泛，那么公民代表人必须为自己的自由找到平衡点；如果自由是不平等的，那么那些拥有较少自由的人，他们的自由必须得到更好的保障。在这两种情况下，自由的证明都是参照这一整套平等自由进行的。这些优先性规则已经在若干场合予以提及。

【原文】§39 – 4 – p. 215

【评析】

1. 原文："A restriction can derive from the natural limitations and accidents of human life, or from historical and social contingencies"（p. 215）. H本："一个限制可能来自于自然限制和人类生活中的偶发事件，或者来自历史和社会的偶然因素"（第192页）。新解："一个限制可能源于人类生命的自然限制和意外遭遇，或者源于历史和社会的偶然因素。"

2. 原文："Even in a well-ordered society under favorable circumstances, liberty of thought and conscience is subject to reasonable regulations and the principle of participation is restricted in extent"（p. 215）. H本："即使在处于有利环境下的一个良序社会中，思想和良心的自由也要服从合理的调节，参与原则在某种程度上受到限制"（第192页）。新解："即使在良序社会里，在适当环境下，思想自由和良心自由会受到合理的规制，参与原则也会受到一定的限制。"

3. 原文："Others are adjustments to the natural features of the human situation, as with the lesser liberty of children"（p. 215）. H本："其他的约束则是适应于人生的自然特征而进行的调整，像给予儿童以较少的自由"（第192页）。新解："其他制约因素则是对人类处境的自然特征的调整，比如对儿童具备较少自由的限制。"

4. 原文："In these cases the problem is to discover the just way to meet certain given limitations"（p. 215）. H本："在这些情况中，问题在于发现某种正义的方式来处理某些既定的限制"（第192页）。新解："在这些情况下，问题是找到满足某些既定限制的正义方法。"

【诠释】

然而，我们必须进一步区分两种情况，它们是为限制自由作辩护的理由或借口。首先，一个限制可能源于人类生命的自然限制和意外遭遇，或者源于历史和社会的偶然因素。它并不产生关于这些限制的正义问题。例如，即使在良序社会里，在适当环境下，思想自由和良心自由会受到合理的规制，参与原则也会受到一定的限制。这些制约因素来自多少恒定不变的政治生活条件；其他制约因素则是对人类处境的自然特征的调整，比如对儿童具备较少自由的限制。在这些情况下，问题是找到满足某些既定限制的正义方法。

【原文】§39 – 5 – p. 215

【评析】

1. 原文："**In the second kind of case, injustice already exists, either in social arrangements or in the conduct of individuals**"（p. 215）。H 本："第二种情况是存在于一些社会安排中，又存在于一些个体的行为之中的不正义"（第192页）。**新解**："在第二种情况下，无论是在社会安排中，还是在个体行为中，不公不义皆已存在。"

2. 原文："**What is the just way to answer injustice**"（p. 215）。H 本："什么是对不正义作出正义的反应"（第192页）。**新解**："什么是回应不公不义的正义方式"。

3. 原文："**Those who act unjustly often do so with the conviction that they pursue a higher cause**"（p. 215）。H 本："那些不正义的行动者在行动中经常抱有一种他们是在追求一种高尚事业的信念"（第192页）。**新解**："做事不合乎正义的人，往往抱着追求更高事业的信念干出了有违正义的勾当。"

4. 原文："**The examples of intolerant and of rival sects**"（p. 215）。H 本："不宽容和敌对团体的例子"（第192页）。**新解**："不宽容和敌对教派的例子"。

5. 原文："**It is greater or less depending in large part on social institutions, and in particular on whether these are just or unjust**"（p. 215）。H 本："它在许多方面多少依赖于各种社会制度，特别是依赖于这些社会制度是否正义"（第192页）。**新解**："它在很大程度上取决于社会制度，尤其取决于这些制度是合乎正义的还是违背正义的。"

6. 原文："**Warring and intolerant sects**"（p. 215）。H 本："好战和不宽容的团体"（第192页）。**新解**："好战且不宽容的教派"。

【诠释】

在第二种情况下，无论是在社会安排中，还是在个体行为中，不公不义（违反正义的事情）皆已存在。这里的问题是，什么是回应不公不义的正义方式。当然，这种不公不义可能有多种解析，做事不合乎正义的人，往往抱着追求更高事业的信念干出了有违正义的勾当。不宽容和敌对教派的例子说明了这种可能性。但是，人们持有违背正义的倾向，它并非共同体生活的一个永久方面；它在很大程度上取决于社会制度，尤其取决于这些制度是合乎正义的还是违背正义的。良序社会试图消除或至少控制人们违背正义的倾向（参阅第八章和第九章），因此，一旦这样的社会建立了起来，好战且不宽容的教派就不太可能存在，或者说，不太可能成为一种危险。同如何最佳地对付人类生活中不可避免的局限因素和偶然因素相比，正义要求我们应当如何去对付不正义，这是一个非常不同的问题。

【原文】 §39–6–pp.215–216

【评析】

1. 原文："Any failures are discounted as exceptions"（p.215）。H本："任何没有服从的情形都被看成是一些例外而不予考虑"（第192页）。新解："某些没有遵守的情况将被视为例外"。

2. 原文："Arranged in this order, the principles define then a perfectly just scheme"（p.215）。H本："安排在这种次序中的两个正义原则于是确定了完全正义体系"（第192页）。新解："按照这个次序，这些原则确定了一个完全正义的方案。"另外，短语：A perfectly just scheme"。另解："一个完全正义的模式"[1]。新解："一个完全正义的方案"。

3. 原文："The principles and their lexical order were not acknowledged with these situations in mind and so it is possible that they no longer hold"（p.216）。H本："由于两个正义原则及其词典式次序不是连同这些情况被接受的，所以它们可能不再有效"（第192页）。新解："因为在这些情况下，这些原则及其词典式排序没有得到认可，所以它们可能是不成立的。"

---

[1] 莱宁：《罗尔斯政治哲学导论》，孟伟译，第87页。

【诠释】

这两种情况引发了几个问题。应当指出，严格遵守是初始位置规定的条款之一；选择正义原则的前提是，假定这些原则将得到普遍遵守。某些没有遵守的情况将被视为例外（§25）。通过将这些原则置于词典式排序之中，各方选择一种适用于有利条件的正义观念，并假设正义社会能够在适当的时候得到实现。按照这个次序，这些原则确定了一个完全正义的方案；它们属于理想理论，并确立了指导社会改革进程的目标。即使这一目标赋予这些原则以合理性，但是我们仍须质问，在不太有利的条件下，它们能否很好地适用于制度，它们能否为处理违背正义的情况提供某种指导。因为在这些情况下，这些原则及其词典式排序没有得到认可，所以它们可能是不成立的。

【原文】§39 – 7 – p. 216

【评析】

1. 原文："**A few special cases are taken up later**"（p. 216）。H 本："一些特殊问题留到以后再讨论"（第 192 页）。**新解**："我稍后将讨论一些特殊案例。"

2. 原文："**Only then do the parties ask which principles to adopt under less happy conditions**"（p. 216）。H 本："只是在那时，各方才提出在不太幸运的条件下应采纳哪个原则的问题"（第 193 页）。**新解**："只有这样，各方才会提出，在不太称心如意的条件下，应当采用哪些原则的问题。"

3. 原文："**This division of the theory has, as I have indicated, two rather different subparts**"（p. 216）。H 本："正如我指出的，理论的这一划分产生两个相当不同的部分"（第 193 页）。**新解**："正如我所指出的，这个理论的如此划分便有了两个完全不同的子部分。"

4. 原文："**One consists of the principles for governing adjustments to natural limitations and historical contingencies, and the other of principles for meeting injustice**"（p. 216）。H 本："一个部分是由那些指导对自然限制和历史偶然因素进行调整的原则所组成的，另一个部分是由那些解决不正义问题的原则所组成的"（第 193 页）。**新解**："其一由用来调整自然限制因素和历史偶然因素的原则所组成，其二则由用来应对不正义的原则组成。"

第四章　平等自由　747

【诠释】

我不打算系统地回答这些问题。我稍后将讨论一些特殊案例（参阅第六章）。我的直觉想法是，把正义理论分成两个部分。第一部分，或理想的正义理论部分，假定了严格遵守（strict compliance），并制定了用来具体规定在有利环境下形成的良序社会的原则。它发展了一个完全正义的基本结构观念，以及在人类生活的确定约束下个体的相应义务和职责。我主要关心的是正义理论的第一部分。第二部分，非理想的正义理论部分，是在选好理想正义观念之后提出的，只有这样，各方才会提出，在不太称心如意的条件下，应当采用哪些原则的问题。正如我所指出的，这个理论的如此划分便有了两个完全不同的子部分。其一由用来调整自然限制因素和历史偶然因素的原则组成，其二则由用来应对不正义的原则组成。

【原文】 §39-8-p.216

【评析】

1. 原文："Viewing the theory of justice as a whole, the ideal part presents a conception of a just society that we are to achieve if we can"（p.216）. H本："若把正义论看成一个整体，那么，理想部分就提出了一个如果可能我们就要去实现的一个正义社会的观念"（第193页）。**新解**："如果我们把正义理论视为一个整体，那么其理想部分提出了一种正义社会观念，正义社会将是我们想要成就的社会。"

2. 原文："Existing institutions are to be judged in the light of this conception and held to be unjust to the extent that they depart from it without sufficient reason"（p.216）. H本："我们根据这个观念来判断现存的各种制度；如果它们没有充足理由就违背这一观念的话，那么在此范围内它们就被视为不正义的"（第193页）。**新解**："现存的制度要根据正义社会观念来做出评判；任何制度要是没有充足理由而偏离了社会正义观念，那么我们便判定它是违反正义的。"

3. 原文："The lexical ranking of the principles specifies which elements of the ideal are relatively more urgent, and the priority rules this ordering suggests are to be applied to nonideal cases as well"（p.216）. H本："正义原则的词典式次序指定了这一理想中的哪些因素相对来说是更紧迫的，这一次序暗示着优先性规则也要同样地被运用到非理想情形中去"（第

193 页）。**新解**："对那些原则进行词典式排序，具体规定这一理想的哪些因素相对来说是较为迫切的，这个次序所揭示的优先性规则也将应用于各种非理想的情况。"

4. **原文**："**The measure of departures from the ideal is left importantly to intuition**"（p. 216）。H 本："对偏离理想的程度的衡量大都托付给直觉"（第 193 页）。**新解**："对偏离理想的测量主要由直觉来判定。"

【诠释】

如果我们把正义理论视为一个整体，那么其理想部分提出了一种正义社会观念，正义社会将是我们想要成就的社会。现存的制度要根据正义社会观念来做出评判；任何制度要是没有充足理由而偏离了社会正义观念，那么我们便判定它是违反正义的。对那些原则进行词典式排序，具体规定这一理想的哪些因素相对来说是较为迫切的，这个次序所揭示的优先性规则也将应用于各种非理想的情况。因此，只要条件许可，我们就有消除任何违反正义现象的自然义务，我们先从根据偏离完全正义程度所确定的最严重的违反正义现象开始。当然，这个想法是非常笼统的。对偏离理想的测量主要由直觉来判定。然而，我们的判断受到词典式排序指示的优先性的指导。即使我们无法准确地说明这种更大的趋同是如何产生的，如果我们对什么是正义有相当清楚的认识，那么我们对正义发自内心的信念可能会更加趋于一致。因此，虽然正义原则属于一种理想状态理论，但它们通常是相关的。

【原文】 §39-9-pp. 216-217

【评析】

1. **原文**："**Since there are no inequalities, but all are to have a narrower rather than a wider freedom, the question can be assessed from the perspective of the representative equal citizen**"（pp. 216-217）。H 本："由于那里没有不平等，而是所有人都拥有一种狭隘而非广泛的自由，这个问题就能够从代表的平等公民的观点来评价"（第 193 页）。**新解**："虽然不存在各种不平等，但是所有人都将拥有某种较为狭隘的自由，而不是某种较为宽泛的自由，这个问题可以从平等公民代表的角度来评估。" **短语**："Representative equal citizen"．就像我们说"平等人民的代表"一样，这是一个政治术语，它与接下来的"代表人"含义相似。

2. **原文**:"**To appeal to the interests of this representative man in applying the principles of justice is to invoke the principle of the common interest**"(p. 217). **H 本**:"在应用正义原则时诉诸这个代表人的利益就是诉诸共同利益的原则"(第 193 页)。**新解**:"在适用正义原则时,呼吁这位代表人的利益,就是援引共同利益原则。"

【诠释】

非理想理论的几个部分可以用各种例子来说明,我们已经讨论过其中的一些例子。一种情况涉及某种不怎么广泛的自由(less extensive liberty)。虽然不存在各种不平等,但是所有人都将拥有某种较为狭隘的自由,而不是某种较为宽泛的自由,这个问题可以从平等公民代表(representative equal citizen)的角度来评估。在适用正义原则时,呼吁这位代表人的利益,就是援引共同利益原则。(本人认为共同利益是指在适当意义上对每个人都同等有利的某些一般条件。)前面几个例子涉及较小范围的自由:以符合公共秩序的方式管制良心自由和思想自由,限制多数裁定原则的适用范围也属于这一类(§34 和§37)。因为这些限制源于人类生活的永久条件,所以这些情况属于非理想理论处理自然限制的那一部分。因为限制不宽容者的自由和遏制敌对宗派的暴力,这两个例子牵涉到不正义,所以它们属于非理想理论的部分遵守理论。然而,在这四个例子中,每一个都是从公民代表的观点出发的。依照词典式次序的理念,限制自由的范围是为了自由本身,并导致范围受限但仍然平等的自由。

【原文】§39 – 10 – pp. 217 – 218

【评析】

1. **原文**:"**If some have more votes than others, political liberty is unequal; and the same is true if the votes of some are weighted much more heavily, or if a segment of society is without the franchise altogether**"(p. 217). **H 本**:"如果某些人比其他人拥有更多的表决权,那么政治自由就是不平等的;如果某些人的表决权比别人重要得多,或者某个社会阶层完全没有选举权,情况也是这样"(第 194 页)。**新解**:"如果一些人比其他人拥有更多的选举权,那么政治自由是不平等的;如果一些人拥有选举权的权重要更大一些,那么政治自由也是不平等的;如果社会中的一部分人完全没有选举权,那么政治自由仍然是不平等的。"

2. 原文："Perhaps Burke's unrealistic account of representation had an element of validity in the context of eighteenth century society"（p. 217）。H 本："伯克对代议制的不真实的解释在 18 世纪的社会背景下或许具有某种正确性"（第 194 页）。新解："也许，柏克对代表做了不切实际的描述，那种描述在 18 世纪社会背景下有着一定的有效因素。"

3. 原文："These constraints do not justify the loss of liberty of conscience and the rights defining the integrity of the person"（p. 217）。H 本："这些纽束并不能为良心自由的丧失和确定的人格完整的权利的丧失辩护"（第 194 页）。新解："这些限制并不证明良心自由的丧失和规定人格完整的各项权利的丧失是正当的。"

4. 原文："We must, however, make sure that the course of change being followed is such that social conditions will eventually be brought about under which restrictions on these freedoms are no longer justified"（p. 218）。H 本："然而，我们必须确信，接下来的变革过程是这样的，以至最终会产生对这些自由的限制不再能够得到辩护的社会条件"（第 194 页）。新解："然而，我们必须确保所遵循的变革过程是这样的：终将产生这样的社会条件，在那些社会条件下，对这些自由的限制不再是得到正当辩护的。"

【诠释】

第二种情况是不平等的自由。如果一些人比其他人拥有更多的选举权，那么政治自由是不平等的；如果一些人拥有选举权的权重要更大一些，那么政治自由也是不平等的；如果社会中的一部分人完全没有选举权，那么政治自由仍然是不平等的。在许多历史情形中，较少的政治自由是可以得到正当证明的。也许，柏克（Burke）对代表（representation）做了不切实际的描述，那种描述在 18 世纪社会背景下有着一定的有效因素。① 如果真的如此，那么它反映了这样的事实，即各种自由并不是等价的，因为在当时，不平等的政治自由，可想而知地是对历史局限性的一种情有可原的调整。然而，农奴制、奴隶制和宗教不宽容（宗教迫害）当然并非如此。这些限制并不证明良心自由的丧失和规定人格完整的各项权利的丧失是正当的。支持某些政治自由和公平均等机会的权利的理由则并不那么令人信服。如前所述（§11），当需要将不怎么幸运的社会转变为所有基本自由

---

① 参阅皮特金《代表概念》，第八章，那里有对柏克（Burke）观点的解释。——原注

都能充分享受的社会时，可能有必要放弃这些自由中的部分自由。在现有条件无法改变的情况下，可能无法有效地行使这些自由；但如果可能的话，应当首先实现更为核心的自由。在任何情况下，为了接受两个正义原则的顺序，我们不必否认基本自由的可行性取决于环境。然而，我们必须确保所遵循的变革过程是这样的：终将产生这样的社会条件，在那些社会条件下，对这些自由的限制不再是得到正当辩护的。所以说，全面实现基本自由，是正义制度固有的长期趋势。

【原文】§39 – 11 – p. 218

【评析】

罗尔斯在这里关于奴隶制度和战俘的讨论让人想到了黑格尔在《精神现象学》中的相似讨论。并且黑格尔由此提出了主奴关系和劳动异化理论，尤其是劳动异化理论大大地启发了马克思，为后者的劳动价值理论提供了思想先导。文明的初始形式就是不再把敌人或战俘简单地从肉体上消灭，或者尽量折磨他们，而是让他们生存下来，但是其代价是丧失自由与尊严。文明社会就是给予敌人以生存空间的社会，而不是把敌人赶尽杀绝的社会。因此，文明社会必定是宽容地对待少数派的社会。

1. **原文**："It is always those with the lesser liberty who must be compensated"（p. 218）. H 本："正是那些拥有较少自由者总是必须得到补偿"（第 194 页）. **新解**："必须补偿的总是那些拥有较少自由的人。"

2. **原文**："To appraise the situation"（p. 218）. H 本："评价境况"（第 194 页）. **新解**："评估形势"。

3. **原文**："Only when they relieve even worse injustices"（p. 218）. H 本："只有当奴隶制和农奴制排除了更坏的不正义时"（第 194 页）. **新解**："只有当奴隶制和农奴制减轻了严重的不正义时"。

4. **原文**："The return of the captured members of the community being preferable to the services of slaves"（p. 218）. H 本："放回某一共同体的被俘者比奴隶服役更为可取"（第 195 页）. **新解**："放回被俘的共同体成员比把战俘贬为奴隶服劳役更可取。"

5. **原文**："One cannot at this point appeal to the necessity or at least to the great advantage of these servile arrangements for the higher forms of culture"（p. 218）. H 本："人们在这一方面不能诉诸于必然性，或至少不能诉诸于这些奴隶制安排有利于较高文化形式发展的重大优越性"（第 195

页）。**新解**："人们在这一方面不能诉诸这些奴役制安排对于较高文化形式的必然性，至少不能诉诸这些奴役制安排对于较高文化形式的巨大优势。"

【诠释】

在这些评论中，本人认为，必须补偿的总是那些拥有较少自由的人。我们总是要从他们的角度（从制宪会议或立法机关的角度）来评估形势。现在正是这种限制使人们几乎可以肯定，不管怎样，只有当奴隶制和农奴制减轻了严重的不正义时，它们才是可以容忍的。可能存在某些过渡情形，在那里实行奴隶制比当时的惯例要好一些。例如，假设以前是没有战俘的，每当抓到俘虏之后，城邦总是要处死俘虏，这样的城邦后来通过条约同意将俘虏贬为奴隶。虽然我们不能因为某些人的收益大于其他人的损失（两害相权取其轻）而允许实行奴隶制，但在这种情况下，由于所有人都有在战争中被俘的危险，这种形式的奴隶制比起当时的惯例，其违反正义的程度要轻一些。至少这种设想的奴隶状态不是世袭的，它被平等城邦的自由公民所接受。如果奴隶没有受到过分残酷的对待，这种安排作为对既定制度的推进似乎是可以得到正当辩护的。由于交换战俘是较为可取的安排，因此很可能在不久的将来，战俘奴隶制将被完全抛弃，放回被俘的共同体成员比把战俘贬为奴隶服劳役更加可取。然而，无论多么新奇，这些考虑都不会以自然或历史的限制为由，以某种方式替世袭奴隶制或农奴制的正当性作辩护。此外，人们在这一方面不能诉诸这些奴役制安排对于较高文化形式的必然性，至少不能诉诸这些奴役制安排对于较高文化形式的巨大优势。正如我稍后将要论证的那样，至善原则将在初始位置上被拒绝。

【原文】§39-12-pp. 218-219

【评析】

家族教育的本质就在于儿童成长为理性人。家长保护子女，形成保护和被保护关系。有学者指出："洛克认为，这种关系到孩子能独立运用'理性'为止。就孩童而言，他们生下来并不会运用理性，也不受由理性颁布的法律约束。在洛克看来，'理性'是人类得以自我保存的特有才能，正是理性使成年人自然而然得到自由，那么缺乏理性的孩子就需要为了自身的保存而服从父母。"[①] 因此，罗尔斯在这里关于"家长制问题"的讨

---

① 孙向晨：《论家：个体与亲亲》，华东师范大学出版社1919年版，第127页。

论显然是脱胎于洛克的儿童成长和儿童教育理论的。

1. 原文："**Problem of paternalism**"（p. 218）。H 本："家长式统治的问题"（第 195 页）。**新解**："家长制问题"。

2. 原文："**Their powers are undeveloped and they cannot rationally advance their interests, as in the case of children**"（p. 218）。H 本："例如在儿童的情形中他们的智力尚未发展，不能合理地推进其利益"（第 195 页）。**新解**："就像儿童那样，他们的能力尚未开发出来，他们无法理性地增进自身利益。"

3. 原文："**Through some misfortune or accident they are unable to make decisions for their good, as in the case of those seriously injured or mentally disturbed**"（pp. 218 - 219）。H 本："由于某些不幸和偶然事件，例如那些脑子受到严重伤害或精神紊乱的人，不能为自己的利益作出决定"（第 195 页）。**新解**："由于某种不幸或意外，就像那些严重受伤者或精神失常者那样，他们无法为自己的利益作决定。"柏拉图在《理想国》中也专门讨论过这个话题。在《理想国》第一卷，苏格拉底的论辩对手克法洛斯把正义定义为对朋友欠债还钱，无保留地说出真相。苏格拉底则反驳说：如果有人从一位朋友那里拿了武器或别的东西，这位朋友在精神失常情况下要求他偿还武器，虽然无可否认他欠朋友武器，但是把它还给朋友的做法却是违反正义的。①

4. 原文："**It is also rational for them to protect themselves against their own irrational inclinations by consenting to a scheme of penalties that may give them a sufficient motive to avoid foolish actions and by accepting certain impositions designed to undo the unfortunate consequences of their imprudent behavior**"（p. 219）。H 本："他们同意一种给他们一个足够的动机以避免愚蠢行为的刑罚体系、接受某些用以避免其轻率行为会带来不幸后果的强制措施，目的是保护自己不受其不合理倾向的支配，这对他们来说也是合理的"（第 195 页）。**新解**："对他们来说，如下两个做法是合理的：第一，通过同意惩罚办法，给予他们充分动机，避免各种愚蠢行为，保护自己免受自身非理性倾向的伤害；第二，通过接受某些强制措施，消除其不谨慎行为造成的不幸后果。"

5. 原文："**For these cases the parties adopt principles stipulating when**

---

① Plato, *The Republic of Plato*, with Introduction, Analysis, and Index by B. Jowett, Oxford: The Clarendon Press, 1888, p. 6.

others are authorized to act in their behalf and to override their present wishes if necessary"（p. 219）. H本："对于这些情形，各方采纳这样的原则：这种原则规定什么时候其他人有权代表他们行动，而且必要的话，什么时候可以不理睬他们当时的愿望"（第195页）。**新解："在这些情况下，各方采取某些原则，规定何时授权其他人代表他们行事，并在必要时否决他们目前的愿望。"**

【诠释】

在论证平等自由时，我已有提及家长制问题，它涉及某种次要的自由，这个问题在此值得略作探讨。处在初始位置上的各方认为，他们在社会上是理性的，能够管理好自己的事务。因为他们认为承担自我义务对于增进自身利益是没有必要的，所以他们不承认要承担自我义务。但是，一旦选择了这种理想观念（ideal conception），他们希望确保如下情况不发生在自己身上：就像儿童那样，他们的能力尚未开发出来，他们无法理性地增进自身利益；或者，由于某种不幸或意外，就像那些严重受伤者或精神失常者那样，他们无法为自身利益作决定。对他们来说，如下两个做法是合理的：第一，通过同意惩罚办法，给予他们充分动机，避免各种愚蠢行为，保护自己免受自身非理性倾向的伤害；第二，通过接受某些强制措施，消除其不谨慎行为造成的不幸后果。在这些情况下，各方采取某些原则，规定何时授权其他人代表他们行事，并在必要时否决他们目前的愿望；他们的确知道，有时他们可能丧失为了自身利益而理性行事的能力，他们可能完全缺乏这样的能力。①

【原文】§39 – 13 – p. 219

【评析】

罗尔斯在这个段落讨论了如何培养子女的兴趣爱好问题。这里的术语"preferences and interests"就是日常用语"兴趣爱好"。让有些家长感到头痛的是，他们的子女一直不清楚自己有什么"兴趣爱好"。罗尔斯给出的建议是，那就以基本善理论来指导他们确立自己的兴趣爱好。这个段落的

---

① 关于这个问题的讨论，参阅杰拉尔德·德沃金（Gerald Dworkin）"家长制"（paternalism），收录于沃塞斯特罗姆（R. A. Wasserstrom）编《道德和法律》，加利福尼亚：沃兹沃思出版社1971年版，第107—126页。——原注

观点适用于指导家长与子女的关系，也适用于指导师生关系。

1. 原文："The principles of paternalism are those that the parties would acknowledge in the original position to protect themselves against the weakness and infirmities of their reason and will in society"（p. 219）。H本："家长式统治的原则是各方在原初状态中会接受的原则，以保护自己在社会中免受自己的理智和意志力的软弱动摇之害"（第195页）。新解："家长制原则是各方在初始位置上将会承认的原则，旨在保护自己在社会中免受自身的理性缺失与意志薄弱之害。"

2. 原文："Paternalistic decisions are to be guided by the individual's own settled preferences and interests insofar as they are not irrational, or failing a knowledge of these, by the theory of primary goods"（p. 219）。H本："家长式决定应当根据授权者已形成的偏爱与兴趣（利益）（就其不是非理性而言）的指导，或者在缺乏有关这些情况的知识时，根据基本善的理论的指导而作出"（第195页）。新解："只要兴趣爱好并非不合理，家长式决定应以个体已经养成的兴趣爱好为指导，或者，假如个体搞不清楚自己有什么兴趣爱好，那么它们应以基本善理论为指导。"

3. 原文："As we know less and less about a person, we act for him as we would act for ourselves from the standpoint of the original position"（p. 219）。H本："我们对一个人知道得越少，我们为他作出的行动就越像我们从原初状态的立场为自己所作出的行动"（第196页）。新解："我们对一个人了解得越少，我们就越像在初始位置上为自己做事那样为他做事。"

4. 原文："We must be able to argue that with the development or the recovery of his rational powers the individual in question will accept our decision on his behalf and agree with us that we did the best thing for him"（p. 219）。H本："我们必须能够这样说：当这个人发展或恢复了他的理智力时，他将接受我们代表他所做的决定，承认我们为他做了最好的事情"（第196页）。新解："我们必须能够争辩说，随着其理性能力的发展或恢复，他将接受我们设身处地地为他所做的决定，并同意我们为他做了最好的事情。"

【诠释】

因此，家长制原则是各方在初始位置上将会承认的原则，旨在保护自己在社会中免受自身的理性缺失与意志薄弱之害。其他人得到授权，有时被要求代表我们本人行事，并做当我们具备理性时我们会为自己做的事情，这种授权只有在我们不能照顾自身利益时才生效。只要兴趣爱好并非不合理，家长式决定(家长、教师、人生规划专家或心理咨询师)应以个体(比如子女、学生)已经养成的兴趣爱好为指导,或者,假如个体搞不清楚自己有什么兴趣爱好,那么他们应以基本善理论为指导。我们对一个人了解得越少,我们就越像在初始位置上为自己做事那样为他做事。我们试着为那个人得到他想要的东西,不管他想要什么。我们必须能够争辩说,随着其理性能力的发展或恢复,他将接受我们设身处地地为他所做的决定,并同意我们为他做了最好的事情。

【原文】§39 – 14 – pp. 219 – 220

【评析】

1. 原文:"**The requirement that the other person in due course accepts his condition is not, however, by any means sufficient, even if this condition is not open to rational criticism**"(p. 219)。H 本:"然而,一个人由他人在适当的时候来考虑他的处境这个要求决不是充分的,即使这一处境的真实性经得起理性的检验"(第 196 页)。新解:"若要求另一人在适当时接受其条件,那么,即使这一条件不允许理性批评,这样的要求也绝不是充分的。"

2. 原文:"**Thus imagine two persons in full possession of their reason and will who affirm different religious or philosophical beliefs**"(p. 219)。H 本:"例如,我们设想两个持有不同的宗教或哲学信仰的充分自主和有理性的人"(第 196 页)。新解:"因此,设想有两个人,他们完全拥有自身的理性和意志,他们有着不同的宗教信仰或哲学信念。"

3. 原文:"**We are still not permitted to submit them to this treatment**"(p. 219)。H 本:"但我们仍然不能以家长式统治的方式来代替他们作出改换信仰的决定"(第 196 页)。新解:"但是我们仍然不得允许自己令他们屈就于这种处置。"

4. 原文:"**Paternalistic intervention must be justified by the evident failure or absence of reason and will**"(p. 219)。H 本:"家长式干预必须由理性和意识的明显先天不足或后天损失来证明其正当性"(第 196 页)。新解:"家长式干预必须通过理性和意志的明显失败或缺失方可得到正当辩护。"

5. 原文:"**It must be guided by the principles of justice and what is known about the subject's more permanent aims and preferences, or by the account of primary goods**"(pp. 219 – 220)。H 本:"它必须受正义原则、

有关这个人的较固定的目标和偏爱的知识、或者对基本善的解释的指导"（第196页）。新解："它必须以正义原则为指导，熟悉被监护人持有的较为持久的目标和偏好，或者，它必须以对基本善的考虑为指导。"

6. 原文："These restrictions on the initiation and direction of paternalistic measures follow from the assumptions of the original position"（p. 220）。H本："这些强加于采用家长式措施及其方向的限制来自原初状态中的各种假设"（第196页）。新解："对实施各种家长式做法及其方向的这些限制，以初始位置假设为遵循。"

7. 原文："Paternalistic principles are a protection against our own irrationality, and must not be interpreted to license assaults on one's convictions and character by any means so long as these offer the prospect of securing consent later on"（p. 220）。H本："家长式原则是一种克服我们自己的非理性的保护措施，决不应把它解释为可采取任何尔后可能得到同意的手段去污辱一个人的信仰和个性"（第196页）。新解："只要家长式原则提供了以后获得同意的前景，这些原则保护着我们去抵制自身的非理性，它们就绝不能被解释为允许以任何方式去攻击一个人持有的执念和性格。"

【诠释】

若要求另一人在适当时接受其条件，那么，即使这一条件不允许理性批评，这样的要求也绝不是充分的。因此，设想有两个人，他们完全拥有自身的理性和意志，他们有着不同的宗教信仰或哲学信念；再设想存在一个心理过程，尽管这一过程是违背其意愿而强加于他们的，但它会令其认可对方观点。我们假设，在适当的时候，双方都会真心诚意地接受新的信仰，但是我们仍然不得允许自己令他们屈就于这种处置。有两个进一步约定是必要的：家长式干预必须通过理性和意志的明显失败或缺失方可得到正当辩护；它必须以正义原则为指导，熟悉被监护人持有的较为持久的目标和偏好，或者，它必须以对基本善的考虑为指导。对实施各种家长式做法及其方向的这些限制，以初始位置假设为遵循。各方希望保证被监护人的人格完整，保证其最终目标和信仰（final ends and beliefs）免受伤害，无论这些目标和信仰是什么。只要家长式原则提供了以后获得同意的前景，这些原则保护着我们去抵制自身的非理性，它们就绝不能被解释为允许以任何方式去攻击一个人持有的执念（convictions）和性格。一般而言，教育方法也须遵守这些限制。

【原文】§39 – 15 – p. 220

【评析】

原文："All inequalities be justified to the least advantaged"（p. 220）。H本："所有的不平等都要根据最少受惠者的利益来证明其正当性"（第196页）。新解："所有不平等都以向最不利者倾斜方可得到证明"。

【诠释】

公平正义的力量看似来自两个方面：一是要求所有不平等都以向最不利者倾斜方可得到证明，二是自由的优先性。这两大约束条件将其与直觉论和各种目的论区分开来。考虑到前面的讨论，我们可以重新表述第一正义原则，并把它与适当的优先性规则联结起来。我相信，这些变动和补充是不言而喻的。该原则如下。

【原文】§39 – 16 – p. 220（此处保留英文原文）

FIRST PRINCIPLE

Each person is to have an equal right to the most extensive total system of equal basic liberties compatible with a similar system of liberty for all（p. 220）.

【评析】

H本："每个人对与所有人所拥有的最广泛平等的基本自由体系相容的类似自由体系都应有一种平等的权利"（第196页）。新解："每个人都持有平等的权利，去享有一整套最广泛的平等的基本自由，它们兼容于所有人皆享有的类似自由。"

【诠释】

第一正义原则

每个人都持有平等的权利，去享有一整套最广泛的平等的基本自由，它们兼容于所有人皆享有的类似自由。

【原文】§39-17-p.220（此处保留英文原文）

PRIORITY RULE

The principles of justice are to be ranked in lexical order and therefore liberty can be restricted only for the sake of liberty. There are two cases：(a) a less extensive liberty must strengthen the total system of liberty shared by all, and (b) a less than equal liberty must be acceptable to those citizens with the lesser liberty（p.220）.

【评析】

1. 原文："**A less extensive liberty must strengthen the total system of liberty shared by all**"（p.220）。H 本："一种不够广泛的自由必须加强由所有人分享的完整自由体系"（第 197 页）。新解："任一较不广泛的自由必须增进所有人皆享有的一整套自由。"

2. 原文："**A less than equal liberty must be acceptable to those citizens with the lesser liberty**"（p.220）。H 本："一种不够平等的自由必须可以为那些拥有较少自由的公民所接受"（第 197 页）。新解："任一较不平等的自由必须为持有如此较不自由的公民所可以接受。"

【诠释】

优先性规则

正义原则按词典式排列，因此自由只能由于自由本身而受到限制。存在着两种情况：(a) 任一较不广泛的自由必须增进所有人皆享有的一整套自由；(b) 任一较不平等的自由必须为持有如此较不自由的公民所可以接受。

【原文】§39-18-p.220

【评析】

1. 原文："**In a number of important cases**"（p.220）。H 本："在大量重要的例证中"（第 197 页）。新解："在一些重要案例中"。

2. 原文："**When the full force of the contract doctrine can be brought into play**"（p.220）。H 本："那时契约论的力量将能够充分展开"（第 197 页）。新解："到那时，这种契约论学说的全部力量才会发挥出来。"

【诠释】

或许有必要重复一次，尽管本人已经在一些重要案例中验证了这一点，但是我还没有对优先性规则给出系统论证。它似乎非常符合我们埋藏于心底的信念。但是，本人将把从初始位置出发的论证，推迟到本书的第三编中予以讨论，到那时，这种契约论学说的全部力量才会发挥出来。

§40 公平正义的康德式诠释
The Kantian Interpretation of Justice as Fairness

【题解】

罗尔斯在这一节从一开始就提出自己对康德伦理学的批评，表示"在康德伦理学中，强调一般性和普遍性的地位是一个错误"（p.221）；并且"若对康德学说的讨论局限于这些概念，将令其变得平庸肤浅。康德观点的真正力量在他处"（p.221）。康德式诠释不同于康德主义诠释，H本却通用或混用。罗尔斯对正义原则或正义观念做出了康德式诠释，但没有对它们做出康德主义诠释。

有学者很好地解释了康德自律概念与罗尔斯公平正义观念的内在关系："就其对目的王国（共同体）的强调而言，罗尔斯的解释在某种意义上重新将自律返归为一个卢梭式的政治性理念，对罗尔斯来说，原初状态的立法不仅是为了共同体的立法，而且是并且只能是在一个共同体中才可能的立法，并因此不能被还原为个体的即使是道德意义上的自我限制。"① 用罗尔斯自己的话来说："康德的主要目的是，深化和证明卢梭的观点，即自由是按照我们给予自己所立法律来行动。这不会导致一种严厉命令的道德，而会导致一种相互尊重和维护自尊的伦理。"（p.225）因此，理解罗尔斯公平正义观念，既要通过康德自律学说，也要通过卢梭社会契约学说来实现。正义是社会制度的首要德性，也是社会制度的公共意志，既适用于社会基本结构，也适用于所有理性个体和社会组织。

另外，哈贝马斯对罗尔斯关于"公平正义的康德式诠释"提出了批评。哈贝马斯的一个核心观点是，康德不是一个自由主义者，而是一个共

---

① 孙小玲：'自律的悖论与罗尔斯的契约论解决"，《哲学研究》2016年第1期。

和主义者。作为共和主义者的康德不会接受罗尔斯自由主义的公平正义观念。因此，对公平正义观念作康德式诠释是不成立的。①

【原文】§40 – 1 – p. 221

【评析】

1. 原文："It seems appropriate at this point to note that there is a Kantian interpretation of the conception of justice from which this principle derives"（p. 221）。H 本："在这方面，存在着一种对衍生出平等自由原则的正义观的康德式解释，注意到这一点看来是恰当的"（第 197 页）。新解："在此留意存在着对公平正义观念给出的某种康德式诠释似乎是恰当的，那个正义观念正是平等自由原则的来源。"

2. 原文："It is a mistake, I believe, to emphasize the place of generality and universality in Kant's ethics"（p. 221）。H 本："我认为，人们强调一般性和普遍性在康德伦理学中的地位是一个错误"（第 197 页）。新解："本人认为，强调一般性和普遍性在康德伦理学中的地位，如此做法是一个错误。"

3. 原文："As we have seen these conditions do not in any case take us very far"（p. 221）。H 本："正如我们已看到的，这两个条件并不十分吸引我们"（第 197 页）。新解："正如我们看到的那样，这些条件在任何情况下都不会使我们走得很远。"

【诠释】

我已经在很大程度上考虑了平等自由原则的内容及其规定的诸多权利的优先性（priority of the rights）含义。在此留意存在着对公平正义观念给出的某种康德式诠释似乎是恰当的，那个正义观念正是平等自由原则的来源。这种诠释基于康德的自律概念（notion of autonomy）。本人认为，强调一般性和普遍性在康德伦理学中的地位，如此做法是一个错误。道德原则是一般的和普遍的，这对他来说不是什么新鲜事；正如我们看到的那样，这些条件在任何情况下都不会使我们走得很远。道德理论不可能在如此狭隘的基础

---

① Jürgen Habermas, "Reconciliation Through the Public Use of Reason: Remarks on John Rawls's *Political Liberalism*", *The Journal of Philosophy*, 92, No. 3, Mar. 1995, pp. 109 – 131. 参阅哈贝马斯"评罗尔斯的《政治自由主义》"，江绪林译，《哲学译丛》2001 年第 4 期。

上建构起来。因此，如果人们仅限于这些概念来讨论康德学说，这将令康德学说变得平庸而肤浅。康德观点的真正力量在别处。①

【原文】§40 – 2 – pp. 221 – 222

【评析】

1. 原文："Moral principles are the object of rational choice"（p. 221）. **H 本**："各种道德原则是理性选择的目标"（第198页）. **新解**："道德原则是理性选择的对象。"

2. 原文："They define the moral law that men can rationally will to govern their conduct in an ethical commonwealth"（p. 221）. **H 本**："它们确定了人们能够合理地向往的、以便用来控制他们在一个伦理王国中的行为的道德律"（第198页）. **新解**："它们定义了这样一条道德法则，亦即在伦理王国中，人们能够出于理性意志去管束自身的行为。"

3. 原文："The conception and outcome of a suitably defined rational decision"（p. 221）. **H 本**："适当确定的合理抉择及结果"（第198页）. **新解**："适当界定的理性决定观念及其结果"。

4. 原文："We think of moral principles as legislation for a kingdom of ends"（p. 221）. **H 本**："我们把道德原则看成是目的王国的立法原则"（第198页）. **新解**："我们认为道德原则是为目的王国颁布的法令。"

5. 原文："The description of the original position is an attempt to

---

① 尤其要避免以下想法：康德学说最多不过是给效用论或任何其他道德观念提供一般要素或形式要素而已。如此想法可见于西季威克《伦理学方法》第7版，伦敦：麦克米兰出版社1907年版，"前言"第17页和第20页，以及布拉德雷《伦理学研究》第2版，牛津：克拉伦敦出版社1927年版，第四章，并且它至少可以追溯到黑格尔。我们不应忽略康德观点涉及的全部领域，并考虑康德后期著作。不幸的是，尚不存在对作为整体的康德道德理论的诠释读本；要写出这样的读本也许是不可能的。但是，这方面的权威著作，如帕顿（H. J. Paton）《定言令式》，芝加哥：芝加哥大学出版社1948年版；贝克（L. W. Beck）：《康德实践理性批判评注》，芝加哥：芝加哥大学出版社1960年版；及其他著作，需要通过研究康德其他文稿来做进一步补充。这里可参阅格雷戈尔（M. J. Gregor）《自由法则》，牛津：巴兹尔—布莱克韦尔出版社1963年版。此书对《道德形而上学》有解释，并参阅墨菲（J. G. Murphy）的摘要读本《康德法权哲学》，伦敦：麦克米兰出版社1970年版。除此以外，要想正确解读康德学说，就不能忽略《判断力批判》《限于理性的宗教》及其政治著作。关于最后一点，可以参阅汉斯·赖斯编《康德政治著作集》，尼斯比特译，剑桥：剑桥大学出版社1970年版。——原注 [H本的脚注（第197页）漏掉了墨菲的《康德法权哲学》。]

interpret this conception"（p. 221）。H 本："对原初状态的描述就是解释这一观念的一个尝试"（第 198 页）。**新解："描述初始位置，是诠释这一理性决定观念的一次尝试。"** 由于 H 本在前面把 "The conception and outcome of a suitably defined rational decision" 解读为 "适当确定的合理抉择及结果"，没有解读出 "理性决定观念"，它在这个语句提到的 "这一观念" 便是无的放矢的。

【诠释】

首先，康德是从道德原则是理性选择的对象这一观点出发的。它们定义了这样一条道德法则，亦即在伦理王国中，人们能够出于理性意志去管束自身的行为。道德哲学变成一门研究适当界定的理性决定观念及其结果的学问。这个想法产生了某些直接后果。因为只要我们认为道德原则是为目的王国颁布的（道德）法令，很明显，这些原则不仅必须为所有人所接受，而且必须公开且公共的。最后，康德设想，这种道德立法将在把人描述为自由平等的理性生命的条件下得到一致同意。描述初始位置，是诠释这一理性决定观念的一次尝试。我不想在这里论证基于康德文本的这种诠释。当然，有人（比如哈贝马斯）会尝试对康德做出不同的解读。也许，下面的评论最好作为将公平正义与在康德和卢梭那里达到顶峰的契约论传统联系起来的一些建议。

【原文】 §40-3-p. 222

【评析】

1. 原文："**A person is acting autonomously when the principles of his action are chosen by him as the most adequate possible expression of his nature as a free and equal rational being**"（p. 222）。H 本："人是一种自由、平等的理性存在物，当他的行为原则可能是作为对其本性最准确的表现而被他选择时，他是在自律地行动"（第 198 页）。**新解："当一个人的行动原则被选作这个人作为自由平等理性生命之本性的最充分的可能表达时，他就是在自律地行动。"** H 本把固定短语 "the most adequate possible expression"（最充分的可能表达）拆分了开来，解读为 "可能是……最准确的表现"，离开其愿意较远。

2. 原文："**The principles he acts upon are not adopted because of his social position or natural assets, or in view of the particular kind of society**

in which he lives or the specific things that he happens to want"（p. 222）。H 本："他所遵循的原则之所以被选择，不是因为他的社会地位或自然禀赋，也不能用他生活在其中的特殊社会以及他恰好需要的特定事物来解释"（第 198 页）。新解："他之所以采取这个行动原则，既不是因为他所处的社会位置或他持有的自然资质，又不是因为他生活的特殊社会类型，更不是因为他凑巧想要得到的特定事物。"

3. 原文："The veil of ignorance deprives the persons in the original position of the knowledge that would enable them to choose heteronomous principles"（p. 222）。H 本："无知之幕使原初状态中的人不具有那种使他能够选择他律原则的知识"（第 198 页）。新解："无知之幕剥夺了处于初始位置上的人能够选择他律原则的知识。"

4. 原文："The parties arrive at their choice together as free and equal rational persons knowing only that those circumstances obtain which give rise to the need for principles of justice"（p. 222）。H 本："各方完全作为仅知道有关正义环境的知识的自由和平等的理性人而达到他们的选择"（第 198 页）。新解："各方作为自由平等的理性人共同做出选择，只知道那些环境将导致需要正义原则。"

【诠释】

本人相信，康德认为，当一个人的行动原则被选作这个人作为自由平等理性生命之本性的最充分的可能表达时，他就是在自律地行动。他之所以采取这个行动原则，既不是因为他所处的社会位置或他持有的自然资质，又不是因为他生活的特殊社会类型，更不是因为他凑巧想要得到的特定事物。若一个人按照那样的原则行事，那么他就是按照他律行事(to act heteronomously)。现在，无知之幕剥夺了处于初始位置上的人能够选择他律原则的知识。各方作为自由平等的理性人共同做出选择，只知道那些环境将导致需要正义原则。

【原文】 §40 – 4 – p. 222

【评析】

这里的讨论是很琐碎的，但也是很重要的，我们从中可以看到罗尔斯正义理论与康德道德哲学的联系，但前者不能直接从后者推导出来。正如有人指出的那样："在罗尔斯那儿，人并不是作为单独的个体，而是作为目的王国或者说伦理共同体的成员而立法。事实上，也正是在与目的王国的关联中，罗尔斯对康德的自律理念作出了自己独特的解释，而契约论则为罗尔斯提供了将自律的观念与目的王国结合起来的路径。"① 罗尔斯的确发展了康德道德哲学，尤其是关于人的本性的学说。

1. 原文："**The argument for these principles does add in various ways to Kant's conception**"（p. 222）。H 本："我对这些原则的论证在不同的方面补充了康德的观念"（第 198 页）。**新解**："对这些正义原则的论证确实以各种方式加强了康德的道德原则观念。" 短语"add in various ways to"的意思是"以各种方式加强……"，而不是"在不同的方面补充……"。

2. 原文："**It adds the feature that the principles chosen are to apply to the basic structure of society**"（p. 222）。H 本："我增加了被选择的原则要运用于社会的基本结构这样一个特征"（第 198 页）。**新解**："它加强了这样的特点：所选中的正义原则要应用于社会的基本结构。"

3. 原文："**The principles of their actions do not depend upon social or natural contingencies, nor do they reflect the bias of the particulars of their plan of life or the aspirations that motivate them**"（p. 222）。H 本："他们行动的原则不依赖社会的、自然的偶然因素，也不反映他们生活计划的具体倾向的偏见或推动他们行为的期望"（第 198 页）。另解："［人们的］行动原则并不取决于各种偶然的社会条件或自然条件，也不反映他们在生活计划的细节或者激发他们的抱负方面所持有的成见。"② **新解**："他们的行动原则，既不取决于社会或自然的偶发因素，也不反映他们对生活计划特定要素的成见，更不反映激励他们的愿望。"

4. 原文："**By acting from these principles persons express their nature as free and equal rational beings subject to the general conditions of human life**"（p. 222）。H 本："人们通过遵循这些原则行动来表现在一般的人类生活条件下他们作为自由的、平等的理性存在物的本质"（第 198 页）。**新解**："人们通过遵循这些原则表明，他们既具有作为自由平等理性人的本性，又顺从人类生活的一般条件。"

5. 原文："**For to express one's nature as a being of a particular kind is to act on the principles that would be chosen if this nature were the decisive**

---

① 孙小玲："自律的悖论与罗尔斯的契约论解决"，《哲学研究》2016 年第 1 期。
② 徐向东："基本结构与背景正义——反驳柯亨对罗尔斯的批评"，《中国人民大学学报》2021 年第 5 期。

determining element"（p. 222）。H 本："因为，如果这种本质是最重要的决定因素的话，那么，为表现作为一种特殊存在物的一个人的本质，就要按照将被选择的原则行动"（第 198 页）。**新解**："因为，假如这种本性是最重要的决定因素，那么，为了表现作为一类特殊生命的一个人的本性，就要按照将被选中的原则行事。"罗尔斯在这里关于"一类特殊生命""人的本性"或"人的本质"的论述，很有卢梭、康德和马克思的意味。

6. 原文："**Of course, the choice of the parties in the original position is subject to the restrictions of that situation**"（p. 222）。H 本："当然，在原初状态中，各方的选择必定服从那个状态的限制"（第 198 页）。**新解**："当然，处在初始位置上的各方的选择也受到那种情况的限制。"

7. 原文："**But when we knowingly act on the principles of justice in the ordinary course of events, we deliberately assume the limitations of the original position**"（p. 222）。H 本："但是，当我们有意识地在日常生活中按照正义原则而行动时，我们就有意识地接受了原初状态的限制"（第 198 页）。**新解**："然而，当我们在一般情况下心照不宣地按照正义原则行事时，我们会小心翼翼地设定初始位置的各种限制。"

8. 原文："**One reason for doing this, for persons who can do so and want to, is to give expression to one's nature**"（p. 222）。H 本："对一个有能力、又想要这样行动的人来说，这种行为的一个根据就是表现他们作为自由的、平等的理性存在物的本质"（第 198—199 页）。**新解**："对于能够做到且愿意去做的人来说，如此行事的一个理由是，他想要表现自己的本性。"

【诠释】

诚然，对这些正义原则的论证确实以各种方式加强了康德的道德原则观念。例如，它加强了这样的特点：所选中的正义原则要应用于社会的基本结构；具体规定这种结构的前提（promises）用来推导出正义原则。不过本人相信，这个特点和其他强调之点是足够自然的，并且它们仍然相当接近康德的学说，至少当他的所有伦理学著作都被放在一起看的时候是如此。假定赞成正义原则的推理是正确的，那么我们可以说，人们按照这些原则行事，就是按照他们作为处于平等初始位置上的理性独立的人所选中的原则行事。他们的行动原则，既不取决于社会或自然的偶然因素，也不反映他们对生活计划特定要素的成见，更不反映激励他们的愿望。人们通过遵循这些原则表明，他们既具有作为自由平等理性人的本性，又顺从人类生活的一般条件。因为，假如这种本性是最重要的决定因素，那么，为了表现作为一类特殊生命的一个人的本性，就要按照将被选中的原则行事。当然，处在初始位置上的各方的选择也受到那种情况的限制。然而，当我们在一般情况下心照不宣地按照正义原则行事时，我们会小心翼翼地设定初始位置的各种限制。对于能够做到且愿意去做的人来说，如此行事（按照正义原则行事）的一个理由是，他想要表现自己的本性。

【原文】§ 40 – 5 – pp. 222 – 223

【评析】

1. 原文："Its applicability depends upon one's having an aim which one need not have as a condition of being a rational human individual"（p. 223）. H 本："它的可用性依赖于人有一个目标，而这个目标是他作为一个理性的人类个体不必有的"（第 199 页）。新解："它的适用性取决于一个人拥有目标，而他不需要把拥有目标作为成为一个理性人类个体的条件。"

2. 原文："These are things that it is rational to want whatever else one wants"（p. 223）. H 本："这些基本善都是一个人合理要求的事物，不管他要求其他什么东西"（第 199 页）。新解："这些基本善是除了别的东西以外人人都理性地想要的东西。"

3. 原文："The preference for primary goods is derived, then, from only the most general assumptions about rationality and the conditions of human life"（p. 223）. H 本："这样，我们就从关于理性和人类生活条件的仅仅是最一般的假设，达到了对于基本善的选择"（第 199 页）。新解："因此，偏好基本善，是从关于理性和人类生活条件的最一般假设推导出来的。"

【诠释】

正义原则也类似于定言令式（绝对命令）。因为康德通过定言令式来理解行动原则，该原则之所以适用于人，是因为人本质上是自由平等的理性生命。原则的有效性不以人持有特定愿望或目的为前提。相比之下，假言令式的确做了如下假定：它指导我们采取某些步骤作为实现特定目标的有效手段。无论欲望是为了某一特殊的事物，还是欲望是为了某一较为普遍的事物，例如，某种令人愉快的感觉或快乐，相应的命令都是假言的。它的适用性取决于一个人拥有的目标，而他不需要把拥有目标作为成为一个理性人类个体的条件。两个正义原则的论证并不假定，各方持有特定的目的，而只是假定，各方希望得到某些基本善。这些基本善是除了别的东西以外人人都理性地想要的东西。因此，在既定人性之下，想要得到基本善，是理性地为人处事的一部分（part of being rational）；虽然假定每个人各有其善观念，但是谁都不知道任何人的最终目的。因此，偏好基本善，是从关于理性和人类生活条件的最一般假设推导出来的。遵循正义原则行动，就是遵照定言令式（绝对命令）行动，在这一意义上，无论我们的目标是什么，它们都适用于我们。这只是反映了这样的事实：在其推导过程中，没有任何偶然因素作为前提出现。

【原文】§40-6-pp. 223-224

【评析】

原文："We have also seen that the concept of benevolence, being a second-order notion, would not work out well"（p. 223）。H 本："我们也注意到作为次级概念的慈善不会充分表现出来"（第 199 页）。**新解："我们也看到，作为一个二阶概念，仁慈概念是行不通的。"** 短语："Second-order"。H 本："次级"（第 199 页）。**新解："二阶"**。在上一章，H 本解读为"二阶"是正解，这里解读为"次级"是不准确的。第三章、第四章、第九章都出现了数学术语"highest-order"和"second-order"，H 本在解读时没有保持术语上的统一。

【诠释】

我们还可留意到，互不关切的动机假设与康德自律概念相似，并为这一状况提供另一个缘由。到目前为止，这一假设用来描述正义的环境，并且提供明确的正义观念来指导各方的推理活动。我们也看到，作为一个二阶概念，仁慈概念是行不通的。现在，我们可以补充说，相互无利害关系（互不关切的另一种表述）假设将允许我们自由选择一组终极目标。① 采纳某个善观念的自由，只受制于从对这些善观念不施加任何事先限制的学说中推导出来的原则。假定在初始位置上的各方都对彼此不感兴趣，就实现了这个设想。我们假定，各方在一定意义上有着相反的主张。如果他们的目的受到某种特定

---

① 本人在这个观点上得益于查尔斯·弗里德（Charles Fried）。——原注

方式的限制，从一开始就表现为对自由的任意限制，此外，如果各方被认为是利他主义者，或者是追求某种享乐的人，那么，被选中的原则将仅仅适用于令其自由与利他主义或享乐主义相容的个体。正如当前的论断所示，正义原则涵盖所有有着理性人生规划的个体，无论正义原则的内容是什么，它们代表着对自由的适当限制。因此，人们可以说，限制善观念是诠释这一契约情景（contractual situation）的结果，该契约情景对人们可能想要的东西没有给出预先限制。就互不关切的动机前提来说，存在着多种理由。这一前提不仅是关于正义环境的一个现实主义问题，而且是使得该理论易于把握的一个方法。它还与康德的自律思想相联系。

【原文】§40 - 7 - p. 224

【评析】

苏珊·沃尔夫（Susan Wolf）探讨了"道德圣人"（moral saint）问题，并提出"仁爱圣者"（loving saints）和"理性圣者"（rational saints）概念。道德圣人是为了他人和社会福祉竭尽全力的人。她认为，体面的普通个体可以拒绝做道德圣人，但是道德圣人值得称道和世人尊敬。[1] 我们在这里看到了罗尔斯对相关话题的讨论。

1. 原文："Sensuous desires or contingent aims"（p. 224）。H本："感官享受的愿望或偶然性的目标"（第200页）。新解："感官欲望或偶然目标"。

2. 原文："Kant never explains why the scoundrel does not express in a bad life his characteristic and freely chosen selfhood in the same way that a saint expresses his characteristic and freely chosen selfhood in a good one"（p. 224）。H本："康德从来不解释，为什么一个过着邪恶生活的恶棍，不是以一个过着一种善良生活的圣者表现其个性和自由选择的自我的同样的方式，表现他的个性和自由选择的自我的"（第200页）。新解："康德从来没有解析过，就像圣者在善好人生中表现自己的个性和自由选择的自我一样，为什么无赖在糟糕人生中不能表现自己的个性和自由选择的自我。"

---

[1] Susan Wolf, "Moral Saints", *Journal of Philosophy*, 1982, 79 (8), pp. 419 - 439. 并且参阅费益民"道德圣人与后果主义"，《云南大学学报》2021年第6期。

【诠释】

然而，有一个难点须作澄清。西季威克很好地指出了这一点。① 他说，在康德伦理学中，最引人注目的莫过于以下见解：如果个体依照道德法则行动，那么他实现了自己的真实自我；相反，如果个体允许自己的行动取决于感官欲望或偶然目标，那么他就会受制于自然法则。但在西季威克看来，这个想法是徒劳的。他认为，在康德看来，（在本体自我方面）圣者和无赖(恶棍、流氓)的生命同样是自由选择的结果，（在现象自我方面）圣者和无赖的生命也同样是因果律的主体(附庸)。康德从来没有解析过，就像圣者在善好人生中表现自己的个性和自由选择的自我一样，为什么无赖(恶棍、流氓)在糟糕人生中不能表现自己的个性和自由选择的自我。本人认为，西季威克的反驳是决定性的：只要一个人假设，正如康德式诠释所允许的那样，本体自我可以选择任何一套前后一致的原则，并按照这些原则行动，无论它们是什么，都足以展示个体作为自由平等的理性生命的选择。康德的回答必须是，尽管按照任何一套前后一致的原则行事可能是本体自我决定的结果，但并不是所有由现象自我做出的行动都表现为自由平等的理性生命的决定。因此，如果个体通过在行动中表达自己的真实自我来实现自己，并且，如果他首先渴望实现这个自我，那么他将选择依照原则行动，这些原则表明，他是自由平等的理性生命。论证中的缺失部分涉及表现概念(concept of expression)。康德并没有证明，从道德法则出发的行为，以若干可以识别的方式表现我们的本性，违背原则的行为则没有表现我们的本性。

【原文】§ 40 – 8 – pp. 224 – 225

【评析】

1. 原文："We think of the original position as in important ways similar to the point of view from which noumenal selves see the world"（p. 225）. H本："我们把原初状态看成是与本体自我理解世界的观点类似的一个重要方式"（第201页）。**新解**："我们把初始位置视为在某些重要

---

① 参阅西季威克《伦理学方法》第7版，伦敦：麦克米兰出版社1907年版，附录："康德的自由意志观念"，转印于《心灵》1888年第13卷，第511—516页，特别是第516页。——原注

方面类似于本体自我了解世界的观察点。"

2. 原文："**But they also have a desire to express their nature as rational and equal members of the intelligible realm with precisely this liberty to choose, that is, as beings who can look at the world in this way and express this perspective in their life as members of society**"（p. 225）。H 本："但是他们也有一种愿望，这就是要以这种选择自由来表现在理性王国中他们是作为有理性的平等成员，即能够在其社会生活中以原初状态的观点来看待世界、并能表达这种观点的存在物的本质"（第 201 页）。新解："但是他们也有一个愿望，表示他们作为理智王国的理性平等成员的本性而恰好具有这种选择自由权利，亦即他们是能以这种方式看世界并作为社会成员在其生活中表达这种观点的生命。"

3. 原文："**Most fully reveal their independence from natural contingencies and social accidents**"（p. 225）。H 本："充分地揭示出他们对于自然、社会的偶然因素的独立性"（第 201 页）。新解："最充分地展示他们具有不受制于自然偶然因素和社会意外事项的独立性。"

4. 原文："**The description of the original position resembles the point of view of noumenal selves, of what it means to be a free and equal rational being**"（p. 225）。H 本："对原初状态的描述解释了本体自我的观点和成为一个自由的、平等的理性存在物所蕴含的意义"（第 201 页）。新解："关于初始位置的描述，类似于本体自我的观点，亦即表示本体自我想要成为自由平等的理性生命意味着什么。"

5. 原文："**Men exhibit their freedom, their independence from the contingencies of nature and society, by acting in ways they would acknowledge in the original position**"（p. 225）。H 本："人通过以他们在原初状态中将承认的方式行动，显示了他们的自由和对自然、社会的偶然因素的独立性"（第 201 页）。新解："人们以其在初始位置上将予以承认的方式行动，人们展示自己的自由，展示其具有不受制于自然偶发因素和社会意外事故的独立性。"

【诠释】

本人认为，初始位置观念弥补了这一缺陷。关键的一点是，我们需要论证，表明自由平等的理性人将选择哪些原则，如果有的话，哪些原则必须运用于实践之中。为了回应西季威克的反对意见，需要对这个问题做出明确回答。本人的建议是，我们把初始位置视为在某些重要方面类似于本体自我了解世界的观察点。作为本体自我的各方，拥有完全的自由，选择他们想要的任何原则；但是他们也有一个愿望，表示他们作为理智王国的理性平等成员的本性而恰好具有这种选择自由权利，亦即他们是能以这种方式看世界并作为社会成员在其生活中表达这种观点的生命。因此，他们必须决定，在日常生活中有意识地遵循和执行哪些原则，才能最好地在他们的共同体中体现这种自由，最充分地展示他们具有不受制于自然偶然因素和社会意外事项的独立性。现在，如果契约论的论证是正确的，那么这些原则实际上就是定义道德法则的原则。更确切地说，这些原则就是适用于制度和适用于个体的正义原则。关于初始位置的描述，类似于本体自我的观点，亦即表示本体自我想要成为自由平等的理性生命意味着什么。当我们按照我们所选择的原则行事时，当我们作为如此生命的本性反映在决定选择的条件中时，这个本性就会显现出来。因此，人们以其在初始位置上将予以承认的方式行动，人们展示自己的自由，展示其具有不受制于自然偶然因素和社会意外事项的独立性。

【原文】§40-9-p.225

【评析】

1. 原文："The desire to act justly derives in part from the desire to express most fully what we are or can be, namely free and equal rational beings with a liberty to choose"（p.225）。H本："正义地行动的愿望则部分来自想充分地表现我们是什么和我们能成为什么的愿望，即来自一种想成为具有选择自由的自由、平等的理性存在物的愿望"（第201页）。**新解**："做事合乎正义的愿望，部分源自最充分地表达着我们是什么或者我们能成为什么的愿望，亦即我们是有自由选择权的自由平等的理性生命。"

2. 原文："It is for this reason, I believe, that Kant speaks of the failure to act on the moral law as giving rise to shame and not to feelings of guilt"（p.225）。H本："我相信，康德就是根据这个理由谈到没有按道德律行动会引起羞耻、而不是引起负罪感的"（第201页）。**新解**："我相信，正是因为这个缘故，康德才会说，做事不遵循道德法则将导致羞耻感，而非愧疚感。"

3. 原文："Such actions therefore strike at our self-respect, our sense of our own worth, and the experience of this loss is shame"（p.225）。H

本："因此，这种行为刺伤了我们的自尊心，削弱了自我价值的意识；对这种损失的情感体验就羞耻"（第 201 页）。**新解**："这种行为有损于我们的自尊，有损于我们的自我价值感，对这种损害的体验就是羞耻感。"

4. 原文："We have acted as though we belonged to a lower order, as though we were a creature whose first principles are decided by natural contingencies"（p.225）. H 本："我们的所作所为就仿佛我们是属于较低层次的、一种由自然偶因决定自己的首要原则的动物"（第 201 页）。**新解**："从行事风格来看，我们好像属于某个较低等生物，其首要原则取决于自然的偶然因素。"

5. 原文："This leads not to a morality of austere command but to an ethic of mutual respect and self-esteem"（p.225）. H 本："这并不导致一种严厉命令的道德，而是导向一种互尊和自尊的伦理学"（第 201 页）。**新解**："这不会导致一种严厉命令的道德，而会导致一种相互尊重和维护自尊的伦理。"

【诠释】

因此，如果得到恰当理解，那么做事合乎正义的愿望，部分源自最充分地表达着我们是什么或者我们能成为什么的愿望，亦即我们是有自由选择权的自由平等的理性生命。我相信，正是因为这个缘故，康德才会说，做事不遵循道德法则将导致羞耻感，而非愧疚感。这样说是恰当的，因为对他来说，凡是做事不合乎正义，就是没有表现我们作为自由平等理性生命的本性。因此，这种行为有损于我们的自尊，有害于我们的自我价值感，对这种损害的体验就是羞耻感（§67）。从行事风格来看，我们好像属于某个较低等生物，其首要原则取决于自然的偶然因素。有人认为，康德道德学说是一种关于法律和愧疚的学说，这些人严重误解了康德。康德的主要目的是，深化和证明卢梭的观点，即自由是按照我们给予自己所立法律来行动。这不会导致一种严厉命令的道德，而会导致一种相互尊重和维护自尊的伦理。[①]（留意在这里对愧疚和羞愧的区分。）

[①] 参阅威廉斯（B. A. O. Williams）"平等的观念"，彼得·拉斯莱特（Peter Laslet）和朗西曼（W. G. Runciman）编，收录于《哲学、政治和社会》第 2 辑，牛津：巴兹尔—布莱克韦尔出版社 1962 年版，第 115 页及之后。确证这种解释可参阅康德关于道德教育的评论，参阅康德《实践理性批判》，第二部分，也参阅贝克（Beck）《康德实践理性批判评注》，第 233—236 页。——原注

【原文】§40 – 10 – p. 226

【评析】

在这接下来的两个段落中，罗尔斯提出了他的正义理论与康德道德学说的两个重要区别。

1. 原文："**Purely transcendent**"（p. 226）。H 本："纯粹超越的"（第 202 页）。新解："纯粹超验的"。

2. 原文："**I have departed from Kant's views in several respects**"（p. 226）。H 本："我在有些方面离开了康德的观点"（第 202 页）。新解："本人在几个方面偏离了康德的观点。"

3. 原文："**The person's choice as a noumenal self I have assumed to be a collective one**"（p. 226）。H 本："我把作为一个本体自我的个人选择假设为一个集体的选择"（第 202 页）。新解："本人认为，作为本体自我的人的选择，是一个集体性选择。"

4. 原文："**The force of the self's being equal is that the principles chosen must be acceptable to other selves**"（p. 226）。H 本："自我争取平等的力量在于那些已选择的原则务必是其他自我可以接受的"（第 202 页）。新解："自我生而平等的力量在于，被选中的原则必定是其他自我可以接受的。"

5. 原文："**Since all are similarly free and rational, each must have an equal say in adopting the public principles of the ethical commonwealth**"（p. 226）。H 本："因为所有人都同样是自由的、有理性的，所以每个人在采用伦理王国的公开原则时都必须具有平等的发言权"（第 202 页）。新解："既然所有人都是同样自由而理性的，那么每个人都必定在采纳伦理王国的公开原则方面拥有平等的发言权。"

6. 原文："**Unless the scoundrel's principles would be agreed to, they cannot express this free choice, however much a single self might be of a mind to adopt them**"（p. 226）。H 本："恶棍的原则将不会被选择，因为它们不能表现这种自由选择，不管单个的自我可能多么想选择这些原则"（第 202 页）。新解："不管某个单一自我多么想采纳无赖原则，除非无赖原则得到大家的同意，否则它们无法表达这种自由选择。"

第四章　平等自由　　775

【诠释】

因此，初始位置可以看作在经验理论框架内对康德自律观念和定言令式观念的一种程序性诠释。用来规制目的王国的原则，就是在初始位置上被选中的原则，描述初始位置使我们能够解释这样一种意义：按照这些原则去行动，表现了我们作为自由平等的理性人的本性。因为初始位置的程序观念允许我们建立这些联系，这些概念不再是纯粹超验的、与人类行为缺乏可解释联系的。当然，本人在几个方面偏离了康德的观点。我不能在这里讨论这些问题，但有两点需要注意。第一，本人认为，作为本体自我的人的选择，是一个集体性选择。自我生而平等的力量在于，被选中的原则必定是其他自我可以接受的。既然所有人都是同样自由而理性的，那么每个人都必定在采纳伦理王国的公开原则方面拥有平等的发言权。这意味着，作为本体的自我，每个人都同意这些原则。不管某个单一自我多么想采纳无赖原则，除非无赖原则得到大家的同意，否则它们无法表达这种自由选择。稍后，本人将试图解释一个明确的意义，在这个意义上，一致同意甚至是任一单一自我本质的最佳表达（§85）。它绝不会像选择的集体性质所暗示的那样凌驾于个人利益之上。但我暂时把这一点放在一边。

【原文】 §40-11-p.226

【评析】

在这个语句中，罗尔斯提出了他的正义理论与康德道德学说的重大区别。

1. 原文："They are subject to the conditions of human life"（p.226）. H本："他们服从于人类生活的各种条件"（第202页）。新解："他们受到人类生活条件的制约。"

2. 原文："Being in the circumstances of justice, they are situated in the world with other men who likewise face limitations of moderate scarcity and competing claims"（p.226）. H本："在正义环境中，他们和其他人同处在一个世界中，同样面临中等匮乏和冲突要求的限制"（第202页）。新解："置身于正义的环境之中，他们与其他人一起生活在这个世界上，后者同样面临适度匮乏和相互竞争诉求的限制。"

3. 原文："Human freedom is to be regulated by principles chosen in the light of these natural restrictions"（p.226）. H本："人类自由要按照

根据自然限制而选择的原则来调节"（第 202 页）。**新解**："人类自由将受到根据这些自然限制而选择的原则的规制。"

4. **原文**："**The freedom of pure intelligences not subject to these constraints（God and the angels）are outside the range of the theory**"（p. 226）。H 本："纯粹理智的自由不受制于这些约束，上帝和天使的自由亦在这个理论之外"（第 202 页）。**新解**："不受这些约束的纯粹心智生命（上帝和天使）的自由不在这个理论的范围之内。"

5. **原文**："**Rational beings**"（p. 226）。H 本："理性存在物"（第 202 页）。**新解**："理性生命"。康德表示，他的道德学说不仅适用于人类，而且适用于上帝与天使，也即适用于所有的理性生命。而罗尔斯的正义理论只适用于人类。康德道德学说不受人类社会状况的制约，罗尔斯正义理论则以人类社会状况作为首要正义原则推论的出发点。

6. **原文**："**Men's social situation in the world is to have no role in determining the first principles of justice**"（p. 226）。H 本："人们在世界上的社会状况看上去在决定正义的首批原则中没有什么作用"（第 202 页）。**新解**："人类在世界上的社会状况在决定首要正义原则上不起作用。"

【诠释】

第二，本人一直假定，各方都知道，他们受到人类生活条件的制约。置身于正义的环境之中，他们与其他人一起生活在这个世界上，后者同样面临适度匮乏和相互竞争诉求的限制。人类自由将受到根据这些自然限制而选择的原则的规制。因此，公平正义是一种人类正义理论，其前提包括关于人类及其在自然中的方位的基本事实。不受这些约束的纯粹心智生命（pure intelligences）（上帝和天使）的自由不在这个理论的范围之内。康德的意思可能是，他的学说适用于所有的理性生命(指包括非人类的上帝和天使等理性生命)，因此，人类在世界上的社会状况在决定首要正义原则上不起作用。如果真的如此，这是公平正义与康德理论的另一个区别。

【原文】§ 40 – 12 – pp. 226 – 227

【评析】

1. **原文**："**The Kantian interpretation is not intended as an interpretation of Kant's actual doctrine but rather of justice as fairness**"

（p. 226）. H 本："对康德的这个解释并不旨在对康德的真实学说的一种解释，而是对公平的正义的一个解释"（第 202 页）。**新解："这种康德式诠释并不想要诠释康德实际学说，而是想要诠释公平正义。"**

2. 原文："**A number of deep dualisms**"（p. 226）. H 本："诸多深层的二元论"（第 202 页）。**新解："诸多深刻的二元论"。**

3. 原文："**His moral conception has a characteristic structure**"（p. 227）. H 本："他的道德观念的独特结构"（第 202 页）。**新解："康德的道德观念有一个独特的结构"。**

4. 原文："**What I have called the Kantian interpretation**"（p. 227）. H 本："我所称的康德主义解释"（第 202 页）。**新解："本人所说的康德式诠释"。**

【诠释】

但是，这种康德式诠释并不想要诠释康德实际学说，而是想要诠释公平正义。康德的见解以诸多深刻的二元论，特别是关于必然与偶然、形式与内容、理性与欲望、本体与现象的二元论为标识。对许多人来说，抛弃康德理解的二元论，就是抛弃在康德理论中与众不同的东西。但是，本人并不这么认为。康德的道德观念有一个独特的结构，当这些二元论不是从他给予它们的意义上得到理解，而是在经验理论范围内重新塑造它们的道德力量时，这种结构就可以得到更加清晰的辨析。本人所说的康德式诠释说明了这是如何做到的。

第五章 分配份额
Distributive Shares

【题解】

  这一章主要讨论分配正义问题，这是第二正义原则涉及的主题，也即人们享有的各种权利和机会、职位和岗位、收入和财富、特权和荣誉等应当如何分配的问题。作为一种基本制度安排，这一章涉及的正义问题主要是社会和经济意义上的，存在着博弈或讨价还价的余地，也就是说，存在着各种波动空间。公共政策在其中发挥着重要作用。借助于经济系统、市场作用、市场失灵、时间偏好和储蓄等概念，罗尔斯在这里既讨论了人际平等，也讨论了代际正义。他认为，作为分配正义的原则，差别原则既适用于私有制经济，也适用于公有制经济，体现了一种社会正义观念，按照那种正义观念，除非某种社会价值或所有社会价值的不平等分配符合每个人的优势，或者有利于每个人的利益，否则，所有社会价值都应当予以平等分配。

  正是在对于差别原则的彻底贯彻上，罗尔斯正义理论被视为一种具有集体主义（collectivism）[①] 和社会主义倾向的理论。他在这里提出："这些正义原则可以成为政治经济学说的一部分。"（p. 228）在这一方面，哈耶克表示强烈反对。哈耶克认为，任何分配都是人类行动的结果，而不是人为设计的结果。哈耶克严格区分了适用于社会的规则和适用于自由市场的规则，前者旨在维护社会秩序；后者旨在合理配置各种资源，以实现市场价值的极大化。在自由市场里，肯定存在着人们为了获取稀缺资源而开展的竞争。因为稀缺意味着有利可图，所以只存在各种资源或市场要素的合理配置，而不存在出于社会正义的分配。公平正义观念尤其是差别原则给

[①] Albert Weale, *Democratic Justice and the Social Contract*, Oxford: Oxford University Press, 2013, p. xiii.

予政府干预市场的更大权力，只会削弱个体创造财富的动力、削弱社会的丰富多彩性和活力、削弱自由市场对效率的追求，因此加大社会生产和人民生活成本，必定是低效率的。"人们马上认识到，这样的事件将使文明的进化不再可能。罗尔斯推崇的世界因此绝不可能变成文明昌盛的世界：通过压制归于运气的区别或分化，它将挫败有关新可能的绝大多数发现。"① 哈耶克表示，在自由市场里，分配正义是一个伪命题，同样地，社会正义也是一个伪命题。"'社会正义'终将是一个像鬼火一般的不可方物，引诱人们放弃在激励以往文明发展中取得的许多价值——企图满足从小团体传统中留传下来的某个渴望，但是那个渴望在由自由人组成的大社会里是没有意义的。"②

诺齐克持着与哈耶克相同的见解，认为差别原则严重违反洛克创立的自我所有权理论。在自我所有权的三种表现形式中，亦即在个人权利的持有、转移和矫正中，都不适用差别原则。

有意思的是，罗尔斯在《正义论》中没有提到哈耶克，也没有提到后者关于社会正义的相关批评，在《政治自由主义》和《论文集》中也是如此。他也没有正面回应诺齐克的"最弱意义的国家"假说。

【原文】CH – V – p. 228

【评析】

1. 原文："**The principles of justice may serve as part of a doctrine of political economy**"（p. 228）. H 本："两个正义原则可能成为一种政治经济学理论的组成部分"（第 203 页）。我们从罗尔斯的设想中可以看到他的学术抱负，那就是引入公平正义原则，批评效用论和理性选择理论，改造政治经济学，赋予其新的内涵和生命。**新解**："两个正义原则可以成为政治经济学说的一部分。"

2. 原文："**These principles have embedded in them a certain ideal of social institutions**"（p. 228）. H 本："两个正义原则自身中已经孕育了某种社会制度的理想"（第 203 页）。**新解**："这些正义原则已经把某种确定的社会制度理想嵌入社会制度之中。"

---

① Friedrich August von Hayek, *The Fatal Conceit: The Error of Socialism*, London: Routledge, 1988, p. 74.
② Friedrich August von Hayek, *Law, Legislation and Liberty: The Mirage of Social Justice*, London: Routledge, 1976, p. 67.

3. 原文："Time preference"（p. 228）。H 本："时间的偏爱"（第 203 页）。**新解**："时间偏好"。

4. 原文："Throughout the choice between a private-property economy and socialism is left open"（p. 228）。H 本："对私有经济或社会主义经济的选择始终是不限制的"（第 203 页）。罗尔斯主张，公有制和私有制不是实施公平正义原则指导下的分配正义的障碍或保障。**新解**："在私有制经济和社会主义经济之间的选择始终是开放的。"

5. 原文："Various basic structures would appear to satisfy its principles"（p. 228）。H 本："不同的社会基本结构都能满足它的原则"（第 203 页）。**新解**："各种基本结构似乎都将满足其原则的要求。"罗尔斯对现有各种基本结构，无论私有制经济还是社会主义经济，都是持批评态度的。在效用论主导之下，它们很多没有达到正义论所提倡的正义原则要求，尤其是不符合差别原则。所以，他使用了一个表面肯定实际质疑的词组"would appear to"。其意思是，它们表面满足正义理论主张的正义原则要求，至于事实是否如此，则是要进行考察的。于是，关于分配份额的讨论亦即分配正义是这一章的主题。效用论、至善论和直觉论是涉及这一主题的三个正义理论，加上罗尔斯本人的公平正义理论，这一章涉及四个分配正义理论，它们的各自优劣，要通过比较研究才见分晓。H 本没有把这一层意思解读出来。

【诠释】

在这一章中，本人将讨论第二正义原则，描述在现代国家背景下满足第二正义原则要求的制度安排。我先指出，正义原则可以成为政治经济学说的一部分。效用论传统一直强调这种运用，我们务必看一看它们在这方面的表现。本人还强调，这些正义原则已经把某种确定的社会制度理想嵌入社会制度之中，当我们在第三编讨论共同体的价值①时，这个事实将是十分重要的。作为后续讨论的准备，我要简单评论经济系统、市场作用等议题。然后，我转向讨论储蓄和代际正义难题。我先用直观方法把这些要点串联起来，再着力评述时间偏好问题和关于优先性的一些其他例证。接着，我试图表明，算清分配的份额，便能解析常识性正义准则的地位。本人也将考察至善论和直觉论的分配正义理论，这样在某种程度上也就完成了和其他传统观点的比较工作。在私有制经济和社

---

① 即 the values of community，另一个短语是 the good of community，它们在含义上是相近的。

会主义经济之间的选择始终是开放的。仅从正义理论的观点来看，各种基本结构似乎都将满足其原则的要求。

§41 政治经济学的正义概念
The Concept of Justice in Political Economy

【题解】

罗尔斯在这里提出了一个著名的观点："对有违正义之事物的欲望，亦即对除非侵犯正义的安排否则无法得到满足的事物的欲望，是没有价值的。满足这些需求，是毫无价值的，社会系统不会鼓励这些需求。"（p.231）它可以解读为正义的优先性。有人把它解读为"任何违背公平、正义的制度安排都是无效率的，并且都应当被加以改造"①，这种解读是错误的。罗尔斯没有简单地认为，违背公平正义的制度是"无效率的"。但他的确说过，它们是"没有价值的"。罗尔斯其实承认，有些违反公平正义的制度，比如奴隶制度是极其高效率的。

在这一节里，罗尔斯有一种用公平正义理论改造政治经济学的强烈意图。在政治经济学中，存在着一种经济正义或市场正义，它主要是一种公平交易的正义。这是哈耶克承认的正义。他认定，社会正义或分配正义只是"幻景"（mirage）②，假如自由市场具有社会正义属性，这是一种"返祖"（atavistic）现象。在市场经济中，追求社会正义是行不通的，追求社会正义不兼容于市场经济。他否定社会正义或分配正义在社会实践中的可行性。社会正义或分配正义"不兼容于竞争的市场秩序，不兼容于人口或财富的增长甚至维持……实际上是反社会的"③。罗尔斯当然不会接受这种批评。他强调"公平正义适用于社会基本结构"（p.229），市场正义或经济正义是社会正义的组成部分。作为基本社会制度，经济制度必须接受公平正义的约束，体现"某种确定的社会制度理想"（p.228），成为有道德追求的制度。

---

① 王珮蓓："正义与效率的均衡：法经济学对社会发展目标的追求"，《学术月刊》2006年第4期。
② Friedrich August von Hayek, *Law, Legislation and Liberty: The Mirage of Social Justice*, London: Routledge, 1976, p.62.
③ Friedrich August von Hayek, *The Fatal Conceit: The Error of Socialism*, London: Routledge, 1988, p.118.

【原文】§41 – 1 – p. 228 – 229

【评析】

1. 原文："**It is to guide**"（p. 229）。H 本："这种学说要指导"（第204 页）。新解："这个正义观念将指导"。

2. 原文："**A political opinion concerns what advances the good of the body politic as a whole and invokes some criterion for the just division of social advantages**"（p. 229）。H 本："一种政见涉及到何种因素可促进作为一个整体的团体政治的善的问题，并诉诸于某种公正地划分社会利益的标准"（第 204 页）。新解："任何一种政治舆论都关注，什么将既促进整个国家或全体人民的利益，又援引某个标准来正当划分社会优势或社会利益。"

【诠释】

本章的目的在于弄清，作为政治经济学观念的两个正义原则将如何研发而成，也就是说，两个正义原则将如何成为评价经济安排、政策及其背景制度的标准。[福利经济学常以同样的方式定义。① 我不使用"福利经济学"这一名称，是因为语词"福利"意味着其蕴涵的道德观念是效用论的；尽管本人认为短语"社会选择"的内涵仍然过于狭隘，但是这个术语要好一些。] 任一政治经济学说必定包含诠释奠基于某个正义观念的公共物品解释。当公民思考经济政策和社会政策问题时，这个正义观念将指导其反思活动。他将从制宪会议或立法阶段的视角出发，弄清正义原则的运用方式。任何一种政治舆论都关注，什么将既促进整个国家或全体人民的利益，又援引某个标准来正当划分社会优势或社会利益。

【原文】§41 – 2 – pp. 229 – 230

【评析】

1. 原文："**It is a conception for ranking social forms viewed as closed**

---

① 关于福利经济学的定义，参阅阿罗（K. J. Arrow）和西托费斯基（Tibor Scitovsky）《福利经济学读本》，伊利诺霍姆伍德：理查德—欧文出版社 1969 年版，"引言"第 1 页。进一步的讨论，参阅柏格森（Abram Bergson）《规范经济学论文集》，麻省剑桥：哈佛大学出版社 1966 年版，第 35—39、60—63、68 页；森：《集体选择与社会福利》，旧金山：霍尔登—戴出版社 1970 年版，第 56—59 页。——原注

systems"（p. 229）。H 本："正是这个观念可用来评价那些被看成是封闭系统的社会形态"（第 204 页）。在《正义论》中，罗尔斯经常用到"ranking"及其相关术语，主要表示对各种事物进行优先性方面的排名或排序。H 本将它解读为"评价"，不是很恰当。**新解**："公平正义主张对被视为封闭系统的各种社会形态进行排序。"

2. **原文**："Cumulative effect"（p. 229）。H 本："累积效果"（第 204 页）。**新解**："累积效应"。

3. **原文**："The social system shapes the wants and aspirations that its citizens come to have. It determines in part the sort of persons they want to be as well as the sort of persons they are"（p. 229）。H 本："社会体系塑造了公民们所形成的需求和志愿，它在某种程度上决定着人们现在的类型以及他们想成为的类型"（第 204 页）。**新解**："社会系统塑造着公民逐渐具有的需求和愿望。它在一定程度上决定着他们是什么样的人和他们想要成为什么样的人。"

4. **原文**："Since economic arrangements have these effects, and indeed must do so, the choice of these institutions involves some view of human good and of the design of institutions to realize it"（p. 229）。H 本："既然经济制度具有这些效果，而且甚至必须具有这些效果，那么对这些制度的选择就涉及到某种关于人类善以及关于实现它的制度的设计方案的观点"（第 204 页）。**新解**："既然经济安排具有这些效应，实际上必定具有这些效应，那么选择这些制度，既涉及关于人类之善的观点，也涉及关于设计制度去达成人类之善的观点。"

5. **原文**："This choice must, therefore, be made on moral and political as well as on economic grounds"（p. 229）。H 本："因此，这个选择的作出必须不仅建立在经济的基础上，而且建立在道德和政治基础上"（第 204 页）。在这里，语词"grounds"解读为"依据"或"理由"，比解读为"基础"要好一些。**新解**："因此，做出这个选择，必须既要有经济依据，又要有道德依据和政治依据。"

6. **原文**："It may be made by default"（p. 229）。H 本："它可能是无意作出的"（第 204 页）。**新解**："它可能是在达到某个触发点之后自动生成的。"

7. **原文**："We often acquiesce without thinking in the moral and political conception implicit in the status quo, or leave things to be settled by how contending social and economic forces happen to work themselves out"

(p. 229)．H 本："我们往往不假思索地默认隐含在现存状况中的道德和政治观念，或者让各种相互竞争的社会与经济力量以碰巧奏效的方式来解决经济制度的选择问题"（第 204 页）。这里的短语"leave things to be settled by"中的"things"不能解读为"经济制度的选择问题"，而应当解读为每天都在发生的事情。短语"happen to work themselves out"也不能解读为"碰巧处理"，而应解读为"凑巧自行应付"。**新解**："**我们往往不假思索地默认隐藏于现存状况中的道德观念和政治观念，或者任由相互竞争的社会力量和经济力量凑巧自行应付各种事情。**"

8. 原文："**Political economy must investigate this problem even if the conclusion reached is that it is best left to the course of events to decide**"（pp. 229 – 230）．H 本："政治经济学理论必须探讨这个问题，即便是最好的结论也听其自然做出决定"（第 204 页）。**新解**："**政治经济学必须考察这个问题，即使得出的结论是最好任由事件的进程来决定。**" H 本可商榷之处主要有：

（1）短语："Political economy"．在社会科学中约定俗成地译为"**政治经济学**"，而不是"政治经济学理论"；

（2）语句："Even if the conclusion reached is that it is best left to the course of events to decide"．解读为"即便是最好的结论也听其自然做出决定"是错误的，它的恰当意思是："**即使得出的结论是最好任由事件的进程来决定**"。实际上，罗尔斯在这里提到的"最好由事件的进程来决定"的观点，正是给予其批评的哈耶克的观点，也即自生自发秩序理论中提出的观点，即主张政府要尽量减少对自由市场的干预，一切由事物自身完成或实现。因为政府并不比个体具有更有智慧的大脑，也并不掌握更加全面的知识，并且面对重大突发事件，政府反应总是慢于个体反应。

【诠释】

我从一开始就强调，公平正义适用于社会基本结构。公平正义主张对被视为封闭系统的各种社会形态进行排序。就这些背景安排做出定夺是基本的、无法回避的。事实上，社会经济立法的累积效应就是要明确社会基本结构。此外，社会系统塑造着公民逐渐具有的需求和愿望。它在一定程度上决定着他们是什么样的人和他们想要成为什么样的人。所以，经济系统(economic system) 不仅是满足现有需求的制度手段，而且是创造和塑造未来需求的办法。现在人们一起工作以满足其当下愿望的方式，会影响到他们以后的愿望，影响到他们将来想要成为什么样的人。当然，这些事情非常明显，并且一直得到人们的认可。像马歇尔（Marshall）和马克思（Marx）这样的不同经济学家都重视这些事情。① 既然经济安排具有这些效应，实际上必定具有这些效应，那么选择这些制度，既涉及关于人类之善（human good，人类利益）的观点，也涉及关于设计制度去达成人类之善的观点。因此，做出这个选择，必须既要有经济依据，又要有道德依据和政治依据。效率只是决定的基础，在通常情况下，这方面的考虑相对要少一些。当然，这个决定不一定是公开的；它可能是在达到某个触发点之后自动生成的。我们往往不假思索地默认隐藏于现存状况中的道德观念和政治观念，或者任由相互竞争的社会力量和经济力量凑巧自行应付各种事情。但是，政治经济学必须考察这个问题，即使得出的结论是最好任由事件的进程来决定。

【原文】§41-3-p.230

【评析】

1. 原文："A priori grounds"（p.230）。H本："先验根据"（第205页）。这是康德先验论哲学的基本术语。新解："先验理由"。

2. 原文："Only the most general assumptions are made about the aims of the parties, namely, that they take an interest in primary social goods, in things that men are presumed to want whatever else they want"（p.230）。H本："关于各方的目标我们仅仅做出了最一般的假设，即他们的兴趣在于基本的社会善，即可以被推定为人们想要得到的东西，而不管他们想要得到任何其他东西"（第205页）。新解："我们只是针对各方的目标提出最一般假设，亦即他们都对基本社会善抱有兴趣，那是不管他们想要别的什么，他们都想要得到的东西。"

3. 原文："But the idea at any rate is to define a class of goods that are normally wanted as parts of rational plans of life which may include the most varied sorts of ends"（p.230）。H本："但是，这个观念无论如何要规定这样一组善——即那些通常人们所欲望的，可能包括着最广泛的不同目标的部分合理生活计划"（第205页）。"parts of rational plans of life"不能解读为"部分合理生活计划"，最好解读为"理性人生规划的组成部分"或者"合理生活计划的组成部分"。新解："但是无论如何，这一

---

① 关于这个问题的讨论及其政治原则推论，参阅巴里（Brian Barry）《政治论证》，伦敦：劳特利奇与基根—保罗出版社1965年版，第75—79页。——原注

观念旨在规定这样一组社会基本善，它们通常作为理性人生规划的组成部分而为人所欲求，那个规划可以包括最为丰富的各种目标。"

4. 原文："To suppose, then, that the parties want these goods, and to found a conception of justice on this presumption, is not to tie it to a particular pattern of human interests as these might be generated by a particular arrangement of institutions"（p. 230）。H 本："因此，假设各方要求这些善，并要把正义观建立在这个假设上，就要使正义观不附属于人类利益的一种特殊模式，因为这些利益可能是由一种制度的特殊安排造成的"（第 205 页）。新解："因此，假定各方想要这些基本善，并在这一假定的基础上提出某种正义观念，如此设想并不是将这一正义观念与一类特定的人类利益联系起来，好像这些基本善可以由特定的制度安排产生出来。"

【诠释】

初看之下，社会系统(social system) 影响着人类的需求和人们的自我观点，这一影响似乎对契约论构成决定性反驳。有人或许以为，这个正义观念有赖于现有的个人目标并通过原则规制社会秩序，那些原则是人们在这些目标指引下被选中的。那么，这个学说(契约论) 如何确定用来评价基本结构本身的某个阿基米德点(Archimedean point) 呢？除了根据至善论理由或先验理由抵达的理想人格观念来判断各种制度之外，似乎不存在别的办法。但是，正如关于初始位置的说明及其康德式诠释所表明的，我们不得忽视初始位置的特殊性质以及在那里被采纳的原则的适用范围。我们只是针对各方的目标提出最一般假设，亦即他们都对基本社会善抱有兴趣，那是不管他们想要别的什么，他们都想要得到的东西。诚然，基本善理论奠基于可能是错误的某些心理学前提。但是无论如何，这一理念旨在规定这样一组基本善，它们通常作为理性人生规划的组成部分而为人所欲求，那个规划可以包括最为丰富的各种目标。因此，假定各方想要这些基本善，并在这一假定的基础上提出某种正义观念，如此设想并不是将这一正义观念与一类特定的人类利益(particular pattern of human interests) 联系起来，好像这些基本善可以由特定的制度安排产生出来。正义理论的确预设了一种善理论(theory of the good)，但在很大范围内，这并不预判人们在想要成为何种人上的选择。

【原文】§41-4-pp.230-231

【评析】

1. 原文："**They must be not only just but framed so as to encourage the virtue of justice in those who take part in them**"（p. 231）。H 本："这些约束不仅应该是正义的，而且应被建构起来，以鼓励参与其中的人们具备正义的美德"（第 205 页）。这里的"they"，不是"约束"（constraints），而是"各种制度"（institutions）。人们参与的不是"约束"，而是"制度"。**新解**："这些制度，不仅务必合乎正义的，而且应当这样来设置，以鼓励其参与者的正义德性。"

2. 原文："**As the argument for embedding ideals into our working principles has brought out, certain institutions are required by the two principles**"（p. 231）。H 本："当我们证明在社会生活中发挥作用的正义原则孕育着种种理想时，这两个正义原则就提出了对某些制度的要求"（第 205 页）。**新解**："由于我们已经证明，这些理想已经嵌入我们的工作守则，两个正义原则对一些制度提出了要求。"

【诠释】

不过，一旦正义原则被推导出来，契约论便对善观念（conception of the good）做了若干限制。这些限制遵循正义优先于效率（priority of justice over efficiency）、自由权利优先于社会优势和经济优势（priority of liberty over social and economic advantages，自由权利优先于社会利益和经济利益）的顺序（假定这一系列顺序已经得到承认）。正如本人在前面评论的那样（§6），这些优先事项意味着，对有违正义之事物的欲望，亦即对除非侵犯正义的安排否则无法得到满足的事物的欲望，是没有价值的。满足这些欲求，是毫无价值的，社会系统不会鼓励这些欲求。此外，人们必须考虑稳定性问题（problem of stability）。正义系统必须生成自我支持的力量。这意味着，它必须如此安排，既令其社会成员产生相应的正义感，又令其社会成员产生出于正义理由遵循其规则行动的有效愿望。这样，寻求稳定的要求，对与正义原则相冲突的欲望实行遏制的标准，进一步制约着各种制度。这些制度，不仅务必合乎正义，而且应当这样来设置，以鼓励（发扬、激励）其参与者的正义德性。在这个意义上，正义原则明确规定了个体的部分理想，那是社会安排和经济安排必须予以尊重的理想。最后，由于我们已经证明，这些理想已经嵌入了我们的工作守则，两个正义原则对一些制度提出了要求。它们明确规定了某个理想的基本结构或其轮廓，变革的进程应当朝此方向演进。

【原文】§41－5－p. 231

【评析】

1. 原文："The long range aim of society is settled in its main lines irrespective of the particular desires and needs of its present members"（p. 231）。H本："社会发展的长期目标的主要方面已被确定，而不管现在成员的特殊愿望和需求是什么"（第205页）。新解："社会的长期目标以其主线来确定，无关乎现有成员的特殊欲望和特定需求。"

2. 原文："There is no place for the question whether men's desires to play the role of superior or inferior might not be so great that autocratic institutions should be accepted, or whether men's perception of the religious practices of others might not be so upsetting that liberty of conscience should not be allowed"（p. 231）。H本："下面的问题并不存在：即人们扮演优越者或卑微者的愿望是否可能并未强烈到接受独裁制度的程度；或者，对于他人的宗教实践的理解，是否并非那样令人不安，以至可以据此压制良心自由"（第206页）。新解："以下问题不值得讨论：人们充当贵贱角色的愿望是否如此强烈，以至于专制制度应当被接受；或者，人们对他人宗教习俗的看法是否如此令人不安，以至于良心自由不应当被允许。""问题不存在"和"问题不值得讨论"是两层意思。H本没有准确领会这个语句的意思。

3. 原文："Under reasonably favorable conditions"（p. 231）。H本："在合理的有利条件下"（第206页）。新解："在相当有利的条件下"。

4. 原文："Economic gains"（p. 231）。H本："经济利益"（第206页）。新解："经济收益"。

5. 原文："Certain institutional forms are embedded within the conception of justice"（p. 231）。H本："我们的正义观蕴含着某些制度形态"（第206页）。新解："某些制度形式被嵌入了这种正义观念。"

【诠释】

这些思考的结果是：公平正义可以说不受现存需要和现有利益的支配。它没有诉诸先验思考来为评价社会系统确立某个阿基米德点。社会长远目标以其主线来确定，无关乎现有成员的特殊欲望和特定需求。如果各种制度都将助推正义德性，并且遏制与正义德性不相容的欲望和抱负，那么某个理想的正义观念就得到了明确规定。当然，变革的步伐和在任何给定时间呼吁的特殊改革都依赖于当时的条件。但是，正义观念、正义社会的一般形式以及与此相容的个人理想不具有类似的依赖性。以下问题不值得讨论：人们充当贵贱角色的愿望是否如此强烈，以至于专制制度应当被接受；或者，人们对他人宗教习俗的看法是否如此令人不安，以至于良心自由不应当被允许。我们也不必发问：在相当有利的条件下，既推崇专家治国，又实施威权独裁的制度带来的经济收益，是否大到足以证明牺牲基本自由的正当性。当然，这些评论假定，被选中的正义原则所依赖的一般前提是正确的。然而，如果它们是正确的，那么这类问题就已经根据这些原则得到了解决。某些制度形式被嵌入了这种正义观念。这种正义观念与至善论的共同特点是：确立了约束现存欲望追求的个人理想。在这一方面，公平正义和至善论都对立于效用论。

【原文】§41-6-pp. 231-232

【评析】

罗尔斯在这里承认效用原则适用于个人利益的追求和个人欲望的满足，为筛选个人理想提供帮助。

1. 原文："The utilitarian selects between ideals of the person"（p. 232）. H本："功利主义在有关个人的各种理想之间进行选择"（第206页）. 新解："效用论者在两种个人理想之间做出选择。"

2. 原文："The greatest sum of well-being"（p. 232）. H本："福利的最大总额"（第206页）. 新解："最大幸福"。"最大幸福"是效用论最常见术语之一。

3. 原文："The principle of utility"（p. 232）. H本："功利原则"（第206页）. 新解："效用原则"。

4. 原文："Their natural continuations into the future"（p. 232）. H本："它们的自然发展趋势"（第206页）. 新解："它们通往未来的自然延续因素"。

5. 原文："Both justice as fairness and perfectionism establish independently an ideal conception of the person and of the basic structure"（p. 232）. H本："公平的正义和完善论两者各自独立地建立了有关个人的和社会基本结构的理想观念"（第206页）. 新解："公平正义和至善论各

自独立确立了理想的人格观念和基本结构观念。"

6. 原文:"Since there is no ideal embedded in its first principle, the place we start from may always influence the path we are to follow"(p. 232). H本:"由于它的第一原则没有孕育理想,所以,按照功利主义的观点,人们活动的出发点就可能总是会影响他们要遵循的路线"(第206页)。新解:"因为效用论首要原则没有孕育出任何理想,所以我们的起始点总是会影响着我们要走的道路。"效用论首要原则即效用原则,也就是最大多数人的最大幸福原则。它强调社会的总体利益和总幸福,而没有照顾个人利益和个人幸福,缺乏罗尔斯倡导的公平正义,差别原则不可能被提出,因此是一种没有理想的正义理论。

【诠释】

于是,由于效用论没有区分各种欲望的性质,由于所有满足都具有某种价值,效用论缺少在各种欲望系统或个人理想之间进行选择的标准。至少从理论观点来看,这是不正确的。效用论者可能总是说,给定社会条件和人们的利益就是如此,考虑到它们在这种或那种制度安排下将会怎样发展,那么鼓励这种需求类型而非那种需求类型就可能导致满足的较大净余额(或满足的较高平均水平)。根据这一基础,效用论者在两种个人理想之间做出选择。有的态度和愿望,由于不兼容于有效的社会合作,会减少总幸福或平均幸福。大致说来,道德德性是指那些通常可以用来促进最大幸福的倾向和有效愿望。因此,无论效用原则运用于实践有着多大的困难,断定效用原则没有为筛选个人理想提供依据将是错误的。不过,这种抉择的确依赖于现有欲望、当时社会条件以及它们通往未来的自然延续因素。这些最初条件可能极大地影响着应当予以鼓励的人的善观念。从对比可知,公平正义和至善论各自独立地确立了理想的人格观念和基本结构观念,不仅使某些愿望和倾向必然受到遏制,而且使初始场景的影响最终归于消失。效用论使我们无法确定会发生什么。因为效用论首要原则没有孕育出任何理想,所以我们的起始点总是会影响我们要走的道路。

【原文】§41-7-p. 232

【评析】

1. 原文:"We are able to derive a conception of a just basic structure, and an ideal of the person compatible with it, that can serve as a standard

for appraising institutions and for guiding the overall direction of social change"（p. 232）。H 本："这样我们可以得到一个正义的社会基本结构的观念以及与它相容的有关个人的理想，它们可以成为评判制度和指导整个社会变革的标准"（第 206—207 页）。**新解："我们就能导出某种正义的基本结构观念以及与之兼容的个人理想，两者可以成为评判制度的标准，成为引领社会变革总方向的标准。"** 在这个语句中，H 本的解读存在多个可商榷之处：

（1）罗尔斯构筑的正义理论是一个严密的哲学体系，他非常注重其内在的逻辑结构，用词也特别讲究。比如，这里的"derive"，不是"得到"之意，而是"导出"的意思。

（2）H 本漏译了"the overall direction of social change"中的"the overall direction"，亦即"总方向"，没有把它的意思确切地解读出来。

2. 原文："**We can achieve the requisite independence from existing circumstances**"（p. 232）。H 本："我们能够从现存环境中获得必需的独立性"（第 207 页）。H 本正好说反了。**新解："我们就能摆脱现存环境而获得必需的独立性。"**

【诠释】

综上所述，至关重要的一点是，虽然公平正义具有个人主义特征，但是两个正义原则并不偶然地取决于现有愿望和当前的社会条件。这样，我们就能导出某种正义的基本结构观念以及与之兼容的个人理想，两者可以成为评判制度的标准，成为引领社会变革总方向的标准。为了找到一个阿基米德点，我们不必非得求助于先验原则或至善论原则。通过假设某些一般愿望，例如追求基本社会善的一般愿望，并把在适当规定的最初情景中达成的协议当作基础，我们就能摆脱现存环境而获得必需的独立性。初始位置就是这样规定的，因此一致同意是可能的；任何人的审慎思考（deliberations）都具有典型意义。并且，由两个正义原则有效规制的良序社会公民的深思判断也是如此。人人都拥有相似的正义感，在这一方面，良序社会是同质的。政治论证有赖于这种道德共识。

【原文】§41-8-pp. 232-233

【评析】

我们可以把公平正义观念和公平正义原则的筛选活动看作道德理论解

决"一致同意"问题的一个特例。罗尔斯把这个特例看作一次以"初始位置"设定为名的思想实验。在这个段落中，罗尔斯清楚地解释了他提出的"初始位置"假设同休谟和斯密的"公道旁观者"假设的关系。他提到"初始位置"所设定的"某个适当视角"（some appropriate perspective）和"立场"（standpoint），对各方达成关于合理筛选正义原则的"一致同意"（unanimity）是决定性的。虽然这是直觉论的观点，但是，对于我们理解"初始位置"的含义是至关重要的。

1. 原文："**The assumption of unanimity is peculiar to the political philosophy of idealism**"（pp. 232 - 233）。H本："一致性的假设是理想主义政治哲学的一个特征"（第207页）。H本在处理术语"unanimity"时，一会儿解读为"一致同意"，一会儿解读为"一致性"，没有保持术语的一致性；有人把术语"idealism"解读为"观念论"①，可以参考。**新解**："一致同意假设是观念论政治哲学所特有的。"

2. 原文："**The principles that are to match our considered judgments**"（p. 233）。H本："适应深思熟虑的判断的原则"（第207页）。**新解**："与我们的深思判断相匹配的原则"。

3. 原文："**A utilitarian society may also be well-ordered**"（p. 233）。H本："一个功利主义的社会也可能是良序的。"（第207页）。**新解**："推崇效用的社会也可以是良序社会。"

【诠释】

有人或许以为，一致同意假设是观念论政治哲学所特有的。② 然而，正如它在契约论观点中使用的那样，一致同意假设并非典型地为观念论所特有。这个条件是程序上的初始位置观念（procedural conception of the original position）的一部分，它表现了对论证的约束。它由此构造正义理论的内容，亦即与我们的深思判断相匹配的原则。休谟（Hume）和亚当·斯密（Adam Smith）同样认为：假如人们采取某种观点，即公道旁观者（impartial spectator）的观点，他们就会得到相似的信念。推崇效用的社会也可以是良序社会。在很大程度上，包括直觉论在内的哲学传统认为，存在着某个适当的视角，以此视角来看，人们对道德问题有望达成一致同意，至少在拥有相似

---

① 罗尔斯：《罗尔斯论文全集》，陈肖生等译，第685页。
② 关于这个含义，参阅阿罗《社会选择与个人价值》第2版，纽约：约翰—威利父子出版社1963年版，第74、81—86页。——原注

且充分信息的理性人当中，道德问题有望达成一致同意。即使一致同意是不可能的，只要采纳这个立场，那么在判断与判断之间的差距就会大幅缩小。不同的道德理论，源自对如此视角和立场的不同解释，源自对我所说的最初情景的不同解释。在这个意义上，关于在理性人中间达成一致同意的观念，始终潜在于道德哲学传统之中。

【原文】§41-9-p.233

【评析】

1. 原文："Idealism"（p.233）. H本："理想主义"（第207页）。新解："观念论"。

2. 原文："The theory of justice in turn tries to present a natural procedural rendering of Kant's conception of the kingdom of ends, and of the notions of autonomy and the categorical imperative"（p.233）. H本："正义论试图依次把康德关于目的王国、自律和绝对命令的观点呈现为一个自然程序"（第207页）。新解："正义论试图依次呈现康德的目的王国观念、自律观念和定言令式观念的某种自然程序演绎。"

【诠释】

公平正义的独特之处在于其描述初始位置的方式，那是产生一致同意条件的背景。既然它能对初始位置做出康德式诠释，那么这种正义观念的确与观念论有所瓜葛。康德试图为卢梭的共同意志（general will，"公意"）理念提供哲学基础。正义论试图依次呈现康德的目的王国观念、自律（自主）观念和定言令式（绝对命令）观念的某种自然程序演绎（§40）。我们由此把康德学说的潜在结构从其形而上学背景中分离出来，这样我们就能更加清楚地了解它，并且相对没有异议地呈现它。

【原文】§41-10-pp.233-234

【评析】

1. 原文："Justice as fairness has a central place for the value of community, and how this comes about depends upon the Kantian interpretation"（p.233）. H本："公平的正义为共同体的价值安排了一个中心地位，而且这种安排是根据康德式的解释"（第208页）。新解："公

平正义居于共同体价值的中心位置，这是怎样发生的则取决于康德式诠释。"H 本存在的主要问题有：

（1）语句："Justice as fairness has a central place for the value of community"．它的意思不是"公平的正义为共同体的价值安排了一个中心地位"，而是"**公平正义居于共同体价值的中心位置**"。

（2）语句："How this comes about depends upon the Kantian interpretation"．它的意思不是"这种安排是根据康德式的解释"，而是"**这是怎样发生的取决于康德式诠释**"。

2. 原文："**The essential idea is that we want to account for the social values, for the intrinsic good of institutional, community, and associative activities, by a conception of justice that in its theoretical basis is individualistic**"（p. 233）. H 本："根本的观点在于：我们想用一种以个人主义为理论基础的正义观，来解释社会价值，解释制度的、共同体的和交往活动中的内在善"（第 208 页）。**新解**："其基本理念是：借助于其理论基础为个人主义的某种正义观念，我们希望论述这些社会价值，论述机构活动、社区活动和结社活动的固有价值。"

3. 原文："**The contractual conception of the original position is worked out first. It is reasonably simple and the problem of rational choice that it poses is relatively precise**"（p. 234）. H 本："我们首先制定出原初状态的契约观。它具有合理的简化性；而且所提出的理性选择问题相对来说是精确的"（第 208 页）。**新解**："我们先提出一种契约论的初始位置观念。它是相当简单的，并且它提出的理性选择问题是相对精确的。"H 本把短语"rational choice"解读为"理性选择"是正确的。在这个语句里，其仍有可商榷之处：

（1）短语："The contractual conception of the original position"．不能解读为"原初状态的契约观"，而应解读为"**契约论的初始位置观念**"。

（2）短语："Reasonably simple"．不能解读为"合理的简化性"，而应解读为"**相当简单的**"。

【诠释】

与观念论具有的另一个相似点是：公平正义居于共同体价值的中心位置，这是怎样发生的则取决于康德式诠释。在第三编中，本人将讨论这个话题。其基本理念是：借助于其理论基础为个人主义的某种正义观念，我们希望论述这些社会价值，论述机构活动、社区活动和结社(社团)活动的固有价值。出于明确的原因，我们不想依赖于某个不确定的社区概念，也不想假设社会是有机整体，按照那个假设，在彼此关系中，社会生活与所有成员的生活截然不同，并优于所有成员的生活。于是，我们先提出一种契约论的初始位置观念。它是相当简单的，并且它提出的理性选择问题是相对精确的。从这个初始位置观念来看，无论这个观念看起来是多么个人主义的(崇尚个人自我和推崇自我价值的)，我们终须解析共同体(社区) 的价值。否则，正义理论就难以成功。为了完成这项任务，我们需要阐述自尊这种基本善，自尊把正义理论已经阐发的那些部分和共同体价值联系起来。但就目前而言，我暂时把这些问题搁置一旁，先致力于思考两个正义原则在基本结构的经济方面所蕴含的若干进一步意义。①

§42 关于经济系统的几点看法
Some Remarks about Economic Systems

【题解】

正义理论必须应用于经济系统，那样的应用仍然是正义论的内容或范围，而不是政治经济学的内容或范围。因此，罗尔斯表示，经济伦理不仅涉及交易正义，而且涉及分配正义和社会正义。对正义原则的关注优先于对市场正义或交易正义的关注。经济生产、公共部门、公共物品等论题是正义理论必须过问的领域。罗尔斯在这里提出了一个重要问题："经济系统调节着生产什么，用何手段生产，谁得到产品，以什么回报贡献者，以及社会资源有多大部分用于储备，又有多大部分用于提供公共物品。理想而言，处理所有上述事情都应当满足两个正义原则。不过我们须要问的是：这是否可能？并且，这些原则特别要求的是什么？"(p.235) 这个问题就是，社会基本结构中的经济系统如何才能符合或满足正义原则？由于罗尔斯承认财产私有制度，他不可能像马克思那样对这个问题有一个彻底的解答。

罗尔斯在这里强调，虽然他使用了许多政治经济学术语，尤其是制度经济学和公共经济学术语，但是，他研究的是政治哲学性质的正义理

---

① 罗尔斯对公平正义的论证是从个人主义出发的，这种正义观念必须兼容于共同体的价值。这是他在第三编讨论的正当与善具有同余关系的重要主题。从个人权利向共同体利益或共同体价值的转移是需要专门论证的。正义理论是理性选择理论的组成部分，公平正义首先是自由平等的理性个体理性选择的结果，然后才推广应用于整个社会。

论，而不是政治经济学性质的经济理论。然而，由于缺乏政治经济学，尤其是制度经济学或公共经济学基本知识，H 本在这一节存在比较严重的误读。比如，将"rate of saving"（储蓄率）误读为"储存比例"，将"public goods"（公共物品）误读为"公共利益"，将"private goods"（私人产品）误读为"私人利益"，将"indivisibility"（不可分割性）误读为"不可分性"，1986 年诺贝尔经济学奖获得者、公共选择理论主要奠基人詹姆斯·布坎南的名著 *The Demand and Supply of Public Goods* 被误译为《公共利益的需求与供给》（第 209 页脚注）等，给普通中文读者带来不少理解困扰。

【原文】§42 – 1 – p. 234

【评析】

1. 原文："**Our topic is the theory of justice and not economics, however elementary**"（p. 234）。H 本："我们的论题不管多么基本，它是属于正义论的而非经济学的"（第 208 页）。新解："无论多么初步，我们的话题都属于正义理论话题，而非经济理论话题。"

2. 原文："**What is the proper rate of saving over time, how should the background institutions of taxation and property be arranged, or at what level is the social minimum to be set**?"（p. 234）H 本："恰当的跨期储存比例是多少？税收和财产的背景制度应该怎样安排？或者社会最低受惠值应在什么水平＝确定？"（第 208 页）新解："跨期的或不同时期的适当储蓄率是多少？如何安排税收和财产的背景制度？社会最低保障要定在什么水平？" H 本的解读有两个可商榷之处：

（1）短语："Rate of saving". 不能解读为"储存比例"，而应解读为"**储蓄率**"。

（2）短语："Social minimum". 不能解读为"社会最低受惠值"，而应解读为"社会最低收入"或"社会最低保障"，它主要涉及最低劳动保障、最低工资、最低养老金、最低社会福利等。

3. 原文："**What economic theory says about the working of these institutions**"（p. 234）。H 本："有关这些制度的作用的经济理论"（第 208 页）。新解："有关运作这些制度的经济理论"。

4. 原文："**Attempting to do this here would obviously be out of place. Certain elementary parts of economic theory are brought in solely to**

illustrate the content of the principles of justice"（p. 234）. H本："在此试图这样做显然是不适当的。引进经济理论的某些基本成分仅仅是为了解释两个正义原则的内容"（第208页）。**新解**："如此企图在这里显然不合时宜。引进经济理论的某些基本部分只是为了说明正义原则的内容。"

5. **原文**："Questions of political economy are discussed simply to find out the practicable bearing of justice as fairness"（p. 234）. H本："我们讨论政治经济问题的目的仅仅是为了弄清楚公平的正义的实用意义"（第208—209页）。**新解**："讨论政治经济学问题的目的，只是为了弄清楚公平正义的可操作地盘。"

6. **原文**："I discuss these matters from the point of view of the citizen who is trying to organize his judgments concerning the justice of economic institutions"（p. 234）. H本："我将从一个试图使其有关经济制度正义性的判断条理化的公民的角度来讨论这些问题"（第209页）。**新解**："本人将从就各种经济制度的正义性尝试做出判断的公民视角来讨论这些问题。"

【诠释】

务必记住的一点是：无论多么初始，我们的话题都属于正义理论话题，而非经济理论(经济学)话题。我们只关心政治经济学的某些道德问题。例如，本人关心的问题有：跨期的或不同时期的适当储蓄率是多少？如何安排税收和财产的背景制度？社会最低保障要定在什么水平？在提出这些问题时，本人的意图不在于解析，更不在于补充有关运作这些制度的经济理论。如此企图在这里显然不合时宜。引进经济理论的某些基本部分只是为了说明正义原则的内容。假如我不正确地使用了经济理论，或者，假如我接受的经济理论本身是错误的，我希望它没有危及正义理论的目标。但是，正如我们看到的那样，伦理学原则依赖于一般事实，因此，适用于基本结构的正义理论，预设了针对这些安排的某个见解。如果我们要检验某种道德观念，那么我们提出假设并弄清其推论是必要的。这些假设必定是不精确的、过于简化的。可是，如果它们能使我们揭示两个正义原则的内容，那么这一缺点可能就算不得什么，而且，令我们感到满意的是，差别原则将在广泛情况下得出可以接受的结论。简言之，讨论政治经济学问题的目的，只是为了弄清楚公平正义的可操作地盘。本人将从就各种经济制度的正义性尝试做出判断的公民视角来讨论这些问题。

798 《正义论》评注

【原文】§42－2－p. 235

【评析】

在下面这个段落中,我们可以看到罗尔斯与哈耶克之间的重大分歧。罗尔斯要求经济系统的正义性,要求经济系统贯彻两个正义原则;哈耶克当然不会同意如此要求。

1. 原文:"I shall begin with a few remarks about economic systems"(p. 235)。H本:"我先提出一些关于经济体系的评论"(第209页)。显然罗尔斯不一定是这些评论的提出者,他只是以这些评论为开展讨论的起点。**新解**:"我就从有关经济系统的若干评论开始。"

2. 原文:"**Political economy is importantly concerned with the public sector and the proper form of the background institutions that regulate economic activity, with taxation and the rights of property, the structure of markets, and so on**"(p. 235)。H本:"政治经济与公共部门及其适当形态的背景制度有密切的关系,这些背景制度运用税收、财产权和市场结构等等来调节经济活动"(第209页)。H本把这个语句完全解读错了。让人大感意外的是,H本译者竟然将"political economy"多处误读为"政治经济"而不是"政治经济学"。**新解**:"政治经济学既重视公共部门和以适当形式规制经济活动的背景制度,又重视税收和产权、市场结构,等等。"

3. 原文:"Who receives them and in return for which contributions"(p. 235)。H本:"谁得到产品,并回报以什么贡献"(第209页)。**新解**:"谁得到产品,以什么回报贡献者。"

4. 原文:"**How large a fraction of social resources is devoted to saving and to the provision of public goods**"(p. 235)。H本:"多大比例的社会资源被用于储存和公共利益的供应"(第209页)。**新解**:"社会资源有多大部分用于储备,又有多大部分用于提供公共物品。"

【诠释】

为了避免误解并指出某些主要问题,我就从有关经济系统的若干评论开始。政治经济学既重视公共部门和以适当形式规制经济活动的背景制度,又重视税收和产权、市场结构,等等。经济系统调节着生产什么,用何手段生产,谁得到产品,以什么回报贡献者,以及社会资源有多大部分用于储备,又有多大部分用于提供公共物品。在理想情况下,解决所有以上问题都应当满足两个正义原则。不过，我们须要探讨的问题是：这是否可能？这些原则特别要求的是什么？

【原文】§42 – 3 – p. 235

【评析】

1. 原文："The ownership of the means of production"（p. 235）。H本："生产资料所有制"（第209页）。新解："生产资料所有权"。

2. 原文："Classical distinction"（p. 235）。H本："典型的区分"（第209页）。新解："经典的区分"。

3. 原文："In a private-property economy the number of publicly owned firms is presumably small and in any event limited to special cases such as public utilities and transportation"（p. 235）。H本："在私有制经济中，公有的公司数目大概是不多的，而且无论如何都仅限于一些特别部门，例如公共设施和交通运输"（第209页）。新解："在私有制经济中，公有公司的数目一般不大，无论如何仅限于诸如公用事业和交通等特殊情形。"

【诠释】

从一开始就区分公共部门的两个方面是有益的，否则，私有制经济和社会主义经济的差异就会不那么显著。第一个方面是，公共部门必须处理生产资料所有权问题。经典的区分是：在社会主义条件下，（以国有企业生产的、由国家官员或工人委员会管理的总产量的比例衡量）公共部门的规模要大得多；在私有制经济中，公有公司的数目一般不大，无论如何仅限于诸如公用事业和交通等特殊情形。

【原文】§42 – 4 – pp. 235 – 236

【评析】

在这个段落中，H本的每个语句几乎都有差错，其整个解读都是不成立的。

1. 原文："The distinction between public and private goods raises a number of intricate points"（p. 235）。H本："公共利益和私人利益的区别是复杂细微的"（第209页）。新解："公共物品和私人产品的区分带来不少复杂问题。"

800　《正义论》评注

2. 原文："But the main idea is that a public good has two characteristic features, indivisibility and publicness"（p. 235）。H本："但主要之点在于：一种公共利益具有两个特点，即不可分性和公共性"（第209页）。术语"indivisibility"解读为"不可分性"和"不可分割性"还是有差别的。H本没有掌握公共经济学的两个普通术语"公共物品"和"私人产品"，导致其对《正义论》此处讨论的误解。新解："但其主要理念是，公共物品具有不可分割性和公共性两大特点。"

3. 原文："A public"（p. 235）。H本："共同体"（第209页）。新解："公众"。

4. 原文："The quantity produced cannot be divided up as private goods can and purchased by individuals according to their preferences for more and less"（p. 235）。H本："公共利益所具有的数量不能像私人利益那样被划分，不能由个人按照他们的偏爱多要一点或少要一点"（第209页）。在这个语句中，"生产数量"（quantity produced）、"私人产品"（private goods）、"分割"（be divided up）、"购买"（purchased by）、"偏好"（preferences）等是经济学通用术语，不能译成其他词语。新解："公共物品的生产数量不能像私人产品那样被分割，也不能像私人产品那样可以由个人根据自己的偏好买多买少。"

5. 原文："There are various kinds of public goods depending upon their degree of indivisibility and the size of the relevant public"（p. 235）。H本："基于不可分的程度和相应的公共性规模，存在着各种各样的公共利益"（第209页）。短语："The size of the relevant public"，不能解读为"相应的公共性规模"，而应解读为"相关公众的规模"。新解："公共物品种类繁多，种类的多少则取决于公共物品的不可分割程度和相关公众的规模大小。"

6. 原文："Both the amount to be produced and its financing need to be worked out by legislation"（p. 236）。H本："公共物品的数量及其财政需求都要根据立法来确定"（第209页）。H本误把"need"解读为"需求"，导致对整个语句的误解。短语："And its financing"。应解读为"及其财政资助"。新解："公共物品产量及其财政资助都需要通过立法来确定。"

7. 原文："Since there is no problem of distribution in the sense that all citizens receive the same quantity, distribution costs are zero"（p. 236）。H本："在所有的公民都接受相同数量的意义上没有什么分配的问题，因而分配的费用是零"（第209—210页）。在这里，"distribution costs"是一个

经济学常用术语，不能解读为"分配的费用"，而应解读为"分配成本"。**新解**："因为在所有公民都获得相同数量的意义上不存在分配问题，所以分配成本为零。"

【诠释】

公共部门的第二个相当不同的特征是，社会总资源用于公共物品的比例。公共物品和私人产品的区分带来不少复杂问题，但其主要理念是，公共物品具有不可分割性和公共性两大特点。① 也就是说，许多人，可以说他们构成公众，有着对公共物品或多或少的需求，然而，假如他们真的想要享有公共物品，那么每个人享有的必须是同样多的公共物品。公共物品的产品数量不能像私人产品那样被分割，也不能像私人产品那样可以由个人根据自己的偏好买多买少。公共物品种类繁多，种类的多少则取决于公共物品的不可分割程度和相关公众的规模大小。公共物品的极端情况是，它对整个社会都具有完全不可分割性。一个标准例子是国家防御（非正义的）外敌攻击。所有公民都必须获得同等数量的安全保护；他们不能根据自己的意愿得到不同的保护。在这些例子中，不可分割性和公共性的后果是，必须通过政治过程的安排而不是通过市场来提供公共物品。公共物品的产量及其财政资助都需要通过立法来确定。因为在所有公民都获得相同数量的意义上不存在分配问题，所以分配成本为零。

【原文】§42–5–p. 236

【评析】

同样地，在这个段落中，H 本也几乎误解了每一个语句。

1. 原文："Where the public is large and includes many individuals, there is a temptation for each person to try to avoid doing his share"（p. 236）。H 本："在公众性较大并包括大量个人的场合，每个人都有一种躲避履行其职责的意图"（第 210 页）。新解："凡是在公众人数众多且包括许多个体的场合，存在着一个诱惑，每个人都会尝试回避做自己本该做的事情。"

2. 原文："If the public good is produced his enjoyment of it is not

---

① 关于公共物品的讨论，参阅布坎南（J. M. Buchanan）《公共物品的需求与供给》，芝加哥：兰德—麦克纳利出版社 1968 年版，特别是第四章。该书附有有用的文献索引。——原注

decreased by his not making a contribution. If it is not produced his action would not have changed the situation anyway"（p.236）。H 本："如果公共利益已被生产出来，那么他对这一利益的享有就不会由于他没有作出贡献而减少。如果公共利益没有生产出来，那么他的行为无论如何也不能改变这种状况"（第 210 页）。**新解**："一旦公共物品生产了出来，个体对公共物品的享用不会因为他没有做出什么贡献而减少。如果公共物品没有被生产出来，那么个体的行为无论如何也不能改变这种状况。"

3. 原文："**In the polar case trade and voluntary agreements cannot be expected to develop**"（p.236）。H 本："在这种极端的情形中，贸易和自愿的契约都没有希望产生"（第 210 页）。H 本的解读太过极端，"cannot be expected to develop" 毕竟不是 "没有希望产生"。"trade and voluntary agreements" 是国际经济和国际贸易的固定术语，不能解读为 "贸易和自愿的契约"，而应解读为 "贸易和自愿协定"。**新解**："**在极端情况下，谁都不能指望贸易和自愿协定得到发展。**" 罗尔斯的意思是贸易和自愿协定不取决于个体行为，而取决于国家行为。

【诠释】

公共物品的各种特点都派生自这两大特征。首先，存在着搭便车问题 (free-rider problem)。① 凡是在公众人数众多且包括许多个体的场合，存在着一个诱惑，每个人都会尝试回避做自己本该做的事情。这是因为无论一个个体做什么，这一个个体的行为都不会对(公共物品的) 生产总额产生重大影响。个体认定他人的集体行动是既定的。一旦公共物品生产了出来，个体对公共物品的享用不会因为他没有做出什么贡献而减少。如果公共物品没有被生产出来，那么个体的行为无论如何也不能改变这种状况。不管公民是否纳税，他都从抵御外敌入侵中得到同样的保护。因此，在极端情况下，谁都不能指望贸易和自愿协定得到发展。

【原文】 §42－6－p.236

【评析】

1. 原文："**Requiring payment**"（p.236）。H 本："要求纳税"（第

---

① 参阅布坎南《公共物品的需求与供给》，第五章；并参阅奥尔森（Mancur Olson）《集体行动的逻辑》，麻省剑桥：哈佛大学出版社 1965 年版，第一、第二章，在那里作者联系组织理论讨论了这个问题。——原注

210页)。笔者猜想，由于 H 本译者把"public goods"解读为"公共利益"，导致其把"requiring payment"误读为"要求纳税"。其实我们每天都在为公共物品付费，比如，学费、水费、电费、公交车票、火车票等，它们都不是税，而是费，税只是其中的一分部。**新解**："要求付费"。

2. 原文："**Even if all citizens were willing to pay their share, they would presumably do so only when they are assured that others will pay theirs as well**"（p.236）。H 本："即使所有的公民都愿意履行其职责，他们大概也只有在确信其他人将同样尽责时才这样做"（第210页）。罗尔斯在这里仍然在讨论公民为公共物品付钱交费的事，强调每一个人交的钱应当是一样多的。比如坐地铁，多坐多付，你坐了就是付车票钱，自己的份额该多少就多少，既不能少，也不能多。可是，H 本好像在谈论着一件完全不同的事情。**新解**："即使所有公民都愿意支付自己的份额，他们大概也只有在确信其他人也愿意支付其份额时才会那样做。"

3. 原文："**If there is a binding rule effectively enforced**"（p.236）。H 本："只有在强制实行一种有效的约束性规则时"（第210页）。**新解**："只有当存在着有效实行的约束规则时"。

4. 原文："**The need for the enforcement of rules by the state will still exist even when everyone is moved by the same sense of justice**"（p.236）。H 本："甚至当每个人的行动都由同样的正义感推动时，由国家来强制推行某些规则的需要仍然存在"（第210页）。罗尔斯在这里提出的见解是，个人正义感毕竟不是正义，也代表不了正义。个人受正义感的感动而行动取代不了国家作为正义权力的合法垄断者来强制推行规则的必要性。**新解**："即使每个人都被同样的正义感所触动，国家执行规则的必要性依然存在。"

5. 原文："**The characteristic features of essential public goods necessitate collective agreements, and firm assurance must be given to all that they will be honored**"（p.236）。H 本："基本的公共利益的特点使集体协议成为必需，并且所有的人都应当可以确信这些协议将被尊重"（第210页）。**新解**："基本公共物品的这些特征使集体协议成为必不可少的，并必须向所有人充分保证这些协议将得到遵守。"

【诠释】

因此，安排公共物品，并予以财政支持，必须交由国家来办理，并且必须执行要求付费的有约束力的规则。即使所有公民都愿意支付自己的份额，他们大概也只有在确信其他人也愿意支付其份额时才会那样做。因此，纵使公民们同意采取集体行动，而不是像孤立个体那样采取其他既定行动，但是仍然存在着巩固协议的任务。正义感引导我们推进各项正义计划，并在我们相信其他人或足够多的其他许多人会尽其所能时，我们愿意为实施这些计划尽到自己的力量。但在正常情况下，只有当存在着有效实行的约束规则时，才能建立这方面的合理确信。假定公共物品对每个人都有利，假定所有人都同意公共物品的安排，那么从每个人的观点来看，使用强制是完全合理的。政府的许多传统活动，就其能被证明为正当的而言，都可以用这个方式来解释。① 即使每个人都被同样的正义感所触动，国家执行规则的必要性依然存在。基本公共物品的这些特征使集体协议成为必不可少的，并必须向所有人充分保证这些协议将得到遵守。

【原文】§42-7-p.237

【评析】

1. 原文："Another aspect of the public goods situation is that of externality"（p.237）. H本："另一个公共利益的情况是外部效应"（第210页）。新解："公共物品状况的另一方面是外部性。"

2. 原文："When goods are public and indivisible, their production will cause benefits and losses to others which may not be taken into account by those who arrange for these goods or who decide to produce them"（p.237）. H本："当利益是公共的、不可分的时候，这些利益的生产引起其他利益的得失；这些得失可能未得到那些安排这些利益或决定生产这些利益的人的考虑"（第210—211页）。新解："当物品是公共的、不可分割的时候，这些物品的生产将引起其他人的得失；安排这些物品的人，或者决定生产它们的人，可能未曾考虑到那些得失。"

3. 原文："In the polar case, if but a part of the citizenry pays taxes to cover the expenditure on public goods, the whole society is still affected by the items provided"（p.237）. H本："在极端的情形中，即便只有一部分公民纳税以支付公共利益的费用，整个社会仍然受到外部效应

---

① 参阅鲍莫尔《福利经济及国家理论》，伦敦：朗曼出版社1952年版，第一、第七至九、第十二章。——原注

第五章　分配份额　805

的影响"（第 211 页）。新解："在极端情况下，即使只有一部分公民为支付公共物品支出而纳税，但是整个社会仍然受惠于所提供的公共物品。"

4. 原文："The everyday cases are those where the indivisibility is partial and the public is smaller"（p. 237）。H 本："日常生活中所见到这方面情形是部分的不可分性和较小的公共性"（第 211 页）。H 本在这里显然把"公共性"（publicness）和"公众"（public）相混同了。"the public is smaller" 可以解读为"公众人数不多"或"公众规模较小"。新解："通常的情况是，不可分割性是部分的，并且公众规模较小。"

5. 原文："These costs are not normally reckoned with by the market"（p. 237）。H 本："这些代价通常并不被市场所考虑"（第 211 页）。"cost" 是经济学常用术语，一般解读为"成本"。新解："这些成本通常并不按照市场来核算。"

6. 原文："There is a divergence between private and social accounting that the market fails to register"（p. 237）。H 本："市场并没有登记私人计算和社会计算之间的差异"（第 211 页）。罗尔斯在此表示的是，由于计算成本差异，造成私人会计和社会会计的偏差，而市场无法反映这种偏差。新解："在私人会计和社会会计之间，就存在着市场无法登记的偏差。"

7. 原文："One essential task of law and government is to institute the necessary corrections"（p. 237）。H 本："政府和法律的重要任务之一就是制定一些必要的纠正方案"（第 211 页）。法律和政府即公权力的一项基本任务，是纠正错误，而不只是"制定一些必要的纠正方案"。如果按照 H 本的翻译，那么罗尔斯会成为像哈耶克和诺齐克那样的主张最弱政府的自由主义者。新解："法律和政府的一项基本任务在于，以建章立制实施必要的纠正。"

【诠释】

公共物品状况的另一个方面是外部性。当物品是公共的、不可分割的时候，这些物品的生产将引起其他人的得失；安排这些物品的人，或者决定生产它们的人，可能未曾考虑到那些得失。因此，在极端情况下，即使只有一部分公民为支付公共物品支出而纳税，但是整个社会仍然受惠于所提供的公共物品。不过，同意支付这些税款的人，可能没有考虑这些效应；所以，公共费用总额可能不同于所有得失均被考虑的数额。通常的情况是，不可分割性是部分的，并且公众规模较小。给自己打传染病预防针的人，既是利己的，又是利他的；虽然地方社区不会为了获得这种保护而付酬给他，但是当所有优势得到总加时，它对地方社区是有价值的。当然，存在一些引人注目的公共危害案件，例如，工业对自然环境的污染和侵蚀。这些成本通常并不按照市场来核算，因此所生产商品的销售价格远低于其边际社会成本。在私人会计和社会会计之间，就存在着市场无法登记的偏差。法律和政府的一项基本任务在于，以建章立制的方式实施必要的纠正。

【原文】§42-8-p.237

【评析】

罗尔斯在这里的讨论对于我们理解法治与德治（人治）的关系是有启发的。他批评只从自利或利己角度谈论社会契约的合理性，尤其批评只从自利或利己角度谈论公共物品的合理性。他还谈到小社会和大社会及其人际信任关系，这是对休谟相关讨论的进一步发展。休谟认为，大社会使得传统道德规范失效，法律便成为必要。罗尔斯后来在《道德哲学史讲义》中讨论了休谟的相关见解，并且给予后者以高度评价，这成为罗尔斯突破单纯道德说教而强调法治的首要性的重要理论依据。这一点也可以看成是传统儒学的致命弱点，即传统儒学推崇的基于血缘的人伦关系难以在大社会中得到有效遵循。大社会需要不同的道德法则和法治法则。于是，"必要的惩罚"便自然产生于良序社会。

1. 原文："It is evident, then, that the indivisibility and publicness of certain essential goods, and the externalities and temptations to which they give rise, necessitate collective agreements organized and enforced by the state"（p. 237）。H本："因而很明显，某些主要物品的不可分性、公共性以及所产生的外部效应和吸引力，使得有必要由国家来组织和推行集体协议"（第211页）。新解："因此明显的是，某些基本公共物品的不可分割性和公共性，以及它们产生的外部效应和诱导效应，使得由国家组织和执行的集体协议必不可少。"

2. 原文："For even among just men, once goods are indivisible over large numbers of individuals, their actions decided upon in isolation from one another will not lead to the general good"（p. 237）。H本："因为，即使在正义的人们中间，只要利益对许多人而言不可分，那么他们在相互

孤立的状态中所选择的行为就不会导致普遍利益"(第211页)。**新解**："因为即使在秉持正义的人们中间,只要公共物品对大量个体是不可分割的,他们在彼此隔离状态下采取的行动将不愿意导向普遍利益。"罗尔斯的这一主张让人想起孟德维尔关于"追求私利导致公益"的见解。

3. 原文:"**In a large community the degree of mutual confidence in one another's integrity that renders enforcement superfluous is not to be expected**"(p.237)。H本:"在一个较大的共同体中,不可能期望得到那种在相互诚实的基础上建立起来的使强制成为多余的互相信赖"(第211页)。**新解**:"在一个大共同体里,人们对彼此诚信的互信程度将使强制变得多余,然而,如此互信愿意程度是不可预料的。"

4. 原文:"**The required sanctions**"(p.237)。H本:"必需的刑罚"(第211页)。H本对"sanction"这个术语的解读过于狭隘,罗尔斯在这里讨论的是经济学议题,较少同刑罚产生关系,更多是经济纠纷,用"制裁"或"处罚"更恰当些。**新解**:"必要的制裁"或"必要的处罚"。

【诠释】

因此明显的是,某些基本公共物品的不可分割性和公共性,以及它们产生的外部效应和诱导效应,使得由国家组织和执行的集体协议必不可少。断定政治统治完全奠基于人的自利倾向和非正义,这是一个浅陋之见。因为即使在秉持正义的人们中间,只要公共物品对大量个体是不可分割的,他们在彼此隔离状态下采取的行动将不愿意导向普遍利益。一些集体安排是必要的,每个人都希望得到保证,如果他愿意尽到自己的一分力量,这种安排将得到遵守。在一个大共同体(休谟所谓的大社会)里,人们对彼此诚信的互信程度将使强制变得多余,然而,如此互信程度是不可预料的。在良序社会中,必要的制裁无疑是温和的,而且可能永远不会实施。不过,即使在这种情况下,这些手段的存在仍然是人类生活的常态。

【原文】 §42-9-pp.237-238

【评析】

罗尔斯在这里谈到了"囚徒困境",并表示"霍布斯的自然状态便是这种困境的一个范例"。这表明,自然状态假说在整个罗尔斯正义理论当中的地位,与他的初始位置假说是不可比较的。后者是一个根本假说,贯

808 《正义论》评注

穿于正义理论的始终。这里关于"隔离"（isolation）问题的讨论也人想起福柯的相关见解。

1. 原文："**Problems of isolation**"（p.237）。H 本："孤独问题"（第 211 页）。**新解**："隔离问题"。

2. 原文："**Prisoner's dilemma**"（p.238）。H 本："囚徒二难推理"（第 211 页）。**新解**："囚徒困境"。

3. 原文："**Scheme**"（p.238）。H 本："体系"（第 212 页）。**新解**："方案"。

4. 原文："**Public confidence**"（p.238）。H 本："公共依赖"（第 212 页）。**新解**："公众信赖"。

5. 原文："**Some device for administering fines and penalties must be established**"（p.238）。H 本："某些罚款和刑罚的行政手段必须被确立"（第 212 页）。H 本的解读不仅是错误的，而且违反法律基本常识。因为罚款既是行政手段，也是法律手段，但刑罚不是行政手段，而是法律手段。这里的词语 "administering" 应解读为 "施行" 或 "实施"，而不能解读为 "行政"。**新解**："施行处罚和刑罚的某些手段必须确立起来。"

6. 原文："**It is here that the mere existence of an effective sovereign, or even the general belief in his efficacy, has a crucial role**"（p.238）。H 本："正是如此，一个有效率的主权者的存在，或对其效率的一般信赖，都具有一种关键的作用"（第 212 页）。"有效能的君主" 和 "有效率的主权者" 是不同的。H 本混同了 "效率"（efficiency）和 "效能"（efficacy）。**新解**："正是在这一点上，有效君主的单纯存在，甚至对其效能的一般信赖，都具有至关重要的作用。"

【诠释】

在这些评论中，本人区分了隔离问题和确信问题。① 即使以既定方式采取他人的行为，并且每个人的决定都是完全理性的，但是当许多个体在隔离状态下做出的决定对每个人来说都比其他行动方案更加糟糕时，便产生了隔离问题。这不过是囚徒困境的一般情形，霍布斯（Hobbes）的自然状

---

① 这个区分来自森 "隔离、确信和社会折扣率"，《经济学季刊》1967 年第 81 卷。——原注

态便是囚徒困境的范例。① 隔离问题将确认这些情况，并确定从所有人角度来看是最佳的有约束力的集体承诺。确信问题则不同。其目的在于使合作双方确信，共同协议会被执行。每个人的贡献意愿取决于其他人的贡献意愿。从每个人的观点来看，这个方案是有优势的，或者，无论如何，有方案的境况比没有方案的境况要好一些，因此，为了维持对这个方案的公众信赖，施行处罚和刑罚的某些手段必须确立起来。正是在这一点上，有效君主的单纯存在，甚至对其效能的一般信仰，都具有至关重要的作用。

【原文】§42 – 10 – pp. 238 – 239

【评析】

罗尔斯在这里表示，公共物品生产在公共资源中的比例问题与生产资料所有制的性质没有必然联系。私有制经济可以把国民收入的很大部分用于提供公共物品，社会主义社会则可能把国民收入的一小部分用于同样目

---

① 囚徒困境[the prisoner's dilemma，归功于塔克（A. W. Tucker）]是对两人不合作的非零和博弈的说明。非合作是因为协议没有约束力（或强制性），非零值是因为在这种情况下并非一人所得，即为另一人所失。例如我们想象有两个要由检察长分别审讯的囚徒。两人知道：如果两人都不认罪，那么由于轻微犯法行为他们将接受短期处罚，被判决监禁一年；但是，若一人认罪并供出对同犯不利的证据，那么他将会被释放，另一人将受特别重的十年徒刑；若两人都认罪，那么每人将判五年监禁。在这种情况下，假设他们有相互不顾及对方的动机，那么采取对他们来说是最合理的行为（即两人都不认罪）是不可取的。这可以从下面标有监禁年数的得失表中看到。

第一个囚徒	第二个囚徒	
	不认罪	认罪
不认罪	1, 1	10, 0
认罪	0, 10	5, 5

为了保护自己（如果不试图为自己作更好的打算的话），每人有充足理由来认罪，不管另一人做什么。从每个囚徒的观点来看，理性选择将导致两个囚徒的境遇更糟。

显然，问题在于找到使得最佳计划变得可靠的办法。我们可能注意到：如果两个囚徒具有相同知识，比如，要么他们是效用论者，要么他们肯定正义原则（囚徒在运用正义原则上受到一定限制），那么他们的问题就会得到解决。在这种情况下，两种观点都赞同最明智的安排。关于这些问题及其与国家理论关系的讨论，参阅鲍莫尔《福利经济及国家理论》，伦敦：朗曼出版社 1952 年版，第一、第七至九、第十二章；关于囚徒困境博弈的解释，参阅卢斯和雷法《博弈与决策》，纽约：约翰—威利父子出版社 1957 年版，第五章，尤其是第 94—102 页。高蒂尔从道德哲学立场来探讨这个问题，参阅高蒂尔"道德和优势"（"Morality and Advantage"），《哲学评论》1976 年第 76 卷。——原注（对比英文原文，H 本对这个脚注的解读存在不少错误。）

的；反之亦然。但是 H 本没有准确地把这个意思表达出来。

1. 原文："**A private-property economy may allocate a large fraction of national income to these purposes, a socialist society a small one, and vice versa**"（p. 239）。H 本："一种私有制经济可能为公共目的分配很高比例的国民收入，而一个社会主义社会可能只分配少量的国民收入，反之亦然"（第 212 页）。新解："私有制经济可以划拨国民收入的很大部分用于这些目的，社会主义社会则可能划拨国民收入的一小部分用于同样目的；反之亦然。"

2. 原文："**There are public goods of many kinds, ranging from military equipment to health services**"（p. 239）。H 本："有许多种公共利益，从军事装备一直到卫生设施等"（第 212—213 页）。新解："从军事装备到卫生服务，公共物品种类繁多。"

3. 原文："**Having agreed politically to allocate and to finance these items, the government may purchase them from the private sector or from publicly owned firms**"（p. 239）。H 本："政府在政治上同意分配和资助一些公共项目之后，就可能从私人企业或公营公司中购买这些东西"（第 213 页）。新解："在政治上同意配置和资助这些项目之后，政府既可以从私营部门，也可以从公有公司购买这些项目。"

4. 原文："**The particular list of public goods produced and the procedures taken to limit public harms depend upon the society in question**"（p. 239）。H 本："究竟要具有一些什么样的公共利益和采用何种限制公共危害的程序，要依该社会的情况而定"（第 213 页）。H 本没有掌握这个语句的意思。"公共物品清单"（list of public goods）是公共经济学常用术语。可是，它在 H 本中消失不见了。新解："所生产的公共物品的特定清单，用于限制公共危害的程序，皆取决于所讨论的社会。"

【诠释】

关于公共物品，再讲最后一点。因为用于生产公共物品的社会资源的比例问题不同于生产资料的公有制问题，所以，没有必要把这二者联系起来。私有制经济可以划拨国民收入的很大部分用于这些目的，社会主义社会则可能划拨国民收入的一小部分用于同样目的；反之亦然。从军事装备到卫生服务，公共物品种类繁多。在政治上同意配置和资助这些项目之后，政府既可以从私营部门，也可以从公有公司购买这些项目(这是公共管理讲的公共项目外包或公共服务外包)。所生产的公共物品的特定清单，用于限制公共危害的程序，皆取决于所讨论的社会。这不是制度逻辑(institutional logic) 问题，而是政治社会学(political sociology) 问题，包括在这个标题下各种制度影响政治优势平衡(balance of political advantages) 的方式问题。

【原文】§42 – 11 – p. 239

【评析】

1. 原文："Any other procedure is administratively cumbersome"（p. 239）. H 本："任何别的办法在管理上都是不方便的"（第213页）。新解："任何其他程序在监管上都很麻烦"或者"任何其他程序都不太好监管"。

2. 原文："The preferences of households"（p. 239）. H 本："家庭的偏爱"（第213页）。新解："家庭偏好"。

3. 原文："In a socialist regime planners' preferences or collective decisions often have a larger part in determining the direction of production（p. 239）. H 本："在社会主义制度下，制定计划者的选择或者集体决定经常在对于生产方向的指导中起较大的作用"（第213页）。新解："在社会主义政权中，计划制定者的偏好或集体决定往往在确定生产方向上起着较大作用。"

4. 原文："Command systems"（p. 239）. H 本："强制体系"（第213页）。新解："指令系统"。

【诠释】

在简要考察公共部门的两个方面之后，本人想在结束时就经济安排在多大程度上可能依赖于由供求自由决定价格的市场系统发表几点看法。有几个情况需要加以区分。所有的政权通常都会利用市场来分配实际生产的消费品。任何其他程序在监管上都很麻烦，只有在特殊情况下才会采用配给和其他手段。但是在自由市场系统中，市场购买活动所显示的家庭偏好的种类和数量，引导着商品的生产。超出正常利润的商品将以更大的数量生产出来，直到超额部分减少为止。在社会主义政权中，计划制定者的偏好或集体决定往往在确定生产方向上起着较大作用。私有制和社会主义政权在正常情况下都容许自由选择职业和工作地点。只有在这两种制度的指令系统中，这种自由才会受到公开干预。（与哈耶克相比，罗尔斯更加宽容地对待社会主义制度。）

【原文】§42 – 12 – p. 239

【评析】

原文："A basic feature is the extent to which the market is used to decide the rate of saving and the direction of investment, as well as the fraction of national wealth devoted to conservation and to the elimination of irremediable injuries to the welfare of future generations"（p. 239）。H本："经济安排的一个基本特征是，市场在多大程度上被用来决定储存比例、投资方向和用于保护后代的福利并排除对这种福利的不可补救的危害的那部分国民财富的比例"（第213页）。**新解："经济安排的一个基本特点，既涉及市场在多大程度上被用来决定储蓄率和投资方向，又涉及国民财富将以多大比例保留下来，以多大比例用于消除对后世福利造成的无法挽回的危害。"** 短语："Rate of saving"。H本："储存比例"（第213页）。**新解："储蓄率"。**

【诠释】

最后，经济安排的一个基本特点，既涉及市场在多大程度上被用来决定储蓄率和投资方向，又涉及国民财富将以多大比例保留下来，以多大比例用于消除对后世福利造成的无法挽回的危害。这里有许多可能情形。集体决定可能确定了储蓄率，而投资方向大多由争夺资金的私人公司去定夺。私有制社会和社会主义社会都可能对防止不可抗拒的危害、管理自然资源和保护自然环境表现出极大的关切。但是两者可能都做得相当糟糕。

【原文】§42 – 13 – pp. 239 – 240

【评析】

与哈耶克对社会主义政权的攻击不同，罗尔斯认为，社会主义政权也可以利用市场经济来促进社会生产力的发展。罗尔斯与哈佛社会学教授丹尼尔·贝尔不谋而合，在20世纪70年代初就提出这样的见解是难能可贵的。罗尔斯在这里也谈到了市场失灵，谈到了政府干预的必要性。并且他认为，公共物品的市场是完全失灵的。这为他提出分配正义理论提供了理论前提。如果像哈耶克认为的那样，市场有自我纠错功能，那么分配正义或社会正义某些方面将是多余的。

第五章 分配份额 813

1. 原文:"While the notion that a market economy is in some sense the best scheme has been most carefully investigated by so-called bourgeois economists, this connection is a historical contingency in that, theoretically at least, a socialist regime can avail itself of the advantages of this system. One of these advantages is efficiency"(p. 240). H 本:"虽然市场经济在某种意义上是最佳体系这一观念是由所谓资产阶级经济学家仔细考察的,但自由市场与资产阶级的联系是历史的偶然,因为至少从理论上说,一个社会主义政权自身也能利用这种体系的优点。这些优点之一就是效率"(第 213—214 页)。新解:"虽然市场经济在某种意义上是最佳方案的观念一直受到所谓资产阶级经济学家最为细心的考察,但是如此联系只是一个历史巧合,因为至少从理论上说,社会主义政权自身也能利用这个系统的优势。这些优势之一便是效率。"

2. 原文:"Under certain conditions competitive prices select the goods to be produced and allocate resources to their production in such a manner that there is no way to improve upon either the choice of productive methods by firms, or the distribution of goods that arises from the purchases of households"(p. 240). H 本:"在某些条件下,竞争价格在选择将要生产的种种商品、分配生产的资源时的作用是如此之大,以至于没有其他方式可改善公司对生产方法的选择或者由家庭购买所导致的商品分配"(第 214 页)。新解:"在某些条件下,竞争价格只能以如下方式筛选将要生产的商品和配置生产它们的资源:要么改善公司对生产方法的选择,要么优化由家庭购买活动产生的商品分配,除此之外,不存在其他办法。"

3. 原文:"There exists no rearrangement of the resulting economic configuration that makes one household better off (in view of its preferences) without making another worse off"(p. 240). H 本:"市场经济所产生的经济结构,不可能通过再安排使一个家庭(按它的偏爱)生活得更好而不同时使别的家庭状况变坏"(第 214 页)。新解:"不存在对此后发生的经济布局的重新安排,那种重新安排将令一个家庭生活得更好(鉴于其偏好),却没有令另一个家庭生活得更差。"

4. 原文:"Perfect competition is a perfect procedure with respect to efficiency"(p. 240). H 本:"完善的竞争是与效率有关的一套完善程序"(第 214 页)。新解:"完全竞争是事关效率的一套完全程序。"

5. 原文:"Market failures and imperfections are often serious, and compensating adjustments must be made by the allocation branch"

（p. 240）. H本："市场的弊端和缺陷常常是很严重的，政府分配部门必须制定一些补偿措施"（第214页）。**新解："市场失灵和市场缺陷经常甚为严重，配置部门必须做出补偿调整。"** 短语："Allocation branch". 解读为"配置部门"比"政府分配部门"要好些，还有人将它解读为"配置分支"[1] 也不是很恰当。短语："Compensating adjustments". 解读为"补偿调整"比"一些补救措施"要好些。

6. 原文："**Monopolistic restrictions, lack of information, external economies and diseconomies, and the like must be recognized and corrected**"（p. 240）. H本："垄断的限制、信息的匮乏、外部经济效果和外部不经济等现象必须得到认识和纠正"（第214页）。**新解："必须承认和纠正垄断限制、信息匮乏、外部经济和外部不经济等问题。"**

7. 原文："**The market fails altogether in the case of public goods**"（p. 240）. H本："市场在公共利益的场合完全失去了作用"（第214页）。**新解："在公共物品领域，市场会完全失灵。"**

【诠释】

因而，在运用自由市场和私人占有生产资料之间，显然不存在本质联系。在正常条件下，竞争价格是正当的或公平的，这个理念至少可以追溯到中世纪。[2] 虽然市场经济在某种意义上是最佳方案的观念一直受到所谓资产阶级经济学家最为细心的考察，但是如此联系只是一个历史巧合，因为至少从理论上说，社会主义政权自身也能利用这个系统的优势。[3] 这些优势之一便是效率。在某些条件下，竞争价格只能以如下方式筛选将要生产的商品和配置生产它们的资源：要么改善公司对生产方法的选择，要么优化由家庭购买活动产生的商品分配，除此之外，不存在其他办法。不存在对此后发生的经济布局的重新安排，那种重新安排将令一个家庭生活得更好（鉴于其偏好），却没有令另一个家庭生活得更差。进一步的互利交易是不可能的；也不存在任何可行的生产过程，能够生产出更多想要的商

---

[1] 罗尔斯：《罗尔斯论文全集》，陈肖生等译，第673页。
[2] 参阅布劳（Mark Blaug）《经济理论的回顾》修订版，伊利诺霍姆伍德：欧文出版社1968年版，第31页及以后；参阅第36页及以后的参考文献，请特别留意德罗佛（R. A. deRoover）的文章。——原注
[3] 有关这个问题的讨论和有关文献，参阅伯格森（Abram Bergson）"修正的市场社会主义"，《政治经济学季刊》1967年第75卷，也可参阅韦内科（Jaroslav Vanek）《劳动管理经济学通论》，纽约伊萨卡：康奈尔大学出版社1970年版。——原注

品而不需要削减另一种商品的产量。如果不是这样的话，一些人的处境就可以变得更加有利，而不会给其他人带来损失。一般均衡理论（theory of general equilibrium）解释了，在给定的适当条件下，价格提供的信息如何引导经济主体采取综合行动来达到这一结果。完全竞争是事关效率的一套完全程序。[1] 当然，其所需条件非常特殊，它们难得在现实世界中被完全满足。此外，市场失灵和市场缺陷（market failures and imperfections）经常甚为严重，配置部门必须做出补偿调整（§43）。必须承认和纠正垄断限制、信息匮乏、外部经济和不经济等问题。在公共物品领域，市场会完全失灵。但是在这里，我们关心的不是这些问题。本人之所以提及这些理想化安排，只是为了澄清纯粹程序正义（pure procedural justice）的相关观念。这个理想的正义观念可以用来评价现有的安排，并当作识别应当实施的变革的一个框架。

【原文】§42-14-pp.240-241

【评析】

罗尔斯在这里比较了两种经济形式，一种是竞争性的自由市场经济；另一种是指令性的社会主义计划经济，并表示前者有与平等自由原则和公平均等机会原则相一致的优势。

1. 原文："A further and more significant advantage of a market system is that, given the requisite background institutions, it is consistent with equal liberties and fair equality of opportunity"（pp. 240-241）。日本："市场体系还有另一个更有意义的优点，即在必要的背景制度下，它是和平等的自由及机会的公正平等相协调的"（第214—215页）。罗尔斯在这里表达的不是市场体系与平等自由和公平的机会均等"相协调"的意思，而是它们是"相一致"的意思。**新解："市场系统还有一个更加重要的优势是，给定必要的背景制度，它与平等自由和公平机会均等相一致。"**

2. 原文："In the absence of some differences in earnings as these arise in a competitive scheme, it is hard to see how, under ordinary

---

[1] 关于竞争效率，参阅鲍莫尔《经济理论和操作分析》第2版，新泽西英格伍德克利弗斯：普兰梯斯—霍尔出版社1965年版，第355—371页。库普曼：《关于经济学现状的三篇论文》，纽约：麦格劳—希尔出版社1957年版，第一篇论文。——原注

circumstances anyway, certain aspects of a command society inconsistent with liberty can be avoided"（p. 241）。H 本："在缺少某些例如来自一种竞争体系的收入方面的差别的情况下，要明白怎样才能避免与自由不相容的强制社会的某些方面，至少在通常环境里是很困难的"（第 215 页）。新解："在竞争性方案中，将会产生一定的收入差别，因此，如果缺少那样的差别，那么至少在通常情况下，难以弄清怎样才能避免与自由不相容的指令性社会的某些方面。"短语"a command society"一般解读为"指令性社会"。

3. 原文："A system of markets decentralizes the exercise of economic power"（p. 241）。H 本："一个市场体系分散了经济权力"（第 215 页）。新解："各种市场分散了经济权力的行使。"

4. 原文："In conformity with political decisions reached democratically, the government regulates the economic climate by adjusting certain elements under its control, such as the overall amount of investment, the rate of interest, and the quantity of money, and so on"（p. 241）。H 本："在遵守由民主方式所达到的政治决定时，政府通过调整那些在政府控制下的因素，例如整个投资总额、利息率和金钱数额等等来调节经济环境"（第 215 页）。"投资总量、利率和货币数量"是经济学的三个确定术语，不能随意解读为 H 本那样的"整个投资总额、利息率和金钱数额"。新解："根据民主的政治决策，政府通过调整由其控制的某些要素，比如投资总量、利率和货币数量等，来调节经济环境。"

【诠释】

市场系统还有一个更加重要的优势是，给定必要的背景制度，它与平等自由和公平机会均等相一致。公民可以自由选择职业生涯和工作岗位。强迫劳动和集中劳动都是毫无道理的。的确，在竞争性方案中，将会产生一定的收入差别，因此，如果缺少那样的差别，那么至少在通常情况下，难以弄清怎样才能避免与自由不相容的指令性社会的某些方面。此外，各种市场分散了经济权力的行使。无论公司的内部性质如何，无论私有公司还是国有公司，无论由企业家经营还是由工人选出的经理人经营，它们都会根据既定的产出和投入价格，制定相应的计划。当市场真正具有竞争力时，公司不会参与价格战或其他争夺市场影响力的竞争。根据民主的政治决策，政府通过调整由其控制的某些要素，比如投资总量、利率和货币数量等，来调节经济环境。没有必要进行全面的直接规划（comprehensive direct

第五章　分配份额　817

planning)。各个家庭和公司根据一般经济情况各自自由地做出决定。

【原文】§42–15–p.241

【评析】

1. 原文："**The former is connected with their use to achieve economic efficiency, the latter with their determining the income to be received by individuals in return for what they contribute**"（p.241）。H本："前者与运用价格来提高经济效率有关,后者与价格对于个人贡献的回报的收入的决定作用有关"（第215页）。新解："前者与运用价格以实现经济效率有关,后者则使价格与个体的贡献回报有关,决定着个体的收入。"

2. 原文："**It is perfectly consistent for a socialist regime to establish an interest rate to allocate resources among investment projects and to compute rental charges for the use of capital and scarce natural assets such as land and forests**"（p.241）。H本："社会主义政权可以规定一种利息率来配置给予各个投资项目的资金,并计算使用资金和稀少的自然资源（例如土地和森林）的使用费,这对于社会主义政权来说是完全相容的"（第215页）。新解："对于社会主义政权来说,确定利率,在投资项目中配置资源,计算资本使用和土地、森林等稀缺自然资源的租赁费是完全一致的。"

3. 原文："**Monetary equivalents**"（p.241）。H本："等价的货币"（第215页）。新解："货币等价物"。

4. 原文："**Except in the case of work of all kinds, prices under socialism do not correspond to income paid over to private individuals**"（p.241）。H本："除了对各种各样的工作进行付酬的情况之外,在社会主义制度下的价格并不对应于支付给私人的收入"（第215页）。新解："除了各种工作之外,社会主义的价格与支付给私有个体的收入不相符。"

【诠释】

在注意到市场安排与社会主义制度的一致性时,区分价格的配置功能和分配功能是至关重要的。前者与运用价格以实现经济效率有关,后者则使价格与个体的贡献回报有关,决定着个体的收入。对于社会主义政权来说,确定利率,在投资项目中配置资源,计算资本使用和土地、森林等稀缺自然资源的租赁费是完全一致的。事实上,如果以最佳方式使用这些生产资料，就必须这样做。即使这些资产是未经人力劳作从天而降的，它们在如下意义上仍然是生产性的：如果它们与其他要素相结合，就会有更大的产出。然而，我们不能因此断定，需要作为这些资产的私人所有者，来接受这些评估的货币等价物。确切地说，这些会计价格是制定经济活动有效计划的指标。除了各种工作之外，社会主义的价格与支付给私有个体的收入不相符。相反，归于自然资源和集体资产的收入属于国家所有，其价格没有分配功能。①

【原文】§42–16–p.242

【评析】

罗尔斯承认，社会主义也有市场制度，对哈耶克的市场与计划二分法提出批评。他用两个略有不同的术语来表示"私有制"（private-property）：一个是"property-owning system"，另一个是"private-property system"。它们只是体现罗尔斯本人使用语言的习惯，并不存在实际差异。罗尔斯认为，财产所有制度，无论私有制还是公有制，都不能解决社会正义问题，尤其是分配正义问题。这是他提出的公平正义理论比较深刻的一面。

原文："But what it can do is to set out in a schematic way the outlines of a just economic system that admits of several variations"（p.242）. H本："但是它能够做到以一种系统的方式制定出一个可包容各种变体的正义的经济制度的纲要"（第216页）。**新解**："它所能做的是，以方案的方式阐述公正的经济系统轮廓，这个系统允许有若干变通。"

【诠释】

因此，我们必须认识到，市场制度（market institutions）对私有制和社会主义政权都是共同的，我们必须区分价格的配置功能和分配功能。由于在社会主义条件下，生产资料和自然资源是公有的，分配功能受到了很大限制，而私有产权制则不同程度地运用价格以达成这两个目的（即配置功能和分配功能）。本人认为，在这两种制度（指私有制和社会主义政权）和许多中间形式中，哪一种最能充分地满足正义的要求是不能事先确定的。因为它在很大程度上取决于每个国家的传统、制度、社会力量和特殊历史条件，这

---

① 有关区分价格的配置功能和分配功能，参阅米德（J. E. Meade）《效率、平等与产权》，伦敦：乔治—艾伦和昂温出版社1964年版，第11—26页。——原注

个问题大概没有一个普遍适用的答案。正义理论不包括这些问题。不过，它所能做的是，以方案的方式阐述公正的经济系统轮廓，这个系统允许有若干变通。在任何特定情况下，政治判断都将取决于哪个变化形式最有可能在实践中发挥最佳效果。正义观念是任何政治评价的必要部分，但它不是充要部分。

【原文】§42 – 17 – p. 242

【评析】

1. 原文："The ideal scheme sketched in the next several sections makes considerable use of market arrangements"（p. 242）。H 本："在下面几节中，我所概述的理想体系在相当程度上利用了市场机制"（第 216 页）。短语 "ideal scheme" 应解读为 **理想方案** 或 **理想计划**，而非 "理想体系"；"market arrangements" 应解读为 **市场安排** 而非 "市场机制"，以保持译名的统一性。新解："接下来几节草拟的理想方案充分利用了各种市场安排。"

2. 原文："We also gain the advantages of efficiency and protect the important liberty of free choice of occupation"（p. 242）。H 本："我们也获得效率的益处，保护了重要的选择职业的自由"（第 216 页）。新解："我们还将获得效率优势，并保护自由选择职业的重要自由权利。"

3. 原文："At the start I assume that the regime is a property-owning democracy since this case is likely to be better known"（p. 242）。H 本："从一开始，我就假设理想体系的制度是一种民主的财产所有制，因为这种情形可能较为人所熟知"（第 216 页）。在这里把术语 "the regime" 解读为 "理想体系的制度" 很是不妥。此外，H 本把短语 "a property-owning democracy" 解读为 "一种民主的财产所有制" 也是错误的，它的准确意思是 "一种产权民主"。有人把这个短语解读为 "一种财产所有民主"[①] 也可以参考。新解："从一开始我就假定，这种政体是一种产权民主，因为这种情形可能更加为人所熟知。"

【诠释】

接下来几节草拟的理想方案充分利用了各种市场安排。本人认为，只

[①] 罗尔斯：《罗尔斯论文全集》，陈肖生等译，第 473 页。

有这样，分配问题才能作为纯粹程序正义的案例来处理。此外，我们还将获得效率优势，并保护自由选择职业的重要自由权利。从一开始我就假定，这种政体是一种产权民主，因为这种情形可能更加为人所熟知。① 但是正如我指出的那样，这不是为了预先判断在特定情况下的制度选择。当然，这也不意味着实行生产资料私有制的实际社会不受严重不公正的影响；因为存在着理想的产权制度，它将是正义的，这并不意味着产权制度的历史形态是正义的，甚至是可以容忍的。当然，社会主义也是如此。

§43 适用分配正义的背景制度
Background Institutions for Distributive Justice

【题解】

适用分配正义的背景制度指资本主义私有制度或社会主义公有制度。在整个《正义论》中，并没有出现"资本主义"一词。罗尔斯用"私有制经济"（private-property economy）、"私有制社会"（private-property society）和"私有产权体制"（private-property regime）等表达式取代那个术语，用它们来与社会主义作对比。无论在社会主义条件下，还是在资本主义条件下，经济不平等是一个基本生活事实。一方面，罗尔斯"设计公平正义，旨在广泛使用劳动力市场，合法化工资和薪酬差异，那种差异作为激励手段，对于实现经济效率是必不可少的"②。另一方面，罗尔斯千方百计地想要证明，允许资本和自然资源私有的、组织得当且井然有序的民主国家，能够符合两个正义原则。因此，罗尔斯认为，无论私有制还是公有制，都可以成为分配正义的背景制度，而他考察的重点是资本主义私有制度。罗尔斯真正想要辩护的，是资本主义民主国家的合法性或正当性。

从这个意义上讲，罗尔斯在1971年《正义论》中已经预先给出1973年哈贝马斯提出的"晚期资本主义的合法性危机"③的答案。《正义论》的面世，令哈贝马斯和整个法兰克福学派关于现代社会和政治的批判性思

---

① 术语"产权民主"（property-owning democracy）来自米德的《效率、平等与产权》，第五章标题。——原注
② William A. Edmundson, *John Rawls: Reticent Socialist*, Cambridge: Cambridge University Press, 2017, p. 4.
③ 哈贝马斯：《合法性危机》，刘北成、曹卫东译，上海人民出版社2009年版。

考，所谓的社会批判理论显得多余，至少不再那么重要。这也许是哈贝马斯在 1995 年发表在英文期刊《哲学杂志》上的书评中对罗尔斯火力全开，对其正义理论做出不留一点情面的批评的心理动机。不只如此，他还在那年 11 月底漂洋过海跑到美国加州圣克鲁兹分校，参加以《正义论》为主题的研讨会，当着罗尔斯本人及其众弟子的面说，罗尔斯的政治自由主义与康德的共和主义无甚关联，如此等等。这些做法和说法是令在友人面前一向"沉默寡言的"（reticent）或因有点儿口吃而不善言辞的罗尔斯深受伤害，以至于中风而一病不起的深层原因。尽管罗尔斯自视为康德道德哲学和政治哲学思想在英语世界尤其是美国的传人，但是在哈贝马斯面前，自然要逊色一些。然而，在德国甚至整个欧洲，哈贝马斯以康德和黑格尔思想的当代诠释者和继承者自居，他对罗尔斯《正义论》中有关康德的部分品头论足，让罗尔斯在整个英语世界的政治哲学界下不来台。

毕竟，《正义论》在 1975 年、1987 年和 1988 年有了德文版、法文版和中文版，其英文版已售 39 万余册，成为哈佛大学出版社自创立以来最为畅销的学术著作。它在世界各地受到欢迎的程度令哈贝马斯压力陡增。这种压力就转变为"眼红"或"嫉妒"，时间越长，哈贝马斯的颜面便越是挂不住。罗尔斯在《正义论》中专门讨论过"嫉妒"（envy, pp. 464 – 474）或"眼红"（jealousy, pp. 467 – 468），《正义论》在整个世界学术界的红火肯定让哈贝马斯产生了那种感觉，但是他只能先把这种情感埋藏在心底。1993 年，罗尔斯的《政治自由主义》发表，哈贝马斯的眼红或嫉恨终于得到了宣泄的机会。他以书评形式把那种"眼红"以学术形式细致罗列，洋洋洒洒地写下 30 多页的评论，不亚于在罗尔斯的内心投下一枚原子弹。凭借像康德那样自己是讲德语的先天优势，把罗尔斯批了个体无完肤。哈贝马斯生于 1929 年，在年龄上比罗尔斯小八岁。虽然他假意表示自己与罗尔斯的争议"是一种家族内部的争议"①，但他显然以康德思想嫡传者自许。中风之后，罗尔斯至少在身体上毫无招架之力，除了在其一众弟子的帮助之下回溯和整理旧文之外，已经无力对哈贝马斯构成强有力的反驳或回应。但是，罗尔斯对社会主义和资本主义所持的平行包容态度，无疑优越于哈贝马斯关于晚期资本主义合法性危机的单一逻辑。因此，如果把罗尔斯和哈贝马斯看作当代政治哲学界的亮瑜之争，那么，虽然罗尔斯在身体上被哈贝马斯击倒，但在思想境界上仍然高于后者。

由此可见，罗尔斯在这一节讨论的适用分配正义的背景制度主要是民

---

① 哈贝马斯："评罗尔斯的《政治自由主义》"，江绪林译，《哲学译丛》2001 年第 4 期。

主宪政制度，但是也不排斥某种形式的社会主义，他称之为自由的社会主义体制。在这样的背景制度下，罗尔斯具体谈到了一些可操作的背景制度。它们是：（1）公正宪法规制基本结构，保证平等公民享有自由权利。（2）良心自由和思想自由。（3）政治自由的公平价值得到维护。（4）政治过程是选举政府和颁布公正法律法规的公正程序。（5）公平的均等机会。政府试图通过补贴私立学校，或者建立公立学校体系，保证具有类似禀赋和动机的个体获得平等的教育机会和文化机会。它执行和保证在经济活动和自由择业方面的机会平等。（6）政府通过家庭津贴、疾病和就业特别补助，或更系统地通过分级收入补助（所谓的负所得税）等手段，确保社会最低保障。这是一个从政治法律到经济社会，再到文化教育的系统计划，其中每一项都是必不可少的。①

【原文】§43 – 1 – pp. 242 – 243

【评析】

1. 原文："The idea of justice as fairness is to use the notion of pure procedural justice to handle the contingencies of particular situations"（p. 243）。H 本："公平的正义的观念要运用纯粹程序的正义的概念来解决特殊境况中的偶然性问题"（第 216 页）。新解："这种公平正义理念要运用纯粹程序正义观念来处理在特定情景下的偶发事项。"

2. 原文："To achieve this end it is necessary to set the social and economic process within the surroundings of suitable political and legal institutions"（p. 243）。H 本："为了达到目的，我们有必要把社会和经济过程限制在适当的政治、立法制度的范围内"（第 216 页）。如果依照 H 本来理解罗尔斯的设想，这是不是显得非常疯狂？社会和经济过程与政治立法制度原本是两个相对独立的系统，现在罗尔斯居然要把前者纳入后者之中。当然，这不是罗尔斯的真实意思；这是 H 本的解读。罗尔斯的真实

---

① 顾肃称上述最后一条为"保底原则"是很有见地的。顾肃："经济社会差别中的平等原则辨析"，《中国人民大学学报》2018 年第 3 期。另参阅陈江进"差别原则与平等的诉求——柯亨对罗尔斯的批判错在哪里？"，《山东社会科学》2017 年第 12 期。杨伟民："罗尔斯约差别原则评析"，《社会学评论》2017 年第 4 期。李石："'差别原则'与优先主义——在罗尔斯与帕菲特之间"，《道德与文明》2017 年第 2 期。姚大志："分配正义：从弱势群体的观点看"，《哲学研究》2011 年第 3 期。许兴帅："一种追求经济平等的理论尝试——对罗尔斯差别原则的解析与评判"，《天津大学学报》2020 年第 2 期。

意思是"有必要在适当的政治和法律制度的环境中确立社会和经济进程",也就是说,政治和法律制度为社会和经济进程创造条件,这是可以说得通的。**新解**:"为了实现这一目标,有必要在适当的政治和法律制度环境中确立社会和经济进程。"

3. **原文**:"I shall give a brief description of these supporting institutions as they might exist in a properly organized democratic state that allows private ownership of capital and natural resources"(p. 243)。H 本:"我将简要地描述这些背景制度可能存在于一个允许资本和自然资源私有的民主国家中的情况"(第216页)。**新解**:"本人将简要描述这些支撑性制度,因为它们可能存在于一个适当组织的民主国家,那个国家允许私人拥有资本和自然资源。"H 本漏掉了用来限定民主国家的短语"properly organized"(适当组织的)。

【诠释】

分配正义的主要问题是社会系统的选择问题。两个正义原则应用于基本结构,并设法将基本结构的主要制度融为一体。现在,正如我们看到的那样,这种公平正义理念要运用纯粹程序正义观念来处理在特定情景下的偶发事项。社会系统应当这样设计,以便事情无论如何变化,由此产生的分配都是合乎正义的。为了实现这一目标,有必要在适当的政治制度和法律制度环境中确立社会和经济进程。要是没有这一整套适当的背景制度,分配过程的结果将是违反正义的,背景公平就会缺失。本人将简要描述这些支撑性制度,因为它们可能存在于适当组织的民主国家中,那个国家允许私人拥有资本和自然资源。虽然这些安排是众所周知的,但它对了解它们如何符合两个正义原则可能会有所帮助。本人将在稍后考虑针对社会主义政权提出的诸多修正意见(modifications)。

【原文】§43 – 2 – p. 243

【评析】

1. **原文**:"The more desirable positions"(p. 243)。H 本:"较好地位"(第217页)。**新解**:"较为理想的位置或岗位"。

2. **原文**:"The government guarantees a social minimum either by family allowances and special payments for sickness and employment, or more systematically by such devices as a graded income supplement(a so-

called negative income tax)"（p. 243）。H 本："政府确保一种社会最低受惠值，这或者通过家庭津贴和对生病、失业的特别补助，或者较系统地通过收入分等补贴（一种所谓的负所得税，即对收入低于法定标准的家庭的政府补助）的方法来达到"（第 217 页）。短语"social minimum"应当解读为"社会最低保障"而非"社会最低受惠值"。**新解**："政府通过家庭津贴、疾病和就业特别补助，或更系统地通过分级收入补助（所谓的负所得税）等手段，确保社会最低保障。"

【诠释】

首先，本人假定，正义的宪法规制基本结构，保证平等的公民享有自由权利（像前一章描述的那样）。良心自由和思想自由是理所当然的，政治自由的公平价值将得到维护。只要条件许可，政治过程是选举政府和颁布公正法律法规的公正程序。本人还假定，存在着公平的（而不是形式的）均等机会。这意味着，除了维持社会的日常开支以外，政府还试图通过补贴私立学校，或者建立公立学校体系，保证具有类似禀赋和动机的个体获得平等的教育机会和文化机会。它还执行和保证在经济活动和自由择业方面的机会平等。这是通过监管公司和私人社团的活动，防止对较为理想的位置或岗位设置垄断限制和障碍来实现的。最后，政府通过家庭津贴、疾病和就业特别补助，或更系统地通过分级收入补助（所谓的负所得税）等手段，确保社会最低保障。

【原文】§43 – 3 – pp. 243 – 244

【评析】

1. 原文："These divisions do not overlap with the usual organization of government but are to be understood as different functions"（pp. 243 – 244）。H 本："这些划分不等于政府的通常组织机构划分，而应被理解为政府机构的不同功能"（第 217 页）。在这里，由于 H 本把词语"divisions"误读为"划分"，导致对这个语句的全面误解。**新解**："这些部门与通常的政府组织不相重叠，但应理解为承担着不同的职能。"

2. 原文："Market power"（p. 244）。H 本"市场权力"（第 217 页）。**新解**："市场力量"。

3. 原文："The preferences of households"（p. 244）。H 本"家庭偏爱"（第 217 页）。**新解**："家庭偏好"。

4. 原文："The allocation branch is also charged with identifying and correcting, say by suitable taxes and subsidies and by changes in the definition of property rights, the more obvious departures from efficiency caused by the failure of prices to measure accurately social benefits and costs"（p. 244）. H 本："配置部门也负责通过适当的税收和补贴，以及对所有权规定的更改来鉴别和更正较明显的低效率，这种低效率起因于价格不能精确地调整社会的利益和成本"（第 217 页）。**新解："通过适当的税收和补贴以及变更产权界定，配置部门还负责确定和纠正由于准确衡量社会收益和社会成本的价格失灵而导致的日益显著的效率偏离。"**

【诠释】

在建立这些背景制度时，我们不妨设想把政府划分为四个部门。① 每个部门由负责维护某些社会条件和经济条件的机构及其活动所组成。这些部门与通常的政府组织不相重叠，但应理解为承担着不同的职能。例如，配置部门（allocation branch）旨在保持价格系统的有效竞争，防止形成不合理的市场力量。只要市场不可能在符合效率要求、地理事实和家庭偏好的情况下被赋予更大的竞争力，这种力量就不会存在。例如，通过适当的税收和补贴以及变更产权界定（changes in the definition of property rights），配置部门还负责确定和纠正（identifying and correcting）由于准确衡量社会收益和社会成本的价格失灵（the failure of prices to measure accurately social benefits and costs）而导致的日益显著的效率偏离（more obvious departures from efficiency）。为了达到这个目的，既可以使用适当的税收和补贴，也可以修改产权的范围和界定。另一方面，在如下意义上，维稳部门（stabilization branch）努力实现合理的充分就业：想要工作的人能找到工作，强大的有效需求支持自由择业和财政调度。一般而言，这两个部门共同维护市场经济的效率。

【原文】§43-4-p. 244

【评析】

1. 原文："The social minimum is the responsibility of the transfer branch"（p. 244）. H 本："确定最低受惠值是转让部门责任"（第 217

---

① 关于政府部门的这个设想，参阅马斯格雷夫（R. A. Musgrave）《公共财政理论》，纽约：麦格劳—希尔出版社 1959 年版，第一章。——原注

页)。新解:"确保社会最低保障是转移支付部门的责任。"

2. 原文:"Appropriate weight"(p.244). H 本"适当的重要性"(第 218 页)。新解:"适当的权重"。

【诠释】

确保社会最低保障是转移支付部门(transfer branch)的责任。我将在稍后考虑,最低保障应定在什么水平;但是目前我只讲几句一般性评论。其基本理念是,该部门的工作要考虑各种需求,并针对其他诉求赋予那些需求以适当的权重。有竞争力的价格系统不考虑各种需求,所以它不能成为唯一的分配手段。社会系统各部分之间必定有所分工,以符合常识性正义准则。不同的机构处理不同的诉求,得到适当调节的竞争市场,确保自由择业,有效使用资源和向家庭配给用品。它们重视与工资和收入挂钩的约定俗成的准则,转移支付部门则保证一定的福利水平,并且高度重视(生活)必需品的需求。最后,本人将讨论这些常识性规则,以及它们是如何在各种制度背景下产生的。这里的相关观点是,某些规则往往与特定制度相关联。这些规则是如何平衡的,要由整个背景系统来决定。它们还调节规则的平衡。一般而言,这种平衡将根据潜在的政治观念而有所不同。

【原文】§43-5-pp.244-245

【评析】

1. 原文:"There is with reason strong objection to the competitive determination of total income, since this ignores the claims of need and an appropriate standard of life"(pp.244-245). H 本:"我们有理由强烈反对由竞争来决定总收入的分配,因为这样做忽视了需要的权利和一种适当的生活标准"(第 218 页)。新解:"有理由强烈反对竞争性地确定总收入,因为这忽略了对必需品的要求和适当的生活标准。"

2. 原文:"It is rational to insure oneself and one's descendants against these contingencies of the market"(p.245). H 本:"确保我们和下一代免受市场偶然性的损害是合理的"(第 218)。新解:"确保个体自身及其后代免受市场这些随机因素的影响是合理的。"

3. 原文:"A suitable minimum is provided by transfers"(p.245). H 本:"一旦转让提供了一个适当的最低受惠值"(第 218)。新解:"转移支付提供了适当的最低保障。"

4. 原文："**Wages plus transfers**"（p. 245）。H 本："工资加转让的收入"（第 218 页）。新解："工资加上转移支付"。

【诠释】

显然地，处理分配份额的正义，既依赖于背景制度，又依赖于这些制度配置总收入、工资、其他收入和转移支付的方式。有理由强烈反对竞争性地确定总收入，因为这忽略了对（生活）必需品的要求和适当的生活标准。从立法阶段的观点来看，确保个体自身及其后代免受市场这些随机因素的影响是合理的。事实上，差别原则可能要求这样做。假定价格系统适度有效且不受垄断限制，而且消除了不合理的外部因素，一旦转移支付提供了适当的最低保障，那么，通过价格系统来解决总收入的其余部分可能是完全公平的。此外，这种处理（生活）必需品要求的方式似乎比试图以最低工资标准等方式调节收入更为有效。最好只将相互兼容的任务分配给每个部门。既然市场解决不了（生活）必需品的需求问题，那么这些问题应该由其他安排来解决。于是，正义原则是否得到满足，就取决于最无优势者的总收入（工资加上转移支付）能否极大化他们的（与平等自由和公平机会均等约束相一致的）长期预期。

【原文】§43 – 6 – pp. 245 – 246

【评析】

1. 原文："**Approximate justice**"（p. 245）。H 本："恰当正义"（第 218 页）。新解："大致公正"。
2. 原文："**The unequal inheritance of wealth is no more inherently unjust than the unequal inheritance of intelligence**"（p. 245）。H 本："财富遗产的不平等跟智力遗传的不平等一样并非本质上是不正义的"（第 219 页）。读者读到这样的语句，会吓出身冷汗。因为如此说法原本是《正义论》想要纠正的对象，却成了罗尔斯本人的主张。当然，这是 H 本搞错了的。罗尔斯想表达的真实意思是，财富的不平等继承，和智力的不平等继承一样，都是不公平的。后人继承的这两种不平等在性质上是相似的。比如我们可以说，苍蝇和蟑螂都是害虫，苍蝇本质上并不比蟑螂更加对人有害。但是我们不能说，苍蝇和蟑螂一样并非本质上是对人有害的。
新解："财富的不平等继承，本质上并不比智力的不平等继承更加不公平。"

3. 原文："**The least fortunate**"（p. 245）. H 本："较不幸运者"（第 219 页）。这里罗尔斯使用的是形容词的最高级，而不是比较级。**新解**："最不幸运者"。

4. 原文："**Similar chances of education and culture**"（p. 245）. H 本："受教育和培养的类似机会"（第 219 页）。H 本略去了"文化机会"。**新解**："近似的教育机会和文化机会"。

5. 原文："**Positions and offices**"（p. 245）. H 本："职务和地位"（第 219 页）。笔者认为，"职务和地位"都不是一般工作场所用语，并且是无法向所有人开放的，因为"职务"不具有普遍性；"地位"则不具有工作属性，而具有社会属性。"职务和地位"不是对短语"positions and offices"的恰当解读，即使作那样的解读，两个词语的对应顺序应当是"地位和职务"，而这会显得不甚合理，在汉语语境中尤其容易产生误解。当罗尔斯在谈到第二正义原则时还会涉及这一点。**新解**："各种位置和职位"。

6. 原文："**Where this limit lies is a matter of political judgment guided by theory, good sense, and plain hunch, at least within a wide range**"（p. 246）. H 本："限度存在于什么地方的问题就构成一种政治判断，这种政治判断受理智、良知并至少在相当范围内受一种明确的直觉指导"（第 219 页）。**新解**："至于这一限度存在于何处，这是一个政治判断问题，那个判断受到理论、良知和朴素直觉的指引，至少在相当大的范围之内如此。"这里的"theory"与理智无关。

7. 原文："**On this sort of question the theory of justice has nothing specific to say**"（p. 246）. H 本："这类问题不在正义论的专门领域之内"（第 219 页）。**新解**："就这类问题而言，正义理论提不出什么独特的见解。"

8. 原文："**Its aim is to formulate the principles that are to regulate the background institutions**"（p. 246）. H 本："正义论的目标是要详细阐述用来调整背景制度的原则"（第 219 页）。**新解**："正义理论的目的是，制定用来规制这些背景制度的原则。"

【诠释】

最后是分配部门（distribution branch），其任务是通过征税和必要的产权调整，维持分配份额的大致公正。这个部门可以分为两个部分。首先，它征收各种遗产税和馈赠税，并对遗赠权予以限制。如此征税和调节的目的，不是为了增加收入（向政府释放资源），而是逐步地并且持续地矫正财富分配，防止权力集中损害政治自由的公平价值和公平机会均等。例如，累进（税）原则可能适用于达成福利制度的目标。① 这样做将鼓励财产的广泛分散，如果要保持平等自由的公平价值，这似乎是必要条件。财富的不平等继承，本质上并不比智力的不平等继承更加不公平。诚然，前者可能更容易受到社会控制；但最重要的是，基于两者的不平等应尽可能地满足差别原则。因此，如果由此产生的不平等有利于最不幸运者，并且符合自由和公平的机会均等，那么继承是允许的。如前所述，公平的机会均等意味着这样一套制度，它们确保具有近似动机的人获得近似的教育机会和文化机会，并且以与相关义务和任务有着合理联系的素质和努力为基础，向所有人开放各种位置和职位。当财富不平等超过一定限度时，这些制度将处于危险之中；政治自由往往会失去其价值，代议制政府也将变得只是流于形式。分配部门的课税和法令，就是为了防止超过这一限度。当然，至于这一限度存在于何处，这是一个政治判断问题，那个判断受到理论、良知和朴素直觉的指引，至少在相当大的范围之内如此。就这类问题而言，正义理论提不出什么独特的见解。正义理论的目的是，制定用来规制这些背景制度的原则。

【原文】§43 – 7 – pp. 246 – 247

【评析】

1. 原文："The second part of the distribution branch is a scheme of taxation to raise the revenues that justice requires"（p. 246）。H 本："分配部门的第二方面是一个正义所要求的征收收入的税收体系"（第219页）。短语："A scheme of taxation"。解读为"**税收计划**"或"**税收方案**"比解读为"税收体系"要好些；短语："To raise the revenues"。明确表示"提高税收收入"的意思，H 本漏掉了短语中的"提高"一词，也许与 H 本译者把"a scheme of taxation"解读为"一个税收体系"有关。**新解**："分配部门的第二部分是一套征税方案，以提高正义要求的税收收入。"

2. 原文："Social resources must be released to the government so that it can provide for the public goods and make the transfer payments necessary to satisfy the difference principle"（p. 246）。H 本："社会资源

---

① 米德：《效率、平等与产权》，第56页。——原注

必须让与政府，这样，政府可为公共利益提供资金，并支付满足差别原则所必需的转让款目"（第219页）。**新解**："**必须向政府释放社会资源，使其能够提供公共物品，并支付必要的转移支付，以满足差别原则。**" H 本的可商榷之处有：

（1）短语："Public goods"．H 本："公共利益"（第219页）。**新解**："公共物品"。

（2）短语："Transfer payments"．H 本："转让款目"（第219页）。**新解**："转移支付"。"转移支付"是公共经济学和福利经济学的常用术语。

3. 原文："**How much a person takes out of the common store of goods**"（p. 246）．H 本："一个人从物品的共同贮存中用了多少"（第219页）。**新解**："一个人从日用品商店的购买量"。

4. 原文："**The usual exemptions for dependents**"（p. 246）．H 本："对受赡养者的通常的免税"（第219页）。"免税"和"免税额"还是有所不同的两个概念。**新解**："通常对受抚养人的免税额"。

5. 原文："**Second best，arrangements**"（p. 247）．H 本："不是最好的安排"（第220页）。**新解**："次优安排"。

【诠释】

分配部门的第二部分是一套征税方案，以提高正义要求的税收收入。必须向政府释放社会资源，使其能够提供公共物品，并支付必要的转移支付，以满足差别原则。这个问题之所以属于分配部门，是因为税收负担是公平分担的，其目的是建立公正的安排。撇开许多复杂因素不谈，值得注意的是，按比例征收（消费）支出税，可能是最佳税收方案的一部分。[①]一方面，它比常识性正义准则意义上的（任何种类的）所得税更加可取，因为它是根据一个人从日用品商店的购买量而不是根据他的贡献额来征收的（假定这里的收入是公平收入）。再者，对总消费征收的比例税（比如说每年）可以包含通常对受抚养人的免税额，等等；它以一种统一方式对待每个人（仍然假定收入是公平的）。因此，只有在必要时，使用累进税率才是比较好的，以维护对应于第一正义原则和公平机会均等的基本结构的公正，从而防止可能损害相应制度的财产积累和权力集中。遵循这一规则，可能有助于表明政策问题中的一个重要区别。如果比例税也能证明是

---

① 参阅卡尔多（Nicholas Kaldor）《支出税》，伦敦：乔治—艾伦和昂温出版社 1955 年版。——原注

更为有效的，比如说，因为它们对激励措施干预较少，那么，如果能制定出一个可行方案，这可能会为它们获得决定性理由。和以前一样，这些都是政治判断问题，而不是正义理论的一部分。在任何情况下，我们在这里都会考虑这样的比例税，作为良序社会理想方案的一部分，以说明两个正义原则的内容。这并不意味着，鉴于现有制度的非正义性，即使大幅累进的所得税在考虑所有因素时也是不公平的。在实践中，我们通常必须在几种非正义（或有违正义）的安排之间或在次优安排之间做出选择；然后我们借助于非理想理论（non-ideal theory）来找出最少违反正义的方案。有时，这一方案将包括完全公正的制度将拒绝的措施和政策。在两个错误可以造就一个正确（负负得正）的意义上，最好的可行安排可能包括对各种不完全（不周全、不完备）事物的平衡，对各种不公正做出补偿性调整。

【原文】§43 – 8 – p. 247

【评析】

1. 原文："**The taxation of inheritance and income at progressive rates when necessary**"（p. 247）。H 本："对遗产和收入按照累进税率（当必要时）征税"（第 220 页）。**新解**："**（必要时）按累进税率征收遗产税和收入税**"。

2. 原文："**The legal definition of property rights**"（p. 247）。H 本："对财产权力的法律限定"（第 220 页）。H 本把"property rights"误读为"财产权力"，把"legal definition"误读为"法律限定"。在很大程度上误解了这个短语的含义，给中文读者带来极大困惑和混乱。**新解**："**对财产权的法律界定**"。

3. 原文："**Proportional expenditure（or income）taxes are to provide revenue for public goods, the transfer branch and the establishment of fair equality of opportunity in education, and the like, so as to carry out the second principle**"（p. 247）。H 本："按比例的支出税（或所得税）要为公共利益提供财政收入，转让部门要在教育等方面确立公正的机会平等，以此贯彻第二正义原则"（第 220 页）。**新解**："**比例支出（或收入）税是指为公共物品、转移支付部门和建立公平的教育均等机会等提供收入，以贯彻第二正义原则。**"

4. 原文："**Individuals have similar utility functions satisfying the diminishing marginal principle**"（p. 247）。H 本："个人具有近似满足边际

值递减原则的效用函数"（第220页）。**新解**："个体具有满足边际（效用）递减原则的近似效用函数。"

【诠释】

分配部门的两个分部来自两项正义原则。（必要时）按累进税率征收遗产税和收入税以及对财产权的法律界定，是为了确保在拥有财产的民主国家中享有平等自由制度及其所确立的权利的公平价值。比例支出（或收入）税是指为公共物品、转移支付部门和建立公平的教育均等机会等提供收入，以贯彻第二正义原则。在任何一点上都没有提到传统的征税标准，如根据获得的收益或支付能力征税。[①] 提及与支出税有关的常识性规则是次要的考虑因素。这些标准的范围由正义原则规定。一旦分配份额问题被认为是设计背景制度的问题，传统规则就被视为没有独立的力量，不管它们在某些限定的情况下是否合适。否则的话，这样的假设没有采取非常全面的观点（参阅第47节及以后）。显然，分配部门的设计，并不以效用论者对个人效用的标准假设为前提。例如，遗产税和累进所得税并不基于以下理念，个体具有满足边际（效用）递减原则的近似效用函数。当然，分配部门的目标，不是最大限度地实现满足的净余额，而是建立公正的背景制度。对效用函数形状的怀疑是无关紧要的。这是一个效用论要去解决的问题，不是一个契约论要去解决的问题。

【原文】§43 – 9 – pp. 247 – 248

【评析】

罗尔斯在这里替一种理想的私有制即私有民主制进行了辩护。他认为，只要符合一定的条件，就能回应社会主义者对这一制度的批评。

1. **原文**："Land and capital are widely though not presumably equally held"（p. 247）. **H 本**："人们广泛地虽然大概不是平均地拥有土地和资金"（第220页）。**新解**："人们广泛地但可想而知并未均等地拥有土地和资本。"

2. **原文**："Society is not so divided that one fairly small sector controls

---

[①] 关于征税标准的讨论，参阅马斯格雷夫（Musgrave）《公共财政理论》，第四、第五章。——原注 ［这个著作原文是 *The Theory of Public Finance*，不可像 H 本（第220页注）那样解读为《社会财政论》。］

the preponderance of productive resources"（p. 247）. H 本："社会的划分不会导致一个相当小的团体控制大部分的生产资源"（第 220 页）。**新解**："社会尚未分裂到这样的程度，以至于其一小部分（人）控制着大部分生产资源。"

3. **原文**："**When this is achieved and distributive shares satisfy the principles of justice, many socialist criticisms of the market economy are met**"（pp. 247 – 248）. H 本："当这一目标已达到，而且分配的份额满足了两个正义原则时，就要遇到许多社会主义对市场经济的批评"（第 220 页）。H 本的这个解读在逻辑上是自相矛盾的。**新解**："一旦这一点得到了实现，并且分配份额符合正义原则，针对市场经济的许多社会主义批评便得到了回应。"罗尔斯认为，一定形式的私有制和公有制都符合正义原则。

4. **原文**："**Collective decisions made democratically under the constitution determine the general features of the economy, such as the rate of saving and the proportion of society's production devoted to essential public goods**"（p. 248）. H 本："在宪法指导下，民主地做出的集体决策决定了经济的一般面貌，例如储存率和用于基本公共利益的社会生产比例"（第 221 页）。**新解**："根据宪法，民主的集体决策决定着经济的总体特征，比如，储蓄率和用于基本公共物品的社会生产比例。"

（1）**短语**："Under the constitution". H 本："在宪法指导下"（第 221 页）。**新解**："根据宪法"。

（2）**短语**："Rate of saving". H 本："储存率"（第 221 页）。**新解**："储蓄率"。

（3）**短语**："Essential public goods". H 本："基本公共利益"（第 221 页）。**新解**："基本公共物品"。

5. **原文**："**The decision as to which system is best for a given people depends upon their circumstances, institutions, and historical traditions**"（p. 248）. H 本："对于哪种体系能对一个特定民族作出最好的决定是以那个民族的环境、制度和历史传统为根据的"（第 221 页）。H 本没有很好地领会这个语句的基本含义，罗尔斯这里重申了公平正义理论向私有制和社会主义制度开放的思想。罗尔斯的这一主张让人想起了孟德斯鸠在《论法的精神》中提出的环境决定论。**新解**："至于哪一种制度最适合某一既定的人民，取决于他们的环境、制度和历史传统。"

【诠释】

到目前为止，本人认为，政府各部门的目标是，建立民主政权，在其中，人们广泛地但可想而知并未均等地拥有土地和资本。社会尚未分裂到这样的程度，以至于其一小部分（人）控制着大部分生产资源。一旦这一点得到了实现，并且分配份额符合正义原则，针对市场经济的许多社会主义批评便得到了回应。不过，至少从理论上清楚的是，自由的社会主义政权也能符合两个正义原则。我们只需假定，生产资料是公有的，公司由工人委员会或他们指定的代理人管理。根据宪法，民主的集体决策决定着经济的总体特征，比如，储蓄率和用于基本公共物品的社会生产比例。鉴于由此产生的经济环境，受市场力量调节的公司像以前一样运作。尽管背景制度将采取不同的形式，特别是在分配部门的情况下，但原则上不存在无法实现正义分配份额的理由。正义理论本身并不偏袒任何政体。正如我们所看到的，至于哪一种制度最适合某一既定的人民（民族），取决于他们的环境、制度和历史传统。

【原文】§43-10-p.248

【评析】

1. 原文："**Inherently degrading**"（p.248）。H本："具有一种内在的退化性质"（第221页）。**新解**："生来泯灭人性且有辱人格"。

2. 原文："**Wage slavery**"（p.248）。H本："工资奴隶制"（第221页）。这是由美国南方庄园主詹姆斯·哈蒙德发明的概念，表示雇佣制下的北方工人生活悲惨，与棉花地里劳作的黑奴无甚区别。

3. 原文："**This political decision, as well as the regulation of these surrounding arrangements, can be perfectly reasoned and free**"（p.248）。H本："这一政治决定如同对这些背景安排的调节一样，可能是相当合理的、自由的"（第221页）。**新解**："这一政治决定以及对这些周边安排的监管，可以是完全合理而自由的。"

【诠释】

一些社会主义者反对一切市场制度，认为它们生来泯灭人性且有辱人格。他们希望建立这样的经济，在那里，人们大多出于社会关切和利他考虑（social and altruistic concerns）而行动。首先，市场确实不是一种理想的安排，但考虑到必要的背景制度，所谓的工资奴隶制的最糟糕方面已经消除。于是，这个问题就变成了可能的替代方案的比较问题。似乎不太可能的是，（无论由中央领导还是由行业协会达成的协议指导）官僚机构对经济活动的控制，将在受社会监管的系统中发展起来，与通过价格手段（假设价格手段总是必要的框架）实现对经济活动的监督相比，总的来说竟然更加符合正义。确保竞争方案在操作细节上是非人格的和自动的；它的特定结果不能表达个人的有意识决定。但在许多方面，这正是如此安排的一大优点；运用市场制度，并不意味着缺乏合理的人类自主权。鉴于如此做的优势，民主社会可能决定依靠价格，然后维持正义所要求的背景制度。这一政治决定以及对这些周边安排的监管，可以是完全合理而自由的。

【原文】§43-11-pp.248-249

【评析】

罗尔斯在这里明确表示，他的正义理论既适用于资本主义制度，也适用于社会主义制度。"正义原则相容于截然不同的政权类型。"这句话表达了他对自己的公平正义理论的自信。

1. 原文："The theory of justice assumes a definite limit on the strength of social and altruistic motivation"（p.248）。H本："正义论对社会的和利他的动机的力量作了一种明确的限制"（第221页）。新解："正义理论对社会动机和利他动机的强度做了明确限制。"

2. 原文："While they are willing to act justly, they are not prepared to abandon their interests"（p.248）。H本："当他们希望正义地行动时，他们并不打算放弃他们的利益"（第221页）。新解："尽管他们愿意做事合乎正义，但是他们不准备放弃自己的利益。"

3. 原文："I am not concerned with this ideal case, however desirable it may be"（p.249）。H本："不管这一理想情景是多么令人神往，我并不打算考虑之"（第221—222页）。新解："无论它多么可取，我不关心这个理想情况。"

4. 原文："The principles of justice are compatible with quite different types of regime"（p.249）。H本："两个正义原则是和那些相当不同的制度相容的"（第222页）。新解："正义原则相容于截然不同的政权类型。"

【诠释】

此外，正义理论对社会动机和利他动机的强度做了明确限制。它假定，个体和团体提出了各种竞争性要求，尽管他们愿意做事合乎正义，但是他们不准备放弃自己的利益。毋庸赘言，这个假设并不暗指人通常是自私的。相反，所有人都能实现其全部利益的社会，或者，不存在冲突性要求、所有人的需要都协调一致且不经强制地纳入和谐活动计划之中的社会，这样的社会在一定意义上是超越正义的社会(society in a certain sense beyond justice)。① 它消除了务必诉诸正当原则和正义原则的情形。无论它多么可取，我不关心这个理想情况。尽管如此，我们应该注意到，即使在这些问题上，正义理论也具有重要的理论作用：它规定了这样的条件，在那些条件之下，个体目标和愿望的自发一致性，既不是被强制的，也不是被操纵的，而是表达了与理想之善相契合的适当和谐。本人对这些问题的讨论到此为止。其要点是，正义原则相容于截然不同的政权类型。

【原文】§43 – 12 – pp. 249 – 250

【评析】

1. 原文："**The two principles of justice lead to a definite system of government activities and legal definitions of property together with a schedule of taxes**"（p. 249）。H 本："两个正义原则导致了一种确定的关于政府活动的体系、有关财产的法律定义的体系以及一个税收体系"（第222页）。罗尔斯这里讲到的只是"一个确定的系统"（definite system of），它们由各种政府活动和财产的各种法律界定所组成，外加一个税收方案，亦即"一个税收计划表"。罗尔斯之所以把税收计划表单列，是因为它更加具有灵活性，各届政府会根据经济社会发展状况对它做出调整。但是罗尔斯在这里没有提出像 H 本解读的三个体系，即"关于政府活动的体系、有关财产的法律定义的体系、以及一个税收体系"。**新解**："两个正义原则导致由各项政府活动和财产的各种法律界定所组成的一个确定系统，外加一个税收计划表。"

---

① 有人把马克思的全面共产主义社会观念（Marx's conception of a full communist society）解释为超越正义的社会。参阅塔克（R. C. Tucker）《马克思的革命理念》（*Marxian Revolutionary Idea*），纽约：诺顿出版社1969年版，第一、第二章。——原注

2. 原文："Public expenditures"（p. 249）. H本："财政支出"（第222页）。新解："公共支出"。

3. 原文："Which consists of a special representative body taking note of the various social interests and their preferences for public goods"（p. 249）. H本："它由一个关注不同的社会利益及其对公共利益的偏爱的专门的、有代表性团体构成"（第222页）。新解："它由一个特别代表机构组成，时刻关注各种社会利益及其对公共物品的偏好。"

4. 原文："It is authorized by the constitution to consider only such bills as provide for government activities independent from what justice requires, and these are to be enacted only when they satisfy Wicksell's unanimity criterion"（p. 249）. H本："它被宪法授权仅仅考虑一些有关独立于正义要求的政府活动的提案，而且，这些提案只有在满足维克塞尔的全体一致的标准时，才可能被通过"（第222页）。这个语句涉及许多法律和政治专业术语，如"宪法授权""审议""司法要求""法案""威克塞尔一致同意标准""颁布实施"等。新解："在宪法授权之下，将予以审议的只是为独立于司法要求的政府活动而提供的法案，这些法案只有满足威克塞尔一致同意标准才能颁布实施。"

5. 原文："Wicksell's idea is that if the public good is an efficient use of social resources, there must be some scheme for distributing the extra taxes among different kinds of taxpayers that will gain unanimous approval"（p. 250）. H本："维克塞尔的观点是这样的：如果这一公共利益是对社会资源的一种有效使用，那么，在那些一致同意它的各种纳税人中间，必须有某种方案来分配额外的税款"（第222页）。H本对这个语句的解读存在较大偏差。在这里，无论是"如果公共利益是对社会资源的有效利用"这个假定，还是"一个在不同类型纳税人中间分配额外税款的方案"，都不必经过"各种纳税人"的同意。新解："威克塞尔的想法是，如果公共物品是对社会资源的有效率使用，那么务必存在一个在不同类型纳税人中间分摊额外税款的方案，那个方案将获得一致同意。"

6. 原文："The exchange branch works by the principle of efficiency and institutes, in effect, a special trading body that arranges for public goods and services where the market mechanism breaks down"（p. 250）. H本："交换部门根据效率原则来工作，并实际地建立了一个专门的贸易机构来安排市场机制崩溃之处的公共利益和设施"（第222页）。新解："交换部门遵循效率原则，实际上设立了一个特别交易机构，在市场机制

失灵的地方，安排公共物品和服务。"

7. 原文："Even leaving aside voting strategies and the concealment of preferences, discrepancies in bargaining power, income effects, and the like may prevent an efficient outcome from being reached. Perhaps only a rough and approximate solution is possible"（p. 250）。H 本："即使把投票策略和对偏爱的隐藏搁置一旁不论，在讨价还价能力、收入效应等方面的差异还是可能阻得达到一个有效的结果。或许，只有一个大致近似的解决方法才是可能的"（第 223 页）。**新解**："即使撇开投票策略和偏好隐藏，议价能力差异、收入效应等也可能会阻止达成有效率的结果。也许只有粗略的近似解是可能的。"

【诠释】

还须考虑最后一个问题。我们不妨假定，关于背景制度的如上解释，对我们的目的是充分的；我们还假定，两个正义原则导致由各项政府活动和财产的各种法律界定所组成的一个确定系统，外加一份税收计划表。在这种情况下，公共支出总额和必要收入来源得到了明确规定，由此产生的收入和财富分配，无论是什么，都是正义的（另请参考后面的§44 和§47）。然而，这并不意味着，公民们不应该决定进一步的公共支出。如果足够多的公民发现，公共物品的边际收益大于通过市场可获得的边际收益，那么政府设法提供公共物品是适当的。既然收入和财富的分配假定为正义的，其指导原则便发生了变化。于是，我们设想，政府有第五部门，亦即交换部门。它由一个特别代表机构组成，时刻关注各种社会利益及其对公共物品的偏好。在宪法授权之下，将予以审议的只是为独立于司法要求的政府活动而提供的法案，这些法案只有满足威克塞尔一致同意标准才能颁布实施。[1] 这意味着，除非同时就支付公共支出费用的方式达成同意，即使不是全体一致同意，也要接近如此，否则任何公共支出都不能被投票表决通过。提出一项新的公共活动动议，须要包括一个或若干可供选择的费用分摊安排。威克塞尔的想法是，如果公共物品是对社会资源的有效率

---

[1] 关于这个标准的陈述，参阅威克塞尔（Knut Wicksell）《金融理论研究》，耶拿，1896 年版，其主要部分已经英译为《正义税收新原则》，收录于马斯格雷夫（R. A. Musgrave）和皮科克（A. I. Peacock）编《财政理论经典著作》，伦敦：麦克米兰出版社 1958 年版，第 71—118 页，特别是第 91—93 页。这个原则是在那里被陈述的。有关这个原则的困难，参阅希巴塔（Hirafumi Shibata）"纯粹公共支出理论的交易模型"，《政治经济学季刊》1971 年第 79 卷，特别是第 27 页。——原注

使用，那么务必存在一个在不同类型纳税人中间分摊额外税款的方案，那个方案将获得一致同意。如果这样的动议不存在，建议的支出便是浪费，就不应该执行。因此，交换部门遵循效率原则，实际上设立了一个特别交易机构，在市场机制失灵的地方，安排公共物品和服务。不过，还须补充的一点是，实在的困难阻挡着这个想法的实行。即使撇开投票策略和偏好隐藏，议价能力差异、收入效应等可能会阻止达成有效率的结果。也许，只有粗略的近似解是可能的。不过，本人将把这些问题放在一边。

【原文】§43 – 13 – p. 250

【评析】

1. 原文："**Proviso**"（p. 250）. H 本："先决条件"（第 223 页）。**新解**："限制条款"。

2. 原文："**In theory members of the community can get together to purchase public goods up to the point where their marginal value equals that of private goods**"（p. 250）. H 本："在理论上，共同体的成员能够一起寻求公共利益，直到它们的边际价值等同于私人利益的边际价值为止"（第 223 页）。**新解**："理论上，共同体成员可以一起购买公共物品，直到其边际价值等于私人产品的边际价值为止。"

【诠释】

我们须做出几点说明以免误解。首先，正如威克塞尔强调的那样，一致同意标准假定，收入和财富的现有分配是正义的，财产权的当前界定也是公正的。如果没有这一重要的限制条款，因为它只是表达了针对公共支出情形的效率原则，那么一致同意标准将会存在效率原则的所有缺陷。但是，一旦这个限制条款得到满足，那么一致同意原则是站得住脚的。动用国家机器，迫使一些公民为他人想要而自己不想要的好处买单，与强迫他们报销他人的私人开支相比，同样得不到正当性辩护。因此，先前不适用的收益标准现在适用了，那些想要更多各种公共支出的人将通过交换部门了解，能否就必要的税收达成同意。于是，不同于国家预算、交换预算的规模取决于最终接受的支出。理论上，共同体成员可以一起购买公共物品，直到其边际价值等于私人产品的边际价值为止。

840　《正义论》评注

【原文】§43 – 14 – pp. 250 – 251

【评析】

1. **原文**："A separate representative body"（p. 250）。H 本："一个独立的、有代表性的团体"（第 223 页）。**新解**："一个独立代表机构"。

2. **原文**："The basis of this scheme is the benefit principle and not the principles of justice"（p. 250）。H 本："这个部门的基础是利益原则，而不是两个正义原则"（第 223 页）。**新解**："这个方案的基础是效益原则，而非正义原则。"

3. **原文**："A trading arrangement"（p. 250）。H 本："一种贸易安排"（第 223 页）。**新解**："一个交易安排"。

4. **原文**："It depends upon citizens' knowing their relative valuations of public and private goods"（p. 251）。H 本："它依赖于那些对于公共利益和私人利益的有自己相对评价的公民"（第 223 页）。**新解**："它取决于公民知道自己对公共物品和私人产品的相对估价。"

5. **原文**："We assume the principles of justice to be applied to institutions solely on the basis of general information"（p. 251）。H 本："我们假设运用到制度中的两个正义原则仅仅建立在一般信息的基础上"（第 223 页）。H 本没有把握住这个语句的重心。**新解**："我们假定，正义原则仅适用于基于一般信息的制度。"

6. **原文**："Follow from the benefit principle"（p. 251）。H 本："来自利益原则"（第 223 页）。**新解**："遵循效益原则"。

【诠释】

应当指出，交换部门包括一个独立代表机构。其设置理由在于强调，这个方案的基础是效益原则，而非正义原则。因为这种背景制度观念（conception of background institutions）有助于我们把经过深思的正义判断组织起来，无知之幕适用于立法阶段。交换部门只是一个交易安排。对信息不存在任何限制（使方案更有效率所需的信息除外），因为它（指这个交易安排）取决于公民知道自己对公共物品和私人产品的相对估价。我们也应该看到，在交换部门，代表们（及其所代表的公民）受到他们利益的正确引导。然而，在描述其他部门时，我们假定，正义原则仅适用于基于一般信息的制度。我们试图弄清楚的是，受到无知之幕的适当约束，并且在此意义上是公正的理性立法者，将制订什么法律来实现正义观念。理想的立法者,不投票表决他们的利益。因此,严格说来,关于交换部门的设想,不是四个阶段序列的一部分。然而,在两类政府活动和公共支出之间可能存在着混淆,第一类需要维护公正的背景制度,第二类需要遵循效益原则。本人认为,记住各个部门的区别,公平正义将变得更加言之成理。可以肯定的是,这两类政府活动往往难以区分彼此,有的公共物品看似同时属于这两类政府活动。我把这些问题暂搁于此,希望这个理论区分对目前的目的已经足够清楚。

§44 代际正义问题
The Problem of Justice between Generations

【题解】

代际正义是跨越时间或跨越代际的正义,是一种纵向正义,罗尔斯讲的代际正义,不只涉及当今世代和下一代的代际正义,而且涉及当今世代和往后诸世代的代际正义。当今世代必须回应往后诸世代的正当要求。虽然我们无法改变我们的前人或先辈的许多决定,但是我们可以评价他们的决定,我们的评价就涉及代际正义。从这个意义上讲,英雄创造历史,但英雄也必须接受后续世代人民的不断评价和审判。否则,就像路易十五的奢靡生活那样,"我死后哪管他洪水滔天!"任何世代的主导者或统治阶级都可以只顾当下名利,而对未来无所顾忌。因此,代际正义不仅仅涉及利益分配问题,而且涉及价值评价问题。对于后者,罗尔斯在谈到代际正义问题时几乎没有多少涉及,这当然是他的代际正义理论的一大疏漏。[1]

需要指出的是,罗尔斯讨论代际正义问题的背景理论是"经济增长理论"(theory of economic growth),H 本把它解读为"经济发展理论"(第 225 页脚注)。结果,1987 年诺贝尔经济学奖得主索洛(R. M. Solow)的代表作《增长理论》(*Growth Theory*)被 H 本解读为《发展理论》(第 225 页脚注);1975 年诺贝尔经济学奖得主库普曼斯(T. R. Koopmans)的论文"论最优经济增长

---

[1] 高景柱:"契约主义的代际正义理论",《国外社会科学》2021 年第 2 期。高景柱:"论代际正义的证成问题",《哲学动态》2021 年第 1 期。张乾友:"在场与缺席:一个正义分析框架",《中国人民大学学报》2014 年第 6 期。周光辉、赵闯:"跨越时间之维的正义追求——代际正义的可能性研究",《政治学研究》2009 年第 3 期。刘雪斌:"论一种作为公平的代际正义",《法制与社会发展》2006 年第 5 期。

概念"("On the Concept of Optimal Economic Growth")则被解读为"论最佳经济发展的概念"(第225页脚注)。H本第225页的脚注犯下了多个错误。

【原文】§44 – 1 – p. 251

【评析】

1. 原文:"**The problem arises in the present context because the question is still open whether the social system as a whole, the competitive economy surrounded by the appropriate family of background institutions, can be made to satisfy the two principles of justice**"(p. 251)。H本:"现在这个问题出现在这个背景下,是因为作为一个整体的社会制度,以及由适当的一组背景制度所环绕的竞争经济,能否设计得满足两个正义原则仍是一个悬而未决的问题"(第224页)。**新解**:"代际正义问题之所以出现在当前的语境之中,是因为如下问题仍然是悬而未决的:整个社会系统,被一整套适当的背景制度包围的竞争性经济,能否被创制出来以满足两个正义原则。"

2. 原文:"**The level at which the social minimum is to be set**"(p. 251)。H本:"一个要被制定的社会最低受惠值的水平"(第224页)。**新解**:"将要制定的社会最低保障水平"。

3. 原文:"**This in turn connects up with how far the present generation is bound to respect the claims of its successors**"(p. 251)。H本:"而这一点又与现在的世代在多大程度上尊重下一代主张的问题有关"(第224页)。注意词语"its successors",它表明,当今世代要尊重的不只是"下一代",而是多个后继世代或"万代子孙"。**新解**:"**这一点又涉及当今世代对后继世代之诉求的尊重程度。**"

【诠释】

现在,我们须要考察代际正义问题。这个问题所引发的困难是毋庸赘言的。任何一种伦理学理论都要受到这一问题的严肃拷问。因此,如果我们不对这一重要问题有所讨论,关于公平正义的解释将是不完整的。代际正义问题之所以出现在当前的语境之中,是因为如下问题仍然是悬而未决的:整个社会系统,被一整套适当的背景制度包围的竞争性经济,能否被创制出来以满足两个正义原则。不过,至少在某种程度上,其答案必定取决于将要制定的社会最低保障水平,这一点又涉及当今世代对后继世代之诉求的尊重程度。

【原文】§44 -2 - pp. 251 -252

【评析】

1. 原文："**The proper level is determined by customary expectations**"（p. 251）. H本："习惯的期望决定了适当的水平"（第224页）。**新解**："适当的水平是由习惯性预期决定的。"

2. 原文："**The minimum is to be set at that point which, taking wages into account, maximizes the expectations of the least advantaged group**"（p. 252）. H本："最低受惠值应在考虑到最少受惠者工资因素的情况下、最大限度地提高其期望这一点上来确定"（第224页）。**新解**："在考虑各种工资时，最低保障应设定在这样的点上，它将极大化最无优势群体的预期。"

3. 原文："**By adjusting the amount of transfers**"（p. 252）. H本："通过调节转让的数量"（第224页）。这里的短语"the amount of transfers"不能解读为"转让的数量"，而应解读为"转移支付的额度"。**新解**："通过调整转移支付的额度"。

4. 原文："**The size of supplementary income payments**"（p. 252）. H本："追加收入补助的数量"（第224页）。**新解**："补充收入支付的额度"。

5. 原文："**Their index of primary goods（as measured by wages plus transfers）**"（p. 252）. H本："他们的基本善指标（这可以通过工资加转让来测量）"（第224页）。**新解**："他们的基本善指数（以工资加转移支付衡量）。"

【诠释】

到目前为止，本人还没有讨论过社会最低保障应该有多高的问题。常识或许满足于如下说法：其正确水平取决于这个国家的平均财富，在其他条件相同的情况下，当平均水平提高时，最低保障水平也应该更高一些。换言之，适当的水平是由习惯性预期(customary expectations) 决定的。但是这些说法并不令人满意。第一个说法不够精确，因为它没有说明最低保障限度如何取决于平均财富，它忽略了其他相关方面，比如分配；第二个说法则没有提供标准来说明习惯性预期何时是合理的。然而，一旦差别原则得到了接受，我们便可推定，在考虑各种工资时，最低保障应设定在这样的点上，它将极大化最无优势群体的预期。通过调整转移支付的额度（例如，补充收入支付的额度），有可能增加或减少处境较不利者的前景和他们的基本善指数（以工资加转移支付衡量），从而达到预期的结果。

【原文】§ 44 – 3 – p. 252

【评析】

罗尔斯在这里讨论了实施差别原则对不同社会阶层的收入和财富的分配的影响。这里涉及最不如意者的"最低保障"。差别原则要保证那个最低保障。提高最不如意者的征税起点，是实现"恰当的最低保障"的重要手段。由此可见，罗尔斯在二次分配的范围之内来讨论差别原则的适用问题。

1. 原文："**The least favored**"（p. 252）。H 本："最不利者"（第 224 页）。**新解**："最不被看好者""最不受青睐者"或"最不如意者"。

2. 原文："**Real capital accumulation**"（p. 252）。H 本："实际资金积累"（第 224 页）。**新解**："实际资本积累"。

3. 原文："**The minimum is adjusted by transfers paid for by proportional expenditure（or income）taxes. In this case raising the minimum entails increasing the proportion by which consumption（or income）is taxed**"（p. 252）。H 本："假设最低受惠值是由按比例的支出（或所得）税所支付的转让金调节的。在这种情况中，提高最低受惠值需要提高对消费（或收入）课税的比例"（第 225 页）。**新解**："最低保障受到转移支付额的调整，转移支付额则由按比例的支出（或收入）税所支付。在这种情况下，提高最低保障牵涉到增加消费（或收入）的征税比例。"

【诠释】

初看之下，差别原则需要很高的最低保障。人们自然设想，（按照差别原则）处境较好者拥有的较多财富将被缩减，直到每个人的收入几乎相同为止。尽管如此设想在特殊情况下也许是成立的，但这是一大误解。适用差别原则的适当预期是，最不被看好者可延伸到未来世代的长期前景的预期。每一代人不仅要传承文化和保存文明成果，维护已有正义制度的完整，而且还须在每个时期预留适当数量的实际资本积累。从机器和其他生产资料的净投资，到学习和教育投资，这种储备可以采取各种形式。我们暂且假定，正义的储蓄原则(just savings principle)是可行的，它告诉我们应该有多大的投资，社会最低保障是确定的。我们出于简单起见还假定，最低保障受到转移支付额的调整，转移支付额则由按比例的支出（或收入）税所支付。在这种情况下，提高最低保障牵涉到增加消费（或收入）的征税比例。大概当这个分数增大到越过某一点时，会发生两种情况之一。要么是无法实现适当的储蓄，要么是更高的税收对经济效率的影响太大，以至于这一世代最少受惠者的前景不再改善，而是开始下降。无论出现哪一种情况，都已达到恰当的最低保障。于是，差别原则已得到满足，无须进一步增加。

【原文】§44-4-p.252-253

【评析】

遵守正义储蓄原则，是解决代际正义问题的正确办法。代际正义问题的关键在于每一世代的权利和利益都要给予同等的尊重和关切。当下的世代很可能为了自身的权利和利益而牺牲了未来世代的权利和利益。因此，当下世代的放纵是对未来世代的不负责任。当然，当下世代的过度节俭，也不一定有利于后续世代的生存和发展。因此，正义储蓄原则是世代之间对于财富和资源的使用的适当性原则。禁欲主义和纵欲主义都不是长久之计，它本质上是要解决人类永续发展的可持续性问题。

1. 原文："**Precise limits**"（p.253）。H本："精确的标准"（第225页）。**新解**："精确界限"。

2. 原文："**How the burden of capital accumulation and of raising the standard of civilization and culture is to be shared between generations seems to admit of no definite answer**"（p.253）。H本："资金积累和提高文明、文化水准的费用如何在代际之间被分担的问题看来不容易有明确的回答"（第225页）。**新解**："在两个世代之间，如何分摊资本积累的包袱，如何分担提高文明文化水平的重担，这些问题似乎没有明确的答案。"

3. 原文："**The classical principle of utility**"（p.253）。H本："经典功利原则"（第225页）。**新解**："古典效用原则"。

4. 原文："**For if one takes the size of the population as variable, and postulates a high marginal productivity of capital and a very distant time horizon, maximizing total utility may lead to an excessive rate of accumulation (at least in the near future**）（p.253）。H本："因为，如果一个人认为人口的规模是变动的，并要求一种较高的资金边际效益和资金的长久周转的话，那么对总的功利的最大限度的追求就可能导致一种过度

的积累率（至少在不久的将来）"（第 225 页）。H 本对这段话完全照着字面进行解读。当然这样的解读是费力的，也是得不偿失的。**新解**："**如果以人口规模为变量，假设资本的边际生产率很高，而且时间跨度很大，那么（至少在不久的将来）极大化总效用可能导致过度积累率。**"

（1）短语："Marginal productivity of capital"。不能解读为"资金边际效益"，而应解读为"**资本的边际生产率**"。

（2）短语："A very distant time horizon"。不能解读为"资金的长久周转"，而应解读为"**时间跨度遥远**"或"**时间跨度很大**"。

（3）短语："Maximizing total utility"。不能解读为"总的功利的最大限度的追求"，而应解读为"**总效用极大化**"或"**极大化总效用**"。

5. 原文："**There are no grounds for discounting future well-being on the basis of pure time preference**"（p. 253）。H 本："人们没有理由在纯粹时间偏爱的基础上轻视未来的福利"（第 225 页）。**新解**："**没有理由基于纯粹时间偏好来折现未来的福利。**"

【诠释】

关于如何规定社会最低保障的这些评论，已经把我们引到了代际正义问题。探讨正义的储蓄原则是这个问题的一个方面。① 现在本人认为，无论如何，目前还不可能确定储蓄率应该是多少的精确界限。在两个世代之间，如何分摊资本积累的包袱②，如何分担提高文明文化水平的重担③，这

---

① 经济学家通常在经济增长理论（theory of economic growth）的背景下讨论这个问题。就阐述而言，参阅森"论储蓄率的最优化"（On Optimizing the Rate of Saving），载于《经济期刊》1961 年第 71 卷；詹姆斯·托宾（James Tobin）：《国家经济政策》，纽黑文：耶鲁大学出版社 1966 年版，第九章；索洛（R. M. Solow）：《增长理论》（Growth Theory），纽约：牛津大学出版社 1970 年版，第五章。关于更广泛的文献，请参阅拉姆齐（F. P. Ramsey）："储蓄数学理论"，载于《经济期刊》1928 年第 38 卷，该文重印于阿罗（Arrow）和西托夫斯基（Scitovsky）的《福利经济学读本》；库普曼（T. R. Koopmans）："论最优经济增长概念"（On the Concept of Optimal Economic Growth），1965 年；该文收录于《库普曼科学论文集》，柏林：斯普林格出版社 1970 年版。查克拉瓦蒂（Sukamoy Charkravarty）：《资本和发展规划》（Capital and Development Planning），麻省剑桥：麻省理工学院出版社 1969 年版。这是涉及各种规范问题的理论概述。假如出于理论目的，人们将设想这样的理想社会，它的经济处于稳定增长状态（可能零增长状态），同时它是正义社会，一旦这个理想社会得到了实现，那么储蓄问题将选择这样的原则，它既要分担达到那种增长方式（或类似方式，如有若干方式的话）的负担，又要分担维护必要安排的正义的负担。但在本书中，我不赞同这个提议，本人的讨论是更加初步的。——原注
② 每一世代对资源和财富的使用要受到限制，任何过度使用都将增加后世的负担。
③ 一种把人类文明发扬光大的道义责任和担当。

些问题似乎没有明确的答案。然而，这并不意味着，无法制定某些重大的伦理约束。正如本人指出的那样，道德理论规定着评价政策的主张；往往清楚的一点是，假如一种另辟蹊径的学说尚未为世人所掌握，那么某个建议性解决方案是错误的。比如，古典效用原则显然把代际正义问题引导到了错误的方向。因为如果以人口规模为变量，假设资本的边际生产率很高，而且时间跨度很大，那么（至少在不久的将来）极大化总效用可能导致过度积累率。因为从道德的角度来看，没有理由基于纯粹时间偏好来折现未来的福利，所以结论是，未来世代的更大优势将非常大，超过大多数当下的牺牲。只是有了更多的资本和更好的技术，才有可能养活足够庞大的人口。这一点可以证明是真的。因此，效用论学说可能引导我们，要求比较贫困的世代做出重大牺牲，以期为更富裕的后世带来更大利益。但是与同代中间相比，在代际之间，平衡一些人所得与另一些人所失的利益计算，似乎更加不合理。即使我们不能定义精确的正义储蓄原则，我们也应该能够避免这种极端情况。

【原文】 §44-5-pp.253-254

【评析】

罗尔斯在这里明确表示，差别原则和储蓄原则是两个不同的原则。差别原则是一个当下世代的社会利益和资源分配原则，只适用于同一世代的不同社会阶层之间，不适用于不同世代之间，不适用于解决代际正义问题。

原文："**It seems clear that as they stand the two principles of justice must be adjusted to this question. For when the difference principle is applied to the question of saving over generations, it entails either no saving at all or not enough saving to improve social circumstances sufficiently so that all the equal liberties can be effectively exercised**"（pp.253-254）。H本："看起来清楚的是，他们既然接受两条正义原则，则这两条正义原则必须得到调适以适应这个问题。因为，当差别原则被运用到代际之间的储存问题时，它既可以让人根本不作任何储存，也可以让储存不足，以致无法充分改善社会条件来有效行使所有的平等自由"（第226页）。虽然H本把握了这段话的大意，但解读得比较勉强。新解："显然，在他们看来，必须对两个正义原则进行调整，以解决这一问题。因为当差别原则应用于代际储蓄的问题时，它会造成要么根本没有储蓄，要么没有足够储蓄来充分改善社会环境，以便能够有效行使所有的平等自由。"

【诠释】

现在，从初始位置的观点来看这个问题，契约论要求，各方采取适当的储蓄原则。显然，在他们看来，必须对两个正义原则进行调整，以解决这一问题。因为当差别原则应用于代际储蓄的问题时，它会造成要么根本没有储蓄，要么没有足够储蓄来充分改善社会环境，以便能够有效行使所有的平等自由。遵循正义的储蓄原则，每一代人都为后辈做出贡献，并从先辈那里得到回报。后辈没有办法帮助改善最不幸先辈的状况。因此，差别原则不适用于解决代际正义问题，储蓄问题则必须用其他办法解决。

【原文】 §44 - 6 - p.254

【评析】

罗尔斯在这里讨论了"啃老"现象。俄国思想家赫尔岑（Alexander Herzen，1812 - 1870）较早看到了这个现象。遗憾的是。H 本把"赫尔岑"误读为"赫曾"（第 226 页正文和脚注）。罗尔斯在同一页脚注中明确提到，这个人是英国政治哲学家伯林研究的对象。赫尔岑是伯林最为推崇的俄国思想家。伯林在《俄国思想家》和《反潮流：观念史文集》等著作中对赫尔岑有独到而全面的评价。[①]

1. **原文**："Human development is a kind of chronological unfairness"（p.254）. H 本："人类发展处在一种时间上不公平的情况中"（第 226 页）。**新解**："人类发展是一种纪年的不公平。"

2. **原文**："These feelings while entirely natural are misplaced"（p.254）. H 本："这些感受虽然整个来说是很自然的，但是它们是错误的"（第 226 页）。**新解**："虽然这些感想是完全自然的，但它们是不合时宜的。"

【诠释】

有人认为，不同的世代有着不同的命运，这是违反正义的。赫尔岑说，人类发展是一种纪年的不公平(chronological unfairness, 时序的不公平)，因为后辈从先辈的劳作中坐享其成，而没有付出同样的代价(辛劳)。康德认

---

① 伯林：《俄国思想家》，彭淮栋译，译林出版社 2001 年版；伯林：《反潮流：观念史文集》，冯克利译，译林出版社 2002 年版。

为，令人窘迫不安的是，先辈们只能为了子孙后代忍辱负重，艰难前行，只有最后世代才有幸居住在完工的大楼里。① 虽然这些感想是完全自然的，但它们是不合时宜的。因为虽然代际关系是一种特殊关系，但它并没有产生无法克服的困难。

【原文】§44 – 7 – p. 254

【评析】

罗尔斯认为，自然过程不存在正义或不正义，处理或调节自然过程的社会制度才存在正义或不正义。正义问题不存在于自然领域，只存在于人类社会的制度建构和实施过程中。

1. 原文："**What is just or unjust is how institutions deal with natural limitations and the way they are set up to take advantage of historical possibilities**"（p. 254）. H 本："正义或非正义的问题在于制度如何处理这些自然限制，在于确立这些制度利用各种历史可能性的方式"（第 226 页）. **新解**："只有制度处理各种自然限制的方式，只有制度被建立起来以利用历史可能因素的方式，才是合乎正义的或违反正义的。"

2. 原文："**Obviously if all generations are to gain (except perhaps the earlier ones), the parties must agree to a savings principle that insures that each generation receives its due from its predecessors and does its fair share for those to come**"（p. 254）. H 本："显而易见，如果所有世代（也许除了第一代）都要得益，那么他们必须选择一个正义的储存原则；如果这一原则被遵守的话，就可能产生这样一种情况：即每一代都从前面的世代获得好处，而又为后面的世代尽其公平的一份职责"（第 226—227 页）. **新解**："显然，如果所有世代都要获利（也许早期世代除外），那么各方必须同意一项储蓄原则，确保每一世代从前面的世代得到应得的，并确保未来的世代获得公平的份额。"

---

① 关于亚历山大·赫尔岑（Alexander Herzen）的评论，来自以赛亚·伯林（Isaiah Berlin）对佛朗哥·文图里（Franco Venturi）的介绍，参阅文图里《革命的根基》，纽约：艾尔弗雷德·克诺夫出版社 1960 年版，"序言"第 20 页。关于康德的观点，参阅康德"具有世界性目的的普遍历史理念"（"The Idea for the Universal History with a Cosmopolitan Purpose"，何兆武解读为"世界公民观点之下的普遍历史观念"，参阅康德《历史理性批判文集》，何兆武译，商务印书馆 1990 年版，第 1 页），收录于汉斯·赖斯（Hans Reiss）编《康德政治著作集》，尼斯比特译，剑桥：剑桥大学出版社 1970 年版，第 44 页。——原注

3. 原文："The only economic exchanges between generations are, so to speak, virtual ones, that is, compensating adjustments that can be made in the original position when a just savings principle is adopted"（p. 254）。H 本："代际之间仅有的互惠交换是一些实质性的交换，也就是说，是在原初状态中设计正义的储存原则时所能作出的一些补偿性调整"（第 227 页）。**新解**："可以说，仅有的代际经济交换是虚拟的交换，也就是说，当采取正义的储蓄原则时，补偿性调整可以在初始位置上进行。" H 本把 "economic exchanges" 解读为 "互惠交换" 是重大误解；它把 "virtual ones" 解读为 "实质性的交换" 正好把意思搞反了，正解是 "虚拟的交换"。

【诠释】

一个自然事实是，各世代分布于时间之中，实际的经济收益只朝着一个方向流动。这种情况不可改变，因此不会产生正义问题。只有制度处理各种自然限制的方式，只有制度被建立起来以利用历史可能因素的方式，才是合乎正义的或违反正义的。显然，如果所有世代都要获利（也许早期世代除外），那么各方必须同意一项储蓄原则，确保每一世代从前面的世代得到应得的，并确保未来的世代获得公平的份额。可以说，仅有的代际经济交换是虚拟的交换，也就是说，当采取正义的储蓄原则时，补偿性调整可以在初始位置上进行。

【原文】 §44 – 8 – pp. 254 – 255

【评析】

在建立正义的储蓄原则上，罗尔斯仍然借助于初始位置和无知之幕假设，各方为所有世代采纳一个让大家都获得基本利益和必要尊重的正确原则。在先行世代无法改变的情况下，储蓄原则适用于后续的所有世代。因此，人类不应当为其前面的世代负责，但要为后续的世代负责。遵守正义的储蓄原则是体现那种责任的有效办法。

1. 原文："They do not know to which generation they belong or, what comes to the same thing, the stage of civilization of their society"（p. 254）。H 本："他们不知道他们属于哪一代人，或者不知道属于某个世代的结果会是什么样的，不知道他们的社会处在文明的哪个阶段"（第 227 页）。**新解**："他们既不知道自己属于哪一世代，也不知道自己的社会处于什么文明阶段。"

2. 原文："Family lines"（p. 255）。H 本："诸家族"（第 227 页）。

新解："家族世系"。

【诠释】

现在，当各方考虑这个问题时，他们既不知道自己属于哪一世代，也不知道自己的社会处于什么文明阶段。他们无法判断，它究竟是贫穷的，还是相对富裕的；它究竟以农耕为主，还是已经实现了产业化；如此等等。无知之幕完全遮住了这些方面。但是，既然我们用现在时作为初始位置的解释入口（§24），各方都知道他们是同时代人；因此，除非我们修改我们的最初假设，否则，就没有理由要求他们同意任何储蓄。早先的世代，要么存钱（有储蓄），要么没有存钱（没有储蓄），各方对此无能为力。因此，为了达到合理的结果，我们假设，首先，各方代表着家族世系，比如说，他们至少关心比较近亲的后代（直系后代）；其次，采用的原则必须是他们希望其所有早先世代都遵循的原则（§22）。这些限制，加上无知之幕，旨在确保任何世代都关心所有的世代。

【原文】§44-9-p.255

【评析】

1. 原文："**They are to consider their willingness to save at any given phase of civilization with the understanding that the rates they propose are to regulate the whole span of accumulation**"（p.255）. H本："他们应当根据他们所提出的比率来调节整个时期积累的这样一种认识，来考虑他们在任何给定的文明阶段下的储存意愿"（第227页）。新解："他们将考虑在任何特定文明阶段储蓄的意愿，并理解他们提出的储蓄率将调节整个积累期。"

2. 原文："**It is essential to note that a savings principle is a rule that assigns an appropriate rate（or range of rates）to each level of advance, that is, a rule that determines a schedule of rates**"（p.255）. H本："指出这一点是非常必要的：一条储存的原则是一条为每一发展水平分派一个恰当比率（或比率变动范围）的规则，也就是说，是一条确定一种比率进度表的规则"（第227页）。H本对这个语句的理解完全错误。新解："必须注意的是，储蓄原则是为每一级预付款指定适当利率（或利率范围）的规则，即确定利率表的规则。"

3. 原文："**Presumably different rates are assigned to different stages. When people are poor and saving is difficult, a lower rate of saving

should be required; whereas in a wealthier society greater savings may reasonably be expected since the real burden of saving is less"（p. 255）。H 本："假定不同的阶段可能会指定不同的比率。当人们贫穷而储存有困难的时候，应当要求一种较低的储存比率；而在一个较富裕的社会，则可以合理地期望较多的储存，因为此时实际的负担其实是较小的"（第 227 页）。**新解**："大致说来，不同阶段会指定不同利率。当人们贫穷而储蓄困难时，应该要求较低的储蓄率；而在较为富裕的社会，由于储蓄的实际负担较轻，人们可以合理地预期会有更多的储蓄。"H 本可商榷之处有：

（1）单词："Presumably"。不能解读为"假定"，而应解读为"**大致说来**""**大概**"。

（2）单词："Rates"。不能解读为"比率"，而应解读为"**利率**"。

（3）短语："A lower rate of saving"。不能解读为"一种较低的储存比率"，而应解读为"**较低的储蓄率**"。

（4）短语："Greater savings"。不应解读为"较多的储存"，而应解读为"**更多的储蓄**"。

（5）短语："The real burden of saving"。不能解读为"实际的负担"，而应解读为"**储蓄的实际负担**"。

4. 原文："**The just savings principle applies to what a society is to save as a matter of justice**"（p. 255）。H 本："正义的储存原则是应用于一个社会为了正义而储存的那些东西的"（第 227 页）。**新解**："**正义储蓄原则适用于将储蓄视为正义问题的社会。**"有人把"just savings principle"解读为"正义存储原则"[①] 也可参考。

【诠释】

在达成一项正义的储蓄原则（或更好的是对这些原则的限制）时，各方应当扪心自问，如果所有其他世代都按照同样的标准已经储蓄或将要储蓄，他们愿意在每个发展阶段上储蓄多少。他们将考虑在任何特定文明阶段储蓄的意愿，并理解他们提出的储蓄率将调节整个积累期。必须注意的是，储蓄原则是为每一级预付款指定适当利率（或利率范围）的规则，即确定利率表的规则。大致说来，不同阶段会指定不同利率。当人们贫穷而储蓄困难时，应该要求较低的储蓄率；而在较为富裕的社会，由于储蓄的实际负担较轻，人们可以合理地预期会有更多的储蓄。最终，一旦正义制

[①] 罗尔斯：《罗尔斯论文全集》，陈肖生等译，第 717 页。

度得到稳固建立，所有基本自由得到有效实现，净积累要求降为零。到了这个时候，社会就会通过维持正义制度和维护物质基础来履行正义义务。正义储蓄原则适用于将储蓄视为正义问题的社会。如果其成员希望为其他目的储蓄，那是另一回事。

【原文】§44-10-pp.255-256

【评析】

1. 原文："It is impossible to be very specific about the schedule of rates (or the range of rates) that would be acknowledged"（p.255）。H本："将会得到公认的比率进度表（或比率变动范围）不可能是非常详尽具体的"（第227—228页）。抛开把术语"schedule of rates"和"range of rates"误读为"比率进度表"和"比率变动范围"不说，H本对这个语句的解读显然有违生活常识。因为事实是，各银行发布的"将会得到公认的利率表（或利率变动范围）"，都是"非常详尽具体的"。罗尔斯实际讲的是，对于分布出来的利率表或利率范围，不可能得到非常详细的官方说明。这个说法倒是可以成立的。**新解**："将会得到承认的利率表（或利率范围）不可能作非常详细的说明。"

2. 原文："When they arrive at the estimate that seems fair from both sides, with due allowance made for the improvement in circumstances, then the fair rate (or range of rates) for that stage is specified"（p.256）。H本："当他们得出从两个方面看都是公平的判断之时，加上改善环境所需的适当的津贴，该阶段上的公平比率（或比率变动的范围）就得到了具体化"（第228页）。**新解**："当他们得出对双方都看似公平的估计，并酌情考虑因条件改善而产生的免税额，该阶段的公平储蓄率（或储蓄率范围）便得到了具体规定。"

3. 原文："The parties must throughout keep in mind the objective of the accumulation process, namely, state of society with a material base sufficient to establish effective just institutions within which the basic liberties can all be realized"（p.256）。H本："各方必须自始至终都牢记积累过程的目的：为了达成一个能够充分地确立有效的，实现基本自由的正义制度的物质基础的社会状态"（第228页）。H本没有处理好形容词"sufficient"的修饰对象，它原是名词"a material base"的定语，却错误地当作了动词"to establish"的状语，导致对整个语句的误解。**新解**："各方

必须始终铭记积累过程的目标,亦即一个有着充分物质基础的社会状态,以建立有效的正义制度,在那些制度里,基本自由都能得到实现。"

【诠释】

将会得到承认的利率表(或利率范围)不可能作非常详细的说明,我们从这些直觉思考中所抱希望最多的是,某些极端情形将被排除。因此,我们不妨假定,各方在积累的早期阶段避免征收非常高的税率,因为即使他们作为后来者(晚辈)将因此受益,但是他们必须真心诚意地有能力接受这些税率,而他们的社会将变得贫穷。像前面一样(§29),承诺的压力也适用于此。另一方面,他们希望,各个世代都能提供一些储蓄(特殊情况除外),因为如果我们的先辈尽了他们的一分力量,这对我们是有利的。这些说法为储蓄规则确立了宽泛的限制。为了缩小这一限制的范围,我们假设各方要问,相邻世代的成员在每一个发展水平上彼此预期什么是合理的。他们试图通过如下平衡来拼凑出一个正义储蓄计划,一是他们愿意为直系后代储蓄多少,二是他们认为有权从直系先辈得到多少。因此,假设自己是父亲,比如说,他们通过指明他们认为自己有权向父亲与祖父要求些什么,确定自己应当为儿孙留出多少钱。当他们得出对双方都看似公平的估计,并酌情考虑因条件改善而产生的免税额,该阶段的公平储蓄率(或储蓄率范围)便得到了具体规定。一旦所有阶段都这样做了,正义储蓄原则就得到了确定。当然,各方必须始终铭记积累过程的目标,亦即一个有着充分物质基础的社会状态,以建立有效的正义制度,在那些制度里,基本自由都能得到实现。假设储蓄原则符合这些条件,在储蓄原则得到遵循的情况下,不论他们在时间上相隔多么久远,任何世代都不能责怪任何其他的世代。

【原文】 §44 – 11 – p. 256

【评析】

1. 原文:"The question of time preference and matters of priority I shall leave aside until the next sections"(p. 256)。H 本:"我把时间偏爱和优先性问题放到下一节去讨论"(第 228 页)。罗尔斯讲的不是下一节,而是后面章节。这里的短语"time preference"应当解读为"时间偏好"。**新解**:"我把时间偏好问题和优先性问题放到后面章节去讨论。"

2. 原文:"While it is evident that a just savings principle cannot

literally be adopted democratically, the conception of the original position achieves the same result"（p. 256）。H 本："虽然一个正义的储存原则显然不可能被原原本本的民主地采纳，但原初状态的观念却达到了人所皆同的结果"（第 228 页）。**新解："虽然明显的是，不能从字面上民主地采用正义储蓄原则，但初始位置观念得到了同样结果。"** 罗尔斯的意思是，通过初始位置观念，就像处于初始位置上的各方采纳两个正义原则那样，他们将采纳正义的储蓄原则。

【诠释】

我把时间偏好问题和优先性问题放到后面章节去讨论。现在，我要指出契约论进路的几个特点。首先，虽然很明显的是，不能从字面上民主地采用正义储蓄原则，但初始位置观念得到了同样结果。由于谁都不知道自己属于哪一世代，因此从每一世代的立场来看待这个问题，所采用的原则表达了某种公平调节。实际上，由于总是选择同样的原则，所有世代在初始位置上都是被虚拟地代表了的。理想的民主决定将产生，那个决定得到公平调整，以回应每一世代的诉求，因此符合"凡涉及所有世代的亦为所有世代所关心"的规则。此外，很明显的是，每一世代，可能除了第一世代之外，都会在保持合理储蓄率的情况下获得收益。积累过程一旦开始，并不断进行下去，对所有后继世代都有好处。根据正义储蓄原则的定义，每一世代都将实际资本的公平等价物转移给下一世代。（应该牢记的是，这里所说的资本，不仅是工厂和机器，而且是知识和文化，以及技术和技能，它们使正义的制度和自由的公平价值成为可能。）这个等价物是从上一世代那里得到的回报，使下一世代能够在更加正义的社会中过上更加美好的生活。

【原文】 §44 – 12 – pp. 256 – 257

【评析】

1. 原文："The just savings principle can be regarded as an understanding between generations to carry their fair share of the burden of realizing and preserving a just society"（p. 257）。H 本："正义的储存原则可以被视为是一种代际之间的相互理解，以便各自承担实现和维持正义社会所需负担的公平的一份"（第 229 页）。**新解："正义储蓄原则可视为一种代际谅解，以便每一世代各自承担实现和维持正义社会所需负担的公平**

856 《正义论》评注

份额。"

2. 原文："The end of the savings process is set up in advance, although only the general outlines can be discerned"（p. 257）。H 本："原初状态首先确立了储存过程的目标，虽然它只能是一般性的纲要"（第229 页）。新解："尽管只能确定大致轮廓，储蓄过程的目标是提前设定的。"

3. 原文："In this case the ethical problem is that of agreeing on a path over time which treats all generations justly during the whole course of a society's history"（p. 257）。H 本："在这种情况下，伦理问题就是这样一个问题：即不计时间地同意一种在一个社会的全部历史过程中公正地对待所有世代的方式"（第 229 页）。新解："在这种情况下，伦理问题就是商定这样一条长久道路的问题：那条道路在社会的整个历史过程中将公正地对待所有的世代。"

4. 原文："What seems fair to persons in the original position defines justice in this instance as in others"（p. 257）。H 本："在原初状态中的人们看来是公平的东西规定了这种情况的正义性（像其他情况一样）"（第229 页）。新解："对于在初始位置上的人们看似公平的东西，规定着在这种情况下发生在其他人身上的正义性。"

【诠释】

契约论具有的另一个特点是，把正义社会界定为积累过程的目标。这个特点来自以下事实：理想的正义基本结构观念体现于在初始位置上被选中的正义原则。在这一方面，公平正义与各种效用论观点形成对比（§41）。正义储蓄原则可视为一种代际谅解，以便每一世代各自承担实现和维持正义社会所需负担的公平份额。尽管只能确定大致轮廓，储蓄过程的目标是提前设定的。一旦出现特殊情况，就要在更加详细方面做出及时决定。不过，无论如何，我们未必要始终追求最大的积累。事实上，正是由于这个原因，尽管储蓄原则限制了差别原则，但是储蓄原则要在确立适用于制度的正义原则之后予以商定。这些原则告诉我们，要争取的是什么。储蓄原则是对先前接受的维护和促进正义制度的自然义务的一种解释，那个自然义务是在初始位置上达成的。在这种情况下，伦理问题就是商定这样一条长久道路的问题：那条道路在社会的整个历史过程中将公正地对待所有的世代。对于在初始位置上的人们看似公平的东西，规定着在这种情况下发生在其他人身上的正义性。

【原文】§44-13-p.257

【评析】

1. 原文:"They are not subordinate to one another any more than individuals are and no generation has stronger claims than any other"(p.257)。H本:"它们同个人一样不相互隶属,没有哪个世代拥有比任何其他世代更优越的主张"(第229页)。新解:"他们并不比个体更加隶属于彼此,没有一个世代比任何其他世代有着更加强烈的诉求。"罗尔斯的意思是,在代际之间不存在附属关系或依附关系,即使有,也不如人际附属关系或人际依附关系严重,并且各世代提出的要求或主张是差不多的。

2. 原文:"The life of a people is conceived as a scheme of cooperation spread out in historical time"(p.257)。H本:"一个民族的生活是被作为一种在历史中扩展的合作体系来领悟的"(第229页)。新解:"一个民族的生活被解读为在历史时间中得以开展起来的一系列合作。"

3. 原文:"It is to be governed by the same conception of justice that regulates the cooperation of contemporaries"(p.257)。H本:"应当用一种调节同代人合作的同样的正义观来指导一个民族的生活"(第229页)。新解:"应当用调节同一代人合作的相同正义观念来统领一个民族的生活。"

【诠释】

然而,不应曲解最后社会阶段的意义。虽然所有世代都要尽自己的一分力量抵达某个正义状态,到了那个状态,不再要求更多的净储蓄。但这种状态不应被视为赋予整个过程以意义和目的的唯一状态。相反,所有世代都有自己的适当目标。他们并不比个体更加隶属于彼此,没有一个世代比任何其他世代有着更加强烈的诉求。一个民族的生活被解读为在历史时间中得以开展起来的一系列合作。应当用调节同一代人合作的相同正义观念来统领一个民族的生活。

【原文】§44-14-pp.257-258

【评析】

1. 原文:"Further wealth might not be superfluous for some purposes"(p.257)。H本:"就某些目标而言,更多的财富可能不是多余

的"（第229页）。罗尔斯的言下之意是，为了某些目标，财富总是越多越好，财富再多都不嫌多。**新解**："为了某些目标，财富是多多益善的。"

2. 原文："A just and good society"（p. 257）。H本："一个正义和善的社会"（第229页）。**新解**："一个正义而美好的社会"。

3. 原文："What men want is meaningful work in free association with others"（p. 257）。H本："人们需要的是在与他人的自由联合中的有意义的工作"（第229页）。**新解**："人们想要的是，在与他人自由往来中从事有意义的工作。"

4. 原文："These associations regulating their relations to one another within a framework of just basic institutions"（p. 257）。H本："这些联合体在一个正义的基本制度的结构中调节着他们的相互关系"（第229—230页）。H本把"associations"解读为"联合体"显得过于生硬，其实人们的自由活动是没有强烈的"联合体"观念的，他们只是在从事着自由交往或自由往来活动，这些活动调节着人与人的关系，而不是这些联合体调节着人与人的关系。罗尔斯的这一见解让人想起马克思的一个主张：人的本质是一切社会关系的总和。罗尔斯认为，人的社会关系是一种自由交往关系。因此，马克思的那句话用罗尔斯的语言来表达就是：人的本质是一切自由交往关系的总和。**新解**："这些往来活动在正义的基本制度框架内调节着彼此的关系。"

5. 原文："In fact, beyond some point it is more likely to be a positive hindrance, a meaningless distraction at best if not a temptation to indulgence and emptiness"（p. 258）。H本："事实上，财富在超过某一限度时便可能成为一种实在的障碍；这时它即使不是一种使人纵欲和空虚的诱惑的话，至少也是一种无意义的娱乐"（第230页）。短语"at best"的意思是"最多"而不是"至少"。"a meaningless distraction"，即所谓"生不带来，死不带走的身外之物"。**新解**："事实上，一旦超越某个限度，纵使财富不是一个让人纵欲无度和堕入空虚的诱惑，那么它至少可能是一个实在的障碍，一个无谓的纷扰。"

【诠释】

最后，要求储蓄的最后阶段不是极其富足的阶段。这种考虑或许值得强调一下。为了某些目标，财富是多多益善的；而且实际上，平均收入按绝对尺度来衡量或许还不是很高。正义并不要求前面世代单纯为了让后面世代更加富裕而储蓄。储蓄是充分实现正义制度和平等自由的条件。如果要进行额外积累,则另有原因。断定一个正义而美好的社会须要有高度的物质生活水平是错误的。人们想要的是,在与他人自由往来中从事有意义的工作,这些往来活动在正义的基本制度框架内调节着彼此的关系。要促成这样的事情,不需要巨额财富。事实上,一旦超越某个限度,纵使财富不是一个让人纵欲无度和堕入空虚的诱惑,那么它至少更可能是一个实在的障碍,一个无谓的纷扰。(当然,界定有意义的工作本身就是一个问题;虽然它不是一个关于正义的问题,本人将在第79节对它有所评论)。

【原文】§44 – 15 – p. 258

【评析】

1. 原文:"**By virtual adjustments**"(p. 258)。H 本:"根据实质调整"(第 230 页)。H 本正好把意思搞反了。**新解**:"通过虚拟调整"。

2. 原文:"**In any generation their expectations are to be maximized subject to the condition of putting aside the savings that would be acknowledged**"(p. 258)。H 本:"在任何一个世代,他们的期望都应当在把可承认的储存搁置一边的条件下得到最大化"(第 230 页)。**新解**:"在任何世代中,最少优势者的预期将得到极大化,这以对他们持有的得到承认的存款不予考虑为准。"

3. 原文:"**Whereas the first principle of justice and the principle of fair opportunity are prior to the difference principle within generations, the savings principle limits its scope between them**"(p. 258)。H 本:"第一正义原则和公平机会的原则在各个世代中优先于差别原则,而储存原则则在各个世代之间限定了差别原则的范围"(第 230 页)。**新解**:"鉴于在各个世代之内,第一正义原则和公平机会原则皆优先于差别原则,储蓄原则把它的范围限定在两个世代之间。"

【诠释】

我们现在务必把正义储蓄原则和两个正义原则结合起来。我们通过下面的假定来做这项工作:正义储蓄原则是从每一世代中最少优势者的角度来定义的。正是来自这一群体的代表人,通过虚拟调整来确定跨期积累率。他们实际上承诺要限制差别原则的适用。在任何世代中,最少优势者的预期将得到极大化,这以对他们持有的得到承认的存款不予考虑为准。这样,差别原则的完整陈述包括作为限制条款的储蓄原则。鉴于在各个世代之内，第一正义原则和公平机会原则皆优先于差别原则，储蓄原则把它的范围限定在两个世代之间。

【原文】§44 – 16 – p. 258

【评析】

罗尔斯在这里对于任一世代中的处境糟糕者做了程度上的区分，他们分别是"处境较差者"（less favored）和"处境最不利者"（most disadvantaged），前者仍然要有一定的储蓄，后者则不要求任何储蓄。

1. 原文："**Saving is achieved by accepting as a political judgment those policies designed to improve the standard of life of later generations of the least advantaged, thereby abstaining from the immediate gains which are available**"（p. 258）。H 本："储存是通过接受下述政治判断而达到的：这些判断的政策旨在改善最不幸者的后代的生活水准并因而放弃一些可用的直接收益"（第 230 页）。**新解**："储蓄是这样实现的，它把那些被拟定的政策接受为一个政治判断，旨在提高最少优势者后代的生活水准，从而放弃唾手可得的眼前利益。"

2. 原文："**No representative man in any generation of the most disadvantaged can complain of another for not doing his part**"（p. 258）。H 本："任何最不利的世代的代表人都不能抱怨另一个世代没有尽责"（第 230 页）。**新解**："在处境最不利者的任何世代中，没有代表人能抱怨，处境最不利者的另一世代没有尽到自己的责任。"

【诠释】

当然，处境较差者的储蓄，不必通过他们主动参与投资过程来完成。确切地说，它通常包括他们赞同适当积累所需的经济安排和其他安排。储蓄是这样实现的，它把那些被拟定的政策接受为一个政治判断，旨在提高最少优势者后代的生活水准，从而放弃唾手可得的眼前利益。通过支持这些安排，可以实现所需的储蓄，并且，在处境最不利者的任何世代中，没有代表人能抱怨，处境最不利者的另一个世代没有尽到自己的责任。

【原文】§44 – 17 – p. 258

【评析】

1. 原文："**The present generation cannot do as it pleases but is bound**

by the principles that would be chosen in the original position to define justice between persons at different moments of time"（p.258）。H本："现时代的人不能随心所欲地行动，而是受制于原初状态中将选择的用以确定不同时代的人们之间的正义的原则"（第230页）。新解："如今这一代人不能想干什么就干什么，他们必须遵守在初始位置上将被选中的原则，用来界定处在不同时期的两代人之间的正义。"

2. 原文："Duties and obligations"（p.258）。H本："义务和责任"（第230页）。新解："义务和职责"。

【诠释】

就简述正义储蓄原则的一些主要特征来说，我们已经说得很多。我们现在知道，正如同一世代的人对彼此也负有义务和职责那样，不同世代的人对彼此也负有义务和职责。如今这一代人不能想干什么就干什么(不能无所顾忌而随心所欲地任意妄为)，他们必须遵守在初始位置上将被选中的原则，用来界定处在不同时期的两代人之间的正义。此外，人们有维护和促进正义制度的自然义务，为了达此目的，将文明提高到一定水平是必要的。为了导出这些义务和职责，刚开始似乎有些牵强地运用了契约理论。然而，这些要求将在初始位置上得到承认，因此，在没有改变其基本理念的前提下，公平正义包括了这些问题。

§45 时间偏好
Time Preference

【题解】

时间偏好（time preference）是一个经济学术语。这个术语在《正义论》正文中出现了18次。它一般表示人的现在满意度与将来满意度的比值，作为长期决策的重要变量，时间偏好广泛应用于消费、储蓄、投资、增长等领域。比如，乐观主义者看好将来，悲观主义者重视当下。在奥地利经济学派中，卡尔·门格尔、欧根·庞－巴维克、路德维希·米塞斯、穆瑞·罗斯巴德和法兰克·菲特等用时间偏好强调各种原因驱动下个人行为的时间体现，包括用它来解释利息和贴现。汉斯－赫尔曼·霍普则用它来分析不同制度下的个人行为。罗尔斯在这一节有关时间偏好的讨论，没有偏离经济学界关于时间偏好所涉及的相关论题。他只是简单地拒绝时间偏好，以寻求个体在不同时间阶段的相同人生价值。

中国社会流行"人生不能输在起跑线上"的说法，流行所谓的"笨鸟先飞"理论。它们是想以今天艰苦付出换取未来美好生活的时间偏好范例。但在罗尔斯看来，这些不是理性人的合理选择。他接受西季威克的观点："理性意味着不偏不倚地关切我们生命的点点滴滴。一件事情，仅仅在时间上存在点位差异或早晚差异，不是予以多大重视的合理理由。"

罗尔斯在这里关于过去、现在和未来的讨论，让人想起钱钟书在《围城》中关于节俭和奢侈的讨论。以一个老奶奶消费观念和一个年轻人消费观念的差异作比较。老奶奶吃苹果，总是挑选一筐苹果中品相最差的那一个，其理由是，她吃掉了那个最差的，剩下来都是好的或更好的苹果。年轻人则正好相反，他吃掉一筐苹果中品相最好的那一个，其理由是，他保证自己每次吃到的都是现有苹果中最好的那一个。罗尔斯试图克服老奶奶和年轻人在个人选择上各种局限，这些局限是适用于个体理性选择原则的局限。他认为，按照公平正义，适用于社会的正义储蓄原则，不是适用于个体的理性选择原则的延伸。

可惜的是，H本在解读这一节时，对时间偏好、储蓄、储蓄率、利息、贴现、效用原则、最合适的贴现率、资本生产率等概念都有所误读了。

【原文】§45-1-p.259

【评析】

1. **原文**："**Time preference**"（p.259）. H本："时间的偏爱"和"时间偏爱"（第230页）. **新解**："时间偏好"。

2. **原文**："**In the case of an individual the avoidance of pure time preference is a feature of being rational**"（p.259）. H本："在个人的情形中，避免纯粹的时间偏爱是一个合理的特征"（第230—231页）. **新解**："对个体而言，避免纯粹的时间偏好，是为人处世通情达理的一个特征。"

3. **原文**："**A present or near future advantage may be counted more heavily on account of its greater certainty or probability, and we should take into consideration how our situation and capacity for particular enjoyments will change**"（p.259）. H本："一种现在或即将到来的利益，由于它的较大的确实性或可能性，可以被认为更重要：我们亦应当考虑到，我们的在某些

特殊享受方面的能力和状况将如何变化"（第 231 页）。**新解**："当下或近期的优势可能更加重要，因为它有更大的确定性或似然性，我们也应当考虑到，自身的状况和能力将如何随着某些特殊享乐而变化。"

4. 原文："**None of these things justifies our preferring a lesser present to a greater future good simply because of its nearer temporal position**"（p.259）。H 本："但所有这些均不能证明下述偏爱为正当，即仅仅因为一种较少的目前利益在时间位置上较近，就宁可要它而不要一种较大的长远利益"（第 231 页）。**新解**："这些事情都不能证明我们的时间偏好的正当性；仅仅因为其时间位置比较靠近，我们宁可要次要的眼前利益，而不要重要的将来利益。"

【诠释】

本人已经假定，在选择储蓄原则时，处于初始位置上的人，没有纯粹的时间偏好。我们现在需要考察这个假设的理由。对个体而言，避免纯粹的时间偏好，是为人处世通情达理的一个特征。正如西季威克认为的那样，理性意味着不偏不倚地关切我们生命的点点滴滴。一件事情，仅仅在时间上存在点位差异或早晚差异，不是予以多大重视的合理理由。当然，当下或近期的优势或利益可能更加重要，因为它有更大的确定性或似然性，我们也应当考虑到，自身的状况和能力将如何随着某些特殊的享乐而变化。但是，这些事情都不能证明我们的时间偏好的正当性；仅仅因为其时间位置比较靠近，我们宁可要次要的眼前利益，而不要重要的将来利益（§64）。[①]

【原文】§45 – 2 – p.259

【评析】

人生不同阶段有不同的机遇和使命，每一个阶段都是重要的，没有"苦尽甘来"之说。

1. 原文："**The aggregative principle of utility**"（p.259）。H 本："功利的集结原则"（第 231 页）。**新解**："综合效用原则"。

2. 原文："**The just savings principle for society must not, then, be affected by pure time preference**"（p.259）。H 本："因此，社会的正义储

[①] 参阅西季威克《伦理学方法》第 7 版，伦敦：麦克米兰出版社 1907 年版，第 381 页。拉姆齐也拒斥时间偏好，参阅拉姆齐"储蓄数学理论"。——原注

存原则必须不受纯粹时间偏爱的影响"（第231页）。**新解**："因此，适用于社会的正义储蓄原则，不必受纯粹时间偏好的影响。"

3. **原文**："Since as before the different temporal position of persons and generations does not in itself justify treating them differently"（p. 259）. H本："因为正像前面所说的，个人及世代所处的不同时间位置本身并不能证明对他（它）们的不同态度为正当"（第231页）。**新解**："因为正如前文所述，诸多个体和诸多世代所处的不同时间位置本身，证明不了给予他们以不同对待的正当性。"

【诠释】

于是，西季威克认为，普遍善观念和个别善观念在本质方面是相似的。他认为，正如个别善建构于每一时刻不同善的比较和整合那样，普遍善建构于许多不同个别善的比较和整合。部分和整体的关系，以及部分与部分的相互关系，在每种情况下都是相似的，都建立在综合效用原则上。① 因此，适用于社会的正义储蓄原则，不必受纯粹时间偏好的影响，因为正如前文所述，诸多个体和诸多世代所处的不同时间位置本身，证明不了给予他们以不同对待的正当性。

【原文】 §45 – 3 – pp. 259 – 260

【评析】

1. **原文**："The principles of rational choice for one person"（p. 259）. H本："个人理性选择原则"（第231页）。**新解**："适用于个体的理性选择原则"。

2. **原文**："There is no reason for the parties to give any weight to mere position in time"（p. 259）. H本："各方没有理由赋予单纯的时间位置以某种重要性"（第231页）。**新解**："各方没有理由给予时间的单一位置以任何权重。"

3. **原文**："They have to choose a rate of saving for each level of civilization"（p. 259）. H本："他们必须为各种水平的文明选择一个储存率"（第231页）。**新解**："他们不得不为每一个文明水平选择一个储蓄率。"

---

① 西季威克：《伦理学方法》，第382页。也参阅《正义论》第30节注37。——原注

4. 原文："Although any decision has to be made now, there is no ground for their using today's discount of the future rather than the future's discount of today"（pp. 259 - 260）。H 本："虽然任何决定都必须在现在作出，但用现在来贬低将来而不是用将来来贬低现在的做法却是没有根据的"（第231页）。新解："尽管现在必须做个了断，但是他们没有理由使用今天的未来折现而非未来的今天折现。"

5. 原文："For to acknowledge a principle of time preference is to authorize persons differently situated temporally to assess one another's claims by different weights based solely on this contingency"（p. 260）。H 本："因为承认一种时间偏爱的原则，就是授权处在不同时间的人们仅仅根据这种偶然性来不同地衡量和评价相互的要求"（第231—232 页）。新解："因为承认时间偏好原则，就是授权处于不同时间位置的人们仅仅根据这种偶然性，以不同权重评估彼此的诉求。" H 本的可商榷之处：

（1）短语："A principle of time preference". 应解读为"时间偏好原则"，而非"时间偏爱的原则"。

（2）短语："Persons differently situated temporally". 应解读为"处于不同时间位置的人们"，而非"处在不同时间的人们"。

（3）短语："By different weights". 应解读为"以不同权重"，而非"不同地衡量"。"以不同权重"起副词作用，用来修饰动词"评估"，而不是和动词"评估"并列的另一个动词词组。

【诠释】

既然按照公平正义的观点，正义原则不是适用于个体的理性选择原则的延伸，那么反对时间偏好的论据必须是另一种论据。这个问题可以参照初始位置来解决；但是，一旦从这个角度看问题，我们就会得出同样的结论。各方没有理由给予时间的单一位置以任何权重。他们不得不为每一个文明水平选择一个储蓄率。如果他们区分较早时期和较遥远时期，因为比如说未来事态对现在而言似乎不那么重要，现在事态对未来而言也似乎不那么重要。尽管现在必须做个了断，但是他们没有理由使用今天的未来折现而非未来的今天折现。情况是对称的，选择一和选择二是同样任意的。[①] 既然处在初始位置上的人，受制于无知之幕，采取了任一时间阶段的立场，这种对称性对他们来说是显而易见的，他们不会同意一个多少看重较

[①] 参阅森"论储蓄率的最优化"，第482页。——原注

近时期的原则。只有通过这样的方式，他们才能达成从各个角度来看都是一致的协议，因为承认时间偏好原则，就是授权处于不同时间位置的人们仅仅根据这种偶然性，以不同权重评估彼此的诉求。

【原文】§45－4－p.260

【评析】

1. 原文："As with rational prudence, the rejection of pure time preference is not incompatible with taking uncertainties and changing circumstances into account; nor does it rule out using an interest rate（in either a socialist or a private-property economy）to ration limited funds for investment"（p.260）。H本："正像按照合理的审慎，对纯粹时间偏爱的拒绝并非和考虑不确定性和变化的环境不相容一样，它也不排除在社会主义经济或私制经济中使用利率来分配有限的投资资金"（第232页）。**新解**："与理性谨慎一样，拒绝纯粹的时间偏好并非不相容于考虑不确定因素和不断变化的情况；它也不排除（在社会主义经济或私有制经济中）使用利率来定量配给有限的投资资金。" H本和笔者对这个语句的不同解读：

（1）短语："Rational prudence"。H本解读为"合理的审慎"，笔者解读为"**理性谨慎**"。

（2）短语："As with rational prudence"。笔者解读为"**与理性审慎一样**"，而非像H本那样解读为"正像按照合理的审慎"。

（3）单词："Uncertainties"。请注意它是以复数形式出现的，笔者建议解读为"**不确定因素**"，而非"不确定性"。

（4）短语："Ration limited funds for investment"。其中的术语"ration"有"定量"和"定投"的意思，解读为"分配"不是很妥当；最好解读为"**定量配给有限的投资资金**"。

2. 原文："In the case of the individual, pure time preference is irrational: it means that he is not viewing all moments as equally parts of one life. In the case of society, pure time preference is unjust: it means（in the more common instance when the future is discounted）that the living take advantage of their position in time to favor their own interests"（p.260）。H本："在个人的情形中，纯粹时间偏爱是不合理的：它意味着一个人没有把所有时刻看成是他的生命的平等部分。在社会的情形中，纯

粹时间偏爱是不正义的：它意味着（在不考虑将来的更为常见的情况里）现在活着的人利用他们在时间上的位置来谋取他们自己的利益"（第232页）。**新解**："就个人而言，纯粹时间偏好是不符合理性的：它意味着他没有把所有时刻都视为一个生命的均等部分。就社会而言，纯粹时间偏好是不符合正义的：它意味着（在不看好将来的更常见情况下）活着的人利用其在时间方位上的优势谋取自己的利益。"

【诠释】

与理性谨慎（rational prudence）一样，拒绝纯粹时间偏好并非不相容于考虑不确定因素和不断变化的情况；它也不排除（在社会主义经济或私有制经济中）使用利率来定量配给有限的投资资金。这一限制恰恰是，在首要正义原则中，我们不能仅仅因为他们是较早或较晚的世代而对其另眼相看。初始位置将这样规定，从而导出这方面的矫正原则。就个人而言，纯粹时间偏好是不符合理性的：它意味着他没有把所有时刻都视为生命的均等部分。就社会而言，纯粹时间偏好是不符合正义的：它意味着（在不看好将来的更常见情况下）活着的人利用其在时间点位上的优势谋取自己的利益。

【原文】§45 – 5 – p. 260

【评析】

1. 原文："Collective saving for the future has many aspects of a public good, and the isolation and assurance problems arise in this case"（p. 260）. H本："为将来的集体储存包含着一种公共善的许多方面，而且孤立和确信的问题就产生于这种情形中"（第232页）。**新解**："为了将来，**集体储蓄**有着一种公共物品的多个方面，在这种情况下，会产生隔离问题和确信问题。" H本的可商榷之处：

（1）短语："Collective saving". 应解读为"**集体储蓄**"，而非"集体储存"。

（2）短语："Public good". 应解读为"**公共物品**"，而非"公共善"。

（3）短语："The isolation and assurance problems". 应解读为"**隔离问题和确信问题**"，而非"孤立和确信的问题"。

2. 原文："The informed collective judgment of the present generation is known under the requisite conditions"（p. 260）. H本："现代的充分知

情的集体判断在满足必要条件的前提下被知晓"（第232页）。**新解："在必要条件下，当前世代的知情集体判断是已知的。"** H本的解读看似没有问题，但仔细推敲仍然有不少可完善之处：

（1）单词："Informed". 应解读为"**知情的**"，而非"充分知情的"。

（2）短语："The present generation". 应应解读为"**当前世代**"，而非"现代"。

（3）短语："Is known". 应解读为"**是已知的**"，而非"被知晓"。

（4）短语："Under the requisite conditions". 应解读为"**在必要条件下**"，而非"在满足必要条件的前提下"。

【诠释】

所以，契约理论同意西季威克的观点，反对把时间偏好作为社会选择的理由。如果活着的人允许自己被这些考虑所打动，他们可能会错怪他们的先辈和后代。现在，这一论点似乎与民主原则背道而驰，因为有时人们说，这些原则要求，当今世代的意愿将决定社会政策。当然，假设这些偏好需要在适当条件下加以澄清和确定。为了将来，集体储蓄有着一种公共物品的多个方面，在这种情况下，会产生隔离问题和确信问题。① 不过，假定这些困难已经得到克服，并且在必要条件下，当前世代的知情集体判断是已知的，那么可以认为，即使在公众判断明显错误的情况下，这个国家的民主观念也不支持政府为了未来世代的利益而进行干预。

【原文】§45 – 6 – p. 261

【评析】

我们联系2020年第46届美国总统大选的争议，就能很好地理解罗尔斯的下面这句话："如果（人民选举产生的）一个民主政权被证明是正当的，那么有权否决选民意见的政府通常会导致更大的不公正。"

1. 原文："**If a democratic regime is justified**"（p.261）。H本："如果一种民主制度是合理的话"（第232页）。罗尔斯在这里讨论的，不是一

---

① 参阅森"论储蓄率的最优化"，第479页；马戈林（S. A. Marglin）："社会折现率和最优投资率"（"Social Rate of Discount and the Optimal Rate of Investment"），《经济学季刊》1963年第77卷，第100—109页。——原注

个民主制度是否合理的问题，而是一个民主政权是否正当的问题。即使是正当的民主政权，如果政府拥有否决公民意愿或选民意见的权力，那么会导致更大的不公正。因为公民意愿或选民意见是不受政府权力约束的，它们是受到宪法保护的。政府杜绝或禁止公民关于要储蓄多少的看法，这看起来只是禁止公民就某一具体议题发表意见，但是这样的做法是违反宪法的，因此会导致更大的不正义。所以，H本把"is justified"解读为"是合理的"是错误的，因为它忽视了或淡化了罗尔斯在这里阐发的重要法哲学思想。另外，在这里"民主制度"（democratic institutions 或者 democratic system）、"民主政权"（democratic regime）、"民主政体"（democracy）和"民主政府"（democratic government）等中文术语应当有基本对应的英文术语或词组。H本把术语"democratic regime"解读为"民主制度"是不妥当的。因为罗尔斯在这里讨论了选民选举产生的民主政权，它特指"民主政权"或"民选政权"。**新解**："如果民主政权被证明是正当的"。

2. **原文**："**We are to decide between constitutional arrangements according to how likely it is that they will yield just and effective legislation**"（p. 261）。H本："我们要根据其产生正义的和有效的立法制度的可能性，在各种宪法安排中进行选择"（第232页）。**新解**："**根据它们产生公正而有效的法律法规的可能程度，我们将在两种宪政安排之间做出定夺。**"H本可商榷之处有：

（1）这里只有"两种宪政安排"，而没有"各种宪法安排"。

（2）根据两种宪政安排可能产生的是"法律法规"，而不是"立法制度"；"法律法规"的限定词是"公正而有效"，而不是"正义的和有效的"。罗尔斯讲的"两种宪政安排"指的是，一种安排是政府不拥有否定选民意见的权力；另一种安排是政府拥有否定选民意见的权力。

3. **原文**："**A democrat**"（p. 261）。H本："一个民主主义者"（第232页）。在美国政治文化中，正如"联邦党人"（federalist）、"共和党人"（republican）那样，"Democrat"一般解读为"民主党人"。

4. **原文**："**But his conception of justice includes a provision for the just claims of future generations. Even if as a practical matter in the choice of regimes the electorate should have the final say, this is only because it is more likely to be correct than a government empowered to override its wishes**"（p. 261）。H本："但他的正义观包括了一种准备满足未来各代正义要求的规定。即使作为一种实践，选民在选择制度中应当有最后的发言权，这也只是因为：比起那种政府获得授权后就凌驾于对它的期望的情况

而言，它更可能是正确的"（第232—233页）。**新解**："但是，他的正义观念包含适用于未来世代之正当诉求的条款。即使作为一个实践问题，在政权的选择上，选民应该拥有最终表决权。之所以如此，只是因为同一旦获得授权就会无视选民意愿的政府相比，选民更有可能是正确的。"H本对这段话的整个解读都没有说到点子上：

（1）短语："Future generations"。应解读为"**未来世代**"而不是"未来各代"，以保持术语的一致性。

（2）短语："A practical matter"。应解读为"**一个实践问题**"而不是"一种实践"。

（3）短语："The choice of regimes"。应解读为"**政权的选择**"而不是"选择制度"。

（4）短语："The final say"。应解读为"**最终表决权**"而不是"最后的发言权"。

（5）语句："This is only because it is more likely to be correct than a government empowered to override its wishes"。H本照字面解读，没弄清这句话的真实意思。

5. **原文**："Since, however, a just constitution even under favorable conditions is a case of imperfect procedural justice, the people may still decide wrongly"（p. 261）。H本："然而，由于一种正义宪法即使在有利的条件下也只是一种不完善程序正义的情形，所以人民仍然可能错误地做出选择"（第233页）。**新解**："然而，即使在某些有利条件下，正义的宪法是不完全程序正义，人民仍然可能错误地做出决定。"

（1）短语："A case"。应解读为"**一个案例**"而不是"一种情形"。

（2）短语："Decide wrongly"。同前面的"最终决定权"相呼应，它应解读为"**错误地做出决定**"，而不是"错误地做出选择"。

6. **原文**："By causing irreversible damages say, they may perpetuate grave offenses against other generations"（p. 261）。H本："也就是说，人民可能对其他各代引起不可逆转的损害，并使其严重侵犯永久化"（第233页）。**新解**："比如说，通过造成不可逆转的损害，他们可能一而再、再而三地对其他世代犯下严重过错。"

7. **原文**："Several of the principles of this conception may actually be more or less explicit in the constitution and frequently cited by the judiciary and informed opinion in interpreting it"（p. 261）。H本："这个正义观的一些原则实际上可能或多或少明确地包含在正义宪法中，并经常被司法界

和明智意见在解释这个观念时所引用"（第 233 页）。**新解："这个正义观念的若干原则实际上多少明确地写入了宪法，司法界和知情民意在解释宪法时经常引用那些原则。"** 在这个语句中，"司法界和知情民意在解释宪法时引用"的不是"这个观念"，而是"这个正义观念的若干原则"。

【诠释】

这个论点的正确与否，取决于它是如何得到解释的。不存在将其解读为关于民主宪法之描述的反对理由。一旦公众意愿在法律法规和社会政策中得到明确的表达，只要一个政府仍然是民主政府，就无法凌驾于公众意愿之上。政府无权否决选民关于要储蓄多少的看法。如果(人民选举产生的)民主政权(民选政权) 被证明是正当的，那么有权否决选民意见的政府通常会导致更大的不公正。根据它们产生公正而有效的法律法规的可能程度，我们将在两种宪政安排之间做出定夺。民主人士相信，民主宪法最为符合这一标准。但是他的正义观念包含适用于未来世代之正当诉求的条款。即使作为一个实践问题，在政权的选择上，选民应该拥有最终表决权。之所以如此，只是因为同一旦获得授权就会无视选民意愿的政府相比，选民更有可能是正确的。然而，即使在某些有利条件下，正义的宪法是不完全的程序正义，人民仍然可能错误地做出决定。比如，通过造成不可逆转的损害，他们可能一而再、再而三地对其他世代犯下严重过错，而在另一政府形式(政体) 之下，这些过错本来是可以避免的。而且，从构成民主政权自身基础的同一正义观念来看，如此背离正义可能非常明显，并且有据可查。这个正义观念的若干原则实际上多少明确地写入了宪法，司法界和知情民意在解释宪法时经常引用那些原则。

【原文】§45 – 7 – pp. 261 – 262

【评析】

1. 原文："**There is no reason why a democrat may not oppose the public will by suitable forms of noncompliance, or even as a government official try to circumvent it**"（p. 261）。H 本："一个民主主义者有理由通过某些适当的不服从形式来反对公众意志，甚至作为一个政府官员来试图巧妙地反对它"（第 233 页）。**新解："民主人士有理由通过某些适当的不服从形式来抵制公众意志，甚至作为政府官员也会千方百计地规避公众意志。"**

2. 原文："**The collective will concerning the provision for the future**"

(p. 262). H 本："有关为将来储存的集体意志"（第 233 页）。**新解**："为了未来而制订有关条款的集体意志。"

【诠释】

所以，在这些情形中，民主人士有理由通过某些适当的不服从形式来抵制公众意志，甚至作为政府官员也会千方百计地规避公众意志。虽然人们深信民主宪法的健全性，并且有义务去支持它，但是在集体判断充分地非正义的情形下，他们会抛弃服从特定法律的义务。关于储蓄水平的公共决定不是神圣不可侵犯的；它对时间偏好的偏见不值得特别尊重。事实上，受害方即未来世代的缺席，使得这一问题变得更加悬而未决。除非他认为有其他更好的政府形式，而且他正以此为目的，否则一个人不会停止成为民主人士。只要一个人不相信这一点（即其他政府形式将更好），而是认为适当形式的不服从，例如，公民抗命或良心拒绝是纠正民主制定的政策偏差必要而合理的办法，那么他的行为与接受一种民主宪法相一致。在下一章中，本人将更加详细地讨论这个问题。就目前而言，关键的一点是，与所有其他社会决定一样，为了未来而制订有关条款的集体意志要受制于正义原则。这种情形的特殊性并没有使其成为例外。

【原文】 §45 – 8 – p. 262

【评析】

1. **原文**："**A certain discounting of the future may improve otherwise defective criteria**"（p. 262）. H 本："对将来予以折算会带来改善、不如此就会发生缺陷的要求是可以相容的"（第 233 页）。**新解**："给未来以一定贴现可能会改善在其他方面有缺陷的标准。"

2. **原文**："**It is also possible to vary the accumulation required by adjusting the parameters in the postulated utility function**"（p. 262）. H 本："通过调整所要求的效用函数中的参数来更改必需的积累也是可能的"（第 233 页）。短语："Postulated utility function". 应解读为"假定效用函数"，而非"所要求的效用函数"。**新解**："通过调整假定效用函数中的参数来改变所需的累积也是可能的。"

3. **原文**："**The criterion of equality suitably weighted serves to correct the utility criterion**"（p. 262）. H 本："恰当看重的平等标准就用来纠正功利标准"（第 234 页）。**新解**："适当加权的平等标准有助于纠正效

用标准。"

4. 原文:"**In an analogous way, having started with the idea that the appropriate rate of saving is the one which maximizes social utility over time (maximizes some integral), we may obtain a more plausible result if the welfare of future generations is weighted less heavily; and the most suitable discount may depend upon how swiftly population is growing, upon the productivity of capital, and so on**"(p. 262)。H 本:"与此相似地,如果我们始于这一观念,即适当的储存率旨在最大限度地扩大持久的社会功利(最大限度地扩大某种总功利),那么,假如未来世代的福利受重视的程度较小,我们就可以获得一种似乎是较合理的结果;最恰当的折扣率可能依赖于人口增长的速度和资本的生产等等"(第 234 页)。**新解**:"以一种类似的方式,从适当的储蓄率是跨期社会效用极大化的储蓄率(使某些积分极大化)的观点出发,如果对未来世代的福利加权较少,我们可能会得到一个更加讲得通的结果;最合适的贴现率可能既取决于人口增长的速度,又取决于**资本的生产率**,等等。"这个语句涉及许多专业术语。H 本搞错了其中不少术语,主要有:

(1) 短语:"Rate of saving"。新解:"**储蓄率**",而非"储存率"。

(2) 短语:"Social utility"。新解:"**社会效用**",而非"社会功利"。

(3) 短语:"Maximizes some integral"。新解:"**极大化某些积分**",而非"最大限度地扩大某种总功利"。

(4) 短语:"A more plausible result"。新解:"**一个更加讲得通的结果**",而非"一种似乎是较合理的结果"。

(5) 短语:"Weighted less heavily"。新解:"**加权较少**",而非"受重视的程度较小"。

(6) 短语:"The most suitable discount"。新解:"**最合适的贴现率**",而非"最恰当的折扣"。

(7) 短语:"The productivity of capital"。新解:"**资本生产率**",而非"资本的生产"。

5. 原文:"**Time preference has no intrinsic ethical appeal**"(p. 262)。H 本:"时间偏爱没有伦理学的内在吸引力"(第 234 页)。**新解**:"时间偏好没有内在的伦理诉求。"

【诠释】

我们应该注意到,拒绝以纯粹时间偏好作为首要原则,与认识到给未来以一定贴现可能会改善在其他方面有缺陷的标准是一致的。例如，我曾经说过，效用原则可能导致极高的储蓄率，这给前面世代造成过度的负担。这一后果可以通过对未来生活者的福利进行贴现而在一定程度上得到纠正。既然后面世代的福利要考虑得少一些，那就不需要像以前那样多的储蓄。通过调整假定效用函数中的参数来改变所需的积累也是可能的。我不能在这里讨论这些问题。① 遗憾的是，我只能表达这样一种意见，即这些工具只能缓和由错误原则造成的后果。这种情况在某些方面与在直觉论正义观念中可以发现的情形相似，直觉论正义观念把效用标准与平等原则结合起来（§7）。在那里，当两个正义原则中的任一原则都不能被单独接受时，适当加权的平等标准有助于纠正效用标准。因此，以一种类似的方式，从适当的储蓄率是跨期社会效用极大化的储蓄率（使某些积分极大化）的理念出发，如果对未来世代的福利加权较少，我们可能会得到一个更加讲得通的结果；最合适的贴现率可能既取决于人口增长的速度，又取决于资本的生产率，等等。我们所做的是调整某些参数，以便得出更加符合我们的直觉判断的结论。我们可能会发现，为了实现代际正义，需要在效用原则上进行这些修正。当然，在这种情况下，引入时间偏好或许是一种改进；但是本人认为，以这种方式调用时间偏好表明，我们始于一个不正确的正义观念。这里的情况和前面提到的直觉论观点是有所区别的。与平等原则不同，时间偏好没有内在的伦理诉求。它以纯粹特定的方式引入，以减轻效用标准产生的后果。

§46 优先性的附加例证
Further Cases of Priority

【题解】

优先性涉及原则的排序。它首先是第一正义原则对第二正义原则的优先性，具体表现为平等自由的优先性，然后是第二正义原则中公平机会均等原则对差别原则的优先性。在经济学领域，正义的优先性通过储蓄正义原则来实现。罗尔斯认为，"正义储蓄原则是对积累率的限制。为了替实

---

① 参阅查克拉瓦蒂（Chakravarty）《资本和发展规划》，第39、47、63—65、247页。索洛（Solow）：《增长理论》，第79—87页，那里探讨了这个数学问题。——原注

现正义制度和自由公平价值创造必要条件,每一世代都要尽到自己的一分力量;除此之外,别无他求"(p.263)。因此,正义的优先性也涉及代际正义。它在一定程度上要解决财富过分积累和权力过于集中的问题。因为那种积累和集中,虽然有利于社会财富总量的增长,但是会导致严重的社会不平等。因此,在正义储蓄原则和财富积累之间存在矛盾。前者是对后者的约束或限制。这就涉及正义对效率的优先性。罗尔斯强调,任何个体、任何阶层、任何世代都不应当为了其他个体、阶层、世代而牺牲自己的基本自由、权利和利益。罗尔斯试图由此论证,正义的优先性与平等自由的优先性、正义对效率的优先性具有一致性。这就可以保证第二正义原则中的正义储蓄原则能够在社会经济领域得到完全适用。正义的优先性,最终要落实为一个国家的统治权力是否应当交给财富阶层及其代理人的问题。自由主义和保守主义在这个问题上产生了严重分歧,但无论如何,这些都是权力和财富阶层的内部协调问题,社会中的财富、收入和权力的最弱小阶层,只能满足于社会最低保障的获得,而不可能实现在政治、经济、文化等意义上的平等,更不可能去过问国家的统治权力。

对于这种现实的社会不平等,罗尔斯虽然一再地有所触及,但大多点到为止。他的正义理论不可能走得太远,因为对资本主义私有制的肯定,限定了罗尔斯的思维空间。这是像科恩这样的分析马克思主义者批评罗尔斯正义理论缺乏真正阶级平等意识的原因。受限于他的社会契约论假说,罗尔斯有"弱势群体"意识,但没有鲜明的阶级意识,他拒绝阶级斗争学说。就此而言,罗尔斯正义理论只能是资产阶级自由主义性质的。

【原文】§46-1-pp.263-264

【评析】

1. 原文:"The problem of just savings may be used to illustrate further cases of the priority of justice"(p.263)。H 本:"正义储存的问题可以作为用来阐明正义优先性的进一步论据"(第234页)。新解:"正义储蓄问题可以用来说明正义优先性的附加例证。"

2. 原文:"The sum of advantages"(p.263)。H 本:"利益的总额"(第234页)。新解:"各种优势之和"。

3. 原文:"Society in the nineteenth century, he says, was arranged so as to place the increased income in the hands of those least likely to consume it"(p.263)。H 本:"19世纪社会的安排使那些最不可能浪费财产的人手

中掌握了不断增长的财富"(第234—235页)。**新解**:"他说道,19世纪社会是这样安排的,以便把增加的收入交到最不可能消费它的人手中。"

4. **原文**:"**The rapid build-up of capital**"(p. 263)。H本:"资本的急剧增大"(第235页)。**新解**:"资本的迅速积累"。

5. **原文**:"**The essential point here is that Keynes's justification, whether or not its premises are sound, can be made to turn solely on improving the situation of the working class**"(p. 263)。H本:"关键在于,不管凯恩斯辩护的前提是否合理,这种辩护可能会导致完全反对改善工人阶级的状况"(第235页)。**新解**:"这里的关键在于,无论其前提是否成立,凯恩斯的证明都会导致唯独反对改善工人阶级状况。"

6. **原文**:"**Although their circumstances appear harsh, Keynes presumably maintains that while there were many ostensible injustices in the system, there was no real possibility that these could have been removed and the conditions of the less advantaged made better**"(pp. 263–264)。H本:"虽然工人阶级的处境显得恶劣,但凯恩斯可能会坚持认为:尽管在制度中存在着许多明显的不正义,但却不可能真正排除这些不正义和改善获利较少者的条件"(第235页)。**新解**:"尽管工人阶级的状况看似糟糕,然而凯恩斯很可能坚持认为,虽然资本主义制度存在许多表面的不正义现象,但是既不存在消除这些不公正现象的实际可能性,也不存在较无优势者的条件得到改善的实际可能性。"

7. **原文**:"**And this accords with the priority of justice over efficiency and a greater sum of advantages**"(p. 264)。H本:"这符合正义对效率、对较大利益总额的优先性原则"(第235页)。**新解**:"这符合正义优先于效率,符合正义优先于较大优势之和。"

8. **原文**:"**Whenever the constraints of justice in the matter of savings are infringed, it must be shown that circumstances are such that not to trespass upon them would lead to an even greater injury to those on whom the injustice falls**"(p. 264)。H本:"只要正义在储存方面的限制被侵犯,那就必须表明当时环境是这样的:即不侵犯这些限制就可能更严重地伤害那些已经遭受不正义的人"(第235页)。"The constraints of justice"解读为"正义约束条款"比"正义的限制"要合理些。H本一直把"violate"解读为"侵犯",而不管这个动词的具体对象。笔者认为,如果其对象是人或人的共同体及其利益或权利,解读为"侵犯"是正确的,但如果其对象是法律法规,解读为"违反"会更好些。

【诠释】

正义储蓄问题可以用来说明正义优先性的附加例证。契约论的一大特点是，它规定了为了未来世代的福利而向一个世代提出储蓄要求的上限。正义储蓄原则是对积累率的限制。为了给实现正义制度和自由公平价值创造必要条件，每一世代都要尽到自己的一分力量；除此之外，别无他求。不过现在有人会反驳说，特别是当各种优势之和非常大并且代表长期发展时，更高储蓄率可能是必需的。有些人可能走得更远些。他们坚持认为，只要随后的经济效益和社会效益足够大，即使财富不平等和权力不平等违反第二正义原则，那些不平等仍然可以是正当的。为了能够自圆其说，他们可能会指出，我们似乎为了后面世代的福利而接受这种不平等和积累率。比如，凯恩斯说，第一次世界大战前积累起来的大量资本，绝不可能产生于财富平等分配的社会。① 他说道，19世纪社会是这样安排的，以便把增加的收入交到最不可能消费它的人手中。这些新近富裕起来的人，不是崛起于大手大脚的大额花费。他们偏好投资赋予的权力，而不热衷于直接消费的享乐。正是财富分配的不平等，使得资本的迅速积累和每个人一般生活水平或多或少地稳步提高成为可能。在凯恩斯看来，正是这一事实为资本主义制度提供了主要证明。如果富人把他们的新财富花费在自己身上，这样的制度将被视为无法容忍而遭到拒绝。当然，还存在比凯恩斯所说的提高福利和文化水平的更有效且更公正的办法。只有在特定情况下，包括资产阶级的节俭，而不是贵族的自我放纵，社会才会获得投资基金，富人资助基金的钱财，才会多于他们认为可以体面地花费在自己身上的钱财。不过这里的关键在于，无论其前提是否成立，凯恩斯的证明都会导致唯独反对改善工人阶级状况。尽管工人阶级的状况看似糟糕，然而凯恩斯可能坚持认为，虽然资本主义制度存在许多表面的不正义现象（ostersible injustices，貌似真实的不公正现象），但是既不存在消除这些不正义现象的实际可能性，也不存在较无优势者的条件得到改善的实际可能性。在其他制度中，劳工的状况可能更加恶劣。我们不必考虑这些断言是否为真，而只需指出，与人们可能的设想相反，凯恩斯没有说过：穷人的苦难为后来世代的更大福利所证明（亦即它们是正当的）。这符合正义优先于效率，符合正义优先于较大优势之和。每当处理储蓄问题的正义约束条款受到违反时，必

---

① 参阅凯恩斯（J. M. Keynes）《和平的经济后果》(*Economic Consequences of the Peace*)，伦敦：麦克米兰出版社1919年版，第18—22页。——原注

定表明当时的情形是这样的：假如不违反处理储蓄问题的正义约束条款，那么它将对那些已经遭受不公正待遇的人造成更大的伤害。这个例证类似于在自由优先性标题下已经讨论过的那些例证（参见§39）。

【原文】§46 – 2 – pp. 264 – 265

【评析】

1. 原文："Some sort of hierarchical social structure and a governing class with pervasive hereditary features are essential for the public good"（p. 264）. H本："为了公共的利益，某种等级的社会结构和一个具有普遍世袭特征的统治阶级是必需的"（第235页）。术语"public good"一般解读为"公共物品"，这里根据上下文可解读为"公共利益"。不过H本对这个语句的解读存在较大偏差。那些人只是主张，"某种等级社会结构和具有普遍世袭特征的统治阶级"对于公共利益来说是至关重要的（essential for the public good），但没有说"是必需的"。如果它们是"必需的"，那它们就成了必要条件，就非它们不可。**新解："某种等级社会结构和具有普遍世袭特征的统治阶级对公共利益是至关重要的。"**

2. 原文："Political power should be exercised by men experienced in, and educated from childhood to assume, the constitutional traditions of their society, men whose ambitions are moderated by the privileges and amenities of their assured position"（p. 264）. H本："政治权力应该由那些对其社会的宪法传统有经验的、自幼就受到教育的人来运用，由那些其野心受到他们的确定地位的特权和礼节制约的人来运用"（第235页）。**新解："政治权力应该由在其社会的宪政传统方面经验丰富、从小就受到耳濡目染教育的人来行使，应该由其雄心壮志受到自身有保障的位置带来的特权和优渥的生活条件熏陶的人来行使。"** H本解读的可商榷之点：

（1）短语："Constitutional traditions". 应解读为"**宪政传统**"，而非"宪法传统"更加符合愿意。

（2）短语："Assured position". 不能解读为一般意义的"确定地位"，而是专门有所指的"**有保障的位置**"。

（3）短语："Are moderated by". 在这里应解读为"**受到……调和**"，而不是"受到……制约"，可以引申为"**受到……陶冶或熏陶**"。因为显然地，政治家的野心，可能由于政治权力带来的特权和优渥生活条件而受到极大刺激，因此，用"调和""陶冶"或"熏陶"来解读词组"are moderated by"是偏向肯定性的,而用"制约"来解读那个词组则是否定性的;那个词组的肯定性解读更加符合在其上下文中的意思。

(4) 单词:"Amenities". 应解读为"**优渥的生活条件**",主要是优厚的物质待遇方面的,而不是"礼节"。

3. 原文:"**Burke believed that the great families of the ruling stratum contribute by the wisdom of their political rule to the general welfare from generation to generation**"(p. 264). H本:"伯克相信,那些伟大的统治家族通过他们的政治统治的睿智,对一代代的普遍福利做出了贡献"(第235页)。罗尔斯文本中充满抒情的表述,被H本搞得支离破碎,完全丧失了意境和韵味。因为在中文世界里,"统治阶层的那些伟大家族"和"那些伟大的统治家族"在政治含义上有着重大差别,因为前者一般是肯定性的、充满赞许和敬意的;后者则一般是否定性的,表示不满和批评的,比如中华民国时期的四大统治家族。而罗尔斯在引介柏克的主张时,柏克显然是以肯定的口吻来陈述其对"统治阶层的那些伟大家族"的看法的。另外,词组"the wisdom of their political rule"一般解读为"政治统治的智慧",而非"政治统治的睿智",因为说一个人有"睿智",一般指这个人针对某个具体事项的具体应对能力和技巧,而"智慧"是对一个人或一个团体的一种总体性评价。H本用"睿智"来解读"wisdom",实际上减低了政治家族在国家政治生活中的重要性,而这样的解读是偏离罗尔斯文本的原意的。因此,H本既误解了罗尔斯的意思,又误解了柏克的意思。**新解**:"柏克相信,属于统治阶层的那些伟大家族,凭借其政治统治的智慧,造福于一代又一代人。"

4. 原文:"**And Hegel thought that restrictions on equality of opportunity such as primogeniture are essential to insure a landed class especially suited to political rule in virtue of its independence from the state, the quest for profit, and the manifold contingencies of civil society**"(p. 264). H本:"黑格尔认为对机会平等的限制(例如长子继承权)是十分重要的,这可以确保一个因其独立于国家、利润追求及市民社会的种种偶然因素而特别适合于政治统治的地主阶级的地位"(第236页)。罗尔斯在这里对黑格尔观点的引述,起码是中性的、客观的,既没有为黑格尔作辩护,也没有对黑格尔作批评。但是在H本的上下文中,黑格尔思想的保守性甚至反动性是一目了然的。因为在H本中,黑格尔思想包括:(1)反对机会平等;(2)主张长子继承权;(3)维护土地阶级的统治;(4)土地阶级既不关心国家事务,也不关心经济发展和社会发展,甚至不关心市民社会；5）上述一切都是为了保住土地阶级的统治地位。这是笔者读到《正义论》中文版中的这个语句时留下的第一印象。黑格尔于是成为一个活脱脱的老封建、老顽固。但是，笔者对比这句话的英文原文，发现它的原意与 H 本所表达的意思还是有一定出入的。虽然黑格尔基本主张的要素是确定的，但是，由于不同的处理和不同的呈现方式，它们便产生了不同的语意效果。因为其中关键一点是如何解读动词"to insure"。H 本解读为"确保……地位"，笔者认为，它应解读为"确保"，它确保的是"土地阶级特别适合于政治统治"这件事，而不是确保"土地阶级的地位"。这样的土地阶级独立于国家、独立于经济利益、独立于市民社会，这三个独立是黑格尔主张的统治阶级应当是普遍阶级的重要条件。但是，在 H 本中，黑格尔政治哲学中的闪光之点被完全抹去了。黑格尔留给中文读者的只是一个纯粹消极的负面的印象。**新解**："黑格尔则认为，限制机会平等，比如长子继承权，对于确保一个特别适合于政治统治的地主阶级来说，是至关重要的，因为那个阶级既独立于国家，又独立于追逐利润，且不受市民社会各种偶然因素的牵连。"

5. **原文**："**Privileged family and property arrangements prepare those favored by them to take a clearer view of the universal interest for the benefit of the whole society**"（p. 264）。H 本："特权家族和财产制度使得它们所支持的人具备一种关于普遍利益的更清晰的观念，它关涉到社会的整体效益"（第236页）。**新解**："**享有特权的家族和财产安排，使其受益者能够采纳更加清晰的普遍利益观点，为整个社会谋利益。**" H 本的解读把原有语序打乱了，造成不必要的误解。

（1）短语："Property arrangements"。应解读为"**产权安排**"，而非"产权制度"。

（2）短语："A clearer view of the universal interest"。应解读为"**一种更加清晰的普遍利益观念**"，而非"一种关于普遍利益的更清晰的观念"。

（3）短语："The benefit of the whole society"。应解读为"**整个社会的利益**"，而非"社会的整体效益"。

6. **原文**："**It is essential for the vigor of the governing class that persons of unusual talents should be able to make their way into it and be fully accepted**"（p. 265）。H 本："为了统治阶级的朝气，必须让有特殊才能的人有可能通过奋斗进入统治阶层而且被完全承认"（第236页）。H 本对术语的处理不够严谨，比如术语"governing class"，在同一个语句中，一会儿解读为"统治阶级"，一会儿又解读为"统治阶层"。**新解**："要想

让统治阶级充满活力,那么至关重要的是,广开门路,招贤纳士,全盘吸纳具有非凡才能的人。"

【诠释】

显然,凯恩斯念念不忘的不平等还违反了公平机会均等原则。因此,我们既要考虑什么是违反这一标准的借口,又要考虑如何制定适当的优先性规则(appropriate priority rule)。① 许多作者认为,公平机会均等会带来严重后果。他们相信,某种等级社会结构和具有普遍世袭特征的统治阶级对公共利益是至关重要的。政治权力应该由在其社会的宪政传统方面经验丰富、从小就受到耳濡目染教育的人来行使,应该由其雄心壮志受到自身有保障的位置带来的特权和优渥的生活条件熏陶的人来行使。否则的话,赌性太强,风险太高,那些缺乏文化修养和理想信念的人,在那儿钩心斗角,互相争权夺利,为了一己之私而掌控国家权力。② 因此,柏克相信,属于统治阶层的那些伟大家族,凭借其政治统治的智慧,造福于一代又一代人。③ 黑格尔则认为,限制机会平等,比如长子继承权,对于确保一个特别适合于政治统治的地主阶级来说,是至关重要的,因为那个阶级既独立于国家,又独立于追逐利润,且不受市民社会各种偶然因素的牵连。④ 享有特权的家族和财产安排,使其受益者能够采纳更加清晰的普遍利益观点,为整个社会谋求利益。当然,人们不一定喜爱诸如严格分层系统(rigidly stratified system)之类等级森严的东西;相反,他们可能坚持认为,要想让统治阶级充满活力,那么至关重要的是,广开门路,招贤纳士,全盘吸纳具有非凡才能的人。但是这个限制条款与否认公平机会原则是兼容的。

---

① 在这里和下面几段中,本人要感谢迈克尔·莱斯诺夫(Michael Lessnoff),参阅载于《政治学研究》1971年第19卷,第75页及以后的论文。本人在此以及《正义论》第39节对优先性规则的陈述和讨论,从其批评中受益良多。——原注
② 然而政治赌徒或政客,他们就像走马观花一样,在政治舞台上,一个个粉墨登场,来去匆匆。
③ 参阅柏克(Burke)《法国大革命反思录》,伦敦:登特父子出版社1970年版,第49页;普兰梅纳兹(John Plamenatz):《人与社会》第1卷,伦敦:朗曼出版社1963年版,第346—351页。——原注
④ 参阅黑格尔《法哲学原理》第306节,诺克斯译,牛津:克莱伦顿出版社1942年版,第199页。——原注

【原文】§46-3-p.265

【评析】

1. 原文:"**The least favored**"(p.265)。H本:"获利较少者"(第236页)。新解:"最少获利者"。罗尔斯原文用的是形容词"little"的最高级,而不是比较级。

2. 原文:"**The opportunities of the disadvantaged**"(p.265)。H本:"不利者的机会"(第235页)。新解:"弱势群体的机会"。

3. 原文:"**A wider range of more desirable alternatives is open to them than otherwise would be the case**"(p.265)。H本:"更广泛的可向往的选择对象是对他们开放的,而不是相反"(第236页)。新解:"与其他情形相比,他们可以获得更加广泛和更加理想的可选择机会。"

【诠释】

现在,为了与公平机会优先于差别原则保持一致,正如柏克和黑格尔显然认为的那样,仅仅主张包括最少获利者在内的整个社会从限制机会均等中获益是不够的。我们还必须声称,消除这些不平等现象的企图,将如此严重地干预社会系统和经济运行,以至于从长远来看,弱势群体(disadvantaged)的机会无论如何将更加有限。与自由优先性的平行情况一样,公平机会的优先性意味着,我们必须给予机会较少者以机会。我们必须主张,与其他情形相比,他们可以获得更加广泛和更加理想的可选择机会。

【原文】§46-4-p.265

【评析】

原文:"**Following the difference principle and the priority rules it suggests reduces the urgency to achieve perfect equality of opportunity**"(p.265)。H本:"遵循差别原则和它所暗示的优先性规则减少了那种为了达到完善的机会平等的迫切性"(第236页)。新解:"遵循差别原则及其所建议的优先性规则,和缓了实现机会完全平等的紧迫性。"

【诠释】

本人将不再探讨这些复杂的问题。然而,我们应该注意到,尽管家庭的内部生活和文化涵养，也许和其他任何东西一样，影响着孩子从教育中获得的动机和能力，进而影响到他的生活前景，这些影响并不一定与公平的机会均等不相容。即使在满足两个正义原则的良序社会中，家庭可能是在两个个体之间获得平等机会的障碍。因为正如我所定义的，第二正义原则只是要求，在社会各行各业和各个阶层中，那些有着相似禀赋和动机的个体拥有平等的生活前景。如果同一阶层的家庭在如何塑造儿童的愿望方面存在差异，那么虽然在两个阶层之间可能存在公平的均等机会，但是在两个个体之间不可能存在那样的均等机会。这种可能性提出了机会均等观念能够发挥多大作用的问题；不过本人将在后面再来评论这个问题（§77）。本人在此只想表示，遵循差别原则及其所建议的优先性规则，和缓了实现机会完全平等的紧迫性。

【原文】§46-5-p.265

【评析】

1. 原文："I shall not examine whether there are sound arguments overriding the principle of fair equality of opportunity in favor of a hierarchical class structure"（p.265）。H本："我不讨论是否有合理的论据来无视机会的公正平等原则而赞成一种等级结构"（第236页）。**新解**："本人将不验证是否存在能够推翻公平机会均等原则以赞成某种等级阶级结构的合理论据。"

2. 原文："The opportunities of the least favored sectors of the community"（p.265）。H本："共同体中那部分最不利者的机会"（第237页）。**新解**："社区中最不受欢迎界别的机会"。当罗尔斯讨论"社区各界"（sectors of the community）的时候，它不单纯是一个经济概念，还包括政治、文化、宗教、教育、性别、种族、肤色等因素。它既有纵向比较差异，也有横向比较差异。因此，H本把"the least favored sectors of the community"解读为"共同体中那部分最不利者"忽视了这个短语的复杂因素。

【诠释】

本人将不验证是否存在能够推翻公平机会均等原则以赞成某种等级阶级结构的合理论据。这些问题不是正义理论的一部分。相关的观点是，虽然此类断言有时可能显得自私而虚伪，当人们声称（无论正确与否），如果这些不平等得到了消除,社区中最不受欢迎(最不受青睐,最容易受到歧视或排挤的)界别(包括阶层和行业)的机会仍然将较为有限时,这些断言就有了恰当的形式。有人认为,因为充分实现正义原则的条件并不存在,这些不平等没有违反正义。

【原文】§46 – 6 – pp. 266 – 267

Having noted these cases of priority, I now wish to give the final statement of the two principles of justice for institutions. For the sake of completeness, I shall give a full statement including earlier formulations.

FIRST PRINCIPLE

Each person is to have an equal right to the most extensive total system of equal basic liberties compatible with a similar system of liberty for all.

SECOND PRINCIPLE

Social and economic inequalities are to be arranged so that they are both:

(a) to the greatest benefit of the least advantaged, consistent with the just savings principle, and

(b) attached to offices and positions open to all under conditions of fair equality of opportunity.

FIRST PRIORITY RULE (THE PRIORITY OF LIBERTY)

The principles of justice are to be ranked in lexical order and therefore the basic liberties can be restricted only for the sake of liberty. There are two cases:

(a) a less extensive liberty must strengthen the total system of liberties shared by all;

(b) a less than equal liberty must be acceptable to those with the lesser liberty.

SECOND PRIORITY RULE (THE PRIORITY OF JUSTICE OVER EFFICIENCY AND WELFARE)

The second principle of justice is lexically prior to the principle of efficiency and to that of maximizing the sum of advantages; and fair opportunity is prior to the difference principle. There are two cases:

(a) an inequality of opportunity must enhance the opportunities of those with the lesser opportunity;

（b）an excessive rate of saving must on balance mitigate the burden of those bearing this hardship（pp. 266 – 267）.

【评析】

鉴于两个正义原则在《正义论》中处于核心地位，笔者把英文和中文表达一并收录，以供研究者参考。①

1. 原文："Each person is to have an equal right to the most extensive total system of equal basic liberties compatible with a similar system of liberty for all"（p. 266）. H 本："每个人对与所有人所拥有的最广泛平等的基本自由体系相容的类似自由体系都应有一种平等的权利"（第 237 页）。新解："每个人都持有平等的权利，享有一整套最广泛的平等的基本自由，它兼容于所有人皆享有的一套类似自由。"

2. 原文："Social and economic inequalities are to be arranged so that they are both: （a）to the greatest benefit of the least advantaged, consistent with the just savings principle, and （b）attached to offices and positions open to all under conditions of fair equality of opportunity"（p. 266）. H 本："社会和经济的不平等应这样安排，使它们：①在与正义的储存原则一致的情况下，适合于最少受惠者的最大利益；并且，②依系于在机会公平平等的条件下职务和地位向所有人开放"（第 237 页）。新解："社会不平等和经济不平等应当这样安排，以便它们都将做到以下两点：（1）与正义储蓄原则保持一致，符合最少优势者的最大利益；（2）附设的各种职位和位置，在公平的机会均等条件下，向所有人开放。"

H 本的解读容易引起误解。"职位和位置"是由"社会不平等和经济不平等"附设的。如果它解读为"依系于在机会公平平等的条件下"，则导致设置职位和位置的理由不明晰，会让人误以为它们是在机会公平平等条件下设置的。其实，"公平的均等机会"，作为一个限定性条件原则，限制的是"向所有人开放"，而不是"职位和位置"。

3. 原文："The principles of justice are to be ranked in lexical order and therefore the basic liberties can be restricted only for the sake of liberty. There are two cases：（a）a less extensive liberty must strengthen the total system of liberties shared by all；（b）a less than equal liberty must be acceptable to those with the lesser liberty"（p. 266）. H 本："两个正义原

---

① 参阅张国清"罗尔斯难题：正义原则的误读与批评"，《中国社会科学》2013 年第 10 期。

则应以词典式次序排列,因此,自由只能为了自由的缘故而被限制。这有两种情况:①一种不够广泛的自由必须加强由所有人分享的完整自由体系;②一种不够平等的自由必须可以为那些拥有较少自由的公民所接受"(第237页)。**新解**:"正义原则按词序排列,因此只有为了自由才可以限制基本自由。存在两种情况:(1)任何较不广泛的自由都必须增强所有人享有的一整套自由;(2)任何较不平等的自由都必须能为较不自由的人所接受。" H 本解读的可商榷之处主要有:

(1)语句:"The basic liberties can be restricted only for the sake of liberty". 应解读为"**只有为了自由考虑才可以限制基本自由**",而不是"自由只能为了自由的缘故而被限制"。因为 H 本在此漏掉了限定词"基本的"(basic),所以读起来令人费解。并且由于这个疏漏,导致了人们对罗尔斯关于自由优先性见解的误解。其实,罗尔斯在此表达的意思是明确的,那就是基本自由具有优先性,在一般情况下,是不受其他权利限制的。但是,基本自由会受到其他自由的限制。这种限制并没有否定基本自由的优先地位,只是在承认基本自由具有优先性的前提下,其他的自由——尽管它们不是基本自由,但是也要给予尊重和保护,当基本自由和非基本自由发生冲突的时候,基本自由具有优先性,但是也不能否认非基本自由的合法性和正当性。所以,基本自由会受到非基本自由的限制或约束;另一种情形是,一种基本自由会受到另一种基本自由的限制或约束。虽然基本自由都具有优先性,但是每一种基本自由的优先地位既是平等的,又是相对的。当两种基本自由发生冲突时,它们要根据具体情况来确定哪一种基本自由具有优先性。因此,语句"the basic liberties can be restricted only for the sake of liberty"可以作两个层面解读:第一,基本自由相对于非基本自由具有优先性;第二,基本自由相对其他基本自由是平等的,当它们发生冲突时,哪一种基本自由具有优先性,要看具体的情况而定。

(2)语句:"A less extensive liberty must strengthen the total system of liberties shared by all". 正确解读涉及自由优先性的第一个情形。这个语句的关键词是"a less extensive liberty""strengthen"和"the total system of liberties"。第一,我们先讲"a less extensive liberty",它的含义非常明确,就是指"**非基本自由的自由**"。因为所有的基本自由都是广泛的自由。理论上,拥有"任一不够广泛的自由"也是每个人的权利,只是在实践上,这种自由在人与人之间会有很大的差异,因为很多人根本不需要这样的自由。比如,有人习惯于在晚上 12 点之后进行写作,创作自由是人的一项自由，在晚上 12 点之后进行创作也是个人自由，但是，这样的自由不具有广泛性，是"不够广泛的自由"。我们相信，绝大多数人不需要这样的自由。尽管它不是基本自由，但是它仍然应当受到保护。第二，我们再讲"strengthen"，H 本解读为"加强"，它有三层基本含义："加强、增强和巩固"，其反义词是"削弱、减少和破坏"。第三，我们最后讲"the total system of liberties"。H 本把它解读为"完整自由体系"，笔者把它解读为"**整套自由**"，因为人们真正享有的是各种具体的自由，而不是"完整自由体系"。所以，那个语句可以作这样解读："任何较不广泛的自由都必须加强、增强和巩固所有人享有的整套自由，都不得削弱、减少和破坏所有人享有的整套自由。"笔者反对作"完整自由体系"解读，是因为一旦强调"完整自由体系"，就会有各种超越自由之上的力量以"完整自由体系"为名来压制个体的自由。一组自由，一旦上升为"完整自由体系"，就不再是真正的自由，而成为一股凌驾于自由之上的力量。罗尔斯在这里强调自由的整体性、绝对性、目的性，但它不是表现为"完整的自由体系"，而是一整套的自由项，它们是相互独立且互相不隶属的，最后的落脚点是在各种具体的"自由"上，而不是"体系"上，并且是所有人共享的"自由"上，而不是一部分人的自由被剥夺的"整个自由体系"上。因此，关于短语"the total system of liberties"，H 本作"完整自由体系"的解读，从根本上背离了罗尔斯讨论自由优先性的意图。

（3）关于语句"A less than equal liberty must be acceptable to those with the lesser liberty"的正确解读涉及自由优先性的第二种情形。从字面解读，它可以表述为"任何较不平等的自由都必须为那些较不自由的人所接受"，表示自由的相对性、相互性和对等性。自由优先性的第二个情形比第一个情形要复杂一些。因为这里的关键词组有"a less than equal liberty"和"those with the lesser liberty"。我们先试着解读这两个关键词组。首先，前者可以解读为"任一较不平等的自由"；后者可以解读为"那些较不自由的人"。H 本把后者解读为"那些拥有较少自由的公民"，笔者认为，"those"是"人"，而不是"公民"。因为罗尔斯在这里讨论自由的优先性，其主体是"所有的人"，而不是"所有的公民"。因此，H 本的解读缩小了罗尔斯讨论自由优先性的范围。这当然是一个重大的误解。其次，与"任何较不平等的自由"（less than equal liberty）相关的有两个情形，一是"平等的自由"，二是"不平等的自由"。我们从罗尔斯的优先权理论中可以推导出，"平等的自由"具有平等的优先权，"不平等的自由"不具有平等的优先权。同样地，"任一较少平等的自由"不一定拥有平等的优先权，因为"任一较少平等的自由"是一个相对概念。相对于"不平等的自由","任何较不平等的自由"拥有自由的优先地位;但是相对于"平等的自由","任何较不平等的自由"不拥有自由的优先地位。相对于平等的三种情形,自由优先性的相对重要性是清晰的。第三,"拥有较少自由的人"(those with the lesser liberty)也就是"较不自由的人"(men with the lesser liberty)。与之相关的也有两个情形:一是"拥有自由的人"(men with liberty);二是"没有自由的人"或"丧失自由的人"(men without liberty)。当有关平等的三个情形和有关自由的三个情形相遇时,会产生某些结果。我们先来分析与自由的广泛性、充分性或全面性有关的三个情形。

第一,"没有自由的人"或"丧失自由的人"(men without liberty)。由于他们被剥夺了平等的自由权利,所以他们在任何情况下都不享有自由的优先地位,他们既不享有完整的"平等的自由",也不享有"任何较不平等的自由"。

第二,"拥有较少自由的人"(men with lesser liberty)。这是一些自由度较低的人。由于他们不是完全的自由人,他们被剥夺了部分的平等的自由权利,所以他们只能部分地享有自由的优先地位,他们享有"较少的自由"。同不自由的人相比,他们具有一定程度上的自由优先性优势;但是同完全自由的人相比,他们的自由受到了一定限制,他们不具有自由的优先地位优势。他们没有获得充分的自由,但是他们的处境比不自由的人要好些。

第三,"拥有自由的人"(men with liberty)。他们享有完全的自由的优先地位。他们既享有不自由的人不能享有的自由优先性,也享有较少自由的人只能部分享有自由优先性,并且他们享有较少自由的人不能享有的其他部分自由优先性,他们比不自由的人和较少自由的人都享有更大优势。但是,在自由的人和较少自由的人能够共享的部分自由优先性上,自由的人并不比较少自由的人更加具有优先权,两者仍然是平等的。强调这一点对于理解罗尔斯的自由优先性理论至关重要。

我们接着分析与平等的广泛性、充分性和全面性有关的三个情形。

第一,"不平等的自由"(unequal liberty)。不平等的自由是非参与性自由,亦即平等机会被剥夺的自由。平等总是针对权利而言的,所谓"不平等自由",就是"不平等的自由权利"或"不平等的权利"。因此,如果一个人享有的是不平等的自由,等于说他没有享有其他人享有的平等的权利,或者说,他没有享有权利。没有享有平等权利的人,同前面讨论人的自由状态的第一种情形即"不自由的人"相似。不同的是,他们理论上仍然享有自由权利，但是在实践上无法得到落实那些自由权利，因为他们没有获得公平的均等机会。既然他们没有享有平等的权利，那么他们就没有享有平等的权利的优先权。无论是享有部分平等的权利的人，还是享有完全平等的权利的人，都比没有享有平等的权利的人具有更多的权利优先权。

第二，"较不平等的自由"（less than equal liberty）。这是一些享有自由的平等度较低的人。与没有享有平等自由的人相比，他们具有一定权利的优先权，或者说他们具有一定权利优势。与享有充分平等自由的人相比，他们在某些平等权利方面不具有优先权。但是在他们能够平等地与享有充分平等自由的人共享的自由权利方面，他们与后者具有同等的自由优先性。他们是罗尔斯在自由优先性原则第二种情形中的"那些较少自由的人"（those with the lesser liberty）。

第三，"平等的自由"（equal liberty）。这是一些享有充分平等自由的人。与前面的两类人相比，他们享有充分的平等自由的优先地位。因此，与没有享有平等自由的人相比，他们拥有全面的自由优先性优势。与享有较不平等自由的人相比，他们拥有部分的自由优先性优势。而且，在部分的自由优先性上，他们与享有较不平等自由的人是平等的，并不享有自由优先性。

现在的问题是，罗尔斯的自由优先性理论要求"任何较不平等的自由都必须为那些较不自由的人所接受"，其法理依据是什么？罗尔斯给出的理由很清楚，就是自由先于平等。任何较不平等，必须获得享有充分权利的人的同意；同样地，任何较不平等，必须获得享有较少权利的人的同意。权利优先于平等，不仅在人们享有充分的平等权利和基本自由的情况下是如此，而且在人们享有较少平等权利和基本自由的情况下也是如此。这里的"较不平等"既表示数量上的相对匮乏，也表示质量上的相对低下。

【诠释】

在注意到优先性的这些例证之后，本人现在要最后陈述适用于制度的两个正义原则。出于完整性考虑，本人将做出包括先前表述的完整陈述。

第一个原则 每个人都持有平等的权利，享有一整套最广泛的平等的基本自由，它兼容于所有人皆享有的一套类似自由。

第二个原则 社会不平等和经济不平等应当这样安排，以便它们都将做到以下两点：（1）与正义储蓄原则保持一致，符合最少优势者的最大利益；（2）附设的各种职位和位置，在公平的机会均等条件下，向所有人开放。

第一个优先性规则（自由的优先性） 正义原则按词序排列，因此只有为了自由才可以限制基本自由。存在两种情况：（1）任何较不广泛的自由都必须增进所有人皆享有的一整套自由；（2）任何较不平等的自由都必须为较不自由的人所接受。

第二个优先性规则（正义优先于效率和福祉） 第二正义原则既在词序上先于效率原则，又在词序上先于极大化各种优势集的原则；并且，公平机会（原则）优先于差别原则。存在着两种情况：（1）机会不平等必须增加机会较少者的机会；（2）过高储蓄率总的来说必须减轻那些承受这种困难的人的负担。

【原文】

General Conception All social primary goods—liberty and opportunity, income and wealth, and the bases of self-respect—are to be distributed equally unless an unequal distribution of any or all of these goods is to the advantage of the least favored（original edition, p. 303）。

【评析】

这个段落是对"一般正义观念"的重新表述。前一个表述在《正义论》英文第一版第62页和修订版第54页。这个重新表述出现在《正义论》英文第一版第303页，罗尔斯在《正义论》修订版中删除了这个段落。罗尔斯在《正义论》英文第一版把它与两个正义原则和优先性规则放在一起，是出于比较的考虑。笔者猜测，罗尔斯在修订版中删除它的理由是，"一般正义观念"不是他本人主张的公平正义观念，放在这里容易让人产生误解。这一点在接下来的评论中得到了佐证。

【诠释】

一般正义观念 所有的社会基本善——自由和机会、收入和财富以及自尊的基础——都将被平等分配，除非任何或所有社会基本善的不平等分配有利于最少受惠者或最不受青睐者。

【原文】

在诠释《正义论》1999年修订版第46节最后这个段落之前，我们先引用一下《正义论》1971年第一版同一个段落的原文。

By way of comment, these principles and priority rules are no doubt

incomplete. Other modifications will surely have to be made, but I shall not further complicate the statement of the principles. It suffices to observe that when we come to nonideal theory, we do not fall back straightway upon the general conception of justice. The lexical ordering of the two principles, and the valuations that this ordering implies, suggest priority rules which seem to be reasonable enough in many cases. By various examples I have tried to illustrate how these rules can be used and to indicate their plausibility. Thus the ranking of the principles of justice in ideal theory reflects back and guides the application of these principles to nonideal situations. It identifies which limitations need to be dealt with first. The drawback of the general conception of justice is that it lacks the definite structure of the two principles in serial order. In more extreme and tangled instances of non-ideal theory there may be no alternative to it. At some point the priority of rules for nonideal cases will fail; and indeed, we may be able to find no satisfactory answer at all. But we must try to postpone the day of reckoning as long as possible, and try to arrange society so that it never comes (original edition, p. 303).

【诠释】

从表述可知，这些原则和优先性规则无疑是不完备的（不周全的）。它们的确有待于另作修订，但我不会使这些原则的陈述进一步复杂化。我们只要留意以下一点就已足够：当我们谈论非理想理论时，我们不会直接回到一般正义观念上来。两个正义原则的词序以及这种词序所暗示的评价都表明，优先性规则在许多情况下似乎是足够合理的。通过各种例证，我试图说明如何使用这些规则，并且表明其可行性。因此，在理想理论中，正义原则的排序反映并指导这些原则在非理想情境中的应用。它确定了哪些限制需要先行得到处理。一般正义观念的缺点是，它缺乏两个原则按顺序排列的明确结构。在非理想理论的更极端、更纠结的情况下，可能不存在取代它的其他选项。在某种程度上，适用非理想情况的规则优先性将失灵；事实上，我们可能根本找不到令人满意的答案。但是我们必须尽可能地推迟清算日的来临，并设法这样安排社会，让这一天永远不会到来。

【评析】

上面是笔者对这个段落的重新诠释（参考 H 本第一版，第 303 页）。

罗尔斯在《正义论》第一版这个段落中表达的意思是清楚的，在公平正义观念提出之前，一般正义观念有它的存在理由。当然，与公平正义观念相比，一般正义观念的弊端或缺点是一目了然的。令人遗憾的是，个别学者一口认定，一般正义观念与公平正义观念是一致的。他表示："在《正义论》的第11节（修订版相同），在表述完一般正义观之后，罗尔斯说，'这个观念是含糊和需要解释的。'在《正义论》1971年版的第46节，在表述完一般正义观之后，罗尔斯说，'一般正义观的弊端在于它缺少把两个正义原则排列在系列次序中的明确结构。'从这两段论述及其上下文来看，提出'一般正义观'是罗尔斯表述其正义理论的需要，而他之所以认为一般正义观是'极其含糊和需要解释的'，是因为它'缺少把两个正义原则排列在系列次序中的结构'，故此，他在讲完一般正义观后，又对两个正义原则及其排序做了详细的说明。这表明，罗尔斯并非不赞同这种一般的正义观，而只是认为对它还需要做进一步的解释。"① 批评者认为，罗尔斯"并非不赞同"这种一般正义观念。笔者认为这个观点是不成立的。

我们从《正义论》第一版如上表述可知，罗尔斯不赞成一般正义观念，它存在一个显著缺点："**它缺乏两个原则按顺序排列的明确结构。**"公平正义观念克服了那个缺点，它不允许以社会利益和经济利益去交换政治权利，或者以牺牲政治权利为代价，去换取社会利益和经济利益。这正是正义的首要性要求的。"正义是社会制度的首要德性"是对"正义的首要性"的完整表达。在罗尔斯正义理论中，正义是社会制度的首要德性——正义的首要性——两个正义原则——优先性规则——正当概念优先于善概念——公平正义观念对效用论正义观念的批评和取代——一般正义观念的缺陷——公平正义观念通过阐述正义原则排序对一般正义观念缺陷的克服，如此等等。它们构成一个完整的逻辑论证链条。

从一般正义观念出发来解读公平正义观念，至少在两个地方犯下严重错误。第一，把一般正义观念误读为公平正义观念，一般正义观念和公平正义观念所指的正义"要求所有社会基本善都应当平等地分配，使每个人拥有相等的份额"②。笔者认为，那是一般正义观念的要求，而不是公平正义观念的要求。实际上，作为公平正义观念重要组成部分的差别原则"在理论上允许无限大的不平等"，在实践上也承认"收入和财富的差距"，只

---

① 段忠桥："'正义是社会制度的首要价值'其含义是什么?"，《浙江社会科学》2022年第1期。
② 段忠桥：《从历史唯物主义到政治哲学》，第300页。

是那个差距"不应当过大":"尽管在理论上,差别原则允许无限大的不平等(indefinitely large inequalities),以反过来取得较不受青睐者的微小收益,但是在实践中,鉴于必要的背景制度(§26),收入和财富的差距(spread of income and wealth)不应当过大(pp. 470 – 471)"。一般正义观念才要求"所有的社会价值——自由和机会、收入和财富,以及自尊的社会基础——都应当平等地分配,除非不平等地分配这些价值的任一价值或所有价值,将符合每个人的优势和利益"(p. 54)。第二,把"正义是社会制度的首要德性"中的"正义"解读为"分配正义",把"正义是社会制度的首要德性"解读为"分配正义是现存制度必须首先实现的价值"[①]。试图把某种令人误解的正义观念强加于罗尔斯正义理论,这当然是极其错误的。

因此,公平正义观念不同于一般正义观念。罗尔斯用公平正义观念来纠正或修正一般正义观念。这一点从《正义论》修订版同一个段落的相关修订中得到进一步佐证。在《正义论》修订版中,罗尔斯删除了原来出现在其第一版关于"一般正义观念"完整陈述的段落;在下面这个修订版段落中,他还删除了第一版关于"一般正义观念"的相关讨论。笔者要问的是,如果一般正义观念是罗尔斯本人支持的,他为什么要在修订版中对它们做删除处理呢(相关内容参阅 H 本第一版,第 303 页)?

【原文】 §46 – 7 – p. 267

By way of comment, these principles and priority rules are no doubt incomplete. Other modifications will surely have to be made, but I shall not further complicate the statement of the principles. It suffices to observe that when we come to nonideal theory, the lexical ordering of the two principles, and the valuations that this ordering implies, suggest priority rules which seem to be reasonable enough in many cases. By various examples I have tried to illustrate how these rules can be used and to indicate their plausibility. Thus the ranking of the principles of justice in ideal theory reflects back and guides the application of these principles to nonideal situations. It identifies which limitations need to be dealt with first. In the more extreme and tangled instances of nonideal theory this priority of rules will no doubt fail; and indeed, we may be able to find no satisfactory

---

[①] 段忠桥:《从历史唯物主义到政治哲学》,第 301 页。

answer at all. But we must try to postpone the day of reckoning as long as possible, and try to arrange society so that it never comes.

【评析】

1. 原文："**This priority of rules will no doubt fail**"（p. 267）。H 本："诸规则的优先性无疑会失效"（第 238 页）。新解："诸规则的这种优先性无疑会失灵。"

2. 原文："**The day of reckoning**"（p. 267）。H 本："评价之日"（第 238 页）。新解："清算日"。

【诠释】

从表述可知，这些原则和优先性规则无疑是不完备的(不周全的)。它们的确有待于另作修订，但我不会使这些原则的陈述进一步复杂化。当我们谈到非理想理论时，两个正义原则的词序以及这种词序所暗示的评价都表明，优先性规则在许多情况下似乎是足够合理的。通过各种例证，我试图说明如何使用这些规则，并且表明其可行性。因此，在理想理论中，正义原则的排序反映并指导这些原则在非理想情境中的应用。它确定了哪些限制需要先行得到处理。在非理想理论的更极端、更纠结的例证中，诸规则的这种优先性无疑会失灵；事实上，我们可能根本无法找到令人满意的答案。但是，我们必须尽可能地推迟清算日的来临，并设法这样安排社会，让这一天永远不会到来。

§47 正义的准则
The Precepts of Justice

【题解】

罗尔斯严格区分了两个正义原则的适用性质和适用范围。他重视在物质层面上社会最弱阶层的基本生活和工作条件的改善，这种改善就是分配正义的目标。罗尔斯认为，无论是资本主义私有制还是社会主义公有制，都存在相同的分配正义目标。他在这一节分析了不同的收入分配原则，既有按照努力分配的准则，也有按照贡献分配的准则，还有按照需求分配的准则。罗尔斯提到了马克思的按需分配准则。他称之为"需求准则"（precept of need）。但他并不认为，需求准则是一个在政治上有着特别价值的或者特别高级的原则，因为需求准则实现的分配，只是社会最低保障意义的分配。他在另一个地方评论道："我们应当如何理解'各尽所能，按需分配'的原则？我认为，它不是一条正义的原则，也不是一条正当的原则。只是一个描述性的概念或原理，可以准确地描述共产主义高级阶段的社会变革以及社会的运行机制。"① 当然，我们可以说，罗尔斯在这里存在着对马克思分配理论的误解。因为在马克思那里，按需分配是一种消灭私有制和消灭剥削阶级之后，劳动力不再是买卖的商品，在社会生产力水平极其发达的情况下，劳动者按照生活、学习和工作的需要而实现的均等收入和利益分配，它是人类社会发展到相当高级阶段的结果。罗尔斯关于分配正义的考虑，主要是一种劳动力商品或劳动力市场视角，劳动力的价格取决于劳动力市场的供需状况。因此，他会说："假设每个公司（不论公有还是私有）都必须调整其对长期供求关系的工资价格。公司的薪酬不能定得太高，以至于付不起这些薪酬。公司的薪酬也不能定得太低，以至于足够多的人考虑到其他可得到的机会，将不愿意为公司效劳。在均衡状态下，考虑到所有因素，不同工种的相对吸引力是相等的。"（pp. 268 - 269）由于罗尔斯的正义理论缺乏基本的历史逻辑和社会逻辑，他仍然停留在社会契约论意义上来讨论分配正义原则，其论证的局限性是一目了然的。

另外，罗尔斯也讨论了背景正义，这也是一个很有争议的问题。②

【原文】 § 47 - 1 - p. 267

【评析】

1. 原文："**Once the just rate of savings is ascertained or the appropriate range of rates specified, we have a criterion for adjusting the level of the social minimum**"（p. 267）. H本："只要正义的储存率或合适的比率范围被确定，我们就有了一个调整社会最低受惠值水平的标准"（第238页）。**新解**："一旦确定了合理的储蓄率或规定了适当的利率范围，我们就有了调整社会最低保障水平的标准。"

2. 原文："**The sum of transfers and benefits from essential public goods should be arranged so as to enhance the expectations of the least**

---

① 罗尔斯：《政治哲学史讲义》，杨通进、李丽丽、林航译，中国社会科学出版社2011年版，第385页。
② Thomas Porter Sinclair, "The Limits of Background Justice", *Social Philosophy and Policy*, Volume 30, Issue 1 - 2, January 2013, pp. 352 - 372.

favored consistent with the required savings and the maintenance of equal liberties"（p. 267）. H 本："转让的数额和从基本的公共利益得来的好处应当这样安排，以提高不利者的期望，并与必要的储存、平等自由的维持相一致"（第 238 页）。新解："来自基本公共物品的转移支付和收益总额应当这样安排，在符合所需储蓄和维护平等自由的前提下，旨在提高最不受青睐者的预期。"

3. 原文："Earnings plus transfers"（p. 267）. H 本："工资加转让"（第 238 页）。新解："工资加上转移支付"。

【诠释】

满足两个正义原则的制度草图现在已经绘制完成。一旦确定了合理的储蓄率或规定了适当的利率范围，我们就有了调节社会最低保障水平的标准。来自基本公共物品的转移支付和收益总额应当这样安排，在符合所需储蓄和维护平等自由的前提下，旨在提高最不受青睐者的预期。当基本结构采取这种形式时，它导致的分配无论怎样都将是正义的（或者至少没有违反正义）。每个人都获得了在其合法预期得以确立的一套公开规则之下应得的总收入（工资加上转移支付）。

【原文】§47 – 2 – pp. 267 – 268

【评析】

1. 原文："A large element of pure procedural justice"（p. 267）. H 本："较大成分的纯粹程序正义"（第 238 页）。新解："纯粹程序正义的要素"。

2. 原文："No attempt is made to define the just distribution of goods and services on the basis of information about the preferences and claims of particular individuals"（p. 267）. H 本："我们并不试图在知道具体个人的偏爱和要求的基础上来规定关于利益和服务的正义分配"（第 238 页）。新解："没有人试图根据特定个体的偏好和诉求信息来确定产品和服务的正义分配。"

3. 原文："To set up and to administer impartially a just system of surrounding institutions"（p. 268）. H 本："建立并公正地管理一种背景制度的正义体系"（第 238 页）。新解："公道地建立和管理一组配套的正义制度"。

【诠释】

现在，正如我们前面所看到的（§14），这种分配正义观念的主要特点是，它包含纯粹程序正义的要素。没有人试图根据特定个体的偏好和诉求信息来确定产品和服务的正义分配。从某个适当的一般观点来看，这种知识被认为是不相关的；在任何情况下，它都会导致一些复杂情况，而它们无法用人们可能合理同意的可容忍的简单原则来处理。但是，如果纯粹程序正义观念要取得成功，正如我所说的那样，就必须公道地建立和管理一组配套的正义制度。对纯粹程序正义的依赖，是以基本结构满足两个正义原则为前提的。

【原文】§47-3-p.268

【评析】

1. 原文："This account of distributive shares is simply an elaboration of the familiar idea that income and wages will be just once a (workably) competitive price system is properly organized and embedded in a just basic structure"（p.268）。H本："对分配份额的解释恰恰详细地说明了这样一种尽人皆知的观念，即一旦一种（可行的）竞争价格制度恰当地得到组织且体现在一个正义的社会基本结构中，那么收入和工资便将是正义的"（第238页）。新解："如此解释分配份额，只是阐述了以下众所周知的理念：一旦（可行的）竞争价格体系被适当地建立起来，并且被嵌入某个正义基本结构之中，收入和工资便是公平的。"

2. 原文："The distribution that results is a case of background justice on the analogy with the outcome of a fair game"（p.268）。H本："作为结果的分配是背景制度的正义的一种情况，类似于一种公平博弈的结果"（第238—239页）。新解："由此产生的分配，类似于公平博弈的结果，是背景正义的一个例证。"

3. 原文："In particular we must ask how well it accords with common sense precepts of justice. It seems as if we have ignored these notions altogether. I now wish to show that they can be accounted for and their subordinate place explained"（p.268）。H本："具体地说，我们必须询问它符合常识性正义准则的程度怎样。看来我们似乎忽略了这些观点。现在我就来表明，这些观点及其附属地位是能够得到解释的"（第239页）。新

解："特别是，我们须要拷问，它在多大程度上符合常识性正义准则。我们似乎完全忽视了这些观念。本人现在想要表明，这些观念能够得到解释，它们的从属地位能够得到说明。"

【诠释】

如此解释分配份额，只是阐述了以下众所周知的理念：一旦（可行的）竞争价格体系被适当地建立起来，并且被嵌入某个正义基本结构之中，收入和工资便是公平的。这些条件是充分的。由此产生的分配，类似于公平博弈的结果，是背景正义的一个例证。但是，我们需要考虑，这样的分配正义观念是否符合我们关于合乎正义和违反正义的直觉理念。特别是，我们须要拷问，它在多大程度上符合常识性正义准则。我们似乎完全忽视了这些观念。本人现在想要表明，这些观念能够得到解释，它们的从属地位能够得到说明。

【原文】 §47 – 4 – p. 268

【评析】

1. 原文："**In the case of wages, the precepts to each according to his effort and to each according to his contribution are contrary injunctions taken by themselves**"（p. 268）。H 本："在工资的例子中，每个人按照他的努力来取酬和每个人按照他的贡献来取酬的这两个准则，其本身就是相反的命令"（第 239 页）。**新解**："以工资为例，按照努力付酬和按照贡献付酬，这是两个相互矛盾的准则。"

2. 原文："**There are other alternatives than that of utility**"（p. 268）。H 本："除功利原则之外，还存在着其他的选择对象"（第 239 页）。这里的 "alternatives" 不应解读为 "选择对象"，而应解读为 "可选原则"。**新解**："除效用原则以外，还存在其他可选原则。"

3. 原文："**How they would receive their appropriate weights**"（p. 268）。H 本："它们会得到何种方式的评价"（第 239 页）。短语 "appropriate weights" 应解读为 "适当的权重"，但它在 H 本中消失了。**新解**："它们将如何获得适当的权重。"

【诠释】

这个问题可以陈述如下。密尔正确地论证说，只要一个人拘泥于常识性正义准则，就无法协调这些正义准则。以工资为例，按照努力（勤劳）付酬和按照贡献付酬，这是两个相互矛盾的准则。此外，如果我们想给它们指派一定的权重，那么将不存在确定其相对优点(relative merits) 的办法。因此，常识性准则表达不了某种明确的公平工资理论。① 然而，我们不能像密尔设想的那样推论道，一个人只要采用效用原则，就能得到令人满意的工资观念。某个更高原则确实是必要的；但是，除效用原则以外，还存在其他可选原则。甚至有可能把这些准则中的一个准则，或它们的某种组合，提升到首要原则的水平，比如按需分配。② 从正义论的观点看，两个正义原则定义了这个正确的更高标准。因此，有待考虑的问题是，在良序社会里，是否会出现常识性正义准则，以及它们将如何获得适当的权重。

【原文】§47 – 5 – pp. 268 – 269

【评析】

1. 原文："Consider the case of wages in a perfectly competitive economy surrounded by a just basic structure"（p. 268）。H 本："我们现在从由一个正义的社会基本结构所环绕的一种完善的竞争经济中来考察工资的例子"（第239页）。短语："A perfectly competitive economy". 应解读为"一个完全竞争经济体"，而不是"一种完善的竞争经济"。**新解**："以完全竞争经济体中的工资为例，这种经济体与正义的基本结构紧密相连。"

2. 原文："They simply identify features of jobs that are significant on either the demand or the supply side of the market, or both"（p. 269）。H 本："这些正义准则仅仅确定出从劳动力市场的求方或供方，或供求双方看来是有意义的工作的特征"（第239页）。**新解**："它们简单规定着市场供需一方或双方足够明确的工种特点。"

3. 原文："Tend to earn a premium"（p. 269）。H 本："倾向于赚得一笔特别报酬"（第240页）。**新解**："往往能赚取溢价"。

4. 原文："Allowing time for adjustment, assign them the weights called for by market conditions"（p. 269）。H 本："按照市场的需要随时调整对它们的评价"（第240页）。**新解**："根据市场条件的要求，允许随

---

① 密尔:《功利主义》第五章，第30段。——原注
② 马克思在《哥达纲领批判》中援引了这个准则，参阅《马克思恩格斯选集》第2卷，莫斯科：外文出版社1955年版，第24页。——原注

时调整它们的权重。"

【诠释】

以完全竞争经济体中的工资为例,这个经济体与正义的基本结构紧密相连(互为表里,相辅相成)。假设每个公司(不论公有还是私有)都必须调整其对长期供需关系的工资价格。公司的薪酬不能定得太高,以至于付不起这些薪酬。公司的薪酬也不能定得太低,以至于足够多的人考虑到其他可得到的机会,将不愿意为公司效劳。在均衡状态下,考虑到所有因素,不同工种的相对吸引力是相等的。于是不难看出,各种正义准则是如何产生的。它们简单规定着市场供需一方或双方足够明确的工种特点。公司的劳动力需求由劳动的边际生产率决定,也就是说,由用其所生产商品的销售价格衡量的劳动单位贡献的净价值决定。对公司的这种贡献,最终取决于市场条件,取决于家庭愿意为各种商品买单。经验和培训,天赋能力和特殊专长,往往能赚取溢价。因为具有这些特征的人有着更强的生产能力,公司愿意为他们支付更多的薪水。这个事实说明和强调着按照贡献付酬的规则。在特殊情况下,我们确立了按照训练付酬或按照经验付酬的规则。但是,从供应方来看,如果要说服那些后来可能提供服务的人承担培训和延期的费用,就必须支付额外酬金。同样,涉及不确定的或不稳定的工种,或在危险的和不愉快的艰苦条件下工作的工种,往往会得到更多报酬。否则的话,企业就找不到人去做那样的活儿。在这种情况下,就产生了按照努力付酬或按照风险付酬的规则。即使个体具有相同的天赋能力,这些规范仍将按照经济活动的要求而产生。鉴于生产单位的目标和寻求工作的劳动者的目的,某些特征被列为相关的。在任何时候,公司的工资实务都倾向于承认这些规则,根据市场条件的要求,允许随时调整它们的权重。

【原文】 §47-6-pp.269-270

【评析】

1. 原文:"So long as the aims of economic agents are sufficiently similar, these precepts are bound to be appealed to, and wage practices will explicitly take them into account"(p.269). H本:"只要经济实体的目标是充分相似的,这些准则就必定要被诉诸,工资政策就将明确地考虑它们"(第240页)。**新解**:"只要经济实体的目标足够相似,它们都必定诉

诸这些准则，工资实务将明确考虑这些准则。"

2. 原文："The weights that are assigned to these precepts will not in general be the same"（p. 269）。H本："对这些准则的评价一般是不同的"（第240页）。新解："分配给这些准则的权重一般不会相同。"

3. 原文："When the family of background institutions is governed by distinct conceptions"（p. 270）。H本："当背景制度中的家庭受不同的观念支配时"（第240页）。新解："当这组背景制度由不同正义观念支配时"。

4. 原文："Common sense norms"（p. 270）。H本："常识性准确"（第240页）。新解："常识性规范"。它与原文中的另一表述"common sense precepts"同义，表示"常识性准则"或"常识性规范"的意思。

【诠释】

所有这些似乎都是相当清晰的。另有几点也须提一下。一方面，不同的正义观念，可能产生若干相同的常识性准则。因此，在由效用原则调节的社会中，所有上述规范都很可能得到承认。只要经济实体的目标足够相似，它们都必定诉诸这些准则，工资实务将明确考虑这些准则。另一方面，分配给这些准则的权重一般不会相同。正是在这里，各种正义观念出现了分歧。不仅有一种趋势，以其他方式操作工资实务，而且经济事件的长期趋势几乎肯定是另一番景象。当这组背景制度由不同正义观念支配时，公司和工人务必适应的市场力量将是不一样的。不同的供求平衡要这样来看：不同的准则得到了不同的衡量。因此，各种正义观念的对比，没有出现在常识性规范的水平上，而是显现于对这些规范的如此强调中，随着时间的推移，那些规范发生着相应的变化。无论如何，习惯的或传统的公平平衡观念都不应被视为根本性的，因为它将取决于规制背景制度的原则，取决于这些原则对当前条件所需的调整。

【原文】§47-7-p.270

【评析】

1. 原文："When there are no restrictions on entry or imperfections in the capital market for loans（or subsidies）for education, the premium earned by those better endowed is far less"（p. 270）。H本："当对获得教育的机会没有限制，或在资金市场中对教育方面的贷款（或补贴）没有缺

陷时，那些禀赋较佳的人所获得的额外报酬就会减少很多"（第241页）。**新解**："当资本市场对教育贷款（或补贴）没有准入限制时，或者当资本市场对教育贷款（或补贴）存在各种缺陷时，禀赋较好者获得的溢价就要少得多。"

2. **原文**："Resetting the weight of precepts"（p. 270）. H本："重新确立了这些准则的重要性"（第241页）。**新解**："重新设定规则的权重"。

【诠释】

我们不妨举例说明这一点。假设第一个社会的基本结构提供公平的均等机会，第二个社会的基本结构则没有提供公平的均等机会。那么，在第一个社会里，按照贡献付酬的规则，在按照训练和教育付酬的特殊形式中，可能获得较少的权重。我们假设，正如事实表明的那样，人有不同的天赋能力。之所以这样，是因为随着越来越多的人获得培训和教育的好处，在第一个社会中，合格的人力供应将大大增加。当资本市场对教育贷款（或补贴）没有准入限制时，或者当资本市场对教育贷款（或补贴）存在各种缺陷时，禀赋较好者获得的溢价就要少得多。较受青睐阶层（处境较好阶层）和最低收入阶层之间的收入相对差距趋于接近；当差别原则得到遵循时，这个趋势更为显著。因此，第一个社会和第二个社会相比，给予按照培训和教育付酬规则的权重要少一些，而给予按照努力（勤奋）付酬规则的权重要大一些。当然，正义观念要求，当社会条件发生改变时，规则的适当平衡也会随之改变。于是，随着时间的推移，对其原则始终如一的应用，逐渐重塑社会结构，市场力量随之发生变化，从而重新设定规则的权重。即使现有的平衡是正确的，它也绝不是神圣不可侵犯的。

【原文】 §47-8 - pp. 270-271

【评析】

1. **原文**："None of these precepts can be plausibly raised to a first principle"（p. 270）. H本："没有一个准则有理由地被提高到第一原则的水平"（第241页）。**新解**："所有这些规则都不可能被合理升格为首要原则。"

2. **原文**："If all or many precepts are treated as first principles, there is no gain in systematic clarity"（p. 271）. H本："如果所有或许多准则都被当作第一原则的话，它们就会缺少明确的体系性"（第241页）。短语"systematic clarity"应解读为"系统的明晰性"而非"明晰的系统

性"。新解："如果所有准则或许多准则被视为首要原则，那就得不到系统的明晰性。"

3. 原文："**Quite general**"（p. 271）。H 本："相当的概括性"（第 241 页）。新解："相当通用"。

【诠释】

此外，重要的是要牢记常识性规范的从属地位。这样做有时是有困难的，因为它们在日常生活中是为人熟知的，它们很可能在我们的思想活动中有着突出的地位，以致它们的派生地位(非主导的从属地位) 是证明不了的。所有这些准则都不可能合理升格为首要原则。每个准则大概对应于与某些特定制度相联系的某个相关特征，这一特征是许多此类特定制度的特征之一。采纳其中一个准则为首要原则，必定忽略本应考虑的其他准则。如果所有准则或许多准则被视为首要原则，那就得不到系统的明晰性。常识性准则并非普遍适用的。为了找到合适的首要原则，我们必须超越常识性准则。诚然，有些准则在刚开始时显得相当通用。例如，按照贡献付酬准则，涵盖了完全竞争经济体中的许多分配情况。按照分配的边际生产力理论，每个生产要素都根据其增加的产出（假定生产资料私有制）获得收入。在这个意义上，工人的所得不多不少，正好是他劳动成果的全部价值。这对我们来说是公平的。它对我们劳动成果中的自然财产权的传统理念提出了新要求。因此，对一些作者来说，按照贡献付酬准则，似乎是令人满意的正义原则。①

【原文】§47-9-p. 271

【评析】

我们要想理解罗尔斯在这里关于按需分配的见解，可以参考他在其他地方对共产主义高级阶段是否为一个超越正义的社会的问题做出的回答："共产主义等同于没有强制的、激进的平等主义。这一理念仍然是站得住脚的；它包含：（a）所有的人都拥有平等获得和使用社会生产资料的平等权利。（b）所有的人都拥有与其他人一起共同参与到制定经济计划的公开

---

① J. B. 克拉克（J. B. Clark）是常被引用的典范。不过也可参阅 J. M. 克拉克《经济思想的发展》，H. W. 施皮格尔（H. W. Spiegel）编，纽约：约翰—威利父子出版社 1952 年版，第 598—612 页。——原注

而民主的决策中去的平等权利。(c) 所有的人都应——我设想——平等地分担那些任何人都不想去承担的必要的工作,如果存在这类工作的话(可以肯定会有许多这类工作)。因此,对这些物品的分配是正义的,如果我们认为平等是正义的话。……共产主义社会无疑是正义的。"①

1. 原文:"This is not the case"(p. 271)。H本:"这不是证据"(第241页)。新解:"事实并非如此"。

2. 原文:"The overall weighting of the many precepts is done by the whole system"(p. 271)。H本:"对许多准则的全面衡量要通过整个体系来做出"(第242页)。新解:"许多准则的总体权重是由整个系统来完成的。"

3. 原文:"The precept of need is left to the transfer branch; it does not serve as a precept of wages at all. To assess the justice of distributive shares, we must note the total working of the background arrangements, the proportion of income and wealth deriving from each branch"(p. 271)。H本:"按需分配的准则就应留给转让部门去执行;它完全不是一个有关工资的准则。为了评价分配份额正义,我们必须注意背景制度的总体活动和来自各个部门的收入和财富的比率"(第242页)。H本在这里使用了术语"按需分配",犯了一个严重的常识性错误。实际上,罗尔斯在这里讨论的是"需求准则"。H本的可商榷之处主要有:"precept of need"应解读为"**需要准则**",而非"按需分配的准则";"transfer branch"应解读为"**转移部门**"而非"转让部门";"the justice of distributive shares"应解读为"**分配份额的公平性**"而非"分配份额正义";"background arrangements"应解读为"**背景安排**"而非"背景制度";"total working"应解读为"**总体工作情况**"而非"总体活动";"proportion"应解读为"**比例**"而非"比率"。新解:"需求准则留给了转移支付部门;它根本不是一项工资准则。为了评估分配份额的正义,我们必须注意到背景安排的总体运作情况、各行各业的收入和财富比例。"

【诠释】

然而,事实并非如此。劳动力的边际产量取决于供给和需求的关系(供求关系)。个人对工作的贡献,随着公司对技能需求的变化而变化,后者随着(市场对)公司产品需求的变化而变化。一个人的贡献也会受到有多少人提供类似才干的影响。因此,不存在如下推论,只有在潜在市场力量以及

---

① 罗尔斯:《政治哲学史讲义》,杨通进、李丽丽、林航译,第384—385页。

它们能获得的机会得到适当监管的情况下，按贡献付酬准则才能获得公正的结果。这意味着，正如我们看到的那样，基本结构作为整体是正义的。因此，除非按照正义原则的要求来设置周围安排（surrounding arrangement），否则无法给正义准则以适当权重。一些机构可能确实特别重视某些准则，比如，竞争性经济体强调贡献准则。但是，从孤立使用的任一准则，推导不出最终分配的正义性。许多准则的总体权重是由整个系统来完成的。因此，需求准则（按需分配准则）留给了转移支付部门；它根本不是一项工资准则。为了评估分配份额的正义，我们必须注意到背景安排（background arrangement）的总体运作情况、各行各业的收入和财富比例。①

【原文】§47-10-p.272

【评析】

1. 原文："A perfectly competitive economy"（p.272）。H本："一种完善的竞争经济"（第242页）。新解："一种完全竞争的经济"。

2. 原文："Competition is at best imperfect"（p.272）。H本："竞争在最好的情况下也是不完善的"（第242页）。新解："竞争充其量是不完全的"。

3. 原文："Under modern conditions anyway industries soon come to be dominated by a few large firms"（p.272）。H本："至少在现代条件下，一些大公司很快控制了各个工业领域"（第242页）。新解："在现代条件下，一些大公司很快支配了各产业。"在这里H本把"industries"解读为"各个工业领域"是不确切的。

【诠释】

有人会反驳常识性准则的前述解释，反对纯粹程序正义理念，认为一种完全竞争的经济是永远无法实现的。事实上，生产要素从来没有得到其边际产品，而在现代条件下，一些大公司很快支配了各产业。竞争充其量是不完全的，人们得到的价值低于他们贡献的价值，在这个意义上，他们

---

① 因此，J. B. 克拉克在反驳马克思时犯了错误，即他没有充分思考背景正义问题。参阅J. M. 克拉克《经济思想的发展》，第610页。因为马克思谈论的剥削是一定财产关系结构的结果，它相容于完全竞争。——原注

受到了剥削。① 我们对这个反驳的回应是，首先，无论如何，凭借适当的背景制度，适当管制的竞争性经济观念是一个理想方案，它展示了两个正义原则的实现方式。它阐明了这些原则的内容，并提出了无论私有制经济还是社会主义政权都满足这个正义观念的方式。即使现有条件一直达不到这些理想假设，我们仍然持有何为正义的观念。此外，我们处于较好的位置，去评估现有缺陷的严重程度，并确定通往理想的最佳道路。

【原文】§47 – 11 – p. 272

【评析】

1. 原文："The sense in which persons are exploited by market imperfections is a highly special one: namely, the precept of contribution is violated" (p. 272). H本："个人因市场的缺陷而遭受剥削这种情况的意义是十分特别的，这就是说，它意味着即按贡献分配的准则被侵犯了"（第242页）。新解："人们由于市场缺陷而遭受剥削的感觉是一种非常特殊的感觉：亦即按贡献付酬的准则受到了违反。"

2. 原文："This precept is but one among many secondary norms, and what really counts is the workings of the whole system and whether these defects are compensated for elsewhere" (p. 272). H本："这个准则只是许多从属准则中的一个，真正要考虑的是整个制度的活动，以及这些缺陷是否在其他地方得到补偿"（第243页）。新解："这个准则只是许多次要规范之一，而真正重要的是整个系统的运作，以及这些缺陷是否在其他地方得到了补偿。"

【诠释】

其次，人们由于市场缺陷而遭受剥削的感觉是一种非常特殊的感觉：亦即按照贡献付酬的准则受到了违反，这种情况之所以发生，是因为价格体系不再有效。但是，正如我们刚才看到的，这个准则只是许多次要规范之一，而真正重要的是整个系统的运作，以及这些缺陷是否在其他地方得到了补偿。第三，既然没有从根本上实现效率原则，有人会说，整个共同体都受到了剥削。但是事实上，剥削观念在这里是不合适的。它意味着，

---

① 关于剥削的定义，参阅庇古（A. C. Pigou）《福利经济学》第4版，伦敦：麦克米伦出版社1932年版，第549—551页。——原注

背景制度存在深层的不正义，与市场低效率几乎没有关系。①

【原文】§47 – 12 – pp. 272 – 273

【评析】

1. 原文："Finally, in view of the subordinate place of the principle of efficiency in justice as fairness, the inevitable deviations from market perfection are not especially worrisome"（p. 272）。H 本："最后，鉴于效率原则在公平的正义中处于从属地位，我们就用不着特别担心对市场完善的不可避免的偏离"（第 243 页）。**新解**："最后，鉴于效率原则在公平正义中处于从属地位，对市场完善的难免偏差并不特别地令人担忧。"

2. 原文："It is more important that a competitive scheme gives scope for the principle of free association and individual choice of occupation against a background of fair equality of opportunity, and that it allows the decisions of households to regulate the items to be produced for private purposes"（p. 272）。H 本："更重要的在于：一种竞争体系在机会公平平等的背景下为自由联合体原则和个人职业选择提供了场所；而且一种竞争体系容许家庭的选择来调节满足私人目的的生产项目"（第 243 页）。**新解**："更重要的既在于，在公平的均等机会背景下，竞争性方案为自由往来原则和个人职业选择划定了范围；更重要的又在于，它允许家庭决定去调节为私人目的生产的产品。"

3. 原文："If markets are reasonably competitive and open"（p. 273）。H 本："如果市场是合理竞争和开放的话"（第 243 页）。**新解**："如果市场具有相当的竞争性和开放性"。

4. 原文："It seems more practicable than other traditional ideals, being explicitly framed to coordinate the multitude of possible criteria into one coherent and workable conception"（p. 273）。H 本："这个概念似乎比其他传统理想更为实际，因为它明确地建构了把大量可能的标准协调为一个内在统一的、可行的观念"（第 243 页）。**新解**："它似乎比其他传统观念更为可行，因为它明确地将各种可能标准协调成一个连贯可行的正义观念。"

---

① 参阅马克·布劳格（Mark Blaug）《经济理论的回顾》，第 434 页。——原注

【诠释】

最后，鉴于效率原则在公平正义中处于从属地位，对市场完善的难免偏差并不特别令人担忧。更重要的既在于，在公平的均等机会背景下，竞争性方案为自由往来（自由结社）原则和个人职业选择划定了范围；更重要的又在于，它允许家庭决定去调节为私人目的生产的产品。基本前提是，经济安排与自由制度和自由往来（自由联合）具有相容性。因此，如果市场具有相当的竞争性和开放性，那么纯粹程序正义观念是可行的。它似乎比其他传统观念更为可行，因为它明确地将各种可能标准协调成一个连贯可行的正义观念。

§48 合法预期和道德应得
Legitimate Expectations and Moral Desert

【题解】

罗尔斯讨论了"合法预期"。作为一个法学概念，国内法学界对这个概念多有探讨。① 罗尔斯还讨论了"以德配位"的分配正义观念，亦即所谓的"正义是与德性相般配的福分"（p. 273），这是一种在中国社会颇受欢迎的正义观念。罗尔斯反对提倡"道德应得"（moral desert）的分配正义观念。

按照第一正义原则，他承认个人拥有权利，通过偶然因素和运气，获得与其人格或人身相一致的偶然应得。道德应得重视人的内在价值；偶然应得重视人的偶然运气。罗尔斯认为，个体的偶然应得受到第一正义原则的保护。偶然应得是一种权利应得，"这种应得感是权利感"（this sense of desert is that of entitlement）（p. 89）。不过，在社会基本结构中，人的偶然应得要接受差别原则的调节。罗尔斯在第 17 节表示，个体的偶然应得不适合用"应得"概念来解释。"应得概念在这里是不适用的"（notion of

---

① 参阅余凌云"蕴育在法院判决之中的合法预期"，《中国法学》2011 年第 6 期；余凌云："行政法上合法预期之保护"，《中国社会科学》2003 年第 3 期；刘飞："信赖保护原则的行政法意义——以授益行为的撤销与废止为基点的考察"，《法学研究》2010 年第 6 期。

desert does not apply here）（p. 89）。①

　　实际上，罗尔斯不是一般反对应得理论，而是从差别原则的观点来看，人的偶然应得是不应得的。所以他说："以下说法是不正确的：拥有较高自然禀赋（natural endowments）和使其发展成为可能的优秀品质的个体，有权获得这样的合作方案，那个方案将使他们能够以不利于他人优势的方式获得更大利益。正如我们在社会上占据的初始起点不是应得的一样，我们在先天禀赋（native endowments）分布中占有的点位不是应得的。以下说法也是有问题的：我们的优秀品格是应得的，它能使我们努力培养自己的能力；因为这种品格在很大程度上取决于我们早年所处的幸运家庭和社会环境，我们对此是无权赊账的。应得概念在这里并不适用。当然，处境较优者和其他人一样，有权拥有其自然资质（natural assets）；这项权利在保护人身完整的基本自由的第一正义原则下得到保护。因此，根据公平的社会合作制度的规则，处境较优者有权获得他们所能获得的一切。我们的问题是，如何设计这个社会的基本结构方案。从一个适当的一般观点来看，差别原则似乎对处境较有利者和处境较不利者都是可以接受的。"（p. 89）

　　罗尔斯这段话包含几层意思：

　　1. 在第一正义原则保护下，每个人拥有完整的人身权利和自由。这是无条件的。

　　2. 在第一正义原则保护下，每个人可以用自己的较大优势追求自己的较大利益，这是有条件的。其条件是，不得损害他人的基本权利、自由和利益；否则与第一条相冲突。

　　3. 在公平的社会合作制度框架里，人们接受差别原则的调节，协调相互的利益追求。这是可以接受的。因为这种调节对于社会合作的继续开展是必要的。

　　4. 差别原则实现了社会合作的持续开展，也实现了合作各方的利益共赢。因此，从差别原则的观点来看，人的偶然权利不是应得的，需要进行调节。差别原则将得到各方赞同。

　　罗尔斯在这一节主要批评道德应得。他表示："正义的方案回答人们有权得到什么；它满足他们建立在社会制度基础上的合法预期。但是他们有权得到的价值，既不与他们的内在价值成正比，也不取决于他们的内在

---

① 参阅张国清"分配正义与社会应得"，《中国社会科学》2015 年第 5 期；王立：《正义与应得》，中国社会科学出版社 2019 年版。

价值。正义原则规制基本结构，并规定个体的义务和职责，但是正义原则没有提及道德应得，也不倾向于与之相称的分配份额。"（p. 273）任何个体或阶层的合法预期都不应建立在道德应得的基础上。所以，罗尔斯反对站在某个道德立场来看分配正义，反对把"道德应得"作为正当理由来评估劳动和资本市场各方的利益博弈。这可以理解为在自由市场主导下的初次分配中，讨论德性应得是不合时宜的。罗尔斯明确表示反对应得理论。他于是说，"the idea of rewarding desert is impracticable"（p. 274）。H 本把这个语句的"desert"（应得）解读成"德性"，把这个语句解读为"奖励德性的观念是不切实际的"（第 244 页），这是一个误读；有学者读为"回报应得的观念是不切实际的"可作参考。①

【原文】§48 – 1 – p. 273

【评析】

1. 原文："**Justice is happiness according to virtue**"（p. 273）。**H 本**："正义即为由德性决定的幸福"（第 243 页）。**新解**："正义是与德性相般配的福分"或者"正义是以德配位的福分"。

2. 原文："**Justice as fairness rejects this conception. Such a principle would not be chosen in the original position. There seems to be no way of defining the requisite criterion in that situation**"（p. 273）。**H 本**："公平的正义反对这一观点。这样一个原则不会在原初状态中被选择。那里看来决不会有确定必要标准的办法"（第 243 页）。**新解**："公平正义反对这种分配正义观念。这样的原则不会在初始位置上被选中。在初始位置上，似乎没有办法确定必要的标准。"

3. 原文："**The principles of justice that regulate the basic structure and specify the duties and obligations of individuals do not mention moral desert, and there is no tendency for distributive shares to correspond to it**"（p. 273）。**H 本**："调节社会基本结构和规定个人义务和责任的原则并不涉及道德应得，分配的份额并不倾向于要与它相称"（第 244 页）。**新解**："正义原则既规制基本结构，又规定个体的义务和职责，但是正义原则没有提及道德应得，也不存在分配份额与道德应得相匹配的趋势。"

---

① 姚大志：《平等》，第 171 页。

【诠释】

有一种常识认为，收入和财富，在生活中一般而言的美好事物（各种权利和利益），应该按照道德应得（moral desert）来分配。正义是与德性相般配的福分（所谓"以德配位"）。虽然人们承认，这是一个无法完全实现的理想，但它是一个恰当的分配正义观念，至少作为一个当然原则（prima facie principle），社会应该在条件许可的情况下努力实现它。① 现在，公平正义反对这种分配正义观念。这样的原则不会在初始位置上被选中。在初始位置上，似乎没有办法确定必要的标准。此外，按德性分配的观念未能区分道德应得和合法预期（legitimate expectations，合理预期、法定预期）。因此，当个体和团体参与正义安排时，他们确实可以根据公认准则提出相互要求。在现有安排的鼓励之下，他们现在有了一定的权利，正义的分配份额符合这些要求。然后，正义的方案回答人们有权得到什么；它满足他们建立在社会制度基础上的合法预期。但是，他们有权得到的价值，既不与他们的内在价值成正比，也不取决于他们的内在价值。正义原则既规制基本结构，又规定个体的义务和职责，但是正义原则没有提及道德应得，也不存在分配份额与道德应得相匹配的趋势。

【原文】§48-2-p.273

【评析】

1. **原文**："Surely a person's moral worth does not vary according to how many offer similar skills, or happen to want what he can produce"（p.274）。**H本**："一个人的道德价值无疑并不随着有多少人提供了类似的技能或者碰巧需要他能生产的东西的情况而变化。"（第244页）。**新解**："千真万确的是，一个人的道德价值，既不因提供类似技能的人数的变化而变化，也不因碰巧想要他能够创造价值的变化而变化。" **短语**："Moral deservingnes"。**H本**："道德价值"（第244页）。**新解**："道德应得能力"。

2. **原文**："When someone's abilities are less in demand or have

---

① 例如参阅罗斯（W. D. Ross）《正当与善》，牛津：克莱伦顿出版社1930年版，第21、26—28、35、57页。同样，莱布尼兹（Leibniz）在《万物的终极起源》（1697）中谈到正义法则时说，正义法则"宣称每个人（每个个体）分享宇宙的完美，分享与他自己的德性及他对共同善抱有的善良意志相称的幸福"。参阅莱布尼兹《莱布尼兹著作集》，维纳（P. P. Wiener）编，纽约：查尔斯—斯克里布纳出版社1951年版，第353页。——原注

deteriorated (as in the case of singers) his moral deservingness undergoes a similar shift"（p. 274）。H 本："当一个人的能力退化（如歌唱家）或者对这种能力的需求不大时，他的道德价值也经历了类似的变化"（第 244 页）。**新解："当一个人的能力不太被人看重时，或者，当一个人（比如歌唱家）的能力退化时，他的道德应得性也经历了类似变化。"** 这里的短语 "moral deservingness" 宜解读为 "道德应得性"，而不是 "道德价值"。

3. 原文："No one deserves his place in the distribution of natural assets any more than he deserves his initial starting place in society"（p. 274）。H 本："没有一个人应得他在自然天赋分配中的地位，正如没有一个人应得他在社会中的初始地位一样"（第 244 页）。人的自然资质，比如天赋能力是无法分配的。H 本的解读是有违常识的。**新解："就像没有人应得在社会中的起始点位那样，没有人应得自然资质分布方面的初始点位。"**

【诠释】

前面对常识性准则及其在纯粹程序正义中的作用的解释（§47）证明了这个论点。例如，在决定工资时，竞争性经济体给予按照贡献付酬准则以权重。但是正如我们看到的那样，人的贡献程度（这可以由其边际生产率来估算）依赖于供求关系。千真万确的是，一个人的道德价值，既不因提供类似技能的人数的变化而变化，也不因碰巧想要他能够创造价值的变化而变化。没有人会设想：当一个人的能力不太被人看重时，或者，当一个人（比如歌唱家）的能力退化时，他的道德应得性也经历了类似变化。所有这些都是相当明显的，而且一直为人们所赞同。① 它简单反映了前面指出的事实（参阅§17），亦即我们的道德判断的定位是：就像没有人应得在社会中的起始点位那样，没有人应得在自然资质分布方面的初始点位。②

【原文】 §48-3-p. 274

【评析】

1. 原文："The premiums earned by scarce natural talents, for

---

① 参阅奈特（F. H. Knight）《竞争伦理学》，纽约：哈珀兄弟出版社 1935 年版，第 54—57 页。——原注
② 后一个点位是先天的，难以改变的；前一个点位有先天因素，也有后天因素。后天因素是可以进行调节的，调节的程度体现了社会制度介入的强度，正义制度的安排是其中的一股重要力量。

example, are to cover the costs of training and to encourage the efforts of learning, as well as to direct ability to where it best furthers the common interest"（p. 274）。H 本："例如，绝世天才之所以被付给特别丰厚的报酬，是为了让他支付训练费用、激励他努力研习技艺、并把他的才能引导到最能推进公共利益的方向上去"（第 244 页）。**新解**："例如，稀缺天赋才能持有者（天才）赚取的溢价，是为了支付培训成本，鼓励努力学习，指导他们掌握最能促进共同利益的能力。"

2. 原文："**The distributive shares that result do not correlate with moral worth**"（p. 274）。H 本："正义准则所导致的分配份额和道德价值无关"（第 244 页）。分配份额并不由正义准则导致，而是由文中提到的诸多因素所产生。因此，H 本的解读是错误的。**新解**："其产生的分配份额与道德价值不相关联。"

3. 原文："**The initial endowment of natural assets and the contingencies of their growth and nurture in early life are arbitrary**"（p. 274）。H 本："自然天赋的最初资质和早期生活中发展和教养的偶然性是任意的"（第 244 页）。**新解**："自然资质持有者的初始禀赋、他们早年成长发育和营养的偶然因素都是任意的。"

4. 原文："**The effort a person is willing to make is influenced by his natural abilities and skills and the alternatives open to him**"（p. 274）。H 本："一个人愿意做出的努力是受到他的天赋才能和技艺以及他可选择的对象影响的"（第 244 页）。**新解**："一个人愿意付出的努力，受到天赋能力、技艺和向其开放的其他可选因素的影响。"

5. 原文："**The better endowed are more likely, other things equal, to strive conscientiously, and there seems to be no way to discount for their greater good fortune**"（p. 274）。H 本："在其他条件相同的情况下，禀赋较佳的人更可能认真地做出努力，而且似乎用不着怀疑他们会有较大的幸运"（第 244 页）。**新解**："禀赋越高的人，在其他条件相同的情况下，就越有可能真心竞进，而且似乎没有办法去低估他们会有更多的好运。"

6. 原文："**The idea of rewarding desert is impracticable**"（p. 274）。H 本："奖励德性的观念是不切实际的"（第 244 页）。**新解**："给应得以回馈的理念是行不通的。"

7. 原文："**And certainly to the extent that the precept of need is emphasized, moral worth is ignored**"（p. 274）。H 本："在人们强调按需分配的准则而忽略道德价值时显然就是如此"（第 244 页）。**新解**："当然，

在强调需要准则的程度上，道德价值被忽视了。"

8. 原文："**Nor does the basic structure tend to balance the precepts of justice so as to achieve the requisite correspondence behind the scenes. It is regulated by the two principles of justice which define other aims entirely**"（p. 274）. H本："此外，社会基本结构也没有倾向于平衡各种正义准则，以便暗中达到所需的一致。这种平衡完全是由规定着其他目标的两个正义原则来调节的"（第244—245页）。**新解："基本结构也不倾向于去平衡这些正义准则，以便暗中实现必要的对应。基本结构由完全规定着其他目标的两个正义原则来规制。"** 两个正义原则做不到对各种正义准则的平衡的调节，它们规制的是社会基本结构。因此，H本对这段话最后一个语句的解读值得商榷。

【诠释】

此外，没有一条正义准则旨在给德性以奖励（rewarding virtue，给美德以奖励）。例如，稀缺天赋才能持有者（天才）赚取的溢价，是为了支付培训成本，鼓励努力学习，指导他们掌握最能促进共同利益的能力。从道德的观点看，由于自然资质持有者的初始禀赋、他们早年成长发育和营养的偶然因素都是任意的，其产生的分配份额与道德价值不相关联。在直觉上看似最接近奖励道德应得（rewarding moral desert）的准则是按照努力分配的准则，也许更好的说法是，按照真心努力来分配的准则。① 不过显然地，一个人愿意付出的努力，受到天赋能力、技艺和向其开放的其他可选因素的影响。禀赋越高的人，在其他条件相同的情况下，就越有可能真心竞进（to strive conscientiously），而且似乎没有办法去低估他们会有更多的好运。给应得以回馈（rewarding desert，奖赏应得）的理念是行不通的。当然，在强调需求准则（按需分配）的程度上，道德价值被忽视了。基本结构也不倾向于去平衡这些正义准则，以便暗中实现必要的对应。基本结构由完全规定着其他目标的两个正义原则来规制。

【原文】 §48 - 4 - pp. 274 - 275

【评析】

罗尔斯既反对道德应得，也反对无条件的或绝对的平等主义分配正义

---

① 参阅奈特《竞争伦理学》，第56页注。——原注

理论。他认为从两个正义原则无法推导出人人均等地分配在社会中存在的美好事物之份额的结论。

1. 原文："The notion of moral worth as distinct from a person's claims based upon his legitimate expectations has not been explained"（p. 274）。H 本："我们一直没有解释道德价值观念和建立在合法期望之上的个人权利要求的区别"（第 245 页）。**新解**："我们一直没有解释区别于基于其合法预期的个人诉求的道德价值观念。"在这个语句中，一直没有得到解释的不是"区别"，而是"道德价值观念"。

2. 原文："But it is evident that understood in this way, the equal moral worth of persons does not entail that distributive shares are equal"（p. 275）。H 本："用这种方法来理解时，个人的平等的道德价值显然并不导致平等的分配份额"（第 245 页）。**新解**："不过，当我们以如此方式理解道德价值观念时，那么从人人享有均等的道德价值显然推导不出分配份额是均等的结论。"

3. 原文："Each is to receive what the principles of justice say he is entitled to, and these do not require equality"（p. 275）。H 本："每个人都应该得到按正义原则规定他有资格得到的东西，这些东西并不要求平等"（第 245 页）。**新解**："人人都将得到按照正义原则规定他有资格得到的东西，这些原则并不要求他们均等地得到它们。"这里的"these"指代"the principles of justice"，亦即"这些正义原则"，而不是"这些东西"。

【诠释】

我们用另一种方式也可以得出同样的结论。在前面的评论中，我们一直没有解释区别于基于其合法预期的个人诉求的道德价值观念。因此，我们不妨假定，我们这样来定义这个道德价值观念，它与分配份额没有关联。我们只需考虑这样的良序社会，在其中，制度是正义的，并且这一事实得到了公认。良序社会成员既有强烈的正义感，又有遵守现有法规和相互给予成员有权得其应得的有效愿望。在这种情况下，我们不妨假定，每个人具有平等的道德价值。于是，我们按照正义感、按照在初始位置上选中的原则行动的愿望（§72）定义了道德价值观念。不过，当我们以如此方式理解道德价值观念时，那么从人人享有均等的道德价值显然推导不出分配份额是均等的（亦即人人享有均等的分配份额）结论。人人都将得到按照正义原则规定他有资格得到的东西，这些正义原则并不要求他们均等地得到它们。

【原文】§48 – 5 – p. 275

【评析】

从这个段落使用的短语"notion of moral worth"和上一段落使用的短语"concept of moral worth"可知，罗尔斯通用着这两个概念。只是为了彰显表达形式的区别，笔者还是对两者做了区分。罗尔斯表示，道德应得在社会价值分配中没有发挥任何作用。人人按照道德价值或个人德性付酬是行不通的。

1. 原文："**Moral worth can be defined as having a sense of justice**"（p. 275）。H 本："道德价值就可以被规定为具有一种正义的意义"（第 245 页）。**新解**："道德价值就可定义为拥有某种正义感。"

2. 原文："**The substantive rules of property and the law of robbery and theft**"（p. 275）。H 本："实质性的财产法规和防盗法"（第 245 页）。**新解**："实质性财产法规和抢劫盗窃法"。

3. 原文："**For a society to organize itself with the aim of rewarding moral desert as a first principle would be like having the institution of property in order to punish thieves. The criterion to each according to his virtue would not, then, be chosen in the original position**"（p. 275）。H 本："对于一个社会来说，把奖励道德价值的目标作为第一原则来组织自身，就像为了惩罚窃贼而建立财产制度一样。所以，在原初状态中各方不会选择按照每个人的德性付酬的标准"（第 245 页）。H 本把术语"moral desert"，解读为"道德价值"，它的正解是"**道德应得**"。**新解**："对于社会来说，把奖励道德应得的目的作为首要原则来组织自身，类似于为了惩罚窃贼而建立财产制度。因此，在初始位置上，人人按照德性付酬的标准将不会被选中。"

【诠释】

关键在于：道德价值概念并未提供分配正义的首要原则。这是因为只有在正义原则、自然义务和职责的原则得到承认之后，道德价值概念才能被采用。一旦这些原则得到掌握，道德价值就可定义为拥有某种正义感；正如我们将在后面讨论的那样（§66），这些德性可以被描述为按照相应原则行动的愿望或倾向。于是，道德价值概念从属于正当概念和正义概念，它在分配份额的实质性规定中没有发挥作用。这个情况类似于实质性财产法规和抢劫盗窃法的关系。这些罪行及其所造成的过失都以财产制度为前提，财产制度是为优先而独立的社会目标建立的。对于社会来说，把奖励道德应得的目的作为首要原则来组织自身，类似于为了惩罚窃贼而建立财产制度。因此，在初始位置上，人人按照德性付酬的标准(准则) 将不会被选中。既然各方希望推进他们的善观念，即使他们能够为规定道德应得找到先行标准，他们也没有理由如此安排他们的制度，以致道德应得可以决定分配份额。

【原文】§48 – 6 – pp. 275 – 276

【评析】

罗尔斯在这里提到，人们要通过自己的努力才能获得"对于某个社会产品的分享权利"（claims to a share of the social product）。这里的"社会产品"区分于"基本公共物品"，前者是像职位和位置这样的社会产品，它们不是不可分割的；后者是每一个社会成员不必自己特别努力就可分享的产品，是不可分割的，比如地铁这样的公共交通。

1. 原文："**For in the way that one has a duty to uphold just arrangements, and an obligation to do one's part when one has accepted a position in them, so a person who has complied with the scheme and done his share has a right to be treated accordingly by others**"（p. 275）。H 本："因为，当一个人在正义制度中接受了某个地位时，在这方面他就有了维持正义制度的义务和尽自己份额的责任；所以一个遵守正义体系和尽其职责的人有权要求其他人也相应地这样对待他"（第245页）。**新解**："因为通过这种方式，当一个人在其中谋取职位时，他有义务维护正义安排，并恪守其职，尽到自己的责任，因此，照章办事且恪尽职守的人，有权受到他人的相应对待。"

2. 原文："**The claims of individuals are properly settled by reference to the rules and precepts（with their respective weights）which these practices take as relevant**"（p. 275）。H 本："个人的权利要求就要借助一些被认为是与这些实践相关的具有不同重要性的规范和准则来恰当地解决"（第245—246页）。**新解**："个人诉求参照这些法规和准则（以各自权重）得到适当解决，这些实践与这些法规和准则是相关的。"

3. 原文："**A just scheme gives each person his due：that is, it allots to each what he is entitled to as defined by the scheme itself**"（p. 276）。H 本："一个正义体系给予每个人以他应得的一份，换言之，它分配给每个人以正义体系本身规定的他有权得到的东西"（第246页）。**新解**："正义的方

案给予每个人以其应得的一份：换言之，它分配给每个人以这个方案本身规定他有权得到的东西。"这里的应得不是道德应得。

【诠释】

在良序社会中，个人通过做现存安排鼓励的某些事情而获得分享社会产品(share of the social product) 的权利。可以说，由此产生的合法预期是公平原则和正义的自然义务的另一方面。因为通过这种方式，当一个人在其中谋取职位时，他有义务维护正义的安排，并恪守其职，尽到自己的责任，因此，照章办事且恪尽职守的人，有权受到他人的相应对待。他们必须满足他的合法预期。因此，当正义的经济安排存在时，个人诉求参照这些法规和准则（以各自权重）得到适当的解决，这些实践与这些法规和准则是相关的。正如我们已经看到的那样，一种不正确的说法是，公平的分配份额根据其道德价值来奖励给个人。我们能说的只是，用老话来讲，正义的方案给予每个人以其应得的一份：换言之，它分配给每个人以这个方案本身规定他有权得到的东西。适用于制度和适用于个体的正义原则确定，这样做是公平的。

【原文】 §48 – 7 – p. 276

【评析】

罗尔斯认为，以下主张难以成立："分配份额应当符合道德价值。"因为在有权获得善和应当获得善之间存在着区分，正义的分配不是按照道德价值来进行的。

1. 原文："**We can still make a distinction between being entitled to something and deserving it in a familiar although nonmoral sense**" (p. 276). H 本："我们依然能够在有权得到某物和在一种我们熟悉的非道德意义上应得到某物这两者之间作出区别"（第246页）。**新解**："我们仍然可以在某个熟悉的但非道德的意义上区分有权得到之物和应当得到之物。"

2. 原文："**The losing team displayed to a higher degree the skills and qualities that the game calls forth, and the exercise of which gives the sport its appeal**" (p. 276). H 本："负者在很大程度上表现了比赛所要求的技艺和品质，表现了使比赛富有吸引力的运动方式，因此负者确实该得胜，但是由于坏运气或其他偶然性而失败了"（第246页）。**新解**："输了的参赛团队在更高程度上显示出比赛所要求的技能和品质，它们的实战赋予这项竞技体育以吸引力。"

3. 原文："The claims that individuals actually acquire inevitably deviate more or less widely from those that the scheme is designed to allow for"（p. 276）. H本："个人实际上所要求的必然多少偏离这一体系的设计所允许的范围"（第246页）。**新解**："个人实际索取的权益，难免多少偏离被设计出来的方案所许可的权益。"

【诠释】

现在应该注意的是，即使人的诉求被现有规则所调节，我们仍然可以在某个熟悉的但非道德的意义上区分有权得到之物和应当得到之物。① 举例来说，在一场比赛之后，人们常说输了的一方原本应当获胜。它并不意味着，胜利者没有资格夺取冠军，或者胜利者没有资格获得奖品。它只是意味着，输了的参赛团队在更高程度上显示出比赛所要求的技能和品质，它们的实战赋予这项竞技体育以吸引力。因此，失败的参赛者确实本来应该获胜，只是由于运气不好，或其他导致比赛失利的意外因素而输掉了比赛。同样，即使最好的经济安排也不会总是导致较为有利的结果。个人实际索取的权益，难免多少偏离被设计出来的方案所许可的权益。例如，处于有利位置者(in favored positions，身居要职者、受人恩宠者)，或许并不比别人有着更高的优秀品质和可行能力。所有这一切都是十分显然的。它的作用在于，尽管我们确实可以区分现有的安排要求我们尊重的权利要求，但是考虑到个人做过的事情和诸多事情的后果，以及在更加理想情况下产生的诉求，所有这些都不意味着，分配份额应当符合道德价值。即使事情以最好的方式发生，仍然不存在分配和德性相契合的趋势。

【原文】 §48-8-pp. 276-277

【评析】

1. 原文："They may believe that unless those who are better off have superior moral character, their having greater advantages is an affront to our sense of justice"（p. 276）. H本："他们可能相信除非那些状况较好者有优越的道德品性，否则他们所具有的较大的利益就是一种对我们的正

---

① 本人在此借用了乔尔·范伯格（Joel Feinberg）的观点，参阅范伯格《行为与应得》，普林斯顿：普林斯顿大学出版社1970年版，第64页。——原注

义感的冒犯"（第 246 页）。在这里，短语："Have superior moral character". 应解读为"有着更加卓越的道德品质"，而非"有优越的道德品性"；短语："Having greater advantages". 应解读为"具有的较大优势"，而非"所具有的较大的利益"。**新解："他们可能相信，除非那些处境较好者有着更加卓越的道德品质，否则，他们具有的较大优势是对我们的正义感的冒犯。"**

2. 原文："**This opinion may arise from thinking of distributive justice as somehow the opposite of retributive justice**"（p. 276）。H 本："这种意见可能来自这样一种思考：即把分配的正义看成多少是惩罚的正义的对立面"（第 246 页）。**新解："这种观点可能源于在某种程度上将分配正义视为报应正义之对立面的想法。"**

3. 原文："**A reasonable well-ordered society**"（p. 276）。H 本："合理的良序社会"（第 246 页）。**新解："相当良序的社会"。**

4. 原文："**To injure other persons in their life and limb**"（p. 276）。H 本："破坏其他人的生活，损害其他人的身体"（第 246 页）。在这里短语"life and limb"是法律上的固定术语，应解读为"**生命和肢体**"，而不是"生活和身体"。**新解："伤害他人的生命和肢体"。**

5. 原文："**They are not simply a scheme of taxes and burdens designed to put a price on certain forms of conduct and in this way to guide men's conduct for mutual advantage**"（pp. 276－277）。H 本："刑罚完全不是一个被设计来确定某些类型的行为的价格、以指导人们互惠合作的有关赋税与负担的体系"（第 246—247 页）。这里的"they"指的是"处罚"而非"刑罚"；"not simply"应解读为"不只是"而非"完全不是"；"a scheme of taxes and burdens"应解读为"一组赋税和负担"而非"有关赋税与负担的体系"。**新解："它们完全不是一组赋税和负担，旨在对某些行为形式进行定价，并以此指导人的行为，以实现互利互惠。"**

【诠释】

毫无疑问，有些人还可能争辩说：分配的份额至少在这个可行范围内应当符合道德价值。他们可能相信，除非那些处境较好者有着更加卓越的道德品质，否则，他们具有的较大优势是对我们的正义感的冒犯。现在，这种观点可能源于在某种程度上将分配正义视为报应正义之对立面的想法。诚然，在相当良序的社会里，那些因违反公正法律而受到处罚的人通常都做了错事。这是因为，刑法的目的是维护基本的自然义务，即禁止我们伤害他人的生命和肢体，或者禁止我们剥夺他人的自由和财产，而处罚就是为了达到这一目的。它们完全不是一组赋税和负担，旨在对某些行为形式进行定价，并以此指导人的行为，以实现互利互惠。如果刑法所禁止的行为从来没有发生过，那当然更好。① 因此，犯下这种行为的倾向是不良品行的标记，在正义社会里，法律处罚只会落在犯下这些错误的人身上。

【原文】§48-9-p.277

【评析】

1. 原文："Economic and social advantages"（p.277）。H本："经济和社会利益"（第247页）。新解："经济优势和社会优势"。

2. 原文："The function of unequal distributive shares is to cover the costs of training and education, to attract individuals to places and associations where they are most needed from a social point of view, and so on"（p.277）。H本："不平等的分配份额的作用是要用来支付训练和教育费用，并把个人吸引到那些从社会观点看来最需要他们的地位和团体中去"（第247页）。新解："不平等分配份额的作用在于，覆盖培训和教育费用，吸引个体到社会最需要的地方和社团中去，如此等等。"

3. 原文："Variations in wages and income and the perquisites of position are simply to influence these choices so that the end result accords with efficiency and justice"（p.277）。H本："工资、收入和职位津贴的多样性正好影响着这些选择，以致最终结果符合于效率和正义"（第247页）。新解："工资和收入的变动、职位或位置的额外津贴，只是如此影响着这些选择，以致最终结果符合效率和公正。"

4. 原文："To think of distributive and retributive justice as converses of one another is completely misleading and suggests a different justification for distributive shares than the one they in fact have"（p.277）。H本："把分配的正义和惩罚的正义看成是相对的两端是完全错误的，这意味着在不存在道德基础的分配份额那里加进了一个道德基础"（第247页）。H本的这个解读不知所云。加进了许多原文中没有的东西，比如"道德基础"。罗尔斯在这里真正讨论的是如何证明分配份额的正当性问题，而不

---

① 参阅哈特《法律的概念》，牛津：克莱伦顿出版社1961年版，第39页；范伯格：《行为与应得》，第五章。——原注

是分配份额的道德基础问题。罗尔斯否定从道德价值来证明分配份额的正当性，认为分配份额在市场经济中是一个供需问题，而不是一个道德应得问题，或者说它是一个纯粹的经济和社会问题，而不是一个基本权利问题。**新解**："将分配正义和报应正义视为彼此对立的两端是完全误导人的，这种想法表明，分配份额除了实际拥有的证明之外，还有不同的证明。"

【诠释】

显然，经济优势和社会优势①的分配是完全不同的。② 可以说，这些安排并不是刑法的反面，以至于一方惩罚某些罪行，另一方则奖励道德价值。③ 不平等分配份额的作用在于，覆盖培训和教育费用，吸引个体到社会最需要的地方和社团（places and associations）中去，如此等等。假设每个人都接受由正义感适当调节的自我利益或群体利益动机的适当性，那么每个人都会决定做那些最符合自己目标的事情。工资和收入的变动、职位或位置的额外津贴，只是如此影响着这些选择，以致最终结果符合效率和公正。在良序社会里，除非人们确信问题使刑法成为必要，否则，他们已经不再需要刑法。刑事正义或刑事司法（criminal justice）问题在很大程度上属于部分遵从理论，分配份额的考虑则属于严格遵从理论，因此属于对理想方案的考虑。将分配正义和报应正义（retributive justice）视为彼此对立的两端是完全误导人的，这种想法表明，分配份额除了实际拥有的证明之外，还有不同的证明。

§49 与混合（正义）观念的比较
Comparison with Mixed Conceptions

【题解】

罗尔斯在这一节讨论了用其他原则取代公平正义原则的可能性，这是一种用其他原则补充或完善公平正义原则的尝试，往往表现为用古典效用论的效用原则，尤其是平均效用原则取代第二正义原则，尤其是其中的差

---

① 经济利益和社会利益、经济价值和社会价值、经济权益和社会权益，这些术语在这里可以互换使用。
② 不同于因为犯下过错而得到的法律处罚，前者是分配份额；后者是报应份额。
③ 关于这一点参阅范伯格《行为与应得》，第62、69页脚注。——原注

别原则的尝试。这种混合正义观念认为，平均效用原则和差别原则并不完全相互排斥，它们是可以相互补充的。罗尔斯在这里对这种混合正义观念进行了评估。这里的"mixed conceptions"是指把正义理论的第二正义原则同效用论效用原则结合起来的"混合正义观念"，而不是一般意义上的"混合观念"。罗尔斯认为，混合正义观念并没有从根本上改变正义理论的契约论性质，它不是效用论的，而是契约论的。这可以看作罗尔斯对效用论做出的重大让步。所以，他才会有如下表示："只要公平正义的主要目标之一是建立一个替代古典效用论的理论，即使我们最终接受某个混合正义观念，而不是两个正义原则，这个目标也得到了实现。"（p. 278）罗尔斯在这里遇到的主要问题是，既然第二正义原则和效用原则都受到第一正义原则的约束，我们凭什么优先选择第二正义原则而不是效用原则。如果罗尔斯不能很好地论证并且回答这个问题，那么他的整个正义理论就会坍塌。因此，这一节的论题涉及罗尔斯正义理论之合理性的重要辩护。

【原文】§49-1-pp. 277-278

【评析】

1. 原文："The mixed conceptions"（p. 277）。H本："混合观念"（第247页）。新解："混合正义观念"。

2. 原文："These are defined by substituting the standard of utility and other criteria for the second principle of justice（§21）. I must now consider these alternatives, especially since many persons may find them more reasonable than the principles of justice which seem at first anyway to impose rather stringent requirements"（p. 277）。H本："我们曾通过用功利标准和其他标准来代替第二正义原则而规定了混合观念（见第21节），我现在必须考察这些替换对象，尤其是因为许多人可能认为这些混合观念比正义原则更合理；无论如何，正义原则被看起来是提出了相当严厉的要求"（第247页）。新解："这些混合正义观念是通过用效用标准和其他标准代替第二正义原则来定义的（§21）。本人现在必须考虑这些选项，尤其是因为许多人可能会认为，这些选项比两个正义原则更加合理，正义原则似乎首先会提出相当严格的要求。"

3. 原文："None of these views is utilitarian, for even if the principle of utility is substituted for the second principle, or for some part of it, say the difference principle, the conception of utility still has a subordinate place"

(p. 278). H 本："这些观念都不是功利主义的，因为即使功利原则代替了第二个原则或者第二个原则的某些部分，比方说代替了差别原则，功利观念还是只具有一个从属的地位"（第 247 页）。**新解**："这些混合正义观念都不是效用论的，因为即使效用原则取代第二正义原则，或取代第二正义原则的某一部分，比如说差别原则，这个效用正义观念仍然处于从属地位。"

【诠释】

虽然我经常比较正义原则和效用论（公平正义观念和效用正义观念，或者公平正义原则和效用正义原则），但是本人还没讨论过关于混合正义观念（指把不同正义原则综合起来的尝试）的任何问题。我们不妨回顾一下，这些混合正义观念是通过用效用标准和其他标准代替第二正义原则来定义的（§21）。本人现在必须考虑这些选项，尤其是因为许多人可能会认为，这些选项比两个正义原则更加合理，正义原则似乎首先会提出相当严格的要求。但需要直接强调的是，所有的混合正义观念都接受第一正义原则，因此承认平等自由的首要地位。这些混合正义观念都不是效用论的，因为即使效用原则取代第二正义原则，或取代第二正义原则的某一部分，比如说差别原则，这样的效用正义观念仍然处于从属地位。因此，只要公平正义的主要目标之一是建立替代古典效用论的正义理论，即使我们最终接受某个混合正义观念，而不是两个正义原则，这个目标也得到了实现。此外，鉴于第一正义原则的重要性，这些可选方案似乎保留了契约论的本质特征。

【原文】§49 – 2 – p. 278

【评析】

1. 原文："**Mixed conceptions are much more difficult to argue against than the principle of utility**"（p. 278）。H 本："反对混合观念的论证显然比反对功利原则的论证更为困难"（第 248 页）。**新解**："反对混合正义观念的论证显然比反对效用原则的论证要难得多。"

2. 原文："**The main problem, then, is what can still be said in favor of the second principle over that of utility when both are constrained by the principle of equal liberty**"（p. 278）。H 本："于是，主要问题在于：当平等自由的原则约束第二个原则和功利原则这两者时，为了支持第二个原则而非功利原则，我们还能说些什么？"（第 248 页）**新解**："因此，主要问

题在于：当平等自由原则约束第二正义原则和效用原则时，为了支持第二正义原则而非效用原则，我们还能说些什么？"

3. 原文："**We need to examine the reasons for rejecting the standard of utility even in this instance, although it is clear that these reasons will not be as decisive as those for rejecting the classical and average doctrines**"（p. 278）。H 本："即使在这种情形中，我们仍需要考察反对功利标准的理由，尽管这些理由显然不像反对典型的和平均的功利理论的理由那样具有决定性的作用"（第248页）。**新解："即使在这种情况下，我们也需要研究拒绝效用标准的理由，尽管很明显，这些理由不会像拒绝古典效用学说和平均效用学说那样具有决定性意义。**"这里的"the classical and average doctrines"主要指效用论的"古典效用学说和平均效用学说"，而不是"典型的和平均的功利理论"。

【诠释】

所以，从这些评论来看，反对混合正义观念的论证显然比反对效用原则的论证要难得多。许多作者看似承认某种变式的效用论观点，尽管这种观点被含糊地表达为各种社会利益的平衡与和谐，他们显然预设了一种在最低程度上保障基本自由的混合宪法制度。这样，他们实际上持有某种混合学说，因而来自自由的强有力论点就不能像以前那样使用。因此，主要问题在于：当平等自由原则约束第二正义原则和效用原则时，为了支持第二正义原则而非效用原则，我们还能说些什么？即使在这种情况下，我们也需要研究拒绝效用标准的理由，尽管很明显，这些理由不会像拒绝古典效用学说和平均效用学说那样具有决定性意义。

【原文】§49 – 3 – pp. 278 – 279

【评析】

1. 原文："**The view arising when the principle of average utility constrained by a certain social minimum is substituted for the difference principle**"（p. 278）。H 本："在由某种社会最低受惠值所限制的平均功利原则代替了差别原则的情况下，这种混合观点便产生了"（第248页）。**新解："当受到一定社会最低保障约束的平均效用原则代替差别原则时，便产生了这种混合正义观念。"**

2. 原文："Anyone using the two principles of justice might also appear

to be striking a balance between maximizing average utility and maintaining an appropriate social minimum"（p. 278）. H 本："使用两个正义原则的人看来也可能是在追求平均功利的最大值和维持适当的社会最小值之间作出一种平衡"（第 248 页）. 新解："使用两个正义原则的人也显然努力在极大化平均效用和维持适当的社会最低保障之间寻求平衡."

【诠释】

我们先考察与两个正义原则相当接近的一种混合正义观念（mixed conception）。在其他条件仍然不变的情况下，当受到一定社会最低保障约束的平均效用原则代替差别原则时，便产生了这种混合正义观念。这里的困难大致等同于直觉论学说的困难：如何筛选并且调节社会最低保障，以适应变化着的环境？使用两个正义原则的人也显然努力在极大化平均效用和维持适当的社会最低保障之间寻求平衡。如果我们只在意他考虑的判断，而没有留意他为这些判断给出的理由，那么他的说法可能难以区分于那些支持这种混合正义观念的人的说法。本人认为，在不同条件下，确定社会最低保障有足够的自由度来实现这一结果。那么，我们怎么知道，采取这种混合正义观念的人实际上并不依赖于差别原则呢？可以肯定的是，他没有意识到要诉诸差别原则，而且他甚至可能拒绝这样做的建议。但是事实证明，限定平均效用原则的所需最低保障水平导致的后果，与他实际遵循这一标准时产生的后果完全相同。此外，他无法解释他选择最低保障的理由；他能说的最多是，他做出的决定对他来说似乎是最为合理的。现在硬要说这样的人真在使用差别原则，那就实在太过分了，因为他的判断可能符合其他一些标准。然而，他的正义观念仍然有待确认。在暗中为确定适当的最低保障留下余地，如此做法导致这个问题仍然悬而未决。

【原文】§49 – 4 – p. 279

【评析】

1. 原文："Thus one might decide to constrain the average principle by setting up some distributional requirement either by itself or in conjunction with some suitably chosen minimum"（p. 279）. H 本："例如，人们可能通过提出某种分配要求（或者根据这种要求自身或者根据它同某一适当选择的最低受惠值的联系）来决定限制平均原则"（第 248 页）. 新解："因此，要么独自提出分配要求，要么结合某个适当选中的最小值提出分配要

求，通过确立某个分配要求，一个人可以决定去限制平均效用原则。"

2. **原文**："One might substitute for the difference principle the criterion to maximize the average utility less some fraction (or multiple) of the standard deviation of the resulting distribution"（p. 279）。H本："人们可能减去将导致的分配的标准差的某一分数（或倍数），以最大限度地追求平均功利——的标准来取代差别原则"（第 248—249 页）。"average utility" 意为"平均效用"；"standard deviation" 意为"标准差"，是一个概率统计术语。**新解**："他可以用极大化平均效用标准代替差别原则，减去所得分配标准差的某个分数（或倍数）。"

3. **原文**："Once again the difference principle may stand in the background"（p. 279）。H本："差别原则可能再一次出现在背景中"（第 249 页）。**新解**："差别原则可能再次退居幕后。"

【诠释】

其他混合理论与此类似。因此，要么独自提出分配要求，要么结合某个适当选中的最小值提出分配要求，通过确立某个分配要求，一个人可以决定去限制平均效用原则。例如，他可以用极大化平均效用标准代替差别原则，减去所得分配标准差的某个分数（或倍数）。① 因为当每个人达到相同的效用时，这个差是最小的，这个标准表示比平均效用原则更加关心处境较不利者。现在，这个观点的直观特征也很清楚，因为我们需要询问标准差的分数（或倍数）是如何选中的，以及这个参数是如何随着平均值的变化而变化的。差别原则可能再次退居幕后。这种混合正义观念与指导我们追求多个目标的其他直觉论正义观念相似。因为它认为，只要提供一定的最低额，较大的平均福祉和更加平等的分配都是值得向往的目标。如果一个制度在这两个方面都好于另一个制度，那么这一制度无疑比另一个制度更加可取。

【原文】§49 – 5 – pp. 279 – 280

【评析】

1. **原文**："Relative weights"（p. 279）。H本："相对重要性"（第

---

① 关于这个观点，参阅尼古拉斯·雷舍尔（Nicholas Rescher）《分配正义》，纽约：鲍勃斯—梅里尔出版社1966年版，第35—38页。——原注

249 页）。**新解**："相对权重"。

2. **原文**："**A reasonably complete conception of justice**"（p. 279）。H 本："一种合理地完整的正义观"（第 249 页）。**新解**："相当完整的正义观念"。

3. **原文**："**Within the framework of these ends as guidelines**"（p. 279）。H 本："在这些目标指导的框架内"（第 249 页）。**新解**："在作为指导方针的这些目标的框架内"。

4. **原文**："**Only policies preferable on each score are clearly more desirable**"（p. 279）。H 本："只有那些在各方面都让人更称心的政策才是显然更可取的"（第 249 页）。**新解**："只有在每一点上皆受人欢迎的政策，才是明显地更加可取的。"

5. **原文**："**Since it ranks all combinations of objectives according to how well they promote the prospects of the least favored**"（p. 280）。H 本："因为它按照在提高最不利者前景方面的不同有效程度来评价所有各种组合的目标"（第 249 页）。**新解**："因为它按照如何才能很好地提升最不受青睐者的前景来编排目标的所有组合。"

【诠释】

不过，不同政治观念对这些目标的衡量是不同的，而且我们需要用来确定其相对权重的标准。事实上，当我们承认这类目标时，我们一般不会非常同意它们。必须承认的是，在相当完整的正义观念中，隐含着对各种目标相当详细的衡量。在日常生活中，我们常常满足于列举常识性规则和政策目标，并且，我们必须根据情况的一般事实，针对具体问题来权衡它们。虽然这是合理的实际建议，但并没有表达明确的正义观念。事实上，人们被告知，在作为指导方针的这些目标的框架内，尽可能地运用自己的判断力。只有在每一点上皆受人欢迎的政策，才是明显地更加可取的。相比之下，因为它按照如何才能很好地提升最不受青睐者的前景来编排目标的所有组合，差别原则是一个相对精致的正义观念。

【原文】§49 - 6 - p. 280

【评析】

1. **原文**："**Weights**"（p. 280）。H 本："影响力"（第 249 页）。**新解**："权重"。

2. 原文："Lower-order standards"（p. 280）。H 本："低层次标准"（第 249 页）。新解："低阶标准"。

3. 原文："Of course, whether the two principles of justice, and especially the difference principle, explicate our judgments of distributive justice can only be decided by developing the consequences of these principles in some detail and noting how far we are prepared to accept the weights to which they lead."（p. 280）。H 本："当然，两个正义原则（特别是差别原则）是否能解释我们关于分配正义的判断这个问题，只能通过在某些细节上发展这些原则的推论，通过注意我们准备在多大程度上承认它们所产生的影响力来解决"（第 249 页）。新解："当然，至于两个正义原则，特别是差别原则，是否阐明了我们有关分配正义的判断，只能通过详细论述那些原则的推论并指出我们准备接受它们导致的权重有多大来决定。"

【诠释】

因此，尽管差别原则看似是一个有点儿与众不同的正义观念，但是当差别原则与其他正义原则相结合时，因为这些原则将与各种混合原则相匹配，差别原则既处于背景隐而不露，又可以控制我们日常判断所表达的权重，它仍然是一个标准。我们习惯于依靠低阶标准指导直觉的方式，可能掩盖了更多基本原则的存在，那些原则解释了这些标准的力量。当然，至于两个正义原则，特别是差别原则，是否阐明了我们有关分配正义的判断，只能通过详细论述那些原则的推论并指出我们准备接受它们导致的权重有多大来决定。这些推论和我们埋藏于心底的信念可能并无冲突。当然，这些判断不应该是固定的，亦即在任何可预见的情况下，我们似乎都不愿意修改的判断。否则，两个正义原则无法完全得到认可，务必做些修正。

【原文】§49-7-p. 280

【评析】

1. 原文："Provided that certain fixed points are preserved, we have to decide the best way to fill in our conception of justice and to extend it to further cases"（p. 280）。H 本："假如我们坚持某些确定之点，我们就必须确定充实并扩展我们的正义观的最好方式"（第 250 页）。H 本的解读偏离了原文的新解，充实正义观念需要最佳方法或最佳办法，但是，要扩展

或推广的不是"我们正义观的最好方式",而是"我们的正义观念"。**新解:"只要保留某些要点,我们就得确定充实我们的正义观念的最佳办法,并将其推广到更多案例。"**

2. 原文:"The two principles of justice may not so much oppose our intuitive convictions as provide a relatively concrete principle for questions that common sense finds unfamiliar and leaves undecided"(p. 280)。H本:"正义的两个原则与其说是反对直觉信念的,不如说是提供了一个比较具体的原则来解决常识不熟悉并没有解决的问题"(第250页)。在这里不存在"与其说……,不如说……"句式。**新解:"两个正义原则可能不太会反对我们的直觉信念,因为前者提供了一个相对具体的原则来解决常识既不熟悉又不拿定主意的问题。"**这里提到的"一个相对具体的原则"就是差别原则。这一点罗尔斯接下来就讲到了。

【诠释】

不过,也许我们的日常观点没有特别考虑竞争目标的平衡问题。如果真是如此,那么主要问题便在于,我们能否同意两个正义原则所再现的对我们的正义观念更加确切的规定。只要保留某些要点,我们就得确定充实我们的正义观念的最佳办法,并将其推广到更多案例。两个正义原则可能不太会反对我们的直觉信念,因为前者提供了一个相对具体的原则来解决常识既不熟悉又不拿定主意的问题。因此,尽管差别原则起初在我们看来是陌生的,但是当它得到适当限定时,反思其含义可能令我们相信,它要么符合我们的深思判断,要么以我们可接受的方式将这些信念投射到新的情况之中。

【原文】 §49 – 8 – pp. 280 – 281

【评析】

1. 原文:"It is a political convention of a democratic society to appeal to the common interest"(p. 280)。H本:"诉诸公共利益正是一种民主社会的政治常规"(第250页)。"political convention"是"**政治惯例**"而非"政治常规";"the common interest"是"**共同利益**"而非"公共利益"。**新解:"民主社会的政治惯例是诉诸共同利益。"**

2. 原文:"It is something more than the principle of efficiency"(p. 280)。H本:"这一常规比效率原则更为重要"(第250页)。**新解:**

"当然，它不仅仅是效率原则。"

3. 原文："This sector of society would be worse off should they be curtailed"（p. 281）。**H 本**："如果这些政策被取消，那么社会的最不利阶层的生活就会更差"（第 250 页）。**新解**："如果削减这些政策，这个社会阶层的境况将会更加糟糕。"

4. 原文："These policies are just throughout even if they are not perfectly just"（p. 281）。**H 本**："即使这些政策不是完全正义的，也是自始至终具有正义性"（第 250 页）。H 本的解读是错误的，罗尔斯显然不会说如此自相矛盾的话。罗尔斯在这里真正想要表达的意思是，这些政策的正义性或公正性具有相对性，不是对所有人都是正义的，有些人的利益可能受到损害，或者没有给他们带来实际利益，而它们对一些特殊群体，比如社会上的最不利者的确带来了利益的极大化。因此，贯彻它们是正义的，换言之，它们得到了公正的贯彻。**新解**："即使这些政策不是完全正义的，但是它们得到了公正的贯彻。"

【诠释】

与这些评论相一致，我们可以注意到，民主社会的政治惯例是诉诸共同利益。没有哪一个政党会公开承认，要求通过立法来迫使任一公认的社会团体处于不利地位。那么，应当如何理解这个惯例呢？当然，它不仅仅是效率原则，我们不能假定政府对每个人的利益都有同样的影响。既然从不止一个观点来看追求最大值是不可能的，那么，如下做法是很自然的：考虑到民主社会的风尚，以平等自由和公平机会相一致的最佳方式，筛选出最少优势者，促进他们的长期前景。由此看来，我们最有信心的正义政策，至少以下意义上倾向于这个方向：如果削减这些政策，这个社会阶层的境况将会更加糟糕。即使这些政策不是完全正义的，但是它们得到了公正的贯彻。因此，当我们有必要采纳相当完整的正义观念时，差别原则可以解释为民主政治惯例的合理延伸。

【原文】§49 - 9 - p. 281

【评析】

1. 原文："Such combinations of principles are certainly of great practical value. There is no question but that these conceptions identify plausible standards by reference to which policies may be appraised, and

given the appropriate background institutions, they may guide us to sound conclusions"（p. 281）. H 本："不同原则的结合确实具有很大的实际价值。无疑，这些观念确认了种种人们可以评价政策的似乎合理的标准，而且在适当的背景制度下，它们还可以指导我们得出正确的结论"（第 250 页）。新解："这些原则的结合无疑具有重大实际价值。毫无疑问，这些混合正义观念、通过参考政策评估来确定合理标准，并且给定适当的背景制度，可以指导我们得出站得住脚的结论。"

2. 原文："The substitute for the difference principle"（p. 281）. H 本："替换差别原则的这一观念"（第 250 页）。新解："差别原则的替代原则"。

3. 原文："In the absence of a procedure for assigning the appropriate weights（or parameters）, it is possible that the balance is actually determined by the principles of justice, unless of course these principles yield conclusions that we cannot accept"（p. 281）. H 本："在缺少一种确定恰当权重（或参量）的程序的情况下，由两个正义原则来实际上决定平衡是可允许的，当然条件是这些原则不能产生我们不能接受的结论"（第 250—251 页）。新解："在不存在确定适当权重（或参数）程序的情况下，除非正义原则的确产生了我们不能接受的结论，否则，平衡可能实际上由正义原则决定。"

【诠释】

当我指出这些混合正义观念具有直观特点时，我不是说这个事实是对它们的决定性反驳。正如我曾提到的那样（§7），这些原则的结合无疑具有重大实际价值。毫无疑问，这些混合正义观念，通过参考政策评估来确定合理标准，并且给定适当的背景制度，可以指导我们得出站得住脚的结论。例如，接受混合正义观念，减少标准差的某一分数（或倍数），从而极大化平均福利的人，可能会赞同公平的均等机会，因为拥有更多的均等机会，似乎令所有人既提高了平均值（通过提升效率），又减少了不平等。在这种情况下，差别原则的替代原则，支持第二个原则的其他部分。此外明显的是，在某些时候，我们难免会依赖我们的直觉判断。这种混合正义观念的困难在于，它们可能会过早地诉诸直觉判断，而不能对差别原则给出明确的替代。在不存在确定适当权重（或参数）程序的情况下，除非正义原则的确产生了我们不能接受的结论，否则，平衡可能实际上由正义原则决定。如果发生这种情况，那么某个混合正义观念，尽管它诉诸直觉，可能是比较好的，特别是如果它的使用有助于把次序和同意引入我们埋藏于内心的信念之中。

第五章 分配份额

【原文】§49 – 10 – pp. 281 – 282

【评析】

罗尔斯在这里明确表达了，借助于"基本善指数"，差别原则相对于效用原则所具有的分析优势或解释优势。它只要确定社会中的"最不受青睐者"，就可以提出改善其状况的政策建议。相比之下，效用原则纠缠于"平均效用""平均福利"和"总福利"等概念，拿不出解决改善"最不受青睐者"处境的对策。

1. 原文："**Index of primary goods**"（p. 281）。H 本："基本善的指标"（第 251 页）。**新解**："基本善指数"。

2. 原文："**Utility functions**"（p. 282）。H 本："功利函数"（第 251 页）。**新解**："效用函数"。

3. 原文："**No one can say what underlying principles account for these differences or how they can be resolved**"（p. 282）。H 本："没有一个人能说明是什么样的基本原则解释了这些差别，或者怎么可能解决这些差别"（第 251 页）。H 本的翻译总是略欠火候，没有精确把握罗尔斯思想的精妙之处。**新解**："谁都说不清用什么基本原则来解释这些分歧，也提不出化解这些分歧的办法。"

【诠释】

支持差别原则的另一理由在于，它易于解释和应用。的确，对一些人来说，混合标准的部分吸引力在于：它们设法避免了差别原则的相对苛刻要求。差别原则直截了当地确定，什么事情将促进最不受青睐者的利益。这一群体可以通过基本善指数来识别，政策问题可以通过询问如何选定合适的相关代表人来解决。但就效用原则的作用而言，平均福利（或总福利）理念的模糊性不太好解决。有必要对不同代表人作效用函数评估，建立它们之间的人际对应关系等。然而，做这件事的问题是如此之大，估算的近似值又是如此粗糙，以至于对不同个体来说，有着深刻矛盾的各种观点似乎同样有理。有些人或许声称，一个群体的收益大于另一群体的损失，另一些人则可能否认这一点。谁都说不清用什么基本原则来解释这些分歧，也提不出化解这些分歧的办法。有着较高社会位置的人，更容易不公平地谋取自身利益，而且并不表明他们那样做是明显违规的。当然，所有这一切都是显然的，并且人们一直认为，伦理原则是模糊的。不过，它们不是同等不精确的。两个正义原则的优势，既在于更加清楚地阐明它们的要求，又在于明确必需做什么来满足它们的要求。

【原文】§49 – 11 – p. 282

【评析】

1. 原文："An interpersonal measure of utility"（p. 282）。H 本："功利的人际测度"（第 251 页）。新解："人际效用测度"。

2. 原文："A person is said to be indifferent between alternatives that belong to the same discrimination level, and the cardinal measure of the utility difference between any two alternatives is defined by the number of distinguishable levels that separate them"（p. 282）。H 本："据说，个人对属于同一区分水平的选择对象之间的差别持漠不关心的态度，而且，对于任何两个选择对象之间的功利差别的基数测度，是由分隔它们的可区别水平的数目确定的"（第 251 页）。新解："一个人被说成属于同一区分层次的选项是无关紧要的，在任何两个选项之间效用差异的基数测度是由区分它们的可区分层次的数量来衡量的。"

3. 原文："The cardinal scale that results is unique, as it must be, up to a positive linear transformation"（p. 282）。H 本："由此得到的基数尺度是对于正仿线性变换是唯一的"（第 251 页）。在这里，"cardinal scale"应解读为"基数标度"而非"基数尺度"。新解："由此得到的基数标度是唯一的，因为它必定如此，以成为正线性变换。"

【诠释】

有人或许以为，效用原则的模糊性，可以通过更好地说明测度和加总福利的方式来克服。我不想强调这些已经多有讨论的技术问题，因为对效用论的更重要反驳是在另一个层面上开展的。但是，只要略微提一下这些问题，就可以澄清契约论学说。现在有几种方法来建立人际效用测度。其中之一（至少可以追溯到埃奇沃思）是假设，一个人只能区分有限数量的效用水平。[①] 一个人被说成属于同一区分层次的选项是无关紧要的，在任

[①] 参阅森《集体选择与社会福利》，旧金山：霍尔登—戴出版社 1970 年版，第 93 页。关于埃奇沃思的观点，参阅埃奇沃思《数学心理学》，伦敦，1888 年版，第 7—9、66 页。——原注

何两个选项之间，效用差异的基数测度是由区分它们的可区分层次的数量来衡量的。由此得到的基数标度是唯一的，因为它必定如此，以成为正线性变换。为了建立人际测度，人们可以假定，相邻层次之间的差异对于所有个体是相同的，并且在所有层次之间是相同的。有了这个人际对应规则，计算就非常简单了。在比较选项时，我们确定每个人之间的水平数，然后计算出总值，并据此评判选项的优缺点。

【原文】§49 – 12 – pp. 282 – 283

【评析】

1. 原文："**Conception of cardinal utility**"（p. 282）. H 本："基数功利的观念"（第 252 页）。**新解**："基数效用观念"。
2. 原文："**A person's discrimination levels**"（p. 282）. H 本："一个人的区分水平"（第 252 页）。**新解**："一个人的区分度"。
3. 原文："**To discount the strength of attitudes**"（p. 283）. H 本："轻视态度的力量"（第 252 页）。**新解**："对各种态度的兑现强度"。

【诠释】

这个基数效用观念面临一些众所周知的困难。撇开明显的实际问题和检测一个人的区分度取决于实际可选项这一事实，似乎不可能证明如下假设，即从一个层次到另一个层次的社会效用对于所有个体都是相同的。一方面，这一流程将同样衡量那些涉及相同区别数量的变化，不同个体对那些变化有着不同感受，有些个体比其他个体会有更强烈的感受；另一方面，它会更严重地影响那些看起来受到较多区别的个体所体验到的变化。当然，对各种态度的兑现强度，尤其是如此高额回报区分各种差异的能力，并不令人满意，那种能力可以随着脾气和训练的变化而发生系统变化。① 事实上，整个流程看起来是任意的。不过它以如下方式展示了其优点，在为确定所需的效用测度而选择的方法中，效用原则可能包含隐含的伦理假设。幸福和福利概念不是完全确定的，甚至为了确定合适的基数测度，我们可能务必研究运用它的道德理论。

---

① 关于这些难题的讨论，参阅森《集体选择与社会福利》，第 94 页；维克里（W. S. Vickrey）："效用、策略和社会决策规则"，《经济学季刊》1960 年第 74 卷，第 519—522 页。——原注

【原文】 §49 – 13 – p.283

【评析】

原文："It can be shown that if an individual's choices between risky prospects satisfy certain postulates, then there exist utility numbers corresponding to the alternatives in such a way that his decisions can be interpreted as maximizing expected utility. He chooses as if he were guided by the mathematical expectation of these utility numbers; and these assignments of utility are unique up to a positive linear transformation"（p.283）。H本："如果一个人在两种风险前景的选择满足了某些先决条件的话，那么此时就存在着相应于选择对象的功利数值，以致他的决定可以被解释为最大限度地追求所期望的最大功利。他就仿佛自己是根据功利数值的数学期望来选择；而对于正仿线性变换而言，这种数值的指定是唯一的"（第252页）。新解："可以看出，如果一个个体在两个风险前景之间做出的选择满足某些先决条件，那么存在与可选项相应的效用数，这样他的决策可以解释为极大化预期效用。他好像在这些效用数的数学预期引导下做出选择，这些效用的指派是唯一的，以成就正线性变换。"

【诠释】

诺依曼－摩根斯坦（Neumann-Morgenstern）的定义产生了同样困难。[①] 可以看出，如果一个个体在两个风险前景之间做出的选择满足某些先决条件，那么存在与可选项相应的效用数，这样他的决策可以解释为极大化预期效用。他好像在这些效用数的数学预期引导下做出选择，这些效用的指派是唯一的，以成就正线性变换。当然，并不是说一个个体自己在做出决定时使用了效用的指派。这些数字并不指导他的选择，也不提供一个第一人称的慎思程序。更确切地说，考虑到一个个体对前景的偏好需要满足一定的条件，明察秋毫的数学家至少在理论上可以计算描述这些偏好的数值，从而在确定意义上极大化预期效用。到目前为止，实际反思过程没有产生什么结果或个体依赖的标准（如果有的话）；而且没有关于效用数值所对应或代表的选项的特征的任何提示。

---

① 关于这种解释，参阅鲍莫尔《经济理论和操作分析》，第512—528页；卢斯和雷法：《博弈与决策》，第12—38页。——原注

第五章　分配份额　937

【原文】§49 – 14 – pp. 283 – 284

【评析】

1. 原文："Yet there are other proposals with comparable symmetry, for example, that which assigns the value zero to the worst alternative and the value one to the sum of the utilities from all alternatives"（p. 284）。H 本："可是还有另外一种比较均衡的方案，例如，把最坏的选择对象的价值指定为 0，把所有选择对象的功利总额的价值指定为 1"（第 253 页）。新解："然而，还有其他可比较的对称性建议，例如，将 0 值指派给最差选项，把 1 值指派给所有选项的效用总和。"

2. 原文："Both of these rules seem equally just, since the first postulates equal maximum utility for everyone, the latter equal average utility; but they may lead to different social decisions. Furthermore, these proposals postulate in effect that all individuals have similar capacities for satisfaction, and this seems like an unusual price to pay merely to define an interpersonal measure"（p. 284）。H 本："这两种规则似乎是同样正义的。因为第一种设想了每个人的平等的最大功利，第二种设想了平等的平均功利；但是它们可能导致不同的社会决定。进一步说，这些建议实际上假设了所有的个人都有实现满足的相同能力，而且，这样做看来仅仅为了规定某种人际测度法就支付了不寻常的代价"（第 253 页）。新解："这两个规则似乎是一样公正的，因为第一个规则假设，每个人都有相等的最大效用，第二个规则则假设，每个人都有相等的平均效用；但是，它们可能导致不同的社会决策。此外，这些提议实际上假定，所有个体都有实现满足的相似能力，这似乎是仅仅为了定义人际测度而付出的不寻常代价。"

3. 原文："These rules clearly determine the concept of well-being in a special way, for the ordinary notion would appear to allow for variations in the sense that a different interpretation of the concept would be equally if not more compatible with common sense"（p. 284）。H 本："显然，这些规则以一种特殊方式清楚地规定了福利的概念，因为普遍观念似乎在下述意义上容有各种变化：即一种对福利概念的不同解释与常识即使不是比较相容的话，也至少是地位平等的"（第 253 页）。新解："这些规则以特殊方式明确规定了福利概念，因为这个普通概念显然允许如下意义的多样性：对这个概念的不同解释将同等地（若非更加地）相容于常识。"

4. 原文:"Such persons will generally have the stronger claims. They are pleased with less and so presumably can be brought closer to their highest utility"(p. 284). H 本:"这种人一般来说将有较强的权利要求。他们乐意只拥有较小功利,所以大概能最接近于他们的最大功利"(第253页)。个人效用和社会效用形成反比关系,个人向社会索取得越多,其个人效用越高,其社会效用越低;相反,个人向社会索取越少,其个人效用越低,其社会效用则越高。罗尔斯在这里分析了两类人,一类人是清心寡欲且容易满足的人,他们的社会效用比较高;另一类不太容易满足且权利诉求较多的人,他们的个人效用可以接近最高点,但是他们的社会效用较低。新解:"这些人通常有着较强的诉求。他们不太容易满足,这样大概能够更加接近其最高效用。"

【诠释】

现在假设,我们可以为每个人建立基数效用,那么我们该如何建立人际测度呢?大家熟知的建议是 0—1 规则:将 0 值赋给某一个体的最坏可能情况,将 1 值赋给他的最好情况。这似乎是公平的,也许用另一种方式表达了这样一个理念,即每一个都要算作 1 且不多于 1。然而,还有其他可比较的对称性建议,例如,将 0 值指派给最差选项,把 1 值指派给所有选项的效用总和。① 这两个规则似乎是一样公正的,因为第一个规则假设,每个人都有相等的最大效用;第二个规则假设,每个人都有相等的平均效用;但是,它们可能导致不同的社会决策。此外,这些提议实际上假定,所有个体都有实现满足的相似能力,这似乎是仅仅为了定义人际测度而付出的不寻常代价。这些规则以特殊方式明确规定了福利概念,因为这个普通概念显然允许如下意义的多样性:对这个概念的不同解释将同等地(若非更加地)相容于常识。因此,比如 0—1 规则意味着,在其他条件相同的情况下,更大的社会效用产生于教育人们清心寡欲且易于满足;它还意味着,这些人通常有着较强的诉求。他们不太容易满足,这样大概能够更加接近其最高效用。如果一个人不能接受这些后果,但是他仍然希望持有效用论观点,就必须找到其他人际测度。

---

① 参阅森《集体选择与社会福利》,第 98 页。——原注

第五章　分配份额　939

【原文】§49-15-p.284

【评析】

1. 原文："**The overall probability distribution**"（p. 284）。H 本："或然率总体分布"（第 253 页）。新解："总体概率分布"。

2. 原文："**If this definition of utility is used in social decisions, men's feelings about taking chances will affect the criterion of well-being that is to be maximized**"（p. 284）。H 本："如果这一功利的定义被使用在社会选择中，人们的冒险情绪就会影响关于应被最大限度地增加的福利的标准"（第 253 页）。H 本的可商榷之处："definition of utility" 一般解读为"效用定义"而非"功利的定义"；"social decisions" 宜解读为"社会决策"而非"社会选择"；"taking chances" 可以解读为"把握时机"或"冒险"，但在这里建议解读为"把握时机"；短语"well-being that is to be maximized" 宜解读为"有待极大化的福利"而不是"应被最大限度地增加的福利"。新解："如果这个效用定义用于社会决策，那么人们对把握时机（冒险）的感受会影响到有待极大化的福利的标准。"

3. 原文："**The situation is very different from that of justice as fairness as shown by its Kantian interpretation, the embedding of ideals in its principles, and its reliance upon primary goods for the necessary interpersonal comparisons**"（p. 284）。H 本："这里的情况相当不同于公平的正义的情况；后者表现在康德式的解释中，其理想观点孕育于原则中，并根据基本善来进行必要的人际比较"（第 253 页）。新解："这种情景与公平正义的情景极其不同，正如康德式诠释表明的那样，后者将各种理想嵌入公平正义原则中，并借助于公平正义的基本善，来开展必要的人际比较。"

【诠释】

此外，我们应该观察到，虽然诺依曼-摩根斯坦假设假定，个体不能从冒险（投机）经历或实际博弈过程中获得享受，然而由此产生的测度仍然受到各种态度的影响，因为各种态度的不确定性由总体概率分布定义。① 所以，如果这个效用定义用于社会决策，那么人们对把握时机（敢于冒风险）

---

① 参阅阿罗《社会选择与个人价值》，第 10 页；森：《集体选择与社会福利》，第 96 页。——原注

的感受会影响到有待极大化的福利的标准。我们再次看到，规定着人际关系比较的惯例具有意想不到的道德后果。正如以前一样，从道德的角度来看，效用测度受到任意偶然因素的影响。这种情景与公平正义的情景极其不同，正如康德式诠释表明的那样，后者将各种理想嵌入公平正义原则中，并借助于公平正义的基本善，来开展必要的人际比较。

【原文】§49-16-pp. 284-285

【评析】

1. 原文："The vagueness of the utilitarian principle is not likely to be satisfactorily removed simply by a more precise measure of utility"（p.284）。H本："不太可能仅仅用一种较精确的功利测度就令人满意地排除功利原则的含糊性"（第253—254页）。新解："不太可能仅仅凭借比较精确的效用测度就令人满意地消除效用原则的模糊性。"

2. 原文："The conventions required for interpersonal comparisons"（p.284）。H本："人际比较所需的常规"（第254页）。新解："人际比较的必要惯例"。

3. 原文："While it is obvious that the acceptance of the principle of utility is a matter for moral theory, it is less evident that the very procedures for measuring well-being raise similar problems"（p.285）。H本："尽管接受功利原则显然是一件有关道德理论的事情，但测度福利的程序却没有明显地提出类似的道德问题"（第254页）。新解："尽管接受效用原则显然是一件有关道德理论的事情，但测度福利的程序却没有明显地引发类似的道德问题。"

【诠释】

因此，看来不太可能仅仅凭借比较精确的效用测度就令人满意地消除效用原则的模糊性。相反，一旦我们考察人际比较的必要惯例，就会发现存在着规定人际比较的各种方法。这些方法涉及显著不同的假设，并且大多会产生极其不同的结果。在这些定义及其相应的规则（若有的话）之中，哪一个适合于某个正义观念，这是一个道德问题。我相信，当有人说人际比较基于价值判断时，他所说的也就是这个意思。尽管接受效用原则显然是一件有关道德理论的事情，但测度福利的程序却没有明显地引发类似的道德问题。既然有不止一个此类程序，选择就依赖于对上述测度的利用；这意味着伦理考虑最终是决定性的。

【原文】 §49 – 17 – p.285

【评析】

1. 原文："A populous and reasonably homogeneous society"（p.285）。**H本**："一个人口稠密、合理同质的社会"（第254页）。**新解**："一个人口稠密且相当同质的社会"。

2. 原文："The necessity to neglect differences between persons, even very real ones, leads to the maxim to count all equally, and to the similarity and marginal postulates"（p.285）。**H本**："那种忽视人际差别甚至很真实的差别的需要导致一个平等地考虑所有人的定理，导致类似性和边际的假定"（第254页）。**新解**："忽视人际差别，甚至实实在在的人际差别，必然导出所有人皆予以同等考虑的准则，并导出类似案件类似处理的准则和边际假定。"

3. 原文："All things considered, there are still reasons for choosing the difference principle, or the second principle as a whole, over that of utility even in the restricted context of a mixed conception"（p.285）。**H本**："通观全局，我们还是有道理来选择差别原则或者说完整的第二正义原则，而不选择在一种混合观念中受到限制的功利原则"（第254页）。**新解**："综上所述，即使在某个混合正义观念的有限语境中，选择差别原则或完整的第二正义原则，而不选择效用原则，还是有些理由的。"

【诠释】

梅因（Maine）对标准效用假设的评论在这里是中肯的。他认为，一旦我们知道这些假设只是立法工作规则，那么这些假设的根据就是一目了然的；并且他还认为，这是边沁（Jeremy Bentham）对待这些假设的方式。[①] 假定有一个人口稠密且相当同质的社会和一个富有活力的现代立法机构，那么能在相当大范围里指导立法的唯一原则就是效用原则。忽视人际差别，忽视实实在在的人际差别，必然导出所有人皆予以同等考虑的(一视同仁)准则，并导出类似案件类似处理的准则和边际假定。当然，人际关系比较

---

① 这些评论可见于梅因（H. S. Maine）的著作，参阅梅因《早期制度史》，伦敦，1897年版，第399页。——原注

惯例也要用同样的眼光来判断。契约论学说认为，一旦我们看到了这一点，那么我们也将看到，我们最好完全抛弃测度幸福和合计福利的想法（idea of measuring and summing well-being）。从初始位置的观点来看，它不是可行的社会正义观念的一部分。相反，两个正义原则更为可取，也更易于应用。综上所述，即使在某个混合正义观念的有限语境中，选择差别原则或完整的第二正义原则，而不选择效用原则，还是有些理由的。

§50 至善原则
The Principle of Perfection

【题解】

卓越、杰出和完美从来只属于屈指可数的个体。至善原则是一种道德完美原则、一和个体追求卓越的原则。有人表示："儒家伦理有十分确定的适用性，它的主体定位是一种精英定位，即是古代社会中'士'以上阶层，或士大夫阶层，早期儒家创始性人物又将其叫做'君子'。这样一种伦理主要是关于如何培养与实现理想人格的，它在入门问题上持道义原则；在升华问题上持理想原则；在表现问题上持至善原则；在落实问题上持自律原则。"① 这表明，在对至善的追求上，古今中外思想家是相通的。不过，也有人表示："传统的儒家学说不仅要求国家推行特定的道德善，而且也总是诉诸这些善来证成国家行为。据此，许多学者借用当代政治哲学中至善论的观点，把儒家学说描述为一种通过政治手段来增进公民道德完善的主张，即儒家至善论（Confucian perfectionism），并试图以此来建设一套具有东亚社会自身特色的政治理论。"② 儒家至善论难以回应多元现代性挑战。批评者给出了改造儒家至善论的具体出路："政治哲学家们不能只满足于重新激活儒家至善论的传统，相反，他们应该直面当前社会的公共政治文化，平等地对待源自其他文化的传统政治观念，博采众长、兼容并包，努力建设一种真正能确保东亚社会稳定、统一的政治理论。就此而言，尽管儒家至善论者们已经认识到多元时代的政治哲学不能建基于传统儒家学说的内在义理之上，但还是太

---

① 吾淳："儒家伦理的精英定位"，《上海师范大学学报》2004年第3期。
② 惠春寿："儒家至善论：政治的，还是整全的？"，《哲学研究》2019年第9期。另参阅惠春寿"至善论的自由主义如何回应公共理性的批评？"，《中国人民大学学报》2020年第1期。

执着于儒家学说本身了。他们不应该局限于既有的儒家良善生活观念，而应该努力接纳源自其他文化传统的政治观念，只有这样，儒家至善论才能凤凰涅槃，在多元分化的现代社会获得新生。"①

至善论的自由主义是理性个体追求的以个体自主为特点的良善生活方式。罗尔斯表示，至善论的局限性是一目了然的。他在这里谈到，存在着至善原则的两个变体：个别杰出人物以追求卓越为目标的权力意志和广大普通民众或一般公民以满足日常生活为目的的权利意识，两者形成鲜明对比，不可同日而语。后者表现为普通个体的权利诉求。尼采只看重苏格拉底和歌德等极少数个体的价值，反对普通人的权利诉求，因为他们平庸无能，他们不能创造出伟大的作品，所以，同杰出人物相比，他们没有什么价值。因此，尼采所看重的，不是普通个人的有限权利，而是天才个体的无限创造力，一种取得卓越成就的能力或力量。并且，尼采对力量和权力的解读，主要不是在政治意义上的，而是反对现代民主意义上的。因为那样的强力意志，只属于极少数的个体，而不属于普通的人民或民众。所以，罗尔斯才提到至善原则的两个变体：一个是以权力意志为中心的变体，另一个是以权利诉求为中心的变体。两个变体的重心是不兼容的，甚至是对立的。在罗尔斯看来，尼采版本的至善原则显然过于激进；亚里士多德版本的至善原则则较为温和。但是，即使亚里士多德版本的至善原则，罗尔斯仍然持着批评的态度。H本显然没有很好地把至善原则两个变体之间的这种差异解读出来。

【原文】 §50-1-pp.285-286

【评析】

1. **原文**："Principle of perfection"（p.285）。H本："完善原则"（第254页）。根据罗尔斯对这一原则的论证，笔者认为把它解读为"至善原则"更加符合罗尔斯想要表达的意思，因为他列举的尼采主张超越善与恶，是一个至善论者。**新解**："至善原则"。

2. **原文**："The absolute weight that Nietzsche sometimes gives the lives of great men such as Socrates and Goethe is unusual"（pp.285-286）。H本："比如尼采时常赋予如苏格拉底、歌德等伟人生命的那种绝对重要性是并不常见的"（第254页）。**新解**："尼采有时赋予苏格拉底和歌德等巨人的生命以绝对权重，这种绝对权重是非同寻常的。"

---

① 惠春寿："儒家至善论：政治的，还是整全的？"，《哲学研究》2019年第9期。

3. 原文："**At places he says that mankind must continually strive to produce great individuals. We give value to our lives by working for the good of the highest specimens**"（p. 286）。H本："尼采在许多地方谈到人类必须不断地努力创造伟大的个体。我们通过为最高种类的善而工作来赋予我们的生命以价值"（第254—255页）。"伟大个体"和"最高样本"形成一种对应关系。这里的术语"specimens"应解读为"样本"而非"种类"，因为尼采哲学所看重的是单一个体，而非整个种类，他对任何种类并不抱有希望。只有极少数个体能够成为"最高样本"，只有"最高样本的善"或"最高样本的美好事物"才真正具有价值；普通人只能为最高样本的善提供服务，自己却创造不出那样的善。"最高样本"从来都是极个别的，他们的产品也是极其有限的。因此，尼采寄予希望的，从来不是作为群体或作为整体的人类。如果把"specimens"解读为"种类"，就容易导致尼采在提倡"最高种类"即某个种族具有优越于其他种族的种族主义思想的误解。只有把那个术语解读为"样本"，尼采才能免于种族主义倡导者的嫌疑。**新解**："**他在多个地方提到，人类须作不断努力，以造就伟大个体。我们通过致力于创造最高样本的美好事物，赋予自己的生命以价值。**"

【诠释】

迄今为止，我很少谈到至善原则。但是在刚才讨论完混合正义观念之后，现在我就来探讨这个原则。至善原则有两个变式（variants）。第一个变式是目的论的唯一原则，它指导社会这样安排制度并规定个人义务和职责，从而极大化人类在艺术、科学和文化方面的卓越成就。显然，世人越是重视相关理想（柏拉图式理念），就越需要至善原则。尼采有时赋予苏格拉底和歌德等巨人的生命以绝对权重，这种绝对权重是非同寻常的。他在多个地方提到，人类须作不断努力，以造就伟大的个体。我们通过致力于创造最高样本的美好事物（亦即至善，泛指大写的真、善、美等最为美好的事物），赋予自己的生命以价值。[1] 第二个变体可以在亚里士多德等人那里找到，

---

[1] 参阅摩根（G. A. Morgan）引用的段落。摩根：《尼采的意义》，麻省剑桥：哈佛大学出版社1941年版，第40—42、369—372页。尼采的以下陈述特别引人注目："人类必须不断地工作以产生伟大的人类个体，除此之外没有别的任务……因为问题在于：你的生命、个人的生命怎样才能保持最高的价值、最深刻的意义？……这只有通过你为最稀缺、最有价值样本的美好事物而生活才能做到。"《不合时宜的思考：第3篇论文：作为教育家的叔本华》，第六章，引自霍林斯戴尔（J. R. Hollingsdale）《尼采：其人及其哲学》，巴吞鲁日：路易斯安娜州立大学出版社1965年版，第127页。——原注

有着更加强有力的权利诉求。

【原文】§50 – 2 – pp. 286 – 287

【评析】

1. 原文："**The requirements of perfection override the strong claims of liberty**"（p. 286）. H 本："完善的要求貌视对自由的强烈要求"（第 255 页）。**新解**："对完美的要求凌驾于对自由的强烈诉求之上。"

2. 原文："**Given improving circumstances, the principle of perfection acquires an increasing weight relative to a greater satisfaction of desire**"（p. 286）. H 本："如果环境得到了改善，相对于欲望的较大满足原则而言，完善原则的重要性在不断增加"（第 255 页）。**新解**："在改善条件的情况下，至善原则相对于更大程度的满足欲望而言，获得了越来越大的权重。"

【诠释】

按照这个较为温和的学说，至善原则在直觉论理论中只被看作若干标准中的一个标准。这个原则要通过直觉来和其他原则保持平衡。至于一个观点在多大程度上是至善论的，取决于对卓越和文化主张的重视程度。例如，如果古希腊人在哲学、科学和艺术方面的成就本身证明，古代奴隶制的做法是正当的（假设这种做法对这些成就是必要的），那么这样的观念肯定是高度至善论的。对完美(至善)的要求凌驾于对自由的强烈诉求之上。另一方面，人们可以简单地用这个标准来限制在立宪政体下财富和收入的再分配。在这种情况下，它起到了平衡各种平等主义理念的作用。于是，有人可能会说，如果满足不太幸运者的基本需要是至关重要的，而这样做只是减少了富裕者的享受和乐趣，那么分配的确应该更加平等一些。但是，为不太幸运者谋取更大幸福，没有在一般意义上证明削减支出的正当性，而那些支出是保存文化价值所必需的。无论不太幸运者享受快乐的范围有多么广大，相比之下，那些生活形式有着更大的内在价值。在正常条件下，必须保留一定的最低限度的社会资源，以达到至善的目的。唯一的例外是，这些诉求与基本需要的要求产生了冲突。因此，在改善条件的情况下，至善原则相对于更大程度的满足欲望而言，获得了越来越大的权重。毫无疑问，许多人已经接受这种直觉论形式的至善论。它允许多种诠释，似乎表达了比严格至善论理论更加合理的观点。①

【原文】§50 – 3 – p. 287

【评析】

1. 原文："The meaning of Bentham's remark that, other things equal, pushpin is as good as poetry"（p. 287）。H 本："按边沁评论的意思，在其他条件相同的情况下，图钉和诗歌一样好"（第 256 页）。新解："用边沁的话来说，在其他条件相同的情形下，图钉游戏和吟诗作词是一样好的。"图钉游戏是流行于 19 世纪的一种英国儿童游戏。

2. 原文："The principles of justice do not even mention the amount or the distribution of welfare but refer only to the distribution of liberties and the other primary goods"（p. 287）。H 本："两个正义原则甚至不提及福利的总额及分配而仅仅涉及各种自由和其他主要善的分配"（第 256 页）。新解："正义原则甚至没有提到福利的数量或分配，而只是提到各种自由和其他基本善的分配。"

3. 原文："They manage to define an ideal of the person without invoking a prior standard of human excellence"（p. 287）。H 本："正义原则试图确定一种个人的理想，而不诉诸一种有关人的卓越性的先验标准"（第 256 页）。新解："正义原则在没有援引人类卓越之先验标准的情况下，设法界定人的理想。"

【诠释】

在考虑至善原则为什么会被拒斥之前，我想谈一谈正义原则与至善论和效用论两种目的论的关系。我们可以把注重理想的原则定义为不注重需求的原则。② 也就是说，它们没有把欲望满足的总量和在人与人之间的分配方式作为唯一相关的特征。现在，就这一区别而言，正义原则和至善原

---

① 关于这种观点，参阅伯特兰·德茹韦纳尔（Bertrand de Jouvenal）《再分配的伦理学》，剑桥：剑桥大学出版社 1951 年版，第 53—56、62—65 页。也参阅黑斯廷斯·拉什达尔（Hastings Rashdall）《善恶论》第 1 卷，伦敦：牛津大学出版社 1907 年版，第 235—243 页。他赞成这样的原则：每个人的善与任何他者的类似之善旗鼓相当；在决定何时人们的善是相等的问题上，要参照至善标准（criteria of perfection）。追求较高生活的能力是不平等对待人们的理由。参阅该书第 240—242 页。相似观点蕴含在摩尔的《伦理学原理》中，参阅该书第六章。——原注

② 这个界定来自巴里《政治论证》，第 39 页。——原注

则（无论哪一种变体）都是注重理想的原则。它们不从欲望的目的中抽象出来，认为当各种欲望同样强烈和令人愉快时，满足那些欲望具有同等价值（用边沁的话来说，在其他条件相同的情形下，图钉游戏和吟诗作词是一样好的）。正如我们所见（§41），正义原则蕴含着某种理想，满足与这些原则不相容的欲望是毫无价值的。更重要的是，我们要鼓励某些性格特征，特别是正义感。因此，契约论学说类似于至善论，因为它考虑了其他事情，而不是满足的净余额及其分享方式。事实上，正义原则甚至没有提到福利的数量或分配，而只是提到各种自由和其他基本善的分配。同时，正义原则在没有援引人类卓越之先验标准的情况下，设法界定人的理想。因此，契约论观点居于至善论和效用论之间的中间位置。

【原文】§50-4-pp. 287-288

【评析】

至善论是从最高处着眼的，以追求卓越为目的的；契约论是从最低处着眼的，以满足基本需求或基本善为目标的。因此，至善论和契约论正好处于理性人生规划的两个极端。至善论默认人际差别，并且加重那个差别；契约论承认人际差别，但努力缩小那个差别。至善论侧重个体的卓越表现；契约论强调制度的公平价值。一般正义观念则试图完全消除人际差别，追求绝对平等。

1. 原文："The main decisions concerning the basic structure"（p. 287）. H本："有关社会基本结构的主要选择"（第256页）。**新解**："有关基本结构的重大决定"。

2. 原文："They are assumed to be committed to different conceptions of the good and they think that they are entitled to press their claims on one another to further their separate aims"（p. 288）. H本："他们被假设抱有不同的善的观念，并认为他们有权利为实现各自的目标而相互提出自己的要求"（第256页）。**新解**："他们被假定致力于不同的善观念；他们认为自己有权向对方阐明各自的主张，以推进各自的目标。"

3. 原文："To acknowledge any such standard would be, in effect, to accept a principle that might lead to a lesser religious or other liberty, if not to a loss of freedom altogether to advance many of one's spiritual ends"（p. 288）. H本："实际上，承认这样一种标准就是接受一个可能为了推进一个人的许多精神目标而导致一种较少的宗教自由或其他自由（如果不是

导致完全丧矢）的原则"（第 256 页）。**新解："事实上，承认任何这样的标准，都是接受一个原则，这个原则可能导致即使不是完全丧失去推进一个人的许多精神目标的自由，也将导致较少的宗教自由或其他自由。"**

4. 原文：**"If the standard of excellence is reasonably clear, the parties have no way of knowing that their claims may not fall before the higher social goal of maximizing perfection"**（p. 288）。H 本："即使卓越性标准是相当清楚的，各方仍然无法知道他们的要求不致跌倒在追求最大完善的较高社会目标面前"（第 256 页）。**新解："即使卓越标准是相当明确的，各方仍然无从知晓，他们的诉求也许没有落在追求至善之极大化的更高社会目标之前。"** 至善论以卓越为目标，只能是个别的，而非一般的。

【诠释】

就是否采用至善论标准问题而言，因为这里的问题较为明显，我们不妨考虑这种严格的至善论观念（strict perfectionist conception）。现在，为了有明确的意义，这个标准必须提供某个方法，去排列不同种类的成就，合计它们的价值。当然，这种评估可能不是很确切，但它应该足够准确，以指导有关基本结构的重大决定。正是在这一点上，至善原则陷入了困境。因为虽然处于初始位置上的人不关心彼此的利益，但是，他们知道自己既持有（或可能持有）某些道德利益和宗教利益，也拥有不得损害的其他文化目的。此外，他们被假定致力于不同的善观念；他们认为自己有权向对方阐明各自的主张，以推进各自的目标。各方并不共享用来评估其权力结果甚至欲望满足的善观念。他们也没有一致同意的至善标准，可以当作制度选择原则来使用。事实上，承认任何这样的标准，都是接受一个原则，这个原则可能导致即使不是完全丧失去推进一个人的许多精神目标的自由，也将导致较少的宗教自由或其他自由（lesser religious or other liberty）。即使卓越标准是相当明确的，各方仍然无从知晓，他们的诉求也许没有落在追求至善之极大化的更高社会目标之前。因此，处在初始位置上的各方，能够达成的唯一谅解似乎是：与其他人拥有的类似自由相一致，每个人都应该拥有最大的平等自由（greatest equal liberty）。他们不能通过授权价值标准来确定，什么是正义的目的论原则所要极大化的，从而危及自己的自由。这种情况与同意将基本善指数作为人际比较的基础完全不同。那个指数在任何情况下都起着从属作用，而且，基本善是人们为了达到无论什么目的通常都想要的东西。对这些基本善的需求并不导致人际差别。但是，为了指标的目的而接受它们，当然建立不起卓越的标准。

【原文】§ 50 – 5 – pp. 288 – 289

【评析】

原文:"Very often it is beyond question that the work of one person is superior to that of another. Indeed, the freedom and well-being of individuals, when measured by the excellence of their activities and works, is vastly different in value"(p. 288). H 本:"毫无疑义,一个人的工作经常优于另一个人的工作;当以个人的活动和工作的优越程度来衡量他们的自由和福利时,这些自由和福利的价值是相当不同的"(第 257 页)。新解:"一个人往往比另一人做得更加出色,这是毫无疑问的。事实上,如果以其活动和工作的卓越程度来衡量,个体与个体的自由和幸福在价值上是天差地别的。"

【诠释】

因此,导出平等自由原则的同一论证,显然要求拒斥至善原则。但在给出这一论证时,我并没有主张,从日常生活的立场来看,卓越标准缺乏理性基础。显然,在艺术和科学中,存在着评判创造性努力的标准,至少在特定风格和思想传统中是如此。一个人往往比另一人做得更加出色,这是毫无疑问的。事实上,如果以其活动和工作的卓越程度来衡量,个体与个体的自由和幸福在价值上是天差地别的。这不仅适用于实际绩效,而且适用于潜在绩效。内在价值的比较能够显而易见地做出;虽然至善标准(standard of perfection,完美标准)不是正义原则,但是价值判断在人类事务中占有重要地位。它们不一定如此含糊不清,以至于不能作为分配权利的有效基础。倒不如说,论证的理由是,鉴于不同目的,各方在初始位置上没有理由采纳至善原则。

【原文】§ 50 – 6 – p. 289

【评析】

1. 原文:"In order to arrive at the ethic of perfectionism, we should have to attribute to the parties a prior acceptance of some natural duty, say the duty to develop human persons of a certain style and aesthetic grace, and to advance the pursuit of knowledge and the cultivation of the arts"

（p.289）。H本："为了达到完善论的伦理，我们应该使各方先验地接受某种自然义务：比方说促进具有某种风格和审美情趣的人的发展，促进对知识和艺术修养的追求的义务"（第257页）。**新解**："为了达到至善论的道德标准，我们必须让各方先验地接受某个自然义务，比方说，把人培育成具有一定格调和审美情趣的义务，增进知识追求和艺术修养的义务。"

2. **原文**："**While justice as fairness allows that in a well-ordered society the values of excellence are recognized, the human perfections are to be pursued within the limits of the principle of free association**"（p.289）。H本："虽然公平的正义允许在一个良序社会中承认优越性的价值，但是追求人类完善必须限制在自由社团的原则的范围之内"（第257页）。**新解**："虽然在良序社会里，公平正义承认卓越的价值，但是人类的完美是在自由往来原则的范围内追求的。"

3. **原文**："**Persons join together to further their cultural and artistic interests in the same way that they form religious communities**"（p.289）。H本："人们以和他们组成宗教团体相同的方式结合起来，以促进他们的种种文化和艺术利益"（第257页）。**新解**："就像他们以同样方式组成宗教团体一样，人们走到一起是为了促进他们的文化利益，增强他们的艺术趣味。"

4. **原文**："**The social resources necessary to support associations dedicated to advancing the arts and sciences and culture generally are to be won as a fair return for services rendered, or from such voluntary contributions as citizens wish to make, all within a regime regulated by the two principles of justice**"（p.289）。H本："支持致力于发展艺术、科学和文化的社团所需要的社会资金，通常就应来自对这些社团所提供的服务的一种公平回报，或者来自一个由两个正义原则调节的制度中的所有公民的自愿捐献"（第257页）。H本对这个语句的解读存在偏差。因为除了公民的自愿捐助，其他社会资源也是在体制之内被调节的。此外，这里的短语"social resources"不能直接解读为"社会资金"，而应解读为"社会资源"。**新解**："致力于促进艺术、科学和文化的协会与社团所必需的社会资源，通常作为其提供服务的公平回报，或来自公民希望的自愿捐助而获得，所有这一切都在由两个正义原则规制的体制内实现。"

【诠释】

为了达到至善论的道德标准，我们必须让各方先验地接受某个自然义务，比方说，把人培育成具有一定格调和审美情趣的义务，增进知识追求和艺术修养的义务。但是，这个假设会极大地改变对初始位置的诠释。虽然在良序社会里，公平正义承认卓越的价值，但是人类的完美是在自由往来（自由结社）原则的范围内追求的。就像他们以同样方式组成宗教团体一样，人们走到一起是为了促进他们的文化利益，增强他们的艺术趣味。他们没有以其活动更具内在价值为理由使用国家强制手段来为自身赢得更强的自由权利或更大的分配份额。至善论作为一项政治原则被否定。因此，致力于促进艺术、科学和文化的协会与社团所必需的社会资源，通常作为对其提供服务的公平回报，或来自公民希望的自愿捐助而获得，所有这一切都在由两个正义原则规制的体制内实现。

【原文】§50 – 7 – p. 289

【评析】

"平等"不等于"相等"。我们每个人平等地拥有宪法和法律规定的基本权利和基本自由。但是，我们用这些权利和自由所创造的财富和价值是很不相同的，我们获得的幸福和成就也是不相等的。对基本权利和基本自由的尊重是优先的。我们不能用后面的"不相同"和"不相等"去否定或抹杀前面的"平等"。这种混淆是今天中国社会政治的大问题。

1. 原文："**The equal liberty of citizens does not presuppose that the ends of different persons have the same intrinsic value, nor that their freedom and well-being is of the same worth**"（p. 289）。H 本："公民的平等自由并不以不同个人目的具有相同的内在价值，或者他们的自由及福利价值相同为先决条件"（第257页）。这些话读起来很是别扭，好像什么地方被人撞了一下，就是不舒服。H 本过于拘泥于字面意思，没有准确把握罗尔斯真实想要表达的意思。**新解**："公民拥有的平等自由，既不预设不同个体的目的具有相同的内在价值，也不预设不同个体的自由和幸福具有相同的价值。"

2. 原文："**Their activities and accomplishments are of equal excellence**"（p. 289）。H 本："他们的活动及成就具有同样的优越性"（第258页）。**新解**："他们的活动和成就是同等卓越的。"

3. 原文："**To think this is to conflate the notion of moral personality with the various perfections that fall under the concept of value**"（p. 289）。H 本："这样的考虑就把道德人格的观念和属于价值范畴的各种不同的完

善混为一谈了"（第258页）。**新解**："抱有那种想法，就是混同了道德人格观念和落在价值概念之下的各种完美现象。"

【诠释】

因此，按照契约论，公民拥有的平等自由，既不预设不同个体的目的具有相同的内在价值，也不预设不同个体的自由和幸福具有相同的价值。不过，它还假定，各方都是道德人和理性人，既有连贯的系列目标，又有正义感能力。因为他们具有必要的规定属性，所以再补充说各方为平等的道德人是不必要的。我们可以说，如果我们希望人们具有同等的尊严，这仅仅表示，他们都满足解释最初契约情景所表达的道德人格条件。就这一方面而言，他们是相同的，他们希望像正义原则要求的那样受到对待（§77）。但是这一点并不意味着，他们的活动和成就是同等卓越的。抱有那种想法，就是混同了道德人格观念和落在价值概念之下的各种完美现象。

【原文】 §50 – 8 – pp. 289 – 290

【评析】

按照洛克、卢梭等人的古典契约论观点，人的基本自由是天赋的。罗尔斯发展了这种天赋权利学说，不主张平等分配基本自由，也就是说，分配正义，尤其是差别原则不适用于第一正义原则。个体有着不同的天赋和机会，他们享有平等的基本权利和基本自由，它们不是平等分配的结果，而是与生俱来的。相比之下，个体创造价值和取得成就的卓越程度是各不相同的。运用差别原则给予适当调节是必要的，那种调节是在第二正义原则范围之内的。罗尔斯许多批评者的错误在于把适用于第二正义原则的差别原则，误用到了第一正义原则调节的对象领域，像诺齐克、哈耶克、柯恩等可能犯了这个相似的错误。

1. **原文**："Intrinsic worth is a notion falling under the concept of value, and whether equal liberty or some other principle is appropriate depends upon the conception of right"（pp. 289 – 290）。H本："内在价值是一个属于价值范畴的概念，平等自由或其他原则的适当性问题依赖于正当的观念"（第258页）。罗尔斯在这个语句中一下子用到了三个不同的术语，"notion"（观念或概念）、"concept"（概念）和"conception"（观念）。H本没有认真区分三个术语，在解读时难免造成混乱。罗尔斯的意思是，作为一个观念，内在价值要在价值概念之下得到解释；但是，内在价值不能由正当观念来解释，而正当观念能够解释平等自由原则或其他正义原则。所以，他在前面提到，个体的平等价值不能解释其平等自由。罗尔斯实际上批评了森和努斯鲍姆的平等价值和平等能力假说。**新解**："**内在价值是落在价值概念之下的一个观念，至于平等自由原则或其他原则是否适当，则取决于正当观念。**"

2. 原文："The criterion of perfection insists that rights in the basic structure be assigned so as to maximize the total of intrinsic value. Presumably the configuration of rights and opportunities enjoyed by individuals affects the degree to which they bring to fruition their latent powers and excellences"（p. 290）。H 本："完善标准强调，社会基本结构中各种权利的分配，应旨在最大限度地追求总的内在价值。个人享有的权利和机会的结构很可能影响他们实现潜在权力和优越性的程度"（第 258 页）。**新解**："**至善标准坚信，在基本结构中的权利分配，旨在极大化内在价值的总和。对个人享有的权利和机会的配置，很可能影响他们去发挥天赋能力并且取得卓越成就的程度。**" H 本的可商榷之处有：

（1）短语："To maximize". 应解读为"**极大化**"，而非"最大限度地追求"。

（2）短语："The total of intrinsic value". 应解读为"**内在价值的总和**"，而非"总的内在价值"。

（3）短语："The configuration of rights and opportunities". 应解读为"**权利和机会的配置**"，而非"权利和机会的结构"。

（4）短语："Latent powers and excellences". 应解读为"**天赋能力和卓越优点**"，而非"潜在权力和优越性"。

【诠释】

我刚才已经指出，个体拥有的平等价值不是平等自由的必要条件。本人还要指出，个体拥有的平等价值也不是平等自由的充要条件。人们偶尔说，基本权利的平等来自个体拥有追求较高生活方式的平等能力；但是我们并不清楚之所以如此的理由。内在价值(intrinsic worth)是落在价值概念之下的一个观念，至于平等自由原则或其他原则是否适当，则取决于某个正当观念。现在，(至善论推崇的) 至善标准坚信，在基本结构中的权利分配，旨在极大化内在价值的总和。对个人享有的权利和机会的配置，很可能影响他们去发挥天赋能力并且取得卓越成就的程度。但是这推导不出，平等分配各种基本自由(equal distribution of basic freedoms) 是最佳的解决办法。

【原文】§50-9-p.290

【评析】

1. 原文:"The assignment of rights is governed by a principle of diminishing marginal value (estimated in this case by the criteria for excellence)"(p.290). H 本:"由一个边际值（在该例中由卓越性标准来估量）递减原则来控制权利分配"（第258页）。新解:"权利的让与受边际价值递减原则支配（在这种情况下由卓越标准来评估）"。

2. 原文:"A greater sum of human excellence"(p.290). H 本:"较大的人类优越性"（第258页）。新解:"更伟大的人类卓越成就"。

【诠释】

这一情况类似于古典效用论的情况：我们需要与标准假设遥相呼应的假设。因此，即使个体与个体的潜在能力是相似的，除非权利的让与受边际价值递减原则支配（在这种情况下由卓越标准来评估），否则，平等权利将是没有保障的。事实上，除非有丰富的资源，否则，价值总和将通过有利于极少数人的极不平等的权利和机会取得最佳增长。从至善论假定来看，只要它对创造出更伟大的人类卓越成就是必要的，这样做就没有违反正义。现在，边际价值递减原则当然是有问题的，尽管也许没有同等价值的问题那么大。几乎没有理由认为，一般来说，为了鼓励和培养高层次人才而配置的权利和资源对相关范围的贡献，一旦超出某个点，其总量便会变得越来越小。相反，这种贡献可能会无限增长（或保持不变）。因此，至善原则为平等自由提供了一个不可靠的基础，它可能严重偏离差别原则。要求平等的如此假设似乎是极不可信的。为了找到平等自由的坚实基础，我们似乎必须摒弃传统的目的论，也就是说，我们既要抛弃至善论目的论，也要抛弃效用论目的论。①

【原文】§50-10-pp.290-291

【评析】

1. 原文:"With this variant the difficulties are most evident"

---

① 罗尔斯在这里指出了至善论和契约论的相似之处。它们都可能危害平等自由原则，也就是第一正义原则。

（p. 290）。H 本："这种形式的完善论所面临的各种困难是很明显的"（第258 页）。新解："这一目的论变体所遇到的困难是最为明显的。"

2. 原文："**When the claims of perfection are weighted with moderation, these views are not easy to argue against**"（p. 290）。H 本："当完善的要求是以节制的方式提出来时，反对这些观念就不是很容易的"（第258—259 页）。新解："当这些至善的诉求得到适度衡量时，这些观点不太容易遭到反驳。"

3. 原文："**The discrepancy from the two principles of justice is much less**"（p. 290）。H 本："它们与两个正义原则的差异是微小的"（第259页）。新解："直觉论目的论与两个正义原则的分歧要小得多。"

4. 原文："**Each principle of an intuitionistic view must be chosen, and while the consequences are not likely to be so great in this case, there is as before no basis for acknowledging a principle of perfection as a standard of social justice**"（p. 290）。H 本："一种直觉观点的每一个原则都必须被选择，而且虽然在这个例证中，各种推论可能不会那么多，但像以前一样，仍然不存在把一种完善原则接受为社会正义的一个标准的基础"（第259页）。新解："关于某个直觉论观点的每个原则必须被选中，虽然在这种情况下，产生的后果不太可能很严重，但是像以前一样，仍然不存在把至善原则确认为社会正义标准的任何依据。"

5. 原文："**Criteria of excellence are imprecise as political principles, and their application to public questions is bound to be unsettled and idiosyncratic, however reasonably they may be invoked and accepted within narrower traditions and communities of thought**"（p. 290）。H 本："作为政治原则的卓越性标准是不精确的；在运用到一些公共问题中时它们必定是不确定的、特异的，不管在较狭的思想传统和交流中，它们可能多么合理地被人们所诉诸和接受"（第259 页）。新解："尽管在较为狭隘的思想传统和共同体之内，作为政治原则，卓越标准可能被合理援引并得到认可，但是，卓越原则是不精确的，它们若用来处理公共问题，注定是多变而奇特的。" H 本把"comunities"（共同体）看成了"communications"（交流）。

【诠释】

到目前为止，我一直在讨论作为单一原则目的论的至善论。这一目的论变体所遇到的困难是最为明显的。直觉论的目的论形式要讲得通一些，当这些至善的诉求得到适度衡量时，这些观点不太容易遭到反驳。因此，直觉论的目的论与两个正义原则的分歧要小得多。然而，的确产生了一些类似问题，因为关于某个直觉论观点的每个原则必须被选中，虽然在这种情况下，产生的后果不太可能很严重，但是像以前一样，仍然不存在把至善原则确认为社会正义标准的任何依据。此外，尽管在较为狭隘的思想传统和共同体之内，作为政治原则，卓越标准可能被合理援引并得到认可，但是，卓越标准是不精确的，它们若用来处理公共问题，注定是多变而奇特的。除了其他原因以外，正是由于这一原因，公平正义要求我们表明，如果不对有些行为方式进行限制，那么它们将妨碍他人的基本自由，或者它们将背离某个职责或自然义务。因为只有当得出这一结论的论证失败时，个体才会倾向于以特殊方式诉诸至善论标准。例如，当有人说某类两性关系是丢脸的、可耻的，并因此加以禁止时，如果这种说法只是针对涉事个体而没有顾及他们的意愿，那往往是因为根据正义原则还无法提出合理的理由。相反，我们不妨回到卓越观念上来。但是在这些问题上，我们可能受到微妙的审美偏好和个人得体感（合宜感）的影响；个人、阶级和群体的差异，往往尖锐而不可调和。既然这些不确定因素困扰着至善论标准，危害着个人享有的自由，那么看来最好是完全依靠具有较为确定结构的正义原则。① 所以，即使在直觉论形式中，至善论也会被拒绝，而难以成为社会正义的可靠基础。

【原文】§50 – 11 – pp. 291 – 292

【评析】

1. 原文："Whether the consequences of doing without a standard of perfection are acceptable, since offhand it may seem as if justice as fairness does not allow enough scope for ideal-regarding considerations"（p. 291）. H 本："如果没有一个完善论标准的话，所产生的后果是不是可以接受，因为我们立即看到，公平的正义似乎没有为注重理想的考虑提供足够的范围"（第 259 页）。新解："没有至善标准的行为后果是否可以接受，因为

---

① 在所谓道德准则的强制实施（enforcement of morals）问题上，对这个观点的说明是有争论的，道德准则经常具有狭隘的性道德（sexual morality）意义。参阅德夫林（Patrick Devlin）《道德准则的强制实施》，伦敦：牛津大学出版社 1965 年版。哈特：《法律、自由和道德》，加州斯坦福：斯坦福大学出版社 1963 年版。哈特在这个问题上采取了不同立场。进一步的讨论可参阅巴里《政治论证》，第 66—69 页；罗纳德·德沃金（Ronald Dworkin）："德富林勋爵及道德的法律强制"，《耶鲁法律期刊》1966 年第 75 卷；劳奇（A. R. Louch）："罪与犯罪"（"Sins and Crimes"），《哲学》1968 年第 43 卷。——原注

从表面上看，公平正义似乎并没有为注重理想的考虑提供足够空间。"

2. 原文："Public funds for the arts and sciences"（p. 291）。H 本："艺术和科学的公共资金"（第259页）。新解："支持艺术和科学的公共基金"。

3. 原文："They may assess the merits of these public goods on perfectionist principles, since the coercive machinery of government is used in this case only to overcome the problems of isolation and assurance"（p. 291）。H 本："他们可能按照完善论原则增加公共善的价值，因为在这种情形中使用政府的强制机器仅仅是为了解决孤立和确信问题"（第259页）。新解："他们可以根据至善论原则来评估这些公共物品的价值，因为在这种情况下，政府的强制机制只是用来解决隔离问题和确信问题。"

【诠释】

最后，我们当然要验证，没有至善标准的行为后果是否可以接受，因为从表面上看，公平正义似乎没有为注重理想的考虑提供足够空间。在这一点上，我只能指出，支持艺术和科学的公共基金可以由交换部门（§43）提供。在这种情况下，对公民可能提出的向他们自身征收必要赋税的理由不必作任何限制。他们可以根据至善论原则来评估这些公共物品的价值，因为在这种情况下，政府的强制机制只是用来解决隔离问题和确信问题，没有人未经其同意就被征税。在这里，卓越标准不作为一项政治原则；因此，只要它愿意，良序社会可以将相当部分资源用于这类支出。尽管文化诉求（权益）可以这样得到满足，但是正义原则不允许基于如下理由对高等院校、科研机构、歌剧院和电影院进行补贴：这些机构具有内在价值，从事这些工作的人应当给予资助，甚至对他人而言是一笔巨额费用，而那些人没有得到补偿收益。只有直接地或间接地促进保障平等自由的社会条件，并以适当方式促进最少优势者的长期利益，用于这些目的的税款才能是正当的。于是，只有对其正义性最没有争议的补助才应予以承认，因此，在这些情况下，无论如何都显然不需要至善原则。

【原文】§50 – 12 – p. 292

【评析】

1. 原文："I should emphasize that my intention is solely to indicate that the contract doctrine may serve well enough as an alternative moral

conception"（p. 292）。H 本："我应该强调，我们的意图只是要表明契约论可以足够好地作为一种可供选择的道德观"（第 260 页）。**新解**："我要强调的是，我的意图仅仅在于表明，契约论学说可以作为一种可供选择的道德观念充分发挥作用。"

2. 原文："**When we check its consequences for institutions, it appears to match our common sense convictions more accurately than its traditional rivals, and to extrapolate to previously unsettled cases in a reasonable way**"（p. 292）。H 本："当我们检查它关于制度的推论时，它看来比其他的传统对手更准确地符合我们的常识性信念，并且以一种合理的方式推广到先前未解决的问题上去"（第 260 页）。**新解**："当我们检验它对制度产生的各种后果时，它似乎比其传统竞争对手更加契合我们的常识性信念，并以某种合理方式推知以前没有处理的情况。"

【诠释】

我用这些评论来结束关于正义原则如何运用于制度的讨论。显然还有很多问题值得考虑。其他形式的至善论是可能的，每个问题都只是点到为止。我要强调的是，我的意图仅仅在于表明，契约论学说可以作为一种可供选择的道德观念充分发挥作用。当我们检验它对制度产生的各种后果时，它似乎比其传统竞争对手更加契合我们的常识性信念，并以某种合理方式推知以前没有处理的情况。

第六章 义务职责
Duty and Obligation

【题解】

在前面两章中，罗尔斯讨论了适用于制度或基本结构的两个正义原则，在这一章里，罗尔斯将讨论适用于个体的正义原则，它们是自然义务和职责原则。罗尔斯在宪法框架之内讨论个体的义务和职责，他还专门讨论了多数裁定原则、公民抗命、遵守有违正义的法律、良心违法（良心拒绝）、反对不正义战争、不正义国家和近乎正义国家等政治和道德议题。这些议题比较多发生在不民主国家或专制政体之中，是个体或公民既难以面对又必须面对的现实政治和道德难题。与之同流合污，还是与其截然对立，或以沉默来消极应对，不同的人有不同的取舍，并且有不同的道路选择。罗尔斯提出了道德评价标准和个体行动准则，为个体找到处理现实政治和道德难题的最佳策略。不过，他讨论更多的是在民主国家个体的自然义务和职责。因此，这一章主要涉及个体与法律、个体与制度、个体与国家或个体与共同体的道德与政治关系等重大议题。①

【原文】CH – VI – p. 293

【评析】

1. 原文："**The principles of justice for institutions**"（p. 293）。H 本："对制度的两个正义原则"（第 261 页）。新解："适用于制度的正义原则"。

2. 原文："**For the most part, however, I shall study the implications of these principles for the theory of political duty and obligation within a**

---

① 廖小平："罗尔斯的义务与职责观"，《贵族社会科学》2001 年第 5 期。

constitutional framework"（p. 293）。H 本："不过，在大部分地方，我将研究这些原则在一个宪法框架内对于政治义务和职责的理论意义"（第 261 页）。新解："然而，在很大程度上，我将在宪法框架内研究这些原则对政治义务和职责理论的意义。"

3. 原文："In particular, an account of the special case of civil disobedience is sketched which connects it with the problem of majority rule and the grounds for complying with unjust laws"（p. 293）。H 本："具体地说，我将联系多数裁决规则的问题和服从不正义法律的理由扼要地解释公民不服从的专门例证"（第 261 页）。新解："我尤其将解释公民抗命的特殊案列，并将公民抗命与多数裁定原则问题和遵守不公正法律的依据联系起来。"

4. 原文："Civil disobedience is contrasted with other forms of noncompliance such as conscientious refusal in order to bring out its special role in stabilizing a nearly just democratic regime"（p. 293）。H 本："我将比较公民不服从和其他不服从形式（如良心的拒绝），以阐明公民不服从在稳定一个接近正义的民主制度中的专门作用"（第 261 页）。新解："公民抗命与其他抗争形式——如良心拒绝形成对比，以发挥其在稳定近乎正义的民主政权方面的特殊作用。"

【诠释】

在前面两章中，我已讨论适用于制度的正义原则。我现在想谈一谈适用于个人的自然义务和职责原则。在本章前两节，本人将考察这些原则在初始位置上被选中的理由，考察它们在稳定社会合作中发挥的作用。我还要简要讨论允诺和诚信原则。然而，在很大程度上，本人将在宪法框架内研究这些原则对政治义务和职责理论的意义。为了达成正义理论的目标，这似乎是解析这些原则的意义和内容的最佳方式。我尤其将解释公民抗命的特殊案例，并将公民抗命与多数裁定原则问题和遵守不公正法律的依据联系起来。公民抗命与其他抗争形式——如良心拒绝形成对比，以发挥其在稳定近乎正义的民主政权方面的特殊作用。

§51　支持自然义务原则的论点
The Arguments for the Principles of Natural Duty

【题解】

罗尔斯关于自然义务原则的讨论显然借鉴了哲学知识论关于真理融贯论（coherence theory of truth）的思想。在纽拉特、艾耶尔、蒯因、塞拉斯、罗蒂等当代知识论哲学家那里，真理融贯论得到了比较深入的探讨。罗尔斯没有直接参与这场讨论，但他显然借鉴了其思想成果，提出了一种融贯的正义观念。支持自然义务原则的论点，也得符合一种融贯的正义观念。适用于制度的正义原则，也需要在适用于个体的自然义务原则中得到贯彻，后者不得背离前者。这是罗尔斯反对效用原则适用于个体的自然义务和职责的重要论证。人的"自然义务"（natural duty）和人"对自然的职责"（obligation to nature）是两个不同概念。[1] 有学者表示："罗尔斯在《正义论》中并没有对这种正义的自然义务的来源和理据做出详细的论证。"[2] 读者通过阅读这一节可以自行判断这一评价是否中肯。

【原文】§51 – 1 – p. 293

【评析】

1. 原文："I described briefly the principles of natural duty and obligation that apply to individuals"（p. 293）。H本："我简要地描述了一些适用于个人的自然义务和职责的原则"（第261页）。**新解**："我简要描述了适用于个体的自然义务和职责原则。"

2. 原文："We must now consider why these principles would be chosen in the original position"（p. 293）。H本："现在我们必须考察在原初状态中选择这些原则的原因"（第261页）。**新解**："我们现在必须考察这些原则在初始位置上将被选中的原因。"

3. 原文："They are an essential part of a conception of right"

---

[1] 韩立新："论人对自然义务的伦理根据"，《上海师范大学学报》2005年第3期。
[2] 陈肖生："洛克政治哲学中的自然法与政治义务的根基"，《学术月刊》2015年第2期。

(p. 293). H 本："它们是一种正当观念的主要部分"（第 261 页）。**新解**："它们是一种正当观念的重要组成部分。"

4. 原文："They define our institutional ties and how we become bound to one another"（p. 293）. H 本："它们确定了我们与制度联系和人际之间相互负有责任的方式"（第 261 页）。**新解**："它们既界定我们的制度纽带，又界定我们休戚与共的方式。"

【诠释】

在前面的章节中（§§18—19），我简要描述了适用于个体的自然义务和职责的原则。我们现在必须考察这些原则在初始位置上将被选中的原因。它们是一种正当观念(conception of right) 的重要组成部分：它们既界定我们的制度纽带，又界定我们休戚与共的方式。在这些原则得到阐明之前，公平正义观念是不完整的。

【原文】 §51 - 2 - pp. 293 - 294

【评析】

1. 原文："The most important natural duty is that to support and to further just institutions"（p. 293）. H 本："最重要的自然义务是支持和发展正义制度的义务"（第 261 页）。**新解**："最重要的自然义务是支持和促进正义制度的义务"。

2. 原文："We are to comply with and to do our share in just institutions when they exist and apply to us"（p. 293）. H 本："当正义制度存在并适用于我们时，我们必须服从正义制度并在正义制度中尽我们的一份职责"（第 261 页）。**新解**："当正义制度存在并适用于我们时，我们既要遵守正义制度，又要在正义制度中分担应尽的义务。"

3. 原文："We are to assist in the establishment of just arrangements when they do not exist, at least when this can be done with little cost to ourselves"（pp. 293 - 294）. H 本："当正义制度不存在时，我们必须帮助建立正义制度，至少在对我们来说代价不很大就能做到这一点的时候要如此"（第 261 页）。**新解**："当正义制度不存在时，至少当我们自己不必为此付出多少代价时，我们要帮助建立正义制度。"

4. 原文："Now our question is why this principle rather than some other would be adopted"（p. 294）. H 本："现在的问题在于：为什么各方

采用这个原则不是其他原则？"（第261页）。**新解**："现在我们的问题是，为什么被采用的是这一原则而非其他原则。"

5. 原文："**As in the case of institutions, there is no way, let us assume, for the parties to examine all the possible principles that might be proposed**"（p. 294）. H本："让我们假设，正如选择制度的情况一样，各方没有办法审视所有可能提出的原则"（第261—262页）。**新解**："我们不妨假设，就制度而言，不存在某个方法，各方以此审查有人或许会提出的所有可能原则。"

6. 原文："**The many possibilities are not clearly defined and among them there may be no best choice**"（p. 294）. H本："许多可能性没有得到清楚的规定，而且在它们中间或许没有最佳的选择"（第262页）。**新解**："很多可能情形并没有得到明确的界定，在这些可能情形当中也许不存在最佳选项。"

7. 原文："**A short list of traditional and familiar principles**"（p. 294）. H本："一份列举传统的已知原则的简明表格"（第262页）。**新解**："一份列举传统的和大家熟悉的简短原则清单"。

8. 原文："**The utilitarian alternative**"（p. 294）. H本："功利主义的选择对象"（第262页）。**新解**："效用论可选项"。

【诠释】

从正义理论的观点来看，最重要的自然义务是支持和促进正义制度的义务。这项义务有两个部分。第一，当正义制度存在并适用于我们时，我们既要遵守正义制度，又要在正义制度中分担应尽的义务；第二，当正义制度不存在时，至少当我们自己不必为此付出多少代价时，我们要帮助建立正义制度。因此，如果社会的基本结构是正义的，或者在这种情况下，正如人们料想的那样，每个人都有自然义务去做自己应当做的事情。无论自愿与否，履行与否，每个人都负有这样的义务。现在，我们的问题是，为什么被采用的是这一原则而非其他原则。我们不妨假设，就制度而言，不存在某个方法，各方以此审查有人或许会提出的所有可能原则。很多可能情形并没有得到明确的界定，在这些可能情形当中也许不存在最佳选项。为了避免这些困难，我的设想是，和以前一样，应该从一份列举传统的和大家熟悉的简短原则清单中进行筛选。为了加快事情的进展，本人在这里只提到出于澄清和对比目的而使用的效用论可选项，并且非常简略地说明这一论点。

【原文】§51 - 3 - pp. 294 - 295

【评析】

1. 原文:"Now the choice of principles for individuals is greatly simplified by the fact that the principles for institutions have already been adopted"(p.294)。H本:"用于制度的原则已被选择这一事实大大简化了对个人原则的选择"(第262页)。新解:"现在,适用于个体的原则选择由于以下事实而大为简化:适用于制度的原则已经被选定。"

2. 原文:"The feasible alternatives are straightway narrowed down to those that constitute a coherent conception of duty and obligation when taken together with the two principles of justice"(p.294)。H本:"可行的选择对象范围立刻缩小到一种只是那些与两个正义原则结合时而构成前后一致的义务和职责观的对象"(第262页)。新解:"可行选项直接缩小到这样的选项,它们与两个正义原则一起构成融贯的义务和职责观念。"

3. 原文:"Thus let us suppose that the persons in the original position, having agreed to the two principles of justice, entertain the choice of the principle of utility (either variant) as the standard for the acts of individuals"(p.294)。H本:"所以,我们假设,处在原初状态的人们在一致同意两个正义原则之后,选择了功利原则(或它的任一变体)作为个人的行为标准"(第262页)。新解:"因此,我们不妨假设,处于初始位置上的人们已经同意两个正义原则,他们将考虑选择效用原则(或其任一变体)作为个体的行为标准。"

4. 原文:"The criteria for institutions and individuals do not fit together properly"(p.294)。H本:"对制度的标准和对个人的标准并不完全符合"(第262页)。新解:"适用于制度的标准和适用于个体的标准并不完全一致。"

5. 原文:"This is particularly clear in situations in which a person holds a social position regulated by the principles of justice"(p.294)。H本:"当一个人处于一个由两个正义原则所控制的社会地位的情况中时,这一点特别清楚"(第262页)。新解:"当一个人处于正义原则所调节的某个社会位置的不同情况时,这一点尤其明显。"

6. 原文:"The assumption is that these individuals are members of a well-ordered society that has adopted the two principles of justice for

institutions and the principle of utility for individuals"（p. 294）。H 本：
"假设这些个人是一个良序社会中的成员，社会采用了对制度的两个正义
原则和对个人的功利原则"（第262页）。新解："假设这些个体是一个良
序社会的成员，社会采用适用于制度的两个正义原则和适用于个体的效用
原则。"

7. 原文："The existence of institutions involves certain patterns of
individual conduct in accordance with publicly recognized rules. The
principles for institutions have, then, consequences for the acts of persons
holding positions in these arrangements"（pp. 294 – 295）。H 本："制度的
存在包含着某些符合公认规范的个人行为模式；所以，对制度的原则影响
了在这些制度中占有地位的人的行为"（第262页）。新解："制度存在的
言下之意是：某些个体行为模式要符合公认规则。因此，适用于制度的原
则，对在这些安排中担任职务的人的行为产生着影响。"

8. 原文："Only in noninstitutional situations is the utilitarian view
compatible with the agreements already made"（p. 295）。H 本："只有在
没有制度的情况下，功利主义的观点才和已达成的契约相容"（第262
页）。新解："只有在与制度无关的情况下，效用论观点才能兼容于已经达
成的协议。"

【诠释】

现在，适用于个体的原则选择由于以下事实而大为简化：适用于制度
的原则已经被选定。可行选项直接缩小到这样的选项，它们与两个正义原
则一起构成融贯的义务和职责观念。① 这种限定和那些决定着我们的制度
联系的原则相联结，因而必定是特别重要的。因此，我们不妨假设，处于
初始位置上的人们已经同意两个正义原则，他们将考虑选择效用原则（或
其任一变体）作为个体的行为标准。即使这个假设没有矛盾，采用效用原
则也会导致不融贯的正当观念。适用于制度的标准和适用于个体的标准并
不完全一致。当一个人处于正义原则所调节的某个社会位置的不同情况
时，这一点尤其明显。比如，试考虑两种情况，一是公民决定如何在两个
政党之间进行投票；二是立法者想知道是否赞成某个法令。假设这些个体
是良序社会成员，社会采用适用于制度的两个正义原则和适用于个体的效
用原则。那么，他们应当怎么做呢？作为理性的公民或立法者，他似乎应

---

① 我感谢阿伦·吉伯德澄清了这一见解。——原注

该支持最符合两个正义原则的政党或法令。这意味着，他应该前后一致地投票，并敦促其他人也这样做，如此等等。制度存在的言下之意是：某些个体行为模式要符合公认规则。因此，适用于制度的原则，对在这些安排中担任职务旳人的行为产生着影响。但是，这些人也须将其行为视为受制于效用原则。在这种情况下，理性的公民或立法者应该支持这样的政党或法令，那个政党的获胜，或者那个法令的颁布施行，最有可能极大化满足的净余额（或平均余额）。选择效用原则为适用于个体的标准，则引向了相反的方向。为了避免这种冲突，至少在个体担任机构公职时，有必要选择一项以某种适当方式符合两个正义原则的原则(不是效用原则)。只有在与制度无关的情况下，效用论观点才能兼容于已经达成的协议。尽管效用原则在某些适当限定的情况下或许占有一席之地，但它已被排除在义务和职责的一般解释之外。

【原文】§51-4-p.295

【评析】

1. 原文："To use the two principles of justice as a part of the conception of right for individuals"（p.295）。H 本："把两个正义原则用作对个人的正当观的一部分"（第262—263页）。新解："把两个正义原则用作适用于个体的正当观念的一部分"。

2. 原文："To support and to further the arrangements that satisfy these principles"（p.295）。H 本："支持和发展那些能满足正义原则的制度"（第263页）。新解："支持和促进符合这些原则的安排"。

3. 原文："But, in fact, nothing would be gained by this proviso"（p.295）。H 本："但是，使用这个先决条件实际上将会一无所有获"（第263页）。新解："但事实上，这一限制性条款将一无所获。"

4. 原文："In view of the lexical ordering of the two principles, the full complement of the equal liberties is already guaranteed"（p.295）。H 本："从两个正义原则的词典式次序的观点来看，各种平等自由的完整性已经得到保障"（第263页）。新解："从两个正义原则的词汇顺序来看，平等自由的充分补充已经得到保证。"

【诠释】

于是，最简单的做法就是，把两个正义原则用作适用于个体的正当观念的一部分。我们可以将正义的自然义务定义为支持和促进符合这些原则的安排的义务；通过如此方式，我们就得出了与适用于制度的标准相一致的原则。不过，仍有一个令人挥之不去的疑问是，如果处于初始位置上的各方要求，按照他们实施的自愿行为，比如，按照他们从这些制度中受益的行为，或者按照他们已经允诺或已经从事的行为，来遵守正义制度，他们是否会做得更好一些。带有这一类条件的原则，看似更加符合强调自由同意和自由保护的契约理念。但事实上，这一限制性条款将一无所获。从两个正义原则的词汇顺序来看，平等自由的充分补充已经得到保证。在这一点上没有必要再作保证。此外，各方完全有理由确保正义制度的稳定。最容易和最直接的做法是，无论个体采取什么自愿行为，接受支持和遵守这些制度所提出的要求。

【原文】§51-5-pp.295-296

【评析】

罗尔斯在这里谈到了"真诚"（truthfulness）问题。像罗蒂一样，罗尔斯对此表示，我们应当对"真诚"的关切超越对"真理"的追求。前者是人际之间的问题，后者是人与客观世界之间的关系问题。我们知道，人们是否真诚地相互对待，但是我们不一定知道，我们什么时候获得了真理，即使真理就在眼前，我们也可能视而不见。

1. 原文："**Public goods**"（p.295）。H本："公共利益"（第263页）。新解："公共物品"。这个术语与另一术语"私人产品"（private goods）形成对应关系，在《正义论》正文中一共出现了29次。

2. 原文："**Even when the isolation problem is overcome and fair large-scale schemes already exist for producing public goods, there are two sorts of tendencies leading to instability**"（p.295）。H本："甚至当孤立问题已被解决，用于产生公共利益的广泛的公平体系已存在时，仍然有两个会引起不稳定的倾向"（第263页）。新解："即使隔离问题得到了解决，公平的大规模计划已经用于生产公共物品，仍然存在着导致不稳定的两种趋势。"

3. 原文："**From a self-interested point of view each person is tempted to shirk doing his share**"（p.295）。H本："从自我利益的观点来看，每个人都想减少他的分内职责"（第263页）。新解："从自利或利己的观点来看，每个人都想逃避自己的责任。"

4. 原文："These tendencies arising from self-interest"（p.296）。H本："这种根源于自我的倾向"（第263页）。新解："源于自利或利己的这些倾向"。

5. 原文："These tendencies arising from apprehensions about the faithfulness of others lead to instability of the second kind"（p.296）。H本："这种对别人的忠诚的担忧倾向将导致第二种不稳定"（第263页）。新解："由于担心他人的真诚而产生的这些倾向导致第二种不稳定。"

6. 原文："This instability is particularly likely to be strong when it is dangerous to stick to the rules when others are not"（p.296）。H本："当在其他人不遵守的情况下遵守某些规则有危险时，这种不稳定性就可能特别严重"（第263页）。新解："当别人不遵守规则时，自己坚持规则就是危险的，这种不稳定可能是尤其严重的。"

7. 原文："It is this difficulty that plagues disarmament agreements"（p.296）。H本："正是这个困难妨碍了裁军协议的达成"（第263页）。新解："正是这种困难困扰着裁军协议。"

【诠释】

我们不妨回顾一下前面关于公共物品的讨论（§42），这有助于强化上面的说法。我们注意到，在良序社会中，公众认识到，公民普遍具有有效的正义感，这种认识是一笔巨大的社会财富，它有助于稳定正义的社会安排。即使隔离问题得到了解决，公平的大规模计划已经用于生产公共物品，仍然存在着导致不稳定的两种趋势。从自利或利己的观点来看，每个人都想逃避自己的责任。不过，每个人都从公共物品中获益；即使他纳税所得额的边际社会价值远远高于花费在他自己身上的边际价值，也只有其中一小部分反过来增进其优势(利益)。源于自利或利己的这些倾向导致第一种不稳定。但是，即使人们有正义感，他们遵守合作业务安排的前提是，相信其他人会各尽其责，当公民相信或有理由怀疑其他人没有做出贡献时，他们可能会试图避免自己去做贡献。由于担心他人的真诚而产生的这些倾向导致第二种不稳定。当别人不遵守规则时，自己坚持规则就是危险的，这种不稳定可能是尤其严重的。正是这种困难困扰着裁军协议；在相互畏惧的情况下，即使正义者也可能陷入长期敌对状态。正如我们看到的那样，确信问题旨在通过消除第一类诱惑来维持稳定，而随着公共机构解决这个问题，第二类诱惑也会消失，至少在良序社会中是如此。

第六章 义务职责

【原文】§51-6-p.296

【评析】

罗尔斯在这里借用了休谟讨论主权强制权力的见解。

1. 原文:"The public conviction that all are tied to just arrangements would be less firm, and a greater reliance on the coercive powers of the sovereign might be necessary to achieve stability"(p.296)。H本:"那种认为所有人都系之于正义制度的公开信念是不够坚定的,而一种对强制权力的更大的信赖则可能对达到稳定是必需的"(第264页)。**新解**:"断定所有人都与正义的安排联系在一起,这样的公众信念并不那么坚定;为了实现稳定,可能需要更多地依靠主权或君主的强制权力。"

2. 原文:"Given the value of a public and effective sense of justice, it is important that the principle defining the duties of individuals be simple and clear, and that it insure the stability of just arrangements"(p.296)。H本:"假定一种公开、有效的正义感是很有价值的,那么重要的就是,规定个人义务的原则应该简单明了,应该保障正义制度的稳定性"(第264页)。**新解**:"鉴于公开而有效的正义感的价值,重要的在于,确定个人义务的原则必须简单明了,并确保正义安排的稳定性。"

3. 原文:"I assume, then, that the natural duty of justice would be agreed to rather than a principle of utility, and that from the standpoint of the theory of justice, it is the fundamental requirement for individuals. Principles of obligation, while compatible with it, are not alternatives but rather have a complementary role"(p.296)。H本:"因此,我假定人们会同意正义的自然义务而不是功利原则;假定从正义论的观点来看,自然义务是对个人的基本要求。虽然职责的原则与它相容,但它们不是选择对象,而只是具有补充的作用"(第264页)。**新解**:"于是,本人认为,得到同意的将是正义的自然义务,而非效用原则,并且从正义理论的观点来看,正义的自然义务是对个体提出的基本要求。虽然职责原则兼容于正义的自然义务,但职责原则不是替代原则,只具有补充作用。"

【诠释】

这些话的意思是,把我们的政治关系建立在职责原则的基础上,会使确信问题复杂化。除非公民已经接受并打算继续接受宪法的诸多好处,否则他们甚至不必接受正义宪法的约束。此外，这种接受在某种适当意义上必须是自愿的。那么这是什么意思呢？在我们出生并开始生活的政治系统中，很难找到合理解释。① 即使可以给出解释，公民们可能仍然搞不清楚，他们相互是否受到了约束，或者，他们以为自己受到了约束。断定所有人都与正义的安排联系在一起，这样的公众信念并不那么坚定；为了实现稳定，可能需要更多地依靠主权或君主(霍布斯笔下利维坦）的强制权力。但是没有理由去承担这些风险。因此，当处于初始位置上的各方承认正义的自然义务时，他们是做得最好的。鉴于公开而有效的正义感的价值，重要的在于，确定个体义务的原则必须简单明了，并确保正义安排的稳定性。于是，本人认为，得到同意的将是正义的自然义务，而非效用原则。并且从正义理论的观点来看，正义的自然义务是对个体提出的基本要求。虽然职责原则兼容于正义的自然义务，但职责原则不是替代原则，只具有补充作用。

【原文】§51 –7 – p. 297

【评析】

1. 原文："Instead of taking up all of these, it may be more instructive to examine a few cases, beginning with the duty of mutual respect, not previously referred to"（p. 297）. H 本："我不讨论所有的义务，而只是讨论其中的一些，这可能更富有启发性。我首先讨论前面没有提到的相互尊重的义务"（第 264 页）。**新解**："**与其讨论所有这些义务，不如从相互尊重的义务开始审查以前没有提到的若干案例，这样做可能更有指导意义。**" H 本对这个语句的断句进行了改动，这种变更改变了这个语句的原有含义。

2. 原文："This is the duty to show a person the respect which is due to him as a moral being, that is, as a being with a sense of justice and a conception of the good"（p. 297）. H 本："这就是给予一个人以作为一个道德人，亦即作为一个具有一种正义感和一种善的观念的人所应得的尊重的义务"（第 264 页）。**新解**："**向人表示敬重是这样一项义务：敬重其为有道德的生命，亦即敬重其为有正义感和善观念的生命。**"

---

① 我不接受休谟在"论初始契约"（"Of the Original Contract"）一文中的整个论证，但我相信，其正确之点在于，这种论证一般适用于公民的政治义务。参阅休谟《道德、政治和文学文集》第 1 卷，格林和格罗斯编，伦敦，1875 年版，第 450—452 页。——原注

第六章 义务职责 971

【诠释】

当然，还有其他自然义务。其中一些在前面提到过（§19）。与其讨论所有这些义务，不如从相互尊重的义务开始审查以前没有提到的若干案例，这样做可能更有指导意义。向人表示敬重是这样一项义务：敬重其为有道德的生命，亦即敬重其为有正义感和善观念的生命。（在某些情况下，这些特征可能只是潜在的，但是我把这种复杂性放在一边；参阅第77节。）相互尊重表现在以下几个方面：我们愿意设身处地从他人角度，从他人的善观念出发，看待他们的处境；每当他人利益受到实际影响时，我们务必准备为自己的行为提供理由。[1]

【原文】 §51-8-p.297

【评析】

1. 原文："Also respect is shown in a willingness to do small favors and courtesies, not because they are of any material value, but because they are an appropriate expression of our awareness of another person's feelings and aspirations"（p.297）。H本："在一些较小的对他人体谅和有礼貌的意愿中也表现出尊重，这不是因为这些行为具有物质价值，而是因为这些行为恰当地表明我们意识到其他人的情感和志向"（第265页）。新解："尊重他人，也表现为乐意助人，且举止得体，不是因为它们有任何物质价值，而是因为它们是我们对他人感受和愿望之领悟的适当表达。"

2. 原文："Although the parties in the original position take no interest in each other's interests, they know that in society they need to be assured by the esteem of their associates"（p.297）。H本："尽管处在原初状态中的各方对相互的利益表示出冷淡，但是他们知道：他们在社会中需要通过尊重伙伴来获得安全感"（第265页）。新解："虽然处于初始位置上的各方不关心彼此利益，但是他们知道，在社会上，他们需要得到同伴的尊重来确信彼此。"

3. 原文："The cost to self-interest is minor in comparison with the support for the sense of one's own worth"（p.297）。H本："与对一个人

---

[1] 关于尊重概念，参阅威廉斯"平等的理念"，收录于彼得·拉斯莱特和朗西曼编《哲学、政治和社会》第2辑，牛津：巴兹尔—布莱克韦尔出版社1962年版，第118页。——原注

的自我价值意识的支持相比,这种自我利益付出的代价是较小的"(第265页)。新解:"与支持自我价值感相比,自我利益付出的代价要小得多。"

【诠释】

这两种方式对应道德人格的两个方面。当有人要求时,应向有关人员说明理由;本着诚意提出理由,相信这些理由是合理的,并由相互接受的正义观念加以界定,这种正义观念顾及每个人的利益。因此,尊重他人为有道德的,就是试图从他人立场理解其目的和利益,并接受对自身行为的限制。我们不妨假设,既然另一个愿望是,基于所有人都能同意的原则,去规范人的行为,那么他应该了解以这种方式解释这些限制的有关事实。尊重他人,也表现为乐意助人(乐意施人以小恩小惠),且举止得体,不是因为它们有任何物质价值,而是因为它们是我们对他人感受和愿望之领悟的适当表达。现在,承认这一义务的原因是,虽然处于初始位置上的各方不关心彼此的利益,但是他们知道,在社会上,他们需要得到同伴(同侪、同胞、合伙人)的尊重来确信彼此。他们的自尊,他们对自身持有的系列目标之价值的自信,经不起别人的冷漠,更经不起别人的蔑视。每个人都从生活在相互尊重的社会中获益。与支持自我价值感相比,自我利益付出的代价要小得多。

【原文】§ 51 – 9 – pp. 297 – 298

【评析】

1. 原文:"While on particular occasions we are required to do things not in our own interests, we are likely to gain on balance at least over the longer run under normal circumstances"(p. 298)。H本:"虽然在一些特殊场合中,我们被要求去做一些不是为了我们自己利益的事情,但最终平衡起来我们可能还是有所获益,至少从正常环境里的长远情况来看是这样"(第265页)。新解:"虽然在特殊情况下,我们被要求去做的事情不符合自己的利益,在正常情况下,我们可能至少会在长期内获得平衡。"

2. 原文:"A sufficient ground for adopting this duty is its pervasive effect on the quality of everyday life"(p. 298)。H本:"采纳这一义务的一个充足理由在于它对日常生活的性质有着广泛的效果"(第265页)。新解:"接受这一义务的充分理由是,它对日常生活质量有着普遍效应。"

3. 原文:"It makes little difference that we never, as things turn out,

need this assistance and that occasionally we are called on to give it"（p. 298）。H 本："正如结果表明的那样，我们决不需要这种帮助和我们偶尔被要求来提供帮助这种情况并没有什么不同"（第 265 页）。新解："事实证明，我们从来都不需要这种帮助，我们偶尔也会被要求提供帮助，这两种说法并没有什么不同。"

4. 原文："The balance of gain, narrowly interpreted, may not matter"（p. 298）。H 本："狭义地讲，利益的衡量也可能与此无关"（第 265 页）。新解："狭义地讲，收益的平衡可能是无关紧要的。"

5. 原文："The primary value of the principle is not measured by the help we actually receive but rather by the sense of confidence and trust in other men's good intentions and the knowledge that they are there if we need them"（p. 298）。H 本："这个原则的主要价值与其说要根据我们实际接受的帮助来衡量，倒不如说要根据我们对其他人善良意向的信任感和一旦我们需要他们就会提供帮助的知识来衡量"（第 265 页）。新解："互助原则的主要价值，不是通过我们实际得到的帮助来衡量，而是通过对他人良好意愿的信任和信心，以及如果我们需要他人的帮助，他们就在我们身边的知识来衡量。"

6. 原文："No one had the slightest desire to act on these duties"（p. 298）。H 本："没有人具有一点遵守这些义务的意愿"（第 266 页）。新解："没人有丝毫的愿望去履行这些义务。"

7. 原文："Once again we should note the great importance of publicity effects"（p. 298）。H 本："我们应该再一次指出公开性效果的高度重要性"（第 266 页）。新解："我们应该再次注意公开性效应的重大价值。"

【诠释】

类似推理支持其他的自然义务。例如，我们不妨考虑互助义务。康德建议，并且其他人在这一点上听从其建议，提出互助义务的理由是，在可能出现的情况下，我们将需要他人的帮助。一个人不承认互助原则，等于剥夺了自己获得他人帮助的权利。[①] 虽然在特殊情况下，我们被要求去做

[①] 参阅康德《道德形而上学基础》（学院版）第 4 卷，第 423 页。还有更为详细的讨论，参阅康德《道德形而上学》（学院版）第 6 卷，第二部分（伦理学）第 30 节，第 451 页。康德在那里提到，善行（beneficence）义务（康德叫法）应当是公开且公共的（public，不是适用于特定人群的，也不是私下进行的或私人之间的），也就是说，它是普遍法则。参阅《正义论》第 23 节注 8。——原注

的事情不符合自己的利益，在正常情况下，我们可能至少会在长期内获得平衡。在每个单一例子中，被救助者的收益远远超过救助者的损失，并且，假设一个人做受益者的机会并不比他必须作救助者的机会更少，这个原则显然符合我们的利益。但这不是互助义务的唯一论据，甚至不是最重要的论据。接受这一义务的充分理由是，它对日常生活质量有着普遍效应。我们生活在同一个社会中，遇到困难时，我们可以依靠他人来帮助自己，这种公共知识本身就很有价值。事实证明，我们从来都不需要这种帮助，我们偶尔也会被要求提供帮助，这两种说法并没有什么不同。狭义地讲，收益的平衡可能是无关紧要的。互助原则的主要价值，不是通过我们实际得到的帮助来衡量，而是通过对他人良好意愿（善良意志）的信任和信心，以及如果我们需要他人的帮助，他们就在我们身边的知识来衡量。事实上，我们只需设想一下，如果大家都知道这项义务遭到了拒绝，那么这个社会将会是什么样子。因此，虽然自然义务不是单一原则的特例（如本人假设那样），但是当人们考虑到它们所代表的基本态度时，类似理由无疑支持其中多个原则。一旦我们试图描绘这样社会的生活，在那里，没人有丝毫意愿去履行这些义务，我们就会看到，它将表现出对人类的冷漠，即便不是轻蔑，这将使我们无法理解自己的价值。我们应该再次注意公开性效应的重大价值。

【原文】 §51 – 10 – pp. 298 – 299

【评析】

1. 原文："The real difficulty lies in their more detailed specification and with questions of priority: how are these duties to be balanced when they come into conflict, either with each other or with obligations, and with the good that can be achieved by supererogatory actions? There are no obvious rules for settling these questions"（pp. 298 – 299）。H 本："真正的困难在于对它们的更详细的阐述是与下述优先性问题联系在一起的：即当自然义务发生冲突——义务与义务之间、义务与职责之间、或者义务与通过分外行为可获得的善之间发生冲突——时，应怎样平衡这些义务？不存在解决这些问题的明确规则"（第 266 页）。新解："其真正的困难，既涉及有关的细致规定，也涉及若干优先性问题：这些义务要么产生相互冲突，要么产生与诸多职责的冲突，要么产生与通过分外行动方可实现的善的冲突。那么，当冲突发生时，它们应当如何得到平衡？解决这些问题没有明确的规则。"

2. 原文："We cannot say, for example, that duties are lexically prior with respect to supererogatory actions, or to obligations. Nor can we simply invoke the utilitarian principle to set things straight"（p. 299）。H 本："例如，我们不能说这些义务以一种词典式的次序优先于分外行为，或者说优先于责任。我们也不能只求助于功利原则来弄清这些问题"（第 266 页）。新解："例如，我们不能说，这些义务在顺序上优先于各种分外行为，或优先于各种职责。我们也不能简单援引效用原则来应对这些问题。"

3. 原文："Requirements for individuals so often oppose each other that this would come to much the same thing as adopting the standard of utility for individuals; and, as we have seen, this is ruled out as leading to an incoherent conception of right"（p. 299）。H 本："对个人的各种要求经常是相互矛盾的，以至于将遇到跟采取对个人的功利标准一样的问题；而且正如我们已看到的那样，我们已排除了功利的原则，因为它产生了一种不一致的正当观念"（第 266 页）。新解："对个体的要求常常是相互对立的，以至于这与采取适用于个体的效用标准几乎是一回事；而且，正如我们所看到的，因为它将导致某种不融贯的正当观念，效用标准已被排除在外。"

4. 原文："I do not know how this problem is to be settled, or even whether a systematic solution formulating useful and practicable rules is possible"（p. 299）。H 本："我不知道怎样解决这个问题，甚至不知道是否有可能把种种有用和可行的规则总合成一个系统的解答"（第 266 页）。新解："我不知道该如何解决这个问题；我甚至不知道，就制定有用且切实可行的规则来说，是否可能有系统的解决办法。"

5. 原文："Since we are dealing with a comprehensive scheme of general rules, we can rely on certain procedures of aggregation to cancel out the significance of the complicating elements of particular situations once we take the larger long-term view"（p. 299）。H 本："由于我们是在处理一个一般规则的综合性体系，所以，只要采取更全面而长远的观点，我们就能依靠某些加总福利的程序来取消具体情况中的复杂成分的意义"（第 266 页）。新解："由于我们正在处理一整套一般规则，因此，一旦我们从长远来看，我们就可以依靠某些综合程序来消除特定情况之复杂因素的重要性。"

6. 原文："I shall not attempt to discuss the questions of priority in full generality"（p. 299）。H 本："我不打算详细讨论这些优先性问题"（第

266 页）。**新解**："本人将不打算泛泛而谈地讨论这些优先性问题。"这里的短语"in full generality"有"大体上""笼统"和"泛泛而谈"之意，与"详细"正好相反。优先性问题是正义理论的重要议题，罗尔斯在《正义论》中多有"详细"讨论。优先性问题及其讨论是正义理论的重要组成部分。因此，H 本的解读是误导人的。

7. **原文**："What I shall do is to examine a few special cases in connection with civil disobedience and conscientious refusal under circumstances of what I shall call a nearly just regime"（p. 299）. H 本："我要做的事情是：联系处在一个我称之为接近正义的制度的环境里的公民不服从和良心的拒绝来考察一些专门的例证"（第 266 页）。**新解**："我要做的是，在本人称之为近乎正义政权的环境下，审查与公民抗命和良心拒绝有关的若干特殊案例。"

【诠释】

人们应当独自承担每一项自然义务，赞同如此做的理由是相当明显的。至少明显的一点是，有这些义务比没有类似要求要更加可取。尽管它们的定义和系统安排是混乱的，但是它们得到承认是几乎没有异议的。其真正的困难，既涉及有关的细致规定，也涉及若干优先性问题：这些义务要么产生相互冲突，要么产生与诸多职责的冲突，要么产生与通过分外行动方可实现的善的冲突。那么，当冲突发生时，它们应当如何得到平衡？解决这些问题没有明确的规则。例如，我们不能说，这些义务在顺序上优先于各种分外行为，或优先于各种职责。我们也不能简单援引效用原则来应对这些问题。对个体的要求常常是相互对立的，以至于这与采取适用于个体的效用标准几乎是一回事；而且，正如我们所看到的，因为它将导致某种不融贯的正当观念，效用标准已被排除在外。我不知道该如何解决这个问题；我甚至不知道，就制定有用且切实可行的规则来说，是否可能有系统的解决办法。针对基本结构的这种理论看似真正地更为简单。由于我们正在处理一整套一般规则（comprehensive scheme of general rules），因此，一旦我们从长远来看，我们就可以依靠若干综合程序来消除特定情况之复杂因素的重要性。因此在本书中，本人将不打算泛泛而谈地讨论这些优先性问题。我要做的是，在本人称之为近乎正义政权的环境下，审查与公民抗命和良心拒绝有关的若干特殊案例。令人满意地描述这些问题，充其量只是开了个头，但它可能会让我们了解我们正面临的各种阻碍，并有助于我们将直觉判断聚焦于这些适当的问题。

第六章　义务职责　977

【原文】§51 – 11 – pp. 299 – 300

【评析】

1. 原文:"Suppose that the full system of principles that would be chosen in the original position is known"（p. 299）。H 本:"假设在原初状态中所选择的完整的原则体系是众所周知的"（第 266 页）。新解:"假设在初始位置上将接受筛选的那一整套原则是已知的。"

2. 原文:"It will contain principles for institutions and individuals, and also, of course, priority rules to weigh these principles when they favor contrary sides in given cases"（p. 299）。H 本:"它包括某些对制度和对个人的原则，当然也包括当这些原则在特定情况下同时支持对立双方时衡量它们的优先性规则"（第 266—267 页）。新解:"它将包括适用于制度的原则和适用于个体的原则，当然也包括优先性规则，当这些原则在特定情况下有利于相反一方时，优先性规则将对其进行权衡。"

3. 原文:"This full conception of right is finite: it consists of a finite number of principles and priority rules. Although there is a sense in which the number of moral principles (virtues of institutions and individuals) is infinite, or indefinitely large, the full conception is approximately complete: that is, the moral considerations that it fails to cover are for the most part of minor importance. Normally they can be neglected without serious risk of error"（p. 299）。H 本:"这一完整的正当观念是有限的：它由有限数目的原则和优先规则构成。虽然在某种意义上说，道德原则（制度与个人的德性）在数量上是无穷的，或无限广博的，但完整的正当观念大致是全面的，这就是说，那些没有包括进来的道德思考大都只具有较小的重要性，通常可以忽略它们而不致犯严重错误"（第 267 页）。新解:"这个完整的正当观念是有限的：它由有限的若干原则和优先性规则组成。虽然存在这样的意思，道德原则数量（制度德性和个体德性）是无限的或无限大的，但是这个完整的正当观念是大致全面的；也就是说，它没有包含进去的道德考虑多半是次要的。通常可以忽略它们而不存在犯下严重错误的风险。"

4. 原文:"The significance of the moral reasons that are not accounted for becomes negligible as the conception of right is more fully worked out"（p. 299）。H 本:"这些没有被考虑进来的道德理由的意义，在正当观念较

完整地确立时就变得微不足道了"（第267页）。**新解**："当这个正当观念得到充分阐述时，不被考虑的道德理由的重要性就变得微不足道了。"

5. 原文："Here I imagine that the priority rules are sufficient to resolve conflicts of principles, or at least to guide the way to a correct assignment of weights"（p. 300）. H本："在这里，我设想优先规则足以解决这些原则的冲突，或至少足以指导一种正确评价这些冲突原则的方法"（第267页）。**新解**："我于是设想，优先性规则足以解决原则冲突，或者至少能够指导恰当地分配权重。"

6. 原文："We are not yet in a position to state these rules for more than a few cases"（p. 300）. H本："我们对优先规则的说明还不能使它们适用于较多的例证"（第267页）。**新解**："我们尚未处于为更多案例陈述这些规则的位置上。"

【诠释】

在此关头，留意两种义务为人熟知的区分似乎是恰当的：一是在其他条件相同情况下的义务（一种所谓自明义务），二是在考虑所有条件情况下的义务。（各种职责也有类似区分。）这一概念的提出要归功于罗斯，我们可以遵循他的主要思路。① 因此，假设在初始位置上将接受筛选的那一整套原则是已知的。它将包括适用于制度的原则和适用于个体的原则，当然也包括优先性规则，当这些原则在特定情况下有利于相反一方时，优先性规则将对其进行权衡。本人进而假设，这个完整的正当观念是有限的：它由有限的若干原则和优先性规则组成。虽然存在这样的意思，道德原则的数量（制度德性和个体德性）是无限的或无限大的，但是这个完整的正当观念是大致全面的：也就是说，它没有包含进去的道德考虑多半是次要的。通常可以忽略它们而不存在犯下严重错误的风险。当这个正当观念得到充分阐述时，不被考虑的道德理由的重要性就变得微不足道了。现在，与这个完整的正当观念（根据定义，其意思是"有限完整的正义观念"）一起，将有原则来证明其完整性，并且，如果我们愿意的话，还存在这样一项原则，要求行动者采取这样的行动，根据这一整套原则（包括优先性规则），它将是所有可供行动者采取的行动中被合理判断为正确的（或最佳的）行动。我于是设想，优先性规则足以解决原则冲突，或者至少能够指导恰当地分配权重。显然，我们尚未处于为更多案例陈述这些规则的位

---

① 参阅罗斯《正当与善》，牛津：克莱伦顿出版社1930年版，第8—33、41页。——原注

置上；但是，既然我们设法做出这些判断，那么就已经存在有用的规则（除非直觉论者是正确的且只存在各种描述）。在任何情况下，这一整套原则指导我们尽可能根据所有可用的（根据这组原则界定的）相关理由采取行动。

【原文】§51－12－p.300

【评析】

1. 原文："A principle taken alone does not express a universal statement which always suffices to establish how we should act when the conditions of the antecedent are fulfilled"（p.300）。H本："一个单独采纳的原则不表达一个普遍陈述，即在满足先前的条件时，总是足以确定我们应当如何行动的陈述"（第267页）。新解："单独采纳的原则不能表达普遍陈述，后者总是足以确定当前因条件满足时我们应该如何行动。"

2. 原文："Rather, first principles single out relevant features of moral situations such that the exemplification of these features lends support to, provides a reason for making, a certain ethical judgment"（p.300）。H本："倒不如说，首批原则从道德境况中挑选出一些相关特征，以便通过解释这些特征而给予一种确定的伦理判断以支持，并提供做出这一判断的一个理由"（第267页）。新解："确切地说，首要原则指出了道德情境的相关特征，这些特征的范例有助于支持做出某种道德判断，并为其提供理由。"

3. 原文："The correct judgment depends upon all the relevant features as these are identified and tallied up by the complete conception of right"（p.300）。H本："正确的判断建立在所有的相关特征上，因为这些特征是由完整的正当观确定和列举出来的"（第267页）。新解："正确的判断取决于所有相关的特征，因为这些特征由一个完整的正当观念来识别和枚举。"

4. 原文："We are indicating that we have so far only taken certain principles into account, that we are making a judgment based on only a subpart of the larger scheme of reasons"（p.300）。H本："我们则是在表明自己迄今为止只考虑了某些原则，并且仅仅是根据规模较大的理由体系中的一个次要部分来作出判断的"（第267页）。新解："我们表示，迄今为止，我们只考虑了某些原则，我们只是根据一组更大理由的一小部分理由做出判断。"

5. 原文："**I shall not usually signal the distinction between something's being a person's duty（or obligation）other things equal, and its being his duty all things considered**"（p. 300）. H本："我一般将不指明一个人在其他条件相同的情况下的义务（或职责）和在考虑所有条件的情况下的义务这两者之间的区别"（第267—268页）。**新解**："我通常不区分如下两种情况：一是在其他条件相同的情况下，某件事情是某个人的义务（或职责），二是在考虑所有条件的情况下，某件事情是某个人的义务。"

【诠释】

如果我们考虑到这些规定，那么，"在其他条件相同的情况下"和"在考虑所有条件的情况下"及其他相关表述，表明了一项判断在多大程度上以这一整套原则为基础。单独采纳的原则不能表达普遍陈述，后者总是足以确定当前因条件满足时我们应该如何行动。确切地说，首要原则指出道德情境的相关特征，这些特征的范例有助于支持做出某种道德判断，并为其提供理由。正确的判断取决于所有相关的特征，因为这些特征由完整的正当观念来识别和枚举。我们声称，当我们说某件事是我们的义务时，我们调查了这件事情的每一方面；或者我们暗示，我们知道（或有理由相信）这一广泛调查的结果将是什么。相比之下，在将某些要求说成是义务，即其他同等义务（所谓自明义务）时，我们表示，迄今为止，我们只考虑了某些原则，我们只是根据一组更大理由的一小部分理由做出判断。我通常不区分以下两种情况：一是在其他条件相同的情况下，某件事情是某个人的义务（或职责），二是在考虑所有条件的情况下，某件事情是某个人的义务。在通常情况下，我们可以根据上下文来搞清如此区分的含义。

【原文】§51 – 13 – p. 300 – 301

【评析】

罗尔斯在这里借鉴了康德和罗斯关于道德原则的见解和概念，但是又不接受那些见解和概念。罗尔斯认为，像康德那样，罗斯对完全职责和不完全职责进行排序是不成立的。前者不一定优先于后者。

1. 原文："**The essentials of Ross's concept of prima facie duty**"（p. 300）. H本："罗斯自明义务观的要点"（第268页）。**新解**："罗斯的自明义务概念的要点"。H本在"概念"（concept）和"观念"（conception）的使用上一直

比较混乱，这种混乱大大增加了中文读者阅读《正义论》的难度。

2. 原文："**The important thing is that such riders as 'other things equal' and 'all things considered' (and of course 'prima facie') are not operators on single sentences, much less on predicates of actions**"（p. 300）。H 本："重要的在于，'在其他条件相同的情况下'和'在考虑所有条件的情况下'（当然还有'自明'的）这些附加成分，并不是单句中的功能词，更不是动词谓语"（第 268 页）。新解："重要的是，诸如'在其他条件相同的情况下'和'在考虑所有条件的情况下'（当然还有'自明的'）这样的附加条件，既不是单一语句的运算符，又不是动作谓词的运算符。"

3. 原文："**Rather they express a relation between sentences, a relation between a judgment and its grounds; or as I have put it above, they express a relation between a judgment and a part or the whole of the system of principles that defines its grounds**"（p. 300）。H 本："倒不如说，它们表达了句子（或命题）之间的关系、判断和根据之间的关系；或者按照我上面所说的那样，表达了一个判断和规定其根据的原则体系的一个部分或整体之间的关系"（第 268 页）。新解："相反，它们表达的是语句之间的关系，判断与判断理由之间的关系；或者正如我前面所说的，它们表达的是判断与用来界定其理由的部分原则或全部原则之间的关系。"

4. 原文："**A traditional doctrine found in Kant, or so Ross believed, is to divide the principles that apply to individuals into two groups, those of perfect and imperfect obligation, and then to rank those of the first kind as lexically prior (to use my term) to those of the second kind**"（p. 301）。H 本："在康德那里所发现的——或者像罗斯这样认为的——一个传统理论可以把适用于个人的原则分成两个部分：完美的职责和不完美的职责，然后把第一种职责看成是以一种词典式次序（使用我的术语）优先于第二种职责"（第 268 页）。新解："我们发现康德有一个传统学说，罗斯也信奉该学说，它先把适用于个人的原则一分为二，即完全职责和不完全职责，然后（用我的话来说）在词序上把第一类职责排在第二类职责的前面。"

5. 原文："**Yet not only is it in general false that imperfect obligations (for example, that of beneficence) should always give way to perfect ones (for example, that of fidelity), but we have no answer if perfect obligations conflict**"（p. 301）。H 本："但是，一般来说，不仅那种认为不完美的职责（如善行的职责）总是应当让路给完美的职责（如忠诚的职责）的看法是错误的，而且，如果完美的职责之间发生冲突的话，我们也没有解决的

办法"（第 268 页）。**新解：**"然而，不完全职责（比如仁慈）总是要让位给完全职责（比如忠诚），这不仅一般是错的，而且当各种完全职责发生冲突时，我们也没有找到两全之策。"此处表明罗尔斯不赞同康德和罗斯的相关见解。

6. 原文：**"This thesis concerns how these principles are known, and what sort of derivation they admit of. This question is independent of how principles hang together in one system of reasons and lend support to particular judgments of duty and obligation"**（p. 301）. H 本："这个论点涉及到这些原则如何为人所知和它们容有何种派生物等问题。而这些问题是独立于在一个理由体系中这些原则怎样联结以及怎样证明关于义务和职责的特殊判断的"（第 268 页）。**新解：**"这个论题关注这些原则是如何为人所知的，以及它们承认什么样的推论。这个问题独立于原则在一组理由中如何彼此相容并支持对义务和职责的特定判断的问题。"

【诠释】

本人认为，这些评论表达了罗斯的自明义务概念的要点。重要的是，诸如"在其他条件相同的情况下"和"在考虑所有条件的情况下"（当然还有"自明的"）这样的附加条件，既不是单一语句的运算符（operators），又不是动作谓词（predicates of actions）的运算符。相反，它们表达的是语句之间的关系，判断与判断理由之间的关系；或者正如我前面所说的，它们表达的是判断与用来界定其理由的部分原则或全部原则（part or the whole of the system of principles）之间的关系。① 这种解释考虑了罗斯的观点。因为他把它作为陈述首要原则的方式，以便在特定情况下，允许它们界定的理由，去支持相反的行动路线，事实上，它们经常这样做，而不会让我们陷入矛盾。我们发现康德持有一个传统学说，罗斯也信奉该学说，它先把适用于个人的原则一分为二，即完全职责和不完全职责（perfect and imperfect obligation），然后（用我的话来说）在词序上把第一类职责排在第二类职责的前面。然而，不完全职责（比如仁慈）总是要让位给完全职责（比如忠实），这不仅一般是错的，而且当各种完全职责发生冲突时，我们也没有

---

① 本人在这里沿袭唐纳德·戴维森（Donald Davidson）在"意志脆弱是怎么可能的？"一文中的观点，参阅乔尔·范伯格（Joel Feinberg）编《道德概念》，伦敦：牛津大学出版社 1969 年版，第 109 页。第 105—110 页的讨论和这里的讨论有联系。——原注

找到两全之策。① 也许，康德理论有解决办法；但无论如何，他把这个问题搁置了起来。为了这个目的，使用罗斯的观念是出于便利的考虑。当然，这些评论并不接受其论点，即首要原则是不言而喻的。这个论题关注这些原则是如何为人所知的，以及它们承认什么样的推论。这个问题独立于原则在一组理由中如何彼此相容并支持对义务和职责的特定判断的问题。

§52 支持公平原则的论点
The Arguments for the Principle of Fairness

【题解】

在一个公平正义的制度里，按照制度规则履职尽责是公民的自然义务。这是实现社会合作的主要方式。"如果我们未尽自己应尽的公平义务，那么我们将无法从他人的合作努力中获益。"（p. 301）人们在合作中谋求自身利益。合作必须互惠互利和发挥各自优势。合作必须是自愿的，有正义制度作保障。因此，强逼的合作不是真正的合作。"强逼的允诺（extorted promises）从一开始就是无效的。不过类似地，不合乎正义的社会安排本身，就是一种敲诈勒索，甚至是强取豪夺，被迫同意它们并不具有约束力。"（p. 302）因此，罗尔斯仍然从契约论角度讨论合作实现的方式，忠实原则（principle of fidelity）是各方开展合作的主要原则。

【原文】 §52 – 1 – p. 301

【评析】

1. 原文："A person is under an obligation to do his part as specified by the rules of an institution"（p. 301）. H 本："他就要承担职责来做这个制度的规范所规定的一份工作"（第 269 页）. **新解**："他就有义务按照制度规则履行自身职责。"

2. 原文："When a number of persons engage in a mutually

---

① 参阅罗斯《正当与善》，第 18 页；并参阅罗斯《伦理学基础》，牛津：克莱伦顿出版社 1939 年版，第 173、187 页。——原注

advantageous cooperative venture according to certain rules and thus voluntarily restrict their liberty, those who have submitted to these restrictions have a right to a similar acquiescence on the part of those who have benefited from their submission"（p. 301）。H 本："当一批个人按照某些规则加入互惠的合作探索，并自愿地限制他们的自由时，服从这些限制的人有权要求那些从他们的服从中获利者有一类似的服从"（第 269 页）。新解："当一些人按照某些规则开展互利合作业务，从而自愿限制其自由，服从限制者有权要求因此施加于受益者的类似默从。"

【诠释】

虽然存在着自然义务的各项原则，但是所有职责都源于公平原则（如 §18 界定的那样）。我们不妨回顾一下，公平原则认为，假定制度是正义或公平的，也就是说，制度满足两个正义原则，那么只要一个人自愿接受如此计划的好处，或利用该计划提供的机会促进自身利益，他就有义务按照制度规则履行自身职责。如前所述，这里的直觉想法是，当一些人按照某些规则开展互利合作业务，从而自愿限制其自由，服从限制者有权要求因此施加于受益者的类似默从。① 如果我们未尽到自己应尽的公平义务，那么我们将无法从他人的合作努力中获益。

【原文】§52－2－p. 302

【评析】

1. 原文："Unjust social arrangements are themselves a kind of extortion, even violence, and consent to them does not bind"（p. 302）。H 本："不正义的社会安排本身就是一种强迫，甚至是一种暴力。对它们的同意并不具有约束力"（第 269 页）。新解："不合乎正义的社会安排本身，就是敲诈勒索，甚至是强取豪夺；被迫同意如此安排，并不具有约束力。"

2. 原文："The reason for this condition is that the parties in the original position would insist upon it"（p. 302）。H 本："原初状态中的各方将会坚持这个条件的理由"（第 269 页）。新解："赞同这个条件的理由是，处于初始位置上的各方都会坚持要求公平原则。"

---

① 本人在这里受益于哈特的论文，参阅哈特"存在自然权利吗?"，《哲学评论》1955 年第 64 卷，第 185 页及以后。——原注

第六章 义务职责

【诠释】

我们不会忘记，公平原则有两个部分：其一说明我们如何履行职责，亦即我们通过自愿做各种事情来恪尽职守；其二界定某个条件，亦即有关制度即使不是完全正义的，也至少要像在这种情况下合理期待那样地是正义的。第二项条款旨在保证，只有在满足某些背景条件的情况下才会产生职责。默认甚至同意明显违反正义的制度，不会产生职责。人们普遍认为，强逼的允诺从一开始就是无效的。不过类似地，不合乎正义的社会安排本身，就是敲诈勒索，甚至是强取豪夺；被迫同意如此安排，并不具有约束力。赞同这个条件的理由是，处于初始位置上的各方都会坚持要求公平原则。（利用公平原则，实现合乎正义的社会安排。）

【原文】 § 52 - 3 - pp. 302 - 303

【评析】

1. **原文**："Although previously the scheme in question did not apply to us, and we had no duties in regard to it other than that of not seeking to undermine it, we have now by our deeds enlarged the bonds of natural duty"（p. 302）。H 本："虽然这里所说的体系以前并不曾运用于我们，而且对于它我们的义务仅仅在于不设法破坏它，但现在我们却用我们的行为扩展了自然义务的范围"（第 269 页）。**新解**："尽管眼下这个计划以前未曾适用于我们，除了不想破坏它之外，我们没有其他义务，然而现在，我们通过行动扩大了自然义务的活动范围。"

2. **原文**："But it seems appropriate to distinguish between those institutions or aspects thereof which must inevitably apply to us since we are born into them and they regulate the full scope of our activity, and those that apply to us because we have freely done certain things as a rational way of advancing our ends"（p. 302）。H 本："但是，在下述两种制度或其有关方面之间作出区别似乎是恰当的：其中一种制度是因为我们生长于其中、且我们活动的整个范围受其支配而必定要适用于我们的；另一种制度则是因为我们作为实现我们目的的一种合理方式而自由地做了某些事情才适用于我们的"（第 269 页）。**新解**："不过，区分两类制度及其有关方面似乎是恰当的：一是我们生来就别无选择地适用于自身的，它们规范着我们活动的整个范围；二是它们之所以适用于我们，是因为我们自由地做了某些事情，作为推进我们目标的合理方式。"

3. 原文："Thus we have a natural duty to comply with the constitution, say, or with the basic laws regulating property (assuming them to be just), whereas we have an obligation to carry out the duties of an office that we have succeeded in winning, or to follow the rules of associations or activities that we have joined"（p. 302）。H本："这样，我们就有了一个遵守宪法比方说遵守一个调节财产的基本法（假设它们是正义的）的义务，而另一方面，我们也有一种职责去履行我们成功地获得的一个职位的义务，也就是去遵守我们所参加的社团和活动的规则"（第269—270页）。新解："因此，我们有遵守宪法的自然义务，比如，我们有遵守调节财产的基本法的自然义务（假设基本法是正义的），并且，我们有履行自己成功谋取的岗位义务的职责，我们有遵守自己所加入社团或所从事活动的规章制度的义务。"

4. 原文："Sometimes it is reasonable to weigh obligations and duties differently when they conflict precisely because they do not arise in the same way"（p. 302）。H本："当义务和职责完全是因为产生的方式不同而发生冲突时，有区别地衡量义务和职责有时是合理的"（第270页）。新解："正因为其产生方式不同，所以，当义务和职责发生冲突时，有时对它们作不同权衡是合理的。"

5. 原文："It is these persons who are best able to gain political office and to take advantage of the opportunities offered by the constitutional system"（pp. 302-303）。H本："正是这些人最可能获得政府公职，利用立宪制度所提供的各种机会"（第270页）。新解："正是这些人最有能力获得政治职位，并利用宪政制度提供的机会。"

6. 原文："They are, therefore, bound even more tightly to the scheme of just institutions"（p. 303）。H本："因此，他们必须更严格地受到正义制度体系的约束"（第270页）。新解："因此，他们受到整套正义制度的更严格约束。"

【诠释】

在讨论这一原则的起源之前，我们须澄清一个初步问题。有人可能反对说，因为我们已经有了自然义务原则，所以我们没有必要采用公平原则。各种职责可以通过正义的自然义务来解释，因为当一个人利用现成制度时，其规则是适用于他的，正义的义务也讲得通。现在，这一论断的确言之成理。如果我们愿意，我们可以援引正义的义务来解释职责。将必要自愿行为，解释为我们的自然义务可以自由扩展的行为，这就已经足够。尽管眼下这个计划以前未曾适用于我们，除了不想破坏它之外，我们没有其他义务，然而现在，我们通过行动扩大了自然义务的活动范围。不过，区分两类制度及其有关方面似乎是恰当的：一是我们生来就别无选择地适用于自身的制度，它们规范着我们活动的整个范围；二是它们之所以适用于我们，是因为我们自由地做了某些事情，作为推进我们目标的合理方式。因此，我们有遵守宪法的自然义务，比如，我们有遵守调节财产的基本法的自然义务（假设基本法是正义的），并且，我们有履行自己成功谋取的岗位义务的职责，我们有遵守自己所加入社团或所从事活动的规章制度的义务。正因为其产生方式不同，所以，当义务和职责发生冲突时，有时对它们作不同权衡是合理的。至少在某些情况下，当职责与其他道德要求相冲突时，自由承担职责的事实必然会影响其评估。同样，社会位置较高的成员比其他成员更有可能承担不同于政治义务的政治职责。总的来说，正是这些人最有能力获得政治职位，并利用宪政制度提供的机会。因此，他们受到整套正义制度的更严格约束。为了表明这一事实，并强调许多约束是以何种方式自由开展的，公平原则是有益的。这一原则将使我们对义务和职责做出不同解释。"职责"（obligation）一词将得以保留，表示源自公平原则的道德要求，其他要求则被称为"自然义务"（natural duties）。

【原文】§52-4-p.303

【评析】

1. 原文："**The principle of fidelity is but a special case of the principle of fairness applied to the social practice of promising**"（p.303）。H本："忠诚原则仅仅是公平原则运用于社会的允诺实践的一个特例"（第270页）。**新解**："忠实原则只是公平原则应用于社会允诺实践的一个特例。""principle of fidelity"指的是信守承诺的原则，尤其指公务员在公共服务中信守承诺的原则，比如政府首脑宣誓效忠于人民，为全体人民服务。

2. 原文："**The argument for this begins with the observation that promising is an action defined by a public system of rules**"（p.303）。H本："这个论证首先从下述观点开始：即允诺是一种由一个公开规范体系规定的行为"（第270页）。**新解**："这个论证始于这样的观察：允诺是由

一套公开规则界定的行为。"

3. 原文:"These rules are, as in the case of institutions generally, a set of constitutive conventions"(p. 303)。H本:"像在制度中的一般情况那样,这些观范是一系列建构性的常规"(第270页)。**新解**:"这些规则,与一般制度的情况一样,是一套构成性惯例。"

4. 原文:"Just as the rules of games do, they specify certain activities and define certain actions"(p. 303)。H本:"正如博弈规则的作用那样,它们指明某些活动,规定某些行为"(第270页)。**新解**:"正如游戏规则所做的那样,它们指定某些活动,界定某些动作。"

5. 原文:"This rule we may think of as the rule of promising; it may be taken as representing the practice as a whole. It is not itself a moral principle but a constitutive convention"(p. 303)。H本:"我们可以把这个规则看成是允诺的规则;它可以被理解为代表了整个允诺实践。它本身不是一个道德原则,而是一个建构性的常规"(第270页)。**新解**:"我们可以认为,这条规则就是允诺规则;它可以看作展示着整个惯例。它本身不是道德原则,而是构成性惯例。"

6. 原文:"In this respect it is on a par with legal rules and statutes, and rules of games; as these do, it exists in a society when it is more or less regularly acted upon"(p. 303)。H本:"从这个意义上说,它是和法律规范及比赛规则等同的;和那些规范一样,它生长于一个多少正常地为人们遵守的社会中"(第270页)。**新解**:"在这方面,它类似于法规章程和游戏规则;正如那些规则一样,当一个社会多少按照常规活动时,允诺规则便存在于那个社会当中。"

【诠释】

鉴于后面章节将联系政治事务讨论公平原则,本人将在这里讨论公平原则与允诺的关系。现在,忠实原则只是公平原则应用于社会允诺实践的一个特例。这个论证始于这样的观察:允诺是由一套公开规则界定的行为。这些规则,与一般制度的情况一样,是一套构成性惯例。正如游戏规则所做的那样,它们指定某些活动,界定某些动作。① 在允诺情况下,其

---

① 关于构成性规则(constitutive rules),参阅塞尔(J. R. Searle)《言语行为》,剑桥:剑桥大学出版社1969年版,第33—42页。第三章特别是第57—62页讨论了允诺问题。——原注

基本规则是，控制"我允诺做 X"这句话的使用。其大意是：如果一个人在适当情况下说"我允诺做 X"，那么除非获得某些免责条件，这个人务必做 X。我们可以认为，这条规则就是允诺规则；它可以看作展示着整个惯例。它本身不是道德原则，而是构成性惯例。在这方面，它类似于法规章程和游戏规则；正如那些规则一样，当一个社会多少按照常规活动时，允诺规则便存在于那个社会当中。

【原文】§52 – 5 – pp. 303 – 304

【评析】

1. 原文："**The way in which the rule of promising specifies the appropriate circumstances and excusing conditions determines whether the practice it represents is just**"（p. 303）。H 本："允诺规则规定产生诺言的适当环境和解除诺言的条件的方式，决定了它所代表的实践是否正义"（第 270 页）。新解："允诺规则具体规定允诺的适当环境和免责条件，并以此裁定允诺所代表的做法是否正义。"

2. 原文："**In order to make a binding promise, one must be fully conscious, in a rational frame of mind, and know the meaning of the operative words, their use in making promises, and so on**"（p. 303）。H 本："为了作出一个有约束的允诺，一个人必须是完全有意识的，处在一种理性的心灵状态中，知道起作用的语词的意义及其他允诺中的用法等等"（第 270 页）。新解："为了做出有约束力的允诺，一个人必须是完全有意识的，有着合理的心态，了解可操作的词语的含义、它们在做出允诺中的用法等等。"

3. 原文："**In situations where one has a reasonably fair bargaining position**"（p. 303）。H 本："处在一种相当公平的订约地位中"（第 271 页）。新解："在一个人具备相当公平的谈判位置的情况下"。

4. 原文："**A person is not required to perform if the operative words are uttered while he is asleep, or suffering delusions, or if he was forced to promise, or if pertinent information was deceitfully withheld from him**"（p. 303）。H 本："如果一个人是在睡着或幻觉时说出这些起作用的语词，或者是被迫作出允诺，或者因遭受欺骗而被剥夺了有关的信息，那就不能要求这个人履行他的诺言"（第 270—271 页）。新解："如果一个人迷迷糊糊好像处于睡梦当中，或者他正好妄想症发作，如果他做出的许诺是被逼

的，如果他受到欺骗、他被隐瞒了相关信息，他说了一些事关允诺的话，那么他不必履行所做的允诺。"

5. 原文："**The circumstances giving rise to a promise and the excusing conditions must be defined so as to preserve the equal liberty of the parties and to make the practice a rational means whereby men can enter into and stabilize cooperative agreements for mutual advantage**"（pp. 303 – 304）. H 本："我们应该规定那些产生诺言的环境和解除诺言的条件，以保护各方的平等自由，并使允诺实践成为一个理性的手段，借此人们能为了相利而加入合作协议并保持协议的稳定"（第 271 页）。**新解**："必须明确允诺的产生环境和免责条件，以便维护双方的平等自由，并使之成为人们能够订立和稳定互利合作协议的合理手段。"

6. 原文："**It must suffice to remark that the principles of justice apply to the practice of promising in the same way that they apply to other institutions**"（p. 304）. H 本："我们只需指出：两个正义原则是以它们运用于其他制度的同样方式运用于允诺实践的"（第 271 页）。**新解**："必须指出的是，正义原则应用于允诺实践，其方式与它们应用于其他制度的方式相同。"

7. 原文："**It would be wildly irrational in the original position to agree to be bound by words uttered while asleep, or extorted by force**"（p. 304）. H 本："在原初状态中，同意受当睡着时或被强制时说出的话的束缚是毫无理性的"（第 271 页）。**新解**："在初始位置上，无论被睡觉时说的梦话所约束，还是被武力所胁迫，如此订立的协议都是极其不合理的。"

8. 原文："**No doubt it is so irrational that we are inclined to exclude this and other possibilities as inconsistent with the concept**（meaning）**of promising**"（p. 304）. H 本："毫无疑义，这种同意是如此地不合理，以致我们倾向于排除这种或其他种与允诺的概念（意义）不相容的可能性"（第 271 页）。**新解**："毫无疑问，这是非常不合理的，我们倾向于排除这种可能性以及与允诺概念（允诺含义）不相符的其他可能情况。"

9. 原文："**There are many variations of promising just as there are of the law of contract**"（p. 304）. H 本："正如有各种契约法一样，也有各种各样的允诺"（第 271 页）。**新解**："正如合同法有许多变式一样，允诺也有许多变式。"

第六章 义务职责 991

【诠释】

允诺规则具体规定允诺的适当情况和免责条件（条款），并以此裁定允诺所代表的做法是否正义。例如，为了做出有约束力的允诺，一个人必须是完全有意识的，有着合理的心态，了解可操作的词语的含义、它们在做出允诺中的用法等等。此外，在不受威胁或胁迫的情况下，以及在可以说在一个人具备相当公平的谈判位置的情况下，这些话必须自由地或自愿地说出来。如果一个人迷迷糊糊好像处在睡梦当中，或者他正好妄想症发作，如果他做出的许诺是被逼的，如果他受到欺骗、他被隐瞒了相关信息，他说了一些事关允诺的话，那么他不必履行所做的允诺。一般来说，必须明确允诺的产生环境和免责条件，以便维护双方的平等自由，并使之成为人们能够订立和稳定互利合作协议的合理手段。这里的许多复杂情况是难免考虑不周全的。必须指出的是，正义原则应用于允诺实践，其方式与它们应用于其他制度的方式相同。因此，为了确保平等自由，必须对适当条件加以限制。在初始位置上，无论被睡觉时说的梦话所约束，还是被武力所胁迫，如此订立的协议都是极其不合理的。毫无疑问，这是非常不合理的，我们倾向于排除这种可能性以及与允诺概念（允诺含义）不相符的其他可能情况。但是，我并不认为，允诺是按定义来判断正当的实践，因为这模糊了允诺规则与派生于公平原则的职责的区分。正如合同法有许多变式一样，允诺也有许多变式。一个人或一群人理解的这种特殊实践是否正义，仍然有待正义原则来裁决。

【原文】§52 – 6 – p. 304

【评析】

1. 原文："**A bona fide promise**"（p. 304）．H本："一个真正的允诺"（第271页）．**新解**："诚实守信的允诺"。

2. 原文："**The principle of fidelity is the principle that bona fide promises are to be kept**"（p. 304）．H本："忠诚原则是一个要遵守真正的允诺的原则"（第271页）．**新解**："忠实原则是遵守诚信允诺的原则。"

3. 原文："**The rule is simply a constitutive convention, whereas the principle of fidelity is a moral principle, a consequence of the principle of fairness**"（p. 304）．H本："允诺规则完全是一种建构性的常规，而忠

诚原则是一个道德原则，是公平原则的一个推论"（第271页）。**新解：**
"允诺规则只是一个构成性惯例，忠实原则则是一个道德原则，是公平原则的一个推论。"

【诠释】

以这些评论为背景，我们可以介绍两种定义。首先，诚实守信的允诺（bona fide promise）意指，当其代表的实践为正义时，根据允诺规则产生的允诺。一旦一个人在适当情况下说出"我保证做X"这句话，正如正义实践定义的那样，他就做出了诚信允诺。其次，忠实原则是遵守诚信允诺的原则。如上所述，区分允诺规则和忠实原则是至关重要的。允诺规则只是一个构成性惯例，忠实原则则是一个道德原则，是公平原则的一个推论。假设存在正义的允诺实践，那么，在做出允诺时，也就是在适当情况下说出"我保证做X"这句话，一个人在知情情况下援引允诺规则并接受正义安排的好处。我们假设，当一个人可以自由决定做或不做某个事情时，他就有不做出允诺的职责。但是，既然按照假设，某个允诺实践是正义的，那么公平原则就会起作用，一个人就要按照允诺规则所指定的那样去行动，也就是说，他要做X。信守诺言的职责是公平原则的推论。

【原文】§52 – 7 – pp. 304 – 305

【评析】

1. 原文："**The standard reason for making promises is to set up and to stabilize small-scale schemes of cooperation, or a particular pattern of transactions**"（p. 304）. H本："做出允诺的一个标准理由是建立和稳定小范围的合作体系（或一种特殊的交易形式）"（第271页）。**新解：**"做出允诺的标准理由是，建立和稳定若干小范围合作计划，或者某种特殊交易模式。"

2. 原文："**The role of promises is analogous to that which Hobbes attributed to the sovereign. Just as the sovereign maintains and stabilizes the system of social cooperation by publicly maintaining an effective schedule of penalties, so men in the absence of coercive arrangements establish and stabilize their private ventures by giving one another their word**"（pp. 304 – 305）. H本："允诺的作用和霍布斯赋予最高专制权力的作用相类

似。最高专制权力通过保持一种公开的、有效的刑罚体系来维持并稳定社会合作制度，同样，人们在没有强制安排的情况下通过相互之间的允诺来建立并稳定他们的私人的合作探索"（第 271 页）。**新解**："允诺的作用，类似于霍布斯归之于君主的作用。正如君主通过公开推行有效处罚计划来维持和稳定社会合作系统一样，在没有强制性安排的情况下，人们通过相互允诺来建立和稳定其私人业务。"

3. 原文："**Such ventures are often hard to initiate and to maintain. This is especially evident in the case of covenants, that is, in those instances where one person is to perform before the other**"（p. 305）. H 本："这种探索常常是很难开始和维持的。这在盟约的情况中，即在那种一个人要先于其他人行动的情形中特别明显"（第 271—272 页）。**新解**："这类业务往往难以开展和维持。在契约情境下，即在一方先于另一方履行契约的情况下，这一点尤其明显。"

4. 原文："**It is subject to instability of the second kind even though the person to perform later would in fact carry through**"（p. 305）. H 本："即使那个后来行动的人实际上遵守了诺言，也容易导致第二种不稳定性"（第 272 页）。**新解**："即使这个人后来实际上愿意履约，他们的契约还会受到第二种不稳定性的影响。"

5. 原文："**The practice of promising exists for precisely this purpose; and so while we normally think of moral requirements as bonds laid upon us, they are sometimes deliberately self-imposed for our advantage**"（p. 305）. H 本："允诺的活动正是为了这一目的而存在的。所以，虽然我们通常把道德要求都看成是强加到我们身上的约束，但它们有时是为了我们的利益而审慎地自我加予的"（第 272 页）。这里的一个短语"deliberately self-imposed"很是关键。H 本解读为"审慎地自我加予的"，没有准确把握罗尔斯的这个语句的原意。其新解为"**故意强加给自己的**"。只有这样理解这个语句，我们才能看到罗尔斯思想的深刻性。就那个语句而言，H 本正好把罗尔斯的本意完全颠倒了过来，这是按照中国文化知识语境去解读西方哲学思想的一个典型案例。罗尔斯的意思是，就道德要求来说，我们会抱怨自己要受到它的束缚，这样的抱怨有被动的含义，这不是"强加到我们身上的束缚"，没有"强加到"的意思。但是，后面半句却有这个意思。这里的"deliberately"不是"审慎地"的意思，而是"故意的有意为之的"意思，并且这种装模作样正是罗尔斯在这里给予揭示的，因为我们有时正是通过这种手段谋取由道德要求其实是道德榜样所带来的红利的。但是，一旦"deliberately"被解读为"审慎地"，罗尔斯原文中的这一层意思便完全不见了。另外，短语"practice of promising"解读为"允诺习惯"比"允诺的活动"更好些。**新解："允诺惯例正是为了这个目的而存在的。因此，虽然我们通常认为道德要求是绑在我们身上的束缚，但是它们有时是我们为了自身利益而蓄意强加给自己的。"**

6. 原文："Thus promising is an act done with the public intention of deliberately incurring an obligation the existence of which in the circumstances will further one's ends"（p. 305）。H 本："这样，允诺就是一个抱有审慎地承担职责的公开意向而作出的行为，在适当的环境中这种职责的存在将促进一个人的目的"（第 272 页）。**新解："允诺是在众目睽睽之下蓄意承担义务的行为，在如此情况下，允诺的存在将促进允诺者的目的。"**

【诠释】

我说过，通过允诺，人会促成某个社会实践，并接受它所带来的好处。那么这些好处是什么呢？这个实践是如何运作的呢？为了回答这些问题，我们不妨假设，做出允诺的标准理由是，建立和稳定若干小范围合作计划，或者某种特殊交易模式。允诺的作用，类似于霍布斯归之于君主的作用。正如君主通过公开推行有效处罚计划来维持和稳定社会合作系统一样，在没有强制性安排的情况下，人们通过相互允诺来建立和稳定其私人业务。这类业务往往难以开展和维持。在契约情境下，即在一方先于另一方履行契约的情况下，这一点尤其明显。因为一方可能以为另一方不会尽到自己的责任，所以，这个计划永远不会成功。即使这个人后来实际上愿意履约，他们的契约还会受到第二种不稳定性的影响。现在，在这种情况下，除了给各方允诺，也就是说，让自己承担以后履约的义务之外，可能无法保证双方先行履约义务。只有这样，该计划才有安全保障，以便双方都能从合作中获益。允诺惯例正是为了这个目的而存在的。因此，虽然我们通常认为道德要求是绑在我们身上的束缚，但是它们有时是我们为了自身利益而蓄意强加给自己的。因此，允诺是在众目睽睽之下蓄意承担义务的行为，在如此情况下，允诺的存在将促进允诺者的目的。我们希望，这个职责是存在的，并希望它为人已知地存在着；我们希望，别人知道我们有意提到的这条约束并打算遵守它。因此，既然我们出于这个理由利用这个惯例，我们就有职责按照我们允诺的公平原则行事。

第六章　义务职责　995

【原文】§52 – 8 – p. 305

【评析】

1. 原文："Each person knows, or at least reasonably believes, that the other has a sense of justice and so a normally effective desire to carry out his bona fide obligations"（p. 305）。H 本："每个人都知道（或至少合理地相信）别人具有正义感，因而具有履行真正职责的正常有效的欲望"（第 272 页）。**新解**："每个人知道或至少有理由相信，其他人都有正义感，因此有正常有效的愿望来履行其忠实守信的职责。"

2. 原文："Without this mutual confidence nothing is accomplished by uttering words"（p. 305）。H 本："没有这种相互信赖，诺言就一钱不值"（第 272 页）。**新解**："没有这种相互信任，单凭空口允诺将一事无成。"

3. 原文："When its members give promises there is a reciprocal recognition of their intention to put themselves under an obligation and a shared rational belief that this obligation is honored"（p. 305）。H 本："当它的成员们做出允诺时，对他们履行职责的意图就有一种彼此回报的承认，和一种相信这一职责将得到尊重的共有的合理信念"（第 272 页）。**新解**："当其成员做出允诺时，他们相互承认尽其职责信守诺言之故意，且共同持有履行这一职责的理性信念。" 这里的 "a reciprocal recognition" 不能解读为 "一种彼此回报的承认"，而应解读为 "相互承认" 或 "对等承认"。

4. 原文："It is this reciprocal recognition and common knowledge that enables an arrangement to get started and preserves it in being"（p. 305）。H 本："正是这种彼此回报的承认和共同的理解，使一种事业开始并继续维持"（第 272 页）。**新解**："正是这种对等承认和共同知识，使得某个安排得以开展起来并持续存在下去。"

【诠释】

关于如何利用允诺（或缔结契约）来开展和维持各种合作形式，本人基本赞同普里查德的观点。① 他的讨论包含了所有要点。正如他假设的那

---

① 参阅普里查德（H. A. Prichard）"信守诺言的职责"（"Obligation To Keep a Promise"）（1940 年），收录于普里查德《道德职责》，牛津：克莱伦顿出版社 1949 年版，第 169—179 页。——原注

样，我也假设，每个人知道或至少有理由相信，其他人都有正义感，因此有正常有效的愿望来履行忠实守信的职责。没有这种相互信任，单凭空口允诺将一事无成。然而，在良序社会里，这种知识是存在的：当其成员做出允诺时，他们相互承认尽其职责信守诺言之故意，且共同持有履行这一职责的理性信念。正是这种对等承认和共同知识(共同知情)，使得某个安排得以开展起来并持续存在下去。

【原文】§52 – 9 – pp. 305 – 306

【评析】

1. 原文："Including the principles of fairness and natural duty"(p. 305). H 本："包括公平原则和自然义务"（第 272 页）。**新解**："包括公平原则和自然义务原则"。

2. 原文："The public awareness of men's willingness to act in accordance with it"(pp. 305 – 306). H 本："那种对于人们按照它行动的意愿的公开领悟"（第 272 页）。**新解**："人们愿意按照正义观念做事的公共意识"。

3. 原文："Assurance problem"(p. 306). H 本："确信问题"（第 272 页）。确信问题的本质是各方建立互信，达成合作并实现双赢。

4. 原文："Having trust and confidence in one another, men can use their public acceptance of these principles enormously to extend the scope and value of mutually advantageous schemes of cooperation"(p. 306). H 本："在具有互相依赖和互相信任之后，人们能利用对这些原则的普遍接受来大大地扩展互利合作体系的范围并提高其价值"（第 272 页）。**新解**："在相互存在信任和信心的情况下，人们可以利用对这些原则的公开接受，极大地拓展互利合作计划的范围和增进其价值。"

5. 原文："From the standpoint of the original position"(p. 306). H 本："从原初状态来看"（第 272 页）。**新解**："从初始位置的立场来看"。

6. 原文："This principle can be used to secure these ventures in ways consistent with freedom of choice and without unnecessarily multiplying moral requirements"(p. 306). H 本："我们可以使用公平原则来保护这些在许多方面与自由选择相容的探索，而不需要那些大量的、多余的道德要求"（第 272—273 页）。**新解**："以符合选择自由和摒除不必要增加的道德要求的方式，这个原则可用来确保这些合作业务的开展。"

7. 原文："Such an arrangement is obviously in the common interest. I shall suppose that these considerations are sufficient to argue for the principle of fairness"（p. 306）。H 本："这种安排显然是为了公共利益。我将假设这些赞成公平原则的理由是充足的"（第 273 页）。**新解**："这样的安排显然符合共同利益。本人认为，这些考虑因素足以证明公平原则。"罗尔斯一直在讨论忠实原则。这里的"common interest"是指做出允诺或订立契约双方的"共同利益"，它同前一语句中的短语"双方的相互优势"（the mutual advantage of both parties）形成呼应关系。H 本把它解读为"公共利益"显然不妥。

【诠释】

毋庸赘言，共同的正义观念（包括公平原则和自然义务原则）以及人们愿意按照正义观念做事的公共意识，是巨大的集体财富。我已从确信问题角度提到了许多好处。现在同样明显的是，在相互存在信任和信心的情况下，人们可以利用对这些原则的公开接受，极大地拓展互利合作计划的范围并且增进其价值。那么，从初始位置的立场来看，各方同意公平原则显然是合理的。以符合选择自由和摒除不必要增加的道德要求的方式，这个原则可用来确保这些合作业务的开展。同时，在公平原则的基础上，我们也看到，作为自由确立职责的方式，之所以需要允诺惯例，是因为想要增进当事双方的相互优势。这样的安排显然符合共同利益。本人认为，这些考虑因素足以证明公平原则。

【原文】§52 – 10 – p. 306

【评析】

1. 原文："To account for fiduciary obligations we must take the principle of fairness as a premise"（p. 306）。H 本："为了解释信任的职责，我们必须把公平原则作为一个前提"（第 273 页）。**新解**："我们考虑信托职责，须以公平原则为前提。"

2. 原文："Thus along with most other ethical theories, justice as fairness holds that natural duties and obligations arise only in virtue of ethical principles"（p. 306）。H 本："这样，和大多数伦理理论一样，公平的正义认为各种自然义务和职责仅仅是根据伦理原则产生的"（第 273 页）。**新解**："因此，与大多数其他伦理学理论一样，公平正义认为，自然

义务和职责只产生于伦理原则。"

3. 原文:"These principles are those that would be chosen in the original position. Together with the relevant facts of the circumstances at hand, it is these criteria that determine our obligations and duties, and single out what count as moral reasons"(p. 306). H本:"这些原则是在原初状态中将选择的原则。正是这些原则和我们所掌握的关于环境的相关事实,一起决定了我们的职责和义务,并挑选出可作为道德理由的事实"(第273页)。新解:"这些原则是在初始位置上将被选中的。再加上目前情景的相关事实,正是这些标准决定着我们的义务和职责,并揭示什么才是道德理由。"

4. 原文:"A (sound) moral reason is a fact which one or more of these principles identifies as supporting a judgment"(p. 306). H本:"一个(正确的)道德理由是在一个或较多个这类原则看来可支持一个判断的这样一个事实"(第273页)。新解:"一个(讲得通的)道德理由是这样的事实,这些原则中的一个或多个原则认定该事实支持某个判断。"

5. 原文:"The correct moral decision is the one most in line with the dictates of this system of principles when it is applied to all the facts it deems to be relevant"(p. 306). H本:"当一个原则体系被运用到那些被认为是相关的全部事实中时,正确的道德选择就是最符合这一原则体系的指令的决定"(第273页)。新解:"当正确的道德决定适用于它认为相关的所有事实时,它是最符合这套原则命令的决定。"

6. 原文:"Thus the reason identified by one principle may be supported, overridden, or even canceled (brought to naught) by reasons identified by one or more other principles"(p. 306). H本:"这样,由一个或较多个原则确认的理由可能支持、轻视甚或取消(使之成为无效)由另一个原则所确认的理由"(第273页)。新解:"因此,由一个原则确认的理由,可能会被一个或多个其他原则确认的各种理由所支持、推翻,甚至取消(使之化为乌有)。"

7. 原文:"the full system"(p. 306). H本:"原则的完整体系"(第273页)。新解:"这一整套原则"。

【诠释】

在讨论政治义务和政治职责问题之前,我想要略谈一下几点看法。首先,正如讨论允诺所阐明的那样,契约论认为,道德要求并非单独来自实有的制度。即使允诺规则本身也不会产生道德职责。我们考虑信托职责（fiduciary obligations），须以公平原则为前提。因此，与大多数其他伦理学理论一样，公平正义认为，自然义务和职责只产生于伦理原则（ethical principles）。这些原则是在初始位置上将被选中的。再加上目前情况的相关事实，正是这些标准决定着我们的义务和职责，并揭示什么才是道德理由。一个（讲得通的）道德理由是这样的事实，这些原则的一个或多个原则认定该事实支持某个判断。当正确的道德决定适用于它认为相关的所有事实时，它是最符合这套原则命令的决定。因此，由一个原则确认的理由，可能会被一个或多个其他原则确认的理由所支持、推翻，甚至取消（使之化为乌有）。不过，本人设想，虽然我们不能接触到全部事实（它在某种意义上可能是无限的），但是我们可以挑出一组有限的或可观察的事实作为影响任一具体例证的事实，在考虑所有条件的情况下，这一整套原则能使我们做出判断。

【原文】§52-11-pp.306-307

【评析】

1. 原文："By contrast, institutional requirements, and those deriving from social practices generally, can be ascertained from the existing rules and how they are to be interpreted"（p.306）. H本："通过比较，可以从现存规则和解释它们的方式中弄清制度的要求和那些一般是从社会实践中产生的要求"（第273页）。新解："通过比较，从现有规则及其解释方式，我们可以弄清制度的要求和一般来自社会惯例的要求。"

2. 原文："As citizens our legal duties and obligations are settled by what the law is, insofar as it can be ascertained"（p.306）. H本："公民的法律义务和职责可根据什么是公民法的问题来确定（就其能够确定而言）"（第273页）。新解："在可以确定的范围内，作为公民，我们的法律义务和法律职责是由实际的法律确定的。"原文中没有提到公民法。

3. 原文："The norms applying to persons who are players in a game depend upon the rules of the game"（pp.306-307）. H本："那些适用于博弈中的博弈者的规定依赖于这一博弈的规则"（第273页）。新解："适用于游戏玩家的规范，则取决于游戏规则。"

4. 原文："This is so even if the standards used by judges and others to interpret and to apply the law resemble the principles of right and justice,

or are identical with them"（p. 307）。H 本："即使法官或其他人用来解释并运用法律的标准与正当和正义原则相类似或与它们相同，情况也还是这样"（第 273 页）。新解："即使法官和其他执法者用来解释和适用法律的标准，类似于或等同于正当原则和正义原则，情况也是如此。"

5. 原文："**In a well-ordered society the two principles of justice are used by courts to interpret those parts of the constitution regulating freedom of thought and conscience, and guaranteeing equal protection of the laws**"（p. 307）。H 本："在一个良序社会中，法院可能使用两个正义原则来解释那些用来调节思想自由、良心自由，并保障法律的平等实施的宪法条文"（第 273 页）。新解："在良序社会里，法院可能利用两个正义原则解释宪法相关部分，它们规制思想自由和良心自由，提供法律平等保护。"这里没有涉及"宪法条文"，仅涉及"宪法相关部分"。

6. 原文："**Although in this case it is clear that, should the law satisfy its own standards, we are morally bound, other things equal, to comply with it, the questions what the law demands and what justice requires are still distinct**"（p. 307）。H 本："虽然在这种情况下很明显，如果法律满足了它自己的标准，那么在其他条件相同的情况下，我们在道德上就有义务来遵守法律；而且，法律要求和正义要求仍然是不同的问题"（第 273—274 页）。新解："尽管在这种情况下明显的一点是，如果法律符合其自身标准，在其他情况相同的条件下，我们要受到道德约束去遵守法律，但是，法律要求什么和正义要求什么仍然是不同的问题。"H 本在逻辑关系上没有理清楚这个语句，"虽然……，而且……"的表达式在逻辑上不成立。

7. 原文："**The tendency to conflate the rule of promising and the principle of fidelity（as a special case arising from the principle of fairness）is particularly strong**"（p. 307）。H 本："那种把允诺规则和忠诚原则（作为公平原则的一个特殊推论）混同起来的趋势是特别强烈的"（第 274 页）。新解："把允诺规则和忠实原则（作为公平原则的特例）相混同的趋势尤为严重。"罗尔斯的意思是，允诺规则具有法律约束力，忠实原则具有道德约束力，一个涉及法律义务和职责；另一个涉及道德义务和职责，两者不得混同起来。

8. 原文："**At first sight they may seem to be the same thing; but one is defined by the existing constitutive conventions, while the other is explained by the principles that would be chosen in the original position**"（p. 307）。H 本："它们初看上去似乎是一回事，但实际上一个是由既定的建构性的

常规确定的，另一个是由原初状态中将选择的原则来解释的"（第274页）。**新解**："乍一看来，它们似乎是同一回事，但是一个由现有构成性惯例来界定，另一个则由在初始位置上选取的原则来解析。"

【诠释】

通过比较，从现有规则及其解释方式，我们可以弄清制度的要求和一般来自社会惯例的要求。例如，在可以确定的范围内，作为公民，我们的法律义务和法律职责（责任）是由实际法律确定的。适用于游戏玩家的规范，则取决于游戏规则。至于这些要求是否与道德义务和道德职责有关，这是一个单独的问题。即使法官和其他执法者用来解释和适用法律的标准，类似于或等同于正当原则和正义原则，情况也是如此。例如，在良序社会里，法院可能利用两个正义原则解释宪法的相关部分，它们规制思想自由和良心自由，提供法律平等保护。① 尽管在这种情况下明显的一点是，如果法律符合其自身标准，在其他情况相同的条件下，我们要受到道德约束去遵守法律，但是，法律要求什么和正义要求什么仍然是不同的问题。把允诺规则和忠实原则（作为公平原则的特例）相混同的趋势尤为严重。乍一看来，它们似乎是同一回事，但是一个由现有构成性惯例来界定，另一个则由在初始位置上选取的原则来解析。这样，我们就可以区分两种规范。"义务"和"职责"两个词在两种情况下都得到了使用；由此产生的歧义应该容易解决。

【原文】 §52－12－pp. 307－308

【评析】

1. **原文**："He wondered how it is possible, without appealing to a prior general promise, or agreement to keep agreements, to explain the fact that by uttering certain words (by availing oneself of a convention) one becomes bound to do something, particularly when the action whereby one becomes bound is publicly performed with the very intention, which one wants others to recognize, of bringing about this obligation"（p. 307）. H本："他感到奇怪的是：如果不求助一个一般的先验的允诺，或者一个遵

---

① 关于这一点，参阅罗纳德·德沃金"规则模型"（"Model of Rules"），《芝加哥大学法律评论》1967年第35卷，特别是第21—29页。——原注

守协议的承诺，怎么可能解释下述事实，即一个人通过说出某些话（通过利用一种惯例）就负有做某事的义务，特别是当他有义务做的行动带有一种真诚意图——他希望别人承认他的这种意图——而公开实行的时候？"（第274页）新解："他很想知道，在不诉诸先前一般允诺或同意遵守协议的情况下，如何解释这样的事实，即凭借说出的某句话（通过利用一项约定），一个人就务必去做某件事情，特别是其受约束的行动是公开进行的，且带有非常明确的意图，他意欲其他人知道，他正在履行这一职责。"罗尔斯这里讨论的是口头允诺的实践意义。允诺是行动的前提，也是行动的自我约束。这里的"intention"也可解读为"故意"。

2. 原文："**What is the something implied in there being bona fide agreements which looks much like an agreement to keep agreements and yet which, strictly speaking, cannot be one (since no such agreement has been entered into)?**"（p. 307）H本："在那种看起来很像一种有关遵守协议的协议，但严格说来又不可能是（因为这样一种协议从未签订过）真正的协议那里，包含着一种什么样的东西呢？"（第274页）新解："存在着诚信协议，它们看起来很像关于遵守协议的协议，但严格说来，它们不是真正的协议（因为从来没有签订过如此协议），那么诚信协议有何意义呢？"

3. 原文："**Now the existence of a just practice of promising as a system of public constitutive rules and the principle of fairness suffice for a theory of fiduciary obligations**"（p. 307）。H本："现在，像一个公开建构的规则体系与公平原则一样，一个承诺的正义实践的存在，对于一种信任的职责理论来说是足够了"（第274页）。新解："现在，存在着两样东西，一是作为一套公开且公共的构成性规则的一个正义允诺惯例；二是公平原则，它们对于一种信托职责理论来说已经足够。"

4. 原文："**Neither implies the existence of an actual prior agreement to keep agreements**"（p. 307）。H本："它们都没有暗示存在着一种有关遵守协议的实际的先验协议"（第274页）。新解："两者中的任何一个都不蕴含着，存在实际事先协议来保持协议。"

5. 原文："**Thus what corresponds to the something, which to Prichard looked like a prior agreement but is not, is the just practice of giving one's word in conjunction with the hypothetical agreement on the principle of fairness**"（p. 308）。H本："这样，与在普里查德看来是一个先验的协议但实际上不是的东西相应的，就是与公平原则基础上的假设协议相联系的正义的允诺实践"（第274页）。新解："因此，与普里查德误以为是但实

际不是先前约定的某事相对应的,是把自己的话和关于公平原则的假设约定绑在一起的正义惯例。"

【诠释】

最后,本人想说的是,前面关于忠实原则的论述回答了普里查德提出的问题。他很想知道,在不诉诸先前一般允诺或同意遵守协议的情况下,如何解释这样的事实,即凭借说出的某句话(通过利用一项约定),一个人就务必去做某件事情,特别是其受约束的行动是公开进行的,且带有非常明确的意图(故意),他意欲其他人知道,他正在履行这一职责。换言之,正如普里查德表示的那样:存在着诚信协议,它们看起来很像关于遵守协议的协议,但严格说来,它们不是真正的协议(因为从来没有签订过如此协议),那么诚信协议有何意义呢?① 现在,存在着两样东西,一是作为一套公开且公共的构成性规则的一个正义允诺惯例;二是公平原则,它们对于一种信托职责理论来说已经足够。两者中的任何一个都不蕴含着,存在实际事先协议来保持协议。采用公平原则纯属假设;我们只需这样的事实:这个原则应当得到承认。至于其他方面,一旦我们假定,正义的允诺惯例成立,不管它是如何成立的,只要适当条款已经得到描述,公平原则就足以约束利用它的人。因此,与普里查德误以为是但实际不是先前约定的某事相对应的,是把自己的话(允诺)和关于公平原则的假设约定绑在一起的正义惯例。当然,另一种伦理学理论可能不使用初始位置观念而得出这一原则。就当下而言,我不必坚持认为,不能用其他方式来解释信托约束(fiduciary ties)。确切地说,本人关心的是,即使公平正义使用初始协议概念,它仍然能够对普里查德问题给出令人满意的答复。

§53 遵守不公正法律的义务
The Duty to Comply with an Unjust Law

【题解】

善法是法,恶法也是法。善法要遵守,恶法却不一定要遵守。什么样

---

① 参阅普里查德"信守诺言的职责",第172、178页及以后。——原注

的恶法仍然要遵守，什么样的恶法已不必去遵守？这是值得探讨的重要法哲学问题。

公民应当遵守公正的法律和制度，这是他们的自然义务。问题是，世上存在的法律和制度并非都是公正或正义的。当公民面对不公正的法律和违反正义的制度时，他们便面临是否应当遵守它们的问题。罗尔斯在这一节专门讨论了在法律和政治领域时常遇到的这个实践难题。他表示，"不遵守法律是否正当，取决于法律和制度违反正义的程度。不公正的法律并非都是一样的，违反正义的政策和制度也是如此"（p. 309）。这为后面关于公民抗命和良心违法（或良心拒绝）的讨论埋下了伏笔。

【原文】§53-1-p. 308

【评析】

1. 原文："There is quite clearly no difficulty in explaining why we are to comply with just laws enacted under a just constitution"（p. 308）。H本："十分明显，在解释我们为什么要服从一种正义宪法所制定的正义法规方面不存在任何困难"（第274页）。新解："我们为何要遵守根据正义宪法制定的公正法律？解释这个问题显然并不困难。"

2. 原文："Citizens generally are bound by the duty of justice, and those who have assumed favored offices and positions, or who have taken advantage of certain opportunities to further their interests, are in addition obligated to do their part by the principle of fairness"（p. 308）。H本："公民一般都受到正义义务的约束。根据公平原则，那些担任有利公职并占据有利地位的人，或者那些利用了某些机会以推进他们的利益的人，尤其有责任尽他们的职责"（第275页）。新解："公民一般要尽到正义之义务，但凡追求世人称道的职位和位置的公民，但凡利用一定机会优势谋取自身利益的公民，尤其要按照公平原则履职尽责。"

3. 原文："The injustice of a law is not, in general, a sufficient reason for not adhering to it any more than the legal validity of legislation (as defined by the existing constitution) is a sufficient reason for going along with it"（p. 308）。H本："一般来说，正如一种现存宪法所规定的立法的合法性并不构成服从它的一种充足理由一样，一个法律的不正义也不是不服从它的充足理由"（第275页）。新解："一般而言，（由现行宪法规定的）所立之法的法定效力不是服从法律的充分理由，法律不公正也并非不

遵守法律的充分理由。"

4. 原文："When the basic structure of society is reasonably just, as estimated by what the current state of things allows, we are to recognize unjust laws as binding provided that they do not exceed certain limits of injustice"（p. 308）。H 本："当社会基本结构由现状判断是相当正义时，只要不正义法律不超出某种界限，我们就要承认它们具有约束性"（第 275 页）。新解："依据目前情况允许的实际来评估，当社会基本结构相当正义时，只要不公正法律没有超出不公正的某些限度，我们就得承认不公正法律具有约束力。"

5. 原文："The claims of political duty and obligation must be balanced by a conception of the appropriate priorities"（p. 308）。H 本："我们就必须根据一种适当的优先性的观念来衡量政治义务和政治职责的各种要求"（第 275 页）。新解："有关政治义务和政治职责的各种诉求，必须通过适当的优先事项观念加以平衡。"

【诠释】

我们为何要遵守根据正义宪法制定的公正法律？解释这个问题显然并不困难。在这种情况下，自然义务原则和公平原则确立了必要的义务和职责。公民一般要尽到正义之义务，但凡追求令世人称道的职位和位置（favored offices and positions）的公民，但凡利用一定机会优势谋取自身利益的公民，尤其要按照公平原则履职尽责。然而真正的问题是，在何种情况下，在何种程度上，我们务必服从不公正的安排。人们有时说，在如此情况下，我们决不会服从不公正的安排。但这是一个错误。一般而言，（由现行宪法规定的）所立之法的法定效力不是服从法律的充分理由，法律不公正也并非不遵守法律的充分理由。依据目前情况允许的实际来评估，当社会基本结构相当正义时，只要不公正法律没有超出不公正的某些限度，我们就得承认不公正法律具有约束力。在试图辨别法律不公正的这些限度时，我们触及更深层次的政治义务和政治职责问题。这里的困难部分在于如下事实，在这些情况中存在着原则冲突。有些原则建议我们遵守法律，有些原则引领我们另做打算。因此，有关政治义务和政治职责的各种诉求（claims），必须通过适当的优先事项观念（conception of the appropriate priorities）加以平衡。

【原文】§53 – 2 – pp. 308 – 309

【评析】

1. 原文："Thus the principles of justice that result are those defining a perfectly just society, given favorable conditions"（p. 309）。H 本："这样，所导致的正义原则就是那些在特定的有利条件下规定一个完全正义社会的原则"（第 275 页）。新解："因此，在给定的有利条件下，由此产生的正义原则界定了完全正义的社会。"

2. 原文："With the presumption of strict compliance, we arrive at a certain ideal conception"（p. 309）。H 本："与严格服从的假设一起，我们达到了一种理想观念"（第 275 页）。新解："带着严格遵守的假定，我们获得带有一定理想的正义观念。"

3. 原文："We must ascertain how the ideal conception of justice applies, if indeed it applies at all, to cases where rather than having to make adjustments to natural limitations, we are confronted with injustice"（p. 309）。H 本："我们必须搞清楚，正义的理想观念是怎样被运用（如果的确被完全运用的话）不正义的情形中（而不是必须对自然限制做出调整的情形中）"（第 275 页）。新解："我们必须确定，如果这个理想正义观念真正适用，那么它将如何适用于这样一些案例，在那里，我们并非务必调整自然限制，而是正面临着违反正义的情形。"

4. 原文："The discussion of these problems belongs to the partial compliance part of nonideal theory. It includes, among other things, the theory of punishment and compensatory justice, just war and conscientious objection, civil disobedience and militant resistance. These are among the central issues of political life, yet so far the conception of justice as fairness does not directly apply to them"（p. 309）。H 本："对这些问题的讨论属于非理想的部分服从理论。它包括惩罚理论和补偿性正义、正义战争和良心拒绝、公民不服从和军事抵抗及其他理论。这些是政治生活中的中心问题，但迄今为止，公平的正义的观念还没有直接运用于这些问题"（第 275 页）。新解："这些问题的讨论，属于非理想（正义）理论的部分遵守部分。除了其他事情以外，它包括惩罚正义和补偿正义、正义战争和良心拒绝、公民抗命和武装抵抗等内容的理论。这些都是政治生活的核心议题，但迄今为止，公平正义并不直接应用于这些问题。"

5. 原文："**I shall assume that the context is one of a state of near justice, that is, one in which the basic structure of society is nearly just, making due allowance for what it is reasonable to expect in the circumstances**"（p. 309）。H 本："我仍将假设背景是一种近于正义的状态，亦即其中的社会基本结构是接近正义的（这个社会基本结构对在这种环境中的合理期望给予适当的补贴）"（第 275 页）。**新解**："本人将假定，其背景是近乎正义的国家，也就是说，其社会基本结构是近乎正义的，在这样的条件下，人们会酌情考虑，预期什么才是合理的。"

6. 原文："**An understanding of this admittedly special case may help to clarify the more difficult problems**"（p. 309）。H 本："一种对这一公认的特殊例证的理解有助于阐明更多的困难问题"（第 275 页）。**新解**："了解这个无可否认的特例，也许有助于澄清这两个较为棘手的难题。"罗尔斯明明表示他在此只讨论两个难题，即公民抗命和良心拒绝，哪来 H 本所谓的"更多的困难问题"？

7. 原文："**However, in order to consider civil disobedience and conscientious refusal, we must first discuss several points concerning political duty and obligation**"（p. 309）。H 本："不过，为了考虑公民不服从和良心的拒绝，我们必须首先讨论有关政治义务和职责的几个要点"（第 275 页）。**新解**："然而，为了研讨公民抗命和良心拒绝，我们必须先讨论有关政治义务和政治职责的若干问题。"

【诠释】

不过，还有一个问题不可等闲视之。正如我们所看到的，正义原则（按照词汇顺序）属于理想（正义）理论（§39）。处于初始位置上的人员假定，他们承认的原则，无论它们是什么，都将得到所有人的严格遵守和服从。因此，在给定的有利条件下，由此产生的正义原则界定了完全正义的社会。带着严格遵守的假定，我们获得带有一定理想的正义观念（certain ideal conception）。倘若我们询问，是否以及在什么情况下，我们可以容忍不合乎正义的（不公正的）安排。这是我们面临的另一类问题。我们必须确定，如果这个理想正义观念（ideal conception of justice）真的适用，那么它将如何适用于这样一些案例，在那里，我们并非务必调整自然限制，而是正在面临着违反正义的情形。这些问题的讨论，属于非理想（正义）理论的部分遵守理论。除了其他事情以外，它包括惩罚正义和补偿正义、正义战争和良心拒绝、公民抗命和武装抵抗等内容的理论。这些都是政治生活的核心议题(central issues of political life),但迄今为止,公平正义并不直接应用于这些问题。现在本人不打算全面讨论这些问题。事实上,我只讨论部分遵守理论的若干问题,即公民抗命问题和良心拒绝问题。即使在这些问题上,本人将假定,其背景是近乎正义的国家,也就是说,其社会基本结构是近乎正义的,在这样的条件下,人们会酌情考虑,预期什么才是合理的。了解这个无可否认的特例,也许有助于澄清这两个较为棘手的难题。然而,为了研讨公民抗命和良心拒绝,我们必须先讨论有关政治义务和政治职责的若干问题。

【原文】§53-3-pp. 309-310

【评析】

1. 原文:"**It is evident that our duty or obligation to accept existing arrangements may sometimes be overridden**"(p. 309)。H本:"那种要求我们接受现存安排的义务或职责显然有时可能无效"(第276页)。**新解**:"我们接受现有安排的义务或职责有时可能被否决。"

2. 原文:"**The view of the dominant class**"(p. 309)。H本:"统治阶级的正义观"(第276页)。**新解**:"统治阶级的观点"。

3. 原文:"**While the two principles of justice and the related principles of natural duty and obligation define the most reasonable view among those on the list, other principles are not unreasonable**"(p. 309)。H本:"虽然两个正义原则及相关的自然义务和职责的原则,从许多正义观念中确定了最合理的观念,但其他观念并不是不合理的"(第276页)。**新解**:"在所列正义观念清单中,虽然两个正义原则以及与之相关的自然义务和职责原则确定了最合理的(正义)观念,但是其他正义原则并非一无是处。"

4. 原文:"**Some mixed conceptions are certainly adequate enough for many purposes**"(p. 310)。H本:"某些混合观念对许多目标来说肯定是足够恰当的"(第276页)。**新解**:"就实现许多目标而言,一些混合正义观念确实已经足够恰当。"罗尔斯"混合正义观念"(mixed conceptions)和沃尔泽"复合平等"(complex equality)的多元正义理论形成某种对应关系。

5. 原文:"**As a rough rule a conception of justice is reasonable in proportion to the strength of the arguments that can be given for adopting it in the original position**"(p. 310)。H本:"一个大致规则是,一种正义观

的理性是和在原初状态中为采纳这一正义观所可能给出的论据的力量相应的"（第276页）。**新解**："作为一条粗略规则，正义观念的合理性与在初始位置上选取它所能给出的论据强度相对应。"

【诠释】

首先，明显的是，我们接受现有安排的义务或职责有时可能被否决。这些要求取决于正当原则；考虑到所有因素，正当原则在某些情况下可能证明不遵守法律(noncompliance)是正当的。不遵守法律是否正当，取决于法律和制度违反公正和正义的程度。违反公正的法律并非都是一样的，违反正义的政策和制度也是如此。现在存在着导致不公正或不正义的两种方式：其一是，当前的安排可能在不同程度上偏离多少公认的正义标准；其二是，这些安排可能符合某个社会的正义观念，或者符合统治阶级的观点，但是，这种正义观念本身可能是不合乎理性的，并且它在许多情况下显然是不合乎正义的。正如我们所见，有些正义观念，与其他正义观念相比，是更加合理的（§49）。在所列举的正义观念清单中，虽然两个正义原则以及与之相关的自然义务和自然职责原则确定了最合理的（正义）观念，但是其他正义原则并非一无是处。事实上，就实现许多目标而言，一些混合正义观念确实已经足够恰当。作为一条粗略规则，正义观念的合理性与在初始位置上选取它所给出的论据强度相对应。当然，如果初始位置包含加诸原则筛选的各种条件，并与我们持有的深思判断相契合，那么这个标准是完全自然的。

【原文】§53-4-p.310

【评析】

1. 原文："Although it is easy enough to distinguish these two ways in which existing institutions can be unjust, a workable theory of how they affect our political duty and obligation is another matter"（p.310）。H本："虽然我们很容易区分出现存制度不正义的两个方面，但一种有关它们如何影响政治义务和职责的有效理论则是另外一回事"（第276页）。**新解**："虽然区分上述两种方式并不困难，通过那两种方式，现有制度可能是不合乎正义的，但是，现有制度将如何影响我们的政治义务和政治职责，并为此提出一个可行理论，则是另一回事。"罗尔斯在前一段落提出导致制度违反正义的两种方式，但不是H本解读的"现存制度不正义的两个方面"。

2. 原文："This condition is presupposed in undertaking civil disobedience"（p. 310）。H本："这个条件是采取公民不服从的前提"（第276页）。新解："这是开展公民抗命的前提条件。"

3. 原文："The prevailing conception of justice"（p. 310）。H本："普遍的正义观"（第276页）。新解："主流正义观念"。

4. 原文："The course of action to be followed depends largely on how reasonable the accepted doctrine is and what means are available to change it"（p. 310）。H本："所应遵循的行为将主要取决于已接受的学说在多大程度上合理，以及能采取什么样的手段改变它"（第276页）。新解："要遵循的行动方针，在很大程度上取决于为人接受的教义有多大的合理性，以及什么手段可以改变它。"

5. 原文："Doubtless one can manage to live with a variety of mixed and intuitionistic conceptions, and with utilitarian views when they are not too rigorously interpreted"（p. 310）。H本："毫无疑义，一个人可以设法生活在某种混合的直觉观念或某种功利主义观念中，只要对这些观念的解释不太严格的话"（第276页）。新解："毫无疑问，因为这些正义观念没有得到较为严格的诠释，人们既可以持有各种混合正义观念和直觉论正义观念而生活，又可以持有效用论正义观念而生活。"

【诠释】

虽然区分上述两种方式并不困难，通过这两种方式，现有制度可能是不合乎正义的，但是，现有制度将如何影响我们的政治义务和政治职责，并为此提出可行理论，则是另一回事。当法律和政策偏离公认的标准时，在某种程度上，诉诸社会正义感大概是可能的。本人将在下面论证，这一条是开展公民抗命的前提条件。然而，如果主流正义观念没有受到侵犯，那么情况就大不相同。要遵循的行动方针，在很大程度上取决于为人接受的教义有多大的合理性，以及什么手段可以改变它。毫无疑问，因为这些正义观念没有得到较为严格的诠释，人们既可以持有各种混合正义观念和直觉论正义观念而生活，也可以持有效用论正义观念而生活。不过，在其他情况下，当社会由有利于狭隘阶级利益的原则所规制时，除了反对主流正义观念，反对它以诸如允诺今后的某种成功这类方式为之辩护的制度之外，人们可能别无选择。

第六章 义务职责

【原文】§53-5-pp.310-311

【评析】

1. 原文:"**Only a few think that any deviation from justice, however small, nullifies the duty to comply with existing rules**"(p.310)。H本:"只有少数人认为,现存规范对正义的任何偏离(不管多么微小)都取消了服从它们的义务"(第276页)。**新解**:"只有一小撮人认为,一旦现行法规偏离正义,无论是多么微小的偏离,都免除了我们要遵守它们的义务。"

2. 原文:"**Thus I suppose that for the most part the social system is well-ordered, although not of course perfectly ordered, for in this event the question of whether to comply with unjust laws and policies would not arise**"(pp.310-311)。H本:"这样,我假设在大多数情况下,社会制度是良序的,当然还不是完满地组织起来的,因为在后一种情况中不会产生是否需要遵守不正义法律和政策的问题"(第277页)。**新解**:"因此,本人认为,虽然社会制度当然不是完全井然有序的,但是只要社会制度是大致井然有序的,那么在这样的情况下,就不会出现是否遵守不公正法律和政策的问题。"

【诠释】

其次,我们必须考虑这样的问题:为什么在近乎正义的情况下,我们通常有义务遵守不公正的法律,而不只是我们通常有义务遵守公正的法律。虽然有些作者质疑这一论点,但我相信大多数人都会接受它,只有一小撮人认为,一旦现行法规偏离了正义,无论是多么微小的偏离,都免除了我们要遵守它们的义务。那么,这个事实该怎么解释呢?既然正义义务和公平原则都预先假定制度是公正的,那么就需作进一步解析。① 现在,如果我们假定,存在着近乎正义的社会,存在着多少满足正义原则的可行宪政制度,我们就可以回答这个问题。因此,本人认为,虽然社会制度当然不是完全井然有序的,但是只要社会制度是大致井然有序的,那么在这

---

① 本人在下述论文中没有留意这个事实,参阅罗尔斯"法律职责和公平竞争的义务"("Legal Obligation and the Duty of Fair Play"),收录于悉尼·胡克(Sidney Hook)编《法律和哲学》,纽约:纽约大学出版社1964年版。在这一节中,我试图纠正这个缺点。不过,在此论证的观点不同于以下观点,即正义的自然义务一般来说是公民政治义务的主要原则,公平原则只具有次要角色。——原注

样的情况下，就不会出现是否遵守不公正法律和政策的问题。在这些假设下，这为对正义宪法作为不完全程序正义例证的早先描述（§31）提供了答案。

【原文】§53-6-p.311

【评析】

1. 原文："Majority rule"（p.311）. H 本："多数裁决规则"（第277页）。新解："多数裁定原则"。

2. 原文："Yet majorities (or coalitions of minorities) are bound to make mistakes, if not from a lack of knowledge and judgment, then as a result of partial and self-interested views"（p.311）. H 本："但大多数人（或几个少数的联合）还是肯定要犯错误的，这或者是由于缺乏知识和判断力，或者是由于褊狭和自利的观点"（第276页）。新解："但是，要么由于缺乏知识和判断力，那么由于片面而自私的观点，多数派（或少数派联盟）必定会犯错误。"这里的"多数派"（majorities）指在制宪大会上占据多数席位的党派；"少数派"（minorities）指在制宪大会上占据少数席位的党派。

3. 原文："Being required to support a just constitution, we must go along with one of its essential principles, that of majority rule"（p.311）. H 本："因为我们应当支持一种正义宪法，我们必须赞同其中的一个主要规则，即多数裁决的规则"（第277页）。新解："为了支持正义的宪法，我们必须遵守宪法的一项基本原则，即多数裁定原则。"

【诠释】

我们不妨回顾一下，在召开制宪会议时，缔约各方的目的是，在满足平等自由原则的正义宪法中，根据社会一般事实，找出最有可能导致正义和有效立法的宪法。只要情况允许，宪法被视为正义但不完全的（有瑕疵的）程序，尽可能在条件允许的范围之内保障正义的结果。它是不完全的（有瑕疵的），因为没有可行的政治过程保证，根据它制定的法律是正义的。在政治事务中，完全的（无瑕疵的）程序正义不可能实现。此外，宪法程序在很大程度上必须依赖某种形式的投票表决。为了简单起见，本人假定，某种适当限制的多数裁定原则在实践中是必要的。但是，要么由于缺乏知识和判断力，要么由于片面而自私的观点，多数派（或少数派联盟）必定会犯错误。然而，只要它们没有超过违反正义的某些限度，我们就有维护正义制度的自然义务，这使得我们必须遵守不公正的法律和政策，至少不以非法手段反对这些法律和政策。为了支持正义的宪法，我们必须遵守宪法的一项基本原则，即多数裁定原则（majority rule）。在近乎正义的国家，因为我们有义务支持正义的宪法，我们通常有义务遵守不公正的法律。考虑到人们的现状，这项义务在很多情况下都会发挥作用。

【原文】§53-7-pp.311-312

【评析】

1. 原文："Among the very limited number of feasible procedures that have any chance of being accepted at all, there are none that would always decide in our favor"（p.311）。H本："在有机会被完全接受的数目有限的可行程序中，没有一个程序会总是会作出有利于我们的决定"（第278页）。新解："在有可能被接受的非常有限的可行程序中，不存在其决定总是对我们有利的程序。"

2. 原文："Consenting to one of these procedures is surely preferable to no agreement at all"（p.311）。H本："同意其中一个程序比根本达不成协议显然更可取"（第278页）。新解："同意其中一个程序肯定比完全不同意要好。"

3. 原文："The situation is analogous to that of the original position where the parties give up any hope of free-rider egoism: this alternative is each person's best (or second best) candidate (leaving aside the constraint of generality), but it is obviously not acceptable to anyone else"（pp.311-312）。H本："这种情况类似于原初状态中的情况，在那里各方放弃了任何搭便车者式的个人主义的希望：搭便车在个人看来对自己最好（或次好）的候选对象（如先不考虑一般性限制的话），但它显然不是任何其他人可接受的"（第278页）。新解："这种情况类似于如下初始位置的情况：各方放弃了搭便车自利论的任何希望：（撇开一般性限制）这一选项是每个人的最优（或次优）候选项，但它显然不为任何其他人所接受。"

4. 原文："In choosing a constitution, then, and in adopting some form of majority rule, the parties accept the risks of suffering the defects of one another's knowledge and sense of justice in order to gain the advantages of an effective legislative procedure"（p.312）。H本："于是，各方为了从一

种有效的立法程序中得到利益，在选择一种正义宪法、并采纳某种形式的多数裁决规则时，就接受容忍在彼此关系的知识和正义感方面的不足将带来的危险"（第 278 页）。**新解："因此，在选择宪法时，在采用某种形式的多数裁定原则时，为了获得有效立法程序的有利因素，各方承认，大家正面临在彼此谅解和正义感方面的瑕疵而带来的风险。"**

【诠释】

契约论自然会让我们产生以下疑问，我们如何才能同意一项宪法规则，它要求我们遵守我们认为不公正的法律。有人可能会问：当我们自由而不受约束时，我们凭什么会理性地接受一个可能反对自己意见而使他人意见生效的程序呢？① 一旦我们站在制宪会议的角度来看，其答案就变得一目了然。首先，在有可能被接受的非常有限的可行程序中，不存在其决定总是对我们有利的程序。其次，同意其中一个程序肯定比完全不同意要好。这种情况类似于如下初始位置的情况：各方放弃了搭便车自利论的任何希望：（撇开一般性限制）这一选项是每个人的最优（或次优）候选项，但它显然不为任何其他人所接受。同样，虽然在制宪会议阶段，各方现在致力于正义原则，但是他们必须相互做出一些让步，以运作宪政制度。即使出于一片好心好意，各方对正义的看法也必然会发生冲突。因此，在选择宪法时，在采用某种形式的多数裁定原则时，为了获得有效立法程序的有利因素，各方承认，大家正面临在彼此谅解和正义感方面的瑕疵而带来的风险。没有其他办法来监管民主政权。

【原文】 §53 – 8 – p. 312

【评析】

罗尔斯在这里既提到了社会基本制度的局限性，也谈到了公民遵纪守法和文明做事的重要性。罗尔斯批评了精致的利己主义者利用法律制度漏洞谋求自身利益的不可取性。公民有做人做事温文尔雅、文明得体的天赋义务，这才是公民的文明素质。充分认识这一点，是现代政治文明向公民提出的本质要求。

---

① 关于自由而不受约束的隐喻（metaphor of being free and still without chains）来自李特尔对阿罗论文的评论，参阅阿罗"社会选择和个人价值"，《政治经济学期刊》1952 年第 60 卷，第 431 页。本人在这里的评述借用了李特尔的观点。——原注

1. 原文："The duty to comply is problematic for permanent minorities that have suffered from injustice for many years"（p.312）。H 本："这种服从的义务对长期遭受不正义之苦的某些固定的少数来说是很成问题的"（第278页）。新解："对于多年来遭受不公正待遇的永久少数群体来说，要他们尽到遵纪守法的义务是一大难题。"

2. 原文："We are not required to acquiesce in the denial of our own and others' basic liberties, since this requirement could not have been within the meaning of the duty of justice in the original position, nor consistent with the understanding of the rights of the majority in the constitutional convention"（p.312）。H 本："决不能要求我们默许那种否定我们自己的和其他人的基本自由的不正义，因为这种要求不可能包括在原初状态中的正义义务的含义中，并且它和立宪会议中对多数的权利的那种理解并不相容"（第278页）。新解："我们不得默许自己的和他人的基本自由被人剥夺，因为这一要求不可能在初始位置上属于正义义务的含义，也不符合按照宪法公约关于多数派享有权利的理解。"

3. 原文："We have a natural duty of civility not to invoke the faults of social arrangements as a too ready excuse for not complying with them, nor to exploit inevitable loopholes in the rules to advance our interests"（p.312）。H 本："我们有一种公民的自然义务，既不把社会安排的缺陷当作一种不遵守它们的现成借口，也不利用规则中不可避免的漏洞来促进我们的利益"（第278页）。新解："我们有文明处事、礼貌待人的天赋义务，既不死扣社会安排的差错，作为张口就来的抗拒理由，也不深挖难免存在的规则漏洞，作为谋取自身利益的捷径。"

4. 原文："The duty of civility imposes a due acceptance of the defects of institutions and a certain restraint in taking advantage of them"（p.312）。H 本："公民的自然义务给予我们一种对制度缺陷的恰当的认可，并限制从中渔利的活动"（第278页）。新解："这种文明处事的义务，既规定了对制度缺陷的应有容忍，又规定了对利用制度缺陷的一定限制。"

【诠释】

然而，当双方采用多数裁定原则时，只是在某些条件下他们才同意容忍不公正的法律。大致说来，从长远来看，违背正义的负担（成本）应该或多或少地均摊到不同社会群体的身上，由不公正的政策造成的困苦

(hardship of unjust policies) 在任何特定情况下都不应当过重(所谓"苛政猛于虎也")。因此，对于多年来遭受不公正待遇的永久少数群体（族群）来说，要他们尽到遵纪守法的义务是一大难题。当然，我们不得默许自己的和他人的基本自由被人剥夺，因为这一要求既不可能在初始位置上属于正义义务的含义，也不可能符合按照宪法公约关于多数派享有权利的理解。相反，只是在公平分担宪政系统(constitutional system) 存在不可避免缺陷的必要程度上，我们令自己的行为服从于民主权威。接受这些困苦，仅仅是承认并愿意在人类生活条件所规定的限度内工作。有鉴于此，我们有文明处事、礼貌待人(civility) 的天赋义务，既不死扣社会安排的差错，作为张口就来的抗拒理由，也不深挖难免存在的规则漏洞，作为谋取自身利益的捷径。① 这种文明处事的义务，既规定了对制度缺陷的应有容忍，又规定了对利用制度缺陷的一定限制。如果不承认这一义务，那么相互信任和彼此信赖就可能难以为继。因此，至少在接近正义的国家里，只要法律没有超过一定限度的不公正(certain bounds of injustice)，我们通常有义务（有些人则有职责）遵守不公正的法律。这个结论并不比宣称我们有义务遵守公正的法律强多少。然而，它确实使我们向前迈进了一步，因为它涵盖了更加广泛的情况；怎更加重要的是，它使我们了解到，在确定我们的政治义务时会遇到的一些问题。

§54 多数裁定原则的地位
The Status of Majority Rule

【题解】

在公共决策中，多数裁定是一个普遍通行的原则或规则。多数裁定的结论不一定是真理，但肯定会是比较接近真理的。因为它综合了更多的杰出人物的思想和智慧，在一般情况下，比独裁或少数裁决具有智慧优势，在公共立法、司法和政策领域尤其如此。多数裁定原则以一些政治原则为前提。罗尔斯表示："多数裁定原则的基础是，程序应满足背景正义的诸多条件。在这种情况下，这些条件是政治自由的诸多条件：言论自由和集

---

① 即一种举止得体、温文尔雅、有礼有节的状态，非常符合苏格拉底、孔子、王阳明和康德道德哲学要求的"节制""克己""自制"和"中庸"的处世主张。

会自由、参与公共事务的自由、通过宪政手段影响立法进程的自由，以及保障这些自由的公平价值。如果没有这一背景，第一正义原则就不能得到满足；即使有了这一背景，也不能保证会颁布公正的法律。"（p. 313）不过，由于多数裁定原则往往与现实政治实践中对于非法优势的维护相联系，他认为，如何才能最佳地施行多数裁定原则，这是一个政治判断（政治实践）问题，而不是一个正义理论问题。关于这个问题，德沃金在《原则问题》一书中有过专门的讨论。

【原文】§54-1-p. 313

【评析】

1. 原文："The justification for it rests squarely on the political ends that the constitution is designed to achieve, and therefore on the two principles of justice"（p. 313）。H本："对多数裁决规则的证明完全依赖于对正义宪法的设计所要达到的政治目的，因此依赖于两个正义原则"（第279页）。新解："对其公正性的辩护完全取决于所创制的宪法旨在实现的政治目的，因此也取决于两个正义原则。"

2. 原文："When this background is absent, the first principle of justice is not satisfied; yet even when it is present, there is no assurance that just legislation will be enacted"（p. 313）。H本："当我们缺少这个背景时，我们就不能满足第一正义原则；即使当这个背景存在时，我们也不能保证一定会制定出正义的立法"（第279页）。新解："如果没有这个背景，第一正义原则就不能得到满足；即使有了这个背景，也不能保证会颁布公正的法律。"

【诠释】

从前面的评论可以明显看出，不管它是如何定义和界定的，作为一种程序手段，多数裁定原则的程序（procedure of majority rule）居于从属地位。对其公正性的辩护完全取决于所创制的宪法旨在实现的政治目的，因此也取决于两个正义原则。本人认为，某种形式的多数裁定原则被视为确保公正有效立法的最佳途径。它与平等自由（§36）相适应，具有一定的自然性；因为如果允许少数裁定原则（minority rule），就没有明确的标准来选定哪个少数拥有裁定权，所以它违反了平等。多数裁定原则的基础是，程序应满足背景正义的诸多条件。在这种情况下，这些是政治自由（political liberty）

的诸多条件：言论自由和集会自由（freedom of speech and assembly）、参与公共事务的自由（freedom to take part in public affairs）、通过宪政手段影响立法进程的自由（freedom to influence by constitutional means the course of legislation），以及保障这些自由（freedoms）的公平价值。如果没有这个背景，第一正义原则就不能得到满足；即使有了这个背景，也不能保证会颁布公正的法律。①

【原文】§54-2-pp.313-314

【评析】

1. 原文："In fact, none of the traditional conceptions of justice have held this doctrine, maintaining always that the outcome of the voting is subject to political principles"（p.313）。H本："事实上，没有哪个传统正义观拥有关于这个问题的理论，并总是主张投票结果受制于政治原则"（第279页）。**新解**："事实上，持有这一学说的没有一个传统正义观念会始终认为，投票结果要受到政治原则的制约。"

2. 原文："The dispute of substance about majority rule concerns how it is best defined and whether constitutional constraints are effective and reasonable devices for strengthening the overall balance of justice"（p.313）。H本："关于多数裁决规则的实质争论涉及到怎样最好地确定这一规则，以及对于促进全面平衡的正义来说，宪法约束是否是有效、合理的手段"（第279—280页）。**新解**："关于多数裁定原则的实质性争议，既涉及如何最优地界定多数裁定原则，又涉及宪法约束是否加强正义总体平衡的有效而合理的手段。"

3. 原文："These limitations may often be used by entrenched minorities to preserve their illicit advantages"（p.313）。H本："一些固定的少数可能经常使用这些限制来保护它们的非法利益"（第280页）。**新解**："这些限制常常被一些顽固的少数派用来维护其非法利益。"

---

① 有关多数裁定原则的进一步讨论，参阅赫伯特·麦克洛斯基（Herbert McCloskey）"多数裁定原则的谬误"，《政治学杂志》1949年第2卷；彭诺克（J. R. Pennock）：《自由民主》（Liberal Democracy），纽约：莱因哈特出版社1955年版，第112—114、117页及以后。从社会选择角度来看多数裁定原则的鲜明特征，参阅森《集体选择与社会福利》，旧金山：霍尔登—戴出版社1970年版，第68—70、71—73、161—186页。由这个程序带来的问题是：它可能允许周期性的多数。但从正义的观点来看，它的首要缺陷是：这个程序允许侵犯自由。也参阅森《集体选择与社会福利》，第79—83、87—89页，那里讨论了自由主义的悖论。——原注

【诠释】

因此，凡是多数派想要的都是正确的，这种看法是没有道理的。事实上，持有这一学说的没有一个传统正义观念会始终认为，投票结果要受到政治原则的制约。虽然在特定情况下，(得到适当界定和限制的) 多数派有制定法律的宪法权利是正当的，但是这并不意味着，制定的法律一定是公正的。关于多数裁定原则的实质性争议，既涉及如何最优地界定多数裁定原则，又涉及宪法约束(constitutional constraints) 是否加强正义总体平衡的有效而合理的手段。这些限制(limitations) 常常被一些顽固的少数派用来维护其非法利益。这是一个政治判断问题，不属于正义理论。应当指出的是，虽然公民通常使自己的行为服从于民主权威，也就是说，承认投票结果确立了一项有约束力的规则，但在其他条件相同的情况下，他们并不使自己的判断力也服从于民主当局。

【原文】§54-3-p.314

【评析】

在这里，罗尔斯没有严格区分法律和政策，认为它们遵循相同的原则，取决于相同的产生原则：多数裁定原则。但在《原则问题》中，德沃金明确区分法律和政策，认为它们的产生有着不同的法理基础。他认为，一般情况下，法律高于政策。当法律和政策发生矛盾时，法律优先于政策。

1. 原文："**I now wish to take up the place of the principle of majority rule in the ideal procedure that forms a part of the theory of justice**"(p.314). H本："现在我打算着手讨论在构成正义论的一部分的理想程序中多数裁决规则的地位"（第280页）。**新解**："本人现在希望，多数裁定原则在构成正义理论组成部分的理想程序中占有一席之地。"

2. 原文："**Since even rational legislators would often reach different conclusions, there is a necessity for a vote under ideal conditions**"(p.314). H本："既然甚至有理性的代表们也经常会得出不同的结论，那么在理想条件下投票就是必需的"（第280页）。**新解**："即使是理性立法者也常常会得出不同的结论，所以，存在着在理想条件下进行表决的必要性。"

3. 原文："**The restrictions on information will not guarantee agreement, since the tendencies of the general social facts will often be**

ambiguous and difficult to assess"（p. 314）。H 本："对信息实行限制不能保证达到一致意见，因为关于一般社会事实的倾向性常常是模糊的、很难估计的"（第 280 页）。新解："限制信息将保证不了一致同意，因为一般社会事实的趋势往往模棱两可且难以评估。"

【诠释】

本人现在希望，多数裁定原则在构成正义理论组成部分的理想程序中占有一席之地。这样的宪法是正义宪法：它将由出席制宪会议的理性代表在两个正义原则的指导下商定。当我们证明一部宪法时，我们提出的各种考虑旨在表明，它将在这些条件下获得通过。同样，公正的法律和政策是由理性立法者在立法阶段制定的，他们受到正义宪法的约束，并且自觉地努力以正义原则为准绳。当我们批评法律和政策时，我们试图表明，它们在这种理想程序下将不会被选中。现在，即使是理性立法者也常常会得出不同的结论，所以，存在着在理想条件下进行表决的必要性。限制信息将保证不了一致同意，因为一般社会事实的趋势往往模棱两可且难以评估。

【原文】§54-4-p. 314

【评析】

1. 原文："The legislative discussion must be conceived not as a contest between interests, but as an attempt to find the best policy as defined by the principles of justice"（p. 314）。H 本："我们不应该把立法讨论看成是一场利益的争夺，而应看成是一种寻找由正义原则所规定的最好政策的意愿"（第 280 页）。新解："立法讨论不应被视为一场利益较量，而应被视为找到由正义原则确定的最佳政策的一次尝试。"

2. 原文："An impartial legislator"（p. 314）。H 本："公正的立法者"（第 280 页）。新解："一个公道立法者"。

3. 原文："The outcome of the vote gives an estimate of what is most in line with the conception of justice"（p. 314）。H 本："投票结果给出了一个何种法律或政策最符合正义观的评价"（第 280 页）。新解："投票结果给出了什么是最符合正义观念的评估。"

【诠释】

倘若我们设想，一个理想程序将如何运作，我们的结论是，参加这个

第六章　义务职责　1021

程序并执行其条款的大多数人将赞同一项法律或政策，这样的法律或政策便是足够公正的，或至少不是不公正的。在理想程序中做出的决定不是一个妥协，不是敌对双方为了达到各自目的而达成的一场交易。立法讨论不应被视为一场利益较量，而应被视为找到由正义原则确定的最佳政策的一次尝试。因此，作为正义理论的一部分，本人认为，一个公道立法者的唯一愿望是，考虑到他所知道的一般事实，在这方面做出正确的决定。他将只根据自己的判断投票。投票结果给出了什么是最符合正义观念的评估。

【原文】§54-5-pp.314-315

【评析】

1. 原文："If we ask how likely it is that the majority opinion will be correct"（p.314）。H本："如果我们提出多数人的意见怎么可能正确的问题"（第280页）。新解："如果我们问多数派意见有多大可能是正确的"。

2. 原文："The experts are rational legislators able to take an objective perspective because they are impartial"（p.314）。H本："专家是一些由于他们的公正而能够采取客观态度的理性立法者"（第280—281页）。新解："因为专家是公道的，他们是理性立法者，能够采取客观的视角。"

3. 原文："The suggestion goes back to Condorcet"（p.314）。H本："这个意见回到了孔多塞的观点上"（第281页）。新解："这项建议可以追溯到孔多塞"。

4. 原文："A large majority anyway would be almost certainly right"（p.315）。H本："一个大多数无论如何将几乎肯定是正确的"（第281页）。新解："绝大多数人的决定，无论如何，几乎可以肯定是正确的。"

【诠释】

如果我们问多数派意见有多大可能是正确的，那么明显的一点是，这个理想程序与汇集专家组意见以得出最佳判断的统计问题有一定相似之处。① 在这里，因为专家是公道的，他们是理性立法者，能够采取客观的

---

① 这个观点参阅阿罗《社会选择与个人价值》第2版，纽约：约翰—威利父子出版社1963年版，第85页及以后。关于立法讨论是客观探究而非利益竞赛的观点，参阅奈特《竞争伦理学》，纽约：哈珀兄弟出版社1935年版，第296、345—349页。这两个观点均可见于上述页码下的脚注。——原注

视角。这项建议可以追溯到孔多塞(Condorcet)，如果立法代表做出正确判断的概率大于做出错误判断的概率，那么多数票决是正确的概率随着立法代表做出正确决定的概率的提高而提高。① 因此，我们可能倾向于假设，如果许多理性人试图模拟理想程序的条件，并据此进行推理和讨论，那么绝大多数人的决定，无论如何，几乎可以肯定是正确的。但这是一个错误。不仅我们知道，立法代表做出正确判断的机会比他们做出错误判断的机会要大一些，而且我们清楚，不同人的投票不是独立进行的，因为他们的观点会受到讨论过程的影响，所以简单概率推理是不适用的。

【原文】§54 – 6 – p. 315

【评析】

1. 原文："No one of them knows everything the others know, or can make all the same inferences that they can draw in concert"（p. 315）. H 本："他们当中无人知道其他人所知道的一切，或者没有一个人能和谐地进行其他人能够进行的相同推理"（第281页）。新解："他们之中没人知道其他人知道的一切，没人能做出其他人能一致做出的相同推论。"

2. 原文："Discussion is a way of combining information and enlarging the range of arguments"（p. 315）. H 本："讨论是一种联结信息并扩大论据的方法"（第281页）。新解："讨论既结合了各种信息，又扩大了论据范围。"

3. 原文："At least in the course of time, the effects of common deliberation seem bound to improve matters"（p. 315）. H 本："至少随着时间的流逝，共同审慎思考的结果看来必定会使事情得到改善"（第281页）。新解："至少在一定时间内，共同审议的效果似乎必然有助于改善各种问题。"在《正义论》中，"over time"和"in the course of time"都用来表示时间，前者表示比较长久的时间，区间比较模糊；后者表示在一定时间之内，区间比较明确。

【诠释】

然而，我们通常认为，在许多人中间理想地开展的讨论（必要时通过

---

① 参阅邓肯·布莱克（Duncan Black）《委员会和选举理论》第2版，剑桥：剑桥大学出版社1963年版，第159—165页。——原注

表决），与在他们当中的任何一人独自苦思冥想相比，更可能得出正确的结论。为什么会这样呢？在日常生活中，与他人交流意见会检验我们的一己之见，开阔我们的视野；我们被要求从他人立场来看待事物，我们也深切地感受到了自己眼界的局限。但在某个理想的交流过程中，无知之幕意味着，立法者已经是大公无私的。讨论的益处在于以下事实：即使立法代表的知识和推理能力也是有限的。他们之中没人知道其他人知道的一切，没人能做出其他人能一致做出的相同推论。讨论既结合了各种信息，又扩大了论据范围。至少在一定时间内，共同审议的效果似乎必然有助于改善各种问题。

【原文】§54 – 7 – pp. 315 – 316

【评析】

1. 原文："Thus we arrive at the problem of trying to formulate an ideal constitution of public deliberation in matters of justice, a set of rules well-designed to bring to bear the greater knowledge and reasoning powers of the group so as best to approximate if not to reach the correct judgment"（p. 315）。H 本："于是我们引导到这样的问题，即试图构想一部关于正义问题的经过公共协商的理想宪法，和一套设计完善的、旨在给这一群体带来更高的认识和推理能力的规则，以便得出一个即使没有达到也是最好地接近于正确的判断"（第 281 页）。新解："于是，我们遇到的问题便是，设法制定一部就正义问题开展公开审议的理想宪法，这是一套精心设计的规则，旨在让一个群体承担更强大的知识和推理能力，即使不达到正确的决断，也要达到最近似于正确的决断。"

2. 原文："Often we can make good intuitive sense of the question how deliberations at the legislative stage, when properly conducted, would turn out"（pp. 315 – 316）。H 本："对于在立法阶段中恰当进行的审慎思考将产生什么结果的问题，我们常常能够形成良好的直觉意识"（第 281 页）。新解："我们常常能凭直觉很好地领会以下问题：如果立法阶段的审议进行得当，将会产生什么样的结果。"

【诠释】

于是，我们遇到的问题便是，设法制定一部就正义问题开展公开审议的理想宪法，这是一套精心设计的规则，旨在让一个群体承担更强大的知识和推理能力，即使达不到正确的决断，也要达到最近似于正确的决断。不过，我不打算继续讨论这个问题。这里重要的一点是，理想化程序是正义理论的组成部分。我提到它的一些特点，是为了在某种程度上阐明它的含义。在有利条件下，我们对这一程序的想法越是明确，四阶段程序对我们反思的指导就越是明确。因为这样，我们就能更准确地了解如何根据社会一般事实来评估法律和政策。我们常常能凭直觉很好地领会以下问题：如果立法阶段的审议进行得当，将会产生什么样的结果。

【原文】 §54 – 8 – p. 316

【评析】

罗尔斯在这里关于理想市场的讨论，可以追溯到孟德维尔的《蜜蜂的寓言》关于私利与公益的讨论，其中也暗含着斯密的"看不见的手"假设。

1. **原文**："Classical assumptions"（p. 316）。H 本："经典假设"（第 282 页）。**新解**："古典假设"。

2. **原文**："An efficient outcome"（p. 316）。H 本："有效的结果"（第 282 页）。**新解**："有效率的结果"。二者虽然只一字之差，但意思大不相同。

3. **原文**："Economic agents"（p. 316）。H 本："经济实体"（第 282 页）。**新解**："经济主体"。

4. **原文**："The most efficient economic configuration"（p. 316）。H 本："最有效的经济结构"（第 282 页）。**新解**："最有效率的经济布局"。

【诠释】

通过比较理想程序与理想市场过程，我们可以进一步明确理想程序是怎么一回事。因此，如果关于完全竞争的古典假设成立，并且不存在外部经济或外部不经济等，那么将产生有效率的经济布局。理想市场是一个关于效率的完美程序。不同于理性且公道的立法者所进行的理想政治过程，理想市场过程的一大特点是，即使每个人都追求自己的利益，市场也会取得有效率的结果。其实际假设是，各经济实体通常就是这样做的。鉴于各种资产的初始分布，在追求最大满足和最大利润的买卖中，家庭和企业都没有从社会角度来判断什么是最有效率的经济布局。相反，它们在规则允许的情况下追求自己的目标，它们做出的任何判断都是从自身角度出发的。可以说,整个市场系统做出了效率判断,这种判断来自于企业和家庭活动提供的许多独立信息来源。纵使个体对这个问题没有发表意见,而且常常不知道它是什么意思,市场系统则仍然给出了答案。

【原文】§54 – 9 – pp. 316 – 317

【评析】

罗尔斯比较了市场与立法的异同。他认为,市场追求效率,立法追求正义。理想的市场是一个完全的过程,理想的立法是一个不完全的程序。

1. 原文:"While the ideal market is a perfect process with regard to its objective, even the ideal legislature is an imperfect procedure"(p. 316). H 本:"而且理想市场就其目标而言是一个完善的过程,而理想立法却是一个不完善的程序"(第282页)。新解:"就其目标而言,虽然理想市场是一个完全的过程,然而,即使理想立法也是一个不完全的程序。"

2. 原文:"Although the household or firm has gotten everything that it wanted, it must concede that, given the initial distribution, an efficient situation has been attained"(p. 316). H 本:"虽然这个家庭或公司得到它想要的一切,但必须承认,在最初分配之后,一种有效率的状态已经达到了"(第282页)。新解:"尽管家庭或公司得到了它想要的一切,但它必须承认,考虑到初始的分布,一种有效率的情况便已经达成了。"

3. 原文:"This is not only because, as existing markets do, they fail to conform to their ideal counterpart, but also because this counterpart is that of an imperfect procedure"(p. 317). H 本:"这不仅是因为它们正如现实的市场一样不能符合理想的样本,而且是因为这一理想样本也是一个不完善程序的样本"(第282页)。新解:"这不仅是因为,正如现有市场所做的那样,它们没有顺应其理想的对应程序,而且因为那个对应程序也是一个不完全的程序。"

【诠释】

因此,尽管市场与选举有某些相似之处,但是理想市场过程和理想立法程序在关键方面是不同的。它们旨在实现不同的目标,前者的目标是效率,后者的目标则是正义。就其目标而言,虽然理想市场是一个完全的过程，然而，即使理想立法也是一个不完全的程序。似乎没有办法具体规定，一个确保导致公正立法的可行程序的特征。从这个事实做出的推论是：尽管在其他条件相同的情况下，公民可能不得不遵守已经制定的政策，但是他并没有被要求认为这些政策是正义的，而且要求他的判断服从于关于政策的表决将是一个错误。但是在完善的市场体系中，经济主体，只要他有任何意见，就必须假设其结果确实是有效率的。尽管家庭或公司得到了它想要的一切，但它必须承认，考虑到初始的分布，一种有效率的情况便已经达成的。但是，不能要求对有关正义问题的立法过程的结果给予平行承认，因为虽然实在宪法的设计应尽可能地使其与理想的立法程序做出相同的决定，但在实践中，这些决定必定与正义有差距。这不仅是因为，正如现有市场所做的那样，它们没有顺应其理想的对应程序，而且因为那个对应程序也是一个不完全的程序。一部正义宪法在一定程度上必须依赖于公民和立法者在运用正义原则时采取更广泛的观点和行使良好的判断力。似乎没有办法允许他们先行采取狭隘的或出于团体利益的立场，然后对这一过程加以规范，从而得到公正的结果。至少迄今为止，尚不存在一种可与产生效率程序的竞争市场理论相应的导致正义立法程序的正义宪法理论。这似乎意味着，正如在任何可行的社会中那样，只要政治行为受到人们持有的正义感的影响，经济理论在实际宪法程序中的应用就有严重的局限性，然而，公正立法是首要的社会目的（§76）。经济理论肯定不符合这种理想程序。①

【原文】§54 – 10 – pp. 317 – 318

【评析】

1. 原文："Some weight is given to the relative intensity of desire"（p. 317）. H本："欲望的相对强度具有某种重要性"（第283页）。**新解**："欲望的相对强度被赋予一定的权重。"

2. 原文："The market allows for finely graded adjustments in answer

---

① 关于民主经济理论，参阅熊彼特（J. A. Schumpeter）《资本主义、社会主义和民主》第2版，纽约：哈珀兄弟出版社1950年版，第21—23章。安东尼·唐斯（Anthony Downs）：《民主经济理论》，纽约：哈珀兄弟出版社1957年版。只要人们相信利益竞争将调节政治过程，民主的多元论解释就会受到类似反对。参阅达尔《民主理论的前言》，芝加哥：芝加哥大学出版社1956年版，及其近著；达尔：《美国的多元主义民主》，芝加哥：兰德出版社1967年版。——原注

to the overall balance of preferences and the relative dominance of certain wants"（p. 317）。H 本："市场在全面地平衡偏爱和相对地支配需求方面有一些细微等级的调节手段"（第 283 页）。**新解**："市场允许根据偏好的总体平衡和某些需求的相对支配地位进行精细的分级调整。"

3. **原文**："No special weight is or should be given to opinions that are held with greater confidence, or to the votes of those who let it be known that their being in the minority will cause them great displeasure"（p. 317）。H 本："人们不必也不应当特别重视那种因为更自信而坚持的观点，或者特别重视那些让人知道他们的少数地位将会带来非常不愉快的人的投票"（第 283 页）。**新解**："不必给予更加信心满满地持有的意见以特别权重，也不必给予让人知道其属于少数群体会引起他们极大不满的人的投票以特别权重。"

4. **原文**："The weight of considered collective judgment"（p. 317）。H 本："深思熟虑的集体判断的重要性"（第 283 页）。**新解**："经过周全考虑的集体判断的权重"。

5. **原文**："The intensity of desire or the strength of conviction is irrelevant when questions of justice arise"（pp. 317-318）。H 本："当正义问题产生时，欲望的强度和信念的力量是不相干的"（第 283 页）。**新解**："当正义问题出现时，欲望的强度或信念的力度是不相干的。"

【诠释】

上述评论被进一步对比所证实。在理想的市场过程中，欲望的相对强度被赋予一定的权重。一个人可以把很大一部分收入花在他更想要的东西上，这样，他和其他买家一起，鼓励以他最喜欢的方式使用资源。市场允许根据偏好的总体平衡（overall balance of preferences）和某些需求的相对支配地位（relative dominance of certain wants）进行精细的分级调整（finely graded adjustments）。在理想的立法程序中，不存在与理想市场过程相对应的东西。每个理性立法者都要投票决定哪些法律和政策最符合正义原则。不必给予更加信心满满地持有的意见以特别权重，也不必给予让人知道其属于少数群体会引起他们极大不满的人的投票以特别权重（§37）。当然，这样的投票规则是可以想象的，但没有理由在理想程序中采用它们。即使是在公道理性人当中，那些在他们看来更加自信的人，似乎也不一定是正确的。有些人可能比其他人对情况的复杂性更加敏感。在确定公正立法的标准时，应强调当每个人在理想条件下尽最大努力适用正当原则时，经过周全考虑的集体判断的权重。当正义问题出现时，欲望的强度或信念的力度是不相干的。

【原文】§54-11-p. 318

【评析】

台北大学的相关研究者证明，与把差别原则旨在提高最不利者收入相比，更多被试者愿意把差别原则与社会基本善的合理分配联系起来。研究者在实验中设定，失去基本善要付出巨大代价。他们观察到，与以往研究发现少数受试者愿意遵循差别原则不同，大多数受试者愿意遵循差别原则。他们还发现，"即使降低损失基本善的成本，仍有三分之一以上被试者采用差别原则"①。这一发现表明人们大多愿意接受差别原则。

1. 原文："The nature of the principles themselves may leave open a range of options rather than singling out any particular alternative"（p. 318）. H 本："这些原则本身的性质可能使多种选择成为可能，而不是仅仅允许某种特别的选择"（第283页）。新解："这些原则本身的性质可能会留下一组选项，而不只是列出任何一个特选项。"

2. 原文："The rate of savings, for example, is specified only within certain limits; the main idea of the just savings principle is to exclude certain extremes"（p. 318）. H 本："例如，储存率只在某些限制中被确定；正义的储存原则的主要观点是要排除某些极端情况"（第284页）。新解："例如，储蓄率只在一定的范围内被指定；正义储蓄原则的主导思想是，排除某些极端情况。"

3. 原文："Eventually in applying the difference principle we wish to include in the prospects of the least advantaged the primary good of self-respect; and there are a variety of ways of taking account of this value consistent with the difference principle"（p. 318）. H 本："最后，在运用差别原则时，我们希望在最少获利者的期望中包括自尊的基本善；并且存在着各种与差别原则相容的、来考虑这种自尊价值的不同方法"（第284页）。新解："最后，在应用差别原则时，我们希望在最少优势者的前景中包括自尊的基本善；并且有多种方法来考虑符合差别原则的这一价值。"

---

① Joshua Chen-Yuan Teng, Joseph Tao-yi Wang and C. C. Yang, "Justice, what money can buy: a lab experiment on primary social goods and the Rawlsian difference principle", *Constitutional Political Economy*, Vol. 31, Issue 2, 2020, pp. 45-69.

4. 原文:"**How heavily this good and others related to it should count in the index is to be decided in view of the general features of the particular society and by what it is rational for its least favored members to want as seen from the legislative stage**"(p. 318). H 本:"决定着这种善及其他与此有关的善应当在指标中占多大比重的问题,取决于特定社会的一般特征和从立法阶段来看社会获利最少者想要的东西是合理的"(第 284 页)。**新解**:"从立法阶段来看,这种基本善以及与之相关的其他基本善在指数中的重要程度,既取决于特定社会的一般特征,又取决于最不受青睐成员希望得到什么样的基本善是合理的。"

【诠释】

我们对理想立法过程和理想市场过程的差异已经谈了很多。本人现在要指出,运用多数裁定原则的程序,是实现政治解决的一个办法。正如我们所看到的,多数裁定原则被采纳为实现正义原则预先确定的某些目标的最可行办法。然而在有的时候,这些正义原则既不清楚也不明确它们提出的要求是什么,这并不总是因为证据的纷繁复杂且模棱两可或难以调查评估。这些原则本身的性质可能会留下一组选项,而不只是列出任何一个特选项。例如,储蓄率只在一定的范围内被指定;正义储蓄原则的主导思想是,排除某些极端情况。最后,在应用差别原则时,我们希望在最少优势者(least advantaged)的前景中包括自尊的基本善;并且有多种方法来考虑符合差别原则的这一价值。从立法阶段来看,这种基本善以及与之相关的其他基本善在指数中的重要程度(权重),既取决于特定社会的一般特征,又取决于其最不受青睐成员(its least favored members)希望得到什么样的基本善是合理的。在这样的情况下,正义原则确定了一定的范围,在这个范围内,储蓄率或重视自尊应该是存在的。但是它们(正义原则)并没有告诉我们,在这个范围内,选择应该落在什么地方。

【原文】§54-12-p.318

【评析】

1. 原文:"**These cases are not instances of pure procedural justice because the outcome does not literally define the right result**"(p. 318). H 本:"这些情况并不是纯粹程序正义的例证,因为所达到的结果并没有确定完全正当的决定"(第 284 页)。**新解**:"这些案例不是纯粹程序正义的

实例，因为其结果并非字面定义的正当结果。"

2. 原文："The aim of constitutional design is to make sure, if possible, that the self-interest of social classes does not so distort the political settlement that it is made outside the permitted limits"（p. 318）。H 本："只要可能的话，立宪设计的目标就是确保社会各阶级的自我利益不致于把政治解决方案扭曲得超出某一允许的范围"（第 284 页）。**新解**："宪法设计的目的是，如果可能的话，确保各社会阶级的私利不会扭曲政治解决，以至于那样的政治解决超出了允许的限度。"

【诠释】

针对这些情况，政治解决原则是适用的：正如人们能够确定的那样，如果自觉努力遵循正义原则的理性立法者在可以合理赞成的范围之内通过实际投票创制法律，那么多数人的决定，尽管不是确定无误的，但实际上是权威的。这是一种准纯粹程序正义。我们必须依靠立法阶段的实际讨论过程，在允许的范围内选择一项政策。这些案例不是纯粹程序正义的实例，因为其结果并非字面定义的正当结果。简单说来，那些不同意所作决定的人，不能在这一公开正义观念框架内令人信服地确立自己的观点。这是一个无法明确界定的问题。在实践中，各政党无疑会在这些问题上采取不同的立场。宪法设计的目的是，如果可能的话，确保各社会阶级的私利不会扭曲政治解决，以至于那样的政治解决超出了允许的限度。

§55 公民抗命的定义
The Definition of Civil Disobedience

【题解】

公民抗命理论的最早提出者是美国自然主义者、废奴主义者和无政府主义者亨利·戴维·梭罗。他在小册子《论公民抗命》（1848）的开场白就提出："管得最少的政府是最好的政府"或者"什么都不管（无为而治）的政府是最好的政府。"[1] 公民抗命的更早思想源头可以在英国近代政

---

[1] Henry David Thoreau, *Civil Disobedience*, New York: Book-of-the-Month Club, 1996, p. 3.

治思想家、古典自由主义者约翰·洛克的《政府论》中找到。洛克主张，人民享有主权，人民与政府形成委托关系，以政府为代表的公共权力接受人民的委托来实现维护公民人身和财产的安全和自由。假如政府不能维护公民的人身和财产安全和自由，那么这种委托关系也就宣告中止，主权重新回到人民手中。经过一定的政治程序，人民可以重新把它委托给最能维护自身安全和自由的人。"政府所有的一切权力，都是为社会谋幸福，因而不应该是专断的和凭一时的高兴的，而是应该根据既定的公布的法律来行使。"① "政治社会始终保留着一种最高权力，以保卫自己不受任何团体、即使是他们的立法者的攻击和谋算。"② 所以，公民抗命是公民的一项自然权利，是他们不必经过政府许可就拥有的权利。

公民抗命具有正当性的理论基础是个人享有的自由权利高于国家权威，或者人权高于主权。何怀宏对公民抗命（公民不服从）做了很好的解释。他说，公民抗命主要指在民主政治社会中公民个人或群体基于宗教、道德或良心的判断，以直接或间接的非暴力方式，故意公开违反某些法律或政策，并自愿接受由此产生的国家制裁。它可以表现为积极行为，也可以表现为消极行为；它可以是做被禁止的事，也可以是不做要求做的事；它不是简单的不顺从，而是一种公开坚持的行为；它反抗的不是某个人而只是邪恶本身。公民抗命者愿意接受痛苦而不报复，他们深信未来，以一种冷静、理解、善意、寻求保存和创造共同体的爱与对方相处，并相信世界站在正义一边。③

作为一种重要的社会政治现象，罗尔斯在这一节讨论了公民抗命的适用政体和适用领域。他特别强调，公民抗命只适用于接近正义的良序社会，只适用于民主政体，而不适用于其他政体。他不讨论，与武装暴动和抵抗运动一起，作为改造甚至推翻不正义腐败政府或政权的策略的公民抗命。公民抗命往往以社会运动形式开展，范围可大可小，大的公民抗命运动甚至会波及整个国家。比如，20世纪60年代美国反越战运动和黑人民权运动，因弗洛伊德之死引发的"黑人命也是命"运动，都是典型的公民抗命运动。罗尔斯充分肯定公民抗命的积极意义，但也强调它必须接受宪法的约束。公民抗命是一种非暴力反抗（nonviolent opposition），其对象是立法、司法和执法等公共权力部门。他认为，"对

---

① 洛克：《政府论》（下篇），叶启芳、瞿菊农译，商务印书馆2013年版，第86页。
② 洛克：《政府论》（下篇），叶启芳、瞿菊农译，第187页。
③ 何怀宏主编：《西方公民不服从的传统》，吉林人民出版社2003年版，第31页。

于那些承认和接受宪法合法性的公民来说,公民抗命问题只出现于多少正义的民主国家"(p.319)。他给公民抗命下的定义是:"一种公开、非暴力、出于良知和诉诸政治的抗法行为,通常以改变政府的法律或政策为目的。"(p.320)

【原文】§55-1-p.319

【评析】

1. **原文:**"This theory is designed only for the special case of a nearly just society, one that is well-ordered for the most part but in which some serious violations of justice nevertheless do occur"(p.319)。**H本:**"这个理论只是针对在一个接近正义的社会(即大多数情况来看是组织良好的社会)中,确实发生了对正义的严重侵犯而设计的"(第284页)。**新解:**"这一理论只是为一个近乎正义的社会的特殊情况而设计的。在大多数情况下,那个社会是良序的,不过确实仍会发生一些严重侵犯正义的情形。"

2. **原文:**"Since I assume that a state of near justice requires a democratic regime, the theory concerns the role and the appropriateness of civil disobedience to legitimately established democratic authority"(p.319)。**H本:**"既然我假设一种近于正义的状态需要一种民主制度,那么,这一理论就涉及到对于合法建立的民主权利的公民不服从作用和恰当性"(第284页)。**新解:**"因为我假设,近乎正义的国家需要民主政权,这个理论关注的是,公民抗命对抗合法建立的民主权威的作用和适当性。"

3. **原文:**"It does not apply to the other forms of government nor, except incidentally, to other kinds of dissent or resistance"(p.319)。**H本:**"这一理论不适用于其他形式的政府,并且除了偶然之外,也不适用于其他持异议和抵抗的情况"(第284页)。**新解:**"这一理论不适用于其他政体,除非附带说明,否则它也不适用于其他异议或抗争方式。"

4. **原文:**"I shall not discuss this mode of protest, along with militant action and resistance, as a tactic for transforming or even overturning an unjust and corrupt system"(p.319)。**H本:**"我将不讨论这样一种伴随着军事行动及抵抗的抗议形式,这是一种改造甚至推翻一种不正义的腐朽制度的手段"(第284页)。**新解:**"本人将不讨论这样一种抗议方式,它与武装暴动和抵抗运动一起,作为改造甚至推翻一个既违背正义又腐败污浊的系统的一种策略。"这里提到的系统(system)不限于制度。

5. 原文："The problem of civil disobedience is a crucial test case for any theory of the moral basis of democracy"（p. 319）。H 本："公民不服从的问题是对任何关于民主道德基础的理论的一种关键性的测试"（第285 页）。新解："公民抗命问题是适用于任何民主道德基础理论的一个关键测试案例。"

【诠释】

本人现在想通过概述一个公民抗命理论来说明自然义务原则的内容。正如本人已经指出的那样，这一理论只是为一个近乎正义的社会的特殊情况而设计的。在大多数情况下，那个社会是良序的，不过确实仍会发生一些严重侵犯正义的情形。因为我假设，近乎正义的国家需要民主政权，这个理论关注的是，公民抗命对抗合法建立的民主权威的作用和适当性。这一理论不适用于其他政体，除非附带说明，否则它也不适用于其他异议或抗争方式。本人将不讨论这样一种抗议方式，它与武装暴动（在现代社会中有时表现为反政府的打砸抢等街头政治活动）和抵抗运动一起，作为改造甚至推翻一个既违背正义又腐败污浊的系统的一种策略。在这种情况下，要采取这样的行动是没有困难的。如果实现这一目的的某些手段是正当的，那么非暴力反抗（nonviolent opposition）当然是正当的。本人将要解释的是，对于那些承认和接受宪法合法性的公民来说，公民抗命问题只出现于多少正义的民主国家。义务冲突是一大难题。考虑到捍卫自由的权利和抗拒不公的义务，在什么时候，遵守由立法多数制定的法律（或由立法多数支持的行政法令）的义务不再具有约束力呢？这个问题涉及多数裁定原则的性质和限度。因此，公民抗命问题是适用于任何民主道德基础理论的一个关键测试案例（crucial test case）。

【原文】§ 55 – 2 – p. 319

【评析】

1. 原文："These range from legal demonstrations and infractions of law designed to raise test cases before the courts to militant action and organized resistance"（p. 319）。H 本："这些抵制形式包括从合法抗议、旨在向法庭提出试验案件的违法行为，一直到好斗行为和有组织的抵抗"（第285 页）。新解："这些活动涉及的范围，从合法示威和为了在法庭上援引测试案例而违反法律，到武装暴动和有组织抵抗。"

2. 原文："**A theory specifies the place of civil disobedience in this spectrum of possibilities**"（p. 319）。H 本："这种宪法理论要确定公民不服从在这些抵制形式的范围中的地位"（第 285 页）。**新解**："这个理论具体规定了公民抗命在这一系列可能活动中的地位。"

3. 原文："**It sets out the grounds of civil disobedience and the conditions under which such action is justified in a（more or less）just democratic regime**"（p. 319）。H 本："这种宪法理论提出公民不服从的根据并阐明在一个或多或少是正义的民主制度中，这种公民不服从在哪些条件下是正当的"（第 285 页）。**新解**："它阐述了公民抗命的理由以及在一个（多少）正义的民主政权中这种行为是正当的条件。"

4. 原文："**A theory should explain the role of civil disobedience within a constitutional system and account for the appropriateness of this mode of protest within a free society**"（p. 319）。H 本："这种宪法理论应当解释公民不服从在一个合乎宪法的制度中的作用，并且说明这种反抗形式在一个自由社会中的恰当性"（第 285 页）。**新解**："这个理论将解析公民抗命在一个宪法系统内部的作用，并解释这种抗议方式在自由社会内部的恰当性。"

【诠释】

公民抗命的宪法理论由三个部分组成。首先，它将界定这样一类异议活动，它们区分于其他反民主威权形式。这些活动涉及的范围，从合法示威和为了在法庭上援引测试案例而违反法律，到武装暴动(包括各种街头政治，打着正义的旗号实施的打砸抢行动) 和有组织抵抗。这个理论具体规定了公民抗命在这一系列可能活动中的地位。其次，它阐述了公民抗命的理由以及在一个（多少）正义的民主政权中这种行为是正当的条件。最后，这个理论将解析公民抗命在一个宪法系统内部的作用，并解释这种抗议方式在自由社会内部的恰当性。

【原文】§55 – 3 – pp. 319 – 320

【评析】

1. 原文："**We should not expect too much of a theory of civil disobedience, even one framed for special circumstances**"（p. 319）。H 本："我们不应该过高地期望于一种公民不服从理论，即使是一个旨在说明特

殊情况的理论"（第285页）。**新解**："鉴于这是一个为各种特殊状况设定的理论，我们不应对公民抗命理论抱有太多的期望。"

2. **原文**："Precise principles that straightway decide actual cases are clearly out of the question"（pp. 319-320）. H本："直接决定现实事件的精确原则显然是不可能的"（第285页）。**新解**："直接决定实际案例的精准原则显然是不可能的。"

3. **原文**："It identifies the relevant considerations and helps us to assign them their correct weights in the more important instances"（p. 320）. H本："它统一各种相关的考虑，并帮助我们在较重要的情况中恰当地给予它们正确的分量"（第285页）。**新解**："在一些重要关头，它明确了需要考虑到的相关因素，帮助我们给予它们以正确的权重。"

【诠释】

在开始讨论这些问题之前，我要先提醒一下大家。鉴于这是一个为各种特殊状况设定的理论，我们不应对公民抗命理论抱有太多的期望。直接决定实际案例的精准原则显然是不可能的。确切地说，一个有用的理论将确定解决公民抗命问题的某个视角；在一些重要关头，它明确了需要考虑到的相关因素，帮助我们赋予它们以正确的权重（correct weights）。在我们看来，如果一个关于这些问题的理论，经过反复推敲，明晰了我们的愿景，使我们经过深思判断后更加前后一致，那么它是有价值的。这一理论已经完成了目前人们可以合理预期的工作，即缩小那些接受民主社会基本原则的人们在真诚信念之间的差距。

【原文】 §55-4-pp. 320-321

【评析】

这个段落的原文中并没有出现"我们"。罗尔斯作为公民抗命研究者，采取的是第三方立场。因此，H本改变了这个段落的叙事主体，把作者罗尔斯解读为参与或支持公民抗命的当事者，"我们"视角而不是"旁观者"视角大大曲解了这个文本的原意，会给中文读者带来重大误解。

1. **原文**："I shall begin by defining civil disobedience as a public, nonviolent, conscientious yet political act contrary to law usually done with the aim of bringing about a change in the law or policies of the government"

（p. 320）. H 本："我首先把公民不服从定义为一种公开的、非暴力的、既是按照良心的又是政治性的对抗法律的行为，其目的通常是为了使政府的法律或政策发生一种改变"（第285—286页）. 新解："首先，本人将把公民抗命定义为一种公开、非暴力、出于良知和诉诸政治的抗法行为，通常以改变政府的法律或政策为目的。"由于涉及公民抗命的定义，笔者在表达时要照顾中文读者的语言习惯。

2. 原文："**By acting in this way one addresses the sense of justice of the majority of the community and declares that in one's considered opinion the principles of social cooperation among free and equal men are not being respected**"（p. 320）. H 本："通过这种方式的行动，我们诉诸共同体的多数人的正义感，宣称按照我们所考虑的观点，自由和平等的人们之间的社会合作原则没有受到尊重"（第286页）. 新解："通过如此做法，一个人表达了这个社会多数人持有的正义感，并且宣称，依其深思后的意见，自由平等者之间的社会合作原则并没有得到尊重。"

3. 原文："**It allows for what some have called indirect as well as direct civil disobedience**"（p. 320）. H 本："它包含着一些人所说的间接的和直接的公民不服从"（第286页）. 新解："它允许一些人开展所谓的间接公民抗命和直接公民抗命。"

4. 原文："**One may disobey traffic ordinances or laws of trespass as a way of presenting one's case**"（p. 320）. H 本："一个人却可以不服从交通规则或各种禁止入侵的法规来表示自己的抗议"（第286页）. 新解："一个人可能以违反交通条例或违反非法侵入法作为一种抗议方式。"

5. 原文："**If the government enacts a vague and harsh statute against treason, it would not be appropriate to commit treason as a way of objecting to it, and in any event, the penalty might be far more than one should reasonably be ready to accept**"（p. 320）. H 本："如果政府制定了一个含糊而又严厉的反对叛国罪的法规的话，那么反对这一法规的人被当作叛国方式就是不合适的；而且无论如何，反对者因此受到的惩罚可能大大超过他将合理地准备承受的程度"（第286页）. 新解："如果政府针对叛国行为颁布一项模糊而严厉的法令，那么把凡是其违抗者都以叛国罪论处是不合适的，而且无论如何，那样的惩罚可能远远超出违抗者准备合理接受处罚的程度。"

【诠释】

首先，本人将把公民抗命定义为一种公开、非暴力、出于良知和诉诸政治的抗法行为，通常以改变政府的法律或政策为目的。① 通过如此做法，一个人表达了这个社会多数人持有的正义感，并且宣称，依其深思后的意见，自由平等者之间的社会合作原则并没有得到尊重。对这一定义的初步解读是，它不要求公民抗命行为违反的是正在被抗议的同一部法律。② 它允许一些人开展所谓的间接公民抗命和直接公民抗命。这个定义确实是这样考虑的，因为有时人们有充分的理由不去违反被认为是不公正的法律或政策。确切地说，一个人可能以违反交通条例或违反非法侵入法作为一种抗议方式。因此，如果政府针对叛国行为颁布一项模糊而严厉的法令，那么凡是其违抗者都以叛国罪论处是不合适的，而且无论如何，那样的惩罚可能远远超出违抗者准备合理接受处罚的程度。其他例子是，当某项政策涉及对外事务，或影响到其他国家，就不存在直接违反政府制定的政策的途径。第二种解读是，人们确实认为，至少在参与者不是简单地为合乎宪法的决定提出一个测试案例的意义上，公民抗命行为是违反法律的；他们准备反对这项法规，即使它本应得到维护。可以肯定的是，在宪政体制下（in a constitutional regime），法院最终可能站在反对者一边，宣布遭到反对的法律或政策违宪。因此，经常发生这样的情况，即异议者行为是否认定为非法行为，存在某种不确定性。这只是使情况变得复杂的一个因素。用公民抗命来抗议不公正法律的人，即使法庭最终不支持他们，也不会准备停止其抗议活动；不过，要是法庭做出相反的裁决，他们或许会感到欣慰。

---

① 本人在这里采用了贝多（H. A. Bedau）的公民抗命定义，参阅贝多"论公民抗命"，《哲学杂志》1961年第58卷，第653—661页。我们应该注意到，这个定义比梭罗的小册子（《论公民抗命》）所表示的含义要窄小一些，本人在下一节将谈到这个问题。一种类似观点的陈述可以参阅马丁·路德·金《来自伯明翰监狱的信》（1963年），重印于贝多编《公民抗命》，纽约：贝加索斯出版社1969年版，第72—89页。《正义论》提出的公民抗命理论，试图把这种公民抗命观念置于一个更加宏大的框架之中。某些新近作者较为宽泛地定义公民抗命。例如，霍华德·津恩（Howard Zinn）：《抗命与民主》（*Disobedience and Democracy*），纽约：兰登书屋1968年版，第119页。他将它定义为"为了重要社会目标而蓄意地且歧视性地违反法律的行为"（deliberative, discriminate violation of law for a vital social purpose）。我关心的是得到更加严格定义的概念。我决不认为，在民主国家里，只有这种异议形式才是正当的。——原注

② 这个解读和接下来的解读均来自马歇尔·科恩（Marshall Cohen）"宪政民主中的公民抗命"，《马萨诸塞评论》1969年第10卷，分别参阅第224—226、218—221页。——原注

1038 《正义论》评注

【原文】 §55 – 5 – p. 321

【评析】

1. 原文:"It should also be noted that civil disobedience is a political act not only in the sense that it is addressed to the majority that holds political power, but also because it is an act guided and justified by political principles, that is, by the principles of justice which regulate the constitution and social institutions generally"(p. 321). H本:"我们还应该指出公民不服从是一种政治行为,这不仅因为它是向那些拥有政治权力的多数提出的,而且因为它是由一些政治原则、即用来规定宪法和一般社会制度的正义原则所指导和证明的行动"(第286页)。新解:"还应该指出的是,公民抗命是一种政治行为。之所以如此,不仅因为它是针对掌握政治权力的多数人的,而且因为它是由政治原则指导和证明的行为,也就是说,它是由规范宪法和社会制度的正义原则指导和证明的行为。"

2. 原文:"It is assumed that in a reasonably just democratic regime there is a public conception of justice by reference to which citizens regulate their political affairs and interpret the constitution"(p. 321). H本:"我们假设,在一个相当正义的民主制度中,存在着一个公开的正义观;根据这个正义观,公民管理他们的政治事务并解释其宪法"(第287页)。新解:"有人认为,在一个相当正义的民主政体中,存在着一个公开且公共的正义观念,公民可以参照这个正义观念来规制政治事务和解读宪法。"

3. 原文:"By engaging in civil disobedience a minority forces the majority to consider whether it wishes to have its actions construed in this way, or whether, in view of the common sense of justice, it wishes to acknowledge the legitimate claims of the minority"(p. 321). H本:"某个少数通过参与公民不服从活动,迫使多数人考虑它是否愿意把自己的行为解释为上述侵犯、是否愿意按照正义的常识承认少数人的合法申诉"(第287页)。新解:"少数人参与的公民抗命,迫使多数人去思考,是否希望以这种方式来领悟自己的行为,或者,是否希望按照正义的常识,承认少数人的合法诉求。"

【诠释】

还应该指出的是,公民抗命是一种政治行为。之所以如此,不仅因为它是针对掌握政治权力的多数人的，而且因为它是由政治原则指导和证明的行为，也就是说，它是由规范宪法和社会制度的正义原则指导和证明的行为。在为公民抗命作辩护时，尽管个人道德原则和宗教教义可能与辩护者的主张相一致，并支持其主张，但是他不诉诸这些原则或教义；而且，不言而喻的是，公民抗命不能仅仅基于群体利益或自身利益。取而代之的是抗命者唤起的普天之下人人认同的正义观念，它是政治秩序的基础。有人认为，在一个相当正义的民主政体中，存在着一个公开且公共的正义观念，公民可以参照这个正义观念来规制政治事务和解读宪法。在任何一段较长的时间内，持续而蓄意地违反这一正义观念的基本原则，特别是侵犯基本平等自由的行为，都会招致要么屈服，要么抵抗。少数人参与的公民抗命，迫使多数人去思考，是否希望以这种方式来领悟自己的行为，或者，是否希望按照正义的常识，承认少数人的合法诉求。

【原文】§55–6–pp. 321–322

【评析】

1. 原文："Not only is it addressed to public principles, it is done in public"（p. 321）。H本："它不仅诉诸公开原则，而且公开地进行这一活动"（第287页）。**新解**："它不仅诉诸公开原则，而且实施于公众场所。"

2. 原文："To engage in violent acts likely to injure and to hurt is incompatible with civil disobedience as a mode of address"（p. 321）。H本："伤害和侮辱他人的暴力行为是和作为请愿形式的公民不服从不相容的。"（第287页）。**新解**："从事可能伤害和侮辱他人的暴力行为，与作为陈情请愿方式的公民抗命是不相容的。"

3. 原文："Yet civil disobedience is giving voice to conscientious and deeply held convictions; while it may warn and admonish, it is not itself a threat"（p. 322）。H本："但公民不服从是在表达真诚的和深刻执着的信念；虽然它可能警告和劝喻，但它自身不是一种威胁"（第287页）。**新解**："公民抗命依然表达着真诚而执着的信念；尽管它会提出警示，它还会进行劝诫，但它本身不是威胁。"

【诠释】

还有一点是，公民抗命是一种公开行为。它不仅诉诸公开原则，而且实施于公众场所。它是公开进行的，有正式的通告；它不是偷偷摸摸或秘密进行的。人们可以把它比作公开演讲、比作请愿形式——一种表达深刻而真诚的政治信念的方式，它发生在公共场所。由于这个原因，公民抗命是非暴力的。它试图避免使用暴力，特别是对人使用暴力，不是因为原则上憎恶使用武力，而是因为它是抗命者主张(诉求)的最终表达。从事可能伤害和侮辱他人的暴力行为，与作为陈情请愿方式(as a mode of address) 的公民抗命是不相容的。事实上，对他人公民自由的任何干涉，容易模糊公民抗命的性质。有时，如果公民抗命的诉求未能达到其目的，抗命者以后可能会采取武力抗争。公民抗命依然表达着真诚而执着的信念；尽管它会提出警示，它还会进行劝诫，但它本身不是威胁。

【原文】§55-7-p.322

【评析】

1. 原文："**Civil disobedience is nonviolent for another reason. It expresses disobedience to law within the limits of fidelity to law, although it is at the outer edge thereof**"（p.322）。H本："从另一点来说，公民不服从也是和平的。公民不服从是在忠诚于法律的范围内（虽然在外围的边缘上）表达对法律的不服从"（第287页）。**新解**："公民抗命之所以是非暴力的，还存在着另一个原因。尽管它游离于法律的外部边缘，但它表示在忠于法律的范围内不服从法律。"

2. 原文："**The law is broken, but fidelity to law is expressed by the public and nonviolent nature of the act, by the willingness to accept the legal consequences of one's conduct**"（p.322）。H本："虽然反抗者侵犯了某个法律，但是这个行动的公开的、和平的性质和一种承担行动的合法结果的意愿表达了对法律的忠诚"（第287页）。**新解**："抗命者违反了法律，但是其行为的公开性和非暴力性表达了对法律的忠诚，他愿意接受自己行为的法律后果也表达了对法律的忠诚。"

3. 原文："**No doubt it is possible to imagine a legal system in which conscientious belief that the law is unjust is accepted as a defense for noncompliance**"（p.322）。H本："毫无疑义，我们能够设想这样一个法律体系，在那里对某一不正义的法律的真诚确信可以被接受为一种对于不服从该法律的行为的辩护"（第288页）。H本的解读在字面上是难以自洽的，容易让读者误解。罗尔斯在这里想要表达的意思是清楚的，一个人之所以反对某一部法律，是因为他以为该法律是不公正的。既然该法律是不公正的，那么反对者就不可能"真诚确信"该法律。实际上，罗尔斯说的确切意思是，反对者真诚地确信，某部法律是不公正的，这个确信是他不服从该法律的原因，也是他为自己的不服从行为作辩护的理由。因此，本句的完整意思是：**"毫无疑问，我们不妨设想这样的法律系统，在其中，有人真诚地确信，某个法律是不公正的，这个确信可以视为他违法抗命的理由。"**

【诠释】

公民抗命之所以是非暴力的，还存在着另一个原因。尽管它游离于法律的外部边缘，但它表示在忠于法律(fidelity to law) 的范围内不服从法律。[①] 抗命者违反了法律，但是其行为的公开性和非暴力性表达了对法律的忠诚，他愿意接受自己行为的法律后果也表达了对法律的忠诚。[②] 如此忠于法律有助于向大多数人证明，该行为确实在政治上是真心诚意的，意在激起公众的正义感。因为很难让别人相信自己的行为是认真的，甚至站在其面前也难以让人确信这一点，公民抗命想要做到完全公开和非暴力，也就是给抗命者的真诚以束缚。毫无疑问，我们不妨设想这样的法律系统，在其中，有人真诚地确信，某个法律是不公正的，这个确信可以视为他违法抗命的理由。满怀真心诚意且彼此充分信赖的人，或许会运行这个法律系统。但事实上，即使在近乎正义的国家里，这样的系统也可能是不稳定的。我们必须付出一定的代价来让世人相信，从我们精细推敲的观点来看，我们的行动在共同体的政治信念中有着充分的道德基础。

【原文】 §55-8-pp. 322-323

【评析】

1. 原文："Civil disobedience, so understood, is clearly distinct from

---

[①] 关于这个见解的详细讨论，参阅查尔斯·弗里德（Charles Fried）"道德因果关系"（"Moral Causation"），《哈佛法律评论》1964 年第 77 卷，第 1268 页及以后。下面有关打砸抢行为的阐述，我得感谢杰拉尔德·洛夫（Gerald Loev）。——原注

[②] 广义定义公民抗命的人可能不接受这个描述。比如津恩（Zinn）《抗命和民主》，第 27—31、39、119 页及以后。此外，他否认公民抗命应当是和平的、非暴力的。人们当然不会承认，就一个不具有正当性的法令而言（for an unjustified act），对公民抗命者的惩罚是正当的，也就是说，是应得的。相反，公民抗命者出于对法律的忠诚才愿意接受法律的后果。这与前面说的是两回事。这个定义容许人们在法庭上反驳某种指控（如果这是合适的话），在此意义上，它有一定的自由裁量权。但是存在着某个临界点，一旦越过它，异议就不再是这里定义的公民抗命了。——原注

militant action and obstruction; it is far removed from organized forcible resistance"（p. 322）. H 本："这样理解的公民不服从显然不同于好斗行为及破坏；更是大大不同于有组织的武力抵抗"（第 288 页）。**新解**："照此理解，公民抗命显然不同于打砸抢行动和破坏阻挠活动；它与有组织的武力抵抗相去甚远。"

2. 原文："This would not only be to play into the hands of forces that he believes cannot be trusted, but also to express a recognition of the legitimacy of the constitution to which he is opposed"（p. 323）. H 本："这里因为这样做不仅是把自己置于那个他所不信任的力量之手，而且是等于承认他所反对的宪法的合法性"（第 288 页）。**新解**："如此做法，不仅为了借助于他认为不可信的各种势力之手，而且等于承认他反对的宪法的合法性。"

3. 原文："The basic structure is thought to be so unjust or else to depart so widely from its own professed ideals that one must try to prepare the way for radical or even revolutionary change"（p. 323）. H 本："社会基本结构被好斗者认为是如此地不正义，或者如此大地偏离了它自己信奉的理想，以至于好斗者必须准备走上激进的、甚至是革命的改革道路"（第 288 页）。**新解**："好斗的激进者认为，基本结构如此不公不义，如此广泛背离它自己宣称的理想，以至于人们必须设法为激进改良甚至革命变革铺平道路。"

【诠释】

公民抗命一直被界定为介于两种情形之间，一边是合法抗议和提出测试案例；另一边是良心拒绝和各种抵制形式。在这些可能情形的范围之内，公民抗命在忠于法律的边缘上支撑起那种异议形式（that form of dissent）。照此理解，公民抗命显然不同于打砸抢行动和破坏阻挠活动；它与有组织的武力抵抗（organized forcible resistance）相去甚远。例如，好斗的激进者更强烈地反对现存的政治系统。他不承认现存的政治系统为近乎正义的或相当正义的系统；他认为，那个系统要么广泛违背它宣称的原则，要么完全追求一种错误的正义观念。虽然其行为本身是真心诚意的，但他既不诉诸多数人的正义感，也不诉诸拥有政治实权者的正义感，因为他认为他们的正义感要么是错误的，要么是无效的。相反，他试图通过精心策划的破坏和抵抗等战斗行动（militant acts），攻击主流正义观念，或迫使一场运动朝着他预想的方向发展。因此，好斗的激进者可能试图逃避惩罚，因为他不准备承担他违反法律引起的法律后果；如此做法，不仅为了借助于他认为不可信的各种势力之手，而且等于承认他反对的宪法的合法性。从这个意义上说，好斗的打砸抢行动，不仅不在忠于法律的范围之内，而且代表着更深刻地对立于法律秩序。好斗的激进者认为，基本结构如此不公不义，如此广泛背离它自己宣称的理想，以至于人们必须设法为激进改良甚至革命变革铺平道路。为了做到这一点，就要努力唤起公众，使他们认识到需要进行一场根本性改革。现在，在某些情况下，打砸抢行动和其他抵抗形式确实是正当的。但是，本人将不考虑这些情况。正如我所说的那样，本人在此的目的只是，定义公民抗命概念，理解其在近乎正义的宪政体制中的作用。

§56 良心拒绝的定义
The Definition of Conscientious Refusal

【题解】

良心拒绝的对象是一些显然有违人的正义感或道德价值的法律或政策。良心拒绝可以是公开的，也可以是私下的。当它们公开发生时，往往与公民抗命相混同。公民抗命必须是公开的，甚至在大庭广众面前进行。当良心拒绝以隐秘的形式进行时，有可能存在严重的违法行为。公民抗命主要是非暴力的。所以，公民抗命和良心拒绝有交叉的地方，但两者不可等同。罗尔斯给良心拒绝下的定义是："良心拒绝是指不遵守多少直接的法律禁令或行政命令。它是拒绝，因为命令是发给我们的，鉴于局势的性质，当局知道我们是否接受命令。"（p.323）无论是公开进行还是私下进行，当局知道法令或命令的执行情况，良心拒绝最终会被当局所知晓。

【原文】 §56-1-p.323

【评析】

1. 原文："For it is customary to think of civil disobedience in a broader sense as any noncompliance with law for conscientious reasons, at least when it is not covert and does not involve the use of force"（p.323）. H本："因为人们习惯于从较广泛的意义上把公民不服从看成是任何一种根据良心的理由而不服从法律的行动，至少当这个行动是公开的、不诉诸武力的时候是这样"（第289页）。新解："因为人们习惯上认为，公民抗

命在广义上是出于良心原因而不遵守法律的行为，至少在不隐蔽和不涉及使用武力的情况下是如此。"

2. 原文："Thoreau's essay is characteristic, if not definitive, of the traditional meaning"（p. 323）。H本："索罗的论文中就描述了这一传统意义的特征，虽然不很明确"（第289页）。**新解**："梭罗的小册子，即使不太明确，但仍具有公民抗命的这层传统意思。"

【诠释】

尽管我区分了公民抗命和良心拒绝，但我还没有解释良心拒绝概念。本人现在就来做这件事情。我们必须认识到，为了区分这两个理念，我们就要给公民抗命下一个比传统定义更加狭义的定义；因为人们习惯上认为，公民抗命在广义上是出于良心原因而不遵守法律的行为，至少在不隐蔽和不涉及使用武力的情况下是如此。梭罗(Thoreau)的小册子，即使不太明确，但仍具有公民抗命的这层传统意思。① 我相信，一旦我们考察了良心拒绝的定义，这种狭义用法就会明晰起来。

【原文】§56-2- pp. 323-324

【评析】

在公民抗命思想史上，梭罗的小册子《论公民抗命》是一个奠基性著作。梭罗提倡的最弱小政府理念为哈耶克和诺齐克所继承。罗尔斯的公民抗命学说不是基于无政府主义学说，而是基于公民权利理论。

1. 原文："Conscientious refusal is noncompliance with a more or less direct legal injunction or administrative order"（p. 323）。H本："良心的拒绝就是或多或少地不服从直接法令或行政命令"（第289页）。**新解**："良心拒绝是者不遵守多少直接的法律禁令或行政命令。"

2. 原文："Given the nature of the situation, whether we accede to it is known to the authorities"（p. 323）。H本："如果境况具有这种性质，我们是否接受它就是为当局所知的"（第289页）。**新解**："鉴于局势的性质，当局知道我们是否接受命令。"

3. 原文："Other examples are the unwillingness of a pacifist to serve in

---

① 参阅亨利·戴维·梭罗（Henry David Thoreau）《论公民抗命》（1848年），重印于贝多编《公民抗命》，第27—48页。有关批评性讨论参阅贝多的评述，第15—26页。——原注

the armed forces, or of a soldier to obey an order that he thinks is manifestly contrary to the moral law as it applies to war" (p. 324). H 本:"其他例子如一个和平主义者不愿在武装部队中服役,或者一个战士不愿意服从他认为违反了适用于战争的道德准则的命令"(第289页)。**新解**:"另两个例子是,和平主义者不愿意在军队中服役,士兵不愿意服从他认为在战争中明显违反道德法则的命令。"

【诠释】

良心拒绝是指不遵守多少直接的法律禁令或行政命令。它是一种拒绝,因为命令是发给我们的,鉴于局势的性质,当局知道我们是否接受命令。两个典型例子是,早期基督徒拒绝履行异教国家制定的关于虔诚的法令,耶和华的见证人(Jehovah's Witnesses)拒绝向异教徒的旗帜敬礼。另两个例子是,和平主义者(pacifist,反战分子)不愿意在军队中服役,士兵不愿意服从他认为在战争中明显违反道德法则的命令。以梭罗为例,他拒绝纳税的理由是,纳税会使他成为对他人造成严重不公的代理人。尽管在某些情况下,有人非常想要隐瞒自己的行为,但我们不妨假定,当局知道他的一举一动。凡是拒绝发生在可以隐秘的地方,那么一个人的举动可以说是出于良心逃避,而非出于良心拒绝。偷偷摸摸地违反逃奴追缉法(fugitive slave law),是出于良心逃避的实例。①

【原文】§56-3-p.324

【评析】

1. 原文:"One simply refuses on conscientious grounds to obey a command or to comply with a legal injunction"(p.324). H 本:"一个人仅仅按照良心拒绝服从一个命令或遵守一个法规"(第289页)。**新解**:"人们只是出于某些良心理由拒绝服从命令或遵守法律禁令。"

2. 原文:"They do not seek out occasions for disobedience as a way to state their cause"(p.324). H 本:"他们没有寻求机会把不服从作为一种陈述他们的主张的方式"(第289页)。**新解**:"他们不寻求把抗命作为陈情的机会。"

3. 原文:"Rather, they bide their time hoping that the necessity to

---

① 关于这些区分,我要感谢伯顿·德莱本。——原注

disobey will not arise"（p. 324）。H 本："倒不如说，他在等待机会，希望出现那种不需要不服从的情况"（第289—290页）。新解："相反，他们等待时机，但愿若非万般无奈，就不会发生抗命。"

【诠释】

良心拒绝（或良心逃避）和公民抗命可作几点对比。首先，良心拒绝不是一种诉诸多数人正义感的请愿形式(form of address，陈情形式)。可以肯定的是，这种行为一般不是秘密的或隐蔽的，因为无论如何，隐藏这样的行为往往是不可能的。人们只是出于某些良心理由拒绝服从命令或遵守法律禁令。他们不会援引共同体的信念，从这个意义上说，良心拒绝不是在公众场所发生的行为(act in the public forum)。那些准备拒绝服从的人认识到，可能不存在相互理解的基础；他们不寻求把抗命作为陈情的机会。相反，他们等待时机，但愿若非万般无奈，就不会发生抗命。他们不像公民抗命者那么乐观，他们可能对改变法律或政策不抱任何希望。当时的情形可能不允许他们有时间提出自己的主张，多数人也可能没有机会接受他们的主张。

【原文】 §56 – 4 – pp. 324 – 325

【评析】

1. 原文："One may decline to go along with a law thinking that it is so unjust that complying with it is simply out of the question"（pp. 324 – 325）。H 本："许多拒绝支持某个法律的人会认为：这个法律是如此不正义，服从它简直是不可能的"（第290页）。新解："假如人们认为一项法律如此有违天理，遵从它几乎令人神共愤，那么他们就会拒绝遵守这项法律。"

2. 原文："This would be the case if, say, the law were to enjoin our being the agent of enslaving another, or to require us to submit to a similar fate"（p. 325）。H 本："如果法律命令我们成为奴役另一个人的代理人，或者要求我们服从一个相似的命运安排的话，情况就是这样"（第290页）。新解："比如说，假如法律命令我们与奴役他人者同流合污，或者要求我们服从类似的命运，情况就会如此。"

【诠释】

良心拒绝不一定基于政治原则；它可能基于与宪法秩序不相符的宗教原

则或其他原则。公民抗命诉诸一个普罗共享的正义观念（commonly shared conception of justice），良心拒绝则可能存在其他理由。例如，假如早期基督徒不以正义为由，而只是出于不违背其宗教信仰的理由，替拒绝遵守罗马帝国宗教习俗作辩护，那么他们的论据就不会是政治性的；同样地，假如自卫战争至少被奠定宪政政权基础的正义观念所承认，那么和平主义者的观点也不会是政治性的。然而，良心拒绝可以以政治原则为基础。假如人们认为一项法律如此有违天理，遵从它几乎令人神共愤，那么他们就会拒绝遵守这项法律。比如说，假如法律命令我们与奴役他人者同流合污，或者要求我们服从类似的命运，情况就会如此。这些命令明显违反了公认的政治原则。

【原文】§ 56 - 5 - p. 325

【评析】

1. 原文："The legal order must regulate men's pursuit of their religious interests so as to realize the principle of equal liberty"（p.325）。H 本："法令必须调节人们对宗教利益的追求，以实现平等的自由原则"（第 290 页）。新解："法律秩序必须规范人们对宗教利益的追求，以实现平等自由原则。"这里的"regulate"更有监管之意。

2. 原文："It may certainly forbid religious practices such as human sacrifice, to take an extreme case"（p.325）。H 本："它肯定可以禁止某些宗教活动，举一个极端的例子，像禁止以人为牺牲的献祭"（第 290 页）。新解："它当然可以禁止诸如人祭之类宗教习俗所采取的极端做法。"

3. 原文："Neither religiosity nor conscientiousness suffices to protect this practice"（p.325）。H 本："宗教情感和良心安宁都不足以反对这种活动"（第 290 页）。新解："无论对宗教的虔诚信仰，还是凭着良心做事，都不足以保护这种宗教习俗。" H 本对这个语句主语、谓语和宾语的解读，每个要点都是错的。要命的是，它把罗尔斯的意思正好解读反了。那种虔诚的信仰和真诚的良心都是想要"保护"而非"反对"像"人祭"这样的宗教习俗，只是它们心有余而力不足罢了，这也是罗尔斯在这个段落开头那句话所谓的"难事"（difficult matter）。如果是"反对这种宗教习俗"，那就是另一回事了。

4. 原文："The aim of a well-ordered society, or one in a state of near justice, is to preserve and strengthen the institutions of justice"（p.325）。

H本："一个良序社会，或一个接近正义状态的社会，其目标是维持和加强正义制度"（第290页）。**新解**："一个良序社会，或者，一个接近正义的国家，旨在维护和加强各项正义制度。"

【诠释】

假如有些人诉诸宗教原则，拒绝采取政治正义原则要求的行动，那么他们要想找到正确做法便是一件难事。假如爆发战争，和平主义者是否拥有免于在正义战争中服兵役的豁免权？或者，国家对抗命不从者是否应当处以令其痛不欲生的惩罚？有人会脱口而出地说道，法律必须始终尊重良心的命令，但这不可能是正确的。正如我们在不宽容者案例中所看到的那样，法律秩序(legal order)必须规范人们对宗教利益的追求，以实现平等自由原则；法律秩序当然可以禁止诸如人祭之类宗教习俗所采取的极端做法。无论对宗教的虔诚信仰，还是凭着良心做事，都不足以保护这种宗教习俗。一个正义理论，必须从它自己的角度出发，来解决如何对待那些反对它的人。一个良序社会，或者，一个接近正义的国家，旨在维护和加强各项正义制度。如果一个宗教被剥夺了充分的表达权，那大概是因为它侵犯了其他人的平等自由。一般来说，世人给予对立道德观念的容忍度，取决于允许其在自由正义制度中享有平等地位的程度。

【原文】§56 – 6 – p. 325

【评析】

1. 原文："**Given the tendency of nations, particularly great powers, to engage in war unjustifiably and to set in motion the apparatus of the state to suppress dissent, the respect accorded to pacifism serves the purpose of alerting citizens to the wrongs that governments are prone to commit in their name**"（p. 325）。H本："假设国家、特别是强权国家，有进行不正义战争和动用国家机器来压制反对者的倾向，那么对于和平主义的尊重就有助于提醒公民注意政府容易以他们的名义而犯错误"（第291页）。**新解**："鉴于各国，特别是大国，有不公正地进行战争和启动国家机器镇压异议的趋势，尊重和平主义，有助于提醒公民注意，政府容易以他们的名义犯下的种种错误。"

2. 原文："**Pacifism as a natural departure from the correct doctrine conceivably compensates for the weakness of men in living up to their**

professions"（p. 325）。H 本："和平主义对正确理论的一种自然偏离，可以看成弥补了人们在实行他们的声明方面的弱点"（第 291 页）。**新解**："作为对正确教义的自然背离，和平主义可想而知地弥补了人们在履职尽责方面的弱点。"

【诠释】

如果要尊重和平主义，而非仅仅容忍和平主义，就须有这样的合理解析，即和平主义非常符合正义原则。这是和平主义者对待参加正义战争的态度所产生的主要例外（在此假设在某些情况下自卫战争是正义的）。共同体认可的政治原则，与和平主义者推崇的学说有一定的亲缘关系。人们普遍憎恶战争和使用武力，相信人作为道德人的平等地位。鉴于各国，特别是大国，有不公正地进行战争和启动国家机器镇压异议的趋势，尊重和平主义，有助于提醒公民注意，政府容易以他们的名义犯下的种种错误。尽管和平主义者的观点并不完全正确，但是他意欲发出的警告和抗议，可以在总体上使正义原则变得更有保障。作为对正确教义的自然背离，和平主义可想而知地弥补了人们在履职尽责方面的弱点。

【原文】§56 – 7 – p. 326

【评析】

1. 原文："**Strong elements**"（p. 326）。H 本："强烈因素"（第 291 页）。**新解**："显性因素"。

2. 原文："**Given the nature of this way of acting as a special kind of political appeal, it is not usually justified until other steps have been taken within the legal framework**"（p. 326）。H 本："假如公民不服从的性质是一种特殊的政治要求，那么通常只有在采取了法律范围内的其他步骤之后，这种行动才能得到证明"（第 291 页）。**新解**："鉴于其作为特殊政治诉求的性质，在法律框架之内，要是没有采取其他步骤，那么这种活动方式通常无法得到正当性证明。"

【诠释】

应当指出的是，在一些实际情况中，公民抗命和良心拒绝当然不存在显著差异。此外，同一行动（或一组行动）可以兼具两者的显性因素。尽管两者都有明确的案例，但是对比两者是诠释公民抗命及其在民主社会中扮演的角色的一种表述方法。鉴于其作为特殊政治诉求的性质，在法律框架之内，要是没有采取其他步骤，那么这种活动方式通常无法得到正当性证明。相比之下，在合法的良心拒绝的显著案例中，这个要求往往是无效的。在自由社会里，任何人都不能像早期基督徒那样被迫从事违反平等自由的宗教活动，一个士兵在向长官请示时不必服从本性邪恶的命令。这些说法就引出了证明问题。

§57 公民抗命的证明
The Justification of Civil Disobedience

【题解】

这里的"公民抗命的证明"主要是指"公民抗命之正当性证明或辩护"。公民抗命的正当性说明那种行为具有一定合理性，并不是说公民有了正当性就非从事此类行为不可。罗尔斯强调，开展公民抗命活动需要一定的合理条件，其中的制度条件是，它们要发生在一个近乎正义的国家里。他提到了公民抗命的三个条件。(1) 一旦发生违反两个正义原则的情况，便存在发生公民抗命的充分条件。"有一种推定，倾向于把公民抗命限制在针对两种情形上，一是严重违反第一正义原则，亦即平等自由原则，二是公然违反第二正义原则的第二部分，亦即公平机会均等原则。"(p. 326) (2) 一旦存在对少数派权利的剥夺或侵害，并且当正常诉求渠道被堵塞之后，便会发生公民抗命的情形。(3) 第三个条件是在同等情况的条件下不同少数群体要求同样的权利或机会，产生一种仿效效应。罗尔斯认为第三个条件比较复杂，但也没有否认它是公民抗命的重要条件或理由。

【原文】§57 – 1 – p. 326

【评析】

1. 原文："I shall limit the discussion to domestic institutions"（p. 326）。H本："我把讨论限制在一个国家对内的制度上"（第291页）。新解："本人将把讨论的范围仅限于国内的各项制度"。

2. 原文："I shall begin by setting out what seem to be reasonable conditions for engaging in civil disobedience, and then later connect these

conditions more systematically with the place of civil disobedience in a state of near justice"（p.326）。H 本："一开始，我将阐述一些参与公民不服从的合理条件，然后我将较系统的把这些条件和公民不服从在一个接近正义的状态中的地位联系起来"（第291页）。新解："首先，本人将列出看似开展公民抗命活动的合理条件，然后，我把这些条件与公民抗命在接近正义国家里的定位较为系统地联系起来。"

3. 原文："The conditions enumerated should be taken as presumptions"（p.326）。H 本："我们应该把这些列举的条件看成是假设"（第291页）。新解："所列举的条件应被视为推定条件"。

【诠释】

在了解这诸多差异之后，我想要探讨这样的问题：公民抗命在何种情况下将得到正当性证明呢？出于简单考虑，本人将把讨论的范围仅限于国内的各项制度，因此也局限于特定社会内部的不正义现象（injustices）。如此限制的狭隘性质将通过解决与适用于战争的道德法则有关的良心拒绝问题而得到缓解。首先，本人将列出看似开展公民抗命活动的合理条件，然后，我把这些条件与公民抗命在接近正义的国家里的定位较为系统地联系起来。当然，所列举的条件应被视为推定条件；毫无疑问，在某些情况下，这些条件并不成立。并且，我们还可以为公民抗命提出其他论据。

【原文】§57-2-pp.326-327

【评析】

1. 原文："The first point concerns the kinds of wrongs that are appropriate objects of civil disobedience"（p.326）。H 本："第一条件涉及到恰当的公民不服从的对象的各种错误"（第291页）。新解："公民抗命的第一个条件，涉及作为其适当对象犯下或存在的各种错误。"也就是说，公民抗命的对象是与公民切身利益相关的重大社会和政治议题，公民要去反对、纠正和变更的对象，一般是政府或立法者制定的不公正法律或错误政策。

2. 原文："For this reason there is a presumption in favor of restricting civil disobedience to serious infringements of the first principle of justice, the principle of equal liberty, and to blatant violations of the second part of the second principle, the principle of fair equality of opportunity"

（p. 326）. H 本："由于这个理由，假定赞成把公民不服从的对象限于对第一个原则（即平等自由原则）的严重侵犯和对第二原则的第二个部分（即公平的机会均等原则）的公然违反"（第 291—292 页）。**新解**："因此，有一种推定，倾向于把公民抗命限制在两种情形上，一是严重违反第一正义原则，亦即平等自由原则；二是公然违反第二正义原则的第二部分，亦即公平机会均等原则。"

3. 原文："**They are publicly incorporated into the recognized practice, if not the letter, of social arrangements. The establishment of these wrongs does not presuppose an informed examination of institutional effects**"（p. 327）. H 本："它们是公开地被结合进社会安排的公认实践活动（如果不是形式上）中。对这些错误的证实并不需要以对它们在制度方面产生的效果的明智考察为前提"（第 292 页）。**新解**："即使没有明文规定，它们已公开融合于各种社会安排的公认实践之中。这些错误的确定，并不以对制度效应的知情审查为前提。"

【诠释】

公民抗命的第一个条件，涉及作为其适当对象犯下或存在的各种错误。现在，如果人们把公民抗命视为一种诉诸共同体正义感的政治行为，那么如下做法似乎是合理的：在其他条件相同的情况下，将公民抗命限制在针对某些实质性的明显违反正义的情形，最好限制在针对阻碍通往消除其他有违正义道路的情形。因此，有一种推定，倾向于把公民抗命限制在针对两种情形上，一是严重违反第一正义原则，亦即平等自由原则；二是公然违反第二正义原则的第二部分，亦即公平机会均等原则。当然，要想判断这些原则是否得到满足，并不总是一件容易的事。尽管如此，只要我们断定，它们是保障基本自由的原则，一旦这些自由没有受到尊重，那么这是清晰可见的。毕竟，它们规定了某些严格要求，那些要求必须明确体现在各项制度当中。因此，当某些少数群体被剥夺了选举权、参政权、财产权和迁徙权，当某些宗教团体受到压制时，或者当其他群体被剥夺各种机会时，这些违反正义的现象可能对所有人都是再清楚不过的。即使没有明文规定，它们已公开融合于各种社会安排的公认实践之中。这些错误的确定，并不以对制度效应的知情审查为前提。

第六章　义务职责　1053

【原文】§57 – 3 – p. 327

【评析】

1. 原文："A choice among these depends upon theoretical and speculative beliefs as well as upon a wealth of statistical and other information, all of this seasoned with shrewd judgment and plain hunch"（p. 327）. H 本："一个对这些制度和政策的选择不仅依赖于大量的统计资料和其他资料，而且依赖于理论的和推测的信念，而这一切都要靠明智的判断和清楚的预感来加以处理"（第 292 页）. **新解**："在这些制度和政策当中采取一个选项，既取决于理论信念和思辨信念，又取决于大量统计信息和其他信息，所有这些都要经过精明判断和朴素直觉的检验。"

2. 原文："In view of the complexities of these questions, it is difficult to check the influence of self-interest and prejudice; and even if we can do this in our own case, it is another matter to convince others of our good faith"（p. 327）. H 本："鉴于这些问题的复杂性，抑制自我利益和偏见的影响是很困难的；即使我们自己能够做到这一点，要想说服别人相信我们的真诚也很不容易"（第 292 页）. **新解**："鉴于这些问题的复杂性，我们很难检讨自利和偏见的影响，即使我们自己能够做到这一点，但是说服他人相信我们的诚意，则是另一回事。"

3. 原文："The public's conception of justice"（p. 327）. H 本："公共的正义观"（第 292 页）. **新解**："公众的正义观念"。请留意罗尔斯在"公开且公共的正义观念"或"公共的正义观念（public conception of justice）"和"公众的正义观念（public's conception of justice）"之间做出的微小区分。

4. 原文："The violation of the principle of equal liberty is, then, the more appropriate object of civil disobedience"（p. 327）. H 本："所以，对平等自由原则的侵犯是公民不服从的较合适对象"（第 292 页）. **新解**："因此，违反平等自由原则，是公民抗命的更适当对象。"

5. 原文："This principle defines the common status of equal citizenship in a constitutional regime and lies at the basis of the political order"（p. 327）. H 本："这个原则规定了一个宪法制度中平等公民权的共同地位，构成了政治秩序的基础"（第 292 页）. **新解**："这一原则确定平等公

民权在宪政制度中的共同地位，并奠定政治秩序的基础。"

6. 原文："When it is fully honored the presumption is that other injustices, while possibly persistent and significant, will not get out of hand"（p. 327）. H 本："当这一原则得到充分尊重时，我们可以设想其他的不正义（虽然可能是持久的，严重的）将不会不可控制"（第292页）。新解："当平等自由原则得到充分尊重时，即使存在其他有违正义现象，虽然它们可能持久而严重，但不会落得无法收拾的地步。"罗尔斯在这个段落中阐明了第一正义原则的优先地位，他表示，只要第一正义原则得到充分尊重，就可以保证社会基本稳定和国家基本安全。

【诠释】

相比之下，违反差别原则更加难以确定。关于差别原则是否得到满足的问题，通常会有一系列相互矛盾但理性的意见。之所以如此，是因为差别原则主要适用于经济制度和社会制度及其政策。在这些制度和政策当中采取一个选项，既取决于理论信念和思辨信念，又取决于大量统计信息和其他信息，所有这些都要经过精明判断和朴素直觉的检验。鉴于这些问题的复杂性，我们很难检讨自利和偏见(self-interest and prejudice) 的影响，即使我们自己能够做到这一点，但是说服他人相信我们的诚意，则是另一回事。因此，比如，除非税法的制定明确地将侵犯或剥夺基本的平等自由，否则通常不应以公民抗命来抗议税法。至于公民抗命诉诸公众的正义观念，则并不足够清晰。只要必要的平等自由是有保障的，最好由政治过程来解决这些问题。在这种情况下，大概可以达成合理的妥协。因此，违反平等自由原则，是公民抗命的更适当对象。这一原则确定平等公民权在宪政制度中的共同地位，并奠定政治秩序的基础。当平等自由原则得到充分尊重时，即使存在其他违反正义的现象，虽然它们可能持久而严重，但不会落得无法收拾的地步。

【原文】§57 – 4 – pp. 327 – 328

【评析】

1. 原文："A further condition for civil disobedience is the following. We may suppose that the normal appeals to the political majority have already been made in good faith and that they have failed"（p. 327）. H 本："公民不服从的第二个条件是：我们可以假设对政治多数的正常呼

呼已经真诚地做过了，但是没有取得效果"（第292页）。**新解**："我们认为，公民抗命的第二个条件是，向政治多数派发出的正常请愿一直是真心实意的，但是没有产生任何结果。"也就是说，常规程序或正常的政治通道已经关闭，抗争者已经走投无路。

2. 原文："**The legal means of redress have proved of no avail**"（p. 327）. H本："法律纠正手段业已证明无效"（第292页）。**新解**："这些合法矫正手段已经证明是徒劳的。"

3. 原文："**The existing political parties have shown themselves indifferent to the claims of the minority or have proved unwilling to accommodate them**"（p. 328）. H本："现存的政党已表明自己对少数人的主张态度冷淡，或者已表现出不愿意帮助他们"（第292页）。**新解**："现有政党已经表态，它们对少数派的请愿态度冷淡；或者，现有政党已经证实，它们不愿意接纳少数派的诉求。"这里的"现有政党"主要是指在拥有裁决权方面占据议会多数议席的政党。

4. 原文："**Legal means of political opposition**"（p. 328）. H本："政治反抗的合法手段"（第293页）。**新解**："政治抗议的合法手段"。

5. 原文："**Even civil disobedience might be much too mild, the majority having already convicted itself of wantonly unjust and overtly hostile aims**"（p. 328）. H本："在多数自身业已表明自己具有肆无忌惮的不正义和公开的敌意目标之时，即使公民不服从也可能是太温和了"（第293页）。**新解**："当多数派已经表明自身有肆意不公和公然敌意的目的时，甚至公民抗命也可能是太过温和了。"

【诠释】

我们认为，公民抗命的第二个条件是，向政治多数派发出的正常请愿一直是真心实意的，但是没有产生任何结果。这些合法矫正手段（legal means of redress）已经证明是徒劳的。因此，比如，现有政党已经表态，它们对少数派的请愿态度冷淡；或者，现有政党已经证实，它们不愿意接纳少数派的诉求。试图废除法律的努力被无视，合法抗议和示威活动也没有成功。既然公民抗命是最后一招，我们就应该确信，它是必定走到这一步的。但请注意一点，我并没有说，已经用尽了合法手段。无论如何，进一步的正常恳求或常规请愿可以重复进行；言论自由总是可能的。但是，假如过去的行动表明，多数人不为所动或冷漠无情，并且进一步努力可以被合理地认为是徒劳无功的，那么它满足为公民抗命之正当性作辩护的第二个条件。然而，这个条件只是一个假设。有些情况可能非常极端，以至于可能没有义务首先只用政治抗议的合法手段。例如，如果立法机关颁布粗暴侵犯平等自由的法令，比如说，它禁止一个软弱无助的少数族裔的宗教，那么我们不能指望这个教派通过正常政治程序来反对这个法令。事实上，当多数派已经表明自身有肆意不公和公然敌意的目的时，甚至公民抗命也可能是太过温和了。

【原文】§57-5-p.328

【评析】

1. 原文："If they were all to act in this way, serious disorder would follow which might well undermine the efficacy of the just constitution"（p.328）。H本："如果它们都以这种方式行动的话，严重的无秩序状态将可能发生，这可能会大大破坏正义宪法的效率"（第293页）。新解："如果他们都这样做的话，那么严重的混乱将随之而来。这很可能会损害正义宪法的效力。"

2. 原文："I assume here that there is a limit on the extent to which civil disobedience can be engaged in without leading to a breakdown in the respect for law and the constitution, thereby setting in motion consequences unfortunate for all"（p.328）。H本："我假设对参与公民不服从的范围要有一种限制，即这种反抗不能导致破坏对法律和宪法的尊重，因而不能产生对所有人来说都是不幸的后果"（第293页）。新解："我于是设想，对公民抗命要有所限制，它只有在不会导致对法律和宪法大不敬并造成对所有人都不幸的后果的范围之内才可以被允许。"

【诠释】

我要讨论的第三个条件也是最后一个条件可能是相当复杂的。它产生于这样的事实：虽然前面两个条件通常足以证明公民抗命的正当性，但情况并非总是如此。在某些情况下，正义的自然义务可能需要某种限制。我们可以这样来看这个问题。如果某一少数族群有正当理由从事公民抗命，那么在相关的相似情况下，任何其他少数族群也同样有正当理由从事公民抗命。使用前两个条件作为相关相似情况的标准，我们可以说，在其他条件相同的情况下，如果两个少数族群在同样长的时间里遭受同样程度的不公正，他们同样真诚地发出请愿，并且正常的政治诉求同样无效，那么他们诉诸公民抗命是同样正义的。然而，可以想象的是，即使不太可能，也应该有许多团体有同样的合理理由（在刚才定义的意义上）诉诸公民抗命；但是，如果他们都这样做的话，那么严重的混乱将随之而来。这很可能会损害正义宪法的效力。我于是设想，对公民抗命要有所限制，它只有在不会导致对法律和宪法大不敬并造成对所有人都不幸的后果的范围内才可以被允许。公众场所处理这种异议形式的能力也要有一个上限；公民抗命群体希望发出的呼吁可能会被扭曲，他们诉诸多数派正义感的意图也会被忽视。由于上述一个原因或两个原因，作为一种抗议形式，公民抗命的有效性在超过某个端点之后就会衰竭；正在打算从事公民抗命的人，必须考虑到这些约束因素。

【原文】§57-6-pp.328-329

【评析】

1. 原文："In simple cases of claims to goods that are indivisible and fixed in number, some rotation or lottery scheme may be the fair solution when the number of equally valid claims is too great"（p. 329）。H本："在要求的对象是不可分割的、数目固定的简单利益情形中，如果同等正当的要求的数目太大，那么某种轮流或抽签的办法可能是公平的解决办法"（第294页）。新解："在诉求标的不可分割且数量固定的简单案例中，当同等有效的诉求数量太大时，轮换或抽签可能是公平的解决办法。"

2. 原文："What seems called for is a political understanding among the minorities suffering from injustice"（p. 329）。H本："看来，在那些遭受不正义的少数中需要有一种政治协议"（第294页）。新解："在遭受不公正待遇的少数族群中间，似乎需要达成某种政治谅解。"

3. 原文："With perceptive leadership"（p. 329）。H本："在具有洞察力的领导指引下"（第294页）。新解："凭借善解人意的领导力"。

【诠释】

从理论上讲，理想的解决方案是，建立少数族群合作政治联盟，调节异议的总体水平。考虑到局势的性质，存在着许多团体，每一个团体都有权进行公民抗命。此外，他们在每种情况下都同样强烈地希望行使这项权利；如果他们都这样做了，那么它可能对他们各自承认的正义的自然义务起着维护作用的正义宪法造成持久损害。现在，假定存在许多同样强烈的诉求，它们加在一起超过了可能准许的范围，因此，应该实施公平计划，以便所有诉求都得到公平考虑。在诉求标的不可分割且数量固定的简单案例中，当同等有效的诉求数量太大时，轮换或抽签可能是公平的解决办法。① 但是这个办法在这里是完全不现实的。在遭受不公正待遇的少数族群中间，似乎需要达成某种政治谅解(political understanding)。他们可以通过协调行动来承担对民主制度的义务，这样，虽然每个族群都有机会行使自己的权利，但不超过对公民抗命程度的限制。诚然，这样的联盟很难安排；但是，凭借善解人意的领导力，这一点似乎并非不可能。

【原文】§57-7-p.329

【评析】

1. 原文："Certainly the situation envisaged is a special one, and it is quite possible that these sorts of considerations will not be a bar to justified civil disobedience"（p.329）。H本："以上所展示的情形肯定是一种特殊的情形，并且很可能这些考虑不会构成对正当的公民不服从的一种障碍"（第294页）。新解："当然，如上设想的情况是一个特殊情况，而且很有可能的是，这些考虑因素不会成为证明公民抗命之正当性的障碍。"

2. 原文："An injured minority is tempted to believe its claims as strong as those of any other"（p.329）。H本："一个受害的少数是倾向于相信它的要求与其他任何少数的要求一样强烈"（第294页）。新解："任一受迫害的少数群体倾向于相信，自己的诉求与其他任何少数群体的诉求是一样强烈的。"

3. 原文："This kind of case is also instructive in showing that the exercise of the right to dissent, like the exercise of rights generally, is sometimes limited by others having the very same right"（p.329）。H本："这种例证在表明下述论点时也是有启发性的：像一般权利的使用一样，

---

① 关于某种公平安排要求具备的条件的讨论，参阅科特·拜尔（Kurt Baier）《道德的观点》，纽约伊萨卡：康奈尔大学出版社1958年版，第207—213页；大卫·莱昂斯（David Lyons）：《效用论形式和局限》，牛津：克莱伦敦出版社1965年版，第160—176页。莱昂斯举例说明了公平轮流方案。他还提到，（撇开制定程序的代价）这些公平程序可以是相当有效率的。参阅第169—171页。本人接受其所作解释的结论，包括如下论断：公平概念不能通过使之等同于效用来解释，参阅第176页。布拉德（C. D. Broad）较早讨论过这个问题，参阅布拉德"虚妄假设在伦理学中的作用"（"On the Function of False Hypotheses in Ethics"），《国际伦理学杂志》1916年第26卷，尤其是第385—390页。——原注

行使反抗权利有时受到具有相同权利者的限制"（第 294 页）。新解："这一类案件富有启示意义地表明，行使异议权，与行使一般权利一样，有时也受到拥有同样权利的其他人的限制。"

【诠释】

当然，如上设想的情况是一个特殊情况，而且很有可能的是，这些考虑因素不会成为证明公民抗命之正当性的障碍。不太可能同时存在许多群体，它们既有权参与这种抗议形式，又承认对正义宪法负有义务。然而，人们应该注意到，任一受迫害的少数群体倾向于相信，自己的诉求与其他任何少数群体的诉求是一样强烈的；因此，即使不同群体开展公民抗命的理由并非同样令人信服，但是他们的诉求难分伯仲，如此设定是较为明智的。一旦采用这一准则，想象的情况似乎更容易发生。这一类案件富有启示意义地表明，行使异议权，与行使一般权利一样，有时也受到拥有同样权利的其他人的限制。每个人行使这项权利，会对所有人产生有害后果，因此需要一个公平计划。

【原文】§57-8-pp.329-330

【评析】

公民有反抗政府的权利，洛克的这一主张在罗尔斯这里以公民抗命形式得到了比较充分的论证。公民抗命是"一种公开的违法行为，它的违法总体上说有两种方式。一是直接针对它要反对的法律，如拒交某种抗议者认为是不公平的税项，或者无视政府的某些禁令，或者是反对某场战争拒服兵役。二是间接的违法，比如当直接反对某一法律的代价太高，或者对社会造成的损失太大时，公民会以一种间接的形式表达对社会广泛不公正的不满"[①]。

1. 原文："One has a right to appeal one's case by civil disobedience"（p.329）. H 本："一个人拥有通过公民不服从来上诉其案件的权利"（第294页）。新解："一个人有权以公民抗命方式表达其一事一议的诉求。"

2. 原文："The injustice one protests is a clear violation of the liberties of equal citizenship, or of equality of opportunity, this violation having been more or less deliberate over an extended period of time in the face of normal

---

① 唐慧玲："公民不服从的政治学分析"，《四川大学学报》2015 年第 6 期。

political opposition, and any complications raised by the question of fairness are met"（pp. 329 – 330）。H 本："一个人所抗议的不正义是对平等公民的自由或机会均等原则的一种明显侵犯；这种侵犯是在一段较长的时间内、不顾正常的政治反对而或多或少精心策划的；在此，人们将会遇到公平问题所引起的种种复杂情况"（第 294 页）。新解："他所抗议的有违正义之事，明显侵犯平等的公民自由或平等的机会自由，并且在相当长的时间里，不顾正常的政治抗议，加上由公平问题引发的一些复杂情况，这种侵犯一直多少故意地发生着。" H 本对这个语句的解读，包括对语句中分句的划分都是不准确的。

3. 原文："**They cover the main points**"（p. 330）。H 本："它们包括了问题的主要之点"（第 295 页）。新解："它们涵盖了最关键的条件。" 罗尔斯在这里讨论的是公民抗命的条件，而不是其他问题或其"主要之点"。

4. 原文："**Our conduct only serves to provoke the harsh retaliation of the majority**"（p. 330）。H 本："我们的行动仅仅用来激起与多数的紧张关系"（第 295 页）。新解："我们的行为只会引起多数人的严厉报复。" 关于行使公民抗命权的社会后果，罗尔斯原文的表述显然比 H 本的解读要严重得多。笔者猜测，H 本译者把短语"harsh retaliation"看成了"harsh relation"；否则，H 本的解读便不可理喻。

5. 原文："**To be sure, in a state of near justice, vindictive repression of legitimate dissent is unlikely, but it is important that the action be properly designed to make an effective appeal to the wider community**"（p. 330）。H 本："确实，在一个接近正义的状态中，报复性地镇压合法反抗是不太可能的，但重要的是这种反抗行动应当恰当地有效地诉诸更广大的共同体"（第 295 页）。新解："诚然，在近乎正义的国家，报复性镇压合法的异议是不太可能的，但重要的是，异议行动的策划要恰到好处，以便向更加广泛的共同体发出有效的呼吁。"

6. 原文："**Since civil disobedience is a mode of address taking place in the public forum, care must be taken to see that it is understood**"（p. 330）。H 本："既然公民不服从是一种发生在公众讲坛中的请愿形式，反抗者就一定要设使自己被他人理解"（第 295 页）。新解："因为公民抗命是发生在公众场所的一种请愿方式，所以参与者必须心细了解，它是否得到了民众的谅解。"

【诠释】

假设根据这三个条件，一个人有权以公民抗命方式表达其一事一议的诉求。他所抗议的有违正义之事，明显侵犯平等的公民自由或平等的机会自由，并且在相当长的时间里，不顾正常的政治抗议，加上由公平问题引发的一些复杂情况，这种侵犯一直多少故意地发生着。这些条件并非全都囊括于其中；可以说，还必须考虑到对第三方、对无辜者造成伤害的可能性。但本人认为，它们涵盖了最为关键的条件。当然，仍然存在着关于行使这项权利是否明智或谨慎的问题。在确立这项权利之后，他现在可以自由地——他以前是不自由的——让这些条件去决定这个问题。我们可以在自己的权利范围之内行动，如果我们的行为只会引起多数人的严厉报复，那么我们是不明智的。诚然，在近乎正义的国家，报复性镇压合法的异议是不太可能的，但重要的是，异议行动的策划要恰到好处，以便向更加广泛的共同体发出有效呼吁。因为公民抗命是发生在公众场所的一种请愿方式，所以参与者必须细心了解，它是否得到了民众的谅解。因此，像行使任何其他权利一样，行使公民抗命权利，应当合理地设定框架，以推进抗命者的目的，或推进他们希望给予支持的人的目的。关于这些实际考虑事项，正义理论没有什么具体说法。在任何情况下，战略和战术问题取决于每个案例的情况。但是正义理论应该说明，这些问题在什么时候被恰当地提出。

【原文】§57-9-pp.330-331

【评析】

1. 原文："**The natural duty of justice is the primary basis of our political ties to a constitutional regime**"（p.330）。H本："正义的自然义务是一个我们与宪法制度的政治纽带的主要基础"（第295页）。**新解**："正义的自然义务，是令我们与宪政制度保持政治联系的首要基础。"

2. 原文："**Only the more favored members of society are likely to have a clear political obligation as opposed to a political duty**"（p.330）。H本："只有社会中那些较有利的成员才可能具有与政治义务相对应的明确的政治职责"（第295页）。**新解**："只有较受青睐的社会成员才可能履行明确的政治职责，而不是政治义务。"

3. 原文："**While the political obligation of dissenters to citizens

generally is problematical, bonds of loyalty and fidelity still develop between them as they seek to advance their cause"（pp. 330 – 331）。H 本："虽然反对者对一般公民是否要承担政治职责还是个疑问，但当他们推进他们的事业时，还是要在他们中间形成忠贞和诚实的纽带"（第 295 页）。**新解**："尽管持不同政见者针对公民的政治职责通常是有问题的，但是当他们寻求推进自己的事业时，在不同政见者与公民之间，忠诚和忠实的纽带仍然建立了起来。"

4. 原文："**In general, free association under a just constitution gives rise to obligations provided that the ends of the group are legitimate and its arrangements fair**"（p. 331）。H 本："一般来说，只要自由联合体的目标是合法的、其安排是公平的，在正义宪法下的这一联合体就会产生出职责"（第 295 页）。**新解**："一般来说，只要结社的目的是合法的，其安排是公平的，根据正义宪法，自由结社就会产生职责。"

【诠释】

在关于公民抗命之正当性证明的上述解释中，本人未曾提到公平原则。正义的自然义务，是令我们与宪政制度（立宪政体）保持政治联系的首要基础。如前所述（§52），只有较受青睐的社会成员才可能履行明确的政治职责，而不是政治义务。他们处于较好的位置（享有较为优越的地位）去赢得公职（谋求功名），也更容易利用政治制度。在这样做之后，他们获得了一项对公民普遍负责的维护正义宪法的职责。但是，少数族群（少数派）的成员，比如说，他们有强烈的公民抗命的理由，一般不会有这种政治职责。然而，这并不意味着，公平原则在他们的情况下不会产生重要的职责。① 因为私人生活的许多要求，不仅源于这一原则，而且当个人或团体为共同的政治目的聚集在一起时，这一原则就生效了。正如我们对与我们一起参加各种私人协会的其他人履行职责一样，参与政治行动的人，彼此也有职责联系。因此，尽管持不同政见者针对公民的政治职责通常是有问题的，但是当他们寻求推进自己的事业时，在不同政见者与公民之间，忠诚和忠实的纽带仍然建立了起来。一般来说，只要结社的目的是合法的，其安排是公平的，根据正义宪法，自由结社（或自由往来、自由联合）就会产生职责。这一说法对政治结社和其他结社也是正确的。这些职责意义重

---

① 关于这些职责的讨论，参阅迈克尔·沃尔泽《论职责：抗命、战争和公民权利论文集》，麻省剑桥：哈佛大学出版社 1970 年版，第三章。——原注

大，在许多方面制约着诸多个体所能做的事情，但它们不同于遵守正义宪法的职责。我对公民抗命的讨论，仅限于正义义务(duty of justice)；一个更加充分的见解，将指出这些其他要求的点位。

§58 良心拒绝的证明
The Justification of Conscientious Refusal

【题解】

与公民抗命不同，良心拒绝更多诉诸公民的正义感或同情心，它是一种主观的心理活动，往往表现为言行不一。比如，对于一些显然不合理的法律法规或政策，公民表面上言听计从，内心里却深刻抵触。因此，这种拒绝不一定公开进行，但它对法律和政策的执行效力是致命的。并且，公民抗命一般涉及国内法或国内政策，但是良心拒绝有时会涉及国际法或涉外事务，比如，士兵不服从对外发动的侵略战争。

【原文】 §58-1-p.331

【评析】

1. 原文："**In examining the justification of civil disobedience**" (p.331). H本："在讨论关于公民不服从的证明时"（第296页）。**新解**："在审查公民抗命的正当性证明时"。

2. 原文："**It is necessary to extend the theory of justice to the law of nations**" (p.331). H本："我们必须把正义论扩展到国际法中去"（第296页）。**新解**："有必要将正义理论推广到国际法领域。"

3. 原文："**To fix ideas I shall consider briefly the justification of conscientious refusal to engage in certain acts of war, or to serve in the armed forces**" (p.331). H本："为使观念确定起见，我将简略地考察对介入战争或服军役的良心拒绝的证明"（第296页）。**新解**："为了明确某些理念，本人将简要地探讨，关于良心拒绝参与某些战争行动的正当性证明，或者，关于良心拒绝在军队服役的正当性证明。"

4. 原文："**The principles cited by way of justification are those of the conception of justice underlying the constitution**" (p.331). H本："证明

方式所引用的原则是那些构成宪法基础的正义原则"（第296页）。**新解**："证明其正当性所援引的原则，是由奠定宪法基础的某个正义观念所组成的原则。"

【诠释】

在审查公民抗命的正当性证明时，我简单设定，受到抵制的法律和政策只涉及国内事务。人们自然会问，政治义务理论应当如何适用于对外政策。为了做到这一点，有必要将正义理论推广到国际法领域。本人将试着说明如何才能做到这一点。为了明确某些理念，本人将简要地探讨，关于良心拒绝参与某些战争行为的正当性证明，或者，关于良心拒绝在军队服役的正当性证明。本人认为，这种拒绝是基于政治原则，而不是宗教原则或其他原则；也就是说，证明其正当性所援引的原则，是由奠定宪法基础的某个正义观念所组成的原则。因此，我们的问题是，将规范国家行为的正义政治原则（just political principles）与契约论学说联系起来，并从这个角度解释国际法的道德基础。

【原文】 §58-2-pp.331-332

【评析】

1. 原文："**We have already derived the principles of justice as these apply to societies as units and to the basic structure**"（p.331）。H本："我们已经获得了运用于整体社会和社会基本结构的正义原则"（第296页）。**新解**："当政治原则既适用于作为单元的各个社会，又适用于基本结构时，我们便得出了正义原则。"

2. 原文："**The persons in the original position have agreed to the principles of right as these apply to their own society and to themselves as members of it**"（p.331）。H本："原初状态中的人已一致同意那些适用于他们的社会及作为这一社会成员自身的正当原则"（第296页）。**新解**："由于正当原则既适用于他们自己的社会，又适用于作为该社会成员的本人，处于初始位置的人们已经同意正当原则。"

3. 原文："**It nullifies the contingencies and biases of historical fate**"（p.332）。H本："它取消了历史命运造成的偶然性和偏见"（第296页）。**新解**："它消除了历史命运的偶然因素和各种偏见。"

【诠释】

我们不妨设定，当政治原则既适用于作为单元的各个社会，又适用于基本结构时，我们便得出了正义原则。我们还设想，适用于个体的自然义务和职责的各种原则已经被采纳。这样，由于正当原则既适用于他们自己的社会，又适用于作为该社会成员的本人，处于初始位置的人们已经同意正当原则。此时此刻，在这一点上，我们不妨扩展关于初始位置的解释，把各方视为各国代表，他们必须共同选择基本原则，以裁定国家间相互冲突的主张。根据初始场景的概念，我设定，这些代表被剥夺了各种信息。虽然他们知道自己代表着不同的国家，每个国家都生活在正常的人类生活条件下，但是他们既对本国的特殊社会条件、与他国相比的本国实力一无所知，又对本人所处的社会位置一无所知。在这种情况下，只允许各缔约方，即各国代表，有足够的知识做出合理选择，以保护自身利益，但不能使其中较幸运的个别国家能够利用它们的特殊情况。这个初始位置在各国之间是公平的；它消除了历史命运的偶然因素和各种偏见。国际正义取决于在如此解释的初始位置上所选中的原则。这些原则就是政治原则，因为它们支配着针对其他国家的公共政策。

【原文】 §58 – 3 – p. 332

【评析】

1. 原文："But, in any case, there would be no surprises, since the principles chosen would, I think, be familiar ones"（p. 332）。H 本："但无论这些原则是什么，它们并不令人吃惊，因为我想人们是熟悉它们的"（第 296—297 页）。新解："但是，无论如何，大家不会感到意外，因为本人认为被选取的原则是众所周知的原则。" H 本显然没有把握这个语句的重点，亦即"被选取的原则"。

2. 原文："The basic principle of the law of nations is a principle of equality"（p. 332）。H 本："国际法的基本原则一个平等的原则"（第 297 页）。H 本原文如此，这显然是一个病句。笔者查看了 H 本《正义论》1988 年版对应语句，其译文是："国际法的基本原则是一个平等的原则"（第 379 页）。新解："国际法的基本原则是平等原则。"

3. 原文："One consequence of this equality of nations is the principle of self-determination, the right of a people to settle its own affairs without

the intervention of foreign powers"（p. 332）。H 本："从这种国家之间的平等产生的一个结论是自我决定的原则，也就是一个民族毋需别国力量的干预而自己处理自己的事务的权利"（第 297 页）。新解："这种国际平等的结果之一是自决原则，即一国之人民享有在不受外国势力干涉的情况下处理自身事务的权利。"

4. 原文："Defensive alliances"（p. 332）。H 本："自卫联盟"（第 297 页）。新解："防御联盟"。

5. 原文："Agreements to cooperate in an unjustified attack"（p. 332）。H 本："那些不正当侵略的同盟协议"（第 297 页）。新解："在不正当侵略中订立的同盟协议"。

【诠释】

我只能说明即将得到承认的原则。但是，无论如何，大家不会感到意外，因为本人认为被选取的原则是众所周知的原则。[①] 国际法的基本原则是平等原则。组成国家的独立民族，享有某些基本的平等权利。（国际）平等原则类似于在宪政体制中公民享有的平等权利（原则）。这种国际平等的结果之一是自决原则，即一国之人民享有在不受外国势力干涉的情况下处理自身事务的权利。另一个后果是对侵略的自卫权，包括为保护这一权利而结成防御联盟的权利。另一项原则是，只要条约与关于国家关系的其他原则相一致，就应当遵守条约。因此，经过适当解释的自卫条约将具有约束力，但是在不正当侵略中订立的同盟协议从一开始就是无效的。

【原文】§ 58 - 4 - pp. 332 - 333

【评析】

1. 原文："These principles define when a nation has a just cause in war or, in the traditional phrase, its *jus ad bellum*"（p. 332）。H 本："这些原则确定了一个国家何时具有介入战争的正义理由，或者用传统的术语说，何时有一种'诉诸战争的权利'"（第 297 页）。新解："这些原则规定着一个国家何时拥有处于战时的正当理由，用老话来说，何时拥有'诉诸战争的权利'。"

---

① 参阅布赖尔利（J. L. Brierly）《万国公法》第 6 版，牛津：克莱伦顿出版社 1963 年版，特别是第 4—5 章。这个著作包含着我们在此需要的一切。——原注

2. 原文："There are also principles regulating the means that a nation may use to wage war, its *jus in bello*"（p. 332）。H 本："还有一些用以控制一个国家可以在战争中使用的手段的原则，即'在战争中的权利'"（第 297 页）。新解："还有一些原则规制一个国家可以用来发动战争的手段，用老话来说，就是如何使用'在战争中的权利'。"

3. 原文："A war of legitimate self-defense"（p. 332）。H 本："一场合法的自卫战争"（第 297 页）。新解："正当自卫战争"。

4. 原文："The representatives of states would recognize that their national interest, as seen from the original position, is best served by acknowledging these limits on the means of war"（pp. 332 – 333）。H 本："从原初状态来看，各国的代表将承认，接受对战争手段的限制，将最好地服务于他们的国家利益"（第 297 页）。新解："各国代表将认识到，从初始位置来看，承认针对战争手段的这些限制最有利于其国家利益。"

5. 原文："It is not moved by the desire for world power or national glory; nor does it wage war for purposes of economic gain or the acquisition of territory"（p. 333）。H 本："这不是出于争夺世界霸权或提高国家荣誉的动机；进行战争也不是为了经济利益或扩张领土"（第 297 页）。新解："它既没有因为渴望成为世界强国或者渴望为国家争取荣耀而蠢蠢欲动，也没有为了经济利益或者为了扩张领土而发动战争。"

【诠释】

这些原则规定着一个国家何时拥有处于战时的正当理由，用老话来说，何时拥有"诉诸战争的权利"（jus ad bellum）。不过，还有一些原则规制一个国家可以用来发动战争的手段，用老话来说，就是如何使用"在战争中的权利"（jus in bello）。[①] 即使在一场正义战争中，有些暴力形式也是绝对不可接受的；如果一个国家的战争权是有疑问的和不明确的，那么对其使用手段的限制就更加严格。正当自卫战争可允许的行为——假定它们是必要的，在某个较为可疑的情况下，可以断然予以排除。战争的目的是正义的和平，所以，战争所使用的手段，不得破坏和平的可能性，也不得恣意蔑视人类生命，那种蔑视将危及我们自身的安全和人类的安全。战争行

---

① 关于新近讨论，参阅保罗·拉姆齐（Paul Ramsey）《战争和基督徒的良知》（*War and the Christian Conscience*），北卡罗来纳达勒姆：杜克大学出版社 1961 年版；也参阅波特（R. B. Potter）《战争和道德话语》（*War and Moral Discourse*），弗吉尼亚里士满：约翰—诺克斯出版社 1969 年版。后者包含一份有用的参考文献，第 87—123 页。——原注

为必须加以限制和调整，以适应这一目的。各国代表将认识到，从初始位置来看，承认针对战争手段的这些限制最有利于其国家利益。之所以如此，是因为一个正义国家的国家利益，是由已经得到承认的正义原则所界定的。因此，这样的国家的首要目标是，维持和保护其正义制度，以及使之成为可能的条件。它既没有因为渴望成为世界强国或者渴望为国家争取荣耀而蠢蠢欲动，也没有为了经济利益或者为了扩张领土而发动战争。无论这些目标在国家实际行为中多么常见，它们与界定社会合法利益的正义观念背道而驰。因此，如果承认了这些假设，我们似乎有理由认为，应该选择蕴含保护人类生命自然义务的传统禁令，禁止国家发动战争。

【原文】§58 – 5 – p. 333

【评析】

罗尔斯表示，如果国际战争是不正义的，战士有权利拒绝参加战争行动。这种拒绝就是良心拒绝，它不一定在公开场合表现出来。

1. 原文："The legal order itself presumably recognizes in the form of treaties the validity of at least some of these principles of the law of nations"（p. 333）。H 本："法令本身大概亦以条约的形式承认了这些国际法原则，至少承认了其中一部分原则的有效性"（第 298 页）。新解："法律秩序本身可能以条约形式承认，至少其中一些国际法原则的有效性。"

2. 原文："The theory of justice can be developed, I believe, to cover this case"（p. 333）。H 本："我相信，正义论能够扩展到包括这种例证"（第 298 页）。新解："我相信，正义理论发展起来，就可以覆盖这个案例。"

【诠释】

现在，如果在战时的良心拒绝诉诸这些原则，它是建立在一种政治观念上的，而不一定是建立在某种宗教观念或其他观念上的。因为它并非发生在公众场合①，这种拒绝形式可能不是一种政治行为，但它所依据的是与奠定宪法基础和指导宪法解释相同的正义理论。此外，法律秩序本身可能以条约形式承认，至少其中一些国际法原则的有效性。因此，如果一个

---

① public forum，一般解读为"公众论坛"，这里解读为"公众场合"，良心拒绝很可能是私下进行的。

士兵被命令去从事非法战争行为，如果他合理地且出乎良心地认定，适用于战争行为的原则显然受到了违反，那么他就可以拒绝命令。他可以坚持认为，从各方面考虑，他有这样一种自然义务：不做造成严重不公和邪恶的帮凶，这一义务超过了服从命令的义务。我不能在这里讨论什么是明显违反这些原则的行为。我就点到为止。一些明确案例是众所周知的。关键一点是，这个证明引用了可以由契约论学说解释的政治原则。我相信，只要正义理论发展起来，就可以覆盖这个案例。

【原文】§58-6-pp.333-334

【评析】

在罗尔斯战争理论中，不存在国家主权概念。或者说，维护国家主权的独立和完整是一个过时的概念。他把公民的自由放在首要位置，认为"征兵只有在需要捍卫自由时才是允许的，这不仅包括公民社会的公民自由，而且包括非公民社会的人的自由"（p.334）。这一假设为对外战争的合法性做了辩护。这是"人权高于主权"假说的另一表述。近几十年来，美国所有对外战争，都是打着这一旗号进行的。这当然是有问题的，这也许是罗尔斯正义理论最有疑问的部分。他后来在《万民法》中沿袭着这个理论的主要思想。笔者认为，按照这一理论，公民社会可以正当地打着维护公民自由或人的自由的旗号，发动针对非公民社会国家的国际战争。这是一种极其危险的理论。所以，虽然罗尔斯在《正义论》中讨论对外战争、国际法等话题的内容并不多，但是，在他的思想中，以美国为代表的现代民主国家的自我中心论特征是显露无遗的。

1. 原文："An instrument of unjustified foreign adventures"（p.334）. H本："一种不合理的对外冒险的工具"（第298页）。**新解**："一种不正当的对外冒险的工具"。

2. 原文："The mechanism of the draft"（p.334）. H本："征兵机构"（第298页）。**新解**："征兵草案机制"。

3. 原文："To be sure, the hazards that any particular individual must face are in part the result of accident and historical happenstance"（p.334）. H本："诚然，任何特殊个人必然面临的危险部分地是偶然的历史事件的结果"（第298页）。**新解**："可以肯定的是，任一特定个体必须面对的危险，部分是偶然历史巧合的结果。"

4. 原文："Over the course of their life"（p.334）. H本："在其生活

过程中"（第299页）。**新解**："在其一生中"。

【诠释】

另一个稍有不同的问题是，在一场特定战争期间，一个人是否应当全程当兵作战。答案可能取决于战争的目的和行为。为了明确情况，我们假设兵役制已经实施，个人必须考虑是否遵守服兵役的法律义务。现在本人假定，既然征兵是对平等公民享有的基本自由的一种严重干涉，就不能以任何比国家安全更不迫切的需要来为其辩护。① 在良序社会中，或在近乎正义的社会中，这些需求由维护正义制度的目的所决定。征兵只有在需要捍卫自由时才是允许的，这不仅包括公民社会的公民自由，而且包括非公民社会的人的自由。因此，如果应征入伍的军队不太可能成为一种不正当的对外冒险的工具，那么尽管征兵侵犯公民的平等自由，但是仅凭这一点就可以得到正当性证明。然而，在任何情况下，自由的优先性（假定按照顺序获得）要求，只有当自由需要予以保障时，才能征兵。从立法机关的立场（这个问题的适当阶段）来看，征兵草案机制(mechanism of the draft) 只能在此基础上进行正当性辩护。公民同意如此安排，认为这是分担国防负担的公平方式。可以肯定的是，任一特定的个体必须面对的危险，部分是偶然历史巧合(accident and historical happenstance) 的结果。但无论如何，这些邪恶产生于良序社会的外部，也就是说，来自外部的无理攻击。正义制度不可能完全消除这些苦难。它们力所能及的是，设法确保社会所有成员在其一生中或多或少地分担遭受这些外加不幸的风险，并且在挑选那些被要求履职尽责的人时不存在可以避免的阶级偏见。

【原文】 § 58 – 7 – pp. 334 – 335

【评析】

1. **原文**："A person may conscientiously refuse to comply with his duty to enter the armed forces during a particular war on the ground that the aims of the conflict are unjust"（p. 334）. H本："一个人可能基于冲突的目的是不正义的立场在良心上拒绝服从参加一场特殊战争中的武装部队的义务"（第299页）。**新解**："在一场特定战争期间，以发生这场冲突的目

---

① 我感谢奥尔布里顿（R. G. Albriton）对这一段落中的这个问题和其他问题的解析。——原注

的是不合乎正义的为理由，一个人可以出于良心拒绝履行应征入伍的义务。"

2. 原文："It may be that the objective sought by war is economic advantage or national power"（p.334）。H 本："战争所追求的目标也许是经济利益和国家权力"（第 299 页）。**新解："战争追求的目标可能是经济优势或国家实力。"**

3. 原文："The likelihood of receiving flagrantly unjust commands is sufficiently great"（pp.334-335）。H 本："接到罪恶的、不正义的命令的可能性相当大"（第 299 页）。**新解："接到极其违背正义的各项命令的概率非常大"**。这里的副词"flagrantly"是用来修饰形容词"unjust"的，因此，"flagrantly unjust commands"解读为"罪恶的、不正义的命令"是错误的，正解应是"极其违背正义的各种命令"。

4. 原文："So understood a form of contingent pacifism may be a perfectly reasonable position: the possibility of a just war is conceded but not under present circumstances"（p.335）。H 本："按此种理解，一种有条件的和平主义就可以是一种完全合理的观点：它承认一种正义战争的可能性，然而不是在上述环境下承认"（第 299 页）。**新解："照此理解，一种偶然的和平主义形式也许是一个完全合理的立场：正义战争的可能性是存在的，但不在目前情况下。"** 从这个语句中，可以看出罗尔斯对人类未来的深刻忧虑。

【诠释】

我们不妨想象一下，一个民主社会存在征兵制。在一场特定战争期间，以发生这场冲突的目的是不合乎正义的为理由，一个人可以出于良心拒绝履行应征入伍的义务。战争追求的目标可能是经济优势（经济利益）或国家实力。为了实现这些目标，公民的基本自由不应受到干涉。当然，因为这些原因而侵犯其他社会的自由是不合乎正义的，也是违反国际法的。所以，或许显而易见的是，如果正义战争的理由并不存在，那么公民拒绝履行自己的法律义务便是正当的。在这一主张中，国际法和他本人所在社会的正义原则都支持他的做法。有时，公民还有拒绝入伍当兵的其他理由，比如，他们不以战争的目的为依据，而以战争的行为为依据。公民可以坚持认为，有一点是明确的，一旦战争的道德法则（moral law of war）经常遭到违反，那么他就有权拒绝服兵役，其理由是他有权确保自己履行自然义务。一旦加入军队，在他认为自己被命令做出违反战争道德法则行为的情况下，他可能难以做到抗命不从。事实上，如果冲突的目的十分可疑，并且接到极其违背正义的各项命令的概率非常大，那么任何人不仅有拒绝的权利，而且有拒绝的义务。事实上，在某些情况下，各个国家，特别是大国和强国，在战争中的行为和目标很可能是不合乎正义的，以至于我们不得不得出结论，在可预见的将来，必须完全放弃服兵役。照此理解，一种偶然的和平主义形式也许是一个完全合理的立场：正义战争的可能性是存在的，但不在目前情况下。①

【原文】§ 58 – 8 – p. 335

【评析】

从这个段落可知，罗尔斯是坚决反对违背正义的国际战争的和平主义者。

1. 原文："**What is needed, then, is not a general pacifism but a discriminating conscientious refusal to engage in war in certain circumstances**"（p. 335）。H 本："所以，我们不需要一种无条件的和平主义，而是需要在某些环境中有鉴别有良心地拒绝参与战争"（第 299 页）。新解："因此，我们需要的不是一种笼统的和平主义，而是一种在某些情况下旗帜鲜明地凭着良心拒绝参战的和平主义。"

2. 原文："**An affront to the government's pretensions**"（p. 335）。H 本："对政府的主张的一种毅然对抗"（第 300 页）。新解："对政府自命不凡的侮辱"。

3. 原文："**Given the often predatory aims of state power, and the tendency of men to defer to their government's decision to wage war, a general willingness to resist the state's claims is all the more necessary**"（p. 335）。H 本："假定国家权力经常有一些掠夺性的目标，并且人们有推迟政府发动战争的意向，那么一个抵制国家主张的普遍愿望尤其是不可缺少的"（第 300 页）。新解："鉴于国家权力往往具有掠夺性目的，而且人们倾向于顺从政府发动战争的决定，因此更需要大家来抵制国家的如此主张。"

---

① 参阅沃尔特·斯坦（Walter Stein）编《核武器和基督徒的良知》（*Nuclear Weapons and Christian Conscience*），伦敦：默林出版社 1965 年版，那里展示了与核武器相关的这种理论。——原注

【诠释】

因此，我们需要的不是一种笼统的和平主义，而是一种在某些情况下旗帜鲜明地凭着良心拒绝参战的和平主义。各国既未不愿意承认和平主义，也未不愿意给予和平主义以特殊地位。拒绝在任何条件下参加一切战争，是一个不切实际的天真想法，必定是一个充满偏见的教条。士兵拒绝参战对国家权威性的挑战，并不亚于牧师独身对婚姻神圣性的挑战。[1] 通过免予处罚和平主义者，国家甚至可能表现出某种宽宏大度。但是，以适用于两国人民之间特定冲突的正义原则为基础的良心拒绝则是另一回事。因为拒绝参战是对政府自命不凡的侮辱，当它到处漫延时，继续进行一场不正义战争将被证明是不可持续的。鉴于国家权力往往具有掠夺性目的，而且人们倾向于顺从政府发动战争的决定，因此更需要大家来抵制国家的如此主张。

§59 公民抗命的作用
The Role of Civil Disobedience

【题解】

公民抗命是民主宪政制度中的一个重要纠错机制。因为谁都不能保证公共立法和权力部门通过的法律和政策，或者司法机关做出的裁决是正义的或公正的。当利益相关者或普通民众认为存在不公正的法律法规、判决、公共政策或政府指令等时，他们必须要有必要的渠道来表达自己的不同意见和权利诉求。因此，公民抗命是民主政治的重要组成部分，是公民权利的重要组成部分。它对于完善和改进社会基本制度具有重要的辅助作用。罗尔斯认为："事实上，尽管公民抗命（和良心拒绝）被定义为非法活动，但它是稳定宪政制度的手段之一。与定期自由选举和授权解释宪法（不一定是成文宪法）的独立司法体系等一起，运用适当克制和健全判断力的公民抗命，有助于维护和加强各种正义制度。通过在忠于法律的范围内抵制不正义现象，它有助于抑制偏离正义的行为，并在其发生时以纠正。从事得到正当性辩护的公民抗命的普遍倾向，将给良序社会或近乎正义的社会带来稳定。"（p.336）因此，公民抗命是维护社会稳定的重要力

---

[1] 我从沃尔泽那里借用了这个观点，参阅沃尔泽《论职责》，第127页。——原注

量，其积极作用远大于消极作用。

【原文】§59-1-pp.335-336

【评析】

请留意罗尔斯对于"条件"和"条款"的区分，虽然这种区分不是实质性的，他更多是出于语言运用技巧的考虑。但是，罗尔斯的语言习惯对于我们了解其思想是有帮助的。

1. 原文："**The third aim of a theory of civil disobedience is to explain its role within a constitutional system and to account for its connection with a democratic polity**"（p.335）。H 本："一种公民不服从理论的第三个目标是解释它在宪法制度中的作用及其和民主政体的联系。"（第300页）。新解："公民抗命理论的第三个目标是，解析公民抗命在宪政制度中的作用，探讨公民抗命与民主政体的关系。"

2. 原文："**It has some form of democratic government, although serious injustices may nevertheless exist**"（p.335）。H 本："虽然这个社会可能有严重的不正义，但它具有某种形式的民主政治"（第300页）。新解："尽管它可能存在着严重的违反正义现象，但是它有某种民主政府形式。"

3. 原文："**The principles of justice are for the most part publicly recognized as the fundamental terms of willing cooperation among free and equal persons**"（p.335）。H 本："正义原则在很大程度上被公开地承认为自由和平等的人们之间自愿合作的根本条件"（第300页）。新解："正义原则在很大程度上是在公开承认的自由平等者中间开展自愿合作的根本条款。"

4. 原文："**By engaging in civil disobedience one intends, then, to address the sense of justice of the majority and to serve fair notice that in one's sincere and considered opinion the conditions of free cooperation are being violated**"（p.335）。H 本："我们倾向于通过参与公民不服从来诉诸多数的正义感，并公正地宣布：从我们的真诚慎重的观点来看，自由合作的条件受到了侵犯"（第300页）。新解："通过开展公民抗命，一个人打算诉诸多数人的正义感，并发出公平呼吁，以其真诚而深思的意见表示，自由合作的条件正在受到损害。"这里的从事公民抗命的主体没有像 H 本解读的那样是明确的"我们"。参与者很可能只是极个别人，甚至只是一个个体，而不是"我们"。不过接下来的语句，罗尔斯是以第一人称形式表达公民抗命者的意见。

【诠释】

公民抗命理论的第三个目标是，解析公民抗命在宪政制度中的作用，探讨公民抗命与民主政体的关系。我一直假定，存在近乎正义的社会，这意味着，尽管它可能存在严重的违反正义现象，但它有某种民主政府形式（民主政体）。本人假定，在这样的社会里，正义原则在很大程度上是在公开承认的自由平等者中间开展自愿合作的根本条款。因此，通过开展公民抗命，一个人打算诉诸多数人的正义感，并发出公平呼吁，以其真诚而深思的意见表示，自由合作的条件正在受到损害。我们呼吁他人重新考虑，并设身处地地认识到，他们不能指望我们无限期地默认，他们强加于我们的条款。

【原文】§59-2-p.336

【评析】

在这个段落里，罗尔斯对"民主社会"做了比较精细的表述。其一是，民主社会"是一个在平等者中间开展合作的系统"；其二是，民主社会"一项是在平等者中间开展合作的计划"。既然是合作计划，合作者便可以平等加入，也可以合理退出。自愿和协商就必不可少，参与者接受的约束只能是在基于正义原则的契约意义上的。

1. 原文："Now the force of this appeal depends upon the democratic conception of society as a system of cooperation among equal persons"（p.336）. H本："现在这种呼吁的力量依赖于把社会看作一种平等人的合作体系的民主观念"（第300页）。新解："现在，这一呼吁的力量取决于这样一种民主的社会观念，即社会是一个在平等者中间开展合作的系统。"罗尔斯在这里提到的是一种"社会观念"，而非"民主观念"；一种"民主的社会观念"，而非"社会的民主观念"。他的整个段落都在讨论"社会"，而非"民主"。

2. 原文："They can plead their cause but they cannot disobey should their appeal be denied"（p.336）. H本："他们只可以申诉自己的理由，而如果君主拒绝其请求的话，他们就只能服从"（第300页）。新解："他们可以为自己的理由作辩护，如果他们的请愿被驳回，他们就只能服从。"

3. 原文："But once society is interpreted as a scheme of cooperation

among equals, those injured by serious injustice need not submit"（p.336）。H本："但只要我们把社会解释为一个平等者之间的合作体系，那么，那些遭受严重不正义的受害者就毋需服从"（第300页）。**新解**："然而，一旦社会被解释为一项在平等者中间开展合作的计划，那些受到严重不公正伤害的人，就不必屈服于社会。"

4. 原文："**Along with such things as free and regular elections and an independent judiciary empowered to interpret the constitution (not necessarily written), civil disobedience used with due restraint and sound judgment helps to maintain and strengthen just institutions**"（p.336）。H本："连同自由和定期的选举制度和一种有权解释宪法（不一定被书写下来）的司法体系等等一起，具有适当限制和健全判断的公民不服从有助于维持和加强正义制度"（第300页）。**新解**："**与定期自由选举和授权解释宪法（不一定是成文宪法）的独立司法体系等一起，运用适当克制和健全判断力的公民抗命，有助于维护和加强各种正义制度。**"

5. 原文："**By resisting injustice within the limits of fidelity to law, it serves to inhibit departures from justice and to correct them when they occur**"（p.336）。H本："通过在忠于法律的范围内反对不正义，它被用来禁止对正义的偏离，并在偏离出现时纠正它们"（第300页）。**新解**："**通过在忠于法律的范围内抵制不正义现象，它有助于抑制偏离正义的行为，并在其发生时予以纠正。**"解读到这个语句，笔者不得不说，对一些重要段落的拙劣解读，会严重地误导读者，甚至会教唆一些不法分子走上错误的道路。在这里，公民抗命如何解读为"被用来禁止对正义的偏离，并在偏离出现时纠正它们"，这无疑给予公民抗命的参与者一种"惩恶扬善、匡扶正义"的神圣使命感。但是这不是罗尔斯本人的真正意思，他的真正意思是公民抗命"有助于抑制偏离正义的行为，并在其发生时予以纠正。"

6. 原文："**A general disposition to engage in justified civil disobedience introduces stability into a well-ordered society, or one that is nearly just**"（p.336）。H本："一种参与正当的公民不服从的普遍倾向把稳定性引入一个良序社会中或接近正义的社会中"（第300页）。**新解**："**愿意参与得到正当性辩护的公民抗命的普遍倾向，将给良序社会或近乎正义的社会带来稳定。**"请留意罗尔斯给公民抗命的限定语"justified"，它所指的意思不是一般"正当的"（just），而是特指"得到了正当性辩护的"或"有理有据地正当的"。

【诠释】

现在，这一呼吁的力量取决于这样一种民主的社会观念，即社会是一个在平等者中间开展合作的系统。如果一个人以另一种方式看待社会，那么这种抗议形式可能是不合时宜的。例如，如果基本法被认为反映了自然秩序，如果君主作为上帝选中的代理人而拥有神圣统治权，那么其臣民只有请愿的权利。他们可以为自己的理由作辩护，如果他们的请愿被驳回，他们就只能服从。抗命不从，就是反抗终极合法的道德权威（而不仅仅是法律权威）。这并不是说君主不会犯错误，而只是说这不是臣民能够纠正错误的情形。然而，一旦社会被解释为一项在平等者中间开展合作的计划，那些受到严重不公正伤害的人，就不必屈服于社会。事实上，尽管公民抗命（和良心拒绝）被定义为非法活动，但它是稳定宪政制度的手段之一。与定期自由选举和授权解释宪法（不一定是成文宪法）的独立司法体系等一起，运用适当克制和健全判断力的公民抗命，有助于维护和加强各种正义制度。通过在忠于法律的范围内抵制不正义的现象，它有助于抑制偏离正义的行为，并在其发生时予以纠正。愿意参与得到正当性辩护的公民抗命的普遍倾向，将给良序社会或近乎正义的社会带来稳定。

【原文】§59-3-pp. 336-337

【评析】

罗尔斯在此详细论证了公民抗命的作用，其关键语句值得细心品味。

1. 原文："**Having chosen principles for individuals, they must work out guidelines for assessing the strength of the natural duties and obligations, and, in particular, the strength of the duty to comply with a just constitution and one of its basic procedures, that of majority rule**"（p. 336）。H 本："在选择了对个人的原则之后，为了评价自然义务和责任的力量，特别是遵守一部正义宪法及其中一个基本程序（即多数裁决规则）的义务的力量，他们必须确立一些指导方针"（第 301 页）。**新解**："在选好适用于个体的原则之后，他们必须制定评估自然义务和职责强度的准则，特别是，他们必须制定评估遵守正义宪法及其基本程序之一亦即多数裁定原则的义务强度的准则。"

2. 原文："**Now it seems that, given the assumptions characterizing a nearly just society, the parties would agree to the presumptions (previously**

discussed) that specify when civil disobedience is justified"（p. 336）。H本："现在，假定一个接近正义的社会的特征已被描述，那么各方似乎将同意那些指示何时可证明公民不服从是正当的条件（前面已讨论过）"（第301页）。新解："现在看来，鉴于一个近乎正义的社会所具有的假设特征，各方将同意（先前讨论过的）这样的推定，它将具体规定何时公民抗命得到了正当性辩护。"

3. 原文："They would acknowledge these criteria as spelling out when this form of dissent is appropriate. Doing this would indicate the weight of the natural duty of justice in one important special case"（p. 336）。H本："他们承认这些标准清楚阐明了这种反抗形式何时是合适的。这样做将表明了在一种重要的特殊情况中正义的自然义务的重要性"（第301页）。新解："他们将承认，这些标准明确规定这种异议形式在何时是合适的。这样做将表明，在任一重要的特殊案例中，正义的自然义务的权重。"

4. 原文："To deny justice to another is either to refuse to recognize him as an equal (one in regard to whom we are prepared to constrain our actions by principles that we would choose in a situation of equality that is fair), or to manifest a willingness to exploit the contingencies of natural fortune and happenstance for our own advantage"（p. 337）。H本："否认对另一个人的正义就是或拒绝承认他是一个平等人（对于他，我们准备通过在公平的平等状态中选择的原则来约束我们的行为），或表明了一种为了我们自身利益而利用自然财富和事件中的偶然因素的意愿"（第301页）。新解："拒绝为他人伸张正义，要么拒绝承认他是一个平等的人（针对那些平等者，我们准备用在公平平等情况下我们会选取的原则来约束自己的行为），要么出于我们自身优势的考虑而意欲利用自然运气和偶发事件的偶然因素。"

5. 原文："In either case deliberate injustice invites submission or resistance. Submission arouses the contempt of those who perpetuate injustice and confirms their intention, whereas resistance cuts the ties of community"（p. 337）。H本："无论在哪种情况下，有意的不正义都引起屈服或抵制。屈服使那些想使不正义永久存在并巩固他们的意图的人产生轻蔑；而抵抗则切断了共同体的纽带"（第301页）。新解："无论哪一种情况，蓄意违背正义，要么导致归顺，要么招来抵抗。归顺令意欲有违正义之事千秋万代永固者目空一切，并佐证他们的故意；抵抗则切断了共同体的纽带。"这让人想起鲁迅的一句话，"沉默呵，沉默呵！不在沉默中爆发，就在沉默中灭亡。"

6. 原文："If after a decent period of time to allow for reasonable political appeals in the normal way, citizens were to dissent by civil disobedience when infractions of the basic liberties occurred, these liberties would, it seems, be more rather than less secure"（p. 337）。H 本："在出现对基本自由的侵犯时，公民如果先考虑以正常的方式运用某些合理的政治呼吁手段，在过了适当的一段时间之后再运用公民不服从形式来表示他们的反对，那么这些自由就将更有保障而非更少保障"（第 301 页）。新解："当侵犯基本自由发生时，如果在经过允许以正常方式进行合理政治请愿的一段体面时间之后，公民将通过公民抗命来表达异议，那么这些自由看似更有保障，而非更无保障。"罗尔斯在这里表示，所谓"先礼后兵"，公民抗命不是上策，而是无奈之举。

7. 原文："For these reasons, then, the parties would adopt the conditions defining justified civil disobedience as a way of setting up, within the limits of fidelity to law, a final device to maintain the stability of a just constitution"（p. 337）。H 本："根据这些理由，各方会采纳规定正当的公民不服从的条件，即把它作为这样一种方法：在忠于法律的范围之内，它确立了维持一种正义宪法稳定性的最终手段"（第 301 页）。新解："因此，基于这些理由，各方将采用得到正当化证明的公民抗命的条件，把公民抗命界定为在忠于法律的范围之内维护正义宪法稳定的最后手段。"

8. 原文："Although this mode of action is strictly speaking contrary to law, it is nevertheless a morally correct way of maintaining a constitutional regime"（p. 337）。H 本："虽然严格说来这种行为方式违反了法律，但它无论如何是一种维持宪法制度的道德纠正方式"（第 301 页）。新解："虽然这种活动方式严格说来是违法的，但在道德上却是维护宪政体制的正确方式。"

【诠释】

有必要从处于初始位置上各方的立场来看待公民抗命学说。他们必须考虑两个相关问题。第一个问题是，在选好适用于个体的原则之后，他们必须制定评估自然义务和职责强度的准则，特别是，他们必须制定评估遵守正义宪法及其基本程序之一亦即多数裁定原则的义务强度的准则。第二个问题是，为了应对违反正义的情况，或者，为了应对只是部分遵从正义原则的情况，他们需要找到合理的原则。现在看来，鉴于一个近乎正义的社会所具有的假设特征，各方将同意（先前讨论过的）这样的推定，它将具体规定何时公民抗命得到了正当性辩护。他们将承认，这些标准明确规定这种异议形式在何时是合适的。这样做将表明，在任一重要的特殊案例中，正义的自然义务的权重。它还倾向于通过强调人的自尊和彼此尊重，来促进整个社会实现正义。正如契约论所强调的，公平原则是愿意合作的平等者达成的原则。拒绝为他人伸张正义，要么拒绝承认他是一个平等的人（针对那些平等者，我们准备用在公平平等情况下我们会选取的原则来约束自己的行为），要么出于我们自身优势的考虑而意欲利用自然运气和偶发事件的偶然因素。无论哪一种情况，蓄意违背正义，要么导致归顺，要么招来抵抗。归顺令意欲有违正义之事千秋万代永固者目空一切，并佐证他们的故意；抵抗则切断了共同体的纽带。当侵犯基本自由发生时，如果在经过允许以正常方式进行合理政治请愿的一段体面时间之后，公民将通过公民抗命来表达异议，那么这些自由看似更有保障，而非更无保障。因此，基于这些理由，各方将采用得到正当证明的公民抗命条件，把公民抗命界定为在忠于法律范围之内维护正义宪法稳定的最后手段。虽然这种活动方式严格说来是违法的，但在道德上却是维护宪政体制的正确方式。

【原文】§59 – 4 – pp. 337 – 338

【评析】

1. 原文："The constitutional theory of civil disobedience"（p. 337）. H 本："关于公民不服从的宪法理论"（第 301 页）。**新解**："宪法的公民抗命理论"或者"宪法意义的公民抗命理论"。

2. 原文："At no point has a reference been made to other than political principles; religious or pacifist conceptions are not essential"（p. 337）. H 本："在这方面，我没有提到不同于政治原则的其他原则，宗教或和平主义的观念不是很重要"（第 301 页）。**新解**："除了政治原则之外，从来没有人提及其他原则；宗教观念或和平观念并不是至关重要的。"

3. 原文："While those engaging in civil disobedience have often been moved by convictions of this kind, there is no necessary connection between them and civil disobedience"（p. 337）. H 本："虽然公民不服从者经常出于这些信念而行动，但是把这些观点和公民不服从联系起来是不必要的"（第 301 页）。**新解**："虽然从事公民抗命的人常常被诸如此类的信念所打

动，但是它们与公民抗命并没有必然联系。"

4. 原文："Civil disobedience as defined does not require a sectarian foundation but is derived from the public conception of justice that characterizes a democratic society"（p. 338）. H本："如此定义的公民不服从不要求一个偏狭的基础，而是依赖于表现了一个民主社会特征的公共正义观"（第302页）。**新解**："顾名思义，公民抗命不需要宗派基础，它源于民主社会以之为特色的公开正义观念。"

【诠释】

在一种比较充分的解释中，同样的解析可能用来说明良心拒绝的证明条件（再次设定一个近乎正义的国家的背景）。不过，本人在此不讨论这些条件。相反，我要强调的是，宪法意义的公民抗命理论（constitutional theory of civil disobedience）完全建立在某种正义观念之上，甚至公开性和非暴力性（publicity and nonviolence）的特征也在此基础上得到了解析。关于良心拒绝的解析也是如此，尽管这需要进一步阐述契约原则。除了政治原则之外，从来没有人提及其他原则；（公民抗命者是否持有）宗教观念或和平观念并不是至关重要的。虽然从事公民抗命的人常常被诸如此类的信念所打动，但是它们与公民抗命并没有必然联系。因为这种形式的政治行动可以理解为诉诸共同体正义感的一种请愿方式，对于在平等者中间实现公认合作原则的一种呼吁方式。作为对公民生活之道德基础的诉求，公民抗命是一种政治活动，而不是一种宗教活动。它建立在人们可以要求彼此遵守的常识性正义原则之上，而不是建立在他们不能要求每个人都接受的宗教信仰和大爱的确认之上。当然，我的意思不是说，非政治观念是无效的。事实上，它们可以根据世人熟知的其他正义理由来肯定和证明我们的判断和行为是正义的。然而，宪法的基础不是这些原则，而是正义原则，这是每个自由平等者开展社会合作的根本条款。顾名思义，公民抗命不需要宗派基础，它源于民主社会以之为特色的公开正义观念。照此理解，公民抗命观念是自由政府理论的一部分。

【原文】§59-5-p.338

【评析】

1. 原文："The check to the ruler who in his judgments and edicts opposed the sense of justice of the community was limited for the most part

to the right of resistance by the whole society, or any part"（p. 338）。H 本："当统治者的判断和法令反对共同体的正义感时，对统治者的控制在大多数场合仅限于全社会或某一部分的抵抗权"（第 302 页）。**新解**："对于在判决和法令中违背社会正义感的统治者的制约，大多局限于整个社会或其任何部分享有的反抗权。"

2. **原文**："Thus the Middle Ages lacked the basic ideas of modern constitutional government, the idea of the sovereign people who have final authority and the institutionalizing of this authority by means of elections and parliaments, and other constitutional forms"（p. 338）。H 本："这样，中世纪缺少现代立宪政治的基本观念，缺少有主权的人民具有最终权威的观点和通过选举、议会及其他宪法形式来使这种权威制度化的思想"（第 302 页）。这个语句涉及近代以来欧美宪政制度。其中，短语："The basic ideas of modern constitutional government"。H 本："现代立宪政治的基本观念"。**新解**："现代宪政政府基本理念"。短语："the sovereign people"。H 本："有主权的人民"。**新解**："主权在民"或"人民当家作主"。语句："The institutionalizing of this authority by means of elections and parliaments, and other constitutional forms"。H 本："通过选举、议会及其他宪法形式来使这种权威制度化"。H 本存在标点错误。**新解**："通过选举和议会将这一权力制度化，以及其他宪政形式。"

3. **原文**："Now in much the same way that the modern conception of constitutional government builds upon the medieval, the theory of civil disobedience supplements the purely legal conception of constitutional democracy"（p. 338）。H 本："现代立宪政治的观念是在中世纪基础上建立的，以与此十分相似的方式，公民不服从理论补充了立宪民主的纯粹法律观念"（第 302 页）。**新解**："现在，以现代宪政观念奠基于中世纪宪政观念同样的方式，公民抗命理论补充了宪政民主的纯粹法律观念。"

4. **原文**："It attempts to formulate the grounds upon which legitimate democratic authority may be dissented from in ways that while admittedly contrary to law nevertheless express a fidelity to law and appeal to the fundamental political principles of a democratic regime"（p. 338）。H 本："它试图表达以这种方式反抗合法民主权威的理由；基于这些理由，这种反抗虽然公然违反了法律，但还是表达了对法律的忠诚，并且诉诸于民主制度的基本政治原则"（第 302 页）。**新解**："它试图提出反对合法民主权力的理由，虽然它承认其做法有悖于法律，但是其实施者表示忠于法律，

并诉诸民主制度的基本政治原则。"

5. 原文:"Thus to the legal forms of constitutionalism one may adjoin certain modes of illegal protest that do not violate the aims of a democratic constitution in view of the principles by which such dissent is guided"（p. 338）. H 本:"所以,我们就可以把以下某些不合法的抗议形式附加到立宪政体的法律形式中去:这些抗议按照指导它们的原则来说并不违犯民主宪法的目标"（第302页）。新解:"因此,从指导这项异议活动的原则来看,合法的宪政形式毗邻于没有违反民主宪政目标的某些非法抗议方式。"

【诠释】

中世纪宪政主义与现代宪政主义的一大区别是,在前者那儿,法的至上性并非由既定的制度措施所保障。对于在判决和法令中违背社会正义感的统治者的制约,大多局限于整个社会或其任何部分享有的反抗权。甚至这项权利似乎也未被解释为一个通行的法令;违背正义的国王可以完全不把它当一回事。① 因此,中世纪缺乏现代宪政政府基本理念、主权在民亦即人民拥有最终权力并通过选举和议会将这一权力制度化的理念,以及其他宪政形式。现在,以现代宪政观念奠基于中世纪宪政观念同样的方式,公民抗命理论补充了宪政民主的纯粹法律观念。它试图提出反对合法民主权力的理由,虽然它承认其做法有悖于法律,但是其实施者表示忠于法律,并诉诸民主制度的基本政治原则。因此,从指导这项异议活动的原则来看,合法的宪政形式毗邻于没有违反民主宪政目标的某些非法抗议方式（两者并不相去甚远,暗示前者可以包容后者）。我一直试图表明,契约论是如何解释这些原则的。

【原文】 §59 – 6 – p. 338

【评析】

1. 原文:"Moral sentiments are not a significant political force"（p. 338）. H 本:"道德情感不是一种有意义的政治力量"（第302页）。新解:"道德情感不是一种重要的政治力量。"

---

① 参阅富兰克林（J. H. Franklin）编《16世纪的立宪主义和抵抗运动》（Constitutionalism and Resistance in the Sixteenth Century），纽约:贝加索斯出版社1969年版,"前言"第11—15页。——原注

2. 原文："Although they are clever at producing moral arguments to support their claims, between one situation and another their opinions do not fit into a coherent conception of justice"（p. 338）. H 本："虽然他们聪明地制造出一些道德理由来支持其主张，但他们的意见在不同的场合形不成一种统一的正义观"（第302页）。**新解**："尽管人们善于提出道德论据来支持自己的主张，但是他们在两个场合之间没有形成一个融贯的正义观念。"

3. 原文："Their views at any given time are occasional pieces calculated to advance certain interests"（p. 338）. H 本："他们的观点在任何特定的时间内都是追求着一定利益的权宜之计"（第302页）。**新解**："他们在任何特定时间提出的观点，都是一些打着小算盘的临时起意，旨在增进某些利益。"

4. 原文："The essential question is the relative strength of the tendencies that oppose the sense of justice and whether the latter is ever strong enough so that it can be invoked to some significant effect"（p. 338）. H 本："关键的问题在于那种反对正义感的倾向的相对力量有多大，以及正义感是否足够强烈以至于能够诉诸它而产生某种意义的效果"（第303页）。**新解**："关键问题是，各种反对正义感倾向的相对强度究竟有多大，正义感是否足够强烈到会引发一些重大效应。"

【诠释】

有人可能会反对这种公民抗命理论，认为它是不现实的。这个理论的前提是，多数人都有正义感。有人可能反驳说，道德情感不是一种重要的政治力量。打动人心的是各种利益，是对权力、威望和财富的渴望。尽管人们善于提出道德论据来支持自己的主张，但是他们在两个场合之间没有形成一个融贯的正义观念。相反，他们在任何特定时间提出的观点，都是一些打着小算盘的临时起意，旨在增进某些利益。毫无疑问，这一论点讲得颇有几分道理，它在某些社会中更加讲得通。但是，关键问题是，各种反对正义感倾向的相对强度究竟有多大，正义感是否足够强烈到会引发一些重大效应。

【原文】§59–7–p. 339

【评析】

1. 原文："We have to do with a nearly just society"（p. 339）. H 本：

"我们所处理的问题必须与一个接近正义的社会有关"（第303页）。**新解**："我们不得不要与近乎正义的社会打交道。"

2. **原文**："In any particular situation certain individuals and groups may be tempted to violate its principles but the collective sentiment in their behalf has considerable strength when properly addressed"（p.339）。H本："在特殊情况下某些个人和团体可能试图侵犯它的原则，但是代表他们利益的集体情感在被恰当地诉诸时则具有相当大的力量"（第303页）。**新解**："在任何特殊情况下，某些个体和群体可能受到诱惑而违反了那种正义观念所推崇的原则，但是只要表达得当，代表那些原则的集体情感就具有相当大的力量。"

3. **原文**："If those who perpetrate injustice can be clearly identified and isolated from the larger community, the convictions of the greater part of society may be of sufficient weight"（p.339）。H本："如果能把那些不正者明显地鉴别出来，并且把他们与较大的共同体相隔离，那么社会中绝大部分的人的信念就可以具有充分的重要性"（第303页）。罗尔斯在这里讨论的是陪审团制度，这里的术语"convictions"可以解读为"判词""判罪"或"定罪"，而不是"信念"。H本完全没有抓住这个语句的真实意思。**新解**："如果我们能把那些干出不义之事的人清楚地指认出来，并把他们与普罗大众隔离开来，那么绝大部分社会成员给出的定罪会是举足轻重的。"

4. **原文**："If the contending parties are roughly equal, the sentiment of justice of those not engaged can be the deciding factor"（p.339）。H本："如果争论各方大致平等的话，那么那些未参加争论的人的正义情感可能是决定性的因素"（第303页）。**新解**："如果竞争性的正方和反方势均力敌或旗鼓相当，那么未参与者的正义感可能是决定因素。"

5. **原文**："In any case, should circumstances of this kind not obtain, the wisdom of civil disobedience is highly problematic"（p.339）。H本："无论如何，如果我们没有获得这种环境，公民不服从的智慧是相当成问题的"（第303页）。罗尔斯言下之意是，公共抗命者及其背后支持者要交智商税。**新解**："无论如何，如果情况并非如此，那么公民抗命的智慧是大有问题的。"

6. **原文**："For unless one can appeal to the sense of justice of the larger society, the majority may simply be aroused to more repressive measures if the calculation of advantages points in this direction"（p.339）。

H本："因为除非我们能诉诸社会多数的正义感，否则多数就可能由于利益计算的指引而使用更强制的压制手段"（第303页）。**新解**："因为，假如利益的计算指向了这个方向，那么除非一个人能够诉诸广大社会的正义感，否则它只会激起多数派去采取更多的镇压措施。"

7. 原文："**Yet quite the opposite may happen when the necessary background is lacking. We have to recognize then that justifiable civil disobedience is normally a reasonable and effective form of dissent only in a society regulated to some considerable degree by a sense of justice**"（p. 339）. H本："可是当我们缺少这些必要环境时，相反的情况就很可能出现。因此，我们不得不承认，只有在相当高的程度上由正义感控制的社会中，正当的公民不服从通常才是一种合理有效的抗议形式"（第303页）。**新解**："然而，当缺乏这种必要的背景时，情况可能恰恰相反。因此，我们必须认识到，只有在受到某种相当程度的正义感规制的社会中，正当的公民抗命才通常是一种合理有效的异议形式。"

【诠释】

若干评述或许会使上述解释显得更加可信。首先，本人一直假定，我们不得不要与近乎正义的社会打交道。这意味着，存在着某种宪政制度，存在着某个得到公开认可的正义观念。当然，在任何特殊情况下，某些个体和群体可能受到诱惑而违反那个正义观念所推崇的原则，但是只要表达得当，代表那些原则的集体情感就具有相当大的力量。那些原则被确定为自由平等者开展合作的必要条件。如果我们能把那些干出不义之事的人清楚地指认出来，并把他们与普罗大众隔离开来，那么绝大部分社会成员给出的定罪会是举足轻重的。或者，如果竞争性的正方和反方势均力敌或旗鼓相当，那么未参与者的正义感可能是决定性因素。无论如何，如果情况并非如此，那么公民抗命的智慧是大有问题的。因为，假如利益的计算指向了这个方向，那么除非一个人（公民抗命者）能够诉诸广大社会的正义感，否则公民抗命只会激起多数派去采取更多的镇压措施。法院将考虑抗议者行为的公民抗命性质，并考虑根据宪法政治原则可以证明（或可能看起来如此）的事实，基于这些理由，减少并在某些情况下中止法律制裁。① 然而，当缺乏这种必要的背景时，情况

---

① 关于一般讨论，参阅罗纳德·德沃金"论不起诉公民抗命"（"On Not Prosecuting Civil Disobedience"），《纽约书评》1968年6月6日。——原注

可能恰恰相反。因此，我们必须认识到，只有在受到某种相当程度的正义感规制的社会中，正当的公民抗命才通常是一种合理有效的异议形式。

【原文】§59-8-pp.339-340

【评析】

1. 原文："This sentiment expresses itself in sincere professions of principle and in actions requiring a considerable degree of self-sacrifice"（p.339）. H本："人们可能认为这种情感在真诚地承认原则和在要求相当程度的自我牺牲的行为中表明自身"（第303页）。新解："正义感既表现在一丝不苟地讲原则的职业中，又表现在需要付出相当程度自我牺牲的行动中。"

2. 原文："The majority cannot bring itself to take the steps necessary to suppress the minority and to punish acts of civil disobedience as the law allows"（p.339）. H本："多数不可能使自己采取压制少数的必要步骤，或者采取法律允许的惩罚公民不服从的行动"（第303页）。新解："多数派不能采取必要步骤压制少数派，并在法律允许的情况下惩罚公民抗命活动。"

3. 原文："Ruthless tactics that might be contemplated in other societies are not entertained as real alternatives"（p.339）. H本："人们不会把在其他社会中可能被考虑的无情策略作为真正的选择方案而接受下来"（第303页）。新解："其他社会可能考虑的残酷策略，不是真正的可选策略。"

4. 原文："In spite of its superior power, the majority may abandon its position and acquiesce in the proposals of the dissenters; its desire to give justice weakens its capacity to defend its unjust advantages"（pp.339-340）. H本："尽管这一多数具有优越的权力，它还是可能放弃它的地位，勉强同意反对者的建议；它施行正义的意愿削弱了它维护不正义利益的能力"（第303页）。新解："尽管多数派拥有胜人一筹的力量，但他们可能会放弃自己的立场，默许持不同政见者的建议；他们希望伸张正义的愿望，将削弱维护其不正当利益和优势的能力。"

【诠释】

人们可能对正义感发挥作用的方式有些误解。他们可能认为，正义感既表现在一丝不苟地讲原则的职业中，又表现在需要付出相当程度自我牺牲的行动中。但是这个假设提出了过于苛刻的要求。共同体的正义感，更有可能表现在这样的事实上，即多数派不能采取必要步骤压制少数派，并在法律允许的情况下惩罚公民抗命活动。其他社会可能考虑的残酷策略，不是真正的可选策略。因此，正义感以我们通常未知的方式，影响着我们对政治生活的诠释、我们对可能行动计划的看法、我们抵制他人正当抗议的意愿等等。尽管多数派拥有略胜一筹的力量(高高在上的权力)，但是他们可能会放弃自己的立场，默许持不同政见者的建议；他们希望伸张正义的愿望，将削弱维护其不正当利益和优势(unjust advantages) 的能力。一旦人们认识到，正义在这些微妙形式中产生的影响，特别是它在使某些社会立场站不住脚方面的作用，正义的情感(正义感) 将被视为一种更加重要的政治力量。

【原文】 §59-9-p.340

【评析】

罗尔斯在文里提到了"重叠共识"（overlapping consensus），后来在《政治自由主义》中进一步阐发了这一概念，它与"正当优先于善"和"公共理性"一起构成政治自由主义的三大主要概念。但是，H本并没有准确解读这一概念。

1. 原文："**This assumption is stronger than necessary. There can, in fact, be considerable differences in citizens' conceptions of justice provided that these conceptions lead to similar political judgments**"（p.340）. H本："这个假设不是仅仅出于必要。事实上，假如公民的各种正义观都导致类似的政治判断的情况下，这些观念之间也仍然可能存在着相当大的差异"（第304页）. 新解："这个假设的强度超出了必要性。假使公民们持有的正义观念导致相似的政治判断，然而那些正义观念事实上仍会有相当大的出入。"

2. 原文："**In this case there exists what we may refer to as overlapping rather than strict consensus**"（p.340）. H本："在这种情况下存在着一种我们所谓的重叠性而不是严格的一致意见"（第304页）. 新解："在这种情况下，存在着我们不妨称之为重叠共识而非严格共识的共识。"

3. 原文："**The overlapping of professed conceptions of justice suffices for civil disobedience to be a reasonable and prudent form of political dissent**"（p.340）. H本："一些被承认的正义观的重叠部分足以证明公民

不服从是一种合理的、谨慎的政治抵抗形式"（第304页）。**新解**："公开声援公民抗命的正义观念的重叠，足以使公民抗命成为一种合理而谨慎的政治异议形式。"

4. 原文："**This overlapping need not be perfect; it is enough that a condition of reciprocity is satisfied**"（p.340）．H本："这种重叠部分不必是完善的，只要一个互惠条件得到满足就够了"（第304页）。**新解**："这种**重叠**不一定是完美的；只要满足对等条件就已足够。"

5. 原文："**In this case of strictly partitioned consensus, the basis for civil disobedience no longer obtains**"（p.340）．H本："在这种分裂意见的情形下，公民不服从的基础就不复存在"（第304页）。**新解**："在这种严格地切割共识的情况下，公民抗命的基础已不复存在。"

6. 原文："**Although those who acknowledge the principles of justice should always be guided by them, in a fragmented society as well as in one moved by group egoisms, the conditions for civil disobedience do not exist**"（p.340）．H本："虽然那些接受正义原则的人将总是受这些原则的指导，但在一个分裂的社会和一个由集团狭利推动的社会里，公民不服从的条件是不存在的"（第304页）。**新解**："虽然凡是承认正义原则的人，将总是受到正义原则的指导，然而，无论在一个碎片化的社会里，还是在一个由团体自利论驱动的社会里，公民抗命的条件皆已不复存在。"

7. 原文："**Still, it is not necessary to have strict consensus, for often a degree of overlapping consensus allows the reciprocity condition to be fulfilled**"（p.340）．H本："但是严格的共识仍然不是必需的，因为某种程度的重叠一致就满足了互惠的条件"（第304页）。**新解**："尽管如此，拥有严格共识是不必要的，因为一定程度的重叠共识，通常满足了对等条件。"

【诠释】

在这些评论中，我假设，在一个近乎正义的社会中，公众接受同样的正义原则。万幸的是，这个假设的强度超出了必要性。假使公民们持有的正义观念导致相似的政治判断，然而那些正义观念事实上仍会有相当大的出入。这是可能的，因为不同的前提可以得出相同的结论。在这种情况下，存在着我们不妨称之为重叠共识而非严格共识的共识（overlapping rather than strict consensus）。一般而言，公开声援公民抗命的正义观念的重叠，足以使公民抗命成为一种合理而谨慎的政治异议形式。当然，这种重叠不一定是完美的；只要满足对等条件（condition of reciprocity）就已足够。双方都必须相信，无论他们的正义观念存在多么大的差异，那些正义观念都支持当前形势下的相同判断；即使他们互换位置，他们也会支持当前形势下的相同判断。不过，最终还是会达到这样的临界点，一旦超出这个临界点，在判断上达成的必要协议就会破裂，社会分裂成多少不同的部分，它们各自在基本政治问题上持有不同的意见。在这种严格地切割共识的情况下，公民抗命的基础已不复存在。例如，假设不相信宽容的人，即使拥有权力，也不会宽容别人，他们希望通过诉诸持有平等自由原则的多数派的正义感，来抗议他们享有较低的自由。虽然如我们所见，只要自由制度的安全允许，接受这一原则的人才会容忍不宽容者，但是，他们可能讨厌被不宽容者提醒履行这一义务；因为这些不宽容者一旦地位发生变化，就会建立自己的统治。大多数人必定会感到，他们对平等自由的忠诚，正在被他人所利用，以达到违背正义的目的。这种情况再次说明了一个事实，一种共同的正义感（common sense of justice）是一笔巨大的集体财富，需要许多人合作才能得到维护。不宽容者可以被视为搭便车者（free-riders），只谋求正义制度的好处，却没有尽到自己的一分力量来维护这些制度。虽然凡是承认正义原则的人，将总是受到正义原则的指导，然而，无论在一个碎片化的社会里，还是在一个由团体自利论（group egoisms）驱动的社会里，公民抗命的条件皆已不复存在。尽管如此，拥有严格共识是不必要的，因为一定程度的重叠共识，通常满足了对等条件。

【原文】§59 – 10 – p. 341

【评析】

1. 原文："One reason for constitutional forms and their judicial interpretation is to establish a public reading of the political conception of justice and an explanation of the application of its principles to social questions"（p. 341）。H 本："宪法形式及其司法解释的一个理由就是要确立一种对政治正义观的公开说明和对其原则在社会问题上的应用的一种解释"（第 304 页）。新解："赞同宪法形式及其司法解释的一个理由是，它们将确立有关政治正义观念的某种公开解读，并且确立有关政治正义观念的原则适用于社会问题的某个解释。"

2. 原文："Up to a certain point it is better that the law and its interpretation be settled than that it be settled rightly"（p. 341）。H 本："在一定范围内，确定法律及其解释比正确地确定法律要好"（第 304—

305页）。**新解**："在某种程度上，处理法律及其解释比正确处理法律及其解释要好办一些。"

3. 原文："We cannot divest ourselves of our responsibility and transfer the burden of blame to others. This is true on any theory of political duty and obligation that is compatible with the principles of a democratic constitution. The citizen is autonomous yet he is held responsible for what he does（§78）"（p.341）. H本："我们不能放弃自己的责任，不能把受谴责的负担转嫁给他人。这适用于任何与民主宪法原则相容的政治义务和职责的理论。公民是自律的，而且还被认为要对他们自己的行为负责（见第78节）"（第305页）。**新解**："我们不能推卸责任，把骂名转嫁给别人。凡是符合民主宪法原则的政治义务和职责理论都认定，这一点是千真万确的。公民是自治的，不过他要对自己的言行负责（§78）。"

4. 原文："Certainly in a state of near justice there is a presumption in favor of compliance in the absence of strong reasons to the contrary"（p.341）. H本："确实，在一个接近正义的状态中，如果缺少一些强有力的相反理由的话，那就存在着一种赞成服从的假设"（第305页）。**新解**："当然，在接近正义的国家里，在没有强有力的相反理由的情况下，存在一种有利于遵守法律的推定。"

5. 原文："The many free and reasoned decisions of individuals fit together into an orderly political regime"（p.341）. H本："个人的许多自由的、合理的决定都与一个有序的政治制度相适应"（第305页）。**新解**："个体做出的许多自由而理性的决定，共同铸就一个有序的政治体制。"

【诠释】

毫无疑问，诉诸公民抗命，存在一定的风险。赞同宪法形式及其司法解释(judicial interpretation)的一个理由是，它们将确立有关政治正义观念的某种公开解读(public reading)，并且确立有关政治正义观念的原则适用于社会问题的某个解释。在某种程度上，处理法律及其解释总比正确处理法律及其解释要好办一些。因此，有人会反对说，前面的解释并没有确定应当由谁来宣布在何种情形下将证明公民抗命的正当性。鼓励每个人自己做出决定，鼓励每个人放弃公开解读政治原则，将引发（导致）无政府状态。本人对此反对意见的回答是，每个人确实必须做出自己的决定。尽管人们通常寻求建议和忠告，并且在他们看来合理时接受当局的命令，但是，他们总是要对自己的言行负责。我们不能推卸责任，把骂名转嫁给别人。凡是符合民主宪法原则的政治义务和职责理论都认定,这一点是千真万确的。公民是自治的,不过他要对自己的言行负责(§78)。假如我们通常认为自己应当遵守法律,这是因为我们的政治原则按照常规会得出这一结论。当然,在接近正义的国家里,在没有强有力的相反理由的情况下,存在一种有利于遵守法律的推定。个体做出的许多自由而理性的决定,共同铸就一个有序的政治体制。

【原文】§59 – 11 – p. 341

【评析】

1. 原文:"He acts conscientiously"(p. 341)。H 本:"他就是在有良心地行动"(第305页)。**新解**:"他的所作所为是真心诚意的。"

2. 原文:"Though he may be mistaken, he has not done as he pleased"(p. 341)。H 本:"虽然他可能犯错误,但是他不是随心所欲行动的"(第305页)。**新解**:"虽然他可能会搞错,但是他并没有随心所欲地任意妄为。"

【诠释】

那么,这些情况是否证明了公民抗命呢?虽然每个人必须对这个问题做出自我决断,但是这并不意味着,一个人可以随心所欲地做出决断。我们应该这样来拿定主意:它既不是出于自身的个人利益,也不是出于狭隘的政治忠诚。一个公民要自主而负责任地行动,就必须留意这样的政治原则,它们既为宪法解释奠定基础,又指导着宪法解释。他必须努力评估在现有情况下应当如何运用这些原则。如果他经过反复考虑之后得出结论,认为公民抗命是正当的,并据此采取行动,那么他的所作所为是真心诚意的。虽然他可能会搞错,但是他并没有随心所欲地任意妄为。政治义务和职责理论使我们能够区分这些差异。

【原文】§59 – 12 – p. 341

【评析】

罗尔斯在这里讨论的是科学界开展学术研究的一般情形。提到了学术研究的自由、自主、平等特征,让人想起美国社会学家默顿(Robert King Merton)的科学规范四原则。科学是"一种特殊的社会建制",要求科学工作者必须遵守科学研究的行为规范，科学活动受到在其他任何领域的活动所无法比拟的严格管制。默顿把这些行为规范概括为：普遍主义、公有性、无私利性、有组织的怀疑精神、谦恭。① 当然，后者的讨论几乎不涉及政治和法律议题。

1. 原文："There are parallels with the common understandings and conclusions reached in the sciences"（p. 341）. H 本："这和科学中所达到的共同理解和结论相似"（第 305 页）. **新解**："这与科学界达成的共识和结论颇为相似。"

2. 原文："It is true that there are authoritative works, but these sum up the consensus of many persons each deciding for himself"（p. 341）. H 本："权威性的著作确实存在，但他们是对众多个人自我决定中的一致性的总结"（第 305 页）. **新解**："权威著作是真实存在的，不过这些著作汇聚着许多人的共识，而每个人都是自我决定的。"罗尔斯在这里提到了"共识"（consensus），可惜 H 本没有解读出来。

【诠释】

这与科学界达成的共识和结论颇为相似。在科学界，每个人既自主自律，又各自负责。我们将根据公认的原则，基于证据来评估各种理论和假设。权威著作是真实存在的，不过这些著作汇聚着许多人的共识，而每个人都是自我决定的。没有最终的决定权，也没有所有人都须接受的官方解释。这不会导致混乱，而是理论进步的条件。接受和运用各种理性原则的平等研究者，不一定要有德高望重的上级权威。那么，谁来决定问题呢？答案是：所有研究者都可以做出决定，每个研究者都要给自己出谋划策，而且要做到讲道理、讲礼让和讲运气。只要每个研究者做到这几点，那么问题往往会得到足够好的解决。

【原文】 §59 – 13 – p. 342

【评析】

1. 原文："Each citizen is responsible for his interpretation of the principles of justice and for his conduct in the light of them"（p. 342）. H 本："每个公民都对他自己赋予正义原则的解释负责，并按照正义原则对

---

① 默顿：《科学社会学》（下册），鲁旭东、林聚任译，商务印书馆 2003 年版，第 409 页。

自己的行为负责"(第306页)。**新解**："每个公民都有责任去解释正义原则,每个公民都有责任依照正义原则去行动。"

2. **原文**:"There can be no legal or socially approved rendering of these principles that we are always morally bound to accept, not even when it is given by a supreme court or legislature"(p. 342)。H本："但对于在道德上必有义务接受的这些原则,不可能有任何法律或全社会公认的解释,甚至一个最高法庭或立法机构也不可能作出这种解释"(第306页)。**新解**："关于我们在道德上总是必须接受的这些原则,不存在法律指定的解释或社会认可的解释,即使它是由最高法院或立法机关做出的解释,也是如此。"

3. **原文**:"Each constitutional agency, the legislature, the executive, and the court"(p. 342)。H本："每一个立宪机构、立法部门、行政部门和法院"(第306页)。**新解**："每个宪政机构,亦即立法机关、行政机关和司法机关"。一般而言,现代宪政制度是三位一体的,而不是四位一体的。"宪法机构"和"立法机关、行政机关和司法机关(法院)"不是并列关系,后面三者是对前者的具体解释,它们都是"宪政机构"。并且,"立法机关、行政机关和司法机关"对应的政治实体是"议会、政府和法院",它们是西方宪政制度所谓"三权分立"中三权的实体部门。

4. **原文**:"Although the court may have the last say in settling any particular case, it is not immune from powerful political influences that may force a revision of its reading of the constitution"(p. 342)。H本："虽然法院在判决特殊案件中可以有最后决定权,但是它不能避免强大的政治影响;这种强大政治影响可能迫使法院修改它对宪法的解释"(第306页)。**新解**："尽管法院在判决任一特定案件时可能拥有最后裁决权,但也难免受到某些强大政治势力的影响,那些政治势力可能迫使它修改对宪法的解释。"

5. **原文**:"The court presents its doctrine by reason and argument; its conception of the constitution must, if it is to endure, persuade the major part of the citizens of its soundness"(p. 342)。H本："法院通过理由和证据提出了它的理论;它对宪法的观念(如果它要持续下去的话)必须说服大多数公民相信它的正确性"(第306页)。**新解**："法院通过理性和论证提出其学说;它的宪法观念若要经久耐用,就必须说服大部分公民,让他们相信宪法是健全的。"

【诠释】

因此,在民主社会里,人们认识到,每个公民都有责任去解释正义原则,每个公民都有责任依照正义原则去行动。关于我们在道德上总是必须接受的这些原则，不存在法律指定的解释或社会认可的解释，即使它是由最高法院或立法机关做出的解释，也是如此。事实上，每个宪政机构，亦即立法机关、行政机关和司法机关（法院），都对宪法以及传达其精神的各种政治理念做出了解释。① 尽管法院在判决任一特定案件时可能拥有最后裁决权，但也难免受到某些强大政治势力的影响，那些政治势力可能迫使法院修改对宪法的解释。法院通过理性和论证提出其学说；法院的宪法观念若要经久耐用，就必须说服大部分公民，让他们相信宪法是健全的。这个终审上诉法院（final court of appeal）既不是法院，也不是行政机关，更不是立法机关，而是全体选民。这是以一种特殊方式向全体选民提出的公民抗命诉求。只要在公民正义观念中存在充分有效的一致性，而且诉诸公民抗命的条件得到尊重，就不存在陷入无政府状态的危险。民主政体隐含着这样的假设：当基本政治自由得到维护时，人们能够达到这样的共同谅解并尊重这些约束条件。没有办法完全避免分裂冲突的危险，谁都无法排除深刻科学争议的可能性。然而，如果正当的公民抗命看似威胁到公民的和谐生活，那么责任不在抗议者的身上，而在滥用权威和权力的人身上，那些滥用证明了抗议的正当性。为了维持明显有违正义的制度而使用国家强制手段，这本身就是一种非法暴力形式，人们在适当时候有权予以反抗。

【原文】§ 59 – 14 – pp. 342 – 343

【评析】

1. 原文："**A scheme of institutions that satisfies these principles**"（p. 342）. H 本："一个能满足正义原则的制度体系"（第 306 页）。**新解**："满足正义原则的一套制度"。

2. 原文："**A workable political conception**"（p. 343）. H 本："一种有效的政治观"（第 306 页）。**新解**："一个可行的政治观念"。

3. 原文："**Directives**"（p. 343）. H 本："方向"（第 307 页）。**新解**："各种指令"。这个语句涉及"优先性规则"话题。"暗示着方向"和"发出各种指令"，显然是两个不同动作。"指令"是自上而下的，是刚性的；"方向"是自下而上的，是柔性的。一个是明的，另一个是暗的；并且，

---

① 提出这个观点，我要感谢比克尔（A. M. Bickel），参阅比克尔《最小危险部门》（*The Least Dangerous Branch*），纽约：鲍勃斯—梅里尔出版社 1962 年版，尤其是第五章和第六章。——原注

一个比较明确而具体,另一个则比较笼统而不太确定。罗尔斯一再强调,优先性规则是刚性规则,是正义原则的细化或具体化,而不是柔性指导意见。所以,H 本在这里看似只犯下一个小差错,其背后可能潜藏着对罗尔斯正义理论的重大误解。

4. 原文:"We have still to complete the theory of justice by seeing how it is rooted in human thought and feeling, and tied in with our ends and aspirations"(p. 343). H 本:"我还必须通过弄清正义论如何扎根于人类理想和情感之中,以及如何与我们的目的、志向相联系来完成这一理论"(第 307 页)。**新解:**"我们还须弄清,正义理论如何扎根于人类思想和感情之中,并与我们的目的和愿望相联系,从而完善这个理论。"

【诠释】

综上所述,我们对正义原则内容的探讨已告结束。在本编中,本人的目标是,描述满足正义原则的一套制度,指出义务和职责的产生方式。如果我们想要弄清楚,提出的正义理论是否符合我们的深思判断,并以一种可以接受的方式加以推广,那么这些工作是必不可少的。我们需要检验这一理论是否确立了一个可行的政治观念。这些工作有助于将我们的反思集中在最相关的和最基本的道德问题上。虽然本编的论述仍然是高度抽象的,但是本人希望,它能对正义原则在实践中的运用提供一些指导。然而,我们不应忘记所提理论的有限范围。在很大程度上,本人尝试阐述一个理想的正义观念,只是偶尔提到非理想理论的各种情况。的确,优先性规则在许多情况下发出了各种指令,如果不过分强调的话,它们可能是有用的。即便如此,非理想理论将予以细究的唯一问题是,在接近正义的特定情况下的公民抗命问题。正如本人猜想的那样,如果理想理论是值得研究的,那一定是因为它是正义理论的基础部分。并且,理想理论对于非理想理论来说也是至关重要的。本人将不再探讨这些问题。我们还须弄清,正义理念如何扎根于人类思想和感情之中,并与我们的目的和愿望相联系,从而完善这个理论。

国家社科基金
后期资助项目

《正义论》评注

下册

Commentary on *A Theory of Justice*

张国清 著

中国社会科学出版社

目　　录

下　　册

第三编　目的

第七章　理性善好 ……………………………………………（1099）
§60　需要一种善理论 ……………………………………（1109）
§61　适用于简单例证的"善好的"定义 ………………（1121）
§62　关于意义的说明 ……………………………………（1134）
§63　适用于人生规划的"善好的"定义 ………………（1143）
§64　审慎理性 ……………………………………………（1174）
§65　亚里士多德式原则 …………………………………（1198）
§66　应用于个人的"善好的"定义 ……………………（1218）
§67　自尊、卓越和羞耻 …………………………………（1233）
§68　正当与善的若干对比 ………………………………（1249）

第八章　正义感 ………………………………………………（1262）
§69　良序社会概念 ………………………………………（1264）
§70　权威道德 ……………………………………………（1284）
§71　社团道德 ……………………………………………（1295）
§72　原则道德 ……………………………………………（1307）
§73　道德情操的特征 ……………………………………（1323）
§74　道德态度与自然态度的关联 ………………………（1339）
§75　道德心理学原理 ……………………………………（1350）
§76　相对稳定性问题 ……………………………………（1370）
§77　平等的基础 …………………………………………（1393）

第九章 正义之善 (1416)

- §78 自律与客观性 (1419)
- §79 社会联合理念 (1439)
- §80 嫉妒问题 (1470)
- §81 嫉妒与平等 (1486)
- §82 赞同自由优先性的依据 (1505)
- §83 幸福与支配性目的 (1525)
- §84 作为选择方法的快乐论 (1544)
- §85 自我的统一 (1558)
- §86 正义感之善 (1574)
- §87 关于证明的结束语 (1603)

参考文献 (1636)

第三编

目　的

第七章　理性善好
Goodness as Rationality

【题解】

　　第七章是罗尔斯《正义论》中最难以解读的一章，也是产生误解最多的一章。因为它涉及与正义紧密相关的一个重要的传统话题——正当和善的关系问题。正当和善是道德哲学的两大核心概念。罗尔斯对这两个概念做了新解释，提出一套"基本善"（primary goods）理论来发展道德哲学的"善"（good）观念，并用两个正义原则来规范正当与善的关系。

　　在第七章主标题及相关各节中，术语"the good"出现在第60节和第68节的标题中。包利民的如下见解给人留下深刻印象："罗尔斯在建构其庞大的'公正'理论体系时，明确自己的使命为复兴康德思想，反对功利主义，反对把'好'（善）当作第一性的并从'善'（好）入手建立伦理学、推导'公正'性质的目的论。他认为正确的做法只能是：先运用'社会契约论'模式独立地确定'公正'内容，然后再说明'好'（善）。"[①]这是国内学者对《正义论》主旨提出最为中肯而确切的评论之一，它对于我们理解这一章的主题具有重要参考价值。包利民主张把"the good"同时解读为"好"和"善"。受其启发，笔者仍然把"the good"解读为"善"；但是在解读"goodness"时，笔者把"好"和"善"联合起来，合称"善好"。因此，在《正义论》中，笔者一律把"goodness"解读为"善好"，以示与"the good"亦即"善"相区别。

　　具体而言，罗尔斯提到了与"善"（good）有关的两类重要术语。第一类术语表示某些事物具有"善好的"等属性，通常以形容词"善好的"（good）和抽象名词"善好"（goodness）来表示。其中，"善好"出现在

[①] 包利民："价值层级与伦理生活辩证法"，《哲学研究》1996年第2期。

第七章标题"理性善好"（goodness as rationality）。有人把"goodness as rationality"解读为"作为理性的善好"①，这是一种不错的解读。还有学者把它解读为"善即合理性"②，也可参考。正如"公平正义"是"作为公平的正义"（justice as fairness）的简称一样，"理性善好"是"作为理性的善好"的简称。这个标题可以通俗解读为"凡是善好的都是合乎理性的，凡是合乎理性的都是善好的"。它让人想起一个相似形式的黑格尔命题："凡是合乎理性的都是现实的，凡是现实的都是合乎理性的。"③"goodness"可以解读为事物的优良品质或人格的美好品质，是用来表示"好人"（good man）或"好事"（good thing）等美好事物具有共同属性的抽象名词。作为形容词，术语"good"出现在第61节、第63节和第66节的标题中，这个术语主要用来说明人和事物的属性，一般与理性人生规划（rational plan of life）相关，既是用来评判事物善恶的道德判断概念，也是用来评估一个人的人生是否如意、成功、出色、优异的事实描述概念，所以它解读为"善好的"会更符合《正义论》相关章节想要表达的意思。第二类术语没有出现在这一章的章节标题中，它们是与第一类术语"善好的"和"善好"相关但含义不同的术语，它们是"东西"（good）、"善"（goods）、"公共物品"（public goods）等。第一类术语仍然是哲学伦理学的，表示与"善"或"好"有关事物的属性，往往以不可数形式呈现；第二类术语是政治学、法学、经济学和公共管理等社会科学的，往往以"权益""物品""产品""利益""价值"等可数名词形式呈现。其中，"primary goods"是罗尔斯独创的术语，"初始权益"④可以囊括主要指称对象。不过，笔者参考多数研究者意见，赞同把它解读为"基本善"。

　　罗尔斯是在分析哲学传统之下成长起来的哲学家，对不同概念有着敏感性，这种敏感性也表现在他对某些相似社会现象的明确区分上。因此，从伦理学术语"善"（good）、"善好的"（good）和"善好"（goodness），到社会科学术语"普通产品或普通商品"（common goods）、"私人产品"（private goods）和"公共物品"（public goods），罗尔斯严格使用并区分不同学科的不同术语。

　　通过阅读这一章可知，罗尔斯提出了与其主题"理性善好"有关的两套理论，一套是伦理学的"善"或"善好"（good）理论，讨论的核心问

---

① 罗尔斯：《罗尔斯论文全集》，陈肖生等译，第708页。
② 罗尔斯："善即合理性"，俞晓阳译，《哲学译丛》1986年第2期。
③ 黑格尔：《法哲学原理》，张企泰、范扬译，商务印书馆1961年版，第11页。
④ 张国清："初始权益与分配正义"，《浙江社会科学》2015年第6期。

题是各种事物持有的"基本属性"或"基本性能";另一套是政治经济学的"产品"或"物品"(goods)理论,尤其是公共经济学的"私人产品"(private goods)和"公共物品"(public goods)理论。罗尔斯《正义论》讨论的一个核心问题是,公民如何分享基本社会善(primary social goods),既涉及公共物品(public goods)的分配和分享,又超出公共物品的分配和分享。罗尔斯用第二套理论去改造第一套理论,提出一套基于正义原则的"善"理论。这种"善"理论又分为"不充分善理论"(thin theory of the good)和"充分善理论"(full theory of the good)。

他关注的重心是"基本善"理论,一种人人都想要得到的"初始权益"理论。这种理论严格区别于福利国家理论中的公民基本福利理论,因为后者严重忽视公民享有基本福利以外的其他权益。罗尔斯正义理论的许多批评者正是在这一点上犯下严重错误,把罗尔斯"基本善"或"初始权益"理论混同于福利国家理论的公民基本福利理论。同样的,如果研究者没有明确区分上面提到的三个理论,就会导致对罗尔斯正义理论涉及的一个重要议题——"分配正义"——的误解。一些学者没有清晰区分上面三个既联系又不同的理论,既误解了罗尔斯完成改造传统"善"理论之后提出的基本善(初始权益)理论[1],也误解了罗尔斯分配正义理论[2]。

从标题上看,罗尔斯在这一章主要讨论"理性"(rationality)和"善好"(goodness)的关系。就像公平正义观念那样,他提出了一种理性善好观念。理性作为人的主观能力,包括人的知识能力、计划能力、判断能力、道德能力、创造能力等等,它们都与理性对象是否具有价值联系在一起。罗尔斯认为,理性自身就具有价值,理性对象的价值取决于理性,取决于理性能力。他在这一点上深受康德的影响。他对理性善好观念的论证方法是形式的和分析的。善好是事物的客观属性,是理性评估的对象。

人们对善有不同看法,形成不同的善观念。罗尔斯特别关注"善"(good)和"善好的"(good)的定义。罗尔斯用三节篇幅来反复讨论"善好的"或"善"(good)的定义。他在第 68 节讨论了"正当与善"(the right and the good)的关系,"正义之善"(good of justice)是第九章的标题,讨论了与基本结构有关的"诸多善"(goods)和"基本善"(primary

---

[1] 参阅姚大志:"罗尔斯的'基本善':问题及其修正",《中国人民大学学报》2011 年第 4 期;张国清:"初始权益与分配正义",《浙江社会科学》2015 年第 6 期。
[2] 参阅段忠桥:"正义是社会制度的首要价值吗?",《哲学动态》2015 年第 9 期;张国清:"'正义是社会制度的首要价值'再议——兼与段忠桥教授商榷",《浙江社会科学》2022 年第 1 期。

goods)等话题。这些是他在这里展示的善理论的重要内容。

罗尔斯主张，个体的善或个人之善是个体实施理性人生规划的结果。"人类之善"（human goods）则是人人皆可分享的、主要通过公共物品来实现的、作为社会基本结构和各种制度安排之结果的各种美好事物。在这一章里，罗尔斯完成了从一般伦理学"善"概念到他本人提倡的具有政治哲学含义的公平正义观念推崇的"善（权益）"概念的转换。那个转换的标志就是"基本善"或"初始权益"（primary goods）概念的提出。因此，从公平正义角度来看，一般伦理学的善理论，已经转换成为公平正义视野下的基本善理论。如果解读者仍然拘泥于一般伦理学的善观念来解读《正义论》，尤其用中国传统伦理学的善观念来解读《正义论》，肯定会造成误解。

罗尔斯提出了一种善好理论（theory of goodness）。它由两个部分组成，第一部分是一种善理论，它是一般伦理学善理论（theory of the good）的改进版本，以人的善理论为其核心。人的善分为个体之善（individual's goods）和人类之善（human goods），后者是人人皆可分享的诸多善。个体之善与个体的理性人生规划（rational plan of life）有关，涉及个体权利、利益和目标、生存境况或生活处境及其评价。关于"善好的"定义（definition of good）以及用这个定义来评估一个个体的人生规划和生活处境，便成为"个体之善"话题的重要内容。人类之善不是个体之善的简单相加。第二部分是一种基本善理论（theory of primary goods），基本社会善（primary social goods）为其核心内容。理性个体渴望得到的基本善与社会基本结构有关，涉及所有社会成员从社会基本结构中获得的权利、权力、利益、机会和服务，包括人的尊严和自我价值等。

综上所述，为了准确把握罗尔斯善理论，尤其是基本善理论，对于有关"good"的术语做一个系统说明是必要的。它们可以说明如下：

1. the good，不可数名词，一般读为"善"或"好"，在本书中有时解读为"利益"。比如"a theory of the good"，可以解读为"一种善理论"；"a concept of the good"可解读为"一个善概念"；"a person's good"解读为"一个人的善"；"the good of justice"解读为"正义之善"；"the good of community"解读为"共同体之善"或"共同体利益"。"conception of the good"解读为"善观念"，有人把它解读为"人生观"是一种误读。[1]

2. good，形容词，解读为"好的""善好的"。比如"a good thing"，

---

[1] 周保松：《自由人的平等政治》（增订版），第40页。

可以解读为"一个好东西";"a good person",可以解读为"一个好人",但不可解读为"一个善的人"。

3. a good,作名词,根据语境可以作不同解读。比如,它可以解读为"一个产品""一个好处、利益或善"。

4. goods,作可数名词,根据语境作不同解读,它可解读为"诸多善""诸多利益""诸多物品"或"各种美好事物"。这个术语同"民主是个好东西"中的"好东西"含义相近。① 有学者从哈贝马斯视角批评罗尔斯的"善"概念,令人耳目一新:"哈贝马斯不仅把权利区别于'嘉益'(Guter 或 goods),而且把权利区别于'善'(Dinge 或 things)。"② 他把"goods"解读为"嘉益",与之相应,"primary goods"解读为"基本嘉益"。只是这两个词语太过生僻,与日常用语"善""善好""基本善""初始权益"相去甚远。

哈贝马斯对罗尔斯的批评主要涉及1995年他发表在英文《哲学杂志》上的一篇评论中提出的第二个问题:"基本权利能够与基本善相和谐一致吗?"

哈贝马斯写道:"善就是我们努力追求的目标——对我们有益的东西。罗尔斯将'基本善'作为人们为实现生活蓝图需要的一般手段和中介引入进来。虽然参与者知道有些基本善采取良序社会的公民权利形式,在初始位置上他们只能将权利描述为某一类'善'。对各方参与者来说,正义原则问题只能以基本善的公正分配问题的形式出现。因此罗尔斯采纳了适合于一种特定善伦理学的正义概念,该伦理学与其说与一种权利理论(如罗尔斯本人起源于自律概念的权利理论)一致,不如说更接近亚里士多德或效用论的途径。恰恰因为罗尔斯坚持一种正义观念(在这种正义观念中,公民的自律通过权利被建构起来),分配的范式对他造成了困难。权利只能通过实践来'享有'。如果权利被认同为基本善,那么它们会丧失道义论含义。只有享有权利的人们彼此承认别人自由平等的地位时,一种平等的权利分配才可能出现。当然存在物品或机会的均等分享权利,但是权利首先调节的是行为者之间的关系:权利不能像物品那样'被占有'。如果我的意见不错的话,理性选择模式的概念限制妨碍罗尔斯从基本权利来推定基本自由,因而不得不将这些基本自由解释为基本善。这导致罗尔斯将

---

① 参阅俞可平《民主是个好东西:俞可平访谈录》,社会科学文献出版社2006年版。
② 童世骏:"国际政治中的三种普遍主义——伊拉克战争以后对罗尔斯和哈贝马斯的国际政治理论的比较",《华东师范大学学报》2003年第6期。

义务规范的道义论含义等同于价值偏好的目的论含义。这样，罗尔斯就混淆了一些区别，为了表明这种混淆如何在其规划的进一步展开中限制了罗尔斯的选择，本人将简要地提及这些混淆。"①

他继续写道："罗尔斯赋予第一正义原则以优先于第二正义原则的地位。然而，从第一人称视角来看，基本自由对由第二正义原则调节的其他基本善的绝对优先地位很难得到论证。正是在这种第一人称视角中，我们才形成我们的利益和价值。哈特在批评罗尔斯时已经清晰表达了这种想法。有趣的是，罗尔斯只能通过对基本善添加一个附设条款来回应这一批评，该附设条款保证基本善与作为基本权利的基本自由具有一种关系：罗尔斯只承认那些对生活蓝图和作为自由平等人格的公民的道德能力的发展有益的因素是基本善。通过把自由的'公平价值'纳入第一正义原则，罗尔斯将构成良序社会（道德意义上）之制度框架的基本善从其余基本善中区分开来。"②

哈贝马斯的结论是："这种额外规定悄然预定了在正当（权利）和善之间的一种道义论区分，这种区分本身与起初将正当（权利）归类为善的做法相矛盾。因为平等自由的公平价值要求运用这些权利的平等机会具有实际的可获得性，所以，只有权利（而不是善）能以这种方式加以限定。只有涉及权利的时候，我们才可以在合法的资格和选择（以及相应行为）的实际机会之间做出区分。平等分配的善的'公平价值'要么冗余，要么无意义。用维特根斯坦的话说，对善进行法律平等和实际平等的区分，在语法上是没有道理的。如果说基本善概念能在第二步进行修正的话，那么我们可以问第一步（使得该概念成为必要的初始位置的设计）是否明智。"③

哈贝马斯通过否定基本善理论，进而否定初始位置设计，最终否定罗尔斯为论证两个正义原则及其排序、区分、优先性等所做的所有努力。笔者认为，就像哈贝马斯做出区分的那样，在阐述基本善时，罗尔斯进行了大致分类和排序。罗尔斯说："人们被要求始终注意以下情形：根据两个正义原则的词典式顺序，相对于社会优势和经济优势（social and economic advantages，这里也可以解读为社会利益和经济利益），自由拥有绝对权重将是合理的。顺便说一下，这一排序似乎是极端的，是一个过于特殊的个案，难以激起人们的兴趣；但这只是初步印象，它有着值得予以赞同的更多证

---

① 哈贝马斯："评罗尔斯的《政治自由主义》"，江绪林译，第26页（引文有改动）。
② 哈贝马斯："评罗尔斯的《政治自由主义》"，江绪林译，第27页（引文有改动）。
③ 哈贝马斯："评罗尔斯的《政治自由主义》"，江绪林译，第27页（引文有改动）。

明。无论如何,我都会坚持这一排序(§82)。此外,一边是基本权利和基本自由,另一边是经济收益和社会收益(economic and social benefits),两者的区别标志着在社会基本善当中存在的区别,这一区别表明,在社会系统中存在着重要的区分。当然,如此给出的区别和排序,最多只是一些粗略估算。"(p.55)

基本权利和基本自由,既不是经济收益和社会收益,也不是"东西"(things)或"物品"(goods)。罗尔斯还是做了明确区分的。但是,无论基本权利和基本自由,还是经济收益和社会收益,它们都属于社会基本善。因此,哈贝马斯等人批评罗尔斯基本善理论的理由是不成立的。并且,罗尔斯上述见解在《正义论》第一版中就有明确论述。因此,哈贝马斯对罗尔斯的如此批评,并非出于善意,有故意歪曲之嫌。赵汀阳也是这个路子,后者甚至没有认真阅读原著就开始批评罗尔斯的基本假定:"在博弈条件的设计上,博弈方被假定为只有思维(mind)而没有心(heart),这种理解在单纯经济学中或许合适,但对于解释社会和生活则是严重缺陷。社会中许多根本性的冲突是心的冲突而远不仅是利益冲突,而且没有理由证明物质利益比精神价值更加重要。罗尔斯在规定'人人都需要的'基本物品时就忽视了精神需要,这对于人和生活都是歪曲,因为生活根本不是那样的活法。仅仅从理性和物质利益去理解的社会太过单薄,以至于无法由此辨认出任何一个实际上可能的社会。这是现代学术的流行错误。'无知之幕'虽然独具匠心,但无知状态的博弈和有知状态的博弈之间有着无法过渡或无法兑换的鸿沟,因为它们已经是本质不同的世界,不能互相兑换或转换。"①

问题在于,罗尔斯对两个正义原则的区分是否成立?两个正义原则之间是否存在权重排序?在明确第一正义原则具有优先性的条件下,在良序社会中的社会成员,针对第二正义原则所调节的各种经济和社会利益,是否也应当有一个合理的预期?如果上述问题得到了肯定回答,那么,它们就反驳了哈贝马斯对罗尔斯的所有批评。笔者认为,那些问题的答案是肯定的。它们构成罗尔斯学术事业的主体,也是他的正义理论的主要贡献。

5. primary goods,作可数名词,《正义论》提出的专业术语,解读为"基本善"。

6. public goods,作可数名词,公共经济学和公共管理专业术语,解读为"公共物品"。

---

① 赵汀阳:"冲突、合作与和谐的博弈哲学",载廖申白、仇彦斌编《正义与中国——纪念罗尔斯〈正义论〉出版四十周年》,中国社会科学出版社2011年版,第264页。

7. goodness，作抽象名词，《正义论》使用的专业术语，解读为"善好"。

8. 罗尔斯还区分了"关于'善好的'理论"（theory of good）（p. 347）和"关于'善'的理论"（theory of the good）（p. 348）。读者阅读时要稍加留意。

9. 罗尔斯在这一章提出并区分了不充分善理论（thin theory of the good）和充分善理论（full theory of the good），让人想起他的前哈佛大学同事、普林斯顿大学教授沃尔泽的道德厚薄理论。两人各自提出了关于道德争议的解释方法。"道德起初是厚重的，从文化上是完整的，充分地产生共鸣的，只是在一些特殊情况下，在道德语言转变为特殊目的的情况下，它才使自身变得稀薄起来。"① 并且，"不是极繁（minimalism）构建自极简（maximalism），而是极简抽象自极繁"②。沃尔泽强调，极简的道德原则不是主体的主观建构，而是来自极繁的社会历史的经验实践。道德原则或正义原则形成过程，是一个从繁到简、从厚到薄的过程。这个过程不是像康德和罗尔斯所设想的那样，道德主体先确立道德法则，再实践道德行为，而是在道德实践和道德习惯中抽离出道德原则。③ 在道德原则或正义原则产生以前，人类就在从事厚重的道德生活。康德和罗尔斯的先验道德原则是形式主义的，脱离社会历史的实际。罗蒂和沃尔泽推崇的道德相对论，站在道德建构论的对立面，与唯物史观和社会实践观有相通之处。在历史时序上，善先行存在于正当。不过，在权重排序上，正当优先于善。罗尔斯正义理论旨在论证"正当优先于善"是如何可能的，作为首要正义观念，它在初始位置上是如何被理性人选中的。

综上所述，罗尔斯在这一章讨论的一个重要问题是理性（rationality）与善好（goodness）的关系。善好是相对于个体而言的，是有利于个体生存与发展的属性。它们存在于事物当中，是人们可以理性地欲求于同一类事物的特性或性质。如果它们是自然事物或自然生命，那么它们就是这类自然事物和生命具有的自然属性、性质和力量；如果它们是人工制品、人类建制或人类社会制度等，那么它们就是人们希望在这类事物之中找到的人为特性、特点或德性。因此，善好是同一类事物的共有性质。罗尔斯在此问道，我们应当确立什么样的善好观念（conception of goodness）？善好

---

① Michael Walzer, *Thick and Thin: Moral Arguments at Home and Abroad*, Notre Dame, IN: University of Notre Dame Press, 1994, p. 4.
② Michael Walzer, *Thick and Thin: Moral Argument at Home and Abroad*, Notre Dame, IN: University of Notre Dame Press, 1994, p. 43.
③ 参阅 Richard Rorty, *Philosophy as Cultural Politics*, Cambridge: Cambridge University Press, 2007。

的人生规划，对个体追求幸福意味着什么？善好的社会安排，对社会成员追求基本善意味着什么？为了回答这些问题，他提出理性善好观念。像公平正义观念一样，理性善好观念是罗尔斯本人探讨并倡导的政治哲学和道德哲学思想。罗尔斯的思考是高度康德的。人的理性和善好，要遵循"合乎道德"和"合乎正义"的定言令式（绝对命令）才能获得正当性。这也是他一再强调正当优先于善的权重排序的真正意义。

【原文】CH – VII – p. 347

【评析】

"诸多社会价值"（social values）和"社会的诸多价值"（values of society）在含义上应当有点儿差异。一方面，罗尔斯把"诸多社会价值"和"共同体之善"（good of community）相提并论；另一方面，罗尔斯把"社会的诸多价值"和"正义之善"（good of justice）相提并论。我们可以作这样的解读，"诸多社会价值"构成"共同体之善"；"社会的诸多价值"可以通过"正义之善"来体现，"正义之善"就是"社会基本结构所展示的正义的基本价值"。所有的正义之善都是社会意义上的，是社会的诸多价值的实现。在完成社会基本价值的排序之后，罗尔斯把它们统一了起来，认为正义与善好是同余的。

1. 原文："**I present in more detail the theory of good which has already been used to characterize primary goods and interests of the persons in the original position**"（p. 347）。H 本："我将更为详细地阐述一直被用来描述基本善和原初状态的人们的利益的善理论"（第 311 页）；X 本："我要更详尽地介绍一下关于善的理论，这个理论一直被用来说明原始状态中的人的基本善和利益"（第 429 页）。H 本把基本善和利益区分开来，好像基本善是独立于初始位置的，利益则是在初始位置上确立的，这样的解析值得商榷。X 本的解读要可信一些。从原文可知，基本善和利益都是为在初始位置上的人们所持有的。"基本善"是在建成自由民主平等制度的良序社会中每个公民都想要努力追求的美好事物。自然基本善是个体与生俱来的，难以通过社会基本制度来分配和调节。社会基本善不是个体与生俱来的，受到基本结构和社会安排的影响。个人的福分或个人之善因人而异，是不同个体设计和实施理性人生规划的成果。因此，人人平等分享社会基本善只是一个极端平等主义的社会理想，属于某种一般正义观念，罗尔斯的公平正义观念并不支持这一理想。需要注意的是，罗尔斯在这里把"基本善"(primary goods)和"各种利益"(interests)相提并论,即使两者不能完全互换,但是两者显然具有密切关系。

2. 原文:"**The next chapter is largely concerned with moral psychology and the acquisition of the sentiment of justice**"(p. 347)。H 本:"下一章主要讨论道德心理学问题和正义感的获得的问题"(第 311 页);X 本:"下一章主要涉及道德心理和正义感情的获得问题"(第 429 页)。

(1) 短语:"Moral psychology"。H 本:"道德心理学";X 本:"道德心理"。H 本是正确的。道德心理学是罗尔斯本人最为关注的。1990 年,他在接受《哈佛哲学评论》时明确表示,如果自己心有余力,将把余生投入对道德心理学的研究。

(2) 短语:"The sentiment of justice"。虽然《正义论》第八章的主题是正义感(sense of justice),但是正义情操和正义感会有所不同。至少在这儿应当存疑。**新解:"正义情操"**。

3. 原文:"**In a sense to be defined, justice and goodness are congruent**"(p. 347)。H 本:"在一种有待限定的意义上,正义与善至少在一个良序社会的环境中是一致的"(第 311 页);X 本:"从一种有待规定的意义上说,正义与好是一致的,至少在一个井然有序的社会环境里是如此"(第 429 页)。

(1) 单词:"Congruent"。这个词语有"全等、重叠、同余、相似、一致"的意思,其首要含义是"全等"。罗尔斯提到的"在某种确定的意义上",指的是"在伦理学意义上"。这里的"同余"强调的是,正义与善好(justice and goodness)的同构性,两者的基本性质或特点的相似性,因此,它解读为"同余"比"一致"要好一些。

(2) 单词:"Goodness"。H 本:"善";X 本:"好"。罗尔斯把"goodness"和"justice"放在一起讨论,突出的不是正义的"善",而是正义的"善好",它包含正义的"恰当性""稳妥性"或"良好性"等含义,是良序社会的"稳定性"相关的性质。正义的公平性、公正性足以体现正义的"善好"。正义还有一种性质也至关重要,它就是恰当性。笔者主张用"善好"来解读"goodness"。罗尔斯在这一章是从"善好"概念而不是"善"概念来讨论理性人生规划的。

4. 原文:"**Social values and the good of community**"(p. 347)。H 本:"社会价值和共同体的善"(第 311 页);X 本:"社会价值以及社团的善"(第 429 页)。**新解:"诸多社会价值和共同体之善"**。

5. 原文:"**It might help to keep in mind that the central aim is to**

prepare the way to settle the questions of stability and congruence, and to account for the values of society and the good of justice"（p. 347）. H 本："如果记住这些论述的要旨在于为解决稳定性和一致性问题开辟道路，在于说明社会价值和正义的善，就会有助于把握总的方向"（第 311 页）。"congruent"是一个数学术语，可以解读为"全等""相似""一致"和"同余"。用"同余"来解读"正义与善好的关系"更加符合罗尔斯正义理论的学术抱负。H 本的解析显然没有把握住《正义论》最后一编的"the central aim"，亦即"核心目的"或"主要目标"。

【诠释】

在最后一编，本人将依次开展以下讨论。首先，本人将较为详尽地展示一种善理论，它已经用于描述在初始位置上人们欲求的诸多基本善和他们主张的各种利益。鉴于后续讨论需要一个较为全面的观点，这种理论须有一个较为坚实的基础。下一章主要讨论道德心理学问题和正义情操（正义感）的获得问题。一旦这些问题得到了解决，我们将进而讨论公平正义的相对稳定性（relative stability）问题，并在最后一章证明，在某种确定意义上，正义与善好（justice and goodness）至少在良序社会条件下是同余的。最后，本人将解释，正义理论如何与诸多社会价值或共同体之善①相联系。在这一编里，论述的总方向有时显得不那么明朗，论题的切换有时显得不那么连贯。记住以下一点不无益处：本编的主要目标是，（1）为解决稳定性问题和同余问题做好铺垫；（2）为说明社会诸多价值和正义之善作好铺垫。

§60 需要一种善理论
The Need for a Theory of the Good

【题解】

优先性问题首先是正当与善何者优先的问题。罗尔斯既认为正当概念优先于善概念，又表示正当与善有同余关系，或者正义与善好有同余关系。然而，有人表示："无论是正当标准，还是善标准，其中任何一个都不合适作为准确、全面地评价行为的标准。在实际行为选择中，人们往往

---

① social values and the good of community，这里的"the good"价值和利益因素要多一些。

要同时接受上述两个标准。"① 其结论是："对于某些特定的伦理学来说，优先性问题或许是一个基本问题，只有回答它才可能对行为作出合适的评价，然而，并不是所有伦理学都同意这一点。因而把优先性问题当作伦理学基本问题并没有充分的根据。"② 在笔者看来，这是一种相对主义论证。他没有认识到，罗尔斯是站在为社会基本制度立法的高度来讨论优先性问题的。那个问题及其解决办法是从正义的首要性推导出来的。优先性问题不是个体行为的标准问题，而是基本结构的性质问题。在解决正当和善何者优先的优先性问题之后，接着还要解决正当与善的同余问题。后一个问题往往被正义理论研究者忽视。

罗尔斯认为，正义理论需要一种善理论。它包括两个部分，一个是不充分善理论；另一个是充分善理论。在社会契约论条件下的理性个体，首先关注的是不充分善。遵循公平正义原则的社会基本制度，首先关注的是充分善。这两种善理论都不得违反正当概念的优先地位。所以，命题"正义是社会制度的首要德性"要在"正当概念优先于善概念"的假设中得到解释。

【原文】§60-1-pp.347-348

【评析】

笔者反复强调，在《正义论》中，"观念"（conception）和"概念"（concept）是两个既相互联系又各不相同的术语。"观念"一般只为个别学者所持有，比如"公平正义"，只为像罗尔斯这样的个别学者所持有。"概念"则可以在学院和社会通用，大家不会对一个具体概念的基本内含产生严重分歧，能够遵守其使用规则，不会对概念作任意解读。观念的解读空间大于概念的解读空间。所以，概念的持有人是一般读者，包括专家和学者；观念的持有人则是个别专家学者，"观念"与特定的思想、学说或理论相联系，一般以学者的名字命名，比如洛克的自由观念、黑格尔的理性观念、马克思的阶级观念、罗尔斯的正义观念，等等。在这里，"理性善好"也是一个"观念"。《正义论》就是对一个特殊正义观念，亦即公平正义所做的系统辩护，也是对效用论正义观念、至善论正义观念和直觉论正义观念的批评。当我们进行相关解读时，必须时刻留意概念和观念之间、各种术语之间的微妙差异。然而，H 本没有对"观念"（conception）

---

① 黄正华："正当与善：优先性问题的问题"，《伦理学研究》2012 年第 7 期。
② 黄正华："正当与善：优先性问题的问题"，《伦理学研究》2012 年第 7 期。

和"概念"（concept）做出明确区分，随意使用两个术语，把它们一般解读为"概念"，偶尔解读为"观念"或"观"。所以，不同术语的混用，给中文读者准确理解《正义论》造成混乱、障碍和困扰。笔者已经在相关章节诠释中一再指出这一点。部分学者关于罗尔斯的"基本善"理论否定了"正当优先于善"假定的见解，主要出于他们对下面这个段落的解读。但是，笔者认为，如此解读值得商榷。

1. 原文："**The concept of goodness**"（p. 347）。H 本："善的概念"（第311页）；X 本："关于好的概念"（第429页）。这里的术语"善好"（goodness）表示的是任何一类事物具有正常性质、性能或属性。笔者主张用"善好概念"来解析术语"the concept of goodness"，用"善好观念"来解析术语"conception of goodness"。

2. 原文："**Citizens' conceptions of their good conform to the principles of right publicly recognized and include an appropriate place for various primary goods**"（p. 347）。请注意罗尔斯在几个术语上做的小心翼翼的区分，它们分别是"善理论"（theory of the good）、"善观念"（conception of the good）、"善好概念"（concept of goodness）、"基本善"（primary goods）等等。罗尔斯的讨论经常穿插于伦理学和经济学之间，同时使用着多套学术语言。我们要在具体语境中去领会它们的含义。

3. 原文："**Since these assumptions must not jeopardize the prior place of the concept of right, the theory of the good used in arguing for the principles of justice is required restricted to the bare essentials**"（p. 348）。H 本："由于不允许这些假定危及正当概念的优先地位，用于为正义原则论证的善理论被限制到最为基本的范围"（第311页）；X 本："由于这些假定决不可以损害正当概念的优先地位，所以在赞成正义原则时所使用的关于善的理论就只限于几个一目了然的最重要方面"（第430页）。短语："The bare essentials"。H 本解读为"最为基本的范围"；X 本解读为"几个一目了然的最重要方面"。正解是"**最为基本的议题**"。短语："The essentials"多次出现于《正义论》和他的其他著作中，一般与"宪法要义"或"宪法宗旨"有关。在初始位置上，人们想要得到由社会基本制度保障的社会基本善，他们需要一种善理论来为自己的理性诉求提供指导。

4. 原文："**The thin theory**"和"**the full theory**"（p. 348）。H 本分别解读为"弱理论"和"强理论"（第312页）；X 本分别解读为"不全面理论"和"全面理论"（第430页）。笔者则主张解读为"**不充分理论**"和"**充分理论**"。

1112 《正义论》评注

【诠释】

迄今为止，我很少提到善好概念(concept of goodness)。当我说一个人拥有的善(person's good,个体价值、个体利益)取决于在既定的(given,所予的或给定的)恰当条件下对其而言最合理的人生规划时，我早前已略有提及这一概念（§15）。我一直假定，在良序社会里，公民持有的各种善观念(citizens' conceptions of their good)都要符合公认的正当原则，包括要给各种基本善(various primary goods)留下恰当的地盘。不过，我只在相当不充分意义上使用善好概念(concept of goodness)。我实际上将区分两种善理论(theories of the good)（指下面提到的不充分善理论和充分善理论）。这样做的理由是，在公平正义里，正当概念优先于善概念(concept of right is prior to that of the good)。同各种目的论相比，当且仅当一个事情融入符合已有正当原则的某些生活方式，它才是善好的(good)。不过，因为我们务必针对处在初始位置上各方的动机提出某些假定，所以为了确立这些原则，依赖于某个"善好"概念(some notion of goodness)是必要的。由于这些假定不得危害正当概念的优先地位，用于论证正义原则的善理论，被严格限定在这些最为基本的议题上。这种关于善的见解，我称之为不充分善理论(thin theory)：它旨在确保关于基本善的前提，要想抵达正义原则，就必须那些前提。一旦这个理论得到论述，基本善得到说明，我们就可以自由运用正义原则，进一步发展本人称作充分善理论(full theory of the good) 的理论。

【原文】 §60 - 2 - p. 348

【评析】

1. **原文**："**It is true that the theory need not define a cardinal measure of welfare**" (p. 348). H 本："的确，善理论无须规定一种主要的福利尺度"（第312页）；X 本："诚然，这个理论毋需对福利规定一种基本度量"（第430页）。短语："A cardinal measure of welfare". 亦即"**福利的基数测定**"是一个固定词组。可惜两个译本皆没有正确掌握。

2. **原文**："**Ordinal preferences**"（p. 348). H 本："普通偏爱"（第312页）；X 本："选择顺序"（第430页）。H 本显然把"ordinal preferences"错看成"ordinary preferences"；X 本则采用意译方式呈现这一术语。**新解**："序数偏好"。

3. **原文**："**Proper arrangement**"（p. 348). H 本："恰当安排"（312

页）；X本："特有安排"（第430页）。H本是正解。

4. 原文："The index of well-being and the expectations of representative men are specified in terms of primary goods"（p. 348）。H本："代表人的幸福和期望的指标是借助基本善确定的"（第312页）；X本："福利指数和有代表性的人们的期望是通过基本善来说明的"（第430页）。"the index of well-being"亦即"幸福指数"是一固定搭配，不能解析为"幸福的指标"。X本解读为"福利指数"也不够确切，因为福利指数的专门术语是"welfare index"。"the expectations of representative men"则可以解析为"代表人的各种预期"。**新解**："代表人的幸福指数和各种预期借助于基本善而得以明确。"

5. 原文："They prefer a wider to a narrower liberty and opportunity, and a greater rather than a smaller share of wealth and income. That these things are good seems clear enough. But I have also said that self-respect and a sure confidence in the sense of one's own worth is perhaps the most important primary good"（p. 348）。H本："他们愿意选择较多的而不是较少的自由和机会，较大的而不是较小的财富和收入。这些事物显而易见是善的。但是我也指出过，在个人自我价值意义上的自尊和自信也许是最重要的基本善"（第312页）。**新解**："他们喜爱享受越来越多的自由，获得越来越好的机会，占有越来越大的财富，得到越来越高的收入。这些显然都是好事情。不过，本人还说过，自尊和对自我价值的意义抱有不可动摇的信心，也许是最重要的基本善。"

6. 原文："An account of the good is required for this; and it must be the thin theory"（p. 348）。H本："这需要一种对善的描述，而这种描述必须是弱理论的"（第312页）。**新解**："这需要对善给出解说；它必定是一种不充分善理论。"

【诠释】

为了弄清这些事情，我们不妨回顾一下善理论已经发挥作用的领域。首先，善理论被用来界定"最不受青睐的社会成员"（least favored members of society）。差别原则断定，这是可以做到的。的确，善理论不必界定福利的基数测定。我们无须知道，最不幸者究竟有多么不幸，因为一旦这个群体被划分出来，我们就能（从恰当的观点出发）用他们的序数偏好来决定基本结构的恰当安排（§15）。尽管如此，我们必定有能力识别出这个群体。其次，代表人的幸福指数和各种预期借助于基本善而得以明确。理性的个体，无论向往别的什么，总是意欲把某些事物视为实现其人生规划的必要条件。在其他情形相同的条件下，他们喜爱享受越来越多的自由，获得越来越好的机会，占有越来越大的财富，得到越来越高的收入。这些显然都是好事情。不过，本人还说过，自尊和对自我价值的意义抱有不可动摇的信心（self-respect and a sure confidence in the sense of one's own worth），也许是最重要的基本善。这一见解已经被用来论证两个正义原则（§29）。因此，仅仅借助于自由和财富之类事物，来初步定义各种预期是暂时的；它必须包括各种其他基本善，并且这些基本善已经触及一些更为深刻的问题。显而易见的是，这需要对善给出解说；它必定是一种不充分善理论。①

【原文】§60-3-pp.348-349

【评析】

1. 原文："Some view of goodness is used in defending justice as fairness against various objections"（p. 348）. H 本："针对各种反对公平的正义的意见，某些善的观点被用于辩护公平的正义"（第312页）。在这里，"some view of goodness" 不能解析为"某些善的观点"。**新解**："关于善好的某种观点被用来替公平正义作辩护，以反驳各种反对意见。"

2. 原文："A sensible decision"（p. 349）. H 本："合理的决定"（第312页）；X 本："合理的决定"（第431页）。**新解**："明智的决定"。

3. 原文："One may reply that the rationality of a person's choice does not depend upon how much he knows, but only upon how well he reasons from whatever information he has, however incomplete"（p. 349）. H 本："可以这样来回答，一个人的选择理性不依赖于他对情况了解多少，而仅仅依赖于他根据所知情况推理的好坏，无论他所知的情况如何不全面"（第312页）。**新解**："有人将会回答道：人做选择的合理性，并不取决于其所得知识的多寡，而取决于其从掌握已知信息所做推论的优劣，无论该已知信息多么地残缺不全。"

4. 原文："The parties can in fact make a rational decision, and surely some of the alternative conceptions of justice are better than others"

---

① 罗尔斯把自尊看作最重要的基本善。这里引用德国政治家沃尔夫冈·朔伊布勒（Wolfgang Schuble）的如下见解是恰当的："如果说我们的《基本法》中还有什么绝对价值存在，那么这个价值就是指人类的尊严。人类的尊严是不容侵犯的。"

(p. 349)。H 本："各方事实上能够做出一种合理的决定，在可供选择的正义概念中，有一些肯定比另一些更好"（第 312 页）；X 本："各方实际上能够作出合理的决定，而某些可供选择的正义观念无疑要比另一些正义观念好"（第 431 页）。X 本的解读是正确的。H 本在这里搞错了"正义概念"（concept of justice）和"正义观念"（conceptions of justice）。并且，这样的错误不是个别性的，而是一犯再犯的。而它们是在《正义论》中两个含义不同的术语，对理解《正义论》的整个思想框架至关重要。

5. 原文："**Conceptions of the good**"（p. 349）。H 本："善概念"（第 313 页）。**新解**："善观念"。

【诠释】

第三，关于善好（goodness）的某种观点被用来替公平正义作辩护，以反驳各种反对意见。比如，有一种意见可能会说，因为在初始位置上，人们对自身处境知之甚少，所以，就正义原则达成合理契约是不可能的。由于他们不知道自己的真正目的是什么，他们发现，他们的各种计划[①]会完全毁于自己同意的原则。那么，他们怎样才能做出明智的决定呢？有人将会回答道：人做选择的合理性，并不取决于其所得知识的多寡，而取决于其从掌握已知信息所做推论的优劣，无论该已知信息多么地残缺不全。假定我们面对某些情况，尽了自己的最大努力，那么我们的决定便是完全理性的（rational）。所以，各方实际上能够做出理性决定（rational decision）。在可供选择的正义观念中，有些正义观念肯定好于其他正义观念。尽管如此，各方都接受的不充分善理论表明，他们将努力确保自身的自由和自尊，并且，为了推进自己的目标，无论那些目标是什么，他们通常需要更多而非更少的其他基本善。于是，在达成初始契约时，各方希望，他们的善观念有确定的结构，足以令他们基于某个理性基础（on a rational basis）来选择原则。

【原文】§ 60 - 4 - pp. 349 - 350

【评析】

1. 原文："**Rational preference**"（p. 349）。H 本："合理偏爱"（第 313 页）；X 本："合理选择"（第 431 页）。这是理性选择理论的一个基本

---

① their plans，这些计划主要指人生规划，这是罗尔斯在《正义论》中经常讨论的一个话题，并且与讨论理性选择理论联系在一起。

概念，可惜 H 本还是把它解析成了"合理偏爱"。X 本则完全搞错了。**新解**："理性偏好"。

2. **原文**："A more comprehensive account of the good is essential"（p. 349）。H 本："一种更为综合性的善理论至关重要"（第 313 页）。在原文语句中找不到"善理论"的出处。**新解**："对善提供一个更加完整的说明是至关重要的"。

3. **原文**："Eventually we shall have to consider whether being a good person is a good thing for that person, if not in general, then under what conditions. In some circumstances at least, for example those of a society well-ordered or in a state of near justice, it turns out, I believe, that being a good person is indeed a good"（p. 349）。H 本："我们最后将不得不考虑这样的问题：做一个好人对于这个人是不是一种善，如果不是普遍地，那么在哪些条件下是一种善。我相信，至少在一定环境中，例如在一个良序社会的环境或在一种近于正义的状态中，做一个好人的确是一种善"（第 313 页）。H 本的解析过于拘泥于书面知识，而忽视了罗尔斯在这里讲的是一个日常生活问题。它完全可以用日常语言来解析。把"be a good person is indeed good"解读为"做一个好人的确是一种善"，而不是"做一个好人、一个善良的人，的确是一件好事"，这是把日常用语解读为哲学专业术语的一个例证。

"平庸之恶"的起因是阿道夫·艾希曼审判事件。艾希曼为纳粹德国屠杀犹太人最终方案执行人，战后流亡阿根廷，1961 年被以色列逮捕，并于当年 4 月 11 日至 5 月 31 日在耶路撒冷受审，一年后被处以绞刑。审判引起国际社会注目，在哲学和社会科学界激起重大反响。当时，阿伦特以《纽约客》特约撰稿人身份，对耶路撒冷审判予以现场报道，并在 1963 年发表《艾希曼在耶路撒冷——关于艾希曼审判的报告》，书中提出"平庸之恶"概念。阿伦特认为，罪恶有两种：一是极权统治者的"极端之恶"，二是被统治者或参与者的"平庸之恶"。作为政治哲学家，罗尔斯不可能不知道那场审判和平庸之恶概念。

《正义论》发表于 1971 年，阿伦特相关著作发表于 1961 年前后。在时间上《正义论》要晚一些，但是与国家正义和公民选择有关的话题，是哲学界的一个普通话题。罗尔斯主张，在近乎正义的国家里，做好人是一件好事。他提出了正义的相对性问题。正像在科学研究中绝对真理是难得的，在现实世界中，完全正义的国家是难得的。所以，罗尔斯在这里是对他在《正义论》第一节提出的一个重要论断的修正。制度正义和理论真理一样都不能打折扣。罗尔斯承认，近乎正义是能够接受的正义，表现出了一种现实主义态度，削弱了正义的绝对性和完备性，但是仍然保留着对正义的基本信念。

另外，短语"in a state of near justice"在《正义论》中一共出现了9次，它往往与"良序社会"放在一起讨论。根据上下文，有时可以解读为"在近乎正义的状态下"，有时则可解读为"在近乎正义的国家里"。

4. 原文："Even rational plans of life which determine what things are good for human beings, the values of human life so to speak, are themselves constrained by the principles of justice"（p. 349）。H本："即使是决定着对人来说是善的东西或者人生价值的合理生活计划，本身也是由正义原则约束着的"（第313页）。**新解："纵使各种理性人生规划决定什么是人世间的美好事物，即所谓的人类生活价值，但是，那些规划自身要受到正义原则的约束。"**

【诠释】

简而言之，我们需要一种本人称之为不充分善理论（thin theory of the good）的理论，用来说明针对基本善的理性偏好，以明晰这样的理性概念（notion of rationality），它将为处在初始位置上的原则选择提供依据。这个理论对支持导出正义原则的必要前提是必不可少的。不过，在了解有待讨论的其他问题之前，对善（good）提供一个更加完整的说明是至关重要的。所以，关于善行和分外行为（supererogatory acts）的定义有赖于这样的理论。对人的道德价值的定义也是如此。这是伦理学的第三个主要概念，我们务必在契约论里为其找到一个位置。最后，我们将不得不思考以下问题：假使并非一般而言，那么在什么条件下，做一个好人、一个良善的人，对那个人自身而言，是一件好事。我相信，至少在某些情形下，比如，在良序社会条件下，或者在近乎正义的国家里，做一个好人的确是一件好事。这个事实同正义之善①密切相关，同道德理论的同余问题密切相关。我们需要一种关于善的说法（account of the good）来讲清楚这一切。正如我说过的那样，一个充分善理论的本质特点是，它将正义原则视为已经稳固确立的原则，然后用这些原则来定义其他道德概念（other moral concepts），善好概念正好包含于其中。一旦掌握了正当原则，我们就可以用它们来说明道德价值

---

① good of justice，罗尔斯也讨论过"善的正义"（justice of the good）问题，但两者不是同一个问题。

的概念和诸多道德德性之善。① 的确，纵使各种理性人生规划决定什么是人世间的美好事物，即所谓的人类生活价值，但是，那些规划自身要受到正义原则的约束。不过显然地，为了避免陷入兜圈子，我们必须区分不充分善理论和充分善理论，并且始终牢记我们依赖的究竟是哪一个理论。

【原文】§60-5-p. 350

【评析】

1. 原文："Conception of justice"（p. 350）。H 本："正义概念"（第 313 页）。新解："正义观念"。

2. 原文："One basic psychological principle is that we have a tendency to love those who manifestly love us, those who evident intention advance our good"（p. 350）。H 本："一个基本的心理学原则是，我们倾向于去爱那些表现出了对我们的爱的，那些怀有明显的提高我们善的意图的人们"（第 313 页）。H 本的解析在字面上没有毛病，但是不符合汉语习惯。作为常见术语，"one basic psychological principle"，一般解析为"一个基础心理学原理"。"psychological principle" 解读为"心理学原理"，更加符合汉语习惯。

3. 原文："Our good comprises final ends and not only primary goods"（p. 350）。H 本："我们的善就把那些最终目的包括了进来，而不仅仅是指那些基本善"（第 313 页）。在这里，要注意术语 "final ends" 的复数形式，它是一个固定词组，一般解析为"终极目标"，而不是"最终目的"。新解："我们追求的美好事物包含各种终极目标，而不只是基本善。"

4. 原文："In order to account for the social values, we need a theory that explains the good of activities, and in particular the good of everyone's willing acting from the public conception of justice in affirming their social institutions"（p. 350）。H 本："为了说明那些社会价值，我们还需要一种理论来解释活动的善，具体地说，解释一个人在肯定他们的社会制度时从共享的正义观念出发的意愿活动的善"（第 313 页）。在这段译本中，H 本存在多个差错：

（1）短语："In particular"。这个习惯用语涉及对 "the good of

---

① good of moral virtues，罗尔斯强调道德德性的善、利益和价值，也就是说，道德德性本身就是有价值的，是能够带来其持有者实际好处或利益的。这是罗尔斯对柏拉图《理想国》中相关讨论的一个终极回应，是对苏格拉底对正义的信念的最新发展。

activities"和"the good of everyone's willing acting"关系的理解。罗尔斯在这里讨论的是人的活动所产生的福分，他先说用一种理论来解释"各种活动的善"（good of activities）；接着特别强调"每一个人通过自愿活动所产生的善"（good of everyone's willing acting），在这里"in particular"不能解析为"具体地说"，而应解析为"尤其是"或"特别是"。这是一种强调句式，表示用一种理论解释"各种活动的善"的聚焦点是，"每一个人的自愿行动所产生的善"。后面的短语"from the public conception of justice in affirming their social institutions"规定着"每个人的自愿行动"的内容，亦即"从公开且公共的正义观念出发，肯定其社会制度"。显然，"各种活动产生的善"包含"每一个人通过自愿活动产生的善"，但不局限于后者。H本在这里用"具体地说"解析"in particular"是错误的。

（2）单词："Everyone". 不能解析为"一个人"。

（3）短语："The public conception of justice". 笔者建议解析为"公开且公共的正义观念"。至于理由，笔者已在其他地方多次讨论过。

5. 原文："**The sense of justice and moral sentiments**"（p. 350）。H本："正义感和道德感"（第313页）。"moral sentiments"须解析为"道德情操"，这是斯密著作《道德情操论》的标题。罗尔斯在《正义论》中多次提到这个著作。即使在日常汉语中，"道德感"和"道德情操"是不可等同的两个术语。

6. 原文："**There is no reason for not using the full theory, since the conception of justice is available**"（p. 350）。H本："既然正义观念已经确立，我们就没有理由不使用善的强理论"（第313页）。在这里，使用充分善理论的理由，不是"正义观念已经确立"，而是"这种正义观念是可行的"。它就是罗尔斯一直主张的"公平正义（conception of justice as fairness）"。罗尔斯试图把它从自己个人的一己之见，演变成整个社会的"公开且公共的正义观念"。因此，罗尔斯在这里不是泛泛而谈地说"正义观念已经确立"，而是"这种正义观念是行得通的"（conception of justice is available）。我们在原文中也根本没有找到"正义观念已经确立"的对应语句。这显然是H本译者的主观臆测。

【诠释】

最后，当我们着手解析（explanation）社会价值和某个正义观念的稳定性时，需要较为宽泛地诠释善（wider interpretation of the good）。比如，有一个基础心理学原理是，我们倾向于去爱那些明确地流露出关爱我们的人，他们显然想要帮助我们，让我们过得更好些。在这个例子中，我们追求的美好事物（各种价值、权利、利益和善）包含了各种终极目标（final ends），而不只是基本善。而且，为了说明那些社会价值，我们需要一种理论来解析各种活动产生的善，尤其是每个人从公开且公共的正义观念出发，认可其社会制度，通过自愿行动产生的善。当我们思考这些问题时，我们将会在充分善理论之内作思考。有时，我们正在检验的程序是获得正义感和道德情操所必需的；有时，我们注意到，正义社会的集体活动也是善好的（对大家有利的）。因为这种正义观念是可行的，所以，不存在不使用充分善理论的理由。

【原文】§60－6－p. 350

【评析】

1. 原文："However, when we ask whether the sense of justice is a good, the important question clearly is that defined by the thin theory"（p. 350）。H本："然而，当我们问正义感是不是一种善时，重要的问题显然是弱理论限定的"（第313—314页）。这是一个比较糟糕的解析，它没有后半句话的真实意思。罗尔斯在这里运用了英语习惯使用的一种强调句式"the...that..."。从社会基本善的角度来讨论正义感具有重要意义，这是罗尔斯从契约论角度而不是从直觉论角度看待正义感的重要理论见解。正义感是一个基本善，虽然其提供者为每一个公民。相比之下，如果把"正义感"解读为"一种善"，那么其社会重要性便会大大下降。因为它将变成因人而异的主观设定。如果这样，那么允许一些个体不具有这样的善。但是，如果正义感是基本善之一，那么它必须由每一个公民所具有。罗尔斯试图论证的是，在良序社会里，正义感是每一个公民的必备能力，是他们必须具备的基本善之一。**新解**："不过，当我们问起正义感是不是一项善时，这个重要问题正是由不充分善理论来界定的。"

2. 原文："We want to know whether having and maintain a sense of justice is a good (in the thin sense) for persons who are members of a well-ordered society. Surely if the sentiment of justice is ever a good, it is a good in this special case"（p. 350）。H本："如果正义感始终是一种善，它就肯定对良序社会的人们是一种善"（第314页）。在这里"the sentiment of justice"可以解析为"同情正义"或"对正义的同情"，但是在含义上不同于"正义感"（sense of justice）。

3. 原文："This match between justice and goodness I refer to as congruence"（p. 350）. H 本："我把正义和善之间的这种契合称为一致性"（第 314 页）。**新解**："我称在正义与善好之间的这个相称关系为同余关系。"

【诠释】

不过，当我们问起正义感是不是一项善时，这个重要问题正是由不充分善理论来界定的。我们想要知道，对于良序社会的成员来说，持有和维护正义感，（在不充分善理论意义上）究竟是不是一项善。① 可以明确的是，假如正义的情操(亦即正义感) 是一项善，那么在这个特殊情况下，持有和维护正义感便是一项善。如果在不充分善理论里，它变成了这样一种说法：持有正义感的确是一项善，那么，良序社会就如人所愿地是稳定的。良序社会不仅产生着自我支持的道德态度，而且那些道德态度从理性人立场来看是讲得通的(desirable, 可欲的, 合乎情理的)。当理性人独立于正义的约束条件来评估自身的处境时(when they assess their situation independently from the constrains of justice)，他们便拥有了那些道德态度。我称在正义与善好之间的这个对称关系为同余关系；当我们讨论正义之善（§86）时，本人将考察这个关系。②

§61 适用于简单例证的"善好的"定义
The Definition of Good for Simpler Cases

【题解】

罗尔斯区分了与"善好"有关的两类术语，一是作为实体的"善好"、"善"或"好东西"；二是作为事物属性的"好的""善好的"或"良好的"。当他讨论作为属性的"善好的"观念时，他没有赋予"善好的"以特别的道德价值，比如，一具保存完好的尸体、一株生长良好的树苗，它们只是一些日常用语，广泛存在于我们对于日常事务的判断中，与我们的

---

① 类似于基本善意义上的善，虽然罗尔斯没有明确地表示，持有和维护正义感属于基本善之一，但它是公民享有基本善的个体条件或主观条件。
② 正义之善表示由正义给整个社会带来的正面效用，主要是社会利益的增进和社会条件的改进，结果便是可持续的社会稳定。

理性生活规划高度相关，其中并不存在特别的哲学意义。

【原文】§61-1-pp.350-351

【评析】

1. 原文："**The Definition of Good for Simpler Cases. Rather than proceeding immediately to the application of the conception of rationality to the assessment of plans**, it seems best to illustrate the definition I shall use by first considering simpler cases"（p. 350）。H本："简单情况下的善的定义　我最好先以较为简单的例子来说明我将使用的理性的定义，而不是先直接把理性概念用于估价生活计划"（第314页）。H本在多个关键点上犯了错误：

（1）第61节的标题"The Definition of Good for Simpler Cases"中的"simpler cases"不能解读为"简单情况"，它与接下来语句中的相同短语"simpler cases"亦即"较为简单的例证"没有保持译名同一。那个标题应当解读为"适用于简单例证的'善好的'定义"。

（2）H本漏掉了"It seems best"中的语词"seems"，它可以解析为"好像是"，"看似"等，表示罗尔斯本人处理相关问题表面上有点拿不定主意，但实际上是清楚的。

（3）短语："Proceeding immediately to". H本解读为"先直接"是错误的。它的准确意思是"立即着手"或"马上进行"。

（4）短语："The definition". 不是"理性的定义"。联系这一节标题"善好的定义的简单举例"（Definition of Good for Simpler Cases），这里的"the definition"应当是"'善好的'定义"。

（5）在《正义论》中，"概念"（concept）和"观念"（conception）是不能混同的两个术语。H本把"the conception of rationality"解读为"理性概念"是错误的。它的正确译法是"**理性观念**"。

（6）短语："The assessment of plans". H本解读为"估价生活计划"勉强说得通，其较好的解读是"**评估各种人生规划**"或"**各种人生规划的评估**"。

2. 原文："**Doing this will bring out several distinctions that are necessary for a clear understanding of its sense**"（p. 350）。H本："这样做将表明一些区别，这些区别对于清楚地理解这个概念的意义是十分重要的"（第314页）。因为H本在前半个段落误解了"the definition"，所以它继续误解了这一语句中的短语"its sense"。这个短语肯定不能解读为"这

个概念的意义"，然而，依照 H 本上下文来理解，"这个概念的意义" 就是 "理性概念的意义"。但是，罗尔斯在这里提到的 "its sense"，只能是 "'善好的'定义的意思"。

3. 原文："**A is a good X if and only if A has the properties（to a higher degree than the average or standard X）which it is rational to want in an X, given what X's are used for, or expected to do, and the like whichever rider is appropriate**"（pp. 350 – 351）。H 本："当且仅当在已知人们使用 X 的目的、意图等等（以及无论何种其他恰当的附加因素）的条件下，A（在比普通的或标准的 X 更高程度上）具有人们合理地要求于一个 X 的那些性质时，A 是一个善 X"（第 314 页）。**新解**："当且仅当 A 具有在任一 X 中皆可合理期待的特性（高于普通 X 或标准 X），给定 X 的用途或目标等（无论何种附加项都是恰当的），那么，A 是一个善好的 X。"

4. 原文："**A is a good X for K（where K is some person）if and only if A has the properties which it is rational for K to want in an X, given K's circumstances, abilities, and plan of life（his system of aims）, and therefore in view of what he intends to do with an X, or whatever**"（p. 351）。H 本："当且仅当在已知 K（在 K 是某个人的情况下）的境况、能力和生活计划（他的目的系统），因而考虑到他使用 X 的意图或无论什么的条件下，A 具有 K 合理地要求于一个 X 的那些性质时，A 对于 K 是一个善 X"（第 314 页）。**新解**："当且仅当 A 拥有 K（在这里 K 是一个人）在任一 X 中合理期待的特性，给定 K 的境况、能力和人生规划（他的各种目标），并考虑他使用 X 的意图等，那么对 K 而言，A 是一个善好的 X。"

【诠释】

佐证本人将要使用的"善好的"定义，看似最好的做法是，与其立即着手运用理性观念来评估各种人生规划，不如先思考一些较为简单的例证。这样做将导致若干区分，它们对清晰理解"善好的"定义的意思是必要的。于是，本人假定，对"善好的"下定义有三个步骤［出于简明考虑，这三个步骤用"善好"概念(concept of goodness) 而非"比……更加善好"概念(concept of better than) 作公设演示］：（1）当且仅当 A 具有在任一 X 中皆可合理期待的特性（高于普通 X[①]或标准 X），给定 X 的用途或目标等（无论何种附加项都是恰当的），那么，A 是一个善好的 X。（2）当且

[①] 参阅罗斯《正当与善》，牛津：克莱伦顿出版社 1930 年版，第 67 页。——原注

仅当 A 拥有 K（在这里 K 是一个人）在任一 X 中合理期待的特性，给定 K 的境况、能力和人生规划（他的各种目标），并考虑他使用 X 的意图等，那么对 K 而言，A 是一个善好的 X。(3) 同于 (2)，但要针对效果附加一个条款，亦即 K 的人生规划，或人生规划中与目前情形相关的部分，本身是合理的。合理性在各种人生规划中意味着什么仍然有待确定，这一问题将在后面予以讨论。不过顾名思义，一旦我们设定，某个对象具有这样的特性，对任何一个有着理性人生规划的人来说，想要得到那些特性是理性的，那么，我们已经证明，该对象对他来说便是善好的。并且，假如有些东西通常满足针对人们（persons）而言的这个条件，那么这些东西便是人类之善（human goods，人人皆可拥有的美好事物）。最后，我们想要明确的是，自由和机会，我们的自我价值感，皆属于这一类善。①②

---

① 罗尔斯在这里没有明确地表示它们是人人皆可分享的基本善，但是它与罗尔斯有关基本善的论述相一致，因此，这里的凡人皆可享有的善好之物，也可以作基本善理解，它们构成基本善的重要内容。

② 本人指出过，沿着这些思路来解释善，尽管有各种说法，但存在广泛共识。参阅亚里士多德《尼各马可伦理学》第一、第十章；阿奎那：《神学大全》第 1 辑，第一部第 5—6 段；阿奎那：《反异教大全》第三部第 1—63 章；阿奎那：《论幸福》，厄斯特勒英译本，新泽西英栓伍德克利弗斯：普兰斯—霍尔出版社 1964 年版。关于康德的观点，参阅康德《道德形而上学基础》（学院版）第 4 卷，第 415—419 页；《实践理性批判》第一部第 1 编，第二章第一部分。参阅佩顿（H. J. Paton）关于康德的讨论，佩顿：《捍卫理性》，伦敦：乔治—艾伦和昂温出版社 1951 年版，第 157—177 页。关于西季威克的观点，参阅西季威克《伦理学方法》第 7 版，伦敦：麦克米兰出版社 1907 年版，第 1 编第九章、第 3 编第十四章。观念论者以及受其影响的人也持有这种观点。例如，参阅布拉德雷（F. H. Bradly）《伦理学研究》第 2 版，牛津：克莱伦顿出版社 1926 年版，第二章；罗伊斯（Josiah Royce）：《忠诚的哲学》（*Philosophy of Loyalty*），纽约：麦克米兰出版社 1908 年版，第 2 讲。较晚近的文献有佩顿《善良意志》（*Good Will*），伦敦：乔治—艾伦出版社 1927 年版，第 2 卷和第 3 卷，尤其是第八章和第九章。拉蒙特（W. D. Lamont）：《价值判断》，爱丁堡：爱丁堡大学出版社 1955 年版；芬德利（J. N. Findlay）：《价值与意向》（*Values and Intentions*），伦敦：乔治·艾伦出版社 1961 年版，第五章第 1、第 3 节和第六章。关于所谓价值论的自然主义者，参阅约翰·杜威《人性与行为》（*Human Nature and Conduct*），纽约：亨利—霍尔出版社 1922 年版，第三部分；培里：《价值通论》（*General Theory of Value*），纽约：朗曼出版社 1926 年版，第 20—22 章；刘易斯：《对知识和评价的分析》（*Analysis of Knowledge and Valuation*），伊利诺伊拉萨尔：敞院出版社 1946 年版，第 3 编。我的见解受益于厄姆森（J. O. Urmson）"论分级"（"On Grading"），《心灵》1950 年第 59 卷；保罗·齐夫（Paul Ziff）：《语义分析》（*Semantic Analysis*），纽约伊萨卡：康奈尔大学出版社 1960 年版，第六章；以及菲力普·福特（Philippa Foot）"善好与选择"（"Goodness and Choice"），《亚里士多德学会会刊》1961 年（增刊）第 35 卷，尽管他们可能不赞同本人的看法。——原注

第七章 理性善好　1125

【原文】§61 -2 - pp. 351 -352

【评析】

1. 原文："**The principles of rational choice**"（p. 351）。H 本："合理选择的原则"（第 315 页）。**新解**："**理性选择原则**"。H 本的一大问题是，经常把日常用语解读为专业术语，把专业术语解读为日常用语。把"the principles of rational choice"解读为"合理选择的原则"就是一例。

2. 原文："**A good object**"（p. 352）。H 本："一个好事物"（第 315 页）。**新解**："一个好东西"。

3. 原文："**When these conditions are met, saying that something is good conveys useful information. There is sufficient common experience with or knowledge of these things for us to have an understanding of the desired features exemplified by an average or standard object**"（p. 352）。H 本："一旦具备了这些条件，说某物是善就表达了有用的信息。我们对于这类善事物具有充分的共同经验和知识，它们使我们能够了解在一个普通的或标准的对象那里表现出来的、为我们欲求的性质"（第 315 页）。H 本用"善事物"解析"a good object"，也用"某物是善"来解读"something is good"。不过，在汉语习惯中，"好东西"和"善事物"，或"某个东西是好的"和"某物是善"传递的信息还是不同的。考虑到汉语习惯，笔者解读时一般把"good"解读为"善好的"；偶尔根据上下文，把它解读为"好的""良好的"或"优良的"。

4. 原文："**Therefore we say that certain things are good without further elaboration only when a certain background is presupposed or some particular context is taken for granted**"（p. 352）。H 本："所以，只有假定了某种背景，或某种特殊的联系被看作是自然而然的，我们说某些事物是善的才无需任何解释"（第 315—316 页）。**新解**："所以，我们说，只要设定某个确定的背景，或者，只要把某个特定上下文视为理所当然的，有些事物未经进一步论证就是善好的。"

【诠释】

现在，我要对"善好的"下定义的前两个步骤略说几句。我们想要从第一步骤推进到第二步骤，就须考虑下定义涉及的个人处境的专门特性(special features)。典型说来，这些特性是指那个人的各种趣味、能力和

1126　《正义论》评注

情境。① 虽然理性选择原则尚未得到系统论述，但是这个常见概念暂时看来是足够清晰的。一般而言，假如在关心此类事物的人们中间，他们的趣味和情境存在足够的相似性，一套公认的标准将会被确立起来，那么，在单纯谈论某类事物中的一个好东西时，就存在一个相当确切的意思，一个由第一步骤说明的意思。一旦具备这些条件，那么说"某个东西是善好的"（something is good）就传递了一些有用信息。我们对此类事物有着足够的共同经验和知识，我们得以了解由一个普通事物或标准事物表现出来的那些为人所需的特性。常见于商务或其他实务的习惯标准规定着这些特性。② 在了解诸多实例之后，我们无疑将会看到，这些标准是如何演变的，相关标准是如何制定的。然而，重要的在于，这些标准依赖于当下对象的性质，依赖于我们对于它们的体验；所以，我们说，只要设定某个确定的背景，或者，只要把某个特定上下文视为理所当然的，有些事物未经进一步论证就是善好的。基本价值判断是在所与的（既定的）趣味、能力和情境下人们根据自身立场做出的判断。仅当条件相似时，我们才能可靠地从任何其他人的特殊情境吸取经验。一旦存在任何复杂情况，根据特殊需要和境况对所选事物做出调整，我们便进入定义的第二步骤。我们的价值判断依照这个步骤的要求进行裁剪以适合有关的当事人。③

【原文】 §61-3-pp.352-353

【评析】

1. 原文："These remarks may be illustrated by looking at several examples from certain typical categories: artifacts, functional parts of systems, and occupations and roles"（p.352）。H本："只要注意一些典型的事物，比如人造物、系统的功能部分、职业和角色，就能理解上面这些评论"（第316页）；X本："可以从某些有代表性的不同类别的事物中举几个例子，如人工制品、人体的器官，以及职业和任务"（第436页）。H

---

① interests, abilities, and circumstances. 这里的"interests"侧重点不是利益，而是个人志趣、兴趣或趣味。所谓"志同道合""志趣相投"。比如，罗尔斯接下来将举例说明好表、好山、好夜晚甚至完好尸体的性质，就应当从人的趣味而不是从人的利益去解读它们。
② 参阅厄姆森"论分级"，第148—154页。——原注
③ 这里的"权益""价值""利益"和"善"是在同一个层次上的含义相近的概念，罗尔斯本人也经常替换使用这些概念。"基本价值"相似于"基本善"，是人们在人生规划中预设或追求的主要目标。

本的解读几乎都是错的；X 本的解读要好一些。**新解："只须留意来自一些典型类别的几个实例：人工制品、系统的功能部件、职业和角色，就可以佐证这些说法。"**

（1）短语："These remarks". 解读为"这些评论"仍然没有把握好分寸。"artifacts"解读为"人造物"，可以算是对的，但是也不很恰当，因为罗尔斯马上以表为例来说明词语"artifacts"，将它解读为"人工制品"要更加恰当些。因此整个语句中，只有"occupations and roles"解读完全正确，也就是"职业和角色"。X 本把"roles"解读为"任务"也不妥当。

（2）短语："May be illustrated by". 解读为"就能理解"是错的。

（3）短语："Several examples". 解读为"事物"是错的。

（4）短语："Certain typical categories". 解读为"一些典型"是错的，其实"typical categories"是固定词组，表示"典型类别"。

2. **原文**："**Truths of logic and definitions of concepts**"（p. 352）. X 本："逻辑准确和概念清晰"（第 436 页）。**新解："逻辑真值和概念定义"**。罗素、维特根斯坦、蒯因对此有专门研究。

【诠释】

只须留意来自一些典型类别的几个实例：人工制品、系统的功能部件、职业和角色，就可以佐证这些说法。比如，在各种人工制品中，一块好表有着人们合理期待一块表该有的诸多特性。除了报时准确，它显然有着许多为人所需的特性。比如，它不得过于厚重。在一般评估中，在标注适当重量时，这些特性一定会得到测评。本人在此不考虑这些工作是如何完成的。不过，假如我们在传统意义上把"善好的"定义为一个分析，即定义为对概念同一性的一个陈述(as a statement of concept identity)，假如我们假定，依照定义，一块表是一个用来报时的物件，并且依照定义，理性在于以采取有效手段来达成人的目的(rationality is taking effective means to achieve one's ends)。那么，如下说法便是分析的：一块好表，或一块品质优良的表，是一块报时准确的表。这一事实完全由逻辑真值和概念定义确定。不过，因为我不愿意在如此意义上定义"善好的"，相反，我把"善好的"定义为对构造替换表达式的粗略指引，那些表达式通常说出本人在反省时想要表达的意思，所以，我不会把这个陈述视为分析的。事实上，就我们当下的目标而言，本人将完全避开这个问题，而径直把关于表（或其他东西）的一些特定事实看作常识。人们根本不会问"表达这些事实的陈述是否分析的？"之类问题。照此理解，以下说法当然为真：一块好表是一块报时准确的表。这一陈述与日常生活事实相契合，它足以证实"善好的"定义的恰当性。

【原文】§61-4-p.353

【评析】

1. 原文："**In all these cases special interests give rise to certain appropriate classifications and standards. These complications are ordinarily gathered from the circumstances and are explicitly mentioned when it seems necessary**"（p.353）。H本："在所有这些情况下，特殊的兴趣都会产生某种恰当的分类和标准。这些复杂性常常是从种种环境中聚集起来的，并且只是在必要时才会被明确提到"（第316页）。就这里的短语"special interests"而言，解读为"特殊的兴趣"比解读为"特殊的利益"要好一些，但是两个都不如"特殊的趣味"更符合原意。表和服装一样，体现着社会潮流或风尚，用"特殊的趣味"能较好地解析人们在时尚事物分类与标准方面的追求。同样地，在这个语句中，"特殊的趣味"比"特殊的兴趣"能够更好地把握罗尔斯的意思。此外，罗尔斯用"并发症"（complication）一词来评论特殊的趣味导致人们对过于精细的分类和标准的追求，笔者把"these complications"解读为"**这些微妙之处**"。生活变得日益复杂，由此产生对事物的精细分类和评估标准，超出了人们的实际需要，带来各种并发症，也就是所谓的社会文明病。罗尔斯竟然用上了"并发症"这样的医学术语，这让读者感到意外，更让《正义论》中文版译者没有做好思想准备。但是，罗尔斯长期生活在波士顿的康布里奇，哈佛大学和麻省理工学院都在那里。他的学术研究、教学工作和日常生活，几乎离不开哲学之外的所有其他学科，一些工科、医科的学术术语自然会进入他的著作之中，成为他列举的普通案例。所以，"complication"出现在《正义论》中就一点都不必感到奇怪。需要指出的是，在这句话当中，"complication"是一个关键词，一个让人产生联想的双关语。H本把"complications"解读为"复杂性"，便无法掌握罗尔斯在这里想要表达的实际意思，以至于产生"这些复杂性常常是从种种环境中聚集起来的"这样不知所云的语句。X本也没有准确解读这个语句，在此略过。

2. 原文："**Some terms suggest the appropriate expansion**"（p.353）。H本："有一些词语表明了适当的解释"（第317页）。罗尔斯在这里讨论专业术语的恰当使用问题，而不是普通词语的普通使用问题。因为他明确地举例说明，作为解剖学专业术语，"a good corpse"不如"a good

cadaver"准确。所以,这里的"some terms"应当解读为"**有些术语**",而不是"有一些词语"。

【诠释】

显而易见,短语"一个善好的 X"中的字母"X"常常要根据上下文关系由各种名词短语来替换。因为我们通常需要一种较为精细的分类(more fine-grained classification),所以,仅仅谈论好表(good watches)是不够的。人们会要求我们去评估手表(wrist watches)、跑表(stop watches)等等;甚至去评估与某种特定晚礼服相搭配的腕表款式。在所有这些事例中,特殊的趣味会产生某些恰当的分类和标准。这些微妙之处通常由具体场合来定夺,在看似必要时便会被明确地提及。对于那些非人工制品,通常需要作些解释才能说明它的意思,因为通过指称该事物提供不了其意义。所以,比方说,"怀尔德凯是一座很不错的山",这个陈述可能需要作些补充:它对于滑雪是一座很不错的山。再比如,"今夜是一个美好的夜晚",这一说法可能要略作说明:因为这是一个晴朗而漆黑的夜晚,今天这个夜晚对观测星星是一个美好的夜晚。有些术语表述得较为得体。试举一个例子,假如我们比较两个陈述:(1)"一个人体是一具好尸体"(body is a good corpse),(2)"一个人体是一具好的解剖用尸体"(it is a good cadaver),那么第一个陈述的意思是不清晰的,而把某物指称为解剖用的尸体才表示了它的解剖学研究用途。一具好的解剖用尸体,可能指的是一具有可以为此目的合理地要求的那些特性(无论什么特性)的尸体。① 顺便提一下,即使我们不知道被评估的对象究竟好在哪里(what are the desired features of the object being evaluated),我们至少能够部分地理解称"某件事是善好的"(something good)所包含的意义。

【原文】§61 -5 - pp. 353 -354

【评析】

1. 原文:"**There always stands in the background a point of view from which an artifact, functional part, or role is being appraised, although of course this point of view need not be made explicit**"(p. 353)。H 本:"在这种背景之下总是存在一种观点,人们从这个观点去称赞一件人造物,一

---

① 这个例子来自齐夫《语义分析》,第 211 页。——原注 [H 本将齐夫的书译为《语言分析》(第 317 页),大谬。]

个功能部分或一个角色，尽管他们不必说明这个观点"（第317页）。同前文的"functional part of systems"（p. 352）一样，在这里，"functional part"是一个系统工程领域的常见术语，其正确表述是"**功能部件**"。

2. 原文："**In the case of parts of the body (functional parts of systems), we normally take up the point of view of the person in question and presume that his interest is the normal one**"（p. 354）. H本："对于身体的部分（系统的功能部分），我们一般都采取相关的人的观点，并且假定他的关切是正常的"（第317页）。在这个语句中，"身体部位"（parts of the body）是生理学术语，"系统的功能部件"（functional parts of systems）则是系统工程术语。

3. 原文："**Turning to the category of occupations, in some instances anyway while the desired properties are those of persons belonging to the occupation, the persons whose point of view we take up do not belong to it**"（p. 354）. H本："然而在职业领域，至少在某些场合，尽管所欲求的是从事于一定职业活动的人们的性质，我们采取的却是不从属于这个职业的人们的观点"（第317页）。罗尔斯在这里突然转向讨论"职业类别"的职业能力和职业道德问题。这是他在这一章开头提到的"论题的切换有时显得不那么连贯（p. 347）"的一个佐证。可惜H本没有提及"职业类别"（category of occupation）这个话题。这也算是一个疏忽。

4. 原文："**These illustrations show that the point of view varies from case to case and the definition of goodness contains no general formula for determining it. These matters are explained as the occasion arises or gathered from the context**"（p. 354）. H本："这些例子说明，人们的观点是根据具体情况而变化的，善的定义不包含确定这种观点的一般公式。这些观点要当情况发生时才能得到解释或从环境中集中起来"（第317页）。这里需要说明两点：

（1）短语："The definition of goodness"。区分于"the definition of good"，最好解读为"'**善好**'**的定义**"而不是"善的定义"；

（2）在H本中，"这些观点要当场合发生时才能得到解释或从环境中集中起来"这句话是说不通的，关键在于对"gathered from the context"的解读出现了偏差，它的意思不是"从环境中集中起来"，而是"要取决于语境"，或者是"要联系上下文来定夺"。这里的"the context"是结构主义哲学讨论具体文本中的语句和语词含义时经常提到的一个术语。要理解这个术语，还是先看一下语境论者是如何说的吧，但它在这儿无论如何都不可解读为"环境"。

【诠释】

在如此背景之下，总是存在这样的观点，人工制品、功能部件或角色因此而得到评估或赞美，尽管它当然未必得到清晰的阐述。这个视角通过两点来规定：（1）确认与给出判断有关的人；（2）描述他们对判断对象所产生的关切、兴趣或趣味（这里的"interests"同时包含上述三种含义）。例如，就身体某些部位（系统的功能部件）而言，假定他的关切是正常的，我们一般采取相关人的观点。于是，好眼睛和好耳朵具有如下性质：当一个人想要听得好、看得真的时候，它是在他自己的眼睛和耳朵那儿可以合理期待的性质。动物和植物的情形也与此类似：当我们说它们有好皮毛或好根茎时，我们好像采取了那个动物或植物的观点。这样做无疑存在某种拟人性（artificiality），当我们如此说着植物的时候，情况尤其如此。另一方面，也许还有其他的视角，它们将更自然地说明那些判断。但是，这样的定义可能比较适合于一些例子，而不太适合于另一些例子。只要这个定义能满足正义理论的目标（purposes），我们就不必过于担心这个事实。现在，我们转向讨论职业类别，在某些情形下，不管怎样，虽然所需特性是属于某种职业的人的特性，但是我们采纳其意见的人却不属于该职业。因此，好医生必须具备其病人可以合理要求于他的医术和能力（skills and abilities）。医术和能力是医生的，病人关心的是康复（restoration of health），医生的医术和能力通过病人的康复而得到评估。这些事例说明，人的意见因情况的变化而变化，关于"善好"的定义不包含确定"善好的"一般公式。说明这些事情，就要依据当时发生的偶然情况，或者要联系上下文，方可定夺。

【原文】 §61-6-p.354

【评析】

1. 原文："**About the point of view from which things are judged to be good or bad**"（p.354）。H 本："对评价事物善恶的观点来说"（第317页）。"判断事物好坏"是一种事实判断，而"评价事物善恶"是一种价值判断。从其列举的具体实例来看，罗尔斯在这里讨论的既有"判断事物好坏的问题"，也有"评价事物善恶的问题"，但侧重点是前者。也就是说，他在此关注的是一个事实问题，而不是一个价值问题。所以，原文才会说"不存在必然正当或道德正确的东西。"当然，这只是一种说法，不一定是罗尔斯本人的见解。在西方哲学史上，事实与价值的区分，休谟是

1132 《正义论》评注

重要开创者之一。对于这个区分，可惜 H 本还是搞混了。正是基于这个区分，罗尔斯接下来关于好间谍、好刺客的讨论才显得顺理成章。**新解**："从判断事物好坏的观点来看"。

2. **原文**："**We are simply evaluating certain proficiencies and talents from the point of view of governments and conspirators**"（p. 354）。H 本："我们仅仅是从政府和阴谋家们的观点来估价某些效率和天分"（第 318 页）。在这里，H 本可能把语词"专长"（proficiencies）错看成"效率"（efficiencies）了。罗尔斯在《正义论》中也讨论到效率，但不是在这一节。**新解**："我们仅仅从政府或阴谋家的观点来评估某些专长和天分。"

【诠释】

还有一个说法是，从判断事物好坏的观点来看，不存在必然正当（necessarily right）或道德正确（morally correct）的东西。① 人们或许说，张三是好间谍或好刺客，但不欣赏其手法。把"善好的"定义用于这个例子，我们会得到这样的解释：假如人们想让间谍或刺客去干的就是那些事情的话，这里指称的个体具有人们合理地要求于任一间谍或刺客的那些特性。这里毫无要求任一间谍或刺客去做其所做的事情是正当的意思。雇佣间谍和刺客的，通常是政府和阴谋家之流。我们仅仅从政府或阴谋家的观点来评估某些专长和天分。至于间谍或刺客是不是好人，这完全是一个单独的问题（separate question，它也可解读为"这完全应另当别论"）；要回答这个问题，我们就要去判断他干这份差使的缘由以及他如此做的动机。

【原文】 §61-7-pp. 354-355

【评析】

1. **原文**："**Moreover, to construct the conception of moral goodness, the principles of right and justice must be introduced**"（p. 355）。H 本："其次，要构筑道德上的善概念，必须借助于正当的和正义的原则"（第 318 页）。H 本没有很好把握"conception of moral goodness"的道德哲学含义，把它解读成"道德上的善概念"是错误的。"goodness"不是"善"，

---

① 关于这一点，参阅罗斯《正当与善》，第 67 页；另一种不大相同的观点参阅邓肯·琼斯（A. E. Duncan-Jones）"好东西与好窃贼"（"Good Things and Good Thieves"），《分析》1966 年第 27 卷，第 113—118 页。——原注

而是"善好"。"conception of goodness"不是"善概念",而是"善好观念"。"moral goodness"是一个专业术语,它可以解读为"道德善好"。"道德善好观念"是一种性善论,罗尔斯正义理论是一种性善论。罗尔斯推崇的性善论,使他与霍布斯和洛克等人主张的性恶论区分开来。这是他追随康德道德哲学的最重要方面,也是导致他与哈耶克和哈奇克无法沟通和对话的重要原因。**新解**:"此外,为了构造道德善好观念,必须引入正当原则和正义原则。"

2. 原文:"**In order for goodness as rationality to hold for the concept of moral worth, it must turn out that the virtues are properties that it is rational for persons to want in one another when they adopt the requisite point of view**"(p. 355)。H 本:"为了使理性的善的概念也适用于道德价值概念,必须证明德性是人们在采取那些起码的观点时能合理地相互要求的特性"(第318页)。正如"公平正义"(justice as fairness)一样,"理性善好"(goodness as rationality)是一个"观念"(conception),而不是一个"概念"(concept)。H 本没有明确区分两者,导致译本全盘混乱。这里原本没有出现"概念",是 H 本自己加上的。如果真要加上,它只能是"观念",而不是其他。"properties"这个词语在《正义论》中出现频率比较高,它有些近义词,可解读为属性、特性、性质、品质等,一般有正面含义。在解读《正义论》具体语句时,要根据上下文确定相应汉语词汇。**新解**:"若要理性善好观念符合道德价值概念,就须证明:当人们采纳这个必要的观点时,向双方提出以下要求是合理的:这些德性是他们应当具备的品质。"

【诠释】

现在,关于"善好的"定义的这种道德中立性,正是我们所期待的(要实现这一目标,首先要突破对"good"的伦理学解读)。理性概念(concept of rationality)本身不是正当概念(concept of right)的充分基础(adequate basis);在契约论中,正当概念是通过另一条途径推导出来的。此外,为了构造道德善好观念,必须引入正当原则和正义原则。不难看出,就许多职业和角色而言,道德原则在规定受人推崇的品质[①]方面是举足轻重的。比如,好法官要有强烈的愿望去伸张正义,依照法律的要求公平裁决案件。他要做到

[①] desired properties。"properties"这个语词没有单一的、恰当的对应汉语词语可以准确表达其含义。笔者只好根据上下文做变通,将它解读为"需要的品质、属性、性能、资质、性质、特性等"。

以德配位(position)，具备以下司法美德(judicial virtues)：为人刚正不阿，公平评估证据(evidence)，不徇私枉法，不为私心杂念所左右(not prejudiced or moved by personal considerations)。这些品质或许不是充分条件，但一般来说却是必要条件。对好父亲、好母亲、好朋友、好伙伴(好合伙人)等不胜枚举之好人的具体规定(characterizations)，依赖于美德理论，一种德性论(theory of the virtues)，所以预设了正当原则(principles of right)。这些事情属于充分善理论(these matters belong to the full theory)。若要理性善好观念符合道德价值概念，就须证明：当人们采纳这个必要的观点(理性善好观念)时，向双方提出以下要求是合理的：这些德性是他们应当具备的品质。本人将在适当的地方证明，事实正是如此（§66）。

§62 关于意义的说明
A Note on Meaning

【题解】

罗尔斯本人称这一节偏离《正义论》的主题，它所讨论的是分析哲学经常讨论的论题。他显然借鉴了达米特、蒯因、塞尔、戴维森、乔姆斯基等人有关语义的见解。

【原文】§62 - 1 - p. 355

【评析】

1. 原文："**The terms 'good' and 'bad' and the like**"（p. 355）。H本："'善的'与'恶的'等词汇"（第319页）。**新解**："'善好的'与'非善好的'等术语。"

2. 原文："**What is wanted in dwellings is not what is wanted in clothes. A satisfactory definition of the goodness must fit these two facts**"（p. 355）。H本："要求于住宅的标准不同于要求于衣服的标准。一个令人满意的善定义必须符合这两个事实"（第319页）。**新解**："住宅评价标准不同于服装评价标准。一个令人满意的'善好'定义必须满足这样两个事实。"

【诠释】

我想要略讲一下价值判断(judgements of value)的意义,以补充不充分善理论。这些事情(价值判断)对我们的研究不是重要的,不过,做些说明可以防止误解。也许,主要的问题是,价值判断究竟表现了语言的描述性用法(descriptive use),还是表现了语言的规约性用法(prescriptive use)?不幸的是,描述性用法和规约性用法是两个模糊概念。不过,我仍然试着将其要点作一番梳理。① 所有各方似乎都同意两个普通事实。(1)"善好的"与"非善好的"("好的"与"坏的")等术语通常用来提供建议和劝告,做出赞同与评估,如此等等。诚然,因为它们可以出现在条件陈述、命令和疑问当中,也可以出现在没有实际意义的其他说法当中,这些术语并不总是以如此方式使用的。不过,它们用于提供建议和劝告,做出赞同与评估仍然是主要的。(2)评价标准因事物类别的变化而变化。住宅评价标准不同于服装评价标准。一个令人满意的"善好"定义必须满足这样两个事实。

【原文】§62-2-p.356

【评析】

1. 原文:"Despite the variation in criteria from object to object, the term 'good' has a constant sense (or meaning) that, for philosophical purposes, is of the same kind as that of other predicates normally counted as descriptive. Indeed, this constant sense enables us to understand why and how the criteria for evaluation vary from one kind of thing to another"(p.356)。H本:"尽管评价标准因物而异,但是'善的'这个词具有一种稳定的意思(或意义),就其哲学目的而言,这种意义和其他通常被看作描述性谓词的意义同类。的确,这种稳定的含义使我们能理解评价标准为什么会以及如何因物而异"(第319页)。罗尔斯提出的第一个描述性论题是:术语"善好的"含义的不变性论题。在这里,我们需要明白三点:

(1)"The term 'good'"表达式表明,"good"在这里是作为术语而非一般词语来使用的。鉴于"good"在汉语中一般表述为"好的"或"善好

---

① 在很大程度上,本人的叙述沿袭塞尔的见解,参阅塞尔"意义与言语行为"("Meaning and Speech acts"),《哲学评论》1962年第71卷;并参阅塞尔《意义与言语行为》,剑桥:剑桥大学出版社1969年版,第六章。另请参阅齐夫《语义分析》(Semantic Analysis),第六章。——原注

的"，"the term 'good'"的确切解读应当是"'**善好的**'这个术语"，而不是"'善的'这个词"。

（2）毕竟"good"（善好的）是一个日常词语。如果我们从日常生活中来考察它的实际应用。"善好的"这个日常词语的含义是亘古不变的。也就是说，"good"的含义从前是什么，现代仍然是什么。因此，"has a constant sense (or meaning)"最好解读为"一个恒常的含义"，而不是"一种稳定的意思"。

（3）在语句中，"善好的"（good）这个词语是作为描述性谓词出现的。在哲学上，它的含义和其他描述性谓词的含义属于同类。在这里，罗尔斯没有具体提到其他描述性谓词，但是我们可以想到一些常见的谓词，比如"快乐的"、"幸福的"、"冷的"和"热的"、"快的"和"慢的"、"美的"和"丑的"、"真的"和"假的"、"对的"和"错的"等等。

（4）世上万物纷繁多样、品类繁多且常变常新。针对万事万物的评价标准，不仅要随着万事万物自身的变化而变化，而且要随着它们品类的变化而变化。这是罗尔斯提出差异原则的本体论基础。罗尔斯关于事物品类差异及其变化而导致评价标准差异和变化的论述是比较深刻的。因此，"why and how the criteria for evaluation vary from one kind of thing to another"，不能简单地解读为"评价标准为什么会以及如何因物而异"，而应当解读为"**评价标准因一类事物向另一类事物变化而变化的原因和方式**"。H本用"因物而异"来解析"vary from one kind of thing to another"过于简单。这里表达的意思不是"因物而异"，而是"因事善类的变化而变化"。**新解**："虽然评价标准因对象的变化而变化，但是'善好的'这个术语有着固定的含义，就哲学目的而言，它的含义和通常被看作描述性术语的其他谓词的含义属于同一类。的确，这个固定含义使我们能够理解评价标准因一类事物向另一类事物变化而变化的原因和方式。"

2. 原文："I assume that this theory includes an account of speech acts and illocutionary forces along the lines suggested by Austin"（p. 356）。H本："我按照奥斯汀所提出的观点，假定一般意义理论中包括一种对于语言行为和非通常意义的描述"（第319页）。"speech acts"和"illocutionary forces"是奥斯汀语言哲学的两个基本术语，前者解释为"言语行为"；后者解读为"言外之力"。奥斯汀认为，言语行为是人类交流的最小单位。孔子说"听其言而观其行"，但是言语就是行为的组成部分。说话人的说话意图表现为言外行为。言外行为产生言外之力，是意义的组成部分。任何语句都有言外成分。言外之力有点儿类似于言外之意或弦外之音，是言说者行动力量的直接展示。H 本把两个术语分别解读为"语言行为"和"非通常意义",显然没有把握其确切含义。**新解**:"本人认为,沿着奥斯汀提出的思路,这一理论包括关于言语行为和言外之力的见解。"

【诠释】

现在,我简单地把描述论(descriptive theory)定义为对以下两个论点的坚持:(1)虽然评价标准因对象的变化而变化,但是"善好的"这个术语有着固定的含义,就哲学目的而言,它的含义和通常被看作描述性术语的其他谓词的含义属于同一类。的确,这个固定含义使我们能够理解评价标准因一类事物向另一类事物变化而变化的原因和方式。(2)第二个论点是,在提供建议和忠告时,在表达推荐时,使用术语"善好的"(及相关术语)的恰当性(propriety)。它可以由其固定含义和通用意义理论(general theory of meaning)得到解析。本人认为,沿着奥斯汀提出的思路,这一理论包括关于言语行为和言外之力的见解。① 描述论认为,关于"善好的"的固定描述意义,要考虑使用它的情形,亦即,它实际上被恰当地用于赞美和劝告等等。没有必要赋予语词"善好的"以某种特定意义(special kind of meaning),语词"善好的"的固定描述意义和一般言语行为理论解析不了那种特定意义。

【原文】 §62-3-p.356

【评析】

1. **原文**:"The constant sense of 'good' is characterized by the definition in its several stages"(p.356)。H 本:"'善'的不同阶段的定义描述着这个词的稳定意义"(第319页)。**新解**:"术语'善好的'的固定含义依照若干步骤由定义来确定。"

2. **原文**:"Something's being good is its having the properties that it is rational to want in things of its kind, plus further elaborations depending on the case"(p.356)。H 本:"某物是好的意味着它具有可以合理地要求于那类事物的那些性质,以及取决于那个场合的进一步的解释"(第319页)。**新解**:"'某事物是善好的'表示,某事物具有人们合理要求此类事

---

① 参阅奥斯汀(J. L. Austin)《如何以言行事》(*How to Do Things with Words*),牛津:克莱伦顿出版社1962年版,尤其是第99—109、113—116、145页及以后。——原注

物具有的性质，进一步说明则要视情况而定。"

【诠释】

理性善好(goodness as rationality) 在这个意义上是一种描述论。它以人们要求的方式解析每个人都承认的两个一般事实。术语"善好的"的固定含义依照若干步骤由定义来确定。因此，"某事物是善好的"(something's being good) 表示，某事物具有人们合理要求此类事物具有的性质，进一步说明则要视情况而定。按照这个定义，就容易说明人们的评价标准因事物类别的变化而变化这个事实。既然我们对事物有着不同的目标，那么根据不同性质来评判它们显然是合理的。把"善好的"看作类似功能记号的意义是有益的。① 这样我们就能把定义看作给每一类事物标出一套性质，即我们可以合理地要求于那类事物的那些性质，借助它们就可以评价那类事物中的具体实例。

【原文】 §62 - 4 - pp. 356 - 357

【评析】

罗尔斯关于理性善好的解释，明显表现出对艾耶尔等人的逻辑实证主义的不满。他的见解与伯林的见解如出一辙。

1. 原文："Thus, for example, when we are asked for advice someone wishes to have our opinion as to which course of action, say, is best for him"(p. 356). H 本："例如，举例来说，当某人要求我们提出建议的时候，他希望我们提供比如说关于何种行为方案对于他最好的意见"（第320页）。新解："因此，举例来说，当有人就哪一个行动方案是善好的征求我们的意见时，我们可以答复说，对他最佳的方案便是好的。"

2. 原文："A climber who advises another about the equipment and route to use on a difficult pitch takes up the other's standpoint and recommends what he thinks is a sensible plan of attack"(p. 356). H 本："一位登山者向另一个人建议要攀登一座难爬的山峰该带些什么设备并选择何种路线，他采取着另一个人的观点并推荐他认为最好的行动计划"（第320页）。新解："一名登山者若要给另一名登山者建议，攀登一座难

---

① 本人在此借鉴了吉奇（P. T. Geach）的见解。参阅吉奇"善与恶"("Good and Evil")，《分析》1956年第17卷，第37页及以后。——原注

爬的山峰，要带些什么装备，要选择什么路线，那么他就要站在别人的立场，推荐他认为明智的行动方案。"

3. 原文："So as the situation warrants, what we say may be, and in some cases must be, reckoned as advice and counsel"（p. 357）。H 本："由于环境的作用，我们所说的话可能会，并且在一些场合中必然会，被看作是建议和劝告"（第320页）。**新解**："只要形势允许，我们说的话在某些情况下将会且必定会被视为金玉良言。"

【诠释】

而且，这种"理性善好"观点解析了"善好的"这个语词出现在关于劝告和建议的陈述、关于称赞和赞同的评语中的原因。因此，举例来说，当有人就哪一个行动方案（course of action）是善好的征求我们的意见时，我们可以答复说，对他最佳的方案便是善好的。他希望知道的是，我们认为他做什么才是合理的。一名登山者若要给另一名登山者建议，攀登一座难爬的山峰，需要带些什么装备，需要选择什么路线，那么他就要站在别人的立场，推荐他认为明智的（sensible）行动方案。"善好的"及其相关表达式的意义，没有在那些陈述中发生变化，它们都是建议性陈述。即使我们所使用词语的意思是一样的，但是，正是上下文使我们的说法转变成了建议。比如，登山者有相互支援的义务，所以，在紧急情况下，他们有义务提出斟酌再三的意见。在这样的情势下，他们的话就变成了建议性的。只要形势允许，我们说的话在某些情况下，将会并且必定会被视为金玉良言。假如接受已经略作阐述的正当理论，那么固定的描述性意义，加上人们寻求他人意见的一般理由，就解析了术语"善好的"具有这些特定用法。无论在何种情况下，我们都不必诉诸某种特殊的规约意义或情感意义。

【原文】§ 62 – 5 – p. 357

1. 原文："It may be objected to these remarks that the theory of illocutionary forces allows all that has been claimed by those who have proposed a prescriptive or an emotive theory of meaning"（p. 357）。H 本："对于这些评论可能提出一种反对意见，说非通常意义理论涵括了提出规约的或情感的意义理论的人们所要求的所有东西"（第320页）。**新解**："有人可能会对这些说法提出如下反驳：言外之力理论允许的一切皆已由这样的人予以阐明，他们提出了规约意义理论或情绪意义理论。"

2. 原文: "I have not denied that the understanding of the illocutionary forces of the various uses of 'good', its being employed in statements of praise and advice, and the like, is relevant to grasping the meaning of the term"(p. 357)。H 本:"我并不否认,对于'善的'这个词的各种用法,对于它被用于称赞和建议等等陈述时的非通常意义的理解很贴切地抓住了这个词的意义"(第 320 页)。新解:"我不否认,理解术语'善好的'各种用法的言外之力,在称赞和建议等陈述中对术语'善好的'的使用,涉及对其词义的把握。"

【诠释】

有人可能会对这些说法提出如下反驳:言外之力(illocutionary forces)理论允许的一切皆已由这样的人予以阐明,他们提出了规约意义理论(prescriptive theory of meaning)或情绪意义理论(emotive theory of meaning,艾耶尔是其代表人物)。假如真的如此,就不存在任何争议。我不否认,理解术语"善好的"各种用法的言外之力,在称赞和建议等陈述中对术语"善好的"的使用,涉及对其词义的把握。我不反对以下观点:在人们不会接受陈述"某件事情是善好的"为真同时不同意其言外之力的意义上,一些言外之力对术语"善好的"是至关重要的(假定这种言外之力将在上下文中获得)。① 问题在于如何解析这些事实。

【原文】 §62-6-pp. 357-358

【评析】

1. 原文: "Thus the descriptive theory maintains that 'good' is characteristically used with the force of a recommendation or advice, and the like, precisely because of its descriptive sense as given by the definition. The descriptive meaning of 'good' is not simply a family of lists of properties, a list for each kind of thing according to convention or preference. Rather in the way that the definition explains, these lists are formed in the light of what it is rational to want in objects of various kinds"(p. 357)。H 本:"例如,描述论坚持,'善的'这个词之所以是带着一种

---

① 关于这些见解和其他见解,参阅厄姆森《情绪伦理学理论》,伦敦:哈钦森大学文库 1968 年版,第 136—145 页。——原注

推荐或建议等等意义被特别地加以使用的，正是由于它具有我们的定义所表明的描述意义。'善的'的描述意义并不简单地是一系列的性质表，其中每一份性质表都是按照习惯或爱好对一种事物的性质的排列。相反，按照我们的善定义所表明的，这些性质表是借助于能合理地要求于各种事物的那些东西形成的"（第 320—321 页）。在这段话中，H 本仍然存在较多问题：

（1）单词："Thus"。不能解读为"例如"，它是一个上下文的连接词，一般解读为"如此""因此""所以"，等等。

（2）语句："Because of its descriptive sense as given by the definition"。不能解读为"正是由于它具有我们的定义所表明的描述意义"，而是"**正因为它的描述意义是由定义给定的**"，罗尔斯在这里使用了一个强调句式，把普通句式"because its descriptive sense is given by the definition"，改为强调句式"because of its descriptive sense as given by the definition"。他省略了两个单词，使这个语句的语气大大加强。这里的"given by the definition"，不是"由定义表明"的意思，而是"**由定义给定**"的意思，这是描述论的重要思想。"所与"（given）问题是一个重要的哲学问题。1929 年，美国实用主义哲学家刘易斯发表《心灵与世界秩序》，讨论了这一概念，后来塞拉斯也对此多有发表。1952—1953 年，罗尔斯在牛津大学作博士后研究，当时牛津大学哲学家们讨论的就是刘易斯的著作，"所与"（given）问题是其中的重要问题之一。因此，罗尔斯肯定受到了那些讨论的影响。

（3）短语："A family of lists of properties"。解读为"**一系列性质清单**"比"一系列性质表"要好一些，同样地，"a list for each kind of thing according to convention or preference"这个语句也没有解读准确。把它解读为"**按照惯例或偏好，每一类事物皆有一份性质清单**"会更加通顺一些。

（4）单词："Rather"。不能解读为"相反"，在这里是"**更进一步讲**"的意思，可解读为"**确切地说**"，因为结合上下语句，接下来讲的并没有否定前面的主张。

（5）语句："These lists are formed in the light of what it is rational to want in objects of various kinds"。不能解读为"这些性质表是借助于能合理地要求于各种事物的那些东西形成的"。性质表或性质清单列出来的不是"那些东西"而是"性质"。而且这里的"objects of various kinds"，解读为"各种事物"也不确切，解读为"**各种类型的对象**"或"**各类对象**"会更好些。**新解**："**于是，描述论坚持，正因为它的描述意义是由定义给定的，**

所以被使用的术语'善好的'才显著地具有建议、推荐或忠告等力量。术语'善好的'的描述意义不单单是一系列性质清单，按照惯例或偏好，每一类事物皆有一份性质清单。确切地讲，一如定义解析的那样，这些清单形成于我们理性要求于各类对象的性质。"

2. 原文："**Therefore understanding why the word 'good' (and its relatives) is employed in these speech acts is part of understanding this constant sense. Similarly, certain illocutionary forces are central to 'good' as a result of its descriptive meaning, just as the force of factual narration belongs to some utterances in virtue of their descriptive meaning**"（p. 357）。H 本："因此，理解为什么'善的'这个词（以及它的同族词）会被应用于这些语言行为，是理解善的稳定意义的一部分。同样，某些非通常意义是'善的'的主要意义是它具有描述意义的结果，正如某些语言由于具有描述意义而获得事实叙述的意义"（第 321 页）。H 本的解读仍然差强人意。H 本把"Similarly, certain illocutionary forces are central to 'good' as a result of its descriptive meaning"解读为"某些非通常意义是'善的'的主要意义是它具有描述意义的结果"，完全是照着字面意义作的解读，整句话讲得文理不通。那个语句本来并不复杂，其准确意思是"**作为描述意义的结果，有些言外之力对于理解术语'善的'是至关重要的**"。如果稍微解析一下，那么它的意思是："有些言外之力是'善的'的描述意义的结果，或者说，'善的'的描述意义产生了某些言外之力，它们对于理解术语'善的'是至关重要的"。**新解**："所以，只要理解术语'善好的'（及其同族语）运用于这些言语行为的原因，就部分理解了这个术语的固定意思。相似地，正如事实叙述的力量借助于其描述意义而归属于某些言论那样，作为描述意义的结果，有些言外之力对于理解语词'善好的'是至关重要的。"

3. 原文："**There is no occasion to introduce a distinct kind of meaning**"（p. 358）。H 本："没有必要引入一种不同的意义理论"（第 321 页）。这个语句只有讲到"意义"，没有讲到"意义理论"。**新解**："没有必要引入一种不同的意义。"

【诠释】

于是，描述论坚持，正因为它的描述意义是由定义给定的，所以被使用的术语"善好的"才显著地具有建议、推荐或忠告等力量。术语"善好的"的描述意义不单单是一系列性质清单(family of lists of properties)，按照惯例(convention)或偏好(preference)，每一类事物皆有一份性质清单。确切地讲，一如定义解析的那样，这些清单形成于我们理性要求于各类对象的性质。所以，只要理解术语"善好的"（及其同族语）运用于这些言语行为的原因，就部分理解了这个术语的固定意思。相似地，正如事实叙述的力量借助于其描述意义而归属于某些言论那样，作为描述意义的结果，有些言外之力对于理解语词"善好的"是至关重要的。因为当有人向我们提出忠告时，如果我们同意"某件事对我们是最为善好的"这个陈述，那么，只要我们是理性的，我们就愿意接受这个忠告，并照着它去做。假如存在争议，那么它不涉及这些公认的事实，而涉及语词"善好的"描述意义在说明事实中的地位。描述论认为，和一般言语行为理论(general theory of speech acts)一道，关于"善好的"的定义对这些事实有着充分说明。没有必要引入一种不同的意义。

§63 适用于人生规划的"善好的"定义
The Definition of Good for Plans of Life

【题解】

作为日常用语，罗尔斯在这一节讨论了在个人日常生活中对"善好的"说法的使用。罗尔斯主张，每一个体都应当有理性人生规划。实现那个人生规划需要有一个主观性评价标准，在这里"理性"（rationality）和"善好"（goodness）是同余的。也就是说，理性的人生规划，就是善好的人生规划，或者是美好的人生规划。虽然理性人生规划是因人而异的，但它们不得背离公平正义的要求，其主体受到道德能力和正义感的约束。正如公平正义强调正当（right）与善（good）具有同余关系一样，罗尔斯最终要把理性和善好联系起来，两者具有同余关系。因此，"理性善好"（rationality as goodness）在理性人生规划中得到具体实现或体现。最终，在正当优先于善的前提下，或者在正义具有优先地位的前提下，理性公民必须是具有正义感和道德能力的人，正当、理性和善好（rightness, rationality and goodness）是同余的。

1144 《正义论》评注

【原文】§63 – 1 – p. 358

【评析】

1. 原文："To this point I have discussed only the first stages of the definition of good in which no questions are raised about the rationality of the ends taken as given"（p. 358）。H 本："至此为止，我仅仅讨论了善的前两个阶段的定义，在这些阶段上还没有提出那些已被看作自然而然的目的是否合理的问题"（第 321 页）。**新解："到此为止，我只讨论了'善好的'定义的前两个步骤，在那两个步骤中，各种目标被视为所与的，它们的合理性都还不成问题。"**

2. 原文："Interests and aims"（p. 358）。H 本："利益和目的"（第 321 页）。这个短语解读为"**利益、趣味和目的**"更好些，因为罗尔斯在这里讨论的是人的目的的合理性和人的欲望的合理性。

3. 原文："The rationality of a person's desires"（p. 358）。H 本："一个人的欲望的理性"（第 321 页）。在这里，"rationality"应解读为"**合理性**"而不是"理性"。

4. 原文："This fundamental case"（p. 358）。H 本："这样一个基本的方面"（第 321 页）。**新解："这一基本情况"。**

5. 原文："In his case the real and the apparent good coincide"（p. 358）。H 本："在他的情况下，真正善的和显得善的相互重合"（第 322 页）。**新解："在他的例子中，实际的善好破契合于于表面的善好。"**

【诠释】

到此为止，我只讨论了"善好的"定义的前两个步骤，在那两个步骤中，各种目标被视为所与的，它们的合理性都还不成问题。说某个事物对 K（特定个体）是一个善好的 X，等同于说某个事物具有 K 从其利益、趣味和目的考虑理性要求于 X 的某些性质。不过，我们经常评估一个人的欲望的合理性，如果"善好的"定义要服务于正义理论的目标，那么它必须予以扩展，以涵盖这一基本情况。现在，就"善好的"定义的第三个步骤来说，其基本理念是，把"善好的"定义应用于各种人生规划当中。一个人的理性人生规划决定着那个人的善好与否。本人在这里采纳罗伊斯（Royce）的想法：人可以被理解为按照某个计划生活的人类生命。对罗伊斯来说，通过描述目标和事业，描述在一生中力图去做的事情，一个人诉说着自己的人生。① 如果计划是合理的，那么我愿说，那个人持有的善观念也是合理的。在他的例子中，实际的善好契合于表面的善好。相似地，他追求的利益、趣味和目的是合理的，在做出与前两个步骤相符合的判断时，把它们当作中止点（stopping points）是恰当的。这些说法是相当明了的，但在阐述时，有些细节略显琐碎。为了加快进度，本人将先从两个定义开始，然后在接下来几节中解析和评说它们。

【原文】§63 – 2 – pp. 358 – 359

【评析】

1. 原文：" **It is one of the plans that is consistent with the principles of rational choice when these are applied to all the relevant features of his situation**"（pp. 358 – 359）。H本："他的生活计划是和适用于一个人的境况的有关特点的那些合理选择原则相一致的诸项计划中的一项"（第322页）。新解："假如诸计划适用于一个人的所有相关情况，它是符合理性选择原则的诸计划之一。"

2. 原文：" **It is that plan among those meeting this condition which would be chosen by him with full deliberative rationality, that is, with full awareness of the relevant facts and after a careful consideration of the consequences**"（p. 359）。H本："是满足这个条件的那些计划中的他根据充分慎思的理性，即在充分意识到有关事实并仔细考虑了种种后果之后会选择的那个计划"（第322页）。新解："在满足这个条件的诸计划当中，它是一个人带着充分的审慎理性将选中的计划，他制定的人生规划是合理的。也就是说，在充分了解相关事实并仔细考虑各种后果之后，他选中了它们。"

---

① 参阅罗伊斯（Royce）《忠诚的哲学》（*Philosophy of Loyalty*），第4讲第四部分。罗伊斯用计划概念来描述个体持有的连贯而系统的目的，使个体成为有意识的、统一的道德人。在这个著作中，罗伊斯是采用某种哲学手法的典型，如本人在《正义论》第61节注2所指出那样，该手法可见于杜威、培里等许多著作家。本人也将采取这种手法。计划这个词不含包技术性意义，计划的结构也是如此，它们无意引出明显超出常识的结果。本人不研究这些问题。关于计划的讨论，参阅米勒（G. A. Miller）、加兰特（Eugene Galanter）和普里布拉姆（K. H. Pribram）《计划与行为结构》（*Plans and the Structure of Behavior*），纽约：亨利—霍尔特出版社1960年版；并参阅加兰特《心理学基础教程》（*Textbook of Elementry of Psychology*），旧金山：霍尔登戴出版社1966年版，第九章。计划概念也许证明有益于规定意图行为的特征。参阅阿尔文·戈尔德曼（Alvin Goldman）《行为理论》（*Theory of Action*），新泽西英格伍德克利弗斯：普兰梯斯—霍尔出版社1970年版，第56—73、76—80页；但我不讨论这个问题。——原注

3. 原文:"Note that in the first of these definitions I have implied that a rational plan is presumably but one of many possible plans that are consistent with the principles of rational choice. The reason for this complication is that these principles do not single out one plan as the best. We have instead a maximal class of plans: each member of this class is superior to all plans not included in it, but given any two plans in the class, neither is superior or inferior to the other. Thus to identify a person's rational plan, I suppose that it is that plan belonging to the maximal class which he would choose with full deliberative rationality"（p. 359）。H 本:"请注意,在第一个定义中我含有这样的意思:一个合理的计划可能只是许多和合理选择原则相一致的可能计划中的一个。存在这种复杂情况的原因在于,这些合理选择原则并不标识出一种最好的计划。相反,我们有一批最优等的计划,每一个都优于所有不属于这一等级的计划,但这个等级中的任何两个计划之间哪一个也不比另一个更好或更差。因此,要标识出一个人的合理的计划,我假设它是属于那些最优等计划之中、他根据充分的慎思理性会选择的那项计划。所以,我们在批评某人的计划时,总是或者指出这项计划违背合理选择的原则,或者指出假如他根据对他的境况的充分的知识仔细地考虑了他的前景,他就不会追求这项计划"（第 322 页）。新解:"请注意,定义（一）包含这样的意思:一个理性计划或许只是和理性选择原则相一致的许多可能计划之一。存在这种复杂情况的原因是,理性选择原则并不指定某个计划是最佳计划。相反,我们有一组最优计划,一组最优计划中的每个计划都胜过在它们之外的所有计划,但是,一组最优计划中的任何两个计划都旗鼓相当而不分伯仲。" H 本用"一批最优等的计划"来解读词组"a maximal class of plans",笔者用"一组最优计划"来解读那个词组,"最优等的计划"容易和"顶层计划"（top-level plan）相混淆。顶层计划主要从层级高低来看计划,最优计划主要从品质优劣看计划。H 本"最优等的计划"可能想要兼顾到两者,但是最优计划与计划层级高低无关。因此,与"一批最优等的计划"相比,"一组最优计划"更符合作者本意。也许,用"最优类计划"最能表达词组"a maximal class of plans"的含义,但是考虑汉语用语习惯,笔者最终还是用"最优计划"来解析那个词组。

4. 原文:"To identify a person's rational plan, I suppose that it is that plan belonging to the maximal class which he would choose with full deliberative rationality"（p. 359）。H 本:"要标识出一个人的合理的计划,我

假设它是属于那些最优等计划之中、他根据充分的慎思理性会选择的那项计划"(第 322 页)。**新解**："为了确认一个人的合理计划，本人假定，它居于**最优计划之列，是他根据充分审慎理性将会选中的那个计划**。"

【诠释】

这两个定义可以解读如下。定义（一）：当且仅当（1）假如诸计划适用于一个人的所有相关情况，它是符合理性选择原则的诸计划之一；（2）在满足这个条件的诸计划当中，它是一个人带着充分的审慎理性将选中的计划，他制定的人生规划是合理的。也就是说，在充分了解相关事实并仔细考虑各种后果之后，他选中了它们。①（审慎理性观念将在下一节予以讨论。）定义（二）：一个人追求的利益、趣味与目的是理性的，当且仅当它们受到对他来说是合理的计划的鼓励和设定。请注意，定义（一）包含这样的意思：一个理性计划或许只是和理性选择原则相一致的许多可能计划之一。存在这种复杂情况的原因是，理性选择原则并不指定某个计划是最佳计划。相反，我们有一组最优计划（maximal class of plans），一组最优计划中的每个计划都胜过在它们之外的所有计划，但是，一组最优计划中的任何两个计划都旗鼓相当而不分伯仲。因此，为了确认一个人的合理计划，本人假定，它居于最优计划之列，是他根据充分审慎理性将会选中的那个计划。所以，我们在批评一个人的计划时总是指出，要么这项计划违背理性选择原则，要么那个人在充分了解其境况且仔细考虑其前景之后就会放弃该项计划。

【原文】§63 – 3 – pp. 359 – 360

【评析】

1. **原文**："**The gloss concerning favorable circumstances is necessary because even a rational arrangement of one's activities can be a matter of accepting the less evil if natural conditions are harsh and the demands of other men oppressive**"（p.359）。H 本："有利境况的恩顾是必要的，因为，假如自然条件十分苛刻并且其他人的要求压力巨大，甚至对一个人的行为的合理安排也能成为接受较小的恶这样一种事情"（第 323 页）。短语："accepting the less evil"。相似于"勿以恶小而为之，勿以善小而不

---

① 为了简明起见，本人假定只有一个计划将被选中，而不是存在当事人不感兴趣的若干（或多个）计划。所以，我讲的始终是根据审慎理性将被采纳的计划。——原注

为。惟贤惟德，能服于人"（《三国志·蜀志·先主传》）中的"恶小"。**新解**："对各种有利境况评头论足是必然的，因为倘若自然条件恶劣，别人又颐指气使，尖酸刻薄，那么甚至对一个人的各项活动作合理安排，也会是一件不计小恶的事。"

2. **原文**："The achievement of happiness in the larger sense of a happy life, or of a happy period of one's life, always presumes a degree of good fortune"（p. 360）. H 本："就意义比较广泛的幸福生活或人生幸福阶段而言，幸福的获得总是意味着一定程度的好运气"（第 323 页）。罗尔斯在言说方面没有天赋，他的语言不够优美，与诗人哲学罗蒂天差地别，在思想上也算不得深刻，但他能够平实而准确地呈现自己想要表达的意思。**新解**："在大红大紫的快乐人生中，或者，在令人快活的人生幸福阶段，获得幸福总是假定了一定程度的好运气。"

【诠释】

在详细论述理性选择原则之前，我想要略讲一下相当复杂的理性计划（rational plan）概念。它对于"善好的"定义是至关重要的，因为，一项理性人生规划确立起某种基本观点，与一个特定个体相关的所有价值判断都要基于这个观点来做出，并且所有判断基于它而最终得以一致。的确，加上一些限定条件（qualifications）（§83），我们可以想到，假如一个人在多少有利条件下制定的理性人生规划正在多少成功地付诸实施，并且那个人有理由相信他的计划能够实现，那么他是快乐的。假如一个人的计划进展顺利，他的重要期望正在变成现实，并且他相信他将好运连连，那么他是快乐的。既然理性计划因人的天赋和境况等因素而异，不同的人在做不同事情中找到他们的快乐。对各种有利境况评头论足是必然的，因为倘若自然条件恶劣，别人又颐指气使，尖酸刻薄，那么甚至对一个人的各项活动作合理安排，也会是一件不计小恶的事。在大红大紫的快乐人生中，或者，在令人快活的人生幸福阶段，获得幸福总是假定了一定程度的好运气。

【原文】 §63 – 4 – p. 360

【评析】

1. **原文**："Certain broad contingencies are insure against and general means provided for, but the details are filled in gradually as more information becomes available and our wants and needs are known with

greater accuracy"（p. 360）。H 本："长期计划会使我们避免某些巨大的偶然性，也会提供给我们某些一般性的手段，但是，生活过程的细节是随着我们能够了解的信息越来越多，随着我们越来越准确地知道我们的要求和需要而逐渐地充实起来的"（第 323 页）；X 本："对大概会发生的偶然事故作好了预防，对一般的预防手段也作好了准备，但细节要随着能够获得更多的知识和更准确地知道我们的要求与需要而逐步补充"（第 445 页）。X 本显然好于 H 本。H 本在这儿的整句话都解读错了。读者还是对照着原著看一下吧。罗尔斯在这里讲的是长远计划。他以保险举例，说对于一些广泛发生的意外事故，比较好的解决办法是对它们投保，还有一个办法是了解应对这些突发事件的通用手段或一般措施。这里讲的不是"避免某些巨大的偶然性"，而是如果意外事故发生了，我们应当如何应对、如何处理。这里的"信息"，不一定是"我们了解的"，因为没有提到谁了解或者不了解信息。因此，也不是"我们能够了解的信息越来越多"，而是"越来越多的信息变得可以采集"，比如，一个人偶尔失眠在多半情况下是没有问题的，但是，通过对失眠的科学分析，医生能够从病人的次数和严重程度中发现在他身上可能存在疾病。病人失眠会释放一定的信息，这些信息"可以变得有用"（becomes available）。罗尔斯在这里也没有提到"我们越来越准确地知道我们的要求和需要"，他只提到了"对我们的要求和需要的了解越来越精确无误"。了解我们的要求和需要的，很可能不是我们自己，而是服务我们的企业及其销售经理，比如保险公司的销售人员。此外，罗尔斯在这里讲的"细节"，不是"生活过程的细节"，而是"长远计划的细节"。原著中原来讲得清楚明白的一件事，经过 H 本的翻译，完全被说成了其他事情，并且是道理上讲不通的不知所云的事情。在一般政治哲学意义上，我们有幸生活于罗尔斯年代。可惜的是，《正义论》中文版没有如实地准确地再现罗尔斯在《正义论》英文版中想要表达的意思。在《正义论》英文版中一些非常普通而常见的语句中，在其中文版中产生了无法收拾的"巨大的偶然性"，这是令人遗憾的。**新解**："于是，某些多发偶发事项有了防范措施，应对它们的通用办法得到了提供，不过，随着越来越多的信息变得可以采集，随着对我们的要求和需要的了解变得越来越精确无误，长远计划的细节逐渐充实了起来。"

2. 原文："Indeed, one principle of rational choice is that of postponement: if in the future we may want to do one of several things but are unsure which, then, other things equal, we are do plan now so that these alternatives are both kept open"（p. 360）。H 本："实际上，合理选

择的原则之一是推延原则：如果将来我们可能在几件事情中想做一件但又不能确定是哪一件，如其他情况相同，我们现在就应当这样地来计划，使那些可能都对我们开放"（第323）。语句："So that these alternatives are both kept open". 不是"使那些可能都对我们开放"，而是"我们不放过这些候选事项"，亦即"以至于这些候选事项都被包容进去"。也就是说，我们做计划时要把所有这一些想要做的事情都做进去，一个都不落下；而不是含含糊糊地"使那些可能都对我们开放"。**新解："实际上，推延原则是理性选择原则之一：如果将来我们想要做几件事中的某件事，但又确定不了要做的究竟是哪一件事，那么，在其他条件相同的情况下，我们现在将这样做计划，使得这些候选事项都被包容进去。"**

3. 原文："We must not imagine"（p. 360）. H 本："我们决不可认为"（第323页）。H 本解读的有点儿过了。**新解："我们不能想象"。**

【诠释】

关于长远计划，我想再谈几点看法。第一点看法涉及长远计划的时间结构（structure of time）。一项计划定将影响最为遥远的将来，乃至影响我们的生老病死，不过它对越是后面阶段的影响越不确定一些。于是，某些多发偶发事项有了防范措施，应对它们的通用办法得到了提供，不过，随着越来越多的信息变得可以采集，随着对我们的要求和需要的了解变得越来越精确无误，长远计划的细节逐渐充实了起来。实际上，推延（postponement）原则是理性选择原则之一：如果将来我们想要做几件事中的某件事，但又确定不了要做的究竟是哪一件事，那么，在其他条件相同的情况下，我们现在将这样做计划，使得这些候选事项都被包容进去。我们不能想象，一项理性计划是一个贯穿整个人生的详尽行动方案（blueprint）。它由一系列不同层次的计划组成，较为具体的子计划将适时予以补充。

【原文】§63 – 5 – p. 360

【评析】

1. 原文："The structure of a plan not only reflects the lack of specific information but it also mirrors a hierarchy of desires proceeding in similar fashion from the more to the less general"（p. 360）. H 本："一项计划的结构不仅反映细节情况的缺乏，而且反映一个欲望的层级，与上面的情形类似，它们也都从较一般的欲望生成为较具体的欲望"（第323页）。请注意，

罗尔斯在这里讨论的是一项理性人生规划的结构。也就是说，当一个人制订人生规划时，他会把什么样的愿望、要求、目标放到那个计划之中。在那项计划中，具体信息是有限的。因此才会说"the lack of specific information"。"specific information"一般解读为"具体信息""具体细节"或"具体情况"，H本将其解读为"细节情况"不太恰当。此外，H本把"A hierarchy of desires proceeding in similar fashion from the more to the less general"解读为"它们也都从较一般的欲望生成为较具体的欲望"是不成立的，因为不仅罗尔斯不会这样讲，而且它不符合生活常理。这是一个各种欲望从低到高的"排列"问题，而不是一个各种欲望从抽象到具体的"生成"问题。的确，罗尔斯在这里谈到了"欲望层级结构"（hierarchy of desires）亦即"由各种欲望组成的层级结构"，让人想起马斯洛的需求层次理论。了解马斯洛需求层次理论，有助于理解罗尔斯欲望层次理论。**新解："一项计划的结构，不仅反映出具体信息的缺乏，而且以从较常见欲望到较少见欲望依次排列的类似方式，再现了一个由各种欲望组成的层级结构。"**

2. 原文："**A rational plan must, for example, allow for the primary goods, since otherwise no plan can succeed; but the particular form that the corresponding desire will take is usually unknown in advance and can wait for the occasion**"（p.360）。H本："一项生活计划的这些主要特征鼓励并保证着较持久、较一般的目标的实现。例如，一项合理计划必须考虑到那些基本善，因为否则任何计划都不可能进行；但是，那些相应的欲望采取的具体形式通常是不能预知的，并且可以等待场合"（第323页）。"the primary goods"亦即个体生活必需的"基本善"，可以理解为个体生活的基本条件或必需品，类似于马斯洛需求层次中衣食住行之类的基本需求。在这里，"can wait for the occasion"，不能解读为"并且可以等待场合"，而应解读为"当可视场合而定"或"可择机而定夺"。"场合"是一个空间概念，但是罗尔斯明明在讨论的是理性人生规则的时间问题，亦即"时间结构"（structure of time）问题，所以这里的"the occasion"解读为"时机"而不是"场合"更加恰当。罗尔斯接下来的举例佐证了这一点。**新解："例如，一项理性人生规划必须考虑到基本善，否则的话，任何计划都难以成功；不过，相应欲望将采取的具体形式，通常是不可预知的，其或可择机而予以定夺。"**

3. 原文："**Thus while we know that over any extended period of time we shall always have desires for food and drink, it is not until the moment comes that we decide to have a meal consisting of this or that course. These**

decides depend on the choices available, on the menu that the situation allows"（p.350）. H 本："例如，尽管我们知道在任何一段时间流逝之后我们仍然会有对食物和饮料的欲望，但是一直要到那个时刻来到时，我们才能确定我们究竟是用这道菜还是用那道菜。这些决定依赖于可能的选择，依赖于那个境况所提供的可能性"（第 323 页）。X 本："这样，尽管我们知道，在任何一段时间内，我们永远会有饮食之欲，但只有等到那个时刻的来临，我们才能决定吃一顿包括这一道菜或那一道菜的饭。这些决定有赖于能够得到的选择，有赖于当时能够提供的菜单"（第 446 页）。罗尔斯表达的意思是，岁月流逝，时光不再，虽然人生易老，但是喝酒吃肉，欲望依旧。用孔子的话来说，"食色，性也。"至于一个人究竟吃什么、喝什么，则要看到时的具体情况。如果到外面吃饭，就免不了要点几道菜，点菜就离不开菜单。所以，坊间有"看菜吃饭"之说，实际上是"看菜单吃饭"。"a meal"就是指一顿饭，"the choices available"就是指"合口的可选荤品"，"the menu"就是"菜单"。但是在 H 本中，罗尔斯原著中明明说到的这些日常用语统统都不见了！它们都"去哪儿"啦？"a meal"（一顿饭）消失了，"the menu"变成了"可能性"，大概译者翻译到这儿，觉得原文讲"看菜吃饭"太庸俗、太生活，硬生生把"the menu"改成了"可能性"，"the choices available"则成为"可能的选择"。这大概是 H 本有意为之的吧。就像 H 本在前面把保险公司处理的重要对象"意外事故"（contingencies）解读成"偶然性"那样，H 本在这里把"菜单"解读为"可能性"，并且把"the choices available"解读为"可能的选择"。这样，罗尔斯似乎既讲了"偶然性"，又讲了"可能性"，并且还讲到了"可能的选择"。可是，这真的是罗尔斯的《正义论》吗？这真是他的哲学思想吗？罗尔斯在这里谈到了吃饭点菜之类的平常之事，但它们以哲学的名义被完全误解了。因此，中国政治哲学需要一个新的开篇，这个开篇的标志就是用汉语表达的政治哲学和一般哲学对精度的追求或苛求，否则中国哲学仍然是没有希望的。**新解**："因此，虽然我们知道，在任一相当长的时间里，我们总会有饮食的欲望，但直到那一刻到来，我们才决定享用包括这道菜或那道菜的一顿美食。这些决定，则取决于合口的可选菜品，取决于当时能够提供的菜单。"

【诠释】

第二点与第一点相联系。一项计划的结构，不仅反映出具体信息的缺乏，而且以从较常见欲望到较少见欲望依次排列的类似方式，再现了一个由各种欲望组成的层级结构。一个人生规划具有的这些主要特点(main features)，鼓励并保证更持久、更一般目标的实现。例如，一项理性人生规划必须考虑到基本善，否则的话，任何计划都难以成功；不过，相应欲望将采取的具体形式，通常是不可预知的，其或可择机而予以定夺。因此，虽然我们知道，在任一相当长的时间里，我们总会有饮食的欲望，但直到那一刻到来，我们才决定享用包括这道菜或那道菜的一顿美食。(至于吃什么的) 这些决定，则取决于合口的可选菜品，取决于当时能够提供的菜单。

【原文】§63 – 6 – pp. 360 – 361

【评析】

1. 原文："**Planning is in part scheduling. We try to organize our activities into a temporal sequence in which each is carried on for a certain length of time**"（p. 360）。H 本："制订生活计划部分地是在做一种时间的安排。我们试图把我们的活动按一种时间秩序组织起来，在这个次序之中每一项活动持续一定的时间"（第 323 页）。罗尔斯在这里讨论的话题不是"制订生活计划"，而是"planning"亦即"做计划"或"做行程"（scheduling）。而且，做行程就是做好时间管理和精力管理。罗尔斯在这里同时谈到了两者。所以，H 本接着把"scheduling"解读为"在做一种时间的安排"，也只讲对了一半。由于 H 本不知道"做行程"（scheduling）是怎样一回事——它实际上既要做时间安排，又要做精力安排，这导致 H 本接下来对"energy"一词的误解，把它解读成了"力量"。另外，在这里，"each is carried on for a certain length of time"解读为"每一项活动持续一定的时间"大体上过得去，不过把它解读为"每项活动都用一定的时间长度来实施"更好些。**新解："做计划部分地等同于做行程。我们尝试把我们的活动按照时间顺序组织起来，每项活动在其中都用一定的时间长度来实施。"**

2. 原文："**The basic resources of time and energy are allotted to activities in accordance with the intensity of the wants that they answer to and the contribution that they are likely to make to the fulfillment of other ends**"（p. 360）。H 本："基本的时间与力量资源按照活动所满足的那些需要的强度，以及这些活动对实现其他目的可能的贡献，分配给这些活动"（第 323—324 页）。罗尔斯在这里讨论的是"做计划"和"做行程"，所以有两个要素非常重要，一个是时间；另一个是精力。"时间与精力"是

固定搭配，"time and energy"不能解读为"时间与力量"。相应地，"the basic resources of time and energy"应当解读为"时间与**精力**等基本资源"而不是"基本的时间与力量资源"。H 本对"精力"（energy）的误解产生了较严重后果。**新解：**"按照各项活动回应需要的强度及其对实现其他目标的可能贡献，时间与精力等基本资源将配置给这些活动。"

3. 原文："The aim of deliberation is to find that plan which best organizes our activities and influences the formation of our subsequent wants so that our aims and interests can be fruitfully combined into one scheme of conduct"（p. 360）。H 本："慎思的目标，在于找到那种能最好地组织我们的活动并最好地影响我们尔后的需要结构的计划，以便我们的目标和利益能富有成果地联系成为一个行为系统"（第 324 页）。在这里，制订计划的主体是"我们"，因此"deliberation"解读为"审议"或"商议"更为确切。"formation"是英语动词"to form"的名词形式，意为"形成"。"subsequent wants"也是一个固定词组，意为"后续需要"。所以，"the formation of our subsequent wants"不能解读为"我们尔后的需要结构"，而应当解读为"我们的后续需要的形成"。另外，"a scheme of conduct"是"一个行动计划"或"一个行动方案"，但不是"一个行为系统"。**新解：**"审议或商议的目标在于，找到这样的计划，它将最佳地组织我们的活动，影响我们后续需要的形成，以便我们的目标和兴趣能够富有成效地结合成一个行动计划。"

4. 原文："A plan, then, is made up of subplans suitably arranged in a hierarchy, the broad features of the plan allowing for the more permanent aims and interests that complement one another. Since only the outlines of these aims and interests can be foreseen, the operative parts of the subplans that provide for them are finally decided upon independently as we go along"（p. 361）。H 本："所以，一项计划是由适合排列成一个等级的子计划构成的，计划的这些宽泛的特点给那些相互补充的较为持久的目标和兴趣留下了空间。由于仅仅能预见这些目标和利益的轮廓，提供给子计划的那些实际起作用的部分最终是在我们实施计划的过程中独立地决定的"（第 324 页）。表面看来 H 本的解读没有什么差错，但是仔细推敲还是有一些小问题的。在这里，"hierarchy"应当解读为"**层级结构**"或"**层次结构**"，而不是"等级"；"suitably arranged in a hierarchy"不是解读为"适合排列成一个等级"，而是解读为"**适合设计成一个层级结构**"，这样会更好些。同样，"operative parts"应当解读为"**操作部分**"或"**运行部分**"，

"the operative parts of the subplans",不是解读为"子计划的那些实际起作用的部分",而是解读为"**各子计划的操作部分**"会更好些。罗尔斯在这里讨论的不是由子计划构成一个等级的计划,而是由子计划构成一个层级结构的计划。新解:"所以,一项计划由适合设计成一个层级结构的各子计划组成,该计划的这些主要特点,须考虑一些较持久的目标和兴趣,那些目标和兴趣是相辅相成的。由于只有这些目标和兴趣的轮廓是能够预见的,提供目标和兴趣的各子计划的操作部分,最终由我们在实施计划过程中独立决定。"

5. 原文:"Revisions and changes at the lower levels do not usually reverberate through the entire structure. If this conception of plans is sound, we should expect that the good things in life are, roughly speaking, those activities and relationships which have a major place in rational plans"(p. 361)。H 本:"较低水准的修正与改变并不总是影响到整个结构。如果这种关于计划的观念是合理的,我们也许可以指望,生活中的那些善事物大略说来就是合理计划中占有主要地位的那些活动和关系"(第 324 页)。新解:"较低层级的修订与改变通常不会波及整个结构。如果这种计划观念是讲得通的,那么我们可以期望人生的美好事情,大体说来,是在理性人生规划中占据着主要位置的那些活动和关系。" H 本的主要问题有:

(1)短语:"Revisions and changes at the lower levels"。讲的不是"较低水准的修正与改变",而是"在较低层级的修订与改变"。因为这里讨论的不是"水准"的高低,而是子计划与总计划的关系,亦即"层级"的高低。

(2)短语:"Not usually"。表达的不是"并不总是"的意思,而是"**通常不**"的意思。

(3)短语:"Conception of plans"。最好解读为"**计划观念**",理由在前文已多有交代。

(4)短语:"Good things in life"。还是解读为"**人生中的美好事情**"更恰当,毕竟罗尔斯在这儿通篇讨论的是"理性人生规划"(rational plans of life),而不是"生活中的那些善事物"。

【诠释】

所以,做计划部分地等同于做行程。① 我们尝试把我们的活动按照时

---

① 参阅马博特(J. D. Mabbott)"理性与欲望"("Reason and Desire"),《哲学》1953 年第 28 卷,马博特讨论了这个见解,他还讨论了其他见解,这些见解令本人受益良多。——原注

间顺序组织起来，每项活动在其中都用一定的时间长度来实施。以这种方式，大量相互关联的愿望能有效而和谐地得到满足。按照各项活动回应需要的强度及其对实现其他目标的可能贡献，时间与精力等基本资源将配置给这些活动。审议或商议的目标在于，找到这样的计划，它将最佳地组织我们的活动，影响我们后续需要的形成，以便我们的目标和兴趣能够富有成效地结合成一个行动计划。倾向于干扰其他目标或损害其他活动能力的愿望将被清除掉；然而，自身令人愉悦且支持其他目标的愿望将受到鼓励。所以，一项计划由适合设计成一个层级结构的各子计划组成，该计划的这些主要特点，须考虑一些较持久的目标和兴趣，那些目标和兴趣是相辅相成的。日于只有这些目标和兴趣的轮廓是能够预见的，提供目标和兴趣的各项子计划的操作部分，最终由我们在实施计划过程中独立决定。较低层级的修订与改变通常不会波及整个结构。如果这种计划观念是讲得通的，那么我们可以期望人生的美好事情，大体说来，是在理性人生规划中占据着主要位置的那些活动和关系。并且，基本善应该就是对成功实施如此计划通常必要的事物，无论该计划及其终极目标的具体性质是什么。

【原文】§63－7－p.361

【评析】

1. 原文："**I must now try to convey what is meant by the principles of rational choice. These principles are to be given by enumeration so that eventually they replace the concept of rationality. The relevant features of a person's situation are identified by these principles and the general conditions of human life to which plans must be adjusted**"（p.361）。H本："我现在必须尽力说明合理选择原则指的是什么。应当把这些原则列举出来，以便它们逐步地取代理性的概念。这些原则以及计划必需据之调整的人生的一般条件，标志出一个人的境况的有关特点"（第324页）。"eventually"表示"**最终**"而非"逐步地"的意思。"human life"不能解读为"人生"，而应解读为"**人类生活**"；同样地，"the general conditions of human life"不能解读为"人生的一般条件"，而应解读为"**人类生活的一般条件**"。相比之下，另一个相关术语"plan of life"可以解读为"人生计划"或"人生规划"，并有"理性人生规划"之说。罗尔斯在这里讲到了理性选择原则的两个事情：一是理性选择原则和人类一般生活条件共同确定一个人的生存境况；二是理性人生规划根据理性选择原则和人类生活一般条件进行调整。但是，在 H 本的解读中，这两点是不明朗的。

2. 原文："**At this point I shall mention those aspects of rationality that are most familiar and seem least in dispute. And for the moment I shall assume that the choice situation relates to the short term. The question is how to fill in the more or less final details of a subplan to be executed over a relatively brief period of time, as when we make plans for a holiday. The larger system of desires may not be significantly affected, although of course some desires will be satisfied in this interval and others will not**"（p. 361）。H 本："在这点上，我将论及理性的那些最为人知并且似乎最少争论的方面。我将暂时假定，选择境况只是在短时间中存在。问题在于，如何在一个将在相对短暂的时间阶段中被付诸实施的子计划中填入或多或少是最终的细节内容，就像我们在作假期计划时那样。那个更大的欲望系统可能不大会受影响，尽管在此期间当然会有一些欲望得到满足，另一些欲望得不到满足"（第 324 页）。H 本的主要问题有：

（1）短语："The choice situation relates to the short term"。不是"选择境况只是在短时间中存在"，而是"**选择处境只与短期有关**"。

（2）短语："To fill in"。不是"填入"，而是"**敲定**"。

（3）短语："Final details"。不是"最终的细节内容"，而是"**最终细节**"。

（4）短语："May not be significantly affected"。不是"可能不大会受影响"，而是"**不会受到显著影响**"。

【诠释】

这些评说令人遗憾地过于简略。它们只是为了防止对理性计划观念产生明显误解，表明理性计划观念在善理论中的地位。本人现在须尽力说明理性选择原则指的是什么。这些原则将逐条给出，以便它们最终取代理性概念。一个人所处境况的相关特点，将由理性选择原则和人类生活的一般条件来确认，而各种计划必须根据理性选择原则和人类生活的一般条件而予以调整。在这一点上，本人将论及在理性中为人所知最多且看似争议最少的那些方面。我暂时假定，选择境况只与短期有关。问题是，正如我们制订假期计划时那样，就即将在相对短的时段中予以执行的子计划而言，如何敲定或多或少的最终细节。尽管在此期间，有些欲望当然将得到满足，还有些欲望将得不到满足，但是大多数欲望不会受到显著影响。

【原文】§63-8-pp.361-362

【评析】

1. 原文："All the alternatives"（p. 361）。H本："所有的选择"（第324页）。**新解**："所有的选项"。

2. 原文："We are to adopt that alternative which realizes the end in the best way"（p. 361）。H本："我们应当采取能以最好方式实现我们的目的的选择"（第324页）。**新解**："我们将采纳以最佳方式实现目标的选项"。关键词是"alternative"，它不能解读为"选择"，而应当解读为"选项"。

3. 原文："Given the objective, one is to achieve it with the least expenditure of means (whatever they are); or given the means, one is to fulfill the objective to the fullest possible extent. This principle is perhaps the most natural criterion of rational choice. Indeed, as we shall note later, there is some tendency to suppose that deliberation must always take this form, being regulated ultimately by a single final end (§83). Otherwise it is thought that there is no rational way to balance a plurality of aims against one another"（pp. 361-362）。H本："如果目标是给定的，一个人应当用最小耗费的手段（无论它们是何种手段）来实现它；或者，如果手段是给定的，一个人应当在最大可能的程度上实现这一目的。这个原则也许是合理选择的最自然的标准。的确，如我们将在后面说明的，有一种做这样假定的倾向：慎思必然始终采取上述这种形式，并最终由一个单一的最终目的来调节（见第83节）。否则，人们就认为没有一种合理的办法来在众多的互相竞争的目标中取得平衡"（第324—325页）。在这里，"the least expenditure"是一个经济学术语，意思是"**最少开支**"。在短语"the least expenditure of means"中，重心不是"手段"，而是"最少开支"，罗尔斯讲的意思是，用什么手段他不管，只是要"最少开支"就行。所以，"the least expenditure of means"的意思是"**用各种手段承担的最少开支**"。短语"to the fullest possible extent"就是"**尽最大可能**"，而不是"在最大可能的程度上"。短语"to balance a plurality of aims against one another"是"**去平衡互相竞争的众多目标**"，而不是"在众多的互相竞争的目标中取得平衡"。

【诠释】

不管怎样，就短期问题而言，有些原则看似足够明确而没有争议。理性选择的首要原则是有效手段原则(principle of effective means)。假定（1），存在一个特定的欲求目标；假定（2），所有选项都是实现该目标的手段，同时所有选项在其他方面都是中性的。这一原则认为，我们将采纳以最佳方式实现目标的选项。说得再充分一些：假如目标是给定的，那么一个人应当用各种手段承担的最少开支（无论它们是何种手段）来实现目标；或者，假如手段是给定的，那么一个人应当尽最大可能来实现目标。有效手段原则也许是理性选择的最自然标准。的确，正如我们将在后面说明的那样，存在做出如此假定的倾向：审议必定始终采取这一形式，并最终由单个最终目标来调节这一形式（§83）。否则，人们会认为，没有合理的办法，去平衡互相竞争的众多目标。但我暂时搁置这个问题。

【原文】 §63-9-p.362

【评析】

1. **原文**："**The principle of inclusiveness**"（p.362）。H本："蕴涵原则"（第325页）。笔者认为，"蕴涵原则"是对"包含原则"的错误解读的结果。包含原则是数学和逻辑学的一个普通原则；"蕴涵原则"的译法只是在个别中国哲学家中得到使用，并且是一种错误的使用，这会误导人们以为"蕴涵原则"和"包含原则"是两个不同的原则。**新解**："包含原则"。

2. **原文**："**We are to follow the more inclusive plan if such a plan exists**"（p.362）。H本："如果存在着这样的计划的话，我们应当按照更有蕴涵的计划行事"（第325页）。**新解**："如果真的存在这样的计划，那么它将是我们遵循的包含较多目标的计划。"

【诠释】

理性选择的第二项原则是包含原则。假如执行一个（短期）计划，它除了实现另一计划的所有欲求目标之外，还将实现一个或多个其他目标，那么这一计划优先于另一计划。培里(Perry)将这一标准称为包含原则。本人也将这样指称它。① 所以，如果真的存在这样的计划，那么它将是我们

---

① 参阅培里《价值通论》，纽约：朗曼出版社1926年版，第645—649页。——原注

遵循的包含较多目标的计划。为了说明这一点,假定我们正在计划一次旅行,并且我们务必做出决定,要么去罗马,要么去巴黎,只能两者择其一,似乎不可能两个地方都去。假如经过反复考虑,清楚的一点是,我们在巴黎能够做我们想在罗马做的一切,并且还能做些其他事情,那么我们应当去巴黎。采取这个计划,我们将实现更多的目标,并且没有落下实施另一计划实现不了的任一目标。但是常常有这样的情况:没有一个计划比其他任一计划包含更多的目标,每一计划都能实现另一计划无法实现的目标。这时,我们必须要么借助某个其他原则来做出决定,要么对我们的目标作进一步分析(§83)。

【原文】§63 – 10 – p. 362

【评析】

原文:"A third principle we may call that of the greater likelihood. Suppose that the aims which may be achieved by two plans are roughly the same. Then it may happen that some objectives have a greater chance of being realized by one plan than the other, yet at the same time none of the remaining aims are less likely to be attained. For example, although one can perhaps do everything one wants to do in both Rome and Paris, some of the things one wishes to do seem more likely to meet with success in Paris, and for the rest it is roughly the same. If so, the principle holds that one should go to Paris. A greater likelihood of success favors a plan just as the more inclusive end does. When these principles work together the choice is as obvious as can be. Suppose that we prefer a Titian to a Tintoretto, and that the first of two lottery tickets gives the larger chance to Titian while the second assigns it to the Tintoretto. Then one must prefer the first ticket"(p. 362)。H 本:"第三个原则我们可以称之为较大可能性原则。假定可以由两个计划实现的目标大致相同。那么就可能出现这样的情况:某些目标由一种计划实现的机会较之由另一种计划实现的机会更大些,其余目标实现的可能性也并不比另一个计划的更小。举例来说,虽然一个人想做的事也许在罗马和巴黎都能做到,但某些他想做的事情却可能在巴黎做更顺利些,而余下的那些事情则与在罗马做差不多。如果是这样,原则将坚持他应当去巴黎。较大的成功可能性支持一项计划,正如有较大蕴涵的目的支持一项计划一样。当这些原则都起作用的时候,

选择就是最明白的。假定我们喜欢提香甚于喜欢丁托列托，并假定两张彩票的头一张是提香绘画的可能巨大，第二张则很可能是丁托列托的，那么我们必然想要第一张彩票"（第325页）。

（1）语句："A greater likelihood of success favors a plan just as the more inclusive end does". 不能解读为"较大的成功可能性支持一项计划，正如有较大蕴涵的目的支持一项计划一样"。如此解读只是字面解读，没有把第三原则的意思理解透。罗尔斯要表达的真正意思是："正如一个计划的目标包含得越多，就越赞成那个计划一样，一个计划的成功概率越大，就越赞成该计划。"也就是说，像一项计划的目标包含越大一样，它的成功概率越大，那么它被选中的概率也越大。

（2）语句："When these principles work together the choice is as obvious as can be". 不能解读为"当这些原则都起作用的时候，选择就是最明白的"，因为"选择就是最明白的"并没有讲清楚什么。其后半个语句的真实意思是，"选择什么样的计划是最显而易见的"。

（3）罗尔斯讨论彩票时，没有讨论"提香绘画"，而是讨论"彩票的中奖机会"。

【诠释】

理性选择的第三项原则是较大概率原则（principle of the greater likelihood）。假定两个计划能够实现的目标大致相同，那么可能出现的情形是，一个计划比另一计划实现某些目标的机会更大一些，与此同时，实现其余目标的概率不小于另一计划。比如，虽然一个人想做的事也许在罗马和巴黎都能做到，但是他想做的其中有些事情在巴黎似乎做得更加顺手些，余下事情在两地做都是一样的。如果这样，第三项原则支持他应当去巴黎。正如一个计划的目标包含得越多，当事人就越支持那个计划一样，一个计划的成功概率越大，当事人越支持该计划。一旦这些原则一起发挥作用，那么选择什么样的计划便是最为显而易见的。假定我们喜爱提香彩票（Titian）甚于喜爱丁托列托彩票（Tintoretto），并且假定两种彩票的第一张给提香彩票以较大中奖机率，第二张则给丁托列托彩票以较大中奖机率，那么一个人必定偏好第一张彩票。

1162 《正义论》评注

【原文】§63 – 11 – pp. 362 – 363

【评析】

1. 原文："Plan of life"（p. 362）。H 本："终生计划"（第 325 页）。笔者认为，人生规划和终生计划是很不相同的两个概念。人生规划可以不是终生计划，终生计划必定是一种人生规划。新解："人生规划"。

2. 原文："The question of what to do with our life is always there"（p. 362）。H 本："我们一生中要干些什么的问题始终存在"（第 326 页）。新解："'用我们的生命做什么'的问题是始终存在的。"

3. 原文："Limit decision"（p. 363）。H 本："极端决定"（第 325 页）。新解："限额决定"。

4. 原文："The principle of inclusiveness in this case, therefore, runs as follows: one long-term plan is better than another for any given period (or number of periods) if it allows for the encouragement and satisfaction of all the aims and interests of the other plan and for the encouragement and satisfaction of some further aim or interest in addition. The more inclusive plan, if there is one, is to be preferred: it comprehends all the ends of the first plan and at least one other end as well"（p. 363）。H 本："所以，长期计划方面的蕴涵原则的内容是：对于任何一个特定阶段（或若干阶段）而言一项长期计划比另一个计划更好，如果它鼓励并满足那个计划的所有目标和兴趣，并且还鼓励和满足某些进一步的目标或兴趣。一个有更大蕴涵的计划，如果有的话，更可取：它包含着第一个计划的所有目的，并包含至少一个其他目的"（第 326 页）。"the more inclusive plan, if there is one, is to be preferred"，不解读为"一个有更大蕴涵的计划，如果有的话，更可取"，而应解读为"一个计划包含的目标越多，如有的话，则越可取"。

5. 原文："If this principle is combined with that of effective means, then together they define rationality as preferring, other things equal, the greater means for realizing our aims, and the development of wider and more varied interests assuming that these aspirations can be carried through. The principle of greater likelihood supports this preference even in situations when we cannot be sure that the larger aims can be executed, provided that the chances of execution are as great as with the less

comprehensive plan"（p.363）. H本："如果蕴涵原则和有效性原则结合起来，那么它们就会对理性作这样的规定：如其他条件相同，理性是对实现我们目标的更好手段，以及在假定所有愿望均可实现的情况下对兴趣的更广泛、更富于变化的发展的偏爱选择。假如这种目标实现的机会和那些较少蕴涵的计划实现的可能性一样大，较大可能性原则甚至在我们不能确定这些更大的目标能被实现的情况下也支持这种偏爱"（第326页）。**新解："如果包含原则和有效手段原则相结合，那么它们将把理性定义为：（1）假定其他条件相同，理性是对实现我们目标的更强手段的偏好；（2）假定这些愿望均可实现，理性是对开发更广泛更多变趣味、兴趣和利益的偏好。假定这个偏好的执行机会和较少包含计划的执行机会一样强大，甚至在我们无法确定这些更大目标能够实现的情况下，那么较大概率原则将支持这个偏好。"** 因为这个语句涉及对于理性的定义，笔者对它作更加精确的解读。

【诠释】

至此，我们一直在考虑理性选择原则在短期计划中的应用。现在，我想要考察另一个极端情形，即一个人须要有长远计划（long-term plan），甚至须要有人生规划，比如当我们不得不选择职业或行业时，就需要那样的计划。有人可能以为，一个人务必做出如此决定，这只是某种特定文化强加于他的任务。在另一个社会里，这样的选择也许不会发生。在生命的不同时刻，一些社会比其他社会更显著地把"用我们的生命做什么"的问题硬塞给我们，但事实上，那个问题是始终存在着的。不作任何计划、任由事物自然发展的限额决定（limit decision），从理论上讲仍然是一种也许合理、也许不合理的计划。如果接受长远计划理念，那么看似清楚的是，这个方案将由它在每个将来时段上可能引起的结果来评价。所以，在这个情形下，包含原则讲的是，就任一所与阶段（或若干阶段）而言，如果一个计划鼓励和满足另一计划的所有目标和兴趣，并且鼓励和满足着某些其他目标或兴趣，那么这项长远计划好于另一项长远计划。一个计划包含的目标越多，如有的话，则越可取：它不仅包含另一计划的所有目标，而且包含至少一个其他目标。如果包含原则和有效手段原则相结合，那么它们将把理性定义为：（1）假定其他条件相同，理性是对实现我们目标的更强手段的偏好；（2）假定这些愿望均可实现，理性是对开发更广泛更多变趣味、兴趣和利益的偏好。假定这个偏好的执行机会和较少包含计划的执行机会一样强大，甚至在我们无法确定这些更大目标能够实现的情况下，那么较大概率原则将支持这个偏好。

【原文】§63-12-p.363

【评析】

1. 原文："Seems sound enough"（p.363）。H本："看起来是很合理的"（第326页）。这有点儿过了。新解："看似足以站得住脚"。

2. 原文："The use of the principle of inclusiveness"（p.363）。H本："蕴涵原则在这方面的应用"（第326页）。新解："包含原则的应用"。

3. 原文："With a fixed system of ends in the short run"（p.363）。H本："在短期的确定的目的体系方面"（第326页）。新解："就拿一组确定的短期目标来说"。

4. 原文："Now a person may say that since he does not have the more inclusive interests, he is not missing anything in not deciding to encourage and to satisfy them"（p.363）。H本："可能有人会说，既然他并没有那些更有蕴涵的兴趣，他将在不决定去鼓励和满足那种兴趣的状态下不放过任何东西"（第326页）。新解："于是有人会说，既然他没有更具包容性的兴趣，他便没有错失在不决定去鼓励和满足那些兴趣的情形下的任何东西。"这里的关键词是"missing"，它不是"放过"的意思，而是"错过""失去"的意思。

5. 原文："He may hold that the possible satisfaction of desires that he can arrange never to have is an irrelevant consideration"（p.363）。H本："他会抱着这样的观点：满足那些他永远不能有而又可以由他来安排的欲望与他的考虑无干"（第326页）。新解："他会以为，对于他从未设法拥有的欲望的可能满足，是一个与自己不相干的想法。"这个语句中的"desires that he can arrange never to have"，应当作"他从未设法去拥有的欲望"解读，而不是作"那些他永远不能有而又可以由他来安排的欲望"；短语"an irrelevant consideration"不能解读为"与他的考虑无关"，而应解读为"是一个与自己不想干的想法"。

6. 原文："Of course, he might also contend that the more inclusive system of interests subjects him to a greater risk of dissatisfaction"（p.363）。H本："当然，他可能还会争论说，那种更有蕴涵的兴趣体系使他处于不满足这种更大危险之中"（第326页）。新解："当然，他还会争辩说，人想要得到的利益越多，陷入不知足的风险就越大。"它可以转译

为:"当然,他还会争辩说,人想要得到的利益越多,陷入不知足的风险就越大。"罗尔斯在此表示的是,更多的兴趣、趣味和利益导致更大的欲望,令人欲壑难填而欲罢不能,陷入更大的危险之中。因此,佛教讲要人破除内心贪念,求得一方清静,也求得一方太平。

【诠释】

把有效手段原则和较大概率原则应用于长远计划的案例,看似足以站得住脚。但是,包含原则的应用似乎有点儿麻烦。就拿一组确定的短期目标来说,我们假定,我们有着各种欲望,鉴于这个事实,我们思考着,如何才能最佳地满足那些欲望。虽然在长远选择中,我们没有得到各种计划鼓励的欲望,但是我们仍被引导着去执行将开发更加全面的兴趣计划,并且断定能够实现这些进一步目标。于是有人会说,既然他没有更具包容性的兴趣(more inclusive interests),他便没有错失在不决定去鼓励和满足那些兴趣的情形下的任何东西。他会以为,对于他从未设法拥有的欲望的可能满足,是一个与自己不相干的想法(irrelevant consideration)。当然,他还会争辩说,人想要得到的利益越多,陷入不知足的风险就越大,不过,因为包含原则假定,这组较大目标是同等可能地得到实现的,所以,这个反驳被排除了。

【原文】 §63 – 13 – pp. 363 – 364

【评析】

1. 原文:"**This effect is absent only in the case where all of the aims of the less inclusive plan are already safely provided for. The other consideration is that, in accordance with the Aristotelian Principle (explained below in §65), I assume that human beings have a higher-order desire to follow the principle of inclusiveness. They prefer the more comprehensive long-term plan because its execution presumably involves a more complex combination of abilities**" (p. 364). H 本:"仅仅在蕴涵较少的计划中的所有目标都已经安全无害的得到满足的时候,才不存在这种结果。另一种看法是:与那个亚里士多德主义原则(其解释见第65节)相一致,我假定人类有一种服从于蕴涵原则的更高等的欲望。他们偏爱于选择更全面的长期计划,因为这种计划的实施可能带来各种能力的更为复杂的联合"(第326—327页)。H 本的解读可商榷之处较多,主要有:

(1) 语句: "This effect is absent only in the case where all of the aims of the less inclusive plan are already safely provided for". 它讲的是实现包含原则的必要条件, 但不是充要条件。它的意思是, 如果只是"包含较少的计划的所有目标都已经得到安全满足", 这种情形是不够的, 不会产生包含原则的效应。要产生那样的效应, 就必须是, 除了上述条件之外, 还要实现其他一个或多个目标, 而这是包含较少的计划达不到的。H 本把这个语句解读成"仅仅在蕴涵较少的计划中的所有目标都已经安全无害的得到满足的时候, 才不存在这种结果"不够确切, 如果把它表述为"**仅仅在包含较少计划的所有目标都已经得到明确满足的情形下, 尚不会出现这种效应**", 会更忠实于原文。

(2) 短语: "The Aristotelian Principle". 不能解读为"那个亚里士多德主义原则", 而应解读为"**亚里士多德式原则**"。弗雷曼对这个原则有专门评论。他是这样说的: "亚里士多德式原则没有包含恒定的选择模式。它阐明了一个自然倾向, 它可以通过一些抵消的嗜好来克服, 比如对舒适安逸和满足身体需要的欲望。不过它的确包含着以下意思: 首先, 在满足这些'低端快乐'(借用密尔的术语)的过程中, 一旦一个确定的临界值得到了满足, 从事某些活动的偏好会唤起去实践我们的高端能力; 其次, 个体偏好的某种活动越是高端, 他们实践其受过训练的能力便越是专注。"①

(3) 语句: "I assume that human beings have a higher-order desire to follow the principle of inclusiveness". H 本把它解读为"我假定人类有一种服从于蕴涵原则的更高等的欲望"是不够确切的。这样的解读将会背离罗尔斯正义论的基本主张, 这等于把罗尔斯说成了一个承认效用论的物欲主义者。这里的短语 "to follow the principle of inclusiveness" 不能解读为"服从蕴涵原则", 而应解读为"**遵循包含原则**"。"a higher-order desire" 也应解读为"**高阶欲望**", 而不是"更高等的欲望"。该语句的准确意思是, "**本人假定, 人类有一个高阶欲望去遵循包含原则**"。它可以理解成, 人类有了高阶欲望, 才会遵循包含原则。如果人类连一阶欲望都满足不了, 他们是不会遵循包含原则的。关于"一阶""二阶""高阶"和"最高阶"等数学术语, "最高阶"就是人们一般讲的"顶层"之意, 罗尔斯在《正义论》第三章有较多涉及, 在此不作展开评论。罗尔斯在这里表达的意思, 同马斯洛的需求层次理论遥相呼应, 有异曲同工之妙。

---

① Samuel Freeman, *Rawls*, London and New York: Routledge, 2007, p. 270.

（4）语句："They prefer the more comprehensive long-term plan". H本解读为"他们偏爱于选择更全面的长期计划"也不准确。原语句中没有"于选择"的对应英语词语。这句话的意思原本简单明白："**他们偏好比较全面的长远计划**"。

（5）语句："Because its execution presumably involves a more complex combination of abilities". H本解读为"**因为执行这种计划可能涉及较为复杂的能力组合**"，也许是因为译者不了解"the Aristotelian Principle"是怎么一回事，没有很好地把握这个语句的确切意思。这个语句的关键词是动词"involve"，把它解读为"带来"是错误的。它表示"涉及""包括""牵连"等含义。另外，"combination of abilities"是一个固定词组，表示"能力组合"的意思。所以，"a more complex combination of abilities"不是表示"各种能力的更为复杂的联合"，而是表示"**更复杂的能力组合**"。

2. 原文："**The Aristotelian Principle states that, other things equal, human beings enjoy the exercise of their realized capacities (their innate or trained abilities), and that this enjoyment increases the more the capacity is realized, or the greater its complexity**"（p. 364）。H本："亚里士多德主义原则强调，如其他条件相同，人把运用他们的已经实现的（天赋的或靠训练获得的）能力为享受，并且这种能力被实现的越多，或被实现的复杂程度越高，这种享受也就越大"（第327页）。H本显然曲解了这整个语句的原意。因为这里没有提到"享受"；这里的动词"enjoy"不是的意思，而是"**乐意**""**乐于**"的意思。相应地"enjoyment"也不是"享受"的意思，而是"**快乐**""**乐趣**""**愉快**"的意思。如果用"享受"来理解亚里士多德式原则，那就把它庸俗化了，这样罗尔斯就不可能赞同亚里士多德式原则。所以，该句话的正确解读应当如笔者在前面所示。

3. 原文："**A person takes pleasure in doing something as he becomes more proficient at it, and of two activities which he performs equally well, he prefers the one that calls upon the greater number of more subtle and intricate discriminations. Thus the desire to carry out the larger pattern of ends which brings into play the more finely developed talents is an aspect of the Aristotelian Principle. And this desire, along with the higher-order desires to act upon other principles of rational choice, is one of the regulative ends that moves us to engage in rational deliberation and to follow its outcome**"（p. 364）。H本："当一个人在做某事上变得更有效能了，他便从中得到了快乐，在两项他做得同样好的活动中，他乐于选择那项需要

更多的更微妙、更复杂的分辨力的活动。所以，实现那些有更大蕴涵的目的的欲望——这种欲望把更精细地发展了的天资付诸运用——是亚里士多德主义原则一个方面。同时，这种欲望，同按照合理选择的其他原则行动的那些更高等的欲望一道，是一个调节性的目的，它推动我们运用理性去思考，并遵循其结论"（第327页）。H本可商榷之处有：

（1）语句："As he becomes more proficient at it". 原来的意思是"随着他越来越精于此道"。因此，它解读为"当一个人在做某事上变得更有效能了"不是很妥当。

（2）语句："Thus the desire to carry out the larger pattern of ends which brings into play the more finely developed talents is an aspect of the Aristotelian Principle". 不能解读为："所以，实现那些有更大蕴涵的目的的欲望——这种欲望把更精细地发展了的天资付诸运用——是亚里士多德主义原则一个方面。"它的正确解读是：**"因此，实现更多样式的目标，使得各种出神入化的天赋发挥到极致，这样的欲望是亚里士多德式原则的一个方面。"**

（3）短语："The higher-order desires". 不可解读为"更高等的欲望"，而应当解读为"**高阶欲望**"。

（4）短语："Principles of rational choice". 这是固定词组，意为"**理性选择原则**"。

（5）短语："To engage in rational deliberation". 意思不是"运用理性去思考"，而是"**开展理性慎思活动**"。

（6）短语："To follow its outcome". 不能解读为"遵循其结论"，而应解读为"**认可或接受其结论**"。

【诠释】

有两种看法似乎支持把包含原则应用于长远计划。首先，如果假定一个人的幸福程度部分取决于他实现目标的比例，亦即他执行计划的程度，那么可以说，遵循包含原则，有助于提高这种比例，因而促进一个人的幸福。仅仅在包含较少计划的所有目标都已经得到明确满足的情形下，尚不会出现这种效应。另一种看法是，与亚里士多德式原则（其解释见§65）相一致，本人假定，人类有一个高阶欲望去遵循包含原则。他们偏好比较全面的长远计划，因为执行这种计划很可能涉及较为复杂的能力组合。亚里士多德式原则说的是：(1) 在其他条件相同的情况下，人类乐于实践他们已经掌握的能力（他们与生俱来的能力或经过训练获得的能力）；(2) 能力掌握得越多，能力复杂程度越高，获得的快乐也就越大。随着一个人越来越精于做某个事情，他便从中得到了快乐，在他同样擅长的两项活动中，他较为喜爱要求更多有着更精妙更复杂辨别力（所谓眼观六路、明察秋毫的能力）的那项活动。因此，实现更多样式的目标，使得各种出神入化的天赋发挥到极致，这样的欲望是亚里士多德式原则的一个方面。并且，和按照其他理性选择原则行动的高阶欲望一起，这个欲望是诸多调节目标之一，那个目标促使我们开展理性慎思，并接受理性慎思的结论。

【原文】§63 – 14 – p. 364

【评析】

1. 原文："These three principles are not in general sufficient to rank the plans open to us"（p. 364）。H 本："这三个原则一般来说还不足以排列出对于我们可能的那些计划的先后次序"（第 327 页）。H 本把短语"to rank the plans open to us"解读成"排列出对于我们可能的那些计划的先后次序"显得过于啰唆，没有准确表达原文意思，它只不过是"对向我们开放的计划进行排序"而已。

2. 原文："We view our aims as we are inclined to describe them"（p. 364）。H 本："我们先要按照我们以往的倾向来描述我们的目标"（第 327 页）。**新解**："为了应用这些原则，我们把目标看作自己乐意描述的那个样子。"

3. 原文："Deliberative rationality"（p. 364）。H 本："慎思的理性的概念"（第 327 页）。**新解**："审慎理性"。

4. 原文："Preliminary account"（p. 364）。H 本："序言性的概述"（第 327 页）。**新解**："初步探讨"。

5. 原文："We can choose between rational plans of life"（p. 364）。H 本："我们能够在合理的生活计划中进行选择"（第 327 页）。**新解**："我们能够在两个理性人生规划之间做出选择。"

【诠释】

上述评论中的许多事项须作进一步说明。不过清楚的一点是，比如，这三个原则一般来说尚不足以对向我们开放的计划进行排序。手段可能不是中立的，把其他计划包含于其中的计划可能并不存在，达成的目标可能很不相似，如此等等。为了应用这些原则，我们把目标看作自己乐意描述的那个样子，我们多少盘算过此计划或彼计划实现的目标数，评估过成功的概率。由于这个原因，我称这些标准为计数原则(counting principles)。它们不要求深入分析或改变我们的愿望，也不要求判断我们的需要的相对强度。本人将在讨论审慎理性时再来探讨这些问题。结束这个初步探讨的最佳办法似乎在于指出相当清楚的一点：我们能够在两个理性人生规划之间做出选择。这意味着，我们能够现在就选出我们稍晚些时候将会有的愿望。

【原文】§63－15－pp. 364－365

【评析】

1. 原文："One might suppose at first that this is not possible. We sometimes think that our major desires at least are fixed and that we deliberate solely about the means to satisfy them. Of course, it is obvious that deliberation leads us to have some desires that we did not have before, for example, the desire to avail ourselves of certain means that we have on reflection come to see as useful for our purposes. Furthermore, it is clear that taking thought may lead us to make a general desire more specific, as when a desire for music becomes a desire to hear a particular work"(pp. 364－365). H本："人们开始可能会认为这不可能。我们有时认为至少我们的那些主要欲望是固定不变的，我们慎思的仅仅是满足它们的手段。诚然，慎思明显地把我们引向一些我们以前不曾有的欲望，例如，去利用我们在反思中意识到有利于我们的目的的某些手段的欲望。此外，思考显然引导我们把一种一般的欲望具体化，比如把一种对音乐的欲望变为聆听一个具体作品的愿望"(第327页)。H本的可商榷点主要有：

(1) 语句："We sometimes think that our major desires at least are fixed and that we deliberate solely about the means to satisfy them". H本译为"我们有时认为至少我们的那些主要欲望是固定不变的，我们慎思的仅仅是满足它们的手段"显得过于草率。这个语句有两个要点值得留意：一个是"and that"，另一个是"solely"。H本完全忽视了第一个要点。"and that"其实是"We sometimes think that...and that..."两个并列宾语从句的引导语词。"We sometimes think that...and that..."可以解读为，"我们有时想到……，我们还会想到……"填入这个句式的内容，便是两个宾语从句。一个是"Our major desires at least are fixed"，可以解读为"我们的主要欲望至少是固定的"；另一个是"We deliberate solely about the means to satisfy them"。我们于是进入这个语句的另一个关键词"solely"。H本解读为

"仅仅"，显然低估了罗尔斯作为分析哲学家对特殊词语使用的严格性。因为它是插入词组"deliberate about"之中的修辞语，起副词的作用，短语"deliberate solely about"就不能解读为"慎思的仅仅是"，而应解读为"满脑子想着的全是"，这是一种"绞尽脑汁，朝思暮想，甚至茶饭不思，酒肉无味，一门心思只想它"的状态。所以，对该语句较为准确的解读是："**我们有时想到，我们的主要欲望至少是固定的；我们还会想到，我们满脑子想着的，就是去满足它们的各种手段。**"

（2）H本把语句"The desire to avail ourselves of certain means that we have on reflection come to see as useful for our purposes"解读为"去利用我们在反思中意识到有利于我们的目的的某些手段的欲望"，其意思与原文没有出入，只是解得过于复杂，遣词造句没有照顾汉语习惯，一些说法被过于压缩了，这样的句式会给人准确理解和消化文中意思带来困难，需要做些简化还原处理。笔者认为，这个语句的关键短语是"the desire to avail ourselves of certain means"。它的意思是"**利用某些手段的欲望**"，后半句"That we have on reflection come to see as useful for our purposes"是一个定语从句，用来限定或说明"certain means"，它可以解读为"**我们经过反思渐渐知道了，那些手段对我们的目标是有利的**"。其整句话的意思是："**利用某些手段的欲望，我们经过反思渐渐明白过来，它们对我们的目标是有用的。**"

（3）H本把语句"Furthermore, it is clear that taking thought may lead us to make a general desire more specific, as when a desire for music becomes a desire to hear a particular work"解读为"此外，思考显然引导我们把一种一般的欲望具体化，比如把一种对音乐的欲望变为聆听一个具体作品的愿望"。在这个语句中，"taking thought"解读成"思考"过于简单，准确的意思是"**多做思考**"；短语"to make a general desire more specific"也不是"把一种一般的欲望具体化"的意思，而是"**令一个一般欲望变得较为具体**"或者"**把一般欲望变成较为具体的欲望**"。那个语句的准确解读是："**此外，清楚的是，多做思考会引导我们，把一般欲望变成较为具体的欲望。**"

2. 原文："**But let us suppose that, except for these sorts of exceptions, we do not choose now what to desire now. Nevertheless, we can certainly decide now to do something that we know will affect the desires that we shall have in the future. At any given time rational persons decide between plans of action in view of their situation and beliefs, all in conjunction with their present major desires and the principles of rational choice**"（p.365）。H本："但是让我们假定，尽管有上面这些例外，我们并不是在现在才选择

我们现在所欲望的东西。然而，我们当然能够在现在决定去做些我们知道将影响我们在将来会有的那些欲望的事情。在任何一个给定的时间，有理性的人们都是根据他们的境况和信念在不同的行为计划之间作决定，这些计划都与他们现在的那些主要欲望以及那些合理选择原则相联系的"（第327—328页）。从这个段落的原文看，罗尔斯是一位有点儿口吃的哲学家，却在这里绕起了口令。但是，H本的"我们并不是在现在才选择我们现在所欲望的东西"读起来逻辑混乱，文理不通。H本为了让它读起来像是那么回事，掺了很多水分进去，不像是罗尔斯讲的话，没有真实反映原文语句"we do not choose now what to desire now"的意思。这里的关键词是"choose"，它的常规意思是"挑选、选择"。笔者把该语句解读为："**我们对我们现在想要的东西不作挑选**'，因为它是罗尔斯在此提的一个假设，看起来有点儿违反生活常识。但是它的真实意思就是如此，我们不能为了让一个语句读起来合乎常理或常识而去改变它在原文中的真实意思。此外，在语句"At any given time rational persons decide between plans of action in view of their situation and beliefs"中，"rational persons"宜解读为"**理性人**"，"decide"应为"**作定夺**"，既然是"decide between plans of action"，那就是"**在两个行动计划之间作定夺**"。因此，这个语句不能解读为"在任何给定的时间，有理性的人们都是根据他们的境况和信念在不同的行为计划之间作决定"，而应解读为"**在任一给定时间，理性人根据他们的境况和信念在两个行动计划之间做出定夺**"。

3. 原文："**Thus we choose between future desires in the light of our existing desires, including among these the desire to act on rational principles. When an individual decides what to be, what occupation or profession to enter, say, he adopts a particular plan of life. In time his choice will lead him to acquire a definite pattern of wants and aspirations (or the lack thereof), some aspects of which are peculiar to him while others are typical of his chosen occupation or way of life. These considerations appear evident enough, and simply parallel in the case of the individual the deep effects that a choice of a conception of justice is bound to have upon the kinds of aims and interests encouraged by the basic structure of society. Convictions about what sort of person to be are similarly involved in the acceptance of principles of justice**"（p.365）。H本："所以，我们是根据我们现有的欲望而在未来的欲望之间作选择，在这些现有的欲望中包括按照合理的原则去做的欲望。当一个人决定他要成为什么样的人，譬如

决定要从事何种职业或行业的时候，他就是要采取一项特别的生活计划。他的选择最终将引导他获得一定类型的需要和愿望（因而一定类型的匮乏），这些需要和愿望的某些方面取决于他个人，然而其他方面却是他所选择的职业或生活方式所具有的特点。这些看法是相当明白的，而且在个人的例子中直接伴随着那种深层的影响，即对一种正义观念的选择对于社会基本结构将鼓励何种目标和兴趣必定会产生的影响。与此相似，关于应当成为何种人的信念也是由于人们接受正义原则才产生的"（第328页）。H本后半段离原话的意思较远。依此解读，接受一种正义原则将成就一种人生信念，这显然过分夸大了正义原则对个体的影响。短语："Deep effects". H本："深层的影响"（第328页）。**新解："深层效应"**。罗尔斯在这里使用了一个相当慎重的短语"are similarly involved in"，它只是"类似地涉及"而不是"取决于"对某些正义原则的接受或认可。

【诠释】

人们起初可能以为，这是不可能的。我们有时想到，我们的主要欲望至少是固定的；我们还会想到，我们满脑子想着的，就是去满足它们（亦即我们的主要欲望）的各种手段。当然明显的是，慎思引导我们去拥有，我们从前未曾拥有的愿望，比如，利用某些手段的欲望，我们经过反思渐渐明白过来，它们对我们的目标是有用的。此外，清楚的是，多做思考会引导我们，把一般欲望变成较为具体的欲望，比如，把喜爱音乐变为聆听一个具体作品的愿望。但是我们假定，除了这些例外，我们对我们现在想要的东西不作挑选。不过，我们当然能够现在就决定去做某件事情，我们知道，它将影响到我们未来会有的欲望。在任一给定时间，理性人根据他们的处境和信念在两个行动计划之间做出定夺，这些计划与他们当下的主要欲望和理性选择原则相联系。所以，我们根据我们的现有欲望在两个未来欲望之间做出选择，包含于现有欲望中的有按照理性原则去做的欲望。当一个人决定自己想要成为什么人的时候，譬如，当他决定想要从事何种职业或行业的时候，他便采用了一个特定的人生规划。他的选择迟早引导他获得一定类型的需要和欲望（或缺乏一定类型的需要和欲望），这些需要和欲望的某些方面对他有着特殊意义，然而，其他方面却是他选择的职业或生活方式所具有的特点。这些考虑似乎足够明显，而且简单说来，在个别情况下，以下深层效应是平行不悖的：选择一种正义观念，必定涉及去拥有为社会基本结构所鼓励的目标和兴趣。关于想要做什么人的信念类似地牵涉到认可某些正义原则。

§64 审慎理性
Deliberative Rationality

【题解】

运气对一个人的功名利禄、生活质量和人生成败有着举足轻重的影响。在这个总结性段落里，罗尔斯提到了个人和社会中的"自发趋势"（spontaneous inclination）现象，他好像在批评哈耶克的自生自发理论。那个理论的核心主张便是，人的偶然因素、运气、才能和财富、社会地位等的获得或失去都是应得的，任何社会制度都无法从根本上改变这种人际差异。个人可以自由选择，理性选择是其重要手段，但是"合理的"要严格区分于"善好的"。在理性选择中，或者在理性计划中，人们必定会考虑各种得失。不过，人的运气是常态的，不需要特别的道德辩护。完美的理性善好是不可能的，也是不必要的。同样地，公平正义是不必要的。社会自身就能通过自生自发秩序，解决社会的所有问题。

在这一节中，H本的差错一如既往。译者一直没有跟上作者的思路，译者有限的知识储备难以应对作者广博的思想议题。结果只能是穷于应付，漏洞百出，极其狼狈。但是，这何曾不是当今整个中国哲学社会科学界的状况？所以，除了以认真负责的态度，洗心革面，认真学习，认真补课，我们别无他法，也别无他途。

【原文】 §64-1-pp.365-366

【评析】

1. 原文："Sometimes they do not apply, since there may be no inclusive plan, say, or else the means are not neutral."（p.365）。H本："有时候这些原则不能应用，比如说，可能不存在蕴涵较大的计划，或手段不是中性的。"（第328页）。新解："比如说，要么因为可能不存在包含计划，要么因为手段不是中性的，所以，有时候还真用不上这些原则。"

2. 原文："We are left with a maximal class"（p.365）。H本："我们排列出一组最优等计划"（第328页）。新解："留给我们的是一组最优计划。"

3. 原文："Further rational criteria may of course be invoked"

（p. 365）。H 本："自然要诉诸进一步的合理标准"（第 328 页）。**新解**："当然可以援引其他理性标准"。

4. **原文**："While rational principles can focus our judgments and set up guidelines for reflection, we must finally choose for ourselves in the sense that the choice often rests on our direct self-knowledge not only of what things we want but also of how much we want them"（p. 365）。H 本："尽管理性原则能够使我们的判断集中起来并建立起反思的准则，但由于要选择我们常常不仅必须直接了解我们自己需要些什么，而且必须直接了解我们需要它们的程度，我们最终必须自己做出选择"（第 328 页）。**新解**："既然理性原则能聚焦于我们的判断力并确立反思的指导方针，我们在以下意义上最终须为自身做出选择：我们做出的选择，往往既有赖于我们对需求物的直接自知，也有赖于我们对需求量的直接自知。"

5. **原文**："Formal principle"（p. 365）。H 本："形式的原则"（第 328 页）。**新解**："形式原则"。

6. **原文**："One is directed to take that course most likely to realize one's most important aims"（p. 365）。H 本："这个标准指导一个人采取那个最可能实现他的最重要的目标的行为方案"（第 328 页）。**新解**："一个人在其指引下采取的方案，将是最有可能实现他的最重要目标的方案。"

【诠释】

本人已经指出，较为简单的理性选择原则（计数原则）尚不足以给计划排序。比如说，要么因为可能不存在包含计划，要么因为手段不是中性的，所以，有时候还真用不上这些原则。经常发生的情形是，留给我们的是一组最优计划。在这些情况下，当然可以援引其他理性标准，本人将在下面讨论其中的某些标准。不过本人假定，既然理性原则能聚焦于我们的判断力并确立反思的指导方针，我们在以下意义上最终必须自己做出选择：我们做出的选择，往往既有赖于我们对需求物的直接自知，也有赖于我们对需求量的直接自知。我们常常不得不评估我们持有的种种欲望的相对强度而别无他法。理性原则会帮助我们做到这一点，但是，它们不可能总是以烦琐方式来评估。诚然，存在一个看似提供一般答案的形式原则（formal principle）。形式原则采纳的计划，是预期的满足净余额得到极大化的计划。或者，用一句不太带有享乐论色彩的话来表达这个标准，我们不妨含糊其辞地说，一个人在其指引下采取的方案，将是最有可能实现他的最重要目标的方案。但是，这个原则仍然提供不了明晰的程序，来帮助我们做出决定。它明确置事主于不顾，任由他自己去决定他最想得到的是什么，去判断他的数个目标的相对价值。

【原文】§64 –2 – p. 366

【评析】

这里讨论的个人行动方案就是其理性人生规划的具体实施，涉及个人的基本善的实现。因此，个体善就是个体追求的善好事物，是在设计个人理性人生计划之后个体之善的达成。它们都不得违反正当的优先性。个体之善，在时间上先于正义原则，但是在价值上要遵循正义原则。个体遵循正义原则的重要表现就是他们具有正义感和道德能力。只要他们按照正义原则做事，或者做事合乎正义，那么他们就做到了对正当的优先性的尊重。所以，个体对善的追求，并没有背离正当的优先性，或者说没有背离正义的优先地位。哈贝马斯等人之所以对罗尔斯基本善理论做出错误解读，是因为他们没有认真解读罗尔斯关于正当的优先性学说的具体内容。

1. 原文："**At this point I introduce the notion of deliberative rationality following an idea of Sidgwick's. He characterizes a person's future good on the whole as what he would now desire and seek if the consequences of all the various courses of conduct open to him were, at the present point of time, accurately foreseen by him and adequately realized in imagination**"（p. 366）。H 本："在这点上，我按照西季威克的思想引入慎思的理性的概念。西季威克把一个人未来的总体善，描述为在他的全部可能的行为方案的结果此时能够被他准确预见并在想象中充分实现的条件下，他现在会欲望和追求的东西"（第 328—329 页）。短语："Deliberative rationality"。H 本："慎思的理性"。**新解**："**审慎理性**"。短语："A person's future good on the whole"。H 本："一个人未来的总体善"。**新解**："**大体上一个人将来的好坏**"。它可以引申为"**大体说来，一个人将来是否有出息**"。这里没有"总体善"，短语"on the whole"是一个固定词组，意思为"一般而言""大体说来""总的来说""大概"等。**新解**："在这一点上，我顺着西季威克的某个想法引入审慎理性观念。西季威克描述道：假如一个人在当下能够准确预见并在想象中充分实现向其开放的所有不同行动方案的结果，那么那个人将来总体上有多大出息，就看他现在正在欲求和追寻的是什么。"

2. 原文："Deliberative reflection"（p. 366）. 这个段落出现了两次"deliberative reflection"，H 本分别解读为"慎思平衡"（第 329 页）和"缜密反思"（第 329 页）。这表明 H 本在重要术语解读上的不一致性。**新解："审慎反思"，意思是反复推敲的深刻的自我反省。**

3. 原文："An individual's good is the hypothetical composition of impulsive forces that results from deliberative reflection meeting certain conditions"（p. 366）. H 本："一个人的善是产生于慎思平衡的冲动力与某些条件的虚拟合成物"（第 329 页）。**新解："个体之善是各种碰撞或冲击力的虚拟合成，那个虚拟合成产生于满足一定条件的审慎反思。"**

【诠释】

在这一点上，我顺着西季威克的某个想法引入审慎理性观念。西季威克描述道：假如一个人在当下能够准确预见并在想象中充分实现向其开放的所有不同行动方案的结果，那么那个人将来总体上有多大出息（或者他大体上能获得多大的未来善），就看他现在正在欲求和追寻的是什么。个体之善是各种碰撞或冲击力①的虚拟合成，那个虚拟合成产生于满足一定条件的审慎反思。② 如果把西季威克的这一观念应用于计划选择，我们就能说，人的理性计划（作为与计数原则和一旦确立的其他理性选择原则相一致的若干计划之一）是他运用审慎理性将会选择的计划。这项计划将被视为审慎反思的结果：在如此反思中，他借助于所有相关事实，评估执行这些计划的可能结果，据此确定将最佳地达成其更加基本的愿望的行动方案。

【原文】§ 64 - 3 - pp. 366 - 367

【评析】

原文："As things are, of course, our knowledge of what will happen if we follow this or that plan is usually incomplete. Often we do not know what is the rational plan for us; the most that we can have is a reasonable belief as to where our good lies, and sometimes we can only conjecture. But if the agent does the best that a rational person can do with the information

---

① impulsive forces，它可以解释为"冲击力""冲力""碰撞"。
② 参阅西季威克《伦理学方法》第 7 版，伦敦：麦克米兰出版社 1907 年版，第 111 页及以后。——原注

available to him, then the plan he follows is a subjectively rational plan. His choice may be an unhappy one, but if so it is because his beliefs are understandably mistaken or his knowledge insufficient, and not because he drew hasty and fallacious inferences or was confused as to what he really wanted. In this case a person is not to be faulted for any discrepancy between his apparent and his real good"（p. 366 - 367）。H本："当然，事实是，我们关于一旦我们按这种或那种计划去做会发生什么的知识通常是不全面的。我们常常不知道何种计划对我们是合理的；我们能够有的最多是关于我们的善是什么的一种合理信念，而且常常只能推测。但如果当事人根据他所得知的情况尽力做到了一个有理性的人所能做的事，他所遵循的计划就是一个主观上合理的计划。他的选择可能不幸，但假如是这样，也是因为他的信念有理解上的错误或者他的知识不充分，而不是因为他得出了仓促的、谬误的推论，或者弄错了他真实需要的东西。在这种情况下，人们就不应指责他弄错了他的表面的善与真实的善（第329页）"。H本存在几个可商榷之处：

（1）语句："The most that we can have is a reasonable belief as to where our good lies"。其中短语"to where our good lies"是那个语句的重心。H本把它解读为"我们的善是什么"，忽略了罗尔斯在此表达的深刻人生意味。它的真实意思是："**自身境况好坏的缘由**"。

（2）语句："His choice may be an unhappy one"。只是一个简单句式。它的意思很清楚："**他的选择或许是个糟糕的选择。**"但是它不能解读为"他的选择可能不幸"。

（3）H本把语句"His beliefs are understandably mistaken"解读为"他的信念有理解上的错误"。不过，这里的"understandably"不能解读为"理解上的"，而应当解读为"**可以理解地**"或"**合乎情理地**"。所以该语句应当解读为"**他的信念可以理解地是错的**"，或者，就像我们经常听到的某个说法，"**他的信念合乎情理地出了问题**"。

（4）语句："In this case a person is not to be faulted for any discrepancy between his apparent and his real good"。H本解读为"人们就不应指责他弄错了他的表面的善与真实的善"，显然把原来语句的含义搞反了。因为按照H本的解读，读者会误以为，当事人没有犯下把表面善当作实际善的错误。在这个语句中，罗尔斯讲得很清楚，在表面善和真实善之间的"某种差错"或"不相符合"（any discrepancy）是真实发生的。罗尔斯的思想是，即使当事人对自己的表面善和真实善有点搞不灵清，我们也不得因此责怪他。所以，笔者把那个语句完整地解读为："在这种情况下，当事人不应当由于在表面善与真实善之间存在着某种出入而备受指责。"

【诠释】

这个审慎理性定义假定，不存在计算错误或推理错误；它还假定，事实已得到正确评估。本人也假定，事主对其真实需求不存在任何误解。在绝大多数情况下，当事主实现目标之后，他不觉得他已不再需要它，他没有想过要是得到别的什么就好。此外，事主关于自身状况和执行每个计划的后果的知识准确而全面，没有任何有关情况被遗漏于考虑之外。所以，一个人的最佳计划是若他掌握全面信息将采取的计划。它对他而言是客观理性计划（objectively rational plan），并且是决定其真实善的计划。当然事实是，一旦我们执行这个计划或那个计划，我们通常对其后果了解得并不全面。我们往往不知道，什么计划是我们的理性计划；我们最为心中有数的是，我们对自身境况好坏的缘由抱有合理的确信，不过有时我们只是瞎猜而已。然而，假如事主能够努力像理性人那样处理对自己有用的信息，那么他执行的计划就是主观理性计划（subjectively rational plan）。他的选择或许是个糟糕的选择。如果真的碰上了，那既不是因为他做出了仓促而荒谬的推论，也不是因为他搞不清自己的真实需要，而是因为他的信念可以理解地是错的，或者是因为他掌握的知识还不够充分。在这种情况下，当事人不应当由于在表面善与真实善（his apparent and his real good）之间存在某种出入而备受指责。

【原文】§64-4-p.367

【评析】

1. 原文："Rational deliberation is itself an activity like any other, and the extent to which one should engage in it is subject to rational decision. The formal rule is that we should deliberate up to the point where the likely benefits from improving our plan are just worth the time and effort of reflection. Once we take the costs of deliberation into account, it is unreasonable to worry about finding the best plan, the one that we would choose had we complete information. It is perfectly rational to follow a satisfactory plan when the prospective returns from further calculation and additional knowledge do not outweigh the trouble"（p.367）. H本："合理的慎思本身就是一项活动，像其他活动一样，人应当在多大程度上进行慎

思也属于合理决定的问题。形式的规则是，我们应当慎思直到这样一点：由改进计划带来的可能利益对于反思所付出的时间与努力是值得的。一俟我们把慎思的代价考虑进来，我们就没有理由担心找不出最好计划，即我们假如了解全面情况就会选择的计划。当进一步的计算表明了前景，再多的知识也不值得费力去获得，按照一项满意的计划去做就是完全合理的"（第330页）。H 本的解读存在多个可商榷之处：

（1）"Prospective returns"是一个固定词组，一个经济学常用术语，意为"**预期回报**"或"**预期收益**"，在 H 本的这段译文中找不到这个术语。

（2）"Further calculation"和"additional knowledge"是另外两个固定词组，意为"**进一步计算**"和"**额外知识**"。

（3）语句："The prospective returns from further calculation and additional knowledge"."the prospective returns"即"预期回报"是主语，"from further calculation and additional knowledge"是它的限定词组，作主语的形容词，意为"来自进一步计算和额外知识的"。整个语句的意思是"**来自进一步计算和额外知识的预期收益没有大于麻烦**"，所以，当它在以下语句中作为条件从句出现时，"It is perfectly rational to follow a satisfactory plan when the prospective returns from further calculation and additional knowledge do not outweigh the trouble"这一个语句应当解读为："**当来自进一步计算和额外知识的预期收益没有大于麻烦时，执行一项令人满意的计划是完全合理的。**"罗尔斯在这里表达的意思是，制订计划是需要成本的，既有时间成本，也有知识成本，如果成本太高，就不值得制订一种完美的计划。如果一项计划的预期收益已经明朗，并且它是一项令人满意的计划，那就照着它去做，而不必想着更加完美的计划。因此，令人满意的计划就是合理的计划，而不是完美无缺的计划才是合理的计划。但是，罗尔斯并没有否认进一步计算和额外知识对于制订令人满意的合理计划的必要性。因为他前面一直在探讨的正是这个问题及其相关见解。因此，当那个语句像 H 本那样解读时，解读者不知道罗尔斯究竟在主张什么和反对什么。因为这个解法表达的是一种背离生活常识的想法，也不是罗尔斯在《正义论》中想要表达的意思。追究其产生的原因，可能是解读者误解了前面的一个语句："Once we take the costs of deliberation into account, it is unreasonable to worry about finding the best plan"（p. 367）.它的真正意思是："**如若我们考虑慎思付出的代价，那么我们为找到最佳计划而忧虑是不合理的。**"罗尔斯的意思是，因为制订任何合理的计划都要付出忖思的代价，一个人为了找到最佳计划而被搞得废寝忘食或焦头烂额是不合理的，也是不明智的。H 本把罗尔斯在这里想要表达的意思完全搞反了。

2. 原文:"There is even nothing irrational in an aversion to deliberation itself provided that one is prepared to accept the consequences. Goodness as rationality does not attribute any special value to the process of deciding. The importance to the agent of careful reflection will presumably vary from one individual to another. Nevertheless, a person is being irrational if his unwillingness to think about what is the best (or a satisfactory) thing to do leads him into misadventures that on consideration he would concede that he should have taken thought to avoid"(p. 367). H 本:"甚至,假如一个人对后果有所准备,他对慎思本身感到反感也并非不合理。理性的善并不给决定过程增加任何特殊的价值。缜密的反思的重要性将是因人而异的。然而,假如一个人由于不愿意考虑怎么做对于他是最好的(或满意的)而陷入不幸境况,并且在那种境况中经过考虑他愿意承认他应当事前考虑以避免那种境况,他就是一个缺乏理性的人"(第330 页)。H 本的可商榷之处主要有:

(1) 这个段落两次出现词语"irrational",有人主张把它解读为"**理性不及的**"是很有见地的。沿着这个思路,笔者主张把它解读为"**不够理性的**"。如果像 H 本那样把它解为"缺乏理性的",则太过了。

(2) 语句:"Goodness as rationality does not attribute any special value to the process of deciding". H 本解读为"理性的善并不给决定过程增加任何特殊的价值"是不确切的。它的确切意思是,"**理性善好没有把任何特殊价值归于决定过程**"。

(3) H 本没有很好掌握包含"irrational"的语句"Nevertheless, a person is being irrational if his unwillingness to think about what is the best (or a satisfactory) thing to do leads him into misadventures that on consideration he would concede that he should have taken thought to avoid"的意思,H 本的译文读起来比较含混和混乱。这个语句在语法上有点儿复杂,前半个语句"A person is being irrational if his unwillingness to think about what is the best (or a satisfactory) thing to do leads him into misadventures"是真实条件从句,意思是"**假如事主不愿意考虑做什么是最佳的或令人满意的,这种不情愿令他陷入困境,那么他就是一个不够理性的人**";后半个语句"On consideration he would concede that he should have taken thought to avoid"是用来说明事主对"各种困境"(misadventures)的反思的,表示"**他后来经过思考承认,自己原本应当想到去避开那些困境的**",它的里面还包含一

个作宾语的虚拟条件从句"that he should have taken thought to avoid",表示"自己原本应当想到去避开的"。

（4）另外，H本把语句中的"What is the best (or a satisfactory) thing to do"["做什么是最好的（或最令人满意的）事情"]误解成"怎么做对于他是最好的（或满意的）",表明译者较为随意地处理原有文本。

【诠释】

掺杂许多因素的审慎理性观念显然是极其复杂的。我不想在此罗列这个反思过程可能出错的所有方式。如有必要，人们不妨划分一下可能发生的错误种类，事主想要了解自己是否拥有充分知识而采用的检验方法种类，如此等等。然而，应当指出的是，理性人往往不愿意那样地继续苦思冥想下去，直到找到最佳计划。他经常满足于制订自己感到满意的计划（或子计划），也就是说，达到各种最低条件的计划。① 理性慎思本身是像其他活动一样的活动。人应当慎思的范围受制于理性决定。有一条形式规则讲的是，我们应当慎思到这样的地步，到了那里，改进计划产生的可能好处，正好抵得上反思付出的时间与努力。如若我们考虑慎思付出的代价，那么我们为找到最佳计划而忧虑是不合理的，那是我们掌握全面情况才会选择的计划。当来自进一步计算和额外知识的预期收益没有大于麻烦时，执行一项令人满意的计划是完全合理的。倘若事主准备接受其后果，那么他即使对慎思本身感到有点儿反感，也并非不够理性的。理性善好没有把任何特殊价值归于决定过程。审慎反思对事主的重要性将因人而异。然而，假如事主不愿考虑做什么是最佳的或最令人满意的，这种不情愿令他陷入困境，他后来经过思考承认，自己原本应当想到去避开那些困境的，那么他就是一个不够理性的人(being irrational)。

【原文】 §64-5-pp.367-368

【评析】

罗尔斯在这里探讨了一种特殊的情况，就是错误的知识、信念和幻觉也会给人的成长、成就带来正面效应，但是他坚决地不为任何错误的东西作辩护。他认为，思想、信念、知识和心理上的任何谬误都必须接受不断

---

① 关于这一点，参阅西蒙（H. A. Simon）"理性选择的行为模式"（"Behavioral Model of Rational Choice"），《经济学季刊》1955年第69卷。——原注

批评，接受不断质疑。像康德一样，他相信理性的判断力。凡是理性人都将只接受正确的东西。

1. 原文："He can envisage the alternatives open to him and establish a coherent ordering of them"（p. 367）。H 本："他能够想象出对于他可能的选择办法"（第 330 页）。其中的"alternatives"，一般指"可选项"，这里指"可选计划"，而不是"选择办法"。**新解**："他能够畅想向其开放的各种可选计划。"

2. 原文："And establish a coherent ordering of them"（p. 367）．H 本："并且有一套排列这些办法的一贯方法"（第 330 页）。罗尔斯在这里根本没有提到什么"这些办法"或"一贯方法"。**新解**："并对它们进行前后连贯的排序"。

3. 原文："Given any two plans he can work out which one he prefers or whether he is indifferent between them, and these preferences are transitive"（p. 367）．H 本："在两个给定的计划之中他能确定他倾向于何者，或是否这两者对他都无足轻重，而且那些偏爱倾向都是涉及对象的"（第 330 页）。**新解**："给定任何两个计划，他能够确定自己更加偏好哪一个，或者，他对在两个计划中究竟选中哪一个全无所谓，而且，这些偏好是会时过境迁的。"

4. 原文："Once a plan is settled upon, he is able to adhere to it and he can resist present temptations and distractions that interfere with its execution"（p. 367）．H 本："一旦一个计划确定了，他能够坚持这个计划，并且抵抗当下干扰这个计划的实行的种种诱惑和精神涣散"（第 330 页）。**新解**："一旦计划定了下来，他不仅有能力守住它，而且有能力抵挡住干扰计划执行的眼前诱惑和分心。"

5. 原文："It is not excluded that mistaken opinions may have a beneficial effect by enabling us to proceed with our plans, being so to speak useful illusions. Nevertheless, the desires that these beliefs support are irrational to the degree that the falsehood of these beliefs makes it impossible to execute the plan, or prevents superior plans from being adopted. (I should observe here that in the thin theory the value of knowing the facts is derived from their relation to the successful execution of rational plans. So far at least there are no grounds for attributing intrinsic value to having true beliefs)"（p. 368）．H 本："不排除这样的可能：作为——比如说，——有用的幻觉，错误的见解由于能使我们推进我们的计划也许会有一种有益

的效果。然而，这种信念使得计划的实施成为不可能，而且阻止我们采取更好的计划，就此而言，这些信念所支持的那些欲望不合理。（我应在此指出，按照弱理论，事实知识的价值来源于这些事实同合理计划的成功实施的关系。至少，迄今为止还没有理由说持有真实的信念本身就有价值）"（第331页）。

（1）短语："It is not excluded that"．不能解读为"不排除这样的可能"，它的正解是"**不排除这样一种情形**"。

（2）H本把"being so to speak useful illusions"解读为"作为——比如说，——有用的幻觉"是错误的，其正解是"**说到有用的幻觉，也是如此**"。

（3）语句："The falsehood of these beliefs makes it impossible to execute the plan"．H本解读为"这种信念使得计划的实施成为不可能"，漏掉了句中的"the falsehood of"，它的正解是"**这些信念的虚假性令计划无法执行**"。

（4）语句："So far at least there are no grounds for attributing intrinsic value to having true beliefs"．H本解读为"至少，迄今为止还没有理由说持有真实的信念本身就有价值"不够确当，其正解是"**至少迄今为止，不存在理由赋予持有真信念以固有价值**"。

【诠释】

在关于审慎理性（deliberative rationality）的如上论述中，本人假定了个体在做决定方面的某些能力：他知道无论现在和将来自己都想实现的需要与目标的一般特点，他能够评估自己欲望的相对强度，他必要时能够决定自己真正想要的是什么。此外，他能够畅想向其开放的各种可选计划，并对它们进行前后连贯的排序：给定任何两个计划，他能够确定自己更加偏好哪一个，或者，他对在两个计划中究竟选中哪一个全无所谓，而且，这些偏好是会时过境迁的。一旦计划定了下来，他不仅有能力守住它，而且有能力抵挡住干扰计划执行的眼前诱惑和分心。这些假定和我一直使用的为人熟知的理性观念相一致（§25）。我不准备在这里考察合理做事或以理服人（being rational，讲道理、明白事理、处事得体）的这些方面。看似有用的是，本人不妨就批评我们目标的某些方法略说一二。这些方法经常有益于评估我们的愿望的相对强度。先要牢记的是，我们的首要目标是实施一个合理计划（或子计划）。清楚的一点是，欲望的某些特性使这项工作变得不可能。比如，我们无法实现这样的目标，要么它们描述的对象没有什么意义，要么它们违背公认的真理。既然 π 是一个超越数，那么试图证明它是一个代数数就毫无意义。诚然，一个数学家在尝试证明这个命题的过程中可能顺便发现许多重要事实，这项成就可以补偿他付出的努力。不过，只要他的目的是去证明一个谬误，那么他的计划就经不起批评；而且，一旦他意识到这一点，他就不会再抱定那个目标。由我们持有的不正确信念产生的欲望也当作如是观。不排除这样一种情形：由于错误意见能推进我们的计划，它们也许会产生某种有益的效果，说到有用的幻觉，也是如此。然而，受到这些确信支持的愿望，在如下意义上是不够理性的：这些确信的虚假性要么令计划无法执行，要么令优秀计划弃而不用。（本人在此想说的是，按照不充分善理论，事实知识的价值派生于这些事实与成功执行理性计划的关系。至少迄今为止，不存在理由去赋予持有真信念以固有价值。）

【原文】§64 – 6 – pp. 368 – 369

【评析】

罗尔斯在这里讨论了个人经历、年龄、成熟度等对于一个人形成合理欲望的重要性。他谈到了一些个体内在主观偏执和外在社会交际遭遇对于其欲望形成的重要作用。他主张，人的欲望会随着年龄的增长而发生变化，个体的各种欲望和厌恶也会随着其经验的不断积累而得到改变或纠正。罗尔斯在这里还讨论了人的需要、选择与人的心理状态和个人经历的关系。他承认人的有些需要的奇特性，但是他没有为它们的合理性作辩护。他探讨了造成如此畸形心理或变态心理需要的原因。他在这里用到了许多心理学术语，但他并没有充分展开这些讨论，只是点到为止。然而，H 本的解读几乎是完全错误的。这里新出现的几个术语，"excessive generalization"（**过度概括**，H 本为"过于普遍化的东西"）、"accidental associations"（**偶然的人生际遇**，H 本为"偶然的社会联系"）、"peculiar urgency"（**特别迫切感**，H 本为"特别的紧迫性"）、"severe deprivation"（**严重剥夺**，H 本为"严重匮乏"）、"anxiety"（**焦虑**，H 本为"渴望"）和"disturbing influence"（**干扰影响**，H 本为"扭曲"）都是普通心理学术语。令人遗憾的是，H 本几乎全部解读错了。而且在这里，H 本把"inordinate"解读为"紊乱的"也是错误的，它的正解是"**过分的、过度的、超乎预料的**"，与后面的"**过度反应**"（overreaction）相呼应。我们只能遗憾地承认，中文版《**正义论**》是对英文版 *The Theory of Justice* 的再创作，这是以译者主观意图或设想为中心的再创作，而不是对原版著作的客观再现。

1. 原文："excessive generalization"（p. 368）。H 本："过于普遍化的东西"（第 331 页）。**新解**："过分概括"，意思为"以偏概全的过度概括"。

2. 原文："more or less accidental associations"（p. 368）。H 本："多少偶然的社会联系"（第 331 页）。**新解**："多少偶然的人生际遇"。"偶然性"或"随机性"是罗蒂哲学的核心术语之一。人生皆偶然，偶然的运气造就个体的特殊命运。这也是所有文学作品的核心主题。

3. 原文："**This is especially likely to be so in the case of aversions developed when we are younger and do not possess enough experience and maturity to make the necessary corrections**"（p. 368）。H 本："在我们由于还年轻，还不具备足够的经验和老练来对自己的欲望做必要校正时产生的种种反感尤其是这样"（第 331 页）。**新解**："由于我们少不更事，不谙世故人情，屡屡犯错却未做必要的改正，以致令人厌恶或招人嫌弃。"

4. 原文："**Other wants may be inordinate, having acquired their peculiar urgency as an overreaction to a prior period of severe deprivation or anxiety. The study of these processes and their disturbing influence on the normal development of our system of desires is not our concern here**"（p. 368）。H 本："另外一些需要则可能是紊乱的，具有特别的紧迫性，作为对先前一个时期的严重匮乏或渴望的过度反应。我们这里关心的不是研究这些过程以及它们对于我们欲望系统的正常发展的扭曲"（第 331 页）。**新解**："还有些需要可能是非比寻常的，作为对先前阶段严重剥夺或焦虑的过度反应，人们极其迫切地渴望得到它们。然而，研究这些过程及其对我们欲望系统正常发展的干扰影响，不是我们在此关注的事情。"

5. 原文："**As some aims seem less important in the face of critical scrutiny, or even lose their appeal entirely, others may assume an assured prominence that provides sufficient grounds for choice**"（pp. 368 – 369）。H 本："由于在批判的思考下某些目标显得较不重要，或甚至竟会失去它们的引诱力，其他一些目标可能获得可确信的重要性，为选择提供充分的根据"（第 331 页）。**新解**："在严格审查面前，有的目标显得不那么重要，甚至完全丧失了吸引力，其他目标或许会获得令人信服的优异性，为选择提供充分依据或理由。"

6. 原文："**If so, they turn out to be perfectly rational after all**"（p. 369）。H 本："如果是这样，它们毕竟也变成完全合理了"（第 331

页)。**新解**："如果真是这样，它们就变成了完全合理的条件。"

【诠释】

我们还可以研究一下自身的愿望得以产生的条件，也许我们会得出结论，有些目标在各方面是不一致的。① 这样，愿望既可萌芽于过分概括，也可生成于多少偶然的(more or less accidental，阴差阳错的) 人生际遇。由于我们少不更事，不谙世故人情，屡屡犯错却未做必要的改正，以致令人厌恶或招人嫌弃，某个欲望便油然而生。还有些需要可能是非比寻常的，作为对先前阶段(尤指婴幼儿阶段) 严重剥夺或焦虑的过度反应，人们极其迫切地渴望得到它们。然而，研究这些过程及其对我们的欲望系统正常发展的干扰影响(disturbing influence)，不是我们在此关注的事情。不过，它们的确表明，一些批判性反思是重要的慎思手段。注意到需要的源头，往往能让我们清楚地知道，我们对某些事情的渴望的确胜过了我们对其他事物的欲望。在严格审查(critical scrutiny) 面前，有的目标显得不那么重要，甚至完全丧失了吸引力，其他目标或许会获得令人信服的优异性(assured prominence)，为选择提供充分依据或理由(sufficient grounds)。当然，可想而知的是，尽管我们的有些欲望和嫌恶是在糟糕条件下发展起来的，那些条件仍然适合于实现理性计划，甚至极大地促进着理性计划的实现。如果真是这样，它们就变成了完全合理的条件。

【原文】 §64 – 7 – p.369

【评析】

罗尔斯在这里探讨了生命、时间、价值等重要议题，主张人的生命在不同阶段和不同时间的等价性，否定以时间为人生价值尺度的观点。

1. **原文**："**Rational plans try to keep our hands free until we have a clear view of the relevant facts**" (p.369)。**H 本**："按照合理计划的要求，我们应当使自己处于自由状态，直到我们对有关的事实有了一个清楚的观点"（第331 页）。**新解**："理性计划尝试任由我们保持无拘无束的状态，直到我们对相关事实有了明晰的看法。"

2. **原文**："**Future aims may not be discounted solely in virtue of being future, although we may, of course, ascribe less weight to them if there are**

---

① 关于在这个段落中提出的诸多说法，我感谢布兰特。——原注

reasons for thinking that, given their relation to other things, their fulfillment is less probable. The intrinsic importance that we assign to different parts of our life should be the same at every moment of time. These values should depend upon the whole plan itself as far as we can determine it and should not be affected by the contingencies of our present perspective"（p. 369）. H本:"未来的目标不能仅仅因其是未来的就被打折扣,尽管在它们的与其他事物的关系的特定条件下,在我们有理由认为它们的实现的可能性较小时,可能会把它们看得分量较轻。我们在任何时候都应当赋予我们生命的不同部分以同样的内在重要性。就我们能够确定一个总体计划而言,这些价值应当是基于那个总体计划本身,并且不应当受我们目前观点的偶然性所影响"（第331—332页）。H本的可商榷之处主要有:

（1）短语:"Given their relation to other things"。H本的不能解读为"在它们的与其他事物的关系的特定条件下",而应解读为"**给定未来目标与其他事物的关系**"或者"**在它们与其他事物的关系给定的条件下**"。

（2）语句:"The intrinsic importance that we assign to different parts of our life should be the same at every moment of time"。H本的解读是错的。它的主语是"the intrinsic importance",谓语是"should be the same","that we assign to different parts of our life"是限定和说明"the intrinsic importance"的定语从句。而且,这里的"the intrinsic importance"最好解读为"内在价值"而不是"内在重要性"。因此,本句的正解是"**我们赋予我们生命不同部分的内在价值,在任何时刻都是相同的。**"

（3）语句:"These values should depend upon the whole plan itself as far as we can determine it and should not be affected by the contingencies of our present perspective"。H本的解读也较为勉强。这里的"as far as we can determine it"不能解读为"就我们能够确定一个总体计划而言",而应解读为"只要我们能够确定整个计划";"these values should depend upon the whole plan itself"不能解读为"这些价值应当是基于那个总体计划本身",而应解读为"这些价值应该取决于整个计划本身";同样地,"and should not be affected by the contingencies of our present perspective"不能解读为"并且不应当受我们目前观点的偶然性所影响",而应解读为"而不应为我们当前视角的诸多偶发因素所左右"。这里的"present perspective"不是"目前观点",而是当前视角;"contingencies"也不是"偶然性",而是"各种偶发因素"或"各种意外"。所以,本句的正解是:"**只要我们能够确定整个计划,这些价值应该取决于整个计划本身,而不应为我们当前视角的**

诸多偶发因素所左右。"

【诠释】

最后，存在着与时间有关的一些原则，它们也能应用于计划筛选。推延原则是我前面提过的时间原则。这个原则认为，如果其他条件相同，理性计划尝试任由我们保持无拘无束的状态，直到我们对相关事实有了明晰的看法。我们也已考虑过拒绝纯粹时间偏好的理由（§45）。我们视生命为一个整体，理性主体的各项活动展示于时间之中。单单时间的位置，或者与在场的距离，不是喜爱此刻甚于彼时的理由。假如有理由认为，给定未来目标与其他事物的关系，实现未来目标就变得不太可能，那么我们当然不怎么会重视未来目标。尽管如此，它们也不能仅仅因为是未来的而打了折扣。我们赋予我们生命不同部分的内在价值，在任何时刻都是相同的。只要我们能够确定整个计划，这些价值应该取决于整个计划本身，而不应为我们当下视角的诸多偶发因素所左右。

【原文】§64 – 8 – pp. 369 – 370

【评析】

罗尔斯在这里讨论经济周期，用到了一些经济学术语，比如，"效用函数"（utility function，H本译为"功利函数"）、"效应"（effects，H本译为"功利"）、"大幅波动"（substantial swings up and down，H本译为"重大的摇摆"）、"提高预期"（rising expectations，H本译为"提高期望"）、"降低预期"（declining expectations，H本译为"降低期望"）、"最优储蓄"（optimum savings，H本为"最优节约"）、"最大效用"（utility maximization，H本为"最大功利"），等等。既然罗尔斯在脚注中明确表示，连续性原则来自荷兰经济学家、1969年诺贝尔经济学奖得主丁伯根的论文"跨期最优储蓄和最大效用"（Jan Tinbergen, "Optimum Savings and Utility Maximization over Time"，H本解读为"时间的最优节约和最大功利"），解读者总得在这方面做必要的了解，知道丁伯根究竟说了些什么。很可惜，H本一如既往地以其凭着感觉走的解读方法展开随意解读，不管它们是什么术语，自己如何猜就如何译。其结果可想而知，它只能是满目疮痍，惨不忍睹。在这里，H本的解读困难主要表现为，译者真的不知道罗尔斯是在讨论什么。最为关键的一点是，这里没有哲学或政治哲学，也没有伦理学。这里只有经济学，而H本译者对经济学常识几乎一无所知。

1. 原文："Two other principles apply to the overall shape of plans through time"（p. 369）. H 本："在制订贯穿时间的总体计划方面还有另外两个原则"（第 332 页）。新解："另有两个原则适用于由各项计划组成的跨期总体计划。"

2. 原文："The whole plan has a certain unity, a dominant theme. There is not, so to speak, a separate utility function for each period"（p. 369）. H 本："总体计划具有一种统一性，一个主题。可以说，每一个阶段都不存在单独的功利函数"（第 332 页）。新解："总体计划有一定的统一性，有一个主要议题。可以说，每个阶段都不存在孤立的效用函数。"

3. 原文："Not only must effects between periods be taken into account, but substantial swings up and down are presumably to be avoided"（p. 369）. H 本："不仅必须考虑为这些阶段的相互影响，而且要尽可能避免重大的摇摆"（第 332 页）。新解："不仅要考虑两个阶段之间的效应，而且要尽可能避免大幅波动。"

4. 原文："A second closely related principle holds that we are to consider the advantages of rising, or at least of not significantly declining, expectations"（p. 369）. H 本："另一个与此密切有关的原则认为，我们应当考虑提高或至少不实际上降低期望这种利益"（第 332 页）。新解："与此密切相关的第二个原则认为，我们应当考虑提高预期带来的优势，或者，我们应当考虑至少没有实际降低预期带来的优势。"

5. 原文："There are various stages of life, each ideally with its own characteristic tasks and enjoyments. Other things equal, we should arrange things at the earlier stages so as to permit a happy life at the later ones. It would seem that for the most part rising expectations over time are to be preferred. If the value of an activity is assessed relative to its own period, assuming that this is possible, we might try to explain this preference by the relatively greater intensity of the pleasures of anticipation over those of memory. Even though the total sum of enjoyment is the same when enjoyments are estimated locally, increasing expectations provide a measure of contentment that makes the difference. But even leaving this element aside, the rising or at least the nondeclining plan appears preferable since later activities can often incorporate and bind together the results and enjoyments of an entire life into one coherent structure as those of a declining plan cannot"（pp. 369 - 370）. H 本："生活有各种阶段，每个阶

段都有其特有的任务与快乐。如其他条件相同,我们应当在较早阶段安排好这些任务与快乐以便在较晚阶段上生活得幸福。在大多数情况下,提高对未来的期望是更可取的。假如一项活动的价值是相对于它自己的阶段被估价的,并假定这是可能的,我们或许会用期望的快乐相对地比记忆的快乐更强来解释上述偏爱。即使从各个具体阶段来估计快乐的总量不变,提高期望也产生出一定程度的满足,使得快乐总量增加。但即使把这个因素放在一边,提高或至少不降低期望的计划也显得更可取,因为较晚的活动常常能把毕生活动的结果和快乐结合成为一个一致的整体,一个降低期望的计划则不可能做到这点"(第332页)。H本仍有可商榷之处:

(1) H本的"我们应当在较早阶段安排好这些任务与快乐以便在较晚阶段上生活得幸福"对不上原著的"We should arrange things at the earlier stages so as to permit a happy life at the later ones"。笔者把那个语句试解为:**"我们定当早作安排,以享来年福运。"**

(2) H本的"在大多数情况下,提高对未来的期望是更可取的"对不上"It would seem that for the most part rising expectations over time are to be preferred"。笔者把它试解读为:"在多半情况下,它好像是那么一回事:**随着岁月流逝,高涨的预期将会更受人喜爱。"**

(3) H本"即使从各个具体阶段来估计快乐的总量不变,提高期望也产生出一定程度的满足,使得快乐总量增加"对不上原著的"Even though the total sum of enjoyment is the same when enjoyments are estimated locally, increasing expectations provide a measure of contentment that makes the difference."笔者试译为:"当各种快乐局部得到评估时,虽然快乐总量相同,**但是不断增长的预期提供着满足的衡量标准,那个标准测出了各种快乐的差异。"**

【诠释】

另有两个原则适用于由各项计划组成的跨期总体计划。第一个原则是连续性原则。① 这个原则告诉我们,既然一个计划是由一系列活动组成的一份日程表,较早活动和较晚活动必定相互影响。总体计划有一定的统一性,有一个主要议题。可以说,每个阶段都不存在孤立的效用函

---

① 这个名称来自丁伯根(Jan Tinbergen)"跨期最优储蓄和最大效用",《经济计量学》1960年第28卷。——原注 [这个论文的原名是"Optimum Savings and Utility Maximization over Time",H本:"《时间的最优节约和最大功利》"(第332页),让人误以为它谈论的是"时间的最优节约"和"时间的最大功利",大谬。]

数。不仅要考虑两个阶段之间的效应，而且要尽可能避免大幅波动。与此密切相关的第二个原则认为，我们应当考虑提高预期带来的优势，或者，我们应当考虑至少没有实际降低预期带来的优势。人生是分阶段的，每个阶段都完美地自有其独特的使命与欢乐。如果条件相似，我们定当早作安排，以享来年福运。在多半情况下，它好像是那么一回事：随着时光流逝，高涨的预期将更受人喜爱。假如一项活动的价值对应于自身阶段受到评估的价值，并假定这是可能的，我们或许可用期待之乐或胜过回忆之乐的说法解析此等偏好。当各种快乐局部得到评估时，虽然快乐总量相同，但是不断增长的预期提供着满足的衡量标准，那个标准测出了各种快乐的差异。即使抛开这个因素，由于后续活动往往能把整个人生结局与快乐整合为一个和谐的结构，预期提高的计划，或者至少预期未降的计划，将更加招人喜爱；相比之下，预期下降计划的后续活动则无法把整个人生结局与快乐整合为一个和谐的结构，因此就不可能受人青睐。

【原文】 §64-9-p.370

【评析】

1. 原文："In brief, our good is determined by the plan of life that we would adopt with full deliberative rationality if the future were accurately foreseen and adequately realized in the imagination"（p.370）。H本："简要地说，我们的善是由我们的生活计划决定的，这种计划是在未来能被准确预见、并在想象中充分地实现的情况下，我们根据慎思的理性所乐于采取的。我们刚刚讨论的问题都与这个意义上的处事合理相联系的"（第332页）。**新解**："简言之，我们的善取决于人生规划。假如我们能够准确预见未来，并在想象中充分实现未来，那么我们将以全面的审慎理性采用那个计划。"

2. 原文："The matters we have just discussed are connected with being rational in this sense"（p.370）。H本："我们刚刚讨论的问题都与这个意义上的处事合理相联系的"（第332页）。**新解**："我们刚才讨论的那些事情，都与这个意义上合理地待人接物相关联。"

【诠释】

在关于慎思方法和与时间相关的原则(time-related principles) 的这些评论

中，本人尝试补充西季威克的个体之善观念。简言之，我们的善取决于人生规划。假如我们能够准确预见未来，并在想象中充分实现未来，那么我们将以全面的审慎理性采用那个计划。我们刚才讨论的那些事情，都与这个意义上合理地待人接物（being rational，或者合理地为人处世）相关联。值得强调的是：当一定的条件得到满足时，理性计划才会脱颖而出，被人所选中。与正义标准相似，善的标准是假言的。做某事是否与我们追求的善相一致，当这个问题产生时，其答案取决于我们所做的事情在多大程度上契合于我们用审慎理性选中的计划。

【原文】§64 – 10 – p. 370

【评析】

1. 原文："Now one feature of a rational plan is that in carrying it out the individual does not change his mind and wish that he had done something else instead"（p. 370）. H 本："一项合理计划还有一个特点，即在实现它之后，那个人并不改变他的愿望，并不希望他已经做的不是这件事而是别的什么"（第 332 页）. 新解："于是，理性计划的一大特点是，在执行过程中，个体没有改变他的打算，不希望自己但愿做的是其他事情。"

2. 原文："A rational person does not come to feel an aversion for the foreseen consequences so great that he regrets following the plan he has adopted"（p. 370）. H 本："一个有理性的人不会在实现了预期的结果时变得对它如此反感，以致后悔当初遵循了那个计划"（第 332—333 页）. 新解："理性人不会因为种种预期结果而逐渐产生如此强烈的厌恶感，以致后悔当初采用了那个计划。"

3. 原文："But we do not regret that, having been born, we followed the best plan as bad as it may be when judged by some ideal standard"（p. 370）. H 本："但是，既然已经出生了，我们就不会因我们遵循的最好计划从理想的标准来看坏得无以复加而悔恨"（第 333 页）. 新解："不过，我们不为以下情形而懊悔过：来到世上之后，我们一心遵循的最佳计划，从某个理想的标准来看，可能是一个糟糕的计划。"

4. 原文："For he does what seems best at the time, and if his beliefs later prove to be mistaken with untoward results, it is through no fault of his own"（p. 370）. H 本："因为他所做的是当时显得最好的事，而如果他的信念后来被一些不幸的结果证明是错误的，这也不是他的过错"（第

333 页)。新解："因为他的选择在当时看来是最佳的，只是后来的不幸后果证明，他的确信出了差错，这不全是他自己的过错。"

【诠释】

于是，理性计划的一大特点是，在执行过程中，个体没有改变他的打算，不希望自己但愿做的是其他事情。理性人不会因为种种预期结果而逐渐产生如此强烈的厌恶感，以致后悔当初采用了那个计划。但是，没有如此懊悔尚不足以保证一个计划是合理的。还可能有另一个计划向我们敞开：假如我们考虑过它，我们就可能发现它会更好一些。无论如何，在相关方面，只要我们的信息是准确的，我们对后果的掌握是全面的，即使它绝不是一个好计划，我们决不后悔遵循了一个理性计划。在这种情况下，它是一个客观理性计划。当然，我们会因别的事情而心生悔意。例如，我们不得不生活在如此糟糕的环境下，以至于幸福生活是不可能的。可想而知地，我们但愿自己未曾降生于世上。不过，我们不为以下情形而懊悔过：来到世上之后，我们一心遵循的最佳计划，从某个理想的标准来看，可能是一个糟糕的计划。理性人或许为追逐主观理性计划懊悔过。不过他以为，他产生懊悔的缘由，不在于他的选择在某个方面经不住批评。因为他的选择在当时看来是最佳的，只是后来的不幸后果证明，他的确信出了差错，这不全是他自己的过错。他没有理由自责。不存在知道哪一个计划是最好的甚至比较好的方法。

【原文】 §64 – 11 – pp. 370 – 371

【评析】

罗尔斯在下面这个段落里阐发了他对人生的理解，这里的语句充满哲理，也富有诗意。比如，罗尔斯提道："他把自己看作一个穿越如梭岁月的持续生命，他会说，在生命的每一刻，他都做到了理性平衡要求的或至少许可的一切。"这让人想起罗素的相似见解，认为人生是一条流动的河流，其源头甚是微小，甚至散落于荒山野林之中，或发端于沙漠戈壁的边缘，但它终将奔腾向前，目标只有一个，就是蔚蓝的大海。这可以说是《正义论》中最富有诗意的一个段落，在《正义论》中甚是难得。只可惜，H 本没有很好地解读出它本来具有的诗情画意。

1. 原文："**Nothing can protect us from the ambiguities and limitations of our knowledge, or guarantee that we find the best alternative open to us**"

（p.371）。H 本："没有任何东西能使我们摆脱知识上的模糊和局限，或保证我们找到对我们是可能的最好的选择办法"（第 333 页）。新解："任何东西都不能保证，我们真的摆脱了认知的模糊和局限，换言之，任何东西都不能保证，我们找到的是最佳选项。"

2. 原文："Acting with deliberative rationality can only insure that our conduct is above reproach, and that we are responsible to ourselves as one person over time"（p.371）。H 本："按照慎思的理性去做只能保证我们的行为不受责备，保证我们对自己的历久人格是负责任的"（第 333 页）。新解："久而久之，按照审慎理性做事，只能确保我们的行为不受责备，只能保证我们自己担负起作为一个人的责任。"

3. 原文："We should indeed be surprised if someone said that he did not care about how he will view his present actions later any more than he cares about the affairs of other people（which is not much, let us suppose）"（p.371）。H 本："假如某人说他觉得他日后会如何看待他眼下的行为对他是无所谓的，就像别人的事对他是无所谓的一样（让我们假定这种差别对于他不很大），我们将不胜惊奇"（第 333 页）。新解："假如有人说，正像他不在乎别人的事情一样，他不在乎日后将如何看待自己的眼下行为（我们假定他对什么都无所谓），那么我们的确会感到惊讶不已。"

【诠释】

综合如上反思活动，我们得到的指导原则是：理性人总是将这样行动，无论计划的最终结局如何，他都决不责备自己。他把自己看作一个穿越如梭岁月的持续生命，他会说，在生命的每一个时刻，他都做到了理性平衡要求的或至少许可的一切。① 因而他断定，某些风险必定物有所值，即使发生他有理由预见的最糟糕事情，他仍能确信，他的所作所为是情有可原的。他问心无愧于自己的选择，至少在以下意义上如此：他后来相信，要是他当初做别的事情将是更加理性的。这个原则当然不能防止我们一步一步地走向不利的境况。任何东西都不能保证，我们真的摆脱了认知的模糊和局限，换言之，任何东西都不能保证，我们找到的是最佳选项。久而久之，按照审慎理性做事，只能确保我们的行为不受责备，只能保证

---

① 关于在这个段落谈到的这个见解和其他见解，参阅查尔斯·弗利德（Charles Fried）《价值之剖析》，麻省剑桥：哈佛大学出版社 1970 年版，第 158—169 页；托马斯·内格尔：《利他主义的可能性》，牛津：克莱伦顿出版社 1970 年版，特别是第八章。——原注

我们自己担负起作为一个人的责任。假如有人说，正像他不在乎别人的事情一样，他不在乎日后将如何看待自己的眼下行为（我们假定他对什么都无所谓），那么我们的确会感到惊讶不已。如果一个人像拒绝他人利益（interests of others）那样拒绝自身未来自我（future self）的诉求，那么他不仅没有尽到尊重自我诉求的责任，而且没有尽到尊重自我人格的责任，他没有把自己看作一个持久存在的个体（enduring individual）。

【原文】§64-12-p.371

【评析】

1. 原文："The principle of responsibility to self"（p.371）。H本："对自己的责任原则"（第334页）。新解："自我负责原则"。

2. 原文："The claims of the self at different times"（p.371）。H本："自己在不同时间的要求"（第334页）。新解："不同时期的自我主张"。

3. 原文："The expected or achieved good"（p.371）。H本："所期待或获得的善"（第334页）。新解："预期之善或既得之善"。

4. 原文："The least happy possibilities"（p.371）。H本："最小的幸福可能性"（第334页）。新解："最小快乐概率"。

5. 原文："The strains of commitment"（p.371）。H本："承诺强度"（第334页）。新解："承诺压力"。

【诠释】

从这个方面看，自我负责原则类似于正当原则：不同时期的自我主张（自我权益）应当这样调整，以至于自我在任何时候都能肯定自己已经执行或正在执行的计划。可以这样说，此时自我不得抱怨彼时自我的行为。当然，这个原则不排除自我自愿忍受困苦与悲惨；但是，这种承受从预期之善或既得之善来考虑须是在当下可以接受的。从初始位置的观点来考虑，切中自我责任是十分明显的。既然审慎理性观念适用于初始位置，这意味着，假如应用它将因导致最小快乐概率的后果而自责，那么各方尚无法就正义观念达成一致意见。他们将努力克服这些遗憾。正如我们从前面讨论承诺压力（§29）中已经看到的那样，公平正义原则似乎比其他正义观念更能满足这个要求。

第七章 理性善好 1197

【原文】§64 – 13 – pp. 371 – 372

【评析】

1. 原文："This criterion is defined chiefly by reference to the rational plan that would be chosen with full deliberative rationality"（p. 372）。H本："这个标准是简洁地借助于人们根据充分的慎思的理性会选择的合理计划来表达的"（第334页）。**新解**："这个标准主要参照由充分审慎理性选中的理性计划来定义。"

2. 原文："The hypothetical nature of the definition must be kept in mind"（p. 372）。H本："必须记住定义的这种虚拟性质"（第334页）。**新解**："务必记住的是这个定义的假设性质。"

3. 原文："With great luck and good fortune"（p. 372）。H本："如果有巨大的侥幸和好运"（第334页）。**新解**："在福星当头、鸿运高照之下"。

4. 原文："Some men might by nature just happen to hit upon the way of living that they would adopt with deliberative rationality"（p. 372）。H本："有些人可能出于本性恰好找到他们根据慎思的理性将会采取的那种生活方式"（第334页）。**新解**："有的人生来就正好适合于他们根据审慎理性将采取的生活方式。"

5. 原文："For the most part, though, we are not so blessed"（p. 372）。H本："然而我们大多数人却没有那么幸运"（第334页）。H本显然没有正确解读原文的意思。**新解**："然而，在大多数情况下，我们却没有那么幸运。"

6. 原文："He may think so, but he may be deluded"（p. 372）。H本："他可能认为自己幸运，但是他可能弄错"（第334页）。**新解**："他也许自以为是幸运的，而他有可能遭遇欺骗而被蒙在鼓里。"

【诠释】

本人就理性善好最后再说几句。有人可能反对说，理性善好有着个体不断地做计划、做打算的意思。但是，如此解析是由误解导致的。这个理论的首要目标是，为人生处境的好坏提供标准。这个标准主要参照由充分审慎理性选中的理性计划来定义。务必记住的是这个定义的假设性质。幸福生活不是纠缠于非此即彼之决断的生活。这个定义本身既没有触及理性计划的内容，也没有触及构成理性计划的具体活动。可想而知,任一个体,甚至整个社会,将获得全凭自发趋势推动的幸福。在福星当头、鸿运高照之下,有的人生来就正好适合于他们根据审慎理性将采取的生活方式。然而,在大多数情况下,我们却没有那么幸运,要是我们没有殚思竭虑,没有老谋深算,没有把自己看作逝者如斯的生命,我们几乎定将为自己的处事方式(course of action)而懊悔。纵使一个人凭借自己的本能冲动,非但没有陷入厄运,反而侥幸取得了成功,但是我们仍要借用其福分来评价他是否真的如此幸运。他也许自以为是幸运的,但他(实际上)有可能遭遇欺骗而被蒙在鼓里;为了解决这个问题,我们不得不检验对他来说可能合理的假言选择(hypothetical choices),恰当考虑他无论作何选择都能获得的各种好处。如本人前面指出的那样,决断活动的价值本身受制于理性评价(rational appraisal)。我们在决策方面做的努力像许多其他事情一样依赖于各种环境。理性善好把这个问题留给世人,也留给世人所处境况的偶然因素。

§65 亚里士多德式原则
The Aristotelian Principle

【题解】

在这一节,罗尔斯提出了一种评估个体生活水平或生活质量的重要尺度,亚里士多德式原则。他讨论了个体潜能开发对于个体提升生活能力和实现人生价值的重要性。他表示:"因为在充分善理论中,理性计划必须与正义原则保持一致,人类的善也受到相似的约束。所以,个人感情(personal,主要同爱有关的各种情感)和友谊、有意义的工作和社会合作、追求知识、塑造和凝视美的对象,所有这些众所周知的价值,不仅在我们的理性计划中耀眼夺目,而且通常能以正义许可的方式予以促进。"(p.373)罗尔斯认为,上面列举的这些美好东西都是人类之善,或人人皆可享有的善,但是有人经受不住诱惑,而试图非法地据为己有,由此造成违反正义之事,于是便有了正当约束问题。罗尔斯借助于亚里士多德关于人的潜能发展理论,阐述了人生如何实现成功或卓越的思想。他把人生规划和人生圆满、人类之善和人性之善联结了起来。在这一方面,罗尔斯显然超越了康德主张"只问是非不计利害"的道德德性学说。罗尔斯正义理论是一种寻求正义与寻求善相统一的两全其美学说。

【原文】§65 – 1 – p. 372

【评析】

罗尔斯关于善定义的讨论显然受到规范法学派创始人凯尔森的影响，也受到分析法哲学家哈特的影响，与康德道德德性学说相去甚远。

1. 原文："**It simply states that a person's good is determined by the rational plan of life that he would choose with deliberative rationality from the maximal class of plans**"（p. 372）. H 本："它径直地说，一个人的善取决于他根据慎思的理性会从最高级的计划中选择的那项合理生活计划"（第 335 页）。**新解**："它简单断定，一个人的善取决于他用审慎理性从一组最优计划中选出的理性人生规划。"

2. 原文："**The notion of deliberative rationality and the principles of rational choice**"（p. 372）. H 本："慎思理性的概念和合理选择的原则"（第 335 页）。**新解**："审慎理性观念和理性选择原则"。

3. 原文："**General facts**"（p. 372）. H 本："基本的事实"（第 335 页）。**新解**："一般事实"。

【诠释】

善定义（definition of the good）是纯粹形式的。它简单断定，一个人的善（person's good）取决于他用审慎理性从一组最优计划中选出的理性人生规划。尽管审慎理性观念和理性选择原则都依赖于一些相当复杂的概念，我们仍然不能单独从理性计划的定义推演出，这些计划可能鼓励的是何种目标。要得出关于这些目标的结论，必须注意某些一般事实。

【原文】§65 – 2 – pp. 372 – 373

欲望、利益、价值和善是相互纠缠在一起的，它们需要一定的正义观念和正义原则的规制和调节。虽然正义观念和正义原则是个体自由选择的结果，它们在时间上后于个体对基本善的追求甚至拥有。但是，在个人欲望和利益的实现方式上，仍然受到正当的优先性的限制。因此，人的基本善无法摆脱正义原则的约束，这些限制和约束不是一种时间的在先性，而是一种价值的优先性。

1. 原文："**Plans must fit the requirements of human capacities and**

abilities, their trends of maturation and growth, and how they are best trained and educated for this or that purpose"（p. 373）. H 本："计划必须适合人的能力，适合他们的成熟和发展倾向，以及适合他们为这种或那种目的获得最好训练和教育的程度"（第 335 页）。短语："Trends of maturation and growth". H 本："成熟和发展倾向"（第 335 页）。**新解**："成熟和成长趋势"。整句**新解**："计划必须适应人的各种体能和能力要求，适应其体能和能力的成熟与成长趋势，适应为了实现具体目标而给予他们的最佳训练和培育方式。"

2. 原文："**Common good**"（p. 373）. H 本："公共善"（第 335 页）。**新解**："共同利益"。

3. 原文："**Contingencies**"（p. 373）. H 本："偶然性"（第 335 页）。**新解**："偶发因素"。

4. 原文："**Alternative plans**"（p. 373）. H 本："可能计划"（第 335 页）。**新解**："候选计划"。

【诠释】

首先，人的愿望和需要，它们的相对迫切性和循环往复性，它们在心理条件和其他条件影响下的发展周期，存在某些广泛特征（broad features）。其次，计划必须适应人的各种体能和能力要求，适应其体能和能力的成熟程度与成长趋势，适应为了实现具体目标而给予他们的最佳训练方式和培育方式。第三，本人将假定一个基本动机原则，我称之为亚里士多德式原则。最后，社会相互依存的一般事实（general facts）也必须考虑进去。通过奖励以与正义保持一致的方式对共同利益做出贡献的社会成员，社会基本结构必定鼓动和支持某一类计划，但不支持和鼓励另一类计划。考虑这些偶发因素，将缩小候选计划的范围，这样，至少在某些情况下，计划定夺问题将变得相当明朗。诚然，正如我们将看到的，一定的任意性仍然保留着，但是正当的优先性以如此方式限制着这种任意性，以至于从正义的观点来看，它已经不再是一个问题（§68）。

【原文】§65 – 3 – p. 373

【评析】

1. 原文："**Common sense knowledge**"（p. 373）. H 本："常识"（第 335 页）。**新解**："常识性知识"。

2. 原文："**Human goods**"（p. 373）．H 本："人的善"（第 335 页）。新解："人类享有的诸多善"。这一提法同"人类利益"（human interests）或"人类价值"（human values）的含义相近。罗尔斯接下来马上称它们为"众所周知的价值"（familiar values）。这个短语强调"善好"的属人性质，一般为人类所独有的，其他生命不具有的美好事物。

3. 原文："**Personal affection and friendship**"（p. 373）．H 本："人的情感和友谊"（第 335 页）。新解："个人感情和友谊"。这里的"personal affection"主要指同爱有关的由亲密关系产生的个人感情，尤其指两性情爱关系。

4. 原文："**The fashioning and contemplation of beautiful objects**"（p. 373）．H 本："对美的对象的塑造和观照"（第 335 页）。新解："塑造和凝视美的对象"。

5. 原文："**Admittedly**"（p. 373）．H 本："众所周知"（第 335 页）。新解："不可否认"。

【诠释】

关于人的需要和能力的这些一般事实也许已经足够明晰。本人假定，常识性知识足以达成我们在此的目标。然而，在讨论亚里士多德式原则之前，我想要稍微讲一讲人类享有的诸多善（人追求的诸多美好事物）（我如此称呼它们）和正义的约束（constraints of justice）。给定理性计划的定义，我们可以把人类的诸多善看作这样的活动和目的，它们具有的特征——无论这些特征是什么——使之在我们的生活中占据着重要位置，若非中心位置的话。① 因为在充分善理论中，理性计划必须与正义原则保持一致，人类所追求的诸多善也受到相似的约束。所以，个人感情和友谊、有意义的工作和社会合作、追求知识、塑造和凝视美的对象，所有这些众所周知的价值②，不仅在我们的理性计划中耀眼夺目，而且通常能以正义许可的方式予以促进。不可否认，为了得到和保有这些价值，我们常常经受不住诱惑，做出违背正义的事来。但是，达成这些目标，不包含任何自然有违正义之事。与欺骗和教唆他人堕落的欲望一样，做事不合乎正义没有包括

---

① 关于这些善的解释，我借鉴了坎贝尔（C. A. Campbell）的观点。参阅坎贝尔"道德价值和非道德价值"，《心灵》1935 年第 44 卷，第 279—291 页。——原注
② 善好、善和价值是一致的，这一点对于我们理解术语"primary goods"很重要。

在关于人类追求的诸多善的描述中（§66）。①

【原文】§65-4-pp. 373-374

【评析】

1. 原文："Social interdependency"（p. 373）。H本："社会相互依赖性"（第336页）。新解："社会互助性"或"相辅相成性"。

2. 原文："Not only are they good for those who enjoy them but they are likely to enhance the good of others"（p. 373）。H本："它们不仅对享受它们的人说来是善的，而且可能提高他人的善"（第336页）。新解："它们不仅有益于拥有它们的人，而且有可能促进他人的善。"

3. 原文："In achieving these ends we generally contribute to the rational plans of our associates"（p. 373）。H本："为了实现这些目的，我们总要帮助我们的伙伴们制订合理的计划"（第336页）。H本如此解读违反了社会生活常识。我们的贡献不在于"总要帮助"合作伙伴"制订合理计划"，而在于帮助他们达成其合理计划，这是社会合作的核心内容。新解："在实现这些目标的过程中，我们一般对合作伙伴达成合理计划有所贡献。"

4. 原文："Complementary goods"（p. 373）。H本："互补的善"（第336页）。H本解读是成立的，不过它也可以解读为"互补产品"。比如汽车和汽油，打印机和油墨，笔和纸等等，它们都是互补产品。

5. 原文："These facts of interdependency are further reasons for including the recognized values in long-term plans"（p. 374）。H本："这些相互依赖的事实是把公认的价值纳入长期计划的更深一步的理由"（第336页）。新解："关于互助或相互依赖的这些事实，是将这些公认价值纳入长期计划的深层原因。"

【诠释】

这些价值的社会互助性体现在以下事实中：它们不仅有益于拥有它们的人，而且有可能促进他人的善（权利、利益和价值）。在实现这些目标的过

---

① 有违正义的善不具有价值。罗尔斯在这里重申了非正义的事物不具有价值的主张。因此，他既主张正义优先于善好或正当优先于善，又主张正义与善好具有同余关系，或者正当和善具有同余关系。在遵循正义原则的前提下，维护正义与追求善并不矛盾。

程中，我们一般对合作伙伴(合伙人)达成合理计划有所贡献。从这个意义上讲，它们是互补产品。这是它们受到特别推崇的原因。因为推崇就是赞美，就是以强调和称赞的方式列举说某个事物具备某些优秀品质（被合理欲求的品质）。关于互助或相互依赖的这些事实，是将这些公认价值纳入长期计划的深层原因。如果我们想要得到别人的尊敬与善意，至少不招致他人的敌意或轻蔑，那么既利于他人目标也利于自己目标的计划，将是一个更好的计划。

【原文】§65 - 5 - pp. 374 - 375

【评析】

人的潜能越是得到开发，人越能体验快乐或满足，人实现自我价值、利益或善的程度也就越大。所有这些活动，只要对他人的利益不构成伤害或侵害，都应当给予鼓励或得到默许。正义原则不必对其加以限制或约束。如果他们的活动对他人利益产生积极影响，亦即他们的活动因利己而利他，那就更加应当给予鼓励。因此，互惠双赢的活动是更加受欢迎的活动。互惠双赢正是社会合作的目的。背离互惠双赢的合作都不可能持续或持久。人们遵循公平正义原则，就能在最大程度上保持互惠双赢的合作。罗尔斯讨论亚里士多德式原则，最终还是要回到正当的优先性这个话题上来。也就是说，理性人对所有善的追求，终究还是要在正义原则的规制之下进行的。发挥到极致的潜能，还是脱离不了正义原则的规范。

1. 原文："Elementary arithmetic"（p. 374）。H 本："普通算术"（第337页）。新解："初等算术"。

2. 原文："Anticipation and surprise"（p. 374）。H 本："期望和惊奇"（第337页）。新解："期待和惊喜"。

3. 原文："I believe that nothing essential for the theory of the good depends upon this question"（p. 375）。H 本："我相信对于善理论来说，所有实质性的理论都同这个问题无关"（第337页）。新解："**本人认为，对善理论来说，这个问题不是实质性的。**"

【诠释】

现在回到正题。我们不妨回想一下关于亚里士多德式原则的以下说法：如若其他条件相同，人们以运用熟能生巧的能力(先天能力或后天能力)

为快乐，实现的能力越是强大，或者实现的能力越是复杂，得到的快感就越是强烈。① 它的直观见解是，人们越擅长于做某件事情，他们获得的快乐便越多。在其同样擅长的两项活动中，他们更加喜爱要求更多、更精妙、更复杂鉴赏力的那一项活动。例如，象棋比跳棋更加复杂而精妙，代数比初等算术更加深奥。于是，这个原则表示，如果一个人能做到两者皆会，那么他宁可选择下象棋而不下跳棋，选择研究代数而不研究初等算术。我们无须在这里解析亚里士多德式原则何以为真。可以设想，复杂活动满足着人们对体验多样性和新奇性的欲望，为独创和发明留下空间，给他们带来更多的快乐。复杂活动也激起期待和惊喜的快乐。复杂活动的整体形式，它的结构发展（structural development），通常是迷人而美好的。此外，较为简单的活动排除个人风格和自我表现的可能性，而复杂活动允许甚至要求个人风格和自我表现。每个人怎么可能采取同样方式做这些事情呢？看似无法避免的是，假如我们想要找到自己的个人风格和自我表现方式，我们就得顺从我们的自然爱好并且吸取以往的经验教训。其中每一个特点都清晰展示在象棋的谋篇布局当中，甚至到了象棋大师的一招一式都有其独特风格的地步。至于这些看法是否解析了亚里士多德式原则并阐述了其意义，我先把这个问题搁置一边。本人认为，对善理论来说，这个问题不是实质性的。

---

① 从亚里士多德在《尼可马可伦理学》第 7 篇第 11—14 章和第 10 篇第 1—5 章中关于幸福、活动和享乐的关系的论述来看，我使用"亚里士多德式原则"（Aristotelian Principle）这个名称是恰当的。但他没有把这个原则表述清楚，某些地方只是点到为止，所以我没有称之为"亚里士多德的原则"（Aristotle's Principle）。但是亚里士多德确实确立了这个原则的两个关键点：(1) 享受和快乐并不总是复原到健康状态或正常状态的结果，或者并不总是弥补各种匮乏的结果；毋宁说，许多快乐和享受产生于我们对自身才智的运用。并且 (2) 我们驾驭自身的天赋能力，这是重要的人类之善。进一步说，(3) 更快乐的活动，更令人向往的和更持久的愉悦，产生于对更强大能力的驾驭，那些能力包含更精妙更复杂的鉴赏力，不仅如此理念兼容于亚里士多德的自然秩序观念，而且类似理念通常符合他做出的价值判断，甚至当这种理念并非表达他的判断理由时也是如此。关于亚里士多德的享受观念与快乐观念的讨论，参阅哈迪（W. F. R. Hardie）《亚里士多德伦理学理论》，牛津：克莱伦顿出版社 1968 年版，第十四章；菲尔德（G. C. Field）《道德理论》，伦敦：梅修恩出版社 1932 年版，第 76—78 页，该书对亚里士多德学说的诠释，强有力地暗示着本人使用的"亚里士多德式原则"这个说法。密尔在《功利主义》中十分接近于这种表述，参阅该书第 4—8 节。这里重要的是效量动机（effectance motivation）概念，这一概念由怀特（R. W. White）在"精神分析理论中的自我与实在"（"Ego and Reality in Psycholanalytic Theory"）一文中提出，该文载于《心理学问题》1963 年第 3 卷，我吸取了其中第三章的思想；也参阅该书第 173—175、180 页及以后。关于这个原则的诠释及其名称的恰当性，本人还得益于库柏（J. M. Cooper）的讨论。——原注

【原文】§65 – 6 – p. 375

【评析】

1. 原文："It is evident that the Aristotelian Principle contains a variant of the principle of inclusiveness. Or at least the clearest cases of greater complexity are those in which one of the activities to be compared includes all the skills and discriminations of the other activity and some further ones in addition"（p. 375）。H 本："显而易见，亚里士多德主义原则中包含着蕴涵原则的另一种形式。或者，至少在具有较大复杂性的那些最明显的例子中，一种被比较的活动中包含着另一种活动的全部技能和区分，并包含着另外一些更进一步的技能和区分"（第 337 页）。罗尔斯在这里讨论的活动主要是竞技活动，而不是一般意义的活动。它们涉及的"skills and discriminations"也是竞技意义上的"技能和鉴赏力"。这里的"discriminations"，不是简单的"区分"，而是一种糅合预判、猜测、辨别和判断等能力的综合能力。**新解**："亚里士多德式原则显然包括包含原则的一个变式。换言之，关于更多复杂性的最清晰例子至少是那样一些例子：在其中，一个被比较的活动，不仅包含另一活动具备的所有技能和鉴赏力，而且包含另一活动不具备的其他技能和鉴赏力。"

2. 原文："Partial order"（p. 375）。H 本："部分的排列"（第 337 页）。**新解**"偏序"。"偏序"是一个离散数学概念。罗尔斯在普林斯顿读书时曾经迷恋过数学并打算在数学方面有所贡献，他在《正义论》中不时冒出几个数学概念也就再正常不过。

3. 原文："Such an ordering is the best that we can have until we possess some relatively precise theory and measure of complexity that enables us to analyze and compare seemingly disparate activities"（p. 375）。H 本："在我们获得能使我们分析和比较显得根本不同的活动的相对精确的理论和一定程度的复杂性之前，这样一种排列是我们所能够做出的最好的一种排列"（第 337 页）。**新解**："在我们拥有能使我们分析和比较看似孤立的活动的某个相对精确的理论和复杂性测度之前，这个偏序是我们能够拥有的最佳偏序。""复杂性测度"是衡量事物复杂度的测试指标。

【诠释】

亚里士多德式原则显然包括包含原则的一个变式。换言之，关于更多复杂性的最清晰例子至少是那样一些例子：在其中，一个被比较的活动，不仅包含另一活动具备的所有技能和鉴赏力，而且包含另一活动不具备的其他技能和鉴赏力。再一次地，我们只能建立一个偏序，因为在几项活动中，每一项活动所要求的各种能力，也许是其他活动不作要求的。在我们拥有能使我们分析和比较看似孤立的活动的某个相对精确的理论和复杂性测度之前，这个偏序是我们能够拥有的最佳偏序。然而，我不准备在这里讨论这个问题。相反，本人假定，我们关于复杂性的直觉观念足够应付我们的目标。

【原文】§65-7-pp. 375-376

【评析】

1. **原文**："Companion effect"（p.375）。**H本**："伴随的效果"（第338页）。**新解**："伴随效应"。

2. **原文**："The development of the nervous system in a young child"（p.375）。**H本**："儿童的神经系统的发展"（第337页）。**新解**："儿童神经系统的发育"。

【诠释】

亚里士多德式原则是一个动机原则。它探讨了我们的许多重要欲望，并且，通过对我们的活动动态持续施加影响，它解析了我们对某些事物比其他事物更加偏好的原因。其次，它表达了一个心理学法则，那个法则支配着我们的欲望模式的变化。因此，这个原则蕴含着：随着一个人的能力与日俱增（那些能力来自心理成熟和生理成熟，如儿童神经系统的发育），随着他训练这些能力并掌握运用它们的方法，他渐渐喜欢上了自己现在能够从事的较为复杂的活动，这些活动要求他具备新近实现的能力。于是，他从前喜爱的较为简单的活动既不再足够有趣，也不再足够有吸引力。要是问起我们为何愿意承受训练和学习的种种压力，其理由不外乎是（若不考虑外在奖罚）：我们已经从过去学习中取得某种成功，我们体验由这项活动带来的即时快感，一旦我们获得更多技能，我们便期待着取得更大的满足。亚里士多德式原则还存在一个伴随效应。当我们亲眼见证他人练习其训练有素的技能时，这些展示令我们感到赏心悦目，并且激起我们自己也将有能力做同样事情的欲望。我们要像能够运用那些能力的人一样，在自己身上发现展示技能的天赋。

【原文】§65 – 8 – p.376

【评析】

1. 原文："**There is a race, so to speak, between the increasing satisfaction of exercising greater realized ability and the increasing strains of learning as the activity becomes more strenuous and difficult**"（p.376）。H本："可以这样说：由于获得的更大能力得到运用，满足在不断提高，由于活动变得越来越紧张和困难，学习又越来越紧张，这两者之间，存在着一种竞赛"（第338页）。**新解：**"可以这样说，一方面，实现的能力越强，得到的满足也就越大；另一方面，活动越是艰难而困苦，学习压力也就越大，这两者之间存在着一种竞赛。"

2. 原文："**Assuming that natural talents have an upper bound, whereas the hardships of training can be made more severe without limit, there must be some level of achieved ability beyond which the gains from a further increase in this level are just offset by the burdens of the further practice and study necessary to bring it about and to maintain it**"（p.376）。H本："假定天资有一个最高界限，而训练却能够越来越艰苦而没有尽头，那么所获得的能力就一定会达到某种水准，在它之上，能力水准的进一步提升就要被为获得和保持它而付出的必要的进一步的实践和学习的重负所抵消"（第338页）。短语："Upper bound"。H本："最高界限"（第338页）。**新解：**"上限"。整句**新解：**"假定各种天赋皆有一个上限，只要训练的刻苦程度能够不受限制地越来越艰难地推进，就一定存在着其所获能力达到的某个水平，超出这个水平，每一次往上推进的所得，将正好被更高强度训练和学习的负担所抵消，那些训练和学习对于达到和维持那个水平是必要的。"

【诠释】

于是乎，我们治学悟道所得知识的多少，我们修炼内功所达境界的高下，既取决于这些能力的强弱度，也取决于为实现它们所付出努力的难易度。可以这样说，一方面，实现的能力越强，得到的满足也就越大；另一方面，活动越是艰难而困苦，学习压力也就越大，这两者之间存在着一种竞赛。假定各种天赋皆有一个上限，只要训练的刻苦程度能够不受限制地越来越艰难地推进，就一定存在着其所获能力达到的某个水平，超出这个水平，每一次往上推进的所得，将正好被更高强度训练和学习的负担所抵消，那些训练和学习对于达到和维持那个水平是必要的。当这两种力量势均力敌时，就达到了一种均衡，并且抵达这个点之后，为了获得更强实现能力而做出的努力就停止了。因此，假如随着能力的提升，活动快乐的增加太慢（我们假定一个较低水平的先天能力指标），那么，与之相应的更高强度的学习努力，将导致我们很快放弃去做如此努力。在这种情况下，我们将不再参与某些更加复杂的活动，也不再想要由参与这些活动激起的欲望。

【原文】 §65－9－p.376

【评析】

实践亚里士多德式原则，终究要接受正义原则的指导。"理性计划——总是受到正当原则的约束——让人兴旺发达；只要条件允许，它让人尽可能实践他已经练就的能力。"（p.376）假如个体合乎正义地实施理性计划，社会向其敞开通往成功的大门，个体实现人生圆满的概率将大大提升；相反，假如个体违背正义地实施理性计划，社会将对其关闭通往成功的大门，他的计划终将难以为继而中途夭折。因此，只有做事合乎正义的要求，个体的聪明才智才会得到自由施展，人类社会才会欣欣向荣。

1. 原文："**Maximal or satisfactory plans are almost certainly plans that provide for doing this in significant measure**"（p.376）。H本："最高等或最令人满意的计划当然就是使我们能明显地做到这一点的计划"（第338页）。在这里，H本的精确性仍然堪忧。"satisfactory plans" 只能解读为"令人满意的计划"，而不能解读为"最令人满意的计划"；"almost certainly" 只能解读为"几乎肯定地"，而不能解读为"当然就"；"provide for doing this in significant measure" 只能解读为"以显著方式为此做好了准备"，而不能解读为"使我们能明显地做到这一点"。**新解**："最优计划，或令人满意的计划，几乎肯定是以显著方式为此做好准备的计划。"

2. 原文："**Not only is there a tendency in this direction postulated by**

the Aristotelian Principle, but the plain facts of social interdependency and the nature of our interests more narrowly construed incline us in the same way"（p. 376）。H 本："问题不仅仅在于，在亚里士多德主义原则指出的方向上存在这样一种倾向，而且，关于社会的相互依赖性的明显事实，以及关于我们的教委严格地理解的利益的本性的明显事实，都把我们拉向这条路径"（第 338 页）。罗尔斯在这里只是描述一个趋势和一些事实，他没有讨论什么问题，这里既没有"亚里士多德主义原则指出的方向"，也没有"把我们拉向这条路径"。H 本的整个解读都是错的。**新解**："在那个方向上，不仅存在由亚里士多德式原则假定的某个倾向，而且存在关于社会相互依赖关系的明显事实和得到更加狭义解释的我们的趋利本性的明显事实，这些事实以同样方式把我们引向那个方向。"

【诠释】

现在，若把亚里士多德式原则接受为自然事实，那么给定其他假设，实现和训练成熟的能力一般是合理的。最优计划，或令人满意的计划，几乎肯定是以显著方式为此做好准备的计划。在那个方向上，不仅存在由亚里士多德式原则假定的某个倾向，而且存在关于社会相互依赖关系的明显事实和得到更加狭义解释的我们的趋利本性的明显事实，这些事实以同样方式把我们引向了那个方向。理性计划——总是受到正当原则的约束——让人兴旺发达；只要条件允许，它让人尽可能实践他已经练就的能力。此外，其合伙关联方可能因为这些活动增进共同利益而支持这些活动，并从它们作为人类卓越能力的展示中得到快乐。所以，受人尊重和令人敬佩是值得向往的，就此而言，亚里士多德式原则赞赏的活动对别人同样是善好的。

【原文】 §65 - 10 - pp. 376 - 377

【评析】

1. **原文**："It formulates a tendency and not an invariable pattern of choice, and like all tendencies it may be overridden"（p. 376）。H 本："它陈述一种倾向而不是一种不变的选择模式，而且，像所有倾向那样，它可能被强调得过分"（第 338 页）。罗尔斯表示，亚里士多德式原则提示的是一个倾向，这个倾向"可能被覆盖"或"可能被颠覆"，但它并非"可能被强调得过分"。H 本刚好理解反了罗尔斯在此表达的意思。**新解**："它阐述的是一个倾向，而不是一个不变的选择模式，而且，像所有倾向那样，那个倾向可能被覆盖。"

2. 原文:"Countervailing inclinations can inhibit the development of realized capacity and the preference for more complex activities"(p. 376). H 本:"相反的倾向会阻止已经获得的能力和对更复杂活动的偏爱的发展"(第 338 页)。H 本没有正确掌握互相抵消的倾向会带来的两个后果:一是阻止已有能力得到更强有力的发展,二是抑止对更复杂活动的偏好。它把两个后果混淆到一起了。**新解**:"相互抵消的倾向既会阻止已有能力的发展,又会抑止对更复杂活动的偏好。"

3. 原文:"And this seems borne out by the fact that the forms of life which absorb men's energies, whether they be religious devotions or purely practical matters or even games and pastimes, tend to develop their intricacies and subtleties almost without end"(p. 377). H 本:"这一点似乎由于下述事实而得到了证实:吸引着人的力量的生活形式,无论是宗教的献身、纯粹的实践活动还是博弈和消遣,都倾向于几乎无尽头地发展它们的复杂性和精致"(第 339 页)。**新解**:"以下事实似乎证明了这一点:耗尽人力的各种生活形式,无论宗教祈祷、纯粹实务,还是游戏竞赛和消遣娱乐,都倾向于开发出其纷繁复杂且精细微妙的东西,几乎到了无以穷尽的地步。"

【诠释】

有几点必须记住,以防止误解这个原则。首先,它阐述的是一个倾向,而不是一个不变的选择模式,而且,像所有倾向那样,那个倾向可能被覆盖。相互抵消的倾向既会阻止已有能力的发展,又会抑止对更复杂活动的偏好。训练和预期成就隐藏着各种危险和风险,它们既有心理的,也有社会的,为此担惊受怕可能胜过初始倾向。我们必须解释这一原则,以便考虑到这些事实。如果它是一个有用的理论观念,那么它阐明的趋势定当相对有力而不易被颠覆。我认为情况的确如此。本人还认为,在设计社会制度的时候,必须充分考虑这个原则,否则,人们将发现他们的文化和生活形式单调而空洞。他们的活力和热情将随着他们的生活变成一个令人厌倦的例行程序而消失。以下事实似乎证明了这一点:耗尽人力的各种生活形式,无论宗教祈祷、纯粹实务,还是游戏竞赛和消遣娱乐,都倾向于开发出其纷繁复杂且精细微妙的东西,几乎到了无以穷尽的地步。随着社会惯例和合作活动通过许多人的想象力被建构起来,它们日益激发起越来越复杂的各种能力,诱发出新的做事方式。这个过程伴随着由自然而自由的活动带来的快乐，这一点似乎可以由儿童和动物的自发嬉戏来见证，那些自发嬉戏表现了所有这些相同特性。

【原文】§65-11-pp.377-378

【评析】

1. 原文："Inclusion relation"（p.377）. H 本："蕴涵关系"（第338页）. 新解："包含关系"。

2. 原文："There are indefinitely many such chains with no elements in common"（p.377）. H 本："存在着无限多的、有共同的要素这类链条"（第339页）. 新解："不确定地存在着没有共同元素的许多这样的链。" H 本对这个语句存在两个错误解读：

（1）单词："Indefinitely". 不能解读为"无限多的"，而应解读为"**不确定地**"。

（2）短语："With no elements in common". 不能解读为"有共同的要素"，而应解读为"**没有共同元素的**"，H 本把它的意思刚好理解反了。

（3）H 本遗漏了语句中的"many such"。它是"chains"的限定量词。如果把"indefinitely"解读为"无限多的"，它便与"many such"的表述相矛盾。由于上面三个错误，H 本把这个语句的意思完全解读反了。

3. 原文："Natural assets"（p.377）. H 本："自然资质"（第339页）；另有学者也解读为"自然资质"。[①] H 本对术语"natural assets"有三种译法："自然天赋""自然资质""自然特性"。这个术语一般解读为"自然资质"。它不仅表示个人天赋才干或特殊才能，而且表示与生俱来的各种先天优势，包括一定的自然资源，比如土地及其之上的物产。笔者认为，这个术语用"自然资质"表示比较符合原意。

【诠释】

第二，这个原则并未断定，哪一种特定活动将是优先的。它只说，假如其他条件相同，我们所偏好的活动，既是依赖于更大范围的已经得到实现的能力的活动，又是更加复杂的活动。更准确地说，假定我们能把一定数量的活动按照包含关系排入同一链当中。这意味着，第 n 项活动不仅运用着第 n-1 项活动的全部技能，而且运用着一些其他额外技能。我们姑

[①] 罗尔斯：《罗尔斯论文全集》，陈肖生等译，第742页。

且说，不确定地存在着没有共同元素的许多这样的链；而且，许多链可以始于同一活动，再现不同路径，这一活动可以用不同路径开展起来并予以丰富。亚里士多德式原则说的是，每当一个人从事一项属于某一链（也许属于几个链）的活动时，他倾向于沿着链向上移动。一般而言，他对第 n 项活动的喜爱胜过对第 n－1 项活动的喜爱；他有待实现的能力越多，这种倾向便越强烈，他发现学习和训练的压力就越不那么强大。也许，存在着提升这个链或多个链的优先性，给我们提供了最大的可能性，以最小的压力去练就更强的能力。一个人采取的实际方案是他发现最有吸引力的活动的组合，取决于他的意愿和才干，取决于社会环境，取决于他的伙伴可能欣赏什么和可能鼓励什么。所以，自然资质和社会机遇，明显影响着个人的最终偏好链。这个原则本身只是简单地断言，沿着被选中的偏好链向上发展的某个趋向。它没有规定理性计划包含的某些特定目标，也没有暗示任何特殊的社会形式。

【原文】§65－12－p.378

【评析】

1. 原文："This is the reason why, for example, we are content to lace our shoes or to tie our tie in a straightforward way, and do not ordinarily make complex rituals of these daily actions"（p.378）。H 本："这就是我们之所以只满足于例如以简单的方式系鞋带、打领结，在普通情况下决不把这些日常行为复杂化的原因"（第340页）。短语"make complex rituals of these daily actions"不能简单解读为"把这些日常行为复杂化"。这里的"make complex rituals of"不只是"复杂化"那么简单，其中的"complex rituals"意为"复杂的仪式"。**新解**："这就是我们之所以满足于例如以简单方式系鞋带和打领带，通常不为这些日常琐事搞出繁文缛节的原因。"

2. 原文："A rational individual selects a preferred pattern of activities (compatible with the principle of justice) and proceeds along each of its chains up to the point where no further improvement results from any feasible change in the schedule"（p.378）。H 本："一个理性的人将挑选一种他偏爱的（和正义原则相一致的）方式进行活动，并且沿着每种活动的链条向上发展，直到按照这个活动程序表不再可能通过某种可行的改变获得进一步的发展"（第340页）。**新解**："理性人将

挑选他偏好的（与正义原则兼容的）活动模式，并沿着每个活动链向上移动，直到抵达这样的点，到了那里，不再有进一步提升来自行程的任何可行变更。"

（1）短语："Pattern of activities"．应为"**活动模式**"而非"方式"。
（2）短语："Feasible change"．应为"**可行变更**"而非"可行的改变"。
（3）短语："Schedule"．应为"**行程**"而非"活动程序表"。

笔者之所以对H本在这里的一些解读表示异议，不是说他们解读错了，而是表示他们的解读还不够简洁和精确。并且，有的解读显然与学术界通行解读有出入。

【诠释】

第三，我们可以做出一个或许不是本质性的假定：每项活动都从属于某个活动链，支撑这个假定的理由是，人类创新能力能够并且在正常情况下为每一项活动找到一条连续的链，诱使人不断地发明各种技能和鉴赏能力。但是，当再向上推进将耗尽我们提高或保持偏好链水平所有资源的时候，我们便停止上升。这里的资源应作广义理解，其中最重要的是时间和精力。这就是我们之所以满足于例如以简单方式系鞋带和打领带，通常不为这些日常琐事搞出繁文缛节的原因。一天只有那么多小时，这阻止我们沿着向我们敞开的所有链把我们的能力提升到更高水平。一个囚犯会把时间花在这些日常琐事上，并搞出许多花样来；然而，假如他不在牢里，他就不会为此花费心思。形式的标准是：理性人将挑选他偏好的（与正义原则兼容的）活动模式，并沿着每个活动链向上移动，直到抵达这样的点，到了那里，不再有进一步提升来自行程的任何可行变更。当然，这个总标准没有告诉我们应该如何做出决定；确切地说，它重视时间和精力等有限资源，并且解释支持一些活动而轻视其他活动的原因，尽管从我们开展活动的形式来看，那些未受重视的活动仍有发展的余地。

【原文】§65-13-pp. 378-379

【评析】

1. 原文："**Natural selection must have favored creatures of whom this principle is true**"（p. 378）．H本："自然选择必定有利于受亚里士多德主义原则支配的存在物"（第340页）。H本的解读离原意较远，猜测成

分较重。新解："自然选择必定偏向某些生物，对它们来说，这个原则为真。"

2. 原文："Presumably we have acquired this desire by a natural development, and indeed, if the principle is sound, a desire to engage in more complex and demanding activities of any kind as long as they are within our reach"（p. 378）。H 本："我们可能已经由于一种自然的发展而获得了这种欲望，以及，假如这个原则是合理的，实际上获得了一种只要力所能及就去从事更复杂、要求更高的活动的欲望"（第 340 页）。新解："我们大概通过自然发展已经得到这种欲望，实际上，假如这个原则站得住脚，那么，只要它们是我们所及范围之内的活动，我们便已得到参与更加复杂、要求更高的任何一种活动的欲望。" H 本的解读好像不在状态，这整个语句都读不通顺，给人以完全照着字面解读的印象。

3. 原文："The Aristotelian Principle characterizes human beings as importantly moved not only by the pressure of bodily needs, but also by the desire to do things enjoyed simply for their own sakes, at least when the urgent and pressing wants are satisfied"（p. 379）。H 本："亚里士多德主义原则这样地描述人：他的活动主要不是由肉体需要驱动，而且去从事那些仅仅由于自身的原因就给人以快乐的活动的欲望驱动，至少是在紧迫的需要得到满足之后"（第 340—341 页）。新解："亚里士多德式原则这样描写人：重要的在于，人的活动不仅为身体需要的压力所驱动，而且为意预有所作为的欲望所驱动，因为有所作为本身就令人快乐，至少在迫切需要得到满足之后是如此。"这个语句存在明显的"not only... but also..."句型。H 本一字之差，大大误解罗尔斯原意，把罗尔斯纳入只重视精神需要、不重视身体需要的观念论者阵营。

【诠释】

人们可能反驳说，不存在断定亚里士多德式原则为真的理由。亚里士多德式原则与观念论的自我实现观念有些相似之处，与那个观念一样，它或许空有哲学家的原则，却拿不出什么去支持它。但是，日常生活的许多事实、儿童行为和高等动物行为，似乎证实了这个原则。此外，它似乎对进化论解释颇为敏感。自然选择（物竞天择）必定偏向某些生物，对它们来说，这个原则为真。亚里士多德说，人有求知的欲望。我们大概通过自然发展（身体发育）已经得到这种欲望，实际上，假如这个原则站得住脚，那么，只要它们是我们所及范围之内的活动，我们便已得到参与更加复杂、要求更高的任何一种活动的欲望。① 人类享受着日益丰富的经验。他们以新奇和惊奇为乐,喜爱这些活动提供的创造发明机遇。多姿多彩的自发活动表达着我们在想象中、在创造性幻想中得到的喜悦和快乐。所以,亚里士多德式原则这样来描写人:重要的在于,人的活动不仅为身体需求的压力所驱动,而且为意预有所作为的欲望所驱动,因为有所作为本身就令人快乐,至少在迫切需要得到满足之后是如此。从完成活动方式手法的变化,到在随后时间点上活动得到复原的维持,令人快乐的活动是多姿多彩的。的确,我们从事这些活动,并非出于明确的报偿(回报),允许我们参与这些活动本身,常常是对我们做事的奖赏。② 既然亚里士多德式原则是现在存在着的人类欲望的一个特点,各种理性计划就须把它考虑进去。这种循序渐进解析(evolutionary explanation) 即便正确,当然不是对我们在这方面的本性的一个证明。事实上,证明问题尚未产生。产生的问题只是:就算这个原则揭示了我们熟知的人类本性,这种本性应当在多大程度上予以鼓励和支持? 在制订理性人生规划时,这种本性应当如何予以考虑?

【原文】§ 65 – 14 – pp. 379 – 380

【评析】

1. **原文**:"He is otherwise intelligent and actually possesses unusual skills, since he manages to survive by solving difficult mathematical problems for a fee"(p. 379)。H 本:"既然他能够靠解决复杂的数学问题获得酬金为生,他换一种活动就是理智的,就能实际地占有不寻常的技能"(第341 页)。H 本没有读懂这句话,这里并不存在"他换一种活动就是理智的"的意思,也不存在"就能实际地占有不寻常的技能",甚至不

---

① 参阅坎贝尔(B. G. Campell)《人类的进化》(Human Evolution),芝加哥:奥尔丁出版社1966 年版,第49—53 页;索普(W. H. Thorpe):《科学、人与道德》,伦敦:梅修恩出版社1965 年版,第87—92 页。关于动物的讨论,参阅伊雷纳斯·艾布—艾贝斯菲尔德(Irenäus Eibl-Eibesfeldt)《动物行为学》(Ethology),克林哈默(Erich Klinghammer) 译,纽约:霍尔特、莱因哈特和温斯顿出版社1970 年版,第217—248 页。——原注 [H 本把"ethology" 解读成"《生态学》"(第340 页、第341 页),不妥。在另一个地方,H 本又把它解读为"《人类学》"(第397 页),同样是错误的。罗尔斯在这里讨论人的日常活动,尤其是儿童行为和高等动物行为,后面提到这个著作时则是在讨论人的利他行为和物种间的共生关系。那个著作解读为《动物行为学》是更加贴切的。]

② 这一点似乎对猴子来说也是真的。参阅艾布—艾贝斯费尔德《动物行为学》,第239页。——原注

存在"复杂的数学问题",罗尔斯只讲到了"数学难题",因为数学难题不一定是复杂的。有些数学表达式是很简单的,只是难以证明。并且,这个人具有的本领,只是解答数学难题,而非解决数学难题,尽管它表面上是解决。罗尔斯在这里所列举的例子只是在说,因为(或既然)这个人能够靠着解答数学难题赚小费过日子,所以(那么),他不是傻子,他还是有些小聪明的,并且在某些方面还有点儿真本事。当然,说他身怀绝技就有点过了,但他肯定是有真本事的。原来罗尔斯讲得很清楚的话,却被译者的猜想给搞糊涂了。**新解**:"**他原本头脑灵活且有点儿真本事,因为他能靠着解答数学难题来赚些小费过日子。**"

2. 原文:"**He is peculiarly neurotic and in early life acquired an aversion to human fellowship**"(p. 380)。H 本:"他有一种特别神经机能病并且在小时候产生了一种对伙伴的反感"(第 341 页)。**新解**:"**也许,他特别神经质且从小就厌恶与人做伴。**"

3. 原文:"**It will be for him the end that regulates the schedule of his actions, and this establishes that it is good for him**"(p. 380)。H 本:"这项活动对于他来说就是调整他的活动日程的目的,并且这一事实就使得这种活动对于他就是善"(第 341—342 页)。罗尔斯在这里讨论的不是像数草叶之类某个事情或某个行动的善恶问题,而是执行如此行动计划的好坏问题。所以,这里应把"this establishes that it is good for him"这个语句解读为"**这证明对他是善好的**",而不是"这一事实就使得这种活动对于他就是善"这样读起来让人感到莫名其妙的文句。**新解**:"**对他而言,正是这个目的将调节其行动计划,并且这证明对他是善好的。**"

4. 原文:"**I mention this fanciful case only to show that the correctness of the definition of a person's good in terms of the rational plan for him does not require the truth of the Aristotelian Principle. The definition is satisfactory, I believe, even if this principle should prove inaccurate, or fail altogether**"(p. 380)。H 本:"我举这个离奇的例子仅仅是要说明,用关于一个人的合理计划来纠正关于一个人的善的定义并不需要以亚里士多德主义原则是真实的这一点为要件。我相信,即使这个原则变得不准确或完全不正确的条件下,这个定义也是令人满意的"(第 342 页)。对照原文,H 本解读这一段落的准确性仍然堪忧。主要表现为:

(1)单词:"Correctness"。不是"纠正"的意思,而是"**正确性**"。

(2)单词:"Prove"。意思不是"变得",而是"**证明**"。

(3)单词:"Fail altogether"。意思不是"完全不正确",而是"**完全**

失败"。

新解："我列举这个假想例子只是想表明，借助于替一个人制订的理性计划来规定一个人的福分的恰当性，并不要求亚里士多德式原则为真。本人认为，即使该原则证明是不精确的或完全失败的，这个规定仍然是令人满意的。"

5. 原文："**By assuming the principle we seem able to account for what things are recognized as good for human beings taking them as they are. Moreover, since this principle ties in with the primary good of self-respect, it turns out to have a central position in the moral psychology underlying justice as fairness**"（p. 380）. H本："但是假定了这个原则，我们就能说明，哪些事物，当按照它们本身的状态看待时，被认为是人的善。此外，由于这个原则和自尊这种基本善联系在一起，它最终在公平的正义的基础的道德心理中占有中心地位"（第342页）。H本有两个错误：

（1）语句："What things are recognized as good for human beings"。罗尔斯在这里没有讨论"人的善"，而只讨论"什么事情对人类是善好的"。

（2）语句："In the moral psychology underlying justice as fairness"。不能解读为"在公平的正义的基础的道德心理中"，而应解读为"**在为公平正义奠基的道德心理学中**"。

新解："但是，通过设定这个原则，我们似乎就能说明，对人类来说，哪些事情本身被认定为是善好的。此外，由于这个原则与自尊这种基本善相联系，结果是，它在为公平正义奠基的道德心理学中占据着中心位置。"

【诠释】

亚里士多德式原则在善理论中的作用在于，它表达了一个深层心理学事实（deep psychological fact）。加上其他一般事实和某种理性计划观念，它说明了我们埋藏于内心的价值判断。我们通常视为对人类善好的事物，成为在理性计划中有着重要地位的目的和活动。这个原则是调节这些价值判断的部分背景。假定这个原则为真，并且得出和我们（在自反均衡中）的良善信念相呼应的结论，那么它在道德理论中将占有一席之地。即使这个原则对某些人而言为非真，理性长期计划理念仍然是适用的。我们仍然能够按照与以前大致相同的方式指出什么东西对我们来说是美好的。试想一下，有一个人的唯一快乐，就是在公园广场和整齐草坪之类几何状公共场所数草叶。他原本头脑灵活且有点儿真本事，因为他能靠着解答数学难题来赚些小费过日子。善定义迫使我们承认，数草叶是这个人的福分所在，更准确地说，他的福分由赋予这项活动以特别重要地位的计划来决定。要是真有这样的人，我们自然会感到惊奇。针对他的情况，我们不妨设想一下其他假设。也许，他特别神经质且从小就厌恶与人做伴，所以，他以数野草的叶片来躲避和他人打交道。不过，假如我们承认，他天生以数野草的叶片为乐，他不喜欢做其他事情，并且不存在改变如此状况的可行办法，那么，的确有为他量身定做的以这项活动为中心的理性计划。对他而言，正是这个目的将调节其行动计划，并且这证明对他是善好的。我列举这个假想例子只是想表明，借助于替一个人制订的理性计划来规定一个人的福分(person's good，与"一个人的价值"含义相近)的恰当性，并不要求亚里士多德式原则为真。本人认为，即使该原则证明是不精确的或完全失败的，这个规定仍然是令人满意的。但是，通过设定这个原则，我们似乎就能说明，对人类来说，哪些事情本身被认定为是善好的。此外，由于这个原则与自尊这种基本善(primary good of self-respect)相联系，结果是，它在为公平正义奠基的道德心理学中占据着中心位置（§67）。

§66 应用于个人的"善好的"定义
The Definition of Good Applied to Persons

【题解】

什么样的人生是成功的人生？什么样的生活是美好的生活？在这一节里，罗尔斯从正当与善的关系，讨论了这些重大的人生问题。而他的讨论一直围绕着个体的基本善的获得能力或获得机会展开。他认为，所谓人生成功，或生活美好，首先是个体的社会基本善有所保障的人生成功或生活美好。换言之，基本善的获得是个体美好生活的社会前提，我们因此而理解罗尔斯在这一节的一个核心主张："无论一个人还要求别的什么，他要求基本善都是合理的，因为它们一般是制订和实施理性人生规划所必要的。"(p. 380) 罗尔斯在这里具体列出了基本善清单，它们是"自由和机会、收入和财富，首先是自尊"(p. 380)。罗尔斯不从正当原则论证这份清单，而从"理性善好"角度论证这份清单。他强调正当概念和善概念相一致，这是正当与善同余理论的重要组成部分。在承认正当优先于善的前提下，罗尔斯不否认积极追求善。换言之，在承认公平的前提下，罗尔斯并不否认积极追求效率。

【原文】§66-1-p.380

【评析】

在这个段落中，罗尔斯提到了"善"（good）定义。个人之善、价值或福分与个体设计理性人生规划及其实现程度有关。罗尔斯认为，基本善是个体的必需品，是个体想要满足的基本善，可以由不充分善理论来解释。

1. 原文："**The primary goods can be accounted for by the thin theory of the good**"（p.380）。H 本："基本善能够由善的弱理论来说明"（第342页）。新解："基本善能够由不充分善理论来解释。"

2. 原文："**It is rational to want these goods whatever else is wanted, since they are in general necessary for the framing and the execution of a rational plan of life**"（p.380）。H 本："无论还要求什么，要求这些善总是合理的，因为它们是构造和实施一项合理计划一般所必需的"（第342页）。H 本漏掉了"人生"。罗尔斯在这里表达的意思是，基本善一般是构造和实施一个人的理性人生规划所必要的。如果没有"人生"两个字，那么罗尔斯的这个说法是不成立的。新解："因为基本善一般是制订和实施理性人生规划所必要的，无论个体还追求别的什么，他提出的基本善要求都是合情合理的。"

3. 原文："**The persons in the original position are assumed to accept this conception of the good, and therefore they take for granted that they desire greater liberty and opportunity, and more extensive means for achieving their ends**"（p.380）。H 本："我假定处于原初状态的人们采取的是这样一种善观念，因而他们自然而然地认为，他们都欲望更大的自由和机会，欲望实现他们的目的更广泛的手段"（第342页）。新解："假定处于初始位置的人将采纳这个善观念，那么他们持有如下想法是天经地义的：他们渴望获得更大的自由和机会，他们渴望实现自身目的的更多手段。"

4. 原文："**With these objectives in mind, as well as that of securing the primary good of self-respect（§67）, they evaluate the conceptions of justice available to them in the original position**"（p.380）。H 本："抱着这些目标，以及维护自尊的基本善这一目标（见67节），他们来估价在原初状态对于他们可能的正义观念"（第342页）。新解："他们在心里想着这些目的，加上维护自尊这个基本善的目的（§67），他们评估在初始场景

上适用于它们的正义观念。"

【诠释】

我们把一个人追求的善(person's good, 个体之善、权利和利益) 定义为理性人生规划的成功实施, 把个体达成的诸多不太圆满的善(his lesser goods) 定义为理性人生规划的部分实施, 我们于是可以得出一个进一步的定义。通过这种方式, 善好(goodness) 概念被应用于在道德哲学中占有重要地位的其他主题上。但是, 在这样做之前, 我们应当留意以下假设: 基本善(primary goods) 能够由不充分善理论(thin theory of the good) 来阐述。也就是说, 本人假定, 因为基本善一般是制订和实施理性人生规划所必要的, 无论个体还追求别的什么, 他提出的基本善要求是合情合理的。假定处于初始位置的人将采纳这个善观念, 那么他们持有如下想法是天经地义的: 他们渴望获得更大的自由和机会, 他们渴望得到实现自身目的的更多手段。他们在心里想着这些目的, 加上维护自尊这个基本善的目的 (§67), 他们评估在初始场景上适用于它们的正义观念。

【原文】§66 - 2 - pp. 380 - 381

【评析】

1. 原文: "**The list of primary goods**" (p. 380). H 本: "基本善细目表" (第342页)。另解: "基本益品清单"[①]。新解: "基本善清单"。

2. 原文: "**The list of primary goods can be accounted for by the conception of goodness as rationality in conjunction with the general facts about human wants and abilities, their characteristic phases and requirements of nurture, the Aristotelian Principle, and the necessities of social interdependence**" (p. 381). H 本: "基本善细目表可以由理性的善的观念——这种观念与人类的需要与能力、它们的特有方面和营养要求的一般事实相联系, 亚里士多德主义原则和社会相互依赖的必要性加以说明" (第342页)。H 本对这个语句的拆分是错误的。H 本把一般事实只是限制在 "人类的需要与能力、它们的特有方面和营养要求", 没有把 "亚里士多德式原则和社会相互依赖的必要性" 包括进去, 导致对这个语句的错误解读。新解: "结合以下一般事实: 人的需要和能力、人所处的特定

[①] 罗尔斯:《罗尔斯论文全集》, 陈肖生等译, 第511页。

阶段和营养要求、亚里士多德式原则以及社会相互依赖的必要性等等，基本善清单可以通过理性善好观念来解释。"

3. 原文："**At no point can we appeal to the constraints of justice. But once we are satisfied that the list of primary goods can be arrived at in this way, then in all further applications of the definition of good the constraints of right may be freely invoked**"（p. 381）。H 本："在任何一点我们都不能诉诸正义的约束性条件。但是，一旦我们满足于能够以这样方式来说明基本善的细目，我们就可以在所有进一步应用善的定义的场合，无约束地把正当的约束性诱导出来"（第 342 页）。H 本没有读懂这个语句，其中"the constraints of right may be freely invoked"，H 本把它解读为"无约束地把正当的约束性诱导出来"，说得含糊其辞。并且正好把原话的意思说反了，正义的约束性或约束条件变成诱导出来的东西，而不是说明基本善清单并应用善定义的预设前提。那个语句的其真实意思是"正当的约束条件可以被自由援引"，转译为"我们可以自由援引正当的约束条件"。**新解**："我们决不能诉诸正义的约束条件。不过，一旦我们对以这种方式阐述基本善清单表示满意，那么在关于'善好的'定义的所有进一步应用中，我们就能自由援引正当的约束条件。"

4. 原文："**I shall not argue the case for the list of primary goods here, since their claims seem evident enough**"（p. 381）。H 本："我不想在这里论证基本善细目表的约束性，因为它们表达的要求是足够清楚的"（第 342 页）。罗尔斯在这里本来就没有提到"基本善细目的约束性"，因为原文中本来就没有这个意思。**新解**："我不想在此为基本善清单作辩解，因为针对它们的求偿看似足够明确。"

【诠释】

自由和机会、收入和财富，首先是自尊，都是基本善，这一点确实必须由不充分善理论来解析。正义原则的约束条件（constraints of the principles of justice）不能用于引出作为对最初情景的部分描述的基本善清单（list of primary goods）。其原因当然是，这份清单是得出选择正当原则的前提之一。在解析这份清单时，引证正当原则将是循环论证。于是，我们必须假定，结合以下一般事实：人的需要和能力、人所处的特定阶段和营养要求、亚里士多德式原则以及社会相互依赖的必要性等等，基本善清单可以通过理性善好观念来解释。我们决不能诉诸正义的约束条件。不过，一旦我们对以这种方式阐述基本善清单表示满意，那么在关于"善好的"定义的所有进一步应用中，我们就能自由援引正当的约束条件。我不想在此为基本善清单作辩解，因为人们针对它们的求偿权（诉求这些善）看似足够明确。然而，本人将一再回到这一个问题上来，当联系到自尊这个基本善时，尤其如此。接下来，我把这份清单看作确定的，并运用充分善理论。这个理论的检验是，它应当符合我们在自反均衡中深思熟虑的价值判断。

【原文】§66 – 3 – pp. 381 – 382

【评析】

1. 原文："**All parts of justice as fairness can be brought to bear**"（p. 381）. H 本："公平的正义的所有部分都可以联系起来"（第 343 页）. 新解："公平正义的所有部分都能发挥作用。"

2. 原文："**Now many philosophers have been willing to accept some variant of goodness as rationality for artifacts and roles, and for such nonmoral values as friendship and affection, the pursuit of knowledge and the enjoyment of beauty, and the like**"（p. 381）. H 本："许多哲学家们一直喜欢用理性的善的某种变体来说明人造物和角色，说明像友谊和情感，对知识的追求和对美的享受等等非道德的价值"（第 343 页）. **新解**："现在，许多哲学家已经愿意接受理性善好的某个变式，既用来说明人工制品和角色，也用来说明友谊和感情、追求知识和鉴赏美等非道德价值。"

3. 原文："**The main elements of goodness as rationality are extremely common, being shared by philosophers of markedly different persuasions**"（p. 381）. H 本："理性的善的主要因素是极其普通的，它们被作着非常不同的劝说的哲学家们共享"（第 343 页）. 罗尔斯在这里本来就没有提到"基本善细目的约束性"，因为原文中本来就没有这个意思。**新解**："理性善好要素是极为常见的，为有着显著不同主张的哲学家所分享。"

4. 原文："**The reason why the so-called instrumental or economic theory fails is that what is in effect the thin theory is applied directly to the problem of moral worth**"（p. 381）. H 本："所谓的工具的或经济的善理论之所以不适用于这些判断，是因为其实是善的弱理论的那种理论被直接地应用到了道德价值问题"（第 343 页）. 罗尔斯在这里讨论的是"工具价值论"或"经济价值论"，而不是"工具善理论"或"经济善理论"，H 本的解读显然与原文有出入。**新解**："所谓工具价值论或经济价值论失灵的原因是，直接运用于道德价值问题的理论，其实是不充分善理论。"

【诠释】

适用善理论的两种基本情形仍有待考察。我们须弄清楚,"善好的"定义是否既适用于个人又适用于社会。本人在这一节讨论这个定义运用于个人的情形,关于善好社会(good society,美好社会)的问题将留到最后一章,在那里,公平正义的所有部分都能发挥作用。现在,许多哲学家已经愿意接受理性善好(goodness as rationality)的某个变式,既用来说明人工制品和角色,也用来说明友谊和感情、追求知识和鉴赏美等非道德价值。的确,我曾强调,理性善好要素是极为常见的,为有着显著不同主张(persuasions,说辞)的哲学家所分享。然而,人们常常认为,这种善观念(conception of the good)表达了某种工具价值论或经济价值论,不太适合于用来说明道德价值。假如我们说正义者或仁慈者是在道德上善好的,那么这被说成是涉及另一个善好概念。① 不过,我想证明的是,一旦正当原则和正义原则得到了确定,关于理性善好的这种充分善理论(full theory of goodness as rationality)实际上能够涵盖这些判断。所谓工具价值论或经济价值论失灵的原因是,直接运用于道德价值问题的理论,其实是不充分善理论(thin theory)。我们必须做的是,把这个理论作为初始位置描述的一部分来运用,正当原则和正义原则从那个描述中推导出来。接着,我们能够不受限制地运用充分善理论(full theory of the good),将它自由运用于善好个体与善好社会(good person and a good society)两种基本情形。从不充分善理论发展到充分善理论,经由初始位置是必要一步。

【原文】§66 – 4 – p. 382

【评析】

1. 原文:"**Several ways suggest themselves for extending the definition to the problem of moral worth, and I believe that at least one of these will serve well enough**"(p. 382)。H 本:"有一些把善的定义扩大到道德价值方面来的方法,我相信至少有一种将是充分有效的"(第 343 页)。**新解**:"几个方法表示,要把这一定义扩展到道德价值问题,本人认为其中至少一个方法是足够好的。"

---

① 参阅坎贝尔"道德价值和非道德价值",《心灵》1935 年第 44 卷,另参阅黑尔"吉奇论善与恶",《分析》1957 年第 18 卷。——原注

2. 原文："To illustrate this idea in the case of tools, the broadly based properties are efficiency, durability, ease of maintenance, and so on"（p. 382）。H本："如果借助工具的例子来说明这个观念，根深蒂固的性质就是效能、耐久、易于维护等等。这些几乎对任何一种工具都是值得向往的特性"（第 344 页）。**新解**："若以工具为例来说明这个想法，这些有着广泛基础的性质就是高效、耐用、持久，等等。"

【诠释】

几个方法表示，要把这一定义扩展到道德价值问题，本人认为其中至少一个方法是足够好的。首先，我们不妨明确一个人的基本角色或基本位置(basic role or position)。我们先说一个人是公民，然后说他是一个好人，与公民合理要求彼此的一般品质相比，他有着更高的品质。这里的相关观点是，一个公民判断有着同样角色的其他公民的观点。其次，"好人"可以解读为达到某种通行评价或平均评价要求的人。因此，"好人"就是在各种角色中，尤其在被公认为比较重要的角色中，表现出色的个体。最后，可能存在这样的品质，当公民被视为扮演几乎任一社会角色时，向他们提出具备这些品质的要求是合理的。假如这些品质真的存在，那么它们就是一些有着广泛基础的品质。① 若以工具为例来说明这个想法，这些有着广泛基础的品质就是高效、耐用、持久，等等。这些特性几乎在任何一种工具上都讲得通。广泛基础程度弱一些的特性是保持锋利和永不生锈，等等。人们甚至不会提及某些工具是否具有这些性质的问题。以此类推，与好医生、好农民等相比，好人是比普通人有着更广泛基础的（仍待具体化的）、人们合理相互要求的品质的个体。

【原文】§66 - 5 - pp. 382 - 383

【评析】

1. 原文："Offhand it seems that the last suggestion is the most plausible one. It can be made to include the first as a special case and to capture the intuitive idea of the second. There are, however, certain complications in working it out"（p. 382）。H本："我们立即可以看出上

---

① 关于"有着广泛基础的品质"（broadly based properties）概念及其在此的用法，我得益于斯坎伦。——原注

面最后一点是最合理的。它可以把第一点作为一种例证而包括进来并且可以抓住第二点中的那种直觉概念。然而阐发它却有一定的复杂性"（第344页）。新解："现在看来，最后一个建议最为可行。它可以把第一个建议作为一个特例包含进来，并捕捉到第二个建议闪现的直觉念头。然而，落实它却存在一些复杂情况。"H 本可商榷之处：

（1）短语："Intuitive idea"．不是"直觉概念"，而是"**直觉念头**"，短语："the intuitive idea of the second"不是"第二点中的那种直觉概念"，而是"**第二个建议闪现的直觉念头**"；短语："to capture the intuitive idea of the second"．不是"抓住第二点中的那种直觉概念"，而是"**捕捉到第二个建议闪现的直觉念头**"。H 本在术语的使用上非常任意，几乎把所有与思想有关的术语，都被译成概念，完全无视罗尔斯作为分析哲学家在语言上所花费的大量精力和时间，这是中文版《正义论》最大的硬伤。这使得整个作品不再是罗尔斯希望的中文版，而为中文版译者的真正的再创造。

（2）短语："certain complications"．显然不是"一定的复杂性"的意思，因为"一定的复杂性"是不可数的，而"complications"明明是一个可数单词的复数形式，即"一些复杂问题"的意思。

（3）罗尔斯在前面对三个建议已经做了清晰阐述。并且，他认为第三个建议看似最为可行。现在的问题不是如何去阐发它，而是如何去落实它，也就是如何去做成它。所以语句："There are, however, certain complications in working it out"．不能解读为"然而阐发它却有一定的复杂性"，而应解读为"**然而，落实它却存在一些复杂问题**"。

2. 原文："**The first thing is to identify the point of view from which the broadly based properties are rationally preferred and the assumptions upon which this preference is founded**"（p. 382）。H 本："首先是要确定有理由选择那些根深蒂固的性质的那种观点，和作为这种偏爱选择的基础的那些假设"（第344页）。由于 H 本译者不了解词组"are rationally preferred"是理性选择理论术语"理性偏好"的变体，解读其为"有理由选择"，并且把术语"preference"亦即"偏好"解读为"偏爱选择"。新解："第一个复杂情况是，既要确定某个观点，从这个观点来看，有着广泛基础的品质是理性偏好的，又要确定一些假设，基于这些假设，可以找到这个偏好。"

3. 原文："**I note straightway**"（p. 382）。H 本："我径直地指出"（第344页）。新解："我马上留意到"。

【诠释】

现在看来，最后一个建议最为可行。它可以把第一个建议作为一个特例包含进来，并捕捉到第二个建议闪现的直觉念头。然而，落实它却存在一些复杂情况。第一个复杂情况是，既要确定某个观点，从这个观点来看，有着广泛基础的品质是理性偏好的，又要确定一些假设，基于这些假设，可以找到这个偏好。我马上留意到，基本道德德性，也即基于基本正当原则去行动的强烈而规范有效的欲望，无疑存在于有着广泛基础的品质当中。无论如何，正如我正在做的那样，每当我们以为自己正在考虑良序社会的时候，或者，每当我们以为自己正在考虑近乎正义状态的社会的时候，这看起来必定是真的。于是乎，既然如此社会的基本结构是正义的，并且与如此社会的公开正义观念相关的这些安排是稳定的，那么其成员一般具有恰当的正义感，有一种看到他们的制度受到肯定的欲望。不过，以下情形也是真的：假定在通常情况下，这些原则都得到承认，并且被他人所遵循，那么每个人唯有依照正义原则行事才是理性的。所以，良序社会的代表成员将发现，他希望其他人具有基本德性，尤其是具有正义感。他的理性人生规划符合正当的约束条件，他真诚地希望，其他人也接受相同的约束条件。为了使得这个结构绝对确定无误，我们也可能相信如下一点是合理的：属于良序社会的人已经获得正义感，去保持甚至强化这种道德情感。本人将在后文（§86）讨论这个问题；我目前先假定情况就是如此。综合所有这些假设，显而易见的是，基本德性属于有着广泛基础的品质，良序社会成员会合理地相互要求这些基本德性。

【原文】§66–6–p. 383

【评析】

1. 原文："**There are other properties that are presumably as broadly based as the virtues, for example, intelligence and imagination, strength and endurance**"（p. 383）。H 本："另有一些性质可能会像德性一样被看作根深蒂固的，例如智慧与想象、力量与忍耐"（第 344 页）。这里的"the virtues"指上一段落提到的"基本德性"或"基本道德德性"。**新解**："存在若干其他属性，比如智力和想象力、坚强和毅力，它们可能有着像基本德性一样的广泛基础。"

2. 原文："**A certain minimum of these attributes is necessary for right**

conduct"（p.383）。H本："正确的行为必须具有一定的为数不多的特性"（第344页）。H本正好把这个语句的意思搞反了。这里的词组"right conduct"不是"正确的行为"，而是"**正当行为**"；短语"a certain minimum of"的意思不是"一定的为数不多的"，而是"**某个最小值**"。这是对特性或属性的程度限定，而不是对特性或属性的数量限定。这个语句的大意是，一个人有正当行为，不一定脑子有多么聪明，最低智商还是要的，就像《阿甘正传》中的主人公一样。**新解：**"这些属性的某个最小值对于正当行为来说是必要的。"

3. 原文："**Since without judgment and imagination, say, benevolent intentions may easily lead to harm**"（p.383）。H本："因为，比如说，慈善的意图如果没有判断和想象相辅助就容易带来伤害"（第344—345页）。这里的词组"judgment and imagination"不能解读为"判断和想象"，而应解读为"**判断力和想象力**"；短语"without judgment and imagination"，不能解读为"得不到判断和想象的辅助"，而应解读为"**缺乏判断力和想象力**"；词组"benevolent intentions"不能解读为"慈善的意图"，而应解读为"**仁慈的好心好意**"。**新解：**"因为比如说，如果缺乏判断力和想象力，仁慈的好心好意就容易造成伤害。"

4. 原文："**Unless intellect and vigor are regulated by a sense of justice and obligation, they may only enhance one's capacity to override the legitimate claims of others**"（p.383）。H本："如果智慧和力量得不到正义感和责任感的调节，它们就可能仅仅提高个人的能力以压倒他人的合理要求"（第345页）。在这里，词组"intellect and vigor"不能解读为"智慧和力量"，而应解读为"**智能和精力**"或"**聪明才智和精神活力**"；词组"legitimate claims"不能解读为"合理要求"，而应解读为"**合法主张**"或"**合法权益**"。**新解：**"除非智力和精力受到正义感和职责感的调节，否则，它们只会助长一个人无视他人合法主张的力量。"

【诠释】

我们还须考虑另一个复杂情况。存在若干其他属性，比如智力和想象力、坚强和毅力，它们可能有着像基本德性一样的广泛基础。的确，这些属性的某个最小值对于正当行为来说是必要的，因为比如说，如果缺乏判断力和想象力，仁慈的好心好意就容易造成伤害。另一方面，除非智力和精力受到正义感和职责感的调节，否则，它们只会助长一个人无视他人合法主张的力量。一些人在这些(智力和精力)方面如此出类拔萃，以致危及正义的社会制度，这当然是不合理的。然而，从社会的观点来看，适度拥有这些天生资质显然是合理的；因此，在一定范围之内，这些性质也是有广泛基础的。所以，尽管道德德性包含在这些有着广泛基础的品质之中，但是它们不是这类品质中的仅有品质。

【原文】 §66 - 7 - p. 383

【评析】

在这里，罗尔斯区分了人的自然天赋和道德德性，这种区分显然受到休谟的影响。休谟认为。像正义感这样的道德德性是人为的德性，而不是一种自然天赋。人的天生的同情心是有限的，就像人的慷慨之心或仁慈之心一样。因此，正义需要自然法则以外的人为法则。

1. **原文**："**Natural assets**"（p. 383）。H 本："自然特性"（第 345 页）。这个术语一般解读为"自然资质"，在这里表示一个人与生俱来的品质或能力。**新解**："自然资质"。休谟说，道德德性是人为德性，与人的"天生资质"不同。罗尔斯显然采纳了休谟的观点。因此，正当和正义感都具有人为性，是需要培养的。

2. **原文**："**The latter we may think of as natural powers developed by education and training, and often exercised in accordance with certain characteristic intellectual or other standards by reference to which they can be roughly measured**"（p. 383）。H 本："我们可以把后者看作是一些自然的能力，这些能力由于教育和训练而得到发展，并且常常按照某种特有的智力或其他标准得到运用，它们可以借助这些标准粗略地得到衡量"（第 345 页）。**新解**："我们不妨把后者看作一些天赋能力，这些能力借助于教育和训练而得到开发，通常按照特定智力标准或其他标准得到运用，且借助这些标准予以粗略测量。"

【诠释】

因此，有必要把道德德性和自然资质(natural assets) 区别开来。我们不妨把后者看作一些天赋能力，这些能力借助于教育和训练而得到开发，通常按照特定智力标准或其他标准得到运用，且借助这些标准予以粗略测量。另一方面，德性是引导我们按照某些正当原则行动的情感和习惯态度。依据它们相应的原则，我们把每一种德性相互区别开来。于是本人假定，使用已经确立的正义观念，就可以揭示德性；一旦正义观念为人所理

第七章　理性善好　1229

解，我们就能够依赖它来规定道德情感，并把它们与自然资质区别开来。

【原文】§66－8－pp. 383－384

【评析】

1. 原文："Neither of these interpretations introduces any new ethical notions, and so the definition of goodness as rationality has been extended to persons"（p. 384）. H本："以不引入新道德概念的方式，理性的善概念已经扩展到个人的例子"（第345页）。这一节的主题是"适用于个人的'善好的'定义"，罗尔斯在前面已经充分讨论了理性善好概念，这里主要讨论"善好的"定义在个人情形中的应用。新解："这两种诠释都没有引入任何新的伦理学概念，就这样，理性善好定义扩展到了个人。"

2. 原文："In conjunction with the theory of justice which has the thin account of the good as a subpart"（p. 384）. H本："把善的弱理论作为自己的一部分的正义理论相联系"（第345页）。这里只有"不充分解释"，而没有"弱理论"。新解："与把关于善的这种不充分解释视为子部的正义理论相联系"。

【诠释】

因此，一个品质优良的人，一个有道德价值的人，务必具有高于有着广泛基础的一般道德品质，那些道德品质是在初始位置上人们合理地相互要求的。既然正义原则已被选中，既然正义原则要得到严格遵循，那么每个人都知道，他在社会中要求他人具有支持坚守这些标准的道德情感。我们不妨换一种说法：一个品质优良的人，具有良序社会成员合理要求于同侪或伙伴的道德品质。这两种诠释(interpretations)都没有引入任何新的伦理学概念，就这样，理性善好定义扩展到了个人。与把关于善的这种不充分解释视为子部的正义理论相联系，充分善理论似乎令人满意地呈现了道德价值，那是伦理学的第三个主要概念。

【原文】§66－9－p. 384

【评析】

1. 原文："Some ulterior purpose"（p. 384）. H本："某种进一步目的"（第345页）。新解："某种隐秘的目的"。"ulterior"有"不可告人

的"意思。

2. 原文："A condition of human life"（p.384）. H本："人生的一个条件"（第346页）。这里的"人类生活"不能压缩为"人生"，H本的解读是错的。**新解**："人类生活的条件"。

3. 原文："**But this presumption is sufficiently general so as not to compromise a theory of justice and moral worth**"（p.384）. H本："但是这个假定是非常一般的，以致不足以把正义和道德价值包容在一个理论中"（第346页）。H本的解读是完全错误的。动词"compromise"在这里没有"包容"的意思。罗尔斯自己提出一些关于人之为人的假定，没有对这些假定作自我否定的意思。H本的解读让罗尔斯处在自我怀疑和自我否定状态，显然背离了罗尔斯的初衷。**新解**："不过，这个假定很是普通，尚不致危及正义和道德价值理论。"

4. 原文："**The main idea of justice as fairness, that the principles of justice are those that would be agreed to by rational persons in an original position of equality, prepares the way for extending the definition of good to the larger questions of moral goodness**"（p.384）. H本："公平的正义的主要观念，即，这些正义原则是处于一种平等的原初状态的、有理性的人们将会同意的那些原则，为善概念扩展到更广的道德善问题上开辟了道路"（第346页）。这里的"definition of good"是"'善好的'定义"而非"善概念"。正如这一节标题提示的，它不得混同于"善定义"（definition of the good）；"questions of moral goodness"是"道德善好问题"而非"道德善问题"。**新解**："公平正义的主要思想，即，正义原则是处于平等初始位置上的理性人同意的原则，为把'善好的'定义扩展到更加广泛的道德善好问题铺平了道路。"

【诠释】

有些哲学家一直认为，鉴于人本身没有确定的角色或功能，人不应作为工具或客体(对象)来对待，沿着理性善好观念的思路给人下定义必定失败。① 不过，正如我们已经看到的那样，纵使既没有假定人具有特殊的角色，也没有假定人抱有某种隐秘的目的，给出这个定义仍然是可能的。以下情形当然为真：这个定义向道德价值的扩展产生了许多假定。特别是，本人假定，或为共同体的成员，参与多种形式的合作，是人类生活的条

---

① 参阅黑尔"吉奇论善与恶"，《分析》1957年第18卷，第109页及以后。——原注

件。不过，这个假定很是普通，尚不致危及正义和道德价值理论。诚然，完全恰当的是，如本人在前面提及的那样，关于我们内省的(深思的) 道德判断的见解，应当借用于社会所处的自然环境。在这个意义上，不存在先验的道德哲学。本人以小结方式回顾如下：允许善定义(definition of the good) 覆盖道德价值观念，是对业已导出的正义原则的运用。而且，这些原则的特殊内容和推导模式也都与此有关。公平正义的主要思想，即，正义原则是处于平等的初始位置上的理性人同意的原则，为把"善好的"定义(definition of good) 扩展到更加广泛的道德善好问题铺平了道路。

【原文】 §66 – 10 – pp. 384 – 385

【评析】

罗尔斯在这里讨论的一个话题是：他区分了举手之劳的善举（good act)和乐善好施的善行（good action)。他表示，一个人偶尔做好事，做举手之劳的善举是不难的，难的是常有助人为乐、乐善好施的善行。并且，他在这里提出了为他人做好事的边界：不得给行动者自己带来较大损失和风险。

【诠释】

说明使"善好的"定义可以扩展到其他情形的途径似乎是可行的。这样做使我们对这个定义应用于人(独立的个体) 更有信心。所以，我们不妨假定，每个人都有一个决定其善的理性人生规划。我们现在可以把(善意举动意义上的 [in the sense of a benevolent act]) 善举①定义为我们可以自由地做或不做的举动，即没有自然义务或责任要求约束我们去做或不做的举动，是发展或倾向于发展他人之善(权利、利益和价值) (他人理性计划) 的举手之劳。我们进而可以把(仁慈行动意义上的 [in the sense of a benevolent action]) 善行②定义为，为了他人之善(权利、利益和价值) 而采取的行动。善意举动(beneficent act) 有助于他人之善，仁慈行动(benevolent action) 则怀着他人也应获得这种善的欲念而做出。如果仁慈行动将给他人带来很大的好处，但它将给行动主体自己带来相当确定的利益损失或风险，那么这个行动是分外的(supererogatory, 超出义务的)。假定行动者付出的牺牲或面临的风险不是很大，那么对他人大有好处的举手之劳

---

① a good act, 举手之劳，一念慈祥。它往往是一次性的、偶发的、随意的，有这一次，不一定有下一次的。
② a good action, 慈善行动。与善举相比，其乐意助人的主观意愿更加强烈而明确，并积极付诸行动。

(act)，尤其是令他人免于重大险情或伤害的举手之劳，是互助原则要求的自然义务。所以，分外举动可以被看作这样：虽然它满足令自然义务失效的附加条件，个体仍然为了他人之善(权利、利益或价值)而做出这样的举动。一般而言，分外行动施行的是原本为非义务的行动，假如某些豁免条件(exempting conditions)没有得到满足，并且那些豁免条件允许合理的自利，那么那些义务就不是义务。当然，最终，为了提出关于正当的完整契约论见解，我们将不得不从处于初始位置的立场来探讨，什么东西可以算作合理的自利。但我不想在此讨论这个问题。

【原文】§66-11-pp.385-386

【评析】

1. 原文："**We can distinguish between the unjust, the bad, and the evil man**"（p.385）。H本："我们能够区别出不正义的人、环人和恶人"（第346页）。这里存在一个印刷错误，即"坏人"打成了"环人"。**新解**："我们能够区分邪人、坏蛋和恶棍。"

2. 原文："**What moves the evil man is the love of injustice: he delights in the impotence and humiliation of those subject to him and he relishes being recognized by them as the willful author of their degradation**"（p.386）。H本："驱动着恶人的是对于非正义的爱：他对那些屈从于自己的人们的软弱和卑微感到快乐，并且乐于人们承认他是使他们变得卑微的那个任性的创造者"（第347页）。**新解**："令恶棍欲罢不能的，正是对非正义的迷恋：他为屈服者的软弱卑微而喜形于色，他为世人奉承自己是任性地造就如此卑贱者的始作俑者而沾沾自喜。"

【诠释】

最后，充分善理论使我们能够区分不同种类的道德价值，或者，它使我们能够在具有道德价值和缺失道德价值之间做出区分。于是，我们能够区分邪人(the unjust)、坏蛋(the bad)和恶棍(the evil man)。为了说明这一点，我们不妨考虑以下事实：有人追逐过分的权力，追求凌驾于他人之上的威权，超越正义原则而独断专行。在每一个诸如此类的例子中，过分权力的追逐者，为谋一己之私欲，情愿做着错误的不义勾当。违背正义的邪人，为了实现财富和安全等目标而追求统治权(统领天下或主宰一方的权力)，不过那些目标，如若受到恰当限制，原本是合法的。坏蛋谋求独断专权(比如"四人帮")，因为他从实施权力中享受着天下归我的主宰感，他寻求社会的欢呼和喝彩。① 他还极度渴望他人的尊崇和自我统领感(一种占山为王、"在这个地盘老子说了算"的感觉)。这些东西只要适当给予限制原本是好的。正是他满足这些奢望的方式使其危机四伏。相比之下，恶棍(比如卡扎菲)渴望违反正义(不仁不义)的统治。正因为它违背了独立自主的人们在平等的初始位置上所同意的东西，所以，他对权位的占有和显摆，既展示了君临天下的做派，又羞辱了他人的自我尊严。他追求的正是这种显摆和冒犯。令恶棍欲罢不能的，正是对非正义的迷恋：他为屈服者的软弱卑微而喜形于色，他为世人奉承自己是任性地造就如此卑贱者的始作俑者而沾沾自喜。② 一旦正义理论和我所称的充分善理论结合起来，我们就能做出上述区分和其他区分。似乎没有理由担心，各种道德价值将无法得到说明。

§67 自尊、卓越和羞耻
Self-Respect, Excellences, and Shame

【题解】

罗尔斯在这一节讨论了与个体的人格完整性有关的自尊、卓越和羞耻等话题。他提出了一种羞耻理论。他的学生努斯鲍姆后来进一步发展了这一理论。说起"excellences"，我们就会想起现代奥林匹克精神："卓越、友谊和尊重"，其倡导的"更高、更快、更强"是对"excellences"的最佳阐释。同样地，亚里士多德式原则推崇的是"卓越"而不是"美德"。因此，罗尔斯这一节讨论的主题与现代奥林匹克精神高度契合。H本把《正义论》原文术语"卓越"(excellences)解读为"美德"，导致对这一节内容的严重误解。结果，罗尔斯在原文中呈现的与尼采思想相关的关于"人生追求卓越"的哲学主张，变成H本"人生追求美德"的道德说教，把"德性即卓越"(virtues are excellences)解读为"德性也是美德"，大大减低了罗尔斯道德哲学的高度。

自尊的社会条件是社会基本善之一。在其他前行正义原则得到实施并且保证自尊的社会基础的前提下，差别原则将得到更好的实施。有学者指

---

① 君主渴望臣民对自己歌功颂德，后者在前者的暗示之下，主动竭尽献媚之能事。无论昏庸或精明，几乎所有的君主都难以招架臣民的献媚。
② 一些昏庸统治者以为自己无所不能，不仁不义而为非作歹，坏事做绝而毫无廉耻之心。

出："差别原则并不是孤立地应用的——按照罗尔斯对其正义原则的'词序式排列'，只是在平等自由原则和公平的机会平等原则已经得到保证、某种最低限度的社会供给已经被无条件地给予所有社会成员的条件下，差别原则才得以应用。罗尔斯假设，在这些条件得到满足的情况下，人们已经具有自尊的基本条件。"① 这表明自尊需要一定的社会经济基础和制度保障。

【原文】§67-1-p.386

【评析】

1. 原文："It includes a person's sense of his own value, his secure conviction that his conception of his good, his plan of life, is worth carrying out"（p.386）。H本："它包括一个人对他自己的价值的感觉，以及他的善概念，他的生活计划值得努力去实现这样一个确定的信念"（第347页）。新解："自尊既表示一个人的自我价值感，也表示其如下确信：他的善观念、他的人生规划是值得实施的。"

2. 原文："Self-respect implies a confidence in one's ability, so far as it is within one's power, to fulfill one's intentions"（p.386）。H本："自尊包含着一个人对自己实现自己的意图的能力的自信，就这种自信是在个人能力之内而言"（第347页）。新解："自尊包含一个人相信自己的能力，在力所能及的范围之内，去实现自我的各种意图。"

3. 原文："All desire and activity become empty and vain, and we sink into apathy and cynicism"（p.386）。H本："所有的欲望和活动就变得虚无飘渺，我们就将陷入冷漠和犬儒主义"（第347页）。新解："所有欲望和活动都变得虚无空洞且徒劳无益，我们将跌入冷酷淡漠且愤世嫉俗的深渊。"有学者把"apathy and cynicism"解读为"冷漠和玩世不恭"② 也可参考。

4. 原文："The fact that justice as fairness gives more support to self-esteem than other principles is a strong reason for them to adopt it"（p.386）。H本："公平的正义总是给予自尊以比给予别的原则的更多的支

---

① 徐向东："基本结构与背景正义——反驳柯亨对罗尔斯的批评"，《中国人民大学学报》2021年第5期。
② 徐向东："基本结构与背景正义——反驳柯亨对罗尔斯的批评"，《中国人民大学学报》2021年第5期。

持，这是原初状态各方所以接受这一原则的强烈原因"（第 347 页）。**新解**："与其他原则相比，公平正义原则总是给予自尊以更多支持，这一事实是在初始位置上的各方接受公平正义原则的强有力理由。"

【诠释】

本人已在多个场合提到，自尊也许是最重要的基本善。我们必须确保用理性善好观念来解析何以如此的理由。我们不妨从两个方面来定义自尊（或自重）。首先，如前面曾经提及的那样（§29），自尊既表示一个人的自我价值感，也表示其如下确信：他的善观念、他的人生规划是值得实施的。其次，自尊包含一个人相信自己的能力，在力所能及的范围之内，去实现自我的各种意图(愿望)。假如我们感到自己的计划没有什么价值，我们就不会愉快地追求它们，我们就不会以实施它们为快乐。失败的打击、自疑的折磨，使我们的努力难以为继。这清楚表明了自尊是一个基本善的理由。没有自尊，就没有什么事情是值得去做的，即便有些事情值得去做，我们也缺乏追求它们的意志。所有欲望和活动都变得虚无空洞且徒劳无益，我们将跌入冷酷淡漠且愤世嫉俗的深渊。因此，处于初始位置上的各方，会千方百计地规避伤害自尊的社会条件。与其他原则相比，公平正义原则总是给予自尊以更多的支持，这一事实是在初始位置上的各方接受公平正义原则的强有力理由。

【原文】 §67–2–pp. 386–387

【评析】

1. **原文**："Feeling of competence"（p. 387）. H 本："竞赛感"（第 348 页）。**新解**："胜任感"或"能力感"。

2. **原文**："A person tends to be more confident of his value"（p. 387）. H 本："他就倾向于更为自信"（第 348 页）。**新解**："他就会更加相信自己的价值。"

【诠释】

理性善好观念使我们可以更加充分地描述支持自尊的第一个方面，即自我价值感的条件因素。这些因素主要有两个：（1）有一个理性人生规划，尤其是一个满足亚里士多德式原则的理性人生规划；（2）发现我们的人格和行为受到同样受人赞扬和肯定的其他人的尊重和肯定。于是本人假定，假如一个人的人生规划不能以有趣方式激发其天赋能力（natural capacities），那么对他来说这个规划就缺乏某种吸引力。假如活动不能满足亚里士多德式原则，它们就会变得枯燥乏味，就会令人丧失胜任感，丧失这些事情值得去做的意义。当一个人的能力既得到充分实现又通过适当复杂和精致的方式得以组织起来时，他就会更加相信自己的价值。

【原文】§67－3－p.387

【评析】

1. 原文："The more someone experiences his own way of life as worth fulfilling, the more likely he is to welcome our attainments. One who is confident in himself is not grudging in the appreciation of others"（p.387）。H本："一个人越体验到他的生活方式是值得去实现的，他就越加欢迎我们获得成就。一个对自己充满信心的人不会在赞扬他人的成就时嫉妒言辞"（第348页）。罗尔斯在这里表达了对自信而有才华的个体的赞美，话语中充满着哲理。可惜H本只是勉强解读出大概，遗漏了其精华内涵，尤其是遗漏了不善言辞的罗尔斯偶然显露的隽永警句。**新解**："一个人越是体验到自己的生活方式是值得过的，就越是恭祝他人的功成名就。一个人越是充满自信，就越不会在评鉴他人时金口难开。"

2. 原文："The conditions for persons respecting themselves and one another would seem to require that their common plans be both rational and complementary"（p.387）。H本："人们自尊和互尊的那些条件似乎要求他们的共同计划合理而完备"（第348页）。H本在这里把单词"complementary"（互补的）可能错看成了另一单词"complete"（完备的）。两个单词的意思不能说相反，但反差的确很大。**新解**："人们实现自尊和互尊所需的条件似乎是，他们的共同计划既合情合理又相辅相成。"

3. 原文："They call upon their educated endowments and arouse in each a sense of mastery, and they fit together into one scheme of activity that all can appreciate and enjoy"（p.387）。H本："它们要求人们运用其教养，在每一个人身上唤起一种主宰感，并且总体地汇成一种所有的人都会满意并引为快乐的活动体系"（第348页）。什么"教养"（对the educated endowments的曲解）和"主宰感"（对a sense of mastery的曲解），什么"活动体系"（对a scheme of activity的曲解），统统是莫须有的杜撰。H本文不对题，不知所云，没有掌握这个语句的基本含义，把语句中的每

一个要点都讲错了。**新解**："他们利用自己颇有教养的才华，在每个人身上唤起一种优胜感，他们一起制订一个大家都能欣赏和享受的活动方案。"

【诠释】

但是，亚里士多德式原则的伴随效应（companion effect）既影响到他人对我们行为的肯定程度，也影响到他人从中得到快乐的程度。以下情形是真实的：除非我们的努力得到同伴的赞赏，否则我们不可能坚信这些努力是值得的；以下情形也是真实的：只有我们的行为引起他人的尊敬，或者我们的行为给他人以快乐，他人才会称道我们的行为。所以，那些展示复杂而微妙的才华且表现出鉴赏能力和优雅风度的活动，既被他自己所看重，又被周遭的人们所看重。一个人越是体验到自己的生活方式是值得过的，就越是恭祝他人的功成名就。一个人越是充满自信，就越不会在评鉴他人时金口难开。综上所述，人们实现自尊和互尊所需的条件似乎是，他们的共同计划既合情合理又相辅相成：他们利用自己颇有教养的才华，在每个人身上唤起一种优胜感（一种觉得自己很了不起的感觉），他们一起制订一个大家都能欣赏和享受的活动方案。

【原文】§ 67 – 4 – pp. 387 – 388

【评析】

1. 原文："It normally suffices that for each person there is some association (one or more) to which he belongs and within which the activities that are rational for him are publicly affirmed by others"（p. 387）。H 本："这一点在正常情况下总是能达到的：对每一个人来说，总有一些（一个或若干）他从属于其中的社会团体，在这些团体之内，对他说来是合理的那些行为得到他人的肯定"（第 348 页）。**新解**："通常而言，总会有每个人所属的一个或若干社团，他在其中的合理活动得到他人的公开肯定。"

2. 原文："Associative ties strengthen the second aspect of self-esteem, since they tend to reduce the likelihood of failure and to provide support against the sense of self-doubt when mishaps occur"（p. 387）。H 本："社团纽带也加强自尊的第二个方面，因为它们倾向于减少失败的可能性，并且当发生不幸时提供着抵制自我怀疑的力量"（第 348 页）。**新解**："关联

关系强化自尊的第二个方面，因为它们有助于减少失败的几率，当发生不幸时，为抵制自我怀疑提供支持。"这里的"associative ties"主要表示的不是一般意义上的"社团纽带"，而是一种亲朋好友之间的"关联关系"，所谓"一个好汉三个帮"那样的关系。再往前延伸，就是更加紧密的"连带关系"（solidarity）。

3. 原文："Activities of many groups may not display a high degree of excellence"（pp. 387 – 388）. H 本："许多团体的活动可能没有表现出高等的美德"（第 349 页）。罗尔斯在这里并没有讨论什么社团"美德"或"高等的美德"，他只是在讨论一些社团的活动是否"卓越""出色""优异"（excellence）的问题，它们究竟表现出色还是表现一般的问题。H 本错把单词"excellence"解读为"美德"。这个术语也出现在第 67 节标题中。H 本把那个标题"Self-Respect, Excellences, and Shame"误译为"自尊、美德和羞耻"（第 346 页），其正确表述是"自尊、卓越和羞耻"。由于在关键词上的误解，导致对这一节的内容构成重大误读，使得罗尔斯《正义论》中的相关思想不能正确传达给中文读者。这是非常令人遗憾的。**新解**："许多团体的活动也许表现得不够卓越、出色或优异。"

4. 原文："The parties in the original position do not adopt the principle of perfection, for rejecting this criterion prepares the way to recognize the good of all activities that fulfill the Aristotelian Principle（and are compatible with the principles of justice）"（p. 388）. H 本："原初状态各方不接受完善原则，因为拒绝这个标准才能为承认所有满足亚里士多德主义原则（并与正义原则相容）的活动的善开辟道路。"（第 349 页）。**新解**："在初始位置上，各方不接受至善原则，因为拒绝这个标准，才能为承认满足亚里士多德式原则（并与正义原则相容）的一切活动之善开辟道路。"

【诠释】

现在，有人可能觉得这些条件无法普遍地得到满足。他们或许以为，只有在一个由有着极高天分的个体组成的共同追求艺术、科学或社会目标的有限社交圈（社团）之内，才可能存在此类条件。似乎没有办法在整个社会里建立自尊的持久基础。然而，这种推测是错误的。亚里士多德式原则的应用始终是相对于个体的，从而是相对于其先天资质和具体境遇的。通常而言，总会有每个人所属的一个或若干社团，他在其中的合理活动得到他人的公开肯定。通过这种方式，我们感到自身的日常作为是有价值的。而且，关联关系强化着自尊的第二个方面，因为它们有助于减少失败的几率，当发生不幸时，为抵制自我怀疑提供支持。诚然，人们有着不同的能力和才干，对一些人看似好玩而有挑战性的东西，对其他人却并非如此。然而，在良序社会里，存在着各种各样的社群和团体，每个社群或团体的成员都有自己的理想，这些理想与他们的期望和天分相称。从至善论的学说来看，许多团体的活动也许表现得不够卓越、出色或优异。但这是无关紧要的。重要的是，这些社团的内部生活受到适当调整，以适应其成员的能力和需要，并为其成员的价值感提供可靠的基础。至于最高水平的成就，即使可以得到界定，也显得无关紧要。不过无论如何，作为公民，我们要拒绝把完美标准（至善标准）作为一项政治原则，而且为了正义的目标，应当避免评价彼此生活方式的相对价值（§50）。因此，必不可少的一点是，每个人至少要有一个有着共同兴趣和共同利益的共同体，他属于这个团体，并在其中感受到自己所付出的努力受到伙伴（同侪）的肯定。而且，只要在公共生活中，公民相互尊重各自的目的，按照支持各自自尊的方式协调自己的政治要求，那么在大多数场合，这一保证是充分的。这个背景条件正是公平正义原则所维护的。在初始位置上，各方不接受至善原则，因为拒绝这个标准，才能为承认满足亚里士多德式原则（并与正义原则相容）的一切活动之善开辟道路。在判断各自目标方面的这种民主，是在良序社会中的自尊的基础。

【原文】§67 – 5 – p. 388

【评析】

1. 原文："I wish to discuss the connections between the primary good of self-respect, the excellences, and shame, and consider when shame is a moral as opposed to a natural emotion"（p. 388）. H 本："我想讨论自尊的基本善、美德与羞耻之间的联系，并考察在何种条件下羞耻是一种与自然的情感相对的道德的情感"（第 349 页）。**新解**："我想探讨自尊这个基本善、卓越与羞耻的联系，并考察在何种条件下羞耻是一种与自然情感相对立的道德情感。"

2. 原文："Shame is painful since it is the loss of a prized good"（p. 388）. H 本："既然丧失的是一种引为自豪的善，羞耻是令人痛苦的"（第 349 页）。**新解**："因为丧失的是一个引为自豪的美好事物，羞耻是令人痛苦的。"

【诠释】

本人将在后面（§§79-82）把这些问题同社会联合理念（idea of social union）以及正义原则在人类之善中的地位联系起来。在这里，我想探讨自尊这个基本善、卓越与羞耻的联系，并考察在何种条件下羞耻是一种与自然情感相对立的道德情感。现在，我们不妨把羞耻规定为当某人经受自尊伤害或遭遇自重打击时所产生的情感。因为丧失的是一个引为自豪的美好事物，羞耻是令人痛苦的。不过须要留意的是，羞耻与懊悔是不同的。后者是丧失几乎任一善好事物（有价值的东西）都可以引起的情感，例如，要么不明智地，要么非故意地，每当我们做了不利于己的事情时，我们便会感到后悔。在解释后悔时，比方说，我们在乎的是丧失的机会或浪费的金钱。然而，我们可能因为做了令自己蒙羞的事而悔恨，或者，我们可能因为没有实施为我们的自重奠定基础的人生规划而懊悔。所以，我们会因缺乏自我价值感而懊悔。懊悔是由于失去或缺乏我们以为美好的东西而引起的普通情感，羞耻则是由一种特定的善，即我们的自尊遭受打击而产生的情感。

【原文】§67-6-pp.388-389

【评析】

1. 原文："Both regret and shame are self-regarding, but shame implies an especially intimate connection with our person and with those upon whom we depend to confirm the sense of our own worth"（pp.388-389）. H本："悔恨和羞耻都是对自身的，但羞耻包含着与对我们的人格，以及与我们赖以肯定我们自己的自我价值感的那些人们的尤其亲密的相互关系"（第349—350页）. **新解**："**懊悔和羞耻都是自我认定的，但是羞耻既蕴含与自身人格的密切关系，又蕴含与某些特定个体的密切关系，他们是我们赖以肯定自身的自我价值感的人。**"

2. 原文："Also, shame is sometimes a moral feeling, a principle of right being cited to account for it"（p.389）. H本："同时，羞耻常常一种道德情感，常常需要借助一种正当的原则对它做出说明。我们必须找到对于这些事实的一种解释"（第350页）. **新解**："**并且，羞耻有时是一种道德情感，需要引用正当原则为其辩解。**"

3. 原文："Let us distinguish between things that are good primarily for us（for the one who possesses them）and attributes of our person that

are good both for us and for others as well"（p. 389）。H 本："我们先把对我们（对占有它们的人）来说基本上是善的东西同我们的人格特性中对我们和对他人都是善的这东西加以区别"（第 350 页）。新解："我们不妨把各种事物一分为二。第一类是善好之物（排他性物品），它们对我们（拥有者）在初始意义上便是善好的；第二类则是我们的人格特性，它们对我们自己和对他人都是善好的（非排他性物品）。"

4. 原文："Commodities and items of property (exclusive goods) are goods mainly for those who own them and have use of them, and for others only indirectly"（p. 389）。H 本："商品和财产（排他性的善）主要对于那些占有并使用它们的人来说是善，对其他人来说则仅仅间接地是善"（第 350 页）。新解："各种商品和财产（排他性物品）主要对拥有并使用它们的人来说是善好之物，对其他人来说则仅仅间接地是善好之物。"

5. 原文："Imagination and wit, beauty and grace, and other natural assets and abilities of the person are goods for others too: they are enjoyed by our associates as well as ourselves when properly displayed and rightly exercised"（p. 389）。H 本："想象与机智、美丽与优雅，以及人的其他的天赋与能力，则对于其他人来说也是善：当它们被我们恰当地表现出来并正当地运用时，不仅我们自己，而且同我们交往的人们，都得到快乐"（第 350 页）。新解："想象力与聪慧、美丽与优雅，以及人格的其他天赋与能力，对他人来说也是善好之物，当它们被我们恰当表现出来并正当实施时，不仅我们自己乐不可支，而且我们的亲朋好友也跟着沾了光。"

6. 原文："They form the human means for complementary activities"（p. 389）。H 本："它们构成了我们接近人类全面活动的手段"（第 350 页）。新解："它们形成人类开展取长补短活动的手段。"

7. 原文："This class of goods constitutes the excellences: they are the characteristics and abilities of the person that it is rational for everyone (including ourselves) to want us to have"（p. 389）。H 本："这类善构成美德：它们是所有人（包括我们自己）可以合理地要求我们具有的人的品性和能力"（第 350 页）。新解："这一类善组合成这样一些卓越因素：它们是所有人（包括我们自己）可以合理要求我们具有的人格的品质和能力。""这样一些卓越因素"指的是前面提到的个体具有的"想象力与聪慧、美丽与优雅，以及人格的其他天赋与能力"，是罗尔斯称作"自然基本善"（primary natural goods）的主要构成要素。它们既区别于"商品和财产"这样的"排他性物品"，也区别于"基本社会善"（primary social goods）。因此，H 本把

"the excellences"解读为"美德"是错的,并且是严重错误的。

8. 原文:"From our standpoint, the excellences are goods since they enable us to carry out a more satisfying plan of life enhancing our sense of mastery"(p. 389)。H本:"按照我们的观点,由于美德使我们能实现一个提高我们的主宰感的更满意的生活计划,美德也就是善"(第350页)。按照H本的解读,罗尔斯在这里看似提出了一个关于"美德是善"的论证。但是事实上,《正义论》原文不存在这样的论证,因为罗尔斯在这里讨论的不是"美德",而是"优异因素"或"卓越因素"。**新解:"在我们看来,因为这些卓越因素使我们得以实现更加圆满的人生规划,该规划增强着我们的优胜感,所以这些卓越因素便是诸多善好之物。"**

9. 原文:"The excellences are a condition of human flourishing"(p. 389)。H本:"美德是人类发达的一个条件"(350页)。**新解:"这些卓越因素是人类繁荣的一个条件。"**我们从中可以看到H本用中国传统道德哲学尤其是儒家道德哲学解读罗尔斯理论的影子。

【诠释】

所以,懊悔和羞耻都是自我认定的,但是羞耻既蕴含与自身人格的密切关系,又蕴含与某些特定个体的密切关系,它们是我们赖以肯定自身的自我价值感的人。① 并且,羞耻有时是一种道德情感,需要引用正当原则为其辩解。我们必须找到关于这些事实的某个解析。我们不妨把各种事物一分为二。第一类是善好之物(排他性物品),它们对我们(拥有者)在初始意义上便是善好的;第二类则是我们的人格特性,它们对我们自己和对他人都是善好的(非排他性物品)。如此分类没有穷尽所有的事物,但它们表

---

① 本人的羞耻定义同威廉·麦独孤(William McDougall, 1871-1938,美国心理学家,策动心理学创始人,社会心理学先驱)的观点相近,参阅麦独孤《社会心理学导论》,伦敦:梅修恩出版社1908年版,第124—128页。关于自尊和我所称的亚里士多德式原则之间的联系,我采纳怀特在"精神分析理论中的自我与实在"第七章的观点。关于羞耻和愧疚的关系,尽管我讨论的背景相当不同,但我得益于格哈特·皮尔斯(Gerhart Piers)和米尔顿·辛格(Milton Singer)《羞耻和愧疚》(*Shame and Guilt*),伊利诺伊普林费尔德:查尔斯—托马斯出版社1953年版。另参阅爱利克·埃里克森(Eric Erikson)"同一性和生命周期"("Identity and the Life Circle"),《心理学问题》1959年第1卷,第39—41、65—70页。关于羞耻的亲密性,参阅斯坦利·卡维尔"爱的躲避"("Avoidance of Love"),收录于《我们必须心口如一吗?》(*Must We Mean What We Say?*),纽约:查尔斯—斯克里布纳出版社1969年版,第278、286页及以后。——原注〔埃里克森那篇论文的原文标题是"Identity and the Life Circle",H本解读为"同一与生命界"(第350页),不妥。〕

明了一种相关的对比。因此，(作为第一类事物) 商品和财产 (排他性物品) 主要对拥有并使用它们的人来说是善好之物(goods)，对其他人来说则仅仅间接地是善好之物。另一方面，(作为第二类事物) 想象力与聪慧、美丽与优雅，以及人格的其他天赋与能力，对他人来说也是善好之物，当它们被我们恰当表现出来并正当实施时，不仅我们自己乐不可支，而且我们的亲朋好友(当然包括合伙人) 也跟着沾了光。它们形成人类开展取长补短活动的手段：在这些活动中，人们联合起来并从自身和彼此本性的实现中得到快乐。这一类善组合成这样一些卓越因素：它们是所有人（包括我们自己）可以合理要求我们具有的人格的品质和能力。在我们看来，因为这些卓越因素使我们得以实现更加圆满的人生规划，该规划增强着我们的优胜感，所以这些卓越因素便是(多多益善的) 诸多善好之物(自然基本善意义上的善)。同时，这些特性(attributes，指卓越的人格品质和能力) 得到我们的亲朋好友(合伙人) 的赞许(品头论足)，他们从我们为人处世中得到的欢乐，支持着我们的自尊和自重。所以，这些卓越因素(excellences) 是人类繁荣的一个条件：从每个人的观点来看，这些卓越因素便是(多多益善的) 诸多善好之物。① 这些事实把这些卓越因素同自尊的条件联系起来，并且说明了它们同我们的自我价值确信的联系。

【原文】§ 67 – 7 – pp. 389 – 390

【评析】

罗尔斯在这里谈到，个体缺乏某些天赋，并不令人感到羞耻。他特别提道："**没有音乐天赋的人不会努力成为音乐家，也不会以缺少这种天赋而感到羞耻。**"这让人想起早年罗尔斯在普林斯顿大学的求学经历。他曾经有过从事音乐创作的念头，当时的两位音乐老师罗格·塞斯逊和密尔顿·巴比特完全让罗尔斯本人死了这份心，因为他们发现这位年轻学生没有任何音乐天赋。"他们的天赋花在我身上纯粹是浪费。"②

1. **原文**："Exclusive goods"（p. 389）。H 本："排他性的善"（350 页）。**新解**：**排他性优势**。罗尔斯在这里没有讨论"善"，他讨论的是，一个人是否具有一些与生俱来的先天因素，比如他的外表或身高、智商或

---

① 站在个体的立场，一个人的卓越成就也是其家族的荣耀。所谓一荣俱荣、一损俱损，他的成败得失涉及每个相关者的切身利益。
② 弗雷曼：《罗尔斯》，张国清译，第 3 页。

情商。这些东西对一个特定的人而言不可再生，也不可替换，所以它们是"排他性优势"，但它们不是"排他性的善"，因为不同个体很可能有相似的身高和外貌、智商或情商。但是，这些专有产品一般指比较美好的东西，可能是某些人所匮乏的，比如绝色的美貌、天才的智慧、出类拔萃的才艺、超人的毅力或宏大的抱负等等。个体一般不会因为自己在这方面的缺失或匮乏而感到羞耻。但是，这些排他性优势的过分匮乏，会给人的自尊以伤害，因为那种欠缺容易成为别人取笑的对象。比如，罗尔斯本人说话不够利落，有点儿口吃，这对他的自尊就是一种伤害。这种人格上的匮乏，虽然与道德能力无关，但的确会伤到人的自尊。

2. 原文："**The injury to our self-esteem owing to our not having or failing to exercise certain excellences**"（p. 389）。H本："由于我们没有或未能运用一些美德，因而伤害了我们的自尊"（第350页）。**新解："由于我们没有或未能实践某些卓越能力而受到伤害的自尊。"** 这里的"卓越因素"（excellences）与美德无关。

3. 原文："**Given our plan of life, we tend to be ashamed of those defects in our person and failures in our actions that indicate a loss or absence of the excellences essential to our carrying out our more important associative aims**"（p. 390）。H本："如果我们有了某种生活计划，我们就倾向于为表明我们缺乏对于实现我们较为重要的社会目标非常重要的优点（美德）的那些人格缺点和活动上的失败而羞耻"（第351页）。**新解："给定我们的人生规划，如果我们的人格缺陷和行动失败表明，我们丧失或缺乏某些卓越能力，而它们对于我们实现更重要的联谊目标是至关重要的，那么我们将感到羞耻。"**

【诠释】

我们先来考察自然羞耻（natural shame），这种羞耻至少不直接产生于某些排他性优势的丧失或匮乏，而产生于由于我们没有或未能实践某些卓越能力而受到伤害的自尊。对我们而言，缺乏基本善会引起懊悔而非羞耻。这样，一个人可能会因为外貌普通或反应愚钝而感到羞耻。在正常情况下，这些特性并非出于意愿，一个人不得因此而该受责备；然而，如若给定羞耻与自尊的联系，这些特征之令人气馁的理由是直截了当的。由于这些缺陷，我们的生活经常不如人意，我们不太受人赏识。因此，自然羞耻，要么产生于我们的人格缺陷，要么产生于表现这些缺陷的行为和特性，这些缺陷表明，我们丧失或缺乏他人和我们自己都会合理要求于自身的那些属性。然而，有必要做一限定。正是我们的人生规划决定着令我们感到羞耻的东西，所以，羞耻感和我们的抱负、我们努力做的事情以及我们希望交往的人相联系。① 没有音乐天赋的人不会努力成为音乐家，也不会因为缺少这种天赋而感到羞耻。的确，这里完全不存在什么缺乏，至少当做其他事情也能建立令人满意的社会联系时是如此。所以，我们应当说，给定我们的人生规划，如果我们的人格缺陷和行动失败表明，我们丧失或缺乏某些卓越能力，而它们对于我们实现更重要的联谊目标是至关重要的，那么我们将感到羞耻。

【原文】§67－8－pp. 390－391

【评析】

1. 原文："Nature of shame"（p. 390）。H 本："自然的羞耻"（第351 页）。H 本显然把两个术语"自然的羞耻"（natural shame）和"羞耻的性质"（nature of shame）混淆了。正像混淆"概念"（concept）和"观念"（conception）对于理解罗尔斯哲学方法是致命的一样，这个混淆对于理解罗尔斯羞耻理论也是致命的。**新解："羞耻的性质"。**

2. 原文："**Someone is liable to moral shame when he prizes as excellences of his person those virtues that his plan of life requires and is framed to encourage**"（p. 390）。H 本："当一个人把他的生活计划所需要并内在鼓励的那些德性估价成他的人格美德时，他就可能会面临着道德的羞耻"（第 351 页）。罗尔斯的这段话讲得很啰唆，但是其逻辑是清楚明白的。可惜 H 本没有很好地把握这句话的意思。其中短语"is framed to encourage"解读为"内在鼓励的"是错误的，其正确意思是"**构想人生规划将予促进的**"。**新解："当一个人把那些德性作为既是其人生规划必需的，也是其构想人生规划将予促进的人格的卓越因素来评估时，他就容易产生道德羞耻。"**

3. 原文："**We must explain how moral shame can be so regarded**"（p. 390）。H 本："道德的羞耻在何种程度上可以被看作这样"（第 351 页）。这里没有"在何种程度上"的对应词语。**新解："我们必须解析，道德羞耻是如何被如此看待的。"**

---

① 参阅詹姆斯（William James）《心理学原理》第 1 卷，纽约，1890 年版，第 309 页及以后。——原注

4. 原文："The desire to do what is right and just is the main way for persons to express their nature as free and equal rational beings"（p. 390）。H 本："做正当的和正义的事情是人们表现他们作为自由平等的存在物的本性的主要方法"（第351页）。H 本在这里遗漏了"free and equal rational beings"中的"rational"，于是出现了"自由平等的存在物"。康德和罗尔斯都不承认人是"存在物"，而主张人是"理性生命"或"理性存在"（rational beings）。在这里，术语"rational beings"解读为**理性生命**更加符合康德和罗尔斯的本意。**新解**："意欲做正当和正义之事，是人表现其为自由平等的理性生命之本性的主要方式。"

5. 原文："And from the Aristotelian Principle it follows that this expression of their nature is a fundamental element of their good. Combined with the account of moral worth, we have, then, that the virtues are excellences. They are good from the standpoint of ourselves as well as from that of others"（p. 390）。H 本："同时，根据亚里士多德主义原则，他们对本性的这种表达是他们的善的一个基本因素。把这两点同对于道德价值的说明结合起来，我们就有了第三点，即德性也是美德。无论从我们自己的观点还是从他人的观点来看，德性都是善"（第351页）。

（1）H 本在这里搞出一二三点来，但是在原文中并不存在对应语词。

（2）H 本关于"德性也是美德"的说法令人感到古怪。罗尔斯说的是"这些德性便是各种卓越因素"（virtues are excellences）。

（3）"德性都是善"的说法也让人感到莫名其妙。它的对应原文是"they are good"。这是一句再普通不过的话，联系上下文，它的准确意思是，"这些德性都是善好的"或者"它们都是善好的德性"。

新解："从亚里士多德式原则可以导出，人之本性的如此表现，是人之善的根本因素。加上对道德价值的考虑，我们于是认为，这些德性便是各种卓越因素。无论从自己的观点来看，还是从他人的观点来看，这些德性都是善好的。"

【诠释】

我们再来讨论道德羞耻(moral shame)，我们只需把（上一节）描述好人的观念与前面评述羞耻的性质(nature of shame) 结合起来就可以讨论它。所以，当一个人把那些德性作为既是其人生规划必需的，也是其构想人生规划将予促进的人格的卓越因素来评估时，他就容易产生道德羞耻。他认为这些德性，或至少其中的一部分，既是其伙伴要求于他的德性，也是他要求于自己的德性。拥有这些卓越德性，在行动中表现它们，既成为其可以调控的目标，也让他觉得是其合伙人（亲朋好友）看重他、敬重他的一个条件。于是，暴露或出卖其人格中缺乏这些特性的行为和特征就可能引起羞耻，注意和回忆这些缺点也是如此。既然羞耻源于一种自我贬低的感觉，我们必须解析，道德羞耻是如何被如此看待的。首先，对初始位置的康德式诠释（Kantian interpretation）意味着，意欲做正当和正义之事，是人表现其为自由平等的理性生命之本性的主要方式。从亚里士多德式原则可以导出，人之本性的如此表现，是人之善的根本因素。加上对道德价值的考虑，我们于是认为，这些德性便是卓越因素。无论从自己的观点来看，还是从他人的观点来看，这些德性都是善好的。缺乏这样的德性，既会损害我们的自尊，也会减少同伴（合伙人、亲朋好友）对我们的尊重。因此，暴露这些缺点和错误将伤害我们的自尊心，各种羞耻感也将随之而来。

【原文】§67-9-p.391

【评析】

罗尔斯在这一个段落讨论了愧疚感（guilt）和羞耻感的关系，并且他的许多观点与美国哲学家罗蒂在《作为较大忠诚的正义》一文中所阐述的观点异曲同工。而且后者也是针对罗尔斯在《正义论》中的相关见解而发的，但给出了不同答案。①

1. 原文："Guilt"（p.391）。H本："负罪感"（第352页）。像H本一样，有人也把"guilt"解读为"负罪感"②，这实则有点儿过了。**新解**："愧疚感"。

2. 原文：**"By wrongly advancing his interests he has transgressed the rights of others"**（p.391）。H本："由于不公正地发展自己的利益，他已经侵犯了他人的权利"（第352页）。**新解**："通过不正当地谋求自身利益，他侵犯了他人权利。"

3. 原文："**Moral excellences**"（p.391）。H本："道德美德"（第352页）。**新解**："卓越道德品德"。

---

① 罗蒂：《文化政治哲学》，张国清译，北京大学出版社2012年版，第47页。
② 罗尔斯：《罗尔斯论文全集》，陈肖生等译，第709页。

【诠释】

考察道德羞耻感和愧疚感(guilt) 的差别是有益的。虽然两者可以由相同的行为引起，却不得给予相同的解析（§73）。设想有一个人做了欺骗他人的事，但他既胆小又怕事，他为此感到愧疚或羞耻。他之所以感到愧疚，是因为他的所作所为违背了他秉持的正当感和正义感。通过不正当地谋求自身利益，他侵犯了他人权利。假如他同受害方有联谊或联系，他的愧疚感就会强烈些。他既期待他人对自己的行为表达不满和愤慨，又害怕他们的正当愤怒和可能报复。他之所以感到羞耻，是因为他的行为表明，他缺乏自制力，他在伙伴(合伙人或亲朋好友) 眼里变得没有价值，而他本来恰恰依赖他们来确证其自我价值感。他非常担心他们拒绝自己、轻蔑自己，把自己当作嘲讽的对象。他的所作所为表明，他缺乏自己所珍视且渴望的卓越道德品德。

【原文】 §67-10-p.391

【评析】

1. 原文："Being excellences of our person which we bring to the affairs of social life, all of the virtues may be sought and their absence may render us liable to shame" (p.391). H 本："所有的德性，作为由我们带到社会生活事务中的我们的人格美德，都是可以追求的，缺乏这些德性会使我们感到羞耻"（第352页）。新解："我们将带入社会生活事务当中的所有德性，亦即我们人格的诸多卓越因素，是值得追求的，而缺乏这些德性，将令我们感到羞耻。"

2. 原文："Some virtues are joined to shame in a special way, since they are peculiarly indicative of the failure to achieve self-command and its attendant excellences of strength, courage, and self-control" (p.391). H 本："有些德性以一种特殊的方式和羞耻联系在一起，因为它们尤其表明在获得自制及其伴随的力量、勇敢和自我控制方面的失败"（第352页）。新解："因为它们尤其表现在获得自制力及其伴随的力量、勇敢和自控等优异能力或卓越品德上的失败，有些德性以特殊方式和羞耻联系在一起。"

3. 原文："Wrongs manifesting the absence of these qualities are especially likely to subject us to painful feelings of shame"（p.391）. H 本：

"表明缺乏这些品质的错误行为尤其可能使我们蒙受羞耻的痛苦情感"（第352页）。**新解**："由缺乏这些品德而犯下的各种错误，尤其令人羞愧难当而痛不欲生。"

【诠释】

因此，我们看到，我们将带入社会生活事务当中的所有德性，亦即我们人格的诸多卓越因素，是值得追求的，而缺乏这些德性，将令我们感到羞耻。但是，因为它们尤其表现在获得自制力及其伴随的力量、勇敢和自控等优异能力或卓越品德上的失败，有些德性以特殊方式和羞耻联系在一起。由缺乏这些品德而犯下的各种错误，尤其令人羞愧难当而痛不欲生。所以，尽管我们用正当原则和正义原则来描述令我们感到道德羞耻和愧疚的行为，但是两个情形的视角各不相同。在一个情形之下，我们既关注我们对他人正义主张的侵犯和我们对他人造成的伤害，也关注受害方一旦发现我们的所作所为就可能表现出来的不满和愤慨。在另一个情形之下，我们为丧失自尊和没能实现自我目标而深感沮丧，我们担心他人不怎么尊敬自己，我们为自己没有实现理想而感到绝望，我们为此焦虑万分，感到自我的卑微。显然，道德羞耻和道德愧疚涉及我们与他人的关系，每一个情形都表明，我们认可首要的正当原则和正义原则。只是这些情感产生于不同的观点，我们要通过对比才能看清自己的处境。

§68　正当与善的若干对比
Several Contrasts between the Right and the Good

【题解】

在这一节，罗尔斯讨论了正当与善的同余问题，他把公平正义亦即他的正义理论当作一种道德学说来论述。这个问题对于论证良序社会的稳定性是至关重要的。

【原文】§68 – 1 – p. 392

【评析】

原文："Since these concepts enable us to explain moral worth, they are the two fundamental concepts of the theory"（p. 392）。H本："既然这两个概念使我们能够解释道德价值,它们是道德价值理论的两个基本概念"（第352页）。笔者认为,这里的"理论"（theory）指的是罗尔斯本人的"正义理论",而不是"道德价值理论"。**新解："由于这两个概念使我们能够解析道德价值,它们是正义理论的两个基本概念。"**

【诠释】

为了展示契约论观点的结构特征,我现就正当概念和善概念做出几点对比。由于这两个概念使我们能够解析道德价值,它们是正义理论的两个基本概念。一种伦理学说的结构依赖于它如何把这两个概念联系起来以及如何规定它们的差异。公平正义的显著特点借助于阐述这些要点而得到了展示。

【原文】§68 – 2 – p. 392

【评析】

1. 原文："**Whereas the principles of justice (and the principles of right generally) are those that would be chosen in the original position, the principles of rational choice and the criteria of deliberative rationality are not chosen at all**"（p. 392）。H本："正义原则（在泛义上即是正当原则）会被原初状态的人们选择,而合理选择的原则和慎思的理性的标准则完全不是被选择的"（第353页）。**新解："正义原则（以及一般意义上的正当原则）是在初始位置上将被选中的原则,理性选择原则和审慎理性标准则是完全不会被选中的原则和标准。"**

2. 原文："**The first task in the theory of justice is to define the initial situation so that the principles that result express the correct conception of justice from a philosophical point of view**"（p. 392）。H本："正义论的第一个任务是确定最初状态,以便使所产生的正义原则从一种哲学观点上表达了正确的正义观念"（第353页）。**新解："正义理论的首要任务是,界定初始场景,从而导出正义原则,从哲学观点看,那些原则表达了正确的正义观念。"** 从这个语句可以看出"初始场景"亦即"初始位置"假设在整个正义理论中的核心地位。

3. 原文："**There is, to begin with, no necessity for an agreement upon the principles of rational choice. Since each person is free to plan his life as**

he pleases (so long as his intentions are consistent with the principles of justice), unanimity concerning the standards of rationality is not required"（p. 392）. H 本："先从这一点说起,在合理选择原则上没有必要要求一致的同意。因为,（只要意图与正义原则一致）,每个人都按照他的愿望自由地计划着他的生活,理性标准上的一致性并不是必需的"（第 353 页）。**新解**:"在一开始,不存在同意理性选择原则的必要性。因为（只要他们的意向与正义原则相一致）每个人都按照自己的喜好自由计划生活,并不要求理性标准的完全一致。"

4. 原文："All the theory of justice assumes is that, in the thin account of the good, the evident criteria of rational choice are sufficient to explain the preference for the primary goods, and that such variations as exist in conceptions of rationality do not affect the principles of justice adopted in the original position"（p. 392）. H 本："正义理论的全部假定就是:借助对善的弱意义的说明,合理选择的显明标准足以解释人们对基本善的偏爱;存在于理性观念方面的那些差别不影响在原初状态中所采取的正义原则"（第 353 页）。**新解**:"正义理论所假定的是:借助于不充分善的解释,明显的理性选择标准足以解析对基本善的偏好;存在于各种理性观念当中的诸多变化因素,不影响在初始位置上被采纳的正义原则。"

【诠释】

正当与善的第一个对比是,正义原则（以及一般意义上的正当原则）是在初始位置上将被选中的原则,理性选择原则和审慎理性标准则是完全不会被选中的原则和标准。正义理论的首要任务是,界定初始场景,从而导出正义原则,从哲学观点看,那些原则表达了正确的正义观念。它意味着,这个初始场景的典型特点将再现对接受正义原则论证的合理约束;它还意味着,得到同意的正义原则,将与我们在自反均衡中发自内心的正义信念相匹配。现在的善理论尚未产生这样的匹配问题。在一开始,不存在同意理性选择原则的必要性。因为（只要他们的意向与正义原则相一致）每个人都按照自己的喜好自由计划生活,并不要求理性标准的完全一致。正义理论所假定的是:借助于不充分善的解释,明显的理性选择标准足以解析对基本善的偏好;存在于各种理性观念当中的诸多变化因素,不影响在初始位置上被采纳的正义原则。

【原文】§68 – 3 – pp. 392 – 393

【评析】

1. 原文："We can, if we wish, allow certain variations in the list. Thus there is disagreement as to the best way to deal with uncertainty"（p. 392）。**H 本**："在这个表中，假如愿意，我们可以加进一些变种。例如，在解决不确定性的最好方法问题上就存在分歧"（第 353 页）。**新解**："在这份清单中，只要我们希望如此，我们就可以允许有一些变动。因此，在处理不确定性的最佳方法上就会存在分歧。"

2. 原文："It would contradict the freedom of choice that justice as fairness assures to individuals and groups within the framework of just institutions"（p. 393）。**H 本**："这样做会与公平的正义在公平的制度组织中确保个人和团体享有的选择自由相矛盾"（第 353 页）。**新解**："它将矛盾于在正义制度框架之内公平正义保证个人和团体享有的选择自由。"

【诠释】

然而，本人已经假定，人们的确承认一些原则；本人还假定，这些标准可以通过枚举而被采纳，用以取代理性观念。在这份清单中，只要我们希望如此，我们就可以允许有一些变动。因此，在处理不确定性的最佳方法上就会存在分歧。① 不过，在这样的情况下，人们在制订计划时没有理由不被理解为顺从自己的嗜好。因此，只要反对它的决定性论据尚未呈现，在不确定情况下看似可行的任何选择原则，都可以加到这份清单中去。只有在不充分善理论中，我们才不得不担心这些问题。在不充分善理论中，必须这样解析理性观念，对基本善的普遍渴望因此而确立，正义原则选择也因此得到证明。即使在这样的情况下，本人表示，被采纳的正义观念对理性的冲突性诠释并不敏感。不过，无论如何，一旦正义原则被选定，一旦我们在充分善理论之内讨论问题，就没有必要为了把完全一致性加于理性选择的所有标准而提出关于善的见解。事实上，它将矛盾于在正义制度框架之内公平正义保证个人和团体享有的选择自由。

---

① 参阅卢斯和雷法《博弈与决策》，纽约：约翰—威利出版社 1957 年版，第 278—306 页。——原注 ［这个著作的英文原文是 *Games and Decisions*，H 本在这里解读为《策略与决策》（第 353 页），大谬。］

【原文】§68 - 4 - p. 393

【评析】

罗尔斯表示，在良序社会里，个体可以拥有不同善观念，但是他们必须遵循相同的正义原则。否则，他们的社会生活将陷入混乱。

1. 原文："**It is, in general, a good thing that individuals' conceptions of their good should differ in significant ways, whereas this is not so for conceptions of right**"（p. 393）。H本："一般地说，个人的关于他们的善的观念明显相互区别是一件好事，而对正当观念来说就不是这样"（第353页）。新解："一般而言，各个体拥有的善观念以显著方式相区别是一件好事，然而，正当观念并非如此。"

2. 原文："**It is essential that this ordering be identifiable from everyone's point of view, however difficult it may be in practice for everyone to accept it**"（p. 393）。H本："重要的是，这种秩序是区别于每个人的观点的，无论每个人接受这样一种秩序在实践上会多么困难"（第354页）。新解："重要的是，无论任一个体可能在实践上多么难以接受这个顺序，从每个人的角度来看，这一顺序必须是可识别的。"

3. 原文："**Conflict of right**"（p. 393）。H本："正当性方面的冲突"（第354页）。新解："权利冲突"。"权利冲突"是一个法学术语。

【诠释】

正当与善的第二个对比是，一般而言，各个体拥有的善观念以显著方式相区别是一件好事，然而，正当观念并非如此。在良序社会里，公民持有相同的正当原则，他们在具体案例中试图做出相同的裁决。这些原则将在人们相互提出的冲突性诉求中建立一个终极顺序（final ordering），重要的是，无论任一个体可能在实践上多么难以接受这个顺序，从每个人的角度来看，这一顺序必须是可识别的。另一方面，个人以不同的方式发现自己的好处，许多事情可能对一个人有好处而对另一个人则没有好处。此外，就特定个人的善（利益）而言，达成一个公众接受的判断并不迫切。使这种协议在正义问题上成为必要的理由，并不能作为价值判断的依据。即使在我们采取他者观点并尝试评估什么将有利于那个他者时，我们只不过是一个忠告者。我们尝试设身处地从他者的处境出发，想象我们持有他者的目标和愿望，我们尝试从他者的立场看问题。撇开家长主义作风不谈，我们的判断是在被要求时提出的，如果我们的建议有争议，我们的意见没有得到执行，那么就不存在权利冲突。

【原文】§68-5-pp.393-394

【评析】

个体对善的独立追求使他们的生活变得丰富多彩，个体对正义原则的遵循使他们的生活变得富有价值。对美好生活的向往与对正义事业的追求可以并行不悖。在这个意义上，罗尔斯试图把效用正义论与公平正义论统一起来。这一点在他讨论正义与善好的同余关系时表现得更加明显。

1. 原文："Now this variety in conceptions of the good is itself a good thing"（p.393）。H本："善观念中的这种多样性本身也是一种善的东西"（第354页）。新解："现在，人们持有各种善观念，这种多样性本身是一件好事。"

2. 原文："Human beings have various talents and abilities the totality of which is unrealizable by any one person or group of persons"（p.393）。H本："人们有各种各样的天分和能力，这些天分与能力的总量不可能在一个人或一组人身上实现"（第354页）。新解："人类有着各种天赋和能力，所有的天赋和能力无法在某个人身上或在某一组人中实现。"

3. 原文："The complementary nature of our developed inclinations"（p.393）。H本："自己得到发展的倾向的完善本性"（第354页）。H本把"complementary nature"解读为"完善本性"，显然是错了。新解："自身开发出来的倾向的互补性"。

4. 原文："It is as if others were bringing forth a part of ourselves that we have not been able to cultivate"（p.394）。H本："仿佛是，我们自己的未能培养的部分是由他人来发展的"（第354页）。罗尔斯在这里讨论的是人的天赋、能力和倾向如何培养的问题。因为人的天赋、能力和倾向是非完备、互补的。因为我们的所长，不一定是他人所长，我们的所短，也不一定是他人所短。所以，才会有相互欣赏彼此天赋、能力和倾向的情形。在这里，"inclinations"是一个多义词，可以作"倾向""趋势""嗜好"等解读。新解："就好像别人在培养我们自己的一部分天赋、能力和倾向一样，而我们自己却一直无法培养它们。"

5. 原文："Judgments of justice are advisory only in special circumstances"（p.394）。H本："正义判断仅仅在特殊的环境下才是建

议"（第 354 页）。"the judgement of justice"也可以解读为"**正义的审判**"或"**正义的判决**"。罗尔斯的意思是，正义的判断大多是强制性的，而不是咨询性的。所谓"咨询性的"，指的是针对那些判断，当事人可以接受，也可以不接受。**新解：**"**正义的判断只有在特殊情况下才是建议性的。**"

【诠释】

于是，在良序社会中，诸多个体的人生规划在看重不同目标的意义上各不相同。人们自由决定着他们的善，他人的意见只被看作建议性的。现在，人们持有各种善观念，这种多样性本身是一件好事，就是说，良序社会成员要求他们的计划各有不同是合理的。其理由是显而易见的。人类有着各种天赋和能力，所有的天赋和能力无法在某个人身上或在某一组人中实现。所以，我们不仅受益于自身开发出来的倾向的互补性，而且赞赏彼此的活动。就好像别人在培养我们自己的一部分天赋、能力和倾向一样，而我们自己却一直无法培养它们。我们不得不专注于其他事情，专注于我们原本做得了的事情中的一小部分（§79）。而正义却完全是另一回事：在这里，我们不仅需要拥有共同的原则，而且需要用充分相似的方法把这些原则应用于具体案例当中，以便对诸多冲突性诉求规定一个终极排序。正义的判断(让人想起司法判决) 只有在特殊情况下才是建议性的。

【原文】 §68 – 6 – p. 394

【评析】

1. 原文："**Not only must the principles of justice be chosen in the absence of certain kinds of particular information, but when these principles are used in designing constitutions and basic social arrangements, and in deciding between laws and policies, we are subject to similar although not as strict limitations**"（p. 394）。H 本："不仅正义原则必须在不具有某些种类的具体信息的状态下选择，而且在运用这些原则设计宪法和基本社会安排，以及在确定法律和政策时，我们也受到一种相似的尽管不那样严格的限制"（第 354 页）。H 本把意思准确表达出来了，但在语言连贯性上有所欠缺，读起来不是很顺畅，翻译的痕迹过重，不像是地道的中文。**新解：**"**不仅选择正义原则务必在缺乏某些特殊信息的条件下进行，而且当这些原则用来设计宪法和基本社会制度时，当这些原则用来裁定在法律和政策之间的取舍时，我们受到了尽管没有那么严格的类似限制。**"

2. 原文："There is no objection to fitting rational plans to these contingencies, since the principles of justice have already been chosen and constrain the content of these plans, the ends that they encourage and the means that they use"（p. 394）。H 本："不会有人反对让合理计划适合这些偶然性，因为正义原则已经选择并约束着这些计划的内容、所鼓励的目标和所采取的手段"（第 355 页）。**新解："没有人反对让理性规划适应这些偶然因素，因为正义原则已被选中，并约束着这些规划的内容、它们鼓励的目标和它们运用的手段。"**

3. 原文："In judgments of justice, it is only at the judicial and administrative stage that all restrictions on information are dropped, and particular cases are to be decided in view of all the relevant facts"（p. 394）。H 本："但是在正义判断中，仅仅是在司法和行政的阶段上对知识的所有限制才不复存在，同时，对具体的事例总是要考虑到所有有关事实之后再作出决定"（第 355 页）。**新解："在正义的裁决中，只有在司法和行政阶段，才能取消对信息的所有限制，并根据所有相关事实裁定具体案件。"**

【诠释】

正当与善的第三个对比是，应用正义原则受限于无知之幕(毫不知情或完全无知)，评估一个人的善则依赖于掌握有关各种事实的充分知识(充分知情)。于是，正如我们看到的那样，不仅选择正义原则务必在缺乏某些特殊信息的条件下进行，而且当这些原则用来设计宪法和基本社会制度时，当这些原则用来裁定在法律和政策之间的取舍时，我们受到了尽管没有那么严格的类似限制。制宪会议代表、理想的立法者和选民，也要求采取一种观点，从而只知道适当的一般事实。另一方面，个人关于善的看法从一开始就要进行调整，以适应其特定情况。理性人生规划要顾及我们的特殊能力、兴趣和处境，因而在相当程度上依赖于我们的社会位置和自然资质。没有人反对让理性规划适应这些偶然因素，因为正义原则已被选中，并约束着这些规划的内容、它们鼓励的目标和它们运用的手段。但是，在正义的裁决中，只有在司法和行政阶段，才能取消对信息的所有限制，并根据所有相关事实裁定具体案件。

【原文】§68 – 7 – pp. 394 – 395

【评析】

原文："Since the principle of utility is to maximize the good understood as the satisfaction of rational desire, we are to take as given existing preferences and the possibilities of their continuation into the future, and then to strive for the greatest net balance of satisfaction"（p. 394）。H 本："由于功利原则是最大限度地扩大被理解为合理欲望的满足的善，我们就应当把现有的偏爱和它的持续至未来的可能性看作合理的，然后寻求满足的最大净余额"（第 355 页）。H 本可商榷之处主要有：

（1）语句："Since the principle of utility is to maximize the good understood as the satisfaction of rational desire"。不能解读为"由于功利原则是最大限度地扩大被理解为合理欲望的满足的善"，而应解读为"**由于效用原则旨在极大化善，善被理解为合理欲望的满足**"。

（2）短语："Principle of utility"。当为"**效用原则**"，而非"功利原则"。

（3）短语："To maximize the good"。当为"**极大化善**"，而非"最大限度地扩大善"。

（4）短语："Given existing preferences"。应当解读为"**所与的现存偏好**"，而非"现有的偏爱"。

（5）H 译本中"看作合理的"没有具体出处。

新解："由于效用原则旨在极大化善，善被理解为合理欲望的满足，我们要考虑所与的现存偏好及其持续通往未来的各种概率，然后努力寻求满足的最大净余额。"

【诠释】

借助于这些对比，我们就能进一步明确契约论和效用论的一个重要区别。由于效用原则旨在极大化善，善被理解为合理欲望的满足，我们要考虑所与的现存偏好及其持续通往未来的各种概率，然后努力寻求满足的最大净余额。但是，正如我们看到的那样，理性计划的决定在许多重要方面是不确定的（§64）。那些比较明显而易于应用的理性选择原则，并没有制订出最佳计划；许多东西还有待确定。这种不确定性对于公平正义来说并不构成困难，因为计划的细节无论如何都影响不了正当或正义的性质。无论我们的具体境况如何，我们的生活方式必须始终符合正义原则，正义原则可以独立于我们的生活方式而实现。所以，人生规划的任意性，并不影响这些原则，不影响基本结构被安排的方式。合理性观念的不确定性，无法把其自身变成人们可以互相强加给对方的合法诉求。正当的优先性阻止了这一点。

【原文】§68－8－pp.395－396

【评析】

1. 原文："**Configurations of preferences**"（p.395）。H本："偏爱结构"（第355页）。新解："偏好格局"。

2. 原文："**Harsh repressive measures**"（p.395）。H本："粗暴手段"（第355页）。新解："严厉镇压手段"。

3. 原文："**Against these principles neither the intensity of feeling nor its being shared by the majority counts for anything**"（p.395）。H本："违背了这些原则，无论是情感的强烈程度或这种情感是大多数人所持有的都说明不了任何问题"（第356页）。新解："一旦违背了这些原则，那么无论这种情感多么强烈，还是这种情感多么地被多数派所分享，都算不得什么。"

4. 原文："**The indeterminacy in the full theory of the good is no cause for objection**"（p.395）。H本："善的强理论中的不确定性不是反对自由的理由"（第356页）。在这个语句中，短语"no cause for objection"，H本解读为"不是反对自由的理由"。罗尔斯在这里没有明确地表示反对的对象；如果要确定反对的对象，那么依照上下文来理解，这里反对的不是自由，而是充分善理论。新解："在充分善理论中存在的不确定性，不是反对的理由。"

5. 原文："**Prevailing social attitudes tie the statesman's hands. The convictions and passions of the majority may make liberty impossible to maintain**"（pp.395－396）。H本："通行的社会态度束缚政治家们的手脚。大多数人的信念和激情可能使自由得不到维护"（第356页）。新解："主流社会态度会束缚住政治家们的手脚。多数派的信念和激情可能令自由难以维持。"在这里，"主流社会态度"与"多数派的信念和激情"形成呼应关系。罗尔斯担心的是沉默的少数派，他们被多数派剥夺了自由。政治家只能顺应多数派的社会态度亦即"主流社会态度"。H本显然没有准确把握这个语句的真实意思，读不出罗尔斯的深切担忧。

6. 原文："**Practical necessities**"（p.396）。H本："实践的必要条件"

（第 356 页）。**新解：**"实际需要"。

【诠释】

　　另一方面，效用论者不得不承认这样一种理论可能性：这种不确定性许可的偏好格局，可能导致通常理解的不正义。例如，假定社会的大部分人对某些宗教或性行为感到深恶痛绝，认为它们是可憎可恶的。这种情感如此强烈，以致即使在公共场所禁绝这些活动是远远不够的；只要想到这类事情将会继续存在下去，多数派就会感到愤恨不已，就会在心中充满着仇恨。即使这些态度在道德上得不到支持，似乎也没有办法把它们当作非理性态度加以排斥。于是，寻求欲望的最大满足可以证明以严厉镇压手段压制那些并未引起社会伤害的行为是正当的。在这个例子中，为了维护个人自由，效用论者务必证明，在给定条件下，从长远来看，各种优势的真正平衡仍然会站在自由一边；这种论证可能成功，也可能失败。而在公平正义中则不会产生这个问题。假如大多数人的强烈信念的确仅仅是偏好而已，没有任何先已确定的正义原则的基础，那么它从一开始就算不得什么。满足这些情感没有什么价值，难以与平等自由的要求相权衡。要想对他人行为和信念表达不满，我们就须证明，他们的行动伤害了我们，或者，授权他们如此行动的制度不公正地对待我们。这意味着，我们必须诉诸在初始位置上承认的原则。一旦违背了这些原则，那么无论这种情感多么强烈，还是这种情感多么地被多数派所分享，都算不得什么。按照契约论观点，自由的基础完全独立于现有的偏好。实际上，我们可以把正义原则看作这样的协议：当评价他人行为时，不把某些情感考虑在内。我曾指出（§50），这些观点是古典自由主义学说为世人所知的基本因素。我再一次提到这些观点是想要说明，在充分善理论中存在的不确定性，不是反对的理由。它把该做什么的问题留给个人去解决，因为就如何做决定，它无法给他以忠告。但是，既然正义的目标不在于最大限度地实现理性计划，那么正义的内容就不会受到任何影响。诚然，不能否认的是，主流社会态度会束缚住政治家们的手脚。多数派的信念和激情可能令自由难以维持。但是，向这些实际需要低头是一回事，接受这种证明则是另一回事，亦即如果这些情感足够强烈，在强度上超过可能取代它们的其他情感，那么他们就应当做出采纳它们的决定。相比之下，契约论观点要求的是，我们在条件许可之下尽可能快地向着公正的制度前进，而不考虑现有情感。关于理想制度的某个确定方案孕育于正义原则之中（§41）。

【原文】§68 – 9 – p. 396

【评析】

罗尔斯表示，在公平正义中，正当和善是有着不同性质的两个概念，不能互用或混同。罗尔斯在这里提到了与正义和善好有关的一些替换词的语义差异问题。这是一个语言哲学问题，他点到为止，并没有展开讨论。

1. 原文："There is a way of mapping our considered judgments into the theory of justice such that in reflective equilibrium the counterparts of these convictions turn out to be true, to express judgments that we can accept"（p. 396）。H本："契约论中有一种把我们深思熟虑的判断融入正义理论的方式，以致要表达我们能够接受的判断，这些信念在反思的平衡中的对应部分就变得真实了"（第356页）。新解："存在着一种把我们的深思判断融入正义理论的方式，以致在自反均衡中，这些信念的对应者是真的，它们表达了我们能够接受的判断。"

2. 原文："These substitutes may not mean the same as the ordinary judgments with which they are paired"（p. 396）。H本："这些替换物的意义可能与它们与之相配的那些普通判断的意义不同"（第356页）。新解："这些替换词的含义可能与它们与之相匹配的普通判断的意义不同。"

3. 原文："The replacements may indicate a shift more or less drastic from our initial moral judgments as they existed prior to philosophical reflection"（p. 396）。H本："这些替换可能表明着从我们的最初道德判断按它们先于哲学反思的存在面貌的一种或多或少彻底的转变"（第356页）。新解："这些替换词或许揭示了我们最初道德判断的某个多少彻底的转变，那些道德判断是先于哲学反思而存在的。"

【诠释】

从上述对比中显然可以看出，在公平正义中，正当概念和善概念有着很不相同的特性。这些差别来自契约论的结构，来自由此产生的正当和正义的优先性。然而，我并不认为，正当和善这两个术语（以及它们的同族词）通常以反映这些差别的方式被使用着。虽然我们的日常言语倾向于支持关于这两个概念的如此说法，但是，契约论的正确性不需要这种契合。确切地说，有两点便已足够。其一，存在着一种把我们的深思判断融入正义理论的方式，以致在自反均衡中，这些信念的对应者是真实的，它们表达了我们能够接受的判断。其二，一旦我们理解了契约理论，我们就能承认：这些诠释是对通过自省我们现在想要维护的东西的恰当解读。也许，因为它们太过繁琐、容易被误解或者由于其他原因，虽然我们通常不会用这些替换词，但是我们准备承认，它们实际上涵盖了所有想要被说出的东西。当然，这些替换词的含义可能与它们与之相匹配的普通判断的意义不同。至于这件事情到底有多么严重的问题，我不准备在此探究。而且，这些替换词或许揭示了我们最初所持道德判断的某个多少彻底的转变，那些道德判断是先于哲学反思而存在的。不管怎样，有些改变肯定已经发生，因为哲学的批评与建构，引导我们修正和扩展我们的观点。然而，问题在于，我们当下所知的好于任何其他理论的公平正义理论，能否真正诠释我们的深思判断，并为我们想要肯定的东西提供一个表达方式。

第八章　正义感
The Sense of Justice

【题解】

　　每个理性人一般都具有正义情感和道德能力。这些情感和能力，是他们在初始位置上选择和接受正义原则的前提，也是他们能够遵守社会基本制度、维护公平正义的主观条件，更是他们享有社会基本善、受到他人尊重的必然要求。在这一章里，罗尔斯先定义了良序社会；然后，他解释了稳定性的含义，主要是社会稳定的含义；最后他探讨了与道德心理学有关的道德人格的发展，探讨了权威道德、社团道德（交往道德）和原则道德。其中，稳定性问题由霍布斯引入现代政治哲学。它要解决人们遵守自然法的充分理由问题。稳定性问题证明每个人都有好的充分理由遵守正义的法律。当破坏社会合作的情形发生时，社会有力量引导社会重新回到对正义规范的普遍遵守上来。① 为了维护社会稳定，霍布斯依靠某种绝对的君主权力，君主权力为社会稳定提供担保。罗尔斯则依靠每个公民拥有的正义感和道德能力。

　　然而，哈贝马斯认为，罗尔斯提出的一种特定人格假说是不可靠的，这只是接受一种假设而不是证明一种理论。虽然罗尔斯试图把自己的正义理论提升为一种政治科学，但是它仍然只是一种政治哲学。哈贝马斯表示：罗尔斯"试图将政治哲学发展为一门更严格的学科，从而回避关于那些更一般的容易引起争议的问题。正如从展现在我们眼前的精彩例子中可以看到的，这种规避的策略可以促成一种给人印象深刻的独立理论。但是，就是罗尔斯也不能以一种无前提的方式发展他的理论，虽然他想这么做。正如我们已经看到的，他的'政治建构主义'将他不情愿地卷入了有

---

① 参阅弗雷曼《罗尔斯》，张国清译，第251页。

关理性和真理的争吵之中。他的人格概念也逾越了政治哲学的界限。这些以及其他的基本理论规定使他卷入了许多长期仍没有得到解决的争论中。然而，在我看来，主题本身使得这种对邻近领域的僭越和侵犯往往是不可避免的，甚至有时是富于成果的"①。

【原文】CH – VIII – p. 397

【评析】

1. 原文："Relative strength"（p. 397）. H 本："相对力量"（第 358 页）。新解："相对强度"。

2. 原文："Question of congruence"（p. 397）. H 本："一致性问题"（第 358 页）。新解："同余问题"。

3. 原文："So that both work together to uphold a just scheme"（p. 397）. H 本："它们是否共同发挥维护一个正义的结构的作用"（第 358 页）。新解："以致两者共同努力，去维护正义大局"。

4. 原文："Reciprocity principles"（p. 397）. H 本："互惠的原则"（第 358 页）。新解："对等原则"。

【诠释】

在展示关于善的见解之后，本人现在转向探讨稳定性问题。我将分两个阶段来探讨这一问题。在这一章里，我将讨论良序社会成员获得正义感的问题，并简要考虑这种情感在不同道德观念定义下的相对强度。最后一章（第九章）将探讨同余问题，即正义感与善观念是否融贯的，以致两者共同努力，去维护正义大局的问题。我们应当牢记的是，本章许多内容是预备性的，它涉及的话题只是为了表明与哲学理论相关的某些较为基本的观点。本人将先从定义良序社会入手，并简要解析稳定性的含义。我接着将勾勒正义感的发展，因为一旦正义制度明确建立起来，并被承认是公正的，那么它多半会触发正义感。本人还将讨论道德心理学原理；我强调它们是对等原则，并将这一事实与相对稳定性问题联系起来。本章最后将探讨人们享有平等正义保障的自然属性，那些属性规定着平等的自然基础。

---

① 哈贝马斯："评罗尔斯的《政治自由主义》"，江绪林译，第 34 页。

§69 良序社会概念
The Concept of a Well-Ordered Society

【题解】

良序社会（well-ordered society）是正义原则运行的一般条件，是平等自由的理性生命于其中寻求自身目标的社会条件。它是一个正义社会，或者，它是一个接近正义的社会。良序社会在概念上同法治社会（law-ruled society）、文明社会（civil society）、和谐社会（harmonious society）、良性社会（benign society）、美好社会（good society or better society）等提法有许多相似之点。法治、文明、和谐、团结、有序是其基本要素。罗尔斯将它定义为"旨在促进其成员利益并受到一种公开且公共的正义观念有效规制的社会"（p.397）。生活于其中的人民或公民具有正义感，他们的思想和行为受他们接受的正义原则的规制和调节。罗尔斯在这里还考察了良序社会的稳定性问题。[1]

良序社会是一个对公民有着特殊道德要求的社会。我们把罗尔斯的良序社会观念概括为以下几个方面：1. 在基本的政治、社会和经济制度层面，确立公平正义为其首要美德；2. 人民对基本制度具有普遍信任或有正义感；3. 它是稳定而体面的；4. 它在公共政策层面建立了向社会底层倾斜的公共利益调节机制，那个机制将切实地使社会中的最低阶层受益；5. 它在哲学、宗教和道德观念领域建立了友善、宽容而仁慈的价值冲突和解机制，从而描绘了一幅对等、自愿和合作的社会图景。罗尔斯的良序社会观念对中国法治与德治关系的讨论也有启示。

一方面，在良序社会里，公民普遍具有道德能力和正义感能力。"为了确保稳定，人们要么必须有正义感，要么必须关心那些因自身缺陷而处于劣势的人，最好两者兼备。当这些情感足够强大，抵挡住违反规则的诱惑，正义的社会制度才是稳定的。于是，人人恪尽职守、履职尽责，被视为对他人行为的正确回应。"（p.435）"按照《正义论》，公平正义之良序社会拥有稳定性的首要基础是，社会成员正常地拥有一种有效的正义感，

---

[1] 参阅杨景、王立"罗尔斯正义理论中的'社会稳定性'问题"，《东南学术》2019年第4期。龚群："正义社会的稳定性问题"，《学术月刊》2017年第3期。张国清："罗尔斯的良序社会理论及其批判"，《复旦学报》2014年第4期。杨伟清："罗尔斯正义理论中的'稳定性问题'"，《学术月刊》2007年第4期。

一种按照正义原则和制度要求做事的确定倾向。公平正义之良序社会的所有成员都赞同正义原则，把正义原则当作法律和社会契约的基础。"① 另一方面，良序社会离不开刚性法律法规。"绝大多数社会都对基本制度的宪法条款采取一定程度的强制政治措施。虽然在市场和家庭中存在着大量自愿合作，但是设定市场、所有权和家庭的宪法条款仍然在常规意义上是强制执行的。……强制的理由是，基本制度对社会生活是至关重要的。"②

【原文】§69-1-pp. 397-398

【评析】

1. 原文："**Public conception of justice**"（p. 397）。H 本："公共的正义观念"（第 358 页）。新解："公开且公共的正义观念"。

2. 原文："**Justice as fairness is framed to accord with this idea of society**"（p. 397）。H 本："公平的正义将被调整得适合这个社会的观念"（第 358 页）。新解："关于公平正义的构想，符合这一社会理念。"

3. 原文："**The persons in the original position are to assume that the principles chosen are public, and so they must assess conceptions of justice in view of their probable effects as the generally recognized standards**"（pp. 397-398）。H 本："原初状态的人们将假定被选定的原则是公共的，所以他们必然根据正义观念的可能效果把正义观念看作是普遍接受的标准"（第 358 页）。新解："处在初始位置上的人将假定，所选取的原则是公开且公共的，因此他们必须根据其作为普遍承认的标准而产生的可能效应来评估各种正义观念。"

4. 原文："**Conceptions that might work out well enough if understood and followed by a few or even by all, so long as this fact were not widely known, are excluded by the publicity condition**"（p. 398）。H 本："如果少数人理解和遵循就能够良好发挥作用的观念将被公共性条件排除，甚至如果所有人理解和遵循就能够良好发挥作用的观念也是如此，只要这个事实还不是人人知道的"（第 358—359 页）。新解："假如少数人甚至所有人都理解并遵循某些正义观念，那么这些正义观念可能会得到很好的阐述。但是，只要这一事实并非广而告之且人人皆知，那么这些正义观念仍然被公开性条件排除在外。"要

---

① 弗雷曼：《罗尔斯》，张国清译，第 255 页。
② 弗雷曼：《罗尔斯》，张国清译，第 106 页。

知道，这里的"work out"是一项研究性工作或一项开创性计划。罗尔斯在《正义论》中一共使用了26次这个词组，它多半与人们研发正义理论或提出正义观念、人生规划等有关。这里的"by a few or even by all"所涉及的"少数人甚至所有人"不是一般意义上的"少数人甚至所有人"，而是"处在初始位置上的正在选择正义原则的少数人甚至所有人"。短语"publicity condition"，新解为"公开性条件"，而不是"公共性条件"；这也是短语"public conception of justice"要解读为"公开且公共的正义观念"而不是"公共的正义观念"的理由。H本没有细致解读这些术语的准确含义，只能给读者带来混淆。另外，罗尔斯在这里讨论了正义观念的"公开性条件"。

5. 原文："Conceptions of justice must be justified by the conditions of our life as we know it or not at all"（p. 398）。H本："正义观念必须由我们的生活条件来证明其正当性，这一点我们可能了解，也可能完全不了解"（第359页）。新解："各种正义观念要么必须经由我们所知的生活条件得到证明，要么根本就无法得到证明。"

【诠释】

在一开始（§1），本人就将良序社会描述为，旨在促进其成员利益并且受到一种公开且公共的正义观念有效规制的社会。所以，正是在良序社会中，每个人接受并知道其他人接受同样的正义原则，基本社会制度满足并众所周知地满足正义原则。现在，关于公平正义的构想，符合这一社会理念。处在初始位置上的人将假定，所选取的原则是公开且公共的，因此他们必须根据其作为普遍承认的标准而产生的可能效应来评估各种正义观念（§23）。假如少数人甚至所有人都理解并遵循某些正义观念，那么这些正义观念可能会得到很好的阐述。但是，只要这一事实并非广而告之且人人皆知，那么这些正义观念仍然被公开性条件排除在外。我们还应当指出，由于原则是根据对人及其在社会中的点位(place)的真正普遍确信而得到同意的，因此，所采用的正义观念，依据这些事实是可以接受的。没有必要援引神学学说或形而上学理论来支持其原则，也没有必要想象另一个世界，来补偿和矫正在这个世界里两个正义原则允许的不平等。各种正义观念要么必须经由我们所知的生活条件得到证明，要么根本就无法得到证明。①

---

① 由此产生的结果是，诸如柏拉图在《理想国》中提出的"高贵的谎言"（Noble Lie）（参阅第3卷414—415）之类方法就被排除了，（当它不为人所信时）宣扬宗教，给予社会系统以力量，否则它将难以为继，比如陀思妥耶夫斯基的《卡拉马佐夫兄弟》中的宗教大法官的公诉书，也是如此。——原注

【原文】§69 – 2 – p. 398

【评析】

1. 原文:"Since a well-ordered society endures over time, its conception of justice is presumably stable"(p. 398). H本:"既然一个良序社会是持久的,它的正义观念就可能稳定"(第359页)。新解:"既然良序社会因时间的推移而持续,其正义观念便可想而知地是稳定的。"

2. 原文:"One conception of justice is more stable than another if the sense of justice that it tends to generate is stronger and more likely to override disruptive inclinations and if the institutions it allows foster weaker impulses and temptations to act unjustly"(p. 398). H本:"一个正义观念,假如它倾向于产生的正义感较之另一个正义观念更强烈,更能制服破坏性倾向,并且它所容许的制度产生更弱的做不正义的事的冲动和诱惑,它就比后者具有更大的稳定性"(第359页)。新解:"如果一个正义观念倾向于产生的正义感更加强大、更能遏制破坏性倾向,如果一个正义观念允许的制度使做事不合乎正义的冲动和诱惑变得更加弱小,那么这一正义观念比另一正义观念是更加稳定的。"

3. 原文:"The stability of a conception depends upon a balance of motives"(p. 398). H本:"一个观念的稳定性依赖于各种动机之间的平衡"(第359页)。新解:"一个正义观念的稳定性取决于各种动机的平衡。"

4. 原文:"The relative strength of these opposing tendencies"(p. 398). H本:"这些相反的倾向的相对力量"(第359页)。新解:"这些对立倾向的相对强度"。

【诠释】

现在,良序社会也受到一种公开且公共的正义观念的规制。这一事实意味着,良序社会成员有着按照正义原则的要求行事的强烈且通常有效的愿望。既然良序社会因时间的推移而持续,其正义观念便可想而知地是稳定的。也就是说,(像这个正义观念定义的那样)当制度是正义的时候,参与这些安排的人便会获得相应的正义感,并希望尽己所能地维护它们(正义的制度)。如果一个正义观念倾向于产生的正义感更加强大、更能遏制破坏性倾向。如果一个正义观念允许的制度使做事不合乎正义的冲动和诱惑变得更加弱小，那么这一正义观念比另一正义观念是更加稳定的。一个正义观念的稳定性取决于各种动机的平衡：它培育的正义感和它鼓励的目标通常必须战胜滑向不公正的倾向。想要评估一个正义观念（以及它所定义的良序社会）的稳定性，人们必须检验这些对立倾向的相对强度。

【原文】§69 – 3 – pp. 398 – 399

【评析】

1. 原文："Stability is a desirable feature of moral conceptions"（p. 398）。H 本："稳定性是各种道德观念的一个值得向往的特点"（第359 页）。新解："稳定性是各种道德观念的一个可行特征。"

2. 原文："The persons in the original position will adopt the more stable scheme of principles"（p. 398）。H 本："原初状态的人们将接受更稳定的一组原则"（第359 页）。新解："处在初始位置上的各方，将采用较为稳定的那一套原则。"

3. 原文："However attractive a conception of justice might be on other grounds, it is seriously defective if the principles of moral psychology are such that it fails to engender in human beings the requisite desire to act upon it"（p. 398）。H 本："无论一种正义观念在其他方面多么吸引人，如果道德心理学原则使它不能在人们身上产出必要的按照它去行动的欲望，它就是有严重缺陷的"（第359 页）。新解："无论一个正义观念基于其他理由是多么地具有吸引力，如果道德心理学原则不能在人类身上产生基于它而有所行动的必要愿望，那么这个正义观念就存在严重的缺陷。"

4. 原文："In arguing further for the principles of justice as fairness, I should like to show that this conception is more stable than other alternatives"（p. 398）。H 本："在进一步论证公平的正义的那些原则时，我愿意说明这一观念比其他的观念更稳定"（第359 页）。新解："在进一步论证公平正义原则时，我想表明，这个正义观念比其他备选的正义观念相比更为稳定。"

5. 原文："I wish to consider this notion in more detail both for its own sake and to prepare the way for the discussion of other matters such as the

basis of equality and the priority of liberty"（p. 399）。H 本："既为了公平的正义这一概念本身的缘故，也为了给讨论诸如平等的基础和自由的优先性等其他一些问题开辟道路，我希望在这里更详细地考察这一概念"（第359 页）。**新解**："我想更详细地探讨这一概念，不仅是为了它本身，而且为了给讨论平等的基础和自由的优先性等其他问题铺平道路。"这个段落及后面讨论的主题是"稳定性"。H 本把这个语句中的"这一概念"（this notion）解读为"公平的正义"而非"稳定性"是错误的。

【诠释】

显而易见的是，稳定性是各种道德观念的一个可行特征。在其他条件相同的情况下，处在初始位置上的各方，将采用较为稳定的那一套原则。无论一个正义观念基于其他理由是多么地具有吸引力，如果道德心理学原理不能在人类身上产生基于它而有所行动的必要愿望，那么这个正义观念就存在严重的缺陷。因此，在进一步论证公平正义原则时，我想表明，这个正义观念与其他备选的正义观念相比更加稳定。这个来自稳定性的论证在很大程度上是在除了迄今为止提出的理由之外的（除了§29 提出的考虑）。我想更详细地探讨这一概念(指稳定性)，不仅是为了它本身，而且为了给讨论平等的基础和自由的优先性等其他问题铺平道路。

【原文】§69 - 4 - p. 399

【评析】

1. 原文："Some ethical theories have flouted it entirely, at least on some interpretations"（p. 399）。H 本："某些道德理论，至少是它们的某些解释，已经彻底嘲弄了这种标准"（第 360 页）。**新解**："一些伦理学理论，至少在某些诠释上，完全看不上这个标准。"

2. 原文："Thus Bentham is occasionally said to have held both the classical principle of utility and the doctrine of psychological egoism"（p. 399）。H 本："例如，人们常常指出，边沁既坚持古典的功利原则又接受心理利己主义的学说"（第 360 页）。**新解**："因此，人们偶尔提及，边沁既持有古典效用原则，又持有心理自利学说。"

3. 原文："The artifice of reason"（p. 399）。H 本："理智的机巧"（第 360 页）。**新解**："理性的诀窍"。罗尔斯使用的这个术语借鉴于休谟，他在《道德哲学史讲义》中专门讨论过休谟关于理性人为性的见解。同时，它还让人想起一个黑格尔提出的相似概念——理性的狡诈。据说，黑格尔的市民社会理论受到斯密的影响，但我们不知道黑格尔"理性的狡诈"概念是否受到休谟的影响。罗尔斯本人没有提到过黑格尔的这一概念。

【诠释】

诚然，稳定性标准不是一个决定性标准。实际上，一些伦理学理论，至少在某些诠释上，完全看不上这个标准。因此，人们偶尔提及，边沁既持有古典效用原则，又持有心理自利学说。但是，如果个体唯利是图是一条心理学法则，那么（依照效用原则的定义）个体就不可能拥有一种有效的正义感。理想立法者能做的最佳事情是，设计某些社会安排，以便从自我利益或团体利益的动机出发，说服公民们以极大化总福利的方式行动。在这个观念中，所导致的利益识别是真正人工的（truly artificial）：它取决于理性的诀窍，个体遵从一套制度，仅仅把它当作实现各自利益的手段。①

【原文】 §69-5-p.399

【评析】

1. 原文："**We acquire a desire to act justly**"（p.399）. H本："我们就将获得一种做正义的事的欲望"（第360页）. **新解**："我们就渴望做事合乎正义。"

2. 原文："**Should it turn out that the desire to act justly is also regulative of a rational plan of life, then acting justly is part of our good**"（p.399）. H本："假如能够证明做正义的事的欲望也是一项合理的生活计划的调节性因素，那么做正义的事就是我们的善的一部分"（第360页）. **新解**："如果事实证明，渴望做事合乎正义也调节着理性人生规划，那么做事合乎正义是我们拥有的善的组成部分。"

3. 原文："**The conceptions of justice and goodness are compatible and**

---

① 虽然边沁常被视为心理自利论者，然而雅各布·维纳（Jacob Viner）在"边沁和密尔：效用论的背景"（1949）一文中并不这样认为，该文重印于维纳《长短之见》（*Long View and the Short*），伊利诺伊格伦科：自由出版社1958年版；参阅该书第312—314页。维纳也对边沁的立法者角色观念做了无疑是正确的解释，参阅该书第316—317页。——原注

the theory as a whole is congruent"（p. 399）。H 本："正义观念和善观念就是一致，正义理论也就在总体上是和谐的"（第 360 页）。**新解**："正义观念和善好观念是兼容的，这个理论作为一个整体是同余的。"

4. 原文："It is likely to have greater stability than the traditional alternatives, since it is more in line with the principles of moral psychology"（p. 399）。H 本："由于它更符合道德心理的原则，它可能比传统学说更稳定"（第 360 页）。**新解**："因为它更加符合道德心理学原理，它可能比传统正义观念具有更大的稳定性。"

【诠释】

尽管它作为一个限制性案例具有指导意义，在正当原则和正义原则与人类动机之间的这种背离是非同寻常的。大多数传统学说认为，至少在某种程度上，人性是这样的：如果我们生活在正义制度之下并从中受益，我们就渴望做事合乎正义。如果真的如此，那么一个正义观念在心理上合乎人心之所向。此外，如果事实证明，渴望做事合乎正义也调节着理性人生规划，那么做事合乎正义是我们拥有的善的组成部分。在这种情况下，正义观念和善好观念是兼容的，这个理论作为一个整体是同余的。本章的任务是，既解析公平正义产生自我支持的方式，又表明因为它更加符合道德心理学原理，它可能比传统正义观念具有更大的稳定性。为了实现这个目标，本人将简要描述人们在良序社会中将如何获得正义感和其他道德情感。不可避免地，我们将不得不讨论一些相当思辨的心理学问题；不过一直以来，我都假定，关于世界的一般事实，包括心理学的基本原理，是处于初始位置上的人所知的，他们凭借这些事实进行决策。通过反思这些问题，我们在此将考察这些事实，因为它们影响了最初的协议。

【原文】§69 – 6 – p. 400

【评析】

1. 原文："Both of these ideas admit of considerable theoretical and mathematical refinement"（p. 400）。H 本："这两个观念都有相当明显的理论的和数学的精密意义"（第 360 页）。**新解**："这两大理念都有着相当的理论改进和数学精练之处。"

2. 原文："It is a system that is in equilibrium, and it is so when it has

reached a state that persists indefinitely over time so long as no external forces impinge upon it"（p. 400）. H 本："这是一个处于平衡状态的体系，而且当它达到一种只要没有外力的推动就能无限地经历时间的状态时，它才是一个这样的体系"（第 360 页）。**新解**："它是一个处于均衡状态的系统，它是一个这样的系统，当它达到一种状态时，只要没有外力冲击，它就会随着时间的推移而无限地持续下去。"

【诠释】

如果我就均衡概念和稳定性概念略说几句，也许可以避免误解。这两大理念都有相当的理论改进和数学精练之处，不过本人将以直观的方式使用它们。① 先须注意的也许是，它们被应用于某个系统。因此，它是一个处于均衡状态的系统。它是一个这样的系统，当它达到某种状态时，只要没有外力冲击，它就会随着时间无限地持续下去。为了精确定义均衡状态，必须仔细划出系统的边界，并且清楚阐明其确定的特征。有三件事情是至关重要的：第一，确定系统并区分系统的内部力量和外部力量；第二，确定系统的各种状态，每一个状态都是其确定特征的某种格局；第三，具体规定连接这些状态的法则。

【原文】§ 69 – 7 – p. 400

【评析】

1. 原文："By contrast, an equilibrium is unstable when a movement away from it arouses forces within the system that lead to even greater

---

① 关于应用于系统的均衡（equilibrium）概念和稳定性（stability）概念，参阅艾什比（W. R. Ashby）《大脑设计》（*Design for a Brain*）（修订版）第 2 版，伦敦：查普曼和霍尔出版社 1960 年版，第 2—4 章、第 19—20 章。我使用的稳定性概念实际上是准稳定性（quasi-stability）概念：如果一种均衡是稳定的，那就是说，所有变量（variables）在一个扰动（disturbance）使系统偏离均衡之后又回到其均衡值；一个准稳定的均衡则是部分变量回到它们的均衡格局的一种均衡。关于这个定义，参阅哈维·莱宾斯坦（Harvey Leibenstein）《经济落后与经济增长》，纽约：约翰—威利父子出版社 1957 年版，第 18 页。良序社会，就其制度正义和为维护这种条件所必需的正义感而言，是准稳定的。尽管社会环境的变化可能使其制度变得不再公正，然而在一定阶段上，这些制度又会由于环境的要求而改变，与此同时正义又再度恢复。——原注 ［莱宾斯坦著作《经济落后与经济增长》的原文标题是 *Economic Backwardness and Economic Growth*，台湾有中文译本哈维·利贝森《经济落后和经济成长》，赵凤培译，（台北）中华书局股份有限公司 1970 年版；H 本解读为《经济复苏与经济增长》（第 361 页），大谬。］

changes"（p.400）. H 本："与此对照，一种平衡是不稳定的，当一种偏离平衡的运动在体系内唤起导致更大变化的力量时"（第361页）。**新解**："相比之下，当一个偏离均衡的运动在系统内蓄积力量，从而导致更大变化时，均衡便是不稳定的。"

2. 原文："**Systems are more or less stable depending upon the strength of the internal forces that are available to return them to equilibrium**"（p.400）. H 本："体系在多大程度上是稳定的，取决于体系能够获得的趋于恢复平衡的内部因素的力量"（第361页）。**新解**："任何系统或多或少是稳定的，这取决于可以使系统恢复均衡的内部力量的强度。"

3. 原文："**The departures from their preferred equilibrium positions caused by normal disturbances**"（p.400）. H 本："正常的干扰产生的从它们倾向的平衡状态的偏离"（第361页）。**新解**："正常干扰导致系统偏离其偏好的均衡点位"。

【诠释】

有的系统不存在均衡状态，有的系统则存在多个均衡状态。这些状况取决于系统的性质。现在，假如均衡是稳定的，那么每当偏离均衡状态时，比如由外部干扰引起的偏离，系统内部的力量就会发挥作用。这些力量往往会使系统回复到均衡状态。当然，除非外部冲击过于强大，系统才难以回复到均衡状态。相比之下，当一个偏离均衡的运动在系统内蓄积力量，从而导致更大变化时，均衡便是不稳定的。任何系统或多或少是稳定的，这取决于可以使系统恢复均衡的内部力量的强度。尽管在实践中所有社会系统都会受到某种干扰，但是它们实际上是稳定的。比方说，如果正常干扰导致系统偏离其偏好的均衡点位（equilibrium positions），足够强大的力量将在相当长时间之后恢复这些均衡，或者保持足够地接近于这些均衡。这些定义是相当模糊的，但它们有利于达成我们的目的。

【原文】§69-8-pp.400-401

【评析】

罗尔斯在这里提到的"民族共同体"（national community）一词，让人想起安德森（Benedict Anderson）的《想象的共同体——民族主义的起源与散布》（1983）。罗尔斯还在这里谈到了"正义的偏离与纠正"

（deviations from justice and their corrections）。可惜 H 本把这个论题完全解读成了其他事情。语句："The inevitable deviations from justice are effectively corrected or held within tolerable bounds by forces within the system"。H 本的整个解读都有待验证。短语："The inevitable deviations from justice"。H 本解读为"从正义中不可避免地产生的那些衍生物"显然是错误的，这里的关键词"deviations"不应解读为"衍生物"，而是"背离""偏离"或"偏差"。罗尔斯在这里明确地区分了"万国法"（law of nations）和"国际法"（international law）。前者同他在晚期著作《万民法》（Law of Peoples）的提法相似。万国法要接受正义原则的约束，而国际法并不接受正义原则的约束。罗尔斯反对把正义原则应用于国际法，也就是说，他反对博格（Thomas Pogge）主张的全球正义。博格主张把差别原则应用到全球范围。罗尔斯则主张把差别原则严格限定于一国之内的人民之间，而反对把它推广到跨越国界的世界公民之间。

1. 原文："We must try to assess the relative stability of these systems"（p. 401）。H 本："我们必须尽力估价这些体系的相对稳定性"（第361页）。新解："我们必须设法评估这些系统的相对稳定性。"

2. 原文："The boundaries of these schemes"（p. 401）。H 本："这些体系的边界"（第361页）。新解："这些方案的边界"。

3. 原文："National community"（p. 401）。H 本："国家共同体"（第361页）。新解："民族共同体"。

4. 原文："This supposition is not relaxed until the derivation of the principles of justice for the law of nations"（p. 401）。H 本："只要还没有把正义原则延伸到国际法，这个假设就不是随意的"（第361页）。新解："在为万国法导出正义原则之前，这一假设是不会松口的。"

5. 原文："Such a society will presumably contain great diversity and adopt different arrangements from time to time"（p. 401）。H 本："这样一个社会将包含巨大的差别并不时地采取不同的安排"（第362页）。新解："这样的社会可能是极其纷繁多元的，它会因时间的不同而采取不同的安排。"这里的"great diversity"重在于社会内部"诸要素的多种多样"，而非"巨大的差别"。

6. 原文："The inevitable deviations from justice are effectively corrected or held within tolerable bounds by forces within the system"（p. 401）。H 本："从正义中不可避免地产生的那些衍生物被这个体系内的力量在可接受的紧张程度范围内有效地纠正着或坚持着"（第362页）。新

解："不可避免的偏离正义，要么将被在系统里的力量有效地纠正，要么必须保持在可以容忍的范围之内。"

7. 原文："Moral sentiments are necessary to insure that the basic structure is stable with respect to justice"（p. 401）。H 本："道德情感对于保证社会基本结构从正义方面看是稳定的是必要的"（第362页）。**新解**："道德情操是必要的，以确保基本结构在正义方面是稳定的。"

【诠释】

当然，这里的相关系统，是与不同正义观念相对应的良序社会的基本结构。当它们满足适当的正义原则时，并且，当参与其中的人们公开知道它们满足适当的正义原则时，我们便关注着政治制度、经济制度和社会制度的这种错综复杂关系。我们必须设法评估这些系统的相对稳定性。我于是假设，这些方案的边界由自足的民族共同体（national community）概念所确定。在为万国法（law of nations）导出正义原则（§58）之前，这一假设是不会松口的，然而，本人将不深入探讨更加广泛的国际法（international law）问题。还须指出的一点是，在目前情况下，均衡和稳定需要针对基本结构正义和个人道德行为来加以界定。一个正义观念的稳定性并不意味着，良序社会的制度和惯例是不变的。事实上，这样的社会可能是极其纷繁多元的，它会因时间的不同而采取不同的安排。在这样的语境下，稳定意味着，尽管制度变了，但是它们仍然保持着正义或近似于正义，因为在新的社会条件下，需要做出一些调整。不可避免的偏离正义（deviations from justice），要么将被在系统里的力量有效地纠正，要么必须保持在可以容忍的范围之内。在这些力量中，本人认为，共同体成员共享的正义感具有根本性作用。因此，在某种程度上，道德情操是必要的，以确保基本结构在正义方面是稳定的。

【原文】§69-9-pp. 401-402

【评析】

1. 原文："On this question there are, broadly speaking, two main traditions"（p. 401）。H 本："在这个问题上，概括地说，存在着两种传统观点"（第362页）。**新解**："从广义上讲，关于这个问题存在着两个主要传统。"

2. 原文："The first stems historically from the doctrine of empiricism

and is found in the utilitarians from Hume to Sidgwick"（p. 401）. H 本："第一种观点是从经验主义学说中历史地产生出来、并表现在从休谟到西季威克的功利主义者的学说中"（第 362 页）。新解："第一个传统在历史上发端于经验论学说，并可见于从休谟到西季威克的效用论者。"

3. 原文："The aim of moral training is to supply missing motives"（p. 401）. H 本："道德训练的目标是提供失去的动机"（第 362 页）。新解："道德品质培养的目的在于提供缺失的动机。"

4. 原文："Society must somehow make good these defects. This is achieved by the approbation and disapprobation of parents and of others in authority, who when necessary use rewards and punishments ranging from bestowal and withdrawal of affection to the administration of pleasures and pains"（p. 401）. H 本："社会必须弥补这些缺陷。社会通过父母和其他有权威的人的认可和非难而做到这一点，他们在必要时能够运用从给予和收回感情上的关心直到控制快乐与痛苦的各种奖惩手段"（第 362 页）。新解："社会必须设法弥补这些缺陷。这是通过家长和其他权威的认可与拒绝来实现的，从施与慈爱、放弃慈爱到处理快乐与痛苦，他们在必要时采取奖惩手段。"

【诠释】

现在我想要谈一谈这些情感是如何形成的。从广义上讲，关于这个问题存在着两个主要传统。第一个传统在历史上发端于经验论学说，并可见于从休谟到西季威克的效用论者。社会学习理论（social learning theory）是其最新发展形式。它的主要论点是，道德品质培养的目的在于提供缺失的动机，那是因其自身缘故做事正当而非做事失当的欲望。（根据效用原则的定义）正当行为（right conduct）一般是有益于他人和社会的行为，我们通常对那样的行为缺乏有效的动机；失当行为一般是有害于他人和社会的行为，我们通常对那样的行为有着充分的动机。社会必须设法弥补这些缺陷。这是通过家长和其他权威的认可与拒绝来实现的，从施与慈爱、放弃慈爱到处理快乐与痛苦，他们在必要时采取奖惩手段。通过各种心理过程，我们最终习得愿意做正当事情和讨厌做失当事情。第二个论点是，在我们充分理解赞同这些道德规范的理由之前，遵守道德标准的欲望通常在我们生命的早期被唤起。事实上，有些人从效用原则可能永远无法理解支持道德规范的理由。① 其结果是，我们随后的道德情感很可能带有如此早期训练的伤痕，那种训练多少粗暴地塑造了我们的最初本性(初心)。

【原文】§69 – 10 – p. 402

【评析】

1. 原文："**The moral precepts insisted upon by those in authority（in this case the parents）are accepted by the child as the best way to resolve his anxieties, and the resulting attitudes represented by the superego are likely to be harsh and punitive reflecting the stresses of the oedipal phase**"（p. 402）。H 本："由那些有权威的人们（在这里即父母）所坚持的那些道德准则被儿童作为解除烦恼的最好办法而接受下来。可能由于反映恋母情结阶段的紧张状态，由此产生的由超我代表的道德态度是粗暴的惩罚性的"（第 363 页）。新解："孩子接受权威（在这种情况下是家长）所坚持的道德戒律，是解决其焦虑的最佳办法，由此产生的以超我为表征的态度，很可能是严厉的和惩罚性的，反映了恋母情结阶段的压力。"单词"anxieties"一般解读为"焦虑"；短语"the stresses of the oedipal phase"，一般解读为"恋母情结阶段的压力"，而非"恋母情结阶段的紧张状态"。

2. 原文："**It involves the acquisition of new motives by psychological processes marked by conflict and stress**"（p. 402）。H 本："它包括通过以冲突和紧张为标志的心理过程获得新动机"（第 363 页）。新解："它包括习得以冲突和压力为特征的心理过程的新动机。"

3. 原文："**It follows that since parents and others in authority are bound to be in various ways misguided and self-seeking in their use of praise**

---

① 关于道德学习的概述借鉴于詹姆斯·密尔（James Mill）《麦金托什散论》（*Fragment of Mackintosh*）中的一节，约翰·密尔（J. S. Mill）在对其父亲的《人类心灵现象分析》（1869 年）第 23 章的补充说明中收录了这一节。这一节收录于施尼温德编《约翰·密尔伦理学著作集》，纽约：科利尔出版社 1965 年版，第 259—270 页。关于社会学习理论的解释，参阅阿尔伯特·班杜拉（Albert Bandura）《行为矫正原理》，纽约：霍尔特、莱因哈特和温斯顿出版社 1969 年版。关于道德学习的最近探讨，参阅罗杰·布朗（Roger Brown）《社会心理学》，纽约：自由出版社 1965 年版，第八章；以及马丁·霍夫曼（Martin L. Hoffman）："道德发展"，载保罗·穆森（Paul H. Mussen）编《卡迈克尔心理学手册》第 3 版，纽约：约翰—威利父子出版社 1970 年版，第 2 卷第 23 章；第 282—332 页讨论了社会学习理论。——原注 ［班杜拉，1925 – 2021，美国心理学家，其论著《行为矫正原理》的原文标题是 *Principles of Behavior Modification*，H 本解读为《行为控制的原理》（第 362 页），大谬。］

and blame, and rewards and punishments generally, our earlier and unexamined moral attitudes are likely to be in important respects irrational and without justification"（p. 402）。H 本："由此可以看出，由于父母和其他的有权威的人总是以各种方式走入歧路，并且在运用表扬和责备，以及一般来说，运用奖励与惩罚时追求私利，我们早期的未经考察的道德态度可能在一些重要方面是不合理的和未经证明的"（第 363 页）。**新解**："由此可见，一般而言，因为父母和其他权威在使用表扬和责备、奖励和惩罚的时候，必然会以各种方式误导孩子，并且表现出自私自利，所以，我们早期未经审查的道德态度在一些重要方面可能是不够合理的或未经证明的。"

【诠释】

弗洛伊德理论在一些重要方面与这种观点相类似。他认为，孩子形成道德态度的过程，围绕着恋母情结和由此产生的深层冲突展开。孩子接受权威（在这种情况下是家长）所坚持的道德戒律，是解决其焦虑的最佳办法，由此产生的以超我为表征的态度，很可能是严厉的和惩罚性的，反映了恋母情结阶段的压力。① 因此，弗洛伊德的描述支持了两个观点，即（1）道德学习的重要部分，产生于人的生命早期，产生于道德的合理依据能被理解之前；（2）它包括习得以冲突和压力为特征的心理过程的新动机。事实上，他的学说对这些特征做了戏剧性阐述。由此可见，一般而言，因为父母和其他权威在使用表扬和责备、奖励和惩罚的时候，必然会以各种方式误导孩子，并且表现出自私自利，所以，我们早期未经审查的道德态度在一些重要方面可能是不够合理的或未经证明的。后来的道德进步部分在于，根据我们最终承认是正确的原则来矫正这些态度。

【原文】§69-11-pp. 402-403

【评析】

1. 原文："The other tradition of moral learning derives from rationalist thought and is illustrated by Rousseau and Kant, and sometimes

---

① 关于弗洛伊德（Freud）道德学习理论的解释，参阅罗杰·布朗《社会心理学》，第 350—381 页；以及罗纳德·弗莱切尔（Ronald Fletcher）《人的本能》（*Instinct in Man*），纽约：国际大学出版社 1957 年版，第六章，尤其是第 226—234 页。——原注

by J. S. Mill, and more recently by the theory of Piaget"（p. 402）. H 本：
"道德学习的另一种传统产生于理性主义思想，并表达在卢梭和康德，有时在 J. S. 密尔，更近一些则是在皮亚杰的理论中"（第 363 页）。**新解**："道德学习的另一传统来源于理性论思想，卢梭和康德，有时是约翰·密尔，较晚近的是皮亚杰的理论，阐述了那个传统。"

2. 原文："Moral learning is not so much a matter of supplying missing motives as one of the free development of our innate intellectual and emotional capacities according to their natural bent"（p. 402）. H 本："道德学习并不是提供失去的动机，而是我们内在理性和情感能力按照它们的自然倾向的一种自由发展"（第 363 页）。**新解**："道德学习，与其说是一个提供缺失动机问题，不如说是一个按照其天性自由发展我们的先天智力和情感能力的问题。"

3. 原文："Once the powers of understanding mature and persons come to recognize their place in society and are able to take up the standpoint of others, they appreciate the mutual benefits of establishing fair terms of social cooperation"（p. 402）. H 本："一旦理智力量成熟，一旦人们开始承认他们社会中的地位并能够考虑他人的观点，他们就能够正确评价订立公平的社会合作条件的互利性"（第 363 页）。**新解**："一旦理解能力成熟，人们开始认识到自己在社会中的位置，并能够站在别人的立场上，他们就会领略到确立社会合作公平条款所带来的互惠互利。"

4. 原文："An innate susceptibility to the pleasures of fellow feeling and self-mastery"（pp. 402 – 403）. H 本："一种对伙伴感情和自主所产生的快乐的内在的敏感性"（第 363 页）。**新解**："对伙伴的喜怒哀乐怀着感同身受的共情，对自我主宰的愉悦有着与生俱来的敏感。"

5. 原文："This tradition regards the moral feelings as a natural outgrowth of a full appreciation of our social nature"（p. 403）. H 本："这种传统把道德情感看作对我们的社会本性的充分评价的自然结果"（第 363 页）。**新解**："这个传统认为，道德感情是充分了解我们的社会本性的自然产物。"

【诠释】

道德学习的另一传统来源于理性论思想，卢梭和康德，有时是约翰·密尔，较晚近的是皮亚杰的理论，阐述了那个传统。道德学习，与其说是一个提供缺失动机的问题，不如说是一个按照其天性自由发展我们的先天智力和情感能力的问题。一旦理解能力成熟，人们开始认识到自己在社会中的位置，并能够站在别人的立场上，他们就会领略到确立社会合作公平条款所带来的互惠互利。我们对伙伴的喜怒哀乐怀着感同身受的共情，对自我主宰的愉悦有着与生俱来的敏感。一旦我们从一个恰当的总体角度清楚地了解了我们与同伴的关系，这些(指自然的同情心和天生的敏感性)就为道德感情提供了情感基础。因此，这个传统认为，道德感情是充分了解我们的社会本性的自然产物。①

【原文】§69 – 12 – p. 403

【评析】

1. 原文："**The arrangements of a just society are so suited to us that anything which is obviously necessary for it is accepted much like a physical necessity**"（p. 403）。H 本："一个正义社会的安排对我们说来如此适合，以致这个社会明显地需要任何东西都像一种自然必然性一样被我们接受了"（第 364 页）。短语："A physical necessity"。H 本："一种自然必然性"。**新解**："一种身体必需品"或"一种身体需要"，尤其指满足个体生存需要的必需品，比如水和食物。**新解**："一个正义社会的安排如此适合我们，以至于就像一种身体必需品一样，对它显然必要的任何东西都会被接受。"

2. 原文："**It is painful for us when our feelings are not in union with those of our fellows; and this tendency to sociality provides in due course a firm basis for the moral sentiments**"（p. 403）。H 本："当我们的情感还没有与我们的伙伴们的情感沟通时我们感到痛苦；这种社会性倾向最终提供了道德情操的坚实基础"（第 364 页）。**新解**："当我们的感情与同伴的感情不相协调时，我们会感到痛苦；这种合群倾向在适当时候为道

---

① 关于卢梭，参阅卢梭《爱弥儿》，巴巴拉·福克斯雷译，伦敦：登特父子出版社 1908 年版，尤其是第 2 编，第 46—66 页；第 4 编，第 172—196、244—258 页。关于康德，参阅康德《实践理性批判》第 2 编，其标题"纯粹实践理性的方法"容易引起误解。关于约翰·密尔，参阅接下来的脚注所引用的文献。关于皮亚杰，参阅皮亚杰《儿童的道德判断》，马约里·加贝恩译，伦敦：基根—保罗出版社 1932 年版。关于这一研究的进一步发展，参阅劳伦斯·科尔伯格（Lawrence Kohlberg）"儿童道德秩序取向的发展：1. 道德思考发展的次序"，《生命与人文》1963 年第 6 卷；"阶段与次序：认识的社会化发展"，收录于戈斯林编《社会化理论与研究手册》，芝加哥：兰德—麦克奈利出版社 1969 年版，第六章。关于批评意见，参阅霍夫曼"道德的发展"，第 264—275 页（关于皮亚杰），第 276—281 页（关于科尔伯格）。——原注

德情感提供了坚实基础。"

3. 原文："To be held accountable to the principles of justice in one's dealings with others does not stunt our nature"（p. 403）。H 本："在与他人的交往方面把一个人的本性看作可以用正义原则解释的，并不使我们的本性变得迟钝"（第 364 页）。**新解**："在与人打交道时，讲原则，守规矩，对得起正义原则，并没有抑制我们的天性。"

4. 原文："Social sensibilities"（p. 403）。H 本："社会感受性"（第 364 页）。**新解**："社会鉴赏力"。

5. 原文："The rationalist tradition presents a happier picture"（p. 403）。H 本："理性主义的传统描绘了一个乐观的图景"（第 364 页）。**新解**："理性论传统展示了一幅更加幸福的景象"。

【诠释】

密尔表达了这样一种观点：一个正义社会的安排如此适合我们，以至于就像一种身体必需品一样，对它显然必要的任何东西都会被接受。正义社会不可或缺的一个条件是，所有人都应在相互接受的对等原则（principles of reciprocity）基础上顾及他人。当我们的感情与同伴的感情不相协调时，我们会感到痛苦；这种合群倾向（tendency to sociality）在适当时候为道德情感提供了坚实基础。此外，密尔补充道，在与人打交道时，讲原则，守规矩，对得起正义原则，并没有抑制我们的天性。相反，它实现了我们的社会鉴赏力，通过让我们接触到更大的善，它使我们能够控制住自身的狭隘冲动。不是因为我们损害了他人之善（我们坏了别人的好事），而是因为他人仅仅心生不悦，或者在我们看来，他人独断专行，这些事情令我们感到心情郁闷，只有在这个时候，我们的天性才受到了抑制。如果他人的正当要求能够清晰解释道德律令的理由，那么这些约束不仅对我们没有什么伤害，而且应被视为与我们的善相一致。① 道德学习，不太像是关于获得新动机的问题，因为一旦我们的理智能力和情感能力有了必要发展，那么这些动机的产生将水到渠成。因此，如要全面把握各种道德观念，就要等到人的成熟；儿童的理解力总是初步的，儿童的道德特征在后期会逐渐消失。理性论传统展示了一幅更加幸福的景象，因为它认为，正当原则和正义原则皆源于我们的本性，与我们追求的善并行不悖，还有一种说法似乎不包括

---

① 关于密尔的观点，参阅密尔《功利主义》，第三、第五章，第 16—25 自然段；《论自由》，第三章第 10 自然段；以及施尼温德编《密尔伦理学著作集》，第 257—259 页。——原注

这样的保证。①

【原文】§69 – 13 – pp. 403 – 404

【评析】

1. 原文："Many kinds of learning ranging from reinforcement and classical conditioning to highly abstract reasoning and the refined perception of exemplars enter into its development"（p. 404）。H 本："许多种类的学习，从知识的巩固、古典的条件作用，到高度抽象的推理和对典型的精细的知觉，都影响道德观的发展"（第 365 页）。**新解**："从知识巩固、经典条件反射，到高度抽象推理和对榜样的微妙感知等，许多学习类型进入了其发展阶段。"

2. 原文："These steps I take to be identified by the main structural features of the complete scheme of principles, ideals, and precepts, as these are applied to social arrangements"（p. 404）。H 本："我将运用原则、理想和准则的完整系统的主要结构特征来确定这些步骤，就像把这些原则应用于社会安排时一样"（第 365 页）。**新解**："因为这些原则、理想和戒律适用于社会安排，我所采取的这些步骤是根据原则、理想和戒律之完全集的主要结构特征来确定的。"

3. 原文："The conception of justice which is to be learned"（p. 404）。H 本："人们应当学习的正义观念"（第 365 页）。**新解**："有待习得的正义观念"。

【诠释】

本人将不评估这两种道德学习观念的相对优点。当然，两者有很多优点，最好的做法是以自然方式将它们结合起来。必须强调的一点是，一个道德观念是由各种原则、理想和戒律组成的一个极其复杂的结构，涉及思想、行为和感情的所有要素。当然，从知识巩固、经典条件反射（classical conditioning），到高度抽象推理和对榜样的微妙感知等，许多学习类型进入了其发展阶段。想必在某个时候或其他时候，这些因素彼此发挥了必要的

---

① 康德没有保证正当与善的同余关系，因为一个人追求正义，不能保证其得到完备的善或人生幸福。但是，罗尔斯用很大篇幅来论证正当与善的同余关系。这是罗尔斯既超越密尔效用论，又超越康德道义论的地方。

作用。因为道德发展可能发生在实现公平正义原则的良序社会中，在接下来的几节（§§70—72），本人将概述道德发展的过程。我只关注这个特例。因此，我的目的在于指出，成长于良序社会的个体对正义原则的理解和依恋的主要步骤。因为这些原则、理想和戒律适用于社会安排，我所采取的这些步骤是根据原则、理想和戒律之完全集（complete scheme）的主要结构特征来确定的。正如本人将要解释的那样，我们被引导去区分权威道德、社团道德和原则道德。有关道德发展的解释，始终与有待习得的正义观念联系在一起，因此，它假定，如果一个理论是不正确的，那么它便是似真的。①

【原文】§69 – 14 – pp. 404 – 405

【评析】

1. 原文："A caveat is apropos here similar to that I made before in regard to the remarks on economic theory（§42）"（p. 404）。H 本："像在评述经济理论（见第 42 节）时所作的预先说明一样，在这里做这样的说明也同样是恰当的"（第 365 页）。新解："本人还要提出一个警告，类似于我之前对经济理论的评述（§42）。"

2. 原文："We want the psychological account of moral learning to be true and in accordance with existing knowledge"（p. 404）。H 本："我们要求对道德学习的心理描述是真实的，是与现有的知识相吻合"（第 365 页）。新解："我们希望，关于道德学习的心理学解释是真实的，并且是符合现有知识的。"

---

① 当本人在接下来的第 70—72 节讨论道德发展问题，以适应正义理论的需要时，我参考了许多文献。以准则、角色理想和原则为内容的三阶段理念相似于威廉·麦独孤提出的理念。参阅麦独孤《社会心理学导论》，伦敦：梅修恩出版社 1908 年版，第 7—8 章。皮亚杰的《儿童的道德判断》向我表明了权威道德与社团道德和原则道德之间的对比，并对这些阶段做了许多描述。另参阅科尔伯格在前面的注释所示文献中对这种类型的道德发展理论的更为详细的论述，尤其是第 369—389 页中关于道德发展的六个阶段理论。在《正义论》第 75 节最后几个段落中，我指出了本人观点同这些作者的观点的一些区别。关于科尔伯格的理论，我应当在这里补充说，我认为社团道德相当于他的第三阶段到第五阶段。这些阶段的道德发展扮演着更加复杂、要求更高且更全面的（more complex, demanding, and comprehensive）角色。更为重要的是，本人假定最后阶段，亦即原则道德，能够包含由本人业已讨论过的任何传统哲学学说提供的不同内容。诚然，我力图论证，正义原则是优先原则，并在这个假定基础上制定心理学理论；但是，这种优先性是一个哲学问题，我认为这个问题不能由发展心理学理论单独来解决。——原注

3. 原文："Unless the psychological account is defective in a way that would call into question the acknowledgment of the principles of justice rather than the standard of utility, say, no irreparable difficulty should ensue"（p. 405）。H 本："只要这种心理学描述方式的缺陷不致使对正义原则而不是功利标准的承认成为问题，这种描述就不会引出不可克服的困难"（第365—366页）。新解："除非这一心理学解释在如下意义上是有缺陷的：它会引起对正义原则而不是效用标准的承认的质疑，否则，任何无法解决的难题都不会产生。"

【诠释】

本人还要提出一个警告，类似于我之前对经济理论的评述（§42）。我们希望，关于道德学习的心理学解释是真实的，并且是符合现有知识的。当然，我们不可能做得面面俱到，我最多只是勾勒出其主要轮廓。读者必须牢记的是，接下来的讨论旨在考察稳定性问题，并对比各种正义观念的心理根源。关键的问题是，道德心理学的一般事实将如何影响处在初始位置上的原则选择。除非这一心理学解释在以下意义上是有缺陷的：它会引起对正义原则而不是效用标准的承认的质疑，否则，任何无法解决的难题都不会产生。本人也希望，无论如何进一步运用心理学理论都不将证明，它是不着边际的。在这些应用中，尤其重要的应用是关于平等基础的解释。

§70 权威道德
The Morality of Authority

【题解】

罗尔斯之所以花费一定笔墨来讨论个体在不同阶段的道德，就是为了说明个体的正义感是如何产生和发展起来的。权威道德是个体道德发展的第一个阶段。权威道德亦即儿童道德、未成年人道德。父母以道德训导方式把一些做人的基本道理传授给子女。个体的正义感也在权威道德阶段得以萌生。了解卢梭、皮亚杰、弗洛伊德、埃里克森和马斯洛等人的人格发展理论，对于理解这一节的思想是至关重要的。

【原文】§70-1-p.405

【评析】

罗尔斯在这一节讨论的是"权威道德"（morality of authority）或"儿童道德"（morality of the child），H本把"the younger members of society"解读为"社会的青年成员们"，显然是误解了。

1. 原文："The morality of authority in its primitive form"（p.405）。H本："本来形态上的权威道德"（第366页）。**新解**："在其起始形式中的权威道德"。

2. 原文："I assume that the sense of justice is acquired gradually by the younger members of society as they grow up"（p.405）。H本："我假定社会的年轻成员们在他们的成长过程中逐渐获得正义感"（第366页）。**新解**："本人认为，随着年轻社会成员的成长，他们逐渐获得了正义感。"

3. 原文："The succession of generations and the necessity to teach moral attitudes（however simple）to children is one of the conditions of human life"（p.405）。H本："世代的接继和传授道德态度（无论多么简单）的必要性是人类生活的条件之一"（第366页）。**新解**："世代的延续和向孩子们传授道德态度（无论多么简单）的必要性是人类生活的条件之一。"

【诠释】

道德发展序列的第一个阶段，我称之为权威道德。虽然这种道德的某些方面在以后阶段的特定场合中得以保留，但是我们不妨把在其起始形式中的权威道德视为儿童道德。本人认为，随着年轻社会成员的成长，他们逐渐获得了正义感。世代的延续和向孩子们传授道德态度（无论多么简单）的必要性是人类生活的条件之一。

【原文】§70-2-p.405

【评析】

1. 原文："The basic structure of a well-ordered society includes the family in some form, and therefore that children are at first subject to the legitimate authority of their parents"（p.405）。H本："一个组织良好社

会的基本结构包括某种形式的家庭，因而孩子们一开始就处于他们父母的合法权威下"（第366页）。新解："良序社会的基本结构包括某种形式的家庭，因此儿童首先要服从家长的合法权威。"

2. 原文："**Presumably the account of the morality of authority could, if necessary, be adjusted to fit these different schemes**"（p.405）。H本："对权威道德的描述大概能够，假如必要的话，调整得适应这些不同的系统"（第366页）。新解："若有必要，也许可以调整关于权威道德的解释，以适应这些不同方案。"

3. 原文："**It is characteristic of the child's situation that he is not in a position to assess the validity of the precepts and injunctions addressed to him by those in authority, in this case his parents**"（p.405）。H本："儿童的境况的特性都在于他没有能力去估价那些有权威的人们，在这个例子中即他的父母，告诉他的那些准则和命令的正当性"（第366页）。新解："儿童处境的特点是，他无法评估权威对其给出训诫和发出指令的有效性，在这种情况下，权威就是其父母。"

4. 原文："**The child lacks the concept of justification altogether, this being acquired much later**"（p.405）。H本："儿童完全没有证明某件事情是正当的这种概念，这种概念是后来获得的"（第366页）。新解："儿童完全缺乏证明概念，这是后来习得的概念。"

5. 原文："**He cannot with reason doubt the propriety of parental injunctions**"（p.405）。H本："他不能用理智来怀疑父母的命令的恰当性"（第366页）。新解："他不能有理由怀疑父母指令的妥当性。"这里的"injunctions"主要指父母不允许儿童去做什么的禁止令，比如，不得撒谎、不得偷盗、不得说话粗鲁、不得举止野蛮等。

【诠释】

现在我假设，良序社会的基本结构包括某种形式的家庭，因此儿童首先要服从家长的合法权威。当然，在更广泛的考察中，家庭制度可能会受到质疑，其他安排可能确实被证明是更加可取的。但是，若有必要，也许可以调整关于权威道德的解释，以适应这些不同方案。无论如何，儿童处境的特点是，他无法评估权威对其给出训诫和发出指令的有效性，在这种情况下，权威就是其父母。儿童既缺乏知识，也缺乏理解力，以知识和理解力为基础，父母的教导才可能受到挑战。事实上，儿童完全缺乏证明概念（concept of justification），这是后来习得的概念。因此，他不能有理由怀疑父母指令的妥当性。但是,既然我们假设社会是良序的,我们不妨假定,为了避免不必要的复杂化,这些戒律总体上是得到证明了的。它们符合由正义原则规定的家庭义务的合理解释。

【原文】§70-3-pp.405-406

【评析】

1. 原文:"**In a suitably restricted sense**"(p.406). H本:"在一种严格意义上的"(第366页)。新解:"在适当限制意义上"。

2. 原文:"**Although the child has the potentiality for love, his love of the parents is a new desire brought about by his recognizing their evident love of him and his benefiting from the actions in which their love is expressed**"(p.406). H本:"虽然孩子具有爱的潜在性,他对他父母的爱却是由于他认识到他们对于他的显明的爱,由于他从他们表达这种爱的行为中受益,而产生的一种新的欲望"(第366—367页)。新解:"虽然孩子有爱的潜力,但他对父母的爱是一种新欲望,因为他认识到父母对他明显的爱,并从他们表达爱的行为中获益。"

【诠释】

我们不妨假定,父母爱孩子,孩子终于开始爱和信任父母。那么,孩子的这种变化是怎样发生的呢?为了回答这个问题,我假设以下心理学原理:只有在父母明显地首先爱孩子时,孩子才会爱父母。① 因此,孩子的行为最初是由某些本能和欲望驱动的,(如果有的话)他的目标是(在适当限制意义上)由理性的自我利益调节的。虽然孩子有爱的潜力,但他对父母的爱是一种新欲望,因为他认识到父母对他明显的爱,并从他们表达爱的行为中获益。

【原文】§70-4-p.406

【评析】

1. 原文:"**The parents' love of the child is expressed in their evident**

---

① 这一心理学法则的构想来自卢梭《爱弥儿》,第174页。卢梭说,虽然我们从一开始就喜欢有利于自保的东西,但这种依恋是不知不觉的和出于本能的。(while we like from the start what contributes to our preservation, this attachment is quiet unconscious and instinctive.)——原注

intention to care for him, to do for him as his rational self-love would incline, and in the fulfillment of these intentions"（p.406）。H 本："父母对孩子的爱表达在他们关心他，为他去做他的合理自爱会倾向于做的事情的显明意图上，表现在这些意图的实现上"（第367页）。**新解**："父母对孩子的爱，既表现在他们关心孩子、为孩子做其理性自爱将予首肯之事的明显意图上，又表现在这些意图的充分实现上。"

2. **原文**："Their love is displayed by their taking pleasure in his presence and supporting his sense of competence and self-esteem"（p.406）。H 本："他们通过从他的在场和支持他对自己的能力和自尊的感受表现出来这种爱"（第367页）。**新解**："父母的爱表现在，他们在孩子面前感到快乐，他们肯定孩子的能力和自尊。"这里罗尔斯谈到了一家人其乐融融的情景，也就是我们平时讲的"天伦之乐"。可是，这种"快乐"却在 H 本中消失掉了。

3. **原文**："They encourage his efforts to master the tasks of growing up and they welcome his assuming his own place"（p.406）。H 本："他们鼓励他去驾驭他的发展任务，欢迎他采取他自己的角色位置"（第367页）。**新解**："他们鼓励孩子努力掌握成长的任务，他们欣赏孩子有主见，能独当一面。"

4. **原文**："By the stated psychological principle, a new affection is in time called into being by the evident love of the parents"（p.406）。H 本："按照前面表述的心理学原则，父母的显明的爱最终会在他的身上产生一种新的感情"（第367页）。**新解**："根据既定的心理学原理，父母明显的关爱及时地呼唤着一种新感情的诞生。"

【诠释】

父母对孩子的爱，既表现在他们关心孩子、为孩子做其理性自爱将予首肯之事的明显意图上，又表现在这些意图的充分实现上。父母的爱表现在，他们在孩子面前感到快乐，他们肯定孩子的能力和自尊。他们鼓励孩子努力掌握成长的任务，他们欣赏孩子有主见，能独当一面。一般来说，去爱一个人，不仅意味着关心那个人的愿望和需要，而且意味着肯定其对自身人格价值的感知。最后，父母对孩子的爱，促成了孩子对父母的爱，那是孩子对父母之爱的报答。孩子的爱并没有得到理性的工具性解释：孩子不把爱父母作为达到最初自利目的的手段。假如有此目的，孩子会可想而知地装作是爱他们的，但是孩子这样做不会构成其原有欲望的转变。根据既定的心理学原理，父母明显的关爱及时地呼唤着一种新感情的诞生。

【原文】§70-5-pp.406-407

【评析】

1. 原文："**There are several ways in which this psychological law may be analyzed into further elements**"（p.406）。H 本："有许多方法能够把这条心理学法则分析为更基本的因素"（第367页）。**新解："有几种方法可以将这一心理学法则分解为其他几个要素。"**

2. 原文："**The child's recognition of parental affection**"（p.406）。H 本："孩子对于父母的感情的认识"（第367页）。**新解："孩子对父母关爱的认知"。**

3. 原文："**He experiences parental affection as unconditional; they care for his presence and spontaneous acts, and the pleasure they take in him is not dependent upon disciplined performances that contribute to the wellbeing of others**"（p.406）。H 本："他体验到父母的情感是无条件的，他们喜欢他在他们身边，喜欢他的自发的行为，他们从他身上所得到的快乐不取决于他的有益于他人幸福的守纪律行为"（第367页）。**新解："他体验到父母的关爱是无条件的；他们关心他的举手投足和自发行为，他们从他身上获得的快乐，并不依赖于他有助于他人之善的有约束表现。"**

【诠释】

有几种方法可以将这一心理学法则分解为其他几个要素。因此，孩子对父母关爱的认知不太可能直接产生一种报答性情感。我们可以推测出其他几个步骤：当父母对孩子的关爱是基于他们明显的意图而被他认可时，孩子就确信其有作为人的价值。他意识到，因为自己的缘故，他被世上那些威严而有权势的人所赏识。他体验到父母的关爱是无条件的；他们关心他的举手投足（his presence，一颦一笑，一举一动）和自发行为，他们从他身上获得的快乐，并不依赖于他有助于他人之善的有约束表现。到了适当的时候，孩子开始信任父母，并对周围情境抱有信心；这使他开始行动，测试自己日益成熟的能力，同时得到父母的关爱和鼓励。渐渐地，他获得各种技能，并养成一种能力，那种能力增强了他的自尊心。正是在这个过程中，孩子对父母的感情才得以发展起来。孩子把父母与他在维持自己的世界中所获得的成功和享受，以及他的自我价值感联系在一起。于是就产生了孩子对父母的爱。

【原文】§70－6－p. 407

【评析】

1. 原文："He will also strive to be like them, assuming that they are indeed worthy of esteem and adhere to the precepts which they enjoin"（p. 407）。H 本："他也将努力的成为他们那样的人，认为他们的确值得尊重，并且坚持他们所嘱咐的那些准则"（第 367 页）。新解："假定父母确实值得尊敬，并遵守其吩咐的戒律，那么孩子也要努力向父母看齐。"

2. 原文："They exemplify, let us suppose, superior knowledge and power, and set forth appealing examples of what is demanded"（p. 407）。H 本："让我们设想，他的父母具体地表现着更高的知识和能力，并且对所要求的东西做出了感人的榜样"（第 367 页）。新解："我们不妨设想，父母以身作则，见多识广，能力非凡，并对凡是有所要求的事情做出感人的表率。"

3. 原文："Parental norms are experienced as constraints and the child may rebel against them"（p. 407）。H 本："孩子把父母提出的规则感觉为一些约束，可能会反抗这些约束"（第 368 页）。新解："父母的规范被体验为约束，孩子可能会反抗。"

4. 原文："Original tendency"（p. 407）。H 本："原则倾向"（第 368 页）。新解："初始倾向"。

5. 原文："Yet if he does love and trust his parents, then, once he has given in to temptation, he is disposed to share their attitude toward his misdemeanors"（p. 407）。H 本："然而，他的确热爱和信任他的父母，于是，一旦他向诱惑让步，他就倾向于按照他的父母的态度来责备自己的不轨行为"（第 368 页）。新解："然而，如果孩子真的敬爱父母和信任父母，那么，一旦他屈服于诱惑，他愿意分享父母对其轻罪的态度。"

6. 原文："For given the nature of the authority situation and the principles of moral psychology connecting the ethical and the natural attitudes, love and trust will give rise to feelings of guilt once the parental injunctions are disobeyed"（p. 407）。H 本："因为，只要存在着权威环境和把道德的与本能的态度联系起来的道德心理原则，一旦违反了父母的命令，爱与信任就会产生负罪感"（第 368 页）。新解："由于给定将伦理态

度和自然态度联系起来的权威情境性质和道德心理学原则,一旦违反父母的指令,孩子对父母的敬爱和信任就会令其产生愧疚感。"

7. **原文**:"**Admittedly in the case of the child it is sometimes difficult to distinguish feelings of guilt from the fear of punishment, and especially from the dread of the loss of parental love and affection**"(p.407)。H本:"人们都承认,在这个例子中,要把负罪感和对惩罚的恐惧感区分开,尤其是,要把负罪感和对失去父母的爱与信任的恐惧感区分开,常常是很困难的"(第368页)。**新解**:"诚然,对于孩子来说,有时很难区分愧疚感和对受到惩罚的恐惧,尤其是难以区分愧疚感和对失去父母的关爱与亲情的害怕。"这里的主体不是一般意义的"人们",而是"孩子"。另外,犯了错误的孩子担心失去的是父母的"关爱和亲情",而不是"关爱和信任"。

8. **原文**:"**We can separate(authority) guilt feelings from fear and anxiety**"(p.407)。H本:"我们也能把(权威)负罪感从恐惧、忧虑情感中区别出来"(第368页)。**新解**:"我们也可以把(对权威的)愧疚感同恐惧和焦虑区分开来。"

【诠释】

我们现在必须考虑,孩子的爱和信任将如何表现出来。在这一点上,有必要铭记权威情境(authority situation)的特殊特点。孩子没有自己的评判标准,因为他不能以合理的理由拒绝戒律。如果孩子敬爱和信任父母,孩子会倾向于接受父母的指令。假定父母确实值得尊敬,并遵守其吩咐的戒律,那么孩子也要努力向父母看齐。我们不妨设想,父母以身作则,见多识广,能力非凡,并凡是有所要求的事情做出感人的表率。于是,孩子接受父母对他的判断。当孩子违反父母的禁令时,就像父母评判孩子那样,孩子会倾向于对自己做出评判。与此同时,孩子的欲望当然会越过许可的底线,否则就不需要这些戒律。因此,父母的规范被体验为约束,孩子可能会反抗。毕竟,孩子可能不知道自己有什么理由要遵守这些规定;这些规定本身就是武断的禁令,孩子也没有要听命于人的初始倾向。然而,如果孩子真的敬爱父母和信任父母,那么,一旦他屈服于诱惑,他愿意分享父母对其轻罪(misdemeanors)的态度。他将倾向于坦白自己的过错(transgression)并寻求父母的谅解。在这些不同的倾向中,表现出了(对权威的)愧疚感。要是没有这些倾向及其他相关倾向,就不会存在愧疚感。不过同样真实的是,要是没有这些愧疚感,那么它表明孩子缺乏对父母的敬爱和信任。由于给定将伦理态度和自然态度联系起来的权威情境性质和道德心理学原理，一旦违反父母的指令，孩子对父母的敬爱和信任就会令其产生愧疚感。诚然，对于孩子来说，有时很难区分愧疚感和对受到惩罚的恐惧，尤其是难以区分愧疚感和对失去父母的关爱与亲情的害怕。孩子缺乏用来理解各种道德区分的这些概念，这将反映在他的行为上。然而，本人认为，即使在孩子的情况下，我们也可以把（对权威的）愧疚感同恐惧和焦虑区分开来。

【原文】§70-7-pp.407-408

【评析】

1. 原文："They should set out the reasons for these injunctions so far as these can be understood, and they must also follow these precepts insofar as they apply to them as well"（p.408）。H本："他们应当说出这些命令的理由，只要这些理由能被理解；同时，他们自己也必须遵守这些准则，只要这些准则对他们也适用"（第368页）。**新解**："尽量在这些禁令能被孩子理解的意义上，他们应当说明遵守这些禁令的理由，并且当父母运用这些戒律时，他们自己也须遵守这些戒律。"所谓父母是孩子的第一个榜样。罗尔斯这个语句的意思是，父母对孩子提出的要求，首先自己要做到或达到。

2. 原文："Doing this is required not only to arouse the child's inclination to accept these principles at a later time, but also to convey how they are to be interpreted in particular cases"（p.408）。H本："这样做不仅是为了唤起儿童以后按照这些原则去做的倾向，而且是为了让他懂得在具体的例子中应当怎样解释这些原则"（第368页）。**新解**："这样做不仅对于唤起孩子往后接受这些原则的倾向是必要的，而且对于传达这些原则在具体事例中应当如何被理解也是必要的。"

3. 原文："Enforced by punitive and even physical sanctions"（p.408）。H本："通过惩罚甚至肉体惩罚来强制"（第368页）。**新解**："通过惩罚甚至体罚来执行"。

4. 原文："The child's having a morality of authority consists in his being disposed without the prospect of reward or punishment to follow certain precepts that not only may appear to him largely arbitrary but which in no way appeal to his original inclinations"（p.408）。H本："孩

子具有一种权威的道德，就表现在他在没有奖惩时也倾向于遵守某些这样的准则：它们不仅常常对他显得专断，而且无论如何都不吸引他的原初倾向"（第369页）。**新解**："孩子有权威道德，就在于即使在他没有受到奖惩的前景下，他仍然倾向于遵守某些戒律，在他看来，这些戒律不仅在很大程度上可能是武断的，而且肯定不符合其初始意向。"

5. **原文**："**In loveless relationships maintained by coercive threats and reprisals**"（p. 408）。H本："在被惩罚性的恐吓和报复破坏了的没有爱的联系之中"（第369页）。**新解**："在由强制性威胁和报复维持的缺少关爱的关系中"。

【诠释】

从权威道德发展的如上概述来看，有利于孩子学习权威道德的条件看似是这样的。① 首先，父母必须爱孩子，成为值得孩子钦佩的对象。通过这种方式，父母在孩子身上唤起一种自我价值感，唤起想要成为父母所是那类人的愿望。其次，父母必须说出清晰易懂的（当然可被证明为正当的）、适合孩子理解力水平的规则。此外，尽量在这些禁令能被孩子理解的意义上，他们应当说明遵守这些禁令的理由，并且当父母运用这些戒律时，他们自己也须遵守这些戒律。对于要求孩子遵守的道德准则，父母应当以身作则，并随着时间的推移慢慢讲清楚它们所依据的基本原则。这样做不仅对于唤起孩子往后接受这些原则的倾向是必要的，而且对于传达这些原则在具体事例中应当如何被理解也是必要的。在不具备这些条件的情况下，特别是如果父母的禁令不仅严厉而不合理（harsh and unjustified），而且通过惩罚甚至体罚来执行的话，那么道德发展很可能止步不前。孩子有权威道德，就在于即使在他没有受到奖惩的前景下，他仍然倾向于遵守某些戒律，在他看来，这些戒律不仅在很大程度上可能是武断的，而且肯定不符合其初始意向（original inclinations）。如果他愿意遵守这些禁令，那是因为他以为这些禁令是权威向他发出的，不仅他爱戴和信任这些权威，而且他

---

① 本人在此借鉴了麦科比（E. E. Maccoby）在"儿童时期的道德价值与行为"（"Moral Values and Behavior in Childhood"）一文中提出的观点，该文收录于克劳森（J. A. Clauson）编《社会化与社会》（*Socialization and Society*），波士顿：小布朗出版社1968年版；本人还借鉴了霍夫曼在"道德发展"一文中提出的观点，参阅保罗·穆森编《卡迈克尔心理学手册》第3版，纽约：约翰—威利父子出版社1970年版，第282—319页。——原注　[H本把"Moral Values and Behavior in Childhood"解读为"道德价值与儿童行为"（第368页），大谬。]

们也按照这些禁令行事。于是，他得出结论，这些行为表现了他应该成为的那种人的特征。在缺乏亲情、榜样和指导的情况下，这些过程都不会发生；当然，在由强制性威胁和报复维持的缺少关爱的关系中，这些过程也都不会发生。

【原文】§70－8－pp. 408－409

【评析】

1. 原文："The child's morality of authority is primitive because for the most part it consists of a collection of precepts, and he cannot comprehend the larger scheme of right and justice within which the rules addressed to him are justified"（p. 408）. H本："儿童的权威的道德还只是初步的，因为它主要是许多准则的汇集，而且，儿童还不能把握正当和正义的更大系统，在其中，由别人告诉他的那些规则是经过证明的"（第369页）。**新解**："儿童的权威道德是初步的，因为它多半由戒律集组成，他无法掌握关于正当和正义的更大集，在那个集之内，向他发布的规则得到了证明。"

2. 原文："Even a developed morality of authority in which the basis of the rules can be understood shows many of the same features, and contains similar virtues and vices"（p. 408）. H本："即使是一种能理解这些规则的基础的发展了的权威的道德也具有许多同样的特征，并包含着相似的德性与恶"（第369页）。**新解**："即使其规则基础可以得到理解的发展了的权威道德，显示出许多相同特点，并包含着类似的善恶观念。"

3. 原文："The prized virtues are obedience, humility, and fidelity to authoritative persons; the leading vices are disobedience, self-will, and temerity"（p. 408）. H本："受到珍视的德性是对有权威的人们的服从、谦卑和忠诚；主要的恶是不顺从、反抗和轻率"（第369页）。**新解**："值得珍视的美德是对权威的服从、谦卑和忠诚；主要的恶行是抗命不从、任性和鲁莽。"

4. 原文："The child's morality of authority is temporary, a necessity arising from his peculiar situation and limited understanding"（p. 409）. H本："儿童的权威的道德是一种暂时的道德，是产生于他的特殊境况和有限的理解力的一种必然性"（第369页）。**新解**："儿童的权威道德是暂时的，是其特殊处境和有限理解力的必然产物。"

【诠释】

儿童的权威道德是初步的，因为它多半由戒律集组成，他无法掌握关于正当和正义的更大集，在那个集之内，向他发布的规则得到了证明。但是，即使其规则基础可以得到理解的发展了的权威道德，显示出许多相同特点，并包含着类似的善恶观念(virtues and vices)。在典型意义上，存在着这样的权威者，他受人爱戴和信任，至少因德高望重而受人敬重，遵守其训示，是人们担负的毋庸置疑的义务。我们不该去考虑其后果，这是留给有权者(those in authority) 的。值得珍视的美德是对权威的服从、谦卑和忠诚(obedience, humility, and fidelity to authoritative persons)；主要的恶行是抗命不从、任性(self-will，自我意志，得意忘形) 和鲁莽(temerity，轻率冒失、蛮横无理或蛮不讲理)。我们应该毫无疑问地去做好他人期望于我们的事情，因为不这样做，就表示我们怀有疑虑和不信任之心，表明我们持着傲慢和质疑之意。显然，权威道德必须服从正当原则和正义原则，只有这些原则才能决定这些极端要求或类似限制何时得到了正当证明。儿童的权威道德是暂时的，是其特殊处境和有限理解力的必然产物。此外，神学的权威道德是一个特例，根据平等自由原则，这个特例不适用于社会的基本结构（§33）。因此，权威道德在基本的社会安排中只起有限作用，只有当有关实践的特殊要求使得给予某些个体的领导和指挥以特权成为必要时，才有理由这样做。在任何情况下，这种道德的范围都受正义原则的支配。

§71 社团道德
The Morality of Association

【题解】

小到家庭，大到民族共同体，社团道德是个体参与不同社团所体现的道德标准，与在其所属社团中扮演的角色相对应。因此，社团道德是公民道德的主要内容。理智与知性、友好与善良、合作与配合、互助与信任、诚实与变通、尊重与体谅等，是社团道德的重要内容。当然，罗尔斯在这一节并没有展示所有这些论题的讨论，他对其中一些论题只点到为止。

1296　《正义论》评注

【原文】§71-1-pp.409-410

【评析】

1. 原文："This stage covers a wide range of cases depending on the association in question and it may even include the national community as a whole"（p.409）。H 本："这个阶段的道德涉及基于交往的范围广泛的各种实体，甚至包括了作为一个整体的国家共同体"（第369页）。新解："取决于社团的不同情况，这一阶段涉及范围广泛，甚至可能包括整个民族共同体。"

2. 原文："The content of the morality of association is given by the moral standards appropriate to the individual's role in the various associations to which he belongs"（p.409）。H 本："社团的道德则是适合于个人在不同交往中的角色的那些道德标准"（第369—370页）。新解："社团道德的内容由与个体在其所属各种社团中扮演的角色相适应的道德标准给予。"

3. 原文："These standards include the common sense rules of morality along with the adjustments required to fit them to a person's particular position"（p.409）。H 本："这些标准包括常识的道德规则，和使它们适合个人的具体地位的那些调整形式"（第370页）。新解："这些标准包括常识性道德规则以及使之适应个体特定位置的必要调整。"

4. 原文："As the child becomes older he is taught the standards of conduct suitable for one in his station"（p.409）。H 本："随着孩子慢慢长大，他逐渐学会了适合于处于他那样的地位的人们的行为标准"（第370页）。新解："随着孩子的成长，他习得与其身份相称的行为标准。"

5. 原文："Corresponding to these arrangements one learns the virtues of a good student and classmate, and the ideals of a good sport and companion"（p.409）。H 本："和这些安排相应，人们了解了一个好学生和好同学的德性，了解了一个好运动和好伙伴的理想"（第370页）。新解："与这些安排相对应，个体既习得做好学生、好同学的德性，也习得做好运动员、好玩伴的理想。"

6. 原文："This type of moral view extends to the ideals adopted in later life, and so to one's various adult statuses and occupations, one's family position, and even to one's place as a member of society"（pp.409-410）。H 本："这种道德观点一直影响到以后生活所采取的那些理想，因此也影响到一个人的各种成人身份和职业、他的家庭状况，甚至他作为一

个社会成员的地位"(第370页)。**新解**："这种道德观念影响到在后来生活中所抱有的理想，进而影响到个体的各种成人身份和职业生涯、个体的家庭状况，甚至影响到他作为社会成员的位置。"

7. 原文："Our moral understanding increases as we move in the course of life through a sequence of positions. The corresponding sequence of ideals requires increasingly greater intellectual judgment and finer moral discriminations"（p. 410）。H本："我们的道德理解随着我们在生活过程中经历一系列位置而不断提高。相应系列的理想不断要求更高的理智判断和更精细的道德区分"（第370页）。**新解**："随着我们在生活过程中经历一系列位置变动，我们的道德理解力也会增进。相应的理想序列要求日益强大的知性判断力和更加精细的道德辨别力。"

【诠释】

道德发展的第二个阶段是社团道德。取决于社团的不同情况，这一阶段涉及范围广泛，甚至可能包括整个民族共同体（national community）。虽然儿童的权威道德主要由一系列戒律组成，但社团道德的内容由与个体在其所属各种社团中扮演的角色相适应的道德标准给予。这些标准包括常识性道德规则以及使之适应个体特定位置的必要调整；它们通过权威人士或团体其他成员的赞同和责备而强加于他。因此，在这一阶段，家庭本身被视为一个小团体，通常以明确的等级制为特征，每个家庭成员都有一定的权利和义务。随着孩子的成长，他习得与其身份相称的行为标准。父母在赞许或责备中流露的期望，解析了或至少表达了好儿子或好女儿的德性。同样，存在着校园联谊和邻里交往，存在着诸如和同龄人一起玩耍与游戏那样的短期合作，这些对于他习得与其位置相适应的行为标准并非无关紧要。与这些安排相对应，个体既习得做好学生、好同学的德性，也习得做好运动员、好玩伴的理想。这种道德观念影响到在后来生活中所抱有的理想，进而影响到个体的各种成人身份和职业生涯、个体的家庭状况，甚至影响到他作为社会成员的位置。这些理想的内容由各种贤妻良夫观念、好友良民观念等所赋予。因此，社团道德包括许多理想，每一理想都以适合各自身份或角色的方式来规定。随着我们在生活过程中经历一系列位置变动，我们的道德理解力（moral understanding）也会增进。相应的理想序列要求日益强大的知性判断力（intellectual judgment）和更加精细的道德辨别力（moral discriminations）。显然，其中一些理想比其他理想更加全面，对个体提出了截然不同的要求。正如我们将看到的那样，务必遵循某些理想，很自然地就会导向一种关于各项原则的道德(morality of principles)。

【原文】§71-2-p.410

【评析】

他者理论，是当代解构哲学的一个重要理论。福柯、德里达、列维那斯等当代法国哲学家对他者理论都有贡献。让人感到意外的是，罗尔斯在这里也提出了一套完备的他者理论。当然，他主要从对等合作角度来讨论自我与他者的关系。罗尔斯他者理论不是后结构主义的，也不是后现代的，而是在理性理论框架之下的。

1. 原文："**Each particular ideal is presumably explained in the context of the aims and purposes of the association to which the role or position in question belongs**"（p.410）. H本："每一种具体的理想都可以通过有关角色或地位所属的那种交往的目标和目的背景而得到解释"（第370页）。新解："每个特定理想大多在相关角色或位置所属社团目的和宗旨的语境中得到解析。"

2. 原文："**In due course a person works out a conception of the whole system of cooperation that defines the association and the ends which it serves**"（p.410）. H本："在一定阶段上，一个人会得出一个关于整个合作系统的观念，这个观念规定着交往和它为之服务的那些目的"（第370页）。新解："在适当的时候，一个人会提出整体合作观念，它定义了合伙及其服务的目的。"术语"association"一般解读为"结社"或"社团"，这里解读为"合伙"或"联合"更加恰当。

3. 原文："**It seems plausible, then, that acquiring a morality of association (represented by some structure of ideals) rests upon the development of the intellectual skills required to regard things from a variety of points of view and to think of these together as aspects of one system of cooperation**"（p.410）. H本："获得了一种（表达为某些理想的）社团的道德可能有赖于人的这样一些理性能力的发展，如果一个人要能够从各种不同观点来看待事物，并把这些事物看作一个合作系统的不同方面，就需要这些能力"（第370页）。新解："因此，如下情形似乎是讲得通的：获得社团道德（以理想的某种结构来展示），取决于心智技能的发展，为了从各种不同角度看待事物，并把这些事物看作整个合作的各个方面，这些技能是必需的。"

【诠释】

现在，每个特定理想大多在相关角色或位置所属社团目的和宗旨的语境中得到解析。在适当的时候，一个人会提出整体合作观念，它定义了合伙及其服务的目的。他知道，他者有不同事情要做，这取决于他者在合作计划中的位置。这样，他终于学会站在他者立场、从他者角度去看问题。因此，如下情形似乎是讲得通的：获得社团道德（以理想的某种结构来展示），取决于心智技能(intellectual skills)的发展，为了从各种不同角度看待事物，并把这些事物看作整个合作的各个方面，这些技能是必需的。事实上，当我们考虑它时，这组必要能力是相当复杂的。① 首先，我们必须认识到，这些不同观点是存在的，他者视角有别于我们的视角。不过，我们不仅要知道事物在他者看来是不同的，而且要知道他者有着不同的要求和目的，有着不同的计划和动机；我们还必须学会，如何从他者的言语、行为和表情中收集这些事实。接下来，我们需要确定这些观点的明确特征，他者的大致要求和渴望是什么，他者掌控的信念和观点是什么。只有这样，我们才能理解和评估他者的行为、意图和动机。除非我们能找出这些主导因素，否则我们就无法把自己放在他者的位置上，搞清楚我们在他者的位置上会做什么。当然，要解决这些问题，我们必须知道对方的观点到底是什么。但最后，在了解了他者的情况后，我们仍然需要参照他者的情况，以适当方式调节自己的行为。

【原文】 §71-3-pp.410-411

【评析】

1. 原文："Appraisal of actions"（p.411）。H本："对行为的赞许"（第371页）。**新解**："品行评估"。

2. 原文："The child has not yet mastered the art of perceiving the person of others, that is, the art of discerning their beliefs, intentions, and feelings"（p.411）。H本："儿童还没有掌握了解其他人的人格的艺术，

---

① 在以下评述中，我得益于约翰·弗拉维尔（John Flavell, 1928— ，美国斯坦福大学心理学教授，元认知理论的提出者）的观点。参阅弗拉维尔《儿童角色扮演和交往技能的发展》，纽约：约翰—威利父子出版社1968年版，第208—211页。也参阅米德（G. H. Mead）《心灵、自我和社会》，芝加哥：芝加哥大学出版社1934年版，第135—164页。——原注

即看出其他人的信念、意图和情感的艺术"（第 371 页）。**新解**："儿童还没有掌握察言观色、待人接物的诀窍，也就是辨别他者信仰、意图和感受的诀窍。"

3. 原文："These elements, so important from the final moral point of view, are left out of account at the earliest stage"（p. 411）。H 本："这些从最终道德观点看来是如此重要的因素，竟不属于早期阶段的道德"（第 371 页）。**新解**："这些从最终道德角度来看非常重要的因素，是在最早阶段就被忽略了的。"

【诠释】

在某个最小程度上，做这些事情至少对成年人来说是容易的，但对儿童来说却是困难的。毫无疑问，这在一定程度上解释了为什么儿童的初步权威道德戒律通常用外部行为来表达，以及为什么儿童在品行评估时在很大程度上忽视了动机和意图。儿童还没有掌握察言观色、待人接物的诀窍，也就是辨别他者信仰、意图和感受的诀窍。因此，对这些事物的认识尚不能传递出他对他者行为的解释。此外，他把自己放在他者位置上的能力仍然没有受过系统训练，他很可能因此而误入歧途。因此，毫不奇怪的是，这些从最终道德角度来看非常重要的因素，是在最早阶段就被忽略了的。① 不过，随着我们承担起一系列要求更高的角色，加上它们实施的更加复杂的权利和义务计划，这种缺失逐渐得到克服。正如基本结构观念暗示的那样，相应的理想要求我们从更加多样的视角来看待事物。

【原文】 §71 – 4 – pp. 411 – 412

【评析】

罗尔斯在这里的讨论让人想起福柯的《规训与惩罚》和黑格尔的《精神现象学》。自我的成长是一个缓慢的自我意识的形成过程，其中会经历各种欺骗和出卖，包括情感曲折，但是他对友谊和信任的追求依然不减。这是一个各种应对技能养成的过程。

1. 原文："I have touched upon these aspects of intellectual development for the sake of completeness"（p. 411）。H 本："我粗略地谈

---

① 关于这些问题的讨论，参阅罗杰·布朗《社会心理学》，第 239—244 页。——原注

到了理性发展的这些方面是为了使讨论具有完整性"（第 371 页）。**新解：**
"为了完整起见，我谈到了智力发展的这些方面。" 短语："intellectual
development"。一般解读为"智力发展"或"心智发育"。

2. 原文："**How well the art of perceiving the person is learned is bound
to affect one's moral sensibility; and it is equally important to understand the
intricacies of social cooperation**"（p. 411）. H 本："一个人在何种程度上掌
握了理解人格的艺术必定影响他的道德感；理解社会合作的复杂性也同样重
要"（第 371 页）。**新解：**"用来察言观色的识人术学得如何，必然影响到一
个人的道德感悟能力；理解社会合作的奥妙也同样重要。"

3. 原文："**If he lacks overwhelming force**"（p. 411）. H 本："假如缺
乏征服的力量"（第 371 页）。**新解：**"如果他缺乏压倒性的权势"。

4. 原文："**The tricks of persuasion and gamesmanship call upon the
same intellectual accomplishments**"（p. 411）. H 本："游说与小权术也需
要同样的理智上的完善"（第 371 页）。**新解：**"巧舌如簧的忽悠把戏和随
机应变的竞技招式需要同样的心智修为。"

5. 原文："**As individuals enter the association one by one over a period
of time, or group by group (suitably limited in size), they acquire these
attachments when others of longer standing membership do their part and
live up to the ideals of their station**"（pp. 411 - 412）. H 本："随着人们在
一段时间中一个个地或（在规模上适当限定的）一组组地进入一种交往，
当其他加入时间较长的成员发挥着作用并实践着与其地位相应的理想时，
他们就将获得这些依恋感"（第 372 页）。**新解：**"当诸多个体在一段时间
里接二连三地加入社团，或成队地加入（适当限制规模的）社团时，当其
他长期会员恪尽职守并实践着与其地位相应的理想时，他们就会获得这些
依附。"

【诠释】

为了完整起见，我谈到了智力发展（intellectual development，心智发育）的
这些方面。我不能详细地考虑它们，但我们应该指出，它们显然在获得道
德观点方面占有中心地位。用来察言观色的识人术（art of perceiving the person）
学得如何，必然影响到一个人的道德感悟能力（moral sensibility）；理解社
会合作的奥妙也同样重要。但是仅有这些能力仍然是不够的。如果一个人
的小聪明纯粹是操纵性的，他希望利用他者为自身谋利益，并且如果他缺
乏压倒性的权势，那么他必须同样拥有这些技能。巧舌如簧的忽悠把戏和

随机应变的竞技招式(tricks of persuasion and gamesmanship)需要同样的心智修为(intellectual accomplishments)。因此，我们必须审视我们如何依附合伙的同伴，以及后来如何依附一般的社会安排。以公开规则众所周知是公正的社团为例。现在，那些参与这项安排的人如何被友谊和互信的纽带所约束，又如何相互依赖地完成自身义务呢？我们不妨假设，这些感情和态度通过参与社团而产生。因此，根据第一条心理学法则，一旦个体通过获得依附而实现了心心相通的同感能力(capacity for fellow feeling)，那么当他有明显意图的同伴履行其义务和职责时，他就会对他们产生友好的感情，并产生信任感和自信心。这个原理就是第二条心理学法则。当诸多个体在一段时间里接二连三地加入社团，或成队地加入（适当限制规模的）社团时，当其他长期会员恪尽职守并实践着与其地位相应的理想时，他们就会获得这些依附。因此，如果参与社会合作计划的人经常采取明显的行动，维护其公正（或公平）的规则，友谊和互信的纽带往往会在他们之间发展起来，从而使他们更牢固地与这一计划联结在一起。

【原文】§71-5-p.412

【评析】

1. 原文："These feelings show themselves in various ways, for example, in the inclination to make good the harms caused to others (reparation), if such harms have occurred, as well as in a willingness to admit that what one has done is unfair (wrong) and to apologize for it"(p.412)。H本："这些情感以各种方式表现出来，例如表现在当伤害已经造成时补救对他人的伤害（补偿）的倾向上，也表现在承认所做的事是不公平的（错误的）并为此道歉的愿望中"（第372页）。**新解："这些感受以各种方式表现出来，比如，如果这样的伤害已经发生，他就倾向于弥补对他人造成的伤害（赔偿）；如果自己所做的事是不公平的（或错误的），他就愿意承认并为此道歉。"**

2. 原文："It would indicate a readiness to associate with others in disregard of the standards and criteria of legitimate expectations that are publicly recognized and used by all to adjudicate their disagreements"(p.412)。H本："一个人缺乏这些倾向，就表明他在与他人交往中无视所有的人在仲裁决其分歧时都公认并使用的种种合理期待的标准和规则"（第372页）。新解："它将表明，尽管个体有着与他人交往的意愿，但是

他会无视所有人公开承认并用来裁决其分歧的合法预期的标准和通则。"

3. 原文："**A person without these feelings of guilt has no qualms about the burdens that fall on others, nor is he troubled by the breaches of confidence by which they are deceived**"（p.412）。H本："一个没有这些负罪感的人对他人身上的负担不感到不安，他也不因为自己的失信行为，这些行为使他人由于信任他而受骗，而烦恼"（第372页）。新解："没有这种愧疚感的人，便会心安理得地看待落在别人身上的负担，也不会为令他者上当受骗的失信行为而烦恼。"

4. 原文："**Thus just as in the first stage certain natural attitudes develop toward the parents, so here ties of friendship and confidence grow up among associates**"（p.412）。H本："所以，正如第一阶段上某些自然态度会朝向父母发展一样，在这里友谊和信任的联系会在交往的人们中间生长"（第372页）。新解："因此，正如在第一阶段，针对父母的某些自然态度发展了起来，在这里，友谊和信任的纽带在伙伴中间建立了起来。"

【诠释】

这些纽带建立起来之后，假如一个人没有尽到自己的职责，那么他往往会有一种（对不住社团的）愧疚感。这些感受以各种方式表现出来，比如，如果这样的伤害已经发生，他就倾向于弥补对他人造成的伤害（赔偿）；如果自己所做的事是不公平的（或错误的），他就愿意承认并为此道歉。愧疚感也表现在承认处罚和责难的正当性，以及在别人同样没有尽到自己的责任时，更难对他们表示愤慨和义愤。缺乏这些倾向就意味着缺乏友谊和互信的纽带。它将表明，尽管个体有着与他人交往的意愿，但是他会无视所有人公开承认并用来裁决其分歧的合法预期的标准和通则。没有这种愧疚感的人，便会心安理得地看待落在别人身上的负担，也不会为令他者上当受骗的失信行为而烦恼。但是，当友谊与信任关系存在时，这种抑制和反应往往是由于未能履行自己的义务和职责而引起的。如果这些情感约束不存在，那么存在的充其量只是同情和互信的外表。因此，正如在第一阶段，针对父母的某些自然态度发展了起来，在这里，友谊和信任的纽带在伙伴中间建立了起来。在每一种情况下，某些自然态度都是相应道德感情的基础；缺乏道德感情将表明缺少这些自然态度。

1304 《正义论》评注

【原文】§71-6-p.412-413

【评析】

1. 原文:"In due course the reciprocal effects of everyone's doing his share strengthen one another until a kind of equilibrium is reached"（pp.412-413）。H本:"每个人的尽职行为的互惠效果逐步加强着人们的相互联系，直到达成一种平衡"（第373页）。新解:"在适当的时候，每个人尽其本分做自己该做之事的对等效应会相互加强，直到达成某种均衡。"

2. 原文:"The newer members of the association recognize moral exemplars, that is, persons who are in various ways admired and who exhibit to a high degree the ideal corresponding to their position"（p.413）。H本:"那些新加入这种交往的成员们承认道德榜样，即承认那些在各个方面受尊敬的、在更高水准上表现着相应于他们的地位的理想的人们"（第373页）。新解:"社团新成员认可道德模范，后者是以各种方式受人敬仰并表现出与其地位高度相称的理想人物。"

3. 原文:"Partly this desire to emulate springs from viewing their attributes as prerequisites for their more privileged positions, but it is also a companion effect to the Aristotelian Principle"（p.413）。H本:"这种仿效的欲望所以产生，部分地是由于我们把他们的特征看作他们的较高地位的必要条件，但它也是亚里士多主义原则的一个伴随效果"（第373页）。新解:"这种模仿的欲望部分源于将其人格特征视为他们拥有较优越地位的先决条件，但它也是亚里士多德式原则的伴生效应。"

4. 原文:"Thus when the moral ideals belonging to the various roles of a just association are lived up to with evident intention by attractive and admirable persons, these ideals are likely to be adopted by those who witness their realization"（p.413）。H本:"例如，当从属于一种公正的交往的各种角色的道德理想由那些有吸引力的和值得尊敬的人带着显明的意图付诸实践时，这些理想就可能为那些见证它们的实现的人们所接受"（第373页）。新解:"因此，当具有吸引力和令人钦佩的人以明显的意图实现属于某个正义社团之各种角色的道德理想时，这些理想很可能被见证其实现的人所采纳。"

5. 原文:"These conceptions are perceived as a form of good will and the activity in which they are exemplified is shown to be a human excellence

that others likewise can appreciate"（p. 413）。H 本："这些观念被理解为一种善意，体现着这些观念的行为则被认为展示着一种人的美德，这种美德其他人同样能够欣赏"（第 373 页）。**新解："这些观念被视为善良意志的一种形式，其示范活动表明，这是他人皆能欣赏的人类卓越品质。"**

【诠释】

第二条心理学法则可能以与第一条心理学法则相似的方式成立。由于社团安排被认为是公正的（在更复杂的角色中，正义原则得到了理解，并有助于确定适当的理想），因此确保所有成员从社团活动中受益并知道他们从中受益，其他人在做他们该做之事时的行为被认为是对每个人有利的。在这里，履行各自义务和职责的明显意图，被视为一种善良意志的表现形式，这种承认会激起友谊和信任的回报。在适当的时候，每个人尽其本分做自己该做之事的对等效应（reciprocal effects）会相互加强，直到达成某种均衡。但我们也可以假设，社团新成员认可道德模范，后者是以各种方式受人敬仰并表现出与其地位高度相称的理想人物。这些人表现出来的各种才智和能力，他们的独特性格和不凡气质，令人浮想联翩，激起我们想要与之看齐并去做同样事情的欲望。这种模仿的欲望部分源于将其人格特征视为他们拥有较优越地位的先决条件，但它也是亚里士多德式原则的伴生效应（companion effect），因为我们喜欢展示更加复杂而微妙的活动，这些展示往往会激发我们自己去做这些事情的欲望。因此，当具有吸引力和令人钦佩的人以明显的意图实现属于某个正义社团（just association）之各种角色的道德理想时，这些理想很可能被见证其实现的人所采纳。这些观念被视为善良意志的一种形式，其示范活动表明，这是他人皆能欣赏的人类卓越品质（human excellence）。两个相同的心理过程与以前一样呈现如下：他人行为有着明显意图，以确保我们的幸福，同时他们表现出对我们有吸引力的品质和做事方式，以激起我们想要模仿他们的欲望。

【原文】§71 - 7 - p. 413

【评析】

1. 原文："If we consider the more demanding offices that are defined by the major institutions of society, the principles of justice will be recognized as regulating the basic structure and as belonging to the content of a number of important ideals"（p. 413）。H 本："如果考虑由主要社

会制度规定的要求较高的那些公职角色，正义原则就会被承认是调节着社会基本结构，并属于许多重要的理想的"（第373页）。**新解**："如果我们考虑这样一些有着较高要求的职位，它们由主要的社会制度所规定，那么正义原则将既被视为规制基本结构的原则，又被视为怀有许多重要理念的原则。"

2. 原文："**Common good**"（p.413）. H 本："共同的善"（第373页）。**新解**："共同利益"。

3. 原文："**Typical vices**"（p.413）. H 本："有代表性的恶"（第373页）。**新解**："典型恶德。"

4. 原文："**Among associates, giving into these faults tends to arouse feelings of（association）guilt on the one side and resentment and indignation on the other**"（p.413）. H 本："在交往伙伴中，滑向这些恶一方面会产生（交往）负罪感，另一方面会产生不满和义愤"（第373页）。**新解**："在合伙人中，犯下这些错误往往会引起一方的愧疚感和负罪感、另一方的愤慨和义愤。"

5. 原文："**These moral attitudes are bound to exist once we become attached to those cooperating with us in a just（or fair）scheme**"（p.413）. H 本："只要我们在一个公正的（或公平的）体系中变得依恋于与我们合作的人们，这些道德态度就必定存在"（第373页）。**新解**："一旦我们评价以公正公平计划寻求与自己合作的人，就会存在这些道德态度。"

【诠释】

社团道德采取多种形式，这些形式取决于具体的社团和作用，呈现出多重复杂性。但是，如果我们考虑这样一些有着较高要求的职位，它们由主要的社会制度所规定，那么正义原则将既被视为规制基本结构的原则，又被视为怀有许多重要理念的原则。事实上，这些原则适用于所有人扮演的公民角色，因为每个人，而不仅仅是在公共生活中的公民，都持有关于共同利益（common good）的政治观点。因此，我们不妨假定，存在一种社团道德，在这种道德中，社会成员彼此平等地看待对方，视之为朋友和伙伴，在一种众所周知的有益于所有人的合作制度中走到一起，并接受一种共同正义观念的支配。这种道德的内容以如下合作德性（cooperative virtues，与人为善的合作美德）为特征：正义与公平、忠诚与信任、正直与公道。典型恶德是贪婪与不公、虚伪与欺瞒、成见与偏袒。在合伙人中，犯下这些错误往往会引起一方的愧疚感和负罪感，另一方的愤慨和义愤。一旦我们评价以公正公平计划寻求与自己合作的人，就会存在这些道德态度。①

§72 原则道德
The Morality of Principles

【题解】

原则道德是个体按照正义原则或道德原则行事的道德，原则道德要求个体做事合乎正义，是个体具有的道德能力和正义感的主要体现。当个体具有原则道德时，他已经是具有自主道德能力的个体，也是在道德上实现自律的个体。当个体拥有原则道德时，他成为完全的道德人，也就在道德上达成了其作为自主个体的目的。原则道德实现了康德所谓"人是目的"的道德训示。

【原文】§72-1-p.414

【评析】

1. 原文："**Someone attaining to the more complex forms of the morality of association, as expressed say by the ideal of equal citizen, has an understanding certainly of the principles of justice**"（p.414）。H本："一个达到较复杂形式的交往道德——比如平等的公民的理想所表达的那种道德——的人，具有一种对正义原则的当然的理解力"（第374页）。新解："正如平等公民理念所表达的那样，持有较为复杂的社团道德形式的人，肯定了解正义原则。"

2. 原文："**He has also developed an attachment to many particular individuals and communities, and he is disposed to follow the moral standards that apply to him in his various positions and which are upheld by social approval and disapproval**"（p.414）。H本："同时，他也形成了对许多具体人和共同体的依恋情感，而且，他倾向于遵循适合他的各种地位，并且被社会的赞许与谴责坚持着的道德标准"（第374页）。新解：

---

① 罗尔斯给出的道德忠告是，多行正义公平、忠诚信任、正直公道；少为贪婪不公、虚伪欺瞒、成见偏袒。

"他还喜爱上了许多特定的个体和共同体,他愿意遵守适用于其所在各种位置的道德标准,那些标准借助于社会赞同或反对而得到维持。"

3. 原文:"I should now like to consider the process whereby a person becomes attached to these highest-order principles themselves, so that just as during the earlier phase of the morality of association he may want to be a good sport, say, he now wishes to be a just person"(p.414). H 本:"我想在这里考察一个人变得依恋于这些最高系列的原则本身的过程,这样,正如在社团的道德的上一个阶段他可能想成为一个好运动员一样,现在他想成为一个正义的人"(第374页)。新解:"本人现在想要思考这样的过程,个体因此推崇这些最高阶原则本身,以至于正如在社团道德早期阶段他或许希望自己成为一名好运动员那样,他现在希望自己成为一个正义的人。"

4. 原文:"Subordinate ideals"(p.414). H 本:"次要的理想"(第374页)。新解:"从属理想"。

【诠释】

正如平等公民理念所表达的那样,持有较为复杂的社团道德形式的人,肯定了解正义原则。他还喜爱上了许多特定的个体和共同体,他愿意遵守适用于其所在各种位置的道德标准,那些标准借助于社会赞同或反对而得到维持。他与他人建立联系,并希望不辜负这些道德观念,他关心以自身行为和目标赢得他人的认可或接纳。看起来似乎是,虽然这一个体了解正义原则,但是他遵守这些原则的动机,至少在一段时间内,主要来自他与他人建立友谊和同情纽带①,以及他对更广泛社会认可的关切。本人现在想要思考这样的过程,个体因此推崇这些最高阶原则本身,以至于正如在社团道德早期阶段他或许希望自己成为一名好运动员那样,他现在希望自己成为一个正义的人。正如前面的从属理想对他具有吸引力那样,做事合乎正义,促进正义制度,这些观念对他具有吸引力。

【原文】§72-2-pp.414-415

【评析】

1. 原文:"The public conception of justice"(p.414). H 本:"公共

---

① fellow feeling,同类感。这个术语让人想到休谟和斯密共同使用的近似术语"同情"或"共情"。

的正义观念"（第 374 页）。**新解**："公开且公共的正义观念"。

2. **原文**："An established and enduring just institution"（p. 415）。H 本："一种牢固而持久的正义制度"（第 374 页）。**新解**："既定而持久的正义制度"。

【诠释】

在推测这种原则道德将如何产生时（这里的原则指的是首要原则，比如在初始位置上考虑的原则），我们应该注意到，社团道德很自然地导致道德主体了解正义标准。无论如何，在良序社会里，不仅这些标准界定了公开且公共的正义观念，而且对政治事务感兴趣的公民，拥有立法、司法和其他类似公职的公民，也一直被要求应用和解释这些标准。他们常常不得不站在别人的立场上，不仅是为了弄清楚那些人想要什么和可能要做什么，而且是为了在相互竞争的诉求之间取得合理的平衡，是为了调整社团道德的各种从属理想。为了将正义原则付诸实践，我们需要采用四个阶段序列所确定的立场（§31）。根据形势的需要，我们从制宪会议视角、立法机关视角或其他视角来思考问题。最终，人们掌握了这些原则，理解了它们保障的价值以及它们对每个人皆有利的方式。于是，这导致第三条心理学法则对这些原则的接受。这条法则规定，一旦关爱和信任的态度（主要发生在家庭成员比如父母与子女之间），友情和互信的态度（主要发生在志同道合的合伙人之间），根据前面两条心理学法则得以产生出来，接下来便是，我们和我们关心的人是既定而持久的正义制度的受益者，承认这一点往往会在我们身上产生相应的正义感。一旦我们意识到社会安排对我们和与我们有联系的人的利益起到促进作用，我们就会产生一种运用和奉行正义原则的愿望。在适当的时候，我们开始赞赏正义的人类合作的理想。

【原文】 §72 – 3 – p. 415

【评析】

1. **原文**："We tend to feel guilty when we do not honor our duties and obligations, even though we are not bound to those of whom we take advantage by any ties of particular fellow feeling"（p. 415）。H 本："当我们没有珍重我们的义务与责任时，我们倾向于感到负罪，尽管我们同那些我们从与他们的交往得到利益的人，并不是由于特殊的友情而联系起来的"（第 375 页）。**新解**："即使我们从某些特殊交情中获利而无关于他人

的义务和职责，但是当我们不履行自己的义务和职责时，我们往往会感到愧疚。"

2. 原文："It may be that they have not yet had sufficient opportunity to display an evident intention to do their share, and are not therefore the objects of such feelings by the second law"（p. 415）。H 本："也许，他们迄今一直没有充分的机会来表现他们恪尽职守的显明意图，因而才不是因第二条心理法则而发生的那些情感的目标"（第 375 页）。新解："也许因为他们没有足够机会表现出明显的意愿去尽到自己的一分力量，所以，他们不是由第二条法则调节的这些感情的对象。"

3. 原文："Or, again, the institutional scheme in question may be so large that particular bonds never get widely built up"（p. 415）。H 本："或者，也许是目前的制度系统太大了，以致特殊的关系不可能广泛地建立"（第 375 页）。新解："或者再一次地，相关的制度方案或许是如此宏大，以至于特定的关联永远不会被广泛建立起来。"

4. 原文："The citizen body as a whole is not generally bound together by ties of fellow feeling between individuals, but by the acceptance of public principles of justice"（p. 415）。H 本："公民团体在总体上不可能普遍地通过人们之间的友情，而要通过对公共的正义原则的接受，而联系起来"（第 375 页）。新解："整个公民团体一般不是通过个体间的交情联结起来，而是通过接受公开且公共的正义原则联结起来。"

5. 原文："A sense of justice gives rise to a willingness to work for (or at least not to oppose) the setting up of just institutions"（p. 415）。H 本："正义感产生出一种为建立（或至少是不反对）正义的制度，以及当正义要求时为改革现存制度，而工作的愿望"（第 375 页）。新解："正义感促使人们愿意（或至少不反对）着手建立正义制度，并在正义要求他们务必这样做时愿意着手改革现有制度。"

6. 原文："We desire to act on the natural duty to advance just arrangements. And this inclination goes beyond the support of those particular schemes that have affirmed our good"（p. 415）。H 本："我们想按照自然义务去行动，以发展正义的安排。而这种倾向超越了迄今一直肯定着我们的善的那些具体的安排体系"（第 375 页）。新解："我们希望履行促进正义安排的自然义务。这种倾向超出对肯定我们的善的那些特殊方案的支持。"

7. 原文："It seeks to extend the conception they embody to further

situations for the good of the larger community"（p. 415）。H 本："这种倾向力图把这些体系所孕育的观念扩展到更广阔的环境中，以获得更大共同体的善"（第 375 页）。**新解："它试图将公正安排所体现的正义观念推广到其他情形，以造福于更大的共同体。"**

【诠释】

现在，正义感至少以两种方式显现自身。首先，它引导我们接受适用于我们的、我们与合伙人皆从中受益的正义制度。我们想要尽己所能维持这些安排。即使我们从某些特殊交情（any ties of particular fellow feeling）中获利而无关于他人的义务和职责，但是当我们不履行自己的义务和职责时，我们往往会感到愧疚。也许因为他们没有足够机会表现出明显的意愿去尽到自己的一分力量，所以，他们不是由第二条法则调节的这些感情的对象。或者再一次地，相关的制度方案或许是如此宏大，以至于特定的关联永远不会被广泛建立起来。在任何情况下，整个公民团体（citizen body）一般不是通过个体间的交情联结起来，而是通过接受公开且公共的正义原则联结起来。虽然每个公民是某些公民的朋友，但没有公民是所有公民的朋友。但是他们对正义的共同忠诚提供了一个统一的视角，从这个角度出发，他们可以裁决各自的分歧。其次，正义感促使人们愿意（或至少不反对）着手建立正义制度，并在正义要求他们务必这样做时愿意改革现有制度。我们希望履行促进正义安排的自然义务。这种倾向超出对肯定我们的善的那些特殊方案的支持。它试图将公正安排所体现的正义观念推广到其他情形，以造福于更大的共同体。

【原文】 §72-4-pp. 415-416

【评析】

关于"feelings of guilt"，罗尔斯在不同语境下给予这一术语以不同的含义。当一个人违背正义感时，他感受到的是负罪感，当一个人违背权威道德（父母指令）时，他感受到的是负疚感。当一个人违反社团道德时，他感受到的是愧疚感。这些消极情感都用英语短语"feelings of guilt"来表示。在严格意义上，这个术语解读为"负疚感"是最为恰当的。这是罗尔斯本人想要表达的意思，也是正义论讨论到正义感时涉及的一个重要议题。不过，上面的区分不是实质性的，为了保持术语的一致性，笔者一般使用"愧疚感"来表示"feelings of guilt"。

1. 原文："In the child's case, the notion of a moral ideal, and the relevance of intentions and motives, are not understood, and so the appropriate setting for feelings of (principle) guilt does not exist"（p. 415）。H 本："在儿童中间，道德理想的概念以及意图和动机的重要性得不到理解，因而也不存在（对原则的）负罪感的恰当背景"（第 375 页）。新解："就拿儿童来说，他还理解不了道德理想概念，理解不了意图和动机的相关性，因此还不存在产生（原则）愧疚感的适当条件。"

2. 原文："Moral conduct is based in large part on wanting the approval of one's associates"（pp. 415–416）。H 本："道德行为主要发生于对伙伴的赞许的期待"（第 375 页）。新解："道德行为在很大程度上基于个体得到同伴认可的需要。"

3. 原文："Individuals in their role as citizens with a full understanding of the content of the principles of justice may be moved to act upon them largely because of their bonds to particular persons and an attachment to their own society"（p. 416）。H 本："在作为对正义原则的内容有充分理解的公民而活动时，人们按照正义原则去行动，可能主要是由于他们同具体的人存在联系，以及对他们自己的社会有一种依恋"（第 375 页）。新解："作为扮演着公民角色的个体，有着对正义原则内容的充分理解，多半是因为他们与特定人的联系并依附于自己的社会，可能会履行正义原则。"

4. 原文："Once a morality of principles is accepted, however, moral attitudes are no longer connected solely with the well-being and approval of particular individuals and groups, but are shaped by a conception of right chosen irrespective of these contingencies"（p. 416）。H 本："然而，一旦原则的道德为人们接受，道德态度就不再仅仅与具体个人及团体的幸福和赞许相联系，而由独立于这些偶然性而被选择的一种正当的观念塑成"（第 375 页）。新解："然而，一旦一种原则道德被接受，道德态度就不再仅仅与特定个体和群体的福祉及认可相联系，而是由不考虑这些偶然情况而被选中的某个正当观念所塑造。"

5. 原文："Our moral sentiments display an independence from the accidental circumstances of our world, the meaning of this independence being given by the description of the original position and its Kantian interpretation"（p. 416）。H 本："我们的道德情操展示着一种对我们世界中的种种偶然环境的独立性，这种独立性的意义已经由对原初状态的描述及其康德式解释得到阐明"（第 375—376 页）。新解："我们的道德情操显

示出一种不受制于我们世界的偶然情景的独立性,这种独立性的意义由关于初始位置的描述及其康德式诠释所给予。"罗尔斯借用语言哲学"所予"理论,而在 H 本看不到这个理论的影子。

【诠释】

当我们背离正义感时,我们会参照正义原则来解析我们的愧疚感(feelings of guilt)。因此,对这些愧疚感的解析完全不同于对权威和社团的愧疚感的解析。完全的道德发展现在已经发生,我们第一次体验到严格意义上的愧疚感;其他道德情绪(moral emotions) 也是如此(我们第一次体验到严格意义的其他道德情绪)。就拿儿童来说,他还理解不了道德理想概念,理解不了意图和动机的相关性,因此还不存在产生(原则)愧疚感的适当条件。而在社团道德中,道德感情本质上取决于与特定个体或共同体的友谊和信任的纽带,道德行为在很大程度上基于个体得到同伴认可的需要。即使在对这种道德提出更高要求的阶段,这也可能是真的。作为扮演着公民角色的个体,有着对正义原则内容的充分理解,多半是因为他们与特定人的联系并依附于自己的社会,可能会履行正义原则。然而,一旦一种原则道德被接受,道德态度就不再仅仅与特定个体和群体的福祉及认可相联系,而是由不考虑这些偶然情况而被选中的某个正当观念(conception of right) 所塑造。我们的道德情操显示出一种不受制于我们世界的偶然情景的独立性,这种独立性的意义由关于初始位置的描述及其康德式诠释所给予。

【原文】 §72 - 5 - p.416

【评析】

1. 原文:"Even though moral sentiments are in this sense independent from contingencies, our natural attachments to particular persons and groups still have an appropriate place"(p.416). H 本:"即使道德情操在这个意义上独立于偶然性,我们对于具体的个人和团体的自然依恋也仍然占有适当的地位"(第 376 页)。新解:"即使道德情感在这个意义上独立于偶然因素,我们对特定个体和特定群体的自然依恋仍然占有一席之地。"

2. 原文:"Existing attachments heighten the feeling of guilt and indignation"(p.416). H 本:"所存在的依恋感也提高着负罪和义愤感"(第 376 页)。新解:"尚存的依恋加重了愧疚感和愤恨感。"

3. 原文:"Granting that this heightening is appropriate, it follows

that violations of these natural ties are wrongs"（p. 416）. H 本：**"假如这种提高是恰当的，就可以说侵害这些自然纽带是错误的"**（第 376 页）. **新解：" 既然这种加重是适当的，那么违反这些自然纽带就是错误的。"** 在反对背离人伦上，罗尔斯与中国儒学有着高度一致性。罗尔斯不是反基础主义的后现代主义者，而是比较保守的现代理性主义和道德建构主义者。

【诠释】

即使道德情感在这个意义上独立于偶然因素，我们对特定个体和特定群体的自然依恋仍然占有一席之地。因为在原则道德的范围内，先前引起（社团）愧疚或不满以及其他道德感情的违规行为，现在在严格意义上激起了这些感情。在解析一个人的情感时会提到相关原则。然而，当友谊和互信的自然纽带存在时，这些道德情感比当那些自然纽带不存在时更加强烈。即使在原则道德阶段，尚存的依恋加重了愧疚感和愤恨感，或所诉求的任何感情。既然这种加重是适当的，那么违反这些自然纽带（伤天害理，灭绝人伦或违背人伦）就是错误的。因为如果我们假定，比方说，理性的愧疚感（即，根据真切合理的信仰运用正确道德原则而产生的愧疚感）意味着我们有过错，更大的愧疚感则意味着更大的过错，那么实际上，违背信任和出卖朋友等背信弃义的做法是要特别禁止的。背离与特定个体和群体的如此纽带，会激起更加强烈的道德感情，这就意味着这些罪过更加严重。诚然，欺骗和不忠总是错误的，违背了自然义务和职责。但它们并不总是同样错误的。当真情和诚意的纽带已经形成时，欺骗和不忠就会造成更加糟糕的后果，这种考虑与制定适当的优先性规则有关。

【原文】 §72 – 6 – pp. 416 – 417

【评析】

单词 "affections" 的意思是"各种感情，尤其是亲情、爱情和关爱"，它是这个段落的关键词。于是，**"道德原则何以可能与我们的感情建立密切关系呢？"** 这个问题是罗尔斯正义理论中探讨正义与善好的关系的核心问题之一。换言之，它涉及的是，主张某种正当观念或正义观念的道德原则或正义原则，何以可能与我们的日常情感生活，尤其是爱情、亲情、友情等关爱产生密切关系？罗尔斯从四个方面做出回答。罗尔斯在这里讨论了正义感与人类之爱的关系，主张后者要接受前者的指导。正所谓，"和众生始信大爱无疆，平天下终赖中正有方"。需要指出的是，罗尔斯认为，道德原则和正义原则是相通的。因为正义感是人类之爱的延续，正义原则为仁慈指明方向。就这一点而言，正义原则优先于道德原则。

1. 原文："**How is it possible that moral principles can engage our affections**？"（p. 416）H 本："道德原则怎么能进入我们的感情之中呢？"（第 376 页）新解："道德原则何以可能与我们的感情建立密切关系呢？" H 本照着字面解读这个语句，好像也没有什么错，但是其含义是模糊不清的。

2. 原文："**Since they are chosen by rational persons to adjudicate competing claims, they define agreed ways of advancing human interests**"（pp. 416-417）。H 本："既然它们是有理性的人们为调节相互冲突的要求而选择的，它们就规定了发展人们的利益的得到认可的方式"（第 376 页）。新解："由于道德原则是理性人选中的、用来裁决竞争性诉求的，它们规定了大家一致同意的促进人类利益的方式。"

3. 原文："**Benevolence is at a loss when the many objects of its love oppose one another. The principles of justice are needed to guide it**"（p. 417）。H 本："当爱的许多目标相互反对的时候，仁爱就不知所措。这时仁爱就需要正义原则来指导它"（第 376 页）。新解："当仁慈的许多对象彼此对立时，仁慈便茫然而不知所措。仁慈需要正义原则来指导。"

4. 原文："**Exemptions**"（p. 417）。H 本："排除"（第 376 页）。新解："豁免"。

5. 原文："**Feelings of guilt and indignation are aroused by the injuries and deprivations of others unjustifiably brought about either by ourselves or third parties, and our sense of justice is offended in the same way**"（p. 417）。H 本："负罪和义愤情感是我们自己或第三者无可辩护地造成的对他人的伤害和剥夺产生的情感，这种伤害和剥夺也同样使我们的正义感受到伤害"（第 377 页）。新解："愧疚感和义愤感源自我们自己或第三方无理伤害和剥夺他人，我们的正义感也以同样方式受到冒犯。"

6. 原文："**Since doing this belongs to their good, the sense of justice aims at their well-being even more directly**"（p. 417）。H 本："由于这样做是他们的善，正义感甚至是更直接地指向人们的幸福"（第 377 页）。新解："既然这样做属于他们的善，那么正义感甚至更直接地以他们的福祉为目标。"

7. 原文："**The desire to act justly is not, then, a form of blind**

obedience to arbitrary principles unrelated to rational aims"（p. 417）。H本："因此，做正义的事的欲望并不是对与合理目标无关的专断原则的一种盲目服从"（第377页）。**新解**："因此，做事合乎正义的愿望，并不是盲目服从与理性目标无关的独断原则的一种形式。"

【诠释】

初看之下，令人感到奇怪的是，我们竟有依照某个正当观念和正义观念去行动的欲望。道德原则何以可能与我们的感情（affections，尤其指亲情、爱情或爱）建立密切关系呢？在公平正义中，这个问题有几个答案。首先，正如我们所见（§25），道德原则必定有明确的内容。由于道德原则是理性人选中的、用来裁决竞争性诉求的，它们规定了大家一致同意的促进人类利益的方式。制度和行动从确保这些目标的角度得到评估；因此，毫无意义的原则，比如，人们在周二不得仰望天空，被视为既无必要又不合理的限制而遭到拒绝。在初始位置上，理性人没有理由承认这一类标准。其次，正义感延续着人类之爱。本人在前面提到过（§30），当仁慈的许多对象彼此对立时，仁慈便茫然而不知所措。仁慈需要正义原则来指导。正义感与人类之爱的区别在于，人类之爱是分外的，超越道德要求的，没有援引自然义务和职责原则所允许的豁免。然而明显的是，这两种情感的对象是密切相关的，在很大程度上是由相同正义观念所界定的。如果其中一个看起来是自然的和易于理解的，那么另一个也是。第三，愧疚感和义愤感源自我们自己或第三方无理伤害和剥夺他人，我们的正义感也以同样方式受到冒犯。正义原则的内容说明了这一点。最后（第四），对这些原则的康德式诠释表明，通过遵照这些原则来行动，人们表现出其作为自由平等的理性生命的本性（§40）。既然这样做属于他们的善，那么正义感甚至更直接地以他们的福祉为目标。它支持那些使每个人都能表达其共同本性的安排。的确，没有共同的或重叠的正义感，就没有公民友谊。因此，做事合乎正义的愿望，并不是盲目服从与理性目标无关的独断原则的一种形式。

【原文】§72-7-pp. 417-418

【评析】

1. 原文："But always for the welfare of some being or beings for whom he has some degree of fellow feeling"（p. 417）。H本："相反，他认

为自己始终是为着某种或某些他对之有某种程度的同情的存在物的福利而行动"(第377页)。新解:"相反,他总是为了与自身有一定交情的某个人或某些人的福祉而行动。"短语"fellow feeling"一般解读为"同情共感",这里解读为"交情",那是一种同胞之谊,一份合伙人之间同舟共济、休戚与共的感情,说重一点,有"同命运,共患难"的意思。

2. 原文:"**The utilitarian view, and no doubt perfectionism as well, meets the condition that the sentiment of justice can be characterized so that it is psychologically understandable**"(p. 417)。H本:"功利主义的观点,毫无疑问还有至善论的观点,都满足能够描述出正义情操的特性,因而正义情操从心理学上是可以理解的这一条件"(第377页)。新解:"效用论观点,毫无疑问,还有至善论观点,符合这样的条件:正义的情操可以这样来描述,以至于它在心理学上是可以理解的。"

3. 原文:"**Best of all, a theory should present a description of an ideally just state of affairs, a conception of a well-ordered society such that the aspiration to realize this state of affairs, and to maintain it in being, answers to our good and is continuous with our natural sentiments**"(p. 417)。H本:"一种理论最好能提供对一种理想的正义的政治状态的描述,即,提供对一个良序社会的观念,以便实现这种政治状态并维护它的存在的企望符合我们的善,并且是我们的自然情操的延续"(第377页)。新解:"最重要的一点是,正义理论应该呈现关于某种理想正义状况的描述,那是以实现这种正义状况并维持其存在为志向的良序社会观念,它符合我们的利益,并延续着我们的自然情操。"

4. 原文:"**A perfectly just society should be part of an ideal that rational human beings could desire more than anything else once they had full knowledge and experience of what it was**"(p. 418)。H本:"一个完全公正的社会应当成为这样一种理想的一部分,有理性的人们一旦具有了对于它的性质的充分知识与经验就能更加欲望它"(第377页)。新解:"一个完全正义的社会应该是一个理想的组成部分,一旦理性的人类充分掌握其真实情况,他们就会千方百计地实现它。"

【诠释】

当然,我不应该争辩说,公平正义是能够以某种自然方式诠释正义感的唯一学说。正如西季威克指出的那样,效用论者从不认为,自己只是为了一条非人格法则(impersonal law)而行动;相反,他总是为了与自身有一定交情的某个人或某些人的福祉而行动。① 效用论观点，毫无疑问，还有至善论观点，符合这样的条件：正义的情操可以这样来描述，以至于它在心理学上是可以理解的。最重要的一点是，正义理论应该呈现关于某种理想正义状况的描述，那是以实现这种正义状况并维持其存在为志向的良序社会观念，它符合我们的利益，并延续着我们的自然情操。一个完全正义的社会应该是一个理想的组成部分，一旦理性的人类充分掌握其真实情况，他们就会千方百计地实现它。② 正义原则的内容、产生方式以及道德发展的阶段都表明，在公平正义中，如此诠释是如何可能的。

【原文】§72-8-p.418

【评析】

罗尔斯在这里提到正当优先于善的主张，这也是康德的主张。这显然是一个反效用论的主张。

1. 原文："**The highest moral motive is the desire to do what is right and just simply because it is right and just, no other description being appropriate**"（p.418）。H本："最高的道德动机是做那些自身就正当正义，且仅因其自身就正当正义的事的欲望，其他描述都不可能贴切"（第377页）。新解："最高道德动机是，人们之所以想要做正确之事，仅仅因为它是正当而正义的，除此之外，任何其他描述都是不恰当的。"

2. 原文："**While other motives certainly have moral value, for example the desire to do what is right because doing this increases human happiness, or because it tends to promote equality, these desires are less morally worthy than that to do what is right solely in virtue of its being right**"（p.418）。H本："尽管其他动机，例如因能够提高幸福或平等而做正当的事的欲望，当然也有道德价值，这些欲望的道德价值却低于做仅因其身就是正当的事的欲望"（第377页）。新解："虽然其他动机当然有道德价值，比如，人有做正当之事的欲望，因为这样做要么增进人类之善，要么有助于促进平等，但是这些欲望在道德价值上都不如只凭借其正当性去做正当之事。"

3. 原文："**The other morally worthy desires, while indeed desires for**

---

① 西季威克：《伦理学方法》第7版，伦敦：麦克米兰出版社1907年版，第501页。——原注
② 关于这一见解，参阅菲尔德（G. C. Field）《道德理论》第2版，伦敦：梅修恩出版社1932年版，第135及以后，第141页及以后。——原注

things necessarily connected with what is right, are not desires for the right as such"（p. 418）。H本："其他在道德上有价值的欲望，尽管是对正当的东西所必需的事物的欲望，却不是对正当本身的欲望"（第377—378页）。新解："有道德价值的其他欲望，虽然确实是对与正当有着必然联系的事物的欲望，但是并非对正当本身的欲望。"

4. 原文："It resembles a preference for tea rather than coffee. Although such a preference might exist, to make it regulative of the basic structure of society is utterly capricious; and no less so because it is masked by a fortunate necessary connection with reasonable grounds for judgments of right"（p. 418）。H本："它就像喜欢茶而不喜欢咖啡的偏爱。尽管存在这样一种偏爱，把它作为调节社会基本结构的原则却完全是任性的；因为，即便以与正当判断的合理根据有幸运的必要联系为伪装，它也仍然如此"（第378页）。新解："它类似于喜爱喝茶甚于喜爱喝咖啡。虽然如此偏好可能是存在的，但是将它用来调节社会基本结构却是极其武断的。并且，因为它把一个碰巧建立的必要联系伪装成支持正当判断的某些合理理由，所以它同样是极其武断的。"短语"utterly capricious"表示"完全任性，难以把握，不可捉摸，由着性子来做事或做出裁决"。因此，这是一种伪装的正义，是动摇社会稳定的重要因素。

【诠释】

那么，纯粹出于良心的行为学说似乎是不合理的。这种学说认为，第一，最高道德动机是，人们之所以想要做正确之事，仅仅因为它是正当而正义的，除此之外，任何其他描述都是不恰当的；第二，虽然其他动机当然有道德价值，比如，人有做正当之事的欲望，因为这样做要么增进人类之善，要么有助于促进平等，但是这些欲望在道德价值上都不如只凭借其正当性去做正当之事。罗斯认为，因为一个特定的（和不可分析的）性质是我们的义务行为的特征，正当感（sense of right）是对一个独特的（和不可分析的）对象的欲望。有道德价值的其他欲望，虽然确实是对与正当有着必然联系的事物的欲望，但是并非对正当本身的欲望。① 但是在这种诠释

---

① 关于"纯粹出于良心的行为"（purely conscientious act）概念，参见罗斯《正当与善》，牛津：克莱伦顿出版社1930年版，第157—160页；罗斯：《伦理学基础》，牛津：克莱伦顿出版社1939年版，第205页及以后。关于这个概念使正当成为独断偏好（arbitrary preference）这一点，我引用了芬德利（J. N. Findlay）的观点，参阅芬德利《价值与意向》，伦敦：乔治·艾伦—昂温出版社1961年版，第213页及以后。——原注

中，正当感缺乏任何明确的理由；它类似于（一个人）喜爱喝茶甚于喜爱喝咖啡。虽然如此偏好可能是存在的，但是将它用来调节社会基本结构却是极其武断的。并且，因为它把一个碰巧建立的必要联系伪装成支持正当判断的某些合理理由，所以它同样是极其武断的。

【原文】§72-9-pp.418-419

【评析】

1. 原文："The sentiment of justice is not a different desire from that to act on principles that rational individuals would consent to in an initial situation which gives everyone equal representation as a moral person"（p.418）。H本："与按照有理性的人们在给每个人以作为一个道德的人的平等资格的最初状态中将会同意的那些原则去行动的欲望相比，正义情操没有多大不同"（第378页）。新解："正义的情操不是与按照原则行动的愿望有所不同的愿望，在初始场景下的理性个体将同意那些原则，初始场景则给予作为道德人的每个人以平等的代表权。"

2. 原文："In the light of the theory of justice we understand how the moral sentiments can be regulative in our life and have the role attributed to them by the formal conditions on moral principles"（p.418）。H本："借助于正义理论，我们可以理解道德情操能以何种方式成为我们生活中的调节因素，并扮演道德原则的形式条件赋予它的角色"（第378页）。新解："根据正义理论，我们理解道德情操在我们的生活中是如何调节的；并且，通过道德原则的形式条件，我们还理解道德情操具有被赋予的角色。"

3. 原文："We want to live with others on terms that everyone would recognize as fair from a perspective that all would accept as reasonable"（pp.418-419）。H本："在每个人基于所有人都会作为合理的东西而接受的观点都会承认为公平的条件下，我们希望和其他人共同生活"（第378页）。新解："我们希望从所有人都认为合理的视角并基于每个人都认为公平的条款与他人共同生活。"

【诠释】

但是，对于理解并接受契约论的人来说，正义的情操不是与按照原则行动的愿望有所不同的愿望，在初始场景下的理性个体（rational individuals）将同意那些原则，初始场景则给予作为道德人（moral person）的每个人以平等的代表权。这也与要求行动与原则保持一致没有区别,那些原则把人性表达为自由平等的理性生命(free and equal rational beings)。正义原则符合这些描述,这一事实使我们能够对正义感做出可以接受的诠释。根据正义理论,我们理解道德情操在我们的生活中是如何调节的;并且,通过道德原则的形式条件,我们还理解道德情操具有被赋予的角色。受这些原则支配意味着,我们希望从所有人都认为合理的视角并基于每个人都认为公平的条款与他人共同生活。人们在此基础上开展合作,这一理想对我们的感情产生了自然吸引力。

【原文】§72-10-p.419

【评析】

英雄和圣者的道德是分外道德,他们的善举或壮行,仍然符合正义原则,是原则道德的重要体现。当然,他们的行为往往超出了世俗的或常人的道德要求或道德能力,但是他们的行为仍然与正义原则相一致。他们最终成为世人学习的道德榜样。

1. 原文:"**It defines the last stage at which all the subordinate ideals are finally understood and organized into a coherent system by suitably general principles**"(p.419)。H本:"它标示着那个最后阶段,在这个阶段上,所有从属的理想都最终得到理解,都被那些恰当的一般原则组织成为一个一致的体系"(第378页)。新解:"它界定了最后阶段,在这一阶段,通过相当一般的原则,所有从属理想最终都得到了理解,并组成一个融贯的系统。"

2. 原文:"**The virtues of the other moralities receive their explanation and justification within the larger scheme; and their respective claims are adjusted by the priorities assigned by the more comprehensive conception**"(p.419)。H本:"其他道德的德性在一个更大的系统中得到了解释和证明;它们各自的要求也受到更有综合性的概念所规定的优先性规则的调节"(第378页)。新解:"其他道德的德性在一个更大集之内得到解析和证明;它们的各自诉求由更全面的正义观念确认的那些优先权来调节。"

3. 原文:"**The love of mankind shows itself in advancing the common good in ways that go well beyond our natural duties and obligations**"(p.419)。H本:"人类之爱表现为以远远超出我们的自然义务和职责的种种方式来提高人们的共同善"(第378页)。有人也把"common good"解

读为"共同善"①。**新解**："人类之爱表明，人类以远远超出我们的自然义务和职责的方式促进着共同利益。"

4. **原文**："**Its peculiar virtues are those of benevolence, a heightened sensitivity to the feelings and wants of others, and a proper humility and unconcern with self**"（p. 419）。H本："它特有的德性是仁爱，即一种经培育而形成的对他人的情感和要求的敏感，和一种恰当的谦卑和忘我"（第378—379页）。**新解**："其特有的德性是仁慈，对他人感情和需要的高度敏感，以及得体的谦恭和忘我。"

5. **原文**："**It becomes truly supererogatory when the individual displays its characteristic virtues of courage, magnanimity, and self-control in actions presupposing great discipline and training**"（p. 419）。H本："当一个人在以严格的纪律和训练为条件的行为中表现出这种道德所特有的勇敢、高尚和自制等德性时，它就真正地成了分外的道德"（第379页）。**新解**："以优良的纪律和严格的训练为前提，当个体在行动中表现出勇敢、大度和自制等德性时，他就成为真正的超级英雄。"

【诠释】

最后，我们可以观察到，原则道德有两种形式，其一与正当感和正义感相对应；其二与人类之爱和自制相对应。正如我们指出的那样，后者是分外的，前者则不是分外的。在正当和正义的正常形式中，原则道德包含着权威道德和社团道德的德性。它界定了(个体道德发展的)最后阶段，在这一阶段，通过相当一般的原则，所有从属理想最终都得到了理解，并组成一个融贯的系统。其他道德的德性在一个更大集之内得到解析和证明；它们的各自诉求由更全面的正义观念确认的那些优先权来调节。沿着愿意超越道德原则要求的方向，分外道德有两个方面。一方面，人类之爱表明，人类以远远超出我们的自然义务和职责的方式促进着共同利益。这种道德不是普通人的道德，其特有的德性是仁慈，对他人感情和需要的高度敏感，以及得体的谦恭和忘我。另一方面，以最简单的形式，自制道德表现为，完全自如而优雅地满足正当和正义的要求。以优良的纪律和严格的训练为前提，当个体在行动中表现出勇敢、大度和自制等德性时，他就成为真正的超级英雄。他要么可以通过自由地担任职位和获取位置来实现这一点，如果他想要出色地履行职责，这些职位和位置就会要求这些德性；要么可以通过以符合正义但超越义务和

---

① 罗尔斯：《罗尔斯论文全集》，陈肖生等译，第684页。

职责要求的方式寻求更高的目标来实现这一点。因此，分外道德，圣者和英雄的道德，并不矛盾于正当和正义准则；它们的特点是，自身愿意采纳与这些原则连续但超出它们所要求的范围的目标。①

§73 道德情操的特征
The Features of the Moral Sentiments

【题解】

在前面诸节的论述中，罗尔斯阐述了个体道德能力有一个培育和发展过程。个体的道德能力在正义情感方面得到充分体现。因此，个体拥有正义感，一种辨别是非和善恶的能力，是个体拥有的道德情操的本质特征。罗尔斯在《正义论》中用三个术语"道德情操"（moral sentiment）、"道德感情"（moral feeling）和"道德情绪"（moral emotion）来表示"道德情感"。罗尔斯本人表示，"情操"（sentiment）是一个比较老旧术语，它至少可以追溯到斯密的《道德情操论》。虽然我们喜欢在三者之间作一道德价值意义的排序，比如，道德情操优先于道德感情，道德感情优先于道德情绪，但是这些术语只是在语言使用中根据上下文而实施的一种用语习惯，并不存在内涵上的实质差异。因此，这一节讨论的"道德情操的特点"，也就是"道德情感的特点"。

【原文】 §73-1-p.420

【评析】

在这个段落里，罗尔斯提到了与道德情操有关的多个术语，比如"倾向""态度"和"情感"。它们都是道德心理学术语。通过这些术语，罗尔斯试图说明道德原则的含义。

---

① 在考察"分外道德"（morality of supererogation）的这些方面时，我借鉴了厄姆森（J. O. Urmson）在"圣者与英雄"（"Saints and Heroes"）一文中的观点，该文收录于梅尔登编《道德哲学论集》，西雅图：华盛顿大学出版社 1958 年版。"自制"（self-command）概念来自亚当·斯密：《道德情操论》，第六部分第 3 节，这一部分可参阅施耐德（H. W. Schneider）编《亚当·斯密道德哲学与政治哲学》，纽约：哈夫纳出版社 1948 年版，第 251—277 页。——原注

1. 原文："Turning to the first of these matters, I should explain that I shall use the older term 'sentiment' for permanent ordered families of governing dispositions"（p. 420）。H 本："在转过来讨论第一个问题时，我应说明，我将使用'情操'这个更为古老的词汇表示那些稳定有序的调节性倾向"（第 379 页）。**新解**："就第一个问题而言，我的解析是，本人将使用一个比较老旧的术语'情操'来指称一组持久有序的支配性倾向。"

2. 原文："Particular individuals or associations that have a central place in a person's life"（p. 420）。H 本："在个人生活中具有重要地位的具体个人或交往关系"（第 379 页）。**新解**："在人的生活中占据中心位置的特定个体或社团"。

3. 原文："Like sentiments, attitudes are ordered families of dispositions either moral or natural, but in their case the tendencies need not be so regulative or enduring"（p. 420）。H 本："和情操一样，态度也是一些有序的道德的或自然的倾向，但这些倾向不具有那样大的调节性或持久性"（第 379 页）。**新解**："与情操一样，态度是一组有序的道德倾向或自然倾向，但就态度而言，这些倾向不必是如此调节性的或持久性的。"

4. 原文："I wish to clarify the connection between moral sentiments, attitudes, and feelings, and the relevant moral principles"（p. 420）。H 本："我希望清楚地表明道德情操、态度、情感和有关的道德原则之间的联系"（第 379 页）。**新解**："我想澄清道德情操、道德态度和道德感情与相关道德原则的联系。"

【诠释】

在接下来的章节，本人将更详细地讨论道德三个阶段的几个方面。道德情操（moral sentiment）概念、三大心理学法则的性质及其形成过程都需要作进一步评述。就第一个问题而言，我的解析是，本人将使用一个比较老旧的术语"情操"（sentiment）来指称一组持久有序的支配性倾向，例如正义感和人类之爱（§30），它还表示对在人的生活中占据中心位置的特定个体或社团的持久依恋。因此，存在着道德情操和自然情操。我较为广泛地使用"态度"这个术语。与情操一样，态度是一组有序的道德倾向或自然倾向，但就态度而言，这些倾向不必是如此调节性的或持久性的。最后，本人将用短语"道德感情"（moral feeling）和"道德情绪"（moral emotion）来表达我们在特定场合所经历的感情和情绪。我想澄清道德情操、道德态度和道德感情与相关道德原则的联系。

【原文】§73-2-pp.420-421

【评析】

1. 原文："The main features of moral sentiments can perhaps be best elucidated by considering the various questions that arise in trying to characterize them and the various feelings in which they are manifested"（p.420）. H本："也许，通过考察在描述道德情操的过程中产生的各种问题，以及道德情操借以表现出来的各种情感，道德情操的主要特点就最好地得到了说明"（第379—380页）。新解："道德情操的主要特征也许可以通过考虑在试图描述它们时出现的各种问题以及它们在其中表现出来的各种情感而获得最佳解释。"

2. 原文："It is worthwhile to observe the ways in which they are distinguished both from each other and from those natural attitudes and feelings with which they are likely to be confused"（p.420）. H本："考察道德情操的相互区别，以及道德情操同容易与之混淆的自然态度和自然情感相互区别的方式，是值得的"（第380页）。新解："值得考察的是，道德情操既如何区别于彼此，又如何区别于自然态度和自然感情，人们容易把道德情操同自然态度和自然感情混同起来。"

3. 原文："What are the linguistic expressions that are used to give voice to having a particular moral feeling, and the significant variations, if any, in these expressions？"（p.420）H本："什么是一个人用以表达自己怀有一种具体的道德情感的语言形式，以及这些形式中的有意义的——假如有的话——变化形式？"（第380页）新解："哪些语言表达是用来表达一种特定的道德感情的，以及（如果有的话）这些表达的重要变式是什么？"

4. 原文："What are the characteristic behavioral indications of a given feeling, and what are the ways in which a person typically betrays how he feels？"（p.420）H本："什么是一种特定的情感的特殊行为象征，以及，什么是一个人暴露他的感觉的典型方式？"（第380页）新解："某一特定感情的特征性行为表征是什么？人以何种典型方式流露其感情？"

5. 原文："What are the characteristic sensations and kinesthetic feelings, if any, that are connected with moral emotions？"（p.420）H本：

1326　《正义论》评注

"什么是，假如有的话，和道德感情联系在一起的特殊的感觉和动觉？"（第 380 页）新解："（如果有的话）与道德情绪相关的特征性感觉和动觉感受是什么？"

6．原文："He may tremble and experience a tightening of the stomach. He may be unable to speak without his voice shaking"（pp. 420 – 421）．H 本："他可能发抖或感到胸闷。他可能无法说话，说话就声音颤巍"（第 380 页）。新解："他可能会发抖并感到胃部不适。他可能讲话声音颤抖。"

7．原文："Such characteristic sensations and manifestations are neither necessary nor sufficient in particular instances for someone to feel guilty, ashamed, or indignant"（p. 421）．H 本："并不是一个人在感到负罪、羞耻和义愤的具体场合中，都必然和只能产生这样的特有感觉和表现"（第 380 页）。新解："这些特征性感觉和表现对于某个个体感到愧疚、羞耻或愤慨既不必要也不充分。"

8．原文："Some characteristic sensations and behavioral manifestations of disturbance may be necessary if one is to be overwhelmed by feelings of guilt, shame, or indignation"（p. 421）．H 本："当一个人将为负罪、羞耻或义愤的情感压倒时，某种特有感觉和紊乱的行为可能是必然的"（第 380 页）。新解："如果他将被愧疚感、羞耻感或愤慨所压倒，那么一些特征性感觉和失态行为表现可能是必要的。"

【诠释】

道德情操的主要特征也许可以通过考虑在试图描述它们时出现的各种问题以及它们在其中表现出来的各种情感而获得最佳解释。① 值得考察的

---

① 这些问题产生于把维特根斯坦（Wittgenstein）在《哲学研究》（*Philosophical Investigations*）中的探究应用于道德情感概念。参阅维特根斯坦《哲学研究》，牛津：巴兹尔—布莱克韦尔出版社 1953 年版，也参阅例如安斯康姆（G. E. M. Anscombe）"伪装"（"Pretending"），《亚里士多德学会会刊》1958 年增刊第 32 卷，第 285—289 页；菲莉帕·福特（Phillipa Foot）："道德信念"，《亚里士多德学会会刊》（1958—1959 年）第 59 卷，第 86—89 页；以及皮彻尔（George Pitcher）"论赞许"，《哲学评论》1958 年第 67 卷。另参阅威廉斯（B. A. O. Williams）"道德与情感"（"Morality and the Emotions"），载于伦敦大学贝德福学院 1965 年《就职演讲》。对于史蒂文森（C. L. Stevenson）提出的伦理学情感理论（emotive theory of ethics）来说，一个困难可能是，它无法识别和区分道德情感与非道德情感。参阅史蒂文森《伦理学和语言》，纽黑文：耶鲁大学出版社 1944 年版。关于这个问题的讨论，参阅阿尔斯顿（W. P. Alston）"道德态度与道德判断"，《努斯》（*Nous*）1968 年第 2 卷。——原注

是，道德情操既如何区别于彼此，又如何区别于自然态度和自然感情，人们容易把道德情操同自然态度和自然感情混同起来。因此，首先，存在着如下问题：（a）哪些语言表达是用来表达一种特定的道德感情的，以及（如果有的话）这些表达的重要变式（significant variations）是什么？（b）某一特定感情的特征性行为表征（characteristic behavioral indications）是什么？人以何种典型方式流露其感情？（c）（如果有的话）与道德情绪相关的特征性感觉和动觉感受（characteristic sensations and kinesthetic feelings）是什么？例如，当人生气时，他可能感到浑身发热；他可能会发抖并引起胃部不适（tightening of the stomach）。他可能讲话声音颤抖；也许，他会不由自主地表现出某些动作。如果一种道德感情存在这种特征性感觉和行为表现（characteristic sensations and behavioral manifestations），这些感觉和表现并不构成愧疚感、羞耻感、愤慨感或其他道德感觉。这些特征性感觉和表现对于某个个体感到愧疚、羞耻或愤慨既不必要也不充分。这并不否认，如果他将被愧疚感、羞耻感或愤慨所压倒，那么一些特征性感觉和失态行为表现可能是必要的。但要是有这些感觉，一个人真诚地说他感到愧疚、羞愧或愤怒，并且他准备对自己何以会有如此感受给出适当解析（当然假设他接受这个解析是正确的）往往是足够的。

【原文】§73-3-p.421

【评析】

1. 原文："**What is the definitive type of explanation required for having a moral feeling, and how do these explanations differ from one feeling to another**？"（p.421）H本："什么是怀有一种道德情感所需要的确切解释方式？对持有一种情感所作的解释与对持有另一种情感的解释在多大程度上不同？"（第380页）**新解**："拥有道德感情所需的定义性解析类型是什么，这些解析如何在不同道德感情之间做出区分？"

2. 原文："**A reference merely to expected punishment is not enough; this might account for fear or anxiety, but not for guilt feelings**"（p.421）。H本："仅仅用可能受到的惩罚来解释是不够的；它可以解释恐惧或忧虑，但不能解释负罪感"（第380页）。**新解**："仅仅指称可预见的惩罚是不够的；这个回答可以解释恐惧或焦虑，但没有解释愧疚感。"

3. 原文："**Similarly, mention of harms or misadventures that have fallen upon oneself as a consequence of one's past actions explains feelings of**

regret but not those of guilt, and much less those of remorse" (p. 421). H本:"与此相似,用自己过去行为造成的对于自己的损害和不幸,可以解释悔恨的情感而不能解释负罪感,更不能解释自责的情感"(第380—381页)。新解:"同样地,作为一个人过去行为的后果,提及它给自己造成的伤害或不幸,可以解释后悔感,而不是愧疚感,更不用说悔恨感了。"

4. 原文:"Fear and anxiety often accompany feelings of guilt for obvious reasons, but these emotions must not be confused with the moral feelings"(p. 421). H本:"由于一些明显的理由,恐惧和忧虑常常伴随着负罪感,但它们不能和道德情感相混淆"(第381页)。新解:"由于一些明显的原因,恐惧和焦虑经常伴随着愧疚感,但是这些情绪不能与道德感情相混淆。"罗尔斯认为,"恐惧和焦虑"等情绪是心理现象,"愧疚感""后悔感""懊悔感"或"自责感"等道德情感是伦理现象。它们属于性质不同的两类问题,不得混同起来。前者往往属于心理疾病,后者则属于道德问题。

5. 原文:"We should not suppose, then, that the experience of guilt is somehow a mixture of fear, anxiety, and regret. Anxiety and fear are not moral feelings at all, and regret is connected with some view of our own good, being occasioned, say, by failures to further our interests in sensible ways. Even such phenomena as neurotic guilt feelings, and other deviations from the standard case, are accepted as feelings of guilt and not simply as irrational fears and anxieties because of the special type of explanation for the departure from the norm"(p. 421). H本:"所以,我们不应该假定负罪的体验在某种程度上是一种恐惧、忧虑的悔恨的混合物。忧虑和恐惧根本不是道德情感,悔恨也和我们关于自己的善的某种观点相关,受到——比方说——在以合理的方式发展我们的利益方面的失败的影响。甚至像神经病患者的负罪感这样的现象,以及其他的非正常情况,也是由于对这些偏离规范的情况的那种特殊类型的解释,才被看作是负罪的情感而不是简单的不理性的恐惧和忧虑的"(第381页)。新解:"因此,我们不应该认为愧疚的体验是恐惧、焦虑和悔恨的混合体。焦虑和恐惧根本不是道德感情,后悔与我们自身的善观念有关,比如说,后悔产生于我们没有以明智方式促进自身利益。由于对偏离常态的特殊类型解析,即使神经质愧疚感和偏离常态的其他现象,也仍被视为愧疚感,而非简单的非理性恐惧和焦虑。"罗尔斯进一步解释了心理问题和道德问题的区分,并强调这种区分对于解决道德问题的重要性。

6. 原文："A deeper psychological investigation"（p. 421）。H 本："一种更深入的心理学研究"（第 381 页）。**新解："深层心理学研究"**。这项研究主要由弗洛伊德和荣格等人开创并取得丰硕成果。但是，罗尔斯表示，用"深层心理学"来研究愧疚感，并且把它们同恐惧和焦虑相混淆是错误的。愧疚感的解释有其他的非精神分析的视角，主要是道德情感的分析视角。由此看来，罗尔斯把《正义论》第三编亦即道德心理学部分当作自己最为看重的部分，是完全有道理的。这表明，罗尔斯不仅有着以正义理论重新改造社会基本结构和基本制度的抱负，而且有用道德情感理论重新改造人的精神世界的野心。

【诠释】

这最后的考虑引发了在区分道德感情（moral feelings）与其他情绪（emotions）方面以及在区分诸道德感情彼此之间方面的主要问题，即：（d）拥有道德感情所需的定义性解析类型（definitive type of explanation）是什么，这些解析如何在不同道德感情之间做出区分？因此，当我们问某一个体为何感到愧疚时，我们想要得到什么样的回答？当然，并非任何回答都是可以接受的。仅仅指称可预见的惩罚是不够的；这个回答可以解释恐惧或焦虑，但没有解释愧疚感。同样地，作为一个人过去行为的后果，提及它给自己造成的伤害或不幸，可以解释后悔（regret）感，而不是愧疚（guilt）感，更不用说悔恨（remorse，自责）感了。当然，由于一些明显的原因，恐惧和焦虑经常伴随着愧疚感，但是这些情绪（emotions）不能与道德感情（moral feelings）相混淆。因此，我们不应该认为愧疚的体验是恐惧、焦虑和悔恨的混合体。焦虑和恐惧根本不是道德感情，后悔与我们自身的善观念有关，比如说，后悔产生于我们没有以明智方式促进自身利益。由于对偏离常态的特殊类型解析，即使神经质愧疚感（neurotic guilt feelings）和偏离常态的其他现象，也仍然被视为愧疚感，而非简单的非理性恐惧和焦虑。在这种情况下，总是有人认为，深层心理学研究将揭示（或已经揭示）恐惧和焦虑与其他愧疚感的相关相似之处。

【原文】§73-4-p.421-422

【评析】

1. 原文："His account of his feeling makes reference to an acknowledged right or wrong"（p. 421）。H 本："他对他的情感的描述总

是借助于一种公认的正当或错误概念"（第381页）。**新解**："他对自身感受的叙述参考了公认的是非和对错。"

2. 原文："**Counterexamples**"（p.421）. H本："反面的例子"（第381页）。**新解**："反例"。"反例"是科学哲学常用术语，托马斯·库恩在《必要的张力》和《科学革命的结构》中有系统论述。

3. 原文："**These are not proper guilt feelings, since he is not about to apologize to anyone, or to resolve not to see another play, and so on**"（p.422）. H本："这些并不是真正的负罪感，因为他不打算对任何人表示歉意，或决定不去看另一出戏，等等"（第381页）。**新解**："因为他既不打算向任何人忏悔，也不打算下定决心不再去看戏，如此等等，这些都不是恰当的愧疚感。"

4. 原文："**Assuming, then, the soundness of the contract view, the explanation of some moral feelings relies on principles of right that would be chosen in the original position, while the other moral feelings are related to the concept of goodness**"（p.422）. H本："所以，假如契约论观点是合理的，对某些道德情感的解释就依赖于人们在原初状态将乐于选择的正当原则，另一些道德情感则与善概念相联系"（第381页）。**新解**："因此，假定契约论观点站得住脚，对道德情感的解析依赖于在初始位置上被选中的正当原则，而其他道德情感则与善好概念有关。"

5. 原文："**As defined by some just scheme**"（p.422）. H本："由某种公正系统所规定的"（第381页）。**新解**："某个正义方案（或公正计划）规定的"。

6. 原文："**A person feels ashamed because he has been cowardly and not spoken out**"（p.422）. H本："一个人因为他曾表现怯懦并不敢说出来而感到羞耻"（第381页）。**新解**："因为一个人一直胆小怕事且沉默寡言，他感到羞愧。"

7. 原文："**The characteristic sensations and behavioral manifestations are the same, being psychological disturbances and having the common features of these**"（p.422）. H本："不同的道德情感的特有感觉和行为表现是相同的，作为心理上的纷扰，它们都具有这种纷扰的共同特征"（第381页）。**新解**："这些表征性感觉和行为表现是相同的，都是心理障碍（或心理失调），都具有这些心理障碍的共同特征。"

【诠释】

一般而言，个体解析其体验，会援引道德概念及其相关原则，这是道德情感的必要特征，也是道德情感区别于自然态度的一部分。他对自身感受的叙述参考了公认的是非和对错。当我们对此提出质疑时，我们可能会提供各种形式的愧疚感作为反例。这很容易理解，因为最早形式的愧疚感是权威愧疚感，如果没有所谓残留的愧疚感（residue guilt feelings），我们就不可能长大。例如，在严格宗教教派中长大的人可能被教导，去剧院看戏是错误的。虽然他不再相信这一点，但他告诉我们，他在看戏时仍然会感到愧疚。但是，因为他既不打算向任何人忏悔，也不打算下定决心不再去看戏，如此等等，这些都不是恰当的愧疚感。事实上，他应该说的是，他有某种不安的感觉和感受，那是类似于他感到愧疚时的感觉和感受。因此，假定契约论观点站得住脚，对道德感情的解析依赖于在初始位置上被选中的正当原则，而其他道德感情则与善好概念有关。例如，因为一个人知道自己拿走了超过应得的某个正义方案（或公正计划规定的）份额，或者对其他人不公平，他感到愧疚。或者，因为一个人一直胆小怕事且沉默寡言，他感到羞愧。他没有达到他为自己设定的道德价值观念（§68）。造成诸多道德情感彼此区分的因素是，它们的解析典型地援引的原则和过失。在很大程度上，这些表征性感觉和行为表现是相同的，都是心理障碍（或心理失调），都具有这些心理障碍的共同特征。

【原文】§73-5-p.422

【评析】

1. 原文："**It is worthwhile to note that the same action may give rise to several moral feelings at once provided that, as is often the case, the appropriate explanation for each one can be given**"（p.422）。H本："指出下述这一点是有价值的：假如每一种情感都能得到恰当的解释，情况常常如此，同一个行为可以同时引出若干种道德情感"（第381页）。**新解**："值得注意的是，在通常情况一样，只要恰当解析任一行为，同一行为可能同时产生若干道德情感。"

2. 原文："**A person who cheats may feel both guilty and ashamed: guilty because he has violated a trust and unfairly advanced himself, his guilt being in answer to the injuries done to others; ashamed because by**

resorting to such means he has convicted himself in his own eyes (and in those of others) as weak and untrustworthy, as someone who resorts to unfair and covert means to further his ends"（p. 422）。H 本："一个欺骗别人的人会感到既负罪又羞耻：他感到负罪是因为他已经损害了一种信任关系，已经不公正地发展了自己的利益，他的负罪是由于对别人做了不正义的事而发生的回应；他感到羞耻是因为，由于使用了这样的手段，他使自己在自己的眼中（及他人的眼中）成了懦弱的、不值得信任的人，成了借助不公平的、阴谋的手段来实现自己的目的的人"（第 382 页）。**新解：**"**一个作弊者会感到愧疚和羞耻：他之所以感到愧疚，是因为他背信弃义，不公平地提升自己，愧疚是对他人所受伤害的反应；他之所以感到羞耻，是因为正像一个人诉诸不公平的隐蔽手段去实现其目的那样，在他本人眼中（和在别人眼中），他的做法让他感到自己是软弱的、不值得信任的。**"

【诠释】

值得注意的是，在通常情况下，只要恰当解析任一行为，同一行为可能同时产生若干道德情感（§67）。例如，作弊者会感到愧疚和羞耻：他之所以感到愧疚，是因为他背信弃义，不公平地提升自己，愧疚是对他人所受伤害的反应；他之所以感到羞耻，是因为正像一个人诉诸不公平的隐蔽手段去实现其目的(为达目的而不择手段)那样，在他本人眼中（和在别人眼中），他的做法让他感到自己是软弱的、不值得信任的。这些解析诉诸不同的原则和价值，从而区分了相应的道德情感；不过，这两种解释都是经常用到的。我们可以在这里补充一点，对一个人而言，想要拥有某个道德情感，其解析所断言的一切未必是真实的；他只要接受这个解析便已足够。因此，有人可能误以为自己拿了超过应得的份额。他实际上可能并没有错（即他拿到的是他应得的）。尽管如此，他还是感到了愧疚，因为他的解析是正确的，虽然他搞错了，但他表达的信念是真诚的。

【原文】 §73 – 6 – p. 423

【评析】

1. 原文："A given feeling"（p. 423）。H 本："一种特定的情感"（第 382 页）。**新解："某种既定情感"。**

2. 原文："Reinstatement"（p. 423）。H 本："从头做起"（第 382 页）。**新解："修复关系"或"恢复原状"。**

3. 原文："When they behave wrongly"（p. 423）。H 本："其他人行为不公正时"（第 382 页）。新解："在别人行为不端时"。

4. 原文："In justice as fairness, these variations are accounted for in the first instance by the content of the corresponding moral view"（p. 423）。H 本："在公平的正义那里，这些区别从一开始就由相应的道德观点的内容而得到说明"（第 382 页）。新解："在公平正义中，这些多种表现形式首先由相应道德观点的内容来解析。"

【诠释】

接下来，存在着一组关于道德态度对行为的关系的问题：(e) 一个人在体验某种既定情感时，其特有的意图、努力和倾向是什么？他想做什么事情，或者他自己做不到什么事情？发怒者通常试图攻击或阻止其愤怒指向的人的目的。比如说，当一个人受到愧疚感困扰时，他希望在未来采取适当行动，努力相应地改变自己的行为。他倾向于承认自己所做的事，请求修复关系，承认并接受谴责和惩罚；他发现自己在别人行为不端时，更不可能谴责别人。具体情况决定着，这些倾向中的哪一个倾向将得到实现；我们也可以假设，可能引起的一组倾向根据个人道德的不同而不同。例如，显然地，随着社团道德的理想和作用变得更加复杂和提出更高的要求，愧疚的典型表现和适当解析将大不相同；这些情感反过来将不同于与原则道德有关的情绪。在公平正义中，这些多种表现形式首先由相应道德观点的内容来解析。戒律（准则）、理想和原则的结构表明需要什么样的解析。

【原文】§73 - 7 - p. 423

【评析】

1. 原文："What emotions and responses does a person having a particular feeling expect on the part of other persons? How does he anticipate that they will react toward him, as this is shown, say, in various characteristic distortions in his interpretation of others' conduct toward him?"（p. 423）H 本："什么才是一个怀有一种具体情感的人期待于他人的情感和反应？他以何种方式期待着他人对自己做出反应，既然这已经表现在他对于他人对他的行为的多少偏离的、个性的解释中？"（第 382 页）新解："有着特定情感的个体将期待他人有什么情绪和反应？他如何预测

他们会对自己做出反应，比如说，在他对他人针对自己行为的解释中，各种特征扭曲恰好表明了这一点？"

2. 原文："Someone who feels guilty, then, is apprehensive about the resentment and indignation of others, and the uncertainties which thereby arise"（p. 423）。H 本："因此，一个感到负罪的人总是害怕他人的不满和义愤，以及由此产生的不安"（第 382 页）。新解："因此，心有愧疚者担心他人的怨恨和愤慨，担心由此产生的不确定因素。"这里的"uncertainties"应解读为"不确定因素"。H 本的"害怕……不安"在逻辑上讲不通。

3. 原文："By contrast, someone who feels ashamed anticipates derision and contempt. He has fallen short of a standard of excellence, given in to weakness, and shown himself unworthy of association with others who share his ideals"（p. 423）。H 本："作为对照，一个感到羞耻的人则期待着嘲笑和轻蔑。他已经表现得缺乏美德，屈服于懦弱，并表明自己没有与和他有同样的理想的伙伴交往的价值"（第 382—383 页）。新解："相比之下，感到羞耻的人，料想自己会被他人嘲笑和鄙视。他没有达到出类拔萃的标准，自甘懦弱无能，显得自己不配与志同道合者交往。"H 本把"he has fallen short of a standard of excellence"解读为"他已经表现得缺乏美德"是一重大误解。

4. 原文："Just as the feelings of guilt and shame have different principles in their explanations, they lead us to anticipate different attitudes in other persons"（p. 423）。H 本："正如负罪感和羞耻感的解释诉诸不同的原则一样，它们也引导我们期待着他人的不同的态度"（第 383 页）。新解："正如愧疚感和羞耻感在解析时有着不同原则一样，它们引导我们去预料他人的不同态度。"

5. 原文："Guilt, resentment, and indignation invoke the concept of right, whereas shame, contempt, and derision appeal to the concept of goodness. And these remarks extend in the obvious way to feelings of duty and obligation (if there are such), and to proper pride and a sense of one's own worth"（p. 423）。H 本："负罪感、不满和义愤诉诸于正当概念，而羞耻、轻蔑和嘲笑诉诸于善的概念。而且，这些评论显然可以扩展到义务感和责任感（如果存在这些道德情感的话），以及恰当的骄傲和自我价值感"（第 383 页）。新解："愧疚、不满和义愤援引正当概念，羞耻、蔑视和讥讽则诉诸善好概念。（如果有的话）这些说法明显涉及义务感和责任

感，以及适当的自豪感和自我价值感。"罗尔斯在这里使用"the concept of goodness"显然区分于"the concept of good"或"the concept of the good";它不能解读为"善的概念",而应解读为"**善好概念**"。这是一个主要用来评估一个人的行为表现的概念,表现最佳者是"卓越者"或"杰出者",亦即达到了"出类拔萃的标准"(standard of excellence)的人。

【诠释】

此外,我们还可以追问:(f) 有着特定情感的个体将期待他人有什么情绪和反应?他如何预测他们会对自己做出反应,比如说,在他对他人针对自己行为的解释中,各种特征扭曲恰好表明了这一点?因此,心有愧疚者承认,他自身的行为侵犯了他人的正当要求,他料想他们会对自己的做法感到不满(嫌弃),并以各种方式惩罚自己。他还设想,第三方会对他感到愤怒。因此,心有愧疚者担心他人的怨恨和愤慨,担心由此产生的不确定因素。相比之下,感到羞耻的人,料想自己会被他人嘲笑和鄙视。他没有达到出类拔萃的标准,自甘懦弱无能,显得自己不配与志同道合者交往。他担心自己被淘汰或被拒绝,成为轻蔑和挖苦(scorn and ridicule)的对象。正如愧疚感和羞耻感在解析时有着不同原则一样,它们引导我们去预料他人的不同态度。一般而言,愧疚、不满和义愤(guilt, resentment, and indignation)援引正当概念,羞耻、蔑视和讥讽(shame, contempt, and derision)则诉诸善好概念。(如果有的话)这些说法明显涉及义务感和责任感,以及适当的自豪感和自我价值感。

【原文】 §73-8-pp.423-424

【评析】

1. 原文:"What are the characteristic temptations to actions that give rise to the moral feeling and how is the feeling typically resolved?"(pp. 423-424)H本:"什么是引向道德情感的特有行为诱惑,以及这种情感通过何种特别的方式才能解除?"(第383页) **新解**:"导致行为的什么特定诱因将引发道德情感?这种情感是如何典型地得到处理的?"这里将"temptations"解读为"诱惑"是不妥的。

2. 原文:"These variations reflect the defining principles with which they are connected and their peculiar psychological bases"(p. 424). H本:"这些区别反映着和这两种情感相联系并规定着它们的那些道德原则及其

心理基础"（第383页）。**新解**："这些差异既反映着它们与之相联系的确定原则，又反映着各自独特的心理基础。"

3. **原文**："Guilt is relieved by reparation and the forgiveness that permits reconciliation; whereas shame is undone by proofs of defects made good, by a renewed confidence in the excellence of one's person"（p.424）。H本："负罪感可以通过补偿和产生和解的宽恕而消解；而羞耻则通过缺点已经得到补救的证据，通过重新建立对自己的美德的自信来消除"（第383页）。**新解**："愧疚感通过赔礼道歉和获得谅解而得到缓解；羞耻感则通过弥补缺点的证据，并通过对自身人格的卓越因素的重拾信心而得以消除。"

4. **原文**："Resentment and indignation have their characteristic resolutions, since the first is aroused by what we regard as wrongs done to ourselves, the second is concerned with wrongs done to others"（p.424）。H本："不满和义愤也显然有其特有的消解方式，因为前者是针对别人对我们的不公正行为的，后者是针对别人对他人的不公正行为的"（第383页）。**新解**："因为不满缘于我们认为所犯下的错误是针对我们自身的，义愤则涉及所犯下的错误是针对他人的，所以不满和义愤各有其特定的化解办法。"在这里犯错误的主体是我们自己，当我们犯下的错误影响到我们自身时，我们可能会导致别人对我们的不满。比如如果我们在上学时成绩不好，我们的父母和老师就会对我们感到不满。当我们犯下的错误影响到他人时，我们会导致别人对我们的义愤。比如，如果我们违反诚信原则、偷盗他人财物、欺负老人小孩，如此等等，就会招致别人的义愤。这些错事都是我们自己犯下的。因此，H本对这个语句的解读是完全错误的。

【诠释】

最后，我们会问：（g）导致行为的什么特定诱因将引发道德情感（moral feeling）？这种情感是如何典型地得到处理的？这里又存在着明显的道德情绪（moral emotions）差异。愧疚感和羞耻感（feelings of guilt and shame）有着不同的背景，并以不同方式得到克服，这些差异既反映着它们与之相联系的确定原则，又反映着各自独特的心理基础。因此，比如，愧疚感通过赔礼道歉和获得谅解而得到缓解；羞耻感则通过弥补缺点的证据，并通过对自身人格的卓越因素（品德和能力）的重拾信心而得以消除。显然，比如，因为不满缘于我们认为所犯下的错误是针对我们自身的，义愤则涉及所犯下的错误是针对他人的，所以不满和义愤（resentment and indignation）各有其特定的化解办法。

【原文】§73-9-p.424

【评析】

1. 原文："The contrasts between the feelings of guilt and shame are so striking that it is helpful to note how they fit in with the distinctions made between different aspects of morality"（p.424）。H本："负罪感和羞耻情感之间的对比竟如此明显，以致指出它们和道德的不同方面之间的区别的吻合是颇有裨益的"（第383页）。新解："鉴于在愧疚感和羞耻感之间存在的反差如此显著，指出如下一点是有益的：它们如何与在道德不同方面之间产生的区别相契合。"

2. 原文："A breach of any virtue may give rise to shame; it suffices that one prizes the form of action among one's excellences"（p.424）。H本："在任何德性方面的缺陷都可能产生羞耻；一个人珍视表现着自己优点的行为形式就足以产生羞耻"（第383页）。新解："违背任何德性都可能导致耻辱；一个人珍视其言行举止，使之合乎其优异品质，这一点已经足够。"H本对这个语句的解读绝不是罗尔斯本人的意思。

3. 原文："Guilt and shame reflect the concern with others and with one's person that must be present in all moral conduct"（p.424）。H本："负罪和羞耻反映着同他人，以及同一个人的必然在所有道德行为中表现出来人格的关系"（第383页）。新解："愧疚和羞耻反映了对他人和对自身的关切，这种关切必定流露在所有道德行为中。"

4. 原文："The higher forms of moral excellence"（p.424）。H本："那些更高形式的美德"（第383页）。新解："道德优异的更高形式"。

5. 原文："The balance between persons is given by the principles of justice. And where this balance moves to one side, as with the moralities of supererogation, it does so from the election of self, which freely takes on the larger part"（p.424）。H本："正义原则保证着人们之间的平衡。而且，当这种平衡偏于一端时，例如在分外的道德那里，这种情况也是出于自由地占据主导地位的自我的选择"（第383—384页）。新解："人际平衡是由正义原则给予的。凡是存在这种平衡偏向一端移动的地方，正如带有分外道德那样，它是从自我选择开始的，自我选择自由承担着更大部分的付出。"

【诠释】

然而，鉴于在愧疚感和羞耻感之间存在的反差如此显著，指出如下一点是有益的：它们如何与在道德不同方面之间产生的区别相契合。正如我们所看到的，违背任何德性都可能导致耻辱；一个人珍视其言行举止，使之合乎其优异品质，这一点已经足够（§67）。相似地，只要他人受到伤害或其权利受到侵犯，如此过错总会导致愧疚。因此，愧疚和羞耻反映了对他人和对自身的关切，这种关切必定流露在所有道德行为当中。然而，一些德性，以及强调那些德性的道德，更典型地体现了某一种感受而非其他感受的立场，因而与之联系更为密切。因此，特别是，分外道德（moralities of supererogation）为羞耻提供了舞台，因为它们代表着道德优异的更高形式，亦即人类之爱和自制（higher forms of moral excellence, the love of humankind and self-command），在选择它们时，一个人有可能因它们的本性而失败。然而，在这个全面的道德观念中，强调非此即彼的情感视角是错误的。因为正当和正义理论是建立在对等概念之上的，这一概念调和了自我和他人作为平等道德人的观点。如此对等的结果是，这两个视角通常以大致相当的尺度具体规定着道德思想和道德感情。关心他人和关心自己都没有优先性，因为所有人都是平等的；人际平衡是由正义原则给予的。凡是存在这种平衡偏向一端移动的地方，正如带有分外道德那样，它是从自我选择开始的，自我选择自由承担着更大部分的付出。因此，虽然我们可以将自我观点和他人观点，或在完整道德观念之内的某些观点，视为某些道德在历史上的特征，但是，一个完整的道德学说同时包含着以上两者。自始至终，关于羞耻或愧疚的道德，只是某个道德观念的组成部分而已。

【原文】§73-10-p.425

【评析】

1. 原文："The moral attitudes involve the acceptance of specific moral virtues"（p.425）。H 本："道德态度和对特定的道德德性的接受联系在一起"（第384页）。新解："道德态度包含对特定道德德性的接受。"

2. 原文："Either appeal to principles belonging to different parts of morality or invoke them from contrasting points of view"（p.425）。H 本："每一个都诉诸属于道德的不同部分的原则，或从相互对照的观点提示它们"（第384页）。新解："要么诉诸属于道德不同部分的原则，要么从对

比角度援引道德不同部分的原则。"

【诠释】

本人在如上评述中强调了两个要点。第一，纵使特定的感觉(sensations)和行为表现是存在的，道德态度将不得由特定的感觉和行为表现来识别。道德情感(moral feelings)需要做某种解析。因此，第二，道德态度包含对特定道德德性的接受；规定这些德性的原则适用于解释相应的道德情感(feelings)。根据它们在解析中引用的标准，阐明不同情绪(emotions)的判断要相互区分开来。愧疚与羞耻(guilt and shame)、自责与后悔(remorse and regret)、义愤与不满(indignation and resentment)，要么诉诸属于道德之不同部分的原则，要么从对比角度援引道德之不同部分的原则。尽管每个理论大多试图以自己的方式解析这些区别，并为这些区别找到一席之地，但是伦理学理论必须这样做。

§74 道德态度与自然态度的关联
The Connection between Moral and Natural Attitudes

【题解】

在道德发展的不同阶段，个体持有不同的自然态度。道德态度不是自然产生的，或者不是先天就有的，而是后天养成的，与亲情和血缘有一定联系，但是其最高形式与亲情和血缘没有关系。道德态度是个体依正义做事的态度，是道德能力和正义感的体现。自然态度不是道德态度的基础，从自然态度也推导不出道德态度。道德态度与自然态度相比，对个体有着更高的道德要求。在这一节当中，我们可以清楚地看到，中国传统儒家看重的"亲亲互隐"和"爱有差等"的自然态度的局限性。罗尔斯强调道德态度的重要性，这是一种道德担当。"这种担当既是爱和信任的代价，也是友谊和爱情的代价，更是奉献于我们从中受益并为一般人类利益服务的制度和传统的代价。"(p.428)罗尔斯在这里主张的道德态度是摆脱家庭关系影响的以社会和社团为基础的独立公民面对各种公共事务的基本态度。罗尔斯显然不会认同罗蒂所谓的"作为较大忠诚的正义"观念，而主张一种基于公平正义原则的正义观念，这是一种按照正义原则做正义之事的观念，而不是按照一定的亲疏远近之社会关系做事的观念。亲亲互隐和爱有差等不可能是一种契约论的道德能力观念和正义观念，而是一种基于社会特殊血缘关系的自然主义的道德能力观念和正义观念。其最大的问题就在于把血缘关系与一般社会关系混同起来。然而，在现代社会里，血缘关系不是稳固的关系。因此，通过这一节关于道德态度与自然态度之关联的讨论的学习，我们可以更好地认识中国传统道德观念的局限性，并且看到中国从传统社会向现代社会转型的道德障碍。

【原文】§74-1-pp.425-426

【评析】

1. 原文："The first asks about the natural attitudes that are shown to be absent when a person fails to have certain moral feelings"（p.425）。H本："第一个问题问，当一个人不具有某种道德情感时，那种被表明是不存在的自然态度是什么？"（第384页）新解："第一个问题是，当一个人没有一定的道德情感时，是否表明自然态度也将是不存在的？"

2. 原文："Whereas the second asks which natural attitudes are evidenced to be present when someone experiences a moral emotion"（p.425）。H本："第二个问题是问，当一个人体验到一种道德情感时，被证明是存在着的自然态度是什么？"（第384页）新解："第二个问题是，当一个人体验某种道德情绪时，哪些自然态度被证实是存在的？"

3. 原文："The child's natural attitudes of love and trust for those in authority lead to feelings of (authority) guilt when he violates the injunctions addressed to him"（p.425）。H本："孩子的对那些有权威的人的爱和信任这些自然态度，会使他在违反了他们对于他的命令时产生（权威）负罪感"（第384页）。新解："当孩子违反向他发出的禁令时，他对权威者表示爱戴和信任的自然态度，会导致他产生（对权威的）愧疚感。"

4. 原文："Within the framework of the morality of association, the natural attitudes of friendship and mutual trust give rise to feelings of guilt for not fulfilling the duties and obligations recognized by the group"（p.425）。H本："在社团的道德中，友谊和相互信任这些自然态度也会由于没有履行交往群体公认的义务与职责而引起负罪感"（第384页）。新解："在社团道德的框架内，友谊和互信的自然态度会导致对未能履行群体认可的义务和职责的负罪感。"

5. 原文："These propositions must not be mistaken for their

converses, for while feelings of indignation and guilt, say, can often be taken as evidence for such affections, there may be other explanations"（pp. 425 – 426）. H 本："这些前提决不可以颠倒过来使用，因为，比如说，尽管义愤和负罪感常常被看作这类感情的证据，但是这一点可能有另外的解释"（第 384 页）。新解："因为比如虽然义愤感和愧疚感通常可以视为证实如此感受的证据，但也可能存在其他解析，不得误把这些命题倒过来念。"

6. 原文："Principles of right and justice have a certain content, and as we have just seen, there is a sense in which acting in accordance with them can be interpreted as acting from a concern for mankind, or for the good of other persons"（p. 426）. H 本："正当和正义原则这里有一种特定的内容，并且我们已经看到，在契约论中有一种意义，基于这种意义，符合这些原则的行为能够被解释为出于对人类或对他人的善的关心的行为"（第 384 页）。新解："正当原则与正义原则具有确定的内容，正如我们刚才所看到的，存在着这样一层含义：按照这些原则行事，可以被诠释为出于对人类的关切，或者是为了他人之善。"罗尔斯在这里讲的"there is a sense in which"的主体不是 H 本解读的"契约论"，而是"正当和正义原则"，这是对"正当与正义原则具有一个确定的内容"的进一步说明。

7. 原文："How far these attitudes are required for later moral motivation can be left open"（p. 426）. H 本："尔后的道德动机在何种程度上还需要这些态度还有待研究"（第 385 页）。新解："这些态度对以后的道德动机有多大要求，这是一个开放的问题。"

【诠释】

本人在概述正义感发展时还留意到了道德态度的另一面，即它们与某些自然态度的联系。① 因此，我们在审视道德感情时会追问：如果有的话，与之相关的自然态度是什么？于是存在两个针锋相对的问题。第一个问题是，当一个人没有一定的道德感情时，是否表明自然态度也将是不存在的？第二个问题是，当一个人体验某种道德情绪时，哪些自然态度被证实是存在的？在勾勒道德的三个阶段时，我只关注第一个问题，因为它的反

---

① 就这一整节而言，实际上就一般道德情感问题而言，我非常感谢大卫·萨克斯（David Sachs）。——原注

面会引发其他更加棘手的问题。本人认为，在权威情境下，当孩子违背向他发出的禁令时，他对权威者表示爱戴和信任的自然态度，会导致他产生（对权威的）愧疚感。如果他缺乏这些道德情感，那将证明他缺乏这些自然纽带(主要以血缘和亲情联结起来的纽带)。同样，在社团道德框架内，友谊和互信的自然态度会导致对未能履行群体认可的义务和职责的负罪感。如果一个人没有这些感觉，那么意味着他没有这些依恋。因为比如虽然义愤感和愧疚感通常可以视为证实如此感受的证据，但也可能存在其他解析，不得误把这些命题倒过来念。一般来说，道德原则可以有多种原因而得到肯定，接受道德原则通常足以产生道德情感。诚然，按照契约理论，正当原则与正义原则具有确定的内容，正如我们刚才所看到的，存在着这样一层含义：按照这些原则行事，可以被诠释为出于对人类的关切，或者是为了他人之善。这一事实是否表明，一个人的行为，部分是出于某些自然态度，特别是因为这些态度涉及对特定个体的依恋，而不仅仅是出于一般的同情和仁慈。本人将在此搁置这个问题。当然，前面关于道德发展的论述假定，针对特定个体的感情，在道德学习中起着至关重要的作用。尽管本人认为，假如这些依恋在某种程度上不是必要的，那将是令人惊讶的，但是，这些态度对以后的道德动机有多大要求，这是一个开放的问题。

【原文】§74 – 2 – pp. 426 – 427

【评析】

1. 原文："These sentiments and attitudes are both ordered families of characteristic dispositions, and these families overlap in such a manner that the absence of certain moral feelings evidences the absence of certain natural ties"（p. 426）。H 本："这些情操和态度都是人的特有倾向的有序系列，这些系列是如此地相互重合，以致某些道德情感的缺乏就证明缺乏某种自然联系"（第 385 页）。新解："这些情操和态度都是特定倾向的有序类别，这些类别以如此方式重叠，以至于某些道德感情的缺失证明某些自然纽带的缺失。"

2. 原文："The presence of certain natural attachments gives rise to a liability to certain moral emotions once the requisite moral development has taken place"（p. 426）。H 本："一俟道德获得了必要的发展，某些自然依恋关系的存在就导致了某些道德情感倾向的发生"（第 385 页）。新解："一旦必要的道德发展得到推进，某些自然依恋随之呈现，导致对一定的

道德感情有所担当。"在这里,"道德发展"(moral development)是一个固定术语,不得拆分。"The presence of certain natural attachments gives rise to a liability to certain moral emotions",有敢爱敢恨之意。

3. 原文:"**Love is a sentiment, a hierarchy of dispositions to experience and to manifest these primary emotions as the occasion elicits and to act in the appropriate way**"(p. 426)。H 本:"爱是一种情操,一个有等级的倾向序列,当环境诱发时,它使我们去体验或表现这些基本情感,并以恰当方式去行动"(第 385 页)。新解:"爱是一种情操,是当事人触景生情便可体验并流露这些基本情绪且付诸得体行动的一组有层次的倾向。"

4. 原文:"**The disposition on A's part to feel remorse when he injures B, or guilt when he violates B's legitimate claims, or A's disposition to feel indignation when C seeks to deny B's right, are as closely related psychologically with the natural attitudes of love as the disposition to be joyful in the other's presence, or to feel sorrow when he suffers**"(pp. 426 – 427)。H 本:"当 A 伤害了 B 时的自责,或当他侵犯了 B 的合理要求时的负罪倾向,或当 C 想否认 B 的权利时 A 的义愤倾向,在心理上都同与另一个人悲欢与共的爱的自然倾向紧密联系"(第 385 页)。新解:"当 A 伤害 B 时,A 会感到自责;当 A 侵害 B 的合法权益时,A 会感到愧疚;或者,当 C 企图否认 B 的权利时,A 会感到愤怒,就像在对方面前感到快乐,或在对方受苦时感到悲伤一样,这些倾向在心理上与爱的自然态度密切相关。"

5. 原文:"**But assuming these things, the liability to moral feelings seems to be as much a part of the natural sentiments as the tendency to be joyful, or the liability to grief**"(p. 427)。H 本:"但假定是这样,道德情感倾向也像快乐倾向或悲痛的倾向一样,是自然情操的一部分"(第 385 页)。新解:"假定这些能力皆已具备,那么,**道德感操的倾向,似乎和趋乐避苦的倾向一样,都是自然情操的一部分。**"这里的"the tendency to be joyful, or the liability to grief"就是效用论的基本主张,所谓理性人应当追求"对快乐趋之若鹜,对痛苦唯恐悔之不及"的生活,亦即快乐极大化和痛苦极小化。效用论在定量方面比直观论有着较大优势,但是,在定性方面仍然是模糊不清的。罗尔斯试图道德情操的在定性方面(正当性方面)超越效用论。但是,H 本的解读丝毫看不到效用论思想的影子。

6. 原文:"**Love sometimes expresses itself in sorrow, at other times in indignation. Either one without the other would be equally unusual**"

(p. 427). H 本："爱有时表现为悲痛，有时表现为义愤。这两者中只有这一种或那一种，而没有另一种，都同样是少见的"（第 385 页）。**新解："爱时而表现为悲伤，时而表现为愤怒。无论有悲伤而无愤怒，还是有愤怒而无悲伤，这样的爱都不常见。"** 这个语句让人想起鲁迅"怒其不争、哀其不幸"之论。语出《摩罗诗力说》关于英国诗人拜伦的评论："（诗人）重独立而爱自由，苟奴隶立其前，必哀悲而疾视，哀悲所以哀其不幸，疾视所以怒其不争。"

【诠释】

现在，自然态度和道德情感之间的联系可以表述为：这些情操和态度都是特定倾向的有序类别，这些类别以如此方式重叠，以至于某些道德感情的缺失证明某些自然纽带的缺失。换言之，一旦必要的道德发展得到推进，某些自然依恋随之呈现，导致对一定的道德感情有所担当。我们可以通过例子来说明这一点。假定 A 关心 B，那么不必特别解释，A 在 B 有危险时就会为 B 担惊受怕，并试图给予 B 以援助。再者，假定 C 预谋不正当地对待 B，那么 A 对 C 很是愤怒，并试图阻止 C 的阴谋得逞。在这两种情况下，A 都倾向于保护 B 的利益。此外，除非有特殊情况，否则，每当 A 和 B 在一起时，A 都是快乐的。假如 B 受伤或死亡，那么 A 会感到悲伤。假如 B 受到伤害 A 是有责任的，那么 A 会感到自责。爱是一种情操，是当事人触景生情便可体验并流露这些基本情绪且付诸得体行动的一组有层次的倾向 (hierarchy of dispositions)。① 为了明确自然态度和道德情操的联系，人们只需注意这样的倾向：当 A 伤害 B 时，A 会感到自责；当 A 侵害 B 的合法权益 (legitimate claims) 时，A 会感到愧疚；或者，当 C 企图否认 B 的权利时，A 会感到愤怒，就像在对方面前感到快乐，或在对方受苦时感到悲伤一样，这些倾向在心理上与爱的自然态度密切相关。道德情操在某些方面要更加复杂一些。在其完整形式中，道德情操以理解和接受某些原则以及根据这些原则做出判断的能力为前提。假定这些能力皆已具备，那么，道德情操的倾向，似乎和趋乐避苦的倾向一样，都是自然情感的一部分。爱时而表现为悲伤，时而表现为愤怒。无论有悲伤而无愤怒，还是有愤怒而无悲伤，这样的爱都不是常见的。理性道德原则的内容在于使这些联系变得容易理解。

---

① 关于这一点，参阅尚德（F. A. Shand）《性格之基础》(*Foundations of Character*) 第 2 版，伦敦：麦克米兰出版社 1920 年版，第 55 页及以后。——原注

第八章 正义感　1345

【原文】§74-3-p.427

【评析】

1. 原文："The moral feelings are a normal feature of human life"（p.427）。H 本："道德情感是人生的一个正常的特征"（第 386 页）。新解："道德情感是人类生活的一个常态特征。"

2. 原文："Among persons who never acted in accordance with their duty of justice except as reasons of self-interest and expediency dictated there would be no bonds of friendship and mutual trust"（p.427）。H 本："在那些除非是出于自我利益的和权宜的原因，否则就从不履行其正义义务的人们中间，不会有友谊和互信的关系"（第 386 页）。新解："在那些从来没有按照自己的正义义务行事的人当中，除非出于私利和权宜之计，否则友谊和互信的纽带将荡然无存。"

3. 原文："For when these attachments exist, other reasons are acknowledged for acting fairly. This much seems reasonably obvious. But it also follows from what has been said that, barring self-deception, egoists are incapable of feeling resentment and indignation"（p.427）。H 本："因为，只要存在这些依恋关系，为了做事公平，就要承认其他的理由。这是显而易见的。但由此又可以推论，除了自我欺骗，利己主义者也不可能感到不满和义愤"（第 386 页）。新解："因为当这些附则存在时，公平做事的其他理由便得到了承认。这一点似乎是显而易见的。不过，也有人从这种说法推导出，除非自欺欺人，否则自利者不会感到不满和义愤。"

【诠释】

这种学说的一个重要推论是，道德情感是人类生活的一个常态特征。如果不同时消除某些自然态度，我们就无法抛开这些道德情感。在那些从来没有按照自己的正义义务行事的人当中，除非出于私利和权宜之计，否则友谊和互信的纽带将荡然无存。因为当这些附则（attachments，指私利和权宜之计）存在时，公平做事的其他理由便得到了承认。这一点似乎是显而易见的。不过，也有人从这个说法推导出，除非自欺欺人，否则自利者（egoists）不会感到不满和义愤。如果两个唯我论者中的任何一个欺骗了另一个，并且这一点被揭穿了，那么他们都没有理由抱怨彼此。他们既不接受正义原则，也不接受从初始位置来看任何其他的合理正义观念；他们不会因为多次违反义务而抱有一丁点的愧疚感。正如我们看到的，不满和义愤（resentment and indignation）是道德情感（moral feelings），因此它们以接受正当原则和正义原则作为解释的前提。但是根据假设，我们无法对它们给出适当的解释。否认自私自利的人没有表达不满和义愤的能力，当然不是说他们不能互相感到气愤和恼怒。缺少正义感的人，可能会被不公正的人所激怒。但是，气愤和恼怒（anger and annoyance）不同于义愤和不满（indignation and resentment）；气愤和恼怒不像义愤和不满那样是道德情绪（moral emotions）。不应否认的是，自利论者可能希望，他者承认友谊的纽带（bonds of friendship），并以友好方式对待自己（善待自己）。但是，这些欲望不能被误认为是让你为朋友做出牺牲的感情联络（ties of affection）。在区分不满和气愤（resentment and anger）方面，以及在区分表面友谊和真正友谊方面，无疑存在着困难。当然，如果只看行为的有限片段，那么公开的言行举止可能看起来是一样的。然而，从长远来看，两者的差异通常是看得出来的。

【原文】§74-4-p.428

【评析】

1. 原文："He lacks certain natural attitudes and moral feelings of a particularly elementary kind"（p.428）．H本："他缺乏某些自然态度和一种极其基本的道德情感"（第386页）．**新解："他缺乏某些自然态度和某种最起码的道德感情。"** 这里的短语"moral feelings of a particularly elementary kind"也可以解读为"某种特别初步的道德感情"。

2. 原文："Put another way, one who lacks a sense of justice lacks certain fundamental attitudes and capacities included under the notion of humanity"（p.428）．H本："反过来说，一个缺乏正义感的人也缺乏包含在人的概念之下的某些基本态度和能力"（第386页）．**新解："换言之，缺乏正义感的人，缺乏包含在人性概念下的某些基本态度和基本能力。"**

3. 原文："There is no way for us to avoid a liability to them without disfiguring ourselves"（p.428）．H本："如果避开发展道德情感的倾向，我们就不可能不扭曲我们自己"（第386页）．**新解："不存在我们回避道德情感担当且令自身毫发无损的办法。"** 短语"without disfiguring ourselves"表示"我们不为诸多道德情感纠葛所困扰"。

4. 原文："**This liability is the price of love and trust, of friendship and affection, and of a devotion to institutions and traditions from which we**

have benefited and which serve the general interests of mankind"（p. 428）. H 本："这种倾向是爱和信任、友谊和感情的代价，也是为我们已经从中受益的、为人类的一般利益服务的制度和传统的献身的代价"（第 386 页）。新解："这种担当既是爱和信任的代价，也是友谊和爱情的代价，更是奉献于我们从中受益并为一般人类利益服务的制度和传统的代价。"

5. 原文："Since being moved by ends and ideals of excellence implies a liability to humiliation and shame, and an absence of a liability to humiliation and shame implies a lack of such ends and ideals, one can say of shame and humiliation also that they are a part of the notion of humanity"（p. 428）. H 本："由于被美德的目标和理想所驱动意味着一种羞辱和羞耻的可能倾向，由于缺乏一种羞辱和羞耻的可能倾向就意味着缺乏这些目标和理想，人们就可以说，羞辱和羞耻是人的概念的一部分"（第 386—387 页）。新解："假如一个人受到优异目标和卓越理想的激励，那就意味着他要忍辱负重；如果一个人不能忍辱负重，那就意味着他缺乏这样的目标和理想。人们也可以这样谈论屈辱和羞耻，它们是人性概念的组成部分。"这句话让人想起孟子"劳其筋骨"论："故天将降大任于斯人也，必先苦其心志，劳其筋骨，饿其体肤，空乏其身，行拂乱其所为，所以动心忍性，曾益其所不能。"

【诠释】

于是，有人可能会说，缺乏正义感的人，除了自私自利和权宜之计之外，永远不会做正义之事的人，不仅没有友谊、亲情和互信的纽带，而且没有能力体验不满和义愤。他缺乏某些自然态度和某种最起码的道德感情。换言之，缺乏正义感的人，缺乏包含在人性概念下的某些基本态度和基本能力。现在，这些道德情绪肯定是令人不快的，或在广义上是令人不快的；但是，不存在我们回避道德情感担当且令自身毫发无损的办法。这种担当既是爱和信任的代价，也是友谊和爱情的代价，更是奉献于我们从中受益并为一般人类利益服务的制度和传统的代价。再者，假定人们拥有自己的利益和愿望，并且假定，他们在追求自己的目标和理想时，表达着彼此的诉求——也就是说，只要引发正义问题的条件产生于它们当中——，那么，在诱导和激情之下，这种担当将不可避免地成为现实。假如一个人受到优异目标和卓越理想的激励，那就意味着他要忍辱负重；如果一个人不能忍辱负重，那就意味着他缺乏这样的目标和理想。人们也可以这样谈论屈辱和羞耻。它们是人性概念的组成部分。于是，缺乏正义感并因此对过错负有罪责的人，也是缺乏某些基本态度和基本能力的人，这一事实不应被视为他赞成按照正义的要求行事的理由。但是它有这样的意义：通过理解缺乏正义感会是什么样子，也就是说，如果那样，那么我们将丧失人性的某一部分，因此，我们将被引导着去接受我们必须持有这种情感。①

【原文】§74-5-pp. 428-429

【评析】

罗尔斯在这里谈到了"压迫性良知的负担"(the burdens of oppressive conscience)。这个短语让人想起黑格尔在《精神现象学》中关于"苦恼意识"和"优美灵魂"的讨论："就苦恼意识自身来说，行动和它的实际行动仍然是贫乏而无意义的，它的享受仍然是一种痛苦，并且对这些情况加以扬弃，就其积极意义来说，仍然是达不到的彼岸。"② 以及，"具有自身确定性的精神，作为优美的灵魂，既然还没有力量把关于它自身的、坚持不移的知识加以外化，它就不能同那遭受拒绝的意识达成一致，因而就不能达到它自己与别的意识在直观上的统一，不能达到特定存在；因此这时候所达到的一致只是消极的，只是一种无精神的存在。这种没有现实性的优美灵魂于是就处于矛盾之中，处于坚持不移的对立的直接性之中；这里所说的矛盾，是指它的纯粹自我与纯粹自我之必须外化为存在和必须转化为现实这个必然性之间的矛盾，这里所说的直接性，是指对立中的直接性，这种直接性是发展到了纯粹抽象程度的对立中的惟一沟通和解的中项，是纯粹存在或者说纯粹虚无。而在这种情况下的优美灵魂，由于意识到了它的这种没有得到和解的直接性中的矛盾，就使精神错乱陷于疯狂，并且忧伤憔悴抑郁而死"③。

1. 原文："The moral sentiments are a normal part of human life."(p. 428). H本："道德情操是人生的一个正常组成部分"（第387页）。**新解**："道德情操是人类生活的常态部分。"

2. 原文："Perverse and destructive forms"（p. 428). H本："不正当的和破坏性的形式"（第387页）。**新解**："变态且解构的形式"。

---

① 这个语句也可以引申为，假如一个人没有正义感，他就不配生而为人，而与禽兽无异。因此，作为人性的一部分，人持有正义感是至关重要的。
② 黑格尔：《精神现象学》（上卷），贺麟、王玖兴译，商务印书馆1979年版，第153页。
③ 黑格尔：《精神现象学》（下卷），贺麟、王玖兴译，商务印书馆1979年版，第174—175页。

3. 原文:"Blunt without reason human spontaneity and enjoyment"(p. 428). H 本:"不合理地减弱人们的自发行为和享受"(第 387 页)。新解:"毫无理由地削弱人性的率真和欢乐。"

【诠释】

由此可见,道德情操是人类生活的常态部分,人要不同时消除自然态度,就无法摆脱道德情操。我们还看到(§30 和§72),因为人类的爱和维护共同利益的愿望,包含确立其目标所必需的正当原则和正义原则,在这一意义上,道德情感是自然态度的延续。所有这些都不能否认,我们现有的道德感情可能在许多方面是不合理的,对我们的利益是有害的。弗洛伊德是正确的。他认为,自然态度通常是惩罚性的和盲目性的,体现了权威情景的许多更严酷方面,它们是在权威情景中习得的。义愤和不满、愧疚和自责、义务感和对他人的责备,往往采取变态且解构的形式,毫无理由地削弱人性的率真和快乐。当我说道德态度是我们人性的一部分时,我指的是那些在解释中诉诸合理的正当原则和正义原则的态度。基本道德观念的合理性是必要条件;因此,道德情感是否合乎我们的本性,取决于在初始位置上得到同意的原则。[1] 正如它们规范着制度设计那样,这些原则规范着道德教育,规范着道德赞同和道德反对的表达。即使正义感是在良序社会中人类自然态度的正常产物,然而以下情况仍然是真的:我们现在的道德感情是不合理的和反复无常的。无论如何,良序社会的一大优点是,由于专横的权威(arbitrary authority)已经消失,其成员承受压迫性良知的负担(burdens of oppressive conscience)要少得多。[2]

---

[1] 密尔在《论自由》第三章第 10 段提到,虽然为了他人而坚持严格的正义规则发展了我们天性中的社会部分,因此与我们的福祉相容,但是只要默许以下情形,我们受到正义规则约束的方式不是为了他人的利益,而只是缘于他人的不高兴,那么它将削弱我们的天性。[原文:"While being held to rigid rules of justice for the sake of others develops the social part of our nature, and therefore is compatible with our well-being, being restrained in ways not for their good but because of their mere displeasure blunts our nature if acquiesced in"(p. 428 n. 20)]。——原注

[2] 这让人想起黑格尔在《精神现象学》中谈到的"苦恼意识";黑格尔在那里也一再谈到不幸意识。如何对等个人的机会与运气,尤其是不幸,是《正义论》的重要议题。因此,黑格尔对罗尔斯的思想影响是深远而持久的。

§75 道德心理学原理
The Principles of Moral Psychology

【题解】

道德心理学原理主要表现为三条道德心理学法则。公平正义的相对稳定性是正义理论探讨的一个重要问题，它是良序社会稳定的理论基础。罗尔斯认为，在主观上，公民普遍地具有正义感，是保证公平正义的相对稳定性的理论前提。在客观上，良序社会必须是接近正义的社会。罗尔斯在这里提出了道德心理学三条法则，它们是道德心理学原理的重要内容。但是 H 本对道德心理学三条法则的解读几乎都有待验证，这给中文读者准确理解罗尔斯本人在《正义论》中最为看重的道德心理学部分造成了一定的困扰。

【原文】 §75 – 1 – p. 429

【评析】

原文："**Taking for granted that they represent tendencies and are effective other things being equal, they can be rendered as follows**"（p. 429）。H 本："如其他条件相同，且假定这些法则都表现人们的倾向并且都发挥作用，那么，可以把它们表述如下"（第 388 页）。**新解**："理所当然地，它们代表着某些趋势，并在其他条件相同的情况下，它们是有效的。它们可以表述如下。"在这里，罗尔斯讨论的是心理学法则，法则就是规律，它不是以个体的意志为转移的。因此，这里的术语"tendencies"解读为"趋势"比"倾向"要好一些。

【诠释】

我们须尽快借助于道德发展概要（sketch of moral development）来考察公平正义的相对稳定性。但在此之前，我想略谈一下三条心理学法则。我们先对其作个陈述是有益的。理所当然地，它们代表着某些趋势，并在其他条件相同的情况下，它们是有效的。它们可以表述如下。

【原文】§75 – 2 – p. 429

First law: given that family institutions are just and that the parents love the child and manifestly express their love by caring for his good, then the child, recognizing their evident love of him, comes to love them.

H 本："第一法则：假如家庭制度通过关心孩子的善表现出它们对孩子的爱，那么，孩子一旦认识到对于他的显明的爱，他就会逐渐地爱它们"（第 388 页）。

【评析】

H 本对第一法则的解读是错的，既漏掉了第一法则的两个前提中的第一个前提，又误解了这一法则中的主体。H 本把家庭制度中的主体解读为"家庭制度"，其实是"家长"或"父母"。第一法则中没有出现"父母"或"家长"。这是 H 本中最大的误读之一。

1. 原文："Given that family institutions are just"（p. 429）. 新解："给定家庭制度是正义的"。因此 H 本没有解读这个语句，漏掉了第一条法则的关键内容："给定家庭制度是正义的"，因此 H 本的第一条法则是不完整的。

2. 原文："And that the parents love the child and manifestly express their love by caring for his good"（p. 429）. H 本："假如家庭制度通过关心孩子的善表现出它们对孩子的爱"（第 388 页）. 新解："并且给定父母爱孩子，通过关心孩子的福分来表达他们的爱。"

3. 原文："Then the child, recognizing their evident love of him, comes to love them"（p. 429）. H 本："那么，孩子一旦认识到对于他的显明的爱，他就会逐渐地爱它们"（第 388 页）. 新解："于是，孩子知晓父母明显的爱，也爱着父母。"

【诠释】

第一条法则：给定家庭制度(family institutions) 是正义的，并且给定父母爱孩子，通过关心孩子的福分来表达他们的爱，于是，孩子知晓父母明显的爱，也爱着父母。

【原文】§75 – 3 – p. 429

Second law: given that a person's capacity for fellow feeling has been

realized by acquiring attachments in accordance with the first law, and given that a social arrangement is just and publicly known by all to be just, then this person develops ties of friendly feeling and trust toward others in the association as they with evident intention comply with their duties and obligations, and live up to the ideals of their station.

H本："第二法则：假如一个人以与第一法则相符合的方式获得了依恋关系，从而实现了他的友好情感能力，假如一种社会安排是正义的并且所有的人都知道它是正义的，那么，当他人带着显明的意图履行他们的义务和职责并实践他们的职位的理想时，这个人就会在交往中发展同他人的友好情感和信任的联系"（第388页）。

【评析】

1. 原文："Given that a person's capacity for fellow feeling has been realized by acquiring attachments in accordance with the first law"（p. 429）。H本："假如一个人以与第一法则相符合的方式获得了依恋关系，从而实现了他的友好情感能力"（第388页）。**新解**："给定根据第一条法则，人的感同身受能力通过获得依恋来实现。"短语"capacity for fellow feeling"可以解读为"同情共感能力"或"感同身受能力"。这个给定的重心不是"获得依恋关系"，而是实现一种感情能力、一种"同情心"、一种"同情共感的能力"。因此，H本对第二个法则中的第一个前提的解读仍然较为勉强。

2. 原文："And given that a social arrangement is just and publicly known by all to be just"（p. 429）。H本："假如一种社会安排是正义的并且所有的人都知道它是正义的"（第388页）。**新解**："再给定，社会安排是正义的，而且所有人都公开地知道它是正义的。"

3. 原文："Then this person develops ties of friendly feeling and trust toward others in the association as they with evident intention comply with their duties and obligations, and live up to the ideals of their station"（p. 429）。H本："那么，当他人带着显明的意图履行他们的义务和职责并实践他们的职位的理想时，这个人就会在交往中发展同他人的友好情感和信任的联系"（第388页）。**新解**："那么，当他人显然愿意履行自己的义务和职责，不辜负自己得以安身立命的理想时，这个人就在交往中发展同他人的友好感情和信任纽带。"H本对这个语句的解读是正确的。

【诠释】

第二条法则：给定根据第一条法则，人的感同身受能力（capacity for fellow feeling，同情共感能力）通过获得依恋来实现，再给定，社会安排是正义的，而且所有人都公开地知道它是正义的，那么，当他人显然愿意履行自己的义务和职责，不辜负自己得以安身立命的理想时，这个人就在交往中发展同他人的友好感情和信任纽带。

【原文】§75 – 4 – pp. 429 – 430

Third law: given that a person's capacity for fellow feeling has been realized by his forming attachments in accordance with the first two laws, and given that a society's institutions are just and are publicly known by all to be just, then this person acquires the corresponding sense of justice as he recognizes that he and those for whom he cares are the beneficiaries of these arrangements.

H本："第三法则：假如一个人以与第一、二法则相符合的方式形成了依恋关系，从而实现了他的友好情感能力，假如一个社会的制度是正义的并且所有的人都知道它是正义的，那么，当这个人认识到他和他所关心的那些人都是这些社会安排的受惠者时，他就会就获得相应的正义感"（第388页）。

【评析】

1. 原文："**Capacity for fellow feeling**"（p. 429）。H本："友好情感能力"（第388页）。**新解**："同情共感能力"。它是休谟和斯密都看重的"同感能力"或"感同身受能力"。

2. 原文："**Given that a society's institutions are just and are publicly known by all to be just**"（p. 429）。H本："假如一个社会的制度是正义的并且所有的人都知道它是正义的"（第388页）。**新解**："给定社会的各项制度是正义的，并且所有人公开地获知它们是正义的。"这里的"a society's institutions"应当解读为"社会的各项制度"。并且，罗尔斯在这里强调"所有人公开地获知它们是正义的"，涉及他强调的"公开性条件"的内容。因此，H本的解读仍然不够确切。

【诠释】

第三条法则：给定人的同情共感能力(感同身受能力) 通过他根据前两条法则形成的依恋来实现，再给定社会的各项制度是正义的，并且所有人公开地获知它们是正义的，那么，当一个人知晓本人及其关心的人是这些安排的受益者时，他就会获得相应的正义感。

【原文】§75 – 5 – p. 430

【评析】

1. 原文："Their formulation refers to an institutional setting as being just, and in the last two, as being publicly known to be such"（p. 430）。H 本："它们的表述都诉诸一种正义的制度背景，并且在后两个法则中这种背景还是公认的"（第 388 页）。新解："三条法则的表述都提到，某个制度背景是正义的，后两条法则还提到，所有人都公开地知道，这个制度背景是正义的。" 这里的短语"to be such"意思为"to be just"，亦即"是正义的"。

2. 原文："The principles of moral psychology have a place for a conception of justice; and different formulations of these principles result when different conceptions are used"（p. 430）。H 本："正义观念在道德心理学原则中占有一定地位；如果使用不同的正义观念，道德心理原则就会得到不同的表述"（第 388 页）。新解："道德心理学原理给正义观念留有一席之地。当使用不同正义观念时，这些原理的表述也会有所不同。"

3. 原文："After all, the sense of justice is a settled disposition to adopt and to want to act from the moral point of view insofar at least as the principles of justice define it"（p. 430）。H 本："总之，正义感是一种接受并希望遵循道德观点，至少是正义原则所规定的道德观点，而行动的确定倾向"（第 388 页）。新解："毕竟，正义感是一个明确的倾向，亦即至少像正义原则定义它的那样，从道德角度采取行动，并希望如此采取行动。"

4. 原文："Our understanding of how we learn our language is limited by what we know about its grammatical and semantic structure"（p. 430）。H 本："我们对语言学习过程的理解也不超出我们所知的语法和语义结构的范围"（第 388 页）。新解："我们对如何学习语言的理解，受到我们对其语法和语义结构的了解的限制。" 罗尔斯在这里涉及了当代语言哲学中的相关理论，既有乔姆斯基的语法生成理论，也有塞拉斯、蒯因和塞尔的语义语用理论和语言行为理论。他把这些理论引入对正义原则和道德原则的理解,并且与道德心理学原理相结合。虽然罗尔斯只是点到为止,但是他大大拓宽了正义理论的研究范围。

5. 原文:"Our common sense ideas about these matters do not suffice for the aims of theory"(p. 430)。H 本:"我们关于这些事情的常识观念不足以成为理论的目标"(第 388 页)。**新解:"我们对这些问题的常识性理念不足以实现理论目的。"** 克服"对这些问题的常识性理念",在道德心理学领域有所贡献是罗尔斯本人晚年孜孜以求的学术梦想,只是他一直没有机会实现这一梦想,成为其一生学术追求的最大遗憾。令人遗憾的是,H 本的译者也几乎不知道罗尔斯的这个梦想,否则他们不会一再地误解这一节中有关道德心理学原理的诸多见解。

【诠释】

也许,这些法则(或倾向)的最显著特点是,三条法则的表述都提到,某个制度背景是正义的;后两条法则还提到,所有人都公开地知道,这个制度背景是正义的。道德心理学原理(principles of moral psychology)给正义观念留有一席之地。当使用不同正义观念时,这些原理的表述也会有所不同。因此,正义观念切入了对相应情感发展的解析;即使某些道德概念(moral notions)仅仅被理解为心理学理论的一部分,关于这一心理过程的假设仍然包含了这些道德概念。这一点看似简单,而且假设各种伦理理念可以清楚地表述出来,这就不难看出,这类法则是如何存在的。前面的道德发展概要指出了这些问题是如何解决的。毕竟,正义感是一个明确的倾向,亦即至少像正义原则定义它的那样,从道德角度采取行动,并希望如此地采取行动。毫不奇怪的是,这些原则应当介入这种调节性情操的形成。事实上,我们对道德学习的理解,似乎难以超出我们对要学习的道德观念的把握。类似地,我们对如何学习语言的理解,受到我们对其语法和语义结构的了解的限制。正如心理语言学依赖于语言学一样,道德学习理论也依赖于对道德本质及其各种形式的描述。我们对这些问题的常识性理念不足以实现理论目的。

【原文】§75 - 6 - pp. 430 - 431

【评析】

1. 原文:"They may wish to explain the formation of affective ties by laws referring to the frequency of interaction among those engaged in some

common task, or to the regularity with which some persons take the initiative or exercise authoritative guidance"（p. 430）. H 本："他们可能希望这样来解释，说人们的感情纽带是由于从事公共事务的人们频繁交往的法则，或一些人根据一些规矩而带头创立或强制推行的法则，而形成的"（第 388—389 页）。新解："他们可能希望通过某些法则来解释情感纽带的形成，这些法则参照从事某项共同任务的人们中间的互动频率，或参照某些人采取行动或行使权威指导的常规做法。"

2. 原文："Those subject to another exercising authority will surely regard him differently depending upon whether the whole arrangement is just and well designed to advance what they take to be their legitimate interests"（p. 431）. H 本："服从另一个权威者的人对于他的看法，必然取决于整个安排是否公正、是否被设计得能很好地发展他们视为合理利益的东西"（第 389 页）。新解："依附于另一有权势者的人们，肯定会对那个有权势者另眼相看，这取决于整个安排是否设计得正义而精巧，以促进依附者自身的合法利益。"

3. 原文："Institutions are patterns of human conduct defined by public systems of rules, and the very holding of the offices and positions which they define normally indicates certain intentions and aims"（p. 431）. H 本："制度是由共同的规则体系规定的人类行为样式，担当公共规则体系规定的公职，占据这些规则体系规定的地位，在正常情况下就表现出一定的意图和目标"（第 389 页）。新解："制度是由各种公开规则规定的人类行为模式，制度规定着各种职位和位置，谋取这些职位和位置，通常表明了一定的意图和目标。"

4. 原文："The justice or injustice of society's arrangements and men's beliefs about these questions profoundly influence the social feelings; to a large extent they determine how we regard another's accepting or rejecting an institution, or his attempt to reform or defend it"（p. 431）. H 本："社会安排的正义或非正义，以及人们关于这些问题的信念，深刻地影响着社会情感；它们在相当大的程度上决定我们怎样看待另一个人接受或拒绝一种制度的观点，或者他改革或捍卫该制度的努力"（第 389 页）。新解："社会安排是否正义的问题，人们是否相信关于这些问题的说法，深刻地影响着社会感情；在很大程度上，它们决定着我们如何看待他人接受制度，或者拒绝制度；换言之，它们决定着我们如何看待他人试图改革制度，或者试图捍卫制度。"

第八章 正义感

【诠释】

毫无疑问，有些人但愿社会理论避免使用道德概念。例如，他们可能希望通过法则来解释情感纽带的形成，这些法则参照从事某项共同任务的人们中间的互动频率，或参照某些人采取行动或行使权威指导的常规做法。因此，一条法则可能表明，在开展合作的平等者中间，如果平等由公认规则来定义，那么个体之间的互动越是频繁，他们之间就越有可能产生友好的感情。另一条法则可能主张，处于权威地位的人，越是利用自身权力并领导受其支配的个体，他就越是受到他们的敬重。① 由于这些法则（或倾向）没有提到有关安排的正义性（或公平性），它们的适用范围必定是非常有限的。依附于另一有权势者的人们，肯定会对这个有权势者另眼相看，这取决于整个安排是否设计得正义而精巧，以促进依附者自身的合法利益。平等合作也是如此。制度是由各种公开规则规定的人类行为模式，制度规定着各种职位和位置，谋取这些职位和位置，通常表明了一定的意图和目标。社会安排是否正义的问题，人们是否相信关于这些问题的说法，深刻地影响着社会感情；在很大程度上，它们决定着我们如何看待他人接受制度，或者拒绝制度；换言之，它们决定着我们如何看待他人试图改革制度，或者试图捍卫制度。

【原文】 §75 - 7 - pp. 431 - 432

【评析】

1. **原文**："Much social theory does well enough without using any moral ideas"（p. 431）。**H 本**："许多社会理论不使用任何道德概念也阐述得非常好"（第 389 页）。**新解**："许多社会理论没有使用某些道德观念就已做得足够好。"

2. **原文**："The situation in economic theory is peculiar in that one can often assume a fixed structure of rules and constraints that define the actions open to individuals and firms, and certain simplifying motivational

---

① 关于所提及这类法则（或倾向）的例子，参阅霍曼斯（G. C. Homans）《人类群体》（*Human Group*），纽约：哈考特出版社 1950 年版，第 243、247、249、251 页。不过，他在后来出版的另一著作中明确引入了正义概念。参阅霍曼斯《社会行为：它的基本形式》（*Social Behavior: Its Elementary Forms*），纽约：哈考特-布莱斯和世界出版社 1961 年版，第 295 页及以后，那里应用了《人类群体》第 232—264 页阐发的理论。——原注

assumptions are highly plausible"（p. 431）。H本："经济学的情况比较特殊，在经济学中，一个人常常能够假定一组有固定结构的规则与约束，假定它们规定着个人的和商行的可能的活动，而且某种简化的动机假定显得非常真实"（第389页）。**新解**："经济理论的情况是特殊的，在经济理论中，人们通常可以假设一组有着固定结构的规则和约束，它们界定向个体和公司开放的活动，某些简化的动机假设是非常合理的。"

3. 原文："**One does not consider why buyers and sellers behave in accordance with the rules of law governing economic activity; or how preferences get formed or legal norms established**"（p. 431）。H本："人们不会考虑为什么买者与卖者会按照支配经济活动的法则的那些规则去做，也不会考虑偏爱是怎样形成的，合理规范是如何建立的"（第389页）。**新解**："人们既不考虑买卖双方为什么按照规制经济活动的法律规则行事，也不考虑偏好是如何形成的，法律规范是如何确立的。"在这个语句中，"legal norms"（法律规范）和"the rules of law"（法律规则）是近义的，罗尔斯为了保持行文生动性而采取的一种术语转换手法。

4. 原文："**The so-called economic theory of democracy, the view that extends the basic ideas and methods of price theory to the political process, must for all its merits be regarded with caution**"（p. 431）。H本："对所谓经济的民主理论，即把价格理论的概念和方法扩展到政治过程的观点，由于它自身的原因，就必须谨慎评价"（第389页）。**新解**："所谓的民主经济理论，即一种将价格理论的基本思想和方法扩展到政治过程的观点，由于其自身原因，必须予以谨慎看待。""民主的经济理论"是由美国政治经济学家安东尼·唐斯（Anthony Downs）在其同名著作《民主的经济理论》（*Economic Theory of Democracy*，1957）中创立的一种经济理论，也是一种政治过程及其当事人行为分析理论。这个著作原本是唐斯在肯尼思·阿罗指导下在斯坦福大学经济系完成的博士论文，现已成为经验政治科学经典。唐斯本人和曼瑟·奥尔森一起，成为对政治科学影响最大的两位经济学家。罗尔斯在这个段落的脚注中提到了唐斯，但没有提到唐斯的这个著作，并且他显然不赞同这种理论。

5. 原文："**For the most part, these matters are taken as given, and at a certain level there is no objection to this**"（p. 431）。H本："在大多数情况下，这些被人们看作是自然而然的，在某种程度上也不会有人反对这样做"（第389页）。**新解**："在多数情况下，这些问题都照例处理，在一定程度上没有人对此提出异议。"语句："These matters are taken as given".

应解读为"这些问题都照例处理"。除此之外，H 本的解读没有大错，笔者之所以提到这个语句，是因为罗尔斯在这里不点名地提到了哈耶克的自生自发秩序理论。

6. 原文："For a theory of a constitutional regime cannot take the rules as given, nor simply assume that they will be followed. Clearly the political process is importantly one of enacting and revising rules and of trying to control the legislative and executive branches of government"（p. 431）。H 本："因为，关于一种宪法政体的理论就不可能把那些规则看作是自然的，也不能简单地设想这些规则都会被遵守。显然，重要的是，政治过程是一个颁布和修订规则、试图控制立法机构和政府执行机构的过程"（第 389—390 页）。**新解**："因为宪政制度理论既不能接受既定规则，也不能简单地假定规则将得到遵守。显然，政治过程重要的是制定和修订规则，并试图控制政府的立法部门和行政部门。"这里的政府是广义政府，如果是狭义政府则主要指行政部门。

7. 原文："Nothing analogous to the constraints of a competitive market holds for this case; and there are no legal sanctions in the ordinary sense for many sorts of unconstitutional actions by parliaments and chief executives, and the political forces they represent"（p. 431）。H 本："在这里没有什么是与市场竞争中的那些约束类似的；也没有国会、首席执政官和它们代表的政治力量对种种违宪行为实施常识意义上的法律制裁"（第 390 页）。**新解**："这种情形与竞争市场的各种约束没有任何相似之处；针对议会和首席执政官及其代表的政治力量的许多违宪行为，不存在普遍意义上的法律制裁。" H 本对后半个语句的解读与原文的本意正好相反。这句话也被理解为罗尔斯对于唐斯的民主的经济理论最有力反驳，这为罗尔斯坚持公平正义理论的合理性提供了一个社会经济的制度基础。罗尔斯在这里表示，社会基本政治制度不仅是经济的，而且是道德的。在政治过程中，像唐斯那样的单纯经济人假说是讲不通的。罗尔斯必须赋予政治过程以道德价值，这是罗尔斯认为自己的正义理论优越于民主的经济理论的方面，也是他本人觉得自己对经济学的最大贡献，亦即以道德—经济人假设取代经济人假设。

8. 原文："The leading political actors are guided therefore in part by what they regard as morally permissible; and since no system of constitutional checks and balances succeeds in setting up an invisible hand that can be relied upon to guide the process to a just outcome, a public

sense of justice is to some degree necessary"（pp. 431 – 432）。H本:"因而，主要的政治演员们部分地受他们认为是在道德上可以允许的那些东西的指引；既然任何宪法审查和仲裁系统都不能提供一只可靠的不可见之手以指导这个程序达到一个公正的结果，一种公共的正义感就在某种程度上是必要的"（第390页）。新解:"因此，重要政治人物在某种程度上受到他们认为在道德上许可的东西的指导；因为宪政制衡制度没能成功确立本来能够借以引导这一过程取得公正结果的一只无形之手，所以在某种程度上，一种公开且公共的正义感是必要的。"H本修订了关于"自由骑士"（free-rider）的传说，但是没有为"主要的政治演员们"（leading political actors）的一台好戏改一改脚本。另外，"system of constitutional checks and balances"也有一种固定解读，一般解释为"**宪政制衡制度**"而不是"宪法审查和仲裁系统"。

9. 原文:"How moral sentiments influence the conduct of public affairs"（p. 432）。H本:"道德情操怎样影响公共事务的走向"（第390页）。新解:"道德情操如何影响公共事务行为"。

10. 原文:"One test of the contract doctrine is how well it serves this purpose"（p. 432）。H本:"对于契约学说的一个检验就是看它在何种程度上能做出这种解释"（第390页）。新解:"契约论学说的检验标准是，它有多好地服务这一目的。"

【诠释】

有人可能反驳说，许多社会理论没有使用某些道德观念就已做得足够好。一个显而易见的例子是经济学。然而，经济理论的情况是特殊的，在经济理论中，人们通常可以假设一组有着固定结构的规则和约束，它们界定向个体和公司开放的活动，某些简化的动机假设是非常合理的。价格理论（至少其较为初始的部分）就是一个例证。人们既不考虑买卖双方为什么按照规制经济活动的法律规则行事，也不考虑偏好是如何形成的，法律规范是如何确立的。在多数情况下，这些问题都照例处理，在一定程度上没有人对此提出异议。另一方面，必须谨慎看待所谓的民主经济理论，即一种将价格理论的基本思想和方法扩展到政治过程的观点。① 因为宪政制

---

① 关于这种民主理论的参考文献，参阅本书第31节注2，第54节注18。当然，这种理论的提出者知道这种局限性。参阅安东尼·唐斯（Anthony Downs）"公共利益及其在民主国家的意义"（"Public Interests: Its Meaning in a Democracy"），《社会研究》1962年第29卷。——原注

度理论既不能接受既定规则,也不能简单地假定规则将得到遵守。显然,政治过程重要的是制定和修订规则,并试图控制政府的立法部门和行政部门。即使一切都是按照宪法程序进行的,我们也需要解释为什么接受这些程序。这种情形与竞争市场的各种约束没有任何相似之处;针对议会和首席执行官及其代表的政治力量的许多违宪行为,不存在普遍意义上的法律制裁。因此,重要政治人物(leading political actors)在某种程度上受到他们认为在道德上许可的东西的指导;因为宪政制衡制度没能成功确立本来能够借以引导这一过程取得公正结果的一只无形之手,所以在某种程度上,一种公开且公共的正义感是必要的。因此,在正义宪政体制中,正确的政治理论(correct theory of politics)似乎以解析道德情操如何影响公共事务行为(conduct of public affairs)的正义理论为前提。本人在讨论公民抗命的作用时曾经涉及这个问题;在这里只需补充一点,契约论学说的检验标准是,它有多么好地服务这一目的。

【原文】§75-8-p.432

【评析】

1. **原文**:"**Intentional action**"(p.432)。H 本:"有意图的行为"(第390页)。**新解**:"意向行为"。

2. **原文**:"**Given our beliefs and the available alternatives**"(p.432)。H 本:"基于我们的信念和可能选择"(第390页)。**新解**:"给定我们的信念和可用选项"。

3. **原文**:"**In accounting for our various actions, we may cite many different chains of reasons, and these normally stop at different points given the complexity of a plan of life and its plurality of ends**"(p.432)。H 本:"在说明我们各种行为时,我们可以援引不同的原因之链,这些链条通常由于生活计划的复杂性以及它的目的众多而停止在不同的点上"(第390页)。**新解**:"在解释各项活动时,我们可以列举许多不同的原因链,鉴于生活计划的复杂性及其目的的多样性,这些原因链通常中止于不同点上。"

【诠释】

心理学法则的第二个要点是,它们支配属于我们最终目的的情感纽带的变化。为了说明这一点,我们可以观察到,解释意向行为是为了表明,给定我们的信念和可用选项,它如何符合我们的生活计划,或者它的那个部分在当时情况下是切中的。这通常通过一系列解释来完成,比如说,做第一件事是为了完成第二件事;做第二件事则是为了完成第三件事,以此类推,这个序列是限定的,并以一个目标结束,做前面的事情都是为了实现这个目标。在解释各项活动时,我们可以列举许多不同的原因链(chains of reasons),鉴于生活计划的复杂性及其多个目的的多样性,这些原因链通常中止于不同点上。此外,一个原因链可以有几个分支,因为一项活动可以推进不止一个目标。至于如何规划和平衡促进多个目标的活动,这取决于计划本身及其所依据的原则。

【原文】 §75 – 9 – pp. 432 – 433

【评析】

1. 原文:"**The interests we take in the realization of their interests**"(p. 432)。H本:"我们对他们的利益实现的关切"(第390页)。**新解**:"**在实现他们的利益时我们获取的利益**"。罗尔斯从来没有把道德理性人描述为"大公无私者"或"完全利他者",他不反对利益兼顾或互惠互利的主张。因此,H本对这个短语的解读是有偏差的。

2. 原文:"**These changes are to be distinguished from our forming derivative desires as a consequence of additional knowledge or further opportunities, or from our determining our existing wants in a more specific way**"(p. 432)。H本:"这些变化要同我们形成一些派生欲望的情况,作为补充知识和进一步机会的结果,或者,同以一种更详细的方式确定我们现有需要的情况,区别开来"(第390页)。**新解**:"**这些变化既区别于我们所形成的作为额外知识或更多机会之后果的派生欲望,又区别于我们以更具体方式所确定的我们的现有欲望。**"

【诠释】

现在,我们的最终目标,既包含我们对一些个体的依恋,又包含在实现他们的利益时我们获取的利益,还包含正义感。这三条法则描述的是,当我们获得情感纽带时,我们的欲望系统将如何产生新的最终目标。这些变化既区别于我们形成的作为额外知识或更多机会之后果的派生欲望,又区别于我们以更具体方式所确定的我们的现有欲望。例如,有人想去某个地方旅行,他会被告知某条路线是最佳的。一旦接受这个建议,他就有了一种向特定方向前进的欲望，这种派生欲望就有了合理解释。它们是根据现有证据最有效地实现我们的眼前目标的欲望，这些欲望随着知识、信仰和现有机会的变化而变化。这三条心理学法则并没有从这个意义上对欲望做出合理解释；相反，它们描述了我们的最终目标模式的转变，这种转变是由于我们认识到制度和他人行为影响着我们追求利益的方式而产生的。当然，目标究竟是最终的还是派生的，这一点并不总是容易确定的。这种区别以一个人的理性人生规划为基础。这个规划的结构一般并不明显，甚至对他本人来说也是如此。然而，就我们的目标而言，这一区别已经足够清楚。

【原文】§75 – 10 – p.433

A third observation is that the three laws are not merely principles of association or of reinforcement. While they have a certain resemblance to these learning principles, they assert that the active sentiments of love and friendship, and even the sense of justice, arise from the manifest intention of other persons to act for our good. Because we recognize that they wish us well, we care for their well-being in return. Thus we acquire attachments to persons and institutions according to how we perceive our good to be affected by them. The basic idea is one of reciprocity, a tendency to answer in kind. Now this tendency is a deep psychological fact. Without it our nature would be very different and fruitful social cooperation fragile if not impossible. For surely a rational person is not indifferent to things that significantly affect his good; and supposing that he develops some attitude toward them, he acquires either a new attachment or a new aversion. If we answered love with hate, or came to dislike those who acted fairly toward us, or were averse to activities that furthered our good, a community would soon dissolve. Beings with a different psychology either have never existed or must soon have disappeared in the course of evolution. A capacity for a sense of justice built up by responses in kind would appear to be a condition of human sociability. The most stable conceptions of justice are presumably those for which the corresponding sense of justice is most firmly based on these tendencies (§76).

H本："第三点考察是，这三条法则不等于联合的原则或增强的原则。尽管这三条法则与这些学习原则有一些相似处，它们表明的却是，爱和友谊这些积极情操,甚至正义感,产生于他人为我们的善而努力的明显意图。因为我们认识到他们希望我们好,我们也就关心他们的幸福。所以,我们在多大程度上感受到我们的善受制度和他人的影响,我们就在多大程度上产生对它们的依恋。基本的观念是一种互惠观念,一种以善报善的倾向。这种倾向是一个深刻的心理学事实。假如没有这种倾向,我们的本性就会变得非常不同,而富有成果的社会合作也会变得十分脆弱,假如不是变得不可能的话。因为,一个有理性的人当然不会对影响他的善的事物漠不关心;假定他对它们有了某种态度,他也就获得了一种新的依恋或新的厌恶。假如我们以恨报爱,讨厌那些公正地对待我们的人,或厌恶促进我们的善的活动,一个社会很快就会解体。具有以善报善心态的人就要么根本不能存在,要么在进化过程中很快消失。以善报善而形成的一种正义感能力,似乎是人的交往的一个条件。那些最稳定的正义观念,可能就是相应的正义感是最坚实地建立在这些倾向之上的那些观念(见第76节)"(第391页,重点号为引者所加)。

【评析】

因为这个段落对于理解罗尔斯正义理论是至关重要的,笔者全文引用了这个段落的英文原文和 H 本相应译文。H 本对它的解读存在重大误解。譬如,H 本有语句"具有以善报善心态的人就要么根本不能存在,要么在进化过程中很快消失"(第391页)和语句"假如我们以恨报爱,讨厌那些公正地对待我们的人,或厌恶促进我们的善的活动,一个社会很快就会解体"(第391页)。它们作为前后语句在逻辑上是讲不通的。究其原因,在于 H 本出现了与罗尔斯本人想要表达的意思正好相反的内容。导致 H 本如此误解的另一关键语句是:"The basic idea is one of reciprocity, a tendency to answer in kind"(p. 433)。H 本:"基本的观念是一种互惠观念,一种以善报善的倾向"(第391页)。**新解:"其基本理念是对等理念,一种以其人之道还治其人之身的倾向。"** 还有一个相似语句是:"A capacity for a sense of justice built up by responses in kind would appear to be a condition of human sociability"(p. 433)。H 本:"以善报善而形成的一种正义感能力,似乎是人的交往的一个条件"(第391页)。**新解:"通过以一报还一报方式建立起来的正义感能力,似乎是人类开展社会交往(礼尚往来)的条件。"** 我们搞清楚了后面两个语句的确切意思,才能纠正 H 本对前面两个语句的误读。这个段落的关键点是在 H 本对术语"reciprocity"的误读上。它的确切意思是"对等"而不是"互惠";与之对应的短语"answer in kind"和"responses in kind"是两个同义词组。另外，短语"answer in kind"还出现在《正义论》英文修订版第 436 页和第 437 页。据《综合英语成语词典》，"answer（pay, pay back, repay, return）in kind"的释义是："以同样的手段回敬；以其人之道，还治其人之身。/Don't get sarcastic with him, he can pay you back in kind. 不要跟他说挖苦话；他会照样回敬你的。"① 其中"in kind"的释义是："1）以实物（支付）。/Farmers in these small villages often pay their bills in kind. 在这些小村子里，农民们经常以实物偿付贷款。2）〈转〉以同样的方法（或手段），针锋相对地。/Blood debts must be paid in kind. 血债要用血来还。"② 因此，两个英语成语都有"以一报还一报、以命抵命、血债血偿"的含义。

1. 原文："**We acquire attachments to persons and institutions according to how we perceive our good to be affected by them**"（p. 433）。H 本："我们在多大程度上感受到我们的善受制度和他人的影响，我们就在多大程度上产生对它们的依恋"（第 391 页）。**新解**："我们对一些个体和机构产生的依恋，取决于我们如何看待自身利益受到这些个体和机构的影响。"

2. 原文："**This tendency is a deep psychological fact**"（p. 433）。H 本："这种倾向是一个深刻的心理学事实"（第 391 页）。**新解**："这种倾向是一个深层心理事实。"

3. 原文："**If we answered love with hate, or came to dislike those who acted fairly toward us, or were averse to activities that furthered our good, a community would soon dissolve**"（p. 433）。H 本："假如我们以恨报爱，讨厌那些公正地对待我们的人，或厌恶促进我们的善的活动，一个社会很快就会解体"（第 391 页）。**新解**："假如我们以怨报德，假如我们开始嫌弃公平待我之人，假如我们反感那些增进自身利益的活动，那么共同体很快就会土崩瓦解。"罗尔斯在这里很好地回答了什么是命运共同体。H 本的解读显然缺乏共同体意识。

4. 原文："**Beings with a different psychology either have never existed or must soon have disappeared in the course of evolution**"（p. 433）。H 本："具有以善报善心态的人就要么根本不能存在，要么在进化过程中很快消失"（第 391 页）。**新解**："在进化过程中，具有某种不同心理的生命，要么从未存在过，要么必定在不久的将来消亡。"罗尔斯在这里没有提到

---

① 厦门大学外文系编：《综合英语成语词典》，福建人民出版社 1985 年版，第 545 页。
② 厦门大学外文系编：《综合英语成语词典》，第 545 页。

"以善报善心态"。

5. 原文:"**The most stable conceptions of justice are presumably those for which the corresponding sense of justice is most firmly based on these tendencies**"（p. 433）。H 本:"那些最稳定的正义观念，可能就是相应的正义感是最坚实地建立在这些倾向之上的那些观念"（第391页）。**新解:**"最为稳定的正义观念大概是那些相应的正义感最为牢固地建立在这些倾向之上的正义观念。"

【诠释】

心理学法则的第三个要点是，这三条法则不仅仅是联络原则或强化原则（联络人际感情和强化人际关系的原则）。虽然它们与这些学习原则有某种相似之处，但是它们断言，爱和友谊的积极情操（active sentiments），甚至正义感，都来源于他人为了我们的利益而行动的明显意图。因为我们认识到他人希望我们幸福与快乐，我们以关心他们的幸福和快乐作为回报。因此，我们对一些个体和机构产生的依恋，取决于我们如何看待自身利益受到这些个体和机构的影响。其基本理念是对等理念（basic idea is one of reciprocity），一种以一报还一报的倾向（也是一种冤冤相报、以牙还牙、以其人之道还治其人之身的倾向）。这种倾向是一个深层心理事实。如果没有它，我们的本性将非常不同，富有成果的社会合作即使不是不可能的，也是脆弱的。因为理性的人当然不会对那些牵涉其切身利益的事情漠不关心（无动于衷）；如果他对这些事情有了某种态度，他就会获得一种新的依恋或新的厌恶。假如我们以怨报德（以怨恨来回应厚爱），假如我们开始嫌弃公平待我之人（所谓市价不二、国中无伪，或货真价实、童叟无欺，皆以公平处世，一视同仁），假如我们反感那些增进自身利益的活动，那么共同体很快就会土崩瓦解。① 在进化过程中，具有某种不同心理的生命，要么从未存在过，要么必定在不久的将来消亡。② 通过以一报还一报方式建立起来的正义感能力，似乎是人类开

---

① 一个社区很快就会解体。这里列举的三个情形一般发生于基层社区。它们都违反了以一报还一报的对等理念，会导致一个社区的崩溃。

② 这里的"具有某种不同心理的生命"，指的是与持有对等理念不同的生命，亦即与有来有往、以德报德、以怨报怨、冤冤相报、以牙还牙的倾向不同的生命。罗尔斯把对等视为超越人类的普遍生命法则。它不是弱肉强食的自然法则，而是以一报还一报的对等合作法则。在进化过程中生存下来的人类，既有滴水之恩当涌泉相报的执着，也有君子报仇十年不晚的坚持，但是其基本生存理念仍然是对等。对等既是一种生物现象或生命现象，也是一种人类社会现象。如果一个生命形式背离对等法则，那么，它将无法生存或延续下去。对等法则同样适用于人类，是人类建立契约关系的首要法则。

展社会交往（礼尚往来）的条件。最为稳定的正义观念大概是那些相应的正义感最为牢固地建立在这些倾向之上的正义观念。①

【原文】§75-11-p.433

【评析】

1. 原文："The reliance upon the three principles of moral psychology is of course a simplification"（p.433）。H 本："依赖这三条道德心理法则来做这种说明当然是一种简化"（第391页）。新解："依赖道德心理学三大原理当然是一种简化做法。"罗尔斯使用不同术语来表达道德心理学原理，一个表述是"道德心理学三大原理"；另一个表述是"道德心理学三大法则"。解读者在解读时要尊重原作者的表述。因此，这个语句适用"道德心理学三大原理"。

2. 原文："A fuller account would distinguish between different kinds of learning and therefore between instrumental conditioning (reinforcement) and classical conditioning, so likely to shape our emotions and feelings"（p.433）。H 本："一种更充分的说明将会区分不同种类的学习，因而区分工具性调节（增强）和古典调节，以便勾画出我们的情感和感情"（第391页）。新解："一个更全面的描述将区分两种不同的学习活动，从而区分工具性条件作用（强化作用）和古典性条件作用，以此塑造我们的情绪和感觉。"

3. 原文："A consideration of modeling and imitation, and the learning of concepts and principles, would also be necessary"（p.433）。H 本："对示范与仿效的考察，以及对概念学习和原则学习的考察，也都会是必要的"（第391页）。新解："思考示范和模仿，学习概念和原理，也是必要的。"

4. 原文："The three-stage schema"（p.433）。H 本："三阶段的说明"（第391页）。新解："这个三阶段图式"。

【诠释】

最后，我对整个道德发展的描述再谈几点看法。依赖道德心理学三大原理当然是一种简化做法。一个更全面的描述将区分两种不同的学习活

---

① "这些倾向"指的是"以牙还牙、以善报善、以德报德、以恶报恶、以仇报仇"的"以一报还一报"倾向，就是所谓"对等"理念的体现。

动，从而区分工具性条件作用（强化作用）和古典性条件作用，以此塑造我们的情绪和感觉。思考示范和模仿，学习概念和原理，也是必要的。① 没有理由否认这些学习形式的重要性。不过，就我们的目标而言，这个三阶段图式可能已经足够。就最终目标而言，它强调的是依恋的形成，道德学习的框架类似于经验论传统，强调获得新动机的重要性。

【原文】§75 – 12 – pp. 433 – 434

【评析】

1. 原文："One must develop a conception of the social world and of what is just and unjust if the sentiment of justice is to be acquired"（pp. 433 – 434）。H 本："要获得正义情感，一个人就必须发展一种对社会世界的，对什么是正义的和不正义的事情的观念"（第 391—392 页）。**新解**："为了获得正义的情感，人们既要发展某种社会世界观念，又要发展关于是非曲直的某种正义观念。"

2. 原文："The manifest intentions of others are recognized against a background of public institutions as interpreted by one's view of the self and its situation"（p. 434）。H 本："人们总是从自我和自我的境况的观点来解释一种社会制度，总是在这种制度的背景下认识到他人的明显意图"（第 392 页）。**新解**："他者的明显意图在公共机构背景之下得到承认，个体通过关于自身及其处境的看法来诠释那些意图。"

3. 原文："Various native propensities"（p. 434）。H 本："各种固有倾向"（第 392 页）。**新解**："各种天生习性"。

4. 原文："A theory of right and justice is used to describe what the expected course of development might be"（p. 434）。H 本："宁可说，一个正当和正义理论是用来描述人们所期待的发展过程的面貌的"（第 392 页）。**新解**："我用正当和正义理论来描述这个预期的发展过程将会是什么。"

5. 原文："The full system of principles, ideals, and precepts that govern the complete scheme"（p. 434）。H 本："支配着整个社会系统的原则、理想和准则的完整体系"（第 392 页）。**新解**："支配着整个计划的一整套原则、理想和律令"。

---

① 参阅罗杰·布朗《社会心理学》，第 411 页及以后。——原注

【诠释】

这也与本人提到过的理性论观点有关。首先，正义感的习得，发生在与知识和理解力增长相关的各个阶段。为了获得正义的情感，人们既要发展某种社会世界观念(conception of the social world)，又要发展关于是非曲直的某种正义观念。他者的明显意图在公共机构背景之下得到承认，个体通过关于自身及其处境的看法来诠释那些意图。然而，我并不坚持认为，这些发展阶段是先天的，或者，它们是由某些心理机制决定的。那么，各种天生习性是否影响这些阶段呢？本人将这个问题搁置一旁。相反，我用正当和正义理论来描述这个预期的发展过程将会是什么。良序社会的安排方式，以及支配着整个计划的一整套原则、理想和律令，提供了区分三个道德层次的方法。看似有道理的是，在受到契约论学说规制的社会里，道德学习将依照呈现的顺序推进。这些阶段由所学内容的结构决定，随着所需能力的实现，这是一个从简单到复杂的过程。

【原文】§75 – 13 – p. 434

【评析】

1. 原文："By founding the account of moral learning explicitly upon a particular ethical theory, it is evident in what sense the sequence of stages represents a progressive development and not simply a regular sequence"（p. 434）. H 本："通过把对道德学习的说明明确地置于一种具体的伦理理论之上，这种发展次序在何种意义上代表一种渐近的发展，而不仅仅是一种规则的次序，便一目了然了"（第 392 页）。新解："通过把有关道德学习的见解明确地建立在特定的伦理学理论基础之上，很明显的一点是，阶段的顺序在何种意义上代表着渐进的发展，而不仅仅是有序的顺序。"

2. 原文："Ethical norms are no longer experienced merely as constraints, but are tied together into one coherent conception"（p. 434）. H 本："伦理规范不再仅仅被经验为约束，而且联合成为一个一致的观念"（第 392 页）。新解："各种伦理规范不再仅仅作为约束规范来体验，而且融合为一个融贯的正义观念。"

3. 原文："Some conception of justice surely has a place in explaining moral learning, even if this conception belongs solely to the psychological

theory and is not itself accepted as philosophically correct"（p.434）。H本："在解释道德学习时某种正义观念必定具有一定地位，即使这个观念仅仅属于一个心理学的观念并被认为在哲学意义上是不正确的"（第392页）。新解："某个正义观念肯定会在解析道德学习上占有一席之地，即使这个正义观念仅仅属于这种心理学理论，并且它本身在哲学上并不被认为是正确的。"

【诠释】

最后，通过把有关道德学习的见解明确地建立在特定的伦理学理论基础之上，很明显的一点是，阶段的顺序在何种意义上代表着渐进的发展，而不仅仅是有序的顺序。正如人们逐渐制定出符合自身深层利益的理性人生规划一样，他们也开始了解，道德戒律和道德理想派生于在初始平等情境下接受的原则。各种伦理规范不再仅仅作为约束规范来体验，而且融合为一个融贯的(前后一致的)正义观念。这些标准与人类愿望之间的联系现在已经得到了理解，人们把正义感理解为自然依恋的延伸，理解为关心集体利益的方式。有着不同中止点的许多原因链，不再是简单的区分，而被视为一个系统观点的诸要素。然而，这些说法假设了一种特殊的正义理论。持有不同正义观念的人，会支持对这些问题的另一种解释。无论如何，某个正义观念肯定会在解析道德学习上占有一席之地，即使这个正义观念仅仅属于这种心理学理论，并且它本身在哲学上并不被认为是正确的。

§76 相对稳定性问题
The Problem of Relative Stability

【题解】

所谓相对稳定性问题，就是良序社会的稳定性问题。良序社会要成为良性社会或美好社会，才能解决其相对稳定性问题。罗尔斯在讨论社会稳定问题时，特别重视个体条件或公民条件。他认为，在社会基本制度是正义的环境下，公民既持有正义感，有判断是非与善恶的道德能力，又关心社会中的处境较不利者，是保证社会稳定的重要条件。美国历史上长期存在的种族歧视问题，主要已经不是社会基本制度问题，而是美国社会的公民条件或公民素质问题。就像最近发生的弗洛伊德之死而引发的全美抗议事件，这并不是社会基本制度出了问题，而是在美国社会结构中，在来自欧洲的部分美国人身上长期存在的白人至上主义或白人优先主张同美国作为多种族移民国家的多元文化现实之间的冲突。①

【原文】 §76-1-pp.434-435

【评析】

罗尔斯在这里讨论了"搭便车的自利者"。"在日常生活中，只要一个个体有这样的心思，他有时就可以利用他人合作努力的优势为自己谋得更大利益。许多人可能恪尽职守，尽其本分，以至于在特定情况下允许那个有心之人不必做任何贡献（也许如此懈怠不会被人发现），他便能做到左右逢源，八面玲珑；里外统吃，两全其美。在这些情况下，不管怎样，只要事情进展得很顺利，好像谁都奈何不了搭便车的自利者。"（p.435）"搭便车的自利者"和钱理群教授批评的"精致的自利者"有异曲同工之妙："我们的一些大学，包括北京大学，正在培养一些'精致的自利者'，他们高智商，世俗，老道，善于表演，懂得配合，更善于利用体制达到自己的目的。这种人一旦掌握权力，比一般的贪官污吏危害更大。"

1. 原文："The problem of stability arises because a just scheme of cooperation may not be in equilibrium, much less stable"（pp.434-435）. H本："稳定性问题的提出是由于一个正义的合作系统可能不平衡，且更可能不稳定"（第392页）。**新解**："之所以出现稳定性问题，是因为正义的合作方案可能既不均衡，又不稳定。"

2. 原文："From the standpoint of the original position, the principles of justice are collectively rational"（p.435）. H本："从原初状态的观点看，正义的原则在整体上是合理的"（第392页）。**新解**："从初始位置的立场来看，正义原则是集体理性的。"

3. 原文："General egoism represents this no-agreement point.

---

① 杨伟清对"稳定性问题"做了如下陈述：它"追问的是特定的正当理论或政治制度的实际可行性，及其是否能够衍生出足够的自我维系的力量"。他表示："罗尔斯的稳定性模式与霍布斯和密尔截然不同，关注的是良序社会的稳定性，是出于正当理由的稳定性，其核心指向的是正当与善的融合性论证，其论证的关键在于阐明正义之善，但他的稳定性考察也存在着缺陷，没有说明应该如何权衡稳定性与道德理论建构的其他标准。"杨伟清："罗尔斯正义理论中的'稳定性问题'"，《学术月刊》2007年第4期。

Nevertheless, from the perspective of any one man, both first-person and free-rider egoism would be still better"（p. 435）。H 本："一般利己主义代表这种无协议点的观点。然而从任何人的角度，第一人称利己主义和搭便车者利己主义都显得比较好"（第 392—393 页）。新解："一般自利论表示这个无合意之点。然而，从任一个体的角度来看，无论第一人称的自利论，还是搭便车的自利论，都会有更好的结果。"

4. 原文："Given the conditions of the original position neither of these options is a serious candidate"（p. 435）。H 本："在原初状态的条件下，这两者中哪一个都不是郑重的选择对象"（第 393 页）。新解："在给定初始位置的条件下，这两个选项的任一选项都不是严格的候选项。"

5. 原文："In everyday life an individual, if he is so inclined, can sometimes win even greater benefits for himself by taking advantage of the cooperative efforts of others"（p. 435）。H 本："在日常生活中，一个人只要愿意，就常常可以利用他人的合作努力为自己获得更大的利益"（第 393 页）。新解："在日常生活中，只要个体有这样的心思，他有时就可以利用他人合作努力的优势为自己谋得更大利益。"

6. 原文："Sufficiently many persons may be doing their share so that when special circumstances allow him not to contribute（perhaps his omission will not be found out）, he gets the best of both worlds: on these occasions, anyway, things proceed much as if free-rider egoism had been acknowledged"（p. 435）。H 本："足够多的人们可能正在尽他们的职分，以致一旦特殊的境况使得某人可以不去贡献（也许他的不去尽力不会被发觉），他就会从自己和他人那里得到最大好处：要使人们承认了搭便车者利己主义，至少在这些场合，这种事情就会很多"（第 393 页）。新解："许多人会恪尽职守，尽其本分，以至于在特定情况下允许那个有心之人不必做任何贡献（也许其懈怠将不会被人发觉），他便能做到左右逢源，八面玲珑；里外通吃，两全其美。在这些情况下，不管怎样，只要诸事顺遂，好像谁都奈何不了搭便车的自利论者。"

【诠释】

本人现在就从稳定性方面来比较公平正义观念和其他正义观念。我们不妨回顾一下，之所以出现稳定性问题，是因为正义的合作方案可能既不均衡，又不稳定。诚然，从初始位置的立场来看（from the standpoint of the original position），正义原则是集体理性的；如果所有人都遵守这些原则，那么每个人都有望改善自身的处境，至少与在没有任何合意的情况下他的前景相比是如此。一般自利论（general egoism）表示这个无合意之点。然而，从任一个体的角度来看，无论第一人称的自利论，还是搭便车的自利论，都会有更好的结果。当然，在给定初始位置的条件下，这两个选项（options）的任一选项都不是严格的候选项（candidate）（§23）。然而，在日常生活中，只要个体有这样的心思，他有时就可以利用他人合作努力的优势为自己谋得更大利益。许多人会恪尽职守，尽其本分，以至于在特定情况下允许那个有心之人不必做任何贡献（也许其懈怠不会被人发觉）。他便能做到左右逢源，八面玲珑；里外通吃，两全其美。在这些情况下，不管怎样，只要诸事顺遂，好像谁都奈何不了搭便车的自利论者。

【原文】§76-2-p.435

【评析】

1. 原文："To insure stability men must have a sense of justice or a concern for those who would be disadvantaged by their defection, preferably both"（p.435）。H本："要确保稳定性，人们就必须具备一种感义感，或一种对会由于其缺陷而受损害的人们的关心，最好兼有这两者"（第393页）。新解："为了确保稳定，人们要么必须有正义感，要么必须关心那些因自身不足而处于劣势的人，最好两者兼备。"在正义安排的前提下，社会上仍然存在处于劣势的人，其原因就不再是制度原因或社会原因，而是这些个体的自身原因或主观原因。罗尔斯认为，关心这些人，是维护社会稳定的重要条件。

2. 原文："When these sentiments are sufficiently strong to overrule the temptations to violate the rules, just schemes are stable"（p.435）。H本："当这些情操强大得足以制服违反规则的诱惑时，正义的体系就是稳定的"（第393页）。新解："当这些情感强烈到足以抵制违反规则的诱惑时，正义的社会制度才是稳定的。"

【诠释】

正义的安排可能不会达到这种均衡（面面俱到），因为公平做事，或做事合乎公平，通常不是每个人对其同侪（合伙人）之正义行为的最佳回应。为了确保稳定，人们要么必须有正义感，要么必须关心那些因自身不足而处于劣势的人，最好两者兼备。当这些情感（正义感）强烈到足以抵制违反规则的诱惑时,正义的社会制度才是稳定的。于是,人人恪尽职守,履职尽责,被视为对他人行为的正确回应。他制订的受其正义感规制(调节)的理性人生规划也当如此。

【原文】§76-3-p.435

【评析】

从 H 本对这个段落的解读来看,其译者基本不了解霍布斯政治思想,以至于把霍布斯《利维坦》中提出的核心概念"君主"(sovereign)拟想为"强制权力",把"机制"(mechanism)误解为"结构",如此等等。

1. 原文:"One may think of the Hobbesian sovereign as a mechanism added to a system of cooperation which would be unstable without it"(p.435)。H 本:"可以把霍布斯式的强制权力看作加在合作体系上的一种结构,这个合作体系失去这种结构就会不稳定"(第393页)。新解:"人们可以把霍布斯笔下的君主视为一个附加在某个合作系统中的机制,如果没有它,那个合作系统将是不稳定的。"

2. 原文:"The general belief in the sovereign's efficacy removes the two kinds of instability"(p.435)。H 本:"对强制权力的效验的一般信仰消除两种不稳定性"(第393页)。新解:"对君主效能的普遍信仰,消除了这两种不稳定性。"

3. 原文:"Given these natural attitudes and the desire to do what is just, no one wishes to advance his interests unfairly to the disadvantage of others"(p.435)。H 本:"假如人们具备了这些自然态度和去做正义的事的欲望,就没有人希望以不公平地损害别人的方式发展自己的利益"(第393页)。新解:"给定这些自然态度和做正义之事的愿望,没有人希望针对他人劣势而不公平地增进自己的利益。"

4. 原文:"Some infractions will presumably occur, but when they do feelings of guilt arising from friendship and mutual trust and the sense of justice tend to restore the arrangement"(p.435)。H 本:"当然,某些违犯还可能发生,但是当它们发生时,从友谊和互信中产生的负罪感和正义感就会重建那些安排"(第393页)。新解:"有些违规行为可能会发生,但是当它们确实发生时,由友谊和互信引起的愧疚感和正义感,倾向于恢复这种安排。"

【诠释】

正如我先前所说，霍布斯把稳定性问题和政治职责问题联结起来。人们可以把霍布斯笔下的君主（sovereign）视为一个附加在某个合作系统户的机制，如果没有它，那个合作系统将是不稳定的。对君主效能（sovereign's efficacy）的普遍信仰，消除了这两种不稳定性（§42）。现在明显的是，友谊和互信的关系，以及对一种共同的通常有效的正义感的公众知识，如何产生了同样的结果。因为给定这些自然态度和做正义之事的愿望，没有人希望针对他人劣势而不公平地增进自己的利益；这消除了第一种不稳定性。既然每个人都认识到，这些倾向和情感是普遍有效的，就没有理由认为他必须违反规则来保护自己的合法利益；因此，第二种不稳定性同样是不存在的。当然，有些违规行为可能会发生，但是当它们确实发生时，由友谊和互信引起的愧疚感和正义感，倾向于恢复这种安排。

【原文】 §76 – 4 – p.436

【评析】

1. **原文**："**A society regulated by a public sense of justice is inherently stable**"（p.436）。H本："一个由一种公共的正义感调节的社会是内在地稳定的"（第393页）。**新解**："由公众正义感所规制的社会是内在稳定的。"

2. **原文**："**Other things equal, the forces making for stability increase (up to some limit) as time passes**"（p.436）。H本："如其他条件相同，促进稳定性的那些力量将（朝向某种极限地）日益增强"（第393页）。**新解**："如果其他条件相同，随着时间的推移，稳定的力量会增强起来（达到一定的限度）。" H本漏掉了限定语"as time passes"，即"随着时间的推移"；且把短语"up to some limit"解读为"朝向某种极限地"也不够准确。

3. **原文**："**It seems that with a firmer assurance of one's own worth and a livelier capacity for fellow feeling brought about by more favorable conditions for the first law, the effects governed by the other two laws should be similarly enhanced**"（p.436）。H本："由于第一条法则的较好状态带来更坚实的自我价值确信和更生动的友好情感能力，其他两条法则所引起的那些效果也会提高"（第393—394页）。**新解**："情况好像是，随

着自身价值得到更加强有力的保证，加上由第一条法则的更有利条件所带来的更加活跃的同情共感能力，由其他两条法则产生的效应也将得到类似的增强。"

【诠释】

此外，由公众正义感所规制的社会是内在地稳定的：如果其他条件相同，随着时间的推移，稳定的力量会增强起来（达到一定的限度）。这种内在的稳定性，是三条心理学法则相互作用的结果。一条法则的更加有效运作，会强化另外两条法则的有效运作。例如，当第二条法则导致更加强烈的依恋时，第三条法则所获得的正义感就会得到加强，因为人们更加关注正义制度的获益者。另一方面，更加有效的正义感会导致更有保障的尽责履职意愿，认识到这一事实，会激起更加强烈的友谊和信任感。同样，情况好像是，随着自身价值得到更加强有力的保证，加上由第一条法则的更有利条件所带来的更加活跃的同情共感能力，其他两条法则的效应也将得到类似的增强。反过来讲，那些已经形成规范的正义感并且拥有自尊心的人，更有可能以明确的意图关心自己的孩子。因此，这三个心理学原理共同支持着良序社会的各项制度。

【原文】§76 – 5 – p. 436

【评析】

1. 原文："A decision in the original position depends on a comparison: other things equal, the preferred conception of justice is the most stable one"（p. 436）。H 本："在原初状态的抉择有赖于一种比较：如其他条件相同，所选择的正义观念是最稳定的"（第 394 页）。新解："在初始位置上做出的决定有赖于如下比较：倘若其他条件相同，人人喜爱的正义观念将是最稳定的正义观念。"这里的形容词"preferred"有"优先的、人心所向的，人人喜爱的"意思。

2. 原文："Ideally we should compare the contract view with all its rivals in this respect, but as so often I shall only consider the principle of utility"（p. 436）。H 本："我们最好能从这个方面把契约观点同所有与之竞争的观点作一个比较，但是像往常一样，我将仅仅考察功利原则"（第 394 页）。新解："理想的做法是，我们应该在这方面与公平正义观念的所有竞争对手一较高下，但我通常只考虑效用原则，这一次也是如此。"

3. 原文："**In order to do this, it is useful to recall three elements that enter into the operation of the psychological laws: namely, an unconditional caring for our good, a clear awareness of the reasons for moral precepts and ideals (aided by explanation and instruction, and the possibility of giving precise and convincing justifications), and the recognition that those complying with these precepts and ideals, and doing their part in social arrangements, both accept these norms and express in their life and character forms of human good which evoke our admiration and esteem**"（p. 436）。H 本："为了进行这种比较，回忆一下影响心理学法则发挥作用的三个因素是有益的，这三个因素是：对我们的善的无条件的关心，对道德准则和理想的根据的明确意识（辅之以解释与指导，以及提供准确可信的证明的可能性），以及下述这种认识，即，那些实践着这些准则和理想并且在社会安排中尽职的人们承认这些规范，又通过他们的生活和品质表现着引起我们的崇敬和尊重的人类善"（第 394 页）。新解："为了做到这一点，回顾一下心理学法则发挥作用的三个因素是有益的，即（1）无条件关切，我们的善；（2）明确注意，关于道德准则和道德理想的理由（辅以解析和训导，以及给出精确且令人信服的正当辩护的可能性）；（3）认知，那些遵守道德准则和道德理想并且在社会安排中尽其本分的人，既接受这些规范，又在其生活和个性中表现出唤起我们钦佩和尊重的各种人性之善的形式。"

4. 原文："**The first enlivens the sense of our own worth strengthening the tendency to answer in kind**"（p. 436）。H 本："第一个因素将激发我们的加强以善报善倾向的自我价值感"（第 394 页）。新解："第一个因素将激活我们的自我价值感，以增强以一报还一报的意愿。"

5. 原文："**The most stable conception of justice, therefore, is presumably one that is perspicuous to our reason, congruent with our good, and rooted not in abnegation but in affirmation of the self**"（p. 436）。H 本："因而最稳定的正义观念可能是这样的：它对我们理性来说是明晰的，与我们的善是一致的，并且植根于一种对自我的肯定而不是克制之中"（第 394 页）。新解："因此，最稳定的正义观念大概是为我们的理性清晰把握的、与我们的善同余的、根植于自我肯定而非自我抛弃的正义观念。"

【诠释】

毫无疑问，公平正义是一个相当稳定的道德观念。但是，在初始位置上做出的决定有赖于如下比较：倘若其他条件相同，人人喜爱的正义观念将是最稳定的正义观念。理想的做法是，我们应该在这方面与公平正义观念的所有竞争对手（与之竞争的其他正义观念）一较高下，但我通常只考虑效用原则，这一次也是如此。为了做到这一点，回顾一下心理学法则发挥作用的三个因素是有益的，即（1）无条件关切，我们的善（利益、好处）；（2）明确注意，关于道德准则和道德理想的理由（辅以解析和训导，以及给出精确且令人信服的正当辩护的可能性）；（3）认知，那些遵守道德准则和道德理想并且在社会安排中尽其本分的人，既接受这些规范，又在其生活和个性中表现出唤起我们钦佩和尊重的各种人性之善的形式（§70）。[①] 这三个因素实现得越是充分，由此产生的正义感便越是强烈。第一个因素将激活我们的自我价值感，增强以一报还一报（以其人之道还治其人之身）的意愿；第二个因素将展示一种人们容易理解的道德观念；第三个因素表现出对这种道德观念的坚持，因为它很有吸引力。因此，最稳定的正义观念大概是为我们的理性清晰把握的、与我们的善同余的、根植于自我肯定而非自我抛弃（abnegation）的正义观念。

【原文】§76 – 6 – pp. 436 – 437

【评析】

1. 原文："The sense of justice corresponding to justice as fairness is stronger than the parallel sentiment inculcated by the other conceptions"（pp. 436 – 437）。H 本："与公平的正义相应的正义感比由其他观念孕育的类似情操更有力"（第 394 页）。**新解**："公平正义观念对应的正义感，比其他正义观念灌输的平行情感要更加强烈一些。"

2. 原文："The unconditional concern of other persons and institutions for our good is far stronger on the contract view"（p. 437）。H 本："基于契约观点的他人和制度的对我们的善的无条件的关心更强烈"（第 394 页）。**新解**："按照契约论观点，为了自身利益，我们会更加强烈地、无条件地关心他人和制度。"换言之，"按照契约论的观点，为了自己的利益，我们会更强烈地无条件关心他人和制度"。H 本只是照着字面解读，没有准确把握这个语句的真实含义。

[①] human good，人间之善，人道之善，倡导与人为善，实践助人为乐，彰显人性光辉，表达世上真情。

3. 原文："The restrictions contained in the principle of justice guarantee everyone an equal liberty and assure us that our claims will not be neglected or overridden for the sake of a larger sum of benefits, even for the whole society"（p. 437）。H 本："正义原则中所包含的约束保障着每个人的平等自由，并保证我们的要求不会为了一个较大的善乃至为了整个社会而被忽略或践踏"（第 394 页）。**新解**："包含在正义原则中的约束条款，保证每个人都拥有平等的自由；并且，它们向我们保证，我们的权益不会为了某个较大的收益而被忽视或被践踏；它们还向我们保证，纵使为了整个社会的收益，我们的权益也不会被忽视或被践踏。"

4. 原文："As we have noted, a more unconditional caring for our good and a clearer refusal by others to take advantage of accident and happenstance, must strengthen our self-esteem"（p. 437）。H 本："我们曾指出，越是无条件的对我们的善的关心，他人越是明确地拒绝利用偶然性与事故，必定加强我们的自尊"（第 394 页）。**新解**："正如我们所指出的那样，越是无条件地关心我们的利益，越是明确地拒绝借道他人利用意外和偶发事项来谋取自身利益，就必须越要强化我们的自尊。"

5. 原文："And this greater good must in turn lead to a closer affiliation with persons and institutions by way of an answer in kind."（p. 437）。H 本："而这个更大的善又引向对他人与制度的以德报德的更紧密的联系"（第 394 页）。**新解**："而这个更大利益反过来又必须针锋相对地与个人和机构建立更加密切的联系。"H 本一直忽视人际关系和人与社会机构关系的复杂性。假如一个人遇上好人和好制度，他当然会"以德报德"；但是，假如他遇上坏人和坏制度，那么他凭什么"以德报德"？

6. 原文："These effects are more intense than in the case of the utility principle, and so the resulting attachments should be stronger"（p. 437）。H 本："这些都效果比功利原则的那些效果更加强烈，因此，作为其结果的依恋关系也会更有力"（第 394 页）。H 本的原文如此，这是一个讲不通的语句。对照《正义论》1988 年版的 H 本，原语句多了一个衍生字"都"。**新解**："这些效应比在效用原则情况下产生的效应要更大一些，因此产生的依恋也将更强一些。"

【诠释】

现在，有几件事情表明，公平正义观念对应的正义感，比其他正义观念灌输的平行情感要更加强烈一些。首先，按照契约论的观点，为了自己利益，我们会更加强烈地、无条件地关心他人和制度。包含在正义原则中的约束条款，保证每个人都拥有平等的自由；并且，它们向我们保证，我们的权益不会为了某个较大的收益而被忽视或被践踏；它们还向我们保证，纵使为了整个社会的收益，我们的权益也不会被忽视或被践踏。我们只需牢记住各种优先性规则、依照康德式诠释所揭示的差别原则的含义（人不得被当作手段）及其与博爱思想的关系（§29和§17）。公平正义观念在这些方面产生的效应是，加强对等原则的作用。正如我们指出的那样，越是无条件地关心我们的利益，越是明确地拒绝借道他人利用意外因素和偶发事项来谋取自身利益，就必须越要强化我们的自尊；而这个更大利益反过来又必须针锋相对地①与个人和机构建立更加密切的联系。这些效应比在效用原则情况下产生的效应要更加强烈，由此产生的依恋也将更强一些。

【原文】§76-7-p.437

【评析】

1. 原文："Persons tend to develop friendly feelings toward those who with evident intention do their part in cooperative schemes publicly known to maximize the sum of advantages, or the average well-being (whichever variant is used)"（p.437）。H本："对于在被公认为最大限度的提高着幸福总量或平均幸福（无论何种变形词）的合作系统中带着明显的意图恪尽职守的人，人们倾向于发展友好的情感"（第394—395页）。新解："人们倾向于对这样的人怀有友好感情，他们怀着明确的意图，在众所周知的合作计划中，尽其所能地极大化利益总和或平均福利（无论用哪一个变量）。"

2. 原文："In either case the resulting psychological law is not as plausible as before"（p.437）。H本："在这两种情况中，无论在这种还是那种情形之下，产生的心理学法则都不像在契约论的例子中那样似真"（第395页）。H本把罗尔斯解读成一个说话很啰唆的分析哲学家，但事实并非如此。新解："无论哪一种情况，由此产生的心理学法则都不像以前那么令人可信。"语词"plausible"有"说得通""有道理""言之成理"的含义。

3. 原文："Suppose that certain institutions are adopted on the public

---

① 以牙还牙地、以一报还一报地，但也有以德报怨的情形。

understanding that the greater advantages of some counterbalance the lesser losses of others"（p. 437）。H本："假定人们是由于一种公共的理解，即，一些人的较大利益将超过另一些人的较小损失，接受某些制度"（第395页）。新解："假定采取某些制度是基于如下公众理解，即一些人的较大优势，将抵消其他人的较小损失。"

4. 原文："**No reciprocity principle is at work in this case and the appeal to utility may simply arouse suspicion**"（p. 437）。H本："在这种情况下，互惠原则不能发挥作用，诉诸功利只会引起怀疑"（第395页）。新解："在这种情况下，没有对等原则在起作用，诉诸效用只会引起质疑。"

5. 原文："**The concern which is expressed for all persons by counting each as one（by weighing everyone's utility equally）is weak compared to that conveyed by the principles of justice**"（p. 437）。H本："通过（平等地衡量每个人的功利而）把每个人看作一—这种方式所表达的对所有人的关心远不及正义原则所表达的关心"（第395页）。新解："与正义原则所表达的关切相比，通过把每个人都算作同一个人（同等地衡量每个人的效用），以此来表达对所有人的关切是微弱的。"

6. 原文："**The attachments generated within a well-ordered society regulated by the utility criterion are likely to vary widely between one sector of society and another**"（p. 437）。H本："在一个由功利标准调节的良序社会产生的依恋关系变化很大，从对一个群体的转变为对另一个群体的"（第395页）。H本有点儿不知所云了。新解："在一个由效用标准调节的良序社会之中产生的依恋，在社会各界之间可能会有很大的不同。"

7. 原文："**Some groups may acquire little if any desire to act justly（now defined by the utilitarian principle）with a corresponding loss in stability**"（p. 437）。H本："假如做正义的（现在是按照功利原则规定的）事就会在地位的稳定性方面有相应损失，某些群体就很难获得做公正的事的欲望，如果不是一点也没有的话"（第395页）。原文不存在"在地位的稳定性方面"的对应短语，这里主要讨论的是利益问题而非地位问题。新解："如果做事合乎正义（现在由效用原则来界定）会在稳定性方面带来相应损失，一些群体就不太愿意这么做了。"

【诠释】

我们可以通过考虑与效用原则相匹配的良序社会来证实这一看法。在这种情况下，这三条心理学法则必须予以修订。例如，第二条法则现在认为，人们倾向于对这样的人怀有友好感情，他们怀着明确的意图，在众所周知的合作计划中，尽其所能地极大化利益总和或平均福利（无论用哪一个变量）。无论哪一种情况，由此产生的心理学法则都不像以前那么令人可信。因为假定采取某些制度是基于如下公众理解，即一些人的较大优势（greater advantages，较大利益），将抵消其他人的较小损失。那么，为什么较幸运者（more fortunate）接受（无论哪种形式的）效用原则会激起不太有利者（less advantaged）对他们怀有友好的感情呢？这种反应确实显得相当不可思议，特别是，如果那些处境较好者（those in a better situation）坚持认为，他们的满足程度将带来更大利益（更多好处）（或平均福利），并因此把他们的要求强加于人。在这种情况下，没有对等原则在起作用，诉诸效用只会引起质疑。与正义原则所表达的关切相比，通过把每个人都算作同一个人（同等地衡量每个人的效用），以此来表达对所有人的关切是微弱的。因此，在一个由效用标准调节的良序社会之中产生的依恋，在社会各界之间可能会有很大的不同。如果做事合乎正义（现在由效用原则来界定）会在稳定性方面带来相应损失，一些群体就不太愿意这么做了。

【原文】§76-8-pp.437-438

【评析】

1. 原文："**In any kind of well-ordered society the strength of the sense of justice will not be the same in all social groups**"（pp.437-438）。H本："在任何一种良序社会中，正义感的力量都不会在不同的社会群体中都相同"（第395页）。**新解**："在任何良序社会中，所有社会群体的正义感强度将各不相同。"

2. 原文："**A marked capacity for sympathetic identification seems relatively rare**"（p.438）。H本："突出的同情认同能力似乎是罕见的"（第395页）。**新解**："具有显著的同情识别能力似乎是相对罕见的。"

3. 原文："**It is characteristic of the morality of authority when conceived as a morality for the social order as a whole to demand self-sacrifice for the sake of a higher good and to deprecate the worth of the individual and lesser associations**"（p.438）。H本："要求人们为了一个更高的善而自我牺牲，否定个人的价值，只要较少的社会交往，这是把权威的道德理解为一种为着社会秩序整体道德时所具有的特点"（第395页）。权威道德竟然要求人们"只要较少的社会交往"？这是以中国语境曲解西

方经典的典型一例。**新解**："权威道德的本质特征是，当它被视为整个社会秩序的道德时，它会为了'高大上'的美好事物而要求自我牺牲，贬低个人价值和小团体价值。"

4. 原文："**This doctrine is likely to encourage self-hatred with its destructive consequences**"（p. 438）。H 本："这种学说可能鼓励引向破坏的结果的自我仇恨"（第 395 页）。"self-hatred" 解读为"自怨自艾"更恰当一些，H 本解读为"自我仇恨"有点儿言过其实了。**新解**："这种学说可能会助长带有破坏性后果的自怨自艾。"

【诠释】

诚然，在任何良序社会中，所有社会群体的正义感强度将各不相同。为了确保相互关联的纽带约束整个社会及其每个成员，人们必须采纳诸如两个正义原则之类的原则。效用论者强调同情共感能力，其原因是明显的。没有从他人较优处境(better situation of others) 中获益的人，必须认同较大的满足总和（或平均值），否则他们将不愿意遵循效用标准(utility criterion)。现在，如此利他倾向无疑是存在的。然而，它们的强度，可能达不到作为对等原则(reciprocity principles) 制定的三条心理学法则所带来的强度；具有显著的同情识别能力似乎是相对罕见的。因此，这些情感对社会基本结构提供的支持较少。此外，正如我们看到的那样，遵循效用论观念，往往会打击失败者的自尊。当他们时运不济之时，尤其如此（§29）。现在，权威道德的本质特征是，当它被视为整个社会秩序的道德时，它会为了"高大上"的美好事物而要求自我牺牲，贬低个人价值和小团体价值。为了服务于更大的目标，必须克服自我的空虚。这种学说可能会助长带有破坏性后果的自怨自艾(self-hatred)。效用论当然不会如此地走极端，但是必定存在某个类似效应，它进一步削弱了同情的能力，扭曲了情感纽带的发展。

【原文】§76 – 9 – pp. 438 – 439

【评析】

1. 原文："**By contrast, in a social system regulated by justice as fairness, identification with the good of others, and an appreciation of what they do as an element in our own good**（§79），**might be quite strong**"（p. 438）。H 本："与此相对照，在一个由公平的正义调节的社会体系中，对他人的善的认同，以及对他人的活动的欣赏，把它作为我们的善的一个

因素（见第 79 节），可能发展得相当有力"（第 395—396 页）。**新解**："相比之下，在由公平正义规制的社会系统中，认同他人持有之善，赞赏他人所做之事，把它们视为我们自身之善的要素，如此认同和赞赏，或许是相当强烈的（§79）。"

2. 原文："**With the constant assurance expressed by these principles, persons will develop a secure sense of their own worth that forms the basis for the love of humankind**"（p. 438）。H 本："由于这些原则表达稳定的确信，人们将发展一种牢固的自我价值感，它构成了人类之爱的基础"（第 396 页）。**新解**："带着由这些原则所表示的不断保证，人们将发展出一种保护自身价值的安全感，这种安全感构成人类之爱的基础。"

3. 原文："**By appealing straightway to the capacity for sympathy as a foundation of just conduct in the absence of reciprocity, the principle of utility not only requires more than justice as fairness but depends upon weaker and less common inclinations**"（p. 438）。H 本："由于功利原则直接诉诸同情能力作为不具互惠性质的正义行为的基础，它就不仅比公平的正义要求更多东西，而且依赖于更脆弱、更缺少共同性的倾向。"（第 396 页）。**新解**："在缺乏对等的情况下，通过直接诉诸同情能力作为正义行为的基础，效用原则不仅比公平正义原则要求更多的东西，而且依赖于一些更为微弱且更不常见的倾向。"

4. 原文："**Two other elements affect the strength of the sense of justice: the clarity of the moral conception and the attractiveness of its ideals**"（p. 438）。H 本："其他两个因素，道德观念的明晰性和它的理想的吸引力，也将影响正义感的力量"（第 396 页）。**新解**："两个其他因素影响着正义感的强度：一是道德观念的明晰性，二是道德观念倡导的理想的迷人性。"

5. 原文："**The idea of maximizing the aggregate of well-being, or of attaining the greatest perfection, is vague and amorphous**"（p. 439）。H 本："最大限度地提高幸福总量的观念，或获得至善的观念，是粗浅的、不明确的"（第 396 页）。**新解**："极大化幸福总和，或达到至善，这样的理念是模糊的、不明确的。"

6. 原文："**It is easier to ascertain when the equal liberties are infringed and to establish discrepancies from the difference principle than it is to decide whether unequal treatment increases social welfare**"（p. 439）。H 本："确定何时平等的自由受到了侵犯和说明对差别原则的偏离，比确定

不平等的安排是否提高社会幸福要容易"（第 396 页）。**新解："与决定不平等待遇是否会增加社会福利相比，确定平等自由何时受到侵犯，并从差别原则中确立差异，要更容易一些。"**

7. 原文："**The more definite structure of the two principles（and the various priority rules）offers them with greater sharpness to the intellect and thereby secures their hold on the mind**"（p. 439）. H 本："这两个原则（和各种优先性规则）的较为明确的结构使它们对于理智而言更加明确，因而使它们更能抓住心灵"（第 396 页）。**新解："两个正义原则（以及各种优先性规则）有着较明确的结构，这个结构令两个正义原则向智者提供了较强的锐度，以确保它们在心智上为智者所把握。"** 罗尔斯说这番话的意思是，他的正义理论不只具有一种人文关怀意义的哲学价值，而且具有科学精密意义上的学院价值，这种学院价值主要表现在其对问题思考的精度和锐度上。这一点从他对社会科学和高等数学基础知识的强调上得到了佐证。从中也可以看出，罗尔斯一直担心自己正义理论被人误解。这种对精确性的追求被《正义论》H 本中随处可见的误解给大大打了折扣。

【诠释】

相比之下，在由公平正义规制的社会系统中，认同他人持有之善，赞赏他人所做之事，把它们视为我们自身之善的要素，如此认同和赞赏，或许是相当强烈的（§79）。然而，只有当相互关系已经隐含于正义原则之中，这才是可能的。带着由这些原则所表示的不断保证，人们将发展出一种保护自身价值的安全感，这种安全感构成人类之爱的基础。在缺乏对等的情况下，通过直接诉诸同情能力作为正义行为的基础，效用原则不仅比公平正义原则要求更多的东西，而且依赖于一些更为微弱且更不常见的倾向。两个其他因素影响着正义感的强度：一是道德观念的明晰性，二是道德观念倡导的理想的迷人性。本人将在下一章讨论第二个因素。在这里，我试图表明，契约论观点比其竞争对手更符合我们的利益；若在此假定这个结论，那么它将进一步支持前面的考虑。我已在前面探讨过正义原则的更多明晰性（§49）。我曾提到，在与目的论学说的比较中，正义原则界定了一个清晰的观念。相比之下，极大化幸福总和（maximizing the aggregate of well-being），或达到至善（attaining the greatest perfection），这样的理念是模糊的、不明确的（让人难以掌握的）。与决定不平等待遇是否会增加社会福利相比，确定平等自由何时受到侵犯，并从差别原则中确立差异（discrepancies，差距），要更容易一些。两个正义原则（以及各种优先性规则）有着较为明确的结构，这个结构令两个正义原则向智者提供了较强的锐度，以确保它们在心智上为智者所把握。为它们给出的解析和理由，更容易为人所理解和接受；公众认可的标准，更加清楚地界定了我们预期的行为。因此，从所有这三点来看，契约论观点似乎具有较大的稳定性。

【原文】§76 – 10 – p. 439

【评析】

1. 原文："With the advance of civilization persons come more and more to recognize that society between human beings is manifestly impossible on any other basis than that the interests of all are to be consulted"（p. 439）. H 本："随着文明的进程，人们越来越认识到，人们共有的社会显然只能建立在把全体成员的利益考虑进来这样一种基础上，而不可能建立在任何其他的基础上"（第 396 页）。新解："随着文明的进步，人们越来越认识到，除了有待考虑的所有人的利益之外，人际社会显然不可能建立在任何其他基础上。"

2. 原文："The improvement in political institutions removes the opposition of interests and the barriers and inequalities that encourage individuals and classes to disregard one another's claims"（p. 439）. H 本："政治制度的改进消除着鼓励个人和阶级相互蔑视权利的利益对立、障碍和不平等"（第 396 页）。新解："政治体制的改进，既消除了利益对立，也消除了鼓励个人和阶级无视彼此诉求的障碍和不平等。"

3. 原文："When this state of mind is perfected, it leads the individual to desire for himself only those things in the benefits of which others are included"（p. 439）. H 本："一俟这种心灵状态达致完善，它就引导着人们仅仅为自己去欲望一些这样的事物：为着它们，其他人也要被包括进来"（第 396 页）。新解："当这种精神状态达到尽善尽美时，它会导致个体只渴望去做能照顾到他人利益的那些事情。"这个语句的关键一点是，对他人利益的关切、尊重和包容。可是在 H 本的解读中我们看不到这一点。

4. 原文："He desires to know that his aims and theirs are not in opposition, that he is not setting himself against their good but is furthering what they really wish for"（p. 439）. H 本："他希望知道，他的目标和他们的目标不是对立的，他自己并不要反对他们的善，而是在促进他们真正

在追求的东西"（第396页）。**新解**："他非常希望知道，他的目标和同胞的目标不是对立的，他没有违背同胞的利益，而是在推进他们真正渴望的东西。"

【诠释】

值得注意的是，密尔似乎同意这一结论。他指出，随着文明的进步，人们越来越认识到，除了有待考虑的所有人的利益之外，人际社会显然不可能建立在任何其他基础上。政治体制的改进，既消除了利益对立，也消除了鼓励个人和阶级无视彼此诉求的障碍和不平等。这种发展的自然目标，是人类的一种精神状态，在这种状态下，每个人都有一种与他人合而为一的感觉（众志成城，万众一心，同心同德）。密尔认为，当这种精神状态达到尽善尽美时，它会导致个体只渴望去做能照顾到他人利益的那些事情。个体的自然愿望之一是，他的感情与公民同胞的感情是融洽的。他非常希望知道，他的目标和同胞的目标不是对立的，他没有违背同胞利益，而是推进他们真正渴望的东西。①

【原文】 §76 - 11 - pp. 439 - 440

【评析】

1. 原文："**A perfectly just society in which men's aims are reconciled in ways acceptable to them all would be one that follows the notion of reciprocity expressed by the principles of justice**"（p. 439）。H本："一个在其中人们的目标以他们都能接受的方式相互和谐的充分正义的社会，将是一个遵循由正义原则表达的互惠概念的社会"（第396—397页）。**新解**："完全正义的社会将是遵循正义原则所表达的对等概念的社会，在这个社会中，人们的目标以他们都能接受的方式得到调和。"

2. 原文："**A stable conception of justice which elicits men's natural sentiments of unity and fellow feeling is more likely to incorporate these principles than the utilitarian standard**"（p. 439）。H本："一个激发人们本能的联合情操与友好情感的稳定的正义观念，更容易同这些正义原则而不是同功利标准结合起来"（第397页）。**新解**："稳定的正义观念能激起人们团结与同情的自然情感，更可能包容正义原则，而非效用标准。"

---

① 参阅密尔《功利主义》，第三章，第10—11自然段。——原注

3. 原文："The natural instinct of self-protection and the desire for security"（p. 440）。H 本："自保的自然本能和对安全的欲望"（第 398 页）。新解："自保本能和安全渴望"。

4. 原文："Justice strikes a balance between altruism and the claims of self and therefore involves a notion of reciprocity"（p. 440）。H 本："正义是利他主义和自我要求之间的恰当平衡，因而包含一种互惠的概念"（第 397 页）。罗尔斯没有提到"恰当平衡"。并且，正义寻求平衡，但正义不是平衡。新解："正义寻求利他诉求与自我主张的平衡，因此涉及对等概念。"

5. 原文："The contract doctrine achieves the same result, but it does so not by an ad hoc weighing of two competing tendencies, but by a theoretical construction which leads to the appropriate reciprocity principles as a conclusion"（p. 440）。H 本："契约论得出了相同的结论，但是它不是通过对两种冲突倾向的一种特别的权衡，而是通过一种引向恰当的互惠原则的理论结构，而达到这种结论的"（第 397 页）。新解："契约论学说取得了同样的结果，但它不是通过特别权衡两个相互竞争的倾向来实现的，而是通过一种理论建构来实现的，那个理论建构以适当的对等原则作为结论。"

【诠释】

现在，密尔在这里具体规定的欲望，是遵循差别原则（或一些类似标准）去行动的欲望，而不是遵循效用原则去行动的欲望。密尔没有留意两者的差异，但他似乎凭直觉认识到，完全正义的社会将是遵循正义原则所表达的对等概念（notion of reciprocity）的社会，在这个社会中，人们的目标以他们都能接受的方式得到调和。密尔的说法符合以下观点：稳定的正义观念能激起人们团结与同情的自然情感，更可能包容正义原则，而非效用标准。密尔对正义感根源的描述证实了这一结论，因为他认为，这种情感不仅来自同情，而且来自自保本能和安全渴望。[①] 在他看来，这一双重根源表明，正义寻求利他诉求与自我主张的平衡，因此涉及对等概念。契约论学说取得了同样的结果，但它不是通过特别权衡两个相互竞争的倾向来实现的，而是通过理论建构来实现的，那个理论建构以适当的对等原则作为结论。

---

① 参阅密尔《功利主义》，第四章，第 16—25 自然段。——原注

【原文】§76 – 12 – p. 440

【评析】

罗尔斯在这个段落里讨论的对象不是人类，也不是人类个体，而是一般意义的包括人类在内的生物物种或种群。从进化论角度来看，并非只有人类才有正义感或同情心等道德能力。笔者在《正义原则的证明》一文中专门讨论了这个问题。罗尔斯试图打通正义理论与人类学、动物行为学等学科的关联，但他只是点到为止。关于术语"ethologists"，H 本把它解读为"人类学家"是错误的，它的正解是"**动物行为学家**"或"**动物生态学家**"。罗尔斯在这里的讨论对象并不局限于人类，而是推广到了其他高等动物。这一点从他所引用的文献中就可以看出来的，尤其是他从进化论角度来讨论相互正义（mutual justice）的时候，情形更是如此。当 H 本把这个段落中的语句"individuals have a long life and are dependent on one another"解读为"人们拥有一个漫长的生命并相互依赖"时，它已经完全误解了这个段落的要旨。

1. 原文："**The capacity for a sense of justice and the moral feelings is an adaptation of mankind to its place in nature**"（p. 440）。H 本："对一种正义感和道德情感的能力是人类适应它在自然中的地位的结果"（第 397 页）。新解："正义感和道德感情能力是人类对其在自然界中所处位置的适应。"

2. 原文："**As ethologists maintain, the behavior patterns of a species, and the psychological mechanisms of their acquisition, are just as much its characteristics as are the distinctive features of its bodily structures; and these patterns of behavior have an evolution exactly as organs and bones do**"（p. 440）。H 本："而人类学家们则认为，一个种系的行为类型，以及它们获得的心理结构，也像这个种系本身特点一样，是它的肉体结构的特征；这些类型的行为有一个进化的过程，正如器官和骨骼有一个进化过程一样"（第 397 页）。新解："正如动物行为学家所认为的那样，一个物种的行为模式和获得它们的心理机制，与其身体结构的显著特征一样，都是该物种的特征；这些行为模式有一个进化过程，该物种的器官和骨骼也恰好有一个进化过程。"

3. 原文："**It seems clear that for members of a species which lives in stable social groups, the ability to comply with fair cooperative arrangements**

and to develop the sentiments necessary to support them is highly advantageous, especially when individuals have a long life and are dependent on one another"（p. 440）。H 本："显而易见，对一个以稳定的社会群体形式生活的种系的成员来说，那种和公平的合作安排一致并发展支持这种安排的必要情操的能力是极其有利的，尤其是在人们拥有一个漫长的生命并相互依赖的情况下"（第 397 页）。新解："显然，对于生活在稳定社会群落中的物种成员来说，遵守公平的合作安排并培养支持它们所必需的情感的能力是非常有利的，当个体的寿命很长且相互依赖时，情形尤其如此。"

【诠释】

在为正义原则的较大稳定性作辩护时，本人假定某些心理学法则是真实的或近似真实的。本人将不超出这个假定来讨论稳定性问题。然而，我们可能注意到，有人或许会问，人类是如何获得这些心理学法则所描述的本性的？进化论认为，它是自然选择（物竞天择）的结果；正义感和道德感情能力是人类对其在自然界中所处位置的适应。正如动物行为学家所认为的那样，一个物种的行为模式和获得它们的心理机制，与其身体结构的显著特征一样，都是该物种的特征；这些行为模式有一个进化过程，该物种的器官和骨骼也恰好有一个进化过程。① 显然，对于生活在稳定社会群落中的物种成员来说，遵守公平的合作安排并培养支持它们所必需的情感的能力是非常有利的，当个体的寿命很长且相互依赖时，情形尤其如此。这些条件无数次地保证，始终坚守相互正义，将有益于所有各方。②

---

① 参阅康拉德·劳伦兹（Konrad Lorenz）为达尔文的《人和动物的感情表达》（芝加哥：芝加哥大学出版社 1965 年版）写的导言，第 12—13 页。——原注
② 生物学家们并不总是区分利他行为和其他种类的道德行为。行为通常区分为利他的或利己的，然而特利弗斯（R. B. Trivers）在"对等利他的进化"（"Evolution of Reciprocal Altruism"）一文中未作如此区分，该文载于《生物学评论季刊》1971 年第 46 卷。他区分了利他和对等利他（altruism and reciprocal altruism）（我应当直接称之为对等）。后者是公平和善意之合作性的生物学相似物（biological analogue of the cooperative virtues of fairness and good faith）。特利弗斯讨论了自然状态和对等的选择优势，讨论了维持对等的种种能力。另参阅威廉斯（G. C. Williams）《适应与自然选择》，普林斯顿：普林斯顿大学出版社 1966 年版，第 93—96、113、195—197、247 页。关于物种间的共生关系（mutualism between species），参阅伊雷诺伊斯·艾布—艾贝斯费尔德《动物行为学》，埃利希·克林哈默译，纽约：霍尔特出版社 1970 年版，第 146 页以后、第 292—302 页。——原注
［正如 H 本把 Ethology 解读为《生态学》（第 340 页和第 341 页）是错误的，H 本在这里（第 397 页）把它解读为《人类学》也是错误的。］

【原文】§76-13-pp.440-441

【评析】

1. 原文:"Whether the principles of justice are closer to the tendency of evolution than the principle of utility"(p.440). H 本:"正义原则与进化倾向是否比与功利原则的关系更密切些"(第 398 页). 新解:"正义原则是否比效用原则更加接近进化的趋势。"

2. 原文:"A society which had a strong propensity to supererogatory conduct in its relations with other societies would jeopardize the existence of its own distinctive culture and its members would risk domination"(p.441). H 本:"一个在同其他社会的关系中强烈倾向于做分外行为的社会就会危害自己特有的文化的存在,它的成员就会冒受支配的危险"(第 398 页). 新解:"一个在与其他社会的关系中具有强烈分外行为倾向的社会将危及其独特文化的存在,而其成员将承担被人统治的风险。"

3. 原文:"The capacity to act from the more universal forms of rational benevolence is likely to be eliminated, whereas the capacity to follow the principles of justice and natural duty in relations between groups and individuals other than kin would be favored"(p.441). H 本:"出于那些较普遍形式的合理仁爱的行动的能力可能会被消除,与此同时,在群体间、个人间的关系中而不是在亲属的关系中遵循正义原则和自然义务行动的能力将会得到鼓励"(第 398 页). 新解:"以更加普遍的理性仁慈形式采取行动的能力可能会被淘汰,而在亲属以外的诸多群体和诸多个体之间的关系中,遵循正义原则和自然义务的能力则会受到青睐。"

【诠释】

然而,这里的关键问题是,正义原则是否比效用原则更加接近进化的趋势。现在看来,如果选择总是针对个体及其遗传系(genetic lines),如果各种道德行为的能力有某种遗传基础,那么严格意义的利他行为一般只限于亲属和有直接接触的较小群体。在这些情况下,愿意做出相当大的自我牺牲会有利于自己的后代,并倾向于被选中。从另一个极端看,一个在与其他社会的关系中具有强烈分外行为倾向的社会将危及其独特文化的存在,而其成员将承担被人统治(寄人篱下、向人称臣)的风险。因此，有人可能会猜想，以更加普遍的理性仁慈形式采取行动的能力可能会被淘汰，而在亲属以外的诸多群体和诸多个体之间的关系中，遵循正义原则和自然义务的能力则会受到青睐。我们还可以看到，道德感情系统如何既演变为支持自然义务的倾向，又演变为支持正义计划的稳定机制。① 如果这是正确的，那么正义原则再次获得了较为安全的基础。

【原文】§76 – 14 – p. 441

【评析】

1. 原文："The main grounds for the principles of justice have already been presented"（p. 441）。H 本："正义原则的主要根据在前面已经得到了说明"（第 398 页）。新解："本人已经呈现支持正义原则的主要依据。"

2. 原文："We are simply checking whether the conception already adopted is a feasible one and not so unstable that some other choice might be better"（p. 441）。H 本："我们仅仅在检查所接受的观念是不是一个恰当的观念，以及它是否并非如此不稳定以至某种其他观念更好"（第 398 页）。新解："我们只是简单地验证，已经采用的正义观念是不是可行的正义观念，我们没有验证，它是不是如此不稳定的正义观念，以至于其他选项可能会更好些。"

3. 原文："I do not contend then that justice as fairness is the most stable conception of justice"（p. 441）。H 本："因此，我不是要论证公平的正义是最稳定的正义观念"（第 398 页）。新解："因此，我并不声称，公平正义是最稳定的正义观念。"

【诠释】

这些评述并非为契约论观点提供证明理由。本人已经呈现支持正义原则的主要依据。在这一点上，我们只是简单地验证，已经采用的正义观念是不是可行的正义观念；我们没有验证，它是不是如此不稳定的正义观念，以至于其他选项可能会更好些。我们处在论证的第二部分中。我们询问，对于先前做出的承认，是否应当重新考虑（§25）？因此，我并不声

---

① 关于这一点，参阅特利弗斯《对等利他的进化》，第 47—54 页。——原注

称，公平正义是最稳定的正义观念。回答这个问题所需要的理解力，远远超出本人所概述的这一初步理论。这个得到同意的正义观念，只要是稳定的，就已经足够。

§77 平等的基础
The Basis of Equality

【题解】

罗尔斯认为，人之所以作为人被平等地对待，在于人具有其他生命不具有的特殊价值。这些特殊价值就构成平等的基础。人际平等有三个基础。一是制度基础，平等有一套公开规则，它保证任一个体按照规则受到平等对待。二是由正义原则赋予任一个体以平等权利。正义原则把人类与其他生命形式区分开来。三是个体具有道德性是其受到平等对待的重要前提。这种道德性表现为个体具有判断是非曲直的正义感和道德能力。罗尔斯认为，个体具有平等的人性基础，这种人性不是人的自然能力，而是人的道德能力或礼尚往来能力，是一种对等合作的倾向或意愿。因此，人际平等的第三个基础是最为重要的。在这一点上，罗尔斯显然发展了康德的主体性道德学说，这是一种强调或推崇个体的道德人格独立、自主与完整的学说。这一学说构成对效用论效用原则的最大批判，后者允许以效用原则削弱、牺牲甚至剥夺人际平等。

【原文】 §77-1-p.441

【评析】

1. 原文："**I now turn to the basis of equality, the features of human beings in virtue of which they are to be treated in accordance with the principles of justice**"（p.441）. H本："我现在转向平等的基础，从人们应当按照正义原则被对待的方面，来说明人的特点"（第398页）。新解："本人现在转向讨论平等的基础，即人类的特征在于，要根据正义原则，通过平等的基础来对待他们。"

2. 原文："**Our conduct toward animals is not regulated by these principles, or so it is generally believed**"（p.441）. H本："我们对动物的

行为不受这些正义原则的调节,或者,人们普遍地相信这些行为不受正义原则的调节"(第398页)。**新解**:"我们对待动物的行为不受这些原则的规制,或者世人一般认为如此。"

【诠释】

本人现在转向讨论平等的基础,即人类的特征在于,要根据正义原则,通过平等的基础来对待他们。我们对待动物的行为不受这些原则的规制,或者世人一般认为如此。那么,我们凭什么区分人类和其他生物,并把正义的约束条款只限于我们对人类的关系呢?我们必须研究是什么决定这些正义观念的适用范围。

【原文】 §77 – 2 – pp. 441 – 442

【评析】

1. 原文:"The first is to the administration of institutions as public systems of rules"(p. 441)。H本:"首先是作为公共规则体系的制度的管理"(第398页)。**新解**:"首先,它适用于制度管理,制度是一套公开规则。" H本的解读没有错误,笔者此处对原文做了拆解,这样更有利于中文读者理解。

2. 原文:"In this case equality is essentially justice as regularity. It implies the application and consistent interpretation of rules according to such precepts as to treat similar cases similarly(as defined by statutes and precedents)and the like"(pp. 441 – 442)。H本:"在这里平等基本上是作为规则性的正义。它意味着按照(按法条和先例的界定)类似情况类似处理等准则"(第398—399页)。**新解**:"在这种情况下,平等本质上是规则正义。它意味着根据类似案件类似处理准则(依照法条和判例规定)来适用规则,并且前后一致地解释规则,如此等等。"

3. 原文:"We have yet to consider what sorts of beings are owed the guarantees of justice"(p. 442)。H本:"我们还需要考虑哪些种类的人应得到正义的保障"(第399页)。**新解**:"我们尚得考虑什么样的生命应该得到正义的保障。"

【诠释】

为了明晰我们的问题,我们可以区分平等概念适用的三个层面。首先，它适用于制度管理，制度是一套公开规则。在这种情况下，平等本质上是规则正义（justice as regularity）。它意味着根据类似案件类似处理准则（依照法条和判例规定）来适用规则，并且前后一致地解释规则，如此等等（§38）。在这一层面上的平等是常识性正义观念中争议最小的因素。[①] 平等的第二个层面，也是比较困难的应用，是各种制度的实质性结构。在这里，平等的含义由正义原则来界定，这些原则要求将平等的基本权利赋予所有人。这种做法一般把动物排除在外；动物当然需要得到某种保护，但是动物的地位不是人类的地位。不过，这一结果仍然有待解析。我们尚得考虑什么样的生命应该得到正义的保障。这就把我们带到了产生平等问题的第三个层面。

【原文】§77 – 3 – p. 442

【评析】

罗尔斯在这里谈到道德人的两大特征，一是他们有能力拥有自己的善观念（they are capable of having a conception of their good），二是他们有能力拥有正义感。有人把第一个特征解读为"他们能够拥有一种关于他们人生观的能力"，把"conception of good"解读为"人生观"，虽然颇有新意，但离开《正义论》原意甚远。[②] 因为在《正义论》中，虽然罗尔斯谈过个体应当持有的善观念和理性人生规划，但是他没有直接谈论过人生观。那是解读者的自由发挥。

1. 原文："**It is precisely the moral persons who are entitled to equal justice**"（p. 442）。H 本："道德的人才有权享有平等的正义"（第 399 页）。**新解**："**正是道德人才有权享有平等正义。**"这是一个强调语句，表示拥有道德是享有平等正义的前提。经济人、理性人、道德人等都是理论假设概念，为保持学术严谨性，这里的术语"the moral persons"解读为"**道德人**"较为妥当。

2. 原文："**We use the characterization of the persons in the original position to single out the kind of beings to whom the principles chosen apply**"（p. 442）。H 本："我们用对原初状态的人的描述来区别出所选择的原则适用的人"（第 399 页）。**新解**："我们用对处于初始位置上的

[①] 参阅西季威克《伦理学方法》，第 496 页。——原注
[②] 参阅周保松《自由人的平等政治》（增订版），第 40—41、132、170 页。

人的刻画来揭示,被选中原则所适用的那一类生命。"读到这里,笔者感到罗尔斯存在着一种倾向明显的思想歧视或意识形态歧视,他区分了道德人和非道德人,只有道德人才配享有平等正义。并且,他所谓的道德人,就是拥有正义感能力和拥有自己的善观念能力的人。他完全撇开了经济、文化、社会和历史因素,这当然会带来重大争议。对社会和历史的忽视或轻视,是罗尔斯正义理论的最大弱点。

3. 原文:"After all, the parties are thought of as adopting these criteria to regulate their common institutions and their conduct toward one another; and the description of their nature enters into the reasoning by which these principles are selected"(p.442). H本:"毕竟,原初状态各方是被设想为接受这些标准来调节他们的共同制度和相互行为的;对他们的本性的描述也影响到挑选这些原则的推理"(第399页)。**新解**:"毕竟,我们设想,各方将采用这些标准来规范其共同制度和相互行为;如此描述各方本性导致的推论是,这些原则因此而被选中。"

4. 原文:"Equal justice is owed to those who have the capacity to take part in and to act in accordance with the public understanding of the initial situation"(p.442). H本:"平等的正义属于那些能参与对最初状态的共同理解并能照着这种理解去做的人"(第399页)。**新解**:"有能力参与有关初始场景的公众理解并据此行动的人,应给予平等正义。"

5. 原文:"Moral personality is here defined as a potentiality that is ordinarily realized in due course. It is this potentiality which brings the claims of justice into play"(p.442). H本:"道德人格在这里被规定为一种在一定阶段上通常能实现的潜在性。正是这种潜在性使正义要求发挥作用"(第399页)。**新解**:"道德人格在这里被定义为一种在适当时机通常可以实现的潜力。正是这种潜力使正义的诉求得到伸张。"术语"potentiality"在人格心理学中一般解读为"**潜能**"或"**潜力**",而不是"潜在性"。比如,马斯洛在《动机与人格》对人格潜能或潜力就多有讨论。

【诠释】

自然的答案似乎是,正是道德人才有权享有平等正义。道德人具有两大特点:第一,他们有能力(且被他人认为)拥有(通过理性人生规划表达的)自己的善观念;第二,他们有能力(且被他人认为)持有正义感,至少在一定程度上,持有运用和执行正义原则的通常有效的愿望。我们用对处于初始位置上的人的刻画来揭示，被选中原则所适用的那一类生命。毕竟，我们设想，各方将采用这些标准来规范其共同制度和相互行为；如此描述各方本性导致的推论是，这些原则因此而被选中。所以，有能力参与有关初始场景的公众理解并据此行动的人，应当给予平等正义。人们应该注意到，道德人格在这里被定义为一种在适当时机通常可以实现的潜力。正是这种潜力使正义的诉求得到伸张。

【原文】§77-4-pp.442-443

【评析】

在这个段落中，罗尔斯提到了平等正义的两个条件，分别是"充分条件"（sufficient condition）和"必要条件"（necessary condition）。他只讨论了充分条件而没有讨论必要条件，但他没有提到 H 本所谓的"充足条件"，否则，其论证会给人带来混乱，H 本正好给《正义论》中文版读者带来了如此混乱。

1. 原文："**That moral personality suffices to make one a subject of claims is the essential thing**"（p. 443）。H 本："道德人格是使一个人成为权利主体的充足条件，这是一个根本之点"（第 400 页）。**新解**："**道德人格足以使一个人成为各种诉求的主体，这一点是至关重要的。**"

2. 原文："**We cannot go far wrong in supposing that the sufficient condition is always satisfied**"（p. 443）。H 本："假定这个充分条件通常能得到满足，不会有太大的错误"（第 400 页）。**新解**："**我们不能错得离谱到以为，这个充要条件将总是得到满足。**"这里的前半句"we cannot go far wrong in supposing"可以解读为"我们不能错误地认为……"H 本的解读正好把这个语句的意思颠倒了。

3. 原文："**Even if the capacity were necessary, it would be unwise in practice to withhold justice on this ground. The risk to just institutions would be too great**"（p. 443）。H 本："即使道德人格能力是必要的，根据这一点就在实践中不给予正义也是不明智的。这会使正义制度面临过大的危险"（第 400 页）。**新解**："**即使这个能力是必要的，但在实践中，以此为由不去伸张正义却是不明智的。这将给正义制度带来巨大的风险。**"

【诠释】

因此，我们看到，一个人具备道德人格能力，是他有权获得平等正义的充要条件。① 除了这个实质性最低要求之外，一个人不需要别的任何东西。至于道德人格是否一个必要条件的问题，本人将其先放在一边。本人认为，绝大多数人拥有正义感能力，因此，这个问题没有引起严重的实际问题。道德人格足以使一个人成为各种诉求的主体，这一点是至关重要的。我们不能错得离谱到以为，这个充要条件将总是得到满足。即使这个能力是必要的，但在实践中，以此为由不去伸张正义却是不明智的。这将给正义制度带来巨大的风险。

【原文】§ 77 – 5 – p.443

【评析】

1. 原文："When someone lacks the requisite potentiality either from birth or accident, this is regarded as a defect or deprivation"（p.443）。H本："假如某个人生来或是由于事故而缺乏这种必要的潜在性，这叫做一种缺陷或丧失"（第400页）。新解："当一个人先天缺乏或意外缺乏必要的潜能时，这被视为一种缺陷或剥夺。"

2. 原文："A greater capacity for a sense of justice, as shown say in a greater skill and facility in applying the principles of justice and in marshaling arguments in particular cases, is a natural asset like any other ability"（p.443）。H本："较大的正义感能力，例如表现在运用正义原则和在具体的例子中驾驭论据的更大的技艺和老练，也像其他能力一样是一

---

① 我们可以用这个事实来解释自然权利（natural rights）概念。首先，它说明了以此命名受正义保护的权利是恰当的理由。这些权益（claims）取决于一定的自然特性，这些特性的存在可以通过寻求常识研究方法的自然理性来确定。这些特性以及因此存在的权益，独立于社会惯例和法律规范。"自然的"（natural）这个术语的恰当性就在于，它表明了由正义理论确认的权利（rights）和由法律和习惯规定的权利（rights）之间的对比。（其次，）更重要的是，自然权利概念还包含以下思想：人持有的这些权利是与生俱来的，并具有特别的权重。为着其他价值而被轻易无视的诉求不是自然权利。受第一正义原则保护的那些权利从优先性规则来看具有这两个特点。所以，公平正义观念具有自然权利理论的特征。它不仅把基本权利置于自然特性的基础上，将它们的基础与社会规范区分开来，而且通过平等正义原则把权利赋予人；这些原则有一种特殊力量，其他价值若与之相抵触通常会行不通。尽管特定权利不是绝对的，但是从实践意义说，在有利条件下，平等自由权利是绝对的。——原注

种天赋能力"（第 400 页）。**新解**："更大的正义感能力，比如在特定案例中在应用正义原则和驾驭论据方面的更多技能和老道，与任何其他能力一样，是一种自然资质。"

【诠释】

应该强调的是，平等正义的充要条件——道德人格的能力，是一个一点也不苛格的条件。当一个人先天缺乏或意外缺乏必要的潜能时，这被视为一种缺陷或剥夺。没有一个种族或公认的人类群体会缺乏这一属性。只有零散的个体，缺少这种能力，或者说，没有在最低程度上实现这种能力而没有实现这种能力则是不公正、贫困的社会环境或偶然事件的结果。此外，虽然不同的个体可能具有不同的正义感能力，但是，这一事实不是剥夺那些充分保护正义之能力较弱者的理由。一旦达到某个最低限度，一个人就有权享有与其他人同等的自由。更大的正义感能力，比如在特定案例中在应用正义原则和驾驭论据方面的更多技能和老道，与任何其他能力一样，是一种自然资质。一个人因行使其权利而获得的特殊好处应当适用差别原则。因此，如果有些人在某种程度上必须具备某些职位所需的公正和正直的司法德性（司法美德），那么他们可能会适当地获得这些职位所附带的某些好处。然而，平等自由原则的适用不受这些差异的影响。人们有时认为，基本权利和基本自由应当随着能力的变化而变化，但是公平正义观念否认这一点：只要道德人格的最低限度得到满足，一个人就应当得到所有的正义保障。①

【原文】§77 - 6 - p. 443 - 444

【评析】

1. 原文："**Human beings are equal is to say that none has a claim to preferential treatment in the absence of compelling reasons**"（p. 444）。H 本："说人们是平等的，就是说在没有强制原因的条件下，任何人都没有受到特殊对待的权利"（第 400 页）。**新解**："说人是平等的，就是说在没有令人信服的理由的情况下，没有人享有优惠待遇。"

2. 原文："**The real assurance of equality lies in the content of the**

---

① 道德人格能力是个体获利平等对等的充分条件。罗尔斯在这里反驳了森和努斯鲍姆对可行能力的过分强调。在这一点上，德沃金和罗尔斯的观点是相似的。

principles of justice and not in these procedural presumptions"（p. 444）。H 本："在任何情况下，背离平等的作法都应当在同一个为着全体人的原则体系的法庭上自我辩护并接受判决；基本平等被认为是在尊重方面的平等"（第 400 页）。新解："在每一种情况下，背离平等对待，都要由对所有人皆适用的同一组原则来给出辩护并做出公道裁决；实质平等被认为是考虑周全的平等。"

【诠释】

如此解释平等的基础需要做些评述。首先，有人可能会反对说，平等不能依赖于自然属性（natural attributes）。没有一个自然特征（natural feature）是所有人都是平等的，也就是说，并不是每个人都有（或者很多人有）相同程度的自然特征。由此看来，如果我们想坚持一种平等学说，就必须以另一种方式来解释它，即把它解释为纯粹程序原则。因此，说人是平等的，就是说在没有令人信服的理由的情况下，没有人享有优惠待遇。举证责任有利于平等：它规定了一种程序推定，即对所有人都应当一视同仁。在每一种情况下，背离平等对待，都要由对所有人皆适用的同一组原则来给出正当辩护并做出公道裁决；实质性平等被认为是考虑周全的平等。

【原文】 §77 - 7 - p. 444

【评析】

1. 原文："It is nothing more than the precept of treating similar cases similarly applied at the highest level, together with an assignment of the burden of proof"（p. 444）。H 本："它不过是在最高水准上运用的类似情况类似处理准则，加上对举证责任的一种陈述"（第 401 页）。新解："它只不过是在顶层运用相似案件相似处理的准则，加上举证责任的指定。"

2. 原文："The real assurance of equality lies in the content of the principles of justice and not in these procedural presumptions"（p. 444）。H 本："平等的真正保证存在于正义原则的内容之中，而不在这些程序性的假设之中"（第 401 页）。新解："平等的真正保障在于正义原则的内容，而不是这些程序推定。"

3. 原文："But further, even if the procedural interpretation imposed some genuine restrictions on institutions, there is still the question why we are to follow the procedure in some instances and not others"（p. 444）。H

本："但其次，即使程序性的解释给予制度以某种实际影响，我们仍然必须说明，为什么我们在某些情况下应当遵守程序而在另一些情况下不应当"（第401页）。**新解**："但更进一步说，即使程序解释对机构施加了一些真正限制，但是仍然存在这样的问题：为什么我们要在某些情况下遵循程序，而不是在其他情况下遵循程序？"

4. **原文**："It applies to creatures who belong to some class, but which one?"（p.444）H本："当然，那种程序适用于属于某一类的人，然而是哪一类呢？"（第401页）**新解**："它当然适用于属于某一类的生物，但它是哪一类生命呢？"

【诠释】

这一程序解释存在几个难点。① 首先，它只不过是在顶层运用相似案件相似处理的准则，加上举证责任的指定（assignment of the burden of proof）。考虑周全的平等，并不限制可以提供什么理由来证明不平等。不存在实质性平等对待的保证，因为奴隶制度和种姓制度（这些极端情况）可能满足这个平等观念。平等的真正保障在于正义原则的内容，而不是这些程序推定（procedural presumptions）。举证责任的设置并不充分。但更进一步说，即使程序解释对机构施加了一些真正限制，但是仍然存在这样的问题：为什么我们要在某些情况下遵循程序，而不是在其他情况下遵循程序？它当然适用于属于某一类的生物，但它是哪一类生物呢？我们仍然需要平等的自然基础，这样才能确定这个类。

【原文】§77-8-pp.444-445

【评析】

罗尔斯在这里回应了森和努斯鲍姆对他的人际"自然资质"平等假设的质疑。他认为，"天赋能力构成平等的基础"，自然资质平等假定是成立的。

1. **原文**："**The property of being in the interior of the unit circle is a**

---

① 关于这些难题的讨论，参阅贝恩（S. I. Benn）"平等主义和利益的平等考虑"，收录于彭诺克（J. R. Pennock）和查普曼（J. W. Chapman）编《法学·卷九：平等》，纽约：阿塞顿出版社1967年版，第62—64、66—68页；以及弗兰肯纳（W. K. Frankena）"关于正义的若干信念"，林德莱讲座（Lindley Lecture），堪萨斯大学，1966年版，第16页及以后。——原注

range property of points in the plane"（p. 444）。H 本："在一个单位圆之内存在的性质是一个平面内的点的一个范围性质"（第 401 页）。**新解**："位于单位圆内部的属性是在该平面中的诸点的范围属性。"

2. 原文："**Whether there is a suitable range property for singling out the respect in which human beings are to be counted equal is settled by the conception of justice**"（pp. 444 - 445）。H 本："是否存在一个适合的范围性质来标识每个人都应被视为平等的这样一个方面的问题，已经由正义观念解决了"（第 401 页）。**新解**："是否有一个合适的范围属性来划定人类在哪些方面是平等的，这是由正义观念来决定的。"

【诠释】

此外，在天赋能力上建立平等并不违背平等主义观点。我们所要做的是划定某个范围属性（range property）（正如本人将要谈到的），给予凡是符合该范围属性之条件的人以平等正义。例如，位于单位圆内部的属性是在该平面中的诸点的范围属性。尽管它们的坐标在一定范围内产生变化，圆内的所有点都具有此属性。因为圆内任何一点不比圆内任何其他点更接近于圆的内部，它们同样具有这个属性。现在，至于是否有一个合适的范围属性来划定人类在哪些方面是平等的，这是由正义观念来决定的。但是，对处于初始位置上的各方的描述确定了这一属性，正义原则向我们保证，在这一范围内的任何能力变化，都将被视为某种自然资质。天赋能力构成平等的基础，这种见解是没有问题的。

【原文】§77 - 9 - p. 445

【评析】

1. 原文："**If the right is to maximize the net balance of satisfaction, say, then rights and duties are to be assigned so as to achieve this end**"（p. 445）。H 本："假如正当就是最大限度地扩大满足的净余额，那么，比如说，权利和义务就要为着实现这一目的来分配"（第 401 页）。**新解**："如果正当就是旨在极大化满足的净余额，那么就要划分各项权利和义务，以达到这一目的。"

2. 原文："**Given the standard utilitarian assumptions**"（p. 445）。H 本："按照标准的功利主义的设想"（第 402 页）。**新解**："给定标准效用假设"。

3. 原文："It is the content of the ethical doctrine, and the fact that it is a maximizing notion, that allows variations in capacity to justify unequal fundamental rights, and not the idea that equality is founded on natural attributes"（p. 445）。H 本："使能力差别成为不平等的基本权利的根据的，正是功利学说的内容以及这种伦理学说是一种最大限度的概念这一事实，而不是自然特性是平等的基础这一观念"（第 402 页）。新解："正是这种伦理学学说的内容，以及它是一个极大化概念的事实，允许能力方面的诸多变量来证明不平等的基本权利，而不是平等是建立在自然属性之上的观点。"

4. 原文："Although agreeing with many teleological theories in the relevance of natural attributes, the contract view needs much weaker assumptions about their distribution to establish equal rights. It is enough that a certain minimum is generally fulfilled"（p. 445）。H 本："虽然在和自然特性有关的方面契约观点和许多目的论一致，但是，它认为自然特性在建立平等权利方面只起着相当微弱的作用。一般地说来，这种特性只要满足了某种最低标准就足够了"（第 402 页）。新解："尽管在自然属性的相关性方面与许多目的论观点一致，但是契约论观点需要对其分布做出更弱的假设，才能确立平等的权利。一般来说，满足某个最小值就足够了。"

【诠释】

那么，在自然属性（natural attributes）上建立平等将会损害平等正义，这一说法怎么可能讲得通呢？范围属性概念明摆在那儿，容不得视而不见。一定存在着某个更加深刻的解析。本人认为，其答案是，目的论常被视为理所当然的。因此，如果正当就是旨在极大化满足的净余额，那么就要划分各项权利和义务，以达到这一目的。这一问题的相关方面包括人们持有的不同生产技能和满足能力。可能发生的情形是，针对这些特性的变量（variations in these features），极大化总福利（maximizing aggregate welfare）需要调整基本权利。当然，给定标准效用假设，便存在着通往平等的某个趋势。然而，相关的问题是，无论正当的自然基础，还是适当的权利分配，都取决于效用原则。正是这种伦理学学说的内容，以及它是一个极大化概念的事实，允许能力方面的诸多变量来证明不平等的基本权利，而不是平等是建立在自然属性之上的观点。我相信，考察至善论也会得出同样的结论。公平正义理论不是极大化理论。我们并不寻找影响某些极大值的自然特征的差异，使之成为赞同不同等级公民身份的可能理由。尽管在自然属性的相关性方面与许多目的论观点一致，但是契约论观点需要对其分布做出更弱的假设，才能确立平等的权利。一般来说，满足某个极小值就已经足够。

【原文】§77 – 10 – p. 445

【评析】

1. 原文："Several further points should be noted briefly"（p. 445）。H 本："在这里应当扼要指出几个进一步的问题"（第 402 页）。新解："还有几点值得略提一下。"

2. 原文："The conception of moral personality and the required minimum may often prove troublesome"（p. 445）。H 本："道德人格的观念和必需的最低标准常常会产生麻烦"（第 402 页）。新解："道德人格观念和必要的最小值经常会带来麻烦。"

3. 原文："These matters are, I think, best discussed in the context of definite moral problems"（p. 445）。H 本："这些问题最好放在具体的道德问题中去讨论"（第 402 页）。新解："这些事情最好在明确的道德问题语境中去讨论。"罗尔斯在这里强调语境或上下文（context）对于理解一个术语或概念的重要性。因此，在这个语句中，"语境"是关键词，是不能省略掉的。

4. 原文："The nature of the specific issue and the structure of the available general facts may suggest a fruitful way to settle them"（p. 445）。H 本："具体问题的性质和可能了解到的一般事实的结构，也许能提供一种富有成果的方式来解决它们"（第 402 页）。新解："特定议题的性质和可以掌握的一般事实的结构，可能会指明解决这些问题的某个有效方法。"H 本没有仔细解读短语"The nature of the specific issue and the structure of the available general facts"的精确含义，其理解只是流于表面，最终丧失了这个语句的精髓。

【诠释】

还有几点值得略提一下。首先，道德人格观念和必要的最小值(required minimum) 经常会带来麻烦。虽然许多概念在某种程度上是模糊的，道德人格观念可能尤其如此。但是本人认为，这些事情最好在明确的道德问题语境中去讨论。特定议题的性质和可以掌握的一般事实的结构，可能会指明解决这些问题的某个有效方法。无论如何，人们不得把一个正义观念的模糊性与基本权利将随着天赋能力的变化而变化这一论题(thesis)相混淆。

【原文】§77-11-pp.445-446

【评析】

道德人格是一种质性的能力人格，而不是一种定量的能力人格。一个人只要在性质上具有这样的潜能，他就可以获到正义原则的充分保护。即使那些实际天赋能力较弱的个体，也是如此。罗尔斯认为，在道德要求上，强天赋能力者和弱天赋能力者，他们享有的正义原则的保护是相同的。但是，在这一问题上，森和努斯鲍姆认为，能力上的弱者比强者应当获得正义原则的更多保护，这是后者主张以个体能力指数取代个体基本善指数的理由。有学者很好地评估了两者的各自特点："罗尔斯的理论是以契约论的方法推导的，正义原则实际上是对社会基本善进行分配的原则。然而，立约人只能是具有立约能力的理性人，因而罗尔斯的契约论限制了罗尔斯的正义视域，契约论方法以及理性人的社会合作体系致使其不把先天的残障人包含在正义问题范围内。阿玛蒂亚·森（Amartya Sen）和玛莎·努斯鲍姆（Martha Nussbaum）等人对于罗尔斯的方法论，对资源平等的分配正义问题提出批评，他们突破契约论的局限，提出了能力平等的方法论。他们从人的基本能力的前提出发，将基本善的分配转向能力平等，指出正义在于基本能力的实现，而非正义在于基本能力的不足，因此他们从罗尔斯的形式正义转向实质性的正义。同时他们也对于契约论不包括残障人的问题进行了尖锐的批评，罗尔斯回应了他们的批评，并仍坚持了自己的观点。"①

1. 原文："**Normally exercised on their behalf by parents and guardians**"（p.446）。H本："通常由父母及监护人代表他们来运用"（第402页）。新解："通常由父母和监护人代表他们行使"。

2. 原文："**Regarding the potentiality as sufficient accords with the hypothetical nature of the original position, and with the idea that as far as possible the choice of principles should not be influenced by arbitrary contingencies**"（p.446）。H本："把潜在性看作是充分条件是与原初状态的假设本性一致，与只要可能对那些原则的选择应当不受专断的偶然性影

---

① 参阅龚群"对罗尔斯正义理论的回应与推进——森与努斯鲍姆的能力论"，《华中师范大学学报》2017年第5期。

响这一观念一致的"（第402页）。**新解**："认为潜能是充分的，这既符合初始位置的假设性质，也符合如下想法：原则选择应尽可能不受任意偶然因素的影响。"

3. 原文："**It is reasonable to say that those who could take part in the initial agreement, were it not for fortuitous circumstances, are assured equal justice**"（p. 446）. H本："有理由说，那些假如不是由于偶然的环境就能参与最初协议的人，就将被保障平等的正义"（第402页）。**新解**："如下说法是合理的，要不是因为阴差阳错的境遇，凡是能够参加最初协议者都将保证得到平等正义。"

【诠释】

我曾经说过，界定道德人格的最低要求在于指称一种能力，而不在于指称那种能力的实现。凡是拥有这种能力的人，无论这种能力是否还有待发展，都将得到正义原则的充分保护。由于婴儿和儿童被认为拥有基本权利（通常由父母和监护人代表他们行使），对必要条件的这种诠释似乎必定与我们考虑的裁决相匹配。此外，认为潜能是充分的，这既符合初始位置的假设性质，也符合如下想法：原则选择应尽可能不受任意偶然因素的影响。因此，如下说法是合理的：要不是因为阴差阳错的境遇，凡是能够参加最初协议者都将保证得到平等正义。

【原文】§77-12-p.446

【评析】

接下来这个段落蕴含着罗尔斯对森和努斯鲍姆的批评的回应。他认为，残障或弱智等失能问题当然也是正义原则应当考虑的问题，但是，这只是一些特殊情况，没有改变我们关于平等的基本观点。

1. 原文："**Now of course none of this is literally argument**"（p. 446）. H本："这当然并不是严格的论证"（第402页）。**新解**："当然，所有这一切都并非按照字面意义的论证。" 语句"none of this is literally argument"容易让人产生误解。这里的词语"literally"有"按字面；字面上；（强调事实可能令人惊讶）真正地，确实地；（加强即使字面意义并不真实的词语）简直"等含义。罗尔斯想要表达的意思是，读者不能从字面上去理解《正义论》为个体拥有正义感和道德能力的必要性所做的论证，因为这种论证在字面意义上可能是不真实的。所以，这个语句解读为"所有这些论证简直都不是论证"或者"所有这一切都并非按照字面意义的论证"也说得通。

2. 原文:"I have not set out the premises from which this conclusion follows, as I have tried to do, albeit not very rigorously, with the choice of conceptions of justice in the original position"(p. 446)。H 本:"我并没有列出可以引出这个结论的前提,我在讨论原初状态对正义概念的选择时一直试图这样做,尽管不十分严格"(第402页)。新解:"尽管不是非常严格,像我尝试处理在初始位置上对各种正义观念的筛选那样,我没有罗列得出这一结论所依据的前提。"

3. 原文:"Nor have I tried to prove that the characterization of the parties must be used as the basis of equality. Rather this interpretation seems to be the natural completion of justice as fairness"(p. 446)。H 本:"我也没有去证明,对原初状态各方的描述必须被用作平等的基础。宁可说,这种解释是公平的正义的自然的完成"(第402页)。新解:"本人也没有试图证明,对各方的刻画必须被用作平等的基础。相反,这种诠释似乎是公平正义的自然完成。"

4. 原文:"A full discussion would take up the various special cases of lack of capacity. That of children I have already commented upon briefly in connection with paternalism"(p. 446)。H 本:"一种充分的讨论会考虑缺乏能力的各种特殊例子。在谈到家长式统治问题时,我已经简单地评论了儿童的缺乏能力的例子"(第402页)。新解:"全面讨论将涉及能力匮乏的各种特殊情况。关于儿童能力匮乏问题,本人已经简要评述了与家长制的关系。"

5. 原文:"The problem of those who have lost their realized capacity temporarily through misfortune, accident, or mental stress can be regarded in a similar way. But those more or less permanently deprived of moral personality may present a difficulty"(p. 446)。H 本:"由于不幸、事故或精神紧张而暂时失去已获得的能力的人们的情况,也可类推。但那些多少是持久地丧失了道德人格的人的情况也许提出了一个困难"(第402—403页)。新解:"那些因不幸、意外或精神压力而暂时丧失实际能力者的问题也可以用类似方式来看待。但是那些多少被永久剥夺道德人格的人可能会遇到困难。"

【诠释】

当然，所有这一切都并非按照字面意义的论证。尽管不是非常严格，像我尝试处理在初始位置上对各种正义观念的筛选那样，我没有罗列得出这一结论所依据的前提。本人也没有试图证明，对各方的刻画必须被用作平等的基础。相反，这种诠释似乎是公平正义的自然完成。全面讨论将涉及能力匮乏(失能者)的各种特殊情况。关于儿童能力匮乏问题，本人已经简要评述了其与家长制(paternalism，尤其是父亲专制)的关系（§39）。那些因不幸、意外或精神压力而暂时丧失实际能力者的问题也可以用类似方式来看待。但是那些多少被永久剥夺道德人格的人可能会遇到困难。我不能在这里讨论这个问题，但本人认为，关于平等的见解不会受到实质性影响。

【原文】§77－13－p.446

【评析】

罗尔斯在这里提出了一个重要观点："**凡能伸张正义者，皆配享有正义。**"

1. 原文："**The simplicity of the contract view of the basis of equality is worth emphasizing**"（p.446）. H 本："值得强调一下契约论关于平等的基础的观点的简明性"（第403页）。**新解**："有关平等基础的契约论观点具有简洁性，这是值得强调的。"

2. 原文："**The minimum capacity for the sense of justice insures that everyone has equal rights**"（p.446）. H 本："对正义感的最低限度的能力保证每个人享有平等的权利"（第403页）。**新解**："为了持有正义感而应具备的最低能力，旨在确保人人享有平等的权利。"

3. 原文："**Equality is supported by the general facts of nature and not merely by a procedural rule without substantive force**"（p.446）. H 本："平等的基础是一般自然事实，而不仅仅是一种没有实际力量的程序规则"（第403页）。**新解**："平等受到一般自然事实的支持，而不只是受到没有实质性效力的某个程序规则的支持。"

【诠释】

在本节将要结束时，我想发表几点一般意见。首先，有关平等基础的契约论观点具有简洁性，这是值得强调的。为了持有正义感而应具备的最低能力，旨在确保人人享有平等的权利。所有人的诉求，都要根据正义原则来裁决。平等受到一般自然事实的支持,而不只是受到没有实质性效力的某个程序规则的支持。平等既不以评估人的内在价值为前提,也不以评比人的善观念为前提。凡能主张正义者,皆应得到正义。

【原文】§77-14-pp.446-447

【评析】

罗尔斯不赞成以下严格的平等主义主张:"平等正义意味着,社会要做出同样比例的贡献,每个人由此实现其所能达到的最佳生活。"这是一种一般正义观念,而不是公平正义观念。从社会获得同等比例的善,这不是公平正义的主张,差别原则是对一般正义观念的最佳纠正。公平正义并不笼统地反对相互优势原则,但是当社会成员处于不同社会位置时,月补偿原则来修正和完善相互优势原则是必要的。后者就是差别原则。效月论并不反对相互原则,但是它反对补偿原则,因为差别原则对相互优势原则构成了限制,否定了效用论对效用最大化的无条件支持。对等正义(justice as reciprocity)成为必然要求。

1. 原文:"**The advantages of these straightforward propositions become more evident when other accounts of equality are examined**"(p.446)。H本:"一当来考察对平等的其他说明,这些直截了当的命题的优点就变得更加明显"(第403页)。**新解**:"这些直白命题的优势在考察其他关于平等的解释时变得更加一目了然。"

2. 原文:"**Equal justice means that society is to make the same proportionate contribution to each person's realizing the best life which he is capable of**"(p.446)。H本:"平等的正义意味着社会应该为每个人实现他所能达到的最好的生活做出相称的贡献"(第403页)。**新解**:"平等正义意味着,社会要对每个人实现其所能达到的最佳生活做出相同比例的贡献。"

3. 原文:"**In addition to violating the principle of mutual advantage, this conception of equality means that the strength of men's claims is directly influenced by the distribution of natural abilities, and therefore by contingencies that are arbitrary from a moral point of view**"(p.447)。H本:"除了违反互利原则之外,这个平等观念还意味着人们的要求的有力程度直接受自然能力的分配的影响,因而受从一种道德观点来看是专断的偶然性的影响"(第403页)。**新解**:"除了违反相互优势原则外,这种平等观念意味着,人的诉求强度直接受到天赋能力分布的影响,因而也受到

从道德角度来看是任意的偶然因素的影响。"

【诠释】

这些直白命题的优势在考察其他关于平等的解释时变得更加一目了然。比如，有人可能认为，平等正义意味着，社会要对每个人实现其所能达到的最佳生活做出相同比例的贡献。① 这看似是一个很有吸引力的建议。然而，它遇到了严重困难。一方面，它不仅需要一个方法来估计各种生活计划的相对善好程度，而且需要一个方法来测量多大的比例可以算作对持有不同善观念者的同等比例的贡献。应用这一标准所暴露的问题是明显的。一个更重要的困难是，一些人的能力越强，他们对社会资源的诉求就越多，但是他们不考虑对其他人的补偿优势。人们必须假定，自然资质的变化将影响到为那些有着不同生活计划的人提供同等比例援助所必需的东西。但是，除了违反相互优势原则（principle of mutual advantage）以外，这种平等观念意味着，人的诉求强度（strength of men's claims）直接受到天赋能力分布（distribution of natural abilities）的影响，因而也受到从道德角度来看是任意的偶然因素的影响。在公平正义中，平等的基础避开了这些反对意见。唯一决定性的偶然因素是，一个人持有或没有持有正义感的能力。通过以正义回报正义，对等原则在顶层得到了实现。

【原文】 §77 – 15 – p. 447

【评析】

1. 原文："A further observation is that we can now more fully reconcile two conceptions of equality"（p. 447）. H 本："第二点评论是，我们现在能够更充分地使两种平等观念达到一种和谐。"（第 403 页）。新解："进一步的观察是，我们现在可以更加充分地调和两种平等观念。"

2. 原文："Some writers have distinguished between equality as it is invoked in connection with the distribution of certain goods, some of which will almost certainly give higher status or prestige to those who are more favored, and equality as it applies to the respect which is owed to persons irrespective of their social position"（p. 447）. H 本："一些作者已经区别

---

① 关于这个思想，参阅弗兰肯纳《关于正义的若干信念》，第 14 页及以后；并参阅芬德利《价值与意向》，第 301 页及以后。——原注

了两种平等：一种是在某些善的分配中被实行的平等，这些善之中的一部分几乎总是使那些境遇较好者地位和声望更高；另一种是应用于尊重的平等，这种平等是不论人们的社会地位高低都属于他们的"（第403—404页）。**新解**："有些作者已经区分了两种平等。一种平等是在联系到对某些善的分配时援引的，其中有些善几乎肯定会给予更受青睐者以更高的地位或声望。另一种平等则适用于不论社会位置如何，人人皆应受到的尊重。"

3. **原文**："Equality of the first kind is defined by the second principle of justice which regulates the structure of organizations and distributive shares so that social cooperation is both efficient and fair"（p. 447）。H本："第一种平等是由正义的第二条原则规定的，这条原则调节着组织和分配份额的结构，使社会合作既有效又公平"（第404页）。**新解**："第一种平等由第二正义原则来界定，那个原则规制组织结构和分配份额，从而使社会合作既有效率又有公平。"

【诠释】

进一步的观察是，我们现在可以更加充分地调和两种平等观念。有些作者已经区分了两种平等。一种平等是在联系到对某些善的分配时援引的，其中有些善几乎肯定会给予较受青睐者(more favored)以更高的地位或声望。另一种平等则适用于不论社会位置如何，人人皆应受到的尊重。[①] 第一种平等由第二正义原则来界定，那个原则规制组织结构和分配份额，从而使社会合作既有效率又有公平。但是，第二种平等是根本性的。它由第一正义原则和诸如相互尊重之类的自然义务来界定；它是作为道德人的人类皆享有的。平等的自然基础解析了其更深层次的意义。第一正义原则优先于第二正义原则，这种优先性使我们能够避免以特别的方式平衡这些平等观念，而从初始位置出发的论证表明了这种优先性是如何产生的（§82）。

【原文】§77 - 16 - pp. 447 - 448

【评析】

1. **原文**："The consistent application of the principle of fair oppor-

---

[①] 参阅威廉斯"平等的观念"，收录于彼得·拉斯莱特（Peter Laslett）特和朗西曼（W. G. Runciman）编《哲学、政治和社会》第2辑，牛津：巴兹尔—布莱克韦尔出版社1962年版，第129—131页；朗西曼：《相对剥夺与社会正义》(Relative Deprivation and Social Justice)，伦敦：劳特利奇和基根—保罗出版社1966年版，第274—284页。——原注

tunity requires us to view persons independently from the influences of their social position"（pp. 447 – 448）。H 本："一视同仁地运用公平机会原则要求我们在看待人时摆脱人们的社会地位的影响"（第 404 页）。**新解**："自始至终地贯彻公平机会原则，要求我们在不受其社会位置影响的情形下独立地看待个体。"

2. 原文："Taken by itself and given a certain primacy, the idea of equal opportunity inclines in this direction"（p. 448）。H 本："如果只从它自身来理解，并且赋予它某种优先地位，平等机会观念会走到这个方向上"（第 404 页）。**新解**："若只考虑机会均等理念本身，并且它具有一定的首要性，那么它倾向于这个方向。"

3. 原文："When the principles of fraternity and redress are allowed their appropriate weight, the natural distribution of assets and the contingencies of social circumstances can more easily be accepted"（p. 448）。H 本："一俟博爱原则和补偿原则得到了人们的恰当评价，资质的自然分配和社会环境的偶然性就比较容易被人们接受"（第 404 页）。**新解**："当博爱原则和矫正原则得到适当重视时，资产的自然分布和社会条件的偶然因素就更容易被人接受。"

4. 原文："We are more ready to dwell upon our good fortune now that these differences are made to work to our advantage, rather than to be downcast by how much better off we might have been had we had an equal chance along with others if only all social barriers had been removed"（p. 448）。H 本："由于这些差别现在使我们受益，我们更乐于寻找我们的好运气，而不是沮丧地猜想，要是全部社会障碍都已被清除，因而我们和其他人都有平等机会，我们会多么好"（第 404 页）。**新解**："这些差别的产生有利于我们的优势，我们现在总是记着自己的好运气，不愿意被下面的问题搞得垂头丧气：要是所有社会障碍都被清除，我们与他人共享着平等的机会，我们会有多好呢？"

5. 原文："The conception of justice, should it be truly effective and publicly recognized as such, seems more likely than its rivals to transform our perspective on the social world and to reconcile us to the dispositions of the natural order and the conditions of human life"（p. 448）。H 本："假如正义观念成为真正有效的并被公认为如此，它就会比其他观念更加能转变我们对于社会世界的观点，更加能使我们同自然秩序的安排，同人生的条件和谐一致"（第 404 页）。**新解**："如果这样的正义观念是真实有效的，

并得到了公众承认，那么它似乎比其竞争对手更有可能改变我们对社会世界的看法，更有可能使我们去调和自然秩序的排列和人类生活的条件。"

【诠释】

自始至终地贯彻公平机会原则，要求我们在不受其社会位置影响的情形下独立地看待个体。① 但是，这一趋势应贯彻到何种程度呢？即使公平机会得到满足（如已定义的那样），家庭似乎也会导致个体（家庭成员）之间的机会不平等（§46）。那么应当废除家庭吗？若只考虑机会均等理念本身，并且它具有一定的首要性，那么它倾向于这个方向。但在整个正义理论的语境中，采取这一措施的紧迫性并不强烈。承认差别原则，重新界定了在自由平等制度中所设想的社会不平等的理由；当博爱原则和矫正原则得到适当重视时，资产和资质的自然分布和社会条件的偶然因素就更容易被人接受。这些差别的产生有利于我们的优势，我们现在总是惦记着自己的好运气，不愿意被下面的问题搞得垂头丧气：要是所有社会障碍都被清除，我们与他人共享着平等的机会，我们会有多好呢？如果这样的正义观念是真实有效的，并得到了公众承认，那么它似乎比其竞争对手更有可能改变我们对社会世界的看法，更有可能使我们去调和自然秩序的排列和人类生活的条件。

【原文】 §77-17-pp. 448-449

【评析】

1. 原文："**The capacity for feelings of pleasure and pain and for the forms of life of which animals are capable clearly imposes duties of compassion and humanity in their case**"（p. 448）。H 本："对苦乐情感的能力，以及对动物能够采取的那些形式的生命的能力，施加给人类对于这些存在物的同情的义务和人道的义务"（第 405 页）。新解："感受快乐和痛苦的能力，感受动物所能拥有的生命形式的能力，显然在如此情况下赋予人以怜悯和人道的义务。"

2. 原文："**A correct conception of our relations to animals and to nature would seem to depend upon a theory of the natural order and our place in it**"（p. 448）。H 本："对我们同动物同自然的关系的正确观念，

---

① 参阅威廉斯"平等的观念"，第 125—129 页。——原注

似乎有赖于一种关于自然秩序和我们在其中的位置的理论"（第405页）。新解："树立我们与动物和自然的关系的某个正确观念，似乎取决于自然秩序以及我们在其中的位置的理论。"

3. 原文："One of the tasks of metaphysics is to work out a view of the world which is suited for this purpose; it should identify and systematize the truths decisive for these questions"（pp. 448-449）。H本："形而上学的任务之一是创造一种适合这个目的世界观；它应当把有关这些问题的决定性的真理挑选出来并把它们系统化"（第405页）。新解："形而上学的任务之一，就是要确立一种适合于这一目的的世界观；它应该确定并系统化对于解决这些问题来说是至关重要的真理。"

4. 原文："How far justice as fairness will have to be revised to fit into this larger theory it is impossible to say"（p. 449）。H本："公平的正义将在多大程度上不得不做出调整以适应于这个更广大的理论，还尚未可知"（第405页）。新解："至于公平正义务必在多大程度上做出修正，以适应这个更加宏大的理论，这还不太好说。"

5. 原文："But it seems reasonable to hope that if it is sound as an account of justice among persons, it cannot be too far wrong when these broader relationships are taken into consideration"（p. 449）。H本："但是，寄希望于如果它是对人们之间的关系的合理描述，当把更广泛的关系考虑进来时它不会错得太远，似乎还是合理的"（第405页）。新解："不过，看似合理的希望是，如果它作为人间正义的解释是站得住脚的，那么，当思考这些更加广泛的关系时，它也不会错到哪儿去。"

【诠释】

最后，我们应该回顾一下正义理论的局限性。它不仅搁置了道德的许多方面，而且没有探讨针对动物和自然界其余部分的正当行为。正义观念只是道德观念的一部分。虽然我没有坚持，为了承担正义义务，拥有正义感能力是必要的，但似乎我们并不需要给予缺乏这种能力的生物以严格的正义。不过，这并不意味着，我们对待它们不存在任何要求；这也不意味着，我们与自然秩序的关系不存在任何要求。虐待动物是错误的，毁灭整个物种是巨大的罪恶。感受快乐和痛苦的能力，感受动物所能拥有的生命形式的能力，显然在如此情况下赋予人以怜悯和人道的义务。本人将不尝试解析这些发自内心的信念。它们不在正义理论的范围之内，似乎不可能扩大契约论学说的范围，以便以自然的方式将它们包括进来。树立我们与动物和自然的关系的某个正确观念，似乎取决于自然秩序以及我们在其中的位置的理论。形而上学的任务之一，就是要确立适合于这一目的的世界观；它应该确定并系统化对于解决这些问题来说是至关重要的真理。至于公平正义务必在多大程度上做出修正，以适应这个更加宏大的理论，这还不太好说。不过，看似合理的希望是，如果它作为人间正义的解释是站得住脚的，那么，当思考这些更加广泛的关系时，它也不会错到哪儿去。

第九章　正义之善
The Good of Justice

【题解】

　　在这一章，罗尔斯专门讨论了正义与善好的关系，本章既是全书的总结，也是其正义理论的自我评估，它表明罗尔斯高度重视与正义理论相关的善理论。罗尔斯主要讨论公平正义和理性善好的同余问题，也就是适用于社会基本结构的正义原则与适用于个体的善观念的同余问题。公平正义用来规制社会基本制度，理性善好用来评估拥有正义感和道德能力的个体的思想和行为。个体对自身之善的追求，与其理性人生规划高度相关。毕竟，正义感和道德能力是主观的、自主的、不确定的或不稳定的。罗尔斯试图克服这种主观性和不稳定性，使它们具有像公平正义那样的客观性和稳定性。正义之善就成为必然选项。

　　"嫉妒"（envy）和"忌惮"（jealousy）是两个含义相似但内涵迥异的术语。嫉妒表示一个人想要得到自己没有而别人具有的美好事物的心态；忌惮则表示一个人害怕自己失去别人没有而自己具有的美好事物的心态。"嫉妒"在《正义论》正文中出现了98次，主要集中在第九章，并且是第80节的主题。"忌惮"在《正义论》正文中出现了12次，主要也集中在第九章。《正义论》更加关注"嫉妒"问题。它既与人们拥有的正义感相关，也与他们的理性人生规划相关。嫉妒或羡慕是进攻性心态，一种以下犯上、向上看齐的心态。忌惮则是防御性心态，是居高临下的姿态，也是害怕被人超越的心态。罗尔斯专门讨论了两者关系。嫉妒是对别人好运的痛苦。[①] 嫉妒者是渴望成功者，想要出人头地者。相反，忌惮者是见不得别人好的人。虽然自己已经很是成功，但是他不希望别人取得像他那样的

---

① Aristotle, *The Basic Works of Aristotle*, ed., Richard Mckeon, New York, Randome House, 1941, p. 1401.

成功,更不希望别人超过自己。忌惮使人设法确保别人得不到自己看重的好东西。① 亚里士多德尚未明确区分嫉妒和忌惮。罗尔斯在《正义论》中做了这个区分,并把研究重心放到嫉妒与正义的关系上。他通过批评弗洛伊德有关嫉妒与正义感的关系理论,表示正义感与嫉妒心没有必然关系。

与嫉妒和忌惮的讨论相关,罗尔斯在这里讨论了个体的主导目的(dominant end)和最终目标(final end)。两者是对应关系而不是同余关系。最终目标往往是无法实现的目标,而主导目的往往是正在产生影响的目的,或正在完成的目的。幸福一般同主导目的关系密切,而与最终目标关系较远。可以这样说,主导目的是现实性的和实践性的,最终目标是理想性的和理论性的。罗尔斯还讨论了关于正义原则和正义观念的严格遵守理论和部分遵守理论,两者也是一种对应关系。

公平正义和理性善好既是对应关系,也是同余关系,它可以表述为正义与善好(正当与善)的关系。罗尔斯表示,正当优先于善,正当要在各种事务的判断中处于主导地位。效用论则正好相反。所以,公平正义理论是对效用正义理论的颠倒。在这个意义上,哈耶克和诺齐克反对罗尔斯正义理论,主张一种权利(自我所有权)至上的个人主义正义理论。在正当概念优先于善概念的前提下,罗尔斯再来推论正当与善的同余关系。最终论证正当和善、公平与效率是一致的或同余的。

【原文】CH – IX – p. 450

【评析】

在 H 本所犯错误当中,比较常见是的对语句基本结构的判断错误。一旦标点错了,原来语句的语义也会随之发生变化。

1. **原文**:"**Congruent**"(p. 450)。这个术语有"同余的;全等的;叠合的;适合的;适当的;恰当的;相称的;一致的"等含义。H 本:"一致的"(第 406 页)。**新解**:"**同余的**"。因此,语句:"The question whether justice as fairness and goodness as rationality are congruent"(p. 450)。H 本:"公平的正义和理性的善是否一致的问题"(第 406 页)。**新解**:"**公平正义和理性善好是否同余的问题**"。笔者作如此解读的理由是,术语"同余的"表示两个事物在数学意义上的严格等同性或相似性,而不是哲学意义上大体一致性。事物的一致关系比同余关系更加不确定。同余关系有着更

---

① Aristotle, *The Basic Works of Aristotle*, ed., Richard Mackeon, p. 1402.

严格的数学要求。罗尔斯在《正义论》中的论证是一种严格的数学论证，而不是一种一般的哲学论证，这一点在《正义论》第三章表现得尤其清晰。在《正义论》正文中，术语"同余的"（congruent）一共出现了 8 次，其名词形式"同余"（congruence）一共出现了 17 次。罗尔斯在第七章第一段落介绍《正义论》第三编内容时，第一次提到"同余的"一词。他表示将在最后一章讨论正义和善好的同余问题并且认为两者是同余的 [justice and goodness are congruent（p. 347）]。这个同余问题和社会稳定性问题是放在一起讨论的。他认为，只有解决了这个同余问题，才能解决社会稳定性问题。

2. 原文："**Rational plan of life**"（p. 450）。H 本："合理生活计划"（第 406 页）。新解："理性人生规划"。这个术语在《正义论》正文中一共出现了 24 次。就像术语"理性选择理论"（theory of rational choice）一样，这是一个有着约定俗成译法的术语。有些大学开设了面向大学生的人生规划通识课程。

3. 原文："**Desiderata**"（p. 450）。H 本："迫切需要"（第 406 页）。新解："必需品"或"迫切需要之物"。

4. 原文："**The ways in which its just arrangements contribute to the good of its members**"（p. 450）。H 本："它的公正的社会安排对它的成员们的善的发生作用的各种方式"（第 406 页）。新解："良序社会的正义安排有助于促成其成员权益的方式。"

5. 原文："**Such a society allows for persons' autonomy and the objectivity of their judgments of right and justice**"（p. 450）。H 本："这样一个社会给人们的自律和他们的正当和正义判断的客观性留下了空间"（第 406 页）。新解："良序社会不仅允许个体拥有自主自律，而且允许个体持有关于正当和正义之判断的客观性。"

6. 原文："**Equilibrium**"（p. 450）。H 本："平衡"（第 406 页）。新解："均衡"。术语"均衡（equilibrium）"在《正义论》正文中出现了 47 次。术语"平衡"（balance）在《正义论》正文中出现了 130 次。这是两个略有不同含义的术语，不能相互取代。

7. 原文："**Envy and spite**"（p. 450）。H 本："忌妒和怨恨"（第 406 页）。新解："嫉妒和怨恨"。罗尔斯用来表达"怨恨"的另一个相似术语是"resentment"亦即"不满"。"spite"和"resentment"在原文中往往交替出现。

【诠释】

在本章中，本人将讨论稳定性问题的第二部分也是最后部分。这关系到公平正义和理性善好是否同余的(congruent) 问题。在良序社会的环境中，个体的理性人生规划将支持并强化其正义感，这一点尚有待考证。本人将通过依次讨论良序社会的各种迫切需要之物和良序社会的正义安排有助于促成其成员权益的方式来解决这个问题。因此，我首先表示，良序社会不仅允许个体拥有自主自律，而且允许个体持有关于正当和正义之判断的客观性。① 本人将接着说明，正义如何与社会联合理念相结合，如何缓解嫉妒和怨恨倾向，如何界定自由优先性获得的均衡。最后，通过对比分析公平正义与享乐(快乐) 效用论，我试图说明，正义制度将如何提供自我同一性，并使人类能够作为自由平等的道德人格来展示自己的本性。综合诸多特征，本人认为，在良序社会里，有效的正义感属于人格之善。② 因此，既然我们难以消除某些不稳定倾向，那么我们就应当设法去控制它们。

§78 自律与客观性
Autonomy and Objectivity

【题解】

从这一节标题就可以看出，罗尔斯的相关讨论充满着康德道德哲学的意味。遵循正义原则，持有正义感，旨在追求社会正义，体现个体的道德自律或道德能力。这不是从外面强加于个体的要求。遵循理性选择原则，实施理性人生规划，旨在追求个人幸福或自我价值。个体对自我利益、权利和机会的积极把握和争取，可以用具体尺度来测试或评估。两者看起来属于两个不同的领域。而且道德思想家们经常把两者对立起来。

于是，正当与善，或正义与善好，是否存在同余关系？这是《正义论》在确立两大正义原则之后面临的最重要问题。个体的正义感和道德能

---

① 自主自律体现人之为人的主观性或主体性，听从内心法则，允许因人而异；客观性体现人看待社会事务或公共事务的客观性或客体性，遵循外在法则，不允许因人而异。
② a person's good，人格之善是个体拥有的基本善之一，是理性人持有的道德能力的体现。一种自主的道德人格之善是一个康德道德哲学概念；它不同于人类之善，亦即 human good。正义感落实于单一个体，人类之善落实于整个人类。

力是个别的、自主的，也是主观的。如何让这种自律同时具有普遍性和客观性，使之具有普遍社会价值？这既是康德道德哲学关注的问题，也是罗尔斯正义理论关注的问题。找到正义感的自律与社会基本结构的正义原则的客观性的同余关系，是论证社会稳定的关键环节，也是证明良序社会是实际可能的核心论点。这是《正义论》第九章"正义之善"的主题。因此，在这一节，罗尔斯开篇就强调说："我关心的同余问题只是针对良序社会而言的。"其言下之意是，在非良序社会里，不存在正当与善或正义与善好的同余问题。但是在良序社会里，或者在接近正义的国家里，就必须追问那个问题。

【原文】§78 – 1 – pp. 450 – 451

【评析】

H本把"同余问题"（problem of congruence）解读为"一致性"（第406页）问题；把"**理性选择原则**"解读为"合理选择原则"（第406页），这些解读有待商榷。**原文**："**Yet this case is the first one to examine, for if congruence fails for a well-ordered society, it seems bound to fail everywhere**"（p. 450）. H本解读为："然而，一个良序社会是第一个需要考察的，因为如果一致性在一个良序社会中不存在，它就到处都不存在"（第406页）。**新解**："不过，这乃是有待考察的首要情况，因为对于良序社会来说，一旦同余不成立，那么同余似乎注定在任何地方都不成立。"这里的"this case"讲的不是"一个良序社会"，而是"良序社会的同余问题"。接下来的后半个语句是一个条件句，这里的"fail"不能解读为"不存在"，而应解读为"不成立"或"是失败的"。比如，我们可以说，一个婚姻失败了，"夫唱妇随"即"同余关系"没有继续下去，但是，我们不能说，这个婚姻"不存在"。即使某个特殊同余关系可以真的不存在，但是罗尔斯在这里想要考察的，不是同余是否"存在"，而是同余是否"成立"；以及，罗尔斯在此想要探讨的，是"**严格遵守理论**"是否"成立"，而非"**严格遵守理论**"是否"存在"。

【诠释】

在讨论良序社会诸多特征之前，本人将强调的是，我关心的同余问题只是针对良序社会而言的。所以，我们仍然把自己限制在严格遵守理论（strict compliance theory）之内。不过，这乃是有待考察的首要情况，因为对于良序社会来说，一旦同余不成立，那么同余似乎注定在任何地方都不成立。另一方面，即使在这种情况下，"正当与善相同余"（just and the good are congruent）绝不是一个定论（foregone conclusion）。因为这种关系意味着，当良序社会成员以理性选择原则来评价他们的人生规划时，他们将决定坚持其正义感，作为彼此行为的调节手段。在毫不知情的情况下，他们会同意正义原则；而在充分知情的情况下，他们根本用不着选择并运用理性选择原则。这两种情形是相辅相成的。然而，当正义原则得到完美实现时，以截然不同方式予以解释的正义原则和理性选择原则仍然彼此相互契合（fit together）。当然，这种同余在契约论的确立方式上有其解析。但是，这种关系不是理所当然的，我们需要明确地揭示其基础。

【原文】§78－2－p.451

【评析】

罗尔斯在这个段落中讨论了他在观测良序社会之后发现的趋同现象。丹尼尔·贝尔在《意识形态的终结》中曾经专门讨论过在不同社会制度之下现代社会的趋同现象。我们不知道贝尔的研究是否对罗尔斯有所启迪。遗憾的是，"a convergence of observations"亦即"**各种观测结果的趋同**"，在H本那里被解读成了"集中的考察"（第407页）。

1. 原文："**I shall proceed by examining a number of features of a well-ordered society**"（p.451）. H本："我将通过考察一个良序社会的一系列特点来阐明这种关系"（第407页）。其中"来阐明这种关系"查无出处，属于H本的臆想。短语："Proceed by examining". H本："通过考察"（第407页）。**新解**："继续考察"。整句**新解**："本人将继续考察良序社会的某些特点。"

2. 原文："**Which all told**"（p.451）. H本："所有这些特点都告诉"（第407页）。**新解**："所有这些特点"。

3. 原文："**Lead rational persons to confirm their sense of justice**"（p.451）. H本："起带头作用的有理性的人们去巩固他们的正义感"（第407页）。**新解**："引导理性人去确认其正义感"。

4. 原文："**A convergence of observations**"（p.451）. H本："集中的考察"（第407页）。**新解**："各种观测结果的趋同"。

从前面这一段落H本的解读可知，什么"起带头作用的有理性的人们"；什么"阐明这种关系"；什么"集中的考察"；什么"这种考察的意义"，在解读这个语句时，H本没有一个点是正确的，给人以天马行空之感，其中最令人费解的语句中竟然有典型中国语境下才会有的话语："起带头作用的有理性的人们"。可以肯定的是，"起带头作用"之类说法，从来不曾出现于罗尔斯头脑之中。这完全是H本的创造性解读。

【诠释】

本人将继续考察良序社会的某些特点，所有这些特点都将引导理性人去确认其正义感。这个论断是逐步积累的，取决于各种观测结果的趋同(或融合)，这种趋同的力量直到后来才得到概述（§86）。

【原文】§78 – 3 – p. 451

【评析】

罗尔斯在讨论道德态度和道德情感时，借用了一些心理学术语，它们在心理学和社会科学中已经有约定俗成的解释和确定的用语。然而，对其中许多术语，H本没有给出确切的解读。另外，马斯洛的见解对于读者理解罗尔斯在这里讨论的相关论题是有帮助的："我们不能忽略同样的危险性来源于完全的没有挫折、痛苦或危险。一个人必须获得挫折耐受力才能成为坚强的人，必须学会把物质现实理解为对于人的愿望在本质上是中立的，必须懂得热爱他人像热爱自己一样，享受他人需要满足的乐趣像享受自己需要得到满足一样（不是只把别人当作手段）。有安全、爱和尊重需要的满足作基础的儿童，可以从适度的挫折中得到锻炼，并且由此变得更加坚强。如果要求他们的负担超过他们所能忍受的程度，从而使他们被压倒，那么，我们就把这叫做创伤性的，并且认为它们是危险的而不是有益的。我们了解物质世界、动物和其他人的本性是通过它们或他们对我们的顽强阻挠，从而也就学会了区分希望和现实（哪些事物有希望成为现实，哪些事物以完全无视我们希望的方式在继续进行），因此才有可能在世界上生存下去，并在必要时去适应生活。而我们了解和扩展我们自己的实力和局限，则是通过我们自己最大的努力去克服困难，迎接挑战和苦难，并面对失败。在伟大的斗争中可以有巨大的享受，这个享受能够取代畏惧。"①

1. 原文："**Soundness**"（p. 451）。H本解读为"理性"（第407页）。

---

① 马成功编译：《马斯洛现代成功心理经典》，中国言实出版社2006年版，第63页。

第九章 正义之善 1423

新解:"合情合理""有道理""讲得通"或"站得住脚"。

2. 原文:"**Psychological origins**"(p. 451). H 本:"心理学起源"(第 407 页)。新解:"心理根源"或"心理起因"。

3. 原文:"**Neurotic compulsions**"(p. 451). H 本:"神经上的强制"(第 407 页)。新解:"神经质强迫症"。它表示一种心理疾病,属于焦虑障碍的一种类型,是一组以强迫思维和强迫行为为主要临床表现的神经精神疾病,其特点为有意识的强迫和反强迫并存,一些毫无意义甚至违背自己意愿的想法或冲动反反复复地侵入患者的日常生活。H 本让读者无法领会罗尔斯指涉的是一种精神疾病。

4. 原文:"**The contingencies of early childhood**"(p. 451). H 本:"童年时代的种种偶然性"(第 407 页)。新解:"幼儿时期的偶然遭遇"。

5. 原文:"**The course of our family history and class situation**"(p. 451). H 本:"我们的家庭历史和阶级地位"(第 407 页)。新解:"**我们的家史变故和阶级状况**"。

6. 原文:"**The sentiment of justice**"(p. 451). H 本:"正义情操"(第 407 页)。新解:"正义的情操"。这个解读看似不符合中文用语习惯。我们在日常生活中很少听到"正义的情操"这样的说法,在学术著作中也难得一见。在西方道德哲学中,有两个人被视为讨论了正义情操的,一个是《道德情操论》的作者斯密;另一个就是罗尔斯。有学者明确批评表示,斯密那个著作正确的译名应当是《道德情感论》,但是,罗尔斯对道德情操和道德情感是有所区分的。基于如此区分,"正义情操"或"正义的情操"这个汉语表达是确切的。①

7. 原文:"**All have equal representation as moral persons**"(p. 451). H 本:"人人都有道德人格的平等"(第 407 页)。短语:"Equal representation". H 本:"平等"(第 407 页),漏掉了"代表权"。新解:"平等代表权"。整句新解:"所有人都享有作为道德人的平等代表权"。

8. 原文:"**Natural contingencies and accidental social circumstances**"(p. 451). H 本:"自然的偶然性和偶然的社会环境"(第 407 页)。新解:"**自然突发事件和偶然社会条件**"。这里的术语"contingencies"以复数形式呈现,不能用"偶然性"来解读,它表示的是"**一些偶然发生的事情**"或"**偶发因素**",比如地震、台风、干旱、暴雨、酷热、海啸、地陷、全球气候变暖、水平面升高等。

---

① 罗卫东:"老调重弹:研究型翻译的重要",《博览群书》2005 年第 3 期。

【诠释】

我首先指出，当我们反思道德态度的心理根源时，我们有时会怀疑那些道德态度是否站得住脚。考虑到这些情感是在服从权威的情况下产生的，我们可能会想，是否不应该完全拒绝这些情感。既然支持正义之善的论证，取决于良序社会成员是否有做事合乎正义的有效愿望，我们就必须消除那些不确定因素。然后，我们不妨想象一下，有人将向其道德情感发出的种种劝诫和敦促体验为某种难以名状的束缚，一下子讲不清何以如此的合理理由。那么，他为什么不把它们看作单纯的神经质强迫症（neurotic compulsions）呢？如果事实证明，这些顾虑在很大程度上由幼儿时期的偶然遭遇所造成并得到解释，也许由我们的家族史变故和阶级状况所造成并得到解释，假如这些顾虑完全讲不通，那么，它们就没有理由支配我们的生活。但是，生活于良序社会的人们，当然有很多话要说。他们可以向他指出正义的情操发展的基本特征以及最终理解正义原则具有道德价值的方式。此外，他的道德教育本身也受到正当原则和正义原则的调节，在初始场景下，当所有人都享有作为道德人的平等代表权时，他会同意这些原则。正如我们所看到的那样，所采用的道德观念独立于自然突发事件和偶然社会环境；因此，他获得道德感的心理过程符合他本人在其认可条件下所选择的原则，那些原则是公平的，它们不受运气和偶发因素的影响。

【原文】 §78 – 4 – pp. 451 – 452

【评析】

在这个段落中，罗尔斯使用不同术语来讨论正义感的培养或养成问题。他使用了"道德训导实践"（practices of moral instruction）、"教育过程（process of education）"和"在其教学和解析中的每一个阶段（each stage— in its teaching and explanations"等表达式来展示这是一个反复而漫长的过程。只可惜，H 本在解读时仍然错误百出，令人颇感遗憾。

1. 原文："**To make these principles effective in their conduct**"（p. 452）。H 本："使这些原则能有效调节他们的行为"（第 407 页）。**新解**："使这些原则在其行为中生效"。

2. 原文："**Limitations of human nature**"（p. 452）。H 本："人性的极限"（第 407 页）。**新解**："人性的局限"。

3. 原文："**An important consideration in choosing a conception of justice**"（p. 452）。H 本："在选择一种正义观念时的重要考虑"（第 407 页）。**新解**："在选取某个正义观念时一个重要的考虑因素"。

4. 原文："**Instruction is throughout as reasoned as the development of understanding permits，just as the natural duty of mutual respect requires**"（p. 452）。H 本："教育完全是像理解力的发展那样是推理的，正如它是相互尊重的自然义务所需要的一样"（第 407 页）。短语："The development of understanding". 新解为"**理解力发育**"。"教育完全是像理解力的发展那样是推理的"是一句逻辑上讲不通的话，H 本的解读明显不符合生活常识。**新解**："既如理解力发育允许的那样，又如相互尊重的自然义务要求的那样，训导将是始终合理的。"

5. 原文："**Takes unfair advantage of human weakness**"（p. 452）。H 本："不公正地利用人的弱点"（第 407 页）。**新解**："利用人类弱点的**不公平的优势**"。"**不公平的优势**"是一个国际经济和贸易方面的常见术语。罗伯特·清崎（Robert Toru Kiyosaki）有一本财经类畅销书《富爸爸不公平的优势》正是以此主题为书名的。①

6. 原文："**Compulsive psychological mechanism**"（p. 452）。H 本："强制性心理结构"（第 407 页）。**新解**："**强迫心理机制**"或"**强迫症心理机制**"。因此，语句："A person's sense of justice is not a compulsive psychological mechanism cleverly installed by those in authority in order to insure his unswerving compliance with rules designed to advance their interests"（p. 452）。H 本："一个人的正义感不是这样的强制性心理结构：那些有权威的人们为确保他坚定地服从为发展他们的利益而设计的规则而聪明地给他装置了它"（第 407 页）。**新解**："人的正义感不是当权者为了确保人们严格遵守规则，以促进当权者的利益而巧妙设置的一种强迫症心理机制。"

7. 原文："**Causal sequence**"（p. 452）。H 本："因果系列"（第 407—408 页）。**新解**："**因果序列**"。两者虽然仅一字之差，但是有着很大不同的含义。因果序列指序列值在时间零点之前均为零（x（n）= x（n）*u（n）），该概念只对应于离散时间系统。但因果系统（物理可实现的系统）对应于离散和连续两种时间系统，应予区别。因果序列与右边序列稍有不同，因果序列是在时间零点之前为 0，零点之后不为 0。右边序列

---

① 罗伯特·清崎：《富爸爸不公平的优势》，宋宏宇、苑立文译，四川人民出版社 2017 年版。

是在某一个值之前为 0，之后不为 0 这个值不一定是 0。相比之下，"因果系列"不是一个严格术语。

8. 原文："**End result**"（p. 452）. H 本："目的"（第 408 页）. **新解**："最终结果"。这个术语在《正义论》正文中一共出现了 2 次。

【诠释】

在良序社会里，人们不会反对反复传授（inculcate）正义感的道德训导实践。因为在同意正当原则时，处在初始位置上的各方，同时同意使这些原则在其行为中生效的必要安排。事实上，在选取某个正义观念时，这些安排与人性的局限（limitations of human nature）相适应是一个重要考虑因素。因此，任何人的道德信念都不是强迫灌输的结果。既如理解力发育允许的那样，又如相互尊重的自然义务要求的那样，训导将是始终合理的。社会坚持的理想、原则和准则，都没有利用人性弱点的不公平优势。人的正义感不是当权者为了确保人们严格遵守规则，以促进当权者利益而巧妙设置的一种强迫症心理机制。教育过程也不仅仅是因果序列，旨在产生作为最终结果的恰当道德情感。在教学和解析（答疑解惑）中，每个阶段都尽可能地预示它将要达成的正当观念和正义观念，并通过参照这些正当观念和正义观念，我们稍后将认识到，向我们展示的道德标准得到了证明。

【原文】§78 – 5 – p. 452

【评析】

1. 原文："**In due course everyone will know why he would adopt the principles of justice and how they are derived from the conditions that characterize his being an equal in a society of moral persons.**"（p. 452）. H 本："在一定的阶段上，每个人都会认识到为什么他会接受这些正义原则，认识到这些原则是怎样从把他描述为一个道德人社会中的平等一员的那些条件中推导出来的"（第 408 页）. **新解**："在适当时候，每个人都将知道自己采纳正义原则的原因以及正义原则产生于表明其在由道德人组成的社会中是一个平等人的条件的方式。"

2. 原文："**It follows that in accepting these principles on this basis we are not influenced primarily by tradition and authority, or the opinions of others**"（p. 452）. H 本："由此可见，一当我们在此基础上接受了这些

原则，我们就基本上不受传统、权威或其他人的意见的影响"（第408页）。罗尔斯的意思是：（1）"基于这一平台在接受这些原则的过程中"，而不是"一当我们在此基础上接受了这些原则"（第408页）。这是一个正在进行的过程，而不是作为过程的结果。（2）"我们基本上既不受传统和权威所影响，也不为他人意见所左右。"这不是接受这些原则的结果，而是在接受原则的过程中一直如此的。因此，H本在这里使用"一当"一词，就把整个语意都曲解了。**新解**："**因此，基于这一平台，在接受这些原则的过程中，我们基本上既不受传统和权威所影响，也不为他人意见所左右。**"

3. 原文："**We eventually come to hold a conception of right on reasonable grounds that we can set out independently for ourselves**"（p. 452）。H本："我们最终是基于我们能完全为我们自己清楚地说明的理性根据来把握一种正义概念的"（第408页）。**新解**："**我们终将以我们能为自己独立地提出的合理理由而持有一种正当观念。**"在自主教育或自律教育中，"为自己独立地提出的合理理由而持有一种正当观念"同"基于我们能完全为我们自己清楚地说明的理性根据来把握一种正义概念"（第408页）相比，两者有着本质差异。H本混同了"正当观念"（conception of right）和"正义概念"（concept of justice），并把语句中的词组"set out independently"（p. 452）误解成"清楚地说明"，丢失了罗尔斯关于自主教育和正义原则接受方式之见解的最重要内容。

【诠释】

这些观察（说法）既是契约论的显著结果，也是如下事实的显著结果：契约论原则在良序社会中规范着道德训导实践。按照公平正义的康德式诠释，我们可以说，依照这些原则行动的人是行动自主的：在最能表达他们作为自由平等理性生命本性的条件下，他们承认这些原则，他们依照这些原则行动。当然，这些条件既反映个体在世上的处境，也反映他们要受制于正义的环境。但是，这仅仅意味着，这样的自主观念恰好适合人类；适合更优异本性（比如上帝的神圣本性）或更低劣本性（比如其他非人类生命的动物本性）的概念很可能有所不同（§40）。因此，道德教育就是以自律为目的的教育。在适当时候，每个人都将知道自己采纳正义原则的原因以及正义原则产生于表明其在由道德人组成的社会中是一个平等人的条件的方式。因此，基于这一平台，在接受这些原则的过程中，我们基本上既不受传统和权威所影响，也不为他人的意见所左右。无论这些代理机构多么地必要，以使我们能够获得完全的理解力，但是我们终将以我们能为自己独立提出的合理理由而持有一种正当观念。

【原文】§78-6-pp.452-453

【评析】

1. 原文："Antinomy"（p.452）。这是康德在《纯粹理性批判》中给予全面阐述的一种本体论意义上的逻辑现象。这一术语一般解读为"二律背反"，也可解读为"矛盾"或"自相矛盾"。不过罗尔斯在这里通过脚注表示，他关于自由和理性的一致性关系的见解，没有受到康德的影响。因为康德在《纯粹理性批判》中的确没有直接讨论自由和理性的一致性关系。

2. 原文："As free and equal rational beings"（p.453）。H本："作为自由平等的理性存在物"（第408页）。新解："作为自由平等的理性生命"。像康德一样，罗尔斯不可能把人视为"存在物"。这里的"rational beings"的正解是"理性生命"。罗尔斯在《正义论》中一共提到了"rational being"23次，提到另一相似术语"creature"一共5次。他既不是在生物学意义上，也不是在存在论意义上讨论理性人。

3. 在相关论述中，"初始位置"（original position）和"初始场景"（initial situation）往往同时出现，这是两个可以相互替换的术语。

4. 原文："The original position defines this perspective, and its conditions also embody those of objectivity: its stipulations express the restrictions on arguments that force us to consider the choice of principles unencumbered by the singularities of the circumstances in which we find ourselves"（p.453）。H本："原初状态界定了这种视角，原初状态的条件也包含着客观性的视角：它的规定性表达着论证方面的限制，这些限制迫使我们考虑，在不受我们生活的独特环境的限制的条件下选择原则"（第408页）。H本把"Its conditions also embody those of objectivity"解读为"原初状态的条件也包含着客观性的视角"（第408页）是错误的。它的正解是"初始位置的条件也体现了客观性的条件"。短语："Its stipulations"。H本："它的规定性"（第408页）。新解："关于初始位置的各项约定"。整句新解："初始位置界定了这个视角，初始位置的条件也体现了客观性的条件：关于初始位置的各项约定，表达了对诸多论点的限制，这些限制迫使我们考虑，所选取原则将不受我们发现自己所处条件的独特性的约束。"

5. **原文**："Particular attachments"（p.453）. H本："具体的依恋关系"（第408页）。**新解**："特殊嗜好"。

6. **原文**："Our place in it"（p.453）. H本："我们在其中的地位"（第409页）。**新解**："我们在其中的点位"。

7. **原文**："The judicial virtues such as impartiality and considerateness are the excellences of intellect and sensibility that enable us to do these things well"（p.453）. H本："像公正无私和考虑周到这样的司法德性就是使我们能把这些事情做好的理智和情感的美德"（第409页）。**新解**："不偏不倚和考虑周全等司法美德，是使我们能够处理好这些事情的卓越的理智能力和情感能力。"短语："impartiality and considerateness"可以作"大公无私和考虑周到"解读。为了保持《正义论》用语的一致性，笔者主张用"公道和周全"来解读更符合这个语句的意思。短语："the judicial virtues"（p.453），解读为"司法美德"和"司法德性"都是成立的。短语："the excellences of intellect and sensibility"（p.453）. H本解读为"理智和情感的美德"是错误的。其新解为"**理智和情感的优异之处**"，意译为"**卓越的理智能力和情感能力**"。H本在多个地方，尤其是在《正义论》第67节把"excellences"解读为"美德"是错误的。"excellences"是罗尔斯多次使用并且出现于节标题中的术语，可以解读为"**卓越**"或"**优异**"，但不能解读为"美德"，否则它将难以区分于术语"virtues"，后者一般解读为"德性"或美德，但不能解读为"卓越"或"优异"。

【诠释】

现在，按照契约论的观点，自律概念和客观性概念是相容的：在自由和理性之间不存在悖论（antinomy，又称二律背反）。① 自律和客观性都以一致方式参照初始位置得到描述。初始场景理念是整个（正义）理论的核心，其他基本概念借助于它而得到界定。因此，自主行动是根据我们作为自由平等的理性生命而同意的原则来行动的，我们将以这种方式理解这些原则。此外，这些原则也是客观的。宛如我们一起乐意采纳适当的一般观点那

---

① 艾肯（D. H. Aiken）在"道德客观性的概念"一文中讨论了自律和客观性的可相容性问题（question of the compatibility of autonomy and objectivity）。参阅艾肯《理性与行为》，纽约：艾尔弗雷德—克诺夫出版社1926年版，第134—170页。并参阅亨廷顿·特雷尔（Huntington Terrell）"道德客观性与自由"，《伦理学》1965年第76卷，第117—127页，我感谢其中的讨论。——原注

样，这些原则是我们希望每个人（包括我们自己在内）都能遵循的。初始位置界定了这个视角，初始位置的条件也体现了客观性条件：关于初始位置的各项约定，表达了对诸多论证的限制，这些限制迫使我们考虑，所选取的原则将不受我们发现自己所处条件的独特性的约束。在无知之幕下，我们无法形成符合自己的特殊嗜好和利益(趣味) 的道德观念。我们不是从自身的境况出发的，相反，我们采取人人都能平等接受的观点来看待社会秩序。从这个意义上说，我们客观地看待社会以及我们在其中的点位(位置)：我们与其他人有着共同的立场，我们不是从个人角度做出判断。因此，通过设定这个一般立场，通过初始位置观念所表达的对评估支持我们的道德原则和信念的论证的限制，由此达成并得到检验的我们的道德原则和信念便是客观的。不偏不倚和考虑周全(impartiality and considerateness) 等司法美德，是使我们能够处理好这些事情的卓越的理智能力和情感能力。

【原文】§78 – 7 – pp. 453 – 454

【评析】

1. 原文："Moral conceptions and judgments"（p. 453）．H 本："道德观念和判断"（第 409 页）．**新解**："道德观念和道德判断"。

2. 原文："Preferred description"（p. 453）．H 本："较好描述"．**新解**："首选描述"（第 409 页）。

3. 原文："The greatest convergence of opinion"（p. 453）．H 本："意见达到最大一致"（第 409 页）．**新解**："意见的最大趋同"。

4. 原文："The contingencies of our different circumstances"（p. 453）．H 本："我们的不同环境的偶然性"（第 409 页）．**新解**："我们所处不同条件的偶然因素"。

5. 原文："Greater consensus"（p. 454）．H 本："更大的一致意见"（第 409 页）．**新解**："较大共识"。此为日常政治和国际外交用语。

6. 原文："Resulting balance"（p. 454）．H 本："最终平衡"（第 409 页）．财经术语，**新解**："最终余额"。

7. 原文："Social world"（p. 454）．H 本："社会环境"（第 409 页）．**新解**："社会世界"。术语 "social circumstances" 在《正义论》正文中出现了 17 次，可解读为"社会条件"或"社会环境"。"social world" 则在《正义论》正义中一共出现了 5 次，有其特定含义，不可等同于"社会环境"。

第九章　正义之善　1431

8. 原文："Citizens are able to recognize one another's good faith and desire for justice"（p.454）。H本："公民们仍然能彼此承认对方对于正义的良好信念和欲望"（第409页）。新解："公民们能够承认彼此对正义的诚意和渴望。"

9. 原文："But unless there existed a common perspective, the assumption of which narrowed differences of opinion, reasoning and argument would be pointless and we would have no rational grounds for believing in the soundness of our convictions"（p.454）。H本："但是，除非是存在一种共同观点，对这种观点的假设缩小着意见的差别，否则推理和论证就会是毫无意义的，我们也就会没有任何合理根据相信我们的信念的理性"（第409页）。H本又在断句上出了差错。其正解是："然而，除非存在某种共识，否则，设想它将缩小意见、推断和争论的分歧将是毫无意义的，我们将没有合理的理由相信，自己的信念是可靠的。"

【诠释】

尝试达到客观性，努力从某个共享角度来建构我们的道德观念和道德判断，其结果便是我们更有可能达成合意。事实上，在其他情况相同的条件下，对初始场景的初步描述便是引入意见的最大趋同描述。我们接受某个共同立场的限制原因部分是出于这个原因，因为当我们的观点受到我们所处不同条件的偶然因素影响时，我们无法合理预期它们会相互一致。但是，我们的判断当然不会在所有问题上都是一致的，事实上，纵使不是大多数社会问题，然而很多社会问题，可能仍然难以解决，如果从其整个复杂性来看，则更是如此。这是如此简化公平正义方可获得承认的原因。我们只需回忆一下提出无知之幕、纯粹程序正义（相对于配给正义）、词典排序、一分为二的基本结构划分等概念的理由，便可知道这一点。综上所述，各方希望，这些概念和其他手段将简化政治问题和社会问题，使得通过较大共识而成为可能的正义的最终盈余，超过由于忽视道德状况的某些潜在相关方面而可能造成的亏损。正义问题的复杂性，要由处在初始位置上的人们去决定。虽然伦理分殊(ethical differences)必定继续存在，但从初始位置来看社会世界，确实可以达成某种根本谅解。接受正当原则和正义原则，将加强公民情谊的纽带，并在存在持续的意见分歧时奠定彼此忍让的基础。尽管有时在宪法问题上，尤其在许多政策问题上，协议可能会破裂，但是公民们仍然能够承认彼此对正义的诚意和渴望。然而，除非存在某种共识，否则，设想它将缩小意见、推断和争论的分歧是毫无意义的,我们将没有合理的理由相信,自己的信念是可靠的。

【原文】 §78 – 8 – p.454

【评析】

1. **原文**:"**Of course, if it is believed that the principles of justice would not be chosen, the content of these conceptions would have to be suitably altered**"（p.454）。H 本:"当然,假如人们的信念是这些正义原则不会被选择,这些观念的内容就将不得不相应地改变"（第409页）。**新解**:"当然,假如人们断定这些正义原则将不会被选中,那么务必要对这些观念的内容作适当修正。"引导语"It is believed that"应当解读为"人们断定……"而非"人们的信念是……""the principles of justice would not be chosen"应解读为"这些正义原则将不会被选中"。它表示的是,在挑选正中原则的过程中,有的原则被淘汰了,没有被选中。这里的"these conceptions"指的是关于自律和客观性的观念。随着不同正义原则的被选取和采用,这些观念也要作适当的修正。

2. **原文**:"**Principle of utility**"（p.454）。H 本:"功利原则"（第409页）。**新解**:"效用原则"。

【诠释】

　　显然,关于自律和客观性的如此诠释有赖于正义理论。我们用初始位置理念来对这两个概念给出一致性演绎。当然,假如人们断定这些正义原则将不会被选中,那么务必要对这些观念的内容作适当修正。同意效用原则的人们相信,我们的自律将通过遵循这个标准来表达。尽管如此,其一般想法是相同的,自律和客观性仍然参照初始场景予以说明。不过,有人以完全不同方式描述自律和客观性。他们指出,自律是一种形成我们的道德意见的完全自由,每个道德主体出于良心的判断(conscientious judgment)都应当绝对地受到尊重。客观性则归因于那些符合当事人自己自由决定的所有相关标准的判断。① 这些标准既可以与采纳他人可能合理地希望分享的共同观点有关,也可以与采纳他人可能合理地希望分享的共同观点无关;当然,相应的自律理念也与如此相关视角无关。我提到这些其他诠释,只

---

① 参阅艾肯《理性与行为》,第162—169页。——原注

是为了对比一下契约论学说的性质。

【原文】§78-9-pp.454-455

【评析】

1. 原文："There is no violation of our autonomy so long as its principles are properly followed"（p.455）。H本："只要恰当地遵循正义原则，我们就没有违反我们的自律"（第410页）。新解："只要那种正义观念所提倡的原则得到适当遵守，就不存在对我们所持有自律的冒犯。"这个语句的意思，不是"我们就没有违反我们的自律"，而是"不存在对我们的自律的侵犯或侵害"，那些"适当遵守原则"的"人或代理机构"不一定是"我们自己"，它们或他们很可能是一些权威部门及其代理人。这个语句之后的说法证明了这一点。因此，H本的解读是片面的

2. 原文："These principles stipulate that on many occasions we cannot shift the responsibility for what we do onto others"（p.455）。H本："这些原则规定，我们在许多场合不能推卸我们对他人所做的事的责任"（第410页）。新解："这些原则规定，在许多情况下，我们不能把自己所作所为应当担负的责任转移到他人的身上。"

3. 原文："Those in authority are accountable for the policies they pursue and the instructions they lay down. And those who acquiesce in carrying out unjust commands or in abetting evil designs cannot in general plead that they did not know better or that the fault rests solely with those in higher positions"（p.455）。H本："那些有权威的人们对他们所实行的政策和所推行的教育负有责任。那些在以缄默来实行不公正的命令或帮助邪恶的计划的人们，一般地不能以不甚了解情况或把错误的责任推给那些地位更高的人们来自我辩护"（第410页）。新解："当权者对其推行的政策和颁布的训令负有责任。默许执行违背正义的命令或教唆实施邪恶诡计的人，一般不能以不甚了解情况或把错误责任推给地位更高的人来为自己开脱罪责。"这里的短语"the instructions they lay down"应当解读为"他们（当局、当政者）颁布的训令或指令"，而不是"他们……所推行的教育"。

4. 原文："The essential point here is that the principles that best conform to our nature as free and equal rational beings themselves establish our accountability"（p.455）。H本："在这里根本的问题在于，最适合我

们作为自由平等的理性存在物的本性的那些原则本身使我们成为有责任的"（第410页）。**新解**："**这里最重要的一点是，最符合我们作为自由平等的理性生命本性的原则本身确立了我们的责任。**"这里的"free and equal rational beings"（p. 455），新解为"**自由平等的理性生命**"，而非"自由平等的理性存在物"。

5. 原文："Autonomy is likely to lead to a mere collision of self-righteous wills, and objectivity to the adherence to a consistent yet idiosyncratic system"（p. 455）。H本："自律就可能导致自以为是的意志之间的冲撞，客观性就可能导致对一贯然而古怪的体系的坚守"（第410—411页）。**新解**："**自律很可能只会导致各种自以为是意志的无休止碰撞，客观性则可能导致人们只想抱着一成不变且荒唐怪诞的制度而不肯松手。**"

【诠释】

从公平正义的立场来看，如下说法是不真实的：每个人出乎良心的判断应该受到绝对尊重；如下说法也是不真实的：个人应当完全自由地形成道德信念。如果这些断言意味着，当我们凭着良心（如我们相信的那样）得出我们的道德意见之后，我们总是有权要求允许我们针对道德意见采取行动，那么，这些断言是错误的。在讨论良心拒绝时，我们曾提到过，这里的难题在于决定，应当如何回应那些努力依照错误的良心指示行事的人（§56）。我们如何断定，他们的良心，而非我们的良心是错误的呢？在什么情况下，他们才能被迫中止他们凭着错误的良心行事呢？现在，这些问题的答案要置于初始位置上来求解：每当一个人试图迫使我们违反我们在这种情况下每个人都同意的原则的条件时，他的良知就已被误导。一旦我们可以从这个角度看到这种冲突，我们就可以通过授权方式来抵制他的计划。我们不是照着字面含义要尊重个人的良心。相反，我们要尊重作为一个人的个体，当这样做被证明是必要的，只有在我们双方都承认的原则允许的情况下，我们通过限制他的行动来尊重作为一个人的个体。在初始位置上，各方同意对所选中的正义观念负责。只要那种正义观念所提倡的原则（指在初始位置上被选中的正义原则）得到适当遵守，就不存在对我们所持有自律的冒犯。此外，这些原则规定，在许多情况下，我们不能把自己所作所为应当担负的责任转移到他人的身上。当权者对其推行的政策和颁布的训令负有责任。默许执行违背正义的命令或教唆实施邪恶诡计的人，一般不能以不甚了解情况或把错误责任推给地位更高的人来为自己开脱罪责。

这些问题的细节属于部分遵从理论。这里最重要的一点是，最符合我们作为自由平等理性生命本性的原则本身明确了我们的责任。否则，自律很可能只会导致各种自以为是意志的无休止碰撞，客观性则可能导致人们只想抱着一成不变且荒诞怪诞的制度而不肯松手。

【原文】§78-10-pp. 455-456

【评析】

1. 原文："**In times of social doubt and loss of faith in long established values, there is a tendency to fall back on the virtues of integrity: truthfulness and sincerity, lucidity and commitment, or, as some say, authenticity**"（p.455）. H 本："在对长久的传统价值产生怀疑和丧失信念的时代，在诚实德性上，即在诚恳和诚挚，坦白和承诺，或如一些人所说——真实性上，存在着一种倒退的倾向"（第411页）。其中"In times of social doubt and loss of faith in long established values"为时间状语；"in times of"表示"处于……时代"的意思；"long established values"意为"长期确立的价值"。H 本把它解读为"长久的传统价值"，不是很确切。它们现在受到了社会的质疑，社会已经不再相信它们。因此，这前半个语句的意思不难理解，它就是"在社会对长期确立的价值产生怀疑且丧失信心的时代"。H 本在解读前半个语句时，漏掉了"社会"，结果就成了"在对长久的传统价值产生怀疑和丧失信念的时代"。这样的解读总体上没有错误，但在细节上有一些出入。H 本对后半句的解读存在着较大的问题。后半句的关键词是"to fall back on"，H 本解读为"倒退"，它的确切意思是"转而依靠"或"回过头来依靠"。这和 H 本的解读有较大出入。H 本大概把"to fall back on"和"to fall back"搞混了，后者有"后退"或"倒退"之意。另外，"truthfulness and sincerity, lucidity and commitment, or, as some say, authenticity"表示"诚实和真诚，清醒和承诺，或如有人说的那样，本真或初心"，这些是所谓的"正直的诸多德性"或"正直的诸多美德"。因此，这整个语句的新解便是：**"在社会对长期确立的价值产生怀疑且丧失信心的时代，就会存在转而依靠诸多正直德性的倾向：诚实和真诚，清醒和承诺，或诚如有人说的那样，真实和可信。"**

需要指出的是，罗尔斯在这里讨论的是道德人的心理状态，而不是客观事实，因此，这里的"authenticity"一词，应当解读为海德格尔意义上的"本真"或佛学讲的"初心"，而不是艾耶尔或波普尔意义上的"真实性"。罗尔斯这里用了一种模糊的说法,"诚如有人说的那样"（as some say），这个"有人"或"某人"应当是有所指的。笔者推测，它指向存在主义哲学家海德格尔的概率要大于指向普波尔、艾耶尔等分析哲学家。因此，H本将"authenticity"解读为"真实性"是不确切的。虽然罗尔斯本人并不欣赏海德格尔的存在哲学，但是这并不妨碍他提到海德格尔的某个概念。

2. 原文："**We can in any event decide with a clear head how we mean to act and stop pretending that somehow or other it is already decided for us and we must accept this or that authority**"（p. 455）。H本："无论如何，我们还能头脑清楚地决定一件事：我们究竟想不想去假装我们已经为自己确定这种或那种权威并且必须接受它"（第411页）。**新解**："**我们便可以在任何情况下，以清晰的头脑去做决定我们应当何去何从，我们不再装作不知缘由地行动或任由他人来为我们的行动作决定，我们必须接受这个或那个权威。**"

3. 原文："**Now of course the virtues of integrity are virtues, and among the excellences of free persons**"（pp. 455–456）。H本："诚实德性当然还是德性，而且属于自由的人的美德"（第411页）。**新解**："**现在，诸多正直德性当然是德性，属于自由人的诸多卓越因素之列。**"这里的"excellences"不能解读为"美德"，而应解读为"在品质和能力上的卓越因素"。

H本经常犯下的错误是把"excellences"（p. 455）解读为"美德"。其实，在《正义论》中，"excellences"一词一般不是在道德美德意义使用，而是在个体具有的某些卓越能力上使用，这是心理学含义多于伦理学含义的术语。这一点在罗尔斯讨论人的潜能应当如何得到最佳发挥时有系统的论述。由于H本把"excellences"解读为"美德"，这种解读使《正义论》深入讨论的人的潜能、天赋能力的开发或发挥问题，变成道德能力培育问题，而非身心能力发展问题。这是H本过于从伦理学上解读《正义论》的典型例子。这一点在《正义论》第67节表现得尤其显著。

4. 原文："**Yet while necessary, they are not sufficient**"（p. 456）。H本："然而，尽管它们是必要的德性，它们却不是充分的"（第411页）。**新解**："**尽管诸多正直德性是必要的，但它们不是充要的。**""必要条件"和"充要条件"是我们学习普通逻辑时经常用到的术语。必须指出的是，尽管在确切性上没有达到完美，H本的上述解读不算为错。笔者发现，形成某种两两对应关系，展开相关论证，这是罗尔斯表达自己思想的思维定式。我们只有掌握这一定式，才能很好地解读罗尔斯的原话。H本的最大失误，就在于从来没有注意到罗尔斯的这个行文习惯。因此，尽管上面的解读基本正确，但是由于译者没有把它提到自觉的水平，总是会有一种言不尽意或意犹未尽之感。

5. 原文："Political pretenses and excuses of fortune"（p. 456）。H 本："政治伪装和侥幸的借口"（第 411 页）。**新解**："侥幸的政治伪装或托词"。

6. 原文："The idea of the original position, and the principles chosen there, show how this is achieved"（p. 456）。H 本："原初状态的观念以及在那种地位选择的原则，说明了为什么会是这样"（第 411 页）。**新解**："初始位置理念和在初始位置上被选中的原则表明了这是如何实现的。"

【诠释】

在这里，我们应该注意到，在社会对长期确立的价值产生怀疑且丧失信心的时代，就会存在转而依靠诸多正直德性的倾向：诚实和真诚，清醒和承诺，或诚如有人说的那样，真实和可信（authenticity，也可引申为"本真或初心"）。如果没有人知道什么是真实的，至少我们可以用自己的方式成就自己的信念，而不是像别人交给我们的那样去接受它们。假如传统道德规则不再合乎时宜，我们在哪些道德规则将取代它们上难以达成一致意见，我们便可以在任何情况下，以清晰的头脑去决定我们应当何去何从，我们不再装作不知缘由地行动，或任由他人来为我们的行动作决定，我们必须接受这个或那个权威。现在，诸多正直德性当然是德性，属于自由人的诸多卓越因素之列。尽管诸多正直德性是必要的，但它们不是充要的；因为它们的定义允许把什么东西都往里塞：暴君也许能高超地表现这些属性，并以此展示其魅力，而用不着以侥幸的政治伪装或托词来自欺欺人。单凭这些德性不可能建构一种道德观念；作为形式德性，它们在某种意义上是第二性的（次要的）。但是，假如它们与适当的正义观念相结合，后者使自律和客观性得到正确理解，它们便成就了自身。初始位置理念和在初始位置上被选中的原则表明了这是如何实现的。

【原文】§78-11-p. 456

【评析】

原文："Any doubts that its members may entertain about the soundness of their moral sentiments when they reflect upon how these

dispositions were acquired may be dispelled by seeing that their convictions match the principles which would be chosen in the original position or, if they do not, by revising their judgments so that they do"（p. 456）。H 本："它的成员们在思考他们的道德情操的根源时对这些情操的理性产生的任何怀疑，一当他们了解了他们的这些信念与在原初状态会被选择的那些原则是一致的，或者，假如它们不一致，一当他们修正自己的判断使它们变得一致，就可以消除"（第 411 页）。罗尔斯在这里的逻辑展开线索是很清晰的：首先，在反省这些道德情操是怎么获得的时候，良序社会的成员们对这些情操的可靠性有所疑虑。其次，当他们得知其持有的道德确信符合在初始位置上被选中的正义原则之后，他们就消除了那些疑虑。再者，如果他们的道德确信不符合正义原则，那么，通过修订自己的判断，使他们持有的道德确信符合正义原则，他们仍然消除了那些疑虑。H 本的解读没有清晰地展示罗尔斯原文的上述逻辑，整个语句体现不出层次感，让人读起来非常吃力。

（1）短语："The soundness of their moral sentiments"。H 本："这些情操的理性"。单词"soundness"有"可靠性；坚固性；安定性；健全；完整性"的含义，但没有"理性"的含义。**新解**："他们的道德情感的可靠性"。

（2）短语："When they reflect upon how these dispositions were acquired"。H 本："它的成员们在思考他们的道德情操的根源时"。**新解**："当社会成员反思其道德情操的获得方式时"。

【诠释】

总而言之，良序社会肯定个人的自律，并鼓励个人发自内心的正义判断的客观性。当社会成员反思其道德情操的获得方式时，他们可能对这些情操的可靠性有所疑虑，通过了解他们持有的确信符合在初始位置上选取的原则，那些疑虑可以得到消除；或者，如果他们持有的确信不符合在初始位置上选取的原则，那么通过修正其判断，他们仍然做到了自己持有的确信与在初始位置上选择的原则相符合，从而消除那些疑虑。①

---

① 社会成员的自律是自觉遵循正义原则，主动依照正义原则做事的自律。这是他们持有正义感和拥有道德能力的充分体现，也是他们受到整个社会平等尊重的充要条件。罗尔斯理性人自律理论是对康德道德自律理论的继承和发展，只是他把康德道德哲学语境中的道德原则转变为在初始位置上被选中的并且普遍运用于良序社会的正义原则。

§79　社会联合理念
The Idea of Social Union

【题解】

　　作为理性生命，人既是政治动物，又是社会动物；既是经济动物，又是文化动物。交往、协作、联合、合作，是个体合群能力的重要体现，哈贝马斯推崇的交往理性和商谈伦理就成为必然选择。罗尔斯引入了谨慎、慎思和审议理念，但是没有引入哈贝马斯的商谈理念。这主要是因为，社会联合理念是从初始位置出发的各方借助于正义原则推导出来的理念，而不是单纯商谈的结果。社会联合是基于正义原则达成的，具有一定的强制性，而不是自由商谈的结果，其支撑的社会制度是正义的法律和制度。因此，虽然社会联合是自由人的联合体，但它也是一种唯一选择的联合体。社会联合理念取缔了其他理念的可能性。

　　罗尔斯的社会联合理念，吸收了休谟的社会观念、斯密的文明社会观念和黑格尔的市民社会观念，把马克思批判的市民社会提升为良序社会，强调社会合作的一面，而不是个体之间、社会阶层或阶级之间政治、经济等斗争的一面，使得社会合作成为人类存在的基本形式。[①] 他明确阐述了社会联合的重要性。这样的社会合作之所以成为可能，其条件在于正义与善好是同余的。也就是说，良序社会既实现了社会基本制度安排的公平正义，又实现了共同体的利益或价值。

【原文】　§79 - 1 - p.456

【评析】

1. 原文："**A satisfactory framework**"（p.456）。H 本："满意的理论

[①] 罗尔斯曾经这样评价休谟的社会观念："在小型社会里，公共利益的互惠感是一目了然的，对公共利益的公开承认是直截了然的；协调性的规则是明晰的，尽管存在着囚徒困境，譬如，要一一对应地对待它们，但是这些困境仍然日复一日地发生着。从实践上讲，社会生活是永恒的，协作是可信而可靠的。在小型社会里，在它成为部落或民族之前，这种自然约束力起着支持正义规则的作用。不过，在大型社会里，我们的自然约束力往往对我们起不了作用；每当我们能够摆脱它的时候，我们便会受引诱去耍一些花招，去弄虚作假，我们看不到在得到确认的现存契约中我们的利益。"参见罗尔斯《道德哲学史讲演义》，张国清译，第90页（译文略有改动）。

结构"（第411页）。**新解**："令人满意的框架"。

2. **原文**："**The congruence of the right and the good**"（p.456）。H本："正当和善的一致性"（第411页）。因为对《正义论》中的一些基本术语做了重新解读，笔者主张把上面这个短语解读为"正当与善的同余"。有人把短语"the right and the good"解读为"正当和好"，把"the congruence of the right and the good"解读为"正当与好的契合"[1]，也可参考。

3. **原文**："**The good of community**"（p.456）。**新解**："共同体的善"或"共同体利益"。短语："**The values of community**"（p.456）。**新解**："共同体价值"。这两个术语，在内涵上并无多大区别，这正体现了罗尔斯在《正义论》中的写作习惯，即用不同术语来表达相似的意思。

H本对这个段落的解读无甚重大差错。

【诠释】

我们已经看到，虽然公平正义具有个人主义特征，但是两个正义原则提供了一个阿基米德点，用来评估现有制度及其产生的各种欲望和愿望。这些标准为指导社会变革进程提供独立标准，而无须援引至善论社会观念或有机论社会观念（§41）。不过问题仍然是，就理解共同体价值并在各种社会安排中做出选择以实现这些价值而言，契约论学说是不是一个令人满意的框架。人们自然会猜想，正当与善的同余，在很大程度上取决于，良序社会是否实现了共同体的善。本人将在本节和随后三节中讨论这个问题的若干方面。

【原文】§79-2-pp.456-457

【评析】

在罗尔斯看来，社会的一大特征是，既存在利益冲突，又存在利益一致。这是罗尔斯在《正义论》第一节就阐明的主张。这种表述带有显著的黑格尔色彩，是后者辩证法思想在社会领域的应用。当然，罗尔斯的动机是，通过社会合作，做大做强社会中利益一致的方面，克服社会中利益冲突的方面。整个《正义论》既承认人际阶层差异，又小心翼翼地回避阶级斗争。因此，罗尔斯试图通过全面社会合作来最终实现人类根本利益的高

---

[1] 周保松：《自由人的平等政治》（增订版），第202页。

度一致。

1. 原文:"**It is typically marked by a conflict as well as by an identity of interests**"(p. 456)。H 本:"冲突以及一种利益一致都是这个社会的典型特征"(第 412 页)。H 本还是没有确切领会这个语句。**新解**:"**社会的典型特征是,它既存在着利益冲突,又存在着利益一致。**"

2. 原文:"**The greater the initial collision of claims into which the principles can introduce an acceptable order, the more comprehensive the theory is likely to be**"(p. 457)。H 本:"正义原则能够在其中建立一种可接受的秩序的最初权利冲突越尖锐,正义理论就可能越具有综合性"(第 412 页)。这个语句的前半句由两个部分组成,一是,"原则引入一个可接受的顺序";二是"各种诉求的初始碰撞越是强烈",其完整的表述便是:"**正义原则把可接受的顺序引入各种诉求之中,那些诉求的初始碰撞越是强烈,理论就可能越是全面。**"这也是上面这个语句的新解。

需要指出的是,H 本把术语"claims"(p. 457)解读为"权利"(第 412 页),把"the initial collision of claims"解读为"最初权利冲突"(第 412 页)。笔者认为,这样的解读不是很妥当。"claim"一般解读为"**声称**""**主张**""**诉求**""**索要**""**求偿权**"或"**权益**",但很少解读为"**权利**"。它在《正义论》中也是如此。"claim"这个术语在《正义论》正文中一共出现了 195 次,这表明它是常见术语,笔者一般将它解读为"**诉求**",表示"对权利的主张"。作为外交用语,它有时解读为"**声索**"。

【诠释】

我们不妨从回顾以下一点入手展开讨论:初始位置的条件之一是,各方知道自己要受制于正义的环境。他们假定,每个人都持有自己的善观念,并据此向他人提出诉求。因此,他们认为,尽管社会是追求相互优势(mutual advantage)的合作场所,但是社会的典型特征是,它既存在着利益冲突,又存在着利益一致。现在有两种方式来看待这些假设。正义理论采取第一种方式。其设想是,从这些最薄弱的假设得出令人满意的正义原则。这个理论的前提应该是一些简单而合理的条件,那是每个人或几乎每个人都会同意的条件,并为之提供令人信服的哲学论证。同时,这些正义原则把可接受的顺序引入(对善的)各种诉求之中,那些诉求的初始碰撞越是强烈,正义理论就可能越是全面。因此,各种利益的深刻对立是可想而知的。

【原文】 §79 – 3 – p. 457

【评析】

罗尔斯在这里谈到了"私人社会",它就是马克思当年批判的推崇个人自由的资本主义社会,把私有财产神圣化、把个人利益极大化、把追求个人财富当作主要目的甚至唯一目的的社会。私人社会是近代资本主义发展的结果。斯密的文明社会和黑格尔的市民社会是私人社会的两个早期版本。马克思揭示了资本主义社会的内在矛盾。罗尔斯关于私人社会的探讨,无法抹去斯密、黑格尔和马克思的思想因素。罗尔斯在这里也批评了哈耶克等人推崇的自由市场是万能的、政府只扮演消极角色的主张。

1. 原文:"**Private society**"(p. 457). H 本:"私有社会"(第 412 页)。**新解**:"私人社会"。私有社会由来已久,私人社会与公民社会相关,是近代的产物或现代性的产物。从罗尔斯在这里所引用的脚注的解释来看,他明确地提到了黑格尔和斯密的相关研究。笔者认为,这个术语应当解读为"私人社会"。

2. 原文:"**Complementary**"(p. 457). H 本:"值得赞美"(第 412 页)。**新解**:"相辅相成的"或"相互补充的"。H 本大概把两个单词"complementary"和"complimentary"给搞混了,后者有"称赞的""赞美的"意思。

3. 原文:"**Institutions are not thought to have any value in themselves, the activity of engaging in them not being counted as a good but if anything as a burden**"(p. 457). 这个说法既有斯密思想的痕迹,也有哈耶克思想的影子。只可惜 H 本仍然没有确切地把它表达出来。且看它的解释:"制度本身被看待得没有任何价值,和制度有关的活动不被看作一种善,如果被看作什么的话,也是被看作一种负担"(第 412 页)。H 本正确解读出了前半句:"制度本身被视为没有任何价值",但关键在后半句,"The activity of engaging in them not being counted as a good but if anything as a burden." H 本把它解读为"和制度有关的活动不被看作一种善,如果被看作什么的话,也是被看作一种负担",不是很确切。其确切的意思是:"**凡参与其中的活动都算不得是好处,而只能算是负担。**"如果将短语"the activity of engaging in them"解读为"和制度有关的活动",涉及面过于宽泛,不够确切。

4. 原文："**No one takes account of the good of others, or of what they possess**"（p.457）。H 本："没有人考虑他人的善，或他们所拥有的东西的善"（第 412 页）。H 本过分拘泥于对"the good"的狭义理解，这里罗尔斯在讨论的显然是私人社会的福祉和财富。该语句的正解是："**没有人在乎他人的善，没有人在乎别人拥有的一切。**"其言下之意是，他人的善与己无关，别人的财富、成就、荣誉、地位等，也与自己无关；他们只在乎自己的利益得失。因此，才会有下一句讨论，即每个人想方设法追求自己的财富和利益的极大化。

5. 原文："**The most efficient scheme**"（p.457）。H 本："最有效的方案"。新解："最有效率的方案"。

6. 原文："**Expressed more formally, the only variables in an individual's utility function are commodities and assets held by him, and not items possessed by others nor their level of utility**"（p.457）。H 本："用更形式化的语言来说，一个人的功利函数中的唯一可变量是他占有的商品和财产，而不是由他人所占有的东西，也不是那些东西的功利水平"（第 412 页）。短语："An individual's utility function"。H 本："一个人的功利函数"。新解："个人效用函数"。短语："Level of utility"。H 本："功利水平"。新解："效用水平"。这些是现代经济学常用术语。这个语句的正解是："**更加形式的表述是，个人效用函数中的唯一可变量是他持有的商品和资产，而不是别人拥有的财物及其效用水平。**"

【诠释】

思考这些假设的另一种方式是，要么视为描述某种社会秩序，要么视为描述切实实现的基本结构的某一方面。于是，我们被引向私人社会概念。① 其主要特征是，首先，组成私人社会的人，无论个体，还是团体，都有自己的私下目的，这些目的要么相互竞争，要么彼此独立，但在任何情况下都不是相辅相成的。其次，制度本身被视为没有价值，凡参与其中的活动都算不得是好处，而只能算是负担（包袱）。因此，每个人把社会安排仅仅视为达成私人目的的手段。没有人在乎他人的善（权

---

① 私人社会（private society）或类似概念可见于许多地方。著名例子有柏拉图《理想国》，369－372；黑格尔：《法哲学原理》，克诺克斯译，牛津：克莱伦顿出版社 1942 年版，第 182—187 节，这几节的标题是市民社会（civil society）。这个概念多见于经济理论［一般均衡（general equilibrium）］之中，黑格尔的讨论表明他读过亚当·斯密的《国富论》。——原注

利、利益和价值），没有人在乎别人拥有的一切；相反，每个人都偏好为其带来最大资产份额的最有效率的方案。（更加形式的表述是，个人效用函数中的唯一可变量是他持有的商品和资产，而不是别人拥有的财物及其效用水平。）

【原文】§79-4-pp.457-458

【评析】

1. 原文："We may suppose also that the actual division of advantages is determined largely by the balance of power and strategic position resulting from existing circumstances"（p.457）。这里涉及两个重要术语：

（1）短语："Actual division of advantages"。H本："利益的实际分配"。**新解**："**实际优势分工和利益划分**"。由于H本对这个术语的误解，导致它对这整个段落的误解。

（2）短语："The balance of power and strategic position"。H本："权力和战略地位的平衡"。**新解**："**力量平衡和战略位置平衡**"。这里的"power"，与生产力和生产效率相联系，而不与政治权力相联系，它不是政治概念，而是经济与社会概念。因此，它应当解释为"力量"而非"权力"。这里的"战略位置"（strategic position）也多从生产和市场角度考虑，政治考虑不在其列，否则与前面有关"私人社会"和"制度价值"的讨论背道而驰。H本把"power"解读为"权力"正是体现了陷入这一歧途的倾向。因此，**新解**："**实际优势分工和利益划分主要取决于现有条件造成的力量平衡和战略位置平衡。**"

2. 原文："Yet this division may of course be perfectly fair and satisfy the claims of mutuality. By good fortune the situation may happen to lead to this outcome"（p.457）。H本："然而，这种分配可以是完全公平的，满足互惠要求的。现存境况可能碰巧达到这种结果"（第412页）。有了前面的解释，这个语句也变得好理解。H本的错误也更加明朗。**新解**："**然而，这种分工和划分当然可以是完全公平的，并满足相互（对等）的诉求。**"这里讲的是优势和利益划分的公平，而不是财富分配的公平，这里只满足着相互（对等）的诉求，而不是互惠的诉求。因为，罗尔斯在前面讲得很清楚，没有人在乎他人的利益，也没有人在乎他人的财富，这是一种人人追求自利的状态。罗尔斯话音刚落，他本人怎么可能一下子跳出来说"满足互惠要求"呢？H本的译者没有从细节上把握罗尔斯正在谈论的话题及其精确思想。另外需要指出的是，"相互"（mutuality）这个单词在《正义论》中不多见，一共提到了3次，其中有一次把它同"对等"（reciprocity）联系起来，并且将两者画上了等号。正因如此，笔者主张把"mutuality"解读为"相互（对等）"。

3. 原文："**Public goods consist largely of those instrumentalities and conditions maintained by the state for everyone to use for his own purposes as his means permit, in the same manner that each has his own destination when traveling along the highways**"（p.457）。这里的"public goods"，H本解读为"公共善"（第412页）；它一般解读为"公共物品"。这句话的正解是："公共物品主要由国家维持的工具和条件组成，供每个人在其手段允许的情况下使用，以达成自己的目的，就像每个人在公路上旅行时都有自己的目的地一样。"

4. 原文："**The theory of competitive markets is a paradigm description of this type of society**"（p.457）。H本："市场竞争理论就是对这种社会的描述的一个范例"（第412页）。这里的术语"theory of competitive markets"是现代经济学常见术语，一般解读为"竞争市场理论"，而非"市场竞争理论"。短语："Paradigm description"."范式"（paradigm）是由科学哲学家托马斯·库恩首创的术语，这个短语最好解读为"范式描述"。**新解**："竞争市场理论是对这类社会的一种范式描述。"

5. 原文："**Just and efficient arrangements**"（p.457）。H本："公正有效的社会安排"（第413页）。**新解**："公正而有效率的安排"。

6. 原文："**Persons who oppose one another as indifferent if not hostile powers**"（pp.457-458）。H本："彼此冷漠——假如不是敌对的话——地对立的人们"。由于H本的解读漏掉了"powers"，导致对这个短语的误解，这里不存在"彼此冷漠"或"敌对"，存在的只是"彼此对立"，人们冷漠或敌意的对象是"各种权力"（powers）。因此，其正解是：**"彼此对立的个体，他们即使没有对各种权力抱有敌意，也不关心各种权力。"**这里罗尔斯提到了"各种权力"，但它是以否定方式提到它们的。这与上一段落的态度是一致的，即私人社会的个体和团体皆不关心权力，也不关心政治，他们"两耳不闻窗外事，一心只识孔方兄"。他们关注私人社会的唯一动机也是为了自身的利益。

7. 原文："**Stock of means**"（p.458）。H本："手段的总和"（第413页）。**新解**："手段存量"。

【诠释】

我们还可以假设，实际的优势分工和利益划分主要取决于现有条件造成的力量平衡和战略位置平衡。然而，这种分工和划分当然可以是完全公平的，并满足相互（对等）的诉求。幸运的是，这种情况可能碰巧导致这个结果。公共物品主要由国家维持的工具和条件组成，供每个人在其手段允许的情况下使用，以达成自己的目的，就像每个人在公路上旅行时都有自己的目的地一样，每个人以同样方式使用公共物品。竞争市场理论是对这类社会的一种范式描述。由于社会成员不受做事合乎正义的愿望所驱动，当公正而有效率的安排常态地存在时，维护那种安排的稳定，就需要采取强制手段。因此，私人利益和集体利益相结合，是制度手段稳定化的结果，那些制度手段适用于彼此对立的个体，他们即使没有对各种权力抱有敌意，也不关心各种权力。私人社会之所以抱团在一起，并不是因为公众相信其基本安排本身是正义的和善好的(just and good)，而是因为想要维持这一计划的每个人或许多人都在计算(满怀心机，各自打着小算盘，效用论的自利者必定是精于计算的)，任何切实可行的改变都会减少他们追求个人目的的手段存量。

【原文】§79-5-p.458

【评析】

罗尔斯认为，私人社会不是理想社会，因此，斯密的文明社会和黑格尔的市民社会，都不是良序社会的理想类型。在这一点上，罗尔斯与马克思是站在一起的。尽管他没有明确地表达这一层关系，但是罗尔斯显然对私人社会是持批评态度的，私人社会及其蕴含的自由市场的资本主义，不符合罗尔斯关于理想社会的蓝图。正是在这一点上，罗尔斯与诺齐克和哈耶克有着根本差异。后者全面拥抱私人社会，把对于私人社会的任何干预都视作对个体基本自由的侵犯。政府、政党和国家只是达成私人目标的手段，其能力要限制在最小或最弱的意义上。因此，罗尔斯对马克思思想的同情，必然把自己置于怀疑公共权力的自由至上主义者的对立面上。

"人类的社会本性"(social nature of mankind)与"人类的合群性或好交往性(sociability of human beings)"是两个不同术语。"人类的社会本性"强调人是社会性动物，人离不开社会，具有社会属性；"人类的合群性或好交往性"强调人类具有社会交往偏好。

1. **原文**:"The division of advantages satisfies a suitable standard of reciprocity"(p.458)。H 本:"利益的划分满足一种适当的互惠标准"(第413页)。**新解**:"优势和利益划分满足适当的对等标准。"如此解读的理由已经在前文说清楚了。

2. **原文**:"The sociability of human beings"(p.458)。H 本:"人的社会性"(第413页)。**另解**:"人的社会性"(human sociability)[①]。**新解**:"人类的合群性(好交往性)"。

【诠释】

人们有时表示,契约论学说意味着,私人社会是理想社会,至少在优势分工和利益划分满足适当的对等标准时是如此。不过,正如良序社会概念表明的那样,事实并非如此。正如我刚才提到的那样,关于初始位置的想法还另有解析。关于理性善好观念和人类的社会本性(social nature of mankind),也需要一种不同的观点。现在,人类的好交往性(sociability of human beings,人类的合群性)不应当以一种庸常方式来理解。它不仅仅意味着社会对人类生活是必要的;换言之,它不仅仅意味着,通过生活在社区之中,人们获得各种需要和利益,促使他们以制度允许和鼓励的特定方式为互惠互利而一起奋斗。它也不是表现为以下老生常谈:社会生活是我们开发说话能力和思考能力的条件,是我们参与社会和文化共同活动的条件。毫无疑问,即使我们用来描述自己的计划和处境,甚至用来表达自己的个人愿望和目的的概念,也往往以某种社会条件以及某些信仰和思想为前提,那些信仰和思想是悠久的传统进行集体努力的结果。这些事实当然不是微不足道的,但是用它们来描述我们的彼此关系,便只是对人类的好交际性(合群性)给出无足轻重的诠释。因为所有这些事情对于纯粹用手段来看待彼此关系的人来说都同样是真实的。

【原文】 §79-6-pp.458-459

【评析】

从这一个段落开始,罗尔斯通过比较私人社会与公共社会,突出人类

[①] 徐向东:"基本结构与背景正义——反驳柯亨对罗尔斯的批评",《中国人民大学学报》2021年第5期。

的社会本性。需要指出的是，这种社会合作的本性是完全在个体相互之间的层面的，是自愿的、不受任何外力的强制的，它们甚至不是在国家权力干预之下实现的。他还在这里谈到了个体为了实现各自需要和利益而必须相互取长补短的情形。

1. 原文："**The successes and enjoyments of others are necessary for and complementary to our own good**"（p.458）。H本："他人的成功和享乐对我们自己的善是必要的、有益的"（第413页）。新解："他人的成功和快乐，既为我们的自身之善必不可少，也与我们的自身之善相得益彰。"其中"successes and enjoyments"即"成功与快乐"是固定词组；"our own good"可解读为"我们的自身之善"；"complementary"有"相辅相成的"和"相互补充的"含义。

2. 原文："**Goodness as rationality**"（p.458）。H本："理性的善"（第413页）。新解："理性善好"。

3. 原文："**Rational plans of life**"（p.458）。H本："合理的生活计划"（第413页）。这是固定词组，在《正义论》正文中，"rational plans of life"或"rational plan of life"一共出现了30次。新解："理性人生规划"。

4. 原文："**When men are secure in the enjoyment of the exercise of their own powers, they are disposed to appreciate the perfections of others, especially when their several excellences have an agreed place in a form of life the aims of which all accept**"（p.459）。H本："一当人们从运用他们的力量中得到享受，他们就倾向于欣赏其他人们的完美表现，尤其是，如果那些人的若干优点在一种生活形式中具有一种公认的地位，并且这种生活形式的目标是所有人都接受的"（第414页）。新解："当人们有把握以展示自己的力量为乐时，特别是当他们的某些优异表现在人人向往的生活形式中占有无可争议的一席之地时，他们乐意欣赏他人的完美。"

【诠释】

通过与私人社会观念作对比，人类的社会本性得到了最佳展示。人类实际上分享着一些最终目标，他们珍视自己的共同制度和活动。我们需要彼此作为某种生活方式的同伴，大家都致力于增进自身的利益，他人的成功和快乐，既为我们的自身之善必不可少，也与我们的自身之善相得益彰。这些事情是显而易见的，但是，它们需要作些说明。在关于理性善好的解释中，我们得出世人熟知的结论：在正常情况下，理性人生规划至少发展了人的某些能力。亚里士多德式原则明确了这个方向。然而，人类的基本特征是，每个人都会心有余而力不足，确切地说，每个人都会遇上他人唾手可得而自己无能为力的事情。他们徒有潜能，却难有实践之毅力；他们大多才智平庸，在能力上远逊于他人。因此，每个人都要有所筛选和取舍，挑选出自己希望受到鼓励的能力和可能的兴趣；他必须制订培育兴趣和训练能力的计划，并依照日程安排有序地追求它们。具有类似能力或互补能力的不同人士可以开展合作，以实现其共同本性，或者实现其相互匹配的本性。当人们有把握从展示自己的力量中找到乐趣时，特别是当他们的某些优异表现在人人向往的生活形式中占有无可争议的一席之地时，他们乐意欣赏他人的完美。

【原文】§79-7-pp.459-460

【评析】

人具有自然本能或动物本能。罗尔斯在这里讨论了人的潜能的实现问题，并且与动物进行了比较，他讨论了个体体能的性别差异。并把性吸引作为例证来说明，个体的彼此需求。整个段落中体现出了浓重的马斯洛潜能和自我实现理论意味以及部分的弗洛伊德思想，揭示了人类共同体的动物性一面。

H本经常犯的错误是把可数名词变成抽象名词，比如在这里，把"potentialities"解读为"潜在性"，而非"潜能"或"潜力"。如果脱离具体语境，单词"potentialities"有"潜在的可能性"的含义，但是当它与"需求或需要"(needs)放在一起时，它只能解读为"潜能或潜力"，而不能解读为"潜在性"或"可能性"。"需求"和"潜能"是人本主义心理学的基本术语，马斯洛在《人类动机的理论》和《动机与人格》等著作中有专门讨论。需要指出的是，虽然罗尔斯在相关讨论中多次涉及马斯洛的需求层次和人的潜能理论，但是他在《正义论》中没有提到马斯洛。他在这个段落的相当长的脚注中，谈到"社会联合"思想的一些先驱，却忽视了马斯洛。笔者不知道这是否罗尔斯有意为之。罗尔斯对马斯洛视而不见，也许是H本误解"needs and potentialities"的原因。

同样地，罗尔斯在这里的脚注中提到了"自发活动"(spontaneous activity)和"自发合作"(spontaneous cooperation)，但他通过直接引用洪堡的原话来提及这两个术语，却有意回避哈耶克的相关讨论。罗尔斯也许通过这种方式来表示，哈耶克看重的这些术语，其实在洪堡的《论国家作用的限度》中早已有清晰的论述。那里也有提出"有限国家"学说，对密尔产生了直接影响。笔者猜测，罗尔斯在这里谈到这些话题，旨在表示他与哈耶克和诺齐克等人的思想分歧，没有后者估计的那么大。至少在思想的源头上，他们是同宗的；他们都是洛克、洪堡和密尔自由主义思想遗产的继承人，其差别在于，罗尔斯主张的是"适度有限的"国家学说，哈耶克和诺齐克主张的是"最低限度的"国家学说。正如有人指出的那样："哈耶克对密尔的分配正义观念点及其基础的批评掩盖了两人观点的相似之处，进而言之，哈耶克并没有成功地证明在市场社会推行分配正义是无意义的、不可欲的，虽然他想极力证成这一点。"① 这个评价同样适用于哈耶克对罗尔斯分配正义理论的批评。

1. 原文："**We may say following Humboldt that it is through social union founded upon the needs and potentialities of its members that each person can participate in the total sum of the realized natural assets of the others**"（p.459）。在这一段落的第一句话中，罗尔斯谈到了几个重要议题："社会联合"（social union）、"需求和潜能"（needs and potentialities）。H 本："我们可以按照洪堡的看法说，正是通过建立在社会成员们的需要和潜在性基础上的社会联合，每一个人才能分享其他人实现出来的天赋才能的总和"（第414页）。**新解**："沿着洪堡的足迹，我们可以说，正是通过以成员需求和潜能为基础的社会联合，每个人都可以分享他人已经成就的天赋才能之总和。"

2. 原文："**We are led to the notion of the community of humankind the members of which enjoy one another's excellences and individuality elicited by free institutions, and they recognize the good of each as an element in the complete activity the whole scheme of which is consented to and gives pleasure to all**"（p.459）。H 本："我们被引向一种人类共同体的概念，这个共同体的成员们从彼此的由自由的制度激发的美德和个性中得到享受，同时，他们承认每一个人的善是人类完整活动的一个因素，这种活动的整个系统是大家都赞成的并且给每个人都带来快乐"（第414页）。

（1）短语："Excellences and individuality"。H 本："美德和个性"。**新解**："卓越和个性"。

（2）短语："Enjoy one another's excellences and individuality"。H 本：

---

① 参阅张继亮"社会正义是幻象吗？——哈耶克、密尔论分配正义"，《中国社会科学院研究生院学报》2020年第2期。

"从彼此的……美德和个性中得到享受"。**新解**："陶醉于彼此的卓越和个性"。

（3）短语："The good of each as an element in the complete activity". H 本："每一个人的善是人类完整活动的一个因素。"**新解**："每一个成员的善是这个完整活动的一个要素。"这里的"the complete activity"指前面提到的"自由制度催生人类共同体成员的优异和个性，他们陶醉于彼此的卓越和个性"这件事，而不是一般而言的"人类完整活动"。

（4）短语："The whole scheme". H 本："整个系统"。**新解**："整个计划"。

3. 原文："**This community may also be imagined to extend over time, and therefore in the history of a society the joint contributions of successive generations can be similarly conceived**"（p.459）。H 本："这个共同体也可以被想象为经历时间的，因而，在一个社会的历史中世代相继的各代人的共同的贡献也能以类似的方式被表达"（第414页）。短语："To extend over time". H 本："经历时间的"。**新解**："将随着时间的推移而扩展"。短语："Successive generations". H 本："世代相继的各代人"。**新解**："后来世代"。语句中的"may also be imagined"和"can be similarly conceived"，H 本分别解读为"也可以被想象为"和"也能以类似的方式被表达"。**新解**："人们可以想象"和"人们可以同样设想"。这是罗尔斯行文习惯的又一佐证，即在同一语句或段落中，他喜爱用不同词组（一般是两个词组）来表达某个相近的意思。

4. 原文："**Our predecessors in achieving certain things leave it up to us to pursue them further; their accomplishments affect our choice of endeavors and define a wider back ground against which our aims can be understood**"（pp.459-460）. H 本："我们的先辈们获得了一些东西，并让我们继续去追求它们；他们的成就影响着我们的选择，并规定了一个更广泛的背景，我们根据这个背景才能理解我们的目标"（第414—415页）。H 本完全照着字面且相当笨拙地解读这个语句，且在文中漏掉了"**各种努力**"（endeavors），"**对各种努力的选择**"和"选择"还是很不一样的。

5. 原文："**To say that man is a historical being is to say that the realizations of the powers of human individuals living at any one time takes the cooperation of many generations (or even societies) over a long period of time**"（p.460）. H 本"说人是历史的存在物，就是说生活在任何一个时间的人的能力实现总要利用许多代人（乃至许多社会）在一段长久的时

间中的合作"（第415页）。H本只做了字面解读，而且在对个别词组的理解上不够确切，比如，"the powers of human individuals"，H本："人的能力"。**新解**："人类个体的力量"。

6. 原文："Yet this attraction may take but a purely instrumental form, each individual treating the other as a means to his own pleasure or the continuation of his line. Unless this attachment is fused with elements of affection and friendship, it will not exhibit the characteristic features of social union"（p.460）。H本："然而，这种吸引力可以采取一种纯粹工具的形式，每一个体把另一个人当作达到或保持他的快乐的工具。除非这种依恋关系和感情与友谊因素相融合，否则就表现不出社会联合的特征"（第415页）。H本的解读漏掉了"**繁衍**"（continuation of his line）。

【诠释】

所以，沿着洪堡（Humboldt）的足迹，我们可以说，正是通过建立以成员需求和潜能为基础的社会联合，每个人都可以分享他人已经成就的天赋才能之总和。我们被引向这样的人类共同体概念：自由制度激励人类共同体成员，去展示他们的卓越和个性，他们陶醉于彼此的卓越和个性当中，他们承认，每一个成员的善是这个完整活动的一个要素，该活动的整个计划得到所有成员的同意，并给他们带来快乐。人们可以想象，这个共同体也将随着时间的推移而扩展。因此，在社会历史中，人们可以同样设想后来世代的共同贡献。[①] 我们的先辈在成就某些事业时，希望我们能够前赴

---

① 肯定有很多人想到过这个观念，并且它隐含在众多文献当中。不过，我只能找到在本节中得到表达的若干明确构想（few definite formulations）。关于这一观念的明确陈述，参阅伯罗（J. W. Burrow）编、威廉·冯·洪堡（Wilhelm von Humboldt）《国家作用的限度》（*Limits of State Action*），剑桥：剑桥大学出版社1969年版，第16页。洪堡写道："因此，每个人在一定时间只能运用一项主要官能；换言之，就本性而言，我们在任一特定时间只能置身于某种单一形式的自发活动（spontaneous activity）。由此似乎可以看出，人命中注定只能得到某种片面熏陶或局部培养（a partial cultivation，意思是人无法成为全面发展的全才），因为当一个人以自身能力去应付杂乱无章的对象时，他只能疲于奔命。然而，通过努力把其独特的通常只是分散运用的自然官能联合起来；通过开展自发合作（spontaneous cooperation），在其人生的每个阶段，把开展一种活动的行将熄灭的星星之火和将来可成燎原之势的本能之火结合起来，努力提高和增加他运用的那些能力，通过把那些能力和谐地联合起来，而不是为了孤立实践它们而寻找各种对象，人就能避免这种片面性。就个人情况而言，（转下页）

后继，继承他们的事业；他们的成就影响着我们对各种努力的选择，并确定更加广阔的背景，我们得以理解自己的目标。人是有历史的生命（人是历史动物，让人想起亚里士多德所谓的"人是政治动物"之说），也就是说，生活在任何时间的人类个体的力量的实现都需要许多代人（甚至许多社会）的长期合作。这也就意味着，因为过去的成就由社会传统来解释，这种合作在任何时候都以对过去成就的理解为指导。与人类不同的是，每个动物都能做并做着它会做的大部分事情，或者说，在相同时间里，它能做且会做它的任何其他同类能做和会做的事情。就一般体能而言，一个物种的个体所实现的能力范围并不比其同类其他个体的潜力要小。显著例外是性别差

（接上页）通过把过去、将来同现在结合起来所获得的东西，是在社会中通过不同成员的相互合作（mutual cooperation）产生的；因为在人生的各个阶段，每个人只能达成诸多圆满中的一个圆满，那些圆满表现着人类品质的可能特征（possible features of human character）。因而，基于社会成员的内在需要和能力，正是通过社会联合，每个人才能分享所有其他人拥有的丰富的集体资源。"作为说明社会联合概念的简单例子，我们不妨来考察一组音乐家，他们中的每个人都把自己训练成能演奏管弦乐队的任何乐器，并演奏得和其他人一样好，但是每个人都心照不宣地在其选定的一种乐器上去发挥技艺，以便在共同演奏中实现所有人的能力。这种观念也在康德的"普遍历史观念"（Idea for a Universal History）中占有中心地位，参阅汉斯·莱斯编《康德政治著作集》，尼斯贝特译，剑桥：剑桥大学出版社1970年版，第42页及以后。他在那里说道，假如每个人想要学会充分运用其所有天赋能力的办法，那么他就得极其长寿（to live for a vast length of time），因此这或许需要无数代人的时间。我既没有在席勒的《美育书简》，尤其是第16—27封信中找到对这个观念做出原来预想的清晰表达，参阅席勒《美育书简》，威尔金森（E. M. Willkinson）和威尔拉夫比（L. A. Willoughby）编译，牛津：克莱伦顿出版社1967年版；也没有在马克思早期著作，尤其是《1844年经济学哲学手稿》中找到对其做出的清晰表述，参阅伯托莫尔（T. B. Bottomore）编译《卡尔·马克思早期著作》，伦敦：C. A. 瓦茨出版社1963年版，第126—129、154、156—157、189、202页及以后。但是希洛梅奥·阿维内里（Shlomeo Avineri）认为，马克思持有相似的观念。参阅阿维内里《卡尔·马克思社会政治思想》，剑桥：剑桥大学出版社1969年版，第231页及以后。本人认为，马克思倾向于把充分发展的共产主义社会看作每个人能够充分实现其本性并展示其全部力量的社会。不管怎样，重要的是，社会联合观念不得同人的差异性和个体性具有的高贵价值混淆起来，密尔和德国浪漫派（German Romanticism）就做了这样的混淆，参阅密尔《论自由》，第三章，并参阅洛夫乔伊（A. O. Lovejoy）《存在的巨链》，麻省剑桥：哈佛大学出版社1936年版，第十章。其次，这个观念不得同某种善观念混淆起来，后者是（完美的）个体天赋能力的和谐实现。最后，它不得同为人类谋求善的天才、艺术家和政治家等混淆起来。更准确地说，在每个人的能力都相似的限定条件下，通过协调同行间的活动，团体得到了潜在于每一个体身上的相同的总能力。换句话说，当这些能力各不相同且恰当互补时，它们在活动中表现了全体成员的总体潜力，那些活动本身是有价值的，而不只是为了实现社会或经济目标才开展合作。（关于最后一点，参阅斯密《国富论》第1卷，第1—2章。）在每种情况下，人们需要彼此，因为只有在与他人积极合作中，一个人才会有所成就。只有在社会联合中，个体才是全面的人。——原注

异。这也许解释了,无论人类,还是动物,性吸引何以成为个体彼此之必需品的最显著例证。然而,这种吸引可能只采取一种纯粹工具形式,亦即每一个体把对方当作享受自我快乐或繁衍(传宗接代)的手段。除非这种依恋关系与情感和友谊因素融合在一起,否则它将表现不出社会联合的特征。

【原文】§79-8-pp.460-461

【评析】

罗尔斯在比较了人类与动物之后,重新把注意力转向人类的社会生活,并通过列举比赛活动来讨论社会联合的相关细节。

1. 原文:"Shared final ends and common activities valued for themselves"(p.460)。H本:"共有的最终目的和自身就有价值的共同活动"(第415页)。新解:"分享最终目标,珍视共同活动。"

2. 原文:"Likewise families, friendships, and other groups are social unions. There is some advantage though in thinking about the simpler instances of games"(p.460)。H本:"像家庭一样,友谊和其他群体也是社会联合。想一想比较简单的博弈也有一些好处"(第415页)。新解:"同样地,家庭、联谊会和其他团体也是社会联合。不过,考虑到更简单的比赛实例,社会联合还是有点儿优势的。"罗尔斯在这里提到了社会联合的各种实例,但他表示,一些简单的游戏实例有一定的优势,帮助我们去理解什么是社会联合。因此,H本把后半句解读为:"想一想比较简单的博弈也有一些好处",没有真正领会罗尔斯想要表达的意思。作者的意思是,与谈论科学、艺术、家庭、联谊会或社团相比,先谈论游戏(比赛)有一儿点优势,因为在美国,各种竞技比赛极其普及,人人都懂,但是对其他事情,未必如此。于是,罗尔斯接下来就列举竞技比赛活动,它们有助于我们增进对社会联合的理解,虽然罗尔斯后来还谈到了其他社会联合形式。

3. 原文:"The excitement they get from it, the desire for exercise"(p.461)。H本:"从博弈中得到的刺激,运用能力的欲望"(第416页)。新解:"他们从中获得的刺激、他们对实战的渴望。"

4. 原文:"These being matters for the reflective observer to ascertain"(p.461)。H本:"这些目的是由反思的观察者认识到的"(第416页)。新解:"这些目的有待于善于反思的观察家去确定"。

第九章 正义之善　1455

5. 原文："The common desire of all the players that there should be a good play of the game"（p. 461）。H 本："所有参加者的应当好好做游戏的共同愿望"（第 416 页）。新解："所有参赛者都希望有一场精彩的比赛。"

【诠释】

现在，许多生活形式具有社会联合的特征，它们分享最终目标，珍视共同活动。科学和艺术提供了现成的实例。同样地，家庭、联谊会和其他团体也是社会联合。不过，考虑到更简单的比赛实例，社会联合还是有点儿优势的。在这里，我们可以很容易区分四类目的：(1) 比赛规则定义的目的，比如得到最高分；(2) 参赛者在比赛时的各种动机，他们从中获得的刺激、他们对实战的渴望，如此等等，这对每个参赛者来说可能是各不相同的；(3) 比赛服务的社会目的，它们可能是，参赛者，甚至社会上任何个体，都未曾留意的或不知道的，这些目的有待于善于反思的观察家去确定；(4) 最后，共享的目的，所有参赛者都希望有一场精彩的比赛。如果双方实力不相上下，如果参赛者都感到自己表现得很好，只有按照规则公平地进行比赛，这个共享的目标才能实现。于是，当这个目标实现时，每个人都会在同一件事上获得快乐和满足。所以说，一场精彩的比赛，是一项需要所有人合作的集体成就。

【原文】§79 – 9 – p. 461

【评析】

罗尔斯接下来借助美国内战时期的两个历史人物——格兰特和李都想要控制里士满的故事来说明社会联合的复杂性。

1. 原文："Now the shared end of a social union is clearly not merely a common desire for the same particular thing"（p. 461）。H 本："所以，一个社会联合的共有目的显然不等于对某种具体物事的共同欲望"（第 416 页）。短语："The same particular thing"。H 本："某种具体事物"。新解："同一特定事物"。这个语句的新解："现在，社会联合的共同目标显然不仅仅是针对同一特定事物的某个共同愿望。"

2. 原文："Grant and Lee were one in their desire to hold Richmond but this desire did not establish community between them"（p. 461）。H 本："格兰特将军和李将军有一个共同的欲望占领里士满，但这个欲望并不能在他们之间建立共同体"（第 416 页）。新解："格兰特和李都想要控

制里士满，但是这一愿望并没有在他们之间建立起某个共同体。"这句话是对前面那句话的举例说明，表明社会联合必须是相互包容的，而不是相互排斥的。当双方处于敌对状态时，他们不可能建立共同体，不可能有社会联合，即使有也是暂时的。

3. 原文："**Persons generally want similar sorts of things, liberty and opportunity, shelter and nourishment, yet these wants may put them at odds**"（p.461）。H本："人们需要的东西都差不多：自由和机会，安全和营养，但这些需要可以使他们发生争执"（第416页）。**新解**："人们通常想要类似的各种东西，自由和机会，庇护所和营养品，但是，这些需要可能令他们纷争不已。"短语："Shelter and nourishment"。H本解读为"安全和营养"，不是很妥当。其新解为"**庇护所和营养品**"或"**住所和食物**"。我们平时讲的"衣食住行"中的"住"和"食"。其中，"shelter"有"安身立命之所"的含义；"nourishment"，不同于"nutrition"，主要指个体维持健康生命所必需的食品。因此，这里的"营养品"不是中文语境之下的类似于"保健品"之类的东西，而是维持健康生命的基本食物。就此而言，短语"shelter and nourishment"解读为"**住所和食物**"更加符合汉语的语言习惯。

4. 原文："**Whether individuals have a shared end depends upon the more detailed features of the activity to which their interests incline them as these are regulated by principles of justice**"（p.461）。H本："人们是否具有一种共有目的，这取决于当这些需要由正义原则调节时，他们的兴趣引导他们从事的活动的更具体的特点"（第416页）。这个语句的关键句是"As these are regulated by principles of justice"。H本解读为："当这些需要由正义原则调节时"。笔者认为它应当解读为：**"而这些利益和兴趣要由正义原则来调节"**。其理由是，这里的"these"是对"their interests"的指代。因此，不是"这些需要"由正义原则来调节，而是"那些利益和兴趣"或"他们的利益和兴趣"由正义原则来调节。

5. 原文："**There must be an agreed scheme of conduct in which the excellences and enjoyments of each are complementary to the good of all. Each can then take pleasure in the actions of the others as they jointly execute a plan acceptable to everyone**"（p.461）。H本："必定存在一致同意的行为，在这些行为上，每个人的美德和享受增益所有人的善。这样，一当人们共同实施着一项为每个人接受的计划，每个人都从其他人的活动中得到快乐"（第416页）。这个语句原本不难理解，但是经过H本一解

读，我们就有一种不知所云的之感。比如，这里的短语："an agreed scheme of conduct"，H本解读为"一致同意的行为"，其新解为"**一个商定好的行动方案**"或者"**一个商定好的行动计划**"。再比如，"the excellences and enjoyments of each"，H本解读为："每个人的美德和享受"，其新解为"**每个人的卓越与欢乐**"。罗尔斯在这里又一次很自然地以另一个词组"a plan acceptable to everyone"表达着与词组"an agreed scheme of conduct"相似的意思，"欢乐"（enjoyments）和"快乐"（pleasure）也是如此。这是笔者一再强调的罗尔斯的思维习惯，也是解读《正义论》的诀窍之所在。

6. 原文："**The public desire to execute a good and fair play of the game must be regulative and effective if everyone's zest and pleasure are not to languish**"（p. 461）。H本："尽管博弈有竞赛的一面，许多博弈却都以一种明确方式表明了这种共同目的：如果人们的热情和快乐不应当泯灭，那么，进行一场精彩而公平的博弈的共同欲望就必须是主导的、有效的因素"（第416页）。短语："the public desire"。H本："共同欲望"。**新解："公众愿望"**。短语："regulative and effective"。H本："主导的、有效的"。**新解："规范而有效的"**。

【诠释】

现在，社会联合的共同目标显然不仅仅是针对同一特定事物的某个共同愿望。格兰特和李（Grant and Lee）都想要控制里士满，但是这一愿望并没有在他们之间建立起某个共同体。人们通常想要类似的各种东西，自由和机会，庇护所和营养品（住所和食物），但是，这些需要可能令他们纷争不已。不同个体是否拥有共享的目的，这取决于在其利益和兴趣引导下所从事活动的更详细特点，而这些利益和兴趣要由正义原则来调节。须要有一个商定好的行动方案，通过这个方案，每个人的卓越和欢乐对所有人都好上加好，多多益善。于是，当他们共同执行人人接受的计划时，每个人都可以从他人的行动中获得快乐。尽管有竞争，但是许多比赛都清楚地证实了这一类目的：假如每个人的热情和快乐都不想被削弱，那么进行一场精彩而公平比赛的公众愿望必定是规范而有效的。

【原文】§79 – 10 – p. 461

【评析】

1. 原文："**The development of art and science, of religion and culture of all kinds, high and low, can of course be thought of in much the same way**"（p. 461）。H 本："艺术与科学、或高或低的各种宗教与文化的发展，当然可以类推"（第 416 页）。短语："Can of course be thought of in much the same way"。H 本解读为"当然可以类推"，笔者觉得不妥；这个语句的新解为："**艺术和科学的发展，各种宗教和文化的发展，不论高低，当然都可以作如是观。**"

2. 原文："**Learning from one another's efforts and appreciating their several contributions, human beings gradually build up systems of knowledge and belief; they work out recognized techniques for doing things and elaborate styles of feeling and expression**"（p. 461）。H 本："在相互学习别人的成就并欣赏其贡献时，人们慢慢建立起知识和信仰的体系；他们创造出公认的做事情的技术，丰富着风格各异的情感和语言"（第 416 页）。这里的词组"learning from one another's efforts"，其意思是"**学习各自所做的努力**"，也可以转述为"**汲取各自努力的经验教训**"。它讲的是相互学习，互相取长补短，而不是"学习别人的成就"。因此，H 本的解读值得商榷。同样地，短语："Appreciating their several contributions"，也应当解读为"**欣赏彼此取得的成就**"，而非"欣赏其成就"。另外，短语："Recognized techniques for doing things"。其中，"techniques"有"技术；技巧；技艺；工艺；技能"等含义；H 本将这个短语解读为"公认的做事情的技术"比较别扭，因为这不太符合汉语习惯，它解读为"**公认的做事技巧**"会更好些。H 本把"elaborate styles of feeling and expression"解读为"丰富着风格各异的情感和语言"也不符合原意，它解读为"**精心设计情感表达方式**"会更好些。

3. 原文："**In these cases the common aim is often profound and complex, being defined by the respective artistic, scientific, or religious tradition; and to understand this aim often takes years of discipline and study**"（p. 461）。H 本："在这些例子中，共同目标常常深厚而复杂，由艺术的、科学的或宗教的传统规定；理解这些目标常常需要花费多年的训练与学习"（第 416 页）。"目标……深厚"不符合汉语习惯，解读为"目

标……深邃"更好些。H本漏译了形容词"各自的"（respective）。

4. 原文："The essential thing is that there be a shared final end and accepted ways of advancing it which allow for the public recognition of the attainments of everyone"（p. 461）。H本："重要的是，存在着一个共有的最终目的和为人们接受的实现这个目的的方法，这些方法使每一个人的成就都能得到社会的公认"（第416页）。这里的"which"应当指的是"一个最终目标及其推进方式"，而不是"这些方法"。这里的词组"allow for"，意思是"顾及、考虑到"。

5. 原文："When this end is achieved, all find satisfaction in the very same thing; and this fact together with the complementary nature of the good of individuals affirms the tie of community"（p. 461）。H本："一旦这一目的实现，所有的人都对这同一件事感到满意；这一事实和人们的善相互补充的本性一道，加强了共同体的联系纽带"（第416—417页）。新解："当这一目标实现时，所有人都在这同一件事上得到了满足；这个事实，加上个体善的相映生辉，巩固了共同体的纽带。"罗尔斯在这里讨论到达成个体善（good of individuals）与巩固共同体纽带（tie of community）的关系，两者是相辅相成、相映生辉的关系。

【诠释】

艺术和科学的发展，各种宗教和文化的发展，不论高低，当然都可以作如是观。人类学习各自所做的努力，欣赏彼此取得的成就，逐渐建立知识体系和信仰体系，研究制定公认的做事技巧，精心设计情感表达方式。在这些情况下，若以各自的艺术、科学或宗教传统来界定，那么共同目标往往是深邃而复杂的；理解这一目标往往需要多年的研习和修为。重要的是，只要存在着共享的最终目标，并且，只要存在着推进最终目标的公认办法，它们就要给公开承认每个人的成就留有余地。当这一目标实现时，所有人都在这同一件事上得到了满足；这个事实，加上个体之善的相映生辉，巩固了共同体的纽带。

【原文】§79 – 11 – p. 462

【评析】

罗尔斯在这里讨论社会联合与社会合作，显然过于乐观了些，他没有看到社会的复杂性，尤其是人类生活方式的多样性和人类价值的多元性。

罗尔斯的良序社会仍然是理性主导的社会，是由理性人组成的社会。换言之，他没有认真地对待伯林提出的善与善的冲突问题。罗尔斯仍然继承着柏拉图—黑格尔—马克思的传统，这也是康德的传统，即人类社会终将是充满和谐的世界，因为生活于其中的个体都是愿意对话和和平交往的理性生命。由于历史、文化、宗教等因素，人类相互间的仇恨和敌对被简单地抹去了。罗尔斯强调由公平正义来规制社会基本结构，进行调节和协调一切社会关系，他的正义理论呈现出一种理性乐观主义的基调，这当然是极其危险的。

1. H 本漏掉了这个段落语句中的一个重要词组"In line with"（p. 462），它的意思是"相一致的"，即"拒绝至善原则和接受民主制度是相一致的"，笔者引申为"遥相呼应且相得益彰"。

2. 原文："Democracy"（p. 462）。H 本："民主观点"（第 417 页）。新解："民主制度"。

3. 原文："One another's excellences"（p. 462）。H 本："人们相互的美德"（第 417 页）。新解："各自的卓越成就"。

4. 原文："Reference to games"（p. 462）。它表示"参照各种比赛"或"以各种比赛作参考"的意思。

5. 原文："To rank them in value"（p. 462）。它表示"对它们进行价值排序"。罗尔斯在这里明确表示反对就各种社会联合（社会组织和社会团体，尤其是宗教团体和文化团体）进行价值排序。注意罗尔斯在"价值排序"和"权重排序"之间做出的微妙区分。他反对就各种社会联合类型进行价值排序，但是，他主张对不同正义原则进行权重排序。

【诠释】

然而，我既不想强调艺术和科学的事例，也不想强调高级形式的宗教和文化。在评价各自的卓越成就时，既要拒绝至善原则，又要接受民主制度，两者遥相呼应且相得益彰，不过从正义的角度来看，它们都没有什么特别的优点或过人之处。的确，以各种比赛作参考，它们不仅有简单明了的优点，而且在某些方面是更为恰当的。它有助于表明，首要的问题是，存在着多种类型的社会联合，并且从政治正义的角度来看，我们不应当尝试对它们进行价值排序。此外，这些联合没有固定的规模；它们的范围从家庭和联谊会到更大的协会与社团。它们也不受时空的限制，由于历史和条件而相隔遥远的人们，仍然可以合作，以实现他们的共同本质。良序社会，实际上绝大多数社会，大概会包含无数不同种类的社会联合。

第九章　正义之善　1461

【原文】§79 - 12 - p. 462

【评析】

1. 原文："With these remarks as a preface, we can now see how the principles of justice are related to human sociability. The main idea is simply that a well-ordered society (corresponding to justice as fairness) is itself a form of social union"（p. 462）。H 本："这些评述是一个引言，我们现在能够看清正义原则怎样同人的社会性联系着。主要的观念就是，一个（相应于公平的正义的）良序社会自身就是一种形式的社会联合"（第 417 页）。短语："With these remarks as a preface". 表示"以这些评论为引言"，而不是"这些评述是一个引言"。这里的"人类的好交往性"（human sociability）也有"人类的合群性"之意。

2. 原文："These institutional forms are prized as good in themselves"（p. 462）。H 本："这些制度形式自身被人们看作善"（第 417 页）。一个普通句子被 H 本解读得令人费解，它的真实意思是："这些制度形式本身被称赞为是美好的。"

【诠释】

以这些评论为引言，我们现在可以看到，正义原则是如何与人类的好交往性相联系的。其主要思想可以简述如下：良序社会（对应公平正义）本身就是一种社会联合形式。事实上，它是由各种社会联合组成的社会大联合。它具有两大特点：（1）成功实施正义制度是全体社会成员共同享有的最终目标；（2）这些制度形式本身被称赞为是美好的。我们将依次考虑这些特点。第一个特点相当直接明了。参赛者怀着共同的目标来进行一场精彩而公平的比赛，以完全相同的方式，良序社会成员持有共同合作的目标，以正义原则允许的方式实现自己的本性和他人的本性。这种集体意愿是每个人都持有一种有效正义感的结果。每个公民都希望，每个人（包括他自己）在平等的初始场景下，按照所有人都同意的原则行事。正如道德原则的终极性条件所要求的那样，这个愿望是调节性的；当每个人都做到按照正义的要求行事时，所有人都在这同一件事上得到了满足。

【原文】§ 79 – 13 – pp. 462 – 463

【评析】

1. 原文："We have only to note the various ways in which the fundamental institutions of society, the just constitution and the main parts of the legal order, can be found good in themselves once the idea of social union is applied to the basic structure as a whole"（p. 462）。H 本："我们只需指出，一旦社会联合的观念被用于社会基本结构整体，社会基本制度，即正义的宪法和法律秩序的主要部分，有多种多样的方式被看作自身即是善的"（第 417 页）；另解："一旦社会联合（social union）的观念被应用于基本结构总体，社会的根本制度，即正义的宪法以及法律秩序的主要部分，就有各种方式被看作本身就是好的。"① **新解："我们只需留意以下一点，一旦社会联合理念应用于整个基本结构，在社会基本制度亦即公正的宪法和法律秩序的主要部分中实施的诸多办法本身可以被看作善好的。"** 短语："the basic structure as a whole"。H 本："社会基本结构整体"。另解："基本结构总体"②。**新解："整个基本结构"**。短语："Can be found good in themselves"。H 本："被看作自身即是善的"。**新解："它们本身被看作是善好的。"**

2. 原文："Everyone's acting to uphold just institutions is for the good of each"（p. 462）。H 本："每个人坚持正义制度的行为是为着所有的人的善的"（第 417 页）。另解："每个人之所以采取行动来维护正义的制度，乃是为了每个人和所有人的利益。"③ **新解："每个人用行动维护正义制度，是为了维护每个人的利益。"**

3. 原文："Human beings have a desire to express their nature as free and equal moral persons, and this they do most adequately by acting from the principles that they would acknowledge in the original position"（pp. 462 – 463）。H 本："人有一种表现他们作为自由平等的道德人的本性的欲望，而他们按照他们在原初状态会承认的原则去做就最充分地表现了这种本性"（第 417 页）。另解："人有一种欲望将其本性表现为自由平等的道德人，通过按照他们在原初状态中将会承认的原则来行动，他们就最充分

---

① 徐向东："基本结构与背景正义——反驳柯亨对罗尔斯的批评"，第 35 页。
② 徐向东："基本结构与背景正义——反驳柯亨对罗尔斯的批评"，第 35 页。
③ 徐向东："基本结构与背景正义——反驳柯亨对罗尔斯的批评"，第 35 页。

地表现了这种本性。"① 上述解读都是正确的。它也可以解读为："人有作为自由平等的道德人来表现其本性的愿望，按照在初始位置上承认的原则行事，他们最充分地实现了这一愿望。"

4. 原文："When all strive to comply with these principles and each succeeds, then individually and collectively their nature as moral persons is most fully realized, and with it their individual and collective good"（p.463）. H本："一旦所有的人努力按照这些原则去做并且都做到了，那么他们的道德人的本性就个别地和集体地最充分地实现了，他们的个人的和集体的善也就随之实现"（第417页）。另解："当每个人都努力遵守这些原则并都取得成功时，他们个别地和集体地作为道德人的本性就得到了最完整的实现，他们的个人善和集体善也随之而得到实现。"② 在这里，短语："Individually and collectively". 最好解读为"**无论在个体意义上，还是在集体意义上**"；同样地，短语："Their individual and collective good". 最好解读为"**他们的个体利益和集体权利**"。新解："**假如所有人都努力遵守这些原则，并且每个人都取得了成功，那么无论在个体意义上，还是在集体意义上，他们作为道德人的本性就得到了最充分的实现，并由此最充分地达成了他们的个体利益和集体利益。**"这个语句表达了罗尔斯"充分善理论"（full theory of the good）的思想。

所以，按照罗尔斯的正义理论，在良序社会里，以公平正义原则为指导，个人权利和公共利益都得到了保障。个体利益和集体利益是可以同时实现的。然而在古典自由主义发展之初，洛克明确表示，只存在个体自由和权利，不存在集体利益；为了集体利益而侵害或剥夺个体自由和权利，是不合理的。尤其是当国家和政府打着公共利益的旗号来侵害个体权利的时候，因为个体权利是绝对的，个体便有权起来反抗这样的侵害。但是，罗尔斯显然没有把个体权利提到高于公共利益之上的绝对高度。这也是罗尔斯与洛克的继承者诺齐克和哈耶克等人的分歧所在。在哈耶克和诺齐克看来，因为罗尔斯在个体权利的绝对性上打了折扣，他不是洛克自由主义的真正信徒。

【诠释】

解析第二个特点，要稍微复杂一点，但从前所述中已经足够清楚。我

---

① 徐向东："基本结构与背景正义——反驳柯亨对罗尔斯的批评"，第35页。
② 徐向东："基于结构与背景正义——反驳柯亨对罗尔斯的批评"，第35页。

们只需留意以下一点，一旦社会联合理念应用于整个基本结构，在社会基本制度亦即公正的宪法和法律秩序的主要部分中实施的诸多办法本身可以被看作是善好的。所以，首先一点是，我们将借助于这种康德式诠释表示，每个人用行动维护正义制度，是为了维护每个人的利益。人有作为自由平等的道德人来表现其本性的愿望，按照在初始位置上承认的原则行事，他们最充分地实现了这一愿望。假如所有人都努力遵守这些原则，并且每个人都取得了成功，那么无论在个体意义上，还是在集体意义上，他们作为道德人的本性就得到了最充分的实现，并由此最充分地达成了他们的个体利益和集体利益。

【原文】§79-14-p.463

【评析】

1. 原文："**In a well-ordered society each person understands the first principles that govern the whole scheme as it is to be carried out over many generations**"（p.463）。H本："每个人都把支配着整个社会系统的首要原则理解为将得到许多代人贯彻的"（第418页）。这里要世代相传的不是"首要原则"，而是"整个计划"，也就是"社会基本制度"，亦即"正义宪法和法律秩序的主要部分"。这个语句的正解是："**在良序社会里，每个人都理解支配着整个计划的首要原则，因为那个计划事实上将世代相传。**"

（1）短语："The whole scheme"。H本："整个社会系统"（第418页）。**新解**："**整个计划**"或"**整个方案**"。如果把"the whole scheme"解读为"整个社会系统"，就有一种与同一语句的"良序社会"（in a well-ordered society）重复之感，因此它不符合题意。这里的"整个计划"或"整个方案"，指的主要是前面提到的"社会基本制度，正义宪法和法律秩序的主要部分"。

（2）短语："As it is"。H本漏掉了这个词组。**新解**："**事实上**"。

（3）短语："To be carried out over many generations"。H本："将得到许多代人贯彻的"（第418页）。**新解**："**将世代相传**"。

2. 原文："**A more ample and rich structure**"（p.463）。H本："更充分丰富的结构"（第418页）。**新解**："**更加充实而丰富的周密安排**"。"structure"一般解读为"结构"，但在这里解读为"周密安排"更加贴切。

第九章　正义之善　1465

3. 原文："It is adjusted to the plans of others by mutually acceptable principles"（p. 463）。H 本："它被那些相互可接受的原则调整得适合于他人的计划"（第 418 页）。H 本的解读违背了日常生活经验，也不是罗尔斯原文想要表达的真实意思。试想一下，作为独立自由的个体，在制度个人生活计划时，凭什么要让自己的计划去"适合于他人的计划"，H 本解读者仍然犯下了只是照着字面解读的错误。它的正解是：**"它根据相互认可的原则与他人的计划相协调。"** 罗尔斯在这里既讲了作为整体的社会计划，即社会基本制度的设计和安排，也讲到了个体生活计划，这两大计划都受到了正义原则的影响。

4. 原文："Everyone's more private life"（p. 463）。H 本："每个人的比较私人的生活"（第 418 页）。**新解："每个人更私密的生活"**。

5. 原文："This superordinate plan"（p. 463）。H 本："这个极其普通的计划"（第 418 页）。这里的"superordinate"应解读为"上等的、顶格的"，而不是"极其普通的"。因此 H 本把这个短语的意思正好理解反了。**新解："这个顶格计划"**。在同一语句中，H 本在解读时漏掉了短语："社会公共制度"（public institutions of society）中的"社会"。

6. 原文："Religious unity or the greatest excellence of culture"（p. 463）。H 本："宗教的统一或文化的最大美德"（第 418 页）。H 本的两个提法，"宗教的统一"和"文化的最大美德"，都很不符合社会历史现实。也就是说，在现实社会中，本来就没有这样的"支配性目标"或"主导目标"（dominant end）。**新解："宗教团结或最为优秀的文化成就"**。

7. 原文："National power and prestige"（p. 463）。H 本："国家权力与特权"（第 418 页）。**新解："国力与威望"**。H 本大概把单词"威望"（prestige）和"特权"（privilege）搞混了。而且，"国力"与"特权"一般难以并列，这不符合罗尔斯正义理论的基本原则。

【诠释】

但更进一步的是，亚里士多德式原则既适用于各种制度形式，也适用于任何其他人类活动。从这个角度看，公正的宪法秩序，当与日常生活中较小的社会联合相结合时，便为这些众多的联合体提供了框架，并且为所有人建立了最为复杂多样的活动。在良序社会里，每个人都理解支配着整个计划的首要原则，因为那个计划事实上将世代相传；而且，所有人都有明确的意图，在生活计划中坚持这些原则。因此，与若无如此意图相比，每个人的计划都予以更加充实而丰富的周密安排；它根据相互认可的原则与他人的计划相协调。因此可以说，每个人更私密的生活是一个计划内的计划，这个顶格计划是在公开且公共的社会制度中实现的。但是，这一较大的计划并没有确立主导目标，例如，宗教团结或最为优秀的文化成就，更不用说所有个体目标和团体目标都要从属的国力与威望了。毋宁说，这一调节性公共意图是，宪法秩序应当实现正义原则。如果亚里士多德式原则是正确的，那么这个集体活动必须作为一件美好的事情来体验。

【原文】§79-15-p.463

【评析】

1. 原文："The moral virtues are excellences, attributes of the person that……"（p.463）H本："道德德性是人的美德和特性"（第418页）。在这个语句中，H本在解读时进行了错误断句和拆分，即把那个语句的一部分处理为"the moral virtues are excellences, attributes of the person"（p.463），于是H本把它解读为："道德德性是人的美德和特性"。笔者认为，这里的"excellences"应作"诸多卓越因素"解。因此，这个语句表的正解是："这些道德德性是诸多卓越品质，是人的属性……"

2. 原文："That it is rational for persons to want in themselves and in one another as things appreciated for their own sake, or else as exhibited in activities so enjoyed"（p.463）。H本："它们或者因其自身原因，或者在人们的相互的活动中作为因它们自身的缘故得到欣赏的东西，或者作为展示在令人赏心悦目的活动中的东西，而值得人去追求"（第418页）。H本的解读在同一语句中出现三个并列句"或者……，或者……，或者……"但是，这样的解读是欠妥的。且看笔者细细分解。

（1）短语："In themselves". H本："或者因其自身原因"。**新解**："在自己身上"。

（2）短语："And in one another". H本："或者在人们的相互的活动中"。**新解**："或在彼此间"。

（3）短语："Or else as exhibited in activities so enjoyed". H本："或者作为展示在令人赏心悦目的活动中的东西"。**新解**："或是展示在如此令人陶醉的活动中的美好事物"。

因此，这个语句的正解是："是因其自身缘故而为人们所喜爱的人的属性，是人们在自己身上或在彼此间理性欲求的卓越品质，或是展示在如此令人的人的属性陶醉的活动中的美好事物。"

3. 原文："These excellences"（p. 463）。H 本："这些美德"（第 418 页）。新解："这些卓越品质"。

4. 原文："The companion principle to the Aristotelian Principle"（p. 463）。H 本："亚里士多德主义原则的伴随原则"（第 418 页）。新解："亚里士多德式原则的伴生原则"。

5. 原文："The collective activity of justice is the preeminent form of human flourishing"（p. 463）。H 本："正义的集体活动是人类卓越的繁荣"（第 418 页）。新解："正义的集体活动是人类繁荣的卓越形式。"请注意，罗尔斯在这里使用了"excellences"的近义词组"preeminent form"来表达与"优异"或"卓越"相近的意思。

6. 原文："Regulative excellences"（p. 463）。H 本："调节性美德"（第 418 页）。新解："合乎规范的卓越成就"，引申为"美轮美奂的卓越成就"。

7. 原文："The public realization of justice"（p. 463）。H 本："公共地实现的正义"（第 418 页）。新解："公开实现正义"。

8. 罗尔斯在这里使用了短语"A value of community"（p. 463）。这里的"community"和"associations"是同义的。这种"共同体价值"可以理解为"文明社会的共同价值"。

【诠释】

我们已经看到这些道德德性是诸多卓越的品质，是因其自身缘故而为人们所喜爱的人的属性，是人们在自己身上或在彼此间理性欲求的卓越品质，或是展示在如此令人陶醉的活动中的美好事物（§§66—67）。现在明显的是，这些卓越品质体现在良序社会的公共生活中。因此，亚里士多德式原则的伴生原则意味着，当这些卓越品质表现在肯定正义制度的合作中时，人们彼此欣赏并享受这些卓越品质。因此，正义的集体活动是人类繁荣的卓越形式。因为在特定的有利条件下，正是通过维持这些公共安排，人们才能最佳地表现自己的本性，取得各自所能达到的最为广泛的美轮美奂的卓越成就。与此同时，个体在联合体中实现自己较为特殊的目标，正义制度则要顾及并鼓励联合体的不同内部生活。因此，公开地实现正义，是一种共同体价值。

【原文】§79 – 16 – pp. 463 – 464

【评析】

也许是受到斯密和马克思的影响，罗尔斯关于社会联合的思考仍然以劳动分工为基础，忽视了人类社会的文化差异和宗教信仰分歧，后者是达成社会联合或社会合作的重要障碍。这说明罗尔斯对认同政治的关注是远远不够的。在这一方面，福柯、罗蒂和哈贝马斯表现出更大的热情。比如，罗蒂关于"作为较大忠诚的正义"的讨论，就弥补了罗尔斯的这一不足。①

1. **原文**："**As a final comment, I should note that a well-ordered society does not do away with the division of labor in the most general sense**"（p. 463）。H 本："最后，我应当指出，一个良序社会与最普遍意义上的劳动分工并非没有关系"（第 418 页）。作为这一节的小结，H 本的如此解读再一次误会了罗尔斯。这句话的关键词是动词词组"do away with"，它的意思有"消除；终止；废除；杀死；干掉"，H 本把它解读为"与……没有关系"当然是不确切的。因此，**新解**："作为最后的评论，我应该指出，良序社会消灭不了最一般意义上的劳动分工。"罗尔斯这句话的直接批评对象是马克思的"消灭分工"理论。罗尔斯认为，即使人类社会再发达，劳动分工仍然是无法消灭的。然而，罗尔斯这一鲜明的关于支持劳动分工的理论，完全被 H 本给"消灭"了。如果阅读 H 本的《正义论》，那么我们就看不到罗尔斯和马克思在劳动分工上的思想分歧。当然，这不是罗尔斯本人的过错。即使罗尔斯本人的某个理论是错误的，我们也不能随意地篡改它；否则，它被改得面目全非，就不再是罗尔斯的理论。

2. **原文**："**To be sure, the worst aspects of this division can be surmounted: no one need be servilely dependent on others and made to choose between monotonous and routine occupations which are deadening to human thought and sensibility**"（pp. 463 – 464）。H 本："诚然，分工的那些最坏的方面能被克服：没有人需要奴隶般地依赖于他人，需要被强迫着在麻痹人类思想和省觉的单调枯燥的职业中进行选择"（第 418 页）。短语："Deadening to human thought and sensibility"。H 本："麻痹人类思想和省觉"。**新解**："削弱属人的思想和鉴赏力"。这个语句的**新解**："可以肯定的是，劳动分工的最糟糕方面是可以克服的：没人非得低三下四地依附

---

① 参阅罗蒂《文化政治哲学》，张国清译，第 47 页及以后。

于他人，没人非得奔波于只会削弱属人的思想和鉴赏力的单调乏味的职业之间。"罗尔斯在这里关于劳动分工的讨论带有黑格尔和马克思异化劳动思想的显著痕迹。

3. 原文："**Even when work is meaningful for all**"（p. 464）。H 本："即使所有人的工作是有意义的"（第 418 页）。**新解**："即使劳动对所有人都有意义"。

4. 原文："**Seek their good in ways peculiar to themselves**"（p. 464）。H 本："以他们特有的方式追求他们的善"（第 418 页）。**新解**："以特有方式追求自己的善"。

5. 原文："**To do things they could not have done**"（p. 464）。H 本："去做他们可能不会做的事"（第 418—419 页）。**新解**："去做他们原本不可能做的事情"。

6. 原文："**It is tempting to suppose**"（p. 464）。H 本："设想……是诱人的"（第 419 页）。**新解**："世人易于断想"。

7. 原文："**Complete exemplars of humanity**"（p. 464）。H 本："人性的完美榜样"（第 419 页）。这个短语的意思可以引申为"天之骄子，人中龙凤"。

8. 原文："**Human sociability**"（p. 464）。H 本："人的社会性"（第 419 页）。**新解**："人类合群性"。

9. 原文："**We are by ourselves but parts of what we might be**"（p. 464）。H 本："由于我们自身原因，我们仅仅是我们可能成为的人的某些部分"（第 419 页）。**新解**："我们尽己之本分，事必躬亲，但是我们取得的，只不过是自己生存于世间的若干成就。"

10. 原文："**We must look to others to attain the excellences that we must leave aside, or lack altogether**"（p. 464）。H 本："我们必须从他人那里获得我们必须搁置的或完全缺乏的美德"（第 419 页）。**新解**："我们必须指望他人去取得我们自己不得不放弃的或完全缺乏的卓越成就。"这里的词组"指望"（look to）很关键，H 本直接忽略了这个词组，导致对这个语句的误读。因为"取得优异"的并不是"我们"，而是"他人"，所以，H 本对这个语句的解读是错误的。并且，H 本仍然毫无理由地把"优异或卓越"（excellences）解读为"美德"。

【诠释】

作为最后的评论，我应该指出，良序社会消灭不了最一般意义上的劳动分工。可以肯定的是，劳动分工的最糟糕方面是可以克服的：没人非得低三下四地依附于他人，没人非得奔波于只会削弱属人的（人作为人本该有的）思想和鉴赏力的单调乏味的职业之间。每个人都可以各尽所能，各司其职，这样，其天性中的不同因素就能得到适当的表现。不过，即使劳动对所有人都有意义，我们既无法克服，也不希望消除，对他人的依赖。在完全正义的社会里，人们以特有方式追求自己的利益和价值，他们既依靠同行去做自己原本不可能做的事情，也依靠同行去做自己原本会做但没有做的事情。世人易于断想，每个人都可以充分施展自己的才华，至少有些人可以成为天之骄子，人中龙凤，亦即人性完美之楷模（complete exemplars of humanity）。但这是不可能的。人类合群性的一大特点是，虽然我们尽已之本分，事必躬亲，但是我们取得的，只不过是自己生存于世间的若干成就。我们必须指望他人去取得我们自己不得不放弃的或完全缺乏的卓越成就。社会集体活动、许多社团和协会，以及监管它们的最大共同体的公共生活，支持着我们的努力，并且引导着我们的贡献。因为我们不再是单纯的碎片，我们直接自我实现的那一部分，与我们肯定其目标的更广大而正义的安排相结合，所以，我们从共同文化中获得的好处，远远超过我们从劳动中获得的利益。劳动分工不是通过每个人自身变得全面来克服的，而是通过由各种社会联合组成的正义的社会大联合——那是所有人都可以按照自己的意愿自由参与的社会联合——中开展自愿的有意义的工作来克服的。

§80 嫉妒问题
The Problem of Envy

【题解】

罗尔斯在这一节讨论了什么是嫉妒和忌悍，进而讨论了善意的羡慕和恶意的嫉妒，并且劝导世人，为人处世，必须小心翼翼，既不要轻易流露出嫉妒，或者发泄怨恨，又要明晰嫉妒和怨恨的差异。他认为，怨恨的背后存在着道德判断和道德情感，但是嫉妒的背后不存在道德判断和道德情感。于是，关于嫉妒的讨论自然转向嫉妒与正义的关系。

隐藏在正义感背后的心理动机是嫉妒心吗？或者正义感是伪装的嫉妒心吗？弗洛伊德对此做了肯定回答。并且，这样的回答得到了许多人的认同。罗尔斯先区分了嫉妒和忌悍，嫉妒存在善意的羡慕和恶意的嫉恨。善意的美慕是一种赞美；恶意的嫉恨则是一种伤害或中伤。嫉妒总是意味着自己缺少某些别人拥有的美好事物。相比之下，忌惮是不想让别人拥有自己已经拥有的美好事物，是担心别人像自己一样好或比自己还要好。罗尔斯接着着重探讨了嫉妒心与正义感的关系。他认为，在良序社会里，根据正义的社会基本结构，两者没有内在的联系，或者说，在良序社会里，或者在接近正义的国家里，正义感的心理依据不是嫉妒心。

【原文】§80-1-pp. 464-465

【评析】

1. 原文："**Certain psychological propensities**"（p. 464）。H本："某些心理学倾向"（第419页）。**新解**："某些心理倾向"。

2. 原文："**Do not exceed certain limits**"（p. 464）。H本："还没有超过某些界限"（第419页）。**新解**："不超过一定的限度"。

3. 原文："**Different attitudes toward risk and uncertainty**"（p. 464）。H本："各种导向危险和不确定性的态度"（第419页）。**新解**："对待风险和不确定性的不同态度"。

4. 原文："**Individual preferences and social circumstances**"（p. 465）。H本："个人偏爱和环境"（第419页）。**新解**："个体偏好和社会条件"。

【诠释】

我始终认为，处在初始位置上的人，不会被某些心理倾向所打动（§25）。至少当他和别人间的差异不被视为不公正的结果并且那种差异不超过一定的限度时，理性人不会向嫉妒低头。当事各方既不受对待风险和不确定性的不同态度的影响，也不受主导或依从等倾向的影响。本人还设想，这些特殊心理状态将置于无知之幕之后，它们伴随着当事人对自身之善观念的认识。对这些约定的解析是，选取某个正义观念，应当尽可能地不受突发的偶然因素的影响。因为我们同样希望，这些原则不受个人偏好和社会条件的影响，无论这些倾向的差异如何，它们所采用的原则应该是不变的。

【原文】§80-2-p. 465

【评析】

1. 原文："**Tie in with**"（p. 465）。H本："与……联系在一起"（第

419页）。**新解**："与……相一致"。

2. **原文**："From the standpoint of the original position"（p. 465）。H本："从原初状态的观点"（第419页）。**新解**："从初始位置立场上"。

3. **原文**："Individual differences"（p. 465）。H本："个人差别"（第419页）。**新解**："个体差异"。

4. **原文**："**Without rather definite information about which configuration of attitudes existed**"（p. 465）。H本："没有关于这些信息的态度结构存在"（第419页）。**新解**："**如果不存在关于态度之构成的相当明确的信息或知情**"。H本在解读这个短语时，显然没有准确领悟其含义。这里的"which configuration of attitudes existed"可以理解为"现有各种态度的构成情况是怎样的"。整个短语可以解读为："现有各种态度的构成究竟如何，假如个体对此没有相当明确的信息或知情。"

【诠释】

这些假设与公平正义的康德式诠释相一致，且大大简化了从初始位置立场上给出的论证。各方皆不受这些倾向的个体差异的影响，从而避免了在讨价还价过程中可能出现的复杂情况。现有各种态度的构成究竟如何，假如个体对此没有相当明确的信息或知情，他就无法说出即将达成的是什么协议。在每一种情况下，它都将随机地取决于提出的特定假设。除非我们能从道德角度在假定的一系列特殊心理状态中表现出某种独特的优点，否则，被采纳的原则将是任意的或武断的，不再是合理条件的结果。因为嫉妒通常被认为是应当予以避免的和可怕的心理状态，所以看似可取的是，如果可能的话，至少当嫉妒变得强烈时，原则选择不应当受到这种心理特质的影响。因此，既出于简单性考虑，又为着道德理论设想，本人一直假定的情形是，当事各方既当视羡慕、嫉妒、怨恨如虚空，又当视特殊心理状态的知识为缺如。①

---

① 因人而异的特殊心理状态将不予考虑。因此，初始位置排除了个体的特殊知识，消除了在心理上的人际竞争，避免了在人际比较时容易产生的羡慕、嫉妒、恨，实现了在心理上的人际平等。在初始位置上，各方不可能产生任何特权思想，也不存在行使特权的任何机会。每个人都尽着自己的本分，行使着自己的权利，追求着自己的利益，实践着自己的价值，不高看任何个体，也不歧视任何个体。大家都处于相同的平台上，追逐着自己的梦想。因此，在初始位置上，不会产生"英雄""先知""杰出人物"这样的观念。

第九章　正义之善　1473

【原文】§80-3-p.465

【评析】

1. 原文："The second part asks whether the well-ordered society corresponding to the conception adopted will actually generate feelings of envy and patterns of psychological attitudes that will undermine the arrangements it counts to be just"（p.465）。H本："第二部分将研究与所选择的观念相适应的良序社会是否会实际上产生妒忌感和破坏被这个社会视为正义的安排的心理态度。"（第420页）。新解："第二部分探讨的是，与良序社会相对应而采用的正义观念是否真的会产生嫉妒感和某些心理态度类型，从而破坏良序社会认为是公正的安排。"H本把嫉妒和其他心理态度类型分离开来，给读者造成只是某些心理态度类型才会破坏良序社会的正义安排的假象，而这是与《正义论》原文相背离的。新解的解读应当是，嫉妒和某些心理态度类型一起将破坏那个安排，这是罗尔斯在这里探讨的问题。

2. 原文："Just institutions"（p.465）。H本"正义体系"（第420页）。新解："正义制度"。

3. 原文："To arouse and encourage"（p.465）。H本："唤起并鼓励"（第420页）。新解："诱发并鼓励"。

4. 原文："Social system"（p.465）。H本："社会体系"（第420页）。新解："社会系统"。

5. 原文："Human good"（p.465）。H本："人们的善"（第420页）。术语"human good"在《正义论》正文中一共出现了15次，并且收录于术语索引之中。笔者将它解读为"人的善"，当它以单数形式"human good"出现时，表示人的一般善；当它以复数形式"human goods"出现时，表示人的各种善。

6. 原文："If so, the adoption of the conception of justice must be reconsidered"（p.465）。H本："如果是这样，对所采取的观念必须重加考虑"（第420页）。新解："如果真的如此，就必须重新考虑所采用的正义观念。"

7. 原文："But should the inclinations engendered support just arrangements, or be easily accommodated by them, the first part of the argument is confirmed"（p.465）。H本："但是，假如产生的倾向支持正义安排，或容易适应这些安排，第一部分的论证就得到证实"（第420

页）。新解："但是，如果所产生的倾向支持正义安排，或者，容易被正义安排所接纳，那么第一部分论证就算成立。"在这里，"be easily accommodated by them"不能解读为"容易适应这些安排"。政治学术语"吸纳"（inclusion）与词组"被接纳"（be accommodated by）表示的意思相近。"适应"有主动的意味，"被接纳"的主动方则在"正义制度"。是正义制度接纳了包括嫉妒在内的某些特殊心理类型，实际上是容忍这些心理类型的存在。比如，2016年，特朗普当选美国总统，引起许多美国政治精英的强烈嫉妒，特朗普主导下的美国政府不得不接纳这些强烈嫉妒，即使引发弹劾，也只能按照政治秩序一步一步走下去。但是我们不能说，以美国众议院议长南希·佩洛西为代表的特朗普弹劾者的嫉妒心要适应正义的制度安排。因此，这个语句的主动态和被动态不能任意颠倒。

8. 原文："No particular constellation of attitudes is taken as given"（p. 465）. H本："没有任何特殊一组态度被当作前提"（第420页）。新解："没有任何一组特定姿态是既定的"。

9. 原文："We are simply checking the reasonableness of our initial assumptions and the consequences we have drawn from them in the light of the constraints imposed by the general facts of our world"（p. 465）. H本："我们只是在检查我们的最初假设的理性，检查我们借助于我们世界的一般事实加给我们的约束而从这些假设中引出的结果"（第420页）。新解："我们只是根据我们生活于这个世界的一般事实所施加的限制，来检验我们的最初假设及其结果的合理性。" H本在解读这个语句时，没有很好地把握其内在的逻辑关系。并且，这里的单词"reasonableness"，其正解是"**合理性**"，而非"理性"。

需要注意的是，罗尔斯在这个段落中讨论的两个对象，一是社会系统（social system），二是正义制度（just institutions）。诱发并鼓励各种心理倾向的是正义制度，那些心理倾向又导致社会系统运行失灵。所以，正像术语"just institutions"不能解读为"正义体系"一样，术语"social system"也不能解读为"社会体系"。在这里，社会系统是一个相对大的概念，正义制度是一个相对小的概念。也可以这样说，社会系统包含正义制度，正义制度是社会系统中比较核心的部分。当然，罗尔斯最后否定了对正义制度的如此指控。

【诠释】

然而，这些心理倾向是确实存在的，在某种程度上是必须加以考虑的。因此，本人将正义原则的论证分为两个部分：第一部分从刚才提到的假设出发，并通过迄今为止的大部分论证加以说明；第二部分探讨的是，与良序社会相对应而采用的正义观念，是否真的会产生嫉妒情绪和某些心理态度类型，从而败坏良序社会认为是正义的安排。刚一开始，我们是这样推理的，就当不存在嫉妒和特殊心理问题；接着，在确定了正义原则之后，我们要检验的是，如此界定的正义制度，是否有可能诱发并鼓励这些倾向，以至于社会系统变得无法运行，并且不兼容于人类之善，或者不利于达成人类的各种美好目标。如果真的如此，就必须重新考虑所采用的正义观念。但是，如果所产生的倾向支持正义的安排，或者，容易被正义安排所接纳，那么第一部分论证就算成立。这个一分为二程序的主要优点是，没有任何一组特定姿态（包括嫉妒在内的某些心理倾向的另一说法）是既定的。我们只是根据我们生活于这个世界的一般事实所施加的限制，来检验我们的最初假设及其结果的合理性。

【原文】§80-4-pp.465-466

【评析】

在初始位置上，各方是平等的，他们既存在着合作，也存在着竞争。由于既在自然基本善方面，又在社会基本善方面，存在着显著的人际差异、存在着优势者和劣势者。即使基本社会制度采纳差别原则，仍然会存在劣势者对优势者的嫉妒。罗尔斯分析了这种嫉妒的性质，尤其是嫉妒与正义的关系，并且认定，嫉妒会败坏人际合作、败坏社会基本善的均等分享。

1. 原文："General and particular envy"（p.466）．H本："一般的妒忌和具体的妒忌"（第420页）。新解："一般嫉妒和特殊嫉妒"。

2. 原文："The envy experienced by the least advantaged towards those better situated"（p.466）．H本："获利最少者所体验的对境遇较佳者的妒忌"（第420页）。新解："最少优势者对处境较好者心生嫉妒"。这里的术语"the least advantaged"表达的不是"利益"的多少，而是"优势"的高下。比如，美貌、金钱、才能、勤奋、运气等都可以作为个体之间比较优势的重要因素。它如果被解读为"获利最少者"，那么必定引导读者只是从物质利益层面去解读罗尔斯在这里关于嫉妒与正义的关系的讨论，就会陷入把罗尔斯正义理论唯物论化的风险。而罗尔斯本人非常清楚自己的正义理论同马克思社会发展理论的差异。因此，看似普通的术语解读，其背后可能引发严重的后果。短语中的另一术语"those better situated"也应当作如是观。它表示的"处境较好者"当然包括物质条件，但不仅仅是物质条件，说近一点，包括财富、收入、阶级地位、社会身份等；说远一点，包括性别、种族、肤色、生活的社会条件和自然条件等。

3. **原文**："**The kinds of goods**"（p.466）。H本："善的种类"（第420页）。**新解**："产品类别"。比如，同样是家庭用车，你有吉利；他有BBA。同样的日常消费品，你购自拼多多、淘宝或盒马生鲜；他购自国际商品专柜。同样的日常食物，你偶尔一瓶二锅头，咽的是粗茶淡饭；他无茅台不欢，非五粮不饮，吃的是山珍海鲜。这不是"善的种类"，而是"产品类别"，是生活品质的类别。

4. **原文**："**Similar advantages**"（p.466）。H本："类似的好处"（第420页）。**新解**："类似的优势"。

5. **原文**："**By contrast, particular envy is typical of rivalry and competition**"（p.466）。H本："与此成为对比，具体的妒忌的类型特点是敌对和竞争"（第420页）。**新解**："**相比之下，特殊嫉妒以比拼和竞争为典型特点。**"

6. **原文**："**Those who lose out in the quest for office and honor, or for the affections of another, are liable to envy the success of their rivals and to covet the very same thing that they have won**"（p.466）。H本："在竞争职位和荣誉或另一个人的情感中失败的人们，倾向于妒忌他们对手们的成功，并觊觎他们所获得的那个东西"（第420页）。当然，H本的解读本无大错，但罗尔斯如此流畅的话语，竟被H本解读得像市井写手生硬的习作。**新解**："**名利场失败者或情场失意者都会嫉恨竞争对手的成功，并觊觎后者赢得的一切。**"

7. **原文**："**Fair equality of opportunity**"（p.466）。H本："公正平等机会"（第420页）。**新解**："公平机会均等"。

8. **原文**："**Too much destructive general envy**"（p.466）。H本："过多的有破坏性的一般的妒忌"（第420页）。**新解**："**破坏性太强的一般嫉妒**"。H本只是最差字面完成语言转换，如此表述不符合汉语习惯。

【诠释】

本人将讨论嫉妒问题，把它作为特殊心理如何进入正义理论的例证来说明。虽然每种特殊心理无疑会引发各不相同的问题，但是其一般过程也许是大同小异的。我首先将指出嫉妒之所以成为难题的原因，亦即差别原则认可的不平等，可能引起如此强烈的嫉妒，以至于到了造成社会危险的程度。为了澄清这种可能性，区分一般嫉妒和特殊嫉妒是有用的。最少优势者对处境较好者心生嫉妒，通常在如下意义上是一般嫉妒。前者之所以对后者心生嫉妒，不是因为后者拥有的特定对象，而是因为后者拥有的产品类别。比如说，上层阶级因为拥有更多财富和机会而遭人嫉妒；嫉妒者希望自己也有类似的优势。相比之下，特殊嫉妒以比拼和竞争为典型特点。名利场失败者或情场失意者都会嫉恨竞争对手的成功，并觊觎后者赢得的一切。我们的问题是，正义原则，尤其是与公平机会均等相联系的差别原则，在实践中是否可能产生破坏性太强的一般嫉妒呢？

【原文】§80 – 5 – p. 466

【评析】

1. 原文："The objective primary goods"（p. 466）。H 本："客观的基本善"（第 420 页）。"基本善"（primary good）是《正义论》的核心术语之一，在《正义论》中出现了 88 次。罗尔斯对这个术语作过专门解释。在这里需要注意的是，罗尔斯在"基本善"前加了形容词"客观的"（objective），这表明这些基本善是良序社会必须向每个公民提供的，当然，它们可能因人而异，未必是人人相同的，所以存在人际比较。毕竟，在基本善方面，人与人的差距还是很大的。罗尔斯完全承认这一点，这也是他提出差别原则来调节这个差距的理由。

2. 原文："Expectations"（p. 466）。H 本："期望"（第 421 页）。**新解**："各种预期"。

3. 原文："Then we may think of envy as the propensity to view with hostility the greater good of others even though their being more fortunate than we are does not detract from our advantages"（p. 466）。H 本："这样，我们可以把妒忌看作带着敌意去看待他人的较大的善的倾向，即使是他们比我们幸运并不减损我们的利益"（第 420 页）。**新解**："于是，尽管他们比我们更幸运这件事并没有贬低我们的优势，我们不妨把嫉妒视为对别人拥有的较大好处心怀敌意的倾向。"笔者认为，根据上下文，短语："The greater good of others"。解读为"别人拥有的较多好处"。单词："Advantages"。解读为"优势"更好一些。

4. 原文："Some agreed index of goods"（p. 466）。H 本："某种公认的善指标"（第 421 页）。**新解**："某种约定的善指数"。

5. 原文："We are willing to deprive them of their greater benefits even

1478 《正义论》评注

if it is necessary to give up something ourselves"（p. 466）。H本："我们愿意剥夺他们的较大利益，尽管我们自己也要放弃某些东西"（第421页）。新解："我们想要剥夺他们原本拥有的更大利益，即使自己得放弃一些利益也心甘情愿。"

6. 原文："When others are aware of our envy, they may become jealous of their better circumstances and anxious to take precautions against the hostile acts to which our envy makes us prone"（p. 466）。H本："当其他人知道我们的妒忌时，他们变得嫉妒他们的较好境况，并急于对我们由于妒忌而易于产生敌意行为采取防范措施"（第421页）。新解："当对方察觉我们的嫉妒时，他们可能会加倍珍惜自己所处的较好处境，并急于防范我们因嫉妒而易于产生的敌意举动。"

7. 原文："So understood envy is collectively disadvantageous"（p. 466）。H本："所以，被意识到的妒忌在总体上是有害的"（第421页）。新解："照此理解，嫉妒对谁都没有好处。"

8. 原文："Thus Kant, whose definition I have pretty much followed, quite properly discusses envy as one of the vices of hating mankind"（p. 466）。H本："所以康德，我在很大程度上采用了他对妒忌的定义，十分恰当地把妒忌作为一种仇恨人类的恶来加以讨论"（第421页）。新解："所以，我很是赞同康德的定义，他极其贴切地痛斥嫉妒为仇视人类的几大丑恶之一。""vices"一般解读为"恶德"，"邪恶"，"恶行"。

【诠释】

现在，我不妨转向看似适合回答这个问题的嫉妒定义。为了明确某些想法，试假定，必要人际比较是根据自由和机会、收入和财富等客观的基本善进行的，为了简单起见，我通常在应用差别原则时使用这些比较来定义各种预期。于是，尽管他们比我们更幸运这件事并没有贬低我们的优势，我们不妨把嫉妒视为对别人拥有的较大好处心怀敌意的倾向（他们比我们更加幸运，拥有较大的社会基本善，亦即各种权利、利益和价值）。（根据上面提到的某种约定的善指数估计）我们嫉妒处境好于自己的人，我们想要剥夺他们原本拥有的更大利益（那些显示大富大贵的因素），即使自己得放弃一些利益也心甘情愿。当对方察觉到我们的嫉妒时，他们可能会加倍珍惜自己所处的较好处境，并急于防范我们因嫉妒而易于产生的敌意举动。照此理解，嫉妒对谁都没有好处：只要能充分缩小双方的差距，嫉妒别人的人（内心充满羡慕、嫉妒、恨的人）准备做一些两败俱伤的事情。所以，我很赞同康德的定义，他极其贴切地痛斥嫉妒为仇视人类的几大丑恶（恶德、恶劣的品性）之一。①

【原文】§80 – 6 – pp. 466 – 467

【评析】

1. 原文："**There are many occasions when we openly speak of the greater good of others as enviable**"（pp. 466 – 467）。H 本："在许多场合，我们是公开地把其他人的更大的善作为可妒忌的东西来谈论的"（第 421 页）。**新解**："存在着多种情况，我们公开表示自己好羡慕别人的大富大贵。"在这里，"enviable"解读为"可羡慕的"或"令人羡慕的"，比"可妒忌"更加稳妥；"the greater good of others"解读为"别人的大富大贵"比"其他人的更大的善"更加接地气。

2. 原文："**Thus we may remark upon the enviable harmony and happiness of a marriage or a family**"（p. 467）。H 本："例如，我们可以评论一个婚姻或家庭的可妒忌的和睦和幸福"（第 421 页）。**新解**："因此，我们会说，要么一桩婚姻是令人羡慕地美满的，要么一个家庭是令人羡慕地幸福的。"

3. 原文："**In these cases, those of benign envy as I shall refer to them, there is no ill will intended or expressed**"（p. 467）。H 本："在这些场合，我愿意称它们为温和的妒忌，不存在内在的或表达出来的恶意"（第 421 页）。**新解**："在这些情况下，我称之为善意的羡慕，不存在故意的或流露出来的恶意。"这里的"benign envy"解读为"善意的羡慕"，比"温和的妒忌"要好一些。"intended or expressed"，主要指人们在评论事物时在言语上流露出来的一些个人意向和判断。所谓说者无意，听者有耳，同样一句恭维话，在不同的时间、地点、说者和听者，有的是善意的羡慕，有的则是恶意的嫉妒。

4. 原文："**Conventional expressions**"（p. 467）。H 本："习惯用语"（第 421 页）。**新解**："口头禅"或"客套话"。

5. 原文："**We are indicating that, although we possess no similar good

---

① 参阅康德《道德形而上学基础》，第二部分，第 36 节，格雷戈尔（M. G. Gregor）译，纽约：哈珀—罗出版社 1964 年版，第 127 页。亚里士多德指出，嫉妒和幸灾乐祸作为激情是不能容忍的（envy and spite as passions do not admit of a mean），它们的名字已经暗含恶意。参阅亚里士多德《尼各马可伦理学》，1107a11。——原注

of equal value, they are indeed worth striving for"（p. 467）。H 本："我们在向他们说，虽然我们不拥有价值同等的类似的善，它们的确值得追求"（第421页）。新解："我们表示，虽然我们没有拥有同等价值的相似福分，但它们确实值得去争取。"在这里，H 本把"similar good of equal value"解读为"价值同等的类似的善"较为勉强，它表示的是"具有同等价值的相似善"，比如好车子、好房子、好朋友、好婚姻、好成绩、好业绩等。如果将这里的"good"解读为"善"，读者更多会从道德上考虑这个语句，就难以让人联想到各种美好的事物。并且，当人们发出由衷的称赞时，是对某些具体的美好事物的赞美，而不是对"善"的赞美。

6. 原文："A foretaste of our hostility"（p. 467）。H 本："一种敌意的表示"（第421页）。新解："我们怀有敌意的某种预感"。

7. 原文："Emulative envy"（p. 467）。H 本："竞赛的妒忌"（第421页）。新解："好胜心嫉妒"。它表示的是人们在好胜心驱使下的嫉妒，一种别人有的自己也要有并且设法超越别人的心态。这种争强好胜普遍存在于学习、工作和生活之中，可以说是竞争性社会的常态。

8. 原文："To achieve what others have"（p. 467）。H 本："去取得他人取得的成绩"（第421页）。新解："去拥有别人已经拥有的一切美好事物"。这里的"what others have"指"别人拥有的一切美好事物"，比如财富、收入、地位、荣誉、家庭、友谊等。H 本把它解读为"他人取得的成绩"，乃是前面把"emulative envy"解读为"竞争的妒忌"的自然结果。

9. 原文："The sight of their greater good moves us to strive in socially beneficial ways for similar things for ourselves"（p. 467）。H 本："看到他们的更大的善，推动我们以有益的交往方式为我们自己追求相似的善"（第421页）。新解："看到别人拥有较多的福分，我们会以相应方式为自己争取相似的福分。"

10. 原文："Thus envy proper, in contrast with benign envy which we freely express, is a form of rancor that tends to harm both its object and its subject. It is what emulative envy may become under certain conditions of defeat and sense of failure"（p. 467）。H 本："所以，和我们自由地表达的温和的妒忌作为对比，真正的妒忌是一种形式的怨恨，它既会伤害它的对象又会伤害它的主体。竞赛的妒忌在某些失败状态和失败感之下，可以变为真正的妒忌"（第421页）。这里"善意的羡慕"（benign envy）和"好胜心嫉妒"（emulative envy）前面都已有解释。新解："所以，与我们自由表达的善意羡慕相比，真正的嫉妒是一种怨恨形式，它既会伤害对

方，又会伤及自身。在某些失败和挫败的情形下，好胜心嫉妒就可能变成这样。"

【诠释】

我要对这个定义略说几句。首先，正如康德所观察到的，存在着多种情况，我们公开表示自己好羡慕别人的大富大贵。因此，我们会说，要么一桩婚姻是令人羡慕地美满的，要么一个家庭是令人羡慕地幸福的。同样，李四会对张三说，自己羡慕对方拥有的好多机会，或者，自己羡慕对方取得的较多成就。在这些情况下，我称之为善意的羡慕（benign envy），不存在故意的或流露出来的恶意。例如，我们不希望拥有不幸福的家庭或不美满的婚姻。通过这些口头禅，我们肯定他人所拥有福气的价值。我们表示，虽然我们没有拥有同等价值的相似福分，但它们确实值得去争取。当我们向其作如此表示时，我们期望对方把我们的客套话当作褒奖或赞美，而非我们怀有敌意的某种预感。略有不同的另一种情形是好胜心嫉妒（emulative envy），它引导我们努力去拥有别人已经拥有的一切美好事物。看到别人拥有较多的福分，我们会以相应方式为自己争取相似的福分。① 所以，与我们自由表达的善意羡慕（benign envy）相比，真正的嫉妒是一种怨恨形式，它既会伤害对方，又会伤及自身。在某些失败和挫败的情形下，好胜心嫉妒就有可能变成这样。

【原文】§80 – 7 – p. 467

【评析】

1. 原文："One must be careful not to conflate envy and resentment"（p. 467）. H本："一定不要把妒忌和不满等同起来"（第422页）。**新解**："我们务必小心谨慎，不要把嫉妒和不满混为一谈。"

2. 原文："Wrongful conduct"（p. 467）. H本："不公正的行为"（第422页）。**新解**："不正当行为"。此词不仅是法律或政治意义上"不公正的"，而且在道德意义上不符合规范的，是违背一些公认的道德原则的，亦即"不正当行为"，类似于我们公开谴责的各种"违法乱纪""伤

---

① 关于仿真（emulation）和嫉妒的区别，参阅巴特勒主教（Bishop Butler）《布道 I》，收录于塞尔比·比格（L. A. Selby-Bigge）编《英国道德学家》，牛津，1897年版，第1卷，第205页。——原注（历史上最有名的仿真是"东施效颦"。）

风败俗""道德败坏"等不良行为和非法行为。

当个体有嫉妒心理时，它既会激起怨恨和敌意，也会激起不满，但是，怨恨、敌意和不满是有所区分的。罗尔斯认为，激起怨恨和敌意的嫉妒不是一种道德情感，虽然激起不满的嫉妒涉及道德情感，但嫉妒本身不是一种道德情感，而不满是一种道德情感，因为不满的根源不是嫉妒，而是另有原因，比如，要么不满者感到自己受到了制度的不公正对待，或者制度本身就是不公正的；要么不满者感到，那些处境优裕者谋取了不当利益或非法之财，才过上了一种人上人的生活。笔者觉得，罗尔斯在这里关于嫉妒与道德情感的关系的论证在逻辑不是很周全。如果它们的关系用如下表述会更加合乎逻辑：假如嫉妒只激起怨恨和敌意，嫉妒不是一种道德情感；如果嫉妒还激起不满，嫉妒便是一种道德情感。因此，有的嫉妒不是道德情感，有的嫉妒是道德情感。

【诠释】

其次，嫉妒不是一种道德情感。解析嫉妒未必要引用道德原则。说别人的更好处境引起了我们的注意，这就已经足够。① 他们的好运令我们感到沮丧，我们不再看重自己所拥有的东西；② 这种伤害和失落感激起了我们的怨恨和敌意。因此，我们务必小心谨慎，不要把嫉妒和不满混为一谈。因为不满是一种道德情感。如果我们为自己的所得比别人的少而感到愤愤不平，那一定是因为我们认为，别人的优越处境，要么是不公正制度的结果，要么是不正当行为的结果。表示不满者务必做好准备去表明，要么某些制度是如何不公正的，要么那些人是如何伤害到自己的。嫉妒之所以有别于道德情感，是因为嫉妒有着不同的解释方式，从那个视角出发就可以看到这一点。③

---

① 嫉妒者对别人的美貌、学识、天赋、财富、地位、成就、荣誉等垂涎三尺，但是他自己无缘拥有所有这些美好的东西。
② 即使自己的处境并非一无是处，但是嫉妒者仍然感到不满足，因此嫉妒往往与贪婪相联系。
③ 不满的前提是不满者的善受到了伤害或侵害，不满者首先寻求的是自己的善受到公平对待。当人们的善受到普遍伤害或侵害时，便会有一些人站出来，以劫富济贫、疾恶如仇、替天行道等方式来纠正那些伤害或侵害。当这样的解决方式不断蔓延，并且在各个社会阶层得到普遍响应时，社会基本制度危机就会发生，时代变革、社会革命或朝代更新就会到来。遗憾的是，罗尔斯并没有充分展开社会不满及其后果这个论题，实际上他在回避着这个论题。因为，他讨论的嫉妒和不满只是孤立的个体意义上的，而不是社会阶层或阶级意义上的，这使得罗尔斯的嫉妒讨论虽然条理清晰，却缺乏社会深刻性，也缺乏真实的历史维度。究其原因，也许与罗尔斯对人类社会历史的了解比较局限于美国史有关。

【原文】§80-8-pp.467-468

【评析】

罗尔斯认为，envy 表示一个人想要得到自己没有而别人有的东西，有眼红、嫉妒的意思。与之相反，jealousy 表示一个人担心自己拥有东西被别人夺走或被别人超过，有"珍惜、珍视、无比看重自己拥有的一切，却见不得别人好，尤其是见不得别人比自己好"的意思。因此，envy 和 jealousy 是两种指向相反目标的心理状态。有着 jealousy 往往是悭吝的幸灾乐祸者（grudging and spiteful man），会表现出一种斤斤计较的小家之气心态，他即使成功了，也难得慷慨大方。

1. 原文："**We should note also the nonmoral feelings connected with envy but not to be mistaken for it**"（p. 467）。H 本："我们也应当指出，不应把和妒忌相联系的非道德情感误作妒忌"（第 422 页）。罗尔斯在这里谈到两件事：第一，我们应当注意与嫉妒相关的某些非道德情感；第二，我们不得把这些非道德情感与嫉妒相混淆。因此这个语句的正解是："我们也应该注意到与嫉妒有关的不道德情感，但不要误以为它们就是嫉妒。"

2. 原文："**A person who is better off may wish those less fortunate than he to stay in their place**"（p. 467）。H 本："一个境遇好的人可能希望那些较不幸的人保持其状态"（第 422 页）。新解："处境优裕者也许巴不得那些处境艰难者止步不前，维持现状。"

3. 原文："**He is jealous of his superior position and begrudges them the greater advantages that would put them on a level with himself**"（p. 467）。H 本："他嫉妒他的较高地位，不愿让那些人们得到更大的利益，达到和自己相同的水平"（第 422 页）。新解："他小心防护自己的优越位置，不情愿那些不幸者取得更大优势，那些优势将使后者与自己处在同一水平上。"短语："Superior position"。新解："优势位置"，而非"较高地位"。短语："The greater advantages"。新解："更大优势"，而非"更大的利益"。

【评析】

我们也应该注意到与嫉妒有关的不道德情感，但不要误以为它们就是嫉妒。尤其是忌惮和悭吝(jealousy and grudgingness)，它们可以说是与嫉妒相反的。处境优裕者也许巴不得那些处境艰难者止步不前，维持现状。他小心防护自己的先越位置，不情愿那些不幸者取得更大优势，那些优势将使后者与自己处在同一水平上。如果这个倾向发展到拒绝处境艰难者去获得处境优裕者本人不需要也用不上的各种便利和好处的地步，那么他已经受到了某种幸灾乐祸心态的驱使。① 以与嫉妒一样的方式，这些倾向总体上是有害的，因为悭吝的幸灾乐祸者愿意放弃一些东西来保持自己与他人之间的距离。②

【原文】§80-9-p.468

【评析】

罗尔斯在这里把嫉妒与自尊放在一起讨论是颇有新意的，导致嫉妒的原因是嫉妒者的自尊受到了伤害。他们把这种伤害归咎于他人的过错或社会的不公，却没有反省是否自己身上存在弱点。所以，在下一节，他把平等和嫉妒放在一起讨论就显得顺理成章了。

1. 原文："**So far I have considered envy and grudgingness as vices**"（p.468）。H 本："到目前为止我已把妒忌和悭吝看作是恶"（第 422 页）。新解："到目前为止，我一直认为，嫉妒和悭吝是邪恶，是恶德。"

2. 原文："**Traits of character**"（p.468）。H 本："品质特性"（第 422 页）。新解："性格特征"。

3. 原文："**Broadly based**"（p.468）。H 本："根深蒂固的"（第 422 页）。新解："基础广泛的"或"有着广泛基础的"。广度和深度是两个不同的维度。

4. 原文："**Vices are broadly based traits that are not wanted**"（p.468）。H 本："恶是人们不相互要求的根深蒂固的特性"（第 422 页）。新解："邪恶是谁都不希望彼此具有的一种基础广泛的性格特征。"

5. 原文："**The parties will surely prefer conceptions of justice the realization of which does not arouse these propensities**"（p.468）。H 本：

---

① 参阅亚旦士多德《尼各马可伦理学》，1108b1-6。他把幸灾乐祸描述为对他人之不幸无论是否应得都感到高兴的心理状态。忌惮、悭吝、幸灾乐祸是嫉妒的反面，被人嫉妒者的感受，以及拥有难得之物者的感受，我就这些想法感谢福斯特（G. M. Foster）。——原注

② 社会分工和阶层固化会导致社会分裂、导致人际隔离，产生相互仇恨和歧视，激化社会矛盾。马克思从阶级差异角度来解读这些社会现象，罗尔斯却只是从个体之间的相互嫉妒和不满来解读它们。在这里，罗尔斯正义理论显然是一种思想倒退。

"原初状态各方肯定将愿意选择那些正义观念，其实现不会引起这些倾向"（第422页）。**新解**："各方当然更加偏好这样的正义观念，它们的实现不会引发这些倾向。"

6. **原文**："Given human beings as they are"（p. 468）。H本："由于人的本性"（第422页）。**新解**："只要他们是人"。

7. **原文**："Index of objective primary goods"（p. 468）。H本："基本善的客观指标"（第422页）。**新解**："客观的基本善指数"。

8. **原文**："A person's lesser position as measured by the index of objective primary goods may be so great as to wound his self-respect"（p. 468）。H本："一个人的按照基本善的客观指标衡量的较低地位可能会如此可悲，以至会刺伤他的自尊"（第422页）。短语："Lesser position"。H本："较低地位"。**新解**："卑微地位"。整句**新解**："用客观的基本善指数来衡量一个人的卑微地位，其差距是如此之大，以至于会损害到他的自尊。"

9. **原文**："We can resent being made envious"（p. 468）。H本："我们可以对使我们变得妒忌的那些条件不满"（第422页）。**新解**："我们会因嫉妒而心生不满"。

10. **原文**："When envy is a reaction to the loss of self-respect in circumstances where it would be unreasonable to expect someone to feel differently, I shall say that it is excusable"（p. 468）。H本："当一个人处在我们不可能期望他不产生妒忌的环境之中时，当妒忌是对在此环境中的自尊的损失的一种反应时，我要说这是情有可原的"（第422—423页）。H本对这个语句的解读离原意较远。**新解**："因为嫉妒是对丧失自尊的反应，在其丧失自尊的情况下，指望他人有不同感受是不合理的。我的意思是，嫉妒是可以原谅的。"

【诠释】

到目前为止，我一直认为，嫉妒和悭吝是邪恶，是恶德(vices)。正如我们看到的那样，道德德性(美德) 是人们作为伙伴(同胞、同侪或合伙人) 合理希望彼此具有的一种基础广泛的性格特征（§66）。因为邪恶对人人有害，幸灾乐祸的恶毒和急红了眼的嫉妒(spitefulness and envy) 是明显例子，邪恶(所谓怒从心上起，恶向胆边生) 是谁都不希望彼此具有的一种基础广泛的性格特征。各方当然更加偏好(喜爱) 这样的正义观念，它们的实现不会引发这些倾向。在正常情况下，人们总是希望我们不去做这些倾向怂恿我们做的行为，希望我们采取必要步骤以摆脱它们。然而，有时引起嫉妒的条件是如此窘迫，以至于只要他们是人，就难以合理要求内心充满羡慕、嫉妒、恨的怨恨者克服其怨怼情绪。用客观的基本善指数(比如20世纪后半世纪不同年代中国年轻人结婚的"三大件")来衡量一个人的卑微地位，其差距是如此之大，以至于会损害到他的自尊；鉴于那个人的处境，我们可能会同情其失魂落魄的样子。① 事实上，我们会因嫉妒而心生不满，因为社会可能允许在基本善方面存在如此巨大的差距(人际生活条件差距可以是天差地别的)，以至于在现有社会条件下，这些差距只能导致自尊的丧失。遭受如此伤害者感到嫉妒并非毫无道理；发泄内心的怨恨会让他们感到好受一些。因为嫉妒是丧失自尊的反应，在其丧失自尊的情况下，指望他人有不同感受是不合理的。我的意思是，嫉妒是可以原谅的。既然自尊是主要的基本善(重中之重)，我推断，当事双方不会同意把这种主观损失算作无关紧要的。因此，问题是，满足正义原则的基本结构是否会引起如此多可以原谅的嫉妒，以至于应该重新考虑这些原则的选择。②

§81 嫉妒与平等
Envy and Equality

【题解】

罗尔斯有一种个体自然资质和运气是不应得的理论，但是他没有否定个体在自然资质和运气等方面存在着重大差异。因此，即使在良序社会里，在对各种美好事物的持有方面，仍然存在着显著的人际差异。有人福星高照，有人祸不单行；有人功成名就，有人劳而无功；有人名垂青史，有人默默无闻……诸如此类的差异是产生嫉妒的重要根源。如何对待悬殊的人际差异，允许嫉妒成为一种可以原谅的德性，在平庸和卓越之间找到平衡，是罗尔斯在这一节探讨的重要话题。毕竟，在良序社会里，仍然存在着各种各样的不幸运者，他们对其他幸运者会有一种发自内心的"羡慕、嫉妒、恨"。从罗尔斯的整个论证来看，正义社会允许存在如此意义

---

① 当一个人处境狼狈或当庭出丑时，他会有一种恨不得找一条地缝钻进去的心情。
② 嫉妒是情有可原的，有时是值得同情的。鲁迅笔下的阿Q，虽有"你能摸得我便也能摸得"的心理，终代表了怒其不争、哀其不幸的社会底层民众。然而，在鲁迅思想中，终究缺乏一条让"阿Q们"走向新生的现代民主或自由的道路，因为鲁迅本人对那条道路一直是持怀疑态度的。相比之下，罗尔斯给出了解决民众嫉妒的明确办法。在这个意义上，罗尔斯正义理论对于重构现代中国国民性是有启示意义的。

上的人际不平等,并且无法矫正这类人际不平等。因此,在这一方面,罗尔斯同哈耶克和诺齐克等人并无重大思想分歧。这一节的讨论涉及许多社会心理学和人格心理学知识。读懂这一节原本并不困难。当然,如果解读者搞错其中的基本术语,则是另一回事。

【原文】§81 – 1 – pp. 468 – 469

【评析】

罗尔斯在这里谈到了人们对于在各种客观基本善中存在的差距的厌恶或反感问题。它既是认识问题,也是审美问题,更是价值问题。人们对同一对象的判断可能各有不同。罗尔斯否定相对主义价值观念,认为公平正义将是评估各种客观基本善之差距的重要尺度。

1. 原文:"Likelihood"(p. 468)。H 本:"可能状况"(第 423 页)。**新解**:"概率"或"似然"。

2. 原文:"**A reasonable undertaking**"(p. 468)。H 本:"一个合理的选择"(第 423 页)。这里的"undertaking"一般解读为:"(重大或艰巨的)任务;项目;事业;承诺;保证;许诺等",其中没有"选择"的含义。**新解**:"一项合理的承诺"。

3. 原文:"**In view of the propensities of human beings, in particular their aversion to disparities in objective goods**"(pp. 468 – 469)。H 本:"从人类倾向性尤其是他们对客观善的不均的反感来考虑"(第 423 页)。这里的"objective goods",指在现实世界中存在的各种各样的美好事物,既包括社会基本善,也包括自然基本善,但不限于这些基本善,还包括人类在各个领域的杰出成就或伟大创造。并且,对各种美好事物,人类有一种追逐最美好事物的倾向和喜新厌旧的心态,这一倾向和心态体现了人类止于至善的天性。**新解**:"考虑到人类的倾向,特别是他们对于在各种客观之善中存在差距的厌恶或反感。"

4. 原文:"**The main psychological root of the liability to envy**"(p. 469)。H 本:"妒忌倾向的主要心理学根源"(第 423 页)。**新解**:"导致嫉妒的主要心理根源"。[①]

5. 原文:"**By contrast, someone sure of the worth of his plan of life and his ability to carry it out is not given to rancor nor is he jealous of his good**

[①] 参阅张国清"变态的根源及其结构新探",《浙江大学学报》1993 年第 4 期。

fortune"（p.469）。H本："与此成为对比，一个确信他的生活计划的价值，确信他有能力去实现这一计划的人，不会去怨恨别人也不会嫉妒他自己的好运"（第423页）。新解："相反，不是因为怨天尤人，也不是因为珍视自己的好运，一个人才相信自己的生活计划价值和计划执行能力。"

6. 原文："Even if he could, he has no desire to level down the advantages of others at some expense to himself"（p.469）。H本："即使他力所能及，他也没有那种不惜以自己也受损害为代价去降低他人利益的欲望"（第423页）。新解："即使他可以那样做，他也不想以牺牲自身利益去贬低别人的优势。"

7. 原文："The least favored"（p.469）。H本："获利最少者们"（第423页）。新解："最不受青睐者"。这是一个有着相当使用频次的术语，在《正义论》正文中出现了21次。这个术语可以解释为"最不受欢迎者""最不受青睐者""最不受喜爱者"等，但是它不一定表示"获利最少者"。因此，H本对这个术语的解读存在偏差。

8. 原文："The more favored"（p.469）。H本："那些获利较多者"（第423页）。新解："较受青睐者"。这个术语在《正义论》正文中一共出现了9次。"favored"有"受欢迎者""受宠者""受青睐者"的含义。H本把"the more favored"解读为"那些获利较多者"，只是取"the favored"的引申含义。不同时代有不同的"较受青睐者"，虽然说行行出状元，但是，行业差距在收入、地位、荣誉或名望等方面有时是巨大的。

9. 原文："The particular envy aroused by competition and rivalry is likely to be stronger the worse one's defeat, for the blow to one's self-confidence is more severe and the loss may seem irretrievable"（p.469）。H本："一个人在竞争和对抗中失败得越重，由此产生的具体妒忌就越强烈，因为，这种失败对一个人的自信的打击更严重，损失更不可挽回。但是，我们在这里要讨论的是一般妒忌"（第423页）。新解："因为自信心遭受的打击越是严重，其损失似乎便越是难以挽回，所以，竞争与对抗引起的特殊嫉妒越是强烈，便越有可能令挫败者感到气急败坏。"

【诠释】

我们现在准备考察良序社会存在可以原谅的一般嫉妒的概率。我只讨论可以原谅的一般嫉妒，因为我们的问题是，考虑到人类的倾向，特别是他们对于在各种客观之善（各种客观的美好事物）中存在差距的厌恶或反感，正义原则是不是一项合理的承诺。现在本人假定，导致嫉妒的主要心理根源是，人们缺乏对自身价值的自信，并且伴随着无能为力感。我们对自己的生活方式缺乏热情，感到自己无力改变它，并找不到想要做事的法门。① 相反，不是因为怨天尤人，也不是因为珍视自己的好运，一个人才相信自己的生活计划价值和计划执行能力。即使他可以那样做，他也不想以牺牲自身利益去贬损别人的优势。这一假设意味着，最不受青睐者越是嫉妒较受青睐者的较好处境，他们的自尊心往往越不稳固，他们便越是觉得难以改善自己的前景。同样地，因为自信心遭受的打击越是严重，其损失似乎便越是难以挽回，所以，竞争与对抗引起的特殊嫉妒越是强烈，便越有可能令挫败者感到气急败坏。然而，我们在这里主要关注的是一般嫉妒。

【原文】§81-2-p.469

【评析】

1. 原文："Psychological condition"（p.469）。H 本："心理学条件"（第 423 页）。新解："心理条件"。

2. 原文："Many occasions arise when this psychological condition is experienced as painful and humiliating"（p.469）。H 本："妒忌的爆发在很多场合是由于这种心理学条件被体验为痛苦的和丢脸的"（第 423 页）。新解："当这个心理条件令人感到痛苦和丢脸时，便会引发许多状况。"

3. 原文："The discrepancy between oneself and others is made visible by the social structure and style of life of one's society"（p.469）。H 本："一个人自己和他人之间的差别被那个社会的结构和生活方式昭然于众目之下"（第 423 页）。新解："一个人所在社会的社会结构、他的生活方式使其与他人之间的差距显得一目了然。" 这里的术语"discrepancy"，主要表示难以跨越的人际差异、种族差异或阶级差异，其背后的社会根源是各种实际存在的歧视或区别对待（discrimination）。因此，"discrepancy"最好解读为"**差距**"而非"**差别**"，以示区分于"差别原则"（difference principle）中的"difference"。

---

① 许多作者提到过这个假设。例如尼采《道德的谱系》，考夫曼（Walter Kaufmann）和赫林戴尔（R. J. Hollingdale）译，纽约：兰登书屋 1967 年版，第一部分第 10、第 11、第 13、第 14、第 16 节；第二部分第 11 节；第三部分第 14—16 节；马克斯·舍勒（Max Scheler）：《论不满》，霍尔德海姆（W. W. Holdheim）译，伊利诺伊格伦科：自由出版社 1961 年版，第 45—50 页。关于尼采的不满概念的讨论，参阅考夫曼《尼采》，普林斯顿：普林斯顿大学出版社 1950 年版，第 325—331 页。——原注

4. 原文："The less fortunate are therefore often forcibly reminded of their situation, sometimes leading them to an even lower estimation of themselves and their mode of living"（p. 469）。H 本："人们常常不得不提及不幸者其不幸的境遇，并不时地引导他们对自己本身及其生活方式作更低的估价"（第 423 页）。新解："不幸者往往会被强行提醒自己所处的处境，有时，它会导致他们更加贬低自身的价值和生活方式。"H 本根本没有把握这句话的真实含义。在存在着鲜明的社会等级差异和种族差异的社会中，生活在下层的等级和种族能够深刻体会罗尔斯这句话的含义。比如说，20 年前，刚进城的"农民工"及其子女便"往往会被强行提醒自己所处的处境"。因此，这里的前半句"The less fortunate are therefore often forcibly reminded of their situation"，不是"人们常常不得不提及不幸者其不幸的境遇"，而是"不幸者往往会被强行提醒自己所处的处境"。

5. 原文："They see their social position as allowing no constructive alternative to opposing the favored circumstances of the more advantaged"（p. 469）。H 本："他们认为，处在他们的社会地位上，除了反对那些获利较多者的有利环境外别无建设性的选择"（第 424 页）。新解："他们认为，自己所处的社会位置，不允许他们提出任何建设性的可选方案，来反对更具优势者的有利条件。"这里的术语"the more advantaged"，一般解读为"更具优势者"，H 本解读为"那些获利较多者"，不是很妥当。术语"the more advantaged"在《正义论》正文中一共出现了 11 次。想一想外来农民工子女在城市里的求学艰难，就可以很好地理解这个语句的意思。

6. 原文："To alleviate their feelings of anguish and inferiority"（p. 469）。H 本："要减轻他们的气愤和低下感"（第 424 页）。新解："为了减缓其痛苦感和卑微感"。这里的"anguish"意思是"极度痛苦、苦恼"，所谓"苦不堪言"，但没有"气愤"的意思。"inferiority"则表示"低下、下等、劣等、卑微"等意思。H 本把"anguish"解读为"气愤"，大概将它与另一个原文的词汇"angry"相混淆了。

7. 原文："Those better placed"（p. 469）。H 本："那些境遇较佳者"（第 424 页）。新解："那些处境较优者"。这个术语一共在《正义论》中出现了 2 次。它是另一个较为常见的术语"更有优势者"（more advantaged）和"更受青睐者"（more favored）的同义替换词。

【诠释】

本人认为，有三个条件会助长怀有敌意的嫉妒的爆发。首先是我们刚才提到的心理条件：人们对自身价值和做任何有价值事情的能力缺乏信心。其次（也是两个社会条件之一），当这个心理条件令人感到痛苦和丢脸时，便会引发许多状况。一个人所在的社会结构、他的生活方式使其与他人存在的差距显得一目了然。因此，不幸者往往会被强行提醒自己所处的处境，有时，它会导致他们更加贬低自身的价值和生活方式。第三，他们认为，自己所处的社会位置，不允许他们提出任何建设性的可选方案，来反对更具优势者的有利条件。为了减缓其痛苦感和卑微感，他们以为，除非任凭自己重新变得逆来顺受和麻木不仁，否则的话，即使付出一些代价，他们别无选择，只能把损失强加给那些处境较优者。

【原文】§81 – 3 – pp. 469 – 470

【评析】

1. 原文："Now many aspects of a well-ordered society work to mitigate if not to prevent these conditions"（p. 469）. H本："所以，一个良序社会必须从许多方面减轻，如果不是根除这些条件的话"（第424页）。这里的"to prevent"有"防止、预防、阻止"的含义，但没有"根除"的含义。"to mitigate"有"减轻、减缓、缓和"的含义。**新解**："现在，良序社会的许多方面，即使不是想要设法防止这些条件，那么也在设法缓和这些条件。"

2. 原文："The contract conception of justice supports the self-esteem of citizens generally more firmly than other political principles"（pp. 469 – 470）. H本："契约论的正义观念一般地比其他政治原则更坚定地支持着公民的自尊"（第424页）。**新解**："与其他政治原则相比，契约论正义观念所推崇的原则更能维护公民的自尊。"

3. 原文："In the public forum each person is treated with the respect due to a sovereign equal"（p. 470）. H本："在公共讲坛上，每个人都由于一种至上的平等而受到尊重"（第424页）。**新解**："在公共论坛上，每个人都享有至上的平等，且受到应有的尊重。"

4. 原文："They are bound by ties of civic friendship"（p. 470）. H本："他们被公民的友谊的纽带联系在一起"（第424页）。**新解**："他们受到民间友谊纽带的约束。"

5. 原文："I have already discussed these points in connection with stability"（p. 470）. H本："我已经在讨论这些与稳定性相联系的要点"

1492　《正义论》评注

（第424页）。新解："本人已经讨论过与稳定性相关的这些要点。"

6. 原文："**We can add that the greater advantages of some are in return for compensating benefits for the less favored**"（p.470）。H本："我们可以补充的是，一些人的更大利益是为着补偿较少受惠者的利益的"（第424页）。新解："我们可以补充说，一些人的较大优势，反过来要补偿那些不受青睐者的利益。"在这里，短语"the greater advantages"宜解读为**较大优势**而非**更大利益**；短语"the less favored"宜解读为**"不受青睐者"**而非**"较少受惠者"**。这个术语所表达的是在社会结构中受到严重歧视的社群，他们可能因为阶级、阶层、种族、性别、肤色、出生地等而受到主流社会的歧视；他们不一定是物质利益意义上的"较少受惠者"，他们中的相当部分可能在物质收入和财富方面相当富裕，但是他们仍然是社会的边缘群体或阶层。因此，H本把这个术语解读为"较少受惠者"是易误导读者的。

7. 原文："**Those who have a larger share are more deserving from a moral point of view**"（p.470）。H本："占有较大份额的人从道德观点来看比别人更应得到这种份额"（第424页）。新解："从道德的角度来看，凡是拥有更大份额者，就是更加应得者。"这个语句并没有与他人进行比较。

8. 原文："**Happiness according to virtue is rejected as a principle of distribution**"（p.470）。H本："依德性分配幸福被拒绝作为一条分配原则"（第424页）。新解："作为分配原则，有什么样的德性就会有什么样的福分，这样的原则遭到了拒斥。"

【诠释】

现在，良序社会的许多方面，即使不是想要设法防止这些条件，那么也要设法缓和这些条件。很明显，虽然第一个条件是一个心理状态，但是社会制度是基本诱因。不过，我一直坚持认为，与其他政治原则相比，契约论正义观念所推崇的原则更能维护公民的自尊。在公众论坛上，每个人都享有至上的平等，受到应有的尊重；每个人都享有在被视为公平的初始场景下得到承认的基本权利。共同体的成员们拥有共同的正义感，他们受到民间友谊纽带的约束。本人已经讨论过与稳定性相关的这些要点（§§75-76）。我们可以补充说，一些人的较大优势，反过来要补偿那些不受青睐者的利益；没有人认为，从道德的角度来看，凡是拥有更大份额者，就是更加应得者。作为分配原则，有什么样的德性就会有什么样的福分(以德配福，或以德配位)，这样的原则遭到了拒斥（§48）。至善原则也是如此：无论个体或团体表现多么优异，他们对社会资源的诉求总是由相互公正原则来裁定的（§50）。由于所有这些原因，被普遍接受的公开原则保证不太幸运者的自信，他们便没有理由感到自卑。无论绝对差距，还是相对差距，他们自己和他人之间的差距都应该比其他政体形式下的人际差距更容易为他们所接受。①

【原文】§81-4-pp.470-471

【评析】

1. 原文：" **Both the absolute and the relative differences**"（p.470）. 这涉及关于"绝对差别"和"相对差别"的两种表达式，罗尔斯分别使用上一段落"the disparities between themselves and others, whether absolute or relative"和这个段落的如上表达式。这表明，罗尔斯本人没有严格区分这两种表达方式，它们是可以互用的。但是，笔者主张把上一段落的那个相关术语解读为"绝对差距"和"相对差距"，把这个段落的相关术语解读为"绝对差别"和"相对差别"，以示语用上的细微差异。

2. 原文：" **To reduce the visibility, or at least the painful visibility, of variations in men's prospects**"（p.470）. H 本："倾向于降低人们在前景方面的差别的可见度，至少是降低那种令人尴尬的可见度"（第424页）。新解："降低人们对影响其前景之变化因素的能见度，至少会降低人们对那些变化因素的令人感到痛苦的能见度。"这里的单词"variations"是"变化因素或变迁因素"的意思，而非"差别"的意思。短语"painful visibility"宜解读为"令人感到痛苦的能见度"，而非"令人尴尬的可见度"。

3. 原文：" **For we tend to compare our circumstances with others in the same or in a similar group as ourselves, or in positions that we regard as relevant to our aspirations**"（p.470）. H 本："因为，我们倾向于把我们的境况同一组与我们同样或类似的人，或其地位在我们看来与我们的期待有关的人，加以比较"（第424页）。新解："因为我们倾向于将自己与他人进行比较，要么我们与他们属于同一群体或类似群体，要么我们以为

---

① 罗尔斯的意思是，在公平的政体之中，每一个个体都享有平等的基本权利，这一点是无条件的。即使处境不利者也能安居乐业，社会给予他们过上体面生活的自尊或尊严。

自己的愿望与他们所处的位置相关。"

4. 原文："The various associations in society tend to divide it into so many non-comparing groups, the discrepancies between these divisions not attracting the kind of attention which unsettles the lives of those less well placed"（p.470）。H本："社会中各种各样的社团倾向于把社会分为如此之多的不可比群体，这些群体之间的差别不再吸引人们的注意，正是这种注意使那些地位较为不利的人的生活不安宁"（第424页）。新解："各种社团往往把社会划分成如此多的非比较组，以至于在这些组与组之间的差距并没有引起人们的注意，而那种注意会侵扰那些地位较低者的生活。""非比较组"（non-comparing groups）是常见的科学学术专名，在自然科学和社会科学中有着广泛使用。

5. 原文："Moreover in everyday life the natural duties are honored so that the more advantaged do not make an ostentatious display of their higher estate calculated to demean the condition of those who have less"（p.470）。H本："而且，人们在日常生活中看重自然义务，这样，较有利者并不因他的计算起来使财产较少者相形见绌的较大财产而出风头"（第424—425页）。新解："此外，在日常生活中，假如自然义务受到了重视，那么处境较优者不会炫耀其计算得出的较多财富而令那些财产较少者相形见绌。"

【诠释】

就第二个条件而言，良序社会允许的绝对差别和相对差别，可能都小于人们常见的情况。尽管在理论上，差别原则允许无限大的不平等（indefinitely large inequalities），以反过来取得较不受青睐者的微小收益，但是在实践中，鉴于必要的背景制度（§26），收入和财富的差距（spread of income and wealth）不应当过大。此外，良序社会存在着五花八门的社团，每个社团都有可行的内部生活，这往往会降低人们对影响其前景之变化因素的能见度，至少会降低人们对那些变化因素的令人感到痛苦的能见度。因为我们倾向于将自己与他人进行比较，要么我们与他们属于同一群体或类似群体，要么我们以为自己的愿望与他们所处的位置相关。各种社团往往把社会划分成如此多的非比较组（non-comparing groups），以至于在这些组与组之间的差距并没有引起人们的注意，而那种注意会侵扰那些地位较低者（less well placed，与之对应的另一端是位高权重者，所谓达观显贵者）的生活。而且，当公民们彼此相遇时，当他们至少在公共事务中彼此相遇时，假如平等的正义原则得到了承认，那么这一事实更容易导致对财富差别和环境差别（differences in wealth and circumstance）的视而不见。此外，在日常生活中，假如自然义务受到了重视，那么处境较优者不会炫耀其计算得出的较多财富而令那些财产较少者相形见绌。毕竟，一旦产生嫉妒的条件得到消除，那么作为嫉妒（羡慕、嫉妒、恨）的反面，亦即忌惮、悭吝和幸灾乐祸的条件也很可能得到消除。当社会的不太幸运者减少了羡慕、嫉妒、恨时，社会的较为幸运者就会减少忌惮、悭吝和幸灾乐祸。良序政体的这些特点加在一起，就减少了不受青睐者可能经历贫穷和屈辱场合的次数。即使他们有嫉妒的倾向，也可能永远不会引发强烈的嫉妒。

【原文】§81 –5 –p.471

【评析】

1. 原文："Finally, considering the last condition, it would seem that a well-ordered society as much as any other offers constructive alternatives to hostile outbreaks of envy"（p.471）。H 本："最后，关于第三个条件，一个良序社会也和任何一个社会一样地提供着建设性的选择机会，以制止妒忌的带敌意的爆发"（第425页）。新解："最后，请考虑最后一个条件，良序社会似乎和其他任何社会一样，为了避免爆发敌对性嫉妒，提供了各种建设性替代方案。"

2. 原文："Rivalry"（p.471）。H 本："竞争"（第425页）。新解："争强好胜"或"好胜心"。

3. 原文："The more specific problem for political justice is how pervasive are the rancor and jealousy aroused by the quest for office and position, and whether it is likely to distort the justice of institutions"（p.471）。H 本："政治正义的更具体的问题，是从追求公职和地位中产生的怨恨和嫉妒究竟有多大，它是否可能扭曲制度的正义"（第425页）。新解："对于政治正义来说，更加具体的问题是，对公职和位置的追求所引发的怨恨和妒忌情绪究竟有多么普遍，以及这种情形是否有可能扭曲各种制度的正义。"

4. 原文："There seems to be no reason why the hazards of particular envy should be worse in a society regulated by justice as fairness than by any other conception"（p.471）。H 本："似乎没有理由认为，在一个由公平的正义观念调节的社会中具体妒忌的危险会比在由任何其他观念调节的社会中更大"（第425页）。新解："与以其他正义观念为准绳的社会相比，

在以公平正义为准绳的社会里，似乎不存在比特定嫉妒的危害会更加严重的理由。"

【诠释】

最后，请考虑最后一个条件，良序社会似乎和其他任何社会一样，为了避免爆发敌对性嫉妒，提供了各种建设性替代方案。无论如何，一般嫉妒问题并不迫使我们重新考虑正义原则的选择。至于特殊嫉妒，在某种程度上，它是人类生活所特有的东西；与好胜心相关联，它可能存在于任何社会当中。对于政治正义来说，更加具体的问题是，对公职和位置(所谓功名利禄)的追求所引发的怨恨和妒忌情绪究竟有多么普遍，以及这种情形是否有可能扭曲各种制度的正义。在立法阶段，在缺乏对社会形态更详细了解的情况下，就很难解决这个问题。但是，与以其他正义观念为准绳的社会相比，在以公平正义为准绳的社会里，似乎不存在比特定嫉妒的危害会更加严重的理由。

【原文】 §81-6-p.471

【评析】

罗尔斯在这里明确地表示，他提倡的公平正义是一种承认重大差距的平等主义正义观念，也就是说，它不是严格的平等主义正义观念。这成为分析的马克思主义者柯享批评的理由。

1. 原文："The principles of justice are not likely to arouse excusable general envy (nor particular envy either) to a troublesome extent"(p.471). H 本："正义原则引起的可原谅的一般妒忌（以及具体妒忌）不会达到令人担心的程度"（第 425 页）。新解："正义原则既不太可能引起情有可原的一般嫉妒严重到产生某种麻烦的程度，也不太可能引起特殊嫉妒严重到产生某种麻烦的程度。"

（1）短语："Particular envy". H 本："具体妒忌。" 新解："特殊嫉妒"。

（2）短语："To a troublesome extent". H 本："达到令人担心的程度"。新解："严重到产生某种麻烦的程度"。

2. 原文："By this test, the conception of justice again seems relatively stable"(p.471). H 本："通过这一考察，正义观念再一次显得相对稳定"（第 425 页）。新解："通过这个检验，这个正义观念似乎再一次证明

是相对稳定的。"

3. 原文："While there are many forms of equality, and egalitarianism admits of degrees, there are conceptions of justice that are recognizably egalitarian, even though certain significant disparities are permitted"（p. 471）. H 本："尽管存在许多形式的平等，并且平等主义也有不同的等级，有一些正义观念被公认为是平等主义的，虽然其中也含有某些实质性的差别"（第 425 页）. 新解："虽然存在着许多平等形式，并且平等主义承认各种程度的平等，但是存在着一些正义观念，它们是明确的平等主义正义观念，即使存在某些重大差距也是允许的。"

【诠释】

因此，我的结论是，正义原则既不太可能引起情有可原的一般嫉妒严重到产生某种麻烦的程度，也不太可能引起特殊嫉妒严重到产生某种麻烦的程度。通过这个检验，这个正义观念(公平正义) 似乎再一次证明是相对稳定的。本人现在想简要检查一下在嫉妒和平等之间的可能联系。正如眼下讨论的正义理论所规定的那样，平等将以各种方式得到界定。虽然存在着许多平等形式，并且平等主义承认各种程度的平等，但是存在着一些正义观念，它们是明确的平等主义正义观念，即使存在某些重大差距也是允许的。本人认为，两个正义原则就是在这个标题之下的(两个正义原则倡导的公平正义属于平等主义正义观念)。

【原文】§ 81 - 7 - pp. 471 - 472

【评析】

1. 原文："In this way they seek to discredit this trend, attributing it to collectively harmful impulses"（p. 471）. H 本："他们试图以这种方式使平等倾向名誉扫地，把它归于那些总体上有害的冲动之类"（第 425 页）. 新解："他们企图以此诋毁这一趋势，将其归咎于对集体有害的冲动。"

2. 原文："Before this thesis can be seriously entertained, however, one must first argue that the form of equality objected to is indeed unjust and bound in the end to make everyone including the less advantaged worse off"（p. 471）. H 本："但是，在能够认真研究这一论题之前，人们首先必须论证所反对的平等形式的确是不正义的，并最终必定使每个人，包括那些较不利者，境况更坏"（第 425 页）. 新解："然而，在这一论题得到

郑重对待之前，人们必须首先证明，遭到反对的平等形式的确是非正义的，它最终使包括处境劣势者在内的所有人的处境都变得更加糟糕。"

3. 原文："**To give voice to envy**"（p. 471）。H 本："表达妒忌"（第425 页）。**新解**："声援嫉妒"或"为嫉妒发声"。

【诠释】

许多保守的作者一直认为，现代社会运动追求的平等趋势是嫉妒的表现。① 他们企图以此诋毁这一趋势，将其归咎于对集体有害的冲动。然而，在这一论题得到郑重对待之前，人们必须首先证明，遭到反对的平等形式的确是非正义的，它最终使包括处境劣势者在内的所有人的处境都变得更加糟糕。然而，坚持像两个正义原则界定的平等那样的平等，并不是要声援嫉妒。这一点可以通过这些原则的内容和嫉妒的特征来说明。从处于初始位置上各方的性质可以明显看出的是：一个正义观念是在如下条件下被选中的，它假定没有人受到怨恨和幸灾乐祸的驱动（§25）。因此，受到两个正义原则支持的平等主张(the claims to equality，平等诉求）并非源自怨恨和幸灾乐祸。肯定这些原则的人提出的各种诉求，有时可能表达着不满，但正如我们已经看到的那样，这是另一回事。

【原文】§81 – 8 – p. 472

【评析】

1. 原文："**Each of the stipulations of the original position has a justification which makes no mention of envy. For example, one invokes the function of moral principles as being a suitably general and public way of ordering claims**"（p. 472）。H 本："原初状态的每一规定都有一种证明而不需提及妒忌。例如，人们把道德原则的活动看作是以一种恰当普遍和公认的方式对要求做出排序"（第426 页）。**新解**："关于初始位置的每一项约定都有证明，其中都没有提到嫉妒。例如，有人援引道德原则的作用，认为其作用在于以一种相当一般而公开的方式对各种诉求进行排序。"

(1) 短语："Stipulations". H 本："规定"。**新解**："约定"。

---

① 参阅赫尔穆特·肖克（Helmut Schoeck）《嫉妒：一种社会行为理论》，迈克尔·格伦尼（Michael Glenny）和贝蒂·罗斯（Betty Ross）译，伦敦：赛克—瓦尔堡出版社1969 年版。该书第14—15 章包含许多参考文献。甚至马克思也在一个地方把共产主义原始阶段看作嫉妒的表现。参阅马克思《马克思早期著作选》，第153 页及以后。——原注

（2）短语："The function of moral principles"。H 本："道德原则的活动"。**新解**："道德原则的作用"。

2. 原文："**Forms of equality**"（p. 472）. H 本："有些形式的平等"（第 426 页）。**新解**："有些平等形式"。

3. 原文："**Conceivably**"（p. 472）. H 本："可以令人信服地表明"（第 426 页）。**新解**："可想而知地"。

4. 原文："**The different conception of equality which they define**"（p. 472）. H 本："它们所规定的与此不同的平等观念"（第 426 页）。**新解**："两个正义原则所界定的这种不同平等观念"。

【诠释】

想要证明正义原则在一定程度上是建立在嫉妒基础上的，就必须确定有关初始位置的一个条件或多个条件产生于这种倾向。因为稳定性问题并不要求我们重新考虑已经做出的选择，所以嫉妒的影响力问题必须参照正义理论的第一编来解决。但是，关于初始位置的每一项约定都有证明，其中都没有提到嫉妒。例如，有人援引道德原则的作用，认为其作用在于以一种相当一般而公开的方式对各种诉求进行排序（§23）。有些平等形式的确源自嫉妒。严格的平等主义，一种坚持对所有基本善进行平等分配的学说，可想而知地产生于这种倾向。这意味着，只有当各方被认为心怀嫉妒时，这个平等观念才会在初始位置上被采纳。这种可能性决不会影响到两个正义原则。在嫉妒不存在的假设下，两个正义原则所界定的这种不同的平等观念得到了承认。①②

【原文】§81 – 9 – p. 472

【评析】

1. 原文："**Envy is held to be pervasive in poor peasant societies**"（p. 472）. H 本："妒忌是一个穷困的农业社会中普遍的倾向"（第 426 页）。短语："To be pervasive"。H 本："普遍的倾向"。可解释为"无处不

---

① 在这个段落和后面诸段落中，我感谢舒尔茨（R. A. Schultz）提出的有益建议。——原注
② 罗尔斯的正义理论不是一种"严格的平等主义"正义理论，它的差别原则只是在一定范围之内对收入和财富差异进行必要调节的原则。那种调节不是根本性的，而只是程度上的，没有触及优势者的根本利益。"严格的平等主义"正义观念，就是一般正义观念所持的正义观念，请参考前面关于"一般正义观念"的讨论。

在或随处可见"。**新解**："嫉妒弥漫于贫穷的农耕社会。"

2. **原文**："**If this belief were widespread and the stock of goods were generally thought to be given, then a strict opposition of interests would be assumed to obtain**"（p. 472）。H 本："假如这种信念是普遍的，并且善的总量被普遍认为是固定不变的，那么就可以假定达到了一种严格的利益对立"（第 426 页）。**新解**："如果这种信念广为流传，并且，如果各种存货一般是给定的，那么人人都想要的各种利益便处于严重对立之中。"

（1）**短语**："Stock of goods"。H 本："善的总量"。经济学术语。**新解**："各种存货"。

（2）**短语**："A strict opposition of interests"。H 本："一种严格的利益对立"。**新解**："各种利益的严重对立"。

3. **原文**："**Mutually advantageous cooperation**"（p. 472）。H 本："互利合作"（第 426 页）。考虑到后面的术语"an unequal division of advantages"，它解读为"互有优势的合作"更加符合愿意。

4. **原文**："**An unequal division of advantages**"（p. 472）。H 本："利益的不平等分配"（第 426 页）。**新解**："不平等的优势分工和利益划分"。因为罗尔斯在这里考虑的问题不是分配问题，而是如何对待每个人优势或他人优势的问题，这是嫉妒或忌惮产生的根源。利益不是产生嫉妒或忌惮的根源。

【诠释】

区分嫉妒和道德情感的重要性可以从几个例子中看出来。首先，假定嫉妒弥漫于贫穷的农耕社会（poor peasant societies，在静态的封闭的乡村社会尤其如此）。这可能是因为，人们普遍认为，社会财富的总和多少是固定的，所以，张三之所得就是李四之所失。有人于是说，社会系统可以被解释为自然成立的、不可变更的零和博弈。的确，如果这种信念广为流传，并且，如果各种存货①一般是给定的，那么人人都想要获得的各种利益（interests）便处于严重对立之中。在这种情况下，提出"正义要求均等份额"（均贫富、等贵贱）的想法是正确的。如果社会财富不被视为互有优势的（互惠）合作的结果，那么，不存在赞成不平等的优势分工和利益划分的公平基

---

① stock of goods，各种物品、权利、机会和利益，既有各种物质性的公共物品，也有各种非物质的公共物品，有的通过市场交易而获利，有的通过非市场交易而享有，包括各种机会、荣誉、地位和职位。

础。所谓的嫉妒，实际上可能是不满，而不满既可能被证明是正当的，也可能被证明是不正当的。

【原文】§81 - 10 - pp. 472 - 473

【评析】

一方不想失去自身优势或担心失去自身优势，这叫"忌惮"；另一方想要夺走对方优势，或设法向对方看齐，这叫"嫉妒"或"眼红"。因此，忌惮是自上而下的；嫉妒是自下而上的。忌惮是高高在上的心态；嫉妒是寄人篱下的心态。两种心态的方向正好相反。

1. 原文："Advantages"（p. 473）. H 本："利益"（第 426 页）。**新解**："优势"。这个术语对准确理解这个语句至关重要。忌惮者担心失去的不是"利益"，而是"优势"，他们不希望在能力等方面弱于自己的人超过自己。

2. 原文："A reaction-formation"（p. 473）. H 本："反应结构"（第 426 页）。弗洛伊德心理分析术语，它表示一种心理防御机制，一般解读为"反向形成"。H 本解读为"反应结构"是欠妥的。

3. 原文："So primitive"（p. 473）. H 本："非常原初"（第 427 页）。**新解**："如此纯朴"。

【诠释】

弗洛伊德对正义感起源的推测也存在同样的缺陷。他说，正义感是嫉妒和忌惮的结果。正如社会群体的某些成员心怀忌惮地竭力保护自身的优势那样，社会群体中的那些不太受青睐者在嫉妒心驱使下想要夺走对方的优势。最终，每个人都认识到，如果他们不伤害自己，他们就无法保持针对彼此的敌对态度。于是，作为一种妥协，他们根据平等对待的要求（以无差别的一视同仁的方式）来解决争端。正义感是反向形成：原本的忌惮和嫉妒转化为一种社会情感，一种坚持人人平等的正义感。弗洛伊德认为，这个过程典型地存在于托儿所或保育园和许多其他社会情境当中。① 然而，他的见解之所以看似言之有理，是因为它假定，这些最初态度已经得到正确的描述。经过略作改动，他所描绘例子的基本特征与初始位置的基本特

---

① 参阅弗洛伊德《群体心理学与自我分析》（修订版），詹姆斯·斯特雷奇（James Strachey）译，伦敦：霍格思出版社1959年版，第51页及以后。——原注

征相一致。人们有着对立的利益，并试图提升自身的善观念，这与他们受到忌惮和嫉妒的驱动完全不是一回事。正如我们所看到的，这种对立产生了正义的环境。因此，如果孩子们为了得到父母的关注和呵护而竞争，有人可能会说，孩子们正当地拥有平等的权利，从而得到父母的关注和呵护，那么我们就不能断言，他们的正义感来自忌惮和嫉妒。当然，孩子们经常会有忌惮和嫉妒之心；毫无疑问，他们有着如此纯朴的道德观念，以至于他们还没有把握住两者的必要区别。但是，我们也同样可以说，他们的社会情感来自于不满，来自于他们受到不公平对待的感受。[①] 同样，我们可以对因循守旧的作者说，当处境较好者拒绝处境较差者要求的更大平等时，这仅仅是悭吝而已。但是这一论断也需要细心论证。除非首先检查个体真诚持有的正义观念，并且检查他们对其社会状况的理解，以了解这些诉求在多大程度上确实建立在这些动机之上，否则的话，这些指控和反指控都是靠不住的。

【原文】§81-11-pp.473-474

【评析】

1. 原文："**Rationalizations of this sort**"（p.473）．H本："语言的合理遮掩"（第427页）．查无实据。**新解**："这种合理化"。它指的是因为"不满"和"怨恨"而"诉诸正义"这件事，即把自己的不满和怨恨"合理化"。"合理化"是弗洛伊德精神分析概念。

2. 原文："**Other cases in which he is not involved**"（p.473）．H本："其他与他无关的场合"（第427页）．**新解**："他没有介入的其他情形"。

3. 原文："**Or even better**"（p.473）．H本："或更好地"（第427页）．**新解**："或者更恰当地说"。

4. 原文："**To give justice**"（p.474）．H本："提供正义"（第427页）．**新解**："伸张正义"。

5. 原文："**Conceptions of justice have few attractions for us other than those deriving from these and similar feelings. It is this claim that is supported by erroneously conflating envy and resentment**"（p.474）．H本：

[①] 参阅卢梭《爱弥儿》，芭芭拉·福克斯利（Barbara Foxley）译，伦敦：J. M. 邓特父子出版社1911年版，第61—63页；并参阅朱迪兹·施可莱《人与公民》，剑桥：剑桥大学出版社1969年版，第49页。——原注

第九章　正义之善　1503

"除了从这些和类似情感之外，正义观念对我们几乎没有什么吸引力。正是这种正义要求，从不正确地结合到一起的妒忌和不满中得到支持"（第427页）。这句话是罗尔斯对弗洛伊德正义理论的批评。弗洛伊德认为，正义感来自嫉妒，并且嫉妒与不满相同。所以嫉妒也来自不满。罗尔斯认为，来自嫉妒的正义感和来自不满的正义感有着本质差异。嫉妒是对他人的伤害，而不满是对受到他人伤害的情绪反应。因嫉妒而诉诸正义不是正义的，但是因不满而诉诸正义是正义的。这是罗尔斯断定弗洛伊德把嫉妒和不满错误混淆所产生的思想混乱后果。H本的解读是有误的。其正解是："**除了由这些感觉和其他类似感觉派生的正义观念之外，各种正义观念对我们没有什么吸引力。正是嫉妒和不满的错误混淆支撑起了这种说法。**"并且，这句话表达的不是罗尔斯本人的思想，而是由罗尔斯提到的弗洛伊德思想所引起的错误见解。H本对这个段落的解读几乎是不准确的。

【诠释】

这些说法都无意于否认，诉诸正义往往是嫉妒的面具。所谓的不满也许其实是怨恨。但是这种合理化说法产生了另一个问题。除了表明，一个人持有的正义观念本身并非奠基于嫉妒，我们还必须确定，正如一个人将正义原则应用于他没有介入的其他情形所表明的那样，或者更恰当地说，正如他遵循正义原则而蒙受损失的情形所表明的那样，他在解析中引用的正义原则是不是他真诚持有的原则。弗洛伊德不只是表示"嫉妒常常打扮成不满"之类的老生常谈。他的言下之意是，激发正义感的能量，是借自嫉妒和忌惮的能量，没有后面的能量，就没有（或不太会有）伸张正义的欲望。除了由这些感觉和其他类似感觉派生的正义观念之外，各种正义观念对我们没有什么吸引力。正是嫉妒与不满的错误混淆支撑起了这种说法。①

【原文】 §81-12-p.474

【评析】

1. 原文："The configuration of attitudes"（p.474）. H本："态度结构"（第428页）。**新解**："态度的配置"。

2. 原文："Risk and uncertainty, domination and submission"

---

① 在这里罗尔斯批评了弗洛伊德关于嫉妒、忌惮、不满与正义观念的相互关系的见解。

（p. 474）。H 本："冒险和不稳定、支配和屈从"（第 428 页）。其中："risk" 一般表示"风险"而非"冒险"的意思。**新解**："**风险和不确定性、支配和服从**"。

3. 原文："Unworkable or ineffective"（p. 474）。H 本："不起作用或失去效能"（第 428 页）。**新解**："**无法运作或丧失效力**"。

4. 原文："Special proclivities"（p. 474）。H 本："特有倾向"（428 页）。**新解**："**特殊嗜好**"或"**特殊癖好**"，主要指个体具有的一些个人癖好，很难为普罗大众所分享的特殊爱好，它和一般意义上讲的"理性偏好"（rational preferences）有所不同。除了当事者以外，在外人看来，人的特殊癖好（special proclivities）往往是不合理的。

5. 原文："The most favorable alternative"（p. 474）。H 本："最为有利的选择对象"（第 428 页）。**新解**："**最有利的可选答案**"。其中 "alternative" 是《正义论》中出现频率比较高的术语，一般解读为"可选项"，这里解读为"可选答案"。罗尔斯在这里自问自答，"the most favorable alternative" 也有"**最可取的解决办法**"的意思。

6. 原文："Contrary inclinations"（p. 474）。H 本"相反倾向"（第 428 页）。H 本把"inclinations"和"proclivities"都解读为"倾向"。笔者认为，虽然罗尔斯在这里使用这两个术语想要表达的意思是相似的。但是，在词形上也要略作区分。所以，笔者把"special proclivities"解读为"**特殊癖好**"，而把"contrary inclinations"解读为"**相反倾向**"。

7. 原文："To encourage propensities and aspirations that it is bound to repress and disappoint"（p. 474）。H 本："去鼓励那些它必然要去抑制和挫败的倾向和企望"（第 428 页）。**新解**："**去鼓励注定令人感到压抑且失望的各种习性和企望**"。H 本对这个语句的理解是完全错误的。单词："Propensities"。H 本："倾向"。正如笔者前面提到的那样，罗尔斯变着花样来表达相似的思想观念。这里的"propensities"有"习性、倾向"的含义，与前面的术语"inclinations"和"proclivities"含义相近，都有"倾向"的含义，但又略有不同。笔者将它解读为"**习性**"。这三个术语，H 本都解读为"倾向"，如此处理显得简单了点。

【诠释】

不幸的是，我们必须放过其他特殊心理问题。在任何情况下，它们都将以像对待嫉妒一样的方式被对待。正义制度很可能会产生风险和不确定性、支配和服从等等，人们试图评估针对风险和不确定性、支配和服从等态度的配置，然后评估那些态度是否可能使这些制度无法运作或丧失效力。我们还须追问的是：从处在初始位置上的人们的立场来看，无论我们持有何种特殊癖好，我们是否都将接受或至少容忍被选中的正义观念呢？最有利的可选答案是，只要所有这些不同癖好可能得到正义的基本结构的鼓励，它们就应当占有一席之地。可以说，在有着相反倾向的人们之间，存在着劳动分工。当然，就像某些受过训练的能力将获得额外回报那样，其中的某些态度，比如愿意冒险和承担不寻常风险的态度，可能会获得奖赏。如果真的如此，那么这个问题就等于又回到了自然资质的层面，关于分配份额的讨论已经涵盖了这个问题（§47）。社会制度明确做不得的事情是，去鼓励注定令人感到压抑且失望的各种习性和企望。只要社会引发的特殊心理样式既能支持其安排，又能合理地适应其安排，就没有必要重新考虑正义观念的选择。我相信，尽管本人还没有予以证明，公平正义原则将通过这个测试。

§82 赞同自由优先性的依据
The Grounds for the Priority of Liberty

【题解】

自由的优先性指的是基本自由的优先性。它表达的意思是，第一正义原则保障的基本自由不得为了经济利益或社会利益而做出牺牲。罗尔斯关于自由优先性的论证主要有两个依据，一是在初始位置上被选中的原则；二是自由的优先性规则。罗尔斯用两个短语来表达自由的优先性，一个是"the priority of liberty"；另一个是"the precedence of liberty"，它们在含义上略有不同，但没有本质差别。笔者把前者解读为"自由的优先性"，后者解读为"自由的优先地位"。与之相应的有另两个短语用来表达"优先性规则"，一个是"rules of priority"；另一个是"rules of precedence"，它们同样没有本质差别，笔者把前者解读为"优先性规则"，把后者解读为"优先地位规则"。笔者强调，这是罗尔斯的写作习惯，只是为了增加语言生动性而变换着一些专门术语。我们在解读时，既要了解原作者的写作习惯，也可以省略这些细节差异。当然，如果我们能够想办法再现这些细节，将有利于更好地把握原作者的写作意图。

关于自由优先性的讨论是在第一正义原则之内讨论的，关于分配正义的讨论是在第二正义原则之内讨论的。因此,当罗尔斯说"正义是社会制度的首要德性"时,这里的"正义"不是"分配正义",也主要地不是"分配正义",而是在第一正义原则规范之下个体具有的不可让与的基本权利和自由的制度保障。正义的"首要德性"与"正义的首要性"或"正义的至上性",都与"自由的优先性"高度相关,而与"分配正义"相去甚远。因此,当罗尔斯说"正义是社会制度的首要德性"时,有人断定,"正义是指社会基本制度(或主要制度)相关的分配正义",他们进而得出"分配正义是社会制度的首要德性"的结论。① 这样的解读是完全错误的。这一点从罗尔斯在《正义论》中反复提到的观点得到了印证:"本人讲过,假如处在初始位置上的各方知道,他们可以有效地行使基本自由,他们就不会用较小的自由换取较大的经济利益。"(pp. 474 – 475)各方享有的这些基本自由,不是分配正义调节的对象。它们首先是第一正义原则规制和保障的对象。第一正义原则对所有这些基本自由起着保护作用。

【原文】§82 – 1 – pp. 474 – 475

【评析】

1. "Rules of precedence"(p. 474)。H 本:"优先性规则"(第 428 页)。**新解**:"优先地位规则"。

2. 原文:"**All the main elements**"(p. 474)。H 本:"所有主要要素"(第 428 页)。**新解**:"所有要点"。

3. 原文:"**Exchange a lesser liberty for greater economic advantages**"(p. 475)。H 本:"用一种较小的自由换取较大经济利益"(第 428 页)。**新解**:"用较小的自由换取较大的经济优势"。这个短语的意思是,有些社会阶层或社会团体,可能不能享有充分的基本自由,尤其在政治、思想、宗教领域的自由,以此为代价,他们可以在社会利益和经济利益上得到更多的补偿。这被罗尔斯称作经济利益与社会利益同政治自由和政治权利的交易。罗尔斯认为,如此交易违反了第一正义原则相对于第二正义原则的优先性,是非法的和不合理的。

4. 原文:"**It is only when social conditions do not allow the full establishment of these rights that one can acknowledge their restriction**"

---

① 段忠桥:《从历史唯物主义到政治哲学》,人民出版社 2020 年版,第 299 页。

(p. 475). H 本："仅当社会条件不允许充分确立这些权利时，人们才接受这些权利上的限制"（第 428 页）。**新解**："只有当社会条件不允许充分确立这些权利时，人们才能承认它们的限制。"

5. **原文**："**The equal liberties can be denied only when it is necessary to change the quality of civilization so that in due course everyone can enjoy these freedoms**"（p. 475）. H 本："仅当有必要改变文明的性质，以便最终每个人都能够享受这些自由时，平等的自由才会遭到拒绝"（第 428 页）。**新解**："只有在有必要改变文明的质量以便在适当时机人人都能享有这些自由的时候，平等的自由才能被剥夺。"这里的"the quality of civilization"，意为"文明的质量"，而非"文明的性质"。

6. **原文**："**Long-run tendency**"（p. 475）. H 本："长期倾向"（第 428 页）。**新解**："长期趋势"。对于这里的术语"tendency"，如果它用来表示个体的主要欲望、愿望或要求，它可以解读为"倾向"。如果它表示事物的长期发展趋向，一般解释为"趋势"。

7. **原文**："**To summarize and arrange the reasons for the precedence of liberty**"（p. 475）. H 本："来概括和安排自由的优先性的理由"（第 428 页）。**新解**："总结和整理在良序社会中赞同自由享有优先地位的理由"。

【诠释】

我们既已经考虑过自由优先性的含义，又已经探讨过自由优先性被纳入各种优先地位规则之中的方式（§39 和 §46）。现在，契约论的所有要点都已经摆在眼前，我们便可以验证自由优先性的主要根据。本人讲过，假如处在初始位置上的各方知道，他们可以有效地行使基本自由，他们就不会用较小的自由（主要是政治自由）换取较大的经济优势（经济利益）（§26）。只有当社会条件不允许充分确立这些权利时，人们才能承认它们的限制。只有在有必要改变文明的质量以便在适当时机人人都能享有这些自由的时候，平等的自由才能被剥夺。在良序社会中，有效地实现所有这些自由，是两个正义原则和优先性规则在合理的有利条件下得到一贯遵守的长期趋势。于是，我们在这里遇到的问题是，就像从初始位置的角度看到的那样，总结和整理在良序社会中赞同自由享有优先地位的理由。

【原文】§82-2-p.475

【评析】

1. 原文:"**Let us begin by recalling the reasons contained in the first part of the argument for the two principles**"(p.475)。H 本:"让我们从回想在两个原则的论证的第一部分包含的理由开始"(第 428 页)。**新解**:"我们不妨从回顾论证包含在两个正义原则的第一部分中的理由开始。"

2. 原文:"**Public conception of justice**"(p.475)。H 本:"公共的正义观念"(第 428 页)。**新解**:"公开且公共的正义观念"。

3. 原文:"**They also have a sense of justice that normally governs their conduct**"(p.475)。H 本:"他们也具有一种通常能够控制他们的行为的正义感"(第 429 页)。**新解**:"他们也有通常支配其行为的正义感。"

4. 原文:"**Reciprocity**"(p.475)。H 本:"互惠"(第 429 页)。**新解**:"对等"。"对等"(reciprocity)术语在《正义论》正文中一共出现了 22 次。罗尔斯一般用另一术语"mutual benefit"来表示"互惠";"mutual benefit"在《正义论》正文中出现了 5 次。另一个意思相近的术语"相互优势"(mutual advantage)在《正义论》正文中出现了 11 次。

5. 原文:"**The strains of commitment**"(p.475)。H 本:"承诺的强度"(第 429 页)。**新解**:"承诺的压力"。"承诺的强度"和"承诺的压力"是两种方向正好相反的力量。承认的强度表示承诺者对外部产生的力量;承诺的压力表示外部施加于承诺者的力量。因此,H 本的理解与短语"the strains of commitment"原意正好相反。

【诠释】

我们不妨从回顾论证包含在两个正义原则的第一部分中的理由开始。良序社会被定义为受到公开且公共的正义观念有效规制的社会(§69)。良序社会的成员是,并且他们自以为是自由平等的道德人。也就是说,他们每个人都拥有,且自以为都拥有,以他们认为对彼此提出的诉求是正当的名义提出的根本目的和利益;在决定其社会基本结构应当遵循的原则时,他们每个人都享有,且自以为都享有平等尊重和思想自由的权利。他们也拥有通常支配其行为的正义感。初始位置的设计,旨在体现如此设想的在人际之间的适当对等和平等;鉴于他们的根本目标和利益受到第一原则所涵盖的自由的保护,他们给予这项原则以优先性。以曾经讨论过的平等的良心自由为保障的宗教利益为例（§§33-35）。在这一方面，人们应该铭记的是，各方寻求获得某些特定的根本利益，尽管鉴于无知之幕，他们只知道这种利益的一般性质，比如，它是一种宗教利益。不管产生什么结果，他们的目的不只是被允许去实践某种宗教或别的什么宗教，而是实践某种特定的宗教，即他们信奉的宗教（§28）。为了从初始位置上确保他们未知但特殊的利益，鉴于承诺的压力（§29），他们被引导着给予基本自由以优先性。

【原文】§82-3-pp.475-476

【评析】

1. 原文："**Highest-order interest**"（p.475）。H 本："最高级的利益"（第429页）。新解："最高阶利益"。

2. 原文："**Autonomy and objectivity**"（p.476）。H 本："自律与客观性"（第429页）。新解："自律与客观性"。

3. 关于译者的脚注。H 本在这一段译文的下面做了脚注："A well-ordered society also realizes the parties' highest-order interest is how their other interests, including even their fundamental ones, are shaped and regulated by social interests."原文此处有误，疑当为"a well-ordered society also realizes the parties' highest-order interest in how their other interests, including even their fundamental ones, are shaped and regulated by social interests."（H 本：第429页脚注）。笔者认为，H 本看错了这个语句中的一个短语，把"social institutions"读成了"social interests"。至于这句原文是否有误，可以参考《正义论》第26节的相似语句来判断。那个语句是："Very roughly the parties regard themselves as having a highest-order interest in how all their other interests, including even their fundamental ones, are shaped and regulated by social institutions."（p.131）它可以解读为："大体上，各方都认为自己对以下问题有着最高阶利益：社会制度将如何塑造和调节他们的所有其他利益，包括基本利益。"H 本提出质疑的那句话则可以解读为："良序社会也认识到，各方的最高阶利益在于，社会制度将如何塑造和调节他们的其他利益，甚至包括他们的基本利益。"笔者认为，正如"having a highest-order interest in"是正确的，"the parties' highest-order interest is"是正确的。所以，那个语句的英语原文是正确的，只是 H 本译者先是把"social institutions"错看成了"social interests"，接着误解了整个语句。结果，H 本译者被修订后罗尔斯的原文语句出现了四种"利益"，它们分别是："最

高阶利益"（highest-order interest）、"其他利益"（other interests）、"基本利益"（fundamental ones）和"社会利益"（social interests）。于是我们读到了一句似是而非的语句："一个良序社会也通过各方的其他利益，甚至包括他们的基本利益，被塑造和调节的方式，实现他们的最高级的利益。"奇怪的是，H 本的这个语句中实际出现的是三种"利益"，即"最高阶利益""其他利益"和"基本利益"，它忽略了译者自己杜撰的"社会利益"（social interests）。也许，H 本译者自己也猜到了，那是存在逻辑矛盾的语句。笔者认为，H 本第 429 页脚注的两个语句在逻辑上都是自相矛盾的，并且从前面对比可知，它们都不是《正义论》英文原文的语句。就这个语句，对照 1999 年《正义论》英文版修订版原文，笔者发现英文版的表述是准确无误的。但是，经过 H 本的误读和改动，这个语句的原意已经被改得面目全非。这样，H 本把正确的改成了错误，并且把意思也理解错了。

依 H 本的解读，罗尔斯似乎在这里主张"良序社会实现了""各方的最高级的利益"。并且，H 本明确地告诉我们，良序社会通过各方的其他利益，甚至包括他们的基本利益，被塑造和调节的方式，实现他们的最高级的利益。H 本把"social institutions"错当成"social interests"产生了严重的后果。因为，良序社会并没有实现"各方的最高级的利益"，这句话说的真正意思，不是良序社会实现"各方的最高级的利益"，"良序社会"只是"认识了"各方的最高阶利益"是怎么一回事"（is how）。因此，这是对《正义论》的误解。

实际上，在这个段落里，罗尔斯表示，良序社会先是认识到了各方的最高阶利益是什么，然而指出了良序社会实现那个利益的方式：就是正义原则支配社会基本结构。因此，先是认识，然后是实现。这样在逻辑上是连贯的。如果按照 H 本的解读，则看不到关于良序社会从认识最高阶利益到实现最高阶利益的两个层次或两个阶段。这是笔者强调的阅读《正义论》二分法。在这里，罗尔斯仍然不自觉地使用着两个看似相同实则有区别的"realize"和"achieve"。前者出现在这个段落的开头："A well-ordered society also realizes the parties' highest-order interest"。后者出现在它的结尾："this highest-order interest is achieved in a well-ordered society"。在这里，"realize"是主动态动词，只能解读为"认识到"。"achieve"则以被动态形式"is achieved"出现，只能解读为"得到了实现"，并且，实现"this highest-order interest"的主体是不明确的，但肯定不是"良序社会"，尽管它是"在良序社会中"实现的。因此，良序社会是其条件。在《正义论》中，罗尔斯谈论"最高阶利益"的地方不是很多。从认识最高阶利益到实现最高阶利益,是一个艰难而漫长的过程。

另外,原文:"**A well-ordered society also realizes the parties' highest-order interest is how their other interests, including even their fundamental ones, are shaped and regulated by social institutions**"的表面主体是"良序社会",真正主体是"各方",但是其中心点是"各方的顶层利益"。并且,这个"顶层利益"不是可以通过效用原则实现的实体性利益,比如极大化社会福利总量,而是通过公平正义原则实现的结构性利益,比如通过差别原则所支配的"社会制度"来塑造和调节"他们的其他利益,甚至包括他们的根本利益"。在这个语句中,罗尔斯的意思是很明确而清晰的,那就是各方的顶层利益在于,社会制度将如何塑造和调节他们的其他利益,甚至包括他们的基本利益。因此,这名语句最后聚焦于"社会制度"(social institutions)。令人遗憾的是,在 H 本对这个语句的解读中,"社会制度"完全消失不见了。

为了更好地理解这个语句,我们需要掌握罗尔斯的常用叙事策略。我们不妨作这样的设想,良序社会是虚的,社会制度是实的;顶层目标是虚的,其他利益包括基本利益是实的。如此虚实之间,构成事物的对应关系。笔者认为,H 本在解读《正义论》时之所以屡屡出错,关键在于没有掌握罗尔斯写作的这种两相对应的用词诀窍。

【诠释】

良序社会也认识到,各方的最高阶利益在于,社会制度将如何塑造和调节他们的其他利益,甚至包括他们的根本利益(§26)。各方自以为是自由人,他们可以修订和变更自己的最终目标,并在这方面优先维护自己的自由。正如对自律和客观性的描述所示(§78),正义原则支配基本结构的方式表明,这种最高阶利益将在良序社会中得到实现。

【原文】§82 – 4 – p. 476

【评析】

罗尔斯借鉴马斯洛需求层次理论来论证一定的利益层次(certain hierarchy of interests)及其实现方式。他重申,基本结构要确保自由的优先性。"基本结构旨在确保各种利益共同体享有自由的内部生活,在那些共同体中,以与平等自由相一致的社会联合形式,个体和群体寻求实现其目的,表现其优异品质。"因此,基本结构的首要问题不是分配正义问题。

人们首先要确保"自己的最高阶利益和根本目标",给予"自己的自由以优先地位"(p.476)。

1. 原文:"Highest-order interest and fundamental aims"(p.476)。H本:"最高级利益和基本目标"(第429页)。新解:"最高阶利益和根本目标"。

2. 原文:"Has a subordinate place"(p.476)。H本:"具有从属性的地位"(第429页)。新解:"处于附属地位"。

3. 原文:"**Even though the fundamental interests in liberty have a definite objective, namely, the effective establishment of the basic liberties, these interests may not always appear to be controlling**"(p.476)。H本:"尽管对自由的基本利益具有明确的目标,亦即,有效地确立基本自由,这些兴趣不总是主导性的"(第429页)。H本把这个语句中的"the fundamental interests"解读为"基本利益",却把其中"these interests"解读为"这些兴趣"。其实,这两个词组所指称的对象是相同的。这个语句的正解是:"尽管在自由方面的根本利益有明确的目标,即有效地确立基本自由,但是这些利益似乎并不总是可控的。"

4. 原文:"**The realization of these interests may necessitate certain social conditions and degree of fulfillment of needs and material wants, and this explains why the basic liberties can sometimes be restricted**"(p.476)。H本:"这些利益的实现可以使得某些社会条件、需要和物质需求的某种程度的满足成为必要,这解释了为什么基本自由有时会受到限制"(第429页)。新解:"实现这些利益,可能务必具备一定的社会条件,满足一定的需求,达到一定的物质要求,这解释了有时基本自由会受到限制的原因。"

5. 原文:"**But once the required social conditions and level of satisfaction of needs and material wants is attained, as they are in a well-ordered society under favorable circumstances, the higher-order interests are regulative from then on**"(p.476)。H本:"但是,一旦达到所要求的社会条件达到所必需的对需求和物质匮乏的满足水平,就像它们在一个处于有利环境下的良序社会中那样,那些高等级的利益就从那时起发挥调节作用"(第429—430页)。H本没有读懂这个语句。新解:"但是,正如在良序社会中,它们处于有利条件之下那样,一旦具备必要的社会条件,各种需求和物质欲望得到一定程度的满足,这些高阶利益就开始得到调节。"

(1)短语:"Material wants"。可以解读为"**物质需求**"或"**物质欲望**",但不能解读为"物质匮乏"。

(2)"高阶利益"(higher-order interests)是被调节的对象,而不是

"起发挥调节作用"的主体。因此，H 本的解读正好说反了。

6. 原文："The basic structure is then to secure the free internal life of the various communities of interests in which persons and groups seek to achieve, in forms of social union consistent with equal liberty, the ends and excellences to which they are drawn"（p.476）。H 本："基本结构是要保证各种利益共同体的自由的内部生活，在这些共同体中，个人和群体通过与平等的自由相一致的社会联合，努力获得吸引着他们的目的与美德"（第 430 页）。新解："基本结构旨在确保各种利益共同体享有自由的内部生活，在那些共同体中，以与平等自由相一致的社会联合形式，个体和群体寻求实现其目的，表现其优异品质。"

【诠释】

因此，一定层级的各种利益驱动着处在初始位置上的人们。他们必须首先确保自己的最高阶利益和根本目标（他们只知道一般形式的最高阶利益和根本目标），这一事实反映在他们给予自由以优先地位上；获得使他们能够促进其他愿望和目的的手段处于附属地位。尽管在自由方面的根本利益有明确的目标，即有效地确立基本自由，但是这些利益似乎并不总是可控的。实现这些利益，可能务必具备一定的社会条件，满足一定的需求，达到一定的物质要求，这解释了有时基本自由会受到限制的原因。但是，正如良序社会中，它们(这些基本自由)处于有利条件之下那样，一旦具备必要的社会条件，各种需求和物质欲望得到一定程度的满足，这些高阶利益(higher-order interests)就开始得到调节。事实上，正如密尔所说，随着社会境况的变化，这些利益得到有效表达，这些利益变得日益强烈，最终成为调节性利益，并揭示其优先地位。① 所以，基本结构旨在确保各种利益共同体享有自由的内部生活，在那些共同体中，以与平等自由相一致的社会联合(social union)形式，个体和群体寻求实现其目的，表现其优异品质(§79)。要么通过直接参与社团(association)事务，要么间接地通过与他们有着文化和社会联系的代表，人们希望控制用来治理社团的法律和规则。

---

① 参阅密尔（J. S. Mill）《政治经济学原理》，阿什莱（W. S. Ashley）编，伦敦：朗曼斯—格林出版社 1909 年版，第 210 页。请参考该书第 2 编第一章第 3 节最后一段的第一部分。如果我们把这一段直接读作一种引向词序的利益等级概念，本人在正文中表达的观点实质上是属于密尔的。他在此处的论点与《功利主义》第十一章第 6—8 自然段桴契合，本人在《正义论》第一章脚注 23 中既参考了其他文献，也参考了这个文献的这些段落。——原注

【原文】§82 – 5 – pp. 476 – 477

【评析】

罗尔斯在这里谈到了第一正义原则保障的自由的优先地位与第二正义原则鼓励人们追求的物质欲望的满足之间的冲突，后者是分配正义调节的对象。罗尔斯承认，人们对于物质欲望的不断膨胀，会伤害到自由的优先地位。因此他说："既然每个人都在努力实现任何集体都无法实现的目标，那么可以想象，社会可能会越来越专注于提高生产力和经济效率。这些目标可能变得如此举足轻重，以至于会破坏自由的优先地位。"（p. 477）这也清楚地表明，实施分配正义是以承认自由的优先性为前提的。虽然每个人在分配中想要得到较大的份额，但是，它们的欲望没有超越边界。"因此，不存在这样的强烈倾向，以促使他们为了更大的绝对经济福利或相对经济福利而限制各种自由。"（p. 477）罗尔斯对于两个正义原则的排序，已经明确地说明，在命题"正义是社会制度的首要德性"中的"正义"，首先不是或主要地不是"分配正义"。分配正义要从属于"自由的优先性"。这种正义的首要性或至上性，是罗尔斯在《正义论》第一节第一个段落中就明确申明的，并且是贯穿《正义论》始终的主张。虽然他的分配正义理论和差别原则在当代政治哲学中有着举足轻重的地位，但是，假如像部分学者那样把"正义是社会制度的首要德性"解读为"正义是指与社会基本制度（或主要制度）相关的分配正义"[①]，那么它将大大地曲解罗尔斯正义理论的主题和重心。

1. 原文："Whether this precedence will be undermined by the various feelings and attitudes that are likely to be generated within a well-ordered society"（p. 476）。H本："这种优先性是否将被在一个良序社会中可能产生的各种感情与态度所毁坏"（第430页）。**新解**："在良序社会中可能产生的各种感受和态度是否会削弱这种优先地位。"

2. 原文："People's concern for their relative position in the distribution of wealth will persist"（p. 476）。H本："人们对他们在分配上的相对地位的关切还将存在"（第430页）。H本漏掉了这个语句中的"财富"。其正解是："人们对自己在财富分配中相对地位的关注也会持续下去。"

3. 原文："Raising productivity"（p. 477）。H本："提高生产总量"

[①] 段忠桥：《从历史唯物主义到政治哲学》，第299页。

（430 页）。**新解**："提高生产力"。

4. **原文**："**These objectives might become so dominant as to undermine the precedence of liberty**"（p. 477）。H 本："这些目标可能变得如此具有支配性，以致会破坏自由的优先性"（第 430 页）。**新解**："这些目标可能变得如此举足轻重，以至于破坏自由的优先地位。"

5. **原文**："**Tendency to equality**"（p. 477）。H 本："平等的倾向"（第 430 页）。**新解**："平等的趋向"。

6. **原文**："**Relative share of social wealth**"（p. 477）。H 本："相对社会财富份额"（第 430 页）。**新解**："在社会财富中占有的相对份额"。

7. **原文**："**As we have seen, they are not much affected by envy and jealousy, and for the most part they do what seems best to them as judged by their own plan of life, and those of their associates, without being dismayed by the greater amenities and enjoyments of others socially more distant**"（p. 477）。H 本："我们已经看到，他们不大受妒忌与嫉妒的影响，而且在大多数场合，他们在做按他们自己以及他们的伙伴们的生活计划判断对他们是最好的事，而不会被交往上比较少的其他人的更大喜悦和快乐弄得垂头丧气"（第 430 页）。**新解**："正如我们所看到的，他们没有受到嫉妒和忌惮的影响，在很大程度上，他们做了从自己的人生计划来判断认为是最佳的事情，他们的同伴也是如此，他们没有受到更遥远社会中其他人更舒适、更快乐生活的惊扰。"

【诠释】

关于支持自由具有优先地位的理由，在两个正义原则论证的第一部分已经多有论述，我们就讲到这里。我们现在必须转向论证的第二部分，并探讨在良序社会中可能产生的各种感受和态度是否会削弱这种优先地位（§80）。现在看来，即使基本需求得到满足，并且即使必要的物质手段得到满足，人们对自己在财富分配中相对地位的关切也会持续下去。因此，如果我们假设每个人都想要较大比例的份额，结果可能是，所有人对物质丰裕的欲望都同样地不断增长着。既然每个人都在努力实现任何集体都无法实现的目标，那么可以想象，社会可能会越来越专注于提高生产力和经济效率。这些目标可能变得如此举足轻重，以至于会破坏自由的优先地位。人们认为，平等会使个人热衷于自己在社会财富中占有的相对份额，正是基于这一点，有些人反对平等的趋向。但是，在良序社会里，确实存在着一种更大的平等趋势，只是良序社会成员对其相对地位并不感兴趣。

正如我们所看到的那样，他们没有受到嫉妒和忌惮的影响，在很大程度上，他们做了从自己的人生规划来判断认为是最佳的事情，他们的同伴也是如此，他们没有受到更遥远社会中其他人更舒适、更快乐生活的惊扰。因此，不存在这样的强烈倾向，以促使他们为了更大的绝对经济福利或相对经济福利而限制各种自由。

【原文】§82-6-pp. 477-478

【评析】

在这个段落中，请留意罗尔斯在"平等自由的优先地位"（precedence of the equal liberties）和"自由的优先性"（priority of liberty）之间做出的微妙区分。尽管这一区分不是本质性的，它主要是罗尔斯表达其思想的一种语用习惯。但是，既然罗尔斯本人有这样的语用习惯，我们在解读时也要尽量地把它展示出来。

罗尔斯还解释了"自由的优先地位"的内涵，强调它在公民之间实现政治平等的重要性。它是公民尊严的基础，这个基础不是"个人的收入份额"，而是"对基本权利和基本自由予以公开确认的分配"（p. 477）。这种分配平等不是经济的，而是政治的，它保证每个公民拥有平等的基本权利和自由。这也是第一正义原则的主要内容，它是人人生而平等自由的另一种表述。它否定了任何政治特权的合理性和可能性。当罗尔斯在这里使用"分配"这个术语时，他强调的是，在基本权利和自由方面，每个人都不可能获得"较大的份额"，而必须是"相等的份额"。因此，他没有具体展开讨论如何来分配这些基本权利和自由，因为每个人实际上持有相同的或平等的基本权利和自由。罗尔斯担心的是，如果一些公民丧失了这些基本权利和自由，他们将会有什么样的不良后果。

1. 原文："**The account of self-respect as perhaps the main primary good has stressed the great significance of how we think others value us**"（p. 477）. H本："对也许是作为主要的基本善的自尊的描述，已强调了为我们意识到的他人对我们的评价的巨大影响"（第430—431页）。**新解：**"**自尊也许是一项主要的基本善，这一说法强调我们对别人如何看重我们自身所具有的重要意义。**"在这个语句中，短语"the main primary good"解读为"**主要基本善**"比"主要的基本善"更符合罗尔斯的本意。同样地，短语"great significance"解读为"**重要意义**"比解读为"巨大影响"要好一些。需要指出的是，"作为主要基本善的自尊"在《正义论》正文中一共出现了 2 次；"基本善"（primary good）在《正义论》正文中一共出现了 88 次，这说明它是使用频率很高的术语。由于它是罗尔斯独创的术语，是综合哲学伦理学和政治经济学相关知识的创新术语，所以罗尔斯赋予了其以特殊含义。

2. 原文："The many free communities of interests that the equal liberties allow"（p. 477）。H 本："许多为平等的自由所允许的利益共同体"（第 431 页）。**新解**："平等自由允许的许多自由的利益共同体"。H 本漏掉了"自由的利益共同体"（free communities of interests）中的"自由的"（free）。

3. 原文："The full and diverse internal life"（p. 477）。H 本："充实而各异的内部生活"（第 431 页）。**新解**："丰富多彩的内部生活"。

4. 原文："The publicly affirmed distribution of fundamental rights and liberties"（p. 477）。H 本："由社会肯定的基本权利和自由的分配"（第 431 页）。**新解**："对基本权利和基本自由予以公开确认的分配"。这里的"publicly affirmed"有"昭告天下，人人皆知"的意思，也有"大家一致公认"的意思。并且，这里的重心不在于"社会肯定"，而是"官方正式颁布和明确认可"亦即"公开确认"。

5. 原文："The common affairs of the wider society"（p. 477）。H 本："更广大的范围的社会公共事务"（第 431 页）。**新解**："更广泛的社会共同事务"。

6. 原文："Further political ways"（p. 477）。H 本："政治方法"（第 431 页）。**新解**："其他政治途径"。有一种"放弃宪法，而在政治上另辟蹊径，寻求保障自己的政治地位"的意思。罗尔斯在这里的意思是，完备的宪法已经给予所有公民其基本平等的肯定与保障，不必另谋他途，通过别的政治途径来寻求对平等的政治保障。因此，这里的"further"一词并非多余。

7. 原文："Nor, on the other hand, are men disposed to acknowledge a less than equal liberty"（p. 477）。H 本："另一方面，也没有人倾向于接受一种比平等的自由更低的自由"（第 431 页）。**新解**："另一方面，没有人愿意承认一种颇不平等的自由。"

8. 原文："For one thing, doing this would put them at a disadvantage and weaken their political position"（p. 477）。H 本："因为首先，这样做会使他们在利益上受到损害并削弱他们的政治地位"（第 431 页）。**新解**："首先，这样做会使他们处于劣势，从而削弱他们的政治地位。"词组

"For one thing"是习惯用语，意思是"首先"而非"因为首先"。

9. 原文："Inferiority"（p. 477）。H本："弱点"（第431页）。**新解**："低人一等的地位"。

10. 原文："And so by acquiescing in a less than equal liberty one might lose on both counts"（p. 477）。H本："所以，在默认地接受一种低于平等的自由的较小的自由时，一个人就会受到两方面的损失。"（第431页）。短语："A less than equal liberty"。H本："一种比平等的自由更低的自由"。**新解**："一种颇不平等的自由"。整句**新解**："如果人们默许一种颇不平等的自由，他们可能会在这两方面都失去自由。"H本的解读与罗尔斯的本意相去甚远。

11. 原文："Public attitudes"（p. 477）。H本："社会态度"（第431页）。**新解**："公众态度"。"公众态度"是社会学术语，不能任意解读为"社会态度"。部分学者在这个术语上犯了同样错误。①

12. 原文："Non-comparing groups"（p. 477）。H本："不可比群体"（第431页）。**新解**："非比较组"。

13. 原文："When it is the position of equal citizenship that answers to the need for status, the precedence of the equal liberties becomes all the more necessary. Having chosen a conception of justice that seeks to eliminate the significance of relative economic and social advantages as supports for men's self-confidence, it is essential that the priority of liberty be firmly maintained"（p. 478）。H本："一当对地位的需要所需要的是平等的公民地位，平等的自由的优先性就越发必要。一经选择了一个旨在消除经济社会利益的相对影响以支持人们的自信的正义观念，坚定地维护自由的优先性就成为一个根本性的问题"（第431页）。**新解**："当只有平等的公民权利地位才能满足人们对地位的需要的时候，平等自由的优先地位就变得更加必要。在选取旨在消除作为人的自信之支撑的经济和社会相对优势重要性的正义观念之后，坚定地维护自由的优先性是至关重要的。"由于不了解术语"经济和社会相对优势"（relative economic and social advantages），H本仍然一开口便是错。

【诠释】

当然，这并不意味着在正义社会里，每个人都不关心地位的问题

---

① 参阅张伟涛《权利的优先性——罗尔斯道义论权利理论研究》，第110页。

(matters of status)。自尊也许是一项主要的基本善,这一说法强调我们对别人如何看重我们自身所具有的重要意义。但在良序社会里,通过公众承认或公开承认的正义制度,再加上平等自由允许的许多自由的利益共同体拥有丰富多彩的内部生活,人们对地位的需要得到了满足。在正义社会里,自尊的基础不是个人的收入份额,而是对基本权利和基本自由予以公开确认的分配。这种分配是平等的,当人们处理更广泛的社会共同事务时,每个人都有着相似而可靠的地位。(一方面,)没有人,为了寻求其他政治途径来保障其地位,而愿意超越宪法对平等的肯定。另一方面,没有人愿意承认一种颇不平等的自由(less than equal liberty)。首先,这样做会使他们处于劣势(disadvantage),从而削弱他们的政治地位。其次,它还将导致公开确立其由社会基本结构所界定的低人一等的地位(inferiority)。在公共生活中,这种低人一等的附庸地位(subordinate ranking)的确会令人蒙受耻辱,并且败坏人的自尊。因此,如果人们默许一种颇不平等的自由,人们可能会在这两方面都失去自由。随着社会变得更加正义,这一点尤其可能是真的,因为平等的权利和相互尊重的公众态度在维持政治平衡和确保公民自身价值方面具有重要地位。所以,虽然在各社会阶层之间存在着社会经济差别,我们认为,它们是非比较组,不太可能产生敌意,但是,人们既无法接受由政治权利不平等和民事权利不平等产生的苦难,也无法接受由文化歧视和种族歧视产生的苦难。当只有平等的公民权利地位才能满足人们对地位的需求时,平等自由具有的优先地位(precedence of the equal liberties)就变得更加必要。在选取旨在消除作为人的自信之支撑的经济和社会相对优势重要性的正义观念之后,坚定地维护自由的优先性(priority of liberty)是至关重要的。

【原文】 §82-7-p.478

【评析】

　　罗尔斯强调:相对于"自由的优先性","物质手段的相对份额被下调到次要位置"。"虽然这些原则允许用不平等换取对所有人都有利的贡献,但是在维护尊重的社会平台上,自由的优先地位离不开平等。"这里的"平等",与其说是"分配的平等",不如说是"拥有的平等"。这是哈贝马斯批评罗尔斯的地方。因为基本权利和基本自由是不可让与的,也是不能分配的,更是不能交易的,这是"自由的优先性"的真实含义。罗尔斯的确谈到了"基本权利和自由"的"分配",这是容易让人产生误会的地方，这也许是导致科恩等人误解的原因之一。

1. **原文**："**Public affirmation**"（p. 478）. H 本："社会肯定"（第 431 页）。**新解**："公开确认"。其中，"public"很少作"社会（的）"解读，不知 H 本如此解读的依据是什么。

2. **原文**："**Given the preeminence of this primary good, the parties in the original position surely do not want to find themselves so opposed**"（p. 478）. H 本："假如地位这种基本善如此突出，原初状态各方肯定不希望看到他们自己这样相互对立"（第 431 页）。**新解**："鉴于这个基本善受人尊崇的地位，处在初始位置上的各方，当然不想让自己与自尊过不去。"因为这个语句的前一句是："人们为了追求自尊而彼此钩心斗角。"所以，罗尔斯这个语句讲的"这个基本善"的指代对象不是"地位"，而是"自尊"。这个语句的意思是，处在初始位置上的各方，谁都不愿意放弃自尊。

3. **原文**："**It would tend to make the good of social union difficult if not impossible to achieve**"（p. 478）. H 本："这种对立倾向于使人们难于利用社会联合的善，假如不是不可能获得的话"（第 431 页）。**新解**："纵使不是不可能，兑现社会联合的好处将困难重重。"

4. **原文**："**Thus we arrive at another reason for factoring the social order into two parts as indicated by the principles of justice**"（p. 478）. H 本："这样，我们就有了把社会秩序分为以正义的两个原则为标志的两部分的另一个理由"（第 432 页）。**新解**："因此，正如正义原则所表明的那样，我们提出另一个理由，将社会秩序分为两个部分。"

5. **原文**："**While these principles permit inequalities in return for contributions that are for the benefit of all, the precedence of liberty entails equality in the social bases of respect**"（p. 478）. H 本："尽管这些可以反过来增进所有人的利益的原则容许不平等，自由的优先性却在社会的基础层面包含了尊重的平等"（第 432 页）。**新解**："虽然这些原则允许用不平等换取对所有人都有利的贡献，但是在尊重的社会平台上，自由的优先地位离不开平等。"

【诠释】

在良序社会里，通过公开确认人人享有平等公民身份的地位(status of equal citizenship)，自尊便有了保障；物质手段的分配要按照纯粹程序正义来处理，纯粹程序正义则由正义的背景制度来规范，这些制度缩小了不平等的范围,这样就不会产生情有可原的嫉妒。现在这种处理地位问题(problem of status)的方法有几个优势。因此,假设一个人被他人评估的方式,确实取决于他在收入和财富分配中的相对位置(relative place)。在这种情况下,一个人拥有较高的地位,意味着他比社会中的大部分人拥有较多的物质手段(物质财富)。不是每个人都拥有最高地位,提高一个人的位置,就是降低另一人的位置。为了增进自尊的条件而开展社会合作是不可能的。也可以说,获取地位的手段是固定的,任何一个人的所得都是另一个人的所失。显然,这种情形是极大的不幸。人们为了追求自尊而彼此钩心斗角(争得头破血流,且往往两败俱伤)。鉴于(自尊)这个基本善具有受人尊崇的地位,处在初始位置上的各方,当然不会让自己与自尊过不去。纵使不是不可能,兑现社会联合的好处将困难重重。最好的解决办法是,尽可能通过分配基本自由来支持自尊这一基本善,这些基本自由实际上是平等的,为所有人规定了相同的地位。同时,物质手段的相对份额被下调到次要位置。因此,正如正义原则所表明的那样,我们提出另一个理由,将社会秩序分为两个部分。虽然这些原则允许用不平等换取对所有人都有利的贡献,但是在尊重的社会平台上,自由的优先地位离不开平等。

【原文】 §82-8-pp.478-479

【评析】

1. **原文**:"Index of which"(p.479)。H 本:"基本善的指标"(第 432 页)。**新解**:"基本善指数"。

2. **原文**:"The expectations of the less advantaged are lower the more severe these effects"(p.479)。H 本:"这些影响越严重,较不利者的期望就越低"(第 432 页)。**新解**:"这些效应越大,弱势者持有的预期就越低。"

【诠释】

现在,这个想法很可能难以得到完全贯彻。在某种程度上,人的自我价值感可能取决于其制度地位和收入份额。然而,如果关于社会嫉妒和忌惮的描述是正确的,那么在适当的背景安排下,这些倾向不应被过分夸大。但从理论上讲,如有必要,我们可以在基本善中纳入自尊,而基本善指数可以确定预期。然后,在差别原则的应用中,该指数会考虑情有可原嫉妒的效应(§80);这些效应越大,弱势者(less advantaged)持有的预期就越低。至于是否对自尊做出一些调整，最好从立法阶段的立场来定夺，在立法阶段，各方掌握着较多信息，并适用政治决定原则。诚然，这是一个棘手问题。因为在公开且公共的正义观念中，简洁性是可取的（§49），所以，我们应当尽量避开引起情有可原嫉妒的条件。我提到这一点并不是为了解决这个问题，而是要提醒读者，假如我们想要了解弱势者的预期，那么我们不妨把自尊这个基本善包括进来。

【原文】§82 – 9 – p. 479

【评析】

罗尔斯在这里通过回顾人类历史上的不平等现象来说明自由优先性的重要性。

1. 原文："**Thus in a feudal or in a caste system each person is believed to have his allotted station in the natural order of things**"（p. 479）。H 本："人们相信，在一个封建的或等级的制度中，每个人都在事物的自然秩序中有他的规定的位置"（第 432 页）。**新解**："**于是，在封建制度或种姓制度中，人们相信，按照万事万物的自然秩序，每个人都拥有命中注定的位置。**"这里的"to have his allotted station"，意思是"拥有其被指定的位置"，进一步引申为"拥有命中注定的位置"。

2. 原文："**His comparisons are presumably confined to within his own estate or caste, these ranks becoming in effect so many non-comparing groups established independently of human control and sanctioned by religion and theology**"（p. 479）。H 本："他的比较可能是局限于他的集团和等级的，这些等级在实际上成为如此之多的不可比群体，它们不受人们的控制，而是由宗教和神学支持的"（第 432 页）。**新解**："**他的比较很可能在自己庄园内部或在自己所属种姓之内进行，这些等级实际上变成许多独立于人类控制并受到宗教和神学认可的非比较组。**"这里的"庄园与种性"（estate or caste）与前一语句的"在封建制度或种姓制度中"（in a feudal or in a caste system）相呼应。这里的"estate"主要指分封的土地或庄园，类似于曾经在欧洲历史上普遍存在的"公国"，因此它不是 H 本所解读的"集团"。这里的"caste"也不是 H 本解读的"等级"，而是"种姓"。种姓制度也是一个有着悠久历史的制度。另外，正如前面多次提到的那样，"non-comparing groups"是社会科学固定术语，一般解读为"非比较组"，而不是"不可比群体"。

3. 原文："Men resign themselves to their position should it ever occur to them to question it"（p. 479）。H 本："一旦人们想到质疑他们的地位，他们就把自己托付给他们的地位"（第 432 页）。**新解**："他们委身于自己的位置，即使偶尔对它有所疑虑也是如此。"

4. 原文："All may view themselves as assigned their vocation"（p. 479）。H 本："所有的人都认为自己是属于他们的天职的"（第 432 页）。**新解**："所有人都以为自己被赋予了使命"。

5. 原文："Men's place in the world"（p. 479）。H 本："人们在世界中的地位"（第 433 页）。**新解**："人在世上的位置"。

【诠释】

因此，论证的第二部分似乎证实了自由的优先性。尽管如此，有人可能反对关于自由优先性的如下解释，即社会有其他方式来维护自尊，应对嫉妒和其他破坏性倾向。于是，在封建制度或种姓制度中，人们相信，按照万事万物的自然秩序，每个人都拥有命中注定的位置。他的比较很可能在自己庄园内部或在自己所属种姓之内进行，这些等级实际上变成许多独立于人类控制并受到宗教和神学认可的非比较组。他们委身于自己的位置，即使偶尔对它有所疑虑也是如此；尽管所有人都以为自己被赋予了使命，但在上帝眼中，人人共命运，同富贵。① 通过在思想上消除产生社会正义问题的条件，这种社会观念消解了社会正义问题。基本结构被说成是已经确定的，而不是人类可以影响的东西。按照这种观点，要是断定社会秩序应该符合他们作为平等者将会同意的原则，那么它就误解了人在世上的位置。

【原文】 §82 – 10 – pp. 479 – 480

【评析】

1. 原文："Publicity condition"（p. 480）。H 本："公共性条件"（第

---

① 关于这一点，参阅马克斯·韦伯（Max Weber）《经济与社会》第 2 卷，格韦恩泽·鲁思（Guenther Roth）和克洛斯·威梯希（Claus Wittich）编，纽约：贝德明斯特出版社 1968 年版，第 435、598 页及以后。关于不同社会阶层在宗教中所寻找之物（或者有求于宗教）的一般评论，参阅该书第 490—499 页。另参恩斯特·特罗希（Ernst Troeltsch）《基督教会的社会训导》（*Social Teaching of Chrstian Churches*），奥利弗·怀恩（Olive Wyon）译，伦敦：乔治—艾伦出版社 1931 年版，第 1 卷，第 120—127、132、134—138 页；以及舍勒（Scheler）《不满》，第 56 页及以后。——原注

433 页）。**新解**："公开性条件"。

2. **原文**："Of course, in working out what the requisite principles are, we must rely upon current knowledge as recognized by common sense and the existing scientific consensus"（p. 480）. H 本："当然，在推断什么才是所需要原则时，我们不得不把通行知识当作为常识和科学上的一致意见承认的来依赖"（第 433 页）。**新解**："**当然，在制定必要的原则时，我们必须依靠被常识承认的通行知识和现存的科学共识。**"一个原本有条理的语句，H 本硬是把它搅拌成让人无法理解的文字。

3. **原文**："Established beliefs"（p. 480）. H 本："已经确认的信念"（第 433 页）。**新解**："既定信念"。这里的"established beliefs"有"公认信念"，尤其是"具有国教地位的信念"的含义。

4. **原文**："This affirms the precedence of the first principle"（p. 480）. H 本："这一点就肯定着正义的优先性"（第 433 页）。**新解**："这就确立了这个首要原则的优先地位。"

【诠释】

与这一想法相反，我一直认为，各方在采纳正义观念时，应当以关于社会一般事实的知识为指导。他们理所当然地认为，制度不是亘古不变的，而是随着时间的推移变化的，随着自然环境和社会群体的活动和矛盾变化的。人们认识到自然的限制，但是他们并非无力塑造自己的社会安排。这一假设同样是正义理论背景的组成部分。因此，处理嫉妒和其他非常态倾向的某些办法，将有利于建设良序社会。例如，它不能通过发布和宣扬虚假的或没有根据的信仰来控制它们。因为我们的问题是，如果社会要符合具有真正普遍信仰的理性人在初始位置上承认的原则，那么社会应该如何安排。公开性条件要求的是，各方假定，作为社会成员，他们也会知道一般事实。达成最初协议的推理是可以得到公众理解的。当然，在制定必要的原则时，我们必须依靠被常识承认的通行知识和现存的科学共识。除此之外，我们别无选择。我们不得不承认，随着既定信仰的改变，似乎有理由承认的正义原则也可能同样改变。因此，随着对由固定的自然秩序来裁定等级社会的信仰被抛弃，一旦人们认定这个信仰是不真实的，按照顺序排列两个正义原则的趋势便确立了起来。在支持自尊方面，对平等自由的有效保护越来越具有头等重要性，这就确立了这个首要原则的优先地位。

§83 幸福与支配性目的
Happiness and Dominant Ends

【题解】

探讨正义与善好或正当与善的同余问题，必定涉及幸福或快乐问题。在效用论那里，幸福或快乐好像是正义与善好、正当与善共同追求的支配性目的。康德对此表示异议，罗尔斯在康德之后，对幸福在正义与善好的同余上的地位做了重新思考。

【原文】§83–1–p.480

【评析】

1. 原文："I shall discuss the manner in which just institutions frame our choice of a rational plan and incorporate the regulative element of our good"（p.480）。H本："我将讨论正义的制度怎样规定我们对一项合理计划的选择，和怎样使我们的善中的调节因素具体化"（第433页）。新解："本人将讨论正义制度如何框定我们对理性计划的筛选，以及它们如何融合我们持有的善的调节因素。"

2. 原文："How these matters are connected should be apparent in due course"（p.480）。H本："这些问题是如何联系到一起的在一定阶段上就会清楚明了"（第433页）。新解："至于这两个问题如何产生关联，到时候就清楚了。"

【诠释】

为了探讨正义之善问题，本人将讨论正义制度如何框定我们对理性计划的筛选，以及它们如何融合我们持有的善的调节因素。本人将以迂回的方式来探讨这个话题。在这一节中，本人将回到幸福概念，并注意到这样的诱惑：它断定幸福是由支配性目的决定的。这样做自然会涉及快乐论问题和自我统一问题。至于这两个问题如何产生关联，到时候就清楚了。

【原文】§83 – 2 – pp. 480 – 481

【评析】

1. 原文:"Thus we are happy when our rational plans are going well, our more important aims being fulfilled, and we are with reason quite sure that our good fortune will continue"(p. 480). H 本:"例如,当我们的合理计划在顺利进行,当我们的更重要的目标正在实现,当我们有理由确信我们的好运将继续下去时,我们是幸福的"(第 433—434 页)。H 本在断句上出了差错。其正解是:"因此,当我们的理性计划进展顺利,我们正在实现更重要的目标时,我们会感到高兴,而且我们有理由相信,我们的好运将会持续下去。"

2. 原文:"The achievement of happiness depends upon circumstances and luck, and hence the gloss about favorable conditions"(pp. 480 – 481). H 本:"幸福的获得取决于环境和好运,因而取决于有利条件的详细表"(第 434 页)。**新解**:"幸福的实现,既取决于条件和运气,也取决于有利条件的粉饰与光泽度。"

3. 原文:"While I shall not discuss the concept of happiness in any detail, we should consider a few further points to bring out the connection with the problem of hedonism"(p. 481). H 本:"尽管我将不去讨论幸福概念的细节,我们仍然应当考察几个进一步的问题,以便说明幸福概念与快乐主义的联系"(434 页)。**新解**:"虽然我不打算详细讨论幸福概念,但我们不妨略谈一下几个要点,以揭示幸福概念与快乐论问题的联系。"在解读原著时,我们往往涉及一些细节。这些细节无关乎道德判断或价值判断,而只关乎事实判断或真值判断。比如,在这里,原文中的短语:"the problem of hedonism"的正解是"**快乐论问题**",而不是"**快乐主义**"。

【诠释】

我前面曾经说过,在某些限定之下,当一个人在多少有利的条件下制订一项理性人生规划且多少成功地实施它时,他是幸福的,并且他有理由相信自己的意图将得到贯彻(§63)。因此,当我们的理性计划进展顺利,我们正在实现更重要的目标时,我们会感到高兴,而且我们有理由相信,我们的好运将会持续下去。幸福的实现,既取决于条件和运气,也取决于有利条件的粉饰与光泽度。虽然我不打算详细讨论幸福概念,但我们不妨略谈一下几个要点，以揭示幸福概念与快乐论问题的联系。

【原文】§83-3-p.481

【评析】

1. 原文："State of mind"（p.481）。H本："心灵状态"（第434页）。新解："精神状态"。

2. 原文："Plans are to be adjusted to the conditions of our life and our confidence must rest upon sound beliefs"（p.481）。H本："计划应当被调节得适应我们的生活条件，我们的信心必须依赖于合理的信念"（第434页）。新解："计划将根据我们的生活条件进行调整，信心要建立在我们的可靠信念上。"

3. 原文："By good luck he is not cast out of his fool's paradise"（p.481）。H本："由于好运气他还没有从他的黄粱美梦中醒来"（第434页）。新解："幸运的是，他没有被赶出愚人园。""fool's paradise"让人想起黑格尔的颠倒世界、弥尔顿的失乐园和福柯的愚人船；人"被赶出愚人园"同人"从美梦中醒来"是两个不对称的故事。H本把"fool's paradise"解读为"黄粱美梦"有点儿过头了。

4. 原文："Place in society"（p.481）。H本："在社会中的地位"（第434页）。新解："在社会中的位置"。

5. 原文："Thus it seems natural to suppose that in framing their plans of life they are similarly lucid"（p.481）。H本："这样，设想他们在构想他们的生活计划时是头脑清楚的是非常自然的"（第434页）。新解："因此，人们似乎很自然地认为，在制定人生规划时，他们是同样清醒的。"

6. 原文："Eventually one has to appraise the objective definition as a part of the moral theory to which it belongs"（p.481）。H本："人们最终将不得不承认客观的定义是它从属的那个道德理论的一部分"（第434页）。H本漏掉了原文语句中的"评价"（appraise）。新解："幸福及其定义属于道德理论，最终，人们不得不将这个客观定义作为道德理论的组成部分来评价。"

【诠释】

首先，幸福有两个方面。其一在于个体成功地实施理性计划（由各种活动和目标组成的行程），那是个体努力实现的计划；其二在于个体的精神状态，他有正当理由支撑起对那个成功仍将持续的信心。幸福既涉及一定的行动成就，又涉及对结果的理性保证。① 幸福的客观定义是：计划将根据我们的生活条件进行调整，信心要建立在我们的可靠信念之上。换言之，幸福的主观定义是：人之所以是幸福的，是因为他相信他正在（或多或少）成功地实施理性计划，并且和前面的相同条件一起，还要加上一个附加条件：即使他误会了或上当受骗了，但是由于机缘巧合，他将错就错，没有机会纠正其持有的错误观念。幸运的是，他没有被赶出愚人园。现在，我们应该首选的幸福定义是最符合正义理论的定义，并且是与我们考虑的价值判断相一致的定义。在这一点上，正如本人将在后面几页（§82）指出的那样，我们必须注意到，我们约定的是，处在初始位置上的各方拥有正确的信仰。根据关于人及其在社会中的方位(位置) 的一般真理，他们承认某个正义观念。因此，人们似乎很自然地认为，在制定人生规划时，他们是同样清醒的。当然，这些都不是严格的论证。幸福及其定义属于道德理论，最终，人们不得不将这个客观定义作为道德理论的组成部分来评价。

【原文】§83 – 4 – pp. 481 – 482

【评析】

1. **原文**："**Self-contained**"（p. 481）. H本："自给的"（第434 页）。"self-contained" 和下一段落的 "self-sufficient" 都有 "自给自足的" 含义。这个词语可以有多个解："自给自足的""自我完备的""自我独立的"或"自我齐全的"。罗尔斯在这里表示，幸福是不求于人的，也不求于外的。结合下一个段落的语词 "自我充实的"（self-sufficient）的讨论，"self-contained" 有不依赖于他人和他物而自成一体、自我完备之意，因此，它在这里也可以解读为 "**自我完备的**"。

2. **原文**："**The full theory of good**"（p. 482）. H本："善的强理论"（第435 页）。**新解**："**充分善理论**"。在《正义论》第七章，罗尔斯提出了 "不充分善理论"（thin theory of good）和 "充分善理论"（full theory of good）。H本把这两个术语分别解读为 "善的弱理论" 和 "善的强理论"。笔者认为，罗尔斯使用的术语，并不是要体现理论的强或弱，而是要表达 "善""价值"或"权益"在不同条件下的"饱和度"。这是从不充分到充

---

① 关于这一点，参阅安东尼·肯尼（Anthony Kenny）"幸福"，《亚里士多德学会会刊》（1965—1966 年）第66 卷，第101 页及以后。——原注

分的过程，而不是从弱到强的过程。

【诠释】

采用这一定义，并且牢记本人之前提出的理性计划说明（§§63—65），我们就可以诠释有时归之于幸福的专有特征。① 譬如，幸福是自我完备的：人之所以选择幸福，只是因为它是幸福的缘故。可以肯定的是，理性计划将包括多个(或若干) 最终目标，追求其中任何目标，都有可能部分是因为它补充和推进了一个或多个其他目标。在人们追求的目标当中，那些目标相互支持、相辅相成，是理性计划的重要特征。因此，人们通常不只是为了其自身缘故而寻求那些目标的。尽管如此，我们想做的事情是，并且，我们全力以赴要做的事情是，执行整个计划，保持对完成该计划的持久信心。所有考虑因素，包括正当和正义（这里使用的是充分善理论），在制定计划时都已经得到了考察。因此，整个活动是自我完备的。

【原文】 §83–5–p. 482

【评析】

1. 原文："**Self-sufficient**"（p. 482）. H 本："自足的"（第 435 页）。像前一个段落的"self-contained"一样，它有"自给自足的"含义。这里解读为"自我充实的"。

2. 原文："**A rational plan when realized with assurance makes a life fully worthy of choice and demands nothing further in addition**"（p. 482）. H 本："一项合理计划当满怀信心地实现时，使得一种生活真正值得一过且无需进一步的补充"（第 435 页）。**新解**："假如理性计划有实现的把握，那么选择某种生活是完全值得的，而不再需要任何额外的东西。"其中短语："makes a life fully worthy of choice"应解读为"使得某种生活完全值得选择"。

3. 原文："**One's happiness is complete**"（p. 482）. H 本："人的幸福是完整的"（第 435 页）。**新解**："一个人的幸福便是美满的。"我们一般讲"幸福美满"，而不是"幸福完整"。

4. 原文："**Within the general conception one sought to follow, there is**

---

① 参阅亚里士多德《尼各马可伦理学》，1097a15—b21，他在那里做了著名论述。关于亚里士多德幸福观念的讨论，参阅哈迪（W. F. R. Hardie）《亚里士多德伦理学理论》，牛津：克莱伦顿出版社 1968 年版，第二章。——原注

nothing essential that is lacking, no way in which it could have been distinctly better"（p. 482）。H 本："在一个人力求遵循的一般观念之中，不缺乏任何基本的东西，也不可能有如果采取了就明显地会更好的方法"（第 435 页）。新解："在人们努力遵循的一般幸福观念中，不缺乏任何基本之物，无须任何锦上添花之法。"

5. 原文："Compositions, paintings, and poems"（p. 482）。H 本："作曲、绘画和赋诗"（第 435 页）。新解："乐曲、绘画和诗歌"。

6. 原文："Human failing"（p. 482）。H 本："个人失败"（第 435 页）。新解："人之为人的弱点"或"人性弱点"。它主要表示凭人的自身能力是难以克服的一些弱点或不足，因此，它不能够解读为"个人失败"。比如，人跳高总是有极限的，任何人不凭借工具都跳不到 10 米高。这不是个人失败，而是人性的弱点。

7. 原文："Their lives being as instructive in how to live as any philosophical doctrine"（p. 482）。H 本："他们的生活富有教益地告诉人们怎样去按照一种哲学学说生活"（第 435 页）。如此解读，太过陈腐了些，毕竟，罗尔斯的原文并没有告诉人们要"按照一种哲学学说生活"。新解："就像哲学教义一样，他们的人生教导着世人应当如何去生活。"

【诠释】

幸福也是自我充实的（self-sufficient）：假如理性计划有实现的把握，那么选择某种生活是完全值得的，而不需要任何额外的东西。当条件特别有利且实施特别成功时，人的幸福便是美满的。在人们努力遵循的一般幸福观念中，不缺乏任何基本之物，无须任何锦上添花之法。因此，即使支持我们的生活方式的物质手段总是可以想象得更加强大些，而且我们可能经常选择不同的目标模式，但是正如乐曲、绘画和诗歌通常具有的那样，计划本身的实际实现会有某种完备性，虽然受到条件和人性弱点的影响，但从整体上看，这种完备性是显而易见的。因此，有些人成为人类繁荣的象征和学习榜样，就像哲学教义一样，他们的人生教导着世人应当如何去生活。

【原文】§83-6-pp. 482-483

【评析】

人生四大喜事是，久旱逢甘露，他乡遇故知，洞房花烛夜，金榜题名时。幸福尤其在于金榜题名或功成名就。罗尔斯在这里并没有说出任何深刻的东西。

1. 原文："**He may be said to approach blessedness to the extent that conditions are supremely favorable and his life complete**"（p. 482）。H 本："人们可以说，他接近于福祉，因为，那些条件是最有利的，他的生活是最完整的"（第 435 页）。**新解**："假如一个人诸事顺遂，并且人生圆满，那么幸福正在向他招手。""blessedness"是"happiness"的另一表述，都是幸福之意。

2. 原文："**For one thing**"（p. 482）。H 本："因为"（第 435 页）。**新解**："首先"。

3. 原文："**But also I have supposed first that rational plans satisfy the constraints of right and justice（as the full theory of the good stipulates）**"（p. 482）。H 本："但是首先，我已经假定合理计划满足（按照善的强理论规定的）正当和正义的约束性"（第 435 页）。**新解**："不过本人也从一开始就假定，理性计划要受到正当和正义的约束（正如充分善理论约定的那样）。"这里的"first"要解读为"一开始""起初"或"最初"，而非"首先"或"第一"。由于 H 本把前一句中的词组"For one thing"错误地解读为"因为"，并把这个语句的"first"解读为"首先"，导致这个段落逻辑关系的混乱。

4. 原文："**Attaining the excellences to which they are attracted**"（p. 483）。H 本："获得他们所仰慕的美德"（第 435 页）。**新解**："他们取得了令人瞩目的卓越成就。"这里的"excellences"应当解读为"优异""卓越"或"卓越成就"，而非"美德"。这里的"to which they are attracted"也不能解读为"他们所仰慕的"，而应解读为"他们所为世人所仰慕的"，亦即"令人瞩目的"。

【诠释】

假如一个人正在成功地实施着一项理性计划，并且他有理由相信，自己的努力会有结果，那么此时此刻，他是幸福的。假如一个人诸事顺遂，并且人生圆满，那么幸福正在向他招手。然而，这并不意味着，在推进一项理性计划时，人们正在追求的是幸福。它至少在通常意义上不是那么一回事。首先，幸福不是我们追求的目标之一，而是整个计划本身的实现。不过，本人也从一开始就假定，理性计划要受到正当和正义的约束（正如充分善理论约定的那样）。说一个人追求幸福，似乎并不意味着，他打算要么违反这些约束，要么遵守这些约束。因此，他应当明确地接受这些约束。其次，追求幸福往往意味着追求某类目标，例如生命、自由和自己的福分（善、利益和价值等一切美好的东西）。① 因此，无私地献身于正义事业的人，奋不顾身地增进他人福祉的人，在道德上不被视为追求幸福的人。如果我们这样来谈论圣者和英雄，或者，如果我们把圣者和英雄的人生规划说成既是超越道德的，又是超越义务的，那将是一种误导。在得到承认的但是并非严格界定的意义上，他们没有诸如此类的目标。然而，当他们的计划成功时，圣者和英雄，以及那些愿意接受正当和正义之约束的人，实际上是幸福的。尽管他们并不追求幸福，但是，由于他们兑现了正义的诉求，促进了他人的福祉，或者，由于他们取得了令世人瞩目的卓越成就，他们仍然是幸福的。

【原文】 §83 – 7 – p. 483

【评析】

1. **原文**："**Deliberative rationality**"（p. 483）. H 本："慎思的理性"（第436页）。斯密提出一个相似的术语"谨慎"（prudence），用来表示经济理性人处事时的慎重、冷静与周详。"谨慎"与"正义""仁慈"和"自制"一起，是斯密推崇的理性经济人的四大美德。罗尔斯和哈贝马斯都使用了与"deliberative"相关的术语。不过，罗尔斯表示，他采纳西季威克版的"deliberative rationality"。这个术语在《正义论》正文中一共出现了30次。在《正义论》第64节，罗尔斯以此为标题，专门讨论了"deliberative rationality"。这个术语中的形容词"deliberative"，具有"审慎、协调、协商、审议、深思熟虑、审时度势"的含义。在政治学界，有一个以 *Deliberative Democracy* 为书名的著作，中文版译为《协商民主》。但是，罗尔斯对"deliberative rationality"的解释来看，其重心不在"协商"，而在"审慎"。这个术语的正解是："**审慎理性**"。它与另一术语"深思熟虑的判断"（considered judgement）有密切的关联。它表现的不是哈贝马斯主张的主体间的协调和协商能力，而是个体自身"眼观六路且耳听八方的审时度势"的判断力和决断力。

2. **原文**："**Previously I said that a rational plan is one that would be chosen with deliberative rationality from among the class of plans all of which satisfy the principles of rational choice and stand up to certain forms**

---

① 关于这两个限定，参阅肯尼"幸福"，第98页及以后。——原注

of critical reflection"（p. 483）。H 本："我在前面说过，一项合理计划是人们根据慎思的理性会选择的，全都满足合理选择原则并且经得住某种批评反思的那些计划中的一项。"（第 436 页）。新解："我之前说过，理性计划是通过审慎理性而被选中的计划，它选取自所有符合理性选择原则的计划，并且经得起某些形式的批判反思。"

3. 原文："Device of deliberation"（p. 483）。H 本："慎思的方法"（第 436 页）。新解："审慎技巧"。这里的"device"可以解读为："手段、策略、方法、技巧"，相当于处理问题的操作细则或具体手法。

4. 原文："The object of our desires"（p. 483）。H 本："我们欲望的目标"（第 436 页）。新解："我们自身欲求的对象"。

5. 原文："More illuminating description"（p. 483）。H 本："更形象的描述"（第 436 页）。新解："更具启发性的描述"。

6. 原文："Hoping that the counting principles will then settle the case"（p. 483）。H 本："希望用计算原则来确定目标"（第 436 页）。新解："希望计数原则接着将搞定这个情况"。

7. 原文："Thus it may happen that a fuller or deeper characterization of what we want discloses that an inclusive plan exists after all"（p. 483）。H 本："所以，对我们要求的东西做更完整深入的描述，也许可以揭示，总还存在一项有蕴涵的计划"（第 436 页）。新解："所以，更全面而深刻地描述我们的渴望，有可能表明，一项包容性计划终究是存在的。""inclusive plan"，H 本解读为"有蕴涵的计划"有误。经济学中有"包容性增长"（inclusive growth）概念，因而"inclusive plan"应当解读为"包容性计划"，而不是"有蕴涵的计划"。

【诠释】

不过，总的来说，如何才能理性地在各种人生规划当中做出选择呢？面对这种决定，一个人可以遵循什么程序呢？本人现在想要回到这个问题上来。我之前说过，理性计划是通过审慎理性（deliberative rationality）而被选中的计划，它选取自所有符合理性选择原则的计划，并且经得起某些形式的批判反思。不过，我们最终只是想要决定，我们最喜爱的是哪一个计划，而无须进一步的原则指导（§64）。然而，存在着本人尚未提及的审慎方式，这就是要分析我们的目标。也就是说，我们可以尝试找到关于自身欲求的对象的更详细或更具启发性的描述，希望计数原则接着将搞定这个情况。所以，更全面而深刻地描述我们的渴望，有可能表明，一项包容性计划终究是存在的。

【原文】§83 – 8 – p. 483

【评析】

这个段落提到的"基督教世界的最著名教堂"是指罗马大教堂;"世上最有名的博物馆"是指巴黎卢浮宫。罗尔斯讨论的日常生活中的两难选择,让人想起孟子关于熊掌和鱼不可兼得的典故:"鱼,我所欲也,熊掌亦我所欲也;二者不可得兼,舍鱼而取熊掌者也。"

1. 原文:"**Planning a holiday**"(p. 483)。H 本:"假期计划"(第436 页)。新解:"制订度假计划"。

2. 原文:"**In this sense**"(p. 483)。H 本:"由于这种感觉"(第436 页)。新解:"从这个意义上说"。这是习惯用语。

3. 原文:"**Sooner or later we will reach incomparable aims between which we must choose with deliberative rationality**"(p. 483)。H 本:"我们迟早会碰到一些不可比的目标,我们必须根据慎思的理性从中选择"(第436 页)。短语:"Incomparable aims"。H 本:"不可比的目标"(第436 页)。新解:"无与伦比的目标"或者"不可兼得的目标"。整句新解:"我们迟早会遇到我们必须借助审慎理性予以取舍的两个不可兼得的目标。"

4. 原文:"**Using the principles of rational choice as guidelines, and formulating our desires in the most lucid form we can, we may narrow the scope of purely preferential choice, but we cannot eliminate it altogether**"(p. 483)。H 本:"以合理选择原则为指导,并且尽可能清楚地表达我们的欲望,我们可以缩小纯粹偏爱选择的范围,但不可能完全消除这个范围"(第436 页)。新解:"以理性选择原则为指导,以最清晰的形式表达我们的愿望,我们可以缩小纯粹偏好选择的范围,但是我们不能完全消除它。""principles of rational choice"新解为"**理性选择原则**",其中术语"rational choice"。在《正义论》正文中出现了 47 次,是有着相当高使用频率的术语。短语:"purely preferential choice"。H 本:"纯粹偏爱选择"。新解:"纯粹优先选择"。罗尔斯使用这一术语很可能受到哈佛法学院教授卡弗斯的启发。后者在 1965 年发表《法律选择程序》,提出 7 项解决法律冲突案件的"优先选择原则"(principle of Preference Theory),完善其倡导的"公正论"。

【诠释】

我们不妨重新考虑制订度假计划的例子（§63）。通常而言，当我们追问自己为什么要去两个不同的地方时，我们会发现某些更一般目的是隐而不露的，所有这些目的都可以通过去一个地方而不去另一地方来实现。于是，我们也许想要研究某些艺术风格，我们经过深刻反省发现，有一个计划在所有这些方面都是优胜的或同等好的。从这个意义上说，我们可能会发现，我们去巴黎的愿望比去罗马的愿望要强烈一些。然而，更加细致的描述往往起不到决定性作用。如果我们既想看基督教世界的最著名教堂（罗马大教堂），又想参观世上最有名的博物馆（巴黎卢浮宫），我们可能会陷入两难境地。当然，这些愿望也有待作进一步检验。绝大多数愿望得以表达的方式都没有显示出，我们真正想要的那个存在着的东西，有着更具启发意义的特征。但是，我们必须考虑到这样一种可能性，实际上是这样一种概率，亦即我们迟早会遇到我们必须借助审慎理性而予以取舍的两个不可兼得的目标。当我们试图将不同目标结合在一起时，我们可能会以各种方式修正、重塑和改变我们的目标。以理性选择原则为指导，以最清晰的形式表达我们的愿望，我们可以缩小纯粹偏好选择的范围，但是我们不能完全消除它。

【原文】 §83-9-p.484

【评析】

1. 原文："Indeterminacy of decision"（p.484）. H本："选择的不确定性"（第436页）。新解："决定的不确定性"。

2. 原文："There are many stopping points in practical deliberation and many ways in which we characterize the things we want for their own sake"（p.484）. H本："在实践慎思中有许多停止点，在描述由于自身缘故而为我们需要的那些事物方面也有许多不同方式"（第436页）。新解："在实际审议中存在许多停止点，也存在许多方式，用来描述因其自身缘故而为我们所追求的事物。"其中"stopping points"为数学术语，意为"停止点"或"停点"。短语："Practical deliberation". H本："实践慎思"（第436页）。新解："实际审议"。这里的"审议"有"审时度势"的意思，就是对各种可选方案进行比较、甄别和取舍。

3. 原文："Inclusive end"（p.484）. H本："有蕴涵的目的"（第436

页）。**新解**："包容性目的"。罗尔斯在这里提到"many aims""a single dominant end""an inclusive end"和"all lesser ends"，是对"目的"和"目标"的不同表述。

4. **原文**："The procedure for making a rational choice"（p.484）. H本："一种合理选择的程序"（第437页）。**新解**："为给出理性选择而提供的程序"。

5. **原文**："Finite chains of reasons"（p.484）. H本："有限的原因之链"（第437页）。**新解**："有限的理由链"。

6. **原文**："Rational decision"（p.484）. H本："合理的抉择"（第437页）。**新解**："理性决定"或"理性决策"。理性选择的重要环节是"理性决定"。

7. **原文**："Since only difficulties of computation and lack of information remain"（p.484）. H本："因为还存在的困难仅仅是计算和信息的不足"（第437页）。**新解**："因为存在的只是计算难题和信息缺乏。"在这里，"计算难题"（difficulties of computation）是一回事，"信息缺乏"（lack of information）则是另一会回事。罗尔斯的意思是，如果计算难题和信息缺乏都解决了，那么，理性决定就在实践上是可能的。

【诠释】

因此，决定的不确定性似乎产生于这样的事实：一个人有多个目标，当它们相互冲突时，不存在现成的比较标准来定夺其相互差异。在实际审议（practical deliberation）中存在着许多停止点，也存在着许多方式，用来描述因其自身缘故而为我们所追求的事物。因此不难了解，为什么会存在单一的支配性目的（而非包容性目的），竭力追求它是理性的。[①] 如果存在这样的目的，所有其他的目的都是从属性的，那么可想而知地，所有的愿望，只要是理性的，都承认显示应用计数原则所做的分析。为给出理性选择而提供的程序，加上这种选择观念，将非常清楚地表明：慎思或审议（deliberation）总是涉及抵达目的的手段，所有次要目的又依次作为达到单一支配性目的的手段。许多有限的理由链，最终会汇聚到同一个点上。因为存在的只是计算难题和信息匮乏，所以，理性决定在原则上总是可能的。

---

① 术语"支配性目的"（dominant ends）和"包容性目的"（inclusive ends）来自哈迪"亚里士多德伦理学的终极善"（"Final Good in Aristotle's Ethics"），《哲学》1965年第40卷。如此用法并不见于他的《亚里士多德伦理学理论》。——原注

【原文】§83-10-p.484

【评析】

1. 原文："To make a rational decision"（p.484）。H本："做出一项合理抉择"（第437页）。新解："做出理性决定"。

2. 原文："Conception of deliberation"（p.484）。H本："慎思的观念"（第437页）。新解："审议观念"。

3. 原文："Generally applicable"（p.484）。H本："一般是可应用的"（第437页）。新解："普遍适用的"。

4. 原文："At least under favorable conditions of information and given the ability to calculate"（p.484）。H本："至少在有利信息条件和具备计算能力的条件下"（第437页）。新解："至少在有利的知情条件下并在既定的计算能力条件下"。

5. 原文："A random device provides a general method but it would be rational only in special circumstances"（p.484）。H本："一个偶然的措施提供一种一般方法，但是它仅在特殊环境之下才是合理的"（第437页）。新解："随机手段提供着一般方法，但它只有在特殊情况下才是合理的。"这里的术语"random device"应解读为"随机手段"，而非"偶然措施"。

6. 原文："In everyday life we employ schemes of deliberation acquired from our culture and modified during the course of our personal history"（p.484）。H本："在日常生活中，我们运用从我们的文化中获得并在我们的个人历史中得到限定的慎思方案"（第437页）。新解："在日常生活中，我们采用各种审时度势的审议方案，它们来自我们的文化，并修订于我们的个人历史进程当中。"

7. 原文："Forms of reflection"（p.484）。H本："认识形式"（第437页）。新解："反思形式"。

8. 原文："Perhaps they only meet various minimum standards which enable us to get by, all the while falling far short of the best that we might do"（p.484）。H本："也许它们只满足我们能接受的各种最低标准，然而都不是我们能做到的最好方案"（第437页）。新解："也许它们只满足使我们能够通过的各种最低标准，而所有方案都远低于我们可以实施的最佳方案。"

9. 原文："To give a simple and natural answer"（p.484）。H本："提供一种简单而自然的回答"（第437页）。新解："给出了一个简单而自然的答案"。

【诠释】

现在，理解主张支配性目的的理论家们想要什么是至关重要的：它就是当事者(agent，行动者)本人为了做出理性决定而会一直采用的一种选择方法。因此存在着三个要求，这个审议观念必须具体规定：(1) 第一人称程序(first-person procedure)，(2) 这个程序是普遍适用的，(3) (至少在有利的知情条件下并在既定的计算能力条件下) 这个程序保证导致最佳结果。我们没有符合这些条件的程序。随机手段提供着一般方法，但它只有在特殊情况下才是合理的。在日常生活中，我们采用各种审时度势的审议方案(schemes of deliberation)，它们来自我们的文化，并修订于我们的个人历史进程当中。但是，我们不能保证这些自反形式(forms of reflection) 是合理的。也许它们只满足使我们能够通过的各种最低标准，而所有方案都远低于我们可以实施的最佳方案。因此，如果我们寻求一般程序来平衡我们的相互冲突的目标，以便挑选出或者至少在思想上确定最佳行动方案，那么，支配性目的观念似乎给出了一个简单而自然的答案。

【原文】§83 - 11 - pp. 484 - 485

【评析】

1. 原文："**Rational plan of life**"（p. 484）。H本："合理生活计划"（第437页）。新解："理性人生规划"。

2. 原文："**The most we can say is that happiness is an inclusive end, meaning that the plan itself, the realization of which makes one happy, includes and orders a plurality of aims, whatever these are**"（pp. 484 - 485）。H本："我们至多能说幸福是一个有蕴涵的目的，这意味着计划本身，它的实现使一个人幸福，包含并安排着众多的目的，无论是些什么目的"（第437页）。新解："我们说得最多的是，幸福是包容性目的，也就是说，计划本身，计划的实现是令人幸福的，那个计划包括多个目标，并对它们做了排序，而无论这些目标是什么。"

3. 原文："**It is most implausible to think of the dominant end as a personal or social objective such as the exercise of political power, or the achievement of social acclaim, or maximizing one's material possessions**"（p. 485）。H本："另一方面，把支配性目的看作是一个人或社会的目标，例如运用政治权力、获得社会的喝彩、或最大限度地扩大一个人的物质财

富等等，是最无道理的"（第437页）。**新解**："最为行不通的是，将支配性目的视为个人目标或社会目标，比如行使政治权力，或赢得社会赞誉，或极大化个人的物质财富。"在这个语句中，"most implausible"意为"最为行不通的"而非"最无道理的"；"the exercise of political power"意为"行使政治权力"而非"运用政治权力"；"the achievement of social acclaim"意为"赢得社会赞誉"而非"获得社会的喝彩"；"maximizing one's material possessions"意为"极大化个人的物质财富"。

4. **原文**："Surely it is contrary to our considered judgments of value, and indeed inhuman, to be so taken with but one of these ends that we do not moderate the pursuit of it for the sake of anything else"（p.485）。H本："把这些目的中的一个看得如此之重，以致对它的追求不再因任何它物而减弱，肯定是和我们深思熟虑的价值判断相反的，并且实际上是非人的"（第437页）。**新解**："实际上，它与我们内省的价值判断是相反的，而且确实是不人道的，我们这样做只是为了其中的一个目的，我们不会为了任何其他目的而减弱对它的追求。"单词："Inhuman"。H本："非人的"。**新解**："不人道的"。H本没有很好地解读这个语句的后半句："To be so taken with but one of these ends that we do not moderate the pursuit of it for the sake of anything else."这里的短语"for the sake of anything else"不应解读为"因任何它物"，而应解读为"为了任何其他目的"。

5. **原文**："For a dominant end is at least lexically prior to all other aims and seeking to advance it always takes absolute precedence"（p.485）。H本："因为，一个支配性目的至少在顺序上优先于所有其他目标，而且努力实现这一目的的活动总是绝对优先的"（第437页）。**新解**："因为支配性目的至少在词序上比所有其他目标都要排在前面，而且努力实现它总是居于绝对的优先地位。"在这个语句中，"lexically"表示"在词法上"，或"在词汇上"。

6. **原文**："Thus Loyola holds that the dominant end is serving God, and by this means saving our soul"（p.485）。H本："所以洛约拉认为，支配性目的就是服务上帝，就是说，是拯救我们的灵魂"（第437页）。**新解**："所以，罗耀拉认为，支配性目的就是侍奉上帝，并借此拯救我们的灵魂。"其中，"by this means"，意思不是H本解读的"就是说，是"，而是"通过这一手段"，亦即"借此"。

7. **原文**："Furthering the divine intentions"（p.485）。H本："阐发神意"（第438页）。**新解**："促进神圣意图"。

8. **原文**："It is for this reason alone that we should prefer health to

sickness, riches to poverty, honor to dishonor, a long life to a short one, and, one might add, friendship and affection to hatred and animosity"(p. 485)。H本："正是由于这个原因，我们应该选择健康而不是病弱，富有而不是贫穷，荣誉而不是耻辱，长寿而不是中夭，以及，人们还可以加上，友谊和情感而不是仇恨和敌意"（第437—438页）。**新解："仅仅由于这个原因，我们应该喜爱健康而非疾病、富贵而非贫穷、光荣而非耻辱、长寿而非短命，我们还可以加上一句，友谊和爱情而非仇恨和敌意。"**

9. 原文："We must be indifferent, he says, to all attachments whatsoever, for these become inordinate once they prevent us from being like equalized scales in a balance, ready to take the course that we believe is most for the glory of God"（p. 485）。H本："他说，我们必须对无论何种依恋都不作差别，因为这些依恋一旦阻止我们通过平衡同等地对待它们，就变得过度，遵从我们信仰的行为就是赞美上帝"（第438页）。**新解："我们必须放下所有的牵挂，因为这些牵挂一旦阻止我们像天平一样保持平衡，准备走上我们认为最有利于上帝荣耀的道路，它们就会变得没完没了。"** 罗尔斯本人虽然在《正义论》中没有直接引用或讨论《圣经》中的思想，但是他仍然引用了一些著名的神学家的思想，来讨论最终目的或支配性目的之类的话题。这里的"be indifferent"，不是"不作差别"的意思，而是"漠不关心"的意思，可以解读为"**了无挂碍，放下一切**"。

【诠释】

那么，我们不妨考虑一下，这个支配性目的可能是什么。它不可能是幸福本身，因为这种状态是通过执行已经独立制定的理性人生规划来实现的。我们说得最多的是，幸福是包容性目的，也就是说，计划本身，计划的实现是令人幸福的，那个计划包括多个目标，并对它们做了排序，而无论这些目标是什么。另一方面，最为行不通的是，将支配性目的视为个人目标或社会目标，比如行使政治权力，或赢得社会赞誉，或极大化个人的物质财富。实际上，它与我们内省的价值判断是相反的，而且确实是不人道的，我们这样做只是为了其中的一个目的，我们不会为了任何其他目的而减弱对它的追求。因为支配性目的至少在词序上比所有其他目标都要排在前面，而且努力实现它总是居于绝对的优先地位。所以，洛约拉（Loyola）认为，支配性目的就是侍奉上帝，并借此拯救我们的灵魂。他始终认为，促进神圣意图是平衡从属性目标的唯一标准。仅仅由于这个原因，我们应该喜爱健康而非疾病、富贵而非贫穷、光荣而非耻辱、长寿而非短命，我们还可以加上一句，友谊和爱情而非仇恨和敌意。他说道，我们必须放下所有的牵挂，因为这些牵挂一旦阻止我们像天平一样保持平衡，准备走上我们认为最有利于上帝荣耀的道路，它们就会变得没完没了。①

【原文】§83-12-p.485

【评析】

1. 原文："Enjoying lesser pleasures"（p.485）。H本："要少享乐"（第438页）。新解："享受各种次要的快乐"。这里讲在生活上要有所节制，但是并没有否定人要有快乐的生活。

2. 原文："Allowing ourselves to engage in play and amusements"（p.485）。H本："能够去参加博弈和消遣"（第438页）。新解："允许我们消遣游戏和休闲娱乐"。漠不关心原则不是禁欲主义原则。

3. 原文："Relax the mind and rest the spirit"（p.485）。H本："放松精神、宁静心灵"（第438页）。新解："放空了心灵，休养了精神"。

4. 原文："Thus although Aquinas believes that the vision of God is the last end of all human knowledge and endeavor, he concedes play and amusements a place in our life"（p.485）。H本："所以，虽然阿奎那相信上帝的眼界是人的知识和努力的最后界限，他却承认博弈与消遣在我们的生活中占一定地位"（第438页）。新解："因此，虽然阿奎那相信神的异象是人类所有知识和努力的最后目标，但他承认，游戏消遣和休闲娱乐在我们的生活中占有一席之地。"在这个语句中，"神的异象"（vision of God）是宗教神学术语。"最后目标"（last end）也是定式，H本解读为"最后界限"不是很确切。

5. 原文："Superordinate aim"（p.485）。H本："超尘目标"。新解："上位目标"或"上级目标"。

6. 原文："We should arrange things so that our indulgences in frivolity and jest, in affection and friendship, do not interfere with the fullest attainment of our final end"（p.485）。H本："我们应当这样来安排生活，使对轻浮和戏谑、情感和友谊的耽迷不会扰乱我们对最终目的最充分的获得"（第438页）。新解："我们应该安排好一些事情，这样我们可以纵容

---

① 参阅罗耀拉（Loyola）《神操》（Spritual Exercises），"第一周"，在"原则与基础"标题下的说法；"第二周"，在"可作明智选择的三个场合"标题下的说法。——原注

轻浮和玩笑，放飞感情和友谊，它们不会妨碍我们最充分地实现最终目标。"罗尔斯在这里又使用了两个含义相同的术语："最终目标"（final end）和"最后目标"（last end）。

【诠释】

需要指出的是，这个无动于衷、了无挂碍的原则兼容于我们享受各种次要的快乐，并允许我们消遣游戏和休闲娱乐。因为这些活动放空了心灵，休养了精神，以便我们更好地推进更重要的目标。因此，虽然阿奎那（Aquinas）相信神的异象（vision of God）是人类所有知识和努力的最后目标（last end），但是他承认，游戏消遣和休闲娱乐在我们的生活中占有一席之地。然而，这些快乐只有在上级目标因此而得到推进，或者至少没有受到阻碍的情况下才被允许。我们应该安排好一些事情，这样我们可以纵容轻浮和玩笑，放飞感情和友谊，它们不会妨碍我们最充分地实现最终目标。①②

【原文】§83 – 13 – pp. 485 – 486

【评析】

1. 原文："**Moral being**"（p. 485）。H 本："道德存在物"（第 438 页）。**新解**："道德存在"。

2. 原文："**The end of serving him above all else**"（p. 485）。H 本："为他服务的目的"（第 438 页）。**新解**："服侍他高于一切的目的"。

3. 原文："**The divine intentions are not clear from revelation, or evident from natural reason**"（p. 485）。H 本："神意在启示的显现是不清晰的，或者，没有明显地区别于自然理性"（第 438 页）。**新解**："**从启示中看不清神意，或从自然理性中没有显示神意。**"H 本把短语："evident from"解读为"区别于……"是错误的，它应当解读为"**显示……**"

4. 原文："**Since disputed questions commonly lie here**"（p. 486）。H 本："由于在这里总是存在着争论"（第 438 页）。**新解**："**由于争议性问题普遍存在于这一领域。**"

---

① 阿奎那（Aquinas）：《反异教大全》（*Summa Contra Gentiles*），第 3 卷，第 25 章。——原注
② 无动于衷、了无挂碍原则很有"酒肉穿肠过，佛祖心中留"的意味。人们敬奉神灵不一定是苦行僧式的，与他们追求现世快活或世俗幸福并不矛盾。从这一个段落的相关见解中可以看出，罗尔斯不是严肃的苦行僧式思想家。他不否认人们对于物质欲望的追求的合理性。他引用阿奎那的观点，只是把它们放到相对次要的位置上。

第九章　正义之善　1543

5. 原文："And certainly when the dominant end is clearly specified as attaining some objective goal such as political power or material wealth, the underlying fanaticism and inhumanity are manifest"（p. 486）. H 本："而且，当支配性目的明确定指获得某种诸如政治权力或物质财富等等客观目标时，它的潜在的狂热和非人性就当然地表现出来。" 新解："可以肯定的是，当支配性目的被明确定义为实现某个客观目标，比如政治权力或物质财富时，潜在的狂热和不人道是显而易见的。"

6. 原文："Human good is heterogeneous because the aims of the self are heterogeneous"（p. 486）. H 本："人的善是异质的，因为自我的目标是异质的"（第438页）。新解："因为自我的目的各不相同，所以人的福分也各不相同。" 这里的 "human good"，泛指人类创造和向往的一切美好事物，即 "真善美" 包括一般意义上的物质财富和精神财富等。

7. 原文："Not the counting principles anyway"（p. 486）. H 本："至少不违反计算原则"（第438页）。新解："无论如何也没有违反计数原则"。

8. 原文："Irrational"（p. 486）. H 本："不合理的"（第438页）。新解："不够理性的"。"irrational" 一般解读为 "非理性"。邓正来解读为 "理性不及"。这是晚年哈耶克给予特别关注的术语，哈耶克表示："我们的习惯及技术、我们的偏好和态度、我们的工具以及我们的制度"，"是我们行动得以成功的不可或缺的基础"，它们构成 "我们行动基础的'理性不及'的因素"。[①]

9. 原文："More likely as mad"（p. 486）. H 本："更恰当地说可能是疯狂的"（第438页）。新解："更可能是丧失理智的"。

10. 原文："The self is disfigured and put in the service of one of its ends for the sake of system"（p. 486）. H 本："由于体系的原因，自我被损害了，并且被置于服务于它的一个目的的地位"（第438页）。新解："由于系统的缘故，自我被分解，并服务于系统的多个目的之一。" 罗尔斯这里的讨论有点儿黑格尔和马克思的 "自我异化"（self-alienation）思想的影子。

【诠释】

关于支配性目的的各种观念具有极端性质，这些性质常常被所提出的目的的模糊性和模棱两可性所掩盖。因此，如果人们相信上帝是（当然他一定

---

① 参阅哈耶克《自由秩序原理》，邓正来译，生活·读书·新知三联书店1997年版，第24页。

是）道德存在，那么服待他高于一切的目的就没有明确的规定，因为从启示中看不清神意（divine intentions），或从自然理性（natural reason）中没有显示神意。在这些有限的范围之内，神学道德学说也面临平衡各项原则和确定优先顺序的同样问题，这些问题困扰着其他观念。由于争议性问题普遍存在于这一领域，宗教伦理给出的解答只是表面的。可以肯定的是，当支配性目的被明确定义为实现某个客观目标，比如政治权力或物质财富时，潜在的狂热和不人道是显而易见的。因为自我的目的各不相同，所以人的福分（人们追求的善、价值和福祉）也各不相同。尽管从严格意义上讲，令我们的所有目标都从属于某一目的并没有违反理性选择原则（无论如何也没有违反计数原则），但是我们仍然感到，这样做是不够理性的，或者更可能是丧失理智的。由于系统的缘故，自我被分解，并服务于系统的多个目的之一。

§84 作为选择方法的快乐论
Hedonism as a Method of Choice

【题解】

快乐论以追求快乐或愉悦为人类生命的目标，但是，这种目标带有很大的不确定性。罗尔斯在这一节评价了快乐论的方法。效用论有明确的目标，就是追求利益或幸福的极大化。与效用论不同，他认为，快乐论的最大弱点在于它缺乏目的。实际上，他批评了快乐论没有把正义的追求当作人生的主要目的。

【原文】 §84-1-p.486

【评析】

1. 原文："**Hedonism**"（p.486）。H本："快乐主义"（第438页）。新解："快乐论"。

2. 原文："**The dominant-end conception of deliberation**"（p.486）。H本："慎思的支配性目的观念"（第439页）。新解："带有支配性目的的审慎观念"。

3. 原文："**Rational choice**"（p.486）。H本："合理的选择"（第439页）。新解："理性选择"。

【诠释】

在传统意义上，人们以两种方式之一来诠释快乐论：要么推定唯一的内在价值是愉悦感；要么提出个体追求的唯一事物是快乐之类的心理学论断。然而，本人将以第三种方式来理解快乐论，亦即它试图贯彻带有支配性目的的审慎观念。它试图表明，至少在原则上，理性选择始终是可能的。因为它令效用论和契约论学说的对比明朗了起来，所以，尽管这一努力尚未成功，但本人还是要对它略作考察。

【原文】§84 – 2 – pp. 486 – 487

【评析】

1. 原文："**Human life**"（p. 486）。H 本："人生"（第 439 页）。**新解**："人类生命"。

2. 原文："**Pleasantness as an attribute of feeling and sensation is thought to be the only plausible candidate for the role of the dominant end, and therefore it is the only thing good in itself**"（p. 486）。H 本："作为情感和感觉的一种特性，快乐被看作支配性目的唯一可能的角色候选人，因而是唯一自身就是善的东西"（第 439 页）。短语："The only plausible candidate for the role of the dominant end"。H 本："支配性目的唯一可能的角色候选人"。**新解**："发挥支配性目的的作用的唯一可行的候选项"。整句**新解**："作为情感和感觉的属性，快乐被视为发挥支配性目的的作用的唯一可行的候选项，所以它本身是唯一美妙的事情。"

3. 原文："**That, so conceived, pleasure alone is good is not postulated straightway as a first principle and then held to accord with our considered judgments of value**"（p. 486）。H 本："这样地理解，快乐自身就是善这样一种观念就并没有被直接规定为一个第一原则，因而并没有被看得与我们深思熟虑的价值判断一致"（第 439 页）。**新解**："若照此理解，那么快乐独自便是美妙的，这一点并未直接设定为首要原则，然后使之与我们内省的价值判断相一致。"

4. 原文："**Rather pleasure is arrived at as the dominant end by a process of elimination**"（p. 486）。H 本："宁可说，快乐是由于一个排除的过程而达到作为支配性目的的地位的"（第 439 页）。**新解**："与之相反，作为支配性目的，快乐要通过排除过程方得以实现。"

5. 原文："Granting that rational choices are possible, such an end must exist"（p.486）. H本："假如合理选择是可能的，这样的目的就必定是存在的"（第439页）。新解："只要假定理性选择是可能的，那么这样的目的必定是存在的。"

6. 原文："To avoid the circularity of the one and the inhumanity and fanaticism of the other, the hedonist turns inwards"（p.486）. H本："为避免前一个观念的循环性和后一个观念的非人性和狂热，快乐主义者转而向内"（第439页）。新解："为了避免一个目标陷入循环，而另一目标滑入不人道或狂热，快乐论者转向了内在目标。"罗尔斯在这里讨论的是"幸福""客观目标"等"支配性目的"，而不是"观念"。因此，H本的这个解读是欠妥的。

7. 原文："Pleasantness can be ostensibly defined as that attribute which is common to the feelings and experiences toward which we have a favorable attitude and wish to prolong"（p.486）. H本："快乐可以被明确规定为情感或经验的普通特性，我们对这种特性有一种称赞的态度并希望去延长它"（第439页）。新解："快乐表面上可以定义为，我们愿意善待且希望持续存在的情感和体验的共同属性。"

8. 原文："Thus, for purposes of illustration, one might say that pleasantness is that feature which is common to the experience of smelling roses, of tasting chocolate, of requited affection, and so on, and analogously for the opposite attribute of painfulness"（p.487）. H本："所以，为了形象地说明，一个人可以说快乐是在闻到玫瑰香味、尝到巧克力味、受人报答时的情感等等经验中司空见惯的特性，以此类推，痛苦便是一些与此相反的经验的特性"（第439页）。新解："因此，为了说明起见，我们不妨说，快乐的一大特点是，它是闻到玫瑰的芬芳、品尝巧克力的味道、维持相濡以沫的感情等体验所共同具有的且与痛苦相反的类似属性。"

【诠释】

依本人之设想，快乐论者会做出如下推断。首先，他认为，如果人类生命要接受理性的指引，那么它就得存在支配性目的。除非作为达到某个更高目的的手段，没有任何合理方法来平衡我们持有的相互竞争的目标。其次，他把快乐狭义地解读为愉悦感。作为情感和感觉的属性，快乐被视为发挥支配性目的作用的唯一可行的候选项，所以它本身是唯一美妙的事情。若照此理解，那么快乐独自便是美妙的，这一点并未直接设定为首要原则，然后使之与我们内省的价值判断相一致。与之相反，作为支配性目的，快乐要通过排除过程方得以实现。只要假定理性选择是可能的，那么这样的目的必定是存在的。同时，这一目标不能是幸福或任何客观目标（objective goal）。为了避免一个目标陷入循环，而另一目标滑入不人道或狂热，快乐论者转向了内在目标。在可由内省识别的具有某种特定性质的情感或感觉中，他发现了最终目标。如果我们愿意的话，我们不妨假定，在其他条件相同的情况下，快乐表面上可以定义为，我们愿意善待且希望可以持续存在的情感和体验的共同属性。因此，为了说明起见，我们不妨说，快乐的一大特点是，它是闻到玫瑰的芬芳、品尝巧克力的味道、维持相濡以沫的感情等体验所共同具有的且与痛苦相反的类似属性。①

【原文】§84-3-p.487

【评析】

1. 原文："**A rational agent knows exactly how to proceed in determining his good**"（p.487）。H本："一个有理性的人准完全了解在确定他的善时应当怎样做"（第439页）。"理性行动者"（rational agent）也可解读为理性人、理性主体、理性当事人。**新解**："理性行动者确切知道确定自身之善的办法。"

2. 原文："**He is to ascertain which of the plans open to him promises the greatest net balance of pleasure over pain**"（p.487）。H本："他应当确定对于他可能的计划中哪一项计划能使他达到快乐对痛苦的最大净余额"（第439页）。**新解**："他要确定的是，在向其开放的计划中，哪个计划承诺了快乐胜过痛苦的最大净余额。"

3. 原文："**This plan defines his rational choice, the best way to order his competing aims**"（p.487）。H本："这项计划规定着他的合理选择，即安排他的相互的冲突的目标的最好方法"（第439页）。**新解**："这项计划明确了他的理性选择，那是他排列其竞争性目标的最佳方法。"这里的"to order"不是"安排"的意思，而是对各种竞争目标进行谁先谁后的"排序"的意思。

4. 原文："**The counting principles now apply trivially**"（p.487）。H

---

① 这个说明来自布劳德（C. D. Broad）《五种伦理学理论》（*Five Types of Ethical Theory*），伦敦：劳特利奇和基根—保罗出版社1930年版，第186页及以后。——原注

本:"运用计算原则进行繁琐的计算"(第439页)。新解:"计数原则于是在细琐之处派上了用场。"

5. 原文:"Uncertainties"(p. 487)。H本:"不确定性"(第439页)。新解:"不确定因素"。

6. 原文:"We are now said to know the one thing the pursuit of which gives rational form to our life"(p. 487)。H本:"现在,我们据说知道那个唯一的、对它的追求给我们的生命提供合理形式的东西"(第440页)。新解:"我们于是知道了这样一件事情,追求快乐,给予我们的生活以理性形式。"

7. 原文:"The single rational end"(p. 487)。H本:"唯一合理的目的"(第440页)。新解:"单一理性目标"。

【诠释】

于是,快乐论者坚持认为,理性行动者确切知道确定自身之善的办法:他要确定的是,在向其开放的计划中,哪个计划承诺了快乐胜过痛苦的最大净余额。这项计划明确了他的理性选择,那是他排列其竞争性目标的最佳方法。因为所有美妙的东西都是类似的(homogeneous),所以作为达到快乐目的的手段是可以比较的,计数原则于是在细致之处派上了用场。当然,这些评估受到不确定因素和缺乏信息的困扰,通常只能做出最粗略的估计。然而,对快乐论来说,这不是真正的难题:重要的是,最大的快乐提供了清晰的善观念。我们于是知道了这样一件事情,追求快乐,给予我们的生活以理性形式。主要出于如上理由,西季威克认为,快乐必定是指引审慎的单一理性目标。①

【原文】§84 – 4 – pp. 487 – 488

【评析】

1. 原文:"Pleasant experiences"(p. 487)。H本:"快乐经验"(第440页)。新解:"快乐体验"。

2. 原文:"Intensity and duration"(p. 487)。H本:"强度和持久"(第440页)。新解:"强度和持久度"。

---

① 西季威克:《伦理学方法》第7版,伦敦:麦克米兰出版社1970年版,第405—407、479页。——原注

3. 原文："**A first-person procedure of choice**"（p.487）. H 本："一个选择的第一人称程序"（440 页）. **新解**："第一人称选择程序"。

4. 原文："**We find pleasure in the most varied activities and in the quest for any number of things**"（p.487）. H 本："我们在最多变化的活动中，在追求任何数量的事物中，都得到快乐"（第 440 页）. **新解**："我们在开展纷繁多样的活动中和在追求各种事物中寻找快乐。"

5. 原文："**To avoid the appearance of fanaticism and inhumanity**"（p.487）. H 本："避免狂热和非人性的外表"（第 440 页）. **新解**："避免出现狂热和不人道"。

6. 原文："**A variant of psychological hedonism**"（p.487）. H 本："另一种与此不同的心理学的快乐主义"（第 440 页）. **新解**："心理快乐论的变式"。

【诠释】

重要的是要注意两点。首先，当快乐被视为情感和感觉的特殊属性时，它被理解为当作计算依据的确定度量。通过估算快乐体验的强度和持久度，理论上可以进行必要的计算。快乐论方法提供了第一人称选择程序，幸福标准(效用标准)则没有提供这样的程序。其次，以快乐为支配性目的并不意味着我们有任何特定的客观目标。我们在开展纷繁多样的活动中和在追求各种事物中寻找快乐。因此，以极大化愉悦感为目的，似乎至少要避免出现狂热和不人道，同时仍要为第一人称选择明确的理性方法。此外，现在容易讲清楚关于快乐论的两个传统诠释。如果快乐的确是唯一目的，追求快乐使我们能够确定理性计划，那么快乐肯定是唯一的内在福分，因此我们从理性审慎(rational deliberation) 的条件出发，通过论证得出快乐论原则。心理快乐论的变式也表示，尽管说理性行为总是有意瞄准快乐是言过其实的，但无论如何，它受到活动计划的调节，那个计划旨在极大化愉悦感的净余额。尽管它导致这些比较为人熟知的诠释，但是追求快乐提供着唯一合理的审慎方法，这一论断似乎是快乐论的基本思想。

【原文】 §84 – 5 – p.488

【评析】

1. 原文："**Surely the preference for a certain attribute of feeling or sensation above all else is as unbalanced and inhuman as an overriding**

desire to maximize one's power over others or one's material wealth"（p.488）。H本："对一种情感或感觉的特性的超过其他特性之上的偏爱，当然也像最大限度地扩大一个人的超过他人的权力或物质财富一样是不平衡的和非人的"（第440页）。H本没有准确地解读出语句中的短语"an overriding desire"，**新解：**"一个压倒一切的欲望"。短语："The preference for a certain attribute of feeling or sensation above all else". H本："对一种情感或感觉的特性的超过其他特性之上的偏爱"。**新解：**"对高于一切的某种情感或感觉的偏好"。

2. 原文："Unbalanced and inhuman"（p.488）。H本："不平衡的和非人的"（第440页）。"unbalanced"有"有失公允的"意思，此处引申为"有偏颇的"。**新解：**"有偏颇的和不厚道的"。

3. 原文："Sidgwick is reluctant to grant that pleasantness is a particular quality of feeling"（p.488）。H本："西季威克不愿把快乐是情感的一个特性这一点当作前提"（第440页）。**新解：**"西季威克不太愿意承认，快乐是感觉的一个特殊性质。"

【诠释】

快乐论显然没有定义合理的支配性目的。我们只须注意，一旦快乐（愉悦）以非常明确的方式得到理解，正如它必须得到如此理解的那样，那么其强度和持久度就可以进入当事人的计算中。于是，以下说法不再站得住脚：它应该被视为唯一的理性目的。① 可以肯定的是，正如极大化自身处于他人之上的权力，或者，极大化自己的物质财富，如此压倒一切的欲望是有偏颇的和不厚道的一样，对高于一切的某种情感或感觉的偏好，是有偏颇的和不厚道的。毫无疑问，正因如此，西季威克不太愿意承认，快乐是感觉的一个特殊性质；然而，正如他希望的那样，如果快乐是衡量知识、美丽和友谊等理想价值的最终标准，那么他必须承认，快乐是感觉的一个特殊性质。②

---

① 布劳德：《五种伦理学理论》，第187页。——原注
② 西季威克：《伦理学方法》，第127页。在那里，西季威克否认快乐是一种与意志无关的可测量的感觉品质（pleasure is a measurable quality of feeling independent of its relation from volition）。他说，这是某些作者的见解，但他不接受这种见解。他把快乐规定为"这样一种情感，当理性生命体验它时，它至少被理解为值得向往的或较可取的"。但是他在这里反对的观点，似乎正是他后来依赖的观点，他以此作为最后标准，以寻求诸多目的的融贯。参阅该书第405—407、479页。否则，快乐论的选择方法就不再提供可以让人们遵循的教导了。——原注

【原文】§84 – 6 – p. 488

【评析】

罗尔斯在这里表示，快乐是多种多样的，它们是相互不可比较的。有的短暂，有的持久，有的平淡，有的剧烈，有的肤浅，有的深厚，有的终生难忘，有的转瞬即逝……它们都是快乐，构成人生的不同目标。经历爱恨情仇、喜怒哀乐的人生是圆满的，但不一定是美满的。

1. 原文："**There are different sorts of agreeable feelings themselves incomparable, as well as the quantitative dimensions of pleasure, intensity and duration**"（p. 488）。H 本："存在着不同种类的其自身就不可比的愉快感，以及不同种类的量度、强度与持久性"（第 441 页）。**新解**："存在着不同种类的愉悦感，它们本身是无法比较的，快乐的定量维度、强度和持久度也是如此。"在这个语句中，"愉悦感"（agreeable feelings）和"快乐"（pleasure）是两个不同的对象，H 本漏掉了后者。短语："The quantitative dimensions of pleasure, intensity and duration". **新解**："**快乐的定量维度、强度和持久度**"。这个语句强调的是各种愉悦感的不可比性，以及快乐的各个方面的不可比性。H 本的疏漏使得《正义论》中文版在这个语句的解读上显得不完整而令人误解。

2. 原文："**Are we to choose a brief but intense pleasant experience of one kind of feeling over a less intense but longer pleasant experience of another**？"（p. 488）H 本："我们应当选择一种情感的短暂而强烈的体验而不选择另一种情感的微弱而持久的体验吗？"（第 441 页）。**新解**："我们是否应该选择一种短暂而强烈的愉快体验，而不是另一种不那么强烈却持续时间较长的愉快体验呢？"语句中两次出现短语"愉悦体验"（pleasant experience），但是 H 本都没有解读到。

3. 原文："**When Petrarch says that a thousand pleasures are not worth one pain, he adopts a standard for comparing them that is more basic than either**"（p. 488）。H 本："当彼特拉克说一千种快乐抵不上一种痛苦时，他是采取一种比这两者更根本的标准比较它们的"（第 441 页）。**新解**："当佩特拉克说一千种快乐抵不上一种痛苦时，他采用众多快乐与任一痛苦相比何者更为根本的比较标准。"

4. 原文："**We have made no advance beyond deliberative rationality**"（p. 488）。H 本："我们没有越出慎思的理性一步"（第 441 页）。**新解**：

"我们无法超越审慎理性。"

5. 原文："The problem of a plurality of ends arises all over again within the class of subjective feelings"（p.488）。H本："由众多的目的带来的麻烦又一次在主观情感中到处表现出来"（第441页）。**新解**："在主观情感范围内，会反复出现目的的多样性问题。"短语："The problem of a plurality of ends". H本："由众多的目的带来的麻烦"。**新解**："目的的多样性问题"。

【诠释】

此外，还有一个事实是，存在着不同种类的愉悦感，它们本身是无法比较的，快乐的定量维度、强度和持久度也是如此。当它们发生冲突时，我们应当如何平衡它们呢？我们是否应该选择一种短暂而强烈的愉快体验，而不是另一种不那么强烈却持续时间较长的愉快体验呢？亚里士多德说，在必要时，好人愿意为了朋友而牺牲自己的生命，因为他喜欢短暂而强烈的快乐，更甚于长久而温和的享乐，他喜爱一段高尚而非凡的生活，更甚于多年碌碌无为的平庸苟活。① 但他是如何决定的呢？此外，正如桑塔亚纳（Santayana）所说，我们必须计算清楚快乐和痛苦的相对价值。当佩特拉克（Petrarch）说一千种快乐抵不上一种痛苦时，他采用众多快乐与任一痛苦相比何者更为根本的比较标准。当事者本人必须做出这个决定，他必须考虑到他在现在和将来的各种倾向和愿望。显然，我们无法超越审慎理性。在主观情感范围内，会反复出现目的的多样性问题。②

【原文】§84-7-p.489

【评析】

这个段落涉及多个经济学专业术语，H本几乎全都解读错了。

1. 原文："Theory of demand"（p.489）。H本："需要理论"（第441页）。**新解**："需求理论"。

2. 原文："The consumer's preferences"（p.489）。H本："消费者的偏爱选择"（第441页）。**新解**："消费者偏好"。

---

① 亚里士多德：《尼各马可伦理学》，1169a17—26。——原注
② 桑塔亚纳（Santayana）：《常识中的理性生活》（*Life of Reason in Common Sense*），纽约：查尔斯—斯克里布纳父子出版社1905年版，第273页及以后。——原注

3. 原文:"**The set of alternatives**"(p. 489)。H 本:"选择对象"(第 441 页)。新解:"一组可选项"。

4. 原文:"**The properties of convexity and continuity**"(p. 489)。H 本:"突出而持久的性质"(第 441 页)。新解:"凸性和连续性等性质"。

5. 原文:"**Given these assumptions, it can be shown that a utility function exists which matches these preferences in the sense that one alternative is chosen over another if and only if the value of the function for the selected alternative is greater**"(p. 489)。H 本:"给定这些假设,可以表明存在一种功利函数,这种功利函数在下述意义上与人们的偏爱选择一致:当且仅当一个被选择对象的函数值比另一个更大时,它才被人们选择"(第 441 页)。短语:"Utility function"。H 本:"功利函数"。新解:"效用函数"。整句新解:"给定这些假设,便可以看出,存在着在以下意义上与这些偏好相匹配的效用函数。按照该函数,当且仅当选择的一个选项比另一个选项的函数值更大时,该选项才能被选中。"

6. 原文:"**This function characterizes the individual's choices, what he in fact prefers, granted that his preferences meet certain stipulations**"(p. 489)。H 本:"假如一个人的偏爱满足某些规定,这种函数描述他的选择的特点,描述他实际上想要什么"(第 441 页)。新解:"这个函数描述了个体的各种选择,亦即只要他的偏好符合某些约定,它描述了他事实上偏好的是什么。"

7. 原文:"**It asserts nothing at all about how a person arranges his decisions in such a coherent order to begin with, nor clearly can it claim to be a first-person procedure of choice that someone might reasonably follow, since it only records the outcome of his deliberations**"(p. 489)。H 本:"对一个人如何把他的抉择安排成一个可以从头做起的一致的次序,这种功利函数没有确定任何东西;它也不可能明确地要求作为某个人可以合理地依循的第一人称选择程序,因为它仅仅记录他的慎思的结果"(第 441 页)。新解:"因为它只记录了他的审议结果,它根本没有断言,一个人如何以如此连贯的顺序开始安排他的决定,它也没有清楚地主张,这是一个人可能合理遵循的第一人称选择程序。"

【诠释】

有人反驳说,在经济学和决策理论中,这些问题是可以解决的。但是这个断言是基于一种误解。在需求理论中,假定消费者偏好满足以下假设:他们对一组可选项进行完全排序，该排序表现出凸性和连续性等性质，如此等等。给定这些假设，便可以看出，存在着在以下意义上与这些偏好相匹配的效用函数。按照该函数，当且仅当选择的一个选项比另一个选项的函数值更大时，该选项才能被选中。这个函数描述了个体的各种选择，亦即只要他的偏好符合某些约定，它描述了他事实上偏好的是什么。因为它只记录下他的审议结果，它根本没有断言，一个人如何以如此连贯的顺序开始安排他的决定，它也没有清楚地主张，这是一个人可能合理遵循的第一人称选择程序。经济学家建议的理性个体选择要满足的原则，充其量只能作为我们在做决定时要考虑的指导准则。一旦做了如上理解，那么这些准则只能是理性选择原则（或类似原则），我们便又返回到了审慎理性。①

【原文】§84–8–p. 489

【评析】

1. 原文："It seems indisputable"（p. 489）。H 本："毋庸置疑"（第 442 页）。新解："看似没有争议的是"。这是西方习惯用语的一种表达方式：人们对某个事情看似如此，实际并不如此。因此，H 本直接用非常确定的语气来表示某个"似是而非"的东西是误导读者的，离罗尔斯的本意甚远。

2. 原文："The inclusive end of realizing a rational plan of life is an entirely different thing"（p. 489）。H 本："实现一项合理生活计划的蕴涵性目的是完全不同的另一种目的"（第 442 页）。新解："实现理性人生规划的包容性目的则完全是另一回事。" 原文明明写着"完全另一回事"（entirely different thing），H 本不知何故硬要解读为"完全不同的另一种目的"。

---

① 因此，当有人反驳说，因为价格理论试图预测不可预见的东西，即具有自由意志的人们的决策，所以它必然会失败，瓦尔拉斯（Walras）对此回应道："实际上，我们从未试图预测在完全自由条件下做出的决策；我们只想借助数学表现这些决策的效应。在我们的理论中，每个交易者可以被假定为按其意愿去决定其效用曲线或需求曲线（utility or want curves）。" 瓦尔拉斯：《纯粹经济学要义》，加菲（William Jaffé）译，伊利诺伊霍姆伍德：理查德—欧文出版社 1954 年版，第 256 页。另参阅萨缪尔森（P. A. Samuelson）《经济分析基础》，麻省剑桥：哈佛大学出版社 1947 年版，第 90—92、97 页及以后；以及卢斯和雷法《博弈与决策》，纽约：约翰·威利父子出版社 1957 年版，第 16、21—24、38 页。——原注 ["价格理论"的原文是"price theory"，H 本解读为"价值理论"（第 442 页）。大错。]

3. 原文："**Wittgenstein showed that it is a mistake to postulate certain special experiences to explain how we distinguish memories from imaginings, beliefs from suppositions, and so on for other mental acts**"（p. 489）．H 本："维特根斯坦表明，用规定某种特殊经验来解释我们如何从想象中区别记忆、从假设中区别信念及种种其他精神事实，是一个错误"（第 442 页）．**新解："维特根斯坦表示，设定某些特殊经验，用来解释我们如何将记忆与想象、信念与假设以及其他精神活动区分开来，如此做法是错误的。"**

【诠释】

因此，看似没有争议的是，不存在这样的支配性目的，追求它符合我们内省的价值判断。实现理性人生规划的包容性目的（inclusive end）则完全是另一回事。但是，快乐论不能提供理性选择程序，这并不令人感到意外。维特根斯坦（Wittgenstein）表示，设定某些特殊经验，用来解释我们如何将记忆与想象、信念与假设以及其他精神活动区分开来，如此做法是错误的。同样地，某些愉悦感不太可能预先规定用来解释理性审慎可能性的计量单位。快乐和任何其他决定性的目的都不能扮演快乐论者赋予它的角色。①

【原文】§84 – 9 – p. 490

【评析】

1. 原文："**Purely preferential choice**"（p. 490）．H 本："纯粹偏爱选择"（第 442 页）．**新解："纯粹偏好选择"**。

---

① 参阅维特根斯坦《哲学研究》，牛津：巴兹尔—布莱克韦尔出版社 1953 年版。反对假定特殊经验的论据是随处可见的。关于快乐的应用，参阅安斯康姆《意向》，牛津：巴兹尔—布莱克韦尔公司 1957 年版。安斯康姆说："我们可能接受维特根斯坦关于意义的说法，并且说，'快乐不可能是一种印象；因为没有任何印象产生了快乐的结果。'他们【英国经验论者】想说的是，他们把诸如特定逗乐或发痒（tickle or itch）之类的东西，显然看作是正在做的快乐之事的要害所在。"（第 77 页）另参阅吉尔伯特·赖尔（Gilbert Ryle）"论快乐"，《亚里士多德学会会刊》1954 年增刊第 28 卷，和赖尔《两难》，剑桥：剑桥大学出版社 1954 年版，第四章；安东尼·肯尼（Anthony Kenny）：《行为、情感和意志》，伦敦：劳特利奇和基根—保罗出版社 1963 年版，第六章；以及泰勒（C. C. W. Taylor）"论快乐"，《分析》1963 年增刊。这些研究提供了看似较为正确的观点。在本书正文中，我尝试从所谓英国经验主义快乐观念的道德哲学立场来解析动机。本人认为，正如上述作者表明的那样，我几乎理所当然地断定这是一个谬误。——原注

2. 原文："What is right is not a matter of mere preference"（p.490）. H本："什么是正当的问题不单单是一个偏爱选择的问题"（第443页）. 新解："何为正当的问题，不是单纯的偏好问题。"

【诠释】

哲学家们一直以为，由于许多不同的原因，存在着特殊经验，并且它们引导着我们的精神生活。因此，尽管说明快乐论对我们毫无用处看似是一件简单的事情，但是重要的在于搞清楚，为什么人们会被迫采取这种绝望的权宜之计。本人已经留意可能的原因：在决定我们的善或价值时，我们希望缩小纯粹偏好选择的范围。在目的论中，善观念的任何模糊性都会转嫁到正当观念那儿。因此，如果个体之善(个体价值、个人福分)是他们作为个体就能决定的事情，那么在一定范围内，正当也是如此。不过，有人自然以为，何为正当的问题，不是单纯的偏好问题(matter of mere preference)，因此人们试图找到明确的善观念。

【原文】 §84 – 10 – p.490

【评析】

1. 原文："The diverse goods of different individuals"（p.490）. H本："不同个人的不同的善"（第443页）. 新解："不同个体持有的不同善"。

2. 原文："The total good can be maximized"（p.490）. H本："最大限度地扩大善的总量"（第443页）. 新解："总体善（利益或价值）能够得到极大化"。

【诠释】

无论如何，还存在另一原因：目的论需要一种方法来比较不同个体持有的不同善(价值、权利和福分)，以便总体善能够得到极大化。那么，我们应当如何开展这些评估呢？即使某些目的有助于组织单独采用的个体计划，它们也不足以界定某个正当观念。那么，转向愉悦感标准，似乎是这样的一次尝试，从而在众多个体当中找到一个公分母(common denominator)，一种可以具体说明社会秩序的人际通货。并且，一旦有人坚信，只要人是理性的，这一标准就是他的目标，这一说法便更有诱惑力。

【原文】§84-11-pp.490-491

【评析】

1. 原文："Symptomatic drift"（p.490）。H本："有代表性的倾向"（第443页）。新解："征候动向"。
2. 原文："We should not attempt to give form to our life by first looking to the good independently defined"（p.491）。H本："我们在试图赋予我们的生活以某种形式时，不会首先关心被独立地规定的善"（第443页）。新解："我们不应该试图通过先找到独立定义的善来给予我们的生活以形式。"
3. 原文："There is no way to get beyond deliberative rationality"（p.491）。H本："人们不可能超出慎思理性"（第443页）。新解："不存在超越审慎理性的办法。"
4. 原文："These last remarks"（p.491）。H本："最后这段陈述"（第443页）。新解："最后这些说法"。

【诠释】

作为结论，我不会说，为了确立融贯理论，目的论学说必然会走向某种形式的快乐论。然而，这一趋势似乎确实有某种自然性。有人说，只要它们试图制定明确而适用的道德推理方法，快乐论便是目的论学说的征候动向。快乐论的弱点表明，想要确定可以极大化的适当的明确目的是不可能的。这表明，目的论学说的结构存在着严重的错误。从一开始，它们就以错误方式把正当与善联结起来。我们不应该试图通过先找到独立定义的善来给予我们的生活以形式。主要揭示我们的本性的，不是我们的目的，而是我们承认的原则，原则支配(主导) 目的形成的背景条件和追求目的的方式。因为自我先于它所确定的目的；甚至支配性目的也须从众多可能性中选取。不存在超越审慎理性的办法。因此，我们应该颠倒目的论提出的正当与善的关系，把正当视为优先的。道德理论于是在相反方向上发展了起来。本人现在试着根据契约论学说来解析最后这些说法。

§85　自我的统一
The Unity of the Self

【题解】

　　自我的统一是一个伦理学命题。罗尔斯认为，只要个体具有道德能力和正义感，并且积极地实现自己的理性人生规划，他就具备自我的统一的全面条件。个体对于快乐或幸福的追求，成为自我的统一的重要组成部分。在这一点上，罗尔斯批评康德的先验唯心论立场，而吸收了效用论思想的合理因素。罗尔斯从来没有把正义与善好（正当与善）完全对立起来，也没有把效率与公平完全对立起来，他只是在自由的优先性问题上，强调正当对善的优先性，在社会基本制度的设计中，强调正当对善的优先性。在处理自我的统一问题时，他也要把个体对正义的追求与个体对幸福的追求统一起来。因此，这种尝试可以看作罗尔斯对古典效用论和康德道德道义论或德性论的超越。

【原文】§85 – 1 – p.491

【评析】

　　1. 原文："Significant intuitionist elements enter into determining the good"（p.491）。H本："重大的直觉主义因素确定着善"（第443页）。新解："一些重要的直觉因素决定着善"。

　　2. 原文："A rational plan is one that would be chosen with deliberative rationality as defined by the full theory of the good"（p.491）。H本："一项合理计划是一个人按照善的强理论意义上的慎思理性会选择的一项计划"（第444页）。新解："所谓理性计划，就是借助于审慎理性而被选取的计划，审慎理性是由充分善理论定义的。"

【诠释】

　　前面讨论的结果是，不存在这样的目标，我们所有的选择都可以因为它而合理地给出。一些重要的直觉因素决定着善，在目的论中，这些因素必然会影响到正当。古典效用论者试图通过快乐论学说来避免这一结果，但是他们一无所获。然而，我们不能就此止步；我们必须找到建设性的解决方案，来回答快乐论试图回答的选择问题。因此，我们再次面临这样的问题：如果没有单一目标来决定适当的目标模式，那么如何才能实在地确定理性人生规划呢？本人现在已经给出这个问题的答案：所谓理性计划，就是借助于审慎理性而被选取的计划，审慎理性是由充分善理论定义的。仍然有待确定的是，在契约论的背景下，这个答案是完全令人满意的，并且困扰着快乐论的问题并未产生。

【原文】§85-2-pp.491-492

【评析】

罗尔斯在下面这个段落关于自我的统一的论述，让人情不自禁地想起黑格尔在《精神现象学》中关于自我意识的论述："自我意识投身到生活里去，将它出现时所带来的那个纯粹的个体性予以充分发挥。它并不那么注意去创造它自己的快乐，而毋宁是直接地取而享受之。唯一存在于它与它自己的现实之间的那些关于科学、规律和原理的阴影，像一层气息奄然的薄雾一样正在趋于消散，根本不能与确信其实在的它那种确定性相抗衡；它为自己去取得生活，就如同去摘取熟透了的果实一样，刚动手去摘取，果实自己也已经落到手里来了。"[①]

1. 原文："Moral personality is characterized by two capacities: one for a conception of the good, the other for a sense of justice"（p.491）。H本："道德人格以两种能力为特征：一是对于一种善观念的能力，二是对于一种正义感的能力"（第444页）。新解："道德人格以两种能力为表征：一是追求善观念的能力，二是追求正义感的能力。"

2. 原文："Fundamental preference"（p.491）。H本："基本偏爱"（第444页）。新解："基本偏好"。

3. 原文："The higher-order desire"（p.491）。H本："更高等的欲望"（第444页）。新解："高阶欲望"。

【诠释】

正如我说过的那样，道德人格以两种能力为表征：一是追求善观念的能力，二是追求正义感的能力。一旦道德人格得到了实现，那么，第一种

[①] 参阅黑格尔《精神现象学》（上卷），贺麟、王玖兴译，第240页。

能力表现为一种理性人生规划，第二种能力则表现为一种按某些正当原则行事的调节性欲望。因此，有道德的人，是带有他已选好的目的的主体，他的基本偏好是能够使他建立一种生活方式的条件，只要条件允许，这种生活方式表达了他作为自由平等理性生命的本性。于是，人格的统一体现在计划的连贯性上，这种统一是建立在高阶欲望之上的，即以符合其正当感和正义感的方式遵循理性选择原则。当然，个体形成其目标并非一蹴而就，而是逐步推进的；但是在正义允许的情况下，他能够制定并遵循人生规划，从而成就其自我的统一。

【原文】§85 – 3 – p. 492

【评析】

1. 原文："**Distinctive feature**"（p. 492）. H本："独有特点"（第444页）。新解："显著特点"。

2. 原文："**To maximize the sum of pleasurable experiences**"（p. 492）. H本："最大限度地扩大愉快经验的总量"（第444页）。新解："极大化欢悦体验之总和"。

3. 原文："**The individual is indifferent to all aspects of himself**"（p. 492）. H本："个人就对他自己的所有方面不作区分"（第444页）。新解："个体对自己的各个方面都漠然处之。"

4. 原文："**Many materials**"（p. 492）. H本："多种物质条件"（第444页）。新解："众多素材"。

5. 原文："**Moreover, it is not by aiming at pleasure as his pleasure but simply as pleasure that gives unity to the self**"（p. 492）. H本："而且，使自我统一的不是以他的快乐，而是以径直作为快乐的快乐，为目的"（第444页）。新解："而且，它不以追求快乐为其快乐，而以追求只要能实现自我统一的简单快乐为快乐。"

6. 原文："**Whether it is his pleasure or that of others as well which is to be advanced raises a further matter that can be put aside so long as we are dealing with one person's good**"（p. 492）. H本："至于应当去提高的是他的快乐还是别人的快乐，提出一个更进一步的问题，只要我们是在处理一个人私人的善，这个问题就可以放在一边"（第444页）。新解："无论是自己的快乐，还是别人的快乐，只要我们正在处理的是个体的福分、善或价值，都会遇到那种快乐是否多多益善的问题，而这是可以暂搁一旁的问题。"

【诠释】

支配性目的观念的显著特点是，它假定了实现自我统一的方式。因此，在快乐论中，自我通过千方百计地在其心理边界之内极大化欢悦体验之总和而成就为自我。理性自我必须以这种方式建立其统一。因为快乐是支配性目的，所以个体对自己的各个方面都漠然处之，他把自己天赋所有的身心状态，甚至是自己的自然倾向和依恋，当作获得快乐体验的众多素材。而且，它不以追求快乐为其快乐，而以追求只要能实现自我统一的简单快乐为快乐。无论是自己的快乐，还是别人的快乐，只要我们正在处理的是个体的福分、善或价值，都会遇到那种快乐是否多多益善的问题，而这是可以暂搁一旁的问题。但是，一旦我们考虑的是社会选择问题，在快乐论形式下的效用原则就是天经地义的。因为如果任何人都必须通过寻求快乐的支配性目的来安排其审议活动(deliberations)，并且可以以其他方式确保他的理性人格，那么似乎许多人在共同努力中应该通过极大化群体的快乐体验来指令集体行动。因此，正如圣者独自为上帝的荣耀而劳碌一样，圣者社团的成员也要合作，为同一目标做任何必要的事情。个体与社会的不同之处在于，自我的资源、身心能力、情感和欲望被置于不同语境当中。在两种情况下，这些资源都是为支配性目的服务的。但是，依靠可以合作的其他机构，极大化的是自我的快乐或社团的喜乐。

【原文】 §85-4-p.492-493

【评析】

1. 原文："**The principle of utility seems quite plausible**"（p.492）。H本："功利原则就十分似真"（第445页）。**新解**："**效用原则看似相当言之成理**"。

2. 原文："**It is at least a prima facie principle of right to maximize happiness**"（p.492）。H本："最大限度地提高幸福至少是一个自明的正当原则"（445页）。**新解**："**极大化幸福至少是自明的正当原则。**""最大多数人的最大幸福"是效用论基本原则，"极大化幸福"（to maximize happiness）是对这一原则的简要表述。

3. 原文："**If this principle is not alone regulative, there must be some other criterion such as distribution which is to be assigned some weight**"（p.492）。H本："如果这一原则不单独地起调节作用，就一定还有某些其

他标准，例如分配，应当被赋予某种重要性"（第445页）。**新解**："如果这一原则不是唯一的调节性原则，那么必定存在其他标准，比如分配，它将被赋予一定的权重。"这里的"this principle is not alone regulative"应解读为"这一原则不是唯一的调节性原则"，而不是H本解读的"这一原则不单独地起调节作用"；"some weight"最好解读为"一定的权重"，而非"某种重要性"。

4. 原文："**Judgments of right are to be reasoned and not arbitrary**"（p. 492）。H本："正当判断应当被追问理由，而不能专断"（第445页）。**新解**："正当判断讲道理、不武断。"

5. 原文："**It is essentially this reasoning that underlies Mill's so-called proof of utility**"（p. 493）。H本："这种推理是密尔的所谓的对功利的证明的主要基础"（第445页）。**新解**："这一推论为密尔所谓的效用证明奠定了实质性基础。"

【诠释】

此外，同样的考虑将导致作为第一人称选择理论的快乐论，如果那样的考虑应用于正当理论，那么效用原则看似相当言之成理。因为我们首先假设，（由愉悦感定义的）幸福是唯一的福分。那么，甚至直觉论者都承认，极大化幸福至少是自明的正当原则。如果这一原则不是唯一的调节性原则，那么必定存在其他标准，比如分配，它将被赋予一定的权重。那么，要参照社会行为的哪个支配性目的，这些标准才能得到平衡呢？因为只要正当判断讲道理、不武断，那么这一目的必定是存在的，效用原则似乎规定了所要求的目的。任何其他原则都不具备界定正当行为的最终目标所必需的特征。我相信，这一推论为密尔所谓的效用证明奠定了实质性基础。①

---

① 参阅密尔《功利主义》第四章。引发许多讨论的这一章，尤其是第3段落，非常值得注意，因为密尔似乎认为，如果他能阐明"幸福是唯一的善"（happiness is the sole good），他就证明"效用原则是正当的标准"（principle of utility is the criterion of right）。这一章以效用原则的证明为标题；但是他提供给我们的却是对"唯有幸福才是善好的"（happiness alone is good）这一效应（effect）的论证。到目前为止，正当观念（conception of right）还没有取得任何进展。只有当回过头看这个论著的第一章，并留意密尔关于道德理论的结构（structure of a moral theory）概念，就像本人在本书第8节讨论它并在前面正文中概述它那样，我们才能列出密尔的全部前提。根据这些前提，密尔认为，他的论点是一个证据（Mill thought his argument a proof）。——原注

【原文】§85-5-p.493

【评析】

1. 原文："The nature of the principles that are chosen"（p.493）。H本："所选择的原则的本性"（第445页）。新解："被选中原则的性质"。

2. 原文："The capacity for pleasure and pain"（p.493）。H本："对苦乐的能力"（第445页）。新解："趋乐避苦的能力"。"趋乐避苦"是效用论术语。

3. 原文："Fundamental aspect of the self"（p.493）。H本："自我的基本方面"（第445页）。新解："自我的基本面"。

4. 原文："There is no more reason for the parties to agree to this criterion than to maximize any other particular objective"（p.493）。H本："他们没有更多的理由赞同这一标准而不去尽可能提高其他具体目标"（第445页）。新解："除了极大化任一其他特定目标以外，各方没有理由同意这个标准。"

5. 原文："They think of themselves as beings who can and do choose their final ends（always plural in number）"（p.493）。H本："他们把自己看作能够并确实在选择他们的（经常是多数的）最终目的的存在物"（第445页）。新解："他们自以为是能够选择且确实选择了（在数量上总是复数的）最终目标的生命。"这里罗尔斯在括号中标注的"always plural in number"意思是"在数量上总是复数"，表示他们追求的最终目标有多个而不是一个。

6. 原文："A plurality of persons are to settle the terms of their cooperation in a situation that gives all fair representation as moral beings"（p.493）。H本："众多的人应当在所有人能够表达他们的道德人格的境况下确定他们合作的条件"（第445页）。新解："许多人要在将所有人作为道德人予以公平再现的情况下去确定他们的合作条款。"短语："The terms of their cooperation". 应为"他们的合作条款"而非"他们的合作条件"。短语："Gives all fair representation as moral beings". 应为"将所有人作为道德人予以公平再现"。H本解读为"所有人能够表达他们的道德人格"，漏掉了"公平"。

7. 原文："Their fundamental interest in liberty and in the means to make fair use of it is the expression of their seeing themselves as primarily

moral persons with an equal right to choose their mode of life"（p. 493）. H 本："他们对自由和公平的运用自由的那些手段的兴趣，是他们把自己视为有选择生活方式的同等权利的道德人的表现"（第 445—446 页）**新解**："他们对自由有着根本利益，对公平使用自由的手段有着根本利益，这一点表明，他们自以为首先是拥有选择自己生活方式的平等权利的道德人。"

【诠释】

现在，在公平正义中，正当的优先性和康德式诠释导致视角的完全翻转。要想看到这一点，我们只需回顾一下初始位置的特点和被选中原则的性质。各方把道德人格而非趋乐避苦的能力作为自我的基本面。他们不知道人拥有什么最终目标，并且所有的支配性目的观念都将被拒之门外。因此，他们不会想到去承认快乐论形式的效用原则。除了极大化任一其他特定目标以外，各方没有理由同意这个标准。他们自以为是能够选择且确实选择了（在数量上总是复数的）最终目标的生命。正如个体要根据所有信息来决定自己的生活计划（在本案中没有施加任何限制）那样，许多人要在将所有人作为道德人予以公平展示的情况下去确定他们的合作条款。处在初始位置上的各方的初衷是，为每一方形成其自我统一创造公正而有利的条件。他们对自由有着根本利益，对公平使用自由的手段有着根本利益。这一点表明，他们自以为首先是拥有选择自己生活方式的平等权利的道德人。因此，他们承认，只要条件允许，两个正义原则将按照顺序排列。

【原文】 §85 - 6 - pp. 493 - 494

【评析】

1. **原文**："**This unity is the same for all**"（p. 493）. H 本："这种统一是所有的人都有的"（第 446 页）。**新解**："这种统一对所有人都是一样的"。

2. **原文**："**Everyone's conception of the good as given by his rational plan is a subplan of the larger comprehensive plan that regulates the community as a social union of social unions**"（p. 493）. H 本："每个人的由其合理计划规定的善观念都是有更大蕴涵的计划中的一部分，这个更大的计划调节着作为社会联合的社会联合的那个共同体"（第 446 页）。**新**

解："每个人持有由其理性计划给定的善观念，它是一个更大综合计划的子计划，那个大计划将共同体作为由诸多社会联合组成的社会大联合加以规制。"

3. 原文："**The public conception of justice**"（p. 494）. H 本："共同的正义观念"（第 446 页）. **新解**："这种公开且公共的正义观念"。

4. 原文："**The many associations of varying sizes and aims, being adjusted to one another by the public conception of justice, simplify decision by offering definite ideals and forms of life that have been developed and tested by innumerable individuals, sometimes for generations**"（pp. 493 – 494）. H 本："许多规模和目标各异的社团根据共同的正义观念调节它们的相互关系，通过提供确定的理想和由无数人，常常是无数代人，发展和检验的生活形式，它们使人们的抉择变得简化"（第 446 页）. **新解**："通过公开且公共的正义观念，有着不同规模和目标的许多社团做了相互调整；通过提供由无数个体有时是几代人发展与检验的特定理想和生活形式，那些社团简化了决策。" 短语："The many associations of varying sizes and aims". H 本："许多规模和目标各异的社团"。**新解**："有着不同规模和目标的许多社团"。这里的"associations"同时具有"社团、团体、联盟"的含义。

【诠释】

我们现在必须把这些说法同我们一开始就提到的选择的不确定性问题联系起来。其主要观点是，在正当优先的情况下，选取我们的善观念要限定在明确的范围之内。正义原则及其在各种社会形式中的实现，界定了我们开展审议活动的范围。正当观念已经提供了自我的本质统一。并且，在良序社会里，这种统一对所有人都是一样的；每个人持有由其理性计划给定的善观念，它是一个更大综合计划的子计划，那个大计划将共同体（community）作为由诸多社会联合组成的社会大联合加以规制。通过公开且公共的正义观念，有着不同规模和目标的许多社团（associations）做了相互调整；通过提供由无数个体有时是几代人发展与检验的特定理想和生活形式，那些社团简化了决策。所以，我们在制定生活计划时不是从头开始的；我们不需要在没有给定结构或固定轮廓的情况下，从无数可能性中做出选择。因此，虽然不存在解决我们的利益的算法，不存在第一人称选择程序，正当和正义的优先性也如此可靠地约束着这些审议活动，以至于它们变得更加容易管理。既然基本权利和基本自由已经牢固确立起来，我们的选择不会扭曲我们对彼此的诉求。

【原文】§85-7-p.494

【评析】

罗尔斯在这个段落关于结构翻转效应的讨论，让人想起黑格尔在《精神现象学》中关于"颠倒的世界"的讨论："按照这个颠倒了的世界的规律，那在第一个世界内是自身等同的东西，就是不等同于自身的，而在第一个世界中不等同的东西是同样不等同于它自身，或者它将成为等同于它自身。在一定的阶段里会得出这样的结果，即按照第一个世界是甜的东西，在这个颠倒了的自在世界里是酸的，在前一个世界里是黑的东西，在后一世界里是白的。"① 当然，黑格尔讨论的是有关力的物理规律或自然规律，而不是有关正义、正当和善之优先性选择的道德原则或道德法则。罗尔斯表示，正当优先于善，或者，正义优先于善，实现了对效用论正义观念的颠倒。

1. 原文："Since men's claims on one another are not affected, the indeterminacy is relatively innocuous"（p.494）。H本："由于人们的相互要求不受偏爱的影响，不确定性就是相对无害的"（第446页）。**新解**："因为人们的彼此诉求未受影响，所以不确定性相对来说是无害的。"H本解读中"偏爱"一词没有出处。

2. 原文："We are not required to go beyond deliberative rationality in order to define a clear and workable conception of right"（p.494）。H本："我们无需为得到一种清晰而有效的正当观念而走出慎思的理性"（第446页）。**新解**："我们不必为了界定明晰且可行的正当观念而超越审慎理性。"短语："To go beyond". 新解为"**超越**"而非"走出"，"走出慎思的理性"不符合汉语使用习惯。

3. 原文："The principles of justice have a definite content and the argument supporting them uses only the thin account of the good and its list of primary goods"（p.494）。H本："正义原则有确定的内容，而且，正义原则的论证仅仅使用对善的弱描述及基本善详细表"（第446页）。**新解**："正义原则有明确的内容，支持正义原则的论据，只使用了不充分善理论及其基本善清单。"

4. 原文："Such is the effect of the reversal of structure"（p.494）。H

---

① 参阅黑格尔《精神现象学》（上卷），贺麟、王玖兴译，第107页。

本:"这就是理论结构的翻转的影响"(第446页)。罗尔斯在这里讨论"结构翻转",让人想起黑格尔在《精神现象学》中关于颠倒世界的讨论,那里也多次讨论到了结构翻转。**新解**:"这就是结构翻转的效应。"

【诠释】

鉴于正当和正义的优先地位,善观念的不确定性(可能因人而异,因阶层而异)就不那么令人感到头痛了。事实上,导致某种目的论接受支配性目的观念的考虑已经失去力量。首先,虽然没有消除在选择过程中的纯优先因素,但是,它们仍然受限于对正当的现有约束之内。因为人们的彼此诉求未受影响,所以不确定性相对来说是无害的。此外,在正当原则允许的限度之内,除了审慎理性之外,不必有正确的标准。如果一个人的生活计划符合这一标准,如果他成功地实现了这一人生规划,并在这样做的过程中发现它是值得的,那么没有理由说,如果他做了别的事情会更好。我们不应当简单地断定,我们的理性善好是唯一确定的。从正义理论的观点来看,这个断定是不必要的。其次,我们不必为了界定明晰且可行的正当观念而超越审慎理性。正义原则有明确的内容,支持正义原则的论据,只使用了不充分善理论及其基本善清单。这种正义观念一旦确立,正当的优先性就保证其原则的优先性。因此,令目的论对支配性目的观念着迷的两点思考都没有出现在契约论中。这就是结构翻转的效应。

【原文】§85-8-pp.494-495

【评析】

1. **原文**:"Offhand this suggestion seems paradoxical"(p.494)。H本:"这种意见立即就显得自相矛盾"(第446页)。**新解**:"这一说法初看之下是自相矛盾的。"

2. **原文**:"How can the requirement of unanimity fail to be a constraint?"(p.494)H本:"一致同意的要求何以没有成为一种约束?"(第446—447页)**新解**:"一致同意的要求怎么可能不是一项约束条件呢?"

3. **原文**:"Under full information"(p.495)。H本:"在具有充分信息的条件下"(第447页)。**新解**:"在充分知情下"。

4. **原文**:"Society then proceeds to maximize the aggregate fulfillment of the plans that result"(p.495)。H本:"同时,社会最大限度地提高人

们制订出来的计划的总的实现"（第447页）。**新解**："社会则继续极大化由实施这些计划取得的总成就。"

5. 原文："**Plans that happen to be out of line must be revised**"（p. 495）。H本："偶然地违反了正义原则的计划必须修订"（第447页）。**新解**："碰巧违背原则的计划，必须予以修订。"

6. 原文："**The prior collective agreement**"（p. 495）。H本："优先的共同协议"（第447页）。**新解**："先前的集体协议"。

7. 原文："**The same for all**"（p. 495）。H本："人所共有的"（第447页）。**新解**："对所有人都是一样的"。

8. 原文："**The notion of society as a social union of social unions**"（p. 495）。H本："作为社会联合的社会联合这一概念"（第447页）。**新解**："社会是由诸多社会联合组成的社会大联合这一概念。"

9. 原文："**We appreciate what others do as things we might have done but which they do for us, and what we do is similarly done for them**"（p. 495）。H本："我们欣赏他人所做的事，就好像这些事情是我们所做的而不是他们为我们所做的，而我们所做的事也在他人那里受到同样的评价"（第447页）。**新解**："就像别人对我们的所作所为品头论足一样，我们对别人的所作所为品头论足。我们做着的事情，同样是他们所做的。"

【诠释】

早些时候，本人在介绍关于公平正义的康德式诠释时曾经提及，在某种意义上，关于正义原则的一致同意条件（unanimity condition）甚是适合于表达单一自我的性质（§40）。这一说法初看之下是自相矛盾的。一致同意的要求怎么可能不是一项约束条件呢？一个原因是，无知之幕保证，每个人都应当以同样的方式进行推理，因此这一条件当然得到了满足。但是，更深层次的解析在于以下事实：契约论学说具有的结构与效用理论具有的结构正好相反。在效用理论中，每个人在充分知情下不受阻碍地拟定其理性计划，社会则继续极大化由实施这些计划取得的总成就。另一方面，在公平正义中，所有人事先就解决彼此正当诉求的原则达成一致。这些原则被赋予绝对的优先地位，以便毫无疑问地规制社会制度，并根据这些原则制定自己的计划。碰巧违背原则的计划，必须予以修订。因此，先前的集体协议，从每个人计划共同具有的某些基本结构特征开始建立。作为自由平等的道德人，自我的本质对所有人都是一样的，理性计划基本形式的相似性表现了这一事实。此外，正如社会是由诸多社会联合组成的社会大联合这一概念所表明的那样，共同体的所有成员都参与（并且影响）彼此的本性：就像别人对我们的所作所为品头论足一样，我们对别人的所作所为品头论足。我们所做的事情，同样是他们所做的。我们做什么，他们也会做什么。因为这个自我是在许多自我的活动中实现的，所以，那个符合所有人都同意的原则的正义关系，最适合表现每个人的本性。最终，一致同意的要求与这样一种人类观念相联系：他们作为社会联合成员寻求着共同体的价值。

【原文】§85-9-pp. 495-496

【评析】

1. 原文："Principles of……efficiency"（p. 495）。H本："效能原则"（第447页）。新解："效率原则"。"效能原则"一般表述为"effectiveness principle"。"公平"（fairness）与"效率"（efficiency）是两大对应原则，但是"公平"和"效能"不是两大对应原则。公平正义理论与效用论正义理论的争论焦点在于，公平与效率何者优先的问题。

2. 原文："An ideal conception of the social order"（p. 495）。H本："一种社会秩序的理想观念"（第447页）。新解："一个理想的社会秩序观念"。

3. 原文："The direction of change"（p. 495）。H本："社会变革的方面"（第447页）。新解："变革的方向"。

4. 原文："The dominant end of a teleological theory is so defined that we can never finally achieve it and therefore the injunction to advance it always applies"（p. 495）。H本："目的论的支配性目的是如此被规定的，以至我们永远不能实现它，因而实现它的命令始终有效"（第448页）。H本正好把这个语句的意思说反了。新解："因为某个目的论理论的支配性目的是如此界定的，以至于我们永远无法最终实现它，所以不得推进它的禁止令总是适用的。"

5. 原文："The principles of justice, on the other hand represent more or less definite social aims and restrictions"（pp. 495-496）H本："正义原则却提出一些多少明确的社会目标和限制"（第447—448页）。新解："另一方面，正义原则多少代表着特定的社会目标和限制。"

6. 原文："We realize a certain structure of institutions"（p. 496）。H本："我们实现了某种结构的制度"（第448页）。新解："我们认识到各

种制度的一定结构"。

【诠释】

人们可能会认为，一旦正义原则得到优先考虑，那么终究会有支配性目的来组织我们的生活。然而，这个想法是基于误解。当然，正义原则在词典式排序上优先于效率原则，并且第一正义原则优先于第二正义原则。因此，我们建立了一个理想的社会秩序观念，它将规制变革的方向和改革的努力（§41）。但是，正是个人义务和职责原则，规定着这一理想对个人提出的要求，而这些原则并未使它（这个理想）成为驾驭一切的因素。此外，我一直认为，这个设定的支配性目的属于某种目的论，在这个目的论中，善顾名思义独立于正当而得到具体规定。这一目的的作用部分在于，使得正义观念相当精确。在公平正义中，不存在如此意义的支配性目的；正如我们看到的那样，也不存在需要如此目的的理由。最后，因为某个目的论理论的支配性目的是如此界定的，以至于我们永远无法最终实现它，所以不得推进它的禁止令总是适用的。我们不妨回顾一下前面的评论，它们说明了效用原则并不真正适用于词典式排序的原因：除非在特殊情况下断开联系，否则后续的标准将永远不会起作用。① 另一方面，正义原则多少代表着特定的社会目标和限制（§8）。一旦我们认识到各种制度的一定结构，我们就可以在其安排许可的范围内自由决定和追求我们的利益。②

【原文】 §85-10-p.496

【评析】

1. 原文："**The former defines the good locally**"（p.496）。H本："**前者狭隘地规定善**"（第448页）。**新解**："**前者在地方性意义上定义善**"。这里的"locally"在文化人类学上有特殊含义，它与美国学者吉尔兹（Clifford Geertz）提出"地方性知识"（local knowledge）概念联系在一起，应当解读为"地方性意义上的"。

---

① 罗尔斯的意思是，一旦人们采用效用原则，其他原则便只能处于附属地位，不能发挥真正的作用，因为效用原则简单明了、操作便利，并且可以进行量化测量。
② 如果正义原则放在优先地位，那么，它能够兼顾效用原则，允许其发挥一定的作用。比如，国际或省际GDP排名是效用原则反映到国家或地方社会经济决策的重要指标。它简单明了，但是把正义原则权重排除在外。

2. 原文："**A more or less homogeneous quality or attribute of experience**"（p. 496）. H 本："一种多少同质的经验性或特性"（第 448 页）. **新解**："多少同类的经验性质或经验属性"。

3. 原文："**Regards it as an extensive magnitude which is to be maximized over some totality**"（p. 496）. H 本："把它看作一个应当最大限度地提高使之超过某种总量的巨大的量"（第 448 页）. **新解**："视之为将极大化到超过某个总量的一个巨量"。

4. 原文："**Whereas the latter moves in the opposite fashion by identifying a sequence of increasingly specific structural forms of right conduct each set within the preceding one, and in this manner working from a general framework for the whole to a sharper and sharper determination of its parts**"（p. 496）. H 本："而后者则与之相反，它确定正义行为的一个越来越具体的结构形式的序列，其中每一种形式都包含在优先于它的那个形式之中，并且以这种方式，它从一个一般的总结构越来越明确地确定它的各个部分"（第 448 页）。这个语句比较复杂，我们一一剖析：

（1）短语："A sequence of increasingly specific structural forms of right conduct". H 本："正义行为的一个越来越具体的结构形式的序列". **新解**："一系列日益具体的正当行为结构形式"。

（2）短语："Right conduct". H 本："正义行为". **新解**："正当行为"。

（3）短语："Each set within the preceding one". H 本："其中每一种形式都包含在优先于它的那个形式之中". **新解**："在前一集合中的每一集合"。

（4）短语："A general framework for the whole". H 本："一个一般的总结构". **新解**："某个整体总框架"。

因此，我们得到的对整个语句的正解是："后者则以相反的方式移动，通过识别一系列日益具体的正当行为的结构形式，其每一集合包含于先行集合之中，并通过这种方式，实现从制订某个整体总框架，到日益清晰地确定其各个部分。"

5. 原文："**The first procedure**"（p. 496）. H 本："第一程序"（第 448 页）. **新解**："第一种做法"或"第一道工序"。

6. 原文："**Illustrates it with compelling simplicity**"（p. 496）. H 本："以诱人的简化形式阐发功利主义"（第 448 页）. **新解**："以令人信服的简洁性说明它"。

7. 原文："Thus the four-stage sequence (§31) formulates an order of agreements and enactments designed to build up in several steps a hierarchical structure of principles, standards, and rules, which when consistently applied and adhered to, lead to a definite constitution for social action"（p. 496）。H本："例如，四阶段序列（见第31节）表达协议和被设计来有步骤地构筑原则、标准和规则的等级结构的法规的序列，这个序列一旦被始终如一地应用和坚持，就将引向对于社会行为的一个明确的宪法"（第448页）。H本对整个语句的解读有偏差。我们接下来对其作——分解。

（1）单词："Thus"。H本："例如"。**新解："因此"**。

（2）单词："Formulates"。H本："表达"。**新解："制定"**。

（3）短语："An order of agreements and enactments"。H本："协议和法规的序列"。**新解："各种协议和法规的顺序"**。

（4）短语："An order of agreements and enactments designed to build up in several steps a hierarchical structure of principles, standards, and rules"。H本："协议和被设计来有步骤地构筑原则、标准和规则的等级结构的法规的序列"。H本没有新解标点。其新解为：**"各种协议和法规的顺序，旨在分几个步骤建立原则、标准和规则的等级结构"**。

（5）语句："Which when consistently applied and adhered to, lead to a definite constitution for social action"。H本："这个序列一旦被始终如一地应用和坚持，就将引向对于社会行为的一个明确的宪法。"**新解："当这些原则、标准和规则得到一致应用和遵守时，将为社会行动订立明确的章程。"**

整个语句的正解是："**因此，四个阶段序列（§31）制定了各种协议和法规的顺序，旨在分几个步骤建立原则、标准和规则的等级结构，当这些原则、标准和规则得到一致应用与遵守时，将为社会行动订立明确的章程。**"

【诠释】

综上所述，目的论和契约论的对比可以直观地表述如下：前者在地方性意义上定义善，例如，把善定义为多少同类的经验性质或经验属性，并视之为将极大化到超过某个总量的一个巨量；后者则以相反的方式移动，通过识别一系列日益具体的正当行为的结构形式，其每一集合包含于先行集合之中，并且通过这种方式，实现从制订某个整体总框架，到日益清晰地确定其各个部分。快乐效用论是第一种做法的经典实例，并以令人信服的简洁性说明它。公平正义是第二种可能性的范例。因此，四个阶段序列（§31）制定了各种协议和法规的顺序，旨在分几个步骤建立原则、标准和规则的等级结构，当这些原则、标准和规则得到一致应用与遵守时，将为社会行动订立明确的章程。

【原文】§85-11-p.496

【评析】

1. 原文："This sequence does not aim at the complete specification of conduct"（p.496）。H 本："这个序列不是要达到对行为的完全规定"（第 448 页）。新解："这一序列不以完全规定行为为目标。"

2. 原文："To approximate the boundaries"（p.496）。H 本："要近似地确定出那些边界"（第 448 页）。新解："大致划定分界线"。

3. 原文："Ideally the approximation should converge in the sense that with further steps the cases left unaccounted for become of less and less importance"（p.496）。H 本："理想的情况是，这种近似会集中于一点，即，随着进一步的发展，一些原来没有得到说明的情况会越来越不重要"（第 448 页）。新解："在理想情况下，这个近似值应该在以下意义上收敛：随着采取进一步步骤，未作说明的情形变得越来越不重要。"

4. 原文："The entire construction"（p.496）。H 本："整个过程"（第 448 页）。新解："整个建构活动"。它指的是对理想正义制度的谋篇布局。

【诠释】

现在，这一序列（指四个阶段序列）不以完全规定行为为目标。相反，这个理念旨在大致划定分界线，无论多么模糊，个体和团体在分界线之内自由推进各自的目标，审慎理性则自由发挥作用。在理想情况下，这个近似值应该在以下意义上收敛：随着采取进一步步骤，未作说明的情形变得越来越不重要。指导整个建构活动的概念是初始位置概念及其康德式诠释：这个概念本身包含着筛选每个阶段相关信息的元素，并产生调整序列，那些调整适应着现存社会的偶然条件。

§86 正义感之善
The Good of the Sense of Justice

【题解】

同余论证主要是正义与善好或正当与善相同余的论证。一方面，正当优先于善，正义优先于善好。正当的优先性，既揭示两个正义原则的权重排序，也揭示两个正义原则内部诸要素的权重排序。另一方面，正当与善相同余，正义和善好相同余。这是正当与善、正义与善好的融贯性或一致性，揭示追求正义和追求善好是一致的。在正确处理正义与善好关系的条件下，正义优先于效用，或公平优先于效率，但是公平与效率并不矛盾。罗尔斯没有说过，为了追求正义，可以放弃效用。但他说过，以违反正义为要件的利益是没有社会价值的。

罗尔斯认为，正义感既是所有公民都具备的一种善，又是所有公民实现更多善的主观必要条件。它是维护良序社会稳定的心理基础。因此，每个公民拥有正义感，既是所有公民之个体善，也是整个社会之共同价值。罗尔斯在这里的讨论，好像回答了古代希腊苏格拉底时代的重大疑问：正义与善好是否同余或一致的问题。罗尔斯做出了明确且肯定的回答。

罗尔斯也谈到良序社会是否应当包容缺乏正义感的个别公民问题，他没有直接回答这个问题，而只是问，在那样的社会里，社会成员是否会不公正地对待这些不具有正义感或者缺乏道德能力的公民？这是开放的问题。罗尔斯只是点到为止，没有充分展开讨论。

罗尔斯在此表示，《正义论》三大篇已经完成，关于正义与善好同余的论证也大功告成。因此，他开始对这项研究工作进行自我总结。

【原文】 §86-1-pp.496-497

【评析】

1. 原文："**All the parts of the theory of justice**"（p.496）。H本："正义论的各个部分"（第448页）。**新解**："正义理论诸编"。《正义论》分为三编，在这里用"诸编"比"各部分"更恰当些。

2. 原文："**Argument for congruence**"（p.496）。H本："对一致性的

论证"（第 448 页）。**新解**："同余论证"。

3. **原文**："It suffices to tie together the various aspects of a well-ordered society and to see them in the appropriate context"（p. 496）. H 本："只能把一个良序社会的各个方面综合起来并在恰当联系中看清它们，就足以达此目的"（第 448 页）。H 本的"只能……，就足以……"这种表达方式不符合汉语习惯。并且《正义论》原文不存在"就足以达此目的"的说法。短语："To tie together". **新解**："捆绑在一起"或"联结在一起"，而非"综合起来"。短语："In the appropriate context". H 本："在恰当联系中"。**新解**："在适当的语境中"或"在适当的背景下"。由此可知，H 本对这个语句的解读是欠妥的。其正解是："它足以将良序社会的各方面联系在一起，并在适当的语境中了解它们。"

4. **原文**："A sense of justice is an effective desire to apply and to act from the principles of justice and so from the point of view of justice"（p. 497）. H 本："一种正义感是运用正义原则，并按照正义原则即按照正义观点去行动的有效欲望"（第 448 页）。**新解**："正义感是应用正义原则或正义观点并照此行动的有效愿望。"

【诠释】

现在，正义理论的诸编已经摆在诸君面前，同余论证算是大功告成。它足以将良序社会的各方面联系在一起，并在适当语境下了解它们。正义概念和善概念与不同原则相联系，同余问题就在于这两组标准是否相互契合。更确切地说，有着相关原则的每个概念都界定了一个观点，可以以此评估各项制度、各种行动和各个生活计划。正义感是应用正义原则或正义观点并照此行动的有效愿望。因此，有待确立的一点是，（正如不充分善理论定义的那样）对于良序社会中的人来说，将其正义感视为生活计划的调节因素是合理的。有待证明的还有一点是，以正义立场予以接受的倾向和以正义立场予以指导的倾向，符合这一个体的善。

【原文】 §86-2-p. 497

【评析】

1. **原文**："Foregone conclusion"（p. 497）. H 本："过时的结论"（第 449 页）。**新解**："定论"。其意思包括"注定的结论""必定会发生的事情"或"事先预料到的事情"等，但不是"过时的结论"。

2. 原文："We must verify it"（p. 497）。H 本："我们必须证明它"（第 449 页）。新解："我们必须验证它"。因为同余不是定论，所以，它可能成立，也可能不成立，它有待于验证和核实。罗尔斯在这里涉及分析哲学的一项重要工作，就是证实或证伪一个假说。尽管他的实际工作是证实某种正义理论，或证明同余是存在的，但是在逻辑上他不能事先设定同余是存在的。同余只能是论证的结果。

3. 原文："The rationality of choosing the principles of justice in the original position is not in question"（p. 497）。H 本："在原初状态选择正义原则的理性是无可怀疑的。"（第 449 页）。新解："在初始位置上，选取正义原则的合理性是没有问题的。"

4. 原文："If it is sound, just institutions are collectively rational and to everyone's advantage from a suitably general perspective"（p. 497）。H 本："如果这种论证是合理的，正义的制度就在总体上是合理的，而且从恰当的一般观点来看是对每个人有利的"（第 449 页）。短语："Collectively rational"。H 本："在总体上是合理的"。新解："**在集体意义上是合理的**"。罗尔斯在《正义论》的开头就指出，正义原则是由于个体自身利益的考虑而被选取的，因此具有个人主义因素，现在他进一步证明，正义制度具有"集体的合理性"。如果把"collectively rational"解读为"在总体上是合理的"，就丧失了罗尔斯在整个《正义论》中对个体和集体进行类比的重要价值。短语："To everyone's advantage"。H 本："对每个人有利的"。新解："有利于每个人的优势"。整个语句的新解："**如果这一点站得住脚，那么正义制度在集体意义上是合理的，从恰当的总体视角来看，它们有利于每个人的优势。**"

5. 原文："To affirm his sense of justice"（p. 497）。H 本："肯定他的正义感"（第 449 页）。新解："申明其正义感"。

6. 原文："Being rational for anyone, it is rational for all"（p. 497）。H 本："这种计划由于对一个具体的人是合理的，就对所有的人都是合理的"（第 449 页）。新解："对任何人是理性的，也就是对所有人都是理性的。"关于术语"be rational"的解读，可以参考以下意见："罗尔斯对'reasonable'的理解类似于中文的'合乎情理'，故主张'合理的'，而'rational'一词则常常用在'theory of rational choice'（理性选择理论）之类的词组中，故主张译为'理性的'。"[①]

---

① 童世骏："关于'重叠共识'的'重叠共识'"，《中国社会科学》2008 年第 11 期。

【诠释】

这两个观点同余与否，可能是决定稳定性的关键因素。即使在良序社会里，同余也不是定论。我们必须验证它。当然，在初始位置上，选取正义原则的合理性是没有问题的。支持这个决定的论证已经完成；如果这一点站得住脚，那么正义制度在集体意义上是合理的。从恰当的总体视角来看，它们有利于每个人的优势。每个人都有理由敦促其他人支持这些安排，并履行其义务和职责。问题是，按照对信息不作限制的不充分善理论，个体接受正义立场的调节，如此愿望是否属于其自身善。我们很想知道，这种愿望的确是理性的；它既对这个人是理性的，又对所有人是理性的，因此不存在不稳定的倾向。更准确地说，在良序社会里，不妨考虑任何特定的个体。本人假定，他知道制度是正义的，其他人也持有（并将继续持有）类似于他持有的正义感，因此他们遵守（并将继续遵守）这些安排。我们想要证明，在这些假设下，对任何人来说，正如不充分善理论所定义的那样，申明其正义感是理性的。这样做的人生规划是他对同侪类似计划的最佳回应；对任何人是理性的，也就是对所有人都是理性的。

【原文】 §86-3-pp.497-498

【评析】

功利者大多是自利者，正义者一般是反功利者。功利者和自利者只是偶尔或碰巧做事合乎正义。正义者则凡事都要合乎正义。罗尔斯在这里关于自利者与正义者关系的讨论，让人想起柏拉图在《理想国》中发出的希望每个人都选择正义、走上一条正义之路的忠告。苏格拉底与各种正义观念持有者进行论辩，最后坚持走正义之路的必要性，认为那是一条唯一具有生命价值和尊严的道路。

1. 原文："**It is important not to confuse this problem with that of justifying being a just man to an egoist**"（p.497）。H 本："重要的是，不可把这个问题同证明应当做一个正义的人而不是一个利己主义者的问题混淆起来"（第449页）。H 本完全误解了这个语句。罗尔斯在此想要表示的意思是：不得把两个问题混淆起来，一个是正义概念和善概念的同余问题；另一个是向自利者证明做一个正义者的正当性问题。因此，这个语句的正解是："**重要的在于，这个问题不得混同于向自利者证明自己是正义者的正当性问题。**"

2. 原文："**An egoist is someone committed to the point of view of his own interests**"（p. 497）. H本："一个利己主义者是一个局限于自己利益的观点的人"（第449页）。**新解**："自利者是凡事皆从自身利益考虑的人。"这个语句也可以解读为："自利者是致力于追求自我利益的人。"如果依照H本解读，那么，这同这个段落中罗尔斯的相关论述相矛盾。因为他表示，自利者也可以秉公办事，虽然他未必有正义感或出于正义感而秉公办事。

3. 原文："**It merely happens that**"（p. 497）. H本："所发生的仅仅是"（第449页）。**新解**："只是碰巧"。

4. 原文："**Rather, we are concerned with the goodness of the settled desire to take up the standpoint of justice**"（p. 498）. H本："宁可说，我们所关心的，是采取正义观点的这种确定的欲望的善"（第449页）。**新解**："相反，我们善意地关心如下愿望：人们有一种坚定的愿望，愿意站在正义的立场上。"

5. 原文："**The question is whether this regulative sentiment is consistent with their good**"（p. 498）. H本："问题在于，这种起调节作用的情操是否与他们的善一致"（第449页）。**新解**："问题是，这种调节性情操是否符合他们的善。"

6. 原文："**We are assessing the goodness of the desire to adopt a particular point of view, that of justice itself**"（p. 498）. H本："我们是要估价采取一种具体的即正义本身的观点的欲望的善"（第449页）。请注意，罗尔斯在这里明确地区分了"善"（good）和"善好"（goodness）。**新解**："我们评估采取某个特定观点的愿望的善好，即正义本身的善好。"罗尔斯重视正义的善好（goodness of justice），效用论者重视效用的利益（interests of utility），如此悬殊的价值取舍反差表现出两种正义观念的重大差异。如果读者忽视这个差异，会造成对《正义论》相关论题的严重误解。

【诠释】

重要的在于，这个问题不得混同于向自利者证明自己是正义者的正当性问题。自利者是凡事皆从自身利益考虑的人。其最终目标都与自身相关联：他的财富和地位，他的快乐和社会声望，等等。这样的人可以做事合乎正义，也就是说，他可以做正义者乐意做的事情；但是，只要他仍然是自利者，他就不能出于正义者的理由去做事情。因为这些理由与做自利者不相契合。只是碰巧，在某些情况下，正义主张和他持有的自我利益观念引起相同的行动。因此，我并未表示，在良序社会里，自利者会从正义感出发去做事；我甚至并未表示，因为那样做将最佳地促进自身的目的，所以他将会做事合乎正义。同样，我们也不会认为，发现自己置身于正义社会中的自利者，在受到良好忠告之后，考虑到他的目标，会将自己转变成为正义者。相反，我们善意地关心如下愿望：人们有一种坚定的愿望，愿意站在正义的立场上。本人认为，良序社会成员已经持有这种愿望。问题是，这种调节性情操(正义感)是否符合他们的善。我们不是从某些角度来审视行为的正义或道德价值；我们评估采取某个特定观点的愿望的善好，即正义本身的善好。无论它是什么，我们都不能站在自利者的立场来评价这个愿望，而是根据不充分善理论来评价这个愿望。

【原文】§86-4-p.498

【评析】

1. 原文："I shall assume that human actions spring from existing desires and that these can be changed only gradually"（p.498）。H本："我将假定，人们的行为产生于他们现有的欲望，并且，这些欲望只能慢慢地改变"（第450页）。新解："本人假定，人类的行为产生于现有愿望。我还假定，这些行为和愿望只能逐渐发生变化。"

2. 原文："System of ends"（p.498）。H本："目的系统"（第450页）。新解："系列目标"。

3. 原文："We act now as the sort of person we are and from the wants we have now, and not as the sort of person we might have been or from desires we would have had if earlier we had only chosen differently"（p.498）。H本："我们现在是作为我们所是的那种人，是从我们所具有的那些需要出发而行动的；而不是作为假如我们以前做了另一种选择我们就可能成为的那种人，或从在那种情况下我们可能的那些欲望出发而行动的"（第450页）。新解："我们现在作为自己实际所是那样的人去行动，也从自己现有的需求出发去行动；我们既非作为自己但愿是的那种人去行动，也不从假如自己早些时候做出不同选择而但愿有的愿望出发去行动。"罗尔斯在这里强调当下存在的重要性，人不能生活于假想的世界中。人生一旦开始，便无法回头。不同的选择，不同的命运。而生活在当下是实实在在的。回顾过去的假设，都不是现实的。因为过去的无法改变的。

4. 原文："We must decide well in advance whether to affirm our sense of justice by trying to assess our situation over a fairly extensive future"（p. 498）。H 本："我们必须努力估价我们较远的将来的境况，以便预先决定我们是否应当肯定我们的正义感"（第 450 页）。新解："我们必须提前决定，在相当广阔的未来，通过评估我们的情况来申明我们的正义感。"在这里，罗尔斯的意思是，不是"以便预先决定"，而是"必须预先决定"，我们是否申明我们的正义感。

5. 原文："We cannot have things both ways"（p. 498）。H 本："我们不能脚踩两只船"（第 450 页）。新解："我们无法做到两全其美。"这句话有"有的人做事总是想着左右逢源并八面玲珑，左右开弓且黑白通吃，而这是不可能的"之意，其中典型的就是权力腐败。

6. 原文："We cannot preserve a sense of justice and all that this implies while at the same time holding ourselves ready to act unjustly should doing so promise some personal advantage"（p. 498）。H 本："我们不能既保持一种正义感以及它所包含的所有东西，而同时又只要做不正义的事有某种个人好处就想去做这样的事"（第 450 页）。新解："我们做不到既保持正义感并承担由此带来的一切后果，又要准备去做只要做了就会有点儿个人好处的不义之事。"

7. 原文："A just person is not prepared to do certain things, and if he is tempted too easily, he was prepared after all"（p. 498）。H 本："一个正义的人不愿意做某些事，如果他太易于受那些事诱惑，他就还是愿意做那些事"（第 450 页）。H 本又把原意完全搞错了。新解："正义者要做好有所不为的准备，即使他太容易被诱惑，他毕竟是有备而来的。"这里的"he was prepared after all"，请留意其时态，其意思并非"他就还是愿意做那些事"，而是"他原来毕竟准备着不去做那些事的"。因此，H 本的意思正好与罗尔斯的原意颠倒了。

8. 原文："Our question concerns then only those with a certain psychology and system of desires"（p. 498）。H 本："我们的问题仅仅同那些具有一定心理和欲望系统的人有关"（第 450 页）。新解："因此，我们的问题只涉及心里有着一定盘算和各种欲望的人。"

【诠释】

本人假定，人类行为产生于现有愿望。我还假定，这些行为和愿望只能逐渐发生变化。我们不能恰好在某个给定时刻决定改变自己的系列目标

(§63)。我们现在作为自己实际所是那样的人去行动，也从自己现有需求出发去行动；我们既非作为自己但愿是的那种人去行动，也不从假如自己早些时候做出不同选择而但愿有的愿望出发去行动。调节性目标尤其受到这种约束。因此，我们必须提前决定，在相当广阔的未来，通过评估我们的情况来申明我们的正义感。我们无法做到两全其美。我们做不到既保持正义感并承担由此带来的一切后果，又要准备去做那些只要做了就会有点儿个人好处的不义之事。正义者要做好有所不为的准备，即使他太容易被诱惑，他毕竟是有备而来的。① 因此，我们的问题只涉及心里有着一定盘算和各种欲望的人。稳定性不应取决于在这方面的具体限制，提出这样的要求显然太高了。

【原文】§86-5-pp. 498-499

【评析】

1. 原文："Criteria of rational choice"（p. 498）。H 本："合理选择原则"（第 450 页）。新解："理性选择标准"。

2. 原文："If a person wants with deliberative rationality to act from the standpoint of justice above all else, it is rational for him so to act"（p. 498）。H 本："如果一个具有慎思理性的人愿意按正义观点而不是按其他观点去行动，那么对他来说这样做就是合理的"（第 450 页）。新解："如果审慎理性者尤其希望站在正义的立场去做事情，那么他这样做是合理的。"这里的词组"above all else"，表示"最为重要的""首先""尤其"等含义。

3. 原文："Therefore in this form the question is trivial: being the sorts of persons they are, the members of a well-ordered society desire more than anything to act justly and fulfilling this desire is part of their good"（p. 498）。H 本："因而，在这种形式中问题就很平常：作为他们所是的那种人，一个良序社会的成员们欲望正义地行动，而不是别的，满足这种欲望是他们的善的一部分"（第 450 页）。新解："因此，在这一形式下，以下问题已经无关紧要：良序社会成员要成为什么样的人，他们才会更加渴

---

① 参阅菲力普·富特（Philipps Foot）"道德信念",《亚里士多德学会会刊》（1957—1959 年）第 59 卷，第 104 页。虽然我不赞同该文的所有见解，但是它让我受益良多。——原注

望做事合乎正义，并把满足这个渴望当作其善的一部分。"

4. 原文："Public knowledge"（p. 499）。H 本："公认的"（第 450 页）。新解："公共知识""公众知识"。

5. 原文："The real problem of congruence is what happens if we imagine someone to give weight to his sense of justice only to the extent that it satisfies other descriptions which connect it with reasons specified by the thin theory of the good"（p. 499）。H 本："真正的一致性问题在于，如果我们来设想一个人，他只在他的正义感满足把它与用善的弱理论规定的那些理由联系起来的其他描述时，才珍视他的正义感，情况会怎样"（第 450 页）。新解："同余的真正问题是，试想有这样的人，只有当他的正义感满足将它与不充分善理论具体说明的理由联系起来的其他描述时，他才会赋予其正义感以权重，那么会发生什么。"H 本准确地解读出了这个语句，但是基于对于一些关键概念的不同理解，笔者仍然提出了自己的略有不同的解读。

6. 原文："The desire to act justly is not a final desire like that to avoid pain, misery, or apathy, or the desire to fulfill the inclusive interest"（p. 499）。H 本："做事正义的欲望不是像躲避痛苦、疼痛或冷淡的欲望，或实现有蕴涵的利益的欲望，那样的最终欲望"（第 450 页）。新解："做事合乎正义的愿望，既不以趋乐避苦或冷漠无情为最终愿望，也不以满足包容性利益为最终愿望。"

7. 原文："The theory of justice supplies other descriptions of what the sense of justice is a desire for"（p. 499）。H 本："正义理论提供着关于正义感欲求的对象的其他描述"（第 450 页）。新解："就正义感追求什么愿望而言，正义理论提出了另一些说法。"

【诠释】

现在，基于一种诠释，这个问题会有明确的答案。假定个体持有有效的正义感，他就会有调节的愿望，去遵守相应的原则。理性选择标准必须考虑这个愿望。如果审慎理性者尤其希望站在正义的立场去做事情，那么他这样做是合理的。因此，在这一形式下，以下问题已经无关紧要：良序社会成员要成为什么样的人，他们才会更加渴望做事合乎正义，并把满足这个渴望当作其善（价值）的一部分。一旦我们获得真正终极而有效的正义感，正如正当的优先性所要求的那样，我们就有了人生规划，只要我们是理性的，那个计划就可以引导我们去保持和鼓励这种情感。因为这个事实众所周知，所以不存在第一种不稳定性,并且第二种不稳定性也不存在。同余的真正问题是,试想有这样的人,只有当他的正义感满足将它与不充分善理论具体说明的理由联系起来的其他描述时,他才会赋予其正义感以权重,那么将会发生什么。我们不应当依赖纯粹良心行为学说(§72)。本人于是假定,做事合乎正义的愿望,既不以趋乐避苦或冷漠无情(只讲法条法规,漠视世故人情,一切照章办事,不顾实际后果。所谓法条主义)为最终愿望,也不以满足包容性利益(你好、我好、大家好。所谓皆大欢喜)为最终愿望。就正义感追求什么愿望而言,正义理论提出了另一些说法;我们必须用这些说法来证明,遵循不充分善理论的个体,的确会将这种情感理解为其人生规划的调节因素。

【原文】§86–6–p.499

【评析】

1. 原文:"**Grounds of congruence**"(p.499)。H本:"一致性的根据"(第451页)。新解:"同余的依据"。

2. 原文:"**As the contract doctrine requires, the principles of justice are public: they characterize the commonly recognized moral convictions shared by the members of a well-ordered society**"(p.499)。H本:"由于契约论的要求,正义原则是公共的:它们描述了一个良序社会的成员们分享的公认道德信念的特征"(第451页)。新解:"正如契约论要求的那样,正义原则是公开且公共的:它们明确规定公认的道德信念,良序社会成员共享着那些道德信念。"

3. 原文:"**We are not concerned with someone who is questioning these principles**"(p.499)。H本:"我们不去研究有人会对这些原则发生怀疑的问题"(第451页)。新解:"我们不关心谁正在质疑这些原则。"H本把这个语句的思想带偏了。

4. 原文:"**He concedes as everyone else does that they are the best choice from the standpoint of the original position**"(p.499)。H本:"他也像所有其他人一样,承认从原初状态的观点来看,对正义原则的选择是最好的选择"(第451页)。新解:"质疑者和其他人一样承认,站在初始位置的立场来看,这些原则是最佳选项。"

5. 原文:"**All the while being ready to act as a free-rider whenever the opportunity arises to further his personal interests**"(p.499)。H本:"同时准备着,一有发展他的个人利益的机会出现,就像一个搭便车者那样去

做"（第451页）。**新解**："同时作为搭便车者，他随时准备借机增进自己的个人利益。"

6. **原文**："**Since the conception of justice is public, he is debating whether to set out on a systematic course of deception and hypocrisy, professing without belief, as it suits his purpose, the accepted moral views**"（p.499）. H本："由于正义观念是公共的，他就将考虑是否要采取一种系统的欺骗和伪装，毫无信念地谎称，这适合于他的目的，接受公共的道德观点"（第451页）。**新解**："既然这个正义观念是公开且公共的，他就在盘算是否要实施充满欺骗和伪善的弥天大谎，只要它符合自己的愿望，他就会大言不惭地宣称，这些是公认的道德观点。"

7. **原文**："**That deception and hypocrisy are wrongs does not, I assume, bother him**"（p.499）. H本："这种欺骗和虚伪是不正义的这一点，我想，是不会打扰他的"（第451页）。**新解**："本人假定，欺骗和虚伪是恶行，这一点并没有令其寝食难安。"这里"wrongs"是名词"wrong"的复数形式，作"不义、罪恶、恶行"解读。

8. **原文**："**But he will have to reckon with the psychological cost of taking precautions and maintaining his pose, and with the loss of spontaneity and naturalness that results**"（p.499）. H本："但是，他在谋算时不得不付出心理上的代价：他必须采取预防手段，必须保持他的姿态，必须忍受由此带来的自发性和本能方面的损失"（第451页）。**新解**："不过他不得不瞻前顾后，考虑为了采取预防措施和保持装模作样姿势所付出的心理代价，由此丧失了率真而为的性情和落落大方的气度。"词组"spontaneity and naturalness"可以解读为"率真和自然"，引申为"率真而为、落落大方"，表示行为者的行为举止和内心世界，一种随性自我、痛快淋漓，一种真心情、真境界。因为虚伪，所以造作；因为欺瞒，所以掩饰。H本把"naturalness"解读为"本能"，便减弱了这个语句针对欺骗和虚伪具有的批判性。

【诠释】

关于这个问题的界定就谈这么多。本人现在想要通过回顾已经提出的各种观点来指出同余的依据。首先，正如契约论要求的那样，正义原则是公开且公共的：它们明确规定公认的道德信念，良序社会的成员共享着那些道德信念（§23）。我们不关心谁正在质疑这些原则。根据假设，质疑者和其他人一样承认，站在初始位置的立场来看(from the standpoint of the original position），这些原则是最佳选项（best choice）。（当然，这一点总是可以质疑的，但它提出了完全不同的问题。）现在，既然其他人被认为持有（并将继续持有）一种有效的正义感，我们假设的个体实际上正在考虑这样的对策：他要假装拥有某种道德情感，同时作为搭便车者，他随时准备借机增进自己的个人利益。既然这个正义观念是公开且公共的，他就在盘算是否要实施充满欺骗和伪善的弥天大谎，只要它符合自己的愿望，他就会大言不惭地宣称，这些是公认的道德观点。本人假定，欺骗和虚伪是恶行，这一点并没有令其寝食难安（并没有把他给难住）；不过他不得不瞻前顾后，考虑为了采取预防措施和保持装模作样的姿态所付出的心理代价，由此丧失了率真而为的性情和落落大方的气度①。② 在大多数社会中，这种装模作样可能不会令其付出很高的代价，由于制度不公，加上司空见惯的他人肮脏行径，令他自己的欺骗行为变得更易于为世人所容忍；但是在良序社会里，不存在这种心安理得的借口。

【原文】§86 – 7 – pp. 499 – 500

【评析】

罗尔斯在这里论证了每个人应当做事合乎正义的理由。这种论证是完全康德式的，也是苏格拉底式的。他认为，任何人做事不合乎正义，将损害所有人的利益，或者对所有人都造成伤害。因此，他的论证不是经验论的，而是先验论的。他没有考察个体实际上是如何思想和行动的，而是关注个体理论上或道义上是如何思想和行动的。罗尔斯的论证仍然是虚拟论证，而不是实践论证。因为在现实的世界里，某一个体或某些个体做事违反正义，仍然会让自己和他所关切的一些人获益，而不是让所有的人受损。

1. 原文："Given the content of the principles of justice and the laws of moral psychology, wanting to be fair with our friends and wanting to give justice to those we care for is as much a part of these affections as the desire to be with them and to feel sad at their loss"（pp. 499 – 500）. H 本："根

---

① spontaneity and naturalness，这个词组表现其主体的行动是自然从容的，其内心是充满阳光的。他是敢爱敢恨的、溢于言表的、不必掩饰其内心想法的。与一些主体具有的"矫揉造作的举止和阴暗狡诈的心理"相对应。
② 参阅富特"道德信念"，《亚里士多德学会会刊》（1958—1959 年）第 59 卷，第 104 页。——原注

据正义原则的内容和道德心理学法则，想公平地对待我们的朋友，想给我们所关心的人们以正义，在很大程度上是与他们相处和为他们的损失而难过的欲望这类情感的一部分"（第451页）。新解："鉴于正义原则和道德心理学法则的内容，希望我们的朋友得到公平对待，想要给我们关心的人伸张正义，就如同渴望与之同甘共苦、为其损失感到伤心一样，是这些情感的一部分。"

2. 原文："Acting justly only toward those to whom we are bound by ties of affection and fellow feeling, and of respecting ways of life to which we are devoted"（p.500）。H本："仅仅对于同我们有感情和友情的那些人，以及那些通过我们所珍视的生活方式而与我们联系起来的那些人们，才做事正义"（第451页）。新解："只对与我们有着感情和同情纽带的人，只对尊重我们珍视的生活方式而与其建立联系的人，做事合乎正义。"

3. 原文："We might consider covertly passing on part of our gains to those we especially like, but this becomes a dubious and involved affair"（p.500）。H本："我们也许会考虑从我们获得的好处中分给我们特别喜欢的人们一部分，但是，这会成为一件前途未卜的、复杂的事情"（第451—452页）。新解："我们可能会设法偷偷地将部分收益转移给自己特别喜欢的人，不过这将变成一件不明不白且牵涉他人的丑闻。"

【诠释】

这些说法得到以下事实的支持：做事合乎正义与率性而为的自然态度之间存在着联系（§74）。鉴于正义原则和道德心理学法则的内容，希望我们的朋友得到公平对待，想要给我们关心的人伸张正义，就如同渴望与之同甘共苦、为其损失感到伤心一样，是这些情感的一部分(这是人之常情)。因此，假如某一个体需要这些依恋情感，那么我们考虑的对策多半是：只对与我们有着感情和同情纽带的人，只对尊重我们珍视的生活方式并与其建立联系的人，做事合乎正义。假设心理学三条法则都完全有效，那么在良序社会里，这些联系是相当广泛的，以至于包括了与各种制度形式的联系。此外，我们一般不能选择谁会因我们的不义而受到伤害。例如，如果我们在纳税时作弊，或者我们设法回避为共同体承担我们应尽的公平义务，那么每个人都会受到伤害，我们的朋友、同事及他人概莫能外。可以肯定的是，我们可能会设法偷偷地将部分收益转移给自己特别喜欢的人，不过这将变成一件不明不白且牵涉他人的丑闻。在良序社会里，有效的纽带既广泛涉及各种个体，又广泛涉及各种社会形式。我们无法筛选，谁将因我们的欺瞒而遭受损失，所以，我们有充分的理由保持每个人的正义感。只要这样做了，我们便以自然而简单的方式，保护我们所关心的制度和人员，并引导我们去迎接新的更广泛的社会关系。

【原文】§86 – 8 – pp. 500 – 501

【评析】

1. 原文："Companion effect"（p.500）. H 本："伴随效果"（第452页）. 新解："伴生效应"。

2. 原文："Participating in the life of a well-ordered society is a great good"（p.500）. H 本："在一个良序社会中生活是一种极大的善"（第452页）. 新解："参与良序社会生活是一个大善。"

3. 原文："The details of the contract view"（p.500）. H 本："契约观点的具体内容"（第452页）. 新解："契约论观点的精微细节"。

4. 原文："Each enjoys the greater richness and diversity of the collective activity"（p.500）. H 本："每一个人都享受着共同活动的更大的丰富性和差异性"（第452页）. 新解："每个人都享受着更加多姿多彩的集体活动。"

5. 原文："We must acknowledge the principles of its regulative conception, and this means that we must affirm our sentiment of justice"（p.500）. H 本："我们必须把正义原则作为生活的调节性观念"（第452页）. 新解："我们必须承认其调节性正义观念提倡的原则。"

6. 原文："It is this general affirmation which extends the ties of identification over the whole community"（p.500）. H 本："正是这种总体的肯定扩大着对整个共同体的认同"（第452页）. 新解："正是这种普遍确认，将认同纽带延伸到整个社会。"

7. 原文："Individual and group accomplishments are no longer seen as just so many separate personal goods"（pp.500 – 501）. H 本："个人和群体的成就不再被看作许多彼此分隔的个人的善"（第452页）. 新解："个体和团体的各种成就不再被看作许多孤立的个人之善。"

【诠释】

另一个基本考虑是：遵循亚里士多德式原则（及其伴生效应），亦即参与良序社会生活是一个大善（great good）（§79）。这个结论既取决于正义原则的含义及其在每个人计划中的优先地位，也取决于我们本性的心理特征。正是契约论观点的精微细节建立了这种联系。因为这样的社会是由诸多社会联合组成的社会大联合，它在很大程度上实现了各种形式的人类活动；鉴于人类的社会性质，事实是，我们的潜能和倾向，远远超过任何生命所能表现的程度和范围。我们依靠他人的合作努力，不仅想要得到通往幸福的手段，而且希望我们的潜能结出果实。当所有人都取得一定的成功之后，每个人都享受着更加多姿多彩的集体活动。然而，为了充分享受这种生活，我们必须承认其调节性正义观念提倡的原则。这意味着，我们必须肯定我们特有的正义情操。要想把某件事作为自己的事来赞赏，我们就须对它有一定的忠诚。将社会努力组合成社会联合，是对正义原则的相互承认和接受；正是这种普遍确认，将认同纽带延伸到整个社会，并允许亚里士多德式原则发挥更加广泛的效力。个体和团体的各种成就不再被看作许多孤立的个人之善。我们若不确认自己的正义感，我们将把自身局限于某种狭隘视野之中。

【原文】§86-9-p.501

【评析】

1. 原文：“**Acting justly is something we want to do as free and equal rational beings**"（p.501）。H本：“正义地行动是我们作为自由平等的理性存在物乐于去做的"（第452页）。新解：“**作为自由平等的理性生命，我们希望做事合乎正义。**"

2. 原文：“**If this theory is unsound, the practical identity fails**"（p.501）。H本：“如果这个理论不合理，这种实践上的一致性就不成立"（第452页）。新解：“**如果正义理论站不住脚，那么实践同一性就不成立。**""practical identity"一般解读为"实践同一性"。

【诠释】

最后，存在着与康德式诠释相关的理由：作为自由平等的理性生命，我们希望做事合乎正义（§40）。对做事合乎正义的渴望，对作为自由道德人表达我们本性的渴望,最终证明两者实际上表达了相同的渴望。当个体有了真正的信仰,当个体对正义理论有了正确的理解,这两种渴望也会以相同方式驱使着他。它们是根据完全相同的原则,即在初始位置上被选中的原则采取行动的倾向。当然,这一论点是以正义理论为基础的。如果正义理论站不住脚,那么实践同一性就不成立。但是,由于我们只关心以正义理论为特征的良序社会的特殊情况,我们有权假定,良序社会的成员清楚了解建立其关系所依据的公开正义观念。

【原文】 §86-10-p.501

【评析】

罗尔斯在这里主要讨论,如何克服在选择上的相对主义。"选择"是一种行为,"选项"是"选择"这一行为的对象。H 本经常把两个术语相混淆。

1. 原文:"Here we confront the familiar difficulty of a balance of motives"(p.501)。H 本:"这里我们面临着动机的平衡这一熟悉的困难"(第453页)。新解:"我们在这里遇到了众所周知的动机平衡难题。"

2. 原文:"Failing these, we cannot get beyond conditional comparisons"(p.501)。H 本:"即使撇开这些理由,我们也不可以超出条件的比较"(第453页)。新解:"如果做不到这一些,我们就无法超越条件比较。"

3. 原文:"If the first balance favors a certain choice, then the second does also"(p.501)。H 本:"如果条件的第一种平衡支持一种选择,第二种平衡也将支持它"(第453页)。新解:"如果第一个平衡有利于某个确定选项,那么第二个平衡也将有利于另一个确定选项。"

【诠释】

我们假设,这些是不充分善理论允许个体持有正义感的主要理由(或典型理由)。现在的问题是,它们是不是决定性的理由。我们在这里遇到了众所周知的动机平衡难题,它在许多方面类似于首要原则的平衡难题。有时,答案来自各种理由平衡的比较,因为的确存在这样的情况,如果第一个平衡明显有利于一个行动方案,那么第二个平衡也将明显有利于另一个行动方案,如果它支持这一可选项的理由要强一些,那么它支持其他可选项的理由便会要弱一些。但是,要在如此比较中进行论证,前提是要解释一些理由。如此解释显然以某一种方式而非另一种方式作为基准。如果做不到这一些，我们就无法超越条件比较：如果第一个平衡有利于某个确定选项，那么第二个平衡也将有利于另一个确定选项。

【原文】§86 – 11 – pp. 501 – 502

【评析】

1. 原文："Whether it is for a person's good that he has a regulative sense of justice depends upon what justice requires of him"（p. 501）。H 本："一个人持有一种起调节作用的正义感是否有利于他的善取决于正义要求他些什么"（第 453 页）。新解："一个人是否为了自身善才持有调节性正义感，这取决于正义向他提出的要求。"

2. 原文："Utilitarianism is more strict than common sense in demanding the sacrifice of the agent's private interests when this is necessary for the greater happiness of all"（p. 501）。H 本："功利主义比常识更严格，它要求当事人在必要时为所有人的更大幸福而牺牲自己的私人利益"（第 453 页）。新解："当这是所有人获得更大幸福所必需的时候，效用论在要求牺牲当事人私人利益方面比常识以为的要更加严格一些。"

3. 原文："It is also more exacting than the contract theory, for while beneficent acts going beyond our natural duties are good actions and evoke our esteem, they are not required as a matter of right"（p. 501）。H 本："功利主义也比契约论更准确，因为，尽管超出我们的自然义务的善行是些好行为并引起我们的敬意，这些行为并不是被要求的正当的行为"（第 453 页）。新解："虽然超出我们的自然义务范围的善行是好的行为，它们能够唤起我们的尊重，但是它们并不是作为一项权利来要求的，所以，效用论在要求牺牲当事人私人利益方面也比契约论更为严格一些。"H 本把"严格"（exacting）错看成了"准确"（exact）。在这里，"more exacting"和"more strict"是同义的。

4. 原文："A more exalted ideal"（p. 502）。H 本："一种比较高的理想"（第 453 页）。新解："更加崇高的理想"。

5. 原文："It may authorize the lesser welfare and liberty of some for the sake of a greater happiness of others who may already be more fortunate"（p. 502）。H 本："它又允许为了另一些已经更幸运的人的更大幸福而给一部分人比较小的福利和自由"（第 453 页）。新解："它可能授

权一些人享有较低的福利和自由，以使本已较为幸运的其他人获得更大的幸福。"

【诠释】

现在就此而言，正义原则的内容显然是决定的关键因素。一个人是否为了自身之善才持有调节性正义感，这取决于正义向他提出的要求。正当与善相同余，这取决于每一个概念（正当与善）因此得到具体化的标准。正如西季威克指出的那样，当这是所有人获得更大幸福所必需的时候，效用论在要求牺牲当事人私人利益方面比常识以为的要更加严格一些。[①] 虽然超出我们的自然义务范围的善行是好的行为，它们能够唤起我们的尊重，但是它们并不是作为一项权利来要求的，所以，效用论在要求牺牲当事人私人利益方面也比契约论更为严格一些。效用论看起来是更加崇高的理想。但是，它可能授权一些人享有较低的福利和自由，以使本已较为幸运的其他人获得更大的幸福。理性人在制定计划时可能会拿不定主意，他是否应当优先考虑如此严格的原则。这既可能超出其同情能力，也可能危及其自由。因此，无论在公平正义中，正当与善相同余是多么地不可能，它肯定比在效用论观点中正当与善相同余要更加可能一些。有条件地权衡各种理由，契约论处于较为有利的地位。

【原文】 §86 – 12 – pp. 502 – 503

【评析】

罗尔斯竟然在这里谈论起了爱情观。他把爱人类或爱他人与持有正义感相提并论。爱有风险，持有正义感也是如此。但是，正义是高贵的，正如爱是值得的。

1. 原文："Yet although it is true enough that for the sake of justice a man may lose his life where another would live to a later day, the just man does what all things considered he most wants; in this sense he is not defeated by ill fortune the possibility of which he foresaw"（p. 502）。H本："然而，尽管事情是，一个正义的人可能为了正义而死而另外一个人则可能活下来，这个正义的人却是做了他把所有的事情考虑进来他最愿意做的事情；在这个意义上，他没有被已预见到可能性的厄运打到"

[①] 西季威克：《伦理学方法》，第246—253、499页。——原注

（第453—454页）。**新解**："虽然这是千真万确的事实是：在别人苟且偷生的地方，有人可能为了正义而失去生命，怀抱正义的人做了他认为最想要做的一切；从这个意义上说，他并没有被他预见到的可能的厄运所打败。"

2. **原文**："The question is on a par with the hazards of love"（p. 502）。H本："这个问题与爱的危险是同样的"（第453页）。**新解**："这个问题与爱的险境不相上下"。

3. **原文**："Friends and lovers take great chances to help each other"（p. 502）。H本："朋友和恋人进行着互相帮助的冒险"（第454页）。**新解**："友人和恋人有互帮互助的好多机会。"

4. **原文**："Once we love we are vulnerable: there is no such thing as loving while being ready to consider whether to love, just like that. And the loves that may hurt the least are not the best loves. When we love we accept the dangers of injury and loss"（p. 502）。H本："我们一旦在爱就易受伤害：没有任何爱准备去考虑是否应当去爱，爱就是这样。伤害最少的爱不是最好的爱。当我们在爱时，我们就在接受伤害和失去爱的危险"（第454页）。**新解**："我们一旦有了爱，就会变得脆弱：稍做犹豫，爱就消逝不见了，爱就是义无反顾。彼此伤害最小的爱，不是最好的爱。我们一旦有了爱，就要承担遭受伤害和面临折损的风险。"

5. **原文**："In view of our general knowledge of the likely course of life, we do not think these risks so great as to cause us to cease loving. Should evils occur, they are the object of our aversion, and we resist those whose machinations bring them about"（p. 502）。H本："着眼于关于可能的生活过程的一般知识，我们并不认为这些危险大得令人却步。如果发生了恶，它们便是我们厌恶的对象，而且我们抵抗那些意在把恶带给人们的人。"（第454页）。**新解**："我们相信，依据我们对可能人生经历的一般了解，这些风险不至于大到令人对爱望而却步的程度。每当邪恶降临，它们便是我们憎恶的对象，我们抵制那些玩弄阴谋诡计造就邪恶的人。"

6. **原文**："If we are loving we do not regret our love"（p. 502）。H本："如果我们正在爱，我们就不会因为爱而悔恨"（第454页）。**新解**："我们一旦彼此相爱，就绝不后悔。"

7. **原文**："Our loves expose us mainly to the accidents of nature and the contingency of circumstances"（p. 502）。H本："我们的爱主要决定于自然的巧合和环境的偶然性"（第454页）。**新解**："我们的爱主要用来对

付大自然的意外事故和各种情况的偶然变化。"H 本把意思正好说反了。

【诠释】

　　一个略有不同的见解由以下疑问引发：虽然我们决定持有正义感可能是理性的，但是我们最终可能遭受巨大的损失，甚至因此毁掉我们自己。正如我们看到的那样，怀抱正义的人既有所为，也有所不为。面对恶劣的条件，他胆敢冒着九死一生的风险，也不愿意背弃正义。虽然千真万确的事实是：在别人苟且偷生的地方，有人可能为了正义而失去生命，但是，怀抱正义的人做了他认为最想要做的一切；从这个意义上说，他并没有被他预见到的可能厄运所打败。这个问题与爱的险境（hazards of love）不相上下；事实上，这只是一个特例。那些彼此相爱的人，那些对有的人和有的生活方式有着强烈依恋的人，同时也容易毁灭：他们的爱恨情仇，使他们成为时运不济和遭受不公对待的人质。友人和恋人有互帮互助的好多机会，家庭成员也很乐意这样做。他们的这种倾向和其他倾向一样，取决于他们的依恋关系。我们一旦有了爱，就会变得脆弱：稍做犹豫，爱就消逝不见了，爱就是义无反顾。彼此伤害最小的爱，不是最好的爱。我们一旦有了爱，就要承担遭受伤害和面临折损的风险。我们相信，依据我们对可能人生经历的一般了解，这些风险不至于大到令人对爱望而却步的程度。每当邪恶降临，它们便是我们憎恶的对象。我们抵制那些玩弄阴谋诡计造就邪恶的人。我们一旦彼此相爱，就绝不后悔。正像这个世界是或通常是真的一样，如果关于爱的此类说法是真的，那么我们更有理由相信，在良序社会里，关于爱的此类说法是千真万确的，正义感也是如此。因为在人人都讲正义的社会里，我们的爱主要用来对付大自然的意外事故和各种情况的偶然变化。与这些情感有关的正义感也是如此。如上所说，以平衡各种因素来确定我们的爱为基准，我们成年后似乎应该做好准备，在正义社会的更有利条件下持有我们的正义感。

【原文】 §86 – 13 – p. 503

【评析】

　　1. 原文："**Our affective ties to institutions and to other persons can be more or less strong**"（p. 503）. H 本："我们对制度和他人的情感联系可以多少强烈些"（第 454 页）。**新解**："我们与制度的情感纽带，我们与他人的情感纽带，多少是牢固的。"

2. 原文："Our participation in the wider life of society more or less full"（p. 503）。H本："我们对更广泛的社会生活的参与可以多少地充分些"（第454页）。新解："我们对广泛社会生活的参与，多少是充分的。"

3. 原文："There is a continuum of possibilities and not an all or nothing decision, although for simplicity I have spoken pretty much in these terms"（p. 503）。H本："存在一个可能性连续体，而不是一个全有或全无的选择，尽管为了简明我已经多次使用了这些术语"（第454页）。新解："存在着一些接连发生的可能情况，而不是孤注一掷、一了百了的决定，虽然为了简单起见，本人已经用这些套话讲了很多。"

4. 原文："It is acting from this precedence that expresses our freedom from contingency and happenstance"（p. 503）。H本："按照这种次序上的优先性做出的行为，表达着我们的区别于偶然性和巧合事件的自由"（第454页）。新解："正是从这一优先性出发，才得以表达我们免于受到偶然因素和随机事件干扰的自由。"

5. 原文："This sentiment cannot be fulfilled if it is compromised and balanced against other ends as but one desire among the rest"（p. 503）。H本："这种情操如果被与其他目的调和与平衡成为与其他欲望并立的一个欲望，它就不可能得到实现。"（第454页）。新解："如果正义感被其他目的打了折扣，或者被其他目的平衡掉了，就像其他目的中的欲望一样，那么这种情感并没有得到实现。"

6. 原文："It is a desire to conduct oneself in a certain way above all else, a striving that contains within itself its own priority"（p. 503）。H本："它是一种高于其余欲望的、以某种方式引导人自身的欲望，一种在自身中包含着优先性的驱动力"（第454页）。新解："它是无拘无束、了无挂碍的欲望，是自带优先优势的奋斗。"这种欲望，视外在束缚若浮云，只听从内心的道德召唤，类似于《论语》提到的"从心所欲，不踰矩"。

7. 原文："Acting wrongly is always liable to arouse feelings of guilt and shame, the emotions aroused by the defeat of our regulative moral sentiments"（p. 503）。H本："做不正义的事总是倾向于产生负罪恶和羞耻感"（第455页）。新解："行为不端总是容易引起愧疚感和羞耻感。"因为这里的行动主体是个体，只有个体才会产生愧疚感和羞耻感，"acting wrongly"也是个体意义上的"不当举止"或"行为不端"，与"行为端正，或做事合乎正义"（acting justly）形成对比，解读为"做不正义的事"

太过正式。

8. 原文："What we cannot do is express our nature by following a plan that views the sense of justice as but one desire to be weighed against others"（p. 503）。H本："如果一种生活计划只把正义感看作一个要相对于其他欲望来权衡的欲望，我们就不可能依靠它来表达我们的本性"（第455页）。新解："**我们不能做的是，借助于一个计划，将正义感视为与其他欲望相权衡的欲望，以此来表达我们的本性。**"罗尔斯表示，正义感与人的其他欲望不可相提并论。正义感不是一种普通欲望，而是一种高于一切欲望的欲望。他在这里强调正义感对于道德理性人的人生和人生计划的重要性，并且用康德定言令式那样的语气来表示这一重要性。但是在H本中，我们看不到任何康德式语气。

9. 原文："For this sentiment reveals what the person is, and to compromise it is not to achieve for the self free reign but to give way to the contingencies and accidents of the world"（p. 503）。H本："因为，这种情操展现着人格本身，损害人格就不是在为自我争得自由的统治，而是为世界的偶然性和巧合事件让路"（第455页）。新解："**因为正义感揭示了何为人格，给正义感打折扣，自我将抵达不了了无挂碍的境界，却是向人世间的偶然和无常做了妥协。**"这里的"to compromise it"只能解读为"给这种情感打折扣"，也就是"给正义感打折扣""让正义蒙羞"，而不是什么"损害人格"。感情打折扣，影响到人际关系；正义感打折扣，让正义蒙羞，影响到人在世上的立足之点，也就是做人的根本。"做人要正派，要有正义感。"这是罗尔斯追随康德的脚步，一再强调的主张。"损害人格"虽然也是一种"行为不端"，但没有像"给正义感打折扣""出卖良心""出卖正义感"更令人感到愧疚和羞耻。所以，H本离罗尔斯的本意远了点。

【诠释】

把我们的本性表达为道德人，这个愿望的特殊性强化了这一结论。与自我的其他倾向一起，存在着关于程度和范围的选择。我们施行的欺瞒和伪善之策，无须十分周全而有条理；我们与制度的情感纽带，我们与他人的情感纽带，多少是牢固的；我们对广泛社会生活的参与，多少是充分的。存在着一些连续发生的可能情况，而不是孤注一掷、一了百了的决定，虽然为了简单起见，本人已经用这些套话讲了许多。但是，要想表现我们作为自由平等的理性生命的本性，就必须以正当原则和正义原则作为具有首要优先性的原则。这是终极性条件的结果。因为这些原则是规制性的,所以对它们采取行动的欲望,只有在对其他欲望同样可规制的情况下,才能得到满足。正是从这一优先性出发,才得以表达我们免于受到偶然因素和随机事件干扰的自由。因此,为了实现自我的本性,我们别无选择,只能设法持有我们的正义感,以此来驾驭我们的其他目标。如果正义感被其他目的打了折扣,或者被其他目的平衡掉了,就像其他目的中的欲望一样,那么这种情感并没有得到实现。正义感是无拘无束、了无挂碍的欲望,是自带优先优势的奋斗。其他目标可以通过计划来实现,该计划允许每个目标都占有一席之地,因为它们的实现可能独立于其在排序中的位次。但是,正当感和正义感不是这么一回事;因此,行为不端总是容易引起愧疚感和羞耻感,这些感受是由我们持有的规制性道德情感的失败引起的。当然,这并不意味着,作为自由理性生命,实现我们的本性,这本身是一件孤注一掷的事情。相反,我们在多大程度上成功地表达了我们的本性,取决于我们如何始终如一地以我们的正义感作为最终规制因素。我们不能做的是,借助于一个计划,将正义感视为与其他欲望相权衡的欲望,以此来表达我们的本性。因为正义感揭示了何为人格,给正义感打折扣,自我将抵达不了了无挂碍的境界,却是向人世间的偶然和无常做了妥协。

【原文】§86-14-pp. 503-504

【评析】

1. 原文:"Suppose that even in a well-ordered society there are some persons for whom the affirmation of their sense of justice is not a good"(p. 503). H本:"假定即使在一个良序社会中也有这样一些人,对他们来说肯定其正义感不是一种善"(第455页)。**新解**:"假定即使在良序社会中,存在着这样一些人,持有正义感对其自身不是一件好事。"

2. 原文:"truthfully"(p. 504). H本:"令其信服地"(第455页)。**新解**:"真诚地"或"真心诚意地"。罗蒂专门讨论过"真理"(truth)和"真诚"(truthfulness)的关系,认为自由人的共同体应当是"追求真诚的共同体"而不是"追求真理的共同体"。正义体现在对真诚的追求中,而不是体现在对真理的追求中。

3. 原文:"Rational grounds"(p. 504). H本:"合理根据"(第455页)。**新解**:"某些理性依据"。笔者解释一下把这个术语解读为"**理性依据",而非"合理根据""合理依据"或"合理理由"的理由。《正义论》正文一共 4 次提到 "rational grounds"（p. 150；p. 407；p. 454；p. 504）。它们涉及具体的事实关系或逻辑关系，与人们做出重大决定或者重要判断的"理性依据"有关。因为罗尔斯在《正义论》中严格区分了"合理事物"（reasonable）和"理性事物"（rational），所以他也严格区分了"合理依据"和"理性依据"。前者是一种价值判断或道德判断，后者是一种事实判断或科学判断。两者有时是冲突的。比如，理性杀人或害人的行为，在事实判断或科学判断上是成立的，但是在价值判断上，这样的行为是否合理的行为，则是有疑问的。那些主张抛弃正义感的人提出的理由，在罗尔斯看来，是一些"理性依据""理性理由"或"理性根据"，但不是"合理依据""合理理由"或"合理根据"。否则，整个《正义论》的论证都将是失败的。如果解读者混淆了"理性事物"和"合理事物"，那么，整个《正义论》的解读也将是不可靠的。笔者发现，H 本就存在着这样的混淆。

另外，术语"grounds"在《正义论》正文中出现了 87 次；与之相近的术语"reasons"在《正义论》正文中一共出现了 116 次。这表明在《正义论》中，这是两个有着独立含义的术语。"grounds"一般解读为"依据"；"reasons"一般解读为"理由"，以示区分。

4. 原文："**And this is surely correct, assuming such a recommendation to imply that rational grounds (identified by the thin theory) counsel this course for them as individuals**"（p. 504）。H 本："假如这样一种推荐意味着以（按照善的弱理论规定的）合理根据向这些个人建议这种行为方案，这当然是正确的"（第 455 页）。**新解**："假如如此推崇意味着，（由不充分善理论界定的）某些理性依据提示这些个体采纳这个方案，那么这无疑是正确的。"

【诠释】

我们还须谈一谈最后的问题。假定即使在良序社会中，存在着这样一些人，持有正义感对其自身不是一件好事。考虑到他们的目的、愿望及其特殊本性，对善的不充分考虑并不能说明，他们有足够理由持有这种规制性情感（即正义感）。有人认为，不能真诚地向这些人把正义推崇为一种德性。① 假如如此推崇意味着，（由不充分善理论界定的）某些理性

---

① 福特："道德信念"，《亚里士多德学会会刊》（1958—1959 年）第 59 卷，第 99—104 页。——原注

依据提示这些个体采纳这个方案,那么这无疑是正确的。不过由此产生的另一个问题是,那些持有正义感的人,在要求这些人遵守正义制度时,是否将不公正地对待他们。

【原文】§86 – 15 – p. 504

【评析】

1. 原文:"I have assumed strict compliance with any conception that would be chosen and then considered which one on the list presented would be adopted"(p. 504). H 本:"对任何会被选择的观念我一直假定严格的服从,然后考虑,在可能的观念表中哪一个会被人们采取"(第 455 页)。新解:"我先假定,凡被选中的任何正义观念都要严格遵守,然后基于所列清单,考虑哪个正义观念将被采纳。"

2. 原文:"However, we may reason much as we did in the case of civil disobedience, another part of partial compliance theory"(p. 504). H 本:"然而,我们,像在公民不从的例子上所做的那样,可以推论另一种部分服从理论"(第 455 页)。新解:"无论如何,正如我们在公民抗命案例中所做的那样,我们可能会就部分遵守理论的另一部分做出许多推断。"在这里,罗尔斯做出推断的是"部分遵守理论的另一部分",而不是"另一种部分遵守理论"。

3. 原文:"Stabilizing penal devices"(p. 504). H 本:"稳定化的惩罚措施"(第 455 页)。新解:"发挥稳定作用的惩罚手段"。

【诠释】

不幸的是,我们现在还不能恰当地回答这个问题,因为它以惩罚理论为前提,而我对正义理论这一部分所说的甚少(§39)。我先假定,凡被选中的任何正义观念都要严格遵守,然后基于所列清单,考虑哪个正义观念将被采纳。无论如何,正如我们在公民抗命案例中所做的那样,我们可能会就部分遵守理论的另一部分做出许多推断。因此,除了完全自愿以外,假如坚持任何公认的正义观念并不尽善尽美,那么处于初始位置上的人们,将在何种条件下同意运用发挥稳定作用的惩罚手段?正如不充分善理论界定的那样,他们会坚持要求一个人只做有着自身优势或者对自己有利的事情吗?

第九章 正义之善 1599

【原文】§86-16-p.504

【评析】

1. 原文:"The general affirmation of the sense of justice is a great social asset"(p.504)。H 本:"对正义感的总的肯定是一笔极大的社会财富"(第455—456 页)。新解:"一般肯定正义感,是一笔巨大的社会财富。"

2. 原文:"In agreeing to penalties that stabilize a scheme of cooperation"(p.504)。H 本:"在一致同意制订稳定一个合作系统的处罚措施时"(第456 页)。新解:"在同意对合作计划有着稳定作用的处罚办法时"。

3. 原文:"The parties accept the same kind of constraint on self-interest that they acknowledge in choosing the principles of justice in the first place"(p.504)。H 本:"各方接受了对自我利益的限制,这与他们一开始在确定正义原则的优先地位时承认的限制是相同的"(第456 页)。新解:"各方接受对自我利益的相同约束,他们在选择正义原则时先行承认那种约束。"

4. 原文:"In view of the reasons already surveyed"(p.504)。H 本:"依照根据所考察的理由"(第456 页)。新解:"鉴于已经查清的原因"。

5. 原文:"It is rational to authorize the measures needed to maintain just institutions"(p.504)。H 本:"认可一些维护正义制度所必需的措施就是合理的"(第456 页)。新解:"授权采取必要措施以维持正义制度是合理的。"

6. 原文:"The constraints of equal liberty and the rule of law are duly recognized"(p.504)。H 本:"对平等的自由的限制和法规得到充分的承认"(第456 页)。新解:"对平等自由和法治的限制得到适当承认。" H 本没有理解这个语句,把语序搞错了。

7. 原文:"Those who find that being disposed to act justly is not a good for them cannot deny these contentions"(p.504)。H 本:"即使一些人感到被强扭着习惯于正义地做事对他们不是一种善,他们也不能否认这些论点"(第456 页)。新解:"纵使那些发现倾向于做事合乎正义对自己不利的人,也不能否认这些看法。"它可意译为,"纵使有这样的人,他们发现,意图公正行事对自己不利,他们也不能否认这些看法。"

8. 原文:"They will be less happy than they would be if they could

affirm their sense of justice"（p. 504）。H 本："与假如他们能肯定自己的正义感他们会感到的快乐相比，他们的快乐肯定会更少"（第 456 页）。**新解**："如果他们能够申明自己的正义感，那么他们将得到的快乐比他们本应得到的快乐要少些。"H 本对这个语句的理解又是不确切的。

【诠释】

从整个契约论来看，他们显然不会这样做。因为这种限制实际上相当于一般自利论，正如我们所看到的，这种自利论将受到拒斥。此外，正当原则和正义原则在集体意义上是合理的；人人遵守正义的安排，这符合每个人的利益。一般地肯定正义感，是一笔巨大的社会财富。所有人通常都将从建立互信和信心的基础中受益。因此，在同意对合作计划有着稳定作用的处罚办法时，各方接受对自我利益的相同约束，在选择正义原则时先行承认那种约束。鉴于已经查清的原因，在同意这些原则之后，授权采取必要措施以维持正义制度是合理的，前提是对平等自由和法治的限制得到适当承认（§§38-39）。纵使那些发现倾向于做事合乎正义对自己不利的人，也不能否认这些看法。当然，就他们的情况而言，正义的安排并不完全合乎他们的本性，因此，在其他条件相同的情况下，如果他们能够申明自己的正义感，那么他们将得到的快乐比他们本应得到的快乐要少一些。但在这里我们只能说，他们命该如此。

【原文】§86 – 17 – pp. 504 – 505

【评析】

1. 原文："For our good depends upon the sorts of persons we are, the kinds of wants and aspirations we have and are capable of"（p. 505）。H 本："因为，我们的善取决于我们人格的种类，我们所具有和所能够有的需要和欲望的种类"（第 456 页）。**新解**："因为我们追求的善，既取决于我们所是的人格类别，又取决于我们持有的需要和愿望种类，更取决于我们有能力持有的需要和愿望的种类。"

2. 原文："It can even happen that there are many who do not find a sense of justice for their good"（p. 505）。H 本："甚至有时许多人都感觉不到一种为着他们的善的正义感"（第 456 页）。**新解**："甚至会有这样的情形：有许多人为自身的善找不到正义感。"

3. 原文："The greater the lack of congruence, the greater the

likelihood, other things equal, of instability with its attendant evils"（p.505）．H本："如其他条件相同，社会愈缺乏一致性，产生不稳定性连同其伴随的恶的可能性就愈大"（第456页）。**新解**："在其他条件相同的情况下，同余的缺口越大，引发不稳定及其流毒的概率就越大。"

4. **原文**："Yet none of this nullifies the collective rationality of the principles of justice"（p.505）．H本："然而，这不妨碍正义原则在总体上的理性"（第456页）。**新解**："然而，这些都不能否定正义原则的集体合理性。"

5. **原文**："Human sociability"（p.505）．H本："人类交往"（第456页）。**新解**："人的合群性"。

6. **原文**："Justice as fairness appears to be a sufficiently stable conception"（p.505）．H本："公平的正义就似乎是充分稳定的观念"（第456页）。**新解**："公平正义显然是一个非常有利于稳定的观念。"

7. **原文**："The generalized prisoner's dilemma"（p.505）．H本："被一般化了的囚徒二难推理"（第456页）。**新解**："广义囚徒困境"。

8. **原文**："Public knowledge and confidence are always imperfect"（p.505）．H本："公认和信任总是不充分的。"（第456页）。**新解**："公众知识和信心总是不完备的。"

9. **原文**："These mechanisms will seldom be invoked and will comprise but a minor part of the social scheme"（p.505）．H本："这些结构将极少被诉诸，并将只包括社会系统的一小部分"（第456页）。**新解**："这些机制很少被激活，它们只构成社会运筹的一小部分。"

【诠释】

因此，主要的一点是，为了证明正义观念，我们不必争辩说，无论其能力和愿望如何，（正如不充分善理论所定义的那样）每个人都有充分理由来保持其正义感。因为我们追求的善（权益），既取决于我们所是的人格类别，又取决于我们持有的需要和愿望种类，更取决于我们有能力持有的需要和愿望的种类。甚至会有这样的情形：有许多人为自身的善找不到正义感。① 若真如此，那么维护稳定的力量是比较薄弱的。② 在

---

① 也就是说，许多人感到自己持有的权利、利益和价值，甚至自己过着的幸福生活缺乏正义感的支撑。罗尔斯断定这样的生活是没有社会价值的。

② 违反正义而持有的善是很容易流失的。这也是霍布斯和洛克的观点，是他们推行社会契约论的重要理由。

这种情况下，惩罚手段（penal devices）将在社会系统中发挥较大的作用。在其他条件相同的情况下，同余的缺口越大，引发不稳定及其流毒的概率就越大。① 然而，这些都不能否定正义原则的集体合理性；所有人都应当珍视这些原则，这样做仍然有利于每个人。只要一个正义观念并非如此不稳定，以致另一正义观念会更好些，那么这一点就是成立的。② 但是，我试图表明的是，在这一点上，契约论理论胜过其竞争对手，因此，不必重新考虑在初始位置上的原则选择问题。事实上，（通过探讨正义感的获得方式和通过探讨社会联合观念）公平正义，合理诠释了人的合群性，显然是一个非常有利于稳定的正义观念。通过正当与善相契合，广义囚徒困境的危害得到了消除。当然，在正常情况下，公众知识和信心总是不完备的。因此，即使在正义社会里，承认某些限制性安排以确保遵循正义原则也是合理的，但它们的主要目的是，保证公民的相互信任。这些机制很少被激活，它们只构成社会运筹的一小部分。

【原文】§86 - 18 - p.505

【评析】

1. 原文："Congruence allows us to complete the sequence of applications of the definition of goodness"（p.505）。H本："一致性使我们得以完成善定义的应用次序"（第456页）。新解："同余允许我们去完成善好定义的应用序列。"

2. 原文："Being a good person (and in particular having an effective sense of justice) is indeed a good for that person"（p.505）。H本："作一个好人（而且具体地说具有一种有效的正义感）对一个人的确是一种善"（第456页）。新解："在良序社会里，做一个好人（尤其是持有有效的正义感）确实对那个人是一件好事。"

3. 原文："From the standpoint of the individual, the desire to affirm the public conception of justice as regulative of one's plan of life accords

---

① 正当与善相背离，正义与善好相冲突，以违反正义的手段获得善，对善的追求背离正义的要求，或违反正义的优先性。
② 在对待正当与善的同余关系上，存在着不同的正义观念，它们存在着竞争关系。有的认为善优先于正当，有的认为正当优先于善；有的认为两者存在同余关系，有的否认两者存在同余关系。一个正义观念的合理与否，要看它能否确保个人善的稳定性。这成为重要的评估标准。

with the principles of rational choice" (p. 505). H本:"从个人观点来看,肯定公认的正义观念使之成为一个人的生活计划中的调节因素的欲望是符合合理选择原则的"(第457页)。新解:"从个体的立场来看,把公开且公共的正义观念作为其人生规划的规制性观念来持有的愿望,符合理性选择原则。"

【诠释】

我们现在要结束关于公平正义之稳定性这一相当冗长的讨论。唯一还需注意的一点是,同余允许我们去完成善好(goodness)定义的应用序列。我们可以说,首先,在良序社会里,做一个好人(尤其是持有有效的正义感)确实对那个人是一件好事;其次,良序社会是善好社会。第一个断言来自同余;第二个断言认为,既然良序社会具有这样的属性,那么从两个相关观点来看,人们想要在良序社会得到这样的属性是合理的。因此,良序社会满足正义原则,从初始位置的角度来看,这些原则在集体意义上是合理的;从个体的立场来看,把公开且公共的正义观念作为其人生规划的规制性观念来持有的愿望,符合理性选择原则。这些结论支持共同体的价值观念,在得出这些结论的过程中,我完成了对公平正义的阐述。①

§87 关于证明的结束语
The Concluding Remarks on Justification

【题解】

罗尔斯写到最后一节,正义理论全部论证即将结束。他就自己的证明写下了结束语,但他表示自己不想对所呈现的正义理论做总结。H本把这一节标题解读为"对证明的总结"(第457页)有违罗尔斯的本意。有人认为,罗尔斯对正义原则的证明是不成立的。"因为他把正义原则的自由性与正义原则的正义性混同起来。"② 笔者对此不敢苟同。

"人生贵极是王侯,浮利浮名不自由。争得似,一扁舟,弄月吟风归

---

① 良序社会既是正义社会,也是善好社会,在正当优先于善的前提下,是正当和善相同余的社会。
② 王海明:"罗尔斯正义理论之我见",《暨南学报》1999年第6期。

去休。"管道升这首渔父词，表达着一种对世间功名利禄的厌恶和对世外逍遥生活的向往。她谈到了某种自由，但它只是一种肤浅的消极自由，一种躲避性的非介入性的生存状态，也是一种非社会的和非政治的生存状态。脱掉"浮利浮名"的自由毕竟不是现代意义的自由，而是一种承认君权之权力压迫或者不敢对权力进行批判反省的自由。它即使实现了"弄月吟风"的境界，也是一种对君主权力的躲避或逃离，构不成对封建权力制度的根本批判或颠覆。因此，在中国传统文化中，即使有庄子式逍遥自由，但它终究是一种缺乏对社会基本安排有着奠基性哲学思考的体验性自由或实践性自由。中国学者在理论自由或学术自由方面，充满着各种充满想象的修辞，却缺乏严密的逻辑论证。罗尔斯《正义论》在很大程度上弥补了中国传统政治思想家在这一方面的弱点。

我们发现，初始位置假说是贯穿始终的。于是，初始位置、正义观念清单、正义原则的选取、正义原则内容的规定，自由的优先性、差别原则、良序社会、分配正义和分配份额、义务和职责、正当与善（正义与善好）的同余、公民抗命、良心拒绝，等等，这些论题自上而下一一展开或呈现，构成一个自成一体的政治哲学理论。罗尔斯尽量避免论证的随意性或独断性，对有些话题只是点到为止，为后来者提供研究思路。因此，他的正义理论首先在研究方法论上具有显著优势，他把讨论的每个议题都阐述的异常充分而清晰明了。你要么赞同他的见解，要么反对他的见解。罗尔斯在论证过程中，显然借鉴了当代哲学、社会科学和自然科学中的一些常用方法。这是他能够让这个著作保持总体的完备性和彻底性的关键因素。并且，虽然他在脚注中不断提到与正文内容有关的人物和文献，但是《正义论》几乎没有直接引用任何作者的论文或著作。罗尔斯总是千方百计地用自己的语言来阐述相应的观点，包括他表示异议的学者的观点，但他很少直接引用他们的观点。

【原文】§87-1-p.506

【评析】

1. 原文："**I shall not try to summarize the presentation of the theory of justice**"（p.506）。H本："我不再试图概括对这种正义理论的描述"（第457页）。新解："我不打算对正义理论的如此展示做个总结。"

2. 原文："**Doing this will clarify several points which may still be in doubt**"（p.506）。H本："这样做将有助于澄清一些仍有疑问之点"（第

457 页)。**新解**:"这样做将澄清仍然存有疑问的若干要点。"

【诠释】

我不打算对正义理论的如此展示做个总结。相反,我想对本人为正义理论提出的这种论证发表几点评论,以此作为本书的结尾。既然整个正义观念已经摆在诸君面前,我们正好处在这样的位置上,我们能以一般方式就它自身来说点什么。这样做将澄清仍然存有疑问的若干要点。

【原文】§87 – 2 – p. 506

【评析】

1. **原文**:"**To account for our considered judgments**"(p. 506)。H 本:"来说明我们的价值判断"(第 457 页)。**新解**:"用来解释我们的深思判断"。

2. **原文**:"**Deductive reasoning**"(p. 506)。H 本:"推理"(第 457 页)。**新解**:"演绎推理"。

3. **原文**:"**To introduce definitions of moral concepts in terms of presumptively non-moral ones, and then to show by accepted procedures of common sense and the sciences that the statements thus paired with the asserted moral judgments are true**"(p. 506)。H 本:"用假定为非道德的概念来提出道德概念的定义,然后,通过公认的常识和科学程序来说明与那些被规定的道德概念相应的陈述是真实的"(第 457 页)。**新解**:"借助于假定的非道德概念,引入关于道德概念的定义,然后,通过公认的常识程序和科学步骤来证明,与所断言的道德判断相对应的陈述或命题是真的。" H 本把短语"the asserted moral judgments"解读为"那些被规定的道德概念"是错误的。

4. **原文**:"**The justification of moral convictions poses no special difficulties**"(p. 506)。H 本:"证明道德信念的理性不存在特殊的困难"(第 457 页)。**新解**:"关于道德信念的证明并不存在特殊困难。" H 本多出了"理性"一词。

5. **原文**:"**They can be established, granting the definitions, in the same fashion as other statements about the world**"(p. 506)。H 本:"只要给出定义,道德信念可以用与关于世界的陈述同样的方式来阐明"(第 457 页)。**新解**:"以关于世界的其他陈述或命题同样的方式,只要给出定

义，道德信念就可以被建立起来。"

【诠释】

哲学家通常尝试用两种方法来证明伦理学理论。其一是，他们有时试图找到某些自明原则，从中可以得出一套完整的标准和准则，用来解释我们的深思判断。我们不妨断定，这种证明是笛卡尔式的。它设定，首要原则可以视之为真的，甚至必然为真的；然后，演绎推理将这种信念从前提转移到结论。其二是（它因语言滥用而被称为自然主义方法），借助于假定的非道德概念，引入关于道德概念的定义，然后，通过公认的常识程序和科学步骤来证明，与所断言的道德判断相对应的陈述或命题是真的。尽管从后面这个观点来看，伦理学首要原则不是自明的，但是，关于道德信念的证明并不存在特殊困难。以关于世界的其他陈述或命题同样的方式，只要给出定义，道德信念就可以被建立起来。

【原文】§87-3-p.506

【评析】

1. 原文："These principles are contingent in the sense that they are chosen in the original position in the light of general facts"（p.506）。H本："这些原则是偶然的，因为它们是在原初状态借助于一般事实而被选择的"（第457页）。新解："在以下意义上这些原则是随机的：它们是根据一般事实在初始位置上被选中的（§26）。"

2. 原文："More likely candidates for necessary moral truths are the conditions imposed on the adoption of principles"（p.506）。H本："必然道德真理的候选者们毋宁说是在采取原则时不得不面临的那些条件"（第457页）。新解："对于必要的道德真理来说，更有可能的候选条件是对采纳各种原则所施加的条件。"

3. 原文："There is no set of conditions or first principles that can be plausibly claimed to be necessary or definitive of morality and thereby especially suited to carry the burden of justification"（p.506）。H本："没有哪一个条件或首要原则的集合可以被说成是对道德起必然的、直接的规定作用的，因而尤其适于担当证明的责任"（第457页）。新解："不存在这样的条件集或首要原则，它们可以被合理地宣称是道德的必要而确定的条件集或首要原则，因此特别适合担负起证明的重任。"

【诠释】

我没有采纳这两种证明观念中的任何一种。因为虽然有些道德原则看似是自然的，甚至是显然的，但要保持这些原则一定是正确的，甚至要解释其中的含义，则会遇到很大的障碍。事实上，本人一直认为，这些原则在以下意义上是随机的：它们是根据一般事实在初始位置上被选中的（§26）。对必然道德真理来说，更有可能的候选条件是对采纳各种原则所施加的条件；不过实际上，似乎最好将这些条件简单地视为合理的假定，最终由其所属的整个理论来评估。不存在这样的条件集或首要原则，它们可以被合理地宣称是道德的必要而确定的条件集或首要原则，因此特别适合担负起证明的重任。另一方面，所谓的自然主义方法，必须先区分道德概念与非道德概念，然后才能认可所下的定义。为了取得证明的成功，需要预先假定明确的意义理论，但是现在似乎缺乏这样的理论。在任何情况下，定义都会成为道德学说的主要部分，所以反过来，定义也需要得到证明。

【原文】§87-4-pp.506-507

在这里罗尔斯明确表示，道德思想和道德判断属于理性活动或科学活动，而不是纯粹的情感活动。道德理论像其他科学理论一样，具有去伪存真的维度，亦即"苏格拉底式的方面"。他借此批驳了逻辑实证主义者对道德命题的拒斥。他在此表示，正义理论也可以是严格的逻辑体系，它由各种假设、原则和命题所组成。道德理论或正义理论不需要从其他理论中寻求支持，它自己就能做到自明或自圆其说。H本没有很好地呈现罗尔斯在这个段落中得到充分表现的论证力量，这是一种逻辑的严谨性。

【评析】

1. 原文："**There is no reason to suppose that its first principles or assumptions need to be self-evident, or that its concepts and criteria can be replaced by other notions which can be certified as non-moral**"（p.507）。H本："没有理由认为它的那些首要原则或假设需要是自明的，或者认为它的概念和标准能被其他可被确认为非道德的概念所代替"（第458页）。**新解**："不存在提出如下假设的理由：要么道德理论的首要原则或假设必定是自明的，要么道德理论的概念和标准可以被鉴定为非道德的其他概念和标准所取代。"

2. 原文："**Thus while I have maintained, for example, that something's being right, or just, can be understood as its being in accordance with the**

relevant principles that would be acknowledged in the original position, and that we can in this way replace the former notions by the latter, these definitions are set up within the theory itself"（p. 507）。H 本："所以，比如说，尽管我一直主张某件事是正当的或正义的这一点可以通过它符合作为它的基础的在原初状态会被承认的有关原则来理解，主张我们可以以此方式用这些原则代替先前的概念，这些定义却是建立在理论自身之中的"（第458页）。新解："因此，我既坚持认为，例如，某个事情是正当的或正义的，这一点可以理解为，这件事情的存在，符合在初始位置上得到认可的相关原则；我又坚持认为，通过这种方式，我们可以用后面概念取代前面概念，这些定义是在道德理论本身之内建立的。"

3. 原文："I do not hold that the conception of the original position is itself without moral force, or that the family of concepts it draws upon is ethically neutral"（p. 507）。H 本："我不认为原初状态观念本身没有道德力量，或作为它的基础的那些概念在道德上是中立的"（第458页）。新解："我既不认为，初始位置观念本身没有道德力量；也不认为，它所借鉴的系列概念在道德上是中立的。"

4. 原文："Justification is a matter of the mutual support of many considerations, of everything fitting together into one coherent view"（p. 507）。H 本："证明是许多思考的相互支持，是所有因素都相互适合地构成一个一致的观点"（第458页）。新解："证明是一件由许多考虑因素相互支持的事情，是一件所有因素合在一起形成连贯观点的事情。"

【诠释】

有鉴于此，本人认为，我们最好像看待任何其他理论一样来看待道德理论，适当考虑其苏格拉底式方面（§9）。不存在提出如下假设的理由：要么道德理论的首要原则或假设必定是自明的，要么道德理论的概念和标准被鉴定为非道德的其他概念和标准所取代。① 因此，我既坚持认为，例

---

① 这里提出的观点和本书第9节阐述的观点是一致的，后者来自"伦理学纲要"，1951年。不过，它也受益于蒯因（W. V. Quine）在《语词和对象》（Word and Object）第一章及其他地方提出的证明观念（conception of justification），参阅蒯因《语词和对象》，麻省剑桥：麻省理工学院出版社1960年版，也参阅蒯因《本体论的相对性及其他论文》（Ontological Relativity and Other Essays），纽约：哥伦比亚大学出版社1969年版，第4篇论文。关于证明观念把道德思想和道德判断明确包括进来的发展，参阅莫顿·怀特（Morton White）《哲学的圆融之道》（Toward Reunion in Philosophy），麻省剑桥：哈佛大学出版社1956年版，第三部分，尤其是第254—258、263、266页及以后。——原注

如，某个事情是正当的或正义的，这一点可以理解为，这件事情的存在，符合在初始位置上得到认可的相关原则；我又坚持认为，通过这种方式，我们可以用后面的概念取代前面的概念，这些定义是在道德理论（或正义理论，罗尔斯的正义理论也是一种道德理论）本身之内建立的（§18）。我既不认为，初始位置观念本身没有道德力量；也不认为，它所借鉴的系列概念在道德上是中立的（§23）。本人现在把这个问题放在一边（只是点到为止，不进一步展开讨论）。于是，我没有给出如下推论：首要原则及其条件和定义具有若干特定的特点，这些特点允许首要原则及其条件和定义在证明道德学说的正当性方面拥有特殊地位。首要原则及其条件或定义是道德理论（或正义理论）的核心要素和手段，但证明取决于整个观念，取决于它如何契合于我们在自反均衡中所考虑的判断，并把那些判断组织起来。正如我们之前所指出的，证明是一件由许多考虑因素相互支持的事情，是一件所有因素合在一起形成融贯观点的事情（§4）。接受这个观点，我们就可以把意义和定义问题放在一边，继续发展实质性正义理论。

【原文】§87-5-pp.507-508

【评析】

1. 原文："**The first part presents the essentials of the theoretical structure, and the principles of justice are argued for on the basis of reasonable stipulations concerning the choice of such conceptions**"（p.507）。H本："第一部分描述理论结构的基础，并在对这些观念的选择的合理规定的基础上论证正义原则"（第458页）。**新解**："在第一编中，本人展示了理论结构的基本要点，并基于这些正义观念的筛选给出的合理约定，论证了正义原则。"

2. 原文："**I examined the sorts of institutions that justice enjoins and the kinds of duties and obligations it imposes on individuals**"（p.507）。H本："我考察正义要求的制度的种类，以及正义加给个人的义务和职责的种类"（第458—459页）。**新解**："我考察了正义所指令的各类制度，探讨了正义所赋予个人的各种义务和职责。"

3. 原文："**The aim throughout was to show that the theory proposed matches the fixed points of our considered convictions better than other familiar doctrines, and that it leads us to revise and extrapolate our judgments in what seem on reflection to be more satisfactory ways**"（p.507）。H本："其目的完全是为了说明，所提出的理论比其他类似理论

更符合于我们深思熟虑的信念中的那些确定之点,说明这个理论引导我们以在反思中更令人满意的方式修正和推出我们的判断"(第459页)。**新解:"自始至终,第二编旨在表明,与世人熟知的其他学说相比,这个理论更加符合我们所持的内心信念的不动点;并且,自始至终,它旨在表明,这个理论引导我们,以经过反复推敲之后看似更加令人满意的方式,修正和推断我们的判断。"** 这里的术语"fixed points"也有"固定点"之意,相似于我们内心所持的最为坚定不移的信念。它也相似于科学假说中的"硬核",如果科学假说的"硬核"被突破了,那么那个假说也就不成立了。如果一个人所持的内心信念的平衡点被触动了,那么他就会陷入怀疑论。罗尔斯的学术尝试就是要让人们对正义的信念牢固地确立在可靠的科学假说之上,他的正义理论就是这样的严格思想体系。

【诠释】

这个正义理论所展示的三大编,大致以如下方式相互支持,旨在形成统一的整体。在第一编中,本人展示了理论结构的基本要点,并基于这些正义观念的筛选给出的合理约定,论证了正义原则。我极力主张这些条件的自然性,并提出了接受它们的理由,但是我既没有说它们是不言而喻的(自明的),也没有说它们是分析道德概念或伦理学术语的含义所必需的。在第二编中,我考察了正义所指令的各类制度,探讨了正义所赋予个人的各种义务和职责。自始至终,第二编旨在表明,与世人熟知的其他学说相比,这个理论更加符合我们所持的内心信念的不动点(fixed points);并且,自始至终,它旨在表明,这个理论引导我们,以经过反复推敲之后看似更加令人满意的方式,修正和推断我们的判断。(在正义理论中)首要原则和特殊判断,两者看似相辅相成,相得益彰,至少与其他候选理论相比是如此(这是罗尔斯对自己的正义理论的自我评估)。最后,在第三编中,我们考察了公平正义是否可行的正义观念。这迫使我们既提出稳定性问题,又提出所定义的正当与善是否同余的问题。这些考虑并不决定(determine)在论证第一编对原则的最初承认,而是证实(confirm)那种承认(§81)。它们表明,我们的本性允许初始的选择得以实施(在选择公平正义上,我们命该如此,我们别无选择)。从这个意义上讲,我们可以说,人类具有一种道德本性。[①]

[①] 罗尔斯明确表示,关于正当与善同余关系的讨论,不得违反正义理论第一编关于正义原则的论证,也就是说,关于社会基本善之合理性的具体论证,不得违反第一正义原则之正当优先性的假定。

第九章 正义之善 1611

【原文】§87 – 6 – p. 508

【评析】

1. 原文："A particular list of conceptions of justice"（p. 508）。H 本："一个具体的正义观念表"（第 459 页）。新解："一份特定的正义观念清单"。

2. 原文："Any list of conceptions of justice"（p. 508）。H 本："任何正义观念表"（第 459 页）。新解："任何一份正义观念清单"。

【诠释】

现在，有人可能认为，这种证明面临两类困难。首先，它对一般抱怨——即它只诉诸协议这一事实——是开放的。① 其次，针对本人提出的论点，存在着一种更加具体的反对意见，即它取决于一份特定的正义观念清单，处在初始位置上的各方将在这些正义观念当中进行筛选；它还假定，不仅人们在其所考虑的判断上达成一致意见，而且人们在其认为合理的条件方面达成一致意见，那些条件将强加于对首要原则的选择。可以说，在内省确信方面达成的协议是不断变化的，一份协议因社会的不同而不同，也因社会各部分的不同而不同。一些所谓的不动点可能并非真正不动，每个人不会接受同样的原则来填平现有判断的鸿沟。任何一份正义观念清单，或者，任何关于(正义) 原则的合理条件的共识，肯定多少是武断的。照此说来，公平正义呈现的情形并没有逃脱这些限制。②

【原文】§87 – 7 – p. 508

【评析】

1. 原文："It presumes a clash of views between persons or within one

---

① 即在初始位置上各方接受或同意关于选择正义原则的初始协议。
② 在正义观念清单上的具体条目肯定是有限的，罗尔斯只能罗列出他可以想象得到的有限条目，公平正义便是其中的条目之一。罗尔斯只能根据经验进行有限的列举，他不可能穷尽所有的可能条目，也没有必要那样做。他只要在正义观念清单上的条目进行必要的比较，只要确立其中一种正义观念具有相对优势，就可以证明那种正义观念的合理性。这是一种关于正义观念的有限性证明。这种证明遭到哈贝马斯的反对，但是它仍然是合理的。因为接受与证明的难题，在正义观念的筛选上不是一个真正的难题。因为，正义观念的证明不是哲学的事情，也不是科学的事情，而是政治的事情，是通过民主方法来解决的。这也是罗尔斯反驳哈贝马斯的主要观点。

person"（p. 508）。H 本："它假定人们之间，或一个人自身的不同观点之间，存在一种冲突"（第 459 页）。**新解**："它假定，在人们持有的不同观点上，或在同一人持有不同观点上，存在着冲突。"

2. 原文："**The reasonableness of the principles**"（p. 508）。H 本："原则的理性"（第 459 页）。**新解**："这些原则的合理性"。

3. 原文："**Being designed to reconcile by reason, justification proceeds from what all parties to the discussion hold in common**"（p. 508）。H 本："由于是被设计来用推理使分歧意见达到一致的，证明首先从讨论中所有各方所共有的见解开始"（第 459 页）。**新解**："证明的目的在于，借助于讨论各方皆持有的共同思想，通过理性达成和解。"这让人想起黑格尔的相似见解：理性的和解就是自由。

4. 原文："**A proof simply displays logical relations between propositions**"（p. 508）。H 本："所以，证据本身还不是证明。一项证据只简单表现着前提之间的逻辑联系"（第 459 页）。**新解**："证据只表示命题之间的逻辑关系。"H 本或许是把"命题"（propositions）错看成了"前提"（presupposition）。

【诠释】

本人对一般反对意见的回应是，证明是针对不同意我们的异议者阐发的，或者，当我们自己拿不定主意时，证明是针对我们自己阐发的。它假定，在人们持有的不同观点上，或在同一个人持有的不同观点上，存在着冲突；它试图说服别人或我们自己，去相信我们的主张和判断所依据的这些原则的合理性。证明的目的在于，借助于讨论各方皆持有的共同思想，通过理性达成和解。在理想的情况下，向某人证明某个正义观念，就是从我们接受的前提出发，向他提供关于支撑起某个正义观念之原则的证据，这些原则反过来会产生与我们所考虑的判断相一致的结果。因此，仅仅证据还不是证明。证据只表示命题之间的逻辑关系。但是，一旦起点得到相互认可，或者，其结论如此全面而令人信服，以至于说服我们相信它们的前提所表达的观念是站得住脚的，那么证据就变成了证明。

【原文】§87-8-pp. 508-509

【评析】

在罗尔斯看来，正义原则的证明过程实际上是一个筛选过程，是从多个备选原则中筛选出最合理选项的过程。正因如此,哈贝马斯质疑说,罗尔斯搞混了原则的接受和原则的证明,把前者当成了后者。可是,证明过程,就是筛选过程,因为有那么多代表性正义观念放在那里。罗尔斯认为,我们只能从中筛选出最合理的备选项。我们不可能自己杜撰出一个来。他认为,共识是证明的前提;证明是共识的结果。因此,关于原则的接受和原则的证明的区分问题或混淆问题,罗尔斯通过断定存在共识来给予化解。这也是他后来特别重视重叠共识的原因。

1. 原文:"**Any list of alternatives**"(p. 509). H本:"任何选择对象的详细表"(第460页)。**新解**:"任何一份候选理论清单"。

2. 原文:"**The argument for the principles of justice would be strengthened by showing that they are still the best choice from a more comprehensive list more systematically evaluated**"(p. 509). H本:"表明正义原则是一份比较系统地提出的较为综合性的详细表中的最好的选择对象,将加强对正义原则的论证"(第460页)。**新解**:"正义原则的论证将得到加强,以此表明,从较为系统地得到评估的一份比较全面的清单来看,这些原则仍然是最佳选项。"

3. 原文:"**I doubt, however, that the principles of justice(as I have defined them) will be the preferred conception on anything resembling a complete list**"(p. 509). H本:"但我觉得,(按照我规定的)这些正义原则将是某种类似于一个完整的详细表的东西中的较可取的观念"(第460页)。**新解**:"然而,我不确定的是,这些正义原则(正如我所定义的)是否写在类似于一份完整清单中的优先性正义观念。"

4. 原文:"**Given an upper bound on complexity and other constraints, the class of reasonable and practicable alternatives is effectively finite**"(p. 509). H本:"假如在复杂性和其他限制性之间有一种更高约束,那么合理而可行的这一等级的选择对象就是非常有限的"(第460页)。**新解**:"给定复杂性和其他约束条件的上限,这类合理而可行的候选理论受到了有效的限定。"

【诠释】

因此,从某种共识(some consensus)出发来论证正义原则是完全恰当的(perfectly proper)。这就是证明的本质。然而,就论证效力取决于所达成共识的特性而言,某些较为具体的反对意见是正确的。这里有几点值得注意。首先,虽然应当承认,任何一份候选理论清单在某种程度上都可能是武断的，但如果将反对意见理解为断定所有清单都是同样武断的，那么如此反对意见便是错误的。一份包括主流传统理论的清单比一份排除较为明显的候选理论的清单更不武断。当然，正义原则的论证将得到加强，以此表明，从较为系统地得到评估的一份比较全面的清单来看，这些原则仍然是最佳选项。我不知道这能走得多远。然而，我不确定的是，这些正义原则（正如我所定义的）是否写在类似于一份完整清单中的优先性正义观念。（在这里，我假设，给定复杂性和其他约束条件的上限，这类合理而可行的候选理论受到了有效的限定。）即使我提出的论点是正确的，它只是表明，一个充分的理论（如果存在的话）会比我们讨论的任何其他理论更像是某种契约理论。即使这个结论也没有得到严格的证明。

【原文】§87 – 9 – p. 509

【评析】

罗尔斯在快要结束全书时希望，通过对各种现有正义观念的比较研究，尤其是同效用正义观念的比较研究，公平正义将成为主导的正义观念。只是它要受到更加严格的检验，为证明这种正义观念的合理性提供更加坚实的基础。至于未来如何发展，他不能提供保证，而只能提出自己的设想。

1. 原文："**The list used is not simply ad hoc**"（p. 509）。H 本："就不能简单地说所使用的这个详细表是一个特殊表了"（第 460 页）。**新解**："所用清单不只是临时的"。

2. 原文："**With time further possibilities will be worked out, thereby providing a more convincing basis for justification as the leading conception is subjected to a more severe test**"（p. 509）。H 本："随着时间的发展还可以列出新的可能性，从而，随着主要观念经受更严格的考验，这些可能性提供着证明的更可信的基础（第 460 页）。**新解**："随着时间的推移，进一步的可能情况将得到探讨。这一主导的正义观念因此将受到更加严格的检验，从而为证明提供更令人信服的基础。"

3. 原文："**A few familiar alternatives**"（p. 509）。H 本："几个熟悉的选择对象"（第 460 页）。**新解**："若干常见的备选学说"。

【诠释】

然而，在比较公平正义与这些正义观念时，所用清单不只是临时的：

它包括在道德哲学传统中的代表性理论，那个传统构成迄今为止就什么是看似更合理而可行的道德观念达成的历史共识。随着时间的推移，进一步的可能情况将得到探讨。这个主导的正义观念因此将受到更加严格的检验，从而为证明提供更加令人信服的基础。但是我们只能预想这些事情。就目前而言，尝试重述契约论学说，并将其与若干常见备选学说（以清单列举的若干可供选择的学说）作比较是适当的。这个程序不是任意的，我们没有其他办法来推进这项工作。

【原文】§87-10-pp. 509-510

【评析】

1. 原文："Turning to the particular difficulty about the consensus on reasonable conditions, one should point out that one of the aims of moral philosophy is to look for possible bases of agreement where none seem to exist"（p. 509）。H本："关于合理条件的一致意见方面的具体困难，人们应当指出，道德哲学的一个目标就是在似乎不存在协议的地方找到它的可能基础"（第460页）。新解："我们转而讨论就合理条件达成共识的特殊困难。有人表示，道德哲学的一大目的是，在看似一无所成的地方，寻找达成协议的可能基础。"

2. 原文："It must attempt to extend the range of some existing consensus and to frame more discriminating moral conceptions for our consideration"（p. 509）。H本："道德哲学必须努力扩大某种现存的一致意见的范围，并为我们的思考努力构想更精细的道德观念"（第460页）。新解："道德哲学必须尝试扩大某个现有共识的范围，并为我们的考虑提供更加敏锐的道德观念。"

3. 原文："The idea is that by putting together enough reasonable constraints into a single conception, it will become obvious that one among the alternatives presented is to be preferred"（pp. 509-510）。H本："这个观念在于：通过把足够合理的约束聚集在一个单一的观念之下，所呈现的诸种选择对象中的一种就显然是更可取的"（第460页）。新解："其理念是，通过将足够多的合理约束条件统合到某个单一观念中，在所展示的备选观念当中，有一个观念显然地是首选的。"

4. 原文："We should like it to happen that the superiority of a particular view（among those currently known）is the result, perhaps the

unexpected result, of this newly observed consensus"（p. 510）。H 本："我们所希望的是，（那些众所周知的观点中的）一种具体观点的优先性是新近观察到的一致意见的结束，也许是出乎意料的结果"（第460页）。**新解**："我们希望碰巧发生的情况是：（在目前已知的那些观念当中）某个特定观念的优越性，是这个刚才提到的共识的结果，也许是出乎意料的结果。"

【诠释】

我们转而讨论就合理条件达成共识的特殊困难。有人表示，道德哲学的一大目的是，在看似一无所成的地方，寻找达成协议的可能基础。道德哲学必须尝试扩大现有共识的范围，并为我们的考虑提供更加敏锐的道德观念。证明其具有正当性的依据不是现成的：有时通过侥幸的猜测，有时通过留意向(正义)理论提出的各种要求，我们必须找到它们，并予以适当表达。正是抱着这样的目的，关于选择首要原则的各种条件借助于初始位置概念被统合到了一起。其理念是，通过将足够多的合理约束条件统合到某个单一观念中，（由此形成各种备选的正义观念）在所展示的备选观念当中，有一个观念显然地是首选的。我们希望碰巧发生的情况是：（在目前已知的那些观念当中）某个特定观点的优越性，是这个刚才提到的共识的结果，也许是出乎意料的结果。

【原文】§ 87 – 11 – p. 510

【评析】

个体之间互不关切，并不意味着个体对社会政治共同问题不问不顾。人是社会动物和政治动物，人具有的合群性，使得他不得不关心社会和政治公共问题。这些问题在公开性条件下能够得到最为充分的讨论。在公开讨论中，他们才知道什么应当被遵循，什么应当被抛弃，什么应当被推进，什么应当被修订。具备公开性条件，是良序社会成为成熟的现代民主社会的重要条件。把"公开性"(publicity) 条件误解为"公共性"条件，是 H 本对《正义论》的系统误读之一。

1. 原文："Set of conditions"（p. 510）。H 本："那些条件"（第461页）。**新解**："条件集"。

2. 原文："Grounds for ordering and finality"（p. 510）。H 本："排序和终结性的根据"（第461页）。**新解**："排序和终极的依据"。

3. 原文："We can now see that publicity can be explained as insuring

第九章 正义之善 1617

that the process of justification can be perfectly carried through (in the limit so to speak) without untoward effects"(p.510)。H本:"我们现在可以看到,公共性可以被解释为使证明过程能(在某种限定的意义上)得到完满贯彻而不产生不愉快的效果的保证"(第461页)。新解:"我们现在可以看到,公开性可以解释为确保证明过程(在限定意义上)能够完美地得到实施,而不会带来负面效应。"

4. 原文:"Untoward effects"(p.510)。H本:"不愉快的效果"(第461页)。新解:"负面效应"。

5. 原文:"For publicity allows that all can justify their conduct to everyone else (when their conduct is justifiable) without self-defeating or other disturbing consequences"(p.510)。H本:"因为,公共性使每个人都能向所有其他人(当他们的行为可证明为正当时)证明他的行为的正当性,而不致产生自相矛盾或其他纷扰的结果"(第461页)。新解:"因为公开性允许所有人都可以向其他人证明他们的行为是正当的(当他们的行为能够得到证明的时候)而没有产生自欺欺人的后果,或者没有产生其他令人不安的后果。"

6. 原文:"If we take seriously the idea of a social union and of society as a social union of such unions, then surely publicity is a natural condition"(p.510)。H本:"如果我们严肃审视社会联合和一个社会联合的社会联合的观念,那么公共性就肯定是一个自然的条件"(第461页)。新解:"如果我们认真对待社会联合理念,并且,如果我们认真对待由诸多社会联合组成的社会大联合的社会理念,那么公开性条件无疑是自然条件。"

7. 原文:"Society is not partitioned with respect to the mutual recognition of its first principles"(p.510)。H本:"从对它的首要原则的共同认识着眼,社会不是分裂的"(第461页)。新解:"在相互承认其首要原则方面,社会是不分彼此的。"

8. 原文:"This must be so if the binding action of the conception of justice and of the Aristotelian principle (and its companion effect) are to take place"(p.510)。H本:"如果应当把正义观念的和亚里士多德主义原则(及其伴随效果)约束行为结合起来,就必定是这样"(第461页)。新解:"如果正义观念的约束作用和亚里士多德式原则(及其伴随效应)的约束作用要发生的话,就定当如此。"

【诠释】

同样，纳入初始位置概念的条件集并非无所解析。一种可能的情形是，坚信这些要求是合理的，并将它们与道德原则的目的及其在建立共同体纽带中的作用联系起来。比如，排序和终极性依据似乎是足够清晰的。我们现在可以看到，公开性可以解释为确保证明过程（在限定意义上）能够完美地得到实施，而不会带来负面效应。因为公开性允许所有人都可以向其他人证明他们的行为是正当的（当他们的行为能够得到证明的时候）而没有产生自欺欺人的后果，或者没有产生其他令人不安的后果。如果我们认真对待社会联合理念，并且，如果我们认真对待由诸多社会联合组成的社会大联合的社会理念，那么公开性条件无疑是自然条件。它有助于确定，良序社会是一种如下意义的活动，它的成员彼此了解和遵循相同的规范观念；每个人都以众所周知的同意方式分享所有努力带来的好处。在相互承认首要原则方面，社会是不分彼此的。事实上，如果正义观念的约束作用和亚里士多德式原则（及其伴随效应）的约束作用要发生的话，就定当如此。①

【原文】 §87 – 12 – pp. 510 – 511

【评析】

出发点不是终点。追求正义的个体，是一种以追求自我权利和利益为基本出发点的个体，人性之善也不得抹去人性中的基本欲求。正义感和道德能力的培养正是这种人性之善的不断提升或超越。终点是实现了社会合作的良序社会的建成，并在其上的共同体之善的完成。因此，正义提出超越自我利益的要求是必然的，也就是说，正义超越个体狭隘的自我利益，去实现更大的共同体利益是必然的。在解决了正当的优先性问题之后，寻求正当与善的同余关系，是正义理论要解决的重要问题。

个体持有的合理自利论是寻求正义观念的起点，它可以保证每一个体的权利和利益得到正义原则及其规制的基本制度的维护。但是，一旦正义原则被确立了起来，正义原则便成为每一个个体遵循的原则，要求从正当的优先性出发来追求自己的善。这个在逻辑上是成立的。哈贝马斯、德沃

---

① 良序社会观念，尤其是这里提到的"社会大联合的社会观念"是对休谟提出的"大社会"观念的发展，也是对霍布斯和斯密提出的"文明社会"（civil society）观念的发展。

金和科恩等人正是在这些方面对罗尔斯正义理论提出批评，他们在不同点上发生着解读偏差，对罗尔斯正义理论的证明提出质疑。比如，有人认为，罗尔斯对社会基本善的论证推翻了正义优先于善或正当优先于善原则。但是，笔者认为，这些批评并不成立。

1. **原文**："The weakest set of conditions"（p. 510）。H 本："最弱的条件集合"（第 461 页）。**新解**："最弱条件集"。

2. **原文**："A minimum does not exist short of no conditions at all"（p. 510）。H 本："如果不存在无条件，就不存在极小量"（第 461 页）。**新解**："完全不需要条件的最小值并不存在。"

3. **原文**："A constrained minimum"（p. 510）。H 本："一个有约束的最小量"（第 461 页）。**新解**："一个有约束的最小值"。

4. **原文**："A workable theory of justice"（p. 510）。H 本："一个有效的正义理论"（第 461 页）。**新解**："一个可行的正义理论"。

5. **原文**："The minimal nature"（p. 510）。H 本："最弱本性"（第 461 页）。**新解**："最小值性质"。

6. **原文**："The assumption of mutually disinterested motivation is not a demanding stipulation"（p. 510）。H 本："相互冷淡动机假设就不是一个有要求的规定"（第 461 页）。**新解**："关于彼此互不关切的动机假设不是一个苛刻的设定。"

【诠释】

诚然，道德原则的作用并没有唯一地得到界定；它许可多种诠释。通过观察哪一种诠释使用最弱条件集来描述初始场景，我们可以尝试在它们之间做出选择。这一建议的难点在于，虽然较弱条件确实是优先的，但是在其他因素相等的情况下，不存在最弱条件集；完全不需要条件的最小值并不存在，我们对此也不感兴趣。因此，我们必须寻找一个有约束的最小值，一个弱条件集，它仍然使我们能够构建一个可行的正义理论。公平正义的某些部分应该以这种方式来看待。我曾多次提到在单独采取原则时条件的最小值性质。例如，关于彼此互不关切的动机假设不是一个苛刻的设定。它不仅使我们能够以相当精确的理性选择概念作为理论的基础，而且对各方提出的要求很少；通过这种方式，所选中的原则可以调节更广泛和更深刻的冲突，这是一个明显的迫切需要（§40）。其另一大优点是，把在初始位置上比较明显的道德要素，以一般条件和无知之幕的形式分离出来，这样我们就可以更加清楚地看到，正义在多大程度上要求我们超越对自身利益的关切。

【原文】 §87-13-p.511

【评析】

彼此关切意味着彼此监督或彼此控制。福柯对此有充分揭示。互不关切状态，意味着彼此独立而不受他人特别关注的状态，尤其是不受拥有权力或特权的个人或组织特别关注的状态。我们不妨从消极自由角度理解彼此互不关切假说。它不是单纯的相互冷漠状态，而是相互放任状态，每个人都可以自由地做自己想要做的任何事情而不受他人干预。在平等自由原则的指导下，个体在良知上不存在特别的相互需求，在人格上的相互尊重，不把自己思想、意愿、意志、要求强加于他人。平等自由原则在良心自由方面有着充分的包容力量，允许人们拥有不同的道德观念和价值观念。因此，在良心自由上，个体既要做最好的自己，也要允许别人做最好的他们。

1. **原文**："**If any agreement is possible, it is that on the principle of equal liberty**"（p.511）。**H本**："假如某种协议可能订立，那必是对平等自由原则的"（第461页）。**新解**："如能达成某个协议，那么它就是基于平等自由原则的协议。"

2. **原文**："**Postulate sufficiently**"（p.511）。**H本**："强烈地要求"（第462页）。**新解**："充分假定"。

【诠释】

关于良心自由的讨论最清楚地说明了(处在初始位置上的各方)彼此互不关切假设。在这一领域，各方众说纷纭，各执己见，难以达成一致意见，但是人们仍然可以表示，如能达成某个协议，那么它就是基于平等自由原则的协议。而且，正如我们指出的那样，这个观点也可以予以推扩，去处理道德学说之间的冲突（§33）。纵使各方断定，即使他们在社会上肯定某种道德观念（他们不知道其内容），他们仍然可以赞同那个首要原则(平等自由原则)。因此，这一原则似乎在道德观点中占有特殊地位；一旦我们充分假定，各种广泛的分歧与某个实际正义观念的某些最低条件相契合，这一原则就界定了有限的协议。

【原文】§87-14-p.511

【评析】

罗尔斯正义理论的逻辑起点是个人主义的,是平等、自由、独立、理性而自利的个体。他们的目标是寻求社会合作,并从中获取各自的利益。因此,其结果是集体主义的。有合作就会有利益的交易,也会有成果的分享,还会有责任的担当。罗尔斯并没有让人在社会合作中忘记自我,也没有在其中过分强调自我,一切都在恰如其分中有条不紊地推进。这就是罗尔斯想要达到的一种社会状态——以人为目的人与人和谐相处、共享自由与利益、共谋发展的状态。

1. 原文:"A suitably general conception of rational choice"(p.511)。H 本:"足够普遍性的合理选择观念"(第462页)。新解:"相当常见的理性选择观念"。

2. 原文:"For example, we have found interpretations of autonomy and of the moral law as an expression of our nature as free and equal rational beings; the categorical imperative also has its analogue, as does the idea of never treating persons as means only, or indeed as means at all"(p.511)。H 本:"例如,我们找到了对自律和道德法则表达我们作为自由平等的理性存在物的本性这一命题的解释;同时,绝对命令,例如绝不可以把人只当作手段或完全作为手段,也有了它的解释"(第462页)。罗尔斯在这里列举的是三件事,而不是两件事。新解:"例如,我们发现,关于自律和道德法则的诠释表明,我们在本性上是自由平等的理性生命;定言令式也有类似之处;从不把人仅仅当作手段的理念,或者从不把人实际上完全当作手段的理念,也是如此。"

3. 原文:"These aspects of the theory of justice are developed slowly beginning from what looks like an unduly rationalistic conception that makes no provision for social values"(p.511)。H 本:"正义理论的这些方面是慢慢地从似乎完全无视社会价值的失当的理性主义观念的东西中发展起来的"(第462页)。新解:"这个正义理论的这些方面,从看似过分理性的正义观念缓慢发端而来,那个正义观念没有限定各种社会价值。"

(第462页)。新解:"一个过分理性的正义观念"。

(1) 短语:"An unduly rationalistic conception"。H 本:"失当的理性主义观念"。新解:"一个过分理性的正义观念"。

（2）短语："Makes no provision for social values"。H 本："完全无视社会价值"。**新解**："没有限定各种社会价值"。

4. **原文**："**Not until later is justice seen as part of our good and connected with our natural sociability**"（p. 511）。H 本："正义后来又被看作我们的部分的善，同我们的正常的交往联系起来"（第462页）。**新解**："到了后来，正义被视为我们的善的一部分，并与我们天生的合群性相联系。"

（1）短语："Part of our good"。H 本："我们的部分的善"。**新解**："我们追求的善（利益和价值）的一部分"。

（2）短语："Natural sociability"。H 本："正常的交往"。**新解**："天生的合群性"。

【诠释】

本人现在想要指出的是，有几项反对意见独立于证明方法（method of justification），而涉及正义理论本身的某些特点。其中的反对意见断定，这种契约论是一种狭隘的个人主义学说。对于这样的非难，前面的评述给出了答案。因为一旦理解了各方互不关心彼此假设的观点，这种反对意见就显得无的放矢。在公平正义的框架内，我们可以用相当常见的理性选择观念来重述和确立若干康德式论题（Kantian themes）。例如，我们发现，关于自律和道德法则的诠释表明，我们在本性上是自由平等的理性生命；定言令式（绝对命令）也有类似之处；从不把人仅仅当作手段的理念，或者从不把人实际上完全当作手段的理念（人是目的而不仅仅是手段的理念），也是如此。此外，在第三编中，本正义理论也被证明可以解释共同体的价值；这强化了先前的论点，即在正义原则中存在着某种人格理想，为判断社会基本结构提供了阿基米德点（§41）。这个正义理论的这些方面，从看似过分理性的正义观念缓慢发端而来，那个正义观念没有限定各种社会价值。初始位置起先用来确定正义的内容和原则，正义原则规定着正义内容。到了后来，正义被视为我们追求的善（利益或价值）的一部分，并与我们天生的合群性相联系。关于初始位置设想的优点，不能通过关注正义理论的某个单一特征来评估，正如本人经常提到的那样，它只能通过建立在其上的整个正义理论来评估。

【原文】 §87 – 15 – pp. 511 – 512

【评析】

罗尔斯表示，公平正义能够保证每个人的基本自由、权利和利益。这是效用正义观念做不到的。公平正义对个体提出了一定的强制要求。这是与他人开展合作并且分享合作成果和承担合作风险与负担的要求。这种强制要求是道德意义上的，是普遍的，是每个人必须接受的。这种要求是必要的，也是最低限度的。因此，公平正义不是道德中立的，而是有明确的道德立场和道德追求的。在这一点上，德沃金与罗尔斯的观点相似。他们会共同反对波斯纳的法律经济分析理论。

1. 原文："Conditions that are widely recognized as fitting to impose on the adoption of moral principles"（p.512）。H本："公认为适合加在对道德原则的选择之上的条件"（第462页）。**新解**："普遍认为有利于强制采用道德原则的条件"。

2. 原文："They decide solely on the basis of what seems best calculated to further their interests so far as they can ascertain them"（p.512）。H本："就他们能够确定那些适于发展他们的利益的东西而言，他们的决定仅仅建立在这些东西的基础上"（第462页）。**新解**："**只要他们能够确认那些利益是自身利益，他们便会完全基于看似由演算得到的最佳情形来做出定夺，从而增进那些利益。**"H本显然没有很好地理解这个语句，没有解读出"看似由演算得到的最佳情形"（what seems best calculated）。这是对钱理群提出的"精致的利己主义者"的最佳阐述。因此，就理性的个体来说，寻求正义原则的首要动机是"精致的利己主义"，这一点超出了钱理群的预计，但是罗尔斯就是这样论证的。当然，起点不是终点，追求自己利益以不损害他人利益为前提。这是罗尔斯全面论证的另一个重要原则，就是对等原则。对等原则是对精致利己主义的最有效的约束原则。

3. 原文："In this way we can exploit the intuitive idea of rational prudential choice"（p.512）。H本："这样，我们就能利用合理慎思选择的直觉观念的优点"（第462页）。**新解**："通过这种方式，我们就可以利用理性审慎选择的直觉理念。"

4. 原文："For this notion already includes moral features and must do so, for example, the formal conditions on principles and the veil of ignorance"（p.512）。H本："因为，这个概念已经包括了道德的特点，例如原则的形式条件和无知之幕，而且也必须包括这些特点"（第462—463页）。**新解**："因为这个概念已经包含某些道德特征，且必须如此，比如，原则的形式条件和无知之幕就是如此。"

【诠释】

本人认为，与各种老旧版本的契约学说相比，公平正义之所以更加令人信服，是因为如上所述，初始位置将相当明确的(正义原则)选择问题与普遍认为有利于强制采用道德原则的条件统一到了一个正义观念之中。这个初始场景把必要的明晰性和相关的道德约束结合了起来。部分是为了保持这种明晰性，本人一直避免将任何道德动机归属于各方。只要他们能够确认那些利益是自身利益，他们便会完全基于看似由演算得到的最佳情形来做出定夺，从而增进那些利益。[①] 通过这种方式，我们就可以利用理性审慎选择的直觉理念。然而，我们可以通过假设各方受到道德考虑的影响来确定初始场景的道德变化。以下反驳是错误的：原始协议概念将不再是道德中立的。因为这个概念已经包含某些道德特征，且必须如此，比如，原则的形式条件和无知之幕就是如此。即使在这里也可能存在什么是道德因素、什么不是道德因素的问题，本人对初始位置的描述只是点到为止，以便在对各方的定性中不出现这些因素(指道德特征)。没有必要纠缠于这个问题。重要的是，初始位置的各种特征应当以最简单和最吸引人的方式表现出来。

【原文】 §87 – 16 – pp. 512 – 513

【评析】

罗尔斯表示，在良序社会里，平等的公民遵循对等原则，不可无视现实世界中存在的各种风险。遵循正义原则，达成社会合作，是规避风险的最好办法。投机取巧只是一种暂时的聪明，不能作为常规应对各种自然随机因素和社会偶然事变的办法。

1. 原文："**Principle of reciprocity**"（p. 512）。H 本："互惠原则"（第463页）。新解："对等原则"。

2. 原文："**Requiring that distributive arrangements always lie on the upward sloping portion of the contribution curve**"（p. 512）。H 本："要求按贡献曲线来决定分配安排"（第463页）。新解："要求分配安排总是位于贡献曲线的向上倾斜部分。" H 本漏掉了语句中的"总是位于向上倾斜部分"（always lie on the upward sloping portion）。

[①] 各方从不规避对自身利益的首要关注和追求，这是他们共有的道德动机。在这一点上，契约论和效用论是一样的。

3. 原文："**A priori reason**"（p. 512）。H 本："先验的根据"（第 463 页）。**新解**："先验理性"。"先验理性"或"先验理由"是康德提出的先验论哲学术语。

4. 原文："**Principle of average utility**"（p. 512）。H 本："平均功利原则"（第 463 页）。**新解**："平均效用原则"。

5. 原文："**Utility criterion**"（p. 512）。H 本："功利标准"（第 463 页）。**新解**："效用标准"。

6. 原文："**Propriety of taking chances**"（p. 512）。H 本："冒险的正当性"（第 463 页）。**新解**："投机的适当性"。

【诠释】

本人偶尔也会就初始场景提及某些可能出现的伦理变化（§17）。例如，人们可以假定，各方持有这样一项原则：任何个体不得因不应得资质和偶然因素（unmerited assets and contingencies）而受益，因此，他们选择减低自然意外和社会运气影响的正义观念。换言之，他们接受对等原则，要求分配安排总是位于贡献曲线向上倾斜部分。此外，公平自愿的合作概念，可能会限制双方自愿接受的正义观念。不存在任何先验理性去支持以下想法：这些变化一定不怎么令人信服，它们表达的道德约束一定不怎么为人广泛分享。此外，我们已经看到，刚才提到的各种可能情况似乎佐证了差别原则，为其提供了进一步支持。尽管本人没有提出此类观点，但它们确实值得进一步验证。关键是不使用有争议的原则。因此，尽管有些哲学家试图通过在某些投机情况下以适当的客观态度来证明平均效用原则的合理性，但是通过强调反对在初始位置上的投机规则，拒绝平均效用原则，将令这一做法无果而终。我们必须找出反对效用标准的其他论点：投机（冒险）的适当性是有争议的（§28）。只有在条件得到实际广泛承认的情况下，或者，只有在条件能够得到广泛承认的情况下，最初协议的想法才会取得成功。

【原文】 §87 – 17 – p. 513

【评析】

罗尔斯在这里讨论了基于正义尊重人和单纯仁慈地对待人之间的差别，表示缺乏正义的仁慈是盲目的，尊重人就是以公正的方式待人，它与做事合乎正义是一致的。但是，仁慈地对等人，却不一定是合乎正义的。他的差别原则是博爱原则的升华，克服了博爱原则的盲目性，并且博爱的前提是尊重人的权利和人格尊严。笔者认为，罗尔斯的论证是无可挑剔的。

1. 原文："A recognition of their inherent worth and dignity"（p. 513）。H 本："对人的内在价值和尊严的认识"（第 463 页）。**新解**："**承认人的内在价值和尊严**"。在政治哲学和法哲学意义上，"承认"和"认识"是两个不同的概念。

2. 原文："Among other things, respect for persons is shown by treating them in ways that they can see to be justified. But more than this, it is manifest in the content of the principles to which we appeal"（p. 513）。H 本："除了一些别的特点之外，对人的尊重还表现在人们看出是正当的方式去对待他们。不仅如此，它还通过我们所诉诸的原则的内容而变得清楚明了"（第 463 页）。**新解**："除了其他事项，尊重人表现在以自以为公正的方式对待人。除此之外，它还体现在我们诉诸原则的内容上。"

3. 原文："Thus to respect persons is to recognize that they possess an inviolability founded on justice that even the welfare of society as a whole cannot override"（p. 513）。H 本："例如，尊重人就是承认人有一种基于正义基础这之上的不可侵犯性，即使以社会整体的福利之名也不可以践踏"（第 463 页）。**新解**："因此，尊重人就是承认他们拥有一种不可侵犯性，这种不可侵犯性建立在正义的基础上，即使整个社会的福利也不能凌驾于其上。"罗尔斯重复着他在《正义论》第一节第一段落提出的主张。

4. 原文："It is to affirm that the loss of freedom for some is not made right by a greater welfare enjoyed by others"（p. 513）。H 本："尊重人就是确认：一部分人的自由的损失不可能因其他人的更大福利而变得正当"（第 463 页）。**新解**："它旨在证明，令一些人失去自由并不因为其他人享有更大福利而变得正当。"这里的"the loss of freedom for some"，意为"一些人失去自由"而不是"一部分人的自由的损失"。

5. 原文："The lexical priorities of justice represent the value of persons that Kant says is beyond all price"（p. 513）。H 本："正义的词典式顺序上的优先性再次表达着康德所说的人的超过一切价格的价值"（第 463—464 页）。**新解**："正义的词序优先性印证了康德所谓的人具有无比宝贵的价值。"这里的"beyond all price"有"无价之宝""无比宝贵"的含义，所谓"人格无价"。H 本只是照着字面解读为"超过一切价格"，把康德和罗尔斯搞成一副庸人模样。"represent"也不能解读为"再次表达着"，它有"**再现**""**代表**""**表现**""**表示**"的含义。笔者用其引申义，解读为"印证"。

6. 原文："There is no way to avoid the complications of the original

position, or of some similar construction, if our notions of respect and the natural basis of equality are to be systematically presented"（p.513）。H本："如果要系统地阐明我们的尊重观念及平等的自然基础，就没有其他方法可以避免原初状态或某种类似结构带来的复杂情况"（第464页）。**新解**："如果我们想要系统地呈现自己的尊重观念和平等的自然基础观念，我们就无法避开初始位置或者某个类似构想的各种复杂情况。"短语："Some similar construction". H本："某种类似结构"。**新解**："某个类似构想"。罗尔斯也是建构主义哲学家，1984年他在哥伦比亚大学举办过以"康德建构主义道德哲学"为题的讲座，那个讲座发言稿后来收录于1999年出版的《道德哲学史讲义》一书中。①

【诠释】

有些人可能会争辩说，另一个错误是，正义原则既不派生于尊重人的概念，也不来自于承认人的内在价值和尊严的概念。由于（依照本人定义）初始位置不包含这一理念，它无论如何都没有明确地包含这一理念，有关公平正义的论证可能被认为是站不住脚的。不过本人认为，虽然只有当人们拥有正义感并因此尊重彼此时，正义原则才会有效，但是尊重概念或人的内在价值概念并非达成这些原则的适当基础。需要诠释的正是这些理念。这种情况类似于仁慈：没有正当原则和正义原则，仁慈的目的和尊重的要求都是不明晰的；它们以这些已经独立产生的原则为前提（§30）。然而，一旦正义观念形成之后，尊重观念和人的尊严观念就可以被赋予更加明确的含义。除了其他事项，尊重人表现在以自以为正义的方式对待人。除此之外，它还体现在我们诉诸原则的内容上。因此，尊重人就是承认他们拥有一种不可侵犯性，这种不可侵犯性建立在正义基础之上，即使整个社会的福利也不得凌驾于其上。它旨在证明，令一些人丧失自由并不因为其他人享有更大的福利而变得正当。正义的词序优先性，印证了康德所谓的人具有无比宝贵的价值。②正义理论对这些理念做了某种演绎，但我们不能从这些理念开始。如果我们想要系统呈现自己的尊重观念和平等的自然基础观念，我们就无法避开初始位置或者某个类似构想的各种复杂情况。③

---

① 参阅罗尔斯《道德哲学史讲义》，张国清译，第368页及以后。
② 参阅康德《道德形而上学基础》，《康德全集》（学院版）第4卷，第434—436页。——原注
③ 这种不可侵犯性先于分配正义，是不可分配的。罗尔斯把尊严作为分配对象，被哈贝马斯和姚大志抓到小辫子。

【原文】§87-18-pp.513-514

【评析】

1. 原文："I have tried to set forth a theory that enables us to understand and to assess these feelings about the primacy of justice"（p.513）。H本："我一直试图建立一种使我们能够理解和估价这些关于正义的优先地位的情感的理论"（第464页）。H本的如此很容易让读者产生误解，以为罗尔斯在《正义论》中一直尝试在提出一种"情感理论"而非"正义理论"；其实它是一种"关于正义至上的理论"，亦即是一种"正义理论"，这里的"feelings"不能解读为"情感"，而应解读为"看法"或"感受"。短语："Primacy of justice"。H本："正义的优先地位"。**新解**："正义的首要性"。这个语句的正解是："**我一直尝试提出一种（正义）理论，它使我们能够理解和评估关于正义首要性的这些情怀。**"

2. 原文："General tendency"（p.513）。H本："总体倾向"（第464页）。**新解**："一般趋势"。

3. 原文："It articulates these opinions and supports their general tendency"（p.513）。H本："它表达这些意见，支持着它们的总体倾向"（第464页）。**新解**："**它阐明了这些观点并支持其一般趋势。**"《正义论》阐述的公平正义绝不只是"表达这些意见，支持着它们的总体倾向"，而是阐述这些见解，并支持其一般趋势。把公平正义只是解读为"意见"，而不是一种系统的"观点"或"见解"，显然太过贬低罗尔斯本人的系统努力。

4. 原文："And while, of course, it is not a fully satisfactory theory, it offers, I believe, an alternative to the utilitarian view which has for so long held the preeminent place in our moral philosophy"（p.513）。H本："尽管它当然不是一个十分令人满意的理论，但我相信，它提供着一种可代替迄今一直在我们的道德哲学中占统治地位的功利主义观点的选择对象"（第464页）。在这个段落中，我们要留意罗尔斯使用的两个普通语词"见解"（opinions）和"观点"（view）。前者表示罗尔斯本人在《正义论》中阐明的"公平正义"，后者是"效用正义观念"（utilitarian view）。罗尔斯一直通过比较研究，彰显自己的正义理论同以往正义理论的不同，尤其是同效用正义理论的不同，并且尝试以一种正义理论取代以往的所有正义理论，这也是佩迪特提到的罗尔斯的学术抱负。由于H本的误读，这个抱负被打了很大的折扣。因此，这个语句充分地展示了罗尔斯的这一抱负。它的正解是："虽然它还不是完全令人满意的理论，但我相信，它提供了替代效用论观点的选项，效用论观点在我们的道德哲学中长期居于支配地位。"

5. 原文："I have tried to present the theory of justice as a viable systematic doctrine so that the idea of maximizing the good does not hold sway by default"（pp. 513 – 514）. H 本："我试图把这个正义理论作为一种可行的系统学说呈现出来，以便使最大限度的提高善这一观念不再因缺乏一种正确观念而占据统治地位"（第 464 页）。**新解**："我试图把这种正义理论呈现为一个可行的系统学说，这样极大化善理念就不会在默认的情况下占据主导地位。""极大化善理念"是效用论的基本理念。H 本对词组"by default"做了其他解读，即解读为"因缺乏一种正确观念"，离原意较远。该词组一般解读为"**默认的**""**自动的**"，表示如果没有人出面干预、批评或改变某件事情、某个思想或某个制度，它们就可能一直存在下去的情形。

【诠释】

这些说法把我们带回到本人一开始就提出的一个常识信念：正义是社会制度的首要德性（§1）。我一直尝试提出一种（正义）理论，它使我们能够理解和评估关于正义首要性的这些情怀。公平正义便是其结果：它阐明这些观点并支持其一般趋势。虽然它还不是一种完全令人满意的理论，但我相信，它提供了替代效用论观点(效用正义观念) 的选项，效用论观点在我们的道德哲学中长期居于支配地位。我试图把这种正义理论呈现为一个可行的系统学说，这样极大化善(maximizing the good) 理念就不会在默认的情况下占据主导地位。对各种目的论理论的批评不能零敲碎打地进行。我们必须尝试构建另一种观点，这种观点既具有相同的清晰性和系统性优点，又能够更加透彻地诠释我们所持的道德情感(推崇正义至上或正义首要性的情感) 。

【原文】 §87 – 19 – p. 514

【评析】

罗尔斯最终关心的是人，人应当是什么？这是康德道德哲学向每个人的发问。当有人向另一方发出如此疑问时，它表明对方很可能在做人上出了问题。关于做什么样的人，罗尔斯在《正义论》结尾给出了自己的答案。

1. 原文:"**Why should we take any interest in it, moral or otherwise?**"（p. 514）H 本:"我们为什么应当对它抱有道德的或非道德的兴趣?"（第 464 页） 新解:"无论出于道德考虑，还是出于其他考虑，我们为什么非要对初始位置感兴趣呢?"

2. 原文:"**Thus what we are doing is to combine into one conception the totality of conditions that we are ready upon due reflection to recognize as reasonable in our conduct with regard to one another**"（p. 514）. H 本:"所以，我们所做的只是把我们经过一定反思准备承认为合理的交往条件总体结合到一个观念中来"（第 464 页）。这里的 "conception" 就是指一种特定的正义观念，即公平正义，而不是一般观念。短语:"To combine into one conception the totality of conditions"。 新解:"将所有条件结合成一个正义观念"。H 本没有很好地解读这个语句，其新解为:"因此，我们正在做的事情是，将所有条件结合为一个正义观念：在适当反思之后，我们准备承认这个正义观念，我们以此指导彼此的行为是合理的。"

3. 原文:"**social world**"（p. 514）. H 本:"社会环境"（第 464 页）。新解:"社会世界"或"大千世界"。这个术语一般解读为"社会世界"，表示广义社会。它不是很常见，在《正义论》正文中一共出现了 5 次。

4. 原文:"**This standpoint is also objective and expresses our autonomy**"（p. 514）. H 本:"这种观点也是客观的和表现着我们的自律的"（第 464 页）。新解:"这一立场也是客观的，表达了我们的自律。"

5. 原文:"**Without conflating all persons into one but recognizing them as distinct and separate, it enables us to be impartial, even between persons who are not contemporaries but who belong to many generations**"（p. 514）. H 本:"它无需把所有的人合成一个整体，只需把他们看作一些独特的分别的个人，就使我们能公正无私，甚至对与我们不是同时代的人们，属于许多世代的人们，也能不持偏见"（第 464 页）。 新解:"不把所有人合而为一当作一个人来看待，而是承认他们是各自不同的和独立的个体，那么我们将能做到处世公道，即使不在同一代人中间，而是在属于世代的人之间，我们也能做到处世公道。"把所有人混同为一个人的做法是效用论的研究策略。"承认所有人都是各自不同的和独立的个体"，则是罗尔斯主张的正义论的个人主义出发点。"处世公道"（to be impartial）是休谟和斯密的术语。

6. 原文:"***Sub specie aeternitatis***"（p. 514）. H 本:"自然的观点"

（第464页）。罗尔斯在这里提到的这个术语，可解读为"在永恒的相下""在永恒的外表下""以永恒看宇宙演变"等。它是荷兰哲学家斯宾诺莎提出的哲学术语。罗尔斯在引用这个术语时，又融入了康德在《论永久和平》中提出的"世界公民"视角。但它不能解读为"自然的观点"，它与同一段落的另一术语"永恒的视角"（perspective of eternity）是近义词。因此，H本的解读是欠妥的。哲学家理查德·罗蒂曾把这一视角与"上帝视角"联系起来，他认为不存在这样的视角，因为这是绝对主义的视角，在现实世界中是不存在的。罗蒂据此对罗尔斯正义理论提出批评，那个批评体现在《作为较大忠诚的正义》一文中。不过，就罗尔斯对"永恒的视角"的解释来说，罗蒂和罗尔斯之间的分歧没有像罗蒂本人评述的那么大。

7. **原文**："Human situation"（p.514）。H本："人的境况"（第464页）。**新解**："**人类的处境**"。"human situation"的提法在《正义论》正文中一共出现了2次，是偶尔使用的术语。这个术语与政治哲学家汉娜·阿伦特使用的"human condition"意思相近，可以解读为"**人类的生存与发展条件**"。

8. **原文**："**Thus to see our place in society from the perspective of this position is to see it *sub specie aeternitatis*; it is to regard the human situation not only from all social but also from all temporal points of view**"（p.514）。H本："所以，从原初状态的观点来看我们在社会中的地位，也就是从自然的观点（*sub specie aeternitatis*）来看它：不仅从全社会，而且从全时态的观点来审视人的境况"（第464页）。罗尔斯在这里有意识地区分了"position"和"place"。前者表示观察事物的位置、出发点，也就是他在《正义论》中提到最多的"初始位置（original position）"；后者表示被观察的对象，在社会中的某个点位或位子。**新解**："**因此，从站在这一位置的角度来看待我们在社会中的点位，就是从永恒的相下来看它：它不仅从所有社会的角度，而且从所有时间的角度来看待人类的处境。**"

9. **原文**："**The perspective of eternity is not a perspective from a certain place beyond the world, nor the point of view of a transcendent being; rather it is a certain form of thought and feeling that rational persons can adopt within the world**"（p.514）。H本："永恒的观点不是一个从世界之外的某个地方发生的观点，也不是一个超越的存在物的观点；毋宁说，它是有理性的人在世界之内能够采取的某种思想和情感"（第464—465页）。这里的术语"The perspective of eternity"是术语"*sub specie*

aeternitatis"的同义词，它的正解是"**永恒视角**"。术语"transcendent being"一般解读为"**超验存在**"，是近代形而上学家讨论的重要哲学议题，斯宾诺莎、康德、谢林、黑格尔等曾经做过系统探讨。这个语句的正解是："永恒视角既不是来自世界之外某个点位的视角，也不是某个超验存在的视角，毋宁说，它是在这个世界之内的理性人都能采取的某种思想和感觉形式。"

10. 原文："**Bring together into one scheme all individual perspectives**"（p.514）。H本："把所有个人的观点融为一体"（第465页）。新解："把所有个别的视角合而为一"。

11. 原文："**Purity of heart, if one could attain it, would be to see clearly and to act with grace and self-command from this point of view**"（p.514）。H本："心灵的纯洁，假如人能得到它的话，也许就是从这种观点看清这一切，并且做得优美和自律"（第465页）。**新解**："**人若能明心见性，方可洞悉万物，其为人处世，当优雅而自制。**"所谓"举手投足，优雅而得体；一言一语，怡然而自得"，这是一种从心所欲不逾矩的境界。"优美"（grace）和"克己或自制"（self-command）是康德道德哲学和美学的两个基本术语；与"克己或自制"（self-command）相似的另一术语是"自律"（autonomy）；与"自律"相比，"克己"赋予理性个体以追求正义事物的特殊使命。罗尔斯援引两大术语作为结束语，可谓意味深长。如果说他援引"克己"，我们可以理解；那么他援引"优美"，多少令人感到意外。其实，他想要表示的是，正义理论追求的生活，不仅是一种具有道德价值的生活，而且是一种具有审美价值的生活。罗尔斯关于初始位置的构想是一幅美学图景，它是限定在社会世界之内的人类自我建构，而不必依赖外在于人类自身的任何外在对象或生命，比如超自然的力量或上帝。这是一幅关于人类社会之大美的画面或蓝图。正像《共产党宣言》曾经构想自由人的共同体那样，《正义论》构想了一幅人民和睦相处且其乐融融的良序社会之美景。并且，这个图景与《论语》描述的理想社会是高度契合的，这让我们看到了《正义论》与中国传统儒学的某些相通之处。罗尔斯最终表示，人类的事务最终应当由人类自己去完成，所有的正义事务都是如此，不必从神圣力量或神圣事物中去寻求帮助，即使那样的帮助很容易获取。因此，优美和克己将成就人类对正义事物和美好事物的追求。

【诠释】

最后，我们可以提醒自己，初始位置的假设性质引发了这样的问题：无论出于道德考虑，还是出于其他考虑，我们为什么非要对初始位置感兴趣呢？我们不妨回顾如下答案：体现在描述初始位置上的条件，正是我们实际接受的条件。或者，如果我们不这样做，那么我们可以通过偶尔切入的那种哲学思考来说服自己这样做。我们可以对初始位置的任一方面都给出支持性解析。因此，我们正在做的事情是，将所有条件结合为一个正义观念：在适当反思之后，我们准备承认这个正义观念，我们以此指导彼此的行为是合理的（§4）。一旦我们掌握这个正义观念，我们就可以随时从所需的角度来看待社会世界。它对于设法进行推理并遵循得出的结论已经足够。这一立场也是客观的，表现了我们的自律（§78）。假如我们不把所有的人合而为一当作一个人来看待(这是古典效用论的做法)，而是承认他们是各自不同的和互相独立的个体，那么我们将能做到处世公道，即使不在同一代人中间，而在属于许多世代的人之间，我们也能做到处世公道。(这是现代理性人的共同理想。) 因此，从站在这一位置(this position，亦即初始位置) 的角度来看待我们在社会中的点位(place)，就是在永恒的相下(sub specie aeternitatis) 来看它：它不仅从所有社会的角度，而且从所有时间的角度来看待人类的处境。永恒视角既不是来自世界之外某个点位(place) 的视角，也不是某个超验存在(比如上帝) 的视角，毋宁说，它是在这个世界之内的理性人都能采取的某种思想和感觉形式。一旦人们做到了这一点，无论他们属于哪一代人，他们都可以把所有个别的视角合而为一，并从每个人的立场出发，制定出每个人在生命中都可以遵循的规范原则。人若能明心见性，即可洞悉万物，其为人处世，当优雅而自制。

【最后的话】

第一，《正义论》的宗教意味。罗尔斯在这里提到了斯宾诺莎的"在永恒的相下"理念，但他明确否定当时哲学家正在讨论的"上帝之眼"观念。所谓心明如镜，既类似于道教的"以天合天"状态，也相近于神秀的"身是菩提树，心如明镜台。时时轻拂拭，勿使惹尘埃"境界。但是，它没有达到慧能讲的"菩提本无树，明镜亦非台，本来无一物，何处惹尘埃"境界。无论如何，《正义论》的结束语很有一番禅宗的意味。初始位置作为《正义论》的最重要假设，其中不存在任何"原罪"（sin）的含义，也不存在任何基督教的意味。实际上，《正义论》通篇没有讨论过"原罪"，"原罪"或"原罪意识"不是《正义论》的逻辑起点。即使到了《正义论》结束语，罗尔斯也没有要把"初始位置"同《旧约》中的创世纪（genesis）假说勾连起来的意思。

罗尔斯在写于1990年前后、去世后才被发现的《我的宗教》一文中，谈到过自己在1945年6月完成的信仰转变，从基督教圣公会东正教信徒转变为无神论者。他谈到了导致这个转变的三个事情。其中两件与"二战"有关。第一件事情是，1944年12月中旬，罗尔斯作为"二战"士兵在参加一次清理战场时听一位随军牧师在简单布道时说出的一番话。他说上帝把枪口对准日本兵，却保护他们，让日本兵的子弹打不着他们。罗尔斯认为，那个牧师简直胡说八道。第二件事情是战友迪康在1945年5月的意外死亡。第三件是他获知纳粹屠杀犹太人的消息。[①]

在为罗尔斯早期作品《简论罪与信的涵义》撰写的序言中，罗尔斯弟子约书亚·科恩和托马斯·内格尔强调《正义论》的宗教意味，实际上是基督教意味。笔者认为，他们把《正义论》引向基督教的努力是徒劳的，是对《正义论》的误读。因为《正义论》即使充满着宗教意味，那种意味也不是基督教或西方神学的意味，而是充满着佛教或东方神秘主义的意味。造成如此结果的两个重要原因是，一是罗尔斯参加第二次世界大战太平洋战区的战斗经历；二是罗尔斯在普林斯顿大学本科阶段研究黑格尔、佛教、印度教和东方神秘主义的老师斯退士对他的影响。斯退士既是罗尔斯早期论文《简论信与罪的涵义》第一评审人，也是罗尔斯博士论文导师。如果说罗尔斯本人的一生、《正义论》以及他在世时公开发表的所有论著都充满着"宗教意味"，那么，那个宗教意味所指的宗教，主要是指佛教和印度教等东方宗教。这是"初始位置""无知之幕""基本善"等罗尔斯正义理论的基本假设得以产生的宗教思想背景。在宗教观念上，他既是一名无神论者，又是一名多元论者，并且他主张以平等的态度对待所有的有信仰者和无信仰者。

第二，《正义论》的人道主义情怀。《五月花号公约》，所谓现代美国宪政制度的宗教起源或精神起点，遍布美国城乡的教堂，尤其是罗尔斯生活、学习和工作中耳濡目染的耶稣教堂，的确给罗尔斯思想以厚重的宗教因素。但是，《正义论》讲到的原始契约是人与人的契约，而不是神与人的契约，

[①] 参阅 John Rawls：*A Brief Inquiry into the Meaning of Sin and Faith*，With "On My Religion"，Tomas Nagel（ed.），Cambridge，MA：Harvard University Press，2009，pp. 262–263。

并且，它不是以神的名义签订的契约，而是以平等自由理性人的名义签订的契约。因此，《正义论》是一部人本主义无神论著作，"神""上帝""神圣"这些观念，即使偶尔出现于其中，一般也是以否定的或消极的形式出现的。罗尔斯一生著述一直坚持的根本观点是，即使没有上帝之光的照耀，人类仍然是有希望的，仍然会走向一种有道德的生活，一种充满正义感的生活。这是笔者解读《正义论》得出的最终结论，这个结论会让很多西方读者尤其是信仰基督的读者感到失望，但事实如此。

第三，罗尔斯对当下世界的肯定，永恒视角仍然是人间视角。到了正文最后，罗尔斯在结束语中提到了"永恒视角"。"永恒视角既不是来自世界之外某处的视角，也不是某个超验存在的视角，毋宁说，它是在这个世界之内的理性人都能采取的某种思想和感觉形式。"这句话颇有王阳明"夫人者，天地之心，天地万物本吾一体者也"的意味。诚所谓："人人自有定盘针，万化根源总在心。抛却自家无尽藏，沿门持钵效贫儿。"尤其是《正义论》最后所言，颇有几分阳明心学旨趣："人若能明心见性，即可洞悉万物，以是观之，其一言一行，皆优雅而得体，怡然而自得。"这正好证明，在大善大美之人间正义的追求中，两位相隔遥远古今大哲的思想理念是相通的。

第四，罗尔斯对社会主义的同情与肯定。有人说罗尔斯是"欲言又止的"（reticent）社会主义者。他至少是社会主义的同情者，而不是反对者。

最后，笔者以弗雷曼的话作为本项工作的结束语："即使由道德自律的个体所组成的社会是不可能的，证明以下情形仍然是重要的：正义与人性相通，相当正义的（如若并非'完全正义的'）社会是人心之所向。这也许是罗尔斯一生的主要哲学遗产。"①

---

① 弗雷曼：《罗尔斯》，张国清译，第468页。

参考文献

一　罗尔斯著作

（一）英文著作

Rawls, John, *A Theory of Justice*, *Original Edition*, Cambridge, MA：Belknap Press of Harvard University Press, 1971.

——, *A Theory of Justice*, *Revised Edition*, Cambridge, MA：Belknap Press of Harvard University Press, 1999.

——, *Political Liberalism*, New York：Columbia University Press, 1993.

——, *Collected Papers*, Samuel Freeman (ed.), Cambridge, MA：Harvard University Press, 1999.

——, *Lectures on the History of Moral Philosophy*, Barbara Herman (ed.), Cambridge, MA：Harvard University Press, 2000.

——, *Justice as Fairness*：*A Restatement*, Erin Kelly (ed.), Cambridge, MA：Belknap Press of Harvard University Press, 2001.

——, *The Law of Peoples*：*With The Idea of Public Reason Revisited*, Cambridge, MA：Harvard University, 2001.

——, *Lectures on the History of Political Philosophy*, Samuel Freeman (ed.), Cambridge, MA：Harvard University Press, 2007.

——, *A Brief Inquiry into the Meaning of Sin & Faith* (With "On My Religion"), Thomas Nagel (ed.), Cambridge, MA：Harvard University Press, 2009.

（二）中文著作

罗尔斯：《正义论》，何怀宏、何包钢、廖申白译，中国社会科学出版社 1988 年版。
罗尔斯：《正义论》，谢延光译，上海译文出版社 1991 年版。
罗尔斯：《政治自由主义》，万俊人译，译林出版社 2000 年版。
罗尔斯：《万民法》，张晓辉译，吉林人民出版社 2001 年版。
罗尔斯：《作为公平的正义：正义新论》，姚大志译，上海三联书店 2002 年版。
罗尔斯：《道德哲学史讲义》，张国清译，上海三联书店 2003 年版。
罗尔斯：《道德哲学史讲义》，顾肃、刘雪梅译，中国社会科学出版社 2012 年版。
罗尔斯：《正义论》（修订版），何怀宏、何包钢、廖申白译，中国社会科学出版社 2009 年版。
罗尔斯：《政治哲学史讲义》，杨通进、李丽丽、林航译，中国社会科学出版社 2011 年版。
罗尔斯：《罗尔斯论文全集》，陈肖生等译，吉林出版有限责任公司 2013 年版。
罗尔斯：《简论罪与信的涵义》，左稀、仇彦斌、彭振译，法制出版社 2012 年版。

二　英文参考文献

（一）英文著作

Abbey, Ruth, (ed.), *Feminist Interpretations of John Rawls*, University Park, PA: Penn State University Press, 2013.

Alejandro, Roberto, *The Limits of Rawlsian Justice*, Baltimore: Johns Hopkins University Press, 1998.

Aleskerov, Fuad, Denis Bouyssou and Bernard Monjardet, *Utility Maximization, Choice and Preference*, Second Edition, Berlin Heidelberg: Springer, 2007.

Alexander, Jeffrey C., *The Civil Sphere*, Oxford and New York: Oxford University Press, 2006.

Appiah, Anthony, *As If: Idealization and Ideals*, Cambridge, MA: Harvard University Press, 2017.

Arendt, Hannah, *Crises of the Republic: Lying in Politics, Civil Disobedience, On*

Violence, *Thoughts on Politics and Revolution*, New York: Harcourt, 1972.

Aristotle, *Nicomachean Ethics*, trans., Roger Crisp, Cambridge: Cambridge University Press, 2000.

——, *The Politics*, trans., Thomas Sinclair, Harmondsworth: Penguin, 1962.

Atack, Iain, *Nonviolence in Political Theory*, Edinburgh: Edinburgh University Press, 2012.

Audard, Catherine, *John Rawls*, Montreal and Kingston: McGill-Queen's University Press, 2007.

Bailey, James W., *Utilitarianism, Institutions and Justice*, New York: Oxford University Press, 1997.

Bailey, Tom, and Valentina Gentile (eds.), *Rawls and Religion*, New York: Columbia University Press, 2015.

Baldwin, Peter, *The Politics of Social Solidarity: Class Bases of the European Welfare State 1875–1975*, Cambridge, UK: Cambridge University Press, 1990.

Ball, Terence, James Farr & Russell L. Hanson (eds.), *Political Innovation and Conceptual Change*, New York: Cambridge University Press, 1989.

Barry, Brian, *Theories of Justice*, Hemel Hempstead: Harvester-Wheatsheaf, 1989.

——, *Justice as Impartiality*, Oxford: Oxford University Press, 1995.

——, *The Liberal Theory of Justice*, Oxford, UK: Oxford University Press, 1972.

Baynes, Kenneth, *The Normative Grounds of Social Criticism: Kant, Rawls and Harbermas*, Albany: SUNY Press, 1992.

Beck, Ulrich, *What is Globalization?* Cambridge, UK: Polity, 2000.

Beitz, Charles, *Political Theory and International Relations* (revised edition), Cambridge: Cambridge University Press, 1999.

Benhabib, Seyla, *The Claims of Culture: Equality and Diversity in the Global Era*, Princeton: Princeton University Press, 2002.

Bentham, Jeremy, *An Introduction to the Principles of Morals and Legislation*, in *Utilitarianism*, Second Edition, ed., Mary Warnock, Oxford: Blackwell Publishing, 2003.

——, *The Principles of Morals and Legislation*, ed. Laurence Lafleur, New York: Hafner Press, 1948.

Berlin, Isaiah, *Liberty: Incorporating Four Essays on Liberty*, ed., Henry Hardy, Oxford and New York: Oxford University Press, 2002.

Bhabha, Homi K., *The Location of Culture*, London and New York: Routledge, 1994.

Blunt, Gwilym David, *Global Poverty, Injustice, and Resistance*, Cambridge: Cambridge University Press, 2019.

Bohman, James, *Public Deliberation: Pluralism, Complexity, and Democracy*, Cambridge, MA: MIT Press, 1996.

Brighouse, Harry and Adam Swift, *Family Values: The Ethics of Parent-Child Relationships*, Princeton, New Jersey: Princeton University Press, 2014.

Brooks, Thom, (ed.), *Rawls and Law*, New York: Routledge, 2012.

Brooks, Thom, and Martha Nussbaum (eds.), *Rawls's Political Liberalism*, New York: Columbia University Press, 2015.

Brownlee, Kimberley, *Conscience and Conviction: The Case for Civil Disobedience*, Oxford: Oxford University Press, 2012.

Bruni, Luigino, *Reciprocity, Altruism and the Civil Society: In Praise of Heterogeneity*, Landon and New York: Routledge, 2008.

Cline, Erin M., *Confucius, Rawls, and the Sense of Justice*, New York: Fordham University Press, 2013.

Clayton, Matthew, and Andrew Williams (eds.), *Social Justice*, Oxford: Wiley-Blackwell, 2004

Cohen, Gerald A., *On the Currency of Egalitarian Justice, and Other Essays in Political Philosophy*, Princeton, New Jersey: Princeton University Press, 2011.

——, *Self-Ownership, Freedom, and Equality*, Cambridge: Cambridge University Press, 1995.

Cohen, Carl, *Civil Disobedience: Conscience, Tactics, and the Law*, New York: Columbia University Press, 1971.

Cohen, Joshua, *Justice and Justification*, Cambridge: Cambridge University Press, 1996.

Coleman, Jules, *Risks and Wrongs*, Cambridge: Cambridge University Press, 1992.

Collier, Paul, and David Dollar, *Globalization, Growth, and Poverty: Building an Inclusive World Economy*, New York: Oxford University Press, 2002.

Daniels, Norman, (ed.), *Reading Rawls*, New York: Basic Books, 1975.

Donaldson, Sue and Will Kymlicka, *Zoopolis: A Political Theory of Animals Rights*, Oxford: Oxford University Press, 2011.

Dryzek, John, *Discursive Democracy: Politics, Policy, and Political Science*, Cambridge: Cambridge University Press, 1990.

——, *Deliberative Democracy and Beyond: Liberals, Critics, Contestations*, Oxford: Oxford University Press, 2000.

Dworkin, Ronald, *Taking Rights Seriously*, Cambridge MA: Harvard University Press, 1977.

——, *A Matter of Principle*, Cambridge, MA: Harvard University Press, 1985

——, *Sovereign Virtue: The Theory and Practice of Equality*, Cambridge, MA: Harvard University Press, 2000.

——, *Law's Empire*, Cambridge, MA: Belknap Press of Harvard University Press, 1986.

Cohen, G. A., *Rescuing Justice and Equality*, Cambridge, MA: Harvard University Press, 2008.

Delmas, Candice, *A Duty to Resist: When Disobedience Should be Uncivil*, New York: Oxford University Press, 2018.

Feinberg, Joel, *Doing & Deserving: Essays in the Theory of Responsibility*, Princeton, New Jersey: Princeton University Press, 1970.

Edmundson, William A., *John Rawls: Reticent Socialist*, Cambridge: Cambridge University Press, 2017.

Farrelly, Colin, *An Introduction to Contemporary Political Theory*, London: SAGE Publications Ltd, 2003.

Feinberg, Joel, *Doing and Deserving: essays in the theory of responsibility*, Princeton, NJ: Princeton University Press, 1970.

Findlay, John N., *Values and Intentions*, London: George Allen and Unwin, 1961.

Finlay, Christopher J., *Terrorism and the Right to Resist: A Theory of Just Revolutionary War*, Cambridge: Cambridge University Press, 2015.

Fleischacker, Samuel, *A Short History of Distributive Justice*, Cambridge, MA: Harvard University Press, 2004.

Forrester, Katrina, *In the Shadow of Justice: Postwar Liberalism and the Remaking of Political Philosophy*, Princeton, New Jersey: Princeton University Press, 2019.

Fourie, Carina, Fabian Schuppert and Ivo Wallimann-Helmer (eds.), *Social Equality: on what it means to be equals*, Oxford: Oxford University Press,

2015.

Frankfurt, Harry, *On Inequality*, Princeton, NJ: Princeton University Press, 2015.

Fraser, Nancy, and Axel Honneth, *Redistribution or Recognition? A Political-Philosophical Exchange*, London: Verso, 2003.

Freeman, Samuel, (ed.), *The Cambridge Companion to Rawls*, Cambridge and New York: Cambridge University Press, 2003.

Freeman, Samuel, *Rawls*, London and New York: Routledge, 2007.

Freeman, Samuel, *Justice and the Social Contract: Essays on Rawlsian Political Philosophy*, New York: Oxford University Press, 2006.

Fricker, Miranda, *Epistemic Injustice; power and the ethics of knowing*, Oxford: Oxford University Press, 2007.

Fried, Charles, *An Anatomy of Values*, Cambridge, MA: Harvard University Press, 1970.

Gališanka, Andrius, *John Rawls: The Path to a Theory of Justice*, Cambridge, MA: Harvard University Press, 2019.

Garner, Robert, *A Theory of Justice for Animals*, Oxford: Oxford University Press, 2013.

Gaus, Gerald, *Justificatory Liberalism: An Essay on Epistemology and Political Theory*, Oxford: Oxford University Press, 1996.

——, *The Order of Public Reason: A Theory of Freedom and Morality in a Diverse and Bounded World*, Cambridge: Cambridge University Press, 2011.

——, *The Tyranny of the Ideal*, *Justice in a Diverse Society*, Princeton, New Jersey: Princeton University Press, 2016.

Gauthier, David, *Morals by Agreement*, New York: Oxford University Press, 1986.

——, *Moral Dealing: Contract, Ethics, and Reason*, Ithaca NY: Cornell University Press, 1990.

Golob, Sacha, and Jens Timmermann (eds.), *The Cambridge History of Moral Philosophy*, Cambridge: Cambridge University Press, 2017

Goodin, Robert E., and Philip Pettit (eds.), *A Companion to Contemporary Political Philosophy*, Malden, MA: Blackwell Publishing, 1993.

Graafland, Johan J., *The Market, Happiness, and Solidarity: A Christian Perspective*, London and New York: Routledge, 2010.

Greenawalt, Kent, *Religious Convictions and Political Choice*, New York: Oxford University Press, 1988.

——, *Private Consciences and Public Reasons*, New York: Oxford University Press, 1995.

Habermas, Jürgen, *Between Facts and Norms: Contributions to a Discourse Theory of Law and Democracy*, Cambridge, MA: The MIT Press, 1996.

——, *The Inclusion of the Other: Studies in Political Theory*, eds., C. Cronin and H. P. DeGreiff, Cambridge, MA: MIT Press, 1998.

Hayek, Friedrich August von, *The Fatal Conceit: The Error of Socialism*, London: Routledge, 1988.

Hayek, Friedrich August von, *Law, Legislation and Liberty: The Mirage of Social Justice*, London: Routledge, 1976.

Hedrick, Todd, *Rawls and Habermas: Reason, Pluralism, and the Claims of Political Philosophy*, Stanford, California: Stanford University Press, 2010.

Henrich, Joseph, Robert Boyd, Samuel Bowles, Colin Camerer, Ernst Fehr, Herbert Gintis, *Foundations of Human Sociality: Economic Experiments and Ethnographic Evidence from Fifteen Small Scale Societies*, New York: Oxford University Press, 2004.

Hinton, Timothy, (ed.), *The Original Position*, Cambridge: Cambridge University Press, 2015.

Hoppe, Hans-Hermann, *A Theory of Socialism and Capitalism: Economics, Politics, and Ethics*, Boston, Dordrech and London: Kluwer Academic Publisher, 2010.

Hume, David, *A Treatise of Human Nature*, Oxford: Oxford University Press, 2nd edition, 1978.

——, *Enquiries Concerning the Human Understanding and Concerning the Principles of Morals*, Oxford: Oxford University Press, 2nd edition, 1970.

Jeffries, Vincent, (ed.), *The Palgrave Handbook of Altruism, Morality, and Social Solidarity: Formulating a Field of Study*, New York: Palgrave Macmillan, 2014.

Johnston, David, *A Brief History of Justice*, Oxford: Wiley-Blackwell, 2011.

Kagan, Shelly, *The Geometry of Desert*, New York: Oxford University Press, 2012.

Kant, Immanuel, *The Philosophy of Law: An Exposition of the Fundamental*

Principles of Jurisprudence as the Science of Right, trans. , W. Hastie, 1887.

Kaku, Michio, *Physics of the Future: How Science Will Shape Human Destiny and Our Daily Lives by the Year* 2100, New York: Doubleday, 2011.

Kaufman, Alexander, *Rawls's Egalitarianism*, Cambridge: Cambridge University Press, 2018.

Knight, Carl, and Zofia Stemplowska (eds.), *Responsibility and Distributive Justice*, Oxford: Oxford University Press, 2011.

Kornhauser, Anne M. , *Debating the American State: Liberal Anxieties and the New Leviathan, 1930–1970*, Philadelphia: University of Pennsylvania Press, 2015.

Kukathas, Chandran, (ed.), *John Rawls: Critical Assessments of Leading Political Philosophers*, Vol. 4, London: Routledge, 2003.

Kurian, George Thomas, (ed.), *Encyclopedia of Political Science*, Washington, D. C. : CQ Press, 2011.

Larmore, Charles, *The Morals of Modernity*, Cambridge: Cambridge University Press, 1996.

Lecce, Steven, *Against Perfectionism: Defending Liberal Neutrality*, Toronto: University of Toronto Press, 2008.

Lind, E. Allan, and Tom Tyler, *The Social Psychology of Procedural Justice*, New York and London: Plenum Press, 1988.

Lister, Andrew, *Public Reason and Political Community*, London: Bloomsbury, 2013.

Macleod, C. , and D. Miller (eds.), *A Companion to John Stuart Mill*, Oxford: Wiley-Blackwell, 2017.

MacIntyre, Alasdair, *After Virtue*, Notre Dame: Notre Dame University Press, 1981.

——, 1988, *Whose Justice? Which Rationality?*, London: Duckworth.

Maffettone, Sebastiano, *Rawls: An Introduction*, Cambridge: Polity Press, 2010.

Malatesta, Errico, *Anarchy*, London: Free Press, 1974.

Malešević, Siniša, *Nation-States and Nationalisms, Organization, Ideology and Solidarity*, Cambridge, UK: Polity, 2013.

Mandle, Jon, *Rawls's A Theory of Justice: An Introduction*, Cambridge: Cambridge University Press, 2009.

Mandle, Jon, and David Reidy (eds.), *A Companion to Rawls*, Malden: Wiley Blackwell, 2014.

——, *The Cambridge Rawls Lexicon*, Cambridge: Cambridge University Press, 2014.

Mandle, Jon, and Sarah Roberts-Cady (eds.), *John Rawls: Debating the Major Questions*, Oxford: Oxford University Press, 2020.

Martin, R. and Reidy, D. (eds), 2006, *Rawls's Law of Peoples: A Realistic Utopia?* Oxford: Blackwell.

McKinnon, Catriona, *Liberalism and the Defence of Political Constructivism*, Houndsmill, Basingstoke: Palgrave, 2002.

Mendus, Susan, *Impartiality in Moral and Political Philosophy*, Oxford: Oxford University Press, 2002.

Mill, John Stuart, *Utilitarianism*, in *Utilitarianism, On Liberty, Representative Government*, ed., A. D. Lindsay, London: Dent, 1964.

Miller, David, *Justice for Earthlings: Essays in Political Philosophy*, Cambridge, UK: Cambridge University Press, 2013.

——, *Principles of Social Justice*, Cambridge, MA: Harvard University Press, 1999.

——, *Social Justice*, Oxford: Oxford University Press, 1976.

Miller, Harlan B., and William H. Williams (eds.), *The Limits of Utilitarianism*, Minneapolis: University of Minnesota, 1982.

Mills, Charles, *Black Rights, White Wrongs*, Oxford: Oxford University Press, 2016.

Moore, George E., *Principia Ethica*, Cambridge: Cambridge University Press, 1993.

Muldoon, Ryan, *Social Contract Theory for a Diverse World: Beyond Tolerance*, New York: Routledge, 2016.

Nagel, Thomas, *Equality and Partiality*, New York: Oxford University Press, 1991.

Nelson, Eric, *The Theology of Liberalism: Political Philosophy and the Justice of God*, Cambridge MA: Harvard University Press, 2019.

Nozick, Robert, *The Nature of Rationality*, Princeton, New Jersey: Princeton University Press, 1993.

——, *Anarchy, State, and Utopia*, New York: Basic Books, 1974.

Nussbaum, Martha C., *Frontiers of Justice*, Cambridge, MA: Harvard University Press, 2007.

Okin, Susan, *Justice, Gender, and the Family*, New York: Basic Books, 1989.

Oldenburg, Ray, *The Great Good Place: Cafes, Coffee Shops, Bookstores, Bars, Hair Salons, and Other Hangouts at the Heart of a Community*, Cambridge, MA: Da Capo Press, 1999.

Olsaretti, Serena (ed.), *Justice and Desert*, Oxford: Oxford University Press, 2003.

O'Neill, Martin, and Thad Williamson (eds.), *Property-Owning Democracy: Rawls and Beyond*, Chichester: John Wiley & Sons, 2012.

Otsuka, Michael, *Libertarianism Without Inequality*, Oxford: Oxford University Press, 2003.

Pensky, Max, *The Ends of Solidarity: Discourse Theory in Ethics and Politics*, New York: State University of New York Press, 2008.

Perry, Stephen, "On the Relationship between Corrective and Distributive Justice", *Oxford Essays in Jurisprudence, Fourth Series*, ed., Jeremy Horder, Oxford: Oxford University Press, 2000.

Pettit, Philip, *Republicanism: A Theory of Freedom and Government*, Oxford and New York: Oxford University Press, 1997.

Piketty, Thomas, *Capital in the Twenty-First Century*, Trans., Arthur Goldhammer, Cambridge, MA: Belknap Press of Harvard University Press, 2014.

Pineda, Erin, *Seeing Like an Activist: Civil Disobedience and the Civil Rights Movement*, New York: Oxford University Press, 2021.

Pogge, Thomas, *Realizing Rawls*, Ithaca, New York: Cornell University Press, 1989.

——, *John Rawls: His Life and Theory of Justice*, Oxford: Oxford University Press, 2007.

—— (ed.), *Freedom from Poverty as a Human Right*, *Who Owes What to the Very Poor*, Oxford and New York: Oxford University Press, 2007.

Quong, Jonathan, *Liberalism Without Perfection*, Oxford: Oxford University Press, 2011.

Raphael, David D., *The Impartial Spectator: Adam Smith's Moral Philosophy*, Oxford and New York: Clarendon Press of Oxford University Press, 2007.

——, *Concepts of Justice*, Oxford: Clarendon Press, 2001.

Raz, Joseph, *The Authority of Law: Essays on Law and Morality*, Oxford:

Clarendon Press, 1979.

Reath, Andrews, Barbara Herman and Christine M. Korsgaard (eds.), *Reclaiming the History of Ethics: Essays for John Rawls*, Cambridge: Cambridge University Press, 1997.

Reidy, David, (ed.), *John Rawls*, New York: Routledge, 2008.

Reiman, Jeffrey, *As Free and as Just as Possible: The Theory of Marxian Liberalism*, Malden, MA: Wiley-Blackwell, 2012.

Richardson Henry R., and Paul J. Weithman (eds.), *Development and Main Outlines of Rawls's Theory of Justice (Philosophy of Rawls, Volume* 1), New York and London: Garland Publishing, Inc., 1999.

Richardson, Henry R., and Paul J. Weithman (eds.), *The Two Principles and Their Justification (Philosophy of Rawls, Volume* 2), New York and London: Garland Publishing, Inc., 1999.

Richardson, Henry R., and Paul J. Weithman (eds.), *Opponents and Implications of A Theory of Justice (Philosophy of Rawls, Volume* 3), New York and London: Garland Publishing, Inc. 1999.

—— (eds.), *Moral Psychology and Community (Philosophy of Rawls, Volume* 4), New York and London: Garland Publishing, Inc., 1999.

Rorty, Richard, *Philosophy and Social Hope*, New York: Penguin Books, 2000.

——, *Philosophy as Cultural Politics*, *Philosophy Papers*, Vol. 4. Cambridge: Cambridge University Press, 2007.

Royce, Josiah, *Philosophy of Loyalty*, New York: Mcmillan, 1908.

Ruce, R. D., and Howard Raiffa, *Games and Decisions*, New York: John-Wiley and Sons, 1957.

Sandel, Michael, *Liberalism and the Limits of Justice*, New York: Cambridge University Press, 1982.

Scanlon, Thomas M., *What We Owe to Each Other*, Cambridge, MA: Harvard University Press, 1998.

——, *The Difficulty of Tolerance: Essays in Political Philosophy*, Cambridge: Cambridge University Press, 2003.

Scheuerman, William (ed.), *The Cambridge Companion to Civil Disobedience*, Cambridge: Cambridge University Press, 2021.

——, *Civil Disobedience*, New York: Polity, 2018.

Schmidtz, David, *The Elements of Justice*, Cambridge: Cambridge University

Press, 2006.

Schock, Kurt, *Civil Resistance Today*, New York: Polity, 2015.

Scholz, Sally J. , *Political Solidarity*, University Park, Pennsylvania: The Pennsylvania State University Press, 2012.

Schwarts, Stephen P. , *A Brief History of Analytic Philosophy: From Russell to Rawls*, Wiley-Blackwell, 2012.

Sen, Amartya, *The Idea of Justice*, Cambridge, MA: Harvard University Press, 2009.

Sharp, Gene, *Sharp's Dictionary of Power and Struggle: Language of Civil Resistance in Conflicts*, Oxford: Oxford University Press, 2012.

——, *From Dictatorship to Democracy*, Cambridge, MA: Albert Einstein Institute, 2012.

Sidgwick, Henry, *The Methods of Ethics*, 7th edition, Indianapolis: Hackett, 1907.

Smith, Steven D. , *The Disenchantment of Secular Discourse*, Cambridge, MA: Harvard University Press, 2010.

Smith, William, *Civil Disobedience and Deliberative Democracy*, Abingdon: Routledge, 2013.

Simmons, A. J. , *Moral Principles and Political Obligations*, Princeton: Princeton University Press, 1979.

Singer, Peter, *Democracy and Disobedience*, Oxford: Clarendon Press, 1973.

Stout, Jefrrey, *Democracy and Tradition*, Princeton, NJ: Princeton University Press, 2004.

Talisse, Robert B. , *On Rawls*, Wadsworth Notes: Wadsworth Publishing, 2001.

Thoreau, Henry David, *Civil Disobedience*, New York: Book-of-the-Month Club, 1996.

Vallier, Kevin, *Liberalism and Public Faith: Beyond Separation*, New York: Routledge, 2014.

Waldron, Jeremy, *Law and Disagreement*, Oxford: Oxford University Press, 1999.

Wall, Steven, *Liberalism, Perfectionism, and Restraint*, Cambridge: Cambridge University Press, 1998.

Walzer, Michael, *Thick and Thin: Moral Arguments at Home and Abroad*, Notre Dame, IN: University of Notre Dame Press, 1994.

——, *Spheres of Justice: a defence of pluralism and equality*, New York: Basic Books, 1983.

——, *Obligations: Essays on Disobedience, War, and Citizenship*, Cambridge, MA: Harvard University Press, 1982.

Weale, Albert, *Democratic Justice and the Social Contract*, Oxford: Oxford University Press, 2013.

Weber, Eric T., *Rawls, Dewey, and Constructivism: On the Epistemology of Justice*, London and New York: Continuum International Publishing Group, 2010.

Weithman, Paul, *Why Political Liberalism? On John Rawls's Political Turn*, New York: Oxford University Press, 2010.

——, *Rawls, Political Liberalism and Reasonable Faith*, Cambridge: Cambridge University Press, 2016.

——, *Religion and the Obligations of Citizenship*, Cambridge: Cambridge University Press, 2002.

Williams, Huw L., *On Rawls, Development and Global Justice: The Freedom of Peoples*, Palgrave Macmillan UK, 2011.

Wolff, Robert P., *Understanding Rawls: A Reconstruction and Critique of a Theory of Justice*, Princeton, New Jersey: Princeton University Press, 1997.

Young, Iris Marion, *Responsibility for Justice*, New York: Oxford University Press, 2011.

Young, Shaun, (ed.), *Reflections on Rawls: An Assessment of His Legacy*, London: Routledge, 2016.

Zinn, Howard, *Disobedience and Democracy*, New York: Land House, 1968.

（二）英文论文

Abbey, Ruth, and Jeff Spinne-Halev, "Rawls, Mill, and the Puzzle of Political Liberalism", *The Journal of Politics* 75, January, 2013.

Aitchison, Guy, "Domination and Disobedience: Protest, Coercion, and the Limits of an Appeal to Justice", *Perspectives on Politics*, 16 (3), 2018.

——, "(Un) Civil Disobedience", *Raisons Politiques 1* (69), 2018.

Anderson, Elizabeth, "What is the Point of Equality?" *Ethics 109*, 1999.

Baehr, Amy R., "Perfectionism, Feminism, and Public Reason", *Law and Philosophy 27*, 2008.

Barry, Brian, "Rawls on Average and Total Utility: A Comment", *Philosophical Study 31*, 1977.

——, "Review of *John Rawls and His Critics*", *Ethics 94/2*, 1984.

——,"John Rawls and the Search for Stability", *Ethics* 105 (4), 1995.

Bevir, Mark, "John Rawls in Light of the Archive: Introduction to the Symposium on the Rawls Papers", *Journal of the History of Ideas 78/2*, 2017.

Bird, Colin, "Coercion and Public Justification", *Politics, Philosophy, & Economics 13*, 2014.

Blair, Douglas H., "The primary-goods indexation problem in Rawls's theory of justice", *Theory and Decision 24*, 1988.

Bloom, Allen, "Justice: John Rawls Vs. the Tradition of Political Philosophy", *The American Political Science Review 69* (2), 1975.

Boettcher, James W., "The Moral Status of Public Reason", *Journal of Political Philosophy 20*, 2012.

Bok, MacKenzie, "Inside the Cauldron: Rawls and the Stirrings of Personalism at Wartime Princeton", *Christianity and Human Rights Reconsidered*, eds., Sarah Shortall and Daniel Steinmetz-Jenkins, Cambridge: Cambridge University Press, 2020.

Brower, Bruce, "The Limits of Public Reason", *The Journal of Philosophy 91* (1), 1994.

Buchanan, Allen, "Justice and Charity", *Ethics 97*, 1987.

Buchanan, James M., "Rawls on Justice as Fairness", *Public Choice 13* (1), 1972.

Caney, Simon, "Anti-Perfectionism and Rawlsian Liberalism", *Political Studies 43* (2), 1995.

Carey, Brian, "Public Reason—Honesty not Sincerity", *Journal of Political Philosophy 26*, 2018.

Celikates, Robin, "Civil Disobedience as a Practice of Civic Freedom", in D. Owen (ed.), *On Global Citizenship: James Tully in Dialogue*, London: Bloomsbury Press, 2014.

——, "Digital Publics, Digital Contestation: A New Structural Transformation of the Public Sphere?", in R. Celikates, R. Kreite, and T. Wesche (eds.), *Transformations of Democracy: Crisis, Protest, and Legitimation*, London: Rowman and Littlefield, 2015.

——, "Democratizing Civil Disobedience", *Philosophy and Social Criticism*, 42 (10), 2016.

——, "Radical Democratic Disobedience", in W. Scheuerman (ed.), *The*

Cambridge Companion to Civil Disobedience, Cambridge: Cambridge University Press, 2021.

Chen-Yuan Teng, Joshua, Joseph Tao-yi Wang and C. C. Yang, "Justice, What Money Can Buy: A Lab Experiment on Primary Social Goods and the Rawlsian Difference Principle", *Constitutional Political Economy 31 (2)*, 2020.

Cohen, Carl, "Civil Disobedience and the Law", *Rutgers Law Review*, 21 (1), 1966.

Cohen, G. A., "Are Freedom and Equality Compatible?", in *Contemporary Political Philosophy an Anthology, Second Edition*, eds., Robert Goodin and Phillip Pettit, Malden, MA and Oxford, UK: Blackwell Publishing, 2006.

Cohen, Joshua, "Truth and Public Reason", *Philosophy & Public Affairs 37 (1)*, 2008.

Douglass, Robert Bruce, "John Rawls and the Revival of Political Philosophy: Where Does He Leave Us?", *Theoria 59*, 2012.

Feinberg, Joel, "Noncomparative Justice", *Philosophical Review 83*, 1974.

Frazer, Michael, "John Rawls between Two Enlightenments", *Political Theory 35/6*, 2007.

Freeman, Samuel, "Original Position", *The Stanford Encyclopedia of Philosophy*, first published Tue Feb 27, 1996; substantive revision Wed Apr 3, 2019.

——, "Property Owning Democracy and the Difference Principle", *Analyse & Kritik*, 35 (1), 2013.

Friedman, Marilyn, "John Rawls and the Political Coercion of Unreasonable People", in *The Idea of a Political Liberalism: Essays on John Rawls*, eds., V. Davion and C. Wolf, Oxford: Rowman and Littlefield, 2000.

Fukuma, Satoshi, "Rawls in Japan: A Brief Sketch of the Reception of John Rawls' Philosophy", *Philosophy East and West 64/4*, 2014.

Gaus, Gerald, "Self-Organizing Moral Systems", *Politics, Philosophy, & Economics*, first published online, August 29, 2017.

Gauthier, David, "The Incompleat Egoist", *The Tanner Lectures on Human Values*, delivered at Stanford University, May 10, 1983.

Greenawalt, Kent, "On Public Reason", *Chicago-Kent Law Review 69 (3)*, 1994.

Gregory, Eric, "Before the Original Position: The Neo-Orthodox Theology of the

Young John Rawls", *Journal of Religious Ethics 35 (2)*, 2007.

Griffin, Stephen M., "Political Philosophy versus Political Theory: The Case of Rawls", *Chicago-Kent Law Review 69/3*, 1994.

Habermas, Jürgen, "Civil Disobedience: Litmus Test for the Democratic Constitutional State", J. Torpey, trans. *Berkeley Journal of Sociology 30*, 1985.

——, "Reconciliation Through the Public use of Reason: Remarks on John Rawls's Political Liberalism", *The Journal of Philosophy 92 (3)*, Mar., 1995.

——, "The 'Good Life', a 'Detestable Phrase': The Significance of the Young Rawls's Religious Ethics for His Political Theory", *European Journal of Philosophy 18/3*, 2010.

——, *A Historical Critique of John Rawls's A Theory of Justice: Failure to Communicate the Tradition*. From of series of lectures delivered in Frankfurt July 2003.

Hadfield, Gillian and Stephen Macedo, "Rational Reasonableness: Toward a Positive Theory of Public Reason", *Law and Ethics of Human Rights 6 (1)*, 2012.

Hampton, Jean, "Should Political Philosophy be Done Without Metaphysics?" *Ethics 99 (4)*, 1989.

Hare, Richard, "Review: Rawls's *Theory of Justice*," *Philosophical Quarterly 23/92*, 1973.

Hare, Richard, "A Philosophical Autobiography", *Utilitas 14*, 2002.

Harsanyi, John, "Can the Maximin Principle Serve as the Basis for Morality? A Critique of John Rawls's Theory", *American Political Science Review, 69*, 1975.

Hart, H. L. A., "Rawls on Liberty and Its Priority", *University of Chicago Law Review 40*, 1973.

Hartley, Christie and Lori Watson, "Is a Feminist Political Liberalism Possible?" *Journal Of Ethics & Social Philosophy 5 (1)*, 2010.

Horton, John, "Rawls, Public Reason, and the Limits of Liberal Justification", *Contemporary Political Theory 2 (1)*, 2003.

Hume, David, "Of the Original Contract", in his *Essays: Moral, Political, and Literary*, 1777; reprinted Indianapolis: Liberty Classics, 1985.

Kogelman, B. and S. Stich, 2016, "When Public Reason Fails Us: Convergence Discourse as Blood Oath", *American Political Science Review 110 (3)*.

Laden, Anthony S., "The House that Jack Built: Thirty Years of Reading Rawls", *Ethics 113*, January, 2003.

Larmore, Charles, "The Moral Basis of Political Liberalism", *The Journal of Philosophy 96 (12)*, 1999.

Lefkowitz, David, "On a Moral Right to Civil Disobedience", *Ethics, 117 (2)*, 2007.

Leland, R. J. and Han van Wietmarschen, "Reasonableness, Intellectual Modesty, and Reciprocity in Political Justification", *Ethics 122 (4)*, 2012.

——, "Political Liberalism and Political Community", *Journal of Moral Philosophy 14 (2)*, 2017.

——, "Civic Friendship, Public Reason", *Philosophy and Public Affairs 47 (1)*, 2019.

Lister, Andrew, "Public Justification and the Limits of State Action", *Politics, Philosophy, & Economics 9 (2)*, 2010.

——, "Public Reason and Reciprocity", *Journal of Political Philosophy 25 (2)*, 2017.

Alex McAvoy, Benjamin Allen and Martin A. Nowak, "Social goods dilemmas in heterogeneous societies", *Nature Human Behaviour 4 (8)*, 2020.

Montague, Phillip, "Comparative and Non-Comparative Justice", *Philosophical Quarterly 30*, 1980.

Murphy, Liam, "Institutions and the Demands of Justice", *Philosophy and Public Affairs, 27*, 1998.

Nagel, Thomas, "Moral Conflict and Political Legitimacy", *Philosophy & Public Affairs 16 (3)*, 1987.

——, "The Problem of Global Justice", *Philosophy and Public Affairs 33*, 2005.

Nan Lin & Wen Xie, "Occupational Prestige in Urban China", *American Journal of Sociology 93 (4)*, Jan. 1988.

Neufeld, Blain E., and Chad Van Schoelandt, "Political Liberalism, Ethos Justice, and Gender Equality", *Law and Philosophy 33 (1)*, 2014.

Nussbaum, Martha, "Civil Disobedience and Free Speech", J. Lackey (ed.), *Academic Freedom*, Oxford: Oxford University Press, 2019.

Pineda, Erin, "Civil disobedience, and what else? Making space for uncivil forms of resistance", *European Journal of Political Theory* 20 (*1*), 2021.

Porter, Thomas, "Rawls, Reasonableness, and International Toleration", *Politics, Philosophy, & Economics* 11 (*4*), 2012.

Quine, W. V., "On the Reasons for Indeterminacy of Translation", *The Journal of Philosophy* 67 (*6*), Mar. 1970.

——, "Indeterminacy of Translation Again", *The Journal of Philosophy* 84 (*1*), Jan. 1987.

Quong, Jonathan, "On the Idea of Public Reason", in *The Blackwell Companion to Rawls*, eds., J. Mandle and D. Reidy, Oxford: Wiley-Blackwell, 2013.

——, "What is the Point of Public Reason?" *Philosophical Studies* 170 (*3*), 2014.

Raz, Joseph, "Facing Diversity: The Case of Epistemic Abstinence", *Philosophy & Public Affairs* 19 (*1*), 1990.

——, "Disagreement in Politics", *The American Journal of Jurisprudence* 43, 1998.

Reidy, David A., "Rawls on Philosophy and Democracy: Lessons from the Archived Papers", *Journal of the History of Ideas* 78/2, 2017.

——, "Rawls's Wide View of Public Reason: Not Wide Enough", *Res Publica* 6 (*1*), 2000.

Sabl, Andrew, "Looking Forward to Justice: Rawlsian Civil Disobedience and its Non-Rawlsian Lessons", *The Journal of Political Philosophy* 9 (*3*), 2001.

Scanlon, T. M., "Contractualism and Utilitarianism", in A. Sen & B. Williams (eds.), *Utilitarianism and beyond*, Cambridge: Cambridge University Press, 1982.

——, "Rawls on Justification", in S. Freeman (ed.), *The Cambridge Companion to Rawls*, 2003.

Schouten, Gina, "Restricting Justice: Political Interventions in the Home and in the Market", *Philosophy & Public Affairs* 41 (*4*), 2013.

——, "Citizenship, Reciprocity, and the Gendered Division of Labor: A Stability Argument for Gender Egalitarian Interventions", *Politics, Philosophy, & Economics* 16 (*2*), 2017.

Schwartzman, Micah, "The Completeness of Public Reason", *Politics, Philosophy, & Economics* 3 (*2*), 2004.

——, "The Sincerity of Public Reason", *Journal of Political Philosophy* 19

(4), 2011.

Scheuerman, William E., "Whistleblowing as civil disobedience: the case of Edward Snowden", *Philosophy and Social Criticism*, 40 (7), 2014.

——, "Recent Theories of Civil Disobedience: An Anti-Legal Turn?" *The Journal of Political Philosophy* 23 (4), 2015.

——, "Can Political Institutions Commit Civil Disobedience?" *The Review of Politics*, 82 (2), 2020.

Schmidtz, David, "Desert", in *The Routledge Companion to Social and Political Philosophy*, eds., Gerald Gaus and Fred D'Agostino, New York and London: Routledge, 2013.

——, "Ideal Theory", in *The Oxford Handbook of Distributive Justice*, ed., Serena Olsaretti, Oxford: Oxford University Press, 2018.

Schwartz, Adina, "Moral Neutrality and Primary Goods", *Ethics 83*, 1973.

Sen, Amartya, "Equality of What?" *Tanner Lectures on Human Values*, Volume 1, ed., S. McMurrin, Cambridge: Cambridge University Press, 1980.

Shelby, Tommie, "Race and Social Justice: Rawlsian Considera-tions", *Fordham Law Review 72* (5), 2004.

Simmons, John, "Ideal and Nonideal Theory", *Philosophy & Public Affairs 38*, 2010.

——, "Justification and Legitimacy", *Ethics 109* (4), 1999.

Sinclair, Thomas P., "The Limits of Background Justice", *Social Philosophy and Policy 30* (1-2), Jan., 2013.

Smith, Shopie, "Historicizing Rawls", *Modern intellectual History 18* (4), December, 2021.

Smith, William, "Civil Disobedience and the Public Sphere", *The Journal of Political Philosophy 19* (2), 2011.

——, "Deliberation Beyond Borders: The Public Reason of a Society of Peoples", *Journal of International Political Theory 7* (2), 2011.

Tai, Benny Yiu-ting, "Civil Disobedience and the Rule of Law", in M. H. K. Ng and J. D. Wong (eds.), *Civil Unrest and Governance in Hong Kong: Law and Order from Historical and Cultural Perspectives*, New York: Routledge, 2017.

Thrasher, John, and Kevin Vallier, "The Fragility of Consensus: Public Reason, Diversity and Stability", *European Journal of Philosophy 23* (4), 2015.

Van Schoelandt, Chad, "Justification, Coercion, and the Place of Public

Reason", *Philosophical Studies* 172 (4), 2015.

Vallier, Kevin, "Against Public Reason Liberalism's Accessibility Requirement", *Journal of Moral Philosophy* 8 (3), 2011.

——, "Public Justification vs Public Deliberation: The Case for Divorce", *Canadian Journal of Philosophy* 45 (2), 2016.

Wall, Steven, "Is Public Justification Self-Defeating?" *American Philosophical Quarterly* 39 (4), 2002.

——, "Public Reason and Moral Authoritarianism", *The Philosophical Quarterly* 63 (250), 2013.

Weithmann, Paul, "John Rawls and the Task of Political Philosophy", *The Review of Politics* 71 (1), 2009.

Wenar, Leif, "Political Liberalism: An Internal Critique", *Ethics* 106 (1), 1995.

——, "Why Rawls is Not a Cosmopolitan Egalitarian", *Rawls's Law of Peoples: A Realistic Utopia?* eds., R. Martin and D. A. Reidy, Oxford: Blackwell, 2008.

Wietmarschen, Han van, "Political Liberalism and Respect", *Journal of Political Philosophy* 29 (3), 2021.

Wolf, Susan, "Moral Saints", *Journal of Philosophy* 79 (8), 1982.

Zuckert, Michael, "Justice Deserted: A Critique of Rawls' 'A Theory of Justice'", *Polity* 13 (3), 1981.

三 中文参考文献

(一) 中文著作

阿克顿:《自由史论》,胡传胜等译,译林出版社2012年版。
阿奎那:《神学大全》,段德智译,商务印书馆2014年版。
阿奎那:《反异教大全》,段德智等译,商务印书馆2017年版。
阿罗:《社会选择与个人价值》,丁建峰译,格致出版社2020年版。
奥斯汀:《如何以言行事》,杨玉成译,商务印书馆2012年版。
巴里:《正义诸理论》,孙晓春、曹海军译,吉林人民出版社2004年版。
巴利(里):《作为公道的正义》,曹海军、允春喜译,译林出版社2008年版。

巴里：《政治论证》，毛兴贵译，浙江大学出版社 2019 年版。
鲍莫尔：《福利经济及国家理论》，郭家麟、郑孝齐译，商务印书馆 2013 年版。
柏克：《法国大革命反思录》，何兆武译，商务印书馆 2009 年版。
柏拉图：《理想国》，郭斌和、张竹明译，商务印书馆 1986 年版。
比克尔：《风险最小的部门》，姚中秋译，北京大学出版社 2007 年版。
庇古：《福利经济学》，朱泱、张胜纪、吴良健译，商务印书馆 2006 年版。
博格：《康德、罗尔斯与全球正义》，刘莘、徐向东译，上海译文出版社 2010 年版。
伯林：《俄国思想家》，彭淮栋译，译林出版社 2001 年版。
伯林：《反潮流：观念史文集》，冯克利译，译林出版社 2002 年版。
伯林：《论自由》，胡传胜译，译林出版社 2003 年版。
博格：《实现罗尔斯》，陈雅文译，上海译文出版社 2014 年版。
布坎南：《公共物品的需求与供给》，马珺译，上海人民出版社 2017 年版。
布坎南、塔洛克：《同意的计算》，陈光金译，上海人民出版社 2014 年版。
布赖尔利：《万国公法》，朱利江译，中国政治大学出版社 2018 年版。
曹瑞涛：《多元时代的"正义方舟"：罗尔斯后期政治哲学思想研究》，浙江大学出版社 2008 年版。
曹兴华：《罗尔斯正义理论流变及其争论研究》，知识产权出版社 2013 年版。
陈德中：《政治正义：择善而从与抑制恶行》，广东教育出版社 2011 年版。
陈宜中：《何为正义》，中央编译出版社 2016 年版。
丛占修：《确证正义：罗尔斯政治哲学方法与基础研究》，人民出版社 2011 年版。
达尔：《民主理论的前言》，顾昕译，东方出版社 2009 年版。
德沃金：《原则问题》，张国清译，江苏人民出版社 2004 年版。
德沃金：《至上的德性》，冯克利译，江苏人民出版社 2008 年版。
董礼：《道德与政治：罗尔斯政治自由主义批判》，中国社会科学出版社 2016 年版。
段忠桥：《从历史唯物主义到政治哲学》，人民出版社 2020 年版。
弗雷曼：《罗尔斯》，张国清译，华夏出版社 2013 年版。
高景柱：《世界主义的全球正义》，中国社会科学出版社 2020 年版。
高景柱：《现实的乌托邦：罗尔斯的国际正义理论研究》，中国社会科学出版社 2019 年版。
高宣扬：《劳斯的〈正义论〉解说》，台北：远流出版公司，1988 年版。
龚群：《追问正义：西方政治伦理思想研究》，北京大学出版社 2017 年版。

龚群：《罗尔斯政治哲学》，商务印书馆 2006 年版。

葛四友：《分配正义新论：人道与公平》，中国人民大学出版社 2019 年版。

葛四友：《正义与运气》，中国社会科学出版社 2007 年版。

贡斯当：《古代人自由和现代人自由》，阎克文、刘满贵译，冯克利校，商务印书馆 1999 年版。

顾肃：《罗尔斯：正义与自由的求索》，辽海出版社 1999 年版。

郭夏娟：《为正义而辩：女性主义与罗尔斯》，人民出版社 2004 年版。

哈特：《法律的概念》，张文显译，中国大百科出版社 2003 年版。

黑格尔：《精神现象学》（上卷），贺麟、王玖兴译，商务印书馆 1979 年版。

黑格尔：《法哲学原理》，范扬、张企泰译，商务印书馆 1962 年版。

何怀宏主编：《西方公民不服从的传统》，吉林人民出版社 2003 年版。

何怀宏：《公平的正义——解读罗尔斯〈正义论〉》，山东人民出版社 2002 年版。

何怀宏：《契约伦理与社会正义——罗尔斯正义论中的历史与理性》，中国人民大学出版社 1993 年版。

何霜梅：《正义与社群：社群主义对以罗尔斯为首的新自由主义的批判》，人民出版社 2009 年版。

胡真圣：《两种正义观：马克思、罗尔斯正义思想比较》，北京师范大学出版社 2004 年版。

凯恩斯：《就业、利息和货币通论》，高鸿业译，商务印书馆 2022 年版。

贾中海：《社会价值的分配正义：罗尔斯自由主义政治哲学批判》，中国社会科学出版社 2011 年版。

金观涛：《观念史研究：中国现代重要政治术语的形成》，法律出版社 2010 年版。

康德：《道德形而上学基础》，孙少伟译，九州出版社 2007 年版。

康德：《实践理性批判》，韩水法译，商务印书馆 1999 年版。

库普曼：《关于经济学现状的三篇论文》，蔡江南译，商务印书馆 1992 年版。

李海金：《身份政治》，中国社会科学出版社 2011 年版。

李石：《〈正义论〉讲义》，中国社会科学出版社 2021 年版。

金里卡：《当代政治哲学》（上、下），刘莘译，上海三联书店 2004 年版。

科恩：《拯救正义与平等》，陈伟译，复旦大学出版社 2014 年版。

库卡塔斯、佩蒂特：《罗尔斯》，姚建宗、高中春译，吉林人民出版社 1999 年版。

蒯因：《语词和对象》，陈启伟译，中国人民大学出版社 2005 年版。

拉蒙特：《价值判断》，马俊峰、王建国、王晓升译，中国人民大学出版社1992年版。

莱宁：《罗尔斯政治哲学导论》，孟伟译，人民出版社2012年版。

利贝森：《经济落后和经济成长》，赵凤培译，台北：中华书局股份有限公司1970年版。

廖申白、仇彦斌编：《正义与中国：纪念罗尔斯〈正义论〉出版四十周年文集》，中国社会科学出版社2011年版。

李小科、李蜀人：《正义女神的新传人：约翰·罗尔斯》，河北大学出版社2005年版。

李志江：《良序社会的政治哲学：罗尔斯分配正义理论研究》，人民出版社2009年版。

林火旺：《正义与公民》，吉林出版集团有限责任公司2008年版。

刘雪斌：《代际正义研究》，科学出版社2010年版。

刘莘：《〈正义论〉导读》，四川人民出版社2019年版。

刘易斯：《对知识和评价的分析》，江传月译，社会科学文献出版社2012年版。

刘永红：《政治自由主义发展的逻辑：从洛克和密尔到伯林和罗尔斯》，湖北人民出版社2007年版。

吕杰罗：《欧洲自由主义史》，杨军译，吉林人民出版社2011年版。

诺齐克：《无政府、国家与乌托邦》，姚大志译，中国社会科学出版社2008年版。

罗蒂：《后形而上学希望》，张国清译，上海译文出版社2009年版。

罗蒂：《文化政治哲学》，张国清译，北京大学出版社2012年。

罗斯：《正当与善》，林南译，上海译文出版社2008年版。

洛克：《论宗教宽容》，吴云贵译，商务印书馆1982年版。

洛克：《政府论》（下篇），叶启芳、翟菊农译，商务印书馆2013年版。

麦金泰尔：《追寻德性》，宋继杰译，译林出版社2003年版。

梅因：《早期制度史讲义》，冯克利、吴其亮译，商务印书馆2021年版。

马成功编译：《马斯洛现代成功心理经典》，中国言实出版社2006年版。

毛泽东：《毛泽东选集》（第一卷），人民出版社1991年版。

曼德维尔：《蜜蜂的寓言：私人的恶德、公众的利益》，肖聿译，商务印书馆2016年版。

米德：《效率、公平与产权》，施仁译，北京经济学院出版社1992年版。

米德：《心灵、自我和社会》，赵月瑟译，上海译文出版社2018年版。

米勒：《社会正义原则》，应奇译，江苏人民出版社2001年版。

默顿：《科学社会学》，鲁旭东、林聚任译，商务印书馆 2003 年版。

奈特：《风险、不确定性和利润》，王宇、王文玉译，中国人民大学出版社 2017 年版。

内格尔：《利他主义的可能性》，徐向东译，上海译文出版社 2008 年版。

尼采：《道德的谱系》，赵千帆译，商务印书馆 2018 年版。

努斯鲍姆：《正义的前沿》，陈文娟、谢惠媛、朱慧玲译，中国人民大学出版社 2016 年版。

诺齐克：《无政府、国家和乌托邦》，姚大志译，中国社会科学出版社 2008 年版。

清崎：《富爸爸不公平的优势》，宋宏宇、苑立文译，四川人民出版社 2017 年版。

桑德尔：《自由主义与正义的局限》，万俊人译，译林出版社 2001 年版。

森：《正义的理念》，王磊、李航译，刘民权校译，中国人民大学出版社 2013 年版。

森：《集体选择与社会福利》，胡的的、胡毓达译，上海科学技术出版社 2004 年。

森、努斯鲍姆主编：《生活质量》，龚群、聂敏里、王文东、肖美、唐震煊译，社会科学文献出版社 2007 年版。

盛美军：《罗尔斯正义理论的法文化意蕴》，黑龙江大学出版社 2009 年版。

斯密：《道德情操论》，蒋自强、钦北愚等译，商务印书馆 1977 年版。

石元康：《罗尔斯》，广西师范大学出版社 2004 年版。

泰勒：《黑格尔》，张国清、朱进东译、南京：译林出版社 2002 年版，

唐斯：《民主经济理论》，姚洋、邢予青、赖平耀译，上海人民出版社 2017 年版。

谭宇生：《作为"现实乌托邦的"〈万民法〉：罗尔斯国际正义理论研究》，江西人民出版社 2011 年版。

托马斯：《政治哲学导论》，顾肃、刘雪梅译，中国人民大学出版社 2006 年版。

陀思妥耶夫斯基：《卡拉马佐夫兄弟》，荣如德译，上海译文出版社 2006 年版。

王立：《正义与应得》，中国社会科学出版社 2019 年版。

王绍光：《安邦之道：国家转型的目标与路径》，生活·读书·新知三联书店 2007 年版。

王涛：《罗尔斯的政治自由主义转向》，社会科学文献出版社 2018 年版。

万俊人编：《罗尔斯读本》，中央编译出版社 2006 年版。

韦伯：《经济与社会》，阎克文译，上海人民出版社 2019 年版。

维特根斯坦:《哲学研究》,韩林合译,商务印书馆 2013 年版。
沃尔泽:《正义的诸领域》,褚松燕译,译林出版社 2002 年版。
瓦尔拉斯:《纯粹经济学要义》,蔡受百译,商务印书馆 1989 年版。
西季威克:《伦理学方法》,廖申白译,中国社会科学出版社 1993 年版。
熊彼特:《资本主义、社会主义和民主》,顾准译,商务印书馆 1999 年版。
徐清飞:《求索正义:罗尔斯正义理论发展探究》,法律出版社 2010 年版。
徐向东编:《德性伦理与道德要求》,江苏人民出版社 2007 年版。
徐向东:《权利、正义与责任》,浙江大学出版社 2021 年版。
徐振雄:《法治视野下的正义理论》,台北:洪叶文化事业有限公司 2005 年版。
姚大志:《罗尔斯》,长春出版社 2011 年版。
姚大志:《平等》,中国社会科学出版社 2017 年版。
亚里士多德:《尼各马可伦理学》,商务印书馆 2003 年版。
杨:《正义与差异政治》,李诚予、刘婧子译,中国政法大学出版社 2017 年版。
杨伟清:《正当与善:罗尔斯思想中的核心问题》,人民出版社 2011 年版。
杨晓畅:《罗尔斯后期正义理论研究》,上海人民出版社 2014 年版。
杨玉成:《罗尔斯》,陕西师范大学出版社 2017 年版。
应奇:《罗尔斯》,台北:扬智文化事业股份有限公司 1999 年版。
应奇:《当代政治哲学十论》,浙江大学出版社 2021 年版。
袁久红:《正义与历史实践:当代西方自由主义正义理论批判》,东南大学出版社 2002 年版。
俞可平:《民主是个好东西:俞可平访谈录》,社会科学文献出版社 2006 年版。
余桂霖:《当代正义理论》,台北:秀威资讯科技股份有限公司 2010 年版。
张国清:《社会共享研究》,浙江大学出版社 2021 年版。
张国清:《实用主义政治哲学》,商务印书馆 2018 年版。
张国清:《和谐社会研究》,人民出版社 2006 年版。
张卫明:《罗尔斯正义论方法论研究》,世界图书北京出版公司 2012 年版。
张伟涛:《权利的优先性——罗尔斯道义论权利理论研究》,中国政治大学出版社 2014 年版。
赵苑达:《西方主要公平与正义理论研究》,经济管理出版社 2010 年版。
赵祥禄:《正义理论的方法论基础》,中央编译出版社 2007 年版。
周保松:《自由人的平等政治》(修订版),生活·读书·新知三联书店 2013 年版。
周濂:《正义与幸福》,中国人民大学出版社 2018 年版。
慈继伟:《正义的两面》(修订版),生活·读书·新知三联书店 2014 年版。

《中共中央关于党的百年奋斗重大成就和历史经验的决议》，人民出版社 2021 年版。

（二）中文论文

白惠仁：" 作为'基本善'的知识及其正义问题 "，《哲学分析》2020 年第 4 期。

包利民："'《罗尔斯篇》'与古今之争的得失——试论斯特劳斯派对现代性学问的挑战"，《求是学刊》2009 年第 1 期。

包利民、曹瑞涛："多元时代的'正义方舟'问题——评罗尔斯'政治自由主义'"，《学术月刊》2007 年第 2 期。

包利民："公共理性、信仰与信念——从罗尔斯的宗教观谈起"，《哲学研究》2003 年第 5 期。

包利民："社会契约：现实与理想"，《哲学研究》2001 年第 8 期。

包利民："礼义差等与契约平等——有关分配正义的政治伦理思想比较"，《社会科学战线》2001 年第 3 期。

包利民："价值层级与伦理生活辩证法"，《哲学研究》1996 年第 2 期。

蔡蓁："社会直觉主义模型与道德推理的作用"，《道德与文明》2019 年第 1 期。

曹盛旻："为权利与善的优先性之争正名——兼及对'中间道路'的批判性反思"，《浙江社会科学》2020 年第 3 期。

陈德中："当代英美道德哲学与政治哲学中的建构论"，《哲学研究》2008 年第 2 期。

陈江进："差别原则与平等的诉求——柯亨对罗尔斯的批评错在哪里？"，《山东社会科学》2017 年第 12 期。

陈肖生："洛克政治哲学中的自然法与政治义务的根基"，《学术月刊》2015 年第 2 期。

丁雪枫："论罗尔斯正义理论的直觉主义性质"，《中共浙江省委党校学报》2007 年第 2 期。

唐慧玲："公民不服从的政治学分析"，《四川大学学报》2015 年第 6 期。

段忠桥："优先论是一种比平等主义更合理的平等观念吗？——与姚大志教授商榷"，《中国人民大学学报》2015 年第 1 期。

段忠桥："正义是社会制度的首要价值吗?"，《哲学动态》2015 年第 9 期。

段忠桥："何为分配正义？——与姚大志教授商榷"，《哲学研究》2014 年第 7 期。

段忠桥："也谈分配正义、平等和应得——答姚大志教授"，《吉林大学学报》2013 年第 4 期。

段忠桥："关于分配正义的三个问题——与姚大志教授商榷"，《中国人民大学学报》2012 年第 1 期。

段忠桥："拯救平等：科恩对罗尔斯差别原则的两个批判"，《中国人民大学学报》2010 年第 1 期。

樊浩："当代伦理精神的生态合理性"，《中国社会科学》2001 年第 1 期。

樊钢："瓦尔拉斯一般均衡理论研究"，《中国社会科学院研究生院学报》1985 年第 5 期。

葛四友："论罗尔斯的差别原则与应得理论"，《武汉大学学报》2010 年第 2 期。

葛四友："论柯恩对罗尔斯差别原则的'动机悖论'反驳"，《哲学研究》2013 年第 6 期。

高景柱："契约主义的代际正义理论"，《国外社会科学》2021 年第 2 期。

高景柱："论代际正义的证成问题"，《哲学动态》2021 年第 1 期。

高景柱："未来世代权利论：证成与反驳"，《哲学研究》2020 年第 6 期。

高景柱："基本善抑或可行能力——评约翰·罗尔斯与阿玛蒂亚·森的平等之争"，《道德与文明》2013 年第 5 期。

高礼杰："罗尔斯'OP'曲线在分配正义中的意义及其批判"，《浙江社会科学》2015 年第 6 期。

高霈宁："罗尔斯的假设契约论是否是一种康德式的学说"，《福建论坛》2017 年第 1 期。

勾瑞波、王晓升："允许收入不平等的差别原则正义吗？评科亨对罗尔斯差别原则的批判"，《黑龙江社会科学》2017 年第 4 期。

龚群："多重共同体与多重分配正义原则"，《哲学研究》2016 年第 3 期。

龚群："正义社会的稳定性问题"，《学术月刊》2017 年第 3 期。

龚群："对罗尔斯正义理论的回应与推进——森与努斯鲍姆的能力论"，《华中师范大学学报》2017 年第 5 期。

龚群："正义之首：罗尔斯的社会制度正义"，《湖北大学学报》2021 年第 6 期。

龚蔚红、孙一平："以权力正当性的形式要求为基础的形式法治——对罗尔斯《正义论》中法治理论的解读"，《求是学刊》2012 年第 7 期。

顾肃："经济社会差别中的平等原则辨析"，《中国人民大学学报》2018 年第 3 期。

顾肃："罗尔斯正义理论的道德根基"，《道德与文明》2017 年第 4 期。

郭夏娟："'最大多数人'与'最少受惠者'——两种正义观的伦理基础

及其模糊性",《学术月刊》2011 年第 10 期。
黄益民:"道德圣人与后果主义",《云南大学学报》2021 年第 6 期。
哈贝马斯:"评罗尔斯的《政治自由主义》",江绪林译,《哲学译丛》2001 年第 4 期。
韩立新:"论人对自然义务的伦理根据",《上海师范大学学报》2005 年第 3 期。
韩立新:"环境问题上的代内正义原则",《江汉大学学报》2004 年第 5 期。
韩水法:"什么是政治哲学",《中共中央党校学报》2009 年第 1 期。
韩水法:"现代西方政治哲学方法",《中国社会科学》2010 年第 6 期。
韩水法:"权利的公共性与世界正义——世界公民主义与万民法的比较研究",《中国社会科学》2005 年第 1 期。
何包钢:"罗尔斯政治自由观——读罗尔斯《正义论》",《政治学研究》1988 年第 5 期。
亨特:"调节的正义和分配的正义",张宪译,《学术研究》2006 年第 7 期。
胡志刚:"论优先问题——对罗尔斯《正义论》的一种分析",《道德与文明》2009 年第 5 期。
胡万钟:"个人权利之上的'平等'与'自由'——罗尔斯、德沃金与诺齐克、哈耶克分配正义思想比较述评",《哲学研究》2009 年第 5 期。
黄文艺:"为形式法治理论辩护——兼评《法治:理念与制度》",《政法论坛》2008 年第 1 期。
黄玉顺:"作为基础伦理学的正义论——罗尔斯正义论批判",《社会科学战线》2013 年第 8 期。
黄正华:"正当与善:优先性问题的问题",《伦理学研究》2012 年第 7 期。
惠春寿:"至善论的自由主义如何回应公共理性的批评?",《中国人民大学学报》2020 年第 1 期。
惠春寿:"儒家至善论:政治的,还是整全的?",《哲学研究》2019 年第 9 期。
江绪林:"解释和严密化:作为理性选择模型的罗尔斯契约论证",《中国社会科学》2009 年第 5 期。
蒋小杰:"论康德道德法则之普遍性的阐明——兼谈罗尔斯解读康德道德哲学之理论得失",《哲学研究》2020 年第 7 期。
克劳斯科:"政治义务与正义的自然责任",《世界哲学》2003 年第 2 期。
李春玲:"社会结构变迁中的城镇社会流动",《社会学研究》1997 年第 5 期。
李德顺:"公平是一种实质正义——兼论罗尔斯正义理论的启示",《哲学分析》2015 年第 5 期。
李科政:"罗尔斯原初状态的康德式诠释",《道德与文明》第 2018 年第 1 期。

李石:"'应得原则'与社会公正",《北京大学学报》2019年第2期。

李石:"'差别原则'与优先主义——在罗尔斯与帕菲特之间",《道德与文明》2017年第2期。

李石:"何种社会合作?——在马克思、罗尔斯与诺齐克之间",《哲学研究》2016年第2期。

李石:"论罗尔斯正义理论中的'优先规则'",《哲学动态》2015年第9期。

李佃来:"马克思正义思想的三重意蕴",《中国社会科学》2014年第3期。

李晓冬:"无知之幕下的'虚拟社会保险'方案",《世界哲学》2017年第1期。

李淑梅、陈颖:"罗尔斯产权民主思想的公平诉求及其局限性——兼评其对马克思批判抽象财产权观点的回应",《哲学研究》2018年第11期。

李政淳:"罗尔斯理性契约论中的错误",《道德与文明》2012年第1期。

利科:"论约翰·罗尔斯的《正义论》:纯程序性的正义论是否可能?",《国际社会科学杂志》1991年第4期。

缪德阳:"试论财富分配中自由与平等的优先性问题——兼评罗尔斯和诺齐克关于分配正义的分歧",《北方论丛》1995年第2期。

廖申白:"《正义论》对古典自由主义的修正",《中国社会科学》2003年第5期。

廖小平:"罗尔斯的义务与职责观",《贵族社会科学》2001年第5期。

林少敏:"评罗尔斯的自我论",《哲学研究》2011年第10期。

刘飞:"信赖保护原则的行政法意义——以授益行为的撤销与废止为基点的考察",《法学研究》2010年第6期。

刘敬鲁、叶源辉:"罗尔斯的the reasonable和the rational之区分的实质与中文翻译",《世界哲学》2018年第2期。

刘敬鲁:"论分配正义的结构整体标准",《中国人民大学学报》2017年第3期。

刘敬鲁:"论桑德尔和罗尔斯在正义与善问题上的对立以及批判式融合的可能性——兼论国家治理原则研究的第三条路径",《道德与文明》2015年第2期。

刘清平:"善与正当的语义等价性",《伦理学研究》2013年第5期。

刘俊哲:"弘扬、克服与创造性转化——藏传佛教哲学作为发展当代中国哲学的思想资源",《民族学刊》2015年第3期。

刘莘:"'原初地位'的地位",《世界哲学》2007年第3期。

刘志丹:"罗尔斯'正当优先于善'理论:诠释与批判",《晋阳学刊》2016年第6期。

刘志丹:"论罗尔斯原初状态理论的要素构成",《内蒙古大学学报》2012

年第 5 期。
刘雪梅："罗尔斯正义理论中的人性观：政治的还是形而上学的"，《社会科学研究》2010 年第 3 期。
刘雪斌："论一种作为公平的代际正义"，《法制与社会发展》2006 年第 5 期。
刘叶深："权利优先性的困境及其解决"，《环球法律评论》2017 年第 6 期。
倪寿鹏："正义的多面孔：马克思与罗尔斯"，《哲学研究》2017 年第 8 期。
牛文君："家族与城邦：黑格尔《安提戈涅》诠释中的古希腊伦理问题"，《社会科学战线》2019 年第 8 期。
佩迪特："论三种自由"，张国清译，《浙江大学学报》2014 年第 5 期。
青维富："权利与义务之正当性——哈特、罗尔斯对经典正义论批判之评析"，《四川大学学报》2011 年第 1 期。
蒯因："再论翻译的不确定性"，胡庭树译，《淮阴师范学院学报》2016 年第 6 期。
任俊："高蒂尔道德契约论研究"，《华中科技大学学报》2013 年第 2 期。
尚新建："道德哲学的两个原则"，《云南大学学报》2016 年第 3 期。
盛庆琜："对罗尔斯理论的若干批评"，《中国社会科学》2000 年第 5 期。
孙笑侠："法的形式正义与实质正义"，《浙江大学学报》1999 年第 5 期。
孙小玲："从方法论的视角看罗尔斯的'政治转向'"，《现代哲学》2018 年第 2 期。
孙小玲："互尊和自尊的伦理学——从罗尔斯的'相互冷淡'谈起"，《复旦学报》2012 年第 1 期。
苏爱玲："罗尔斯《正义论》中对洛克自由观的修正与推进"，《理论界》2019 年第 10 期。
董礼："关于罗尔斯稳定性思想的考察及其批判"，《哲学研究》2012 年第 2 期。
童世骏："西方哲学的中国研究：思想风险及其应对方法"，《学术月刊》2009 年第 9 期。
童世骏："关于'重叠共识'的'重叠共识'"，《中国社会科学》2008 年第 11 期。
童世骏："国际政治中的三种普遍主义——伊拉克战争以后对罗尔斯和哈贝马斯的国际政治理论的比较"，《华东师范大学学报》2003 年第 6 期。
王东胜、龚群："契约论与代际正义问题"，《天津社会科学》2019 年第 5 期。
王海明："罗尔斯正义理论之我见"，《暨南学报》1999 年第 6 期。
王海明："试论公平五原则——兼析罗尔斯正义论之误"，《北京大学学报》1996 年第 4 期。

王嘉:"在自利与利他之外——论罗尔斯'原初状态'道德视角的超越与困境",《江苏社会科学》2015年第5期。

王嘉:"从理性选择理论视角看罗尔斯原初状态方法的困难",《江淮论坛》2014年第4期。

王立:"平等还是应得:罗尔斯'公平的机会平等原则'解释新探",《哲学研究》2021年第1期。

王立:"优先性:自由与平等",《四川大学学报》2009年第1期。

王晓升:"作为程序的正义——纯粹程序正义的历史性辩护",《国际社会科学杂志》2015年第1期。

王润稼:"在自由与平等之间——论罗尔斯两个正义原则的内在困境",《唐都学刊》2017年第2期。

王韬洋:"基本的环境善物与罗尔斯的'基本善'",《华东师范大学学报》,2012年第6期。

王炜:"基本善与能力——纳斯鲍姆对罗尔斯的误读及其理论困境",《哲学研究》2020年第10期。

万斌、顾金喜:"和谐社会视角下的公民自由探析——兼论自由优先性与正义首要性的对立统一",《学术界》2009年第1期。

万俊人:"当代美国社会伦理学的新发展",《中国社会科学》1995年第3期。

万俊人:"普世伦理及其方法问题",《哲学研究》1998年第10期。

万俊人:"罗尔斯的政治遗产",《马克思主义与现实》2006年1期。

万俊人:"罗尔斯问题",《求是学刊》2010年第1期。

万俊人:"论正义之为社会制度的第一德性",《哲学研究》2009年第2期。

汪丁丁:"正义与效率的冲突:法经济学的核心议题",《学术月刊》2006年第4期。

汪丁丁、林来梵、叶航:"效率与正义:一场经济学与法学的对话",《学术月刊》2006年第4期。

汪志坚:"对融合限度的反思——驳近年来西方学界融合马克思和罗尔斯的倾向",《哲学研究》2019年第7期。

韦森:"伦理道德与市场博弈中的理性选择",《毛泽东邓小平理论研究》2003年第1期。

魏小萍:"分配公正:从原则到语境——两种理论境域的分歧与思考",《哲学研究》2005年第10期。

卫知唤:"异质的正义体系:'基本善'与'可行能力'再比较——罗尔斯有效回应了阿玛蒂亚·森的批评吗?",《社会科学辑刊》2015年第4期。

吾淳："儒家伦理的精英定位",《上海师范大学学报》2004年第3期。
吴德星："法治的理论形态与实现过程",《法学研究》1996年第5期。
吴福友、吴根友："从一国宪政到万民宪政——罗尔斯'政治自由主义'的逻辑理路浅绎",《武汉大学学报》2002年第6期。
吴映平："功利主义何以避免直觉主义的非难——论R·M·黑尔对直觉反例的回应",《四川大学学报》2015年第3期。
肖涛："罗尔斯原初状态中'The One'悖论",《西北大学学报》2015年第4期。
肖涛："罗尔斯的准纯粹程序正义",《兰州学刊》2012年第3期。
夏惠："法治是什么——渊源、规诫与价值",《中国社会科学》1999年第4期。
熊浩："反思均衡、道德证明和融贯论",《哲学分析》2012年第2期。
杨国荣："重思正义——正义的内涵及其扩展",《中国社会科学》2021年第5期。
杨伟民："罗尔斯的差别原则辨析",《社会学评论》2017年第4期。
杨伟清："罗尔斯、帕斯卡与决策论——威廉斯论罗尔斯正义原则的证明",《哲学动态》2020年第5期。
杨伟清："作为公平的正义与利己主义——对罗尔斯正义理论的一个批评",《中国人民大学学报》2014年第6期。
杨伟清："正义的优先性问题",《中国人民大学学报》2010年第2期。
杨伟清："罗尔斯正义理论中的正当的优先于善的三种模式",《哲学动态》2007年第5期。
杨伟清："罗尔斯正义理论中的'稳定性问题'",《学术月刊》2007年第4期。
杨景、王立："罗尔斯正义理论中的'社会稳定性'问题",《东南学术》2019年第4期。
杨通进："论正义的环境——兼论代际正义的环境",《哲学研究》2006年第6期。
姚大志："论效用论者对罗尔斯的批评",《南京大学学报》2019年第6期。
姚大志："谁应得什么?",《中国人民大学学报》2017年第2期。
姚大志："应得的基础",《社会科学研究》2016年第5期。
姚大志："应得与制度",《社会科学》2016年第9期。
姚大志："运气平等主义",《世界哲学》2016年第2期。
姚大志："论分配正义——从政治哲学的观点看",《社会科学》2015年第5期。
姚大志："三论分配正义——答段忠桥教授",《吉林大学学报》2015年第4期。
姚大志："再论分配正义——答段忠桥教授",《哲学研究》2012年第5期。

姚大志："罗尔斯的'基本善'：问题及其修正"，《中国人民大学学报》2011年第4期。

姚大志："罗尔斯与社会最低保障"，《华东师范大学学报》2011年第3期。

姚大志："分配正义：从弱势群体的观点看"，《哲学研究》2011年第3期。

姚大志："一种程序正义？——罗尔斯正义原则献疑"，《江海学刊》2010年第3期。

姚大志："从《正义论》到《政治自由主义》——罗尔斯的后期政治哲学"，《中国人民大学学报》2010年第1期。

姚大志："重叠共识观念能证明什么？——评罗尔斯的政治自由主义"，《天津社会科学》2009年第6期。

姚大志："罗尔斯正义理论的形而上学基础"，《哲学动态》2009年第10期。

姚大志："罗尔斯正义原则的问题和矛盾"，《社会科学战线》2009年第9期。

姚大志："正义的张力：马克思和罗尔斯之比较"，《文史哲》2009年第4期。

姚大志："罗尔斯：来自马克思主义的批评"，《马克思主义与现实》2009年第3期。

姚大志："政治哲学研究——罗尔斯正义理论的基本理念"，《社会科学研究》2008年第4期。

姚大志："罗尔斯与效用论"，《社会科学战线》2008年第7期。

姚大志："罗尔斯的契约主义与政治哲学的证明"，《江苏社会科学》2004年第5期。

姚大志："罗尔斯正义理论的道德基础"，《江海学刊》2002年第2期。

姚大志："自由主义的两个教条——评罗尔斯与诺齐克的争论"，《哲学研究》1996年第9期。

姚介厚："当代美国社会伦理学说述评"，《哲学研究》1999年第4期。

闫笑："罗尔斯原初状态中立约人特性——作为公平的正义与利己主义"，《道德与文明》2016年第4期。

应奇："罗尔斯与近代西方政治文化传统"，《浙江社会科学》1999年第6期。

应奇："论第三种自由概念"，《哲学研究》2004年第5期。

虞新胜："论罗尔斯政治哲学中的'正当的优先性'"，《天津社会科学》2007年第6期。

余龙进、王秀华："正义的给予和正义的维护：两种不同的国家观——以罗尔斯和诺齐克为例"，《哲学研究》2012年第11期。

余凌云："蕴育在法院判决之中的合法预期"，《中国法学》2011年第6期。

余凌云："行政法上合法预期之保护"，《中国社会科学》2003年第3期；

袁航:"拯救正义——差别原则的非正义性",《当代中国价值观研究》2017年第2期。

徐向东:"基本结构与背景正义——反驳柯亨对罗尔斯的批评",《中国人民大学学报》2021年第5期。

徐向东:"罗尔斯的政治本体论与全球正义",《道德与文明》2012年第1期。

徐勇、栗建华:"高蒂尔:协议而致道德的契约理论",《国外社会科学》1998年第2期。

徐友渔:"我是如何研究罗尔斯的?",《世界哲学》2008年第4期。

徐正铨、郑祥福:"罗尔斯正义理论视域中的优先问题",《天津社会科学》2020年第4期。

赵亚琼:"如何理解'社会基本结构'——浅析罗尔斯正义理论的首要对象",《哲学动态》2014年第12期。

赵迅:"高蒂尔社会契约互惠逻辑解析",《法学杂志》2008年第5期。

曾志:"道德判断与伦理学的情感主义化",《北京大学学报》2006年第5期。

张国清:"'正义是社会制度的首要价值'再议——兼与段忠桥教授商榷",《浙江社会科学》2022年第1期。

张国清、杨雨莲:"在同情与公正之间——罗尔斯和斯密正义理论的隐秘关联探析",《浙江大学学报》2020年第3期。

张国清、潘坤:"利己与利他均衡点的求索——解决斯密难题的罗尔斯方案",《浙江社会科学》2020年第2期。

张国清:"论人类团结与命运共同体",《浙江学刊》2020年第1期。

张国清:"作为共享的正义——兼论中国社会发展的不平衡问题",《浙江学刊》2018年第1期。

张国清:"正义原则的证明问题",《华中师范大学学报》2017年第3期。

张国清:"初始权益与分配正义",《浙江社会科学》2015年第6期。

张国清:"分配正义与社会应得",《中国社会科学》2015年第5期。

张国清:"利维坦、无支配自由及其限度",《浙江大学学报》2014年第5期。

张国清:"罗尔斯的良序社会理论及其批判",《复旦学报》2014年第4期。

张国清:"罗尔斯政治哲学的使命——兼回应阿伦·布鲁姆的批评",《学术月刊》2013年第10期。

张国清:"罗尔斯难题:正义原则的误读与批评",《中国社会科学》2013年第10期。

张国清:"罗尔斯的秘密及其后果",《浙江大学学报》2013年第6期。

张国清:"在善与善之间:伯林的价值多元论难题及其批判",《哲学研究》2004 年第 7 期。
张继亮:"社会正义是幻象吗?——哈耶克、密尔论分配正义",《中国社会科学院研究生院学报》2020 年第 2 期。
张立建:"人们追求效用最大化的全新解读",《广州大学学报》2018 年第 4 期。
张乾友:"在场与缺席:一个正义分析框架",《中国人民大学学报》2014 年第 6 期。
折晓叶、陈婴婴:"中国农村'职业—身分'声望研究",《中国社会科学》1995 第 6 期。
周保松:"罗尔斯的问题意识:兼答江绪林和谭安奎",《开放时代》2011 年第 12 期。
周光辉、赵闯:"跨越时间之维的正义追求——代际正义的可能性研究",《政治学研究》2009 年第 3 期。
周濂:"哈耶克与罗尔斯论社会正义",《哲学研究》2014 年第 10 期。